2024 世界交通运输大会（WTC2024）论文集

（桥梁工程、隧道工程与轨道交通）

世界交通运输大会执委会　编

人民交通出版社
北　京

内 容 提 要

本书为2024世界交通运输大会(WTC2024)论文集(桥梁工程、隧道工程与轨道交通),是由中国公路学会、世界交通运输大会执委会精选的143篇论文汇编而成。此论文集重点收录了桥梁工程、隧道工程与轨道交通领域的前沿研究及创新成果,可供从事交通运输工程等领域工作的人员参考,也可供高等院校相关师生学习。

图书在版编目(CIP)数据

2024世界交通运输大会(WTC2024)论文集. 桥梁工程、隧道工程与轨道交通 / 世界交通运输大会执委会编. 北京：人民交通出版社股份有限公司, 2024.6.

ISBN 978-7-114-19574-7

Ⅰ. U-53

中国国家版本馆CIP数据核字第2024M33N02号

2024 Shijie Jiaotong Yunshu Dahui(WTC2024)Lunwenji(Qiaoliang Gongcheng、Suidao Gongcheng yu Guidao Jiaotong)

书　　名:**2024世界交通运输大会(WTC2024)论文集**(桥梁工程、隧道工程与轨道交通)

著 作 者:世界交通运输大会执委会

责任编辑:郭晓旭　姚　旭

责任校对:赵媛媛　卢　弦　刘　璇

责任印制:刘高彤

出版发行:人民交通出版社

地　　址:(100011)北京市朝阳区安定门外外馆斜街3号

网　　址:http://www.ccpcl.com.cn

销售电话:(010)59757973

总 经 销:人民交通出版社发行部

经　　销:各地新华书店

印　　刷:北京虎彩文化传播有限公司

开　　本:889×1194　1/16

印　　张:55

字　　数:1585千

版　　次:2024年6月　第1版

印　　次:2024年6月　第1次印刷

书　　号:ISBN 978-7-114-19574-7

定　　价:148.00元

编 委 会

目　录

桥梁工程

隧道工程

轨 道 交 通

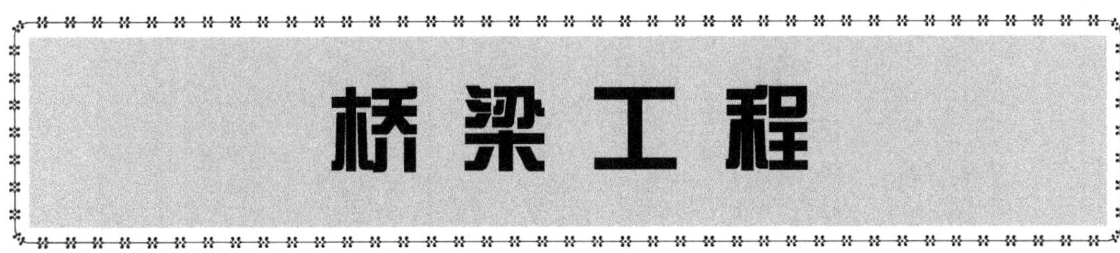

桥梁工程

Technological Innovations of Lingdingyang Bridge in Shenzhen-Zhongshan Link

Huanyong Chen* Shenyou Song
(Shenzhen-Zhongshan Link Administration Center)

Abstract Shenzhen-Zhongshan Link crosses the estuary of the Pearl River in China and is a world-class cluster project of "bridges, islands, tunnels and undersea interchange". Lingdingyang Bridge, the dominant part, is a suspension bridge with the main span of 1,666m (5465.9 ft). It has set five world records, including the largest offshore suspension bridge span, the highest navigation clearance, the largest offshore anchorage, the highest strength of main cable steel wire, and the highest flutter checking wind speed, facing world-class technical challenges. Technical innovations have been made in key technical challenges, including wind-resistant technology for integral steel box girder, detailed weld joint between U-rib and steel deckplate, new high durable materials for main cable steel wires, offshore anchorages in marine soft silt, and industrialized construction of concrete towers.

Keywords Shenzhen-Zhongshan Link Lingdingyang Bridge Technological innovations

0 Introduction

Located at the estuary of the Pearl River in China, Shenzhen-Zhongshan Link is the geometric center of the Guangdong-Hong Kong-Macao Greater Bay Area (Greater Bay Area in short), about 30km from the Humen Bridge to the north and 31km from the Hong Kong-Zhuhai-Macao Bridge to the south. As the core strategic corridor of the Greater Bay Area, Shenzhen-Zhongshan Link is a world-class cross-sea cluster project of "bridges, islands, tunnels and undersea interchange", with a total length of 24km (14.91 miles), a design speed of 100km/h (62.1 miles per hour), a width with eight lanes, and an estimated budget of RMB 44.69 billion yuan (about 6.24 billion US dollars)[1].

The length of the bridge is 17km. Lingdingyang Bridge, an important control part of Shenzhen-Zhongshan Link, adopts a three-span suspension bridge design of (580 + 1666 + 580) m (Figure 1). It is a fully floating system twin-tower steel box girder suspension bridge with a clear navigation height of 76.5m. The bridge towers adopt a portal shape and the tower top elevation is + 270m[2]. The construction conditions of the bridge are extremely complex. The bridge is located in an area prone to severe typhoons. The wind speed in flutter testing is as high as 83.7m/s. The thickness of the marine silt at the anchorage exceeds 20m. The entire bridge is in a marine corrosion environment with high temperature, high humidity, and high salt spray.

This bridge has set five world records, including the largest offshore suspension bridge span, the highest clear navigation height, the largest anchorage volume, the highest main cable steel wire strength, and the highest flutter test wind speed. The entire bridge was completed on April 28, 2023, and will be opened to traffic in June, 2024. After the opening, the traffic volume will exceed 100000 pcu/d.

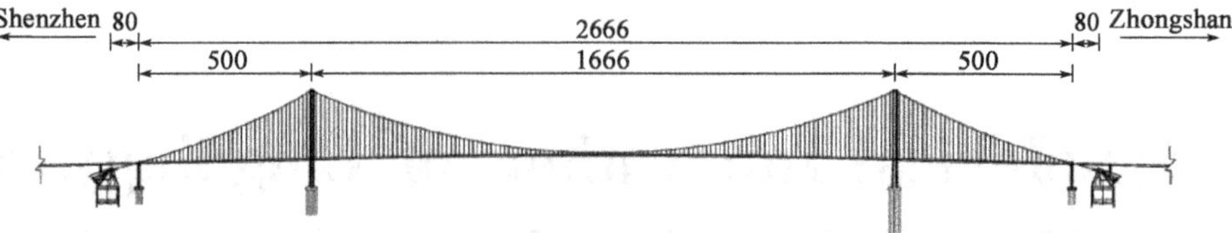

Figure 1 Facade layout of Lingdingyang Bridge(Unit:m)

1 Design and construction concept

The project design deeply grasps the four major elements of geography, culture, era, and technology, and follows the sustainable development concept of people-oriented, coexistence between human and nature, energy conservation and emission reduction, and citizen satisfaction. The surrounding natural environment of the project is beautiful, with rich three-dimensional viewpoints of sea, land and air. The aesthetic design of the entire project strives for simplicity and rhythm, using a fully integrated design language, such as the consistent geometric appearance ("diamond's facet") to ensure that it is feasible and comprehensively optimal at both the technical and aesthetic levels, and achieves a harmonious unity between engineering, art and the environment.

The engineering construction adheres to the concepts of sea area to land area, high intensification and integration of design and construction, promotes design standardization, and implements prefabricated, factory-based and intelligent lean construction to ensure that the project achieves internal quality and external beauty.

2 Technological innovation

(1) Wind-resistant design of integral steel box girder in areas prone to severe typhoons

Lingdingyang Bridge has a clear navigation height of 76.5m and a bridge deck height of 91m. It is located in the open sea where strong typhoons occur frequently, and the flutter test wind speed is as high as 83.7m/s. The stiffening girder uses a streamlined integral steel box girder that meets wind resistance requirements. Compared with the split steel box girder, it can save 18% of steel, or 12000 tons. After more than 300 sets of aerodynamic shape design and wind tunnel testing, we optimized the main beam of the bridge in terms of the comprehensive aerodynamic shape of the overall steel box girder (Figure 2), forming an aerodynamic shape design model for ultra-large-span suspension bridges in the sea, which has reduced the risk of flutter and vortex vibration to less than 1/10000 on the basis of improving construction economy.

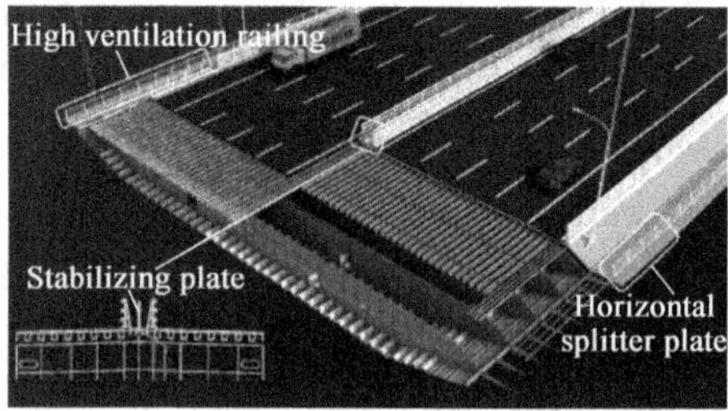

Figure 2 New aerodynamic shape of Lingdingyang Bridge

(2) Orthotropic steel bridge deck U-rib double-sided submerged arc full penetration welded joint

The expected traffic volume will exceed 100000 pcu/d, and the proportion of trucks will exceed 40%. Therefore, the fatigue problem of steel box girder is prominent. The welded structural details of the closed longitudinal ribs and the roof are key structural details that control the fatigue performance of the steel bridge deck[3]. The fatigue performance of the traditional single-sided welded structural details is poor, and there is a high risk of premature cracking during the service period under heavy load conditions in Shenzhen-Zhongshan Link. In order to improve the fatigue performance of structural details, dozens of sets of full-scale model tests were carried out, and a double-sided submerged arc full penetration welded joint between the U rib and the roof was developed. This technology reduces the average welding defect size from 300μm to 20μm, decreases the incidence of defects by 60% (Figure 3) 6, and increases the fatigue life of this welding structural detail by more than 5 times compared with traditional welding. Through the development of internal welding equipment, welding process optimization, quality inspection technology and applicable standards research, the double-sided submerged arc full penetration and fully automated welding technology of U ribs and roof plates was proposed for the first time, realizing the industrial production of 280000 tons of steel box girders (Figure 4).

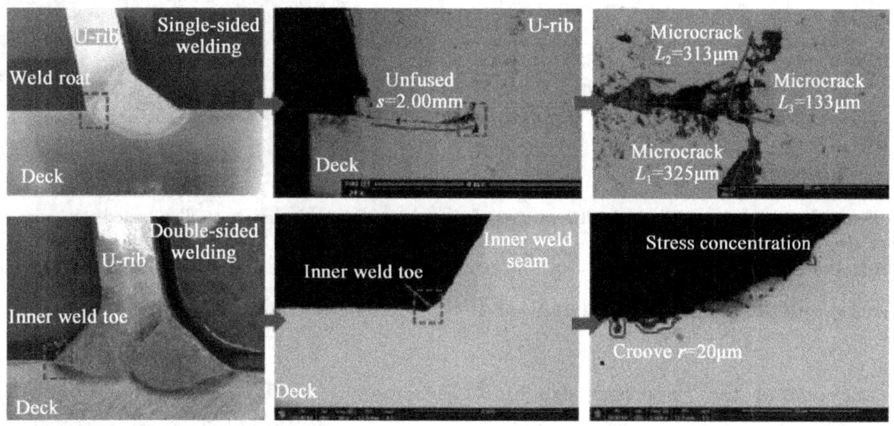

Figure 3 Comparison of technical effects between single-sided welding (A) and fully automatic double-sided submerged arc welding (B)

Figure 4 Fully automatic double-sided submerged arc welding production line

(3) ϕ6mm-2060MPa zinc-aluminum multicomponent alloy-coated durable steel wire and cable strands

As a fully offshore mid-sea suspension bridge, the main cables of the Lingdingyang Bridge are all exposed to a corrosive environment with "high temperature, high humidity, and high salt spray". They are also subjected to alternating loads such as wind and automobiles, and the corrosion problem is relatively prominent[4]. We studied the corrosion types and causes of corrosion of parallel steel wire main cables, and simulated the marine environment. Through high-temperature accelerated salt spray tests, this project analyzed the stress corrosion resistance of main cable steel wires of different diameters and different coatings under stress, and concluded that increasing the diameter of the steel wire and using a new zinc-10% aluminum-magnesium (rare earth) alloy coating can improve the steel wire's resistance to stress corrosion. Based on the above research, 34000t of highly corrosion-resistant zinc-10% aluminum-magnesium (rare earth) alloy coated steel wire rope strands were developed and applied. The corrosion resistance is more than 3 times that of hot-dip galvanized steel wires and 1.5 times that of zinc-aluminum coating (Figure 5), ensuring the corrosion resistance of the main cable and enabling the effective use of the main cable steel wire for 100 years.

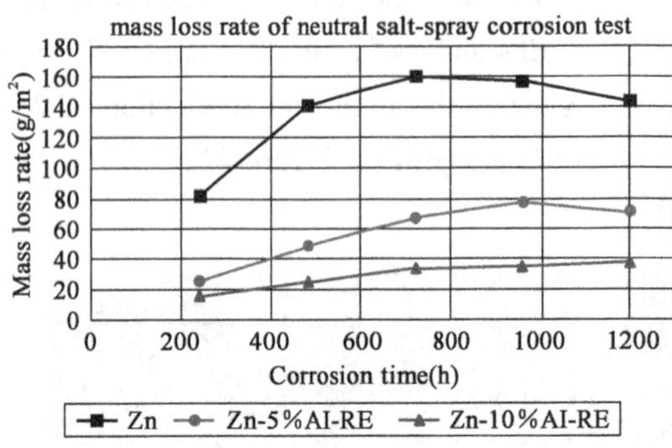

Figure 5 Comparison of neutral salt spray test of zinc-aluminum multi-component alloy coated steel wire

(4) Rapid construction technology of large anchorages in areas with deep marine sediment and soft foundation

Anchorage are one of the important structural components of suspension bridges. There is no experience in building giant anchorages in deep marine silt layers in the world. However, the water resistance rate of the Pearl River outlet to the sea is strict(≤10%), and the marine silt layer is deep (≥20m), large bedrock undulations and other factors have brought great difficulties to the construction of anchorages in the sea. Traditional solutions of placed caissons, buried caissons and circular underground diaphragm walls are no longer applicable. Therefore, innovative solutions have been proposed, such as a self-balancing flexible cofferdam of "locked steel pipe piles + I-shaped sheet piles + circumferential parallel steel wires" and a transverse 8-shaped underground diaphragm wall gravity anchorage foundation scheme in complex sea areas, and construction technology for rapid island building and high-precision construction of underground diaphragm walls (Figure 6). These solutions have reduced the water resistance rate (a decrease of 28%), controlled the cumulative horizontal displacement of the retaining wall structure (the excavation was 46m deep, the horizontal displacement of the foundation pit was ≤9.6mm, far less than the early warning value of 25mm), achieving rapid island formation in 45 days and completing diaphragm wall construction in 300 days (Figure 7). In addition, 580000m^3 of island construction materials were recycled and used, minimizing the impact on the ecological environment.

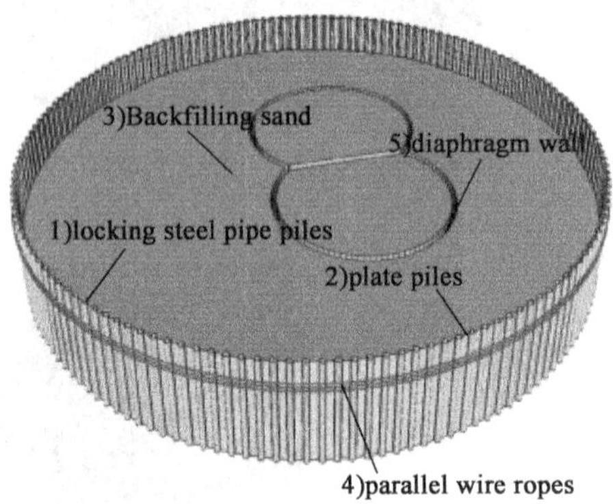

Figure 6 Flexible island structure (cofferdam diameter 150m, diaphragm wall plane dimensions 107.1m long and 65m wide)

Figure 7 Rapid construction of island cofferdam

(5) Industrial construction technology of ultra-high concrete main tower

The traditional construction process of concrete bridge towers has many problems, such as high operation risk, low construction efficiency, large number of workers, and difficult quality control. In order to solve these problems, industrialization and intelligent upgrading of bridge tower construction were carried out. The overall idea of "factory production, fabricated construction, and intelligent control" was adopted, and a vertically mobile factory-style construction method for bridge towers was proposed. A technology for industrialized construction of bridge tower reinforcements was developed, which integrates reinforcement parting, automatic production, assembly molding, rapid positioning, and precise control (Figure 8). The mechanized forming rate of reinforcements reached 70%, greatly reducing the work time at height for reinforcement engineering to one day. An integrated intelligent tower-building machine (Figure 9) with functions such as self-climbing frame, intelligent concrete pouring and vibrating, intelligent curing, and emergency escape was also developed, which significantly improves the quality and construction efficiency of bridge tower projects. The construction speed of column can reach up to 1.2m/d, reducing the number of workers at height by 60%[5]. This set of technologies has upgraded the traditional concrete construction technology of bridge towers to an industrialized construction technology, achieving an overall upgrade in bridge tower construction technology. In just one year, the 270m-high tower has been built.

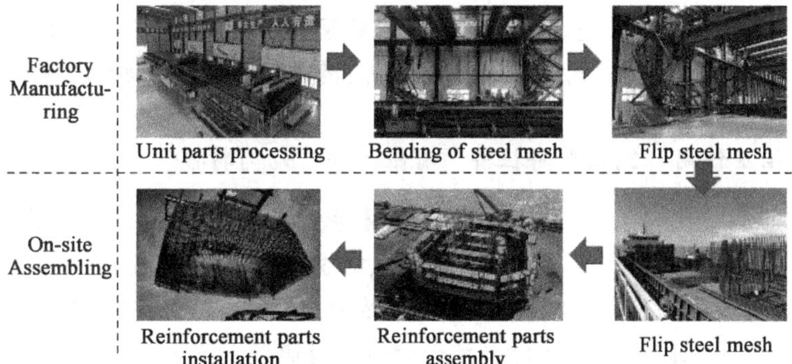

Figure 8 Industrialized manufacturing process of steel reinforcement parts

Figure 9 Industrialized construction of bridge towers

3 Conclusions

The Lingdingyang Bridge is the world's largest fully offshore suspension bridge. During the design and construction process, we solved several major challenges, such as the control of wind disasters in areas prone to strong typhoons, the construction of giant anchorages in the sea, the industrial construction of the high tower, and ensuring the durability of structures in a marine environment. As the core direct link between the east and west sides of the Pearl River, the bridge has accelerated the integration and development of the urban agglomeration in the Guangdong-Hong Kong-Macao Greater Bay Area and provided technical support for the construction of larger span cross-strait bridges in the future.

References

[1] SONG S Y, CHEN W L, JIN W L, et al. Key technologies and challenges of Shenzhong Link [J]. Tunnel Construction, 2020, 40(1): 143.

[2] SONG S Y, CHEN W L. Bridges of Shenzhen-Zhongshan Link and Main Innovations [J]. Bridge Construction, 2021, 51(5): 1.

[3] XU J, ZHU J Z, CHEN H Y. Study on Dominant Cracking Mode of Longitudinal Rib and Diaphragm of Orthotropic Steel Deck [J]. Bridge Construction, 2023, 53(6): 55.

[4] CHEN H Y, SONG S Y, ZHANG H L, et al. Key Manufacturing Technology of 2060MPa Zn-Al-Mg Alloy Coated Steel Wire Strands Utilized in Lingdingyang Bridge [J]. Bridge Construction, 2022, 52(5): 21.

[5] ZOU W, SONG S Y, CHEN H Y. Key Construction

Techniques for Ultra-High Performance Concrete Pylon of Lingdingyang Bridge on Shenzhen-Zhongshan Link [J]. Bridge Construction,2020,50(6):97.

考虑桩-土-水-结构相互作用的钢箱梁斜拉桥动力特性分析

吴　鸣*1　浦童刚2

(1.汕头大学土木与智慧建设工程系;2.云南省公路科学技术研究院)

摘　要　以双塔三跨钢箱梁斜拉桥——中砂大桥为背景,基于 Morison 方程用附加质量法模拟墩-水耦合下的动水作用,用"m"法模拟桩土效应,用 Ansys 软件分别建立了墩底固结、桩-土-结构和桩-土-水结构三维空间全桥有限元模型,开展了桩土效应和动水作用对其动力特性的影响研究,并对 m 取值差异造成的地基刚度变化对钢箱梁斜拉桥动力特性的影响进行参数化研究。结果表明:考虑桩土效应和动水作用后,该斜拉桥结构自振频率均减小,振型阶数越高,对频率影响越显著;随着地基刚度的折减,该斜拉桥的自振频率有所减小。

关键词　桥梁工程　桩-土-结构相互作用　钢箱梁斜拉桥　有限元法　动力特性

0　引言

随着交通强国的推进以及 2021 年《国家综合立体交通网规划纲要》的发布,大批深水、跨海、长大桥梁正在我国东南沿海地区被规划或者建设,如深中通道伶仃洋大桥。近些年来我国在东南沿海建造了 40 余座跨海桥梁。不同于陆地桥梁工程,此地区跨海桥梁会受到强震和水流的联合作用,考虑动水作用会对桥梁结构的动力特性产生深远影响[1]。

桥梁桩基、土体、水体、上部结构之间存在复杂的相互耦合作用[2],考虑桩-土-结构相互作用对系统动力特性的研究相对成熟,文献[3]用 p-y 动力单元模拟桩土接触,基于 OpenSees 建立了桩-土-墩数值分析模型;王世成等[4]用 m 法计算土弹簧刚度,用一个 6×6 子结构刚度模拟桩-土相互作用建立斜拉桥模型并进行动力特性分析。现有研究结果均表明:桩-土相互作用会降低桥梁结构的刚度,使结构自振周期相应延长[5],但受洋流、波浪等影响,由于水与桥墩之间的相对运动,使得在水中的桥墩受到因动水而产生压力作用,目前,因墩-水耦合而产生的动水作用对桥梁结构动力特性的影响研究较少。钢箱梁斜拉桥作为一种超静定结构,自重小、柔度大,对外界环境振动激励敏感,其自振频率和振型特征较为复杂。因此,研究桩-土相互作用、墩-水耦合相互作用对钢箱梁斜拉桥动力特性的影响,对后续开展抗震、抗风、车桥耦合振动等分析具有重要意义。

1　桩土效应与动水作用模拟方法

1.1　桩-土-结构相互作用

目前在桩-土-结构相互作用理论分析中采用的计算模型主要有 Penzien 模型,此外基于 Winkler 地基梁模型的离散模型,如 Matlock 模型,Novak 模型,Nogami 模型等也应用广泛,但在工程实践中多用土弹簧模拟桩周土体和基础的相互作用[6],即 m 法。由 m 法计算土弹簧刚度的原理及流程如下:

由地基比例系数的定义:

$$\sigma_z = mzx_z \tag{1}$$

式中:σ_z——土体对桩的横向抗力;

z——土层的深度;

x_z——桩在深度 z 处的横向位移。

根据式(1)可得出土体的水平弹簧刚度为:

$$K_s = \frac{P_x}{x_z} = \frac{A\sigma_z}{x_z} = \frac{(ab_p)(mzx_x)}{x_z} = ab_p mz \tag{2}$$

式中:b_p——桩的计算宽度;

a——土层的厚度。

利用式(2)可计算出各层土对应的桩基水平刚度系数,具体而言:

对于第一层土:

$$k_1 = h_1 b_p m\left(\frac{1}{2}h_1\right) \tag{3}$$

对于第二层土:

$$\begin{aligned} k_2 &= h_2 b_p m_2\left(h_1 + \frac{1}{2}h_2\right) \\ &= 0.5(2m_2 h_1 + m_2 h_2)h_2 b_p \end{aligned} \tag{4}$$

对于第 n 层土:

$$\begin{aligned} k_n &= h_n b_p m_n\left(h_1 + h_2 + \cdots + \frac{1}{2}h_n\right) \\ &= 0.5(2m_n\sum_{i=1}^{n-1}h_i + m_n h_n)h_n b_p \end{aligned} \tag{5}$$

1.2 墩-水耦合相互作用

对于处在深水之中的桥梁,受洋流、波浪等作用,由于水与桥墩之间的相互作用水会对浸水桥墩产生一种动水压力作用,即墩-水耦合作用。目前用于解决刚性小尺度桩柱($D/L<0.2$,其中 D 为桩外直径,L 为波长)的波浪力计算问题,主要基于1950年由Morison等人[7]提出经典的Morison方程,计算图式见图1,其是一个以绕流理论为基础的半经验半理论公式。

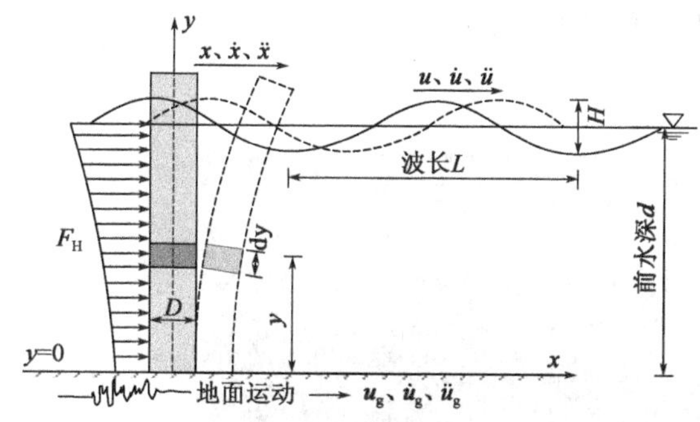

图1　小尺度墩柱水动力计算示意图

Morison等提出作用在小尺度墩柱处四周的水平方向的波浪力 F_H 主要由与墩水间相对速度有关的阻力 F_D 和与墩水间相对加速度有关的惯性力 F_I 组成。F_D 和 F_I 的表达式如式(6)、式(7)所示。

$$F_D = \frac{1}{2}C_D\rho A_p\dot{u}|\dot{u}| \tag{6}$$

$$F_I = \rho\frac{\pi D^2}{4}\ddot{u} + C_m\rho\frac{\pi D^2}{4}\ddot{u} \tag{7}$$

当考虑地面运动时,圆桥墩的Morison方程的动水压力完整形式可以表达为[8]:

$$\begin{aligned} F_H &= F_I + F_D \\ &= \rho\frac{\pi D^2}{4}\ddot{u} + (C_M-1)\rho\frac{\pi D^2}{4}(\ddot{u}-\ddot{x}-\ddot{u}_g) + \\ &\quad \frac{1}{2}C_D\rho A_p(\dot{u}-\dot{x}-\dot{u}_g)|\dot{u}-\dot{x}-\dot{u}_g| \end{aligned} \tag{8}$$

式中:C_m——附加质量系数;

C_M——动水惯性系数,$C_M=C_m+1$;

C_D——黏性阻尼系数;

ρ——水的密度;

D——圆柱体的直径;

A_p——单位柱高垂直于波向的投影面积,对于圆柱体 $A_p=1\times D$;$\ddot{u}$、$\dot{u}$ 分别为水的绝对加速度和绝对速度;$\ddot{x}$、$\dot{x}$ 分别为结构的相对加速度和相对速度;$\ddot{u}_g$、$\dot{u}_g$ 分别为地面运动的加速度和速度。

波浪水质点的衰减速度在沿水深的方向时最快。因此,水下几米深处由波浪引起的水质点速度和加速度,比水平面处小,假定 $\dot{u}=0$ 和 $\ddot{u}=0$,以简化计算[9],则:

$$F_I = -(C_M-1)\rho\frac{\pi D^2}{4}(\ddot{x}+\ddot{u}_g) \tag{9}$$

$$F_D = -\frac{1}{2}C_D\rho A_p(\dot{x}+\dot{u}_g)|\dot{x}+\dot{u}_g| \tag{10}$$

式(10)中包含非线性项,文献[10]将随机阻力进行线性化后得:

$$F_D = -\frac{1}{2}C_D\rho A_p\sqrt{\frac{8}{\pi}}\sigma_{\dot{x}+\dot{x}_g}(\dot{x}+\dot{u}_g) \tag{11}$$

式中 $\sigma_{\dot{x}+\dot{x}_g}$ 为桥墩的绝对速度的标准差[11],令:

$$M_W = (C_M-1)\rho\frac{\pi D^2}{4} \tag{12}$$

$$C_W = \frac{1}{2}C_D\rho D\sqrt{\frac{8}{\pi}}\sigma_{\dot{x}+\dot{u}_g} \tag{13}$$

则地面运动下固定桩柱结构在单位高度上受到的水平波浪力 F_H 的计算公式为:

$$F_H = -M_w(\ddot{x}+\ddot{u}_g) - C_w(\dot{x}+\dot{u}_g) \tag{14}$$

当考虑地面运动时,结构的运动平衡方程为:

$$\begin{aligned} &[M]\{\ddot{x}(t)\} + [C]\{\dot{x}(t)\} + [K]\{x(t)\} \\ &= -[M]\{\ddot{u}_g(t)\} + \{F_H(t)\} \end{aligned} \tag{15}$$

式中:$[M]$、$[C]$、$[K]$——代表结构的质量矩阵、阻尼矩阵和刚度矩阵;

$\{x(t)\}$、$\{\dot{x}(t)\}$、$\{\ddot{x}(t)\}$——结构相对位移、速度、加速度列阵;

$\{\ddot{u}_g(t)\}$——地面运动加速度列阵;

$\{F_H(t)\}$——波流和地面运动产生的动水力列阵。

将 F_H 表达式代入式(15),可得考虑动水压力的桥梁结构的动力平衡方程为:

$$[M+M_w]\{\ddot{x}(t)\}+[C+C_w]\{\dot{x}(t)\}+[K]\{x(t)\} = -[M+M_w]\{\ddot{u}_g(t)\}-C_w\dot{u}_g(t) \quad (16)$$

文献[12-13]通过计算和理论分析得到,阻力 F_D 对结构动力分析的影响较小,且大多数学者在进行动水力计算时为简便计算,忽略其影响。则式(16)可进一步简化为:

$$[M+M_w]\{\ddot{x}(t)\}+[C]\{\dot{x}(t)\}+[K]\{x(t)\} = -[M+M_w]\{\ddot{u}_g(t)\} \quad (17)$$

由式(17)可以看出,可以利用附加质量来考虑动水压力对桥梁结构的作用,即动水压力可以看成是随着结构一起运动的某种质点,因此在结构的节点 i 处的等效附加动水质量可以表示为:

$$M_{iw}=\sum(C_M-1)\rho\frac{\pi D^2}{4}l_{ij} \quad (18)$$

式中:j——与结构的节点 i 相邻的节点;

l_{ij}——结构第 ij 个单元的有效长度的一半。

上述动水压力的推导是基于圆形截面的桥墩,对于矩形截面的桥墩,可通过修正圆形截面的解析解近似估算矩形截面墩柱结构的附加动水质量,在此基础上,赖伟[14]采用最小二乘法进行拟合,得到以矩形截面长度比系数 D/B 为参数的修正系数的近似计算公式。矩形截面墩柱结构的动水附加质量可以通过等效圆截面桥墩的动水附加质量乘以修正系数 K_c 和长宽比系数 D/B 得到。其中,根据我国《港口与航道水文规范》(JTS 145—2015)[15]黏滞阻尼系数 C_D 取1.2,动水惯性系数 C_M 取2.0。

2 依托工程及有限元模拟

2.1 工程背景

依托汕头中砂大桥主桥80m+180m+80m进行探究。该桥为双塔中心双索面钢箱梁斜拉桥,结构形式为半飘浮体系,采用双塔双索面平行钢丝布置,钢箱梁及钢主塔采用吊装焊接施工。主梁全宽44.5m,截面形式为单箱五室断面,主梁断面中心梁高为4m,主桥索塔为独柱形索塔,主塔高度为68m;该斜拉桥边墩(8号、11号)采用QZ球形盆式支座,主墩(9号、10号)为减隔震支座,灌注桩基础。该桥处于地震多发区,桥址处抗震设防烈度为Ⅷ度,设计地震加速度值0.20g,特征周期为0.55s,场地土类型为中软土。中砂大桥桥型布置如图2所示。

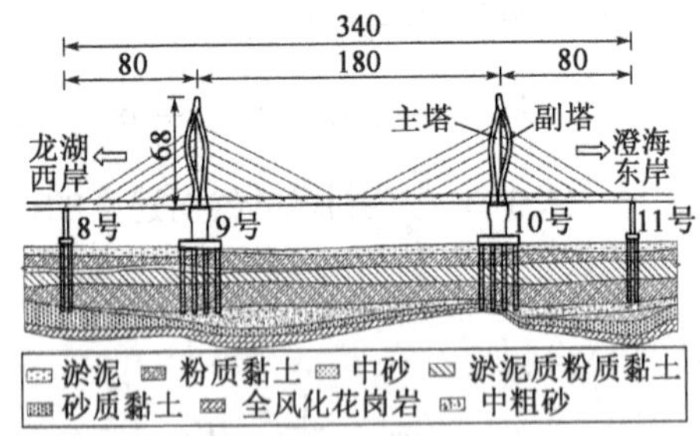

图2 中砂大桥桥型布置图(尺寸单位:m)

2.2 有限元模型

采用Ansys软件建立了依托工程精细化有限元全桥分析模型,建模示意图如图3所示。斜拉索采用Link10单元模拟,用初应变模拟斜拉索初始张拉力,用Ernst公式考虑斜拉索的垂度效应;主梁、桥塔、桥墩、承台及桩基础采用具有变截面功能的Beam44单元模拟,主梁采用单主梁式力学模型,其可以把桥面系的横向、竖向及扭转刚度,平动及转动质量都集中在中间节点[16]。对于桩土相互作用,采用前述"m"法计算等代土弹簧刚度并用Combin14接触单元模拟;对于墩-水耦合所考虑的动水作用,采用附加质量法模拟,根据Morison方程计算出单位高度桥墩的附加动水质量采用MASS21单元模拟。模型在建立过程中考虑了二期桥面铺装及施工过程中施加的配重质量,并用MASS21单元模拟。由Morison方程计算的单位高度桥墩的附加动水质量如表1所示,建模过程中桩-土相互作用、墩-水相互作用模拟如图3所示。

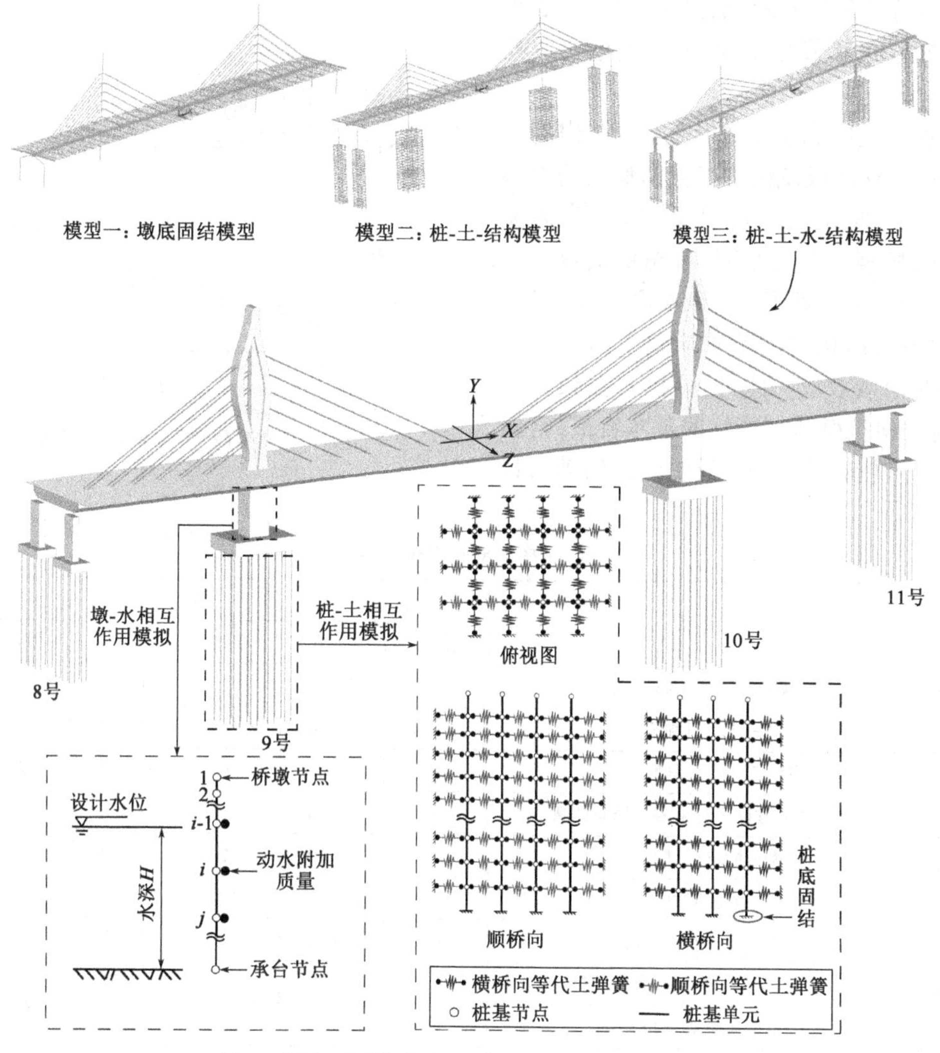

图3　依托工程精细化有限元全桥分析模型建模示意图

Morison 方程单位高度桥墩的附加动水质量　　表1

作用方向	顺桥向			横桥向		
参数及墩号	D/B	K_c	单位高度桥墩的附加动水质量(kg)	D/B	K_c	单位高度桥墩的附加动水质量(kg)
8号、11号	2.40	1.33	17678.97	0.42	1.75	13491.63
9号、10号	1.13	1.48	94283.99	0.89	1.54	77346.99

为了探究桩土效应和墩-水耦合作用对结构动力特性的影响，建立如下三种有限元分析模型。

模型一：不考虑桩土效应及墩-水耦合作用的墩底固结模型。即不考虑桩周土体和水对结构的影响，将边墩及主墩墩底边界的平动及转角自由度全部固结。

模型二：考虑桩土效应的桩-土结构模型。在模型一基础上用“m”法模拟桩土效应，不考虑水的影响。

模型三：考虑桩-土效应和墩-水耦合作用的桩-土-水结构模型。在模型二基础上通过添加动水附加质量考虑墩-水耦合作用下动水力。

模型以顺桥向为 X 轴，横桥向为 Z 轴，竖向为 Y 轴。

3　桩土效应及动水作用对钢箱梁斜拉桥动力特性的影响

3.1　不同有限元模型动力特性分析

对结构的自振特性分析是进行地震动力响应分析的基础。对所建立的三种有限元模型前20

阶自振频率进行了对比分析，如图4所示，表2为三个模型的振型频率值对比，图5为模型三的典型振型图。

考虑了桩土效应和动水作用之后，结构的自振频率均减小，振型阶数越高，三种模型间的频率差值最明显，说明桩土效应和动水作用对高阶振型的频率影响显著。究其原因，考虑桩土效应使得地基对结构的约束减弱，桥梁结构变柔，考虑墩-水耦合对桥梁结构施加附加质量。两者对结构的频率都有消减效应。此外，该桥自振频率无阶跃现象，符合斜拉桥动力特性的基本特征，自振频率非常密集，频率变化不大，说明此结构动力特性十分复杂。

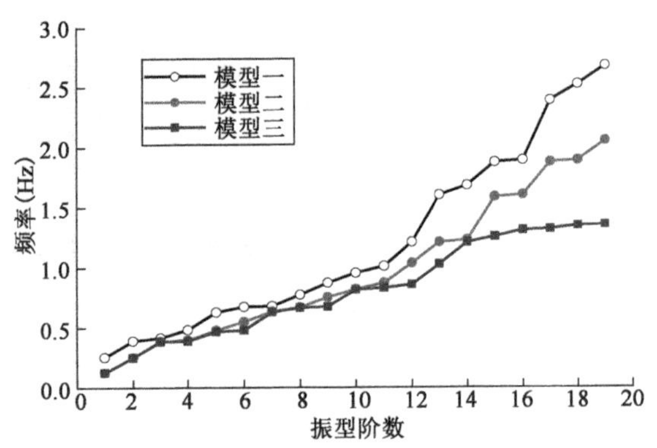

图4　三种有限元模型前20阶自振频率对比

各模型振型频率值对比　　表2

振型特征	低阶振型	模型一		模型二		模型三	
		阶次	频率	阶次	频率	阶次	频率
主梁竖弯	一阶反对称竖弯+纵向漂移	1	0.256	1	0.127	1	0.127
	主梁一阶正对称竖弯	3	0.418	4	0.395	3	0.387
	主梁二阶反对称竖弯	5	0.628	7	0.636	7	0.629
	主梁二阶正对称竖弯+主塔横向侧弯	8	0.773	8	0.668	8	0.667
	主梁三阶正对称竖弯	12	1.210	10	0.820	10	0.816
	主梁三阶反对称竖弯	10	0.953	12	1.035	13	1.028
主梁扭转	主梁一阶正对称扭转	4	0.482	5	0.481	5	0.468
	主梁一阶正对称扭转+主塔横向侧弯	7	0.679	6	0.551	6	0.481
	主梁一阶反对称扭转	6	0.675	11	0.872	11	0.831
	主梁二阶正对称扭转	13	1.606	16	1.606	20	1.575

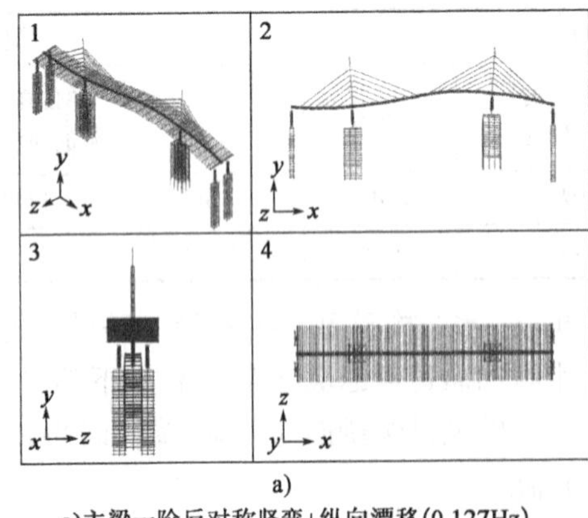

a)

a)主梁一阶反对称竖弯+纵向漂移(0.127Hz)

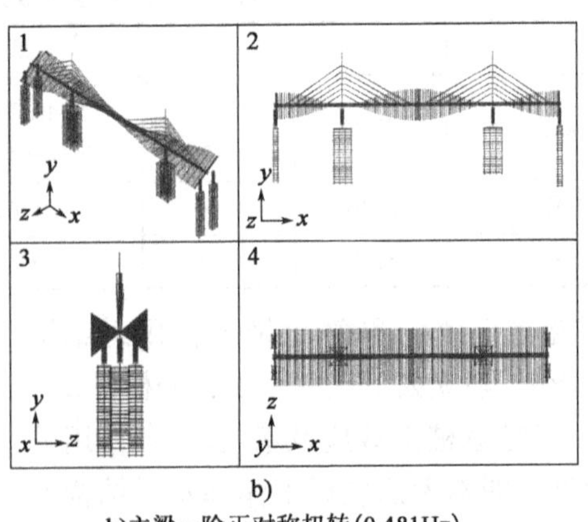

b)

b)主梁一阶正对称扭转(0.481Hz)

图5　模型三典型振型图

结合表2结果对该桥振型进行分析，可得以下结论：

(1)第一阶振型为主梁的一阶反对称竖弯+主梁纵飘，符合常规斜拉桥结构的振型特性。在桥梁前20阶振型中，由于钢箱梁斜拉桥的主梁刚度大，塔梁间存在较强的限位约束，振型多以主梁的竖弯为主，且该桥的反对称竖弯较正对称竖弯先出现。

(2)该桥最先出现以主梁振动为主的振型，随后出现主塔沿着顺桥向及横桥向的侧弯、边墩在之后的振型中也出现侧弯。主梁的竖弯和扭转交替出现，且出现主梁竖弯与扭转的耦合振型，主塔侧弯与主梁弯扭的耦合振型，即塔梁耦合振动的振型较多，说明该桥振型较为复杂。主梁的横向侧弯出现得较晚，说明该桥的横向刚度较大。在今后的抗震设计中，应着重对主梁与主塔进行分析。

(3)对该桥的模态分析中出现多阶扭转振型，结合该桥拉索的布置形式，说明该桥抗扭转稳定性较差。

3.2 地基刚度变化对桥梁动力特性的影响

基于“m”法计算了表征桩-土相互作用的等代土弹簧刚度值，计算时根据实际桥址土层的液性指数 I_L 按规范插值计算出对应土层的 m 值，然而 m 参数的取值变化，对结构动力特性的影响程度如何，这对结构动力特性分析是很重要的。本节对模型三中计算出的等代土弹簧刚度分别进行0.05、0.1、0.5倍折减以来模拟不同的地基刚度。不同地基刚度下结构自振频率对比如图6所示。

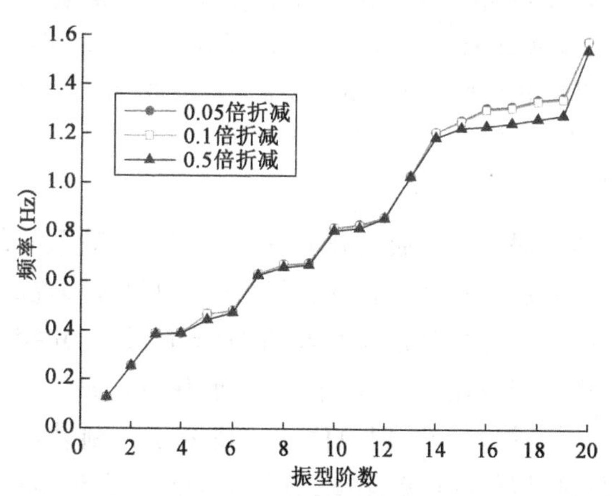

图6 不同地基刚度下结构自振频率

由图6曲线结果可知，考虑 m 取值差异造成地基刚度变化的影响下，随着等代土弹簧刚度折减，该斜拉桥的自振频率有所减小，基频由0.12652Hz减小到0.12642Hz。刚度折减越多，频率减小越多，对于高于14阶的振型，减小的幅度明显，所以在一定范围内，地基刚度的变化对该斜拉桥结构高于14阶的自振频率影响显著。

4 结语

以汕头中砂大桥为工程背景，建立了能考虑桩-土相互作用、墩-水相互作用的钢箱梁斜拉桥三维空间全桥有限元模型，重点分析了桩土效应和动水作用对钢箱梁斜拉桥频率和振型的影响，得到以下结论：

(1)考虑桩土效应和动水作用后，该斜拉桥结构自振频率均减小，在进行大跨、深水、跨海桥梁动力特性分析时，非常有必要考虑动水作用影响。

(2)振型阶数越高，三种模型间的自振频率差值越明显，桩土效应和动水作用对钢箱梁斜拉桥高阶模态频率的影响显著。

(3)等代土弹簧刚度的折减，对该斜拉桥结构高于14阶的自振频率有一定影响，刚度折减越多，频率减小越多。

参考文献

[1] 吴文朋，刘思思，梁鹏，等. 动水压力和PSI对深水高墩桥梁抗震性能的影响[J]. 防灾减灾工程学报，2021，41(1)：67-74.

[2] 中国桥梁工程学术研究综述・2021[J]. 中国公路学报，2021，34(2)：1-97.

[3] 孙治国，刘亚明，司炳君，等. 基于OpenSees的桩-土-桥墩相互作用非线性数值分析模型[J]. 世界地震工程，2018，34(4)：67-74.

[4] 王世成，向云，张欣，等. 混凝土梁斜拉桥地震响应与抗震体系设计[J]. 公路，2022，67(7)：226-233.

[5] 黄鸣柳，沈文爱，胡宇航，等. 考虑不同桩土效应分析模型的双座串联斜拉桥动力特性分析[J]. 土木工程与管理学报，2020，37(5)：137-141，168.

[6] 重庆交通大学，同济大学，浙江大学，等. 桥梁结构有限元分析[M]. 北京：人民交通出版社股份有限公司，2018.

[7] J R MORISON，J W JHONSON，S A SCHAAF. The force exerted by surface wave on piles[J]. 2018.

[8] 竺艳蓉. 海洋工程波浪力学[M]. 天津：天津大学出版社，1991.

[9] 陈文元. 考虑桩土水耦合的大跨斜拉桥地震响应与可靠度研究[D]. 成都：西南交通大学，2013.

[10] 张士博. 斜拉桥结构在地震、波浪和海流作用下性能分析及优化设计[D]. 大连:大连理工大学, 2018.

[11] 林曾,章勇,袁万城,等. 深水多塔斜拉桥地震动水效应分析[J]. 结构工程师, 2016, 32(1): 77-84.

[12] 袁迎春,赖伟,王君杰,等. Morison方程中动水阻力项对桥梁桩柱地震反应的影响[J]. 世界地震工程, 2005(4): 88-94.

[13] 赖伟,郑铁华,雷勇. Morison方程中动水阻力项对桥梁桩柱地震反应的影响[J]. 四川建筑科学研究, 2007(4): 163-168.

[14] 赖伟. 震和波浪作用下深水桥梁的动力响应研究[D]. 上海:同济大学, 2004.

[15] 中华人民共和国交通运输部. 港口与航道水文规范:JTS 145—2015[S]. 北京:人民交通出版社股份有限公司, 2015.

[16] 祝志文,姜子涵. 加劲梁带外伸跨的大跨度悬索桥动力特性分析[J]. 铁道科学与工程学报, 2022, 19(4): 1014-1023.

钢-UHPC组合梁群钉连接件静力性能试验研究

柴文浩[1] 狄 谨*[1,2,3] 朋 茜[3,4] 秦凤江[2]

(1. 长安大学公路学院; 2. 重庆大学土木工程学院;
3. 浙江大学建筑工程学院; 4. 宁波工程学院建筑与交通工程学院)

摘 要 为研究钢-UHPC(超高性能混凝土)组合梁群钉连接件的静力性能,本文考虑混凝土材料、栓钉直径、栓钉间距等因素,进行了5组钢-UHPC组合梁群钉连接件静力推出试验。试验结果表明:栓钉直径和混凝土材料对群钉连接件的抗剪承载力和抗剪刚度有显著影响。栓钉直径由19mm增至22mm时,抗剪承载力和抗剪刚度分别增加27.5%和12%,UHPC试件和C50混凝土试件比较,抗剪承载力和抗剪刚度分别增加13.2%和20%。然而,栓钉间距对群钉连接件的抗剪承载力和抗剪刚度影响较小,当栓钉的间距由125mm增至200mm时,抗剪承载力和抗剪刚度分别增加5.8%和3%。现行规范关于栓钉承载力的计算公式中,美国规范的计算值最为接近试验值,中国规范的计算值最为保守。

关键词 UHPC 群钉连接件 推出试验 抗剪承载力 抗剪刚度

0 引言

栓钉连接件是钢混组合梁中常用连接件之一。在实际施工过程中,栓钉常以群钉的形式布置在钢梁表面。因此,群钉连接件的受力性能得到了广泛关注[1-3]。

关于群钉连接件的静力性能方面,苏庆田等人[4]开展了高强砂浆中群钉连接件推出试验,其研究指出群钉连接件和单钉连接件在抗剪承载力上存在明显差异。邓文琴等人[5]开展了普通混凝土中群钉连接件推出试验,并基于试验和数值模拟结果提出了普通混凝土中群钉效应折减系数的计算方法。王绍迪和Hu等人[6-7]对钢-高强混凝土中群钉连接件的破坏机理进行了研究,并探究了现行规范在计算群钉连接件承载力方面的适用性。Yu等人[8]采用数值方法研究了预制装配式群钉连接件的抗剪刚度,分析了混凝土强度、栓钉间距、直径、灌浆料强度对群钉连接件抗剪刚度的影响。

近年来,随着UHPC在桥梁工程中的广泛应用,钢-UHPC组合梁群钉连接件的力学性能也逐渐被研究。Wang与Fang等[9-10]人开展了预制装

基金项目:国家重点研发计划(2021YFF0501004);国家自然科学基金(52192663);重庆市技术创新与应用发展专项重点项目(CTB2022TIAD-KPX0103)。

配式钢-UHPC组合梁群钉连接件静力推出试验，其试验结果发现群钉连接件的破坏形式均是以栓钉断裂为主，UHPC板并未出现明显裂缝。Tong等[11]开展了高强钢-UHPC群钉连接件推出试验，并提出了荷载-滑移曲线的预测公式。Kruszewski等[12]进行了钢-UHPC栓钉连接件静力推出试验，试验研究表明UHPC强度的增加可以提高栓钉连接件抗剪承载力，但会造成延性降低。

在上述学者的研究基础之上，本文通过5组钢-UHPC组合梁群钉连接件静力推出试验，研究了栓钉直径、混凝土强度、栓钉间距等参数对钢-UHPC组合梁群钉连接件的抗剪承载力、抗剪刚度的影响，并采用现行规范对群钉连接件的抗剪承载力计算方法进行了对比分析。

1 试验概述

1.1 试件设计

本试验共设计5组群钉连接件推出试件。试件的整体尺寸为1.35m×0.74m×0.9m，混凝土板尺寸为1.2m×0.9m×0.25m，钢梁尺寸1.25m×0.3m×0.24m，所有钢板的厚度为20mm。为加载方便，在钢梁顶部焊接一块尺寸为0.3m×0.36m×0.02m的加载端板。翼缘板采用Q420钢材，腹板和加载端板采用Q460钢材。钢筋为HRB400级，竖向钢筋和箍筋直径分别为16mm和12mm。栓钉采用ML15规格，长度为150mm，直径分别为19mm和22mm，栓钉的横向间距为100mm。在试件加工中，为消除钢-混凝土界面黏结力影响，在钢梁和混凝土的接触面之间涂抹润滑油。试件的详细尺寸如图1所示，参数设计如表1所示。编号规则如下：U22-125表示混凝土材料为UHPC，栓钉直径为22mm，栓钉纵向间距为125mm的试件。

试件参数 表1

试件	混凝土	直径(mm)	间距(mm)	数量
N22-125	C50	22	125	2
U22-125	UHPC	22	125	3
U19-125	UHPC	19	125	2
U22-150	UHPC	22	150	2
U22-200	UHPC	22	200	2

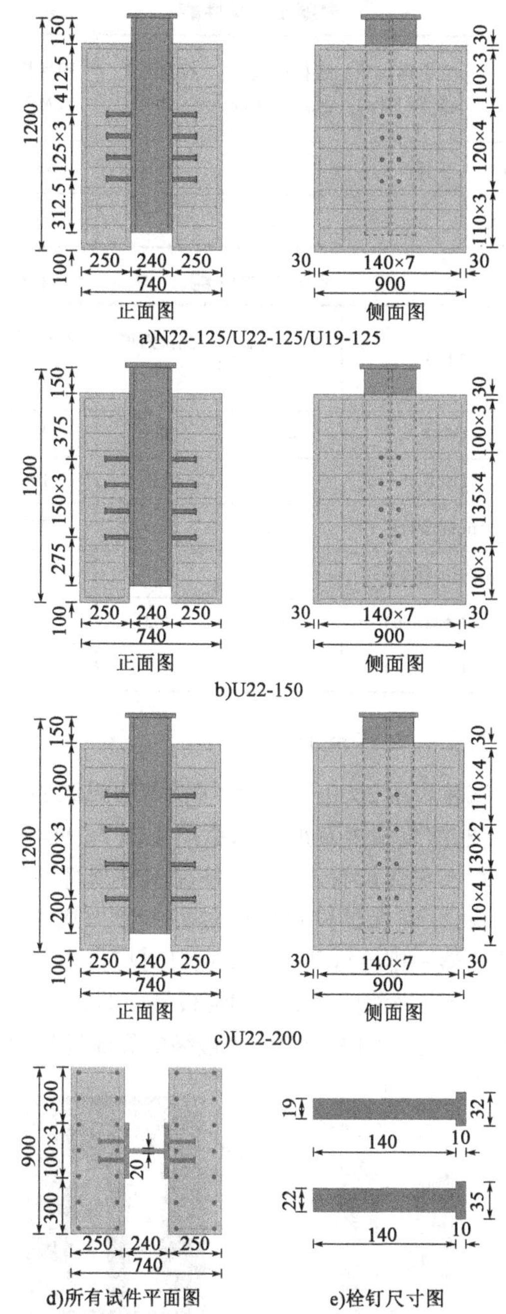

图1 试件尺寸(尺寸单位:mm)

1.2 材料性能

对试验中的所有材料进行力学性能测试。钢筋、钢板以及栓钉的拉伸性能参数按照《金属材料 室温拉伸 第1部分:室温试验方法》(GB/T 228.1—2021)进行测试，C50混凝土按照《混凝土力学性能试验方法标准》(GB/T 50081—2019)中要求进行测试，UHPC按照《超高性能混凝土基本性能与试验方法》(T/CBMF 37—2018，T/CCPA7—2018)中有关规定进行测试，材料性能测试结果如表2和表3所示。

混凝土力学性能　表2

材料	立方体抗压强度(MPa)	棱柱体抗压强度(MPa)	拉伸强度(MPa)	弹性模量(MPa)
C50	51.4	35.2	—	35.2
UHPC	144.6	112.5	9.3	50.8

钢材力学性能　表3

材料	屈服强度(MPa)	抗拉强度(MPa)	弹性模量(GPa)
Q420	470	585	214
Q460	515	577	196
ϕ16mm钢筋	432	629	208
ϕ12mm钢筋	430	627	205
栓钉(ϕ22mm)	385	463	197
栓钉(ϕ19mm)	373	460	203

1.3　加载流程

试验采用2000t的电液伺服多功能试验机进行加载,加载装置及加载示意图见图2。加载时,在混凝土底部设置沙垫层,并在试件顶部放置橡胶垫块,以确保试件在加载过程中受力均匀。在试件的第一排栓钉和第四排栓钉对应位置各布置4个百分表来测试混凝土和钢板界面的相对滑移。取8个百分表的平均值作为最终的界面滑移值。

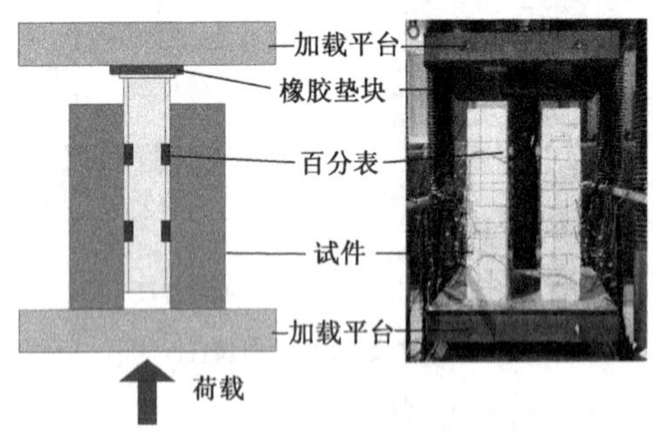

图2　试验加载装置

在正式加载前,首先进行预加载。先以1.5kN/s的速率加载至预估极限荷载的30%后卸载至0kN,后重复该加载过程3次。之后进行正式加载,正式加载采用单调分级加载,每级为100kN,每级持荷3~5min,当加载至70%预估极限荷载(根据美国规范AASHTO中公式计算所得)时,采用位移控制进行加载,加载速率为0.2mm/min,直至试件破坏。

2　试验结果分析

2.1　破坏模式

试件破坏形态可分为两类:普通混凝土试件的破坏形态为栓钉从根部断裂,栓钉根部区域的混凝土被压溃,混凝土板出现明显裂缝;UHPC试件破坏形态为栓钉从根部断裂,栓钉根部区域的混凝土被压溃。两种试件破坏的主要区别在于UHPC试件中栓钉根部区域混凝土的压溃面积较小,且UHPC板未出现任何裂缝。主要原因是UHPC的抗压强度较高。UHPC试件与普通混凝土试件的典型破坏照片如图3所示。

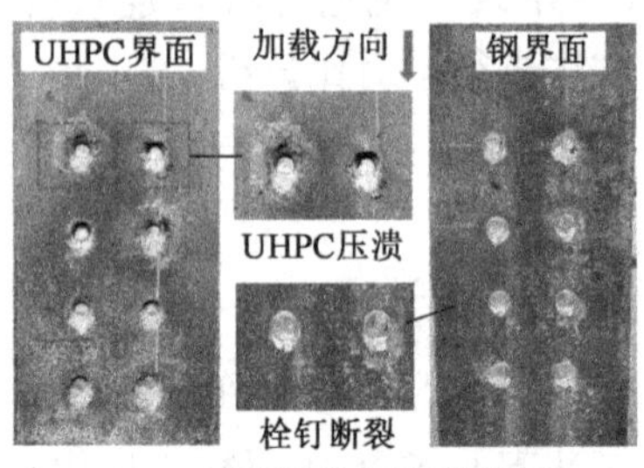

a)UHPC中群钉连接件破坏照片

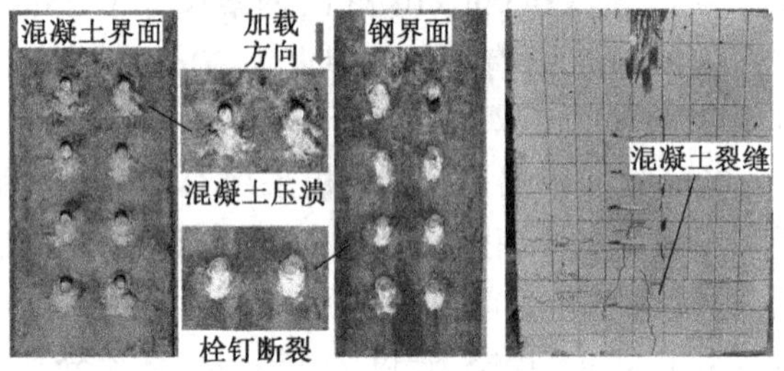

b)普通混凝土中群钉连接件破坏照片

图3　典型试件破坏照片

2.2　荷载-滑移曲线

荷载-滑移曲线是反映群钉连接件抗剪性能的重要指标。图4给出了所有试件的荷载-滑移曲线。试件的荷载-滑移曲线可以划分成三个阶段。第一阶段:弹性上升阶段,在该阶段中,荷载和滑移量之间大致呈线性增长关系,最大弹性荷载约在极限荷载的40%~50%。该阶段的主要特点是承载力增加较快,但滑移值增加较小。第二阶段:塑性上升阶段,荷载-滑移曲线出现了明显的转折段,试件刚度明显降低。栓钉周围的混凝土已经出现压溃现象。滑移量增加较多,但荷载增加较少。当试件的承载力达到最大承载力后进入第三阶段(下降阶段),该阶段中试件的荷载出现突降现象,并且会出现平台段。出现平台段的主要原因是由于加载过程中栓钉并非同时断裂，当部分栓钉断裂后，其余栓钉仍然可以承受荷载。在平台期末，试件发生破坏，试件的破坏形式为单侧或双侧栓钉突然脆断。

2.3 抗剪承载力和滑移量

抗剪承载力和滑移量分别反映了连接件的抗剪承载能力和延性，是连接件推出试验最重要的力学指标。其中，延性通过钢-混凝土界面的相对滑移值来评价。所有试件的试验结果如表4所示。其中，P_{ua}为每组试件的平均极限抗剪承载力；P_s为对应单钉的平均抗剪承载力；S_{ua}为峰值滑移量；S_{ma}为极限滑移量。上述取值均按照欧洲规范4中相关规定取值。

试验结果 表4

试件	P_{ua} (kN)	P_s (kN)	S_{ua} (mm)	S_{ma} (mm)
N22-125	2640	165	7.60	8.50
U22-125	2986.6	186.7	5.66	6.6
U19-125	2342.5	146.4	4.98	6.01
U22-150	3092.5	193.3	5.77	6.63
U22-200	3161.5	197.6	6.29	6.54

从表4中可以看出，混凝土材料和栓钉直径对群钉连接件的抗剪承载力影响较大，U22-125试件与N22-125试件相比较，抗剪承载力提高了13.2%。U22-125试件与U19-125试件相比较，抗剪承载力提高了27.5%。然而，栓钉间距对群钉连接件抗剪承载力影响较小，U22-200试件与U22-125试件相比较，抗剪承载力提高约5.8%，主要原因是栓钉间距增加，削弱了群钉连接件的群钉效应，群钉连接件的抗剪承载力只略微提高。

在群钉连接件的延性方面，从表4中可以看出，混凝土材料和栓钉的直径对滑移量的影响较大。U22-125试件与N22-125试件相比较，滑移量S_{ua}和S_{ma}分别减少了34%和28%。主要是UHPC的抗压强度较高，栓钉周围的局部混凝土可以为栓钉提供更大的约束反力，导致栓钉的滑移量减小。U22-125试件与U19-125试件相比较，滑移量S_{ua}和S_{ma}分别增加了13%和10%。此外，随着栓钉间距的增大，滑移量S_{ua}有所增加，而滑移量S_{ma}化不大。

荷载-滑移曲线见图4。

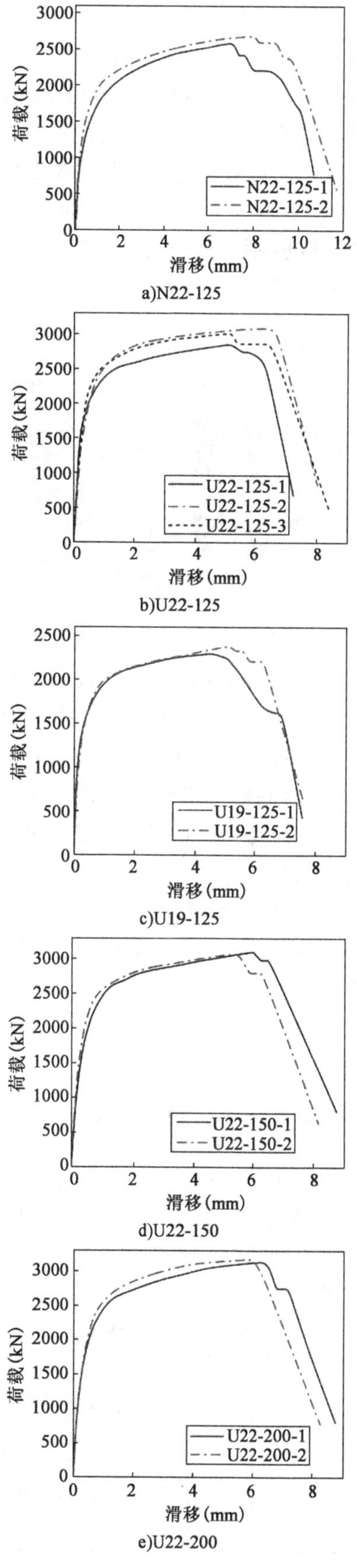

图4 荷载-滑移曲线

2.4　抗剪刚度

目前关于群钉连接件的抗剪刚度多是以荷载-滑移曲线中的特定承载力和特定滑移量处的割线模量作为群钉连接件的抗剪刚度。本文以欧洲规范 4(0.7 倍承载力对应的割线模量)和 $K_{0.2mm}$(滑移量为 0.2mm 处的割线模量)为评价方式,对不同试件的抗剪刚度进行分析,图 5 给出了所有试件的抗剪刚度。

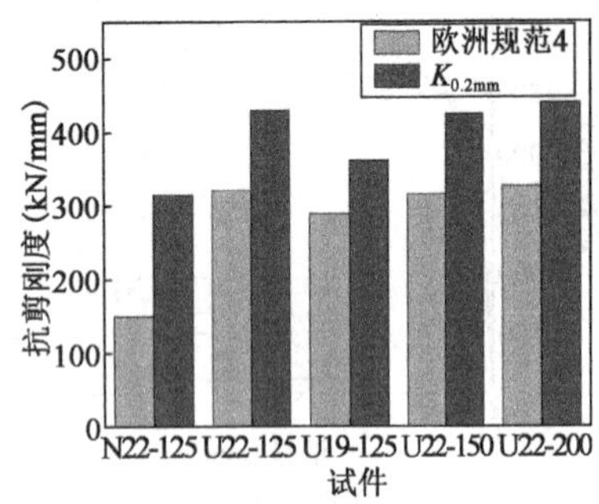

图 5　不同参数下的抗剪刚度

从图 5 中可以看出,在两种抗剪刚度评估方法下,不同参数对抗剪刚度的影响规律相同。混凝土材料和栓钉直径对群钉连接件的抗剪刚度影响较大,而栓钉间距对群钉连接件的抗剪刚度影响较小。UHPC 试件抗剪刚度比普通混凝土试件的抗剪刚度提高 20% 以上,这是由于 UHPC 具有较高的抗压强度,导致其对栓钉的约束作用增强。这点也和文献[13-14]所得到的结果相似。直径 22mm 和直径 19mm 的试件相比较,其抗剪刚度涨幅约为 12% ~19%。然而,随着栓钉间距增加,抗剪刚度变化仅为 3% 左右。

3　抗剪承载力计算方法分析

目前各国规范及相关文献中均提出了单钉抗剪承载力计算方法,具体计算方法如表 5 所示。图 6 给出了采用不同计算方法下单钉抗剪承载力的计算结果。

单钉抗剪承载力计算方法　　　表 5

编号	计算公式
(1)	$P_s = \min(0.29\alpha d^2\sqrt{E_c f_{ck}}, 0.8A_s f_u)$
(2)	$P_s = 0.5A_s\sqrt{E_c f_{ck}} \leqslant A_s f_u$
(3)	$P_s = 0.43A_s\sqrt{E_c f_c} \leqslant 0.7A_s f_u$
(4)	$P_s = 1.1\eta k A_s f_u$

注:计算式(1)~式(4)分别来源于欧洲规范 EN 1994-1-1、美国规范 AASHTO、中国规范(GB 50917—2017)以及文献[10]。

表 5 中:P_s——单钉抗剪承载力;

A_s——栓钉杆部截面面积;

f_u——栓钉抗拉强度;

E_c——混凝土的弹性模量;

f_c——混凝土的立方体抗压强度;

f_{ck}——混凝土的圆柱体抗压强度;

d——栓钉直径;

α——栓钉长径比影响系数,当 $3 \leqslant h/d \leqslant 4$ 时,$\alpha = 0.2(h/d+1)$,当 $h/d > 4$ 时,$\alpha = 1$;

h——栓钉高度;

η——栓钉间距折减系数,取 0.85;

k——UHPC 覆盖层折减系数,此处取 1。

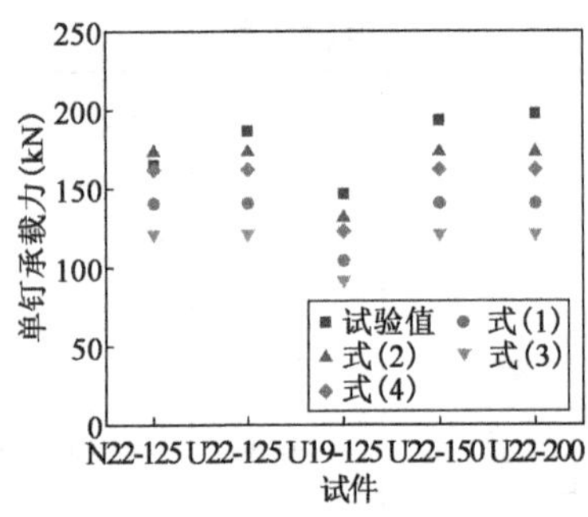

图 6　不同计算公式下的单钉承载力

从图 6 中可以明显看出,各国规范在计算钢-普通混凝土中群钉连接件的抗剪承载力时,美国规范和式(4)比较贴近试验值,而中国规范和欧洲规范计算值较保守,仅为试验值的 70% ~85%。而当混凝土材料为 UHPC 时,所有公式的计算结果均小于试验值,计算值和试验值的比值介于 61% ~92%。中国规范的计算值最为保守,美国规范的计算值更为贴近试验值。式(4)虽然是基于钢-UHPC 组合梁群钉连接件推出试验提出的,但在计算过程中栓钉间距的折减系数取值过于保守,导致其计算结果小于试验值。因此,在进行 UHPC 中的群钉连接件承载力预测时,建议采用美国规范更为合理。

4　结语

本文通过 5 组钢-UHPC 组合梁群钉连接件静力推出试验,研究不同因素对群钉连接件静力性能的影响,主要得出以下结论:

(1)钢-普通混凝土群钉连接件的破坏模式为栓钉从根部断裂,栓钉根部混凝土出现压溃现象,混凝土板出现明显裂缝;而当混凝土材料为UHPC,其破坏模式为栓钉剪断,栓钉根部混凝土出现压溃现象,但UHPC板未出现任何裂缝。

(2)混凝土材料和栓钉直径对群钉连接件的抗剪承载力和抗剪刚度有显著影响,而栓钉间距对群钉连接件的抗剪承载力和抗剪刚度影响较小。

(3)现行规范在计算钢-UHPC组合梁群钉连接件的抗剪承载力时过于保守,目前仅美国规范计算值最为贴近试验测试值,建议可采用美国规范来预测钢-UHPC组合梁群钉连接件的抗剪承载力。

参考文献

[1] 张矿三,刘建友,赵继之.跨座式单轨钢-混凝土组合梁群钉连接件力学性能研究[J].铁道标准设计,2023,67(8):82-89.

[2] 赵根田,侯智译,高鹏,等.拟静力作用下群钉连接件抗剪性能研究[J].工程力学,2020,37(7):201-213.

[3] 周绪红,逯文茹,狄谨,等.钢锚箱栓钉剪力连接件群钉效应及抗剪承载力计算方法[J].中国公路学报,2014,27(12):33-45.

[4] 苏庆田,李雨.高强度砂浆群钉连接件抗剪承载力试验[J].同济大学学报(自然科学版),2015,43(05):699-705.

[5] 邓文琴,胡楷文,刘朵,等.集簇式焊钉连接件抗剪承载力试验及计算方法[J].中国公路学报,2022,35(10):194-204.

[6] 王绍迪,马玉宏,赵桂峰,等.钢-预制HSC组合梁群钉连接件受剪性能研究[J].建筑结构学报,2023,44(S1):183-192.

[7] HU Y,QIU M,CHEN L,et al. Experimental and analytical study of the shear strength and stiffness of studs embedded in high strength concrete[J]. Engineering Structures, 2021, 236:111.

[8] YU J, WANG Y H, LIU J P, et al. Stiffness analysis of shear stud group connectors in precast concrete deck [J]. Engineering Structures,2023,274:115.

[9] WANG J,QI J,TONG T,et al. Static behavior of large stud shear connectors in steel-UHPC composite structures [J]. Engineering Structures,2019,178:534-542.

[10] FANG Z, FANG H, HUANG J, et al. Static behavior of grouped stud shear connectors in steel-precast UHPC composite structures containing thin full-depth slabs [J]. Engineering Structures,2022,252:113.

[11] TONG L, CHEN L, WEN M, et al. Static behavior of stud shear connectors in high-strength-steel-UHPC composite beams [J]. Engineering Structures,2020,218:110827.

[12] KRUSZEWSKI D, WILLE K, ZAGHI A E. Push-out behavior of headed shear studs welded on thin plates and embedded in UHPC [J]. Engineering Structures, 2018, 173: 429-441.

[13] QI J, HU Y, WANG J, et al. Behavior and strength of headed stud shear connectors in ultra-high performance concrete of composite bridges[J]. Frontiers of Structural and Civil Engineering,2019,13:1138-1149.

[14] PENG K, LIU L, WU F, et al. Experimental and numerical analyses of stud shear connectors in steel-SFRCC composite beams [J]. Materials,2022,15(13):4665.

增材制造GFRP渐进损伤模型及参数化分析

贾梦怡　杨冰晨*　胡海洋　原晖程　王小鹏
(长安大学公路学院)

摘　要　失效分析方法的不足,严重阻碍了熔丝制造(FFF)3D打印复合材料在土木工程中的应用。为了进一步了解FFF复合材料的失效过程,促进FFF 3D打印复合材料的发展,本文旨在对不同叠加顺序的打印层压板的极限拉伸强度进行详细的数值模拟。基于连续打印丝假设和FFF 3D打印GFRP的细观结构特征,建立了一种新的渐进损伤模型,可以准确预测3D打印GFRP在轴向准静态载荷下的层内失效。基于本研究中建立的渐进损伤方法,对印刷层压板的失效过程进行了详细的数值模拟。结果表明,由于复合材料的层层特性,其下层表现出较强的极限抗力。

关键词　FFF 3D打印　细观结构　渐进损伤　连续打印丝假说　数值模拟

0　引言

3D打印(增材制造)技术对研究人员和工程师越来越有吸引力,并广泛应用于土木工程、汽车和航空航天等领域。3D打印能做到较高的精度和很高的复杂程度,可用于制造采用传统方法制造不出来的、非常复杂的制件;到目前为止,已经有以下几种3D打印技术,包括熔丝制造(FFF)、立体光固化成型(SLA)、选择性激光熔化(SLM)、选择性激光烧结(SLS)和层压物体制造(LOM)。

为了验证FFF 3D打印FRP的力学性能的优越性,研究人员进行了大量的相关探索。江等人比较了PLA、ABS、PETG等短碳纤维增强聚合物(S-CFRP)在不同光栅角度下的抗拉强度和杨氏模量,结果表明,FFF 3D打印S-CFRP在所有光栅角度下的力学性能都高于聚合物。张等人比较了ABS和基于ABS的S-CFRP的平面剪切性能。显然,ABS基S-CFRP的抗剪强度要高于ABS,且随着打印速度和层厚的增加而减小。此外,Tekinalp等人探讨了基于FFF 3D打印的基于ABS的S-CFRP的可打印性、细观结构和力学性能。与传统的压缩模压复合材料相比,3D打印样品的抗拉强度和杨氏模量分别提高了115%和700%。

然而,研究人员很少从细观上描述FFF 3D打印FRP的失效过程,特别是在发展细观结构与宏观力学性能之间的关系方面。此外,对FFF 3D打印FRP力学性能的定量分析研究也比较不足。揭示损伤机制,建立准确的渐进损伤模型来预测3D打印FRP结构的力学行为,是将FFF 3D打印FRP应用于实际工程的基础和迫切需要。

本研究构建了FFF 3D打印GFRP的渐进式失效模型。首先,获得了不同尺寸下的扫描电镜(SEM)图像,建立了FFF 3D打印GFRP的细观结构几何模型。本研究首次提出了基于细观结构的连续打印丝假说。其次,基于连续打印丝假设和细观结构特征,建立了渐进损伤模型。该模型具有二维模式和三维模式两种失效模式,采用基于断裂能量准则的刚度降低模式模拟损伤演化。此外,利用该失效模型分析了FFF 3D打印GFRP的失效过程,并预测了其极限抗拉强度。

1　渐进损伤模型

为了确定FFF 3D打印层压板的最大承载能力和失效过程,必须进行渐进损伤分析,并模拟从最初出现损坏到完全失效的整个过程。损伤累积是逐渐发生的,从材料的最弱点开始,应力重分布导致整体结构失效。由于光栅角度的设计灵活性,FFF 3D打印GFRP的层内应力非常复杂。考虑到FFF 3D打印GFRP力学性能的复杂性,建立描述其破坏过程的理论分析模型至关重要。在拉伸荷载引起的损伤过程中,FFF 3D打印GFRP层压板会表现出多种层内损伤模式,包括打印丝损

基金项目:国家重点研发计划项目(2021YFB1600302)。

伤、横向损伤和层内剪切损伤。为了描述不同损伤模式下的耦合效应，需要一种适当的分析方法。该方法通常由本构定律、损伤起始准则和损伤演化准则组成。

1.1 本构关系

层内损伤本构定律的概念最初由 Kachanov 提出，然后由 Lemaitre 和 Chaboche 进一步发展。为了描述损伤后复合材料的状态，定义了一个变量 d_{ij}^k 来量化裂纹的程度。在当前的研究中，$d_{ij}^k=0$ 和 $d_{ij}^k=1$ 分别用于表示未损坏状态和完全损坏。下标 i 和 j 表示主轴的方向，$i=j=1$ 表示纵向，$i=j=2$ 表示矩阵方向，$i\neq j$ 表示层内剪切方向。上标 $k=t$ 和 $k=c$ 分别表示拉伸和压缩失效的类型。

在层压板损伤发生之前，应力张量 $\sigma=\{\sigma_{11},\sigma_{22},\sigma_{33},\sigma_{12},\sigma_{23},\sigma_{13}\}^{\mathrm{T}}$ 可以通过原始的刚度矩阵 C_0 与应变张量 $\varepsilon=\{\varepsilon_{11},\varepsilon_{22},\varepsilon_{33},\varepsilon_{12},\varepsilon_{23},\varepsilon_{13}\}^{\mathrm{T}}$ 联系起来，具体如下：

$$\sigma=C_0\varepsilon \tag{1}$$

$$C_0=\begin{bmatrix} E_{11}(1-\nu_{23}\nu_{32})\Gamma & E_{11}(\nu_{21}+\nu_{31}\nu_{23})\Gamma & E_{11}(\nu_{31}+\nu_{21}\nu_{32})\Gamma & 0 & 0 & 0\\ E_{11}(\nu_{21}+\nu_{31}\nu_{23})\Gamma & E_{22}(1-\nu_{13}\nu_{31})\Gamma & E_{22}(\nu_{32}+\nu_{12}\nu_{31})\Gamma & 0 & 0 & 0\\ E_{11}(\nu_{31}+\nu_{21}\nu_{32})\Gamma & E_{22}(\nu_{32}+\nu_{12}\nu_{31})\Gamma & E_{33}(1-\nu_{12}\nu_{21})\Gamma & 0 & 0 & 0\\ 0 & 0 & 0 & 2G_{12} & 0 & 0\\ 0 & 0 & 0 & 0 & 2G_{23} & 0\\ 0 & 0 & 0 & 0 & 0 & 2G_{31} \end{bmatrix} \tag{2}$$

$$\Gamma=1/(1-\nu_{12}\nu_{21}-\nu_{23}\nu_{32}-\nu_{31}\nu_{13}-2\nu_{21}\nu_{32}\nu_{13}) \tag{3}$$

损伤出现后，σ 与 ε 之间的关系可以表示为：

$$\sigma=C(d)\varepsilon \tag{4}$$

$C(d)$ 其中为损坏刚度矩阵：

$$C_d=\begin{bmatrix} (1-d_f)C_{11}^0 & (1-d_f)(1-d_m)C_{12}^0 & (1-d_f)(1-d_m)C_{13}^0 & 0 & 0 & 0\\ (1-d_f)(1-d_m)C_{12}^0 & (1-d_f)(1-d_m)C_{22}^0 & (1-d_f)(1-d_m)C_{23}^0 & 0 & 0 & 0\\ (1-d_f)(1-d_m)C_{13}^0 & (1-d_f)(1-d_m)C_{23}^0 & (1-d_f)(1-d_m)C_{33}^0 & 0 & 0 & 0\\ 0 & 0 & 0 & 2G_{12} & 0 & 0\\ 0 & 0 & 0 & 0 & 2G_{23} & 0\\ 0 & 0 & 0 & 0 & 0 & 2G_{31} \end{bmatrix} \tag{5}$$

式中：C_{ij}——刚度矩阵 C_0 中第 i 行和第 j 列的值；

d_f、d_m——纵向和矩阵方向上的损伤变量。损伤变量的表达式如下所示：

$$d_f=1-(1-d_{11}^t)(1-d_{11}^c) \tag{6}$$

$$d_m=1-(1-d_{22}^t)(1-d_{22}^c) \tag{7}$$

基于 Kachanov 提出的各向同性损伤理论，有效应力张量 $\hat{\sigma}$ 被定义为表示损伤开始后的折现应力张量。在局部坐标系中，$\hat{\sigma}$ 和 σ 之间的关系可以表示如下：

$$\hat{\sigma}=M(d)\sigma \tag{8}$$

$$M(d)=\begin{bmatrix} 1/(1-d_{11}^k) & 0 & 0 & 0 & 0 & 0\\ 0 & 1/(1-d_{22}^k) & 0 & 0 & 0 & 0\\ 0 & 0 & 1 & 0 & 0 & 0\\ 0 & 0 & 0 & 1/(1-d_{12}^k) & 0 & 0\\ 0 & 0 & 0 & 0 & 1/(1-d_{23}^k) & 0\\ 0 & 0 & 0 & 0 & 0 & 1/(1-d_{13}^k) \end{bmatrix} \tag{9}$$

为了更详细地研究复合材料的破坏行为，引入了二维模式下的本构关系进行对比分析。在二维模式中，仅考虑 1 个和 2 个主方向以及 1～2 个平面内剪切方向，其余方向与三维模式中相同。

1.2 起始损伤判据

起始损伤判据用于预测失效的开始。一个特殊的二次相互作用函数达到1,标志着失效过程的开始。正交各向异性的破坏失效标准确定了四种引发机制:打印丝拉伸损伤、打印丝压缩损伤、基体拉伸损伤、基体压缩损伤。考虑二维和三维模式的两种标准是基于Hashin损伤引发进行的。表达式如下所示,其中 α、β、χ、δ 是可变参数,调整失效标准,以获取目标材料的特征。

(1)二维模式中的损伤引发标准

对于打印丝的拉伸模式,$\sigma_{11} \geqslant 1$

$$\left(\frac{\sigma_{11}}{T_1}\right)^2 + \alpha\left(\frac{\tau_{12}}{S_{12}}\right)^2 \geqslant 1 \tag{10}$$

对于打印丝压缩模式,$\sigma_{11} < 0$

$$\left(\frac{\sigma_{11}}{C_1}\right)^2 \geqslant 1 \tag{11}$$

对于基体拉伸模式,$\sigma_{22} \geqslant 0$

$$\left(\frac{\sigma_{22}}{T_2}\right)^2 + \beta\left(\frac{\tau_{12}}{S_{12}}\right)^2 \geqslant 1 \tag{12}$$

对于矩阵压缩模式,$\sigma_{22} < 0$

$$\left(\frac{\sigma_{22}}{C_2}\right)^2 \geqslant 1 \tag{13}$$

(2)三维模式中的损伤引发标准

对于打印丝拉伸模式,$\sigma_{11} \geqslant 0$

$$\left(\frac{\sigma_{11}}{T_1}\right)^2 + \alpha\left(\frac{\tau_{12}}{S_{12}}\right)^2 + \beta\left(\frac{\tau_{13}}{S_{13}}\right)^2 \geqslant 1 \tag{14}$$

对于打印丝压缩模式,$\sigma_{11} < 0$

$$\left(\frac{\sigma_{11}}{C_1}\right)^2 \geqslant 1 \tag{15}$$

对于基体拉伸模式,$\sigma_{22} + \sigma_{33} \geqslant 0$

$$\left(\frac{\sigma_{22}}{T_2}\right)^2 + \chi\left(\frac{\tau_{12}}{S_{12}}\right)^2 + \delta\left(\frac{\tau_{13}}{S_{13}}\right)^2 \geqslant 1 \tag{16}$$

对于矩阵压缩模式,$\sigma_{22} + \sigma_{33} < 0$

$$\left(\frac{\sigma_{22}}{T_2}\right)^2 > 1 \tag{17}$$

1.3 损伤演化准则

当满足损伤起始准则时,复合材料的刚度根据损伤演化准则开始降低。为了准确地模拟FFF GFRP的层内损伤机理,防止局部应变,采用了涂抹开裂方法和基于能量演化的线性衰减模型。该模型假设双线性的应力-应变关系,其中应力值在下降开始($d_{ij}^k = 0$)后呈线性下降,直到材料完全失效($d_{ij}^k = 1$)。轴向拉伸和压缩荷载下的线性退化模型如图1所示,其中 $\varepsilon_{o,i}^k$ 和 $\varepsilon_{f,i}^k$ 分别为初始应变和最终失效应变。此外,在应力-应变曲线下的三角形区域的面积为临界应变能量释放密度 g_{iC}。最终失效应变 $\varepsilon_{f,i}^k$ 与临界应变 g_{iC}^k 能量释放密度的关系如下式所示:

$$\varepsilon_{f,i}^k = \frac{2g_{f,i}^k}{\sigma_k} = \frac{2G_{iC}^k}{\sigma_k l^*} \quad (k = t \text{ 或 } k = c) \tag{18}$$

式中:l^* ——元素的特征长度。

必须满足以下条件,以确保材料的稳定性。

$$l^* < \frac{G_C}{G_{iC}^k} \tag{19}$$

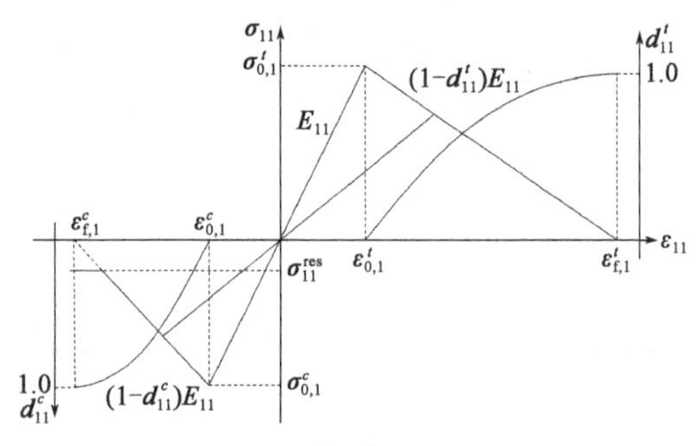

图1 复合材料的层内损伤过程

损伤变量 d_{ij}^k 由当前应变 ε_{ii} 决定,并可根据失效模式和应力方向分为四种类型,具体如下所示。

(1)打印丝方向上的拉伸损伤

$$d_{11}^t(\varepsilon_{11}) = \frac{\varepsilon_{f,1}^t}{\varepsilon_{f,1}^t - \varepsilon_{0,1}^t}\left(1 - \frac{\varepsilon_{0,1}^t}{\varepsilon_{11,\mathrm{eq}}^t}\right) \tag{20}$$

(2)打印丝方向上的压缩损伤

$$d_{11}^c(\varepsilon_{11}) = \frac{\varepsilon_{f,1}^c}{\varepsilon_{f,1}^c - \varepsilon_{0,1}^c}\left(1 - \frac{\varepsilon_{0,1}^c}{\varepsilon_{11,\mathrm{eq}}}\right) \tag{21}$$

(3)基体方向上的拉伸损伤

$$d_{22}^t(\varepsilon_{22}) = \frac{\varepsilon_{f,2}^t}{\varepsilon_{f,2}^t - \varepsilon_{0,2}^t}\left(1 - \frac{\varepsilon_{0,2}^t}{\varepsilon_{22,\mathrm{eq}}^t}\right) \tag{22}$$

(4)基体方向上的压缩损伤

$$d_{22}^c(\varepsilon_{22}) = \frac{\varepsilon_{f,2}^c}{\varepsilon_{f,2}^c - \varepsilon_{0,2}^c}\left(1 - \frac{\varepsilon_{0,2}^c}{\varepsilon_{22,\mathrm{eq}}^c}\right) \tag{23}$$

等效的应变和,可以表示为:

$$\varepsilon_{11,eq}^k = \sqrt{\left[(\varepsilon_{11})^2 + \left(\frac{\varepsilon_{0,1}^k}{\varepsilon_{0,12}^k}\right)^2 (\varepsilon_{12})^2\right]} > \varepsilon_{0,1}^k \tag{24}$$

$$\varepsilon_{22,eq}^k = \sqrt{\left[(\varepsilon_{22})^2 + \left(\frac{\varepsilon_{0,2}^k}{\varepsilon_{0,12}^k}\right)^2 (\varepsilon_{12})^2\right]} > \varepsilon_{0,2}^k \tag{25}$$

2 数值分析

2.1 有限元模型

基于 ABAQUS/Explicit，FFF GFRP 层压板的有限元模型如图 2 所示，尺寸为 125mm × 25mm × 2mm，采用 8 节点简化积分单元 C3D8R。模型的左边缘是用刚性约束固定，右边缘为自由边。同时，在模型右侧施加 x 方向上的位移，以模拟准静态荷载条件。此外，将临界应变能释放率的值设置为 $G_{f11}^{t}=G_{f11}^{c}=12.5\mathrm{kJ/m^2}$ 和 $G_{f22}^{t}=G_{f22}^{c}=1\mathrm{kJ/m^2}$。

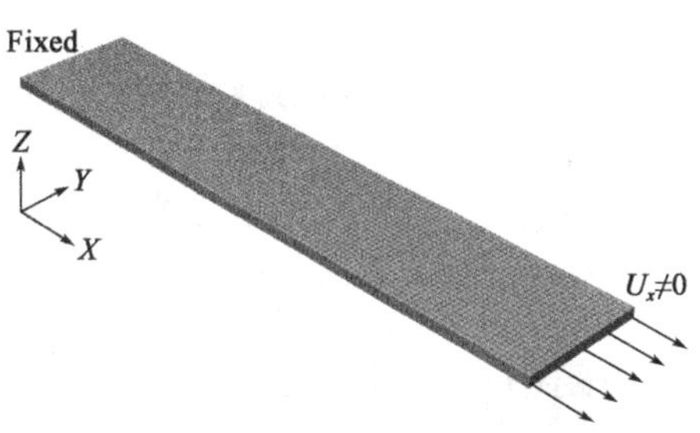

图 2 层压板的有限元模型

为了研究网格尺寸对有限元模型的影响，测试了三种类型的网格尺寸（3mm、1mm 和 0.5mm），而所有其他参数与验证模型保持不变（$[0°]_{10}$）。网格尺寸对荷载位移和迭代能量-位移曲线的影响如图 3 所示。由图 3a）可知，不同网格尺寸的初始载荷和内能非常接近。然而，网格尺寸为 3mm（粗网格）的曲线产生的荷载与其他荷载相同，但在峰值载荷后有所不同。如图 3b）所示，粗网格具有较小的内能和较大的能量吸收幅度，因为一旦一排元件达到失效起始点，在下一排元件与加载板接触之前，元件排之间就存在具有非常低的荷载，甚至零荷载的大间隙。

一旦有限元模型被细化到一定的阈值，结果就会保持稳定。因此，为了平衡计算精度和效率，本研究中选择了 1mm 的网格尺寸来对本研究中的所有模型进行网格划分。

2.2 FFF GFRP 的响应过程

基于第 1 节中建立的渐进损伤模型，将用户子程序 VUMAT 实现到 ABAQUS/Explicit 中，通过定义模型材料特性和更新应力状态来满足用户要求。用户子程序必须在特定的时间步长调用，状态变量通过更改状态变量来更新，而 ABAQUS/Explicit 中的应力和应变不能直接由 VUMAT 检索，子程序是按照以下步骤编写的。

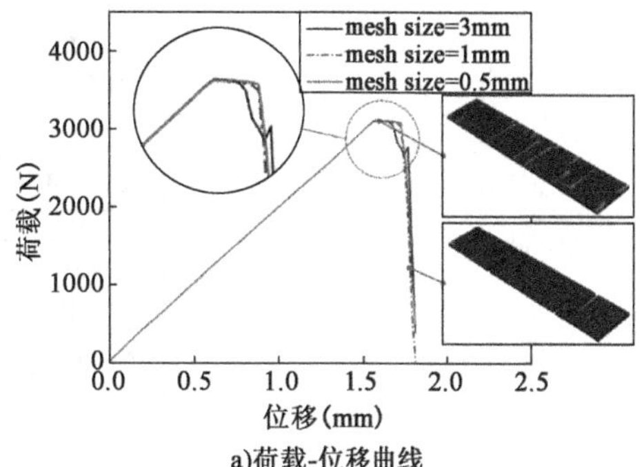

a)荷载-位移曲线

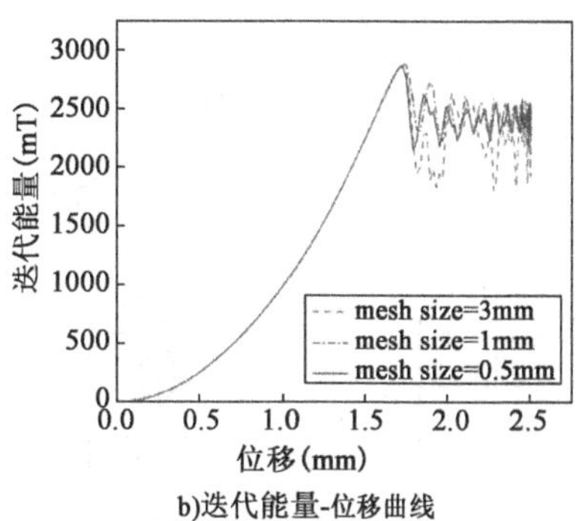

b)迭代能量-位移曲线

图 3 不同网格大小的灵敏度

（1）从 ABAQUS 主程序中读取 FFF GFRP 的力学性能，并计算刚度矩阵 C。

（2）读取应变增量：$\Delta\varepsilon_{11}$，$\Delta\varepsilon_{22}$，$\Delta\varepsilon_{33}$，$\Delta\varepsilon_{12}$，$\Delta\varepsilon_{13}$，$\Delta\varepsilon_{23}$。

（3）计算应力增量：$\Delta\sigma_{n+1}=C(d)\Delta\varepsilon_{n+1}$。

（4）计算当前步骤中的应力：$\sigma_{n+1}=\sigma_{n}+\Delta\sigma_{n+1}$。

（5）计算有效应力，以代替真实应力：$\hat{\sigma}_{n+1}=M(d)\cdot\sigma_{n+1}$。

（6）根据失效准则预测集成点是否达到失效启动条件（如果没有，完成当前步骤，进入下一步），失效模式可以通过应力值来判断。

（7）根据损伤演化状态计算损伤变量 d_{ij}^{k}，然后更新损伤刚度矩阵 $C(d)$，$M(d)$。

（8）预测元件是否完全失效（如果是，则删除失效的元件）。

（9）进入下一步。

VUMAT 在一定时间步长下的计算过程如图 4 所示。

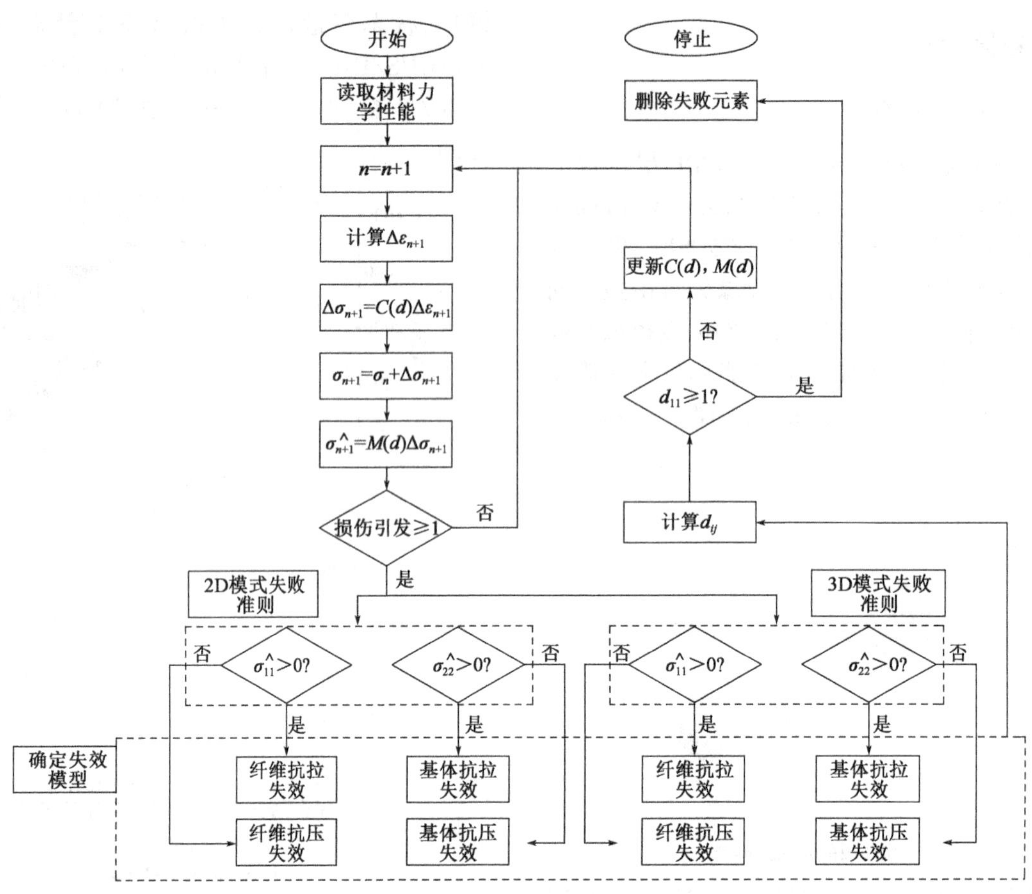

图4　VUMAT计算过程图

3　结果与讨论

采用本研究建立的渐进损伤方法对24种FFF GFRP层压板的极限抗拉强度进行了分析。为了深入研究失效过程,比较了考虑二维应力和三维应力条件的两种渐进损伤模式。图5a)、b)显示了二维模式的荷载-位移曲线。对于具有相同比例但不同叠加顺序的试样,结果完全相同,因为二维模式中没有考虑层间的相互作用力,因此这些差异无法反映在有限元计算结果中。此外,在有限元分析中没有考虑由于FFF的特定成型工艺而导致的下层应力阈值的变化。

图6a)~d)为三维模式的荷载-位移曲线。由于叠加序列对应力的影响,可以观察到细微的差异。相同比例但不同叠加顺序的试样之间的差异可以忽略不计,对结构承载能力性能影响不大。此外,其极限抗拉强度的最大误差小于0.1MPa,在实际应用中并不显著。二维和三维模式标准的极限强度平均误差为5.52%,在情况21(case21)和情况22(case22)中存在最大差异,值为16.19%。在这两种情况下,纤维都以剪切角(60°)垂直拟合在相邻的每两层之间,三维模式可以模拟层间最明显的相互作用力,这在二维模式中是无法复制的。

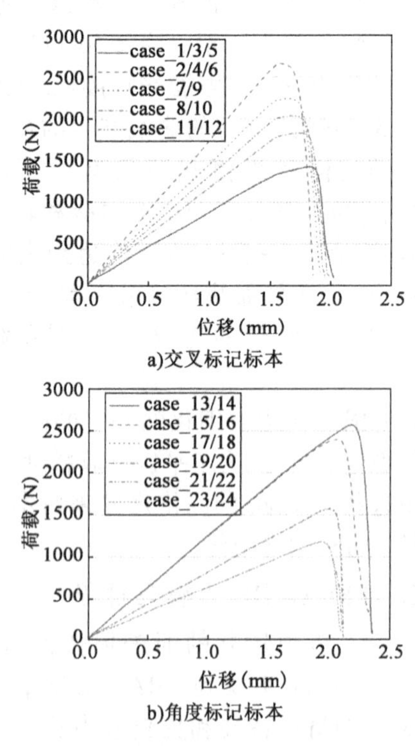

a)交叉标记标本

b)角度标记标本

图5　基于二维模式的荷载-位移曲线

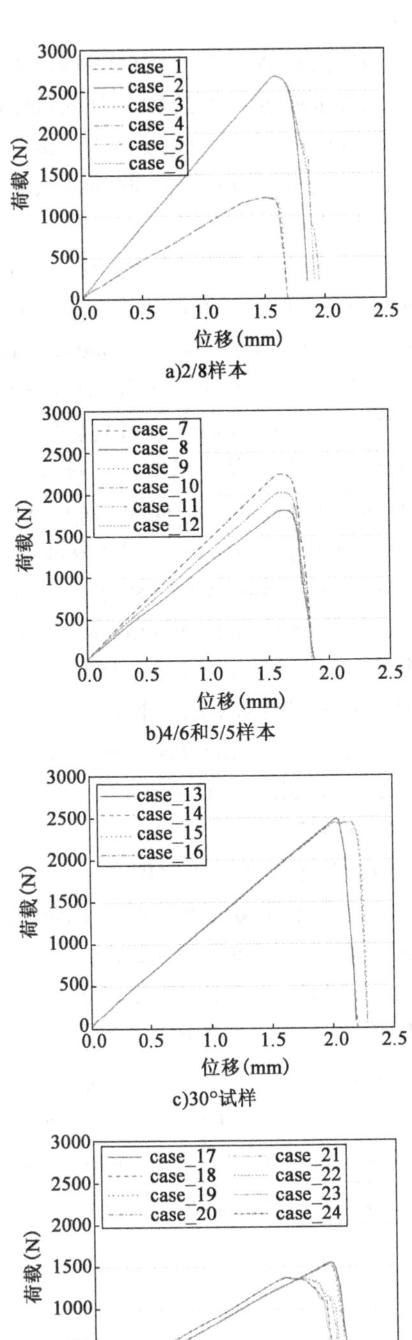

a)2/8样本

b)4/6和5/5样本

c)30°试样

d)45°和60°标本

图6 基于三维模式的荷载-位移曲线

4 结语

通过对细观结构的观察，提出了连续打印丝假说，从而建立了 FFF GFRP 的概念模型。在此基础上，提出了一个渐进损伤模型，用于预测 FFF GFRP 层压板在准静态载荷下的极限抗拉强度，得出以下四个结论：

(1)与传统复合材料相比，FFF GFRP 的力学性能较弱，由于其特定的层间制备方法，其数值在三个主要方向上有所不同。因此，需要进行全面的试验来确定 FFF GFRP 的基本参数。

(2)在三维模式中考虑层间应力，可以更准确地预测模式二维中渐进式失效的能力。

(3)对于具有相同比例的试样，其极限抗拉强度根据层的堆叠顺序而变化。这是因为 FFF 印刷中使用的熔融成型工艺提高了下层的机械性能。

(4)FFF CFRP 的整体极限抗拉强度受到叠加序列的显著影响。当相邻两层的打印丝趋向垂直时，相邻两层会抑制相互的变形。此外，在计算中考虑剪应力时，其对结果的影响更大。

参考文献

[1] 张皓，杜文凤，张帆. 面向3D 打印的纤维混凝土材料的发展现状[J]. 河南大学学报(自然科学版)，2020，50(01)：108-117.

[2] 车士俊，张明睿. 复合材料在轨道交通中的应用综述[J]. 纤维复合材料，2022，39(02)：100-104.

[3] 赵丽滨，龚愉，张建宇. 纤维增强复合材料层合板分层扩展行为研究进展[J]. 航空学报，2019，40(01)：171-199.

[4] LIU G, XIONG Y, ZHOU L. Additive manufacturing of continuous fiber reinforced polymer composites: Design opportunities and novel applications[J]. Composites Communications, 2021, 27: 100907.

[5] ZHOU W, JI X, YANG S, et al. Review on the performance improvements and non-destructive testing of patches repaired composites[J]. Composite Structures, 2021, 263: 113659.

[6] LI L, LIU W, WANG Y, et al. Mechanical performance and damage monitoring of CFRP thermoplastic laminates with an open hole repaired by 3D printed patches[J]. Composite Structures, 2023, 303: 116308.

[7] DE LEÓN A S, DOMÍNGUEZ-CALVO A, MOLINA S I. Materials with enhanced adhesive properties based on acrylonitrile-butadiene-styrene (ABS)/thermoplastic polyurethane (TPU) blends for fused filament fabrication (FFF)[J]. Materials & Design, 2019, 182: 108044.

[8] TEDLA G,JARABEK A M,BYRLEY P,et al. Human exposure to metals in consumer-focused fused filament fabrication (FFF)/3D printing processes [J]. Science of the Total Environment,2022,814:152622.

[9] HUYNH N U,SMILO J,BLOURCHIAN A,et al. Property-map of epoxy-treated and as-printed polymeric additively manufactured materials [J]. International Journal of Mechanical Sciences,2020,181:105767.

[10] KOUSIATZA C,TZETZIS D,KARALEKAS D. In-situ characterization of 3D printed continuous fiber reinforced composites: A methodological study using fiber Bragg grating sensors [J]. Composites Science and Technology,2019,174:134-141.

[11] PEI H, XIE Y, XIONG Y, et al. A novel polarization-free 3D printing strategy for fabrication of poly (Vinylidene fluoride) based nanocomposite piezoelectric energy harvester [J]. Composites Part B: Engineering, 2021, 225:109312.

[12] WENG Z, ZHOU Y, LIN W, et al. Structure-property relationship of nano enhanced stereolithography resin for desktop SLA 3D printer[J]. Composites Part A: Applied Science and Manufacturing,2016,88:234-242.

[13] LING C,CERNICCHI A,GILCHRIST M D,et al. Mechanical behaviour of additively-manufactured polymeric octet-truss lattice structures under quasi-static and dynamic compressive loading[J]. Materials & Design, 2019,162:106-118.

[14] WANG J,GOYANES A,GAISFORD S,et al. Stereolithographic (SLA) 3D printing of oral modified-release dosage forms [J]. International journal of pharmaceutics, 2016, 503(1-2):207-212.

[15] CAO X,DUAN S,LIANG J,et al. Mechanical properties of an improved 3D-printed rhombic dodecahedron stainless steel lattice structure of variable cross section[J]. International Journal of Mechanical Sciences,2018,145:53-63.

[16] GENG L, WU W, SUN L, et al. Damage characterizations and simulation of selective laser melting fabricated 3D re-entrant lattices based on in-situ CT testing and geometric reconstruction [J]. International Journal of Mechanical Sciences,2019,157:231-242.

[17] ZHANG W,WANG L,FENG Z,et al. Research progress on selective laser melting (SLM) of magnesium alloys: A review[J]. Optik,2020, 207:163842.

[18] WU H, FAHY W P, KIM S, et al. Recent developments in polymers/polymer nanocomposites for additive manufacturing [J]. Progress in Materials Science,2020,111:100638.

[19] ZHUO P,LI S,ASHCROFT I A,et al. Material extrusion additive manufacturing of continuous fibre reinforced polymer matrix composites: A review and outlook [J]. Composites Part B: Engineering,2021,224:109143.

Review of Mechanical Properties and Application on Ultra-High Performance Concrete

Boxing Liu * Runze Zhang
(School of Highway,Chang'an university)

Abstract Ultra-high performance concrete (UHPC) is a new building concrete material with excellent performance, including ultra-high strength, high toughness, and high durability. This article summarizes the research of ultra-high performance fiber reinforced concrete in recent years. Firstly, the mechanical performance research of UHPC in recent years is summarized, mainly focusing on the basic mechanical properties of UHPC materials and the influence of special conditions such as low and high temperatures on mechanical properties. Then, based on the current application direction of UHPC in bridge engineering, the application of UHPC in bridge engineering is summarized, including its application in new structures and structural maintenance and reinforcement. Finally, based on the current research status, the limitations of UHPC application were analyzed, and the problems that need to be solved to promote the large-scale application of UHPC were proposed. Provide solutions to application problems in bridge engineering.

Keywords Ultra-high performance concrete Mechanical properties Bridge engineering Engineering application Research status

0 Introduction

Concrete is a very common material in civil engineering. UHPC has advantages such as ultra-high strength, high crack resistance, high modulus of elasticity, high durability, and good creep characteristics[1] UHPC has broad application prospects[2]. In recent years, the material structure theory and engineering application of UHPC bridges have become a hot research topic in the field of civil engineering, and many innovative research achievements have emerged[3]. As of 2023, over 1000 UHPC bridges have been built worldwide, with structural forms including beam bridges, arch bridges, cable-stayed bridges, and suspension bridges[3]. Their applications range from wet joints, bridge deck systems, other ancillary facilities and major load-bearing components, and their application scenarios include maintenance, reinforcement, and performance improvement of new and existing structures. The large-scale application of UHPC can reduce structural dimensions, reduce self weight, improve structural crack resistance and bearing capacity, and significantly enhance bridge crossing capacity. It is an effective way to achieve the development goals of higher toughness, longer lifespan, material conservation and carbon reduction of bridges, and is an important support for "safe, intelligent, and green" bridge technology innovation and the construction of "bridge power"[3].

1 Ultra-high performance concrete

UHPC generally refers to fiber reinforced cementitious composite materials with a compressive strength greater than120MPa and a tensile strength greater than 5MPa, which have ultra-high toughness and durability. The UHPC is mainly composed of admixtures such as cement, quartz powder, silica fume, fly ash, quartz sand, high-performance water reducing agents, steel fibers, and other materials constructed according to the principle of maximum density, thereby minimizing internal defects (pores and microcracks) in the materials. The composition of UHPC materials does not include coarse aggregates, and the dispersed steel fibers in UHPC can greatly slow down the expansion of internal microcracks in the material, thereby exhibiting ultra-high toughness and ductility[3]. UHPC has a dense microstructure and strong resistance to penetration, carbonization, corrosion, and freeze-thaw cycles. Research has shown that the durability of UHPC materials can reach over 200 years, significantly improving the service life of concrete structures[4]. Table 1 presents a comparison of the mechanical and durability performance indicators between UHPC and ordinary concrete. It can be seen from Table 1 that UHPC is superior to ordinary concrete in terms of compressive strength, flexural toughness, and durability.

Mechanical Properties and Durability between UHPC and NC(Ordinary Concrete)[4] Table 1

Concrete Type	UHPC	NC	UHPC/ordinary concrete
compressive strength(MPa)	150 ~ 230	30 ~ 60	About 3 times
bending strength(MPa)	25 ~ 60	2 ~ 5	About 10 times
Elastic modulus(GPa)	40 ~ 60	30 ~ 40	About 1.2 times
Creep Coefficient	0.2 ~ 0.3(After high-temperature curing)	1.4 ~ 2.5	About 15%
Chloride diffusion coefficient(m^2/s)	$<0.01 \times 10^{-11}$	$>1 \times 10^{-11}$	1/100
resistivity(kΩ · cm)	1133	96(C80)	About 12 times

1.1 Research on conventional mechanical properties

The study of conventional mechanical properties shows that ultra-high performance concrete (UHPC) has excellent workability, high compressive strength, toughness, and long durability. These characteristics are closely related to the composition, mix ratio, and curing conditions of the structure. Domestic and foreign scholars have conducted extensive research on the mechanical properties of ultra-high performance fiber reinforced concrete, and have studied the effects of factors such as temperature, composition, and curing mechanism on the mechanical properties of the structure.

Lin[5] explored the influence of different material dosages on the compressive strength and flexural strength of ultra-high toughness fiber reinforced concrete, and proposed the optimal mass ratio of cementitious materials; Research has shown that the optimized mix ratio improves the crack resistance, ductility, and energy absorption capacity of ultra-high toughness fiber reinforced concrete.

Ultra high performance concrete (UHPC) has excellent mechanical properties and durability, among which curing is an important condition to ensure its high performance. Sun et al.[6] studied the influence of different maintenance systems (standard maintenance, steam maintenance, dry heat maintenance, and combination maintenance) on the microstructure of UHPC. Among them, thermal curing significantly improved the morphological characteristics and spatial distribution of C-S-H gel, and the combined curing had the best improvement effect. At the same time, it could promote the secondary hydration of cement, making the structure of UHPC more compact. Qian et al.[7] investigated the influence and mechanism of curing temperature and curing age on the mechanical properties of ultra-high performance concrete containing coarse aggregates. The results show that compared to standard curing, the strength of high temperature (≥ 70 ℃) curing for 1 day exceeds that of standard curing for 28 days, but there is a phenomenon of strength shrinkage. Curing at lower temperatures (<70 ℃) can achieve strength requirements by extending the curing period. Men et al.[8] studied the effects of slag powder content, silica fume content, steel fiber content, and water cement ratio on the performance of ultra-high performance concrete. The results showed that the expansion degree, compressive and flexural strength of UHPC increased first and then decreased with the increase of slag powder and silica fume content; With the increase of steel fiber content, the extension of UHPC decreases, and the compressive and flexural strength increases; The increase in water cement ratio leads to an increase in the extension of UHPC, and the compressive and flexural strength first increase and then decrease; Yao et al.[9] studied the effects of water cement ratio, water reducing agent, and mineral admixture content on the workability and mechanical properties of ultra-high performance concrete. The results showed that increasing the water cement ratio and slag powder content can improve the fluidity of the slurry, but it will cause a decrease in the flexural strength and an increase in the compressive strength of UHPC. As the amount of silica fume increases, the fluidity of the slurry deteriorates, and the flexural and compressive strength of UHPC show a trend of first increasing and then decreasing. Liu et al. [10] studied the effect of different water cement ratios on the mechanical properties of UHPC at 7d and 28d. The study found that while maintaining the same fluidity, the mechanical strength of UHPC at 7d and 28d first increased and then decreased with the increase of water cement ratio, and the mechanical properties were optimal at a water cement ratio of 0. 18. Microscopic analysis shows a positive correlation between the amount of UHPC hydration products and the water cement ratio. The decrease in strength is due to the increase in viscosity caused by the dosage of high-efficiency water reducing agent when the water cement ratio is low, in order to ensure workability, and the internal air cannot be eliminated during molding; When the water cement ratio is high, the internal porosity increases, thereby reducing the mechanical properties of UHPC.

Wang et al. [11] conducted a study on the triaxial compressive performance of 39 ultra-high performance concrete cylindrical specimens considering factors such as confining pressure, steel fiber volume fraction and aspect ratio, and polypropylene fiber volume fraction. The results showed that both confining pressure and steel fiber addition significantly improved the triaxial compressive performance of UHPC, with confining pressure having the greatest impact on the triaxial compressive performance of UHPC, followed by steel fiber and polypropylene fiber.

Wang et al. [12] studied the effect of lightweight sand on the tensile strain strengthening performance of ultra-high performance concrete specimens of different sizes. The results showed that the volume fraction of lightweight sand had a relatively small effect on the stress and strain corresponding to the elastic limit point of UHPC. When the volume fraction of lightweight sand is greater than 15%, the strain strengthening degree of UHPC is significantly improved, and the crack control ability is better; When the volume fraction of lightweight sand is the same, the strain strengthening degree of UHPC shows a significant size effect.

1.2 Research on special mechanical properties

In addition to conventional temperature, conventional mix proportions, production methods, and curing conditions, domestic and foreign scholars have also conducted extensive research on UHPC in special situations, such as low and high temperature environments, different production methods, and different materials.

Ai et al. [13] investigated the evolution of bending mechanical properties and constitutive relationship models of UHPC at ultra-low temperatures. We studied the bending mechanical behavior of UHPC at different temperatures (20 ℃, 0 ℃, −20 ℃, −50 ℃, −80℃, −110℃, −140℃, and −170℃) and constructed three different types of UHPC bending constitutive models. Research has shown that the initial cracking and peak bending strength of UHPC have increased from 10. 4MPa and 19. 3MPa (20 ℃) to 19. 3MPa and 42. 5MPa (−170℃), respectively. The brittleness of UHPC decreases first and then increases with decreasing temperature.

Yang et al. [14] studied the mechanical properties of ultra-high performance concrete (UHPC) after high temperature (200 ℃, 400 ℃, 600 ℃, and 800 ℃) through static and dynamic compression and splitting tests. Research has shown that both the static and dynamic strength of UHPC show a trend of first increasing and then decreasing with increasing temperature; When the impact speed is small, the effect of temperature on the impact toughness is not significant; The tensile dynamic growth coefficient (TDIF) of UHPC decreases with increasing splitting strength at different temperatures (except 800 ℃), and the strain rate enhancement effect on UHPC weakens with increasing splitting strength.

Li et al. [15] prepared high modulus of elasticity (> 54GPa) and low shrinkage (< 300) by adding basalt coarse aggregate and high-strength fine aggregate με. Study the influence of coarse and fine aggregate types on the mechanical properties and shrinkage of ultra-high strength (> 150MPa) UHPC. The results show that as the coarse aggregate increases, the elastic modulus increases, and the strength first increases and then decreases. With the increase of coarse aggregate content (0 ~ 800kg/m^3), the shrinkage of UHPC gradually decreases.

Gong et al. [16] studied the effects of UHPC raw materials and basalt fiber (BF) on the flowability and mechanical properties of UHPC. The experimental research results show that as the fiber content increases, the flowability gradually decreases. The sample with a 1% fiber content of 12mm BF achieves the best compressive strength, flexural strength, and good flowability; Under standard curing conditions, as the water cement ratio increases, the fluidity of UHPC increases and its strength gradually decreases;

Huang et al. [17] systematically studied the effect of different dosages and length to diameter ratios of PE fibers (high-strength and high modulus polyethylene fibers) on the performance of ultra-high performance concrete (UHPC). The results indicate that PE fiber can significantly improve the flexural and compressive strength of concrete, and the addition of PE fiber can improve the toughness of concrete.

Lam et al. [18] found that using a reasonable amount of basalt fibers can improve the flexural strength, compressive strength, and elastic modulus of UHPC without affecting the workability of concrete mixtures.

The interfacial bonding performance between steel fibers and matrix is the main factor determining other mechanical properties of UHPC, including tensile, flexural, compressive strength, and failure mode (fracture behavior). Deng et al. [19] comprehensively reviewed the research progress on the fiber matrix bonding behavior of UHPC by discussing and comparing various fiber pull-out testing methods and analysis models; Detailed determination and discussion were conducted on the parameters that affect the fiber matrix bonding, including the geometric shape and direction of the fibers, surface treatment, composition and strength of the matrix.

WU et al. [20] studied the effects of irregular steel fibers (straight, corrugated, and hooked) on the flowability, compressive strength, and bending behavior of ultra-high performance concrete (UHPC). The results indicate that an increase in fiber content and the use of deformed fibers will gradually reduce the fluidity of UHPC. The use of special-shaped steel fibers can improve compressive strength, but has little effect on the first crack and deflection of the first crack.

Cao et al. [21] studied the effects of reinforcement ratio and longitudinal reinforcement types (GFRP reinforcement and HRB400 grade reinforcement) on the flexural performance of ultra-high performance concrete beams. Research has shown that under the same reinforcement ratio, the cracking load of GFRP reinforced beams is smaller and the ultimate load is larger; The ductility of the beam decreases with the increase of both types of reinforcement ratios, and the ductility of GFRP reinforced beams is worse. The fracture toughness of GFRP reinforced beams is greater than that of HRB400 grade reinforced beams.

2 Application of UHPC in bridge engineering

UHPC has a wide range of applications. Since its emergence, due to its excellent mechanical properties, builders have applied UHPC to building structures and bridge structures, including new construction and structural maintenance and reinforcement [22]. This article comprehensively describes the application of high-performance concrete materials in bridge engineering both domestically and internationally.

2.1 Application of UHPC in new structures

The Application of UHPC in New Structures UHPC is the most innovative and practical cement-based composite material in the world today. Against the backdrop of the demand for lightweight, high strength, fast installation, and durability in bridge engineering, UHPC has aroused great interest and high attention in the bridge industry. Shao et al. [23]

listed multiple application examples of UHPC materials in domestic and foreign bridge engineering, covering a variety of bridge types. In 2011, for the first time, UHPC was combined with steel box girders to form a lightweight composite bridge deck in the Mafang Bridge in Zhaoqing. The simply supported steel box girder bridge deck of the Mafang Bridge adopts orthotropic steel deck panels; France built the world's earliest UHPC highway bridge in 2001[24].

Shao et al.[25] combined hot-rolled steel with UHPC to construct a type of UHPC composite beam with wide width whole beam prefabrication and lightweight lifting. We have studied the joint structure of the negative bending moment zone at the top of the main beam pier that is simply supported and then continuous, without the need for on-site formwork. The preliminary feasibility of the new structural design and theory has been demonstrated through experiments and finite element analysis.

Zhang et al.[26] proposed a new type of composite beam assembled UHPC waffle shaped upper flange composite beam, which effectively solves the crack resistance problem of traditional steel concrete composite beams in the self weight and negative bending moment zone, and can also achieve prefabricated assembly construction.

Tian et al.[27] proposed an ultra-high performance concrete (UHPC)-orthotropic plate composite bridge deck system, which is composed of a thin layer of UHPC with steel mesh and a steel bridge deck through short shear nails. The experiment shows that the system has good static and fatigue performance, which can meet the design requirements.

Ma and Zhang[28] proposed a design scheme for kilometer level steel cable-stayed bridges with ultra-high performance concrete (UHPC) open section composite beams; Explored the effects of main beam height, width, and thickness of steel bridge deck top plate on the design of composite structures. The results show that UHPC can reduce the weight of the main beam, improve the compressive and crack resistance strength of the composite bridge deck, meet the requirements of structural static strength in the trial design scheme, and the opening of the composite bridge deck structure can meet the requirements of wind stability of the bridge.

Xie et al.[29] proposed a new type of variable cross-section prestressed CSW-UHPC composite box girder structure, and experimental and finite cloud research showed that the variable cross-section CSW-UHPC composite box girder exhibited good stress, deformation, and crack resistance; Can improve the stress performance of conventional concrete corrugated steel web (CSW) composite beams in the tensile zone.

Ji[30] studied the application of UHPC beams in bridge engineering. In the construction of the Yuanjiahe Bridge in Shanghai, a UHPC composite beam bridge with a span of 22 meters and a self weight of half that of traditional plate beams was adopted, greatly reducing the difficulty of hoisting.

2.2 Application of UHPC in structural maintenance and reinforcement

Ultra high performance concrete (UHPC) is widely used in the repair and reinforcement of highway and bridge structures due to its strong mechanical and durability properties. Ultra high performance concrete has mechanical properties and durability far superior to conventional concrete, making it very suitable for the reinforcement of existing RC beams[31].

Cao et al.[32] took the in-service large-span suspension bridge as an example and conducted tests and finite element analysis on three types of bridge deck states: asphalt pavement, bare steel bridge deck, and steel UHPC lightweight composite structure. The study found that UHPC reinforcement thin layer effectively improved the local bending stiffness of the steel bridge deck, thereby reducing the stress level of the steel bridge deck under vehicle load, and the improvement effect was significant.

Zhou et al.[31] used model experiments to explore the effectiveness of torsional reinforcement of RC beams, and obtained results such as torsional failure mode, torque torsion ratio curve, torque strain curve, crack distribution, and UHPC-RC interface slip of the specimens. The study showed that the cracking and ultimate torque of the reinforced beams were significantly improved, and the use of fully wrapped reinforcement was the most effective.

Yuan et al. [33] proposed a method of reinforcing damaged concrete cable-stayed bridge main beams with UHPC reinforcement and conducted segment model tests on concrete cable-stayed bridges with UHPC reinforcement of damaged main beams. The experimental results show that the tensile UHPC layer significantly improves the crack resistance performance of the reinforced main beam; The bending strength of the main beam and the stiffness of the cable-stayed bridge system have been effectively improved after UHPC reinforcement.

Zhu et al. [34] studied the current research status of bending reinforcement of UHPC reinforced concrete beams or slabs. Summarize the effectiveness of UHPC reinforcement schemes, size effects and mechanical properties of RC beams or slabs, pre damage degree of RC, reinforcement configuration, characteristics of UHPC layers, and maintenance conditions of UHPC.

Ren et al. [35] prepared a room temperature curing bridge joint ultra-high performance concrete (UHPC) by mixing PVA or polypropylene fibers with steel fibers, and applied it to the rapid repair of expansion joints on the Shiji Expressway. The mixed fiber reinforced UHPC was used to restore traffic after 2 days of pouring, and there were no more diseases such as fracture and peeling after many years.

Fan and Ding[36] summarized the structural characteristics and current engineering applications of UHPC, analyzed the basic design principles and methods of UHPC structures, and summarized the reasonable application methods and effects of UHPC in building structures. Proposed suggestions for the development of UHPC building structures.

3 Conclusions

This article summarizes and discusses the research of UHPC materials both domestically and internationally in recent years, introducing the composition, mechanical properties, and application of UHPC in bridge engineering. UHPC is superior to ordinary concrete in terms of mechanical properties, durability, and structural fatigue resistance. Although UHPC has made significant progress in both theory and practical applications, there are still some issues that need to be addressed:

(1) The construction cost of UHPC is relatively high. Although the addition of expensive materials such as silicon powder improves its performance, it also increases material cost, which is significantly higher than ordinary concrete materials. The price of UHPC greatly limits the promotion and use of UHPC materials.

(2) There is a lack of complete specifications, and there is a significant difference in the ratio between different UHPC materials. Currently, the standards for UHPC are based on local standards, and there is no unified standard, resulting in uneven performance, preparation standards, calculation and acceptance methods of UHPC materials.

(3) Although a large amount of research has been conducted on the material properties of UHPC, there is a lack of unified theoretical and experimental research. It is still necessary to continue to study the theoretical structure and propose more comprehensive design theories. Currently, domestic and foreign scholars have conducted in-depth research on UHPC materials, but there is a lack of unified theoretical guidance, resulting in slow progress in UHPC material research.

UHPC materials have good mechanical and working properties. Based on the current research status, this article presents the problems faced by the large-scale application of UHPC, hoping to promote UHPC research and its application in engineering, and help UHPC develop better.

References

[1] Editorial Department of China Journal of Highways. Review on China′s Bridge Engineering Research: 2021, China[J]. Journal

of Highway and Transport. 2021,34(2):1-97.

[2] LENG Y,YU R,FAN D Q,et al. Preparation of Environmentally Friendly UHPC Containing Carbonized Recycled Coarse Aggregate [J]. Journal of Building Materials,2022,25(11):1185-1189,1218.

[3] CUI B,WANG J Q,LIU J P. State-of-the-art of UHPC Bridges: The Paths Towards Industrial Application [J]. China Journal of Highway and Transport,2023,36(9):1-19.

[4] SHAO X D, QIU M H, YAN B F, et al. A Review on the Research and Application of Ultra-high Performance Concrete in Bridge Engineering Around the World [J]. Materials Reports,2017,31(23):33-43.

[5] LIN H M. Design of mix proportion and mechanical properties of ultra-high toughness fiber reinforced concrete [J]. China Construction Metal Structure,2023,22(10):96-98.

[6] SUN J L,ZHANG C X,MAO J Z,et al. Effects of Curing Regimes on the Strength of Ultra-high Performance Concrete and Affecting Mechanism [J]. Materials Reports,1-10[2024-01-13].

[7] QIAN Y F, YANG D Y, XIA Y G, et al. Influence of Hot Water Curing on Mechanical Properties and Hydration Process of Ultra-high Performance Concrete [J]. Journal of Materials Science and Engineering, 2023, 41 (2): 260-268.

[8] MEN G Y,JIA X L,ZHU W B. Study on the influencing factors of workability and mechanical properties of ultrahigh performance concrete [J]. China Concrete and Cement Products,2023(9):64-68.

[9] YAO S,YANG Z P,GE W,et al. Analysis on working and mechanical properties of ultra-high performance concrete [J]. Building Structure, 2023,53(2):142-147.

[10] LIU C X,DU S,GAO Z H,et al. Investigation on the impact of water-binder ratio on UHPC strength development and microstructure evolution [J]. Concrete,2023(7):39-43.

[11] WANG S, XU L H, LI B, et al. Mechanical properties and failure criterion of ultra-high performance concrete under tri-axial compression [J]. Journal of Building Structures,2024,45(1):230-242.

[12] WANG J Y, YU X Q, ZHOU T. Uniaxial tensile properties of ultra high performance concrete doped with lightweight sand [J]. Journal of Harbin Institute of Technology, 2023:1-12

[13] AI J H, HE B, ZHANG Y, et al. Flexural Behaviour and Constitutive Correlation of UHPC at Cryogenic Temperatures [J]. Journal of Building Materials,2023:1-10.

[14] YANG T, YANG Y K, LIU Z X, et al. investigation mechanical properties of ultra-high performance concrete after high temperature [J]. Engineering Mechanics, 2023:1-18.

[15] LI X,YANG T Y,LIU K G,et al. Study on preparation technology of ultra-high strength concrete with low shrinkage and high modulus [J]. New Building Materials,2023,50(6):22-25,75.

[16] GONG Y F,YANG J M,DONG H,et al. Study on the basic mechanical properties of basalt fiber-reinforced ultra high performance concrete [J]. Concrete, 2023, (7): 91-96,103.

[17] HUANG Z Y,LI C W,LIU Y Q. The Effects of Polyethylene Fiber on the Properties of UHPC [J]. Materials Reports, 2014, 28 (20): 1 11-115.

[18] LAM N N, HUNG L V . Mechanical And Shrinkage Behavior Of Basalt Fiber Reinforced Ultra-High-Performance Concrete [J]. International Journal of GEOMATE,2021.

[19] DENG Y L,ZHANG Z H,SHI C J,et al. Steel Fiber-Matrix Interfacial Bond in Ultra-High Performance Concrete: A Review [J].

Engineering,2023,22(3):215-232.

[20] WU Z,SHI C,HE W,et al. Effects of steel fiber content and shape on mechanical properties of ultra high performance concrete [J]. Construction and building materials, 2016,103:8-14.

[21] CAO X,ZHANG W J,DENG X F,et al. Effect of longitudinal reinforcement types on flexural behavior of normal section of ultra-high performance concrete beams [J]. Journal of Guangxi University (Natural Science), 2022, 47(6):1446-1458.

[22] Editorial Department of China Journal of Highways. Review on China's Bridge Engineering Research:2014[J]. China Journal of Highway and Transport,2014,27(5):1-96.

[23] SHAO X D, QIU M H, YAN B F, et al. A Review on the Research and Application of Ultra-high Performance Concrete in Bridge Engineering Around the World [J]. Materials Reports,2017,31(23):33-43.

[24] HAJAR Z ,LECOINTRE D ,SIMON A ,et al. Design and construction of the world first ultra-high performance concrete road bridges [J].2004.

[25] SHAO X D, YING L, RONG J, et al. Experimental Study on Flexural Behavior of Joint in Negative Moment Area at Pier Top of Hot Rolled-shape Steel-UHPC Composite Continuous Beam [J]. China Journal of Highway and Transport,2023,36(9):34-47.

[26] ZHANG Q H, HAN S H, JA D L, et al. Mechanical Performance of Novel Prefabricated Composite Girder with Top Flange of Ultra Hight Performance Concrete Waffle Deck Panel [J]. Journal of Southwest jiaotong university,2019,54(3):445-452,442.

[27] TIAN Q X, GAO L G, ZHOU S M, et al. Research of Composite Bridge Deck System with UHPC and Orthotropic Steel Plate [J]. Bridge Construction,2019,49(S1):13-19.

[28] MA T T,ZHANG S S. Mechanical Performance of 1000-Meter Level Open-Section Composite Girder Cable-Stayed Bridge with Steel-UHPC Composite Bridge Deck [J]. Journal of Chongqing Jiaotong University (Natural Science),2023,42(9):11-17,35.

[29] SHI X W,XIE Y T,DU C J,et al. Experimental Study on flexural Behavior of Variable Cross-section CSW-UHPC Composite Beams in the Negative Moment Zone [J]. China Journal of Highway and Transport,2023,36(7):193-203.

[30] JI S H. Application of Ultra High Performance Concrete in Newly Built Ground Bridges [J]. Value Engineering ,2018,37(26):165-166.

[31] ZHOU C, WANG J Q, CHEN J T, et al. Experimental investigation of a Novel Torsional Strengthening Strategy for RC Beams Based on UHPC [J]. China Journal of Highway and Transport,2023,36(9):119-133.

[32] CAO J H,YANG B C,SHAO X D,et al. In-site Test and Theoretical Analysis of innovative UHPC Strengthening Structure on Steel Deck of an in-service Long-span Suspension Bridge [J]. Journal of Hunan University (Natural Sciences),2023,50(9):32-45.

[33] YUAN C,YAN D H, WANG W X, et al. Experimental Study on a Damaged Cable-stayed Bridge Girder Strengthened by Ultra-high Performance Concrete (UHPC) [J]. China Journal of Highway and Transport, 2023,36(9):83-95.

[34] ZHU Y ,ZHANG Y ,HUSSEIN H H ,et al. Flexural strengthening of reinforced concrete beams or slabs using ultra-high performance concrete(UHPC): A state of the art review [J]. Engineering Structures,2020,205(Feb. 15):110035.1-110035.19.

[35] REN L,LIANG M Y, WANG K, et al. Key Performance and Application of Ultra High Performance Concrete in Bridge Expansion

Joint [J]. Bulletin of the Chinese Ceramic Society,2018,37(6):2048-2052.

[36] FAN J S,DING R. Development on Ultra-high Performance Concrete in Building Structures [J]. Journal of the Chinese Ceramic Society, 2023,51(5):1246-1258.

预制装配式桥墩 UHPC 平湿接缝抗剪性能研究

周 敉*1 田兴旺1 马 雷2

(1. 长安大学公路学院;2. 中交第二公路工程局有限公司)

摘 要 预制装配式桥墩节段间采用超高性能混凝土(UHPC)湿接缝连接方式,具有连接强度高、施工速度快、耐久性好等优势,但由于 UHPC 湿接缝处为桥墩受力薄弱环节,影响预制桥墩受力性能。本文以侧向压力作为影响因素,设计并完成了 UHPC 平湿接缝局部推出模型直剪试验。采用 ABAQUS 有限元分析软件对 UHPC 湿接缝抗剪性能进行数值模拟研究,模拟结果与试验结果吻合较好。结果表明:UHPC 湿平接缝试件破坏形态主要为湿接缝处混凝土剪切破坏;试件抗剪承载力与约束正应力呈正比关系。

关键词 预制装配式桥墩 UHPC 平湿接缝 直剪试验 有限元分析

0 引言

随着我国桥梁建设的发展,以预制拼装为核心的桥梁装配化施工技术将成为保护环境、把控施工质量以及提高施工速度的有效途径。在预制装配式桥梁工业化建设中,预制装配桥墩间的节段往往采用分块预制,各个节段预制后通过在接缝界面处涂抹黏合剂或者通过现浇混凝土连接成整体,因此接缝的重要性不言而喻。在 AASHTO 规范[1]中,接缝有 A、B 两类接缝:A 类接缝包括湿接缝和胶结缝,B 类接缝为干接缝。由于湿接缝的密闭性较好,不易侵蚀钢筋,且可保证较高的施工质量,因此在桥墩节段间常采用湿接缝连接。由于接缝为预制装配式桥墩中的薄弱部位,因此针对预制拼装桥墩中的湿接接缝开展相关研究至关重要。

Buyukozturk 等[2]通过针对不同侧向约束力干接缝试件的直剪试验研究发现,随着正应力的增大,接缝的抗剪承载力随着侧向应力的增加而提高,但对试件刚度则几乎没有影响。J. Turmo 等[3]通过汇总已有的键齿干接缝剪切试验结果,研究结果表明,AASHTO[1]公式计算值与试验结果相近,而西班牙规范的建议公式高估键齿干接缝的实际承载力。Zhou 等[4]研究表明,美国 AASHTO 规范[2]低估了单键齿干、胶接缝的抗剪承载力,但又高估了多键齿干接缝的抗剪承载力。汪双炎[5]通过开展以不同键齿数量和侧向应力水平为参数变量的多键齿干接缝试件直剪试验研究,研究表明:随着键齿数量的增加受力均匀性和抗剪开裂荷载均有提高,但对极限荷载的影响不明显。刘桐旭[6]通过开展以接缝界面正应力、混凝土强度、键齿尺寸、数量和配筋形式为参数变量的 34 个接缝试件直剪试验研究,研究表明,大键齿接缝试件的极限承载力高于三键齿接缝试件;增大侧向应力、混凝土基体强度和钢纤维配入率,能够显著提高接缝试件的抗剪承载力。

近年来,超高性能混凝土(UHPC)由于其优异的力学性能和良好的耐久性受到了诸多研究人员的青睐[7-8],经国内外学者研究发现[9-12],与普通混凝土相比,UHPC 超高的拉压强度可以增强混凝土与钢筋之间的黏结作用[13],良好的密实性可以提高混凝土对钢筋的握裹作用,从而减小接缝处钢筋搭接长度[14],同时钢纤维能够有效抑制接缝处裂缝的开展[15]。因此,将 UHPC 材料用于桥墩节段的湿接缝,增大连接段强度,提高施工速度,成为装配式预制构件连接材料的一种新选择。但现有的研究还集中在从桥墩整体的角度出发,而对于UHPC湿接缝连接处局部构造的破坏机理及影响因素,相关研究较少,尤其在UHPC湿接缝抗剪性能方面的研究目前十分匮乏。

因此,本文以预制桥墩节段间UHPC湿接缝为研究对象,从直剪推出试验及有限元数值模拟等方面,对UHPC抗剪性能进行了研究,探究影响UHPC湿接缝抗剪性能的主要参数变量,分析各因素对UHPC湿接缝抗剪承载能力的影响规律,总结其在直剪作用下的受力特性和破坏形态,为推进UHPC湿接缝运用于预制拼装桥墩实际工程中提供参考。

1　试验概述

1.1　试验模型构造

本试验选取了约束正应力作为主要研究变量,根据实际工程中预制拼装桥墩节段间UHPC平湿接缝连接的构造特点,设计UHPC平湿接缝局部模型推出试件。接缝形式为平接缝,设计约束正应力为1MPa。UHPC平湿接缝直剪试件为五段式结构,包括三个预制普通混凝土(简称:NC)节段(NC左节段、NC中节段和NC右节段)和两个UHPC湿接缝段,用来模拟装配式桥墩节段间UHPC湿接缝连接构造。试件通过高强螺母紧箍丝杆,来实现体外预应力的施加,每组试件共设置4根高强丝杆,并且在螺母和钢板之间设置了具有极大负荷能力的高强矩形螺旋弹簧。推出试验试件组成示意图如图1所示。

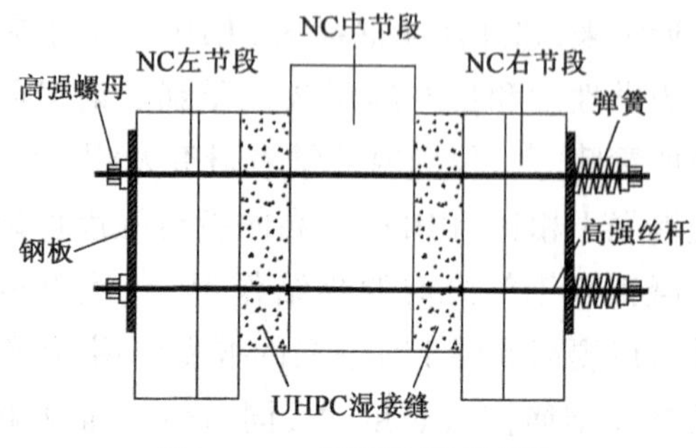

图1　UHPC湿接缝试件示意图

试件总长度为520mm,总高度为350mm,边节段宽度为125mm,中间节段宽度为150mm。UHPC接缝高度为250mm,宽度为150mm。平湿接缝试件具体尺寸如图2所示。接缝局部构造尺寸如图3所示。

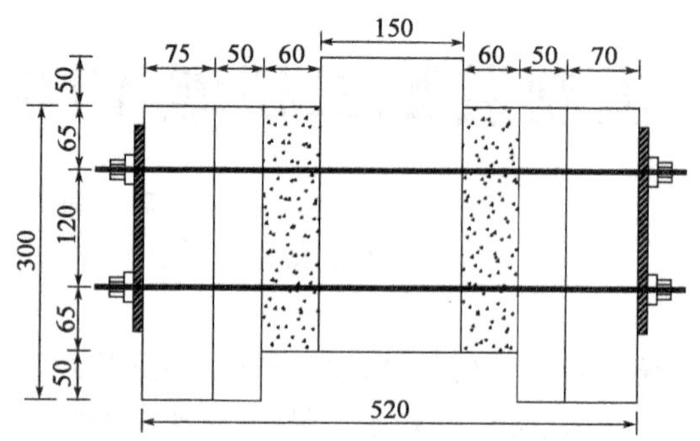

图2　平湿接缝试件(尺寸单位:mm)

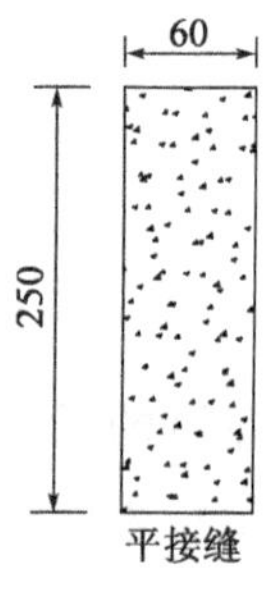

图3　接缝局部构造尺寸图(尺寸单位:mm)

直剪试件中预制NC节段采用C40混凝土,湿接缝段采用UHPC,钢纤维体积参量为2%。在浇筑试件的同时制作了立方体试块及棱柱体试块,测得龄期为28d的C40混凝土材料力学性能见表1。

实测材料基本力学性能(MPa)　　表1

材料	抗压强度	弹性模量
C40	43.3	33500
UHPC	134.9	42400

试件采用木板制模,根据工序要求共分为两阶段进行混凝土浇筑,首先浇筑NC节段混凝土,待常温自然养护28d后,对节段接缝界面进行凿毛处理;二次支模后,进行UHPC平湿接缝段的浇筑,至此直剪推出试件整体浇筑完成。

1.2　试验结果

本次试验的平湿接缝试件试验结果如表2所示,表中记录了试件的开裂荷载、破坏荷载、残余荷载、破坏时竖向位移以及最终破坏形态。

平湿接缝试件试验结果 表2

试件编号	开裂荷载(kN)	破坏荷载(kN)	破坏时竖向位移(mm)	残余荷载(kN)	最终破坏形态
K0-1MPa	120	308	1.33	35	混凝土剪切破坏(图4)

从表2及图4可以看出,平湿接缝试件破坏形态均为UHPC湿接缝位置发生剪切破坏,具破坏成因是由于接缝界面在剪切荷载作用下产生的竖向裂缝发展贯通形成破坏面而引起的。

图4 平湿接缝试件最终破坏形态

试件荷载-位移曲线如图5所示。从该图中可以看出,荷载-位移曲线在前期内呈线性增长关系,试件处于弹性阶段;当荷载加载继续增加,荷载-位移曲线斜率出现减小的趋势,这是由于裂缝的产生和发展使得试件刚度降低;随着荷载继续增加,曲线斜率逐渐放缓。当加载至308kN时,由于剪切裂缝贯通斜截面,试件达到极限承载力,发生剪切破坏,NC中节段位移瞬间增大,荷载值迅速下降。在试验加载后期,荷载-位移曲线斜率逐渐趋于0,位移逐渐增大,荷载值保持在35kN左右稳定不变。

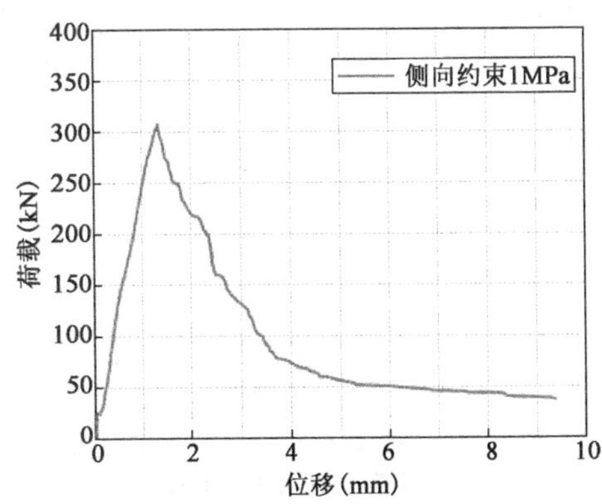

图5 平湿接缝试件荷载-位移曲线

2 UHPC平湿接缝直剪试验有限元模拟

2.1 有限元模型的建立

为实现对UHPC平湿接缝直剪试验的有限元模拟,本文通过ABAQUS建立了与试验试件相一致的有限元模型,模型建立采用三维可变形实体模型。UHPC平湿接缝试件有限元模型如图6所示,模型中NC节段和UHPC湿接缝部件中混凝土单元采用C3D8R实体单元来模拟,钢筋则采用T3D2桁架单元来模拟,钢筋与NC节段之间采用嵌入区域方式进行约束,UHPC湿接缝单元网格划分尺寸为7.5mm,其他部分单元网格尺寸为15~30mm,试件模型加载分析步分为预应力施加和竖向荷载施加两个阶段。UHPC-NC界面间的相互作用中考虑黏聚力作用。在ABAQUS中可通过定义接触中的黏结行为属性(cohesive surface)来建立黏聚力模型,UHPC-NC界面采用Hussein Husam H.经过试验验证的黏聚力模型来模拟,黏聚力模型参数如表3所示。

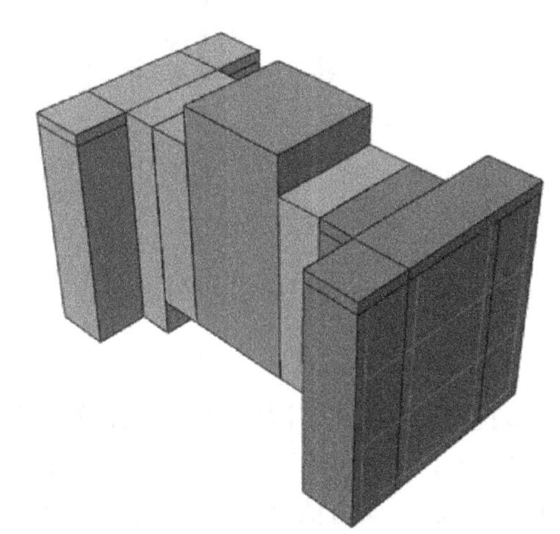

图6 UHPC平湿接缝试件有限元模型

黏聚力模型参数 表3

属性	法向 n	切向 s	切向 r
K(N/mm^3)	1358	20358	20358
t(MPa)	5.63	5.63	5.63
δ^0(mm)	4.14×10^{-3}	2.77×10^{-4}	2.77×10^{-4}
δ^f(mm)	0.241	0.241	0.241
稳定系数		0.001	

2.2 有限元计算结果分析

通过将直剪试件有限元模拟结果与试验结果相对比(表4),可以看出有限元模拟的直剪试件破坏荷载以及破坏时的竖向位移与试验结果相比较接近。其中有限元模型破坏荷载模拟值略大于试验值,相似比值为0.91~0.98,而破坏时竖向位移模拟值比试验值小,两者比值范围为1.06~1.30。

试验实测值与有限元结果对比　　表4

试件编号	破坏荷载(kN)			破坏时竖向位移(mm)		
	试验值	模拟值	试验值/模拟值	试验值	模拟值	试验值/模拟值
K0-0MPa	152	167	0.91	0.84	0.79	1.06
K0-1MPa	308	334	0.92	1.33	1.11	1.20
K0-2MPa	431	452	0.95	1.46	1.19	1.23
K0-3MPa	565	575	0.98	1.53	1.34	1.29

K0~1MPa试验值与有限元结果对比见图7。从图7可以看出,有限元模型能够真实还原试件直剪试验的全过程,有限元模拟结果中的裂缝开展和损伤情况与试验结果相似:对于平接缝试件,其初始裂缝发生在NC中节段底部,在加载前期随着荷载沿高度方向发展,当裂缝长度达到大约10cm不再发展,此后损伤发展转移至NC中节段两侧靠近UHPC湿接缝的位置处,随着荷载增加,裂缝沿竖向不断向上发展,最终接缝界面黏结失效发生直剪破坏。

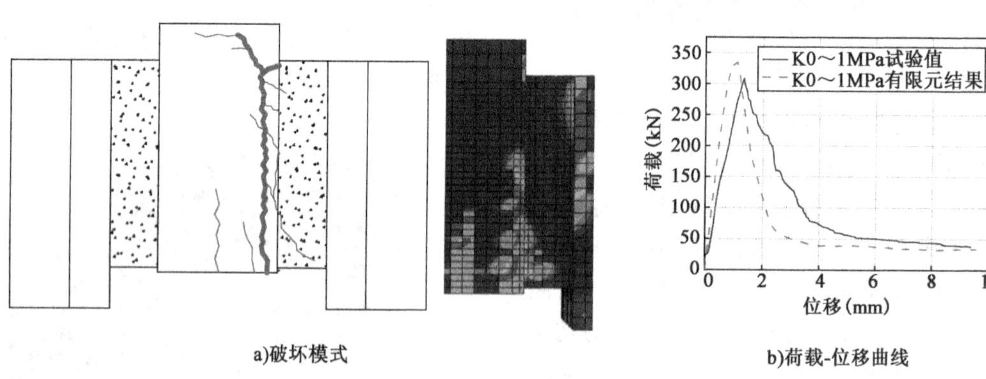

a)破坏模式　　b)荷载-位移曲线

图7　K0~1MPa试验与有限元结果对比

不同横向约束下平湿接缝试件荷载-位移曲线对比如图8所示。从图8可以看出,随着平湿接缝试件约束正应力值从0MPa增长至3MPa,4个平接缝试件在弹性节段差异较小,各荷载-位移曲线几乎重叠,随后曲线按0~3MPa约束正应力的递增顺序相继进入弹塑性阶段,并依次达到荷载峰值,4条曲线在下降段及残余阶段变化发展趋势相差不大。

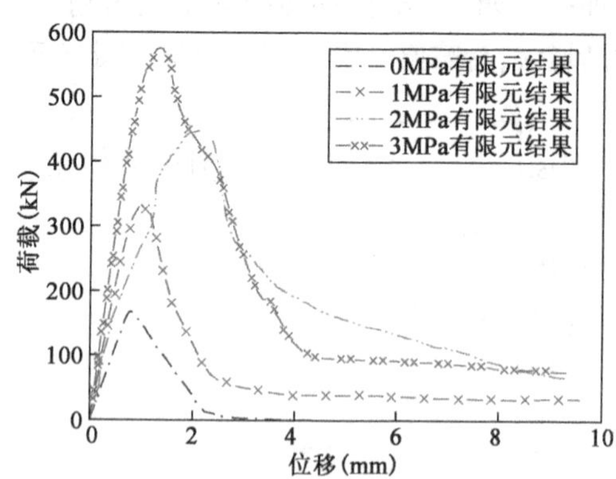

图8　不同横向约束下平接缝试件有限元模拟荷载-位移曲线对比图

对比有限元结果和试验结果的荷载-位移曲线,在达到极限荷载之前,有限元模型的荷载-位移曲线斜率较大,这是由于有限元模型相比试验试件更加理想化,不存在现实情况下试件制作或加载过程中不良因素的影响,因此有限元模型的整体刚度大于试验试件刚度。两曲线峰值荷载较为吻合,有限元峰值荷载对应的位移与试验结果相比略小,达到极限荷载之后,有限元曲线下降斜率也同样较大,与试验结果一致。

3　结语

本文主要开展了UHPC平湿接缝抗剪性能研究,主要得到了以下结论:

(1)UHPC平湿接缝试件破坏形态为湿接缝处混凝土剪切破坏,破坏是由于UHPC-NC接缝位置处竖向裂缝贯通形成破坏面造成的,试件在达到破坏荷载前,抗剪承载力主要由 UHPC-NC 界面间黏结力及摩擦力共同承担,接缝界面黏结作用失效后,试件仅靠接缝表面摩擦力以及混凝土粗集料间咬合力来抵抗竖向荷载。

(2)有限元模型能够真实还原试件直剪试验的全过程,有限元模拟结果中的裂缝开展和损伤情况与试验结果相似;与试验结果相比,有限元模型在各影响因素下受力情况及破坏特征发展变化规律相近,有限元模型在上升段的荷载-位移曲线斜率较大,两者峰值荷载较为接近,有限元模型峰值荷载对应的位移略小,达到极限荷载之后,有限元曲线下降斜率也同样较大。

(3)有限元模拟结果表明,随着约束正应力值增加,试件的开裂荷载、破坏荷载、残余荷载以及试件破坏时的竖向位移也随之增大。

参考文献

[1] AASHTO LRFD 2015. American association of state highways and transportation official load and resistance factor design[S]. Washington, D. C. ,2015.

[2] BUYUKOZTURK O,BAKHOUM M M,MICHAEL BEATTIE S. Shear behavior of joints in precast concrete segmental bridges [J]. Journal of Structural Engineering, 1990, 116 (12): 3380-3401.

[3] TURMO J, RAMOS G, APARICIO A C. FEM modelling of unbonded post-tensioned segmental beams with dry joints [J]. Engineering structures,2006,28(13):1852-1863.

[4] ZHOU X,MICKLEBOROUGH N. Shear strength of joints in precast concrete segmental bridges [J]. Aci Structural Journal, 2005, 102 (1): 3-11.

[5] 汪双炎. 悬臂拼装节段梁剪力键模型试验研究[J]. 铁道建筑,1997(03):23-28.

[6] 刘桐旭. 节段预制拼装 UHPC 梁接缝抗剪性能试验与理论研究[D]. 南京:东南大学,2017.

[7] 阎培渝. 超高性能混凝土(UHPC)的发展与现状[J]. 混凝土世界,2010(9):36-41.

[8] 李良,钟镇鸿,周志成. 超高性能混凝土 UHPC 力学性能及应用介绍[J]. 混凝土世界,2018(9):56-62.

[9] SALEEM M A, MIRMIRAN A, XIA J, et al. Development length of high-strength steel rebar in ultrahigh performance concrete [J]. Journal of Materials in Civil Engineering,2013,25(8): 991-998.

[10] DAGENAIS M A, MASSICOTTE B. Tension lap splices strengthened with ultrahigh-performance fiber-rein-forced concrete [J]. Journal of Materials in Civil Engineering, 2014,27(7):04014206.

[11] YAMANOBE S,SAITO K,ICHINOMIYA T,et al. Bilateral loading experiment on and analysis of concrete piers using mortar-jointed ultra-high-strength fibre-reinforced concrete precast formwork [J]. Structural Concrete, 2013,14(3):278-290.

[12] TAZARV M, SAIIDI M S. UHPC-filled duct connections for accelerated bridge construction of RC columns in high seismic zones [J]. Engineering Structures,2015,99:413-422.

[13] MOHEBBI A,SAIIDI M S,ITANI A M. Shake table studies and analysis of a precast two-column bent with advanced materials and pocket connections [J]. Journal of Bridge Engineering,2018,23(7):04018046.

[14] SHAFIEIFAR M, AZIZINAMINI A. Alternative ABC connections utilizing UHPC [R]. September quarterly report,Florida International University Miami,2016.

[15] YANG C, OKUMUS P. Ultrahigh-Performance Concrete for posttensioned precast bridge piers for seismie resilience [J]. Journal of Structural Engineering, 2017, 143 (12):0401716.

U形ECC永久模板-混凝土复合梁抗弯性能研究

韦欣妍[1]　秦凤江[*1,2]　梁峰华[1]　狄　谨[1,2]
(1.重庆大学土木工程学院;2.重庆大学山地城镇建设与新技术教育部重点实验室)

摘　要　为了研究U形ECC永久模板-混凝土复合梁的抗弯性能,以ECC层厚度和ECC-混凝土界面构造为参数,设计了5个复合梁和1个普通钢筋混凝土梁试件,并进行了四点弯曲试验研究。研究结果表明,采用点状凹槽界面和矩形凹槽界面时,复合梁表现出相近的抗弯性能,两种界面在复合梁试件破坏时均未发生剥离;外包U形ECC层能够改善普通钢筋混凝土梁的开裂形态,提升其开裂荷载和抗弯承载力;当U形ECC层的腹板与底板厚度分别在20~30mm、20~60mm范围内变化时,复合梁的开裂荷载提升22.9%~63.8%,抗弯承载力提升8.1%~19.9%。研究结果可为类似结构设计提供参考。

关键词　复合梁　U形ECC永久模板　抗弯性能　试验研究

0　引言

普通钢筋混凝土结构在受到冲击、地震等极端荷载时,容易发生脆性破坏,且开裂后,内部钢筋极易发生锈蚀,从而削弱结构的耐久性,所以一种采用短纤维增强材料抗拉性能的复合材料应运而生。高延性水泥基复合材料(Engineered Cementitious Composite,ECC)是一种由Victor Li教授[1]基于微观力学和断裂力学基本原理设计的复合材料,具有3%以上的极限拉应变和显著的应变硬化特点。然而,ECC的成本远高于普通混凝土,因此工程师们尝试在混凝土结构的关键区域使用ECC,提升结构性能的同时节约造价。

国内外学者对ECC-混凝土复合梁的受力性能开展了研究。Cui和Qin等[2-3]研究了ECC层厚度、配筋方式和配筋率对复合梁抗弯性能的影响,结果表明,使用ECC替代部分受拉区混凝土能够在一定程度上提升普通混凝土(NC)梁的开裂荷载、抗弯承载力、延性和吸能能力,并改善开裂形态。Mustafa等[4]研究了纤维类型和界面黏结程度对ECC控制复合梁裂缝能力的影响,结果表明,裂缝宽度小于0.3mm时,HMPE-ECC和PVA-ECC的控制效果差别不大;界面黏结越好,ECC对复合梁的加固效果越好,裂缝数量越多,裂缝宽度越小。Qin等[5]对比研究了U形ECC层和矩形ECC层对复合梁抗弯性能的影响,结果表明,U形ECC层对复合梁破坏模式的改善效果更佳,对侧面裂缝的限制更好。Qiao等[6]对U形ECC-混凝土复合梁的抗弯性能进行试验研究,结果表明,界面类型不影响复合梁的抗弯承载力,但会对复合梁的延性有一定影响。Qasim等[7]研究了ECC加固NC梁后的抗弯性能,发现在底部、侧面、底部和侧面同时加固,抗弯性能的提升程度不同。

鉴于U形ECC层对NC梁抗弯性能的提升效果更好,本文采用抗拉强度超过9.0MPa的高强ECC代替普通ECC,对U形ECC永久模板-混凝土复合梁的抗弯性能进行试验研究,研究成果可以为类似结构的设计提供参考。

1　试验概述

1.1　试验梁设计

以ECC层厚度和ECC-混凝土界面为研究参数,设计了5根复合梁和1根对照NC梁。试验梁全长2400mm,横截面尺寸为180mm×260mm,混凝土强度等级为C50,钢筋牌号HRB400,受拉和受压钢筋直径分别为20mm、10mm,配筋率1.66%;箍筋直径8mm,间距100mm。试验梁立面如图1a)所示。三种厚度的U形ECC永久模板以

基金项目:重庆市技术创新与应用发展专项重点项目(CTB2022TIAD-KPX0103)。

底板厚度区分。试验梁横截面具体尺寸如图 1b)~e)所示。点状凹槽和矩形凹槽的界面构造尺寸分别如图 1f)、g)所示。表 1 给出了试件构造参数。

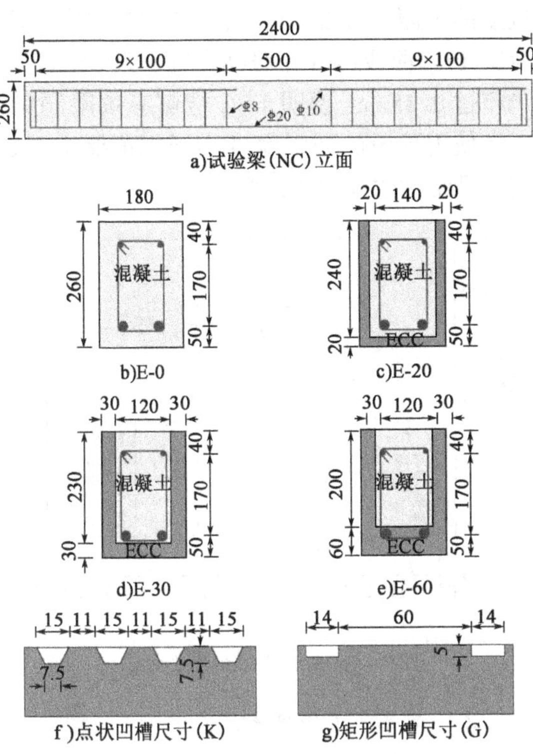

图 1　界面构造尺寸(尺寸单位:mm)

试件参数　　　　表 1

试件	ECC 底板厚度(mm)	ECC 腹板厚度(mm)	界面类型
NC	0	0	—
EK-20	20	20	点状
EG-20	20	20	矩形
EK-30	30	30	点状
EG-30	30	30	矩形
EK-60	60	60	点状

1.2　材料性能

在浇筑试验梁的同时,浇筑了 3 个用于测试单轴拉伸性能的 ECC 试件;6 个用于测试抗压强度的 70.7mm×70.7mm×70.7mm 的 ECC 立方体试块。ECC 在单轴拉伸过程中表现出较好的应变硬化特点,平均极限抗拉强度为 9.12MPa,平均极限拉应变为 3.5%;ECC 立方体平均抗压强度为 70.0MPa。此外,还浇筑了 6 个 150mm×150mm×150mm 的混凝土立方体试块,用于测试抗压强度;6 个 300mm×150mm×150mm 的混凝土棱柱体试块,用于测试弹性模量。表 2 列出了混凝土与钢筋的材料性能。

混凝土与钢筋的材料性能　　　　表 2

材料	抗压强度 f_{cu} (MPa)	弹性模量 E_c (GPa)	屈服强度 f_y (MPa)	极限抗拉强度 f_u (MPa)	弹性模量 E_s (GPa)
C50 混凝土	51.2	35.3	—	—	—
HRB400 钢筋	—	—	399.8	565.7	202.1

1.3　测试与加载方案

在纵向受拉钢筋上布置应变片,用于测量钢筋应变。在试验梁跨中截面的顶部、底部及侧面布置电阻应变片,用于测量跨中截面的应变变化规律。在跨中、加载点界面下方与支点界面上方布置 5 个位移传感器(LVDT),用于测量试验梁的竖向位移和支点的沉降。

试验由千斤顶施加单调递增的荷载,并通过压力传感器测量每一阶段所施加的荷载。千斤顶施加的集中荷载通过分配梁转化为间距 500mm 的对称双点荷载。试验梁采用简支边界,支点间距 2100mm。

加载方式与试件测点布置如图 2 所示。试验过程中使用裂缝测宽仪记录裂缝宽度及发展情况。

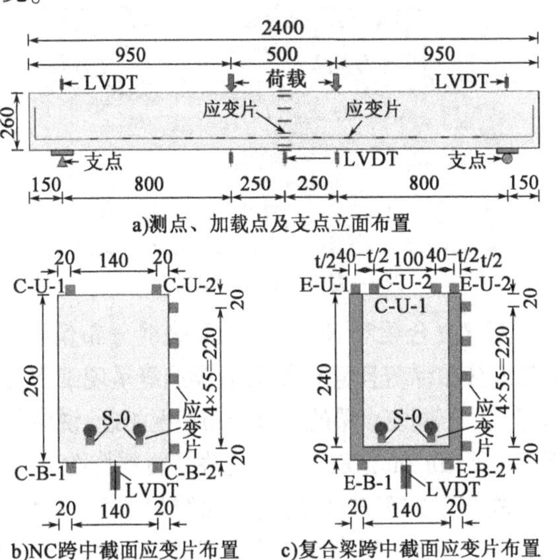

图 2　加载方式以及测点、应变片布置(尺寸单位:mm)

2 试验结果分析

2.1 破坏模式及裂缝发展

图3给出了所有试件的破坏形态。可以看出,受压区混凝土被压溃是所有试件的共同破坏特征。其中,复合梁的失效表现为受压区普通混凝土被压溃,ECC永久模板保持完整,如图4所示。在整个加载过程中,复合梁的U形ECC模板与内部混凝土的界面工作性能良好,所有试件未出现界面剥离现象。

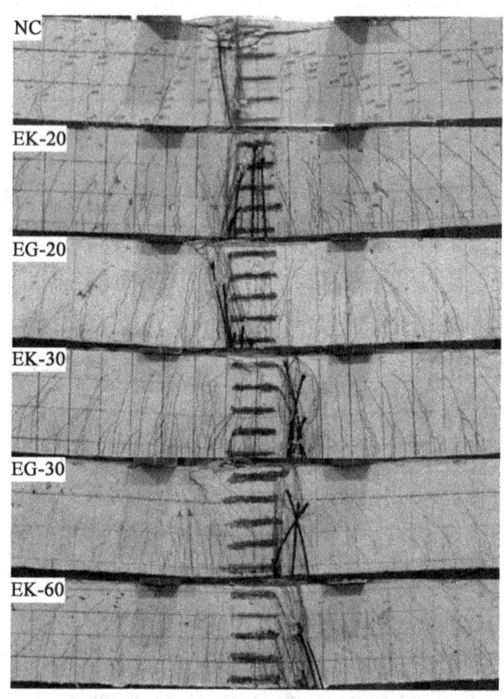

图3 试验梁破坏形态

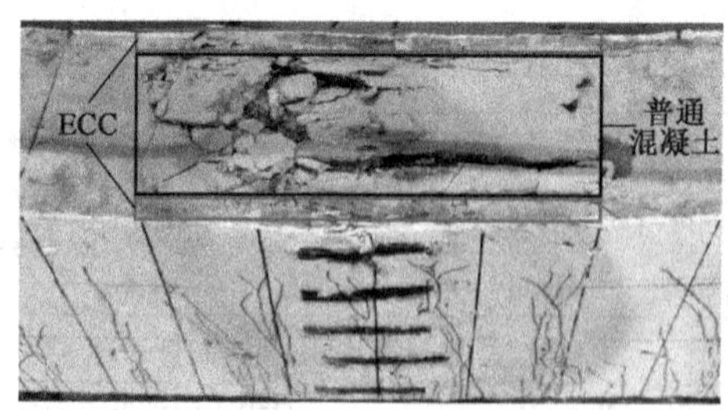

图4 复合梁受压区破坏形态

对比复合梁和NC梁的侧面裂缝分布情况,NC梁裂缝分布稀疏且宽度大,复合梁裂缝呈现细密分布的特点。不同复合梁的裂缝分布情况相近,说明任何厚度大于20mm的ECC层都能发挥材料特性。

复合梁的荷载-裂缝宽度曲线如图5所示。由图5可以看出,复合梁的裂缝宽度随荷载增大而增大。在复合梁进入屈服状态前,裂缝宽度增长缓慢,但在进入屈服状态后,裂缝宽度增长迅速。《公路钢筋混凝土及预应力混凝土桥涵设计规范》(JTG 3362—2018)[8]的6.4.2规定,一般环境中,钢筋混凝土构件持久状况正常使用极限状态下裂缝宽度的上限是0.2mm。由图5可知,所有试件在荷载-位移曲线出现屈服拐点前,最大裂缝宽度均未超过0.15mm,说明ECC能够有效限制梁体在正常使用阶段的裂缝宽度小于规范要求,从而起到提升结构耐久性的作用。

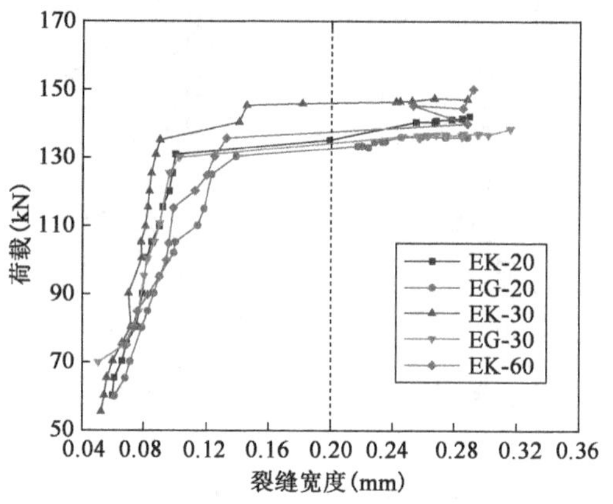

图5 复合梁荷载-裂缝宽度曲线

2.2 荷载-位移曲线

图6给出了所有试件的荷载-跨中位移曲线。由图6可知,复合梁和NC梁的曲线发展趋势基本一致,复合梁的破坏过程一共可分四个阶段:第一阶段为弹性阶段,混凝土、ECC以及钢筋共同承担荷载;第二阶段为开裂阶段,试件的抗弯刚度相较弹性阶段明显下降,受拉区混凝土开裂后退出工作,但ECC特有的应变硬化特性使其在开裂后仍能承担荷载,这一阶段荷载由受压区混凝土、ECC、钢筋承担;第三阶段为屈服阶段,纵向受拉钢筋屈服,荷载-跨中位移曲线出现明显拐点,试件的竖向位移在主筋屈服后急剧增大;第四阶段为破坏阶段,试件因受压区混凝土的压应变达到极限压应变值而压溃破坏。表3给出了具体的试验结果。

试验结果 表3

试件	F_c(kN)	F_y(kN)	F_u(kN)	Δ_u(mm)
NC	17.4	119.9	126.9	15.5
EK-20	22.2	129.7	142.3	25.2
EG-20	21.4	130.2	137.2	23.9
EK-30	25.3	130.9	147.5	24.6
EG-30	24.2	129.6	139.4	22.2
EK-60	28.5	135.5	152.2	20.5

注:F_c-开裂荷载;F_y-屈服荷载;F_u-抗弯承载力;Δ_u-跨中极限位移。

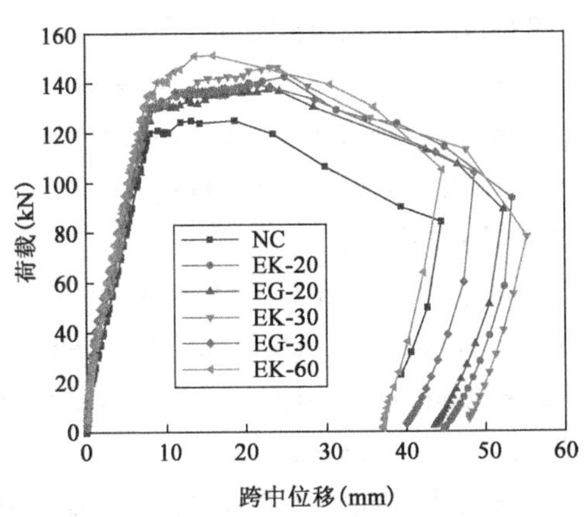

图6 复合梁和基准梁的荷载-跨中位移曲线

由表3可以看出，复合梁的所有抗弯性能指标均显著优于普通混凝土梁，开裂荷载提升22.9%~63.8%，屈服荷载提升8.1%~13.0%，抗弯承载力提升8.1%~19.9%，跨中极限位移减小32.3%~64.5%。复合梁的开裂荷载和抗弯承载力随ECC层厚度的增加而增大，EK-30、EK-60相较于EK-20，开裂荷载分别减小13.96%、28.38%，抗弯承载力分别提升3.7%、7.0%；EG-30相较于EG-20，开裂荷载提升13.1%，抗弯承载力提升1.6%。复合梁的跨中极限位移随ECC层厚度的增加而减小，EK-30、EK-60相较于EK-20，跨中极限位移分别减小2.4%、18.7%；EG-30相较于EG-20，跨中极限位移减小7.1%。点状凹槽界面复合梁的开裂荷载、抗弯承载力和跨中极限位移均高于矩形凹槽界面复合梁，但是提升幅度不超过10%。ECC层厚度和界面类型对复合梁的屈服荷载几乎没有影响。

2.3 平截面假定与协同作用

2.3.1 跨中截面应变随高度变化

图7为U形ECC永久模板-混凝土复合梁在不同荷载等级下的跨中截面应变-高度曲线。以EK-20、EK-30为例，试验梁跨中截面的应变沿高度整体近似呈线性分布。应变-高度曲线在ECC-混凝土界面附近存在拐点，但是试验梁破坏后ECC-混凝土界面未发生剥离与滑移，所以可以认为复合梁的整体受弯行为是符合平面截面假定的。

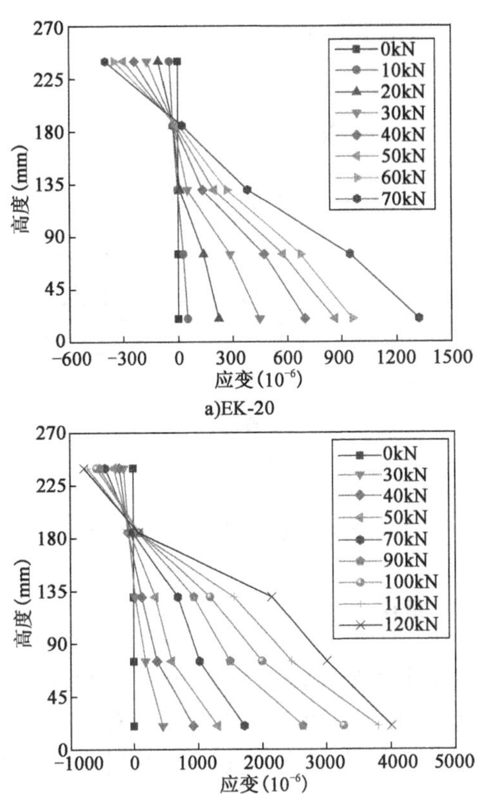

图7 跨中截面应变-高度曲线

2.3.2 ECC和混凝土之间的协同作用

图8给出了复合梁跨中截面受拉区ECC与受压区混凝土、ECC的荷载-应变曲线。以EK-20、EK-30为例，受压区ECC的应变-荷载曲线与受压区混凝土基本吻合。这表明复合梁的ECC与混凝土变形协调，能较好协同工作。当复合梁达到承载力极限时，受拉区ECC还未到达极限拉应变，这也能够说明复合梁试件受拉区的ECC始终没有退出工作。

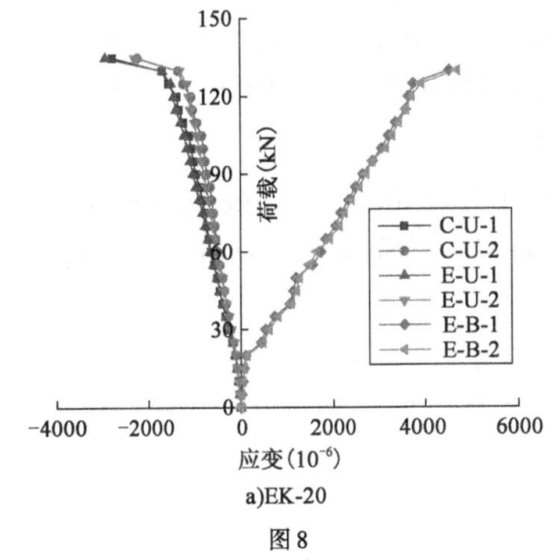

图8

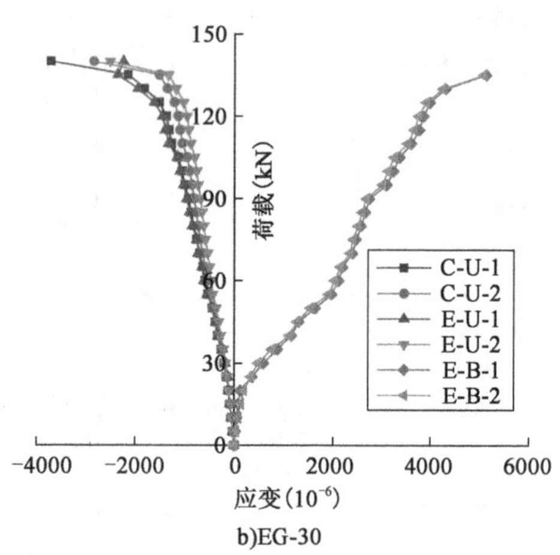

b)EG-30

图8 跨中截面各测点的荷载-应变曲线

3 结语

本文采用模型试验方法,研究了ECC层厚度和ECC-混凝土界面类型对U形ECC永久模板-混凝土复合梁的抗弯性能影响,得到了以下主要结论:

(1)复合梁试件破坏时表现为受压区混凝土压溃、ECC未压溃、受拉区ECC未断裂,ECC-混凝土界面在复合梁受弯过程中未发生剥离,二者之间的协同工作性能较好。

(2)在复合梁试件的荷载-位移曲线出现屈服拐点前,ECC层的最大裂缝宽度均未超过0.15mm,说明ECC能有效改善钢筋混凝土梁的开裂状态。

(3)复合梁的抗弯性能优于钢筋混凝土梁,随ECC层厚度的增加,复合梁的开裂荷载和抗弯承载力增大,跨中极限位移减小。

(4)点状凹槽界面复合梁的开裂荷载、抗弯承载力和跨中极限位移略高于矩形凹槽界面复合梁,两类界面复合梁具有相近的受弯性能。

参考文献

[1] LI V C,LEUNG C K Y. Steady State and Multiple Cracking of Short Random Fiber Composites [J]. Journal of Engineering Mechanics, ASCE, 1992,118(11):2246-2264.

[2] CUI T, HE H X, ZHAO X L, et al. Bending performance analysis of precast composite beams with precast ECC plate[J]. Structures, 2021,33:986-998.

[3] QIN FJ, ZHANG Z G, YIN Z W, et al. Use of high strength, high ductility engineered cementitious composites (ECC) to enhance the flexural performance of reinforced concrete beams [J]. Journal of Building Engineering, 2020,32:101746.

[4] MUSTAFA S, [SINGH S, HORDIJK D, et al. Experimental and numerical investigation on the role of interface for crack-width control of hybrid SHCC concrete beams[J]. Engineering Structures,2022,251:113378.

[5] QIN F J, WEI X Y, LU YF, et al. Flexural behaviour of high strength engineered cementitious composites (ECC)-reinforced concrete composite beams[J]. Case Studies in Construction Materials,2023,18:e02002.

[6] QIAO Z, PAN Z F, XUE W C, et al. Experimental study on flexural behavior of ECC/RC composite beams with U-shaped ECC permanent formwork[J]. Frontiers of Structural and Civil Engineering,2018.

[7] QASIM M, LEE C, ZHANG Y. Flexural strengthening of reinforced concrete beams using hybrid fibre reinforced engineered cementitious composite. Engineering Structures,2023,284:115992.

[8] 中华人民共和国交通运输部. 公路钢筋混凝土及预应力混凝土桥涵设计规范: JTG 3362—2018[S]. 北京:人民交通出版社股份有限公司,2018.

混杂纤维 ECC-NC 叠合梁试验研究

王 浩* 李滋润 陈 澳 何岚清 庄陆洲
（长安大学公路学院）

摘 要 与普通混凝土（Normal Concrete，NC）相比，纤维增强混凝土（Engineered Cementitious Composites，ECC）具有优异的受拉变形能力和多缝开裂的特点。研究表明，将 ECC 应用于构件承受拉力部分可以达到提高开裂荷载和控制裂缝宽度的目的，从而提高构件的耐久性。然而，传统的单一纤维 ECC 在实际应用中，PVA/PE 纤维桥联强度不足，在裂缝控制方面的作用有限。现有研究表明，在单一纤维 ECC 中混掺钢纤维，可以提高 ECC 在受拉过程中的纤维的桥联能力，混杂纤维 ECC 的抗拉强度和裂缝控制能力优于单一纤维 ECC 材料。关于混杂纤维 ECC 在结构中的应用研究较少，未形成理论体系指导设计。本文以纤维种类为参数，对设计系列试验结果进行分析，探究混杂纤维 ECC 叠合梁受弯过程中的破坏模式、裂缝发展、承载能力，为混杂纤维 ECC 在叠合梁中的应用提供参考和依据。

关键词 叠合梁 抗弯性能 混杂纤维 ECC 裂缝控制

0 引言

普通混凝土（NC）在承受荷载时，其受拉部分常常出现裂缝，这些裂缝成为水分和气体渗透的通道，加速了钢筋的锈蚀过程，进而影响结构的耐久性，并可能导致结构性能衰减甚至发生安全事故[1]。

钢筋混凝土的广泛应用使得其耐久性问题受到全球研究者的广泛关注。为应对钢筋的锈蚀问题，研究人员开发了多种策略，包括应用防锈涂层、在钢筋生产过程中加入防锈成分以及向混凝土中添加阻锈剂等[2]。尽管这些方法在一定程度上有效，但它们提高了施工的复杂性和成本，且未能彻底根除锈蚀问题。另一种解决策略是通过控制混凝土裂缝的宽度，来防止钢筋锈蚀，从而增强结构的整体耐久性。目前，纤维增强混凝土（ECC）技术已被证实是一种有效的裂缝控制手段。本研究基于 ECC 材料技术，优化了 ECC 中的纤维配比，并对 ECC-NC 混杂纤维叠合梁的弯曲性能进行了深入研究[3-7]。通过这些研究，旨在为混杂纤维 ECC-NC 叠合梁的设计与应用提供坚实的理论依据，并进一步提升桥梁结构在复杂环境下的耐久性。

1 材料性能试验

根据《普通混凝土力学性能试验方法标准》（GB/T 50081—2019），本研究对 NC 和 ECC 进行了力学性能测试。所有抗压试块和试验梁均在相同批次和条件下浇筑并养护，以确保材料达到适当的龄期后进行抗压试验，检验其是否符合抗压强度的标准要求。

在材料性能测试中，使用 TYE-3000 型压力试验机对试件进行立方体抗压试验，加载速度设定为 0.5MPa/s。观察到，NC 试块在达到极限强度时表现出突然且明显的脆性破坏，其边缘发生严重的剥落。相对而言，ECC 试块在荷载作用下初现细小的竖向裂缝，这些裂缝随荷载的增加逐渐扩展，并在最终破坏时几乎穿透整个试块。尽管如此，ECC 试块的整体形态仍然保持完好，未出现块体剥落，显示出较 NC 试块更优异的韧性和抗脆性破坏能力。此外，通过压力试验机对试件进行了抗拉强度和轴心抗压强度测试，具体的试验数据和结果展示在图 1 及表 1 中，从而详细记录了不同材料的力学性能表现。

基金项目：中央高校基础科研业务专项资金项目（300102212212）。

a)NC试块

b)ECC试块

c)劈裂抗拉

d)轴心抗压

图 1　试块材料性能试验

试验表明,PE 型纤维增强混凝土(ECC)在抗压和抗拉性能上均优于 PVA 型,分别提高了 11.0% 和 20%,得益于 PE 纤维的高弹性模量和抗拉强度。然而,当 PE 纤维中添加 0.6% 体积的钢纤维时,其抗压和抗拉强度因纤维分散性差而有所下降。相反,PVA 型 ECC 在加入同比例钢纤维后抗拉强度提升了 80%,显示钢纤维的加入显著增强了其力学性能。这反映了不同纤维类型和钢纤维混掺对 ECC 性能的重要影响。

材料性能试验结果　　表 1

材料	试件编号	抗压强度(MPa)	平均值(MPa)	抗拉强度(MPa)	平均值(MPa)	弹性模量(MPa)	平均值(MPa)
NC	1	61.6	62.7	2.8	3.0	34722	34834
	2	62.4		3.1		35125	
	3	64.2		3.2		34655	
ECC-1	1	63.1	58.1	2.5	2.5	24082	23654
	2	55.7		2.5		23620	
	3	55.4		2.6		23262	
ECC-2	1	60.9	64.5	2.8	3.0	23150	23743
	2	64.1		3.0		23859	
	3	68.5		3.1		24220	
ECC-3	1	66	62.2	4.5	4.5	24322	24376
	2	61.9		4.4		24850	
	3	61.8		4.7		23957	
ECC-4	1	53.4	52.6	2.8	2.7	23535	24003
	2	48.8		2.6		24338	
	3	55.6		2.6		24226	

2　叠合梁试验内容及试验目的

2.1　试验内容

在本研究中,参考现有的混杂纤维研究,采取了多种纤维类型以制造混杂纤维 ECC-NC 叠合梁。ECC 材料主要布置于叠合梁的受拉部分,其高度设置为钢筋保护层厚度的两倍,即 60mm。选用的纤维类型包括 PVA、PE 及钢纤维。通过四点弯曲试验,本试验旨在分析叠合梁在受弯状态下的开裂荷载、极限承载力、挠度以及裂缝宽度等性能指标,从而为叠合梁的工程应用提供科学依据。

2.2　试验目的

本研究的目标是评估混杂纤维 ECC 在叠合梁中的弯曲性能,并基于试验数据优化纤维配比。本项研究深入探讨了 ECC-NC 叠合梁在力学行为方面的表现,包括其承载力、延性、结构刚度,以及裂缝发展的特性。通过这些分析,旨在揭示混杂纤维 ECC 叠合梁在受力时的综合性能表现。

2.3　试验方案

2.3.1　试验梁设计

本试验以配筋率 1.36% 的 NC 梁为参照,以纤维种类、钢纤维掺量为变量,研究各变量对叠合梁受弯性能的影响。试验梁配筋率为 1.36%,ECC 中纤维种类分别为 PVA、PE 和钢纤维(SF),其中控制 PVA 纤维体积掺量 1.7% 和 PE 纤维体积掺量 1% 不变,不掺或者混掺体积分数 0.6% 的钢纤维。叠合梁试验参数如表 2 所示。

叠合梁试验参数 表2

序号	实验编号	纵筋配筋率(%)	纤维类型及掺量	ECC叠合层高度及位置
1	NC	1.36	—	0
2	EN-PVA	1.36	PVA(1.7%)	受拉区60mm
3	EN-PS0.6	1.36	PVA(1.7%)+SF(0.6%)	受拉区60mm
4	EN-PE	1.36	PE(1%)	受拉区60mm
5	EN-ES0.6	1.36	PE(1%)+SF(0.6%)	受拉区60mm

注:试验梁编号第一组字母NC表示普通混凝土,EN表示ECC与普通混凝土的叠合梁;第二组字母PVA表示ECC中只掺PVA纤维,PE表示只掺PE纤维,PS表示ECC中掺PVA和钢纤维(SF)两种纤维,ES表示ECC中掺PE纤维和钢纤维;第二组字母后的0.6表示钢纤维的体积掺量为0.6%。

试验梁的尺寸为150mm×250mm×2300mm,箍筋和纵筋均使用HRB400型号钢筋,钢筋保护层厚度为30mm。底部受拉钢筋使用钢筋直径分别为14mm、18mm、22mm。箍筋和架立筋直径均为10mm。试验梁的具体尺寸和配筋如图2所示。

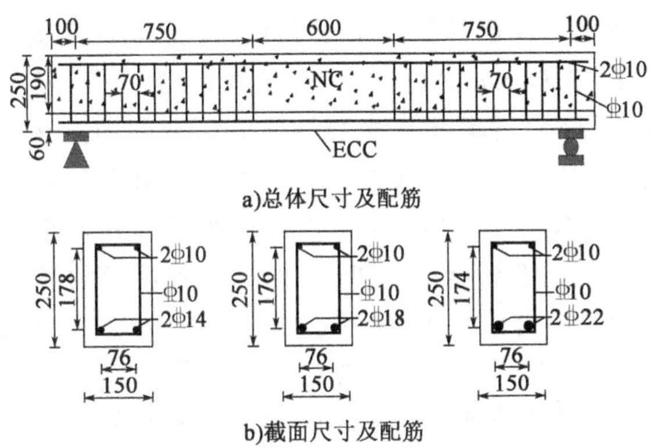

a)总体尺寸及配筋

b)截面尺寸及配筋

图2 叠合梁尺寸及配筋(尺寸单位:mm)

2.3.2 加载方案

(1)加载前准备

试验梁在加载前用涂料对梁体表面刷白,并在梁的侧面和底面用黑色记号笔画5cm×5cm的方格,以便于观察裂缝走向和位置标记。

(2)加载装置及加载方案

本试验在长安大学桥梁工程结构试验室完成。试验采用四点加载的方式,纯弯段长600mm,两支座距离最近加载点的水平距离为750mm。分别在支点的上方、加载点下方和跨中梁底的中线位置布置位移计,共布置5个位移传感器,来采集试验梁的位移。在试验梁跨中截面布置BX120-80AA混凝土应变片测量应变,测点间距为50mm。使用BX120-3AA应变片测量受拉钢筋应变,测点间距为150mm。加载装置为50t液压千斤顶。在液压千斤顶下方放置压力传感器。传感器在使用之前对其进行标定,确保数值准确。使用TDS-530数据采集仪采集记录试验加载过程中荷载值、位移计值和应变值。通过工字形分配梁将荷载平均传递到两个加载点,在加载点和支点处放置钢制垫板避免应力集中。试验加载示意图如图3a)所示,试验加载装置实物图如图3b)所示。

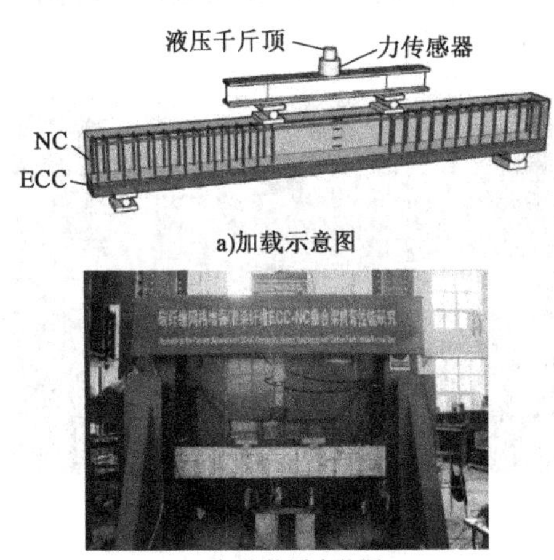

a)加载示意图

b)加载装置实物图

图3 试验加载及装置实物图

试验时先进行预加载,然后正式加载,预加载荷载为计算极限荷载值的10%,持荷5min后卸载。通过预加载,来消除试验梁与各部分之间的空隙,检测各仪器是否正常。对试验梁进行正式加载时,以10kN为一个加载等级进行加载,每级荷载下持荷5min,以便有时间观察记录裂缝宽度和裂缝扩展变化。当加载到试验梁屈服后,改用位移控制加载,考虑到试验安全不再近距离观察记录裂缝,一直加载至试验梁破坏。

3 混杂纤维ECC-NC叠合梁抗弯试验

3.1 试验现象及结果

在对NC梁进行加载测试时,首次观察到竖向裂缝的出现是在荷载为21.3kN的条件下,此时裂缝位于梁的跨中纯弯区域,且裂缝极为细小。随着荷载的逐渐增加,这些裂缝逐步扩展,数量增加,其宽度也随之增大,直至在90kN的荷载时,观测到最大裂缝宽度达到0.21mm。当加载力增至119.5kN,荷载的增速明显减慢,并伴随有明显的荷载波动,表明梁已接近或达到屈服状态,此时跨中挠度为8.74mm。随后,试验以位移控制方式继续增加荷载,尽管裂缝总数基本维持不变,但裂缝宽度和梁的挠度均有显著增加。在屈服阶段之后,尽管荷载增长缓慢,但偶尔可听到梁结构中发出的“嘭”声,同时梁顶部的混凝土开始出现局部压碎。最终,当荷载达到133.4kN时,荷载急剧下降,梁顶面混凝土完全崩解,导致NC梁的最终破坏。此时,跨中的挠度为34.96mm。整个试验过程中,梁共形成16条裂缝,其中纯弯区域内的裂缝为7条。这一破坏模式在试验记录的图4中有详细展示。

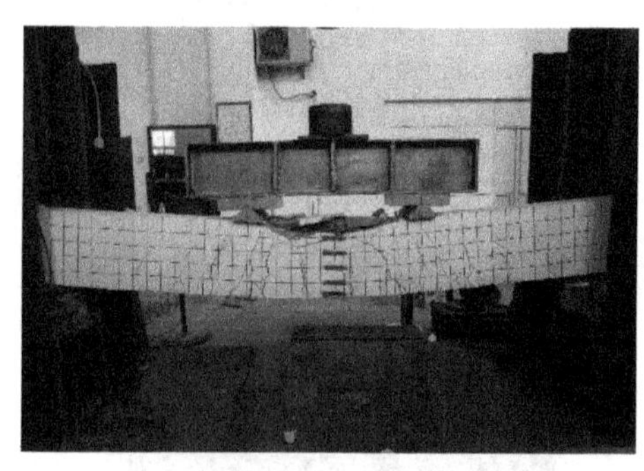

图4 NC梁破坏形态

3.2 荷载-挠度曲线

3.2.1 荷载挠度受力分析

表3显示了试验梁在加载至破坏过程中的关键荷载与跨中挠度数据,并计算了位移延性系数,以评估结构的变形能力。该系数的增值指示了结构在破坏前的变形潜能,对于安全设计具有显著意义。分析表明,在保持相同配筋率的情况下,采用单一PVA纤维的ECC-NC叠合梁的延性相较于纯NC梁有所降低。然而,当PVA纤维中加入0.6%钢纤维时,叠合梁的延性系数较NC梁提升了17.50%。对于采用PE纤维的叠合梁,虽然延性最高,但是添加钢纤维后其延性有所下降。这些数据反映了不同纤维材料和配筋对结构延性的影响。

3.2.2 纤维类型对叠合梁荷载-挠度曲线的影响

在ECC-NC叠合梁的单纤维研究中,采用单一PE纤维的EN-PE叠合梁显示出优异的力学性能。该梁的屈服荷载达到132.8kN,并在屈服后荷载表现稳定且呈现增长趋势,直至跨中挠度增加至43.98mm时荷载突降,导致梁的破坏。在破坏点,该梁还能维持约123kN的荷载能力。相比之下,单掺PVA纤维的EN-PVA叠合梁在荷载达118.6kN时已屈服,当跨中挠度为27.83mm时迅速降低至破坏状态。PE纤维的高强度特性使得EN-PE叠合梁在屈服荷载上较EN-PVA叠合梁提高了12.0%,并在跨中挠度上增加了58.0%。这反映了PE纤维在受拉时的高耐久性和对裂缝控制的有效性,这有助于减缓裂缝的扩展速度并提升梁的整体刚度。荷载较小时(小于70kN),这两种叠合梁的荷载-挠度曲线斜率基本持平,但随着荷载的进一步增大,采用PE纤维的叠合梁斜率逐渐超过PVA纤维的梁,差异逐渐显著。这种差异在荷载-挠度关系图(图5)中有明确展示。

试验梁加载过程关键点数据 表3

试验梁编号	开裂荷载 P_{cr}(kN)	屈服荷载 P_y(kN)	破坏荷载 P_u(kN)	跨中屈服挠度 Δy(mm)	跨中破坏挠度 Δu(mm)	位移延性系数 $\Delta u/\Delta y$
NC	21.3	119.5	133.4	8.74	34.96	4.0
EN-PVA	16.2	118.6	125.7	8.43	27.83	3.3
EN-PS0.6	33.1	124.5	125.4	7.75	36.42	4.7
EN-PE	21.4	132.8	121.5	9.16	43.98	4.8
EN-ES0.6	19.5	134.6	128.3	8.42	37.15	4.4

在纤维增强混凝土的研究中,对于体积分数0.6%的钢纤维掺杂的EN-PS0.6叠合梁,屈服荷载达到124.5kN,显示出较未掺钢纤维的单纤维叠合梁的显著提高,增幅为5.0%。在屈服时,该叠合梁的挠度为7.75mm,而在破坏阶段,跨中挠度增至36.45mm,提高了30.8%。此结果表明,钢纤维的加入在增加刚度、提高屈服荷载及延性方面均有正面效应,显著增强了叠合梁的整体受力

性能。特别地,针对单掺 PE 纤维的叠合梁,加入钢纤维虽然使得屈服荷载保持不变,但是在裂缝发展阶段,梁的刚度得到了提升。这一改变使荷载首次明显下降时跨中挠度从 31.36mm 增至 35.43mm,并且在经历极小的位移后,荷载迅速下降,叠合梁最终破坏。这表明在添加钢纤维后,虽然叠合梁在早期阶段展现出更好的刚度和屈服阶段的稳定性,但是钢纤维的拔出会对梁的延性产生不利影响,最终降低了梁的延展性能。

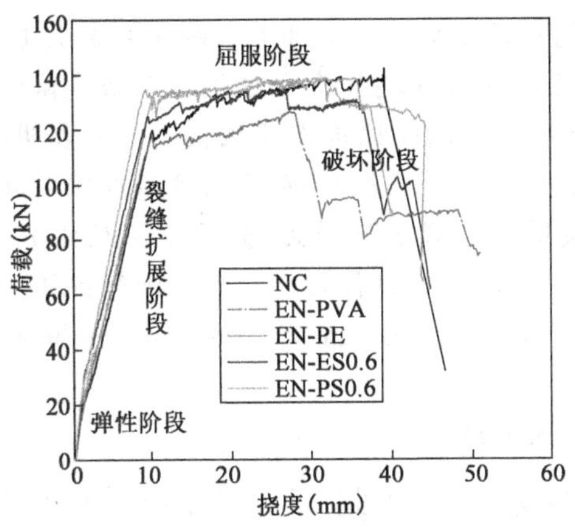

图5 不同纤维种类叠合梁荷载-挠度曲线

4 结语

本研究基于 ECC 纤维混凝土材料的基本性质测试,深入分析了叠合梁在弯曲试验中的力学表现。试验重点观察了不同纤维类型的叠合梁在加载过程中的破坏模式,并详细分析了荷载承受能力、挠度行为及裂缝扩展的特性,归纳出以下关键发现:

(1)所有叠合梁表现出类似的破坏模式,主要通过受弯破坏。随着荷载的逐步增大,裂缝数量持续增多,并向上延伸,但延伸速度逐渐放缓,直至达到屈服荷载,裂缝扩展基本停止。随后,随着钢筋的屈服,裂缝迅速扩大,形成主裂缝,导致纤维效能减弱,最终导致压力破坏。

(2)试验表明,混杂纤维叠合梁在开裂荷载和刚度相较单一纤维梁有所提高。各叠合梁的荷载-挠度曲线显示相似的破坏阶段,即弹性、裂缝发展、屈服及最终破坏阶段。特别是在 PVA 纤维混掺 0.6% 钢纤维的叠合梁中,其开裂荷载和裂缝阶段的刚度表现最佳,这表明该纤维配比能显著增强 ECC 的抗拉性能和裂缝控制能力。

(3)从荷载方面看,相同配筋率的屈服荷载和破坏荷载基本相同。由于叠合梁中的 ECC 层主要承受拉力,受拉开裂后对抗弯承载能力的贡献较小,因此,叠合梁的屈服荷载和破坏荷载与 NC 梁无明显差别。

(4)综合试验数据显示,单一纤维 ECC 叠合梁的性能改进较为有限,而添加钢纤维的混杂纤维 ECC 叠合梁在各方面性能显著提升,增强了结构的延性和耐久性。特别是 PVA 纤维中加入 0.6% 钢纤维的 ECC 性能接近单一 PE 纤维及 PE 与钢纤维混杂纤维 ECC,有效克服了 PVA 纤维在弹性模量和抗拉强度方面的不足。

参考文献

[1] 李倩. 钢筋锈蚀作用下混凝土保护层胀裂过程研究[D]. 大连:大连理工大学,2018.

[2] 蒋祖发. FRP 筋 ECC 梁受弯性能研究[D]. 郑州:郑州大学,2021.

[3] LI V C. Performance driven design of fiber reinforced cementitious composites[J]. Proceedings of RILEM International Symposium on Fiber Reinforced Concrete,1992.

[4] LI V C. From micromechanics to structural engineering-the design of cementitous composites for civil engineering applications [J]. Journal of Structural Mechanics and Earthquake Engineering, JSCE, 1993, 10(2): 37-48.

[5] MIHASHI H, NISHIWAKI T, LEITE J P B. Effectiveness of crack control on durability of HPFRCC[J]. PRO 30:4th International RILEM Workshop on High Performance Fiber Reinforced Cement Composites (HPFRCC 4). RILEM Publications,2003,1:437.

[6] LI VICTOR C. 高延性纤维增强水泥基复合材料的研究进展及应用[J]. 硅酸盐学报, 2007(4):531-536.

[7] YIN N C G. Investigation of concrete components with a pseudo-ductile layer[D]. Hong Kong: Hong Kong University of Science and Technology,2004.

钢-聚丙烯腈纤维混凝土力学性能及尺寸效应研究

袁浩允[1,2,3]　时维广[1]　王　浩*[1,2]　雷　雨[1,2]　张佳豪[1,2]
(1.中交第二公路工程局有限公司;2.中交集团山区长大桥隧建设技术研发中心;
3.长安大学公路学院)

摘　要　为研究混杂钢-聚丙烯腈纤维混凝土力学性能及尺寸效应,对钢纤维体积分数为0.8%、1.0%、1.2%,聚丙烯腈纤维体积分数0%和0.1%,进行了2组共计6块标准立方体抗压强度试验和截面边长尺寸分别为70mm、100mm、150mm的18组共计54块棱柱体试件抗折强度试验。结果表明:混杂钢纤维、聚丙烯腈纤维均可有效提高混凝土的抗压强度和抗折强度,并且混杂钢-聚丙烯腈纤维对混凝土抗折强度的增强效果显著,平均提升为33.33%,该提升幅度随尺寸减小而增大;截面边长尺寸100mm、70mm的试件抗折强度可通过尺寸效应换算系数1.104和1.267对标准试件抗折强度值进行换算;Bazant及Carpinteri尺寸效应律公式均适用于混杂钢-聚丙烯腈纤维混凝土,且Bazant尺寸效应律公式的拟合度较高,平均相关系数可达到0.9933。

关键词　混凝土　钢纤维　聚丙烯腈纤维　力学性能　尺寸效应

0　引言

混凝土作为土木工程领域最常用的建设材料之一广泛应用于各大建筑结构中[1],随着结构性能日益严苛的使用要求,普通的混凝土的力学性能较差,对部分结构已经无法满足使用需求。

在混凝土中添加各种类型的纤维材料是目前常用的增强、增韧方法之一[2-3]。多数学者研究发现采用掺入适量且具有高弹性模量的钢纤维能够有效提升混凝土力学性能[4-8]。聚丙烯腈纤维属于合成纤维其中之一,研究表明,聚丙烯腈纤维的韧性能有效提升混凝土结构的抗弯韧性、抗冲击等性能[9-12]。由于使用单一类型的钢纤维对混凝土的力学性能影响有限,使用不同的纤维组合已变得越来越普遍,众多学者对钢纤维与合成纤维组合研究[13-15],然而目前关于混杂钢-聚丙烯腈纤维混凝土力学性能相关研究较少。

钢纤维和聚丙烯腈纤维在混凝土中的分布和相互作用会受到构件尺寸的影响。较大尺寸的构件可能会导致纤维分布不均匀,从而影响混凝土的整体性能[7,16]。另外,较大尺寸的构件在受力时可能增加裂缝的形成和扩展的可能性,从而影响结构安全性。因此,研究混掺钢纤维和聚丙烯腈纤维混凝土的尺寸效应对于深入理解其力学性能,为其在实际工程中具有重要意义。

综上所述,本文针对混杂钢-聚丙烯腈纤维混凝土力学性能及尺寸效应开展试验研究,分析钢-聚丙烯腈纤维体积掺量对混凝土力学性能的影响,并根据Bazant及Carpinteri尺寸效应律分析尺寸效应与钢-聚丙烯腈纤维力学性能的关系。

1　试验概况

1.1　原材料

混凝土原材料采用山水牌强度等级为P.O42.5的普通硅酸盐水泥,粉煤灰为F类Ⅱ级,其性能均符合规范要求。细集料为经过清洗和烘干的大汶河中砂,粗集料为国舜石场生产的5～20mm的连续级配碎石,外加剂为聚羧酸高性能减水剂URC-3。混杂纤维主要由聚丙烯腈纤维和端勾型钢纤维混合而成,如图1所示,纤维的各项性能指标见表1。

a)聚丙烯腈纤维

b)钢纤维

图1 聚丙烯腈纤维与钢纤维

纤维性能指标 表1

纤维类型	直径(mm)	长径比	几何形状	密度(g/cm^3)	弹性模量(GPa)	抗拉强度(MPa)
钢纤维(SF)	0.8	50	直线型	7.85	210	1150
聚丙烯腈纤维(PF)	0.1	150	端勾型	1.18	18	550

1.2 配合比

参照《普通混凝土配合比设计规程》(JGJ 55—2011)中确定C50混凝土基准配合比,水胶比取0.32,减水剂掺量为胶凝材料总质量的1.5%。同时,为考虑钢纤维的掺量对混杂纤维混凝土力学性能的影响,以普通混凝土为对照组,保持混凝土配合比不变,加入不同掺量的钢纤维和聚丙烯腈纤维为试验组,钢纤维体积分数分别为0.8%、1.0%和1.2%,聚丙烯腈纤维体积分数为0%和0.1%,试验共6组,混凝土基准配合比如表2所示,纤维掺量设计方案见表3。

基准配合比(kg/m^3) 表2

水泥	粉煤灰	河砂	碎石		水	减水剂
			5~10mm	10~25mm		
400	100	756	400	600	160	7.5

纤维体积掺量设计方案 表3

编号	钢纤维体积分数(%)	聚丙烯腈纤维体积分数(%)
SD0-P0	0	0
SD0-P1.1	0	0.1
SD80-P0	1.0	0
SD65-P1.1	0.8	0.1
SD80-P1.1	1.0	0.1
SD95-P1.1	1.2	0.1

1.3 试件制备

搅拌方法参照《钢纤维混凝土》(JG/T 472—2015),首先根据混杂纤维混凝土试验配合比备料,将碎石、砂、水泥、粉煤灰等材料加入搅拌机预拌90s,接着将钢纤维、聚丙烯腈纤维分若干次撒入搅拌机搅拌均匀,然后加入水和减水剂后搅拌150s,待混凝土整体搅拌均匀后方可出料。按照《公路工程水泥及水泥混凝土试验规程》(JTG 3420—2020)要求进行试件浇筑,试件设计如表4所示。将成型试件用塑料薄膜覆盖,并在试验室环境养护24h后脱模,最后置于标准养护室养护至目标龄期,即可进行后续性能试验。

试件设计 表4

性能指标	试件尺寸(mm)	试件数量(个)	测试龄期(d)
抗压强度	150×150×150	6	7、28
抗折强度	150×150×550	18	28
	100×100×400	18	
	70×70×210	18	

1.4 测试方法

力学性能试验依照《混凝土物理力学性能试验方法标准》(GB/T 50081—2019)中要求进行，每组试验设置3组平行试样，测试结果取3组平行试样平均值。如图2所示，抗压强度测试采用YAW-1000型全自动压力试验机，试验压缩速率为0.7MPa/s。抗折强度测试采用ETM-504D型微机控制电子万能试验机，利用四点弯曲加载的方式施加荷载，加载速率为0.07MPa/s。

a)抗压强度试验

b)抗折强度试验

图2 力学性能测试

2 试验结果分析

2.1 纤维对抗压强度的影响分析

不同纤维类型及掺量在7d、28d的混凝土抗压强度结果如图3所示。加入纤维一定程度上可以提高混凝土的抗压强度，单掺聚丙烯腈纤维混凝土SD0-P1.1在龄期7d、28d下的抗压强度较未掺纤维混凝土SD0-P0提高了1.07%和0.85%，单掺钢纤维混凝土SD80-P0在龄期7d、28d下的抗压强度较普通混凝土提高了4.07%和1.19%，表明单掺钢纤维对增强混凝土抗压强度的效果明显优于单掺聚丙烯腈纤维，原因在于钢纤维相较于聚丙烯腈纤维具有良好的刚度和韧性使得在受到外荷载作用下，通过自身变形吸收能量，提高混凝土抗压强度。同时，钢-聚丙烯腈混杂纤维混凝土对混凝土抗压强度的增强效果优于单掺纤维混凝土，且由于混凝土的惰性使得纤维的掺杂对混凝土抗压强度在早期提升效果较好，SD65-P1.1、SD80-P1.1、SD95-P1.1在龄期7d下的抗压强度较普通混凝土SD0-P0分别提高了5.78%、7.71%和12.85%，龄期28d下较普通混凝土SD0-P0分别提高了1.70%、2.55%和3.06%，高弹性模量的钢纤维和聚丙烯腈纤维的正向协同，有效提高混凝土内部密实性和结构整体性，从而提高混凝土的抗压强度，但是随着钢纤维掺量的增加，抗压强度的增长幅度逐渐减小，这说明钢纤维对抗压强度的提升是有限的。

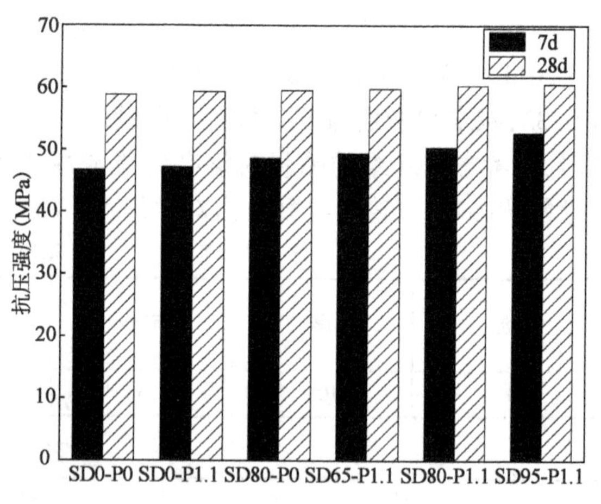

图3 抗压强度

2.2 纤维对抗折强度的影响分析

抗折强度如图4所示，由图4可以看出，在不同尺寸的试件中，钢纤维和聚丙烯腈纤维的加入均能显著的增强混凝土抗折强度。在截面边长为150mm、100mm和70mm的试件中，相较于普通混凝土，单掺钢纤维混凝土SD80-P0的抗折强度分别提高了24.32%、24.69%、25.00%，单掺聚丙烯腈纤维混凝土SD0-P1.1抗折强度仅提高了2.70%、3.70%、4.35%，这是由于聚丙烯腈纤维刚度较低且团聚性较强，不易与混凝土基材协同作用，而钢纤维具有高弹性模量能显著改善混凝土试件断裂能，因此钢纤维对混凝土抗折强度的提升幅度较大。同时,不同尺寸试件中,混杂纤维对混凝土抗折强度的增强优于单掺纤维混凝土,且抗折强度随着钢纤维掺量的增加明显增大。混杂钢-聚丙烯腈纤维混凝土的标准试件 SD65-P1.1、SD80-P1.1 和 SD95-P1.1 抗折强度分别提高了 28.38%、32.43% 和 39.19%,这说明在钢纤维与聚丙烯腈纤维产生的正向协同作用在混凝土抗折过程中更为明显,有效改善了混凝土的初始缺陷,在荷载作用下能有效抑制内部裂纹的产生并延缓裂缝的发展,从而提高混凝土的抗折强度。

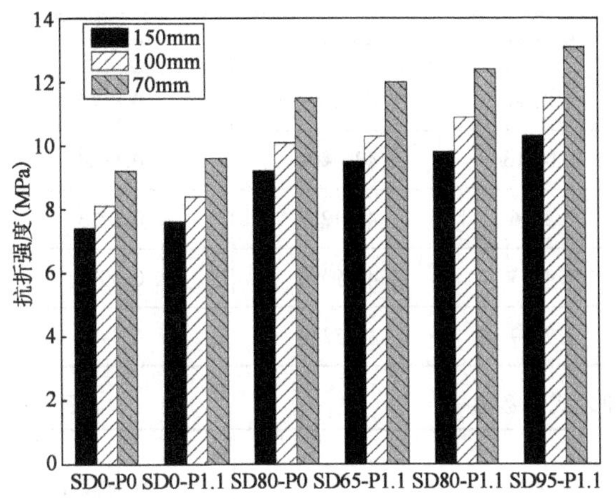

图4 抗折强度

2.3 尺寸对抗折强度的影响分析

通过对图 4 中混凝土试件抗折强度进一步分析。以截面边长 150mm 为标准尺寸试件,定义非标准尺寸试件抗折强度换算系数和尺寸效应度计算公式如下:

$$\eta_{70} = \frac{f_{t,70}}{f_{t,150}} \tag{1}$$

$$\eta_{100} = \frac{f_{t,100}}{f_{t,150}} \tag{2}$$

$$\gamma_{100} = \frac{f_{t,70} - f_{t,100}}{f_{t,70}} \times 100\% \tag{3}$$

$$\gamma_{150} = \frac{f_{t,70} - f_{t,150}}{f_{t,70}} \times 100\% \tag{4}$$

式中:η_{70}、η_{100}——截面边长为 70mm、100mm 的尺寸效应换算系数;

γ_{100}、γ_{150}——截面边长为 70mm、100mm 的尺寸效应度;

$f_{t,70}$、$f_{t,100}$、$f_{t,150}$——截面边长为 70mm、100mm、150mm 试件的抗折强度值(MPa)。

计算得到尺寸效应换算系数、尺寸效应度与纤维掺量的关系,如表 5 所示。

抗折强度换算系数与尺寸效应度 表 5

试件编号	纤维掺量(%)		尺寸效应换算系数		尺寸效应度(%)	
	钢纤维	聚丙烯腈纤维	η_{70}	η_{100}	γ_{100}	γ_{150}
SD0-P0	0	0	1.243	1.095	11.96	19.49
SD0-P1.1	0	0.1	1.263	1.105	12.50	20.83
SD80-P0	1.0	0	1.250	1.098	12.17	20.00
SD65-P1.1	0.8	0.1	1.242	1.084	12.71	19.57
SD80-P1.1	1.0	0.1	1.276	1.112	12.80	21.60
SD95-P1.1	1.2	0.1	1.282	1.117	12.88	21.97

由图 4 及表 5 可知,混凝土试件抗折强度试件均随着试件尺寸的减小而增大,且纤维混凝土试件的抗折强度尺寸效应明显强于未掺纤维混凝土,并且当聚丙烯腈纤维掺量保持一定时,试件抗折强度随着钢纤维掺量的增加而增大,钢纤维含量分别为 0.8%、1.0% 和 1.2% 时,截面边长为 70mm 和 100mm 试件抗折强度分别是 150mm 试件的 1.084、1.112、1.117 倍和 1.242、1.276、1.282倍,混杂钢-聚丙烯腈纤维混凝土抗折强度的尺寸效应换算系数平均值分别为 1.267 和 1.104。试件抗折强度尺寸效应 γ_{100} 和 γ_{150} 分别比普通混凝土试件提高了 6.27%、7.02%、7.69% 和 0.41%、10.83%、12.72%。原因在于,试件浇筑时受到"边壁效应"[17]的影响,不同类型及掺量的纤维均会使得混凝土抗折强度尺寸效应增大。

2.4 尺寸效应律分析

基于使用 Bazant 尺寸效应律式(5)和 Carpinteri 尺寸效应律式(6)对试验数据进行分析。

Bazant 尺寸效应律公式[18]:

$$\sigma_N = \sigma_\infty \left(1 + \frac{D_b}{D}\right) \tag{5}$$

Carpinteri 尺寸效应律公式[19]:

$$\sigma_N = \sqrt{A + \frac{B}{D}} \tag{6}$$

式中：σ_N、σ_∞——试件的名义强度和尺寸无穷大时的材料参数；

D_b、D——特征尺寸、试件尺寸；

A、B——结构尺寸相关参数。

按照公式(5)、公式(6)对试验值拟合分析后，由表6、表7、图5、图6可以看出，Bazant及Carpinteri尺寸效应律公式不仅适用于单掺纤维混凝土试件，也适用于混杂钢-聚丙烯腈纤维混凝土试件，且基于Bazant尺寸效应律公式的拟合度较高，平均相关系数可达到0.9933，优于Carpinteri尺寸效应律公式的平均拟合度0.9843。

Bazant尺寸效应律公式参数值　　表6

试件编号	纤维掺量(%)		σ_∞	D_b	相关系数 R^2
	钢纤维	聚丙烯腈纤维			
SD0-P0	0	0	5.7860	40.9956	0.9938
SD0-P1.1	0	0.1	5.8166	45.2699	0.9963
SD80-P0	1.0	0	7.14016	42.4404	0.9944
SD65-P1.1	0.8	0.1	7.3956	41.1217	0.9793
SD80-P1.1	1.0	0.1	7.4013	47.9996	0.9976
SD95-P1.1	1.2	0.1	7.7319	49.3249	0.9985

Carpinteri尺寸效应律公式参数值　　表7

试件编号	纤维掺量(%)		A	B	相关系数 R^2
	钢纤维	聚丙烯腈纤维			
SD0-P0	0	0	28.0580	3903.5284	0.9850
SD0-P1.1	0	0.1	27.1286	4493.4327	0.9883
SD80-P0	1.0	0	42.1313	6218.8036	0.9856
SD65-P1.1	0.8	0.1	45.9760	6384.1258	0.9647
SD80-P1.1	1.0	0.1	42.5441	7865.3078	0.9904
SD95-P1.1	1.2	0.1	45.6432	8905.0861	0.9921

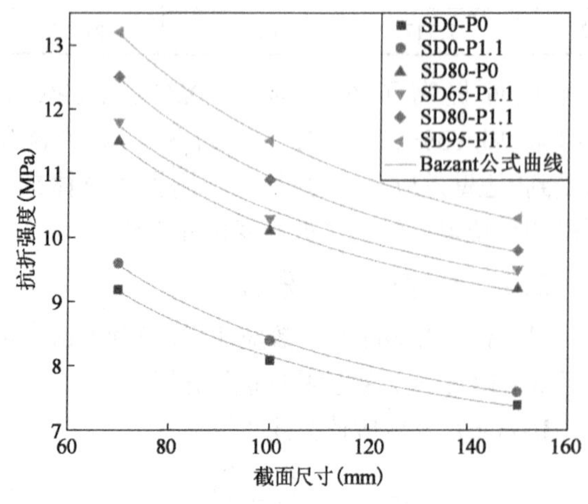

图5　Bazant尺寸效应律公式拟合曲线

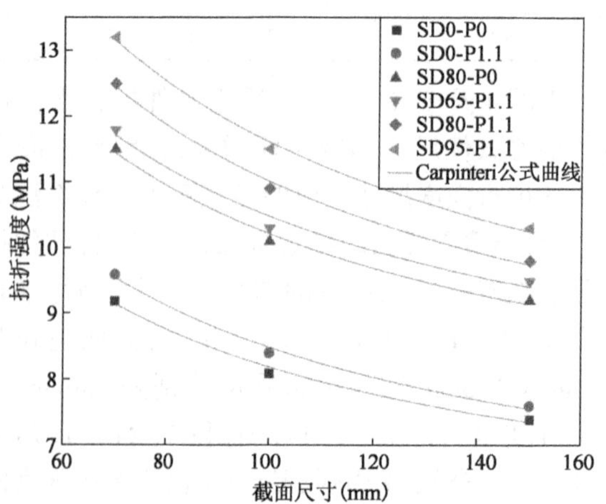

图6　Carpinteri尺寸效应律公式拟合曲线

3 结语

(1)混杂钢纤维、聚丙烯腈纤维均可有效提高混凝土的抗压强度和抗折强度,并且混杂钢-聚丙烯腈纤维对混凝土力学强度的影响较为显著;相较于对抗压强度的增强,混杂钢-聚丙烯腈纤维对混凝土抗折强度的增强效果显著,平均提升幅度为 33.33%,优于单掺钢纤维的提升幅度24.32% 和聚丙烯腈纤维的提升幅度2.70%。

(2)尺寸效应对混杂钢-聚丙烯腈纤维混凝土抗折强度的影响比对普通混凝土抗折强度的影响更为显著。以尺寸 150mm×150mm×550mm 为标准试件,当混杂钢-聚丙烯腈纤维混凝土试件采用尺寸为 100mm × 100mm × 400mm 和 70mm × 70mm×210mm 测试抗折强度时,平均提升幅度分别增大至 34.57% 和 35.87%,尺寸效应度平均提升 6.99% 和 7.99%,并且可通过尺寸效应换算系数 1.104和 1.267 对标准试件抗折强度值进行换算。

(3)基于 Bazant 尺寸效应律和 Carpinteri 尺寸效应律进行拟合,该公式不仅适用于单掺纤维混凝土试件,也可适用于混杂钢-聚丙烯腈纤维混凝土试件,且基于 Bazant 尺寸效应律公式的拟合度较高,平均相关系数可达到 0.9933,优于 Carpinteri 尺寸效应律公式的平均拟合度 0.9843。

参考文献

[1] XIE C P, CAO M L, YIN H, et al. Effects of freeze-thaw damage on fracture properties and microstructure of hybrid fibers reinforced cementitious composites containing calcium carbonate whisker [J]. Construction and Building Materials,2021,300.

[2] LIU C, HUNAG X, WU Y Y, et al. Studies on mechanical properties and durability of steel fiber reinforced concrete incorporating graphene oxide[D]. Cement & Concrete Composites,2022.

[3] ZHAO C G, WANG Z Y, ZHU Z Y, et al. Research on different types of fiber reinforced concrete in recent years: An overview, Construction and Building Materials, 2023,365.

[4] 张玉杰,陈炳聪,汪洋. 钢纤维混凝土基本力学性能试验研究[J]. 混凝土,2020(4):74-77.

[5] 苏捷,秦红杰,史才军,等. 钢纤维再生混凝土抗折强度尺寸效应试验研究[J]. 湖南大学学报(自然科学版),2021,48(7):160-167.

[6] 秦荷成,赵治超,叶水斌,等. 钢纤维对再生混凝土抗压强度影响的试验研究[J]. 混凝土,2023(6):120-124.

[7] 黄春文. 钢纤维混凝土的力学性能和结构尺寸效应的研究[J]. 混凝土,2020,12:66-70.

[8] 潘慧敏,马云朝. 钢纤维混凝土抗冲击性能及其阻裂增韧机理[J]. 建筑材料学报,2017,20(6):956-961.

[9] SARVARANTA L, ELOMAA M, JARVELA E. A study of spalling behaviour of PAN fibre-reinforced concrete by thermal analysis[J]. Fire and Materials,1993,17:225-230.

[10] ZHUO W D, PING S G, GU Y. Flexural fatigue behavior of PAN fiber reinforced concrete under cyclic loading[J]. Advanced Materials Research,2011,168-170:2143-2149.

[11] FAN S J. Mechanical and durability performance of polyacrylonitrile fiber reinforced concrete[J]. Materials Research,2015,18(6):1298-1303.

[12] MA H X, AN R. Performance analysis of polyacrylonitrile fiber concrete on airport pavement[J]. Advanced Materials Research, 2012,374:1467-1472.

[13] 李福海,刘耕园,刘梦辉,等. 纤维协同效应下超高性能混凝土的弯曲性能[J]. 同济大学学报(自然科学版),2023,51(12):1835-1844.

[14] 陈晶,亢晋军,梁雄雄,等. 陶瓷纤维和钢纤维对轻骨料混凝土力学性能的影响[J]. 建筑科学,2023,39(9):104-113.

[15] 刘美业,龚思雨,曹志远,等. 钢-聚乙烯醇纤维混凝土力学性能与孔结构研究[J]. 工业建筑,2023,53(S1):623-628.

[16] 王圣怡,朱然,占羿箭. PVA 纤维轻骨料混凝土的力学性能及抗压强度尺寸效应研究[J]. 混凝土与水泥制品,2022(6):46-52.

[17] 高丹盈,赵军,汤寄予. 钢纤维高强混凝土劈拉强度尺寸效应试验研究[J]. 建筑材料学报,2004(3):295-298.

[18] HOOVER C G, BAZANT Z P. Comparison of the Hu-Duan boundary effect model with the size-shape effect law for quasi-brittle fracture based on new comprehensive fracture tests [J]. Journal of Engineering Mechanics,2014, 140(3):480-486.

[19] ZHANG H,Š AVIJA, BRANKO, et al. Size effect on splitting strength of hardened cement paste:Experimental and numerical study[J]. Cement & Concrete Composites,2018,94:264-276.

非对称曲线斜拉桥空间受力特征分析

吕之豪*[1] 韩慧超[2]

(1. 长安大学公路学院;2. 中国二冶集团有限公司)

摘 要 非对称曲线斜拉桥兼具非对称直线斜拉桥与弯梁桥的特性,呈现弯剪扭耦合的复杂空间受力特征。本文以兰州市某小曲率双塔双索面非对称曲线斜拉桥为工程背景,通过建立空间三维杆系有限元模型,对比分析同等跨径的非对称直线、曲线斜拉桥主梁、主塔、斜拉索的内力与位移的差异,揭示非对称曲线斜拉桥的空间受力特征。研究表明:斜拉桥南、北侧非对称的布置形式使得南、北侧拉索索力不等,导致主梁、主塔呈现南、北侧受力不对称性;而小曲率半径的存在使得主梁、主塔承受扭矩作用,导致主梁、主塔、斜拉索呈现内、外侧受力差异性;设计非对称曲线斜拉桥时需要选择合理的主梁长度、塔高与索距来改善非对称曲线斜拉桥的复杂空间受力状态。

关键词 曲线斜拉桥 非对称布置 有限元模型 空间受力特征

0 引言

非对称曲线斜拉桥是一类在缓和曲线或圆曲线上布设主梁,且主梁、桥塔或斜拉索采用非对称布置形式的斜拉桥,凭借良好的线形适应性常被应用于城市和山区桥梁的建设中[1]。

与对称直线斜拉桥相比,非对称直线斜拉桥两侧的主梁长度、桥塔高度及斜拉索数量等设计参数不同[2],两侧非对称的布置形式会使索力呈现非对称性,使得两侧主梁、主塔在受力性能上产生一定差异[3]。而与直线斜拉桥相比,曲线斜拉桥的主梁、主塔、拉索锚固坐标点空间分布较为复杂,其兼具直线斜拉桥与弯梁桥的受力特点[4]。曲率线形的存在会导致主梁呈现明显的“弯扭耦合效应”[5],导致内、外侧索力与主梁竖向位移存在差异[6];空间索力使主塔承受压、弯、扭耦合作用。因此,整个结构空间受力特性较为明显[7-9]。

然而,既有研究仅单独考虑非对称布置或曲率半径对斜拉桥空间受力特征的影响,而非对称曲线斜拉桥在设计时需综合考虑两种因素共同作用,其空间受力特征仍是未知。因此,本文依托兰州市某非对称曲线斜拉桥,通过建立空间三维杆系有限元模型,对比分析同等跨径非对称直线、曲线斜拉桥内力与位移的差异,揭示非对称曲线斜拉桥的空间受力特征。

1 工程概况

兰州市某大桥为半飘浮体系双塔非对称曲线斜拉桥,主桥长度598.8m,跨径布置为46.8m + 49.2m + 364m + 49.2m + 46.8m + 42.8m,桥面宽35.5m。由于道路线形的限制,从南侧向北侧主梁线形及长度依次为:圆曲线段185.3 m、缓和曲线段98.9m、直线段314.6m,最小曲率半径为600m。

基金项目:陕西省自然科学基础研究计划项目(2019JM-172)、中央高校基本业务费项目(No.300102212912)。

非对称布置的南、北塔分别高 100m、115m，两桥塔所在平面呈 12°夹角。沿桥梁纵向和横向均非对称设置的斜拉索采用双索面扇形布置，其中南塔侧 22 对拉索，北塔侧 34 对拉索，边跨索距 7.8m，中跨索距 12m。全桥桥型布置与钢主梁标准断面如图 1 所示。

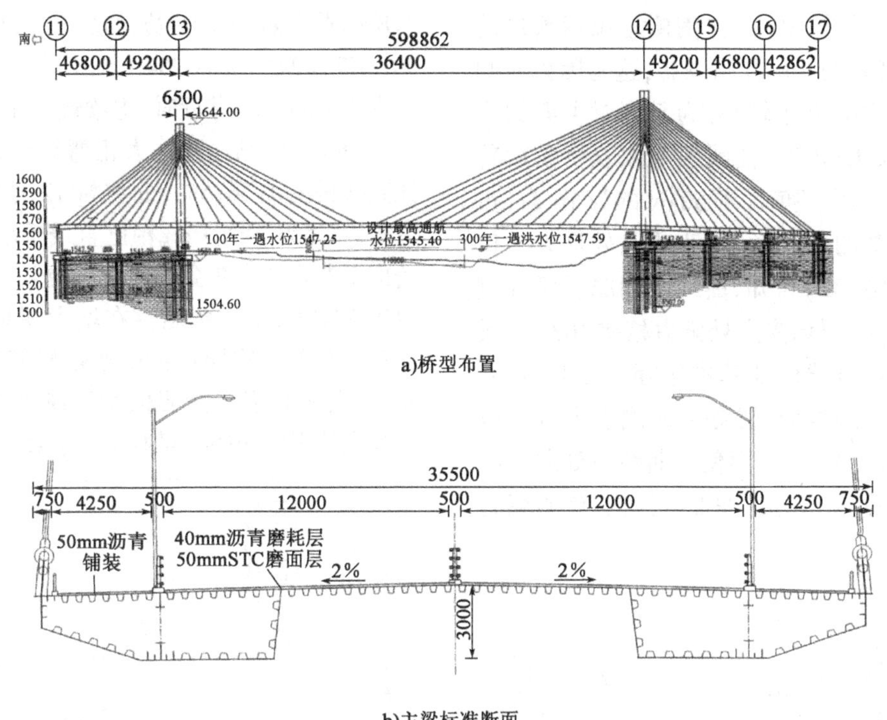

a)桥型布置

b)主梁标准断面

图 1　全桥桥型布置与钢主梁标准断面（尺寸单位：mm；高程单位：m）

2　计算模型

钢主梁采用 Q345qD 钢，桥塔采用 C50 混凝土，承台采用 C35 混凝土，斜拉索抗拉强度标准值为 1770MPa。采用 midas Civil 空间梁单元来模拟主梁、主塔和塔上横梁；采用桁架单元来模拟拉索，并根据 Ernst 公式来对拉索的弹性模量进行修正[10]。辅助墩、过渡墩、桥塔支座处均采用弹性连接与一般支承的双支座布置方式进行模拟；斜拉索锚点与主梁节点之间则采用“鱼骨梁”方法进行连接[11]。成桥阶段作用的荷载包括自重荷载、二期恒载、边跨压重、成桥索力。全桥有限元模型与钢主梁标准断面模型见图 2。

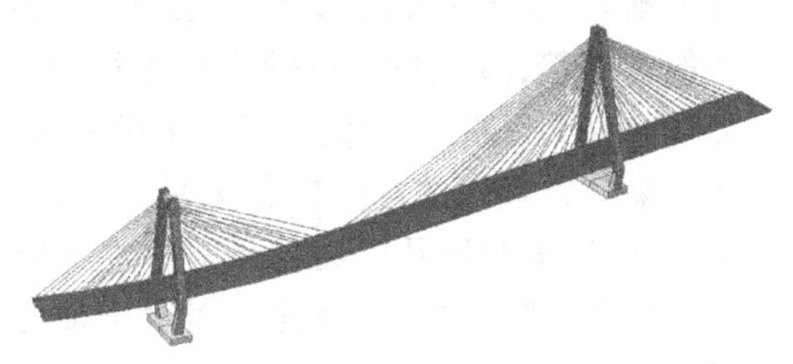

a)midas Civil全桥空间三维杆系有限元模型

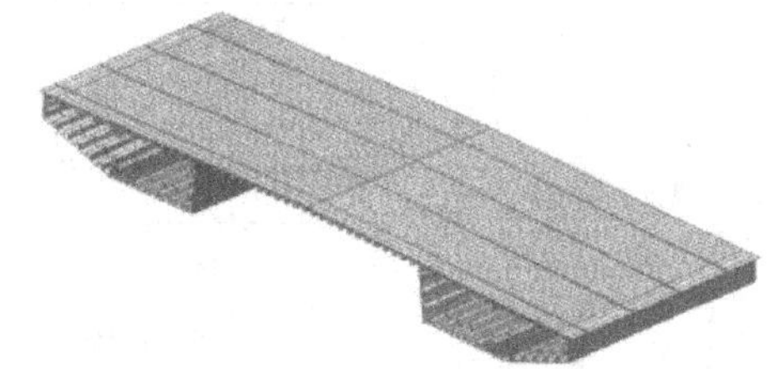

b)midas Civil钢主梁标准断面

图 2　全桥有限元模型与钢主梁标准断面模型

3　计算结果及分析

在原有桥型的基础上，建立主梁跨径相同的非对称直线斜拉桥有限元模型，对比二者受力性能的差异。

3.1　索力结果分析

斜拉桥成桥阶段索力与差值分布见图3。由图3a)可知,南、北侧索力大小非对称,其中南侧索力大于2000kN的为10对,占南侧总拉索数量的45.5%,而北侧为21对,占61.8%,这是因为北侧拉索较长且与主梁夹角较小,为起到对主梁的支承作用,导致索力较大。曲线段处曲线桥索力普遍大于直线桥,索力差值大于50kN的为16对,占南侧总拉索数量的72.7%,而直线段处最大差值仅为42kN。由图3b)可知,曲线桥圆曲线段外侧索力大于内侧,12号墩支点处索力相差103kN,缓和曲线处71kN,直线段处基本相等。综上所述,南、北侧拉索的非对称布置导致北侧索力普遍较大;曲率半径的存在,一方面使得曲线段处曲线桥索力大于直线桥,另一方面使曲线段内、外侧索力存在差异。

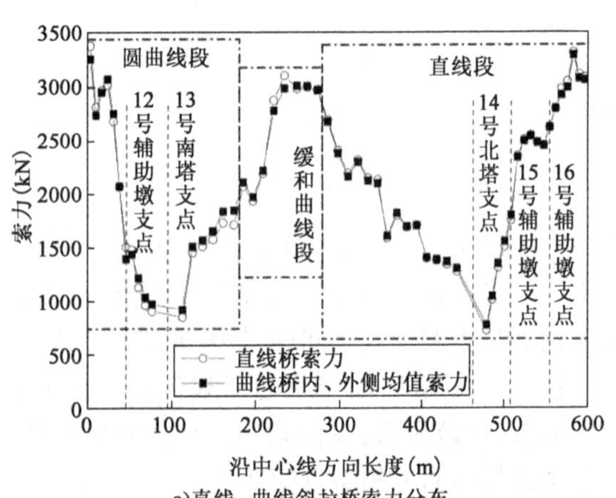

a)直线、曲线斜拉桥索力分布

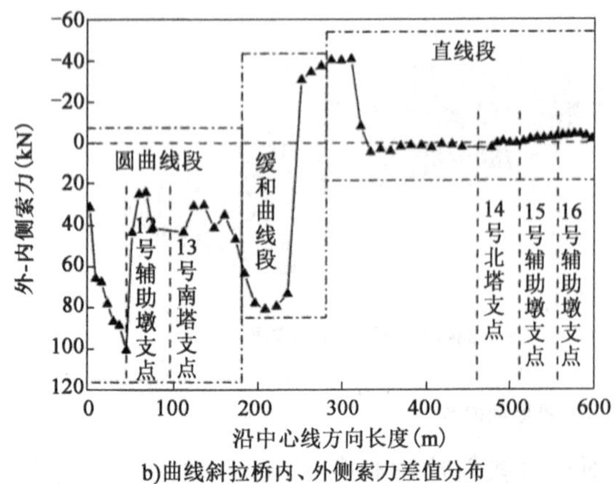

b)曲线斜拉桥内、外侧索力差值分布

图3　斜拉桥成桥阶段索力与差值分布

3.2　主梁内力结果分析

3.2.1　主梁纵向弯矩分析

直线、曲线斜拉桥成桥阶段主梁弯矩见图4。负弯矩峰值呈现递减的趋势,如从16～14号墩支点依次为-77728.2kN·m、-25471.5kN·m、-7834.2kN·m;而由边跨向主塔靠近时,主梁最大正弯矩也存在递减。曲线桥南侧边跨最大正弯矩57358.2kN·m,相比直线桥增加36.5%,曲线桥12号墩支点最大负弯矩-85586.3kN·m,相比直线桥增加34.7%,这是由于曲率的存在会使得主梁更长,且在弯扭耦合效应影响下,主梁弯矩存在增大现象。综上所述,非对称布置形式导致主梁弯矩峰值呈现纵向分布差异,主梁正、负弯矩峰值均呈现递减趋势;而曲率的存在使得曲线桥主梁弯矩大于直线桥。

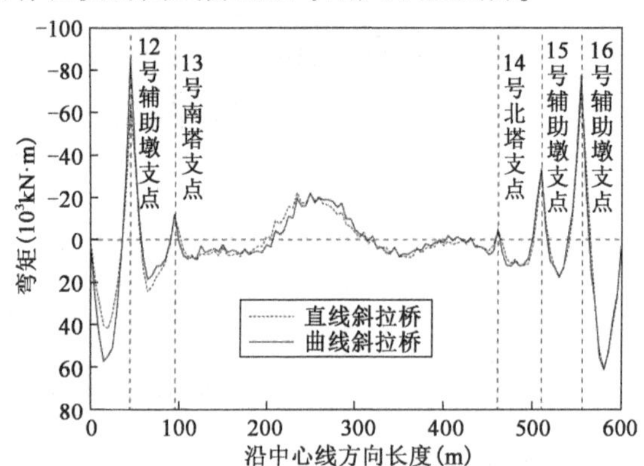

图4　直线、曲线斜拉桥成桥阶段主梁纵向弯矩

3.2.2　主梁轴力分析

直线、曲线斜拉桥成桥阶段主梁轴力见图5。由该图可知,南、北侧主梁最大轴力处均在桥塔处,其中曲线桥北侧最大轴力-56336.8kN,南侧最大轴力-33178.4kN,北侧主梁最大轴力约为南侧的1.7倍,直线桥主梁轴力分布相近。北侧索力普遍大于南侧,且北侧拉索与主梁夹角更小,因而在梁上分解出的水平向分力更大。综上所述,南、北侧拉索数量及索力的不对称性导致两侧主梁轴力产生较大差异,而曲率对主梁轴力的影响可以忽略不计。

3.2.3　主梁横向弯矩和扭矩分析

曲线斜拉桥成桥阶段主梁横向弯矩与主塔扭矩分别见图6、图7。南侧圆曲线段13号支点处、缓和曲线段处最大横向弯矩分别为-56637.5kN·m、19560.4kN·m,为该处最大纵向弯矩的66.2%与34.1%,这是因为内、外侧不同的水平向索力使得主梁横桥向两侧水平向受力不均匀。南侧圆曲线段12号支点处、缓和曲线段处最大扭矩分别为-986.3kN·m、1269.7kN·m，为该处最大纵向弯矩的1.2%与2.2%，这是由于内、外侧不同的竖向索力可以对主梁的扭转起到平衡作用。综上所述，非对称的布置与曲率的存在会产生较大的横向弯矩与较小的扭矩。

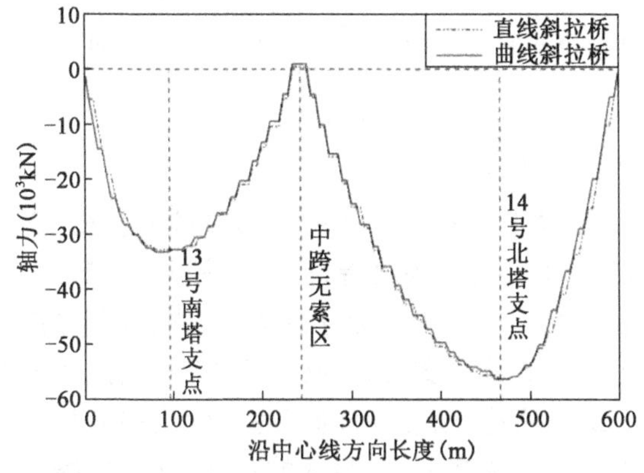

图5　直线、曲线斜拉桥成桥阶段主梁轴力

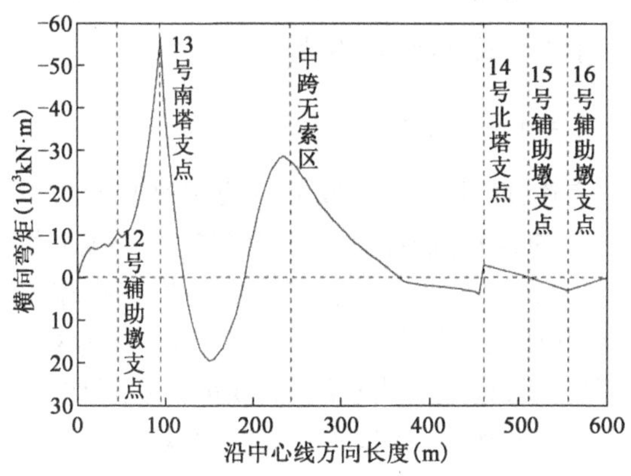

图6　曲线斜拉桥成桥阶段主梁横向弯矩

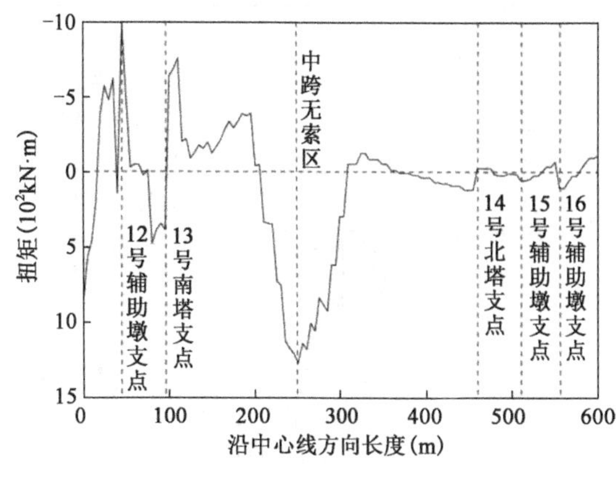

图7　成桥阶段主梁扭矩

3.3　主塔内力结果分析

3.3.1　主塔弯矩和轴力分析

直线、曲线斜拉桥成桥阶段主塔弯矩与轴力分别见图8、图9。北塔最大正、负弯矩63837.2kN·m、-107059.0kN·m，分别为南塔最大值的0.90倍与1.11倍。南塔内侧塔柱最大正、负弯矩24785.7kN·m、-56811.4kN·m，外侧塔柱最大正、负弯矩分别为内侧塔柱的2.85倍和1.69倍。南塔内、外侧塔柱最大轴力分别为-71769.4kN、-61348.1kN，北塔最大轴力为南塔的1.35倍。这是由于空间拉索中影响主塔弯矩的水平向分力越大，则影响主塔轴力的竖向分力越小。综上所述，南、北侧主塔的非对称，会导致北塔弯矩与轴力最大；而曲率半径的存在，导致曲线段外侧塔柱弯矩较大、轴力较小。

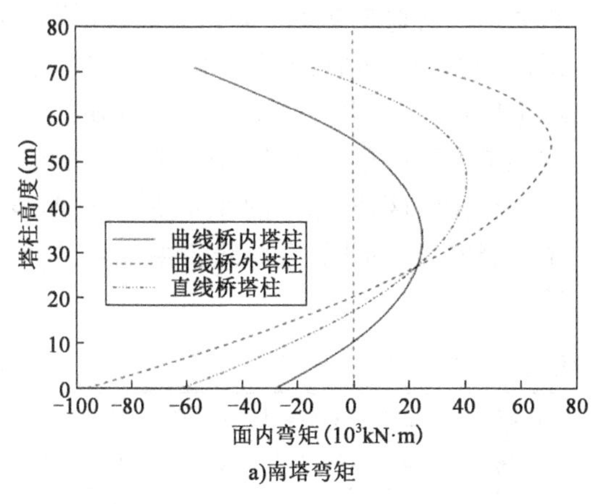

a)南塔弯矩

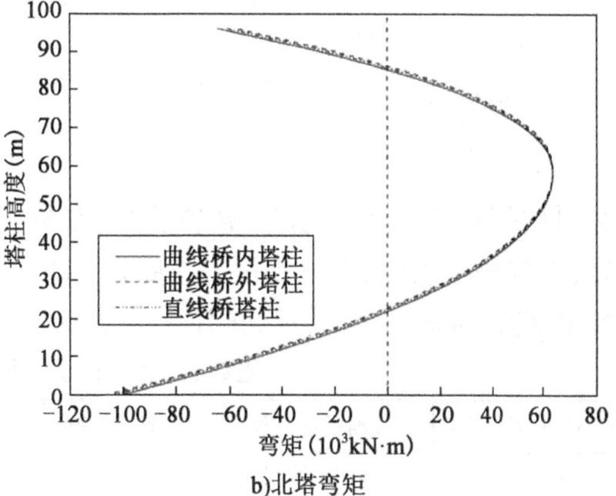

b)北塔弯矩

图8　直线、曲线斜拉桥成桥阶段主塔弯矩(1)

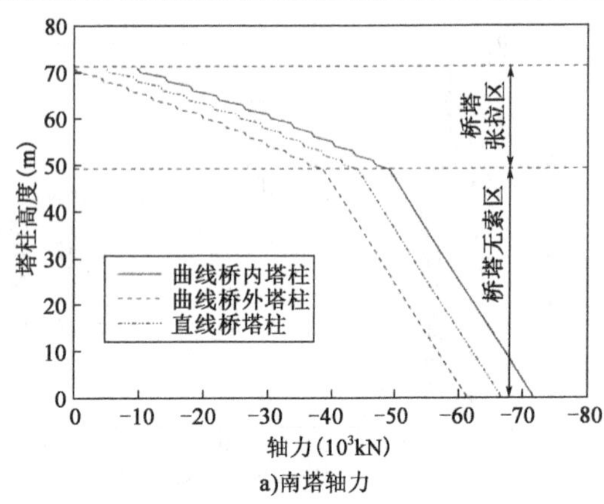

a)南塔轴力

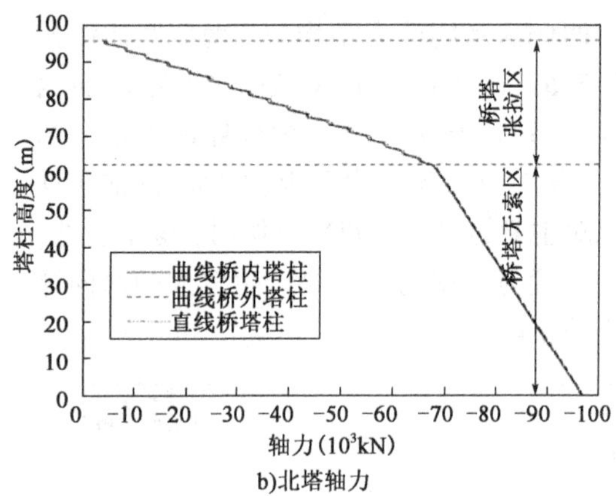

b)北塔轴力

图9　直线、曲线斜拉桥成桥阶段主塔轴力

3.3.2　主塔扭矩分析

直线、曲线斜拉桥成桥阶段主塔扭矩见图10。主梁锚固点处径向索力到塔上每点的力臂相同,使得塔柱上扭矩均匀分布,南侧内、外塔柱扭矩分别为-113.6kN·m、-254.1kN·m,北侧内、外塔柱扭矩分别为-795.8kN·m、1219.6kN·m。这是由于桥塔所受扭矩的大小取决于拉索的径向分力与锚固距离,北侧拉索锚固点距离桥塔更远,径向索力到主塔的力臂更长,导致扭矩更大;而曲率半径的存在使得内侧拉索锚固点距离桥塔更近,内侧塔柱所受扭矩更小。

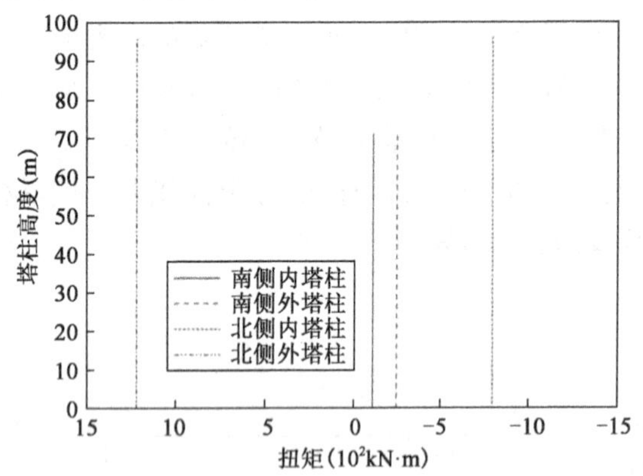

图10　直线、曲线斜拉桥成桥阶段主塔扭矩(2)

3.4　支反力结果分析

直线、曲线斜拉桥成桥阶段墩顶支反力见表1。曲线斜拉桥南、北侧最大支反力10610.7kN、8527.0kN,相差24.4%。曲线斜拉桥12号墩支反力最大,为直线桥的1.16倍,且曲线斜拉桥13号支点处内、外侧支反力差值最大,相差24.2%。这是因为11号、12号墩处于密索区,内、外侧竖向索力可以有效减小支反力差值,而13号支点远离拉索。综上所述,南、北侧的不对称索力使得最大支反力位于主梁南侧;而曲率的存在,使得曲线桥曲线段支反力更大,且内、外侧支反力存在差异。

3.5　位移结果分析

3.5.1　主梁竖向位移分析

直线、曲线斜拉桥成桥阶段主梁竖向位移见图11。曲线斜拉桥南、北侧边跨最大下挠分别为-2.20cm、-1.96cm,最大下挠处均在靠岸侧边跨;缓和曲线段最大上挠为15.19 cm,以无索区为界两侧位移递减。从直线、曲线斜拉桥对比上看,二者在圆曲线段、缓和曲线段、直线段上最大相差分别为0.87cm、0.39cm、0.07cm,由主梁弯矩分布可知,圆曲线段曲线斜拉桥正弯矩大于直线桥,缓和曲线段曲线斜拉桥负弯矩略小于直线斜拉桥,直线段二者弯矩基本一致。从内、外侧对比上看,圆曲线段、缓和曲线段相差为0.21cm、0.45cm。综上所述,主梁非对称的纵向弯矩分布,使得两侧主梁最大下挠值发生在靠岸侧边跨,最大上挠值发生在无索区处;曲率的存在使得直、曲线桥主梁中心竖向位移不同,且曲线桥主梁内、外侧竖向位移存在差异。

直线、曲线斜拉桥成桥阶段墩顶支反力(kN)　　表1

斜拉桥类型	11号过渡墩支座		12号辅助墩支座		13号南塔支座		14号北塔支座		15号辅助墩支座		16号辅助墩支座		17号过渡墩支座	
	内侧	外侧	内侧	外侧	内侧	外侧	内侧	外侧	内侧	外侧	内侧	外侧	内侧	外侧
曲线桥	2015.4	1952.5	10494.8	10610.7	2585.4	3409.5	2283.8	2251.6	5502.8	5509.0	8527.0	8518.2	2599.2	2619.5
直线桥	1818.8	1818.8	9168.6	9168.6	3230.8	3230.8	2465.5	2465.5	5830.2	5830.2	8675.2	8675.2	2750.0	2750.0

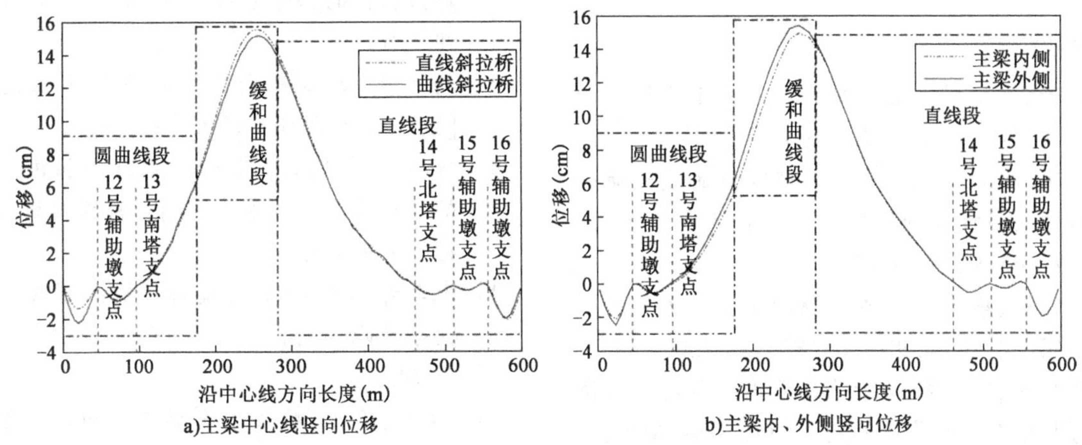

图11 直线、曲线斜拉桥成桥阶段主梁竖向位移

3.5.2 主塔纵向位移分析

直线、曲线斜拉桥成桥阶段主塔纵向位移见图12。曲线桥南、北塔最大纵向位移1.39cm、4.00cm,结合主塔弯矩分布可知,水平向索力使得北塔弯矩更大导致纵向位移更大。曲线桥南塔内、外侧塔柱最大位移1.29cm、1.39cm,内、外侧塔柱位移差值最大为0.38cm,直线桥南塔最大纵向位移仅0.28cm,由于南塔外侧塔柱弯矩大于内侧,因此外侧塔柱纵向位移更大。综上所述,南、北侧非对称的主塔与拉索布置形式,使得北塔纵向位移较大;而曲率的存在,使得曲线桥南塔纵向位移大于直线桥,且曲线桥外侧塔柱纵向位移大于内侧。

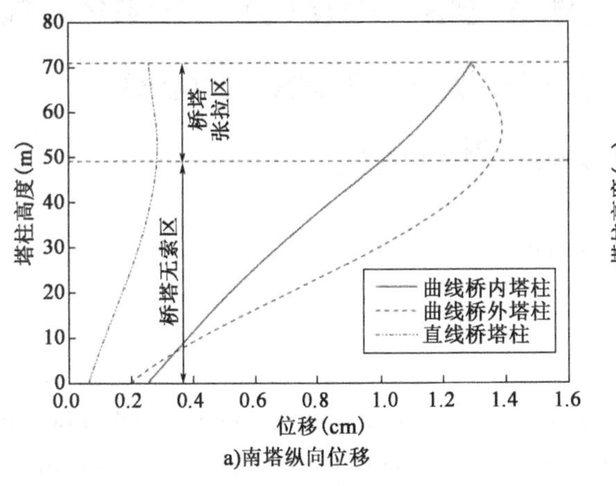

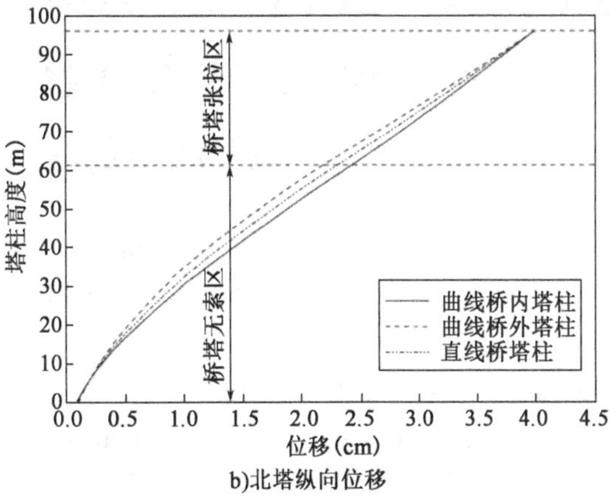

图12 直线、曲线斜拉桥成桥阶段主塔纵向位移

4 结语

本文以兰州市某非对称曲线斜拉桥为工程背景,通过建立非对称直线、曲线斜拉桥有限元模型,对结构内力、位移、支反力的差异进行对比分析,得到以下结论:

(1)南、北侧梁、塔、索的非对称布置,使得主梁纵向弯矩峰值与竖向位移峰值呈现纵向分布差异,两侧主梁轴力差异较大,距离拉索锚固点较大的主塔承受更大的弯矩、轴力及扭矩且纵向位移更大,主梁长度较小一侧的支反力更大。

(2)小曲率半径的存在,使得曲线段主梁存在弯矩增大效应,内、外侧索力的差异使主梁承受一定的横向弯矩与扭矩,并让曲线段外侧桥塔承受更大的弯矩、扭矩与更小的轴向压力,塔顶纵向位移远大于直线斜拉桥桥塔,同时曲线段外侧支反力更大。

(3)非对称曲线斜拉桥在设计时需要综合考虑非对称布置与曲率线形对结构受力的影响,选取合适的主梁长度、塔高与索距来减少非对称布置产生的不利影响,调整合理的成桥索力与差值来改善主梁、主塔弯剪扭耦合的复杂空间受力状态。

参考文献

[1] 汪子涵. π 型主梁曲线斜拉桥若干设计参数研究[D]. 成都:西南交通大学,2017.

[2] 靳飞. 非对称独塔单索面超宽幅曲线大吨位转体斜拉桥设计与创新[J]. 铁道标准设计,2021,65(9):110-115.

[3] 唐双林,蔡德志. 非对称矮塔斜拉桥力学性能研究[J]. 公路,2019,64(3):146-150.

[4] 张文伟,丁志凯. S 形曲线曲率半径对斜拉桥弯扭耦合效应影响的研究[J]. 公路,2020,65(11):178-182.

[5] 任建新,单德山,张二华,等. 曲率半径对曲线斜拉桥力学性能的影响分析[J]. 铁道建筑,2017(6):7-11.

[6] 刘康. 曲率半径与塔高对混凝土曲线斜拉桥静力特性的影响分析[D]. 成都:西南交通大学,2017.

[7] 马万良. 曲线钢箱梁斜拉桥受力性能研究[D]. 兰州:兰州交通大学,2020.

[8] 张二华,单德山,周泳涛. 曲线斜拉桥主梁扭矩分布优化及试验验证[J]. 桥梁建设,2018,48(1):71-75.

[9] 朱军涛. 4 线铁路曲线斜拉桥钢箱梁受力及疲劳性能分析[J]. 世界桥梁,2016,44(4):76-79.

[10] 梁鹏,徐岳,刘永健. 斜拉索分析统一理论及其应用[J]. 建筑科学与工程学报,2006(1):68-77.

[11] 张建强,孙立山,胡辉跃,等. 武汉青山长江公路大桥主桥主梁受力特性分析[J]. 桥梁建设,2020,50(S1):26-31.

Stability Characteristics and Parameter Influence Analysis of Large-span Y-shaped Steel Box Rib Arch Bridge

Hang Li* Xiaoguang Wu

(School of Highway, Chang'an University)

Abstract The structural form of the large-span Y-shaped steel box rib arch bridge is novel and aesthetically pleasing. The stability characteristics and influencing parameters of this bridge need to be studied. This article takes the Jinghe Bridge, a spatial large-span Y-shaped steel box rib arch bridge with a main span of 220m in Shaanxi Province, as the background. Combining with existing theoretical foundations, the finite element software Midas/Civil is used to establish the finite element model of the Jinghe Bridge, analyze the linear elastic stability issues in each construction stage and the operation stage of the bridge, and study the influence of the stability parameters of the Y-shaped steel box arch bridge. The results show that the construction stability decreases continuously with the progress of the construction progress, until the arch ribs are closed and the structural system changes, the stability increases, and finally the stability drops back after removing the buckle and back cables and horizontal connections; As the rise-span ratio decreases, the stability coefficient increases and the growth rate slows down; The main arch stiffness and boom stiffness decrease, and the stability coefficient decreases accordingly, The main arch stiffness has a greater impact on the suspension rod stiffness; The stiffness of the auxiliary arch and connecting ribs has a relatively small impact on the stability of the Jinghe Bridge, while the presence or absence of connecting ribs has a significant impact on the structural stability.

Keywords Bridge engineering Spatial Y-shaped Steel box rib arch bridge Stability Structural parameters Large-Span

0 Introduction

The arches and abutments of a spatial Y-shaped arch bridge are divided into single arch segments and double arch segments, with the arches forming a Y-shaped shape in space. The spatial Y-shaped arch bridge structure of Jinghe Bridge abandons the traditional two-dimensional arch rib structure and adopts a single double combination, main and auxiliary arch joint stress mode. It is a three-dimensional curved arch in space, which is the first example in China. The irregular steel arch bridge is subjected to complex forces and is difficult to construct, requiring targeted and specific research. From the perspective of stress characteristics, steel arches belong to compression bending components, and the key issue in their control design is their stability[1]. At present, a large amount of research has been conducted on the stability of bridges both domestically and internationally, but further research is needed on the stability of Y-shaped steel box arch bridges, a specific form of bridge.

Therefore, this article conducts in-depth research on the stability of Y-shaped steel box arch bridges, analyzes the linear elastic stability issues in various construction stages and the operation stage of the bridge, and considers the influence of arch axis coefficient and wind support on the stability of Y-shaped steel box arch bridges.

1 Project overview

The length of the Jinghe Bridge in Shaanxi is 284m, with spans arranged at 19.5m + 220m + 19.5m[2]; The standard section width of the bridge is 18m; The main arch ring is a spatial Y-shaped arch, and the arch axis on the facade adopts a catenary line. The calculated span is 220m, the calculated rise height is 60m, and the rise span ratio is 1/3.67. The arch axis on the plane is a Y-shaped broken line; The secondary arch ring is symmetrically arranged along the centerline of the road and is a three-dimensional spatial structure. The calculated span on the facade is 184.52m, the calculated rise height is 43.02m, and the rise span ratio is 1/4.29. The arch axis adopts a catenary line. The main beam edge and main span adopt a suspended continuous beam structure, and the main beam adopts a double box double chamber π-shaped steel box beam with a length of 274.7m and a standard section width of 18.0m. The suspension rods are flexible and arranged with a spacing of 6m, totaling 29 pairs. The two ends of the suspension rods are connected to the beam and arch using steel anchor boxes, with the arch end tensioned and the beam end [3]. The three-dimensional perspective view is shown in Figure 1, Overall Layout of Jinghe Bridge is shown in Figure 2 and the cross-sectional layout is shown in Figure 3.

Figure 1 Rendering of Jinghe Bridge

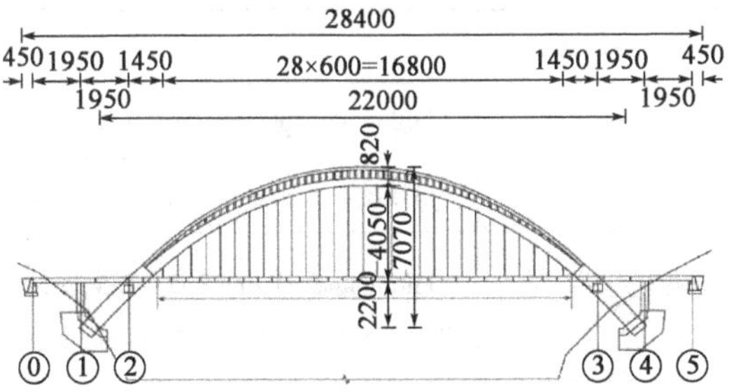

Figure 2 Overall layout of Jinghe Bridge (Unit: cm)

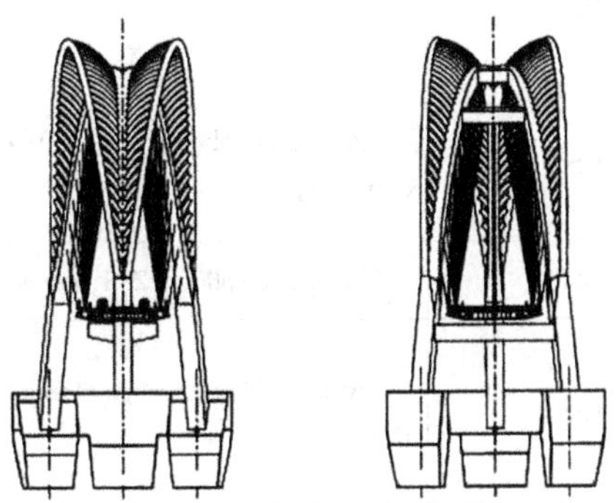

Figure 3 The cross-sectional layout

2 Finite Element Model

The finite element software Midas Civil was used to establish the overall model of the entire bridge, as shown in Figure 3. The entire bridge has a total of 1723 nodes and 355 units. Among them, there are a total of 1431 beam elements, 44 truss elements, and only 58 tension element arches. The suspension rods use truss elements, and the arch ribs and main beams are simulated using beam elements[4]. example of this file to construct their papers. This particular example uses an American letter format with 25 mm margins left, right, top and bottom. The finite element model is shown in Figure 4.

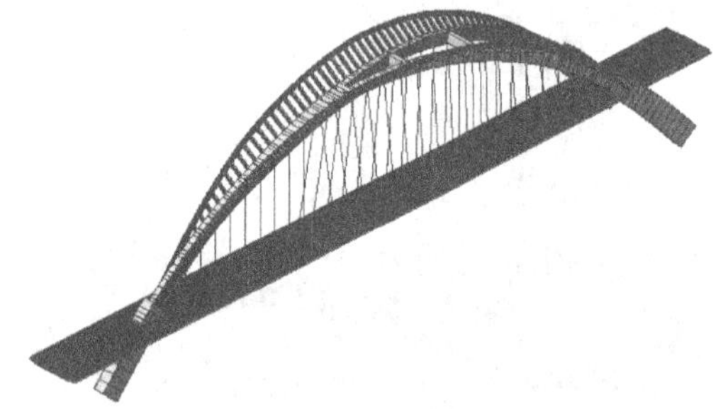

Figure 4 Whole bridge model

3 Linear elastic stability analysis under different states

According to the specifications for highway bridges, a full process stability analysis is required for large-span steel box rib arch bridges, and the stability coefficient k of the arch rib segment should not be less than 5[5-6].

3.1 Stability analysis of the splicing process of main and auxiliary arch ribs

The large-span steel box rib arch bridge consists of 26 arch rib segments, which are divided into the main arch and auxiliary arch. The main arch is further divided into single arch side and double arch side. There are 8 segments of arch ribs on the single arch side, numbered ZSO-ZS7; There are 9 segments of arch ribs on the double arch side, numbered ZS8-ZS16; Install 5 sections of auxiliary arch ribs on the upper side of the single and double arches, numbered FS0-FS5. The arrangement of arch rib segments along the bridge direction is shown in Figure 5. According to the lifting sequence of arch ribs, it can be divided into 8 processes, as shown in Table 1.

Division of Construction Stages for Main and Auxiliary Arch Ribs Table 1

construction stage	Construction content
CS1	Lifting and splicing ZS0 ~ ZS2, ZS16(ZS16 ') ~ ZS14(ZS14 ')
CS2	Lifting and splicing of ZS2 and ZS14(ZS14 ') section crossbeams
CS3	Lifting and splicing ZS3 ~ ZS5, ZS13(ZS13 ') ~ ZS11(ZS11 '), alignment Connecting ribs between the secondary arch and the main secondary arch
CS4	Temporary horizontal connection of lifting and splicing ZS11(ZS11 ') section
CS5	Lifting and splicing ZS6, ZS10(ZS10 '), the first wind brace on the arch, and corresponding accessories Arch and connecting ribs
CS6	Lifting and splicing ZS7, ZS9(ZS9 '), the second wind brace on the arch, and the corresponding auxiliary arch And connecting ribs
CS7	Lifting and splicing ZS8, corresponding auxiliary arches and connecting ribs, and merging the main and auxiliary arches
CS8	Division of Construction Stages for Dismantling Buckle Backstays and Horizontal Connection of Main and Auxiliary Arch Ribs

The main arch ribs are lifted separately as shown in Figure 6. During the analysis of this construction stage, only the self weight effect of the steel box arch ribs was considered, and the calculation results are shown in Table 2.

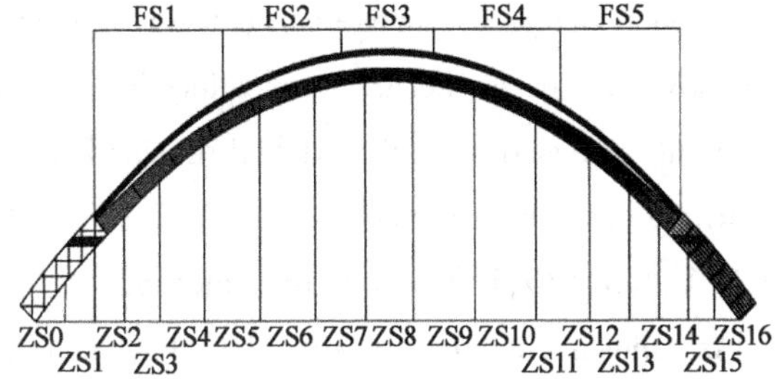

Figure 5 Arch rib segment number

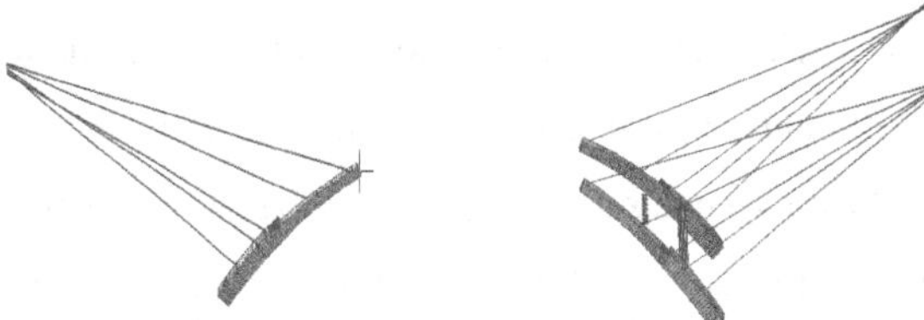

Figure 6 Separate hoisting of main and auxiliary arches

Stability Analysis Results for Each Construction Stage Table 2

construction stage	Stability coefficient		Unstable mode
	Single arch side	Double arch side	
CS1	150.203	152.412	Out of plane instability
CS2	131.121	128.851	Out of plane instability
CS3	112.134	109.578	Out of plane instability
CS4	83.514	81.524	Out of plane instability
CS5	66.241	62.415	Out of plane instability
CS6	35.425	37.154	Out of plane instability
CS7	70.214		Overall instability
CS8	50.401		Overall instability

To facilitate the observation of the variation of the stability coefficient of the arch rib segment with the construction process, draw the stability coefficient variation curve of the arch rib segment, as shown in Figure 7 and Figure 8.

Based on Table 2 and Figure 7 and Figure 8, it can be seen that from CS1-CS6, the stability coefficient of the single and double arch side rib segments gradually decreases, and the instability form is out of plane instability. When the construction phase CS7 (arch rib closure) is completed, the stability coefficient of the arch rib suddenly increases, from 35 in CS6 to 70, and the stability coefficient almost doubles. This is due to the increase in structural stiffness caused by the closure of the arch rib. When the construction phase CS8 was completed, the stability coefficient decreased by approximately 28% compared to CS7, due to the removal of temporary structures such as buckles and back cables during this phase, resulting in a decrease in structural stability. After the arch ribs are closed, the structure mainly experiences in-plane instability, and the stability coefficient of the entire arch rib lifting process meets the requirements of the specifications.

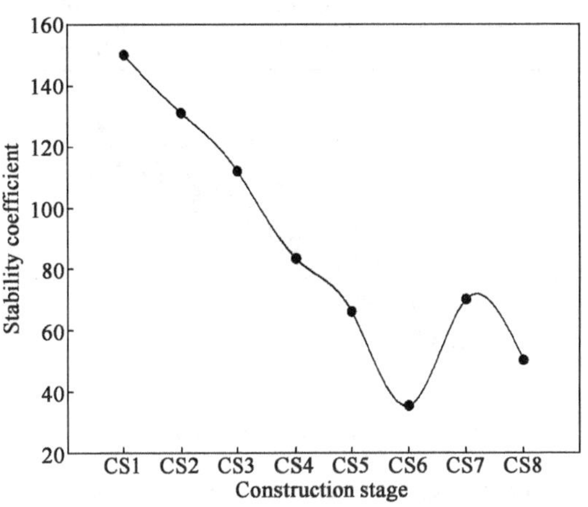

Figure 7 Stability coefficient of single arch side construction stage

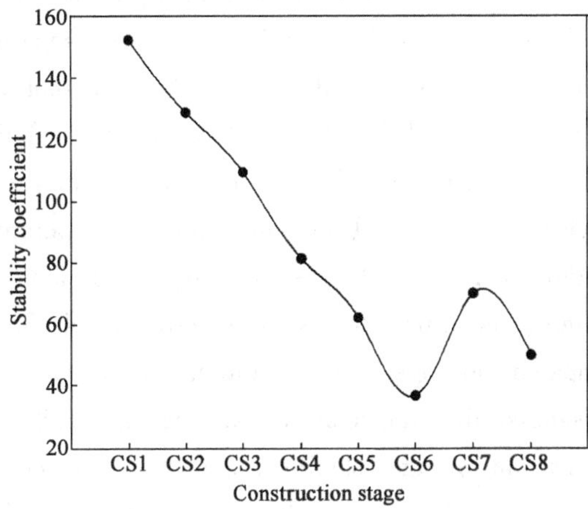

Figure 8 Stability coefficient of double arch side construction stage

3.2 Stability analysis during the operation phase of the completed bridge

The loads considered during the operation phase of the completed bridge include:①Phase I permanent load and Phase II permanent load; ②The most unfavorable arrangement for live load: vehicle load, crowd load; ③Lateral wind load; ④temperature load[7]. Combine the above loads and analyze the stability of different construction conditions, obtaining the results shown in Table 3. The instability of the entire bridge under condition 1 is shown in Figure 9.

Stability coefficient of bridge under different working conditions Table 3

working condition	Load combination	Stability coefficient
1	①	50.40
2	①②	49.64
3	①②③	48.63
4	①②④	42.51

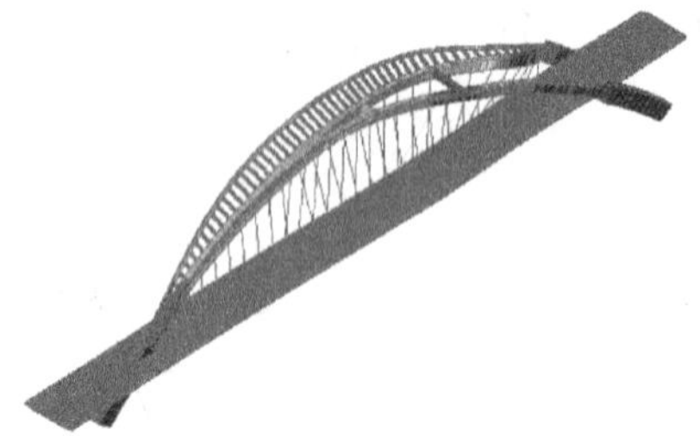

Figure 9 Instability of the entire bridge

Comparing condition 1 and condition 2, it can be seen that the stability coefficient of condition 2 has decreased slightly, but the decrease is small. It can be considered that live load has a relatively small impact on the stability of the completed bridge; Comparing working conditions 2 and 3, it can be seen that the lateral wind load has little effect on the stability coefficient of the completed bridge, but its impact is greater than that of live load; Comparing operating conditions 2 and 4, the stability coefficient of operating condition 4 has decreased by 14.36% compared to operating condition 2. It can be considered that temperature load has a significant impact on bridge stability, and the impact of temperature changes should be considered during bridge operation. But they all meet the stability requirements.

4 Research on the influence of stability parameters

4.1 The influence of rise-span ratio

The rise-span ratio is the ratio of the arch height f to the span L, and its change can cause a change in the windward area of the arch and affect its stability coefficient[8]. Based on the model of Jinghe Bridge, this article sets the rise-span ratio 1/2.5, 1/3, 3.5, 1/4.0/1/4.5, 1/5, 1/5.5, 1/6 respectively.

As shown in the Figure 10, the stability coefficient of the structure is between 45 and 57 under different rise-span ratio. When the rise-span ratio is 1/2.5, the stability coefficient of the structure is the smallest, and when the rise-span ratio is 1/6, the stability coefficient of the structure is the largest. Before the aspect ratio reaches 1/4.0, as the rise-span ratio decreases, the stability coefficient gradually increases, indicating that the stability of the structure is increasing. This is related to the decrease in the rise-span ratio of the structure and the significant decrease in the total windward area of the steel box arch rib components. After the rise-span ratio decreases to 1/4.0, the rate of increase in the stability coefficient of the structure begins to slow down. The main reason is that changes in the rise-span ratio cause changes in the height of the structure, and the rate of change in height gradually slows down, so that the stability coefficient does not change linearly. However, in the stage of small rise-span ratio changes, the stability increases slowly. In summary, as the aspect ratio decreases, the structural stability coefficient increases.

4.2 The influence of main arch stiffness

The stability of the structure under wind load will vary with the stiffness of the main arch[9-10], The original stiffness of the main arch is EI, Now consider the following working conditions.

Rigidity working condition is shown in Table 4.

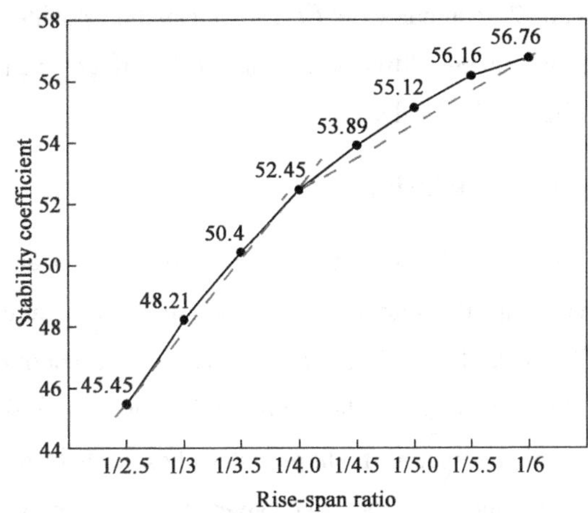

Figure 10 The relationship between the rise-span ratio and stability coefficient

Rigidity working condition Table 4

working condition	Stiffness
1	$0.75EI$
2	$0.875EI$
3	EI
4	$1.125EI$
5	$1.25EI$

The stability coefficient results for the above working conditions under the action of structural self weight and wind load are shown in Table 5.

Stability coefficient of different main arch stiffness Table 5

working condition	Stability coefficient
1	28.17
2	31.54
3	35.23
4	37.86
5	43.21

From Figure 11, it can be seen that the structural stability shows a linear decreasing trend with the decrease of the main arch stiffness. Therefore, when calculating the stability of the Y-shaped arch bridge, the influence of structural stiffness should be fully considered.

4.3 The Influence of the secondary arch

Jinghe Bridge has a novel shape with secondary arches on both sides of the main arch, which has a good aesthetic effect, see Figure 12. Now, to investigate the influence of the secondary arches and their connecting ribs on the stability coefficient of the structure, set the secondary arch as A and the connecting ribs as B. It is divided into five working conditions to be discussed, see Table 6, and the results of the stability coefficients of the working conditions are shown in Figure 13.

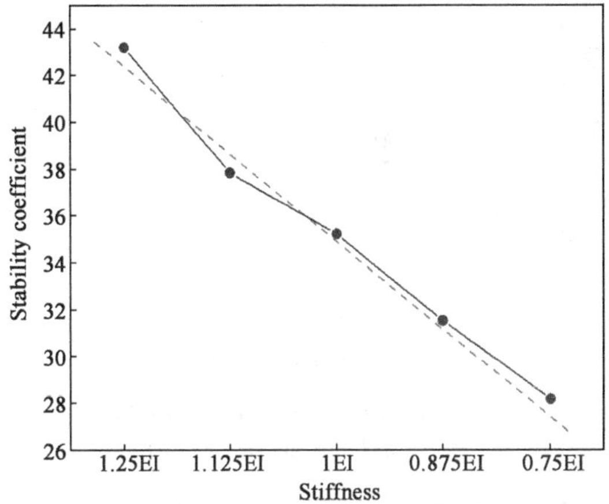

Figure 11 The relationship between the stiffness of the main arch and the stability coefficient

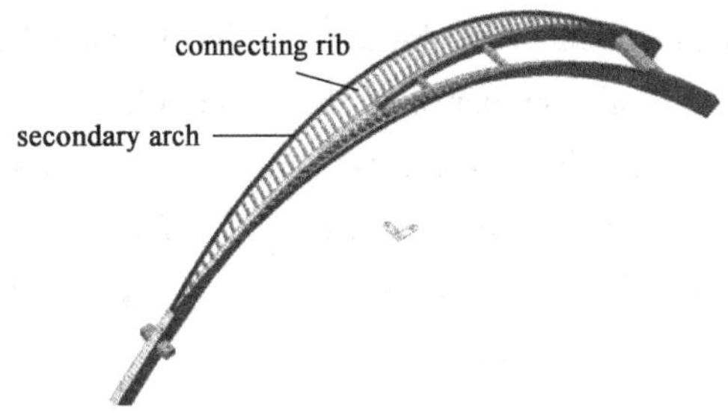

Figure 12 Wind support position

Sub-arch and connecting rib conditions Table 6

working condition	category
1	no A
2	Only A
3	A and B
4	A and B(2 times stiffness)
5	A and B(4 times stiffness)

From Figure 13, it can be seen that the calculation results of Condition 2 are 4.77% higher than those of Condition 1, while the calculation results of Condition 3 are 17.3% higher than those of Condition 2, indicating that the secondary arch has a relatively small impact on stability and the connecting ribs have a significant impact. Condition 5 is 4.12% higher than condition 3, indicating that the stiffness of the connecting ribs has a relatively small impact on structural stability.

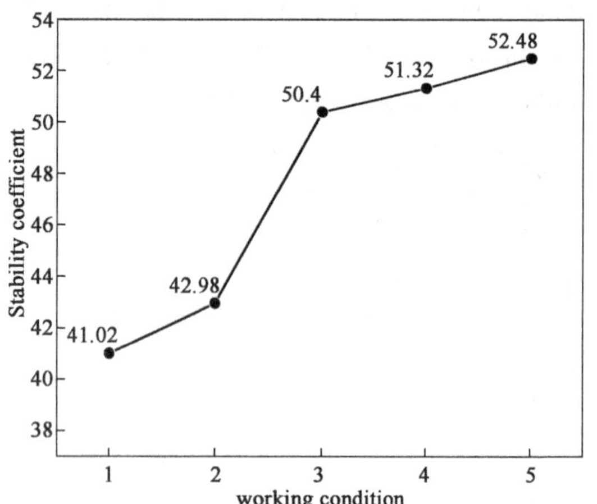

Figure 13 Relationship between secondary arch ribs and stability coefficients

4.4 Influence of boom stiffness

Jinghe Bridge boom changes from single to double in the longitudinal direction, and the boom is the main member of the arch bridge bearing force, discussing the influence of the boom stiffness on the stability of the bridge. Set the boom stiffness as $0.75EI$, $0.875EI$, EI, $1.125EI$, $1.25EI$ respectively, and its stability coefficient is shown in Figure 14.

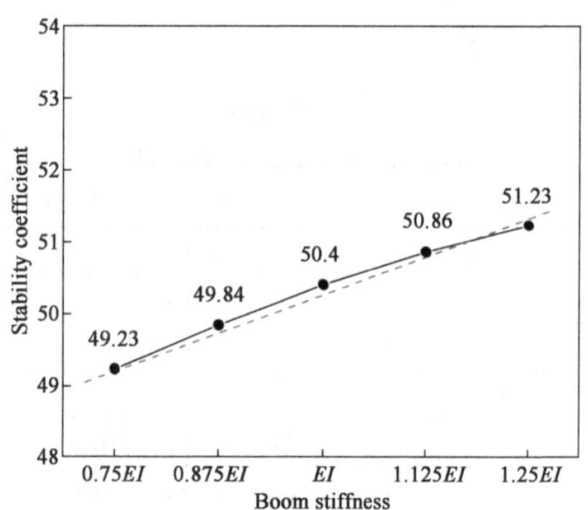

Figure 14 Relationship between boom stiffness and stability coefficients

From the figure, it can be seen that with the increase of boom stiffness, the stability of the structure shows a linear growth trend, but the growth is not large, When the stiffness is $1.25EI$, it increases by 1.65% compared to EI, so it can be considered that the boom stiffness has a small effect on the stability of the bridge.

5 Conclusions

This article takes the Jinghe Bridge in Shaanxi Province as the engineering background, uses midas Civil to establish a finite element model, and conducts stability analysis on the construction and operation stages of the spatial Y-shaped steel box arch bridge. The influence of the rise span ratio, main arch stiffness, secondary arch and its connecting ribs, and boom stiffness on stability is considered. The conclusion is as follows.

(1) During the splicing process of the main and auxiliary arch ribs, the stability has been decreasing until the arch rings are closed, the structural system changes, and the structure becomes more stable. The stability undergoes a sudden change, and Stability has doubled. Finally, after removing the buckle and back cables and horizontal connections, the stability coefficient slightly drops.

(2) During the operation stage of the completed bridge, through stability calculation analysis, it can be seen that the overall stability of the steel box arch structure of the Jinghe Bridge is good. Dead load plays a dominant role in stability calculation, while live load and lateral wind load have a smaller impact on the stability of the structure. Temperature load has a greater impact on the structure, second only to dead load. The overall stability meets the regulatory requirements.

(3) Taking into account the influence of rise span ratio, main arch stiffness, secondary arch, connecting ribs, and boom stiffness on the stability of large-span Y-shaped steel box arch bridges, the study found that as the rise span ratio decreases, the stability coefficient increases and the growth rate decreases; the main arch stiffness and boom stiffness decrease, and the stability coefficient decreases accordingly. The main arch stiffness has a greater

impact on the suspension rod stiffness; The stiffness of the auxiliary arch and connecting ribs has a relatively small impact on the stability of the Jinghe Bridge, while the presence or absence of connecting ribs has a significant impact on the structural stability.

References

[1] YU Z, XUAN L, HE Z. Mechanical analysis of a Y-shaped steel arch bridge with a central support structure [J]. Science, Technology and Engineering, 2023, 23(6): 2606-2611.

[2] CHEN M T, WU X G, WEI H. Optimization algorithm for cable tension of spatial Y-shaped arch bridge using cable-stayed suspension method [J]. Journal of Nanjing University of Technology, 2023, 45(1): 86-92, 102.

[3] WU L L. Analysis of the influence of static and stability characteristics parameters on the Y-shaped steel box arch bridge with a central support structure [D]. Xi'an: Chang'an University, 2020.

[4] WU X G, CHEN Y J. Seismic risk assessment of large-span Y-shaped steel box ribbed arch bridges[J]. Highway, 2023, 68(4): 108-113.

[5] LIU A X. Mechanical Performance Analysis of a Large Span Underpass Steel Box Basket Arch Bridge[J]. Highway, 2020, 65(3): 121-126.

[6] WANG L, XING C W, WANG F. Stability analysis of the lifting of arch ribs in ultra-high rise span ratio arch bridges [J]. Journal of Wuhan University of Technology, 2015, 39(4): 725-728.

[7] HAN Y Y, ZHU L F, LUAN X. Real temperature load mode and response analysis of steel box composite beam arch bridge [J]. structural engineering, 2023, 29(4): 10-18.

[8] LIU W, WANG S R, XIN J Z. Experimental study on the failure of single pipe arches made of suspended steel tube concrete[J]. Journal of Railway Science and Engineering, 2023, 20(8): 2961-2973.

[9] GUO Z W, CHENG H, ZHOU S X. Nonlinear Buckling Analysis of Concrete Envelope Process in Steel Tube Concrete Reinforced Skeleton Arch Bridges[J]. Journal of Chongqing Jiaotong University2021, 40(10): 52-62.

[10] ZHAO M, CHEN S T, SUN Z X. Research on the influence of wind braces on the out of plane stability of semi through emergency steel truss beams[J]. Railway Transaction, 2023, 45(3): 144-152.

Study on Seismic Response of Long-span Y-shaped Steel Box Arch Bridge

Ran Liu [1] Xiaoguang Wu [*1] Qida Chen [2]

(1. Highway College, Chang'an University;

2. China Railway 20th Bureau Group Fifth Engineering Co., Ltd)

Abstract In order to study the seismic response of the Y-shaped arch bridge in the long-span space, this paper establishes the finite element model of the bridge through madas Civil to obtain the dynamic characteristics of the anisotropic arch bridge, and then analyzes the internal force distribution of the arch rib under the seismic action of the bridge. The results show that the dangerous cross-section of the Y-shaped arch bridge in the large span space under seismic action is mainly the arch foot cross-section, in which the maximum transverse internal force appears at the arch foot of the double arch circle on the right, and the maximum value of the longitudinal internal force appears at the arch foot of the single arch circle on the left.

Keywords Bridge engineering Y-shaped steel box arch bridge Seismic response Distribution of internal forces

0 Introduction

Earthquakes are one of the natural disasters that have the greatest impact on human beings, and earthquakes have brought great difficulties to related research due to their high suddenness and difficulty in prediction, causing many economic losses and casualties. China is located at the intersection of two seismic zones, earthquakes occur frequently, in recent years, different scholars have studied the seismic response of arch bridges. Liang Zhengyu (2009) conducted a seismic response study on a 200m upward-supported long-span steel arch bridge, and the results showed that the arch bridge was prone to seismic damage at the cross-section of the arch foot. Xu Qingchun(2013) analyzed the seismic response of the under-supported steel arch bridge under the action of strong earthquakes, and found that the under-supported steel arch bridge was prone to damage at the arch foot, the end of the wind brace and the arch rib. Zhao Canhui(2006) used the time-course response analysis method to analyze the seismic response characteristics of the top-bearing steel truss arch bridge, and the results showed that the dangerous cross-section of the top-supported steel truss arch bridge under seismic action was mainly the arch foot cross-section. Xia Xiushen(2009) studied a large-span steel box arch bridge on the Beijing-Shanghai line, and found that the influence of nonlinearity is very small, and the seismic response analysis can be ignored. Li Xiaoyang (2012) conducted a study on a medium-bearing steel box tied arch bridge, focusing on its response to earthquakes. Sheng Jianjun (2008) took a long-span continuous steel truss arch bridge as the research object, proposed the absolute displacement time-history response analysis method and the stochastic ground motion power spectrum, and compared it with the traditional response spectrum method, verified the rationality and feasibility of the time-history response analysis method and the stochastic ground motion power spectrum model. Li Yuanzhe (2011) analyzed and studied the seismic failure mechanism of steel arch bridges, considering the coupling of horizontal and vertical seismic actions, and the results showed that once a strong earthquake occurred accompanied by the coupling effect of the relative displacement of the foundation, it was easy to cause the failure of the arch bridge structure. Zhao Xiaohui (2013) took the Tianjin long-span steel arch bridge-Zhigu bridge as the research object, and concluded that the influence of the arch of the long-span steel arch bridge on the internal force is less than that of the arch foot, and the stiffness of the cross brace has a greater influence on the transverse bending moment. Chen Daihai (2010) studied the response of long-span bridges under space earthquakes based on the basic theory of seismic response analysis of multi-degree-of-freedom spatial systems, and found that under consistent excitation, the maximum peak of longitudinal displacement appeared near 1/4 of the middle span, and the maximum peak value of the element internal force at the left arch foot of the lower arch rib of the middle span.

To sum up, the researchers have not yet carried out the seismic response study on the special-shaped steel box arch bridge, the arch ring and the arch base of the Y-shaped arch bridge are divided into single arch section and double arch section, the arch ring is Y-shaped in space, the structure abandons the traditional two-dimensional arch rib structure form, adopts the single and double combination, the main and auxiliary arch joint stress mode, which is the space three-dimensional curve arch, which is the first case in China, there are few relevant studies, and there is a lack of relevant reference experience, therefore, it is necessary to study the seismic response of the Y-shaped arch bridge in the large span space.

1 Project overview

The bridge position of a Y-shaped arch bridge in a large span space is a typical V-shaped landform of alpine valleys, there are a number of seismic zones around the bridge site, the basic seismic intensity of the site is 7 degrees, the class II site, the design basic ground motion acceleration is 0.1g, and the proposed seismic fortification level is respectively: the return period of E1 is 475 years, and the return period of E2 is 1975 years, and the overall fortification goal is "the earthquake is not bad, and the earthquake can be repaired".

The bridge is a Y-shaped steel box arch bridge with a total length of 284m, a span arrangement of (19.5 + 220 + 19.5) m, a standard cross-section width of 18m, and a beam width of 36m at the viewing platform. The main arch adopts a hinge-free arch, the side span and the middle span of the main beam adopt a suspended continuous beam structure, the pier abutment and the beam on the arch are provided with a vertical bearing, the boom is a flexible boom, the spacing is 6m, a total of 29 pairs, the two ends of the boom adopt steel anchor boxes to connect with the beam and the arch respectively, the arch end is stretched, and the beam end is anchored. The main arch adopts a space Y-deformation cross-section box arch, the plane projection of the arch axis is Y-shaped, the single arch is arranged on the left bank side of the Jing River, the double arch is arranged on the right bank side of the Jing River, the axis is bifurcated from K35 + 288.500, and the angle is 12.42°. The overall arrangement of the whole bridge is shown in Figure 1.

a)Top view

b)Front view

Figure 1 The overall arrangement of the whole bridge

2 Bridge modeling

Midas Civil was used to build the spatial dynamic calculation model of the bridge, with truss elements for the booms, beam elements for the main arch, secondary arches and girders, and concrete at the arch base. The bottom of both sides of the main arch and the two sides of the main beam are restrained by consolidation, and the connecting rod and the main and auxiliary arches are rigid knots, and the booms and main beams are elastic rigid knots. The x, y, and z directions represent the forward bridge direction, the cross bridge direction, and the vertical direction, respectively, and the full bridge model is shown in Figure 2.

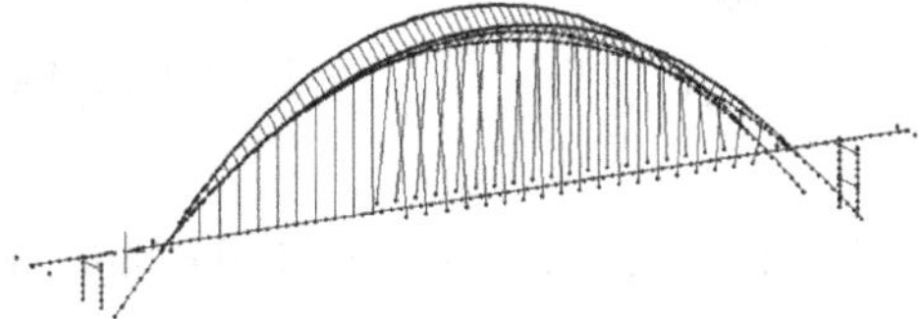

Figure 2 Finite element model of the bridge

3 Dynamic characteristics of the bridge

According to the established spatial dynamic analysis model, the dynamic characteristics of the structure are analyzed and studied to understand the dynamic response characteristics of the structure. The subspace iterative method is used for the analysis of structural dynamic characteristics. The dynamical characteristics of the first 10 orders are listed below, as shown in Table 1. The effective mass participation ratio to the 120th order is more than 90%, so the response spectrum response calculated based on this model meets the accuracy requirements.

The first 10-order natural vibration period and mode shape of the bridge Table 1

Order	Period(s)	Mode shape characteristics
1	2.485206	Arch rib lateral bending, main beam torsion
2	1.597246	Arch rib lateral bending, main beam torsion
3	1.228131	Arch ribs, main beams are bent vertically
4	1.034731	Arch ribs, main beams bending and torsion
5	0.975194	Arch ribs, main beam torsion
6	0.886293	Arch ribs, main beams are bent vertically
7	0.757660	The arch rib is twisted and the main beam is torsional
8	0.653306	The arch rib is torsional, and the main beam is vertically bent
9	0.589449	Arch ribs, main beams bending and torsion
10	0.510769	Arch ribs, main beams are bent vertically

4 Seismic response analysis

4.1 Ground motion parameters and load combinations

The horizontal design acceleration response spectrum of the engineering site with a damping ratio of 0.05 is determined by equation(1):

$$S_a(T) = \begin{cases} S_{Amax}(0.45 + 5.5T) & (0 < T \leq 0.1s) \\ S_{Amax} & (0.1s < T \leq T_g) \\ S_{Amax}(T_g/T)^{\gamma} & (T_g < T \leq 10s) \end{cases} \quad (1)$$

Where: is the maximum value of the horizontally designed acceleration response spectrum, Tg is the characteristic period(unit s), T is the natural period of the structure (unit s), and the parameters are shown in Table 2.

Ground motion parameters are designed Table 2

Damping ratio	Seismic	S_{Amax}(g)	Tg(s)	γ
0.05	E1	0.225	0.45	1.00
	E2	0.3825	0.45	1.00

Using the structural finite element model used in the above-mentioned dynamic characteristic analysis, the acceleration response spectrum of the site at the E1 and E2 levels and the damping ratio of 5% at the bridge site was input for the response spectrum analysis, and the first 120 orders were taken and carried out according to the CQC method. The seismic input is in the bridge direction + vertical direction, and the seismic internal force of each control section of the arch rib is read through the whole bridge model, and the seismic internal force is calculated and combined with other actions to calculate the stress of the structural control section.

4.2 E1 seismic fortification level

The axial force diagram and bending moment diagram under the E1 seismic fortification level are shown in Figure 3 and Figure 4, and Table 3 ~ Table 6 is the peak internal force of each control section of the arch rib under the action of the E1 earthquake.

Figure 3 Axial force diagram of the bridge under the E1 earthquake

Figure 4 Bending moment diagram of the bridge under the E1 earthquake

Shear force of main arch control section under E1 earthquake Table 3

Section location	Transverse(kN)	Vertical(kN)
Left arch foot	90.64	704.15
1/4 of the left	56.76	120.84
Main arch vault	50.56	175.06
1/4 of the right	87.65	269.28
Right arch foot	209.55	440.54

Bending moment of the main arch control section under the E1 earthquake Table 4

Section location	Longitudinal (kN · m)	Transverse (kN · m)
Left arch foot	21866.29	901.89
1/4 of the left	2424.46	359.28
Main arch vault	1628.57	167.93
1/4 of the right	3287.39	1164.64
Right arch foot	14754.80	2267.55

Shear force of the control section of the secondary arch Table 5

Section location	Transverse(kN)	Vertical(kN)
Left arch foot	21.47	19.23
1/4 of the left	26.10	22.51
Secondary arch vault	36.42	39.19
1/4 of the right	30.25	34.49
Right arch foot	28.48	25.70

Bending moment of the control section of the secondary arch Table 6

Section location	Longitudinal(kN · m)	Transverse(kN · m)
Left arch foot	170.58	70.71
1/4 of the left	218.14	95.11
Secondary arch vault	360.17	173.71
1/4 of the right	283.39	193.77
Right arch foot	161.95	215.83

According to the above chart data, the maximum transverse shear force of the main arch control section under the E1 earthquake is 209.55 kN on the right foot, 704.15 kN at the left arch foot, 21866.29 kN · m for the left arch foot, and 2267.55 kN · m for the right arch foot. Under the E1 earthquake, the maximum transverse shear force and vertical shear force of the control section of the auxiliary arch appeared in the auxiliary arch vault, which were 36.42 kN and 39.19 kN, respectively, the maximum longitudinal bending moment was 360.17 kN · m at the auxiliary arch vault, and the maximum transverse bending moment was 215.83 kN · m at the right arch foot.

4.3 E2 seismic fortification level

The axial force diagram and bending moment diagram under the E2 seismic fortification level are shown in Figure 5 and Figure 6, and Table 7 ~ Table 10 is the peak value of the internal force of the control section of the arch rib under the action of the E2 earthquake.

Figure 5 Axial force diagram of the bridge under the E2 earthquake

Figure 6 Bending moment diagram of the bridge under the E2 earthquake

Shear force of main arch control section under E2 earthquake Table 7

Section location	Transverse(kN)	Vertical(kN)
Left arch foot	154.09	1197.06
1/4 of the left	96.49	205.43
Main arch vault	85.95	297.61
1/4 of the right	149.01	457.78
Right arch foot	356.23	748.92

Bending moment of the main arch control section under the E2 earthquake Table 8

Section location	Longitudinal (kN · m)	Transverse (kN · m)
Left arch foot	37172.7	1533.22
1/4 of the left	4121.59	610.78
Main arch vault	2768.57	285.48
1/4 of the right	5588.57	1979.9
Right arch foot	25083.16	3854.84

Shear force of the control section of the secondary arch Table 9

Section location	Transverse(kN)	Vertical(kN)
Left arch foot	36.5	32.69
1/4 of the left	44.37	38.27
Secondary arch vault	61.91	66.63
1/4 of the right	51.43	58.63
Right arch foot	48.41	43.69

Bending moment of the control section of the secondary arch Table 10

Section location	Longitudinal (kN · m)	Transverse (kN · m)
Left arch foot	289.99	120.21
1/4 of the left	370.84	161.68
Secondary arch vault	612.29	295.31
1/4 of the right	481.76	329.42
Right arch foot	275.32	366.91

According to the above chart data, the maximum transverse shear force of the main arch control section under the E2 earthquake appears at the right arch foot, which is 356.23 kN, the maximum vertical shear force at the left arch foot, which is 1197.06 kN, the maximum longitudinal bending moment at the left arch foot, 37172.7 kN · m, and the maximum transverse moment at the right arch foot, which is 3854.84 kN · m. Under the E2 earthquake, the maximum transverse shear force and vertical shear force of the control section of the auxiliary arch appeared in the auxiliary arch vault, which were 61.91 kN and 66.63 kN, respectively, the maximum longitudinal bending moment was 612.29 kN · m at the auxiliary arch vault, and the maximum transverse bending moment was 366.91 kN · m at the right arch foot.

5 Conclusions

In this paper, based on the long-span space Y-shaped steel box arch bridge, the seismic response of spatially heterogeneous arch bridges is studied, and the following conclusions are obtained:

(1) The dangerous cross-section of the Y-shaped steel box arch bridge in the medium-bearing large-span space under the action of earthquake is mainly the arch foot section, and the peak value of the unit internal force at the arch foot is the largest.

(2) Because the Y-shaped arch ring structure changes the stress of the arch bridge, the maximum transverse internal force of the heterosexual arch bridge appears at the arch foot of the double arch ring on the right, and the maximum value of the longitudinal internal force appears at the arch foot of the single arch circle on the left.

(3) The arch bridge is the coordinated force mode of the main and auxiliary arches, which optimizes the overall distribution of the internal force of the bridge.

References

[1] LIANG Z Y, CHEN A R. Study on seismic response of long-span up-bearing steel arch bridge considering the influence of double nonlinearity [J]. Journal of Vibration and Shock, 2009, 28(11): 139-145, 209-210.

[2] XU Q C, XU T, LI J. Seismic response of down-bearing steel arch bridge considering nonlinear influence[J]. Science & Technology Review, 2013, 31(12): 59-63.

[3] ZHAO C H, ZHOU Z H. Seismic response analysis of long-span up-bearing steel truss arch bridge [J]. Journal of Railway Science and Engineering, 2006, 3(5): 6-11.

[4] XIA X S, CHEN X C, ZHANG Y L, et al. Influence of nonlinearity on seismic response of long-span arch bridge[J] . Urban Road Bridge and Flood Control, 2009, 4(4):. 35-38.

[5] LI X Y. Seismic response analysis of long-span steel box tie arch bridge [D]. Lanzhou: Lanzhou Jiaotong University, 2012.

[6] SHENG J J . Seismic response analysis of long-span continuous steel truss arch bridge [D]. Chengdu: Southwest Jiaotong University, 2008.

[7] LIY Z. Preliminary study on seismic performance of rigid arch bridge[D]. Chong qing: Chongqing Jiaotong University, 2011.

[8] ZHAO X H, LI J H. Effect of cross-brace stiffness of long-span steel arch bridge on seismic performance of whole bridge [J]. Shanxi Architecture, 2013, 39(2): 153-155.

[9] CHEN D H, GUO W H. Spatial seismic response analysis of long-span steel truss arch bridge[J]. Journal of Central South University (Natural Science Edition), 2010, 41 (4): 1590-1596.

[10] LIU B, WANG Q N. Seismic response analysis

of long-span steel truss arch bridge [J]. Transportation Science and Technology, 2016 (3):29-32.

[11] SUN J F. Seismic response analysis of urban long-span steel arch bridge [D]. Lanzhou: Lanzhou Jiaotong University, 2015.

Research on Optimization of Cable Force of Spatial Y-shaped Steel Box Arch Bridge based on Bayesian Neural Network

Luyao Wang*[1] Xiaoguang Wu[1] Qida Chen[2]

(1. School of Highway, Chang'an University;

2. China Railway 20 Bureau Group 5th Engineering Co., Ltd.)

Abstract Based on a Y-shaped arch bridge, this paper optimizes the cable force of the bridge with the help of Bayesian neural network, and solves the optimal cable force by comparing and analyzing the finite element model. The cable forces calculated by Bayesian neural network model, zero displacement method and elastic-rigid support method are substituted into the finite element model for comparative analysis. The results show that the cable force obtained by the Bayesian neural network model is the smallest, which is 25.56% and 31.54% lower than the other two algorithms respectively. The displacement of the obtained buckle points is also reduced by 41.36% and 47.26% respectively, and the arch rib alignment after the completion of the bridge is more in line with the target alignment. Therefore, the Bayesian neural network model proposed in this paper can better improve the internal force state and structural alignment of arch ribs, and can guide the cable hoisting construction of such bridges.

Keywords Cable force Bayesian neural network Y-shaped arch bridge Cable hoisting

0 Introduction

Steel box arch bridge stands out among many bridges with beautiful appearance, large span and light structure, and has become the choice of many construction designers. The cable-stayed suspension method (Cheng Xu, 2022) has become the most commonly used construction method for long-span concrete-filled steel tubular arch bridges. While realizing easier control of the line shape, how to determine the cable force of the cable has become an urgent problem for bridge workers. The magnitude of the cable force (Chen Mengteng et al., 2023) (He Feng, 2023) (Tian Qilong, 2018) is directly related to the elevation of the arch rib segment and the determination of the number of required cables. The determination of the cable force has become an important control parameter in the long-span concrete-filled steel tubular arch bridge.

The zero bending moment method (Zhang Yuping et al., 2004) (Zhou Shuixing et al., 2000) and the moment balance method (Zhang Jianmin, 2005) (SU Xiaosong, 2012) are different from the welding construction method of arch rib segment in the process of arch rib hoisting at the present stage, and the accuracy of the calculation results is not high. The whole calculation process of the elastic-rigid support method (Tian Zhongchu et al., 2004) needs to solve a large number of statically indeterminate equations, so it is necessary to compile a program to calculate. The calculation amount is huge and the calculation is difficult to achieve. The zero displacement method(Yu et al. ,2008) can not simulate the change of the direction of the cable force, and the guidance for the construction process is not strong. The fixed-length cable method (Qiao Yuying, 2008) has any number of combinations of cable force and pre-lift value satisfying the arch axis, so the combination obtained by the fixed-length cable method cannot guarantee that it must be the optimal construction path of the structure. Therefore, this paper studies the cable force of the spatial Y-shaped arch bridge during the construction of the cable-stayed suspension method, and optimizes the cable force of the bridge with the help of Bayesian neural network. Combined with the comparative analysis of the finite element model, the optimal cable force is solved.

1 Project-based

1.1 Project overview

This paper relies on the project for the half-through space Y-shaped steel box arch bridge. The bridge has a total length of 284 m, a bridge span arrangement of(19.5 + 220 + 19.5)m, a bridge standard section width of 18 m, and a beam width of 36 m at the viewing platform. The main arch adopts hingeless arch: the side and main span of the main girder adopt the suspended continuous beam structure, and the vertical support is set at the pier and the cross beam on the arch. The calculated span combination is (19.5 + 197 + 19.5) m; the suspender is a flexible suspender with a spacing of 6m, a total of 29 pairs. The two ends of the suspender are connected by steel anchor boxes to the beam and arch respectively. The arch end is tensioned and the beam end is anchored. The main arch takes the space Y deformation section box arch. The plane projection of the arch axis is Y-shaped. The single arch is arranged on the left bank of the Jinghe River, and the double arch is arranged on the right bank of the Jinghe River. The axis bifurcates from K35 + 288.500, with an angle of 12.42 °. The overall layout is shown in Figure. 1.

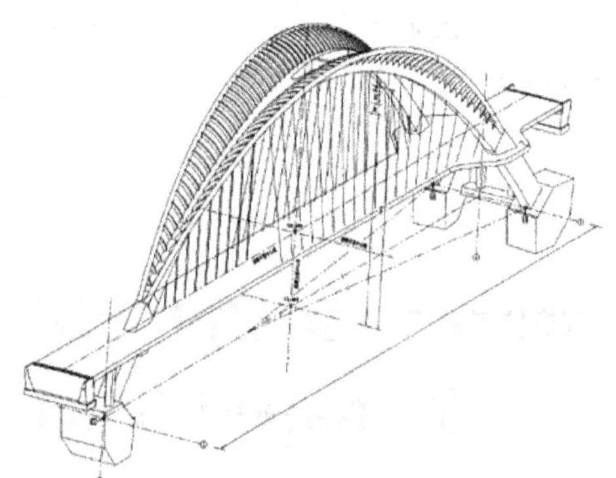

Figure 1 Spatial Y-shaped steel box arch bridge

1.2 Establishment of finite element model

According to the actual construction sequence of the project, the finite element model is established by MIDAS, as shown in Figure. 2. The main arch rib, the secondary arch rib and the connection between the main arch rib and the secondary arch rib are simulated by beam element, the truss element is used to simulate the cable, and the suspender is simulated by tension-only element, with a total of 1723 nodes and 355 elements. The ordinary support uses elastic connection, which simplifies the connection between the buckle cable and the main tower as the consolidation end.

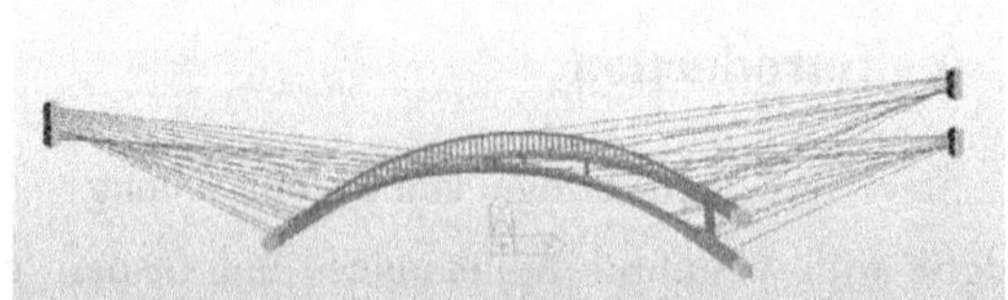

Figure 2 Finite element model

The main arch rib is symmetrically hoisted from both sides by cable system until it is closed, a total of 15 sections. The main arch section of the Liquan side on the left bank is S01 ~ S07, and the buckle number is 1 ~ 7; the main arch section of Chunhua side on the right bank is S09 ~ S15, and the buckle number is 8 ~ 14; the closure section is S08. The construction process is shown in Table 1.

Construction procedure Table 1

Construction stage	Construction content
CS1	Hoisting, splicing S01, S15
CS2	Tension buckle 1, buckle 14
CS3	Hoisting, splicing S02, S14
CS4	Tension buckle 2, buckle 13
CS5	Hoisting, splicing S03, S13
CS6	Tension buckle 3, buckle 12
CS7	Hoisting, splicing S04, S12
CS8	Tension buckle 4, buckle 11
CS9	Hoisting, splicing S05, S11
CS10	Ten tension buckles 5, buckles 10
CS11	Lifting, splicing S06, S10 and the first air support on the arch
CS12	Tension buckle 6, buckle 9
CS13	Hoisting, splicing S07, S19 and the second wind bracing on the arch
CS14	Tension buckle 7, buckle 8
CS15	Hoisting, splicing S08, main arch closure

2 Cable force optimization model based on Bayesian neural network

2.1 Bayesian neural network principle

Bayesian neural network (Wang Haibo, 2022) is a machine learning model that combines Bayesian statistical methods and neural networks. Given an observation data set $D(x,y)$, $x=(x_1,x_2,\cdots,x_n)$ is the input sample set, $y=(y_1,y_2,\cdots y_n)$ is the output sample set. The weight parameters of the neural network are represented by $\omega=(\omega_1,\omega_2,\cdots,\omega_d)$, where ω is a fixed value, as shown in Figure 3. The Bayesian neural network is regularized by introducing uncertainty into the neural network, which is also equivalent to inheriting an infinite number of neural networks on a certain weight distribution for prediction. It has the ability to quantify uncertainty, so it has very strong robustness (Che Biyao, 2022). As shown in Figure 4.

2.2 Establishment of Bayesian neural network model

After obtaining the corresponding relationship between 500 groups of cable force and internal force and displacement in MIDAS, the cable force vector is used as the input vector, and the internal force and displacement are used as the output vector. Through the training of Bayesian neural network, a nonlinear mapping from the input vector to the output vector is obtained, so as to obtain the optimal cable force (Yang Xufeng et al., 2023). Select 80% of the total data set as the training set, and the rest as the test set. The minimum root mean square error is selected as the fitness function and trained 50 times. The error of the Bayesian neural network model decreases as shown in Figure 5. The error of the network decreases significantly with the training process and finally converges to the minimum value.

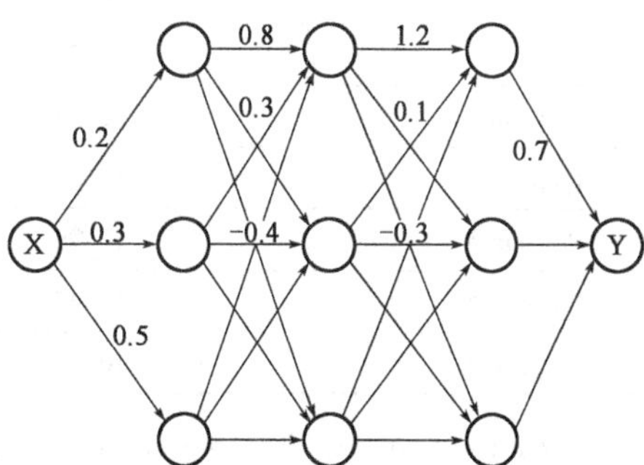

Figure 3 Neural network model

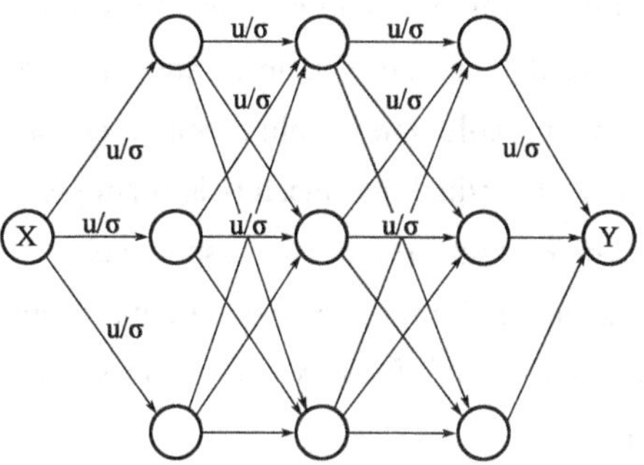

Figure 4 Bayesian neural network model

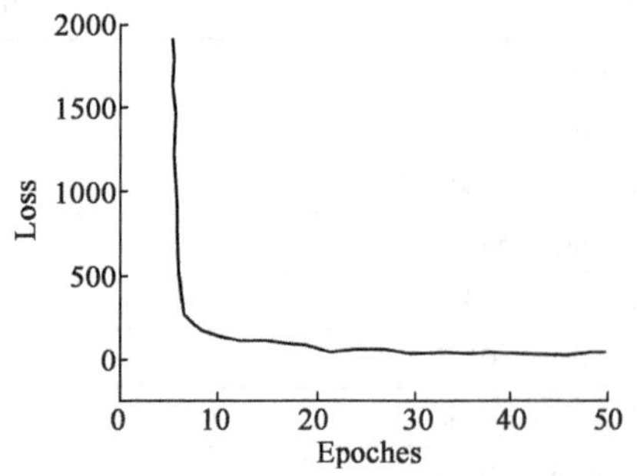

Figure 5 Error reduction of Bayesian neural network

3 Comparative analysis of the results

Based on the project, the three methods of calculating the cable force by Bayesian neural network model, zero displacement method and elastic-rigid support method are compared and analyzed. The cable force and the displacement of the buckle point under the three methods of cable force solution are given in Table 2 and Table 3.

Comparison of cable force values obtained by three cable force calculation methods Table 2

Buckling point number	Bayesian neural network model (kN)	Zero displacement method (kN) [Relative optimization ratio(%)]	Elastic-rigid support method(kN) [Relative optimization ratio(%)]
Pinpoint 1	71.08	89.25(25.56)	93.5(31.54)
Pinpoint 2	138.76	169.23(21.96)	155.45(12.03)
Pinpoint 3	203.67	223.87(9.92)	230.58(13.21)
Pinpoint 4	340.98	400.58(17.48)	389.52(14.24)
Pinpoint 5	481.22	512.69(6.54)	521.74(8.42)
Pinpoint 6	709.88	788.12(11.02)	775.36(9.22)
Pinpoint 7	546.98	622.58(13.82)	642.5(17.46)

Comparison of three kinds of cable force calculation methods to obtain the displacement of the buckle point Table 3

Buckling point number	Bayesian neural network model (mm)	Zero displacement method(mm) [Relative optimization ratio(%)]	Elastic-rigid support method(mm) [Relative optimization ratio(%)]
Pinpoint 1	7.23	9.8(35.55)	8.13(12.45)
Pinpoint 2	12.33	14.6(18.41)	16.89(36.98)
Pinpoint 3	12.04	17.02(41.36)	17.73(47.26)
Pinpoint 4	14.05	16.78(19.43)	16.58(18.01)
Pinpoint 5	15.98	18.55(16.08)	17.58(10.01)
Pinpoint 6	13.45	16.53(22.90)	15.98(18.81)
Pinpoint 7	10.98	13.52(23.13)	14.23(29.60)

From Table 2, it can be seen that among the three calculation methods of cable force value, the cable force value obtained by Bayesian neural network model is the smallest, and the maximum reduction of cable force value compared with zero displacement method and elastic-rigid support method is 25.56% and 31.54% respectively, that is, Bayesian neural network model can more accurately simulate the cable force value required for cable hoisting.

The three cable force values are brought into the finite element model of the supporting project to obtain the displacement of each buckle point. From Table 3, it can be seen that because the cable force value obtained by the Bayesian neural network model is small, the displacement of the buckle point obtained by the Bayesian neural network model is compared with the other two methods. The displacement of the buckle point is also reduced. Compared with the zero displacement method and the elastic-rigid support method, the maximum reduction of the displacement value of the buckle point is 41.36% and 47.26%, respectively.

The three cable force values applied to the upper and lower edges of the control section at the buckle point of the arch rib are shown in Figure 6 and Figure 7. The analysis shows that ① the maximum compressive stress of the upper edge of the left bank arch rib section obtained by the Bayesian neural network model is -6.18MPa, which is less than the upper edge stress of the other two cable force values. The maximum compressive stress at the lower edge of the section is -14.78MPa, which is also smaller than the stress at the lower edge of the section after the other two cable forces are applied. ②Compared with the zero displacement method and the elastic-rigid support method, the cable force obtained by the Bayesian neural network model has a more uniform stress distribution on the upper and lower edges of the control section after applying the buckle cable force, and all of them are within the allowable range of the material, which shows that the cable force obtained by the Bayesian neural network model can improve the stress state of the arch rib.

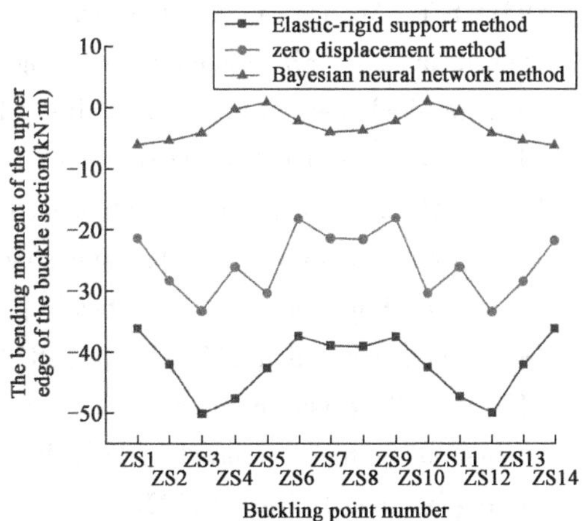

Figure 6 Bending moment diagram of the upper edge of the buckle section

It can be seen from Figure. 8 that the cable force calculated by the Bayesian neural network model is used to hoist the arch rib cable, and the line shape after the arch is closed is close to the target line shape. The linear shape of the elastic-rigid support method and the zero displacement method is saddle-shaped, which has a large deviation compared with the target linear shape. Therefore, it can be seen that the Bayesian neural network model has significant advantages in linear control.

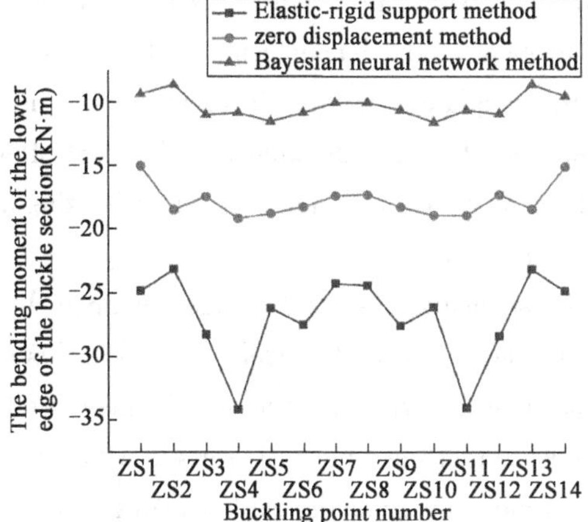

Figure 7 Bending moment diagram of lower edge of buckle section

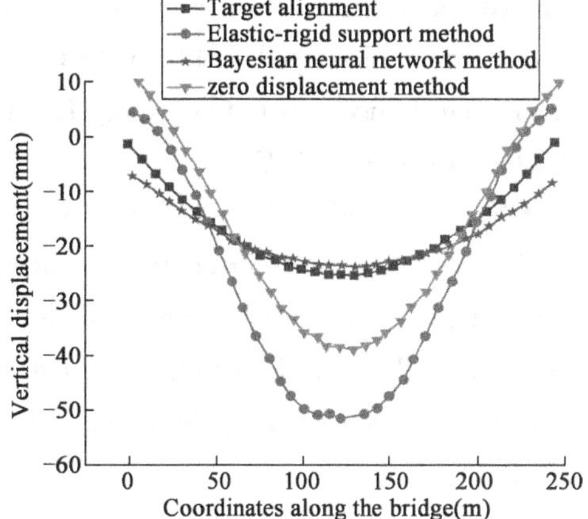

Figure 8 Vertical displacement of arch rib along the bridge under three cable force calculation methods

4 Conclusions

In this paper, a spatial Y-shaped arch bridge is taken as the research object, and the cable force of the bridge is optimized by Bayesian neural network. Combined with the comparative analysis of the finite element model, the following conclusions are obtained:

(1) Compared with the zero displacement method and the elastic rigid support method, the Bayesian neural network model proposed in this paper has a smaller cable force, which is beneficial to the cable hoisting construction of the spatial Y-shaped

arch bridge.

(2) The Bayesian neural network model proposed in this paper is used to calculate the cable force and simulate the construction process. Compared with the other two methods, the displacement of the buckle point in the construction process simulated by the Bayesian neural network model is smaller, and the arch rib alignment after the bridge is completed is more in line with the target alignment.

In summary, the cable force obtained by the Bayesian neural network model proposed in this paper can not only control the arch rib alignment well, but also ensure that the structural stress is within the safe range, which can guide the cable hoisting construction of such bridges.

References

[1] CHENG X. Research on construction control of asymmetric cable-stayed buckle method for long-span arch bridge [D]. Chongqing: Chongqing Jiaotong University, 2022.

[2] CHEN M T, WU X G, WEI H et al. Optimization algorithm for cable force of cable-stayed buckle method of spatial Y-shaped arch bridge [J]. Journal of Nanjing Tech University (Natural Science Edition), 2023, 45(01): 86-92, 102.

[3] HE F. Reasonable construction cable force calculation and key process analysis of long-span concrete-filled steel tube arch bridge [D]. Changsha: Changsha University of Science and Technology, 2023.

[4] TIAN Q L. Calculation and optimization of cable force of long-span deck concrete arch bridge [J]. Highways & Automotive Applications, 2018 (03): 122-126, 132.

[5] ZHANG Y P, LI C X, DONG C W. Discussion on the application of' zero bending moment method' to the determination of cable force of cable-stayed buckle [J]. Journal of Transport Science and Engineering, 2004(01): 15-18.

[6] ZHOU S X, JIANG L Z, ZENG Z. et al. Study on cable force simulation calculation of cable-stayed buckle in segmental construction of arch bridge [J]. Journal of Chongqing Jiaotong University (Natural Science), 2000 (03): 8-12.

[7] ZHANG J M. Research on the bearing capacity and construction control of long-span concrete-filled steel tubular arch bridge [D]. Guangzhou: South China University of Technology, 2005.

[8] SU X S. Research and Practice on Construction Control of Double Ring Single Pylon Cable-stayed Bridge [D]. Chongqing: Chongqing Jiaotong University, 2012.

[9] TIAN Z C, CHEN D L, YAN D H et al. Determination of cable force and elevation pre-lifting amount during arch ring assembly of long-span arch bridge [J]. Journal of the China Railway Society, 2004(03): 81-87.

[10] YU, LUO, ZHOU, et al. Determination method of cable force in cable-stayed buckle construction based on zero displacement and non-stress state control [J]. Advanced Engineering Sciences: 1-8.

[11] QIAO Y Y. Application of fixed-length cable method in arch rib installation of long-span concrete-filled steel tube arch bridge [D]. Chongqing: Chongqing Jiaotong University, 2008.

[12] WANG H B. Research on prediction model of bond strength between steel bar and concrete based on Bayesian neural network [J]. Industrial Construction, 2022, 52(09): 87-93.

[13] CHE B Y. Bayesian neural network robustness evaluation problem research [D]. Beijing: Beijing Jiaotong University, 2022.

[14] YANG X F, LIU Z Q, ZHANG Y. Estimation of P-S-N curve of metal materials based on Bayesian neural network [J]. Journal of South China University of Technology (Natural Science Edition), 2023, 51(11): 82-92.

不同桩长旋挖植入桩竖向承载特性研究

任玉波　周志军*
（长安大学公路学院）

摘　要　旋挖植入桩是预先旋挖成孔，向孔内灌注水泥砂浆或细石混凝土后，再将预制桩下沉至设计高程的新型预制桩施工技术。该工法具有振动小，施工速度快，承载能力高的优点，目前对该领域鲜有研究。本文对旋挖植入和锤击打入两种工法下的预制桩进行了竖向静载试验，对旋挖植入桩与锤击打入桩的竖向抗压极限承载力进行了对比分析，并使用 ABAQUS 数值模拟软件，建立了不同桩长下的旋挖植入桩数值模型，得到了不同桩长下旋挖植入桩的竖向承载特性。结果表明：相比于锤击打入桩，旋挖植入桩具有更高的竖向承载力；构建的数值模型可较好反映试验的实际情况，随桩长增加，旋挖植入桩的荷载-沉降曲线由陡降型向缓变型转变，竖向极限荷载作用下的端阻比不断降低；数值模拟中桩侧极限摩阻力的计算值大于规范中的值。

关键词　旋挖植入桩　静载试验　极限承载力　数值模拟

0　引言

桥梁桩基多为大直径桩，且对施工质量、工后沉降及变形控制要求严格[1]。预制管桩具有质量可靠、施工便捷、经济环保等优点，常见的施工方法既有锤击法和静压法，也可以将管桩插入水泥土搅拌桩中从而形成水泥土复合管桩[2-3]。近年来，相关学者对水泥土复合管桩进行改进，逐渐形成了预先成孔并向孔内灌注厂拌水泥砂浆或细石混凝土，后植入预制管桩的新型桩基础[4]。鉴于国家“双碳”战略的持续推进，开展预成孔植桩桩基础的竖向承载特性研究，对促进装配式施工工艺在桥梁桩基工程领域的应用具有重要的指导意义。

目前，国内外学者对复合管桩竖向承载性能方面的研究多为水泥土劲性复合桩，考虑到相似的构造结构，预成孔植入桩竖向承载特性可借鉴劲性复合桩相关研究成果。Dong 等[5]通过劲芯复合桩单桩载荷试验，得出竖向荷载由混凝土芯桩传递到外芯水泥土再传递到桩周土体的双层传递模式，且外芯水泥土桩的存在能够明显提高混凝土芯桩的竖向承载力。刘汉龙等[6]通过足尺模型试验对劲芯复合桩的荷载传递机制进行了研究，结果表明，在竖向荷载作用下，芯桩与水泥土桩近似变形协调，在同一截面上芯桩和水泥土桩的轴力比约为其弹性模量的比值。Wang 等[7]对劲性复合桩的承载力和沉降进行了现场测试，结果表明，劲芯复合桩表现出摩擦桩的工作特性，其竖向荷载主要依靠桩侧摩阻力来承担。周佳锦等[8-10]采用模型试验与数值模拟对劲芯复合桩的竖向承载性状进行了探究，结果表明劲性复合桩结构中的内外芯桩能够协同工作，共同承担竖向荷载。因此，当分析劲芯复合桩的竖向承载特性时可将混凝土芯桩与外芯水泥土视为一个整体进行考虑。Wonglert 等[11]和 Voottipruex 等[12]通过模型试验及数值模拟，对劲性复合桩的承载性状和破坏模式进行了研究，结果发现，当内外芯桩长之比超过最优值，且水泥土强度较高时，劲性复合桩的破坏则主要由桩侧土体的塑性破坏和芯桩底端破坏引起。在劲性复合桩相关研究成果的基础上，部新军等[4]进行了不同引孔深度下的预成孔植桩桩基础竖向静载足尺试验，得出引孔条件不同会造成桩端支撑条件变化，对扩体桩承载性能影响明显，超引孔扩体桩的承载力大于等引孔扩体桩和短引孔扩体桩的承载力。曹战峰等[13]对预成孔植入桩进行了竖向静载试验，并通过有限元模拟得出预成孔植桩桩基础的极限承载力比 PHC 管桩高30%左右。

本文的研究对象为旋挖植入桩，先旋挖成孔，

基金项目：陕西省交通科技项目（23-72K）。

灌注水泥砂浆后,再将预制桩下沉至设计高程。通过现场竖向静载试验,对比了旋挖植入桩与锤击打入桩的承载性能。使用ABAQUS数值模拟软件,对现场静载试验的结果进行了验证,并进一步建立了桩长为20m、30m、40m的旋挖植入桩数值模型,得到了不同桩长下的竖向承载特性,以期为旋挖植入桩设计分析及工程应用提供借鉴。

1　试验概况

1.1　工程概况

鄠周眉高速公路起于京昆高速公路水寨附近,设枢纽立交与西高新至天桥高速公路相接,终点位于眉县槐芽镇南侧,设枢纽立交与在建的眉县至太白高速公路相接。本次静载试验在陕西省西安市周至县现场开展,试验场地土层分布如表1所示。课题组在该场地内进行了3根锤击打入桩与1根旋挖植入桩的试桩试验,试桩所用管桩规格为PRCⅠ 800(130),型号为B,桩径800mm,桩长40m,桩节组成分别为15m、14m及11m,桩身强度为C105。其中,S1～S3为锤击打入桩,通过液压锤击法进行施工;S4为旋挖植入桩。先通过旋挖钻机进行成孔,成孔直径为1.0m,后灌注M15水泥砂浆,桩侧水泥砂浆厚度为100mm,最后将管桩下沉至设计高程。旋挖植桩法施工流程如图1所示。

试验场地土层分布　　表1

土层	土名称	土层厚度(m)	状态
1	粉质黏土	5.0	可塑
2	粉质黏土	11.0	硬塑
3	粉质黏土	16.4	可塑
4	圆砾土	1.5	中密
5	粉质黏土	11.1	可塑

a)旋挖成孔
b)灌注砂浆
c)起吊定位
d)安装套箍
e)焊接接桩
f)轻击沉桩

图1　旋挖植入桩法施工流程

1.2　载荷试验

参照《公路工程基桩检测技术规程》(JTG/T 3512—2020)[14]对S1～S4试桩进行静载试验(图2),加载方法为慢速荷载维持法。

图2　竖向静载试验

试验测得4根桩的荷载-位移曲线如图3所示,位移-时间对数曲线如图4所示。由图3可得,S1～S4试桩的荷载-沉降曲线均为缓变型。竖向抗压极限承载力取荷载-时间对数曲线尾部出现明显下弯趋势对应荷载的前一级荷载。由图4可得,锤击打入的S1～S3试桩的竖向抗压极限承载力分别为10000kN、10000kN、7340kN。本次静载试验采用堆载法进行加载,由于堆载配重的限制,对S4试桩施加的最大荷载为12000kN,在该荷载等级下的桩顶沉降仅为16.18mm,远小于相同荷载下S1～S3试桩的桩顶沉降。因此,可以判定旋挖植入桩的承载力高于锤击打入桩。

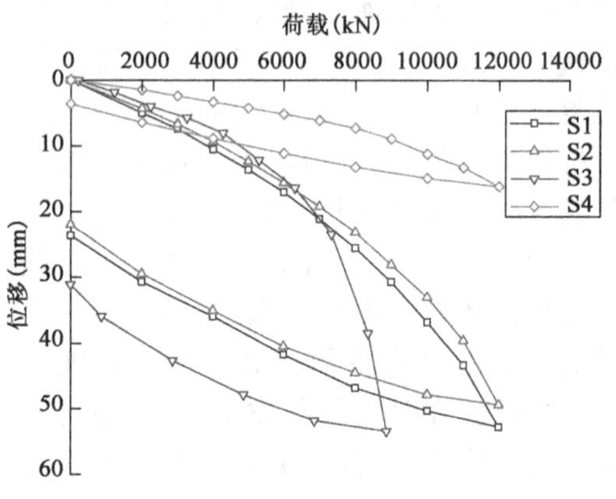

图3　S1～S4试桩荷载-位移曲线

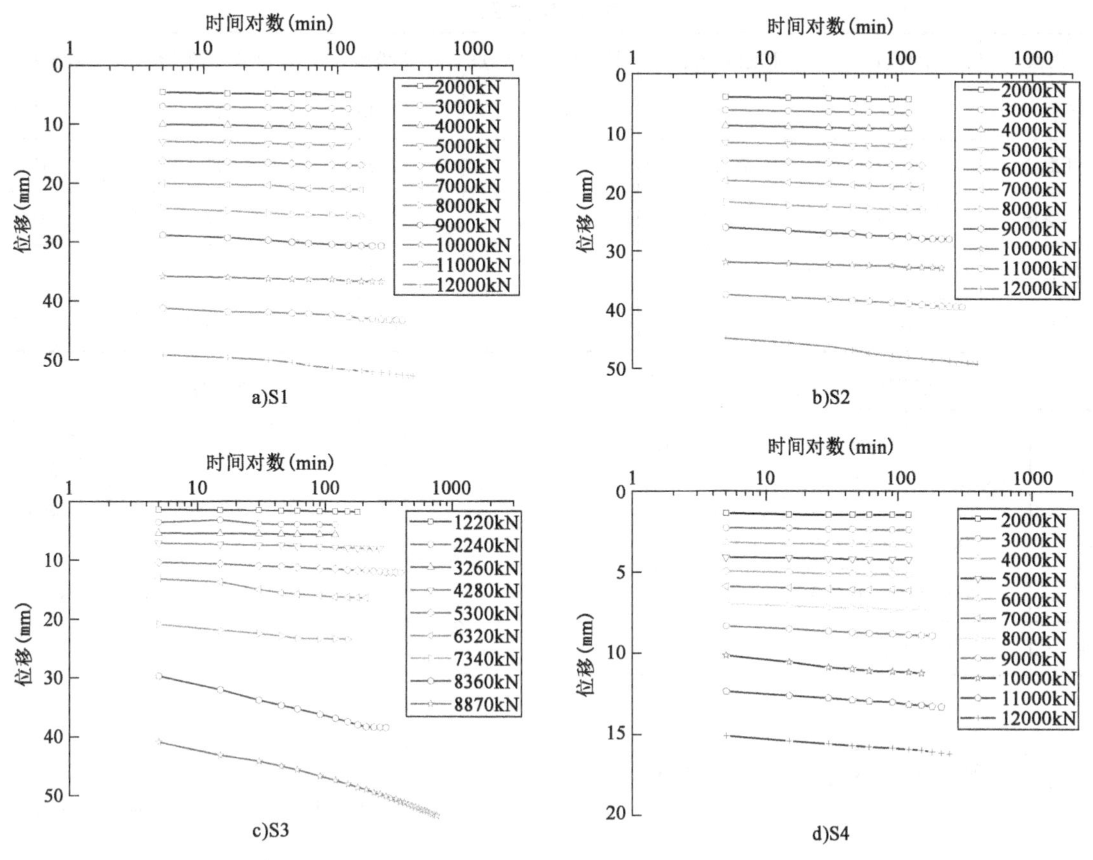

图4 S1～S4 试桩时间对数-位移曲线

2 数值模拟

2.1 模型建立与验证

基于现场竖向静载试验,在三维数值模拟软件 ABAQUS 中建立数值模型,考虑到模型的尺寸效应,土体模型的长与宽需大于 20 倍桩径,高度需大于 2 倍桩长,本次土体模型的尺寸为 25m×25m×80m。桩埋置于土体中心,在土体的侧面施加水平方向的唯一约束,在土体底面施加竖向位移约束,数值模型网格如图 5 所示。

钢筋、混凝土及水泥砂浆采用线弹性模型,桩周土体为弹塑性体,以莫尔-库仑罚函数形式定义桩土之间的接触属性,在桩侧与土体之间设置法向接触与切向接触,桩底与土体之间仅设置法向接触,侧向接触使用罚函数,法向接触使用"硬"接触。土体的强度参数根据室内土工试验的结果进行取值,土体的材料参数如表 2所示。管桩混凝土为 C105 强度等级的混凝土,桩侧包裹材料为 M15 砂浆,桩体材料参数如表 3 所示。设置不同的荷载等级对桩顶进行加载。

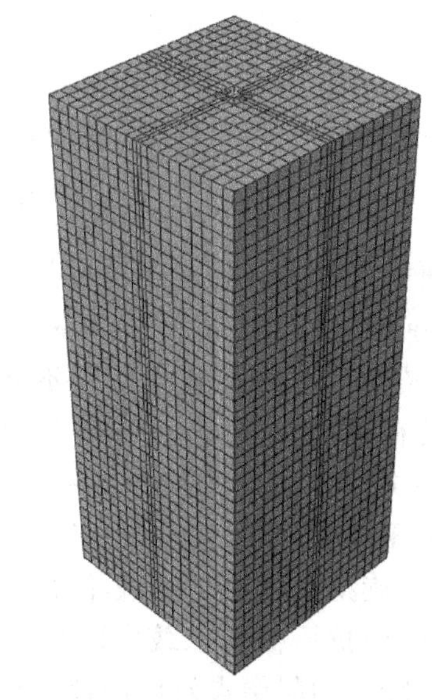

图5 数值模型网格

图 6 为数值模拟与现场竖向静载试验的对比结果,二者结果较为吻合,验证了模拟的可行性与正确性。

土体材料参数　　表2

土体类型	层厚(m)	重度(kN/m³)	压缩模量(MPa)	泊松比 ν	内摩擦角(°)	黏聚力(kPa)
1 粉质黏土	5.0	15.06	4.5	0.30	27.0	15.6
2 粉质黏土	11.0	20.89	5.7	0.25	27.3	18.5
3 粉质黏土	16.4	18.71	8.7	0.30	27.0	21.2
4 卵石	1.5	22.30	60.0	0.23	35.0	2.0
5 粉质黏土	6.1	18.33	9.8	0.25	30.7	25.7

桩体材料参数　　表3

材料类型	密度(kg/m³)	弹性模量(MPa)	泊松比 ν
混凝土	2500	4.05×10^4	0.2
砂浆	2000	2.30×10^4	0.2
钢筋	7850	2.05×10^5	0.3

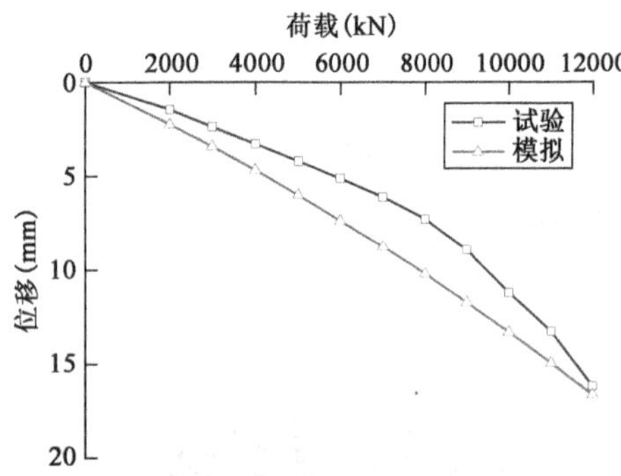

图6　数值模拟与现场竖向静载试验对比结果

2.2 单桩竖向抗压极限承载力

为了研究旋挖植入桩在不同桩长条件下的竖向承载特性，设置20m、30m、40m三种桩长进行分析，图7为竖向荷载作用下不同桩长旋挖植入桩的荷载-位移曲线，依据《公路工程基桩检测技术规程》(JTG/T 3512—2020)[14]对单桩竖向抗压极限承载力进行判定。在20m及30m桩长时，旋挖植入桩的荷载-位移曲线为陡降型曲线，竖向抗压极限承载力取荷载-位移曲线发生明显陡降的起始点对应的荷载值。而当桩长为40m时，荷载-位移曲线为缓变型曲线，竖向抗压极限承载力取桩顶沉降量大于40mm的前一级荷载。因此，桩长为20m、30m、40m旋挖植入桩的竖向极限承载力分别为9000kN、18000kN、22000kN。

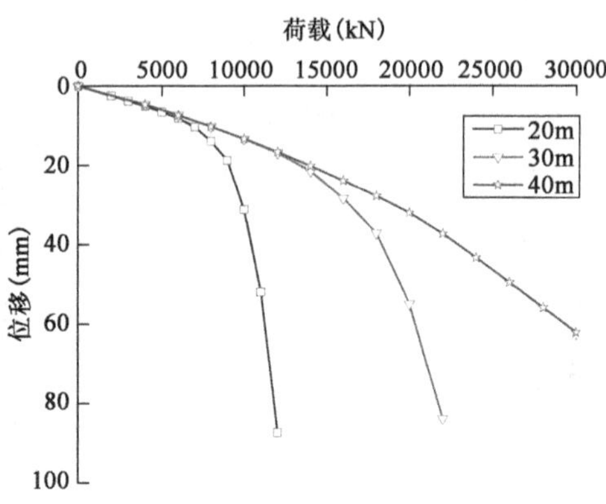

图7　不同桩长旋挖植入桩的荷载-位移曲线

2.3 轴力

提取不同桩长的旋挖植入桩在不同荷载等级下的桩身轴力，结果如图8所示。桩身的轴力随着深度的增大不断降低，荷载等级较低时，荷载基本由桩侧桩身侧摩阻力承担，传递到桩端荷载较小。随着荷载等级的不断增大，桩身不同深度处的轴力不断增大。

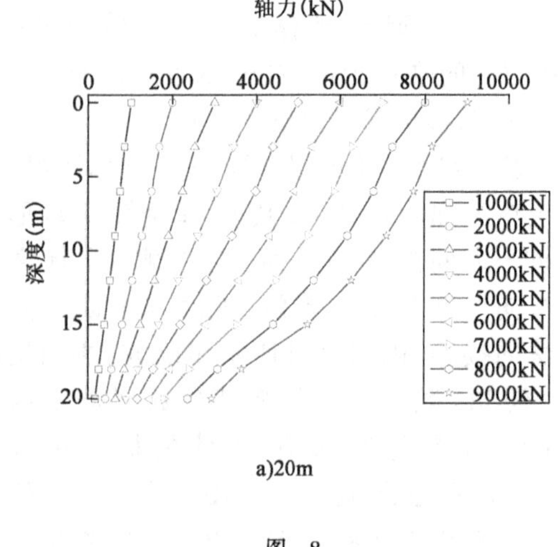

a)20m

图　8

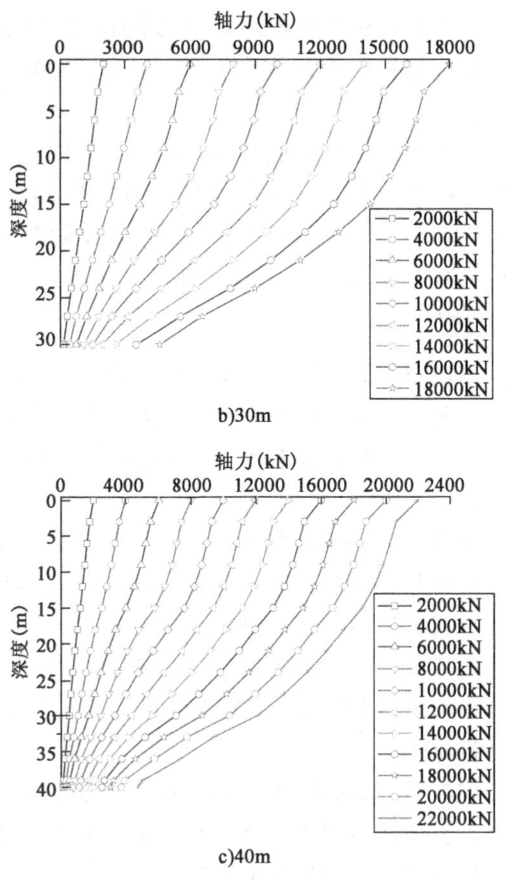

c)40m

图8 不同荷载等级下桩身轴力

2.4 侧摩阻力

通过计算得到不同荷载等级下的桩身侧摩阻力,如图9所示。当桩长为20m和30m时,旋挖植入桩的荷载-位移曲线为陡降型,极限荷载下桩侧摩阻力达到极限值,桩长为20m和30m的旋挖植入桩桩侧侧摩阻力极限值接近。桩长为40m时,旋挖植入桩的荷载-位移曲线为缓变型,在单桩竖向抗压极限荷载作用下,侧摩阻力尚未完全发挥,未达到侧摩阻力极限值。

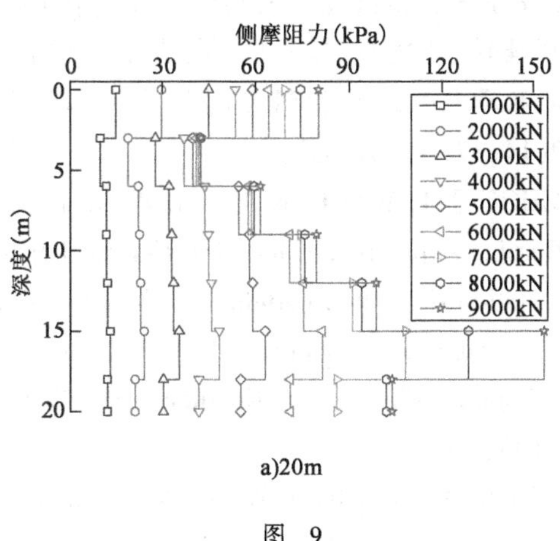

a)20m

图 9

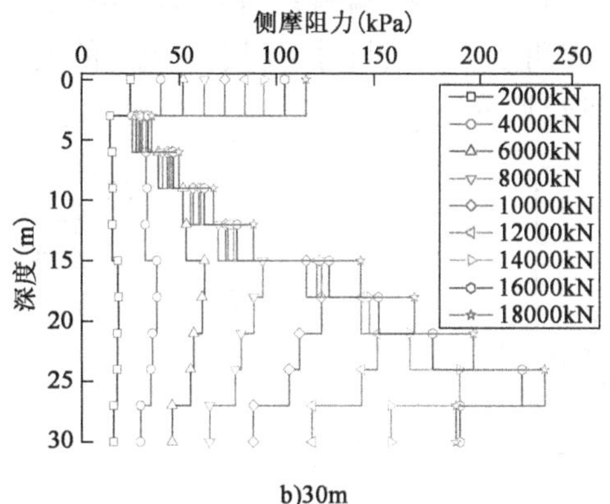

b)30m

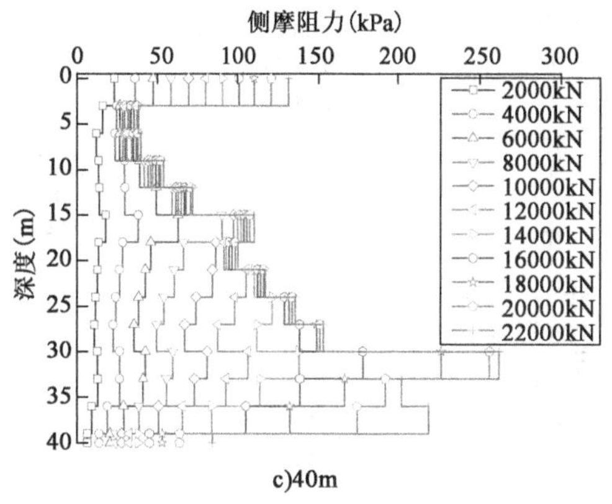

c)40m

图9 不同荷载等级下桩侧摩阻力

对桩长为20m的旋挖植入桩的极限侧摩阻力进行计算,得到不同土层对应的极限侧摩阻力的计算值,将计算值与《公路桥涵地基与基础设计规范》(JTG 3363—2019)[15]中推荐值的中间值进行比较,结果如表4所示。可得侧摩阻力计算值$q_s^{计}$比规范值$q_s^{规}$高,原因是管桩植入时对桩周土的挤压、对水泥砂浆的挤密以及水泥浆液的扩散增大了桩土接触面的接触面积、接触压力及粗糙程度,进而增大了桩侧摩阻力。

桩侧摩阻力及对比 表4

土层	埋深(m)	$q_s^{计}$(kPa)	$q_s^{规}$(kPa)	$q_s^{计}/q_s^{规}$
1	5.0	65.0	52.5	1.24
2	16.0	83.2	80.0	1.04
3	20.0	128.6	52.5	2.45

2.5 侧阻比和端阻比

图10为不同桩长旋挖植入桩的侧阻比及端阻比随荷载的变化曲线,由图10可得随着荷载等级增大,各桩长的端阻比均呈增大趋势。随着桩长的增加,竖向极限荷载下的端阻比不断降低,桩

长为20m、30m、40m旋挖植入桩的侧阻比分别为67%、75%及79%，端阻比分别为33%、25%及21%，表明在桩长较长时不利于端阻力的发挥，会造成桩长浪费。

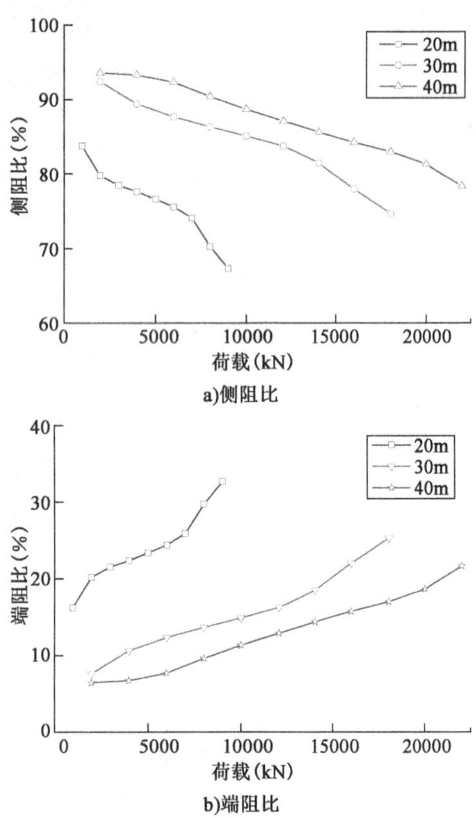

图10　侧阻比和端阻比随荷载的变化

3　结语

本文首先对旋挖植入桩与锤击打入桩进行了单桩竖向抗压静载试验，并对试验结果进行了分析。随后使用有限元分析软件ABAQUS建立了旋挖植入桩的有限元模型，通过将模拟结果与试验结果对比，对模型进行了验证。以此模型为基础，建立了桩长为20m、30m及40m的旋挖植入桩数值模型并进行竖向加载，得到了不同桩长下的单桩竖向承载特性，结果表明：

(1)在同等荷载等级下，旋挖植入桩的桩顶位移远小于锤击打入桩，旋挖植入桩的承载性能优于锤击打入桩。

(2)通过数值模拟得出，桩长为20m、30m、40m的旋挖植入桩的单桩竖向抗压极限承载力分别为9000kN、18000kN及22000kN。其中，桩长为20m和30m荷载-位移曲线破坏形式为陡降型破坏，桩长为40m时的荷载-位移曲线为缓变型破坏。旋挖植入桩的桩侧摩阻力极限值高于《公路桥涵与地基基础设计规范》(JTG 3363—2019)中的规范值。

(3)当桩长为20m、30m、40m时，极限竖向荷载下旋挖植入桩侧阻比为67%、75%及79%，端阻比分别为33%、25%及21%，侧阻比随桩长增加不断增大，端阻比随桩长增加不断减小。

参考文献

[1] 冯忠居，陈惠芸，白少奋，等. 公路桥梁桩基穿越超大型溶洞的荷载传递机制试验研究[J]. 岩石力学与工程学报，2023，42(增1)：3700-3711.

[2] 李俊才，张永刚，邓亚光，等. 管桩水泥土复合桩荷载传递规律研究[J]. 岩石力学与工程学报，2014，33(增1)：3068-3076.

[3] 高文生，梅国雄，周同和，等. 基础工程技术创新与发展[J]. 土木工程学报，2020，53(6)：97-121.

[4] 郜新军，王剑博，张浩，等. 水泥砂浆扩体预制桩竖向承载特性试验研究[J]. 岩土工程学报，2023，45(3)：634-643.

[5] DONG P，QIN R，CHEN Z Z. Bearing capacity and settlement of concrete-cored DCM pile in soft ground [J]. Geotechnical and Geological Engineering，2004，22(1)：105-119.

[6] 刘汉龙，任连伟，郑浩，等. 高喷插芯组合桩荷载传递机制足尺模型试验研究[J]. 岩土力学，2010，31(5)：1395-1401.

[7] WANG C，XU Y F，DONG P. Plate load tests of composite foundation reinforced by concrete-cored DCM pile [J]. Geotechnical and Geological Engineering，2014，32(1)：85-96.

[8] 周佳锦，龚晓南，王奎华，等. 静钻根植竹节桩抗拔承载性能试验研究[J]. 岩土工程学报，2014，37(3)：570-576.

[9] ZHOU J J，WANG K H，GONG X N，et al. Bearing capacity and load transfer mechanism of a static drill rooted nodular pile in soft soil areas [J]. Journal of Zhejiang University-Science A (Applied Physics & Engineering)，2013，14(10)：705-719.

[10] ZHOU J J，GONG X N，WANG K H，et al. A model test on the behavior of a static drill

rooted nodular pile under compression [J]. Marine Georesources & Geotechnology, 2016, 34(3):293-301.

[11] WONGLERT A, JONGPRADIST P. Impact of reinforced core on performance and failure behavior of stiffened deep cement mixing piles [J]. Computers and Geotechnics, 2015, 69: 93-104.

[12] VOOTTIPRUEX P, SUKSAWAT T, BERGADO D T, et al. Numerical simulations and parametric study of SDCM and DCM piles under full scale axial and lateral loads [J]. Computers and Geotechnics, 2011, 38(3):318-329.

[13] 曹战峰,王强,张培聪,等. 等芯长柔刚复合桩承载力试验及模拟研究[J]. 建筑结构, 2023, 53(17):141-144.

[14] 中华人民共和国交通运输部. 公路工程基桩检测技术规程:JTG/T 3512—2020[S]. 北京:人民交通出版社股份有限公司,2020.

[15] 中华人民共和国交通运输部. 公路桥涵地基与基础设计规范:JTG/T 3363—2019[S]. 北京:人民交通出版社股份有限公司,2019.

双层刚性上加劲连续钢桁梁桥设计参数研究

朱成龙[1] 王凌波*[1,2] 赵 鹏[3] 郭欣军[1] 雷蔚雯[1] 舒 灏[1]

(1. 长安大学公路学院;2. 长安大学旧桥检测与加固技术交通行业重点实验室;
3. 西安市轨道交通集团有限公司)

摘 要 针对新型刚性上加劲连续钢桁梁桥中加劲弦对桥梁力学性能的影响这一问题,本文以某主跨300m的双层公铁两用连续钢桁梁桥为背景,利用Midas软件建立整体模型,选取上加劲弦的加劲范围和加劲弦高度为主要设计参数,对刚性加劲连续钢桁梁桥进行变参数分析。研究结果表明:①加劲弦范围对结构整体竖向位移和结构受力影响较为显著。主跨跨中挠度随加劲弦加劲范围增大而增大且在21~23节间长度加劲范围内改变较小,结构应力在21~23节间长度加劲范围内较小,自振频率在加劲范围为23节间长度时最大,因此,加劲范围取23节间长度最合理;②随加劲弦高度的变化对结构静力性能影响较小,结构主跨跨中挠度减小,但减小率较小,结构应力变化不明显,故加劲弦高度对钢桁梁桥的静力性能影响较小。而结构自振特性在加劲弦高度为32m时为最优。因此,加劲弦高度取32m时最合理。

关键词 桥梁工程 加劲钢桁梁桥 参数分析

0 引言

随着社会经济的蓬勃发展,许多大跨度新型桥梁结构的运用越来越广泛,刚性上加劲钢桁梁桥便是目前新兴桥型之一[1-2]。刚性加劲连续钢桁梁桥的受力体系主要分为两部分:一部分是钢桁架梁,为主要承重构件;另一部分是刚性加劲弦,通过锚固在主桁梁两端和跨中的方式来分担部分荷载,改善杆件受力状态[3-4]。目前上加劲钢桁梁桥大多数采用悬索加劲形式。本文依托工程为国内首座上拱式加劲连续钢桁梁桥,结构新颖、造型独特,因此对新型加劲形式桥梁的研究意义重大[5-6]。针对设置上加劲弦杆的加劲钢桁梁桥,国内学者进行了相关研究,但由于此类桥型设计新颖、应用时间短,有关研究工作较少。魏思斯[7-8]、于俊杰[9]、苏力[10]、郝士华[11]、朱铭[12]、陈进昌[13]和宋法宝[14]等分别以重庆曾家岩嘉陵江大桥、永宁大桥、石济客专济南黄河大桥、济南黄河大桥、东江大桥、郑济高铁黄河特大桥和钱塘江公轨两用大桥为背景,主要研究刚性悬索加劲钢桁梁桥的特殊节点的力学行为和极限承载力。Wang等[15]以本工程为依托,对上拱式钢桁梁桥进行设计优化分析,提出了一种双层加劲钢桁梁桥轻量化的设计优化算法。但对上拱式加劲的钢桁梁桥加劲弦对结构影响的研究还存在空缺。因此,本文以某主跨300m的上加劲双层公铁两用连续钢桁梁桥为工程背景,利用Midas软件建立有限元模型,采用单因素分析法对上拱式加劲钢桁梁桥的设计参数进行分析,在单个参数分析的过程中使其他设计参数不变,分别分析了加劲弦加劲范围和加劲弦高度对于加劲钢桁梁桥结构力学性能的影响。

1 渭河桥钢桁梁桥有限元模型

1.1 工程概况

渭河桥全长1412m,为主跨300m的钢桁梁桥,属于双层钢桁架结构,桥面上层布置双向六车道,设计速度为80km/h。桥面下层布置双向四车道+双线铁路+两侧人行道,其中公路设计速度为40km/h,铁路设计速度为100km/h。

桥跨布置为:124m+132m+132m+168m+300m+168m+132m+132m+124m。全桥立面布置如图1所示。

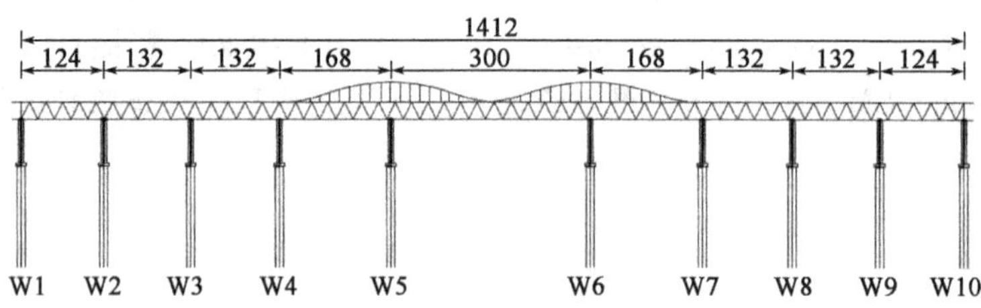

图1 全桥立面图(尺寸单位:m)

钢桁梁为空间桁架结构,结构采用空间内力分析程序,分别以梁单元和板单元模拟实际的板桁组合结构,计算各部件的应力状态。主梁标准横断面图和主墩处主梁横断面图如图2所示。

加劲弦布置如图3和图4所示。

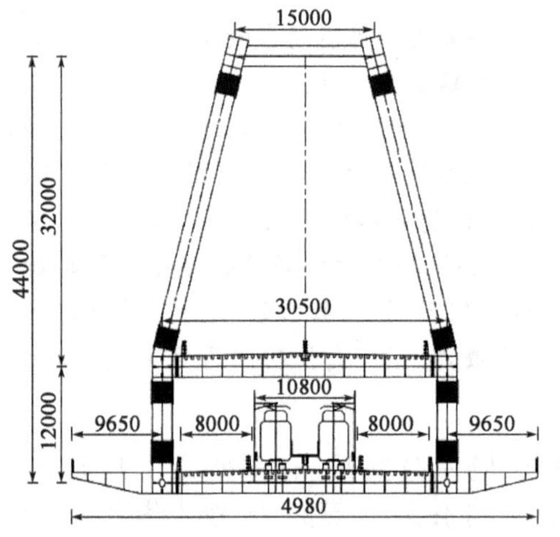

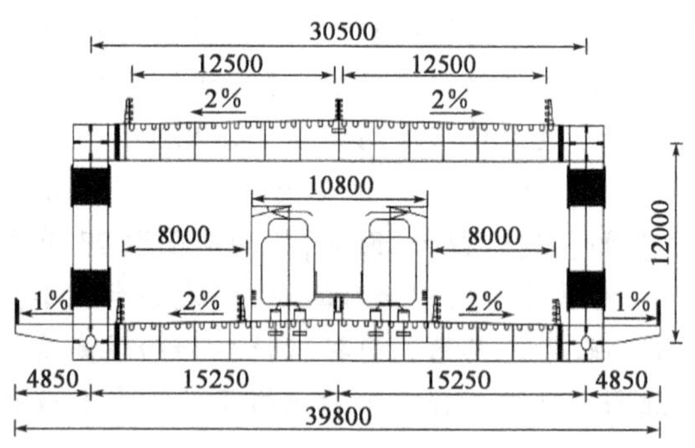

图2 主梁标准横断面图和主墩处主梁横断面图(尺寸单位:mm)

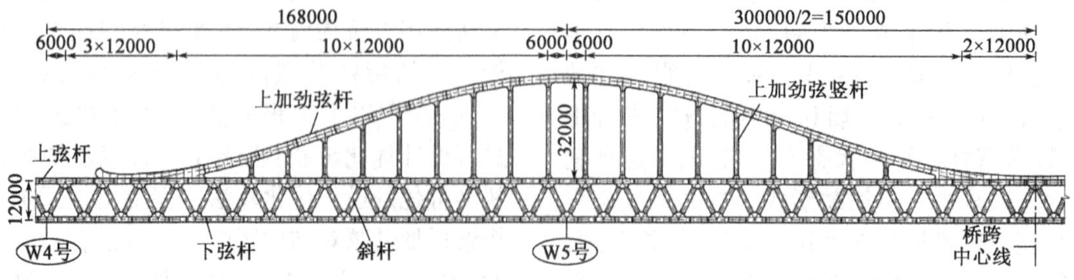

图3 1/2加劲弦立面布置图(尺寸单位:mm)

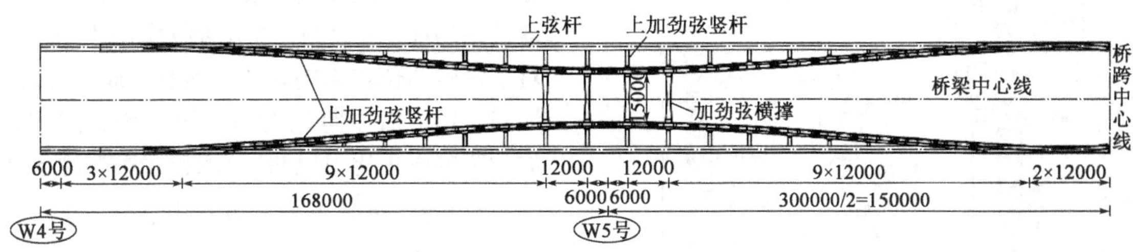

图4 1/2加劲弦平面布置图(尺寸单位:mm)

1.2 有限元模型

采用Midas建立全桥模型,全桥共7185个节点、17686个单元,其中结构的下弦杆、上弦杆、腹杆、加劲弦杆、横梁、纵梁采用梁单元模拟,桥面板采用板单元模拟,支座采用一般支承。全桥有限元模型如图5所示。

图5 全桥有限元模型

1.3 加载方式

全桥自重包括上弦杆、下弦杆、斜杆、加劲弦杆、横梁、纵梁及桥面系的重量,均根据实际情况计算,活载桥梁上层布设双向六车道公路—Ⅰ级车道荷载,下层布设双向四车道公路—Ⅰ级车道荷载及双线城市轨道快线。采用国标B型车,列车编组为6辆。每辆车长19.52m,车辆定距12.6m,固定轴距2.2m,车辆最大轴重145kN(超员荷载),最小轴重85kN(空载)。列车荷载图示如图6所示。

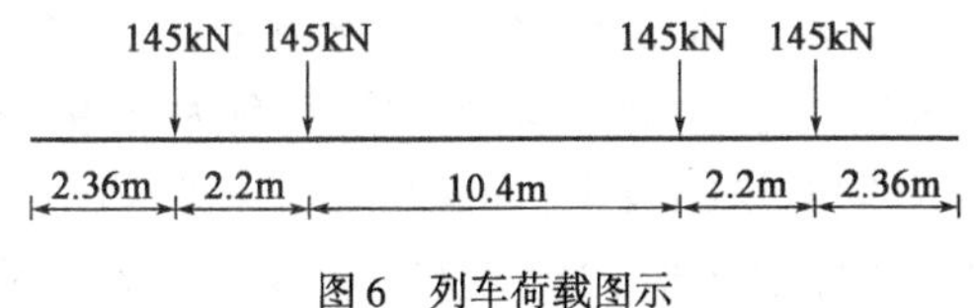

图6 列车荷载图示

2 设计参数对刚性加劲钢桁梁桥静动力性能的影响

影响桥梁结构的静动力性能因素很多,且刚性加劲钢桁梁桥的关键设计参数对结构的静动力性能影响较大,选取合理的设计参数将有助于发挥桥梁结构的优势,而加劲弦在钢桁梁桥中起着不可或缺的作用,因此有必要对刚性悬索加劲连续钢桁梁桥进行参数分析。

参数分析就是对比不同设计参数变化对结构力学性能的影响,揭示结构内力及变形与设计参数之间的内在联系,为结构优化设计提供依据。采用单因素分析法对刚性加劲钢桁梁桥的设计参数进行分析,控制其他设计参数不变,通过分别改变加劲弦加劲范围、加劲弦高度两项参数,建立结构有限元模型,计算得到结构关键截面及位置处的位移、应力及自振特性,分析这两项关键设计参数对结构静动力性能的影响。

2.1 刚性加劲弦加劲范围的影响

2.1.1 参数选取

加劲弦加劲范围是刚性加劲钢桁梁桥最重要的设计参数,对结构刚度具有决定性的影响,加劲范围示意如图7所示。本节以依托工程桥梁(加劲范围为23节间长度,加劲弦长276m)的成桥状态有限元模型为基础,将原模型中加劲范围改为21节间长度(加劲弦长252m)和25节间长度(加劲弦长300m),其他参数不变,来研究结构力学性能的变化规律。

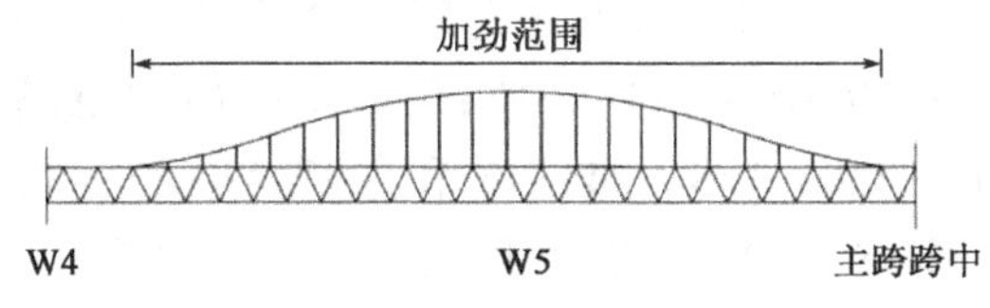

图7 加劲弦加劲范围示意图

2.1.2 主跨位移对比分析

刚性加劲弦对结构主跨位移影响较为明显,为明确加劲弦加劲范围对主跨位移的影响,分别选取主跨1/8、1/4、3/8和主跨跨中截面,考虑恒载和活载两种工况下,不同加劲范围结构关键截面位移对比结果见图8、图9。

从图8、图9中可以看出,两种工况作用下加劲范围的变化对结构关键截面位移变化曲线走势基本相同,并且加劲范围对弦杆关键截面下挠影响

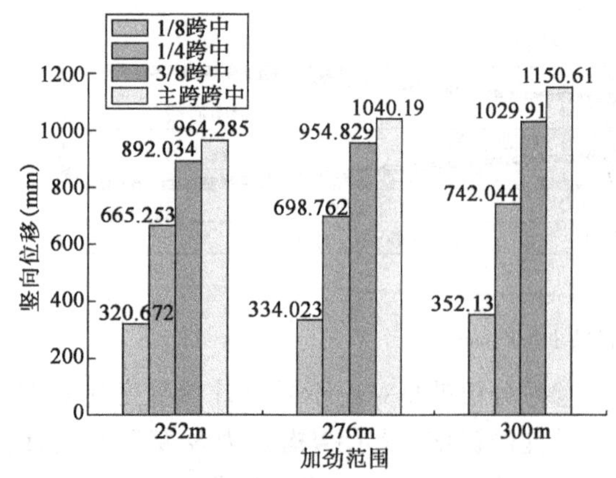

图8　恒载作用下不同加劲范围结构关键截面位移变化图(尺寸单位:mm)

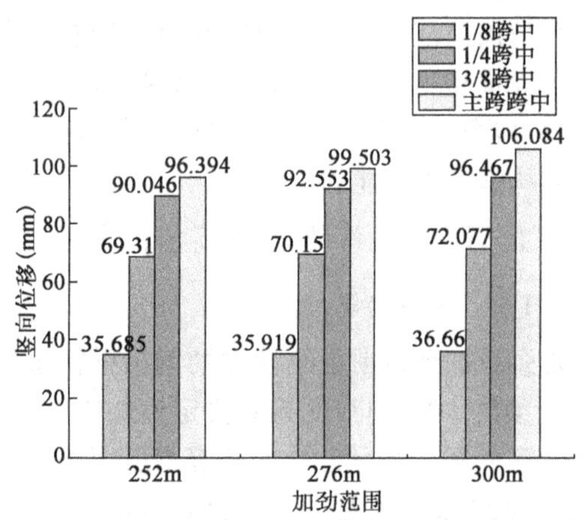

图9　活载作用下不同加劲范围结构关键截面位移变化图(尺寸单位:mm)

显著。恒载作用下,主跨范围内,截面位移随着加劲范围的增大而增大,第一阶段加劲范围从252~276m,1/8、1/4、3/8和主跨跨中分别增大4.16%、5.04%、7.04%和7.88%;第二阶段加劲范围从276~300m,1/8、1/4、3/8和主跨跨中分别增大5.42%、6.19%、7.86%和10.62%,可以看出,越靠近跨中加劲范围对竖向位移影响越大,分析其原因是随着加劲范围增大,加劲弦重心越来越靠近跨中位置,故随着加劲范围增大跨中竖向位移增大,且第二阶段增长率均大于第一阶段,说明从加劲范围276m之后增大加劲范围对跨中竖向位移的影响会越来越大。活载作用下,主跨范围内,截面位移随着加劲范围的增大而增大,第一阶段加劲范围从252~276m,1/8、1/4、3/8和主跨跨中分别增大0.66%、1.21%、2.78%和3.23%;第二阶段加劲范围从276~300m,1/8、1/4、3/8和主跨跨中分别增大2.06%、2.75%、4.23%和6.62%,变化规律与恒载作用下相同,但除主跨跨中外,其增长率均在5%以内,说明活载作用下,加劲范围对主跨竖向位移影响较小。因此,加劲范围在恒、活载作用下对主跨挠度有显著影响,主跨挠度与加劲范围成正比,且加劲范围越大影响越显著。

2.1.3　关键截面应力对比分析

对于连续钢桁梁桥,跨中及墩顶处往往应力较大,因此选取主跨跨中、W5墩顶和加劲弦顶端为关键截面,考虑恒载工况下,分析不同加劲范围对结构关键截面应力的影响。不同加劲范围对结构关键截面应力对比结果见图10。

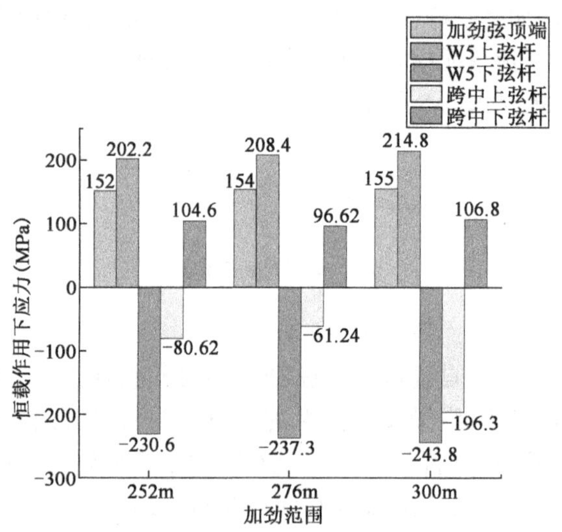

图10　恒载工况下不同加劲范围结构关键截面应力对比图

从图10可以看出,加劲范围从252~300m,随着加劲范围的增大,加劲弦顶端和W5上弦杆的杆件拉应力会有所增大,增长率分别为1.32%、0.65%和3.07%、3.07%,变化较小;W5下弦杆的杆件压应力也会有所增大,增长率为2.91%和2.74%,同样增幅较小;而跨中下弦杆的拉应力和跨中上弦杆的压应力会先减小后增大,第一阶段加劲范围从252~276m跨中下弦杆的拉应力和跨中上弦杆的压应力分别减小7.63%和24.04%,第二阶段加劲范围从276~300m跨中下弦杆的拉应力和跨中上弦杆的压应力分别增大10.54%和73.90%,应力变化显著。其中,上下弦杆主跨跨中的应力均呈现先减小后增大,且上弦杆的主跨跨中处在23~25节间长度加劲范围内应力变化更为明显,在W4和W5两个支座处恒载应力均呈现随加劲范围的增大而增大的趋势,且应力曲线在21~23节间长度加劲范围内更为平缓。因此,加劲范围取21节间长度和23节间长度时，结构关键截面的受力更合理。

2.1.4　结构自振特性对比分析

桥梁结构自振特性是进行动力性能分析的关键指标。通过有限元模型计算不同加劲范围的结构自振特性，各模型一阶自振频率对比结果见图11。

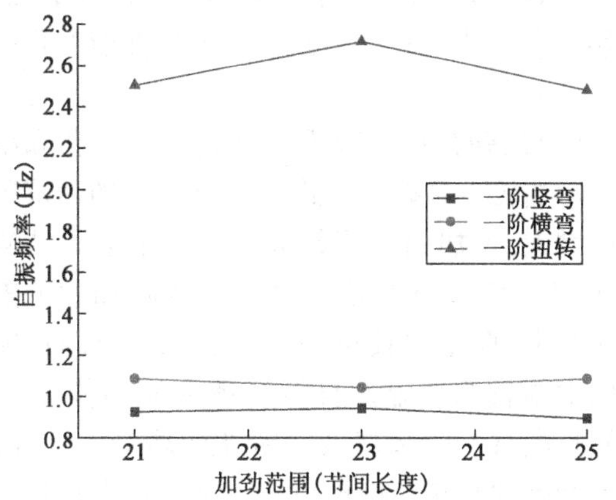

图11　不同加劲范围各模型一阶频率变化对比图

从图11可以看出，在不同加劲范围下的加劲钢桁梁桥一阶竖弯和一阶扭转的自振频率随加劲范围的增大先增大后减小，一阶横弯的自振频率随加劲范围的增大先减小后增大，一阶竖弯的自振频率为结构基频，随着加劲范围的增大先增大后减小，因此结构在取23节间长度的加劲范围时对桥梁整体刚度是最好的。

2.2　刚性加劲弦加劲高度的影响

2.2.1　参数选取

加劲弦高度是刚性加劲钢桁梁桥设计的重要因素之一，加劲弦高度示意如图12所示。本文以依托工程桥梁(加劲弦高度为32m)的成桥状态有限元模型为基础，将原模型中加劲弦高度改为31m和33m，其他参数不变，来研究结构力学性能的变化规律。

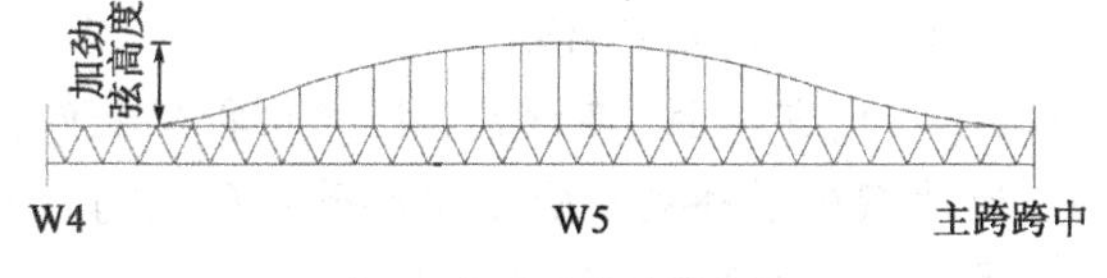

图12　加劲弦高度示意图

2.2.2　关键截面位移对比分析

考虑恒载和活载两种工况下，不同加劲弦高度结构关键截面位移对比结果见图13、图14。

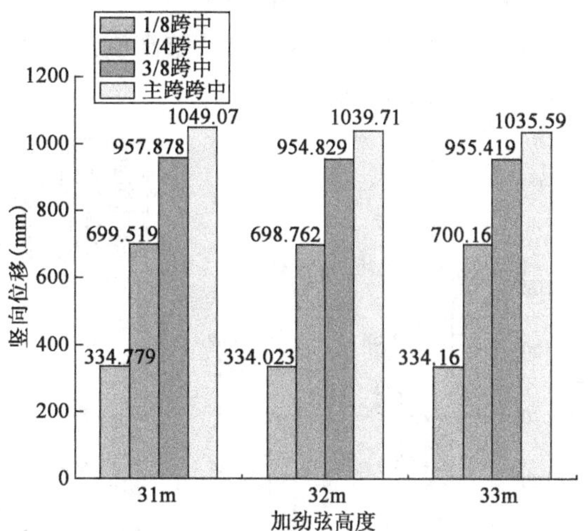

图13　恒载工况下不同加劲弦高度结构关键截面位移对比结果

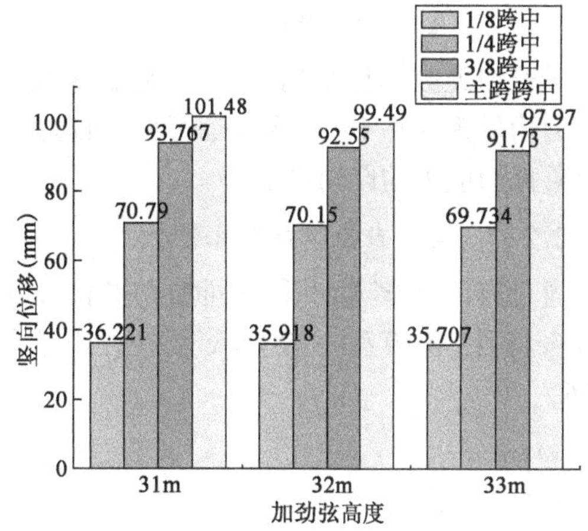

图14　活载工况下不同加劲弦高度结构关键截面位移对比结果

从图13、图14可以看出，在两种工况下，主跨各个截面的竖向位移随着加劲弦高度的增大几乎保持不变，说明加劲弦高度对边跨加劲弦上弦结合处的位移影响较小。中跨加劲弦上弦结合处和主跨跨中的竖向位移随着加劲弦高度增大而减小，且随着加劲弦高度增大主跨跨中在恒、活载作用下的位移减小率分别为0.89%、0.40%和1.96%、1.52%，可见加劲弦高度在31～32m时的位移减小率大于加劲弦高度在32～33m的减小率。而中跨加劲弦上弦结合处的位移减小率为0.81%、0.41%和1.89%、1.47%，与主跨跨中呈现同样规律。说明加劲弦高度对提高结构刚度是有限的。

2.2.3　关键截面应力对比分析

考虑恒载工况下,不同加劲弦高度结构关键截面应力对比结果见图 15。

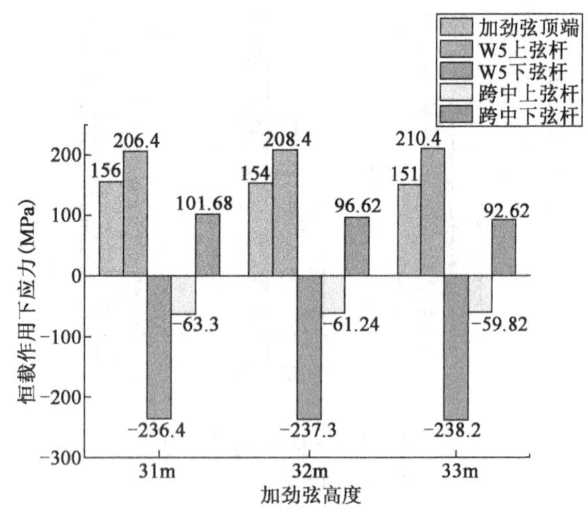

图 15　恒载工况下不同加劲弦高度结构关键截面应力对比图

随着加劲弦高度的增大,上下弦杆主跨跨中的应力均呈现几乎不变的趋势, 可见,加劲弦高度对改善截面应力的影响很小。

2.2.4　结构自振特性对比分析

通过有限元模型计算不同加劲弦高度的结构自振特性,各模型一阶自振频率对比结果见图 16。

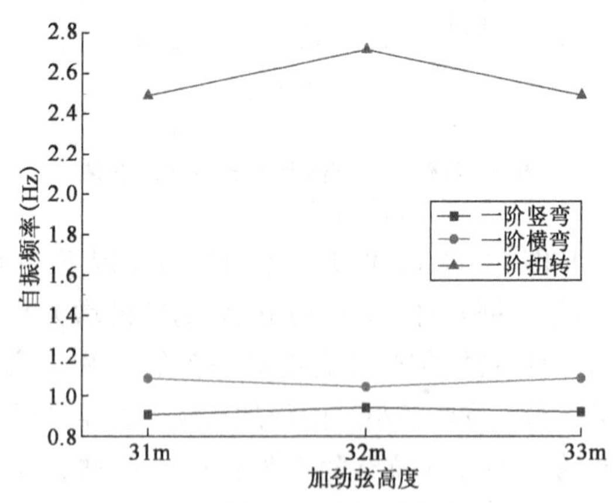

图 16　不同加劲弦高度各模型一阶频率变化对比图

从图 16 可以看出,在不同加劲弦高度下的加劲钢桁梁桥一阶竖弯和一阶扭转的自振频率随加劲范围的增大先增大后减小,一阶横弯的自振频率随加劲范围的增大先减小后增大,在加劲弦 32m 的高度下结构的基频最大,因此结构在取 32m 的加劲弦高度时对桥梁整体刚度是最好的。

3　结语

本文针对刚性加劲连续钢桁梁桥中加劲弦对桥梁结构的力学性能影响进行了计算研究,通过有限元软件 Midas 建立了渭河桥全桥模型,对刚性加劲钢桁梁桥进行加劲弦加劲范围和加劲弦高度的参数分析。分析加劲弦加劲范围和加劲弦高度两种参数在恒、活载作用下结构关键截面的内力、位移及自振频率的大小方面的力学性能变化。具体结论如下:

(1)加劲弦加劲范围对结构整体位移和结构受力影响较为显著。主跨跨中挠度随加劲范围增大而增大,且加劲范围越大影响越显著。结构应力在 21 ~ 23 节间长度加劲范围内随加劲范围增大而增大,但增幅较小,而在 23 ~ 25 节间长度范围内增幅较为明显。自振频率在加劲范围为 23 节间长度时一阶竖弯及一阶扭转均最大,一阶横弯加劲范围对其影响较小 。因此,加劲范围在 23 节间长度时,结构的静动力性能最优。

(2)加劲弦高度对结构主跨跨中挠度影响较小,跨中挠度随加劲弦高度减小而减小,但减小率较小。结构应力随加劲弦高度影响较小,结构应力变化不明显。自振频率在加劲范围为 23 节间长度时一阶竖弯及一阶扭转均最大,一阶横弯加劲范围对其影响较小。因此,加劲弦高度对结构静力性能影响较小,结构自振特性在 32m 时最优。

参考文献

[1] 阮姣. 刚性悬索加劲连续钢桁梁桥静动力性能分析与参数优化[D]. 重庆:重庆交通大学,2022.

[2] 刘家兵. 大跨度公铁两用钢桁梁悬索桥整体静动力特性分析[J]. 桥梁建设,2020,50(4):23-28.

[3] 傅晨曦,周青,韩大章. 不同桥面结构体系公路简支钢桁梁桥受力性能研究[J]. 公路,2020,11(11):129-135.

[4] 孟令强,郭传臣,姜永彪. 大跨长联公铁两用连续钢桁梁桥成桥阶段温度效应研究[J]. 世界桥梁,2023,51(4):77-84.

[5] 黄振. 昌九高铁扬子洲赣江公铁合建连续钢桁梁桥设计研究[J]. 铁道标准设计,2024,68(4):88-94,108.

[6] 郭欣,袁浩允,武尚伟,等. 大跨径刚性悬索加

劲连续钢桁梁施工方案比选[J]. 公路,2023,68(4):191-197.

[7] 魏思斯,耿波,尚军年,等. 两桁悬索加劲钢桁梁桥特殊节点缩尺模型静载试验研究[J]. 桥梁建设,2022,52(5):52-59.

[8] 魏思斯,耿波,尚军年,等. 板桁结合悬索加劲钢桁梁桥特殊节点受力行为[J]. 重庆交通大学学报(自然科学版),2023,42(1):1-8.

[9] 于俊杰,周成. 公轨合建上加劲连续钢桁梁桥抗震设计研究[J]. 世界桥梁,2023,51(S1):117-124.

[10] 苏力. 刚性悬索加劲连续钢桁梁受力特性成桥试验研究[J]. 铁道建筑,2020,60(7):1-5.

[11] 郝士华,曹茗棋. 刚性加劲连续钢桁梁悬索桥大节点受力分析[J]. 公路,2019,64(3):157-159.

[12] 朱铭,张俊光. 刚性悬索加劲钢桁梁桥极限承载力参数分析[J]. 公路,2010(6):61-66.

[13] 陈进昌,金令,郭煜. 郑济高铁黄河特大桥主桥设计[J]. 桥梁建设,2020,50(3):86-91.

[14] 宋法宝,朱勇骏,康晋,等. 钱塘江公轨两用大桥总体设计[J]. 桥梁建设,2020,50(3):92-97.

[15] WANG LB, XI RJ, GUO X J, et al. The Structural Design and Optimization of Top-Stiffened Double-Layer Steel Truss Bridges Based on the Response Surface Method and Particle Swarm Optimization [J]. Applied Sciences,2023,13(19):11033.

钢管混凝土脱空技术检测综述

吴慧岚* 徐世辉 陈昊鹏 曾 雨 王 浩
(长安大学公路学院)

摘 要 钢管混凝土脱空缺陷可能会危及建筑物的安全性和可靠性,可行的检测手段至关重要。本文综述了该领域的研究进展和应用情况。首先介绍了脱空缺陷的定义和特征,包括空洞、裂缝、松散和鼓泡等;然后概述了传统方法和基于深度学习的方法。传统方法包括敲击法、超声波检测和红外热成像等,虽取得了一定成果,但存在依赖专业人员经验和主观判断、检测效率低的问题。相对而言,利用深度学习技术,特别是卷积神经网络(CNN),通过自主学习和特征抽取,具备更出色的精准度和稳健性。本文总结了 CNN 的基本原理、优势和局限性,并讨论了脱空缺陷检测方法的评估指标和常用数据集,如 CCID、CFD Dataset 和 NIST SRM 2669 Concrete Dataset。综上所述,深度学习技术在脱空缺陷检测中表现出良好性能和应用前景,但仍需解决数据需求大和模型解释性不足等。未来研究应致力于进一步提升检测方法的效率和准确性,以确保结构安全可靠。

关键词 脱空缺陷 钢管混凝土 检测 神经网络 CNN 综述

0 引言

钢管混凝土脱空缺陷严重影响了钢管混凝土结构的承载力和稳定性,因此,针对脱空现象,检测和定位至关重要。

目前,钢管混凝土结构脱空缺陷的检测方法分为无损检测和有损检测两大类。有损检测主要采用钻芯取样法,直接在可能脱空的位置进行取样。尽管钻芯取样法能够直接检测脱空情况,但往往造成不可逆的结构破坏。常见的无损检测方法包括红外热成像法和超声波法。冯琪智等针对红外热成像法在缺陷处成像分辨率较低的问题,

基金项目:钢-混组合桥抗震性能及设计方法研究(300102211202)。

提出基于区域生长和热图信息重构的融合算法。蔡萍等对压电陶瓷片采集到的波动信号进行频响函数分析,并成功检测钢管与核心混凝土之间的剥离缺陷。为克服超声波法在钢管混凝土结构缺陷检测过程中可能出现的误判现象,陈禾等提出基于红外热成像法与超声波法相结合的混凝土无损检测技术。刘景良等[6]提出采用和归一 VDM 化峭度的钢管混凝土柱内部脱空缺陷识别方法。各类检测方法见表 1。

本论文旨在系统性概述脱空缺陷检测领域的现状、方法和技术进展,以促进对该领域重要性、挑战和研究趋势的理解,并指导未来研究方向,推动该技术的进步和应用。

检测方法对比分析　表 1

方法	原理	优点	缺点
视觉检测	基于图像处理和特征提取	非接触、高分辨率	受光照、遮挡等因素影响
超声波检测	发射和接收超声波来检测缺陷	非破坏性、能检测深层缺陷	对材料吸收和散射的敏感性
磁粉检测	通过施加磁场和检测磁粉粒子	灵敏度高、检测效果直观	对材料磁导率要求高
热红外检测	通过检测热辐射差异来发现缺陷	非接触,适用于大面积检测	受环境温度影响
涡流检测	通过涡流感应来检测表面缺陷	快速、高灵敏度	适用于导电材料
X 射线检测	利用 X 射线穿透材料检测内部缺陷	可检测隐蔽缺陷	辐射安全问题
CNN	使用卷积神经网络进行图像特征学习和分类	高准确性,适用于复杂图像	需要大量标记样本
RNN/LSTM	使用循环神经网络和长短期记忆网络处理序列数据	能处理时序信息,适用于视频数据	计算量较大
GAN	使用生成对抗网络进行图像生成和判别	能生成缺陷样本进行训练	训练不稳定、模式塌陷问题

1　脱空缺陷概述

脱空缺陷是指工程结构中的空洞或空缺区域,其中本应存在某种材料或结构的部分缺失或缺失严重。这些缺陷可能是由材料缺陷、施工错误、老化或其他因素引起的。

其表现形式主要为两类,一类为“球冠型脱空缺陷”(图 1),另一类为“环向均匀脱空缺陷”(图 2)。

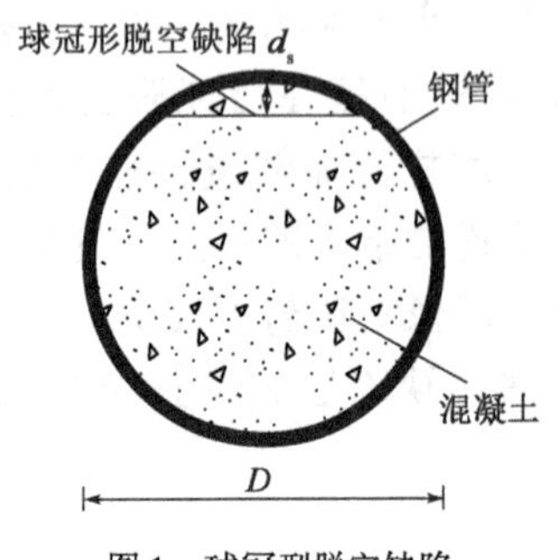

图 1　球冠型脱空缺陷

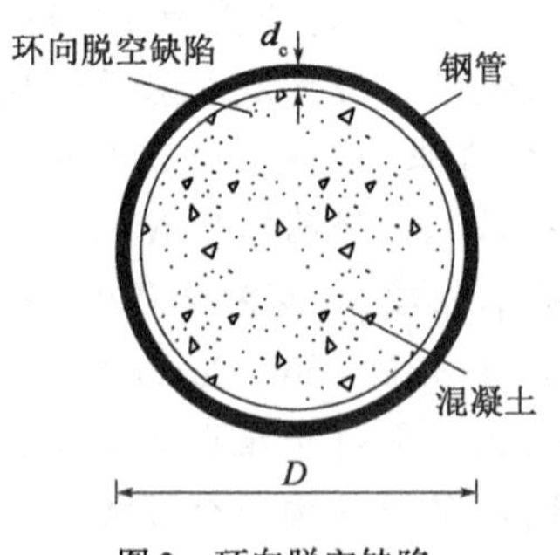

图 2　环向脱空缺陷

钢管混凝土脱空检测的重要性在于,确保结构的安全性、延长使用寿命、控制维护成本、提高结构性能,并满足法规要求。及时发现和修复脱空缺陷可以降低结构失效风险,提高资产管理效率,因此在结构工程中具有关键意义。

2　传统脱空检测方法

2.1　敲击法

敲击法十分方便、简单,但是对操作者的要求很高，不同人在操作时可能对缺陷的判断不同。随着人工智能的发展，一种基于计算机的检测方法应运而生。

Chen 等使用的脱空检测的敲击方法类似于敲击乐器的演奏或医学领域中使用的腹部敲击诊断技术。该方法通过将冲击诊断技术与支持向量机(SVM)这一机器学习算法相结合来实现。与其他机器学习算法相比，支持向量机具有泛化性能高、计算复杂度低、非线性映射等优点。其试验布置如图 3 所示。

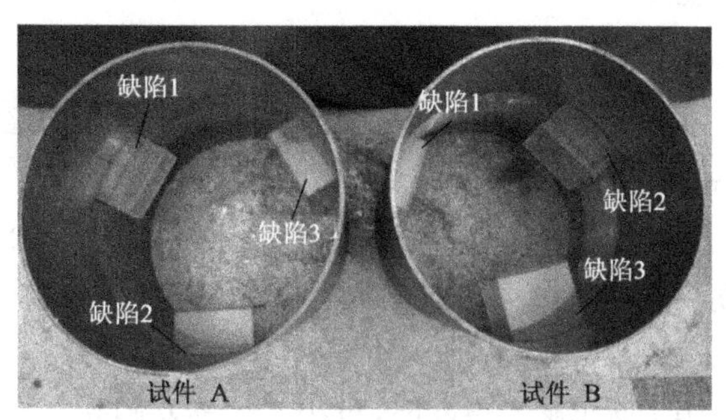

图 3　试件 A 和试件 B 的脱空布置

钢管混凝土敲击法优点在于非破坏性、简便易行、快速有效和直观可靠；敲击法存在主观性、有限的检测深度、受复杂性影响和无法定量评估缺陷大小等缺点。因此，在实际应用中，需要结合其他检测方法加以综合分析，以提高脱空缺陷检测的准确性和可靠性。

2.2　超声波检测法

超声波检测是一种常用的非破坏性方法，通过发送超声波信号并分析其回波来评估结构完整性。超声波在结构中传播时会与边界产生反射、折射、散射和衰减，可反映出空洞、裂缝等缺陷的位置和特征。该方法具有高分辨率、灵敏度和准确性，适用于钢管混凝土结构的脱空缺陷检测，可精确定位和定量评估缺陷。此外，超声波检测还可实时监测结构动态响应，广泛应用于桥梁、建筑物等领域，为及早发现和维护提供支持[13]。

超声波检测是常用的非破坏性方法，通过发送超声波信号并分析回波来评估结构完整性。其高分辨率、灵敏度和准确性可精确定位和定量评估钢管混凝土结构的脱空缺陷，同时可实时监测结构动态响应，适用于桥梁、建筑等领域，为及早维护提供支持。

NM-4A 非金属超声波检测分析仪见图 4。

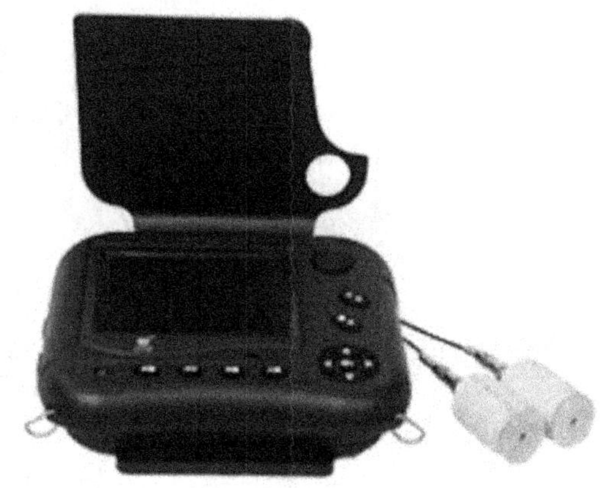

图 4　NM-4A 非金属超声波检测分析仪

2.3　红外热成像法

重庆大学胡爽等研究发现，红外加热可在 10mm 壁厚内检测缺陷，但 10～20mm 壁厚的检测效果较差。Moses J. Matovu 等评估了主动热成像检测钢-混凝土组合剪力墙损伤的可行性，初步探索了该方法对组合剪力墙损伤检测的可能性。石家庄铁道大学王军文等研究指出，不同壁厚的钢管混凝土适宜的红外加热时间不同，如壁厚为 16mm 时需 8min。

该方法使用的仪器包括热成像仪、上位机、感应加热电源、加热线盘和支架(图 5)。通过热传递理论，识别钢管混凝土脱空位置。尽管红外热成像法是常用无损检测方法，但电磁加热启动时间长、加热不均匀等问题限制了其应用。刘豪等改进了热成像技术，设计了专用感应加热电源和线盘，优化了检测参数，实现了对脱空缺陷的定量检测。多次试验表明，改进方案在 20mm 深度仍能有效识别脱空位置。

2.4　红外热成像法和超声波法结合法

单纯使用单一的检测技术对构件的缺陷识别可能不够准确，陈劲等提出了基于红外热成像法和超声波检测法的钢管混凝土无损检测技术，结合两者优点，以更准确地识别缺陷位置和类型。试验中，通过加热装置加热钢管混凝土，使用热像仪采集数据，根据温度差异判断脱空情况，再结合超声波法进行内部检测验证。经室内和现场试验验证，该方法能够有效识别和量化钢管混凝土的脱空缺陷。

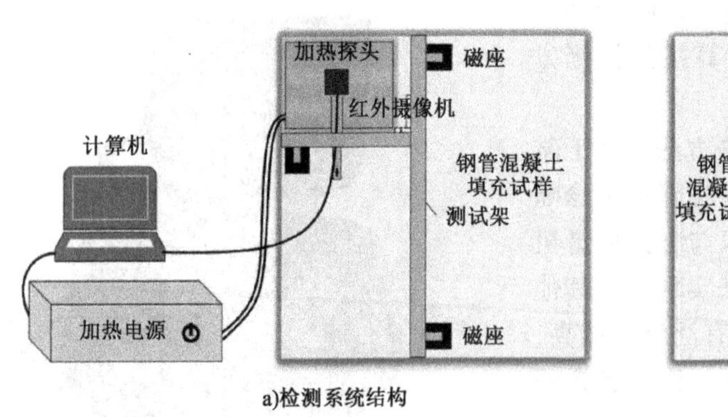

图5 检测系统示意图

3 基于深度学习的脱空缺陷检测方法

3.1 深度学习在脱空缺陷检测中的优势和应用

深度学习在脱空缺陷检测中优势明显:自动特征提取、高准确性、适应性强、大规模数据处理能力、实时监测和自动化。其应用领域包括图像分割与分类、声音识别、振动分析等。在钢管混凝土结构中,深度学习可准确识别脱空缺陷位置及形状,对声音信号和振动数据进行分类与分析,判断结构完整性。深度学习在脱空缺陷检测领域前景广阔,将提供更高准确性,实现实时监测。

总之,深度学习在脱空缺陷检测中具有很大的潜力,具有高准确性、自动化和实时监测的优势。随着数据量的增加和计算能力的提高,深度学习在脱空缺陷检测领域的应用前景将会更加广阔。

3.2 基于卷积神经网络(CNN)的脱空缺陷检测

CNN在脱空缺陷检测中的基本原理包括通过卷积层和池化层提取输入数据的特征,并通过全连接层进行分类或回归预测;应用方法见表2。其应用于脱空缺陷检测时,可用于图像分割和分类。通过自动学习和特征提取,CNN能够准确检测和定位脱空缺陷区域,为脱空缺陷的检测提供有效的工具。然而,CNN在脱空缺陷检测中也存在一些挑战,如需要大量标注数据进行训练、对于小样本数据可能过拟合等。因此,为了进一步发展CNN在脱空缺陷检测中的应用,可以探索数据增强技术、迁移学习和弱监督学习等方法,以提高模型的泛化能力和检测性能。此外,结合其他非破坏性检测方法与CNN进行融合,可以进一步提高脱空缺陷检测的准确性和可靠性。

卷积神经网络在脱空缺陷检测中的应用方法 表2

方法	简要描述
FCN	使用全卷积网络进行图像语义分割,能够准确地定位和检测脱空缺陷区域
U-Net	基于编码-解码结构的网络,适用于图像分割任务,能够精确地识别脱空缺陷并生成分割掩模
Mask R-CNN	结合区域提议网络和全卷积网络的方法,能够实现目标检测和分割,用于定位和识别脱空缺陷
SSD	单发多框检测算法,结合多尺度特征图进行目标检测,可用于脱空缺陷的检测和分类
YOLO	实时目标检测算法,通过单次前向传播实现高效的检测,可应用于脱空缺陷的实时检测任务
Deep Capsule	使用胶囊网络进行脱空缺陷检测,能够捕捉目标的空间关系和姿态信息,提高检测精度

CNN在脱空缺陷检测中的优点包括自动特征提取、高准确性、数据共享和并行计算。然而,CNN需要大量标注数据进行训练,且可能受数据获取限制;容易过拟合,需采用数据增强和正则化;作为黑盒模型,其内部运算难以解释;对空间变换敏感,可能需要额外处理提高鲁棒性。综上所述,CNN在脱空缺陷检测中有优点也有局限性,需进一步提升性能和应用范围。

3.3 基于自回归模型(AR 模型)和距离判别函数的钢管混凝土脱空缺陷检测方法

传统的钢管混凝土脱空缺陷的检测多用超声波法和冲击回波法进行检测,如韩西等研究的基于声振法的钢管混凝土脱空检测技术试验,该试验利用声振原理,使用标准锤对试件进行瞬态冲击,通过声音传感器收集振动时传播的信号,通过对收集声音的频率、峰值进行分析,即可得到脱空的大致位置。高远富等人研究了基于瞬态冲击法的方钢管混凝土柱脱空检测,在瞬态冲击作用下,根据采集到的信息做 WVD 时频分布,根据其特性,当振动信号明显降低时,说明在此处钢管混凝土出现脱空现象。

上述方法证明钢管混凝土是否脱空时只使用了频域分析,对所得结果的分析不够全面。廖宇飞等检测钢管混凝土是否脱空时,将时域分析的方法应用到钢管混凝土脱空缺陷检测中,提出了基于自回归模型和科氏距离的钢管混凝土脱空缺陷检测方法。

4 结语

4.1 脱空缺陷检测技术的评估指标和数据集

对于钢管混凝土脱空检测最终的评价指标可以细分为以下几类,如表 3 所示。

脱空缺陷检测技术评价指标 表 3

评估指标	描述
精确度	正确分类或检测的样本数与总样本数之比,用于评估算法整体准确性
召回率	被正确检测或分类的正样本数与总正样本数之比,用于评估算法对脱空缺陷的检测能力
精确率	被正确检测或分类的正样本数与算法预测的正样本总数之比,用于评估算法的准确性
F1 分数	综合考虑精确率和召回率的指标,用于评估算法的综合性能
IOU(交并比)	预测结果与真实标签的交集与并集之比,常用于图像分割任务的评估

采用该评价指标对现有脱空缺陷检测方法进行定性评价,以便于后续研究人员对不同脱空缺陷检测方法的选择和运用。表 4 对数据集进行详细的统计,在此基础上进一步确定脱空缺陷检测技术的优良性。

数据集统计表 表 4

数据集名称	描述
Concrete Crack Image Dataset(CCID)	包含大量钢筋混凝土脱空缺陷图像,适用于算法的训练和评估
CFD(Concrete-Filled Steel Tube Defect) Dataset	专门用于钢管混凝土脱空缺陷的检测和分析,包含不同类型和大小的脱空缺陷图像
NIST SRM 2669 Concrete Dataset	美国国家标准与技术研究院提供的钢筋混凝土图像数据集,包含多种混凝土表面缺陷
自行构建的数据集	根据具体应用场景和需求自行构建的脱空缺陷图像数据集

4.2 总结语

随着钢管混凝土在土木工程中的广泛应用,脱空缺陷成为发展的障碍。研究发现了一些脱空缺陷的检测方法,并在此基础上开展了进一步研究。钢管混凝土的无损检测技术的发展在实际工程中至关重要。

(1)传统的超声波检测法和敲击法用于钢管混凝土无损检测,但受外界干扰大、效率低、成本高、难度大。超声波检测法仅定性反映缺陷且操作烦琐,无法定量检测损伤。如何提高超声波检测法的准确性、降低外界干扰,是当前钢管混凝土检测技术的关键挑战。

(2)红外热成像法在土木工程等领域应用广泛,但在钢管混凝土中受限于管壁厚度,检测效率低,仪器笨重且难以接近结构,不利于在线监测。针对不同管壁厚度的加热时间和方式需要个别考量,提高仪器接收信息质量、消除外界环境影响至关重要,这将对方法发展产生重要帮助。

(3)单一检测手段局限性明显,综合多种无损检测方法取长补短是有效措施。例如,结合红外热成像法和超声波检测法可更好识别、量化钢管混凝土的缺陷。将无损检测与健康监测系统相结合,可提升实际工程中的应用效果。

(4)相比传统的人工敲击法,利用 SVM 模型预测脱空缺陷能高效识别钢管混凝土缺陷,提高检测效率。但对人工智能识别缺陷的研究较少,且仅适用于5mm管壁的钢管混凝土,对不同厚度的管壁准确率需进一步验证。随着人工智能应用扩展,敲击法在脱空检测中将更受青睐。

参考文献

[1] 马少宁. 钢管混凝土脱空无损检测技术试验研究[D]. 石家庄:石家庄铁道大学,2019.

[2] 王国琴,姚康伟,林余雷,等. 新型钢管混凝土无损检测技术[J]. 低温建筑技术,2019,41(2):1-4.

[3] 冯琪智,高斌,杨扬,等. 基于热图重构区域生长算法的碳纤维增强复合材料脱粘缺陷检测[J]. 无损检测,2017,39(9):29-34.

[4] 蔡萍,许斌,周宇. 基于外贴压电材料的钢管混凝土界面缺陷检测[J]. 压电与声光,2015,37(2):337-341.

[5] 陈禾,秦迎,陈劲,等. 基于红外热成像法和超声波法的钢管混凝土无损检测技术试验研究[J]. 建筑结构,2020,50(S1):890-895.

[6] 采用VMD和归一化峭度的钢管混凝土柱内部脱空缺陷识别方法[J]. 华侨大学学报(自然科学版),2023,44(3):328-335.

[7] Member, ASCE, Brad Cameron, 2 Colin B. Brown, 3 Honorary Member, ASCE[J].

[8] 童林,夏桂云,吴美君,等. 钢管混凝土脱空的探讨[J]. 公路,2003(5):16-20.

[9] 涂光亚. 脱空对钢管混凝土拱桥受力性能影响研究[D]. 长沙:湖南大学,2007.

[10] 陈劲,陈晓东,赵辉,等. 基于红外热成像法和超声波法的钢管混凝土无损检测技术的试验研究与应用[J]. 建筑结构学报,2021,42(S2):444-453.

[11] 童林,夏桂云,吴美君,等. 钢管混凝土脱空的探讨[J]. 公路,2003(5):16-20.

[12] CHEN G, WANG Z. A signal decomposition theorem with Hilbert transform and its application to narrowband time series with closely spaced frequency components [J]. Mechanical Systems and Signal Processing, 2012, 28:258-279.

[13] 苏俊臣. 钢管混凝土拱桥调查及其脱空问题研究[D]. 成都:西南交通大学,2012.

[14] 胡爽. 基于红外热像技术的钢管混凝土密实度缺陷检测探究[D]. 重庆:重庆大学,2016.

[15] 刘豪,侯德鑫,郑刚兵,等. 基于热成像的钢管混凝土脱空检测技术研究[J]. 红外技术,2021,43(11):1119-1126.

[16] 胡爽. 基于红外热像技术的钢管混凝土密实度缺陷检测探究[D]. 重庆:重庆大学,2016.

[17] 刘豪,侯德鑫,郑刚兵,等. 基于热成像的钢管混凝土脱空检测技术研究[J]. 红外技术,2021,43(11):1119-1126.

[18] 刘文田,张占锋. 钢管混凝土质量超声波无损检测技术研究[J]. 河南科学,2015(9):1587-1591.

[19] 骆勇鹏,谢隆博,廖飞宇,等. 基于时序分析理论的钢管混凝土脱空缺陷检测方法研究[J]. 工业建筑,2019,49(10):48-53.

[20] 姜瀚彬,高炜欣,石萌萌. 基于卷积神经网络的激光超声缺陷检测研究[J]. 激光杂志,2022,43(7):59-64.

[21] 鲁学伟,徐蓉,王桂玲. 钢管混凝土内部常见缺陷及检测方法综述[J]. 施工技术,2011(S1):46-48.

[22] 骆勇鹏,谢隆博,廖飞宇,等. 基于时序分析理论的钢管混凝土脱空缺陷检测方法研究[J]. 工业建筑,2019,49(10):48-53.

[23] DAS S, SAHA P, PATRO S K. Vibration-based damage detection techniques used for health monitoring of structures: a review[J]. Journal of Civil Structural Health Monitoring, 2016, 6(3):477-5.

侧向支撑柱稳定分析方法的讨论

邢子寒* 李江江
(长安大学公路学院)

摘 要 本文通过对连续式侧向支撑柱、离散式侧向支撑柱稳定问题的梳理,讨论了离散式结构与连续式结构在门槛刚度、设计刚度等方面的差异。结果表明:通过增加侧向支撑的支撑刚度,可以有效地减小支撑点的侧向位移。具体而言,当支撑刚度达到门槛刚度值的2倍时,位移得到显著控制;离散式与连续式结构在门槛刚度和设计刚度方面存在本质差异,需进一步探讨从离散式支撑向连续式支撑转换时如何有效求解门槛刚度。

关键词 侧向支撑 连续式结构 离散式结构 支撑刚度 门槛刚度 结构稳定性

1 连续式侧向支撑柱的稳定

以设置侧向连续支撑的轴心受压柱为例来说明(图1),图中$\bar{\beta}$为单位长度的支撑刚度,L为构件长度,P_{cr}为结构的临界荷载,n为结构屈曲时的屈曲半波数(后文简称“屈曲半波数”),$P_{cr,n}$表示屈曲半波数为n时结构的临界荷载。临界荷载$P_{cr,n}$与$\bar{\beta}$的关系式如式(1)所示[4],式中P_0表示未设置侧向支撑时柱的临界荷载。以$y_{cr,n}=P_{cr,n}/P_0$为纵坐标,$x=\sqrt{\bar{\beta}L^2/\pi^2P_0}$为横坐标绘制如图2a)所示的曲线,此时式(1)化简为式(2)。由于$y_{cr,n}\geqslant 2x$,当$y_{cr,n}=2x$时可以确定临界荷载$P_{cr,n}$的最小值$2\sqrt{\bar{\beta}EI_y}$,因此屈曲半波数为n时结构的临界荷载$P_{cr,n}$可以简化为$2\sqrt{\bar{\beta}EI_y}$,如式(3)及图2b)所示。

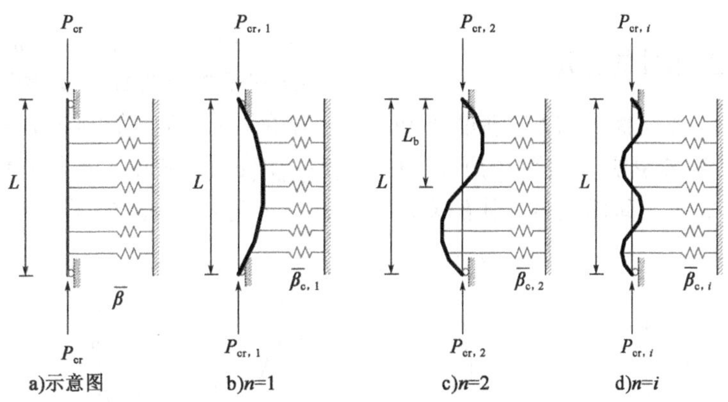

图1 连续式侧向支撑柱

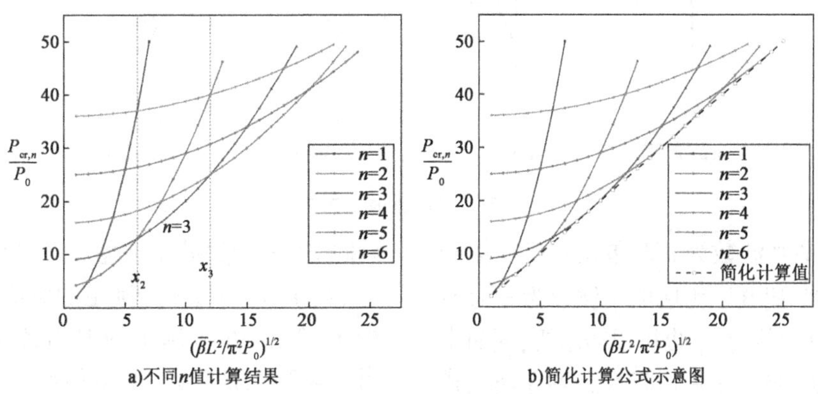

图2 单位支撑刚度与临界荷载的关系图

$$\frac{P_{cr,n}}{P_0}=n^2+\frac{\bar{\beta}L^2}{n^2\pi^2P_0}\text{式中 }P_0=\frac{\pi^2EI_y}{L^2} \tag{1}$$

$$y_{cr,n}=n^2+(x^2/n^2)\text{式中}$$

$$x=\sqrt{\bar{\beta}L^2/\pi^2P_0},n\in[1,+\infty] \tag{2}$$

$$\frac{P_{cr,n}}{P_0}=2\sqrt{\frac{\bar{\beta}L^2}{\pi^2P_0}}\text{式中 }P_{cr,n}=2\sqrt{\bar{\beta}EI_y} \tag{3}$$

由图2及式(3)可知,随着$\bar{\beta}$的增加,结构屈曲时的屈曲半波数n也发生变化,记屈曲半波数为n时单位长度支撑刚度$\bar{\beta}$的最大值为$\bar{\beta}_{c,n}$(如图1b~图1d所示),同时也可以确定屈曲半波数为n时单位长度支撑刚度$\bar{\beta}$的最小值为$\bar{\beta}_{c,n-1}$($n\geqslant1$,记$\bar{\beta}_{c,0}=0$),故屈曲半波数为n时,$\bar{\beta}$应满足的取值范围为($\bar{\beta}_{c,n-1},\bar{\beta}_{c,n}$)。当$n=1$时,$\bar{\beta}$应满足的取值范围为($0,\bar{\beta}_{c,1}$);$n=2$时,$\bar{\beta}$应满足的取值范围为($\bar{\beta}_{c,1},\bar{\beta}_{c,2}$);$n=3$时,$\bar{\beta}$应满足的取值范围为($\bar{\beta}_{c,2},\bar{\beta}_{c,3}$),以此类推……因此,$\bar{\beta}_{c,n}$也可以表示为:屈曲半波数为($n+1$)时$\bar{\beta}$的"门槛刚度"值。

分别令式(2)中$y_{cr,n}=y_{cr,n+1}$、$y_{cr,n}=y_{cr,n-1}$可求得$\bar{\beta}_{c,n}$、$\bar{\beta}_{c,n-1}$的计算公式如式(4)所示。因此当屈曲半波数为n时,单位长度的支撑刚度$\bar{\beta}$应满足式(5),同时由式(1)可知$y_{cr,n}=P_{cr,n}/P_0$应满足式(6)。总之,通过式(3)、式(5)及式(6)可以确定连续式侧向支撑柱任意单位长度支撑刚度下结构屈曲时的屈曲半波数n,以及结构屈曲的临界荷载P_{cr}。

$$\begin{cases}n^2+\dfrac{x_1^2}{n^2}=(n+1)^2+\dfrac{x_1^2}{(n+1)^2}\\(n-1)^2+\dfrac{x_2^2}{(n-1)^2}=n^2+\dfrac{x_2^2}{n^2}\end{cases}\Rightarrow\begin{cases}\dfrac{\bar{\beta}_{c,n}L^4}{\pi^4EI_y}=n^2(n+1)^2\\\dfrac{\bar{\beta}_{c,n-1}L^4}{\pi^4EI_y}=n^2(n-1)^2\end{cases} \tag{4}$$

$$n^2(n-1)^2\leqslant\frac{\bar{\beta}L^4}{\pi^4EI_y}\leqslant n^2(n+1)^2 \tag{5}$$

$$n^2+(n-1)^2\leqslant\frac{P_{cr,n}}{P_0}\leqslant n^2+(n+1)^2 \tag{6}$$

2 离散式侧向支撑柱的稳定

当侧向支撑为离散式支撑时,以等刚度等间距离散式侧向支撑为例来说明。如图3所示,L为构件长度,L_b为支撑点之间的距离,则有关系式:$L_b=L/(n_b+1)$,式中n_b为离散式支撑的数量;β表示单个支撑的支撑刚度,单个支撑的刚度β与单位长度的支撑刚度$\bar{\beta}$存在如下关系式:$\bar{\beta}=\beta\cdot n_b/(\alpha L)$,式中$\alpha$是与支撑数量有关的系数,当$n_b=1$时$\alpha=0.75$,当$n_b\neq1$时$\alpha=1.0$。

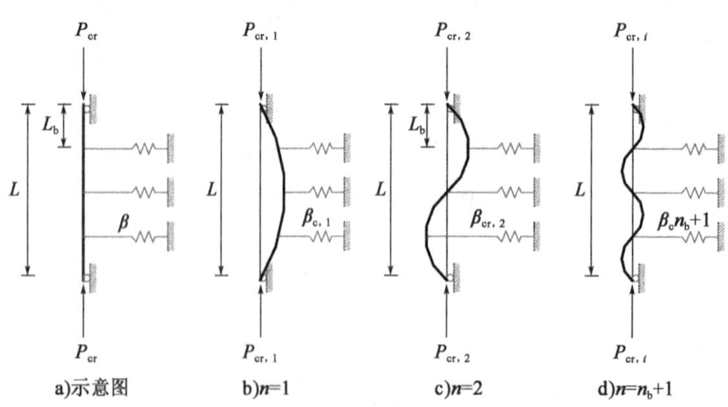

图3 离散式侧向支撑柱

与$\bar{\beta}_n$表示屈曲半波数为n时单位长度支撑刚度$\bar{\beta}$的最大值类似,记$\beta_{c,n}$为屈曲半波数为n时单个支撑刚度β的最大值,$\beta_{c,n}$也可以表示为:屈曲半波数为($n+1$)时β的"门槛刚度"值。对于离散式侧向支撑柱,结构屈曲时屈曲半波数$n=1,2\cdots(n_b+1)$,当$n=1$时,β应满足的取值范围为($0,\beta_{c,1}$);当$n=2$时,β应满足的取值范围为($\beta_{c,1},\beta_{c,2}$);当$n=3$时,β应满足的取值范围为($\beta_{c,2},\beta_{c,3}$);以此类推,当屈曲半波数 $n = (n_b + 1)$ 时,β 应满足的取值范围为 $(\beta_{c,n_b}, \beta_{c,n_b+1})$,一般而言,离散式侧向支撑柱在屈曲时半波数 $n \leqslant n_b + 1$,即随着支撑刚度的增大不会出现 β_{c,n_b+1} 的具体值,此时 $\beta_{n_b+1} \to +\infty$,故 $n = (n_b + 1)$ 时 β 应满足的取值范围为 $(\beta_{c,n_b}, +\infty)$ 。

因此,为保证离散式侧向支撑的有效性,β 应满足屈曲半波数 $n = n_b + 1$ 的取值,即 $\beta \geqslant \beta_{c,n_b}$,此时的结构达到"结构完全支撑"的状态,将此结构称为"完全支撑结构",此时侧向支撑称为完全支撑。当 $\beta = \beta_{c,n_b}$ 时,单个侧向支撑的刚度即为完全支撑结构的门槛刚度,记为 β^* ,具体计算公式如式(7)所示。另外,$\beta < \beta_{c,n_b}$ 时,此时的结构处于"非完全支撑"的状态,将此结构称为"非完全支撑结构",此时侧向支撑为非完全支撑。

$$\beta^* = \{\beta_n\}_{\max} = \beta_{c,n_b} \tag{7}$$

由于图1~图3中侧向支撑是通过弹簧支撑在刚性基础上的,当考虑结构初始缺陷时[如图4a)所示,图中仅示意出跨中单点侧向支撑,e_0 为初始缺陷],即使单个支撑刚度 β 达到完全支撑结构的门槛刚度值 β^* ,支撑点仍会随主梁一起发生侧向位移 Δ[图4b~c)],因此需要增大支撑刚度对支撑点处的侧向位移 Δ 进行控制[图4d)],记图4d)的支撑刚度 β_D^* 为设计时所需最小支撑刚度。支撑刚度设计值 β_D^* 需要达到上述"门槛刚度" β^* 的2倍。

对于如图4所示的跨中单点侧向支撑柱,当不考虑初始缺陷时,其侧向支撑的支撑刚度 β 与临界荷载 P_{cr} 的关系图如图5所示,图中 $P_e = \pi^2 EI_y/L_b^2$,L_b 为支撑点之间的距离 $L_b = L/2$。由图5及式(8)可知,当 $\beta L_b/P_e \geqslant 2$ 时,结构为完全支撑结构;完全支撑结构的门槛刚度 β^* 应满足式(9)。

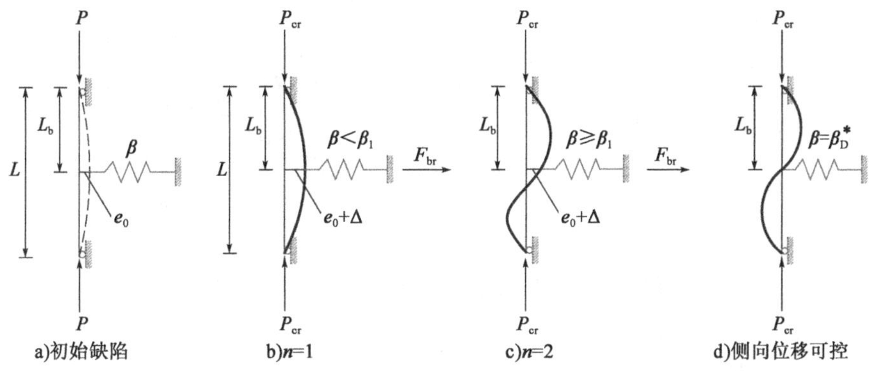

图4 跨中单点侧向支撑柱

$$\beta^* = 2P_e/L_b = 2\frac{\pi^2 EI_y}{L_b^3} \tag{8}$$

$$\frac{F_{br}}{P_{cr}} = \frac{e_0/L}{\left(\frac{P_0}{P_{cr}} - 1\right)} \times \frac{1}{\frac{P_0}{\beta L}\frac{P_{cr}}{P_0} + \frac{1}{2\pi\sqrt{P_{cr}/P_0}}\tan\left(\frac{\pi}{2}\sqrt{\frac{P_{cr}}{P_0}}\right) - \frac{1}{4}} \tag{9}$$

当考虑初始缺陷的影响后,文献[4]给出了支撑点处的侧向荷载 F_{br} 与受压柱临界荷载 P_{cr} 比值的关系式,如式(9)所示,式中 e_0 为初始缺陷,L 为构件长度,P_0 表示未设置侧向支撑时梁的临界荷载。以 $\beta L_b/P_e$ 为横坐标,F_{br}/P_{cr} 为纵坐标可绘制出图4所示的曲线,图4a)表示 $e_0/L = 1/500$ 时不同临界荷载 $P_{cr}/P_e = 0.5$、0.7、0.9、1.0下的曲线图、图4b)表示 $e_0/L = 1/1000$ 时不同临界荷载下的曲线图。由图6可以发现:①F_{br}/P_{cr} 随着支撑刚度 β 的增大而减小,说明支撑刚度的增大可以减小支撑点处的侧向位移;②当临界荷载 $P_{cr} \to P_e$ 时,即使支撑刚度 β 取前文"完全支撑结构"的门槛刚度 β^* ($\beta^* = 2P_e/L_b$,如图4所示 $x = 2$),侧向支撑处的荷载 F_{br} 也较大,支撑刚度的设计值 β_D^* 应明显大于完全支撑结构的门槛刚度 β^* 。

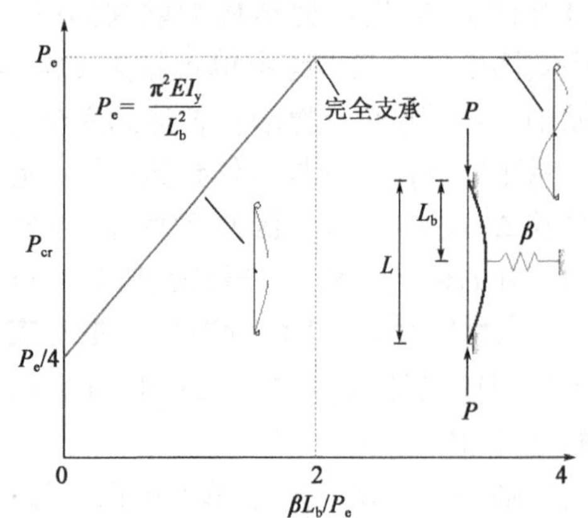

图5　支撑刚度与临界荷载的关系图

分别取$\beta=\beta^*$、$2\beta^*$、$3\beta^*$及$4\beta^*$来分析支撑刚度设计值β_D^*的取值，当$\beta=\beta^*$时，式(9)可化简如式(10)所示。由式(10)可给出如图7a)所示的不同支撑刚度下临界荷载与侧向位移的关系图，当$\beta=\beta^*$时，若$P_{cr}=0$，侧向位移$\Delta=0$；随着P_{cr}的增大，侧向位移Δ快速增大，当$P_{cr}=92\% P_e$时，侧向位移$\Delta=11e_0$；当$\beta=2\beta^*$时，即使$P_{cr}=P_e$时，侧向位移Δ仅为$1.3e_0$；当$\beta=3\beta^*$时，即使$P_{cr}=P_e$时，侧向位移Δ仅为$0.7e_0$；当$\beta=4\beta^*$时，即使$P_{cr}=P_e$时，侧向位移Δ仅为$0.4e_0$。图7a)也可以说明增加侧向支撑的支撑刚度，可以明显减小支撑点的侧向位移，因此，支撑刚度的设计值β_D^*可取2倍"完全支撑结构"的门槛刚度值β^*，即$\beta_D^*=2\beta^*$。

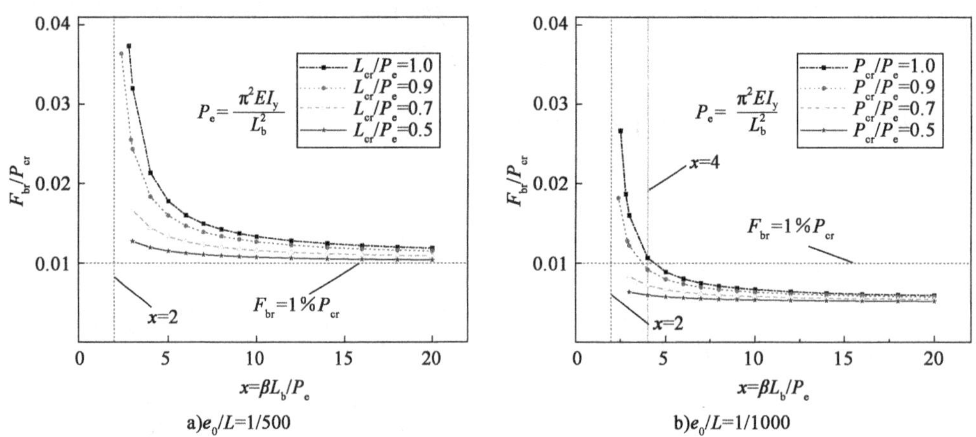

图6　不同临界荷载下支撑点处的侧向荷载与支撑刚度的关系图

$$\frac{\Delta}{e_0}=\frac{1}{\dfrac{16P_0}{P_{cr}}\left(\dfrac{P_0}{P_{cr}}-1\right)}\times\frac{1}{\dfrac{1}{16}\dfrac{P_{cr}}{P_0}+\dfrac{1}{2\pi\sqrt{P_{cr}/P_0}}\tan\left(\dfrac{\pi}{2}\sqrt{\dfrac{P_{cr}}{P_0}}\right)-\dfrac{1}{4}}\tag{10}$$

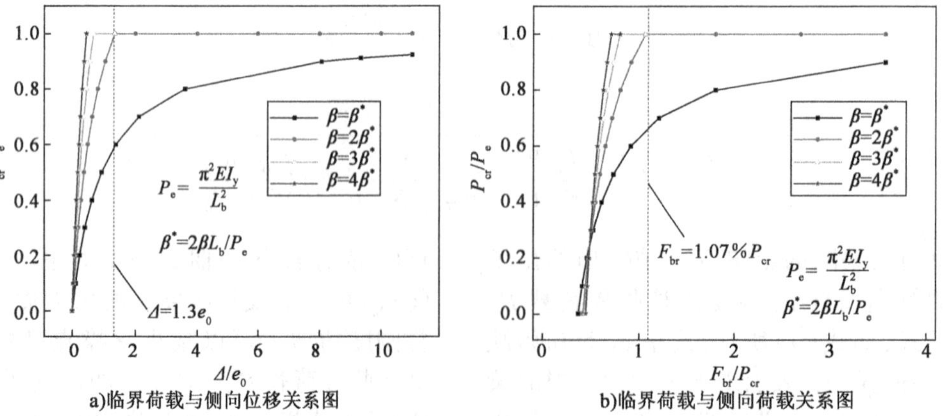

a)临界荷载与侧向位移关系图　　b)临界荷载与侧向荷载关系图

图7　不同支撑刚度下结构关系图

同理，由式(9)也可知如图7b)所示的不同支撑刚度下临界荷载与侧向荷载的关系图。如图7b)所示，若$\beta=\beta^*$，当临界荷载$P_{cr}\to P_e$时，侧向支撑处的荷载F_{br}较大，如当$P_{cr}=90\% P_e$时，荷

载 $F_{br}=3.58\% P_{cr}$，当 $P_{cr}=95\% P_e$ 时，荷载$F_{br}=7.14\% P_{cr}$（图中未显示）；若 $\beta=2\beta^*$，即使当 $P_{cr}=P_e$时荷载 F_{br}仅为 $1.07\% P_{cr}$；若 $\beta=3\beta^*$，即使当$P_{cr}=P_e$ 时荷载 F_{br}仅为$0.8\% P_{cr}$；若$\beta=4\beta^*$，即使当 $P_{cr}=P_e$ 时 F_{br}仅为 $0.7\% P_{cr}$。图 6b)说明增加侧向支撑的支撑刚度，可以明显减小支撑点的侧向荷载，当支撑刚度的设计值 β_D^* 取 2 倍"完全支撑结构"的门槛刚度值 β^* 时，侧向荷载 F_{br}为 $1.07\% P_{cr}$。因此，可以 $F_{br}=1.0\% P_{cr}$作为侧向荷载的设计值，支撑构件不仅需要满足一定的刚度 β_D^* 需求，还应满足一定的强度 F_{br}需求。

另外，对任意支撑数量 n_b 的离散式侧向支撑柱，Winter 给出"完全支撑结构"的门槛刚度 β^*、支撑刚度设计值 β_D^* 的计算公式，分别如式(11)、式(12)所示，式中 N_i 表示支撑数量修正系数，当 $n_b=1$ 时，$N_i=2.0$；当 $n_b=2$ 时，$N_i=3.0$；当 $n_b=3$ 时，$N_i=3.41$；当 $n_b=4$ 时，$N_i=3.63$；当 $n_b>4$ 时，$N_i=4.0$。N_i 也可以用式(13)所示表达式近似表示。

$$\beta^* = N_i P_e / L_b = N_i \frac{\pi^2 EI_{yc}}{L_b^3} \tag{11}$$

$$\beta_D^* = 2N_i P_e / L_b = 2N_i \frac{\pi^2 EI_{yc}}{L_b^3} \tag{12}$$

$$N_i = 4 - 2/n_b \tag{13}$$

3 两种分析方法的讨论

需要指出的是，离散式侧向支撑柱不仅可以采用上述 Winter 模型进行计算，也可以通过前文的连续式侧向支撑柱简化计算。当采用连续式侧向支撑柱简化计算时，式(7)可以简化为式(14)，式中$\bar{\beta}_{n_b}$可由式(13)计算求得，结果如式(15)所示。由式(14)、式(15)可知，当采用连续式侧向支撑柱简化计算时，"完全支撑结构"的门槛刚度 β^* 计算公式如式(16)所示。

$$\beta^* = \{\beta_n\}_{max} = \beta_{n_b} = \bar{\beta}_{n_b} \cdot (\alpha L)/n_b \tag{14}$$

$$\frac{\bar{\beta}_{n_b} L^4}{\pi^4 EI_{yc}} = n_b^2 (n_b+1)^2 \tag{15}$$

$$\beta^* = \bar{\beta}_{n_b} L / n_b = \frac{\alpha n_b}{(n_b+1)} \frac{\pi^4 EI_{yc}}{L_b^3} \tag{16}$$

为了对比式(11)与式(16)的差异，以跨中单点侧向支撑柱为例来说明，此时 $n_b=1$，单个支撑的刚度 $\beta=0.75\bar{\beta}L$。结构屈曲时半波数 $n=1$，2，"完全支撑结构"的门槛刚度 $\beta^*=\beta_1$，由式(11)计算的结果为 $\beta^*=\beta_1=2\pi^2 EI_{yc}/L_b^3$，由式(16)计算的结果为 $\beta^*=3.70\pi^2 EI_{yc}/L_b^3$，对比式(11)、式(16)可以发现，式(16)计算结果较为保守，这是由于式(15)是由式(5)确定的，当单位长度支撑刚度 $\bar{\beta}=\bar{\beta}_{n_b}$ 时，结构的临界弯矩取值如式(17)所示，而离散式侧向支撑柱的临界弯矩应满足式(18)，式(17)与式(18)的差异就是造成式(16)较为保守的直接原因。因此，Galambos[3] 指出由"离散式支撑转换为连续式支撑"的方式计算的支撑刚度并非"完全支撑结构"的门槛刚度，由此计算的支撑刚度可以作为设计标准的最小刚度。

$$\frac{P_{cr,n}}{P_0} = n_b^2 + (n_b+1)^2 \tag{17}$$

$$\frac{P_{cr,n}}{P_0} \leqslant (n_b+1)^2 \tag{18}$$

由式(12)计算的支撑刚度设计值 $\beta_D^*=4\pi^2 EI_{yc}/L_b^3$，由式(16)计算的支撑刚度设计值约为 $\beta_D^*=3.70\pi^2 EI_{yc}/L_b^3$，文献给出的支撑刚度设计值取约为 $4.05\pi^2 EI_{yc}/L_b^3$。

4 结语

通过对连续式和离散式侧向支撑柱稳定的分析，可以知道：增加侧向支撑的支撑刚度，可以明显减小支撑点的侧向位移，支撑刚度的设计值取 2 倍门槛刚度值；增加侧向支撑的支撑刚度，可以明显减小支撑点的侧向荷载，支撑点处侧向荷载的设计值按 1% 主梁轴力值进行计算。离散式结构与连续式结构在门槛刚度、设计刚度等方面存在差异，由"离散式支撑转换为连续式支撑"的方式求解门槛刚度需要进一步研究。

参考文献

[1] 陈绍蕃. 具有多道弹性支撑杆的钢柱稳定计算[J]. 西安建筑科技大学学报(自然科学版)，2011，43(2)：153-159.

[2] WINTER G. Lateral Bracing of Columns and Beams[J]. Journal of the Structural Division, 1958，84(2)：1-22.

[3] GARDNER L. Stability of Steel Beams and Columns[M]. The Steel Construction Institute，2011.

[4] GALAMBOS T V, SUROVEK A E. Structural Stability of Steel：Concepts and Applications for Structural Engineers[M]. John Wiley & Sons，2008.

熔丝制造3D打印GFRP的细观分析与层内渐进失效模型

杨冰晨[1]　贾梦怡*[1]　李明珠[2]　胡海洋[1]　肖长春[1]
(1.长安大学公路学院;2.西安建筑科技大学建筑学院)

摘　要　失效分析方法的不足限制了熔丝制造(FFF)复合材料在土木工程中的应用。为促进FFF复合材料的发展并深入了解破坏过程,对不同铺设顺序的打印层压板进行了整体极限抗拉强度(UTS)的详尽测试。首先,进行了正交各向异性基本力学参数的测试,随后对这些参数进行了研究,并设计了24种不同铺设形式的打印层压板,包括正交(2/8,4/6,5/5)和角铺设(30°,45°,60°)。最后,测试了这些层压板的极限拉伸强度。试验证明,铺设顺序对FFF GFRP的UTS有显著影响。在相同比例但不同铺设角度的试样中,底部0°铺设的UTS更高;而在相同铺设比例的试样中,UTS随着层间铺设顺序的变化而变化。

关键词　3D打印　细观结构　正交铺设　角铺设　连续打印长丝假设

0　引言

3D打印技术已在土木工程、汽车、航空航天等多个领域广泛应用[1]。相对于传统制造方法,3D打印不仅提供了迅速和经济的原型制造能力,而且可用于制造高精度的复杂几何物体[2]。此外,在几乎保持重量恒定的情况下,它还能修复金属和复合材料零件[3]。迄今为止,存在多种3D打印技术,包括熔丝制造[4]、立体光固化成型(SLA)[5]、选择性激光熔化(SLM)[6]、选择性激光烧结(SLS)和层压物体制造(LOM)[7]。

FFF技术因其相对低成本、制造速度快和制造工艺简便而引起广泛关注[8]。然而,传统上,FFF技术主要依赖于热塑性聚合物,其机械性能相对较弱,主要用于快速原型验证[9]。近期,为了提高机械性能并使其适用于承重结构,引入了具有更强机械性能的纤维增强聚合物(FRP)到FFF中[10]。这一创新为技术的发展带来了新的可能性。

为验证FFF FRP的卓越力学性能,研究人员进行了广泛的相关探索。Jiang等人[11]对短碳纤维增强聚合物(S-CFRP),包括PLA、ABS和PETG,与未增强聚合物在不同铺设角度下的抗拉强度和杨氏模量进行了比较。结果显示,FFF的S-CFRP在各铺设角度下的力学性能均超过了纯聚合物。在另一方面,Zhang等人[12]对ABS与ABS基S-CFRP的面内剪切性能进行了比较。ABS基S-CFRP的抗剪强度明显高于纯ABS,但随着打印速度和层厚的增加而降低。最后,Tekinalp等人[13]研究了FFF ABS-S-CFRP的可打印性、微观结构和力学性能。与传统压缩成型复合材料相比,这些3D打印样品的抗拉强度和杨氏模量分别提高了115%和700%。

同时,我们对FFF FRP的实验参数进行了定性分析,考察了制造参数和结构参数对材料性能的影响。制造参数涵盖打印速度、挤出温度和沉积速率等,而结构参数包括打印丝之间的间隙、打印方向和打印丝厚度等。这一方法的基础可以追溯到Ning等人的工作[14],他通过实验系统地研究了S-CFRP试件的拉伸和弯曲性能在不同参数下的表现。Ning等人[15]也在工艺参数方面进行了研究来预测其力学行为。Kamaal等人[16]则深入探讨了工艺参数对FFF PLA基S-CFRP力学性能的影响,通过TOPSIS算法实现了多参数优化,找到了最优的打印参数集。在其他研究中,Liao等人[17]对不同质量分数的S-CFRP试件进行了试

基金项目:国家重点研发计划项目(2021YFB1600302)。

验,发现碳纤维含量为10%时,打印材料的拉伸强度和弯曲强度分别提高了102%和251%。Bragaglia等人[18]通过有限元分析模拟了考虑不同打印参数的FFF聚乳酸(PLA)样品的断裂力学。该研究准确地预测了3D打印样品的断裂行为,且预测失效载荷的误差低于7%。这些研究为我们深入了解FFF FRP的参数影响提供了重要的思路。

为实现FFF FRP的渐进失效分析,本研究提出基于细观结构的假设,并建立面向FFF GFRP的渐进失效模型。通过系统试验验证了该模型的准确性和稳定性。相较于传统复合材料分析方法,该模型充分考虑了FFF复合材料的层内特性,特别是在损伤起始和演变标准方面,更准确地预测了FFF GFRP的渐进损伤过程。在研究方法上,首先获取了不同尺寸下的SEM图像,建立了FFF GFRP细观结构的几何模型。本研究首次提出了基于细观结构的连续打印细丝假说。系统测试了FFF GFRP的力学性能,包括基本正交各向异性力学参数和UTS。基于连续打印线材假设和细观结构特征,建立了包括模态-2D和模态-3D两种破坏模式的渐进失效模型,损伤演化采用基于断裂能准则的刚度折减模型用于FFF GFRP的失效过程分析和UTS预测。最后,通过与试验数据比较,验证了模型的准确性和预测能力,相对误差大多在15%以下。这些结果为学术和工业研究人员提供了重要参考,用于下一步计算建模、参数优化以及3D打印组件的制造[19]。

1 模型试验

1.1 打印过程

在本研究中,我们选用Raise 3D Pro 2的3D打印机,该打印机配备两个打印头,并能够在高达300℃的温度下进行操作。为了深入研究FFF复合材料的力学性能,采用了Polymaker TM公司提供的短玻璃纤维增强尼龙复合材料进行试验。所有试件的打印采用相同的喷嘴直径(0.4 mm),喷嘴温度控制在265℃,而打印速度维持在50 mm/s。

FFF GFRP打印工艺如图1所示,其过程包含三个关键步骤,分别为进料、挤压和沉积。在首个步骤中,打印丝首先被加热至半液体状态,然后输送至喷嘴。当喷嘴温度达到熔融点时,其沿着事先规划的路径移动,将材料挤出。接下来,挤出的熔融材料在预定位置沉积。最终,材料在室温下凝固,形成新的层并紧密固定在之前沉积的层之上。

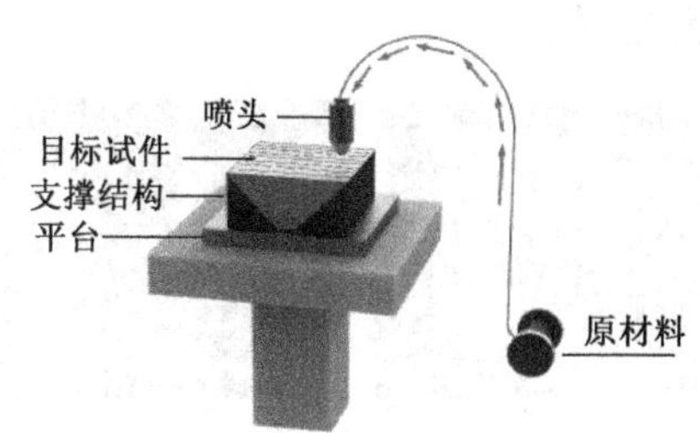

图1 FFF GFRP打印工艺

1.2 基本参数

在本研究中,通过扫描电镜对FFF玻璃纤维增强聚合物(GFRP)的细观结构进行了深入的研究,旨在探究其力学性能。图2展示了两种损伤模式的细观结构,即打印长丝断裂[图2a)]和打印长丝分离[图2b)]的细观结构。在图2a)中,呈现了具有7个打印层的完整细观结构。观察到最上面的打印丝保持原有的椭圆形状,而每一层的打印丝在最上面的打印丝之外融合形成一个矩形,两层之间的边界清晰可见。在每两层的中间存在着不规则的开孔,这些开孔平行于细丝且随机分布在样品中。通过更高倍率的放大,可以清晰地观察到单个打印丝的细观结构。在这个层面上,我们可以明确识别出FFF GFRP的两个主要组成部分,即短玻璃纤维和基体。此外,在印刷线材内部存在两种封闭孔,第一种是在纤维被拔出后形成的,而第二种是在印刷过程中由混入的空气引起的。这些缺陷可能导致应力集中,从而降低结构的强度和刚度。尽管这些缺陷难以完全避免,但通过优化喷嘴温度、打印速度、线宽等打印参数,可以减少它们对结构性能的影响。

在图2b)中,展示了相邻两根丝在层内基体方向上分离导致的打印长丝损伤模式的细观结构。图2b)详细呈现了7层丝的几何形状,清晰地展现了由开孔引起的两个相邻层之间的分隔线。观察可得,增强纤维仅在与打印长丝平行的方向上发挥强化作用。

由于FFF采用独特的制造方法,最终的细观结构呈现出独特的连续长丝堆叠形状。同时,引入了标记局部坐标系(材料坐标系),其中方向1(纵向)表示打印长丝的方向(图3),方向2垂直于层内打印长丝,而方向3表示材料堆叠方向

(图3)。值得注意的是,方向1的力学性能受材料本身特性的影响,而方向2和方向3的力学性能则依赖于打印细丝之间的界面结合,因此它们相对较为脆弱。

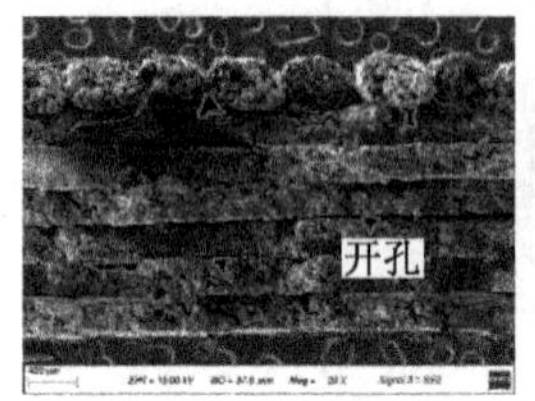

a)打印长丝断裂破坏

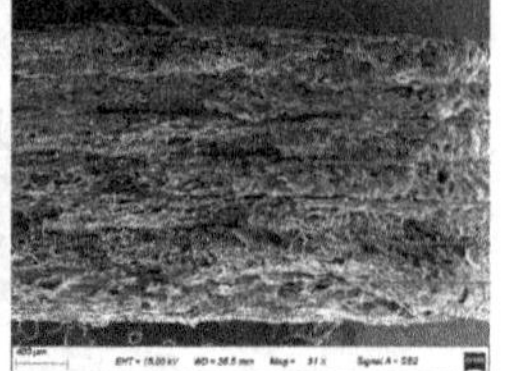
b)打印长丝分离破坏

图2　两种 FFF GFRP 损伤模式的细观结构

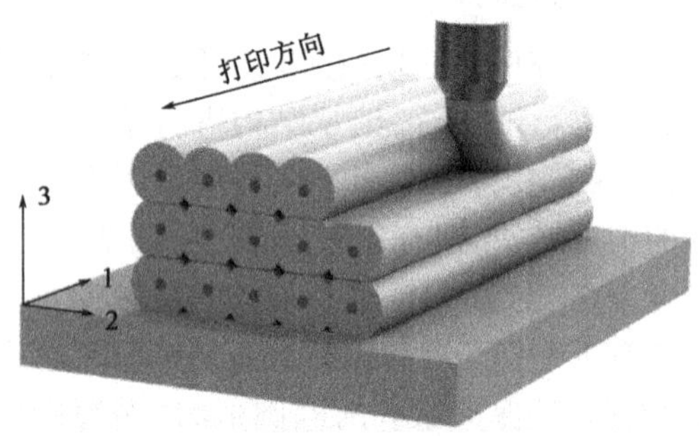

图3　连续打印长丝假设

正交异性材料的刚度矩阵共包含9个独立的弹性常数,如下所示:

(1)1,2,3 方向杨氏模量(E_{11}, E_{22}, E_{33})。

(2)1-2,1-3,2-3 方向泊松比(ν_{12}, ν_{13}, ν_{23})。

(3)1-2, 1-3, 2-3 方向剪切模量(G_{12}, G_{13}, G_{23})。

另外,需要确定打印 GFRP 的9个强度常数,具体如下:

(1)1,2,3 方向抗拉强度(T_1, T_2, T_3)。

(2)1,2,3 方向抗压强度(C_1, C_2, C_3)。

(3)1-2, 1-3, 2-3 方向抗剪强度(S_{12}, S_{13}, S_{23})。

杨氏模量(E_{11}, E_{22}, E_{33})、泊松比(ν_{12}, ν_{13}, ν_{23})、抗拉强度(T_1, T_2, T_3)通过准静态拉伸试验测试,抗压强度(C_1, C_2, C_3)通过准静态压缩试验测试。同时,通过45°拉伸试验测试剪切模量(G_{12}, G_{13}, G_{23})和剪切强度(S_{12}, S_{13}, S_{23})。

1.3　试件尺寸和打印位置

在本研究中,试件按照 ASTM D3039、ASTM D3410 和 ASTM D3518 进行设计。为了保证样品的打印质量,在标准的基础上改变了尺寸的一些细节,如减小了长度和宽度,增大了层间尺寸(厚度)。图4共给出了6种尺寸,其中1~3号用于拉伸试验,4~6号用于压缩试验。

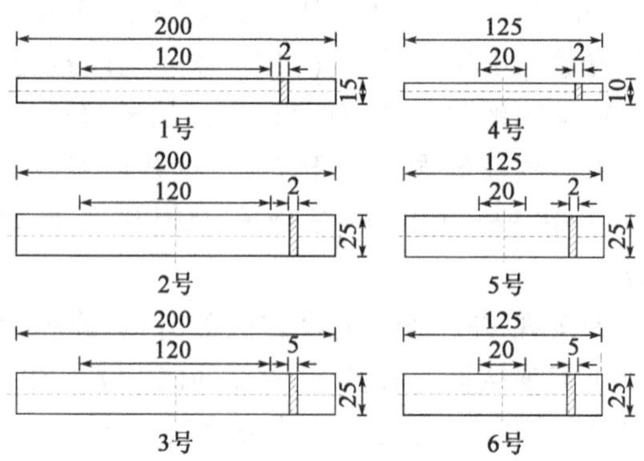

图4　试件尺寸(尺寸单位:mm)

由于 FFF 技术的限制(逐层构建),层间键合面只能与打印平台平行。为了获取 FFF GFRP 的9个弹性常数和强度常数,需要在4个不同的打印位置进行测试,分别是 On-flat 0°、On-edge 0°、On-edge 45°和 On-edge 90°。图5详细展示了这四个试件的位置。

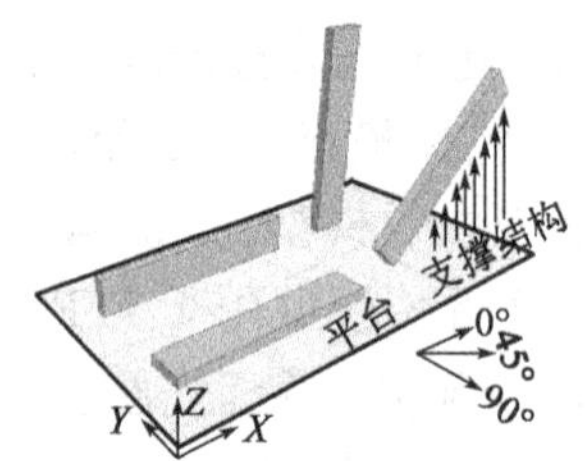

图5　试件打印位置

1.4　基本参数测试

当前研究使用了带有 50mm 延伸计的电子万能试验机进行拉伸试验,试验设置如图6所示。为了最大限度地减少人为提高材料强度对试件的影响,加载速率被设定为 3mm/min,并通过位移控制来完成整个加载过程,直至试件完全断裂。这样的试验设计旨在确保在材料性能测试中获得可靠而准确的数据,以更全面地了解材料的拉伸行为。

图6　拉力试验用万能试验机

特定的打印条件,包括尺寸、打印位置和铺设角度。表1给出了打印工况,其中剪切模量是基于部分直接参数的间接试验参数,计算公式如下:

$$G_{12} = \frac{1}{\frac{4}{E_{45^\circ}} - \frac{1}{E_{11}} - \frac{1}{E_{22}} + \frac{2\nu_{21}}{E_{11}}} \tag{1}$$

$$G_{13} = \frac{1}{\frac{4}{E_{45^\circ}} - \frac{1}{E_{11}} - \frac{1}{E_{33}} + \frac{2\nu_{31}}{E_{11}}} \tag{2}$$

$$G_{23} = \frac{1}{\frac{4}{E_{45^\circ}} - \frac{1}{E_{22}} - \frac{1}{E_{33}} + \frac{2\nu_{32}}{E_{11}}} \tag{3}$$

打印工况　　表1

参数	尺寸	打印位置	铺设角度(°)	数值(MPa)
E_{11}	1号	On-flat 0°	0	4984.33
E_{22}	2号	On-flat 0°	90	1452.21
E_{33}	3号	On-edge 90°	0	1523.40
ν_{12}	1号	On-flat 0°	0	0.429
ν_{13}	3号	On-edge 0°	0	0.429
ν_{23}	3号	On-edge 90°	90	0.343
T_1	1号	On-flat 0°	0	63.23
T_2	2号	On-flat 0°	90	22.53
T_3	3号	On-edge 90°	0	13.45
C_1	3号	On-flat 0°	0	53.58
C_2	4号	On-flat 0°	90	19.73
C_3	5号	On-edge 90°	0	11.34
S_{12}	2号	On-flat 0°	45	17.64
S_{13}	3号	On-edge 45°	0	7.17
S_{23}	3号	On-edge 45°	90	8.05
G_{12}	—	—	—	677.57
G_{13}	—	—	—	371.24
G_{23}	—	—	—	540.20

1.5 FFF GFRP 的 UTS 测试

为了验证本研究建立的渐进破坏模型,通过拉伸试验获得FFF GFRP层压板的UTS。共设计和打印了24种FFF层压板,包括正交铺设和角铺设。同时,打印层压板的层厚为0.2mm,每个有10层。

根据0°层和90°层的比例,将正交铺设试件分为2/8、4/6和5/5试件。2/8试件包括6类,即$[90°_2/0°/90°_2]$[图7a)]、$[0°_2/90°/0°_2]_S$、$[90°_4/0°]_S$、$[0°_4/90°]_S$、$[0°/90°_4]_S$和$[90°/0°_4]_S$;4/6试件包括4类,即$[0°/90°/0°/90°/0°]_S$[图7b)]、$[90°/0°/90°/0°/90°]_S$、$[0°_2/90°_2/0°]_S$和$[90°_2/0°_2/90°]_S$;5/5试件包括$[0°/90°]_5$[图7c)]和$[90°/0°]_5$两类。

根据层的铺设角度,将角铺设试件分为30°、45°和60°试件三种。30°试件包括4类,即$[30°/-30°]_5$[图7d)]、$[-30°/30°]_5$、$[30°/-30°/30°/-30°/30°]_S$和$[-30°/30°/-30°/30°/-30°]_S$。45°试件包括4类,即$[45°/-45°]_5$[图7e)]、$[-45°/45°]_5$、$[45°/-45°/45°/-45°/45°]_S$、$[-45°/45°/-45°/45°/-45°]_S$。60°试件包括4类,即$[60°/-60°]_5$[图7f)]、$[-60°/60°]_5$、$[60°/-60°/60°/-60°/60°]_S$和$[-60°/60°/-60°/60°/-60°]_S$。

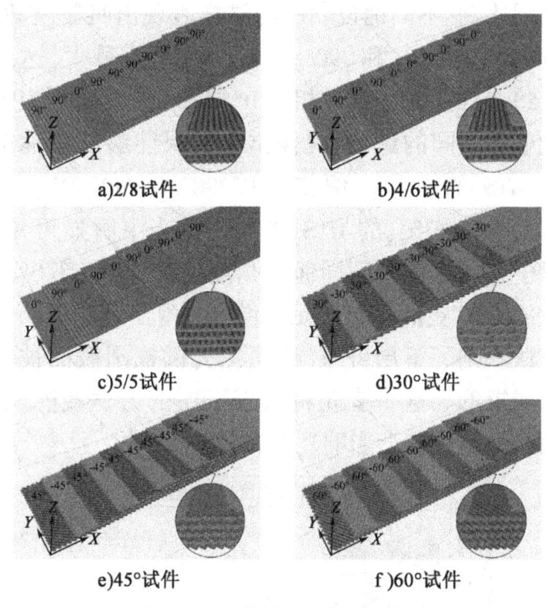

a)2/8试件　b)4/6试件　c)5/5试件　d)30°试件　e)45°试件　f)60°试件

图7　正交铺设和角铺设试件

2　层压板拉伸试验

本研究通过一系列拉伸试验,旨在探讨不同铺设方式对材料UTS产生的影响。图8、图9清晰展示了UTS随铺设类型的变化趋势。为确保可靠性,对每种试样进行了5次重复试验,获得的数据在0.59~2.78的标准偏差(SD)稳定区间内,表明试验结果具有可靠性和稳定性。这些试验结果将有助于深入了解不同铺设方式对材料抗拉性能的影响,并为进一步研究提供基础数据。

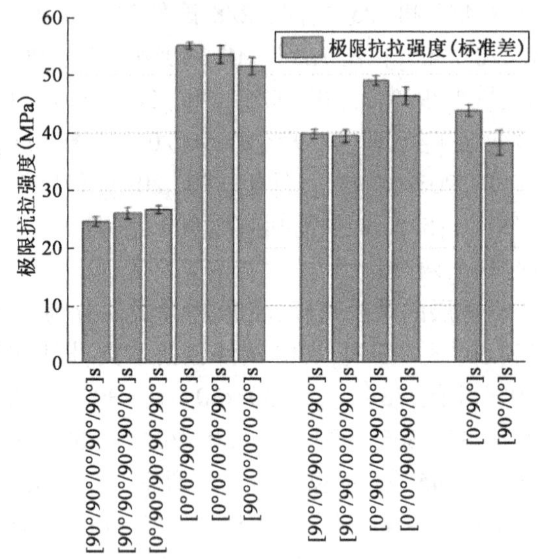

图 8　正交铺设层压板的极限抗拉强度

图 8 呈现了正交铺设压板的详细拉伸试验结果。随着 90°层数的增加,试件的 UTS 显著降低。相同比例、不同铺设顺序的试样表现出明显波动,其中$[0°/90°]_5$和$[90°/0°]_5$的波动值最大,达到 5.58 MPa。对于具有相同 0°层和 90°层比例但铺设顺序不同的试样,拉伸试验结果能够准确捕捉到 UTS 的差异。例如,$[0°/90°/0°/90°/0°]_S$和$[0°_2/90°_2/0°]_S$的 UTS 差异在图 8 中明显可见。对于相同比例但不同铺设角度的试样,底部 0°铺设的 UTS 更高。有限元图像推测由于逐层打印的方法影响了下层纤维,使得原先的椭圆截面被挤压成矩形。这一变化将改变下层的力学性能,从而在一定程度上影响复合材料的 UTS。

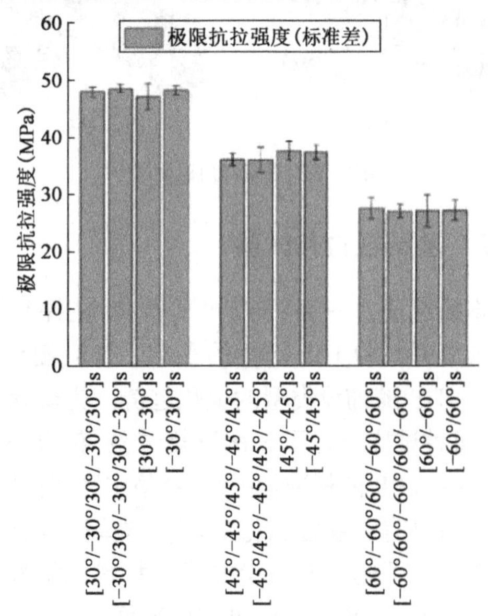

图 9　角铺设层压板的极限抗拉强度

图 9 为角铺设层压板的详细试验结果。与正交铺设相似,角铺设试样的 UTS 也受到每层铺设角度的影响,当打印层数趋于 90°时,其强度较弱。然而,改变堆叠顺序并不影响结果值,因为对照组的底层是在 1/3 平面左右对称放置的。如图 9 所示,$[60°/-60°]_5$和$[-60°/60°]_5$的 UTS 平均值几乎相同。对比正交铺设和角铺设,可以证实,在不考虑试验误差引起的波动的情况下,打印层的位置对 3D 打印层压板的强度有显著影响。

3　结语

通过对细观结构的详细观察,提出了连续打印长丝的假设,并建立了 FFF GFRP 的模型,得出以下三个重要结论:

(1)细观结构分析强调了层内细丝之间的混合区域。与 FFF 复合材料的层间方向相比,在基体方向上表现出卓越的黏合性能。本研究通过系统的试验测试,深入了解了 FFF GFRP 的力学性能。

(2)对于相同铺设比例的试样,其 UTS 随层间铺设顺序的变化而变化,这是因为 FFF 印刷中使用的熔融成型工艺改善了层间性能。

(3)铺设顺序对 FFF CFRP 的整体 UTS 产生显著影响。当相邻两层的打印线材趋于垂直时,相邻层会根据相邻角度的变化来抑制彼此的变形。这些发现不仅为深入理解 FFF 复合材料的性能提供理论支持,而且对优化打印工艺和材料选择具有实际指导意义。

参考文献

[1] 冯鹏,张汉青,孟鑫淼,等.3D 打印技术在工程建设中的应用及前景[J].工业建筑,2019,49(12):154.

[2] 刘志明,陈静芬,毛欢,等.纤维增强复合材料混合模式分层破坏数值模拟研究[J].应用力学学报,2023,40(3):545-557.

[3] 朱彬荣,潘金龙,周震鑫,等.3D 打印技术应用于大尺度建筑的研究进展[J].材料导报,2018,32(23):4150.

[4] TEDLA G,JARABEK A M,BYRLEY P,et al. Human exposure to metals in consumer-focused fused filament fabrication(FFF)/ 3D printing processes [J]. Science of The Total

Environment,2022,814:152622.

[5] LING C ,CERNICCHI A,GILCHRIST M D,et al. Mechanical behaviour of additively-manufactured polymeric octet-truss lattice structures under quasi-static and dynamic compressive loading [J]. Materials and Design,2019,162,106-118.

[6] GENG L,WU W,SUN L, et al. Damage characteri-zations and simulation of selective laser melting fabricated 3D re-entrant lattices based on in-situ CT testing and geometric reconstruction[J]. Int J Mech Sci,2019,157-158:231-242.

[7] LI H C H,HERSZBERG I,MOURITZ A P,et al. Sensitivity of embedded fibre optic Bragg grating sensors to disbonds in bonded composite ship joints [J]. Compos Struct, 2004, 66: 239-248.

[8] KAUR G,SINGARI R M,KUMAR H. A review of fused filament fabrication (FFF): Process parameters and their impact on the tribological behavior of polymers(ABS)[J]. Mater Today Proc,2022,51:854-860.

[9] 刘志明,陈静芬,毛欢,等. 纤维增强复合材料混合模式分层破坏数值模拟研究[J]. 应用力学学报,2023,40(3):545-557.

[10] 娄逸群,彭晖,兰川云,等. 端部嵌贴 CFRP 板加固 RC 结构的斜嵌段黏结性能试验[J]. 复合材料学报,2024,41(2):871-883.

[11] JIANG D,SMITH D E. Anisotropic mechanical properties of oriented carbon fiber filled polymer composites produced with fused filament fabrication[J]. Addit Manuf,2017,18:84-94.

[12] ZHANG W,COTTON C,SUN J,et al. Interfacial bonding strength of short carbon fiber/acrylonitrile-butadiene-styrene composites fabricated by fused deposition modeling[J]. Compos B Eng,2018,137:51-59.

[13] TEKINALP H L, KUNC V, VELEZ-GARCIA G M, et al. Highly oriented carbon fiber-polymer composites via additive manufacturing, Compos Sci Technol[J]. 2014,105:144-150.

[14] NING F, CONG W, QIU J, et al. Additive manufacturing of carbon fiber reinforced thermoplastic composites using fused deposition modeling[J]. Compos B Eng,2015,80:369-378.

[15] NING F, CONG W, HU Y, et al. Additive manufacturing of carbon fiber-reinforced plastic composites using fused deposition modeling: Effects of process parameters on tensile properties[J]. J Compos Mater,2017,51:451-462.

[16] KAMAAL M, ANAS M, RASTOGI H, et al. Effect of FDM process parameters on mechanical properties of 3D-printed carbon fibre-PLA composite[J]. Progress in Additive Manufacturing,2021,6:63-69.

[17] LIAO G,LI Z,CHENG Y,et al. Properties of oriented carbon fiber/polyamide 12 composite parts fabricated by fused deposition modeling [J]. Mater Des,2018,139:283-292.

[18] GUPTA A, HASANOV S, FIDAN I, et al. Homogenized modeling approach for effective property prediction of 3D-printed short fibers reinforced polymer matrix composite material [J]. The International Journal of Advanced Manufacturing Technology,2021:1-18.

[19] 赵丽滨,龚愉,张建宇. 纤维增强复合材料层合板分层扩展行为研究进展[J]. 航空学报,2019,40(1):171.

高温后钢-ECC叠合板组合梁有限元分析

武芳文*　李滋润
(长安大学公路学院)

摘　要　为了研究高温作用对钢-ECC叠合板组合梁受力性能的影响,基于ABAQUS有限元软件建立钢-ECC叠合板组合梁精细化有限元模型,并验证模型可靠性。通过已验证的有限元模型进行参数化分析,研究了ECC层替代率、材料强度及钢筋直径等多个参数对钢-ECC叠合板组合梁力学性能的影响。研究结果表明:ECC替代率对常温下及高温后叠合板组合梁抗剪承载力的影响较为显著;钢材强度等级对常温下钢-ECC叠合板组合梁抗剪承载力的影响较为显著;钢筋直径对常温下钢-ECC叠合板组合梁抗剪承载力的影响较小。其研究结果可为评估计算高温作用后钢-ECC叠合板组合梁的抗剪性能提供依据。

关键词　钢-ECC叠合板组合梁　高温　受力性能　ECC　有限元模型

0　引言

21世纪以来,随着我国交通基础设施建设的高速发展,城市区域间运输易燃易爆炸物品的车辆数目(如油罐车)逐年增长,这些车辆一旦发生交通事故,多数造成火灾和爆炸,可能导致城市交通瘫痪。交通事故导致桥梁发生火灾后坍塌的概率逐年增加,由此带来的损失无法估计[1]。因此,抗火设计成为钢-混组合结构桥梁健康运营的关键之处。

钢-混叠合板组合梁在钢-混组合梁的基础上用叠合板来代替混凝土板而形成的一种新型装配式组合结构。此结构经历火灾高温作用后,普通混凝土桥面板爆裂,严重影响桥梁结构的承载能力和耐久性。为此,考虑到ECC(Engineered Cementitious Composite)具有裂缝控制能力强、延性好、抗爆裂及耐久性好等特征[2-4],将ECC作为钢-混叠合板组合梁的预制底板材料将显著提升火灾高温作用下钢-混叠合板组合梁的耐久性及承载力。张文武等[5]进行了4块正交异性钢-ECC组合桥面板的四点弯曲试验,试验结果表明:钢-ECC组合桥面中钢筋网的联结作用可提升结构的承载力和裂缝控制能力。姚伟发等[6]进行了3根钢-ECC组合梁缩尺模型局部三面抗火性能试验,研究结果表明:相较于简支梁结构,钢-ECC组合连续梁结构有更优的抗火性能。

国内外学者利用试验和有限元分析方法对高温后钢-混组合梁及叠合板进行研究,吕俊利等[7]进行了均布荷载作用下的分离式叠合板组合梁火灾试验,研究了组合梁板厚方向的温度场分布以及分离式叠合板整体工作性能。试验表明:升温过程中,结合界面和预制拼接缝会导致组合梁抗弯刚度减小,但后浇层与预制底板结合面能够协同工作。Wu等[8]对通过耐火试验对4根矩形截面不锈钢-混凝土组合梁进行研究,开展并获得了在不同荷载比下试件的试验现象和变形曲线。试验结果表明,高温作用后试件的破坏模式为弯剪模式;荷载比是影响不锈钢-混凝土组合梁耐火性能的关键参数。Kang等[9]对两片预应力波纹腹板钢-混组合梁进行了全尺寸火灾试验和分析,以防火涂料厚度、预应力为试验参数。通过研究发现,所有具有防火材料覆盖层的复合梁均表现出良好的耐火性能,表现出良好的耐高温变形能力。董毓利等[10]通过组合梁和钢柱抗火性能试验,发现火灾下组合梁的承载力明显优于柱的,因此在实际中应加强柱和节点的抗火设计。李国强等[11]选取多组参数对高温下钢-混组合梁进行试验发现,截面参数会对组合梁跨中截面承载力产

基金项目:国家自然科学基金项目(52378121);陕西省自然科学基础研究重点项目(2022JZ-32);中央高校基础科研业务专项资金项目(300102212212)。

生一定影响,悬链线效应可以使得组合梁截面的轴力和弯矩增大,以此为依据提出了固支组合梁临界温度计算公式。

综上所述,对于叠合板在组合梁上的应用研究较少,对于高温火灾作用下钢-ECC叠合板组合梁的力学性能研究则更少。本文通过ABAQUS有限元模型对高温后钢-ECC叠合板组合梁力学性能进行研究。考虑材料强度及叠合板厚度等参数对高温后钢-ECC叠合板组合梁力学性能的影响,研究结果可为高温后钢-ECC叠合板组合梁的性能评估提供依据。

1 有限元模型建立

1.1 有限元模型部件创立

模型部件包括混凝土底板、ECC板、桁架钢筋、钢梁和栓钉等,如图1a)~c)所示。选取合适的材料参数后指定截面,将各部件进行装配,装配完成的钢-ECC叠合板组合梁有限元模型如图1d)所示。

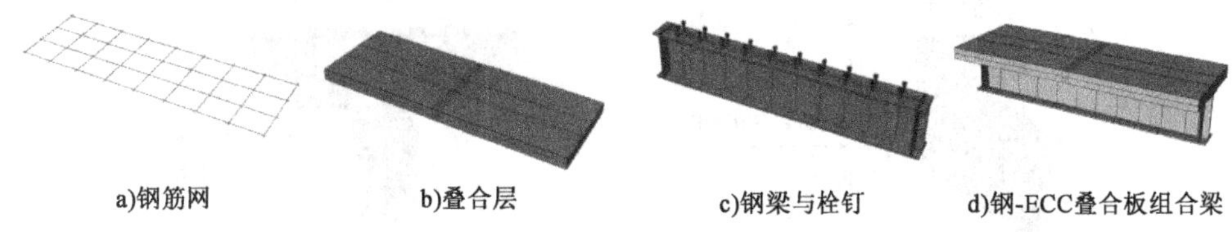

图1 有限元模型部件的创建

1.2 单元选择与网格划分

钢-ECC叠合板组合梁中ECC层及混凝土层单元选择实体单元,钢筋采用桁架单元。为提高计算精准度,在进行网格划分时,将叠合板的网格单元长度在15mm以内,并保证厚度方向至少4个单元,以适应积分计算需求,避免数值奇异的出现;钢梁的单元长度控制在20mm以内;钢筋的单元长度不超过20mm。为了保证顺利导入温度场,钢-ECC叠合板组合梁的温度场模型与力学模型必须采用相同的网格划分。钢-ECC叠合板组合梁各部件网格划分如图2所示。

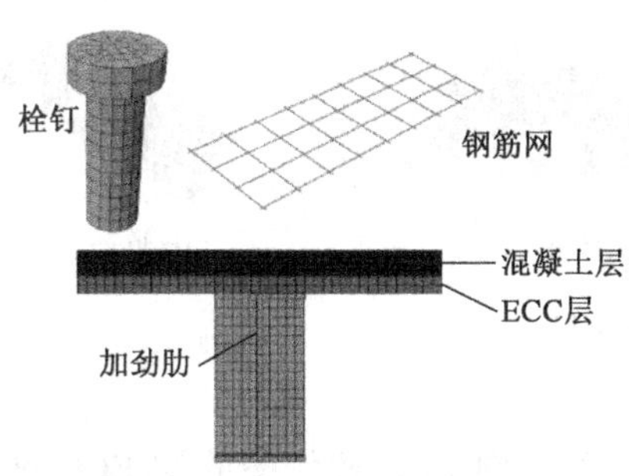

图2 钢-ECC叠合板组合梁各部件网格划分

1.3 相互作用的设置

在钢-ECC叠合板组合梁承载力分析模型中,各组成部件之间应进行相互作用设置:

(1)钢筋和混凝土之间通过内置区域命令实现自由度耦合,使得二者实现共同工作,如图3a)所示;

(2)栓钉与混凝土之间同样通过内置区域命令,在混凝土中嵌入栓钉,完成两者自由度耦合,如图3b)所示;

(3)叠合板间之间的界面采用库仑-内聚力摩擦模型,设置切向摩擦系数为0.6,指定弹性滑动特征百分比0.005,设置法向硬接触,黏性行为刚度系数取$K_{nn}=100000$,$K_{ss}=13.4$,$K_{tt}=13.4$,指定损伤塑性位移为1,黏性系数为0.05;

(4)将钢棒与ECC叠合板表面区域进行绑定约束,通过自由度的耦合实现加载,如图3d)所示;

(5)在钢梁与混凝土翼板界面处设置相互作用、相互接触的混凝土翼板,钢梁界面上应设置无摩擦的面-面接触,如图3e)所示;

(6)在钢梁与加载垫块间设置相互作用,相互接触的钢梁和加载垫块界面上应设置为绑定,如图3f)所示。

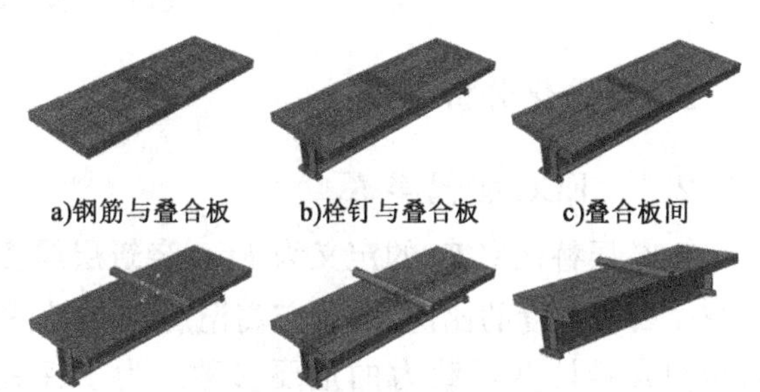

图3 钢-ECC叠合板组合梁各部件之间相互作用设置

1.4　边界条件与加载方式设置

建模时,钢-ECC 叠合板组合梁试件采用位移控制加载。ABAQUS 模型中建立参考点 RP、RP-1 和 RP-2,将加载端耦合在参考点上控制加载。为模拟试件两端铰支的边界条件,将左端设置为 $U_1 = U_2 = U_3 = UR2 = UR3 = 0$,右端设置为 $U_1 = U_2 = UR2 = UR3 = 0$,参考点 RP-2 和 RP-1 加载方式相同,如图 4 所示。

1.5　模型验证

结合课题组所完成的高温后钢-混组合梁及钢-ECC 组合梁力学性能试验[5-12],根据上述钢-ECC 叠合板组合梁模型建立方法,运用有限元软件 ABAQUS 建立高温下钢-混组合梁力学性能分析模型并与试验进行对比,验证有限元建模方法的正确性和可靠性,从而验证高温后钢-ECC 叠合板组合梁模型具有较高的可靠性,试验与模拟试件破坏形态对比如图 5 所示。

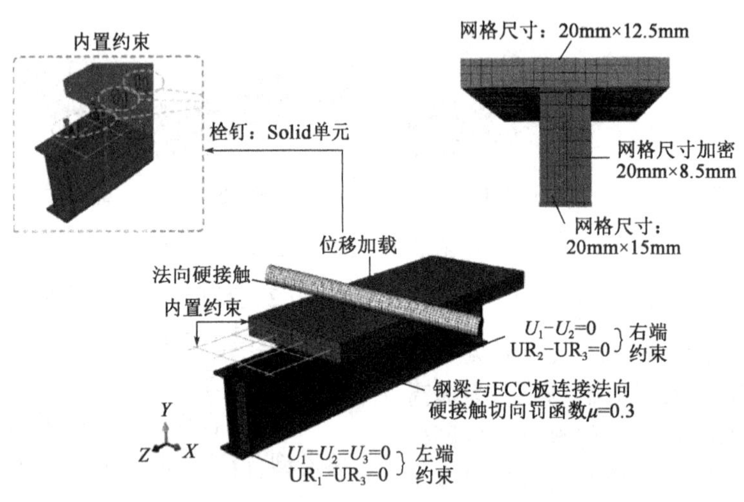

图 4　叠合板组合梁边界条件设置

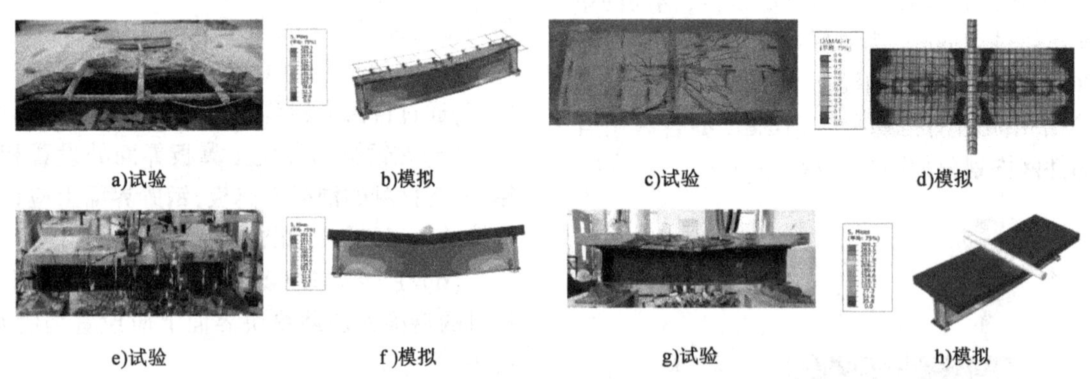

图 5　试验与模拟试件破坏形态对比

2　参数化分析

2.1　ECC 替代率 K_h

ECC 层替代率 K_h 的定义为 ECC 浇筑层厚度占整个翼板厚度的比例,是研究高温后钢-ECC 叠合板组合梁抗剪承载力的重要参数。为了探究 ECC 替代率对高温后钢-ECC 叠合板组合梁力学性能的影响,对 5 种 ECC 替代率(0、0.3、0.5、0.7、1.0)的钢-ECC 叠合板组合梁试件进行力学性能模拟分析。

常温下不同 ECC 替代率的钢-ECC 叠合板组合梁荷载-位移曲线如图 6a)所示。各参数下钢-ECC 叠合板组合梁的极限承载力分别为:$K_h = 0$ 时的 484.954 kN,$K_h = 0.3$ 时的 453.338 kN,$K_h = 0.5$ 时的 464.928 kN ,$K_h = 0.7$ 时的 475.406 kN,$K_h = 1.0$ 时的 492.056 kN。由此可见,ECC 替代率 K_h 对常温下钢-ECC 叠合板组合梁极限承载力影响较为显著。

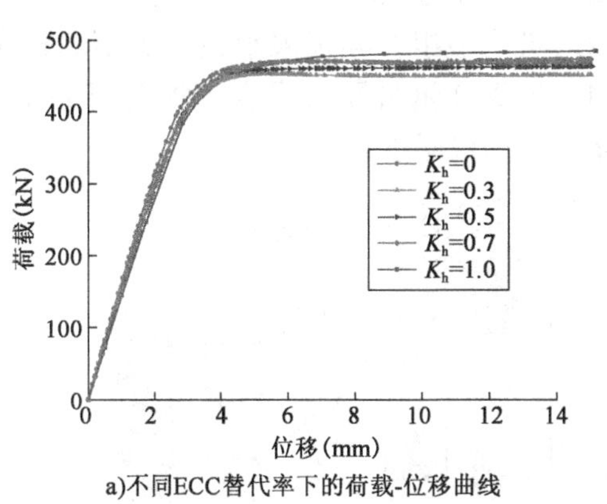

a)不同ECC替代率下的荷载-位移曲线

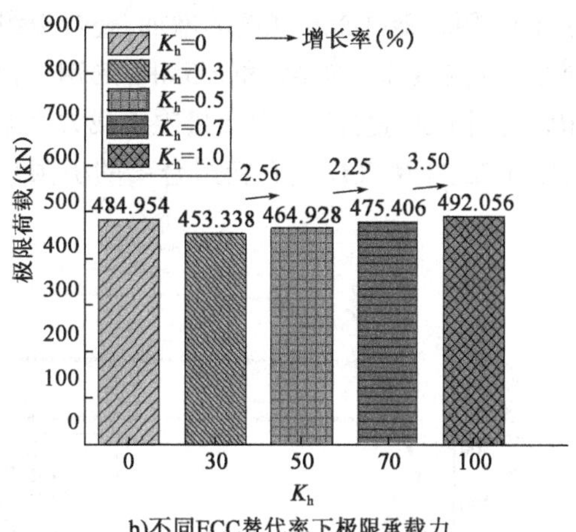

b)不同ECC替代率下极限承载力

图6 钢-ECC叠合板组合梁参数分析

建立高温200℃、自然冷却下钢-ECC叠合板组合梁的力学性能分析模型,通过模拟分析,获取了各ECC替代率下的高温后钢-ECC叠合板组合梁跨中竖向位移-荷载曲线,如图7a)所示。

比较高温200℃、不同替代率的钢-ECC叠合板组合梁的荷载-位移曲线与常温下钢-ECC叠合板组合梁的荷载-位移曲线,发现两条曲线的挠度发展趋势较为一致,相较于常温下的钢-ECC叠合板组合梁,高温200℃、自然冷却下的钢-ECC叠合板组合梁初始刚度更小,跨中位移发展更迅速,也更早达到屈服状态。原因是ECC材料在高温作用下强度迅速退化,承担的荷载较常温下更小,从而导致钢-ECC叠合板组合梁截面提前开裂,但是钢材在高温作用下的抗拉强度能够及时恢复,所以构件仍具有较好的延性。在ECC替代率为100%时,高温200℃下钢-ECC叠合板组合梁跨中位移急剧增大,对应的极限压应变也更大。

由图7b)可知,随着ECC替代率的增加,试验梁极限承载力增大。产生上述现象的主要原因为:随着ECC层替代率增加,由于ECC较低的导热系数,钢-ECC叠合板组合梁试件中叠合板的升温速率明显降低,减缓了叠合板开裂;同时,叠合板为钢梁上翼缘提供隔热保护。因此,ECC替代率是影响高温后钢-ECC叠合梁力学性能的关键参数,增大ECC替代率K_h能够较大程度地提高高温后钢-ECC叠合板组合梁的力学性能。

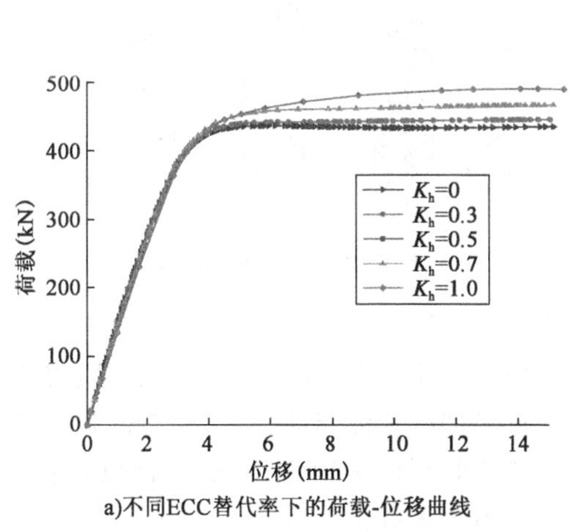

a)不同ECC替代率下的荷载-位移曲线

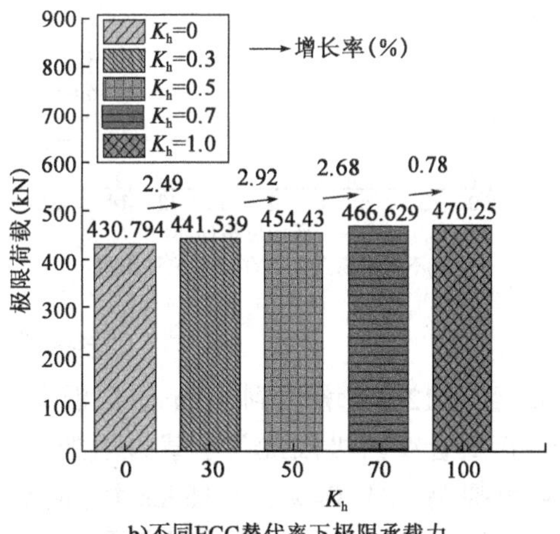

b)不同ECC替代率下极限承载力

图7 钢-ECC叠合板组合梁参数分析

2.2 钢材强度f_y

建立常温、ECC取代率50%时,钢材强度分别为235MPa、345MPa、420MPa、460MPa、500MPa的钢-ECC叠合板组合梁力学性能分析模型,荷载-位移曲线如图8a)所示。各参数下的钢-ECC叠合板组合梁极限承载力分别为:f_y=235MPa时的354.86kN,f_y=345MPa时的464.928kN,f_y=420MPa时的585.661kN,f_y=460MPa时的631.54kN,f_y=500MPa时的676.707kN。整体来看,各钢材屈服强度下的荷载-位移曲线趋势是一致的。

如图8a)所示,随着钢材屈服强度的增加,叠合板组合梁的极限承载力也随之提高,和235MPa的钢材相比,345MPa的钢-ECC叠合板组合梁极限承载力增加31.01%,420MPa的钢-ECC叠合板组合梁的极限承载力增加了65.04%,所以钢材强度对常温下钢-ECC叠合板组合梁极限承载力的影响较大,可通过适当提高钢材屈服强度来提高钢-ECC叠合板组合梁的极限承载力。

a)不同钢材强度下的荷载-位移曲线

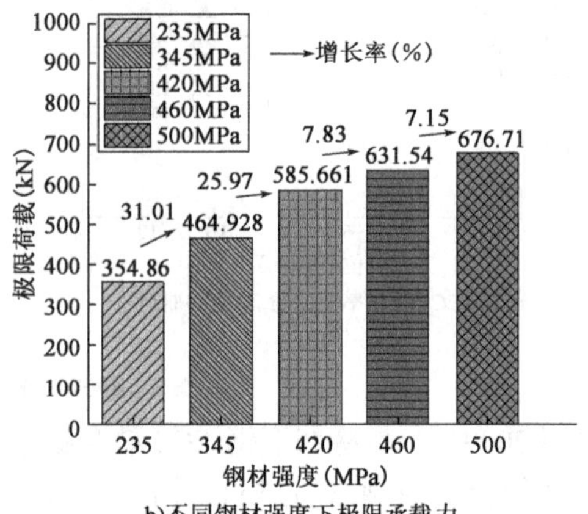

b)不同钢材强度下极限承载力

图8　钢-ECC叠合板组合梁参数分析

2.3　钢筋直径 d_s

建立常温、ECC取代率为50%,钢筋直径 d_s 分别为12mm、16mm、20mm时的钢-ECC叠合板组合梁力学分析模型,荷载-位移曲线对比结果如图9所示。各参数下钢-ECC叠合板组合梁极限承载力分别为:d_s = 12mm时464.928 kN,d_s = 16mm时469.785 kN,d_s = 20mm时475.264 kN。

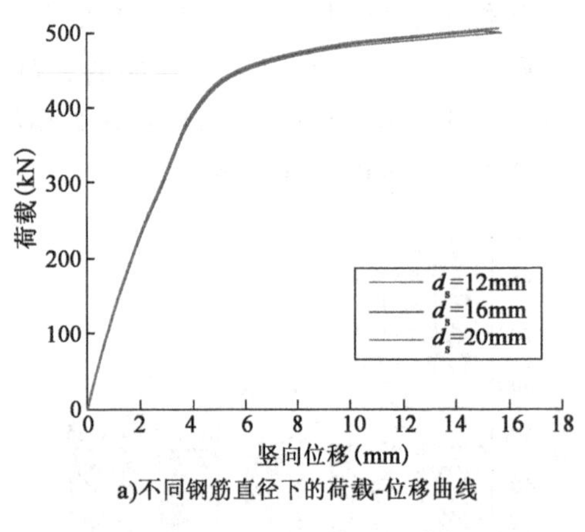

a)不同钢筋直径下的荷载-位移曲线

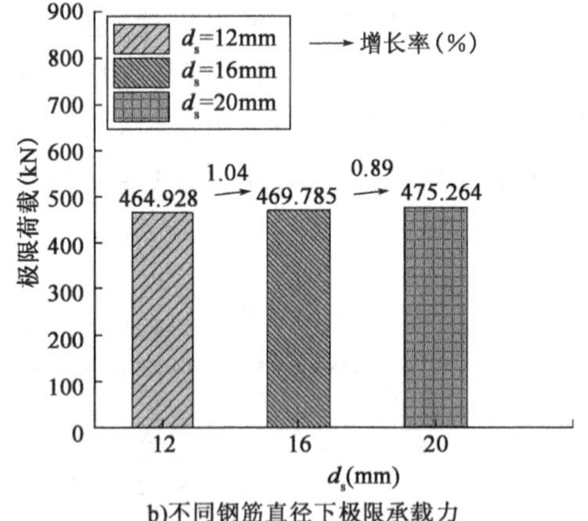

b)不同钢筋直径下极限承载力

图9　钢-ECC叠合板组合梁参数分析

钢筋直径从12mm增加到16mm,常温下钢-ECC叠合板组合梁的极限抗剪承载力增加了4.8kN,承载力提高了1.04%;从16mm增加至20mm,常温下钢-ECC叠合板组合梁的极限抗剪承载力增加了4.5kN,承载力仅提高了0.89%。因此,钢筋直径对常温下钢-ECC叠合板组合梁极限承载力的影响较小。

3　结语

以课题组所开展的钢-ECC组合梁高温试验作为验证试验,采用ABAQUS建立有限元模型对试验加以验证,有限元结果与试验结果吻合较好,并在此基础上对钢-ECC叠合板组合梁进行数值模拟及参数化分析。

基于已经验证的钢-ECC叠合板组合梁受力分析模型,对影响高温后钢-ECC叠合板组合梁力学性能的3个参数(ECC替代率 K_h、钢材强度 f_y 和钢筋直径 d_s)开展单一变量的参数化分析,揭示了各个参数对叠合板组合梁力学性能的影响规律。结果表明:ECC替代率 K_h 对常温下、高温后叠合板组合梁抗剪承载力的影响较为显著;钢材强度等级f_y对常温下钢-ECC叠合板组合梁抗剪承载力的影响较为显著,随着钢筋强度的增加,钢-ECC叠合板组合梁的极限承载力增加了65.04%;钢筋直径d_s对钢-ECC叠合板组合梁抗剪承载力影响较小,随着钢筋直径的增加,其抗剪承载力仅提高了0.89%。

参考文献

[1] KODUR V K R. World Trade Center Building Performance Study: Data Collection, Preliminary Observations, and Recommendations [R]. FEMA Report No. 403,2002.

[2] 樊健生,施正捷,苟双科,等. 钢-ECC组合梁负弯矩区受弯性能试验研究[J]. 土木工程学报,2017,50(4):64-72.

[3] PARRA-MONT ESINOS G J. High-performance fiber-reinforced cement composites: an alternative for seismic design of structures[J]. ACI Structural Journal,2005,102 (5):668-675.

[4] ZHANG J,LI V C,NOWAK A S,et al. Introducing ductile strip for durability enhancement of concrete slabs [J]. Journal of Materials in Civil Engineering,2002,14(3):253-261.

[5] 张文武,王怡凯,荣锐,等. 基于钢筋网联结的钢-ECC组合桥面结构抗弯性能试验研究[J]. 公路交通技术,2020,36(2):80-85.

[6] 姚伟发,黄侨,张娟秀. 火灾环境下钢-混凝土组合梁力学性能试验研究[J]. 工程力学,2016,33(8):58-65.

[7] 吕俊利,吕京京,蔡永远,等. 分离式叠合板组合梁抗火性能研究与数值分析[J]. 工程力学,2020,37(5):249-256.

[8] WU M Z,FAN S G,ZHOU H,et al. Experimental and numerical research on fire resistance of stainless steel-concrete composite beam [J]. Journal of Constructional Steel Research, 2022,194.

[9] KANG H Y, LEE D H, HWANG J H, et al. Structural Performance of Prestressed Composite Members with Corrugated Webs Exposed to Fire [J]. Fire Technology,2016,52,1957-1981.

[10] 董毓利,王德军. 框架组合梁抗火性能试验[J]. 哈尔滨工业大学学报,2008,40 (2): 178-182.

[11] 李国强,王银志,崔大光. 约束组合梁抗火试验及理论研究[J]. 建筑结构学报,2009,30 (5):177-183.

[12] 武芳文,冯彦鹏,王广倩,等. 高温后钢-混组合梁抗剪性能试验研究[J]. 工程力学, 2023,40(9):48-60.

[13] 武芳文,陈中村,何岚清,等. BFRP筋钢-混组合梁高温后力学性能试验[J]. 复合材料学报,2023,40(5):2938-2950.

[14] 武芳文,段钧淇,何岚清,等. PVA-ECC与BFRP筋黏结性能试验分析[J]. 哈尔滨工业大学学报,2023,55(7):70-79.

[15] 武芳文,买少轩,崔璇,等. 钢-ECC组合梁高温冷却后受剪性能研究[J]. 建筑结构学报, 2024,45(2):38-51.

改进型开孔钢板连接件抗剪性能试验研究

王佳乐[1] 秦凤江*[1,2] 门朋飞[1] 狄 谨[1,2]

(1. 重庆大学 土木工程学院; 2. 重庆大学山地城镇建设与新技术教育部重点实验室)

摘 要 为了提高开孔钢板连接件的抗剪承载性能,简化传统开孔钢板连接件的施工过程,本文采用将传统开孔钢板连接件开孔周围钢板推出的方法对传统开孔钢板连接件进行改进。通过5组10个不同凸起高度的改进型开孔钢板连接件推出试验,研究了连接件的传力机理及其抗剪性能。试验结果表

基金项目:重庆市技术创新与应用发展专项重点项目(CTB2022TIAD-KPX0103)。

明:与传统开孔钢板连接件相比,改进型开孔钢板连接件的抗剪强度和抗剪刚度均有较大幅度的提高,连接件的承载力和初始刚度均随凸起高度的增加而增大。最终,根据试验现象和试验结果,揭示了改进型开孔钢板连接件的传力机理。

关键词 改进型开孔钢板连接件 推出试验 抗剪强度 抗剪刚度 传力机理

0 引言

开孔钢板连接件也称为 PBL 连接件,是指开孔钢板沿受力方向布置,利用钢板孔中混凝土及孔中贯通钢筋的销栓作用,承担结合面剪力及拉拔力的一种连接件,最早被德国 Leonhardt 公司在委内瑞拉 Caroni 桥上使用[1]。PBL 连接件具有承载力高、抗剪刚度大、抗疲劳性能好等优点,近些年来被广泛应用于组合结构桥梁中。

传统 PBL 连接件要在开孔中设置贯通钢筋,其力学性能主要受开孔面积、混凝土强度、贯通钢筋直径和强度、连接件受约束程度等因素的影响,连接件破坏时主要有混凝土榫剪断和贯通钢筋屈服或剪断的现象。OGUEJIOFOR 等[2]通过推出试验,研究了贯通钢筋、混凝土强度以及开孔数量对开孔钢板连接件承载力的影响;Zheng 等[3]通过推出试验和有限元方法研究发现不同开孔形状会影响连接件刚度;Di 等[4]研究了强约束状态下大尺寸开孔钢板连接件的抗剪性能,发现约束程度越强,连接件抗剪强度越高。

通过上述研究可知,传统开孔钢板连接件主要通过开孔中混凝土榫和孔内贯通钢筋抵抗剪力;在连接件接近受剪极限状态时,由于贯通钢筋材料的强化作用,连接件整体受力也呈现一定的强化效应。传统开孔钢板连接件需要在孔内设置贯通钢筋,这给现场施工带来了一定的困难,例如在钢-混凝土组合桥面板、组合塔以及混合梁、混合桥塔结合段处都需要插入大量的贯通钢筋来形成 PBL 连接件,施工工序极为烦琐,导致施工效率偏低。部分研究者对传统开孔钢板连接件进行了改进,通过在钢板上开槽,简化插入贯通钢筋的步骤,如 Y-PBL 连接件[5]、Pluzz-PBL 连接件[6]和带槽口的开孔钢板连接件[7]。

现有改进方式主要通过在钢板开孔处开槽来方便贯通钢筋的现场施工,但仍需要设置贯通钢筋来保证连接件的承载性能。本文从不设置贯通钢筋的角度对传统开孔钢板连接件进行改进[8],通过将开孔边缘钢板推出,制成了一种改进型开孔钢板连接件。

1 连接件的加工方式

采用如图 1 所示的方法,通过冲压机将开孔边缘的钢板推出,使其在开孔边缘形成凸起,增加孔内混凝土榫与开孔钢板边缘的接触面积,防止混凝土榫被过早剪断,凸起钢板下方混凝土的局部承压作用也可以提升改进型开孔钢板连接件的受剪承载性能。

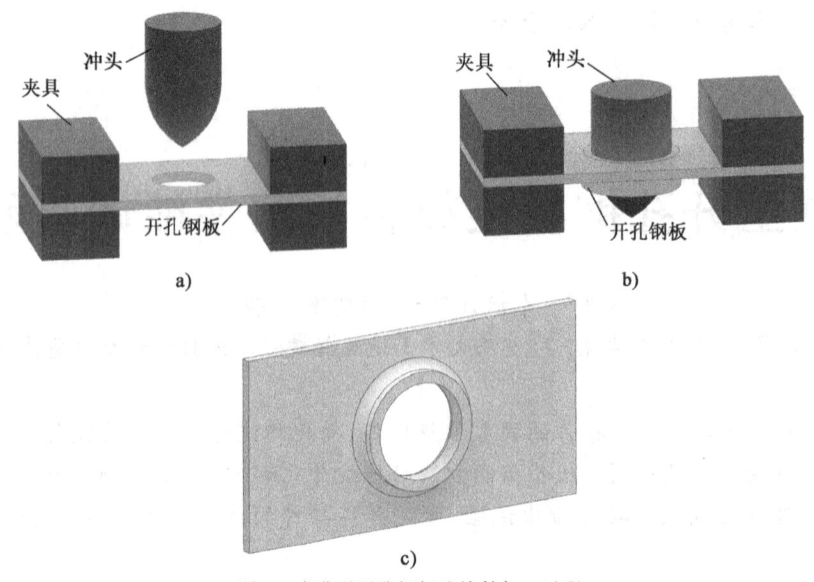

图 1 改进型开孔钢板连接件加工过程

为了研究改进型开孔钢板连接件的抗剪性能,本文开展了5组共10个连接件试件的推出试验,获得了连接件的破坏模式与荷载-滑移曲线,分析了开孔钢板孔边凸起高度对连接件抗剪刚度与抗剪强度的影响,明确了改进型开孔钢板连接件的受剪承载机理。

2 试验概述

2.1 试件设计

以开孔钢板的凸起高度为研究参数,设计了如图2所示的推出试件。试件由一根工字钢梁与两块混凝土板组成,其中,工字钢梁高200mm,翼缘板与腹板厚度分别为14mm和8mm,在两块翼缘板外侧各焊有一块厚度为6mm的钢板,在钢板形心处开直径为50mm的圆孔;混凝土板尺寸为400mm×400mm×150mm,内部配置直径为10mm的构造钢筋。加工试件用混凝土强度等级为C50,钢板牌号为Q345D,构造钢筋牌号为HRB400。图2中的"h"表示钢板开孔周边凸起高度。

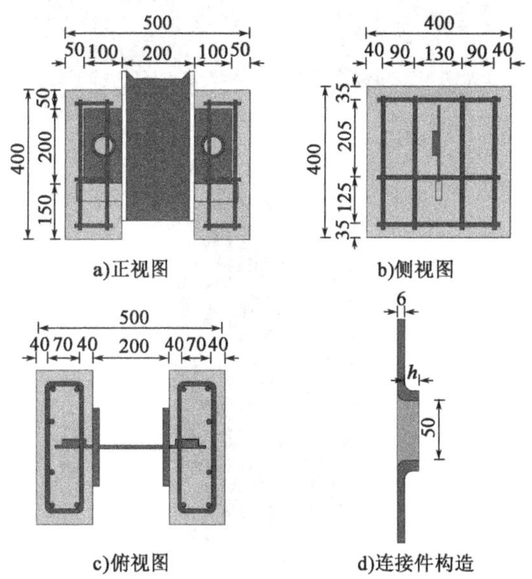

图2 试件构造(尺寸单位:mm)

试件参数见表1,其中试件组别编号形式为"H-h",例如"H-6"表示凸起高度为6mm的试件。

推出试件参数 表1

编号	数量	凸起高度(mm)
H-0	2	0
H-6	2	6
H-9	2	9
H-12	2	12
H-15	2	15

试验试件使用的混凝土立方体抗压强度f_{cu}、钢筋屈服强度f_y和混凝土和钢筋的杨氏模量E_s、E_c见表2。

材料性能 表2

材料	f_{cu} (MPa)	E_c (GPa)	f_y (MPa)	E_s (GPa)
C50	54.3	34.47		
HRB400			435.5	206
Q345D			360.2	208

2.2 试验加载

采用300t伺服压力机进行试验加载,加载时在试件底部铺设细沙垫层,以保证试件均匀受力,防止混凝土板底面不平导致试件偏心受力。在试件工字钢梁两块翼缘板的两侧各安装1个百分表,通过4个百分表读数的平均值来描述钢-混凝土界面的相对滑移,试验加载过程中的推出荷载由荷载传感器直接测出,根据测得的荷载与相对滑移数值得到荷载-滑移曲线。本次试验采用分级的方式施加荷载,加载初期每级荷载为20kN,加载速度采用1kN/s;在荷载-滑移曲线进入塑性段后,荷载分级调整为10kN,加载速度调整为0.5kN/s;当钢-混凝土界面相对滑移超过2mm时改为位移控制加载,按照每级0.2mm的滑移增量进行加载,加载速度不超过0.02mm/s,直至试件破坏。试件加载方式如图3所示。

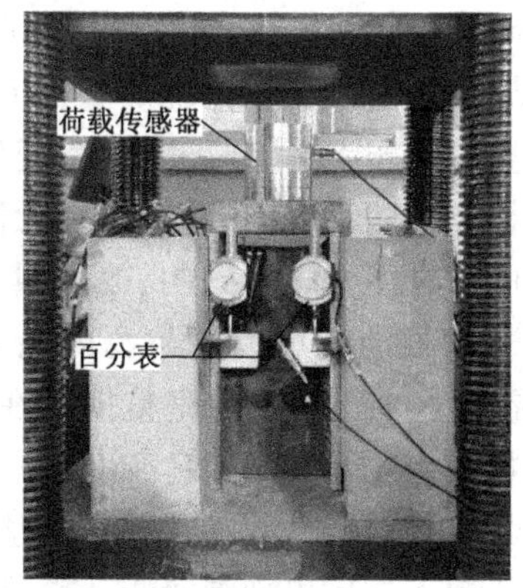

图3 试件加载方式

3 试验结果及分析

3.1 破坏模式

图4为传统开孔钢板连接件试件H-0-1侧面裂缝分布,当荷载达到极限荷载的30%时,试件混凝土板侧面中间有裂缝出现,之后随着荷载的增

加,裂缝逐渐向混凝土板顶部和底部发展,裂缝宽度不断增大,试件破坏时,试件侧面中间裂缝延伸至试件底面。图5a)~c)为改进型开孔钢板连接件试件侧面裂缝分布,当荷载达到极限荷载的40%时,试件混凝土板侧面中间有裂缝出现,之后随着荷载增加,裂缝逐渐向混凝土板顶部和底部发展,裂缝宽度不断增大;当试件荷载达到极限荷载的70%,试件进入屈服阶段,试件侧面连接件凸起下侧出现向下的斜裂缝,这是由于凸起下侧混凝土局部承压效应所致;试件破坏时,试件侧面中间竖向裂缝和斜裂缝延伸至试件底面。对比图5a)~c),试件破坏后,随着凸起高度增大,试件侧面裂缝数量增多,宽度增大。

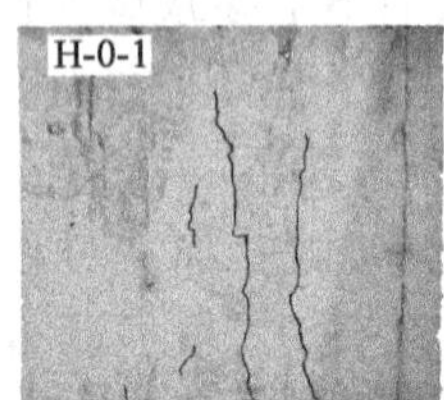

图4　传统连接件试件裂缝分布

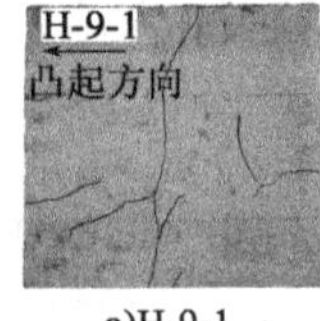

a)H-9-1

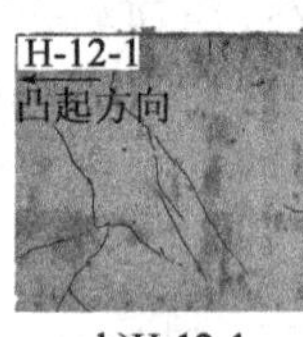

b)H-12-1

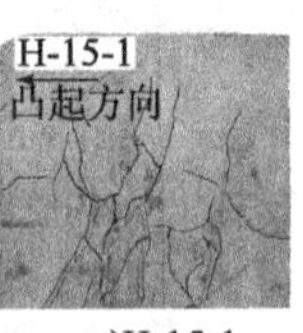

c)H-15-1

图5　改进型连接件试件裂缝分布

试件破坏之后,将试件的一侧混凝土板敲碎,观察试件内部的破坏情况。如图6a)所示,开孔钢板整体与开孔周边几乎没有变形。无凸起开孔钢板孔内的混凝土榫被剪断,无法完整地保留在孔内。在图6b)~e)中,改进型连接件由于开孔周边钢板凸起增大了与孔内混凝土的接触面积,混凝土榫被剪断后完整地留在孔内,剪切面上有粗集料被剪断;凸起高度越大,混凝土榫剪切面越平整;除了孔内混凝土完整保存外,开孔钢板凸起下方还出现混凝土压溃现象,有一部分混凝土保留在钢板上,呈现一个近似三角锥体的形状,反映了在传力时凸起下方混凝土局部承压的情况;连接件凸起高度小于12mm时,凸起下方保留的混凝土较少;连接件凸起高度为15mm时,凸起下方混凝土局部承压面增大,保留了更多混凝土,混凝土的局部承压效应更加明显,连接件承载力更高。

a)H-0-1

b)H-6-1

荷载

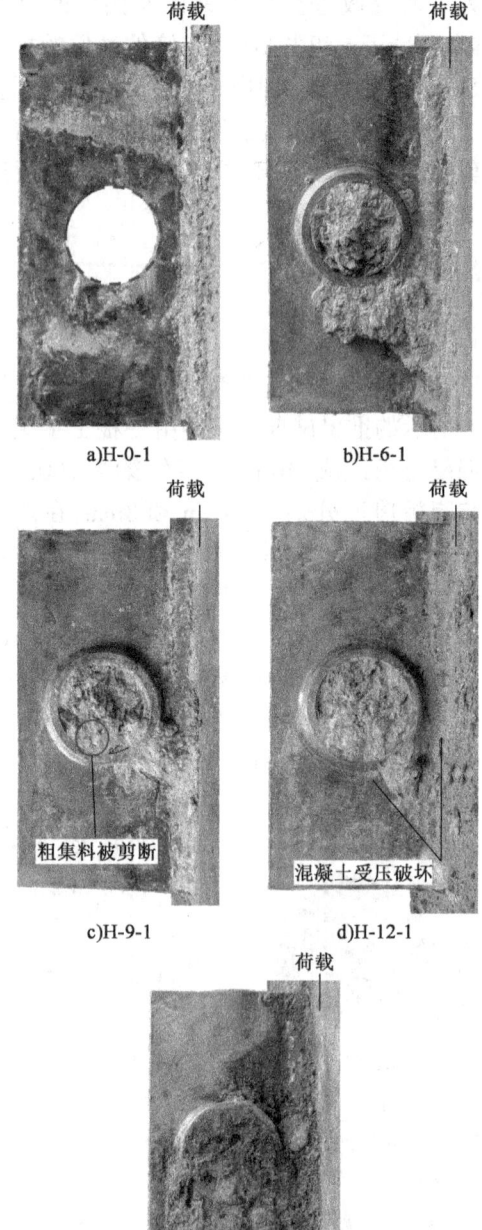

粗集料被剪断

c)H-9-1

d)H-12-1

荷载

e)H-15-1

图6　试件内部破坏情况

3.2　荷载-滑移曲线

图7为推出试件荷载-滑移曲线,图中竖轴荷载为单个开孔钢板连接件承担的荷载值,图中虚线表示钢与混凝土之间相对滑移为6mm。

如图7a)所示,传统开孔钢板连接件在加载初期,试件相对滑移与荷载呈线性关系,连接件刚度较大,试件处于弹性受力阶段;荷载超过试件极限荷载的70%,随着荷载的增大,曲线的斜率减小，连接件刚度变小，试件进入塑性受力阶段；当荷载增大至极限荷载的90%时，曲线斜率明显减小，连接件受力进入屈服阶段，试件相对滑移随荷载增加明显增大；试件荷载达到极限荷载后，相对位移的增加较快，而试件承载力下降缓慢，表明开孔钢板连接件有较好的延性。

如图7b)~e)所示，改进型开孔钢板连接件在加载初期荷载-滑移曲线特征与传统开孔钢板连接件曲线特征相似；荷载达到极限荷载后，承载力下降速度较快。但当其相对位移达到30mm时，试件的承载力仍有抗剪强度的75%。

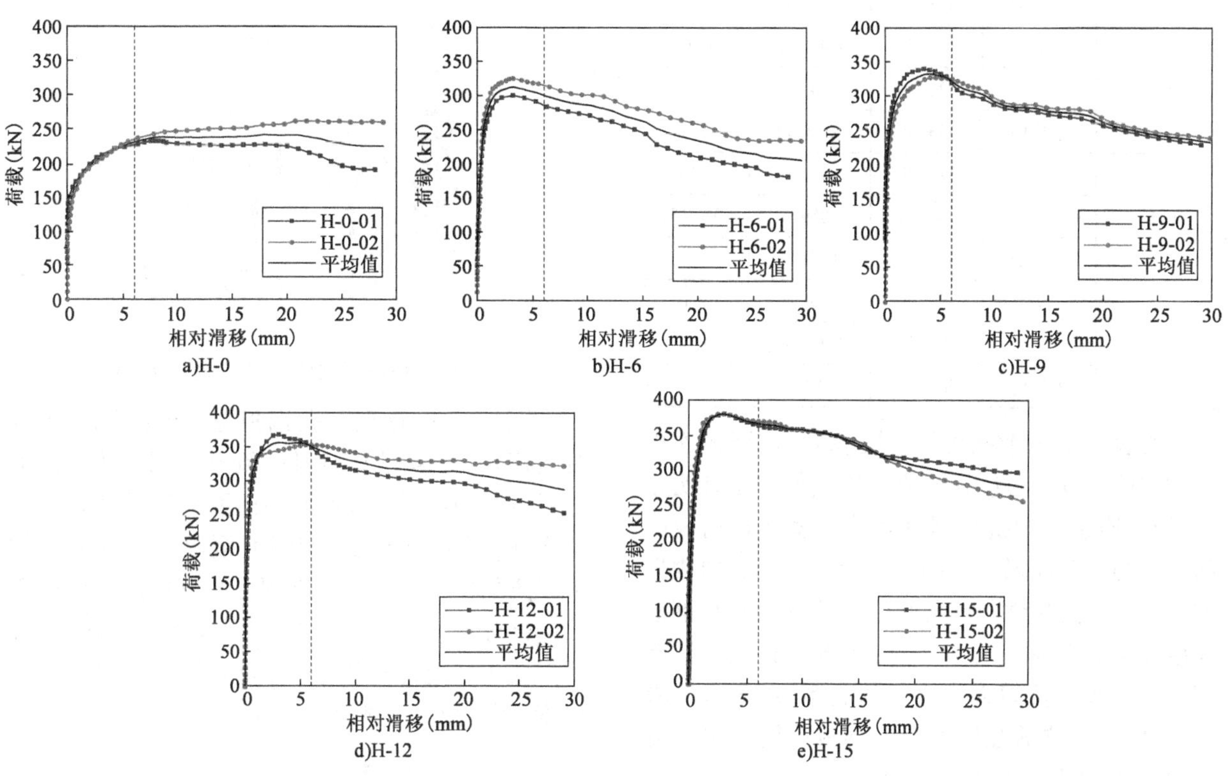

图7 试件荷载-滑移曲线

图8为推出试件荷载-滑移曲线的平均值。对比不同凸起高度的连接件的荷载-滑移曲线，由于改进型开孔钢板连接件凸起下方混凝土的局部承压作用，改进型开孔钢板连接件的初始刚度大于传统的开孔钢板连接件；改进型连接件的极限荷载高于传统连接件；当改进型连接件荷载达到极限荷载后，荷载随位移增大的下降速度比传统连接件更快，说明改进型连接件的延性与传统连接件相比有所下降。

表3给出了推出试件的抗剪强度(V_u)、剪切刚度(k_s)结果，剪切强度为测试中每个连接件承受的极限荷载，剪切刚度为连接件相对滑移达到0.2mm时的割线斜率，$S_{0.9}$为连接件承载力下降至峰值荷载的90%时的滑移量，参考Eurocode 4[9]的规定，连接件的$S_{0.9}$应大于6mm，改进型开孔钢板连接件的特征滑移均大于6mm，符合Eurocode 4对延性连接件的要求。

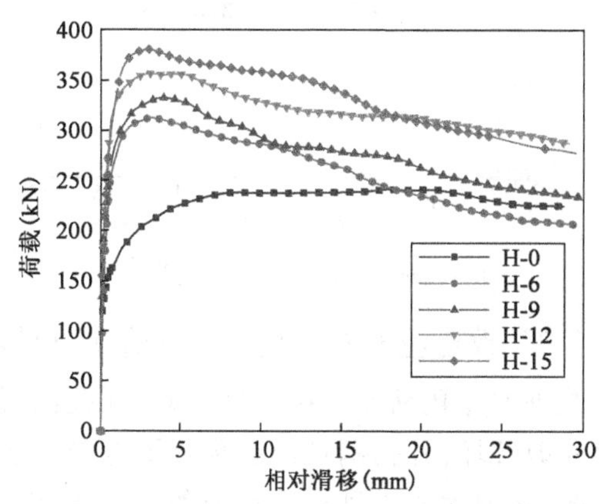

图8 荷载-滑移曲线平均值

试验结果　表3

分组	编号	V_u(kN)	K_s(kN/mm)	$S_{0.9}$(mm)
H-0	1	224.65	738.76	>35
	2	262.17	540.35	>35
	平均值	243.41	639.56	—
H-6	1	325.05	679.55	10.29
	2	301.27	809.60	12.44
	平均值	313.16	744.58	—
H-9	1	339.63	1083.58	10.09
	2	326.96	954.30	6.82
	平均值	333.30	1018.94	—
H-12	1	372.80	1044.3	7.51
	2	353.61	1059.5	30.77
	平均值	363.20	1051.9	—
H-15	1	382.06	969.58	13.76
	2	381.31	1069.53	14.98
	平均值	381.68	1019.22	—

由表3中的数据可知,改进型开孔钢板连接件的抗剪强度与传统开孔钢板连接件相比有明显的提升,连接件的抗剪强度随改进型开孔钢板凸起高度的增高而增大。凸起高度为15mm的改进型开孔钢板连接件的抗剪强度比传统的开孔钢板连接件相比提高了36%。图9给出了连接件凸起高度与连接件抗剪强度之间的关系,由图可以看出,连接件的抗剪强度随开孔钢板孔周凸起高度的增大,整体呈线性增长规律。

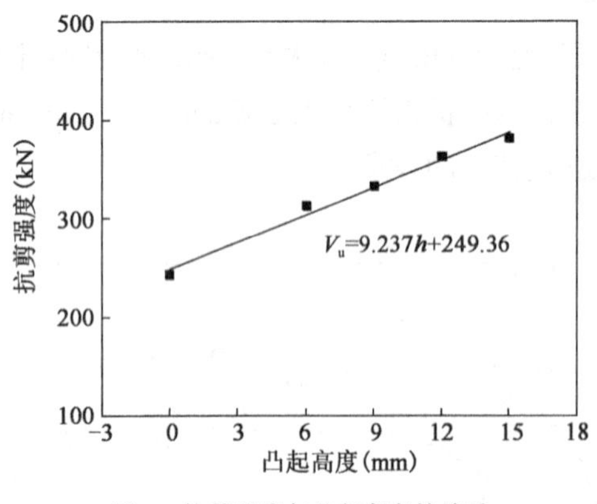

图9　抗剪强度与凸起高度的关系

3.3　改进型开孔钢板连接件的受力机理

改进型开孔钢板连接件破坏时,开孔内混凝土榫受剪破坏,开孔钢板凸起部分下方混凝土压溃。图10中为改进型开孔钢板的受力模式。开孔钢板连接件受到荷载作用之后,一部分荷载通过开孔上侧开孔钢板边缘与混凝土榫的接触传递给孔内的混凝土榫,孔内混凝土承受荷载后,一部分荷载通过混凝土榫两侧面抗剪作用向孔外混凝土板传递;另一部分荷载通过开孔钢板凸起部分下侧的混凝土承压作用传递至混凝土板。

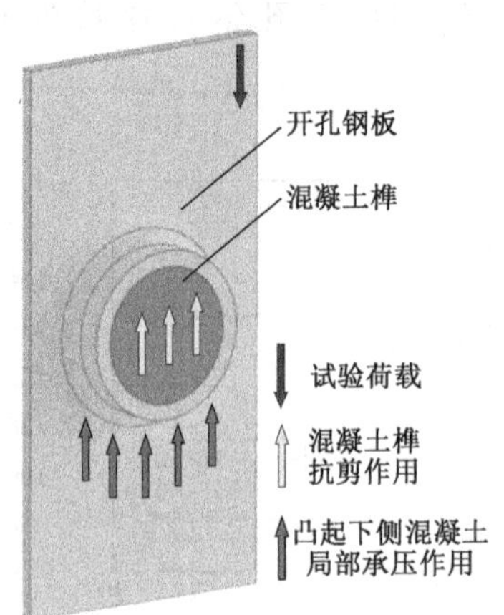

图10　改进型连接件开孔钢板的受力模式

图11为改进型开孔钢板连接件的混凝土榫受力模式。混凝土榫顶部受到开孔钢板传来的荷载后,通过两个侧面的剪切作用,将荷载传递至混凝土板;同时,由于剪胀作用,混凝土榫受到两侧混凝土的横向约束。改进型开孔钢板连接件由于凸起部分增大了混凝土榫与钢板接触面积,减小了混凝土榫上部的压应力,同时增大了混凝土榫厚度,所以混凝土榫完整留在孔内。

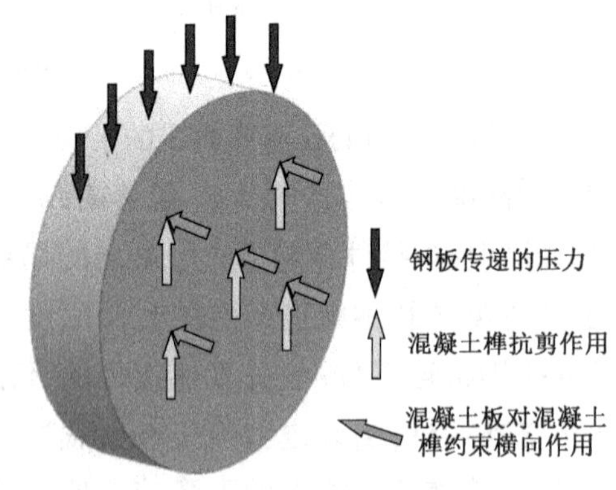

图11　混凝土榫受力模式

4　结语

本文通过推出试验,得到了改进型开孔钢板连接件的破坏模式和传力机理,研究了凸起高度对改进型开孔钢板连接件力学性能的影响,主要结论如下:

(1)改进型开孔钢板连接件的破坏模式为混

凝土榫剪坏、凸起下侧混凝土承压破坏，且凸起高度越大，破坏后混凝土榫剪切面越平整。

(2)改进型开孔钢板连接件的承载力主要由混凝土榫抗剪作用、开孔钢板凸起位置下方混凝土局部承压作用构成。改进型开孔钢板连接件的抗剪强度和初始刚度均明显高于传统开孔钢板连接件。

(3)改进型开孔钢板连接件在不设置贯通钢筋时依然有较高的承载能力和较好的延性，在一定情况下，可以使用不设贯通钢筋的改进型开孔钢板连接件代替设有贯通钢筋的传统型开孔钢板连接件。

参考文献

[1] ZOU Y,DI J,ZHOU J et. al. Shear behavior of perfobond connectors in the steel-concrete joints of hybrid bridges [J]. Journal of Constructional Steel Research,2020,172.

[2] OGUEJIOFOR E C,HOSAIN M U. Numerical analysis of push-out specimens with perfobond rib connectors [J]. Comput Struct, 1997, 62 (4):617-24.

[3] ZHENG S,LIU Y,YODA T et. al. Parametric study on shear capacity of circular-hole and long-hole perfobond shear connector [J]. Journal of Constructional Steel Research,2016, 117:64-80.

[4] DI J,ZOU Y,ZHOU X et. al. Push-out test of large perfobond connectors in steel-concrete joints of hybrid bridges [J]. Journal of Constructional Steel Research, 2018, 150: 415-29.

[5] KIM S H,KIM K S,LEE D H et. al. Analysis of the Shear Behavior of Stubby Y-Type Perfobond Rib Shear Connectors for a Composite Frame Structure [J]. Materials (Basel), 2017, 10 (11).

[6] ALMEIDA R L J D, VERíSSIMO G D S, RIBEIRO J C L et. al. Assessing the bearing capacity of Crestabond shear connectors to concrete pry-out [J]. Revista IBRACON de Estruturas e Materiais,2023,16(1).

[7] 郑双杰，刘玉擎. 槽口型开孔板连接件抗剪及抗拉拔性能试验[J]. 中国公路学报，2013,26(04):119-124.

[8] 田中照久，則松一揮，堺純一，等. バーリング加工を活用した新しい機械的ずれ止めの開発:その2 バーリング鋼板に作用する抵抗力の割合(シアコネクター，構造Ⅲ,2013 年度日本建築学会大会(北海道)学術講演会・建築デザイン発表会)[J]. 学術講演梗概集，2013.

[9] Eurocode 4: Design of composite steel and concrete structures- Part 1-1: General rules and rules for buildings; German version EN 1994-1-1: 2004 + AC:2009:DIN EN 1994-1-1-2010[S].

钢-混组合结构复合剪力连接件抗剪性能研究

王亚梅* 武芳文 程文浩 刘相磊 庄陆洲

(长安大学公路学院)

摘 要 钢-混组合结构桥梁能够充分利用钢材和混凝土的性能，是一种经济、美观、可持续的结构形式。剪力连接件是该结构研究的重点，是保证钢材和混凝土组合效应的关键。为了充分发挥栓钉剪力键和 PBL 剪力键的优势，弥补二者单一使用时的不足，本文通过推出试验结合有限元模拟，对钢-混组合结构栓钉 + PBL 组合剪力键(简称复合剪力键)的抗剪性能进行研究，主要研究了复合剪力键的破坏过程、破坏形态。通过 ABAQUS 软件对复合剪力键进行有限元模拟分析，将复合剪力键极限承载力的实测结果与模拟结果对比，经验证本文有限元建模思路合理，试验结果与有限元模拟结果相差不大。

关键词 钢-混组合结构桥梁 复合剪力连接件 推出试验 有限元模拟 抗剪性能

0　引言

钢-混组合结构桥梁[1-4]具有强度高、耐久性好、经济性强、施工效率高、环保性好、外形美观等优点。在该结构中,剪力连接件[5]是保证钢材和混凝土结构发挥组合效应的关键构件。目前,栓钉连接件[6-7]和 PBL 连接件[8-9]是钢-混组合结构中最常用的两种剪力连接件,但各有优劣:栓钉剪力键加工方便简单、用钢量较少、成本相对较低、抗剪刚度较大、能够提供较高的抗剪承载力,但破坏时变形较大,栓钉被剪断破坏,混凝土板表面裂缝较少,且栓钉根部焊接质量对栓钉剪力键的抗剪性能影响很大;PBL 剪力键施工相对复杂、成本相对较高、具有不错的抗剪承载力和延性,但 PBL 剪力键在受力过程中,混凝土榫首先被压碎,易引起裂缝开展,影响结构整体性,然后贯穿钢筋屈曲,混凝土板表面裂缝较多,结构耐久性下降,影响结构使用寿命。

为充分利用栓钉剪力键和 PBL 剪力键的优势,弥补二者单一使用时的不足,本文将栓钉剪力键和 PBL 剪力键结合起来,以复合剪力键(栓钉 + PBL 组合剪力连接件)为研究对象,进行推出试验和有限元模拟,研究复合剪力键的力学性能。

1　试验设计

1.1　试件设计与制作

推出试验是在 H 型钢两侧浇筑混凝土板,H 型钢通过复合剪力键与混凝土连接在一起受力,在 H 型钢顶部加载,栓钉受到竖向剪力。本文依据欧洲-4 规范标准推出试件尺寸,如图 1 所示,对剪力键试件进行设计与制作。

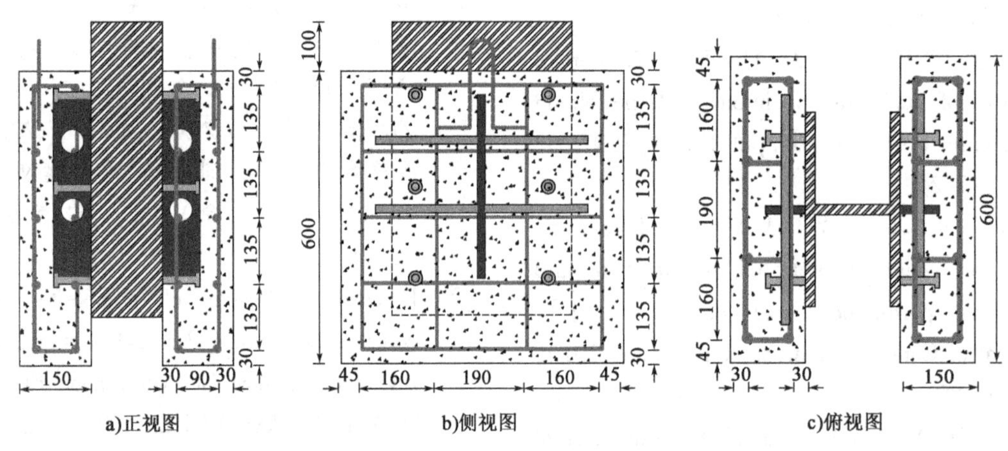

图 1　复合剪力键推出试件尺寸(尺寸单位:mm)

试件制作流程如图 2 所示。需注意的是,为防止腹板与翼缘板焊接时出现位置的偏差,在两翼缘板之间进行钢筋点焊,将钢板进行支撑固定。为了防止推出试验加载过程中试件出现偏心受压现象,在 H 型钢端部进行打磨处理,在其端部焊接一块平钢板,以此达到试件顶面均匀受力的效果,防止局部破坏变形而影响推出试验结果分析。

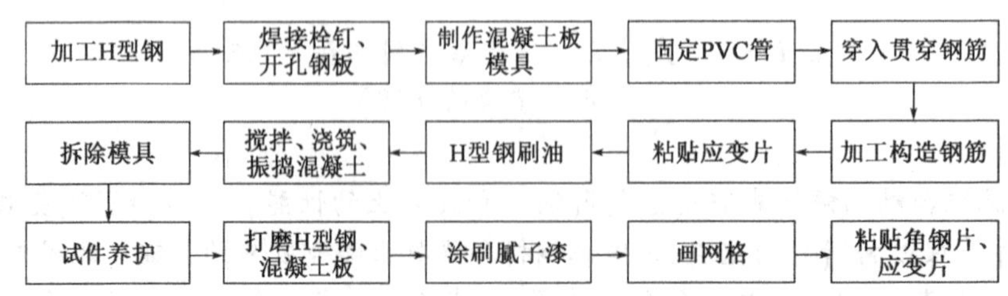

图 2　试件制作流程图

1.2　加载方案

加载装置如图 3 所示。采用 500t 电动油压千斤顶进行荷载的施加,试验前对试件进行预加载,以消除各种间隙,并测试各传感器与采集仪器是否能够正常运行。采用有限元模拟方法,得到了试件极限承载力的估计值,将其40%作为预加载值。预加载时用力控制加载,加载速度1kN/s。在正式加载时,在峰值荷载前,设定加载以0.3kN/s的速度进行。在超过峰值荷载后,力控制转由位移控制,并设定加载以0.02mm/s的速度进行。当总滑移量到达40mm或剩余承载力低于峰值荷载的40%时,停止加载。观察并记录混凝土表面裂缝的发展以及剪力连接件的破坏情况。

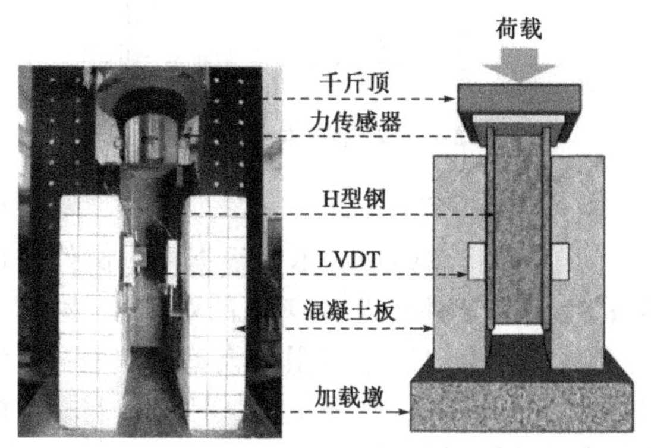

图3 加载装置

1.3 破坏形态

在试验初始阶段,试件处于弹性阶段,混凝土板表面无变化;随着继续加载,混凝土板侧面出现一条横向裂缝。然后混凝土板侧面横向裂缝贯穿。当继续加载时,混凝土板侧面有一条竖向裂缝出现。随着持续加载,陆续出现竖向裂缝。直到试件达到极限承载力。当构件达到极限承载力后,试件没有迅速破坏;继续对试件加载,试件受力不再增大反而逐渐减少;当力下降到一定值时,混凝土板正面底部出现贯穿斜裂缝。力继续下降,H型钢与混凝土板脱离约3mm。试验结束后,剖开混凝土,发现栓钉根部被剪断、混凝土榫被压碎、贯穿钢筋屈曲破坏。

2 有限元模型分析

目前对于栓钉连接件和PBL连接件的力学性能,主要通过试验研究和有限元仿真相结合的方法进行分析。通过有限元模拟复合剪力键的力学行为,可以清晰直观地分析复合剪力键各部件的破坏形态和受力机理。本章采用ABAQUS软件,建立钢-混组合结构复合剪力键的三维模型,对推出试件进行有限元模拟分析,并将其结果与试验结果进行对比验证。

2.1 材料本构关系

2.1.1 混凝土本构关系

混凝土本构关系是指描述混凝土材料在受力下的应力-应变关系的数学模型。混凝土本构关系描述了混凝土在受到不同的荷载作用下的变形和破坏过程,为混凝土结构的设计和分析提供了基础。本文混凝土本构关系采用ABAQUS提供的混凝土损伤塑性模型:该模型将混凝土视为由弹性、塑性和损伤三部分组成的材料,可以很好地描述混凝土的应力软化和裂缝扩展行为。该模型将混凝土视为一个具有黏塑性和损伤行为的材料,并通过设置各种参数来描述混凝土的不同特性。其应力-应变关系如图4所示。

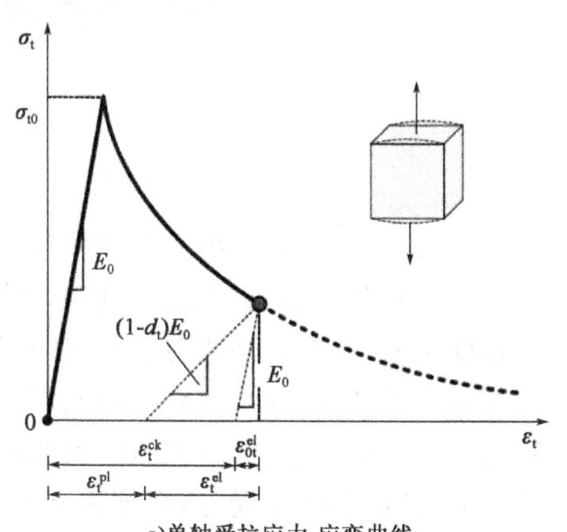

a)单轴受拉应力-应变曲线

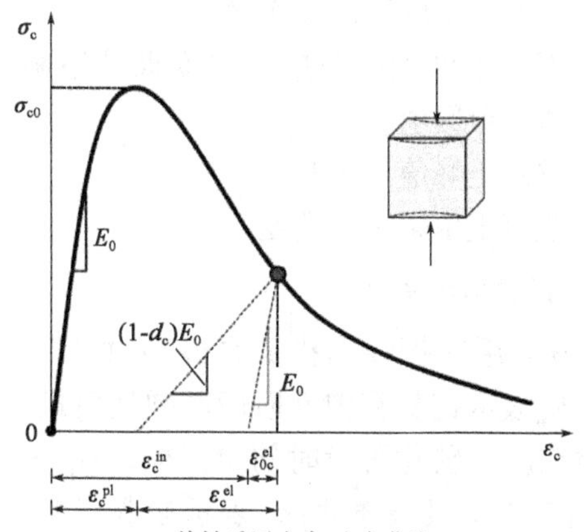

b)单轴受压应力-应变曲线

图4 混凝土应力-应变曲线

图 4 中混凝土单轴受拉应力-应变曲线由下列各式确定：

$$\sigma = (1 - d_t)E_c\varepsilon \tag{1}$$

$$d_t = \begin{cases} 1 - \rho_t(1.2 - 0.2x^5) & (x \leqslant 1) \\ 1 - \dfrac{\rho_t}{\alpha_t(x-1)^{1.7} + x} & (x > 1) \end{cases} \tag{2}$$

$$x = \frac{\varepsilon}{\varepsilon_{t,r}} \tag{3}$$

$$\rho_t = \frac{f_{t,r}}{E_c\varepsilon_{t,r}} \tag{4}$$

式中：E_c——混凝土弹性模量，本文试验采用 C50 混凝土，E_c 取值为 34.5GPa；

d_t——混凝土单轴受拉损伤演化参数；

α_t——混凝土单轴受拉应力-应变曲线下降段的参数值；

$\varepsilon_{t,r}$——混凝土峰值拉应变；

$f_{t,r}$——混凝土单轴抗拉强度。

图 4 中混凝土单轴受压应力-应变曲线由下列各式确定：

$$\sigma = (1 - d_c)E_c\varepsilon \tag{5}$$

$$d_c = \begin{cases} 1 - \dfrac{\rho_c n}{n - 1 + x^n} & (x \leqslant 1) \\ 1 - \dfrac{\rho_c}{\alpha_c(x-1)^2 + x} & (x > 1) \end{cases} \tag{6}$$

$$n = \frac{E_c\varepsilon_{c,r}}{E_c\varepsilon_{c,r} - f_{c,r}} \tag{7}$$

$$\rho_c = \frac{f_{c,r}}{E_c\varepsilon_{c,r}} \tag{8}$$

式中：d_c——混凝土单轴受压损伤演化参数；

α_c——混凝土单轴受压应力应变曲线下降段的参数值；

$\varepsilon_{c,r}$——混凝土峰值压应变；

$f_{c,r}$——混凝土单轴抗压强度。

2.1.2　钢材本构关系

本文钢材采用三折线本构关系模型，如图 5 所示。图中 E_{st}表示钢材在弹性阶段的弹性模量；E_{su}表示钢材在应变硬化阶段时的弹性模量；f_y 表示屈服强度；f_u 表示极限强度；ε_y 表示屈服应变；ε_h 表示钢材在强化阶段对应的应变；ε_u 表示极限应变。

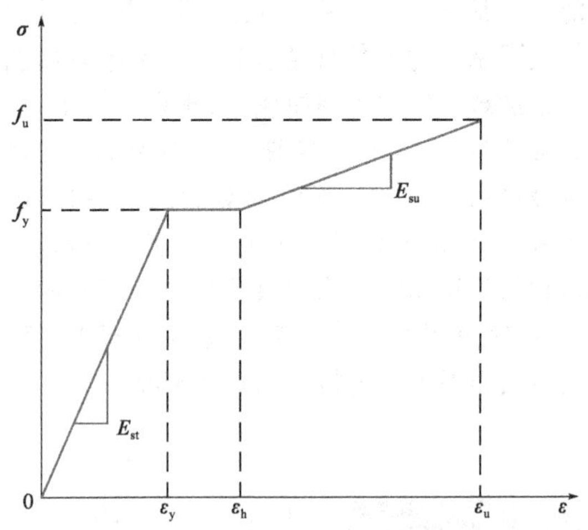

图 5　钢材三折线本构关系模型

2.2　有限元模型

为了提高计算效率，本文根据推出试件的边界条件、荷载条件和几何条件的对称性，构建了 1/2的复合剪力键三维有限元模型，模型由 H 型钢、栓钉、开孔钢板、混凝土榫、钢筋笼、混凝土板等组成，如图 6、图 7 所示。

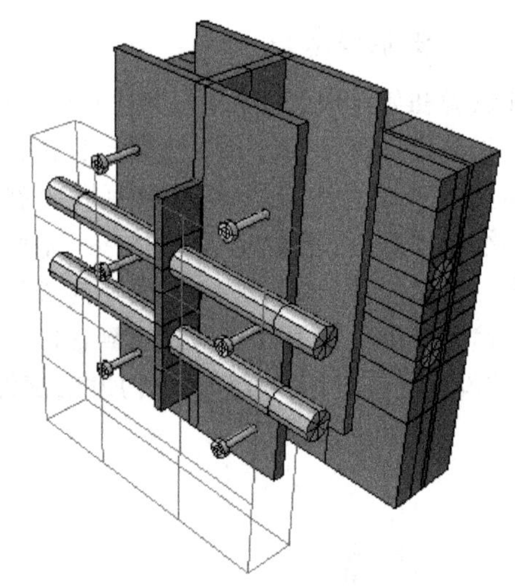

图 6　复合剪力键模型

2.2.1　单元类型选取与网格划分

在选择单元类型时，应根据所模拟结构的几何形状和材料特性，以及所需的精度和计算效率等因素进行考虑。在 ABAQUS 中，混凝土板、H 型钢、栓钉、开孔钢板、贯穿钢筋作为实体模型，一般采用 C3D8R 实体单元，箍筋笼采用 T3D2 桁架单元。各部件单元类型选取完成后，对各部件进行网格划分。

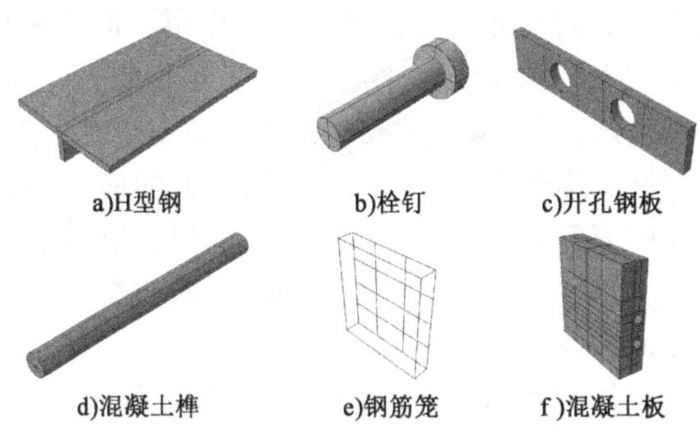

图7 试件1/2模型各部件

2.2.2 约束与相互作用

在ABAQUS中，约束是指对系统中的某些自由度施加限制，使其在仿真过程中保持不变；相互作用是指两个或多个部件之间的力、位移或温度等物理量的相互作用，可以通过定义相应的接触条件来模拟这些相互作用。

本文中复合剪力键的约束与相互作用，如图8所示。混凝土板与H型钢、栓钉与混凝土板、开孔钢板与混凝土板之间采用表面与表面接触1；混凝土榫与开孔钢板之间采用表面与表面接触2。其参数详见表1。栓钉与H型钢、开孔钢板与H型钢、贯穿钢筋与混凝土榫、混凝土榫与混凝土板均采用绑定约束。钢筋笼内置于混凝土板中。

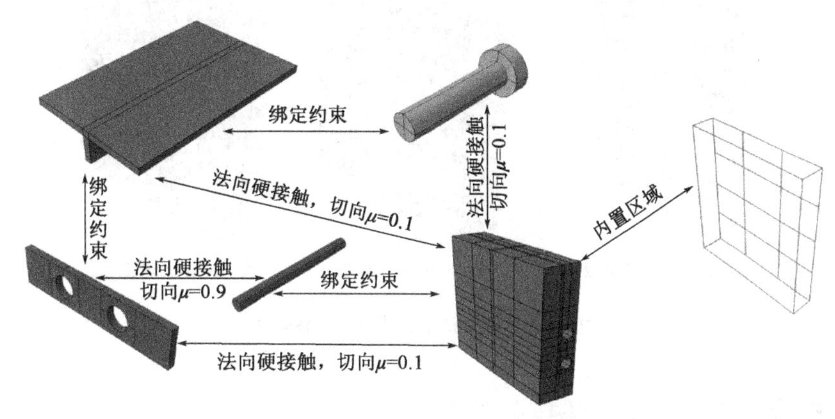

图8 复合剪力键模型约束与相互作用

表面与表面接触参数 表1

类型	法线方向	切线方向
表面与表面接触1	硬接触	0.1的罚函数
表面与表面接触2	硬接触	0.9的罚函数

2.2.3 边界条件与加载方式

根据试验过程，在软件中将混凝土板底部设置完全固定约束，即在混凝土板底部X、Y、Z方向不发生位移和转角；将H型钢对称面位置设置Z方向对称约束，即保证H型钢不发生沿Z方向的位移和沿X、Y方向的转动。

ABAQUS中的力加载和位移加载是两种常用的加载方式，它们各有优缺点。位移加载是指在施加荷载时，以一定的速率施加一定的位移，直到达到所需的负载水平。优点是可以保证加载过程中的应力和应变保持相对稳定，有利于减少模拟过程中的数值误差。与之相比，力加载则是以恒定速率施加荷载，可以在较短的时间内将模型加载到所需的负载水平，适用于需要快速分析的情况。但是，力加载容易产生冲击荷载，容易引起模型的不稳定性和收敛性问题。

因此，本文采用位移加载方式，如图9所示。以H型钢顶面作为加载面，将此顶面耦合约束于参考点RP1(此顶面随参考点RP1进行同步位移，且位移值相等)，对参考点RP1进行沿Y轴向下的位移加载，位移加载值为40mm。

2.2.4 有限元模拟分析

在ABAQUS中，可以通过分析模型得到应力分布的结果，并通过应力云图来直观展示应力分布情况。

在加载过程中，H型钢自上而下逐渐产生应力，开孔钢板下部的H型钢处出现应力集中现象，说明H型钢受力最大处在开孔钢板下部。加载初期，自上而下，所有栓钉均产生了较大应力，H型钢与栓钉根部交界处附近出现应力集中现象；加载后期，栓钉逐渐退出工作，贯穿钢筋中部有较大的应力。这说明试件在受力过程中，起初栓钉和贯穿钢筋共同承载,之后栓钉破坏,后期试件主要由贯穿钢筋承载。

在试件加载初期,栓钉杆中部和根部均出现了较大应力,随着继续加载,栓钉杆中部出现的较大应力逐渐向根部转移,栓钉上的应力分布变为从端部到根部逐渐增大的趋势。这表明,栓钉中部和根部均会承受较大剪力,且栓钉根部承担了大部分剪力。

在试件加载初期,开孔钢板上出现了大面积的应力,这说明在试件加载初期,H 型钢与开孔钢板接触面的摩擦力也起到了一些作用。贯穿钢筋中部产生了较大应力、两端产生了较小应力,随着继续加载,开孔钢板上的应力逐渐集中于孔洞处,贯穿钢筋逐渐向下屈曲,贯穿钢筋上的应力自两端向中部逐渐增大,这说明开孔钢板孔洞处也会承载,后期主要由贯穿钢筋中部承载,贯穿钢筋发生屈曲破坏。

试件破坏现象与有限元模拟应力云图,如图 10 所示。

a)混凝土板底部约束

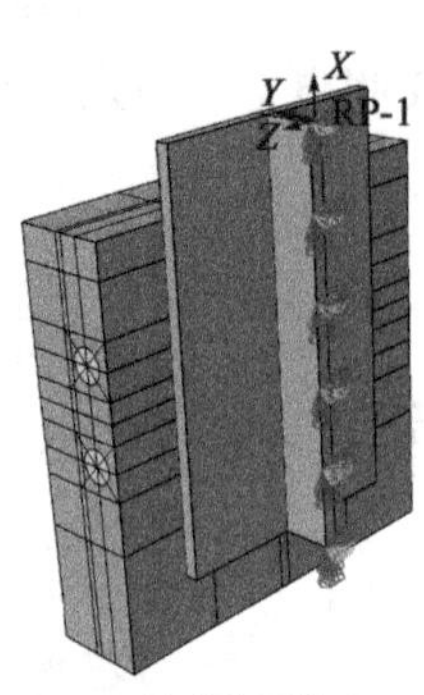

b)Z轴对称面约束

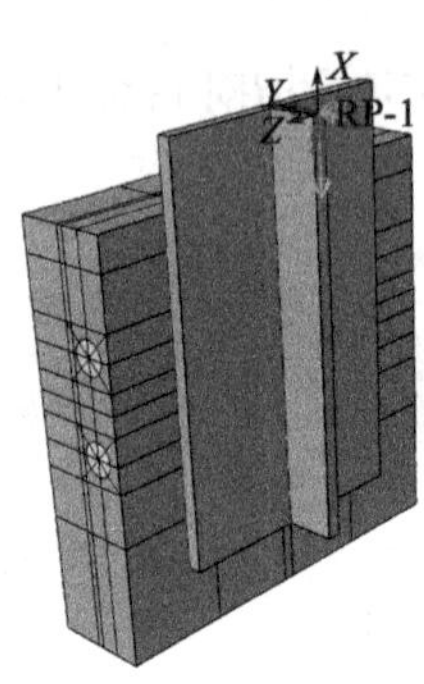

c)顶部位移加载参考点

图 9　复合剪力键模型荷载与边界条件

a)试件破坏现象

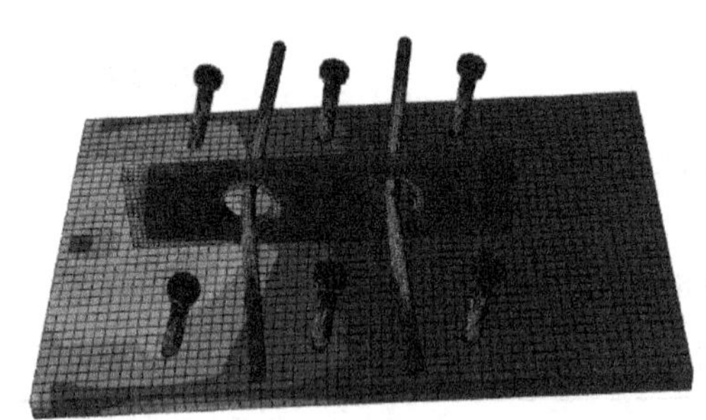
b)有限元模拟应力云图

图 10　试件破坏现象与有限元模拟对比

3　结语

为了充分发挥栓钉剪力键和 PBL 剪力键的优势,弥补二者单一使用时的不足,本文对钢-混组合结构复合剪力键(栓钉 + PBL 组合剪力键)的力学性能进行研究。采用试验研究与有限元模拟相结合的方法,分析复合剪力键推出试件的受力机理、破坏模式;复合剪力键主要由栓钉、开孔钢板中的混凝土榫和贯穿钢筋共同承担剪力,混凝土板表面裂缝与栓钉剪力键比相对较多,与 PBL 剪力键比相对较少;复合剪力键破坏模式为栓钉根部被剪断、混凝土榫被压碎、贯穿钢筋屈曲破坏。

对比验证了有限元模拟结果与推出试验的破坏形态,发现实测结果与有限元计算结果相差不大。

本文仅对钢-混组合结构的复合剪力键的静力性能进行了研究,而剪力连接件的疲劳问题也是该结构研究的重点,故对复合剪力键的疲劳性能以及疲劳后剩余力学性能有待继续深入研究。

参考文献

[1] 肖林,卫星,温宗意,等. 钢-混组合结构桥梁2019年度研究进展[J]. 土木与环境工程学报(中英文),2020,42(05):168-182.

[2] 卫星,肖林,温宗意,等. 钢-混组合结构桥梁2020年度研究进展[J]. 土木与环境工程学报(中英文),2021,43(S1):107-119.

[3] 武芳文,冯彦鹏,王广倩,等. 高温后钢-混组合梁抗剪性能试验研究[J]. 工程力学,2023,40(09):48-60.

[4] 赵凯,李小龙. 钢-混组合结构桥梁混凝土的收缩徐变效应[J]. 铁道建筑,2023,63,(02):61-66.

[5] 谢锦文,李兴. 钢-混组合结构桥面系大直径栓钉剪力连接件力学性能研究[J]. 工程建设,2020,52(07):18-23,29.

[6] 武芳文,冯彦鹏,戴君,等. 钢-UHPC组合结构中栓钉剪力键力学性能研究[J]. 工程力学,2022,39(02):222-234,243.

[7] 章世祥,李萌,邵旭东,等. 新型超短栓钉连接件试验及有限元分析研究[J]. 公路工程,2022,47(06):68-73.

[8] 武芳文,冯彦鹏,罗建飞,等. 钢-UHPC组合结构中PBL剪力键力学性能研究[J]. 中国公路学报,2022,35(10):147-160.

[9] 邹杨,彭洪波,张中亚,等. 负弯矩区PBL剪力连接件剪切性能试验研究[J]. 土木工程学报,2023,56(10):52-66.

钢-混组合结构复合剪力键推出试验研究

李滋润* 陈 澳 何岚清 王 浩 程文浩

(长安大学公路学院)

摘 要 为研究钢-混组合结构复合剪力键的抗剪性能,针对钢-混组合结构传统栓钉剪力键、传统PBL剪力键和复合剪力键,共设计并完成了12个试件。通过推出试验,分析了钢-混组合结构剪力键的破坏模式和力学性能,揭示了复合剪力键栓钉数量、栓钉焊接位置及开孔钢板孔数对其抗剪承载力、抗剪刚度的影响规律。研究结果表明:栓钉数量对钢-混组合结构复合剪力键力学性能的影响较为显著;不同的栓钉焊接位置对复合剪力键抗剪性能的影响不同,栓钉焊接在开孔钢板上的剪力键比栓钉焊接在H型钢上的剪力键抗剪性能有所降低,并且随着开孔钢板孔数的增加,复合剪力键抗剪性能也增大。

关键词 钢-混组合结构 复合剪力键 静力推出试验 抗剪承载力 抗剪刚度

0 引言

钢-混组合桥梁利用剪力键将钢材和混凝土连成整体,充分发挥了混凝土高抗压和钢材高抗拉的特点。与传统混凝土桥梁相比,钢-混组合桥梁具有自重轻、力学性能优越、技术经济效益显著等优点[1-3]。但是,传统的剪力连接方式存在不足,如抗剪承载力低、连接刚度低、延性差等。因此,需要对剪力键进行研究,以提高其连接性能。

国内外学者对钢-混组合结构栓钉剪力键、PBL剪力键进行了大量的推出试验,主要研究了材料强度及栓钉对剪力键抗剪承载力等力学性能指标的影响。刘迎倩[4]对钢-轻骨料混凝土组合结构栓钉剪力键进行了推出试验研究,研究发现,试件的破坏形式为栓钉根部剪断破坏,栓钉剪力键的荷载-滑移曲线分为弹性和塑性两个阶段。杨一凡[5]对轻集料混凝土栓钉剪力键进行了推出试验,结果表明,不同栓钉直径的剪力键的破坏形式均为栓钉剪断破坏;与普通混凝土相

基金项目:陕西省自然科学基础研究重点项目(2022JZ-32);中央高校基础科研业务专项资金项目(300102212212)。

比,使用轻集料混凝土时试件的峰值滑移增加、抗剪刚度和抗剪承载力降低。Zhang 等[6]基于栓钉剪力键抗剪性能对钢-混凝土组合梁受弯性能进行研究,结果表明,栓钉布置数量对组合梁的受弯性能有显著影响,栓钉规格对组合梁的受弯性能影响不大。Cui 等[7]研究了钢与多层混凝土组合结构(SMCCS)中栓钉剪力键的剪切行为,结果表明,双层混凝土板和群钉效应会降低栓钉剪力键抗剪性能,栓钉直径和其屈服强度对栓钉的剪切行为影响较大。何旭卓[8]对 PBL 剪力键抗剪承载力开展了试验研究,研究表明,随着开孔直径、开孔钢板厚度及混凝土强度增大,PBL 剪力键的极限承载力也增大。武芳文等[9]研究了 UHPC 和普通混凝土中 PBL 剪力键的力学性能差异性,发现 UHPC 比普通混凝土裂缝数量少、宽度小,UHPC 比普通混凝土抗剪刚度提升了2~3倍,UHPC 中 PBL 剪力键以贯穿钢筋剪切破坏为主。

此外,国内外学者通过改进栓钉剪力键、PBL 剪力键等传统剪力键,提出了一些新型剪力键,分别针对各自的参数设计了推出试件并进行试验研究。罗建飞[10]对钢-UHPC 组合结构 Twin-PBL 剪力键抗剪性能开展试验研究,分析开孔钢板孔数、孔径等因素对抗剪承载力及抗剪刚度的影响。Xu 等[11]研究了栓钉和 PBL 剪力键的联合剪切行为,结果表明,试件的主要破坏形式是栓钉被剪断、混凝土破坏;抗剪连接件的排数和横向钢筋的直径可以显著影响其抗剪性能。王宣鼎等[12]提出了一种并列异形 PBL-钢纤维增强混凝土(SFRC)组合剪力键,并开展静力推出试验研究。结果表明,该新型组合剪力键具有初始剪切刚度大、延性好等特点;随着贯穿钢筋数量的增加,该新型组合剪力键的整体性将提高。于长江[13]利用推出试验及有限元模拟对复合剪力键进行研究,揭示了不同类型的剪力键试件的失效模式及破坏机理存在差异,分析了多种因素对复合剪力键抗剪性能的影响。

综上所述,栓钉剪力键和 PBL 剪力键在单独使用时存在一些弊端,在二者基础上进行改良的新型复合剪力键也存在一些研究上的问题,亟须完善。为研究钢-混组合结构复合剪力键的抗剪性能,本文针对钢-混组合结构传统栓钉剪力键、传统 PBL 剪力键和复合剪力键进行了推出试验,揭示了复合剪力键栓钉数量、栓钉焊接位置、开孔钢板孔数对其抗剪性能的影响规律,研究结果将为钢-混组合结构复合剪力键在工程中的实际应用提供一定的参考价值。

1　复合剪力键静力试验

1.1　试件设计与制作

目前,对于 PBL+栓钉复合剪力键(简称复合剪力键)在钢-混组合结构力学性能方面的研究较少,为了揭示钉数量、栓钉焊接位置,开孔个数等因素对复合剪力键抗剪性能影响规律,开展了复合剪力键的静力试验。由于试验容易受到在制作和加载过程中产生的构件尺寸、材料性能和试验环境差异的影响,试验结果存在一定的离散性。为此,本文共设计制作了12个推出试件,如图1、表1所示。

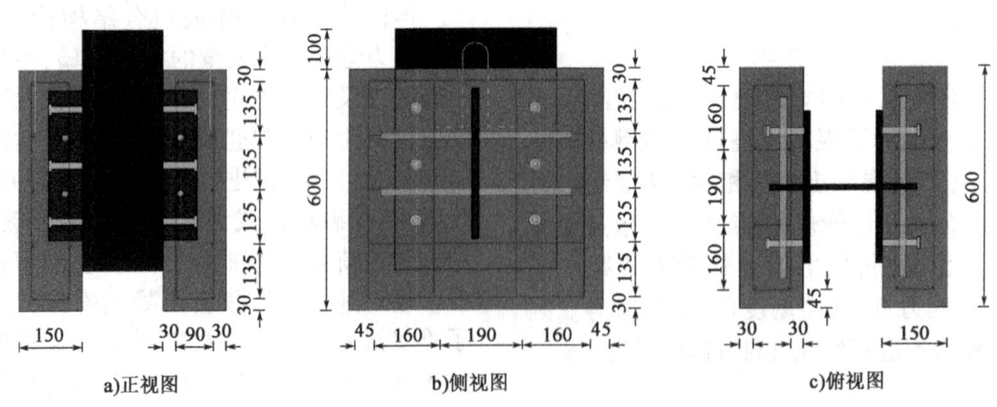

图1　复合剪力键静力推出试件尺寸(尺寸单位:mm)

复合剪力键静力推出试件参数表　表1

试件编号	试件数量	栓钉				开孔钢板			贯穿钢筋			
		长度（mm）	直径（mm）	数量	位置	高度（mm）	厚度（mm）	孔数	孔径（mm）	长度（mm）	直径（mm）	数量
SP1-4-1-1	1	80	16	4	1	80	16	1	50	450	14	1
SP2-4-1-1	1	80	16	4	2	80	16	1	50	450	14	1
P-1-1	1	—	—	—	—	80	16	1	50	450	14	1
SP1-4-1-0	1	80	16	4	1	80	16	1	50	—	—	—
SP1-4-2-2	1	80	16	4	1	80	16	2	50	450	14	2
SP2-4-2-2	1	80	16	4	2	80	16	2	50	450	14	2
P-2-2	1	—	—	—	—	80	16	2	50	450	14	2
SP1-4-2-0	1	80	16	4	1	80	16	2	50	—	—	—
SP1-6-2-2	1	80	16	6	1	80	16	2	50	450	14	2
SP2-6-2-2	1	80	16	6	2	80	16	2	50	450	14	2
SP1-6-2-0	1	80	16	6	1	80	16	2	50	—	—	—
S1-6	1	80	16	6	1	—	—	—	—	—	—	—

注：以第一个试件编号“SP1-4-1-1”为例，编号中第一个字母“S”表示栓钉，第二个字母“P”表示PBL；“SP”后的数字表示栓钉布置位置，数字“1”表示栓钉焊接在H型钢上，数字“2”表示栓钉焊接在开孔钢板上；第一个“-”后的数字表示栓钉数量，第二个“-”后的数字表示开孔钢板的开孔数量，第三个“-”后的数字表示贯穿钢筋数量。

1.2 试件破坏形态

本试验对12个试件进行了推出试验，重点观测栓钉剪力键、PBL剪力键以及复合剪力键的破坏形态，进而分析其破坏模式及破坏机理。通过以往的试验研究经验得知，剪力键试件的破坏模式主要有三种：剪力键破坏、混凝土板破坏、组合破坏。由于同类型推出试件的破坏形态相似，选取了其中有代表性的编号为S1-6、P-2-2、SP1-6-2-2、SP2-6-2-2的试件，分析它们的破坏形态。

S1-6试件为传统栓钉剪力键，其抗剪承载力主要由栓钉来承担。其破坏模式为栓钉被剪断，试件破坏比较突然，属于剪力键破坏。P-2-2试件为传统PBL剪力键，其抗剪承载力主要由开孔钢板中的混凝土榫和贯穿钢筋承担。通过推出试验可以发现，混凝土榫被压碎、贯穿钢筋屈曲破坏。SP1-6-2-2试件为栓钉焊接在H型钢上的复合剪力键，其抗剪承载力主要由栓钉、混凝土榫和贯穿钢筋共同承担。其破坏模式为栓钉根部被剪断、混凝土榫被压碎、贯穿钢筋屈曲破坏。SP2-6-2-2试件为栓钉焊接在开孔钢板上的复合剪力键，主要由栓钉、混凝土榫和贯穿钢筋共同承担抗剪承载力。其破坏模式为栓钉端部翘起、混凝土榫被压碎、贯穿钢筋屈曲破坏。试件破坏形态如图2所示。

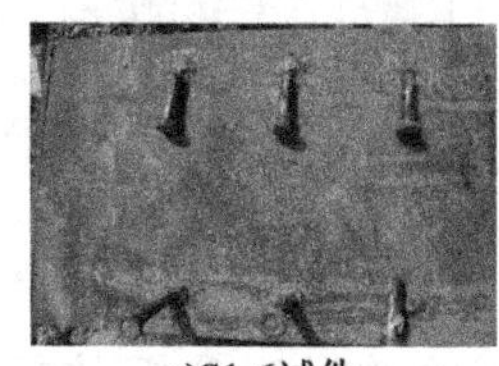
a)S1-6试件

b)P-2-2试件

c)SP1-6-2-2试件

d)SP2-6-2-2试件

图2　试件破坏形态

2 复合剪力键参数优化研究

2.1 荷载-滑移曲线分析

通过对推出试验的数据整理，推出试件的荷载-相对滑移曲线如图3所示。

由图3所示，对于复合剪力键来说，其荷载-相对滑移曲线基本相似，大致分为四个阶段：弹性阶段、非线性阶段、下降段、延性发展阶段。复合剪力键各个阶段的特点如下所述。

（1）弹性阶段

在弹性阶段，荷载-相对滑移曲线斜率较大，相对滑移量增长较小，荷载增长很大且呈线性增长。H型钢和混凝土板的相对滑移很小,混凝土板尚未出现开裂,此阶段的剪切刚度很大,栓钉、开孔钢板内混凝土榫和贯穿钢筋共同承担荷载。

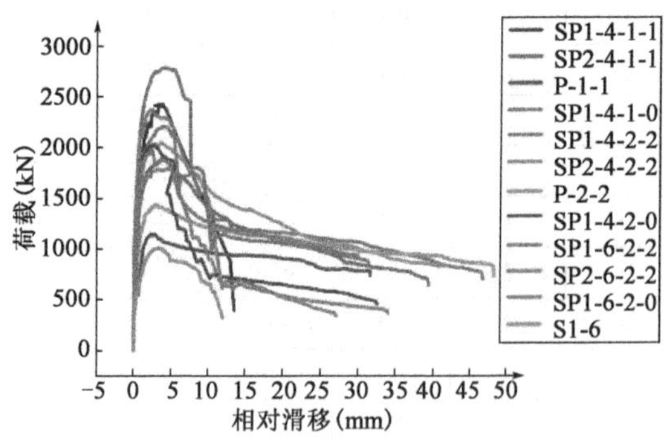

图3　推出试件荷载-相对滑移曲线

(2)非线性阶段

随着荷载的不断增大,开孔钢板内混凝土榫被压碎,混凝土板出现裂缝,栓钉屈服,荷载-相对滑移曲线呈现出非线性增长趋势,表明试件进入塑性阶段。

(3)下降段

当荷载达到极限承载力后,栓钉被剪断,荷载迅速下降,之后试件主要由贯穿钢筋承载。

(4)延性发展阶段

在该阶段,荷载下降变缓,荷载值变化不大,而H型钢和混凝土板的相对滑移逐渐增大,试件表现出较好的延性,直至试件损坏。

2.2　各因素对剪力键极限承载力的影响

(1)栓钉数量对剪力键极限承载力的影响(图4)

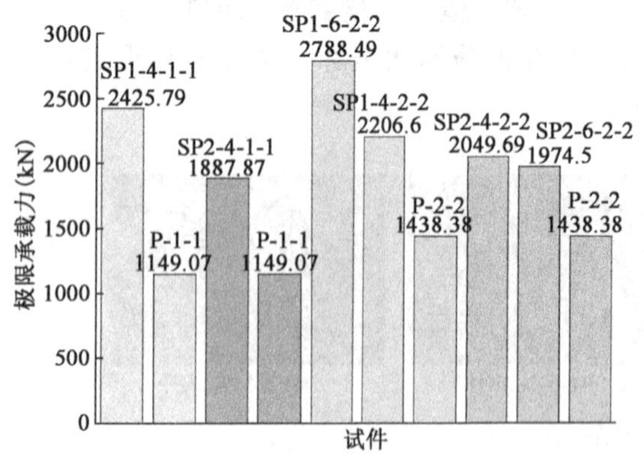

图4　栓钉数量对剪力键极限承载力的影响

通过以上四组试验的对比分析,前三组试验结果表明剪力键的极限承载力随栓钉数量的增加而增大;最后一组试验中,与SP1-4-2-2试件相比,SP1-6-2-2试件的极限承载力有所减小,但二者的极限承载力差值较小,这说明栓钉焊接在开孔钢板上时,焊接4根栓钉和焊接6根栓钉对极限承载力影响不大。

(2)栓钉焊接位置对剪力键极限承载力的影响(图5)

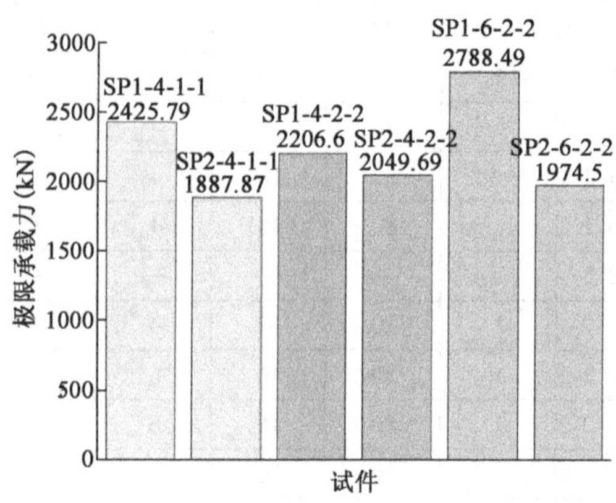

图5　栓钉焊接位置对剪力键极限承载力的影响

通过以上三组试验的对比分析,结果表明,与栓钉焊接在H型钢上相比,栓钉焊接在开孔钢板上的剪力键极限承载力有所降低,第一组试验极限承载力降低了约22%,第二组试验降低了约7%,第三组试验降低了约29%。

(3)开孔钢板孔数对剪力键极限承载力的影响(图6)

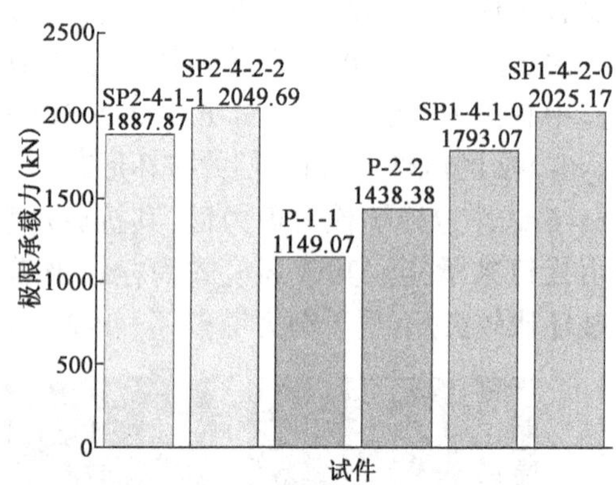

图6　开孔钢板孔数对剪力键极限承载力的影响

通过以上三组试验的对比分析,结果表明与单孔钢板相比,双孔钢板的剪力键极限承载力有所提高,第一组试验极限承载力提高了约9%,第二组试验极限承载力提高了约25%,第三组试验提高了约13%。

2.3　各因素对剪力键抗剪刚度的影响

剪力键的抗剪切刚度指结构发生单位相对滑移时所对应的荷载与滑移量的比值,即$K(s)=$

dP/ds。由于剪力键的荷载-相对滑移曲线是非线性关系,即其抗剪切刚度也是非线性的,目前主要采用割线法确定剪力键的抗剪刚度,本文将剪力键各试件相对滑移量为 0.2mm 时所对应的割线斜率值取为剪力键的抗剪刚度[14-15]。

(1)栓钉数量对剪力键抗剪刚度的影响(图 7)

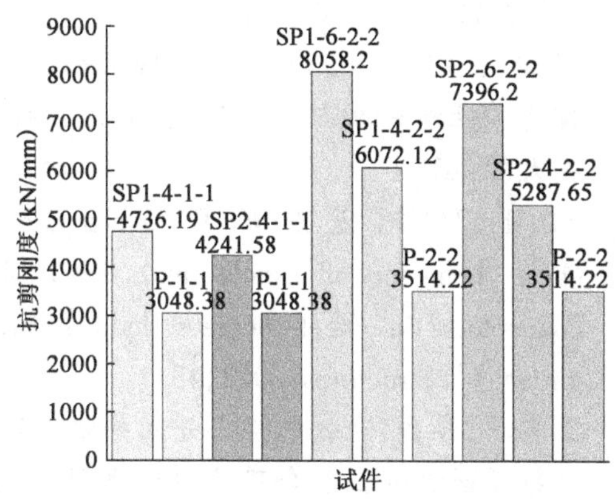

图 7 栓钉数量对剪力键抗剪刚度的影响

通过以上四组试验的对比分析,试验结果表明剪力键的抗剪刚度随栓钉数量的增加而增大;从无栓钉到 4 根栓钉,第一组试验抗剪刚度提高了约 55%,第二组试验提高了约 28%,第三组试验提高了约 73%,第四组试验提高了约 50%;从 4 根栓钉到 6 根栓钉,第三组试验提高了约 33%,第四组试验提高了约 40%。

(2)栓钉焊接位置对剪力键抗剪刚度的影响(图 8)

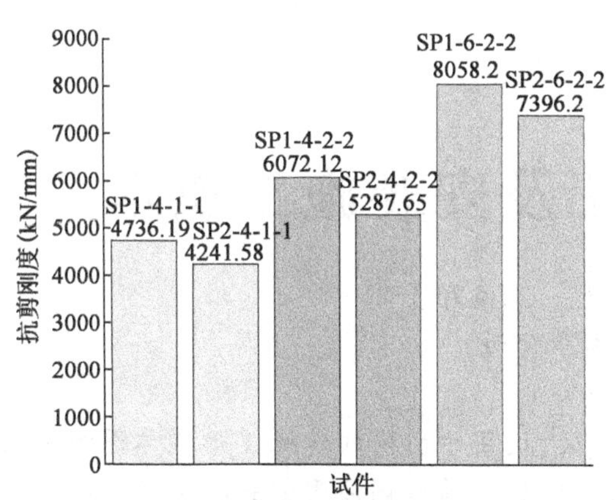

图 8 栓钉焊接位置对剪力键抗剪刚度的影响

通过以上三组试验的对比分析,结果表明,与栓钉焊接在 H 型钢上相比,栓钉焊接在开孔钢板上的剪力键抗剪刚度有所降低,第一组试验降低了约 10%,第二组试验降低了约 13%,第三组试验降低了约 8%。

(3)开孔钢板孔数对剪力键抗剪刚度的影响(图 9)

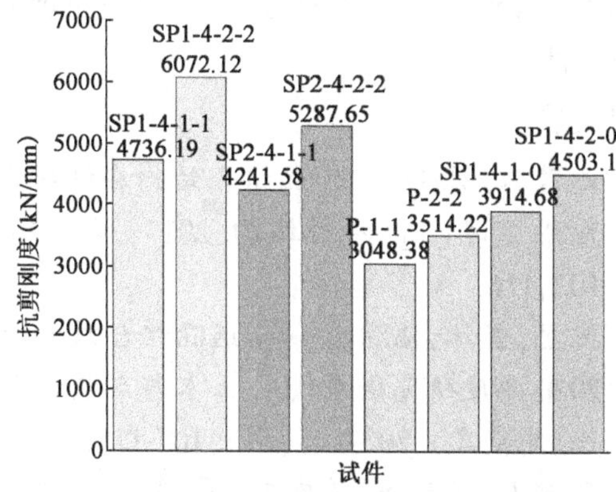

图 9 开孔钢板孔数对剪力键抗剪刚度的影响

通过以上四组试验的对比分析,结果表明与单孔钢板相比,双孔钢板的剪力键抗剪刚度有所提高,第一组试验抗剪刚度提高了约 28%,第二组试验提高了约 25%,第三组试验提高了约 15%,第四组试验提高了约 15%。

3 结语

本文主要对钢-混组合结构复合剪力键推出试验进行了结果分析。根据试件的破坏形态,分析了传统栓钉剪力键、PBL 剪力键和复合剪力键的受力机理和破坏模式。栓钉剪力键主要为栓钉根部剪断破坏,PBL 剪力键主要为混凝土榫被压碎、贯穿钢筋屈曲破坏,栓钉焊接在 H 型钢上的复合剪力键主要为栓钉根部被剪断、混凝土榫被压碎、贯穿钢筋屈曲破坏,栓钉焊接在开孔钢板上的复合剪力键主要为栓钉端部翘起、混凝土榫被压碎、贯穿钢筋屈曲破坏;并总结了所有试件的荷载-相对滑移曲线,所有复合剪力键的荷载-相对滑移曲线相似,分为四个阶段:弹性阶段、非线性阶段、下降段、延性发展阶段。

通过对试验数据进行整理与计算,分析了复合剪力键栓钉数量、栓钉焊接位置、开孔钢板孔数对其极限承载力、抗剪刚度的影响,并揭示了其影响规律。

(1)极限承载力:剪力键的极限承载力随栓钉数量的增加而增大;栓钉焊接在开孔钢板上的剪力键极限承载力与栓钉焊接在 H 型钢上相比有所降低;剪力键的极限承载力随开孔钢板孔数的增加而增大。

(2)抗剪刚度:随着栓钉数量及开孔钢板孔数

的增加,剪力键的抗剪刚度也增大;对于不同的栓钉焊接位置,栓钉焊接在开孔钢板上的剪力键抗剪刚度比栓钉焊接在 H 型钢上的剪力键抗剪刚度有所降低。

参考文献

[1] 赵君黎,刘晓娣. 钢-混组合结构在桥梁中的应用综述[J]. 特种结构,2017,34(2):99-102,116.

[2] 卫星,肖林,温宗意,等. 钢混组合结构桥梁 2020 年度研究进展[J]. 土木与环境工程学报(中英文),2021,43(S1):107-119.

[3] 陈宝春,牟廷敏,陈宜言,等. 我国钢-混凝土组合结构桥梁研究进展及工程应用[J]. 建筑结构学报,2013,34(S1):1-10.

[4] 刘迎倩. 钢-轻骨料混凝土栓钉连接件推出试验研究[J]. 公路,2018,63(2):73-76.

[5] 杨一凡. 轻骨料混凝土栓钉连接件力学性能的研究[D]. 北京:北京交通大学,2021.

[6] ZHANG S, JIA Y M, DING Y X. Study on the Flexural Behavior of Steel-Concrete Composite Beams Based on the Shear Performance of Headed Stud Connectors[J]. Buildings, 2022, 12(7).

[7] CUI C X, SONG L, LIU R, et al. Shear behavior of stud connectors in steel bridge deck and ballastless track structural systems of high-speed railways [J]. Construction and Building Materials, 2022, 341.

[8] 何旭卓. 钢混组合结构 PBL 剪力键承载能力试验研究[D]. 兰州:兰州交通大学,2021.

[9] 武芳文,冯彦鹏,罗建飞,等. 钢-UHPC 组合结构中 PBL 剪力键力学性能研究[J]. 中国公路学报,2022,35(10):147-160.

[10] 罗建飞. 钢-UHPC 组合结构 Twin-PBL 剪力键力学性能分析与试验研究[D]. 西安:长安大学,2021.

[11] XU H, ZHANG S, RONG B. Investigation on shear behavior of studs and PBL shear connectors in steel-concrete hybrid bridge girder[J]. Structures, 2022, 43.

[12] 王宣鼎,廖岳,沈敏慧,等. 并列异形 PBL-钢纤维增强混凝土组合剪力键受剪性能研究[J]. 中国公路学报,2023,36(7):147-157.

[13] 于长江. 钢-混组合结构复合剪力键力学行为研究[D]. 西安:长安大学,2022.

[14] JSSC. Guidelines for performance-based design of steel-concrete hybrid structures[S]. Japan Society of Civil Engineers, 2002:1-31.

[15] JOHNSON R, MAY I. Partial-interaction design of composite beams[J]. Structural Engineer, 1975, 53(8):305-311.

超大节段波形钢腹板加工及安装施工技术

邹国勋* 王明伟 王坤杰 王俊野

(中交一公局第六工程有限公司)

摘 要 随着国内桥梁技术的不断创新,跨径的持续加大,运用于引桥的传统 T 形梁体逐渐被波形钢腹板梁所替代,其核心组成波形钢腹板也在不断进行改进创新,目前我国波形钢腹板节段长度普遍为 8m 以下,厚度在 20mm 左右,针对超大节段波形板的加工及安装施工经验国内基本为空白。本文依托孟州黄河特大桥工程施工实例,对大节段波形钢腹板制作技术及安装要点进行阐述,优化了现有施工工艺,提高了板单元质量和安装精度,为下一步现场梁体预制提供了便利,提升受力性能,为大跨径装配式波形钢腹板梁的推广应用积累实践经验。

关键词 大节段波形钢腹板 无牵引式连续模压法 组合定位斜腹板式侧模

0 引言

国道207孟州—偃师黄河特大桥及连接线工程,路线全长18.39km,其中黄河特大桥3007m,移民防护堤内北引桥3×(4×50)m+(3×50)m,南引桥(5×50)m均为波形钢腹板组合梁(图1),共计20孔,120片装配式波形钢腹板组合梁。

图1 波形钢腹板组合梁

波形钢腹板组合梁采用预制装配式施工,标准跨径50m,腹板由常规的混凝土腹板变为波形钢腹板,采用的波形钢腹板钢材材质为Q345qD,加工波形型号为BCSW1200型,单个波形1200mm,单块节段长度可达16.8m,厚度却仅为9mm和10mm,经过工厂内部多个精细工序的集成加工,并在所有质量控制指标均符合标准的情况下,产品即可被安排运输至梁加工厂进行最终的组装工作,节段安装全部采用高强螺栓连接工艺,利用组合定位斜腹板式侧模+大节段防变形吊装工装+Bim技术优化安装顺序,完成预制梁厂内大节段波形板的安装任务。工艺流程见图2。

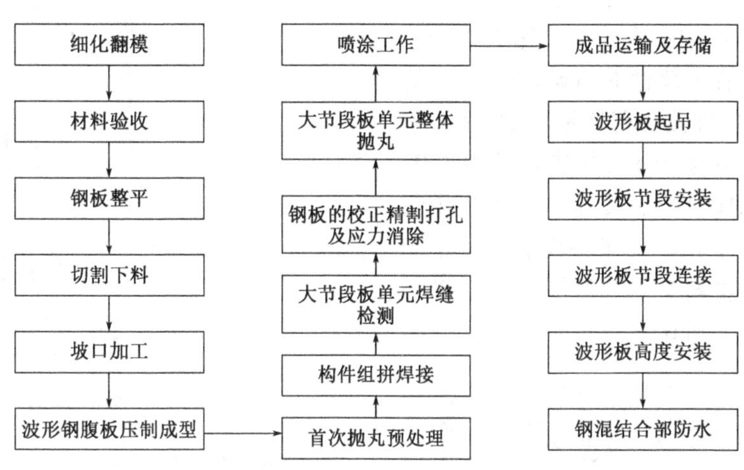

图2 工艺流程图

1 大节段波形板厂内加工

1.1 板单元加工

在板加工过程中,加工厂采用行业先进的数控火焰等离子切割机(图3),对金属板材执行高精度的裁剪工序,以达到初期设计图纸的精度要求。考虑到波形板材在压制成型后可能出现的形变,在切割阶段需要采取预防措施,以确保最终焊接与成型过程中,产品尺寸与设计规格之间的偏差趋于最小,有效降低二次加工的可能性。在钢板的加工环节,通过起重器将其移至坡口加工平台,在此首先使用半自动火焰切割机按照设计要求进行切割(根据设计坡口的要求,增加超过1mm的斜面);随后,为了制作符合设计规范的坡口剖面,将钢板进行翻转,使用铣边设备进行正割法的边缘铣削,最终达到预期的坡口断面设计要求(图4)。

图3 数控火焰等离子切割机

图4　火焰切割机坡口加工

1.2　波形钢腹板压制成型

在波形钢腹板经过精确的切割工序之后,紧接着进行的是波形板生产流程中至关重要的一环——压制成型环节。波形钢腹板的成型技术目前普遍采用的是模压和冲压两种主流方法。本项目为了进一步提升波形钢腹板的成型速率与产品质量,确保压制作业的连续性并打破制品长度的限制,摒弃了传统的单排油缸普通模压法,转而采用多排油缸无牵引连续模压法,并搭配专为1200型波形钢腹板设计的模具,显著提高了压制作业的效率与成型产品的品质。此举不仅优化了生产效率,还在源头上有效减少了波形板节段连接处的竖向焊缝数量(图5、图6)。

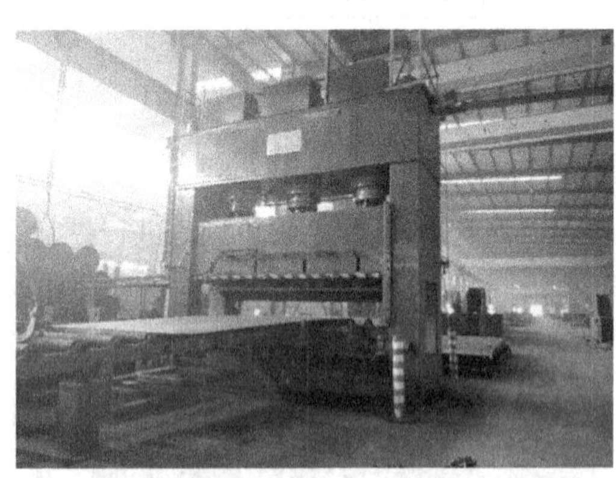

图5　无牵引式连续模压机

1.3　构件组拼焊接及检测

在小节段波形钢腹板经过模压工艺精密加工成型之后,利用定制的装配工具,将各板块及组件精确对接并组装,之后进入焊接阶段,5～6m长度的单节波形钢腹板被精细拼接,形成16.8m长的大节段波形钢腹板。在此过程中,采用了工厂新引进的高端全自动埋弧焊机进行焊接作业(图7),该设备能够自动完成整个焊接流程,包括焊接机头的自动追踪、焊接参数的预设与自动反馈控制,以及焊接程序的自动编制等。待焊接步骤结束后,大节段波形钢腹板已初步成型。在现场,通过使用超声波检测设备和射线探伤仪对焊缝进行严格检查,以确保焊接质量达到设计规范的要求。按照设计规范,超声波检测时需对焊缝实施100%全面检查,而射线探伤时对焊缝进行10%的随机抽检(图8)。

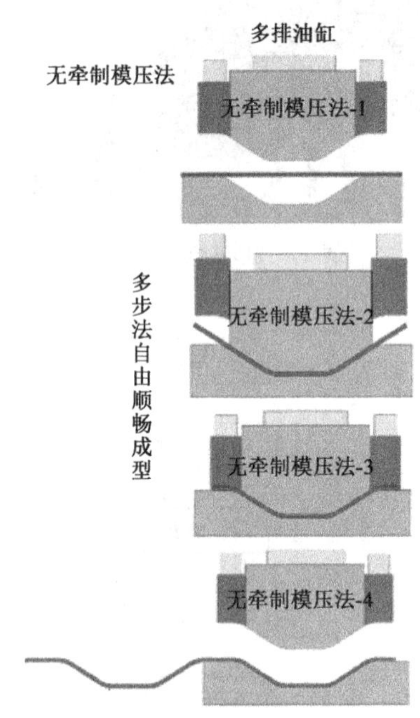

图6　模压施工

图7　板间埋弧焊施工

1.4　波形钢腹板校正切割及应力消除

波形钢腹板在焊接作业完毕且顺利通过质量检验之后,接下来的步骤是对产品的尺寸进行精细调整,去除多余的钢板材料,并执行螺栓孔的钻制工序。为了解决在板单元加工过程中可能出现的应力问题，工厂采用了行业先进的振动时效技术进行处理，该技术能够有效消除板单元内部的应力，并迅速提供检测结果，确保产品的精确度和稳定性。

图8　焊缝检测

1.5　板单元抛丸及喷涂

在波形钢腹板进行表面涂装前，必须先行一次彻底的表面抛丸处理，此过程旨在清除油污和锈蚀，并确保达到喷涂作业前所需的Sa2.5级除锈标准及Rz40～70μm的表面粗糙度（图9）。抛丸作业后，为保障涂层的附着力和耐久性，将对板单元表面依序施加底漆、中漆及面漆，以三层喷涂工艺完成表面处理（图10）。

图9　板单元抛丸打磨

图10　板单元喷涂

在此工序流程中，采用了先进的高压无气自动化喷涂设备，以实施各个级别的防腐涂装。此工序确保了涂层的均匀性和密实性，同时保障干膜的厚度及其附着力均符合严格的工业标准。为了保障喷涂环境的封闭性和工作人员的健康安全，划定了特定的喷涂区域，以集中进行此项作业，并由专业人员进行全程质量监控。

2　波形钢腹板运输与存放

波形钢腹板厂内加工完成后，运输至预制厂区，因为波形钢腹板节段长，板厚仅有9～10mm，在运输过程中极易发生形变，影响后续波形板的安装精度，为了避免形变的发生，厂内加工的波形钢腹板上下翼缘板处设置共计4根ϕ20约束钢筋（图11），在运输过程中，严格规定单车运输波形钢腹板存放高度不超过5片，并且层与层之间下设枕木、焊接临时角铁加固波形钢腹板（图12）。整车波形钢腹板使用钢丝绳整体连接，确保牢固可靠，在与钢丝绳接触的边缘加纸箱垫块，防止损伤波形钢腹板外观质量。在栓钉位置错开存放，留有空间，防止在运输期间栓钉磕碰脱落。进场以后的波形钢腹板存放场地应硬化、平整、通风并且具有排水措施，基础硬化应具有足够的承载力，可以多层存放，但是不能超过5层。

图11　波形钢腹板约束钢筋

波形钢腹板每个节段应标识清楚，且具有唯一编号，并且按照顺序放在储存位置。存放期间不出现地基沉降，存放时应该做好覆盖彩条布等设施，做好防雨工作，下设枕木留有适当间隙，便于后续波形板起吊、编号查找，如图13、图14所示。

图12　层与层连接

图13　波形钢腹板存放

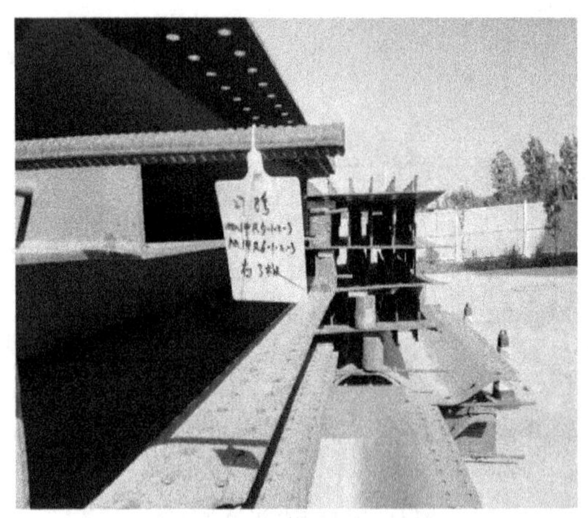

图14　波形钢腹板编号

3　进厂物理尺寸检测

必须严格把控进场的波形钢腹板几何尺寸，如果波形钢腹板的几何尺寸不满足设计要求，则直接影响后续安装精度。主要检测波形钢腹板翼缘板宽及平整度、腹板高度及平整度、节段长及节段对角线长、波高及波长等物理尺寸，波形钢腹板尺寸如图15所示，进行100%检测。特别注意的是，两节段的连接处尺寸误差，以1.2m波长为例，单个波形钢腹板节段连接处的尺寸应为60cm，为了保证后续波形钢腹板节段连接处的施工精度，严格确保此处精度满足设计及规范要求，并现场检测(图16)。

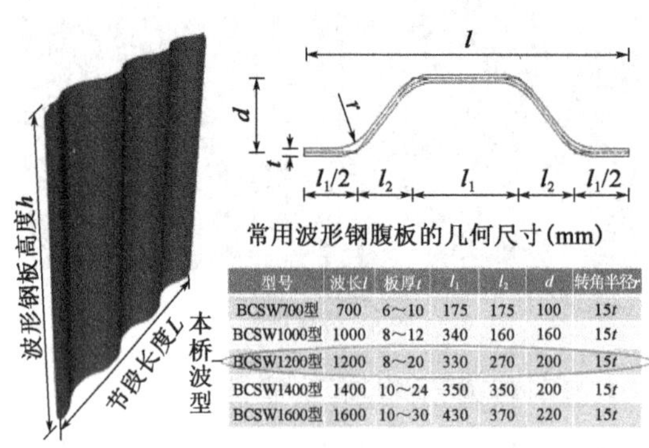

常用波形钢腹板的几何尺寸(mm)

型号	波长l	板厚t	l_1	l_2	d	转角半径r
BCSW700型	700	6～10	175	175	100	15t
BCSW1000型	1000	8～12	340	160	160	15t
BCSW1200型	1200	8～20	330	270	200	15t
BCSW1400型	1400	10～24	350	350	200	15t
BCSW1600型	1600	10～30	430	370	220	15t

图15　波形钢腹板尺寸

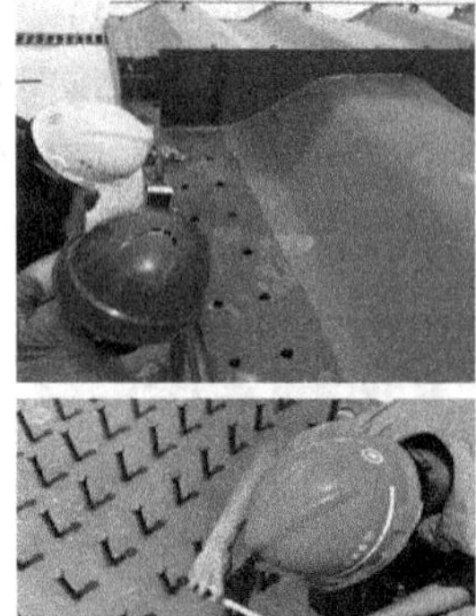

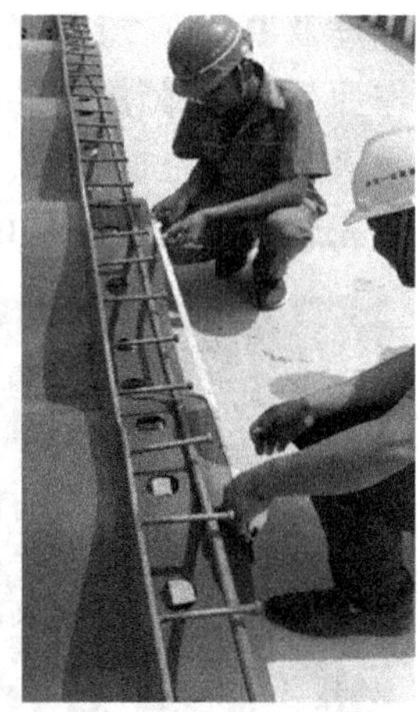

图16　现场检测

4　波形钢腹板安装

4.1　波形钢腹板起吊

波形钢腹板最大节段长达16.8m，板厚仅为9～10mm，吊装过程极易发生波形板的整体形变，从而影响波形板的后续安装精度，为了避免该现象的发生，通过BIM建模设计一种专用防变形吊具，吊具采用六点吊装配合门式起重机起吊波形钢腹板，使波形钢腹板受力均匀，避免形变现象发生(图17、图18)。

图17 波形钢腹板起吊现场图

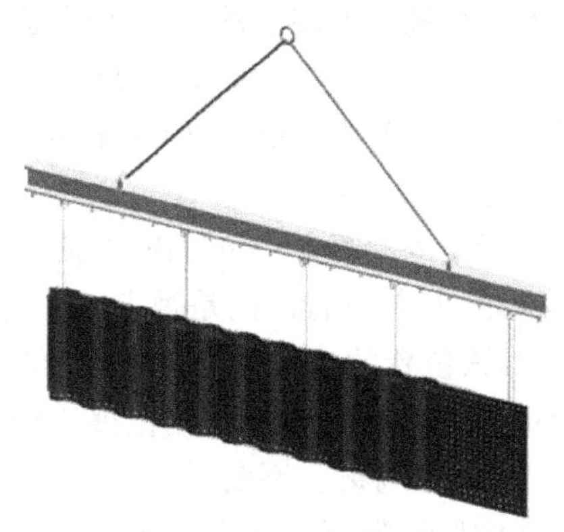
图18 波形钢腹板起吊模拟图

4.2 波形钢腹板高度定位

通过利用波形钢腹板大节段的特点,设计采用组合定位式斜腹板侧模进行高度调整,(图19),使其满足波形钢腹板安装初步定位的功能,提高安装效率。波形钢腹板板的上翼缘板只需要紧贴在外模翼缘板即可完成初步定位(图20),紧贴以后在模板与模板之间安装止浆条(图21),防止漏浆污染波形板的现象发生。波形板底侧每隔2m焊接一处"门子筋"支撑,门子筋应焊接牢固,支撑波形钢腹板下部(图22),实现高度定位。

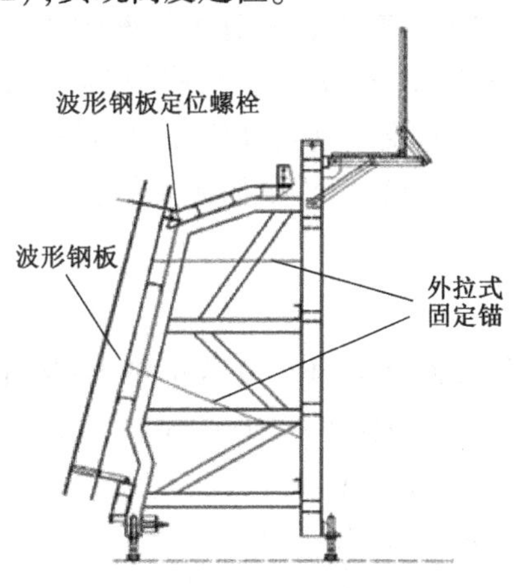

图19 斜腹板侧模

图20 波形板依靠侧模

图21 止浆条安装

图22 门子筋支撑

4.3 波形钢腹板节段连接

波形钢腹板节段安装方法为:首先根据具体梁长在台座端头用墨线或石笔做出波形钢腹板端部位置标记(图23),确定波形钢腹板的前后安装距离;然后从小桩号到大桩号依次安装大节段波形钢腹板,直至全部节段安装完成;最后待所有大节段波形钢腹板节段安装完毕后,首先利用手拉葫芦进行波形板横向间距调整(图24),满足设计及规范要求后,采用花篮螺栓将波形板固定在侧模框架上(图25),并完成波形钢腹板上翼缘板节段之间焊接(图26),确保波形钢腹板牢固可靠;

最后进行节段之间的高强度螺栓施工,高强度螺栓连接施工应从梁中向两侧对称进行,确保波形钢腹板受力均匀。

图23　波形钢腹板端部位置标记

图24　横向间距调整

图25　横向间距加固

图26　上翼缘板连接

4.4　安装注意要点

(1)安装波形钢腹板前应该计算好梁体尺寸,对梁端起始终点线做好标记,以利于安装时波形钢腹板的尺寸精确。

(2)大节段波形钢腹板相对于小节段波形钢腹板,更加容易发生形变,运输、安装等过程应做好加固措施,确保形变发生最小。

(3)节段的长、宽、高,螺栓的纵、横向间距,安装完成后的波形钢腹板应符合设计及规范要求。

(4)高强度螺栓安装过程中,必须保证各构件接触面干燥,禁止在雨水侵袭或湿润条件下施工。

(5)在浇筑混凝土之前,应确保波形钢腹板翼缘板位置无铁锈及杂物。

(6)在后续的混凝土浇筑过程中,应特别注意波形钢腹板的贯穿钢筋连接是否牢固,振捣过程注意减少对该位置的钢筋影响,混凝土浇筑时做好波形钢腹板埋入部位混凝土的振捣工作。浇筑过程确保钢腹板不移位、不变形。

(7)在波形钢腹板与混凝土连接处均应设置止水材料密封。

5　结语

波形钢腹板组合箱梁因其施工周期缩短、经济成本低以及结构自重轻等优势,在桥梁工程中被广泛采用。特别是在大跨径桥梁的建设中,这种组合箱梁展现了突出的性能优势,有效提高了结构的稳定性,并显著降低了箱梁腹板开裂等结构性问题发生概率。本文通过对孟州—偃师黄河特大桥的工程实践证明,大节段波形钢腹板加工及安装质量可以得到有效保证,精确性好,稳定性好,施工效率高。相对于传统的小节段波形钢腹板安装,大节段波形钢腹板具有构件精确度、标准化、可控性更高等优点,具有很好的推广价值,为后续同类型桥梁的施工提供很好的参考依据。

参考文献

[1]　中华人民共和国交通运输部. 公路桥涵施工技术规范:JTG/T F50—2011[S]. 北京:人民交通出版社,2011.

[2]　李淑琴,陈建兵,万水,等. 我国几座波形钢腹板PC组合箱梁桥的设计与建造[J]. 工程力

学,2009,26(S1):115-118.

[3] 陈宜言,王用中.波形钢腹板预应力混凝土桥设计与施工[M].北京:人民交通出版社,2010.

[4] 王剑.波形钢腹板PC组合箱梁桥特点及施工质量控制[J].黑龙江交通科技,2013(12):126.

基于反射隔热涂装的桥梁温度应力控制方法

吕　毅[1]　刘永健*[1,2]　刘　江[1]　马志元[1]　白永新[1]

(1.长安大学公路学院;2.重庆大学土木工程学院)

摘　要　为减小桥梁结构截面内非线形温差,降低温度应力水平,提出一种采用不同辐射吸收率反射隔热涂装的桥梁温度应力控制方法。选取青海地区某混凝土连续箱梁桥,建立并分析其日照温度场及温度效应。通过正交试验进行参数分析及回归分析,并利用反射隔热涂装可以改变结构表面太阳辐射吸收率特性,对混凝土小箱梁不同表面涂覆的不同吸收率反射隔热涂装,对比温度应力控制效果。结果表明:对于混凝土小箱梁顶板、底板、西侧腹板和东侧腹板应分别选取太阳辐射吸收率为0.2、0.8、0.2、0.2的反射隔热涂装,此时截面小箱梁西侧和东侧竖向非线性温差最大值分别减小45.9%、46.3%,温度应力分别减小24.3%、29.8%。本文研究说明,采用合理的反射隔热涂装方案可以减小桥梁结构截面内非线性温差,降低温度应力。

关键词　桥梁工程　非线性温差　温度应力　辐射吸收率　反射隔热涂装

0　引言

桥梁结构暴露于自然环境之中,在日照辐射、气温及风速的作用下产生温度变化,受到约束后进一步产生温度应力。对于混凝土桥梁主梁沿截面竖向的非线性温差在截面内会产生显著的温度应力,是导致混凝土箱梁开裂的重要原因。因此,降低桥梁结构截面内温度应力水平是保证混凝土桥梁结构服役安全性和耐久性的关键。

国内外学者通常从“抗-放-防”三个不同角度来对温度应力进行控制,早期学者通过设置支座、伸缩缝等构造释放桥梁结构的边界约束,以适应温度变形,达到降低温度应力的效果。但是释放边界约束只能减小桥梁结构的温度次应力,在非线性温差作用下,受截面自身纤维约束产生的温度自应力无法得到有效释放,这也是桥梁产生温度裂缝的主要原因。通过提高桥梁结构的抗力水平,可抵抗温度应力,胡志红等在武汉某高速公路桥混凝土箱梁底板配置两层钢筋网,解决了箱梁底板由于温度应力导致的纵向开裂问题;杨海鹏等通过调整港珠澳大桥混凝土材料级配和级配比,提高了混凝土强度等级,以预防混凝土箱梁顶板纵向裂缝。增加钢筋数量、采用高强度等级混凝土会导致整桥造价上涨,经济性相对较差。温度应力的大小取决于截面内非线性温差,通过降低桥梁结构截面内非线性温差可降低温度应力水平,刘小军等研究桥面铺装厚度变化对混凝土箱梁截面温度应力的影响,结果表明在截面内非线性温差影响下,随着桥面铺装层厚度的增大,引起的应力变化主要发生在主梁截面上缘,控制截面由温度引起的应力逐渐减小。元强等通过涂装反射隔热涂装来改变某高铁桥梁高墩的表面太阳辐射吸收率,并进行日照温度效应的有限元模拟和试验,考虑反射隔热涂装效果后,日照辐射作用下的桥墩各处温度幅值明显降低。冀磊等配置出一种无砟轨道用反射隔热涂装,显著降低了轨道板温差。陈帅等在无砟轨道局部涂刷反射隔热涂装,白天辐射强时,反射隔热涂装降温效果可达7~10℃,涂装涂刷区附加力也会随之降低。相较前两种方法,通过调整桥梁结构截面内非线性温差,从而降低温度应力的方法更为简便,是实现桥梁结构的日照温度应力控制的有效手段。但是桥梁不同构件表面由于倾角和方位角的不同,各表面接收到的太阳辐射存在一定差异,涂覆相同辐射吸收率的反射隔涂装只能降低桥梁结构的整体温度,无法有效减小桥梁结构截面内非线性温差及温度应力。

为此,本文以一两跨混凝土连续梁桥为例,建立主梁及桥墩的二维日照温度场模型,利用反射隔热涂装改变结构表面太阳辐射吸收率,通过参数分析,对不同表面涂覆的反射隔热涂装吸收率进行优化,减小结构截面内竖向非线性温差及截面内径向温差,从而减小桥梁结构温度应力。

1 数值模拟

1.1 工程背景

选取青海地区广泛使用的两跨混凝土连续箱梁桥进行分析,该桥桥位为东经116°07′,北纬43°57′,桥梁为正南北走向。连续梁构件断面见图1。该桥跨径组合为30m+30m,主梁采用30m标准跨径的C50混凝土小箱梁,小箱梁顶板宽285cm,厚18cm,底板宽100cm,厚25cm,两侧腹板厚25cm。外侧翼缘板厚度由端部18cm增至根部25cm,宽81.7cm,内侧翼缘板在根部设有18cm×7cm的倒角。

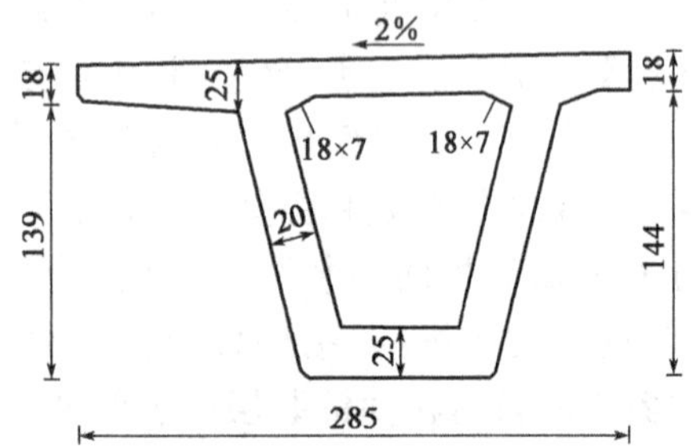

图1 小箱梁断面图(尺寸单位:cm)

1.2 模型建立

结构采用ABAQUS中的四节点线性传热四边形单元DC2D4进行模拟,混凝土的热工参数取值见表1。有限元模型见图2。温度场计算时采用结构初始温度,根据文献[27],取高于初始时刻气温2℃。

混凝土热工参数取值 表1

热工参数	C50混凝土
密度(kg/m³)	2590
导热系数[W/(m·℃)]	2.94
比热容[J/(kg·℃)]	898
吸收率	0.50
辐射率	0.80

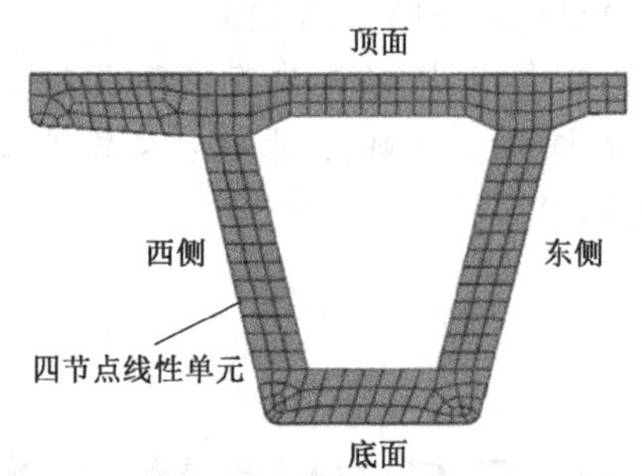

图2 有限元模型

桥梁结构截面内最大温差可能出现在一年中太阳辐射最强日、气温最高日、日温差最大日。本文以国家气象科学数据中心(http://data.cma.cn)公布的距桥位最近的气象站点2015年气象数据为基础,对该桥西侧边梁进行日照温度场分析,气象参数详见表2,温度计算边界参考文献[2]。

气象参数取值 表2

气象参数	辐射最强(7.5MJ/m²)	温度最高(7.14℃)	温差最大(8.18℃)
辐射(MJ/m²)	31.95	27.52	22.30
最高气温(℃)	27.6	34.4	30.1
最低气温(℃)	10.7	20.1	10
风速(m/s)	4.1	3.7	4.5

采用顺序热力耦合方法进行温度应力计算,采用八结点线性六面体单元(C3D8R)进行模拟,将温度场计算结果作为温度荷载施加于该静力计算模型。进行温度应力计算时,边界条件按照实际支座布置,如图3所示。

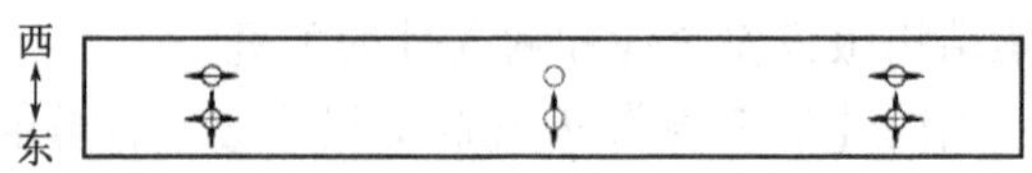

图3 支座布置示意图

2 温度作用及效应分析

2.1 竖向温差

小箱梁截面竖向非线性温差分布见图4。受顶部太阳直射和底部反射辐射的影响,不同计算日竖向温差均为非线性分布,其由顶部曲线段、中间等温段和底部线性部分组成,但最大温差值存在一定差异,辐射最强日温差最大,底部温差为5.2℃,顶部温差达13.3℃。

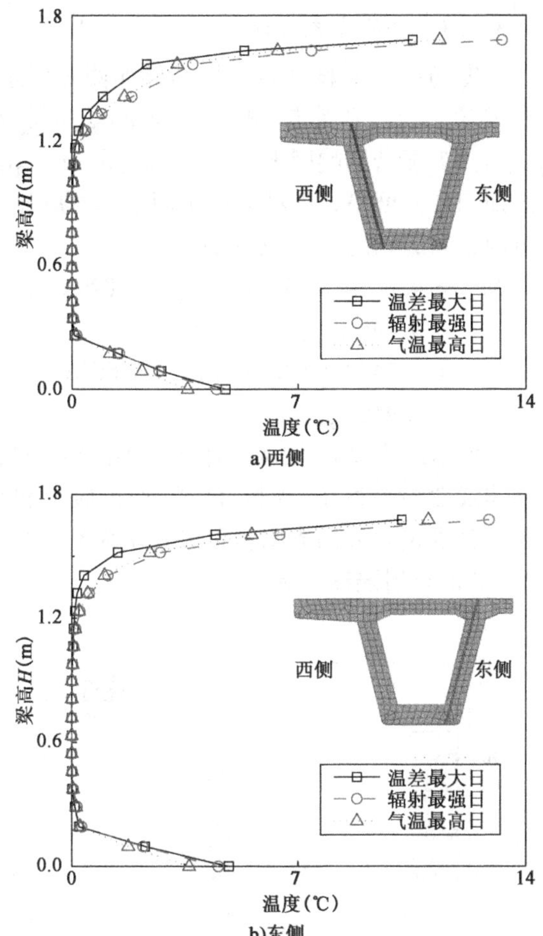

a)西侧

b)东侧

图4　小箱梁竖向非线性温差分布

2.2　温度应力

图5为温度作用下小箱梁四分之一跨截面处温度应力分布。从该图中可得,小箱梁东侧及西侧腹板温度应力分布规律相同,辐射最强日的温度应力最大。混凝土顶板下部、腹板及底板上部拉应力值均较大,最大可达0.42MPa,与其他荷载效应叠加可能会导致混凝土箱梁腹板及顶底板开裂。

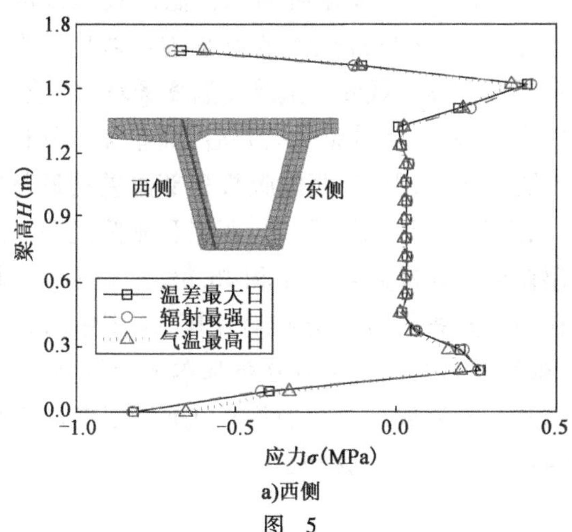

a)西侧

图　5

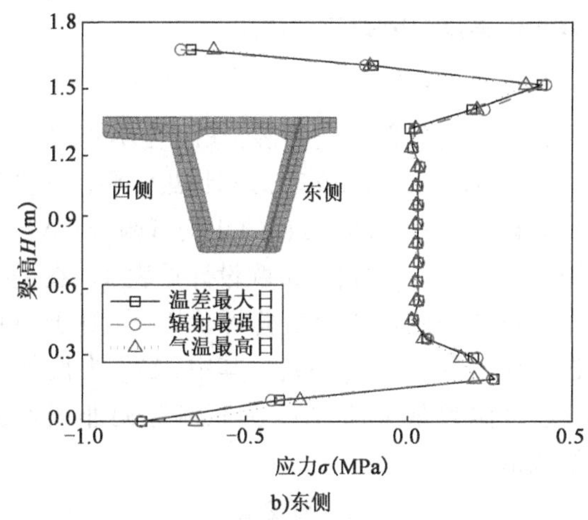

b)东侧

图5　小箱梁竖向应力分布

3　反射隔热涂装选择

由上述分析可得,太阳辐射对桥梁结构温度应力的影响不可忽视。本文通过涂刷反射隔热涂装来减少结构吸收的太阳辐射,减小截面内的非线性温差,进而降低截面温度应力。后续研究中选取竖向温差和温度应力最显著的辐射最强日(2015.07.05)进行分析。反射隔热涂装作为一种对太阳光高反射率,即低辐射吸收率的隔热涂装,通过改变对太阳辐射的吸收量进而改变基体的温度。常见的反射隔热涂装辐射吸收率范围为0.20~0.80,而混凝土表面辐射吸收率范围为0.4~0.7,小于反射隔热涂装。因此通过在桥梁结构不同方位涂装不同辐射吸收率的反射隔热涂装,来降低混凝土小箱梁日照温度作用。

3.1　参数分析

3.1.1　模拟方法

在ABAQUS中模拟涂层时,不同组合的反射隔热涂装涂装于结构表面,对结构表面粗糙度的影响可以忽略,不会对桥梁结构对流换热边界产生影响。混凝土表面的辐射发射率一般为0.85~0.95,与常见反射隔热涂装辐射发射率相近,因此无需考虑涂装反射隔热涂装对桥梁结构辐射换热边界的影响。涂层的厚度远小于桥梁结构构件的厚度,改变涂层的导热系数不会对桥梁结构导热系数产生可见影响。涂装涂层的结构构件与反射隔热涂装直接接触,可认为涂装反射隔热涂装的结构构件表面辐射吸收率发生变化,所以本文采用改变结构表面辐射吸收率的方式来模拟桥梁结构表面涂装反射隔热涂装情况。

3.1.2　参数选取

利用不同反射隔热涂装，来改变小箱梁和桥墩4 个表面的辐射吸收率，设计四水平(分别为0.2、0.4、0.6、0.8)的 L22(4^4)正交试验，对小箱梁的结构温度场进行分析，试验设计见表3。在进行数据分析前需确定正交实验评价因子，对于小箱梁选取评价因子 ΔT_w、ΔT_e。其中，ΔT_w 为西侧竖向非线性温差最大值；ΔT_e 为东侧竖向非线性温差最大值。

正交试验表　　表3

编号	$\alpha_{顶板}$	$\alpha_{底板}$	$\alpha_{西侧腹板}$	$\alpha_{东侧腹板}$	ΔT_w(℃)	ΔT_e(℃)
1	0.2	0.2	0.2	0.2	7.3	7.6
2	0.4	0.4	0.4	0.4	12.4	13.1
3	0.6	0.6	0.6	0.6	17.5	18.5
4	0.8	0.8	0.8	0.8	22.4	23.8
5	0.8	0.6	0.4	0.2	23.7	25.1
6	0.6	0.4	0.2	0.8	18.7	18.3
7	0.4	0.2	0.8	0.6	11.6	12.9
8	0.2	0.8	0.6	0.4	5.6	6.7
9	0.2	0.6	0.8	0.4	5.3	6.9
10	0.4	0.8	0.2	0.6	12.5	12.4
11	0.6	0.2	0.4	0.8	18.4	18.4
12	0.8	0.4	0.6	0.2	23.3	25.3
13	0.8	0.2	0.6	0.4	23.5	25.1
14	0.6	0.8	0.8	0.2	16.7	19.1
15	0.4	0.6	0.2	0.8	12.8	12.1
16	0.2	0.4	0.4	0.6	6.5	6.7
17	0.4	0.4	0.6	0.2	11.9	13.5
18	0.8	0.4	0.2	0.6	24.4	24.5
19	0.2	0.4	0.8	0.8	5.5	6.3
20	0.6	0.8	0.4	0.4	17.8	18.7
21	0.6	0.4	0.2	0.4	18.7	19.1
22	0.6	0.4	0.6	0.8	17.7	18.3

3.1.3　合理方案设计

温度场正交试验方差分析结果如图 6 所示。观察发现，ΔT_w 显著影响因素为 $\alpha_{顶板}$、$\alpha_{底板}$ 及 $\alpha_{西侧腹板}$，ΔT_e 显著影响因素为 $\alpha_{顶板}$、$\alpha_{底板}$ 及 $\alpha_{东侧腹板}$。通过回归分析可得到小箱梁评价因子与对应显著影响因素间的线性关系，见下式：

$$\Delta T_w = 4.6034 + 57.749\alpha_{顶板} - 2.029\alpha_{底板} + 5.449\alpha_{西侧腹板}$$

$$\Delta T_e = 4.5450 + 59.482\alpha_{顶板} - 1.669\alpha_{底板} + 3.958\alpha_{东侧腹板}$$

为使 ΔT_w 及 ΔT_e 均取最小值，即小箱梁截面竖向非线性温差最小，顶板、底板、西侧腹板和东侧腹板分别选取表面太阳辐射吸收率为0.2、0.8、0.2、0.2 的反射隔热涂装。

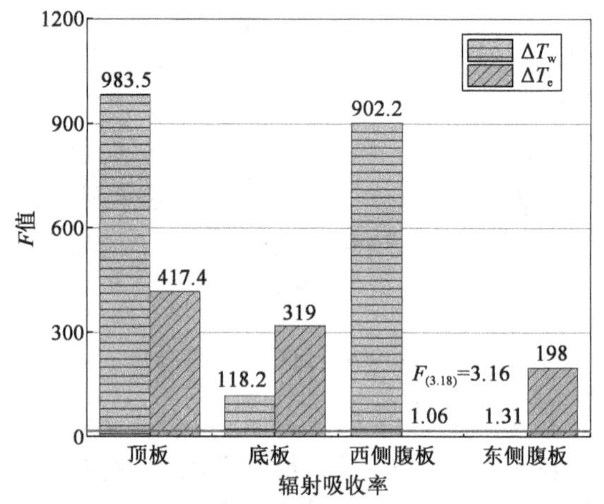

图6　方差分析对比图

3.2　方案对比

根据上节分析所得最优反射隔热涂装涂装方案，通过有限元对优化后的结构温度场及温度应力进行模拟，并与常规涂装方案进行对比。小箱梁在两种方案下截面内温差及温度场对比见图 7，可以看出，采用反射隔热涂装后，温差竖向分布形式无明显变化，但东、西侧腹板顶部温差均显著减小，底部温差变化则不明显，西侧和东侧竖向非线性温差最大降幅为45.9%和46.3%。图8 为小箱梁在两种方案下应力分布对比图，从图中可以看出，截面内温度拉压应力分布基本不变，且应力水平均有一定程度的下降，西侧和东侧温度应力最大降幅分别为24.3%和29.8%。

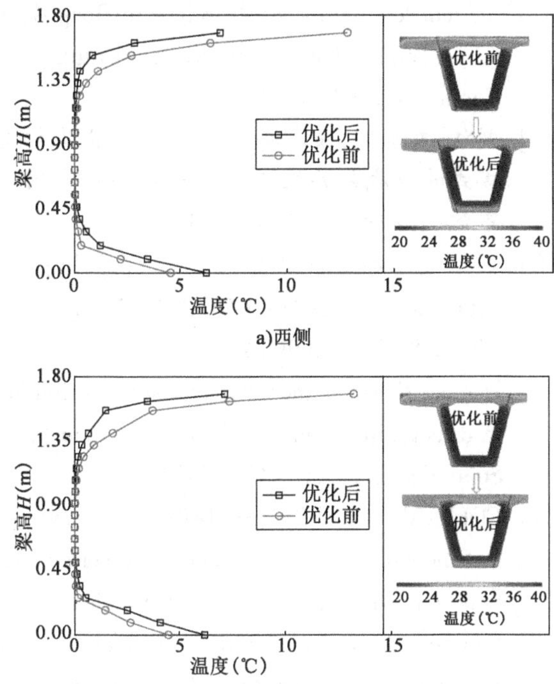

图7　小箱梁竖向非线性温差

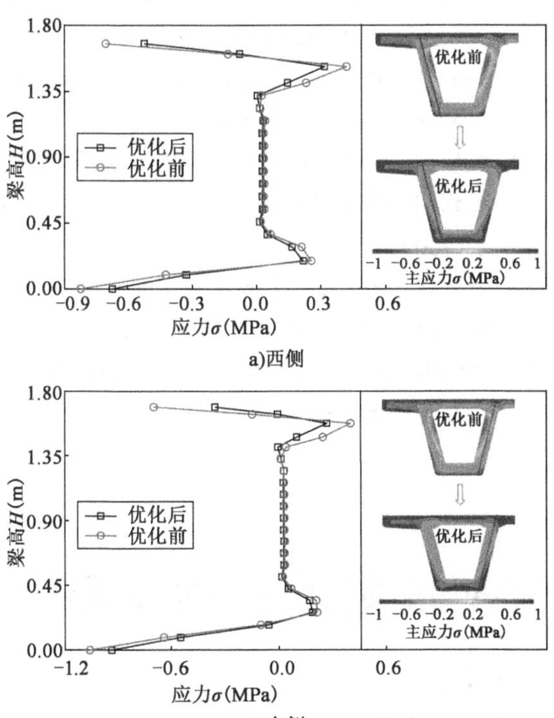

图8　小箱梁应力分布

4　结语

(1)在日照温度作用下,混凝土小箱梁截面内存在较大的非线性温差和温度应力,分别达13.3℃和0.42 MPa,且最大温差和最大应力均出现在辐射最强日。

(2)顶底板辐射吸收率及对应侧腹板辐射吸收率对混凝土箱梁截面内非线性温差有显著影响,其中顶板辐射吸收率影响最大,线性正相关系数达59。

(3)通过合理设计,在不同部位涂装不同辐射吸收率的反射隔热涂装,小箱梁最大温差和应力可以分别减小46.3%和29.8%。

(4)本文所提出的涂装方案是根据简化数值模型计算所得,实际涂装选择时可以进行三维精细化模拟,以取得更准确、有效的反射隔热涂装方案。

参考文献

[1] 刘永健,刘江,张宁. 桥梁结构日照温度作用研究综述[J]. 土木工程学报,2019,52(5):59-78.

[2] 刘永健,刘江. 钢-混凝土组合梁桥温度作用与效应综述[J]. 交通运输工程学报,2020,20(1):42-59.

[3] 杨志强. 混凝土箱梁裂缝成因分析[D]. 成都:西南交通大学,2005.

[4] 胡志红,王攀,邹红丹. 某预应力混凝土箱梁桥悬臂施工中底板纵向裂缝成因分析及处理措施[J]. 世界桥梁,2015,43(3):86-90.

[5] 杨海鹏,潘军. 港珠澳大桥混凝土连续梁施工期裂缝控制技术[J]. 桥梁建设,2017,43(2):106-111.

[6] 刘小军. 日照非线性温度下桥面铺装层对砼连续箱梁受力的影响[J]. 公路与汽运,2013(2):156-160.

[7] 元强,刘文涛,饶惠明. 涂覆反射隔热涂装对高铁桥梁高墩日照温度效应的影响[J]. 2019,41(7):95-101.

[8] DILGER W H, GHALI A, CHAN M, et al. Temperature stresses in composite box girder bridges [J]. Journal of Structural Engineering, 1983,109(6):1460-1478.

[9] RAO D S I. Temperature distribution and stresses in concrete bridges [J]. ACI Journal, 1986,83(4):588-596.

[10] 刘文燕,耿耀明. 混凝土表面太阳辐射吸收率试验研究[J]. 混凝土与水泥制品,2004(4):8-11.

[11] 张建荣,徐向东,刘文燕. 混凝土表面太阳辐射吸收系数测试研究 [J]. 建筑科学,2006,22(1):42-45.

[12] 孙杰. 太阳热反射隔热涂装的研究[D]. 北京:北京化工大学,2010.

[13] 冀磊,王鑫,周燚航,等. 反射隔热涂料对轨道板温度及应力的影响[J]. 西南交通大学学报,2021,56(5):960-966.

[14] 陈帅,王安琪,常逢文,等. 反射隔热涂料对路基上 CRTS Ⅱ 型板式无砟轨道纵向力学特性的影响[J]. 铁道标准设计,2020,64(2):57-62.

[15] FOURIER J B J. The analytical theory of heat [M]. New York:Dover Publications,1955.

[16] HOTTEL H C. A simple model for estimating the transmittance of direct solar radiation through clear atmospheres [J]. Solar Energy, 1976,18(2):129-134.

[17] 杨世铭,陶文铨. 传热学[M]. 北京:高等教育出版社,2007.

[18] MIRAMBELL E, AGUADO A. Temperature and stress distributions in concrete box girder bridges [J]. Journal of Structural Engineering, 1990,116(9):2388-2409.

[19] BRANCO F A, MENDES P A. Thermal actions for concrete bridge design [J]. Journal of Structural Engineering, 1993, 119 (8): 2313-2331.

[20] AU F T K, THAM L G, TONG M. Design thermal loading for steel bridges in Hong Kong [J]. Transactions Hong Kong Institution of Engineers,2001,2(2):1-9

[21] 刘江,刘永健,白永新. 混凝土箱梁温度梯度模式的地域差异性及分区研究[J]. 中国公路学报,2020,33(3):73-84.

[22] 国家气象科学数据中心[EB/OL]. http://data.cma.cn/,1993-01-01/2015-01-01.

[23] LIU B Y H, JORDAN R C. The Interrelationship and characteristic distribution of direct, diffuse and total solar radiation [J]. Solar Energy,1960,4(3):1-19.

[24] COLLARES-PEREIRA M, RABL A. The average distribution of solar radiation-correlations between diffuse and hemispherical and between daily and hourly insolations values [J]. Solar Energy,1979,22(2):155-164.

[25] MCCLURE R M, WEST H H, HOFFMAN P C. Observations from Tests on a Segmental Bridge [C]// Transportation Research Board, Second Bridge Engineering Conference: Volumes 1 and 2,1984:60-67.

[26] 刘华波. 异形截面预应力混凝土箱梁温度场及温度效应研究 [D]. 上海: 同济大学,2002.

[27] 李全林. 日照混凝土箱梁温度场和温度应力研究[D]. 长沙:湖南大学,2004.

[28] 郑旭卿. 颜填料对反射隔热涂装的影响[J]. 涂层与防护,2020,41(5):38-45.

Q355 钢材的塑性及基于 BW 准则的延性断裂

刘　卓[1]　杨　飞[*2]　陈　澳[1]　武芳文[1]

(1. 长安大学公路学院;2. 长安大学建筑工程学院)

摘　要　在钢结构桥梁的极限受力状态下,钢材的拉伸和剪切断裂是最常见的断裂模态。为研究在钢桥中应用广泛的 Q355 钢材的塑性及拉伸和剪切断裂性能,设计并制作了拉伸和剪切试件并对其进行单调加载试验。首先对 Q355 钢材的拉伸试验进行模拟,通过比较有限元分析与实测的工程应力-应变曲

基金项目:国家自然科学基金项目(52208144)。

线,校核其在单轴拉伸状态下的真实应力-应变关系。在此基础上,采用BW断裂准则预测Q355钢材的延性断裂行为,通过比较有限元分析与试验测试的断裂变形,校核BW断裂准则中的材料参数。结果表明,采用Ling方法可校核Q355钢材在单轴拉伸下的真实应力-应变关系,校核后的BW断裂准则可以预测Q355钢材的拉伸和剪切延性断裂。

关键词 Q355钢材 真实应力-应变关系 延性断裂 BW断裂准则

0 引言

Q355钢材具有强度高、塑性好、冲击韧性优良等特点,被广泛应用于建筑、桥梁及风力发电等领域。塑性是钢材的一项基本力学性能,研究人员对金属材料的应力-应变关系进行了研究。Bridgman[1]最早提出了相关表达式以描述金属颈缩后的真实应力-应变关系。Ling[2]提出了线性和幂函数组合的关系式,预测金属颈缩后的真实应力-应变关系。Yang等[3-4]用Ling提出的关系式校核了低碳钢和高强钢颈缩后的真实应力-应变关系。杨璐等[5]研究了不锈钢母材和焊缝金属材料的应力-应变关系,并通过修正的Ramberg-Osgood模型对材料的应力-应变关系进行拟合。班慧勇等[6]研究了钛-钢复合钢材的力学性能,发现两种材料复合比的大小影响其力学性能,提出了不同复合比的钛-钢复合钢材的应力-应变关系。可见,研究人员主要通过开展材料的拉伸试验,研究金属材料的真实应力-应变关系。

延性断裂是钢结构的一种常见的破坏模式,研究人员在金属材料延性断裂方面已做了深入的研究。McClintock[7]、Rice和Tracey[8]分别通过圆柱形和球形的微孔洞扩张建立了的空隙扩张模型(Void Growth Model,VGM),指出了金属的断裂应变与应力三轴度之间存在单调指数关系。Bao等[9-10]发现金属的断裂应变和应力三轴度之间并不是单调关系。Xue[11]首先考虑静水压力和Lode角参数对铝合金断裂行为的影响,采用LS-DYNA软件对试件的断裂行为进行了模拟分析。周天华等[12]提出了Q235钢材基于微观机制的应力三轴度断裂准则,确定了钢材的断裂演化准则,并验证了该准则的准确性。叶继红和范志鹏[13]基于体胞模型空穴演化机理改进了现有的延性断裂模型,校核了Q345钢材延性断裂模型参数,结果表明,在拉剪耦合状态下,该模型能准确预测断裂裂纹的起始位置及其发展路径。可见,目前国内外研究人员对钢材断裂行为的研究较为丰富,然而对建筑结构、桥梁结构中常用的Q355钢材的延性断裂行为研究较少。

钢结构桥梁在极限受力状态下,结构钢材的拉伸和剪切断裂是最常见的断裂模态。为研究Q355钢材的真实应力-应变关系及延性断裂行为,设计并制作了拉伸、剪切试件,结合有限元分析与试验结果,校核了Q355钢材单轴拉伸真实应力-应变关系及断裂参数。

1 试验设计

1.1 试件设计

试验采用Q355qD钢材,满足相关技术要求,所有的试件均取材于一块厚度为10mm的Q355钢板,图1为本文的两种试件设计图。图1b)缺口试件的半径为5mm。试验所采用的是标距为50mm的引伸计,加载拉伸试件时试验机的加载速率为0.2mm/s,加载剪切试件时试验机的加载速率为0.03mm/s。

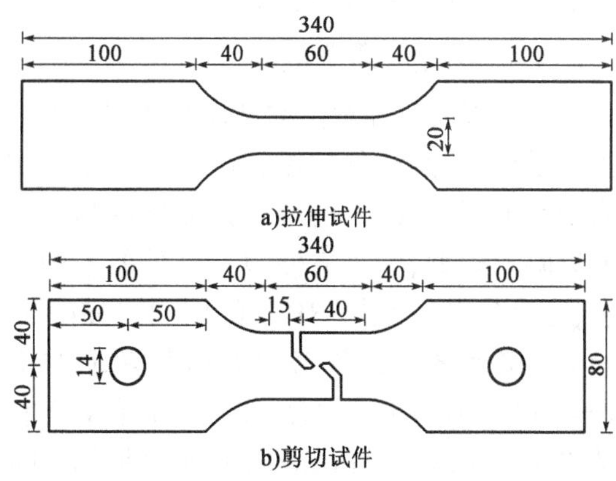

图1 试件设计图(尺寸单位:mm)

1.2 试验过程

在拉伸试验机上对拉伸试件和剪切试件分别进行单调加载试验,如图2所示,采用引伸计监测试件标距段(拉伸试件和剪切试件的标距段长度均为50mm)的伸长量,直至试件被拉断,取下引伸计。

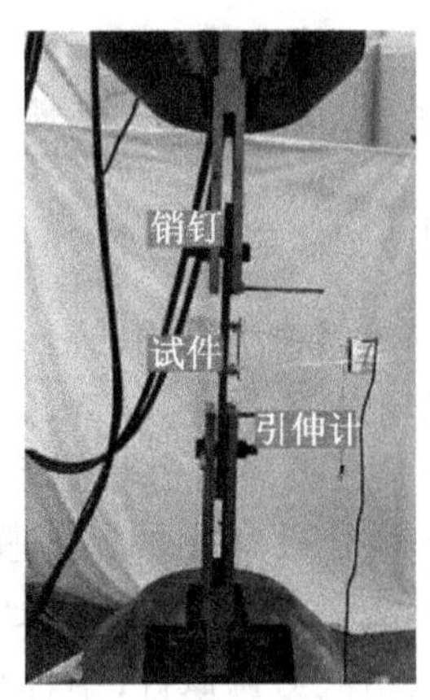

图2　拉伸试验装置图

2　真实应力-应变关系校核

2.1　钢材真实应力-应变关系

钢材发生颈缩前标距段内体积不变并且拉伸应变均匀分布,其颈缩前的真实应力-应变与试验实测的工程应力-应变之间的关系,如式(1)和式(2)所示。

$$\sigma_t = \sigma_e(1+\varepsilon_e) \tag{1}$$

$$\varepsilon_t = \ln(1+\varepsilon_e) \tag{2}$$

式中:σ_t、ε_t——真实应力和真实应变;

σ_e、ε_e——工程应力和工程应变。

2.2　有限元模型建立

采用有限元软件对拉伸试件和剪切试件进行有限元模拟,按照试件的设计图(图1)建立相应的有限元模型,如图3所示的拉伸试件和剪切试件的有限元模型,为了方便模拟试件的单调加载试验,通过建立参考点(RP-1和RP-2),如图3a)、b)所示,拉伸试件的参考点和试件两端的平面(Surf-1和Surf-2)进行耦合,如图3a)所示,剪切试件的参考点与试件圆孔出的圆柱形销钉面(Surf-1和Surf-2)进行耦合,如图3b)所示。本模拟采用显式动力分析,荷载的施加方式是节点位移荷载,模拟试验机的拉伸,网格大小为0.5mm,单元类型为C3D8R。

试件在颈缩以后由于颈缩处出现了三向应力,而不再是单轴应力状态,颈缩后采用Ling提出的线性和幂函数组合的关系式校核钢材的真实应力-应变关系,关系式见式(3)。Yang和Veljkovic验证了Ling提出的线性和幂函数组合关系式(描述结构钢材颈缩后的应力-应变关系)。

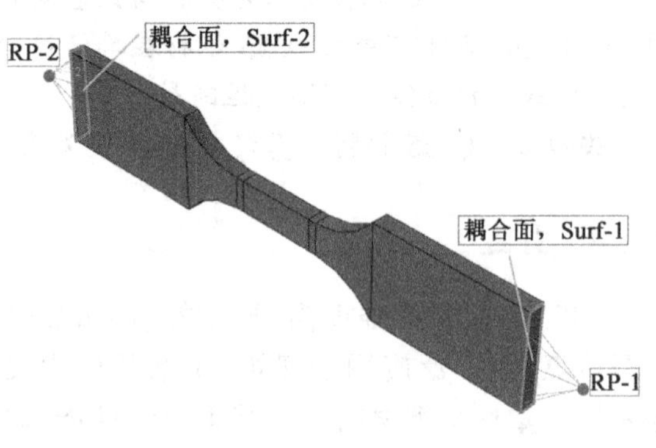

a)拉伸试件

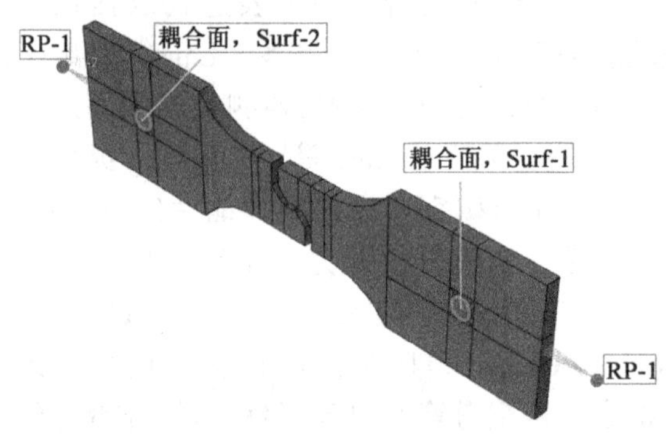

b)剪切试件

图3　有限元模型

$$\sigma_t = W(a\varepsilon_t + b) + (1-W)(k\varepsilon_t^n) \tag{3}$$

式中:$a\varepsilon_t + b$——线性应力-应变关系;

$k\varepsilon_t^n$——幂函数应力-应变关系;

W——权重系数。

式(3)中,$a\varepsilon_t + b$为线性应力-应变关系;$k\varepsilon_t^n$为幂函数应力-应变关系;W为权重系数。式(3)需同时满足应力连续条件和颈缩初始条件,$a\sigma_{t,u}$,$n=\varepsilon_{t,u}$,$b=a(1-\varepsilon_{t,u})$,$k=\sigma_{t,u}/n^n$,$\sigma_{t,u}$、$\varepsilon_{t,u}$分别为钢材颈缩开始时的真实应力和真实应变。

根据式(1)和式(2)计算Q355钢材颈缩之前的真实应力-应变关系,计算式(3)中的参数a、b、k和n,得出$a=614.2$,$b=524.4$,$k=0.1463$和$n=813.6$。因此,采用线性和幂函数组合的关系式(3)描述Q355颈缩之后的真实应力-应变关系时,仅需校核一个未知参数,即权重系数W。针对关系式(3)中的权重系数W,本文采用试算法,W分别取为0、0.1、0.2,将所得到的工程应力-应变曲线(图4)与试验结果进行对比,如图5所示,经比较,权重系数$W=0.1$时,有限元模拟与试验测试的工程应力-应变曲线吻合较好。

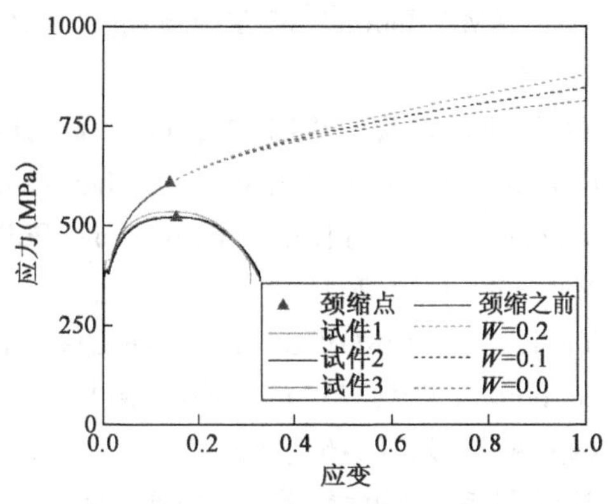

图4 Q355钢材真实应力-应变关系曲线

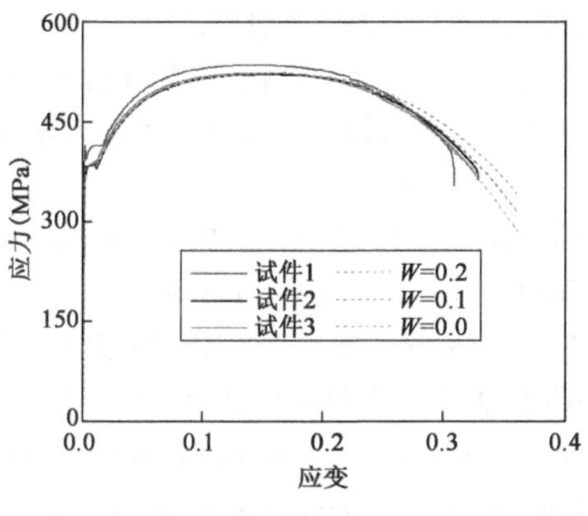

图5 参数W校核

2.3 钢材真实应力-应变关系的确定

将3个拉伸试件进行单轴拉伸试验,得到的工程应力-应变曲线如图4所示,本文主要以试件2为主,得到拉伸试件的弹性模量为210GPa,屈服强度为386MPa,工程应力-应变曲线上的极限抗拉强度为614MPa。

3 BW断裂模型及参数校核

3.1 BW断裂模型

Bao和Wierzbicki[9-10]对铝合金材料进行了轴压材性测试、剪切测试以及轴拉材性测试,研究结果发现,当应力三轴度为负值时,剪切失效控制材料的断裂特性;当应力三轴度较大时,材料中孔隙的增长控制着材料的断裂特性;而当应力三轴度处于两者之间时,剪切失效与孔隙增长引起材料失效两者的相互作用控制着材料的断裂。在本文中,将Bao和Wierzbicki提出的断裂准则表示为BW断裂准则,该准则如式(4)所示。

$$\bar{\varepsilon}_{\mathrm{f}} = \begin{cases} \infty & (\eta < -\frac{1}{3}) \\ \dfrac{C_1}{3\eta + 1} & (-\frac{1}{3} < \eta \leqslant 0) \\ (C_2 - C_1)\cdot\left(\dfrac{\eta}{\eta_0}\right)^2 + C_1 & (0 < \eta \leqslant \eta_0) \\ \dfrac{C_2}{\eta/\eta_0} & (\eta_0 \leqslant \eta) \end{cases} \tag{4}$$

式中:η——应力三轴度;

$\bar{\varepsilon}_{\mathrm{f}}$——断裂应变;

C_1、C_2——控制材料剪切和拉伸的参数。

3.2 参数校核

BW断裂准则是由Bao和Wierzbicki提出的,在高应力三轴度区域,材料的断裂时效主要是由孔隙增长引起的。在低应力三轴度区域,材料的断裂模式主要表现为材料的剪切破坏失效,利用拉伸试件和剪切试件确定式(4)中的参数C_2和C_1,最终通过图6曲线对比发现$C_2=1.7$和$C_1=1.2$时,ABAQUS有限元模拟与试验结果较为吻合,ABAQUS有限元模拟图与试验拉伸断裂图如图7所示。所以BW断裂准则的参数$C_1=1.2$和$C_2=1.7$时,试验结果与ABAQUS有限元模拟的曲线较为吻合。基于以上参数,BW断裂准则中应力三轴度η和断裂等效塑性应变PEEQ之间的关系见图8。

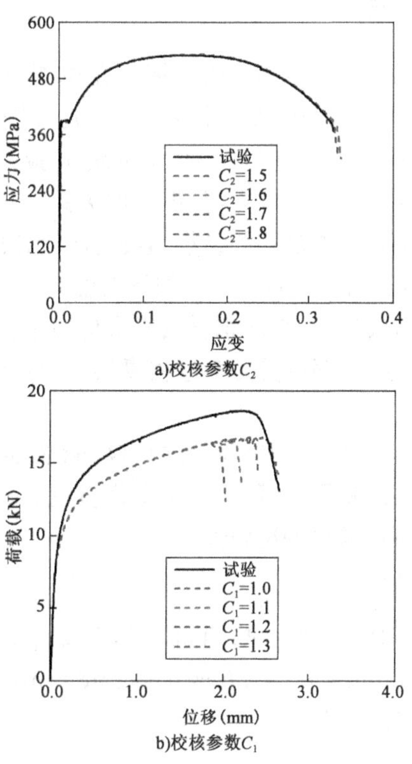

图6 BW模型参数校核

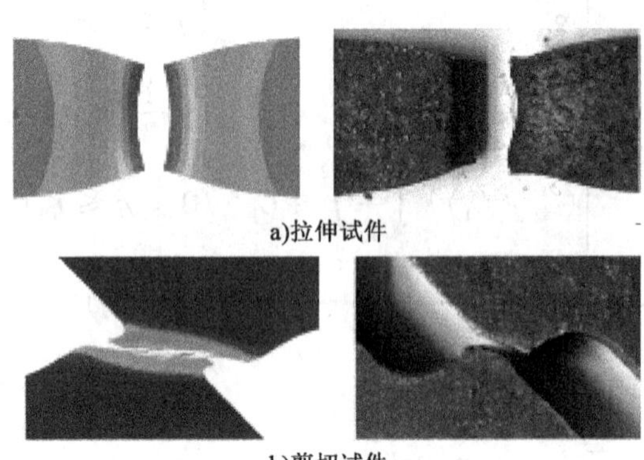

a)拉伸试件

b)剪切试件

图 7　有限元模拟断裂与试验拉伸断裂对比图

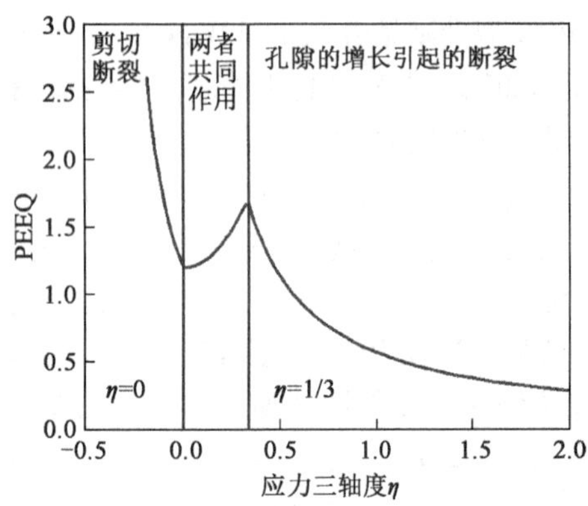

图 8　BW 断裂准则二维断裂轨迹

4　结语

本文主要研究了 Q355 钢材在单调拉伸荷载作用下的钢材塑性及延性断裂行为,分别对拉伸试件、剪切试件进行了静力加载试验,得出了 Q355 钢材的真实应力-应变本构关系,并校核了 BW 断裂模型中的相关参数,通过有限元模拟分析与试验结果进行对比,得到如下结论:

(1)校核了 Q355 钢材的真实应力-应变关系,得到了 Q355 钢材受力全过程真实应力-应变关系曲线。

(2)校核了 Q355 钢材中 BW 断裂准则的参数,并结合有限元模拟与试验分析,验证了校核 BW 准则中参数的准确性。

参考文献

[1] BRIDGMAN P W. Studies in large plastic flow and fracture[M]. New York:Mc Graw — Hill, 1952:9-37.

[2] LING Y. Uniaxial true stress-strain after necking [J]. AMP Journal of Technology, 1996, 5: 37-48.

[3] YANG F, VELJKOVIC M, LIU Y. Ductile damage model calibration for high-strength structural steels[J]. Construction and Building Materials,2020,263.

[4] YANG F,VELJKOVIC M. Damage model calibration for s275 and s690 steels[J]. ce/papers,2019,3(5-6):262-271.

[5] 杨璐,卫璇,张有振,等. 不锈钢母材及其焊缝金属材单拉本构关系研究[J]. 工程力学, 2018,35(5):125-130,151.

[6] 班慧勇,白日升,刘明,等. 钛-钢复合钢材力学性能及本构模型研究[J]. 工程力学,2019, 36(7):57-66.

[7] MCCLINTOCK F A. A Criterion for Ductile Fracture by the Growth of Holes[J]. Journal of Applied Mechanics,1968,35(3):363-371.

[8] RICE J R, TRACEY D M. On the ductile enlargement of voids in triaxial stress fields[J]. Journal of the Mechanics & Physics of Solids, 1969,17(3):201-217.

[9] BAO Y, WIERZBICKI T. On fracture locus in the equivalent strain and stress triaxiality space [J]. International Journal of Mechanical Sciences,2004,46(1):81-98.

[10] BAO Y,WIERZBICKI T. On the cut-off value of negative triaxiality for fracture [J]. Engineering Fracture Mechanics, 2004, 72 (7):1049-1069.

[11] XUE L. Damage accumulation and fracture initiation in uncracked ductile solids subject to triaxial loading[J]. International Journal of Solids and Structures, 2007, 44 (16): 5163-5181.

[12] 周天华,李文超,管宇,等. 基于应力三轴度的钢框架循环加载损伤分析[J]. 工程力学, 2014,31(7):146-155.

[13] 叶继红,范志鹏. 基于微观机制的复杂应力状态下钢材韧性断裂行为研究[J]. 工程力学, 2021,38(5):38-49.

混合梁斜拉桥钢混结合段试验研究综述

孟祥建*[1]　程　高[1]　房帅平[2]
(1.长安大学公路学院;2.中铁第一勘察设计院集团有限公司)

摘　要　钢混结合段试验研究主要通过对试验模型施加静力或动力作用,测试其静动力性能、承载能力和稳定性,验证设计理论,预测实际工程行为。为了推动钢混结合段模型试验研究、结构设计和构造优化,以混合梁斜拉桥钢混结合段试验研究为主题,从钢混结合段的位置构造、缩尺模型试验研究、浇筑质量试验研究、剪力连接件试验研究4个方面系统性梳理了近五年混合梁斜拉桥钢混结合段试验研究现况,在此基础上对钢混结合段试验的未来研究方向进行展望,以期对斜拉桥钢混结合段在桥梁工程领域的学术研究和实际应用提供参考。

关键词　混合梁斜拉桥　剪力连接件　钢混结合段　模型试验　研究进展

0　引言

混合梁斜拉桥主梁或桥塔由钢材和混凝土两种材料构成,在钢和混凝土结合处通常设置钢混结合段,钢混结合段能有效传递荷载、增强刚度、保证结构整体性,它是确保混合梁斜拉桥结构安全和性能的关键。为保证钢混结合段结构合理、传力顺畅等,众多学者通过模拟不同的荷载工况对结构的静力和疲劳性能进行测试,得到结构的承载能力、应力分布、传力特性、疲劳性能等。

当前针对钢混结合段在不同静力荷载工况下的应力分布、变形特性、滑移开裂以及传力机理的研究较为丰富,有许多研究成果可以借鉴,但目前钢混结合段仍存在"一桥一设计,一桥一试验"的现象,缺乏传力机理理论支撑与构造设计方法,且国内学者对日益突出的疲劳问题、构造设计问题研究较少。

本文以混合梁斜拉桥钢混结合段为主体,从其位置及构造、缩尺模型试验研究、浇筑质量试验研究、剪力连接件试验研究等方面,介绍了其发展和研究现状,在此基础上对混合梁斜拉桥钢混结合段试验研究的未来研究方向进行展望。

1　钢混结合段位置及构造

钢混结合段的布置位置与混合梁斜拉桥的边中跨比例相互影响。一般来说,钢混结合段的布置位置主要位于中跨主墩附近、塔梁锚固区和边跨靠近辅助墩处[1]。徐利平[1]认为,在边跨无负反力出现基础上的合理边中跨比例最小应为0.24,由此可初步确定钢混结合段位置。

斜拉桥的钢混结合段通常包括钢过渡段、结合段和混凝土过渡段,如图1所示。钢混结合段是钢与混凝土结合的区域,钢梁和混凝土梁之间通过结合段传递力,但由于两者截面刚度的差异,直接连接可能导致刚度突变和局部应力集中,为此在钢混结合段两端布置钢梁过渡段和混凝土过渡段。

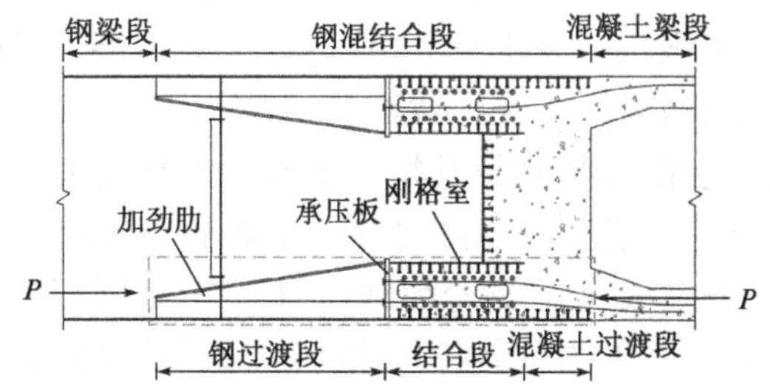

图1　钢混结合段一般结构

2　钢混结合段缩尺模型试验研究

缩尺模型试验基于相似原理设计缩尺模型和加载方案,以模拟实桥结构受力。以下主要从静力试验和疲劳试验介绍钢混结合段缩尺模型试验研究进展。

基金项目:陕西省秦创原"科学家+工程师"队伍建设项目(2022KXJ-036)、陕西省交通科技项目(21-45K-钢管混凝土桥梁钢混界面工作状况无损检(监)测技术研究)。

2.1 静力试验

为探究钢混结合段的受力特性、验证钢混结合段结构构造的合理性,众多研究基于缩尺模型,分析在最不利荷载组合工况、超载及破坏工况下钢混结合段的应力分布、荷载-应力/应变规律、变形滑移特征和承载能力。钢混结合段主要应用于混合梁斜拉桥的主梁和桥塔,众多学者针对混合梁斜拉桥主梁钢混结合段和桥塔钢混结合段的受力特性,展开了整体缩尺模型试验研究和局部缩尺模型试验研究。

(1)主梁钢混结合段静力试验研究

国内外学者为了更加直观有效地获得斜拉桥钢混结合段整体实际受力情况,设计并制作了大比例钢混结合段静力试验模型。2017年,姜文等[2]设计制作了缩尺比为1:3的乌江特大桥钢混结合段缩尺模型,开展了缩尺模型在标准组合工况、1.0倍和1.6倍承载能力组合工况下的静力加载试验,研究其结构受力和传力特性;贺绍华[3]为研究使用灌注活性粉末混凝土(RPC)新材料下的主梁钢混结合段的受力性能,以云南六库怒江二桥(单索面混合梁斜拉桥)为原型,设计并制作了相似比为1:3的结合段模型,分别分析了在轴压弯矩工况、扭矩工况、轴压弯矩扭矩工况作用下钢混结合段的应力分布和PBL键群的受力特征。2019年,唐细彪等[4]以万州长江公路三桥主桥为背景工程,制作1:4的缩尺模型,进行1.0倍承载能力极限状态荷载组合工况、1.4倍承载能力极限状态荷载组合工况加载试验,分析了结合段应力分布规律、变形规律及钢与混凝土的界面滑移规律;张利[5]进行了斜拉桥钢-混凝土主梁结合段1:4缩尺试验,在轴弯荷载作用下,分析钢板应力分布规律、剪力连接件应力分布和钢混界面滑移情况;林一宁等[6]以双塔双索面混合梁斜拉桥背景工程,设计长宽高相似比分别为1:2、1:9、1:2的钢混结合段缩尺模型,通过张拉钢绞线和底部千斤顶对其施加轴力和弯矩,分析结合段应力分布规律。2021年邹世华等[7]为解决主梁钢混组合段受力复杂、设计困难的问题,设计制作了相似比例为1:3.2的某双塔双索混合梁斜拉桥钢混结合段缩尺模型,如图2所示,提取9个荷载工况对试验模型进行加载,分析结合段应力分布情况,探讨结合段的传力特性。

2023年,Zhao等[8]建立了设计长、宽、高相似比分别为1:6、1:3、1:3的云南景洪市澜沧江混合梁斜拉桥钢混凝土节段试验模型,如图3所示,通过预应力钢绞线自平衡加载施加轴向力和弯矩,模拟在最不利轴力工况和1.6倍最不利弯矩工况实桥结合段受力情况,分析其应力分布规律、传力机理、刚度过渡平稳性和结构设计合理性。

图2 模型加载示意图[7]

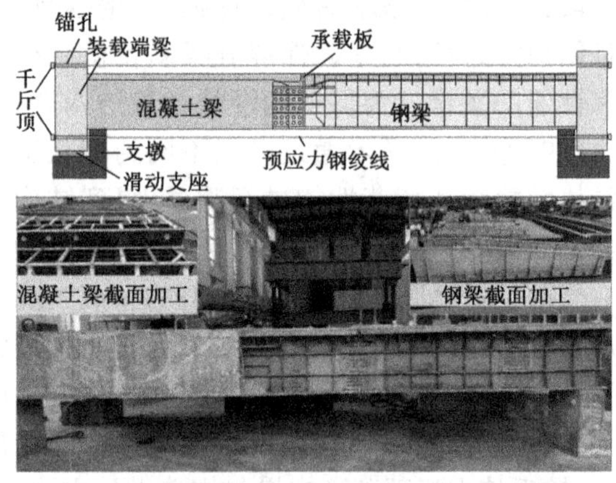

图3 澜沧江混合梁斜拉桥模型加载试验示意图[8]

除了以上对箱形截面钢混结合段的试验研究,2019年陈志军等[9]展开了缩尺比例为1:5的混凝土-钢桁结合段缩尺模型试验研究,如图4所示,通过多根精轧螺纹钢筋、钢绞线和千斤顶施加荷载,研究在极限荷载组合工况、超载工况下结合段的应力分布和变形特性,分析结合段刚度过渡情况,说明了混凝土-钢桁结合段结构构造和工程应用的合理性。

钢混结合段整体受力复杂,单格室传力及连接件受力规律难以理清,为此国内外学者设计结合段局部缩尺试验模型,深入了解单个或多个格室的力学行为。2021年杨仕力[10]、施洲等[11]为对无格室后承压板形式的4线高速铁路主梁钢混结合段的受力性能和变形性能进行研究，以新建安九铁路鳊鱼洲长江大桥为背景，设计制作了3∶8的局部试验模型，如图5所示，研究轴压、轴弯作用下结合段的应力分布特性、滑移开裂、剪力连接件群的受力特征及变形特性。Gu等[12]以国内某混合斜拉桥为原型，设计了6个单格室足尺模型，如图6所示，对模型施加轴向荷载，分析得到了荷载-滑移曲线、应力分布、传力机理和破坏模式。

图4　鸭池河大桥模型试验加载示意图[9]

图5　安九铁路鳊鱼洲长江大桥模型加载[10-11]

(2)桥塔钢混结合段静力试验研究

2019年张利[5]为得到混合梁斜拉桥组合桥塔力学性能，设计制作了缩尺比为1∶8的斜拉桥钢混组合桥塔缩尺模型，对模型施加偏心轴力，分析塔内混凝土和塔壁板随着加载历程的应变变化规律。2021年孙智韬[13]、施洲等[14]为研究双溪铺大桥桥塔钢混结合段在静载试验条件下的受力情况，设计了缩尺比为1∶4的全截面模型，如图7所示，在最不利负弯矩工况和2.0倍超载工况下分析钢梁段、钢混结合段和混凝土段各主要板件的受力情况、应力分布规律、变形规律和开裂等性能。

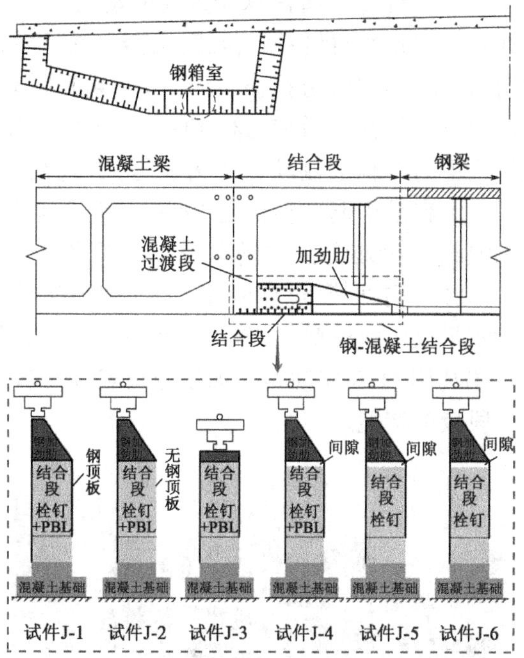

图6　格室选取与模型加载示意图[12]

图7　双溪铺大桥桥塔模型试验加载示意图[13-14]

由以上研究可以发现，钢混结合段可以适应于不同桥塔和主梁结构形式的混合梁斜拉桥上，应用形式朝着多元化发展，模型试验逐渐精细化，试验内容聚焦于整体缩尺模型或局部缩尺模型在不同工况下的应力分布、变形特性、滑移开裂以及传力机理，为混合结构的设计和工程实践提供重要参考和指导。

2.2　疲劳试验

疲劳试验主要用于评估钢混结合段在反复加载下疲劳性能，模拟材料或结构受到周期性或频繁加载的情况，观察和记录其在加载循环过程中的变形、裂纹扩展、应力集中等现象，以评估其疲劳性能。

由于铁路桥梁通常承受重复的动荷载,这些荷载对结构施加的频率高、幅度大,会在较短的时间内引起结构的疲劳损伤,且列车荷载的制动力会产生较强的冲击效应,这种冲击效应可能比公路桥梁中的车辆的制动力更为显著,因此在铁路桥梁上更容易引起疲劳问题,故针对混合梁斜拉桥钢混结合段疲劳问题的研究基本聚焦于铁路桥。2017年陈平[15]设计制作了甬江桥钢混结合段格室足尺试验模型,如图8所示,模型一端固定另一端利用MTS作动器施加疲劳荷载,研究钢混结合段疲劳特性。

图8 甬江桥钢混结合段格室足尺模型[15]

2019年周凯旋[16]以安庆至九江铁路长江大桥为工程背景,研究有砟轨道混合梁斜拉桥的最不利疲劳受力区域的疲劳受力性能,并对其在最大加载力下的疲劳性能进行计算分析。2022年Zhou等[17]基于应力等效原理和疲劳累积线性损伤规则,设计并制作了某混合梁斜拉桥钢-混凝土段局部全尺寸模型,如图9所示,通过疲劳加载和破坏加载对模型疲劳性能进行了研究,分析了各结构构件的应力分布。2023年施洲等[11]设计并制作多线高速铁路混合梁斜拉桥钢混结合段1:2边箱顶板缩尺模型,通过MTS作动器来施加等效疲劳荷载,以研究钢混结合段的实际疲劳性能。

图9 结合段局部足尺模型疲劳试验[17]

综上所述,混合梁斜拉桥疲劳问题基本聚焦于铁路桥,试验研究通常选取结合段疲劳问题突出的格室,对其进行疲劳加载试验,分析结合段疲劳特性。总体来看,针对钢混结合段疲劳问题的试验研究较少,随着桥梁跨度增大、车道数量增加,桥梁所受弯矩作用、动力作用明显,钢混结合段的疲劳问题日益突出。

3 钢混结合段浇筑质量试验研究

钢混结合段由于外部钢板和内部剪力钉、开孔板、穿孔钢筋、预应力钢筋等存在,导致其结构复杂,普通混凝土材料又难以满足自密实性、高流动性等条件,这导致浇筑混凝土极易出现分层、气孔等质量问题,往往需要采用多道浇筑工艺、保证浇筑过程中的振捣控制、合理安排浇筑缝的位置和形式等,这导致了钢混结合段施工步骤烦琐、施工浇筑质量难以把控,如何保证钢混结合段浇筑质量一直是困扰混合梁桥设计和施工的一大难题。

为此,采用新材料和简化钢混结合段结构构造是解决此类问题的关键因素。

2019年于浩业[18]为验证活性粉末混凝土(RPC)浇筑工艺应用于混合梁斜拉桥钢混结合段的可行性,设计制作了某混合梁斜拉桥1:1的局部试验模型,通过锤击、超声波与取芯相结合的方法,评估活性粉末混凝土(RPC)材料浇筑工艺及结构施工质量。

由于钢结构顶板的存在,极大限制了混凝土浇筑质量,为了方便钢混结合段浇筑混凝土并保障结构安全,2020年,韩建秋等[19]设计并制作了银洲湖大桥(双塔混合梁斜拉桥)钢混结合段有无钢格室顶板的两类钢格室试验模型,如图10所示,对模型进行轴向加载,对比分析两种钢格室的破坏状态、钢结构和混凝土滑移规律以及钢结构应力分布规律,验证了有无钢格室顶板基本未对钢混结合段受力产生影响。

由以上研究可以发现,目前浇筑质量试验研究呈现出了区域性研究、新材料应用和多技术探测的趋势。以上研究分别选取钢混结合段中浇筑难以密实的区域和单个格室进行试验研究,由于钢混结合段内部混凝土结构的不可见性,浇筑质量试验研究主要利用超声波、取芯等技术探测方法,但有关钢混结合段内部混凝土的收缩徐变效应的试验研究较少。

图10　银洲湖大桥结合段钢格室试验模型加载[19]

4　钢混结合段剪力连接件试验研究

剪力连接件在钢混结合段中能够有效地传递荷载、增强结构刚度、防止构件脱离、传递变形,保证结构的一体化,是钢混结合段结构安全和性能的关键组成部分,其中PBL剪力键和剪力钉是最常见的剪力连接件。为模拟甬江大桥(高速铁路斜拉桥)钢混结合段剪力键真实受力情况并区别于推出试验,2017年和2022年周阳[20-21]等设计制作了甬江大桥钢混结合段典型钢格室剪力连接件的足尺试验模型,对试验模型施加静力和疲劳荷载,探索实桥剪力连接件受力情况。

同时期,国内外学者发现传统混凝土材料的局限性,提出将超高性能混凝土(UHPC)、素活性粉末混凝土(RPC)和钢纤维素活性粉末混凝土(RPCF)应用于钢混结合段中,除了对其浇筑质量进行试验研究以外,也有不少学者研究使用上述材料后剪力连接件的受力性能。2017年贺绍华[3,22]以怒江二桥主梁钢混结合段的剪力键为原型,分别设计制作了24个UHPC剪力键推出试件和三类材料(RPC、RPCF、素混凝土)共66个剪力键推出试件,如图11所示,对模型施加轴向荷载,分别做了以下分析:开孔板与混凝土之间的界面黏结效应、UHPC中钢纤维的体积等参数对PBL性能的影响;三类剪力键的滑移规律、应变规律、承载能力和破坏形态。

2018年Yang等[23]以某斜拉桥混合桥塔为背景工程,设计四组大直径、高强度剪力钉试件,如图12所示,分别对其进行了推出试验,分析其抗剪强度、抗剪刚度和荷载-滑移曲线,并将试验中的荷载-滑移关系与现有设计规范中推荐的公式进行了比较。

为研究高速铁路钢混结合段中剪力连接件的力学行为,2021年杨仕力[10]在有限元计算结果的基础上,对铁路钢混结合段变高度多孔PBL连接件和多剪力钉推出试件进行了推出试验,如图13所示,详细测试了变高度多孔PBL连接件和多剪力钉推出试件的相对滑移、变形及应力分布情况,分析了剪力连接件的破坏模式、端部承压作用、应力-荷载关系及相对滑移-荷载关系、受力及破坏机理。

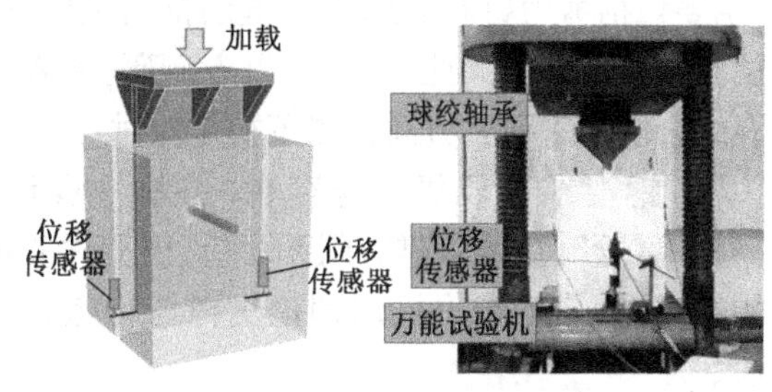

图11　怒江二桥剪力连接件模型加载示意图[22]

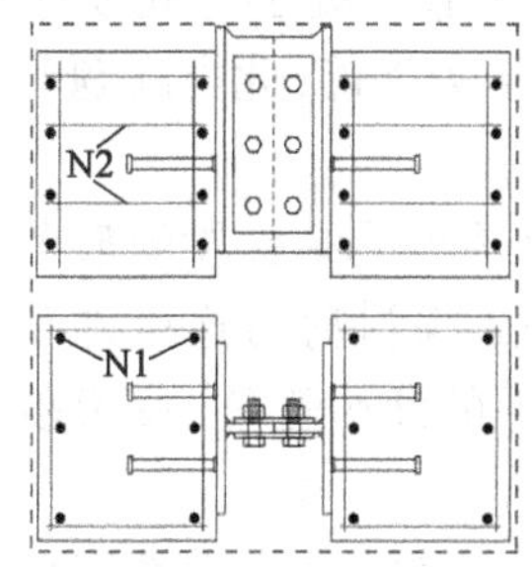

图12　剪力钉推出试件剖面图和模型加载示意图[23]

图13　甬江大桥剪力连接件模型测试加载示意图[10]

由于试验技术提升、试验方法多样以及新材料涌入,剪力连接件试验研究多样性突出,针对斜拉桥钢混结合段剪力连接件试验研究主要包括剪力钉和PBL剪力键的推出试验、破坏试验和疲劳试验,分析剪力连接件的应力与应变规律、滑移变形规律和破坏模式等。

5　结语

我国的桥梁行业迅猛发展,混合梁斜拉桥的数量与规模迅速增加,钢混结合段试验研究较为丰富,本文对近五年关于混合梁斜拉桥钢混结合段试验研究的国内相关研究进行了系统总结。首先,说明了钢混结合段合理布置位置及一般构造。然后,系统归纳了近五年钢混结合段缩尺模型试验研究进展,分静力试验和疲劳试验两大类进行总结。接下来,针对结合段内部结构复杂而导致的混凝土浇筑问题,总结其试验研究情况。最后,归纳总结了钢混结合段剪力连接件试验研究进展,主要包括剪力钉和PBL剪力键的推出试验、破坏试验和疲劳试验。此外,基于以上调研,笔者对钢混结合段未来研究方向作以下初步探讨:

(1)钢混结合段仍普遍存在"一桥一设计""一桥一试验",主要依靠有限元分析、模型试验进行构造优化,缺乏传力机理理论支撑与构造设计方法。

(2)混凝土普遍存在收缩徐变现象,这可能会导致在承压板与结合段端部混凝土之间发生脱空,从而影响钢混结合段传力性能,此类问题仍有待进一步研究。

(3)针对混合梁斜拉桥钢混结合段的疲劳问题研究较少,尚未充分深入探讨剪力连接件和混凝土段在疲劳荷载作用下的疲劳性能、疲劳破坏规律。

(4)引入新材料的剪力连接件力学性能仍需进一步研究,同时,国内外学者对剪力连接件多做推出试验,研究其抗剪受力性能,但实桥剪力连接件多处于弯剪复合受力状态,故仍需进一步消除试验与实桥受力的差异性。

参考文献

[1] 徐利平. 混合梁斜拉桥的边、中跨合理比例[J]. 上海公路,2002(4):28-30.

[2] 姜文,谭仕强. 混合体系斜拉桥钢混结合段试验模型研究[J]. 公路工程,2017,42(4):102-107,113.

[3] 贺绍华. 混合梁斜拉桥高性能钢混结合段受力性能试验研究[D]. 长沙:湖南大学,2017.

[4] 唐细彪,王亚飞,伍贤智,等. 混合梁斜拉桥钢-混结合段模型试验研究[J]. 桥梁建设,2019,49(Z1):92-97.

[5] 张利. 混合梁斜拉桥组合桥塔及主梁钢-混结合段力学性能研究[D]. 长沙:湖南大学,2019.

[6] 林一宁,蔡巍,姚泽锋. 混合梁斜拉桥钢-混结合段力学性能研究[J]. 世界桥梁,2019,47(4):53-57.

[7] 邹世华,廖轩,陈宇. 混合梁斜拉桥钢-混结合段力学性能模型试验研究[J]. 世界桥梁,2021,49(4):27-34.

[8] ZHAO L, PU G, YUAN Y, et al. Mechanical behaviour of steel-concrete joint in hybrid girder cable-stayed bridge: Structures [C] // 2023. Elsevier.

[9] 陈志军,周子培,张朋,等. 混合梁斜拉桥混凝土-钢桁结合段模型试验[J]. 土木工程与管理学报,2019,36(3):34-40.

[10] 杨仕力. 高速铁路箱形混合梁斜拉桥钢-混结合段静力力学性能研究[D]. 成都:西南交通大学,2021.

[11] 施洲,贾文涛,宁伯伟,等. 高铁大跨度斜拉桥主梁钢混结合段力学性能研究[J]. 铁道学报,2023,45(3):37-46.

[12] GY Y, NIE X, LIU Y, et al. Experimental and numerical study of steel-to-concrete joint section in hybrid cable-stayed bridges [J]. Journal of Constructional Steel Research, 2021,187:106982.

[13] 孙智韬. 双曲面斜拉桥桥塔钢-混结合段受力特性及试验研究[D]. 成都:西南交通大学,2021.

[14] 施洲,顾家昌,余万庆,等. 大跨度斜拉桥双向曲面混合桥塔钢-混结合段受力性能研究[J]. 中国公路学报,2022,35(6):73-85.

[15] 陈平. 铁路混合梁斜拉桥钢混结合段构造及受力性能分析[D]. 武汉:华中科技大学,2017.

[16] 周凯旋. 高速铁路斜拉桥钢混结合段疲劳受力性能及疲劳模型试验方案研究[D]. 成都:西南交通大学,2019.

[17] ZHOU Y, PU Q, SHI Z, et al. Experimental study on fatigue performance of steel-concrete joint section of hybrid girder cable-stayed bridge [J]. Adv. Steel Constr, 2022, 18: 536-543.

[18] 于浩业. 斜拉桥PK断面钢-混结合段RPC浇筑工艺试验研究[J]. 铁道建筑技术,2019(9):25-29,48.

[19] 韩建秋,顾奕伟,商程宇,等.钢格室顶板对斜拉桥结合段受力性能的影响研究[J].桥梁建设,2020,50(4):61-65.

[20] 周阳,蒲黔辉,施洲,等.混合梁斜拉桥钢-混结合段剪力连接件群力学性能研究[J].铁道学报,2017,39(10):134-141.

[21] 周阳,蒲黔辉,施洲,等.复合剪力连接件群钢-混结合段力学性能[J].科学技术与工程,2022,22(29):13058-13065.

[22] HE S H, FANG Z, MOSALLAM A S. Push-out tests for perfobond strip connectors with UHPC grout in the joints of steel-concrete hybrid bridge girders [J]. Engineering Structures, 2017,135:177-190.

[23] YANG F, LIU Y, LI Y. Push-out tests on large diameter and high strength welded stud connectors [J]. Advances in Civil Engineering,2018:1-12.

波形钢腹板-钢管混凝土桁式弦杆组合梁剪力滞效应分析

周勇超　程　飞*　闫　郝　顾瑞东

(长安大学公路学院)

摘　要　以波形钢腹板-钢管混凝土桁式弦杆组合梁为研究对象,选取三次函数和余弦函数作为纵向翘曲函数,基于能量变分原理推导了组合梁顶板正应力计算公式;结合简支梁算例计算典型荷载下的剪力滞系数,采用有限元法对其进行验证分析。结果表明:集中荷载和均布荷载作用下组合梁顶板均呈现正剪力滞效应,集中荷载比均布荷载的剪力滞效应更加明显;两种翘曲函数的数值解与有限元结果的比较接近;根据均方根误差值,集中荷载作用下三次翘曲函数应力分布与有限元吻合较好,均布荷载作用下,余弦翘曲函数应力分布与有限元吻合较好。

关键词　组合梁　波形钢腹板　钢管混凝土桁式弦杆　剪力滞效应　能量变分法

0　引言

近年来,波形钢腹板组合箱梁由于其自重轻、施工方便、跨越能力大等[1]优势在工程中得到不断的应用和创新,其良好的经济效益在城市桥梁建设中具有很强的竞争力[2]。Chen Y Y 等[3]提出了一种新型的组合结构——波形钢腹板-钢管混凝土(CSW-CFST)桁式弦杆组合梁(图1),以底部钢管混凝土和桁式平联(横撑和斜撑)替代传统的混凝土底板。与传统波形钢腹板组合梁相比,这种新型结构集合了钢管混凝土和波形钢腹板的优势,进一步减轻结构自重,加之拼装便捷,有利于向装配式、大跨度桥梁发展。

对于 CSW-CFST 桁式弦杆组合梁的研究,目前主要有:黄汉辉、陈康明等[4-5]通过试验和有限元分析了 CSW-CFST 桁式弦杆组合梁的抗弯、抗扭性能和疲劳破坏形式。与传统波形钢腹板组合

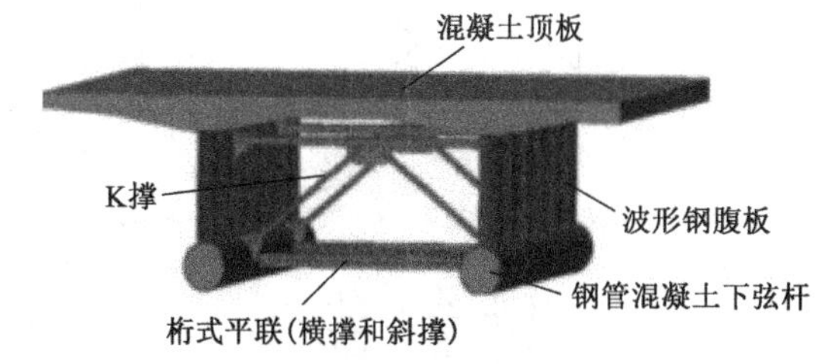

图1　波形钢腹板-钢管混凝土桁式弦杆组合梁

箱梁类似,CSW-CFST 这种新型组合结构受弯时在腹板与顶板交接处出现峰值应力,即剪力滞现象。众多研究[6-8]表明,钢腹板箱梁的剪力滞效应比混凝土腹板更加严重,忽略其影响将会存在安全隐患。能量变分法[9]因其求解高效且可直接得到数值解被广泛应用于箱梁的剪力滞效应分析中。陈水生、冯天鹏、姜瑞娟等[10-12]建立波形钢腹板箱梁的翘曲位移函数,基于能量变分法推导了其剪力滞效应的解析解并进行了影响参数分析。

目前对该新型组合结构进行剪力滞效应研究较少,本文基于能量变分原理,通过选取三次函数和余弦函数作为翘曲位移函数,将底部桁式平联连续化考虑其能量,推导了等截面CSW-CFST桁式弦杆组合梁在集中荷载和均布荷载作用下顶板应力的数值解。同时结合有限元模型对数值解进行验证,引入均方根误差评价两种翘曲函数数值解与有限元的吻合程度,为实际应用提供参考。

1 基于能量变分法的CSW-CFST桁式弦杆组合梁剪力滞效应求解

1.1 基本假定

根据CSW-CFST桁式弦杆组合梁的结构特点作如下假设:

(1)在竖向荷载作用下,顶板、底部钢管混凝土满足"拟平截面假定"[13];

(2)忽略钢筋的作用;底部钢管混凝土视为一种复合材料,其截面内应力呈均匀分布[14];

(3)剪力滞系数 λ = 翼板最大正应力/平均正应力;

(4)考虑桁式平联对抗弯的贡献[15]。

1.2 钢管混凝土等效及桁式平联连续化

1.2.1 钢管混凝土等效

钢管混凝土作为组合梁主要抗弯构件,将钢管混凝土等效为一种材料:

$$E_{sc}A_{sc} = E_sA_s + mE_cA_c \tag{1}$$

式中:E_{sc}、E_s、E_c——钢管混凝土组合轴拉弹性模量、钢管弹性模量和混凝土弹性模量;

A_{sc}、A_s、A_c——钢管混凝土截面面积、外包钢管的截面面积和管内混凝土截面面积;m 取0.1[16]。

1.2.2 桁式平联等效

底部平联斜撑对组合梁抗弯有贡献,为方便计算其能量,将平联等效成沿桥纵向匀质等厚的薄钢板,基于能量法推导等效板厚的计算公式[17]。

如图2a)、b)所示,基本结构发生轴向变形,结构总的拉压应变能可由外力做功 W 表示。由图2c)所示,将基本结构所受的轴力化为沿宽度 B 方向上的均布荷载,则等效薄钢板的应变能为 U。根据应变能互等定理 $W = U$,可得到平联体系的等效钢板截面面积 A。

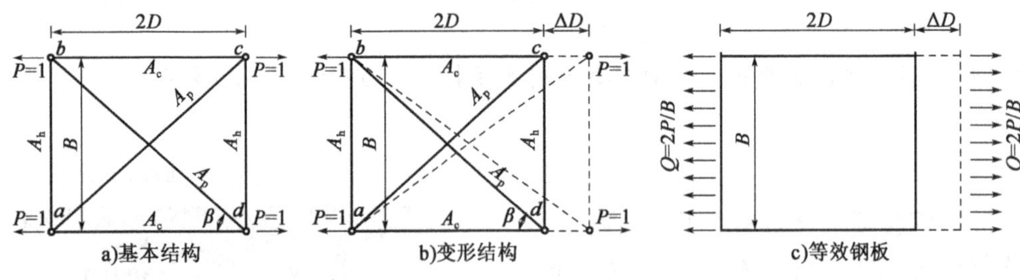

图2 下平联桁架连续化简图

$$A = \frac{2}{E} \times \frac{2D}{\Delta D} \tag{2}$$

由上式可知,只需要通过力法求解出 ΔD 即可求出平联体的总截面面积,进而求出等效薄钢板的厚度。平联桁架的轴向连续化等效板厚 t_3 为:

$$t_3 = \frac{\dfrac{2}{B\tan^2\beta}}{\dfrac{1}{A_h\cot\beta} + \dfrac{1}{A_p\sin^2\beta\cos\beta}} \tag{3}$$

式中:B——弦杆(ad、bc)之间的距离;

A_h——平联横梁的截面面积;

A_p——平联斜杆的截面面积;

β——桁架构件与梁纵向夹角。

1.3 三次翘曲位移函数变分解法

组合梁横截面构造如图3所示。

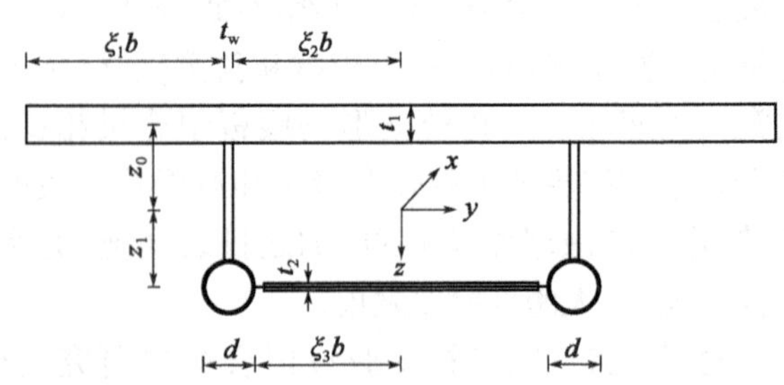

图3 组合梁横截面构造图

纵向翘曲位移函数的阶次影响剪力滞系数的计算精度,采用三次抛物线比较接近真实值[18]。

CSW-CFST 桁式弦杆组合梁受弯时,其变形特征不能用单一函数来描绘,故应用能量法分析组合箱梁弯曲时,需引入梁的竖向挠度 $\omega(x)$ 与翘曲纵向位移 $U_i(x,y,z)$。

$$\begin{cases}\omega = \omega(x)\\ U_i(x,y,z) = z_i[\omega' + \alpha_1(y)u(x)]\end{cases} \tag{4}$$

式中:$u(x)$——翼板剪切变形最大差值;

x、y、z——纵、横、竖向坐标值;$\alpha_1(y)=1-y^3/(\zeta_i b)^3$。

桁式弦杆组合梁的外力势能:

$$\overline{W} = -\int M(x)\omega'' \mathrm{d}x \tag{5}$$

上缘翼板应变能:

$$\overline{V}_{s0} = \frac{1}{2}\iint t_0(E_c\varepsilon_{x0}^2 + G_c\gamma_0^2)\mathrm{d}x\mathrm{d}y \tag{6}$$

式中:E_c——混凝土弹性模量;

G_c——混凝土剪切模量;

$$I_{s0} = I_{s01} + I_{s02};I_{s01} = 2t_0\xi_1 bz_0^2$$

$$I_{s02} = 2t_0\xi_2 bz_0^2$$

底部钢管混凝土应变能:

$$\overline{V}_{sc} = \frac{E_{sc}I_{sc}}{2}\int(\omega'')^2\mathrm{d}x \tag{7}$$

式中:$E_{sc}I_{sc}$——钢管混凝土等效抗弯刚度。

弦杆等效钢板应变能:

$$\overline{V}_{ss} = \frac{1}{2}E_sI_s\int(\omega'')^2\mathrm{d}x \tag{8}$$

式中:E_s——等效钢板弹性模量;$I_s = 2t_3\xi_3 bz_1^2$。

体系总势能:

$$\Pi = \overline{V} - \overline{W} = \overline{V}_{s0} + \overline{V}_{sc} + \overline{V}_{ss} - \overline{W} \tag{9}$$

根据最小势能原理,令 $\delta\Pi = 0$,得:

$$\begin{cases}E_cI_{s0}\omega'' + \frac{3}{4}E_cI_{s0}u' + E_{sc}I_{sc}\omega'' + E_sI_s\omega'' + M(x) = 0\\ \left(\frac{9G_cI_{s01}}{5\xi_1^2b^2} + \frac{9G_cI_{s02}}{5\xi_2^2b^2}\right)u - E_cI_{s0}\left(\frac{9}{14}u'' + \frac{3}{4}\omega'''\right) = 0\\ E_cI_{s0}\left(\frac{9}{14}u' + \frac{3}{4}\omega'''\right)\delta u\Big|_0^l = 0\end{cases} \tag{10}$$

进而得到 $u(x)$ 的通解:

$$u(x) = m(C_1\mathrm{sh}kx + C_2\mathrm{ch}kx + u^*) \tag{11}$$

式中:$k^2 = \dfrac{\dfrac{G_cI_{s01}}{5\xi_1^2b^2} + \dfrac{G_cI_{s02}}{5\xi_2^2b^2}}{\dfrac{E_cI_{s0}}{14} - \dfrac{(E_cI_{s0})^2}{16EI}}$;$m = \frac{1}{2}/\left(\frac{3}{7}EI - \frac{3}{8}E_cI_{s0}\right)$;$EI = E_cI_{s0} + E_{sc}I_{sc} + E_sI_s$;$u^*$ 为 $u(x)$ 的特解。

故混凝土顶板的应力为:

$$\sigma_x = E_cz_0\left[\frac{M(x)}{EI} - \left(\alpha_1(y) - \frac{3E_cI_{s0}}{4EI}\right)u'\right] \tag{12}$$

1.4 余弦函数变分解法

引入余弦函数作为上缘翼板纵向翘曲位移函数,其方程为:

$$U_i(x,y,z) = z_i[\omega' + \alpha_2(y)u(x)] \tag{13}$$

其中,$\alpha_2(y) = \begin{cases}\frac{1}{2}\left(1+\cos\frac{\pi y}{\xi_2 b}\right) & \text{顶板}\\ \frac{1}{2}\left(1+\cos\pi\frac{y-\xi_2 b}{\xi_1 b}\right) & \text{悬臂板}\end{cases}$

上缘翼板应变能:

$$\begin{aligned}\overline{V}_{s0} &= \frac{1}{2}\iint t_0(E_c\varepsilon_{x0}^2 + G_c\gamma_0^2)\mathrm{d}x\mathrm{d}y\\ &= \frac{1}{2}\int\left\{E_cI_{s0}[(\omega'')^2 + \omega''u' + \frac{3}{8}(u')^2]\right\}\mathrm{d}x + \\ &\frac{1}{2}\int\left(\frac{\pi^2G_cI_{s01}}{8\xi_1^2b^2} + \frac{\pi^2G_cI_{s02}}{8\xi_2{}^2b^2}\right)u^2\mathrm{d}x\end{aligned} \tag{14}$$

根据最小势能原理解得混凝土顶板的应力为:

$$\sigma_x = E_cz_0\left[\frac{M(x)}{EI} - \left(\alpha_2(y) - \frac{1}{2}E_cI_{s0}\right)u'\right] \tag{15}$$

1.5 典型荷载求解

简支梁边界条件:$u_1'|_{x=0} = 0$;$u_1'|_{x=1} = 0$

(1)等截面简支梁集中荷载作用下(图 4)

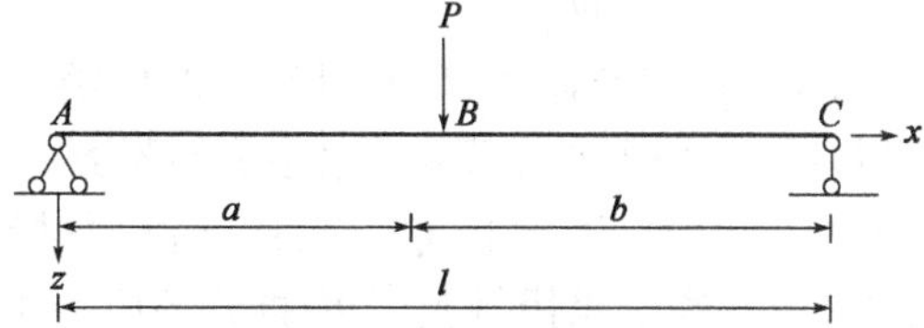

图 4 集中荷载作用图

AB 段顶板的弯曲正应力:

$$\sigma_{xi} = E_cz_0\left[\frac{M(x)}{EI} - \frac{mP}{k}\left(\alpha_i(y) - \frac{3E_cI_{s0}}{4EI}\right)\cdot\left(\frac{\mathrm{sh}k(l-a)}{\mathrm{sh}kl}\mathrm{sh}kx\right)\right] \tag{16}$$

BC 段顶板的弯曲正应力:

$$\sigma_{xi} = E_c z_0 \left[\frac{M(x)}{EI} - \frac{mP}{k}\left(\alpha_i(y) - \frac{E_c I_{s0}}{2EI}\right)\cdot (\mathrm{sh}ka \cdot \mathrm{ch}kx - \mathrm{sh}ka \cdot \mathrm{cth}kl \cdot \mathrm{sh}kx) \right] \tag{17}$$

(2)等截面简支梁均布荷载作用下(图5)

顶板弯曲正应力:

$$\sigma_{xi} = E_c z_0 \left[\frac{M(x)}{EI} - \frac{mq}{k^2}\left(\alpha_i(y) - \frac{E_c I_{s0}}{2EI}\right)\cdot \left(1 - \mathrm{ch}kx + \frac{\mathrm{ch}kl - 1}{\mathrm{sh}kl}\mathrm{sh}kx\right) \right] \tag{18}$$

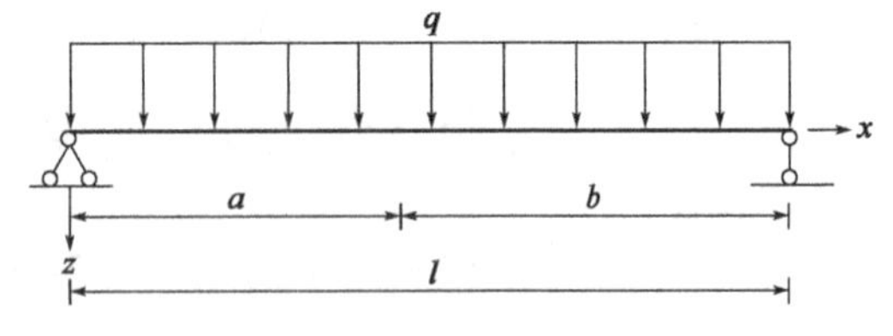

图5　均布荷载作用图

2　有限元验证

本文CSW-CFST桁式弦杆组合梁的设计参数参考文献[14],截面构造如图6所示,取计算跨径L为8080mm。

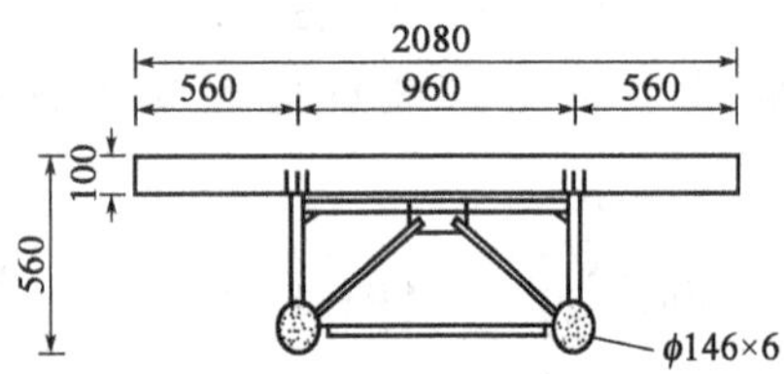

图6　横截面基本(尺寸单位:mm)

波形钢腹板倾角为31°,厚度4mm。底板由2根146×6钢管和2×[5槽钢焊接弦杆组成,K撑横梁采用2×∟40×3(mm)的双角钢,斜撑采用2×∟23×3(mm)的双角钢。

采用ABAQUS建立有限元模型,波形钢腹板、钢管以及弦杆采用S4R壳单元,混凝土部分采用实体单元C3D8R建模。ABAQUS有限元模型材料参数见表1。混凝土采用规范[19]中推荐的应力-应变关系,波形钢腹板(图7)和其他钢材的本构采用三折线模型[20]。对剪力滞效应分析仅考虑弹性受力阶段,忽略腹板与顶板之间的相对滑移效应。有限元模型如图8所示。

ABAQUS有限元模型材料参数　　表1

材料	密度(kg/m³)	弹性模量(MPa)	泊松比
混凝土	2500	3.45×10^4	0.20
钢材	7850	2.06×10^5	0.30

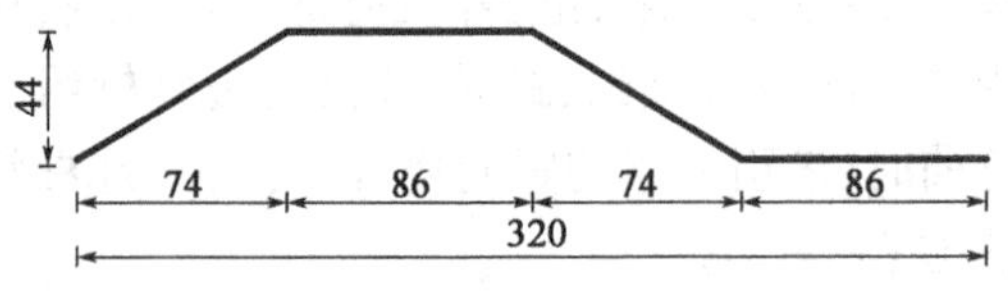

图7　波形钢腹板基本(尺寸单位:mm)

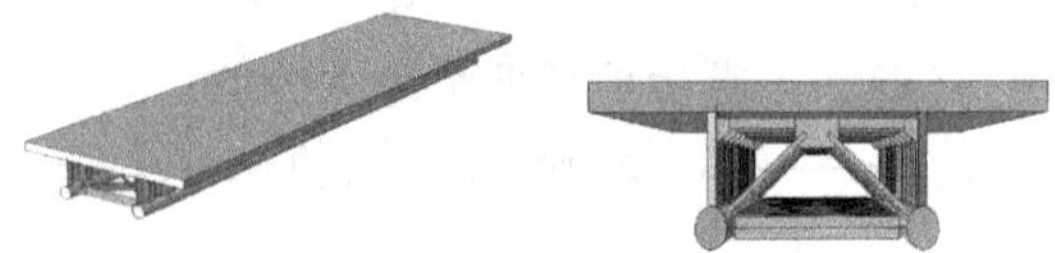

图8　有限元模型

3　分析验证

对CSW-CFST桁式弦杆组合梁有限元模型进行集中荷载加载,如图4和图5所示按照10kN、20kN、30kN分别作用于跨中截面。图9给出组合梁跨中截面在各级集中荷载作用下的顶板正应力。由图9可知,集中荷载作用,组合梁处于弹性阶段,跨中截面正应力呈线性增长;腹板顶端的数值解均出现峰值应力,即顶板应力呈现出典型的剪力滞效应;由表2可知,三次纵向翘曲函数计算的剪力滞系数为1.119,余弦纵向翘曲函数计算的剪力滞系数为1.084。图10为4kN/m的均布荷载加载结果,腹板顶端出现峰值,其应力值略大于其他位置;由表2可知,三次翘曲函数、余弦翘曲函数计算的剪力滞系数分别为1.025、1.016。

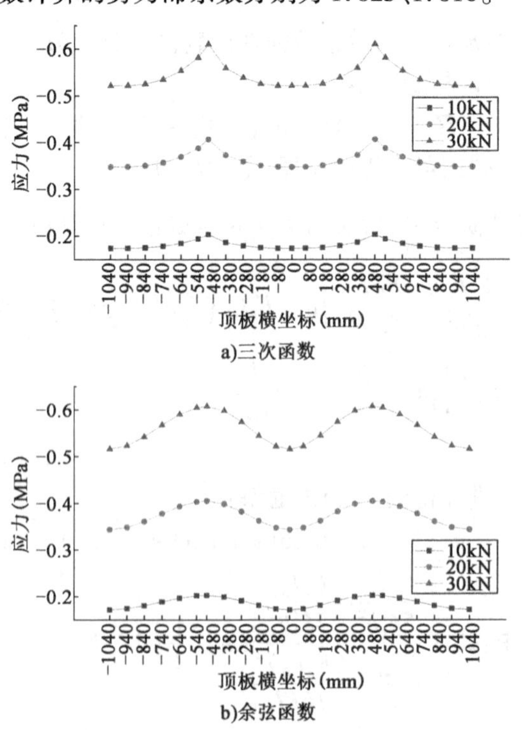

图9　集中荷载下跨中截面顶板正应力

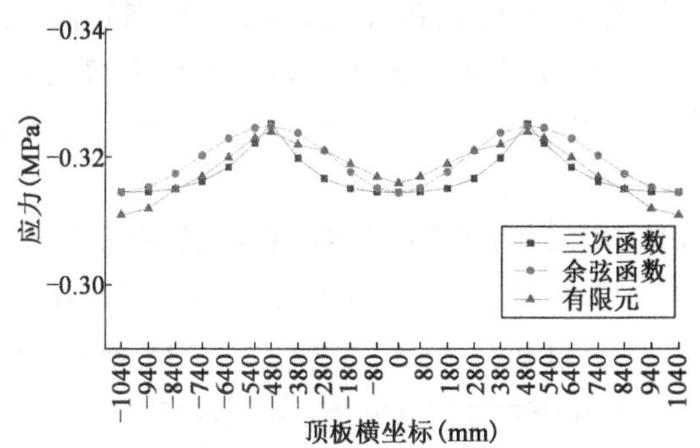

图10　均布荷载4kN/m下跨中截面应力对比

由图9和图10可知,集中荷载和均布荷载作用下,有限元模型跨中截面应力值也呈现出相似的分布规律,悬臂端的应力与两种理论计算值有误差,但整体的应力结果比较吻合。

表2选取集中荷载30kN和均布荷载4kN/m作用下跨中截面顶板的最大应力值和平均应力值,比较了两种典型荷载下三种方法计算得到的剪力滞系数。分析可知,集中荷载作用下顶板的剪力滞效应明显,三种方法计算的结果接近,两种翘曲函数剪力滞系数与有限元计算的偏差在-1.27%~2.00%;均布荷载作用下顶板的剪力滞效应不明显,两种翘曲函数剪力滞系数与有限元计算的偏差在-2.40%~0.59%。

典型荷载下跨中截面应力与剪力滞系数比较　　表2

荷载	最大应力值(MPa)			平均应力值(MPa)			剪力滞系数			相对误差(%)	
	三次函数	余弦函数	有限元	三次函数	余弦函数	有限元	三次函数	余弦函数	有限元	三次函数	余弦函数
集中荷载	-0.610	-0.608	-0.604	-0.545	-0.561	-0.550	1.119	1.084	1.098	1.91	-1.28
均布荷载	-0.325	-0.325	-0.324	-0.317	-0.320	-0.318	1.025	1.016	1.019	0.59	-2.40

为评价两种不同翘曲位移函数下跨中截面应力分布与有限元模拟的吻合程度,引入均方根误差R_e,R_e值越小表示吻合程度越高。

$$R_e = \sqrt{\sum_{i=1}^{N}(\sigma_i - \sigma_{ij})^2/N} \tag{19}$$

式中:σ_i——跨中截面i点的应力数值解;

σ_{ij}——跨中截面i点的应力有限元解;

N——应力提取点数。

表3列出集中荷载30kN和均布荷载4kN/m作用下组合梁跨中截面顶板应力的均方根误差。分析可得:集中荷载作用下三次翘曲函数顶板的应力分布与有限元结果比较吻合;均布荷载作用下,余弦翘曲函数顶板的应力分布与有限元结果较吻合。

跨中截面峰值应力误差分析　　表3

纵向位移函数	荷载形式	均方根误差R_e($\times 10^{-5}$)
三次函数	集中荷载	247.73
	均布荷载	1.45
余弦函数	集中荷载	121.52
	均布荷载	74.7
有限元	集中荷载	—
	均布荷载	—

4　结语

(1)运用能量法、有限元法研究了波形钢腹板-钢管混凝土(CSW-CFST)桁式弦杆组合梁新型结构的剪力滞问题,两种方法计算得到的剪力滞系数接近,验证了本文方法是可行的。

(2)本文选取两种纵向翘曲函数计算得到组合梁顶板应力的数值解与有限元解比较接近,且应力分布规律接近;引入均方根误差来描述不同翘曲函数顶板应力数值解与有限元解总体吻合程度,集中荷载作用下三次函数数值解吻合程度高,均布荷载作用下余弦函数数值解吻合程度高。

(3)CSW-CFST桁式弦杆组合梁新型结构在集中荷载和均布荷载作用下顶板均出现正剪力滞效应;力的作用形式对剪力滞系数影响明显,集中荷载下剪力滞系数明显大于均布荷载,实际工程设计中应尽量避免在腹板与顶板连接处外荷载过大,并着重分析腹板与顶板相交处的应力状况。

参考文献

[1] 周聪,汪建群,李立峰.变截面波形钢腹板组合箱梁剪力滞效应的比拟杆法求解[J].铁道学报,2022,44(4):143-152.

[2] LIU J,DING F XING,LIU X MEI,et al. Study on flexural capacity of simply supported steel-concrete composite beam [J]. Steel and Composite Structures,2016,21(4).

[3] CHEN Y Y, DONG J, XU T. Composite box girder with corrugated steel webs and trusses- A

new type of bridge structure[J]. Engineering Structures,2018,166:354-362.

[4] 黄汉辉,陈康明,吴庆雄. 钢管混凝土桁式弦杆组合连续梁抗弯性能[J]. 吉林大学学报(工学版):1-12.

[5] 陈康明,黄汉辉,吴庆雄,等. 波形钢腹板-钢管混凝土桁式弦杆组合梁桥疲劳性能[J]. 交通运输工程学报,2022,22(5):200-216.

[6] 吴文清,邓学钧;叶见曙. 波形钢腹板组合箱梁剪力滞效应问题研究[D]. 南京:东南大学,2002.

[7] 吴文清,万水,叶见曙,等. 波形钢腹板组合箱梁剪力滞效应的空间有限元分析[J]. 土木工程学报,2004(9):31-36.

[8] 李立峰,彭鲲,王文. 波形钢腹板组合箱梁剪力滞效应的理论与试验研究[J]. 公路交通科技,2009,26(4):78-83.

[9] 周勇超,郝宪武,李子青. 变截面波形钢腹板组合梁剪力滞效应[J]. 长安大学学报(自然科学版),2014,34(4):62-69.

[10] 陈水生,田正龙,桂水荣. 单箱多室波形钢腹板箱梁剪力滞研究[J]. 公路交通科技,2015,32(7):69-75.

[11] 冯天鹏,徐向锋,张峰,等. 波形钢腹板箱梁剪力滞效应研究[J]. 重庆交通大学学报(自然科学版),2016,35(6):11-15,59.

[12] 姜瑞娟,肖玉凤,吴启明,等. 基于能量变分法的波形钢腹板组合箱梁剪力滞效应研究[J]. 建筑结构学报,2019,40(S1):271-277.

[13] 吴文清,叶见曙,万水,等. 波形钢腹板-混凝土组合箱梁截面变形的拟平截面假定及其应用研究[J]. 工程力学,2005(5):177-180,198.

[14] CHEN Y,DONG J,XU T,et al. The shear-lag effect of composite box girder bridges with corrugated steel webs and trusses[J]. Engineering Structures,2019,181.

[15] 王程伟. 波形钢腹板-钢管混凝土桁式弦杆连续梁抗弯性能研究[D]. 福州:福州大学,2017.

[16] HAN L H,HE S H,LIAO F Y. Performance and calculations of concrete filled steel tubes (CFST) under axial tension[J]. Journal of Constructional Steel Research,2011,67(11).

[17] 周绪红,秦凤江,狄谨,等. 基于能量原理的板桁结合型加劲梁连续化分析方法[J]. 中国公路学报,2014,27(6):34-43.

[18] 高丽,周媛,王社良,等. 波形钢腹板PC箱梁剪力滞效应的能量变分法解[J]. 西安建筑科技大学学报(自然科学版),2022,54(1):27-34.

[19] 中华人民共和国住房和城乡建设部. 混凝土结构设计规范:GB 50010—2010[S]. 北京:中国建筑工业出版社,2011.

[20] 吕西林,金国芳,吴晓涵. 钢筋混凝土结构非线性有限元理论与应用[M]. 上海:同济大学出版社,1997.

Calculation Method of Cracking-deflection Coupling Effect of Steel-concrete Composite Beam

Chaoqun Feng[1] Yanwei Niu*

(School of Highway,Chang'an University)

Abstract In order to accurately and reasonably calculate the stress distribution and deflection change of steel-concrete composite beams, considering the influence of concrete cracking, the crack-down deflection coupling calculation method of steel-concrete composite beams is derived by using the conversion section method, and the internal force and deflection changes of composite beams before and after cracking are analyzed and compared. The results show that the calculation method of steel-concrete composite beams under long-term load based on the converted section theory can accurately calculate the cracking-deflection coupling effect. After considering cracking, the deflection of the composite beam increases by 0.03 mm due to cracking in the short-term analysis of the composite beam. The calculation method can provide a theoretical basis for the calculation of internal force and deflection of steel-concrete composite beams under load in practical engineering.

Keywords Steel-concrete composite beam structure Crack Deflection

0 Introduction

X Steel-concrete composite beam is a new type of composite beam developed on the basis of concrete structure and steel structure. By setting shear connectors on the upper part of concrete flange plate and steel beam, it is made up of a whole to resist load together. This new type of composite beam can reduce the weight of the structure, also has high bearing capacity and short construction period, so it has been widely used in bridge construction in China. The mechanical properties of concrete and steel in steel-concrete composite beams are quite different. Under the action of external load, the deformation of the two materials will produce mutual constraints, causing the redistribution of cross-section stress. The restraint of steel beams on concrete will further lead to stress redistribution of concrete. Secondary internal forces will also be generated for the statically indeterminate structure of steel-concrete composite beams. The weakening effect on prestress will affect the cracking control of the negative bending moment zone of the composite beam and affect the normal use of the structure[1]. In the current specification, the unified elastic modulus ratio is used to calculate the long-term effect of composite beams. However, due to the influence of concrete shrinkage and creep, the elastic modulus ratio is not a unified amount. Therefore, considering the creep influence coefficient when using the conversion section method to calculate the long-term effect can effectively improve the accuracy of the calculation[2].

In 2007, Nie[3] considered the slip effect, deduced the deflection calculation formula of prestressed steel-concrete composite beam and the prediction calculation formula of the cracking range in the negative moment area of the fulcrum, and analysed the influence of pre-tension on the deflection. Through further experimental research, it is found that the slip effect and pretension will weaken the strength of the member, and the calculation method of variable stiffness can more accurately calculate the elastic deformation of the steel-concrete composite beam. In 2009, Fan[4] designed four steel-concrete composite beams for long-term load test research, of which two beams are simply supported composite beams under positive bending moment. The other two are cantilever composite beams with different longitudinal reinforcement ratios, and the structure is subjected to negative bending moment. The variation of concrete strain, steel beam strain and structural deflection with time is observed, and the number of cracks in the negative bending zone is simply counted. The results show that the deformation of composite beams is significantly affected by shrinkage and creep. Cracking will lead to the reduction of creep effect of concrete shrinkage effect and the wrong estimation of deflection value caused by shrinkage.

In 2012, Nie[5] developed a uniaxial material hysteretic constitutive model suitable for composite structural members through a user subroutine, which has high accuracy. In 2013, Liu[6] et al. conducted theoretical analysis and experimental research on steel-concrete composite beams. The results show that the long-term effect of composite beams has a great influence on stress and strain. In 2015, Xiang[7] deduced the calculation formula of internal force, long-term strain and deformation of composite small box girder beams considering the shrinkage and creep of concrete. In 2016, Nguyen[8] used a viscoelastic-plastic model for concrete slabs to simulate the time effect of the bonding interface of composite beams, and analysed the time-varying behavior of composite beams. In 2021, Ji[9] et al. introduced the natural boundary conditions of simply supported and two-span continuous steel-concrete composite beams under uniform load, and deduced the control differential equation of deflection calculation of steel-concrete composite beams by energy variational method. The results show that the shrinkage and creep effect of concrete has a great influence on the deflection of steel-concrete composite beams.

The above research results show that for the negative bending zone of composite beams, if the concrete cracking effect is ignored, the influence of concrete creep and shrinkage effect will be overestimated and the deflection calculation value will be affected. Therefore, in the calculation of internal force redistribution and deflection of steel-concrete composite beams, factors such as concrete slab cracking should be considered comprehensively.

In this paper, the influence of concrete cracking on the internal force distribution and deflection of composite beams is calculated and analysed by designing Matlab algorithm. The formula of support reaction force change and the calculation method of cracking range are deduced. The development law of concrete cracking range in negative bending zone and the change of support reaction force of middle support are analysed. The deflection changes of composite beams considering cracking and not considering cracking are compared and analysed.

1 Conversion section analysis theory

In this chapter, the existing conversion section method is applied to the deflection analysis of continuous composite beams.

1.1 Short-term load effect conversion section analysis

In the conversion section analysis of steel-concrete composite beam, the elastic modulus ratio $\alpha_E = E_s/E_c$ is introduced, E_s is the elastic modulus of steel, E_c is the elastic modulus of concrete. The combined section area, the first area moment and the second area moment around the upper edge of concrete are calculated as follows:

$$A = b_c D_c + (\alpha_E - 1) A_{sr} + \alpha_E A_{ss} \tag{1a}$$

$$B = \frac{b_c D_c^2}{2} + (\alpha_E - 1) \sum A_{sr} d_{sr} + \alpha_E A_{ss} + d_{ss} \tag{1b}$$

$$\bar{I} = \frac{b_c D_c^3}{3} + (\alpha_E - 1) \sum A_{sr} d_{sr}^2 + \alpha_E (A_{ss} d_{ss}^2 + I_{ss}) \tag{1c}$$

In this equation, A_{ss} represents the cross-sectional area of the steel beam, I_{ss} represents the inertia moment of the I-beam; A_{sr} represents the area of longitudinal reinforcement in concrete bridge deck; the geometric parameters b_c、D_c、d_{sr} and d_{ss}, as shown in Figure 1.

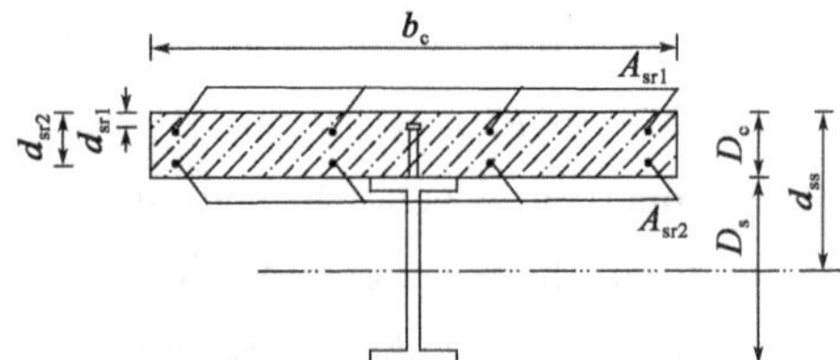

Figure 1 Schematic diagram of section geometric parameters

Based on the basic assumption, for the continuous beam under uniform load, the calculation of the strain and section curvature of the top surface of the concrete bridge deck under short-term load is as follows:

$$\varepsilon_{ci} = \frac{BM + \bar{I}N_i}{E_c(A\bar{I} - B^2)} \tag{2}$$

$$\rho_i = \frac{AM + BN_i}{E_c(A\bar{I} - B^2)} \tag{3}$$

According to the plane section assumption, the stress of concrete, steel bar and steel beam at any position can be obtained by Eq. 2 and Eq. 3:

$$\sigma_{ci} = E_c(\varepsilon_{ci} - y\rho) \tag{4}$$

$$\sigma_{sri} = E_s(\varepsilon_{ci} - d_{sr}\rho) \tag{5}$$

$$\sigma_{si} = E_s(\varepsilon_{ci} - y\rho) \tag{6}$$

If the tensile stress of the concrete in the negative moment zone of the fulcrum is less than the tensile strength of the concrete, the section calculation can be calculated by Eq. 1 to 6. When the stress of the outermost concrete reaches the standard value, it is considered that the concrete bridge deck of this section is out of work, and the concrete in the negative bending moment area is cracked. Eq. 1 is simplified to Eq. 7 below:

$$A = \alpha_E A_{sr} + \alpha_E A_{ss} \tag{7a}$$

$$B = \alpha_E \sum A_{sr} d_{sr} + \alpha_E A_{ss} d_{ss} \tag{7b}$$

$$\bar{I} = \alpha_E \sum A_{sr} d_{sr}^2 + \alpha_E (A_{ss} d_{ss}^2 + I_{ss}) \tag{7c}$$

The strain and curvature of the upper edge of the concrete are calculated by Eq. 2 and Eq. 3. The stress of steel beam section and the stress of steel bar in concrete are calculated by Eq. 6 and Eq. 5, and the stress after concrete cracking is zero.

1.2 Internal force analysis and deflection analysis

For the two-span continuous beam under uniform load, each span is l, which is a statically indeterminate structure. The simply supported beam is taken as the basic system, and the reaction force X1 of the intermediate support is taken as the redundant force. According to the principle of structural mechanics, it can be obtained that:

$$\delta_{11} X_1 + \delta_{1p} = 0 \tag{8}$$

The elastic solution of the reaction force is obtained as follows:

$$X_1 = \frac{5}{4} ql \tag{9}$$

The bending moment expression of the main beam is:

$$M(x) = qlx - \frac{qx^2}{2} - X_1 \frac{x}{2} \tag{10}$$

When the negative bending moment concrete cracks, and the curvature under short-term load is corrected to, as shown in Figure 2. Assuming that the concrete cracks on both sides of the bearing in the negative bending moment zone, according to the force method displacement coordination condition, it can be obtained that:

$$-\int_0^a \frac{x}{2}\beta_1 \left(qlx - \frac{qx^2}{2} - X\frac{x}{2}\right)\mathrm{d}x - \int_a^l \frac{x}{2}\beta^2 \left(qlx - \frac{qx^2}{2} - X\frac{x}{2}\right)\mathrm{d}x = 0 \tag{11}$$

The correction value of the reaction force X after cracking can be obtained by solving Eq. 12:

$$X = \frac{(\beta_1 - \beta_2)(8qla^3 - 3qa^4) + 5\beta_2 ql^4}{4(l^3 - a^3)\beta_2 + 4a^3\beta_1} \tag{12}$$

If the negative bending zone does not crack, in Eq. 12 $\beta_1 = \beta_2$, $a = L$, the support reaction force $X = \frac{5qL}{4}$ is calculated, and the modified value of the support reaction force X is substituted into the structural bending moment expression. According to the strain distribution of the upper edge of the concrete, the uncracked length a of the structure is recalculated, and the iterative calculation is continued until the value of the support reaction force X meets the convergence requirement. After the change of the reaction force δX, the internal force variation is δM:

$$\delta M = -\frac{x}{2}\delta X \tag{13}$$

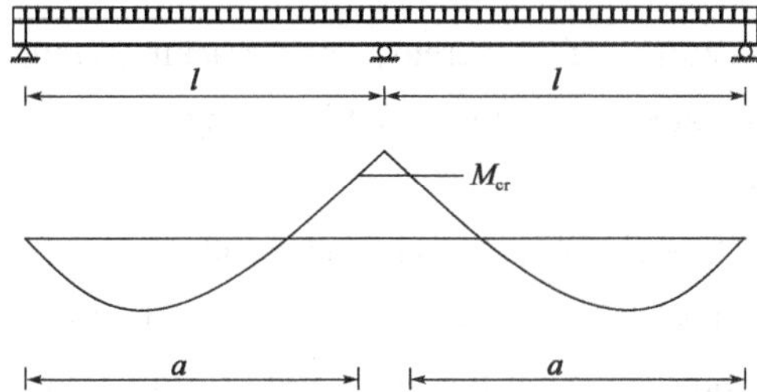

Figure 2 Moment diagram of continuous beam

According to the displacement compatibility condition of the force method, it can be obtained that:

$$-\int_0^a \frac{x}{2}(\alpha_1 + \beta_1 M + \gamma_1 \delta M)\mathrm{d}x - \int_a^l \frac{x}{2}(\alpha_2 + \beta_2 M + \gamma_2 \delta M)\mathrm{d}x = 0 \tag{14}$$

By solving the equation, the expression of the reaction force increment can be obtained as:

$$\delta X = \frac{(\beta_1 - \beta_2)[4a^3(2ql - X_i) - 3qa^4] + \beta_2(5ql^4 - 4X_i l^3) + 12\alpha_1 a^2 + 12\alpha_2(l^2 - a^2)}{4\gamma_1 a^3 + a\gamma_2(l^3 - a^3)} \tag{15}$$

The relationship between the reaction force and time is:

$$X = X_i + \delta X \tag{16}$$

According to the incremental expression of the

reaction force of the Eq. 15, where, $\beta_1 = \beta_2$, $\alpha_1 = \alpha_2$, $\gamma_1 = \gamma_2$, $a = L$, if the structure does not crack under long-term load, the change of the reaction force of the two-span continuous beam caused by the shrinkage before the cracking of the negative moment concrete can be obtained by substituting the Eq. 15:

$$\frac{\varepsilon_{sh}\overline{E}_c(\overline{B}_e\overline{A}_c - \overline{A}_e\overline{B}_c)}{\overline{A}_e l} \tag{17}$$

The cracking of concrete in the negative bending zone at the later stage will lead to the change of the reaction force. After the change of the reaction force caused by shrinkage and cracking, the uncracked length a of the structure is calculated by iteration until the convergence requirement is met.

Under long-term load, if $\varepsilon_{c,top} > \varepsilon_{cr}$, where εcr is the cracking strain of concrete, the concrete in the negative bending zone will crack. According to the expression of strain along the beam length, the length a of the cracking range can be determined. According to the cracking range, the support reaction force increment is determined. After adding the strain caused by the support reaction force increment to the total strain of concrete, the cracking range is recalculated until the cracking range tends to be stable.

Through iterative calculation, after obtainirig the curvature of each section of the structure, the deflection values of the main girder at different times at different positions can be obtained by twice integrating the curvature, that is,

$$w(x) = \int_0^x\int_0^x \rho(x)d_x d_x \tag{18}$$

$$\begin{cases} w'_2(L) = 0 \\ w_1(a) = w_2(a) \\ w_1(0) = w_2(L) = 0 \end{cases} \tag{19}$$

After the cracking of the structure, the stiffness of the main beam section in the cracking area changes. The differential equation of the main beam deflection curve can be divided into two sections, which are represented by $w''_1(x)$ and $w''_2(x)$ respectively. According to the boundary conditions shown in Eq. 19, the curvature function can be integrated twice to obtain the deflection curve equation of the main beam.

2 Program implementation

In this paper, the cracking-deflection coupling effect of steel-concrete composite beams is calculated by Matlab. Firstly, the short-term conversion section, first-order moment and inertia moment of the uncracked composite section are calculated, and then the short-term effect of concrete is analyzed. The strain and curvature, steel bar stress and lower flange stress of steel beam under short-term effect are calculated. If the influence of cracking zone is considered, the size of cracking zone a is calculated and the initial support reaction force is determined. The strain at the fulcrum is calculated to judge whether the concrete is cracked or not. The iterative calculation is carried out, and the curvature of the cracking zone and the uncracked zone is calculated and saved in different zones. The curvature equation is integrated twice to obtain the deflection curve equation. The deflection distribution of the main girder can be obtained by introducing boundary conditions.

The calculation flow chart is shown in Figure 3.

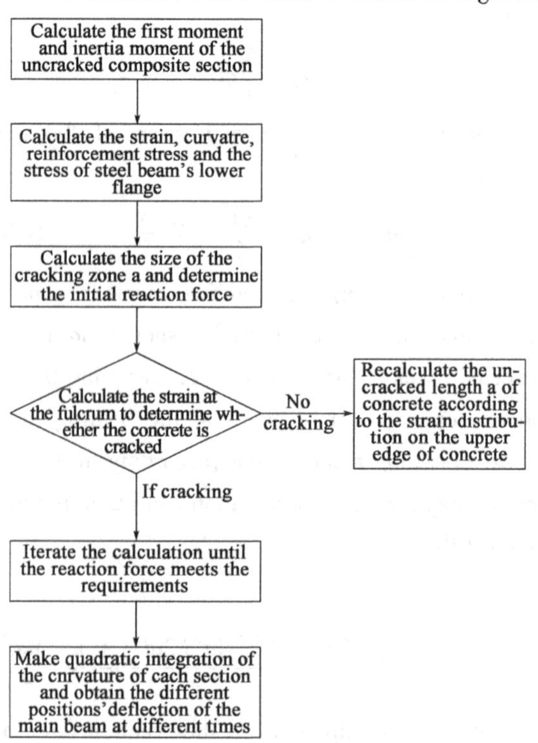

Figure 3 Calculation flow chart

3 Calculation example

3.1 Short-term cracking analysis of steel-concrete composite beams

For the two-span steel-concrete composite continuous beam to be studied in this paper, the test beam cracked under short-term loading is taken as an example. The specific calculation parameters of the test beam calculation model are shown in Table 1.

Calculation parameters of steel-concrete composite beam model (continuous beam) Table 1

Concrete width b	D_c	I_{ss}	A_{ss}	A_{sr1}	d_{sr1}	A_{sr2}	d_{sr2}
0.6m	0.06m	$1130\times10^{-8}m^4$	$26.13\times10^{-4}m^2$	$1.13\times10^{-4}m^2$	0.02m	$1.13\times10^{-4}m^2$	0.04m
Single span L	d_{ss}	f_{tk}	E_c	E_s	RH	B_s	f_{cuk}
4m	0.14m	2.01×10^6Pa	$3\times10^{10}Pa$	$2\times10^{11}Pa$	60%	0.088m	3×10^7Pa

3.2 Iterative calculation of cracking range

The relative change of the reaction force of each support is the control condition of the calculation accuracy, that is, the calculation is stopped when $E_{rr}=\frac{R_{v+1}-R_v}{R_v}<0.001$. The cracking depth is represented by d_{cr}. Defining $\lambda=1-\frac{d_{cr}}{D_c}$, the thickness of the cracked concrete slab is λD_c, and the section characteristics are calculated according to Eq. 1.

$$A=b_c\lambda D_c+(\alpha_E-1)A_{sr}+\alpha_E A_{ss} \quad (20a)$$

$$B=\frac{b_c(\lambda D_c)^2}{2}+(\alpha_E-1)\sum A_{sr}d_{sr}+\alpha_E A_{ss}+d_{ss} \quad (20b)$$

$$\bar{I}=\frac{b_c(\lambda D_c)^3}{3}+(\alpha_E-1)\sum A_{sr}d_{sr}^2+\alpha_E(A_{ss}d_{ss}^2+I_{ss}) \quad (20c)$$

As shown in Figure 4, according to the calculation results of the fifth iteration, the concrete slab is completely cracked. The section stiffness within the cracking range only considers the effect of steel bars and steel beams. When the number of iterations reaches 16 times, the calculated values of the cracking range and the reaction force of the intermediate support are basically stable. Under the uniform load $q=3560N/m$, the concrete strain in the negative bending moment zone is greater than the tensile strain value of C30 concrete.

The iterative process of the change of the reaction force caused by cracking is shown in Figure 3. After cracking, the reaction force of the middle support is reduced from 17.8kN to 16.13kN, which is reduced by 1.67kN. The change of the reaction force will cause the change of the internal force of the structure.

The cracking range was successfully calculated after 26 iterations. The cracking calculation results are shown in Figure 4.

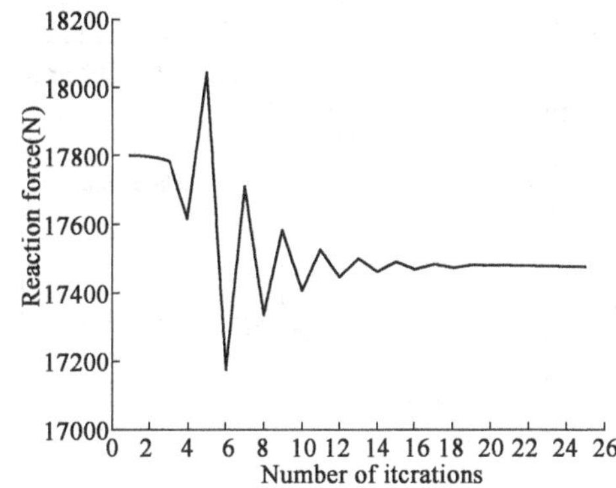

Figure 4 Support reaction iterative process

3.3 Cracking calculation results

As shown in Figure 5, the cracking zone of the test beam is located in the range of 9.3cm around the support. The stress change of the middle and upper layers of concrete is shown in Figure 5a). The stress of the steel bar in the cracking zone increases sharply, and the tension of the steel bar at the bearing section increases by 60.6 MPa. When calculating the stress of steel bars in the crack area, the influence of concrete blocks between cracks is not considered. The stress change of the steel beam bottom plate caused by cracking is shown in Figure 5b). After the iterative calculation of the crack, the tensile stress of the steel beam in the positive bending zone is basically unchanged, and the compressive stress of the steel beam in the negative bending zone decreases by 116.6 MPa. The bending moment changes of the structure before and after cracking are shown in Figure 5c). Without considering the change of reaction force caused by cracking, the maximum negative bending moment at the fulcrum of the structure is −7.12kN · m, and the maximum positive bending moment is 4.01kN · m. After considering the change of reaction force caused by cracking, the maximum negative bending moment of the structure is reduced to −6.48kN · m, and the maximum positive bending moment is increased to 4.25kN · m. After considering the influence of cracking, the deflection change of the structure is shown in Figure 5d). Due to the formation of cracks, the maximum deflection of the structure increases by 0.31 mm.

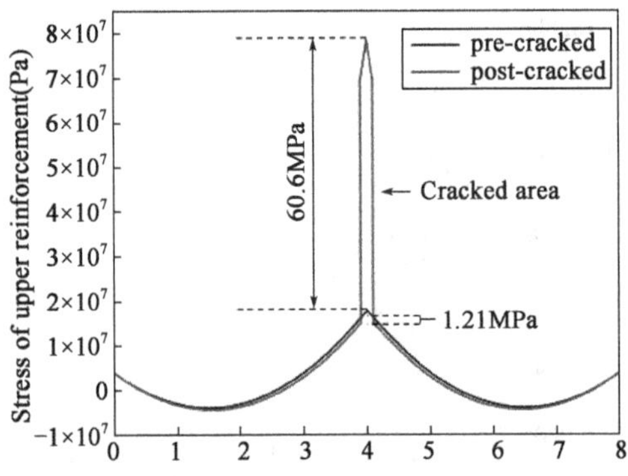

a)Upper steel stress

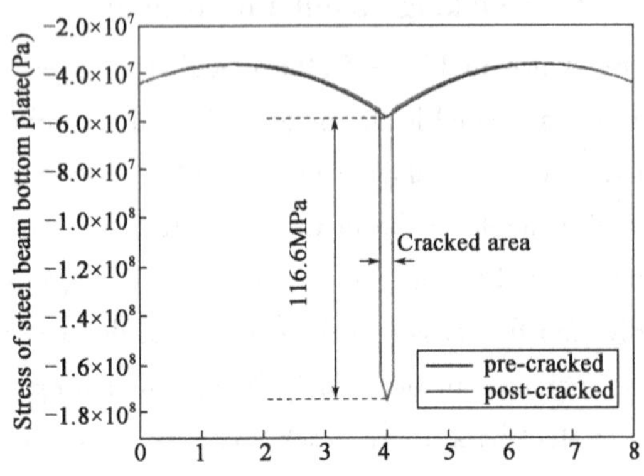

b)Stress of steel beam bottom plate

Figure 5

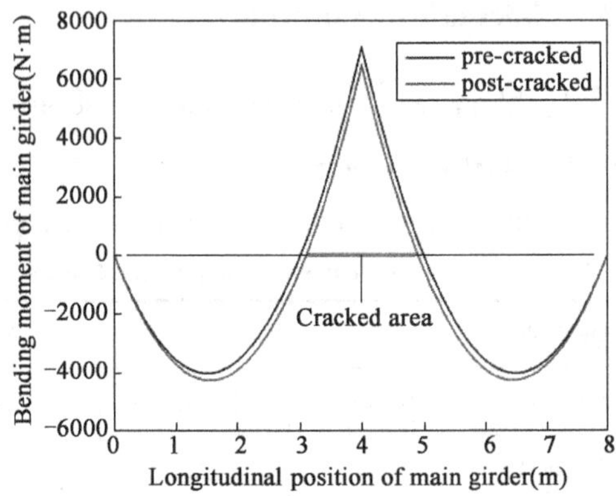

c)Bending moment of composite beam before and after cracking

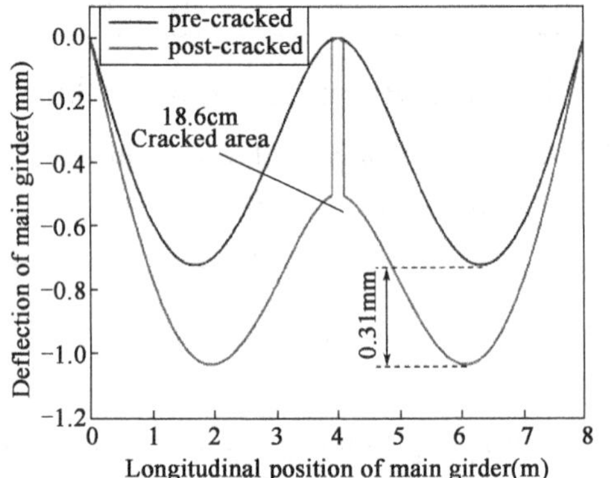

d) Deflection of composite beam before and after cracking

Figure 5 Structural mechanical properties before and after cracking

4 Conclusions

(1) Based on the converted section theory, this paper derives the calculation method of the cracking range of the negative moment zone of the steel-concrete composite beam under long-term load, and obtains the expression of the reaction force before and after cracking, and further obtains the distribution of deflection and bending moment of the composite beam before and after cracking.

(2) An iterative calculation method using MATLAB to calculate the cracking-deflection coupling effect of steel-concrete composite beams is proposed. The cracking range can be calculated by fewer iterations.

(3) The calculated value shows that the influence of shrinkage effect on the deflection of the beam end can be accurately calculated after considering cracking.

(4) The calculation results of continuous beams

in this paper show that the coupling effect of concrete cracking and deflection can accurately calculate the internal force and deflection of steel-concrete composite beams under load in practical engineering.

References

[1] NIE J G. Calculation and analysis of long-term deformation of steel-concrete composite beams [J]. Building Structure, 1997(1): 42-45.

[2] NIE J G. Steel-concrete composite beam structure[M]. Science Press, 2005.

[3] NIE J G, TAO M X. Deformation analysis of prestressed continuous steel-concrete composite beams [J]. China Journal of Highway and Transport, 2007(12): 38-45.

[4] FAN J S, NIE J G, WANG H. Long-term behavior of composite beams with shrinkage, creep and cracking (I): experiment and calculation[J]. China Journal of Highway and Transport, 2009(3): 8-15.

[5] NIE J G, WANG Y H. Development and application of steel-concrete composite fiber beam model in ABAQUS platform [J]. ENGINEERING MECHANICS, 2012, 29(1): 70-80.

[6] LIU X, BRADFORD M A, ERKMEN R E. Time-Dependent Response of Spatially Curved Steel-Concrete Composite Members. II: Curved-Beam Experimental Modeling[J]. Journal of Structural Engineering, 2013, 139(12): 04013004.

[7] XIANG Y Q, LI S J, LIU L S. Long-term performance of multi-box composite bridges under transverse prestressing [J]. Journal of Zhejiang University (Engineering Science), 2015, 49(5): 956-962.

[8] NGUYEN Q H, HJIAJ M. Nonlinear Time-Dependent Behavior of Composite Steel-Concrete Beams [J]. Journal of Structural Engineering, 2016, 142(5): 04015175.

[9] JI W, SUN B, BAI Q, et al. Calculation and analysis of deflection for steel-concrete composite girder under long-term loads [J]. Journal of Hunan University (Natural Sciences), 2021, 48(7): 51-60.

Optimization Design of Curved Steel Box Girder Steel-Concrete Composite Bridge Deck Based on Response Surface Method

Junhao Wu[1] Wei Hou*[1] Chen Liu[2] Zhuang Li[1]

(1. School of Highway, Chang'an University; 2. Shaanxi Construction Engineering Group Corporation Limited)

Abstract In order to analyse the applicability and reasonable structure of PBL shear keys in curved steel box girder steel-concrete composite bridge deck, a segmental local finite element analysis model considering the global effect was established based on ABAQUS software. The loading test comparison verified the reliability of the finite element model. The new steel-concrete composite bridge deck was compared and analysed with the original design. The CCD experimental design method was used to conduct finite element analysis at 25 test points. Design Expert software was used to establish a response surface optimization model for the structural optimization of the composite bridge deck. Three sets of optimization design schemes were obtained through

Fund project: Research on key technologies of high-pier long-span continuous beam-arch composite bridge based on life cycle (21-63k).

multi-objective optimization. After comprehensive analysis, the final optimization design results were given: the thickness of the steel box girder top plate was 18mm, and the thickness of the shear key perforated steel plate was 12mm, the lateral spacing of the shear keys is 250mm, and the thickness of the concrete is 120mm. The steel consumption has been reduced by 23.12%, and the number of welds has been reduced by 17.50%. The cost of the composite bridge deck has increased by 10.41% compared to the initial parameters of the composite bridge deck, but it is still less than the cost of the original structure. The mechanical indicators of the bridge deck have significantly decreased, especially the maximum tensile stress of the concrete, indicating a good optimization effect, providing a scientific basis for the application of new bridge deck.

Keywords Curved steel box girder Composite deck slab PBL shear key Response surface methodology Optimal design

0 Introduction

With the rapid development of steel structures, more and more urban ramp bridges are using curved steel box girders. Orthotropic steel bridge decks have been widely used due to their advantages of light weight and high strength, but their fatigue cracking has restricted the sustainable development of steel structure bridges[1-3]. In order to improve the stiffness and fatigue resistance of orthotropic steel bridge decks, more and more steel box girder bridges adopt cement concrete plus asphalt concrete paving scheme[4]. Shear keys are used to connect the steel box girder top plate and the concrete layer as a whole to form a steel-concrete composite bridge deck. As an important part of the curved steel-concrete composite box girder structure, the composite bridge deck plays an important role in stressing, at the same time, the interaction between the steel box girder top plate and concrete has an important influence on the mechanical performance of the bridge deck[5]. The steel-concrete composite bridge deck significantly improves the structural stiffness, reduces the stress concentration effectively at fatigue locations, makes the bridge deck stress more reasonable, and effectively reduces the probability of bridge diseases[6].

For the steel box girder deck system with a concrete structural layer, there are also a large number of longitudinal stiffeners and shear keys, which greatly increases the amount of material and cost of the structure. Based on this, this paper considers combining the steel top plate stiffeners and shear keys of the steel box girder, and using perforated steel plate shear keys to be arranged on the upper part of the steel top plate. The shear keys in this type of composite bridge deck function as stiffeners and steel-concrete connectors at the same time, saving material with a simple structure. There have been actual projects applying this type of bridge deck structure to linear bridges, and related research has also been carried out at home and abroad.

However, there is still a lack of research on applying this bridge deck form to curved steel box girder bridges, and whether the linear steel box girder deck structure is suitable for small radius and large curvature steel box girder bridges also needs to be studied. Based on this, this article takes the steel-concrete composite bridge deck with PBL shear keys as an example, applies this structure into the curved bridge, analyses the influence of various parameters on the structural mechanical performance, and determines the reasonable structural design parameters through multi-objective optimization.

1 Segmental analysis model

1.1 Segmental model specimen

The project of this paper is based on an overpass ramp bridge. The ramp bridge is located on an arc with a radius R = 50m. The ramp bridge uses a curved steel box girder. The box girder adopts standard cross-section, with a girder height of 1.8m, a girder width of 8.2m, and a spacing between transverse partitions of 2m. The top plate stiffener uses inverted T-shaped ribs and plate ribs, and the bottom plate uses T-shaped stiffeners. The design load is urban-level A. The bridge deck pavement is a combination of 4cm asphalt gravel mixture, 6cm asphalt concrete and 8cm thick C50 steel fiber concrete. Bolts are used to connect the steel box girder top plate to the concrete layer. The standard cross-section of steel box girder is shown in Figure 1. The original design of the bridge deck is shown in Figure 2, and the spacing between shear nails is 240mm.

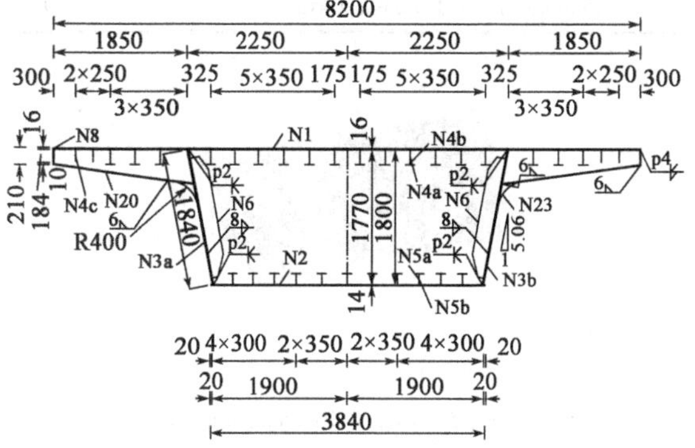

Figure 1 standard section of steel box girder (Unit: mm)

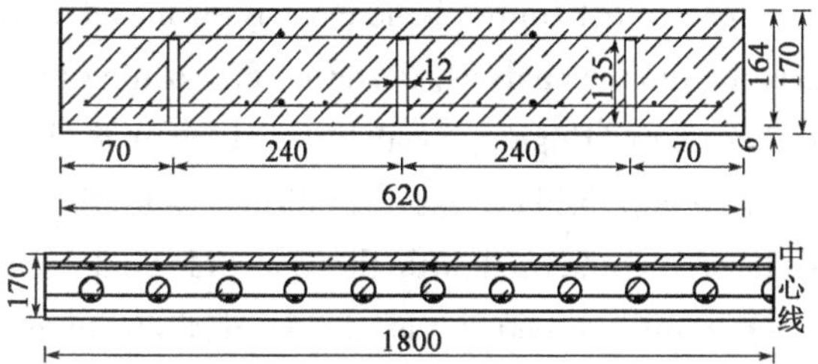

Figure 2 Structural drawing of the original design composite bridge deck (Unit: mm)

Before applying composite bridge decks with PBL shear keys to curved steel box girders, a set of initial parameters of the bridge deck should first be determined. Based on the bridge deck structural parameters of straight bridges and with reference to the research results of other scholars, this paper formulates a set of initial structural parameters of the composite bridge deck for the steel box girder of curved bridges while meeting the specification requirements. Literature[7] suggests that the hole diameter of the shear key steel plate should be approximately 2/5 to 1/2 of the hole spacing, and the height of the shear key steel plate should be approximately twice the hole diameter; Literature[8] recommends that the thickness of the steel base plate should be greater than 8 mm. The "Code for Design of Highway Steel Structures"[9] also makes relevant provisions for perforated steel plate shear keys.

Based on the above research results and related requirements, the structural parameters of the curved composite bridge deck were initially drawn up: HRB335 steel bars were used for the steel bars; the original designed Q345 steel was used for the steel box girder top plate and the shear key perforated steel plate; the original designed C50 concrete was used for the main girder concrete; the steel-concrete shear key adopts perforated steel plate shear keys. The component layout and geometric dimensions of the composite deck are detailed in Figure 3 and Table 1; the cross-section diagram of the box girder when the composite bridge deck is applied to the curved steel box girder is shown in Figure 3.

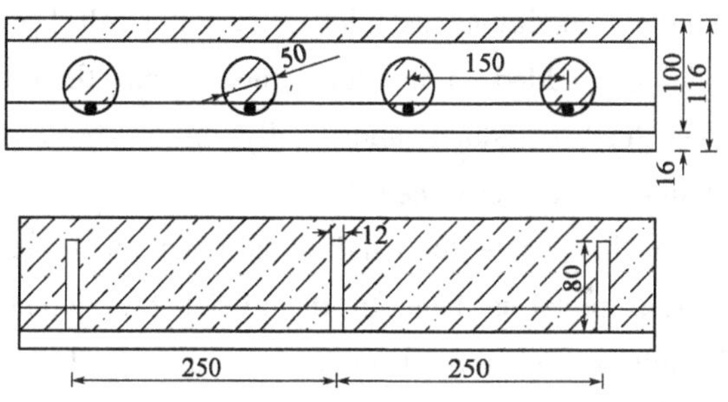

Figure 3 structural drawing of composite bridge deck (Unit: mm)

Selection of structural parameters of composite bridge deck Table 1

Component parameters	Dimension
Thickness of steel top plate (mm)	16
Thickness of perforated plate (mm)	12
Lateral spacing of perforated plate (cm)	25
Longitudinal spacing of holes (mm)	150
Concrete thickness (cm)	10
Height of perforated plate (cm)	8
hole diameter (mm)	50
bar diameter (mm)	12

1.2 Establishment of finite element model

Before using ABAQUS to establish a local finite element model that considers the overall effect for stress analysis, this paper first uses Midas/civil to establish a full-bridge finite element model. The details of the established overall finite element model are shown in Figure 4; the most mechanically unfavorable section and local model boundary conditions is obtained after calculation.

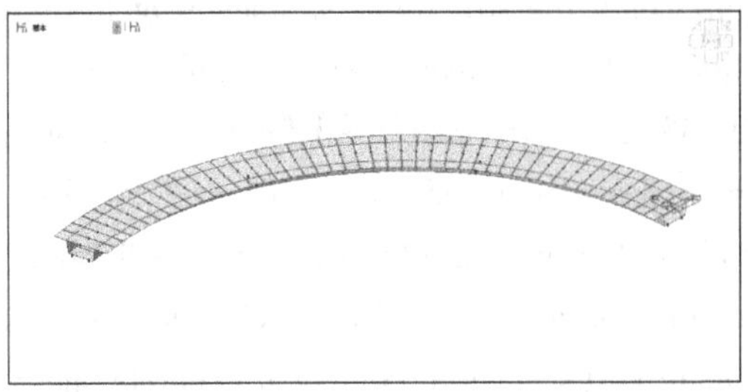

Figure 4 overall finite element model

The boundary conditions of the local finite element model are calculated through the full bridge model. When performing local model calculations, the most unfavorable section of the entire bridge is selected to establish a local finite element model. The boundary conditions calculated from the full bridge model are added to the local model, and then the wheel load is added, and finally the analysis and calculation are performed.

In this article, the longitudinal length of the local analysis model is 10m. In the model, the damaged plasticity model is used for concrete and the bilinear model is used for steel; the embedded simulation of the bond relationship between the reinforcing bar, shear keys and concrete is adopted. This interaction method is widely used in nonlinear analysis of bridge structures and has been proven to have good accuracy[10]. Tie constraint is used to simulate the welding between components of a steel box girder. For the contact between the steel box girder top plate and concrete, surface-to-surface contact is used for simulation, and the friction coefficient is 0.5. In order to simulate the actual boundary conditions of local model, the midas civil software was used to calculate the bending moments in each direction at the segment ends, and the values were applied to one side of the girder end, and the other side of the girder end was fully consolidated. The vehicle wheel load and centrifugal force are both applied at the mid-span of the segment in the form of surface loads. The specific values are shown in Table 2. The established local finite element model is shown in Figure 5.

Summary table of local model load(kN or kN · m) Table 2

Load type	Value
Centrifugal force	128.7
Rolling load	892.7
Bending moment around x axis	-1221.8
Bending moment around y axis	-1320.7
Bending moment around z axis	-128.9

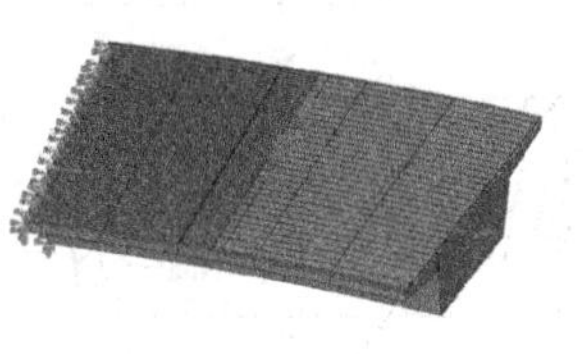

Figure 5 local finite element model

1.3 Verification of finite element model

The correct finite element analysis model is the basis for further analysis. Based on the loading test of the ES ramp bridge, a local finite element model of the ES ramp bridge was established, and the test results were compared with the finite element results to verify the correctness of the local finite element model. The comparison of calculation results is shown in Figure 6.

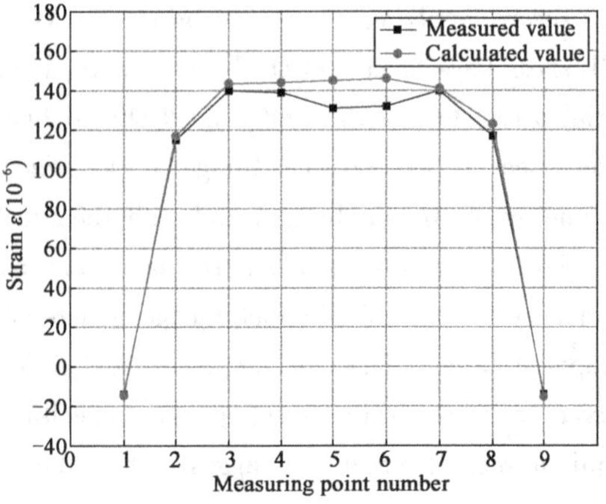

Figure 6 Comparison of strain values at measuring points

As can be seen from the above figure, the calculated strain values of the local finite element model are all greater than the measured values, and the difference does not exceed 5%. Therefore, it can be proved that the local finite element model establishment method is correct and can simulate the actual stress state.

1.4 Static analysis comparison

According to the modeling method mentioned above, on the basis of establishing the whole bridge model of the original structure and the new structure respectively, a local model was established to examine the steel box girder top plate stress and concrete tensile and compressive stress of the two structures, as well as the stress of shear keys perforated steel plate of the new structure. The mechanical performances of the structures are shown in Table 3 below.

Summary of two structural stresses (MPa)

Table 3

Structural stress	Primary structure	New structure	Percentage
Top plate stress of steel box girder	28.82	31.45	9.13%
Maximum tensile stress of concrete	0.988	1.694	71.46%
Maximum compressive stress of concrete	6.399	7.831	22.38%
Stress of shear key perforated plate	—	69.54	—

It can be seen from Table 3 that compared with the original structure, the tensile and compressive stresses of the steel box girder top plate and concrete of the new structure have increased. The stress of the steel box girder top plate has increased by 9.13%, and the maximum tensile stress and maximum compressive stress of concrete have increased respectively. 71.46% and 22.38%, but each stress value is less than the material strength limit. At the same time, after adopting the new structure, under the current parameter settings, the usage of steel plates in the composite bridge deck was reduced by 23.12%, and the number of welds was reduced by 17.50%. The above analysis shows that although the mechanical performance of the new composite bridge deck is weaker than that of the original structure, it greatly reduces the number of materials and welds, showing good potential in terms of project economy and construction convenience; at the same time, It also shows that the new composite bridge deck has great potential for optimization.

2 Optimized design of steel-concrete composite bridge deck

Response surface analysis has good applicability in solving nonlinear problems. Through regression equation fitting and response surface drawing, the objective function response value corresponding to each design variable combination can be easily obtained. On the basis of each response value, by setting constraint conditions, the optimal solution for the objective function that satisfies the constraint conditions and the corresponding design variable values are found. It is precisely because of the convenience and efficiency of the response surface optimization method that it has been widely used in the field of engineering structure optimization.

2.1 Determination of optimization variables

2.1.1 Design variables

Based on the finite element analysis results, four parameters that have a greater impact on the mechanical performance of the composite bridge deck were selected for optimal design. The initial values and optimized upper and lower limits of each parameter are shown in Table 4.

Optimization parameter setting of composite bridge deck Table 4

Structural parameter	Type	Initialization value (mm)	Optimization upper limit (mm)	Optimized lower limit (mm)
Thickness of steel box girder top plate	A	16	20	12
Thickness of shear key perforated steel plate	B	12	16	8
Lateral spacing of shear key	C	250	270	230
Concrete thickness	D	150	180	120

2.1.2 State variables

State variables are also called constraints, which are conditions that should always be met during the entire optimization design process. When carrying out the optimization design in this article, the maximum tensile stress of the composite bridge deck concrete and the maximum Von-mises stress of the steel plate are used as state variables, and neither is greater than the strength design value of the material.

2.1.3 Objective function

When the composite bridge deck is used in a large curvature curved girder bridge, on the basis of meeting the mechanical performance requirements, the influence of the structural self-weight on the suitability of the bridge deck structure should also be considered to make the composite bridge deck as lightweight as possible. The optimal design principles for the composite bridge deck are as follows: while meeting the requirements of mechanical performance, the cost of the structure should be reduced as much as possible; at the same time, in order to avoid the excessive self-weight of the structure, the self-weight of the composite bridge deck should be limited. Therefore, the optimization objectives were determined as follows: the maximum stress of the steel box girder top plate, the maximum tensile stress of concrete, and the cost index of the composite bridge deck. When the optimization mathematical model is established, they are recorded as G_1, G_2, and G_3 respectively. For the combined bridge deck cost index (G_3), it is defined as the following formula (1):

$$\text{Cost index} = \frac{\text{Cost of composite bridge deck}}{\text{Cost of original structure bridge deck system}} \quad (1)$$

The comprehensive goal of this article in the composite bridge deck optimization design project is to make the three optimization objectives of the composite bridge deck as small as possible without exceeding the strength limit of the material.

2.2 Optimization design based on response surface method

The principle of the response surface method is that when the calculated values of some test points are known, a surface is established using the known points through mathematical methods to make the implicit function explicit. This article is a four-factor multi-level optimization design with three objectives, and CCD experimental design is selected as the response surface optimization design method.

2.2.1 CCD experimental design

On the basis of single factor influence analysis, Design-Expert software was used to determine the maximum stress of the steel box girder top plate (G_1), the maximum tensile stress of concrete (G_2), and the cost index of the composite bridge deck (G_3) as response values. The structural response is carried out considering four factors that significantly affect the stress of bridge deck: the thickness of the steel box girder top plate (A), the thickness of the shear key perforated steel plate (B), the lateral spacing of the shear keys (C), and the thickness of the concrete (D). analyze. First, each factor is combined to form 25 samples, and then the finite element model corresponding to the 25 sample combinations is established for analysis and calculation. The obtained CCD test results are shown in Table 5.

2.2.2 Model establishment and significance test

Based on the 25 experimental design points generated by the above experimental design, the regression equation of each objective function is obtained by fitting using Design-Expert software as follows: (2) ~ (4):

$$G_1 = 22.91 - 2.20A - 0.85B + 0.21C - 3.01D + 0.15AB - 0.04AC + 0.31AD + 0.042BC + 0.19BD - 0.05CD + 0.31A^2 + 0.083B^2 + 0.021C^2 + 0.015D^2 \quad (2)$$

$$G_2 = 0.69 - 0.015A - 0.035B + 0.003708C - 0.24D + 0.00375AB - 0.002363AC - 0.0000875AD - 0.00045BC + 0.017BD + 0.005412CD - 0.008498A^2 - 0.004798B^2 - 0.0005354C^2 + 0.052D^2 \quad (3)$$

$$G_3 = 0.97 + 0.19A + 0.041B - 0.009887C + 0.02D - 0.003296BC + 0.0007909C^2 \quad (4)$$

Perform variance analysis on the above equation

and calculate the values of the modified coefficient of multiple determination R^2_{adj} and the prediction error sum of squares (PRESS) to evaluate the reliability of the model. The analysis results of the regression equation are shown in Table 6, and the evaluation index calculation results are shown in Table 7.

Summary of CCD test results of new composite bridge deck Table 5

Serial number	Investigation factors				Response value		
	A	B	C	D	G_1	G_2	G_3
1	20	8	230	180	19.16	0.4912	1.146
2	20	16	270	180	18.31	0.4540	1.208
3	16	12	270	150	23.00	0.6532	0.963
4	20	16	230	180	17.97	0.4481	1.235
5	16	8	250	150	23.76	0.7155	0.931
6	20	16	230	120	22.66	0.8822	1.195
7	12	8	270	180	23.37	0.5282	0.757
8	12	16	270	120	27.88	0.8804	0.794
9	12	8	230	120	29.71	1.0130	0.731
10	12	16	230	180	21.39	0.4671	0.859
11	20	8	270	180	19.37	0.4936	1.133
12	16	16	250	150	22.14	0.6606	1.013
13	12	12	250	150	25.33	0.6983	0.784
14	20	8	270	120	24.83	0.9654	1.093
15	12	16	270	180	21.88	0.4924	0.833
16	12	8	270	120	30.25	1.0160	0.718
17	16	12	250	150	22.91	0.6866	0.972
18	20	8	230	120	24.48	0.9769	1.106
19	20	16	270	120	23.19	0.8622	1.169
20	12	16	230	120	27.15	0.8995	0.820
21	16	12	230	150	22.72	0.6665	0.983
22	20	12	250	150	21.04	0.6705	1.160
23	16	12	250	180	20.28	0.4960	0.992
24	16	12	250	120	25.89	0.9837	0.952
25	12	8	230	180	23.06	0.5228	0.770

Summary of analysis of variance of response surface test results Table 6

Type	Quadratic sum	Degree of freedom	Mean square	F	P	Significance
Model G_1	248.09	14	17.72	4138.54	<0.0001	√
Model G_2	0.97	14	0.069	536.33	<0.0001	√
Model G_3	0.67	14	0.048	3.893×10^6	<0.0001	√

Summary of evaluation index results Table 7

Objective function	R^2_{adj}	Press
Maximum stress of steel box girder top plate	0.9893	0.05642
Maximum tensile stress of concrete	0.9595	0.0015
Composite bridge deck cost index	1	0.017
Required value	1	0

As can be seen from Table 6 above, the P values of the fitting models established for the objective functions G_1, G_2, and G_3 are all less than 0.0001. The results are significant, indicating that the regression equation of the objective function has a good fitting effect and the model has good reliability.

It can be seen from Table 7 above that the corrected complex correlation coefficient of each objective function are close to or equal to 1, and the prediction error sum of squares is close to 0, which proves the reliability of this model from another aspect. At the same time, the modified complex correlation coefficient R^2_{adj} also shows that 98.93%, 95.95% and 100% of the changes in the maximum stress of the steel box girder top plate, the maximum tensile stress of concrete, and the cost index of the composite bridge deck are respectively derived from the thickness of the box girder top plate, the thickness of shear key perforated steel plate, lateral spacing of shear keys and concrete thickness.

2.2.3 Response surface fitting

Use Design-Expert software to fit and obtain the corresponding surface graphics between each design variable and the objective function. The response surface graphics between the thickness of steel box girder top plate, concrete layer thickness and objective function are given here, as shown in Figure 7.

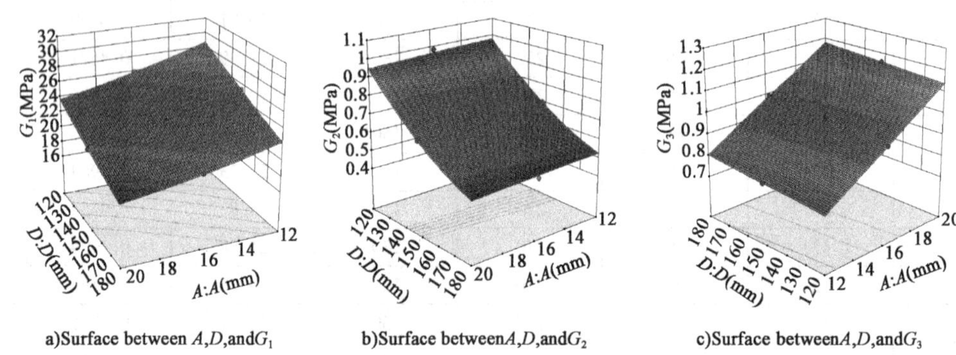

a)Surface between A,D,andG_1 b)Surface between$A$,D,andG_2 c)Surface between$A$,D,andG_3

Figure 7 Response model of design variables and objective function

3 Results of optimization design

The constraint method is used to constrain different combinations of optimization design objectives. The constraint conditions are: the stress of the steel top plate and the tensile stress of the concrete tend to take the minimum value, the cost index of the composite bridge deck takes a smaller value when it is not greater than 1.2, and the self-weight of the composite bridge deck is restricted to not be greater than 1.3 times the self-weight of the original designed bridge deck system. Use Design Expert software to perform optimization analysis on the optimization mathematical model, and finally obtain 3 groups of better design solutions. The results are shown in Table 8 below.

Optimized design scheme Table 8

Design variables and objective functions	Optimized scheme		
	1	2	3
Thickness of steel box girder top plate(mm)	17.201	19.978	14.656
Thickness of shear key perforated steel plate(mm)	10.237	15.329	8.001
Lateral spacing of shear keys(mm)	247.370	230.007	265.311
Concrete thickness(mm)	120.014	132.735	120.005
Maximum stress of steel box girder top plate(MPa)	25.634	21.752	28.238
Maximum tensile stress of concrete(MPa)	0.999	0.785	1.034
Cost index of composite bridge deck	0.992	1.195	0.890
Quality of composite bridge deck per square meter(kg)	452.726	517.355	427.749

For the above three optimization schemes, after comprehensive consideration of factors such as structural mechanical performance indicators, stress superposition of the three steel box girder systems, structural economy and actual construction convenience, the optimal design scheme 1 was selected as the basic result, and each parameter was rounded. The final optimized design results are obtained as shown in Table 9 below. The structural diagram of the combined bridge deck after multi-objective optimization is shown in Figure 8.

Final optimization design scheme(mm)

Table 9

Structural parameter	value
Thickness of steel box girder top plate	18
Thickness of shear key perforated steel plate	12
Lateral spacing of shear keys	250
Concrete thickness	120

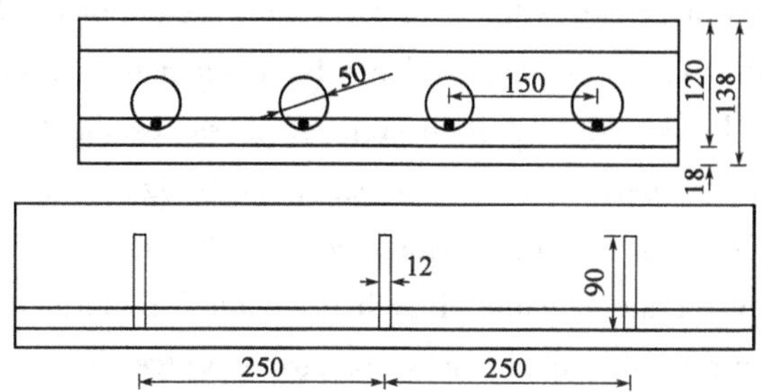

Figure 8 Cross section of optimized composite bridge deck(Unit:mm)

The initially proposed composite bridge deck size plan was compared with the final optimized design plan through finite element analysis. The obtained comparison results of various stresses and structural quality are shown in Table 10.

Comparison of main results before and after optimization of composite bridge deck Table 10

Compare content	Initialization value	Optimized value	Amplitude of variation
Maximum stress of steel box girder top plate(MPa)	28.58	24.75	-13.40%
Maximum tensile stress of concrete(MPa)	1.441	0.9745	-32.37%
Maximum compressive stress of concrete(MPa)	6.959	6.095	-12.42%
Stress of shear key perforated steel plate(MPa)	58.11	50.84	-12.51%
Composite bridge deck cost index	0.8983	0.9918	10.41%
Weight of composite bridge decks per square meter(kg)	396.144	461.844	16.58%
Maximum deflection of composite bridge deck(mm)	4.258	4.015	-5.71%

It can be seen from Table 10 above that after optimization of the composite bridge deck, although the cost of the composite bridge deck increased by 10.41% compared with the initial parameters, it was still less than the cost of the original structure; the quality of the composite bridge deck increased by 16.58%. However, the maximum stress of the steel box girder top plate, the maximum tensile stress of the concrete, and the compressive stress of the concrete dropped by 13.40%, 32.37%, and 12.42% respectively compared with the original structure. In particular, the maximum tensile stress of the concrete changed significantly, indicating that the mechanical properties of the optimized composite bridge deck were better.

4 Conclusions

Through finite element analysis and calculation, this article uses Design Expert software to analyze the impact of the main design parameters on the mechanical properties and economy of the curved steel box girder steel-concrete composite bridge deck. Based on the response surface method, a multi-objective optimization design was carried out for the new composite bridge deck, and the following main conclusions were drawn:

(1) Combined with existing research results and relevant requirements, the initial structural parameters

of the steel-concrete composite bridge deck of the curved bridge with shear keys were determined. On this basis, a segmental local finite element analysis model considering the overall effect was established, and the new steel-concrete composite bridge deck was compared with the original design. The results show that the stress value of each mechanical performance control index of the new composite bridge deck has increased, but its steel consumption has been reduced by 23.12% and the number of welds has been reduced by 17.50%, which fully demonstrates its good economic efficiency and engineering application value.

(2) Using the CCD experimental design method, finite element analysis of 25 test points was conducted, and the Design Expert software was used to establish a response surface optimization model for the structural optimization of the combined bridge deck. The final optimized design results were obtained through multi-objective optimization: the thickness of the steel box girder top plate was 18mm, the thickness of the shear key perforated steel plate was 12mm, the lateral spacing of the shear keys was 250mm, and the concrete thickness was 120mm.

(3) The optimized composite bridge deck is calculated and compared with the initial composite bridge deck. Although the cost of the composite bridge deck increases by 10.41% compared with the composite bridge deck with initial parameter, it is still less than the cost of the original structure; the quality of the composite bridge deck increases by 16.58%, but other indicators decreased significantly, especially the maximum tensile stress of concrete, indicating a good optimization effect.

References

[1] ZHANG Q H, BU Y Z, LI Q. Review on Fatigue Problems of Orthotropic Steel Bridge Deck [J]. China Journal of Highway and Transport, 2017, 30 (03): 14-30+39.

[2] TOMASZ S, MACIEJ K, LUCJAN J. Remaining Fatigue Life Prediction of Welded Details in an Ortho-tropic Steel Bridge Deck [J]. Journal of Bridge Engineering, 2019, 24(12): 05019013.

[3] DING Y, ZHONG W, SUN P, et al. Fatigue Life Evaluation of Welded Joints in OSD for Railway Bridges Considering Welding Residual Stress [J]. Journal of Performance of Constructed Facilities, 2019, 32(2): 04018111.

[4] NIE J G, TAO M X, WU L L, et al. Advances of research on steel-concrete composite bridges [J]. China Civil Engineering Journal, 2012, 45 (06): 110-122.

[5] FAN L C. Bridge engineering [M]. Beijing: People's Transportation Publishing House, 2017.

[6] LIU Y Q. composite bridge [M]. Beijing: People's Transportation Publishing House, 2005.

[7] HYEONG- YEOL K, YOUN-JU J. Ultimate strength of a steel-concrete composite bridge deck slab with profiled sheeting [J]. Engineering Structures, 2009, 32(2).

[8] YANG Y D, LI T. Development Trend of Steel-Concrete Composite Bridges in Japan [J]. Oversea bridges, 1998(04): 39-42.

[9] Code for design of highway steel structure bridge: JTG D64—2015. [S]. Beijing: People's Transportation Publishing House, 2015.

[10] XV Z Y, ZHAO R D, ZHAN Y L. Nonlinear Analysis of Steel-concrete Composite Bridge Deck Based on ABAQUS [J]. Science Technology and Engineering, 2012, 12 (28): 7275-7279.

钢混组合箱梁桥斜撑节点板疲劳响应分析

李佳南[1] 贾思远[2] 杨竟涵[1] 王雨竹*[1]
(1. 哈尔滨工程大学烟台研究院;2. 哈尔滨工程大学航天与建筑工程学院)

摘　要　为研究钢混组合桥节点板的疲劳响应,以某桥梁工程为背景,建立了全桥数字模型。钢混组合桥节点板的疲劳分析对于确保结构的安全性和可靠性至关重要,本文旨在研究钢混组合桥节点板处的疲劳响应。通过有限元软件建立了三种不同厚度的节点板模型和三种不同斜撑与节点板搭接长度模型,并考虑了三种不同车道荷载下对其的影响。节点板厚度为15mm、20mm、25mm时,应力峰值分别为52.7MPa、44.2MPa、36.8MPa。斜撑与节点板搭接长度为200mm、240mm、280mm时,应力峰值分别为52.7MPa、51.1MPa、52.8MPa。结果表明:应力峰值随厚度的增加而减小,应力随搭接长度的变化影响较小。

关键词　钢混组合桥　静力分析　疲劳响应

0　引言

随着桥梁结构的不断发展,钢混组合桥梁因其优于其他桥梁结构的性能而得到广泛应用。钢混组合桥是一种通过剪力连接器将混凝土桥面与钢梁连接起来的新型桥梁结构[1],部分国内外学者对钢混组合桥进行实验与数字模拟研究。EI-Zohairy和Salim[2]在2018年研究发现,在车辆荷载作用下,随着循环次数的增加,钢混组合梁中的剪切连接件的静强度也会降低,从而导致单梁承载力的下降。Matsuoka等[3]在2019年研究发现欧洲设计标准对高速铁路桥梁的桥面加速度设定了上限,但在建立桥梁振动响应模型时,很少考虑桥面构件局部振动的影响。Leitão等[4]在2011年研究发现,由于车辆在桥面铺装上的通行作用,钢混公路桥梁受到不同幅度的动力作用,导致裂纹萌生并在结构中扩展。

对不同桥梁结构进行疲劳分析的主要过程包括模拟疲劳载荷作用下的疲劳裂纹细节、引入初始缺陷和焊接残余应力。为深入分析桥梁结构状态的有关情况,尽可能减少桥梁产生疲劳[5],在分析之前,需要对桥梁进行静态分析。分析不同工况下最关键位置的应力大小,通过参数化改变桥梁部件的尺寸,分析不同参数变化下最关键位置的应力峰值,进而准确掌握桥梁实际承载状况[6]。

本文建立了跨径为400m的钢混组合桥的有限元模型。有限元分析评估了最关键位置的应力大小。本文引入了节点板厚度以及节点板与斜撑搭接长度的变化,以分析不同参数下临界位置的峰值应力值的变化。

1　桥梁概况与模型信息

1.1　钢混组合梁结构基本信息

本文研究选取四跨连续钢混组合梁进行分析,主梁截面为箱形组合截面,由混凝土桥面板和腹板槽型钢主梁组成,直桥总长为400m,计算跨径为400m,全桥计算跨径布置为100m + 100m + 100m + 100m,混凝土桥面板宽度为16.5m,厚度为280mm,钢梁高度为4.5m,桥面板采用单向三车道设计。根据腹板受压面积,设置4根纵向加筋,尺寸为280 mm ×26 mm。底板宽度为6.6m,底板纵向加劲肋为板型加劲肋,尺寸为260mm ×24 mm,间距为650 mm。剖面图如图1所示。

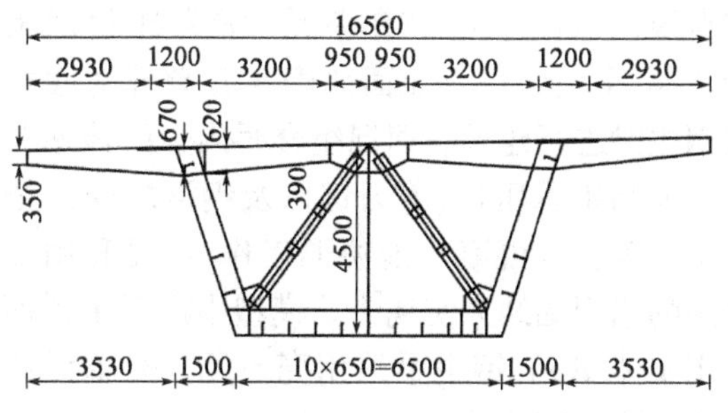

图1　剖面图 (尺寸单位:mm)

基金项目:国家自然科学基金项目(52308160)。

1.2 荷载及工况

永久荷载:一期恒载按实际设计图纸的混凝土结构和钢结构自重,修正相应构件容重后计算;二期恒载桥面铺装按10cm沥青混凝土考虑,荷载集度按37.2kN/m计算。

可变荷载:采用《公路桥涵设计通用规范》(JTG D60—2015)[7],给出的疲劳荷载公路—Ⅱ级车辆荷载进行加载。对车辆通过全桥的过程进行分析计算。疲劳荷载计算模型如图2所示。前轴重力标准值30kN,中轴重力标准值120kN,后轴重力标准值140kN。各个轴重沿横桥向分配至两个车轮,轮距为1.8m。

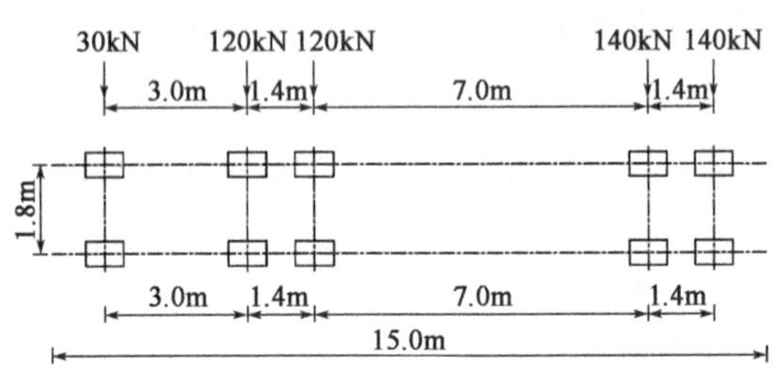

图2 等效面荷载

为实现软件平台中的移动加载,并得到疲劳细节处更准确的应力响应,本文将集中荷载等效为面荷载。假设车轮前轮着地面积为0.2m×0.3m,中后轮着地面积为0.2m×0.6m。原集中荷载为30kN、120kN、120kN、140kN、140kN,等效后面荷载为0.25MPa、0.5MPa、0.5MPa、0.58MPa、0.58MPa。

2 有限元模型

2.1 有限元模型基本信息

本研究采用ABAQUS软件平台建立有限元模型进行数值模拟。根据结构的几何特性,采用八结点线性六面体C3D8R单元对混凝土桥面板进行建模,采用四结点曲面薄壳S4R单元对腹板槽型钢主梁进行建模。钢混组合桥内力的传递与扩散主要利用承压板、剪力键以及钢混之间的锚固黏结。钢材与混凝土能协调工作,主要利用二者之间的锚固黏结来实现[8]。模型中混凝土桥面板采用实体单元,钢主梁采用壳单元。壳单元和实体单元为绑定连接。

对于材料性能,混凝土桥面板采用C50,质量密度为2500kg/m^2,弹性模量为3.25×10^4MPa,泊松比为0.2。钢主梁采用Q345钢材,质量密度为7850kg/m^2,弹性模量为2.06×10^5MPa,泊松比为0.3。局部有限元模型及工况如图3所示。

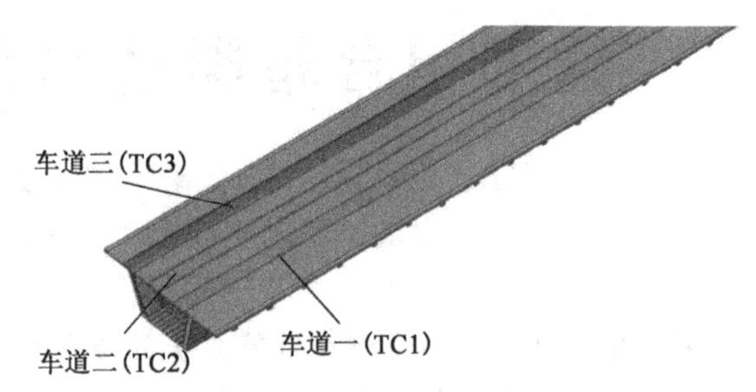

图3 局部有限元模型及工况示意图

2.2 有限元模型边界条件

为了保证桥梁的位移和变形协调,在桥梁第二、三跨间的中支点位置释放其转动约束和x,z方向平动约束,用于模拟单向(y)活动支座;在全桥其余支点处同时释放转动约束和x方向的平动约束,用于模拟双向(z,y)活动支座。全桥有限元模型及边界条件如图4所示。

图4 全桥有限元模型及边界条件示意图

2.3 有限元模型网格划分

桥梁模型采用两种网格尺寸进行划分,整座桥梁利用0.2m的网格尺寸进行划分。对最不利位置处的节点板进行了细化,采取0.02m的网格划分进行细化,方便选取应力关注点。

3 疲劳响应参数分析

选择应力最大的点作为最不利位置,其位置在于第四跨支点旁边的节点板(靠近车道一)。为了研究疲劳车辆驶过桥梁过程中疲劳细节的应力响应情况,在桥节点板处典型疲劳裂纹萌生位置设置应力关注点,如图5所示。

3.1 应力时程分析

分别提取三条车道上不同工况TC1、TC2、TC3下车辆经过全桥的过程中应力关注点的应力响应,得到其应力时程曲线如图6所示。

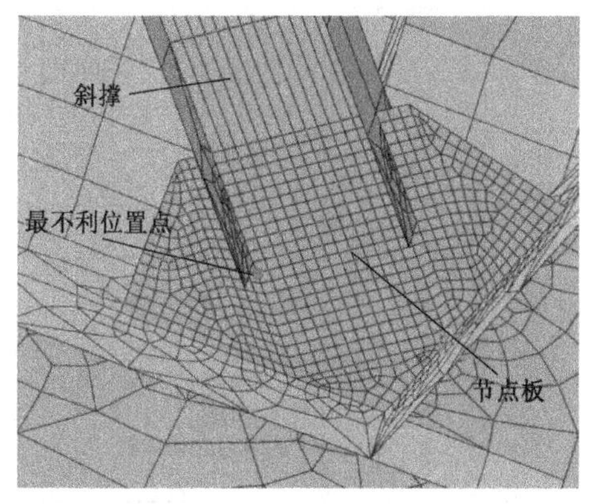

图5 应力关注点示意图

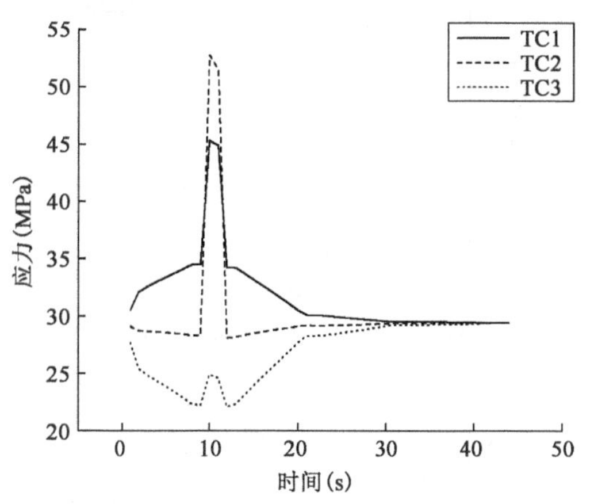

图6 应力时程曲线

根据应力时程曲线可以看出,在TC2工况下,即当车辆行驶在中间车道时,疲劳细节处会产生较大的应力。当车辆行驶到远离细节的位置时,疲劳细节处的应力较低。在TC1、TC2工况下当车辆沿桥向经过细节上方时,应力时程曲线出现明显的应力峰值。此时疲劳细节处产生最大的应力。在TC3工况下,车辆在离开桥前应力值最大,随着车辆行驶,细节处应力呈下降趋势,在经过疲劳细节处时出现起伏,产生局部峰值,当车辆继续行驶,应力上升最后逐渐趋于稳定。比较三种工况下细节处应力峰值情况:在TC2工况下,应力关注点峰值应力为52.7MPa,应力峰值最大;在TC1工况下,应力关注点峰值应力为45.3MPa;在TC3工况下,应力关注点峰值应力为24.9MPa。在三种工况下车辆在全桥行驶时,TC2工况下的细节处应力响应均比其他两种工况下大。由于重力作用的影响,车辆在最后运行过程中应力数值大小会趋于一致。

在TC2工况下疲劳细节处应力关注点的应力峰值显著大于TC1、TC3细节处的应力峰值,因此车辆在中间道路行驶时对节点板影响最大,产生的应力也最大。

3.2 改变节点板厚度尺寸参数分析

模型中设置节点板厚度15mm、20mm、25mm,考虑节点板厚度的变化对疲劳细节应力大小的影响。建模过程中,同跨径桥梁在改变节点板厚度的同时,其他部件尺寸不变。参数如图7所示。

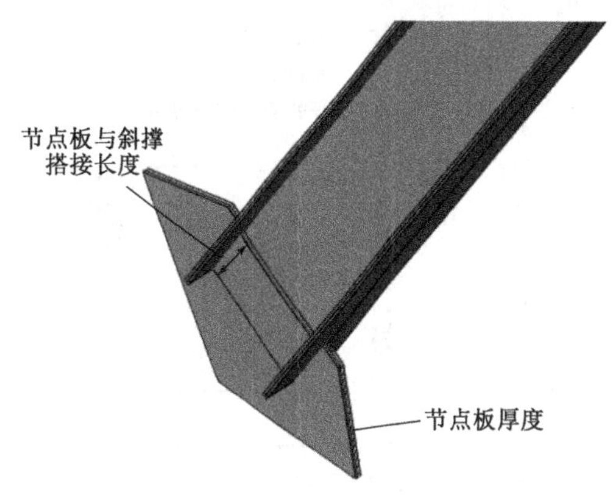

图7 不同参数示意图

不同工况下不同厚度节点板的应力时程曲线如图8所示。通过图像可以看出不同工况下各节点板应力峰值情况:TC1工况下,当厚度为15mm时应力峰值为45.3MPa;当厚度为20mm时应力峰值为36.4MPa;当厚度为25mm时应力峰值为29.9MPa。TC2工况下,当厚度为15mm时应力峰值为52.7MPa;当厚度为20mm时应力峰值为44.2MPa;当厚度为25mm时应力峰值为36.8MPa。TC3工况下,当厚度为15mm时应力峰值为24.9MPa;当厚度为20mm时应力峰值为19.9MPa;当厚度为25mm时应力峰值为16.0MPa。

随着节点板厚度的增大,关注点的应力峰值随之减小,不同工况下所产生的应力效果相似,节点板越厚应力越小。节点板厚度为15mm时,三种工况下的应力峰值均为最大。其中TC2工况下应力峰值最大,最大值为52.7MPa。

3.3 改变斜撑与节点板搭接长度尺寸参数分析

模型中设置斜撑与节点板搭接长度(图中简称长度)分别为200mm、240mm、280mm,考虑斜撑与节点板搭接长度的变化对疲劳细节应力大小的影响。建模过程中,同跨径桥梁在改变其长度的同时,其他部件尺寸不变,计算出不同工况下不同长度的应力时程曲线,如图9所示。

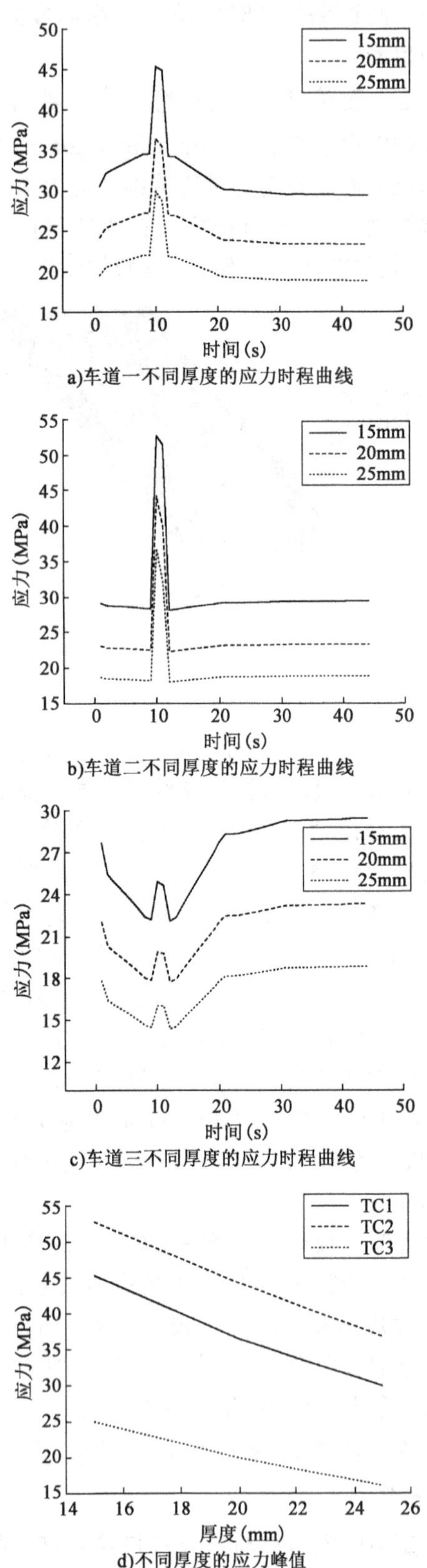

a)车道一不同厚度的应力时程曲线

b)车道二不同厚度的应力时程曲线

c)车道三不同厚度的应力时程曲线

d)不同厚度的应力峰值

图8　不同工况下不同厚度的节点板应力时程曲线

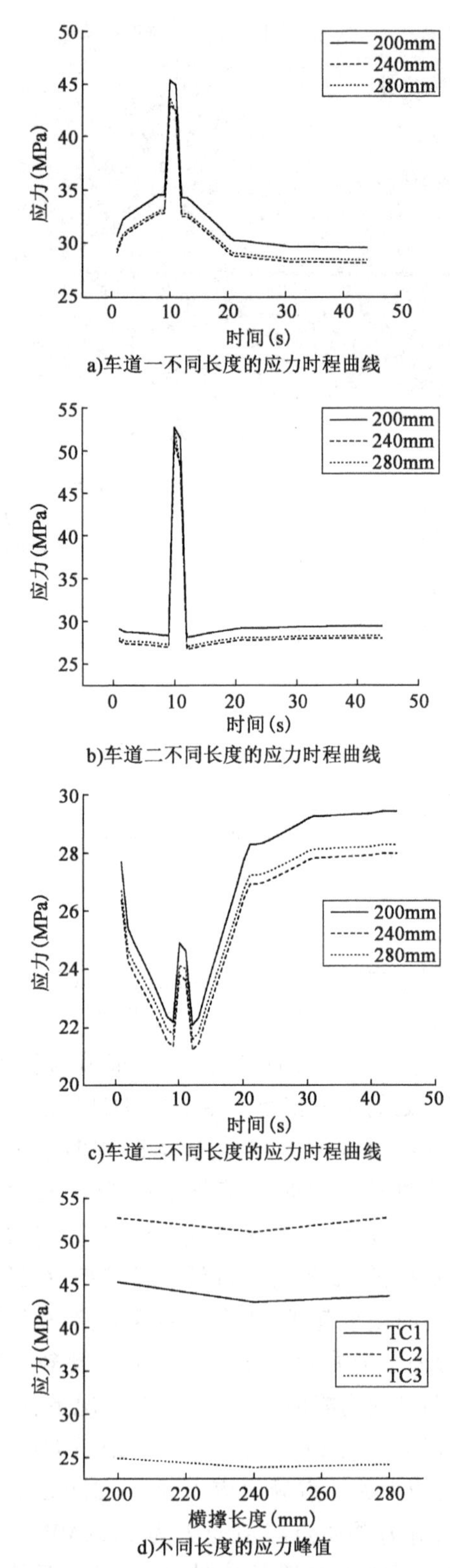

a)车道一不同长度的应力时程曲线

b)车道二不同长度的应力时程曲线

c)车道三不同长度的应力时程曲线

d)不同长度的应力峰值

图9　不同工况下不同长度的应力时程曲线

由该图可知,在不同斜撑与节点板搭接长度不同工况下应力峰值。TC1工况下,当长度为200mm时应力峰值为45.3MPa。当长度为240mm时应力峰值为43.0MPa。当长度为280mm时应力峰值为43.7MPa。TC2工况下,当长度为200mm时应力峰值为52.7MPa。当长度为240mm时应力峰值为51.1MPa。当长度为280mm时应力峰值为

52.8MPa。TC3 工况下,当长度为 200mm 时应力峰值为 24.9MPa。当长度为 240mm 时应力峰值为 23.8MPa。当长度为 280mm 时应力峰值为 24.1MPa。

4 结语

通过建立钢混组合梁结构的有限元模型,对结构进行了静力分析,计算出最不利点在不同工况下疲劳荷载经过时的应力时程曲线。由计算结果可知,对比三种不同工况,在 TC2 工况下,当车辆经过最不利点时的应力最大,最大值为 52.7MPa。TC1 和 TC3 的应力峰值分别为 45.3MPa、24.9MPa。

改变节点板的厚度,计算在不同厚度下的应力时程曲线,由计算结果可知,随着厚度的增加应力峰值不断减小。TC2 工况下的应力峰值在三种工况下最大。在 TC2 工况下,当厚度为 15mm,应力峰值最大,其值为 52.7MPa;20mm 和 25mm 的应力峰值分别为 44.2MPa、36.8MPa。

斜撑与节点板连接处的不同连接长度的应力值相近,由此可知,斜撑与节点板搭接长度的改变对应力的影响较小。

参考文献

[1] 夏文敏,刘雪梅. 钢-混组合梁的研究现状与展望[J]. 四川建筑,2010,30(2):122-124.
[2] EI-ZOHAIRY A, SALIM H. Behavior of steel-concrete composite beams under fatigue loads 7 [C]//2018(7):99-109.
[3] MATSUOKA K, COLLINA A, SOMASCHINI C, et al. Influence of local deck vibrations on the evaluation of the maximum acceleration of a steel-concrete composite bridge for a high-speed railway [J]. 2019(200):109736.
[4] LEITÃO F N, SILVA J G S, VELLASCO P C G S, et al. Composite (steel-concrete) highway bridge fatigue assessment [J]. 2011(67):14-24.
[5] 康丽. 公路桥梁静载试验检测技术的研究[J]. 科学技术创新,2019(34):124-125.
[6] 刘洋. 钢混组合梁结构受力分析与仿真试验研究[J]. 中国新技术新产品,2023(18):118-120.
[7] 中华人民共和国交通运输部. 公路桥涵设计通用规范:JTG D60—2015[S]. 北京:人民交通出版社股份有限公司,2015.
[8] 刘坚. 钢混结合段在桥梁中的应用及关键点分析[J]. 工程建设与设计,2020(3):115-117.

基于不同规范下桥式倒虹吸反应谱法分析研究

史召锋* 朱克兆
(长江勘测规划设计研究有限责任公司)

摘 要 桥式倒虹吸是山区引调水工程中常用的一种过沟跨河建筑物形式,兼具水工和桥梁建筑物特点,在进行抗震计算分析时应同时满足《水工建筑物抗震设计标准》(GB 51247—2018)、《水电工程水工建筑物抗震设计规范》(NB 35047—2015)和《公路桥梁抗震设计规范》(JTG/T 2231-01—2020)要求。本文运用桥梁博士有限元软件建立某桥式倒虹吸模型,以地震基本烈度为 7 度、地震动峰值加速度为 0.1g地区为例,针对上述三种规范所规定的反应谱存在的差异性进行抗震计算对比分析,提出适用于桥式倒虹吸抗震设计的合理建议。

关键词 规范 反应谱法 桥式倒虹吸

0 引言

桥式倒虹吸由于兼具水工和桥梁建筑物特点,目前在抗震设计时参考的规范主要有三种,一是《水工建筑物抗震设计标准》(GB 51247—2018)[1],二是《水电工程水工建筑物抗震设计规范》(NB 35047—2015)[2],三是《公路桥梁抗震设计规范》(JTG/T 2231-01—2020)[3]。其中,《水工建筑物抗震设计标准》(GB 51247—2018)和《水电工程水工建筑物抗震设计规范》(NB 35047—2015)均适用于水工建筑物,两种规范在抗震设计在设计理念、设计方法、设计反应谱等方面作出的规定完全相同,但与《公路桥梁抗震设计规范》(JTG/T 2231-01—2020)相比却存在较大差异。本文通过对上述规范的条文比较,并结合某桥式倒虹吸设计实例进行反应谱法对比计算分析,提出适用于桥式倒虹吸抗震设计的合理建议,以期为相关工程设计人员提供参考。

1　各规范主要差异及比较

《水工建筑物抗震设计标准》(GB 51247—2018)、《水电工程水工建筑物抗震设计规范》(NB 35047—2015)(简称《水工建筑物抗震设计规范》)和《公路桥梁抗震设计规范》(简称《桥梁抗震设计规范》)在抗震设计在设计理念、设计方法、设计反应谱等方面作出的不同规定,主要存在以下差异:

(1)设防水准及设防阶段不同。桥梁抗震设计规范按照两水准设防,两阶段设计,即地震区重现期较短的 E1 地震作用和地震重现期较长的 E2 地震作用,采用不同的抗震重要性系数予以划分。而《水工建筑物抗震设计规范》则按照一水准设防,一阶段设计,基本对应于桥梁抗震设计规范中的 E2 地震作用。

(2)抗震设防目标不同。《水工建筑物抗震设计规范》中对建筑物抗震设防目标统一规定为“如有局部损坏,经修复后仍可正常运行”。而《桥梁抗震设计规范》根据 E1 和 E2 地震作用下,为确保重点和节约投资,不同桥梁抗震设防类别(A ~ D 类)、震后使用要求(可正常使用、无需修复或修复后可用、临时加固后应急使用)和损伤状态(无损伤、轻微损伤、不致倒塌或严重损伤)指标对桥梁抗震设防目标作出规定,划分相对较为详细。

(3)抗震设计方法不同。《水工建筑物抗震设计规范》主要采用的是弹性抗震设计。而《桥梁抗震设计规范》针对桥式倒虹吸所属的 B、C 类桥梁的设计方法,则是在 E1 地震作用时采用弹性抗震设计,保证桥梁结构在 E1 地震作用下处于弹性状态;在 E2 地震作用时采用延性抗震设计,并引入能力保护设计原则。

(4)设计反应谱计算式不同。一是设计反应谱响应周期不同,二是设计反应谱动力放大系数最大值 β_{max} 取值及参数不同,三是设计反应谱上升段和下降段计算式不同,四是设计反应谱下降段动力放大系数最小值 β_{min} 取值不同。具体对比见表 1。

各规范设计反应谱计算式对比　　表 1

规范名称	响应周期(s)	β_{max}	上升段计算式	下降段计算式	β_{min}
《水工建筑物抗震设计标准》(GB 51247—2018)	3	1.6 ~ 2.5	1.0 至 β_{max} 取直线	$2.25(T_g/T)^{0.6}$	$\geq 0.2\beta_{max}$
《水电工程水工建筑物抗震设计规范》(NB 35047—2015)	3	1.6 ~ 2.5	1.0 至 β_{max} 取直线	$2.25(T_g/T)^{0.6}$	$\geq 0.2\beta_{max}$
《公路桥梁抗震设计规范》(JTG/T 2231-01—2020)	10	$2.5C_iC_sC_d$	$2.5(0.6T/T_0+0.4)$	$2.5(T_g/T)$	无要求

注:表中 T_0 为反应谱直线上升段最大周期,取 0.1s;T_g 为特征周期;β 为动力放大系数;C_i 为抗震重要性系数;C_s 为场地系数;C_d 为阻尼调整系数。

由上述《水工建筑物抗震设计规范》与《桥梁抗震设计规范》差异比较可知,《水工建筑物抗震设计规范》主要考虑的是 E2 地震作用,即“大震”作用下的结构抗震设计,体现的是突出“防御重大工程在极限地震下发生灾变”的水工抗震战略重点[4],但并未对桥式倒虹吸、渡槽等兼具桥梁特征的水工建筑物在“中震”作用下的抗震设计及性能作出具体要求,规范条款规定相对较宽泛,需要设计人员结合工程实际情况及自身设计经验进行把握。

《水工建筑物抗震设计规范》的设计反应谱响应周期为 3s,虽然可将墩高较矮或跨径较小的常规桥式倒虹吸、渡槽等刚度较大构筑物自振周期包含在内,但对于支承过水管道的悬索桥等特殊输水建筑物来说，由于结构自身刚度较小导致自振周期较长且超过 3s 时，此时规范给定的设计反应谱已不再适用。

《水工建筑物抗震设计规范》反应谱动力放大系数最大值 β_{max} 取值根据建筑物类型进行确定，如桥式倒虹吸取值为 2.25；而在《桥梁抗震设计规范》中，动力放大系数最大值 β_{max} 为常数 2.5 与抗震重要性系数 C_i、场地系数 C_s、阻尼调整系数 C_d 的乘积。其中，抗震重要性系数 C_i 的取值体现出 E1 和 E2 地震的影响。

参考相关分析研究成果，在混凝土高坝的基本周期都不超过 1s 的情况下，《水工建筑物抗震设计规范》对设计反应谱下降段曲线衰减指数取为 0.6 是适宜的[4]，并且规定了动力放大系数最小值 β_{min} 不得小于 $0.2\beta_{max}$。《桥梁抗震设计规范》则取反应谱曲线的衰减指数为 1.0，与之对应的设计反应谱下降段的形状下降更为显著，也未对下降段最小值进行规定。设计反应谱下降段的形状控制着长周期段的谱幅值，下降的速率缓慢可能会导致长周期段相对保守[5]，因此上述规定对于高耸、大跨等长周期结构的抗震设计有较大影响，可能使得下部结构设计同样较为保守。

在采用水工建筑物抗震设计规范算得水工建筑物在 E2 地震作用下内力后，结合《水工混凝土结构设计规范》（SL 191—2008）[6] 中钢筋混凝土结构构件抗震设计相关条款，考虑偶然工况下分项系数的不同，按照强度理论进行验算。而《桥梁抗震设计规范》中，在 E2 地震作用下容许结构进入弹塑性工作状态，相应更加关注的是 E2 地震作用下结构的变形能力，验算要求则是要使结构的延性变形能力应超过延性变形需求，且有一定的富余储备。因此，对于重要性程度相对较低的水工建筑物在“大震”作用下仍按照强度理论进行复核，则会使构件截面设计的经济性相对较差。

2 典型桥式倒虹吸反应谱计算分析

2.1 工程概况及计算模型

某桥式倒虹吸桥梁段设计为 3×37m 预应力混凝土简支现浇箱梁，桥面总宽 6.9m，管道直径为 2.5m。上部结构主梁采用单箱单室等高截面箱梁，梁高 2.8m，箱梁顶板宽 6.9m，两侧悬臂 1.0m，底板宽度 4.9m。下部结构桥墩采用矩形空心墩，1 号墩和 2 号墩高度均为 36m，墩身横桥向宽度 5m，顺桥向宽 3.6m，横向壁厚 0.8m，纵向壁厚 0.6m；单个桥墩承台下设 4 根直径 1.8m 的钻孔灌注桩。

本文运用桥梁博士有限元软件建立本桥式倒虹吸抗震计算有限元模型，主梁、桥墩、桩基均采用空间杆系单元模拟，支座采用弹性连接模拟，桩基按照 m 法计算各层土弹簧刚度进行模拟，上部管线荷载转化为集中质量进行加载。桥式倒虹吸有限元计算模型见图 1。

图 1 桥式倒虹吸有限元计算模型

2.2 设计反应谱

根据《中国地震动参数区划图》（GB 18306—2015），本桥式倒虹吸所在工程区场地类别为Ⅱ类，工程区 50 年超越概率 10% 的地震动峰值加速度为 0.10g，基本地震动加速度反应谱特征周期 0.35s，相应地震基本烈度为Ⅶ度。

（1）按《水工建筑物抗震设计规范》设计反应谱

本桥式倒虹吸按照水工建筑物级别分类为 3 级，依据《水工建筑物抗震设计规范》相关条款规定，抗震设防类别为丙类，对应倒虹吸结构水平向设计反应谱动力放大系数最大值 β_{max} 为 2.25。竖向设计地震动峰值加速度取水平向设计地震动峰值加速度的 2/3。

（2）按《桥梁抗震设计规范》设计反应谱

本桥式倒虹吸按照《桥梁抗震设计规范》中桥梁抗震设防类别为 C 类，相应在 E1 和 E2 地震作用下桥梁抗震重要性系数 C_i 分别取 0.34 和

1.0,水平向和竖向场地系数 C_s 分别取1.0和0.6,阻尼调整系数 C_d 取1.0。因此,E1和E2地震作用下水平向设计反应谱动力放大系数最大值 β_{max} 分别为0.85和2.5,竖向设计反应谱动力放大系数最大值 β_{max} 分别为0.51和1.5。此外,为更好地与《水工建筑物抗震设计规范》进行对比,《桥梁抗震设计规范》设计反应谱响应周期按3s取。

(3)设计反应谱比较

按照上述参数取值进行计算,E2地震作用下设计反应谱对比如图2所示。由图2可知,按照《水工建筑物抗震设计规范》计算得水平向设计反应谱平台段动力放大系数最大值2.205m/s^2,要小于按《桥梁抗震设计规范》计算得平台段动力放大系数最大值2.45m/s^2;经过平台段后,二者下降段曲线时间 T 在0.5~3s产生明显差别,按照《水工建筑物抗震设计规范》计算得下降段曲线下降趋势明显放缓,在3s时算得其动力放大系数最小值为0.608m/s^2,远大于按《桥梁抗震设计规范》计算得到的动力放大系数最小值0.286m/s^2。

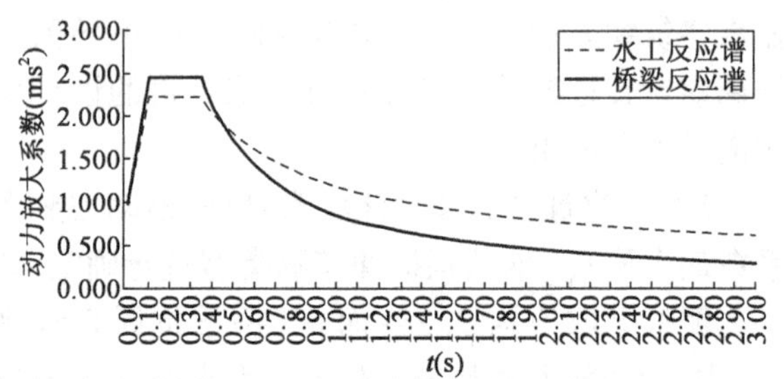

图2　E2地震作用下设计反应谱对比

2.3　自振特性计算

本桥式倒虹吸自振特性计算的前5阶自振频率和振型特征如表2所示,结构的第一阶振型为主梁纵向位移,桥墩顺桥向弯曲,频率为0.89Hz,自振周期为1.12s,振型如图3所示。

自振频率及振型特征(前5阶)　　表2

阶数	频率(Hz)	振型特征
1	0.89	主梁纵向位移,桥墩顺桥向弯曲
2	0.91	主梁横向对称弯曲,桥墩对称横桥向弯曲
3	1.46	主梁横向反对称弯曲,主墩反对称横桥向弯曲
4	1.59	主梁竖向对称弯曲
5	3.55	主梁竖向反对称弯曲

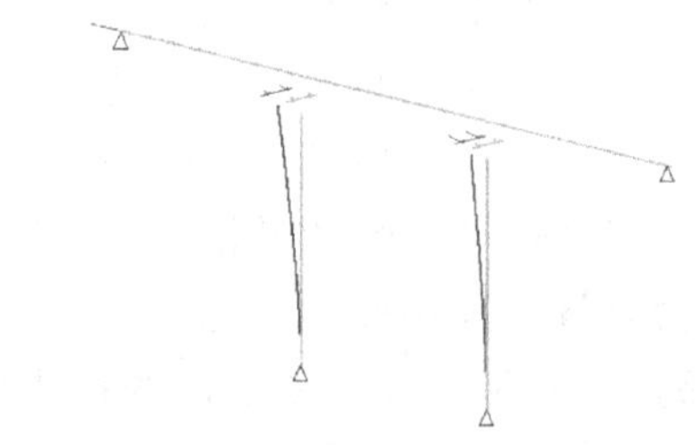

图3　桥式倒虹吸第一阶振型图

2.4　反应谱分析

按照《水工建筑物抗震设计规范》和《桥梁抗震设计规范》反应谱分析得到的桥式倒虹吸桥墩墩底截面内力及墩顶位移分别如表3和表4所示。

反应谱分析桥墩墩底截面内力　　表3

规范类别	墩号	纵向+竖向			横向+竖向		
		轴力(kN)	纵向弯矩(kN·m)	屈服弯矩(kN·m)	轴力(kN)	横向弯矩(kN·m)	屈服弯矩(kN·m)
《水工建筑物抗震设计规范》E2地震作用	1	-22968.8	38427.9	92066.7	-22967.4	44720.1	127150.1
	2	-22459.7	25435.4	91262.4	-22447.4	62568.6	126017.7
《桥梁抗震设计规范》E1地震作用	1	-21799.2	9165.6	75995.9	-21798.6	10800.5	100003.7
	2	-21627.8	6155.7	75753.3	-21622.8	14995.9	99651.1
《桥梁抗震设计规范》E2地震作用	1	-22959.6	26959.2	92052.1	-22957.9	31686.7	127129.4
	2	-22455.5	18104.9	91255.7	-22440.7	44092.1	126003.1

注:表中轴力以受拉为正,受压为负;E1和E2地震作用分别对应初始屈服弯矩和等效屈服弯矩。

反应谱分析桥墩墩顶位移 表4

规范类别	墩号	纵向+竖向(mm)	横向+竖向(mm)
《水工建筑物抗震设计规范》E2 地震作用	1	39.0	29.0
	2	27.4	44.6
《桥梁抗震设计规范》E1 地震作用	1	9.2	7.0
	2	6.5	10.7
《桥梁抗震设计规范》E2 地震作用	1	27.1	20.5
	2	19.2	31.4

由表3、表4中数据可知，主墩按照《桥梁抗震设计规范》计算得E1纵向+竖向、横向+竖向地震作用下墩底均处于受压状态，墩底截面纵向及横向弯矩最大值分别为9165.6kN·m和14995.9kN·m，墩顶纵向及横向位移最大值分别为9.2mm和10.7mm。按照《水工混凝土结构设计规范》(SL 191—2008)相关条款规定进行复核验算，主墩配筋满足E1地震作用下结构的强度验算要求。

主墩墩底在E2纵向+竖向、横向+竖向地震作用下均处于受压状态，按照《水工建筑物抗震设计规范》计算得到的墩底截面纵向和横向弯矩较《桥梁抗震设计规范》计算得到的值分别要大40.5%~42.5%和41.1%~41.9%。由此可见，虽然桥式倒虹吸自振周期大于场地特征周期，结构能较好地避开反应谱曲线平台峰值段，但对应到结构自振周期1.12s处，二者反应谱设计值分别为1.11m/s^2和0.78m/s^2，前者较后者大42.3%，与弯矩计算值差异吻合较好。

此外，通过非线性迭代计算得到截面弯矩-曲率曲线，对比E1和E2地震作用下墩底弯矩，均未超过截面的初始屈服弯矩和等效屈服弯矩，且有一定的富余，结构保持在弹性范围工作。

3 结语

(1)鉴于桥式倒虹吸结构形式特殊，建议参考《桥梁抗震设计规范》按照两水准设防，两阶段设计，并根据抗震设防类别、震后使用要求和损伤状态指标，对建筑物抗震设防目标作出合理规定。

(2)《水工建筑物抗震设计规范》的设计反应谱响应周期仅为3s，对一些自振周期较长且超过3s的柔性桥式输水建筑物已不再适用，在地震分析时应结合输水建筑物实际情况，合理选用适合的设计反应谱。

(3)《水工建筑物抗震设计规范》的设计反应谱下降段下降趋势缓慢，且规定了最小值，结合本文桥式倒虹吸反应谱分析可知，主墩墩底截面计算得到的纵向和横向弯矩值较《桥梁抗震设计规范》的相应值要大40%以上。因此在设计中应引起重视，使结构受力及经济性均处于较为合理的范围。

参考文献

[1] 中华人民共和国住房和城乡建设部. 水工建筑物抗震设计标准:GB 51247—2018[S]. 北京:中国计划出版社,2018.

[2] 国家能源局. 水电工程水工建筑物抗震设计规范:NB 35047—2015[S]. 北京:中国水利水电出版社,2015.

[3] 中华人民共和国交通运输部. 公路桥梁抗震设计规范:JTG/T 2231-01—2020[S]. 北京:人民交通出版社股份有限公司,2020.

[4] 陈厚群. 水工建筑物抗震设计规范修编的若干问题研究[J]. 水力发电学报,2011,30(6):4-10.

[5] 耿淑伟,陶夏新,王国新. 对设计反应谱长周期段取值规定的探讨[J]. 世界地震工程,2008,24(2):111-116.

[6] 中华人民共和国水利部. 水工混凝土结构设计规范:SL 191—2008[S]. 北京:中国水利水电出版社,2009.

预制装配式混凝土桥梁结构研究进展

张文涛* 赵泽坤 程 高
(长安大学公路学院)

摘 要 预制装配式桥梁结构是一种具有卓越施工质量、最小化环境影响、显著缩短现场施工时间以及提高施工安全水平等多重优势的创新型桥梁建设方法,已经成为桥梁工程领域的重要发展方向,对该类结构的研究正在迅速增加,许多创新型的结构已经在实际工程中得到广泛应用。本文通过综合分析近三年国内外关于预制装配式混凝土桥梁的相关文献,主要从上部结构和下部结构两个方面探讨了该领域内的新技术、新构造以及典型工程案例的应用情况,全面了解该领域的最新发展动态。调研结果表明,中小跨径桥梁占据了桥梁总数量的83.7%,且其大多以装配式混凝土结构为主;在下部结构中,预制装配桥墩结构体系的抗震性能、连接工艺与节点性能是目前研究的重点和热点,是装配式桥梁结构向中高烈度地震区建设发展的关键问题,预制装配盖梁和挡块的研究主要集中在新型结构形式方面;在上部结构中,预制构件之间的连接形式和预制构件之间的承载能力分析是目前研究的重点和热点;预制装配式桥梁施工技术的一体化、智能化和信息化,是未来发展的主要趋势。

关键词 桥梁工程 预制装配式 装配式桥墩 装配式桥面 桥梁快速施工技术

0 引言

预制装配式混凝土桥梁结构通过将桥梁构件在工厂中预制和装配,缩短施工周期,提高工程质量,显著降低施工对环境的干扰[1]。

本文旨在探讨预制装配式混凝土桥梁结构领域的最新研究进展,包括不同构件的装配预制方法及其在桥梁工程中的应用等方面;着重介绍桥墩、盖梁、挡块、钢混组合梁、桥面板等构件的预制技术,分析其优势和潜在的挑战;探讨这一领域未来的发展趋势,以期为改进现有桥梁建设方法、提高桥梁工程的质量和可持续性,提供有力的理论和实践支持。

1 装配式混凝土桥梁建设情况

根据交通运输部的统计数据,截至2022年底,全国共有103.32万座公路桥梁,总延长达8576.49万延米。其中,特大桥8816座、1621.44万延米;大桥15.96万座、4431.93万延米[2]。其中,中小跨径桥梁占据了桥梁总数量的83.7%,如图1所示。在大桥和特大桥的桥跨设计中,除主跨以外,大多数的桥梁跨径布置在20~40m,使其在公路建设中的比例接近90%。

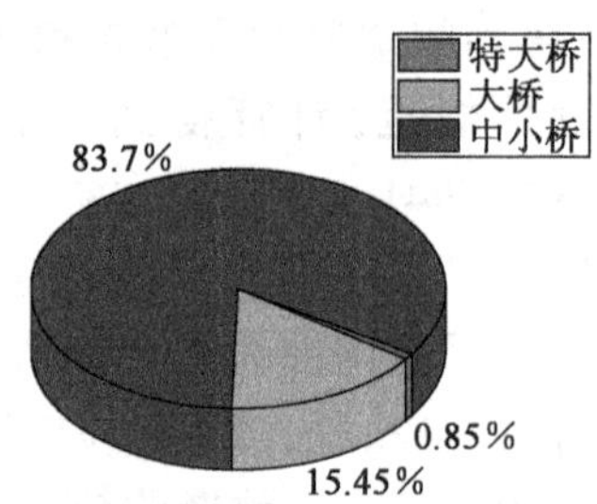

图1 各类桥梁数量所占比例

中小跨径桥梁则以装配式混凝土结构为主,具备出色的技术经济性和高度工业化建造水平。在适宜的情况下,首要选择装配式混凝土桥梁,其量大面广,是桥梁工程及其所在产业链的重要组成部分,代表了中国桥梁先进的工业化技术水平。中小跨径梁桥统计见图2。

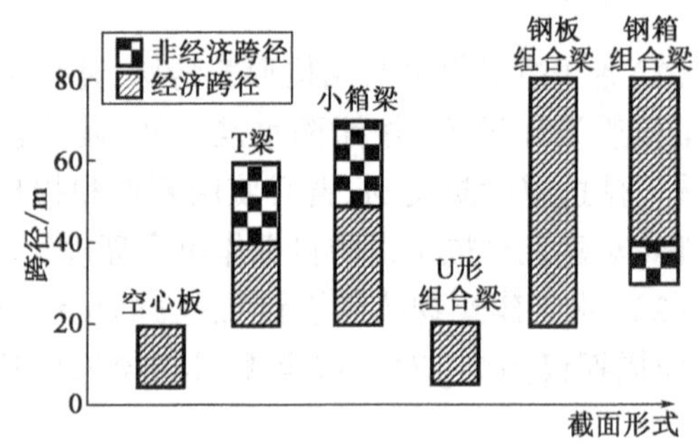

图2 中小跨径梁桥统计[3]

基金项目:陕西省交通运输厅科技资助项目(20-35T)。

2 下部结构的预制装配

在桥梁设计中,桥墩、盖梁和挡块的预制装配等技术逐渐崭露头角,其不仅提高了工程的施工效率,还在结构稳定性和抗震性能方面具有显著优势。

2.1 桥墩的预制装配

关于预制装配桥墩的研究近年来逐渐聚焦于两个核心方向。首先,新体系构造抗震性能研究旨在开发创新的桥墩设计,以提高其在地震等极端条件下的稳定性和安全性;其次,连接工艺与节点性能研究致力于解决装配式桥墩连接部位存在的问题,以确保连接点的强度和耐久性。

2.1.1 新体系构造抗震性能研究

为探讨装配式桥墩的地震损伤特性,江辉等[4]使用纤维模型模拟不同参数下预制拼装桥墩在近场地震动下的响应,如图3所示,通过核密度估计法,得出了拼装桥墩地震易损性曲线;贾俊峰等[5]把震后可恢复功能和预制装配桥梁技术相结合,如图4所示,对自复位预制拼装钢筋混凝土(RC)桥墩进行研究;Fu等[6]采用超高性能混凝土(UHPC)和HTRB600E高强钢筋对预制方空心截面墩进行抗震加固,通过准静力试验研究加固前后的性能指标;欧智菁等[7]通过拟静力试验研究装配式圆钢管约束混凝土桥墩的抗震性能,考察约束和连接方式的影响,采用圆钢管的桥墩表现出更高的水平峰值荷载和位移延性,具有较强的耗能能力和较小的残余位移。

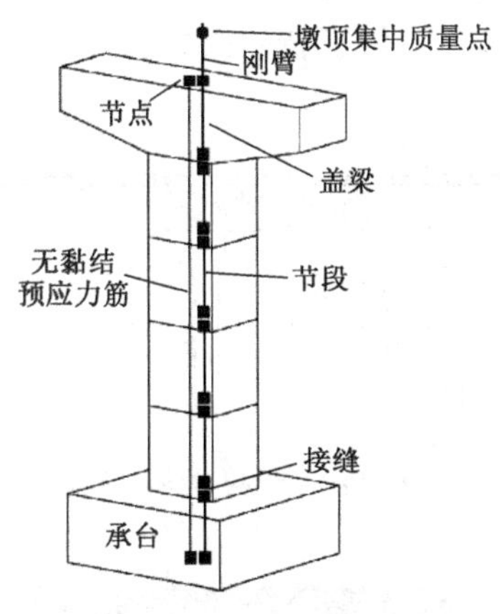

图3 试验桥墩有限元模型

Zhang等[8]提出新型承插连接双柱墩系统,采用UHPC灌浆将预制墩与相邻构件连接,进行拟静力试验,比较不同连接方式对墩体损伤、破坏模式、应变分布和抗震性能等的影响;徐庆超等[9]基于有限元模拟分析预制装配式双柱墩的抗震性能,如图5所示,针对墩柱高度、墩柱纵筋配筋率、盖梁-墩柱线刚度和墩柱轴压比等主要结构参数进行了研究;Zhou等[10]提出新型预制薄壁钢管混凝土双柱墩体系,准静载试验结果显示其破坏模式合理,能够吸收足够的能量,残余变形较小。

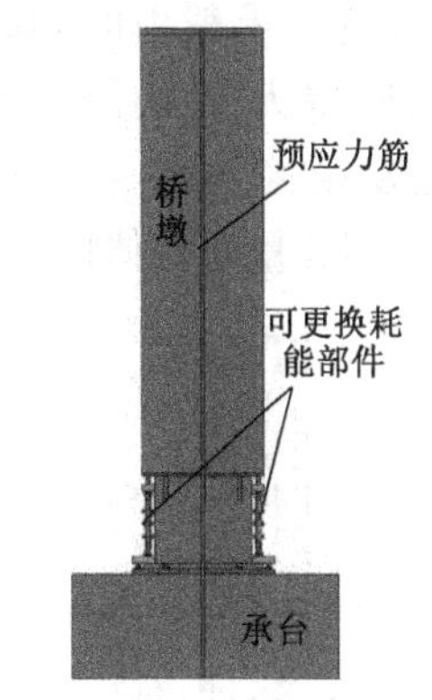

图4 自复位桥墩结构示意图

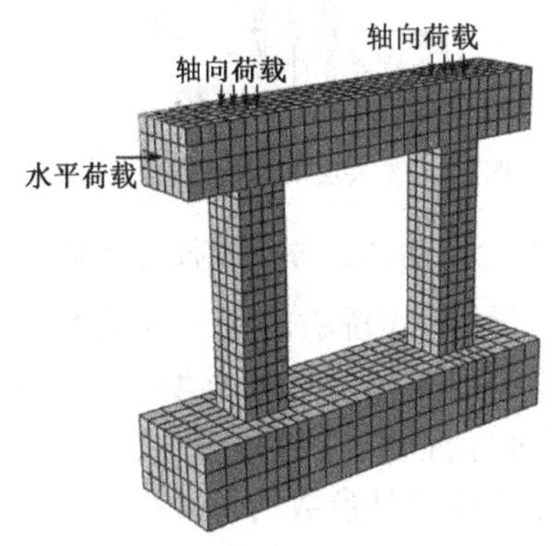

图5 双柱墩有限元模型示意图

朱钊等[11-12]进行无黏结预应力装配式桥墩的拟静力加载试验,如图6所示,该研究桥墩的变形模式、滞回特性以及其抗震性能,其具有相当的耗能性能和更小的残余位移,能够实现良好的耗能性能和自复位性能。

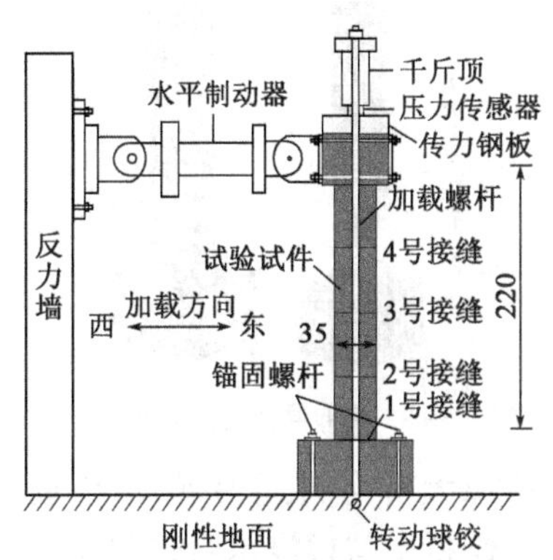

图6 拟静力试验加载装置(尺寸单位:cm)

为降低桥墩吊装难度和实现桥墩轻量化，付涛等[13]和孟凌霄等[14]提出中空夹层预制装配式桥墩，如图7所示，经拟静力试验和有限元分析研究其抗震性能，结果显示，该桥墩具有饱满的荷载-位移滞回曲线和明显的捏拢效应，具备良好的抗弯承载性能，通过充分利用中空钢管的特性，调整中空率，在保持抗弯承载力的同时表现出了卓越的抗震性能；Shi等人[15]的研究聚焦于承插式预制空心墩的抗震性能，通过采用PVA纤维以及多个试件，研究不同变量对墩体性能的影响。

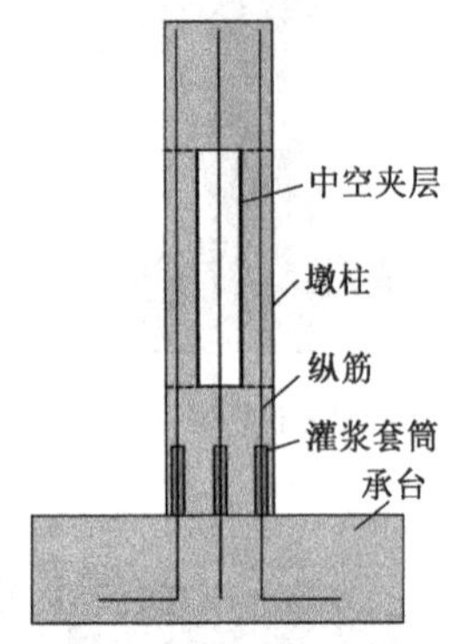

图7　中空夹层预制装配式桥墩构造

2.1.2　连接工艺与节点性能研究

为提升装配式桥墩的受力性能和耐久性，林上顺[16]等提出采用现浇纤维增强水泥基复合材料和预制榫卯混合连接的装配式桥墩，如图8所示，开展了不同设计参数的桥墩拟静力试验，基于试验结果建立经验证的有限元模型，同时进行参数分析以进一步拓展研究的范围；为满足装配构件之间接缝的要求，李伟等[17]进行了UHPC灌缝材料的性能、工艺特点和环境影响因素的分析，提出了合理的灌缝工艺参数，以确保承插连接的有效性和可靠性。

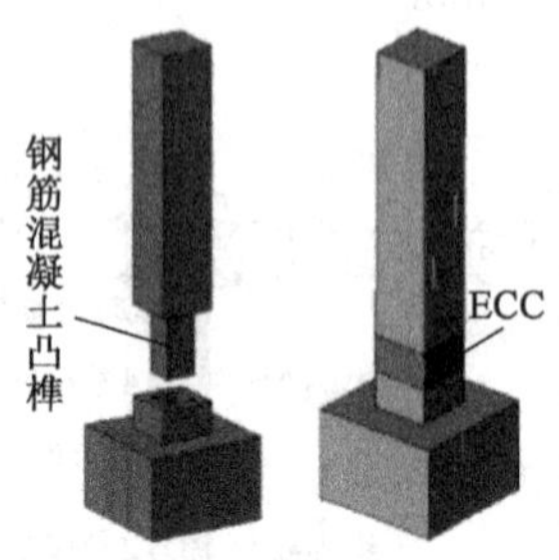

图8　榫卯混合接头构造图

以某跨海大桥为例，李中南等[18]通过数值仿真研究了预制桥墩与现浇承台连接施工时的温度应力及其影响因素，结果显示，主要影响因素是填芯混凝土的热膨胀和温度梯度，提出的方案能有效控制裂缝产生；李运生等[19]通过足尺寸模型拟静力试验和有限元分析，对装配墩和现浇墩的裂缝发展和破坏模式、滞回曲线、初始刚度与屈后刚度等方面进行了对比，研究表明，装配墩能满足实际桥梁工程的性能要求。

2.2　盖梁的预制装配

盖梁预制装配技术通过将盖梁事先制造成模块化构件，然后在工地现场迅速组装到桥梁上。传统方法较为复杂，需要大量现场工程，容易受天气等因素干扰，而预制装配技术将这些工序移到受控的工厂环境，减少了现场工程依赖，提高了工程稳定性和可控性。

众多学者对盖梁预制装配技术进行了研究，夏云龙等[20]针对高架桥的特点，采用超大型预制拼装盖梁的下部结构设计，以满足复杂交通需求，研究了预制盖梁的分段预制方式、节段连接方法和结构受力性能等关键技术方面；刘四田等[21]提出了采用全预制装配式的新型倒T形盖梁结构，经研究确定其可行性和实用性，在高烈度地震区具备卓越的抗震性能；张志明等[22]提出了两种创新的装配式高性能混凝土盖梁结构，分别采用超高性能混凝土(UHPC)与工程用水泥基复合材料(ECC)的组合，以及全ECC材料，如图9和图10所示，通过引入高性能混凝土材料，显著提升了盖梁的受力性能，减小了截面尺寸。这些创新性的设计不仅提高了盖梁的性能和施工效率，也为装配式盖梁施工提供了新的选择。

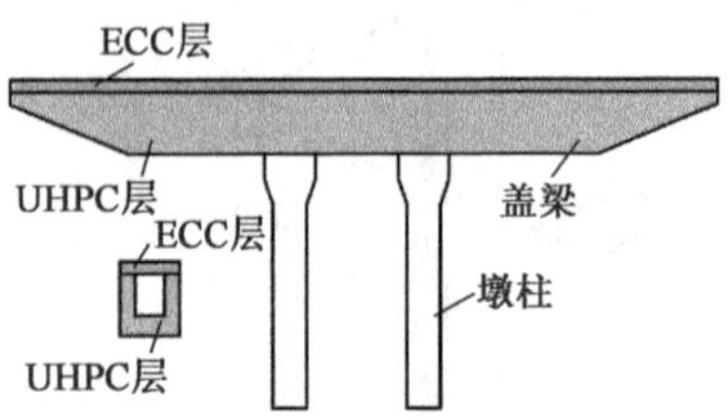

图9　UHPC+ECC盖梁示意图

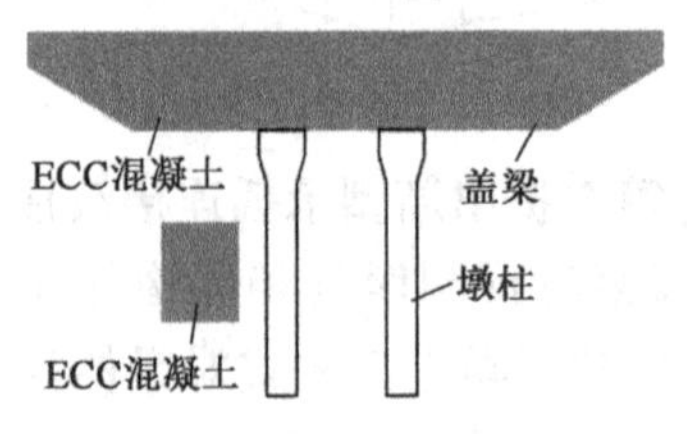

图10　全ECC盖梁立面示意图

2.3 挡块的预制装配

桥墩盖梁挡块是桥梁下部结构的重要组成部分,承担支撑和抗外部冲击的关键角色[23]。预制装配挡块技术显著提高了抗震性,实现精准制造,并减少施工的不确定性。通过新材料和新设计理念的引入,研究者们正在探索如何使预制挡块更具弹性、更耐震,以确保桥梁结构在地震中表现出良好的性能。

为深入探讨预制装配挡块的制造工艺、结构设计以及其抗震性能,吴文朋等[24]提出可替换式预应力装配式 UHPC 挡块,如图 11 所示,解决了整体式挡块地震后难以修复的问题,试验结果显示,超高性能混凝土(UHPC)挡块具有优越的破坏模式和高承载能力,表现出良好的水平位移和自复位能力;吴文朋等[25]提出一种直缝型后张预应力装配式 UHPC 挡块结构,如图 12 所示,以应对传统混凝土挡块难以修复的问题,通过拟静力破坏试验和有限元分析,研究了不同因素对新型挡块的抗震性能的影响。

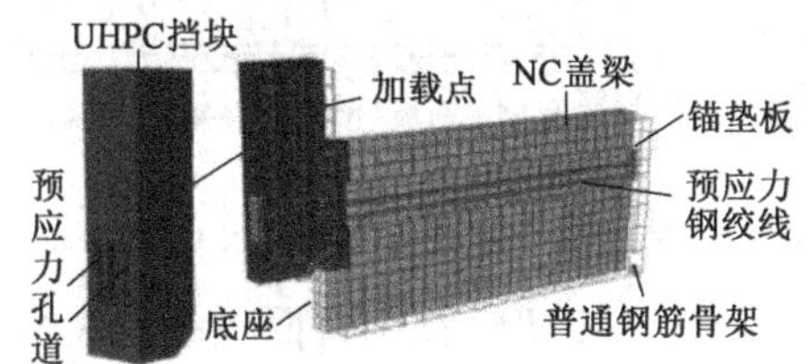

图 11 预应力装配式 UHPC 挡块结构有限元模型

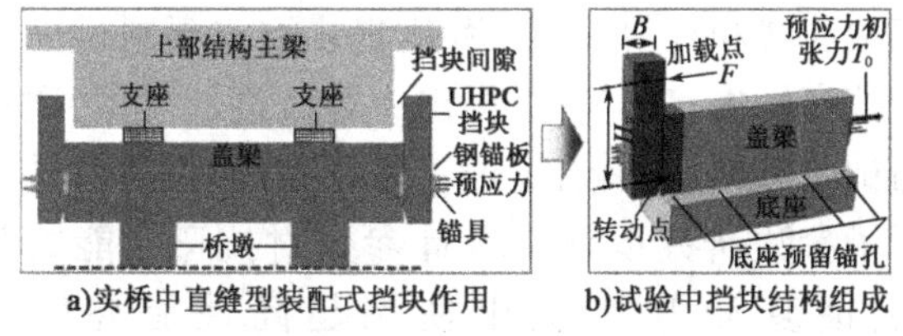

图 12 新型直缝装配式 UHPC 挡块结构示意图

3 上部结构的预制装配

预制装配式混凝土上部结构的两个主要研究方向是预制装配钢-混凝土组合结构和预制装配桥面板。其不仅提高了工程的施工效率,还增强了结构的稳定性和耐久性。通过深入研究和应用这些技术,可以重新定义桥梁设计的范式,为未来建设提供更加可持续、高效和安全的选择。

3.1 预制装配式钢混组合结构

不同类型的连接件和材料选择对于预制装配式钢混组合梁性能具有重要影响。从高强度摩擦螺栓到模块化槽钢结构,各种连接方式都在不同情境下展现出独特的优势。结合试验和数值模拟,研究其抗剪、抗弯、疲劳等性能。

为探究新型抗剪连接的榫卯钢结构外包 U 型钢-混凝土组合梁的抗弯性能和破坏模式,如图 13 所示,舒兴平等[28]进行足尺试件的抗弯承载力试验,并研究了钢梁高度和内部纵筋对组合梁抗弯刚度和承载能力的影响;Fang 等[26]通过建立有效的有限元模型,研究预制钢-UHPC 组合梁中高强度摩擦螺栓(HSFGB)剪切接头的性能,揭示了 HSFGB 的应力传递机制和 UHPC 的破坏机理;周凌宇等[31-32]研究了一种模块化装配式双拼预制槽钢混凝土组合梁,如图 14 所示,通过对不同参数的组合梁进行静力受弯试验,研究了破坏模式、承载能力、应变分布等性能,考察了板宽、槽钢型号和抗剪连接件间距等参数对抗剪承载力的影响;为研究新型装配式钢-混凝土组合梁的抗剪连接性能,王宁等[29]设计不同的抗剪连接构造进行试验验证,研究发现,栓钉直径和后浇混凝土强度的增大,可以显著提高装配式组合梁的抗剪连接承载力;Lu 等[30]探讨负弯矩作用下钢-UHPC 组合桥的混凝土桥面疲劳性能,结果表明,预制 UHPC 板可以承受高应力水平,具有良好的疲劳性能;刘汗青等[27]提出了一种新型装配式钢-混凝土组合梁的构建方法,通过试验研究其极限承载能力、荷载-挠度关系、界面荷载-滑移关系和截面应变分布。

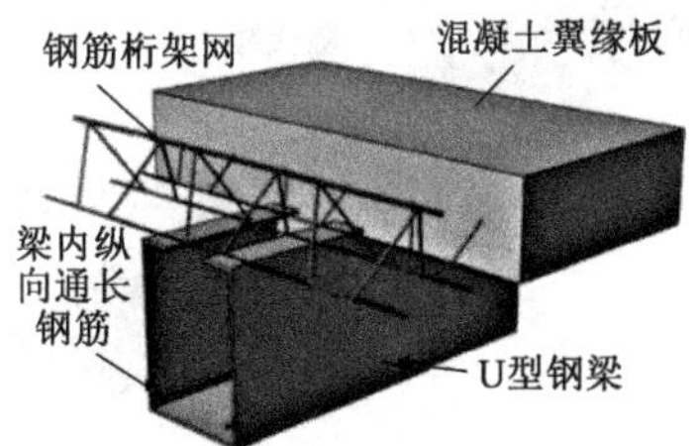

图 13 榫卯钢结构外包 U 型钢-混凝土组合梁示意图

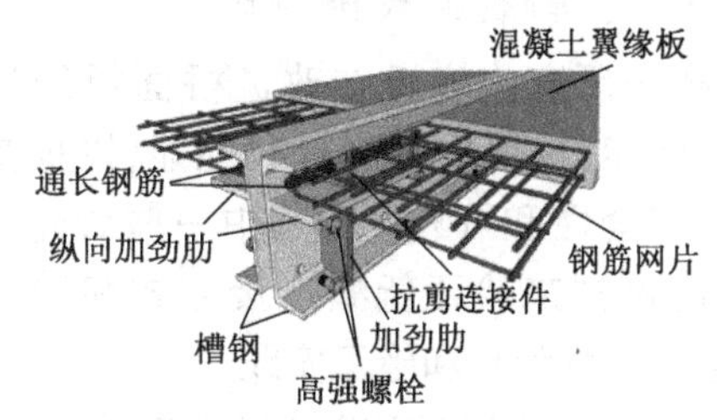

图 14 基准试件构造示意图

张凡等[33]通过建立高强螺栓剪力连接件的受力模型,把理论解析和试验数据对比来验证理论结果,如图15所示,揭示了剪力连接件在整个受力过程中受到弯矩、剪力和轴力的耦合作用,提出的力学模型能相对准确地模拟螺栓的弹性阶段;周凌宇等[34]研究新型装配式双拼槽钢-混凝土组合梁中的PSP剪力连接件,分析不同参数对其抗剪承载力和破坏模式的影响,并提出了PSP连接件荷载滑移曲线计算公式。

图15　推出试验

Xiao等[35]研究了一种新型桥面结构,采用钢-UHPC组合板和PBL剪力连接件,强调了湿接缝对结构耐久性的重要性,并修正了裂缝宽度预测模型,以更准确地考虑不同裂纹情况;廖万成等[36]对钢-UHPC组合桥面板湿接缝进行研究,通过足尺模型试验和建立有限元模型,如图16所示,分析了湿接缝截面模拟方式、钢板和UHPC层厚度等因素对构件性能的影响。

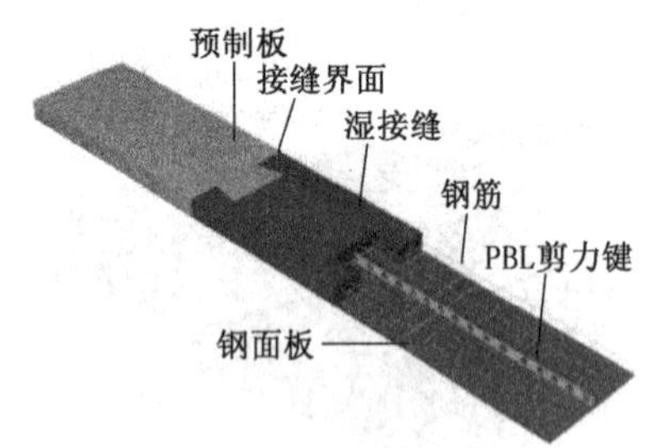

图16　试件有限元模型

3.2　预制装配式桥面板

本部分研究内容旨在改进桥面板的连接方式、抗弯性能、抗剪性能和抗裂性能,以提高桥梁的质量、安全性和可靠性。其中一些研究通过试验和数值模拟来验证新型连接方式和结构的性能,以指导工程设计和施工实践。

Deng等[37]采用UHPC湿接缝技术,将预制混凝土桥面板与UHPC湿接缝相连接,通过制作试验样品,研究搭接钢筋长度、配筋率和湿接缝截面形式对桥面板抗弯性能的影响;黄方林等[38]提出一种新型预制桥面板方台形剪力键湿接缝结构,如图17所示,通过进行试验和数值模拟研究发现,该结构的极限抗剪承载能力有显著提高,方台的角度、底边长度、高度和排数影响其抗剪和抗裂性能;Wang等[39]设计了一种紧凑型UHPC湿接缝,以提高连接性能和耐久性,试验和数值模拟结果表明,这种新型接缝的抗剪性能与传统环氧树脂接缝相当;Peng等[40]研究探讨UHPC预制构件之间环氧胶黏剂接头的弯曲性能,试验结果表明,界面破坏模式包括剥离、拉拔和拉伸破坏,荷载-挠度曲线呈双折线形式,提出了简化受力模型和抗弯承载力计算公式;Zheng等[41]进行了UHPC接头的直剪试验,发现UHPC接头主要呈脆性破坏,破坏模式受侧压应力影响,得出UHPC节段抗剪性能的计算公式。

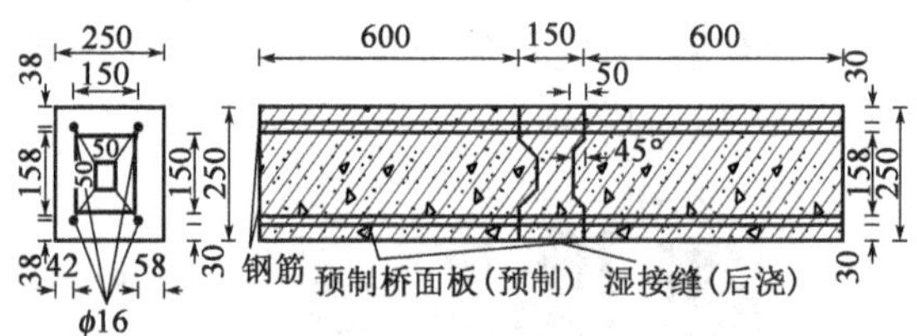

图17　方台形剪力键湿接缝试件(尺寸单位:mm)

为提升CA-UHPC预制桥面板的抗裂性能,崔冰等[42]提出两种破膜排气振捣工艺,通过工艺试验,确定了振捣参数,提供振捣次数与弯曲强度的相关曲线和计算公式;为预测装配式预制桥面板的抗弯性能,Hu等[43]提出一种改进的模型,通过与试验数据相比较,验证了该模型的可靠性,并进行了参数研究以评估设计参数对抗弯性能的影响;胡梦涵等[44]提出使用超高性能混凝土(UHPC)和碳纤维增强聚合物筋(CFRP)的预制拼装桥面板,如图18所示,通过静力和疲劳试验,研究其受力性能和破坏形态。

图18　基于高性能材料接缝的预制拼装桥面板

为解决装配式混凝土桥梁在拼接节点方面的问题,Wu等[45]引入一种新型剪力连接件,可以有效提升抗剪承载力，简化配置过程，还通过设计试件进行了直剪试验，探讨了不同因素对其抗剪性能的影响；苗新歌等[46]的研究聚焦于全高预制桥面板的剪力连接件，采用新型连接技术和超高性能混凝土(UHPC)以及U形钢筋(Ubar)材料，如图19所示，试验研究表明，Ubar数量的增加提高了连接件的承载能力，建立了剪应力-滑移曲线函数和适用于PC组合梁UHPC+Ubar剪力连接件的抗剪承载力计算公式；蔡东波[47-48]和苟文忠[49]等对混凝土预制胶接缝抗剪性能开展了研究。通过胶接缝剪力键足尺直剪试验，研究了接缝形式、环氧树脂胶厚度及剪力键键齿数目等影响因素，并深入分析了试件破坏形态。

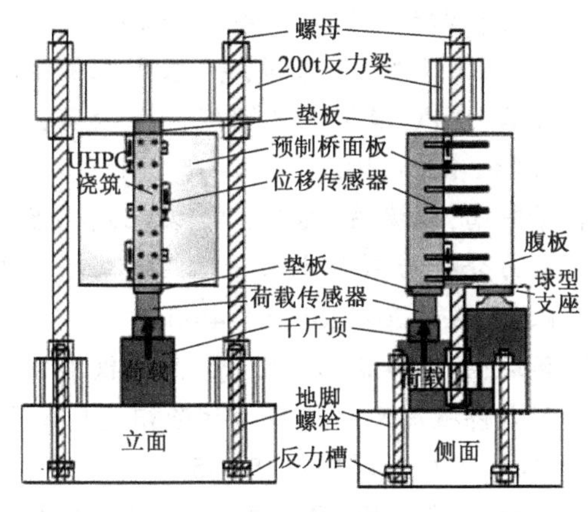

图19 试验装置

4 预制装配建造技术

预制装配建造技术是现代桥梁工程领域的一项创新和高效的施工方法[50]。随着城市化的不断发展和交通需求的增加，桥梁建设已成为基础设施建设的重要组成部分，为满足快速、可持续和成本效益的建设需求，预制装配桥梁建造技术应运而生[51]。

为深入探讨预制装配式桥梁建造技术的原理，众多学者对其进行研究，Wang等[52]提出了“桩-柱一体化”装配工艺，该方法采用整体拼装方式，将桩基础、墩台、承台梁集成在一起，通过试验，验证了连接处的承载能力；针对全预制装配式桥梁架设，夏宝坤等[53]提出了一系列创新技术，成功应对了短小构件、大跨度和曲线路段桥梁的架设难题；王敏等[54]提出全预制装配式刚构桥一体化架设工艺，如图20所示，采用全预制装配式设计，解决了常规一体化架桥机效率不匹配和传统悬拼工艺工期长的问题；在高速公路连续梁桥建设中，田飞等[55]通过结构装配化和工效优化，提出了高效的建造技术，优化后的方案使得设备和临时措施费用降低了50%，减少了施工对周边环境的负面影响。

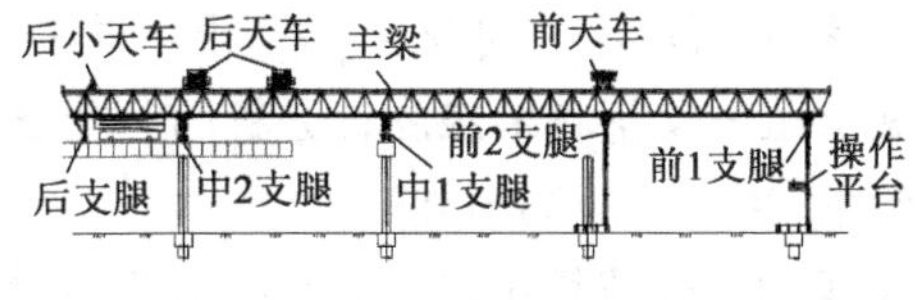

图20 新型一体化架桥机构造

5 结语

预制装配桥梁建设是桥梁工程领域的一个重要发展趋势，它提供了更快、更高效、更可控的施工方式，具备许多潜在的优势。综合考虑其未来的发展，需要在多个关键领域深入研究，以确保其在复杂环境下的安全性和可靠性。

(1)抗震性能研究至关重要。尽管在低烈度地震区抗震性能研究已有显著进展，但对中高烈度地震条件下的抗震性能仍需深入探究。这涉及对设计和施工方法的进一步改进，以确保预制装配桥梁在各种地震条件下都能表现出卓越的性能。

(2)新型结构体系和高性能材料的应用将提高预制构件的承载能力，进而提升整体桥梁的结构安全性和可靠性。积极推动这些新技术的研究和应用，有望为桥梁工程带来革命性的改变。

(3)考虑到桥梁长期使用的现实，对于已存在的预制构件的修复、更换和加固也是不可忽视的问题。有效提高这些构件的耗能和自复位能力，将降低维护成本，延长整体桥梁的使用寿命。

(4)施工方式的智能化将成为未来的发展趋势。通过实现设计标准化、装配一体化、施工智能化和管理信息化，可以提高施工效率和质量，进而提高工程管理的整体效率。这需要在预制装配桥梁施工领域引入先进的技术和智能设备，以适应日益复杂的建设需求。

综上所述，通过深入研究抗震性能、推动新技术应用、有效修复和加固构件、实现智能施工，预制装配桥梁建设将在未来展现更为广阔的发展前景。这些努力将有助于确保桥梁的可持续性和安全性，同时降低维护成本，为未来的交通基础设施发展奠定坚实基础。

参考文献

[1] 项贻强,竺盛,赵阳. 快速施工桥梁的研究进展[J]. 中国公路学报. 2018,31(12):1-27.

[2] 2022年交通运输行业发展统计公报[N]. 中国交通报.

[3] 刘永健,高诣民,周绪红,等. 中小跨径钢-混凝土组合梁桥技术经济性分析[J]. 中国公路学报,2017,30(3):1-13.

[4] 江辉,李辰,冯梦瑶,等. 基于核密度估计的干接缝装配式桥墩概率性地震损伤特性分析[J]. 东南大学学报(自然科学版),2021,51(4):566-574.

[5] 贾俊峰,谭豫卿,白玉磊,等. 基于OpenSees仿真的自复位预制装配RC桥墩抗震性能分析[J]. 应用基础与工程科学学报,2022,30(2):328-340.

[6] FU T,WANG K, ZHU Z, et al. Seismic performance of prefabricated square hollow section piers strengthened by jacketing using UHPC and high-strength steel [J]. STRUCTURES,2023,47:449-465.

[7] 欧智菁,颜建煌,俞杰,等. 装配式圆钢管约束混凝土桥墩抗震性能研究[J]. 振动与冲击,2022,41(18):47-54.

[8] ZHANG G,SU S,HAN Q,et al. Experimental and numerical investigation of seismic performance of prefabricated double-column piers used in accelerated bridge construction[J]. Engineering Structures,2023,293:116688.

[9] 徐庆超,王阳春,熊英倩,等. 预制装配式双柱墩抗震性能及影响参数分析[J]. 工程抗震与加固改造,2023,45(3):118-125,75.

[10] ZHOU X,WANG X, GU C, et al. Seismic behavior of a novel prefabricated thin-walled CFST double-column pier system for simple on-site assembly[J]. Thin-Walled Structures, 2023,183:110388.

[11] 朱钊,李源,周敉,等. 基于拟静力试验的无黏结预应力装配式桥墩接缝转动模型[J]. 长安大学学报(自然科学版),2022,42(6):110-120.

[12] 朱钊,李源,贺拴海,等. 无黏结预应力组合耗能钢筋装配式桥墩抗震性能研究[J]. 桥梁建设,2022,52(6):58-65.

[13] 付涛,朱志鑫,孟凌霄,等. 中空夹层预制装配式桥墩的抗震性能[J]. 山东大学学报(工学版),2022,52(4):191-200.

[14] 孟凌霄,孙中华,朱志鑫,等. 中空夹层预制装配式圆形桥墩抗震性能参数分析[J]. 建筑科学与工程学报,2023,40(5):138-147.

[15] SHI J,DENG Y,ZHANG Y,et al. Experimental Studies on the Seismic Performance of Prefabricated Circular Hollow Bridge Piers Constructed with PVA Fiber Concrete[J]. Materials,2023,16(5):1981.

[16] 林上顺,林永捷,张建帅,等. ECC和预制榫卯混合连接装配式桥墩抗震试验及计算方法[J]. 西南交通大学学报,2023:1-11.

[17] 李伟,王玉果,张志新,等. 装配式桥墩承插接头UHPC灌缝工艺研究[J]. 公路,2022,67(8):226-230.

[18] 李中南,朱海波,赵阳,等. 装配式桥墩温度应力分析与裂纹控制[J]. 浙江大学学报(工学版),2021,55(1):46-54.

[19] 李运生,王泽涵,杨斌,等. 高速铁路桥梁装配式桥墩足尺寸拟静力试验研究[J]. 铁道学报,2022,44(9):135-145.

[20] 夏云龙,于雪晖,陈国兴. 超大型预制装配式盖梁设计关键技术[J]. 公路,2022,67(1):156-159.

[21] 刘四田,邵亚腾,王连红. 新型预制装配式桥墩盖梁设计思路探讨[J]. 公路,2023,68(9):217-222.

[22] 张志明,朱尧于,方明. 装配式高性能混凝土盖梁受力性能及设计优化研究[J]. 公路交通科技,2023,40(2):64-71.

[23] 吴文朋,周权,张红运,等. 桥梁结构抗震挡块的研究现状与展望[J]. 地震工程与工程振动,2020,40(1):103-120.

[24] 吴文朋,叶鑫,周权,等. 直缝型后张预应力装配式UHPC挡块抗震性能研究[J]. 中国公路学报,2023,36(2):129-140.

[25] 吴文朋,王喜鹏,张红运. 桥墩盖梁预应力装配式混凝土挡块抗震性能研究[J]. 地震工程与工程振动,2022,42(3):104-112.

[26] FANG Z, HU L, JIANG H, et al. Shear performance of high-strength friction-grip

bolted shear connector in prefabricated steel-UHPC composite beams: Finite element modelling and parametric study [J]. Case Studies in Construction Materials, 2023, 18.

[27] 刘汗青,钟琼,霍静思,等.预制装配式栓钉连接件钢-混凝土组合梁抗弯性能试验研究[J].建筑钢结构进展,2021,23(5):1-8.

[28] 舒兴平,刘筱钰,贺冉,等.榫卯钢结构外包U型钢-混凝土组合梁抗弯性能试验及理论分析[J].建筑结构,2022,52(8):80-87.

[29] 王宁,闫敬良,刘晓刚,等.装配式钢-混组合梁的抗剪连接性能研究[J].工业建筑,2022,52(9):121-128.

[30] LU K, XU Q, DU L, et al. Fatigue performance of prefabricated coarse aggregate ultrahigh-performance concrete deck subjected to negative bending moment [J]. Engineering Structures, 2023, 274: 115098.

[31] 周凌宇,朱医博,李分规,等.装配式双拼槽钢-混凝土组合梁受弯性能试验与承载能力分析[J].中南大学学报(自然科学版),2023,54(6):2131-2140.

[32] 周凌宇,石敬州,李分规,等.装配式双拼槽钢-混凝土组合梁抗剪承载力试验研究[J].中南大学学报(自然科学版),2023,54(8):3193-3204.

[33] 张凡,陈炳聪,刘爱荣,等.装配式钢-混凝土组合梁高强螺栓剪力连接件力学模型[J].工程力学,2022,39(S1):173-179.

[34] 周凌宇,范进凯,方蛟鹏,等.装配式槽钢组合梁中开孔钢板连接件力学性能[J].哈尔滨工业大学学报,2023:1-10.

[35] XAIO J, GUO L, NIE J, et al. Flexural behavior of wet joints in steel-UHPC composite deck slabs under hogging moment [J]. Engineering Structures, 2022, 252: 113636.

[36] 廖万成,赵华,安家禾.预制拼装钢-UHPC组合桥面板湿接缝抗弯性能研究[J].中外公路,2023:1-10.

[37] DENG E, ZHANG Z, ZHANG C, et al. Experimental study on flexural behavior of UHPC wet joint in prefabricated multi-girder bridge [J]. Engineering structures, 2023, 275: 115314.

[38] 黄方林,孟宪冬,冯帆,等.预制桥面板方台形剪力键湿接缝受力性能分析[J].铁道科学与工程学报,2023,20(6):2151-2164.

[39] WANG H, ZHOU Z, ZHANG Z, et al. Experimental and numerical studies on shear behavior of prefabricated bridge deck slabs with compact UHPC wet joint [J]. Case Studies in Construction Materials, 2023, 19: e2362.

[40] PENG H, ZHANG Z, ZOU Y, et al. Bending Performance of Epoxy Adhesive Joints of Prefabricated Concrete Elements [J]. Frontiers in Materials, 2022, 9.

[41] ZHENG H, CUI C, XUAN S, et al. Experimental study on direct shear performance of prefabricated splicing joints of ultrahigh-performance concrete [J]. Case Studies in Construction Materials, 2023, 18: e1771.

[42] 崔冰,王康康,汪钺宸,等.粗骨料UHPC预制桥面板破膜排气振捣工艺试验研究[J].桥梁建设,2022,52(6):79-86.

[43] HU M, JIA Z, XU L, et al. Flexural performance predictions of prefabricated bridge deck panels connected with CFRP tendons and UHPC grout [J]. Engineering Structures, 2023, 285: 116024.

[44] 胡梦涵,韩强,贾振雷,等.基于高性能材料接缝的预制拼装桥面板力学性能[J].土木工程学报,2023,56(7):69-81.

[45] WU J, LIU D, CHEN X, et al. Experimental study on shear performance of bond-tooth dry joints in prestressed assembled concrete beams [J]. Journal of Building Engineering, 2023, 68: 106189.

[46] 苗新歌,袁爱民,朱文广,等.全高预制桥面板PC组合梁UHPC后浇剪力连接件剪切性能试验研究[J].工程力学,2023:1-14.

[47] 蔡东波,胡静,程高,等.胶接缝厚度对混凝土预制节段梁受力性能的影响分析[J].重庆交通大学学报(自然科学版),2023,42(4):27-31,39.

[48] 蔡东波,侯正宝,江涛,等.混凝土预制节段

梁不同厚度胶接缝抗剪试验研究[J].合肥工业大学学报(自然科学版),2022,45(8):1072-1078.

[49] 苟文忠,陈浩,程高,等.节段预制拼装胶接缝抗剪性能试验[J].建筑科学与工程学报,2023,40(2):77-85.

[50] 孙策.城市桥梁预制装配化绿色建造技术应用与发展[J].世界桥梁,2021,49(1):39-44.

[51] 惠记庄,邓伟森,丁凯,等.基于BIM与物联网的钢桥智能建管养系统研究与应用[J].公路交通科技,2023,40(9):126-134.

[52] WANG H, WANG L, YANG K, et al. On-Site Full-Scale Load Test and Reliability Evaluation of Prefabricated Bridge Substructure for "Pile-Column Integration"[J]. Applied Sciences, 2022,12(11):5520.

[53] 夏宝坤,苗子臻,霍润科,等.全预制装配式城市桥梁快速架设施工技术[J].混凝土,2022(7):143-150.

[54] 王敏,袁超,肖浩,等.全预制装配式刚构桥一体化架设关键技术[J].施工技术(中英文),2022,51(18):1-5.

[55] 田飞,夏昊,王敏,等.中小跨径全装配式梁桥一体化架设方法及装备[J].中外公路,2022,42(5):83-87.

锈蚀栓钉钢板组合梁抗弯承载力研究

闫金宁*[1,2]

(1.长安大学公路学院;2.长安大学旧桥检测与加固技术交通运输行业重点实验室)

摘　要　为探明栓钉锈蚀率对钢板组合梁桥抗弯性能的影响规律,通过模型试验和数值计算的方法研究了栓钉锈蚀后钢板组合梁的受力特点。研究结果表明:同等荷载水平下组合梁结合面相对滑移值与栓钉锈蚀率正相关;组合梁弹性极限承载力与栓钉锈蚀率呈现负相关的关系,并按计算数据拟合出栓钉锈蚀率与锈蚀后组合梁极限承载力剩余比例的关系函数。

关键词　钢板-混凝土简支梁　抗弯承载力　模型试验　栓钉锈蚀　参数分析

0　引言

钢板-混凝土组合梁桥是指通过各类剪力连接件将混凝土板与钢梁连接起来共同受力的一种桥梁结构形式[1-3]。相较于钢结构桥梁,钢板-混凝土组合桥梁具有更大的截面惯性矩,同时由于剪力连接件的存在,钢梁受压翼缘被混凝土板约束,钢梁稳定性得到较大提升。然而服役过程中钢板-混凝土组合桥梁通常会出现腐蚀现象,这些腐蚀包括钢梁腐蚀、剪力连接件腐蚀以及混凝土中的钢筋腐蚀等,在各种腐蚀情况下组合梁的刚度和承载力将发生一定程度的退化。目前针对混凝土劣化、钢筋腐蚀、钢梁腐蚀等问题已有较多学者进行了研究,但国内外针对剪力连接件腐蚀研究较少,龚匡辉[4]通过对7根试验梁施加恒定电流对试验梁栓钉进行了加速锈蚀,并在锈蚀完成之后通过静力加载破坏试验对栓钉锈蚀后组合梁的抗弯性能进行了研究,并通过引入抗剪程度降低系数 k_s 对现有的组合梁抗弯承载力计算公式进行了修正。葛万光[5]通过3组共9个推出试件的通电加速锈蚀,证明了法拉第定律可以用于通电加速锈蚀法中通电时间的预测,同时通过对所有推出试件进行静力加载试验,分析了栓钉杆身和栓钉头部在不同锈蚀率时对栓钉抗剪承载力的影响程度。熊志斌、刘波涛等[6]通过模型试验以及有限元仿真模拟,分析了不同抗剪连接程度组合梁的抗弯性能。石卫华[7]收集了127个国内外推出试验的详细试验数据,通过回归分析提出了栓钉抗剪承载力的计算方法。吴麟、陈驹等[8]对栓钉锈蚀后的钢板-混凝土组合梁进行了仿真模拟,分析了栓钉锈蚀率与其抗剪刚度之间的关系,以及栓钉抗剪刚度与组合梁抗弯承载力之间的关系。李清元[9]采用人工气候模拟法进行了推出试件的加速锈蚀,并进行了锈蚀后的静力加载试验,建立了含有锈蚀因素的栓钉本构模型。本文以栓钉锈蚀后钢板-混凝土组合简支梁为研究对象,探究不同栓钉锈蚀率下钢板组合梁的抗弯性能规律,建立钢板组合梁剩余抗弯承载力与栓钉锈蚀率之间的函数关系。

1 试验研究

1.1 试验模型简介

为研究栓钉锈蚀对钢板-混凝土组合梁抗弯性能影响,设计了两片试验梁,试验梁全长5370mm。梁板采用C50混凝土,板厚80mm,宽638mm。钢梁采用Q345耐候钢,上翼缘板宽140mm,下翼缘板宽145mm,腹板高344mm,各部分板厚均为8mm,并在沿梁长方向设置竖向加劲肋。在钢梁上翼缘板布置23个栓钉群,每个栓钉群有9个栓钉,按照45mm的纵向距离和55mm的横向距离以3×3的形式布置。试验梁尺寸以及横断面图分别如图1、图2所示。

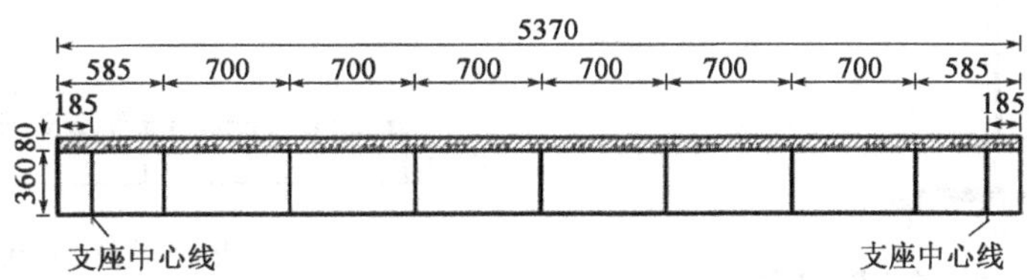

图1 试验梁立面图(尺寸单位:mm)

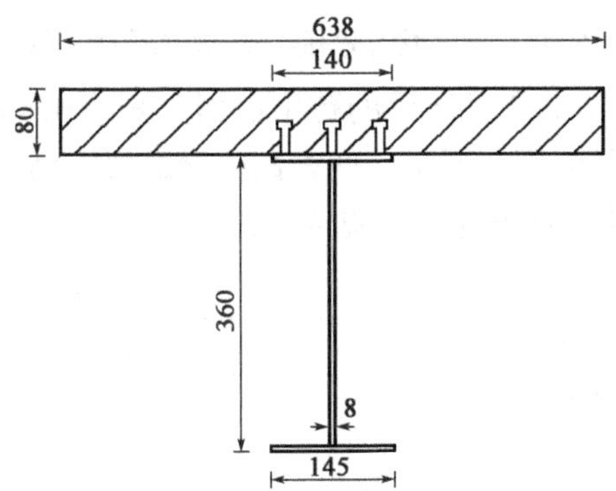

图2 试验梁横断面图(尺寸单位:mm)

为提高钢材锈蚀效率,试验采用通电加速锈蚀的方式。通电加速锈蚀装置示意图见图3。

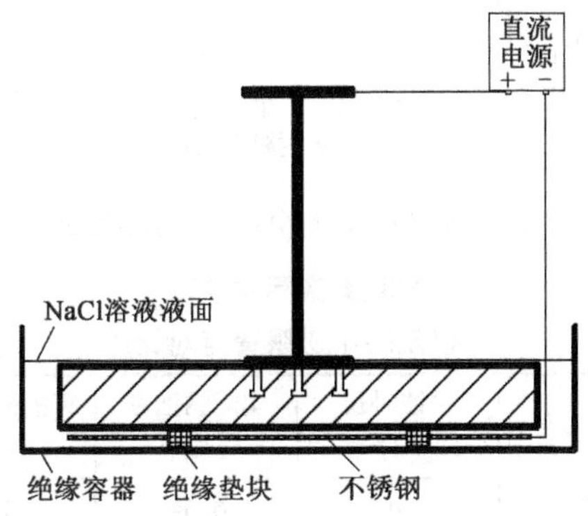

图3 通电加速锈蚀装置示意图

1.2 理论锈蚀时间的确定

经过称重计算得到本试验所用到的栓钉平均质量为36g,通电加速锈蚀中所设置的恒定电流为3mA,计算试验梁的理论通电时间见表1。

试验梁预期锈蚀率及理论通电时间　表1

试验梁编号	电流强度(mA)	预期锈蚀率(%)	理论通电时间(d)
Z-1	3	10	24
Z-2	3	15	36

按照下式计算栓钉理论锈蚀时间为:

$$m = \frac{ItM}{F} \tag{1}$$

式中:m——发生化学反应的质量;

I——通过栓钉的电流大小;

t——通电时间;

M——摩尔质量,取56g/mol;

F——法拉第常数。

1.3 测点布置

通过放置在千斤顶与分配梁之间的压力传感器测量荷载数据;挠度测点布置在跨中截面,采用千分表进行测量,结合面相对滑移测点布置在试验梁半跨范围内距跨中700mm、1400mm、2100mm以及梁端和跨中截面，采用千分表测量。应变测点包括钢梁应变测点和混凝土板应变测点，钢梁应变测点、混凝土板应变测点布置在跨中截面、1/4跨径截面，具体布置见图4～图6。

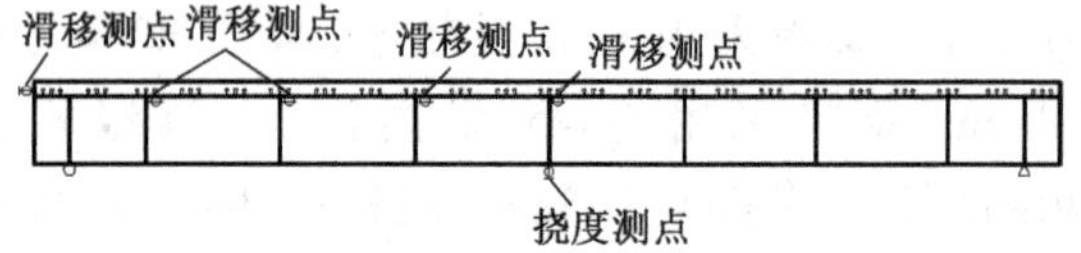

图4 试验梁变形测点布置

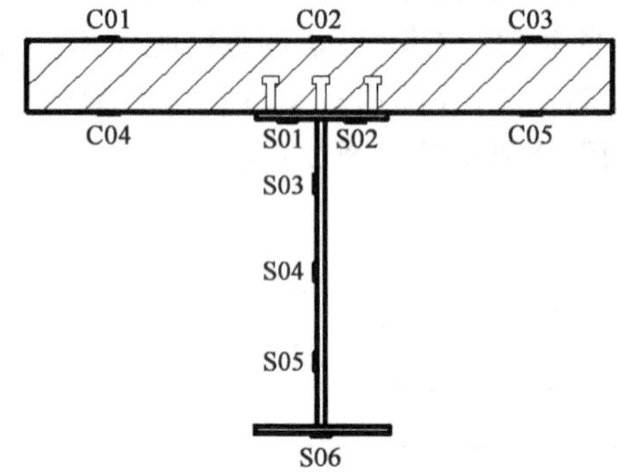

图5 试验梁跨中截面应变测点布置

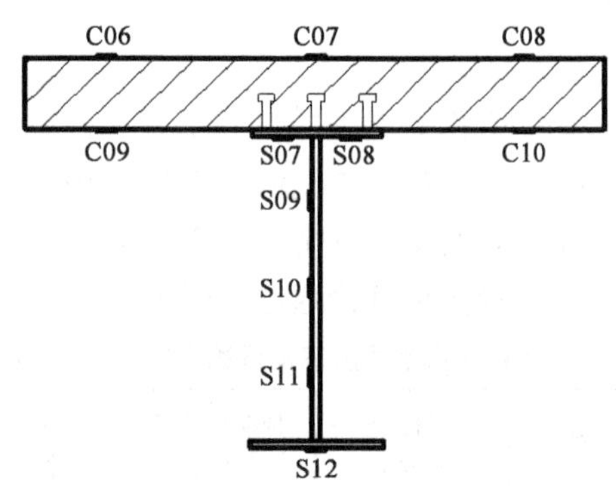

图6 试验梁1/4截面应变测点布置

1.4 加载方式

试验梁两端简支，通过跨中放置的1000mm分配梁进行荷载分配，以实现跨中截面附近有1000mm纯弯段。加载方式为单调分级加载，加载初期每级荷载为试验前所计算的试验梁理论承载力的1/10，当荷载超过试验梁理论承载力的1/2时，每一级荷载减小为试验梁理论承载力的1/15，当荷载达到试验梁理论承载力的80%时，每一级荷载将减小为试验梁理论承载力的1/20，直至试验梁发生破坏。加载过程中使用TDS-303数据采集仪进行试验数据的实时采集。

试验梁的加载方式示意图见图7。

以Z-1试验梁为例，在加载初期阶段，组合梁处于弹性状态且变形并不明显。当荷载达到240kN左右时，有较大的崩裂声响出现，经观察发现是跨中附近钢梁腹板锈蚀层开始小面积脱落发出的声响，并且此时可在分配梁支座处的混凝土板侧面观察到细微裂缝。随着荷载的进一步增大，分配梁支座附近混凝土板的细微裂缝进一步发育并形成竖向贯穿裂缝，与此同时混凝土板上表面也出现了横向裂缝，且出现裂缝的区域在进一步发展扩大。当荷载继续增大至430kN时，分配梁支座附近不断有小混凝土块崩出，继续增大荷载至435kN时，此处混凝土板被压溃，试验梁挠度在持续增大但荷载却基本保持不变，压力传感器读数未发生明显变化，此时组合梁基本达到了极限承载力，加载结束。

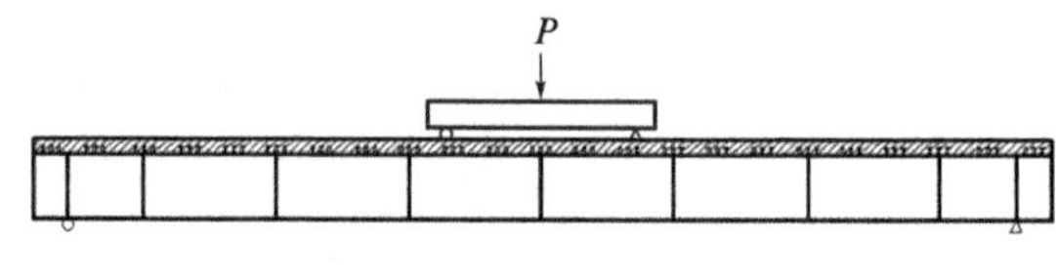

图7 试验梁加载方式示意图

1.5 试验结果及分析

1.5.1 跨中截面弯矩-挠度曲线及跨中极限弯矩

Z-1、Z-2试验梁的跨中截面弯矩-挠度曲线分别如图8、图9所示。两根试验梁的实际锈蚀率以及跨中极限弯矩对比见表2。

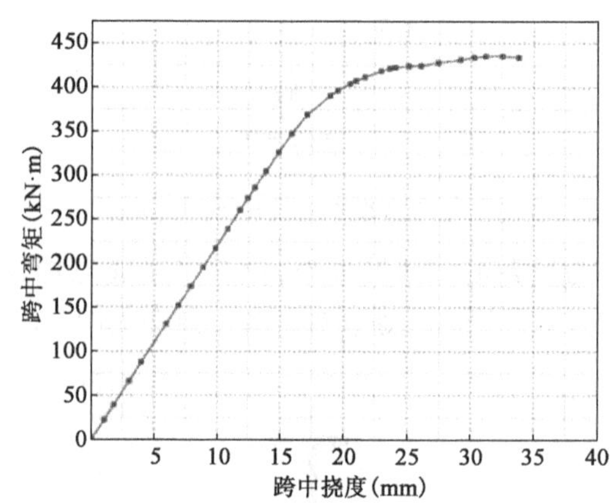

图8 试验梁(Z-1)跨中截面弯矩-挠度曲线

试验梁实际锈蚀率以及跨中极限弯矩对比 表2

试验梁编号	锈蚀时长(d)	实际锈蚀率(%)	跨中极限弯矩(kN·m)
Z-1	24	6.64	435
Z-2	36	9.98	421

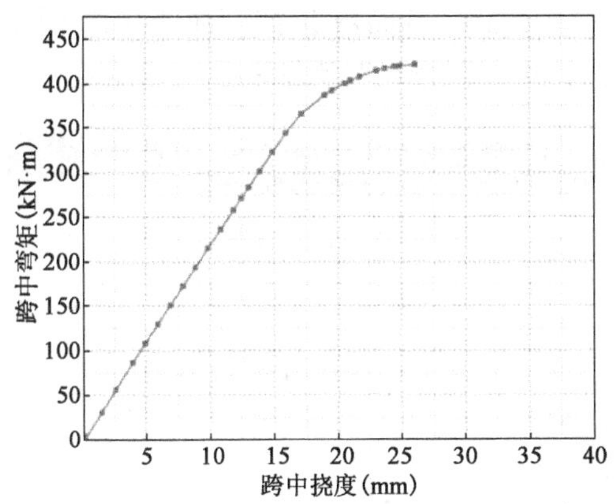

图 9 试验梁(Z-2)跨中截面弯矩-挠度曲线

1.5.2 截面应变

试验梁 Z-1 以及试验梁 Z-2 的跨中截面以及 $l/4$ 截面应变分布如图 10 ~ 图 13 所示。图中的横坐标为试验梁应变值,其中负值表示应变为压应变,正值表示应变为拉应变;纵坐标为测点到试验梁底缘的距离。由钢板的材性试验得到当应变达到 1920×10^{-6} 时钢梁开始发生屈服,图中竖向虚线表示钢梁发生屈服时的应变,横向虚线表示混凝土板与钢主梁的结合面位置。

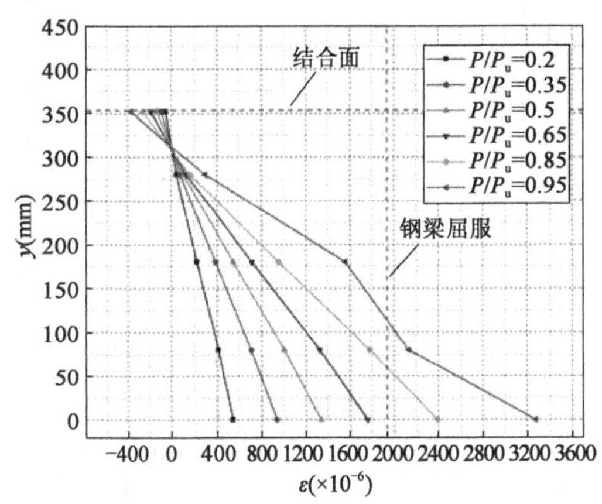

图 10 Z-1 试验梁跨中截面应变分布图

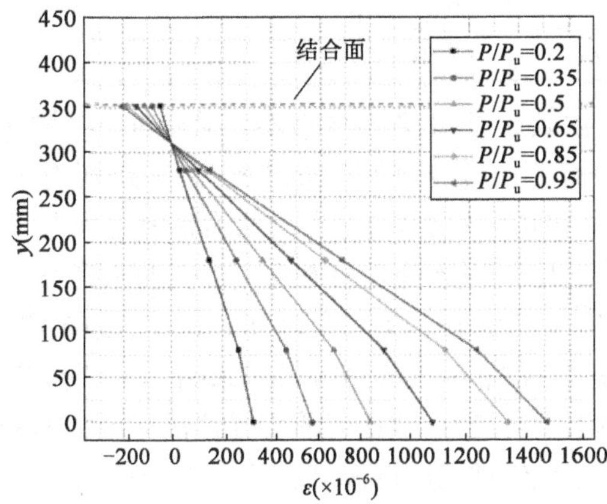

图 11 Z-1 试验梁 $l/4$ 截面应变分布图

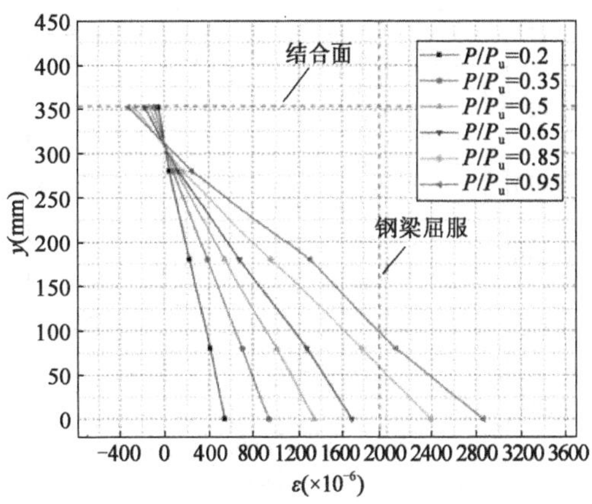

图 12 Z-2 试验梁跨中截面应变分布图

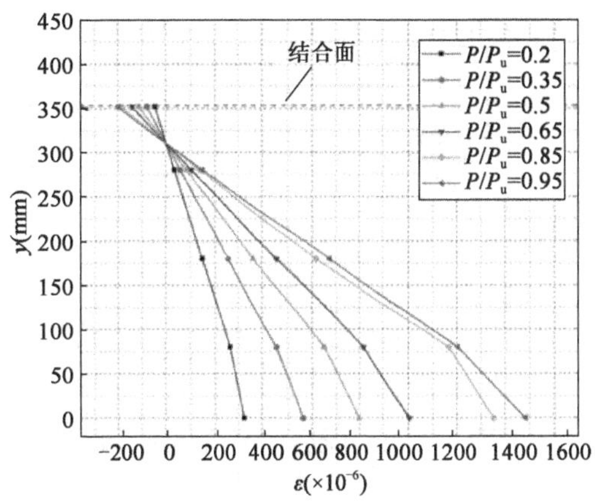

图 13 Z-2 试验梁 $l/4$ 截面应变分布图

由图 10 ~ 图 13 可知,Z-1 试验梁和 Z-2 试验梁的中性轴均在钢梁腹板位置,说明钢梁在加载过程中并不是全截面受拉。荷载较小时钢梁的应变与测点到梁底之间距离呈线性关系,当荷载进一步加大时,钢梁的应变与测点到梁底之间距离的线性关系逐渐被打破,如图 10、图 12 所示,当 $P/P_u\geqslant0.85$ 时,钢梁应变脱离了该线性关系,此时钢梁梁底发生了不同程度的屈曲。

1.5.3 结合面相对滑移

当组合梁受到外部荷载时,作为柔性剪力连接件的栓钉将受到纵向的剪切作用,栓钉将发生一定程度的变形,进一步导致组合梁结合面上发生相对滑移,如图 14、图 15 所示。

由图 14、图 15 可知,试验梁结合面的相对滑移量与荷载之间存在正相关关系,即滑移量会随着荷载的增大而增大。结合面的最大相对滑移量并没有出现在试验梁的端部,而是出现在距离试验梁端部 $0.2l_{1/2}\sim0.4l_{1/2}$ 之间。

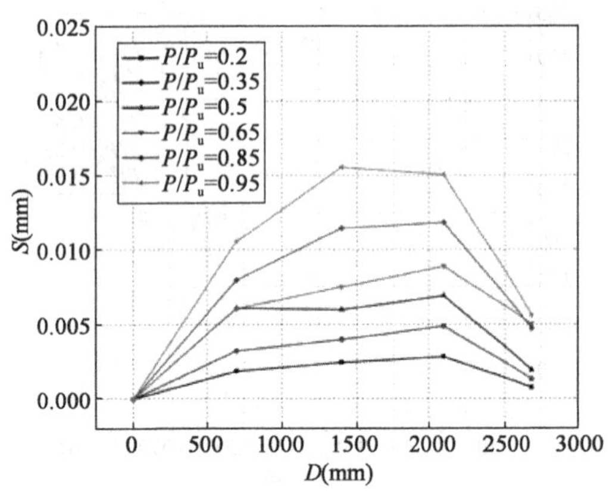

图14　Z-1试验梁加载各阶段滑移沿程分布

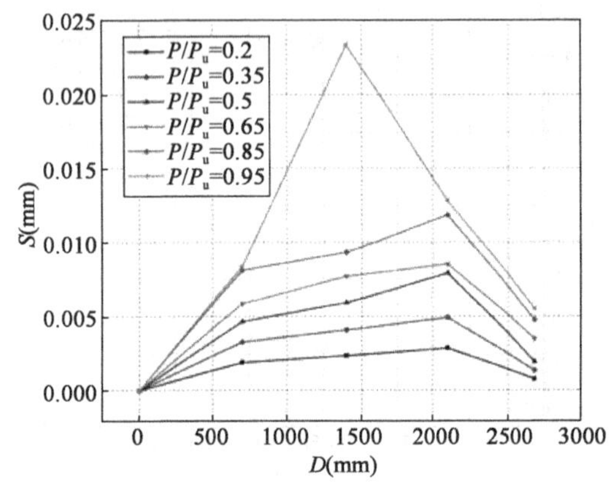

图15　Z-2试验梁加载各阶段滑移沿程分布

2　有限元计算

为探明组合梁抗弯性能与栓钉锈蚀率之间的关系，采用ABAQUS有限元分析软件，对栓钉不同锈蚀程度钢板混凝土组合简支梁抗弯承载力进行分析，有限元模型如图16所示。

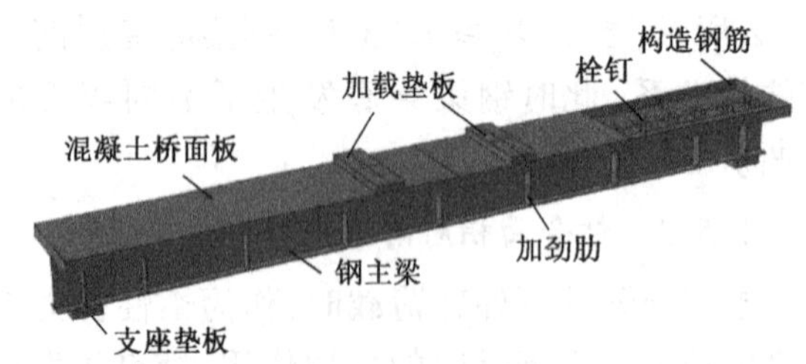

图16　有限元模型

按照上述方法建立与试验梁Z-1、Z-2相对应的有限元仿真模型，对模型进行计算分析，得到仿真模型的跨中截面弯矩-挠度曲线以及跨中极限弯矩，并与Z-1、Z-2试验梁的试验结果进行对比。以Z-1试验梁对应的模型为例，展示加载至破坏时的应力计算云图，如图17所示，试验和有限元仿真分析的跨中截面弯矩-挠度曲线对比见图18、图19，跨中极限弯矩对比见表3。

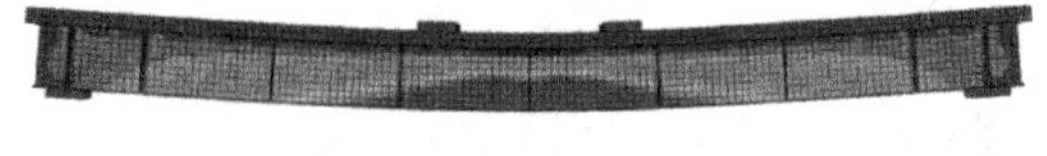

图17　应力计算云图

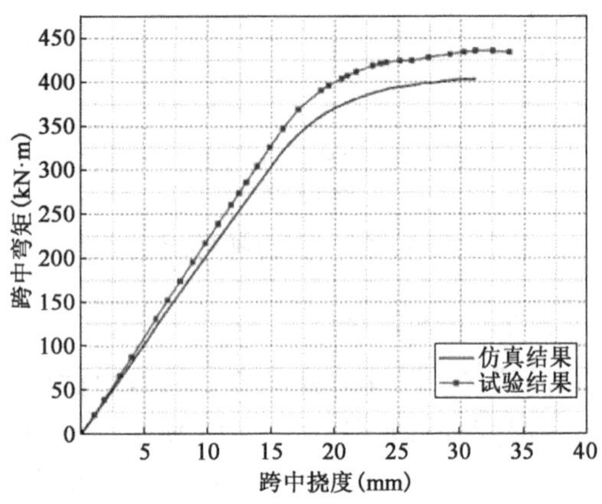

图18　Z-1梁跨中截面弯矩-挠度曲线对比

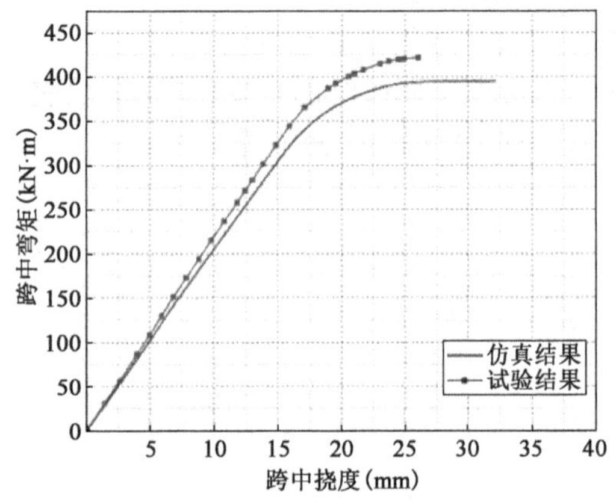

图19　Z-2梁跨中截面弯矩-挠度曲线对比

跨中极限弯矩对比　　表3

编号	实际锈蚀率(%)	试验结果(kN·m)	有限元分析结果(kN·m)	误差(%)
Z-1	6.64	435	403	7.3
Z-2	9.98	421	393	6.7

由表3可知，Z-1梁和Z-2梁在跨中极限弯矩方面有限元分析结果和试验结果分别存在着7.3%和6.7%的误差，这是因为仿真过程中钢材本构选用了理想弹塑性模型，该模型未考虑钢材的强化阶段。由图18、图19可以看出，按前文描述方法建立的有限元模型分析结果略小于试验结果，整体上吻合良好，这证明前文描述的建模方法可正确模拟栓钉锈蚀后钢板组合梁的受力情况。

3 钢板-混凝土组合简支梁栓钉锈蚀率变参分析

本节通过 ABAQUS 有限元软件对栓钉锈蚀率为0%、20%、30%、40%的组合梁进行模拟，并结合前文中6.64%及9.98%栓钉锈蚀率模型数据，来分析组合梁抗弯性能与栓钉锈蚀率之间的关系（图20）。

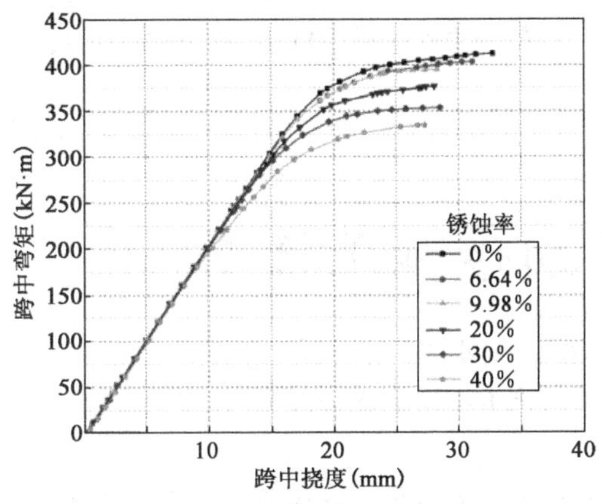

图20 各锈蚀率下组合梁跨中截面弯矩-挠度曲线

由图20可以看出，在加载初期阶段各个栓钉锈蚀率下的组合梁均处于弹性阶段，该阶段内各曲线之间差异很小，这说明栓钉锈蚀对弹性阶段内的组合梁刚度影响并不明显；图20中栓钉锈蚀率越大的曲线越早进入非线性阶段，即栓钉锈蚀率越大的组合梁越早进入弹塑性阶段，这说明组合梁的弹性极限承载力与栓钉锈蚀率之间存在负相关关系。从结构受力特点来看，组合梁栓钉传递结合面的纵向剪力，而在栓钉发生锈蚀之后其弹性极限抗剪承载力会降低，这导致栓钉传递纵向剪力的能力降低，进而使得组合梁弹性极限承载力降低。

各锈蚀率下组合梁跨中极限弯矩对比见表4。

各锈蚀率下组合梁跨中极限弯矩对比 表4

序号	栓钉锈蚀率 i(%)	跨中极限弯矩 M_i (kN·m)	承载力剩余比例 M_i/M_0	承载力下降比例 $1-M_i/M_0$
0	0.00	412	1.0000	0.0000
1	6.64	403	0.9782	0.0218
2	9.98	393	0.9539	0.0461
3	20.00	375	0.9102	0.0898
4	30.00	353	0.8568	0.1432
5	40.00	334	0.8107	0.1893

表4中数据可以看出，组合梁极限承载力随栓钉锈蚀率的增大呈降低趋势，当栓钉锈蚀率达到40%时，组合梁极限承载力相较于栓钉未锈蚀时下降了18.93%。将表4中数据进行拟合，得到栓钉锈蚀率与锈蚀后组合梁极限承载力剩余比例之间关系如下（拟合度 $R^2=0.9954$）：

$$\frac{M_i}{M_0}=1.007\mathrm{e}^{-0.1324i} \tag{2}$$

M_i/M_0 拟合曲线见图21。

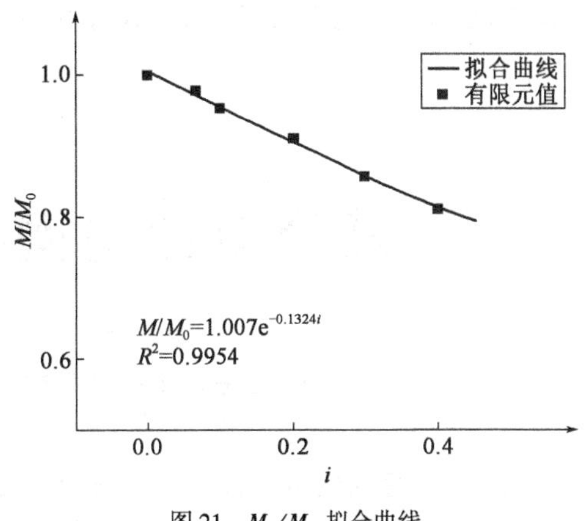

图21 M_i/M_0 拟合曲线

4 结语

本文设计并制作了两根钢板-混凝土组合简支试验梁，开展了栓钉的通电加速锈蚀试验以及栓钉锈蚀后试验梁的静力加载破坏试验，获得了试验梁的栓钉实际锈蚀率、跨中截面弯矩-挠度曲线、截面应变分布、结合面相对滑移等数据，建立了栓钉锈蚀率为0%、20%、30%、40%的组合梁数值模型，并结合验证模型数据分析组合梁栓钉锈蚀率与抗弯性能之间的关系，得到结论如下：

（1）钢板-混凝土组合梁的结合面最大相对滑移量并没有出现在其端部，而是出现在距离组合梁端部 $0.2l_{1/2}\sim0.4l_{1/2}$。

（2）在同等荷载水平下组合梁结合面相对滑移值与栓钉锈蚀率正相关。

（3）栓钉锈蚀率越大的组合梁会越早结束弹性阶段进入弹塑性阶段，组合梁弹性极限承载力与栓钉锈蚀率之间呈负相关的关系；并通过数据拟合出了组合梁承载力剩余比例与栓钉锈蚀率之间的函数关系。

参考文献

[1] 刘效尧，徐岳. 公路桥涵设计手册：梁桥[M].

2版. 北京:人民交通出版社,2011.

[2] 聂建国. 钢-混凝土组合结构桥梁[M]. 北京:人民交通出版社,2011.

[3] 吴冲. 现代钢桥[M]. 北京:人民交通出版社,2006.

[4] 龚匡晖. 氯离子作用下钢-混凝土组合梁的耐久性研究[D]. 长沙:中南大学,2009.

[5] 葛万光. 锈蚀栓钉的抗剪承载力研究[D]. 南京:东南大学,2010.

[6] 熊志斌,刘波涛,熊胜平,等. 不同剪力连接钢-混凝土组合梁试验及有限元分析[J]. 南昌大学学报(工科版),2010,32(1):61-64.

[7] 石卫华. 考虑耐久性的钢-混凝土组合梁结构力学性能研究及可靠性分析[D]. 长沙:中南大学,2013.

[8] 吴麟,陈驹,金伟良. 栓钉锈蚀钢-混凝土组合梁有限元分析[J]. 低温建筑技术,2013,35(5):28-30.

[9] 李清元. 钢-混凝土组合梁耐久性试验研究及时变可靠性分析[D]. 长沙:中南大学,2014.

某公轨合用钢桁梁桥顶推施工技术

陈 鑫*[1] 朱宝明[2] 王 浩[2] 刘小光[2]

(1. 长安大学公路学院;2. 陕西建工机械施工集团有限公司)

摘 要 大跨径钢桁梁桥由于节间的受力特性,其顶推与一般梁的施工方式不同。钢桁梁主要的自重荷载在顶推过程中要始终通过节点来传递到下部结构,基于这一特点人们发明了"步履机+滑块+垫梁"的多点同步连续顶推施工技术。本文以陕西省西安市某公轨合用大跨双层加劲钢桁梁桥的施工为例,详细说明了"步履机+滑块+垫梁"的钢桁梁顶推施工的施工原理,从保证顶推安全性的角度,分析了不同步顶升时高差对支反力的影响,并提出相应的预控措施。

关键词 钢桁梁 步履式顶推 支反力敏感性 midas Civil

0 引言

桥梁顶推施工,其核心在于通过步履机在原地不断往复地来回运动,将所需要的梁向前方顶推到合适的位置。其优点在于施工占地面积小,施工全过程连续不断,设备及模板能重复使用,在施工过程中噪声小且施工速度快等,从而被广泛应用于大中跨径桥梁施工。随着日趋完善的顶推施工工艺,其应用领域也从原来的预制混凝土箱梁推广到了钢混组合梁、钢箱梁甚至钢桁梁。[1]

不同的桥型往往具有不同的受力结构,顶推施工的施工方式要与相应结构在施工过程中的受力相匹配[2-6]。一般的混凝土箱梁,由于其横截面形式统一,沿纵桥向梁任意位置的横截面传力形式在顶推过程中一致,不存在控制截面。而在钢桁梁顶推施工过程中,桁架上弦杆和下弦杆通过腹杆连接,在集中力作用于节间中部时容易形成危险截面。当步履机竖向顶推力作用于危险截面上时,钢桁梁下弦杆受自重等荷载影响可能超出其强度极限而造成破坏。为防止发生这一现象,人们在传统顶推工艺基础上发明了"步履机+滑块+垫梁"的多点同步连续顶推施工技术。

"步履机+滑块+垫梁"的多点同步连续顶推施工技术,在充分利用钢桁梁节点受力特性的基础上,解决了钢桁梁顶推过程中下弦杆危险截面易破坏的问题,实现了顶推施工技术的新飞跃。本文依托陕西省西安市某公轨合用大跨双层加劲钢桁梁桥步履式顶推施工,详细介绍该项创新性施工技术。

1 工程概况及技术难点

本项目为西安某地的公轨合建项目,桥梁结

基金项目:陕西省交通运输厅科技项目"千米级超长公轨合用钢桁梁智能顶推及合龙技术研究"(23-51K)。

构为上下分层的公轨两用桥，其中主桥长1412m，桥梁主跨为300m的曲线上加劲连续钢桁梁桥。

钢桁梁主桁架中心间距30.5m，为三角形桁架。桁高12m，加劲弦高32m，全桥共117个节间，标准节间距12m。边跨两个节间为适应跨径布置，节间长度调整为13.5m。上、下层桥面均为正交异性钢板的板桁组合结构整体桥面，桥面板与弦杆的顶板通长连接，以实现板桁共同受力。主桁包含上弦杆、下弦杆和腹杆，高度12m，宽度3.5m(含与横梁接头)，最大吊重138.9t。

在施工过程中，主要面临以下技术难点：

(1)节间弦杆不能承受较大的集中力。钢桁梁弦杆的集中力大都在经过特殊设计的节点处，因此在节间对弦杆施加的集中竖向顶推力不宜过大，这就使得钢桁梁的自重不能完全由竖向千斤顶承担，需要在节点下方设置滑块来分担一部分自重力。

(2)由于桥梁跨径较大及施工线形的要求，在顶推过程中钢梁在部分墩顶可能会出现脱空或者反力过大等情况，因此在各墩滑块顶需要设置抄垫，且应根据工况变化随时调整各滑块顶抄垫高度。

(3)随着南北岸逐步向跨中顶进，钢桁梁的长度逐渐变长，需要的临时墩也不断增多，步履机的同步控制成为关系整个施工项目的关键因素。

2 “步履机＋滑块”顶推系统组成及工作原理

在河流两岸均设置拼装平台，分别位于W01小桩号侧及W10大桩号侧，每个主墩均设置墩旁托架，在每一跨均设置临时墩，(主跨设3个，其他跨为1个)，拼装平台内各设1个临时墩，全桥共设13个临时墩。采用先架设完成下部主梁，再施工上部加劲弦的总体顺序，主梁采用双向顶推施工，合龙口位于W05号墩北侧108m处，如图1所示。

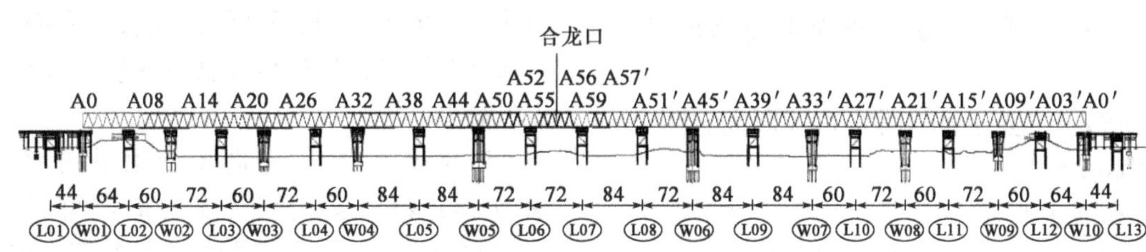

图1 双向顶推示意图

滑道梁设置在每个主墩墩旁托架和临时墩墩顶上，每个滑道梁上设置两台1500t步履机和一个滑块，通过三向千斤顶带动钢桁梁向前顶推及横向纠偏，保证钢桁梁到达指定位置。当第一轮顶推的钢桁梁以及钢导梁拼装完成到达指定位置后，首先将钢梁抬升到合适高度，接着在节点正下方设滑块，滑块与滑道梁接触面涂抹介质，以减小摩擦系数，再将梁落回到滑块上方的抄垫上，此时梁的自重荷载主要由节点传递给滑块承担。

根据钢梁顶推施工反力，顶推过程最大竖向反力为24000kN，以此工况为例，简述单节间顶推步骤，具体如下：

(1)前、后两台步履机同步起顶至3000kN，钢桁梁自重荷载此时主要由滑块和前后两台千斤顶承担，滑块承担的最小支撑力不低于18000kN。

(2)纵向水平千斤顶同步施加水平推力，推动钢桁梁和滑块向前移动一个行程，本项目水平千斤顶行程为60cm。

(3)竖向千斤顶回油，千斤顶上方抄垫与钢桁梁下弦杆底部脱空，此时钢桁梁的自重荷载全部由滑块承担，滑块最小支撑力为24000kN。

(4)纵向水平千斤顶复位，带动竖向千斤顶回到初始位置。

(5)重复以上步骤直至钢桁梁下一节点移动至竖向千斤顶上方。

(6)前、后两台步履机同步起顶至12000kN，钢桁梁下弦杆底部与滑块上方抄垫脱空，滑块不再承担钢桁梁荷载。

(7)将滑块向后拖拉恢复至步骤(1)开始之前的位置(位于新的钢桁梁节点下方)，根据线形要求重新设置抄垫厚度，前、后2台竖向千斤顶缓慢下落直至脱空，钢桁梁自重再次由滑块承担，此时完成单节间顶推。

钢桁梁的支反力主要由滑块和竖向千斤顶提供。在顶推过程中，滑道梁表面的平整度会影响这两部分支反力大小的分配，而且平整度还与行走过程中摩阻力息息相关,因此对滑道梁要进行特殊要求[7-8]。本项目要求滑道梁在钢桁梁行进方向安装偏差不允许超过 5cm,对滑道表面进行抛光打磨,保证宽度误差不超过 2mm,表面平整度误差不超过 1mm,且经过靠尺、弹线等其他措施加以验证。

3　不同步顶升对支反力影响的敏感性分析

在实际施工过程中,受客观条件的限制,如临时墩的制作安装误差、抄垫误差、千斤顶油压不稳定等因素,钢桁梁左右桁往往会在顶推过程中同一截面处产生高差,引起结构的支反力发生变化[9]。本文利用 midas Civil 软件对上述情况进行支反力敏感性分析,选取最不利工况下支反力(L05 号墩支点反力 24000kN),对 L05 号墩钢桁梁的支点参数进行调整,并进行以下分析:

工况:左桁比右桁分别高出 3mm、6mm、9mm、12mm、15mm。

模拟方法:采用 midas Civil 强制位移模拟支点高差。

计算假定:支点下部支撑刚度无限大,支点反力不会引起变形。

计算荷载主要有[10-11]:

(1)自重,考虑自重荷载的不利影响。

(2)临时施工荷载,按均布荷载 2kN/m 计。

(3)风荷载,施工阶段按照十年一遇荷载考虑,钢桁梁单位长度上竖向静阵风荷载为 8kN/m。

(4)步履机荷载,按偏安全的 3000kN 计。

经过计算分析可知,当某截面支点处出现高差时,其支反力增大 y 与两桁高差 x 的变化情况呈正比例线性关系[12],如图 2 所示,关系式为:

$$y = 3421.3x$$

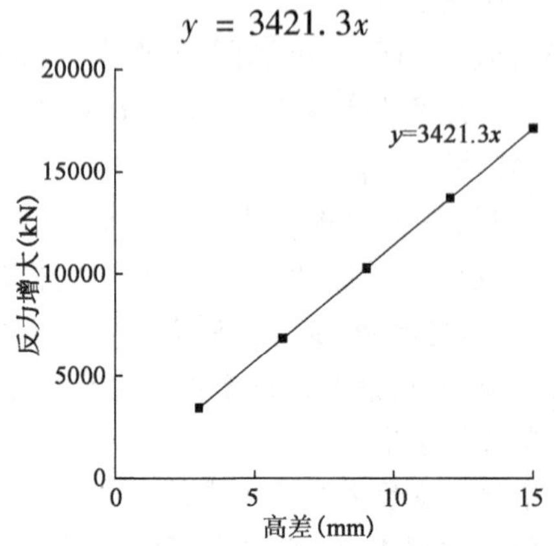

图 2　高差与支反力变化关系图

从图 2 中可以看出,当某一台步履机顶升力过大导致梁体出现位移时,其支反力的变化非常敏感:当出现 9mm 的正高差时,钢桁支反力增大 10264kN;当出现 15mm 的正高差时,钢桁支反力增大将达到 17106.7kN。考虑到计算假定处于理想状态下,实际施工中钢桁梁支点刚度并非无限大,而是由下部的滑道梁传递到墩旁托架上,二者使用的主要材料是钢材,具有较强的变形协调能力,因此在客观上支反力的增加值会略小于计算值,但仍然基本满足线性关系。为了防止出现两桁高差过大导致主梁支反力超限的情况,本文提出以下几条措施,来保证施工安全性[13]:

一是严格控制施工精度。在滑道梁、钢桁梁等预制构件出厂前进行试拼装,保证其构件精度符合设计图纸和规范要求。由于桥梁具有较大的纵坡,在设置抄垫时要保证抄垫高度与纵坡要求相吻合,同时在同一截面处的抄垫高度应当平齐。

二是采取梁体与滑块的变形协调措施。可在滑块与钢桁梁之间设置缓冲材料,如夹心橡胶垫、木板、传送带等,通过缓冲材料的挤压变形来缓和支点高差。

三是顶落梁时,竖向千斤顶采用力-位移控制,分级进行起顶和落顶,控制液压缸的压力误差在 5% 以内。当误差超限时,应及时停止施工并分析误差原因,排除问题后方能继续作业。

4　结语

本文通过对西安市某公轨合用大跨双层加劲钢桁梁桥项目顶推技术研究,主要得出以下结论:

(1)针对公铁两用连续钢桁梁的结构特点,提出"步履机 + 滑块 + 垫梁"的多点同步顶推施工方案,解决了大悬臂、大纵坡、长距离钢桁梁的顶推技术难题。

(2)千米级钢桁梁顶推施工具有施工设备要求高、顶推系统要求整体同步稳定、梁体安装要保证精准无误、各主墩及临时墩不同工况支反力变化情况较大等特点,在施工中需要特别注意。

(3)对钢桁高差进行敏感性分析,当支点高度高出 9mm 时,支反力增大 10264kN,当支点高度高出 15mm 时,支反力增大将达到 17106.7kN,提出防止出现支反力过大的预控措施。

(4)若垫梁上方抄垫与钢桁梁下弦底部的摩擦力不足,会导致步履机无法带动钢桁梁向前顶进;若滑块与滑道间的摩擦力过大会导致滑块无法在滑道上自由行走,进而导致步履机输出的水平顶推力增大,从而提高了对步履机设备的要求[12]。根据其他同类工程施工经验,当步履机竖向限压值确定时,上述两个摩擦系数的取值相差越大,步履机的顶推能力就越强。

参考文献

[1] 赵人达,张双洋.桥梁顶推法施工研究现状及发展趋势[J].中国公路学报,2016,29(2):32-43.

[2] 张光桥,贾志坚.济南黄河三桥钢箱梁顶推施工工艺[J].公路.2008(12):114-117.

[3] 杨辉.钢箱梁步履式平移顶推受力特性与施工技术[D].南昌:南昌大学,2010.

[4] 阎海成.跨铁路步履式多点顶推钢箱梁施工技术[J].国防交通工程与技术,2012,10(3):44-46.

[5] 耿树成.孟加拉帕德玛大桥铁路连接线简支钢桁梁顶推架设技术[J].世界桥梁,2022,50(5):27-33.

[6] 贾红兵.钢箱梁步履式顶推法施工关键技术研究[D].西安:长安大学,2019.

[7] 刘玲晶,涂满明.沪杭甬钱塘江新建大桥钢桁梁步履式顶推施工关键技术[J].世界桥梁,2023,51(S1):63-70.

[8] 周叶飞,龚静敏.变曲率竖曲线顶推施工钢箱梁局部受力分析[J].重庆交通大学学报(自然科学版),2010,29(3):352-357.

[9] 许颖强,尹筱.郑焦城际铁路黄河桥钢桁梁顶推施工控制关键技术[J].世界桥梁,2014,42(5):27-30.

[10] 娄松,吴芳,江湧,等.大吨位钢桁梁步履式顶推滑移施工力学行为分析[J].桥梁建设,2021,51(1):66-73.

[11] 闫林栋.郑州黄河公铁两用桥第一联钢桁梁顶推法施工技术与工艺研究[D].长沙:中南大学,2009.

[12] 梁崇双.公铁两用三主桁连续钢桁梁顶推施工新技术[J].铁道工程学报,2021,38(3):41-47.

[13] 王伟宁,张利英.钢梁施工多点同步顶推技术及质量安全控制[J].铁道工程学报,2010,27(5):30-34.

Numerical Study on Mechanical Performance of Flexible Arch Composite Bridge with Steel Truss Beam in Construction Process

Ning Sun[1] Xiaobo Zheng*[1,2] Yuan Li[1,2] Yunlei Zhao[1] Haoyun Yuan[3]

(1. School of Highway, Chang'an University;

2. Key Laboratory of Transportation Industry of Bridge Detection Reinforcement Technology;

3. CCCC Second Highway Engineering Co., Ltd)

Abstract Flexible arch composite bridges with steel truss beams are widely used in bridge engineering, but there is lack of research on their structural mechanical performance throughout entire life cycle, especially for the construction process. This paper conducts a numerical analysis in the structural mechanical performance of flexible arch composite bridges with steel truss beam throughout construction process, thus obtaining the most

Foundation: 1. Project of Natural Science Basic Research Program of Shaanxi Province(2024JC-YBMS-321); 2. Key research and development program of Shaanxi(2024SF-YBXM-616).

critical chord, decline bar, vertical bar, suspender and the foot of arch. The results show that the axial force in members of the steel truss increase gradually in the incremental launching process, while the removal of temporary piers and installation of pavement on bridge deck trigger significant increase in axial forces in members, such as chord ML1, decline bar MD1 and the foot of arch. Similarly, the axial forces and bending moment increase dramatically in the entire bridge, caused by the removal of temporary piers and installation of pavement on bridge deck. Therefore, it is necessary to take more consideration for the design and monitor those critical members in these two construction phases.

Keywords Flexible arch composite bridges with steel truss beams Construction process Mechanical performance Incremental launching

0 Introduction

The steel truss-arch composite structure has the advantages of high stiffness, high load-bearing capacity, and strong spanning ability. And it can provide double-deck traffic space, effectively alleviating traffic pressure. Currently, there is a lack of research on the structural behavior during the construction process, which leads to uncertainties in determining the actual stress state and load-bearing capacity of the bridge during operation, posing certain safety risks. Therefore, it is urgent to study the mechanical characteristics of the steel truss-arch composite structure throughout the "construction-operation" process.

Many scholars have conducted extensive research on the beam-arch composite bridge. Huang and Yang[1] proposed a theoretical formula for calculating the load distribution of the beam, arch and boom of the beam-arch composite system bridges, and analyzed the factors affecting the load sharing ratio and the bending moment distribution ratio. Li[2] conducted a comprehensive safety evaluation of a prestressed concrete continuous beam-arch composite bridge, and analyzed the synergistic interactions between the main beam and composite arches subjected to the high speed rail loads. Li et al. [3] investigated the actual impact factor of continuous beam-arch composite bridges and provided a regression formula to estimate the impact factor for main beams with similar structures. Fu et al. [4] studied the deformation and repair of beam-arch composite bridges under extreme temperature conditions and found that the exact cause of abnormal deformation in the bridge was the inconsistent temperature field between the top and bottom plates. Stojanovic, V et al. [5] studied the nonlinearity of the coupled system of beam-arch composite bridges. Shi et al. [6] found that compared to continuous beam bridges of equal mass, the presence of arch ribs in continuous beam arch bridges amplifies the lateral displacement response of the beams. He et al. [7] investigates the mechanical behavior of perforated steel plate-concrete-filled steel tubular arch feet in concrete girder-steel arch composite bridges. Zhou et al. [8] studied the crack resistance of concrete-filled steel tubular and found that the radial stress resulted in significant hoop tensile stresses in the surrounding concrete, exposing the arch feet to a high risk of early-age cracking. Gou et al. [9] investigates the stress distributions in the girder-arch-pier connections of the world's longest continuous rigid frame arch railway bridge. Focusing on long-span steel truss arch bridges with spherical bearings, Zhu et al. [10] seek to accurately map the temperature-induced responses considering the bearing properties and spatial temperature distributions. With the aim of wind-resistant design for a sea-crossing arch bridge, Guo and Zhu[11] conducted a study on the static aerodynamic coefficients of the girder by using a combination of computational fluid dynamics numerical simulation and wind tunnel testing. Yang et al. [12] found that the beam-arch bridge has good stability in both out-plane and in-plane buckling analysis.

Current researches on steel truss-arch composite bridges focus on mechanic behavior of the whole bridge, but not take into account the bridge construction process. This paper conducts a numerical study on the mechanical performance of a steel truss beam-arch composite bridge during the construction process, determining the most critical members. The research results can determine the critical components for bridge health monitoring, and provide optimization for design and maintenance for this type of bridge in the whole life cycle.

1 Project overview

1.1 Bridge general arrangement

The bridge adopts the structural form of steel truss-arch bridge, with span arrangement of (1 ×202) m, as shown in Figure 1. The bridge is designed as a two-deck bridge, with the upper deck as a two-way eight-lane highway, and the lower deck as a two-way eight-lane city road and sidewalk. The width of the bridge is 42m. The main beam is a Warren-type truss with vertical rods, transversely using three main truss structure, truss spacing 21.75m, side trusses outside the total width of the bridge deck 45m, as Figure 1 shows. The arch axis line is a secondary parabola, with three arch ribs and six transverse braces. The whole bridge has 3 × 11 = 33 suspenders, and the symbols of each member as shown in Table 1 and Figure 2.

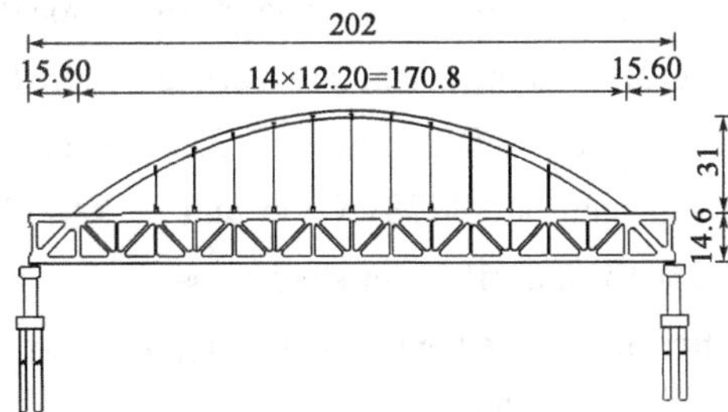

Figure1 Elevation of flexible arch composite bridge with steel truss beam (Unit: m)

Truss members and suspenders numbering Table 1

Symbol	Members
L/M/RU1-16	Upper chord
L/M/RL1-16	Lower chord
L/M/RV1-16	Vertical bar
L/M/RD1-17	Diagonal bar
L/M/RS1-11	Suspender

Note: The prefix *L*, *M*, and R represent the position of the members on the left, middle, and right sides of the truss respectively.

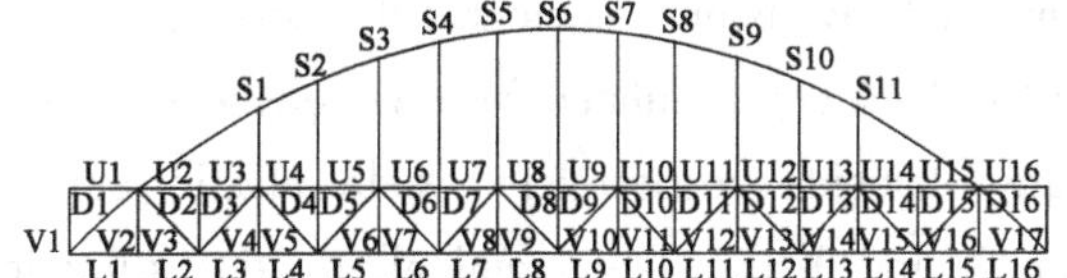

Figure 2 Symbols of member in flexible arch composite bridge with steel truss beam

1.2 Construction procedure

The over all building procedure is divided two parts, single-side incremental launching construction for the steel truss and the installation for the steel arch. Four temporary piers are set up for the incremental launching construction. The arch ribs are installed and the suspenders are tensioned after completing the steel truss beam construction. Finally, four temporary piers are removed and then the pavement is launched. And the contents of each construction procedure step are shown in Table 2.

Construction steps numbering Table 2

Step	Content
1 ~ 3	Install the guide beam. The truss is assembled and incrementally launched 3 times, with each launch 12.2 meters
4 ~ 9	The truss is assembled and incrementally launched 6 times, with each launch 24.4 meters
10、11	The truss is assembled and incrementally launched 2 times, with each launch 12.2 meters
12	Launch 30.3m to fully launch the steel truss into position, then remove the guide beam and install the permanent supports
13	Arch ribs are installed
14 ~ 25	Suspenders are tensioned
26	Four temporary piers are removed
27	Complete the bridge deck pavement
28	Adjust the forces in some suspenders

2 Numerical research method

Based on the bridge design data, a 3D finite element model of the flexible arch composite bridge with steel truss beam is established using midas Civil software, including 1453 beam elements, 44 plate elements, and 33 truss elements. The steel truss beam, arch rib, crossbeam and guide beam are simulated by beam elements, the suspenders and bridge deck are simulated by truss elements and the plate elements respectively. Node elastic supports with X and Y translation and all rotation directions constraints are adopted as the interaction between pile and soil, and use general supports with complete translational constraints to simulate pile foundation consolidation. General supports with constraints in the Y and Z translation and all rotation directions are used to simulate temporary piers. The bearings with rigid connections are used to simulate permanent supports, as shown in Figure 3.

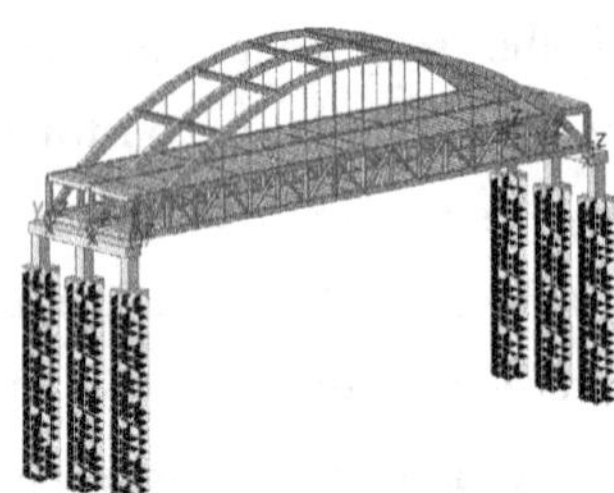

Figure 3 Finite element model of the bridge

3 Analysis of mechanical performance during construction phase

3.1 Internal force analysis during the incremental launching process

The construction steps 3, 9, 11, and 12 are important for the steel truss beam during the incremental launching process, thus resulting the final mechanical performance of the bridge.

In the construction step 3, the truss beams undergo the third assembly and incremental launching, and the front end of the guide beam reaches the temporary pier L1. Most members are compressed in trusses, with 1122kN, 1011kN and 1618kN of maximum pressure in chord MU13, diagonal bracing MD16 and vertical bracing MV17 respectively. And the maximum bending moment is 2278kN · m and −3970kN · m in chord ML15 and ML13 respectively.

In the construction step 9, assemble the ninth section of the truss and incremental launch the truss 24.4m, with the truss reaching the temporary pier L2. The maximum tensile and compressed axial force are 2412kN and 3909kN in chords MU11 and MU9 respectively, while maximum tensile and compressed axial force are 4007kN and 5102kN in diagonal bars MD15 and MD11, likely these are 1111kN and 4254kN in vertical bars MV12 and MV16. The maximum bending moment are 3615kN · m and −6748kN · m chords ML13 and ML15 in steel truss.

In the construction step 11, complete the assembly and launching of the last sections of the truss, and the front end of the guide beam reaches the support L3. The maximum tensile and compressed axial force are 4500kN and 4270kN in chords MU15 and ML1 3 respectively, while maximum tensile and compressed axial force are 4319kN and 6242kN in diagonal bars MD13 and MD15, likely these are 1087kN and 2769kN in vertical bars MV12 and MV14. The maximum bending moment are 3957kN · m and −6367kN · m chords MU15 and ML13 in steel truss.

In the construction step 12, launch the truss 30.3m to launch it into place, then remove the guide beam and install the permanent supports. The maximum tensile and compressed axial force are 3288kN and 4504kN in chords ML4 and ML15 respectively, while maximum tensile and compressed axial force are 4795kN and 7105kN in diagonal bars MD5 and MD1, likely these are 1220kN and 3133kN in vertical bars MV2 and MV6. The maximum bending moment are 4478kN · m and −7667kN · m chords MU13 and ML11 in steel truss.

After the incremental launching is completed, the axial force of the bridge is shown in Figure 4.

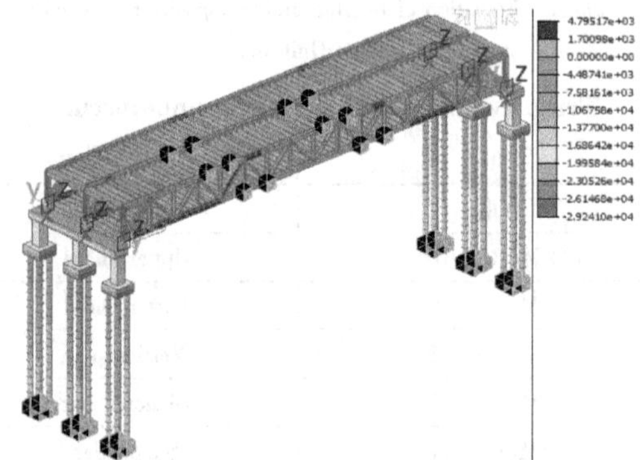

Figure 4 Axial force of the bridge after the incremental launching (Unit: MPa)

Comparing the internal force of the four conditions, it can be found that the axial force and bending moment of the steel truss show an overall increasing trend during the incremental launching process. The members with the maximum axial forces are often diagonal bars, and the members with the highest bending moment are lower chords.

3.2 Internal force analysis during tensioning the suspenders

The initial tension values of the suspenders are shown in Table 3. The change of the initial tension values for the side suspenders and middle suspenders follows the same trend. The smallest initial tension is at S6, located at the crown of the arch, while the highest initial tension is at S5 and S7. From S5 and S7 towards the arch foot, the initial tension force gradually decreases. The middle suspender has a minimum tension of 1350kN and a maximum tension of 1850kN, while the side suspender has a minimum tension of 950kN and a maximum tension of 1450kN. The initial tension of the middle suspender is 400kN higher than that of the side suspender at the same longitudinal position.

The initial tension values of the suspenders

Table 3

Batch	Spenders	Initial tension(kN)
1	MS6	1350
2	MS5, MS7	1850
3	MS4, MS8	1815
4	MS3, MS9	1800
5	MS2, MS10	1700
6	MS1, MS11	1550
7	LS6, RS6	950
8	LS5, LS7, RS5, RS7	1450
9	LS4, LS8, RS4, RS8	1415
10	LS3, LS9, RS3, RS9	1400
11	LS2, LS10, RS2, RS10	1300
12	LS1, LS11, RS1, RS11	1150

After tensioning the middle suspenders, the maximum pressure of the upper chord is 1813kN in MU16. The maximum tensile force of the upper chord is 3229kN of RU11. The lower chord within spans 1/4 to 3/4 is under compression, while the remaining lower chord is under tension. The maximum tension of the lower chord is 6398kN of ML1, and the maximum pressure is 1078kN of ML11. After tensioning the side suspenders, the axial force distribution of the side and middle chords tends to be consistent. The axial force variation of the upper chord is relatively small. The lower chord is almost completely under tension, with a maximum pressure of only 186kN. The maximum tensile force of the lower chord significantly increased, and the maximum tensile force of the member is LL15, with a tensile force of 7116kN, an increase of about 11%. During the process of tensioning the suspenders, the bending moment of the chord members changes less.

After the suspender is tensioned, the maximum pressure member in the truss is still MD1, with a pressure of 18326kN, an increase of approximately 67% compared to before tensioning the suspenders. The bending moment of the steel truss does not show significant changes. Therefore, the tensioning of the suspenders has a significant effect on the axial forces of the truss but has a small effect on the bending moment. The axial force of the bridge after tensioning the suspenders is shown in Figure 5.

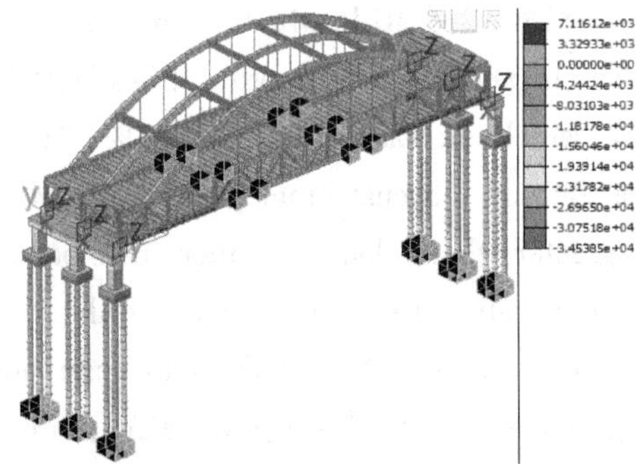

Figure 5 Axial force of the bridge after tensioning the suspenders(Unit: MPa)

After the suspender is tensioned, the internal force of the arch rib increases significantly. The axial force distribution of the arch rib remains unchanged. The maximum pressure of the middle arch rib is 17909kN at the arch foot, and the minimum pressure is 14932kN at the arch crown. The axial force value has increased by about 2.6 times compared to before tensioning the suspender. The maximum pressure of the side arch rib is 14907kN at the arch foot, and the minimum pressure is 12486kN at the arch crown. The maximum negative bending moment of the arch rib is −9251kN · m located at the 1/14 of span of the middle arch rib, which is approximately 62% higher than before tensioning the suspenders. The maximum positive bending moment is 2745kN · m, located at the middle arch ribs where the MS5 and MS7 suspenders are located, and the change is relatively small.

3.3 Internal force analysis after the removal of temporary piers

The removal of the temporary piers exerts a significant change in the distribution of axial forces in the steel truss. After the removal of the temporary piers, all lower chord members are subjected to tension. The maximum tensile force of the chord is 9818kN of ML1, and the maximum pressure is 1759kN of MU16. The maximum tensile force of the diagonal bracing is 3257kN of MD2, and the maximum pressure is 25264kN of MD1. The maximum tensile force of the vertical bracing is 1249kN of MV11, and the maximum pressure is 2203kN of MV17. The maximum tensile force of the truss is 9818kN of ML1, which increases by about 38%. The maximum pressure of the truss is 25264kN of MD1, which increases by about 37%. The axial force of the end diagonal bracing MD1 and MD16 is much greater than that of other members. The maximum negative bending moment of the truss is −6561kN · m of MU16, and the maximum positive bending moment is 5626kN · m of ML15, with small changes compared to before the removal of the temporary piers.

After the removal of the temporary piers, the axial force of the arch ribs has increased by approximately 40%. The maximum pressure of the middle arch rib is 25226kN at the arch foot, and the minimum pressure is 21345kN at the arch crown. The maximum pressure of the side arch rib is 20592kN at the arch foot, and the minimum pressure is 17423kN at the arch crown. The negative bending moment at the arch foot has changed to the maximum positive bending moment at the arch rib, with a bending moment of 3356kN · m. The axial force of the bridge after the removal of temporary piers is shown in Figure 6.

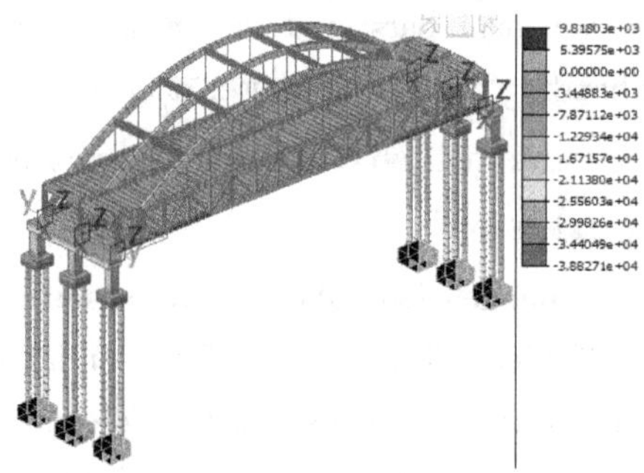

Figure 6 Axial force of the bridge after the removal of temporary piers (Unit: MPa)

After the temporary piers are removed, compared to the initial tension, the suspender cable forces at the mid-span decrease, but increase to varying degrees at other locations. Especially at the arch foot position, the tension of the suspenders increases significantly, and the tension of the side and middle suspenders at this location increases by about 30%. The minimum and maximum cable forces of the side suspenders are 797kN for LS6 and 1904kN for LS5and LS7 respectively, while the minimum and maximum tension forces of the middle suspenders are 905kN for MS6 and 2185kN for MS5 and MS7 respectively.

4 Internal force analysis in whole building process

According to the internal force analysis of the construction process of the bridge, the member with the highest internal force is the most critical member, and the most critical member or position in the truss, arch rib, and suspender can be determined. The most critical members or positions of the bridge are: MD1, ML1, MU9, MV17, MS5, and the arch foot of the middle arch rib. The specific positions are shown in Figure 7.

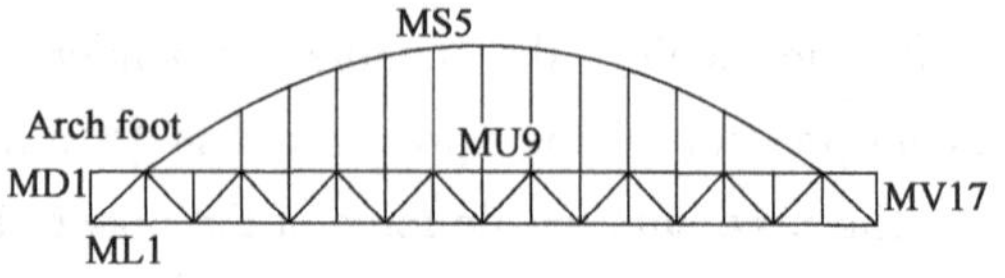

Figure 7 The most critical members and positions

The axial force variation of the critical truss members throughout the whole construction process is shown in Figure 8.

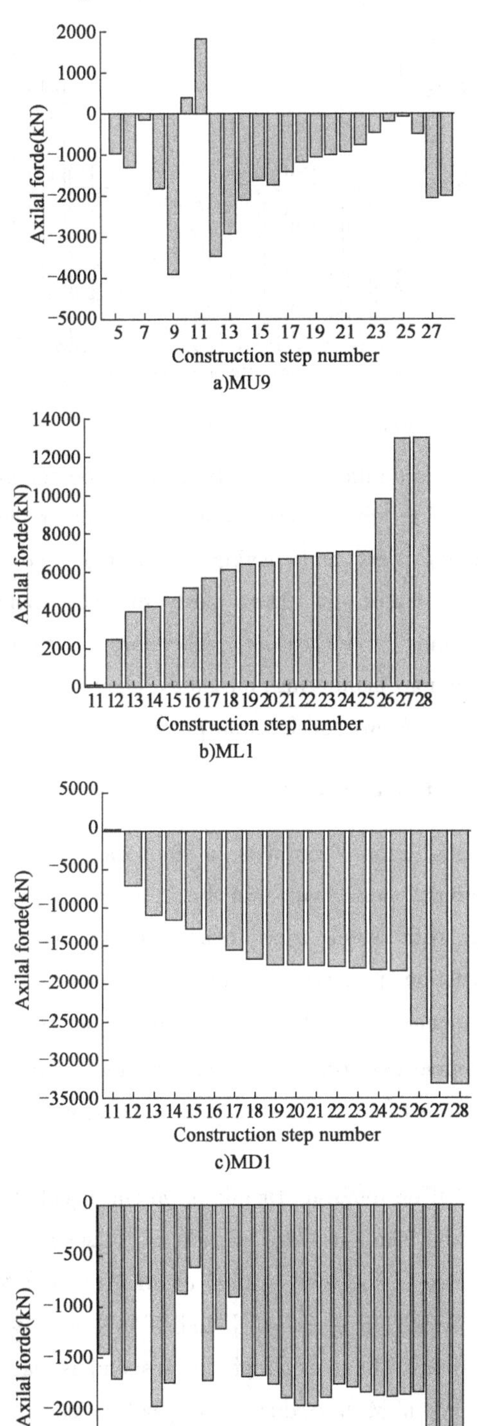

Figure 8 The axial force variation of critical members throughout the construction process

It can be seen that the axial force of MU9 varies greatly during construction step 12, from 1827kN to − 3474kN. In this construction step, the truss is incremental launched 30. 3m, and the guide beam is removed and the permanent bearings are installed. During the process of tensioning the suspender, its axial force gradually decreases, while the removal of temporary piers and bridge deck paving significantly increase its axial force. The axial force of ML1 gradually increases with the installation of arch ribs and suspenders. The removal of temporary piers has a significant impact on the axial force of ML1, increasing from 7045kN to 9817kN. After the bridge deck is paved, the axial force further increases, and the effect of cable tension adjustment on it is relatively small. In the completed bridge state, the axial force reaches 12996kN. The axial force variation trend of MD1 is similar to that of ML1, and the removal of temporary piers and bridge deck paving has a significant impact on it. The axial force in the completed bridge state is −33184kN. The axial force of MV17 fluctuates during the incremental launching process, and the axial force is relatively stable after the incremental launching is completed. The axial force of MD1 is much larger than that of MV17, which is even more critical.

In the completed bridge state, the arch foot of the middle arch rib is not only subjected to the maximum pressure of the arch rib, but also to the maximum positive bending moment, which is the most critical position of the arch rib. The internal force variation of the arch foot of middle arch rib during the whole construction process is shown in Figure 9.

The pressure at the arch foot increasessignificantly during tensioning of the middle suspender, increasing from −4921kN to −16886kN. The pressure is relatively stable during the tensioning of the side suspenders, and the axial force after the ten sioning of the suspender is − 17909kN. The removal of temporary piers and the bridge deck paving resulted in arch foot pressures of −25208kN and −31081kN, respectively, increasing by approximately 37% and 24%, which had a significant impact. After adjusting the cable tension, the axial force of the arch foot is -31291kN. During the tensioning of the suspender, the bending moment direction of the arch foot changes twice, and after removing the temporary piers, its bending moment remains positive. The bridge deck paving significantly increased the bending moment at this location, from 2459kN · m to 8908kN · m.

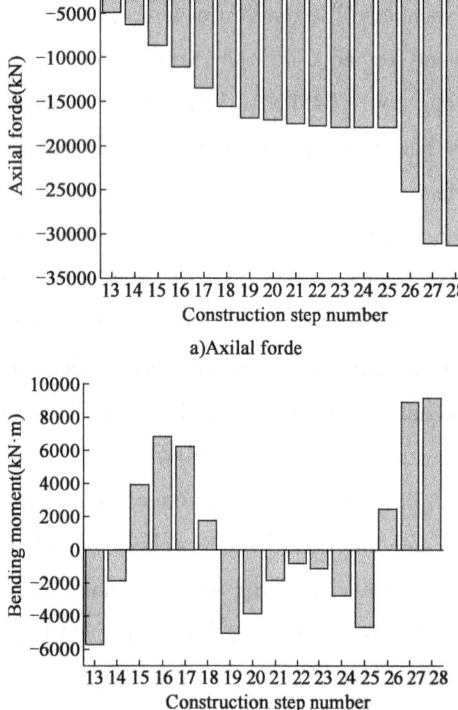

Figure 9 The internal force variation of the arch foot of middle arch rib

MS5 is the most critical suspender, and the variation of its cable force throughout the construction process is shown in Figure 10. The initial tensioning force of MS5 is 1855kN, and after tensioning MS4, the cable tension of MS5 decreases to 1500kN. During the process of tensioning other suspenders, the tension of MS5 slightly changes, showing a trend of first increasing and then decreasing. The removal of temporary piers significantly increased the tension of MS5, from 1525kN to 2184kN, an increase of approximately 43%. The bridge deck paving also had a significant impact, increasing the cable tension by 25%. After adjusting the cable tension, the tension of MS5 in the completed bridge stage is 2970kN.

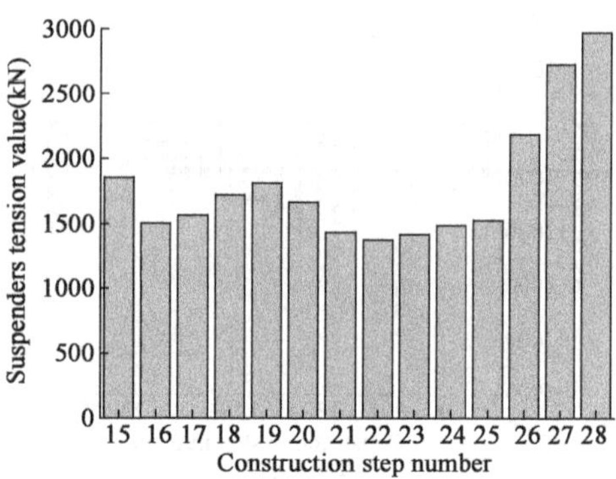

Figure 10 The cable force variation of MS5

Based on the above analysis, it can be concluded that during the construction stage of removing temporary piers and paving the bridge deck, the internal forces of the most critical members significantly increase. Therefore, necessary construction monitoring measures should be taken during these two construction phases.

5 Conclusions

This paper conducts a numerical study on mechanical performance of flexible arch composite bridge with steel truss beam during the entire construction process, determines the most critical components of the bridge and the changes in the mechanical performance of these members during the whole construction process, the conclusions are as follows.

(1) The removal of guide beam and installation of permanent supports lead significant changes in the axial force of the most critical chord MU9 and ML1, from 1827kN to -3474kN and 104kN to 2492kN, respectively. The tension of the suspenders case the axial force of MU9 gradually changes to -66kN, while the axial force of ML1 gradually increases to 7046kN. The removal of temporary piers and bridge deck paving significantly increased the axial forces of these members to -1999kN and 12996kN respectively.

(2) The tension of suspenders results the increase in the pressure axial forces in decline bar

MD1, as the most critical bar, from 10987kN to 18326kN, while the removal of temporary piers and installation of the secondary dead load leads the significant increase in the pressure axial forces to 33184kN and 2912kN in decline bar MD1 and vertical bar MV17 respectively.

(3) The pressure in the foot of the middle arch, as the most critical position in the arch, increased significantly from 4920kN to 17909kN, caused by tension of the suspenders, while the removal of the temporary piers increases the forces to 31291kN. Besides, the force in suspender MS5, as the critical suspender, decreases from 1855kN to 1525kN, caused by tension of all suspenders, then the removal of temporary piers sharply increases that force to 2970kN. Therefore, necessary monitoring measures are suggested to be taken during these two construction phases.

References

[1] HUAN Z H, KUN Y. Analysis on load distribution of beam-arch combination system bridge [J]. IOP Conference Series: Earth and Environmental Science, 2021, 647(1).

[2] LI H. Evaluation of safety performance during construction and servicing stages of Liuxi river bridge [J]. Vibroengineering PROCEDIA, 2020, 30.

[3] JIE L, HAO C, ZI W M, et al. Study of impact factor of arch bridge made with continuous composite concrete filled steel tube beams [J]. Bridge Structures, 2023, 18(3-4).

[4] MEIZHEN F, YUXIONG L, BITAO W, et al. Research on Deformation Analysis and Rehabilitation for a Beam-Arch Combination Bridge Suffering an Extreme Temperature Field [J]. Applied Sciences, 2022, 12(14).

[5] STOJANOVIĆ V, PETKOVIĆ D M, MILIĆ D. Nonlinear vibrations of a coupled beam-arch bridge system [J]. Journal of Sound and Vibration, 2020, 464.

[6] YAN S, ZHAN H Z, HONG G Q, et al. Lateral Seismic Response and Self-Centering Performance of a Long-Span Railway Continuous Beam-Arch Bridge [J]. Shock and Vibration, 2020, 2020.

[7] HE S, ZHOU W, JIANG Z, et al. Structural performance of perforated steel plate-CFST arch feet in concrete girder-steel arch composite bridges [J]. Journal of Constructional Steel Research, 2023, 201: 107742.

[8] ZHOU X, CHENG H, WU G, et al. Structural behavior of CFST arch foots under pumping pressure of concrete in fills [J]. Vibroengineering Procedia, 2020, 32: 141-146.

[9] GOU H, LONG H, BAO Y, et al. Stress distributions in girder-arch-pier connections of long-span continuous rigid frame arch railway bridges [J]. Journal of Bridge Engineering, 2018, 23(7): 04018039.

[10] ZHU Q, WANG H, SPENCER Jr B F. Investigation on the mapping for temperature-induced responses of a long-span steel truss arch bridge [J]. Structure and Infrastructure Engineering, 2022: 1-18.

[11] GUO J, ZHU M. Static aerodynamic force coefficients for an arch bridge girder with two cross sections [J]. Wind and Structures, 2020, 31(3): 209-216.

[12] YANG Y, LIN B, ZHANG W. Experimental and numerical investigation of an arch-beam joint for an arch bridge [J]. Archives of Civil and Mechanical Engineering, 2023, 23(2): 101.

基于几何修正的平距法在圆柱墩竖直度测量中的应用

刘　波*[1]　韩　星[2]

(1.招商局重庆公路工程检测中心有限公司;2.中南勘察设计院集团有限公司)

摘　要　平距法由于具有原理简单、结果直观等优点,在桥墩竖直度测量中被大量应用。但对于圆柱墩来说,由于曲率半径的存在,表面呈弧形,横桥向或顺桥向的倾斜会影响相应纵桥向或横桥向的倾斜测量值。本文通过几何分析对平距法所测数据进行修正,提高了测量数据的精确度和可靠性;同时通过敏感性分析,发现修正倾斜值绝对偏差与相对偏差与圆柱墩半径成反比,与实测偏差值成正比,并提出在圆柱墩半径大于600mm、实测倾斜值小于15mm的区间内,实测倾斜值不做修正亦可作为检测值;通过工程实践,与三点定圆法所测数据进行了对比,二者吻合程度较高,在工程实践中具有一定的应用价值。

关键词　平距法　圆柱墩　几何修正　竖直度

0　引言

桥墩竖直度在施工控制和竣(交)工验收检测时都是评定工程施工质量的重要指标,是重要的实测项目[1],《公路工程质量检验评定标准　第一册　土建工程》(JTG F80/1—2017)中对桥墩竖直度允许偏差见表1。

桥墩竖直度规定值或允许偏差　　表1

全高竖直度(mm)	$H \leq 5$m	≤5
	5m < $H \leq 60$m	≤H/1000,且≤20
	$H > 60$m	≤H/3000,且≤30

全站仪测量法目前常用的有三点定圆法和平距法。三点定圆法的基本原理是在墩柱同一高程截面处测量3个测点,根据这3个测点求出该截面处的圆心坐标,同理测出墩柱底部截面圆心坐标,进而求出墩柱的竖直度。研究表明[2-4]三点定圆法或基于最小二乘法修正的三点定圆法在实践中具有良好的效果。

平距法原理是首先确定墩柱的顺桥向、横桥向方位,在此方位上分别架设仪器,测量墩柱顶部、底部截面的平距,测量过程中保持全站仪水平盘锁定,即保持同一竖直线,然后相减即得到墩柱在该方向的竖直度。该方法原理简单、操作方便、结果计算快速直观,在实际运用中仍具有一定的优势,但对于圆柱墩而言,如图1所示,由于表面呈弧形,横桥向或顺桥向的倾斜会影响相应纵桥向或横桥向的倾斜测量值,在一定程度上造成了数据失真。

本文通过几何分析对平距法所测数据进行修正,提高了测量数据的精确度和可靠性,同时提出在一定区间内,平距法所测数据满足工程精度要求,可不做修正。

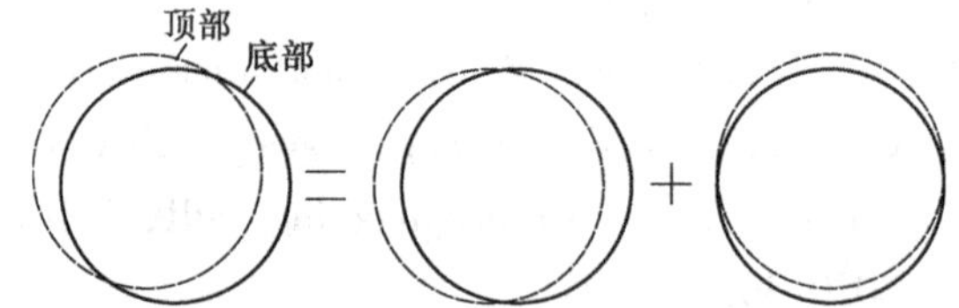

图1　圆柱墩顺桥向、横桥向倾斜相互影响示意图

1　几何分析

如图2所示,实线圆表示圆柱墩顶部,圆心为O,半径为R,虚线圆表示圆柱墩底部,圆形为O'半径为R。将全站仪架设在顺桥向和横桥向,首先测量墩顶部平距,再保持竖直线不动,测得底部平距,由此得到该圆柱墩顺桥向竖直度倾斜值ΔY_1和横桥向竖直度倾斜值ΔX_1。根据几何关系,可得出如下方程组:

$$\begin{cases}(R+\Delta X_1-\Delta X)^2+\Delta Y^2=R^2\\(R+\Delta Y_1-\Delta Y)^2+\Delta X^2=R^2\end{cases}\tag{1}$$

式中:R——圆柱墩半径;

ΔX_1——平距法实测横桥向竖直度倾斜值;

ΔY_1——平距法实测顺桥向竖直度倾斜值;

ΔX——未知数，修正后的横桥向竖直度倾斜值；

ΔY——未知数，修正后的顺桥向竖直度倾斜值。

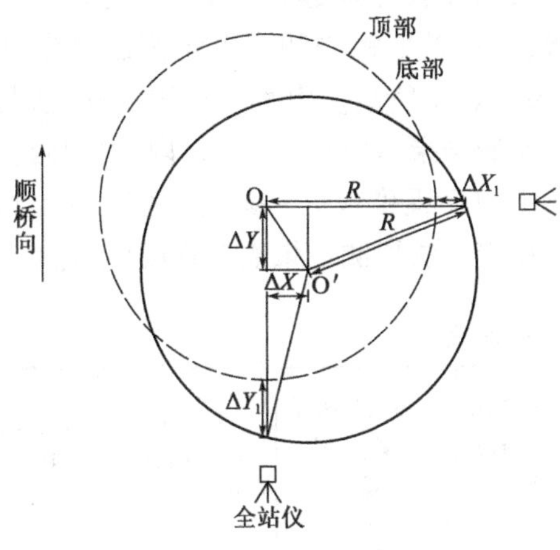

图2 圆柱墩几何修正示意图

式(1)中，令 $A=R+\Delta X_1$，$B=R+\Delta Y_1$，则式(1)变为

$$\begin{cases}(A-\Delta X)^2+\Delta Y^2=R^2\\(B-\Delta Y)^2+\Delta X^2=R^2\end{cases} \tag{2}$$

由式(2)可得：

$$\Delta Y=\frac{A}{B}\cdot\Delta X+\frac{B^2-A^2}{2B} \tag{3}$$

式(3)中令 $C=\frac{A}{B}$，$K=\frac{B^2-A^2}{2B}$，则式(3)变为

$$\Delta Y=C\cdot\Delta X+K \tag{4}$$

将式(4)代入式(2)中可解得：

$$\Delta X=\frac{-(C\cdot K-A)-\sqrt{(C\cdot K-A)^2-(1+C)(K^2-R^2)}}{1+C}$$

$$\Delta Y=\frac{-(C\cdot K-A)-\sqrt{(C\cdot K-A)^2-(1+C)(K^2-R^2)}}{1+C}\cdot C+K$$

根据结果，编制 Excel 计算公式，即可快速得出修正后的竖直度倾斜值，计算表格见表2。

竖直度倾斜值修正计算表 表2

已知数			中间参数				修正结果	
R(mm)	ΔX_1(mm)	ΔY_1(mm)	A	B	C	K	ΔX(mm)	ΔY(mm)

2 敏感性分析

由以上分析结果可知，修正倾斜值 ΔX、ΔY 与三个参数有关，即圆柱墩半径 R、实测横桥向竖直度倾斜值 ΔX_1、实测顺桥向竖直度倾斜值 ΔY_1。在最不利情况 $\Delta X_1=\Delta Y_1$ 时，选取参数如表3所示，进行修正倾斜值 ΔX、ΔY 的敏感性分析，结果见图3与图4。

参数取值表 表3

R(mm)	ΔX_1(mm)	ΔY_1(mm)
500	5	5
600	10	10
700	15	15
800	20	20
900	25	25
1000	30	30

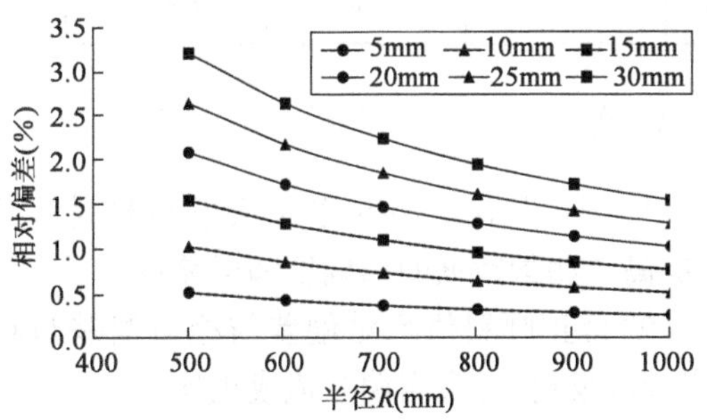

图3 绝对偏差结果对比图

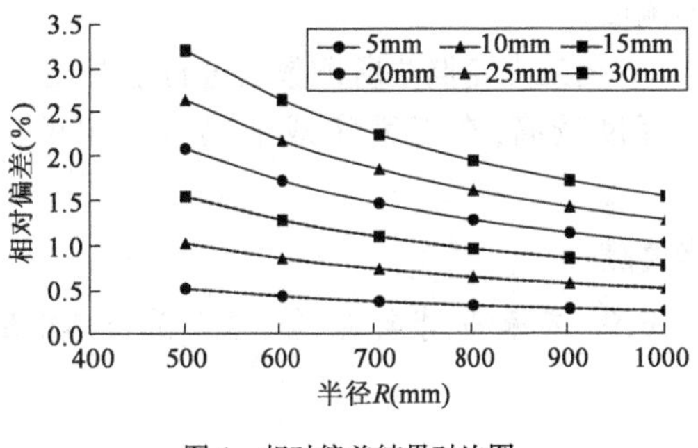

图4 相对偏差结果对比图

由图3和图4可知,修正倾斜值绝对偏差与相对偏差均随着圆柱墩直径的增大而减小,与实测倾斜值的增大而增大;在圆柱墩半径大于600mm、实测倾斜值小于15mm的区间内,修正倾斜值绝对偏差小于0.2mm,修正倾斜值相对偏差小于2%,可认为满足工程精度要求,实测倾斜值不做修正亦可作为检测值。

3 工程应用

以某高速公路新建桥梁为例,现场抽取5根圆柱墩,分别以平距法和三点定圆法测量其竖直度,结果如表4所示。由表4可知,平距法与三点定圆法所测结果差值均在5%以内,表明两种测量方式结果吻合程度较好;修正后的平距法测量结果与三点定圆法所测结果吻合程度更高。

某高速公路桥梁墩柱竖直度测试结果 表4

序号	墩柱编号	墩柱直径(m)	测量方向	平距法竖直度(mm)①	修正后平距法竖直度(mm)②	三点定圆法竖直度(mm)③	(①-③)/③×100%	(②-③)/③×100%
1	1号柱	1.4	顺桥向	5.3	5.3	5.2	1.92	1.92
2		1.4	横桥向	6.2	6.2	6.4	-3.13	-3.13
3	2号柱	1.4	顺桥向	-10.4	-10.4	-10.6	-1.89	-1.89
4		1.4	横桥向	6.9	6.9	6.6	4.55	4.55
5	3号柱	1.8	顺桥向	-11.8	-11.8	-11.5	2.61	2.61
6		1.8	横桥向	-10.4	-10.4	-10.6	-1.89	-1.89
7	4号柱	1.6	顺桥向	-11.6	-11.5	-11.3	2.65	1.77
8		1.6	横桥向	-16.4	-16.3	-16	2.50	1.88
9	5号柱	1.6	顺桥向	8.8	8.8	8.6	2.33	2.33
10		1.6	横桥向	-6.7	-6.7	-6.5	3.08	3.08

4 结语

(1)通过几何分析对平距法所测数据进行修正,提高了测量数据的精确度和可靠性。

(2)修正倾斜值绝对偏差与相对偏差与圆柱墩半径成反比,与实测偏差值成正比。

(3)在圆柱墩半径大于600mm、实测倾斜值小于15mm的区间内,实测倾斜值不做修正亦可作为检测值。

(4)与三点定圆法所测数据进行了对比,二者吻合程度较高,在工程实践中具有一定的应用价值。

参考文献

[1] 姚伟,覃振洲,李英森,等.基于最小二乘法的桥墩竖直度测量方法[J].福建交通科技,2021(7):75-78,85.

[2] 甯家成,谢应爽.公路桥梁墩柱竖直度检测与评价[J].四川建材,2020,46(8):130-131,151.

[3] 彭辉,林一涵,石松文,等.公路桥梁竖直度检测技术详解与创新[J].福建建材,2022,(11):63-65,78.

[4] 刘庆志,许强,郭希超,等.桥梁检测中一种快速有效的墩柱竖直度测试方法[J].公路交通科技(应用技术版),2020,16(10):274-277.

短线法预制拼装连续梁悬臂状态线形监测与分析

崔润豪[1] 周 浩[1] 陈 浩[2] 刘红平[3] 程 高[*1]
(1. 长安大学公路学院;2. 中铁第一勘察设计院集团有限公司;
3. 西安长安大学工程设计研究院有限公司)

摘 要 大跨变截面节段预制拼装连续梁桥可调节措施极少,施工过程实际影响线形因素较多,主要有梁段质量误差、温度、湿接缝宽度等。本文依托某座大跨变截面连续梁,首次系统开展了悬臂状态线形监测实桥试验,得到了梁重、温度对接缝宽度及主梁悬臂阶段线形影响特征。结果表明,温度对T构最大悬臂状态时线形影响显著,对于本桥每升高10℃,梁端下挠2cm左右;温度传递时间差方面,梁端达到最大竖向挠度的时间点会稍微滞后于环境达到最高温度的时间点;梁段质量误差对桥梁拼装线形影响较小;温度对胶接缝缝宽影响较小。

关键词 短线法 节段预制 悬臂拼装 线形分析

0 引言

短线法节段预制拼装技术既能满足快速施工的要求[1],又具有混凝土收缩徐变小、工业化程度高、对环境影响小等优势,在芜湖长江二桥引桥、广州地铁4号线、孙口黄河公路大桥、苏通大桥引桥、澳门澳凼三桥等重大工程中被广泛应用。当梁段在工厂预制完成后,桥梁线形基本确定,后续调整空间十分微小。因此,短线法节段预制拼装技术不仅对梁段预制精度要求很高,而且对现场梁段拼装精度要求也很高。

近年来,对于短线法节段预制拼装技术,国内外学者对梁段预制空间坐标计算、施工过程仿真、线形控制、接缝结构的力学性能等做了大量研究。文献[2]提出,基于非线性最小二乘的7参数坐标变换方法比现有Bursa模型方法精度更高,尤其提高了曲线段桥梁节段预制过程中坐标转换方法精度。文献[3]提出考虑节段实际预制和拼装误差,即转角、梁长、扭转、节段间错台等误差,提出几何线形三维控制方法,给出三维坐标系下各种误差的计算和修正方法,及时更新了每个节段的预制和拼装线形,避免误差累积。文献[4]提出了可以实现对梁段预制过程和拼装过程有序衔接数据互通的短线法节段预制拼装线形控制技术,也提出了提高首块节段安装精度和多种指导施工的纠偏措施[5-6]。文献[7]提出了基于三阶段控制、有限元模拟的短线法预制节段梁线形综合控制技术,并采用精确测量控制App软件技术,实现了预制和拼装过程测量数据自动计算修正,避免了人工记录可能出现的纰漏,提高了节段梁预制安装的精度。文献[8-10]对节段预制胶接拼装桥梁的结构设计、拼装工艺、结构验算等开展研究,通过对比挂篮悬臂浇筑和节段预制悬臂拼装两种施工方法,得出当桥长大于1km时悬臂拼装更加经济。文献[11-12]提出存梁时间越长剩余变形越小,为了减小后期变形,应尽可能选择存梁大于3个月的预制节段进行现场拼装;还指出,相邻预制梁段龄期差异越大对成桥线形影响越大,建议将相邻预制节段龄期差控制在1个月以内,从而减小后期竖向变形。文献[13]根据不同胶接缝试件的试验结果指出:胶接缝过大会增大预应力损失,且会降低桥梁整体刚度。文献[14-16]提出接缝形式对节段预制梁的抗剪承载力影响显著,胶接缝抗剪承载力明显低于湿接缝抗剪承载力,其对预制节段梁的抗剪承载力有一定影响。文献[17]以环氧树脂胶为关键因素,同时考虑接缝形式、剪力键键齿数目,研究试件在直剪状态下的抗剪性能,并提出

基金项目:陕西省交通运输科技项目(20-35T);陕西省秦创原"科学家+工程师"队伍建设项目(2022KXJ-036)。

环氧树脂胶在特定情况下的键齿胶接缝抗剪承载力计算公式,并对国内外学者提出的计算公式的最佳适用范围进行了评价。

虽然国内外对于节段预制线形控制[18]、施工过程仿真、预应力张拉后线形控制等做了大量理论推导和有限元分析,但是短线法节段预制拼装桥梁施工过程中线形影响因素较多,而现场试验数据较少,且当前的研究成果不能指导大跨连续梁线形控制。基于此,本文依托采用短线悬拼法的某变截面连续梁,围绕实测节段重量和温度对接缝宽度以及悬臂线形影响,首次系统开展了参数实桥试验,以研究节段拼装过程误差。

1 模型桥概况

本桥的桥型布置为40m + 66m + 40m体内预应力混凝土(C60)变截面连续梁桥,桥梁全长为146m,如图1所示。预制节段式桥梁的主梁主体使用节段预制拼装技术,接缝为环氧树脂 + 密覆式剪力键齿。变截面梁梁高不断变化,梁段理论重量从47.63t变化至57.24t,梁段在梁厂存放6个月后运送至现场。利用桥面起重机左右对称同步悬臂拼装预制梁段,直至最大悬臂状态。胶接缝用环氧树脂均匀涂抹梁段交界面,涂刷厚度控制在2 ~ 3mm,梁段挤压后胶体厚度控制在0.5 ~ 1mm为宜,以保证有多余环氧树脂胶从接缝中挤出,不应出现缺胶现象。

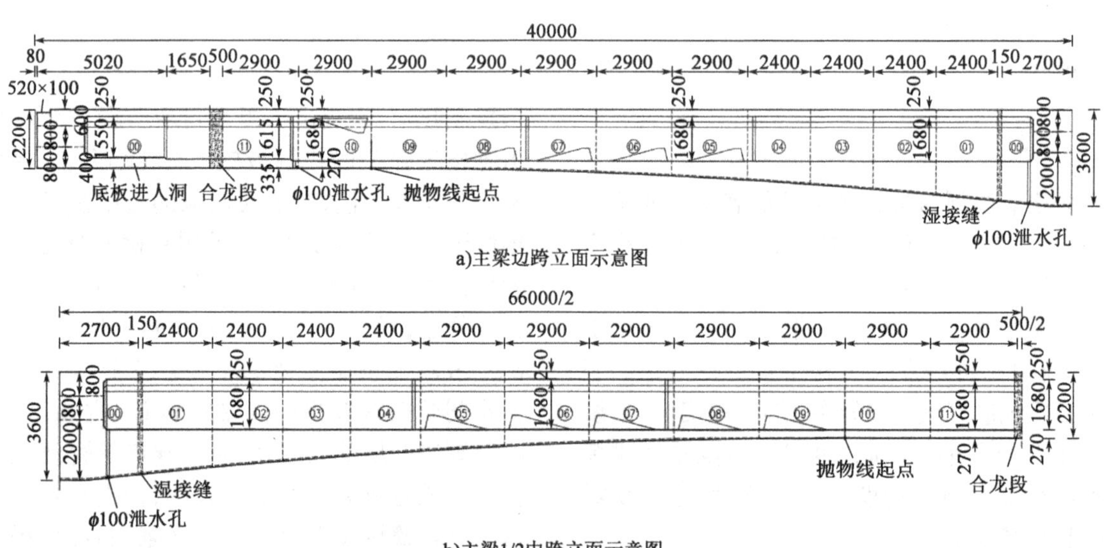

图1 主梁立面示意图(尺寸单位:mm)

2 模型桥试验方法

2.1 梁段称重试验

为研究短线悬臂拼装桥梁梁段质量误差对桥梁线形的影响,使用门式起重机将每个节段依次对称地放在3个压力传感器上,通过高速静态变阻应变仪自带的电阻应变数据采集分析系统采集每个压力传感器读数,将3个压力传感器读数求和,即可得到梁段的质量,如图2所示。为了保证测量数据的准确性,每个块段重复称重3次,将3次测得梁段的质量数据取均值记为实测质量。

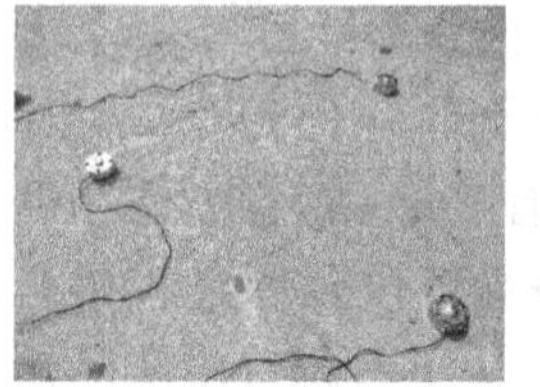

图2 梁段称重试验

2.2 梁端竖向挠度试验

为研究短线悬臂拼装桥梁最大悬臂状态时梁端在温度作用下竖向下挠的问题,在梁段顶部中间位置放置一个压重块,将一根低应变铁丝一端固定在压重块上,另外一端系在一个配重块上,然后把千分表稳定可靠地固定在表座支架上,轻微调试千分表的测杆轴线，使其与配重块底面相互垂直，并将千分表调零，如图 3 所示。8:00—22:00每 2 个小时观测一次百分表读数和环境温度，连续观测 6 天，并记录数据。

图 3　梁段竖向挠度测量

2.3　温度作用对胶接缝缝宽影响试验

胶接缝处环氧树脂若涂抹不匀，将在温度作用下产生不同步变形，因此试验开始之前首先对整条胶接缝不同位置厚度进行测量，测量结果显示，经挤压后环氧树脂厚度均匀误差较小。

为了研究短线悬臂拼装桥梁最大悬臂状态下梁段接缝的缝宽随温度变化规律，在梁段接缝的中部一侧放置一块小钢板，在另一侧放置多块摆放整齐的小钢板，将固定有千分表的表座附着在小钢板的上表面上，千分表的测杆轴线与小钢板的侧面之间相互垂直，并将千分表调零，如图 4 所示。从 8:00—22:00 每 2 个小时观测一次百分表读数和环境温度，连续观测 6 天，并记录数据。

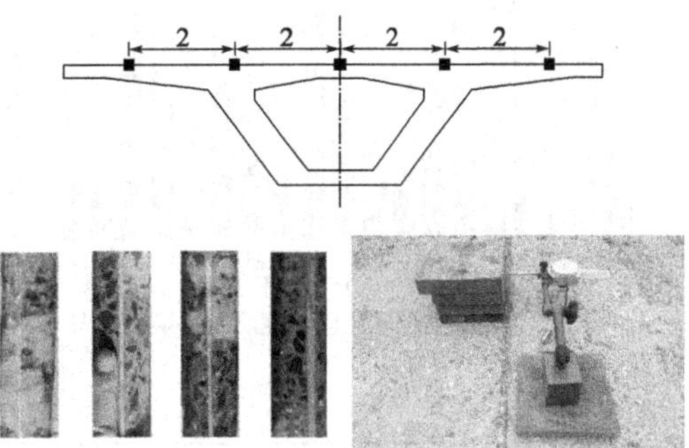

图 4　胶接缝缝宽测量(尺寸单位:m)

3　试验结果与分析

3.1　梁段重量误差分析

通过梁段称重试验，得出梁段实际质量并计算出实际质量与理论质量的差值，如表 1、图 5 所示。现将实测偏差值及 ±5% 梁段质量偏差值换算成节点力导入 midas 模型中，经过计算并与理论线形对比分析可得，梁段质量误差对 T 构最大悬臂状态时线形影响，如图 6 所示。其中线形影响均采用偏差值来表示。

左幅桥各梁段实际质量与理论质量对比表(t)　　表 1

各块段理论质量		小里程墩小里程		小里程墩大里程		大里程墩小里程		大里程墩大里程	
理论质量		实际质量	实测误差	实际质量	实测误差	实际质量	实测误差	实际质量	实测误差
1 号	57.24	55.25	-1.99	54.15	-3.09	54.2	-3.04	55.44	-1.8
2 号	54.29	51.82	-2.47	53.18	-1.11	53.22	-1.07	52.15	-2.14
3 号	51.65	50.22	-1.43	49.45	-2.2	49.33	-2.32	50.5	-1.15
4 号	47.94	46.17	-1.77	47.45	-0.49	47.06	-0.88	47.63	-0.31
5 号	57.01	58.43	1.42	57.9	0.89	57.35	0.34	58.07	1.06
6 号	54.7	57.3	2.6	54.87	0.17	53.71	-0.99	54.85	0.15
7 号	51.3	50.6	-0.7	52.33	1.03	50.95	-0.35	52.06	0.76
8 号	48.21	46.58	-1.63	48.77	0.56	49.16	0.95	46.7	-1.51
9 号	47.63	45.81	-1.82	48.03	0.4	46.16	-1.47	46.56	-1.07
10 号	43.9	44.79	0.89	44.88	0.98	44.54	0.64	44.98	1.08
11 号	43.85	44.97	1.12	44.99	1.14	44.09	0.24	45.43	1.58

注:实测误差 = 实际质量 - 理论质量。

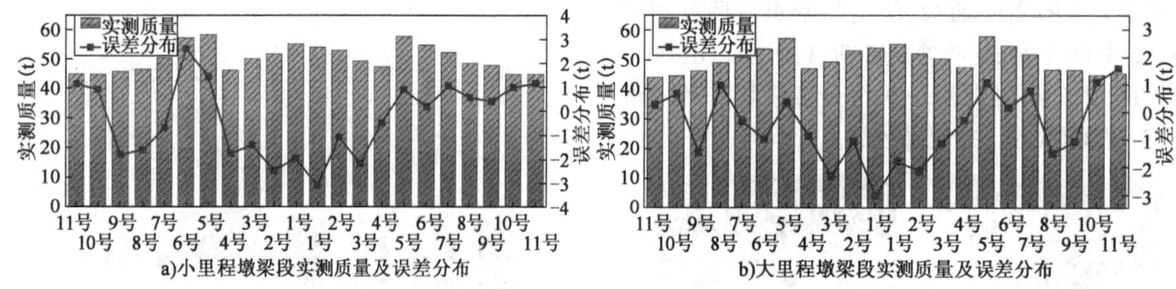

图5 实测质量及误差分布

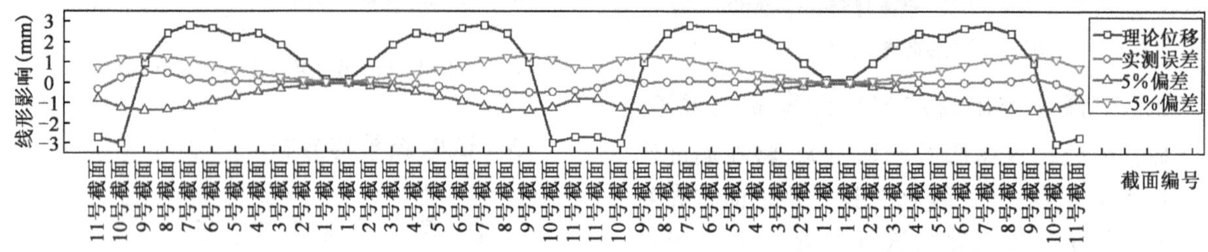

图6 梁段误差对T构最大悬臂结构线形影响示意图

由表1和图5可知,左幅实桥的所有梁段实际平均质量在理论质量的±5%以内波动,其中0~4号块全部出现质量偏小的现象。

由图6可知,本桥梁段质量误差对成桥线形有一定影响,尤其是在边跨合龙段附近区域。本桥由于梁段制作误差,使得T构最大悬臂状态时边跨合龙段附近区域线形偏离理论线形0.6mm,梁段制作误差的影响会随桥梁跨径增大而快速增大,直至超过顶面接缝拼装允许高差3mm。

3.2 温度对T构最大悬臂时线形影响分析

图7和图8为最大悬臂状态下左幅小里程墩边跨和中跨的梁端竖向挠度变化,图9为5月10日到5月15日期间当地环境温度变化;图10和图11为最大悬臂状态下左幅大里程墩边跨和中跨的梁端竖向挠度变化,图12为5月28日到6月2日期间当地环境温度变化。

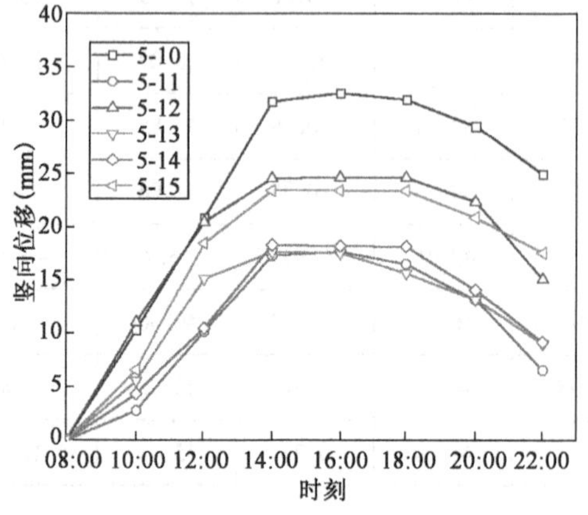

图7 最大悬臂状态下左幅小里程墩边跨梁端竖向挠度变化

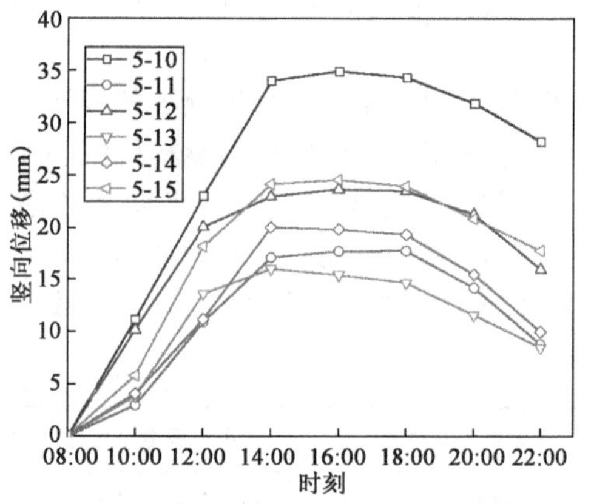

图8 最大悬臂状态下左幅小里程墩中跨的梁端竖向挠度变化

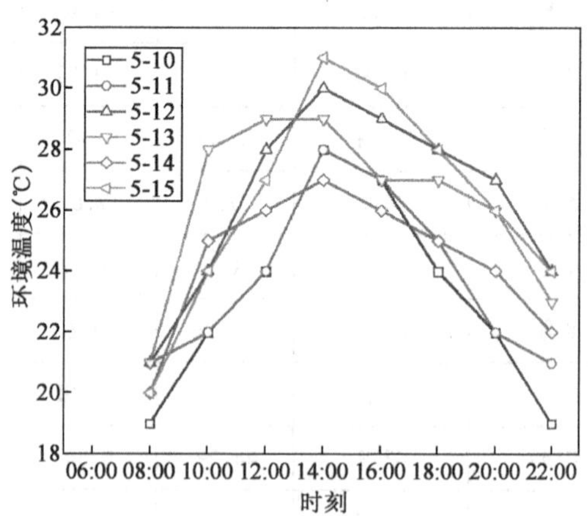

图9 5月10日—5月15日期间环境温度

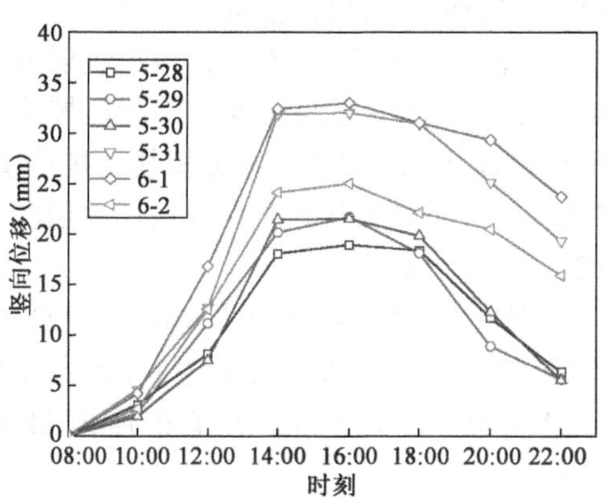

图10 最大悬臂状态下左幅大里程墩边跨梁端竖向挠度变化

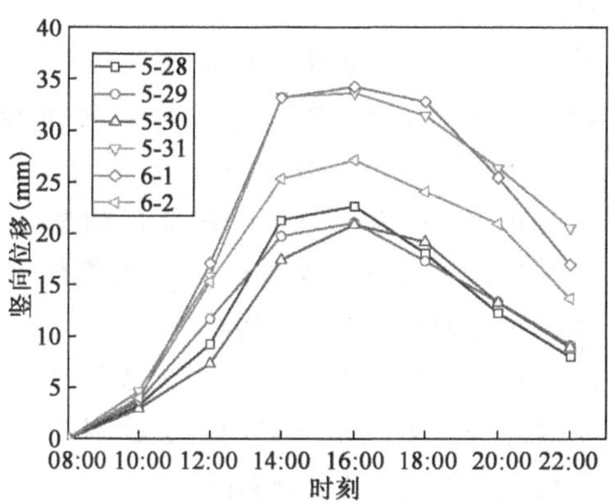

图11 最大悬臂状态下左幅大里程墩中跨梁端竖向挠度变化

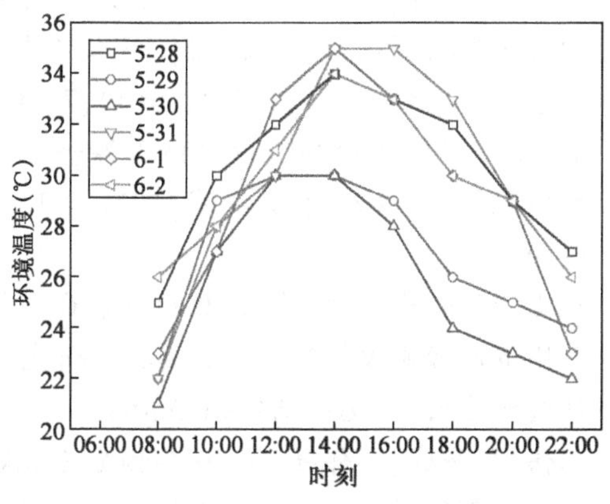

图12 5月28日—6月2日期间环境温度

由图7～图12可知，在8:00—14:00，梁端竖向挠度随着环境温度上升而逐渐增大且增大速度逐渐加快；到14:00时，环境温度最高，然而梁端竖向挠度尚未达到最大值；在14:00—16:00，环境温度略微降低，但梁端竖向挠度继续缓慢增大，此时温度升高16℃，梁端竖向挠度达到最大值33mm。梁端竖向挠度最大值滞后于环境温度的原因可能是温度传递的时间差，温度刚达到最大值时，太阳辐射集中在混凝土表面还未完全传递至混凝土内部；在16:00—22:00，环境温度下降明显，梁端的竖向挠度随时间的推移而不断减小且减小速度缓慢；22:00时梁端的竖向挠度均大于8:00时梁端的竖向挠度。

3.3 胶接缝缝宽随温度变化规律

本文以左幅实桥最大悬臂状态下大里程墩9～10号块、10～11号块之间接缝的缝宽数据为试验数据，图13和图14为最大悬臂状态下左幅大里程墩边跨和中跨的9～10号块之间接缝缝宽变化；图15和图16为最大悬臂状态下左幅大里程墩边跨和中跨的10～11号块之间接缝缝宽变化。

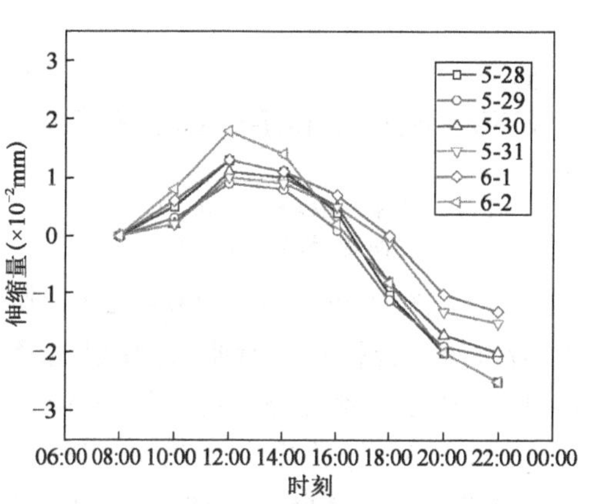

图13 左幅大里程墩边跨9～10号块之间接缝缝宽变化

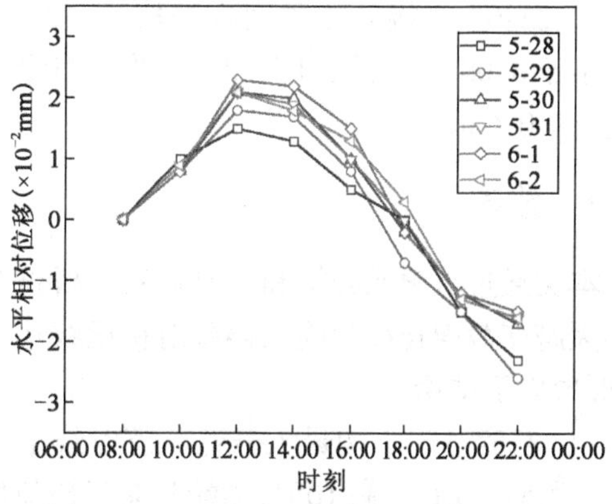

图14 左幅大里程墩中跨9～10号块之间接缝缝宽变化

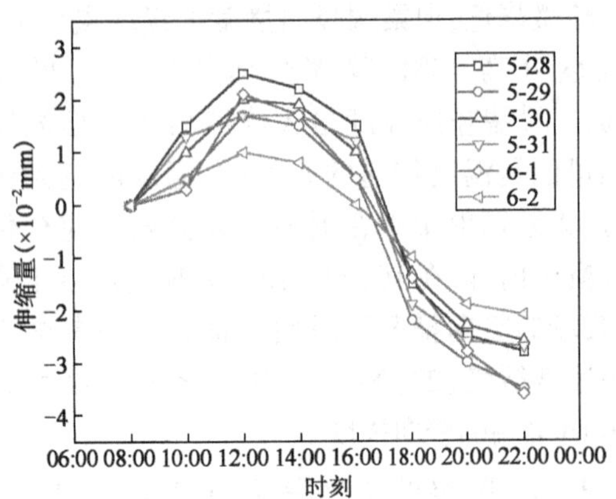

图15　左幅大里程墩边跨10~11号块之间接缝缝宽变化

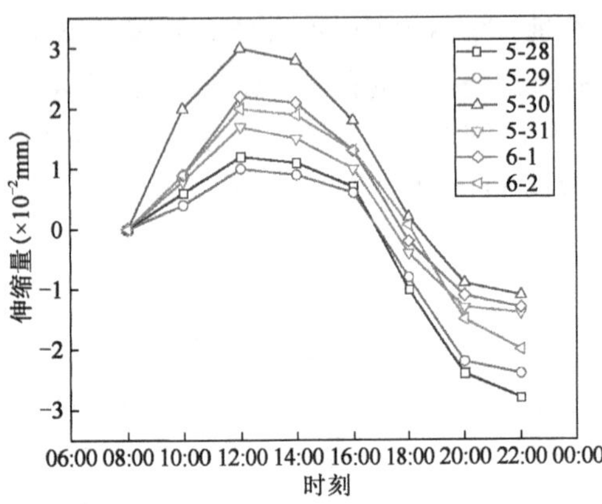

图16　左幅大里程墩中跨10~11号块之间接缝缝宽变化

由图13~图16可知,在8:00—12:00胶接缝缝宽随着时间的推移而逐渐伸长,胶接缝缝宽一开始伸长速度较快,然后伸长速度放缓,伸长量于12:00达到最大值,且最大可达0.028mm。在12:00—14:00时,胶接缝的缝宽随着时间的推移而缓慢下降,在14:00—22:00,接缝的缝宽随着时间的推移而快速下降,14:00—20:00收缩较快,20:00—22:00时接缝的宽度收缩较慢,18:00过后均小于8:00接缝的宽度,22:00的收缩量最大可达-0.036mm。

4　结语

本文通过有限元分析和误差参数实桥试验研究某大跨变截面连续梁施工误差对桥梁线形的影响,形成以下结论:

(1)温度对于T构最大悬臂状态时线形影响显著,梁体温度每升高10℃,梁端竖向下挠值增大约20mm,梁段拼装和合龙时应充分考虑温度作用对线形的影响。

(2)梁段质量误差对结构线形有一定影响。本桥左幅实桥的所有梁段实际平均质量在理论质量的±5%左右以内波动,其中梁段质量误差使得T构最大悬臂状态时边跨合龙段附近区域线形偏离理论线形0.6mm,对于大跨径短线悬拼桥梁,由于质量误差引起的线形偏离在节段厂内预制和现场施工时应给予重视。

(3)温度对于胶接缝缝宽影响较小,胶接缝缝宽每日伸缩平均值为0.02mm左右,其中在5月28日温差较大时,胶接缝缝宽伸缩量可达0.028mm。

参考文献

[1] 彭华春,张康康,时松,等.节段预制拼装桥梁研究综述[J].铁道标准设计,2022,66(10):75-83.

[2] 时学军.短线法节段预制桥梁几何线形控制的坐标变换方法研究[J].铁道标准设计,2021,65(7):103-107,159.

[3] 刘海东,侯文崎,罗锦.短线节段预制拼装桥梁几何线形三维控制方法[J].铁道科学与工程学报,2017,14(4):769-778.

[4] 解兵林,余晓琳,胡雨,等.短线法节段梁预制拼装过程控制技术研究[J].铁道科学与工程学报,2020,17(6):1453-1461.

[5] 杨胜,杨伟.城市桥梁短线法节段预制拼装关键技术控制研究[J].中外公路,2019,39(4):89-96.

[6] 邓海,苑少帅,李海云.节段预制悬臂拼装连续梁线形控制技术与实施[J].石家庄铁道大学学报(自然科学版),2023,36(1):7-13.

[7] 戴东利.短线法预制节段梁线形综合控制技术研究[J].铁道建筑技术,2021,(3):79-82,99.

[8] 施威,邢雨,谢远超,等.京唐铁路潮白新河特大桥节段预制胶拼法建造关键技术研究[J].铁道标准设计,2019,63(9):50-55.

[9] 苏伟,周岳武,季伟强,等.铁路预应力混凝土连续梁节段预制胶拼法建造技术研究[J].铁道标准设计,2021,65(3):87-92.

[10] 张雷,季伟强,苏伟,等.高速铁路(40+56+40)m预应力混凝土连续梁节段预制胶拼法建造技术研究[J].铁道标准设计,2019,63(8):79-84.

[11] 李琪勇,田晟昱,冯园林,等.短线节段预制拼装影响因素分析[J].公路,2019,64(12):156-161.
[12] 王殿伟.PC 箱梁短线法节段预制施工技术[J].世界桥梁,2016,44(3):25-29.
[13] 卢文良,马晓蕾,郑强.节段预制胶拼构件胶接缝厚度研究[J].铁道建筑,2019,59(8):39-41.
[14] 蔡东波,胡静,程高,等.胶接缝厚度对混凝土预制节段梁受力性能的影响分析[J].重庆交通大学学报(自然科学版),2023,42(4):27-31,39.
[15] 蔡东波,侯正宝,江涛,等.混凝土预制节段梁不同厚度胶接缝抗剪试验研究[J].合肥工业大学学报(自然科学版),2022,45(8):107-1078.
[16] 何伟,时松,王博,等.胶接缝节段预制拼装桥梁理论研究综述[J].科学技术与工程,2022,22(24):10369-10378.
[17] 苟文忠,陈浩,程高,等.节段预制拼装胶接缝抗剪性能试验[J].建筑科学与工程学报,2023,40(2):77-85.
[18] 张门哲,涂光亚,王双喜,等.短线拼装法施工的宽幅多节段混凝土箱梁的预制控制[J].中外公路,2018,38(6):148-152.

Cable Force Optimization Method for Reasonable Construction State of Cable-stayed Bridge

Zechen Zhang* Junpeng Xing Qiheng Nie
(Highway college, Chang' an University)

Abstract In the construction control of cable-stayed bridges, to achieve the predetermined state of bridge completion, it is necessary to adjust the cable forces during the construction phase. Currently, commonly used methods to determine the reasonable construction state of cable – stayed bridges include: the zero-stress method, the reverse disassembly-forward assembly iterative method, and the forward assembly iterative method. This article starts from the basic theories of these methods, establishes finite element models, and compares the application and results of the three methods in determining the reasonable construction state. It deduces the convergence essence and advantages and disadvantages of each method in determining the cable forces for the reasonable construction state. The research results indicate that the zero-stress method adjusts the zero-stress length of the cable to ensure that the mechanism ultimately reaches the reasonable target bridge completion state; the reverse disassembly-forward assembly iterative method and the forward assembly iterative method directly adjust the in-place cable forces to achieve the reasonable target bridge completion state. The zero-stress method converges the fastest, followed by the reverse disassembly – forward assembly iterative method, while the forward assembly iterative method converges the slowest.

Keywords Cable-stayed bridge Reasonable construction condition Zero-stress state method Backward-forward iteration method Forward iteration method

0 Introduction

In order to ensure the rational cable forces and alignment of the bridge after construction, it is necessary to determine the reasonable cable forces and pre-camber of the main girder in each construction stage to achieve rational construction. Therefore, finite element software is used to discretize the structure into a truss structure for theoretical trajectory calculation of construction control. During the calculation process, factors such as creep, nonlinearity, temperature, temporary loads, wind loads, and foundation settlement are considered to simulate the actual on-site conditions as much as possible. Through theoretical trajectory calculation of construction control, the theoretical structural stresses, deformations during construction, stability of the tower and main girder during construction, cable forces during construction, temporary consolidation forces during construction, and stresses in the tower during construction can be obtained and compared with corresponding code values to determine compliance [1],[2].

The conditions for satisfying construction rationality are as follows:

(1) Ensuring a stable load-bearing structure during construction;

(2) Ensuring that the cable forces meet the requirements after construction completion.

1 Cable force optimization theory

The cable-stayed bridge is an external prestressed structure, whose main advantage lies in providing elastic support and actively applying initial tension to balance external forces through lifting, thus providing initial support and axial force to the main beam, achieving force equilibrium, and avoiding unnecessary damage to the main beam under constant load. China began researching and building several large-span cable-stayed bridges in the early 1980s. The cables make the cable-stayed bridge a hyperstatic structure, with similar prestressed effects; it must be tensioned to function, which complicates structural design and provides great flexibility in design [3].

The internal forces of a cable-stayed bridge are closely related to the construction process and must go through a series of construction steps to achieve the final internal forces. The main construction methods for cable-stayed bridges include lifting method, bracket assembly method, bracket cast-in-place method, cantilever assembly method, and cantilever cast-in-place method. The first three are suitable for small-span cable-stayed bridges, while the latter two are suitable for large-span cable-stayed bridges. The actual condition of the bridge evolves during the construction process, and after the bridge is completed, concrete shrinkage and creep will cause changes in the internal forces of the bridge. Therefore, the target value of construction internal forces can only be determined using the internal forces of the bridge. Because cable-stayed bridges have complex construction processes, it is necessary to determine the initial cable force to meet the design requirements of the bridge [4].

This article will determine the reasonable cable forces for bridge construction through methods such as forward iteration method, backward-forward iteration method, and zero stress state method.

1.1 Forward iteration method

The iterative method utilizes assumed initial tensions to calculate the form load, obtaining the initial bridge state. This state is then compared with the designed bridge state, and the initial tensions are adjusted accordingly[4-5]. This process of form load iteration is repeated until the desired accuracy is achieved. Generally, the steps for forward iteration are as follows:

Firstly, propose the initial tension size of the bridge cable as $\{T_{10}\}$, usually denoted as $\{T\}$. Following the construction process of forward iteration, calculate a complete set of bridge cable forces $\{T_{10}\}$ and other displacement parameters.

Compare and analyse the parameter values under the reasonable bridge state and the initial bridge state, identifying the differences in parameter values. Conduct a secondary forward iteration calculation based on the numerical value of the initial tension, obtaining the corrected initial tension as $\{T_{20}\} = \{T_{10}\} + \{T\} - \{T_{11}\}$. Perform the secondary forward iteration by incorporating this formula into the model, yielding a set of corrected bridge cable forces $\{T_{21}\}$ and corresponding control parameters [6].

Organize and analyse the results of the forward

iteration, repeating the process multiple times until achieving the desired accuracy value. The final obtained initial tension represents the numerically reasonable value for construction.

1.2 Backward-forward iteration method

The backward-forward iteration method builds upon the control parameters obtained from the first round of backward-forward iteration calculation, considering geometric nonlinearity, concrete shrinkage, and creep for subsequent rounds of iterative calculations until the required accuracy is achieved. This method is also known as forward-backward interactive iteration [7].

Initially, the structure is disassembled in reverse to obtain parameters at different construction stages, such as displacement and internal forces. Then, when calculating the forward load, the effects of structural shrinkage, creep, and other nonlinear factors are considered. Subsequently, the internal forces of the completed bridge are analysed by backward iteration. After multiple iterations of backward-forward, the difference between the two converges to meet the accuracy requirements. Utilizing the reverse-dressing method may require extensive calculations and involve high complexity, making it more challenging to operate. Generally, more refined methods are needed to improve the accuracy of results, such as decomposing each stage or even each component of the pouring or staged pouring process, such as the layered pouring of concrete cable-stayed bridge segments, different material construction stages for composite beams, etc. In the pouring analysis process, the influence of cable sag on the cable force adjustment can be considered using catenary theory to achieve geometric nonlinear calculations.

1.3 Zero-stress state method

The zero-stress state method is based on the principle that the zero-stress state of each structural element of a bridge remains unchanged before and after construction, allowing for the disregard of construction sequence and methods. It connects the abstract concepts of zero-stress length and zero-stress curvature with the bridge construction process. Simply put, when determining the ideal state of a cable-stayed bridge during construction, the abstract control quantity of the zero-stress length of the cables is used to calculate the tensioning value of the cables during the forward calculation process. The introduction of the concept of zero-stress length of the cables is only for solving the requirement of automatic approximation to the bridge's internal forces and linear targets. The adjustment value of the tensioning force when the cables are last actively adjusted is determined. After determining the adjustment value of the cable tensioning force, the structural calculation is still based on the force values [8-9]. The basic principles include:

(1) For a given structural system, design loads, boundary conditions, and the zero-stress state quantities of each component of the bridge structure, the resulting internal forces and displacements will be unique and independent of the construction process or technique;

(2) The internal forces and displacements of structural elements will change with the transformation of the structural system, the application of loads, and the tensioning of cables, while the zero-stress length of the elements will only change through deliberate adjustments. With fixed structural system, design loads, and boundary conditions, any change in the zero-stress length of an element will correspond uniquely to a change in the axial force of that element.

During the installation process of the main beam and pylons of a cable-stayed bridge, the internal forces and displacements will vary due to changing boundary conditions, external loads, and system transformations. However, as long as these structures are controlled to maintain their initial curvatures in the zero-stress state throughout each construction stage until the completion of the bridge, regardless of the construction method, the internal forces and displacements of the structure after completion will close and achieve the expected design bridge state.

2 Calculation of reasonable construction condition

2.1 Finite element model

This bridge uses Midas Civil software to establish a model of a cable-stayed bridge with low towers, consisting of 483 nodes and 392 elements. Beam elements are used to simulate the main girder and main towers, while truss elements are used to simulate the cables. Unit elements are set at the vertex positions of the main girder's cross-section to represent the main girder, modeled as a single beam. The model is shown in Figure 1.

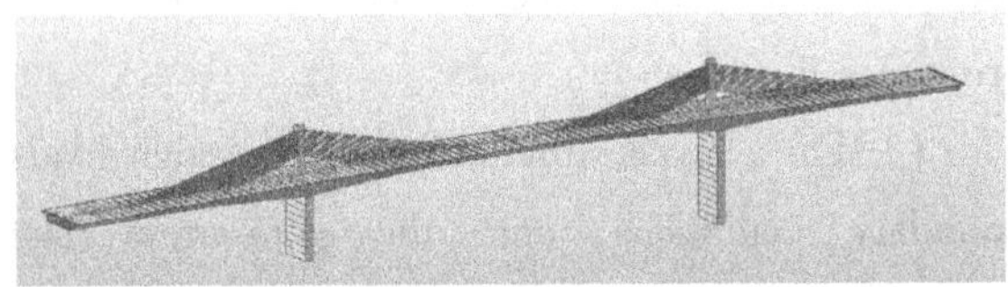

Figure 1 Midas Civil model

For boundary conditions, general supports are placed at the pier bottoms and beam ends, and elastic connections are used to simulate bearings. The stiffness of the elastic connections is set according to the actual stiffness of the bearings in each direction. To ensure mutual deformation between the main girder and cables, rigid connections are applied at the anchorage points of the cables to the centerline of the main girder. Similarly, rigid connections are used to constrain the main towers and cables at the main tower locations. During construction, temporary restraints are applied using rigid connections to connect the nodes of block 0 and block 1 to the pier top. Full-span supports are used to simulate formwork supports at the edge-span casting sections. Both types of temporary restraints are deactivated after completing the mid-span closure.

The loads considered include the self-weight of the main girder, transverse partition self-weight, deck slab self-weight, live loads (vehicle loads and pedestrian loads), and phase 2 permanent loads (including the weight of pavement, railings, and other deck structural facilities). The self-weight of the main girder is applied using a system-defined load. The transverse partitions are modeled as concentrated loads applied at the top of the main girder, and the deck slabs are modeled using distributed loads applied at the corresponding positions on the main girder. Live loads are applied to simulate traffic lanes and pedestrian paths. Phase 2 permanent loads are simulated using distributed loads on the top of the beam. Temperature loads consider overall temperature changes and local temperature changes, with values taken according to specifications. Prestressing and initial cable tensions are added using respective modules.

2.2 Result of calculation

Conduct iterative calculations on the finite element model of Midas Civil using forward iteration method, backward-forward iteration method, and zero-stress state method respectively, as shown in Figure 2 to Figure 4.

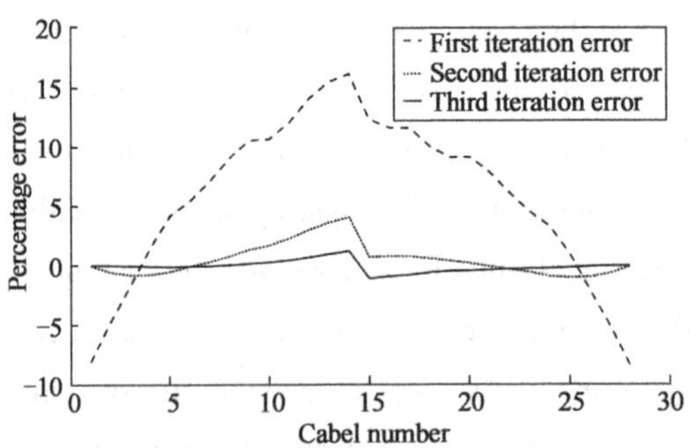

Figure 2 Result of forward iteration method

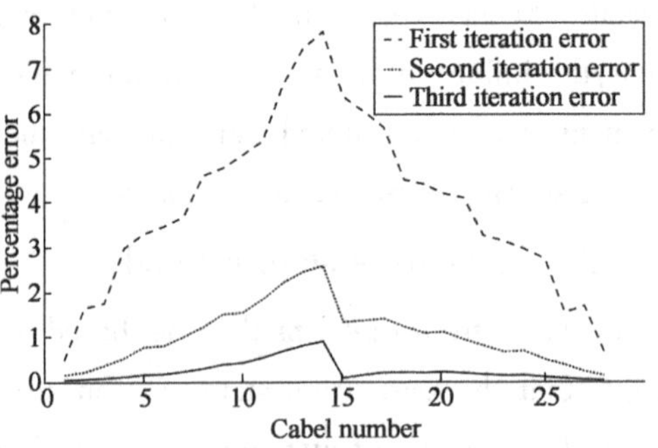

Figure 3 Result of backward-forward iteration method

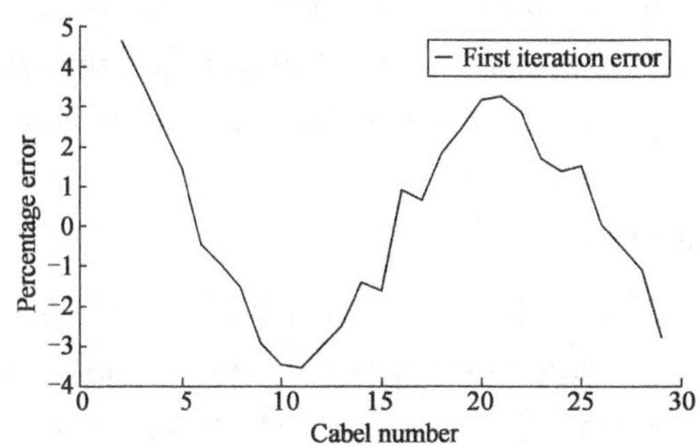

Figure 4 Result of zero-stress method

2.3 Comparison and analysis

The reason for convergence in the direct iteration method is: based on the premise that the cable forces at each bridge state during each installation are consistent with the reasonable bridge state, convergence is achieved through repeated adjustments to the cable forces. Using the cable forces determined by the reasonable bridge state as the initial calculation of the cable forces during the first installation can reduce the number of iterations and accelerate the iteration process.

The backward-forward iteration method establishes the relationship between the target state of the cable-stayed bridge and the intermediate construction state of the cable-stayed bridge by accumulating internal forces and displacements of the structure as variables. The reason for convergence in the reverse-disassembly-direct installation iterative method is: based on the premise that the cable forces at each bridge state during each installation are consistent with the reasonable bridge state, adjustments to the cable forces are made by "subtracting" the corresponding stage of concrete shrinkage and creep from the previous round of direct installation calculations during the reverse disassembly process, speeding up convergence. It identifies the fundamental reasons for the deviation between the direct installation bridge state and the reasonable bridge state and quantifies them.

According to the principle of zero-stress state method, the external loads, structural system, support boundary conditions, and zero-stress cable lengths of the bridge in the current installation state and the previous iteration's bridge state should be consistent, resulting in the same structural stress state. However, as shown in Figure 5, there is a certain deviation in cable forces, which is caused by the effects of concrete shrinkage and creep, leading to inconsistency in the structural state of the main beam.

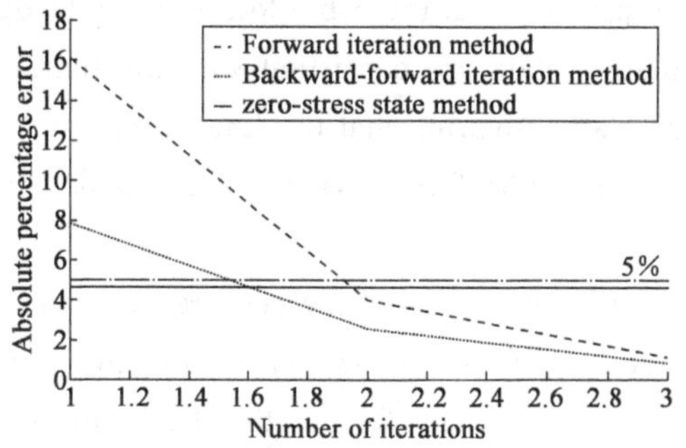

Figure 5 The maximum value of the absolute error of each method

Following the basic principle of zero-stress state control method, the fundamental reason for the inconsistency in structural stress is the zero-stress state of the cable-stayed bridge. Considering the influence of concrete shrinkage and creep on the structure, the convergence of the zero-stress state control method is based on the premise that the cable forces in each installation state are consistent with the reasonable bridge state. It involves directly adjusting the zero-stress cable lengths of the cables to gradually approach the target state, thereby accelerating the convergence of zero-stress state quantities in the main beam and bringing the installation state closer to the reasonable bridge state.

By comparing Figures 2 to 5, it can be observed that the zero-stress state control method exhibits the fastest convergence speed, followed by the reverse-disassembly-direct installation iterative method, while the direct installation iterative method shows the slowest convergence speed. In comparison to the direct installation iterative method, the reverse-disassembly-direct installation iterative method identifies the reasons for the deviations and, during the reverse disassembly process, "subtracts" the corresponding stage of concrete shrinkage and creep from the previous round of direct installation calculations, thus accelerating the iterative computation.

3 Conclusions

(1) In the zero-stress state control method, backward-forward iteration method, and forward iteration method, each iteration calculation is based on the premise that the cable forces in the bridge's installation state are consistent with the reasonable bridge state, ensuring that the final bridge state has the same cable forces as the reasonable bridge state.

(2) A comparison of the convergence essence of the three methods reveals that during the iterative calculation of cable forces, the backward-forward iteration method and forward iteration method adjust the cable forces, while the zero-stress state control method adjusts the zero-stress lengths of the cables.

(3) The backward-forward iteration method and the forward iteration method establish the connection between the target state of the cable-stayed bridge and the construction state of the cable-stayed bridge by accumulating internal forces and displacements of the structure as variables. Each construction stage is interrelated, and if any adjustment is made in one stage, all backward or forward calculations need to be redone. In contrast, the zero-stress state control method establishes the connection between the target state and the construction state of the cable-stayed bridge through the zero-stress state quantities of the structural elements. After an adjustment in a certain stage, only the consistency of the zero-stress state quantities needs to be ensured, without the need for a complete redo of the structure's reverse disassembly or direct installation calculations.

(4) The zero-stress state control method exhibits the fastest convergence speed, followed by the backward-forward iteration method, while the forward iteration method shows the slowest convergence speed.

(5) Regardless of the iteration calculation method used, there are deviations in the bending moments and displacements of the main beam between the final bridge state and the reasonable bridge state, mainly due to changes in the zero-stress state quantities of the main beam caused by concrete shrinkage and creep.

References

[1] PENG L, RU C. Practical Method of Optimization of Cable Tensions for Cable-stayed Bridges [J]. Journal of Tongji University (Natural Science), 2003(11): 1270-1274.

[2] SHUJUAN L. Cable-stayed bridge construction control analysis and research [D]. Xi'an: Chang'an University, 2003.

[3] CCHUNXIA K. Comparative analysis and research on calculation methods of reasonable construction state of cable-stayed bridge [J]. Journal of Railway Science and Engineering, 2017, 14(01): 87-93.

[4] FUYUE L. Research on cable force calculation and influencing factors of low-tower cable-stayed bridge construction based on difference iteration method [J]. Industrial Safety and Environmental Protection, 2022, 48 (05): 82-86.

[5] CHAO Y. Study on Cable Force Optimization and Control of Hybrid Beam Cable-stayed Bridge [D]. Beijing: Beijing University of Civil Engineering and Architecture, 2022.

[6] DONG H Y. Forward-iteration method for determining rational construction state of cable-stayed bridges [J]. China Journal of Highway and Transport, 1999(02): 61-66.

[7] QIANG F. Forward-back Optimization Method for Determining Construction Cable Force of Cable-stayed Bridge [J]. Journal of Shijiazhuang Tiedao University (Natural Science Edition), 2012, 25(03): 33-37.

[8] HONG Y T. Study and Application on Construction Control Theory of Stress-free Status Methods for Long Span Cable-stayed Bridge [D]. Chongqing: Chongqing Jiaotong University, 2008.

[9] DONG Y. Research on construction control of

twin-tower cable-stayed bridge based on stress-free state method [D]. Kunming: Kunming University of Science and Technology,2022.

浅覆盖层水域拱肋支架的搭设与预压

章哲明*[1] 邓心蕊[1] 张 文[2] 周 晟[1]
(1.江西省交通工程集团建设有限公司;2.江西省知识产权保护中心)

摘 要 本文以王安石抚河特大桥钢混组合拱肋的施工为例,介绍了该桥通过使用基础防护装置、抗推型落架装置和自平衡抗滑装置等创新结构,解决了浅覆盖层水域钢管桩支架抗倾覆能力不足的问题,消除非弹性变形后的高程补偿问题,以及预压堆载物易下滑的难题;提出以倾角25°为分界线,划分缓拱区间和陡拱区间,实施不同的堆载方案;上述技术的综合应用,达到了支架基础稳固、拱肋线形优美的效果,可为类似工程提供参考。

关键词 拱肋支架 搭设 预压

0 引言

拱桥是我国传统桥型,经过一代又一代桥梁工程师的艰苦努力,我国拱桥跨径已突破600m大关,位列世界第一。在建造大跨径拱桥时,拱肋作为拱桥的主要受力结构,有钢拱肋、混凝土拱肋、钢混组合拱肋等不同结构形式可供选择,拱肋的安装与浇筑成型一般有支架法和无支架法两种施工方法。在使用支架法浇筑混凝土拱肋时,一般需在拱肋底部用钢管桩搭设拱肋支架,经堆载预压后再开展后续的混凝土浇筑工作。但在浅覆盖层水域,由于地质覆盖层较薄,搭设支架时钢管桩打入深度难以满足抗倾覆的需要;采用"植桩法"需投入旋挖钻机等设备在水上开展钻孔作业,会明显增加施工成本,不甚经济;支架预压时由于拱肋线形为竖向曲线,拱肋与水平线的倾角较大,支架底模上很难堆载重物,极易下滑,因此拱肋支架很难进行堆载预压,导致支架与底模的非弹性变形不易消除,在一定程度上会影响到结构的线形。过去常采用计算挠度并结合经验值设置预拱度的方法,来代替拱肋支架的预压,这样就给结构安全和成桥线形带来了较大的隐患。对此,如何提高浅覆盖层水域钢管桩支架抗倾覆能力,解决预压堆载物易下滑的难题,兼顾施工方便、造价低廉、适用性强的多项施工技术创新需求摆在了广大工程技术人员面前。

1 工程简介

王安石抚河特大桥主桥位于江西省抚州市,为抚州东外环高速公路连接线跨越抚河而建的一座大跨度飞燕式钢管混凝土拱桥,全长1417m,主桥跨径为60m+168m+60m,主桥桥宽36.5m。主拱为矢高37.3m、矢跨比1/4.5、拱轴系数1.3的悬链线拱轴,计算跨径168m。桥面以上的主拱肋为横桥向平行设置的两片钢管混凝土桁架式拱形结构;桥面以下的主拱肋与边拱肋均采用矩形截面预应力钢筋混凝土结构,宽2.7m,高4.2m,混凝土设计强度为C60。边拱肋为预应力混凝土半悬臂拱,拱轴线为悬链线,计算跨径60m,矢高14.5m,矢跨比1/8.3,拱轴系数1.3。桥梁总体布置见图1。

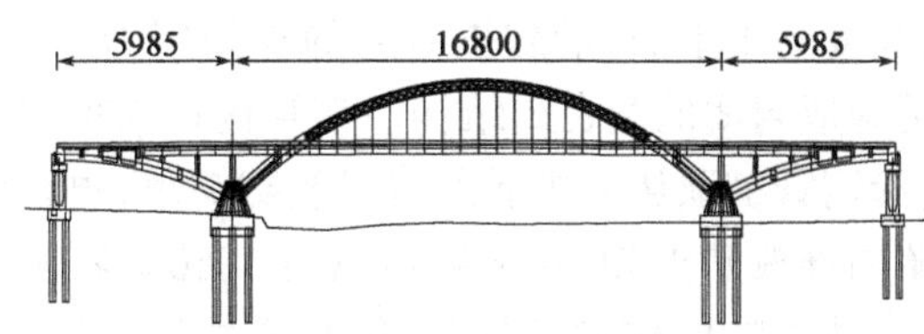

图1 桥梁总体布置图(尺寸单位:cm)

桥区位于抚河开阔地带,覆盖层较薄,大部分区域覆盖层厚仅有2m左右,覆盖层下为中风化石灰岩,岩性稳定,无溶洞。

2　拱肋支架

2.1　支架的构造

混凝土拱肋底模与模下支架自下而上的结构是:钢管桩、桩顶横梁、承重纵梁、底模横梁、底模木纵梁、钢底模。钢管桩采用直径630mm、壁厚10mm的螺旋钢管,用振动锤打入持力层;钢管桩的横向连接采用[10号槽钢、纵向连接采用[16号槽钢,以剪刀撑的方式通过缀板在钢管桩中轴线连成整体。每排3根钢管桩共用一根桩顶横梁,桩顶横梁按拱肋线形在顺桥向呈台阶状平行布置。横桥向每排设三根钢管桩,排距按计算确定。桩顶横梁采用Ⅰ32号双工字钢做成嵌入式,横桥向放置,嵌入钢管桩内。桩顶横梁之下采用厚钢板做桩帽,桩帽钢板厚度不小于10mm,桩帽钢板下采用型钢和三角形钢板进行加固,桩帽与桩顶横梁均嵌入钢管桩内,通过钢管桩内壁的限位实现抗推功能,以抵消承重纵梁受力后产生下滑力。桩帽与桩顶横梁之间安装落架装置。该装置由钢制双楔块组成,既能调节桩顶横梁的高程,又具有抗推功能,能防止底模受力后因水平分力而产生顺桥向滑移。在安装钢制双楔块的对应位置,用竖向钢板对桩顶横梁工字钢的腹板进行加强。钢制双楔块用钢板焊成,楔块内部用钢板加强,两个层叠放置楔块的接触面涂黄油润滑,通过精轧螺纹钢调节楔块的高程。

2.2　基础防护装置

如图2所示,基础防护装置是由防护骨架和钢筋网构成的圆台状防护罩,防护骨架由多层内外圆和放射状支撑杆组成,内圆的内径略大于钢管桩的直径。本例内圆直径为700mm,外圆直径不超过钢管桩间距。防护骨架用钢筋焊成圆形笼状,高度高出水面,沿防护骨架的外侧用D8型钢筋网焊成封闭的圆台式结构。钢管桩打入持力层后,沿钢管桩顶从上往下吊装安放防护罩,再在防护罩内堆放砂土袋,砂土袋内只装入50%容量的砂土,砂土就地取材,用绑扎带扎紧袋口,抛入防护罩内自然堆码成形,为钢管桩基础提供侧向支撑。

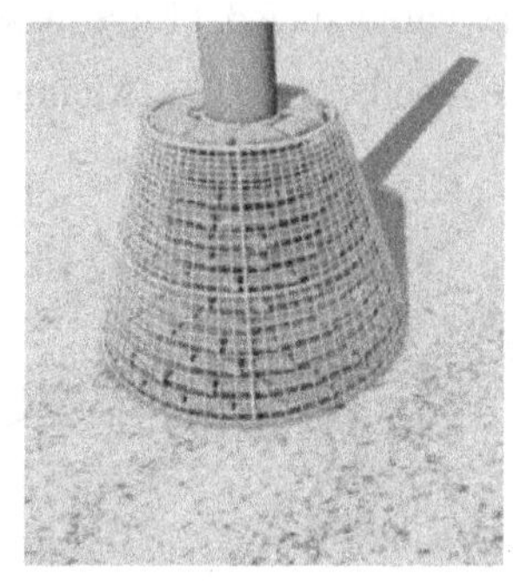

图2　基础防护装置

2.3　底模

拱肋底模从上往下由钢面板、木纵肋、钢横肋、支撑杆、承重纵梁组成。

钢面板采用整块大钢板制成,长度等于混凝土拱肋的底面弧长,宽度等于混凝土拱肋设计宽度-5mm,钢板长边方向与拱肋长度方向一致,铺设在木纵肋之上;钢面板底面通过短钢筋与钢横肋焊牢,防止钢面板受力后下滑;在两侧底面内缩4mm处顺桥向加焊小角钢用于粘贴止浆条,角钢规格不超过40×40mm。

木纵肋由多根截面为80×80mm的小方木制成,沿拱肋长度方向均匀放置,间距不超过20cm,木纵肋通过Ⅰ2号铁丝绑扎在钢横肋上。

钢横肋由Ⅰ16号工字钢做成,长6m,间距40cm,横桥向平行布置,均匀分布在钢纵梁上,截面的上翼缘与拱肋底部线形平行,底面固定在调节块上。底模横梁的两端顺桥向用小钢管和小角钢搭设安全栏杆,栏杆内侧用钢筋加工成台阶状人行步道。

钢横肋与承重纵梁之间用支撑杆进行定位与连接,支撑杆采用[10号槽钢制成,竖向安装在钢横肋与钢纵梁的交叉点上,每个交叉点上安装1个调节块,上下端分别与钢横肋和钢纵梁焊牢,调节块的长度在考虑预拱度和结构的弹性变形值后经计算而定。

承重纵梁采用5根Ⅰ36号工字钢制成,安装在桩顶钢横梁之上,并通过竖向双槽钢将钢纵梁与桩顶钢横梁焊牢;竖向双槽钢的规格不小于[16号。

2.4　拱肋支架搭设的质量控制

钢管桩的入土深度需满足要求。钢管桩采用振动锤按设计图纸的要求打入到持力层,经贯入度控制和单位时间的下沉量来控制是否可以停止振桩。

钢管桩位置偏差不超过50mm,间距偏差不超过50mm,施工前需先用全站仪放样,定出各桩的中心位置,陆地桩采用白灰标出桩位的轮廓线,以便更好地控制位置的准确性,水中桩通过定位架控制桩位。

钢管桩的垂直度偏差不超过3‰,施工时在顺桥向与横桥向各安排1人,使用锤球适时观测垂直度的情况,并随时向起重机司机发出纠偏指令,确保在振桩和接桩过程中,钢管桩的垂直度能满足规范要求。

支架的桩顶高程偏差不超过5mm。由于拱肋是向上弯曲的拱形结构,每排钢管支架的设计高程完全不同,因此,桩顶高程的控制是保证拱肋线形的关键。

桩间连接要确保在轴线位置。钢管桩在顺桥向和横桥向均使用槽钢成剪刀状连接成整体,槽钢与钢管桩之间应通过缀板焊接,缀板应放置在竖向钢管桩轴线相连的位置,不能直接将槽钢焊在钢管桩上。焊缝的长宽厚尺寸需满足设计要求。

3 预压

3.1 搭设预压抗滑装置

根据拱肋支架的不同坡度状态,以25°为界划分为陡拱区间和缓拱区间,并根据不同区间来设计不同的预压抗滑装置。图3和图4为两种拱肋坡度状态下的抗滑装置结构示意图。

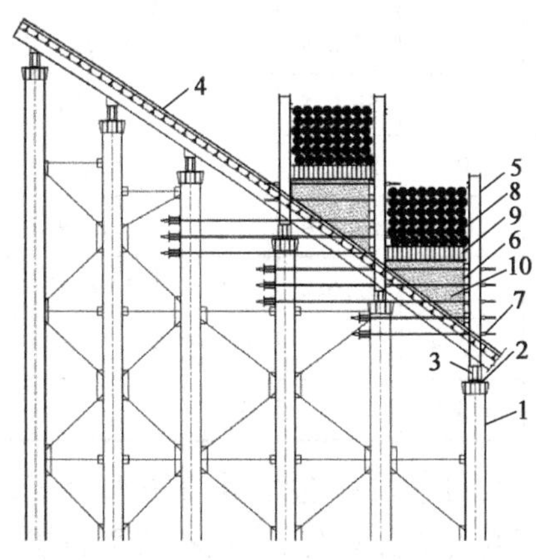

图3 陡拱区间抗滑装置

1-拱肋支架;2-钢制双楔块;3-横梁;4-拱肋底模;5-立柱;6-挡杆;7-拉杆;8-成捆钢筋;9-扁担梁;10-砂袋

抗滑装置主要由立柱、挡杆、拉杆组成,其中:

立柱由双工字钢拼焊而成,工字钢的规格不小于I36号,工字钢的截面高度方向为顺桥向放置;立柱分立在拱肋底模的两侧,立柱的底端与横梁焊牢,拱肋底模以上通过挡杆焊成整体。

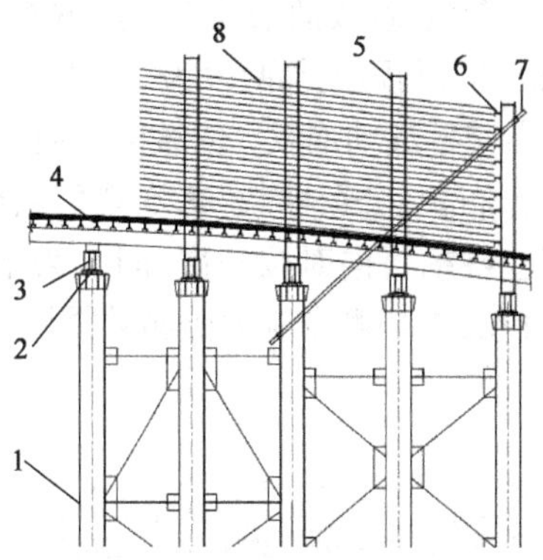

图4 缓拱区间抗滑装置

挡杆用槽钢制成,槽钢的规格不小于[16号,槽钢的钢号为Q235,槽钢开口朝下,槽钢的两端与立柱焊接牢固,用于挡住砂袋,以防止砂袋下滑,砂袋用于找平。

拉杆将低位的立柱与相邻高位的拱肋支架连接在一起,拉杆由精轧螺纹钢制成,精轧螺纹钢的直径须经过计算确定,直径不小于20mm。

3.2 分级堆载

抗滑装置搭设完成后,从拱脚开始由低往高进行拱肋支架的预压准备;分级堆载的最大重量为全部施工荷载的1.2倍。

3.2.1 陡拱区堆载

如图3所示,陡拱区单跨堆载的预压方法是:按横梁的间距分段,每段搭设一套抗滑装置;每两段为一批依次由低向高交替滚动堆载。操作顺序是:先堆载陡拱区第一段,再堆载陡拱区第二段,陡拱区第一段卸载后堆载陡拱区第三段,陡拱区第二段卸载后堆载陡拱区第四段,这样交替滚动堆载,使拱肋底模上始终保持有两段堆载物,避免了由于拱肋底模的连续性而导致相邻段拱肋底模出现反拱现象;依靠抗滑装置,在每段的拱肋底模上用砂袋填满找平,砂袋上覆盖防雨篷布,防雨篷布上横桥向满铺工字钢做扁担梁,扁担梁上用成捆的钢筋横桥向分级堆载;堆载过程中及时观测并记录好堆载重量与拱肋支架沉降的数值,拱肋支架沉降稳定后进行分级卸载,卸载后的钢筋向上滚动到下一个陡拱区预压段进行堆载预压,这样连续滚动直至陡拱区预压结束。

3.2.2 缓拱区堆载

如图4所示,缓拱区多跨堆载预压的预压方法是:按成捆钢筋两倍以上的长度为一个预压段,每段搭设一个抗滑装置;成捆钢筋在拱肋底模上纵向放置,实现多跨同时预压;每两段为一批按上述方法依次由低向高交替滚动堆载。依靠抗滑装置,成捆钢筋纵向平行布置、分级堆载,每堆载两层成捆钢筋用拉杆将立柱横桥向对拉一次;图 5 为本例 10 号墩右幅边拱肋支架测点应力监测数据图。

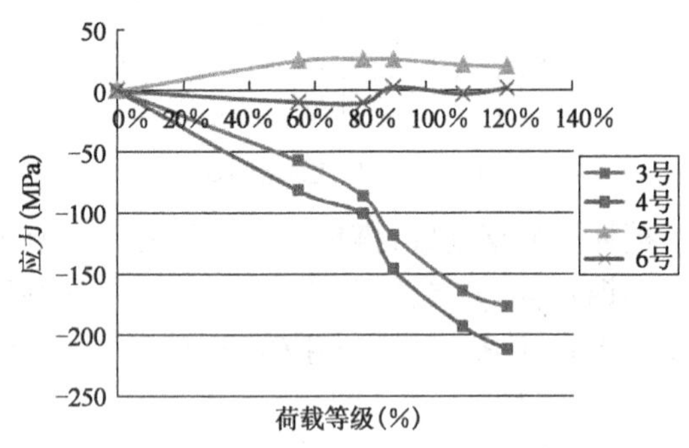

图 5　各测点的应力与荷载等级关系

3.3　卸载

全部荷载施加完毕后,每隔 24h 观测一次,记录好各测点高程,本例记录数据见表 1;确认符合预压稳定性判断标准后,进行支架卸载;卸载按由上至下的顺序进行,缓拱区间卸载时,还需注意按横桥向先两边再中间的顺序逐层移除堆载钢筋。

全部卸载后,对拱肋底模的高程重新进行测量,并计算支架各监测点的弹性变形量,用钢制双楔块将底模的高程调整到设计位置。

3.4　支架预压的质量控制

预压荷载采用成捆的钢筋进行堆载,施工前需认真清点并记录加载的实际质量,并按预压段混凝土拱肋结构全部质量的 1.2 倍进行总质量控制,实施时按分级加载的原则分别做好应力应变的观测记录,严禁“投机取巧”,用不实的数据蒙混过关。

10 号主跨预压沉降观测结果(mm)　　表 1

测点编号	加载前	加载 50%		加载 100%		加载 120% 0h		加载 120% 24h		加载 120% 48h
	高程	高程	沉降	高程	沉降	高程	沉降	高程	沉降	高程	沉降
1-c	57.769	57.764	5	57.763	0	57.763	0	57.763	0	57.762	0
1-a	57.780	57.774	6	57.774	0	57.774	0	57.773	1	57.773	0
2-b	57.592	57.590	2	57.588	1	57.587	1	57.586	1	57.585	0
3-e	57.860	57.859	1	57.859	0	57.858	1	57.858	0	57.857	0
3-d	58.077	58.077	0	58.076	1	58.075	1	58.075	0	58.074	0
3-a	58.235	58.233	2	58.232	0	58.232	0	58.231	0	58.231	0
4-b	57.725	57.722	3	57.722	0	57.720	2	57.719	1	57.719	0
4-d	57.631	57.631	0	57.631	0	57.629	2	57.628	0	57.627	0
平均沉降(mm)			2.375		0.250		0.875		0.375		0
累计沉降(mm)			2.375		2.625		3.500		3.875		3.875

预压稳定后,经检验合格才能进行卸载,支架稳定的条件应满足下列要求:

(1)各测点沉降量平均值小于 1mm;

(2)连续三次各测点沉降量平均值累计小于 5mm。

4　结语

(1)圆台型网罩式基础防护装置采用泥土材质作为防护填充物,取材简单,施工方便,且弹性高、易变形,可使防护包堆叠得更加密实,从而使钢管周围受力更加均匀,应用在浅覆盖层水域,能有效提升钢管桩的抗倾覆能力的抗冲刷能力。观测结果表明,该支架结构性能稳定,沉降小。

(2)采用钢制双楔块并结合嵌入式桩顶横梁,形成抗推型落架装置,有效解决了水平滑移与非弹性变形不可调整的问题。

(3)抗滑装置的应用解决了预压堆载物易下滑的难题,且底模不易产生翘曲。

参考文献

[1] 中华人民共和国交通运输部. 公路桥涵施工技术规范:JTG/T 3650—2020[S]. 北京:人民交通出版社股份有限公司,2020.

[2] 中华人民共和国住房和城乡建设部. 钢管满堂支架预压技术规程:JG/T 194—2009[S]. 北京:中国建筑工业出版社,2010.

[3] 章哲明,黄浩波,吴飞. 一种大倾角拱肋支架的预压方法[P]. ZL2022 10628442. 5. 2023.4.

[4] 童富业. 系杆拱桥现浇系及拱肋施工钢管桩支架方案优化[J]. 黑龙江交通科技,2022,45(8):64-66.

重庆渝湘复线双堡特大桥双联拱桥设计施工管控方法探讨

敬世红[1] 黄 导[*2] 冯 畅[2] 郑国徽[3]

(1. 重庆高速公路集团有限公司;2. 重庆成渝垫丰武高速公路有限公司;
3. 重庆渝湘复线高速公路有限公司)

摘 要 渝湘复线双堡特大桥是 2×405m 双联拱桥,因为特殊地形地貌,采用了双跨连续钢管混凝土上承式桁架拱,其跨径为目前世界同类型桥梁最大。桥位处地势险峻,交通不便,施工难度大,为解决双堡特大桥钢管拱肋安装问题,设计出一套适用于大跨径双跨连续拱桥的缆索吊装系统进行钢管拱节段悬臂扣挂法拼装。本文结合渝湘复线双堡特大桥设计和施工实际情况,分析了双堡特大桥设计施工管控难点,总结设计施工管控方法,解决大跨径双联拱桥设计施工等管控难题,为渝湘复线高速公路的重点控制性工程提供理论支撑和技术支持,推动渝湘复线高速公路的高品质建设。

关键词 双联拱桥 设计施工 管控方法 智能建造 绿色生态

0 引言

近年来,在我国桥梁工程发展中拱桥的设计施工技术取得了巨大的进步,如钢管混凝土拱桥。目前国内已建成的超 400m 跨径的大跨径钢管混凝土拱桥有 12 座,自 2009 年建成跨径 338m 的湖北恩施小河特大桥以来,于 2019 年又建成跨径 450m 的贵州罗甸大小井特大桥,再到 2020 年建成跨径 575m 世界最大跨径钢管混凝土拱桥广西贵港平南三桥,说明了桥梁工程的设计施工技术在不断提高,建设规模持续增大[1]。目前重庆及我国西部地区钢管混凝土拱桥大部分分布在地形陡峻、场地狭窄、施工条件比较差的山区峡谷,且受地形条件制约,已建峡谷上承式钢管混凝土拱桥多为单跨结构,连续结构较少见。因特殊地形地貌的影响,重庆渝湘复线双堡特大桥采用 2×405m 上承式双联钢管混凝土桁架拱桥,其跨度为目前世界同类型桥梁最大,桥梁连续跨越大洞河和小河沟的"W 峡谷地形",桥位处地势险峻,交通不便,施工难度大,对其开展设计施工管控方法探讨十分有必要。

1 工程概况

作为重庆渝湘复线高速公路的重点控制性工程之一的双堡特大桥,位于山区沟谷地带,高低起伏,桥梁穿越"W 峡谷地形 + 岩溶地质",能够符合该特殊地形地貌的桥梁结构较少。经过全方面综合考虑,结合该桥梁所处的地形地貌,考虑桥梁造型美观、施工安全风险、工程造价等因素,最终选择双堡特大桥的桥型为双跨连续上承式钢管混凝土变截面桁架拱桥方案。双堡特大桥全长 1628m,桥跨布置为先简支后连续 6×30m T 梁 +3×40m T 梁 +2×405m 双联拱桥 + 先简支后连续 6×40m T 梁 +9×30m T 梁。桥梁设计速度为 80km/h,宽度为 32.5m(单幅宽度 16m),为双向六车道高速公路[2],如图 1、图 2 所示。

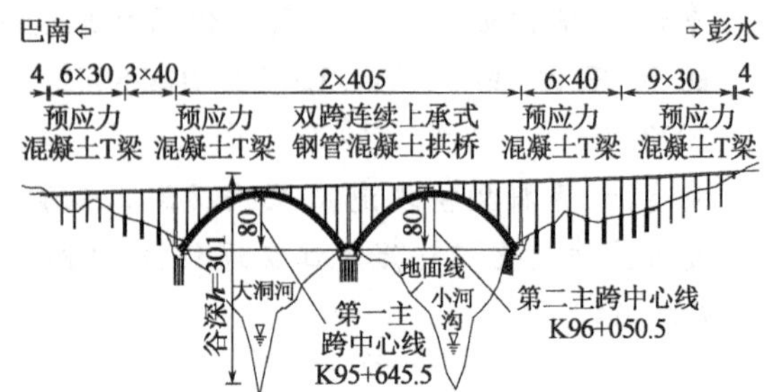

图1　双堡特大桥立面布置(尺寸单位:m)

图2　双堡特大桥

2　设计施工管控难点

重庆渝湘复线双堡特大桥作为目前世界在建最大跨径的双跨连续拱桥,实现了三项世界第一:独立吊塔的缆索吊跨径(900m)、同等结构的缆索吊吊重(210t)、双联拱跨径(2×405m)。双堡特大桥因其典型的地形地貌特征,为桥梁设计施工带来了不少的困难;大桥周边地势险峻、施工场地有限,吊塔如何设置将成为施工关键技术难点;主桥中间主墩是双堡特大桥双拱的连接处,大桥中间主墩不能一起吊装较重的拱肋节段,唯有按顺序起吊,但因此会造成中间主墩左右两侧发生偏移,潜在造成主墩移动的风险,严重时会有墩柱倒塌风险,给桥梁施工带来安全隐患;大桥中间主墩位于"W形"峡谷的中间,所处位置都是悬崖峭壁,通往道路蜿蜒曲折,道路狭窄,好像一座"孤岛",施工物资供应将成为一大难题,这一系列设计施工难题,给项目建设带来巨大的困难。

2.1　项目地形复杂,设计技术难度大

双堡特大桥跨越大洞河、小河沟两大峡谷,桥梁位于山区深沟峡谷地形地貌地带,高低起伏,桥梁穿越"W峡谷地形+岩溶地质",轴线地貌形态呈"W"形(双堡特大桥地形、地貌见图3)。桥区轴线地面高程相对高差为322m,桥区沟谷呈下陡上缓形态,沟谷为基岩出露,下部为陡崖,中间拱座位于大洞河与小河沟中间的山脊中部,拱座位置中间高,四周低。峡谷区岩石裸露,大桥中间主墩基础有岩溶等不良地质。项目地形、地貌复杂,桥梁选型和结构设计以及施工建造面临诸多难题。

图3　双堡特大桥地形、地貌

2.2　施工工艺烦琐,安全生产风险高

双堡特大桥桥位地貌形态呈"W"形,左岸、深谷、中间岸不具备拱肋存放、运输条件,谷底不具备吊装平台搭设条件,采用大跨径千米级缆索吊系统,来解决拱肋吊装问题。双堡特大桥主桥上部结构选用"缆索吊装、斜拉扣挂"体系法施工,缆索吊系统设计选用双塔三跨方案,主跨900m,主要由塔架、缆索、风缆、锚碇、卷扬机、自动化控制系统等六大系统组成。缆索吊系统见图4。

图4　缆索吊装系统

全桥共72个节段主拱肋,主拱采用无支架缆索吊装、斜拉扣挂法安装。在钢结构加工过程中,全面应用等离子数控切割机、全自动数控卷板机、全自动相贯线切割机、组合式焊接平台等装备,实现钢结构工厂化高精度、高质量加工。拱肋短节段在加工厂加工后,在钢结构拼装场组拼成整体,运输至待起吊位置,通过缆索吊起吊,然后水平牵引就位安装。拱肋节段与已安装节段的连接方式均设计为法兰盘连接,法兰盘先用M48的10.9级螺栓连接,调好拱轴线,再焊接对接管。大桥主弦管内灌注C70自密实微膨胀混凝土,根据拱肋高

度，施工采用三级泵送，全桥共16根拱肋，分16次对称灌注，单次灌注量622.4m^3。全桥共有56个双肢拱上立柱，将立柱分为86个吊装单元，单幅吊装遵循两跨同步对称的顺序进行。全桥共28个帽梁，采用左右幅各一套跑车系统进行起吊。主梁采取单幅整跨吊装，即6道钢纵梁通过横撑连接成整体后起吊，共计60个吊装梁段单元。全桥共528块桥面板，采取汽车起重机与缆索起重机同步进行桥面板安装。其施工工艺烦琐，为项目安全生产带来巨大考验。

2.3 生态环境敏感，环境保护要求高

双堡特大桥地处武隆喀斯特世界自然遗产地，沿线生态环境敏感、复杂，桥梁跨越大洞河及小河沟河谷，河谷斜坡上无常年流水沟道，主要为季节性流水沟道。双堡特大桥主墩工程量约需0.23万t钢材、3.9万m^3混凝土，施工过程中将产生约5万m^3的弃渣，如果采用修建施工便道进行运输物材和渣土，需要修建大约20km施工便道，征收土地15亩(1亩=666.7m^2)，如此一来，将会在这片绿水青山上进行大量征地和砍伐森林，排放大量废气。双堡特大桥项目施工环境保护要求严格，将会给项目带来施工与生态环境不协调等问题。

3 提前谋划，加强设计管控

3.1 设计管控的重要性

渝湘复线双堡特大桥桥型结构复杂，施工难度大，从前期桥型方案比选，到后期设计进度和质量管理，做好设计管控是非常有必要的。渝湘复线双堡特大桥采用PPP模式(公私合营模式)建设，大桥设计单位为中交第二公路勘察设计研究院有限公司，施工单位为中交第二公路工程局有限公司，参与大桥设计和施工的单位均既是项目投资人也是参建单位，在管理中应建立高效沟通协作机制。设计工作贯穿项目实施的全过程，对设计的管控工作将是PPP项目管理过程中的关键工作。

3.2 全面桥型方案比选

在项目前期桥型方案确定时做了大量的对比分析工作，主要从桥梁的地形地貌环境以及工程地质条件，结合项目整体的施工安全风险管控，施工工期和工程投资等方面综合考虑，最终确定了两个主要桥型比选方案。方案1：预应力混凝土连续刚构桥(106+200+106)m+双塔混凝土斜拉桥(132+330+132)m；方案2：连续上承式钢管混凝土拱桥(2×405m)。桥型方案见图5。从工程造价方面来看，两种方案基本相当，但从地形、地质、施工风险、工期方面，预应力混凝土连续刚构桥+双塔混凝土斜拉桥方案由于基础在山区大峡谷，存在施工安全风险较高，地形地貌的匹配性较差，施工工期长达45个月等问题，而连续上承式钢管混凝土拱桥方案的桥型与地形地貌更加匹配，施工工期只要42个月，其施工安全风险较低，因此连续上承式钢管混凝土拱桥比预应力混凝土连续刚构桥+双塔混凝土斜拉桥方案更优。经过综合对比分析，最终确定双堡特大桥采用上承式钢管混凝土连续拱桥方案。

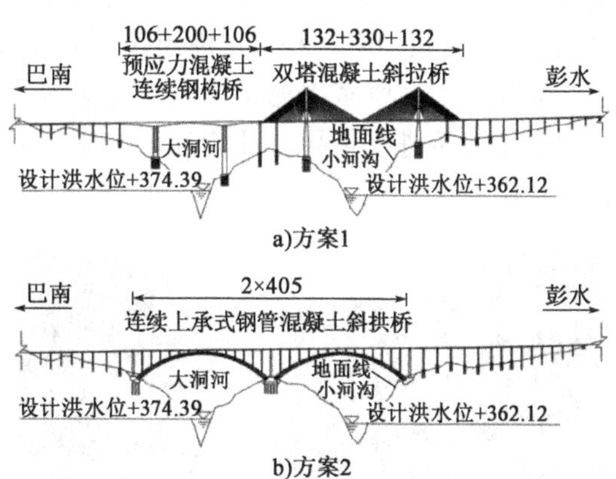

图5 桥型方案(尺寸单位：m；高程单位：m)

3.3 设计施工融合，发挥EPC优势

重庆渝湘复线高速公路项目采取PPP合作模式，双堡特大桥设计、施工单位都是股东单位，同属中国交通建设集团有限公司。项目公司积极建立设计施工沟通桥梁，在项目前期施工设计阶段，施工单位积极参与施工设计工作，充分了解设计单位的设计意图，在设计阶段提出施工过程中重难点，从而保证施工图设计不脱离施工，达到“设计体现施工，设计服务于施工”的目的。通过设计施工的融合发展，使得设计方案注重实际，方案更加合理可行，安全高效，充分发挥了EPC(设计-采购-施工)优势，从而提高工程项目建设质量安全[3]。

3.4 动态设计管理，做好设计回访

项目公司制定《变更管理办法》，对变更进行动态管理，建立“四账合一”的变更管理机制，即业

主、施工、监理、跟审单位变更管理有效统一,形成合力,做到变更管理程序规范、依据合理、金额可控、档案齐全。统一主动管理的思想,积极倡导现场变更早发现、早研判、早解决。做好设计回访工作,坚持设计引领的原则,引入设计回访机制,建立设计回访台账,通过研讨、审查等多种手段解决设计问题,让设计工作做到清单化闭环管理。

3.5　实施借脑引智,强化技术论证

项目结合双堡特大桥工程特点和建设需求,为了保证项目的质量安全,提升专业化管理水平,项目公司聘用国内著名桥梁工程技术专家为公司常年顾问专家,从而能够更加高效便利地为双堡特大桥遇到的工程建设难题提供专业的指导,为项目在科技创新、技术研发等方面提供有力支持。借助专家团队力量共同解决双堡特大桥的实际工程重点、难点问题,切实保障大桥建设工程质量、安全和品质。项目曾多次邀请国内外知名院士专家为双堡特大桥进行指导。郑皆连院士指导双堡特大桥见图6。

图6　郑皆连院士指导双堡特大桥

4　智能建造,提高安全质量

4.1　建立非现场移动可视化实时监控平台

项目一开工就建立了远程智能化视频监控系统,搭建了非现场移动可视化实时监控平台,接入双堡特大桥总承包部、施工标段、总监办、中心试验室以及现场施工点视频监控点,覆盖了包括双堡特大桥项目驻地、拌和厂、钢筋加工厂、双堡特大桥等施工现场。项目公司可通过会议室监控大屏以及手机端App随时了解施工现场的情况,并实时召开调度会议,大大提升了施工现场生产效率(图7)。通过该平台能够调节摄像头的旋转角度、镜头景深远近等,还可抓拍,视频可回放、存储,可实时了解项目情况,还可查询历史记录。同时,形成视频调度检查机制,发现现场不合规或危险行为时,可提前预警,对调度发现的问题留存记录台账清单,专人负责督促整改,并形成闭环管理。

图7　非现场移动可视化实时监控平台会议调度

4.2　“BIM + GIS”的智慧建设管理平台

项目公司以建设工程全生命周期理念为指导,建立以建筑信息模型(BIM)和地理信息系统(GIS)为基础,形成“建管养运”一体化智慧建设管理平台,从而达到“建设施工数字化、建设数据标准化、建设过程一体化、建设管控智能化”的效果;持续加强数字化资产管理,形成数字化底座模型,实现时序建设与运营的有效连接。开发具有合同管理、质量管理、安全管理、进度管理、变更管理、计量支付管理等工程管理核心功能的平台。该平台目前包含驾驶舱、质量管理、安全管理征迁管理、投资管理、进度管理、设计管理、党政管理等16项功能模块,并成功运用到双堡特大桥项目中。

4.3　智能索主动平衡控制系统

开发出适用于双堡特大桥复杂地形的大跨径千米级缆索吊系统,来解决山区峡谷大跨拱桥缆索吊系统选位受限问题。双堡特大桥采用双塔三跨布置,主系统跨径布置为355m + 900m + 350m,设计吊重210t。由于缆索一次只能吊一个节段,单侧扣挂时会对扣塔和中间拱座基础产生不平衡弯矩和水平力,造成扣塔应力增大,影响扣塔安装,同时会造成扣塔偏位,影响拱肋线形。为消除单侧拱肋吊装时产生的不平衡力,采用智能索主动平衡控制系统,该系统由智能千斤顶、智能调载液压泵站、北斗控制系统、调节索、锚固装置组成(图8)。智能索主动平衡控制系统整个运行过程状况较好,控制系统上读取的索力值和偏位值与设计计算值基本吻合,拱肋安装过程的扣塔偏位

基本控制在20mm以内,扣塔应力控制在170MPa以内,达到了预期的智能化使用效果,满足现场施工要求,实现中墩塔偏的自动控制,并将塔偏控制到毫米级,无需再投入人力和物力,过程安全性较高。

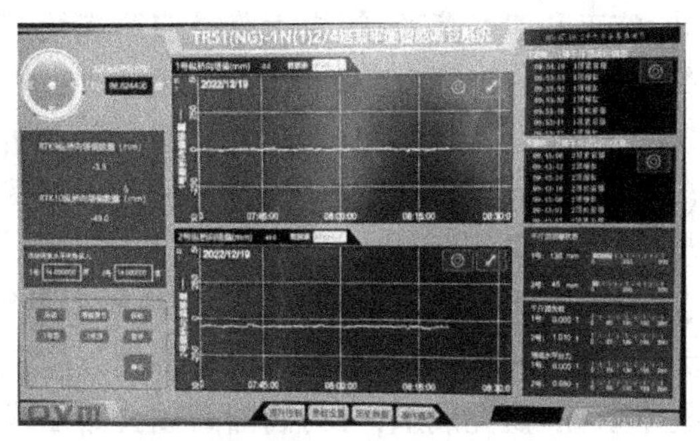

图8 智能索主动平衡控制系统

4.4 桥梁施工智能监控系统

为实时了解和调控缆索吊的运行状态,双堡特大桥采用桥梁施工智能监控系统,对吊塔偏位、风速、起重量、起升高度与运行行程全程监控,提高了缆索吊施工的安全性。该系统主要包括塔架偏位监测、风速监测、索力及起重量监测、起升高度与运行行程监测、卷扬机电机状态监测、视频监控等,在吊塔顶端安装北斗定位监测系统,起升高度与运行行程监测采用北斗精准三维定位系统(图9)。结合三维数字预拼装,提出"原形复位"拱肋安装控制方法,解决主拱肋三维姿态精准安装及调控问题。该技术采用三维激光扫描仪对组拼好的拱肋节段进行点云数据采集,采用智能处理算法,快速建立三维可视化模型,并对拱肋节段的尺寸、平整度、外观点等进行智能数字化检测。该技术还可以对相邻拱肋节段的拼接控制点进行智能提取,开展智能数字化预拼装,以虚拟匹配替代实体匹配,有效节约了拱肋拼装时间。为保证合龙对接精度,采用激光扫描获取合龙口三维空间精确姿态,数字拼装8根弦管对接三维误差最佳姿态,进行合龙段三维姿态调整。双堡特大桥9~10号拱肋间合龙段采用直接将合龙段钢管吊入合龙口,两端用短码板与9号节段锁定的方式,8~9号墩合龙段采用先用长型钢将两个9号节段锁定,再将合龙段钢管吊入,焊接短码板固定的方式,合龙时实测环境温度和拱肋钢管温度在11~14℃,各合龙口钢管对接误差均在2mm以内,合龙后通测高程偏差在10mm以内,拱轴线偏差均在20mm以内。

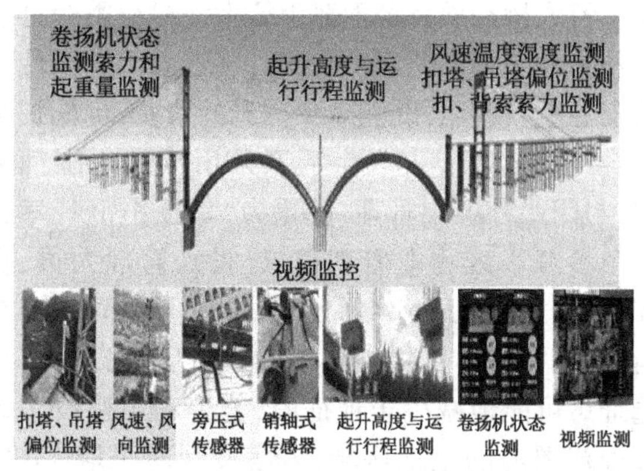

图9 桥梁施工智能监控系统

5 创新思维,重视绿色生态

5.1 创新重载索桥,助力生态环保

双堡特大桥连续穿越"W峡谷地形+岩溶地质"山区峡谷,造成物材、设备运输等诸多难题。为解决物资运输难题以及充分考虑减少对自然的破坏,创造性地提出利用索道桥代替传统的施工便道。该行车索道桥(图10)跨径245.52m,最大车辆荷载450kN。索道桥结构简单,跨越能力大,建设周期较短,能一定程度上解决山区峡谷地带项目物资运输问题,减小施工便道的长度,节省临时设施的投入,降低项目建设成本。索道桥的建成应用节约征地面积15亩,减少修建20km的便道,减少林木砍伐约780棵,对植被的破坏率大幅降低,施工车辆运输距离的缩减可相应减排废气约2.3万m^3,为建设"绿色公路"起到良好的示范作用。

图10 行车索道桥

5.2 统筹大型临时设施建设,确保绿色环保

"两区三厂"设计施工遵照国家法律法规、规

范制度等规定。综合考虑项目特色,注重生态环境保护,经济美观地做好“两区三厂”选址工作。双堡特大桥在项目经理部租赁大元村村委会办公区作为经理部办公区(图 11),将当地闲置未使用的资源重新利用,既能减少资源的浪费,也能提高社会经济效益。工人生活区采用标准化围挡隔离,封闭式社区化管理,设置为“幸福小镇”,幸福小镇参考小区物业管理模式,投入管理人员、保安、保洁人员,负责生活区安保、公共空间的维护运营,按照成本价提供有偿服务。“两区三厂”的选址尽可能地减少土地征收,充分利用建设工地红线范围内的土地区域,方案设计时采取“集中化、规模化、智能化”的设计原则,从而减少对生态环境的破坏影响。

图 11　双堡特大桥项目经理部办公区

5.3　防止水土流失,保护土地资源

双堡特大桥项目共有 4 个弃渣场,设计弃方量为 82 万 m^3。项目公司非常重视水土保持工作,严格做好弃土场施工管理,施工时遵循“先挡后弃、分层碾压、分级防护”的施工原则,及时复垦、复绿,减少对原生态环境的破坏(图 12)。项目在清表时将表土进行剥离收集,并整齐堆放在一个区域,防止水土流失,在保护表层熟土的同时,又减少了购买复垦的土壤费用。

图 12　弃渣场绿色生态复垦

6　依托国家重点实验室,科技攻关破难题

双堡特大桥是目前世界最大跨径上承式连续拱桥,结构受力复杂,工序烦琐。项目位于山区,交通不便,钢管拱短节段运输到桥位拼装、二次运输、起吊过程难度大。通过开展峡谷地区大跨径上承式双联钢管混凝土拱桥相关的结构体系、关键构造、新型材料等技术研究,指导双堡特大桥的设计、施工和建养管理,解决大跨径双跨连续钢管混凝土拱桥设计施工等关键技术难题,项目依托重庆交通大学山区桥梁及隧道工程国家重点实验室(图 13),设计开展了“单塔双扣”的大比例试验模型,模拟现场实际施工工况,监测调试塔偏、索力、应力的变化过程。重庆市交通局科研项目“峡谷大跨径上承式双联钢管混凝土拱桥设计施工关键技术研究”研究成果,可为渝湘高速公路复线的重点控制性工程提供理论支撑和技术支持,推动渝湘高速公路复线的高品质建设,具有重大的社会效益和经济效益。

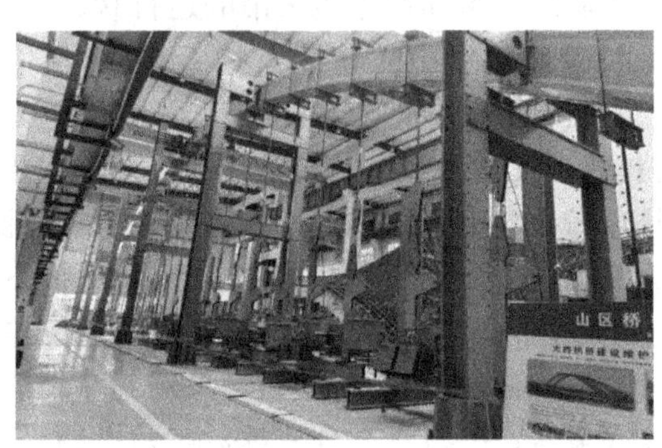

图 13　重庆交通大学山区桥梁及隧道工程国家重点实验室

7　结语

重庆渝湘复线双堡特大桥于 2021 年 1 月 18 日开工建设,2023 年 3 月 17 日主拱成功合龙,2023 年 12 月 27 日桥面贯通,预计 2024 年 10 月建成通车。作为目前世界在建最大跨径的双联拱桥,双堡特大桥实现了三项世界第一,三维激光扫描数字预拼装技术和智能索主动平衡控制系统在国内属首次全面应用。双堡特大桥的建设极大地丰富了我国西南山区高速公路大跨径拱桥的桥型结构,对我国山区大跨径拱桥的技术发展具有重大意义。双堡特大桥是重庆市“四环二十二射六十联线”主骨架高速公路网中的重要射线,建成后将进一步拓展成渝经济圈与黔北经济协作区的经济合作空间,对增强成渝经济圈辐射集聚能力和加速构建“长江经济带”综合交通运输体系具有重要意义。双堡特大桥作为重庆渝湘复线高速公路

的标志性控制结构工程，桥址位于重庆武隆崇山峻岭之中，促进了桥梁与自然和谐共生。

参考文献

[1] 陈宝春，刘君平. 世界拱桥建设与技术发展综述[J]. 交通运输工程学报，2020，20(1)：27-41.

[2] 刘琪，聂尚杰，丁少凌，等. 重庆渝湘复线双堡特大桥主桥设计[J]. 桥梁建设，2023，53(S1)：16-23.

[3] 黄导，冯畅，敬世红，等. 重庆渝湘复线高速公路项目PPP模式下创新质量安全管控方法探讨[C]//2022世界交通运输大会(WTC2022)论文集(公路工程篇)：522-527.

基于Sobol法的悬索桥主缆无应力长度控制参数研究

李崇进*

(长安大学公路学院)

摘　要　为研究悬索桥主缆无应力长度控制参数的敏感性，本文首先基于分段悬链线理论编制了主缆找形程序，并通过一个工程算例验证了程序的正确性，之后提出了一种基于Sobol法的悬索桥主缆无应力长度控制参数敏感性分析方法，最后对一工程算例进行了分析。分析考虑了施工控制过程中钢丝弹性模量、钢丝直径、钢梁重量及钢丝重度对主缆无应力计算长度的影响。分析结果表明，在悬索桥施工控制过程中，钢丝直径对主缆无应力计算长度的敏感性和重要程度最大，而钢丝重度的敏感性最小，可以忽略；各参数相互独立互不影响。

关键词　悬索桥　无应力长度　Sobol法　敏感性

0　引言

悬索桥的线形控制一直以来都是施工中的重点和难点，而主缆的线形控制尤为重要，一旦主缆架设完成，其线形很难改变。因此，在施工过程中，准确计算主缆无应力下料长度成为一项重要任务。主缆无应力长度误差会显著影响后续施工阶段[1]，因此有必要对影响主缆无应力长度的因素进行参数分析。张军[2]通过有限元软件分析了主缆重度、主缆弹性模量及温度对主缆线形的影响，发现主缆线形对弹性模量最为敏感。熊桂开等[3]利用有限元法分析了郭家沱长江大桥主缆架设过程中的多个影响参数，结果显示钢丝弹性模量对主缆无应力长度影响较大。鲜荣等[4]研究了地球曲率、温度、主缆弹性模量及钢梁恒载等参数对狮子洋大桥主缆线形的影响，并提出了相应的施工建议。杜斌等[5]从施工监控的角度分析了影响某公轨两用悬索桥线形的控制参数，发现材料特性和主梁荷载是高敏感性参数。然而，近年来对主缆线形的敏感性分析主要集中在使用有限元软件进行单一因素分析，缺乏对各因素间相互影响的研究，而且在大样本要求下，有限元软件的计算效率偏低。针对上述问题，本文设计了一种基于Sobol法的主缆线形参数敏感性分析方法。Sobol法[6]是一种全局敏感性分析方法，它通过计算多个因素对输出方差的影响，评估单个及多个因素交互效应的敏感性。当计算模型无法用显式函数表达时，可以采用基于蒙特卡洛法的Sobol法来近似计算各因素的灵敏度指标。因此，本文采用Sobol法对影响主缆无应力长度计算的参数进行分析，通过比较一阶和总体敏感性指标，得出主缆无应力长度的主要影响因素及各因素之间的交互耦合作用。

1　基于分段悬链线理论的主缆找形

为了计算主缆形状，我们假设A和B之间为一段自重均匀分布的完全柔性索，索的材料符合胡克定律，且不考虑横截面在荷载作用下的变化。

在自重作用下,其力学简化模型如图1所示。根据力学平衡条件和几何关系,我们可以得到以下方程(1)和方程(2)。

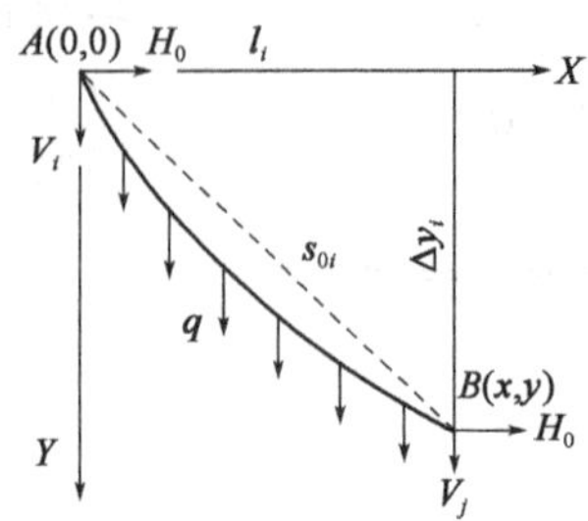

图1 自重作用下索段力学简化模型

$$x(s_{0i}) = -\frac{H_0 \cdot s_{0i}}{E \cdot A} - \frac{H_0}{q}\left[\ln\frac{q \cdot s_{0i} + V_i + \sqrt{(q \cdot s_{0i} + V_i)^2 + H_0^{\ 2}}}{V_i + \sqrt{H_0^{\ 2} + V_i^2}}\right] \tag{1}$$

$$y(s_{0i}) = -\frac{q \cdot s_{0i}^{\ 2} + 2 \cdot V_i \cdot s_{0i}}{2 \cdot E \cdot A} - \frac{1}{q}\left[\sqrt{(q \cdot s_{0i} + V_i)^2 + H_0^{\ 2}} - \sqrt{H_0^{\ 2} + V_i^{\ 2}}\right] \tag{2}$$

图中及式中:q——索段无应力状态下的自重均布荷载;

E——弹性模量;

A——横截面面积;

s_{0i}——索段的无应力长度;

$x(s_{0i})$、$y(s_{0i})$——索段两端点的跨度和高差;

H_0——索段张力的水平分力;

V_i、V_j——索段左、右端张力的竖直分力。

式(1)和式(2)称为索段状态的基本方程,表示索段内力和线形的关系。

在解主缆基本方程时,$N-1$根吊索将整跨主缆分成N段。针对一个确定的索段,有2个基本方程和5个变量(分别为x、y、H_0、s_0、V),故仍有3个多余未知数,由N个索段构成的主缆共有$3N$个未知数。为了约束求解过程,$N-1$个吊点的水平力和竖向力必须满足平衡条件,因此可以减少$2(N-1)$个未知量。同时,主缆两端点的位置是确定的,即两端点的相对高差和相对跨度已知,这一条件又可减少2个未知量。此时主缆仍然有N个未知量。为了进一步减少未知量,$N-1$个吊点的水平投影长度,即吊索间距已知,还可减少$N-1$个未知量。最终,还剩1个未知数,这个未知数通常可以通过已知某点的高程(一般给出中跨的跨中矢高)或通过相邻跨的悬索索段来消去。以上便是分段悬链线理论[7],用来解决主缆的成桥线形问题。

2 工程算例

已知某双塔单跨钢箱梁地锚式悬索桥主缆跨径布置为255m+920m+255m,主跨主缆矢跨比为1/10。全桥共有2根主缆,每根主缆由154根预制平行钢丝索股组成。每根索股由91根公称直径为5.018mm和弹性模量为201.635GPa的钢丝组成,钢丝重度为78.5kN/m^3。全桥共有78根吊索,吊索间距为12m。

根据分段悬链线理论基本原理,基于Matlab软件对成桥缆形进行编程计算。同时,通过midas Civil软件建立有限元模型(图2),利用节线法[8]对成桥缆形进行求解。比较两种计算方法之间的缆形坐标及无应力长度的计算结果,如图3和表1所示。

图2 有限元模型

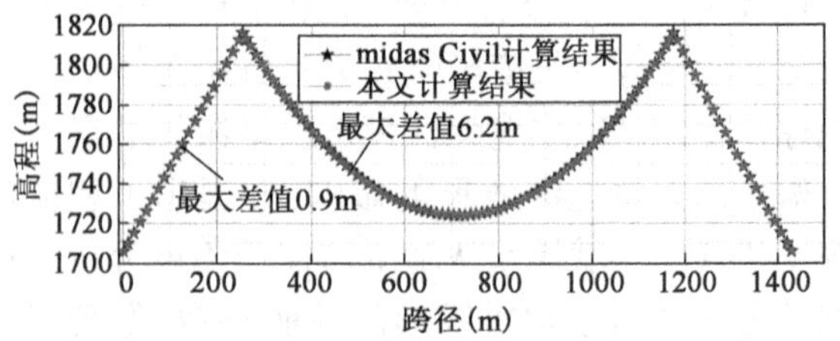

图3 成桥主缆坐标图

主缆无应力长度计算结果(单位:m) 表1

跨径	本文方法	有限元法	差值
主跨	941.505	941.546	0.041
边跨	276.994	276.999	0.005

从图3可以看出,本文方法与有限元方法计算的成桥缆形的最大差值分别为边跨0.9cm和主跨6.2cm。从表1可以看出,本文方法与有限元方法计算的主缆无应力长度的边跨和主跨的差值分别为4.1cm和0.5cm,其相对误差分别为0.0044%和0.0018%。由此可见,本文方法计算的主缆坐标和无应力长度相对误差较小,具有较高的精度,可为后续敏感性分析提供有效的计算模型。

3 基于Sobol法的无应力长度影响参数分析方法

3.1 主缆无应力下料长度计算因素

主缆无应力长度直接影响后续的成桥状态,起到至关重要的作用,施工控制的首要任务是根据施工实际情况准确计算主缆下料长度。影响主缆无应力长度的计算因素主要包括钢丝弹性模量、钢丝直径、钢丝重度及钢梁重量。在施工控制计算中,这些参数不能再用于设计取值,而需要结合施工现场数据重新计算。在计算参数取值的过程中,难免会出现误差。因此,研究上述因素对无应力长度计算的影响程度及各因素间的相互作用对主缆下料长度的控制具有重要意义。

3.2 Sobol分析方法

改进的Sobol法的主要思想是通过优化计算过程,将输出响应的一阶敏感性指标和总体敏感性指标的计算次数大幅缩减,这意味着可以在更少的计算资源下获取到准确的敏感性信息,提高研究效率。假定输出模型 $y = f(x_1, x_2, \cdots, x_k)$,则模型的总方差为:

$$V(y) = \sum_{i=1}^{k} V_i + \sum_{1 \leq i < j \leq k} V_{ij} + \cdots + V_{12\cdots k} \tag{3}$$

式中:$V(y)$——输出的总方差;

V_i——参数 x_i 时输出 y 的方差;

V_{ij}——参数 x_i 和 x_j 相互作用下输出的方差。

通过综合考虑这些方差,我们可以全面了解系统的敏感性特征,为进一步研究和优化提供指导。模型中参数的敏感性指标表示为:

$$S_i = \frac{V(E(y \mid x_i))}{V(y)} \tag{4}$$

$$S_{Ti} = 1 - \frac{V(E(y \mid x_i))}{V(y)} \tag{5}$$

式中:S_i——参数 x_i 的一阶敏感性指标,是衡量参数 x_i 对输出的影响程度的重要度量。它反映了参数变动对输出响应的影响程度,可以帮助我们确定关键参数和优化的方向。S_{T_i} 是参数 x_i 的总体敏感性指标,是衡量涉及参数 x_i 的各阶敏感性指标之和,提供了更加全面的敏感性分析结果。在实际研究中,通常可以通过分析 S_i 和 S_{T_i} 来评估参数对模型输出的敏感性程度。这些指标不仅可以揭示参数对系统性能的贡献程度,还可以帮助我们了解不同参数之间的相互作用效应。

3.3 分析流程

本文的敏感性指标通过编制的主缆找形程序,结合Sobol法进行计算,图4表示基于Sobol法的敏感性指标计算流程。首先使用蒙特卡洛抽样的方法,依据参数的取值范围,抽取出两个 $n \times k$ 阶样本矩阵 $\boldsymbol{A}$ 和 $\boldsymbol{B}$,接着将 $\boldsymbol{B}$ 矩阵中的第 j 列与 $\boldsymbol{A}$ 矩阵中的第 j 列进行置换,得到矩阵 $\boldsymbol{AB}_j$。这样,就得到了一系列的置换矩阵,用于后续的计算。在敏感性指标计算的过程中,将矩阵 $\boldsymbol{A}$、$\boldsymbol{B}$、$\boldsymbol{AB}_j$ 中的数据导入本文编制的主缆找形程序中,计算得到相应的无应力长度,然后计算均值、方差等中间运算量。最终,通过式(4)和式(5)计算得到各参数的一阶和总体敏感性指标,并据此评估相应参数的敏感性程度。

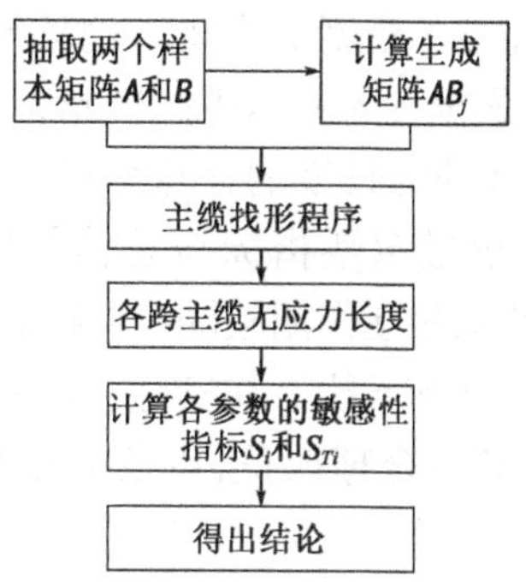

图4 敏感性指标计算流程图

4 算例分析

4.1 主缆无应力下料长度计算因素

同样以上述工程算例为分析对象,假定包括钢丝弹性模量 E、钢丝直径 d、钢梁重量 P 以及钢丝重度 R 共4个变量的取值范围,如表2所示。

影响参数取值范围 表2

参数编号	参数	均值	取值范围
1	E(GPa)	201.635	[0.95E,1.05E]
2	d(mm)	5.019	[0.95d,1.05d]
3	P(kN/m)	104.17	[0.95P,1.05P]
4	R(kN/m^3)	78.5	[0.95R,1.05R]

4.2 分析结果

根据表2中的4个变量的取值范围,选取2个1000000行4列样本矩阵。完成抽样后,将各变量的抽样值循环代入本文编制的主缆找形 Matlab 程序中,求解得到各跨主缆的无应力长度。根据式(4)和式(5)即可得到一阶敏感性指标 S_i 和总体敏感性指标 S_{T_i},如图5所示。

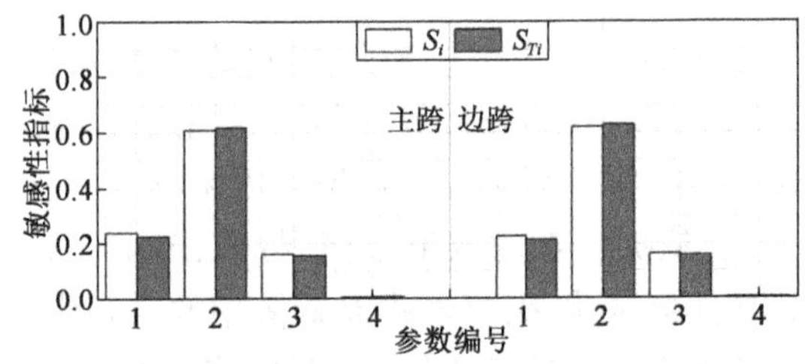

图5 各跨无应力长度的影响参数敏感性指标

由图5可知,主跨和边跨的敏感性指标呈相似的规律。在一阶敏感性指标中,钢丝直径最大,钢丝重度最小,几乎可以忽略不计。总体敏感性指标与一阶敏感性指标变化规律一致,钢丝直径最大,表明它对无应力长度计算的影响最大;钢丝重度最小,接近于0,意味着在无应力长度的计算中,不必关注钢丝重度的变化。钢丝弹性模量、钢丝直径和主梁重量的总体敏感性指标均超过0.1,表明它们对无应力长度的计算均有显著影响。所有参数的一阶敏感性指标与总体敏感性指标接近,表明参数间相互作用较弱,对无应力长度的影响相互独立,互不干扰。在实际工程中,各参数应按实际分布类型合理取值,以获得更准确的计算结果。

5 结语

(1)基于分段悬链线理论自编程序计算结果与 midas Civil 软件计算结果基本吻合,可用于悬索桥找形分析,为敏感性分析提供了有效途径。

(2)本文利用 Sobol 法对主缆无应力控制计算进行多参数敏感性分析。在给出各参数取值范围后,通过敏感性指标计算发现,钢丝直径发生变化时对无应力长度的影响最大,钢丝弹性模量和主梁重量对无应力长度的影响次之,钢丝重度的影响最小,且各参数相互独立、互不影响。

(3)本文提出的分析方法结合了编制的主缆找形程序和蒙特卡洛抽样技术,在参数敏感性分析中提供了一种全面且可靠的解决方案。它不仅能定量给出参数的总体敏感性指标,还有助于分析参数间的相互作用,适用于主缆无应力长度计算模型参数的敏感性分析,帮助研究者们更加深入地理解参数对结果的影响,并为施工控制决策提供科学依据。

参考文献

[1] WANG X, WANG H, SUN Y, et al. Fault - tolerant interval inversion for accelerated bridge construction based on geometric nonlinear redundancy of cable system [J]. Automation in Construction, 2022, 134:104093.

[2] 张军. 大跨径悬索桥主缆线形误差影响因素分析[J]. 工程技术研究, 2023, 8(1):46-48.

[3] 熊桂开,王辉,陈翰新,等. 郭家沱长江大桥主缆状态影响参数敏感性分析[J]. 重庆交通大学学报(自然科学版), 2023, 42(3):1-6.

[4] 鲜荣,唐茂林,吴玲正,等. 2000 m级超大跨度悬索桥主缆架设影响参数研究[J]. 世界桥梁, 2023, 51(3):74-80.

[5] 杜斌,张兴,杨令,等. 大跨公轨两用悬索桥主缆线形的参数敏感性分析[J]. 铁道标准设计, 2018, 62(9):60-67.

[6] SOBOL' I M. On the distribution of points in a cube and the approximate evaluation of integrals [J]. USSR Computational Mathematics and Mathematical Physics, 1967, 7(4):86-112.

[7] 唐茂林. 大跨度悬索桥空间几何非线性分析与软件开发[D]. 成都:西南交通大学, 2003.

[8] 董福民,宁晓骏,熊云睿,等. 基于节线法的地

锚式悬索桥缆形计算分析[J].交通科学与工程,2020,36(1):56-62.

[9] SALTELLI A. Making best use of model evaluations to compute sensitivity indices [J]. Computer Physics Communications,2002,145(2):280-297.

基于无应力状态法的钢梁拼装线形控制研究

侯彦东*[1] 贾天宇[2] 陆龙硕[1]

(1.长安大学公路学院;2.安徽城建设计研究总院股份有限公司)

摘 要 在钢混组合梁桥顶推施工过程中,为保证结构的安全承载与线形平顺,需要对各轮次的拼装和顶推过程进行严格控制。本文基于无应力状态法,提出一种以无应力夹角为主要控制参数的线形控制方法。该方法通过控制钢梁节段间的无应力夹角和已拼末节梁段的水平倾角,实时修正各轮次梁段制作误差和施工误差;依据修正后的无应力夹角和水平倾角,计算出待拼装梁段的高程并指导后续轮次的拼装,最终实现结构的无应力线形。最后,通过某实际工程案例,验证了该控制方法的可行性和有效性。

关键词 顶推法 拼装 无应力状态法 无应力夹角 水平倾角

0 引言

采用顶推法施工的钢混组合梁桥,钢梁始终以裸梁的形式在墩柱上移动,每个截面都经历了正负弯矩的交替变换,相比于成桥阶段,其施工阶段结构受力更为不利,对拼装过程线形控制提出了考验。

近年来,有不少学者对相关方面展开研究。李传习等[1]对顶推法施工拼装过程控制进行了研究,提出了相位变换法,求解梁段的无应力构形。林建平等[2]研究了槽形组合钢梁桥的顶推施工过程,分析了拼装过程中各线形状态间的传递关系,并给出线形状态的传递方程。但启联等[3]以悬臂梁为背景,分析其几何构形的变化,建立它们之间的数学关系,探讨了平面梁单元的预制构形与无应力状态量之间的联系。张朝晖等[4]基于势能驻值原理,揭示了分阶段施工桥梁位移受结构的无应力状态量影响。何文生[5]研究了顶推法施工的大型钢箱梁节段拼装关键技术,提出了确保拼装精度的措施。徐林等[6]通过对某斜拉桥应用无应力状态控制法,从成桥状态去推导施工状态,在施工过程中控制无应力索长,有效实现了合理成桥目标状态。姚亚东等[7]通过对甬江铁路特大桥采用无应力状态理论进行施工控制,并进行误差调整。周建庭等[8]为确保大跨度钢箱叠合梁桥在顶推施工中的线形可控,提出了一种顶推施工的精准控制方法,并对顶推后线形进行评价。贾晓军等[9]针对山区复杂曲线梁的线形控制难题,展开预拱度计算、制造和吊装线形控制技术等方面的研究,得出梁段制造精度是成桥合理线形实现的关键。苑仁安等[10]结合无应力状态法理论,推导出桥梁线形计算公式,并给出相应误差计算公式。林清清[11]在研究钢梁段的拼装施工方法时,考虑拼接误差的影响,确定了预制梁段的拼装线形。

通过上述学者的分析可知,顶推施工过程中,通常通过控制梁段制造精度和拼装高程来实现施工线形控制,但忽略了对拼装梁段夹角的控制;或考虑了相邻梁段间夹角的控制,保证夹角在合理范围内,却没有进行误差修正,造成后续拼装过程误差传递,使调整难度增大,不容易实现无应力线形。因此,本文以无应力夹角作为控制参数,通过对末端梁段水平倾角的控制及适时的误差修正,确保成桥线形满足要求。

1 无应力状态法下的线形控制方法

采用顶推法施工的桥梁结构,其梁体线形在施工过程中不断变化,为了达到理想线形和位置,梁体需要进行多次的平移、旋转,以满足其拼装过程中的无应力状态要求。

由于钢梁节段先在梁厂进行制作、加工,需要根据计算所得桥梁线形对各梁段控制点的相对高程进行精细化控制,所制造的梁段间存在一定的角度,这个夹角为叫作相应梁段间的无应力夹角。以无应力夹角作为控制参数,通过设置控制点对施工过程进行调控,在不同状态下控制点高程可为待拼装高程、拼装后高程、顶推后高程、成桥高程。

1.1 首轮次梁段拼装线形控制

用 A_i 表示各梁段编号,拼装过程共 m 节梁段,分为 K 个轮次。设各节段理想状态下各控制点待拼装高程为 y_j^n,其中 y 表示理论待拼高程,上标 n 表示拼装基线角度为 λ_n 的条件,下标 j 表示为 A_i 梁段的1号或2号控制点,如首轮次拼装基线角度为 λ_1 时首节梁段1号控制点理论待拼高程可表示为 $y_{A1\text{-}1}^1$。

假设首轮次共拼装 a 节梁段,拼装基线纵坡为 λ_1,保持拼装平台支架纵坡与首轮次拼装基线基本一致,对平面坐标和控制点竖向高程进行定位控制。首轮次拼装基线及控制点示意图如图1所示。

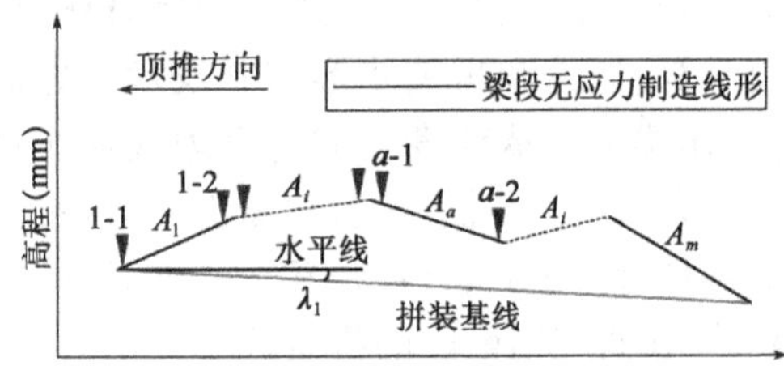

图1 首轮次拼装基线及控制点示意图

在合适的环境条件下,以 A_1 梁段首端端头位置为水平基准线,通过相对高程控制焊接拼装过程。当首轮次梁段焊接拼装完成后,对各控制点进行高程测量,此时顶推前控制点实测高程表示为 h_j^{A},上标A表示焊接拼装完成后的状态。可得首轮次各控制点拼装实测高程与理论待拼装高程之差:

$$\Delta y_j^{\mathrm{A}} = h_j^{\mathrm{A}} - y_j^1 \tag{1}$$

若满足误差限值,则可以进行下一轮次梁段的安装;若不满足,可通过下述1.2节中的无应力夹角修正计算原理对后续梁段进行误差修正。

1.2 后续轮次梁段拼装线形控制

由于各种因素,前一轮次焊接完成后,末节梁段各控制点高程不可避免地存在一定的偏差,如果不及时修正,随着轮次的增加,会严重影响后续梁段的线形。末节梁段偏差对下一轮次线形影响示意图如图2所示。

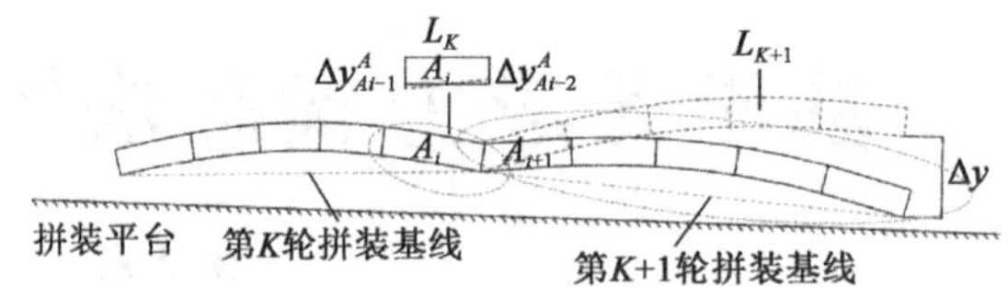

图2 末节梁段偏差对下一轮次线形影响示意图

由图2可以看出,末节梁段偏差对下一轮次末段高程影响量 Δy 为:

$$\Delta y = L_{K+1}(\Delta y_{A_{i-1}}^A + \Delta y_{A_{i-2}}^A)/L_K + \Delta y_{A_{i-2}}^A \tag{2}$$

式中: L_K——第 K 轮次末节梁段的长度;

$y_{A_i-1}^A$、$y_{A_i-2}^A$——A_i 梁段1、2号控制点高程偏差;

L_{K+1}——第 $K+1$ 轮次末节梁段末端距第 K 轮次末节梁段 A_i 末端的长度。

若 $\Delta y_{A_i-1}^A = \Delta y_{A_i-2}^A = 3\text{mm}$, $L_K = 10\text{m}$, $L_{K+1} = 30\text{m}$,则 $L_K = 21\text{mm}$。可以看出,虽然前一轮次满足误差限值,但如果依然保持之前无应力夹角,不进行误差修正,也会对后续线形产生巨大影响。这是由于误差传递作用,要及时对各轮次的末节梁段进行误差修正,及对本轮次末节梁段 A_i 与后续轮次首节梁段 A_{i+1} 间的无应力夹角进行调整。如果误差较大,可以分两节段调整,同时调整梁段 A_{i+1} 与梁段 A_{i+2} 间的无应力夹角。其拼装高程误差修正示意图如图3所示。

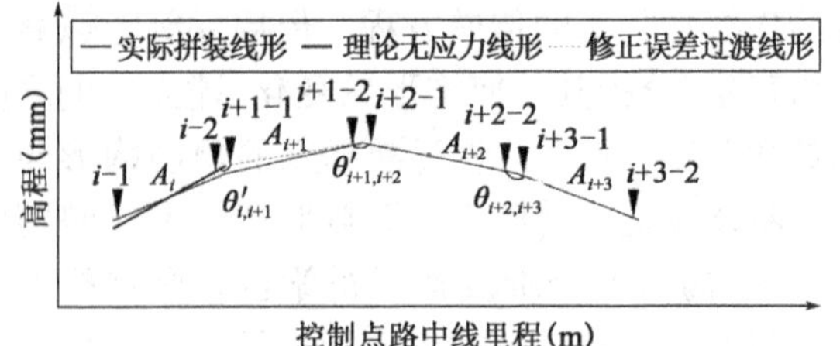

图3 拼装高程偏差修正示意图

以后续轮次首节梁段修正过渡线形为例,其修正后的无应力夹角 $\theta'_{i,j+1}$ 及

$\theta'_{i+1,j+2}$ 计算式为:

$$\alpha_i = \arcsin\left(\frac{y_{A_{i-2}}^K - y_{A_{i-1}}^K}{L_i}\right) \tag{3}$$

$$\alpha_i^A = \arcsin\left(\frac{h_{A_{i-2}}^K - h_{A_{i-1}}^K}{L_i}\right) \tag{4}$$

$$\theta'_{i,i+1} = \pi - \alpha_i^A + \arcsin\left(\frac{L_i(\sin\alpha_i^A - \sin\alpha_i) + L_{i+1}\sin(\theta_{i,i+1} + \alpha_i)}{L_i\cos(\theta_{i,i+1} + \alpha_i)}\right) \tag{5}$$

$$\theta'_{i+1,i+2} = \theta_{i+1,i+2} + \theta'_{i,i+1} - \theta_{i,i+1} + \alpha_i^A - \alpha_i \tag{6}$$

规定梁段水平倾角逆时针方向为正。

图中及式中：α_i——梁段 A_i 理论拼装水平倾角；

α_i^A——梁段 A_i 焊接拼装后的实际水平倾角；

$y_{A_{i-1}}^K$、$y_{A_{i-2}}^K$——第 K 轮次拼装时，梁段 A_i 的1、2号控制点待拼装高程；

L_i——梁段 A_i 的无应力长度；

$\theta_{i,i+1}$、$\theta_{i+1,i+2}$、$\theta_{i+2,i+3}$——相应梁段间的理论无应力夹角。

由于焊缝宽度以及高程验收误差标准的限制，无应力夹角调整量不宜过大，以满足梁段间线形平顺要求，有利于结构的受力。假设梁段高 H_i，梁段顶底板焊缝宽度相差最大值为 η，则无应力夹角调整量应满足：

$$|\Delta\theta| \leqslant \arctan(\eta/H_i) \tag{7}$$

用修正后的线形完成顶推，此时的水平倾角为 α_{Ai}^ω，上标 ω 表示各轮次顶推完成后的状态。进行下轮次拼装前，末节梁段与拼装基线存在一定夹角 β，则这轮拼装基线水平倾角 λ 为：

$$\lambda = \alpha_i^\omega + \beta \tag{8}$$

拼装过程中，若拼装支架平台的水平倾角与拼装基线水平倾角存在较大偏差，则需要将上一轮次末节梁段顶推到位后的水平倾角 α_i^ω 进行调整，调节范围为：

$$\alpha_i^\omega \in (\lambda_0 + \beta + [\delta]^-/l, \lambda_0 + \beta + [\delta]^+/l) \tag{9}$$

式中：$[\delta]^-$、$[\delta]^+$——上一轮次末节梁段所允许升高与降低的量；

l——已拼梁段在拼装平台支架上的跨度；

λ_0——拼装平台的水平倾角。

通过在每轮次顶推前对各节段间无应力夹角进行计算修正，推算后续各梁段的待拼装高程，并验算后续轮次待拼装的末节梁段高程是否满足合理调节范围，其梁段 A_i 与梁段 A_{i+1}、梁段 A_{i+2} 间的顶推前后立面空间位置变化如图4所示。

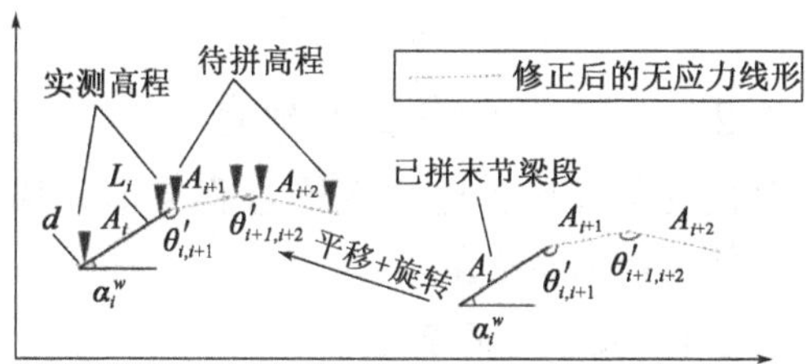

图4 梁段顶推前后立面空间位置变化示意图

各梁段控制点待拼装高程计算式为：

$$y_{A(i+1)-1} = d \times \sin\alpha_i^\omega + h_{A_{i-2}}^\omega - d \times \sin(\alpha_i^\omega + \theta'_{i,i+1}) \tag{10}$$

$$y_{A(i+1)-2} = y_{A(i+1)-1} - l_{i+1} \times \sin(\alpha_i^\omega + \theta'_{i,i+1}) \tag{11}$$

$$y_{A(i+2)-1} = y_{A(i+1)-2} + d \times \sin(\alpha_i^\omega + \theta^{\circ\prime}_{i,i+1}) - d \times \sin(\alpha_i^\omega + \theta'_{i,i+1} + \theta'_{i+1,i+2}) \tag{12}$$

$$y_{A(i+2)-2} = y_{A(i+2)-1} - l_{i+2} \times \sin(\alpha_i^\omega + \theta'_{i,i+1} + \theta'_{i+1,i+2}) \tag{13}$$

式中：d——控制点距梁段分界线距离；

l_{i+1}、l_{i+2}——梁段 A_i 的1、2号控制点间距。

2 案例分析

2.1 工程背景

陈家沟大桥为跨径55m+70m+55m钢混组合梁桥，平面位于半径 R=965m的右转圆曲线上，分为左右两幅，依次进行施工。其单幅桥跨结构为双主梁形式，钢纵梁采用槽形断面。施工方法采用步履式多点同步顶推。每幅划分成17个梁节段，分轮次拼装、顶推，桥梁梁段划分图和具体顶推施工流程分别为图5、图6所示。

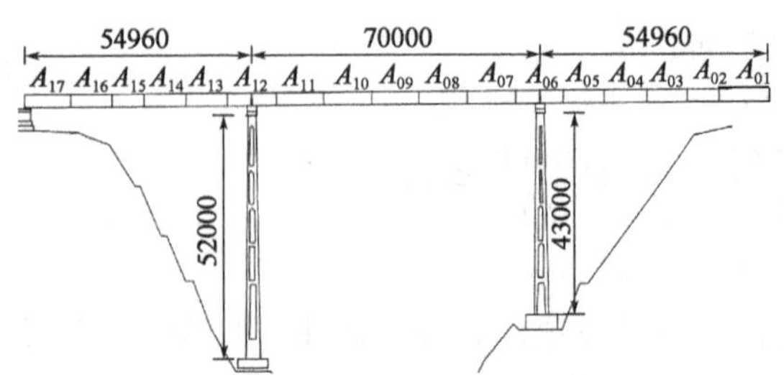

图 5　桥梁梁段划分图(尺寸单位:mm)

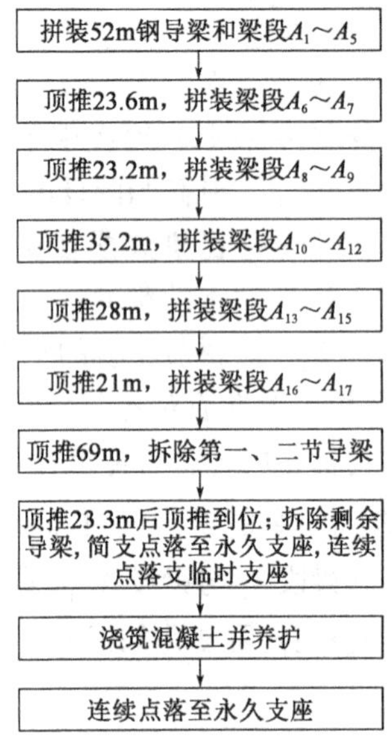

图 6　顶推施工流程

2.2　无应力状态量的确定

利用有限元软件建立顶推过程梁单元模型，计算结构无应力状态量。

2.2.1　预拱度的确定

顶推法施工需要在施工前确定好预拱度线形,考虑恒载作用、移动荷载作用及混凝土收缩徐变作用等多种因素。根据建立的有限元模型,在恒载作用下,桥梁最大挠度为 94.5mm,发生在中跨跨中位置。

根据规范要求,对中跨最大正弯矩布载(工况 1)、边跨最大正弯矩布载(工况 2)、中支点最大负弯矩布载(工况 3)3 种布载方式工况下的偏载效应进行计算,如表 1 所示。

各偏载工况下的最大挠度值(单位:mm)　　表 1

工况	工况 1	工况 2	工况 3
最大挠度	-27.8	-17.2	-27.1
发生位置	中跨跨中	边跨跨中	中跨跨中

考虑混凝土 10 年的收缩徐变作用,其中跨跨中挠度 -3.8mm,边跨跨中挠度 -17.9mm,采用强迫位移法模拟顶推到位后的连续支点后下落 30cm。现场施工中,根据拼装前试焊结果,将 7cm 中跨跨中、5cm 边跨跨中的焊缝收缩作用作为施工预拱度。计算中支点预抛高时,需要充分考虑两者因素。

根据上述顶推过程的模拟,对荷载效应和中支点预抛高进行二次拟合,得到平顺光滑预拱度线形,并综合考虑叠加得到总预拱度线形,如图 7 所示。

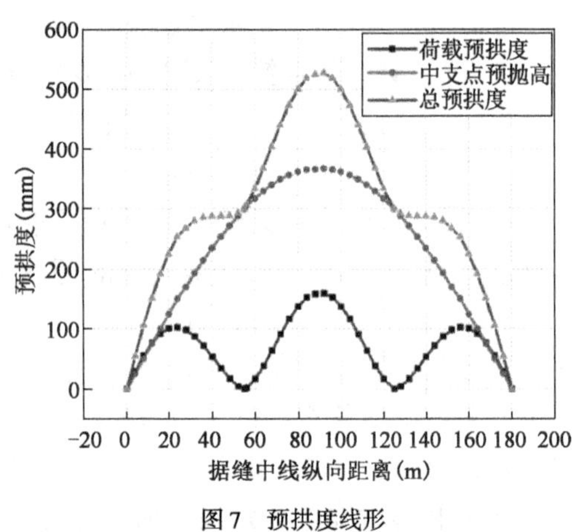

图 7　预拱度线形

2.2.2　无应力线形和夹角的确定

本桥位于半径 $R = 20000\text{m}$, $T = 290\text{m}$, $E = 1.56\text{m}$的凹曲线上,纵坡 $i_1 = -1.5\%$, $i_2 = 1\%$,变坡点里程处于 A_{08}梁段处,从 $A_{01} \sim A_{10}$梁段纵坡坡度处于平缓变化中,需要将纵坡变化考虑到钢梁线形中。最终得到考虑纵坡的无应力线形,如图 8 所示。

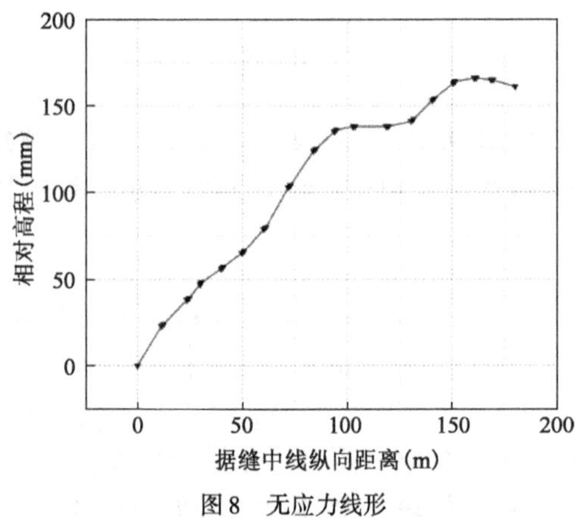

图 8　无应力线形

桥梁无应力状态线形可以由各梁段无应力夹角来控制,由此确定下料参数及端口形状,进行各梁段制造修正。以前两轮次梁段间无应力夹角为例,如表 2 所示。

前两轮次梁段间无应力夹角　表2

梁段编号	无应力夹角
$A_1 \sim A_2$	179.807°
$A_2 \sim A_3$	179.726°
$A_3 \sim A_4$	179.587°
$A_4 \sim A_5$	179.898°
$A_5 \sim A_6$	179.648°
$A_6 \sim A_7$	179.628°
$A_7 \sim A_8$	179.862°

2.3 拼装线形评价

首轮拼装完成后，对梁段控制点复测，对已拼梁段进行线形分析，其首轮次各拼装梁段控制点高程与偏差如图9所示。可以看出，其首轮次高程最大偏差为2.1mm，满足误差限值要求（允许误差5mm以内），可以进行下一轮次梁段的安装。

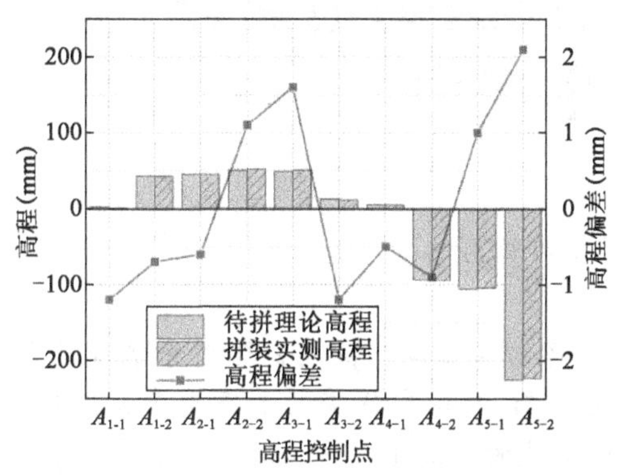

图9　首轮次各拼装梁段控制点高程与偏差

后续轮次测量方法同首轮次，后续轮次控制点待拼理论高程与拼装实测高程偏差如图10所示。拼装过程中，控制点$A_{13\text{-}2}$高程偏差为5.9mm，超过偏差限值5mm，需要对梁段A_{14}进行修正误差线形过渡。其梁段高2.788m，梁段顶底板焊缝宽度相差最大值为3mm，无应力夹角最大调整量$|\Delta\theta| = \arctan(0.003/2.788) \approx 0.062°$。理论无应力夹角$\theta_{13,14} = 19.890°$，根据无应力夹角修正计算原理计算可得，调整后梁段间夹角$\theta'_{13,14} = 179.929°$，调整量$0.051° < 0.062°$，符合调整要求。

顶推完成后，对实测线形和理论无应力线形进行比对，其线形对比如图11所示。可以看出，在距缝中线纵向距离50m左右，有最大偏差9.1mm（满足10mm允许误差）。

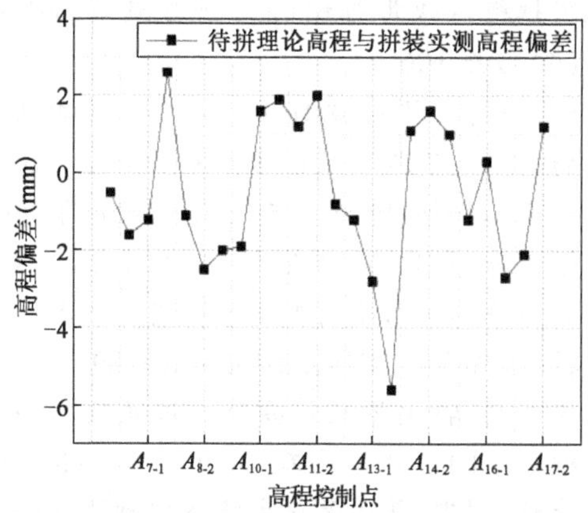

图10　后续轮次控制点待拼理论高程与拼装实测高程偏差

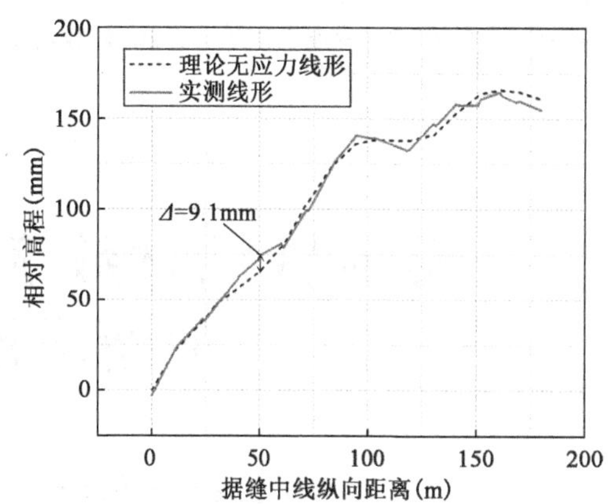

图11　实测线形和理论无应力线形对比

3 结语

本文基于无应力状态法对钢梁节段拼装线形控制进行研究，主要结论如下：

（1）以各节段间的无应力夹角为拼装线形控制参数，控制已拼末端梁段水平倾角，在合理的范围内对梁段间无应力夹角及末节梁水平倾角α_i^ω进行调节，实现每轮次末节梁段的误差修正，完成各梁段的拼装。

（2）将该方法应用于实际工程中，拼装过程中无应力夹角调整量$0.051° < 0.062°$，成桥线形最大偏差9.1mm，均满足要求。由此说明，该线形控制和修正方法是合理、有效的，可为后续该类桥梁的施工提供借鉴。

参考文献

[1] 李传习，王琛，董创文，等. 基于相位变换的顶推曲梁桥自适应无应力构形控制[J]. 中国公路学报，2014，27(2)：45-53.

[2] 林建平，汪劲丰，陈春雷，等. 槽形组合钢梁桥

顶推施工线形控制[J].桥梁建设,2014,44(4):102-106.
[3] 但启联,秦顺全,魏凯,等.基于无应力状态量的平面梁节段预制构形计算方法[J].土木与环境工程学报(中英文),2019,41(4):86-91.
[4] 张朝晖,史姣.分阶段成形结构无应力状态控制法基本静力平衡方程研究[J].武汉大学学报(工学版),2019,52(10):885-890.
[5] 何文生.特大桥钢箱梁节段拼装顶推施工关键技术[J].建筑施工,2019,41(1):142-144.
[6] 徐林,刘琪.基于无应力状态控制法的斜拉桥安装计算方法研究[J].中外公路,2019,39(1):149-154.
[7] 姚亚东,徐佰顺,贾舒阳,等.甬江铁路特大桥施工控制[J].世界桥梁,2021,49(1):26-32.
[8] 周建庭,李轩,吴月星,等.大跨轨道钢箱叠合梁桥顶推施工控制方法[J].世界桥梁,2021,49(3):64-71.
[9] 贾晓军,冯仁东,刘治国,等.复杂曲线钢混组合梁线形控制关键技术[J].施工技术(中英文),2022,51(18):6-9,43.
[10] 苑仁安,秦顺全,喻济昇.基于平面梁单元的几何非线性线形控制方程建立与应用[J].桥梁建设,2022,52(4):46-52.
[11] 林清清.考虑拼接误差的高速公路钢箱梁桥预制节段拼装施工方法[J].建筑机械,2022(2):63-68.

区域性钢材数字化加工配送基地建设创新发展新质生产力

张鸿俊*
(山西路桥青银二广高速公路太原联络线有限公司)

摘　要　为积极探索公路工程建造方式的创新发展,山西路桥青银二广高速公路太原联络线有限公司依托智慧高速公路建设,以科技引领为主导,着眼产业战略布局,与国内优秀的上下游产业强强联合,挖掘智慧赋能,深耕智慧建造,对工程建设中钢材加工、运输、安装的传统生产方式进行创新实践,建设了高标准智能化钢材数字加工基地,向周边一定区域范围内的相关客户提供高标准、高质量的钢材产品;与传统方式相比,人员投入减少60%,钢材损耗率降低50%以上,拓展新兴产业和经济增长点,形成区域性跨行业新质生产力。

关键词　智慧建造　数字化　钢材加工配送　区域性　跨行业　新质生产力

0　引言

推动战略性新兴产业融合集群发展,构建新一代信息技术、人工智能、新能源、新材料、高端装备、绿色环保等一批新的增长引擎是当前我国经济发展的方向。《"十四五规划"和2035年远景目标纲要》中提出,组织实施未来产业孵化与加速计划,谋划布局一批未来产业,发展壮大战略性新兴产业。整合科技创新资源,引领发展战略性新兴产业和未来产业,加快形成新质生产力是传统企业新的经济增长点。

随着社会的发展,基础设施建设蓬勃发展,而钢材作为主要建筑材料被大量使用。在传统建造方式中,钢材的加工一般现场使用简易加工设备,由具备简单技能的工人进行零散式加工制作。这种加工方式生产的产品质量得不到有效保证,生产效率极低,会对周边环境造成污染,还会造成大量的重复建设和资源浪费。

山西路桥建设集团有限公司(以下简称"山西路桥集团")作为山西省交通基础设施建设的龙头企业,着眼产业战略布局,聚焦技术创新引领,推动产业数字转型,瞄准基础设施建设通用的钢材加工业务,拓展新领域,开辟新赛道,创新钢材加工配送中心一体化模式[1],建设了具有国内先进水平的钢材数字化加工基地,为区域内公路、铁路、市政、房建等相关行业提供钢材加工服务，培育新的经济增长点，打造区域性跨行业新质生产力。

1 项目介绍

由山西路桥集团投资建设的青银二广高速公路太原联络线项目是连接G20青银高速公路、G55二广高速公路和太原市区的重要通道。路线全长33.87km，工期42个月。全线设主线大桥5199.75m/15座，互通枢纽匝道桥3971.68m/15座；特长隧道4042m/1座，长隧道3583m/2座；天桥7座，分离式立交3座。需加工钢筋15万t、钢管1.5万t、工字钢5万t、钢板0.5万t。

2 钢材加工基地建设

山西路桥集团统筹规划临建工程建设，取消各施工项目部分散的钢材加工场和钢材存储大棚，施工现场只设置成品存放仓库，将节余的临建费用再加上专项配套资金，统筹建设了永久性大型钢材数字化加工配送基地。

2.1 整体规划

根据施工组织设计，项目每年大约需要加工钢材约5万t，施工高峰期钢材日用量约300t；周边市场钢材需求量每年10万～20万t。经现场踏勘，在项目中段东韩互通附近的山西数字化交通产业园选址建设占地面积约20000m²、年产量10万t的智慧型钢材数字化加工配送基地（以下简称"基地"，见图1）。

图1 钢材数字化加工配送基地

考虑冬季降雪影响和以后升级光伏绿色能源的需求，基地沿南北向布局，人字坡屋顶设计，龙骨采用Q345-B钢加强型结构，抗震烈度8级，承载力按10级大风和50年一遇大雪计算。

基地东西跨度72m，分隔为3个平行生产车间，按产品加工种类划分为6个工作区，每个工作区按工艺顺序划分为原材料存放区、自动化加工区和成品打包堆放区。每个工作区内配备2台10t桁架式起重机，用于原材料卸车、生产搬运和成品装车。

2.2 设备配置

根据项目需求和市场产品定位，基地加工能力确定为$\phi6 \sim 16$mm线材、$\phi16 \sim 32$mm棒材、$\phi42 \sim 60$mm管材、$D5 \sim 30$mm板材和$h \leqslant 250$mm的工字钢加工。根据加工能力选配了智能钢筋调直弯箍生产线、智能钢筋网自动焊接生产线、智能棒材锯切套丝打磨生产线、钢筋骨架门式机器人自动焊接生产线、小导管柔性生产线、钢拱架智能弯曲自动焊接生产线、智能钢板激光切割生产线及自动上料系统和收箍机器人等30余台套数控设备，可加工卷材、棒材、管材、板材、型钢等不同型号钢材，能制作箍筋、网片、拱架、导管、垫板等构件。

钢材数字化加工配送基地车间、设备配置及产能见图2、表1。

图2 钢材数字化加工配送基地车间

设备配置及产能一览表　　表1

设备名称	单位	数量	产能(t)
智能钢筋弯箍机	套	2	14
收箍机器人	套	2	—
钢筋调直弯曲一体机	套	2	20
智能钢筋调直切断机	套	3	50
智能钢筋弯曲中心	套	2	50
钢筋网焊接生产线	套	2	40
智能冷轧带肋生产线	套	1	90
钢筋锯切套丝生产线	套	2	160
智能钢筋焊接弯圆机	套	2	8
钢筋自动上料系统	套	3	—
钢筋液压剪切生产线	套	1	80
钢筋骨架智能焊接生产线	套	1	20
智能小导管柔性生产线	套	2	9
隧道拱架自动焊接生产线	套	3	36
锯床	套	2	18
钢板激光切割生产线	套	1	10
总计		31	605

2.3　生产管理

基地所有加工机械均为智能数控设备,通过物联网与生产控制中心连接,生产控制中心采用生产管理系统(MES)进行生产全流程智慧化管理。

2.3.1　原材料管理

MES与物料系统对接,实时同步进场原材料的生产厂家、规格型号、重量、数量等数据,形成二维码数字信息标识,纳入系统大数据平台管理,在随后的材料流转过程中,每个周转环节生产数据均与原始二维码信息进行链接,为产品溯源奠定基础。

2.3.2　产品订单管理

基地利用建筑信息模型(BIM)技术对图纸进行翻样、建模,建立数字化产品构件库,减少钢筋翻样及输入机械设备过程中的人力[2],客户可远程登录MES,根据需求在构件库中选择相应构件,输入产品各项参数,远程线上下单,信息实时传输,系统自动排产。客户可随时通过系统查询订单生产进度和完成情况。

2.3.3　生产任务管理

MES通过大数据运算,自动对所有订单进行汇总分析,根据构件类型、材料规格、订单数量,与库存原材料、加工余料规格、数量进行对比,自动进行优化套裁,自动编制排产计划,通过物联网向智能设备进行数据传输和任务下达。经现场管理人员确认后,设备可自动启动、连续生产。工业机器人将成品进行收集、码放、打包。管理人员只需要进行设备维护和产品出厂检验。

2.3.4　成品配送运输

MES对不同客户的不同订单进行智能管理,科学组织产品和车辆的配套运输,向管理人员和车队派发配送单,管理人员对照配送单组织产品装车,通过手持终端设备进行清点和记录,并与运输人员核对出库产品规格和数量。系统对出库信息核实后生成唯一二维码标识的运输单。产品到达客户指定现场验收合格后,客户通过终端进行运输单确认。MES在核实客户订单、生产任务单、配送单和收货确认信息后,完成订单。MES实现了钢材生产、集中加工及物流运输一体管理[3]。

MES数字孪生信息见图3。

整个生产流程,从原材料入库信息同步传输、订单远程下达、图纸快速翻样、科学综合套裁、系统配料排产、线上生产指令下发、设备自动化生产,到成品出库配送和现场核查验收,所有信息均实现数字化采集和传输,每个环节都通过物联网进行数据交互,并通过控制中心大屏幕展示,便于管理人员根据钢材加工的实际情况进行适时调整[4];实现了原材料来源可追溯,生产数据可查询,质量责任可追究,成品去向可确定。

基地生产控制中心见图4。

图3　MES数字孪生信息

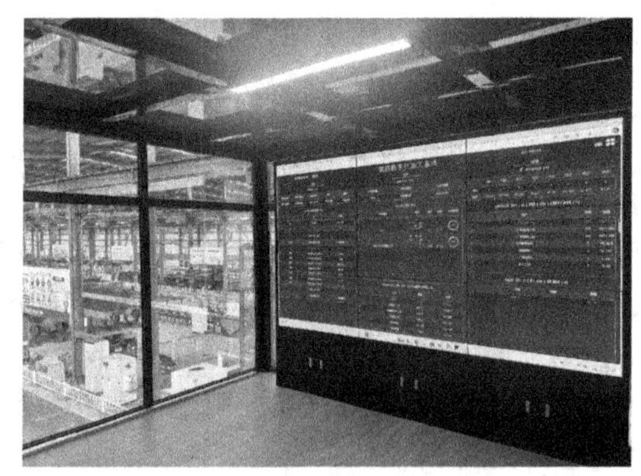

图4　基地生产控制中心

3　与传统方式对比

3.1　优化项目资源配置

3.1.1　减少土地占用

本工程项目桥梁涵洞等构造物数量较多,施工便道曲折险阻,不同构造物工作面之间物料运输困难,如果采用传统加工方式,几乎每个构造物旁都需要建设一个钢材加工场地;而且场地建设需要进行大量土方作业和混凝土硬化处理,不仅造成较大土地资源破坏,还造成较大的资金浪费。

建设区域性基地,减少了大量临时用地,现场只需要搭建一个临时存放钢材成品的小型仓库,即可满足施工需要。本项目钢筋加工场地原计划征用临时占地51.55亩(约34367m^2),实际占用

25.37 亩(约 16913m^2),减少临时占地 50.8%。

3.1.2 减少临时用电

钢材加工需要大功率的机械设备,需要架设临时用电线路,但临时用电线路的架设周期较长,直接影响施工组织;而且临时用电线路利用效率低,工程结束便进行销号处理,无形中提高了工程成本;同时临时用电线路的架设资金投入直接影响工程实体资金需求,影响建设资金使用效率。

本项目原计划接入临时变压器 25 台,容量 14960kV·A,基地建设后现场实际安装了 22 台变压器,容量 11975kV·A,变压器数量减少 12%,用电容量减少 20%,既提高了施工效率,又降低了工程成本。

3.1.3 减少设备和人员投入

对于传统施工模式,每一个钢材加工场地都需要至少配备 10 余台切断、弯曲、焊接等加工设备,配备加工作业人员 30 余名。

基地高效运行的 30 余台设备代替了原计划投入的 90 余台设备,减少设备投入数量 60% 以上,人工更是减少了 80% 以上。

3.1.4 减少原材料消耗

对于传统施工模式,每一个钢材加工场独立组织生产,由于构件规格单一,钢材套裁优化利用较少,材料损耗一般在 2% ~3%,隧道用小导管和工字钢的损耗甚至达到 5% 以上。如果现场管理不善,材料损失还会更大。

基地集中加工充分发挥了大规模生产的优势,利用智能软件统筹订单生产和库存材料使用,科学套裁,优化排产,促使钢材的整体使用率得到充分保证[5],将钢材损耗降到了 0.8% 以下,节约了大量材料。

3.1.5 降低现场管理难度

施工现场取消了钢材加工工序,减少了设备、人员和生产的协调,工程管理人员可以将更多精力投入施工组织、质量控制和安全管理上。

3.2 提高钢材加工质量

对于传统施工方式,每一个钢材加工场配备的设备新旧不同、性能各异,有些设备还需要人工控制,加工精度难以保证;同时,班组作业人员流动性大、业务素质良莠不齐,产品质量难以保证。

基地全部采用智能化数控设备,生产数据由 MES 直接传送,不会造成加工参数错误;高精度数控设备保证了连续生产的构件精度完全满足质量要求;智能设备自动化生产不需要人工干预,避免了人为操作误差,保证产品 100% 合格。

3.3 优化施工现场环境

传统加工模式下,临时加工场地作业环境差、工人生活条件艰苦,加工作业容易受到雨雪风霜等气象条件影响,而标准化建设的基地生产消除了上述不良因素,工厂化作业不仅让员工生活条件有保障,而且高标准车间保证一年四季、一天 24 小时都具备生产条件。

3.4 降低安全质量环保风险

平坦、宽畅的基地和高标准的车间,让员工有一个相对稳定的工作环境;智能化设备自动生产降低了人工操作的安全风险;高精度加工消除了产品质量风险;临时占地和现场生产工序的减少,减轻了施工的环保压力。

3.5 创新产业供需模式

对于传统加工模式,一个钢材加工场只能为一个劳务队伍提供服务,且只能为一个或少数几个作业现场提供产品。这样,不仅不同施工单位之间难以进行产品调配,即使是同一个施工单位内部的不同施工现场之间的协调难度也比较大。

基地集中加工配送创新了产业供需模式,颠覆了传统的“领料、加工、安装”小作坊式施工模式,变革为“工厂化生产、市场化供应”+“装配式安装”的新型施工模式,将工程建设分工进一步细化和规范。

3.6 形成区域性跨行业新质生产力

基地的建设,拓展了山西路桥集团新的经济增长点。周边在建的 G307 改建、G20 改扩建和 G108 等项目纷纷与基地签订钢材加工配送协议,地方政府也把进一步拓展基地的产品市场列入政府工作规划。

随着社会的快速发展,市场对高质量钢材产品的需求还会不断增长。公路、铁路、市政和房建行业的钢材加工有较高的相似性,基地完全可以完成其产品的加工和配送,而四通八达的便利交通和高效物流使基地可以为 200km 范围内的不同行业、不同需求用户提供经济可行的服务,打破了行业之间的壁垒,构建了新的商品市场,树立了新的产业品牌,形成了区域性跨行业新质生产力。

4 结语

山西路桥智慧钢材数字化加工配送基地的建设运营为区域性跨行业新质生产力的形成做了有益的尝试。下一步将在扩大业务领域和延伸上下游产业的基础上积极有序地推进市场培育和拓展[6]。

参考文献

[1] 田维政. 钢材加工配送中心一体化模式构建[J]. 河北冶金,2020(12):79-82.

[2] 叶兆平,陈杰俊. BIM 技术在大型公建项目钢筋集中加工中的应用及探索[J]. 建筑技术开发,2021,48(12):118-119.

[3] 常彦伟. 钢筋集中加工物流配送管理模式研究[J]. 中国储运,2023,10:76-77.

[4] 石磊. 建设数字化钢材集中加工厂的探索及实践成果[J]. 工程建设与设计,2023(4):88-90.

[5] 李美霖. 产业链竞争力下钢材加工配送中心建设研究[J]. 中国科技投资,2023,11:24-26.

[6] 刘延军. 基于提升产业链竞争力的钢铁企业钢材加工配送中心建设[J]. 冶金管理,2011(6):34-37.

浅谈预制 30m 箱梁钢筋保护层控制及要点

王明政　王小兵*

(甘肃万泰建设工程有限公司)

摘　要　在如今四通八达的交通网络中,公路桥梁的建设飞速发展,而在现阶段的桥梁施工中,预应力钢筋混凝土结构成为主体,大大减轻了劳动力,降低成本。如何提高钢筋混凝土的使用寿命,是工程师们不断探讨、解决的难题。在多次检查中,对梁板的钢筋保护层厚度进行严格的检测。在《公路工程质量检验评定标准　第一册　土建工程》(JTG F80/1—2017)、《混凝土结构工程施工质量验收规范》(GB 50204—2015)等规范中明确提出了钢筋保护层厚度,足以说明钢筋保护层厚度对混凝土结构的重要性。而钢筋就像人体的骨架和血脉,钢筋保护层也越来越重要,直接影响结构物的使用年限。本文根据实际施工的经验及查阅相关资料,简单总结了箱梁预制钢筋保护层厚度的控制措施及要点。

关键词　30m 箱梁预制　钢筋保护层　控制措施

0 引言

在现阶段的公路桥梁施工中,钢筋混凝土箱梁预制已在桥梁建设中广泛使用,为了延缓钢筋的锈蚀,工程中对钢筋保护层的要求越来越严格,这就要求施工现场对钢筋保护层加强控制,通过总结经验,来提高工程质量来延长钢筋混凝土结构的使用寿命。因此,在施工过程中对钢筋保护层厚度的控制要加强。

1 工程概况

峰代项目路线位于甘肃省甘南藏族自治州舟曲县和迭部县县境内,全长 26.98km,其中桥梁 7122.3m/32 座(特大桥 1087.5m/1 座、大桥 5403.5m/16座、中桥 391.3m/5 座、小桥 240m/10 座),隧道 4383m,桥隧比例 42.64%。该项目 2 号箱梁预制场预制全线一半的梁板,在预制过程中,通过施工经验及查阅资料逐步提高了该预制场梁板钢筋保护层控制程度。

2 钢筋保护层厚度不合格的原因分析

在箱梁预制过程中,造成钢筋保护层厚度偏差的原因有以下几点:

2.1 钢筋加工与安装的原因

钢筋的下料长度及弯曲角度误差太大,导致钢筋箍筋的几何尺寸发生变化。保护层厚度在施工过程中反映钢筋与模板的距离。钢筋箍筋在加工过程中出现误差,导致在钢筋骨架成型后出现厚度不均,从而影响保护层厚度。

2.2 钢筋骨架的绑扎及垫块安放的原因

在钢筋骨架的绑扎过程中,出现漏绑、不绑现象,导致钢筋骨架发生偏移,垫块的几何尺寸误差过大、垫块强度不足,垫块在安放时不均匀、数量不满足要求,这些都将导致保护层厚度偏差。

2.3 模板的质量原因

模板整体的刚度不足,在辅助式振捣器的震动下发生变形,内模因使用时间久而发生变形,使模板和钢筋骨架之间存在空隙,造成钢筋保护层厚度偏差。

2.4 混凝土浇筑原因

在混凝土浇筑过程中,采用门式起重机提料斗的下料方式、混凝土、碎石强度超标,夹在钢筋与模板之间,使钢筋与模板分离或紧贴,出现保护层厚度偏大、偏小的现象。振捣棒插入时钢筋偏位,也是造成钢筋保护层厚度偏差的原因。

3 钢筋保护层厚度控制措施及要点

3.1 钢筋加工

钢筋加工前必须调直,钢筋表面应洁净,使用前应将表面油渍清除干净。钢筋的几何尺寸应按照施工图纸的规定进行加工,严格控制钢筋的下料长度、钢筋的弯曲角度和位置。本项目钢筋加工采用数控弯曲机加工(图1),钢筋箍筋宽度在图纸为14cm,为确保钢筋保护层的厚度,箍筋在制作时统一制作成13.5cm,配合4.8cm(内径1.6cm,外径1.8cm)、5.8cm(内径1.6cm,外径2cm)的垫块,准确地将钢筋保护层厚度控制在15~20mm之间。

图1 数控弯曲机

3.2 钢筋骨架的绑扎及垫块制作、安放施工要点

梁板钢筋在施工时,要严格控制梁板钢筋的数量、间距、位置,绑扎牢固,绑扎要求正反扎、满扎。钢筋间距误差要求±10mm,对漏绑的钢筋骨架要加绑钢筋;间距、位置错位太大的必须重新绑扎;绑扎不牢固有跳绑的要加绑,底、腹板钢筋绑扎必须在绑扎台架上进行(图2)。钢筋台架主要保证腹板箍筋的间距,加密区10cm一道,非加密区20cm一道,准确地控制了钢筋骨架的长度、间距、位置。水平筋必须顺直,腹板箍筋左右对称竖直。箍筋应与主筋垂直。在钢筋骨架成型后,吊装入模时钢筋笼应居中,不得偏位,以防影响箱梁两侧的保护层厚度。

图2 钢筋绑扎台架

混凝土垫块应采用专业厂家定制的具有足够的强度和密实性好混凝土垫块。垫块的制作厚度及几何尺寸应满足施工图纸和规范要求。垫块采用扎丝与钢筋骨架绑扎连接,绑扎应牢固。防止垫块掉落。每平方米不得少于6个垫块,垫块应分布均匀,呈梅花状设置,在下内模之前将不均匀的垫块调均匀,以提高保护层的厚度。

3.3 模板变形采取的措施

根据施工设计图进行加工模板,模板进场后根据施工图纸及规范严格进行验收,严格检查模板尺寸和拼装质量,接缝严密、不漏浆。内模在长久使用后发生变形,用焊机对螺栓加焊(图3),使其固定,不在向内沉降;在内模顶部的缝隙中打泡沫胶,以防止漏筋。对模板的高低边应区分清楚。梁板的侧模、内模以及底模块与块之间焊接后打磨平整,模板平整度不得大于 5mm。调整完成后使用脱模剂时,要使用同一种脱模剂,避免梁板混凝土颜色外观不一致。脱模剂在模板上涂刷要均匀。

图 3　加固后的内模

3.4　混凝土浇筑控制

浇筑梁体混凝土时,混凝土的主要浇筑方式为从纵向两端向中间并左右对称浇筑施工。混凝土浇筑应采用分层连续推移的方式进行,放料时先放底边,再放高边,防止混凝土压力过大时引起钢筋笼偏位。在腹板浇筑过程中,整个腹板振捣过程以插入式振捣棒为主,附着式振捣器为辅。混凝土应分层浇筑,分层振捣。

4　实施效果

在一年的施工过程中,通过加强现场施工工艺管理,对钢筋加工、模板定位安装、垫块的安放、混凝土浇筑等工艺的严格要求,本项目 2 号预制场的钢筋保护层厚度整体有所提高,很好地适应工程要求。

5　结语

钢筋保护层厚度是钢筋与混凝土结合长久的重要环节,是防止钢筋受到环境影响、提高结构耐久性的重要措施。通过提高钢筋加工质量,钢筋骨架的绑扎、垫块的分布、模板安装、混凝土浇筑和振捣各环节的施工工艺质量控制,有效提升钢筋保护层厚度指标的合格率,保证混凝土构件的耐久性。

应用桥面激光摊铺机提高铺装质量控制方法研究

张万林*　米小强　安晓福　赵春喜　王芳文　席彦军　崔自伟　李彦廷
(甘肃路桥建设集团有限公司)

摘　要　本文以郑家沟特大桥为研究对象,结合传统桥面铺装方法,将影响铺装质量的众多因素进行定性分析,采用桥面激光摊铺机,在施工过程中采用一定的措施方法加强质量控制,并对铺装质量进行综合评判。结果表明:采用激光摊铺机加质量控制措施,提高了钢筋保护层厚度,解决了平整度合格率低等问题,有效提高了桥面铺装质量。

关键词　桥面　激光摊铺机　施工技术　质量控制

0　引言

近年来,公路工程建设发展迅猛,大量桥隧工程开工建设。其中,桥梁各项施工技术也在不断更新和改善,极大地提高了施工质量。桥面铺装铺筑在桥面板上,分散车轮的集中荷载并可以保护桥面板的部位,可防止车辆车轮以及履带式车辆或机械直接对桥面板造成损害磨耗。而当下传统桥面铺装施工中,存在铺装精度质量无法得到保证、铺装无法一次成型而形成多道施工缝、桥面竖曲线不断变化而施工烦琐、桥梁曲线弯道或匝道桥面的铺装问题等。

在高速公路通车运营后,必然会出现各种不同的病害;在全寿命周期中,养护的成本和费用不可忽视。如果要提高使用过程中的经济效益,运营管理技巧、基础工程建设造价等诸多因素都需要进行考量,而作为高速公路的建设者和工程技术人员,还需要充分考虑基础设施工程建设的可靠性和质量问题,从源头上抓起,尽可能降低基础设施工程的养护费用。

为了满足生产需要,众多学者对桥面铺装进行了研究,其中,朱静[1]通过加厚铺装层或铺装层中用 BFRP 筋代替普通钢筋,不但可以延缓铰缝开裂、提升试件的承载能力,而且可以改善实心板桥梁横向受力状况,使横向荷载分布更均匀。

尚飞等[2]采用精细抗滑表处养护封层技术,得出该技术具有黏性强、泌水性好、耐久性强等优点。刘雪晴等[3]采用模块化 T 梁桥面铺装施工技术,改变了钢束锚固方式,进一步改进了桥面铺装的力学性能,优化了桥面铺装的施工工艺。王晶宇[4]采用雾封层和碎石封层技术,具体应用时,要掌握相关的技术要点,确保质量达标,达到预防性养护的目的,改善铺装层使用性能。应高博[5]综合应用 QC 活动、PDCA 法、首件工程模式以及过程检查,全力保证铺装质量,以期为同类型施工提供参考。杜加伟等[6]阐述了铺装层超高性能混凝土在原材料、配合比与检验、拌和与运输、摊铺浇筑、养护等施工关键环节的质量控制措施,并针对特殊天气环境下的施工给出了应对措施,高质量、顺利完成工程项目,为同类工程施工提供了借鉴。成壮[7]对裂缝类型进行了划分,分析了裂缝产生的原因,提出了桥面铺装层裂缝的控制措施,通过在桥面上覆盖保护膜,并采取洒水等措施,以缓解内外温差,避免前期裂缝的产生。张锦松[8]给出桥面铺装施工工艺流程以及沥青混合料原材料质量控制、拌和质量控制、装料与运输、沥青混合料的摊铺、碾压和施工缝的处理等。

当前国内桥梁桥面铺装技术施工过程烦琐,存在诸多问题。桥面激光摊铺机浇筑桥面施工技术,借助于激光摊铺机,在二维基础上加入实时定位功能。其突出优势:全幅一次性成型且无施工缝;能减少用工并提高施工效率,降低成本;机械化程度与新技术含量高,施工工艺进一步创新,实现三维自动化调整,减少人为调整误差,提升桥面铺装的精准度。此外,该技术可解决桥梁在曲线弯道或匝道桥面的铺装难题,有效把控桥面铺装质量,满足曲线桥平、纵、横的精度控制需求。

1 研究内容

本研究结合陇南 S44 康县至略阳高速公路(望关—白河沟段)KLTJ-4 标段郑家沟特大桥(图 1)工程,通过对桥面激光摊铺机浇筑桥面的施工应用,总结归纳关键技术要点,主要包括以下几个方面。

图 1 郑家沟特大桥施工现场

1.1 桥面铺装施工设备选型研究

三辊轴摊铺机是桥面铺装中一种比较常用的施工设备。该设备是通过“标高带”控制整个桥面现浇层的标高。虽然该施工技术要求严格、污染较少、开裂现象较少,但使用该设备无法一次成型,会留有施工缝,若缝隙中的各种杂物不能有效清理,将使得多次施工浇筑的混凝土结合不密实。为解决该问题,通过市场调研,选择可一次成型的桥面激光摊铺机。

1.2 桥面铺装施工工艺研究

桥面铺装施工一般包括桥面清理、测量放样、绑扎钢筋、摊铺、养护。本项目工程实践中总结了有效提高摊铺机桥面铺装质量的工艺。

1.3 桥面铺装施工质量控制研究

桥面铺装常见的问题有混凝土强度不足,表面横坡超标,混凝土厚度不够、不均匀,桥面空鼓、开裂,表面起皮、泛砂,表面纹理不顺,表面平整度差、积水。针对以上问题展开研究,采用桥面激光摊铺机浇筑桥面施工技术来提高铺装的工程质量。

2 桥面铺装施工控制方法

2.1 工程背景

本项目主线采用双向四车道高速公路技术标准,起点位于康县江家湾村,桩号 K22 + 300,终点位于甘石项村,桩号 K28 + 760,主线长 6.46km。连接线采用二级公路技术标准,起点位于康县李家坎村,终点位于云台镇大院村,连接线长 4.035km,本标段总里程长度 10.495km。主线主要工程量:郑家沟特大桥2174.25m、上庄里大桥187m、三官河大桥122m;涵洞5道、康县隧道2723m、甘石坝隧道560m、康县西互通式立交1座(含5座匝道大桥共1211.8m)等。其中,郑家沟特大桥左幅起讫里程桩号ZK22+323~ZK24+478,共19联(长2155m);右幅起讫里程桩号YK22+303.75~YK24+478,共20联(长2174.25m)。

2.2 施工质量过程控制方法

2.2.1 首次桥面清洗

为了提高铺装质量,采用人工辅助水车的方式,使用高压水枪对桥面的各种杂物、水泥残渣、浮浆等进行全面清洗,避免了人工清扫垃圾不彻底及清理不干净的问题,如图2所示。

图2　桥面清洗

2.2.2 钢筋绑扎(图3)及马镫支撑确保保护层厚度(图4)

图3　钢筋绑扎

用全站仪在防撞护栏里面边缘画出相应的定位点,然后把点连成线,放好线后需要复核桥面的宽度,并在靠护栏边预留一定的工作宽度。在工作宽度内按照5m一点进行放线,在控制点上摆放横向钢筋,再根据两控制点等间距划分。要对顶面进行高程测量,并与铺装高程进行比较,若不满足钢筋保护层厚度要求,则需要微调高程,直到满足为止。高程确定后,在摊铺机显示屏内输入高程及里程桩号。

图4　马镫支撑确保钢筋保护层厚度

2.2.3 二次桥面清理

由于钢筋绑扎作业过程中会产生垃圾,所以需要对桥面进行再次清理,而此次清理不能再使用高压水枪,因为会使钢筋锈蚀,因此使用吹风机清理桥面,保证浇筑前桥面是干净的,如图5所示。

图5　清理桥面垃圾

2.2.4 商品混凝土质量控制

混凝土供应必须确保连续性,以及混凝土的强度、粗集料粒径、坍落度、微膨胀混凝土等技术要求。提供商品混凝土时,由搅拌站派驻现场服务员到工地了解施工准备、停泵车位置、混凝土输送车进出场路线路程、车行时间以及车辆安排等,确保按时供应到位;运输途中,混凝土不发生离析泌水现象,如有发生,应作废弃处理;由项目部工地试验室随车取样,测定坍落度,制作抗压、抗渗试块,并及时向搅拌站索取技术资料。

2.2.5 摊铺机摊铺混凝土(图6)

在完成桥面钢筋铺设后,运用激光来设定标程,并架设激光接收器。当激光接收器接收信号后,会将信号传送到液压控制系统中,然后借助液压装置来自动对高程进行调整。预留50cm的工作宽度的混凝土面,使用1.5m手持式振捣尺进行振捣。

图6　摊铺混凝土

2.2.6　座驾式磨光机混凝土收面

桥面混凝土摊铺整平以后,为了提高收面效率和质量,采用座驾式磨光机和传统手持式磨光机进行桥面混凝土收面对比。经比较,座驾式磨光机收面不仅减轻了作业人员的劳动强度,而且提升了收面效果(图7)。

图7　混凝土收面

2.2.7　养护

为了减少水的浪费和提高养护效果,桥面铺装采用喷淋洒水(图8),采用土工布保湿养护。养护期洒水次数以保证桥面土工布充分潮湿为准,按照要求养护足够的时间。在养护期间,严禁人员踩踏。

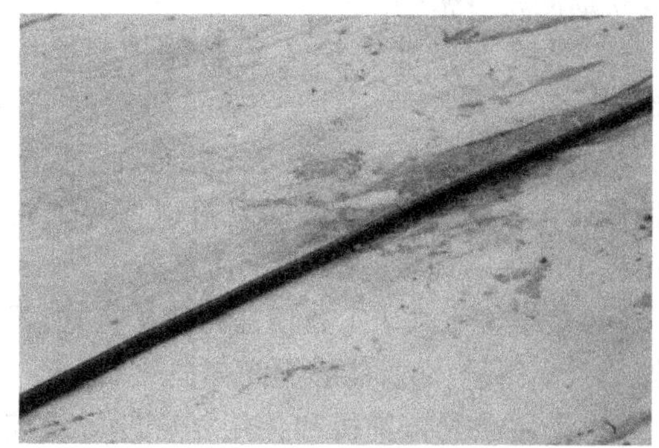

图8　喷淋养护

2.2.8　平整度检测(图9)及综合评价

检测前应确保桥面清洁,通过长度为3m的直尺沿桥面纵向放置,每200m测2处,每处连续测量5尺,将楔形塞尺推入直尺与桥面的间隙,并记录相关数值。平整度检测见表1。

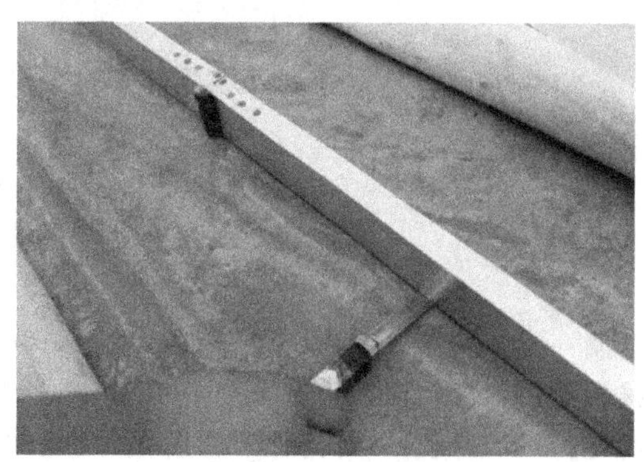

图9　平整度检测

桥面铺装第五联平整度检测(要求≤5mm)　表1

<table>
<tr><td rowspan="6">左侧实测值(mm)</td><td>6.0</td><td>4.0</td><td>2.0</td><td>2.0</td><td>6.0</td><td>2.0</td><td>3.0</td><td>3.0</td><td>5.0</td><td rowspan="6">合格率85.7%</td><td rowspan="12">合格率84.5%</td></tr>
<tr><td>7.5</td><td>4.0</td><td>2.0</td><td>2.0</td><td>2.0</td><td>5.0</td><td>3.0</td><td>2.0</td><td>—</td></tr>
<tr><td>1.5</td><td>3.0</td><td>7.5</td><td>3.5</td><td>2.0</td><td>2.0</td><td>6.0</td><td>4.5</td><td>—</td></tr>
<tr><td>2.0</td><td>3.0</td><td>2.5</td><td>4.0</td><td>2.0</td><td>2.0</td><td>6.5</td><td>2.0</td><td>—</td></tr>
<tr><td>3.0</td><td>4.0</td><td>4.0</td><td>2.0</td><td>3.0</td><td>2.0</td><td>4.0</td><td>2.0</td><td>—</td></tr>
<tr><td>2.0</td><td>3.0</td><td>2.0</td><td>2.0</td><td>10.5</td><td>4.0</td><td>2.0</td><td>5.0</td><td>—</td></tr>
<tr><td rowspan="6">右侧实测值(mm)</td><td>3.0</td><td>3.0</td><td>3.0</td><td>3.0</td><td>5.0</td><td>3.0</td><td>1.0</td><td>4.0</td><td>—</td><td rowspan="6">合格率83.3%</td></tr>
<tr><td>4.0</td><td>3.0</td><td>15.0</td><td>4.0</td><td>8.0</td><td>3.5</td><td>5.0</td><td>2.0</td><td>—</td></tr>
<tr><td>3.5</td><td>3.0</td><td>3.0</td><td>5.0</td><td>4.0</td><td>1.0</td><td>3.0</td><td>6.0</td><td>—</td></tr>
<tr><td>5.0</td><td>8.5</td><td>9.0</td><td>2.0</td><td>4.0</td><td>2.0</td><td>3.0</td><td>2.0</td><td>—</td></tr>
<tr><td>4.0</td><td>2.0</td><td>3.0</td><td>4.0</td><td>3.5</td><td>2.0</td><td>4.0</td><td>6.0</td><td>—</td></tr>
<tr><td>3.0</td><td>12.0</td><td>6.0</td><td>3.0</td><td>2.0</td><td>1.0</td><td>6.5</td><td>3.0</td><td>—</td></tr>
</table>

3 结语

以郑家沟特大桥为例,采用桥面激光摊铺机及相应的控制方法,主要得出以下结论:

(1)采用控制点措施进行钢筋绑扎,能较好地提高钢筋间距合格率。

(2)马镫支撑能够提高钢筋保护层厚度合格率。

(3)座驾式磨光机较手持式磨光机不仅能够降低作业人员的劳动强度,而且可以避免人在作业过程中的踩踏现象,提高收面质量。

(4)喷淋洒水加土工布覆盖的养护方式,不仅能够节省水用量,而且能够提高养护效果。

(5)采用激光摊铺机和使用相应的质量控制措施,铺装质量比传统的铺装方法有明显的提高。

参考文献

[1] 朱静. BFRP筋桥面铺装横向模型试验研究[J]. 北方交通,2023(8):14-17.

[2] 尚飞,蔡传勇,彭祝涛,等. 钢桥面铺装精细抗滑表处预养护技术应用[J]. 公路交通技术,2023,39(4):100-104,111.

[3] 刘雪晴,李翔. 模块化T梁桥面铺装施工技术研究[J]. 科技创新与应用,2023,13(22):166-169.

[4] 王晶宇. 预防性养护技术在钢桥面铺装层中的应用[J]. 交通世界,2023(16):182-184.

[5] 应高博. 高速公路桥面铺装质量控制方案分析[J]. 运输经理世界,2023(7):34-36.

[6] 杜加伟,郭康,华新,等. 钢桥面铺装超高性能混凝土施工技术研究[J]. 江苏建材,2023(1):49-51.

[7] 成壮. 水泥混凝土桥面铺装层开裂控制研究[J]. 交通世界,2022(29):127-129.

[8] 张锦松. 桥面铺装SMA-13施工技术及质量控制措施[J]. 四川建材,2022,48(10):145-146,151.

多跨双曲拱桥横向分布系数计算方法探讨

易雪坤 陈 峰* 杜翔宇 闫海宇 牛家祥 段玉冰

(长安大学公路学院)

摘 要 由于双曲拱桥组合截面的特征和整体性较差的缺陷,建立有限元空间模型求解和相关横向连接的简化仍旧较为困难且准确度不足,因此借助双曲拱桥荷载横向分布系数求解,将该问题转化为平面问题,仍旧不失为一种简便而精度较高的分析方法。本文以一座六跨双曲拱桥为工程背景,采用4种方法计算荷载横向分布系数,即弹性支承连续梁法、弹性支承连续梁法的简化算法、刚性横梁法、刚接梁法,并与经实际加载实验数据校验准确的多跨有限元空间模型进行对比分析。经分析表明,弹性支承连续梁法适用于拱顶截面,弹性支承连续梁简化法在拱顶和拱脚截面适用性较好,刚性横梁法需根据实际工程与其他方法对比使用,刚接梁法不适用于双曲拱桥的横向分布计算。本文所做的分析和相关结论可为既有双曲拱桥计算分析和评定提供相关方法借鉴。

关键词 双曲拱桥 等效模型 有限元 横向分布

0 引言

双曲拱桥于1964年在我国江苏省无锡县首创以来,已有60年历史,且双曲拱桥与一般的板拱桥不同,其具有明显的空间受力特性。而双曲拱桥的使用状态与拱肋之间的横向联系密切相关,在双曲拱桥的计算中,应当考虑荷载的空间作用。因此,明确双曲拱桥的横向受力特性和合理计算双曲拱桥横向分布规律,为双曲拱桥技术状况评定、老旧双曲拱桥加固设计及监控提供参考,对该类桥梁的设计、检测、加固等工作具有重要意义。

目前,国内常用的公路梁桥荷载横向分布系数计算方法主要有梁格法、板系法及梁系法。梁格法又包括偏心压力法、修正偏心压力法、弹性支承连续梁法及广义梁格法；板系法有铰接板（梁）法和刚接板（梁）法；梁系法有比拟正交异性板法（G-M 法）。由于横向分布系数的计算方法大多基于梁桥的横向分布系数计算，与拱桥结构尤其是双曲拱桥存在较大偏差，因此为简化分析双曲拱桥合在横向分布计算仍可基于已有的梁桥横向分布系数计算方法进行分析。

本文拟采用4种常用双曲拱桥荷载横向分布系数计算方法，即弹性支承连续梁法、弹性支承连续梁法的简化算法、刚性横梁法、刚接梁法，并结合一座六跨双曲拱桥实际工程探讨4种方法的适用性；基于经实际工程检验的有限元模型对上述方法进行对比分析，得到常用计算方法在不同控制截面的适用条件。

1 常用双曲拱桥横向分布系数计算方法

以往设计双曲拱桥时，往往把活载平均分布于主拱全宽，但对既有双曲拱桥的病害进行深入分析可知，主拱圈结构整体性差是该桥梁结构的主要病害，因此基于已有的梁桥横向分布系数计算方法分析双曲拱桥横向分布规律必须考虑其横向联系特征。

如交通部公路研究所采用的弹性支承连续梁法进行上部结构设计计算，金成棣提出了考虑纵向位移影响线的推力体系荷载横向分布计算方法，当不考虑纵向位移影响时，该方法退化为刚性横梁法；同济大学提出的把拱圈当成由纵向拱肋和横向隔板相互垂直交叉的空间结构，用有限元进行分析的拱肋分析法等。

弹性支承连续梁法是在双曲拱桥试验和实测的基础上提出的，范赢等学者的研究表明该方法由于计算中不考虑拱上建筑的立柱、拱上填料、路面和侧墙等的影响，在拱顶截面有更高的适用性；冯尚德等学者的研究中以裸拱挠度比拟带有拱上建筑的主拱圈挠度，得出该方法不适用于窄桥横向分布系数计算。

冯尚德、许准等在研究中认为，对具有拱顶实腹段横向刚度较大且为窄桥的双曲拱桥，荷载横向分布系数宜采用刚性横梁法计算；刚性横梁法因为没有考虑主梁扭矩抵抗外荷载的作用，导致计算边梁横向分布系数时结果偏大。

许准等研究中刚接梁法与理论计算数据存在一定误差，由于双曲拱桥孱弱的横向刚度，大部分已有研究不建议采用刚接梁法计算双曲拱桥的横向分布。

2 常用横向分布系数计算方法对比分析

基于现有研究方法，本文以一座六跨双曲拱桥为例，筛选适合双曲拱桥横向分布系数计算分析的刚性横梁法、刚接梁法、弹性支承连续梁法以及简化弹性支承连续梁方法四种常用方法进行对比分析，并与经实测数据验证准确的空间有限元分析结果进行对比分析，从而得到计算结果的差异，得到各方法适用条件。

2.1 工程概况

下坂大桥于1979年建成，桥梁全长约146.8m，为空腹式双曲拱，采用重力式墩台，扩大基础，桥型布置如图1、图2所示。桥梁为六跨空腹式双曲拱，跨径组合为21.6m+22.6m+3×23.9m+22.85m，桥面总宽6.0~6.1m，车行道宽5.5m，横向为5根主拱肋，其拱肋为钢筋混凝土结构，拱波为素混凝土预制构件，宽0.3m，厚度为0.1m，矢宽1.2m，矢高0.3m，和拱肋进行有铰连接，单跨共设置7根横梁，横梁尺寸为0.2m×0.2m，为钢筋混凝土结构，和拱肋无钢筋连接，腹拱为素混凝土预制构件宽0.3m，厚度为0.1m，矢宽1.2m，矢高0.3m，立柱为素混凝土构件，侧墙为浆砌块石结构。

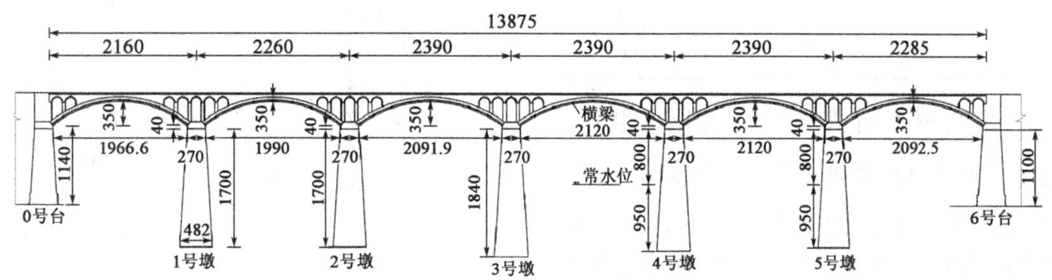

图1 下坂大桥桥型布置（尺寸单位：cm）

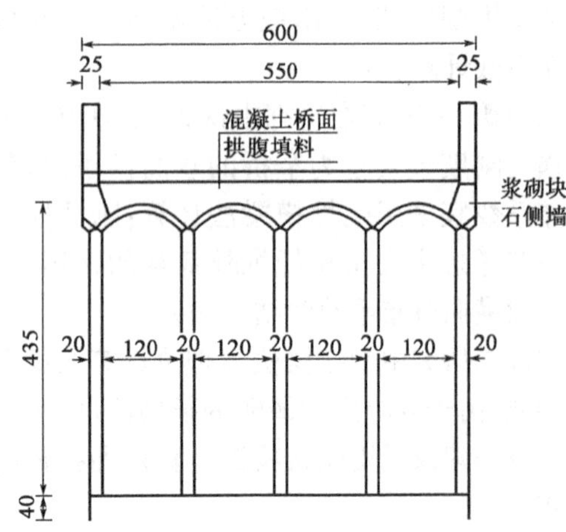

图2　下坂大桥跨中横断面(尺寸单位:cm)

2.2　多跨有限元模型计算

本工程实例全跨模型采用有限元软件 midas 建立混凝土双曲拱桥的空间有限元分析模型,对该桥静力学性能进行较为全面的仿真计算,共划分8469个节点,10918个单元,如图3所示,对该桥主拱、腹拱、立柱、桥面板采用2节点空间梁单元进行离散。本模型对该桥有较好的模拟效果,与荷载试验实测结果的各项指标拟合较好,因此本研究以此多跨有限元模型校正各计算方法计算结果。表1为多跨模型有限元法计算所得多跨各梁肋横向分布系数。

图3　多跨有限元模型

多跨模型有限元法计算所得多跨各梁肋横向分布系数　　表1

计算截面	拱顶	$l/4$ 截面	拱脚
m_1	0.491	0.476	0.422
m_2	0.404	0.404	0.39
m_3	0.411	0.408	0.453
m_4	0.393	0.392	0.378
m_5	0.382	0.378	0.359

2.3　横向分布计算各方法对比分析

2.3.1　双曲拱桥常用横向分布计算方法

弹性支承连续梁法的基本假定不计拱上建筑、桥面系的影响,以裸拱拱顶挠度代替带有拱上建筑的主拱圈拱顶挠度;将拱顶部位的横系梁及拱波、拱板看作支承在弹性地基上的连续梁计算模型,通过计算各支承的反力影响线,从而得到荷载横向分布系数。

弹性支承连续梁的简化算法是简化反力求解方法,认为当荷载 $P=1$ 作用于某一拱肋上时,其分布的拱肋数每侧为2根,到第3根接近于零或为绝对值极小的负值,其分配接近直线。

刚性横梁法基本假定:横隔梁无限刚性。计算双曲拱桥时做出如下假定:桥面结构为不可压缩,不考虑拱上结构对主拱圈的联合作用,各肋间只传递水平剪力,不传递弯矩。

刚接梁法把桥跨结构在纵向沿主拱连接处切开,相邻拱肋之间视为刚接,各相邻拱肋切口处以赘余力取代,把整个双曲拱桥看作由这些赘余力连接起来的超静定结构,然后用力法求解。因 β 值较小,近似取 $\beta=0$;取 $\gamma=0.03$。

2.3.2　双曲拱桥常用横向分布系数计算方法结果

为得到各方法的使用条件,现比较下坂大桥以上几种常用计算方法的横向分布系数计算结果,表2为常用手算方法各梁肋横向分布系数计算结果。

常用手算方法各梁肋横向分布系数计算结果

表2

计算方法	弹性支承连续梁法	弹性支承连续梁简化法	刚性横梁法	刚接梁法
1	0.433	0.379	0.434	0.389
2	0.453	0.368	0.419	0.380
3	0.405	0.415	0.399	0.395
4	0.369	0.415	0.500	0.386

2.4　计算方法结果对比分析

计算结果见图4～图6。

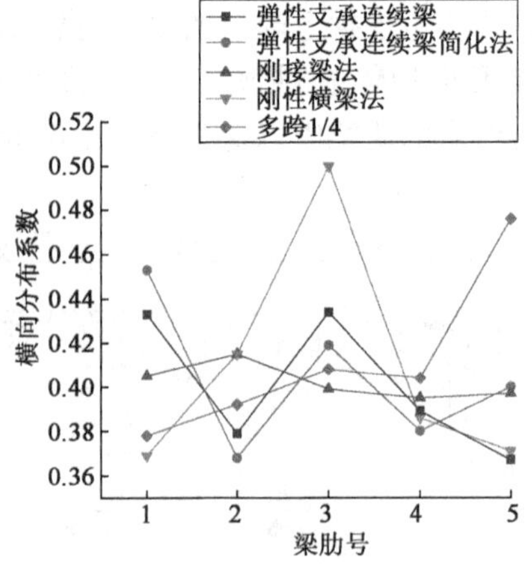

图4　多跨模型 $L/4$ 截面计算结果

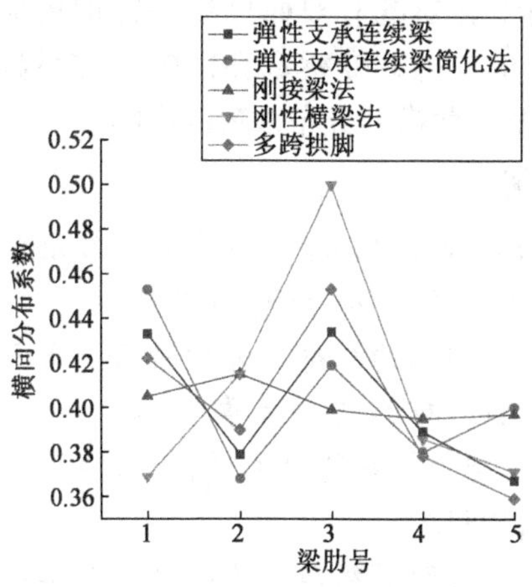

图5 多跨模型拱脚截面计算结果

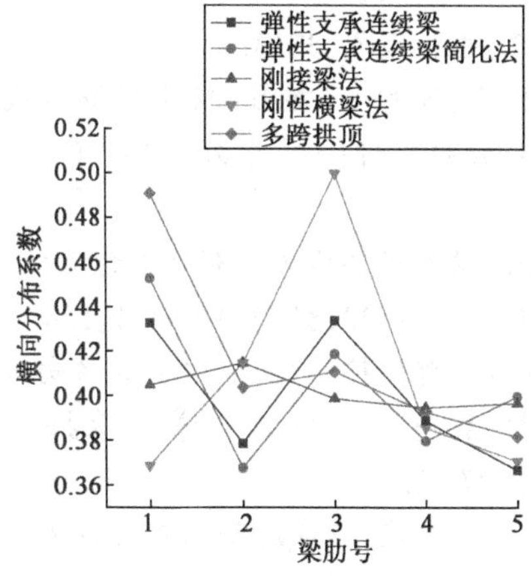

图6 多跨模型拱脚截面计算结果对比

由图4～图6可知，弹性支承连续梁法对本工程实例不同计算截面横向分布系数的结果和规律拟合程度有较大差异。该方法在拱顶截面处与多跨有限元模型的计算结果有较好的一致性；对于拱脚截面边肋，该方法结算结果有一定差异，最大计算结果差值为11.8%。

但弹性连续梁的简化方法与多跨模型计算结果在不同控制截面处拟合效果有较大差异，其中在$l/4$截面处边肋的计算结果差异达到16%和19.8%，在拱脚截面和拱顶截面处都有较好的一致性。

刚性横梁法在2、4号拱肋处于多跨有限元模型的各截面计算结果都有较好的一致性，但在1、3、5号拱肋处与多跨模型不同截面计算结果一致性相差较大。

刚接梁法横向分布系数的计算结果与多跨有限元模型计算结果相差较大。

2.5 常用横向分布系数计算的双曲拱桥修正系数

由于目前的横向分布系数计算方法都是基于梁桥提出的，因此在计算双曲拱桥的横向分布系数时，在不同的截面适用性有所差异，因此本文基于实际工程和多跨有限元模型的对比分析，以期得到不同控制截面适用的计算方法和对应的修正系数f，为既有双曲拱桥的检测、加固和改造的计算过程提供有适用性的简化方法。

由前文可知，拱顶截面处弹性支承连续梁法相较于其他常用方法有更好的适用性，但由于未考虑拱上建筑该方法整体计算结果偏小，通过与多跨有限元模型拟合分析，得到弹性支承连续梁法在拱顶截面的修正系数$f=1.02$。在拱脚截面处刚性横梁法有较好的适用性，但该方法因为没有考虑主梁扭矩抵抗外荷载的作用，导致计算边梁横向分布系数时结果偏大，经过与多跨有限元模型计算结果拟合分析，拱脚截面处刚性横梁法的修正系数f为0.96。

3 横向分布系数影响因素分析

3.1 宽跨比的影响

表3为不同桥面宽度对横向分布系数的影响。

不同桥面宽度对横向分布系数的影响 表3

拱肋	控制截面	不同桥面宽度的横向分布系数		
		1.4B	B	0.6B
2	拱顶截面	0.289	0.395	0.419
	$l/4$截面	0.233	0.389	0.222
3	拱顶截面	0.213	0.421	0.346
	$l/4$截面	0.224	0.453	0.347
4	拱顶截面	0.251	0.385	0.419
	$l/4$截面	0.233	0.376	0.222

由表3可知，拱顶截面边肋的横向分布系数随桥面宽减小而增大，而$l/4$截面的横向分布系数与桥面宽度变化没有明显相关性。

3.2 桥墩抗推刚度的影响

桥墩抗推刚度对横向分布系数的影响见图7、表4。

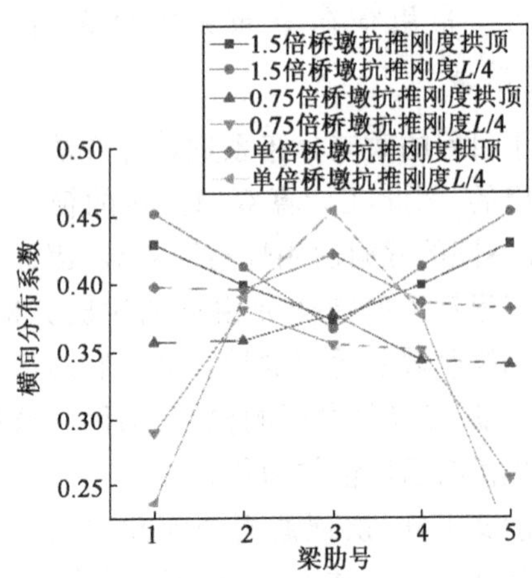

图7　桥墩抗推刚度对横向分布系数的影响

桥墩抗推刚度对横向分布系数的影响　表4

计算截面	m_1	m_2	m_3	m_4	m_5
K 拱顶	0.397	0.395	0.421	0.385	0.380
1.5K 拱顶	0.429	0.398	0.372	0.398	0.429
0.75K 拱顶	0.356	0.357	0.761	0.342	0.339
$K\ l/4$ 截面	0.408	0.403	0.408	0.394	0.383
1.5$K\ l/4$ 截面	0.452	0.412	0.366	0.422	0.452
0.75$K\ l/4$ 截面	0.389	0.380	0.354	0.350	0.347

由图7和表4可以看出,在拱顶截面和 $l/4$ 截面,拱脚抗推刚度越大,边肋的横向分布系数越大,而中肋的横向分布系数与拱脚抗推刚度没有明显的相关性。

4　结语

本文总结双曲拱桥荷载横向分布系数常用的计算方法,对比分析了四种常用计算方法与经实际工程检验的多跨有限元模型的计算结果,得出在本工程中各种计算方法的适用性和影响横向分布系数的因素。

弹性支承连续梁法拱顶修正系数为1.02;而弹性支承连续梁简化法在拱顶和拱脚处的适用性较好,在 $l/4$ 截面结果相差大;刚性横梁法在拱脚截面有较好的适用性,拱脚截面处的修正系数为0.96;刚接梁法与多跨有限元模型的计算结果有较大差异,因此不建议使用该方法计算双曲拱桥横向分布。

拱顶截面边肋的横向分布系数随桥面宽减小而增大,而 $l/4$ 截面的横向分布系数与桥面宽度变化没有明显相关性。在拱顶截面和 $l/4$ 截面拱脚抗推刚度越大,边肋的横向分布系数越大,而中肋的横向分布系数与拱脚抗推刚度没有明显相关性。因此,在对既有双曲拱桥进行旧桥加固改造计算中,应考虑改变桥宽和拱脚抗推系数衰减对双曲拱桥边肋横向分布系数的影响。

参考文献

[1] 童林.双曲拱桥横向分布实用算法探讨[J].公路与汽运,2011(4):172-175.

[2] 周瀛.旧双曲拱桥上部结构检算若干问题研究[D].南京:东南大学,2004.

[3] 金成棣,等.结构静力学[M].人民交通出版社,1982.

[4] 张东进.既有双曲拱桥的加固技术与横向分布系数研究[D].南昌:华东交通大学,2006.

[5] 范赢.双曲拱桥荷载横向分布特性研究[D].长春:吉林大学,2013.

[6] 魏保立,罗旭,邓苗毅.双曲拱桥荷载横向分布系数的探讨[J].中外公路,2011,31(5):90-94.

[7] 许准.双曲拱桥横向分布系数计算方法研究.公路与汽运,2018(5):109-111,120.

[8] 冯尚德,贾培栋.双曲拱桥荷载横向分布计算的探讨[J].兰州工业学院学报,2014,21(5):27-30.

[9] 王浩宇,淳庆.钢筋混凝土双曲拱桥计算模型修正方法[J].华侨大学学报(自然科学版),2021,42(4):450-456.

[10] 徐家云,张光辉,张俊.双曲拱桥横向分布系数研究[J].武汉理工大学学报,2003,25(2):31-33.

[11] 李立军.弹性连续梁法在桥梁结构分析中的应用[J].北方交通,2009(3):77-78.

[12] 陈杰.双曲拱桥技术状况评定与加固方法[J].黑龙江科技信息,2009(23):229.

[13] 李治学,白先梅.某双曲拱桥病害检测及承载力评估[J].中外公路,2011(3):42-45.

[14] 陈纪胜.双曲拱桥加固后的静载试验分析[J].公路交通科技(应用技术版),2011(7):36-41.

[15] 王彬,李青宁.双曲拱桥承载能力试验检测评定[J].建筑结构,2010(S2):678-682.

[16] 黄兴华.某双曲拱桥静载试验及性能评价[J].中国水运(下月),2010,10(3):148-149.

Research on the Relationship between Vehicle Type and Vehicle Weight based on Machine Vision

Lixiao Zhang*[1,2] Xuechang Sun[1,2] Jiachang Liu[1,2] Zheng Zou[1,2] Xiaofei Li[1,2]
(1. College of Transportation Engineering, Dalian Maritime University;
2. Key Laboratory of Offshore Bridge and Tunnel Engineering, Liaoning Province)

Abstract Weigh-in-motion (WIM) system is used to estimate vehicle parameters such as velocity or loads without affecting the traffic. Nevertheless, the system is not applicable for short and medium span bridges due to its high cost and pavement materials. Taking full advantage of WIM data, type-weight matching method was proposed and defined based on big data and deep learning to prevent overloading. The tests show that proposed method can predict gross weight based on vehicle type and have preferable robustness. The proposed method will serve as a promising alternative in the field of structural health monitoring, which is helpful to save costs, promote the safety of short and medium span bridges and prevent structure collapse.

Keywords Type-weight matching Vehicle type identification Multiple regression analysis Machine vision Short and medium span bridges

0 Introduction

Vehicle overloading has become increasingly commonplace and usually causes fatigue problems or bridge collapse in some extreme cases[1-2]. Moreover, the number of short and medium span bridges is up to 800,000 in China and the trend is on the rise. Thus, there are particularly challenging issues for overloading prediction of medium and small span bridges.

Several conventional sensors have been used for weighing vehicles over the past decades[3-6]. However, sensors are easy to corrosion, hard to repair and low accuracy[7]. Weigh-in-motion (WIM) is currently used to acquire vehicle information by employing strain signals[8-9]. WIM can be classified as static scale, low-speed WIM, and high-speed WIM according to various speeds[10-11]. Static scale is accurate but cumbersome. Low-speed WIM utilizes wheel or axle scales equipped with load cells typically, which are 30-40 m in length at least. High-speed WIM can calculate vehicle weight directly in traffic lanes, which is the most expensive. WIM has strict requirements on materials and road quality. A huge amount of vehicle information for statistical and weighing purposes can be obtained by a WIM system[12]. It is worth considering how to make full use of this data for feedback without sacrificing quality. Moreover, a series of studies have focused on the acquisition of vehicle loads from structural responses based on different sensors[13-15]. The way of flexural or shear strain sensor pasted in bridges is widely used to acquire vehicle speed and axles[16]. Nevertheless, their application is limited to one dimension since these methods are based on the basic beam theory. Bridges are used as weighting instruments[17]. Different bridges will react differently as the same vehicle passes by. But these methods are not universal. Recently, machine vision provides a contactless way to predict vehicle loads[18-20]. Based on WIM, Dan proposed an information-fusion-based method for vehicle load identification[21].

Taking full advantage of WIM data, type-weight matching (TWM) method is proposed and defined to prevent overloading for short and medium span bridges. Moreover, vehicle type identification is trained based on deep learning. Multiple regression model is adopted to fit vehicle type and gross weight based on WIM data. Gradient boosting regression (GBR) model is used to predict gross weight according to its type. The proposed method is simple, low-cost, and easy to implement, and it fills the application of vehicle load measurement for small to medium span bridges.

1 Theoretical background

1.1 Faster R-CNN

Nowadays, deep learning algorithms are proved to be the best approach for object detection[22-23]. After comparison, Faster R-CNN is chosen as training model in light of much we study for small target, which consists of convolution (Conv) layers, region proposal network (RPN), region of interest (ROI) pooling, and classifier[24-25]. Leveraging machine vision and deep learning, this part concentrates on quick identification and detection of the vehicle types and license plates.

1.2 Gradient boosting regression

Gradient boosting (GB) produces a predictive model from an ensemble of weak predictive models[26], which is a powerful ensemble machine learning algorithm. GB constructs additive regression models by sequentially fitting a simple parameterized function (base learner) to current "pseudo"-residuals by least squares at each iteration. The pseudo residuals mean that the gradient of the loss function is minimized relative to the model value at each training data point evaluated in the current step. By integrating randomization into the procedure, the approximation accuracy and execution speed of gradient boosting can be significantly improved[27]. In this study, the gradient boosting regression model is used for vehicle weight prediction. The gradient boosting can be generally expressed as. The generic GB algorithm is shown in Table 1.

The generic GB algorithm Table 1

Initialize $f_0(x)$ to be a constant,
$f_0(x) = \arg\min_{\rho} \sum_{i=1}^{N} L(y_i, \rho)$
For $m = 1$ to M do
For $i = 1$ to n do
Compute $\breve{y}_i = -\left[\dfrac{\partial L(y_i, f(x_i))}{\partial f(x_i)}\right]_{f=f_{m-1}}$
End;
Fit a regression tree $g_m(x)$ to predict the targets $\breve{y}_i$
from covariates x_i for all training Data.
Compute a gradient descent step size as
$\rho_m = \arg\min_{\rho} \sum_{i=1}^{N} L(y_i, f_{m-1}(x_i) + \rho g_m(x_i))$
Update the model as
$f_m(x) = f_{m-1}(x) + \rho_m g_m(x)$
End;
Output the final model $f_m(x)$

2 Definition of type-weight matching

A new forecasting method of vehicle load is presented based on machine vision to prevent overloading on short and medium span bridges, shown in Figure 1. The novelty is in developing an inexpensive method to estimate vehicle weight according to its type by using camera only. This makes it possible to be widely applied in overweight detection for short and medium span bridges. This method has the following three steps.

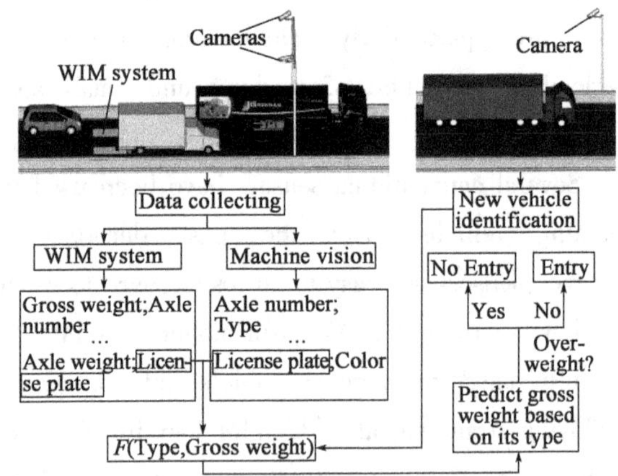

Figure 1 Type-weight matching framework

Step 1: Vehicle types identification. Datasets for training object recognition are from real bridge vehicles. According to provisions on road passage, all vehicles are divided into different types. Faster-RCNN is used to train datasets. Trained model can recognize the type of a new vehicle.

Step 2: Correspondence between vehicle types and gross weight. Based on WIM data, vehicle information including gross weight and axle weight can be obtained directly. Then, vehicle's gross weight will correspond to its type according to the surveillance video. That is, an independent database that includes vehicle types and its loads is built.

Step 3: Vehicle weight prediction. When a new vehicle appears, its type can be identified using the trained model in step 1. Next, vehicle weight is predicted utilizing the independent database.

3 Datasets and parameters setting

All the images mainly come from a bridge in Zhejiang province and are partly from the web. Vehicles are divided into four types: large passenger car (LP), small passenger car (SP), large truck (LT), and small truck (ST), shown in Table 2. A total of 400 images are trained and they are fed into a CNN model to build a classifier, separating vehicles from intact images in the validation set[28].

Vehicle types and classification standards Table 2

Label	Standards	Examples
LP	Vehicle length ≥ 6m or passengers ≥ 20	Bus, coach
SP	Vehicle length < 6m or passengers < 20	Cars
LT	Vehicle length ≥ 6m and total quality ≥12000kg	Transporter, lorry
ST	Vehicle length < 6m and total quality < 12000kg	Pickup, vans

The deep learning network is Faster R-CNN based on ZF in this research. The convolutional neural network and fully connected layers are initialized by zero-mean Gaussian distribution with standard deviations of 0.01 and 0.001, respectively. The RPN and Faster R-CNN networks are trained at a basic learning rate of 0.001, attenuation coefficient of 0.1 and momentum of 0.9. The anchor scales for RPN are 8, 16, 32. The regularization hyperparameter of weight decay is adopted to prevent overfitting, and its value is assigned to 0.0005. Stochastic gradient descent algorithm[29] is applied for training iterations and epochs. Besides, we adopted the method of trial-and-error to find optimal parameters because it did not introduce a straight forward way to choose them[30-31]. Different ratios (0.2, 0.5, 0.85, 1, 1.7, 1.85, 2, and 2.5) and different anchor sizes (16, 32, and 64) were trained to find the optimal solution.

4 Vehicle type training and testing

4.1 Model training

In model training, iterations have a crucial impact on the final results. To ensure the result converges, six iterations (3000, 5000, 8000, 10000, 15000, 20000) are used to train the datasets. After comparison, the average precision (AP) is highest when iteration is 5000 and its mean average precision (mAP) is 0.944. The AP is applied to evaluate the performance of an object detection model and the mAP is presented as the average of calculated APs for all classes. Therefore, 5000 is selected as iterations for the model in the following training. Then, experiments of different anchor ratios based on 5000 iterations were conducted. By assessing the test set, we select that the anchor sizes are 8, 16, 32, and its anchor ratios are 0.5, 1.85, 2.5.

4.2 New images tests

To verify the stability of the trained model, different conditions are discussed, including size, dim light and long distance. Results were shown in Figure 2. Due to various images, it is worth commenting that the camera at a different angle of vision could bias the experiment results.

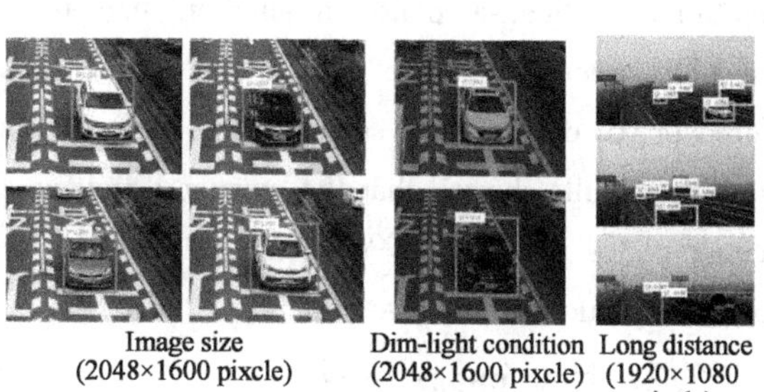

Image size (2048×1600 pixcle) Dim-light condition (2048×1600 pixcle) Long distance (1920×1080 pixcle)

Figure 2 Image detected results

Image size. 4 images with 2048 × 1600 pixels and 20 images with different sizes were tested. Results show that the overall recall rate for different sizes test is 0.949 because one vehicle is not properly identified.

Dim-light. 6 images are adopted to be tested under dim-light condition. Recognition precision is above 0.958, and the highest is 0.996. The effect of this trained model is accurate even for different colour vehicles. All results are true positive and their recall rate is 1.000.

Long distance. 10 images are tested over long distances. Results manifest that trained model can locate multiple vehicles from a single image, and almost all vehicle types are identified at a high precision.

In short, trained model shows that it is available and stable for multiple vehicles detection over different size, dim light and long distance.

5 License plate orientation

5.1 License plates training

License plates orientation occupies an important position in the license plates recognition system. Tests show that the recognition accuracy of license plates is lower when vehicle types and license plates are identified at the same time because license plates are small. Hence, a two-layer segmentation method based on deep learning technology and image processing technology is presented to improve the accuracy, shown in Figure 3. 100 segmented images were selected for license plates orientation training and trained with different iterations. After training, we chose 5000 as iterations in license plates orientation because its precision reached 99.6%, which was the highest. Moreover, 6 cases were selected for license plate training. Results showed that the average precision for license plates reached 0.996 when the base size was 16 and the anchor ratios were 0.5, 1, 2.

5.2 New image tests

To verify the accuracy of the trained model, we tested six images under normal conditions and four images under dark lighting conditions. Because the precision value will cover the box, the predicted box is displayed only. Parts of the tested images are shown in Figure 4. It manifests that all the license plates are successfully orientated for different vehicle types under normal conditions and dark lighting conditions. Their recall rate is 1.000. Nevertheless, a false positive, which is not a license plate, is located in Figure 4a). This error can be solved by expanding the training data.

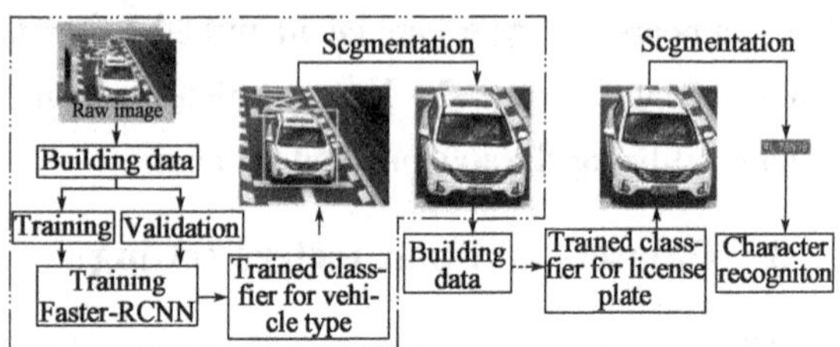

Figure 3 Two-layer segmentation method

Figure 4 Image test results

As indicated by the foregoing, all results prove that the trained model can successfully detect large target and small target in different conditions despite tiny errors. Next, we will expand the training data sets and optimize the training parameters to improve the precision of identification.

6 Feasibility study of type-weight matching

6.1 WIM data preparation

WIM data contains multi-parameter, including time, lane, axle weight, velocity, axle number, and gross weight. The axle weight is the maximum axle load. 1071 samples are obtained from a random day. Of these, LT has 581 samples, LP 29, ST 62, and SP 399. Then, the statistics are carried out with violin plots according to different vehicle types, shown in Figure 5. A violin plot is a combination of a box and a kernel density plot, which is used to display the data distribution and probability density.

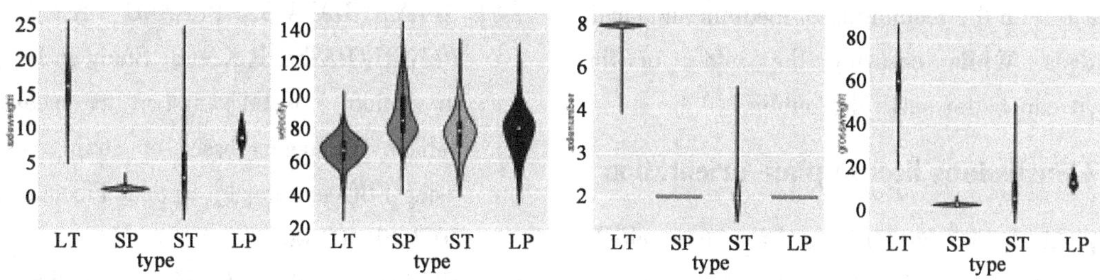

Figure 5 Violin plot of vehicle parameters

In Figure 5, the white point is the median, the thick black bar in the middle represents the quartile range, and the black lines running through the graph are the internal from the maximum to the minimum.

6.2 Feasibility study

To study the degree of interdependence between vehicle weight and other parameters (especially types), correlation based on Pearson coefficient is analysed in R language. Shown in Figure 6, the number represents the correlation value, and the closer to 1 or −1, the stronger the correlation. * represents the significance level. Here, type and gross weight have a high correlation value and significance level with axle number. The correlation value between type and gross weight reaches 0.96, indicating that the two parameters have a strong relationship and proving that the prediction of gross weight based on its type is feasible.

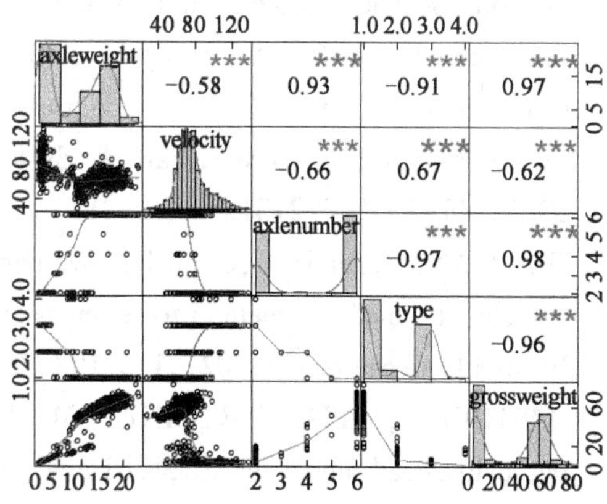

Figure 6 Correlation of vehicle parameters

Therefore, vehicle type is set as independent variable and gross weight as dependent variable to perform 10-fold cross validation through simple regression analysis including Bayesian ridge regression, linear regression, elastic net, support vector regression (SVR), and gradient boosting regression. The results show that GBR achieves the best fitting effect. Its mean square error (MSE) is the smallest, but it still reaches 33.19. To optimize fitting curves, axle weight is added as an independent variable to conduct multiple regression analysis. The evacuation indicators for different regression models are listed in Table 3. Explained variance (EV) and R^2 is intended to show the variance score of the regression model, where the closer to 1 represents the better effect. Mean absolute error (MAE) and MSE are used to express the degree of fitting. The smaller the value, the better the effect. GBR still achieved the best results, and its MSE is reduced to 6.31, indicating the GBR model can well predict gross weight based on vehicle type with the assistance of axle weight.

The evacuation indicators for different regression models Table 3

Models	EV	MAE	MSE	R^2
BayesianRidge	0.972	3.245	23.543	0.972
LinearRegression	0.972	3.245	23.543	0.972
ElasticNet	0.953	4.312	38.927	0.953
SVR	0.962	3.054	31.972	0.962
GBR	0.992	1.577	6.318	0.992

By the way, type-weight matching is only used in the experimental stage at present and a large amount of data is still needed to improve the prediction precision. The large database of traffic vehicles can be built for different regions to enhance the prediction accuracy, such as residential areas and industrial areas. Fortunately, with the development of technology and enough data sets, all of those can be solved. This method can predict gross weight easily and quickly based on big data and machine vision. It will play a significant role in the monitoring of medium and small span bridges. While ensuring the safety of the structure, it can better serve the public.

7 Conclusions license plate orientation

Weigh-in-motion system is used to obtain vehicle parameters without affecting the traffic. Whereas, it is high cost and cumbersome installation which is not suitable for short to medium span bridges. To ensure the safety of small-to-medium span bridges, type-weight matching method is proposed and defined based on machine vision. Faster R-CNN is used to classify and identify vehicle types. The results prove that the trained model can successfully identify targets, and the model has strong robustness. Moreover, WIM data is selected for statistics analysis, and then multiple regression models are adopted to fit vehicle type and gross weight. Feasibility Study shows that the GBR model can well predict gross weight based on vehicle type with the assistance of axle weight. In summary, the type-weight matching method is simple, low-cost, and easy to install. More data should be collected to improve the trained model and GBR model. Further research is currently underway and will be further elaborated in a subsequent paper. The proposed method will serve as a promising alternative in the field of structural health monitoring. The research of vehicle prediction not only has great academic value, but also has bigger social value and economic value.

References

[1] BIEZMA M V, SCHANACK F. Collapse of steel bridges [J]. Journal of Performance of Constructed Facilities, 2007, 21(5):398-405.

[2] DENG L, WANG W, YU Y. State-of-the-art review on the causes and mechanisms of bridge collapse [J]. Journal of Performance of Constructed Facilities, 2016, 30(2):04015005.

[3] PIMENTEL R, RIBEIRO D, MATOS L, et al. Bridge Weigh-in-Motion system for the identification of train loads using fiber-optic technology[C]//Structures. Elsevier, 2021, 30: 1056-1070.

[4] ALAMANDALA S, PRASAD R L N S, PANCHARATHI R K, et al. Study on bridge weigh in motion (BWIM) system for measuring the vehicle parameters based on strain measurement using FBG sensors[J]. Optical Fiber Technology, 2021, 61:102440.

[5] CHENG L, ZHANG H, LI Q. Design of a capacitive flexible weighing sensor for vehicle WIM system [J]. sensors, 2007, 7(8): 1530-1544.

[6] KAWAKATSU T, AIHARA K, TAKASU A, et al. Deep sensing approach to single-sensor vehicle weighing system on bridges[J]. IEEE Sensors Journal, 2018, 19(1):243-256.

[7] WANG Q, LIU Y. Review of optical fiber bending/curvature sensor [J]. Measurement, 2018, 130:161-176.

[8] MOSES F. Weigh-in-motion system using instrumented bridges [J]. Transportation Engineering Journal of ASCE, 1979, 105(3): 233-249.

[9] LYDON M, TARYLOR S E, ROBINSON D, et al. Recent developments in bridge weigh in motion (B-WIM) [J]. Journal of Civil Structural Health Monitoring, 2016, 6:69-81.

[10] LU C C, YAN S, CHEN T H. Optimally Locating Weigh-in-Motion Stations and Truck-Prohibited Roads for Mitigating the Impact of Overweight Trucks [J]. Journal of Transportation Engineering, Part A: Systems, 2023, 149(1):04022131.

[11] JI S, WANG R, SHU M, et al. Improvement of vehicle axle load test method based on portable WIM[J]. Measurement, 2021, 173:108626.

[12] ANITORI G, CASAS J R, GHOSN M. WIM-based live-load model for advanced analysis of simply supported short-and medium-span highway bridges [J]. Journal of Bridge Engineering, 2017, 22(10):04017062.

[13] TICONA MELO L R, BITTENCOURT T N, RIBEIRO D, et al. Dynamic response of a railway bridge to heavy axle-load trains considering vehicle-bridge interaction [J].

International Journal of Structural Stability and Dynamics,2018,18(01):1850010.

[14] ZHU X, CAO M, OSTACHOWICZ W, et al. Damage identification in bridges by processing dynamic responses to moving loads: features and evaluation [J]. Sensors, 2019, 19(3):463.

[15] YU Y,ZHAO X,SHI Y,et al. Design of a real-time overload monitoring system for bridges and roads based on structural response [J]. Measurement,2013,46(1):345-352.

[16] HE W, DENG L, SHI H, et al. Novel virtual simply supported beam method for detecting the speed and axles of moving vehicles on bridges [J]. Journal of Bridge Engineering, 2017,22(4):04016141.

[17] MOSLEH A, COSTA P A, CALÇADA R. A new strategy to estimate static loads for the dynamic weighing in motion of railway vehicles [J]. Proceedings of the Institution of Mechanical Engineers, Part F: Journal of Rail and Rapid Transit,2020,234(2):183-200.

[18] MCKAY T R, SALVAGGIO C, FAULRING J W,et al. Remotely detected vehicle mass from engine torque-induced frame twisting [J]. Optical Engineering, 2017, 56 (6): 063101-063101.

[19] FENG M Q,LEUNG R Y,ECKERSLEY C M. Non-contact vehicle weigh-in-motion using computer vision [J]. Measurement, 2020, 153:107415.

[20] ZHOU Y, PEI Y, LI Z, et al. Vehicle weight identification system for spatiotemporal load distribution on bridges based on non-contact machine vision technology and deep learning algorithms [J]. Measurement, 2020, 159:107801.

[21] DAN D, GE L, YAN X. Identification of moving loads based on the information fusion of weigh-in-motion system and multiple camera machine vision[J]. Measurement,2019,144: 155-166.

[22] REN S,HE K, GIRSHICK R, et al. Faster r-cnn: Towards real-time object detection with region proposal networks [J]. Advances in neural information processing systems, 2015,28.

[23] REDMON J,FARHADI A. YOLOv3:An incremental improvement[J]. arXiv preprint arXiv:1804.02767,2018.

[24] AMMAR A,KOUBAA A, AHMED M, et al. Aerial images processing for car detection using convolutional neural networks:Comparison between faster r-cnn and YOLOv3[J]. MDPT,2021.

[25] PARK J H,HWANG H W,MOON J H,et al. Automated identification of cephalometric landmarks: Part 1—Comparisons between the latest deep-learning methods YOLOv3 and SSD [J]. The Angle Orthodontist, 2019, 89 (6): 903-909.

[26] FRIEDMAN J H. Greedy function approximation: a gradient boosting machine [J]. Annals of statistics,2001:1189-1232.

[27] FRIEDMAN J H. Stochastic gradient boosting [J]. Computational statistics & data analysis, 2002,38(4):367-378.

[28] CHA Y J,CHOI W,BÜYÜkÖZTÜRK O. Deep learning-based crack damage detection using convolutional neural networks [J]. Computer-Aided Civil and Infrastructure Engineering, 2017,32(5):361-378.

[29] Neural networks: tricks of the trade [M]. springer,2012.

[30] WANG N,ZHAO X,ZHAO P,et al. Automatic damage detection of historic masonry buildings based on mobile deep learning[J]. Automation in Construction,2019,103:53-66.

[31] FAN Q,BROWN L,SMITH J. A closer look at Faster R-CNN for vehicle detection[C]//2016 IEEE intelligent vehicles symposium (IV). IEEE,2016:124-129.

基于加速度计的结构健康监测系统设计

刘　瑶　邹应全*　杨　楠
(西南交通大学信息科学与技术学院)

摘　要　大型建筑等结构在长期使用过程中可能存在安全隐患,为保障结构安全平稳运行,对其进行结构健康监测非常必要。动态位移和振动主频是识别建筑结构运行状态的重要参数,本文研究了基于加速度的动态位移和振动主频计算方法,并将振动数据采集监测系统用于对各种民用建筑结构工作时的振动情况进行实时监测。利用加速度计对结构进行振动监测,获取环境激励下结构动态响应。在此基础上,研究实现基于频域积分和数字带通滤波实时计算结构动态位移,通过峰值提取法对加速度信号进行频谱分析,以获取振动主频。通过振动台模拟试验,验证了频域积分位移算法及振动主频提取方法的可行性及正确性。

关键词　结构健康监测　加速度计　位移重构　频域积分

0　引言

进入 21 世纪以来,国内外基础设施建设飞速发展,大批超高层建筑、大跨空间结构、大型水利工程、大跨桥梁结构等重大基础设施结构已完成或正在建设[1]。例如,2014 年底竣工的高达 632m 的上海中心大厦,2011 年正式投入使用的南京大胜关长江大桥等。随着结构高度和体量的不断攀升,以及建筑功能的多样化和综合性发展[1],结构在施工期和长期服役过程中的受力状态和变形更为复杂,遭受到各种自然或人为因素破坏时,可能存在严重安全隐患[2]。为确保建筑结构能够平稳、安全运行,对其进行结构健康监测,实现可持续管理十分重要。随着传感器和数据采集技术的迅速发展,结构健康监测系统已经应用在越来越多的大型民用基础设施中[3]。

结构的模态参数主要指结构的频率、振型和阻尼比[4],是结构健康监测的重要内容,能够间接反映结构物理性态的变化,从而定性和定量地判别结构性态的改变[5]。频率是重要的模态参数,可以反映结构的刚度信息,是评估结构完整性的敏感指标。结构产生振动时,采集到的信号的频谱可能存在多个峰值,信号的主频[6]是指“一个包含很多不同频率成分的复杂信号中最主要的频率”,是对信号进行频谱分析的一个重要特征参数。本文设计的系统选取信号振幅谱中最大值对应的频率作为主频。

动态位移信号可以反映出结构行为的宝贵信息,结构受到内部、外部荷载及环境作用引起振动和变形,动态位移能直观反映结构受力状态,体现结构强度和稳定性,经常应用于各种结构健康监测和结构控制[7]。结构变形(位移)测量方法主要分为直接测量法和间接测量法[7]。直接测量的方法是指利用各种测量仪器直接对结构的位移进行测定,由于能够直接获取结构的位移数据,通常具有较高的精度。直接测量法包括全球定位系统(GPS)技术、全球导航卫星系统(GNSS)技术、机器视觉测量等。直接测量法的通常测量精度更高,但需要找到一个固定的参考点,然而在实际应用时,通常难以在现场找到合适的基准点[8]。GPS 技术通过在固定点安装接收器,克服了在复杂环境下寻找静态参考点的难题,但采样率通常较低,在垂直位移测量上精度较差,无法满足动态位移测量的精度要求[11]。

间接测量法主要依赖电子类传感器,如倾斜传感器、加速度传感器等设备,可以在不破坏路面或干扰交通流的情况下轻松安装,具有耐用性和可移植性,安装和维护这类系统的成本通常较低,因此得到了广泛的应用[12]。其中,加速度传感器由于有较宽的频带响应,且在环境振动监测中结构加速度响应往往更容易测量,信号精度较高,在终端设备中使用最为广泛[13]。

综上所述,在结构健康监测中,结构振动频率和动态位移是进行健康状态评估和性能评价的重要指标。本文研究实现的振动数据采集系统可用于对建筑等结构工作时的振动情况进行监测,如桥梁、施工场地、高楼等建筑,并选取动态位移和振动主频作为振动特征值。

1 系统整体结构设计

1.1 总体方案设计

系统主要目标是实时、准确且经济高效地对监测建筑结构的健康状况。通过即时采集结构振动响应并提取结构的特征值,完成振动主频和动态位移计算,以便对建筑结构的健康状态进行监控和预警。通过系统提供的可视化界面,专业人员可以评估结构的状况,并及时对受损部位进行维护,从而大大降低安全事故发生概率。系统总体框架如图1所示。

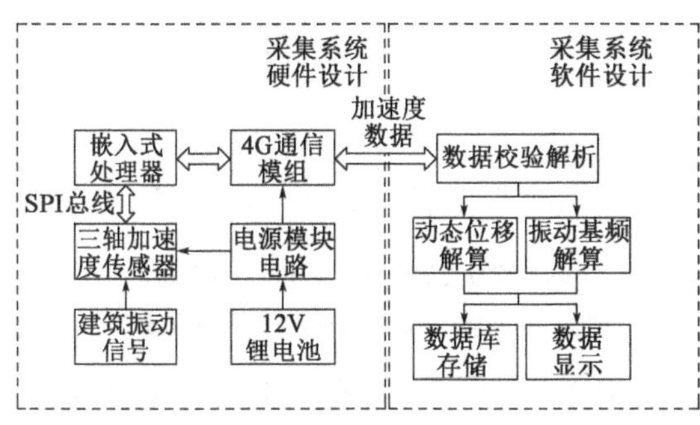

图1 系统总体框架图

系统可分为硬件数据采集系统和软件解算管理平台两部分。其中,硬件数据采集系统主要由加速度传感器、嵌入式处理器、4G通信模组、电源管理模块四部分组成,可以实时高精度采集结构振动数据,并将采集到的加速度数据通过4G通信模组发送至远程服务器。

软件解算管理平台部署在远程服务器,接收硬件传输的加速度数据,并进行数据校验及数据解析,将成功解析后的加速度数据滤波后进行动态位移计算和振动主频计算,计算结果在管理平台绘图展示并存储于MySQL数据库中,实现结构振动信号的监测和数据存储。

1.2 主要技术参数

振动监测系统硬件采集设备安装于被监测的结构表面,按照系统设置的采样频率,通过三轴加速度传感器,采集结构在设定方向上的单轴振动加速度信号。

硬件系统使用STM32F103作为处理器,同时接入ICM42688三轴加速度传感器作为外接振动传感器。在ARM硬件平台实现结构振动响应加速度信号的采集、处理及传输。硬件平台通过4G模组与远程服务器建立Socket双向通信,选用Modbus协议的RTU模式实现硬件系统与软件平台之间的数据传输。系统默认采样频率为100Hz,采样间隔为10ms,一帧数据包含1024个采样点,采样时长为10.24s。由于传输数据量较大,使用16进制进行数据传输,在同样的波特率下,可比ASCII方式传送更多的数据。

软件系统基于SuperSocket框架实现,它是轻量级、可扩展的Socket服务器开发框架。选用其内置的FixedHeaderReceiveFilter协议(头部格式固定并且包含内容长度的协议),实现设备与平台之间的双向通信。此外,系统选用MySQL数据库作为后端数据库。

振动监测系统指标如表1所示。

振动监测系统指标　　表1

指标	参数
供电电压	DC 12V
采样轴	X、Y、Z轴,三轴可选
加速度测量范围	$\pm 2g$
加速度分辨率	0.1mg
频率测量范围	1~10Hz
频谱分辨率	0.098Hz
动态位移测量范围	0~30mm
动态位移分辨率	0.001mm
通信	4G、本地串口

2 特征值计算

2.1 动态位移计算

利用结构振动的加速度信号计算动态位移,可以通过二次积分实现。积分计算位移的方法主要分为频域法和时域法。时域法简单,但精度较低。环境振动监测中,实际测量的信号是有用信号与随机信号的混合,在采集和积分计算过程中难以避免出现趋势项误差。趋势项是信号中存在线性项或缓变的非线性项成分,趋势项的存在会使数值积分的结果产生很大的误差,严重背离真实情况[14]。

若实际测量到的加速度信号表示为:

$$\mathrm{Acc_m}(t) = \mathrm{Acc_r}(t) + \mathrm{Acc_e}(t) + D_0 \tag{1}$$

式中:$Acc_m(t)$——实际测量的加速度信号;

$Acc_r(t)$——加速度信号的真实值;

$Acc_e(t)$——随机干扰信号;

D_0——直流误差项。

对 $Acc_m(t)$ 进行时域一次积分得到速度:

$$\begin{aligned}\mathrm{Vel}(t) &= \int Acc_m(t) + \mathrm{Vel}(0) \\ &= \int Acc_r(t) + \int Acc_e(t) + \\ &\quad D_0 t + D_1 + \mathrm{Vel}(0)\end{aligned} \tag{2}$$

式中:Vel(0)——初始速度大小。

由于初始速度大小往往难以确定,因此会产生速度趋势项误差,由 D_1 表示。直流误差项信号 D_0 经过一次积分被放大,产生误差:D_0t+D_1。

对 Vel(t)进行一次积分,得到动态位移:

$$\begin{aligned}S(t) &= \int \mathrm{Vel}(t) + S(0) \\ &= \iint Acc_r(t) + \iint Acc_e(t) + 0.5D_0t^2 + \\ &\quad (D_1 + \mathrm{Vel}(0))t + D_2 + S(0)\end{aligned} \tag{3}$$

式中:$S(0)$——初始位移大小;

D_2——动态位移趋势项。

加速度信号时域二次积分计算动态位移产生的直流项误差:$0.5D_0t^2 + D_1t + D_2$ 。

可以通过滤波、平滑等操作去除随机误差对动态位移结果的干扰,但直流项误差会随着时间的推移而快速积累,使动态位移结果产生趋势项误差[15],使计算结果明显偏离真实值。

本系统设计的结构有效监测频率区间为 1~10 Hz,因此本文构建用于测试的理想位移信号为:

$$s = 10\sin(4\pi t) + 10\sin(10\pi t) \tag{4}$$

加速度 a 是位移 s 的二阶导数,所以理想加速度信号为:

$$a = -160\pi^2\sin(4\pi t) - 1000\pi^2\sin(10\pi t) \tag{5}$$

通过 MATLAB 构建添加高斯分布的随机白噪声的加速度信号进行模拟试验。将 1024 点的加速度序列作为原始数据进行时域积分,计算速度及动态位移,并将计算结果与理想信号进行比较。仿真结果如图 2 所示。

图 2a)中展示了时域积分法计算的速度及位移曲线,图 2b)代表计算结果与理想信号之间的误差,从图中可看出,计算结果严重失真,速度、动态位移计算结果与理想信号的误差分别呈一次、二次趋势,与上述分析相符。

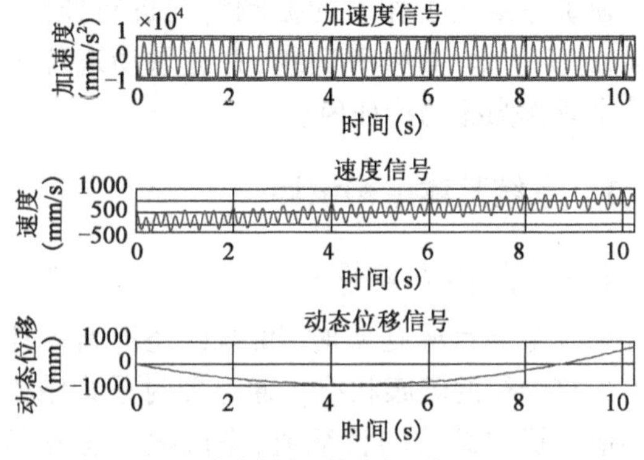

a)时域积分计算速度、位移

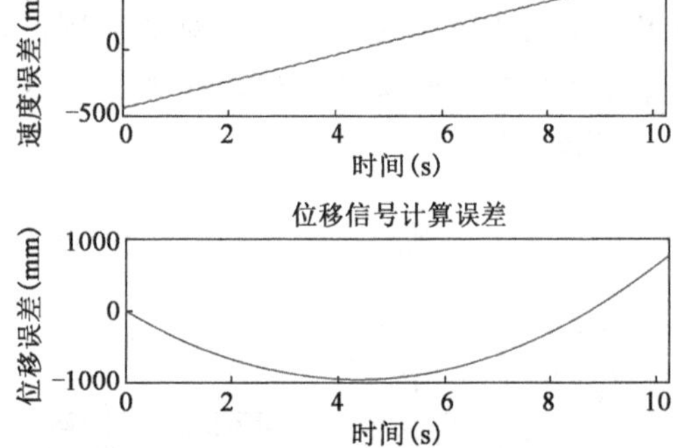

b)时域积分速度信号、位移信号计算误差

图 2　加速度时域二次积分重构位移仿真图

频域积分计算位移,首先通过离散傅里叶变换将加速度时域信号变换到频域进行分析,利用傅里叶变换的时频积分特性对加速度信号二次积分,最后通过对位移频域信号快速傅里叶逆变换还原到时域,并取其实部,得到信号在时域的位移值[16]。在进行傅里叶变换时,往往会出现频谱泄漏,产生低频趋势项。为了消除趋势项和噪声等干扰信号对积分过程的影响,通常会在频域中进行滤波处理。

为了获得理想的位移信号,采用截止频率为 1Hz 和 10Hz 的数字带通滤波器对带噪声的加速度信号进行预处理。根据傅里叶变换的时域积分性质,有:

$$F\left[\int_{-\infty}^{t} \mathrm{Acc}(\tau)\mathrm{d}\tau\right] = \frac{\mathrm{ACC}(\omega)}{\mathrm{j}\omega} + \pi \mathrm{ACC}(0)\delta(\omega) \tag{6}$$

$$F\left[\iint_{-\infty}^{t} \mathrm{Acc}(\tau)\mathrm{d}\tau\right] = \frac{\mathrm{ACC}(\omega)}{(\mathrm{j}\omega)^2} + \pi \mathrm{ACC}(0)\sigma(\omega) \tag{7}$$

式中:ACC(τ)——加速度时域信号;

ACC(ω)——对应加速度的频域信号;

ACC(0)——加速度初始值；

ω——离散圆频率向量，是一个中心对称的数组。

由于积分计算时直流分量需要滤除，所以 $\pi ACC(0)\sigma(\omega)$ 这一项可以忽略。

在频域分析中，j 表示相移，除 j 表示相位顺时针旋转90°。因此，频域积分得到的速度信号与加速度信号相比，产生了90°的相移，位移信号相移180°。加速度信号经过时域积分后，频域复数序列相位变化如下：

$$\begin{aligned}&\mathrm{Vel}(K)\\&=-\mathrm{Im}[\mathrm{ACC}_1(K)]+\mathrm{j}*\mathrm{Re}[\mathrm{ACC}(K)]\end{aligned} \tag{8}$$

$$\begin{aligned}&S(K)\\&=-\mathrm{Re}[\mathrm{ACC}_2(K)]-\mathrm{j}*\mathrm{Im}[\mathrm{ACC}(K)]\end{aligned} \tag{9}$$

式中：$\mathrm{ACC}_1(K)$、$\mathrm{ACC}_2(K)$——进行了对应积分频域变换后的加速度信号的复数序列；

$\mathrm{Vel}(K)$——一次积分即速度信号的复数序列；

$S(K)$——二次积分即位移信号的复数序列。

结合上述公式，得出频域的加速度序列和动态位移 DIS(k)存在如下关系：

$$\mathrm{DIS}(k)=-\frac{\mathrm{ACC}(k)}{\omega^2} \tag{10}$$

得到动态位移在频域的序列后，采用截止频率为1Hz和10Hz的数字带通滤波器对位移信号的频域信号进行滤波，去除线性直流分量和高频噪声信号。最后，对位移频域信号快速傅里叶逆变换还原到时域，得到目标信号的时域位移信号。

以式(5)构造的理想加速度信号添加高斯分布的随机白噪声作为原始数据，采样频率设置为100Hz，并采用频域积分算法计算动态位移，仿真结果如图3所示。

由于频率截断误差等因素的干扰，基于频域积分得到的位移信号与理想位移信号相比，在0～0.5s和9.5～10s处存在一定的误差，但总体效果较好，从位移信号的频谱图可以看出，计算的位移数据的频谱分别在1.95Hz、4.98Hz处出现明显峰值，峰值为7.30mm、9.41mm，与理想位移信号幅值接近。对比图2中的仿真结果，可以看到曲线在来回振动的过程中消除了向上的趋势，与理想位移信号基本相符，验证了频域积分计算动态位移算法的正确性。

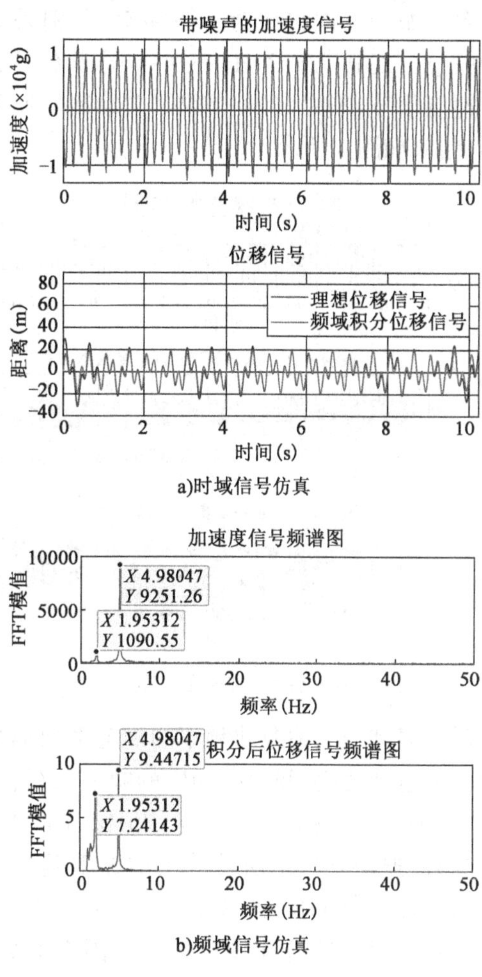

图3 频域积分位移信号仿真图

2.2 振动主频计算

峰值拾取法(Peak-Picking,PP)是最简单的模态参数识别方法。传统的峰值拾取法利用输入和输出响应获取结构的频率响应函数，根据频率响应函数在固有频率附近会出现峰值的原理来估计特征频率[5]。对于环境激励的模态参数识别，由于载荷未知，无法获取结构的频率响应，因此模态识别必须仅基于环境振动响应信号进行，通常利用输出响应信号的傅里叶谱代替[5]，识别结构的模态参数。峰值法因其操作简单、快速识别、识别效果好，在工程应用中被广泛使用，可用于在线识别参数。

实际应用中，将实测的加速度数据利用离散傅里叶变换转换到频域，得到加速度信号的频谱图，选取信号振幅谱的峰值对应的频率作为特征频率。为验证通过峰值拾取法进行频谱分析所得到的振动主频数据是否准确，在实验室中利用振动台进行模拟测试。系统采样频率设置为 100Hz,振动台的振动方向设置为上下振动,分别采集在 7.49Hz、16.23Hz、24.37Hz 三种不同频率下的振动加速度信号,采集 1024 点数据并绘制加速度波形图,结果如图 4 所示。

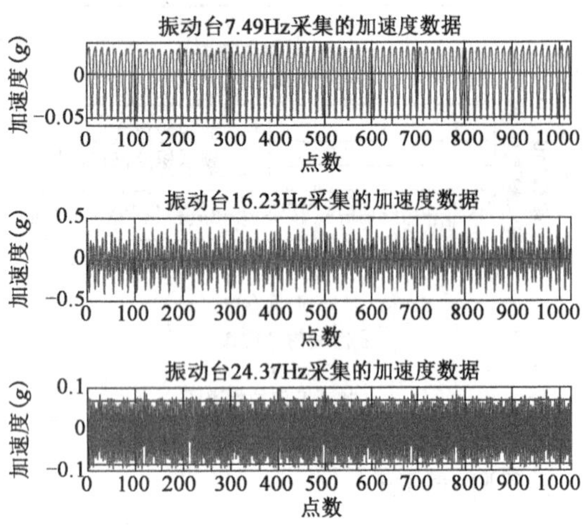

图 4 振动台采集加速度数据波形图

对采集到的三种振动频率的加速度数据分别做离散傅里叶变换,并绘制相应的幅频曲线,结果如图 5 所示。振动台在 7.49Hz、16.23Hz、24.37Hz的振动频率下所计算出的振动基频分别为 7.422Hz、16.11Hz、24.31Hz,误差均在 0.15Hz 以内。由于固有响应和噪声信号等因素的影响,幅频曲线中可能有多个峰值,如图 5 所示,振动台频率设置为 7.49Hz 和 16.23Hz 的幅频曲线中都存在两个明显的峰值,且幅频曲线图中幅值最大的点所对应的频率皆与设置的振动频率相符,证明了利用频谱分析计算振动主频的可行性和准确性。

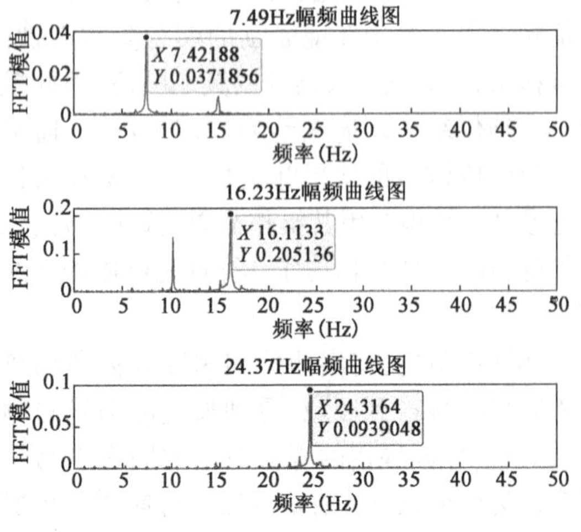

图 5 振动台频谱分析仿真图

3 动态位移测试结果与分析

图 6 为基于振动台的数据采集实验环境图,利用振动台模拟结构振动,通过振动台变频控制器控制振动台垂直振动模拟变形。在实验中,设置振动台振动频率为 7.49Hz,根据振动台手册可知振幅约为 0.02mm。加速度计以振动台作为载体,系统采样频率设置为 100Hz,采集 1024 点加速度序列作为原始数据进行频域积分,得到振动台位移计算结果。

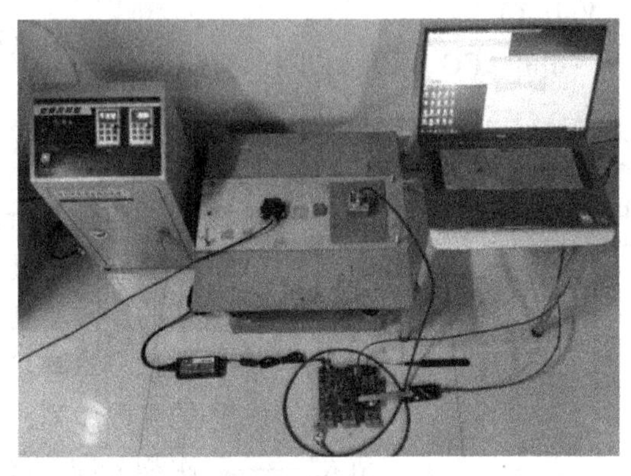

图 6 基于振动台的数据采集实验环境图

图 7 为振动台加速度、频域积分位移及频谱。图 7 中显频谱显示计算得到的位移信号的幅值在 0.02mm 上下波动,振动台信号的频率主要集中在 7.42Hz,与振动台的设置振动参数一致,验证了频域积分算法的正确性。

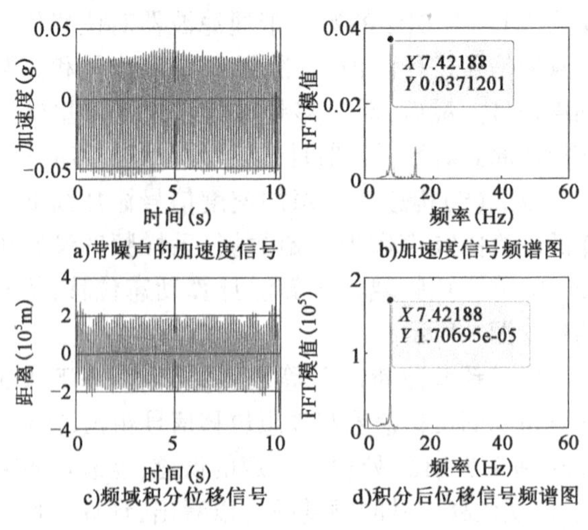

图 7 振动台加速度、频域积分位移及频谱

4 结语

为实现结构健康监测,本文设计了一个振动数据监测系统,选择结构动态位移和振动主频作

为特征值。利用加速度计采集结构加速度相应传输至远程服务器,并基于频谱分析计算结构动态位移和振动主频。构造理想加速度信号进行仿真试验,并设计振动台模拟试验,验证方法的正确性。该系统在结构健康监测中具有一定的适用性。

参考文献

[1] 汪大绥,包联进.我国超高层建筑结构发展与展望[J].建筑结构,2019,49(19):11-24.

[2] 董福高,邓念群.既有建筑安全隐患排查若干问题[J].地基基础工程,2022(5):66-70.

[3] BROWNJOHN J M W,DE STEFANO A,XU Y L, et al. Vibration-based monitoring of civil infrastructure: Challenges and successes[J]. Journal of Civil Structural Health Monitoring, 2011,1(3-4):79-95.

[4] 单德山,罗凌峰,李乔.桥梁健康监测2019年度研究进展[J].土木与环境工程学报(中英文),2020,42(5):115-125.

[5] 熊红霞.桥梁结构模态参数辨识与损伤识别方法研究[D].武汉:武汉理工大学,2009.

[6] 徐龙道,等.物理学词典[J].科学出版社,2004.

[7] 陈云鹏.基于FPGA的振动信号采集与特征值计算[D].成都:西南交通大学,2021.

[8] MALEKJAFARLAN A,MARTINEZ D,OBRIEN E J. The feasibility of using laser doppler vibrometer measurements from a passing vehicle for bridge damage detection[J]. Shock and Vibration,2018,1-10.

[9] 周云,郝官旺,危俊杰,等.基于PS-InSAR技术的大跨度桥梁结构变形监测综述[J].工程学:1-14.

[10] ZHANG C,ZHANG J,TIAN Y D. Complex Image Background Segmentation for Cable Force Estimation of Urban Bridges with Drone-captured Video and Deep Learning[J]. Structural Control & Health Monitoring,2021.

[11] KIM K,CHOI J,CHUNG J,et al. Structural displacement estimation through multi-rate fusion of accelerometer and RTK-GPS displacement and velocity measurements[J]. Measurement,2018,130:223-235.

[12] B SZINYÉRI,B KÖVÁRI,I. VÖLGYI,et al. A strain gauge-based bridge weigh-in-motion system using deep learning. Eng. Struct., 2023,277.

[13] HANCKE G,SILVA B,HANCKE JR G. The role of advanced sensing in smart cities[J]. Sensors,2013,13(1):393-425.

[14] 张永强,宋建江,屠良尧,等.软件数值积分误差原因分析及改进办法[J].机械强度,28(3):419-423.

[15] ZHANG P,CHANG J,QU B,et al. Denoising and Trend Terms Elimination Algorithm of Accelerometer Signals[J]. Mathematical Problems in Engineering,2016:1-9.

[16] 陈为真,汪秉文,胡晓娅.基于时域积分的加速度信号处理[J].华中科技大学学报(自然科学版),2010(1):1-4.

基于计算机视觉的桥梁裂缝检测技术综述

鲍文祺* 薛 明

(长安大学公路学院)

摘 要 中国桥梁建设进入高峰期以来,桥梁养护面临严峻挑战,桥梁裂缝检测问题尤为突出。传统的人工检测耗时费力并有主观性,近年来基于计算机视觉技术的发展,桥梁裂缝检测新手段层出不穷。详细阐述了基于计算机视觉的桥梁裂缝检测系统的组成及其发展现状,包括图像采集设备、裂缝识别算法和计算机视觉检测硬件平台。对基于数字图像处理和基于深度学习的裂缝检测算法进行了深入探讨,并指出了它们的优势和不足之处。最后总结了基于计算机视觉的桥梁裂缝检测技术的发展趋势,强调了智能化、机动化的采集设备的重要性,以及深度学习算法在该领域的潜力和应用前景。

关键词　桥梁检测　裂缝检测　计算机视觉　深度学习

0　引言

随着21世纪的到来,中国的桥梁工程进入了蓬勃发展的新时期。截至2021年底,全国公路桥梁数量已达96.11万座,总里程更是高达7380万延米。然而,过去长期存在"重建设轻养护"的现象,导致超过40%的在役桥梁存在各种病害问题,迫切需要进行养护维修[1]。在这一背景下,中国桥梁工程迎来了桥梁养护的关键时刻,其中桥梁裂缝检测显得尤为关键。裂缝作为桥梁结构病害的重要特征,及时发现并采取适当的维护措施对于预防灾难性事故至关重要。在过去三十年里,针对桥梁裂缝检测,国内外涌现了多种技术手段[2]。目前,我国主要依赖桥梁检测车等人工巡检方法进行裂缝检测,其精度取决于检测人员的经验,但存在耗时、主观、效率低等问题。随着检测技术的不断发展,桥梁裂缝检测手段逐渐趋向现代化、智能化、无损化,包括超声波检测、传感器检测、冲击弹性波检测法和声发射仪器检测等[3-7]。为了寻找高效和高鲁棒性的方法,研究人员在传统检测方法基础上引入深度学习和计算机视觉技术,针对桥梁检测智能化发展进行了一系列研究,涌现了许多新兴的桥梁检测方法及设备。随着各种巡检无人机和爬壁机器人的出现,配备高清相机,实现了检测快捷高效化。这种融合了计算机视觉的桥梁裂缝检测系统在工程实践中的应用正逐步推广[8]。

1　计算机视觉技术发展现状

近年来,计算机视觉技术迅速崛起,并在多个领域展现出其独特的优势。深度学习作为其中的一个重要分支,在语音识别、文字翻译、图像处理等方面取得了巨大的进展[9]。在桥梁裂缝检测领域,一些学者已经开始探索基于深度学习的方法,以提高检测的精度和效率。随着图像采集设备的迭代更新和基于深度学习的不断发展,计算机视觉技术正逐步在桥梁裂缝缺陷检测领域大放光彩。国内外工程实践中出现了许多基于计算机视觉的检测系统,其简单高效、成本较低的特点正逐步推动着这一技术在实际工程中的应用。

2　基于计算机视觉的桥梁裂缝检测系统

目前,国内外大部分基于计算机视觉技术的桥梁裂缝检测系统主要包括三个组成部分:图像采集、裂缝图像识别算法和计算机视觉检测硬件平台。

2.1　图像采集

工业相机是计算机视觉系统中的一个关键组件,也是常用的图像采集设备,其本质功能就是将光信号转变成有序的电信号。一般工业相机包括镜头和图像传感两个部分。按镜头焦距是否可以调节,可分为定焦镜头和变焦镜头两类,针对不同的使用场景需要选用不同的镜头。图像传感组件包括CCD和CMOS两类不同的光感应芯片。在动态检测和高质量图像需求的场景下CCD更适用;CMOS得益于价格较低和技术的不断发展,在静态或低速检测中更有优势[10]。计算机视觉技术的本质是通过一系列图像和数据处理方法来识别图像,识别精度会受到图像质量的影响,因此获取高质量图像是高精度识别的关键。

2.2　裂缝识别算法

现实中桥梁结构表面裂缝往往存在于复杂的环境中,拍照设备取得的裂缝照片通常受到大量干扰,主要包括环境背景噪声不均匀曝光和外表剥落等。这些干扰对识别结果的可靠性会产生严重影响。因此必须通过去噪手段对其预处理后,才可以开展后续的识别和分析。桥梁裂缝的识别算法包括数字图像处理和深度学习两种方法[11]。

2.2.1　基于数字图像处理的桥梁裂缝检测

采集的桥梁表面图像经过预处理后,需要分割出裂缝区域,一般是通过一定的算法判断裂缝与图像背景的边界来实现[12]。主要介绍三种常用的图像分割方法:阈值法、基于区域的图像分割法和边缘检测算法。

一般来说,含有裂缝图像裂缝处的灰度值较

低,阈值法首先计算取得一个合适的图像灰度阈值 T,将图像二值化,通过判定图像像素灰度值与 T 的关系,来将裂缝区域分割出来。阈值的合适与否决定了图像分割结果的精确程度。阈值的求解方法主要有全局阈值分割法和局部阈值分割法两种形式。全局阈值在整个图像中采用相同的阈值,这种方法在图像处理中应用较多。局部阈值分割法则是根据像素相邻区域的像素值将图像分割成一个个子块,从而确定该像素点的阈值,进而逐点将图像二值化的方法。选取合适的阈值对于裂缝的分割结果尤为重要,其选取方法包括人工法和自动阈值法。人工法是依照经验先选取一个阈值,经过不断试算调整使其分割效果达到最佳;自动阈值法是可以自动选择最佳阈值进行分割的方法,其中,包括 OTSU 阈值和自适应阈值等方法。这些方法不需要人为干预,可以根据图像特征自动选择合适的阈值。其中,最常用的方法是通过遍历像素点灰度值计算最大类间方差来确定灰度阈值 T^*。自动阈值法具有计算快速且受干扰影响小的优点,缺点是当裂缝过小时可能效果不好。

基于区域的图像分割是将图像中的像素分类或合并成不同的区域,使得具有一定相似性的像素组成一个区域,并且不同区域之间的特征差异较大,从而实现图像分割的目的。常用的方法包括区域生长法、分水岭算法和区域分割合并法。其具有计算高效的优点,但是对图像干扰敏感,这可能会导致图像某些区域出现空洞。

边缘检测算法可以标识图像中亮度变化明显的点,一般情况下裂缝边缘与其余区域像素点的灰度值存在明显的突变差异,因此通过边缘检测可以标识出灰度值突变处的点,即实现裂缝的识别[13-14]。常用的边缘检测算子有 Robert 算子、Prewitt 算子、Sobel 算子和 Laplace 算子等[15-17]。边缘检测算法具有简单、高效的特点,针对不同情况,选用不同的边缘检测算子,但是面对复杂裂纹情况单一算子可能并不满足要求,并且受图像干扰影响较大。

2.2.2 基于深度学习的裂缝检测

现实情况下拍照取得的桥梁裂缝图像均包含不同程度的噪声干扰,且情况复杂,难以一一剥离。即使经过预处理后,图像也会残留一定程度的背景干扰。这种情况下传统图像分割方法的识别精度和识别效率会大大受到影响,且单一识别方法对不同情况裂缝的普适性有限。针对工程环境中所面临的复杂性,需要高精度、高鲁棒性的裂缝检测方法。深度学习图像识别方法为克服实际工程所面临的困难提供了一个新的思路[18]。

作为机器学习的一个重要分支,深度学习在目标检测和语义分割领域展现出的卓越性能而备受学者们的关注[19]。受医学视觉检测领域的启发,2016 年 Zhang 等人第一次在裂缝检测实践中融入卷积神经网络,借助其分类功能对取得的图像中的裂缝成功识别。这一实践应用为深度学习在裂缝检测领域提供了一种全新的方法[20]。经过近些年的不断发展,基于深度学习的裂缝检测算法分为裂缝图像分类、基于区域的裂缝检测和基于像素的裂缝分割三大类[11,21]。

裂缝图像分类算法通过将图像归类为正负样本,来确定图像内是否包含裂缝。这是定位并提取裂缝的前提,错误的分类将直接影响裂缝评估的准确性。Go-palakrishnan 等人采用了预训练的深度卷积神经网络模型,通过迁移学习的方法,结合无人机技术,实现了对裂缝损伤的检测[22]。Xu 等提出了一种基于深度可分离卷积神经网络架构的裂缝检测方法,该方法可以实现不经过预训练即可提高模型的精度[23]。一些学者将裂缝图像分割成多个子图像,进行补丁级分类[24-25]。Cha 等人使用了卷积神经网络对混凝土裂缝子图像进行了分类,并通过空间重建成功地识别和定位了结构表面的微裂缝[26]。Xu 等人提出了一种优化后的卷积神经网络,用于对钢箱梁裂缝图像中含有复杂干扰信息的分类任务[27]。结果表明,该改进方法能够大幅度提升模型的检测精度。随着深度主干网络(如 AlexNet、CSPDarknet 和 UmNet)的引入,裂缝分类模型的性能逐渐提高,并且达到了与人工辨别相当的水平[28-30]。

基于区域的裂缝检测算法,在对裂缝进行分类的同时还可以精准定位其位置。廖延娜等人对 YOLOv3 进行优化,设计了一种新型的混凝土缺陷检测装置,结果表明,改进后其精度提高约 13%[31]。Xue 等设计了一种全卷积网络模型,来实现隧道衬砌缺陷的自动分类[32],在保证精度的前提下减少了计算量。Deng 等人在检测模型中引入了可变性运算模块,从而提高了对平面外裂缝的检测精度[33]。相对于 YOLO 和 SSD 等算法,R-CNN 类算法在检测精度上整体表现更优。这是因为 R-CNN 类算法采用了两阶段的策略:首先进行目标的检测,然后再进行精确的回归计算。而 YOLO 和 SSD 等算法则将目标检测和位置回归合并到同一卷积运算中,这可能导致精度的降低[34]。

基于像素的裂缝检测算法,可以实现更为精细化的裂缝检测。目前,广泛应用的像素级裂缝检测模型大多采用编码器-解码器结构。许多研究学者基于 FCN、SegNet 和 U-Net 等网络架构,研究了像素级裂缝检测的算法。Liu 等人将深度监督网络与扩展 FCN 组合,提出了 DeepCrack 架构[35],实现了对裂缝图像的精准分割。为了摆脱对大量训练样本的依赖性,部分学者改进了网络结构的算法。Jenkins 等人提出了一种优化的深层全卷积网络(FCN),能够在使用少量数据的情况下获得较为精确的裂缝检测结果[36]。近期 Vision Transformer 在计算机视觉领域的热度逐渐提高,Transformer 是一种不同于卷积神经网络的深度神经网络,研究人员将其应用于图像分类、目标检测和语义分割等领域,其展现出了超越传统 CNN 的潜力和优势[37]。目前已经有学者提出基于 Transformer 的裂缝分割模型,未来经过不断发展可能会取代传统卷积神经网络模型,并提高裂缝检测的精度[38]。

2.3　图像采集硬件平台

传统图像采集方式主要依靠工作人员手持相机抵达裂缝位置进行人工拍摄,但对于地形险峻的区域和需要大面积检测时就显得不适用了。近年来,采集设备平台趋于智能化、机动化,这解决了人工图像采集安全性差,工作效率低的痼疾,也契合行业今后的发展要求。针对不同类型的桥梁检测需求,研究人员研发了许多检测平台,如爬壁机器人、无人机等机器视觉检测平台,并逐步应用于实际工程中。2013 年,La 等使用了一种自动机器人对美国一座大桥进行了检测[39],实现了高噪声下桥面裂缝的准确检测。Leibbrandt 等设计了一种爬壁机器人[40],可实现对桥梁底部、墩台、桥台裂缝的检测。

3　结语

在我国交通强国战略的推动下,桥梁数量不断增长,对桥梁检测的需求也在迅速增加,尤其是对于自动化裂缝检测系统的需求日益增长。裂缝的早期发现和维护可以极大程度避免重大事故的发生。相较于人工检测而言,基于计算机视觉的桥梁裂缝检测具有更高的效率和更低的安全风险,这是其所具有的独特优势。得益于近年来深度学习的发展,有效促进了桥梁裂缝检测技术与计算机视觉的融合与发展。回顾计算机视觉在桥梁裂缝检测技术中的应用和研究,主要结论与展望如下:

(1)今后桥梁检测将趋向现代化、智能化、无损化,计算机视觉技术得益于其响应速度快、处理效率高的独特优势,应用将越来越广泛。图像采集设备成本的降低以及各种搭载平台的出现,将进一步协同促进计算机视觉技术在桥梁检测系统的更新与发展。

(2)随着深度学习算法的不断发展,其适用性和识别精度的独特优势明显,逐步超越传统图像处理手段,越来越多地应用于图像检测中。随着深度学习算法效率和精度的提高,将进一步推动计算机视觉技术算法的更新迭代,使计算机视觉在桥梁裂缝检测中得到更广泛应用,逐步取代传统的人工检测方法。

(3)目前基于计算机视觉的桥梁裂缝检测技术的精确度还不足,检测效率还有待提高,抗干扰能力也需要进一步完善。

参考文献

[1] 宋泽冈,刘艳莉,张长兴. 基于机器视觉的桥梁裂缝检测应用及发展综述[J]. 科学技术与工程,2023,23(30):12796-12805.

[2] 贺拴海,赵祥模,马建,等. 公路桥梁检测及评价技术综述[J]. 中国公路学报,2017,30(11):63-80.

[3] SONG Q, YAN G, TANG G, et al. Robust principal component analysis and support vector machine for detection of microcrack-s with distributed optical fiber sensors[J]. Mechanical Systems and Signal Processing, 2021, 146:107019.

[4] ZHANG L, QIU G, CHEN Z. Structural health monitoring methods of cables in cable-stayed bridge: A review [J]. Measurement, 2021, 168:108343.

[5] BISCARINI C, CATAPANO I, CAVALAGLI N. UAV photogrammetry, infrared thermograph-y and GPR for enhancing structural and material degradation evaluation of the Roman masonry bridge of Ponte Lucano in Italy[J]. NDT & E International, 2020, 115:102287.

[6] LIU S, WU C, ZHOU J, et al. Relation between the shear stress distribution and the resulting acoustic emission variation in concrete beams [J]. Structural Control and Health Monitoring, 2020, 27(6):e2528.

[7] CHEN B, YANG Y, ZHOU J, et al. Damage detection of underwater foundation of a Chinese ancient stone arch bridge via sonar-based techniques [J]. Measurement, 2021, 169:108283.

[8] 贺拴海,王安华,朱钊,等.公路桥梁智能检测技术研究进展[J].中国公路学报,2021,34(12):12-24.

[9] ALZUBAIDI L, ZHANG J, HUMAIDI A J, et al. Review of deep learning: Con-cepts, CNN architectures, challenges, applic-ations, future directions[J]. Journal of Big Data, 2021, 8(1): 1-74.

[10] 黄俊杰.基于USB3.0接口的超高分辨率高速工业相机设计[D].杭州:浙江大学,2020.

[11] 邓露,褚鸿鹄,龙砺芝,等.基于深度学习的土木基础设施裂缝检测综述[J].中国公路学报,2023,36(2):1-21.

[12] 马丽莎.基于数字图像处理的路面裂缝识别方法研究[D].南京:东南大学,2018.

[13] ABDELLATIF M, PEEL H, COHN A G, et al. Combining block-based and pixel-based approaches to improve crack detection and localisation[J]. Automation in Construction, 2021, 122:103492.

[14] DAN D, DAN Q. Automatic recognition of surface cracks in bridges based on 2D-APES and mobile machine vision[J]. Measurement, 2021, 168:108429.

[15] WENG X, HUANG Y, WANG W. Segment based pavement crack quantification[J]. Automation in Construction, 2019, 105 :102819.

[16] 贺福强,平安,罗红,等.局部特征聚类联合区域增长的桥梁裂缝检测[J].科学技术与工程,2019,19(34):272-277.

[17] 李帅,侯德华,高杰,等.基于数学形态学的路面裂缝图像处理技术[J].公路工程,2018,43(2):270-274.

[18] WON K, SIM C. Automated transverse crack mapping system with optical sensors and big data analytics [J]. Sensors, 2020, 20(7):1838.

[19] PAK M, KIM S. A review of deep learning in image recognition [C] // IEEE. 2017 4th International Conference on Computer Applications and Information Processing Technology(CAIPT). New York: IEEE, 2017: 1-3.

[20] ZHANG L, YANG F, ZHANG Y D, et al. Road crack detection using deep convolutional neural network [C] // IEEE. 2016 IEEE International Conference on Image Processing (ICIP). New York: IEEE, 2016:3708-3712.

[21] HSIEH Y A, TSAI Y J. Machine learning for crack detection: Review and model performance comparison [J]. Journal of Computing in Civil Engineering, 2020, 34(5): 04020038

[22] GO-PALAKRISHNAN K, KHAITAN SK, CHOUDHARYA, et al. Deep convolutional neural networks with transfer learning for computer vision-based data-driven pavement distress detection [J]. Construction and Building Materials, 2017, 157(1):322-330.

[23] XU H, SU X, WANG Y, et al. Automatic bridge crack detection using a convolutional neural network[J]. Applied Sciences, 2019, 9(14):2867-2878.

[24] FUENTES R. Deeper networks for pavement crack detection[C] // IAARC, Proceedings of

the 34th International Symposium on Automation and Robotics in Construction (ISARC). Taipei:IAARC,2017:479-485.

[25] WANG K C, ZHANG A, LI J Q, et al. Deep learning for asphalt pavement cracking recognition using convolutional neural network [J]. Airfield and Highway Pavements, 2017, 12(3):166-177.

[26] CHA Y J, CHOI W, BÜYÜKÖZTÜRK O. Deep learning-based crack damage detection using convolutional neural networks [J]. Computer-aided Civil and Infrastructure Engineering, 2017,32(5):361-378.

[27] XU Y, BAO Y, CHEN J, et al. Surface fatigue crack identification in steel box girder of bridges by a deep fusion convolutional neural network based on consumer-grade camera images [J]. Structural Health Monitoring, 2019,18(3):653674.

[28] XIE S, GIRSHICK R, DOLLAR P, et al. Aggregated residual transformations for deep neural networks [C]// IEEE, Proceedings of the IEEE Conference on Computer Vision and Pattern Recognition (CVPR). New York: IEEE,2017:1492-1500.

[29] BOCHKOVSKIY A, WANG C Y, LIAO H Y. YOLOv4: Optimal speed and accuracy of object detection [EB/OL]. (2020-04-23) [2021-11-16].

[30] ZHAO N Y, JIANG Y, SONG Y. Recognition and classification of concrete cracks under strong interference based on convolutional neural network [J]. Traitement Du Signal, 2021,38(3):911-917.

[31] 廖延娜,李婉. 基于卷积神经网络的桥梁裂缝检测方法[J]. 计算机工程与设计,2021, 42(8):2366-2372.

[32] XUE Y, LI Y. A fast detection method via region-based fully convolutional neural networks for shield tunnel lining defects[J]. Computer-aided Civil and Infrastructure Engineering,2018,33(8):638-654.

[33] DENG L, CHU H H, SHI P, et al. Region-based CNN method with deformable modules for visually classifying concrete cracks [J]. Applied Sciences,2020,10(7):25282546.

[34] YANG X, LI H, YU Y, et al. Automatic pixel-level crack detection and measurement using fully convolutional network [J]. Computer-aided Civil and Infrastructure Engineering, 2018,33(12):1090-1109.

[35] LIU Y, YAO J, LU X, et al. Deep Crack: A deep hierarchical feature learning architecture for crack segmentation [J]. Neurocomputing, 2019,338(1):139-153.

[36] JENKINS M D, CARR T A, IGLESIAS M I, et al. A deep convolutional neural network for semantic pixel-wise segmentation of road and pavement surface cracks [C]// IEEE, 2018 26th European Signal Processing Conference (EUSIPCO). New York: IEEE, 2018: 2120-2124.

[37] KHAN S, NASEER M, HAYAT M, et al. Transformers in vision: A survey [J]. ACM Computing Surveys,54(10):1-41.

[38] LIU H, MIAO X, MERTZ C, et al. Crack Former: Transformer network for fine-grained crack detection [C]// IEEE, Proceedings of the IEEE/CVF International Conference on Computer Vision (ICCV). New York: IEEE, 2021:37833792.

[39] LA H M, GUCUNSKI N, KEE S H, et al. Autonomous robotic system for bridge deck data collection and analysis[C]//2014 IEEE/RSJ International Conference on Intelligent Robots and Systems. New York: IEEE, 2014:19501955.

[40] LEIBBRANDT A, CAPRARIG, ANGST U, et al. Climbing robot for corrosion monitoring of reinforced concrete structures [C]//2012 2nd International Conference on Applied Robotics for the Power Industry (CARP). New York: IEEE,2012:10-15.

基于 YOLO-v5 模型的车辆荷载实时检测算法

许博强[1] 弓家伟[2] 田雨卉[3] 刘 超[*1]
(1. 同济大学桥梁工程系;2. 多伦多大学;3. 邯郸市交通投资集团有限公司)

摘 要 随着城市化进程的加速,城市交通拥堵问题日益突出,因此车辆检测算法在交通管理和安全方面变得至关重要。基于计算机视觉技术的车辆检测算法受到广泛关注,特别是基于深度学习的方法。本文以 YOLO-v5 模型为例,研究了其在道路桥梁上车辆荷载实时检测方面的应用。首先介绍了 YOLO-v5 模型的设计理念和优势,随后详细描述了模型的架构以及训练过程。使用 UA-DETRAC 数据集进行训练和验证,结果表明,该模型在不同场景下具有较好的性能。进一步将 YOLO-v5 模型应用于车辆荷载检测,通过逐帧检测荷载作用点,实现了对车辆荷载实时分布的准确检测。该研究为城市交通管理和道路安全提供了新的解决方案,具有重要的理论价值和实际应用价值。

关键词 车辆检测 桥梁健康监测 计算机视觉 深度学习 人工智能

0 引言

随着全球城市化进程的不断加速,交通工具的普及和城市交通的日益拥堵已成为当今社会面临的严峻挑战。在这种背景下,车辆检测算法的重要性愈发凸显[1]。这些算法通过运用计算机视觉技术,对图像或视频中的车辆信息进行分析,实现对车辆的实时检测和跟踪,从而为城市交通管理和安全提供了强有力的支持和解决方案。

近年来,基于计算机视觉的车辆检测算法受到了广泛的关注和研究。这些算法不仅在传统的交通监控系统中有着重要应用,还在智能交通系统[2]和自动驾驶技术[3]的发展中扮演着关键的角色。通过利用图像处理、模式识别和机器学习等技术,这些算法能够高效地识别并跟踪各种交通场景中的车辆。

其中,基于深度学习的车辆检测算法尤为突出。深度学习技术的快速发展为车辆检测提供了强大的工具和方法。利用深度卷积神经网络(CNN)等深度学习模型,可以实现对车辆的高精度检测和识别[4],同时具备较强的泛化能力,能够适应不同场景下的复杂交通环境。

在土木工程领域,监控视频可以对车辆荷载的分布进行检测[5]。通过分析车辆的载重情况,可以有效监控货运车辆的负载状态,预防超载现象的发生,提高道路使用效率,降低交通事故风险。

综上所述,随着城市交通日益复杂和车辆数量不断增加,车辆检测算法的研究和应用具有重要的现实意义和广阔的发展前景。未来,随着人工智能和计算机视觉技术的不断进步,相信车辆检测算法将在实现智慧交通、提升交通安全等方面发挥越来越重要的作用。本文使用 YOLO-v5 模型[6],对道路桥梁上的车辆实时荷载进行实时检测,具有较强的理论研究与实际应用价值。

1 基于 YOLO-v5 模型的车辆检测

1.1 YOLO-v5 模型

YOLO-v5 模型是基于单阶段目标检测器的一种轻量级目标检测网络,而单阶段目标检测器和双阶段目标检测器是目标检测领域的两种主要范式。单阶段目标检测器(如 YOLO 系列、SSD 等)和双阶段目标检测器(如 Faster R-CNN、Mask R-CNN 等)在结构和工作原理上有着显著的区别,对比之后,可以更好地理解 YOLO-v5 模型的设计理念和优势。

首先,单阶段目标检测器以 YOLO 为代表,将

基金项目:河北省交通运输厅科技计划项目“国道 G107 漳河特大桥大跨径波形钢腹板连续梁桥的智能化车桥关联监测技术”。

目标检测任务视为一个端到端的回归问题。它直接在输入图像上进行密集的网格预测,每个网格单元输出多个边界框和相应的置信度以及类别信息。相比之下,双阶段目标检测器则采用两个阶段的流程,首先通过区域提议网络(Region Proposal Network,RPN)生成候选区域,然后对这些候选区域进行分类和回归,以得到最终的目标检测结果。

在结构上,单阶段目标检测器通常具有简洁的网络结构,由于直接在图像上进行预测,因此具有较快的推理速度。而双阶段目标检测器通常具有更复杂的网络结构,包括骨干网络、RPN、分类头和回归头等组件,这使得其在准确性上往往具有一定的优势,但推理速度相对较慢。

此外,单阶段目标检测器和双阶段目标检测器在处理不同尺度目标和遮挡情况时也存在差异。单阶段目标检测器通常能够更好地处理小目标和密集目标,但对于大目标和复杂场景下的目标遮挡往往表现较差;而双阶段目标检测器通过两阶段流程,能够更好地适应不同尺度和复杂度的目标,具有更强的鲁棒性。

综上所述,单阶段目标检测器和双阶段目标检测器各有优劣。YOLO-v5作为单阶段目标检测器的代表,采用了轻量级的网络结构,保持了较高的准确性,同时具备了更快的推理速度,适合于对实时性要求较高的场景。

1.2　YOLO-v5模型的架构

YOLO-v5模型的架构主要分为三个部分:骨干网络、特征金字塔网络和检测头(图1)。

YOLO-v5模型的骨干网络采用了CSPDarknet53,它是一种深度残差网络,具有较强的特征提取能力。CSPDarknet53采用了一种被称为“跨阶段局部连接”的结构,通过在网络中间层引入横向连接,有效地促进了信息的流动和特征重用,提高了网络的性能和效率。

YOLO-v5模型引入了特征金字塔网络(FPN),用于处理不同尺度的目标。FPN通过在骨干网络中间层添加额外的特征金字塔结构,实现了多尺度特征融合,从而使模型能够同时检测不同尺度的目标。这种设计有效地提高了模型对小目标和远距离目标的检测能力。

YOLO-v5模型的检测头由一系列卷积层组成,负责在特征图上执行目标检测任务。检测头输出每个网格单元的目标置信度、边界框坐标和目标类别概率,通过对检测结果进行解码和筛选,即可得到最终的目标检测结果。

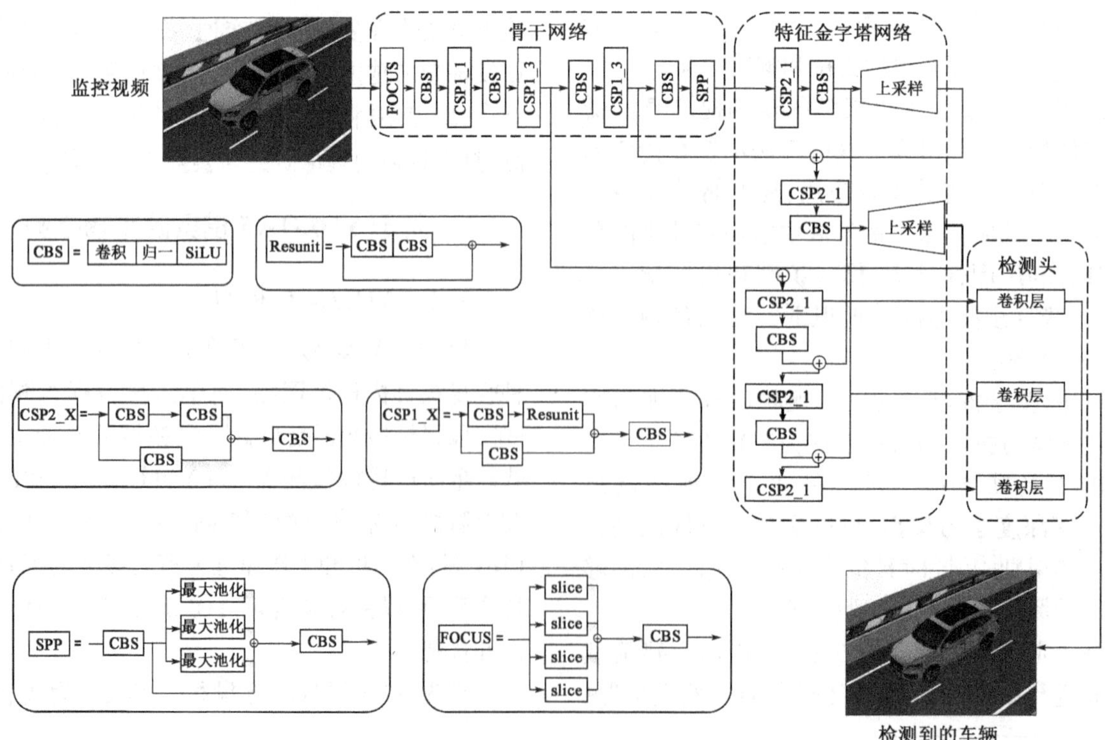

图1　YOLO-v5模型架构

2 深度学习模型的训练过程

2.1 数据集的制作

为了训练 YOLO-v5 模型，本文利用了 UA-DETRAC 数据集。UA-DETRAC 数据集是一个用于车辆检测和跟踪的公共数据集，由 Wen 等人于 2020 年发布[7]。该数据集提供了广泛的视频数据，适用于研究和开发与车辆行为相关的计算机视觉算法和系统。

UA-DETRAC 数据集包含来自 24 个不同位置的视频，总时长达到 10h。这些视频是使用 Cannon EOS 550D 相机拍摄的，每秒以 25 帧的帧率录制。视频的分辨率为 960×540 像素。标注信息：数据集中的每个视频都经过了手动标注，提供准确的车辆位置和边界框信息。共包括超过 140000 帧的视频数据，其中 8250 个车辆被手动标注，同时提供了 1.21 百万个带标签的对象边界框。

UA-DETRAC 数据集覆盖多种不同的场景和驾驶条件，包括城市道路、高速公路、停车场等。这使得该数据集对于评估车辆检测和跟踪算法在不同场景下的鲁棒性非常有用。因此，本文将该数据集用于车辆检测模型的训练。

2.2 损失函数与参数设置

YOLO-v5 模型使用的损失函数主要包括目标检测损失、分类损失和边界框回归损失。

目标检测损失用于衡量模型对目标存在与否的预测准确性。YOLO-v5 模型采用适应性加权的二值交叉熵损失函数，对每个网格单元的目标置信度进行预测。对于含有目标的网格，损失函数会惩罚置信度预测与实际标签的差异；对于不含目标的网格，损失函数则会惩罚模型误判的置信度。目标检测损失的表达式如下：

$$\mathrm{loss}_{\mathrm{det}} = \lambda_{\mathrm{coord}}\sum_{i=0}^{S^2}\sum_{j=0}^{B}1_{ij}^{\mathrm{obj}}\left[(x_i-\hat{x}_i)^2+(y_i-\hat{y}_i)^2\right]+ \lambda_{\mathrm{coord}}\sum_{i=0}^{S^2}\sum_{j=0}^{B}1_{ij}^{\mathrm{obj}}\left[\left(\sqrt{w_i}-\sqrt{\hat{w}_i}\right)^2+\left(\sqrt{h_i}-\sqrt{\hat{h}_i}\right)^2\right] \tag{1}$$

式中：λ_{coord}——坐标损失的权重；

S——每个单元格的边长；

B——每个单元格预测的边界框数量；

(x_i, y_i)——实际边界框的中心坐标；

$(\hat{x}_i, \hat{y}_i)$——预测边界框的中心坐标；

(w_i, h_i)——实际边界框的宽度和高度；

$(\hat{w}_i, \hat{h}_i)$——预测边界框的宽度和高度；

1_{ij}^{obj}——一个指示函数，表示第 i 个单元格中第 j 个边界框是否负责检测到对象。如果负责检测到对象，则该函数为 1；否则为 0。

分类损失用于衡量模型对目标类别的分类准确性。YOLO-v5 模型采用了多类别的交叉熵损失函数，对每个目标类别的预测概率进行计算。损失函数会惩罚模型预测的类别概率与实际标签的差异，以促使模型学习到更准确的分类结果。分类损失的表达式如下：

$$\mathrm{loss}_{\mathrm{cls}} = \sum_{i=0}^{S^2}\sum_{j=0}^{B}1_{ij}^{\mathrm{obj}}\sum_{c\in \mathrm{classes}}\left[p_i(c)-\hat{p}_i(c)\right]^2 \tag{2}$$

式中：$p_i(c)$——实际边界框中第 i 个单元格预测类别 c 的概率；

$\hat{p}_i(c)$——预测边界框中第 i 个单元格预测类别 c 的概率。

边界框回归损失用于衡量模型对目标边界框位置的预测准确性。YOLO-v5 模型采用了平滑 L1 损失函数，对边界框的中心坐标和宽高进行回归预测。损失函数会惩罚模型预测的边界框与实际标签之间的差异，以使模型学习到更准确的边界框位置。边界框回归损失的表达式如下：

$$\mathrm{loss}_{\mathrm{bound}} = \sum_{i=0}^{S^2}\sum_{j=0}^{B}1_{ij}^{\mathrm{obj}}\left[(x_i-\hat{x}_i)^2+(y_i-\hat{y}_i)^2+\left(\sqrt{w_i}-\sqrt{\hat{w}_i}\right)^2+\left(\sqrt{h_i}-\sqrt{\hat{h}_i}\right)^2\right] \tag{3}$$

其中，参数的含义与检测损失相同。

YOLO-v5 模型的总损失函数由上述三部分损失函数的加权和组成，其中各部分损失函数的权重可以根据任务需求进行调整。通过最小化总损失函数，模型可以在训练过程中不断优化，提高目标检测的准确性和稳定性。

综上所述，YOLO-v5 模型的损失函数综合考虑了目标检测、分类和边界框回归等方面的损失，通过最小化总损失函数，实现模型的优化和训练。

此外，YOLO-v5 模型的训练相关参数配置如下：学习率为 0.01，100 个 epochs，批量大小为 16，输入图像尺寸设置为 640×640。

2.3　模型的训练与验证

图 2 展示了 YOLO-v5 模型在训练过程中损失函数。从图 2 中可以明显看出,在经过 100 个 epochs 的训练后,三个损失函数都达到了稳定状态,表明模型在 100 个训练 epochs 后已经收敛。

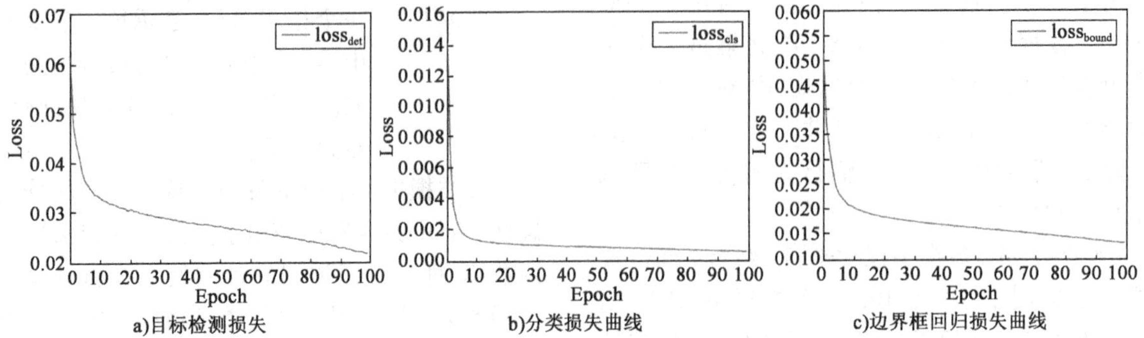

a)目标检测损失　　b)分类损失曲线　　c)边界框回归损失曲线

图 2　YOLO-v5 模型在训练过程中损失函数

为了验证训练好的 YOLO-v5 模型,从 UA-DETRAC 数据集中选择了 5000 张展示与训练数据集不同场景的图像作为验证集。有四个主要指标用于评估目标检测模型的性能。

Precision、Recall 和 F1 这三个指标和置信度之间的关系,以及置信度变化情况时 Precision 和 Recall 之间关系来评估模型的性能。

Precision 是模型在特定置信度水平下正确预测正样本的比例。Precision-置信度曲线显示了在不同置信度阈值下,模型的 Precision 变化情况。Recall 是特定置信度水平下成功检测到的正样本的比例。Recall-置信度曲线显示了模型在不同置信度阈值下的召回率变化情况。F1 分数是 Precision 和 Recall 的调和平均数,是一个综合评价指标,能够同时考虑模型的准确性和召回率。F1-置信度曲线结合了 Precision 和 Recall,以 F1 分数为指标,反映了模型在不同置信度阈值下的 F1 分数变化情况。

Precision-Recall 曲线中,横轴表示 Recall,纵轴表示 Precision。曲线的变化展示了在不同召回率下,模型的精度变化情况。Precision-Recall 曲线能够在精度和召回率之间找到平衡,更全面地评估模型的性能。

YOLO-v5 模型结构见图 3。从图 3a)中可以看出,Precision-Recall 曲线较为靠近右上点(1.0,1.0),说明模型的性能较好。从图 3b)中可以看出,在合适的置信度下,Precision,Recall 和 F1 这四个指标的值分别为 0.744、0.528 和 0.618。这些值与车辆检测任务中其他经典模型的性能相当,表明该模型可以有效检测与训练集不同的验证集数据。图 4 显示了训练完成的模型在监控画面中的检测结果,可以看出模型能够较为准确地识别监控视频中的车辆。

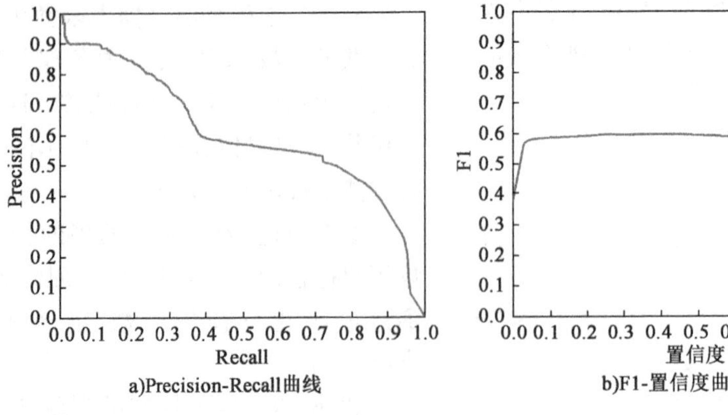

a)Precision-Recall曲线　　b)F1-置信度曲线

图　3

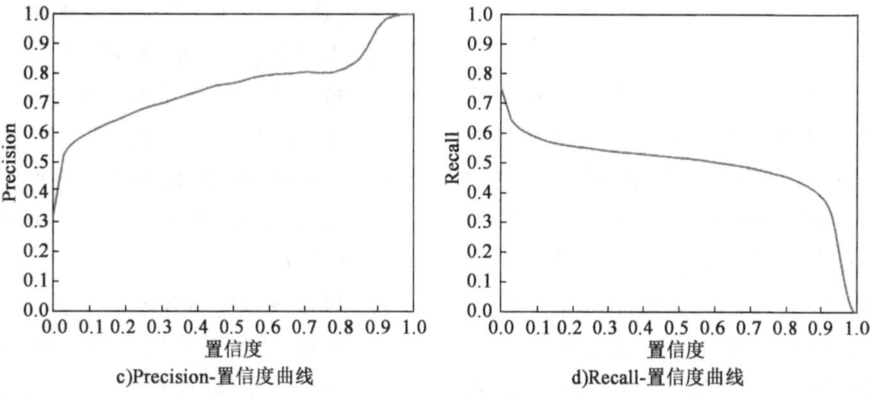

c)Precision-置信度曲线　　d)Recall-置信度曲线

图3　YOLO-v5 模型结构

图4　YOLO-v5 模型的检测结果

3　车辆荷载的确定

3.1　等效集中荷载位置的确定

由于车辆的尺寸相对道路或桥梁而言非常小，因此将车辆作为一个等效的集中荷载是合理的。因此，本文将 YOLO-v5 模型检测到的边界框的几何中心视为车辆的等效集中荷载的作用点，如图 5 所示，从图中可以看出，这种假设是合理的。

图5　荷载作用点计算

3.2　荷载轨迹的确定

在实际应用中，YOLO-v5 模型通过逐帧检测车辆荷载的作用点，即可得到车辆荷载的轨迹，如图 6 所示，从图中可以看出，车辆荷载的移动轨迹基本沿着直线移动，符合车辆行驶的实际情况。因此，本文提出的方法能够较为准确地实现车辆荷载实时分布的检测。

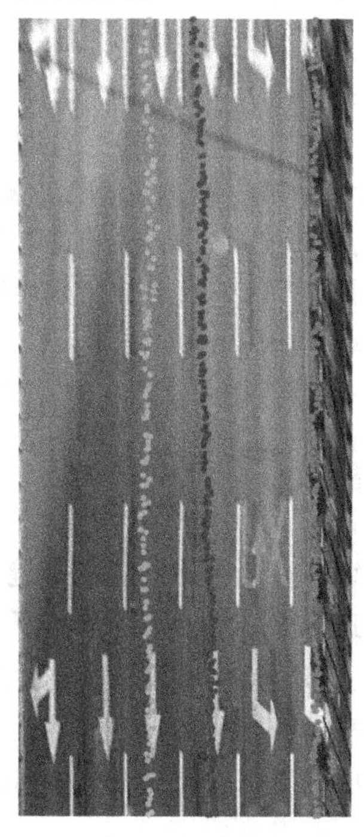

图6　车辆荷载检测的结果

4 结语

本文研究了基于YOLO-v5模型的车辆检测算法在道路桥梁上车辆实时荷载检测中的应用。该算法具有较快的速度和良好的性能,适用于实时场景。试验结果表明,该方法在UA-DETRAC数据集上表现出色,对车辆荷载的移动轨迹进行了有效检测。尽管存在一些挑战,如复杂场景下的适应性和模型的稳定性,但这一研究为智能交通管理和道路安全监测提供了有效的解决方案。未来的工作可以进一步优化算法,提高其在实际应用中的性能和鲁棒性。

参考文献

[1] 张小建,徐慧.基于视频处理的运动车辆检测算法的研究[J].液晶与显示,2012,27(1):108-113.

[2] 王忠礼.智能交通系统车辆检测算法研究[D].哈尔滨:哈尔滨工业大学,2024.

[3] 陈艳菲,晏彰琛,周超,等.基于改进YOLOv4的自动驾驶场景车辆检测[J].自动化与仪表,2023,38(1):59-63.

[4] 朱茂桃,张鸿翔,方瑞华.基于RCNN的车辆检测方法研究[J].机电工程,2018,35(8):6.

[5] 周云,赵瑜,郝官旺,等.基于应变信号时频分析与CNN网络的车辆荷载识别方法[J].湖南大学学报(自然科学版),2022,49(1):12.

[6] 朱理清,李祥.改进YOLOv5算法的遥感图像车辆检测[J].计算机与现代化,2023(5):117-121.

[7] WEN L, DU D, CAI Z, et al. UA-DETRAC: A new benchmark and protocol for multi-object detection and tracking[J]. Computer Vision and Image Understanding,2020,193:102907.

基于塑性损伤原理的PC箱梁异常斜裂缝成因分析

杨　壮*　张文涛
(长安大学公路学院)

摘　要　为了研究悬臂施工过程中只张拉纵向预应力钢筋后,腹板产生斜裂缝的原因,本文以某连续刚构桥为工程背景,运用ABAQUS软件分别计算了管道截面削弱、张拉顺序等工况对腹板异常斜裂缝产生的影响,得出了如下结论:管道灌浆前后的应力差异主要由管道对截面的削弱作用引起,而改变预应力钢束的张拉顺序可以有效防止裂缝的发生;造成腹板斜裂缝产生的主要原因是管道对截面的削弱作用和预应力钢筋径向力的影响。

关键词　桥梁工程　PC箱梁　斜裂缝　有限元模拟　裂缝原因

0 引言

箱梁裂缝按成因可分为荷载裂缝、变形裂缝、其他裂缝。近年来,对箱梁裂缝的研究主要集中在弯曲裂缝、剪切裂缝、温度效应产生的裂缝等方面[1],而对异常裂缝研究较少。因此,对非剪切作用引起的预应力箱梁腹板异常斜裂缝的研究极为重要。

近年来,许多学者对箱梁腹板开裂的原因进行了广泛的研究。这些研究主要集中在以下方面:温度效应、腹板厚度、混凝土的收缩徐变[2]、预应力损失、钢筋锈蚀[3]、弯曲钢束的径向力以及钢束的锚固力等。刘红义等[4]使用ABAQUS建立了全桥运营阶段的模型,发现运营阶段腹板的斜裂缝主要是由超载、纵向预应力损失等耦合因素导致。洪华等[5]通过有限元软件Ansys并结合工程案例分析弯曲钢束的径向力以及钢束的锚固力对箱梁腹板开裂的影响,得出结论认为箱梁腹板容易在腹板预应力束弯曲起始段发生开裂,且开裂方向基本垂直于弯曲的预应力束。王全勇等[6]模拟研究了管道的定位偏差以及腹板腹部减薄对小箱梁局部应力的影响。他们的研究表明,预应力管道位置的偏差导致腹板产生沿预应力管道方向的受拉应力,而腹板的厚度不足将进一步增加拉应力水平。在这两个因素共同作用下,腹板容易产生沿着预应力管道方向的纵向开裂现象。

由于对腹板异常斜裂缝的研究较少,本文将通过针对某连续刚构桥在施工过程中腹板异常斜裂缝的产生开展研究,通过有限元模拟,探究箱梁腹板斜裂缝产生的原因,并给出避免异常斜裂缝产生的相应措施。

1 工程背景

某连续刚构桥跨径布置为 62m + 110m + 62m,采取挂篮悬臂法施工,全桥共分为 19 个施工块,主梁采用预应力混凝土单箱单室箱梁,混凝土强度等级为 C50,梁顶宽 12m,梁底宽 8m,两侧翼缘板悬臂长 2.75m。斜裂缝产生区域的腹板厚度为 60cm。

在该桥每个"T"单元的 1 ~ 4 号块施工过程中,腹板内侧出现了斜裂缝,斜裂缝集中在纵向预应力钢筋弯曲段,沿预应力管道开展,如图 1 所示。

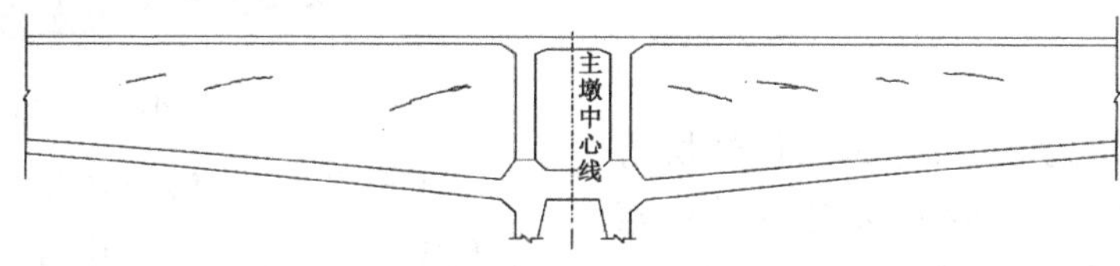

图 1 裂缝示意图

2 腹板裂缝成因分析

引起箱梁腹板开裂的原因有多种,包括腹板厚度、管道位置偏差、混凝土收缩徐变[7-8]、钢束弯曲等引起的径向力及管道截面削弱,以下定性分析各因素对腹板异常斜裂缝产生的影响。

2.1 腹板厚度

在整个箱梁的结构中,腹板的主要作用是承受剪切应力,腹板厚度的减小会导致结构的抗剪能力降低[9]。在桥梁的运营过程中,由于混凝土收缩徐变等因素会增大腹板所承受的剪应力,从而加剧裂缝的产生。在本文工程背景中异常斜裂缝产生区域的箱形梁腹板厚度均为 60cm,暂不考虑腹板厚度对裂缝出现的影响。

2.2 管道位置偏差

纵向预应力钢束一般位于腹板中心,然而在施工过程中,由于技术不娴熟等原因可能导致管道位置产生一定距离的偏差。由径向力 q 与管道偏差 d 的关系式 $q = 8Nd/L^2$,式中,q 为水平径向力;d 为预应力波纹管管道弯曲偏位距离;L 为波纹管管道纵向偏位长度。可以得出结论:当管道位置偏差较大时,会引起径向力的增大;导致腹板的主拉应力过大,当主拉应力过大时,会产生沿管道发展的腹板斜裂缝。

本文工程背景中,管道位置未发生偏差,因此不考虑该因素对结构产生的影响。

2.3 混凝土收缩徐变

箱梁在施工完成后,由于温度变化、湿度变化、材料收缩等因素,会产生一定程度的收缩和徐变[10]。这些变形虽然是不可避免的,但如果不加以控制,可能会引起不均匀变形,从而导致应力集中和裂缝的产生。

2.4 径向力影响

由图 2 可知,腹板的纵向预应力钢束张拉后,在钢束的弯曲段会产生图示方向的径向力 q,$q = F_{con}/R$,式中:q 为径向力;F_{con} 为钢束的张拉力;R 为弯曲段半径。径向力 q 可产生为沿钢束方向和垂直于钢束方向的应力。当垂直于钢束方向的拉应力过大时,会产生沿管道方向的斜裂缝。本文认为这是造成混凝土斜裂缝的主要原因。

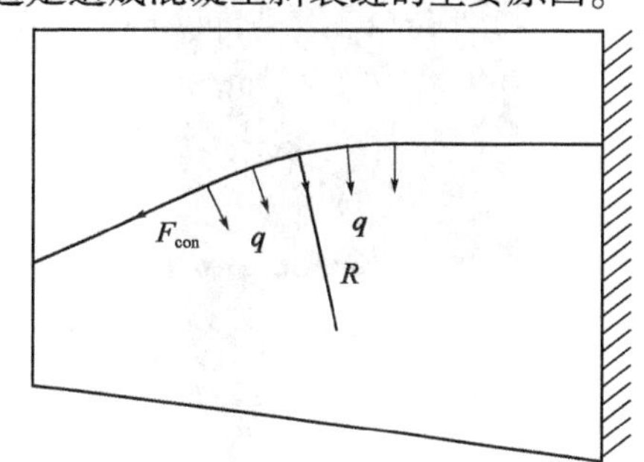

图 2 腹板纵向预应力束产生的径向力

2.5 管道截面削弱

箱梁腹板处的预应力管道未灌浆时,将削弱腹板的受力性能。预应力钢筋张拉后,其与管道接触处易发生应力集中现象。当主拉应力大于混凝土的抗拉强度时,腹板混凝土在应力较大处率先开裂,然后出现沿管道方向的斜裂缝。本文通过有限元数值分析研究了该因素与斜裂缝产生间的关系。

由于该工程施工过程中无技术不娴熟等原因导致的失误,且混凝土已进行充分养护,无收缩徐变的影响。初步推断箱梁腹板的异常斜裂缝的产生原因是径向力的影响和管道截面削弱。通过建立有限元模型进一步确定裂缝产生的原因。

3 数值分析

根据施工图纸给定的尺寸,考虑到0号块附近梁端的几何构造复杂、尺寸较大,有限元分析难度较大,本次计算仅选取了0-1梁端进行分析。

主梁采用C50混凝土,混凝土密度为2600kg/m^3,抗拉强度为2.64MPa,弹性模量为34500MPa,纵向预应力筋采用ϕ^S15.2,弹性模量为195000MPa,抗拉强度为1860MPa。竖向预应力钢筋采用JL32,弹性模量为200000MPa,抗拉强度为785MPa。

选取1号块施工完成后的结构为研究对象,考虑到结构的对称性,采用ABAQUS软件,建立1/4梁段三维有限元模型(图3)。建模时为了研究管道截面削弱和预应力筋张拉顺序对腹板斜裂缝发展的影响,分别建立3个模型。模型Ⅰ:只张拉纵向预应力钢筋(孔道灌浆后);模型Ⅱ:只张拉纵向预应力钢筋(孔道未灌浆);模型Ⅲ:先张拉竖向预应力筋,后张拉纵向预应力筋。混凝土材料采用一阶缩减积分实体单元C3D8模拟,材料参数引入塑性损伤模型。

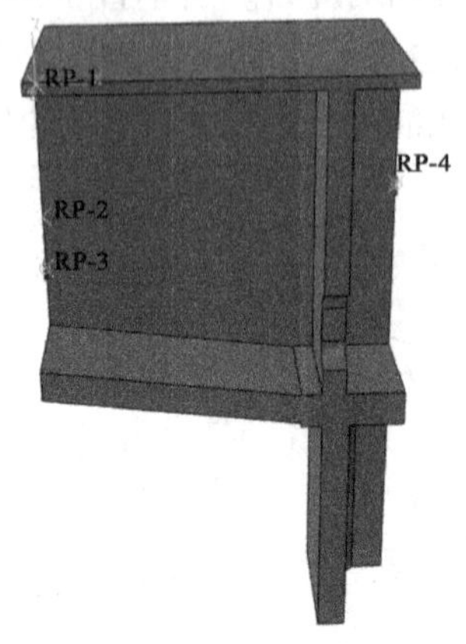

图3 1/4梁段三维有限元模型

对于复杂的异形结构采用分块建模的方式,将1/4箱梁分解为若干个简单模型后通过装配中的合并命令[11],将结构组合为整体。而对于模型Ⅱ和模型Ⅲ腹板中的预应力管道,则需要先建立管道的实体模型后,通过切割命令来达到目的,如图4所示。

图4 管道模型

该模型中预应力的施加方式采用降温法。对于模型Ⅰ,预应力筋采用杆单元T3D2模拟,钢束与混凝土关系采用嵌入方式。而针对模型Ⅱ,孔道未灌浆时,预应力筋与管道之间的相互作用较难模拟,本文采用虚拟力筋法来进行模拟。预应力筋采用T3D2桁架单元建模,将真实预应力筋向管道左侧和下方各复制一根预应力筋,从而得到两根虚拟预应力筋。虚拟预应力筋采用嵌入命令,使其嵌入管道周围的混凝土中。真实预应力筋与虚拟预应力筋之间通过刚性弹簧连接(图5)。真实预应力筋和虚拟预应力筋之间每个节点均设置局部坐标系,保证两者之间的刚性弹簧可以让虚拟预应力筋和真实预应力筋沿局部坐标系Y和Z方向的位移保持一致。

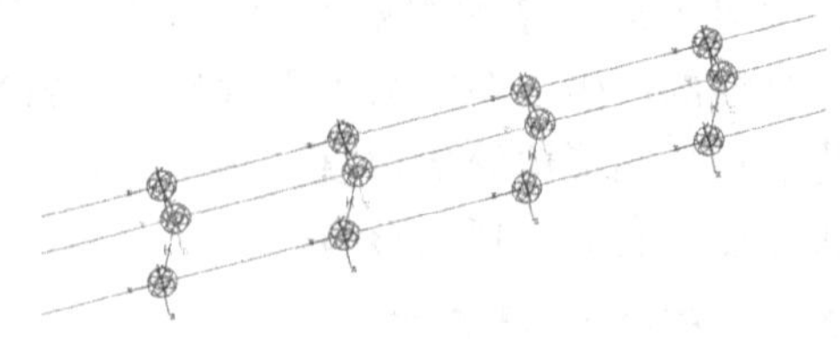

图5 刚性弹簧

由于所取模型为1/4梁段模型,为了有效模拟出悬臂施工时的真实情况。因此,在0端设纵向对称边界条件,在箱梁横向中轴面上应设横向对称边界条件,在桥墩底截面设固定约束。

4 数据分析

4.1 管道灌浆后应力分析

根据管道灌浆后的有限元模型,为形象表示其应力变化规律,沿预应力钢筋方向为X轴,与其

垂直方向的应力为 Y 轴，建立笛卡尔坐标系，如图 6 所示。

孔道灌浆后应力变化、预应力钢筋截面应力云图分别如图 7、图 8 所示。

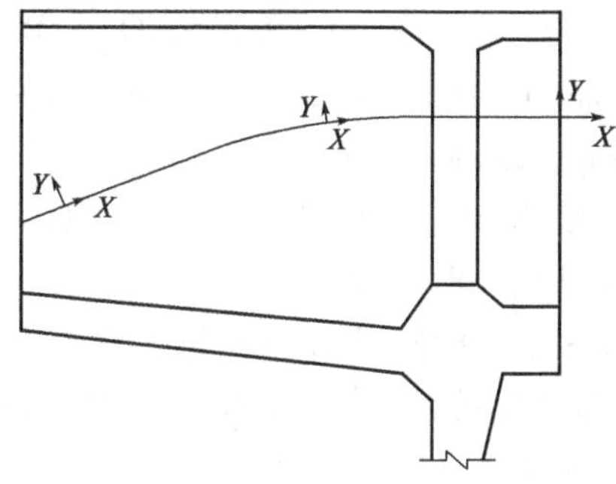

图 6　坐标系示意图

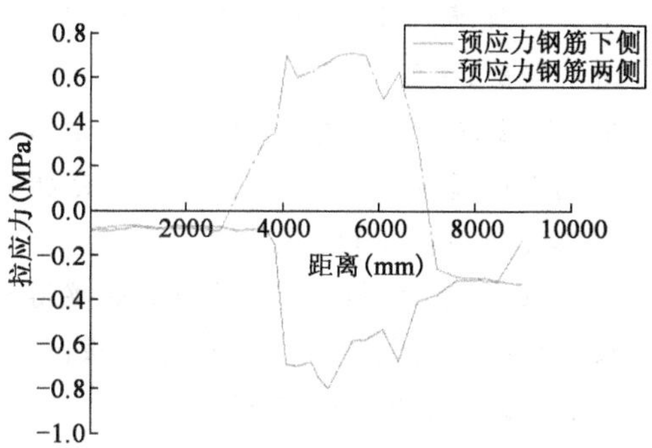

图 7　孔道灌浆后应力变化图

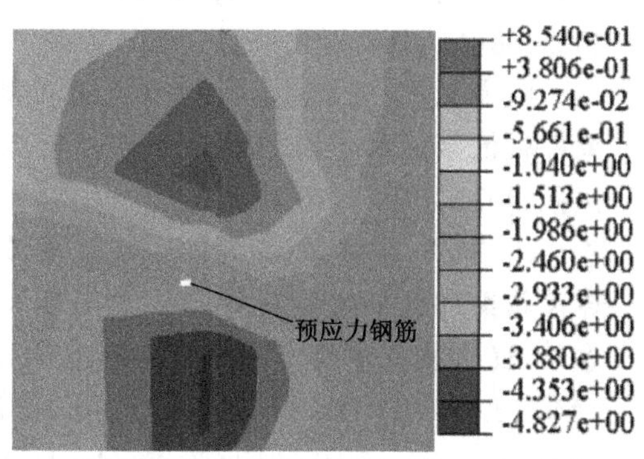

图 8　预应力钢筋截面应力云图(单位:MPa)

由图 7、图 8 可知，管道灌浆完成后拉应力主要集中在预应力钢束的弯曲段，预应力钢筋上部和两侧混凝土受拉，上部混凝土拉应力较大，两侧较小；下部混凝土受压。主拉应力为 0.50 ~ 0.71MPa，主压应力为 −0.61 ~ −0.8MPa。

因此，腹板在只张拉纵向预应力钢束并且完成灌浆后，各方向上的最大主拉应力均小于混凝土的抗拉强度，腹板在此阶段无出现裂缝的风险。

4.2　管道截面削弱的影响分析

为了研究管道截面削弱对结构产生的影响，建立了预应力钢筋张拉后管道未灌浆时的有限元模型。坐标轴的选取和灌浆后的一致。

孔道未灌浆应力、腹板弯曲段管道截面应力分别如图 9、图 10 所示。

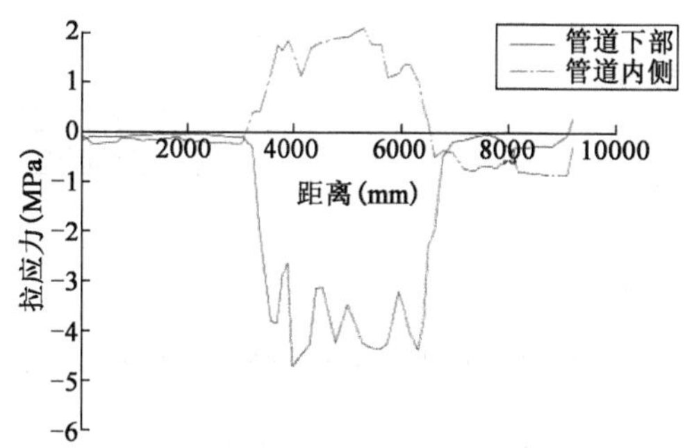

图 9　孔道未灌浆应力

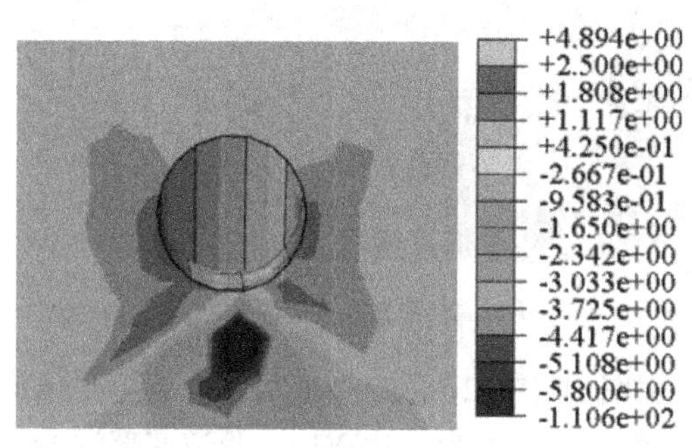

图 10　腹板弯曲段管道截面应力云图(单位:MPa)

由图 9、图 10 可知，管道两侧混凝土受拉，底部混凝土受压。最大拉应力出现在管道两侧，约为 2.2 MPa。管道底部最大压应力为 −5.5MPa。腹板内部的拉应力和压应力均集中在管道弯曲段，纵向预应力钢束与管道接触面的下部混凝土受压，压应力为 −4.1 ~ 5.5MPa，两侧混凝土受拉，拉应力为 2.0 ~ 2.3MPa。

因此，管道灌浆后周围混凝土的应力要远远大于灌浆前混凝土的应力，且沿预应力筋垂直方向的主拉应力大于混凝土抗拉强度。由于管道对截面造成的削弱作用，导致结构的抗裂性下降，从而更容易出现裂缝。此外，由于拉应力的方向与预应力筋垂直，导致腹板沿着预应力筋方向产生斜裂缝。

4.3　张拉顺序的影响分析

为了研究张拉顺序对结构产生的影响，建立了先张拉竖向预应力筋后张拉纵向预应力筋工况下的有限元模型，通过对比只张拉预应力钢束且未完成灌浆的有限元模型进行分析。

腹板内部弯曲段梁高方向应力如图11、图12所示。

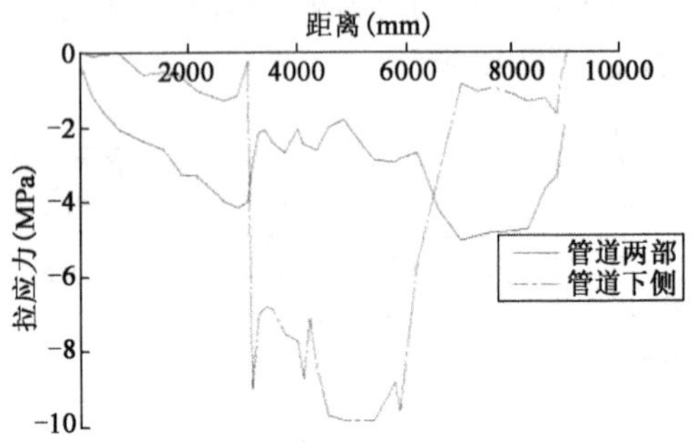

图11　腹板内部弯曲段梁高方向应力

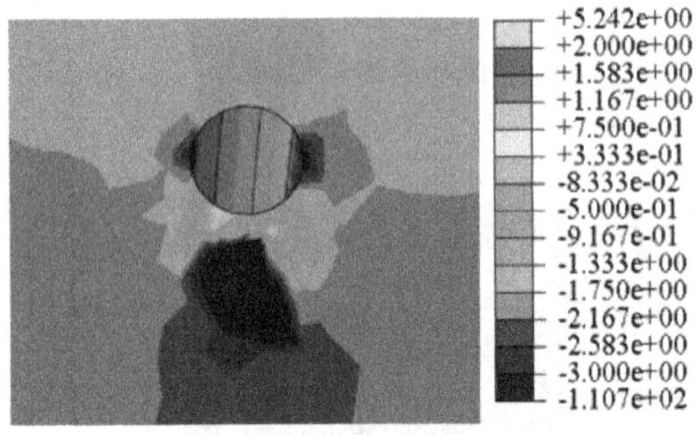

图12　腹板内部弯曲段梁高方向应力云图(单位:MPa)

由图11、图12可知,管道两侧混凝土受压应力作用,最大压应力为-5.0MPa。管道底部混凝土压应力较只张拉纵向预应力钢筋有明显提升,最大可达到-9.8MPa。在腹板内部,管道两侧和下部均受压应力作用,压应力沿着管道弯曲段分布。

因此,改变张拉顺序后,对于与预应力筋垂直方向的应力,管道两侧由拉应力转变为压应力。主拉应力分布图显示,管道两侧的主拉应力显著减小,远小于混凝土的抗拉强度。因此,改变张拉顺序后可以有效防止裂缝的发生。

5　结语

(1)只张拉腹板纵向预应力筋时,由于管道对截面削弱作用导致灌浆前管道附近混凝土的应力远大于灌浆后的应力;并且由于沿梁高方向的应力较大,会导致腹板异常斜裂缝的产生。

(2)异常裂缝出现在张拉纵向预应力筋管道未灌浆时。为了防止裂缝的产生和发展,悬臂施工时可以延长混凝土的养护时间或者采用更高强度的混凝土。

(3)先张拉竖向预应力筋后张拉纵向预应力筋,将管道两侧混凝土沿梁高方向的拉应力转变为压应力。同时,管道两侧混凝土各方向上的最大主拉应力也显著减小,远小于混凝土的抗拉强度。因此,改变张拉顺序可有效预防裂缝的产生。

参考文献

[1] CAO G H, ZHANG W, PENG X R, et al. Flexural failure experiment on cracked PC simply supported box girders[J]. JOURNAL OF CENTRAL SOUTH UNIVERSITY, 2017, 24(11):2685-2692.

[2] 孙宝林,杨永清,严猛,等.高寒地区后张箱梁纵向裂缝成因分析、验证及处理[J].桥梁建设,2021,51(3):39-46.

[3] 石兆敏,刘桢杰,董佳霖.预应力混凝土多箱桥腹板裂缝产生机理及影响研究[J].城市道桥与防洪,2023(5):106-109.

[4] 刘红义,张劲泉,周建庭,等.预应力混凝土现浇箱梁运营期腹板斜向裂缝损伤分析[J].公路交通科技,2022,39(8):9-15.

[5] 洪华,金肃静,杨勇勇.悬臂施工箱梁腹板开裂成因研究[J].重庆交通大学学报(自然科学版),2019,38(2):13-18.

[6] 王全勇,郑凯,陈有,等.基于Ansys的小箱梁腹板局部受力分析及结构优化[J].公路,2023,68(6):268-271.

[7] 于孟生,郝天之,黄凯楠,等.悬臂现浇混凝土梁桥腹板沿波纹管裂缝成因分析[J].世界桥梁,2021,49(5):100-106.

[8] 贺志勇,阳初,张建军.基于Ansys的等截面连续箱梁桥腹板裂缝分析[J].华南理工大学学报(自然科学版),2013,41(6):63-68.

[9] JIANG R J. WU Q M. XIAO Y F. et al. The shear lag effect of composite box girder bridges with corrugated steel webs[J]. Structures, 2023,48:1746-1760.

[10] 王建强,吕忠达,赵卓,等.预应力混凝土连续箱梁顶板早期裂缝控制研究[J].铁道工程学报,2019,36(9):43-48.

[11] ALLAWI A A. CHAI H K. MAJEED A A. et al. Experimental and finite element analysis of reinforced concrete multi-cell box girders retrofitted with carbon fiber reinforced polymer strips under torsion[J]. Advances in Structural Engineering,2023,26(14):2636-2656.

MPCC-NC 界面性能试验研究与有限元分析

何岚清* 李滋润 陈 澳 王 浩 庄陆洲

（长安大学公路学院）

摘 要 为研究磷酸镁混凝土与普通混凝土间界面黏结性能，本文以磷酸镁混凝土－普通混凝土直剪试件为研究对象，提出一种二元函数拟合方法，对模型试验数据进行拟合，并采用弹簧单元模拟混凝土间的黏结作用，对直剪试件进行有限元分析。结果表明：每个试件的抗剪承载力均在拟合得到的二元函数曲面上，该二元函数拟合方法具有良好拟合效果；有限元计算得出的荷载-滑移曲线与实测曲线误差较小，弹簧单元可以有效模拟黏结面黏结作用。

关键词 磷酸镁水泥 直剪试验 有限元分析 二元函数拟合

0 引言

磷酸镁水泥混凝土（Magnesium Phosphate Cement Concrete，MPCC）是一种快硬早强、耐磨抗冻的混凝土材料，由于其优良的早强性能，使其在混凝土快速修补领域具有巨大的应用潜能[4-6]。而对于混凝土修补加固工程，两种混凝土间的黏结面是其最不利位置[7-9]，因此 MPCC 与普通混凝土（NC）间的界面黏结性能成为一项亟须研究的关键问题。对于混凝土间的黏结性能，目前研究方法仅限于模型试验，该方法虽然可以真实测得混凝土间的黏结性质，但是需要耗费大量的财力、人力和时间成本，因此对于混凝土间的界面黏结性能问题，需要更经济的研究方法。

本文以 MPCC-NC 直剪试件为研究对象，采用模型试验的研究方法，在此基础上提出一种二元函数拟合方法，最后采用弹簧单元模拟混凝土界面黏结性能，并采用试验数据对模型进行验证分析，验证了弹簧单元模拟黏结性能的有效性。

1 试验设计

1.1 材料来源

MPCC 与 NC 配比分别如表 1 与表 2 所示。MPC 来自贵州磷镁材料有限公司，可分为 A 料与 B 料，A 料主要成分为 MgO，B 料主要成分为磷酸二氢铵（$NH_4H_2PO_4$）。普通水泥为 42.5 硅酸盐水泥。细集料采用中砂，级配良好；粗集料采用 5～10mm 级配碎石。MPC 水泥缓凝剂选用硼砂。减水剂采用液态聚羧酸减水剂。两种混凝土 28d 抗压强度均大于 50MPa。

MPCC 配比 表 1

磷酸镁水泥		砂	小石子	减水剂	硼砂	水
A 料	B 料					
457.5	457.5	915	915	12.5	125	146.3

NC 配比 表 2

硅酸盐水泥	砂	小石子	减水剂	水
624.9	540.5	1050.2	12.9	178.3

1.2 试件样式与设计

根据前人[10-12]研究成果，MPCC-NC 直剪试件尺寸与配筋如图 1 所示。加载过程中，直剪试件 A 区将会出现较大的附加弯矩，从而导致开裂破坏，因此在 A 区进行相应的配筋。

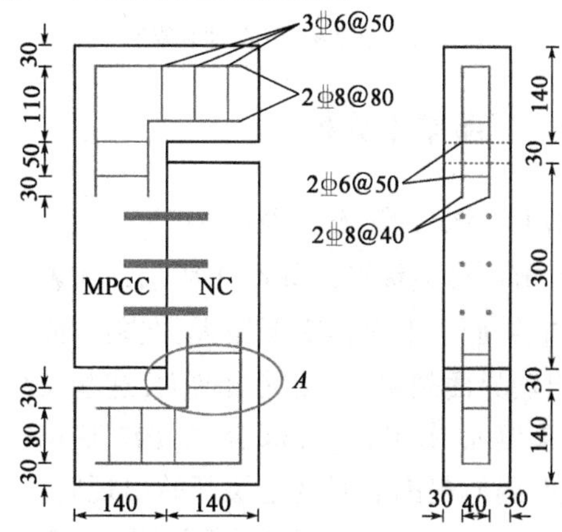

图 1 植筋直剪试件尺寸与配筋（尺寸单位：mm）

基金项目：陕西省自然科学基础研究重点项目（2022JZ-32）；中央高校基础科研业务专项资金项目（300102212212）。

本文所涉及的试件参数如表3所示,共9个直剪试件。所设置的参数分别为植筋深度h_{sv}和钢筋直径d_{sv}。

试件参数设置　　表3

序号	试件参数	试件编号
1	d_{sv}=8mm,h_{sv}=40mm	8-40
2	d_{sv}=8mm,h_{sv}=70mm	8-70
3	d_{sv}=8mm,h_{sv}=100mm	8-100
4	d_{sv}=10mm,h_{sv}=40mm	10-40
5	d_{sv}=10mm,h_{sv}=70mm	10-70
6	d_{sv}=10mm,h_{sv}=100mm	10-100
7	d_{sv}=12mm,h_{sv}=40mm	12-40
8	d_{sv}=12mm,h_{sv}=70mm	12-70
9	d_{sv}=12mm,h_{sv}=100mm	12-100

1.3　加载装置

为顺利进行直剪试件的加载过程,设计了如图2所示的自平衡反力架。加载过程中,油压千斤顶向50t力传感器施加推力,力传感器测得外荷载,同时将荷载传递给直剪试件MPCC侧,使得MPCC侧混凝土块与NC侧混凝土在界面处发生相对移动,此时由界面处水平位移计测得黏结面处相对滑移。

图2　自平衡反力架加载装置

2　试验结果分析

2.1　试件破坏形态

直剪试件破坏形态如图3所示。随着荷载的增大,黏结面上下滑移变形增大,在黏结面上下侧开始出现界面裂缝,荷载继续增大,这些裂缝逐渐连接,裂缝形成闭合环,部分试件在裂缝连接之后,由裂缝所包围的混凝土块开始出现脱落现象,持续增加千斤顶油压,直至两侧混凝土滑移闭合。

界面裂缝开始出现时,混凝土间黏结失效,钢筋主要提供界面抗剪承载力,混凝土挤压钢筋,内部钢筋受力变形,上下两侧混凝土在与钢筋接触部位将产生较大的局部应力,从而产生界面裂缝,此时裂缝逐渐开展,钢筋缓慢变形。

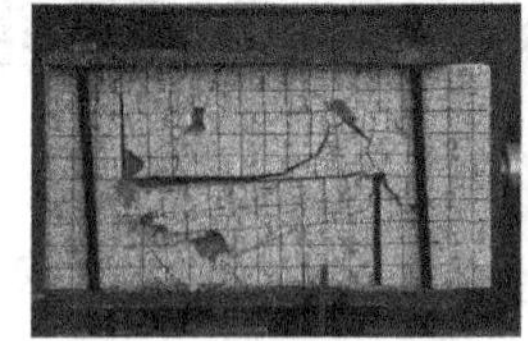

a)试件正面

b)试件背面

图3　直剪试件破坏形态

试验结束后,试件上下侧混凝土发生明显的相对滑移现象,界面处表面混凝土具有脱落现象。将脱落的混凝土去掉之后,钢筋发生弯曲和移位现象。

2.2　承载力分析

在整个加载过程中,力传感器所测得的最大外荷载称为极限荷载P_u,而直剪试件承载力计算方法如式(1)所示:

$$\tau_u=\frac{P_u}{A} \tag{1}$$

式中:τ_u——直剪试件的抗剪承载力;

A——两种混凝土间的黏结面积。

直剪试件抗剪承载力见表4。

直剪试件抗剪承载力　　表4

试件编号	承载力(MPa)
8-40	2.65
8-70	3.68
8-100	4.33
10-40	4.07
10-70	4.40
10-100	4.95
12-40	5.55
12-70	5.54
12-100	5.60

2.3　二元函数拟合方法

由以上数据可知,直剪试件共涉及两个参数,而若想同时对两参数进行拟合,则会出现曲面拟合的数学问题,现有软件大多不涉及该拟合功能。为解决此问题,提出了以下二元曲面拟合方法。

假设某二元矩阵如式所示:

$$
\begin{array}{c} \\ x_1 \\ x_2 \\ x_3 \\ \vdots \\ x_m \end{array}
\begin{array}{c} \begin{matrix} y_1 & y_2 & y_3 & \cdots & y_n \end{matrix} \\
\begin{bmatrix} z_{11} & z_{12} & z_{13} & \cdots & z_{1n} \\ z_{21} & z_{22} & z_{23} & \cdots & z_{2n} \\ z_{31} & z_{32} & z_{33} & \cdots & z_{3n} \\ \vdots & \vdots & \vdots & \vdots & \vdots \\ z_{m1} & z_{m2} & z_{m3} & \cdots & z_{mm} \end{bmatrix} \end{array} \tag{2}
$$

将矩阵内部首行数据对 y 变量进行拟合，可得 z_1 与 y 的一元三次函数关系式：

$$z_1 = a_1 \times y^3 + b_1 \times y^2 + c_1 \times y + d_1 \tag{3}$$

因此，将矩阵所有行均进行以上方式的拟合，则可以得到以下 z 与 y 的函数关系式：

$$
\begin{cases} z_1 = a_1y^3 + b_1y^2 + c_1y + d_1 \\ z_2 = a_2y^3 + b_2y^2 + c_2y + d_2 \\ \vdots \\ z_m = a_my^3 + b_my^2 + c_my + d_m \end{cases} \tag{4}
$$

将以上函数关系式中的系数矩阵提取出来可得：

$$
\begin{array}{c} x_1 \\ x_2 \\ \vdots \\ x_m \end{array}
\begin{bmatrix} a_1 & b_1 & c_1 & d_1 \\ a_2 & b_2 & c_2 & d_2 \\ \vdots & \vdots & \vdots & \vdots \\ a_m & b_m & c_m & d_m \end{bmatrix} \tag{5}
$$

可以发现以上系数矩阵中的每一列均与变量 x 有关，因此可将上式中的每一列均与 $x_1, x_2, \cdots, x_m$ 进行一元三次函数拟合，可得到：

$$
\begin{cases} a(x) = e_1x^3 + f_1x^2 + g_1x + h_1 \\ b(x) = e_2x^3 + f_2x^2 + g_2x + h_2 \\ c(x) = e_3x^3 + f_3x^2 + g_3x + h_3 \\ d(x) = e_4x^3 + f_4x^2 + g_4x + h_4 \end{cases} \tag{6}
$$

因此将式(6)代入式(4)，得到拟合完成后的二元函数表达式：

$$z(x,y) = a(x)y^3 + b(x)y^2 + c(x)y + d(x) \tag{7}$$

采用以上方法，将本文中的 9 个直剪试件抗剪承载力数值 P_u 对两参数（植筋深度 h_{sv} 和钢筋直径 d_{sv}）进行拟合，可得到：

$$
\begin{aligned} P_u(d_{sv}, h_{sv}) = & -0.0000507746d_{sv}^2h_{sv}^2 + \\ & 0.00108d_{sv}h_{sv}^2 - 0.00555h_{sv}^2 - \\ & 0.12352d_{sv}^2 - 0.13458d_{sv}h_{sv} + \\ & 0.7428h_{sv} + 3.65388d_{sv} - 19.7229 \end{aligned} \tag{8}
$$

以上拟合完成后的计算公式与试验数据进行拟合，如图 4 所示，其中灰色网格线为拟合后的二维曲面。从该图中可看出，每个直剪试件的数据点均在拟合后的二维曲面上，因此该拟合方法可用来进行二元数据简易曲面拟合。

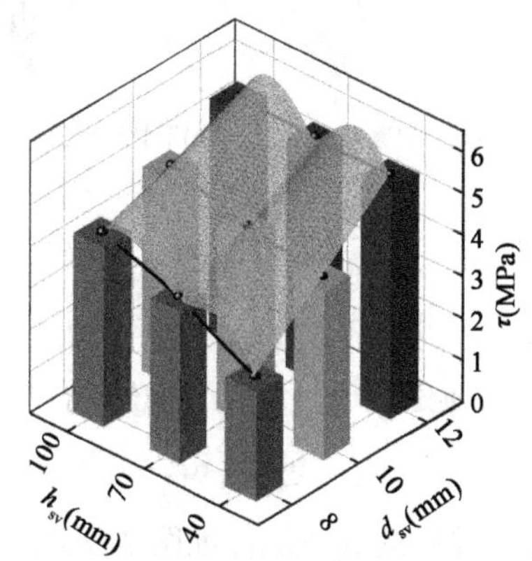

图 4　抗剪承载力曲面拟合

2.4　黏结剪应力-滑移曲线分析

所有试件的黏结剪应力-滑移曲线如图 5 所示。在弹性阶段滑移量随剪应力的增大而增大。当荷载超过弹性极限后，曲线转为塑性变形阶段，此时曲线斜率逐渐变小而剪应力缓慢增大，最后达到一个最大值。随后随着滑移量的逐渐增加，剪应力开始变小，此时该曲线开始下降，曲线斜率随着滑移量的增加先增加后减小，最后剪应力变化量逐渐变小，而滑移稳定增加，之后剪应力保持在某个范围内波动，而滑移量继续增加。

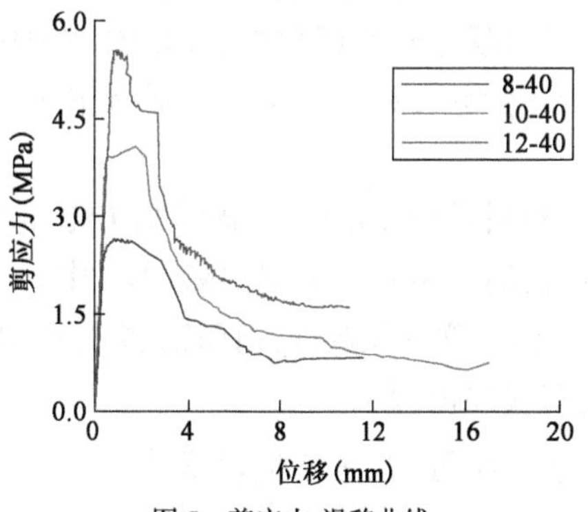

图 5　剪应力-滑移曲线

根据曲线可知，最大剪应力出现在塑性变形阶段，试件外荷载达到最大剪应力之后剪应力开始下降，直至试件最后破坏。

3　有限元分析

3.1　模型建立

采用 ABAQUS 有限元分析软件对直剪试件进行建模。其中建模完成的各部件如图 6 所示，各部件的具体尺寸与实际试件尺寸一致。

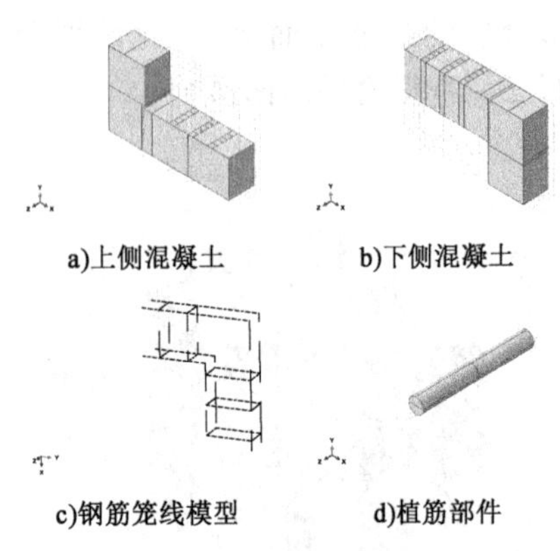
a)上侧混凝土　b)下侧混凝土

c)钢筋笼线模型　d)植筋部件

图6　有限元部件

装配完成后的直剪试件如图7所示。

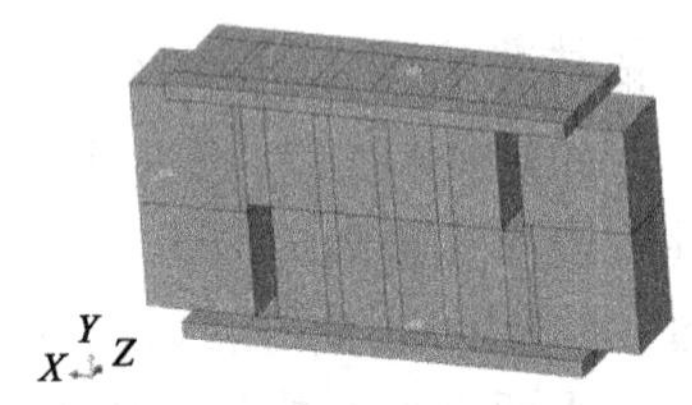

图7　直剪试件装配图

3.2　材料本构模型

ABAQUS中对混凝土材料提供的材料计算模型有脆性破坏模型和塑性模型等。直剪试件破坏过程中有混凝土碎裂崩落的现象,因此在计算过程中设置混凝土塑性区数据。ABAQUS中的收敛性和可靠性均较差,在本文模型将混凝土设为弹性。

NC材料采用规范[13]中规定的C50混凝土弹性段进行模拟;MPCC采用文献[14]中普通碎石MPCC混凝土弹性段数据;植筋钢筋采用ABAQUS提供的双线性模型。

3.3　相互作用与边界条件

直剪试件有限元模型的相互作用如图8a)所示。混凝土间的黏结作用采用弹簧单元进行模拟,采用弹簧单元刚度数据。为使两种混凝土界面处均匀受力,共创建了165个弹簧单元,均匀分布在界面位置处,如图8b)所示。

直剪试件各位置的边界条件如图9所示。直剪试件的后侧进行完全固定,上下两侧的侧向约束限制直剪试件的侧向位移,试件加载面与参考点相耦合,对参考点施加位移,实现试件加载。

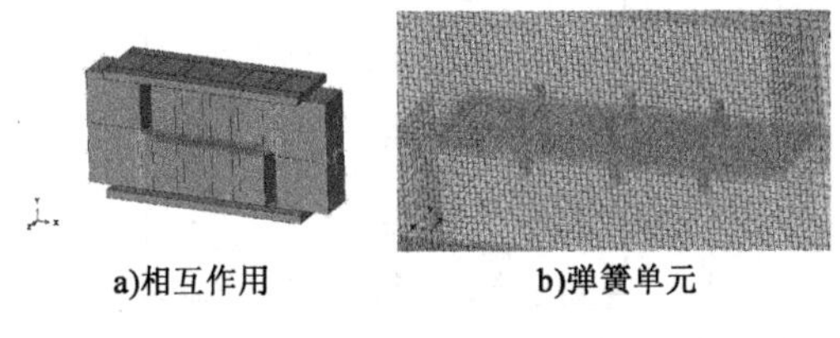
a)相互作用　b)弹簧单元

图8　有限元模型相互作用

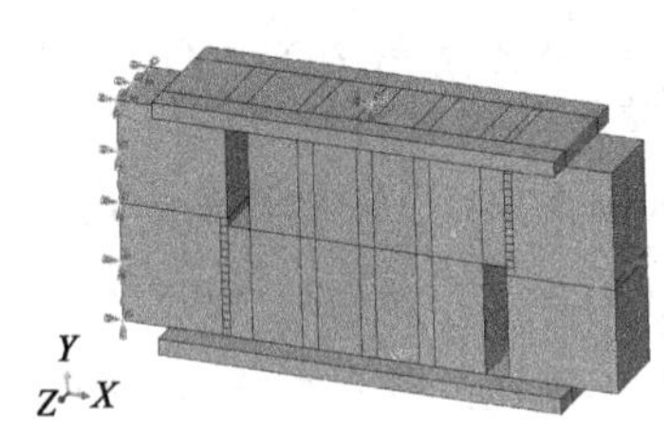

图9　边界条件

3.4　黏结滑移曲线分析

将有限元模拟计算得到的剪应力-滑移曲线与实测数据进行对比分析,每个试件分别绘制成线图(图10)。由图10可知,弹性段的有限元模型数据与实测数据吻合程度良好,最大误差为9.3%,出现在8-100中,其他试件误差均为超过5%,验证了弹簧单元模拟混凝土黏结面的准确性与有效性。

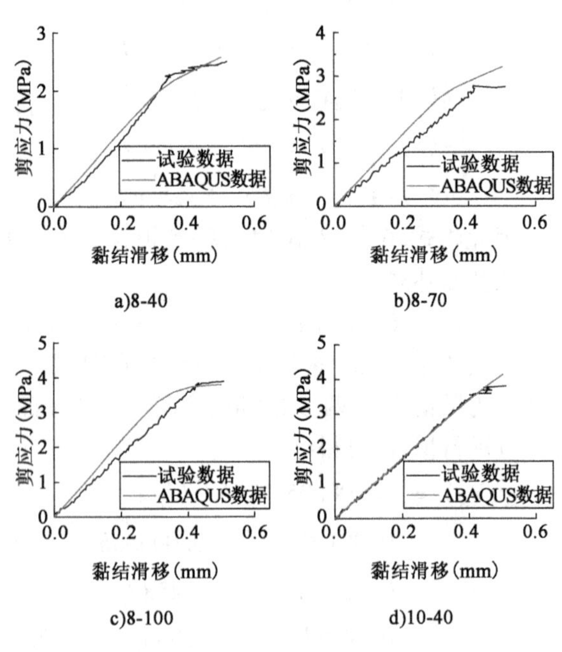

a)8-40　b)8-70

c)8-100　d)10-40

图　10

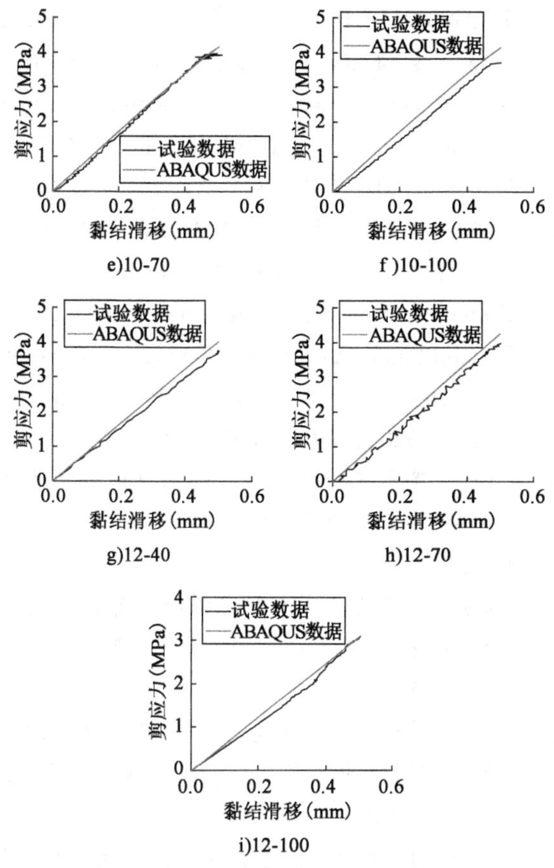

图10 有限元曲线与实测曲线对比

3.5 应力分析

直剪试件两侧混凝土应力云图如图11所示。由于钢筋和混凝土的挤压作用,导致植筋位置处的局部混凝土承受较大的应力,因此混凝土正面和黏结面的应力均集中在植筋位置处。加载过程是由上侧MPCC推动下侧NC移动,所以右侧的植筋位置应力要大于左侧植筋位置应力。

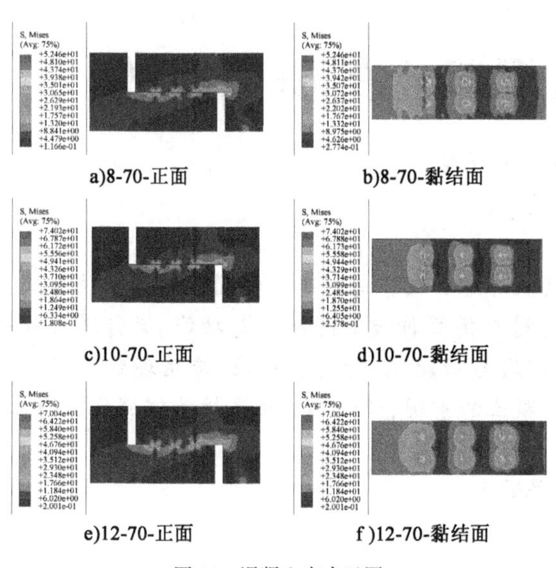

图11 混凝土应力云图

钢筋应力云图如图12所示。由该图可以看出,钢筋应力集中与界面位置,随着与界面距离的增大,应力逐渐降低。该图中可以看出,钢筋界面处应力分布如同“X”,钢筋中部受纯剪应力,由于混凝土体的相对移动,钢筋上下左上侧和右下侧受拉,而右上和左下受压,从而使界面处应力云图呈现“X”形。

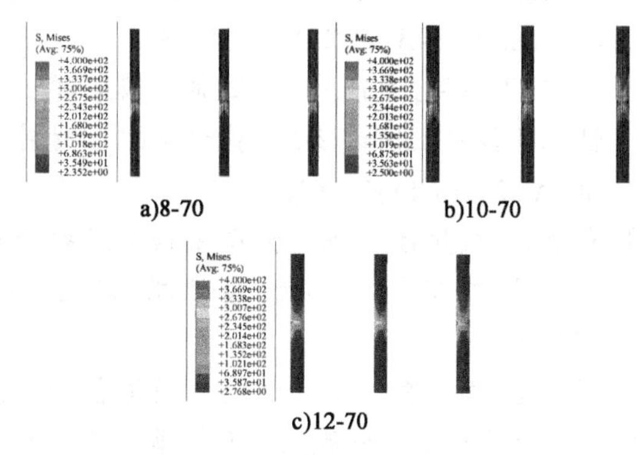

图12 钢筋应力云图

弹簧单元应力云图如图13所示。由该图可知,在植筋位置处的弹簧单元应力较小,而由于试件右侧为加载端,所以右侧弹簧单元应力较大。

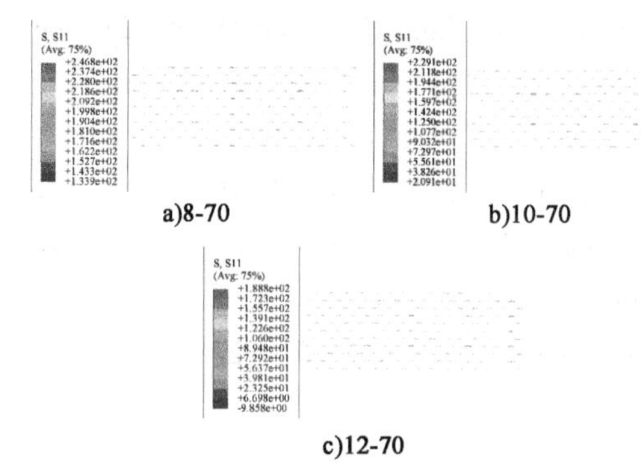

图13 弹簧单元应力云图

4 结语

本文分析了MPCC-NC直剪试件抗剪性能,分别采用试验研究和有限元法研究MPCC与NC间的黏结性能,并得到以下结论:

(1)提出了一种二元函数拟合方法。通过试验数据的验证,该拟合方法具有良好的拟合效果,该方法可用作二元参数简易拟合。

(2)对直剪试件加载过程弹性段进行有限元分析,采用弹簧单元对混凝土界面黏结作用进行模拟,试验结果显示有限元模型对实测数据具有良好的拟合效果。

(3)有限元应力云图表明,钢筋对混凝土应力分布和弹簧单元应力分布具有较大影响,混凝土应力主要集中在植筋位置,而弹簧单元应力在植筋位置应力偏小。

参考文献

[1] ZHOU S G, SHI Y, WU P T, et al. Effect of Biomass Ash on the Properties and Microstructure of Magnesium Phosphate Cement-Based Materials [J]. Buildings-Basel. 2023,13(1):30.

[2] 韦宇,周新涛,黄静,等. 缓凝剂对磷酸镁水泥性能及其水化机制影响研究进展[J]. 材料导报,2022,36(4):77-83.

[3] 秦继辉,钱觉时,宋庆,等. 磷酸镁水泥的研究进展与应用[J]. 硅酸盐学报,2022,50:1592-1606.

[4] 刘俊霞,李忠育,张茂亮,等. 矿物掺合料改性磷酸镁水泥研究进展[J]. 无机盐工业,2022,54:18-23.

[5] 陈新. 磷酸镁涂层高温后性能研究[D]. 杭州:浙江大学,2022.

[6] ZHANG J,JI Y,XU Z,et al. Study on Improving Interface Bonding Performance of Magnesium Potassium Phosphate Cement Mortar [J]. Materials de Constructión,2021,71:1-15.

[7] XIA J,SHAN K Y, WU X H, et al. Shear-friction behavior of concrete-to-concrete interface under direct shear load [J]. Engineering Structures,2021,238:12.

[8] ZHANG Y,ZHU P,WANG X W,et al. Shear properties of the interface between ultra-high performance concrete and normal strength concrete [J]. Construction and Building Materials,2020,248:13.

[9] NURSYAMSI N,TARIGAN J ,ABU BAKAR B H, et al. Ultra-High-Performance Fiber-Reinforced Concrete an Alternative Material for Rehabilitation and Strengthening of Concrete Structures: A Review [J]. J Phys, Conf Ser (UK),2020,1529:052010-052018.

[10] 孙松. 普通混凝土与后浇超高性能混凝土界面黏结性能研究[D]. 大连:大连理工大学,2022.

[11] 宋建勋. 开槽对灌浆料与混凝土界面抗剪性能影响研究[D]. 沈阳:沈阳建筑大学,2021.

[12] 方志,吴荣杰,裴炳志,等. 新旧混凝土结合面抗剪性能的尺寸效应[J]. 中国公路学报,2021,34:92-103.

[13] 中华人民共和国住房和城乡建设部. 混凝土结构设计规范:GB 50010—2010[S]. 北京:中国建筑工业出版社,2015.

[14] 谢剑,李明,白伟亮. MPC 混凝土制备及其力学性能试验研究[J]. 北京工业大学学报,2020,46:948-955.

公路桥梁伸缩缝锚固区混凝土的研究概述

庄陆洲[*]　王　浩　王亚梅

(长安大学公路学院)

摘　要　随着国内交通事业迅速发展,伸缩缝锚固区破坏越加频繁与严重。锚固区破损不仅影响交通安全与通行速度,还会造成后期管养成本攀升。本文通过对桥梁伸缩缝的结构与功能、运行现状和破坏形式的分析,详细阐述了桥梁伸缩缝锚固区混凝土的作用与功能、现行质量标准、应用现状和研究动向,以引起科研工作者和施工单位对桥梁伸缩缝锚固区混凝土的重视,开发和应用高性能锚固区混凝土,延长桥梁伸缩缝的使用寿命。

关键词　公路桥梁伸缩缝　锚固区混凝土　高性能混凝土

0 引言

随着我国经济与交通事业快速发展,我国桥梁规模越来越大。桥梁伸缩装置作为桥梁结构的重要构件,在桥跨结构中起到调整梁端因温度变化、混凝土收缩徐变、荷载作用、梁端转角及梁的挠度等产生的变位的作用[1],在适应桥梁结构变形、保障行车平稳等方面发挥着关键作用。

公路桥梁伸缩缝锚固区混凝土(图1),在伸缩缝结构中起到了将主梁结构及桥面铺装层同伸缩装置锚固连接,使三者整体受力,传递车辆轮载对伸缩装置冲击的作用。但在荷载反复冲击作用下,锚固区混凝土会出现断裂、网裂、剥落以及锚固区混凝土同主梁结构及桥面铺装层剥离等破坏形式(图2)[2],影响了行车舒适性和安全性,降低公路桥梁整体使用寿命。统计表明,伸缩缝锚固区混凝土破坏是伸缩装置病害的主要表现形式[3]。频繁的维修养护不仅阻碍了正常交通,还浪费材料,易引发环境问题,提高了养护成本。

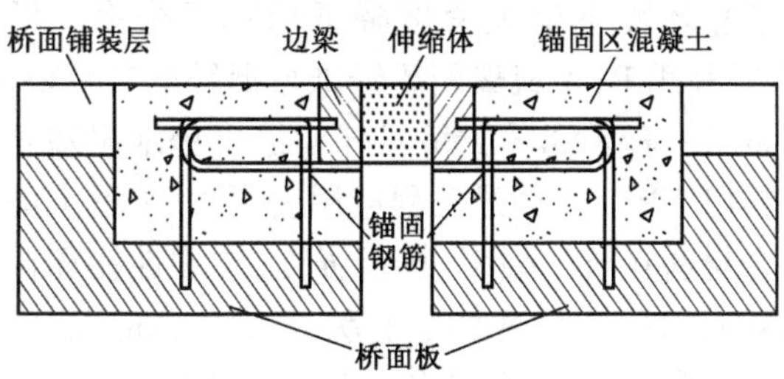

图1 伸缩缝构造示意图

图2 锚固区混凝土破坏

本文主要针对国内公路桥梁伸缩缝锚固区混凝土,通过文献调研的方式,总结出目前国内伸缩缝锚固区混凝土存在的主要病害问题及其成因,从材料方面提出锚固区混凝土修复措施,分析不同材料的性能优劣,并对伸缩缝锚固区混凝土的未来研究进行了展望。

1 锚固区混凝土破坏形式及机理

桥梁伸缩缝装置在日常使用中,不仅需要适应桥梁变位的反复作用,还需承受反复通过的车辆作用。同时,在长期雨水冲刷及异物污染堵塞等作用下,伸缩缝装置的耐久性不断下降,最终导致伸缩缝出现损坏,降低桥梁使用寿命。

伸缩缝锚固区混凝土是伸缩缝中最早发生损坏的部位,同时也是伸缩缝破坏的主要破坏模式。蓝仕勇[5]通过对陕西省高速公路桥梁进行调研分析,得到伸缩缝平均病害率达到了72.83%。研究发现[6],桥梁伸缩缝锚固区混凝土的损坏形式为:网裂及塑性开裂,界面脱黏及啃边,横、顺桥向断裂,剥落及破损漏筋。

郑万山等[7]通过有限元分析软件建立伸缩缝及锚固区模型对单缝式型钢伸缩装置进行数值模拟,分析得出车辆轮迹线前缘与锚固区界面线重合处伸缩缝界面锚固区受力最不利。为减缓界面开裂破坏,桥面应选择弹性模量和刚度较大的沥青材料,同时应控制车辆载重及行车速度。阳初[8]通过对广东省某桥梁伸缩装置进行有限元软件模拟和疲劳损伤分析得出:锚固区混凝土采用高强材料可以显著提高伸缩装置的疲劳寿命。郑旭光[9]从设计、施工、管理、养护及伸缩装置四个方面,对伸缩缝破坏进行分析,当车辆快速驶过伸缩缝时,会出现应力快速“产生”—“释放”过程,由于锚固区混凝土和桥面铺装层两种材料的弹性模量差异大,且伸缩缝各组成部分间存在一定空隙,在车辆瞬时荷载的反复冲击作用下,伸缩缝各组成部分间逐步分离,直至完全破坏。

2 锚固区混凝土损坏原因分析

2.1 混凝土力学性能差

混凝土材料力学性能不足是造成锚固区混凝土破坏的主要原因。锚固区混凝土的配合比设计不当,如水泥用量不足或集料的强度不符合要求等,会导致锚固区混凝土的抗压、抗拉、抗剪等力学性能指标不满足设计要求,从而导致伸缩缝装置在使用过程中出现破坏。

2.2 施工质量差

施工过程中也存在许多因素,造成桥梁伸缩缝破坏。

(1)不重视现场拌和及运输,后浇混凝土(或其他填充料)浇筑不够密实,未能达到强度要求,难以承受车辆荷载的强烈冲击。后浇混凝土养护不到位,后绕混凝土模板漏浆造成伸缩装置间隙阻塞或顶死等,都可能造成伸缩装置的早期破坏。

(2)桥梁施工与伸缩装置施工不能密切配合,梁端、背墙预埋钢筋位置不准确,台背和梁头预留钢筋缺损。浇筑混凝土后伸缩装置的整体刚度不够,锚固区混凝土在高速重载车辆的作用下出现松散损坏,严重情况下还会造成沥青混凝土路面破坏。

(3)施工单位匆忙施工,降低了对伸缩装置的施工质量要求,甚至不按设计图纸要求施工。施工人员施工时未严格遵循安装程序及有关操作规范,或安装伸缩装置后锚固段锚固混凝土还没有形成足够的强度就提前开通道路,让车辆通行,造成在桥梁伸缩缝锚固区的锚固混凝土出现前期破坏,从而导致伸缩装置过早损坏。

2.3 混凝土遭受频繁振动

桥梁伸缩缝混凝土在车辆荷载的长期反复冲击作用下,极易出现破坏。并且,桥梁伸缩缝变形后会出现高差,这会加剧车辆的冲击作用,造成更严重的破坏。

2.4 运营管养与其他方面

当前普遍存在的一种现象:重建设、轻养护,修建好桥梁以后,养护不到位,例如未能及时认真地清理伸缩装置中的砂土、杂物,使原设计的伸缩量得不到保证,橡胶老化、钢板伸缩装置板震断等未及时更换或修复,这也是造成伸缩装置使用效果不理想,耐久性差,整体易破坏的重要原因。原有桥梁逐渐老化、桥面铺装层老化、接缝处桥面凹凸不平及维修又不充分,因此破坏不断扩展;没能有效控制桥梁行车超载情况,夜间尤为严重,对桥梁伸缩装置的有效使用和耐久性带来严重威胁。未能及时修补伸缩装置过渡区处锚固混凝土的裂缝以及局部小面积的破坏时,导致出现大面积破坏。

3 锚固区混凝土材料研究现状

《公路桥梁伸缩装置通用技术条件》(JT/T 327—2016)[10]中,仅对伸缩装置的变形性能、技术要求、试验方法和检测规则等作出了明确要求,对伸缩缝锚固区混凝土并未明确规定材料及性能。目前,公路桥梁伸缩缝锚固区混凝土普遍采用C50钢纤维混凝土,虽然该材料抗弯拉性能较优,但其抗折能力、界面黏结性能和抗冲击性能较差,仍然需要多次的维修,这对于全寿命周期是不经济的[11]。国内外学者针对锚固区混凝土的特点,展开了大量研究。

姚新宇等[12]通过将EVA-HPMC双掺入硫铝酸盐水泥混凝土的试验得出:EVA的掺入可以改善混凝土弯拉强度、黏结强度和耐久性等指标;HPMC的复合掺入在改善上述指标的同时,还能够减少混凝土早期塑性开裂。王德山等[13]以C60商品混凝土为基料,外加一定数量的钢纤维和FERRO纤维制成的混杂纤维混凝土,通过其在实桥中的运用,证明该混凝土可以减少锚固区混凝土裂缝的形成和发展。李亚[14]通过将聚丙烯纤维和丁苯胶乳按掺入基准自密实混凝土,研究得到一种性能优良的纤维聚合物增韧自密实混凝土,可以有效改善混凝土的工作和易性、抗折性能和收缩性能。马岢言[15]在快硬混凝土中采用聚合物以及优质集料,改善混凝土抗冲击性能和界面黏结性能。通过冻融试验、氯离子溶液干湿循环试验、黏结强度试验等,确定4%聚合物掺量既能够明显改善混凝土抗压强度和抗折强度,也能在氯盐环境下最大程度降低前期损失率。任亮等[16]利用PVA或聚丙烯纤维与钢纤维二元杂化,制备了一种常温养护桥梁伸缩缝工程水泥基复合材料(UHPC)。通过工程应用表明,该工程水泥基复合材料在抗压强度、抗折强度、抗裂性能和快速修复方面都具有很大的优势。Yin Liqiang等[17]用聚乙烯醇(PVA)工程水泥基复合材料(ECC),通过ECC/钢组合结构的压剪试验,建立了复合材料结构的剪切荷载-位移曲线模型。

大量的研究证明,聚合物及纤维材料在锚固区混凝土中的运用,提升了混凝土的使用性能,延长了其使用寿命,降低了养护成本。但与ECC混凝土和UHPC混凝土相比,其他材料在强度、冲击韧性等方面仍有不足,仍会出现开裂、破损等病害。

3.1 ECC混凝土

20世纪90年代,美国密歇根大学Li等[18]基于微观力学和断裂力学,将短纤维加入水泥基复合材料,根据纤维桥联作用,通过对纤维、基体性能以及纤维-基体界面参数进行设计,研究出具有应变硬化以及多缝开裂特性的工程水泥基复合材料(ECC)。ECC通常采用的外掺纤维为:聚乙烯醇(PVA)纤维、聚乙烯(PE)纤维和聚丙烯(PP)纤维等。在纤维掺量不大于2.0%(体积分数)的情况下,ECC 的极限拉应变可达 3% ~7%[19],表现出极高的韧性。内外学者针对 ECC 的材料组成[20-21]、力学性能[22-23],结构应用[24-25]等方面进行了大量研究,研究表明:ECC 所具有的极高的韧性、耐久性、变形能力和能量耗散能力,能有效满足工程结构对于变形、抗冲击和抗侵蚀等方面的要求,具有广阔的发展前景。ECC 以其优异的工程性能,已在建筑、桥梁、隧道、水工、岩土等领域得到应用。目前,ECC 在桥梁工程中的主要应用于桥面连接、钢混组合桥面板和维修加固等方面。刘曙光等[26]将按设计配合比制备的 PVA-ECC 混凝土用于呼和浩特高架桥南二环二标段桥梁部分伸缩缝中,应用效果良好。

3.2 UHPC 混凝土

超高性能混凝土(UHPC)是一种新型水泥基复合材料,具有高强度、高延性、高耐久性和高环保性[27]。UHPC 在制备过程中,通过剔除粗集料并采用级配良好的石英砂,提高匀质性和密实性;通过硅灰、矿渣粉等活性矿物掺合料取代部分水泥,降低水化热峰值,提高耐久性能;通过掺入钢纤维改善韧性和延性[28]。得益于 UHPC 的优异性能,UHPC 在研发成功之后,逐步开始在工程结构中获得应用。在桥梁工程中,UHPC 已被运用于主梁结构、拱桥主拱、桥面结构、桥梁接缝及旧桥加固等工程中[29]。

Zhou Mi[30]等收集了 16 座在伸缩缝处使用 UHPC 混凝土的国外桥梁信息,认为 UHPC 在抗压强度,抗拉强度和耐久性上都具有优势,且方便施工。徐巍等[31]将 UHPC 用于 S343 省道上巴河大桥维修加固工程中,将超高性能混凝土应用于桥梁伸缩缝维修改造,认为 UHPC 具有强度高、韧性好、流动性好、可操作性强、养护容易、龄期短的优点。

4 结语

桥梁伸缩缝是确保桥梁结构安全、稳定和舒适性的重要组成部分。定期维护桥梁伸缩缝装置是保障桥梁长期安全运营和行车舒适性的重要举措。伸缩缝锚固区混凝土作为伸缩缝的重要组成部分,往往也是装置中最容易产生破坏的部位。通过采取改善混凝土性能、提高施工质量、加强运管维护等方式,可以保证锚固区混凝土拥有较长的寿命,同时降低运营管养成本,提高行车舒适性和安全性。高性能混凝土(ECC、UHPC 等)的应用,能够极大提升锚固区混凝土力学性能,同时为锚固区混凝土材料的发展提供了新方向。

参考文献

[1] 付岚岚. 大跨度桥梁伸缩装置的研究[D]. 西安:长安大学,2006.

[2] 王凯,葛翠翠,李柏殿,等. 公路桥梁伸缩缝锚固区混凝土修复技术研究[J]. 硅酸盐通报,2017,36(8):2838-2843.

[3] 杨洋. 桥梁伸缩缝锚固区混凝土修补材料性能研究[D]. 重庆:重庆交通大学,2017.

[4] JOAO M L, JORGE D B. Inspection Survey of 150 Expansion Joints in Road Bridges [J]. Engineering structures,2009,31:1077-1084.

[5] 蓝仕勇. 公路混凝土梁桥病害衍生传递发展模式与养护策略研究[D]. 西安:长安大学,2022.

[6] 李莉,唐双美. 桥梁伸缩缝混凝土损坏形式及修复方法[J]. 西部交通科技,2019,142(5):85-87.

[7] 郑万山,李双龙,高文军. 桥梁伸缩缝锚固区混凝土界面力学性能分析[J]. 公路交通技术,2022,38(3):46-50,58.

[8] 阳初. 桥梁伸缩装置损伤分析和选型应用[D]. 广州:华南理工大学,2014.

[9] 郑旭光. 高速公路桥梁伸缩缝锚固区快速修复新材料研究[D]. 重庆:重庆交通大学,2016.

[10] 中华人民共和国交通运输部. 公路桥梁伸缩装置通用技术条件:JT/T 327—2016[S]. 人民交通出版社股份有限公司,2017.

[11] AURA L K, REBECCA A A, HUSSAM N MAHMOUD. Life Cycle Cost Analysis of Deteriorated Bridge Expansion Joints [J]. Practice Periodical on Structural Design and Construction,2019,24(1).

[12] 姚新宇,黄俞云,韩志盈. 桥梁伸缩缝锚固区混凝土性能优化研究[J]. 西部交通科技,2021,163(2):99-102.

[13] 王德山,张涛,陶勇根,等. 新型抗冲击纤维混凝土桥梁伸缩缝健康监测研究[J]. 高科技纤维与应用,2016,41(1):72-76.

[14] 李亚. 桥梁伸缩缝纤维聚合物增韧自密实混凝土配制和性能研究[D]. 重庆:重庆交通大学,2019.

[15] 马岢言. 桥梁伸缩缝快速修补材料的研究及应用[D]. 兰州:兰州交通大学,2019.

[16] 任亮,梁明元,王凯,等. 桥梁伸缩缝超高性能混凝土关键性能的研究与应用[J]. 硅酸盐通报,2018,37(6):2048-2052.

[17] YIN L, LIU S, YAN C, et al. Shear Load-Displacement Curves of PVA Fiber-Reinforced Engineered Cementitious Composite Expansion Joints in Steel Bridges[J]. Applied Sciences, 2019,9(24):5275.

[18] LI V C,LEUNG C K. Steady-state and multiple cracking of short random fiber composites [J]. Journal of Engineering Mechanics,1992, 118(11):2246-2264.

[19] ZHOU J,QIAN S,YE G,et al. Improved fiber distribution and mechanical properties of engineered cementitious composites by adjusting the mixing sequence [J]. Cem Concr Compos,2012,34(3):342-348.

[20] 李传秀,尹世平,赵俊伶. 纤维编织网增强ECC的拉伸和弯曲性能[J]. 建筑材料学报,2021,24(4):736-741.

[21] XU L Y, QIAN L P, HUANG B T, et al. Development of artificial one-part geopolymer lightweight aggregates by crushing technique [J]. Journal of Cleaner Production,2021,315, 128200.

[22] 张栋翔. PVA纤维水泥基复合材料(PVA-ECC)拉伸和弯曲性能试验研究[D]. 呼和浩特:内蒙古工业大学,2016.

[23] 刘从亮,毕远志,华渊. 高掺量粉煤灰PVA-ECC的力学性能研究及粉煤灰作用机理分析[J]. 硅酸盐通报, 2017, 36(11): 3739-3744.

[24] 何信轩. FRP增强ECC梁及ECC/混凝土组合梁抗剪性能研究[D]. 南京:东南大学,2016.

[25] 樊健生,刘入瑞,张君,等. 采用混杂纤维ECC的叠合板组合梁负弯矩受力性能试验研究[J]. 土木工程学报,2021,54(4):57-67

[26] 刘曙光,常智慧,张栋翔,等. PVA-ECC材料在桥梁伸缩缝工程中的应用[J]. 混凝土与水泥制品,2016,238(2):80-82.

[27] 孙航行,周建庭,徐安祺,等. UHPC加固技术在桥梁工程中的研究进展[J]. 混凝土, 2020,363(1):136-143.

[28] 陈宝春,季韬,黄卿维,等. 超高性能混凝土研究综述[J]. 建筑科学与工程学报,2014, 31(3):1-24.

[29] 邵旭东,樊伟,黄政宇. 超高性能混凝土在结构中的应用[J]. 土木工程学报,2021,54 (1):1-13.

[30] ZHOU M,LU W,SONG J,et al. Application of ultra-high performance concrete in bridge engineering. Constr Build Mater, 2018; 186: 1256-67.

[31] 徐巍,张碧鸿,程利平. 超高性能混凝土(UHPC)在桥梁伸缩缝病害处治工程中的应用[J]. 中华建设,2020,215(6):142-143.

不同的加固增大截面法方案对石拱桥加固效果分析

邵　森*
(长安大学公路学院)

摘　要　为了探究不同的增大截面法加固方案对石拱桥加固效果的影响,以某实腹式石拱桥为背景,建立有限元模型,选取了加固厚度与加固位置为参数,对比研究了不同加固位置以及不同加固厚度对该类桥型的加固效果,结果表明:对于拱顶截面,随着加固范围的增大,拱圈承受更大的自重荷载,导致拱顶截面所受轴力不减反增;截面处于加固范围内,截面弯矩会大幅度减小,但随着加固范围的继续增加,减小幅度变化不大;随着加固范围的增大,结构整体刚度相应提升,挠度改善效果越显著;对于不同的加固厚度,挠度变化不大,可以认为,加固一定的厚度时,刚度已经有足够的增加,再增加厚度,加固效果不会明显提高。

关键词 实腹式石拱桥 加固范围 加固厚度 增大截面法

0 引言

拱桥是一种推力结构,在竖向荷载作用下,拱桥在拱脚处产生水平推力,使拱圈截面处于受压状态,是人类在结构领域最早、最伟大的发明[1]。石拱桥作为拱桥发展过程中的早期代表,在古代乃至近现代拱桥家族中占有重要地位[2]。在建筑材料有限的年代,石拱桥充分利用了石材抗拉性能较差但抗压性能优良的特点,促进了中小跨径拱桥的应用推广,部分石拱桥保存至今见证了拱桥发展的历史。虽然石拱桥优势明显,受力清晰,但是现存石拱桥大多是20世纪修建的产物。随着城镇化的发展,车流量的增多,交通活荷载越来越大,现存石拱桥可能无法承受日益增大的荷载,进而产生各种各样的桥梁病害。因此,现今我国的石拱桥发展目标已经明显转变,不再以大规模修建为主,取而代之的是对古代及近现代修建的大量石拱桥的养护与加固,确保其进一步迸发生命的活力。

近年来,诸多学者在石拱桥加固参数对加固效果的影响做了较多研究,刘庆阳等[3]通过理论推导并求解方程的方法,确定了最小加固厚度的理论解,为此类结构加固工程提供了一定的理论依据。袁晓峰[4]通过对四川凉山某一拱桥进行桥梁检测并梳理了其病害产生的位置及种类以及可能发生的原因,针对这些病害提出了两种加固方法,并建立有限元模型对这两种加固方法进行对比分析,总结出两种加固方法各自的优缺点以及合理性及适用范围,给出了适合的加固方案及意见。肖航[5]结合某一双曲拱桥实桥,利用有限元软件建立不同加固厚度、不同加固位及范围的空间模型,分析和研究了这些参数对老旧双曲拱桥承载性能的影响,通过进行敏感性分析,更加直观得了解对加固效果的贡献,使得加固工作更合理科学。高凯等[6]将拱桥加固方法中的增大截面法与减载法两种理念相结合,提出了拱背加固减载法这一创新性方法,并结合某一实桥通过建立加固前后的有限元模型做承载力分析,进而对该方法进行了论证。唐世娇等[7]通过将优选法的相关理论引入对增大截面法加固层的加固厚度的快速确定中,得到了不同跨径下石拱桥的最优加固厚度,并利用数学方法建立了相应的函数关系。该方法虽然能快速确定给定跨径下的最优加固厚度,但该方法未考虑其他影响加固厚度的因素,因此还需进一步研究,提出一个考虑多因素的函数方程式,来保证最优加固厚度的取值更科学合理。唐登波[8]以一既有连续双曲拱桥加固工程为依托,通过建立有限元模型对比分析了4种增大截面法加固层混凝土浇筑顺序的方案。研究结果表明,从拱脚到拱顶浇筑混凝土并减小浇筑节段可以有效减小拱顶的挠度,拱腹加固层虽然能改善拱顶的受力,但对拱脚受力较为不利。可以发现,学者们在加固宽度、加固厚度及加固顺序方面进行了很全面的研究,但鲜有学者同时考虑两种不同的加固参数对加固效果的影响。

因此,本文在前人研究基础上,以某实腹式石拱桥为背景,建立有限元模型,选取了加固厚度与加固位置为参数,对比研究了不同加固位置以及不同加固厚度对该类桥型的加固效果,总结分析了加固位置以及加固厚度对原主拱圈的影响规律,为选取最优的加固方案提供依据。

1 工程概况与有限元模型

某实腹式石拱桥于20世纪90年代建成通车,设计汽车荷载为汽-20挂-100。桥梁上部结构为1×20m浆砌片石实腹式板拱,矢跨比1/4,拱圈厚度55cm,拱顶填土高60cm,桥梁宽度:净7.0m(行车道)+2×0.5m(防撞护栏)。下部结构为重力式桥台,扩大基础。

根据桥梁实际尺寸,采用有限元建模软件midas Civil建立分析模型进行结构受力分析,有限元模型如图1所示。模型总计73个单元,其中主拱圈与桥面板均24个,拱上填料25个单元。

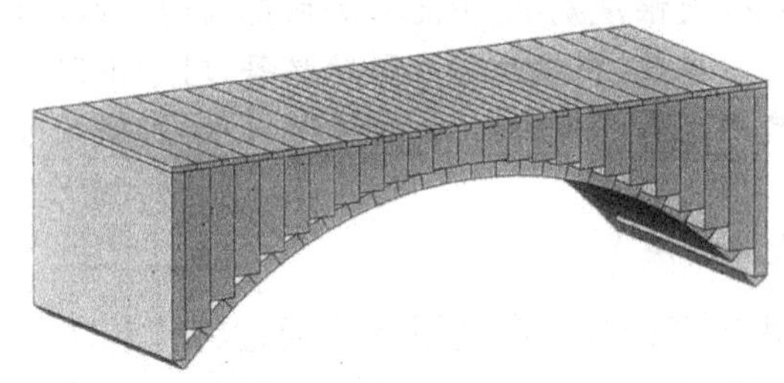

图1 有限元模型图

2 加固参数拟定

增大截面法加固实腹式石拱桥一般有两种方案,即局部增大截面法和全拱圈增大截面法。如图2所示,当 $x = L/2$,即全拱圈增大截面法;当 $0 \leqslant x < L/2$,即局部增大截面法。现拟定下翼缘增大范围分别为 $x = L/6$、$x = L/3$、$x = L/2$,来分析验证加固位置对加固效果的影响。

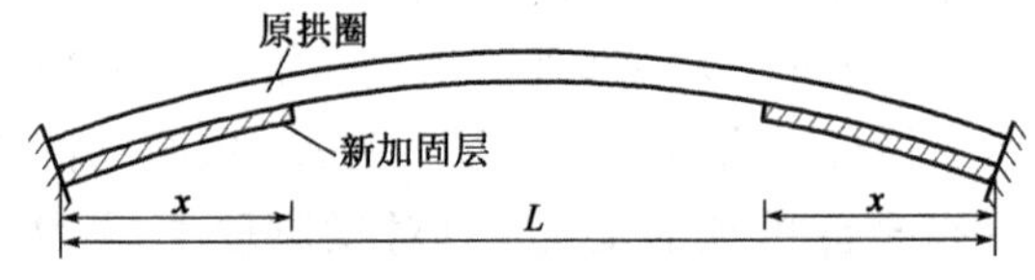

图2 加固位置示意图

对于该桥来讲,《公路桥涵设计手册》[9]推荐最小拱圈厚度为70cm,原始拱圈厚度为55cm,因此可以确定其最小加固厚度为15cm。实际加固时加固厚度可能较为保守,这个经验上的加固厚度受力上是否最合理,经济上是否最优,无从定论。因此有必要对拱圈加固厚度进行参数分析,探讨其最优加固厚度,拟定其加固厚度为15cm、20cm、25cm、30cm,与加固前的主拱肋和实际加固后的主拱肋进行对比分析。

3 加固前后受力结果

3.1 加固前结构内力结果

对模型施加公路—Ⅱ级荷载,原拱桥主拱圈控制截面内力及变形如表1所示,其中,规定轴力值以受压为正受拉为负,弯矩值以拱圈下翼缘受拉为正,挠度值规定正值为向上变形、负值为向下变形。

原拱桥主拱圈控制截面内力与变形 表1

位置	轴力(kN)	弯矩(kN·m)	挠度(mm)
拱顶	912.90	110.40	-0.339
1/4截面	1344.30	146.40	-0.316
拱脚	1820.80	-265.40	0.000

3.2 不同加固范围结构内力结果

为了验证不同加固范围,即局部增大截面法和全拱圈增大截面法对加固效果的影响,保持加固厚度不变,即采用控制变量法,建立加固范围 $x = L/6$、$x = L/3$、$x = L/2$ 的有限元模型进行对比分析,加固后的主拱圈各控制截面的内力和变形值见表2。

不同加固范围加固后主拱圈控制截面内力与变形 表2

加固范围	位置	轴力(kN)	弯矩(kN·m)	挠度(mm)
$X = L/6$	拱顶	901.00	108.50	-0.311
	1/4截面	1343.80	151.20	-0.226
	拱脚	1538.00	-204.20	0.000
$X = L/3$	拱顶	998.80	98.60	-0.270
	1/4截面	1277.40	69.30	-0.207
	拱脚	1500.20	-199.10	0.000
$X = L/2$	拱顶	1055.83	38.34	-0.242
	1/4截面	1321.90	61.22	-0.186
	拱脚	1547.19	-178.83	0.000

3.3 不同加固厚度结构内力结果

同理,采用控制变量法,保证加固范围不变(加固范围为 $x = L/2$),加固厚度参数分别为15cm、20cm、25cm、30cm、30cm,各模型分析结果见表3。

不同加固厚度加固后主拱圈控制截面内力与变形 表3

加固厚度	位置	轴力(kN)	弯矩(kN·m)	挠度(mm)
加固15cm	拱顶	1033.50	71.50	-0.281
	1/4截面	1355.90	112.40	-0.229
	拱脚	1650.00	-225.40	0.000
加固20cm	拱顶	1053.30	60.30	-0.268
	1/4截面	1365.70	94.80	-0.215
	拱脚	1622.80	-211.50	0.000
加固25cm	拱顶	1061.20	51.10	-0.257
	1/4截面	1362.00	80.40	-0.204
	拱脚	1596.30	-198.80	0.000
加固30cm	拱顶	1061.50	43.90	-0.249
	1/4截面	1350.60	69.40	-0.194
	拱脚	1571.50	-187.70	0.000
加固35cm	拱顶	1055.83	38.34	-0.242
	1/4截面	1321.90	61.22	-0.186
	拱脚	1547.19	-178.83	0.000

4 加固效果分析

4.1 不同加固范围对加固效果的影响

采用不同的加固方式加固后，根据上述的加固前后主拱圈结构内力与变形结果，作图进行加固效果的对比分析，主拱圈控制截面拱脚、1/4 截面、拱顶的对比结果如图 3 所示。

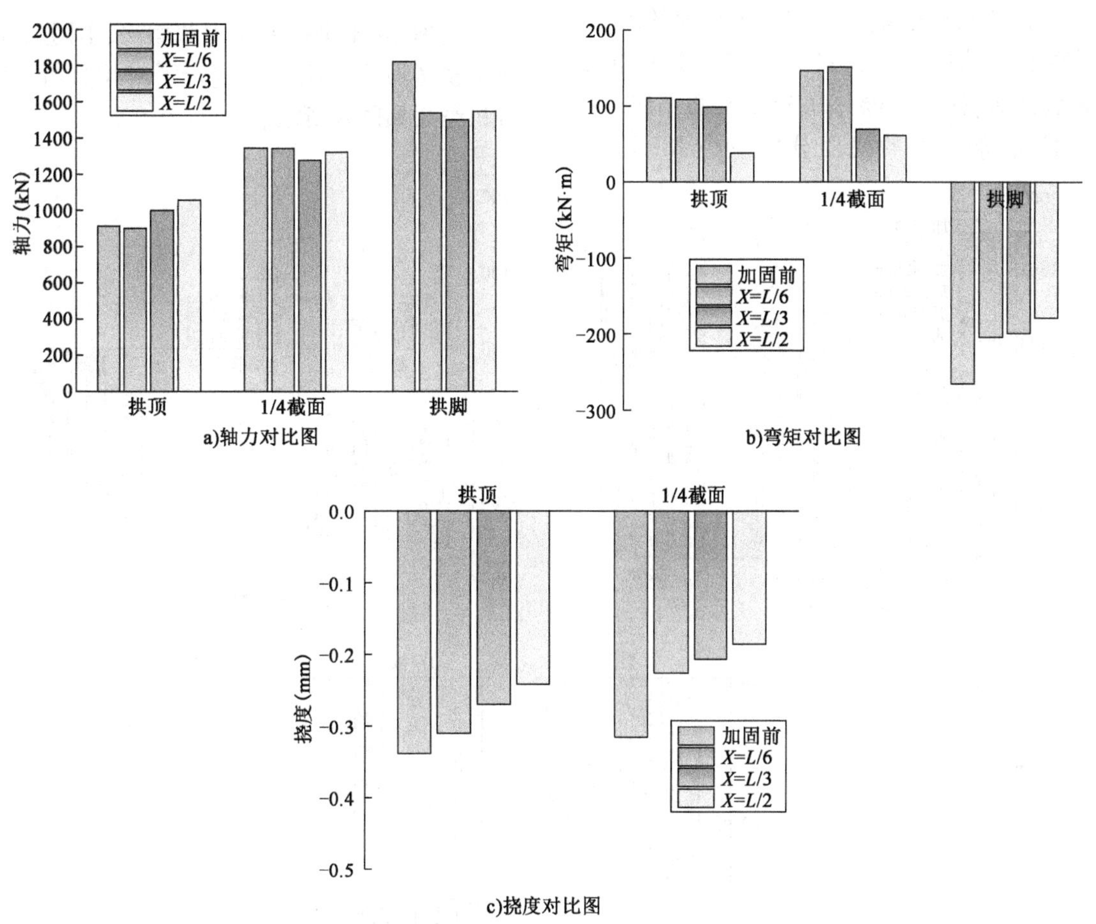

图 3 不同加固范围对主拱圈内力和变形的影响对比

由图 3a) 可知，当控制加固厚度相同时，不同加固范围下，拱顶、1/4 截面以及拱脚截面的轴力的变化趋势存在较大差异。对于拱顶截面，加固后相较于加固前轴力变大。随着加固范围的不断变大，拱顶轴力先减小 1.3%，再增加到 9.41%、15.66%，其原因在于，随着加固范围的增大，拱圈承受更大的自重荷载，导致拱顶截面所受轴力不减反增。对于 1/4 截面，随着加固范围的变化，轴力变化幅度不大，加固前后基本持平。对于拱脚截面，则呈现较好的改善效果，加固后相对比加固前轴力呈现明显的减小，当加固范围为 $L/6$ 时，轴力减少大约 15.53%。而三种加固方案之间，轴力基本差别不大。

由图 3b) 可得，加固范围内的拱圈截面的弯矩才会得到改善。具体可先从拱脚截面的弯矩变化对比分析来看，当加固范围为 $L/6$ 时，拱脚截面弯矩就明显减小，减小幅度为 23.06%，当加固范围继续增大，拱脚弯矩减小 24.98%、32.62%，改善幅度不大。对于 1/4 截面，可以发现当加固范围为 $L/6$ 时，截面弯矩反而增大了 3.28%，分析其原因在于，此时 1/4 截面处于加固范围外，原拱圈截面非但没被加固，还承受了一部分新增荷载，导致截面弯矩增大。当加固范围为 $L/3$ 以及 $L/2$ 时，此时 1/4 截面处于加固范围内，截面弯矩分别减小 52.66% 及 58.19%，可以说明，一旦该截面处于加固范围内，截面弯矩会大幅度减小，但随着加固范围的继续增加，减小幅度变化不大。从拱脚截面以及 1/4 截面得出的这两点结论，也同样适用于拱顶截面，对于拱顶截面，只有当加固范围为 $L/2$ 时，才能对拱顶截面进行加固。从图 3 中也能发现,当加固范围为 $L/6$ 与 $L/3$ 时,拱顶弯矩几乎不变,而当范围为 $L/2$ 时,弯矩减小了65.27%。

对于挠度,由于拱脚挠度始终为0,因此只分析拱顶以及1/4截面的挠度变化。由图3c)可知,随着加固范围的增大,挠度均有一定程度的减小。对于拱顶截面,加固 $L/6$、$L/3$ 及 $L/2$ 的挠度相较于加固前分别减小8.26%、20.35%及28.61%;对于1/4截面,加固后的挠度分别减小28.48%、34.49%及41.14%。挠度变化规律不同于弯矩变化规律,分析其原因在于,只要对拱圈结构进行加固,都会增大整体的刚度,因此都会使挠度减小。

4.2 不同加固厚度对加固效果的影响

同理,对于全拱圈增大截面法、不同加固厚度对主拱圈加固效果影响进行了对比分析,其对比分析结果如图4所示。

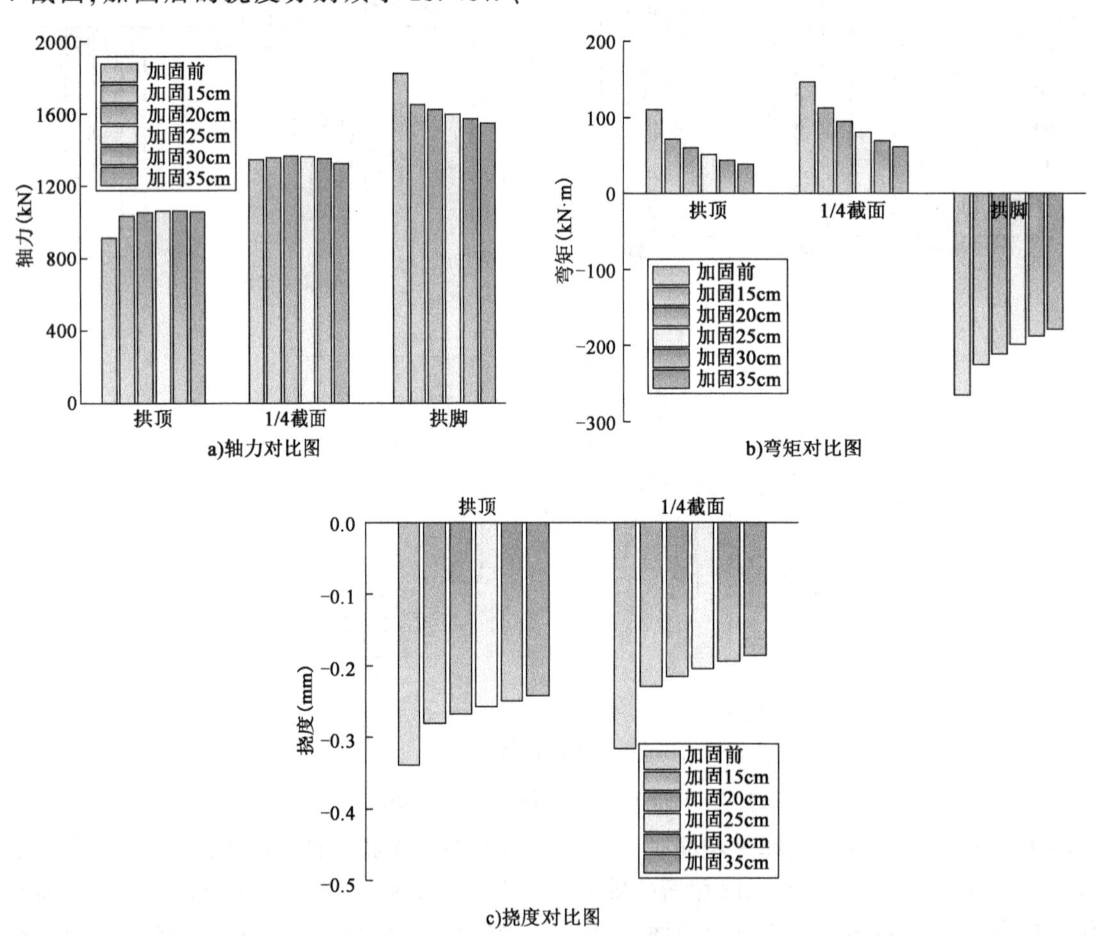

图4 不同加固厚度对主拱圈内力和变形的影响对比

由图4a)可得,对于不同加固厚度,拱顶、1/4截面以及拱脚截面的轴力变化趋势与不同加固范围的变化趋势略为相似,都表现为加固后较加固前拱顶截面轴力变大,1/4截面几乎不变,而拱脚截面轴力减小的趋势。对于拱顶截面,当全截面加固15cm时,轴力增大13.21%,对于不同的加固厚度方案,随着加固厚度的增加,轴力变化幅度不大,仅为1.17%~2.07%。对于拱脚截面,当全截面加固15cm时,轴力增大9.38%,但随着加固厚度继续增加,轴力减小分别为10.87、12.33%、13.69%、15.03%。因此,不管加固厚度取多少,拱顶截面的轴力都会增大,原因可能在于自重荷载增大。

对于弯矩的变化规律,从上一小节已经得到一个结论,即一旦该截面处于加固范围内,截面弯矩会大幅度减小。从图4b)可知,全拱圈增大截面法、不同加固厚度对弯矩变化的影响是符合这一结论的。对于拱脚截面,加固15cm相较于加固前,弯矩减少了15.07%,加固20cm、25cm、30cm、35cm相较于加固前,则分别减少了20.31%、25.09%、29.28%及32.62%,不同加固厚度之间变化幅度分别为5.24%、4.79%、4.18%、3.34%。

同理,1/4 截面,加固 15cm 相较于加固前,弯矩减少了 23.22%,不同加固厚度之间变化幅度分别为 12.02%、9.84%、7.51%、5.59%。对于拱顶截面,加固 15cm 相较于加固前,弯矩减少了 35.24%,不同加固厚度之间变化幅度分别为 10.14%、8.33%、6.52%、5.04%。

对于挠度的变化,由图 4c)可知,加固前拱顶与 1/4 截面挠度分别为 0.34cm 和 0.32cm,加固后挠度显著减小,但对于不同的加固厚度,挠度变化不大,平均挠度分别为 0.26cm 与 0.20cm。可以认为,加固 15cm,刚度已经有足够的增加,再增加厚度,加固效果不会明显提高。

5 结语

本文对比研究了不同加固位置以及不同加固厚度对该类桥型的加固效果,研究结果表明:

(1)对于拱顶截面,随着加固范围的增大,拱圈承受更大的自重荷载,导致拱顶截面所受轴力不减反增。

(2)截面处于加固范围内,截面弯矩会大幅度减小,但随着加固范围的继续增加,减小幅度变化不大。

(3)随着加固范围的增大,结构整体刚度相应提升,挠度改善效果越显著。

(4)对于全拱圈增大截面法不同加固厚度对弯矩变化的影响,是符合结论(2)的,且随着加固厚度的增大,拱圈弯矩大幅度减小。

(5)对于不同的加固厚度,挠度变化不大,平均挠度分别为 0.26cm 与 0.20cm。可以认为,加固一定的厚度时,刚度已经有足够的增加,再增加厚度,加固效果不会明显提高。

综上所述,对于本文所研究的服役几十年的实腹式石拱桥而言,主拱圈病害可能存在与任意一个截面,采用局部增大截面法可能起不到很好的加固效果,因此推荐采用全拱圈增大截面法加固。而对于全拱圈增大截面法的加固厚度,若采用尺寸类比法的经验加固厚度,可能导致材料浪费,因此推荐在经验加固厚度选择时,尽量避免选择最保守的加固厚度。

参考文献

[1] 苏超云. 南门桥结构状况评估与加固改造技术研究[D]. 长沙:中南大学,2009.

[2] 黄海东. 旧实腹式拱桥承载能力及可利用性评定方法研究[D]. 重庆:重庆交通学院 重庆交通大学,2004.

[3] 刘庆阳,周建庭,王玲,等. 增大截面法加固石拱桥最小加固层厚度[J]. 重庆交通大学学报(自然科学版),2008,27(1):4.

[4] 袁晓峰. 圬工板拱桥安全评估与加固方法的研究[D]. 成都:西华大学,2011.

[5] 肖航. 采用增大截面法加固钢筋混凝土双曲拱桥的参数研究[D]. 成都:西华大学,2013.

[6] 高凯,周建庭,刘路. 小跨径实腹式石拱桥拱背加固减载法研究[J]. 重庆交通大学学报(自然科学版),2013,32(S1):815-817,868.

[7] 唐世娇,周建庭,孙伊圣,等. 基于优选法的拱桥加固层最优厚度取值探讨[J]. 重庆交通大学学报(自然科学版),2014,33(1):4.

[8] 唐登波. 增大截面法加固双曲拱桥主拱肋浇筑顺序分析[J]. 中外公路,2015,35(4):5.

[9] 顾懋清,石绍甫. 公路桥涵设计手册. 拱桥. 上册[M]. 北京:人民交通出版社,1994.

基于改进蜻蜓算法的传感器布置优化

杨雅勋* 于 洋 张伟德 柴文浩

(长安大学公路学院)

摘 要 在大跨径桥梁工程中,传感器布置面临复杂结构形式、环境干扰和测试误差等耦合因素,导致其布置方法存在限制。针对传统算法在传感器优化布置中的不足,本文采用改进蜻蜓算法,以实际工程为例,以 MAC 非对角元最大值最小为适度函数,确定最优传感器数量。最后,使用改进蜻蜓算法计算适应度值,并用粒子群算法和遗传算法做对比其中采用改进蜻蜓算法计算出最小值为0.2177,采用遗传算法计算出最小值为0.3134,采用粒子群算法计算出最小值为0.3417。从结果来看,采用改进蜻蜓算法传感器优化布置上性能更优,计算结果收敛更快,更适用于斜拉桥传感器布置优化。

关键词 桥梁健康检测　传感器优化布置　蜻蜓算法　自适应惯性权重　斜拉桥

0 引言

随着桥梁规模的扩大,其受力特性变得更加复杂。在桥梁的使用寿命中,它可能会受到各种因素的影响[1],如环境侵蚀、材料老化和疲劳效应等因素,结构损伤不断累积,进而影响其功能。因此,建立桥梁健康监测系统,实时获取结构健康信息并进行安全评估,显得尤为重要[2]。对桥梁健康状况进行实时评估的过程中,采集和获取结构相关的信息是必不可少的环节[3]。其中,传感器的优化布置在桥梁结构健康监测系统中起到了至关重要的作用。传感器优化布置的目标是使用较少的传感器来获取较多的结构信息,这是确保信息可靠性的基础,而在布置过程中,优化准则和优化方法是核心[4]。对于简单的结构,传感器通常基于振型模态和经验布置;然而,对于复杂的大跨度空间结构,由于其自由度的多样性和结构的复杂性,研究优化理论和方法显得尤为重要[5-6]。

2016年,澳大利亚学者Mirjalili提出蜻蜓算法(Dragonfly Algorithm,DA)[7],模拟了蜻蜓群体在自然界中的静态和动态行为。该算法模拟蜻蜓五种行为构建数学模型,旨在解决优化问题。因其优势,受到众多研究者青睐。潘万宝等[8]将蜻蜓算法引入分布式能源的优化配置,显著降低了配电网网损;闵峰[9]将蜻蜓算法与模拟退火机制结合,提出一种多目标优化的蜻蜓算法,并将其应用于并行机器调度问题。本文将蜻蜓算法应用于桥梁传感器布置优化,并通过自适应惯性权重优化改进算法,在某斜拉桥的实际工程背景下,设定MAC矩阵非对角元最小为目标函数,并据此确定传感器数量。通过比较蜻蜓算法、粒子群算法[9]和遗传算法[10]在优化布置中的应用,验证了改进蜻蜓算法在解决传感器优化布置问题中的可行性和优越性。这一研究结果为实际工程中斜拉桥的监测提供了更为可靠的解决方案。这一研究为传感器优化布置提供了新的思路和方法,有助于提高结构健康监测的准确性和效率。

1 自适应蜻蜓算法

1.1 蜻蜓算法概述

蜻蜓算法是基于仿生学原理的启发式优化算法,模拟蜻蜓的动态与静态群体行为。将捕食是静态行为,对应算法中的局部搜索;迁徙是动态行为,对应全局搜索。蜻蜓个体通过避撞、结队、集合、捕食、躲避天敌等五种行为模式进行局部和全局搜索,寻找最佳食物位置。

(1)避撞:是指在飞行过程中,个体尽量避免与其他个体产生碰撞。这种行为可以通过指标离散度来总结为:

$$S_i = -\sum_{j=1}^{N}(X_i - X_j) \tag{1}$$

式中:S_i——离散程度,表示个体间的距离;

X_i——当前个体的位置;

X_j——邻近的第j个个体的位置;

N——个体数量。

(2)结队:描述的是个体间的速度匹配程度,用指标对齐度A_i概括为:

$$A_i = \frac{\sum_{j=1}^{N} V_j}{N} \tag{2}$$

式中:V_j——邻近个体j的速度。

(3)集合:是指所有个体都朝着同一目标飞行。这种行为用指标对聚集度C_i概括为:

$$C_i = \frac{\sum_{j=1}^{N} X_j}{N} - X_i \tag{3}$$

式中:C_i——第i个个体的聚集度;

X_i——目的地的位置。

(4)捕食:描述个体靠近食物的距离,用吸引度F_i概括为:

$$F_i = X^+ - X_i \tag{4}$$

式中:X_i——当前个体的位置;

X^+——食物的位置。

(5)躲避天敌:描绘个体与敌人之间的距离,用排斥度E_i表示:

$$E_i = X^- + X_i \tag{5}$$

式中:X_i——当前个体的位置;

X^-——天敌的位置。

在蜻蜓算法的数学模型中,最优解和最差解分别由天敌和食物位置表示。通过组合迭代这五种行为,算法逐步逼近最优解。迭代过程如下:

$$X_{T+1} = X_T + \Delta X_{T+1} \tag{6}$$

$$\Delta X_{T+1} = (sS_i + aA_i + cC_i + fF_i + eE_i) + w\Delta X_T \tag{7}$$

式中: T——当前迭代次数;

X_T、X_{T+1}——某个体的位置和下一次迭代后该个体的位置;

ΔX_T、ΔX_{T+1}——两次相邻迭代中的步长向量;

s、a、c、f、e——避撞、结队、集合、捕食和躲避天敌的权重因子;

w——惯性权重。

利用这个方法可以调整算法在实践操作过程中的各个重要参数,以达到全局搜寻与局部搜寻的目的。

1.2 自适应惯性权重优化

蜻蜓算法引入了较多参数,其中一些参数的选择直接影响算法性能,因此保证算法稳定性和收敛速度至关重要。本文通过优化蜻蜓算法中的惯性权重 w,提高算法的收敛速度。

在使用蜻蜓算法解决问题的过程中,惯性系数具有重要影响,其决定了每次迭代更新的大致幅度。若惯性系数偏低,则个体的保持迭代步骤的能力相对较差,容易陷入局部最小值。然而,如果惯性系数过高,那么个体会更加倾向于保守地执行现有步骤,从而增大整体的搜寻范围,提高效率,这样容易丢失最优解。

为了平衡全局和局部搜索能力,使惯性权重随着搜索阶段的变化而变化,这样可以更好地适应算法在不同阶段的搜索需求,从而提高算法的整体性能。这种动态调整惯性权重的方法有助于实现更高效、准确的搜索结果。

实施步骤如下:首先,记录当前阶段最小适应度 f_{min},再计算所有个体平均适应度 f_{avg}。适应度小于 f_{avg} 的余下个体平均适应度记为 f'_{avg}。由于目标是使目标函数达到最小值,所以对于适应度 $f>f_{avg}$ 的个体,它们的寻优结果较差,其目标函数值大于平均目标函数值。为了改善这种情况,需引导这些个体向更小的适应度值靠拢。对于适应度 $f'_{avg}<f\leqslant f_{avg}$ 的个体,这是一个相对理想的范围。在这种情况下,个体在全局和局部空间中均表现出良好的寻优能力,因此无需调整惯性权重。当适应度值 $f\leqslant f'_{avg}$ 时,这意味着该个体的目标函数值小于平均目标函数值,是更优解。为了保护这种更优解,采用较小的惯性权重对其进行调整,以避免在后续的迭代中失去该优良解。通过上述方法,可以确保在搜索过程中既不失去优良解,又能引导算法向更好的方向发展,从而提高算法的性能和准确性。相应的惯性权重 w 用公式表示为:

$$w = \begin{cases} w - (w - w_{min})\left|\dfrac{f - f'_{avg}}{f_{min} - f'_{avg}}\right| & (f \leqslant f'_{avg}) \\ w & (f'_{avg} < f \leqslant f_{avg}) \\ w_{max} & (f_{avg} < f) \end{cases} \tag{8}$$

式中:w_{max}、w_{min}——权重 w 的最大值和最小值;

f——个体的适应度值。

2 基于 MAC 准则的传感器数目优化

在现实工程中,利用加速度传感器采集动力振动信息。为合理布置传感器,借助有限元模型的模态分析提取这些信息。根据结构动力学原理,各阶模态向量正交,因此根据自由度数量确定所需的正交模态向量数量,以确保全面反映结构振动特性。

在现实工程中,利用加速度传感器采集动力振动信息,借助模态分析提取这些信息。由于各阶模态向量正交,根据自由度确定所需的正交模态向量数量,以全面反映结构振动特性。然而,实际中,由于传感器数量和测量精度的限制,无法在所有自由度上布置传感器,导致无法保证模态向量的正交性,甚至丢失重要信息。因此,在选择测点时,应尽量使模态向量保持较大的空间交角,以便于将原来模型的特性保留下来。

因此,为了保留原有结构模型的特性,需要选择夹角较大的模态向量模型测点。在传感器布置的优化中,常采用模态置信矩阵 MAC 进行评估。较小的 MAC 矩阵非对角元表示模态向量更具正交性,有助于更有效地保留结构模型的特征。在改进的蜻蜓算法中,迭代过程通过适应度评价个体的优劣。由于传感器优化布置是数学问题,其过程与算法相契合,因此选择合适的适应度函数对评价结果至关重要。适应度值必须非负,以确保算法的正确性和有效性。

本文以MAC矩阵非对角元最小作为适应度函数,优化的目标函数为:

$$\min(F) \tag{9}$$

其中,$F=\max\limits_{i\neq j}(\mathrm{MAC})$,是MAC矩阵非对角元最大值。

3　基于改进蜻蜓算法的传感器优化布置

3.1　工程背景

本文的研究对象是位于某地区的半飘浮体系双索面双塔斜拉桥,跨径为193m+480m+193m。采用有限元通用软件midas Civil,并根据设计施工图纸建立了全桥有限元模型。某斜拉桥有限元模型如图1所示。

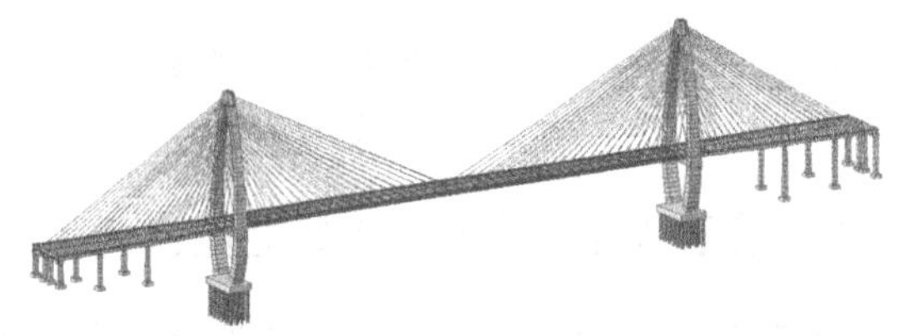

图1　某斜拉桥有限元模型图

3.2　主梁模态数量的选取

使用Lanczos法提取建立的斜拉桥模型的前30阶模态信息,以适应实际检测技术和客观因素。并根据Fisher信息矩阵的前i阶2范数的变化率(ROC)确定最终的模态阶数,用式(10)计算ROC值,得到主梁ROC指标数据变化,如图2所示。

$$\mathrm{ROC}=\frac{\|Q_{i+1}\|_2-\|Q_i\|_2}{\|Q_i\|_2} \tag{10}$$

式中:i——计算采用的模态数量$1\leqslant i\leqslant n-1$,$n$为全部模态数量;

$\|Q_i\|_2$——Fisher信息矩阵的前i阶2范数,$Q=\Phi^{\mathrm{T}}\Phi$;

Φ——模态振型矩阵。

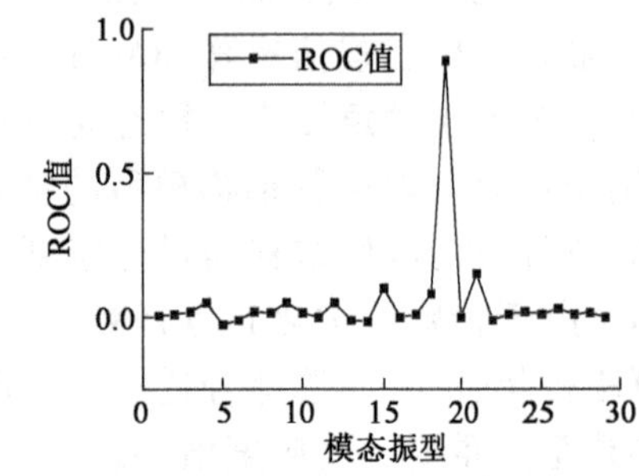

图2　前30阶主梁竖向位移模态的ROC值曲线图

由图2可以看出,主梁竖向位移模态的ROC值在前22阶均存在波动,其中在第19阶时,达到峰值,在第22阶后ROC值逐渐趋于平稳,接近于零。这说明在第22阶之后,模态对主梁的影响变得微弱。

根据分析,前22阶模态信息对主梁结构特性至关重要,因此选择这些模态进行进一步分析,以满足传感器优化需求。为提高准确性,选取参与系数大的模态向量,并排除横向振动影响,选定目标模态向量共计13阶。这些模态向量能够更好地反映结构振动的主要特征。通过这一系列分析,能够更加准确地评估主梁的结构特性,为传感器优化布置提供可靠的依据。

3.3　基于MAC非对角元最大值最小化的优化分析

在确定需要考虑13阶模态的主梁竖向位移传感器布置后,进一步考虑了结构规模。经验表明,为全面展现结构特性,通常将传感器数量控制在20~40个之间。

为了探究传感器数量与MAC非对角元最大值的关系,设定初始测点数为5,并计算不同测点数下的值。将这些结果绘制成曲线图,如图3所示。

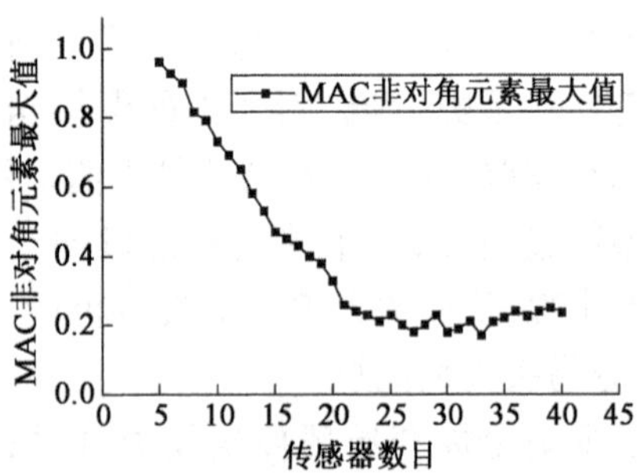

图3　主梁模态竖向位移传感器数目计算图

观察图3,可以发现一个明显趋势:整体上,MAC矩阵非对角元最大值随着传感器数量的增加而呈现下降的趋势,这种变化非常显著。然而,随着传感器数量增加,曲线波动逐渐减小,表明非对角元最大值变化趋缓。初始阶段,5个传感器时MAC非对角元最大值为0.955,随后的8~20个传感器范围内,该值迅速下降,但下降速度逐渐减缓。在此之后,MAC非对角元最大值稳定在0.2~0.3之间,并伴有小幅度的波动。当传感器数量增加到24时,MAC非对角元最大值为0.214。在布置23个传感器时,MAC非对角元最大值极小,为0.189。相较于布置24个传感器,这一变化不显著,暗示增加传感器数量的效果有限。同时,当传感器数量为32时,MAC非对角元最大值为0.221,属于正常算法波动范围。

综上所述,考虑到经济因素,最终决定在主梁上布置24个加速度传感器。这一选择确保了经济有效性和准确反映结构特性。

3.4 主梁传感器布置与评价

确定了目标模态以及传感器数量后,运用PSO、GA和AWDA算法进行主梁竖向位移传感器优化布置。图4展示了三种算法的布置结果。图中标明了传感器布置的位置,突出了改进蜻蜓算法AWDA在优化布置中的优势。

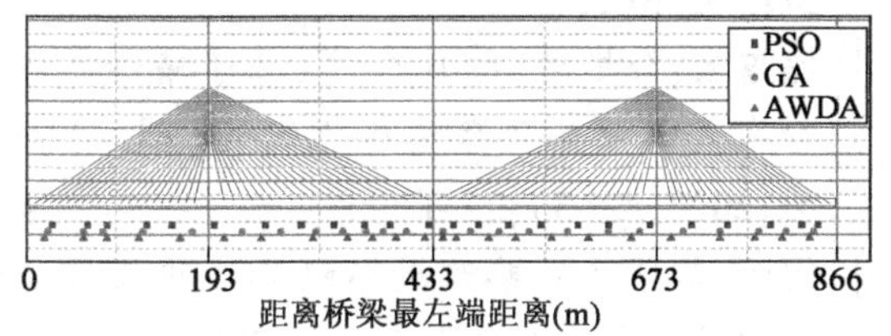

图4 不同算法主梁传感器布置结果图

由于测点过于密集,导致无法清晰看出布置的具体位置。因此,采用表1来详细标注布置的各点位。

三种算法主梁传感器布置点位 表1

点位编号	坐标位置(m)		
	PSO	GA	AWDA
1	27.18	22.93	18.68
2	65.43	61.18	61.18
3	86.68	82.43	86.68
4	129.18	124.93	120.68
5	154.68	175.93	163.18
6	198.93	229.18	209.68
7	254.68	271.78	250.18
8	293.98	309.78	306.58
9	328.78	338.38	343.08
10	360.58	362.08	368.98
11	387.48	380.08	393.88
12	428.68	404.98	424.48
13	454.68	443.58	443.58
14	481.58	473.18	457.88
15	513.38	503.78	492.68
16	548.18	535.58	521.28
17	587.88	576.78	559.28
18	620.18	620.18	598.98
19	665.43	654.68	645.68
20	709.68	701.18	688.43
21	747.93	740.18	740.18
22	794.68	781.93	777.68
23	828.68	811.68	807.43
24	845.68	841.43	837.18

续上表

注:上述点为顺桥向坐标,原点为主梁最左端,单位为m。

为了验证改进后的蜻蜓算法AWDA的效果,分别采用PSO、GA、AWDA对主梁竖向位移传感器重复进行10次计算,结果如表2所示。

三种算法主梁传感器计算结果对比 表2

计算次数	计算结果		
	PSO	GA	AWDA
1	0.3536	0.3232	0.2219
2	0.3583	0.3267	0.2192
3	0.3464	0.3349	0.2263
4	0.3550	0.3134	0.2183
5	0.3506	0.3186	0.2201
6	0.3437	0.3292	0.2208
7	0.3447	0.3136	0.2177
8	0.3417	0.3326	0.2318
9	0.3488	0.3258	0.2268
10	0.3574	0.3355	0.2269
最优计算结果	0.3417	0.3134	0.2177
平均计算结果	0.3500	0.3254	0.2230

由表2可知,AWDA算法得到的最优计算结果为0.2177,平均计算结果为0.2230;GA算法得到的最优计算结果为0.3134,平均计算结果为0.3254;PSO算法得到的最优计算结果为0.3417,平均计算结果为0.3500。

4 结语

在本文中,以一座双索面半飘浮斜拉桥为研究对象,构建了有限元模型,再现了其实际工程结构。明确该桥的监测重点后,采用Lanczos法对模型进行了模态分析,成功提取了各自由度的模态向量数据。为确定最优传感器数量,以MAC矩阵非对角元最小值为目标,采用改进蜻蜓算法进行优化。最终的结果显示,主梁竖向位移传感器数量应为 24 个。这一发现对于提高斜拉桥的监测精度和确保其安全运行具有重要的指导意义。

在引入自适应惯性权重后,该算法展现出卓越的灵活性,可以根据实际情况调整其搜索能力。与 PSO 和 GA 算法相比,AWDA 算法在寻找全局最优解方面表现出更显著的优势。

通过对比分析,得出如下结论:在解决斜拉桥主梁竖向位移传感器优化布置的问题上,AWDA 算法展现出显著优势。与其他算法相比,AWDA 算法性能优越。这一发现为工程实践提供了可靠的解决方案,验证了基于改进蜻蜓算法的传感器优化布置的可行性和卓越性。

综上所述,本文所采用的改进蜻蜓算法 AWDA 在解决传感器优化布置问题上取得了优异的结果,相较于 PSO 和 GA 算法具有明显的优势。这为相关工程领域提供了有力支持,有助于提高传感器布置的准确性和效率。

参考文献

[1] 艾诚. 公路桥梁病害成因及养护对策分析[J]. 运输经理世界,2023(31):137-139.

[2] 邢春超. 桥梁健康监测系统发展应用趋势研究[J]. 交通科技与管理, 2023, 4 (17): 171-173.

[3] 高博,柏智会,宋宇博. 基于自适应引力算法的桥梁监测传感器优化布置[J]. 振动与冲击,2021,40(6):86-92,189.

[4] 杨辰. 结构健康监测的传感器优化布置研究进展与展望[J]. 振动与冲击,2020,39(17):82-93.

[5] 杨志魁,杨雅勋,于海波. 基于灵敏度-有效独立法的桥梁结构传感器优化布置研究[J]. 公路交通科技,2022,39(4):83-92.

[6] 高博,柏智会,宋宇博. 基于自适应引力算法的桥梁监测传感器优化布置[J]. 振动与冲击,2021,40(6):86-92,189.

[7] MIRJALILI S. Dragonfly algorithm: a new meta-heuristic optimization technique for solving single-objective, discrete, and multi-objective problems [J]. Neural computing and applications, 2016, 27:1053-1073.

[8] 潘万宝,余畅文,马小龙,等. 基于蜻蜓算法的分布式电源并网容量优化配置[J]. 青海电力,2023,42(3):32-37,53.

[9] 闵峰. 基于多策略改进蜻蜓算法的应用与研究[D]. 南宁:广西民族大学,2023.

[10] 包龙生,闫吉烁,王兴龙,等. 基于改进 PSO 算法的连续梁桥健康监测传感器优化布置研究[J]. 沈阳建筑大学学报(自然科学版),2022,38(6):1072-1079.

[11] 肖培源. 基于改进遗传算法的斜拉桥加速度传感器优化布置[J]. 福建交通科技,2022(12):94-99.

大跨径钢桁架桥施工监控敏感参数分析与修正

周勇超　李思颉*　顾瑞东

(长安大学公路学院)

摘　要　大跨径钢桁架桥结构体系大、施工复杂,且施工过程中易受不确定性因素的影响,为确保其理论计算值与实测值无较大出入,对其进行桥梁施工监控过程中的敏感参数分析与修正具有重要意义。本文以 495m 大跨径钢桁架桥为研究对象,建立 midas Civil 有限元模型,运用有限元模型对桥梁重度、主梁刚度和温度等因素进行参数调整,研究其对桥梁各节点挠度和应力的影响程度,再通过主成分分析法对各因素进行敏感性分析,最后运用最小二乘法对敏感参数的理论值与实测值进行修正。研究表明,在大跨径钢桁架桥梁施工监控过程中,重度和刚度为大跨钢桁架桥敏感参数,有限元模型参数修正前各控制点挠度理论值与实测值差值在0.49～3.31mm之间,修正后的差值均小于1mm,表明修正后的敏感参数可有效优化施工监控过程中存在的误差。

关键词 大跨径钢桁架桥 敏感参数 最小二乘法 主成分分析法 自适应控制法

0 引言

大跨径钢桁架桥梁具有自重轻、跨越能力强、可预制拼装、外观优美等优点,因此成为现代桥梁建设的重要桥型,被广泛应用于大跨径山川沟谷和城市跨河桥梁工程中。但其杆件众多、受力复杂、施工难度大,为减小其施工阶段的误差,确保施工安全以及施工完成后服役期间的实用性和耐久性,对桥梁进行施工监控至关重要。由于构造结构复杂且跨度较大,大跨径钢桁架桥施工多采用自适应控制法,在闭环控制的基础上引入参数识别,根据参数识别结果不断对桥梁施工阶段有限元模型相关参数进行修正,及时调整后续施工作业。在参数识别过程中,桥梁的施工线形和结构应力受外荷载、气温变化、施工安装等因素的影响,及时对一些敏感参数进行修正,以减小有限元模型计算值与实测值之间的误差十分重要,也为桥梁施工的准确性和安全性提供有力保障。

近些年来,许多学者也对桥梁施工监控过程中的敏感参数进行了分析研究。郝俊芳等[1]对某下承式钢桁架拱桥的施工全过程进行了参数识别和信息反馈。郭鑫等[2]对某刚性系杆拱桥进行了拱肋和系杆的抗弯惯性矩的单一参数敏感性分析。周勇军等[3]借助有限元分析对混凝土矮塔斜拉桥进行施工过程中关键参数分析,并提出合理化建议。张宪堂等[4]对斜拉桥进行了施工过程中结构参数对成桥状态的各参数敏感程度分析。综上所述,大多数学者对桥梁施工阶段敏感参数的分析多集中在钢桁拱、斜拉桥等桥梁中,对结构杆件众多、施工复杂的大跨径钢桁架桥施工监控中的敏感参数分析较少。

为确保大跨径钢桁架桥施工过程中线形和应力控制的精确性,本文以大跨径钢桁架桥为研究对象,使用主成分分析法,通过分析施工过程中的敏感参数变化对桥梁各结点位移和应力的影响情况,来确定各敏感参数对施工过程的影响程度,对比有限元计算结果与实测值,最后通过最小二乘法对敏感参数进行修正,以减小桥梁计算值与实测值之间的误差,确保桥梁施工过程中自适应控制的准确性。

1 理论计算

在大跨钢桁架桥施工监控过程中通过自适应控制法对桥梁做多维度、全过程的监控。对于多敏感参数分析,首先运用降维思想,将复杂因素归结为几个主成分,把多指标转化为少数几个综合指标,使问题简单化,再根据主成分分析所得,运用最小二乘法修正敏感参数,以减小计算值与实测值之间的误差。分析过程如下:

1.1 主成分分析

假设有 m 个样本 $M=\{Y_1,Y_2,\cdots,Y_i\}$,有 n 维特征值 $X_i=\{x_1^i,x_2^i,\cdots,x_n^i\}$ 对所有特征进行中心化:

$$\bar{y}_n=\frac{1}{M}\sum_{i=1}^{M}y_n^i \tag{1}$$

建立协方差矩阵:

$$A=\begin{bmatrix}\mathrm{cov}(x_1,x_1) & \mathrm{cov}(x_1,x_2) & \cdots & \mathrm{cov}(x_1,x_n)\\ \mathrm{cov}(x_2,x_1) & \mathrm{cov}(x_2,x_2) & \cdots & \mathrm{cov}(x_2,x_n)\\ \cdots & \cdots & \cdots & \cdots\\ \mathrm{cov}(x_n,x_1) & \mathrm{cov}(x_n,x_2) & \cdots & \mathrm{cov}(x_n,x_n)\end{bmatrix} \tag{2}$$

协方差求解公式为:

$$\mathrm{cov}(x_n,x_n)=\frac{\sum_{i=1}^{M}(x_n^i-\bar{x}_n)(x_n^i-\bar{x}_n)}{\sqrt{\sum_{i=1}^{M}(x_n^i-\bar{x}_n)^2\sum_{i=1}^{M}(x_n^i-\bar{x}_n)}} \tag{3}$$

通过计算公式可以得到这 m 个样本在 n 维特征下的协方差矩阵 A,并求解矩阵 A 的特征值与特征向量。

$$p_i=\frac{\lambda_i}{\sum_{k=1}^{i}\lambda_k} \tag{4}$$

利用矩阵相关知识求解特征值 λ 与特征向量 μ,将特征值从大到小进行排列,根据式(4)计算各影响因素的主成分贡献率,并进行累加,可得到累计贡献率。

1.2 最小二乘法

假设有一单输入系统和单输出系统,分别用 $\{U_k\}$ 和 $\{Y_k\}$ 表示系统输入量和输出量,可用式(5)表示:

$$Y_k + a_1 Y_{k-1} + \cdots + a_n Y_{k-n} = b_1 U_{k-1} + \cdots + b_n U_{k-n} + \lambda_k \tag{5}$$

式中:λ_k——独立同分布的随机序列,且其均值为零,方差是δ^2。

也可将该近似模型写成:

$$Y_k = \varphi_k^{\mathrm{T}} \theta + \lambda_k \tag{6}$$

当存在 $N+n$ 对输入输出数据时,则根据式(6)就可以得出 N 个描述系统输入与输出之间相互关系的方程组:

$$Y_N = \varphi_N + E \tag{7}$$

用估计参数向量代替原系统的参数向量 θ,式(7)代替式(6),以确保式(6)中系统的输入数据与输出数据准确拟合。下一步进行残差求解,要求残差取得最小值,因其可为正负,故求解的残差平方和的值为最小值。

参数估计标准(最小二乘估计)为:

$$J = \sum_{N}^{k=1} e_{n+k}^2 = E^{\mathrm{T}} E \tag{8}$$

其中,J 是一个标量。

极小化估计准则 J 的必要条件和充分条件分别为:

$$\frac{\partial [E^{\mathrm{T}} E]}{\partial \theta} = 0 \tag{9}$$

$$\frac{\partial}{\partial \theta} \left(\frac{\partial J}{\partial \theta} \right)^{\mathrm{T}} = 2 \varphi_N^{\mathrm{T}} \varphi_N > 0 \tag{10}$$

从而可以得到:

$$\theta = (\varphi_N^{\mathrm{T}} \varphi_N)^{-1} \varphi_N^{\mathrm{T}} Y_N \tag{11}$$

当 $\varphi_N^{\mathrm{T}} \varphi_N$ 为正定矩阵时,式(9)成立,可以求出参数估计 θ 是唯一的极小值估计。

2 工程概况

运用 midas Civil 有限元软件对西安市香槐路跨灞河大桥进行计算分析。此桥宽为25.0m,共六跨(57.5m + 70m + 120m + 120m + 70m + 57.5m),全桥长495m。此桥主桥为双层桥面,上层为机动车通道,下层为人行通道。

模型中结构主梁上弦杆、下弦杆、腹杆和横梁,墩顶桥面支撑立柱、桥面系的纵横梁及桥墩和承台均采用梁单元模拟,上、下桥面系顶板采用考虑加劲肋的板单元模拟。

中墩桥墩承台底采用固结约束,边墩处未建过渡墩,支座底采用固结约束,桥墩承台与桥墩采用弹性连接中的刚性连接模拟,所有支座根据支座特性采用弹性连接模拟。

有限元模型、主梁节点编号分别见图1、图2。

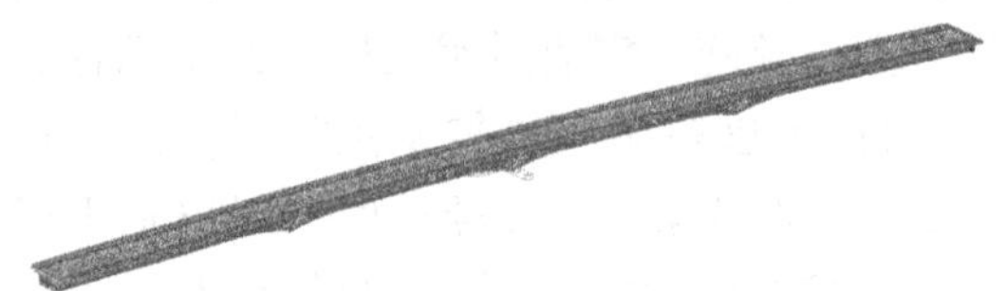

图1 有限元模型

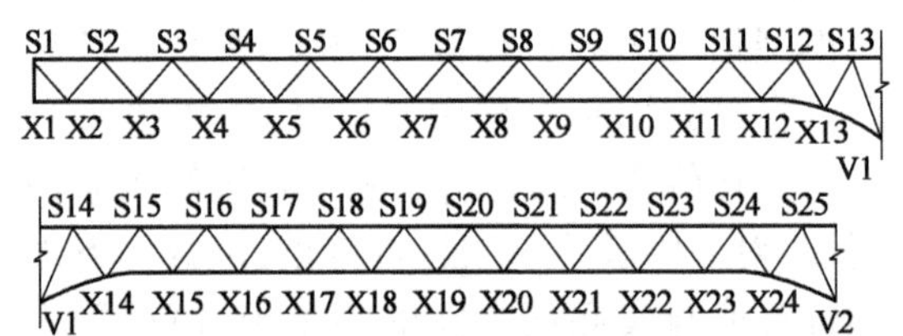

图2 主梁节点编号图

3 敏感参数分析

在实际的施工监控中,通常根据已确定的钢桁架桥合理成桥状态和合理施工状态,并利用已知的理论计算值来进行施工指导,以确保结构的应力值和结构线形在合理的范围之内。通过 midas Civil 对大跨钢桁架桥梁的敏感参数——主梁重度、主梁刚度和温度进行单一参数幅值变化(表1),根据结果进行位移增量和应力增量分析,再根据最小二乘法不断进行理论计算值与实际观测值的分析计算,从而得到钢桁梁桥线形和应力对各因素的敏感程度,以缩小计算参数与实际参数之间的误差值。

参数及工况 表1

敏感参数	基准值	工况1	工况2	工况3	工况4
主梁重度	77.39kN/m³	+5%	-5%	+10%	-10%
主梁刚度	2.06×10⁸N/m	+5%	-5%	+10%	-10%
系统变温	20℃	+10℃	-10℃	+20℃	-20℃

3.1 主梁重度敏感性分析

大跨钢桁架桥梁自重主要由钢材的用量决定,但由于结构附属杆件较多,分布复杂且分布不均匀,容易产生较大误差,这也是大跨钢桁架桥自重主要误差的来源。为统计主梁重度对主梁线形和主梁应力的影响,将重度系数进行±5%和

±10%的调整。根据有限元模拟分析可得，随着重度的增减，主梁中跨的竖向变形和应力变化均大于主梁边跨，当重度增加10%时，主梁中跨的竖向变形最大可达到8.49mm，上弦杆应力最大增量为8MPa，下弦杆最大应力增量为7.3MPa。

重度变化对变形、应力影响见图3～图5。

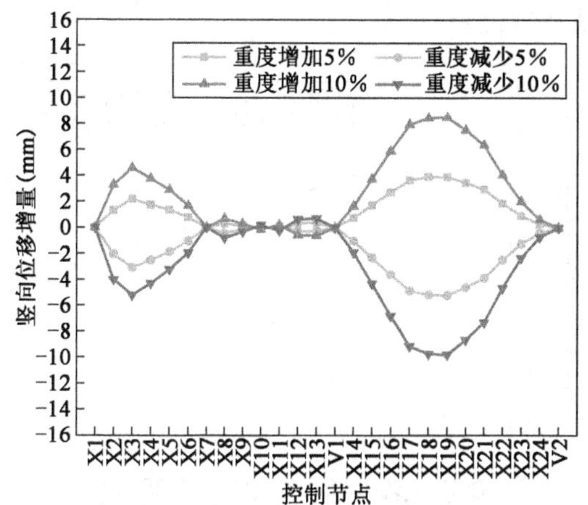

图3　重度变化对竖向变形影响

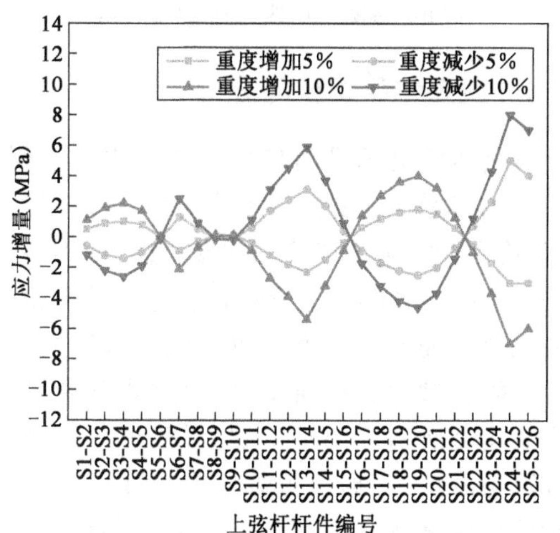

图4　重度变化对上弦杆应力影响

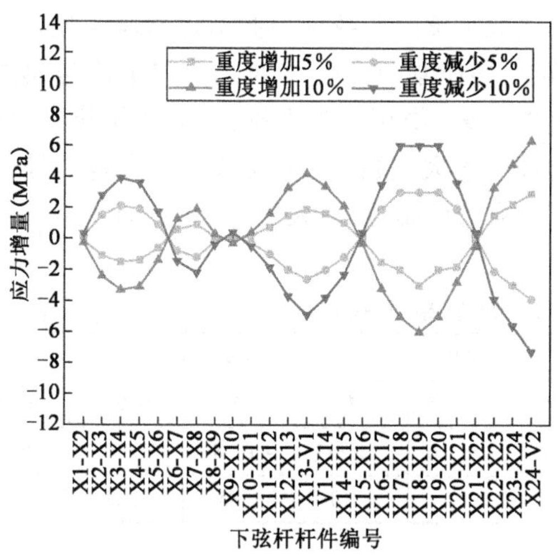

图5　重度变化对下弦杆应力影响

3.2　主梁刚度敏感性分析

大跨钢桁架桥梁主体为桁架结构，其主梁的刚度主要由材料的抗弯刚度和截面面积来决定，通过修改弹性模量来研究刚度对结构线形的影响，对刚度进行了±5%和±10%的敏感性参数分析。如图6～图8所示，随着刚度的增加主梁中跨的竖向变形较为明显，边跨X1～X6次之，边跨X6～V1变化较小，刚度的变化对上弦杆应力影响较小，但对下弦杆应力略大于对上弦杆应力的影响，当刚度增加10%时，主梁中跨的竖向变形最大可达到8.81mm，上弦杆应力最大增量为2.5MPa，下弦杆最大应力增量为5.86MPa。

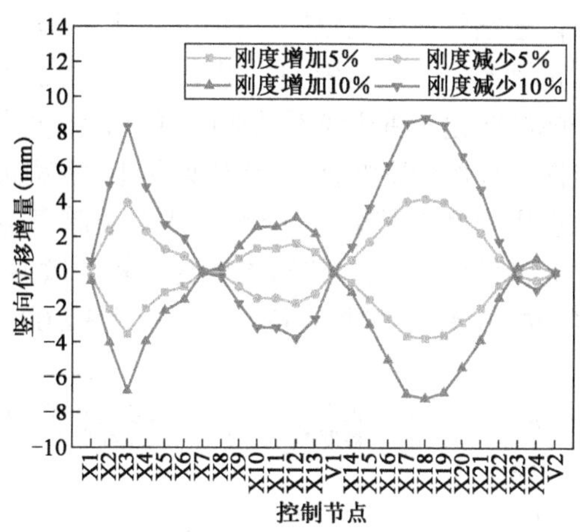

图6　刚度变化对竖向变形的影响

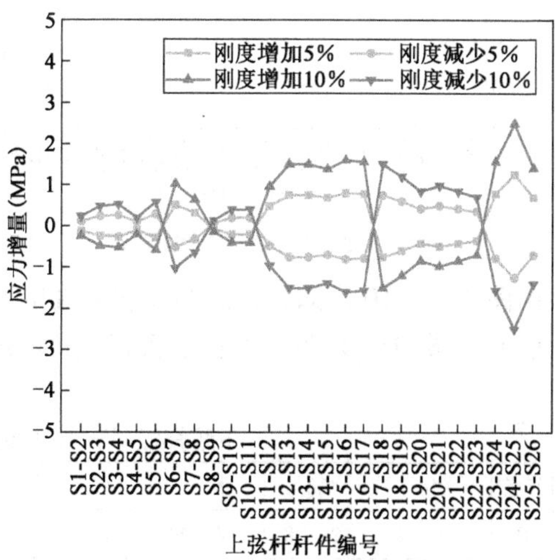

图7　刚度变化对上弦杆应力的影响

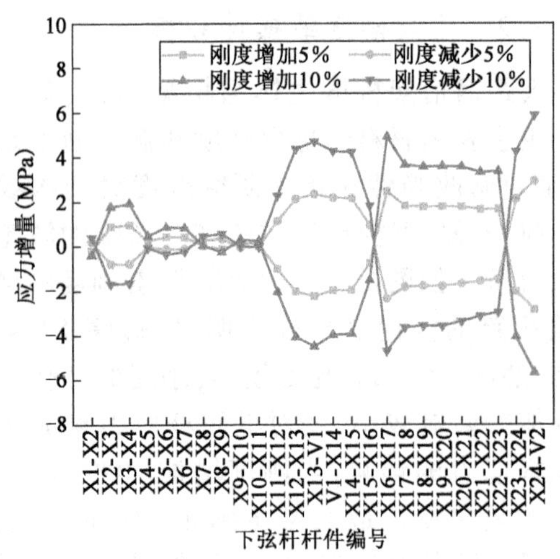

图8　刚度变化对下弦杆应力的影响

3.3　温度敏感性分析

由于钢材导热性较好，当温度变化时，会对钢结构桥梁产生一定的影响。图9、图10展示了整体升降温变化对桥梁线形的影响，可知：温度变化对竖向位移增量影响较小，受约束影响，桥梁边跨受温度影响微乎其微，跨中部分相对边跨部分影响略大；桥梁顺桥向位移对温度变化较为敏感，当温度增减10℃时，顺桥向最大位移可达31.09mm。

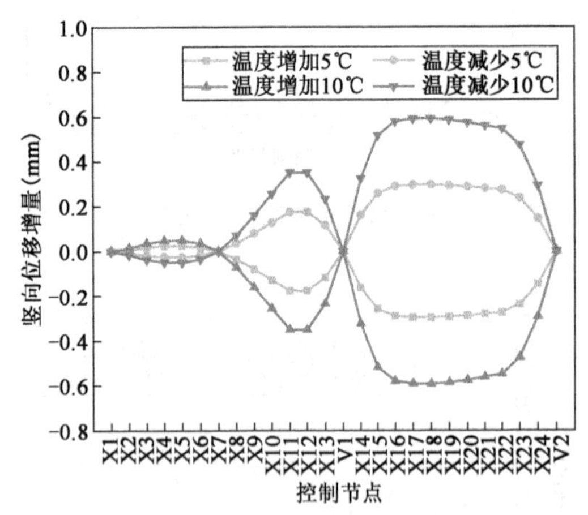

图9　温度变化对竖向变形的影响

由图3～图10可知，重度、刚度和温度的变化均会引起桥梁的挠度和应力变化，将有限元计算数据代入主成分分析法可得$\lambda_{重度}>\lambda_{刚度}>\lambda_{温度}$，重度和刚度的累计贡献率达到了95.07%，故影响该桥施工阶段挠度和应力的最关键参数为主梁重度和主梁刚度，温度对钢桁梁桥施工阶段的挠度影响较小，属于结构形变的次要影响因素。因此，在桥梁施工控制过程中，应对主梁重度和主梁刚度的关键参数进行优化。

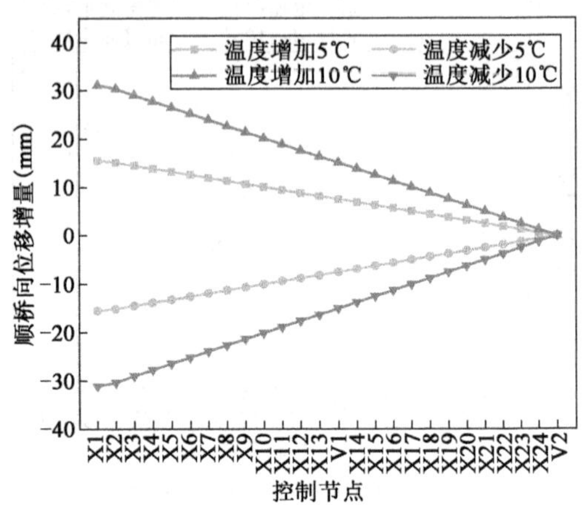

图10　温度变化对顺桥向位移的影响

4　误差结果调整与分析

钢桁架桥梁的受力杆件主要采用节点焊接，其结构的实际挠度变化与理论值会存在一定的误差，为确保结构施工和使用的安全性，采用最小二乘法对敏感参数误差进行修正。选用下层桥面系的主梁节点挠度变化值进行理论参数识别，根据主成分敏感参数分析所得，对通过调整主梁重度和主梁刚度所引起的理论误差值，进行最小二乘法计算与修正，根据所得修正系数和识别结果对刚桁架结构进行内力和线形的重新调整，以缩小施工误差。

选取主梁段下弦杆控制节点X14～X24为样本节点，各控制节点位移变化的理论值与实测值见表2。表2中正值为上拱，负值为下挠；差值正值为挠度增大，负值为挠度减小。误差值最值出现在主梁跨中附近，最大值为3.31mm。

下弦杆控制节点位移变化的理论值与实测值(单位：mm)　　表2

控制节点	X14	X15	X16	X17	X18	X19	X20	X21	X22	X23	X24
理论值	-10.52	-28.88	-49.99	-70.74	-73.14	-69.26	-53.75	-37.01	-10.99	6.92	10.81
实测值	-11.01	-29.44	-51.51	-72.52	-76.24	-72.57	-56.16	-39.11	-12.84	5.30	10.18
差值	0.49	0.56	1.52	1.78	3.10	3.31	2.41	2.10	1.85	1.62	0.63

根据表 2 可以得到误差向量为：

$$Y = [0.49\quad 0.56\quad 1.52\quad 1.78\quad 3.1\quad 3.31\quad 2.41\quad 2.1\quad 1.85\quad 1.62\quad 0.63]^{T}$$

待调整的主要设计参数变量为：

$$\theta = [\theta_1\quad \theta_2]$$

上式中 θ_1、θ_2 分别为钢桁架桥主梁的重度和弹性模量。为了得到重度和弹性模量参数的影响矩阵，将初始模型中的两种参数分别增加 10% 进行计算，将有参数改变后的计算结果与初始计算结果做差，可得差值结果向量如下：

$$\varphi_N^{T} = \begin{bmatrix} 1.65 & 3.75 & 5.89 & 7.92 & 8.45 & 8.49 & 7.50 & 6.35 & 4.04 & 2.02 & 0.63 \\ -1.16 & -2.99 & -5.01 & -6.96 & -7.21 & -6.78 & -5.44 & -3.87 & -1.44 & 0.29 & 0.80 \end{bmatrix}$$

$$\theta = (\varphi_N^{T}\varphi_N)^{-1}\varphi_N^{T}Y_N = \begin{Bmatrix} \theta_1 \\ \theta_2 \end{Bmatrix} = \begin{Bmatrix} 0.598 \\ 0.354 \end{Bmatrix}$$

将所得的参数变量根据变化增量代入原设计参数中，可得到修正后的参数取值如表 3 所示，该修正值作为调整后的参数值。为检验该修正值是否可以有效减小理论值与实测值之间的误差，将修正后的参数进行有限元模拟验算，可求得各控制节点修正后的节点挠度理论值，并与实测值做差可得修正后的差值，如表 4 所示。

误差识别修正参数值 表 3

主要设计参数	重度(kN/m^3)	刚度(N/m)
修正值	77.85	2.07×10^8

修正参数后下弦杆控制节点挠度变化(单位：mm) 表 4

控制节点	X14	X15	X16	X17	X18	X19	X20	X21	X22	X23	X24
理论值	-11.04	-30.01	-51.74	-73.05	-75.64	-71.82	-56.09	-39.08	-12.44	6.06	10.46
实测值	-11.01	-29.44	-51.51	-72.52	-76.24	-72.57	-56.16	-39.11	-12.84	5.30	10.18
差值	-0.03	-0.57	-0.22	-0.54	0.60	0.75	0.07	0.03	0.40	0.76	0.27

通过对比修正前后(表 2、表 4)理论值与实测值的误差可知，未修正前的理论值与实测值误差在 0.49～3.31mm，而修正后的理论值与实测值误差均小于 1mm。因此，通过最小二乘法对有限元理论值进行修正，可有效减小施工阶段的误差值，以确保施工安全和质量。

5 结语

本文运用 midas Civil 建立有限元模型，以西安市香槐路跨灞河大跨径钢桁架桥为工程背景，通过计算各影响参数下桥梁挠度和应力的变化，依据主成分分析法确定大跨度钢桁架桥的敏感参数，并根据最小二乘法对敏感参数系数进行修正，最终，对比修正前后的理论值与实测值，可以得到以下结论：

(1)运用有限元软件，通过调整主梁重度、主梁刚度和温度的幅值，得出此桥在各因素变化作用下的挠度和应力变化值，根据所得数据，通过主成分分析法计算可得因素变化影响率重度＞刚度＞温度，重度与刚度的累计贡献率大于 95%，并作为大跨钢桁架桥的主要敏感参数，而温度变化对桥梁挠度影响较小，属于次要影响因素。

(2)基于最小二乘法修正了主要敏感参数重度和刚度的参数值，对比修正前后 X14～X24 共 11 个控制点的挠度理论值与实测值之间的误差可得，修正前主梁各控制点理论值与实测值的误差在 0.49～3.31mm 之间，修正后的误差均小于 1mm。计算结果验证了基于最小二乘法的参数修正与优化方法的优越性。

参考文献

[1] 郝俊芳，伍星. 某下承式钢桁架拱桥施工控制技术[J]. 公路，2020，65(11)：188-193.

[2] 郭鑫，颜东煌，袁晟，等. 刚性系杆拱桥吊杆张拉索力施工控制研究[J]. 中外公路，2020，40(5)：81-86.

[3] 周勇军，吴领领，刘将，等. 预应力混凝土矮塔斜拉桥线形敏感参数研究[J]. 公路，2020，65(3)：86-91.

[4] 张宪堂，余辉，秦文彬，等. 钢箱梁斜拉桥结构参数敏感性分析[J]. 山东科技大学学报(自然科学版)，2020，39(5)：41-47，55.

[5] 卢海峨，张军. 基于最小二乘法的 PC 连续刚

构桥挠度关键影响参数优化[J].湖南交通科技,2021,47(4):113-117.

[6] 周勇超,陈旭阳,张心志.双层钢桁梁桥散拼施工控制研究[C]//中国科学技术协会,交通运输部,中国工程院,湖北省人民政府.2023世界交通运输大会(WTC2023)论文集(上册).长安大学公路学院,2023:8.

[7] 卢海峨,张军.基于最小二乘法的PC连续刚构桥挠度关键影响参数优化[J].湖南交通科技,2021,47(4):113-117.

[8] 李海鸥,宋川,陈平,等.大跨径PC连续刚构桥施工控制参数敏感性分析[J].西华大学学报(自然科学版),2020,39(1):54-59.

[9] 张亚海,朱斌,郭宝圣,等.大跨钢箱梁斜拉桥施工期结构参数敏感性分析[J].中外公路,2020,40(5):70-75.

[10] 赵满庆.最小二乘法在大跨度连续梁桥施工控制中的应用[J].甘肃科技,2012,28(9):122-125.

Bridge Network Maintenance Optimization Based on Parallel NSGA-2 Algorithm

An Zhai* Chenxi Li Shuaihao Zhang

(Department of Bridge Engineering,School of Highway,Chang'an University)

Abstract The coordinated maintenance strategy for multiple bridges within a management area is an important direction in bridge maintenance research. Firstly, the optimization objectives and constraint equations of the bridge group maintenance strategy in the road network are provided, and a dual - objective optimization framework for bridges is established, integrating network connectivity reliability and maintenance cost. Secondly, a second-generation Non-dominated Sorting Genetic Algorithm (NSGA-Ⅱ) based on Parallel Genetic Algorithm (PGA) is proposed. Finally, this method is applied to a network of bridges in a region of Shaanxi, outputting a series of Pareto optimal solution sets. The results can be selected arbitrarily according to decision preferences. The research results validate the effectiveness and efficiency of the proposed method.

Keywords Bridge Network Maintenance Strategy Optimization NSGA-Ⅱ;PGA

0 Introduction

Optimization of maintenance strategies for bridges is not only a reasonable aspect of bridge life cycle research, but also an important branch in practical applications. Taking structural performance and maintenance cost as the optimization objectives, optimizing maintenance decisions by setting the structural performance time-varying function and the maintenance cost function can help the management to maximize the benefits by targeting the bias in different situations. However, most of the studies only focus on the optimization analysis of single bridges, but neglect the consideration of the overall decision-making of bridge groups under the constraints of road network performance and maintenance budget. The difference between local and global optimization needs to be studied and expanded. In the bridge network maintenance phase, safety and economy have always been the key to the research. Liu and Frangopol[1] firstly proposed an optimization framework for bridge maintenance strategies based on satisfaction, network performance and maintenance cost: any bridge in the network is considered as a node, and performance indexes such as network connectivity, reliability and transportability are proposed, and the maintenance strategies during the study period are binary coded, so that a genetic algorithm (Genetic Algorithm) can be used. The binary encoding of the maintenance strategies during the study period is used to optimize the established bi-objective constrained optimization model using genetic algorithm (GA). On this basis, the two[2] then used a two-stage stochastic dynamics (DPM) to optimize the maintenance decision: firstly, the maintenance of any single bridge is optimized and the maximum funds are allocated, and the interrelationships among arbitrary bridges are reacted by the importance coefficients of the bridges, which reduces the requirements of the optimization algorithm. Xia Ye[3-4], Han and Frangopol et al[5] combined the existing bridge management system Pontis and NSGA-Ⅱ algorithms to determine the optimal maintenance scheme under such a model. Orcesi and Cremona[6] verified the feasibility of the Markov chain model for such a problem, which achieves the optimization of the bridge network by taking into account the uncertainty of future decisions. capacity and maintenance cost of the bridge network while considering the uncertainty of future decisions. Dai Lizhao et al[7] compared the algorithmic convergence, solution set distribution and solution set performance functions of NSGA-Ⅱ and NSGA-ⅡI for decision optimization in this direction. Shen et al[8] optimized the bridge network management and maintenance strategies with respect to the component benefits and economic costs. Bocchini and Frangopol[9] optimized the bridge network based on the bridge cluster safety performance by setting three optimization objectives: network performance, user satisfaction and maintenance cost, and Kim[10] et al. added an optimization model considering network redundancy to study this four-objective optimization problem.

However, in practice, the complexity of the road network series-parallel connections and the interconnectivity between any bridges increase exponentially with the number of bridges, and the bridge group maintenance decision optimization still suffers from the low accuracy of the output results and the inefficiency of the optimization algorithm. In this paper, we establish a maintenance strategy optimization framework for bridge clusters by using the NSGA-Ⅱ algorithm to consider the evolution of individual and network optimization at the same time, and combining with parallel genetic algorithms to improve the performance and efficiency of the algorithms significantly. The final output is the Pareto solution set, and the management can select the optimal solution in the solution set according to the decision bias. Finally, the efficiency and reliability of the proposed algorithm is verified by taking the bridges in a jurisdiction in Shaanxi as the research object.

1 Network optimization model

1.1 Optimization objectives and constraint functions

The goal of bridge group maintenance strategy optimization is to find the balance between "network connectivity expectation value-maintenance budget" under any conditions. That is, the problem can be transformed into the following requirements for all bridges in service within the jurisdiction: when the maintenance budget is known, the performance index of the road network is maximized; when the minimum road network performance index is known, the maintenance cost is minimized. Both problems can be generalized in terms of the proposed model.

The decision-making objectives of the life-cycle maintenance of the bridge group in service are: to maximize the minimum network connection reliability during the research period; to minimize the cost of the life-cycle maintenance strategy during the research period. The constraints are: the implementation period of any maintenance measures must be greater than or equal to the specified parameters; the reliability of any bridge in the network must meet the standard in any year.

1.2 Bridge network management optimization framework

Compared with the maintenance optimization of a single bridge, the optimization of the overall network maintenance strategy is different in the following aspects: it needs to be based on the premise that any bridge individual meets the minimum performance index; the interrelationship between individuals and the network topology of the research object are considered; the optimization goals For the network as a whole, solving the overall optimum requires giving up the local optimum of some individuals under a limited budget.

Based on the above content, the article proposes an optimization model for the management and maintenance strategy of bridges in service, as shown in Figure 1. The main body of the framework is the "individual-network" double cycle, which enables rapid and stable optimization of management strategies for bridge networks in any jurisdiction. The proposed framework is general, and the optimization objectives and constraint functions can be supplemented or deleted as needed.

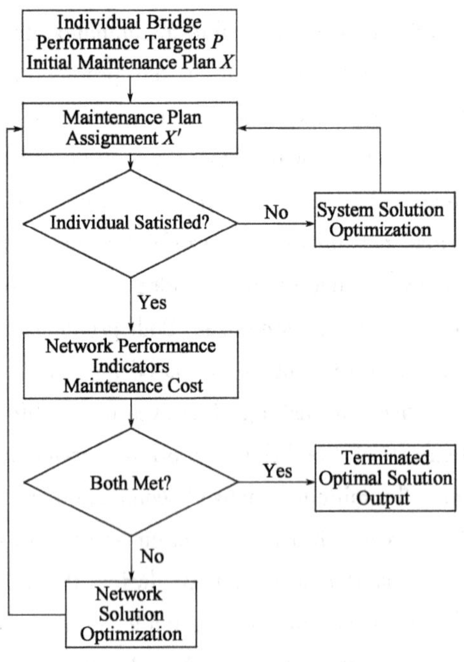

Figure 1 Bridge network maintenance strategy optimization framework flow chart

2 Implementation of NSGA-Ⅱ based on PGA

2.1 Introduction of NSGA-Ⅱ

NSGA-Ⅱ is a second-generation genetic algorithm proposed in 2002[11]. Based on the original non-dominated sorting function of NSGA, crowding distance is added to reassign individuals in each frontier to facilitate subsequent entry. Cycling elite individuals. Compared with NSGA, NSGA-Ⅱ has the following characteristics: the amount of calculation is significantly reduced; the elite retention mechanism is improved; the crowding distance is introduced to facilitate the subdivision of individuals in any frontier when cutting the population.

2.2 Description of population individual coding

In order to improve the efficiency of fitness function calculation, the proposed individuals adopt integer encoding. Any individual includes the maintenance measures taken in any year for any bridge in the network. It is assumed here that the network includes N bridges, and the maintenance plans that can be adopted for each bridge are $m_{i,j}$ ($i=1,2,\cdots,N$), and the subscript j represents the number of measures. The maintenance measures taken by an individual each year are represented by a gene of the chromosome: 0 represents no measures taken, and 1 ~ $m_{i,j}$ represents the maintenance measures performed by the individual in the current year.

2.3 Objective functions

Based on the above content, the proposed model sets dual objectives for optimization: maximizing the minimum value of network connectivity within the life span; minimizing maintenance costs. The specific calculation process is: for any input population individual, split it into the life cycle maintenance strategy of the corresponding bridge individual in order; decode the chromosome segments of all bridge individuals separately, and calculate the target value based on the obtained genetic information; according to the given functional relationship , the network performance index is calculated, and then conventional non-dominated sorting and congestion degree calculation are performed. The process is shown in Figure 2.

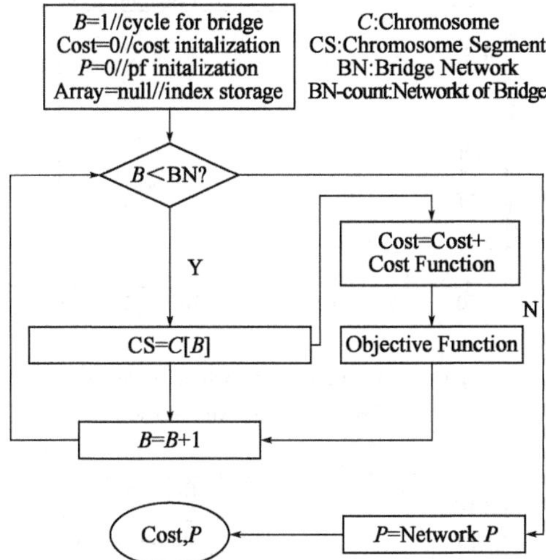

Figure 2 Calculation flow of objective function

2.4 Constraint function

The proposed model uses the penalty function method to deal with the performance index constraints of any individual bridge. During the fitness function calculation process, the corresponding fitness function value of any individual that does not meet the constraints is set to infinity or infinitesimal. Subsequently, multiple conventional genetic algorithm processes including crossover and mutation can be carried out, and it is guaranteed that such individuals are eliminated first in non-dominated sorting.

2.5 Implementation of PGA in NSGA-Ⅱ

A "migration strategy" refers to the rules for exchanging individuals between different subpopulations or islands. The purpose of this strategy is to increase population diversity, prevent premature convergence, and increase the probability of finding the global optimal solution. Migration strategies include the key elements of determining when (migration intervals), how (which individuals are selected to migrate), and where (target subpopulations or islands) to migrate. Through appropriate migration strategies, global information exchange can be promoted while maintaining local search capabilities, thereby achieving more efficient search in parallel genetic algorithms.

The migration strategy of this article is: in multiple cycles of 5, sequential migration is adopted between sub-populations, and the migration rate is set to 0.2.

3 Case study

The actual distribution of the bridge network is shown in Figure 3. The road network includes national and provincial trunk roads at all levels, and a total of 8 bridges (BL1 ~ BL8) are distributed on the roads in the picture (Figure 4).

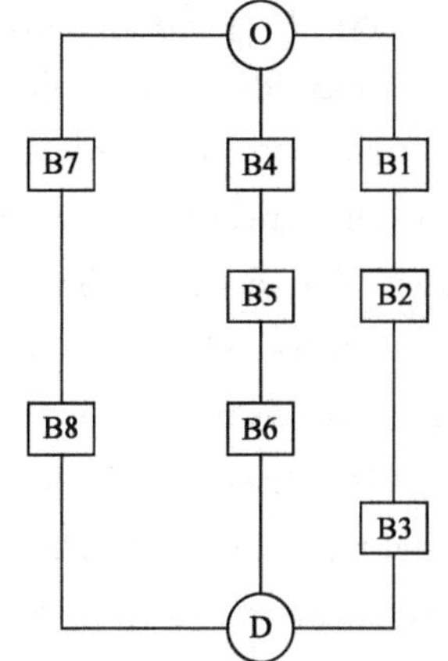

Figure 3 Schematic of bridge network

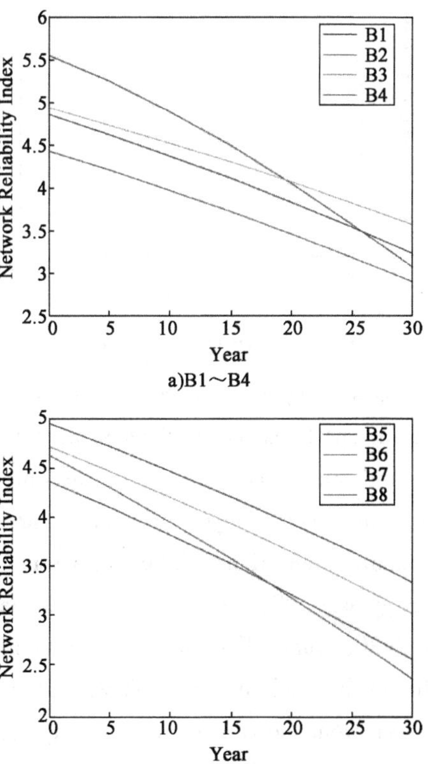

Figure 4 Reliability Index of B1 ~ B8, and Bridge Network Without Maintenance

The network-level performance index used in the model is the network connectivity reliability calculated based on the reliability index of a single bridge, as shown in Figure 5. Time-varying reliability indicators of individual bridges are known. According to current standards, the target reliability index in the calculation example is set to 3.7, that is, the reliability index of any individual bridge in any year must not be lower than 3.7. The research period is set to 30 years.

Figure 5 shows the global optimal solution set obtained by the algorithm. From the solution set distribution, it can be seen that the higher the maintenance cost, the greater the network connection reliability under the corresponding strategy. All solutions included in the solution set are the result of a mutual balance between the two objectives. The decision-making department can select the solution set as needed and require corresponding investment to maintain a road network traffic level that meets requirements and standards.

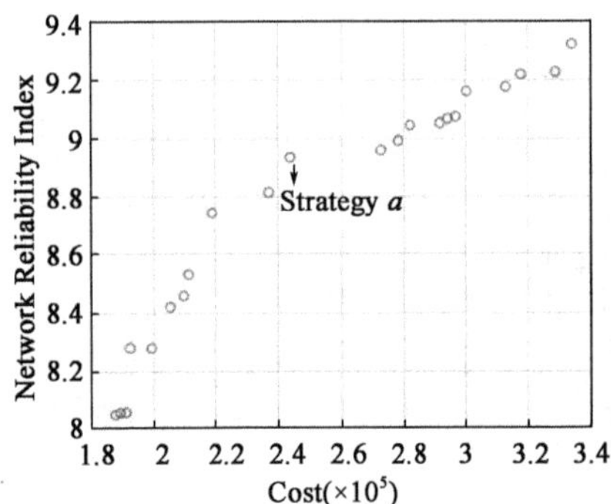

Figure 5 Pareto Optimal Solution Set

Taking strategy a in Figure 6 as an example, the time-varying performance indicators of the bridge network and individual bridges in the jurisdiction under the implementation of this strategy are given. The minimum connection reliability corresponding to this strategy is 8.97, and the required management cost is 243000yuan. The time-varying connectivity reliability of the road network is shown in Figure 7; It can be seen from the two figures that any individual bridge is in a high-reliability operating state, so the network connection reliability is also maintained at a high level.

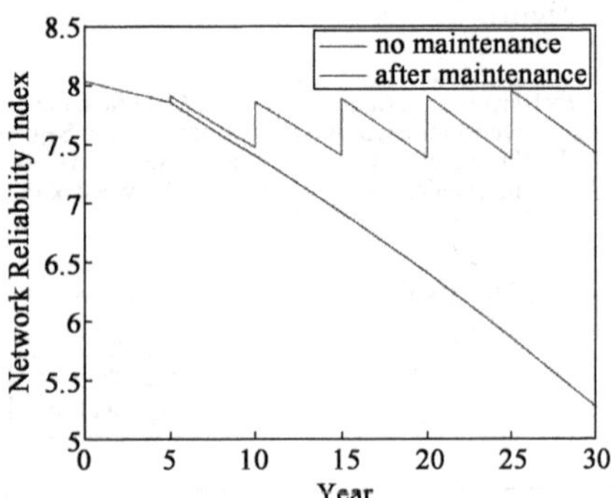

Figure 6 Connectivity Reliability Index of Bridge Network with Strategy a

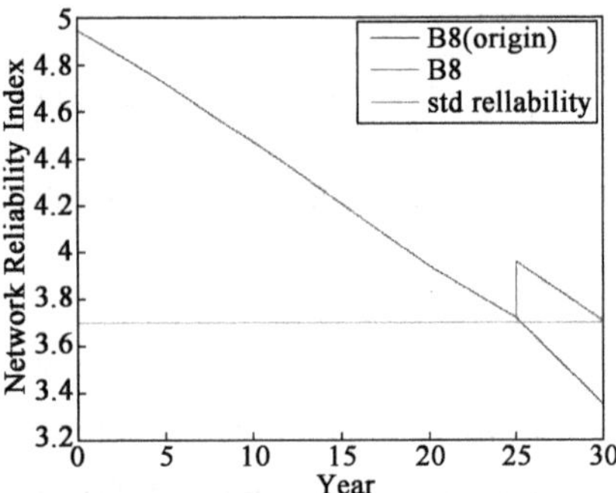

Figure 7 Reliability Index of Bridge B8 with Strategy a

The specific impact of strategy a on the reliability of all individual bridges in the network is shown in Figure 8. It can be seen from Figure 5 that the performance indicators of all bridges in the jurisdiction are significantly lower than the specified indicators in the later period of the research period. Comparing the results with Figure 8, it can be seen that after adopting strategy a, the time-varying reliability values of bridge B8 are significantly higher during the research period. at 3.7.

4 Conclusions

This paper takes the network connectivity reliability and maintenance strategy cost as the optimization objectives, and takes the time-varying reliability of any individual to be higher than the specified index as the constraint to construct a dual-objective optimization model of the bridge network, and studies the search for bridge group management and maintenance strategies for the entire road network. Excellent question. The article clarifies the goals and constraints of the model, establishes a general framework for network optimization, and proposes the NSGA-Ⅱ optimization method based on parallel genetic algorithms, providing an efficient and accurate optimization analysis model for the problem. Finally, a region in Shaanxi Province was taken as an example to verify the rationality and superiority of the proposed framework.

References

[1] LIU M, FRANGOPOL D M. Optimizing bridge network maintenance management under uncertainty with conflicting criteria: Life-cycle maintenance, failure, and user costs[J]. Journal of Bridge Engineering, 2006, 132 (11): 1835-1845.

[2] FRANGOPOL D M, LIU M. Bridge network maintenance optimization using stochastic dynamic programming[J]. Journal of Structural Engineering, 2007, 133(12) :1772-1782.

[3] XIA Y, LEI X M, WANG D, et al. Degradation modeling and application of regional bridges for network-level assessment[J]. Journal of Central South University (Science and Technology), 2021, 52(3):828-838.

[4] XIA Y, WANG P, SUN L M. A Condition Assessment Method for Bridges at Network Level Based on Multi-Source Information[J]. Journal of Tongji University (Natural Science), 2019, 47 (11):1574-1584.

[5] HAN X, FRANGOPOLD M. Life-cycle connectivity-based maintenance strategy for bridge networks subjected to corrosion considering correlation of bridge resistances[J]. Structure and Infrastructure Engineering, 2022, 18(12):1-24.

[6] ORCESI A D, CREMONA C F. A bridge network maintenance framework for Pareto optimization of stakeholders/user costs [J]. Reliability Engineering & System Safety, 2010, 95(11):1230 -1243.

[7] DAI L Z, KANG Z, CHEN R, et al. Study on multi-objective maintenance decision optimization of bridge networks based on NSGA-Ⅱ[J]. China Civil Engineering Journal, 2023, 1-13.

[8] SHEN Z, LIU Y, LIU J, et al. A decision-making method for bridge network maintenance based on disease transmission and NSGA-Ⅱ [J]. Sustainability, 2023, 15(6):1-19.

[9] BOCHINI P, FRANGOPOL D M. A probabilistic computational framework for bridge network optimal maintenance scheduling[J]. Reliability Engineering and System Safety, 2011, 96(2): 332-349.

[10] KIM S, GE B, FRANGOPOL D M. Optimum target reliability determination for efficient service life management of bridge networks [J]. Journal of Bridge Engineering, 2020, 25 (10):4020087.

[11] KALYANMOY D, PRATA P A, AGRAWAL S, et al. A fast and elitist multi-objective genetic algorithm: NSGA-Ⅱ [J]. IEEE Transactions on Evolutionary Computation, 2002, 6 (2) : 182-197.

桩基超声波检测分析

杨 学* 吴文龙 罗彦明 王 乾

(甘肃万泰建设工程有限公司)

摘 要 随着我国基础设施建设的迅猛发展,桩基础已成为建设工程重要的基础形式,其设计原则是将桩基往往设置在水中或者埋置于原地面以下。由于桩基为隐蔽工程,因此其施工过程中的质量及检测评价的判断,对桥梁整体的耐久性及安全性具有重要意义。由于桥梁下部构造桩基属于地下隐蔽工程,在施工过程中的工序复杂、地下地质变化较大,加之劳务人员和技术人员的施工水平限制,经常会容易导致出现一些质量方面的缺陷或问题。如在桩基施工过程中的塌孔,在检测阶段出现的桩基断裂、部分位置检测出的混凝土不密实、桩底沉淀杂质的厚度较大等。

故在后期运营阶段桥梁的安全性和行车的舒服度关键取决于桩基的施工阶段,而桩基在施工阶段质量则通过超声波技术来检测、分析、评价。

施工中的检测主要目的为检测桩基成孔质量,检测成孔过程中塌孔、缩颈、桩孔偏斜、沉渣过厚等。

施工后的检测为成桩质量检测,包括桩身完整性检测、单桩承载力检测等。

随着桩基础的大量应用,从事桩基础工程检测的队伍必将日益壮大。随着科学技术的发展,桩基工程检测技术也在不断更新和提高。

关键词　超声波　桩基检测　完整性

0　引言

K1897 +890 祖厉河大桥位于田家坪村西北侧 2.4km 处,东顶为顶冲梁峁,水流自南向北流淌,受该梁峁影响,在桥位上游处自东南向西北呈“C”形,继而顶冲西岸陡坎,之后继续向北流淌。桥梁平曲线位于 $R = 442$m 圆曲线上,纵面位于 $R = 12000$m 凹形竖曲线上,2 号墩为最低点,后退方向为 3% 下坡,前进方向为 2.3% 上坡。桥梁跨径为 8 × 30m 预应力混凝土连续箱梁,全桥分两联;下部结构采用盖梁柱式墩、桩柱式桥台;G247K74 +183.5 甘沟驿立交桥为下穿通道桥,全桥共一联,35m。桥梁平曲线位于 $R = 244.9$m 缓和曲线段上,纵面位于 $R = 5950.73$m 竖曲线上,后退方向为 -0.35% 下坡,前进方向为 -4.2% 上坡,桥台采用桩柱式桥台。

本文以推行和贯彻“公司管理体系”为新起点,让体系制度落地生根,以“争创品牌,巩固市场”为首任,积极推行标准化、规模化、文明化、精细化进程,促进项目工程质量、安全管理及文明施工水平的提高,充分发挥良好的社会、经济效益,以“一流的施工现场管理,一流的施工现场形象,一流的施工作业环境,一流的项目管理水平”为准则,打造全新的企业亮点,全面提升公司形象。树立项目管理新思路,以现场开发市场,以现场促进市场开发,同时以现场保市场。因此要求本工程坚持“以人为本、科学施工、保护环境、顾客至上”的方针,把本工程建成“安全、环保、舒适、和谐”的一级公路。

声波是介质中的机械波,通常超声波的频率在 20 ~ 2×10^4Hz。声波在 20 ~ 2×10^4Hz 范围内人耳可以听到;频率小于 20Hz 时,人耳听不到,属于次声波。

(1)声时及波幅同时降低,波速范围在 3000m/s 至波速临界值,判为轻度离析。

(2)声时及波幅同时降低,波速小于 2000m/s 时,数据具有多现性,混凝土强度在 C20 ~ C35 之间。

(3)声时及波幅同时降低,波速在 2000 ~ 3000m/s 范围内时,仅出现个别点,认为是有夹泥,若连续长度在 20 ~ 50cm,判为严重离析或者较大面积的夹泥。

(4)声时正常但波幅降低:桩身完整,估计是由于桩身局部混凝土均匀性较差引起。

(5)声时降低但波幅正常:①波速在 3000m/s 以上,桩身完整,认为桩身混凝土强度局部较低引起;②波速 3000m/s 以下 2500m/s 以上,桩身轻度离析;③波速 2500m/s 以下,情况很少出现。

1　基桩检测方法(包括小应变、高应变、超声波、取芯)

在施工过程中,桥梁下部构造桩基会出现质量缺陷,对造成工程质量隐患,故在施工过程中,桩基的灌注、检测等必不可少,其检测的内容、目的、时间见表 1。

桩基检测方法及检测目的 表1

检测内容	检测目的	检测时间
各类成孔检测法	孔径、垂直度、沉渣厚度	成孔后立即检测
静载试验-垂直竖向抗压(单根桩基)	判定桩基的垂直抗压承载力，进而验证是否满足相关规范技术及设计要求	桩身混凝土强度达到设计要求;休止期:砂土,7d;粉土,10d;非饱和黏性土,15d;饱和黏性土,25d
抗拔静载-垂直竖向抗拔(单根桩基)	判定桩基的垂直抗拔承载力，进而验证是否满足相关规范技术及设计要求，保证桩基的抗拔侧阻力	桩身混凝土强度达到设计要求;休止期:砂土,7d;粉土,10d;非饱和黏性土,15d;饱和黏性土,25d
水平试验(单根桩基)	判定桩基的极限承载力和临界水平荷载，从而确定桩基的水平抗推力、桩身弯矩是否满足相关规范技术及设计要求，确保工程质量	桩身混凝土强度达到设计要求;休止期:砂土,7d;粉土,10d;非饱和黏性土,15d;饱和黏性土,25d
成桩钻取芯样法	判定桩基混凝土的强度、桩长、孔底沉渣的厚度以及桩基的垂直度，进而确定桩基的完整性	桩身混凝土强度达到设计要求;休止期:砂土,7d;粉土,10d;非饱和黏性土,15d;饱和黏性土,25d
低应变法	判定桩基的完整性，进而确定桩基质量缺陷的部位	混凝土强度达到设计强度的70%,约14d左右,且不小于15 MPa
超声波检测法	判定桩基的完整性，进而确定桩基质量缺陷的部位，同时分析引起缺陷的原因	混凝土强度达到设计强度的70%,约14d左右,且不小于15 MPa

2 成孔质量检验标准

我国施工规范、标准等对桩基成孔后的桩位、深度、直径、倾斜度、沉渣厚度等指标有明确要求。桩径、垂直度、桩位允许偏差见表2。

灌注桩的平面位置和垂直度的允许偏差 表2

序号	成孔方法		桩径允许偏差(mm)	垂直度允许偏差(%)	桩位允许偏差(mm)	
					1~3根、单排桩基垂直于中心线方向和群桩基础的边桩	条形桩基沿中心线方向和群桩基础的中间桩
1	泥浆护壁钻孔桩	$D\leqslant1000$mm	±50	<1	$D/6$,且不大于100	$D/4$,且不大于100
		$D>1000$mm	±50		$100+0.01H$	$150+0.01H$
2	套管成孔灌注桩	$D\leqslant500$mm	−20	<1	70	150
		$D>500$mm			100	150
3	干成孔灌注桩		−20	<1	70	150
4	人工挖孔桩	混凝土护壁	+50	<0.5	50	150
		钢套管护壁	+50	<1	100	200

注:D-桩基直径。

3　超声波检测仪与声测管

3.1　超声波检测仪

超声波检测仪的工作内容主要是波的发射、传播、接收以及数据处理和分析。

由于超声波是通过纵波方式进行传播的,故具有一定的方向性,这种检测是超声波发生器产生高频振动,从而生成超声波。产生的声波以一定的波速和频率进入混凝土介质中,当桩身存在质量缺陷时,即遇到不同的介质界面,其传播的特征、方向等会发生变化;当声波检测设备接收到变化的声波后,会对其产生的数据进行分析,从而判断该介质的完整性,同时对出现的缺陷精准定位。

3.2　声测管

声测管是在桩基钢筋笼安装过程中,根据设计及相关规范要求,埋置于桩体内的用于桩基检测的重要装置,是换能器的通道。

(1)声测管要求

常用桩基声测管有施工现场卷制而成和厂家定做加工成型两种。其强度高、韧性好、密封性完整、对声波的传播影响小,同时经济适用。声测管的内径一般要比检测探头大1cm,以便在桩基检测过程中,使其探头顺利进出。

(2)声测管布置原则

由于声波检测具有局限性,即只能对图1中的阴影部分面积范围内的混凝土质量进行判定。同时由于声波在混凝土介质中传播速度慢、混凝土对其的影响较大,故在声测管的布置和数量选择上:当被检测桩基直径大于2m时,声测管布置4根及以上;当被检测桩基直径为0.8~2m时,声测管的布置应大于3根;当被检测桩基直径小于0.8m时,通常布设2根。同时声测管的布设应平均对称,即将被检测桩基等截面划分。

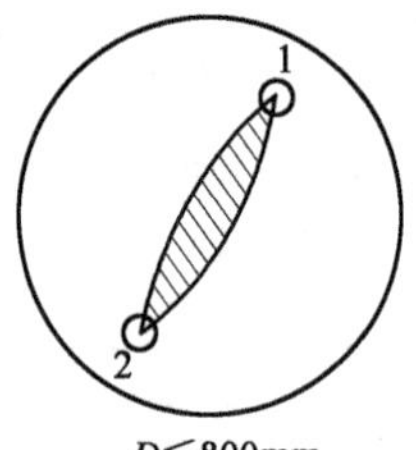

$D \leq 800$mm

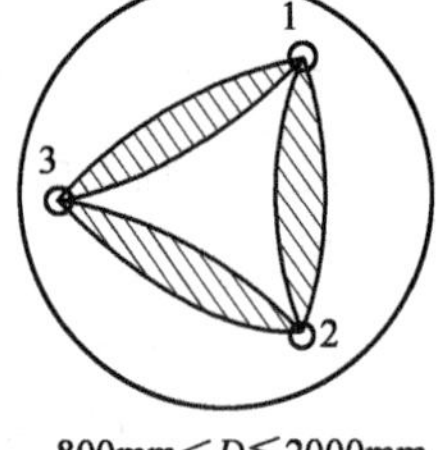

800mm$<D\leq$2000mm

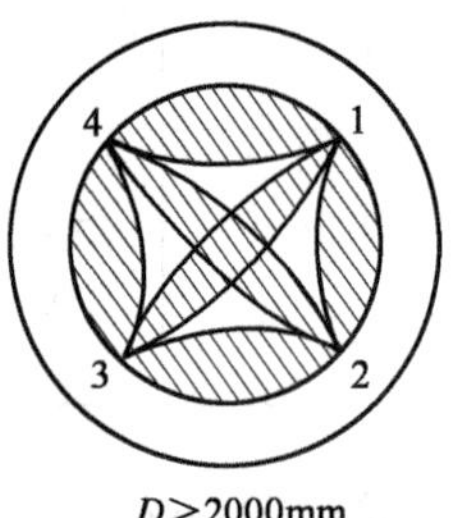

$D>2000$mm

图1　声测管布置方式

3.3　现场检测

(1)首先应将发射和接收的声波换能器通过声测管进入桩体的一定深度位置处,在探头进入前,应确保声测管内灌满清水。

(2)在检测过程中,由桩底起始点开始,保持匀速同步提升发射和接收声波的换能器,当遇到波形发生畸变时,应保持一个换能器位置不变,另一个换能器上下移动,以确定波形发生畸变的位置和范围。

(3)被检测桩基声测管大于3根及以上时,应互相交替,以两个换能器对应范围内的剖面为测试面。

(4)在桩基检测过程中,通过检测探头的上下移动,在显示板上呈现曲线图,即时程曲线,同时记录频谱曲线图和主频率数值,以确定桩体截止的均匀性。

(5)在桩基检测过程中,由于混凝土介质对声时和波幅的影响较大,而声时和波幅又是在检测过程中的两个重要指标,为确保检测数据的准确性,应保持发射的电压一致。

4　基桩检测实例

4.1　声波透射法检测实例

(1)完整桩声波透射法检测实例(图2)

(2)缺陷桩声波透射法检测实例(图3、图4)

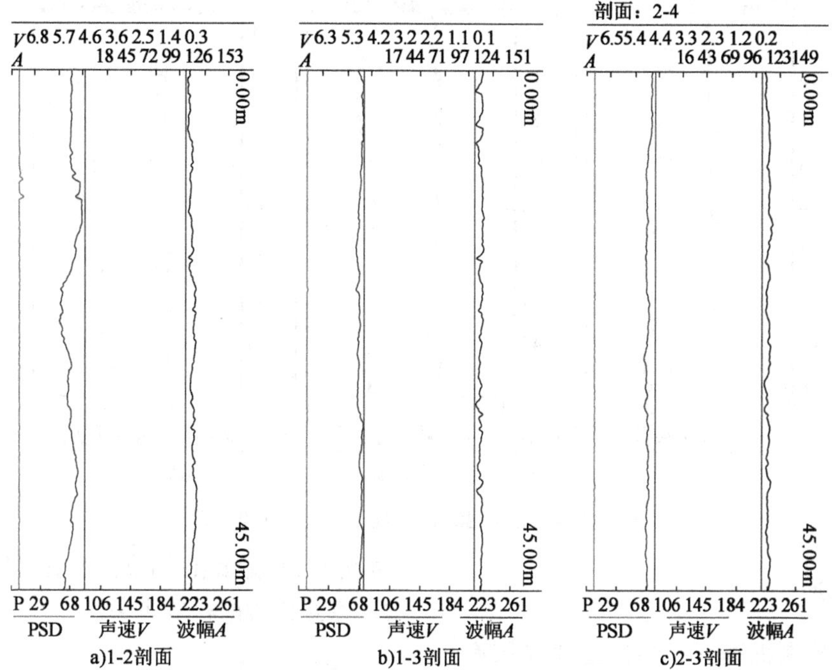

图2 完整桩声波透射法检测曲线截图

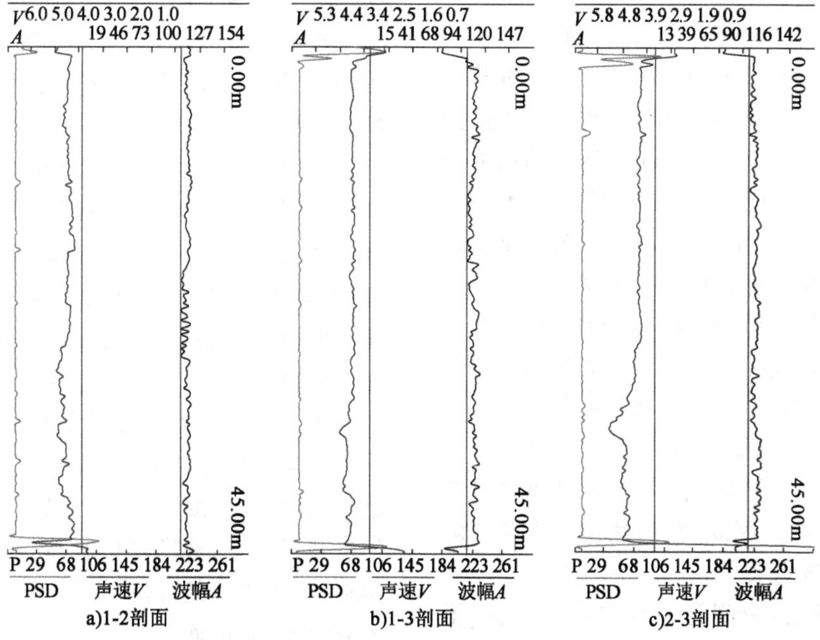

图3 桩顶桩底缺陷桩声波透射法检测曲线截图

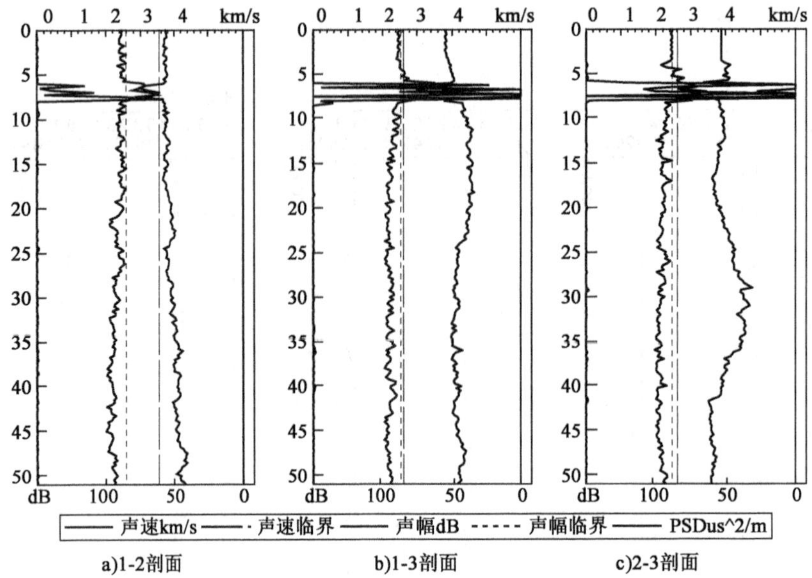

a)1-2剖面　b)1-3剖面　c)2-3剖面

图4　桩身中段夹泥缺陷声波透射法检测曲线截图

5　原因分析

影响超声波检测桩基完整性的主要原因有：①施工人员技术差，质量意识淡薄；②混凝土配合欠佳、灌注离析；③声测管里的水浑浊；④声测管接头未严格按照设计和相关规范加工；⑤灌注过程中塌孔、加泥。

(1)施工人员技术差，质量意识淡薄。即项目部技术人员管理欠佳，交底不够全面，对从桩基钢筋笼制作、声测管加工固定、混凝土灌注等质量控制意识淡薄。若对相关工人不进行管理和相关技术交底，则将直接影响超声波桩基检测的完整性。

(2)混凝土配合欠佳、灌注离析。在混凝土到场之后灌注前检测混凝土的坍落度、易和性，在坍落度符合相关规范要求的前期下进行灌注。

(3)声测管里的水浑浊：在同一桩基的声测管里，分别灌注浑浊水和清澈的水，分两次进行检测，将出现不同的检测结果，声速和波幅均不同。声测管里灌注清澈水检测结果是：声速和波幅均匀，桩基完整性良好。因此，在桩基检测之前声测管里必须灌注清澈的水。

(4)声测管接头：声测管一般11m一节，运至施工现场后进行焊接加长，但为防止灌注混凝土时水泥浆进入声测管内造成堵管或渗水，焊接完成后将在接头处采用塑料胶带纸进行再次密封和包裹，在桩基检测时在声测管接头处将严重影响声速的传播，从而影响桩基的完整性。

(5)灌注过程中塌孔、加泥：若在混凝土灌注过程中，出现塌孔、加泥，将直接影响桩基的完整性，甚至出现断桩等现象。

6　结语

综上所述，在检测过程中，桩基的各种质量缺陷会引起超声学相关数值及波幅的变化，由于不同的数值对应不同的缺陷特征，故可总结如下：

桩底沉渣厚度：由于桩底沉渣较多，在检测过程中，声波衰减较大，声速低，故影响声速和振幅的正常传播和波动。

桩身坍塌，即所谓的塌孔：桩基在施工过程中，产生的质量缺陷塌孔即泥块夹杂在桩体里，从而导致在检测过程中，声速和波幅不同程度发生变化，如果声测管未被包裹，则在检测过程中对声速和波幅的影响较小，否则声速和波幅急剧下降。在一根桩中，如果其中一根声测管被泥团包裹，将使两个测试面在检测过程中发生变化。

混凝土质量缺陷(例如离析)：由于在灌注混凝土过程中，混凝土经常会出现离析的情况，从而使桩身局部出现浆多集料少，或者集料多浆少。集料少、砂浆多的部位，在检测过程中波速会出现下降，而振幅反而会升高；相反，集料多的部位，由于集料自身波速较高，所以集料多的部位声速将出现升高。

参考文献

[1]　陈张林，陈洪，张忠苗. 抗水平力单桩 p-y 曲线计算公式研究[J]. 土力学及岩土工程新进

展,2004:10-15.

[2] 燕斌,王志强,王君杰.桥梁桩基础计算中p-y曲线法与m法的对比研究[J].结构工程师,2007(4):62-68.

[3] 周礼军.浅覆盖层中水平荷载桩p-y曲线研究[D].南京:河海大学,2006.

[4] 孙冬梅.水平荷载作用下大直径桩的p-y曲线研究[D].天津:天津大学,2004.

[5] 洪勇,谢耀峰,张圣平,等.水平荷载下单桩有限元模拟结合p-y曲线法分析[J].中国港湾建设,2007(3):5-9.

[6] 陈菊香,刘克萍,俞亚南,等.基于p-y曲线的水平承载群桩有限元分析[J].江南大学学报,2005(2):163-167.

[7] 胡春林,胡胜刚.基于p-y曲线的基桩内力与变形分析[J].土工基础,2006(1):45-48.

[8] 苏静波,邵国建,刘宁.基于P-Y曲线法的水平受荷桩非线性有限元分析[J].岩土力学,2006(10):1781-1785.

基于 GA-SVR 的桥梁有限元模型修正方法

龚文鑫* 段安楠 王 涛

(长安大学公路学院)

摘 要 为了进一步改善有限元模型修正方法的精度和效率,本文提出了一种基于支持向量机及遗传算法的有限元修正模型方法。首先根据设计竣工图资料建立初始有限元模型,并基于 Ansys 的 PDS 模块编制宏命令,对有限元模型参数在桥梁动静力响应影响上进行灵敏度分析,从而确定修正参数;然后,采用 MATLAB 编写 SVR 及遗传算法代码获取样本,进而构建 SVR 模型,通过遗传算法优化得出结构优化参数及适应度;最后,以四边形等参元理论及牛顿迭代法为基础编制宏命令,在修正后的有限元模型中加载 452t 大件车荷载效应,获得荷载作用下桥梁中梁跨中及次边梁跨中的位移时程曲线,与实测下挠度时程曲线进行比较,结果显示二者误差在 5% 以内,表明修正后的有限元模型能较好地模拟桥梁的实际结构情况,证明了修正方法的有效性。

关键词 桥梁工程 灵敏度分析 模型修正 支持向量回归 遗传算法

0 引言

桥梁在运营过程中,受自然环境侵蚀以及人为因素影响,桥梁结构件产生性能退化、截面破坏,与竣工图设计参数有较大差异,此外桥梁有限元模型建立时在材料本构、节点连接、边界条件模拟上具有一定的简化性,不能够真实地反映结构的实际状态,因此有必要对桥梁有限元模型进行参数修正[1-2]。

传统的模型修正方法有矩阵型修正方法、基于静力、动力的灵敏度修正方法以及联合静动力的灵敏度修正方法[3]。宗周红等[4]提出了联合静力位移与模态柔度的有限元模型修正方法,利用 Ansys 对一座加固后的钢架拱桥进行了模型修正,获得了较好的修正效果;丁幼亮等[5]基于敏感性分析的矩阵修正方法,结合索塔动力特性测试结果得到了修正后的精细有限元模型,为润扬斜拉桥损伤预警、损伤识别与安全评估等应用提供了更精确的结构描述;张倩等[6]基于静动载试验数据探究静、动力及联合模型修正方法以及模型修正前后结构响应和修正参数上的差异,分析苏通长江大桥各参数的敏感性,并运用序列二次规划法对模型进行了修正。矩阵型修正方法存在试验测试模态不完备和测试误差、测试阵型的扩展或计算有限元模型的缩聚、质量矩阵和刚度矩阵具有带状、稀疏性和对称性等诸多问题;而单独运用静力、动力测试结果具有一定的缺陷与不足;联合静动力的有限元模型修正结合了静力测试数据的精度与可靠度,在动、静力特性上更吻合结构的实际状态。在确定目标函数后,采用一般的优化迭代方法如梯度法和牛顿迭代法计算效率低下且存在结果不收敛的问题[7-9]。

基于此,本文提出一种基于遗传算法优化的支持向量机代理模型修正方法,以一跨径为 20m 的钢筋混凝土简支 T 形梁桥为例,联合静动力实测数据构造目标函数进行迭代优化求解。通过加载 452t 大件车荷载进行时程分析,验证修正方法的适用性及准确性。结果表明修正模型比较准确反映了结构的实际状态,对桥梁监测与安全评估具有指导意义。

1　遗传算法优化的 SVR 代理模型修正方法

1.1　支持向量回归(SVR)

支持向量回归(Support Vector Regression, SVR)是一种基于支持向量机的回归方法。与传统的回归方法不同,SVR 的目标是找到一个在高维特征空间中最好地拟合数据的超平面。它通过最小化预测结果与实际结果之间的差异,同时考虑到支持向量与超平面之间的最大间隔,从而实现回归任务。SVR 在处理小样本和高维数据时具有较好的泛化性能。其原理如下:

对于给定样本空间 $D=\{(x_i,y_i)\mid i=1,2,\cdots,n\}$,其中 $x_i\in R^n$ 为 n 维样本数据,用式(1)来表示输入变量与输出数据之间的关系:

$$f(x)=\omega^{\mathrm{V}}\phi(x_i)+b \tag{1}$$

式中:ω——权重系数;

$\phi(x_i)$——映射函数;

b——偏置项。

SVR 在线性函数两侧制造一个间隔为 2ε 的"间隔带",对落入到间隔带的样本不计入损失,通过最小化总损失和最大化间隔得出优化后的模型,因此,SVR 的优化目标函数为:

$$\min_{\omega,b}\frac{1}{2}\|W\|^2 \tag{2}$$

其中,位于边界内的点满足条件:

$$\text{s.t. }|y_i-(\omega x_i+b)|\leqslant\varepsilon,\ \forall i \tag{3}$$

为解决无法完全线性可分问题,引入软间隔概念对优化目标函数进行调整,软间隔即允许某些样本数据在一定程度内超出约束条件,引入松弛变量 ξ 来描述超出约束条件的程度,原目标函数及约束条件变成:

$$\min_{\omega,b,\xi,\xi^*}\frac{1}{2}\|W\|^2+C\sum(\xi_i,\xi_i^*) \tag{4}$$

$$\text{s.t.}\begin{cases}f(x_i)-y_i\leqslant\varepsilon+\xi_i\\ y_i-f(x_i)\leqslant\varepsilon+\xi_i^*\\ \xi_i\geqslant0,\xi_i^*\geqslant0,i=1,2,\cdots,n\end{cases} \tag{5}$$

式中:C——惩罚因子;

ξ_i、ξ_i^*——均为松弛变量;

y_i——样本输出值;

ε——容许误差。

通过引入拉格朗日乘子 α、α^*、μ、μ^* 可得到拉格朗日函数和其对偶问题:

$$\begin{aligned}&L(\omega,b,\xi,\xi^*,\alpha,\alpha^*,\mu,\mu^*)\\&=\frac{1}{2}\|W\|^2+C\sum_{i=1}^{n}(\xi_i+\xi_i^*)-\sum_{i=1}^{n}\mu_i\xi_i-\\&\sum_{i=1}^{n}\mu_i^*\xi_i^*+\sum_{i=1}^{n}\alpha_i[f(x_i)i-y_i-\varepsilon-\xi_i]+\\&\sum_{i=1}^{n}\alpha_i^*[f(x_i)i-y_i-\varepsilon-\xi_i^*]\end{aligned} \tag{6}$$

$$\begin{aligned}&\max_{\alpha,\alpha^*}\sum_{i=1}^{n}[y_i(\alpha_i^*-\alpha_i)-\varepsilon(\alpha_i^*+\alpha_i)]-\\&\frac{1}{2}\sum_{i=1}^{n}\sum_{j=1}^{n}[(\alpha_i^*-\alpha_i)(X_i)^{\mathrm{V}}(X_j)(\alpha_j^*-\alpha_j)]\end{aligned} \tag{7}$$

$$\text{s.t. }\sum_{i=1}^{n}y_i(\alpha_i^*-\alpha_i)=0,0\leqslant\alpha_i,\alpha_i^*\leqslant C \tag{8}$$

式(7)在 Karush-Kuhn Tucker(KKT)条件下可得 SVR 的解为

$$f(x)=\sum(\alpha_i^*-\alpha_i)x_i^{\mathrm{V}}x+b \tag{9}$$

$$b=y_i+\varepsilon-\sum_{j=1}^{n}(\alpha_j^*-\alpha_j)x_j^Tx_i \tag{10}$$

通过引入核函数 $\kappa(x,x_i)$ 对原始样本数据进行升维处理,将原始数据映射到高维空间后则一定可以找到最优分类线,其中径向基函数是解决实际问题时最常用的核函数,其数学表达式如下:

$$\kappa(x,x_i)=\exp[-g(x-x_i)^2] \tag{11}$$

式中:$g=1/(2\sigma^2)$;

g——核函数方差;

σ——核函数的宽度参数。

这样,通过引入松弛系数 ξ_i、惩罚因子 C、偏差值 ε,可建立 SVR 函数形式:

$$f(x)=\sum_{i=1}^{n}(\alpha_i^*-\alpha_i)\kappa(x,x_i)+b \tag{12}$$

由上述可知,SVR 的主要参数为惩罚因子 C 和核函数参数 σ,它们影响 SVR 的精度。由于遗传算法具有较好的全局搜索能力,能以较大概率得到全局最优解,故利用遗传算法对找寻最优修

正参数[10]

1.2 模型修正流程

本文基于遗传算法优化与支持向量回归有限元模型修正的基本思路是建立初始有限元模型，采用灵敏度分析选取待修正参数，以初始模型数据与结构实测数据之间的误差作为目标函数，利用 GA-SVR 优化调整有限元模型参数，从而不断减小有限元模型与真实结构之间的偏差，最终得到修正后的有限元模型。模型修正流程如图1所示。

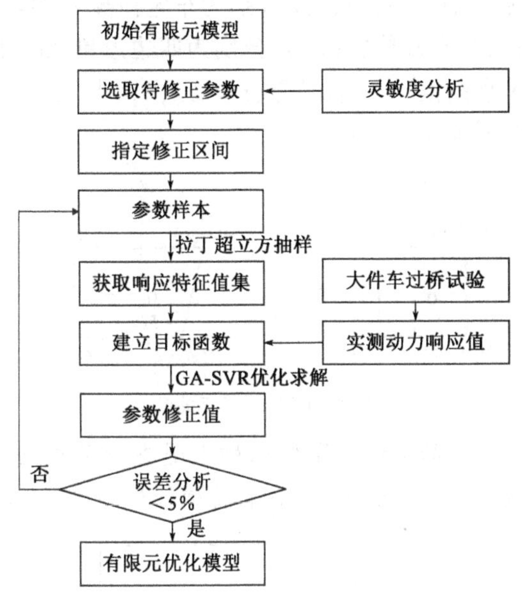

图1 模型修正流程图

2 基于 GA-SVR 的模型修正

2.1 工程背景

某普通钢筋混凝土简支T梁桥跨径布置 $2\times20m+1\times45m+2\times20m$，选取其右幅第五跨作为监测对象。桥面净宽9.25m，5片T梁，主梁间距2.2m。该桥于1992年完成施工，期间桥梁采用C40混凝土对桥面铺装进行整体化加固改造，采用碳纤维板对T梁腹板进行粘贴加固。桥梁桥型布置及横断面布置分别如图2、图3所示。

2.2 初始有限元模型

根据桥梁的竣工图资料，采用 Ansys 软件按实际尺寸建立有限元模型。全桥采用 beam4 单元进行模拟，纵梁材料采用C30混凝土，弹性模量 $3\times10^{10}N/m^2$，重度 $2.5\times10^3N/m^3$，泊松比为0.2，横梁及虚拟横梁材料为C30混凝土，不计重度；纵梁截面依据实际截面进行划分，横梁及虚拟横梁截面宽度依据纵梁节点划分间距确定，厚度依据图纸确定；支点及横隔板处节点划分间距约为0.15m，变截面及跨中等截面部分节点划分间距为0.5m；依据加固信息，考虑桥面整体化铺装层的刚度对结构抗弯能力的影响，经换算后取铺装层厚度为20cm；约束中梁一端的平动及绕 x 方向的转动，其余纵梁一端约束竖向及横向位移，另一端仅约束竖向位移。有限元模型如图4所示，全桥共有300个节点，535个单元。

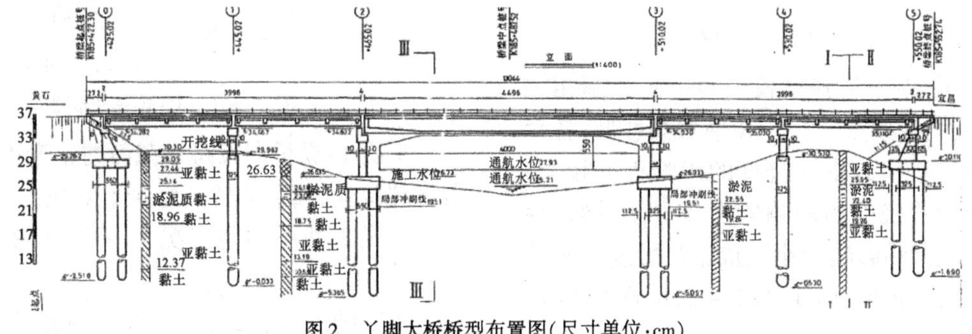

图2 丫脚大桥桥型布置图(尺寸单位:cm)

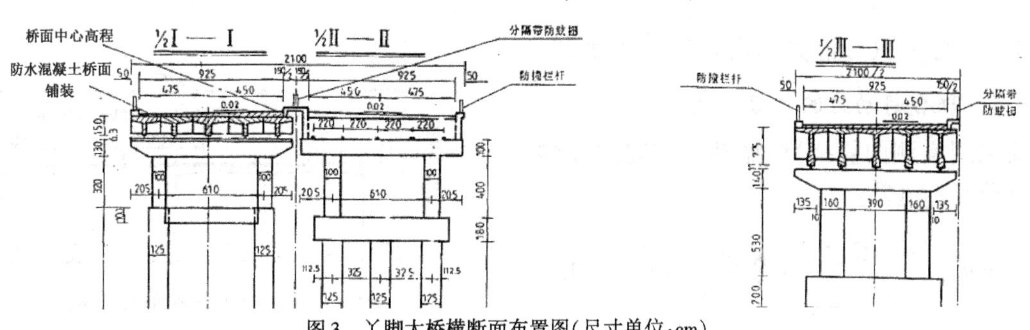

图3 丫脚大桥横断面布置图(尺寸单位:cm)

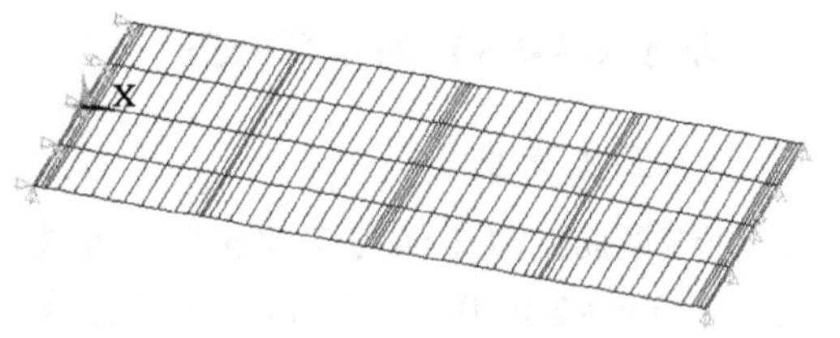

图4　有限元模型

2.3　修正参数选取

模型修正的设计参数主要通过灵敏度分析确定,初始拟定5片主梁以及横梁的弹性模量La1、La2、La3、La4、La5、La6为结构特征参数,分析其对一阶频率、各片梁的跨中挠度的影响。考虑混凝土的离散程度较大,参数选取范围为[0.95,1.2][11],利用Ansys中的PDS可靠性分析模块,采用拉丁超立方体抽样方法分析灵敏度[12]。初拟修正参数对一阶频率Freqt1、各片梁的跨中挠度Disp1～Disp5的灵敏度系数如图5所示。

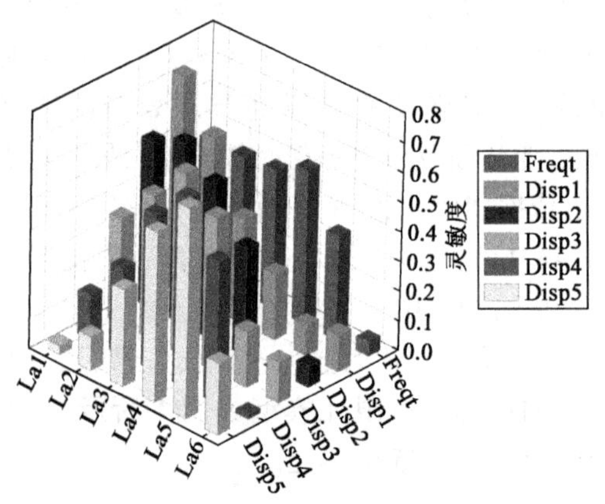

图5　参数灵敏度系数分布

结果表明,纵梁的弹性模量与一阶频率相关性高,横梁的弹性模量与一阶频率相关性低;各片梁的弹性模量对应跨中静挠度的影响程度较大,对邻近梁跨中静挠度的影响依次减少,横梁弹性模量对各片纵梁的影响较小。根据灵敏度分析结果并结合工程经验,选定La1～La6作为修正参数。

2.4　目标函数与静力工况车轮荷载加载

2.4.1　联合静动力的目标函数

本文采用实测的静挠度、振动频率建立模型修正的优化目标函数:

$$f=a\sum_{i=1}^{n}\left|\frac{g_i-G_i}{G_i}\right|^2+b\sum_{j=1}^{m}\left|\frac{u_j-U_j}{U_j}\right|^2 \qquad (13)$$

式中:G_i、g_i——模态i的试验频率和有限元模型计算频率;

U_j、u_j——静力加载工况下测点j的位移试验值和有限元计算值;

a、b——权重系数,一般取1。

2.4.2　静力工况车轮荷载加载

采用梁格模型的桥梁结构有限元模型车轮荷载可以简化为集中力并分配至相邻的4个节点,在二维平面内四边形荷载分担方式与位移插值函数一致。当车轮荷载F作用于点(x,y)时,临近节点为(x_i,y_i),其中,x,y分别为车轮荷载F的着力点横、纵坐标位置;x_i,y_i分别为四边形单元的第i个节点的横、纵坐标位置,$i=1,2,3,4$[13]。4节点等参元关系见图6。

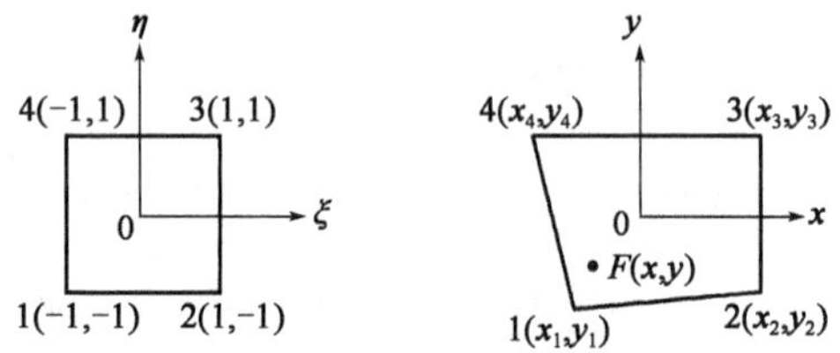

图6　4节点等参元关系

静力荷载试验采用两种工况进行布载,试验车辆型号为两辆东风-31t,轮载分布如图7所示。

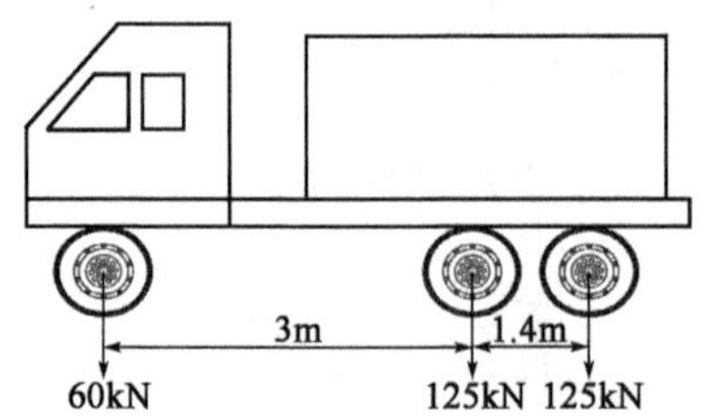

图7　东风-31t轮载分布图

工况1:纵桥向按跨中截面的正弯矩和挠度的最不利位置布载,横桥向为两车偏载;

工况2:纵桥向与工况1一致,横桥向为两车中载。

相应的工况荷载横、纵向布置如图8～图10所示。

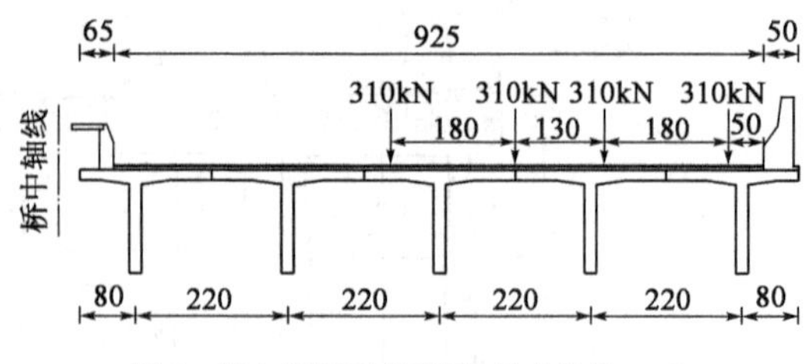

图8　横向最不利布载图(尺寸单位:cm)

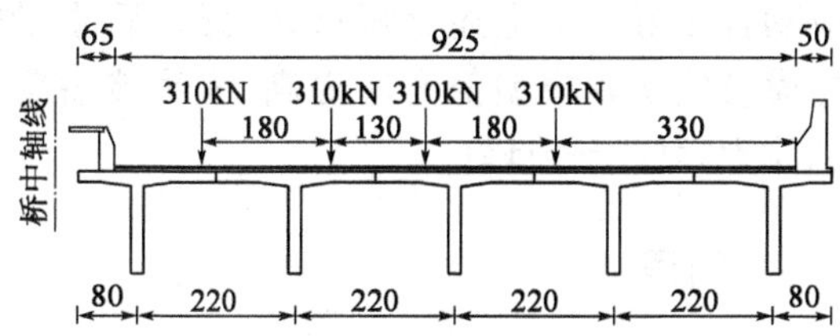

图9 横向居中布载图(尺寸单位:cm)

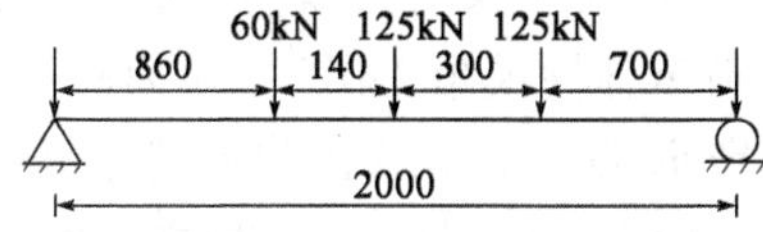

图10 纵向布载图(尺寸单位:cm)

根据上述等参映射关系可以计算出两种工况下车轮荷载邻近4个节点的等效作用荷载。选取中梁节点计算等效节点荷载如表1所示。

等效节点荷载(中梁) 表1

节点	工况1	工况2
	F_z(kN)	F_z(kN)
85	-5.24	-35.35
86	-5.67	-38.29
90	-11.36	-76.70
91	-11.36	-76.70
98	-7.27	-49.09
99	-15.45	-104.32
45	-34.04	-44.51
146	-36.87	-48.22
150	-73.86	-96.59
151	-73.86	-96.59
158	-47.27	-61.82
159	-100.45	-131.36

2.5 GA-SVR优化

利用Matlab编制GA-SVR代码程序,采用拉丁超立方抽样获取200组待修正弹性模量样本,调用Ansys有限元模型并更新相应的设计参数,计算在以上两种静力工况下各片梁跨中静挠度以及振动频率从而得到响应特征值集合,结合桥梁结构的实测值构建响应目标函数,经过1000次迭代后得到最优模型修正弹性模量La1 ~ La6。模型修正前后设计参数变化值如表2所示。

修正前后设计参数对比 表2

设计参数	初始模型(N/m^2)	修正模型(N/m^2)	修正幅度(%)
La1	3×10^{10}	35507141374.7	18.36
La2	3×10^{10}	35530154495.5	18.43
La3	3×10^{10}	32743309408.5	9.14
La4	3×10^{10}	34940782551.9	16.47
La5	3×10^{10}	35648560653.7	18.83
La6	3×10^{10}	33274279599.4	10.91

3 模型修正验证

3.1 验算车型

本次验算采用452t大件车,轴重分布为:7t + 7t + 8t + 8t + 10.89t × 36 + 7t + 7t + 8t + 8t。轴距分布为:1.7m + 3.1m + 1.36m + 5.5m + 1.55m × 17 + 20m + 1.55m × 17 + 4.5m + 1.7m + 3.1m + 1.36m。如图11所示。

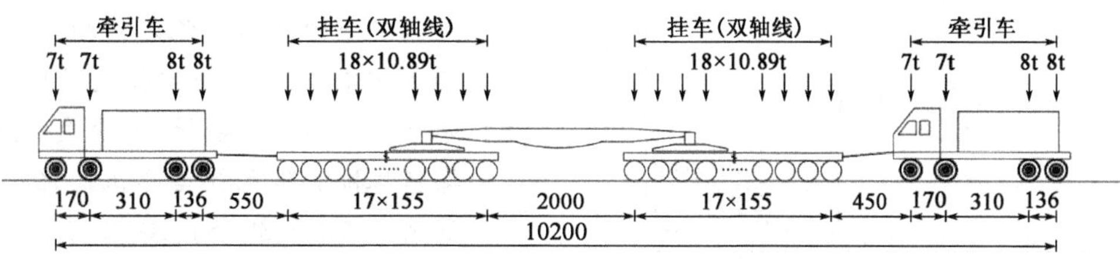

图11 452t大件车轴重轴距分布图(尺寸单位:cm)

3.2 测点布置

位移传感器安装于测试跨右幅中间2片T梁,光电挠度仪安装位置在桥台处,抓拍相机安装位置距离监测跨30m防护栏外侧处。桥梁测点布置如图12、图13所示。

3.3 修正结果

根据上述方法修正模型后,进行时程分析,获得中梁与次中梁跨中的挠度时程曲线,如图14、图15所示。

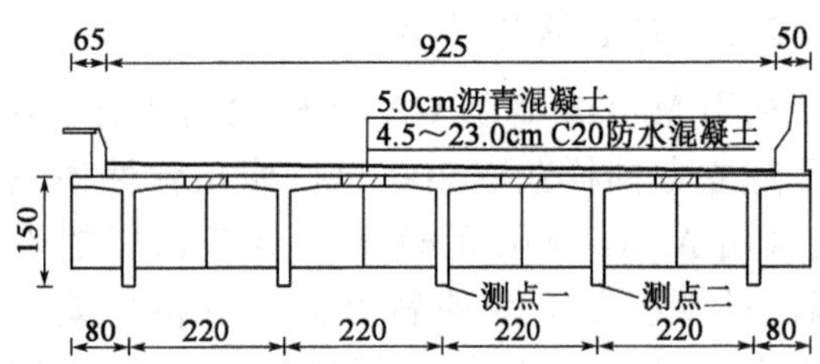

图 12　测点横向布置图(尺寸单位:cm)

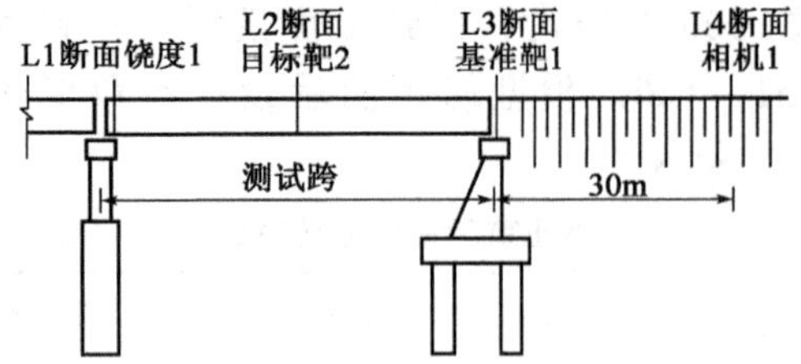

图 13　测点纵向布置图

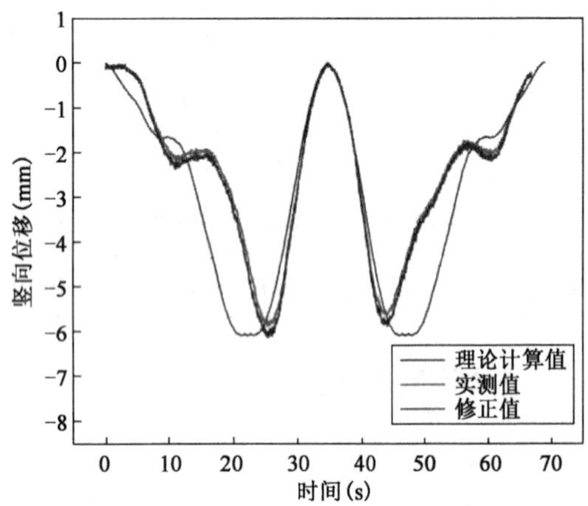

图 14　修正前后时程曲线对比(中梁)

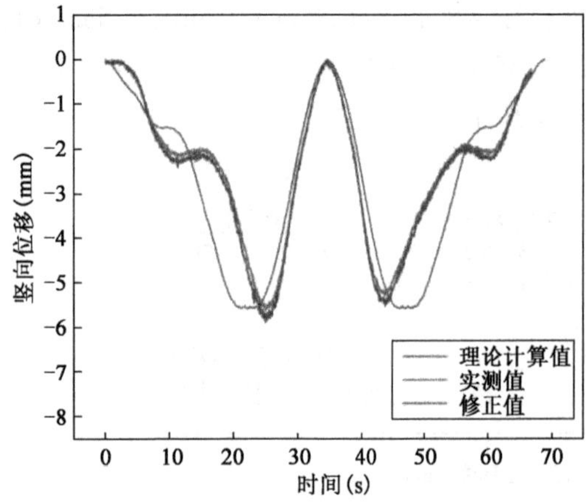

图 15　修正前后时程曲线对比(次中梁)

与修正前模型结果及实测数据对比可以发现:修正后各测点竖向挠度与实测值的误差均在 5% 以内,主振动方向的一阶频率与实测值误差在 5% 以内,说明修正后的有限元模型计算值与实测响应吻合较好。从上述分析可知,修正后主梁的弹性模量较初始模型都有所提高,表明该桥梁结构总体力学性能性良好。

4　结语

本文基于联合静动力实测数据构造目标函数响应面,对一简支 T 梁桥梁模型进行修正,通过灵敏度分析确定弹性模量 La1 ~ La6 为修正目标,并结合实测数据编写 GA-SVR 代码算法进行求解,得到修正后的有限元模型。经对该桥进行大件车过桥监测与修正模型挠度时程曲线比较,结果证明,联合静动力法修正模型与实际桥梁力学性能接近,为后续有限元仿真、桥梁监测等工作提供更准确地反映实际结构受力特征的基准有限元模型。

参考文献

[1] WU J, CHENG F, ZOU C, et al. Swarm Intelligent Optimization Conjunction with Kriging Model for Bridge Structure Finite Element Model Updating [J]. Buildings,2022, 12(5).

[2] 田帅帅,夏飞龙,王林凯. 桥梁有限元模型修正方法研究综述 [J]. 工程技术研究,2022,7(7):190-192.

[3] 宗周红,任伟新. 桥梁有限元模型修正和模型确认 [M]. 北京:人民交通出版社,2012.

[4] 宗周红,夏樟华. 联合模态柔度和静力位移的桥梁有限元模型修正方法 [J]. 中国公路学报,2008(6):43-49.

[5] 丁幼亮,李爱群,韩晓林,等. 润扬大桥斜拉桥结构安全评估的有限元建模与修正 [J]. 东南大学学报(自然科学版),2006(1):92-96.

[6] 张倩,薛小强,徐焱强. 基于灵敏度分析的双塔斜拉桥有限元模型修正优化 [J]. 公路交通技术,2023,39(5):104-112.

[7] 张文武,张荣凤,亓兴军,等. 基于静动力模型修正的简支梁桥承载力评定方法 [J]. 建筑科学与工程学报,2022,39(6):122-132.

[8] 梅冲,宋任贤,周云飞,等. 基于静动力试验的铁路连续刚构-拱桥模型修正 [J]. 铁道标准设计:1-12.

[9] KIM S,KIM N,PARK Y S,et al. A Sequential

Framework for Improving Identifiability of FE Model Updating Using Static and Dynamic Data [J]. Sensors,2019,19(23).

[10] 杨辉斌,郑德仁,王贺龙,等. 基于 GA-SVR 的管网异常漏损检测 [J]. 水电能源科学,2024,(3):133-136,53.

[11] 韩万水,刘修平,邓露,等. 基于实数编码遗传算法的桥梁有限元模型修正方法 [J]. 交通运输工程学报,2019,19(2):14-24.

[12] WU J,YAN Q S, HUANG S P, et al. Finite Element Model Updating in Bridge Structures Using Kriging Model and Latin Hypercube Sampling Method [J]. Advances in Civil Engineering,2018.

[13] 赵越,黄平明,刘修平,等. 基于等参映射与改进折半法的公路车桥耦合分析系统 [J]. 湖南大学学报(自然科学版),2020,47(11):29-37.

深度学习在桥梁检测中的应用研究进展

邓新龙* 刘 昌 段安楠

(长安大学公路学院)

摘 要 近年来,随着人工智能的迅速发展,深度学习已广泛应用于桥梁工程各个领域。为将深度学习更好地应用到桥梁检测中,本文首先介绍深度学习的相关概念和发展历程,然后综述深度学习在桥梁检测中的应用现状,最后对深度学习的应用现状进行讨论,并尝试对未来的应用进行展望。结果表明:深度学习为学者和工程师处理专业问题提供更简单、更强大的数据处理方法;深度学习的应用涉及桥梁检测中的各个方面,能够较好地解决各方面中的具体问题;对于深度学习的应用仍然存在环境噪声影响分析结果、泛化能力差、工程实用性低等不足;随着新算法和框架的建立,各类数据集的完善,以及计算能力的提高,基于深度学习的方法将显著促进桥梁检测各方面的研究和应用。

关键词 桥梁检测 深度学习 神经网络 计算机视觉

0 引言

21 世纪以来,我国桥梁建设能力突飞猛进。截至 2022 年,我国现有公路桥梁数量达到 103.32 万座,总长度达到 8576.49 万延米[1]。中国已成为世界第一桥梁大国。然而桥梁在服役过程中会出现不同程度的损伤,已有桥梁的检测工作成为桥梁工作者的一大挑战。近年来我国在桥梁检测领域投入巨大,但目前在我国的桥梁检测领域中主要依赖于人工检测[2]。传统人工桥梁检测方法有工作强度大、检测效率低、花费成本高等劣势,所以寻求高效的智能化检测手段成为桥梁领域的主要研究任务。

深度学习(Deep learning)作为一项备受关注的人工智能技术,在许多领域中得到了广泛的应用。它解决了计算能力不足和传统数据分析方法效率低下等问题,在桥梁检测领域展现出了巨大的应用潜力。现阶段已有大量学者研究了深度学习在桥梁检测中的应用,但大部分桥梁工作者对于深度学习不够了解,没有在实践中发挥深度学习的优势。因此,有必要对深度学习在桥梁检测中的研究现状进行分析和总结,并探讨深度学习在此领域的研究方向。

本文将归纳总结深度学习的相关概念和发展历程;综述深度学习在桥梁检测中的应用现状并进行讨论,尝试对深度学习在桥梁检测与监测领域的研究与应用进行展望。

1 深度学习

深度学习是一种基于人工神经网络的机器学习方法,旨在通过模拟人脑神经元的工作原理来实现复杂的模式识别和数据处理任务。它是机器学习的一个分支,属于人工智能的一部分。机器学习(Machine learning)是使计算机能够学习提取的特征和目标之间的隐藏模式用于分类或预测的过程。人工智能(Artificial intelligence)是一个能够通过计算机执行类似人类智能的系统。AI、机器学习和深度学习的关系如图 1 所示。

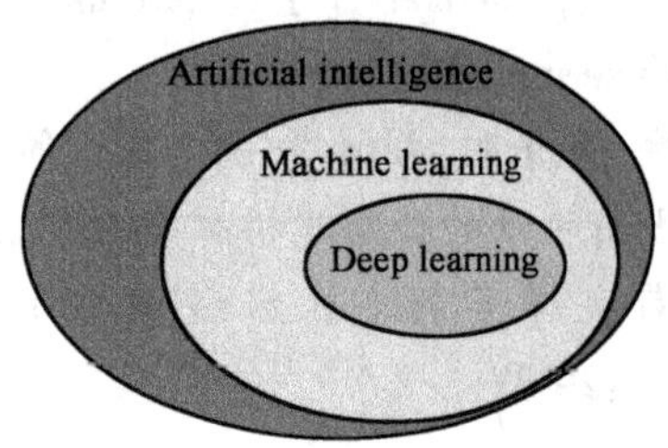

图 1　AI、机器学习和深度学习的关系

深度学习的发展历程可以追溯到 20 世纪 80 年代,当时神经网络作为深度学习的基础概念被提出。但由于计算资源的限制和理论上的困难,深度学习并未得到广泛应用。直到 2006 年,Hinton 等人提出了深度信念网络算法,成功地解决了深度神经网络的训练问题,为深度学习的复兴奠定了基础。随着图形处理单元(GPU)的发展和大规模数据集的可用性,深度学习开始迅速发展。2012 年,AlexNet 在 ImageNet 图像识别竞赛中取得了重大突破,引发了全球范围对深度学习的关注。2015 年,AlphaGo 击败围棋世界冠军李世石,再次引发了对深度学习的广泛讨论。这一突破表明深度学习不仅在传统任务上表现出色,而且在复杂的智能决策和游戏领域也具有巨大潜力。在此之后,随着深度学习算法与模型的不断改进与优化,其应用场景不断扩展。

2　深度学习在桥梁检测中的应用

桥梁检测是桥梁运维中非常重要的一项工作,是指对桥梁的使用状况、缺陷及损伤进行检测。传统桥梁检测方法多依赖于人工检测,但人工检测有成本高、效率低、检测准确率低等缺点。为了提高桥梁检测效率、减少人工参与,大量学者引入深度学习算法,结合先进设备,研究了桥梁智能检测方法。在桥梁智能检测的发展中,深度学习算法与模型强大的数据处理能力起到很重要的促进作用。本节从结构损伤识别、裂缝检测、螺栓检测、腐蚀锈蚀识别四个方面简要总结深度学习在桥梁检测领域的应用。

2.1　结构损伤识别

在过去的 20 年里,以评估桥梁结构的性能和状态为目的的损伤识别得到了越来越广泛的应用和研究。桥梁结构传统的损伤识别方式是人工目测,但是由于人工检测低效率和费用昂贵等限制,这种方法难以广泛应用于大跨径桥梁或大规模桥梁检测。实际桥梁损伤很可能隐藏在结构内部或难以接近的区域,会导致基于视觉的状态评估有很大的可变性。因此,许多专家学者开发了基于各类现场监测数据的方法来进行损伤检测。其中,BP 神经网络、卷积自编码器(CAE)、卷积神经网络(CNN)等深度学习模型为智能化结构损伤识别提供了数据分析手段,即使在有复杂信息的情况下,也可以有效在大量数据中进行损伤识别。

包龙生等[3]结合 BP 神经网络理论开发程序,对桥梁结构损伤位置及损伤程度智能输出进行可行性研究,所开发程序对简支梁与连续梁的结构损伤位置识别较为准确。谢详辉[4]对比了三种深度学习方法,发现以堆栈降噪自动编码器为代表的深度学习方法能提高桥梁损伤识别的准确性。Kanghyeok Lee 等[5-6]提出了一种基于卷积自动编码器(CAE)的 PSC 桥梁钢筋损伤检测方法,并通过试验验证了在单车和多车工况下预应力混凝土的检测准确性。

杨建喜等[7]提出了一种联合卷积神经网络(CNN)和长短记忆循环神经网络(LSTM)模型的桥梁结构损伤识别方法,CNN-LSTM 联合模型架构如图 2 所示。该方法以结构健康监测获取的加速度振动响应为输入,通过 CNN 模型提取其多时间窗口内传感器拓扑相关性特征,然后将该特征矩阵输入 LSTM 模型,以进一步提取其时间维度特征,最终实现结构损伤模式分类。骆勇鹏等[8]提出基于一维卷积神经网络的结构损伤识别方法,直接从原始振动信号中自主学习损伤特征,并准确快速地识别结构的损伤位置和损伤程度。李丹等[9]提出基于声发射信号时频分析与深度学习的钢桁架焊接节点损伤程度识别方法,用小波变换处理桥梁运营过程中桁架节点产生的声发射信号,表征不同损伤程度信号的时频能量分布模式,建立二维卷积神经网络模型对时频图进行损伤特征提取,通过迁移学习思想提升模型的训练效率和学习能力,实现桁架焊接节点严重损伤、轻微损伤和噪声工况的准确识别。

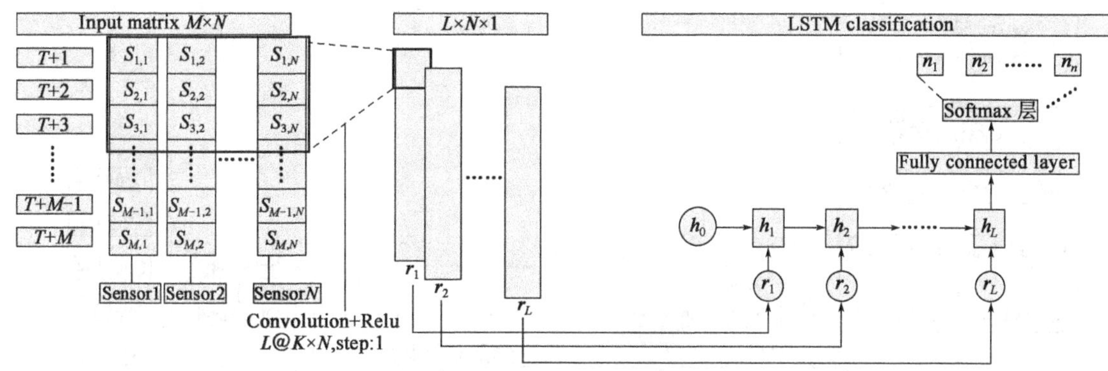

图2 CNN-LSTM 联合模型架构

桥梁结构损伤引起结构参数的变化，进而改变动力特性，现有检测技术大多涉及动力激励下的实测结构响应，因此，响应实测数据的准确性直接影响了识别结果。应用深度学习算法的过程中，如何提高实测数据准确性以及降低环境因素对检测结果产生的影响仍需要进一步研究。

2.2 裂缝检测

混凝土桥梁的构件裂缝问题是桥梁检测中的主要内容。传统目视检查的方式效率较低，其检查准确性对人的依赖较大。为了快速、准确的检测桥梁构件的裂缝，采用深度学习算法成为当前研究的焦点，其中使用较多的是 YOLO 系列目标检测算法与卷积神经网络 CNN。

廖延娜等[10]针对桥梁裂缝具有连续性和不具备个体完整性的特点，对 YOLOv4 目标检测网络进行改进（改进后的 YOLOv4 网络如图 3 所示），使其具有更好的回归和判断能力，提高了目标检测网络在时间检测场景中的泛化能力。余加勇等[11]提出集成深度学习 YOLOv5 和 U-Net3 + 算法的一体化桥梁裂缝智能检测方法，可实现桥梁裂缝快速识别与定位及像素级裂缝智能化提取。刘宝麟[12]提出了基于 YOLOv5 算法的桥梁裂缝识别定位模型与基于 U-Net3 + 算法的裂缝分割模型，实现裂缝高精度识别定位及裂缝长度、宽度的像素级测量。彭家旭等[13]提出一种基于深度学习 YOLOv5s 的改进算法，对数据集进行分割与数据增强处理，并构建自注意力机制（CBAM）增强模型，实现对桥梁裂缝的识别与分类。张锋[14]构建了基于 YOLOv5 和 YOLACT 算法的桥梁裂缝精细化检测模型，实现了实时性目标检测和实例分割，与轻量级裂缝分类检测模型共同组成混凝土桥梁裂缝分级检测算法。廖祥灿等[15]在 YOLOv5 模型基础上提出引入 C3-B（C3-Bottleneck）注意力机制模块，提高模型对目标的精确定位能力。Gao Weiliang 等[16]通过深度卷积生成对抗性网络（DCGAN），从现有混凝土裂缝图像中生成大量人工样本，使用 YOLOv5 快速检测裂缝。

吴向东等[17]提出一种基于卷积神经网络与条件随机场的裂缝检测算法。Meng Xiang 等[18]研究了将深度学习框架（DLF）与卷积神经网络（CNN）相结合用于桥梁裂缝检测的有效性。Bubryur Kim[19]提出了基于浅卷积神经网络 LeNet-5（一种的 CNN 架构）的表面混凝土裂缝检测体系结构，用最小的计算量实现裂纹检测的最大精度。

除上述基于 YOLO 系列与 CNN 的深度学习算法之外，也有学者研究其他深度学习模型进行桥梁裂缝的检测。张定军等[20]提出了一种优化 PSPNet 网络结构的改进型轻量级裂缝语义分割模型 Ghost-PSPNet，实现了实时性和准确率的良好平衡。贾林[21]为了减少裂缝提取工作的计算量及提高裂缝检测效率，提出了改进 FCOS 算法。余波[22]建立基于 MoileNet-v3 的分类网络，通过迁移学习方式进行训练，通过滑窗的方式对裂缝图像进行扫描，实现大范围的裂缝识别。马敬超[23]提出了基于无人机路径采集桥梁裂缝图像并拼接再进行裂缝识别的方法，搭建了适合处理裂缝分割问题的 U-Net 网络模型，将深度学习目标检测算法与无人机结合，实现桥梁裂缝精准检测。朱旭阳[24]针对深度学习训练过程中数据集规模较小的问题，提出了混合有监督数据增强和无监督数据增强的数据集扩充方法，混合使用图像旋转、图像裁剪、图像加噪、对比度增强以及深度卷积生成对抗网络扩充桥梁裂缝数据集,为模型训练提供数据支撑。

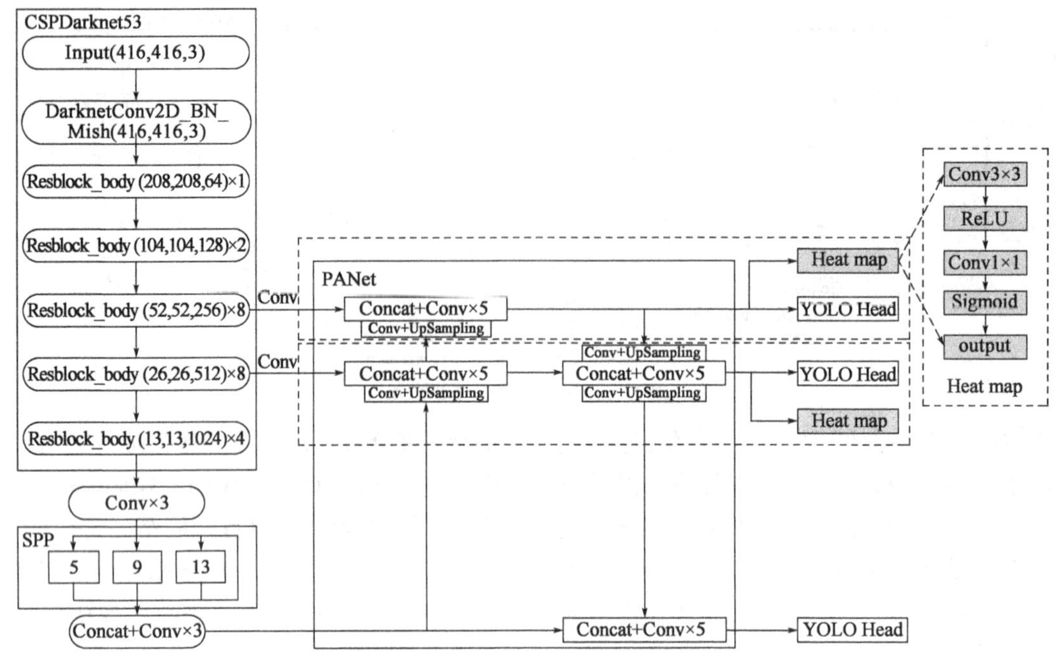

图3　改进后的YOLOv4网络

目前大多裂缝检测均是基于卷积神经网络,且检测效果良好。在使用深度学习模型实现桥梁裂缝识别的同时,也可以考虑进一步增加其他有明显的视觉特征桥梁病害的识别。

2.3　螺栓检测

对于钢结构或桁架结构桥梁,为保证螺栓连接处结构连接安全可靠,螺栓的定期检测和维护至关重要。螺栓检测中最为基础的外观检查与混凝土桥梁裂缝检测有相同的特点,即人工检测效率低、准确率低。因此,深度学习算法可以结合自动化检测设备为螺栓检测发挥重要作用。目前已有大量学者进行了研究,采用深度学习检测螺栓的脱落、松动和位移损伤。

刘畅[25]提出了基于改进YOLOv4和改进K-Means的桥梁螺栓定位和缺陷检测算法,针对桥梁螺栓数据集的特点,利用anchor聚类和Focal Loss损失函数对标准YOLOv4进行改进,并设计一种语义分割和孪生网络相结合的端到端的螺栓松动缺陷检测网络Siamese DL,对螺栓松动、位移以及脱落三种缺陷进行自动化检测。

Thanh-Canh Huynh[26]与Quoc-Bao Ta[27]都使用了区域卷积神经网络RCNN检测螺栓并采用基于霍夫线变换(HLT)的图像处理算法,从裁剪的螺栓图像中估计螺栓松动角度。

卓德兵[28]与Wei Fu[29]以螺栓在激励下发生松动时声发射信号的小波变换图片为输入,采用卷积神经网络CNN进行螺栓松动识别。另外Fu Wei引入了迁移学习训练模型,可有效减少训练参数并提高特征提取能力。卓德兵还提出了结合无人机与改进的YOLOv4目标检测模型进行螺栓脱落检测的方法。

此外,有学者将深度学习算法CNN[30]、YOLOv3[31]、YOLOv5s[32]用于识别螺栓转过的角度来检测螺栓松动损害,将深度学习算法YOLOv4[33]、YOLOv5[34-36]用于螺栓脱落检测。其中阳茜汕等[35]将深度学习目标检测算法YOLOv5与无人机结合,实现对螺栓脱落的精确识别,具有较高的工程应用价值。

目前有多种深度学习算法已应用到桥梁螺栓检测中,可以实现对螺栓的脱落、松动及位移的准确检测。但多数研究仅实现了检测算法,并未部署到自动化检测设备上。所以,接下来的研究应更多关注如何实现深度学习算法在大规模检测工作中的应用。另外,对于螺栓转动角度检测,由于转动60°的倍数之后的图像与原位置完全相同,所以对于这种情况,应用深度学习的检测算法也无法对其进行准确检测,只能采取增大检测频率的方法,以防止漏检。

2.4　腐蚀锈蚀检测

钢结构的锈蚀与钢筋混凝土结构的腐蚀是桥梁检测中的一个重要项目。对钢结构而言，锈蚀会减小关键构件的有效截面，降低承载能力和疲劳强度，导致单个单元和整个结构的失效。混凝土表面的腐蚀，则会导致混凝土保护层失去对钢筋的保护，导致钢筋锈蚀，间接影响钢筋混凝土结构的承载能力。腐蚀与锈蚀都是结构表观病害，同样可以引入深度学习结合自动化检测设备的检测方法进行智能检测。

腐蚀与锈蚀表现出两种主要的视觉特征：粗糙的表面纹理和彩色光谱。可利用这些视觉特性应用基于特征的分类技术进行腐蚀锈蚀检测[37]。Zahra Ameli 等[38]收集制作了一个开源的钢桥腐蚀数据集以及相应的标注，在该数据集上训练并验证了 YOLOv8 语义分割算法，结果表明 YOLOv8 模型在检测腐蚀方面具有实际应用前景。张天瑞[39]提出了一种基于深度学习 CNN 的钢筋混凝土锈蚀裂缝识别模型，利用 TensorFlow 学习框架来构建神经网络分类模型 SCNet，将模型与两种传统的边缘检测方法 Sobel 边缘检测方法和 Canny 边缘检测方法进行对比，研究光照强度、明暗变化和图像扭曲等各种问题及噪音对本方法可测性影响，证明了其在不同环境条件下对钢筋混凝土锈蚀裂缝识别的实用性。秦荣杰[40]提出了基于 Cross Former 深度学习网络的钢板锈蚀类型识别分类模型和钢板均匀锈蚀深度识别分类模型，基于 Python 构建 Cross Former 神经网络模型分别进行钢板锈蚀检测及钢板均匀锈蚀深度检测，但其实用性有待进一步优化。许颖等[41]提出了一种基于深度学习卷积神经网络的钢筋混凝土锈蚀裂缝识别模型。吴乐谋等[42]提出了一种融合自适应光照预处理方法和深度学习的钢桥腐蚀检测方法，采用 GLF 对比度增强算法结合 KinD + + 低光增强模型的方法，对图像进行预处理；采用粗标注结合 K-means 算法标注腐蚀区域得到分割标签；最后，采用原始图像和预处理后图像分别对 UNet + + 网络进行了训练和测试。

对于腐蚀锈蚀检测，使用深度学习算法结合自动化检测设备，可以解决人工检测主观性强、费时费力、存在安全风险等问题。目前已有多种深度学习算法可用于进行桥梁腐蚀与锈蚀检测，但其检测准确效果与实际实用性能不尽相同，仍需对原始图像的处理方法以及影响检测结果的因素进一步研究。

3　结语

本文首先简要总结了深度学习的概念和主要发展历史；然后叙述了深度学习方法在桥梁检测领域中的应用。通过对深度学习的历史进程及应用研究分析，得到以下结论：

（1）深度学习的发展包括新的架构、高效的训练和验证算法、新的框架等，将为学者和工程师处理专业问题提供更简单、更强大的数据处理方法。

（2）深度学习的应用涉及桥梁检测的多个方面，能够高效准确的实现各种桥梁病害损伤的检测。

（3）为了各领域中基于深度学习的研究方法能够更好地发展并应用与实际工程，还需要解决以下问题：消除或减小环境噪声对实测数据的影响，避免影响分析结果的准确性；提高算法的速度与精度，使其具有更好的泛化能力；结合无人机或无人检测车，将已经实现的深度学习算法部署到工程实践。

（4）随着新算法和框架的建立，各类数据集的完善，以及计算能力的提高，基于深度学习的方法将显著促进桥梁各领域的研究和应用，为桥梁各领域解决问题提供新思路、新方法，在更完备的数据支撑下催生新的理论。

参考文献

[1] 2022 年交通运输行业发展统计公报[J]. 中国水运，2023(7)：29-33.

[2] 《中国公路学报》编辑部. 中国桥梁工程学术研究综述·2021[J]. 中国公路学报，2021，34(2)：1-97.

[3] 包龙生，曹悦，赵宁，等. BP 神经网络和曲率模态理论在桥梁损伤识别中的应用[J]. 沈阳建筑大学学报(自然科学版)，2021，37(2)：296-302.

[4] 谢祥辉. 基于深度学习理论的桥梁损伤识别研究[D]. 成都：西南交通大学，2018.

[5] KANGHYEOK L，SEUNGHOO J，SUNG-HAN S，et al. A Novelty Detection Approach for Tendons of Prestressed Concrete Bridges Based on a Convolutional Autoencoder and Acceleration Data[J]. Sensors，2019，19：1633.

[6] KANGHYEOK L, SEUNGHOO J, KOREA R. Research Institute! Uiwang 16105 Korea inha. ac. kr2 Advanced Railroad Civil Engineering Division, et al. Damage-Detection Approach for Bridges with Multi-Vehicle Loads Using Convolutional Autoencoder[Z]:1-19.

[7] 杨建喜,张利凯,李韧,等.联合卷积与长短记忆神经网络的桥梁结构损伤识别研究[J].铁道科学与工程学报, 2020, 17 (8): 1893-1902.

[8] 骆勇鹏,王林堃,廖飞宇,等.基于一维卷积神经网络的结构损伤识别[J].地震工程与工程振动, 2021, 41(4):145-156.

[9] 李丹,沈鹏,贺文宇,等.基于声发射信号时频图深度学习的桥梁钢桁架焊接节点损伤程度识别[J].振动与冲击, 2024, 43(1):107-115, 122.

[10] 廖延娜,宋超.基于深度学习的桥梁裂缝定位算法研究[J].国外电子测量技术, 2022, 41(4):112-118.

[11] 余加勇,刘宝麟,尹东,等.基于YOLOv5和U-Net3+的桥梁裂缝智能识别与测量[J].湖南大学学报(自然科学版), 2023, 50(5):65-73.

[12] 刘宝麟.基于YOLOv5与U-Net3+算法的桥梁裂缝智能识别方法研究[D].长沙:湖南大学, 2022.

[13] 彭家旭,顾亦然.基于深度学习的桥梁裂缝的智能识别与分类[J].现代电子技术, 2023, 46(24):135-140.

[14] 张锋.基于计算机视觉的混凝土桥梁裂缝分级检测研究[D].南京:南京林业大学, 2023.

[15] 廖祥灿,李彩林,姚玉凯,等.基于改进YOLO V5的公路桥梁裂缝检测方法[J].山东理工大学学报(自然科学版), 2023, 37(4): 1-7.

[16] GAO J L, ZHAO T T, WANG Z Y, et al. A Rapid Bridge Crack Detection Method Based on Deep Learning [J]. Applied Sciences, 2023, 13:9878.

[17] 吴向东,赵健康,刘传奇.基于CNN与CRF的桥梁裂缝检测算法[J].计算机工程与设计, 2021, 42(01):51-56.

[18] MENG X, HAO M S, HUANG G P, et al. Research on the Efficiency of Bridge Crack Detection by Coupling Deep Learning Frameworks with Convolutional Neural Networks[J]. Sensors, 2023, 23:7272.

[19] BUBRYUR K, YUVARAJ N, SRI K R PREETHAA, et al. Surface crack detection using deep learning with shallow CNN architecture for enhanced computation [J]. Neural Computing and Applications, 2021,33:9289-9305.

[20] 张定军,廖明潮,高拉劳.基于GhostNet的轻量级桥梁裂缝图像语义分割算法[J].公路, 2023,68(4):246-255.

[21] 贾林.基于深度学习的桥梁裂缝检测系统设计[D].天津:河北工业大学,2022.

[22] 余波.基于深度学习的桥梁裂缝检测方法研究[D].西安:西安科技大学,2022.

[23] 马敬超.基于无人机飞行路径的桥梁裂缝识别方法研究[D].成都:西南交通大学,2022.

[24] 朱旭阳.基于深度学习的桥梁裂缝检测技术研究与实现[D].重庆:重庆交通大学,2022.

[25] 刘畅.基于深度学习的桥梁螺栓定位与缺陷检测[D].武汉:华中科技大学,2022.

[26] THANH-CANH H H, JAE-HYUNG P, HYUNG-JO J, et al. Quasi-autonomous bolt-loosening detection method using vision-based deep learning and image processing[J]. Automation in Construction,2019,105:102844.

[27] QUOC-BAO T, JEONG-TAE K. Monitoring of Corroded and Loosened Bolts in Steel Structures via Deep Learning and Hough Transforms[J]. Sensors,2020,20:6888.

[28] 卓德兵.基于计算机听觉与视觉技术的钢桁架螺栓连接损伤检测研究[D].重庆:重庆大学,2021.

[29] FU W, ZHOU R H, GUO Z Y. Automatic bolt

tightness detection using acoustic emission and deep learning [J]. Structures, 2023, 55: 1774-1782.

[30] 吕硕,杨国涛,陈涵深,等.基于关键点检测的钢桥螺栓松动识别方法[J].低温建筑技术,2023,45(2):56-59.

[31] 程帆.基于计算机视觉技术的螺栓松动识别[D].武汉:武汉轻工大学,2023.

[32] 吕明达.基于图像处理和深度学习的桥梁连接螺栓松动检测方法研究[D].成都:西南交通大学,2021.

[33] LUO J,TANG K S,ZHONG Y L,et al. Image-based bolt self-localization and bolt-loosening detection using deep learning and an improved homography-based prospective rectification method[J]. Advances in Structural Engineering, 2023,26:1242-1259.

[34] 罗纯坤.基于深度学习和迁移学习的螺栓脱落检测[J].四川建筑,2023,43(06):73-75.

[35] 阳茜汕,卓德兵.基于无人机与深度学习的钢桁架结构螺栓脱落智能检测研究[J].中国水运,2023(5):153-155.

[36] YANG Z L, ZHAO Y D. Northwestern Polytechnical University! mail. nwpu. edu. cn2 Taicang Yangtze River Delta Research Institute, et al. Detection of Missing Bolts for Engineering Structures in Natural Environment Using Machine Vision and Deep Learning[Z]: 1-21.

[37] ATIQUR R,WU Z Y,RONY K. Semantic Deep Learning Integrated with RGB Feature-Based Rule Optimization for Facility Surface Corrosion Detection and Evaluation [J]. Journal of Computing in Civil Engineering,2021,35.

[38] ZAHRA A, SHABNAM J N. University of Science and Culture! Tehran 146196 8151 Iran maine. edu2 Department of Engineering, et al. Deep Learning-Based Steel Bridge Corrosion Segmentation and Condition Rating Using Mask RCNN and YOLOv8[Z]:1-16.

[39] 张天瑞.基于深度学习卷积神经网络的钢筋混凝土锈蚀裂缝识别[D].哈尔滨:哈尔滨工业大学,2020.

[40] 秦荣杰.基于深度学习 Transformer 网络的钢板锈蚀类别识别方法研究[D].西安:西安建筑科技大学,2023.

[41] 许颖,张天瑞,金淦.基于深度学习 SCNet 的钢筋混凝土锈蚀裂缝识别[J].湖南大学学报(自然科学版),2022,49(3):101-110.

[42] 吴乐谋,张清华,郑秋松,等.融合自适应光照预处理和深度学习的钢桥腐蚀检测方法[J].中国公路学报,2024,37(2):110-124.

在役混凝土箱梁桥沥青高温摊铺的温度场分析

陈燚飞*

(江苏高速公路工程养护技术有限公司)

摘　要　以混凝土组合小箱梁桥桥面沥青摊铺为例,通过预埋温度传感器观测了桥梁竖向截面测点沥青摊铺过程的梁体温度,研究分析了沥青高温摊铺过程桥梁的竖向截面温度分布规律,拟合得到最不利温度梯度分布曲线,并总结了桥面沥青摊铺的温度分布特征。桥梁温度梯度曲线会随着时间呈现不同的分布模式,但最不利温度梯度约在高温沥青摊铺后 1h,且梁体所能达到的最高温和调平层厚度、桥梁的初始温度相关。

关键词　混凝土箱梁　沥青高温摊铺　温度梯度

0 引言

高温沥青摊铺的瞬态高温作用具有作用快、消退也快速的特点,这种作用会给桥梁带来不可逆的损伤或者隐形病害。随着桥梁服役年限的增长,桥面养护沥青高温摊铺对桥梁结构的影响需要科学的论证。国内外已提出多种桥梁温度梯度模式,中国《公路桥涵设计通用规范》(JTG D60—2015)的顶部双折线,中国《铁路桥涵混凝土结构设计规范》(TB 10092—2017)的指数曲线,国外规范的三折线、5次幂函数等[1-3]。李葳[4]通过研究国内外规范发现,梁面铺装层厚度可以明显减弱竖向温差作用;刘其伟等[5]开展了实桥检测,得到桥面沥青高温摊铺的桥梁竖向温度梯度呈非线性关系,更近似于指数函数分布;蒋凯[6]的试验中强调桥梁的温度要考虑地区因素;杨佐等[3]指出桥梁的类型也是温度梯度不一致的因素。因此需要对不同的桥梁沥青高温作用时的温度梯度差异性做进一步的研究。

基于桥面养护沥青摊铺高温作用,本文以组合箱梁桥为例,探讨了小箱梁的沥青摊铺温度场,分析了梁体最不利温度梯度,拟合了最不利温度梯度曲线,通过实测温度场,探讨适用于桥梁工程养护期的温度梯度模式,为桥梁养护工程设计提供更科学的理论支撑。

1 观测方法与过程

以G15高速公路江苏段集中养护区的一座组合箱梁桥为依托,开展桥面沥青摊铺箱梁温度梯度分布研究。该桥为预应力混凝土结构,单幅由5片小箱梁组合而成,桥龄18年,桥面为6cm+4cm沥青混合料铺装。本次以左幅第一联第一孔跨中为主要测试剖面,对2号、3号、5号梁调平层分别布设温度传感器用于横向分析,3号梁自调平层顶面向下沿腹板至底板布设温度传感器进行竖向测量分析,传感器根据不同深度分层等距布设(图1)。温度传感器在摊铺前2d埋置,使其与桥梁结构有一致的工作环境。桥面沥青混凝土摊铺温度约150℃,温度传感器数据采集标称量程为-50~+400℃,满足测量要求。

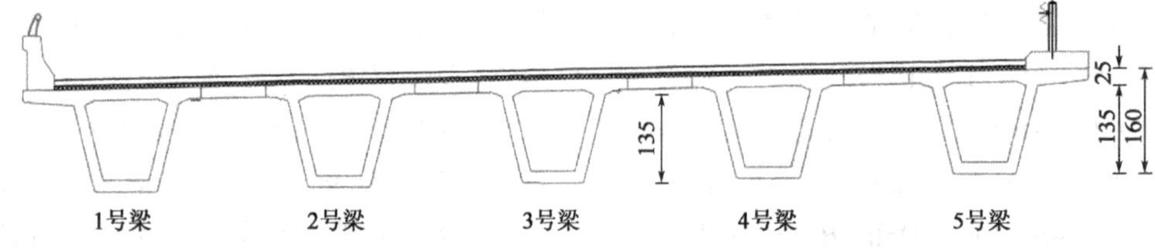

图1 测试剖面布设图(尺寸单位:cm)

2023年9月3日进行了桥面6cm下面层SMA沥青混合料摊铺,摊铺总宽度15.5m,分两阶段实施:第一阶段宽度8.2m于8:44开始,摊铺持续时间72min;第二阶段宽度7.3m于10:56开始摊铺,持续时间54min。2023年9月8日进行了4cm上面层SMA沥青混合料摊铺,施工时间为10:38,持续时间约37min。

2 温度监测分析

2.1 下面层摊铺温度

根据下面层6cm沥青混合料摊铺过程实测数据,从调平层至梁底的温度时间序列变化曲线如图2所示。图2a)为2号、3号、5号梁调平层顶面横向剖面分布,温度最大值分别为:5号梁57.8℃、2号梁50.3℃、3号梁48.4℃。图2b)为3号梁体监测剖面沿梁高方向温度时间序列。其中,6cm下面层分两次半幅摊铺,第一阶段未摊铺到3号梁正上方,所以3号梁调平层存在2次快速升温现象。

通过分析竖向测点温度曲线顶点值明显不同。图2b)中所示为3号梁竖向温度分布时间序列,从上往下各测点最高温依次为,调平层顶面48.4℃,箱梁顶面实测42℃,箱梁顶板中心39℃,箱梁顶板底部37℃,箱梁腹板顶部T1为35℃,腹板T2为31℃,腹板T3为30℃,腹板T4为28.5℃,再往箱梁底板方向逐渐减小到27℃。且各测点的温度极大值存在显著的相位差(表1),说明热量在钢筋混凝土桥梁传递的衰减性[7]。

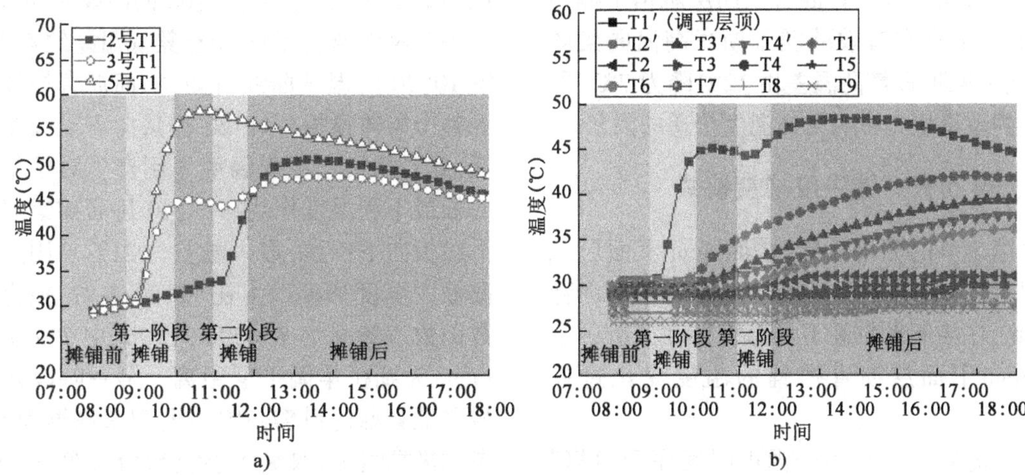

图2 6cm 沥青混合料摊铺测试剖面温度实测曲线

监测剖面关键参数 表1

距梁顶面(cm)	+6	-5	-10	-15	-25	-35	-45	-55	-75	-95	-115	-135	-150
摊铺前温度(℃)	30.9	30.1	30.1	30.1	29.5	29.0	28.8	28.3	28.0	28.0	27	26.9	26.0
升温时间(min)	9:00	9:25	9:52	10:30	10:36	10:40	11:48	12:14	11:56	15:58	13:58	12:10	11:56
温度最大值(℃)	48.4	42.1	39.5	37.7	36.2	31	31	30.1	29	29	28	28	27.4

图2a)为监测截面调平层横向3个测点的温度时间序列曲线,5号梁最先摊铺所以最早出现温度极大值,2号梁最后摊铺温度极大值出现最晚,3号梁出现两次温度极大值是因为第一阶段摊铺没有到传感器上方,第二阶段摊铺到监测点正上方后温度再次上升,且温度极大值高于第一阶段摊铺的温度极值。由于5号、3号、2号梁的3个温度传感器成横向分布,且在摊铺时拥有不同的基础温度,对图2a)分析可知,3个测点所能达到的最大温度和基础温度呈现明显的相关性,且基础温度越高,梁体所能达到的温度最大值越小(表2),即沥青高温摊铺桥梁最高温值与梁体基础温度呈负相关。

测点初始温度和最大温度 表2

因素参量	5号	2号	3号
初始温度(℃)	32.2	34.0	44.3
最大温度(℃)	57.8	50.7	48.3

2.2 上面层摊铺温度

在4cm上面层沥青混合料摊铺工况下,3号梁各测点温度如图3所示。由于已经存在6cm下面层沥青摊铺层,因此上面层4cm沥青混合料摊铺时,梁体各测点受温度影响效果较6cm下面层摊铺变化显著性下降。调平层顶面最高温度只有38.3℃,箱梁顶面5cm处实测最高温为37.2℃,10cm处温度极大值35.3℃,15cm处实测温度极大值33.7℃,25cm深度实测温度极大值为31℃,再往下桥梁温度基本只受太阳辐射影响。

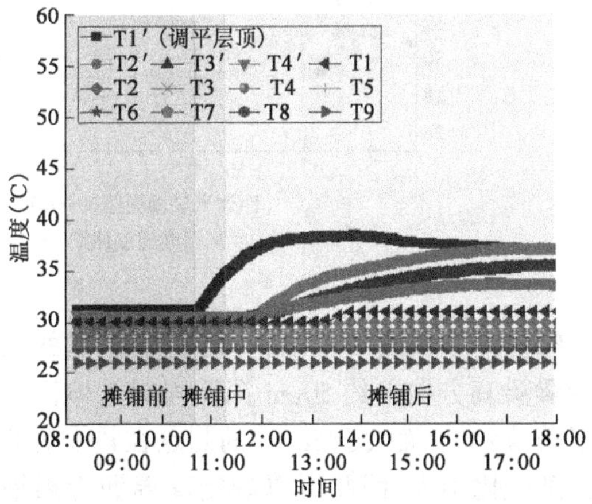

图3 上面层4cm沥青混合料摊铺箱梁实测温度

上面层摊铺时,6cm下面层的隔热作用,降低了梁体所能达到的最高温。下面层6cm沥青混合料减弱了热量向梁体的传递,调平层最高温由6cm面层摊铺的57.8℃降为4cm面层摊铺的38.4℃,梁顶面最高温由42.1℃降低为37.1℃,沿调平层向下的温度有效传递深度由50cm减小为30cm。4cm上面层高温沥青摊铺时,桥梁的6cm

混凝土调平层和6cm沥青混合梁面层承担了隔热作用,下面层的存在有效减缓了沥青高温向梁体的传递,使桥梁顶板最高温差由12℃降为7℃,因此调平层的厚度也是影响梁体温度传递的因素。

3　箱梁沥青摊铺温度梯度模式

通过第2节的分析可知,桥面6cm下面层摊铺的温度对桥梁的影响显著高于上面层4cm沥青摊铺,因此,在接下来的最不利温度梯度分析中主要讨论6cm下面层沥青摊铺的温度变化过程影响。

根据所监测关键截面的温度时间序列,得到不同时间下的梁高温度梯度曲线,如图4所示。以梁底温度为基础参考温度,图4为监测剖面在不同时间的桥梁竖向温度梯度,观察各时间节点的曲线,可知沥青面层摊铺过程桥梁竖向温度梯度明显呈非线性分布。9:00的曲线为沥青摊铺前的桥梁竖向温度,调平层至梁底温差约4.9℃。观察10:20的温度曲线可知,桥面沥青摊铺热传递到整个梁体顶板。11:20热量向下沿箱梁腹板传递,此时桥梁顶板受温度作用产生对桥梁腹板和底板最不利温度作用。12:40桥面摊铺温度继续沿腹板向下传递,最大温差为21℃。因此得到实测最大温度梯度发生在11:20左右,拟合得到指数函数表达式为 $T=20e^{-0.09z}$,式中 T 为温差值,z(cm)为到桥梁调平层距离。第一阶段摊铺时,5号梁最高温达到57.8℃,3号梁最高温为48.4℃,考虑极端情况,取最大温差初始值 $T_0=30$℃作为组合箱梁沥青摊铺最不利温度梯度初始值,曲线进行影响深度初始温度修正后为 $T=30e^{-0.09z}+2.5$。

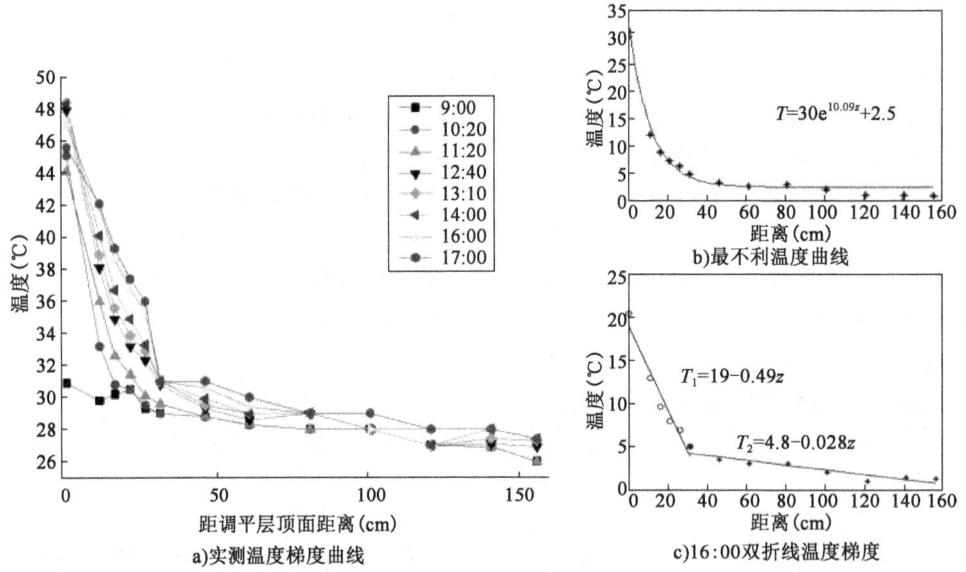

图4　实测梁高温度梯度曲线

结合图2和图4可以得出,沥青摊铺的温度在箱梁梁高方向上约50cm深度内对梁体温度影响显著,距梁顶面大于50cm的测点在整个观测期间温度变化不大,因此可以确定高温沥青摊铺时对箱梁梁体温度竖向的影响深度在50cm。这一结论与刘其伟等[8]的试验相一致。

通过图4不同时间节点的温度梯度曲线,高温竖向传递时,在摊铺完成约25min时热量透过6cm调平层传递到梁顶,此时调平层与梁顶面的连接面受到的负影响最大;当热量继续向下传递时,箱梁顶板因混凝土受热产生的应力可能会对桥梁结构产生次生病害。沥青摊铺完成4h后,桥梁竖向各测点的温度曲线更符合双折线模式,14:00的双折线拟合为 $T_1=21.25-0.53z$,$x=T_2=5.1-0.025z$,两段折线的线性相关系数分别为0.99和0.94;16:00温度梯度双折线[图4c)]公式为 $T_1=19-0.49z$,$T_2=4.8-0.028z$,相关系数分别为0.99和0.95。所以桥梁高温沥青面层摊铺时,温度梯度模式会随温度的向下传递呈现不同模式。

4　规范对比分析

中国公路规范和铁路规范的桥梁温度梯度曲线如图5所示,初始温度取值见表3。公路规范中桥梁温度梯度表示为顶板双折线模式,铁路规范中表示为指数函数的温度梯度模式。通过实测与规范对比可知,沥青高温摊铺过程的最大初始温度 T_0 明显高于规范的初始取值;在高温沥青摊铺最不利温度梯度下,桥梁温度梯度更近似于指数函数的分布,在进行梁体初始温度补偿后,温度梯度拟合曲线与实测值基本一致。桥面铺装完成一定时间后,桥梁竖向温度梯度符合顶板双折线模式,但实测初始温度约 20℃,仍然高于中国公路规范的初始温度值 T_0。因此,桥梁养护期应该考虑瞬态高温对梁结构和功能完整性的影响。

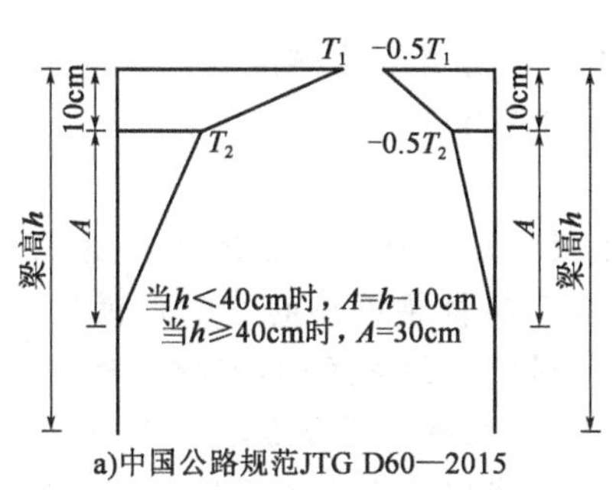

a)中国公路规范JTG D60—2015

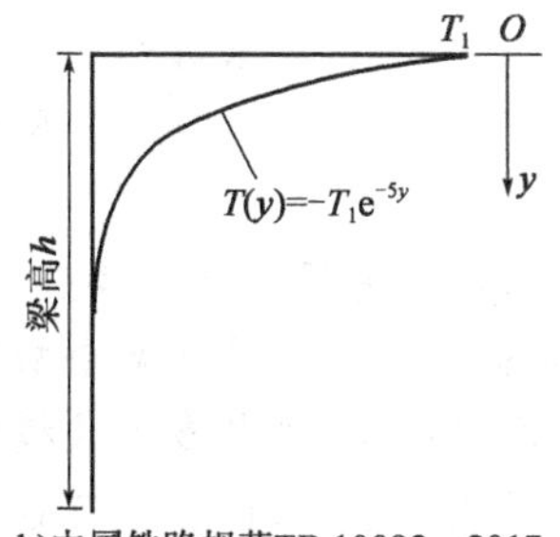

b)中国铁路规范TB 10092—2017

图5　中国公路、铁路规范桥梁温度梯度曲线

桥梁温度梯度基数比较　　表3

规范	正温度梯度		负温度梯度		备注
	T_1(℃)	T_2(℃)	T_1(℃)	T_2(℃)	
中国公路规范	14.0	5.5	-7.0	-2.75	10cm 厚沥青混凝土铺装层
中国铁路规范	20.0	—	—	—	标准设计

5　结语

(1)沥青摊铺桥梁温度梯度,在不同的时间内有不同分布模式,这种随时间变化的温度分布会改变梁体的应力分布,不利于桥梁的结构安全,因此养护设计应考虑沥青摊铺的高温作用对桥梁的影响,合理消除因养护工作瞬态高温作用对桥梁的损害。

(2)实测分析发现,梁体受到瞬态沥青高温作用的升温上限和桥梁的基础温度成负相关。基础温度越高,沥青高温摊铺过程桥梁所能达到的最高温度越小。因此,桥面高温沥青摊铺在基础温度较高的季节,更有利于消除沥青摊铺瞬态高温给桥梁造成的负影响。

(3)调平层在沥青高温摊铺过程可以起到隔热作用,且桥面高温沥青摊铺采用分层间隔一定周期摊铺,更有利于减少瞬态高温对桥梁结构带来的影响。

(4)沥青高温摊铺过程对桥梁的应力分布影响需要做进一步的探索。

参考文献

[1] 中华人民共和国交通运输部. 公路桥涵设计通用规范:JTG D60—2015[S]. 北京:人民交通出版社股份有限公司,2015.

[2] 国家铁路局. 铁路桥涵混凝土结构设计规范:TB 10092—2017[S]. 北京:中国铁道出版社,2017.

[3] 杨佐,赵勇,苏小卒. 国内外规范的混凝土桥梁截面竖向温度梯度模式比较[J]. 结构工程师,2010,26(1):37-43.

[4] 李葳. 国内外规范关于竖向温度梯度的规定研究[J]. 中国铁路,2017,(9):73-78.

[5] 刘其伟,邓祖华,肖飞. 钢筋混凝土箱梁桥沥青摊铺温度梯度模式的研究[J]. 公路工程,2011,36(1):45-49,54.

[6] 蒋凯. 桥面铺装隔温体系及其温度梯度模式研究[J]. 铁道工程学报,2021,38(4):50-55.

[7] 邢子寒,刘永健,闫新凯,等. 不同截面形式混凝土梁桥的竖向温度梯度效应分析[J]. 建筑科学与工程学报,2022,39(2):97-110.

[8] 刘其伟,朱俊,唐蓓华,等. 沥青高温摊铺时钢筋混凝土箱梁的温度分布试验[J]. 中国公路学报,2007(4):96-100.

基于可逆神经网络建立有限元代理模型与模型修正

荣喜鹏* 李 源 李喜喜 聂麒恒
(长安大学公路学院)

摘 要 为建立准确的有限元代理模型和避免模型修正时多次迭代计算,本文通过建立可逆神经网络模型,同时实现代理模型与参数修正两个功能。基于某桥梁桥塔的有限元模型,通过模型比选的方式找到最优的可逆神经网络结构,并与多项式模型进行对比。结果表明:在建立代理模型方面,可逆神经网络模型精度较低于多项式模型,但误差在可接受范围内;在确认模型参数方面,可逆神经网络模型精度优于多项式模型。因此,通过可逆神经网络模型可以同时实现建立有限元代理模型与快速确定模型参数的功能,具有很大的应用前景。

关键词 响应面 可逆神经网络 机器学习 模型修正 代理模型

0 引言

有限元模型分析是目前土木工程结构分析的有效方法,但是有限元模型计算结果往往与实测结果之间存在一定差异,这时就要对有限元模型进行修正,以提高有限元模型的精度和可靠性。

迭代法是常用的有限元模型修正方法,其本质是寻找一组最优参数,使得有限元模型计算结果能够吻合实测数据。在寻优过程中往往需要大量的迭代计算,每计算一次就要调用有限元模型一次,当有限元模型复杂度高时调用所需时间长、计算量大不利于实际运用。通常利用响应面方法建立有限元模型[1-3]的代理模型,响应面模型可以将结构响应特征与结构参数间复杂的关系用较简单的数学关系式近似表达,从而大大减轻计算量。

但是对于逆问题,建立响应面模型后仍然需进行多次迭代计算才能找到最优参数,在实际工程应用中不太方便。张伟杰等[4]受逆系统的启发提出了逆响应面方法,对调响应面函数的输入变量和输出变量的关系,以多项式函数直接拟合输入与输出的显式表达式,但当数据维度较高、非线性较强时,多项式模型会有较大偏差[5]。而神经网络由于其强大的非线性映射能力和联想记忆能力,被广泛应用于复杂关系下的函数拟合。近年来也有一些文献研究神经网络响应面模型[6]。

本文受可逆残差神经网络(Reversible Residual Network)[7]启发,采用可逆神经网络建立响应面模型,建立输入到输出、输出到输入共享网络参数的神经网络结构,正向和反向共同训练网络直至收敛;得到既可以由输入计算输出,也能从输出反算出输入的神经网络响应面模型。该模型正向计算能够作为简化复杂模型的代理模型;逆向计算可以作为逆响应面模型,建立响应特征与结构参数的直接映射,避免寻优时多次迭代计算。

本文主要介绍响应面方法的基本原理和神经网络响应面函数形式,以及可逆神经网络可逆层的模型结构,最后通过对某桥塔建立不同结构的可逆神经网络响应面模型进行模型比选,选出最优模型后,再与多项式模型在精度方面进行对比分析。

1 响应面方法和基本理论

1.1 响应面方法

响应面方法(Response Surface Method)最早由Box和Wilson提出[8],它是一项基于统计学分析的综合试验技术,用于处理系统或结构的输入(变量)与输出(响应)的转换关系问题。

响应面方法概述为:在变量的设计空间内,采用回归分析法对样本点处的响应值或试验值拟合,得到模拟结构真实响应的曲面,在进一步的问题分析和求解中替代有限元模型或其他复杂模型进行更有效设计或计算的一种方法。

1.2 响应面建模流程

响应面建模流程一般包括以下几个主要步骤：

(1)选择响应面函数形式；

(2)试验设计,获取样本点；

(3)利用样本点拟合得到响应面模型；

(4)应用响应面模型。

响应面函数形式的选择是第一步,也是最重要的一步,函数形式的好坏直接决定了模型最终拟合的精度以及拟合的效率。常用的响应面函数形式为二次多项式、克里金模型和神经网络模型。本文所采用的可逆神经网络模型就属于神经网络模型中的一种。

1.3 神经网络模型

神经网络属于多层前馈网络,包含有输入层、隐含层和输出层,同层单元之间互不相连,层与层之间信息向前传递,并利用激活函数实现非线性映射。常见的层有线性层、卷积层和池化层。如下是一个线性层之间的函数关系：

$$y=\sigma(\omega x+b) \tag{1}$$

式中：x——输入层；

y——输出层；

b——偏置；

ω——权重；

ω、b——网络参数,是在模型训练过程中自动更新的参数；

$\sigma(\cdot)$——激活函数。

常见激活函数有 Sigmoid、Tanh、ReLU 等。使用激活函数能够给神经元引入非线性因素,使得神经网络可以任意逼近任何非线性函数。一般神经网络为多层结构,此时 y 既是前一层的输出,也是后一层的输入。通常将网络的第一层称为输入层,最后一层称为输出层,中间层称为隐含层。当隐含层只有一层时,就是典型的三层神经网络。

神经网络通过一层一层地向前传递,得到预测值 $\hat{y}$,再由损失函数计算$\hat{y}$与真实值 y 的误差,最后经过误差反向传播求出参数的梯度,再以一定学习率将参数沿梯度方向进行更新。对于分类任务,损失函数一般选择二元交叉熵函数；对于回归任务,损失函数一般选择均方误差函数。学习率既能通过人为设定也可以通过算法自动调整。一般神经网络训练流程如图 1 所示。

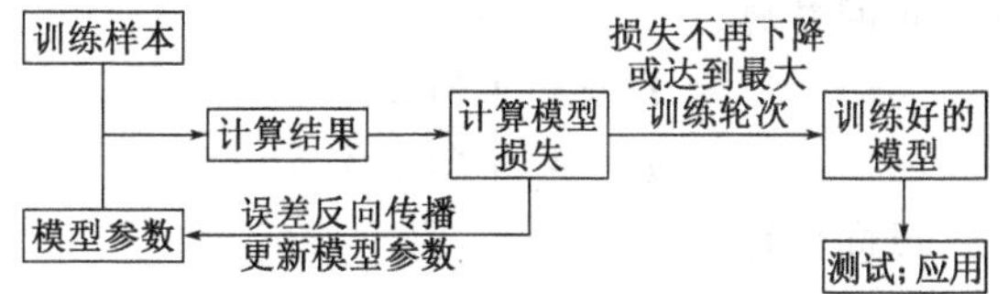

图 1 神经网络训练流程

2 可逆神经网络

可逆神经网络(Invertible Neural Network)最初是由 Dinh 等[9]提出,由于其双射构造和高效可逆性,INN 被用于各种推理任务,如图像隐藏、图像重缩放、图像着色、图像压缩和视频超分辨率等。可逆神经网络通过特定的结构设计,通过同一个网络实现输入和输出的互相映射。

2.1 可逆层的结构

2.1.1 线性可逆层

最简单的可逆层就是通过将输入和输出线性连接,反向计算时通过乘以系数矩阵的逆矩阵来实现。

正向计算：

$$Y=\omega X+b \tag{2}$$

反向计算：

$$X=\omega^{-1}(Y-b) \tag{3}$$

正向计算时,就相当于一个线性方程组,训练完成之后,提取已训练完成后的系数矩阵,求解系数矩阵的逆矩阵,再通过式(3)实现反向计算。

2.1.2 可逆残差网络

多伦多大学的 Aidan N. Gomez 和 Mengye Ren 等[7]提出了可逆残差神经网络(Reversible Residual Network)。通过人为设计的网络结构从而实现可逆操作。可逆残差神经网络的结构如图 2、图 3 所示。

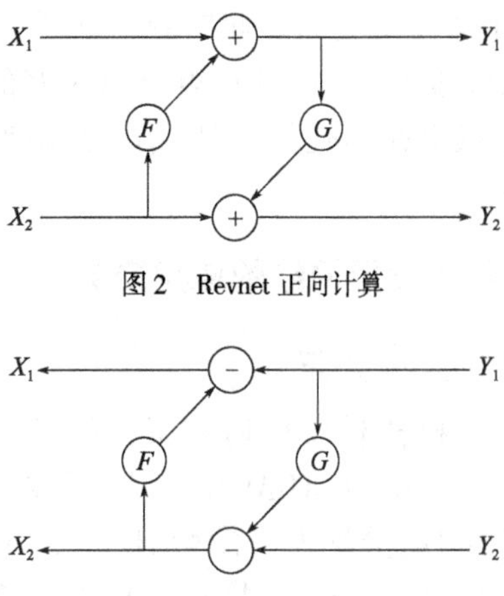

图 2 Revnet 正向计算

图 3 Revnet 反向计算

正向计算：

$$Y_1 = X_1 + F(X_2) \tag{4}$$

$$Y_2 = X_2 + G(Y_1) \tag{5}$$

反向计算：

$$X_1 = Y_1 - F(X_2) \tag{6}$$

$$X_2 = Y_2 - G(Y_1) \tag{7}$$

Revnet 将输入和输出都分成两块，输入为(X_1, X_2)，输出为(Y_1, Y_2)，$F(\cdot)$与$G(\cdot)$为学习函数，学习函数就是在训练过程中进行学习的函数，可以是任意复杂函数且无需可逆。若输入向量X的维度为N，X_1的维度为k，则X_2的维度为$N-k$；并且X_1与Y_1同维，X_2与Y_2同维。$F(\cdot)$是输入为$N-k$维，输出为k维的任意函数，同理$G(\cdot)$为输入为k维，输出为$N-k$维的任意函数。通常情况下采用平均分块的方式，即X_1，X_2的维度相同。由于 Revnet 引入了$F(\cdot)$与$G(\cdot)$这两个学习函数，相较于线性可逆层，提高了非线性表达能力。

2.2　可逆神经网络模型

本文采用的可逆神经网络模型如图 4 所示。

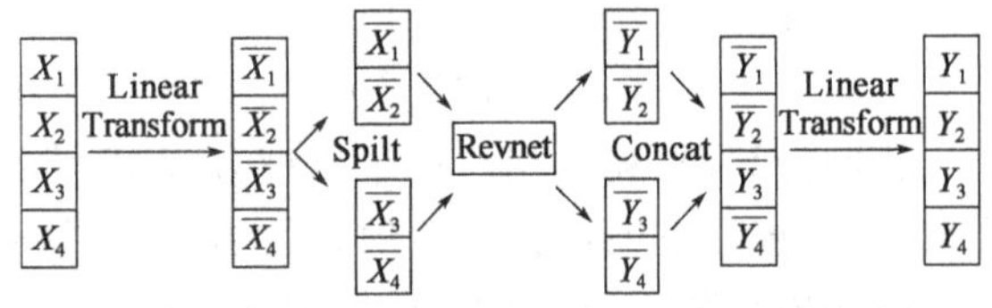

图 4　可逆神经网络模型(正向计算图示)

由下文试验结果表明，直接使用 Revnet 结果并不理想，原因是 Revnet 对数据进行分块操作，导致不同块只含有原始数据一半的信息，而实际输出结果是与每一个输入数据都有关的。所以先利用可逆线性层将原始数据进行同维映射，映射后的向量的每一个分量都是由原始数据乘以不同权重组合而成的。此时每一个分量都带有所有原始数据的信息，这样就可以更好的拟合模型。由于模型是可逆的，所以结构采取对称结构更加合理。

3　可逆神经网络的应用研究

3.1　案例介绍

以某斜拉桥桥梁桥塔有限元模型为研究对象，如图 5 所示，在 ABAQUS 有限元软件中将其分为 4 个部件，分别为下横梁 HL1、中横梁 HL2、上横梁 HL3 和塔身 T。将每个部件的弹性模量E和材料密度ρ作为待修正参数，共计 8 个参数作为模型输入。将模型的动力特性数值假定为响应数据，选取模型的前 8 阶振型作为模型输出，分别利用不同结构的可逆模型建立响应面模型。

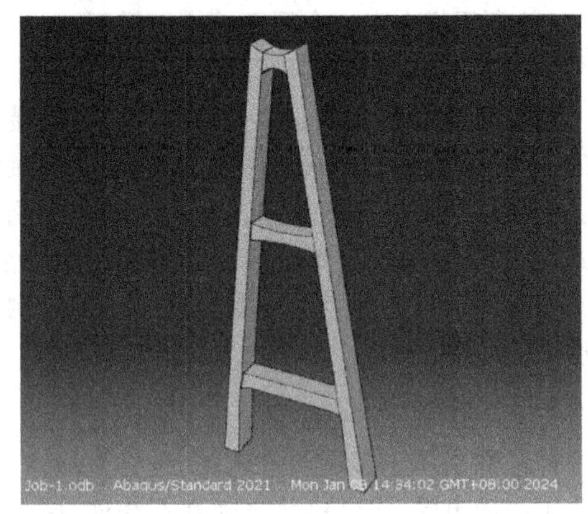

图 5　桥塔有限元模型

3.2　建立数据集

设定模型初始参数弹性模量为$E = 3.2 \times 10^4$MPa；材料密度为$\rho = 2500\text{kg/m}^3$。对初始参数进行无量纲化：$[E_1, \rho_1, E_2, \rho_2, E_3, \rho_3, E_4, \rho_4] = [1.0, 1.0, 1.0, 1.0, 1.0, 1.0, 1.0, 1.0]$。其中，$E_1$，$\rho_1$代表 HL1 的弹性模量与材料密度；$E_2$，$\rho_2$代表 HL2 的弹性模量与材料密度；$E_3$，$\rho_3$代表 HL3 的弹性模量与材料密度；$E_4$，$\rho_4$代表 T 的弹性模量和材料密度。令初始设计参数空间为[0.7,1.2]，采用蒙特卡洛法随机抽取 1000 个样本，再调用有限元模型计算得到前 8 阶固有频率作为动力响应。以样本的 90% 作为训练集，10% 作为测试集。

3.3　可逆神经网络模型训练

3.3.1　试验设置

本文通过 Pytorch 平台搭建模型，模型在 CPU 上进行训练，CPU 型号为 13th Gen Intel(R) Core(TM) i5-13600KF，Python 版本为 3.11。超参数设置为：batch_size(批量大小)为 16；学习率为 0.00005；损失函数为 MSELoss；优化器为 Adam；epoch(训练轮次)为 5000。

线性可逆层正向计算直接采用不加激活函数的线性层，反向计算时通过 torch.inverse()函数计算模型逆矩阵。

Revnet 可逆层首先对输入和输出进行分块处

理，这里采用平均分块，即原始输入输出是 8 维向量，分成两个 4 维向量。学习函数 $F(\cdot)$ 和 $G(\cdot)$ 采用同样的三层神经网络结构，即输入层和输出层都为 4 个节点，隐藏层为 16 个节点，激活函数采用 Tanh 函数。

选用以下性能指标对模型性能进行评估：

$$\mathrm{MSE}=\frac{1}{N}\sum_{i}^{8}(y_i-\hat{y}_i)^2 \tag{8}$$

式中：N——测试集样本个数；

y_i——真实值；

$\hat{y}_i$——预测值；

MSE——均方误差函数。

MSE 值越小，说明模型精度越高。

3.3.2 模型比选

为了探究可逆神经网络模型结构对性能的影响，设计了 5 组对比试验，分别为 L+R+L、L+R、R+L、L 和 R。其中 L 表示 Linear，即可逆线性层；R 表示 RevNet。试验结果如表 1 所示，结果表明，采用本文模型结构能明显提高模型性能。

不同可逆神经网络的均方误差　　表 1

Linear	RevNet	Linear	MSE	
			正向	反向
√	√	√	0.026	0.011
√	√		0.041	0.012
	√	√	0.035	0.014
√			0.036	0.018
	√		0.076	0.018

表 2 进一步给出了模型在各参数(结构参数与特征参数)上的预测精度，可以看出采用本文模型结构在大部分参数上都取得了较好的效果，但在个别参数上预测精度不佳。

不同可逆神经网络在各个参数上的均方误差(%)　　表 2

模型		L+R+L	L+R	R+L	L	R
正向	f_1	<0.01	0.12	0.05	0.05	0.21
	f_2	0.03	1.02	0.05	0.19	0.99
	f_3	1.61	0.42	3.88	0.96	5.09
	f_4	3.29	4.85	0.85	2.16	6.29
	f_5	0.57	2.04	0.38	0.82	4.69
	f_6	11.16	0.82	9.45	0.82	12.85
	f_7	3.93	10.98	5.89	24.1	20.25
	f_8	0.78	12.84	7.61	0.34	10.61
反向	E_1	0.52	0.73	1.59	0.44	1.53
	ρ_1	1.24	1.26	1.76	1.55	1.93
	E_2	1.66	2.01	1.66	2.86	2.12
	ρ_2	0.67	1.47	1.87	3.17	2.32
	E_3	2.01	1.17	1.19	4.22	2.04
	ρ_3	2.23	2.04	1.60	1.51	2.14
	E_4	0.66	0.60	0.79	0.55	1.57
	ρ_4	0.49	0.69	0.63	0.35	0.82

3.4 有限元模型修正

假定试验模型的"实际"结构参数为[0.8，1.0，1.0，1.0，1.0，1.0，0.85，0.9]，调用有限元模型计算动力特性作为实际动力响应，对比可逆神经网络、多项式响应面法和多项式逆响应面法拟合的精度，结果如表 3、表 4 所示。

不同模型的预测结果　　表 3

"实际"值		可逆神经网络		多项式逆响应面	多项式响应面
结构参数	动力响应	反向	正向		
0.8	0.324	0.804	0.325	0.828	0.324
1.0	0.863	1.010	0.886	1.034	0.863
1.0	1.444	1.016	1.449	1.054	1.444
1.0	1.517	1.049	1.518	1.023	1.517
1.0	1.941	0.995	1.972	1.019	1.942
1.0	3.125	1.016	3.132	1.009	3.125
0.85	3.528	0.862	3.510	0.877	3.531
0.9	3.732	0.919	3.699	0.929	3.734

不同模型的预测误差　　表 4

可逆神经网络		多项式逆响应面	多项式响应面
反向	正向		
0.51%	0.22%	3.37%	0.03%
1.01%	2.62%	3.33%	0.05%
1.60%	0.35%	5.12%	0.06%
4.76%	0.08%	2.24%	0.03%
-0.45%	1.57%	1.94%	0.04%
1.58%	0.22%	0.87%	0.03%
1.40%	-0.52%	3.16%	0.07%
2.15%	-0.89%	3.21%	0.06%

将可逆神经网络和多项式逆响应面修正后结构参数输入有限元模型中，得到有限元模型修正

后动力响应的误差,结果如表5所示。

有限元模型修正误差　表5

"实际"值	可逆神经网络		多项式逆响应面	
	修正值	误差	修正值	误差
0.324	0.324	0.01%	0.325	0.44%
0.863	0.862	-0.11%	0.867	0.45%
1.444	1.443	-0.03%	1.449	0.38%
1.517	1.517	-0.01%	1.524	0.44%
1.941	1.941	-0.01%	1.950	0.45%
3.125	3.122	-0.06%	3.139	0.45%
3.528	3.528	-0.01%	3.544	0.44%
3.732	3.731	-0.01%	3.749	0.45%

可以看到,在正向建立代理模型方面,多项式响应面函数取得了很高的精度,可逆神经网络模型精度较低,但对于工程应用,精度在可接受范围内。在反向识别模型参数方面,可逆神经网络精度高于多项式,说明通过神经网络建立逆响应面更加合理,误差更小。

4　结语

本文针对利用可逆神经网络来构建结构响应面函数,介绍了响应面方法的原理和不同可逆神经网络的结构,基于某斜拉桥桥塔的有限元模型,通过模型比选得到精度最高的神经网络模型结构,并与多项式响应面和多项式逆响应面进行对比,得到如下主要结论:

(1)通过算例表明,采用本文可逆神经模型结构是精度最高的,正向计算MSE为0.026,反向计算MSE为0.011。

(2)虽然可逆神经网络模型在大部分参数都取得了较高的精度,但仍有一部分参数预测效果并不理想,例如在6~7阶固有频率的预测中,每种可逆模型预测误差都较大。这可能是因为高阶频率对结构参数特别敏感,模型不能很好地学习两者之间的关系,在这一方面模型还需要改进。

(3)在与多项式模型的对比中发现,在正向建立响应面代理模型方面,多项式模型的精度高于可逆神经网络模型,其原因是本文所用算例正向计算线性程度高,多项式模型能够很好地拟合数据;在建立逆响应模型中,多项式模型的拟合精度低于可逆神经网络模型,表明在反向计算中数据非线性程度高,多项式模型不能很好拟合非线性数据,而神经网络对线性数据和非线性数据都能得到一个较高的精度。

参考文献

[1] 任伟新,陈华斌. 基于响应面的桥梁有限元模型修正[J]. 土木工程学报,2008(12):73-78.

[2] 梁鹏,李斌,王秀兰,等. 基于桥梁健康监测的有限元模型修正研究现状与发展趋势[J]. 长安大学学报(自然科学版),2014,34(4):52-61.

[3] 刘海庆,曹晓宇,方彦武,等. 基于响应面法的钢箱梁桥有限元模型修正[J]. 武汉理工大学学报,2016,38(7):69-75.

[4] 张伟杰,陆秋海,缑百勇,等. 基于逆响应面法的有限元模型修正[J]. 噪声与振动控制,2013,33(6):5-10.

[5] 周宇轩. 基于深度神经网络的力学代理模型研究及应用[D]. 南昌:南昌大学,2023.

[6] 董舒,盛建龙,翟明洋,等. 基于神经网络响应面法的三维土质边坡可靠度分析[J]. 化工矿物与加工,2017,46(6):53-55.

[7] GOMEZ A N,REN M,URTASUN R ,et al. The Reversible Residual Network: Backpropagation Without Storing Activations[D]. Ithaca:Cornell University,2017.

[8] BOX G E P,WILSON K B. On the Experimental Attainment of Optimum Conditions[J]. Stat,1951,13(1):1-45.

[9] DINH L,KRUEGER D,BENGIO Y. NICE: Non-linear Independent Components Estimation[J]. Computer Science,2014.

超大跨径悬索桥多荷载组合研究

冯家桢* 番振挥
(长安大学公路学院)

摘 要 本文以张靖皋长江大桥为依托工程,通过大桥上编号为NZ36和NZ71的两根吊索为例,对超大跨径悬索桥的荷载组合问题进行了研究。通过相关文献以及有限元软件分析,建立了永久荷载、汽车荷载以及风荷载作用下吊索索力的概率分布。采用概率方法计算了分项系数并进行了可靠度验证。结果表明:永久荷载与汽车荷载组合、永久荷载与风荷载组合、风荷载与汽车荷载、永久与汽车荷载和风荷载组合的分项系数均可取0.8,且取得的分项系数的可靠度指标满足规范要求。

关键词 超大跨径悬索桥 张靖皋长江大桥 荷载组合 可靠度

0 引言

桥梁作为高速公路系统中的核心,随着社会的发展,其在跨江、跨海、跨峡谷方面的需求日益增加,这预示着未来中国将建造更多超大跨径桥梁。目前在建的张靖皋长江大桥主跨2300m,为世界最大跨径悬索桥,而悬索桥的一大特点是刚度较小,容易产生较大的挠度和振动,这在2300m的跨径下更为显著。除此之外,超大跨径悬索桥在服役过程中会受到多种荷载的共同作用,包括自重、汽车、风等,因此荷载组合是桥梁设计中需要研究的重要问题。涂志斌[1]建立了基于Copula函数的三维随机组合方法,并依托某跨海大桥研究了风、浪、流的荷载组合问题。胡骏等[2]依托常泰长江大桥并基于Copula函数建立了风荷载与温度荷载的联合分布模型,计算得到了荷载分项系数。周敉等[3]基于有限元-神经网络-蒙特卡洛(F-A-M)法以及Turkstra准则计算得到了桥梁船撞作用荷载与汽车荷载组合的可靠度指标与分项系数。房忱等[4]基于JCSS组合模型,分析了风、浪、流共同作用下的多种荷载组合方式。周敉等[5]基于Ferry Borges荷载组合理论给出了地震状况下的荷载组合分项系数。以上研究采用了多种组合方法,针对不同的荷载组合情况对荷载分项系数进行了计算,但目前针对超大跨径悬索桥的荷载组合研究较少。

本文依托张靖皋长江大桥,以大桥的吊索索力为例,采用概率方法及Turkstra准则,计算超大跨径悬索桥永久荷载、汽车荷载和风荷载的组合分项系数,并利用可靠度指标对计算得到的分项系数进行验证。

1 工程概况及有限元模型

张靖皋长江大桥,为三塔两跨地锚式公路悬索桥,主跨2300m,边跨717m,主缆的总长度为4400m,分跨为660m、2300m和1220m。悬索桥的主缆矢跨比例为1/9,且其横向中心间隔为42.9m。吊索沿纵桥向的标准间隔为16m,靠近桥塔的间隔较宽,为22m。张靖皋长江大桥的主桥立面和加劲梁截面如图1所示。桥梁主跨跨中和四分之一跨的两根吊索编号分别为NZ71、NZ36,本文将介绍这两根吊索的荷载组合过程。

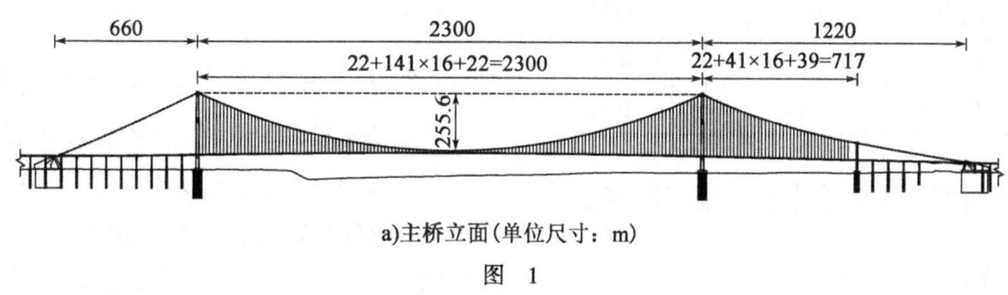

a)主桥立面(单位尺寸:m)

图 1

基金项目:国家重点研发计划项目子题“超大跨径缆索承重桥梁设计荷载模型及制定方法”。(SQ2021YFB160006)。

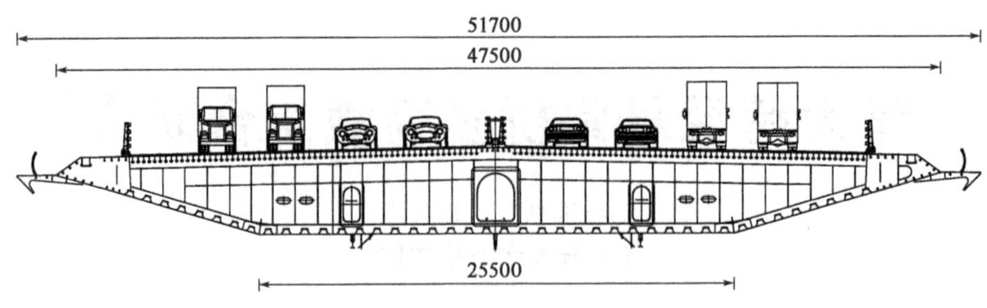

b)主桥加劲梁截面(单位尺寸：mm)

图 1　张靖皋长江大桥

为了接下来的荷载效应计算,使用 midas Civil 建立大桥有限元模型,主缆与吊索采用只受拉索单元进行模拟,加劲梁与桥塔采用梁单元进行模拟,有限元模型如图 2 所示。

图 2　张靖皋长江大桥有限元模型

2　永久荷载作用下吊索索力概率分布

超大跨径悬索桥上部结构的永久荷载主要是桥梁自重。通常来说,结构自重的变异性比较小,《公路工程结构可靠度设计统一标准》(GB/T 50283—1999)[6]规定桥梁自重服从正态分布,桥梁上部结构构件自重 S_G 的均值系数为 $k_G = 1.015$,变异系数为 $\delta_G = 0.043$。自重的概率分布函数为:

$$F_G(x) = \Phi\left(\frac{x - \mu_G}{\sigma_G}\right) \tag{1}$$

式中:μ_G——自重荷载平均值;

σ_G——自重荷载标准差。

由此可得,张靖皋长江大桥自重作用下吊索索力也服从正态分布,其统计参数和标准值 x_{Gk} 如表 1 所示。

自重作用下吊索索力统计参数与标准值 表 1

吊索编号	μ_{GL}(kN)	σ_{GL}(kN)	x_{Gk}(kN)
NZ36	3337.39	143.51	3288.07
NZ71	3328.18	143.11	3279.00

3　汽车荷载作用下吊索索力概率分布

3.1　汽车荷载概率模型

汽车荷载是超大跨径悬索桥设计中需要着重考虑的可变荷载。我国《公路桥涵设计通用规范》(JTG D60—2015)[7]规定了公路桥梁汽车荷载模型,但桥梁上运行的汽车在类型、流量、重量、速度、轴距、轴重和车头间隔等参数上存在差异,同时车辆在每条车道上的具体位置也不是不变的。这些因素使得汽车荷载作用下悬索桥的吊索索力呈现高度的随机性。因此,为了排除这种随机性影响,需要确定汽车荷载概率模型。

文献[8]利用 WIM 系统收集的实际数据进行了统计分析,研究了车辆类型、流量、重量、速度、轴距、轴重和车头间隔的分布规律及其参数。此外,采用蒙特卡洛方法,基于上述数据按车道生成了适应长三角地区大型桥梁车辆荷载的随机车流模型,并通过高斯混合模型适配了江苏某大桥不同车道车头间距的概率分布,同时提供了相应的分布参数。本文将使用这些数据计算吊索索力概率分布。

3.2　吊索索力年最大值概率分布

组合计算时需要吊索索力年最大值概率分布。为了得到吊索索力的概率分布,需要将汽车荷载模型加载到悬索桥车道上,利用有限元程序得到了 NZ36 和 NZ71 号吊索索力影响线,如图 3 和图 4 所示。由于无法获得设计基准期 100 年内的汽车荷载概率分布数据,因此这里采用规范中的方法,即利用日荷载的最大值分布来取代年荷载最大值分布,这里取一年的数据,以每一天为时间分组分成365组计算吊索索力,并取每一天的最大值进行统计分析,最终得到统计直方图。对得到的直方图进行分布函数拟合,直方图拟合如图5所示,最终发现:对于NZ36和NZ71号吊索,其吊索索力服从Gamma分布,分布函数如下:

$$F_X(x) = \frac{1}{\Gamma(\alpha)\beta^{\alpha}} \cdot \int_0^x t^{\alpha-1} e^{-\frac{t}{\beta}} dt (\alpha > 0, \beta > 0, x > 0) \quad (2)$$

式中:α、β——参数,对于NZ36号吊索,$\alpha = 3.465$,$\beta = 17.241$;对于NZ71号吊索,$\alpha = 3.475$,$\beta = 15.873$。

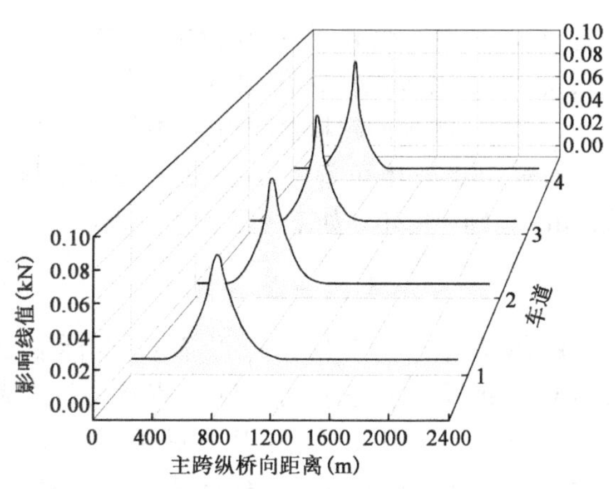

图3　NZ36号吊索索力影响线

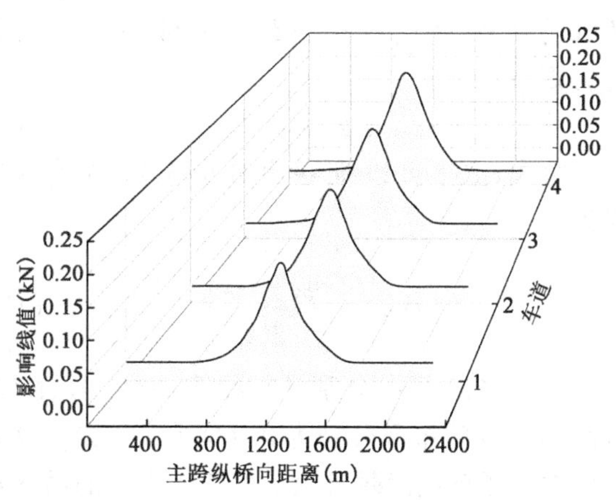

图4　NZ71号吊索索力影响线

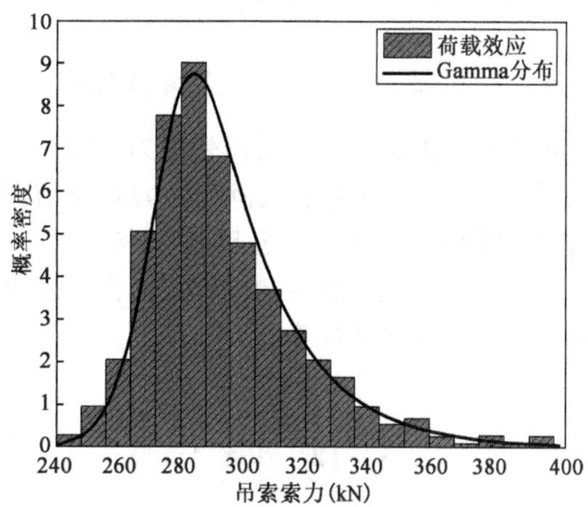

a)NZ36号吊索直方拟合图

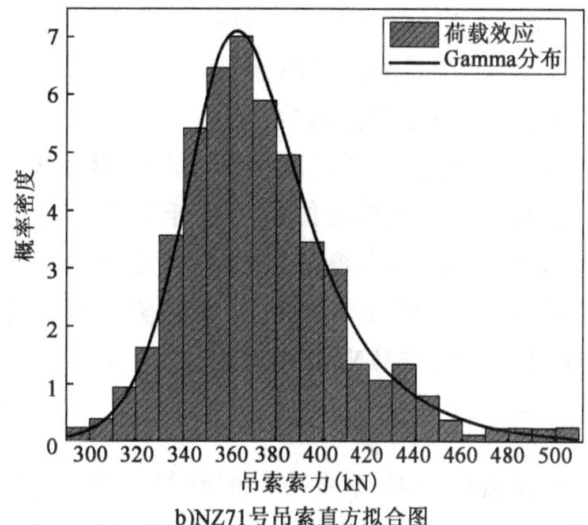

b)NZ71号吊索直方拟合图

图5　NZ36和NZ71号吊索索力拟合概率密度曲线

3.3　吊索索力标准值

根据《公路工程结构可靠性统一标准》(JTG 2120—2020)[9]规定,本文以超越概率为5%的分位值x_{Vk}作为汽车荷载作用下吊索索力标准值:

$$P(X_v > x_{Vk}) = 1 - F_X(x_{Vk}) = p \quad (3)$$

由式(2)得:

$$\frac{1}{\Gamma(\alpha)\beta^{\alpha}} \int_0^{x_{Vk}} t^{\alpha-1} e^{-\frac{t}{\beta}} dt = 1 - p \quad (4)$$

根据式(4)计算可得在超越概率$p = 5\%$下NZ36号吊索索力的标准值为$x_{Vk} = 378.3$kN,NZ71号吊索索力的标准值为$x_{Vk} = 463.5$kN。

4 风荷载作用下吊索索力概率分布

4.1 风荷载作用下吊索索力标准值

风荷载不但会对悬索桥产生静力效应还会产生气动效应,本文只讨论风荷载静力效应与其他荷载效应的组合,根据《公路桥梁抗风设计规范》[10](JTG/T 3360-01—2018)规定,吊索的横桥向静风荷载依照下式计算:

$$F_g = \frac{1}{2}\rho U_g^2 C_D A_n \tag{5}$$

式中:F_g——顺风向等效静阵风荷载;

ρ——空气密度;

U_g——等效静阵风风速;

C_D——吊索阻力系数;

A_n——吊索单位长度上顺风向投影面积。

张靖皋长江大桥桥位处100年重现期的基本风速为45m/s。结合规范以及有限元程序可以计算得到NZ36号吊索与NZ71号吊索索力的标准值x_{Wk}分别为405.273kN和305.421kN。

4.2 风荷载概率分布

依据规范计算得到的风荷载是一个定值,而在进行组合计算时,需要考虑风荷载的概率分布。

张靖皋长江大桥设计单位调查、收集附近已有桥梁的风参数研究成果及数据,在气象观测情况调查的基础上,综合考虑气象观测代表性、资料时间长度、与桥位的距离等因素,选定风参数研究的参考气象站,并收集其30年以上测风数据,进行质量控制和一致性检验。收集桥位区域附近短期气象观测数据进行信息化处理、质量控制等。统计分析得到风荷载服从极值Ⅰ型分布,概率分布函数为:

$$F_w(x) = \exp\{-\exp[-\alpha_w(x-u_w)]\} \tag{6}$$

式中:$\alpha_w = 6.237/w_k$;

$u_w = 0.531w_k$;

w_k——风荷载标准值。

4.3 风荷载下吊索索力的概率分布

一般来说,风荷载的概率分布与风荷载作用下吊索索力的概率分布是相同的,因此,由式(6)可得吊索索力概率分布为:

$$F_{X_w}(x) = \exp\{-\exp[-\alpha_{X_w}(x-u_{X_w})]\} \tag{7}$$

式中:$\alpha_{X_w} = 6.237/x_{Wk}$;

$u_{X_w} = 0.531x_{Wk}$。

则对于NZ36号吊索有$\alpha_{X_w} = 0.0154/\text{kN}$,$u_{X_w} = 215.20\text{kN}$;对于NZ71号吊索有$\alpha_{X_w} = 0.0204/\text{kN}$,$u_{X_w} = 162.18\text{kN}$。

5 荷载组合

5.1 永久荷载与汽车荷载组合

由于永久荷载与汽车荷载同时以最大值作用于悬索桥的概率非常小,在设计中两者直接叠加在桥梁结构上是保守的,因此需要以超越概率p对叠加后的值进行折减,这里超越概率p取5%,即:

$$P(X_G + X_V > x_{GV,k}) = p \tag{8}$$

式中:X_G——永久或者自重荷载产生的最大吊索索力;

X_V——汽车荷载产生的最大吊索索力;

$x_{GV,k}$——永久或自重荷载与汽车荷载叠加所产生的超越概率为p的吊索索力。

对式(8)采用可靠度方法进行求解,利用Turkstra准则[11],建立如下极限状态方程:

$$Z = x_{GV,k} - X_G - X_V \tag{9}$$

超越概率$p = 5\%$下的可靠度指标β为1.645,据此可以求得永久或自重荷载与汽车荷载叠加组合时NZ36号吊索力标准值$x_{GV,k} = 3584.66\text{kN}$,NZ71号吊索力标准值$x_{GV,k} = 3641.46\text{kN}$。根据规范,荷载组合时主导荷载系数为1,非主导荷载系数为分项系数,故令永久或自重荷载的系数为1,汽车荷载的系数为分项系数ψ_{GV},则有:

$$x_{Gk} + \psi_{GV}x_{Vk} = x_{GV,k} \tag{10}$$

由式(10)可以推导出分项系数的计算公式为:

$$\psi_{GV} = \frac{x_{GV,k} - x_{Gk}}{x_{Vk}} \tag{11}$$

由式(11)可以分别计算得到NZ36号、NZ71号吊索的分项系数分别为0.784和0.782。故应当对永久或自重荷载与汽车荷载作用下的吊索索力进行组合计算时,分项系数可以取0.8。

5.2 永久荷载与风荷载组合

同理,需要以超越概率 p 对永久荷载或自重荷载和风荷载叠加后的值进行折减,这里超越概率 p 取5%,即:

$$P(X_G + X_W > x_{GW,k}) = p \tag{12}$$

式中:X_W——风荷载产生的最大吊索索力;

$x_{GW,k}$——永久或自重荷载与风荷载叠加所产生的超越概率为 p 的吊索索力。

同理,对式(12)采用可靠度方法进行求解,当超越概率 $p=5\%$ 时,求得永久或自重荷载与风荷载叠加组合时 NZ36 号吊索力标准值 $x_{GV,k}=3607.83\text{kN}$, NZ71 号吊索力标准值 $x_{GV,k}=3522.42\text{kN}$。令永久或自重荷载的系数为1,风荷载的系数为分项系数 ψ_{GW},则有:

$$x_{Gk} + \psi_{GW} x_{Wk} = x_{GW,k} \tag{13}$$

即:

$$\psi_{GW} = \frac{x_{GW,k} - x_{Gk}}{x_{Wk}} \tag{14}$$

由式(14)可以分别计算得到 NZ36 号和 NZ71 号吊索的分项系数分别为0.789 和0.797。故当对永久或自重荷载与风荷载作用下的吊索索力进行组合计算时,分项系数可以取0.8。

5.3 汽车荷载与风荷载组合

同上,以超越概率 $p=5\%$ 对汽车荷载与风荷载的叠加值进行折减,即:

$$P(X_V + X_W > x_{VW,k}) = p \tag{15}$$

式中:$x_{VW,k}$——汽车荷载与风荷载叠加所产生的超越概率为 p 的吊索索力。

对式(15)采用可靠度方法求解,得到当超越概率 $p=5\%$ 时,汽车荷载与风荷载叠加组合时 NZ36 号吊索 $x_{VW,k}=692.38\text{kN}$, NZ71 号吊索 $x_{VW,k}=702.03\text{kN}$。令汽车荷载的系数为1,风荷载的系数为分项系数 ψ_{VW},则有:

$$x_{Vk} + \psi_{VW} x_{Wk} = x_{VW,k} \tag{16}$$

即:

$$\psi_{VW} = \frac{x_{VW,k} - x_{Vk}}{x_{Wk}} \tag{17}$$

由式(17)可以分别计算得到 NZ36 号、NZ71 号吊索的分项系数分别为0.775 和0.781。故当对汽车荷载与风荷载作用下的吊索索力进行组合计算时,分项系数可以取0.8。

5.4 永久荷载、汽车荷载与风荷载组合

首先以超越概率 $p=5\%$ 对永久荷载、汽车荷载与风荷载的叠加值进行折减,即:

$$P(X_G + X_V + X_W > x_{GVW,k}) = p \tag{18}$$

式中:$x_{GVW,k}$——永久荷载与汽车荷载与风荷载叠加所产生的超越概率为 p 的吊索索力。

对式(18)用可靠度方法求解,得到当超越概率 $p=5\%$ 时,永久荷载与汽车荷载与风荷载叠加组合时 NZ36 号吊索力标准值 $x_{GVW,k}=3907.87\text{kN}$, NZ71 号吊索力标准值 $x_{GVW,k}=3887.98\text{kN}$。令永久荷载的系数为1,汽车荷载与风荷载的系数同时为分项系数 ψ_{GVW},则有:

$$x_{Gk} + \psi_{GVW}(x_{Vk} + x_{Wk}) = x_{GVW,k} \tag{19}$$

即:

$$\psi_{GVW} = \frac{x_{GVW,k} - x_{Gk}}{x_{Vk} + x_{Wk}} \tag{20}$$

由式(20)可以分别计算得到 NZ36 号、NZ71 号吊索的分项系数为0.791 和0.792。故当对永久荷载与汽车荷载与风荷载作用下的吊索索力进行组合计算时,分项系数可以取0.8。

6 可靠度指标验证

6.1 张靖皋长江大桥吊索抗力统计参数

张靖皋长江大桥吊索使用的是公称抗拉强度 $f_{ptk}=1770\text{MPa}$ 的127-ϕ5.65mm 的镀锌高强度平行钢丝索,其屈服强度服从正态分布,变异系数 $\delta_{fpt}=0.07$,由此可以计算单根钢丝屈服强度平均值[12]:

$$\mu_{f_{py}} = \frac{0.9 f_{ptk}}{1 - 1.645\delta_{f_{pt}}} = 1800.31\text{MPa} \tag{21}$$

故由平行钢丝组成的吊索的抗力平均值为:

$$\begin{aligned}\mu_R &= 127 \times \frac{5.65^2}{4} \times 3.14 \times 1800.31 \\ &= 5729.51(\text{kN})\end{aligned} \tag{22}$$

6.2 吊索的可靠度指标

首先建立极限状态方程如下：

$$Z = R - S_G - S_V - S_W = 0 \tag{23}$$

式中：R——吊索抗力；

S_G——永久荷载造成的吊索索力；

S_V——汽车荷载造成的吊索索力；

S_W——风荷载造成的吊索索力。

利用一次二阶矩法计算得到 NZ36 号、NZ71 号吊索的可靠度指标，如表 2 所示。

张靖皋长江大桥吊索可靠度指标 表 2

荷载组合	NZ36	NZ71
永久荷载 + 汽车荷载	8.32	8.34
永久荷载 + 风荷载	8.35	8.31
汽车荷载 + 风荷载	8.45	8.52
永久荷载 + 汽车荷载 + 风荷载	7.91	7.96

由表 2 的可靠度指标计算结果可以看出，当使用第 5 节计算得到的分项系数时，NZ36 号、NZ71 号吊索的可靠度指标是满足《公路工程结构设计可靠度设计统一标准》(JTG 2120—2020)[9]中关于可靠度的要求的，这表明第 5 节得到的分项系数是合理的。

7 结语

本文以张靖皋长江大桥为依托工程，以桥上的两根吊索 NZ36 和 NZ71 为例，首先建立了各项荷载的概率模型，随后基于 Turkstra 准则，采用可靠度方法计算得到永久荷载与汽车荷载与风荷载组合的分项系数，并验算了其可靠度指标，得到结论如下：

(1)对于永久荷载与汽车荷载组合，分项系数可取 0.8。

(2)对于永久荷载与风荷载组合，分项系数可取 0.8。

(3)对于风荷载与汽车荷载组合，分项系数可取 0.8。

(4)对于永久荷载与汽车荷载与风荷载组合，后两者分项系数可取 0.8。

(5)对本文计算得到的分项系数进行可靠度指标验算，其可靠度指标满足规范相关规定。

参考文献

[1] 涂志斌. 多维随机荷载组合方法及风浪耦合荷载效应研究[D]. 杭州：浙江大学，2016.

[2] 胡骏，郑清刚，张文明. 常泰长江大桥风与温度荷载组合效应研究[J]. 桥梁建设，2020，50(4)：42-47.

[3] 周敉，赵威，温杰，等. 基于可靠度的桥梁船撞作用荷载组合分项系数[J]. 长安大学学报(自然科学版)，2018，38(6)：155-164.

[4] 房忱，李永乐，向活跃，等. 风、浪、流荷载组合对跨海桥梁动力响应的影响[J]. 西南交通大学学报，2019，54(5)：908-914，922.

[5] 周敉，赵威，刘阳，等. 公路桥梁地震设计状况荷载组合分项系数研究[J]. 中国公路学报，2021，34(2)：317-330.

[6] 中华人民共和国交通部. 公路工程结构可靠度设计统一标准：GB/T 50283—1999[S]. 北京：人民交通出版社，1999.

[7] 中华人民共和国交通运输部. 公路桥涵设计通用规范：JTG D60—2015[S]. 北京：人民交通出版社股份有限公司，2015.

[8] 罗轩. 超大跨径悬索桥汽车荷载模型研究[D]. 西安：长安大学，2023.

[9] 中华人民共和国交通运输部. 公路工程结构可靠性设计统一标准：JTG 2120—2020[S]. 北京：人民交通出版社股份有限公司，2020.

[10] 中华人民共和国交通运输部. 公路桥梁抗风设计规范：JTG/T 3360-01—2018[S]. 北京：人民交通出版社股份有限公司，2018.

[11] 贡金鑫. 工程结构可靠性设计原理[M]. 北京：机械工业出版社，2007.

[12] 李文杰，王丽，贡金鑫. 公铁两用悬索桥可靠度分析[J]. 公路，2021，66(6)：204-208.

基于梁格法的斜交小箱梁桥有限元分析

梁浩源* 李喜喜 杨 鹏 孙 宁
(长安大学公路学院)

摘 要 为了研究不同梁格建模方法和斜交角度对斜交小箱梁桥的成桥受力状态的影响,本文以30m简支斜交小箱梁桥为研究对象,分别基于斜交梁格法和正交梁格法建立斜度为15°、30°、45°的桥梁有限元模型,计算并对比分析不同荷载作用下各桥梁内力、支反力和位移之间的差异。分析结果表明:相同斜度下,恒载作用对结构产生的最大正弯矩、支反力和位移比汽车荷载作用的大,梁端钝角β处的支反力比锐角α处的大;采用不同梁格建模方法的模型在结构内力、支反力和位移等方面存在差异;随着斜度增加,斜交梁格模型和正交梁格模型在结构最大正弯矩、梁端支反力和主梁最大位移等差异越大。

关键词 有限元 斜交梁格法 正交梁格法 内力 支反力 位移

0 引言

斜交小箱梁桥因其装配化程度高、能更好适应地形地物等特点而被广泛应用于城市中小桥梁,梁格法是对斜交小箱梁桥上部结构进行分析计算的一种有效方法[1]。牛小龙[2]通过对斜、弯梁桥弹簧常数和内力计算的求解得到了梁格法计算斜、弯桥跨结构的基本公式;李林等[3]介绍了采用梁格法对多格室斜交箱梁桥进行分析的原理及方法,与单梁法分析结果对比表明,梁格法能更好地反映斜桥的荷载横向分布关系和受力特性;张学龙[4]采用梁格法对小箱梁的受力特征进行研究,分析了梁格法模型和板单元模型在计算挠度和应力值、横梁的应力值以及支座反力值的偏差;杨彩霞等[5]采用正交梁格和斜交梁格两种梁格建模方法对斜交空心板桥在不同跨径和斜交角度下的内力进行了研究,结果表明当斜交角为45°时正交梁格模型和斜交梁格模型计算的结果差别较大;龙形航[6]结合梁格法和斜交梁桥理论,研究了不同斜交角度对结构的空间受力产生的影响及分布规律;夏樟华等[7]基于深圳元朗斜交桥,分析了不同斜交角下桥梁动力特性的差异;曲道来等[8]基于正交和斜交梁格法对不同斜交角的预应力混凝土连续箱梁桥的成桥状态进行研究,结果表明采用正交梁格模型时的各纵梁的弯矩峰值相比斜交梁格的小;卢彭真等[9]采用梁格法对某斜交T型连续梁桥进行了研究,建议斜交角度小于20°简支梁采用直交梁格进行分析;周冬等[10]基于梁格法对不同斜交角度下斜交箱梁桥横梁的内力进行了求解,对比分析结果表明斜交角度对斜交桥边横梁的弯矩值和剪力值有较大的影响;王标才等[11]采用梁格法对整体式现浇正交、斜交板桥的支座反力及结构内力进行了分析,结果表明正交桥的横向弯矩最小,斜桥的横向跨中弯矩随斜交角的增加而增大;张彧等[12]基于一座斜交弯梁桥分析了在不同斜交角下恒载和预应力作用对桥梁关键位置内力的影响规律,结果表明随着斜交角度的增加,斜交桥内力峰值逐渐向钝角方向靠拢;李金龙等[13]基于空心板梁静载试验对不同斜交角的空心板梁单梁受力特性进行分析,结果表明随着斜度的增加,跨中截面挠度、应力以及钝角区的支点反力均逐渐增大。综上所述,以往研究大多是针对斜交整体式箱梁、T梁以及空心板桥的受力特征研究,对于斜交小箱梁的力学性能分析不足,本文基于正交梁格法和斜交梁格法,计算不同斜度下斜交小箱梁桥的内力、支反力和位移,对比分析不同梁格法和斜度对斜交小箱梁成桥受力状态的影响。

1 工程背景

本文所依托的桥梁是预应力混凝土简支斜交小箱梁桥,桥梁跨径30m,桥梁横向由5片相同的小箱梁组成,主梁高度为2.02m,主梁宽度为16.2m,顶板厚度为0.2m,底板厚度为0.19m,箱梁截面基本尺寸如图1所示,斜交桥主梁标号如图2所示。

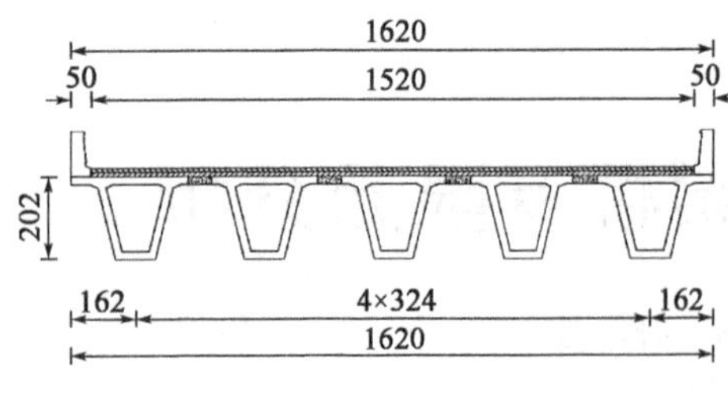

图1　箱梁截面基本尺寸(尺寸单位:cm)

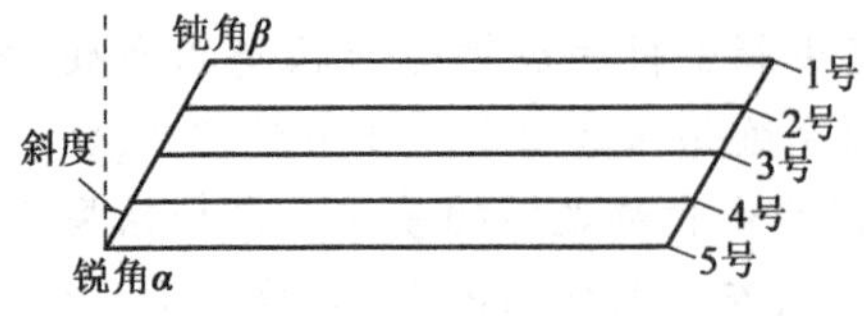

图2　斜交桥主梁标号

2　有限元模型的建立

2.1　材料

材料参数如表1所示。

材料参数　　表1

材料特性	取值
混凝土强度等级	C50
混凝土重度	$25kN/m^3$
混凝土抗压弹性模量	3.45×10MPa
预应力钢绞线弹性模量	1.95×10^5MPa
锚具变形	6mm
钢筋回缩量	6mm
管道摩擦系数	0.25
管道偏差系数	0.0015

2.2　荷载

恒载分为一期恒载和二期恒载,其中一期恒载即为自重,二期恒载包括桥面铺装(10cm厚混凝土调平层和10cm厚沥青层)和防撞护栏;汽车荷载采取公路—Ⅰ级荷载,依据公路桥梁设计规范取值。

2.3　建立模型

基于以上资料数据,采用有限元分析软件midas对跨径为30m的斜交小箱梁桥建立空间梁格模型。在其他基本参数相同的情况下,改变桥梁的斜交角度,建立15°、30°、45°三种不同斜度的斜交梁格和正交梁格模型,计算该桥在不同荷载作用、不同斜度和不同建模方式下的内力、支反力和位移并进行对比分析。所建立的斜交梁格和正交梁格模型如图3所示。

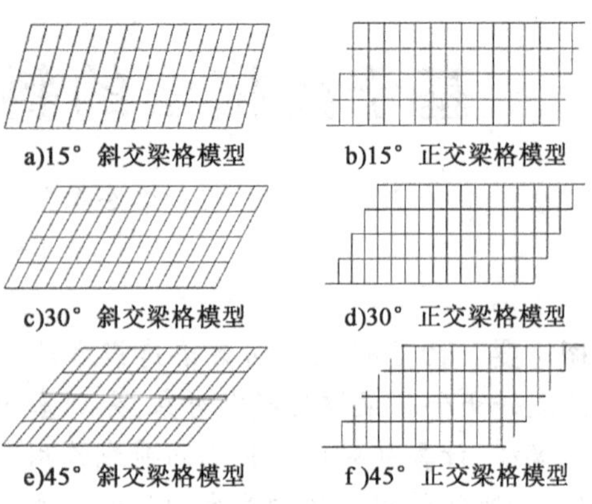

图3　斜交梁格和正交梁格模型

3　结果分析

3.1　内力对比分析

对于内力对比分析,分别针对恒载作用以及汽车荷载作用下,不同斜度的斜交梁格模型和正交梁格模型的主梁最大正弯矩和最大负弯矩进行研究。斜交梁格模型、正交梁格模型弯矩图如图4所示。

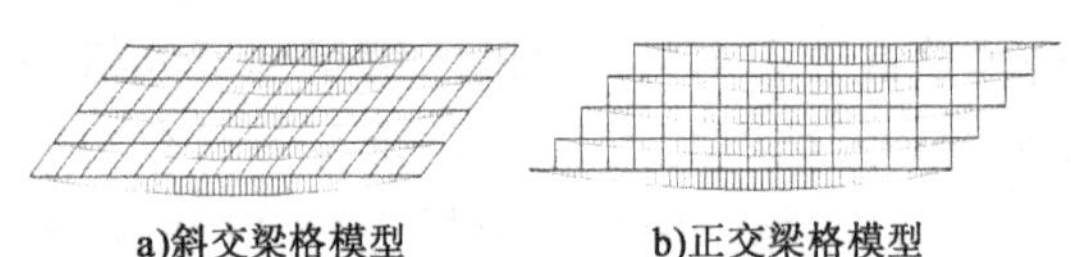

图4　斜交梁格和正交梁格模型弯矩图

恒载作用下主梁的最大正弯矩和最大负弯矩分别如图5和图6所示。斜交梁格模型的最大正弯矩随着斜度增加先减小,后略微增大,正交梁格模型的最大正弯矩随着斜度增加逐渐减小;斜交梁格模型的最大负弯矩绝对值随着斜度增加先增大后减小,正交梁格模型的最大负弯矩绝对值随着斜度增加逐渐增大。

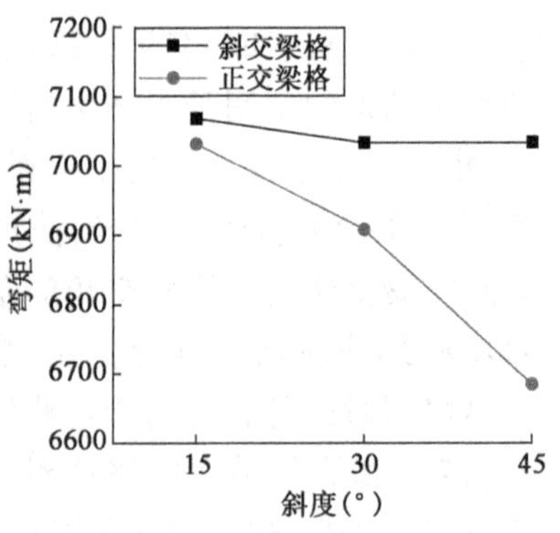

图5　恒载作用下最大正弯矩

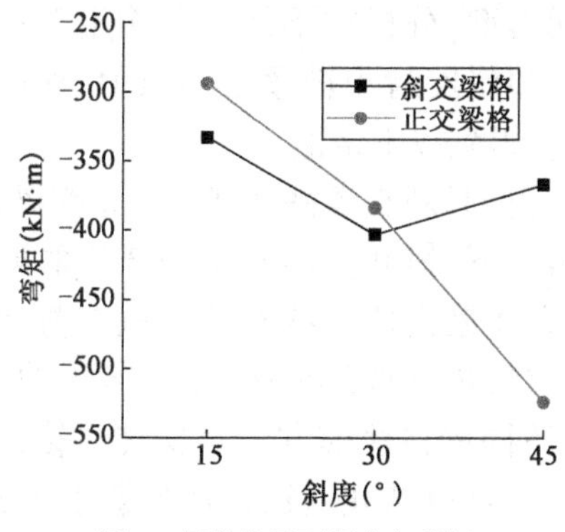

图6　恒载作用下最大负弯矩

汽车荷载作用下主梁的最大正弯矩和最大负弯矩分别如图7和图8所示。斜交梁格模型的最大正弯矩随着斜度增加逐渐增大,正交梁格模型的最大正弯矩随着斜度增加逐渐减小;斜交梁格模型的最大负弯矩绝对值随着斜度增加逐渐增大,正交梁格模型的最大负弯矩绝对值随着斜度增加先缓慢减小,后增大。

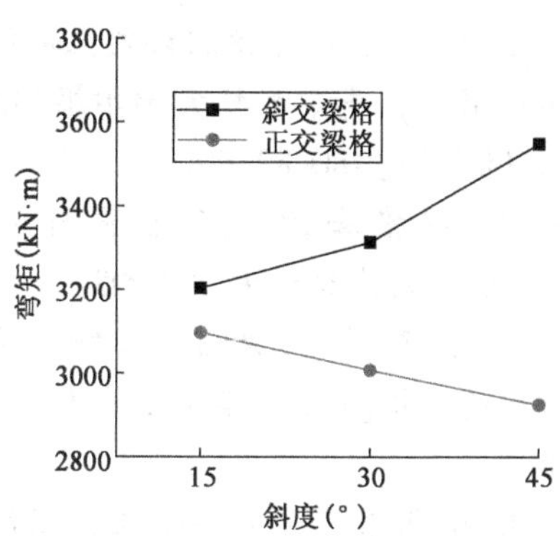

图7　汽车荷载作用下最大正弯矩

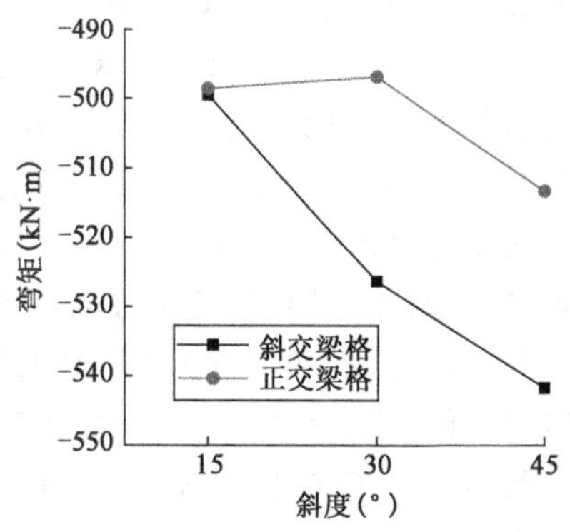

图8　汽车荷载作用下最大负弯矩

3.2　支反力对比分析

对于支反力对比分析,分别针对恒载以及汽车荷载作用下,不同斜度的斜交梁格模型和正交梁格模型的梁端支反力进行研究。

在恒载作用下斜交梁格和正交梁格模型的梁端支反力分别如图9和图10所示。对于斜交梁格模型,随着斜度的增加,锐角 α 处的支反力先减小后增大,钝角 β 处的支反力先增大后减小;对于正交梁格模型,随着斜度的增加,锐角 α 处的支反力逐渐减小,钝角 β 处的支反力逐渐增大。相同斜度下钝角 β 处的支反力比锐角 α 处的大。

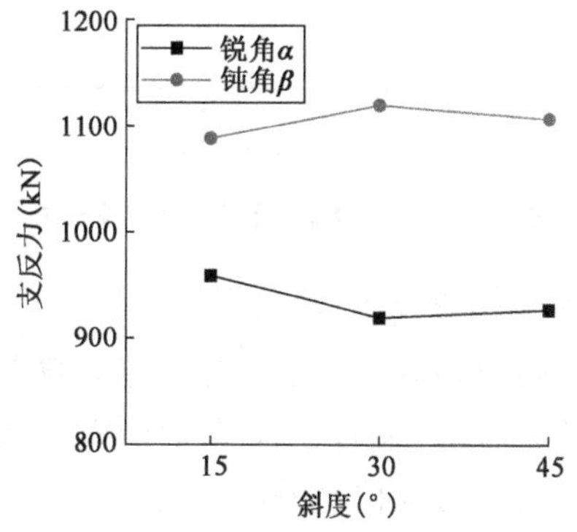

图9　恒载作用下斜交梁格支反力

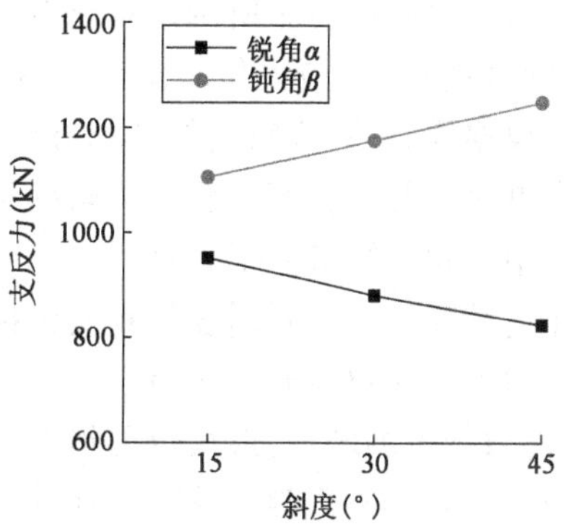

图10　恒载作用下正交梁格支反力

在汽车荷载作用下斜交梁格和正交梁格模型的梁端支反力分别如图11和图12所示。对于斜交梁格模型,随着斜度的增加,锐角 α 处的支反力逐渐减小,钝角 β 处的支反力逐渐增大;对于正交梁格模型,随着斜度的增加,锐角 α 处的支反力逐渐减小,钝角 β 处的支反力逐渐增大。相同斜度下钝角 β 处的支反力比锐角 α 处的大。

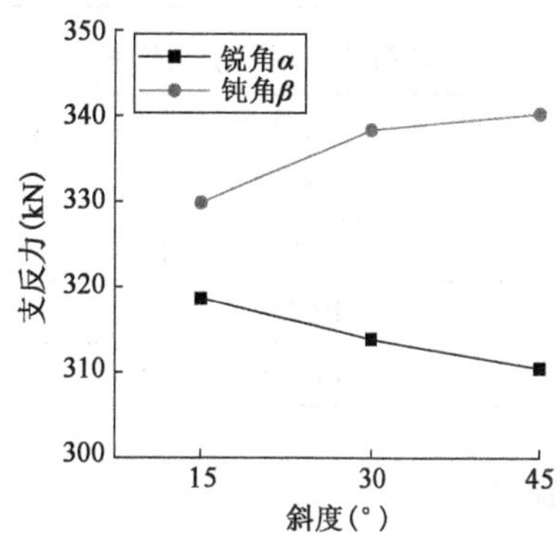

图11　汽车荷载作用下斜交梁格支反力

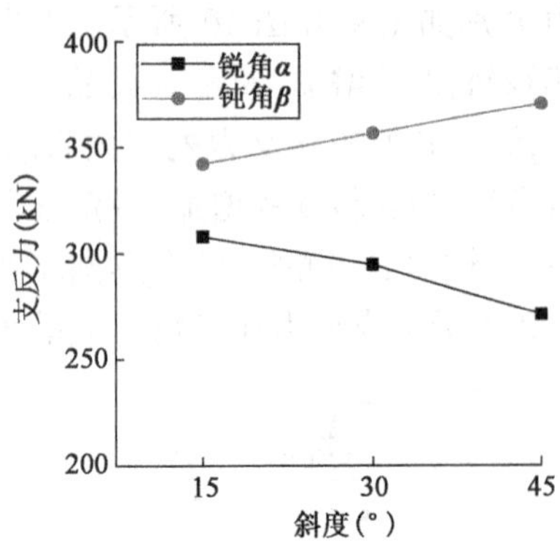

图 12　汽车荷载作用下正交梁格支反力

3.3　位移对比分析

对于位移对比分析,分别针对恒载以及汽车荷载作用下,不同斜度的斜交梁格模型和正交梁格模型的主梁最大位移进行研究。

恒载作用下不同斜度的斜交梁格模型和正交梁格模型最大位移如表 2 所示。对于斜交梁格模型,随着斜度的增加,最大位移绝对值逐渐减小;对于正交梁格模型,随着斜度的增加,最大位移绝对值逐渐减小。相同斜度下斜交梁格模型的最大位移绝对值比正交梁格模型的大。

汽车荷载作用下不同斜度的斜交梁格模型和正交梁格模型最大位移如表 3 所示。对于斜交梁格模型,随着斜度的增加,最大位移绝对值逐渐增大;对于正交梁格模型,随着斜度的增加,最大位移绝对值逐渐减小。相同斜度下斜交梁格模型的最大位移绝对值比正交梁格模型的大。

恒载作用下最大位移　　表 2

斜度(°)	斜交梁格模型位移(mm)	正交梁格模型位移(mm)
15	-26.060	-25.923
30	-25.874	-25.413
45	-25.824	-24.555

汽车荷载作用下最大位移　　表 3

斜度(°)	斜交梁格模型位移(mm)	正交梁格模型位移(mm)
15	-9.825	-9.679
30	-10.158	-9.408
45	-10.908	-9.224

4　结语

本文以斜交简支小箱梁桥为研究对象,建立 6 个有限元模型,分析在不同荷载作用下不同梁格建模方法和斜度对小箱梁桥的内力、支反力和位移的影响,得到以下结论:

(1)无论是斜交梁格模型还是正交梁格模型,在相同斜度下,恒载作用对结构产生的最大正弯矩、支反力和最大位移绝对值比汽车荷载作用的大,梁端钝角 β 处的支反力比锐角 α 处的大。

(2)不同梁格建模方法对斜交小箱梁桥的内力、支反力和位移影响较大,相同斜度下,斜交梁格模型的最大正弯矩、梁端锐角 α 处支反力和主梁最大位移的绝对值比正交梁格模型的大,对于梁端钝角 β 处支反力则是后者较大。

(3)在恒载以及汽车荷载作用下,随着斜度的增加,斜交梁格模型和正交梁格模型的最大正弯矩、梁端支反力以及主梁最大位移的绝对值差值越大。

参考文献

[1] 王富万,杨文兵. 梁格法在桥梁上部结构分析中的应用[J]. 华中科技大学学报(城市科学版),2006(S1):80-82,90.

[2] 牛小龙. 梁格法在斜、弯桥分析中的应用[D]. 成都:西南交通大学,2008.

[3] 李林,李忠评,马奎. 梁格法在斜交箱梁结构分析中的应用[J]. 公路交通技术,2011(3):63-67.

[4] 张学龙. 小箱梁的梁格划分及虚拟横梁刚度分析研究[D]. 西安:长安大学,2013.

[5] 杨彩霞,柴金义. 有限元梁格法在斜交空心板计算中的合理性分析[J]. 内蒙古大学学报(自然科学版),2014,45(6):637-642.

[6] 龙形航. 简支转连续斜 T 梁桥空间受力分析[D]. 长春:吉林大学,2015.

[7] 夏樟华,宗周红. 三跨斜交 T 梁动力特性分析[J]. 振动与冲击,2007(4):147-150,177.

[8] 曲道来,邓天蓝,袁帅. 基于梁格法对斜交箱梁桥的有限元分析[J]. 公路工程,2017,42(5):359-363.

[9] 卢彭真,张俊平. 梁格理论在某斜交连续梁结构分析中的应用[J]. 铁道工程学报,2006(1):48-52.

[10] 周冬,于向东. 斜交角对斜交箱梁桥横梁内力的影响分析[J]. 公路交通科技,2011,28(4):60-66.

[11] 王标才,周庚.整体式现浇正交板桥与斜交板桥受力分析比较[J].公路交通科技(应用技术版),2016,12(3):201-202.

[12] 张彧,张慧,马佳铮.斜交角变化对斜交弯梁桥结构内力影响的计算分析[J].石家庄铁道大学学报(自然科学版),2011,24(2):6-9,45.

[13] 李金龙,贾艳敏,闵兆兴.斜交角度对预应力混凝土空心板梁受力特性的影响[J].铁道建筑,2013(3):5-7.

独柱墩曲线梁桥抗倾覆影响因素研究

王自贵* 王 涛 陈淑君 余 夕

(长安大学公路学院)

摘 要 独柱墩桥具备结构轻巧、桥下通过性良好、既有场地的适应能力强等优点,被广泛用于公路匝道桥、跨线桥和城市立交桥。但由于自身的构造特点,支反力分布可能不均衡,上部结构在各种荷载作用下易发生横向失稳,进而引起桥梁整体倾覆事故的发生。本文依据某实际工程建立 midas Civil 有限元模型,采取控制变量法,分析跨径、曲率半径、支座布置形式与支座间距等因素对独柱墩连续梁桥倾覆性能的影响规律。结果表明:采用减小跨径、增大曲率半径、改用双支座和增大支座间距等方式,对改善桥梁的稳定性是可行的。本研究的成果可为以后独柱墩曲线梁桥的设计和加固提供参考。

关键词 独柱墩曲线梁桥 抗倾覆能力 曲率半径 稳定系数

0 引言

我国交通运输的快速发展和城市化进程的加速推进使交通量的显著增加,高速公路立交桥和城市立交匝道桥的桥梁倾覆性破坏的事故发生风险大[1]。桥梁发生倾覆之前,上部结构通常会出现连接端点的不平衡情况,导致内外侧支座承受不均匀的荷载,甚至可能发生支座脱空的状况[2]。在倾覆事故的破坏过程中,单向受压支座脱离正常受压状态,上部结构的支撑体系不再提供有效约束,上部结构扭转变形趋于发散、横向失稳垮塌,支座、下部结构连带损坏。从破坏过程上分析,支座状态受桥梁整体受力布置形式的影响,如曲线半径(影响荷载偏心)[3]、跨径布置(影响受力分布)、支座布置(直接影响稳定性)[4]等。由此,对于独柱墩曲线梁桥抗倾覆影响因素的研究具有较强的实用意义。

迄今为止,国内对于曲线梁桥抗倾覆的研究已较为深入,主要有:李胜伟[5]对小半径曲线梁桥的抗倾覆性能进行研究。结果表明,曲线半径对抗倾覆能力的影响最为显著,其次是跨径布置和支座偏置。孟旭等[6]以联中独柱墩单支座桥梁为研究对象,分别建立不同参数的有限元模型,分析支座刚度差异对独柱墩桥梁抗倾覆的影响。张震[7]通过对三种规范下的桥墩最不利倾覆荷载和不同配筋率下的固结独柱墩的最终破坏模式进行分析,结果表明在 15 规范下桥梁的倾覆荷载最大,而桥墩是否发生倾覆取决于盖梁与桥墩承载力。黄志诚等[8]通过建立有限元模型验算了桥梁抗倾覆性能,分析了超载、重车偏心荷载作用、支座间距、压重与否对桥梁抗倾覆性能的影响。赵帅等[9]通过支座反力法和稳定系数法,对加固后的独柱墩连续箱梁桥进行倾覆稳定性分析,结果显示,增设盖梁和支座与增设抗拔约束装置加固方法均提高桥梁横向抗倾覆性能。

1 理论依据

倾覆过程存在两个特征状态:特征状态 1 是箱梁的单向受压支座开始脱离受压,特征状态 2 是箱梁的抗扭支承全部失效。根据《公路钢筋混凝土及预应力混凝土桥涵设计规范》(JTG 3362—2018)中的规定,无倾覆风险的详细判断依据为:

(1) 特征状态 1:在作用基本组合下,单向受压支座不出现负反力,即满足

$$1.0R_{Gki}+1.4R_{Qki}\geqslant 0 \tag{1}$$

式中:R_{Gki}——恒载作用下单向受压支座的支反力;

R_{Qki}——活载作用下单向受压支座的支反力,支座受压取正值。

(2)特征状态2:上部结构抗倾覆稳定性系数应大于2.5,即满足

$$\frac{\sum S_{bk,i}}{\sum S_{sk,i}} \geqslant k_{qf} \tag{2}$$

式中:k_{qf}——横向抗倾覆稳定性系数,取$k_{qf}=2.5$;

$\sum S_{bk,i}$——使上部结构稳定的效应设计值;

$\sum S_{sk,i}$——使上部结构失稳的效应设计值。

$\sum S_{bk,i}$和$\sum S_{sk,i}$的值根据各支座的支反力,再结合支座间距计算求得。

2 建立有限元模型

单箱式弯桥是曲线梁桥中常见的结构形式。本文以设计跨度为3段、梁长20m的一座独柱墩箱梁桥为例,建立midas Civil模型。该桥平面位于$R=100$m的左偏圆曲线上,在控制边跨端双支承,支座间距5m。上部结构采用钢筋混凝土连续箱梁,下部结构采用柱式墩,箱梁主梁横断面图如图1所示,支承布设形式如图2所示。

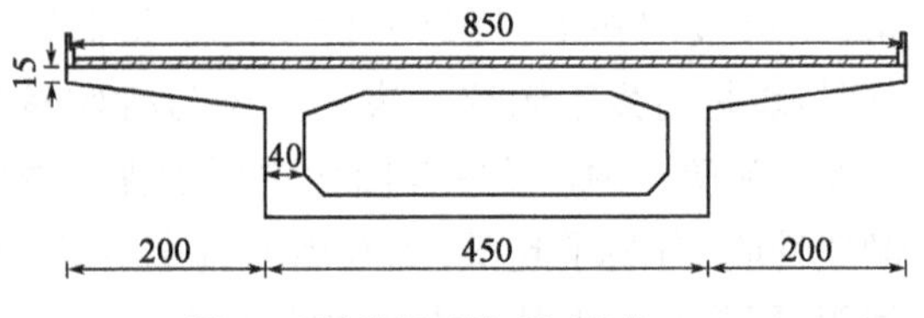

图1 主梁横断面图(尺寸单位:cm)

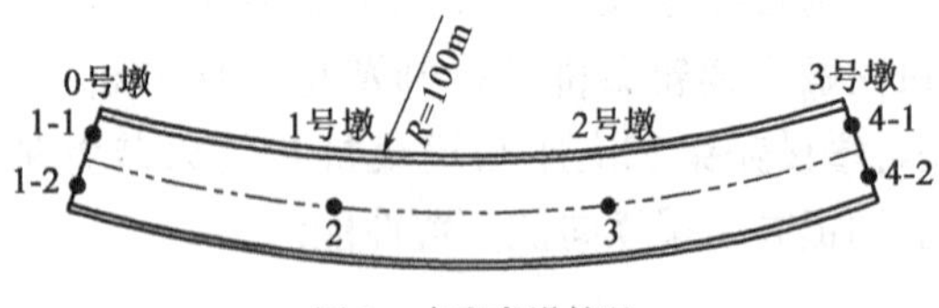

图2 支座布设情况

3 各影响因素结果分析

3.1 跨径因素

以基准模型为原型,不改变其他参数,分别建立跨径为20m、25m、30m跨径的有限元模型。以12轴大件车为例,取大件车车轮外侧距防撞护栏0.5m的最不利工况,以恒载+大件车荷载(198t)为荷载工况进行倾覆性验算。模型计算时,考虑恒载、活载组合作用下分析各个支座受力情况,同时为避免结果的偶然性,分别在曲率半径为100m和400m的条件下建立模型并进行结果分析。表1~表4分别为在不同半径、跨径影响因素下各个支座、联端支反力值。

半径100m各跨径支座支反力(单位:kN)

表1

跨径(m)	支座编号					
	1-1	1-2	2	3	4-1	4-2
20	430	1680	3988	3990	430	1593
25	498	1944	4655	4657	498	1824
30	546	2206	5285	5286	546	2054

半径400m各跨径支座支反力(单位:kN)

表2

跨径(m)	支座编号					
	1-1	1-2	2	3	4-1	4-2
20	442	1680	3988	3990	430	1593
25	563	1944	4655	4657	498	1824
30	657	2206	5285	5286	546	2054

半径100m联端支反力差值(单位:kN) 表3

支座编号	跨径(m)		
	20	25	30
1-1	430.4	498.3	546.4
1-2	1679.8	1944.5	2205.8
差值	1249.4	1446.2	1659.4

半径400m联端支反力差值(单位:kN) 表4

支座编号	跨径(m)		
	20	25	30
1-1	442.4	563.1	657.0
1-2	1630.9	1844.9	2038.6
差值	1188.5	1281.9	1381.6

如表1~表4所示,在两种不同曲率半径桥型下,随着桥梁跨径的增大,两侧梁端支反力差值不断增大,联端支座受力逐渐趋于不均匀。

综上所述,在曲率半径不变的情况下,随着桥梁跨径的变化,桥梁抗倾覆稳定性系数逐渐发生变化(表5、图3)。整体趋势为:在相同条件下,随着桥梁跨径的增大,桥梁结构抗倾覆稳定性系数逐渐增大;跨径越小,稳定系数越小。在较大跨径的情况下,支座承受的水平力更加均衡,减小了因支座不均匀受力而引起的倾覆风险。

桥型抗倾覆稳定性系数 表5

半径	跨径(m)		
	20	25	30
100	1.025	1.247	1.451
400	1.070	1.307	1.540

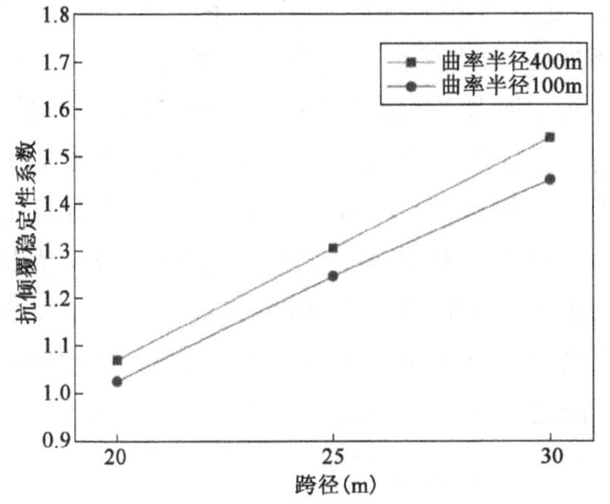

图3 桥型抗倾覆稳定性系数变化趋势

3.2 桥梁曲率半径

以基准模型为原型，不改变其他参数，为避免某一跨径或跨数的情况下计算结果的特殊性，研究所有情况下数据变化的普遍趋势。故分别建立曲率半径为100m、200m、300m、400m及桥型为3×20m、4×20m、3×25m、4×25m的有限元模型，分析曲率半径对桥梁抗倾覆能力的影响规律。相关图、表见表6、图4、表7、图5。

桥型联端支反力差值(单位:kN) 表6

桥型	半径(m)			
	100	200	300	400
3×20m	1249	1195	1192	1189
3×25m	1446	1414	1301	1282
4×20m	1288	1239	1222	1213
4×25m	1454	1354	1319	1301

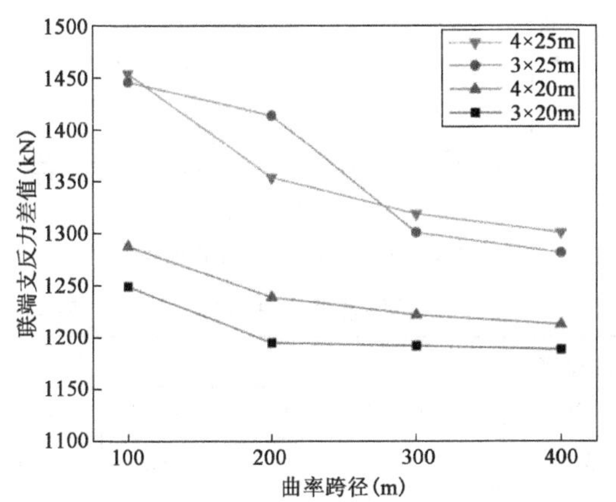

图4 桥型联端支反力差值变化趋势

桥型抗倾覆稳定性系数 表7

支座编号	半径(m)			
	100	200	300	400
3×20	1.025	1.051	1.064	1.070
3×25	1.247	1.277	1.294	1.307
4×20	1.045	1.062	1.075	1.083
4×25	1.268	1.286	1.305	1.317

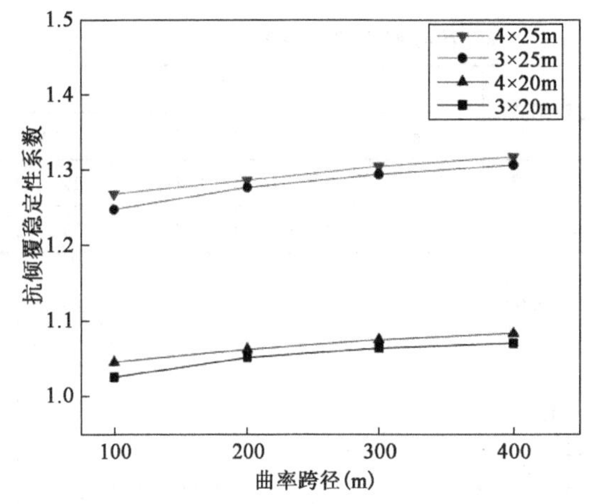

图5 桥型抗倾覆稳定性系数变化趋势

曲线梁桥由于弯扭耦合作用的存在，在受到恒荷载的情况下，其联端两侧的支座已经承受不均匀的力。在极端情况下，可能导致发生支座脱离桥梁结构的现象。由图4、图5的支反力差值的变化趋势来看，在截面形式、支撑方式等因素一样的状况下，随着桥梁曲率半径的减小，桥梁联端支座受力越来越不均匀。

抗倾覆稳定性系数随跨数的增多也逐渐增大，连续弯梁桥抗倾覆能力逐渐增强，这意味着在相同曲率半径和跨径的情况下，多跨数的桥梁降低了桥梁结构发生倾覆的可能性。

桥梁抗倾覆系数随着曲率半径的减小也逐渐下降，而曲线半径的逐渐减小，梁端的扭矩逐渐增大，导致梁端内外侧支座之间的最小反力差值逐渐扩大。端部双支座的受力不均情况变得更加显著，而在相同跨径下，曲线内侧支座容易发生脱空现象。

3.3 支座布置形式

以基准模型为原型，不改变其他参数，在不同曲率半径参数的基础上，探究支座布置形式的变化对曲线梁桥影响规律。建立桥长4×20m，曲率半径为$R=100$m、200m、300m、400m。在此基础上，跨径曲率不变，将中墩的一个单支座改为双支座,支座布置形式如图 6 所示。建立 midas Civil 有限元模型,并进行验算结果分析。相关图、表见表 8、图 7、表 9、图 8。

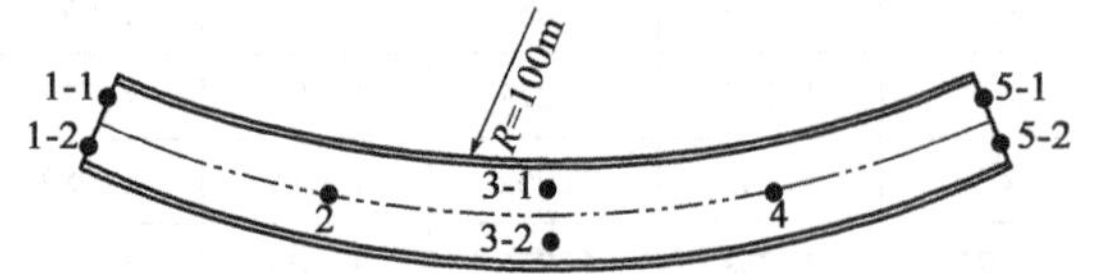

图 6　4×20m 桥支座布设情况

4×20m 联端支反力差值(单位:kN)　表 8

支座形式	半径			
	100	200	300	400
2-1-1-1-2	1287.9	1239.0	1221.6	1212.7
2-1-2-1--2	1218.7	1165.0	1146.7	1137.5

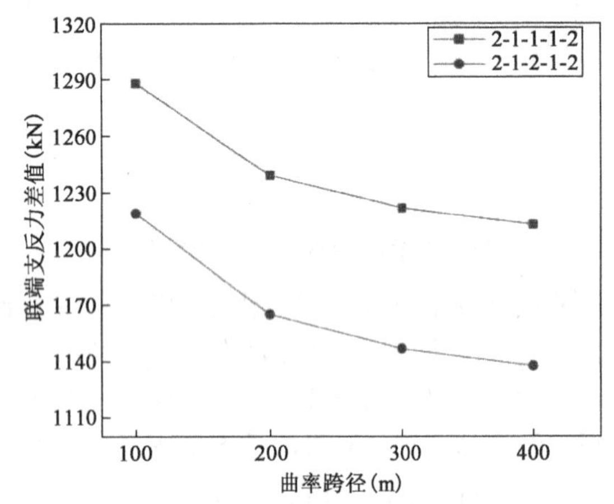

图 7　4×20m 联端支反力差值变化趋势

4×20m 抗倾覆稳定性系数(单位:m)　表 9

支座形式	半径			
	100	200	300	400
2-1-1-1-2	1.045	1.062	1.075	1.083
2-1-2-1-2	2.733	2.884	2.942	2.969

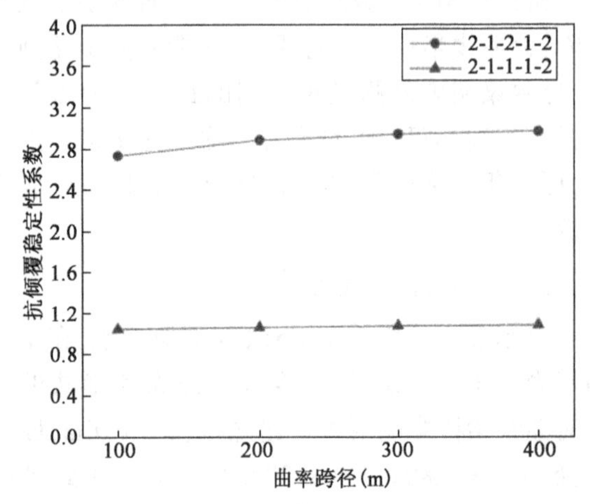

图 8　4×20m 抗倾覆稳定性系数变化趋势

综上所示:对于桥梁宽度 8.5m 的窄桥,中墩改为双支承的形式后,联端在最不利荷载工况下的支反力变化趋势如上述一致,如图 7、图 8 所示,随着曲率半径的增加端部双支座支反力差值逐渐减小,受力趋向均匀。与单支座相比,曲率半径一致的基础上,支反力的差值明显减小,桥梁抗倾覆系数也显著提高,双支承系数较单支承最大提升至 2.7 倍。

当中墩与两端桥墩均采用双支座支承方式时,桥梁跨中的较大支座反力由内侧和外侧支座共同承担。与其他支座布置形式相比,桥梁两端的支座反力也较小。由此可见,设置双支座可以增大抗倾覆力矩并减小倾覆力矩,所以设置双支座是良好的改善措施。对于倾覆风险较大的独柱墩曲线桥,可采用改变中墩支承形式的方式来进行加固。

3.4　双支承间距

以基准模型为原型,不改变其他参数,在上述中墩双支承的基础上,改变双支承间距。即建立桥型为 4×20m,曲率半径 $R = 100$m、200m、300m、400m 及支座间距为 4m 的 midas Civil 有限元模型,并进行验算分析。相关图、表见表 10、图 9、表 11、图 10。

联端支反力差值(单位:kN)　表 10

支座间距(m)	半径(m)			
	100	200	300	400
5.0	1219	1165	1147	1138
4.0	1407	1338	1315	1303

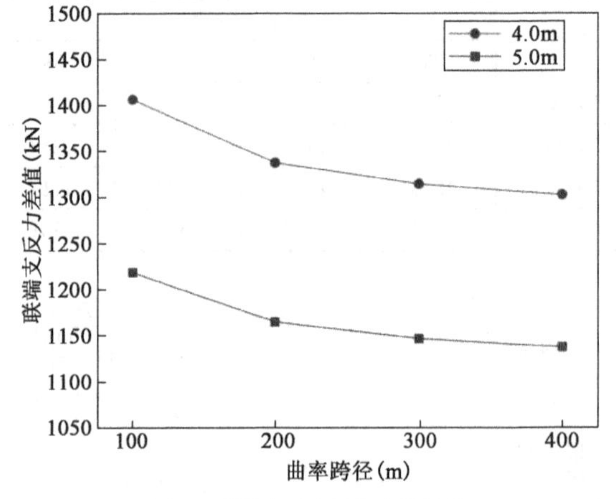

图 9　联端支反力差值变化趋势

抗倾覆稳定性系数　表 11

支座间距(m)	半径(m)			
	100	200	300	400
5.0	2.733	2.884	2.942	2.969
4.0	2.066	2.172	2.212	2.234

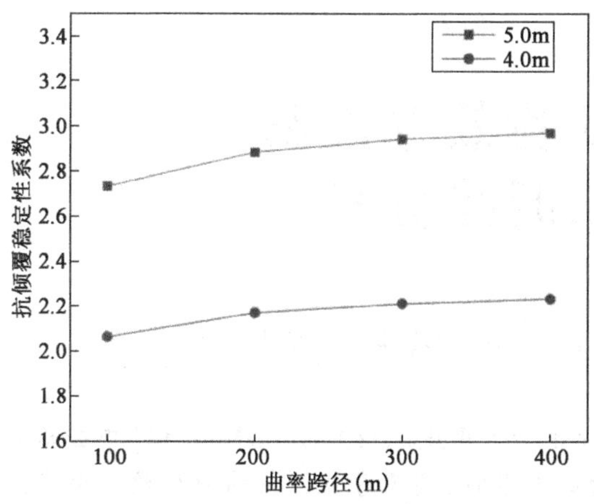

图10 抗倾覆稳定性系数变化趋势

如图9、图10所示,对于桥梁宽度8.5m的窄桥,将支承间距从5m改为4m之后,各曲率半径相应的联端支反力差值增大,倾覆系数下降至原本的0.75倍。由此可知,在恒载和活载作用下,增大两支座间距,端支座受力逐渐趋于内外侧平衡。支座间距的减小,对应的抗倾覆系数也有显著降低,即较小的支座间距可能导致桥梁在横向受力时的抗倾覆性能下降。小间距支座布置增加了桥梁结构的灵活性,使其更容易受到横向扰动而产生倾覆。

4 结语

影响桥梁倾覆的因素可划分为内部和外部两个方面。内部因素主要在设计阶段确定,涵盖桥梁的几何特性,如曲线半径、跨径、支撑方式、车道线位置和桥宽等。内部因素是桥梁抗倾覆性能的基础,而外部因素则为其提供作用条件。在抗倾覆验算的过程中,曲线半径、支座间距和支承方式等因素与抗倾覆能力之间存在直接而显著的关联。

本文介绍了影响独柱墩梁桥上部横向稳定性的部分因素,并结合算例分析各因素下上部结构横向稳定系数变化情况,为现有独柱墩桥梁的上部结构横向稳定性分析提供一定借鉴。由本文研究得出以下结论:

(1)从文中数据可知,增设双支座对于桥梁横向稳定性的影响最大,中墩双支座梁桥的抗倾覆系数相对于中墩单支座的抗倾覆系数提升到近2.7倍,由上述变化趋势可知,在独柱独支承的弯桥中,通过一定的构造措施将单一支承转变为多支承,不论是通过增设混凝土立柱,还是在原有独柱上增设盖梁并新增支座,都对桥梁的抗倾覆性能具有积极的影响。特别是在车辆荷载逐渐增大的当下,对提升既有独柱墩桥梁的抗倾覆稳定性极其有益。

(2)在桥梁宽度8.5m的基础上,随着跨径的增加,抗倾覆稳定性系数最大增至1.4倍,而曲率半径的影响下最大提升值仅达1.04倍。由此可见,较大的跨径会使横向荷载分布更为宽泛,使得桥梁在横向承载方面更加稳定。

通过对桥梁结构的内外因素进行详尽的分析,揭示了曲线半径、支座间距、支承方式等内部因素与抗倾覆能力之间的密切关联。对于桥梁宽度较小的独柱墩曲线梁桥,可以通过增大曲率半径、增加支座间距、增加桥梁跨数等增强连续弯梁桥的抗倾覆能力。同时,外部因素如温度、汽车荷载、离心力、制动力等也在桥梁运营阶段对其稳定性产生重要影响。通过对弯桥抗倾覆性能进行分析,以优化桥梁结构,并确保其在各种环境条件下的安全性和稳定性。

参考文献

[1] 陈耀金,林洁辉.独柱墩连续弯桥抗倾覆性能研究[J].公路交通技术,2022,38(2):92-98.

[2] 江婧.超小半径曲线梁桥受力特点和合理约束方式研究[D].长沙:中南大学,2010.

[3] 凌冬,刘耀凤.独柱墩曲线梁桥抗倾覆设计的探讨[J].公路,2023,68(10):187-192.

[4] 赵丽.支座布置对连续弯桥抗倾覆性能的影响分析[J].工程与建设,2021,35(5):882-883.

[5] 李胜伟.独柱墩曲线梁桥横向抗倾覆性能的影响因素分析[J].北方建筑,2023,8(5):19-22.

[6] 孟旭,李冀,南林,等.支座刚度对桥梁抗倾覆性能影响研究[J].中国高新科技,2023(20):75-77.

[7] 张震.墩梁固结独柱墩旧桥在不同规范下的抗倾覆问题[J].黑龙江交通科技,2021,44(10):110-111.

[8] 黄志诚,李东洋,郭馨艳.大跨径简支钢箱梁弯桥抗倾覆性能研究[J].公路工程,2019,44(5):14-17,141.

[9] 赵帅,安于普,时广义.独柱墩桥梁抗倾覆分析与加固研究[J].长春工程学院学报(自然科学版),2023,24(3):12-16.

小跨径梁桥荷载试验效率控制参数的差异优化调控分析

刘　波*[1]　韩　信[2]　谢开兵[1]

(1.招商局重庆公路工程检测中心有限公司;2.湖州市公共物流信息中心)

摘　要　在实践中发现,小跨径梁桥在按照《公路桥涵设计通用规范》(JTG D60—2015)中公路—Ⅰ级汽车荷载的规定进行等效加载,同一位置在达到相同荷载效率时,按照弯矩控制的荷载效应大于按位移控制的荷载效应。针对此种现象,本文通过对8m、10m、13m、16m简支空心板利用midas进行有限元计算分析,发现当边梁、中梁弯矩试验效率在1.00时,位移试验效率已经大于1.05,超过《公路桥梁荷载试验规程》(JTG/T J21-01—2015)中规定的荷载试验效率介于0.95~1.05(运营桥梁)的区间要求,对结构安全性是不利的。因此,本文提出对于小跨径梁桥荷载试验,偏载工况应采用相应边梁位移进行试验效率控制,并兼顾中梁位移试验效率不超限,中载工况应采用相应中梁位移进行试验效率控制,不仅有利于结构安全,而且在现场具有较高的实用性与可操作性。

关键词　小跨径梁桥　荷载试验　试验效率　控制参数

0　引言

桥梁荷载试验是对桥梁结构物工作状态进行直接测试的一种鉴定手段[1]。当桥梁进行新建、加固或者改扩建时,均需进行荷载试验,以了解桥梁结构的实际工作状态,判断实际承载能力,评价其在使用荷载下的工作性能。

目前我国公路中仍存在着大量的小跨径梁桥,以甬台温高速公路温州段为例,全线405座桥梁中有217座小跨径梁桥,占比53.6%,几乎均为空心板结构。此类桥梁多为20世纪八九十年代修建,设计荷载等级偏低,截至目前公路桥梁设计荷载标准进行5次修订,设计规范修订3次[2],不同时期修建的桥梁,设计荷载标准存在较大的差异,同时急剧增长的交通量和运输车辆的大型化、管理与养护上的忽视,对小跨径桥梁承受实际荷载时的结构安全提出了新的挑战。为了了解小跨径梁桥的实际工作状态,需要对其进行荷载试验,进行直观的评判。

在进行荷载试验效率计算时,对于梁桥一般以弯矩作为主要控制参数[3],笔者在实践中发现,小跨径梁桥在按照《公路桥涵设计通用规范》(JTG D60—2015)中公路—Ⅰ级汽车荷载的规定进行等效加载时,同一位置在达到相同荷载效率时,按照弯矩控制的荷载效应大于按位移控制的荷载效应,对于此问题尚未有相关文献提及,因此本文对某高速公路中8m、10m、13m、16m简支空心板利用midas建立了空间梁格模型,对比分析了弯矩荷载效率和位移荷载效率的差异性及适用性,为小跨径梁桥荷载试验的方案制定提供参考依据。

1　计算分析

1.1　计算参数

模型计算参数如表1所示,桥梁典型横断面如图1所示,空心板构造如图2所示。

计算参数　表1

桥梁跨径(m)	板数(块)	桥面全宽(m)	桥面净宽(m)	设计车道数	试验荷载等级
8	12	12.5	11.0	3	公路—Ⅰ级
10	12	12.5	11.0	3	公路—Ⅰ级
13	12	12.5	11.0	3	公路—Ⅰ级
16	12	12.5	11.0	3	公路—Ⅰ级

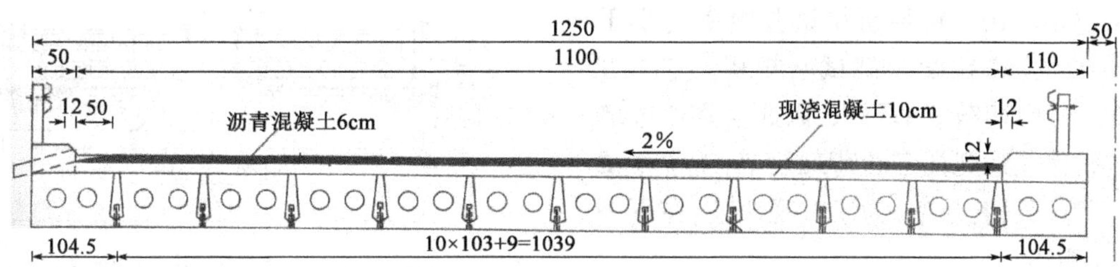

图1 桥梁典型横断面图(尺寸单位:cm)

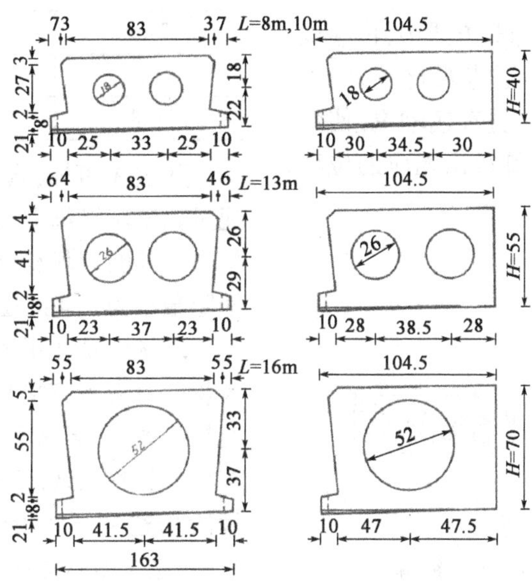

图2 8m、10m、13m、16m空心板构造图(尺寸单位:cm)

1.2 弯矩、位移控制的试验效率对桥梁跨径的敏感性分析

以350kN三轴车作为加载车(加载参数见表2),按图3所示加载方式进行中载、偏载工况加载,选取边梁与中梁分别作为偏载工况与中载工况的控制梁,以跨中弯矩、位移作为主要控制参数的试验效率结果如图4、图5所示。

加载车参数 表2

车辆总重(kN)	前轴轴重(kN)	中轴轴重(kN)	后轴轴重(kN)	前中轴轴距(m)	中后轴轴距(m)
350	70	140	140	3.8	1.4

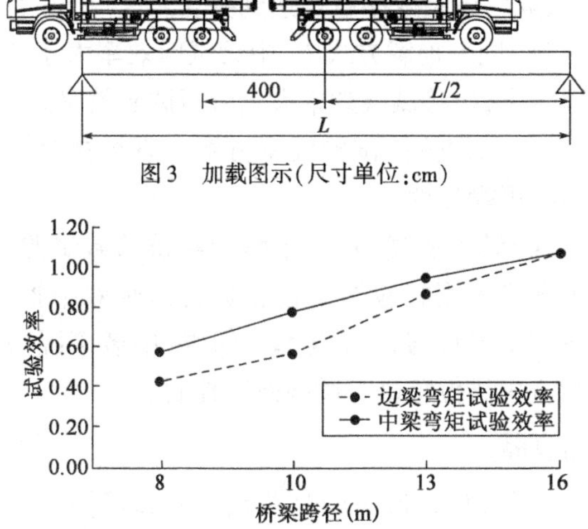

图3 加载图示(尺寸单位:cm)

图4 跨中弯矩作为主要控制参数的试验效率

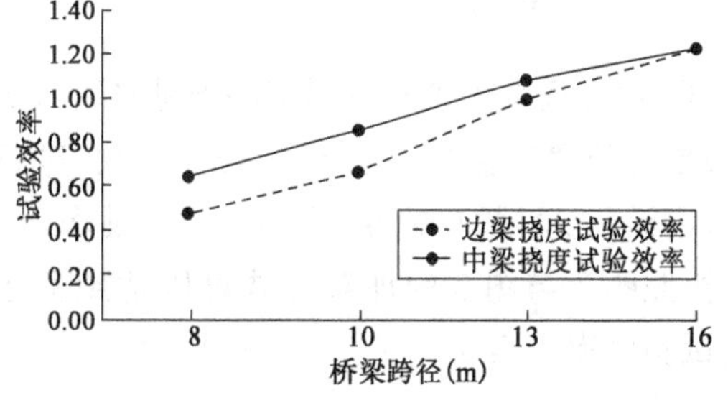

图5 跨中位移作为主要控制参数的试验效率

从图4、图5可知:①弯矩试验效率与位移试验效率均随着桥梁跨径的增加而增大,这是由于随着桥梁跨径的增加,影响线长度增大,加载车轴重逐渐作用在影响线上,使得试验效率增大;②中梁试验效率大于边梁,但随着跨径增加,二者差距

逐渐减小;③8m、10m跨径桥梁试验效率均小于0.95,达不到《公路桥梁荷载试验规程》(JTG/T J21-01—2015)中荷载效率要求,因此需要通过增加车辆轴重,使其达到规定的荷载效率;④位移试验效率大于弯矩试验效率,为了直观比较,在下一节进行详细阐述。

1.3　弯矩、位移试验效率比较分析

在上述分析中可知,同一加载方式中,位移试验效率大于弯矩试验效率,为了直观比较,仍以图3所示方法进行加载,通过调整车辆轴重,使弯矩试验效率达到1.00,由此计算得出相应的位移试验效率,见图6。

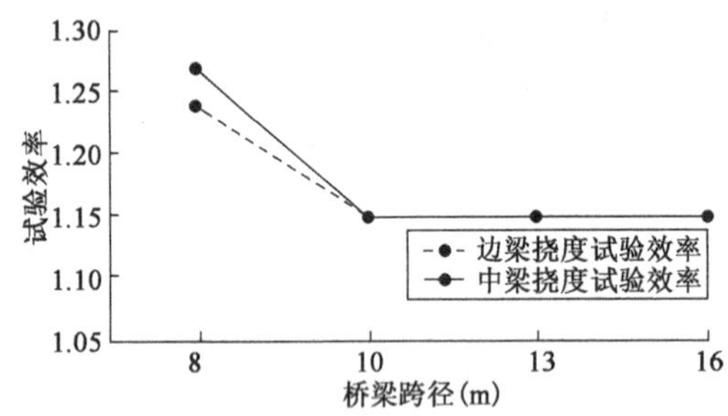

图6　同一位置弯矩效率1.00时的位移效率

由图6可知,同一位置,在弯矩效率达到1.00时,相应位移效率均超过1.10,最大达到1.27,超过了《公路桥梁荷载试验规程》(JTG/T J21-01—2015)中荷载效率最高1.05的限制要求,对结构安全是不利的,因此对于小跨径梁桥以位移作为主要控制参数的试验效率是较合理与安全的。

2　工程实例

以13m简支空心板桥为例,分别按照弯矩试验效率与位移试验效率达到0.95~1.05进行试验方案设计,加载车辆采用350kN三轴车,经计算,按照图7与图8的加载方式可以达到上述要求,试验效率见表3。

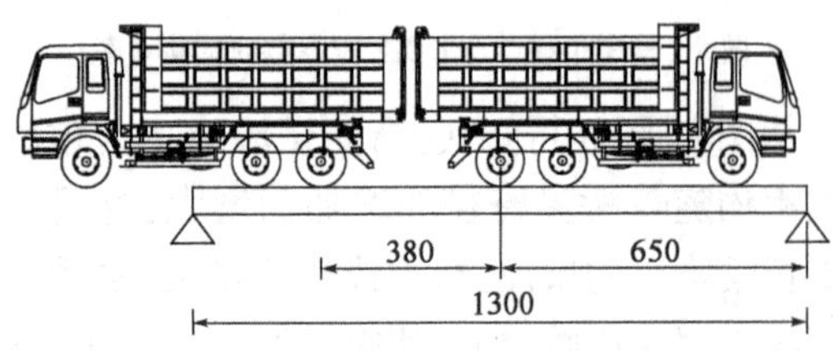

图7　弯矩试验效率加载图示(尺寸单位:cm)

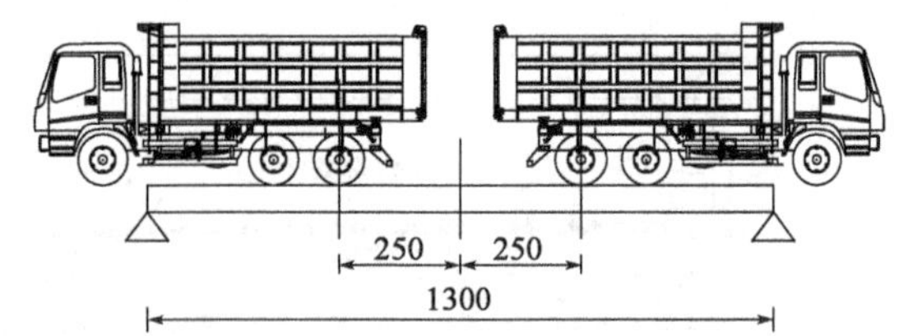

图8　位移试验效率加载图示(尺寸单位:cm)

试验效率　表3

试验梁	弯矩试验效率	位移试验效率
边梁	0.95	0.97
中梁	1.03	1.01

从表3可知,弯矩试验效率和位移试验效率通过调整车辆纵向位置均可满足规范要求,但以笔者多年的现场检测经验,实际现场三轴车车尾间距最小为4.4m,图7中所示车尾间距3.8m在实际现场中是几乎不可能实现的;同时图7中汽车轮胎着力点直接作用在试验断面上,可能会引起局部效应,导致采集数据失真[4]。静载试验内容包括位移测试,已有研究表明,水准测量法和悬锤法均适用于小跨径梁桥荷载试验中位移采集[5],图7所示加载方式需在梁底吊设百分表,若桥下有河沟,还需搭设平台,图8所示加载方式可直接在桥面采用精密水准仪进行位移采集,在现场具有较高的实用性和可操作性。

3　结语

本文通过对常见的8m、10m、13m、16m简支空心板桥按照弯矩试验效率和位移试验效率分别进行了计算对比分析,得出如下结论:

(1)试验效率均随着桥梁跨径的增加而增大,跨径越小,试验效率越难达到要求。

(2)同一加载方式中,中梁试验效率大于边梁试验效率,位移试验效率大于弯矩试验效率。

(3)采用位移试验效率方案在现场更具有实用性与可操作性。

(4)综上所述,对于小跨径梁桥荷载试验,偏载工况应采用相应边梁位移进行试验效率控制,并兼顾中梁位移试验效率不超限,中载工况应采用相应中梁位移进行试验效率控制。

参考文献

[1] 周帆.桥梁检测动静荷载试验应用[J].运输经理世界,2023(20):78-80.

[2] 柳磊,于坤,王同卫. 改扩建高速公路空心板桥现状及承载力研究[J]. 山东交通科技,2019(6):42-46.

[3] 周特. 桥梁荷载试验方案优化及技术应用要点分析[J]. 工程技术研究,2022,7(24):74-76.

[4] 孙虎平. 公路桥梁荷载试验应变数据异常问题及对策[J]. 中国公路,2021(17):180-181.

[5] 祝新念,李斌. 小跨径桥梁静位移观测实用方法探讨[J]. 湖南理工学院学报(自然科学版),2019,32(1):55-59.

预应力孔道积水状态评估

龚勃旭[1] 刘永健*[1,2]

(1. 长安大学公路学院;2. 重庆大学土木工程学院)

摘 要 针对存在灌浆缺陷的预应力孔道在桥梁服役阶段易发生积水现象,进而导致钢绞线预应力退化严重的问题,提出了一种能够量化预应力孔道内积水程度的结露时长计算方法。首先,在准确模拟桥梁三维温度场的基础上,利用孔道内部空气和孔壁间的温差表征结露状态,得出了各孔道的结露时长;其次,以某待拆除预应力混凝土连续刚构桥为例,探究了不同孔道内的积水程度。

关键词 桥梁工程 预应力混凝土 灌浆缺陷 孔道积水

0 引言

混凝土结构是土木工程使用最为广泛的结构形式,但随着时间的推移,各种腐蚀介质会不断渗入混凝土中[1],导致混凝土的耐久性不断降低。而在一些后张法预应力混凝土结构中还存在着孔道灌浆质量难以保证的问题[2-3],水分会透过混凝土不断渗入灌浆缺陷孔道内[4]。且随着桥梁服役年限增加,桥梁结构的裂缝不断发展,这些裂缝将进一步加快水分的传输[5]。这使得即使有波纹管(包括金属与塑料波纹管)的保护,水分及各种腐蚀介质也会到达预应力钢筋表面[6],并在孔道内形成积水[7],导致孔道内的腐蚀环境进一步恶化,孔道内的预应力钢束更容易腐蚀。因此,准确评估灌浆缺陷孔道内的积水程度,对保障后张法预应力混凝土桥梁的耐久性具有重要意义。

目前关于灌浆缺陷孔道的研究主要分为灌浆检测与灌浆缺陷对桥梁耐久性的影响两个方面。孔道灌浆密实程度检测通常采用以无损检测为主、开槽切片等有损检测辅助验证的方式[8-11]。更多的研究开始关注灌浆缺陷孔道对桥梁耐久性的影响。Schupack M[12]认为管道内的灌浆缺陷,是导致预应力混凝土梁性能退化的主要原因;同时灌浆缺陷也会增大雨水、海水、盐雾和除冰盐对预应力钢筋的影响,进一步加速钢筋腐蚀,导致预应力快速失效。因此,未充分灌浆保护的预应力钢绞线非常容易腐蚀[13]。Minh 等[14]发现孔道灌浆环境越差,预应力损失越大。李仁超[15]研究了无灌浆、平行灌浆和垂直灌浆三种情况下氯离子浓度对钢绞线锈蚀的影响,结果表明:钢绞线锈蚀速度最快的灌浆类型是平行灌浆,其次是垂直灌浆,最后是完全无灌浆。

随着桥梁服役年限增加,灌浆缺陷孔道中易发生积水现象,导致预应力钢绞线进一步退化,严重影响桥梁结构的受力性能。本文为探究预应力孔道内积水状态的演化过程,在三维温度场准确模拟的基础上,提出了一种预应力孔道结露时长计算方法。最后,通过计算结果与工程实测数据的对比分析,验证了所提出计算方法的合理性。研究成果可为类似桥梁结构的养护方案制定提供参考。

1 数值模拟方法

1.1 缺陷预应力孔道结露时长分析模型

在日照作用下,河流中蒸发的水分会使得桥梁周围的空气湿度增大,并在桥梁结构内部相对湿度较低时,不断向箱梁内部扩散,导致梁体的绝对湿度不断增大。

与此同时,当外界环境温度骤降时,混凝土梁体的温度也随之降低。由于孔道内空气的导热率较低,空气温度下降的速率明显慢于混凝土梁体,使得孔壁附近空气的相对湿度不断增大,当空气中的相对湿度达到100%时,孔道内空气中的水分将在孔道表面凝结成水滴,并在桥梁服役多年后出现明显的积水现象。预应力孔道内水分凝结过程如图1所示。

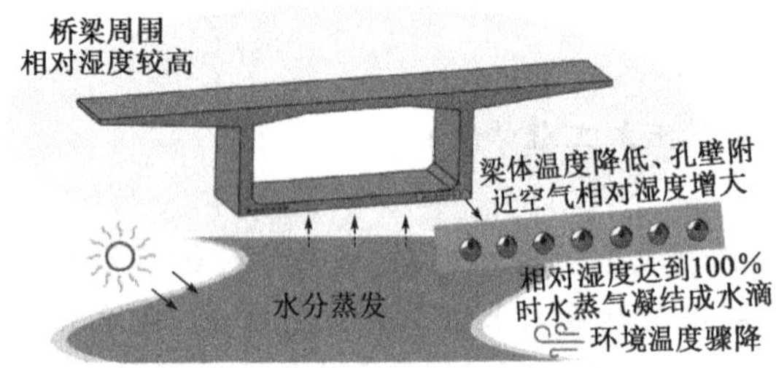

图1　预应力孔道内水分凝结过程示意图

1.2　露点温度简化计算方法

湿度是表征空气干湿程度的物理量,空气湿度分为绝对湿度、相对湿度和露点温度三个基本概念。绝对湿度是指每立方米空气中所含水蒸气的质量;相对湿度是指每立方米空气的绝对湿度与同温度气压下的饱和绝对湿度的比值;露点温度是指水汽含量和气压都不改变的条件下,空气中的水蒸气变为露珠时的温度。

夜晚,由于结构外表面温度较低,结构表面附近的空气会逐渐降温,该区域内空气的相对湿度会显著增加,当相对湿度达到100%时就会出现冷凝现象。例如,钢箱梁、预应力孔道和悬索桥的主缆中就经常会产生冷凝现象[16]。在这种空气中水分含量不变、保持气压一定的情况下,露点温度的高低只与空气的温度有关,因此精确的桥梁结构温度场是准确计算灌浆缺陷孔道内空气露点温度的前提。露点温度 D_P 计算公式为[17]:

$$D_P = \frac{243.12 \times \left(\ln\left(\frac{\mathrm{RH}}{100}\right) + \frac{17.62T}{243.12 + T}\right)}{17.62 - \left(\ln\left(\frac{\mathrm{RH}}{100}\right) + \frac{17.62T}{243.12 + T}\right)} \tag{1}$$

式中:RH——环境中空气的相对湿度;

T——结构外表面温度。

1.3　桥梁三维温度场计算方法

1.3.1　桥梁日照温度场边界条件

日照作用下,桥梁结构的边界条件包括太阳辐射、辐射换热及对流换热。其中,太阳辐射包括与日光照射方向平行的直射辐射、云层和大气散射作用产生的散射辐射以及由地面产生的反射辐射,如图2所示。结构表面吸收的总热流为[18]:

$$q = q_s + q_c + q_r \tag{2}$$

式中:q_s——结构表面吸收的太阳辐射热流密度;

q_c——结构表面与外界对流换热的热流密度;

q_r——结构与外界辐射换热的热流密度。

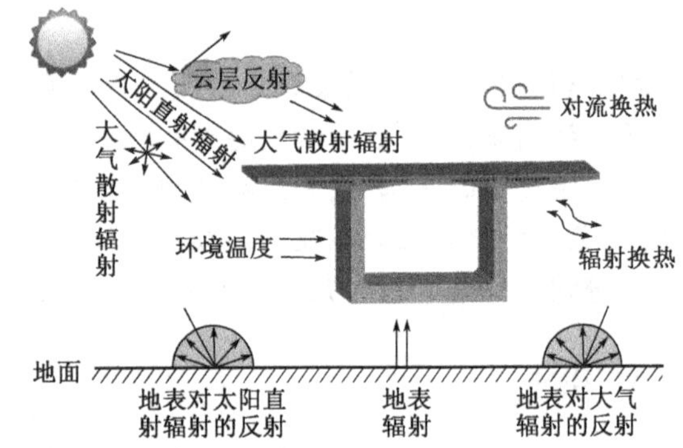

图2　日照温度场边界条件示意图

(1)太阳辐射:结构任意表面实际吸收的太阳辐射热流密度 q_s 为

$$q_s = \xi(I_{cb}R_b + I_{cd}R_d + I_{cr}R_r) \tag{3}$$

式中:　ξ——结构表面对太阳辐射的吸收率;

I_{cb}、I_{cd}、I_{cr}——水平面瞬时太阳直射辐射强度、水平面瞬时散射辐射强度和地面反射辐射强度;

R_b、R_d、R_r——直射辐射修正因子、散射辐射修正因子和地面反射修正因子。

(2)辐射换热:结构表面与周围环境之间的辐射热交换可以近似地表示为

$$q_r = \zeta C_s[(T_a + 273)^4 - (T + 273)^4] \tag{4}$$

式中:ζ——结构表面辐射率(发射率);

C_s——Stefan-Boltzmann 常数。

(3)对流换热:对流换热热流密度 q_c 计算方法为

$$q_c = h_c(T_a - T_0) \tag{5}$$

式中:T_a、T_0——环境和桥梁结构表面温度;

h_c——对流换热系数,其取值与结构表面的粗糙程度、风速、大气温度及

结构表面温差等因素有关[19]，可按下式计算

$$h_c = 2.6\sqrt[4]{|T_a - T_0|} + 4.0v \tag{6}$$

式中：v——风速。

1.3.2 日照阴影识别方法

光照区域和阴影区域的太阳辐射差异显著，会使桥梁结构产生非均匀温度场。因此，准确识别光照和阴影区域，并计算出与实际相符的太阳辐射强度，是准确模拟桥梁结构温度场的基础。

本文借鉴光线跟踪算法思想，通过模拟光线的传播路径来确定反射、折射和阴影。首先从待判断点发出与太阳光线平行的射线，其次判断射线与结构是否存在交点，若存在交点，则待判断点为阴影区域，反之，待判断点为光照区域。例如图3中A点发出的与太阳光平行的射线与其他面无交点，则它们处于光照区域；而B点发出的射线与其他面有交点存在，则它们处于阴影区域。从图4可以看出，本方法能够对桥梁自身温度场进行有效模拟，且该方法已得到了较好的应用[20]。

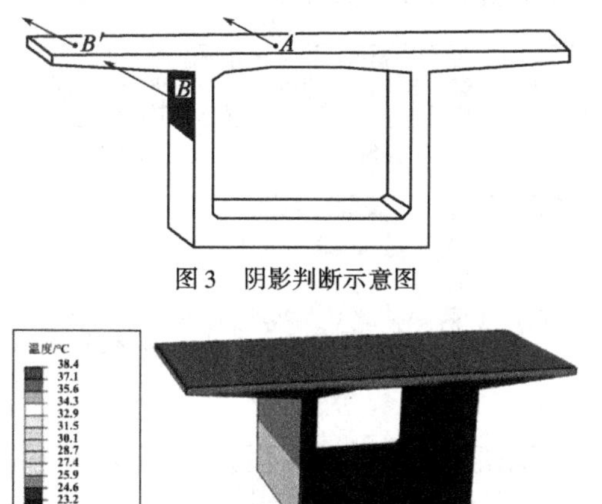

图3 阴影判断示意图

图4 主梁温度场云图(单位:℃)

2 预应力孔道温度场分析模型

2.1 工程背景

某桥为57m+106m+57m三跨预应力混凝土连续刚构桥，全长220m，呈南北走向，桥梁上游为西侧，下游为东侧，桥梁跨径如图5所示。桥梁墩梁固结处梁高5.5m，跨中梁高3.1m，梁底为二次抛物线渐变，主梁跨中横断面如图6所示。桥梁采用三向预应力体系，纵、横向为钢绞线，竖向为精轧螺纹粗钢筋。当地气候温暖潮湿，降水较多，年均相对湿度为78%。桥址处大气湿度更高，且随季节变化明显，在春夏高湿季节，相对湿度时常可达100%。

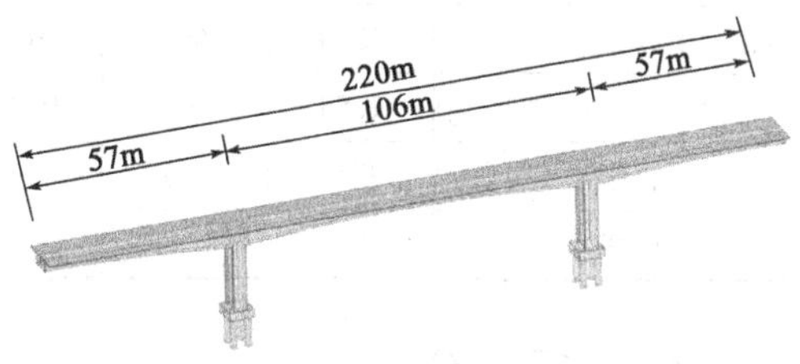

图5 桥梁跨径图

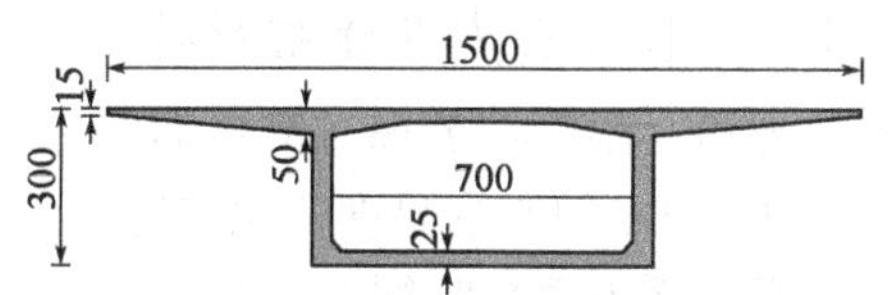

图6 主梁跨中横断面图(尺寸单位:cm)

桥检结果显示，该桥在运营中结构裂缝不断延伸和扩展，预应力孔道部分节段存在明显的空洞，钢绞线表面锈蚀严重。在进行钻孔法检测预应力孔道灌浆密实度时，发现40%以上的预应力孔道存在灌浆不密实的现象，并在上游竖向预应力孔道内发现了严重的积水现象，如图7c)所示。

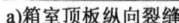

a)箱室顶板纵向裂缝

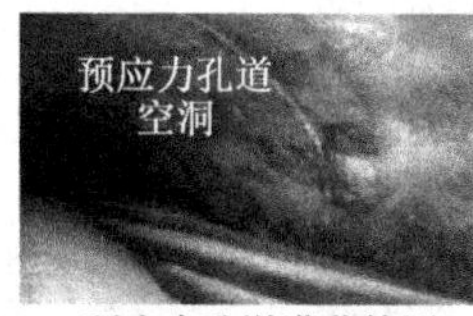

b)预应力孔道灌浆检测

上游竖向预应力
孔道积水

c)预应力灌浆缺陷、积水

图7 桥梁拆除前桥检结果

2.2 模型建立与参数选择

选取跨中和墩梁固结处梁段进行分析，假定钢束与孔道内壁完全脱空。有限元模型采用ABAQUS建立，网格划分如图8所示，材料热工参数如表1所示。由于混凝土内部相对湿度常保持在80%以上[21]，且背景桥桥位处环境相对湿度高，混凝土内部相对湿度将进一步提高，而孔道空腔内相对湿度与混凝土梁体及周围环境的相对湿度高度相关[22]。本文综合考虑了当地年均相对湿度及桥址处环境特点，在模拟计算了2018年各

孔道温度变化情况后,分别选择相对湿度在75%、80%和85%的条件下计算各孔道的结露时长。

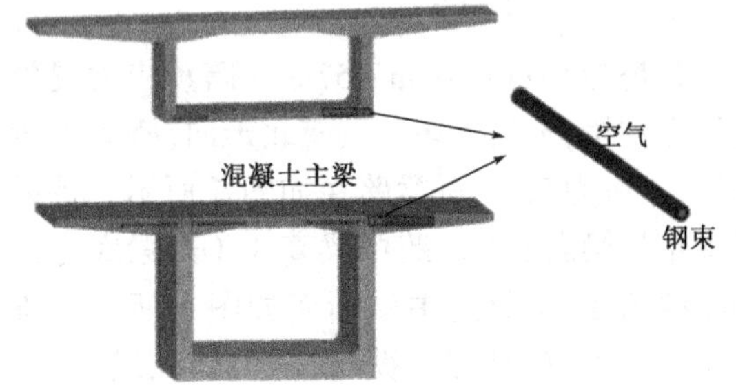

图8　跨中、墩梁固结处梁段网格划分

材料热工参数　　　　表1

材料特性	混凝土	钢	空气
密度ρ(kg/m^3)	2600	7850	1.29
比热容c[J/(kg·℃)$^{-1}$]	1020	465	1000
热传导率λ[W/(m·℃)$^{-1}$]	1.58	55	0.025
吸收率	0.6	0.3	—
辐射率	0.8	0.8	—

3　计算结果及分析

3.1　底板预应力孔道结露特征分析

图9为相对湿度在75%~85%时跨中梁段底板预应力孔道B1的四季温度变化趋势,当孔道内孔壁温度低于露点温度时即发生结露。

1月份(冬季),在寒潮来临前的1月16—24日,昼夜温差较大,孔道底面受环境影响,温度变化迅速,当相对湿度为85%时,结露时长为10h;1月25—29日,随着寒潮的来临,预应力孔道内孔壁温度开始迅速降低,结露时长进一步增大到19.5h;寒潮后期,环境温度变化趋于稳定,结露时长降低到3h。

3月份(春季),昼夜温差较大,且常出现"倒春寒",在图9b中3月6—9日,"倒春寒"的出现导致预应力孔道内温度骤降,进而导致结露时长较其他时间段更长,此时在相对湿度85%时的结露时长为30h;随后,环境温度逐渐上升,孔道结露现象消失。环境温度的变化是孔道结露的主要原因。

6月份(夏季),由于夏季昼夜温差小且温度相对稳定,孔道露点温度明显低于各孔道表面温度,预应力孔道不会出现结露现象,夏季结露时长全年最短。

9、10月份(秋季),在10月5日前昼夜温差可达11℃,结露时长有所增加;10月6日后,环境温度迅速升高,受此影响孔道表面迅速升温,而空气的低导热率使露点温度低于孔道表面温度,因此不会出现结露现象。

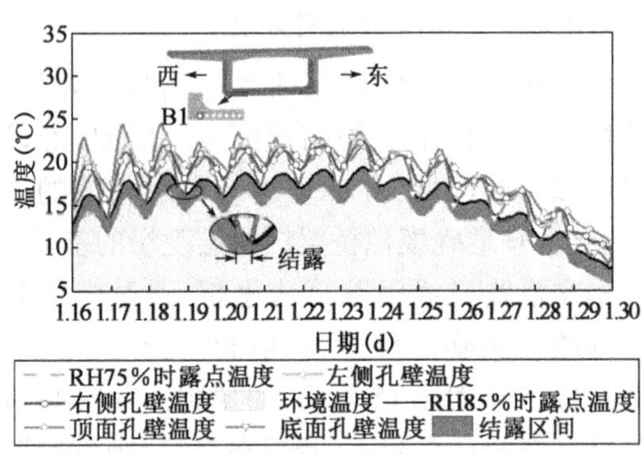

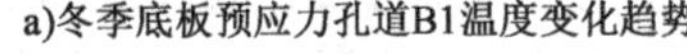

a)冬季底板预应力孔道B1温度变化趋势

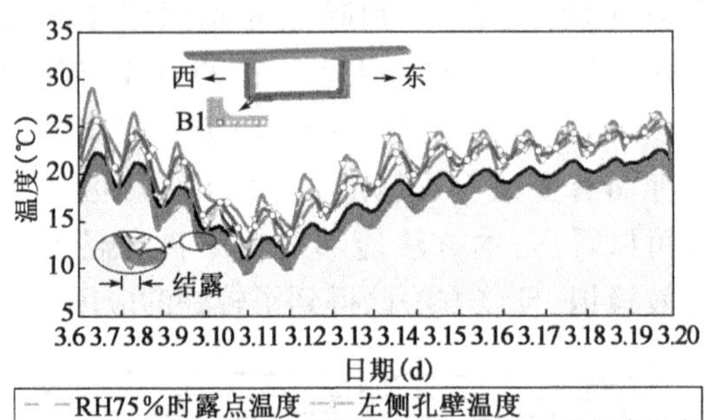

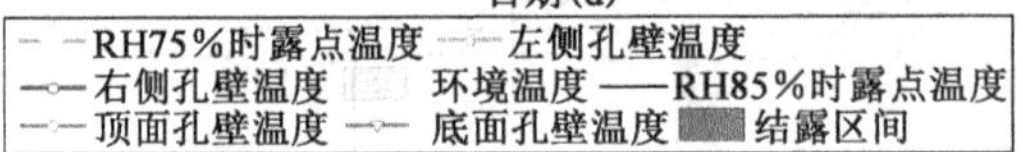

b)春季底板预应力孔道B1温度变化趋势

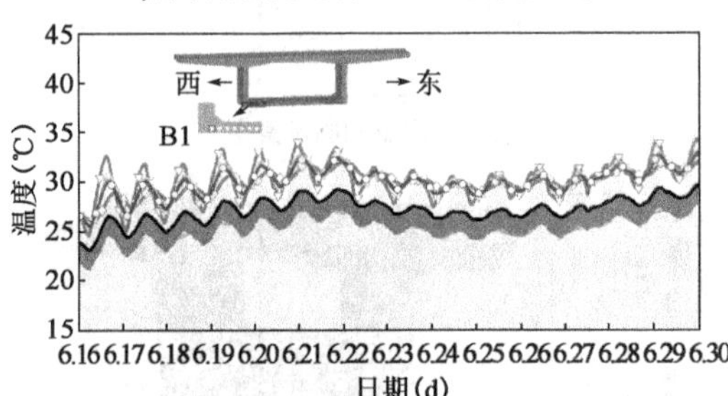

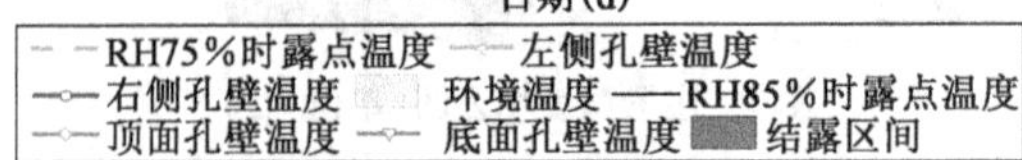

c)夏季底板预应力孔道B1温度变化趋势

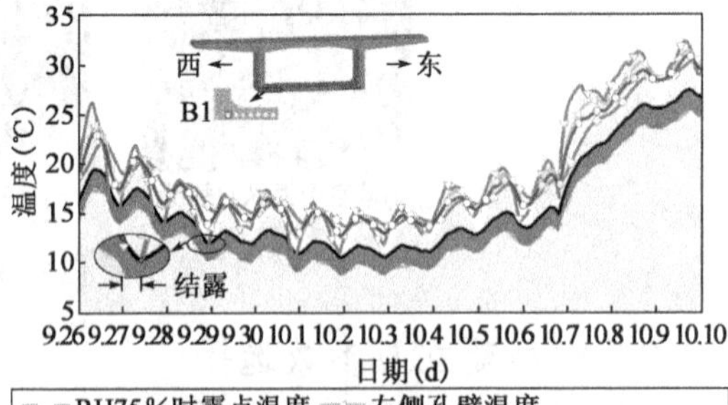

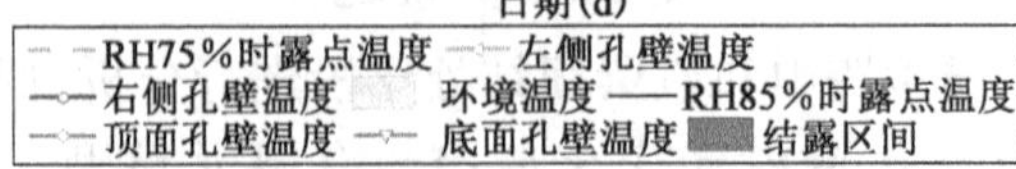

d)秋季底板预应力孔道B1温度变化趋势

图9　底板预应力孔道B1四季温度变化趋势

图10为全年不同相对湿度底板各预应力孔道结露时长。由于箱梁底板长期被遮挡，各孔道温度场边界条件相同，因此，在对流换热和辐射换热作用下，箱梁底板预应力孔道的结露时长基本相同。而箱梁的东、西两侧，在日出、日落时会受到太阳辐射的影响，导致结露时长有所差异：早晨，东侧腹板所受到的太阳辐射强度低且持续时间较短，孔道A1温度逐渐与环境温度趋于一致，孔壁温度变化幅度也相对较为平缓，导致孔道内结露时长较短；而西侧腹板在下午受到的太阳辐射持续时间较长且辐射强度较高，导致腹板温度偏高，夜晚孔道B1在对流换热和辐射换热的作用下，孔壁温度降低较快，孔道内空气与孔壁间的温差较底板其他孔道更大，孔壁温度更容易低于露点温度。孔道B1结露时长较底板其他孔道会有所增加。

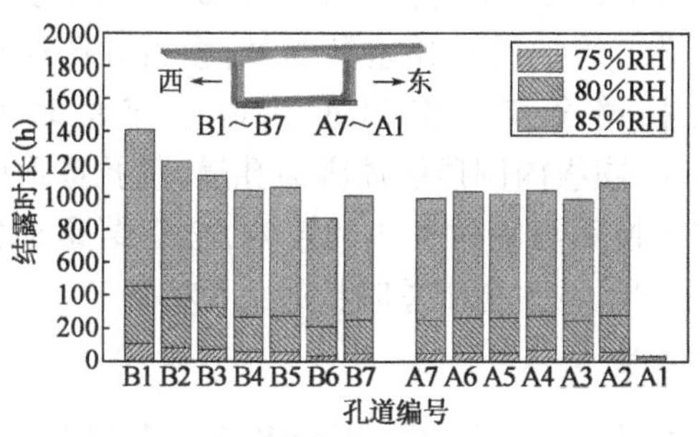

图10 不同相对湿度底板预应力孔道结露时长

3.2 顶板预应力孔道结露特征分析

在太阳直射辐射的作用下，环境因素对顶板温度影响较弱，导致各季节顶板温度变化趋势一致，因此本文仅对比分析了3月份孔道Z-A1及Z-B11的温度变化趋势，如图11所示。

对于翼缘板处的预应力孔道，白天，在太阳辐射的影响下，顶板孔道温度迅速升高，不会出现结露现象。夜晚，太阳辐射作用消失，在翼缘板上、下侧对流换热和辐射换热的作用下，孔壁温度与空气温度共同降低，露点温度也随之下降，因此翼缘板处预应力孔道不易结露。而孔道底面温度下降较快，会使得结露主要出现在孔道底面。

对于腹板内侧的顶板预应力孔道，由于箱室内部空气在环境温度升高时不断吸收热量，并在降温时释放出热量，使得孔道内空气温度波动较小，露点温度也相对稳定。而孔道顶面直接受到对流换热与辐射换热的影响，当环境温度骤降时，孔道顶面温度会迅速降低，并低于露点温度，出现结露现象。因此，腹板内侧顶板预应力孔道的结露主要出现在孔道顶面，且结露时长较翼缘板附近的预应力孔道有所增加。

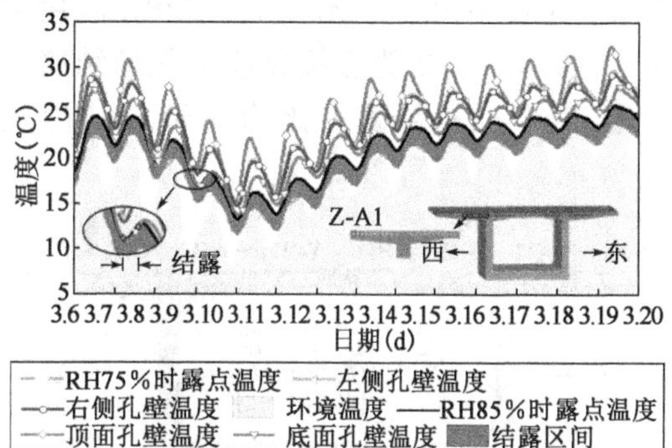

a)3月顶板A1预应力孔道温度变化趋势

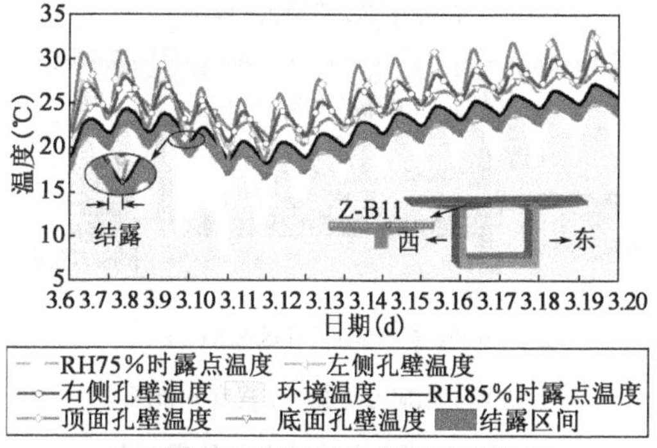

b)3月顶板B11预应力孔道温度变化趋势

图11 3月顶板预应力孔道温度变化趋势对比图

图12为全年不同相对湿度顶板各预应力孔道结露时长。受到混凝土箱室的影响，顶板预应力孔道横向上的结露时长差异显著：腹板外侧预应力孔道结露时长最短，在85%相对湿度下，各孔道全年结露时长均在40h以下；腹板内侧孔道的结露时长明显增长，在85%相对湿度下，各孔道全年结露时长约为260h。

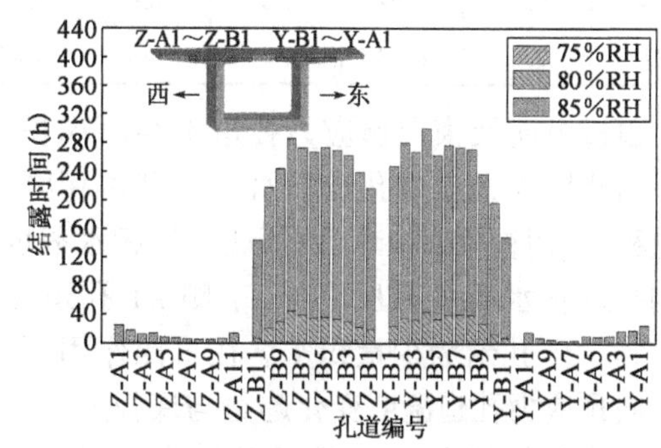

图12 不同相对湿度顶板预应力孔道结露时长

3.3 预应力孔道积水程度分析

本文将85%相对湿度下的孔道结露时长除以全年总时长，得出了全年结露时长占比（以下简称结露占比)。并将各孔道结露占比划分为4个积水程度等级:当结露占比在5%以下为无积水、5%～10%为微量积水、10%～15%为少量积水、15%以上为较多积水。预应力孔道积水程度分布如图13所示。表2为底板预应力孔道结露时长与占比,由于顶板结露占比均小于5%,因此未列出。

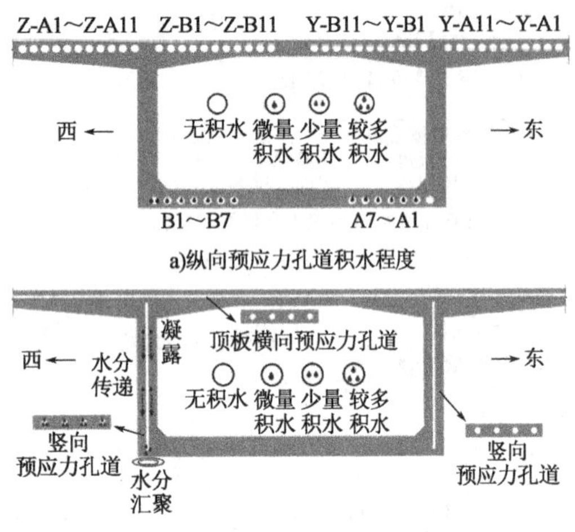

a)纵向预应力孔道积水程度

b)竖、横向预应力孔道积水程度

图13　预应力孔道积水程度分布图

底板纵向预应力孔道全年结露时长及结露占比　　表2

孔道编号	结露时长(h)	结露占比(%)	孔道编号	结露时长(h)	结露占比(%)
B1	952	10.87	A1	34	0.39
B2	853	9.74	A2	806	9.20
B3	803	9.17	A3	734	8.38
B4	770	8.79	A4	765	8.73
B5	785	8.96	A5	757	8.64
B6	663	7.57	A6	766	8.74
B7	756	8.63	A7	744	8.49

顶板纵向及横向预应力孔道不会出现积水。底板内侧纵向预应力孔道积水程度基本相同,为微量积水;而箱梁底板东、西两侧孔道积水程度与内侧孔道积水程度有所差异,东侧A1孔道无积水,西侧B1孔道为少量积水。在日照作用下,腹板竖向预应力孔道温度变化趋势与底板外侧孔道温度变化趋势基本一致,因此孔道内结露时长也相近,东侧竖向预应力孔道结露时长较短,孔道内无积水,而西侧竖向预应力孔道结露时长较长,当结露后,水分在重力的作用下向底部汇集,西侧竖向预应力孔道积水最多。

通过图13分析可知,孔道积水程度与图7c)中实际积水现象相吻合,说明本方法可以准确反映灌浆缺陷孔道内的结露情况与积水程度。

4　结语

(1)本文提出了一种计算灌浆缺陷预应力孔道内结露时长的计算方法,计算结果能够准确地反映灌浆缺陷预应力孔道的结露情况与积水程度。

(2)由于箱梁自遮挡作用,箱梁底板内侧各孔道的结露时长基本一致,各孔道结露时长约占全年总时长的8.5%。而箱梁底板外侧孔道由于受日照作用的不同,其结露时长有所差异;东侧孔道的结露时长较短,结露时长占全年总时长的0.39%;西侧孔道的结露时长较长,结露时长占全年总时长的10.87%。

(3)受太阳辐射作用及箱室影响,箱梁顶板预应力孔道的结露时长差异明显:腹板外侧顶板预应力孔道全年结露时长约占全年总时长的0.15%;腹板内侧顶板预应力孔道,仅孔道顶面受到对流换热与辐射换热的影响,全年结露时长较外侧稍长,约占全年总时长的2.5%。

参考文献

[1] SALAS R M, SCHOKKER A J, WEST J S, et al. Corrosion risk of bonded, post-tensioned concrete elements [J]. Pci Journal, 2008, 53 (1):89-107.

[2] 冯大斌,董建伟,孟履祥.后张预应力孔道灌浆现状[J].施工技术,2006,35(4):3.

[3] 朱尔玉,王冰伟,周勇政,等.预应力孔道灌浆密实性及防治泌水方法的试验研究[J].水利学报,2012,43(5):6.

[4] 沈春华.水泥基材料水分传输的研究[D].武汉:武汉理工大学,2007.

[5] 杨林.非饱和混凝土水分与氯离子传输行为研究[D].南京:东南大学,2019.

[6] ACI222.2R-01, Corrosion of prestressing steels [S]. USA: American Concrete Institute, 2001

[7] 徐向锋.孔道压浆性能试验及施工质量的研究[D].南京:东南大学,2005.

[8] 蒋俣,孙正华,魏晓斌,等.冲击回波法检测装配式混凝土结构浆锚搭接灌浆饱满度的试验研究[J].建筑结构,2018,48(23):22-27.

[9] 辛公锋,王兆星,刘家海,等.箱梁预应力孔道压浆密实性检测技术研究[J].公路交通科技,2010,27(S1):114-117,121.

[10] NICHOLAS J. CARINO, MARY SANSALONE. Detection of Voids in Grouted Ducts Using the Impact-Echo Method [J]. Materials Journal, 1992,89(3):23-24.

[11] 魏亚,万成,左勇志,等.红外热像法与超声回弹法检测受火混凝土损伤[J].建筑材料学报,2018,21(1):131-137.

[12] SCHUPACK M. PT grout:Bleed water voids[J]. Concrete international,2004,26(8):69-77.

[13] EL ZGHAYAR E, MACKIE K R, HABER Z B, et al. Secondary anchorage in post-tensioned bridge systems [J]. ACI Structural Journal,2013,110(4):629.

[14] NIITANI M K. Influence of grouting condition on crack and load-carrying capacity of post-tensioned concrete beam due to chloride-induced corrosion [J]. Construction and Building Materials,2007.

[15] 李仁超.后张法孔道灌浆缺陷下钢绞线锈蚀研究[D].哈尔滨:哈尔滨工业大学,2015.

[16] SLÁVIK R, ČEKON M. The Longwave sky radiation effect on the condensation risk of ventilated double-skin roof structures [C] // AIP Conference Proceedings. AIP Publishing LLC,2020,2275(1):020027.

[17] SONNTAG D. Important new values of the physical constants of 1986, vapour pressure formulations based on the its-90, and psychrometer formulae [J]. Zeitschrift für Meteorologie,1990,40(5):340-344.

[18] 赵人达,王永宝.日照作用下混凝土箱梁温度场边界条件研究[J].中国公路学报,2016,29(7):52-61.

[19] 陈志华,陈滨滨,刘红波,等.钢结构常用涂料太阳辐射吸收系数试验研究[J].建筑结构学报,2014,35(5):81-87.

[20] 王壮,刘永健,唐志伟,等.基于日照阴影识别的桁式拱肋三维温度场模拟方法[J].中国公路学报,2022,35(12):91-105.

[21] RYU D W, KO J W, NOGUCHI T. Effects of simulated environmental conditions on the internal relative humidity and relative moisture content distribution of exposed concrete[J]. Cement and Concrete Composites, 2011, 33(1):142-153.

[22] NGUYEN H, RAHIMI-AGHDAM S, BAZANT Z P. Time lag in measuring pore humidity in concrete by a gage in finite cavity [J]. Materials and Structures,2018,51(1):1-9.

钢筋混凝土梁弯曲破坏过程裂缝扩展与声发射特征分析

宋文卿[1,2] 王贤强*[2] 蔡文鑫[1,2] 余 洋[1]

(1.南京理工大学物理学院;
2.苏交科集团股份有限公司长大桥梁安全长寿与健康运维全国重点实验室)

摘 要 为了明确钢筋混凝土梁破坏过程声学特征,本文通过进行钢筋混凝土梁弯曲破坏试验,采集其全过程声发射信号及关键应变数据,并借助数字图像(DIC)相关技术,对试件梁裂缝扩展过程中的表观特征、力学指标及声发射信号进行了分析,阐明了试件梁在荷载作用下的裂缝演变过程及声学特征演化规律。结果表明:声发射振铃计数、能量、峰值频率等参数可以较好地反映钢筋混凝土梁不同损伤阶

基金项目:江苏省基础研究计划自然科学基金项目(BK20220209)。

段声发射活动特征。在梁体失效破坏前,声发射振铃计数、能量、峰值频率参数均急剧上升,并有较大峰值出现,其中振铃计数值达 30000 以上,能量数值达 65000 以上,峰值频率达 2500kHz 以上。

关键词　钢筋混凝土梁　声发射　弯曲破坏

0　引言

截至 2022 年年底,我国共拥有公路桥梁 103.3万座,其中服役时间超过 30 年的桥梁约 25 万座[1]。这些服役时间较长的桥梁由于外部结构长期受到锈蚀、冻融、车辆荷载等作用的影响,导致结构内部不可避免地出现损伤,严重的会出现裂缝甚至垮塌。因此,定期对桥梁结构进行检查是十分有必要的。现阶段,我国大多数桥梁检测仍然采用人工目视检查的方法,这种方法不仅费时、费力,而且还会出现测不准、记不全、效率低等缺点[2]。同时,人工目视检查只能当裂缝在结构表面显现时才能检查出来,而有些损伤只发生在结构内部,目视检查无法解决。因此,亟须一种快速、高效、可以反映混凝土结构内部损伤的无损检测方法。

声发射是材料或结构中局域源快速释放能量产生瞬态弹性波的现象。当结构产生损伤时,声发射波通过材料传播至安装于结构表面的传感器上,并被转换成电信号,电信号经过放大及数据分析,进而对结构损伤状态进行诊断[3]。声发射技术作为一种被动式无损检测方法,具有很高的灵敏度,可以实现对微米范围内不可见裂纹的有效检测,可以在不妨碍交通的前提下实现结构局部、全局、远程、连续等多功能监测,可以更真实、可信地实时反映结构内部损伤动态变化。Obert(1941 年)和 Hodgson(1942 年)最先提出声发射的概念[4],并且将声发射运用于岩石破裂试验中。而真正被视为声发射技术起点的事件,还要追溯到 20 世纪 50 年代,德国学者 Kaiser[5] 在对金属和合金进行加载试验中,发现其内部存在有声发射现象。并且他进一步通过相关试验,发现了“Kaiser 效应”,即“二次加载若未达到之前的最大荷载时不会出现明显声发射现象”。Qu 等[6] 利用声发射技术探究掺入钢纤维的沙漠砂混凝土的损伤过程,发现声发射累积撞击数和应力水平之间存在正相关关系,进一步使用三次多项式拟合出声发射撞击数和应力水平之间的关系且效果较好。王凯[7] 对不同级配、水灰比等的再生混凝土材料使用声发射技术,探究其损伤过程中的声发射参数特性;并最终以声发射振铃计数、能量以及声发射事件参数,结合速率过程理论,建立了再生混凝土应力水平和声发射累计事件数之间的数学模型,提出适合再生混凝土材料结构的损伤评估方法。鞠晓臣等[8] 设计了 Q690q 钢典型构造细节疲劳试验,并基于小波变换对信号进行降噪处理,对处理后的声信号使用波形分析方法,提取不同特征参数进行损伤识别,最终发现可以根据声发射频谱幅值和时域指标峭度因子、脉冲因子确定裂纹的发展阶段。

目前,声发射技术在材料性能、金属疲劳裂纹、结构损伤评估等领域均有较广泛的应用。但在混凝土领域的研究多停留在材料层次[9],而对于构件、结构层次的研究相对较少;同时多以素混凝土为研究对象,缺乏钢筋混凝土破坏全过程声学特征的研究,针对钢筋混凝土结构的破坏全过程声发射特征尚不明确。因此,本文通过进行钢筋混凝土梁弯曲破坏试验,对钢筋混凝土梁受弯破坏过程中的声发射信号的分析,结合 DIC 技术,从“视听结合”的角度研究损伤过程中各声发射特征参数演化规律,寻求有效的钢筋混凝土梁受弯破坏损伤演化过程声学表征方法。

1　声发射技术原理

声发射是材料或结构中局域源快速释放能量产生瞬态弹性波的现象。当钢筋混凝土梁产生裂缝损伤时,结构内部会产生拉伸、收缩及剪切变形,结构内部的应力应变场迅速重新分布,以保持所有力的平衡。这种重分布现象是通过结构内部瞬态弹性波的产生及传播进行的。这种声发射波通过材料传播至安装于结构表面的传感器上,并被转换成电信号,电信号经过放大器的放大后被计算机收集并储存,采用分析软件进行数据分析,进而对结构损伤状态进行诊断。

声发射检测原理见图 1。

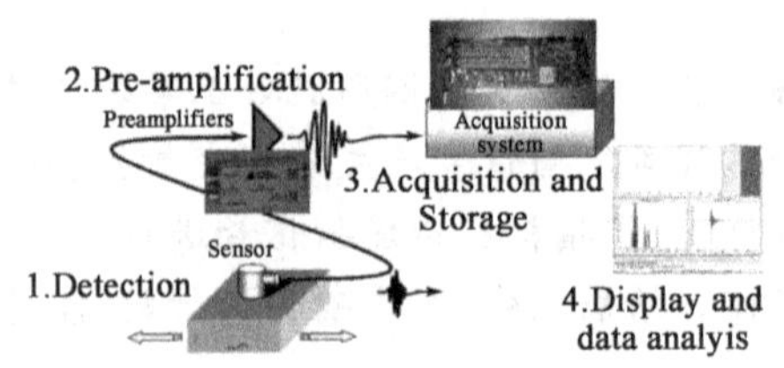

图 1　声发射检测原理示意图

2 试验概况

2.1 试件制作

本试验试件为一根 300mm × 200mm × 2200mm 的钢筋混凝土梁，混凝土强度等级为 C40，纵筋、箍筋均采用 HRB400，具体配筋方式如图 2 所示。

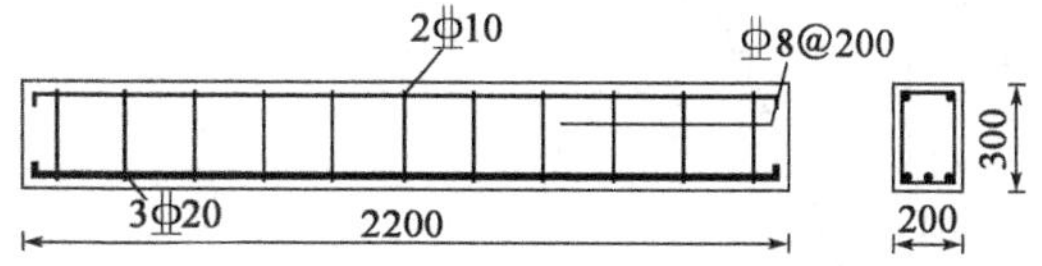

图 2 试件梁配筋示意图（尺寸单位：mm）

2.2 测试设备及测点布置

测试设备主要包括声发射测试设备、DIC 设备和应变测试设备。

声发射仪器采用美国物理声学公司（PAC）生产的声发射采集系统，主要包括谐振频率为 150kHz 的传感器、前置放大器、信号解调与采集为一体的主机。交流 220V 供电，具备 24 个声发射信号通道和 8 个外部参数通道。根据本试验试件及工况，使用了 10 个传感器进行数据的采集，安装位置如图 3 所示。

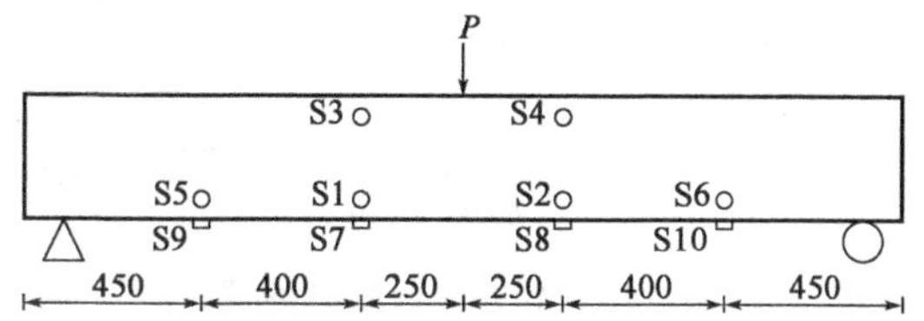

图 3 声发射传感器布置示意图（尺寸单位：mm）

DIC 设备采用一套 VIC-3D 系统，系统规格如下：FLIR 相机（分辨率 4096 × 3000、满幅最大帧率 30FPS），50mm 定焦镜头，发光二极管（LED）光源。DIC 拍摄区域如图 4 所示。进行试验前采用记号笔画点的方式在拍摄区域混凝土表面进行散斑制作。图 5 为制作完成后的 DIC 散斑图样。

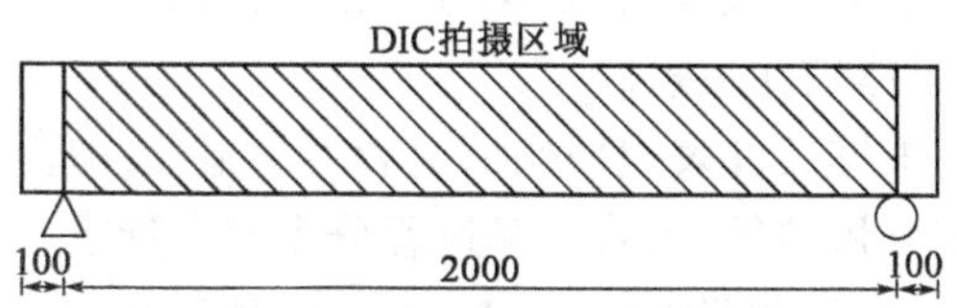

图 4 DIC 拍摄区域示意图（尺寸单位：mm）

力传感器安装在油管内，测量油压千斤顶油泵压力；梁底受拉纵筋跨中处布设 4 个钢筋应变计，梁侧与梁底混凝土表面布设 9 个混凝土应变计；位移计置于跨中梁底中心位置，用于测量跨中挠度。力传感器、应变计、位移计均由静态应变箱采集。应变计、位移计位置如图 6 所示。

图 5 DIC 散斑图样

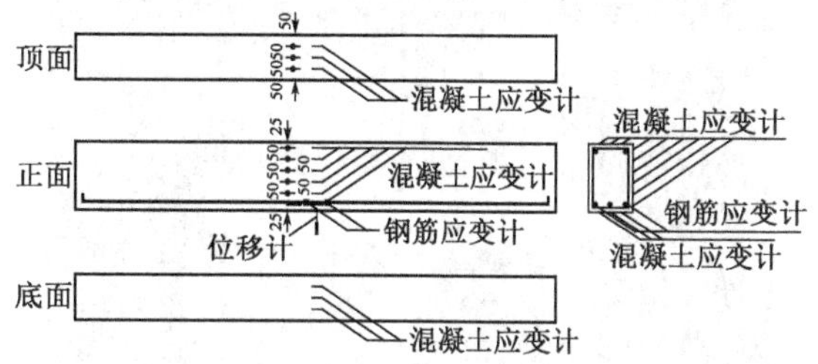

图 6 应变计、位移计布置示意图

2.3 加载方案

采取分级加载进行混凝土梁的四点弯曲破坏试验，加载设备采用反力架 + 千斤顶组合加载，试件梁由滚轮支座简支固定于反力架下方，千斤顶与试件梁间采用分配梁及钢棍将荷载平均分配为两个集中力，如图 7 所示。

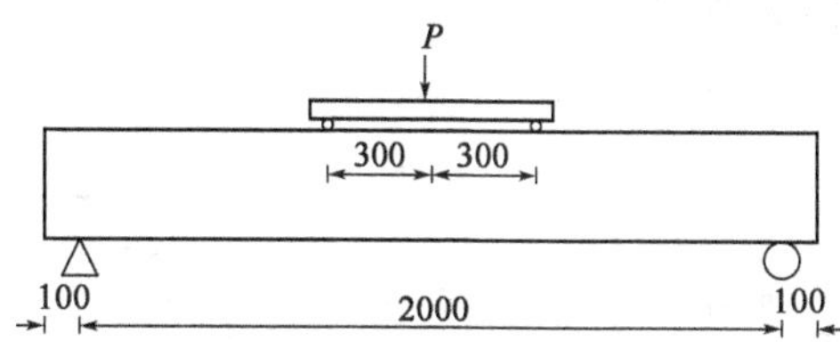

图 7 试件梁加载示意图（尺寸单位：mm）

承载能力极限荷载值根据本试验所用试件梁的尺寸、配筋和混凝土轴压试验所确定的混凝土实际抗压强度，依照《混凝土结构设计规范》（GB 50010—2010）计算得出。将试件梁的加载过程分为 11 个级别，各加载及荷载详见表 1，每个加载级加载到指定荷载后持荷 5min，再继续加载。试验正式开始前装配好的试验装置如图 8 所示。

弯曲破坏梁加载级及荷载 表1

加载级	荷载(kN)
1	25
2	50
3	75
4	100
5	125
6	150
7	175
8	200
9	225
10	250
11	加载至破坏

图8 试件梁加载装置

3 试验结果与分析

3.1 破坏过程裂缝开展分析

试件梁破坏荷载为270kN,破坏形式为跨中正截面弯曲破坏,加载过程中荷载随时间变化曲线如图9所示。

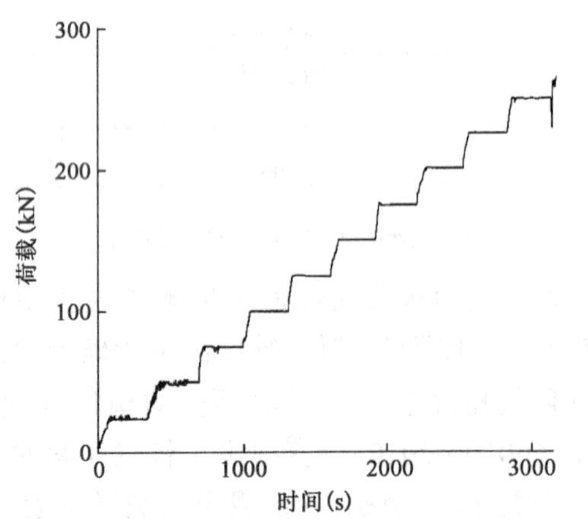

图9 荷载-时间变化曲线

荷载-跨中挠度变化曲线(图10)和荷载-钢筋应变变化曲线(图11)是反映三点弯曲破坏实验过程的重要依据。200kN前,跨中挠度基本呈线性增长,之后增长速度加快,达250kN后有一次急剧增长过程,最终在加载至270kN时挠度达到最大值。

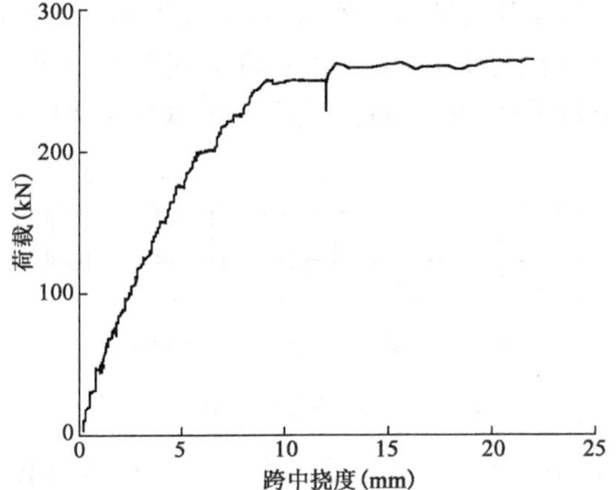

图10 荷载-跨中挠度变化曲线

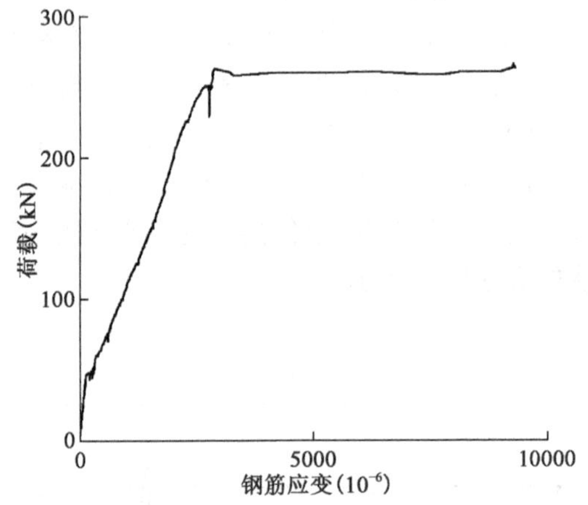

图11 荷载-钢筋应变变化曲线

利用DIC方法,可分析得到各加载级持荷阶段主应变场分布。破坏过程中具有代表性的加载级对应主应变场与相应表观损伤情况如图12所示。25kN持荷时,DIC图像跨中出现明显应变集中,但梁体尚无肉眼可辨的裂缝出现;75kN持荷时,第一条宏观裂缝出现,DIC图像中已出现多处裂缝状应变集中;200kN持荷时,梁体裂缝数量、长度、宽度均明显增加,裂缝实际开展位置与DIC图像中应变集中处位置吻合较好;加载至270kN时,梁体破坏失效。

根据试件表观损伤情况和力学指标,结合DIC应变分析结果,可将破坏过程分为四个阶段:

(1)弹性阶段(0~75kN):加载初期,试件主要发生原生孔隙的压密,混凝土与钢筋尚处于弹性变形状态,梁表面没有宏观裂缝的出现,梁内部有微裂缝产生。

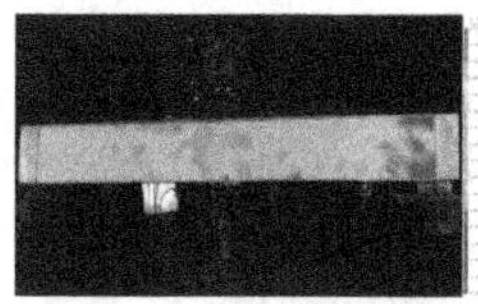

a)弹性阶段(25kN)

b)裂缝发展阶段(100kN)

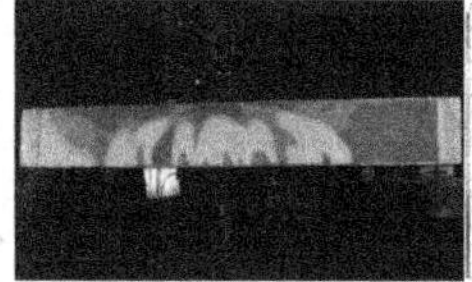
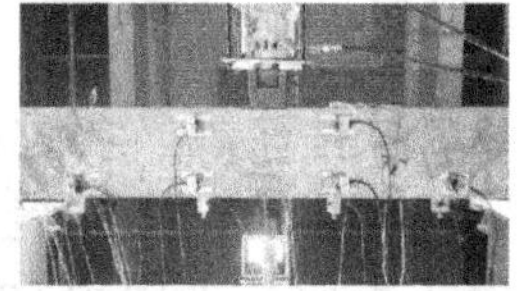

c)裂缝不稳定扩展阶段(200kN)

d)失效阶段(270kN)

图12　不同阶段 DIC 应变场与表观裂缝情况对比

(2)裂缝发展阶段(100～175kN):混凝土内部微裂缝进一步发展并不断汇聚,宏观裂缝开始出现并增加;进入该阶段的标志是梁底第一条宏观裂缝起裂。

(3)裂缝不稳定扩展阶段(200～250kN):裂缝发展速度加快,宏观裂缝大量出现,梁体出现多条贯通裂缝。

(4)失效阶段(250～270kN):钢筋发生屈服,裂缝数量与宽度剧烈增加,挠度迅速增大,最终混凝土被压坏,梁体失效。

3.2　声发射振铃计数分析

振铃计数为声发射波形中越过门槛的震荡次数,反映了声发射现象发生的频度,一定程度上代表了声发射活动的活跃性。试件荷载、振铃计数、累积振铃计数与时间的关系如图 13 所示。其中,蓝色曲线为荷载-时间曲线,黑色曲线为振铃计数-时间曲线,红色曲线为累计振铃计数-时间曲线。弹性阶段(0～75kN)及裂缝发展阶段(100～175kN),振铃计数较少,在加载阶段仅有少许增加,其值总体在 2500 以下,说明声发射活跃性较低;进入裂缝不稳定扩展阶段(200～250kN)后,振铃计数急剧增加,在每个加载阶段末期其值最高可达 30000 以上,说明声发射活跃性达到较高程度;在失效阶段(250～270kN),振铃计数则一直维持在较高水平,说明声发射活动十分活跃。

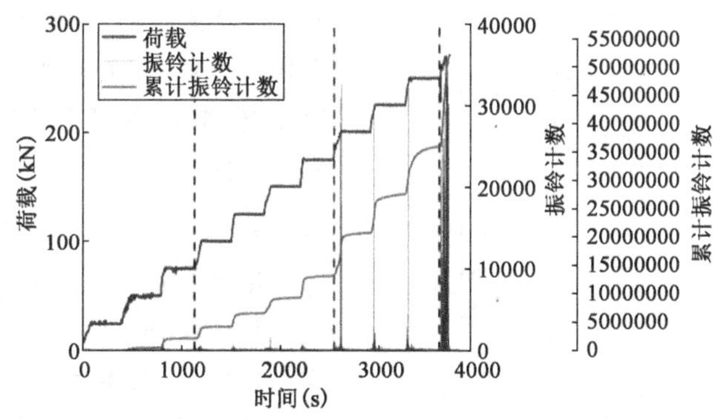

图 13　试件荷载、振铃计数、累积振铃计数时程图

3.3　声发射能量分析

声发射能量指声发射信号波形包络线的积分,而非传统物理意义上的能量。信号能量是衡量试件损伤过程中声发射强度的重要参数,声发射信号能量值越大就代表声发射活动越剧烈。振铃计数为声发射波形中越过门槛的震荡次数,反映了声发射现象发生的频度,一定程度上代表了声发射活动的活跃性。试件荷载、能量、累积能量与时间的关系如图 14 所示。其中,蓝色曲线为荷载-时间曲线,黑色曲线为能量-时间曲线,红色曲线为累积能量-时间曲线。弹性阶段(0～75kN),声发射能量较低,其值均在 5000aJ 以下,说明声发射活动较少;进入裂缝发展阶段(100～175kN)后,声发射能量呈明显增加趋势,峰值均达 10000aJ,说明声发射活动开始增多;进入裂缝不稳定扩展阶段(200～250kN)后,声发射能量急剧增加,在每个加载阶段末期其值最高可达 60000aJ 以上,说明声发射活动较为剧烈;在失效阶段(250～270kN),

振铃计数则一直维持在较高水平,说明声发射活动十分剧烈。

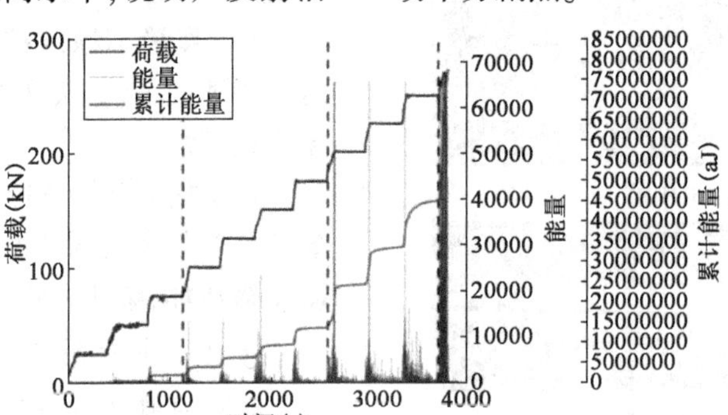

图14 试件荷载、能量、累积能量时程图

3.4 峰值频率分析

声发射峰值频率指声发射波形经傅里叶变换由时域转换到频域后,频谱图振幅最大值所对应的频率值,也称信号主频,代表了该信号波形的优势频率。试件荷载、峰值频率与时间的关系如图15所示。其中,蓝色曲线为荷载-时间曲线,黑色散点为信号峰值频率。弹性阶段(0~75kN)及裂缝发展阶段(100~175kN),信号的峰值频率较低,其值总体在200kHz以下;进入裂缝不稳定扩展阶段(200~250kN)后,峰值频率开始出现较大值,最大值达到2500kHz左右;在失效阶段(250~270kN),峰值频率超过200kHz的信号则频繁出现,最大值达到3500kHz左右。

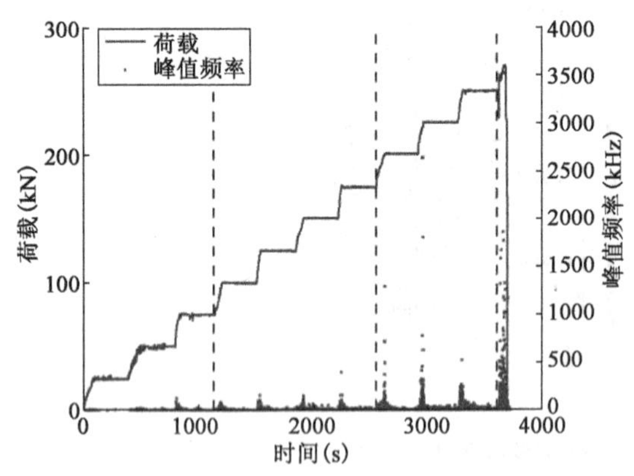

图15 试件荷载、峰值频率时程图

4 结语

本文通过对钢筋混凝土梁弯曲破坏试验声发射测试,分析了试件梁裂缝扩展过程中的表观特征、力学指标及声发射信号,总结了试件梁在荷载作用下的裂缝演变过程及声学演化规律,得到以下结论:

(1)通过表观损伤情况和力学指标分析,可将本试验试件受载破坏过程划分为四个阶段,即弹性阶段(0~75kN)、裂缝发展阶段(100~175kN)、裂缝不稳定扩展阶段(200~250kN)和失效阶段(250~270kN)。

(2)声发射振铃计数、能量、峰值频率参数在钢筋混凝土梁不同损伤阶段差异比较显著,基本与荷载等级和梁体裂缝发展程度呈正相关关系,可以较好地反映不同损伤阶段声发射活动特征。

(3)在梁体失效破坏前的裂缝不稳定扩展阶段(200~250kN)和失效阶段(250~270kN),声发射振铃计数、能量、峰值频率参数均急剧上升,并出现较大峰值;其中振铃计数值达30000以上;能量数值达65000aJ以上;峰值频率达2500kHz以上。说明声发射活动的活跃程度与宏观裂缝的出现联系紧密,较大宏观裂缝的出现会使声发射振铃计数、能量、峰值频率等参数急剧上升。

参考文献

[1] Thoughts on the Development of Bridge Technology in China[J]. Engineering, 2019, 5(6): 1120-1130.

[2] 刘宇飞,樊健生,聂建国,等. 结构表面裂缝数字图像法识别研究综述与前景展望[J]. 土木工程学报,2021,54(6):79-98.

[3] 马家骏. 钢筋混凝土梁的声发射信号分析与损伤研究[D]. 张家口:河北建筑工程学院,2023.

[4] 纪洪广. 混凝土材料声发射性能研究与应用[M]. 北京:煤炭工业出版社,2004.

[5] SAGAR R V, RAGHU PRASAD B K, SINGH R K. Kaiser effect observation in reinforced concrete structures and its use for damage assessment[J]. Archives of Civil and Mechanical Engineering, 2015,15(2).

[6] QU, C, QIN, Y, LUO, L. et al. Mechanical properties and acoustic emission analysis of desert sand concrete reinforced with steel fiber. Sci Rep 12,20488 (2022).

[7] 王凯. 再生混凝土受压破坏声发射特性及其损伤评估研究[D]. 西安:西安建筑科技大学,2019.

[8] 鞠晓臣,梁永奇,赵欣欣,等. 采用声发射技术检测钢桥疲劳裂纹[J]. 哈尔滨工程大学学报,2023,44(4):649-656.

[9] 王国清,秦禄生,何兆益,等. 基于声发射的加筋混凝土梁损伤试验研究[J]. 武汉理工大学学报(交通科学与工程版)[EB/OL]. 1-8[2024-01-15]. http://kns. cnki. net/kcms/detail/42. 1824. u. 20230704. 1856. 116. html.

小半径曲线桥梁支座反力测试方法研究

周 浩[1] 张亚军*[2] 王鹏琪[1] 崔润豪[1]

(1. 长安大学公路学院;2. 西安公路研究院有限公司)

摘 要 小曲率半径曲线桥空间受力复杂,梁体"弯扭耦合"效应明显,易出现内外侧受力不均匀现象,严重时甚至会导致支座脱空。论文依托某地区曲线钢箱梁人行桥开展曲线钢箱梁实桥支座反力试验,分析曲线梁桥内力以及变形计算原理,得到支座反力-位移曲线变化规律。结果表明:同步位移顶升能有效减少顶升时其余支座的反力变化,本文提供的小曲率半径曲线钢箱梁桥支座反力测试方法能够准确测定支座反力。

关键词 曲线桥梁 支座反力 钢箱梁 梁体位移

0 引言

为满足城市高架和城市快速道路的连接以及适应山区道路的复杂地形,小半径曲线桥梁[1]应运而生。与钢筋混凝土曲线梁桥相比,钢结构曲线梁桥具有施工速度快、强度高、自重轻,抗扭和抗弯刚度较大,运输架设以及整体性好等优点[2]。然而,由于小半径曲线梁体"弯扭耦合"效应明显,实际运营过程中受力状态复杂,会产生内侧梁和外侧梁受力不均匀现象,其支反力也会出现不均匀现象,导致支座脱空,这会直接改变曲线梁的受力模式,降低支座使用寿命、威胁桥梁结构的安全。

李广慧、袁波[3-4]分析全抗扭跨支承和两端抗扭、中间跨独柱墩支承这两种不同支承体系下的曲线梁受力性能,支座处容易产生较大的水平剪力;孟杰等[5]从曲线梁桥受力机理方面阐述了支座移位脱空的原因,并对曲线梁桥设计中的若干问题进行了探讨;焦驰宇等[6]针对三种现有曲线梁桥建模分析方法,对单梁法分析曲线梁桥的使用条件进行研究;孙全胜等[7]根据曲线钢桥的特点,通过有限元分析得出曲线梁曲率大小、横截面尺寸分布特点及钢箱梁自重小是导致支座反力分配不均、容易脱空的原因;周正茂等[8]通过室内、室外实验研究了支座变形与支座脱空的关系;高辉等[9]对环形人性天桥施工过程进行了监测,发现支座受力分布不均匀,通过对梁体的整体提升并记录支座处提升的位移量,调整支座高度;肖金军等[10]以实测支座的刚度系数和压缩量为直接测试手段,结合理论计算的恒载反力,推算支座在最不利活载状态下的受力状态,并通过实桥试验验证了此方法的准确性;戴鹏等[11]针对曲线PC箱梁桥,对支座设置及支座反力进行试验研究,得到预应力引起的支座反力变化的基本规律,预应力越大,外侧支座反力越大,内侧支座反力越小,中支座反力也逐步减小,反力数值呈线性变化;雷建华等[12]推导出适用于不同条件下的连续梁支座反力与位移计算公式;周绪红等[13]针对曲线箱

基金项目:陕西省交通运输科技项目(20-11K);陕西省秦创原"科学家+工程师"队伍建设项目(2022KXJ-036)。

形梁的力学特点,对空间曲线钢束摩阻损失的计算方法进行分析,对径向支座间距设置和改善支座受力的方法进行了研究;吴运宏等[14]详细介绍小半径曲线桥同步旋转顶升位移原理。

现对直线桥支座反力测试方法以及曲线梁支座受力状态研究较为广泛,但对曲线梁支座反力测试过程中,如何准确判断支座是否脱空鲜有涉及。实际顶升过程中,当肉眼判断出支座与梁体脱离时,梁体与支座间已有较大间隙,由于支座脱开时刻判断不准确,导致得到相对于实际较大的支座反力。因此保证曲线梁桥支座反力试验的准确性和安全性是十分有必要的。本文以一小半径曲线钢箱梁人行桥为例,通过有限元仿真分析,模拟顶升过程,对实桥进行支座反力试验,通过顶升过程中支座反力-位移曲线斜率的变化,来准确判断各支座脱空时刻,从而得到准确的实际反力大小,为日后同类型桥梁支座反力检测提供参考。

1 支座反力测试方法

1.1 测试原理

在顶升过程中,支座与千斤顶同时承担梁体重量,且随千斤顶加载力值增大支座实际承受力值逐渐减小,直至支座与梁体完全脱离,由千斤顶代替支座,承受梁体重量。可将整个过程分为两个阶段:一是支座受力逐渐减小直至不受力,发生弹性恢复;二是梁体受到千斤顶作用,产生向上的变形。

根据千斤顶顶升过程中的两个阶段,可知箱梁底面与支座尚未脱空时,支座仍处于弹性变形阶段,其支座反力-位移曲线中 OA 呈现为一条平缓线形,其斜率为支座受压刚度和梁体的抗弯、抗扭刚度;当支座发生脱空时,支座反力-位移 AB 曲线会产生明显拐点,斜率也会大幅增加,此时其斜率为梁体的抗弯、抗扭刚度。因此,可根据支座反力 - 位移曲线斜率的变化判断支座是否发生脱空,而且实际支座反力大小也可通过斜率产生变化的拐点处千斤顶的实际力值来确定。由于梁体抗弯、抗扭刚度比支座受压刚度小得多,AB 段理论上应比较陡。当支座一直未脱空时,其支座反力 - 位移曲线中 OA 到 OC 一直为一条平缓的线形,其斜率为支座受压刚度和梁体的抗弯、抗扭刚度;当顶升前箱梁底就已经脱空,其支座反力-位移曲线中 OD 呈一条直线,此时其斜率为梁体的抗弯、抗扭刚度,并且平行于直线 AB。其理论线形结果如图1所示。

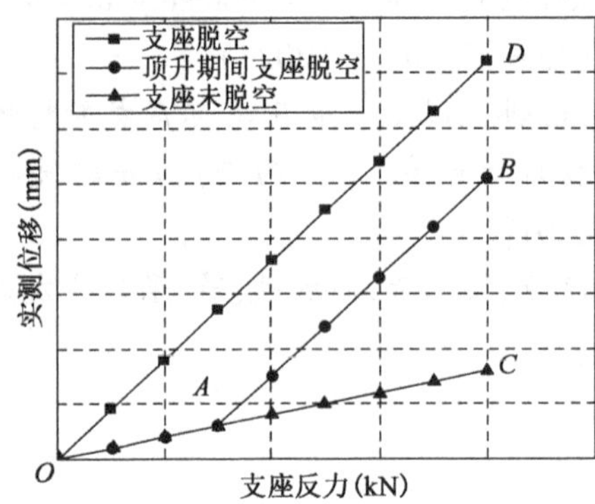

图1 三种支座反力-实测位移曲线理论线形

1.2 支座弹性恢复阶段

支座受力变小,恢复到受压前状态,其弹性恢复过程与弹性压缩过程相逆,可通过支座弹性压缩计算得到第一阶段力-位移发展变化。根据《公路钢筋混凝土及预应力混凝土桥涵设计规范》(JTG 3362—2018)中式(8.7.3-8):

$$\delta_{c,m} = \frac{R_{ck}t_e}{A_cE_e} + \frac{R_{ck}t_e}{A_cE_b} \tag{1}$$

式中:t——支座橡胶层总厚度;

A——支座有效承压面积;

E——支座抗压弹性模量。

由此式可计算出荷载作用下支座变形压缩量,弹性恢复过程中力-位移曲线可按其变形关系得出。

1.3 支座脱空后梁受顶升阶段

支座与主梁脱离后,梁体受顶升产生向上挠度。曲线梁由本身独特的受力状态影响,梁上会产生彼此互相影响的扭矩和弯矩,对于两端均设置抗扭支承,且截面剪切中心轴线与截面形心轴线相重合的超静定简支曲梁,如图2所示,在平截面及刚性截面假定成立的情况下,不计约束扭转的影响,可按结构力学方法推导曲梁内力及变形的表达式。用单纯扭转理论分析时,是外部一次超静定的结构。如果释放 B 点的抗扭约束作为静定的基本体系,则可根据 B 点扭角为零的变形协调条件求得赘余扭矩 T_B,从而分析曲线梁的全部内力和变形。

对于超静定简支曲梁,根据 B 端变形协调条件有:

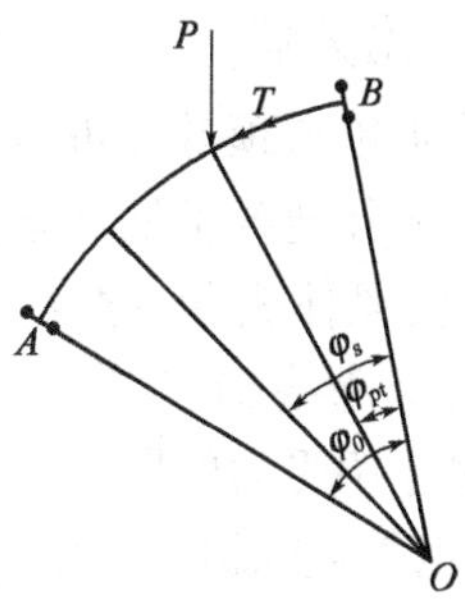

图2 超静定简支曲梁

$$T_B = \frac{-\Delta_{BT}}{\delta_{BB}} \tag{2}$$

仅考察集中荷载 P 的作用,并不计剪力和轴力对位移的贡献,有:

$$\delta_{BB} = \int_0^1 \frac{\overline{T}_s^2}{GI_d}ds = \frac{r\varphi_0}{GI_d} \tag{3}$$

$$\Delta_{BT} = \int_0^1 \frac{\overline{T}_s T_s^0(P+0)}{GI_d}ds$$

$$= \frac{\Pr^2}{GI_d}[\varphi_0(S_c-1)+\varphi_{pt}] \tag{4}$$

$$T_B = \frac{\Delta_{BT}}{\delta_{BB}} = -\Pr\left[(S_c-1)+\frac{\varphi_{pt}}{\varphi_0}\right] \tag{5}$$

式中:Δ_{BT}——单位扭矩 $T_B=1$ 作用下静定简支曲梁在 B 端的扭角;

δ_{BB}——外载作用下静定简支曲梁在 B 端的扭角;

φ_s——任意截面;

q——竖向均布荷载;

m——均布扭矩;

$S_c=\dfrac{\cos(\varphi_0-\varphi_s)}{\sin\varphi_0}$;

r——曲率半径;

GI_d——抗扭刚度。

同理可求得 T、m、q 等作用下的赘余力 T_B 和截面内力。当 P 作用在跨中时,跨中截面的挠度 w_p 如式(6)所示。

对于两端为抗扭支承,中间均为点铰支承的 $n+1$连续曲梁,其基本结构如图3所示。

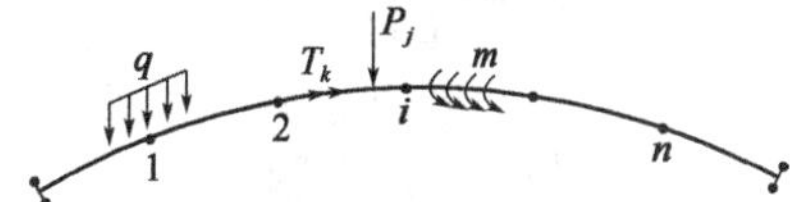

图3 中间为点铰支承的连续曲梁

$$w_p\left(\varphi_s=\frac{\varphi_0}{2}\right) = \frac{Pr^3}{2EI}\left[\frac{1+k}{4}(\varphi_0-\sin\varphi_0)\sec^2\frac{\varphi_0}{2}-\frac{k\varphi_0}{2}+k\tan\frac{\varphi_0}{2}\right] \tag{6}$$

式中:k——主梁的弯扭刚度比;

EI——主梁抗弯刚度。

设满足边界条件的曲梁挠度 w 和扭角 θ 可表示为傅里叶级数:

$$w = \sum_{n=1}^{\infty} A_n \sin k_n \tag{7}$$

$$\theta = \sum_{n=1}^{\infty} B_n \sin k_n \tag{8}$$

不计剪力和轴力的影响时。基本结构的变形内能 U 和荷载势能 V 可表示为:

$$U = \int_0^l \frac{M_s^2}{2EI}ds + \int_0^l \frac{T_s^2}{2GI_d}ds \tag{9}$$

$$V = -\int_{s_1}^{s_2}\int_0^w q\,dw\,ds - \sum_{j=1}^{n_1}\int_0^{k_j} P_j dw_j - \sum_{s_3}^{s_4}\int_0^{\theta} m\,d\theta\,ds - \sum_{k=1}^{n_2}\int_0^{\theta_k} T_k d\theta_k \tag{10}$$

式中:$k_n=\dfrac{n\pi}{l}$;

s_1、s_2——均布荷载 q 的起、终点坐标;

n_1、n_2——集中荷载 P_j 和集中扭矩 T_k 的数目;

ω_j、θ_k——相应集中荷载 P_j 与集中扭矩 T_k 处的竖向位移与转角;

由式(8)、式(9),记总势能 $\Pi=U+V$,根据变分原理有

$$\frac{\partial \Pi}{\partial A_n}=0, \frac{\partial \Pi}{\partial B_n}=0 \tag{11}$$

将式(6)、式(7)代入式(11),整理得

$$A_n = \frac{\overline{C}_n F_{np}(q,P_j) - \overline{B}_n F_{nt}(m,T_k)}{\overline{A}_n\overline{C}_n - \overline{B}_n^2}$$

$$B_n = \frac{\overline{A}_n F_{nt}(m,T_k) - \overline{B}_n F_{np}(q,P_j)}{\overline{A}_n\overline{C}_n - \overline{B}_n^2} \tag{12}$$

式中:

$$F_{np}(q,P_j) = \frac{q}{k_n}(\cos k_n s_1 - \cos k_n s_2) + \sum_{j=1}^{n_1} P_j \sin k_n s_j$$

$$F_{nt}(m,T_k) = \frac{m}{k_n}(\cos k_n s_3 - \cos k_n s_4) + \sum_{k=1}^{n_2} T_k \sin k_n s_k$$

$$\overline{A}_n=\frac{lk_n^2}{2}\left(EIk_n^2+\frac{GI_d}{r^2}\right) \tag{13}$$

$$\overline{B}_n=\frac{lk_n^2}{2r}(EI+GI_d)$$

$$\overline{C}_n=\frac{l}{2}\left(\frac{EI}{r^2}+GI_dk_n^2\right)$$

由此可得中支承 i 处,竖向挠度和扭角分别为:

$$w_{i0}=\sum_{n=1}^{\infty}A_n\sin k_ns_i \tag{14}$$

$$\theta_{i0}=\sum_{n=1}^{\infty}B_n\sin k_ns_i \tag{15}$$

对于支承 i 处有一向上的单位支承力 $R=1$ 作用在基本结构上时,同理得挠曲线方程和扭角方程为:

$$\begin{aligned} w_i^R&=\sum_{n=1}^{\infty}C_{in}^R\sin k_ns \\ \theta_i^R&=\sum_{n=1}^{\infty}D_{in}^R\sin k_ns \\ C_{in}^R&=\frac{-\overline{C}_n\sin k_ns_i}{\overline{A}_n\overline{C}_n-\overline{B}_n^2} \\ D_{in}^R&=\frac{\overline{B}_n\sin k_ns_i}{\overline{A}_n\overline{C}_n-\overline{B}_n^2}\end{aligned} \tag{16}$$

则该支承处得位移可表示为:

$$\begin{aligned} w_{ii}^R&=\sum_{n=1}^{\infty}C_{in}^R\sin k_ns_i \\ w_{ij}^R&=w_{ji}^R=\sum_{n=1}^{\infty}C_{in}^R\sin k_ns_j \\ \theta_{ii}^R&=\sum_{n=1}^{\infty}D_{in}^R\sin k_ns_i \\ \theta_{ij}^R&=\theta_{ji}^R=\sum_{n=1}^{\infty}D_{in}^R\sin k_ns_j\end{aligned} \tag{17}$$

对于双支座及多支座,顶升某一支座时,会对其相邻支座反力造成影响。不论是直桥还是弯桥,其支点截面大多可用杠杆法进行荷载横向分布计算,主梁横向挠度呈直线变化。

2　工程应用

某曲线钢箱梁桥为跨径布置 2×42.4m 的两跨连续梁。平曲线为一段 $R=90.807\text{m}$ 的圆弧线。桥梁范围纵坡为 0.273%。横断面组成为:0.25m(栏杆)+4m(人行道)+0.45m(栏杆及锚索区)=4.7m。全桥采用双支座,边墩支座间距 1.8m,中墩支座间距 1.5m。支座布置平面见图4所示。

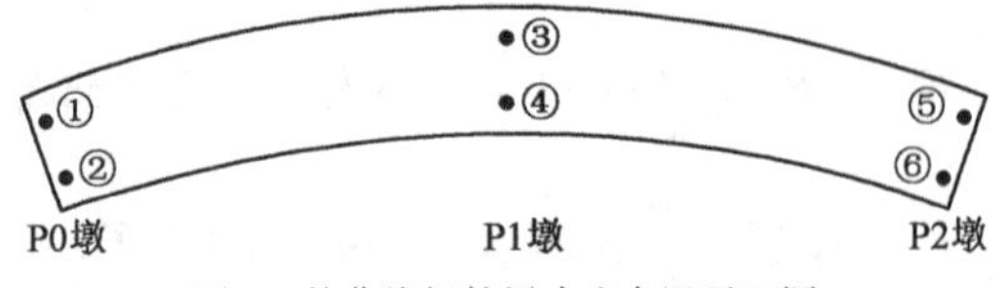

图4　某曲线钢箱梁支座布置平面图

2.1　有限元分析

采用支座附近单点顶升法进行支座反力测试,为避免顶升时造成其他各轴处支座横向受力不均,导致其支座脱空,梁体失稳,建立 midas 有限元模型,如图5所示,全桥共51个节点,38个单元。分析桥梁顶升后对全桥受力的影响,确定合理的顶升步骤,见表1。因试验步骤过多,经计算步骤7受力最不利,以步骤7为例,结构受力最不利位置为顶升处箱梁顶板位置,其应力图如图6所示。

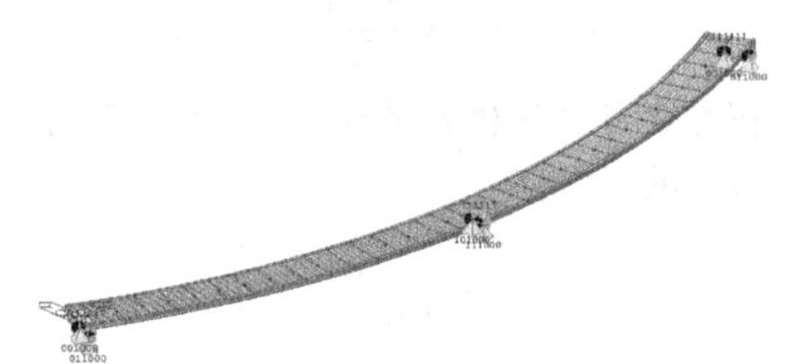

图5　全桥有限元模型

顶升试验步骤　　表1

试验步骤	试验内容
1	P0 墩 1、2 号支座抬升 1mm
2	P2 墩 5、6 号支座抬升 1mm
3	P1 墩 3、4 号支座抬升 1mm
4	所有支座抬升 0.5mm
5	P1 墩 3、4 号支座抬升 0.5mm
6	P1 墩 4 号支座抬升 1mm
7	P1 墩 4 号支座抬升 1mm
8	P0 墩 2 号支座抬升 1mm
9	P2 墩 6 号支座抬升 1mm
10	内外侧千斤顶同步回油,主梁回落

图6　试验步骤7结构应力图

2.2　测试方案及测点布置

本次试验采用支座附近顶升法进行支座反力测试。试验时,首先在被测试支座附近安装千斤顶,千斤顶上安装压力环进行压力测试,试验中为了保证同步位移顶升,采用两台独立的千斤顶施加顶升力,两个顶升点各配置一个百分表对位移进行实时观测,以保证严格的位移同步。试验开始后逐步缓慢顶升,直至观察到箱梁与支座完全脱开后停止加载,根据加载过程中的支座反力-位移曲线，来确定被测试支座原有支承反力。读数完毕后进行卸载，完成支座反力检测试验。

在P0、P1、P2号墩支座位置处各布置1个千斤顶和百分表，具体测点布置如图7所示。其中超薄型分离型千斤顶主要用于施加反力荷载，机电型百分表带最小刻度0.01mm的表盘，可以直接通过表盘读取位移值，压力传感器用于读取反力荷载，采用日本静态数据采集仪TDS540进行测试。

图7 测点布置与现场测试

2.3 结果分析

按照试验步骤操作，得到试验结果，如图8所示。

由图8分析可知，在图8a）中，内侧支反力位移曲线斜率在200kN处开始发生明显变化，产生明显拐点，证明此时支座已经脱空，进入第二阶段；外侧支座同样在235kN附近斜率发生变化，此刻支座也已发生脱空，进入第二阶段。图8b）中，外侧支座测试曲线在280kN附近斜率发生变化，内侧支座测试曲线在635kN附近斜率发生变化。图8c）中，外侧支座测试曲线在211kN附近斜率发生变化，内侧支座测试曲线在237kN附近斜率发生变化。可根据各支反力位移曲线斜率变化处位置得到相应支座的实际支座反力，最终测试结果如表2所示。

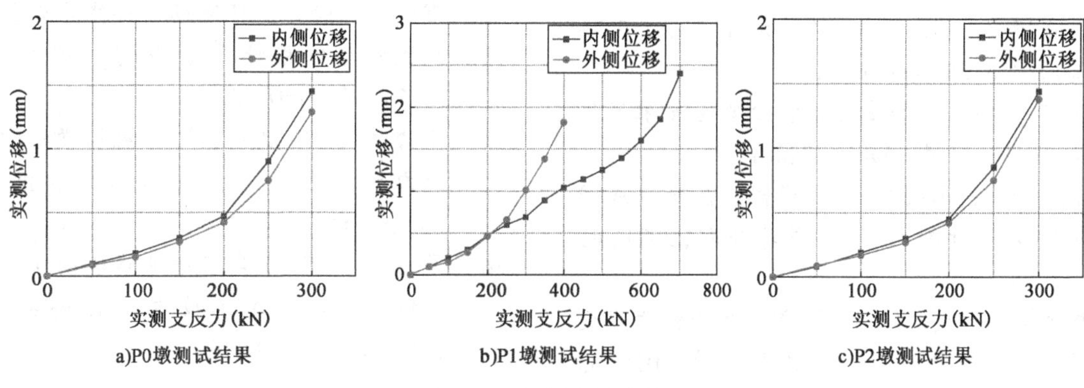

图8 支座位移测试结果

各支座反力实测与设计值对比 表2

墩号	位置	设计(kN)	实测(kN)	实测—设计(kN)	误差(%)
P0	内侧	216	201.2	-14.8	6.8
	外侧	230	235.6	5.6	2.4
P1	内侧	631	635.2	4.2	0.7
	外侧	279	282.0	3.0	1.0
P2	内侧	216	211.4	-4.6	2.1
	外侧	230	237.2	7.2	3.1

由表2可知各支座反力实测值，其中P0墩内测支座实测值低于设计值14.8kN，相对误差6.8%，其余各测点支座反力与设计值基本相符，表明此次测试方法及测试结果是准确可信的。

3 结语

本文分析了曲线梁顶升过程中的受力特点，并根据顶升过程中的两个阶段，进行同步位移顶升，通过判断支座反力-位移曲线斜率的变化，线形产生拐点来确定支座脱空时刻，得到各支座实际支座反力，并将该理论方法用于实桥测试，得到了验证。结果表明：

（1）在顶升过程中，通过结构变形可将其分两种阶段：一是支座受力逐渐减小，直至不受力，发生弹性恢复；二是梁体受到千斤顶作用，产生向上的变形。支座反力-位移曲线斜率在由第一阶段转为第二阶段时得到明显提高，可准确判断支座脱空，从而避免得到过大的支座反力。

(2)弯梁扭转及侧向变形可能在顶升时造成其他各轴处支座横向受力不均,单独顶升一个支座时,全桥其他支座反力分布变化较大,通过同步位移顶升能有效减少同一墩处内外侧支座及其他墩台处的支座反力变化。

(3)本文以常见的仪器设备实现了小曲率半径曲线钢箱梁桥支座反力的精确测量,测试结果与设计基本相符,表明此测试方法的准确性,为后续工程检测提供一种可行方法。

参考文献

[1] 王泉宇. 简支曲线钢箱梁桥剪滞效应及抗倾覆分析[D]. 苏州:苏州科技大学,2022.

[2] 王文飞. 钢箱梁拼装焊接力学行为分析[D]. 重庆:重庆交通大学,2021.

[3] 李广慧,袁波. 不同支承体系曲线梁桥的受力性能研究[J]. 郑州:郑州大学学报(工学版),2013,34(6):67-71.

[4] 袁波. 曲线梁桥的受力性能分析与支承优化设计[D]. 郑州:郑州大学,2011.

[5] 孟杰,刘钊,周明华. 曲线梁桥支座脱空成因分析及设计探讨[J]. 中外公路,2021,41(2):73-76.

[6] 焦驰宇,张羽,龙佩恒,等. 单梁法分析曲线梁桥的适用条件研究[J]. 工程力学,2016,33(S1):150-155.

[7] 孙全胜,张清晨,张双. 曲线钢箱梁支座反力分析和脱空控制[J]. 世界桥梁,2012,40(2):29-33.

[8] 周正茂,韩光强,田清勇. 基于位移的桥梁支座脱空测试方法[J]. 公路交通科技,2012,29(4):85-90.

[9] 高辉,施卫星,黄殿凯. 环形人行天桥钢支座内力监测与调整[J]. 结构工程师,2018,34(6):143-148.

[10] 肖金军,鄢谷生. 曲线钢箱梁桥支座最不利反力分析与试验研究[J]. 中外公路,2012,32(3):151-154.

[11] 戴鹏. 曲线预应力混凝土箱梁桥支座反力及承载力试验研究与数值分析[D]. 西安:长安大学,2007.

[12] 雷建华,周德. 多跨连续梁桥体系转换时支座反力与位移计算方法[J]. 桥梁建设,2021,51(4):60-65.

[13] 周绪红,戴鹏,狄谨,等. 曲线箱梁桥空间预应力效应分析[J]. 土木工程学报,2007(3):63-68.

[14] 吴运宏,文熠. 小半径平曲线桥同步旋转顶升位移原理与施工技术[J]. 桥梁建设,2016,46(4):109-113.

悬索桥跨径布置对动力特性及地震响应的影响

张帅豪*[1] 王 亮[1] 江 坤[2]
(1. 长安大学公路学院;2. 浙江交工高等级公路养护有限公司)

摘 要 本研究旨在评估外伸跨及其布置对某1098m主跨悬索桥动力特性和地震反应的影响。为此,构建了三种不同布置形式的有限元模型,包括传统单跨双铰体系、单跨外伸体系以及单跨外伸悬吊体系。本文通过对全桥动力特性的综合分析,比较了3种跨径布置体系下对应有限元模型的周期和相应模态振型的变化,由此得到体系不同方向的刚度变化,从而得到跨径布置对桥梁刚度的影响。应用非线性时程分析,收集了各种桥跨配置下加劲梁跨中和塔顶的位移反应以及塔底的内力反应数据,以粗略评估在给定加速度时程曲线下不同体系桥梁的抗震性能。研究发现,在大跨径的单跨悬索桥中,利用设置外伸跨的方式可以有效减小主梁的竖向刚度,同时,主梁的横向刚度也会相应减小。而如果在外伸跨位置加设吊索,将会对主梁的竖向刚度产生一定程度的提高。此外,与单跨双铰和悬吊体系相比,具有外伸跨的体系在地震影响下,塔顶的纵向位移反应、最大地震弯矩和塔底最大剪力都相对较小。由于这些体系的横向刚度较小,主梁跨中的横向位移相对较大。

关键词 大跨径悬索桥 外伸跨 动力特性 时程分析

0 引言

随着国家基础设施建设的蓬勃发展及“一带一路”倡议的深入推进,对于横跨河流与海洋的大型桥梁,如跨江、跨海大桥,其在通航安全、防洪能力及生态保护等方面的综合要求促进了对大跨径悬索桥的需求逐渐增长。在这种需求推动下,地锚式悬索桥因其显著的自重刚度而在跨越远距离方面展现出独特的优势[1],尤其是在主跨超过1000m的情形下,相比于斜拉桥,其性能更为突出。

当前,有关悬索桥动力特性的研究已经成为众多学者关注的焦点[2-4]。传统上,悬索桥的设计倾向于单跨双铰结构,这种结构类似于简支梁,但其连续性不足以提供理想的舒适性和气动稳定性。已有的计算结果和实际工程经验显示,采用单跨双铰体系的桥梁,由于其梁端约束较弱,在荷载作用下,其梁端产生较大的转角和位移的可能性大大增加,端部支座也可能由于长时间面临较大变形量的情况下,大大减少其服役时间[5]。针对传统单跨双铰体系的这些缺点,研究表明在桥塔位置设置一定长度的外伸段会对其受力特性有一定的改善,也就是所谓的单跨外伸体系。由于自锚式悬索桥需要保证主梁的连续性,主梁外伸设计在自锚式悬索桥中应用比较多,并已有设计也尝试着向地锚式悬索桥中应用,并成功在一些桥梁中得到了应用。例如,张东[6]对津井獭户大桥的研究揭示了,当从带外伸跨的单跨悬吊结构转变为单跨两铰结构时,桥梁的挠度和梁端转角显著增大,证明了前者在列车通行性能上的优势。王志诚等人[7]的研究则表明,通过在自锚式悬索桥中引入70m的外伸跨,可以显著增大结构的竖向刚度,同时减小边跨的恒载内力。唐冕[8]以三汉矶湘江大桥为例,研究发现适当长度的外伸跨可以有效减小桥梁的竖向挠度。

尽管大跨径悬索桥的动态特性已经得到广泛的研究[9-12],但是将单跨悬吊、外伸跨和连续飘浮等多种特性融合在一起的大跨径锚地式悬索桥的研究相对较少,特别是在加劲梁布置和约束系统方面。此外,虽然已经有研究涉及自锚式悬索桥或中等跨径锚地式悬索桥的外伸跨效应,但是对于主跨超过1000m的锚地式悬索桥的研究实例则更为稀缺。在现有的文献中,对悬索桥中心扣[13]和梁端约束[14]的研究比较多,但是对桥跨布局对悬索桥地震反应影响的研究相对较为稀少,特别是在超过1000m级别的跨径研究中。

基于这一背景,本研究以一座主跨为1098m的悬索桥为案例,比较了常规单跨双铰结构、带外伸跨的悬吊结构以及外伸跨加索结构在地震作用下的动力特性、关键位置的位移反应和关键部件的受力情况,旨在为悬索桥设计的创新和抗震设计提供有价值的参考,并为实际工程项目中桥梁的设计提供服务。

1 实桥应用

1.1 工程概况

本研究针对一座国内在建的设计主跨为1098m,附加50m外伸跨的单跨外伸悬吊式悬索桥。该桥采用连续全飘浮结构体系,桥梁总体布置和加劲梁的标准断面分别在图1和图2中展示。所在地区的地震峰值地面加速度设定为0.05g,而地震动反应谱的特征周期定为0.05s,相应的地震基本烈度级别为Ⅵ度,场地类别被划分为Ⅵ类。

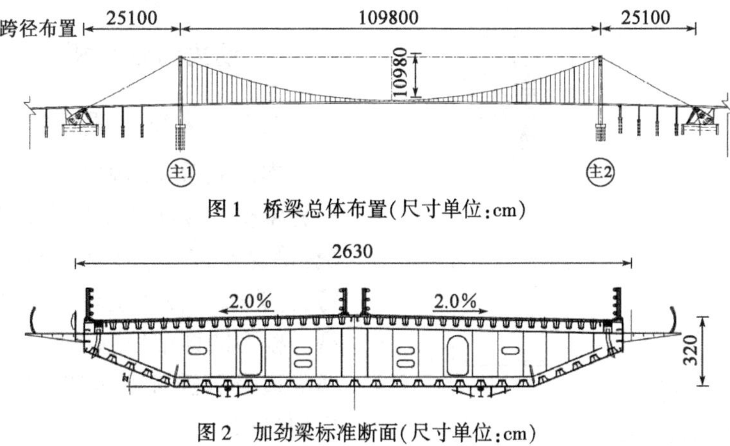

图1 桥梁总体布置(尺寸单位:cm)

图2 加劲梁标准断面(尺寸单位:cm)

1.2　有限元分析模型

为了建立主桥的动态分析模型，本研究使用了有限元分析软件 Csibridge。在此模型中，顺桥方向定义为 X 轴，横桥方向为 Y 轴，竖直方向为 Z 轴。模型中的加劲梁由空间梁单元构建，而主缆和吊索则通过空间索单元来模拟。桥面的二期铺装通过线荷载来表示，并施加在加在主梁单元上。为了准确模拟动态特性，结合现场土层数据，本研究采用了 m 法对桩侧土弹簧进行建模。依据《公路悬索桥设计规范》(JTG/T D65-05—2015)的规定，悬索桥的结构阻尼比设定为 0.02。在执行非线性时程分析时，采用了瑞利阻尼，并确保支座单元能够准确地模拟出支座的力学行为。

1.3　地震动输入

非线性时程分析时以桥梁所在地的地震安全性评价(简称“安评”)报告中的 E2 地震(50 年超越概率为 2%)提供的四条地震加速度时程作为地震输入，相关时程曲线如图 3 所示。通过将安评加速度时程曲线转化为反应谱曲线，并与安评反应谱进行对比，发现这两者具有良好的一致性，这表明所选取的安评加速度时程曲线是准确且合理的，对比结果详见图 4。在进行地震反应分析时，还考虑了竖向地震动的影响，这是通过将水平向地震动乘以一个折减系数得到的。对每一条地震加速度时程，都进行了地震反应计算，结果显示各指标在各地震波下的最大值。

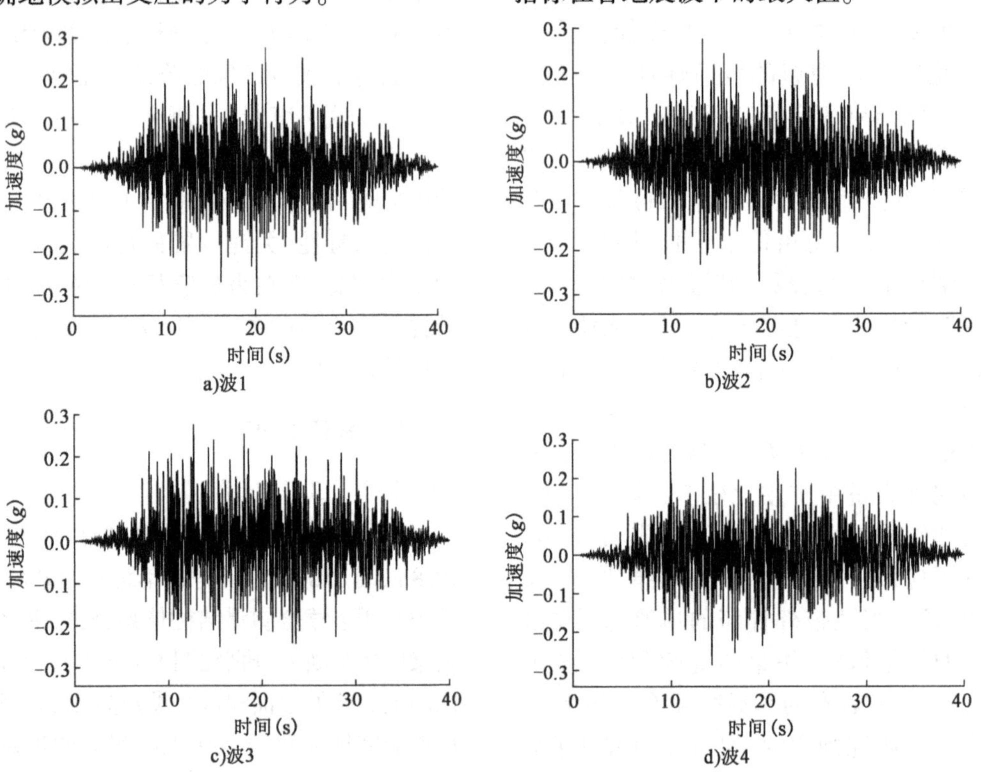

图 3　地震动时程曲线

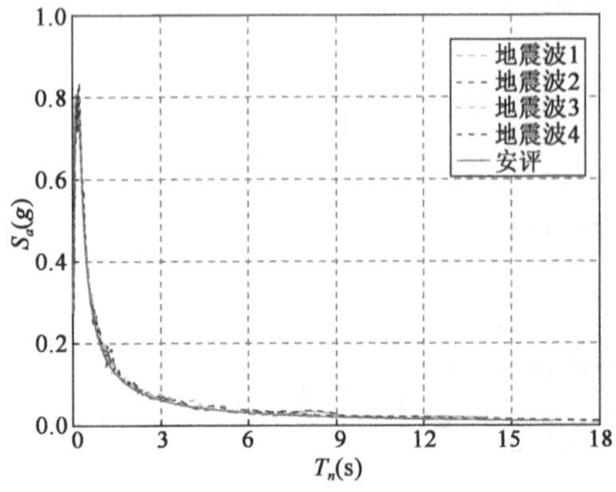

图 4　地震动反应谱曲线

2　动力特性分析

2.1　跨径布置设置

本研究旨在理解跨径布置方式如何影响大跨径悬索桥的纵向地震反应。考虑了三种不同的系统：设置外伸跨、未设置外伸跨和设置悬吊外伸跨，并为每一种系统建立了相应的有限元分析模型。模型的详细信息见表 1。在建模过程中，没有考虑边跨引桥对主跨的影响，因此只建立了主跨模型(图 5)。

体系Ⅰ：单跨双铰体系。

体系Ⅱ：单跨外伸体系。

体系Ⅲ：单跨外伸悬吊体系。

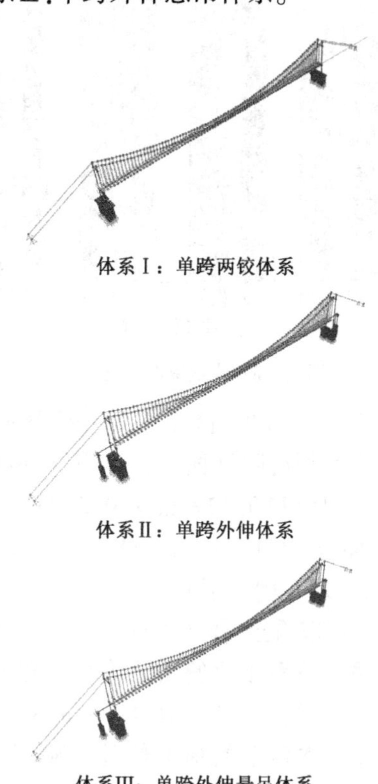

体系Ⅰ：单跨两铰体系

体系Ⅱ：单跨外伸体系

体系Ⅲ：单跨外伸悬吊体系

图5 有限元模型

2.2 动力特性分析结果

三种体系动力特性结果 表1

阶次	体系Ⅰ	体系Ⅱ	体系Ⅲ	振型特征
	周期(s)	周期(s)	周期(s)	
1	16.610	17.564	17.645	一阶正对称侧弯
2	10.271	10.566	8.906	主梁纵漂
3	7.305	7.523	7.472	一阶反对称竖弯
4	6.596	7.090	6.600	一阶反对称侧弯
5	6.457	6.615	5.880	一阶正对称竖弯
6	4.650	4.629	4.624	二阶正对称竖弯
7	4.340	4.338	4.308	二阶反对称竖弯
8	3.974	3.975	4.290	主缆同向正对称振动
9	3.760	3.887	3.971	主缆反向正对称振动
10	3.725	3.723	3.749	主缆同向反对称振动

由表1中体系的1阶振型均为侧弯振型，反映了大跨径悬索桥横向刚度远小于体系竖向刚度，且各阶的振型特征相同，因为悬索桥自身重力刚度对其动力特性影响较大，随着跨径增大，主梁刚度对刚度的贡献越来越小，当跨径达到七八百米往上时，整体刚度主要由主缆刚度控制，这也与表2已知大跨径悬索桥基本振型相符合。

大跨径悬索桥1阶振型模态汇总 表2

桥梁名称	跨径(m)	一阶振型	周期(s)
怒江大桥	640	主梁一阶正对称侧弯	11.1
宜昌长江大桥	960	主梁一阶正对称侧弯	13.2
江阴长江公路大桥	1385	主梁一阶正对称侧弯	19.6
润扬长江公路大桥(南汊)	1490	主梁一阶正对称侧弯	20.2

表1展示了体系Ⅰ与体系Ⅱ在动力特性上的比较。

在纵向约束限制较弱的环境下，两个方案的第二阶振动模式都显示为纵飘，然而，第一阶振动模式都体现为主梁的一阶正对称侧向弯曲。深度研究指出，由于这两个方案的主梁只受到端部的限制，且限制情况相同，引入的外伸跨增大了桥梁的纵向长度，这使得方案Ⅱ的主梁横向刚性略为下降，其一阶正对称侧弯的周期增加了5.7%。再者，单跨外伸跨方案的竖向弯曲周期普遍超过常规单跨双铰方案，这表明外伸跨的加入微微减小了主梁的竖向刚性。

对于体系Ⅱ与体系Ⅲ，两者低阶振型的顺序保持一致，第一阶振型均为一阶正对称侧弯，特征周期接近。三跨连续体系的竖弯周期，除第一阶外，普遍小于单跨外伸跨体系，表明外伸跨的悬吊设计提升了主梁的竖向刚度。因此，外伸跨的悬吊配置对主梁的竖弯振型有显著影响，能够增大单跨悬吊悬索桥主梁的竖向刚度。

3 地震响应分析

本研究致力于分析三种不同跨径配置对悬索桥在地震中反应的差异，并进行了非线性时程分析以纳入 P-Δ 效应和大位移的作用。监测位移反应的关键点设在塔顶和跨中位置。同时，选取了桥塔底部的弯矩和剪力作为内力反应分析的焦点,并特别注意到隔震装置连接部分承受的地震轴力。结构反应的分析基于四种不同地震时程下的最大值,具体结果展示在相应的图中(图6~图9)。

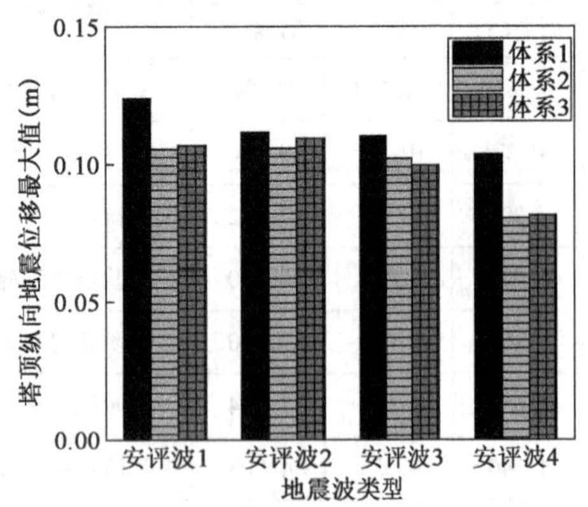

图6　桥梁塔顶纵向地震位移

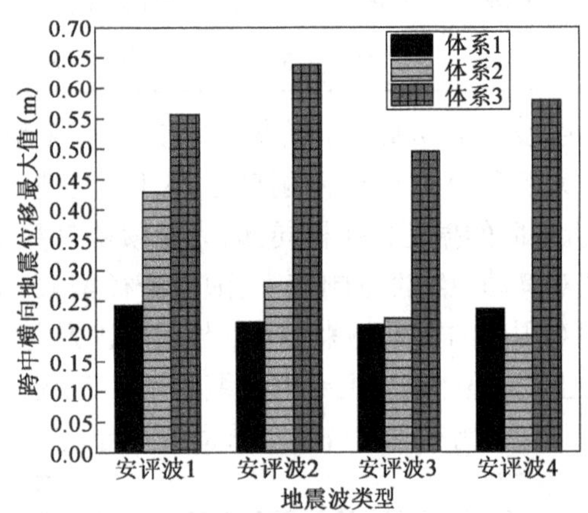

图7　桥梁跨中横向地震位移

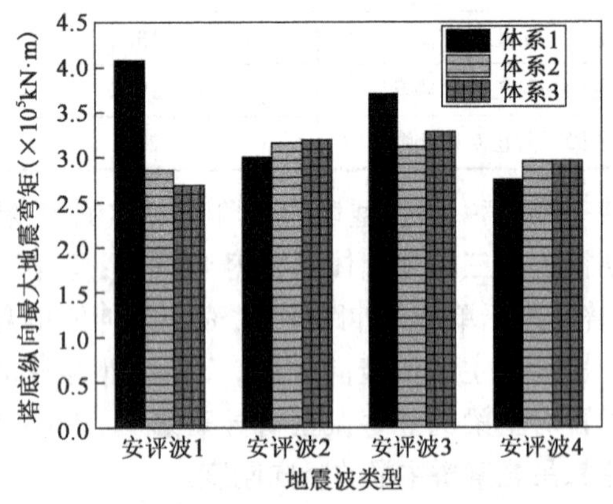

图8　桥梁塔底纵向地震弯矩

由图6可以看出,在地震作用下,与另外两种体系相比,体系Ⅱ的塔顶纵向位移响应最大值偏小。体系Ⅰ和体系Ⅲ的最大位移分别为0.1238m和0.1094m,而体系Ⅱ的最大位移为0.1058m,相比体系Ⅰ减小了14.5%,相比体系Ⅲ减小了3.3%。

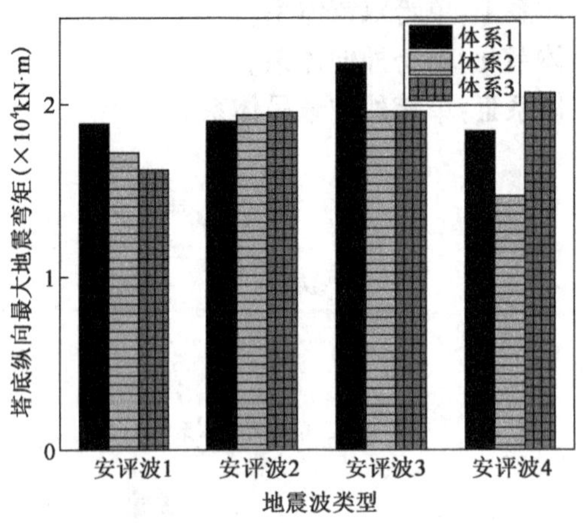

图9　桥梁塔底纵向地震剪力

由图7可以看出,体系Ⅰ的跨中横向位移与另外两个体系相比明显偏小。体系Ⅱ和体系Ⅲ的最大位移分别为和0.4292m和0.638m,而体系Ⅰ的最大位移仅为0.2425m,相比体系Ⅱ减小了43%,相比体系Ⅱ增大了61%。

由图8可以看出,体系I的塔底纵向最大地震弯矩与另外两个体系相比偏大。体系Ⅱ和体系Ⅲ的最大弯矩分别为3.16×10^5kN·m和3.279×10^5kN·m,而体系Ⅰ的最大位移达到了4.079×10^5kN·m,相比体系Ⅱ增大了29.08%,相比体系Ⅲ增大了24.40%。

由图9可以看出,体系Ⅱ的塔底纵向最大地震剪力与另外两个体系相比偏小。体系Ⅰ和体系Ⅲ的最大剪力分别为2.237×10^4kN和2.062×10^4kN,而体系Ⅲ的最大位移达到了1.954×10^4kN,相比体系Ⅰ减小了12.6%,相比体系Ⅲ减小了5.24%。

综上分析,采用单跨外伸体系可以一定程度上限制地震作用下塔顶纵向位移和塔底剪力,在地震作用下,单跨外伸体系的塔顶纵向地震位移响应、塔顶纵向最大地震弯矩和塔底纵向最大地震剪力偏小,且因为体系横向刚度偏小,与单跨外伸体系类似,主梁跨中横向位移偏大,而这也和上述动力特性分析得出来的桥梁刚度变化相匹配。

4　结语

(1)大跨径悬索桥的1阶振型多为侧弯振型,反映了大跨径悬索桥横向刚度远小于体系竖向刚度。因为悬索桥自身重力刚度对其动力特性影响较大,随着跨径增大,主梁刚度对刚度的贡献越来越小，当跨径达到七八百米往上时，整体刚度主要由主缆刚度控制，这也与已知大跨径悬索桥基本振型相符合。

(2)在大跨径的单跨悬索桥中，利用设置外伸跨的方式可以有效减小主梁的竖向刚度，同时，主梁的横向刚度也会相应减小。而如果在外伸跨位置加设吊索，将会对主梁的竖向刚度产生一定程度的提升。

(3)通过桥梁结构在地震动输入下的位移和受力结果分析可以得出，与单跨双铰和单跨悬吊体系相比，在地震作用下，单跨外伸体系的塔顶纵向地震位移响应、塔顶纵向最大地震弯矩和塔底纵向最大地震剪力偏小，但梁端纵向地震位移偏大。且因为体系横向刚度偏小，与单跨外伸体系类似，主梁跨中横向位移偏大。

参考文献

[1] 曹鸿猷，陈志军，吴巧云，等. 基于单索理论的多塔悬索桥简化计算模型[J]. 中国公路学报，2016，29(4)：77-84.

[2] 祝志文，王艺静，吴其. 大跨度悬索桥主缆空缆状态振动模态分析[J]. 铁道科学与工程学报，2018，15(11)：2833-2841.

[3] YU J, MENG X, SHAO X, et al. Identification of dynamic displacements and modal frequencies of a medium-span suspension bridge using multimode GNSS processing [J]. Engineering Structures, 2014, 81: 432-443.

[4] 张文明，葛耀君. 三塔双主跨悬索桥动力特性精细化分析[J]. 中国公路学报，2014，27(2)：70-76.

[5] 张劲泉，曲兆乐，宋建永等. 多塔连跨悬索桥综述[J]. 公路交通科技，2011，28(9)：30-45，52.

[6] 张东. 大跨度铁路悬索桥结构体系及对刚度影响的研究[D]. 成都：西南交通大学，2011.

[7] 王志诚，刘昌鹏，沈锐利. 自锚式悬索桥参数影响挠度理论研究[J]. 土木工程学报，2008(12)：61-65.

[8] 唐晁. 大跨度自锚式悬索桥的静动力性能研究与参数敏感性分析[D]. 长沙：中南大学，2007.

[9] 王少钦，马骎，任艳荣等. 主跨 1120 m 铁路悬索桥风-车-桥耦合振动响应分析[J]. 铁道科学与工程学报，2017，14(6)：1241-1248.

[10] 王贵春，张校卫. 考虑车辆运行参数变化的悬索桥车激振动分析[J]. 铁道科学与工程学报，2017，14(7)：1442-1448.

[11] 杨国俊，杜永峰，唐光武，等. 大跨度非对称悬索桥振动基频的参数敏感性分析[J]. 土木工程学报，2018，51(S1)：72-79.

[12] 华旭刚，黄智文，陈政清. 大跨度悬索桥的多阶模态竖向涡振与控制[J]. 中国公路学报，2019，32(10)：115-124.

[13] 周敉，徐梓涛. 大跨钢桁梁悬索桥合理抗震约束体系[J]. 长安大学学报(自然科学版)，2022，42(6)：90-100.

[14] 张新军，张超. 大跨度悬索桥合理抗震结构体系研究[J]. 世界桥梁，2017，45(1)：39-44.

车辆火灾下斜拉桥温度场研究

王裕博* 刘 昌 邢俊鹏

(长安大学公路学院)

摘 要 车辆火灾严重威胁斜拉桥的结构安全。桥塔作为桥梁整体重要承重构件，其力学行为对桥梁整体的安全至关重要。为深入研究车辆火灾下近桥塔处温度场分布特征，本文选取斜拉桥桥塔节段为研究对象，建立了基于火灾动力学的斜拉桥温度场分析模型，分析了不同工况下火灾对主梁顶板、桥塔近火面及侧面的温度场的影响，揭示了斜拉桥的空间升温传热规律。结果表明，不同车辆火灾下，构件温度场有所差异,火灾热释放速率越高,桥梁达到的最大温度越高。火灾下,主梁顶板随着与火源横向距离与纵向距离的增大,火源的影响逐渐减少。高热释放速率火灾下,桥塔沿高度方向温度的衰减不显著,受热较低热释放速率更加均匀。拉索由于本身的遮挡,其内侧温度普遍小于外侧温度,拉索锚固处的最高温度随距火源距离减小而增大。

关键词　斜拉桥　车辆火灾　温度场　数值模拟

0　引言

交通运输不仅是社会经济发展的必要保障,同时是国家综合国力和人民生活质量的重要体现。近年来,我国桥梁事业蓬勃发展,桥梁的跨越能力日益增加[1-2]。斜拉桥以其结构新颖,节能省材、通行能力大、造型美观等优点,在大跨径桥梁中占据重要的地位。由于交通运输量大、通行车辆繁杂等特点,斜拉桥发生火灾事故风险随之增大。其中,车辆火灾为大多数,包括大型客货车、运输危险品的油罐车等。桥塔作为主要承重构件,当火灾发生在其附近区域时,桥塔本身以及索塔连接处因高温而导致受力性能的衰减甚至失效,造成严重的后果。如今火灾下的桥梁温度场研究多为桥下火灾,通过数值模拟和试验方法进行桥梁耐火研究[3-4]。因此,亟待进行近桥塔处车辆火灾产生的温度场研究,对斜拉桥的抗火设计提供一定的参考。

有不少学者对斜拉桥温度场进行了研究。强子亨[5]针对某矮塔斜拉桥,通过建立有限元模型探究了日照作用下桥梁主梁温度梯度、索梁温差分布、整体升降温规律。邹帅[6]通过ABAQUS的二次开发,建立了更精细化的斜拉桥三维日照温度场模型,分析了塔、梁温度场分布规律,结合温度效应对桥塔施工提出了合理的线性预测方法。周浩等人[7]以望东长江大桥为例,基于实测数据,分析该桥日照温度场分布规律,提出梁、塔竖向温度梯度以及拉索、桥塔和主梁间温差的计算模式。叶浪等人[8]研究了大跨度斜拉桥的温度效应,对比分析了在施工阶段和成桥后,斜拉桥在日照温差、温度梯度以及索梁温差作用下的最不利截面的应力大小以及索力的变化情况。

综上发现,目前斜拉桥的温度场研究场景多是长期日照作用下,而关于火灾下的温度场研究鲜有涉及。本文建立了桥塔附近不同车辆火灾下的温度场分析模型,分析了火灾下桥梁空间温度的分布特性,以及不同车辆火灾对温度场的影响,探究了火灾下斜拉桥的升温传热规律。

1　研究对象概况

1.1　研究对象选取

本文选取某双塔三跨的矮塔斜拉桥作为研究对象,桥梁主跨跨径135m,边跨跨径85m,主梁为变截面混凝土箱梁,总宽16m,支点处梁高4.2m。桥塔采用柱式结构,单桥塔共设置22对斜拉索,每侧拉索对称布置。拉索采用31根环氧全涂装钢绞线,外护套为普通高密度聚乙烯(HDPE)套管。桥梁平面布置图如图1所示。

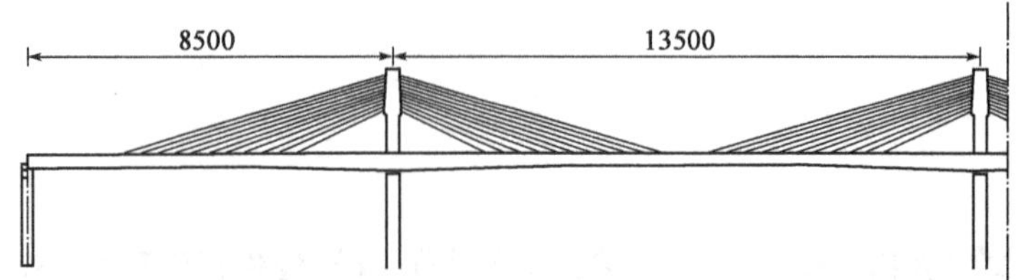

图1　斜拉桥平面布置图(尺寸单位:cm)

1.2　火灾FDS模型建立

为精确模拟车辆火灾的燃烧环境,本文基于Pyrosim软件,建立了斜拉桥桥塔处节段的CFD温度场分析模型。斜拉桥节段长40m,模型总计算区域为17m(横桥向)×40m(纵桥向)×24m(高度),网格划分为0.5m×0.5m×0.5m[9]。FDS火灾分析模型如图2所示。

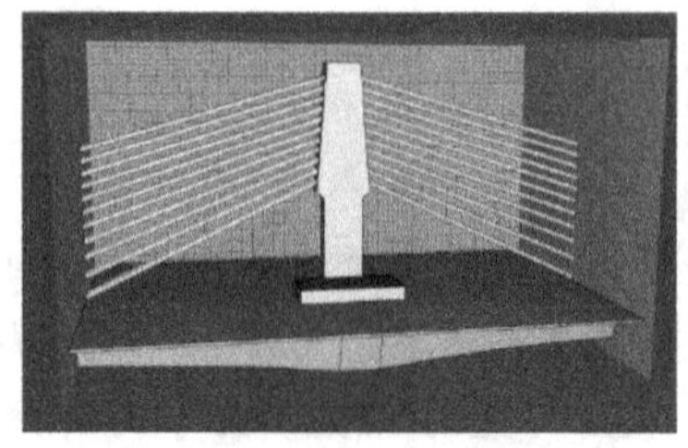

图2　FDS火灾分析模型图

桥梁火灾根据其燃烧规模可分为小型汽车火灾、大型客车火灾、重型货车火灾和油罐车火灾四种类型。车辆之间燃烧特性的不同以及运载物体的不同,导致不同的车辆火灾下,不同的火灾热释放速率、持续时间、火场面积,产生的温度场也会有所差异。本文仅考虑两种车辆火灾下桥梁温度场的研究。为简化计算,本文假定火源燃料未发生大规模泄漏,燃烧只发生在车辆附近,且火灾燃烧模型忽略了风荷载因素的影响[10]。表1为两种车辆火灾下的模型参数[11]。

热释放增长模型参数 表1

车辆类型	t_1(min)	t_2(min)	火源尺寸(m)	HRRPUA(kW/m^2)
重型货车	10	30	3×6	2000
油罐车	15	30	4×8	2500

为掌握火灾环境以及斜拉桥构件的温度分布,模型共设置27个热电偶对温度进行监测,其中主梁顶板处热电偶设置12个,命名为zh、zz,分别表示横向测点和纵向测点;主塔上设置7个热电偶,命名为zt和ct,分别代表塔的正面和侧面测点;拉索测点采用sn和sw命名,代表内侧拉索和外侧拉索。为保证测点数据更精确,模型表面采用绝热类型。各测点分布如图3所示。图4为两种车辆火灾的热释放速率增长曲线。

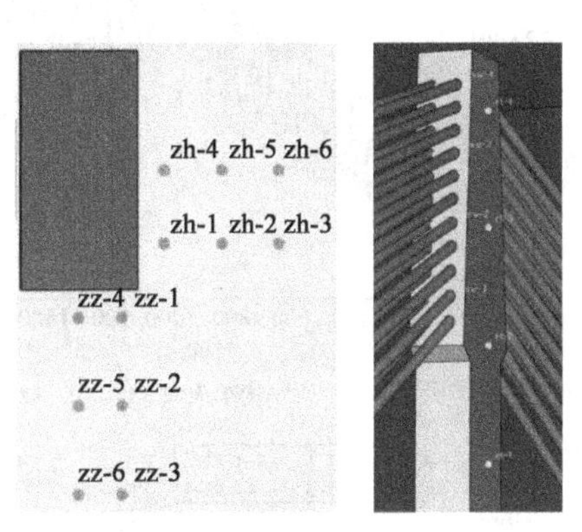

图3 热电偶布置图

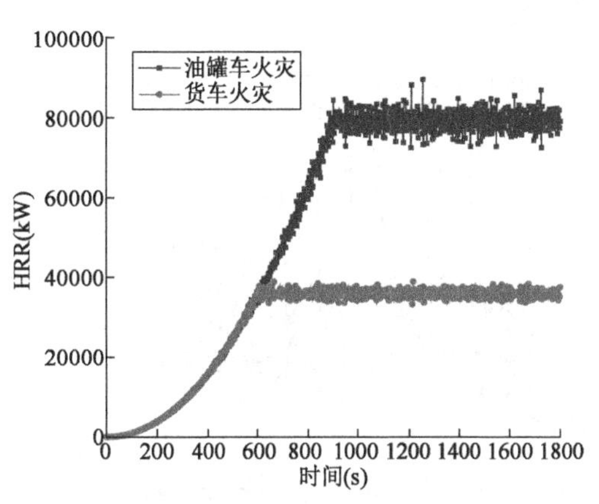

图4 热释放速率增长曲线

2 火灾下各构件温度场分析

2.1 主梁顶板温度场特征分析

当斜拉桥遭遇桥面车辆火灾时,为研究火灾对主梁顶板区域温度场分布,在起火源纵向和横向各设置6个温度测点。主梁顶板测点温度变化曲线图如图5、图6所示。

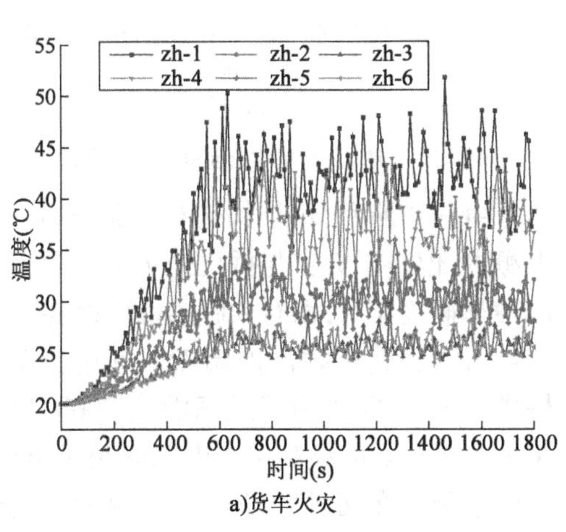

a)货车火灾

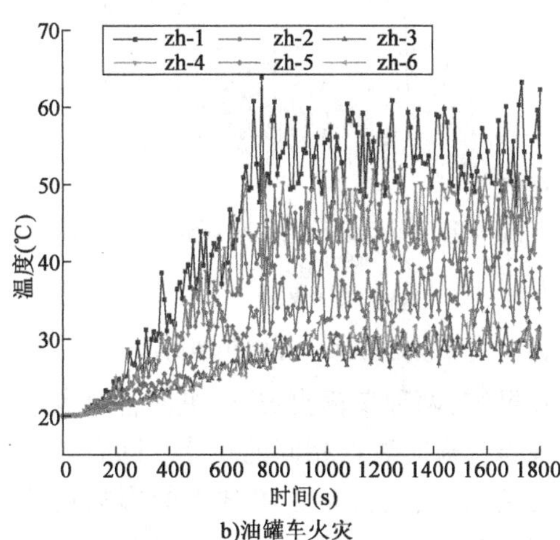

b)油罐车火灾

图5 主梁顶板温度变化曲线图(横向)

由图5可知,相同火灾下各测点的升温规律基本相同,测点zh-1在800s内达到最大温度64℃,随着与火源的水平距离的增加,受火过程中主梁顶板的升温速率变慢以及最大温度减小,达到最大温度时间也具有延滞性。当水平距离超过5m时,主梁顶板受到的温度影响非常小。靠近火源的测点zh-1在货车火灾和油罐车火灾下分别能够在900s和600s内达到最大温度64℃和51℃。由于货车火灾的热释放速率较油罐车较小,货车火灾下各测点温度小于油罐车火灾。通过对比测点zh-1、zh-2、zh-3与测点zh-4、zh-5、zh-6的温度,靠近火源边缘的测点温度要普遍小于靠近火源中心的测点温度。因测点位置与火源未接触并有一定距离,测点的监测温度整体较小,其升温主要依靠火源热量传递。

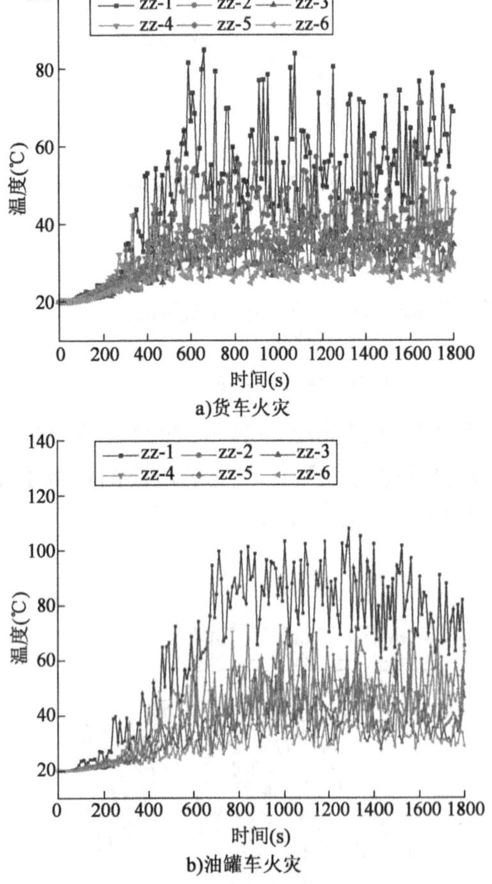

图6　主梁顶板温度变化曲线图(纵向)

由图6可知,两种车辆火灾下,纵向各测点温度变化表现出与横向测点相同的规律。随着与火源顺桥向距离增大,火灾对主梁顶板的影响迅速减小。在油罐车火灾下,靠近火源的测点zz-1能够在900s内达到最高温度103℃,而位于最远的测点zz-3的最高温度仅有60℃,温度衰减41%。对比同样靠近火源的测点zz-1(位于火源中心侧)与zz-4(火源边缘一侧)的温度变化,测点zz-1最大温度远大于zz-4。

2.2 桥塔温度场分析

为分析火灾下桥塔的温度场分布规律,需考虑受火面和非受火面。本文在桥塔迎火面和侧面进行测点布置,分析火灾下桥塔不同侧的温度变化规律,探究沿高度方向桥塔温度变化。桥塔迎火面、侧面各测点温度变化曲线分别如图7、图8所示。

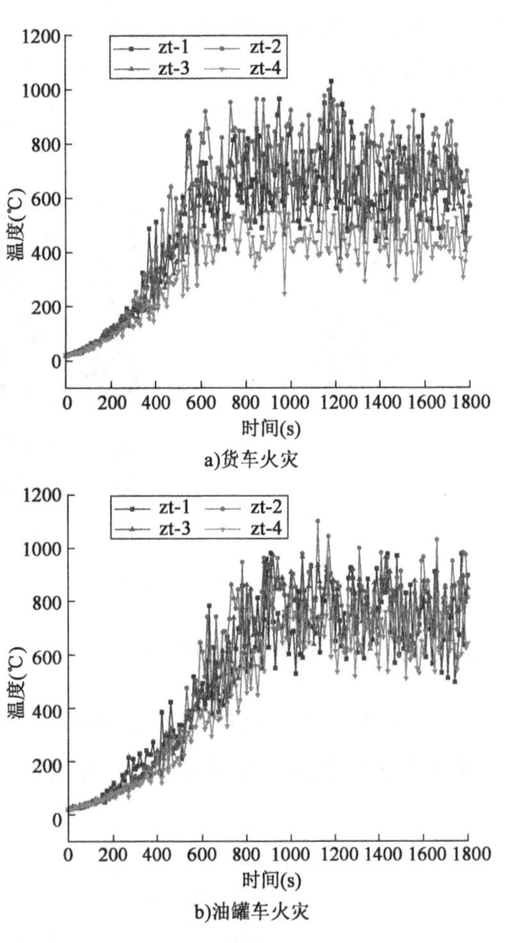

图7　桥塔迎火面温度变化曲线

由图7所示,桥塔构造在火源侧方,并未处于火源中,但由于火灾与桥塔迎火面水平距离很小,两种车辆火灾下,面对火源的桥塔面各测点zz-1~zz-4均能够达到很高的温度。其中货车火灾下,桥塔在600s内达到了最高温度800℃以上,油罐车火灾下桥塔的最高温度则能够超过1000℃。对比四个测点在两种类型火灾的温度变化规律,发现沿高度方向上,货车火灾下的温度衰减特征较油罐车火灾显著,测点 zz-1 与 zz-4 之间最大温度降低分别达到 38% 和 22%,充分说明火灾规模(热释放速率等参数)的不同对温度场分布影响较大。高热释放速率火灾在高度方向上的影响范围更大。

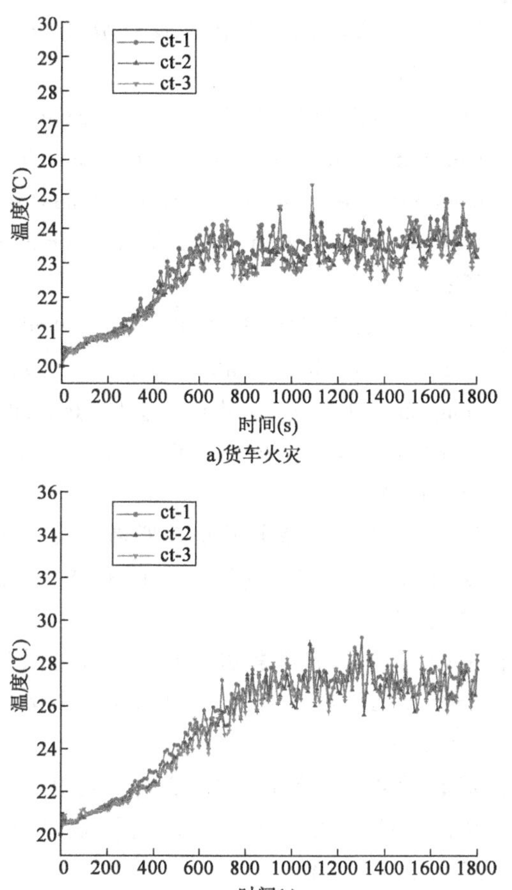

图 8 桥塔侧面温度变化曲线

由图 8 所示,无论货车火灾还是油罐车火灾,桥塔侧面的温度均未超过 30℃,表明火灾桥塔侧面的温度场影响甚微,升温主要依靠火源的热量传递,当火灾达到最大热释放速率后,桥塔侧面温度也达到最大值。两种火灾下,桥塔侧面与迎火面温差极大,最大差值超过 800℃。

2.3 索塔连接处温度场分析

拉索是桥梁的重要承重构件,其在高温下性能衰减显著,当达到极高温度时甚至会发生断裂,考虑火灾下拉索的温度场分布显得尤为重要。因火灾设计为桥塔附近,索塔锚固处易受到火灾威胁,所以选取 2、5、8、11 号拉索外侧以及索内侧 8 个位置布置测点,分析沿高度方向拉索温度场分析,以及探究拉索本身对温度场分布的影响。拉索各测点在火灾下的温度变化曲线如图 9 所示。在索塔连接处设置横向温度切片,如图 10 所示。

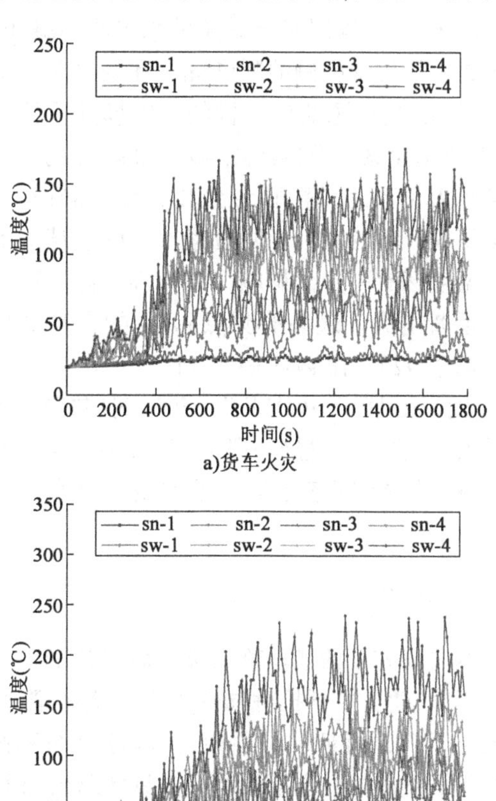

图 9 拉索温度变化曲线

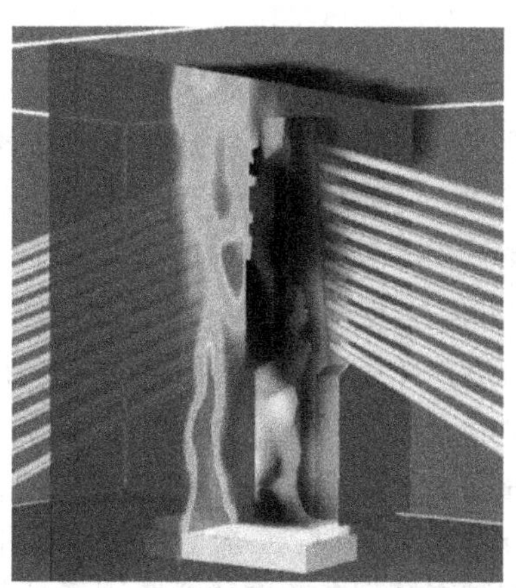

图 10 索塔连接处横向温度切片图

由图 9 可得,货车火灾下的拉索各测点最大温度均小于油罐车火灾。测点 sw-4 在两种火灾下达到的最大温度分别为 170℃、230℃。无论是内侧还是外侧的测点,随着测点高度增大,其最高温度增大,测点高度增大的同时测点在水平上距火源距离也在减小。其中,测点 sw-2 与 sw-3 最大温度基本相同,这是因为 sw-3 测点较 sw-2 测点垂直距离增大,但同时其与火源的水平距离减小了。位于 2、5 号拉索内侧的测点 sn-1 和 sn-2 最高温度未超过 30℃,火源对该位置的温度场几乎没有影响,而位于拉索外侧的测点 sw-1 和 sw-2 的最高温度货车火灾下比其高了 59℃和 79℃,油罐车火灾下高了 60℃和 92℃,说明拉索本身的遮挡对其内侧的温度场有一定的影响。拉索温度随着高度增大而逐渐增大。最高的测点 sw-4 的最高温度比 sw-3 高了 92℃,比 sw-1 高了 143℃。

由图 10 所示,火灾发生 1500s 时,热释放率达到最大,并已持续燃烧一段时间,火焰上空的热流偏向桥塔位置,对索塔连接处的温度分布产生较大的影响。

3　结语

本文研究了两辆车辆火灾下斜拉桥的温度场分布规律,建立了斜拉桥局部火灾燃烧模型,分析了火灾下火源附近主梁顶板、主塔迎火面和侧面以及索塔锚固处的温度场特征。具体总结如下:

(1)不同车辆火灾下,构件温度场有所差异,火灾热释放速率越大,桥梁达到的最高温度越大。火灾下,主梁顶板随着与火源横向距离与纵向距离的增加,火源的影响逐渐减小,且位于火源中心处的位置受火源的影响大于位于火源边缘的位置。

(2)桥塔迎火面在火灾下处于较高的温度,货车火灾下,高度变化对桥塔温度场分布规律有较大影响,而在油罐车火灾下,其影响较小。桥塔侧面温度场几乎不受火源影响。

(3)外侧拉索的最高温度高于内侧拉索,拉索本身具有遮挡作用,随着拉索高度增大,拉索更靠近火源中心,拉索最高温度增大,升温也较快。

研究存在的问题,火灾发生位置考虑单一,当拉索下方发生火灾时,拉索也将受到极不利的影响。火灾燃烧模型未考虑风荷载因素且起火面积设置较保守,关于斜拉桥火灾更精确的分析和方法需进一步研究。

参考文献

[1] 张岗,贺拴海,宋超杰,等. 钢结构桥梁抗火研究综述[J]. 中国公路学报,2021,34(1):1-11.

[2] 张岗,贺拴海. 桥梁结构火灾理论与方法[M]. 北京:人民交通出版社股份有限公司. 2020.

[3] SONG C J,ZHANG G,LI X ,et al. Experimental and numerical study on failure mechanism of steel-concrete composite bridge girders under fuel fire expo-sure[J]. Engineering Structures, 2021,247.

[4] SONG C J,ZHANG G,KODUR V ,et al. Fire response of horizontally curved continuous composite bridge girders [J]. Journal of Constructional Steel Res-earch, 2021, 182:106671.

[5] 强子亨. 铁路矮塔斜拉桥日照温度场及温度效应分析[D]. 石家庄:石家庄铁道大学,2023.

[6] 邹帅. 基于日照阴影识别的斜拉桥塔梁温度场精细化模拟研究[D]. 重庆:重庆交通大学,2023.

[7] 周浩,易岳林,叶仲韬,等. 大跨度结合梁斜拉桥温度场及温度效应分析[J]. 桥梁建设,2020,50(5):50-55.

[8] 叶浪. 大跨度高低塔斜拉桥的温度效应研究[D]. 成都:西南交通大学,2018.

[9] 刘志. 基于 CFD-FEM 的钢结构桥梁火灾响应研究[D]. 南京:东南大学,2023.

[10] 陆泽磊,张岗. 车辆火灾下悬索桥空间温度场研究[C]//中国科学技术协会,交通运输部,中国工程院,湖北省人民政府. 2023 世界交通运输大会(WTC2023)论文集(上册). 人民交通出版社股份有限公司,2023:8.

[11] 宋超杰. 半开放环境下预应力混凝土薄腹梁抗火性能与设计方法[D]. 西安:长安大学,2023.

基于性能的桥墩抗车撞设计方法研究

庞兴发* 王世超 刘 昌
(长安大学公路学院)

摘 要 为研究双柱式 RC 桥墩的破坏模式和基于性能的设计方法,建立精细化双柱式 RC 桥墩有限元模型,用缩尺 RC 梁落锤冲击实验对钢筋混凝土材料模型和数值算法的有效性进行验证,并采用三脉冲荷载简化模型对桥墩加载。考虑车型、车重、车速和桥墩尺寸等因素,利用显式动力分析软件 LS-DYNA 对 54 种工况进行分析,得到了桥墩破坏模式,提出了双柱式 RC 桥墩破坏模式的量化评估因子,给出了桥墩损伤类型并提出了桥墩抗车撞设计性能目标,在此基础上提出了桥墩抗车撞性能设计方法。结果表明:桥墩受撞破坏分为弯曲破坏、剪切破坏和坍塌。桥墩破坏模式取决于桥墩最大动态剪力与桥墩动态最大抗剪承载力的比值。桥墩性能等级可以分为正常使用、生命安全和防止坍塌三类,结合桥梁道路安全等级提出了桥墩抗车撞性能设计方法,提出的桥墩抗车撞性能考虑了道路等级和桥梁规模。其形成一套完整、合理的设计方法,可为桥墩抗撞设计提供参考。

关键词 桥梁工程 性能设计方法 数值仿真 损伤评估 双柱式桥墩

0 引言

随着经济高速发展和交通强国的建设,公路里程、机动车数量及其运载能力持续增加,其中跨线立交桥梁已经成为现代城市立体交通的重要组成部分[1]。但由于桥梁设计、车辆运输、交通监管等原因,钢筋混凝土桥墩受到车辆撞击问题日益突出。例如,2019 年 5 月,一辆集装箱货车撞击 104 国道东郭分离桥,导致桥墩严重损坏[2]。这些事故导致人民生命财产安全受到严重损失。现行的各国桥梁设计规范在考虑车辆撞击桥墩作用时多采用等效静力荷载。我国《公路桥涵设计通用规范》(JTG D60—2015)规定,桥梁设计需考虑偶然作用下的车辆撞击荷载,撞击力作用于行车道以上 1.2m 处,在车辆行驶方向取 1000kN,车辆垂直方向取 500kN。欧洲规范 Eurocode 1 对车辆撞击荷载的取用方法与我国规范相同。美国国家公路及运输协会在 2011 年发布了一项研究报告,该报告研究了一辆 36.3t 的半挂货车以 80km/h 的速度撞击桥墩的损伤问题,其实验结论被美国桥梁设计规范 AASHTO-LRFD(2012)所采用,并沿用至现行规范。AASHTO 规定桥梁抗车辆撞击设计时,以一个 2669kN 的等效静力作用在地面以上 1.524m且与水平面成 0~15°夹角。静力等效法忽略了撞击的动力特征导致实际设计偏不安全[3],此外现有的设计方法并未考虑不同路网等级中桥梁的差异性。因此考虑车辆通行状况、经济性和安全性的综合设计方法亟待提出。

本文基于国内外车桥撞击的研究基础,采用精细化有限元仿真技术,利用显式动力学分析软件 LS-DYNA 对车辆撞击桥墩进行全过程非线性动力分析,考虑车辆车重、车速和桥墩直径三方面因素,研究了桥墩在不同工况下遭受车辆撞击的破坏模式,在此基础上提出了一种基于性能的桥墩抗车撞设计方法。

1 数值模型的建立

1.1 钢筋混凝土材料模型

1.1.1 钢筋混凝土材料模型的选取

本文采用显式动力软件 LS-DYNA 进行分析,混凝土采用软件提供的连续面帽盖模型 *MAT_CSCM_CONCRETE,计算单元为 8 节点实体单元 *SECTION_SOLID。混凝土材料密度 2400kg/m^3,轴心抗压强度 35MPa。钢材采用双线性理想弹塑性本构 *MAT_PLASTIC_KINEMATIC,计算单元为 3 节点梁单元 *SECTION_BEAM。钢筋密度为 7850kg/m^3,泊松比 0.3,弹性模量为 210GPa,切线模量为 21MPa,屈服模量取 300MPa 和 400MPa。

1.1.2　材料模型验证

选取落锤冲击梁试验对有限元模型材料进行验证,试验梁尺寸为1700mm×250mm×150mm,净跨1650mm,有限元模型及配筋如图1所示,其余参数见文献[4]。落锤质量为400kg,下落高度为1.2m。验证模型采用的钢筋混凝土材料与本文中所采用的材料模型相同。

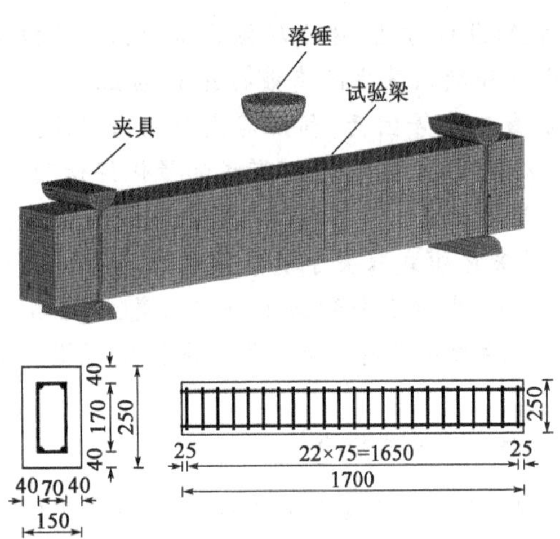

图1　落锤试验有限元模型(尺寸单位:mm)

试验和有限元仿真产生的钢筋混凝土(RC)梁损伤状态如图2所示,图2b)中的等效塑性应变反映了裂缝开展状况。由图2可以看出,有限元仿真与试验产生的最终裂缝开展状况基本相同。试验和有限元仿真产生的冲击力时程曲线如图3a)所示,两者趋势基本相同,最大值误差11%;图3b)为有限元仿真和试验产生的跨中位移曲线,两者趋势相同,最大值误差2%。因此可以认为有限元仿真所采用的材料能较为真实地反映实际结果,有限元仿真的结果是有效的。

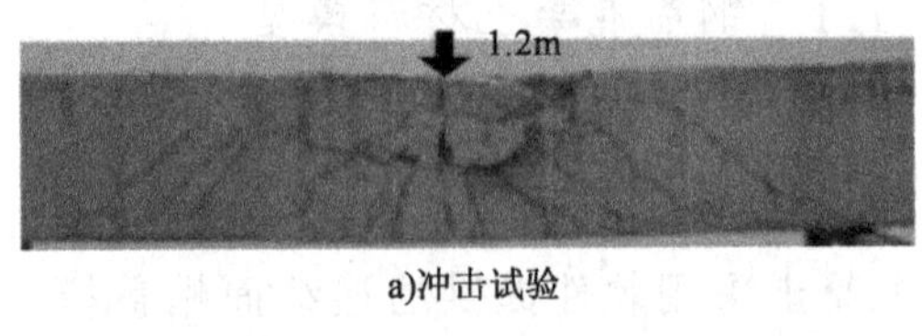

a)冲击试验

b)有限元仿真效果图

图2　损伤对比图

1.2　桥墩结构模型

车桥撞击事故中以双柱式RC桥墩居多,因此本文选取常见的双柱式桥墩为研究对象,为了简化计算,根据樊伟等[5]的研究选取一个框架墩为研究对象。

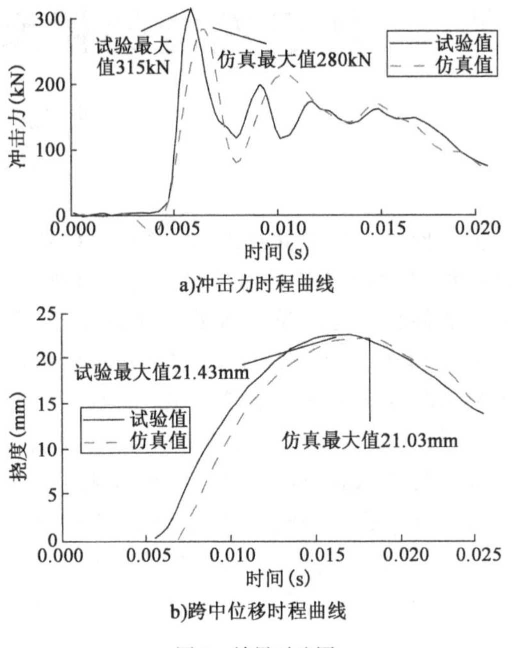

a)冲击力时程曲线

b)跨中位移时程曲线

图3　结果对比图

采用是分离式建模方法建立桥墩有限元模型,如图4所示,不考虑桩土效应,基础底部施加固定约束;上部结构简化为一个质量块,等效质量为261.6t;质量块施加一个侧向的定向约束,使其具有足够的侧向刚度和转动刚度。桥墩墩身、系梁和盖梁均采用C35混凝土,箍筋采用HPB300,直径$d=10\text{mm}$;纵筋采用HRB400,直径$d=22\text{mm}$。

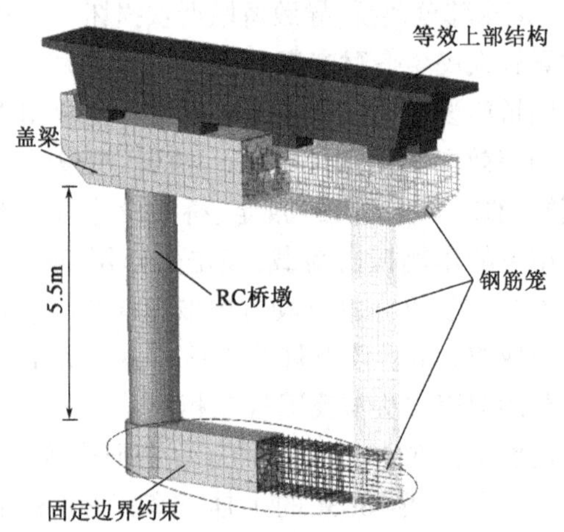

图4　桥墩简化有限元模型

1.3　货车荷载模型

现有的研究多以美国国家碰撞分析中心开发的F800卡车(图5)作为撞击荷载[1,5,6]。但是由于其计算成本较高,本文选取三脉冲荷载简化模型加载[7-8]。

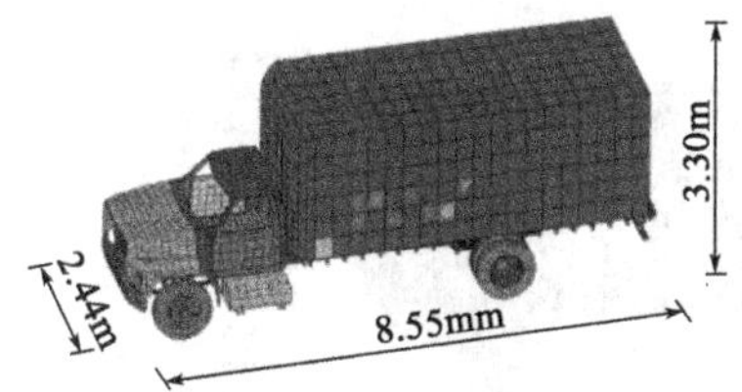

图5　F800卡车模型

三脉冲荷载简化模型将撞击力分为三个阶段:第一阶段,车头撞击,保险杠与桥墩碰撞产生第一个峰值;第二阶段,发动机与桥墩发生碰撞产生第二个峰值;第三阶段,卡车货物与桥墩发生碰撞产生第三个峰值。三脉冲荷载如图6a)所示[9]。

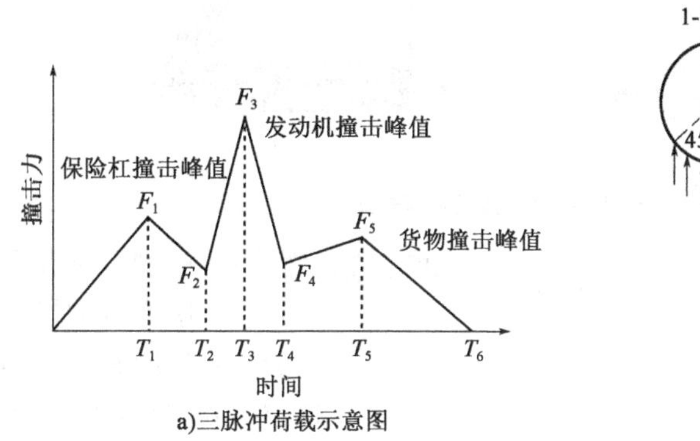

a)三脉冲荷载示意图

1-1截面　45°　45°　1　1　B　A

b)简化荷载加载位置

图6　三脉冲荷载及简化荷载加载位置

冲击力荷载-时程曲线主要受桥墩尺寸、车辆冲击速度和车辆重量的影响,参数计算公式见式(1)。

$$F_i = \alpha(V)^{\beta}(W)^{\gamma}\left(\frac{b}{900}\right)^{\varepsilon} \tag{1}$$

式中:F_i——$F_1 \sim F_5$;

V——车辆撞击速度(km/h);

W——车重(kN);

b——桥墩直径(mm);

α、β、γ、ε——回归参数。

2　桥墩破坏模式及损伤评估

2.1　桥墩车撞破坏模式

根据有限元分析,桥墩在车辆撞击作用下主要呈现弯曲破坏和剪切破坏。车速较低时,冲击力较小,桥墩冲击侧局部混凝土受压破碎,未受冲击侧混凝土受拉产生裂缝,其破坏形态见图7a)、b);冲击力增大,桥墩受冲击位置核心混凝土失效,冲击位置产生塑性铰,塑性铰两侧混凝土柱出现转角,破坏形态见图7c)、d);冲击力进一步增大,在冲击作用下,桥墩底部被剪断,此种破坏形态下桥墩失去承载力,破坏模式见图7e)、f);冲击力非常大时,桥墩在冲击力作用下直接撞碎,此种状况可能导致桥梁上部结构坍塌,破坏模式见图7g)、h)。

2.2　损伤评估

桥墩破坏主要取决于桥墩在撞击作用下产生的剪力和其自身动态抗剪承载力的关系[10-11],因此将荷载作用下桥墩最大动态剪力值和桥墩抗剪承载力值作为损伤评估依据,提出桥梁评定损伤因子 λ_D。

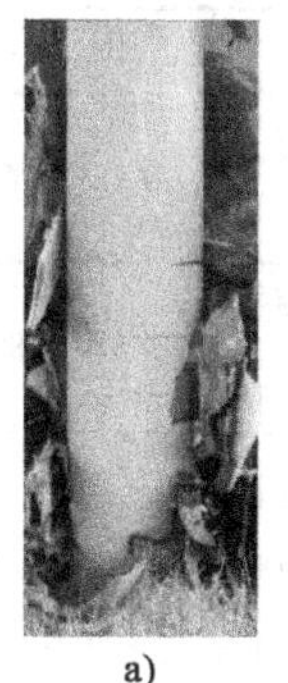
a)

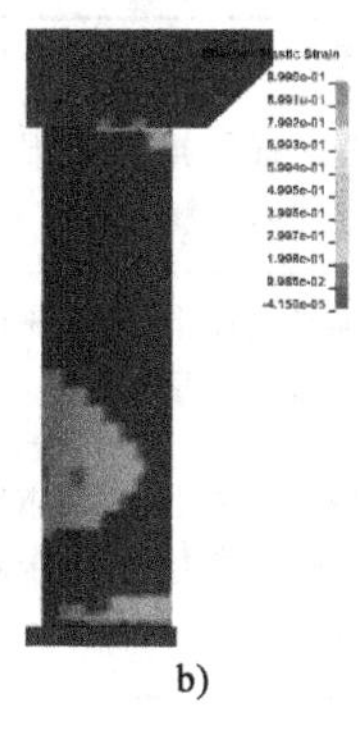
b)

c)

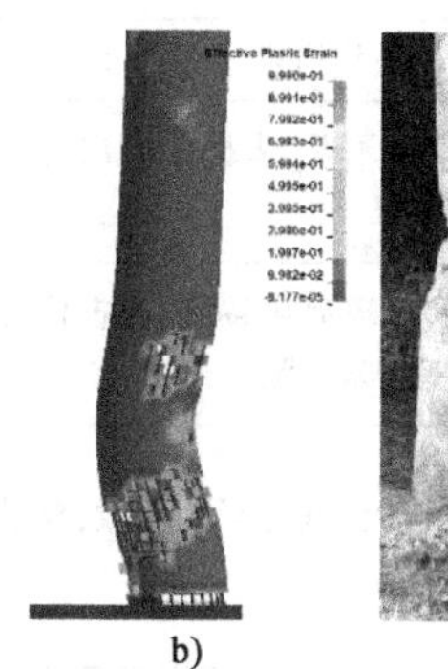

b)

e)

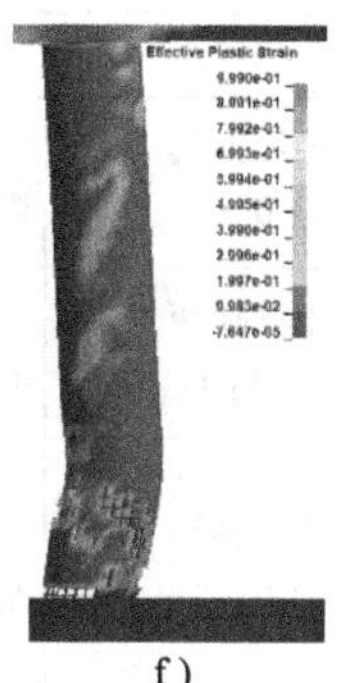

f)

图　7

g)

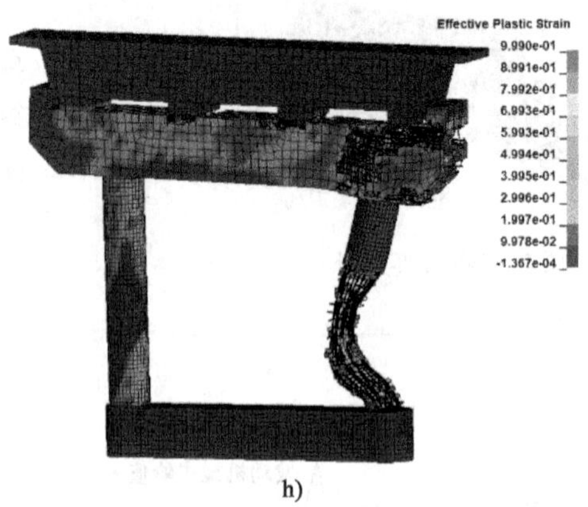

h)

图7　桥墩车撞破坏模式图

$$\lambda_{\mathrm{D}} = \frac{F_{\mathrm{dyn}}}{V_{\mathrm{dyn}}} \tag{2}$$

式中：F_{dyn}——桥墩最大剪力；

V_{dyn}——桥墩动态抗剪承载力。

V_{dyn}的计算采用文献[12]提供的公式，即：

$$V_{\mathrm{dyn}} = \frac{0.3 \times f_{\mathrm{c}} \times D \times L}{\beta} \tag{3}$$

式中：f_{c}——圆柱体混凝土抗压强度；

D——桥墩直径；

L——撞击高度；

β——剪跨比，$\beta = b/L$，$b = 0.88D$。

桥墩受车辆撞击时产生的最大剪力是与桥墩直径、车辆重量和撞击速度相关的变量，本文采用多元线性回归的方法，得出了不同车辆撞击桥墩产生的最大剪力和影响因素之间的关系。拟合出桥墩在中型卡车和重型卡车撞击下的最大剪力关系式分别为式(4)和式(5)，两式的回归系数相关度分别为$R_{\mathrm{M}} = 0.97691$和$R_{\mathrm{H}} = 0.98027$，拟合效果良好。

$$F_{\mathrm{dyn}}^{\mathrm{M}} = 2.21D - 5.67M + 38.10V - 2333.92 \tag{4}$$

$$F_{\mathrm{dyn}}^{\mathrm{H}} = 1.22D - 2.02H - 22.08V + 442.11 \tag{5}$$

式中：$F_{\mathrm{dyn}}^{\mathrm{M}}$、$F_{\mathrm{dyn}}^{\mathrm{H}}$——中型卡车和重型卡车的撞击桥墩产生的最大剪力(kN)；

D——桥墩直径(mm)；

M、H——中型卡车和中型卡车的质量(t)；

V——车辆冲击速度(km/h)。

桥梁损伤评定因子改写为：

$$\lambda_{\mathrm{DM}} = \frac{(2.21D - 5.67M + 38.10V - 2333.92)\beta}{0.3 \times f_{\mathrm{c}} \times D \times L} \tag{6}$$

$$\lambda_{\mathrm{DH}} = \frac{(1.22D - 2.02M + 22.08V - 442.11)\beta}{0.3 \times f_{\mathrm{c}} \times D \times L} \tag{7}$$

式中：λ_{DM}、λ_{DH}——中型卡车的损伤因子、重型卡车的损伤因子。

3　基于性能的桥墩抗车撞设计方法

3.1　桥墩损伤程度与性能等级

根据损伤程度本文将性能等级划分为三级，即性能等级1(P1)正常使用，性能等级2(P2)生命安全和性能等级3(P3)防止倒塌。三种性能等级所对应的桥墩具体状态见表1。

损伤鉴定表　　表1

损伤等级	损伤描述	性能等级	损伤因子(λ_{D})
轻度损伤($\mathrm{D_I}$)	撞击位置混凝土剥落，未撞击侧出现弯曲裂缝，桥墩变形较小	P1(正常使用)：桥墩未损伤或轻微损伤($\mathrm{D_I}$)，承载力未受损失，无需维修加固	0.0～0.5
中度损伤($\mathrm{D_{II}}$)	桥墩撞击位置出现剪切裂缝，撞击位置混凝土压溃，但是钢筋未屈服	P2(生命安全)：车辆撞击所用下，桥墩中度损伤($\mathrm{D_{II}}$)，承载力损失，需要维修加固	0.5～0.85
严重损伤($\mathrm{D_{III}}$)	桥墩被剪断，剪断位置混凝土失效，钢筋完全屈服	P3(防止倒塌)：车辆撞击作用下，桥墩重度损伤($\mathrm{D_{III}}$)，有一定的竖向承载力，桥墩未坍塌，需封闭交通更换桥墩	0.85～1.3
桥梁倒塌($\mathrm{D_{IV}}$)	桥墩完全破坏，竖向承载力完全损失	—	≥1.3

《公路工程技术标准》(JTG B01—2014)将我国公路分为高速公路和一级～四级公路;《城市道路工程设计规范》(CJJ 37—2012)规定了我国的城市道路为快速路、主干路和次干路。在确定桥梁抗撞设计目标时,应该考虑桥梁的重要性,即桥梁在路网中的作用,而此重要性是根据道路等级和结构规模确定的,进而选用不同的抗撞设防目标和性能要求。比如国防公路、生命线公路上桥梁的重要性较高,其对应的抗撞目标也应更高。具体来说,各等级道路上桥梁抗撞设计目标如表2所示。

桥梁的抗车撞性能目标 表2

所属道路等级	桥梁分类		
	特大桥	大桥	中桥
高速公路/城市快速路	P1	P1	P1
一级公路/城市主干路	P1	P1	P2
二级公路/城市次干路	P1	P2	P2
三级公路	P2	P2	P3
四级公路	P2	P3	P3

注:桥梁分类按《公路桥涵设计通用规范》(JTG D60—2015)和《城市桥梁设计规范》(CJJ 11—2011)规定的单孔跨径。

3.2 基于性能的桥墩抗车撞设计流程(图8)

在上述分析的基础上,基于抗车撞性能目标的双柱式桥墩抗车撞设计流程分为如下五个步骤:

(1)根据道路设计等级、桥梁分类确定RC桥墩的抗车撞性能设计目标(P_i)。

(2)根据通行数据,风险预测等手段,确定车辆通行速度(V)和质量(M),由式(4)或式(5)计算车撞作用下RC桥墩产生的最大剪力F_{dyn}。

(3)拟定桥墩设计参数,如桥墩直径(D)和混凝土抗压强度(f_c)等,由式(3)计算RC桥墩最大动态抗剪承载力(V_{dyn})。

(4)由式(6)或式(7)计算损伤因子(λ_D),由表1确定桥墩损伤等级(D_i)。

(5)根据表2确定RC桥墩损伤等级是否满足抗车撞性能设计目标,如满足,则完成桥墩抗撞设计;否则重新设计。

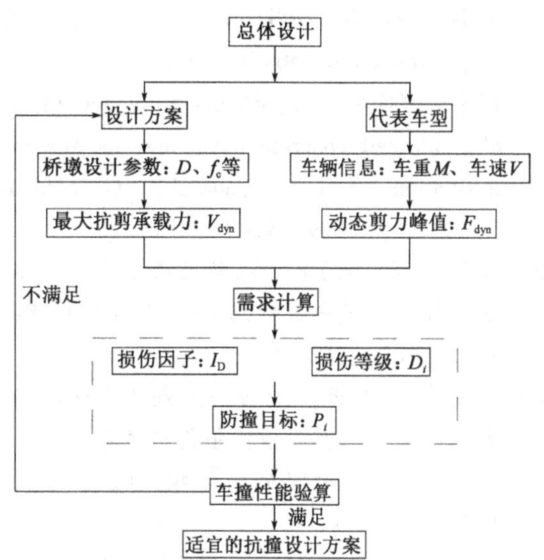

图8 基于性能的桥墩抗撞设计流程

4 结语

本文对双柱式RC桥墩进行了车撞仿真模拟,采用三脉冲荷载简化模型对精细化桥墩有限元模型进行加载,得到了桥墩破坏形态。探讨了车辆撞击作用下双柱式RC桥墩的破坏模式,提出了基于动态抗剪承载力的桥墩损伤因子;根据我国规范提出了基于性能的桥墩抗车撞设计方法。主要结论如下:

(1)双柱式RC桥墩在不同冲击荷载作用下出现弯曲破坏、剪切破坏或者坍塌。

(2)根据桥墩可能出现的车撞事故划分了三个性能等级,即正常使用等级、生命安全等级和防止坍塌等级。

(3)由道路等级和桥梁规模共同确定了桥墩抗撞设计时应达到的性能目标。基于性能的桥墩抗车撞设计方法综合考虑了桥墩的安全性和经济性。

参考文献

[1] 陈林,曾玉烨,颜泽峰,等.车辆撞击下钢筋混凝土桥墩的动力响应及损伤特征[J].振动与冲击,2019,38(13):261-273,267.

[2] SUN W B, FAN W, YANG C C, et al. Lessons learned from vehicle collision accident of Dongguofenli Bridge: FE modeling and analysis [J]. Engineering Structures,2021,244:112813.

[3] DO T V, PHAM T M, HAO H. Dynamic responses and failure modes of bridge columns

under vehicle collision [J]. Engineering Structures,2018,156:243-259.

[4] FUJIKAKE K,LI B,SOEUN S. Impact response of reinforced concrete beam and its analytical evaluation [J]. Journal of Structure Engineering,2009,135(8):938-958.

[5] 樊伟,毛薇,庞于涛,等.钢筋混凝土柱式桥墩抗车撞可靠度分析研究[J].中国公路学报,2021,34(2):162-175.

[6] 张景峰,孔令云,韩万水,等.超高车辆撞击下预应力混凝土空心板桥损伤机理及撞后承载力研究[J].中国公路学报,2021,34(2):177-187.

[7] CAO R,AGRAWAL A K,EL-TAWIL S,et al. Performance-based design framework for bridge piers subjected to truck collision [J]. Journal of Bridge Engineering,2019,24(7):04019064.

[8] CAO R, EL-TAWIL, AGRAWAL A K, et al. Behavior and design of bridge piers subjected to heavy truck collision [J]. Journal of Bridge Engineering,2018,24(1):04019057.

[9] DO T V, PHAM T M, HAO H. Impact force profile and failure classification of reinforced concrete bridge columns against vehicle impact [J]. Engineering Structures, 2019, 183: 443-58.

[10] DO T V,PHAM T M,HAO H. Proposed design procedure for reinforced concrete bridge columns subjected to vehicle collisions [J]. Structures,2019,22:213-229.

[11] HENG K, LI R W, LI Z R, et al. Dynamic responses of highway bridge subjected to heavy truck impact [J]. Engineering Structures, 2021,232:111828.

[12] LI R W, WU H, YANG Q T, et al. Vehicle impact resistance of seismic designed RC bridge piers [J]. Engineering Structures, 2020,220:111015.

Test and Numerical Simulation Verification Study on the Failure Behaviour of Reinforced Concrete Slab under Near-field Explosion

Zhiwen Geng[1] Guangpan Zhou*[2] Jianguo Ding[1]

(1. School of Physics,Nanjing University of Science and Technology;

2. School of Safety Science and Engineering,Nanjing University of Science and Technology)

Abstract This article conducts near field explosion load tests and numerical simulation analysis on reinforced concrete (RC) slab components in typical bridge engineering. The results indicate that a approximately circular break with a diameter of approximately 51cm was formed on the explosion facing surface of the RC slab. At the same time, elliptical damage areas appeared on the back explosive surface, accompanied by a large amount of concrete detachment and exposed steel bars. The LBE and S-ALE methods were used in LS-DYNA software to verify the grid convergence and compare and validate the test results. Analyzed the damage characteristics and displacement response characteristics of cylindrical TNT charges. The research results can provide reference basis for the design and protection of typical bridge engineering.

Keywords Near field explosion Explosion test Numerical simulation LS-DYNA Grid convergence

0 Introduction

In the current international situation, the process of global integration is accelerating, and interactions between countries are also increasing. However, due to geopolitical tensions and religious factors, various terrorist attacks occur frequently, posing a serious threat to human life and property security. As an important component of transportation infrastructure, bridges have significant importance in ensuring the safety and stability of people's lives and property. Therefore, studying the response and damage of RC slab components under extreme conditions such as explosions is of great practical significance for improving the safety and stability of bridges.

(Zhou G P, Wang R et al. ,2023) to study the anti-explosion protection effect of polyurea coating on reinforced concrete box girder. (Cheng 2021) introduced * LOAD_ BLAST_ ENHANCED and ALE coupling methods, and suggestions for LBE and MM-ALE coupling are given. (Zhang Z H 2021) showed that specific shock wave pressure load can be applied to Euler air grid through LBE method in LS-DYNA based on numerical simulation case. (Li T H,2012) established a numerical simulation method for dynamic response and damage assessment of simply supported reinforced concrete two-way slabs under explosion load based on the explicit dynamic program Ansys/LS-DYNA, revealed the development and change process of various parameters in the dynamic response of reinforced concrete slabs, and obtained the parameter influence laws of dynamic response under different conditions. (Jia J Y, 2019) used Ansys/LS-DYNA finite element software to study the dynamic response and stress characteristics of reinforced concrete slabs under short-range explosion load. At the same time, the W-R damage curve is established to evaluate the damage of reinforced concrete slabs under close range explosion. It provides a way of thinking for the formulation of anti-explosion specification of reinforced concrete slabs under close range explosion. (Wang J,2017) carried out five groups of short-range field explosion tests of reinforced concrete slabs, studied the failure modes of reinforced concrete slabs under short-range explosion, compared and analyzed the failure modes of the front and back blasting surfaces of the slabs, and measured the range of the slab failure area and the size, shape and symmetry of the through holes under various test conditions. The test results show that compared with the overall bending or shear failure under the long-distance explosion, the failure modes of reinforced concrete slabs under the short-distance explosion are significantly different, mainly including crushing failure, penetration failure and spalling failure. (Peng Q et al. ,2023) This is mainly because the load distribution on the reinforced concrete slabs under the short-distance explosion is different from that under the long-distance explosion.

However, at present, the numerical simulation method is mostly used in the research, and the experimental research is also focused on the reduced scale specimen. In this paper, the dynamic response and failure behavior of RC slab subjected to close-in air explosion are studied experimentally and numerically.

1 Near field explosion test

1.1 Experimental design

Combined with the practical application of the project, the most common RC slabs in bridge engineering and frame structures are tested. The explosion point is located 0.6 m above the centre of the RC slab. The TNT equivalent is 20 kg, and the proportional distance $Z = 0.22\text{m/kg}^{1/3}$. HRB400 is used in the test $\phi10$ specifications of reinforcement, randomly select one test piece, and measure its mechanical properties with the WAW-E600C microcomputer controlled electro-hydraulic servo universal testing machine. It is found that the mechanical properties of HRB400 reinforcement are the ultimate strength of 552 MPa and the yield strength of 403 MPa.

According to (Rong J M et al. ,2003), *Standard for Test Method of Mechanical Properties on Ordinary Concrete* (GB/T 50081—2002), three cube specimens shall be reserved during component pouring, and the compressive strength shall be tested by YE200A pressure testing machine. The compressive strength of the cast concrete is 53.6 MPa, 50.2 MPa and 51.9 MPa respectively, and the average strength is 51.9 MPa.

TNT was used to apply explosive load to the slab in a shooting range in Nanjing. The test arrangement is shown in Figure 1. The reflected overpressure, strain, acceleration, displacement, crack parameters, etc. on the surface of the slab member were measured. There are 5 pressure measuring points (2 PCBs and 3 PVDF), 4 displacement measuring points, 4 acceleration measuring points and 6 strain gauge measuring points, totaling 19 measuring points. The specific arrangement is shown in Figure 2. The layout of the test site is shown in Figure 3.

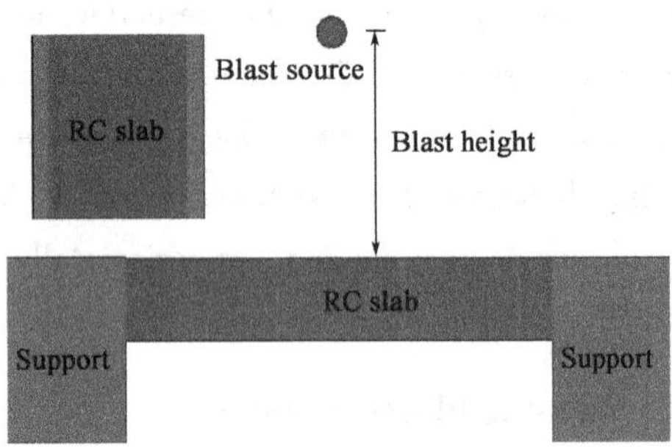

Figure 1 Layout of explosion test for slab members

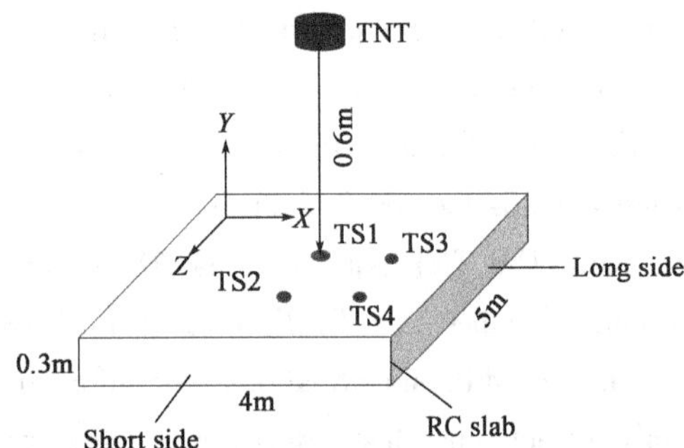

Figure 2 Layout of measuring points for explosion test of slab members

Figure 3 Test site diagram

1.2 Test result

After the explosion test, the damage of RC slab is shown in Figure 4. The concrete on the surface of the slab member falls off into a pit, and ring cracks and radial cracks appear on the front and back of the slab. A large range of concrete delamination falls off in the centre of the back of the slab, without penetration, which belongs to severe damage. The damage area on the upper surface is 510 mm × 480 mm, and the maximum pit depth on the upper surface is 48 mm.

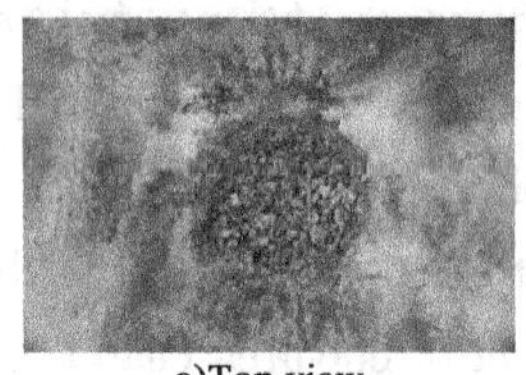

a)Top view

b)Side view

Figure 4 Damage of RC slab in explosion test

The vertical displacement and acceleration time histories of the back burst surface of the tested slab components are shown in Figure 5. According to Figure 5a) and b), the peak displacements of 1m on the long side and 1m diagonal measurement points are 56.21 mm and 50.71 mm, respectively. This indicates that significant vertical displacements occurred on the rear explosion surface of the slab components during the near-field explosions. In addition, from the residual displacement data (28.31 mm and 31.24 mm respectively), it can be seen that the displacement of the slab components after the blast has a certain degree of persistence, which is related to factors such as plastic deformation of the material and accumulation of internal damage.

Acceleration is an important parameter for measuring the dynamic response of structures. As shown in Figure 6a) and b), the maximum acceleration of 1m on the long side is 4184.6g (positive) while the maximum acceleration of 1m diagonal is $-2941.4g$ (negative). High acceleration means that the slab components are subjected to significant impact forces in a short period of time, resulting in microscopic damage within the material. It is worth noting that the maximum acceleration directions of the two measurement points are opposite, which is related to factors such as the direction of propagation of the blast wave, the geometric shape of the slab component and the relative position to the blast centre.

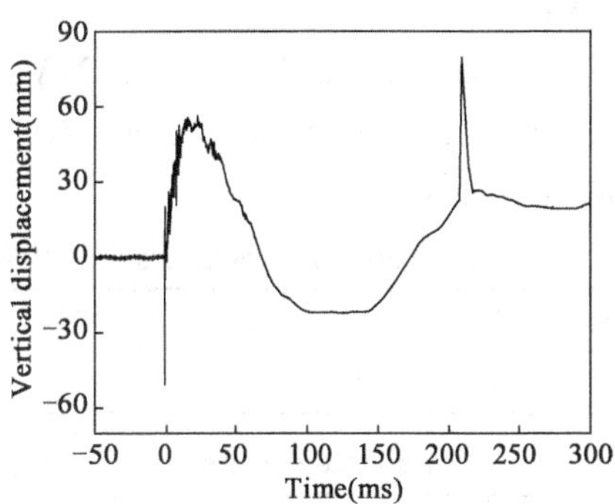

a)Displacement time history curve at 1m on the long side

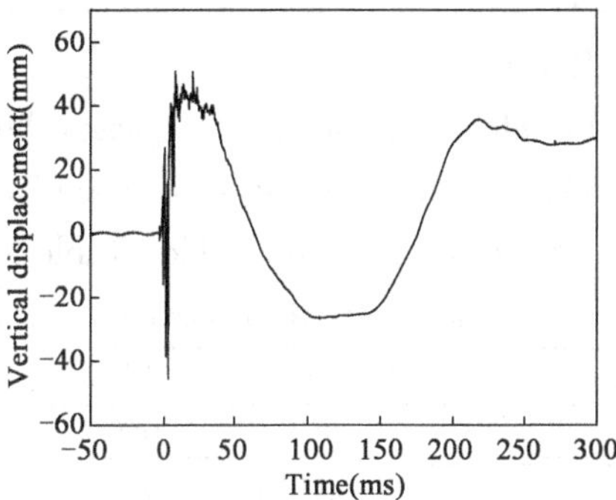

b)Displacement time history curve at 1m diagonal

Figure 5　Displacement time history curve

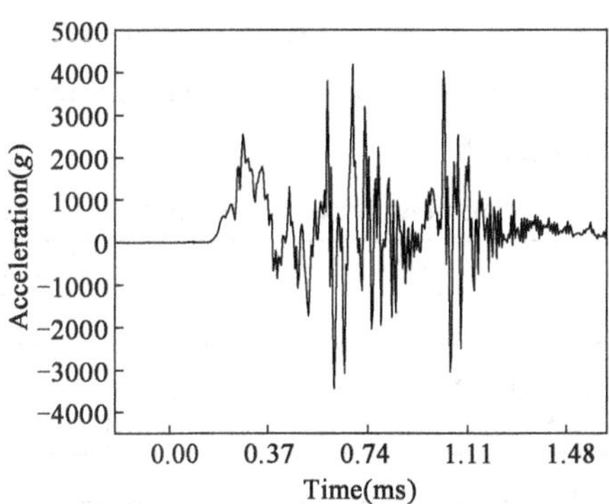

a)Acceleration time history curve at 1m on the long side

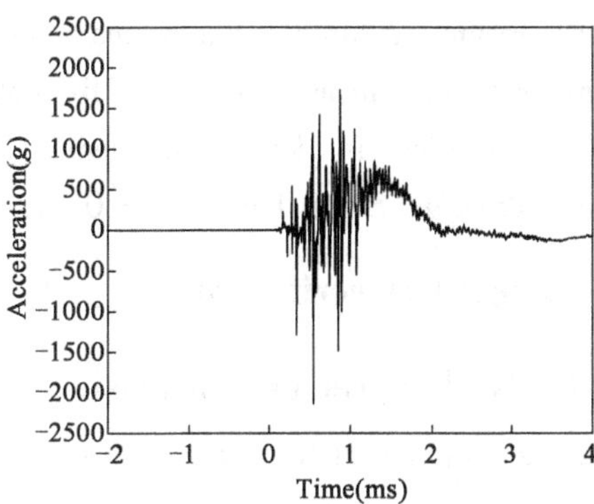

b)Acceleration time history curve at 1m diagonal

Figure 6　Acceleration time history curve

1.3　numerical simulation method

Numerical simulations were performed using Ansys/LS-DYNA R13. 1 version, and in the finite element analysis, both concrete and columns were modelled using SOLID cells, and steel reinforcement was modelled using BEAM cells. Air and explosives are filled with substances using the S-ALE algorithm. The keyword * CONSTRAINED _ BEAM _ IN _ SOLID _ PENALTY simulates the coupling and bond-slip action between the reinforcement and the concrete. The keywords * ALE _ STRUCTURED _ FSI simulate the fluid-structure coupling interaction (FSI) between the blast wave and the RC slab, * BOUNDARY_SALE_ MESH_FACE defines the symmetric boundary of the ALE mesh and the no-reflection boundary condition, * CONTACT_AUTOMATIC_SURFACE_TO_SURFACE simulates the contact between the concrete slab and the column. * RIGIDWALL_PLANAR simulates the rigid ground and takes into account the ground reflection effect of shock waves.

According to the test conditions, HYPERMESH finite element analysis software is used to establish the RC slab finite element model with a size of 4m × 5m × 0. 3m, and a quarter model is established for numerical simulation in order to simplify the calculation. The long side of the slab and the pier column to establish automatic face-to-face contact, the short side of the unconstrained, symmetric surface set symmetric constraints. Finite element model shown in Figure 7, due to the high pressure and large deformation effect of the explosion problem has a localized, that is, confined to the area near the centre of the top surface of the slab, so it is necessary to use a denser mesh for this area when dividing the cells, and at a certain distance from the contact location can be used to divide the mesh is relatively coarse, the finite element model as shown in Figure 7b).

1.4　Material parameters

When using numerical simulation methods to study the dynamic response of structural models, the value of the material constitutive parameters is critical to the simulation results. The constitutive models of explosives, air and steel reinforcement are relatively simple and can be determined from material properties during simulation. However, concrete, due to its non-linear properties, has a very complex stress-strain situation under impact loading. Therefore, it is necessary to conduct detailed research on the constitutive models and basic principles of concrete, which is of great importance for the accuracy of simulation results. (Xing C L et al., 2019), The material model and parameter settings used in the simulation of this article are as follows.

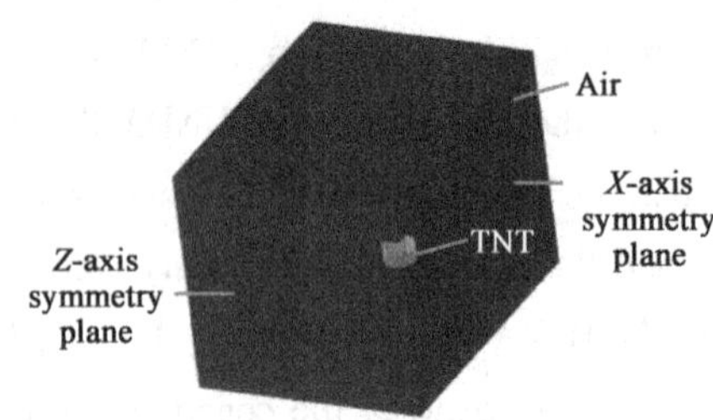

a)ALE material and boundary conditions

b)Lagrange material and rigid ground

Figure 7　Schematic diagram of finite element model

(1) TNT

In numerical simulation, MAT HIGH explosive burn The model is commonly used to simulate the detonation of high-energy explosives, and the equation of state EOS JWL must be defined simultaneously is used to represent the diffusion and volume change of detonation product capability.

TNT materials is shown in Table 1, Equation of state for TNT explosives is shown in Table 2.

TNT materials　Table 1

ρ(kg/m^3)	v(m/s)	P_{cj} (GPa)	β	K	θ
1630	6930	21	0	0	0

Equation of state for TNT explosives　Table 2

A(GPa)	B(GPa)	R_1	R_2	ω	E_0(J/m^3)	V_0
373.8	3.747	4.15	0.9	0.35	7.0×10^9	0

(2) Air

The air material model adopts MAT NULL (Table 3), state equation using EOS linear polynomial (Table 4).

Air material parameters　Table 3

ρ(kg/m^3)	PC	MU	CEROD	YM	PR
1.29	0	0	0	0	0

Air state equation　Table 4

C_0	C_1	C_2	C_3	C_4	C_5	C_6	E_0(J/m^3)	V_0
0	0	0	0	0.4	0.4	0	2.5×10^5	1

(3) Rebar

Steel reinforcement adopts mat plastic kinematic model, which is an elastic-plastic material model related to strain rate and with failure (Table 5).

Rebar material parameters　Table 5

ρ(kg/m^3)	E(GPa)	v	f_y(MPa)	HP
7850	206	0.3	400	0
C	P	E_{tan}(GPa)	FS	
40	5	2.06	0.2	

(4) Concrete

(Liu M J, J Q, 2021) The MAT CONCRETE DAMAGE REL3 constitutive model is used to simulate concrete, and the material parameters are shown in Table 6.

Concrete material parameters　Table 6

ρ(kg/m^3)	PR	A_0(Pa)	RSIZE
2400	0.2	-3.8×10^7	39.37
UCF	LCRATE		
1.45×10^{-4}	−1		

In this paper, the failure of concrete units is defined by adding the keyword * MAT _ ADD _ EROSION erosion algorithm, using the maximum stress earthquake collapse damage criterion for RC slabs, and the failure criterion is defined by using MXEPS (Maximum Principal Strain Failure) = 0.12.

2　Model test verification

2.1　Grid convergence analysis

For the accuracy of the numerical simulation of airborne explosions, the grid size and the computational time step have the most important influence. In general, the larger the grid size, the lower the computational accuracy; the smaller the grid size, the higher the computational accuracy, but the computational degrees of freedom increase geometrically. The computation time increases rapidly and the S-ALE computation is very important for the CPU of the computer and the memory required for the computation. Therefore, it is necessary to determine a reasonable mesh size (i. e. reasonable mesh density) through mesh convergence analysis and to obtain optimal computational results by considering computational time and accuracy. All models are calculated using MPP single-precision parallel computing, CPU model 12th Intel Core i5-12600K, main frequency 3.70 GHz, number of calculation cores 16.

In this section, a numerical simulation analysis is carried out for the test condition presented in Section 1.1using the S-ALE method to determine an appropriate mesh size density by comparing the method of peak rebar displacement under different mesh densities.

Figure 8 shows that the peak displacement tends to converge when the number of grids exceeds 520000. To balance calculation time and accuracy, a grid element size of 15mm was chosen for the concrete slab (15mm × 5mm), with an air domain size of 3m × 3m × 1.5m (length × width × height) and a grid cell size of 30mm × 30mm × 30mm.

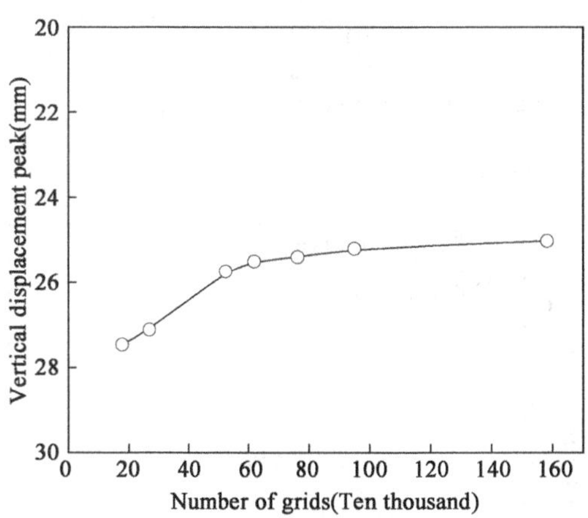

Figure 8 Grid convergence verification

2.2 Damage characteristics

Upon comparing the calculation results in Figure 9 to Figure 10, it is evident that both the S-ALE algorithm and the LBE algorithm are capable of reflecting the effect of the near-field explosion into the pit. The S-ALE simulation results accurately replicate the damage pattern of the test components. Specifically, the RC slab burst at the centre of the concrete, resulting in a circular rupture, and exposing some of the reinforcing steel. The concrete on the back blast surface collapsed over a large area, showing damage from shock collapse. According to LBE simulation results, the RC slab with a circular crack on the blast surface and large cracks at the corners transferred the shockwave load to the back blast surface, resulting in the breaking of the concrete and bending damage. The crater size of the S-ALE algorithm is similar to that of the test results, while the LBE calculations show slightly larger results. The language used is clear, objective, and value-neutral, with precise technical terms and passive tone. The structure is logical and follows a clear progression, with causal connections between statements. The text is free from grammatical errors, spelling mistakes, and punctuation errors. No changes in content have been made. Figure 9 displays the results indicating that the S-ALE algorithm produces back-exploded surface damage results that are closer to the test. Additionally, the LBE algorithm yields smaller damage and exposed areas of the rebar compared to the test results.

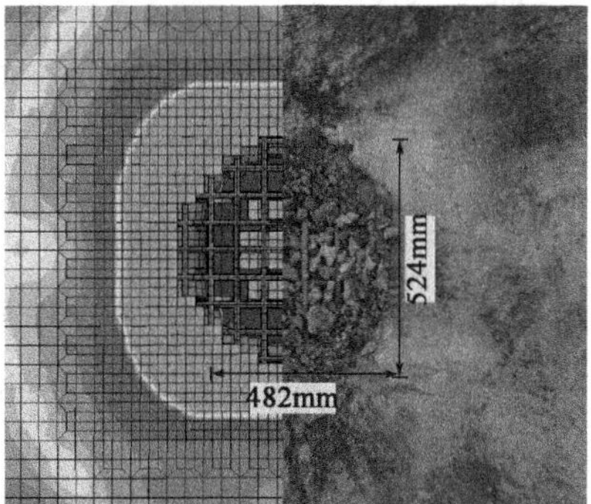

a)S-ALE comparsion results

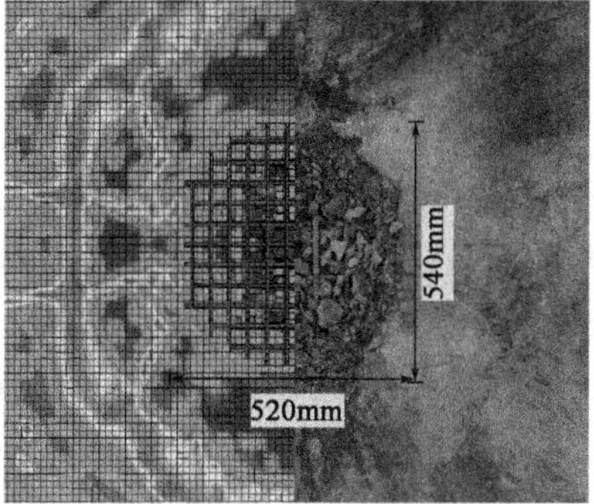

b)LBE comparsion results

Figure 9 Crushing area of the blasting face

a)Experimental results

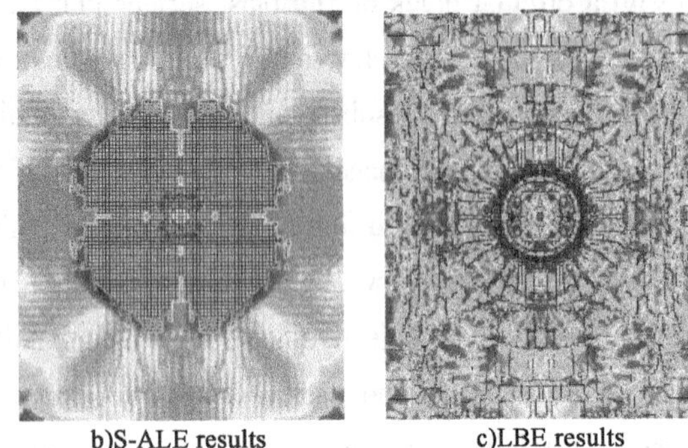

b)S-ALE results　　c)LBE results

Figure 10　Effect of collapse zone caused by back explosion surface

2.3　Displacement response analysis

We compared the test points and displacement time curves obtained by both methods to compare the effects of the test and simulation of two finite element calculation methods. The peak and residual displacements obtained from the test results, S-ALE simulation results, and LBE simulation results are listed in Figure 11. The graphs show that the S-ALE simulation has errors of －3.7% and －5.6% for peak displacements, while the LBE simulation has errors of －7.7% and －27%, respectively. Overall, the comparison of the S-ALE method and the test results indicates that it is superior to the LBE method, with errors within reasonable limits. However, it is noteworthy that the peak displacements simulated by LBE are more consistent with the test results. In summary, S-ALE provides a more accurate simulation of the peak displacement of the RC slab, and the displacement-time curve fits better.

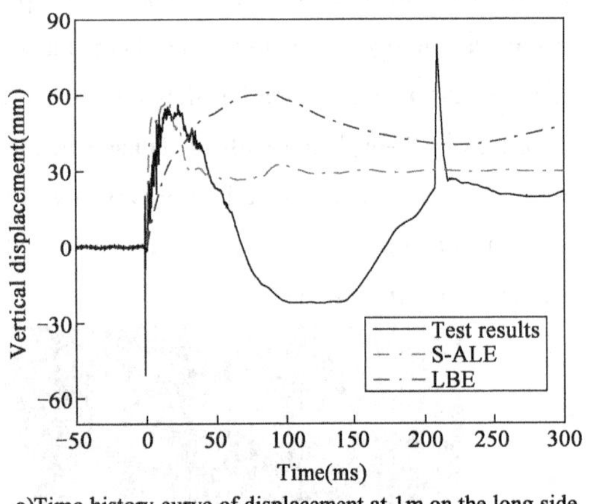

a)Time history curve of displacement at 1m on the long side

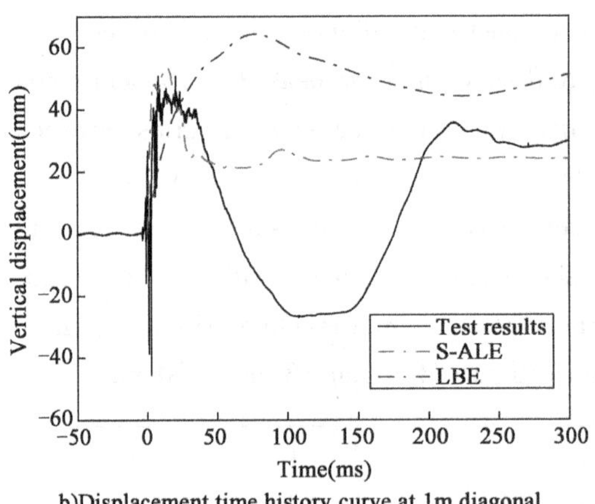

b)Displacement time history curve at 1m diagonal

Figure 11　Comparison chart of displacement time history curves

Figure 12 shows the peak displacement and residual displacement of the RC plate at different positions on the cross-section. It can be seen that the RC plate undergoes significant deformation within a distance of 0.4m from the center point. As the distance increases, the peak displacement and residual displacement gradually decrease. Figure 13 shows the Mises stress distribution of concrete at different positions from the origin. As shown in the figure, at 0.5m, there is a drastic change in Mises stress on both sides of the simply supported constraint, with a value as high as 52.6MPa.

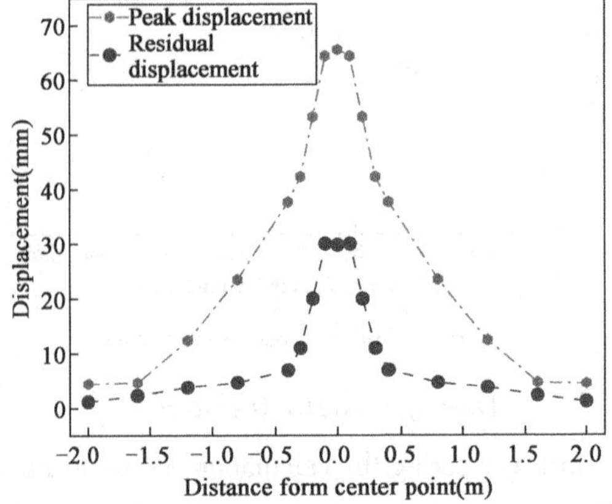

Figure 12　Displacement at different distances of concrete cross-section

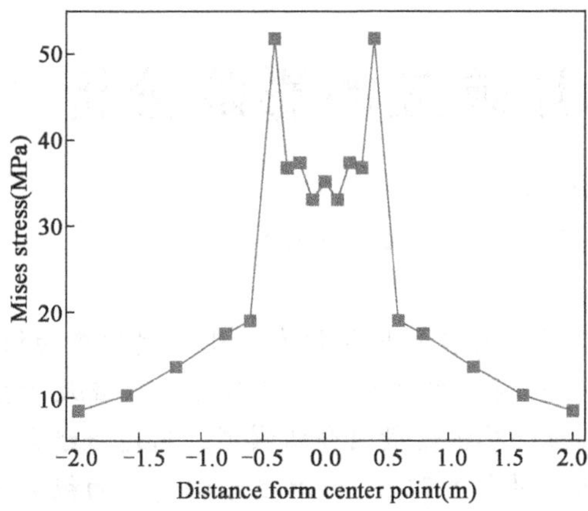

Figure 13 Mises stress at different distances of concrete cross-section

3 Conclusions

In this paper, a full-scale RC slab near-field explosion test was designed and conducted, and the reliability of the numerical simulation method was verified through finite element model comparison. Propose a new grid transition method that significantly improves computational efficiency while ensuring computational accuracy. The main conclusions are as follows:

(1) Under the action of near-field explosion loads, the strain rate effect of concrete slabs is significant. The failure mode of the simply supported RC slab on both sides is reflected in partial crushing failure on the facing surface, large-scale collapse failure on the back surface, and exposed steel bars.

(2) Compared with the LBE method, the S-ALE calculation method can better reproduce the seismic collapse effect of concrete on the back explosive surface of the experiment, and all data errors are within a reasonable range. It can be used for the dynamic response analysis of structures under near-field explosion loads in the future.

References

[1] ZHOU G P, WANG R et al. Explosion resistance performance of reinforced concrete box girder coated with polyurea: Model test and numerical simulation[J]. Defence Technology, 2023.

[2] CHEN H, WANG J. LS-DYNA ALE Coupling [C] // 12th International LS-DYNA Users Conference 2021: 1-4.

[3] ZHANG Z H, ZHAO Y T, HU K. Specific shock wave load setting for Euler air grid based on LBE method[J]. Protective Engineering, 2021, 43(5): 28-34.

[4] LI T H. Dynamic response and damage assessment of reinforced concrete slabs subjected to blast loading [D]. Xi'an: Chang an University, 2012.

[5] JIA J Y. Dynamic response and damage assessment of reinforced [D]. Xi'an: Xi'an University of Architecture and Technology, 2019.

[6] WANG J. Experimental and numerical studies on the local damage of reinforced concrete slabs under close-in explosions[D]. Tianjin: Tianjin University, 2017.

[7] PENG Q, WU H, FANG Q, et al. Dynamic responses of RC beams under long-duration near-planar blast waves[J]. Journal of Building Structures, 2023: 87-101.

[8] XING C L, et al. Proficient in LS-DYNA from simple to deep[M]. China water resources and Hydropower Press, 2019.

[9] LIU M J, J Q. Method for determining the dynamic amplification factor of concrete K&C model[J]. China Water Transport, 2021(10): 40-43.

公路桥梁防撞墙对结构爆炸响应的影响分析

朱春东[1] 耿佳硕[2] 刘 超*[2]
(1.嘉兴市公路与运输管理中心;2.同济大学土木工程学院)

摘 要 在公路桥梁爆炸事故中,防撞墙可能会对桥梁爆炸响应和损伤状态产生一定程度的影响。为了探究防撞墙对桥梁结构爆炸响应的影响,本文在验证CEL模拟方法准确性的基础上以缩尺模型试验为参考依据,分别建立了考虑防撞墙和不考虑防撞墙的两种公路桥梁数值分析模型。通过多组爆炸工况比对结果可知,尽管防撞墙在一定程度上改变了爆炸冲击波的传播路径,但附属结构对桥面板表面超压分布的影响较小,在分析结构抗爆响应时可忽略防撞墙对整体结构的影响。此外,尽管防撞墙并不会加深主梁局部破损的程度,但在防撞墙与主梁接缝位置可能产生多条混凝土裂缝,在结构分析时应适当关注该位置。同时,防撞墙可能因爆炸冲击而发生较严重破坏,需要关注因防撞墙混凝土碎块飞溅而产生的二次伤害。

关键词 车辆爆炸 公路桥梁 防撞墙 ABAQUS 数值模拟 爆炸冲击波

0 引言

易燃易爆危险品运输过程中的意外爆炸事故对公路桥梁的安全性和交通线路的通畅性构成严重威胁。为了深入探究公路桥梁在爆炸作用下的破坏机理,研究人员针对最为常见的公路梁桥爆炸响应开展了一系列研究。

娄凡[1]在缩尺比例为1:5的装配式连续T梁模型上实施了桥面等效车辆爆炸试验,分析了爆炸冲击波在桥面上的分布情况,并深入探讨了T梁桥在爆炸作用下的动力响应及损伤模式。闫秋实等[2]利用数值模拟方法分析了单箱三室混凝土简支箱梁桥的破坏模式,并将剩余截面惯性矩作为公路梁桥爆炸损伤评级方案的评估指标。闫国华[3]设计了一组缩尺小箱梁爆炸试验,并基于模型试验结果指出,在炸药当量有限的条件下模型主要以局部破坏为主。Yang等[4]设计了一组预应力混凝土箱梁内部爆炸试验,在探讨箱梁内爆失效模式的基础上利用数值分析软件对其进行参数化分析。Maazoun等[5]利用数值模拟方法对比分析了混凝土空心板梁和预应力混凝土空心板梁在爆炸荷载下的破坏模式,并认为预应力钢筋有效减少了构件弯曲裂缝的发展。曹思源[6]在LS-DYNA软件中利用参数化建模方法分析了不同爆炸条件对空心板桥结构响应和爆后损伤的影响。周广盼等[7]以一座自锚式悬索桥的混凝土箱梁为参照,设计了两个缩尺比为1:3的单箱三室钢筋混凝土箱梁节段试件,并通过节段试件爆炸试验得到了主梁构件破坏模式。

尽管已有众多研究聚焦于各种横截面形式的公路混凝土梁桥的爆炸响应,但防撞墙对爆炸冲击波传播和桥梁爆后损伤的影响尚未得到充分关注。在相关研究中,一般更加关注结构自身爆炸响应与破坏,而基本不考虑其他附属构件对爆炸响应的影响。

作为重要的附属构件,防撞墙不仅在车辆行驶过程中承担重要的安全防护作用,也发挥着改善结构外观的等功能。此外,在桥梁爆炸分析中,防撞墙也会在一定程度上影响爆炸冲击波的传播路径。因此,在公路桥梁爆炸分析过程中,明确防撞墙对结构爆炸响应的影响至关重要。本文将在验证有限元分析准确性的基础上,深入探讨防撞墙对爆炸冲击波传播和结构损伤的影响,并为后续研究提供相关依据。

1 数值模型建立方法

1.1 模型几何参数

1.1.1 T梁桥尺寸

数值模拟作为结构爆炸分析研究手段中最为便利且准确的一种方式,受到广大研究者的青睐,

基金项目:浙江省交通运输厅科技计划项目(2021037)。

并广泛应用于梁、板、柱等各类结构构件的爆炸分析中。然而，在追求高效分析的同时，确保数值模拟的准确性仍至关重要[8]。鉴于此，本文将以相关文献中的1:5缩尺连续T梁桥爆炸试验作为参考对象，在验证数值模型有效性的基础上开展后续研究。同时，为了提高数值模型的计算效率，将试验模型简化为跨径为8m的单跨T梁桥并省略下部结构[1]，如图1所示。

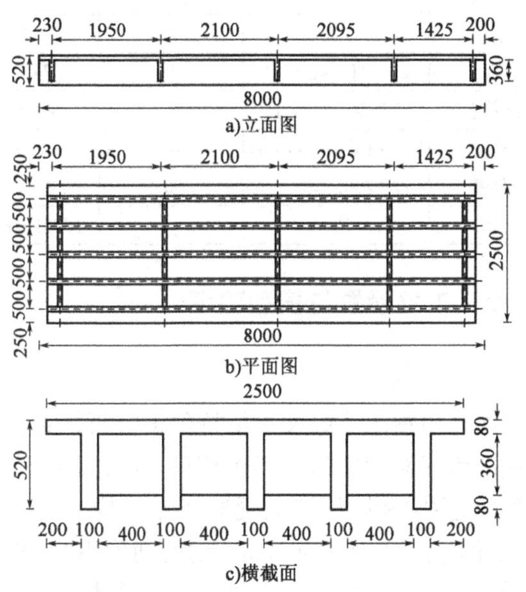

图1 预应力混凝土T梁桥(尺寸单位：mm)

T梁桥的混凝土强度等级为C50。预应力钢筋采用公称直径为15.2mm的1860MPa钢绞线，张拉控制力为104kN。纵向钢筋采用直径为10mm和8mm的HRB400钢筋，箍筋则采用6mm直径的HRB400钢筋。箍筋间距为150mm，加密区间距为100mm。T梁配筋如图2所示。

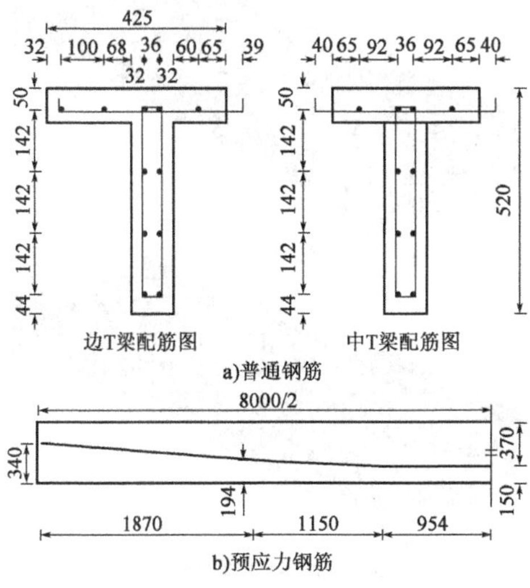

图2 T梁配筋图(尺寸单位：mm)

1.1.2 防撞墙尺寸

参照我国《公路交通安全设施设计规范》(JTG D81—2017)[9]并按1:5的缩尺比例设计了公路桥梁防撞墙，其尺寸与配筋方式如图3所示。在原型防撞墙中，其高度为1.1m，底部宽度为0.45m。缩尺后，防撞墙的高度为0.22m，底部宽度为0.09m，顶部宽约0.05m。防撞墙的混凝土强度等级为C30，纵向钢筋与箍筋均选用HRB400钢筋。其中，纵向钢筋的直径为12mm，箍筋直径为16mm，箍筋间距为0.2m。

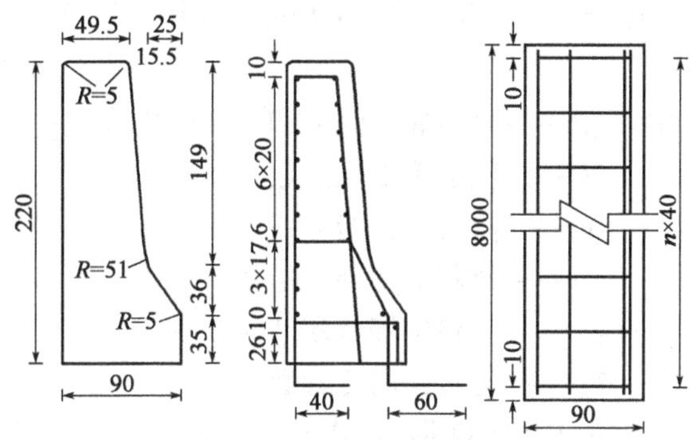

图3 防撞墙构造与配筋图(尺寸单位：mm)

1.2 混凝土本构关系模型

采用ABAQUS软件中的混凝土塑性损伤(简称CDP)本构模型描述混凝土材料在复杂应力状态下的力学行为。混凝土单轴荷载作用下的应力-应变曲线按照《混凝土结构设计规范》(GB 50010—2010)[10]中的相关规定计算，其拉伸和压缩单轴曲线分别如式(1)与式(2)所示。

$$\sigma = (-d_t)E_c\varepsilon \quad x = \varepsilon/\varepsilon_{t,r}$$

$$d_t = \begin{cases} (1-f_{t,r}/E_c\varepsilon_{t,r})[1.2-0.2(x)^5] & x \leqslant 1 \\ 1-(f_{t,r}/E_c\varepsilon_{t,r})[\alpha_t(x-1)^{1.7}+x]^{-1} & x > 1 \end{cases} \tag{1}$$

式中：α_t——受拉曲线下降段参数；

$f_{t,r}$——抗拉强度代表值；

$\varepsilon_{t,r}$——抗拉强度代表值所对应的应变。

$$\sigma = (1-d_c)E_c\varepsilon \quad n = \frac{E_c\varepsilon_{c,r}}{E_c\varepsilon_{c,r}-f_{c,r}} \quad x = \varepsilon/\varepsilon_{c,r}$$

$$d_c = \begin{cases} 1-n(f_{c,r}/E_c\varepsilon_{c,r})[n-1+(x)^n]^{-1} & \varepsilon \leqslant \varepsilon_{c,r} \\ 1-(f_{c,r}/E_c\varepsilon_{c,r})[\alpha_c(x-1)^2+x] & \varepsilon > \varepsilon_{c,r} \end{cases} \tag{2}$$

式中：α_c——受拉曲线下降段参数；

$f_{c,r}$——抗压强度代表值；

$\varepsilon_{c,r}$——抗压强度代表值所对应的应变。

在CDP模型中按照能量法分别计算了单轴拉伸和压缩状态下损伤因子。同时,本构模型也考虑加载速率对材料力学性能的影响,并按照相关文献[8]计算了对应混凝土强度的动态增大系数。

1.3 钢筋本构

采用Johnson-Cook塑性本构模型(简称J-C本构模型)模拟普通钢筋与预应力钢筋,并采用J-C动态失效准则判断材料是否失效,如式(3)所示。

$$\sigma_{eq} = (A + B\varepsilon_{eq}^{n})(1 + C\ln\varepsilon^{*})(1 - T^{*m}) \tag{3}$$

式中:A、B——材料屈服强度和应变硬化系数;

C——应变率敏感系数;

m——温度软化指数;

n——材料应变硬化指数;

ε^{*}——无量纲等效塑性应变率;

T^{*}——无量纲温度参数。

对于HRB400钢筋,其J-C本构关系模型各项参数取值如表1所示。此外,在J-C本构模中通过参数C表征材料的应变率效应,应变率参考相关文献取值。

J-C本构关系模型参数取值　　表1

参数	A	B	C	m	n
取值	401.1 MPa	1167.6 MPa	0.02	0.87	0.68

1.4 空气与TNT本构

采用ABAQUS软件中的理想气体状态方程描述空气的压力、温度和密度等状态量,如式(4)所示。

$$p + p_A = \rho R(\theta - \theta^{Z}) \tag{4}$$

式中:p_A——大气压力;

R——气体常数;

θ——当前环境温度;

θ^{Z}——绝对零度。

爆炸释放的化学能及其产生的相应压力可以用Jones-Wilkins-Lee(JWL)状态方程来描述。JWL状态方程如式(5)所示。

$$P = A\left(1 - \frac{\omega\rho}{R_1\rho_0}\right)e^{-\frac{R_1\rho_0}{\rho}} + B\left(1 - \frac{\omega\rho}{R_2\rho_0}\right)e^{-\frac{R_2\rho_0}{\rho}} + \omega\rho E \tag{5}$$

式中:A、B、R_1、R_2、ω——用户定义的材料常数;

ρ_0——用户自定义密度;

ρ——爆炸材料密度;

E——单位质量的爆轰能量。

根据相关文献中的建议取值设置了理想气体状态方程与JWL状态方程的各项参数。除了定义状态方程中的各项数据外,也定义了如密度、比热容等不可缺少的重要参数,如表2所示。

空气与TNT材料参数设置　　表2

空气	取值	JWL	取值
p_A	0.1 MPa	A	373GPa
R	286.9J/(kg·K)	B	3.74GPa
比热容	717J/(kg·K)	R_1	4.15
黏度	1.8×10^5kg/(m·s)	R_2	0.90
温度	298.15K	ω	0.35
ρ	1.29kg/m³	ρ	1650kg/m³

2 工况设置与模型验证

2.1 数值模型

图4中展示了缩尺T梁桥数值分析模型及其对应的考虑防撞墙的T梁桥模型。在这两个分析模型中,主梁和防撞墙的混凝土单元均为C3D8R单元,网格尺寸设置为2cm。钢筋则采用T3D2桁架单元模拟,网格尺寸为1cm。采用Coupled Eulerian-Lagrangian(CEL)计算方法模拟爆炸冲击波与结构间的相互作用。空气域的单元类型为EC3D8R单元,其尺寸为6.2m×2.6m×1.6m,空气单元网格尺寸为2cm。在T梁两端设置固定边界约束条件,空气域设置为无反射欧拉边界条件。

数值模型网格划分见图5。

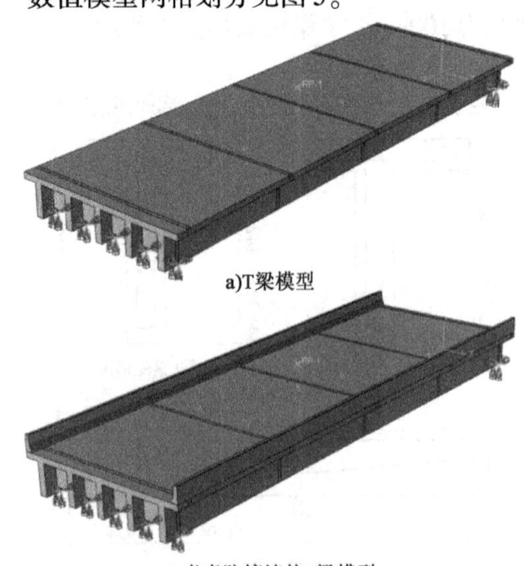

a)T梁模型

b)考虑防撞墙的T梁模型

图　4

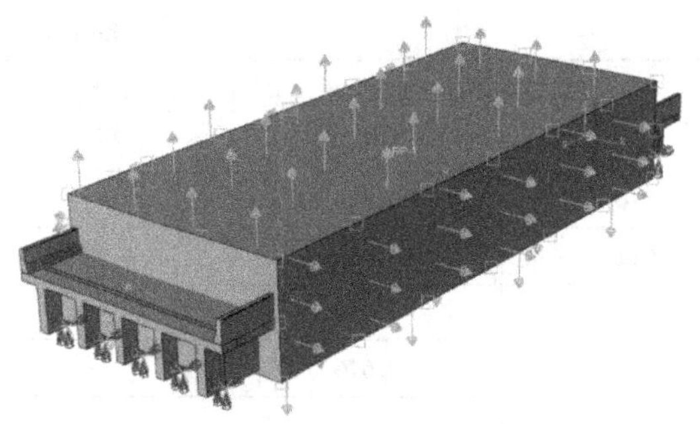

c)空气域及其边界条件

图4 公路桥梁爆炸数值分析模型

a)T梁网格划分方式

b)欧拉域网格划分

图5 数值模型网格划分

2.2 爆炸工况

根据典型车辆爆炸特征设置了炸药的当量和爆心高度。图6中所示的爆炸加载点为考虑车道线位置而设置的点位。在本文中,共设计了7组爆炸分析工况,如表3所示。其中,前四个工况不考虑防撞墙,而后三个工况则考虑了防撞墙对结构响应的影响。

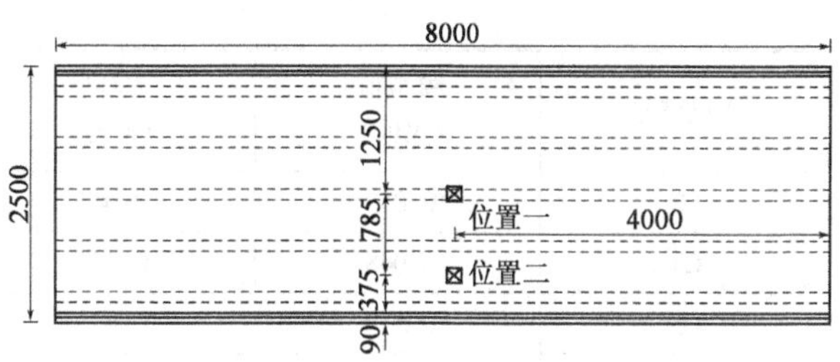

图6 炸药在桥面板投影位置(尺寸单位:mm)

数值分析爆炸工况设置 表3

爆炸工况	爆心高度(m)	炸药当量(kg)	爆炸位置
工况一	1	0.2	位置一
工况二	0.45	4	位置二
工况三	0.3	1.6	位置一
工况四	0.3	1.6	位置二
工况五	1	0.2	位置一
工况六	0.3	1.6	位置一
工况七	0.3	1.6	位置二

2.3 空气超压

为了验证模型的准确性,对比了工况一条件下计算所得桥面板反射超压数值与模型爆炸试验所采集的数据。桥面超压测点点位布置如图7所示,纵向测点间距为0.75m,横向测点间距为0.5m。根据表4所示的空气超压数据对比结果可知,本文所采用的模拟方法能够准确模拟冲击波与结构的相互作用。

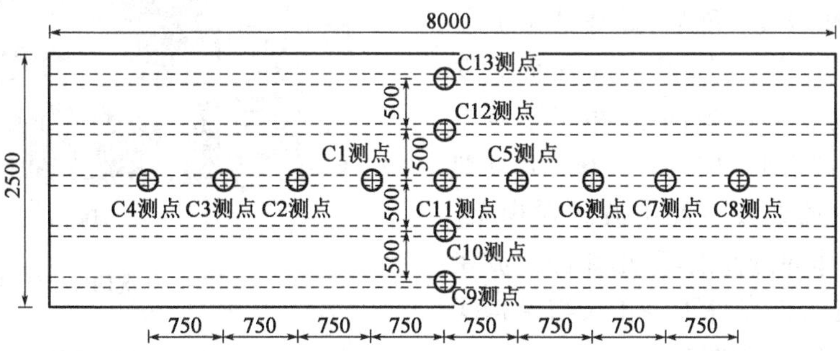

图7 T梁桥超压测点(尺寸单位:mm)

测点超压值模拟结果与实测结果 表4

测点编号	模拟值(MPa)	实测值(MPa)	测点编号	模拟值(MPa)	实测值(MPa)
C1	0.526	0.488	C8	0.043	0.028
C2	0.124	0.082	C9	0.662	—

续上表

测点编号	模拟值(MPa)	实测值(MPa)	测点编号	模拟值(MPa)	实测值(MPa)
C3	0.053	0.045	C10	0.823	—
C4	0.048	0.031	C11	0.985	0.879
C5	0.513	0.428	C12	0.830	—
C6	0.108	0.075	C13	0.676	—
C7	0.058	0.044	—		—

2.4　破坏状态

在工况一爆炸荷载作用下,由于炸药比例距离相对较大,T 梁桥基本处于弹性状态,与试验中该工况的无损现象基本吻合。在工况二条件下,由于炸药当量增大,炸药正下方出现了近似椭圆形的爆坑,如图 8 所示。桥面爆坑的长度约为 52.5cm,宽度约为 26.8cm,与试验结果基本吻合。综合而言,本文所采用的模拟方法能够在一定程度上模拟冲击波与结构间的相互作用及结构爆后损伤程度。

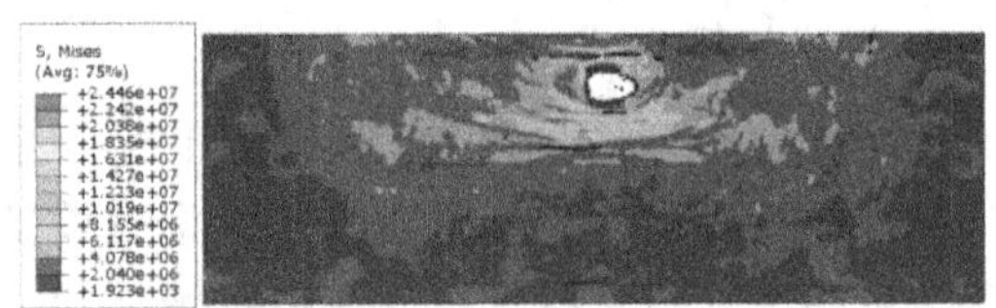

图 8　工况二爆后桥梁局部损伤(单位:mm)

3　防撞墙影响分析

3.1　冲击波传播路径

炸药爆炸后,爆炸产物迅速膨胀并挤压周遭空气介质形成爆炸冲击波。随后,爆炸冲击波以近似球形向四周扩散,并在到达混凝土表面后发生冲击波的反射现象。在工况四中,由于不考虑防撞墙的影响,爆炸冲击波约在 $t=0.3$ms 时刻到达桥面板边缘,并在该处发生冲击波绕射现象。同时,桥面板由于爆炸冲击而破坏,爆炸冲击波在腹板间也有传播。工况四条件下冲击波与结构间相互作用关系(传播路径)如图 9 所示。

对于考虑防撞墙对结构影响的工况七而言,在冲击波到达防撞墙之前,爆炸冲击波的传播途径与工况四完全相同。但在到达桥面边缘后,由于防撞墙的阻挡,原本将发生绕射的冲击波直接作用于防撞墙上,从而发生反射。冲击波的作用也使防撞墙产生了一定程度的损伤。冲击波与结构间的相互作用如图 10 所示。

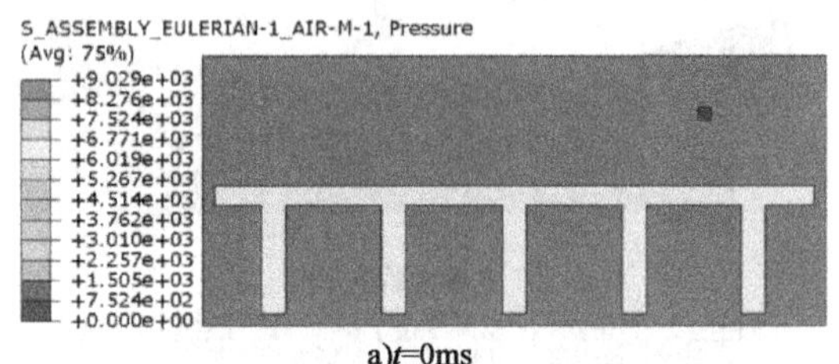

a)t=0ms

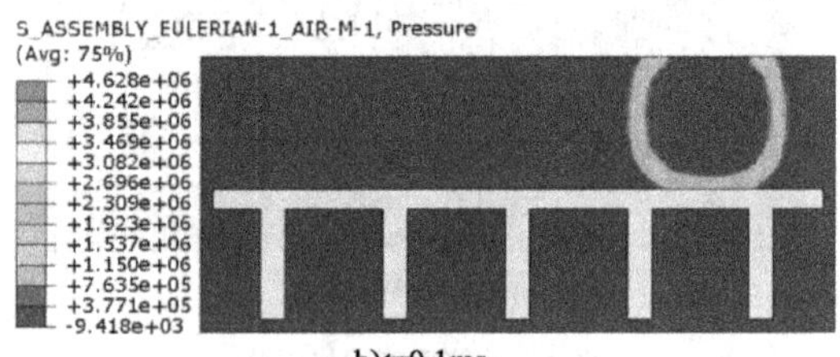

b)t=0.1ms

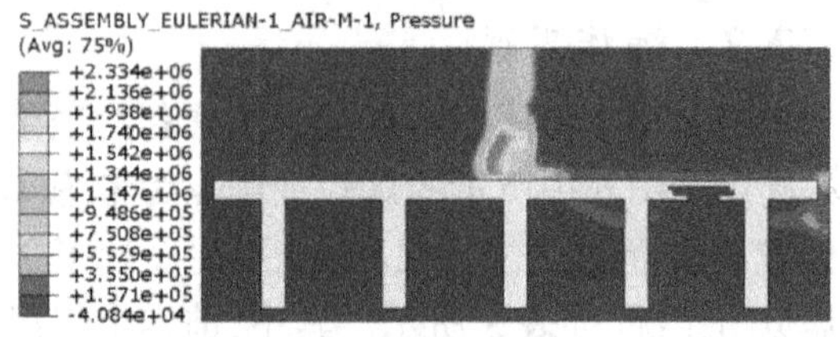

c)t=0.4ms

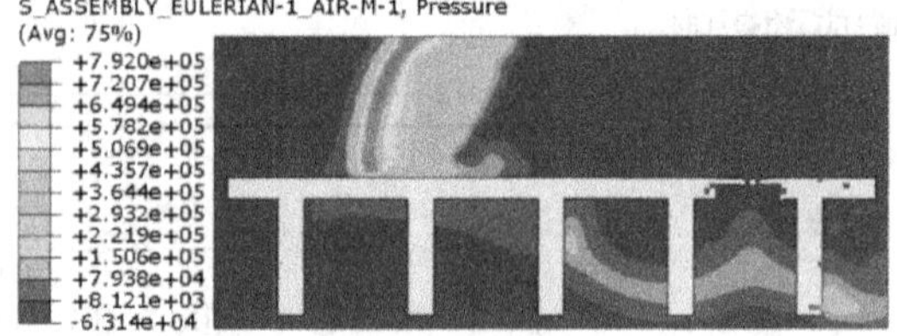

d)t=1ms

图 9　工况四冲击波(单位:mm)

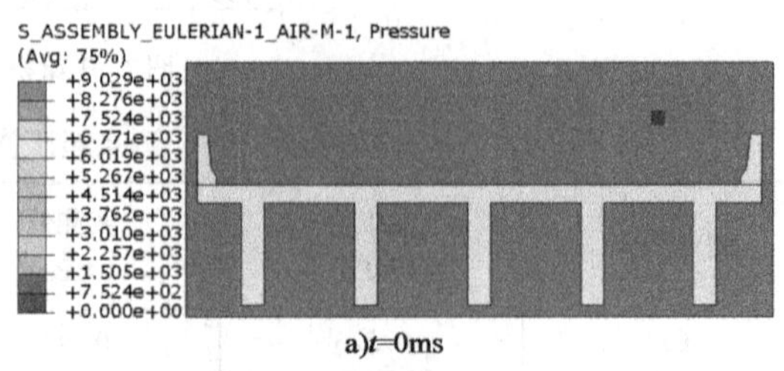

a)t=0ms

图　10

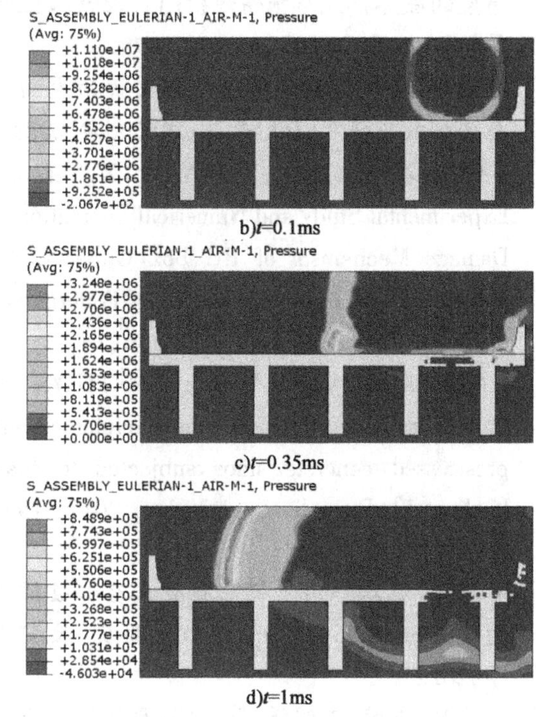

图 10 工况七冲击波(单位:mm)

3.2 空气超压

表 5 展示了工况一与工况五条件下桥梁表面超压测点的分布情况。根据比对结果可知,防撞墙基本不影响冲击波超压在行车道板表面的分布,仅靠近防撞墙一侧的空气超压峰值略有增加。

工况一与工况五测点超压值　表 5

测点编号	工况一(MPa)	工况五(MPa)	测点编号	工况一(MPa)	工况五(MPa)
C1	0.526	0.525	C8	0.043	0.047
C2	0.124	0.126	C9	0.662	0.718
C3	0.053	0.055	C10	0.823	0.819
C4	0.048	0.048	C11	0.985	0.985
C5	0.513	0.518	C12	0.830	0.921
C6	0.108	0.120	C13	0.676	0.724
C7	0.058	0.055	—	—	—

3.3 结构爆后损伤

分别对比工况三与工况六、工况四与工况七条件下公路桥梁的损伤状态,如图 11 与图 12 所示。

在爆炸位置一条件下,顶板所产生的爆坑均呈现近似椭圆形。同时,爆坑的形成受腹板限制,表现为腹板两侧各有一形状、尺寸相近的爆坑。对于工况三与工况六,顶板爆坑的纵向尺寸分别为 26.3cm 与 27.1cm,横向尺寸分别为 16.9cm 与 16.5cm。两种工况计算下,爆坑尺寸基本相同,可知防撞墙对桥面板局部损伤基本无影响。

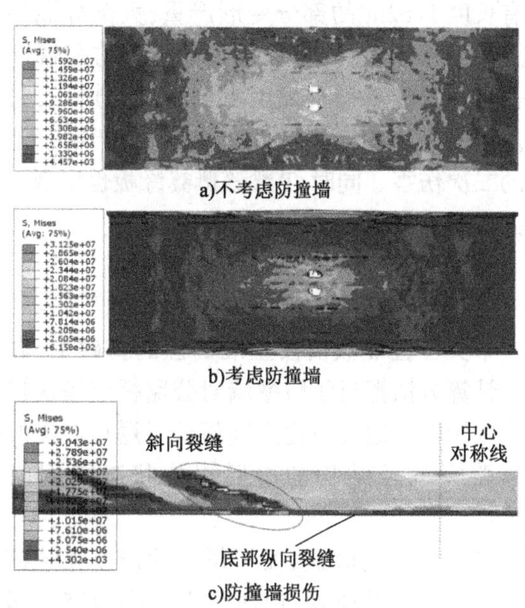

图 11 爆炸位置一条件下桥梁损伤(单位:mm)

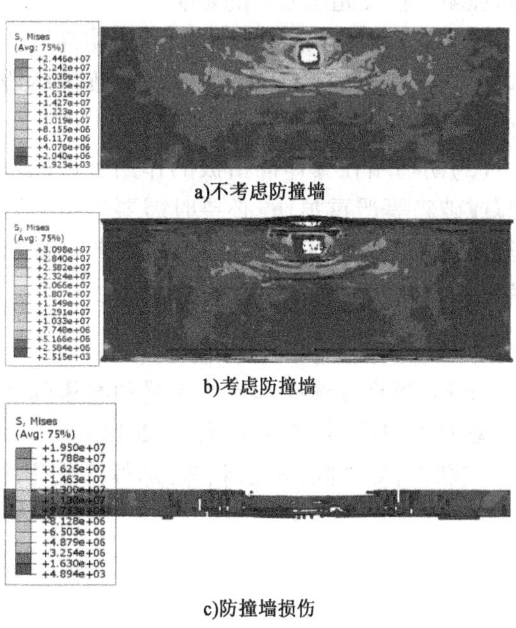

图 12 爆炸位置二条件下桥梁损伤(单位:mm)

同时,观察防撞墙损伤可知,该工况下防撞墙虽未出现大面积损伤,但防撞墙自身出现多条斜向裂缝,且防撞墙与桥面板连接处出现若干条横向裂缝。

将炸药位置移至防撞墙周围后,T 梁桥损伤如图 11 所示。对比防撞墙对桥面板爆坑尺寸的影响可以发现,爆坑尺寸变化不明显。爆坑纵向尺寸分别为 32.4cm 与 33.5cm,横向宽度分别为 20.1cm与 20.4cm。然而,防撞墙却因为爆炸的冲击发生了严重的局部破坏。据测量,防撞墙中部约有长度 1.62m 的部分变形严重,大部分混凝土单元达到删除条件,仅靠钢筋相连。防撞墙严重损伤也就意味着一旦发生大当量炸药爆炸,将有大量混凝土碎块向桥梁外侧飞溅,并产生一定程度的二次伤害。同时,T 梁该侧翼缘板也出现多道纵向混凝土裂缝。

4 结语

本文在验证数值模型准确性的基础上,利用 CEL 计算方法探讨了防撞墙对公路桥梁车辆爆炸响应的影响。通过对比不同情景下爆炸冲击波的传播路径以及结构的爆后损伤状态得到以下结论:

(1)尽管防撞墙改变了爆炸冲击波在结构边缘位置处的传播路径,但对桥面板表面空气超压分布基本无影响。在进行结构抗爆分析时可以忽略防撞墙对桥面超压分布的影响。

(2)对于主梁爆后损伤而言,考虑防撞墙并不会增大主梁局部损伤程度,但可能导致防撞墙与主梁接缝位置出现混凝土开裂问题。

(3)防撞墙在爆炸冲击波的作用下可能发生开裂或破碎等严重损伤,必要时需要考虑因防撞墙混凝土碎块向桥梁外侧飞溅而带来的二次伤害。

参考文献

[1] 娄凡.预应力混凝土连续 T 梁的抗爆性能试验研究[D].南京:东南大学,2018.

[2] 闫秋实,赵凯凯,李述涛,等.爆炸荷载作用下箱梁的破坏模式与损伤评估[J].北京工业大学学报,2022,48(9):961-967,978.

[3] 闫国华.爆炸荷载作用下小箱梁桥动力响应与破坏效应研究[D].武汉:江汉大学,2023.

[4] YANG Z, YAN B, HAN G Z, et al. Experimental Study and Numerical Simulation of Damage Mechanism of RC Box Girder under Internal Blast Loads[J]. Journal of Performance of Constructed Facilitics, 2022, 36(1).

[5] MAAZOUN A, VANTOMME J, MATTHYS S. Damage assessment of hollow core reinforced and prestressed concrete slabs subjected to blast loading[J]. Procedia Engineering, 2017, 199: 2476-2481.

[6] 曹思源.爆炸作用下钢筋混凝土空心板桥动力响应分析及安全评价[D].西安:长安大学,2022.

[7] 周广盼,王荣,王明洋,等.涂覆聚脲混凝土自锚式悬索桥主梁抗爆性能试验与数值模拟[J].兵工学报,2023,44(S1):9-25.

[8] 朱春东,刘超,耿佳硕,等.车辆爆炸荷载位置对公路桥梁爆炸损伤影响分析[C]//中国科学技术协会. 2023 世界交通运输大会(WTC2023)论文集. 2023:7.

[9] 中华人民共和国交通运输部.公路交通安全设施设计规范:JTG D81—2017[S].北京:人民交通出版社股份有限公司,2017.

[10] 中华人民共和国住房和城乡建设部.混凝土结构设计规范:GB 50010—2010[S].北京:中国建筑工业出版社,2010.

车辆与桥墩碰撞研究综述

刘 昌* 邓新龙 陈博浩 王裕博

(长安大学公路学院)

摘 要 车辆碰撞桥墩已经成为影响桥梁安全的重要问题,为促进桥墩碰撞研究领域的全面发展,加快桥墩防撞技术的研究,提升管理部门应对桥墩遭遇车辆碰撞时的应急水平,对车辆与桥墩碰撞的现有研究进行总结。研究了国内外卡车撞击桥墩的试验研究和有限元模拟研究以及现有的设计规范,分析了桥墩撞击荷载下的损伤特性及损伤评估方法,及考虑车桥撞击设计方法,并指出现有研究中存在的不足和进一步研究的方向。

关键词 碰撞 车辆 桥墩 损伤评估 设计方法

0 引言

随着经济持续发展对交通的需求不断增加,目前已经建成密度较大、系统较为完善的公路交通网[1],其中跨线桥梁的数量巨大。车辆与桥墩碰撞是桥梁服役期间可能发生的荷载情况之一,若发生碰撞事故,可能会引起桥梁坍塌导致整个交通线路瘫痪,造成难以估量的经济损失[2]。随着机动车数量的增加,碰撞发生频率不断增大。

车桥碰撞桥墩是一个瞬时的剧烈动态响应的过程,涉及复杂的非线性问题。研究车辆与桥墩碰撞要确定车辆撞击力,用撞击力的大小来确定车辆撞击的强度。当撞击力的时程曲线确定,就可以对桥墩进行结构分析和损伤分析。

1 试验研究

车辆撞击桥墩试验的复杂不易监测,具有危险性,且此类试验成本高,导致现有车辆与桥墩碰撞的试验很少。足尺试验较少,缩尺试验较多。

Demartino 等[3]对不同箍筋间距的圆形钢筋混凝土(RC)柱进行试验,在冲击下 RC 桥墩表现出脆性的剪切破坏,增大箍筋率可以增强柱子的抗冲击性能。

Liu 等[4]对各种轴向荷载的圆形 RC 柱试验,发现当冲击能量较低时,轴向荷载可以增强柱子的抗冲击能力;反之,轴向荷载的增加最终会增加 RC 柱的损伤。

上述试验均为缩尺模型试验,没有考虑桩和土体对结果的影响,其试验结果与实际桥墩的响应特性有很大不同。

Buth 等[5]对 36t 大型货车进行碰撞试验研究,试验包含大型货车速度 80km/h 与桥墩的对中碰撞和偏心碰撞,分别测得,大型货车与桥墩对中碰撞和偏心碰撞时桥墩的支座反力峰值为 4000kN 和 2700kN,并根据试验数据,建议 AASHTO 提高规定的桥墩撞击力。

陈林等[6]用质量 2205kg 的刚性模型车进行了单桩基础的全尺寸钢筋混凝土单柱桥墩碰撞试验,测得车辆撞击力以及桥墩的损伤模式、横向位移和加速度等响应数据。总体上再现了多次连续碰撞下钢筋混凝土桥墩的损伤模式、峰值正位移和振动周期。

上述车辆碰撞桥墩足尺试验能有效地模拟碰撞过程中桥墩及桥梁整体的受力性能及动态响应,但由于缺点明显,没有被广泛应用于研究。

2 数值模拟研究

车辆桥墩碰撞过程十分复杂,很难通过试验精细研究车辆与桥墩碰撞过程中的响应,因此,更多的研究者采用有限元这一更有效和更全面的方法研究复杂动力学问题。随着技术和硬件的发展,精细的通用 FE 车辆与桥墩力学模型变成可能,使该领域的研究迅速发展。

图 1 ~ 图 3 为常见的货车模型。研究表明,时程曲线中第一个峰值通常是由发动机的冲击引起的[5,7]。撞击速度较小时,轻型卡车的货物不会直接与桥墩碰撞,所以这种类型的货车没有明显的撞击力第二峰值;但是碰撞速度增大时大型货车的货箱(货物)可能会与桥墩碰撞,产生第二个撞击力峰值[5]。

图 1 F800 中型货车模型

图 2 重型货车模型 1

图3 重型货车模型2

Zhou等[8]借助详细的数值模型,考虑应变速率效应的非线性材料本构关系,建立了车辆碰撞力方程和半正弦冲击脉冲的损伤指数,来评估冲击桥墩的损伤。

Do等[9]根据有限元模型,研究发现,汽车发动机的质量显著影响峰值撞击力、力矩、剪力,从而影响桥墩的破坏。提出的PIF与轴向力关系,很好解释了常见的弯曲失效、剪切失效和冲剪损伤。

Heng等[10]研究桥墩动力响应和破坏模式,基于两次缩尺柔性碰撞试验结果,得到最大动态撞击力与发动机动量的线性依赖关系。

Zhao等[11]研究软冲击下RC桥墩的动力响应和破坏模式,以及冲击刚度对RC桥墩的动力响应和破坏模式有较强的影响,软冲击下的桥墩表现出与静力作用相似的力学行为。

数值模型因为其成本效益、时间效率、灵活性等优势被广泛应用,为确保数值模型的准确性和可靠性,需要谨慎选择模型和验证方法。

3 分析模型

虽然有限元模型能够模拟各种碰撞场景,但是模型越精细化就越费时费力,便利的理论计算公式既能保证计算准确性,又可以减少工作量。

Vrouwenvelder[12]提出了单自由度质量弹簧模型和弹性杆模型两种计算车辆撞击力的简单模型。对于这两个模型中的任何一个,峰值撞击力可以通过方程(1)计算,式中等效刚度k为300kN/m。

$$F_{\max} = v\sqrt{km} \tag{1}$$

Al-Thairy等[13]发现了发动机碰撞的显著影响,提出了具有双线性力变形特征的质量弹簧模型来模拟车辆碰撞行为。

Agrawal等[14]和Do等[9]提出了计算桥墩上车辆撞击力峰值的拟合公式。其中,前者使用车辆的整体质量和冲击速度作为参数,后者使用发动机质量和撞击速率作为参数。Do等研究表明发动机质量对撞击力有显著影响;但该模型仅适用于撞击力第一峰值的计算。此外,Do等[7]、Xu等[15]和Cao等[16]分别基于大量的有限元模拟,提出桥墩上车辆撞击力的分段线性模型。使用这些车辆冲击力模型可以方便地近似分析桥墩或其他结构的动力响应,但无法考虑车辆与结构之间的相互作用。

Chen等[17]提出了一种简化的质量弹簧阻尼器(MSD)模型,用于模拟车辆碰撞(图4),该模型采用了两个平行的弹簧和质量体分别模拟货车发动机和货物,并使用摩擦阻尼器来模拟碰撞过程中的摩擦耗散能量。该模型可用于进行货车与桥梁结构之间相互作用分析,考虑了可能影响撞击力的主要参数,包括车辆撞击速度、桥墩横截面尺寸、发动机质量、货物刚度、车辆整体质量。该模型是基于桥墩发生正对碰撞推导的,对于其他类型的碰撞尚不能很好模拟。

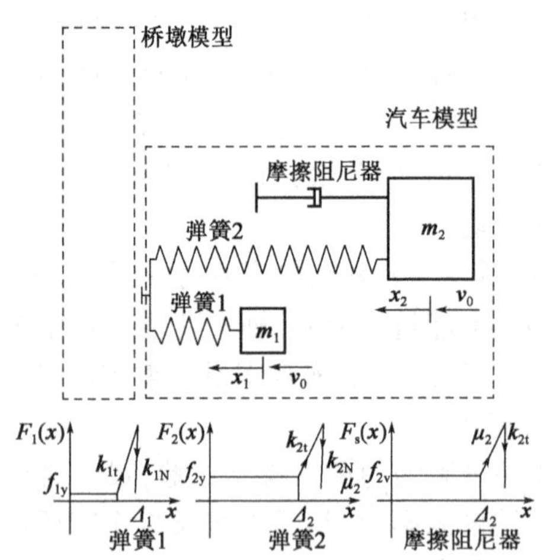

图4 模拟桥墩碰撞的简化卡车模型[17]

目前关于桥墩车辆碰撞的简化分析模型仍存在局限性:①大多是针对特定的货车型号,缺乏研究的通用性;②撞击力模型参数与货车特性之间的关系不明确,不能准确地模拟卡车-桥墩的相互作用,对特性不同的桥墩没有普适性。

4 护栏的影响

在实际情况下,桥墩附近可能安装护栏或其他防护设施,减小车辆撞击速度,减小碰撞能量,影响车辆撞击桥墩的危险性,即车辆与桥墩碰撞的强度和概率。因此,应当将桥墩护栏的作用考虑在评估车辆与桥墩碰撞的危险性里。

Rohde 等[18]和 Rosenbaugh 等[19]对护栏-桥墩系统进行碰撞试验,发现只有保证桥墩与护栏之间的距离,才能真正发挥护栏的防护作用。

一些设计规范规定了公路护栏对桥墩的保护作用,但其有效性有待验证;此外要根据护栏实际(安装、制造误差)情况对防护效果进行进一步定量分析。

5 桥墩的损伤特性及设计方法

RC 桥墩在车辆撞击下的损伤模式可分为三类:局部损伤、整体弯曲损伤和剪切损伤。当撞击力小时,桥墩只会呈现局部损伤和整体弯曲损伤;随着撞击力增加,桥墩最终将在底部出现剪切破坏,甚至冲剪破坏[20]。

5.1 基于力的损伤评估方法和设计方法

基于力的损伤评估方法即当作用力大于某一损伤水平的承载能力时,则结构达到此损伤水平。此方法虽然直观,但忽略了结构内部的变形和应力,无法充分考虑结构材料的弹性和塑性变形。因为此方法通常不需要明确考虑 RC 结构的强非线性特征,因此更容易在实践中使用。这种方法更适合于极限损伤状态,在极限损伤状态下,可以用解析公式计算 RC 桥墩的承载力。

采用基于变形的损伤评估方法,即当变形大于某一性能水平的变形能力时,结构就被认为达到了该损伤水平,侧重于结构变形和应力分布,充分考虑了各种影响因素,但计算时间久。

现行规范主要采用等效静力设计方法,但冲击荷载是动态的,在碰撞过程中不会施加在单一高度,等效静态设计力没有充分的考虑车辆撞击的多样性。已有许多研究表明,按照现行的规范进行设计不足以确保桥墩的安全[16,20,21]。目前已经出现一些关于概率分析的规定,但还不完善,应收集更多碰撞和车辆特征参数的数据,建立起一种概率风险分析方法。

各国规范对比见表 1。

各国规范对比表 表 1

相关规范	撞击力(kN)	撞击方向(行车方向夹角)(°)	撞击位置离地距离(m)
AASHTO (2013)	2700	0 ~ 15	1.5
欧洲规范	1500	0	0.75 ~ 1.5
	750	90	
公路桥涵设计通用规范	1000	0	1.2
	500	90	

在实际工程中通常结合运用两种方法。基于力的方法可用于初步评估和设计,而基于变形的方法则用于更详细和精确的分析。这样的综合应用有助于全面评估桥墩的结构性能和安全性。

现有研究主要采用基于力的方法来评估钢筋混凝土桥墩的损伤。应更加重视建立基于变形的损伤评估方法。此外,还应考虑桥梁碰撞后的可用性、可修复性和经济性,以便最终开发出基于性能的设计方法。

5.2 基于性能的损伤评估方法和设计方法

基于性能的设计方法是 20 世纪 90 年代兴起的新一代抗震工程结构设计理论,车辆碰撞下 RC 桥墩的基于性能设计也可以分为四类问题,即危险性分析、结构分析、损伤分析和损失分析。由于目前还没有专门研究车辆与桥墩碰撞的损失分析,因此本研究没有对此进行讨论。表 2 总结了钢筋混凝土桥墩抗车辆撞击性能设计的成就、局限性和可能的解决方案。

钢筋混凝土桥墩抗车辆撞击性能设计的成就、局限性和可能的解决方案 表 2

分析类型	现有研究	局限性	可能的解决方案
危害分析	1. 车辆的机械特性 2. 概率模型 3. 桥墩护栏的保护作用 4. 影响等级分级	1. 车辆模型少,验证不足 2. 统计数据不足,模型中的某些参数不准确 3. 护栏的影响未明确量化 4. 影响等级没有引入概率	1. 开发和验证更多 FE 卡车通用力学模型,进行大量的试验 2. 收集和分析碰撞数据 3. 进行护栏碰撞模拟和测试 4. 对车辆碰撞进行概率分析

续上表

分析类型	现有研究	局限性	可能的解决方案
结构分析	1. RC桥墩的响应特性及破坏模式 2. 冲击载荷下RC构件的简化模型 3. 桥墩响应计算的解析公式	1. 多数研究停留在组件层面 2. 未具体考虑车辆碰撞特性 3. 这些公式还不能计算车辆撞击下钢筋混凝土桥墩的弹塑性变形	1. 研究车辆撞击下全桥非线性响应及损伤分析 2. RC柱与撞击车简化模型相结合的非线性分析方法 3. 基于非线性分析方法的参数分析,提出半经验公式
损伤分析	1. 基于力的损伤评估方法,确定损伤参数 2. 车辆撞击下钢筋混凝土桥墩的损伤分类	1. 无法捕捉不同损伤模式下钢筋混凝土桥墩的各种损伤状态 2. 大多数研究停留在构件层面,损伤分类没有定量考虑RC桥墩的各种损伤模式	1. 基于轴心受压钢筋混凝土柱冲击试验的变形方法研究 2. 研究桥梁的损伤程度、可修复性和经济性之间的关系,提出一种定量的损伤分类方法

6 结语

本文主要阐述车辆与桥墩碰撞研究现状、存在局限以及进一步研究方向。从车辆撞击下钢筋混凝土桥墩性能设计的角度,将其分为四类问题,即危险性分析、结构分析、损伤分析和损失分析。在此基础上,得出以下结论:

(1)现行规范仍采用不准确的等效静力法,应建立一种更准确的概率风险分析方法。

(2)桥墩护栏对桥墩的防护作用需要在碰撞分析中进一步定量分析。

(3)现有的力学模型包括车辆冲击(力)模型和RC构件的冲击响应模型,应进一步考虑车辆撞击的多样性和桥墩响应的特殊性,建立起普适的分析模型。

(4)RC桥墩损伤评估评估方法,需要从基于力的方法逐步转变为基于变形的方法,并最终建立起完善的基于性能的设计方法。

参考文献

[1] 2022年交通运输行业发展统计公报-政府信息公开-交通运输部[EB/OL].[2024-01-14].

[2] 黄志明,韩艳,丁世聪,等.车辆对桥墩的撞击力研究综述[J].四川建材,2021,47(9):132-133.

[3] DEMARTINO C,WU J G,XIAO Y. Response of shear-deficient reinforced circular RC columns under lateral impact loading[J]. International Journal of Impact Engineering, 2017, 109: 196-213.

[4] LIU B, FAN W, GUO W, et al. Experimental investigation and improved FE modeling of axially-loaded circular RC columns under lateral impact loading[J]. Engineering Structures, 2017,152:619-642.

[5] BUTH C E,BRACKIN M S,WILLIAMS W F,et al. Collision loads on bridge piers: phase 2, report of guidelines for designing bridge piers and abutments for vehicle collisions[R]. TRB: Engineering,Environmental Science,2011.

[6] CHEN L,FANG L,FAN W,et al. Field test and numerical simulation of a full-scale RC pier under multiple lateral impacts[J]. Engineering Structures,2022,268:114747.

[7] DO T V, PHAM T M, HAO H. Impact force profile and failure classification of reinforced concrete bridge columns against vehicle impact [J]. Engineering Structures, 2019, 183: 443-458.

[8] ZHOU D, LI R. Damage assessment of bridge piers subjected to vehicle collision [J]. Advances in Structural Engineering, 2018, 21(15):2270-2281.

[9] DO T V, PHAM T M, HAO H. Dynamic responses and failure modes of bridge columns under vehicle collision [J]. Engineering Structures,2018,156:243-259.

[10] HENG K,LI R,LI Z,et al. Dynamic responses

of highway bridge subjected to heavy truck impact [J]. Engineering Structures, 2021, 232:111828.

[11] ZHAO W, YE J. Dynamic behavior and damage assessment of RC columns subjected to lateral soft impact[J]. Engineering Structures, 2022,251:113476.

[12] VROUWENVELDER T. Stochastic modelling of extreme action events in structural engineering [J]. Probabilistic Engineering Mechanics,2000,15(1):109-117.

[13] AL-THAIRY H, WANG Y C. A simplified analytical method for predicting the critical velocity of vehicle impact on steel columns [J]. Journal of Constructional Steel Research, 2014,92:136-149.

[14] AGRAWAL A K, LIU G Y, ALAMPALLI S. Effects of Truck Impacts on Bridge Piers[J]. Advanced Materials Research,2013,639-640: 13-25.

[15] XU X, CAO R, EL-TAWIL S, et al. Loading Definition and Design of Bridge Piers Impacted by Medium-Weight Trucks [J]. Journal of Bridge Engineering,2019,24(6):04019042.

[16] CAO R, EL-TAWIL S, AGRAWAL A K, et al. Behavior and Design of Bridge Piers Subjected to Heavy Truck Collision[J]. Journal of Bridge Engineering,2019,24(7):04019057.

[17] CHEN L, EL-TAWIL S, XIAO Y. Reduced Models for Simulating Collisions between Trucks and Bridge Piers[J]. Journal of Bridge Engineering,2016,21(6):04016020.

[18] JOHN R ROHDE, DEAN L SICKING, JOHN D REID. Box-beam burster energy-absorbing terminal bridge pier protection system-Web of Science Core Collection [R]. National Academy of Sciences: Transportation Research Board,2003,1851(1).

[19] ROSENBAUGH S, FALLER R K, HASCALL J A, et al. Development of a Stand-Alone Concrete bridge Pier Protection System [J]. TRB: Engineering, Environmental Science,2008.

[20] DO T V, PHAM T M, HAO H. Proposed design procedure for reinforced concrete bridge columns subjected to vehicle collisions [J]. Structures,2019,22:213-229.

[21] CHEN L, WU H, LIU T. Shear Performance Evaluation of Reinforced Concrete Piers Subjected to Vehicle Collision [J]. Journal of Structural Engineering,2020,146(4):04020026.

钢板混凝土组合箱梁桥爆炸破坏过程研究

刘昊斤* 贾宇煊 王裕博
(长安大学公路学院)

摘 要 在爆炸荷载作用下,桥梁易发生结构性破坏,造成不可预估的影响。本文通过选取构件接触爆炸试验、获取结构损伤表征的前提下,以钢-混凝土组合板作为研究对象进行数值模拟分析。在此基础上,基于LSDYNA中的显式动力学数值仿真分析,开展了钢板混凝土组合箱梁的动态响应研究,获取了应力、应变时程曲线,得到了钢混组合箱梁箱桥的破坏过程。

关键词 爆炸 数值模拟 钢板混凝土组合箱梁 破坏模式 LSDYNA

0 引言

在交通领域中,桥梁横跨山河沟壑、给人们带来了极大的便利。但是,当桥梁受到爆炸荷载作用时,不可避免会造成桥梁的结构损坏,导致交通中断、人员伤亡。作为交通线的枢纽,桥梁的破坏会造成不可估量的经济和社会影响,且修复困难。战争时期,桥梁是精确制导武器爆炸袭击的主要目标[1-4],2022年与2023年,俄罗斯克里米亚大桥两次遭遇袭击,导致半岛进入亚速海的唯一通道被切断。

易燃易爆品的频繁运输也增加了桥梁遭受爆炸荷载的风险。2009年,江西大广高速两辆满载烟花的货车因追尾碰撞发生剧烈爆炸,造成至少3人死亡。2019年11月,二广高速公路发生卡车爆燃事故;同年12月沿海高速河北沧州段发生卡车爆炸事故,造成三死一伤。

国内学者对结构抗爆已开展了较多研究,从分析方法上来看,对结构的爆炸冲击响应主要集中在实验研究和数值模拟等方法。由于爆炸实验的高成本以及高风险性,现有的实验研究主要表现为在构件试验。

YAO等人[6]通过多次爆炸试验和数值模拟发现,不同配筋率的钢筋混凝土板的抗爆性能具有很大差异。结果表明,配筋率的增加可以显著提升钢筋混凝土板的抗爆性能,从而更好地抵御爆炸的威胁。对于钢筋混凝土梁,ZHANG等人[7]分析了不同缩尺比例对于钢筋混凝土梁动态响应的影响,测试结果表明,与缩尺尺寸较大的梁相比,缩尺尺寸较小的梁局部损伤程度有所降低。YAN等人[8]通过试验和数值计算,分析了不同箍筋比下钢筋混凝土梁的抗爆性能和损伤特性。试验结果表明,随着箍筋比的增加,混凝土的挠度、剥落半径,尤其是剥落深度明显减小。

Tesfaye Alemu Mohammed[9]研究了钢-混凝土组合梁在组合爆炸冲击载荷下的性能结果发现增加混凝土的规定圆柱形抗压强度、屈服应力和腹板厚度显著改善了钢混凝土组合梁在冲击载荷作用下的动态响应。

LIU SANFENG[10]将Steel-GFRP(玻璃纤维增强聚合物)复合棒加入混凝土中,设计并铸造了两种复合钢筋混凝土组合梁,检验它们在爆炸荷载作用下的破坏效应。实验表明,开裂和剥落是复合钢筋混凝土组合梁的主要损伤模式。与普通钢筋混凝土梁相比,复合钢筋减少了组合梁的塑性变形和残余挠度。

李源等[11]采用流固耦合算法对桥梁结构及构件在爆炸荷载下的破坏特征及力学性能进行了研究。Pan等[12]进行了箱梁桥在爆炸荷载作用下的性能研究,讨论了CFRP在桥梁抗爆中的应用;耿少波、刘亚玲等[13-14]进行了钢箱梁在爆炸冲击作用下的缩尺模型试验,探讨了钢箱梁顶板的破坏模式及冲击波传播规律。

综上所述,国内外学者对桥梁结构在爆炸荷载作用下的相关问题取得了一定的成果,但在爆炸荷载作用下,尚缺钢板混凝土组合箱梁桥整体结构的响应机理及破坏过程总结。

为了研究钢板混凝土组合箱梁桥在爆炸荷载条件下的动态响应和损伤过程。本文借助Ansys/LSDYNA显式动力学分析工具,建立合理有效的数值模型,总结钢混组合箱梁桥在不同爆炸荷载作用下的损伤特征。

1 结构爆炸动态响应方法

现有普遍针对爆炸作用下结构以及构件的动力响应分析,通常采用的方法包括试验分析法、等效单自由度分析法以及数值模拟分析法。

理论分析主要用于梁、柱及板等简单构件的爆炸冲击响应分析,由于爆炸冲击荷载作用的不确定性、建筑材料的非线性、材料的应变率效应,桥梁结构复杂等原因,导致理论研究较为困难。

由于受到炸药来源及场地的特殊性要求,试验成本高,周期长,桥梁原型实验费用昂贵,且爆炸破坏性强,风险较大,因此,绝大多数抗爆研究采用仿真技术作为有效的替代方案。

随着计算机技术和数值方法的发展,数值模拟已成为桥梁结构抗爆研究的主要方法。目前比较成熟的可用于结构抗爆数值模拟的商用软件,如非线性动力分析软件LSDYNA、ABAQUS、AUITODYN等对于结构抗爆模拟的有效性已得到了理论和试验的验证,因此被广泛用于各种结构构件的爆炸数值模拟。

综上所述,本文将采用Ansys及LSDYNA等软件,通过模拟钢混组合构件与钢混组合箱梁在爆炸荷载作用下的动态响应,分析钢混组合板与组合箱梁桥的破坏过程。

2 钢混组合构件数值分析方法

2.1 数值分析步骤

本文在选取钢混组合板爆炸试验的基础上建立对应的几何模型,为保证实验假设的动态本构模型合理性以及算法的适用性,利用显式动力学分析软件LSDYNA进行数值计算,根据结构损伤程度的对比,对基于塑性损伤理论的动态本构模型、接触算法等关键参数进行修正。

2.2 建立几何模型

通过 Ansys APDL 模块建立钢筋混凝土组合板几何模型。混凝土板长和宽均为 1000mm，厚度 75mm；钢丝直径 5mm，间距 10mm；混凝土强度等级 C25，采用 Solid65 实体单元建立；模型采用消除应力钢丝以代替钢筋，钢丝采用 link180 单元模拟；栓钉直径 10mm，间距 200mm 采用 combination39 单元模拟，底部钢板尺寸长宽同混凝土板，厚度 8mm，采用 shell181 单元模拟。钢丝与混凝土黏结滑移曲线及钢混组合板示意图分别如图 1、图 2 所示。

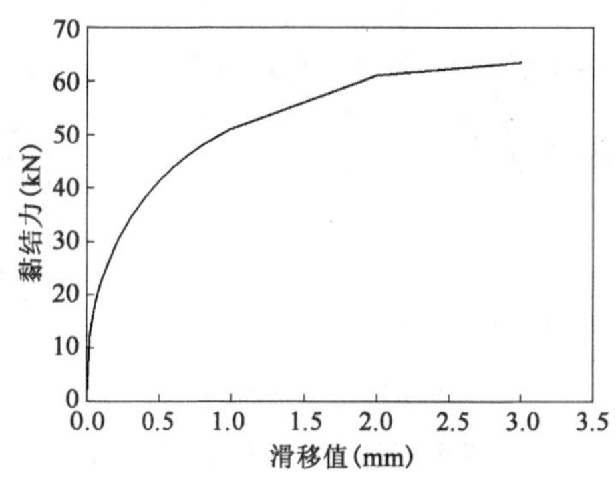

图 1 黏结滑移曲线

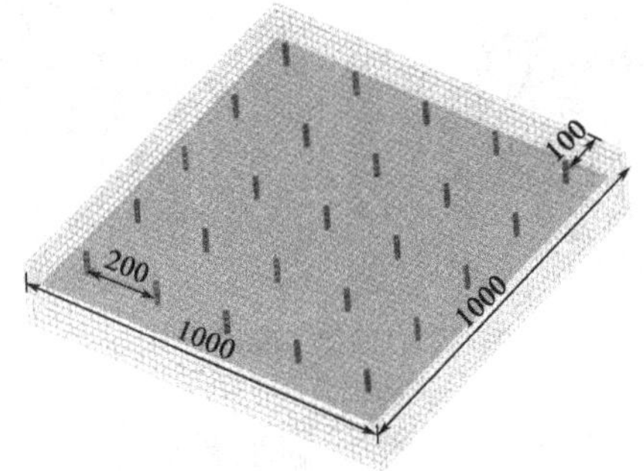

图 2 钢混组合板示意图（尺寸单位：mm）

2.3 材料动态本构模型

为了较完整反映钢-混凝土组合结构承受爆炸荷载时的损伤特征和破坏模式，需要对结构的本构材料进行了合理选取，并对部分关键参数进行修正，使其能够更好地反映钢-混凝土材料在爆炸荷载下的动态力学性能。

(1) 混凝土材料模型

钢混组合板结构中的混凝土材料采用 LSDYNA 中的非线性材料模型 * MAT_CSCM_CONCRETE(MAT_159) 来模拟。在该模型中，单元侵蚀基于最大主应变来模拟，当 LSDYNA 中的 ERODE 值大于 1.08 时，单元的侵蚀就会发生，本文用混凝土在给定应变率下的动态增长因子 (DIF) 来定义这种强度增强。在 CEB 1990 规范中给出了混凝土抗压强度的 DIF(CDIF) 如下[15]：

$$\mathrm{CDIF} = \frac{f_{\mathrm{cd}}}{f_{\mathrm{ts}}} = \begin{cases} \left(\dfrac{\varepsilon_{\mathrm{cd}}}{\varepsilon_{\mathrm{cs}}}\right)^{1.026\alpha} & \text{for } \varepsilon_{\mathrm{cd}} \leqslant 30\mathrm{s}^{-1} \\ \left(\dfrac{\varepsilon_{\mathrm{cd}}}{\varepsilon_{\mathrm{cs}}}\right)^{\frac{1}{3}} & \text{for } \varepsilon_{\mathrm{cd}} > 30\mathrm{s}^{-1} \end{cases} \tag{1}$$

式中：f_{cd}——应变率 $\varepsilon_{\mathrm{cs}}$ 下的动态抗压强度；

f_{ts}——应变率 $\varepsilon_{\mathrm{cs}}$ 下的静态抗压强度。

(2) 栓钉材料模型

栓钉材料使用关键字 * MAT_PLASTIC_KINEMATIC (MAT_003) 进行模拟，该材料模型适用于模拟钢的弹塑性，可以模拟等向强化和随动强化。当栓钉的最大主应变应变超过 0.14 时，栓钉单元退出工作。该模型应变率增强因子计算为：

$$\mathrm{DIF}s = 1 + \left(\frac{\varepsilon}{C}\right)^{\frac{1}{P}} \tag{2}$$

式中：ε——钢筋的应变率；

C、P——Cowper-Symonds 模型的应变率参数。

(3) 钢丝材料模型

* MAT_PEACEWISE_LINEAR_PLASTICITY_TYPE(MAT24) 定义钢丝，它是一种弹塑性材料，具有任意应力与应变曲线的关系，并且可以定义任意应变速率依赖性。此外，还可以定义基于塑性应变或最小时间步长的失效。

(4) 钢板材料模型

* MAT_JOHNSON_COOK(MAT_015) 模型可以反映金属材料的应变强化、应变率敏感性和热软化效应，适合模拟钢板。J&C 模型的米塞斯等效流动应力表示见下式：

$$Y = (A + B\varepsilon_{\mathrm{P}}^{n})(1 + C\ln \varepsilon_{\mathrm{P}}^{*})(1 - T_{\mathrm{H}}^{m}) \tag{3}$$

式中：ε_{P}——有效塑性应变；

$\varepsilon_{\mathrm{P}}^{*}$——归一化有效塑性应变率；

T_{H}——$(T - T_{\mathrm{room}})/(T_{\mathrm{melt}} - T_{\mathrm{room}})$ 给出的同源温度；

A——初始屈服应力；

B——硬化常数；

n——硬化指数；

C——应变速率常数；

m——热软化指数。

2.4　网格尺寸及接触算法

经过前期试算发现,选用网格尺寸为 10 mm 时,能够在提高计算效率的同时,保证结果的准确性。因此网格尺寸被规定为 10mm × 10mm × 10mm,单元个数为 271137 个。

本次模拟采用 LSDYNA 关键字 * CONSTRAINED_LAGRANGE_IN_SOLID 将钢丝和混凝土单元进行耦合,使钢筋与混凝土单元之间无摩擦滑动,从而允许在整个结构上均匀网格化。此外,该约束方法提供了混凝土网格划分与钢筋位置的独立性,为参数化研究提供了可行性。在钢板与结构之间定义 TIED_SURFACE_TO_SURFACE 接触算法,保障钢板与混凝土之间的紧密连接。

2.5　数值结果分析

在 HYPERMESH 中进行 K 文件的修改后导入 LSDYNA 显式求解器进行数值计算和分析,得到爆炸场景下钢混组合板的试验结果。与数值模拟结果对比,由于数值模拟和试验中钢板均未发生屈服,从混凝土的损伤结果可以看出,数值计算的钢筋混凝土板的损伤模式与参考试验结果基本一致。

相关数值计算结果见图 3 ~ 图 7。

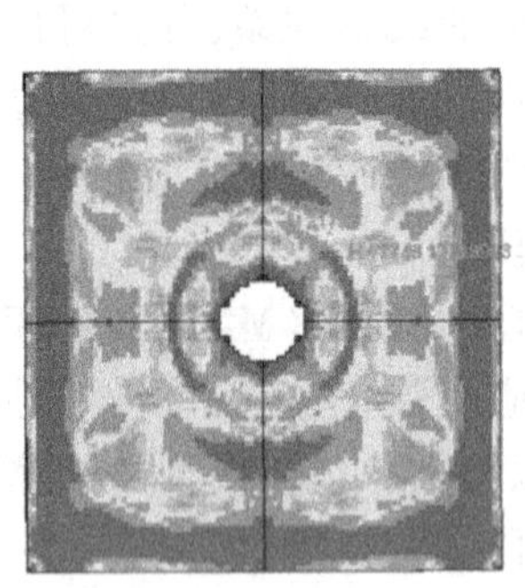

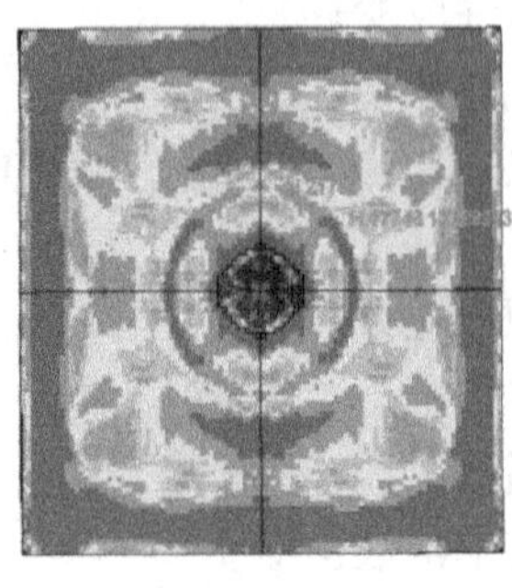
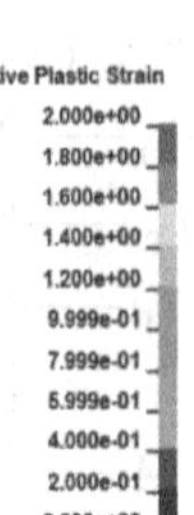

图 3　爆炸后混凝土板及钢混组合板破坏结果

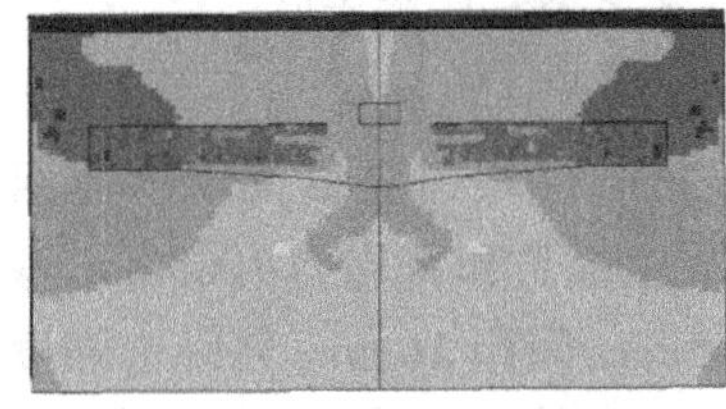

1.5ms时组合板塑性应变

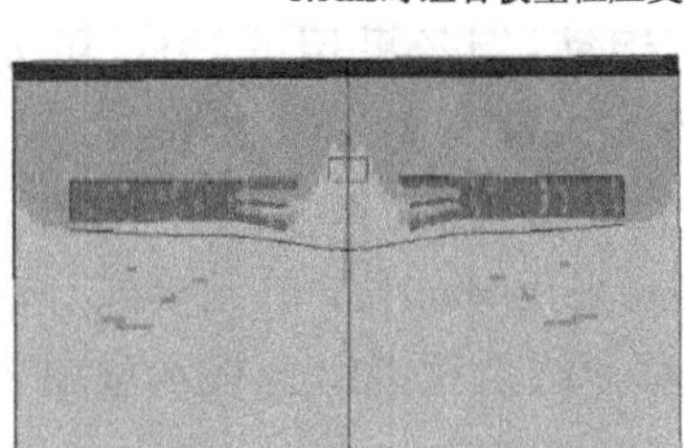

3ms时组合板塑性应变

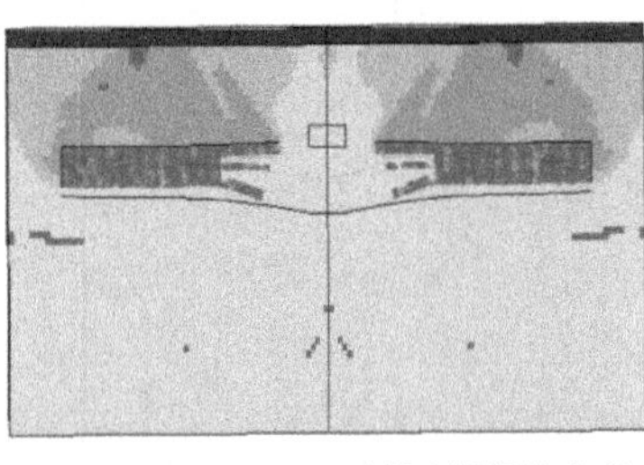

5ms时组合板塑性应变

图 4　爆炸过程中组合板等效塑性应变图

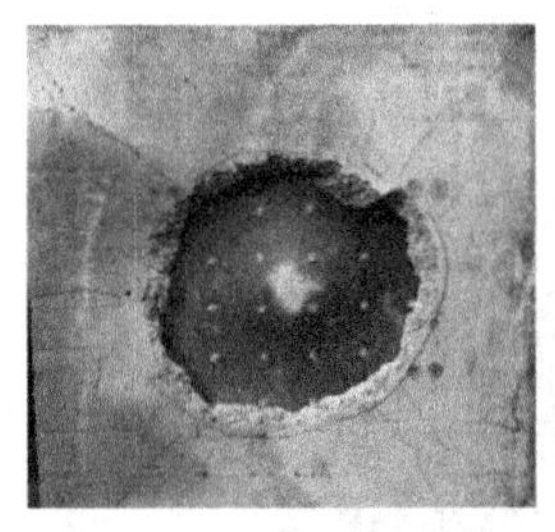

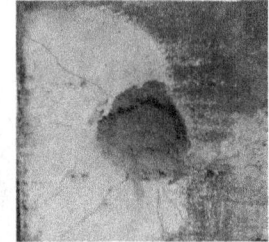

图 5　验证试验结果示意图

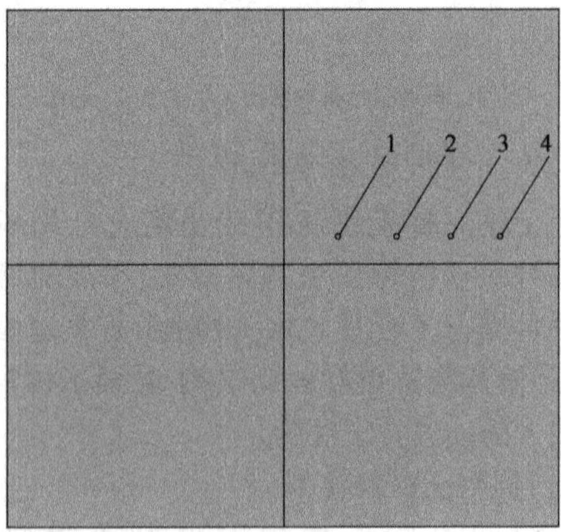

图 6　钢混组合板不同位置测点

由图 7 可见,当爆炸冲击波到达结构表面时,爆炸中心 1 点处钢混组合板所受爆炸压力最大,压力值几乎瞬间达到峰值；当爆炸冲击波离开近点区域向自由边界横向移动时，压力值逐渐减小。随后衰减至大气压力。总体上看，数值模拟的超压峰值结果符合自由空气场爆炸时冲击波的传播规律。

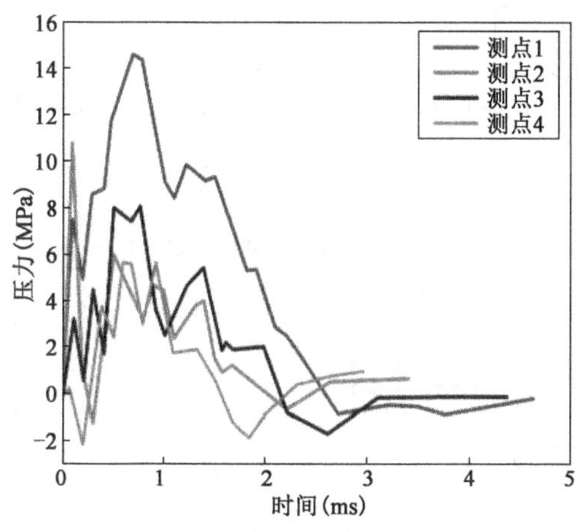

图7 钢混组合板压力峰值图

3 钢混组合箱梁桥动态响应分析

在钢混组合构件的数值分析方法基础上，对钢混组合箱梁桥的损伤过程进行探究。建立箱梁桥的动力分析模型，通过显式动力学分析程序 Ansys/LSDYNA 对不同爆炸条件下的组合箱梁桥进行数值分析，总结其受爆特征。

3.1 桥梁模型建立

参考钢设计通用图纸，建立单跨钢混组合箱梁桥数值分析模型。全桥长91m，宽49m。网格尺寸为40cm×40cm，单元个数71820个，钢混凝土组合梁桥的顶板、腹板均为钢结构，采用 shell181 单元模拟；桥面板尺寸同梁桥顶板，厚度80mm，采用 Solid65 单元模拟；网格尺寸为 40cm×10cm×40cm，钢箱梁及网格划分如图8所示。

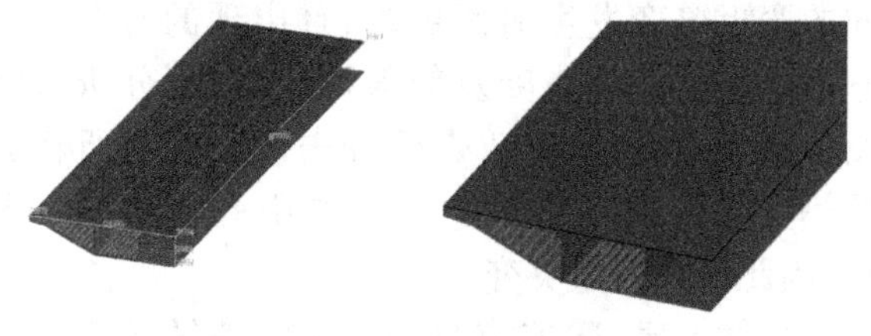

图8 钢箱梁及网格划分示意图

3.2 爆炸作用规律

为了明晰钢混组合箱梁在受爆过程中冲击波的作用规律，选择比例爆距 $Z=0.2\text{m/kg}^{1/3}$，炸药当量100kg，起爆位置发生在钢混组合箱梁跨中上方时的工况进行分析。图9为钢混组合单梁跨中位置在爆炸过程中的应变云图。

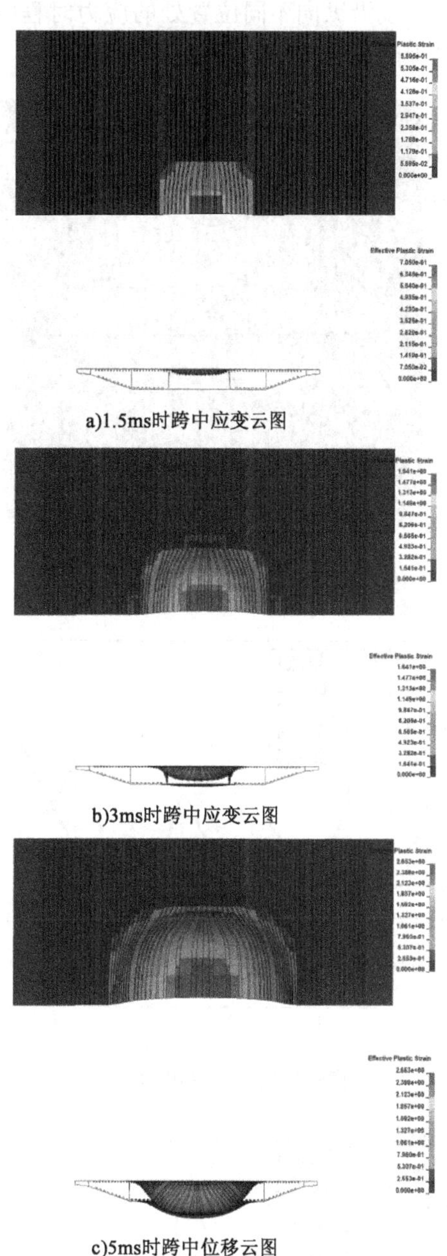

a)1.5ms时跨中应变云图
b)3ms时跨中应变云图
c)5ms时跨中位移云图

图9 钢混组合梁的爆炸应变云图

在自由空气爆炸荷载下，爆炸冲击波呈球面状自爆炸投影点不断向四周扩散，在 $t=0.15$ ms时，压力峰值发生在跨中钢板处；$t=0.3$ms 时，冲击波产生的能量导致桥面发生冲剪破坏；$t=0.5$ms时随着爆炸冲击波的传播，冲击波阵面的表面积增加导致能量损失，同时周围的空气在爆炸后压缩导致温度升高，能量损耗。结构上的压力开始衰减。桥面变形达最大值。

选取钢箱梁顶板上的不同位置单元,提取爆炸过程中时程曲线,分析结构上不同位置处的响应,选取的特征点如图10所示。图11为钢箱梁顶板中心线沿纵向不同位置处的应力时程曲线及弯矩时程图。

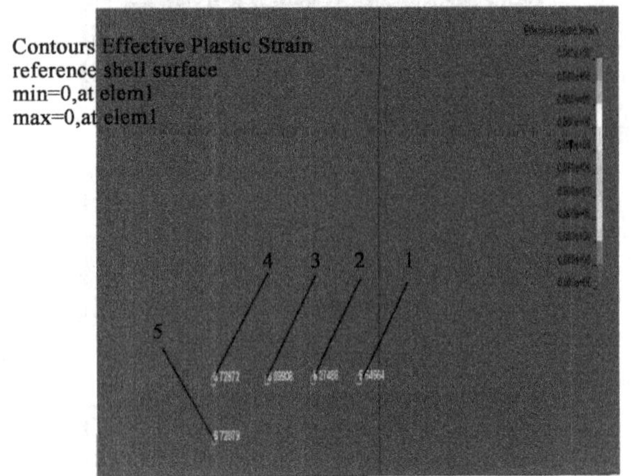

图10　钢混组合箱梁桥面测点

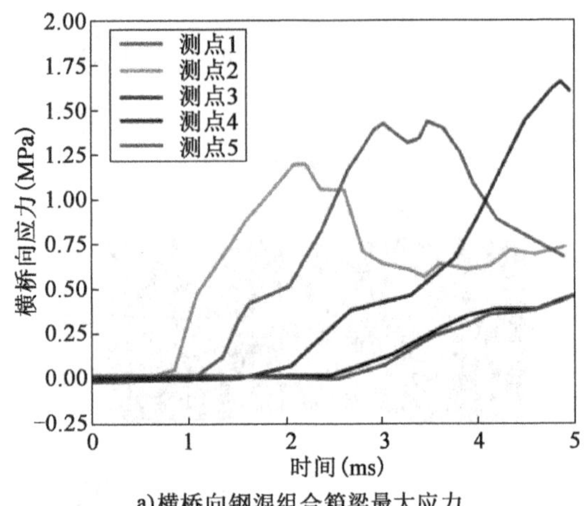

a)横桥向钢混组合箱梁最大应力

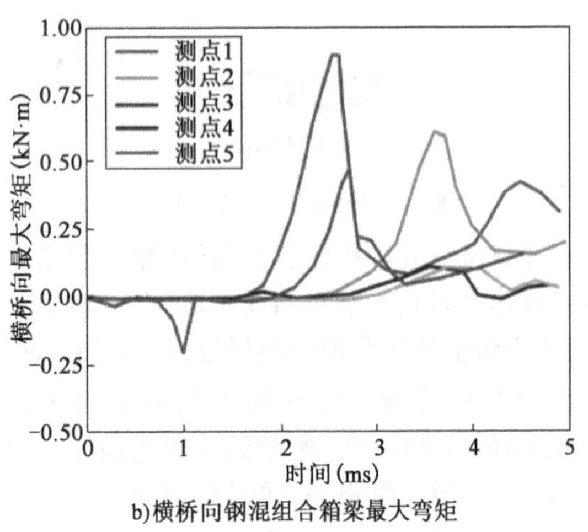

b)横桥向钢混组合箱梁最大弯矩

图　11

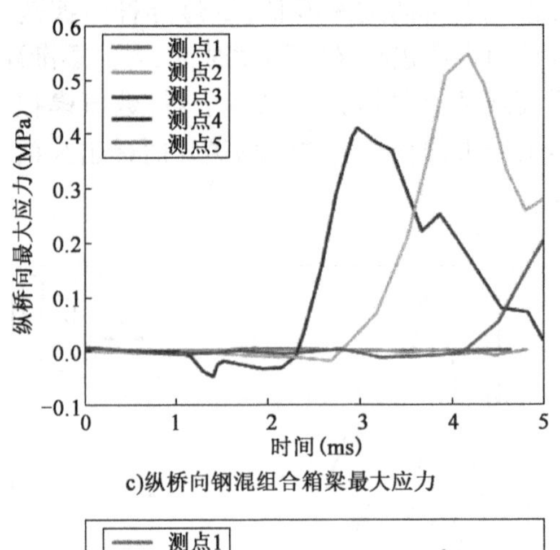

c)纵桥向钢混组合箱梁最大应力

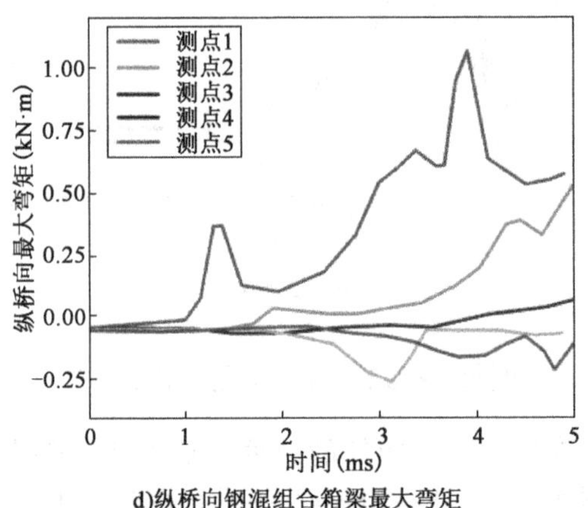

d)纵桥向钢混组合箱梁最大弯矩

图11　应力与弯矩时程曲线

从图11可以看出,爆炸冲击波所导致的结构应力随着距离爆源的距离增加逐渐衰减,衰减速度呈现先快后慢的趋势并且产生峰值位移的时间逐渐滞后。当爆炸冲击波到达结构表面时,压力值几乎瞬间达到峰值,随后衰减至大气压力。当距爆源投影点一定距离时,产生的反射波与入射波的相互作用会使压力继续增加,出现二次超压峰值,最终逐渐衰减至零。

各测点弯矩时程发展曲线与应力时程曲线相似,区别在于横桥向桥面测点在爆炸冲击波产生时,会伴随出现一个负弯矩突变;相比而言,纵桥向的弯矩突变发生时间更晚,且出现的弯矩为正弯矩。经过文献查阅及数值模拟,猜测分析弯矩发生突变的原因在于,爆炸冲击波产生时所释放的热量与结构在爆炸冲击波作用的瞬间产生振动,因此导致弯矩突变。

总体上看,数值模拟的超压峰值结果符合自由空气场爆炸时冲击波的传播规律。

4　结语

本文利用Ansys及LSDYNA有限元软件显示

动力学模块研究了在爆炸作用下钢混组合箱梁的破坏机理，得到以下结论：

(1)基于数值模拟结果与实验结果对比可以发现，在钢混组合板中心发生接触爆炸时，钢混组合板的迎爆面发生冲切破坏，爆坑内钢筋裸露，裂缝由爆坑中心向四周发散，而背爆面由于钢板的支撑，混凝土损伤比迎爆面要小。

(2)空气中爆炸情况下，网格尺寸保持在10mm 左右时，数值模拟得到的精确度很高。当比例距离 $Z = 0.2 m/kg^{1/3}$ 时，跨中桥面上方爆炸造成桥梁的顶板和腹板变形程度较大，箱室内部几乎完全变形。

(3)桥面上方爆炸时，压力峰值发生在跨中钢板处、桥面发生冲剪破坏；在周围空气压缩以及温度影响下，跨中桥面为变形最大值，在比例距离与炸药量等参数不变的情况下，箱梁跨中受爆炸损伤最为严重，在进行桥梁抗爆设计时应着重考虑。

参考文献

[1] 朱新明，蒋志刚，白志海．交通恐怖袭击特点及反恐措施研究[J]．国防交通工程与技术，2011,9(1):4-7.

[2] 朱新明．钢箱梁爆炸冲击局部破坏数值模拟研究[D]．长沙：国防科学技术大学，2011.

[3] D S H. Global Terrorism database[DB]. The U. S. Department of Homeland Security,2018.

[4] 葛强胜，方绪怀，郭跃．大型桥梁抗激光制导炸弹袭击对策探讨[J]．国防交通工程与技术，2003,19(4):24-27.

[5] 胡志坚，胡钊芳．桥梁结构爆炸荷载特性研究[C]//中国土木工程学会桥梁结构分会．第十九届全国桥梁学术会议论文集．北京：人民交通出版社，2010:771-776.

[6] YAO S, ZHANG D, CHEN X, et al. Experimental and numerical study on the dynamic response of RC slabs under blast loading [J]. Engineering Failure Analysis,2016,66:120-129.

[7] ZHANG D, YAO S, LU F, et al. Experimental study on scaling of RC beams under close-in blast [J]. Engineering Failure Analysis,2013, 33:497-504.

[8] YAN J, LIU Y, BAI F, et al. Dynamic response of GFRP-reinforced UHPC beams under close in blast loading [J]. Materials & Design, 2022, 223:111140.

[9] MOHAMMED TESFAYE ALEMU , SOLOMON ABEBE. Numerical investigation of steel-concrete composite (SCC) beam subjected to combined blast-impact loading[J]. Heliyon,2022,8.

[10] LIU SANFENG, et al. " Blast responses of concrete beams reinforced with Steel-GFRP composite bars. " Structures. Vol. 22. Elsevier, 2019.

[11] LI Y, HE S. Research of steel-concrete composite bridge under blast loading[J]. Advances in Civil Engineering,2018,5748278.

[12] PAN Y, VENTURA C E, CHEUNG M M S. Performance of highway bridges subjected to blast loads [J]. Engineering Structures, 2017, 151:788-801.

[13] 耿少波，刘亚玲，薛建英．钢箱梁缩尺模型爆炸冲击波作用下破坏实验研究[J]．工程力学，2017,34(S1):84-88.

[14] 刘亚玲，耿少波，刘玉存，等．钢箱梁抗爆试验中冲击波超压测试方法研究[J]．中北大学学报(自然科学版)，2018，39(5)：609-620.

[15] BétonCE-Id. CEB-FIP model code 1990 Design code[M]. Thomas Telford Publishing,1993.

汉江一桥受船舶撞击的有限元数值分析

魏　红*　魏　进
(长安大学公路学院)

摘　要　船-桥碰撞事故往往会造成巨大的财产损失和危及生命安全,通过有限元数值模拟对船-桥碰撞问题进行深入研究。利用 ABAQUS 建立船-桥碰撞模型分析不同工况下的碰撞过程。主要影响船-桥碰撞结果的因素包括碰撞时的水位情况和碰撞角度。数值模拟结果表明:碰撞时角度和水位不同,撞击结果也不尽相同。对比有限元软件得出的结果与现有规范及经验公式计算的结果,发现现有规范和经验公式都有各自局限性,在运用规范及经验公式计算撞击力时,应依据依托工程合理选取。

关键词　桥梁工程　船-桥碰撞　有限元分析　撞击力　桥墩损伤

0　引言

我国桥梁数目众多,而且数字还在不断增长。其中内河航运在国民经济发展中扮演着重要的角色,而桥梁作为内河航运的交通枢纽其地位重大。大量桥梁的建设为中国经济的快速发展做出了巨大贡献,但也存在一些问题。跨越河流和海峡的桥梁在一定程度上阻碍了航运。特别是随着中国桥梁建设事业的快速发展,跨越河流和海峡的桥梁越来越多。而船舶的吨位不断加大,速度也不断加快,朝着专业化、快速化和大型化的方向不断进步[1]。而桥梁建设也在追求快速化、轻量化、高承重、大跨度等目标。同时,水运繁忙流域的桥梁受限于航道等级、河流汛期、水位变化频繁等问题,航道运输安全风险随之不断增大。因此船桥相撞的事故发生概率不断增大。由此造成的破坏越来越严重,导致桥梁结构损坏、船只失事,甚至造成生命损失、重大经济损失和海洋污染等更严重的问题[2]。

1　船舶撞击桥梁经典计算公式

1.1　沃尔逊(Woisin)公式

丹麦教授 Woisin 在 24 组船舶碰撞桥梁缩尺模型的碰撞试验的基础上,提出结构损伤深度概念,结合能量守恒、动能定理编写了 Woisin 平均撞击力公式[3],具体如下:

$$P_{ave} = \frac{\Delta E}{a} \tag{1}$$

式中:P_{ave}——平均撞击力(kN);

ΔE——损失能量(J);

a——船舶和桥梁组成的碰撞系统在撞击方向的损伤深度(m)。

另外,Woisin 在假设桥梁为刚体的前提下还总结出一套刚性桥墩的经验公式,主要是关于时间平均的有效撞击力计算公式:

$$P_t = 0.88\sqrt{\mathrm{DWT}} \pm 50\% \tag{2}$$

式中:DWT——船舶质量(t)。

1.2　AASHTO 规范-船撞力计算公式

美国国家公路与运输协会标准(American Association of State Highway and Transportation Officials, AASHTO)规范在 Woisin 模拟结果的基础上进一步简化了计算公式,得出船舶正撞桥梁等效静态力计算公式:

$$P = 0.98\,(\mathrm{DWT})^{1/2}(V/8) \tag{3}$$

式中:V——船舶撞击防撞岛时的速度(m/s)。

1.3　欧洲规范公式

$$P = V\sqrt{KM} \tag{4}$$

式中:V——船舶撞击速度(m/s);

K——碰撞体等效刚度(N/m);

M——船舶质量(t)。

1.4　我国《铁路桥涵设计规范》(TB 10002—2017)

$$P = \gamma \times V \times \sin\alpha \times \sqrt{\frac{W}{C_1 + C_2}} \tag{5}$$

基金项目:陕西省交通厅科技项目(22-24K)。

式中：γ——动能折减系数，当船舶斜向撞击时取为0.2，正向撞击时取为0.3；

α——船舶与防撞岛撞击面的夹角；

W——船舶质量(kN)；

C_1——船舶的弹性变形系数；

C_2——防撞岛的弹性变形系数，当缺乏资料时，可假定 $C_1 + C_2 = 0.0005$。

1.5 其他方法

北欧公共道路管理局对在公共道路系统中的桥梁和渡轮的碰撞力计算公式如下：

$$P = 0.5\,(\mathrm{DWT})^{1/2} \tag{6}$$

2 桥梁撞击有限元分析

2.1 工程概况

汉江一桥如图1所示，位于安康市汉滨区，桥梁全长为482.03m，安康岸引线工程50.0m。主桥上部结构由11孔预应力混凝土T梁组成，两边孔跨径38.5m，中孔跨径44.0m。汉江一桥位处航道等级为I级，船舶习惯性航道、设计航道均沿主通航孔，桥位处河道偏右岸，左岸滩地宽阔，主通航孔及辅助通航偏右岸。正常通航水位时2～9号桥墩船舶均可达，存在船舶撞击的可能性。

图1 安康市汉江一桥

主要技术指标：该桥梁采用C40混凝土，墩身均采用C30混凝土，承台采用C25混凝土，桩基采用的是C20混凝土。

根据现场走访、船民调查及结合航道评估资料综合考虑，汉江一桥航道内船舶主要类型为民用中型船舶，在航道内的正常行驶速度 V 取3.0m/s，DWT = 200t[4]。

汉江一桥航道内代表船型参数见表1。

汉江一桥航道内代表船型参数　　表1

船舶类型	满载吨位(t)	满载吃水深度(m)	总长/型宽(m)
民用运载船	200	3.0	15/4.5

2.2 有限元模型建立

由桥墩、桥桩和承台基础三部分组成计算模型桥梁下部结构，其中桥墩和承台采用C40混凝土，桩基础采用C30混凝土。采用六面体单元划分，桥梁整体有限元模型见图2，有限元网格划分效果图见图3。为了简化模型及减小计算量，计算中未考虑上部桥梁重量和混凝土内部钢筋作用[5]。

图2 桥梁整体有限元模型

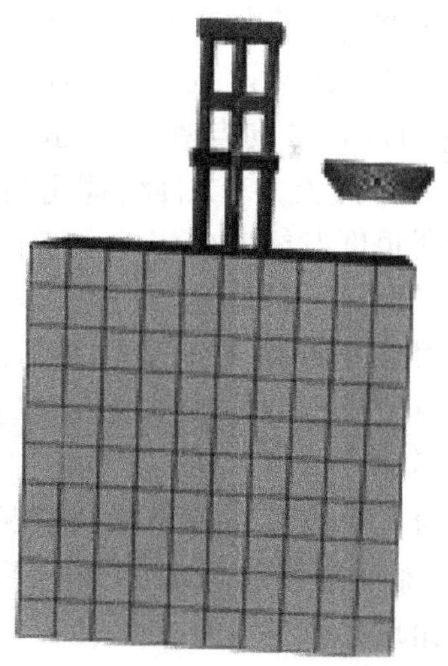

图3 有限元模型网格效果图

2.3 桥墩撞击力分析

船撞力计算是研究船桥碰撞过程的荷载传递

机理、动态响应过程及撞后损伤评价不可缺少的一环。现有船撞力分析方法包括等效静力法、瞬态分析法、简化的船桥碰撞模型试验有限元分析方法。对于不同理论与分析方法,其计算方案所考虑的侧重点也具有差别。调研现有主流船桥碰撞理论及行业规范推荐的船舶碰撞力计算公式,对经典碰撞理论及现有船撞力计算公式进行对比分析,并将各规范公式的计算结果与后续有限元船撞力的模拟结果进行验证与对比分析[6]。

(1)各经典船桥碰撞理论均基于能量守恒与动能定理开展研究分析,各经典理论均基于速度-质量体系展开分析,但不同碰撞理论所考虑的因素权重具有较大差异。

(2)Woisin 公式、AASHTO 公式、欧洲统一规范、中国规范公式的船撞力分析方法各有不同,但落脚点都指向简化船撞力的计算过程以满足桥梁工程防撞设计的计算需求。

(3)各国规范均考虑了桥梁防撞安全系数及船舶碰撞速度的修正方法,但不同规范使用的修正理论及分析方法存在明显差别,对于重要特大型桥梁防撞设计需根据实况具体分析。

根据各国规范计算的最大船撞力见表 2。可以看出,根据欧洲标准公式计算的最大船舶撞击力为 9500kN,而根据 AASHTO 标准公式计算得到的撞击力最小,仅为 500kN。实际校核时具体情况具体分析可适当折减。

现有规范和经验公式计算的最大撞击力　　表 2

方法	考虑因素				计算结果(kN)
	船的质量	附连水质量	冲击时间或刚度	船速或角度	
Woisin	√	√	√	√	1300
AASHTO	√	√	√	√	500
欧洲规范公式	√	√	√	√	9500
铁路桥涵设计规范	√	√	√	√	2690
北欧公共管理局公式	√	√	√	√	700

2.4　有限元数据分析

2.4.1　撞击角度分析

船舶撞击桥梁是随机事件,所以船舶撞击桥梁的方向也是不可预测不能确定的,一般来说非正向的碰撞方向更加常见。根据撞击力计算公式《铁路桥涵设计规范》(TB 10002—2017)中,船舶运动方向与桥墩撞击点之间的切线角被定义为撞击角。因此,撞击桥墩同一位置但是不同角度对桥墩的影响也不同。对于本文依托项目汉江一桥研究当船舶以不同角度撞击桥墩是否会引起撞击结果的差异,下面将通过有限元数值模拟分析来说明不同的角度对撞击结果的影响[7]。

考虑分为三个角度在较高水位情况下船舶与桥墩碰撞,船舶撞击桥墩时并未与承台发生接触。三个角度依次为 30°、60°、90°。首先考虑正向撞击也就是角度为 90°的时候船舶撞向桥墩。船-桥碰撞示意图如图 4 所示[8-10]。撞击力曲线(横桥向)如图 5 所示,下部结构应力显示如图 6 所示。

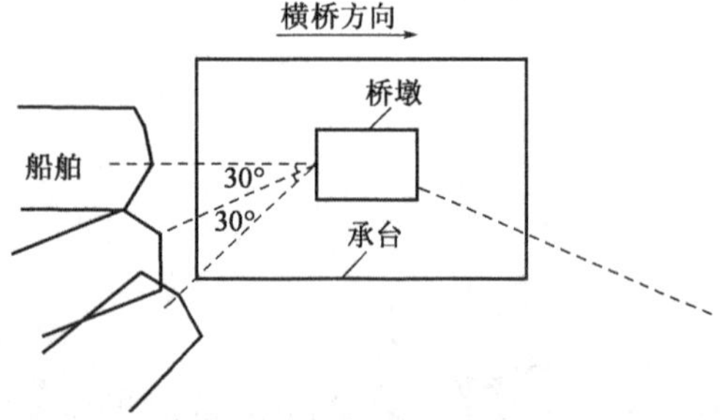

图 4　撞击示意图-横桥向

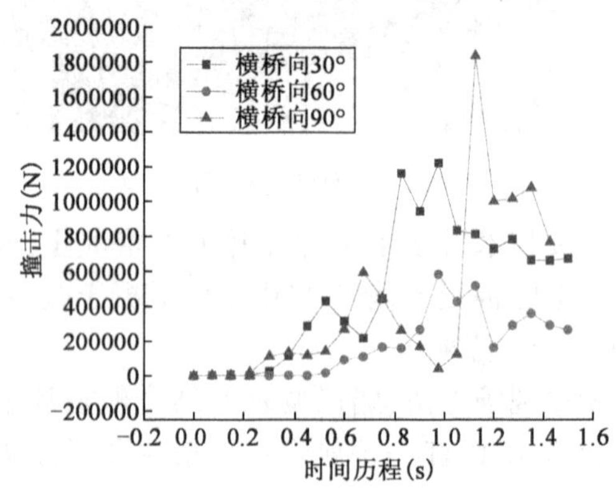

图 5　撞击力曲线(横桥向)

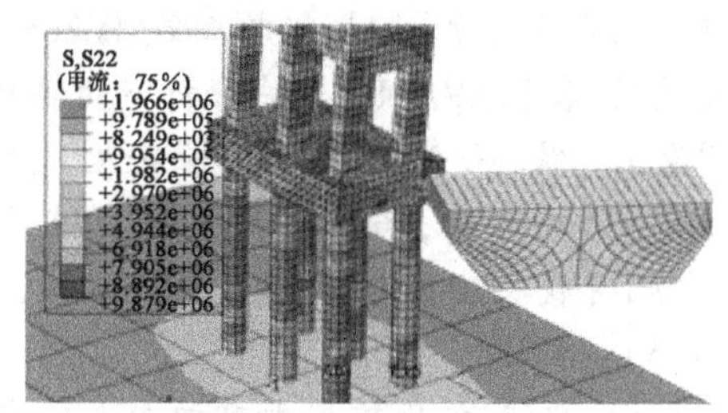
图6　下部结构应力显示

通过观察图5可知：撞击角度不同会产生不同的撞击结果。当船舶以90°方向撞向桥墩时撞击力较大但是持续时间很短。在1.6s时刻碰撞过程基本结束，撞击力峰值达到20MN。这表明，船舶的初始动能在碰撞开始后立即转化为船舶和桥梁的变形能。碰撞时碰撞角为60°时，撞击力明显减小，最大撞击力仅为6MN，但接触时间增加，撞击力在达到峰值后保持稳定呈裙齿状。通过观察动态碰撞过程可知，由于船舶撞击桥墩后导致初始移动方向发生改变，船舶与桥梁持续发生摩擦碰撞导致了这种结果。当撞击角度为30°时，撞击力比撞击角度60°时大但是小于正向撞击时的撞击力。这是因为船只撞击横桥的角度不同。

综上可知，当船舶以90°撞击角度撞击桥墩时，撞击力最大，对桥梁造成的破坏也最大，而斜向撞击桥墩与之相比，撞击力有所减小。

2.4.2　水位对撞击结果的影响

本文对于汉江一桥不同水位情况下船-桥碰撞接触位置有着明显的差异，上游水库蓄水后最高水位241.0m为水位一，最大冲刷线229.2m为水位二，大桥最低通航水位三为215.0m。所以在设计最低水位情况下，若船舶与桥墩发生碰撞只会与桥墩承台接触。图7为汉江一桥下部结构侧面图。

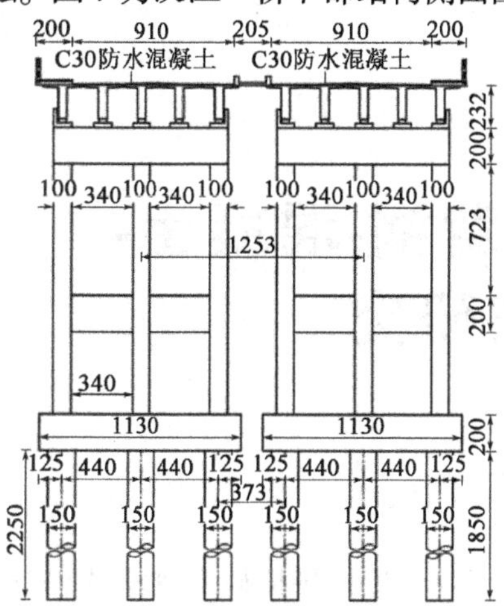

图7　汉江一桥下部结构侧面图（尺寸单位：cm）

首先观察撞击力时程曲线（图8～图10）发现，船在不同水位情况下撞击桥时，撞击力时程曲线具有相似的变化形式[11]，三种水位下碰撞持续时间基本相同，但撞击力峰值不相同。其中水位一时撞击力峰值达到23MN，在三种水位中撞击力峰值最大，当驳船撞击抗侧刚度较大的桥墩时，冲击力曲线的峰值更高、波形更陡峭。相比之下，位于水位二时，冲击力峰值较低、波形更平缓，接触时间更长。水位三也就是水位最低时，这时船舶撞击的主要位置是桥墩承台部分，撞击力峰值较水位一时小了很多，只有18MN，是三种水位里最小的；撞击持续时间1.2s。船舶撞击承台时造成的撞击后果较船舶撞击桥墩造成的后果要小一点。

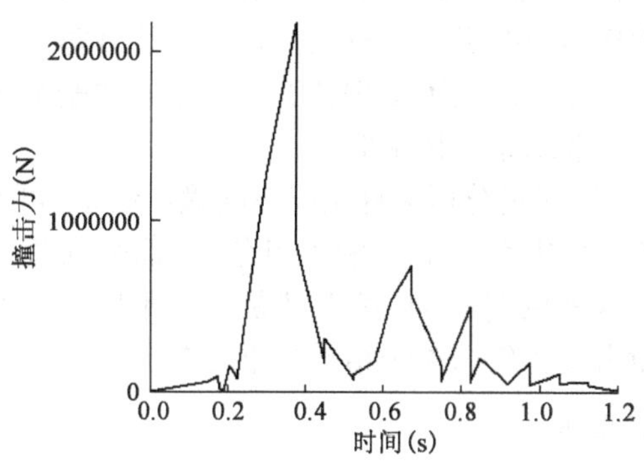

图8　水位一

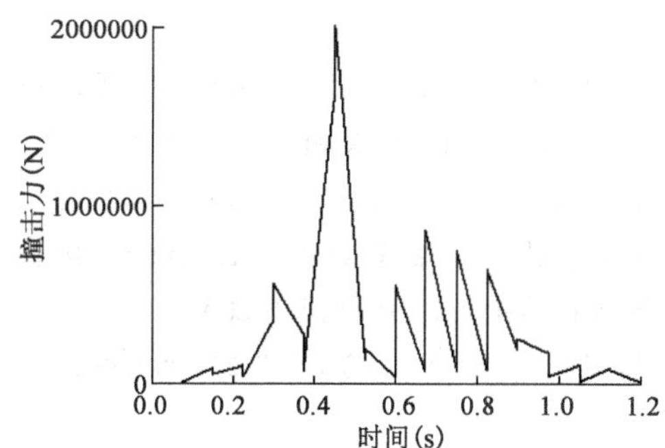

图9　水位二

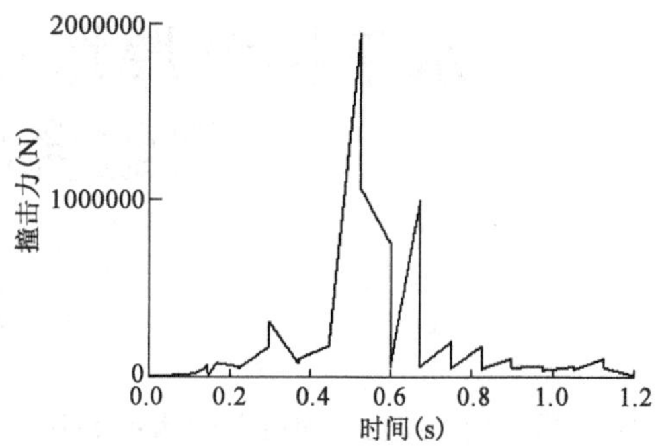

图10　水位三

3 结语

通过将经验公式与现有规范中船舶和桥梁之间撞击力的计算方法进行比较和分析,对发生200DWT 船舶碰撞的汉江大桥下部结构进行了有限元分析。通过对该桥的应力、应变和损坏面积进行比较和分析,得出以下结论[12]:

(1)对于不同规范计算出的最大冲击力,由于应力集中的影响和混凝土破坏标准复杂且难以确定,计算出的桥梁与 200DWT 船舶碰撞时的冲击力越大,破坏面积也越大。将有限元模型分析得出的船舶撞击力与使用各种技术规范中给出的公式计算得出的结果进行比较。结果表明,中国现行技术规范确定的船舶撞击力与试验结果非常接近,桥梁在受到 200DWT 船舶撞击时所能承受的最大撞击力接近铁路桥梁设计中一般计算的最大撞击力 27MN。而 AASHTO 规范计算的船舶撞击力与试验结果相比偏低。

(2)通过分析多种工况下的撞击结果,可看出水位对撞击结果的影响不可忽视,船舶在撞击桥墩时水平位置不同,撞击结果也会不同。船舶正向撞击要比斜向撞击结果严重得多。

参考文献

[1] 《中国公路学报》编辑部. 中国桥梁工程学术研究综述,2021[J]. 中国公路学报,2021,34(2):1-97.

[2] 交通运输部综合规划司. 2014 年交通运输行业发展统计公报中国交通报[N]. 2015-4-30(2).

[3] WOISIN G. Ship-Structural Investigation for the Safety of Nuclear Powered Trading Vessel[C]//Berlin, Germany, 1971:225-263.

[4] 刘建成,顾永宁. 船-桥碰撞力学问题研究现状及非线性有限元仿真[J]. 船舶工程,2002(5):4-9.

[5] 袁星星. 基于 ABAQUS 显式分析下的船舶撞击桥梁上部结构研究[D]. 西安:长安大学,2019.

[6] 曲慧明,杨海平,马悦,等. 某斜拉桥动力稳定、风荷载及船撞分析[J]. 重庆建筑,2020. 19(3):48-51.

[7] 吴永固,耿波,汪宏桥梁船撞动力有限元数值模拟分析. 重庆交通大学学报(自然学版),2010,29(5):681-684.

[8] DAVID R. COWAN, GARY R. CONSOLAZIO, MICHAEL T. DAVIDSON. Response-Spectrum Analysis for Barge Impacts on Bridge Structures [J]. Journal of Bridge Engineering, 2015.

[9] GEORGE C KANTRALES, GARY R CONSOLAZIO, DAVID WAGNER et al. Experimental and Analytical Study of High-Level Barge Deformation for Barge-Bridge Collision Design [J]. Journal of Bridge Engineering, 2015.

[10] DANIEL J GETTER, MICHAEL T DAVIDSON, GARY R CONSOLAZIO, et al. Determination of hurricane-induced barge impact loads on floodwalls using dynamic finite element analysis [J]. Engineering Structures, 2015.

[11] MANUEL L, KALLIVOKAS L F, WILLIAMSON E B, et al. A probabilistic analysis of the frequency of bridge collapses due to vessel impact[R]. USA: National Technical Information Service, 2006.

[12] PENG Y, LSSAM E H, MICHADE T D. Multi-barge Flotilla Collision Forces on Bridge [R]. University of Kentucky: Kentucky Transportation Center, 2008.

水下接触爆炸作用下气背钢-混凝土-钢组合板的数值研究

刘 强*

(长安大学公路学院)

摘 要 钢-混凝土-钢组合结构是海洋工程中常见的结构形式,其具备抵御各种爆炸情况的能力。为了评估气背钢-混凝土-钢组合板(Steel-concrete-steel Composite Slab, SCS)在水下接触爆炸条件下的抗爆性能。本文建立了高精度三维数值模型,研究了水下接触爆炸作用下气背钢-混凝土-钢组合板的损伤状况。同时还研究了钢板厚度、混凝土强度和炸药当量等因素对气背钢-混凝土-钢组合板抗爆性能的影响。结果表明:提高混凝土强度能够降低结构的塑性损伤,而增加钢板厚度显著减小了钢-混凝土-钢组合板的跨中最大位移。此外,炸药当量与组合板跨中最大位移呈现近似线性关系。

关键词 气背钢-混凝土-钢组合板 水下接触爆炸 损伤分析 参数分析

0 引言

作为双钢板组合沉管隧道的重要组成部分,气背钢-混凝土-钢组合板在接触爆炸作用下容易发生局部破坏,进而引起沉管隧道部分结构的失效甚至破坏。目前,我国双钢板组合沉管隧道已成为跨越河流、湖泊和海湾的重要交通方式,因此对气背钢-混凝土-钢组合板在爆炸作用下的损伤破坏进行研究具有重要意义[1-4]。

Hai 等[5]研究了气背钢筋混凝土板在水下爆炸作用下的破坏机理和破坏模式,得到了两种破坏模式:局部破坏和弯曲破坏。Wu 等[6]利用离心机实验和数值方法研究了水下爆炸作用下气垫板的动力响应,讨论了离心力对冲击波和气泡脉动的影响。Taylor[7]证明了空气支撑板在冲击荷载作用下的动力响应比水支撑板更强,并且空气支撑板更容易受到冲击。与空气爆炸相比,在相同爆炸质量下,水下爆炸会对结构造成更严重的破坏。在水下爆炸作用下,气背板的爆炸响应比等装药质量的水背板的爆炸响应更剧烈。然而,在水下接触爆炸研究过程中,气背钢-混凝土-钢组合板的抗爆性却鲜有人关注。

本文利用非线性有限元程序 LS-DYNA 建立了水下接触爆炸作用下气背钢-混凝土-钢组合板的数值模型,对其在水下爆炸作用下的抗爆性能进行了深入研究。

1 模型的建立与验证

1.1 气背钢-混凝土-钢组合板有限元建模

气背钢-混凝土-钢组合板尺寸为 5000mm × 5000mm × 800mm,其中,上、下钢板厚度为 25mm,混凝土层厚度为 750mm。隔板的厚度为 10mm,隔板间距为 1500mm。上 I 型加劲肋尺寸为 35 × 4mm,下 I 型加劲肋尺寸为 50 × 6mm,L 型加劲肋尺寸为 100mm × 63mm × 8mm,加劲肋间距为 300mm。在模型中,空气、水和炸药为采用了单点 ALE 算法的 solid 单元。混凝土、钢板、隔板和加劲肋采用了常应力算法的 solid 单元。采用 300kg TNT 炸药当量,建模时采用高能炸药材料模型,其密度为 1.63t/m^3,炸药的尺寸为 580mm × 580mm × 550mm。模型中气背钢-混凝土-钢组合板所在的水深均为 1m。

空气域采用无条件反射面,来模拟空气的无限域,通过 BOUNDARY-NON-REFL-ECTING 来定义了空气六个面的无反射面。钢板和混凝土采用了自动面面接触;隔板、加劲肋与混凝土之间通过关键字 * CONSTRAINED_LAGRANGE_IN_SOLID 进行耦合;空气、水和炸药采用了共节点;同时,空气、水、炸药和上钢板进行了流固耦合。由于混凝土材料模型无法设置失效参数,故通过添加关键字 * MAT_ADD_EROSION 来控制混凝土单元失效。气背钢-混凝土-钢组合板模型的四个边均为固定约束。为了保证数值模型的求解精度和效率,基于网格敛散性的分析结果,确定混凝土、空气域、水域、钢板和炸药网格尺寸为 50mm,而隔板和加劲肋网格尺寸为 20mm。

水下接触爆炸作用下气背钢-混凝土-钢组合板有限元模型如图 1 所示。

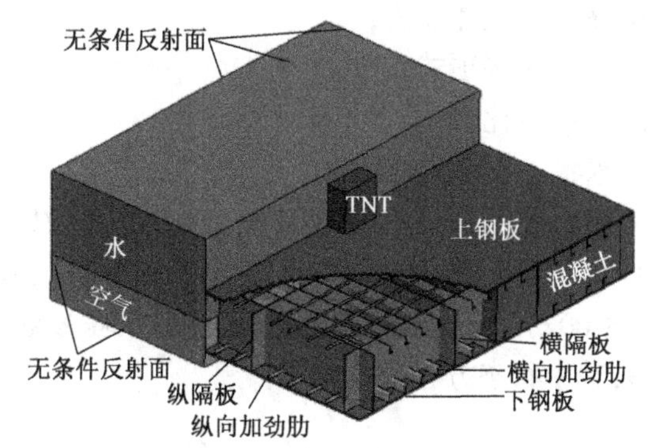

图 1 气背钢-混凝土-钢组合板有限元模型

1.2 材料的本构模型

1.2.1 水、空气和炸药

水使用 * MAT_NULL 材料模型(MAT-009)和

状态方程 * EOS_GRUNEISEN(EOS-004)进行描述,水状态方程参数见表 1,其中状态方程公式如下[8]:

$$P = \frac{\rho_0 C^2 \mu\left[1 + \left(1 - \frac{\gamma_0}{2}\right) - \frac{a}{2}\mu^2\right]}{\left[1 - (S_1 - 1)\mu - S_2 \frac{\mu^2}{\mu + 1} + S_3 \frac{\mu^3}{(\mu + 1)^2}\right]^2} + (\gamma_0 + a\mu)E \tag{1}$$

$$\mu = \frac{\rho}{\rho_0} - 1 \tag{2}$$

式中:　P——水压力;

C、$S_1 \sim S_3$、γ_0——状态方程中的常数;

ρ、ρ_0——当前密度以及参考密度;

E——体积内能。

空气使用 * MAT_NULL 材料模型(MAT-009)和状态方程 * EOS_LINEAR_POLYNO-MIAL(EOS-001)进行描述,空气状态方程参数见表 1,其中状态方程公式如下:

$$P = C_0 + C_1\mu + C_2\mu^2 + C_3\mu^3 + (C_4 + C_5 + C_6\mu^2)E \tag{3}$$

对于理想气体有:

$$C_0 = C_1 = C_2 = C_3 = C_6 = 0 \tag{4}$$

$$C_4 = C_5 = \gamma - 1 \tag{5}$$

$$\mu = \frac{\rho}{\rho_0} - 1 \tag{6}$$

式中:P——气体压力;

$C_0 \sim C_6$——多项式系数;

γ——比热比。

水状态方程参数见表 2。

炸药采用 * MAT_HIGH_EXPLOSIVE_BURN 材料模型(MAT-008)和状态方程 * EOS_JWL(EOS-002)进行描述,具体炸药状态方程参数见表 3,其中状态方程公式如下:

$$P = A\left(1 - \frac{\omega}{R_1 V}\right)e^{-R_1 V} + B\left(1 - \frac{\omega}{R_2 V}\right)e^{-R_2 V} + \frac{\omega E}{Y'} \tag{7}$$

式中:　P——爆轰压力;

V——相对体积;

A、B、R_1、R_2、ω——与炸药类型有关的材料常数。

空气状态方程参数　表 1

C_4	C_5	E_0(MPa)	V_0
1647	0	0.25	1.0

水状态方程参数　表 2

C(m/s)	S	S	S	ω	A	E_0(MPa)	V_0
1647	1.921	-0.096	0	0.35	0	0.2895	1.0

炸药状态方程参数　表 3

A(GPa)	B(GPa)	R_1	R_2	ω	E_0(GPa)	V_0
373	3.74	4.15	0.9	0.35	7	1.0

1.2.2　混凝土

混凝土采用 * MAT_CONCRETE_DAM-AGE_REL3 材料模型(MAT-072R3),即 K&C 混凝土模型。该模型考虑了损伤和应变率的影响,能够有效模拟混凝土材料在高应变率和大变形条件下的力学形为,广泛应用于模拟混凝土在爆炸荷载作用下的受力性能。所选用的混凝土材料为 C50 级混凝土。

1.2.3　钢板、隔板和加劲肋

钢板均采用 * MAT_PIECEWISE_LINE-AR_PLASTICITY 材料模型(MAT-024),即随动和各向同性硬化模型。材料选用 Q345 级钢材。

隔板和加劲肋采用 * MAT_PLASTIC_K-INEMATIC 材料模型(MAT-003),即随动和各向同性硬化模型。材料选用 Q345 级钢材。

2　数值结果分析

采用标定的数值模型,研究气背钢-混凝土-钢组合板在水下爆炸作用下的结构反应。

2.1　气背钢-混凝土-钢组合板的损伤分析

图 2 展示了在 300kg TNT 水下接触爆炸作用下,气背钢-混凝土-钢组合板(SCS)中钢板的有效塑性应变。在爆炸荷载作用下,上钢板被炸穿,并形成了一个尺寸为 113cm × 111cm 的爆坑。下钢板出现盘中凹陷。图 3 为核心混凝土板的有效塑性应变,其中迎爆面形成了 93cm × 92cm 的爆坑,且该爆坑的深度达到了 21cm。通过图 4 可以观察到,在时间的逐渐增加下,组合板的跨中位移逐渐增大,在 5ms 时,跨中位移达到稳定状态,为 -12.26cm。

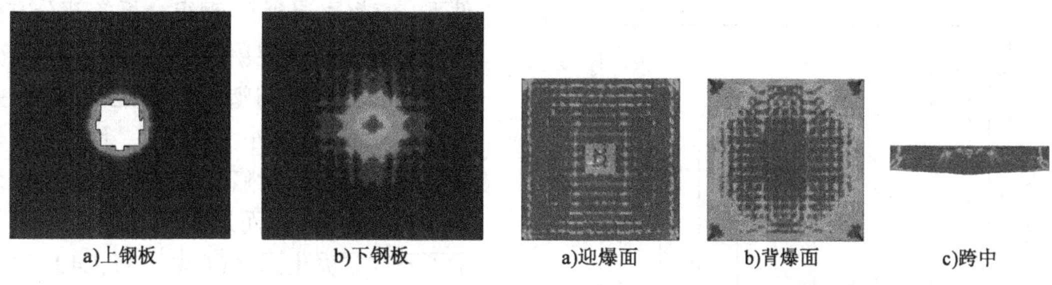

图2 SCS中钢板的有效塑性应变

图3 SCS中混凝土板有效塑性应变

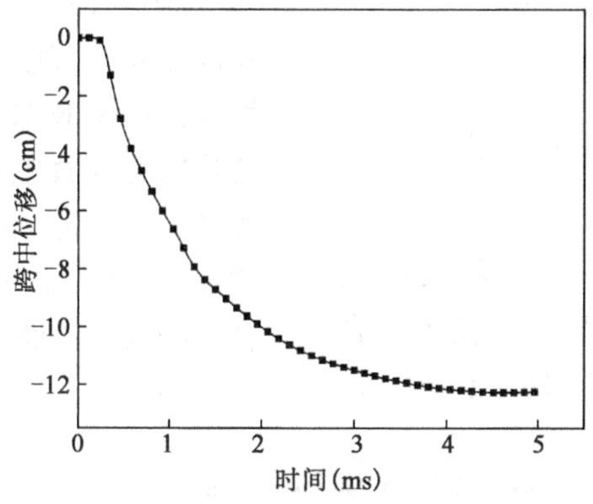

图4 SCS的跨中位移时程曲线

2.2 气背钢-混凝土-钢组合板抗爆性能参数分析

为了研究气背钢-混凝土-钢组合板在水下接触爆炸作用下的抗爆性能,考虑了各种影响因素,即钢板厚度、混凝土强度和炸药当量。选取跨中最大挠度作为气背钢-混凝土-钢组合板抗爆性能的关键指标进行比较,验证其抵抗变形的能力。

2.2.1 钢板厚度的影响

上、下钢板的厚度始终相同,并且同时进行调整。钢板厚度分别为20mm、25mm、30mm、35mm和40mm,其余参数均保持不变,以研究不同钢板厚度下气背钢-混凝土-钢组合板的爆炸响应。图5为不同钢板厚度条件下,气背钢-混凝土-钢组合板中各部分的有效塑性应变。随着钢板厚度的增加,混凝土板的迎爆面和背爆面塑性损伤逐渐减小,同时爆坑的深度由36cm减小至18cm。上钢板的爆坑大小和下钢板的盘中凹陷随着钢板厚度的增加逐渐减小。由图6可见,组合板跨中位移随着时间的增加逐渐增大,在5ms时,跨中位移达到稳定。随着钢板厚度的增加,组合板跨中位移减小,呈现出近似线性关系。上述现象表明,增加钢板厚度显著减小了组合板跨中位移。因此,钢板厚度是影响气背钢-混凝土-钢组合板抗爆性能的显著因素。

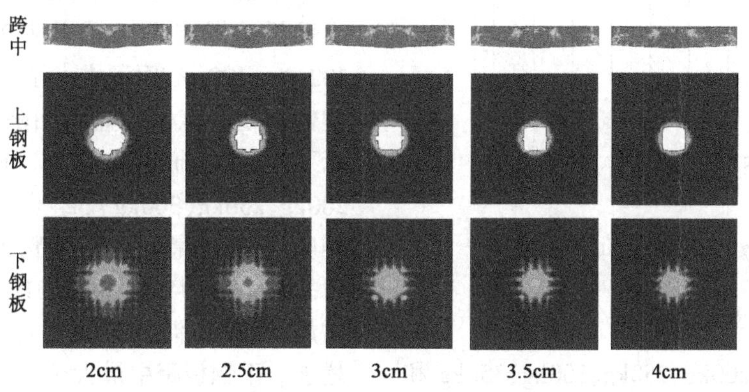

图5 不同钢板厚度时SCS中各部分有效塑性应变

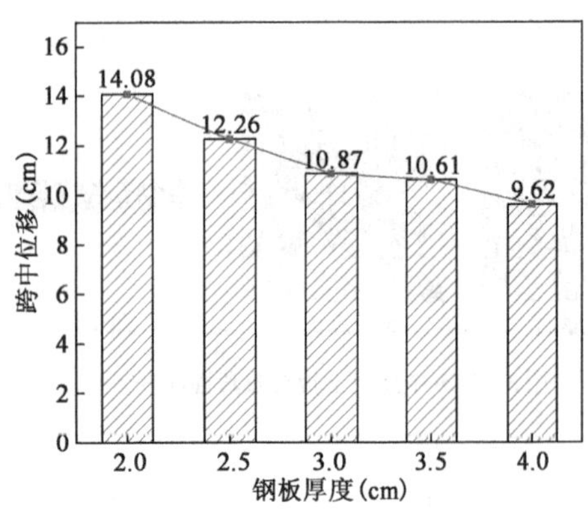

图6　不同钢板厚度时SCS的跨中最大位移

2.2.2　混凝土强度的影响

混凝土分别为C30、C35、C40、C45和C50,其余参数均保持不变,分析不同混凝土强度下组合板的爆炸响应。图7呈现了在不同混凝土强度条件下,气背钢-混凝土-钢组合板各部分有效塑性应变的情况。随着混凝土强度的提高,混凝土板的迎爆面和背爆面的塑性损伤逐渐减小,并导致爆坑深度从28cm减小为25cm。上钢板的爆坑大小和下钢板的盘中凹陷随着混凝土强度的增大呈逐渐减小的趋势,然而这种减小并不显著。图8展示了不同混凝土强度(C30、C35、C40、C45和C50)条件下跨中位移曲线,相应的下钢板跨中最大位移分别为12.40cm、12.28cm、12.28cm、11.56cm和12.26cm。随着混凝土强度的增加,下钢板跨中最大位移呈现波动变化,但波动幅度相对较小。这是因为气背钢-混凝土-钢组合板的抗爆性能主要受到钢板部分的影响,钢板吸收了大部分爆炸能量。因此,增大混凝土强度并不能显著改善组合板的抗爆性能。

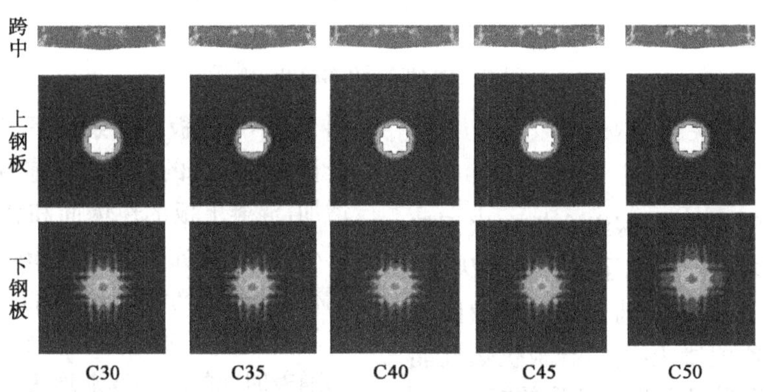

图7　不同混凝土时SCS各部分的有效塑性应变

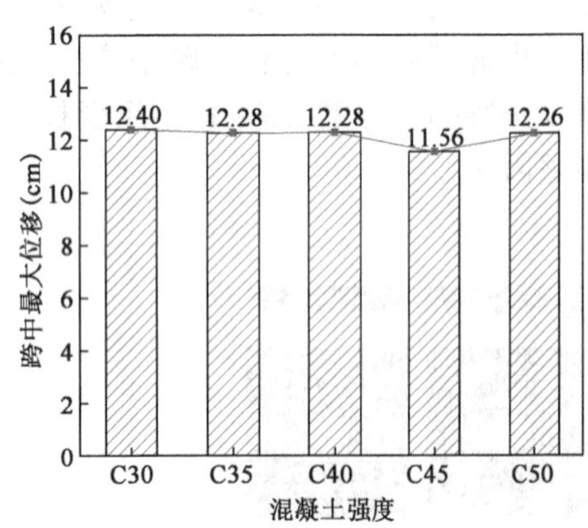

图8　不同混凝土时SCS的跨中最大位移

2.2.3　炸药当量的影响

炸药量分别为200kg、250kg、300kg、350kg和400kg,其余参数均保持不变,分析不同药量下组合板的爆炸响应。图9呈现了在不同炸药当量条件下,气背钢-混凝土-钢组合板各部分有效塑性应变的情况。随着炸药当量的逐渐增加,混凝土板的迎爆面和背爆面的有塑性损伤逐渐增大,且混凝土板迎爆面的爆坑深度由18cm增加到25cm。上钢板的爆坑损伤面积从98cm×91cm增大到132cm×120cm,面积增大了77%。下钢板的有效塑性损伤的范围和盘中凹陷显著增大。图10展示了在不同药量条件下(分别为100kg、150kg、200kg、250kg、300kg),组合板跨中的位移曲线。相应的,跨中最大位移分别为8.02cm、10.19cm、12.26cm、13.04cm和15.31cm。随着炸药当量的增加,气背钢-混凝土-钢组合板的下钢板位移逐渐增加。下钢板跨中最大位移与炸药当量之间呈近似线性关系。

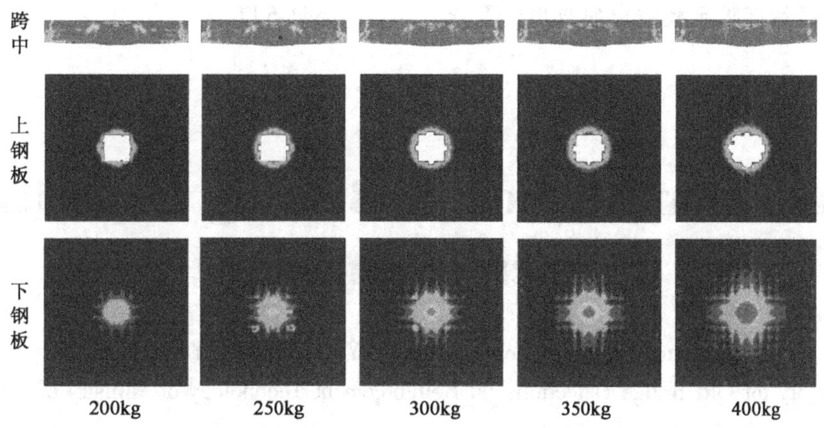

图 9 不同炸药量时 SCS 各部分的有效塑性应变

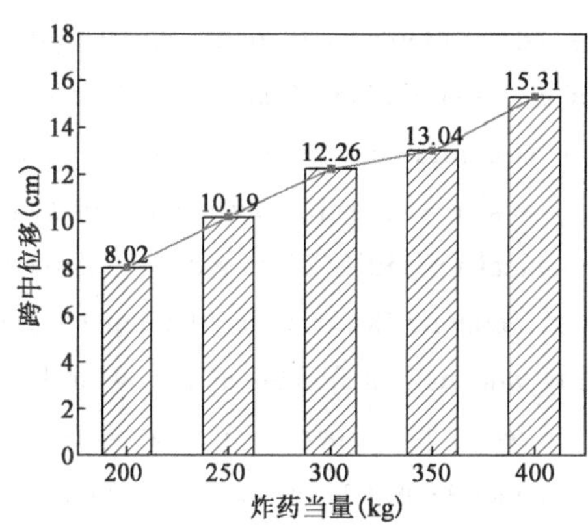

图 10 不同炸药量时 SCS 的跨中最大位移

3 结语

本文基于非线性有限元软件 LS-DYNA 建立了高精度有限元模型,研究了水下接触爆炸作用下气背钢-混凝土-钢组合板损伤模式,并研究了钢板厚度、混凝土强度和炸药当量对其的抗爆性能的影响,得到了以下结论:

(1)使用 LS-DYNA 非线性有限元软件可以较为准确地建立气背钢-混凝土-钢组合板模型,所得结果可以用于损伤效果分析。

(2)随着炸药当量的增加,组合板跨中最大位移逐渐增大,且跨中最大位移与炸药当量之间呈现近似线性关系。

(3)提高混凝土强度并不能显著改善气背钢-混凝土-钢组合板的抗爆性能,而增加钢板厚度可以显著增强气背钢-混凝土-钢组合板的抗爆性能。

参考文献

[1] 金文良,宋神友,陈伟乐,等.深中通道钢壳混凝土沉管隧道总体设计综述[J].中国港湾建设,2021,41(3):35-40.

[2] 郭宇韬.双钢板组合沉管隧道结构受力机理及设计方法研究[D].北京:清华大学,2020.

[3] 赵春风,何凯城,卢欣,等.双钢板混凝土组合板抗爆性能分析[J].爆炸与冲击,2021,41(9):1-16.

[4] YANG G, FAN Y, WANG G, et al. Mitigation effects of air-backed RC slabs retrofitted with CFRP subjected to underwater contact explosions[J]. Ocean engineering, 2023.

[5] HAI L, REN X. Computational investigation on damage of reinforced concrete slab subjected to underwater explosion[J]. Ocean Engineering, 2019, 195:106671.

[6] WU J, LONG Y, ZHONG M, et al. 2667. Centrifuge experiment and numerical study on the dynamic response of air-backed plate to underwater explosion [J]. Journal of Vibroengineering, 2017, 19(7):5231-5247.

[7] TAYLOR G I. Aerodynamics and the mechanics of projectiles and explosions [M]. Cambridge University Press, 1963.

[8] LS-DYNA® KEYWORD USER'S MA-NUAL VOLUME II Material Models[Z].

[9] 李晓琴,陈建飞,陆勇. K&C局部损伤混凝土材料模型在精细有限元模拟中的应用[J]. 云南大学学报(自然科学版),2015,37(4):541-547.

Evaluation Method of Bearing Capacity of Concrete Structure

Junpeng Xing* Zechen Zhang Yubo Wang Yugeng Xu
(Key Laboratory for Old Bridge Detection and Reinforcement Technology of Ministry of Transportation)

Abstract In the process of using concrete bridge structures, due to the influence of environmental and internal material factors, with the passage of time, materials will gradually age, structural performance will deteriorate, and structures will experience damage or even failure. For reinforced concrete structures, the main manifestations include concrete carbonation, reinforcement corrosion, deterioration of mechanical properties of corroded reinforcements, and the appearance and development of structural cracks. For prestressed concrete structures, the main manifestations include concrete deterioration, corrosion of prestressing tendons and ordinary reinforcement, reduction in effective prestress, degradation of mechanical properties of corroded reinforcements, weakening of bond strength between corroded reinforcements and concrete, as well as the appearance and development of structural cracks. To determine the safety, durability, and normal functional use of bridges, it is necessary to inspect and evaluate in-service prestressed concrete bridges. This paper summarizes existing crack detection methods and introduces evaluation methods for reinforced concrete structures based on crack statistical parameters. It introduces performance evaluation indicators for prestressed concrete structures and explains how to use these indicators to evaluate prestressed concrete structures.

Keywords Bridge engineering Highway bridges Detection techniques Evaluation methods

0 Introduction

By the end of 2022, there were 1.032 million highway bridges in China, and this number continues to increase at a rate of 20000 to 30000 bridges per year. Over time, due to natural environmental factors, material deterioration, construction defects, and overloading, bridge structures may experience varying degrees of damage and diseases, such as cracking, deflection, and corrosion. It is necessary to adopt regular inspection methods to assess the extent and characteristics of bridge damage, providing a basis for structural safety evaluation.

This article provides a review of the methods for determining the characteristic parameters of cracks in concrete bridges and the safety assessment methods for concrete bridges. It focuses on the identification methods of crack characteristic parameters in reinforced concrete structures and the evaluation of bridge structures through crack statistical parameters, as well as the detection methods and assessment methods for prestressing tendon and ordinary reinforcement corrosion in prestressed concrete structures.

1 Detection techniques for reinforced concrete bridges

1.1 The method for detecting exterior defects in concrete

Due to influences such as loading effects, construction defects, material characteristics, and environmental factors, in-service concrete bridges inevitably experience distress such as cracking, honeycombing, crazing, erosion, and delamination of protective layers. In particular, structural cracks have become a primary characteristic distress of concrete bridges. The " Technical Condition Assessment Standard for Highway Bridges" imposes strict limits on the maximum width of cracks at the same location in concrete bridges during their service life. The width and distribution characteristics of these cracks play an important role in evaluating the structural safety performance of bridges. Therefore, cracks have always been an important focus of the visual inspection of concrete bridges.

In conventional inspections, auxiliary equipment such as inspection brackets and specialized inspection vehicles are typically used in combination with tools such as small crack width gauges, steel rulers, and cameras to closely approach the surface of the structure for manual observation and recording of crack distribution and characteristics. This method requires a significant investment of manpower and resources, has long inspection cycles, high intensity, and high costs, and a large amount of inspection records need to be manually organized and summarized.

By combining image recognition technology with crack detection, bridge inspection techniques based on image recognition processing avoid the above-mentioned issues and can achieve rapid detection of concrete bridge crack parameters.

Zhu[1] proposed a pixel-level, small-sample crack detection method using the U-Net convolutional network. This method utilizes multiple layers of convolution to automatically extract crack features and combines shallow and deep networks to merge local crack features with abstract features, there by preserving crack detail characteristics and significantly improving detection accuracy. To address background noise and false cracks in the detection results, a threshold method and an improved Dijkstra connection algorithm are employed for precise crack extraction. Finally, an eight-directional search method is used to achieve accurate measurement of crack width.

Du[2] proposed a method for fast selection of bridge images to address the problem of large image acquisition and detection time in intelligent image processing for bridge crack detection. First, edge extraction is performed on the image to obtain the longest edge in the image. Then, the minimum circumscribed circle and its radius of the edge are calculated, and the image is screened using a threshold discrimination method. The threshold used during screening is automatically determined by constructing an adaptive calculation model based on image resolution. Experimental results show that the proposed method can accurately and quickly screen crack images, greatly improving the overall performance of the crack detection system.

1.2 Determining dynamic parameters

The traditional health monitoring methods require a large number and variety of sensors and data acquisition systems to be installed on the bridge, resulting in massive amounts of monitoring data and high costs. Therefore, this approach is only suitable for large-span bridge projects with significant investment and critical importance[3]. At present, manual inspections are still the main method for detecting medium and small-span bridges, with inspection cycles ranging from 6 to 10 years, making it difficult to monitor the service status of bridges in a timely and accurate manner[4].

Regarding dynamic parameters, the traditional detection method requires a large number and variety of sensors and data acquisition systems to be installed on the bridge, resulting in high costs and a large amount of monitoring data. In 2004, Yang published the first paper in the field of indirect measurement methods for bridges, proposing the core idea and identification method of indirectly identifying bridge frequencies based on the response of passing vehicles[5]. Subsequently, Lin[6] and others successfully developed a measurement vehicle system and verified the effectiveness of using vehicle body response to identify bridge modal frequencies through field tests. Figure 1 shows the theoretical framework and analysis method for indirectly measuring the bridge state using vehicle response for a simply supported beam bridge model.

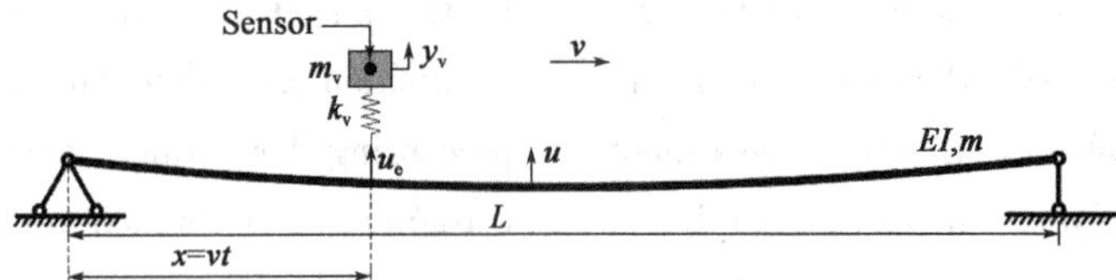

Figure 1 Mechanical model of a simply supported beam and the vehicle-driven identification method

The indirect measurement method of bridge based on vehicle response has the advantages of strong mobility, high efficiency, and cost-effectiveness. It does not require road closure or stationary operations, allowing for continuous and rapid testing, thus leading to rapid promotion and development. However, there are currently some issues or technical challenges in research due to environmental factors. One important factor is that the unevenness of the bridge deck still affects the identification of bridge modal parameters and damage detection.

2 Safety evaluation methods for reinforced concrete bridges

2.1 Evaluating bearing capacity through statistical analysis of crack characteristics

Evaluating bearing capacity through statistical analysis of crack characteristics involves using the measured statistical parameters of cracks to conduct regression analysis and structural nonlinear analysis, establishing a method to predict structural reinforcement ratio based on crack characteristic parameters[7]. After obtaining the predicted values of the reinforcement ratio for the section, it is possible to predict the load-carrying capacity of the beam and comprehensively evaluate its structural performance. Studies have shown that the regression relationship established with crack statistical parameters can predict the structural reinforcement ratio. For practical structures, using a segmented prediction method can predict the structural stiffness of different parts of the structure, thereby achieving the goal of evaluating the structure.

2.2 Rapid assessment of the load-carrying capacity of concrete beam bridges based on a crack feature database

In the study conducted by Liang[8], the researchers focused on bridge types covered by the general chart of the Ministry of Transport. They selected various structural forms, section types, spans, and section positions for analysis. By using the sectional nonlinear full-process analysis method, they obtained the full-process curves of section moment and crack height, thereby establishing a database of section crack characteristics and resistance. They also utilized structural finite element analysis to obtain structural effects and their combinations, thus constructing a database of structural effects. With the constructed crack feature database and effect or resistance database, complex calculations for each assessment can be avoided. Users can quickly assess the moment carrying capacity of the section where cracks are present by simply referring to the charts.

2.3 Dynamic method for assessing load-bearing capacity

He[9] and others introduced the parameter of nominal reinforcement ratio (μ_{nom}) to reflect the working characteristics of reinforced concrete beams with cracks in service. This parameter considers various factors and reflects the average working performance of the current structure, and it can be used to predict the reinforcement ratio. Based on the predicted stiffness of the structure and the thickness of the protective layer of the tension reinforcement, the nominal reinforcement ratio (μ_{nom}) can be estimated. With this parameter, the expression of the load-carrying capacity of the reinforced concrete beam can be obtained based on deformation control, crack control, and strength control requirements.

Based on indoor static and dynamic test results, combined with the theory of bridge structural dynamics, an empirical relationship was established between the static-to-dynamic stiffness ratio (β) and the frequency ratio (α) of plate beams using nonlinear regression analysis. With the help of these relationships, the nominal reinforcement ratio (μ_{nom}) can be calculated to evaluate the structural performance of reinforced concrete beams.

3 Prestres sed concrete bridge inspection technology

Under the influence of initial defects, natural environment, usage conditions, and internal material factors, the performance of concrete structures gradually deteriorates, leading to potential damage or even failure. This is an inevitable process. Specifically for prestressed concrete bridges, this phenomenon primarily manifests in the deterioration of concrete, the presence of major defects in prestressing tendons, and the degradation of mechanical properties in ordinary reinforcement[10]. For large and medium-span prestressed concrete bridges in service, material degradation and defects mainly manifest in two aspects: concrete deterioration and tendon defects. The methods used for crack detection caused by concrete deterioration are consistent with those mentioned earlier for reinforced concrete. To ensure the safety and technical condition of a bridge, it is necessary to evaluate the working conditions of both ordinary reinforcement and prestressing tendons[11].

3.1 Detection of corrosion in ordinary reinforcing bars

For the non-destructive testing of corrosion in ordinary reinforcement, there are mainly two types of methods: physical methods and electrochemical methods. Physical methods measure the physical changes caused by corrosion in order to reflect the extent of corrosion, including the use of methods such as the resistance rod method, radiography, acoustic emission, and the infrared thermal line method. Among electrochemical methods, the potential method is currently the most widely used non-destructive testing method for assessing the degree of corrosion in concrete structures. This method involves measuring the potential difference between an electrode composed of the reinforcement and concrete and a copper or copper surface reference electrode on the surface of the concrete, in order to assess the corrosion state of the reinforcement[12].

3.2 Detection of prestressing strand defects

The typical defects of prestressing can be divided into four categories: hole positioning deviation, grouting compactness of ducts, corrosion of prestressed tendons, and effective tension of tendons[13]. Among them, the effective tension of tendons is one of the most important indicators reflecting the structural condition of bridges, directly reflecting the service level of bridges, and also affecting the load-carrying capacity and safety evaluation of bridges during normal use[14].

In response to the issue of effective tension of tendons in typical prestressing defects, He[15] and others conducted a study on the dynamic and static mechanical properties of PC simply supported beams. By conducting over 3500 static tests and over 1000 dynamic tests on 10 model beams, they established a physical relationship between the measurable structural parameters and effective prestress, and proposed a relatively complete semi-empirical formula for detecting effective prestress. This method, based on the effective stiffness substitution method for dynamic performance and the effective stiffness substitution method for static performance, forms the basis for non-destructive testing of effective prestress. These research results are of great significance for evaluating the service level, load-carrying capacity, and safety of bridge structures.

4 Safety assessment of prestressed concrete bridge structures

4.1 Damage stiffness evaluation method for PC simply supported beams based on crack characteristics

Based on the statistical characteristics of appearance of the main load-bearing cracks, Zhao[16-17] used the stiffness reduction method and introduced the planar truss model to establish a damage calculation model for prestressed concrete box girders based on crack statistical parameters. They proposed effective stiffness reduction coefficients for the cross-section of prestressed concrete box girder bridges based on changes in sectional stiffness and load-carrying capacity reduction coefficients based on changes in stress in the compressed zone of concrete. This enables the evaluation of the mechanical properties of in-service prestressed concrete structures after cracking damage during their use.

4.2 Effective prestress evaluation of in-service prestressed concrete beams based on finite inspection points

Li[18] takes the physical quantities of the prestressed concrete beam itself and the geometric parameters of the cross-section as known values. They introduce the strain values of the cross-sectional concrete (as shown in Figure 2, three measuring sections are selected: the support section, quarter-point section, and mid-span section) as additional parameters to solve the magnitude of the effective prestress and the geometric position parameters of the prestress action. Based on the solved effective prestress of the prestressed concrete bridge, the stress, strain, and influence lines of the unfavourable sections can be obtained, and thus the actual carrying capacity of the bridge can be determined to judge its safety.

4.3 Evaluation method based on effective prestress reserve

The literature[14] proposed three indicators, namely the effective prestress reserve capacity λ, reserve capacity decay rate η, and nominal crack width ω_{fkr}, for the evaluation of the overall performance of bridges and the safety warning system for operational conditions. The ratio of the internal decompression bending moment to the most unfavourable service bending moment is defined as the effective prestress reserve capacity λ. Based on the difference between the actual value and the theoretical calculated value of the decompression bending moment, analytical algorithms were obtained for two indicators: the actual value of the effective prestress reserve capacity at the bridge control section, denoted as λ_r, and the theoretical value of the effective prestress reserve capacity, denoted as λ_t. The λ_r is used as a unified indicator to measure the degree of effective prestress decay at critical sections of in-service bridges and is used for comprehensive classification of the crack resistance of prestressed concrete sections.

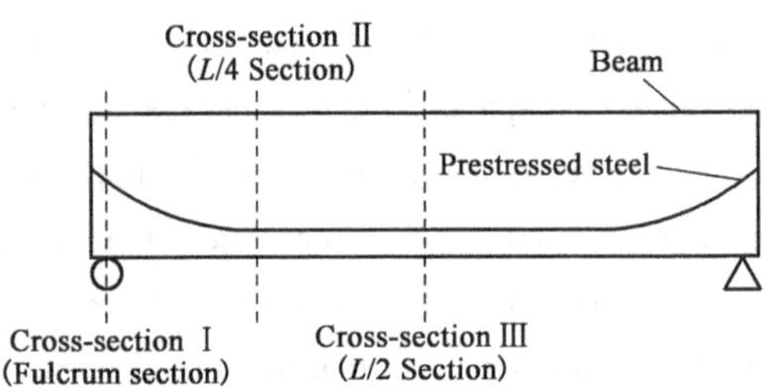

Figure 2 Illustration of a prestressed concrete beam

5 Conclusions

(1) Bridge appearance defect detection is a major part of the evaluation of bridge technical condition. Traditional detection methods require specialized detection vehicles or support frames, resulting in long detection cycles, high workload, and high costs, which seriously hinder the progress of bridge inspection technology. Detection methods based on image recognition have the advantages of long-distance operation, non-contact detection, high accuracy, and high efficiency, making them the direction for the development of bridge appearance detection.

(2) Prestress detection technology for concrete

bridges has always been a key and difficult point in the inspection of precast concrete (PC) bridges. The comprehensive prestress detection technology can achieve quantitative testing of four key prestress parameters, including prestressing duct positioning, grouting compactness, prestressed steel corrosion, and strand tension, providing important basis for the safety assessment of PC bridges.

(3) Addressing the common cracking and deflection problems in large-span PC girder bridges, a damage evaluation model for prestressed concrete box girders based on statistical characteristics of main-force-induced cracks was established by constructing damage units for the positive crack zone and the inclined crack zone and using the stiffness reduction method. This model realizes the quantitative evaluation of the safety of damaged prestressed concrete structures.

(4) With the continuous development of computer technology, the development of bridge crack detection equipment based on digital image technology, such as bridge inspection vehicles equipped with high-definition cameras, drones, climbing robots, etc, is becoming more prevalent[19]. Bridge health monitoring is trending towards automation and massive data collection. The future development trend of bridge inspection lies in the evaluation of bridge service performance based on the fusion of heterogeneous data sources and data mining.

References

[1] ZHU S Y, DU J C, LI Y S, et al. Bridge Crack Detection Method Using U-Net Convolutional Neural Network [J]. Journal of Xidian University, 2019, 46(4): 35-42.

[2] DU J C, YU C L, ZHAO M N, et al. A Fast Screening Method for Bridge Crack Images[J]. Acta Photonica Sinica, 2021, 50 (10): 1010002.

[3] LI H N, GAO D W, YI T H. Research Status and Progress of Structural Health Monitoring System for Civil Engineering[J]. Advances in Mechanics, 2008, 38(2): 151-166.

[4] YANG Y B, WANG Z L, SHI K, et al. A Review of Indirect Measurement and Monitoring of Bridges Based on Vehicle Response[J]. China Journal of Highway and Transport, 2021, 34 (4): 1.

[5] YANG Y B, LIN C W, YAU J D. Extracting bridge frequencies from the dynamic response of a passing vehicle [J]. Journal of Sound and Vibration, 2004, 272(3-5): 471-493.

[6] LIN C W, YANG Y B. Use of a passing vehicle to scan the fundamental bridge frequencies: An experimental verification [J]. Engineering Structures, 2005, 27(13): 1865-1878.

[7] CUI J, HE S H, SONG Y F, et al. Research on Evaluation of Reinforced Concrete Slab Structures based on Crack Characteristics[J]. China Journal of Highway and Transport, 2001, 14(2): 58-60.

[8] LIANG P, WANG X L, LOU C H, et al. Rapid Evaluation of Bearing Capacity of Concrete Beam Bridges Based on Crack Feature Library [J]. China Journal of Highway and Transport, 2014, 27(8): 32-41.

[9] HE S H, GUO Q, SONG Y F, et al. Dynamic Evaluation Test of Health Status and Bearing Capacity of RC Bridges[J]. Journal of Chang'an University: Natural Science Edition, 2003, 23 (6): 36-39.

[10] GUO Q. Prediction Study on Bearing Capacity of Reinforced Concrete Beams by Dynamic Test Method[D]. Xi'an: Chang'an University, 2001.

[11] LIU PENG. Damage Detection and Evaluation Methods for Prestressed Concrete Bridges[D]. Xi'an: Chang'an University, 2007.

[12] LAI W L, KIND T, STOPPEL M, et al. Measurement of accelerated steel corrosion in concrete using ground-penetrating radar and a modified half-cell potential method[J]. Journal of Infrastructure Systems, 2013, 19 (2): 205-220.

[13] HE S H, ZHAO X M, MA J, et al. Overview of Highway Bridge Inspection and Evaluation Techniques[J]. China Journal of Highway and Transport, 2017, 30(11): 63-80.

[14] GUO Q I. Research on Effective Prestress Prediction Theory and Method for Complex Prestressed Beam Structures [D]. Xi'an: Chang'an University, 2008.

[15] HE S H. Research on Prestress Detection Techniques for Large and Medium Span Concrete Bridges [D]. Xi'an: Chang'an University, 2009.

[16] ZHAO Y, ZHOU B, HE S H, et al. Evaluation Method of Stiffness Damage of PC Simply Supported Beams based on Crack Characteristics [J]. Journal of Chang'an University: Natural Science Edition, 2011, 31(4): 39-44.

[17] ZHAO Y, HE S H, LI C F, et al. Evaluation of Load Capacity of In-service Prestressed Concrete Box Girder after Cracking [J]. Journal of Tongji University: Natural Science Edition, 2010, 38(9): 1271-1275.

[18] LI L L. Effective Prestress Evaluation and Program Development of In-service Prestressed Concrete Bridges based on Finite Inspection Points [D]. Xi'an: Chang'an University, 2004.

[19] YANG G J, QI Y H, SHI X M. A Review of Bridge Crack Detection based on Digital Image Technology [J]. Journal of Jilin University (Engineering Edition), 2023: 1-20.

Prevention and Treatment of Water Damage in Concrete Bridges

Xi Zhang*

(College of Highway, Chang'an University)

Abstract Taking a coastal bridge construction project in Hainan as an engineering example, this paper analyzes the meteorological and hydrological conditions as well as the geological conditions of the main bridge site area. It combines the actual engineering situation to summarize the water damage problems prone to concrete structures. It proposes corresponding treatment and prevention methods to provide reference experience for similar engineering projects in the future.

Keywords Concrete Bridges Water damage Prevention and treatment

0 Introduction

As our country vigorously promotes infrastructure construction, concrete-based structural facilities have become an indispensable part of the construction process. With this, quality issues regarding concrete structures have emerged.

These quality issues not only directly impact the overall image of the construction project but also endanger the safety performance and service life of the entire construction project.

Therefore, it is particularly important to effectively monitor and promptly detect common quality problems in structural concrete, thereby ensuring the durability, safety, and reliability of concrete structures.

The main approach is to improve the quality control and uniformity of key indicators of concrete through technical means and timely monitoring, preventing or reducing the occurrence of common quality problems in concrete, thereby enhancing the performance and safety of concrete structures.

1 Engineering overview

The plan of the Gugang Bridge is located on a transition curve (starting station: DZK74 + 491.76, ending station: DZK74 + 535. 277, A: 109. 545, right offset), a straight line (starting station: DZK74 + 535. 277, ending station: DZK75 + 109. 112), and another transition curve (starting station: DZK75 + 109. 112, ending station: DZK75 + 150. 24, parameter A: 189. 737, right offset). The longitudinal section is located on a vertical curve with a radius of 7200m; the piers and abutments are radially arranged. The starting station of the continuous bridge is DZK74 + 677. 76, and the end station is DZK75 + 336. 24, with the layout on a straight line. The second continuous span combination is 46m + 4 × 80m + 46m.

The upper structure of the bridge consists of a three-direction prestressed concrete variable-section continuous box girder. The box girder section adopts a single-box double-chamber inclined web form. The bottom plate of the box girder remains horizontal in the transverse direction, while the top plate slopes in both directions to form a cross slope, which is formed by the variation in the height of the web. The cross slope of the left line is -2%, and that of the right line is 2%.

The lower structure consists of transition piers 4 and 10, which adopt square column piers with cap beams. The dimensions of the pier body are 200cm × 200cm in the transverse and longitudinal directions. Piers 5 to 9 adopt double-column vase piers, with individual pier column dimensions of 220cm × 250cm in the transverse and longitudinal directions. The bridge pier foundations are constructed using bored pile foundations, designed according to the friction pile method.

2 Engineering conditions

According to the specifications outlined in *Code for Design of Highway Reinforced Concrete and Prestressed Concrete Bridges and Culverts* (JTG 3362—2018) and *Technical Code for Durability of Concrete Structures in Highway Engineering* (JTG/T 3310—2019), the environmental category of this bridge is classified as class Ⅲ-f (except for pile foundations, which are classified as class Ⅲ-c environment). The specifications stipulate specific requirements for concrete minimum grades, minimum cover thickness, chloride ion content, alkali content, maximum water-cement ratio, and minimum cement content for class Ⅲ-f environment, in addition to requirements for other aspects.

3 Analysis of causes of bridge water damage

First of all, the main ways in which water causes erosion damage to bridges and their ancillary facilities can be roughly divided into two types, namely physical effects and chemical effects. The causes and countermeasures of the two effects will be briefly discussed below.

3.1 Physical effects

The physical effects include precipitation, erosion caused by flowing water, and damage caused by water penetrating into bridge structures due to freeze-thaw cycles. The main sources of water causing such effects on bridges can be roughly considered as atmospheric precipitation, surface runoff, water accumulation on the bridge deck, and atmospheric moisture. This type of erosion often occurs on the outer surfaces of bridges and at joints and vulnerable areas prone to cracking. Unlike buildings such as houses, bridges are open structures inevitably exposed to the atmosphere and in direct contact with the outside world, making the erosive effects of water even more significant.

The erosion caused by precipitation mainly occurs on the bridge deck. Even under the most ideal conditions, atmospheric precipitation will cause erosion on the bridge pavement when it falls vertically onto the bridge deck. In the design of most bridges, a combination of cross slope and longitudinal slope is used to accelerate the drainage of water from the bridge deck. Due to the presence of cross slope, most precipitation will quickly converge to the bridge's drainage systems on both sides and flow rapidly along the longitudinal slope to the drainage channels at the end of the bridge. In this ideal scenario, even if a small amount of water remains on the bridge deck or penetrates below the pavement layer, it will quickly evaporate in the form of water vapor. However, in actual situations, if the bridge drainage system is damaged or blocked, water accumulation may occur on the bridge deck, leading to potential problems. If the bridge pavement has weak spots or damage, accumulated water may penetrate into the pavement layer or even into the main beam, causing irreversible damage.

The erosion caused by flowing water mainly occurs at the foundation of bridge piers and abutments. Due to the presence of surface runoff and seasonal variations in flow, the fluctuating water flow will cause varying degrees of erosion on the substructures of bridges at different times. This erosion can lead to the detachment of concrete surfaces, exposing internal concrete and reinforcing steel to erosion, thereby damaging the substructures of the bridge. Such damage can potentially lead to safety incidents.

The primary cause of freeze-thaw cycles is the infiltration of external moisture into the interior of structures. In regions where temperatures drop below freezing during winter, the fluctuation in temperature leads to a repetitive cycle of freezing and thawing. When water freezes, it expands, causing an increase in volume. This expansion enlarges weak interfaces and defect voids within concrete. Consequently, the freeze-thaw cycle intensifies, posing a risk to the structural integrity.

Response measures: For the frost damage caused by precipitation erosion and water infiltration, reasonable cross and longitudinal slopes can be set during design to accelerate water drainage. Considering the geological conditions of the project, excavation and backfilling should be carried out where conditions permit. The drainage system should collect water for centralized transportation and treatment to prevent water infiltration into the subgrade, which could reduce the bearing capacity of the load-bearing layer and lead to safety accidents endangering bridge safety. Additionally, high-quality asphalt concrete or waterproof concrete should be laid on the bridge deck to prevent external moisture ingress. Reliable drainage facilities should be used during construction, and regular maintenance, inspection, and reinforcement measures should be taken during the usage phase to prevent issues. For this particular case, the design involves an 8cm thick C50 marine concrete cast-in-place layer, a 10cm thick asphalt concrete pavement layer, and an SBS modified asphalt waterproof layer, which exhibits good impermeability and can resist the impact of bridge deck cracks to a certain extent.

For erosion caused by flowing water, it can be partially avoided during design by selecting a suitable site and rational design of bridge piers and foundations. If unavoidable, the budget should be increased appropriately to incorporate thicker concrete protective layers in the design. Furthermore, regular maintenance, inspection, and reinforcement measures should be implemented during the usage phase to prevent further erosion from harming the main structural integrity.

3.2 Chemical effects

Chemical action refers to the destructive effects caused by the chemical reaction between substances dissolved in water and concrete as well as reinforcing steel. This primarily occurs at the vulnerable points of concrete surfaces and is manifested by: the erosion of chloride ions, carbonation of concrete, alkali-aggregate reaction, and corrosion or rusting of reinforcing steel.

The erosion effect of chloride ions is primarily derived from two sources that corrode bridge structures. The first source originates from the chloride ions contained in the raw materials used in concrete aggregate production. The second source comes from external environments, namely, atmospheric or waterborne chloride ions, which penetrate the external protective layer and infiltrate the concrete within the bridge structure through chemical or physical actions. These primarily take the following forms: diffusion, permeation, capillary action, and other adsorption actions.

The primary manifestation of chloride ions on

bridge structures is the corrosion of reinforcing steel. The corrosion mechanism can be broadly categorized into the following:

①Disruption of passivation film;

②Formation of corrosion cells;

③Depolarization effect;

④Conductive effect.

Additionally, the carbonation of concrete can also impact the durability performance of concrete, with both advantageous and disadvantageous outcomes.

In most cases, the carbides produced by the carbonation of concrete gradually accumulate and cannot be expelled from the structural body. The gradual accumulation of carbides leads to blockages in the capillary or gel pores within the concrete structure, ultimately resulting in changes in the pore structure of the concrete. Previously, scholars at Zhejiang University conducted in-depth studies on this process. According to their research findings, the changes caused by concrete carbonation have a positive significance for improving the strength of concrete structural components overall. However, due to the inability to accurately calculate the strength enhancement achieved by this process and the significant variability in the rate of concrete carbonation, out of safety considerations, the portion of concrete strength increase due to carbonation can be neglected in actual engineering practice. It can be considered as a safety reserve for future structural strength.

However, carbonation of concrete can also have adverse effects on reinforced concrete components and pose certain problems. The impact of concrete carbonation cannot be generalized. Due to the high alkalinity ($pH \geqslant 12.5$) in the early stages after concrete casting, steel reinforcement embedded within the concrete undergoes passivation reactions on the surface due to this strong alkaline environment. This leads to the formation of a dense passivation film protective layer on the surface of the steel reinforcement, isolating it from the external environment and preventing direct contact between the steel reinforcement and atmospheric oxygen, thus protecting it from corrosion.

The open nature of bridge structures dictates that concrete is directly exposed to the external environment. Due to the inherent instability during the concrete manufacturing process and the uneven distribution of aggregates within concrete, there often exist small cracks. Additionally, after the bridge is put into use, surface cracking of concrete occurs, further exacerbated by the effects of accumulated water and various chemical reactions. Consequently, a significant amount of carbon dioxide and water vapor inevitably penetrate through the external protective layer and infiltrate into the interior of the concrete. The carbon dioxide dissolved in water will form weakly acidic carbonic acid. If this carbonic acid comes into direct contact with the alkaline substances in the concrete aggregate components, an acid-base neutralization reaction will occur within the concrete. The result of this reaction is a gradual weakening of the alkalinity within the concrete, leading to the deterioration of the strong alkaline environment surrounding the steel reinforcement, gradually approaching neutralization, i. e., the pH value gradually approaching 7.

Over time, the dense passivation film formed by the original passivation reaction on the surface of the steel reinforcement within the components will gradually be destroyed, losing its original protective function for the steel reinforcement. If, under these circumstances, certain specific conditions are met, such as sufficient moisture and oxygen availability, the steel reinforcement embedded within the structure will undergo corrosion. The products generated from the corrosion reaction of the steel reinforcement are porous and have a larger volume compared to the steel reinforcement itself. This significantly reduces the effective contact area between the steel reinforcement and concrete, leading to a decrease in the bond strength between the two materials. This deterioration is highly detrimental to the structural safety and durability performance. Without timely inspection and reinforcement, it may lead to serious and potentially catastrophic safety incidents.

Response Measures: In the actual engineering construction process, the chloride ions contained in the concrete aggregate can mostly be avoided or reduced through the purchase of high-quality raw materials, as well as certain construction techniques and management procedures. However, the intrusion of chloride ions from the external environment needs to be prevented through reasonable design and subsequent maintenance, such as designing a reasonable thickness of protective layers and laying waterproof concrete.

4 Response measures

According to the provisions of the *Technical Specification for Durability of Concrete Structures in Highway Engineering* (JTG/T 3310—2019), the durability-enhancing measures adopted in the bridge design case are as follows:

(1) The durability-enhancing measures adopted in the bridge design case include the use of high-strength marine concrete with improved durability. The main measures to improve concrete durability include: using high-performance concrete; incorporating mineral admixtures to improve concrete resistance to chloride ion penetration; and using a low water-cement ratio to increase concrete density.

High-grade concrete exhibits high durability, stability, and good workability. It primarily controls the chloride ion diffusion coefficient and achieves a large reduction in the diffusion coefficient by incorporating a high proportion of mineral admixtures and using a low water-cement ratio. To enhance the durability of the bridge and culvert structures, the concrete grade for the main structural components is appropriately considered for improvement. Additionally, according to Article 5.1.2 of the *Technical Specification for Durability of Concrete Structures in Highway Engineering* (JTG/T 3310—2019), marine concrete is used for the main structural parts of this bridge to further enhance the durability of the structure.

①Upper Structure: C55 marine concrete.

② Piers, Cap Beams, Abutments: C40 marine concrete.

③ Abutment Piers, Diaphragms: C35 marine concrete.

④Pile Foundations: C35 underwater concrete.

⑤Abutment Piers, Diaphragm Cushion Layers, etc.: C30 concrete.

(2) Reasonable Setting of Reinforcement Cover Thickness.

According to the environment of this case, the stress characteristics of various parts of the structure, and the design service life, the minimum cover thickness of the outermost reinforcement of concrete in different parts is determined according to the data in the Table 1.

Minimum protective layer thickness table

Table 1

Position	Environmental action level	Design protective layer thickness (mm)
Pile Foundation	C. D. E. F	70
Pier Cap	C. D. E. F	70
Pier Body, Cap Beam	C. D. E. F	50
Superstructure	C. D. E. F	40
Collision Guardrail	C. D. E. F	40

(3) Prestressed Structure Selection and Calculation of Reinforced Concrete Surface Crack Width Limit.

In the bridge sections of the case, the partial prestressed structure of Class B is strictly prohibited. The longitudinal calculation of the main bridge adopts full prestressing, the bridge deck adopts partial prestressed components of Class A, and the beams and deck slabs adopt reinforced concrete structure. For reinforced concrete structures, under the action of loads, the maximum width of cracks should be ≤ 0.1mm.

(4) Concrete Surfaces of Structures are Coated with Anticorrosive Coatings.

For piers, cap beams, barriers, superstructures,

and guardrails located in environmental grades Ⅲ-D, Ⅲ-E, and Ⅲ-F, concrete surface treatment (M3-1 surface coating) is applied.

Specific measures include applying a layer of Elasurea aromatic polyurea (with a film thickness of 1035um, applied by brushing, rolling, or spraying). For pier columns (including bridge deck surfaces), hollow slabs, and beam surfaces, two coats of primer are applied (725-H06-10 concrete surface wet epoxy sealing primer, with a total film thickness of 50 ± 10), one coat of intermediate paint (725-H53-101 solvent-free epoxy heavy anticorrosive coating, with a total film thickness of 300 ± 30), and two coats of topcoat (725-BS43-91 recoatable polyurethane topcoat, with a total film thickness of 100 ± 10), all applied by brushing, rolling, or spraying. Hollow slabs and beams may only have their external surfaces coated, excluding the top plate portion.

(5) Epoxy Resin Used for Some Ordinary Reinforcement Bars.

For pier columns and abutments exposed to long-term immersion in seawater and influenced by tides, epoxy resin coating is applied to protect the reinforcement bars, further enhancing the durability of the structure.

(6) Other measures.

①For the upper suspended beam, the 0# block section, 1 # block section and closure section are based on C55 marine concrete and mixed with polyacrylonitrile fiber;

②For reinforced concrete components, add rust inhibitors, the amount added to the upper and ancillary structures is 25kg/m^3, and the amount added to the lower structure is 30kg/m^3;

③The prestressed corrugated pipe uses plastic corrugated pipe;

④ The steel beam tooth blocks inside the superstructure box beam are provided with end-capping concrete, and waterproof coating is used around the tooth blocks;

⑤Ventilation holes should be provided on the webs and bottom plates of suspended beams to avoid excessive local moisture and long-term accumulation of water vapor;

⑥Embedded steel components in concrete that will not be removed must be galvanized;

⑦The pile foundation adopts permanent steel casing;

⑧The bearing adopts FPQZ friction pendulum-NS bearing with good corrosion resistance;

⑨On the outside of the guardrail, the cantilever of the box beam adopts a hanging skirt structure.

Description of measures:

①Adding polyacrylonitrile fiber can improve the crack resistance and durability of concrete.

②Adding rust inhibitors can slow down the corrosion of steel bars.

③The use of plastic corrugated pipes can improve the corrosion resistance of prestressed tendons.

④The provision of capped concrete and waterproof coating can prevent water vapor from entering the interior of the steel beam tooth block.

⑤Setting up ventilation and exhaust holes can reduce the humidity of the suspended beam web and bottom plate.

⑥Galvanizing can improve the corrosion resistance of embedded steel components.

⑦The use of permanent steel casings can improve the erosion resistance and durability of pile foundations.

⑧Using abearing with good corrosion resistance can extend the service life of the bearing.

⑨The use of a hanging skirt structure can reduce the splash on the outside of the guardrail.

5 Conclusions

(1) Water damage and its response methods should be fully considered when designing bridges, and should be reflected in the design;

(2) For bridge water damage that has already occurred, monitoring and maintenance should be strengthened in the later operation and maintenance to prevent the situation from deteriorating further and jeopardizing the normal use safety of the bridge.

References

[1] ZHANG S R. Bridge disease diagnosis and reinforcement design [M]. Beijing: Beijing People's Communications Press,2013.

[2] WANG Q. Reliability analysis of reinforced concrete beam bridges under the action of freezing, thawing, carbonization, and chloride ions[D]. Xi'an: Chang'an University, 2020.

[3] DUAN Y J. Analysis and treatment of water damage causes of concrete bridges[J]. Special Structures,2020

基于湿度扩散理论混凝土 T 梁湿度场研究

张　悦*

(长安大学公路学院)

摘　要　腹板裂缝在混凝土 T 梁结构中较为普遍,不均匀的收缩是导致此类裂缝出现的重要原因之一。本文基于湿度扩散理论,建立混凝土 T 梁的湿度场,研究了 T 梁不同部位的湿度变化规律,分析了主要湿度参数对 T 梁的湿度分布规律的影响,计算了在收缩作用下 T 梁的应力变化。研究认为:混凝土 T 梁湿度有明显的非均匀性、非一致性,既有沿着结构深度方向的湿度梯度,也存在沿截面高度方向的湿度变化,二者相互影响,加剧了腹板湿度变化差异;T 梁不同位置处的收缩应力变化不一致,腹板处的受力最为不利。

关键词　坡度 T 梁　湿度场　湿度扩散系数　有限元分析　非均匀性

0　引言

T 形连续梁桥结构简单、受力分布合理,且便于预制以加快施工进程,是一种较为常见的桥梁结构形式。但近些年来,在定期检测中发现,从通车前的交竣工到运营后 2 年期间,该类桥梁大面积出现以梁体腹板裂缝为主的病害[1-2]。此类腹板竖向裂缝表征为结构法向裂缝,但裂缝产生的产生、发展与结构荷载裂缝特征不符[3-4]。张建仁、郭坚等人[5]通过有限元软件计算分析与裂缝现场观测资料对比分析,认为混凝土的收缩徐变是导致箱梁腹板开裂的主要因素。

收缩是混凝土材料自身的重要特性,随着时间的推移,收缩会导致结构产生次效应,引起结构内部内力重分布,由此引发的不均匀变形可能导致局部应力超限,从而使混凝土结构出现裂缝。目前常用的混凝土材料收缩预测模型 CEB-FIP、GL2000、B3、ACI 等,通常是以构件理论厚度、环境湿度、混凝土强度等指标,对结构总的收缩效应进行分析,难以考虑由于各部位的尺寸差异产生的不均匀收缩效应。侯东伟[6]研究了混凝土在干湿环境下的内部湿度分布变化规律。黄海东、向中富等人[7-9]结合试验,基于湿度扩散理论对连续刚构桥的挠曲变形进行了研究,认为混凝土截面的厚度差异导致不同部位的湿度变化不同步,在收缩过程中产生变形差,从而对连续刚构桥的挠曲变形产生影响。张国辉、李大茂、许文煜等人[10-11]考虑到裂缝形成的时间依赖性,认为混凝土结构不同部位的厚度不同以及配筋率的差异,导致混凝土收缩、徐变的非均匀性、非一致性。钟卓、黄乐鹏、张恒[12]建立了混凝土内部湿度、湿度与应变关系的理论计算模型,结果表明混凝土的收缩变形与内部湿度存在显著的相关性。张柳煜等[13]基于湿度扩散理论建立了三维湿度—结构耦合场,研究了 T 梁的湿度场和不均匀收缩应力的分布规律。

混凝土的收缩变形机理与内部湿度变化息息相关,湿度变化是导致混凝土结构收缩的直接原因。近年来,部分学者针对混凝土内部湿度变化及其扩散过程进行了各项研究。一方面通过试验结合理论分析,确定非线性的湿度扩散方程的关键影响参数。将理论计算模型运用到实际的工程项目中,建立混凝土结构的湿度场、温度-湿度耦合场,以及多种效应的组合分析。本文以混凝土 T 梁为研究对象,基于湿度扩散理论,通过有限元软件的温度场计算模块建立 T 梁的湿度场,探究 T

梁不同位置处的湿度变化规律，以及混凝土湿度变化的主要参数对T梁截面湿度分布的影响。

1 湿度场理论计算方法

1.1 混凝土湿度场

不考虑温度和碳化作用，混凝土结构内部湿度场的变化主要是受到混凝土自收缩和干燥收缩的影响，即水泥水化对水分的消耗和混凝土表面与外界环境的湿度交换。湿度场的具体求解方法类似于温度场，温度场可采用傅里叶定律，而湿度场一般可采用 Fick 扩散定律求解。

$$\frac{\partial H}{\partial t}=\frac{\partial}{\partial x}\left(D\frac{\partial H}{\partial x}\right)+\frac{\partial H}{\partial y}\left(D\frac{\partial H}{\partial y}\right)+\frac{\partial H}{\partial z}\left(D\frac{\partial H}{\partial z}\right)+\frac{\partial q_d}{\partial t}$$

式中：H——混凝土内部湿度场；

t——时间；

D——湿度扩散系数；

q_d——湿度自耗系数。

混凝土的湿度场和温度场的计算方程、边界条件以及初始条件极为相似，仅在参数的取值上存在一定差别，可采用有限元软件的温度场计算模块，来模拟混凝土内部湿度场。

1.2 湿度场参数

1.2.1 湿度扩散系数

湿度扩散系数是混凝土湿度场分析过程中的重要参数，是混凝土散湿能力与保湿能力的综合指标。已有的研究表明，湿度扩散系数并非常量，而是随着周围湿度而变化，受到外界环境和材料性能的影响。由于影响因素复杂，不同的试验方法和回归分析得出的计算模型有一定差异，但曲线变化基本一致。众多研究表明，随着混凝土水化作用的进行，内部水分逐渐减少，湿度扩散系数随之而降低。本文采用 CEB-FIP1990 的计算方法：

$$\frac{D}{D_{sat}}=\alpha_0+\frac{1-\alpha_0}{1+\left(\frac{1-h}{1-h_c}\right)^n}$$

式中：D_{sat}——饱和状态下的湿度扩散系数；

$$\alpha=\frac{D_0}{D_{sat}}$$

h_c——湿度扩散系数最大值的一半对应的湿度；

n——曲线拟合系数。CEB90[14] 提供了建议取值：$\alpha_0=0.05$，$n=15$，$h_c=0.8$，D_{sat} 范围为 $1\times10^{-6}\sim10\times10^{-6}\mathrm{m^2/h}$，标准值为 $3.6\times10^{-5}\mathrm{m^2/h}$。

1.2.2 湿度交换系数

湿度交换系数 h_f 表现了混凝土结构内部水分与外界环境的传递交换能力。相关研究表明，h_f 受到混凝土结构表面情况与外界环境影响较大，目前尚未提出较为全面的考虑各种影响因素的计算模型，实际运用中可通过试算的方法。在无风情况下，$h_f=22\times10^{-5}\mathrm{m/h}$。

1.2.3 混凝土水分自消耗系数

随着混凝土水化过程的进行，内部水分逐渐被消耗，混凝土内部湿度下降引起的结构收缩变形。混凝土的自收缩变形在结构的长期收缩变形中占比较小，且主要发生在早期（浇筑前后三天），高性能混凝土的自收缩主要发生在初凝后1d内。混凝土水分自消耗系数公式：

$$\frac{\mathrm{d}q_d}{\mathrm{d}t}=\frac{h_\infty k_z}{(1+k_z t)n_n}$$

式中：h_∞——与混凝土水灰比相关参数，范围为 $-0.5\sim0$；

k_z——固定常数，取值范围为 $0\sim0.02h^{-1}$；

n_n——指数参数，受养护条件影响较大，一般取1.2，养护3d取1.1，养护28d取1.35。

2 混凝土T梁湿度场分析

2.1 有限元模型

参照2008版通用图，见图1，取30m预应力混凝土T梁，跨中梁高2m，翼缘板厚度1.8cm，腹板厚度0.2m。桥面铺装包括10cm的C50混凝土和10cm的沥青混凝土，T梁在预制过程中，主梁浇筑和桥面铺装存在一定的时间差，两者龄期差异和厚度变化对主梁的实际影响难以准确的评估。在桥梁实际服役环境中，桥面铺装和主梁整体参与工作，考虑到混凝土内部的湿度扩散，桥面铺装将明显增大T梁顶板的厚度，降低了顶板的湿度下降速率，加剧了T梁截面的不均匀收缩程度。由于混凝土早期收缩应变发展较小，忽略T梁预制和桥面铺装的龄期差异，在后续计算中，计入混凝土10cm铺装层对顶板厚度的影响，不考虑沥青混凝土对结构性能的影响，图2为梁有限元截面。

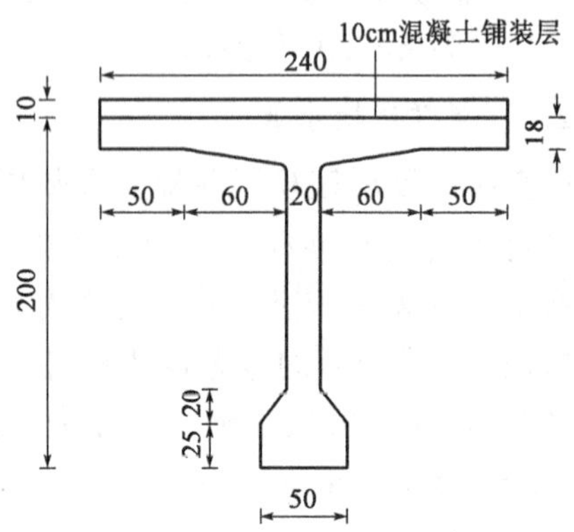

图1　T梁截面(尺寸单位:cm)

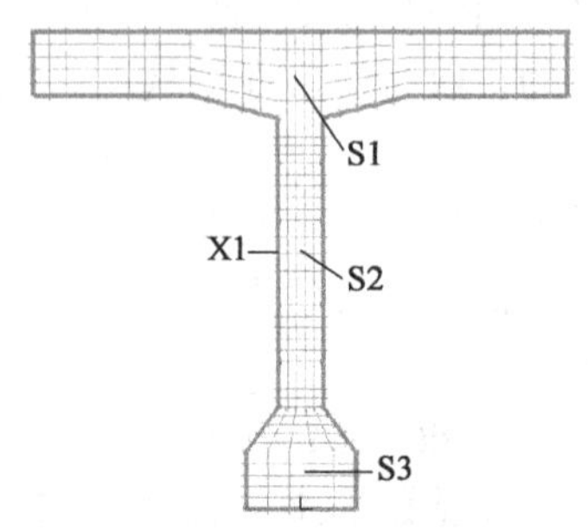

图2　T梁有限元截面

2.2　参数取值范围

本文主要研究T梁不同位置处的湿度变化受参数的影响规律,以表1中的参数为基准。CEB90中D_{sat}范围为$1.0\times10^{-5}\sim10.0\times10^{-5}m^2/h$,文献[13]取$5.4\times10^{-6}\sim36.0\times10^{-6}m^2/h$,$h_f$参考文献[8],分别取$0.05\times10^{-3}m/h$、$0.5\times10^{-3}m/h$、$1.1\times10^{-3}$ m/h。对于普通非高强混凝土而言,自收缩消耗的水分主要发生在前期,占比较小,本文中不做详细讨论,相关参数取固定值,$k_z=0.0035$,$h_\infty=0.0035$。

有限元参数取值　　表1

α_0	h_c	n	环境湿度
0.05	0.8	15	0.6

2.3　计算结果

2.3.1　湿度扩散系数对T梁的影响

取湿度交换系数h_f为$0.5\times10^{-3}m/h$,分别计算湿度扩散系数D_{sat}为$1.0\times10^{-5}m^2/h$、$3.6\times10^{-5}m^2/h$、$36\times10^{-5}m^2/h$下的T梁湿度场。取顶板、腹板、底板中心处的点S1、S2、S3,以及腹板表面点X1,分析其在五年内的湿度变化情况,计算结果如图3~图6所示。由图可知,不同的湿度扩散系数下,T梁不同位置处的湿度下降规律基本相同,湿度扩散系数越大,各个部位湿度下降速率越快、越明显。当湿度扩散系数明显较大时,T梁各个位置在前300d内湿度下降十分迅速,腹板处最快;当湿度扩散系数差异较小时,在前两三年内,湿度变化规律或有差异。腹板表面处湿度变化受湿度扩散系数影响较小,200~300d内,表面处湿度基本与外界环境湿度保持一致。

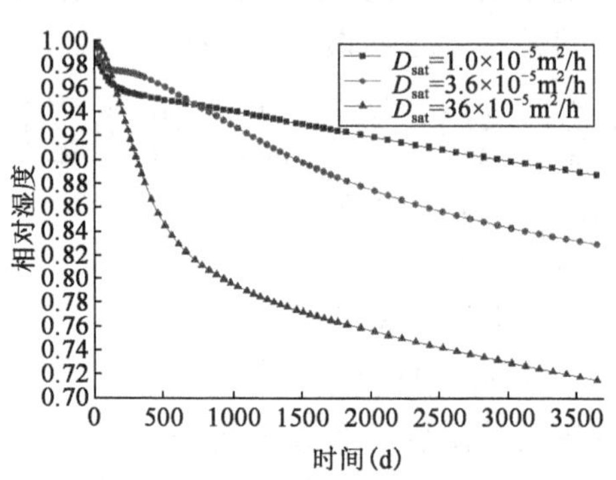

图3　S1点处湿度变化

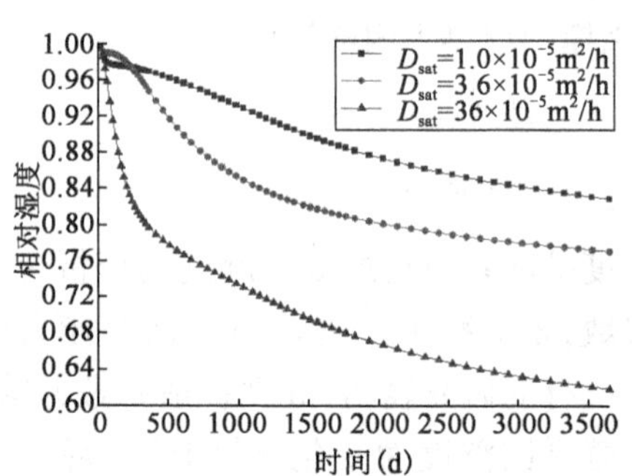

图4　S2点处湿度变化

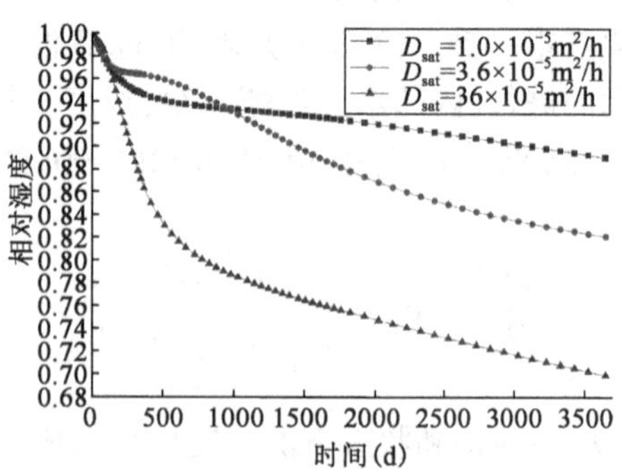

图5　S3点处湿度变化

2.3.2　湿度交换系数对T梁的影响

取湿度扩散系数D_{sat}为$3.6\times10^{-5}m^2/h$,分别计算湿度交换系数h_f为$0.05\times10^{-3}m/h$、$0.5\times$

10^{-3}m/h、1.1×10^{-3}m/h 下的 T 梁湿度场。分别取顶板、腹板、底板中心处的点 S1、S2、S3，以及腹板表面点 X1，分析其在五年内的湿度变化情况，结果如图 7～图 10 所示。其中，湿度交换系数的改变对腹板内部湿度下降曲线变化影响较小，考虑到混凝土 T 梁的腹板较薄，容易受到外界环境的影响，腹板内部湿度下降速率明显大于顶板和底板，在 300d 内下降速率最快；当湿度扩散系数较小时，湿度扩散系数的变化对顶板及马蹄内部湿度的下降速率影响较小，当湿度扩散系数较大时，系数越大，内部湿度下降越快，马蹄处表现最为明显；腹板表面受到外界影响最大、湿度变化最明显，当湿度交换系数较大时，腹板表面湿度很快降至环境湿度。

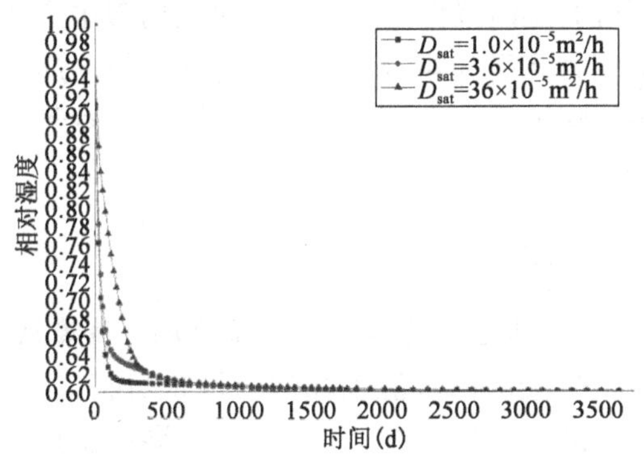

图 6　X1 点处湿度变化

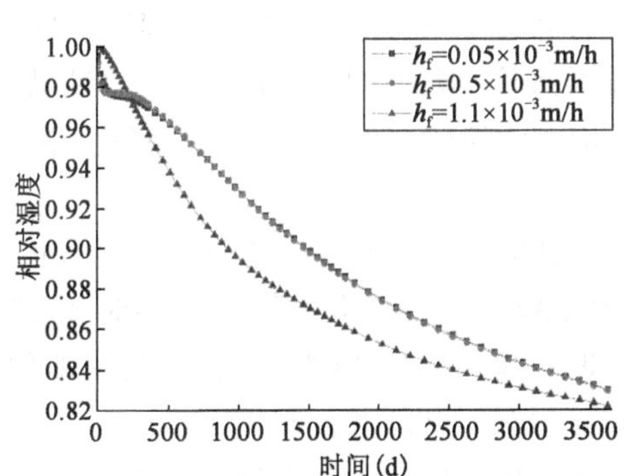

图 7　S1 点处湿度变化

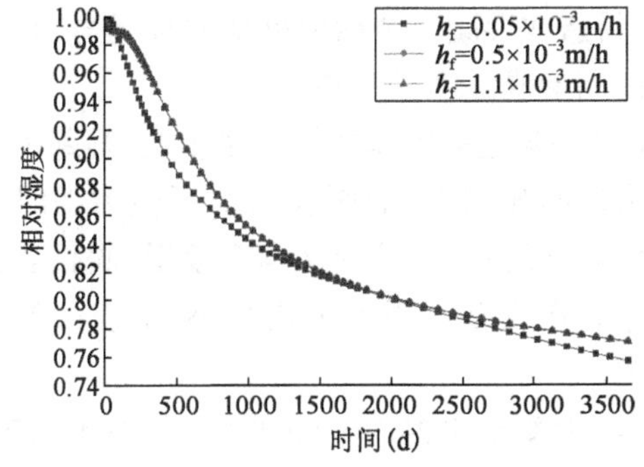

图 8　S2 点处湿度变化

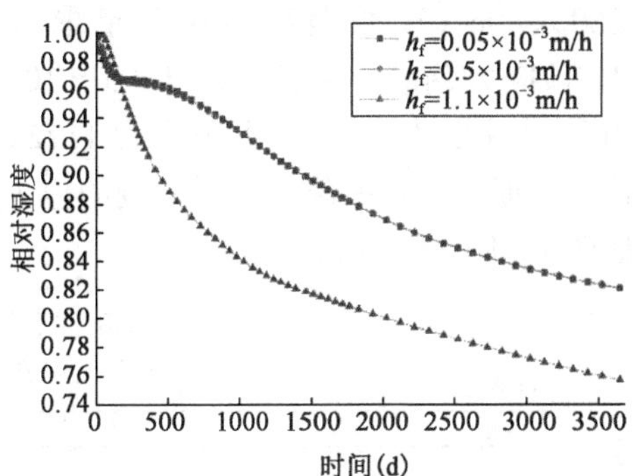

图 9　S3 点处湿度变化

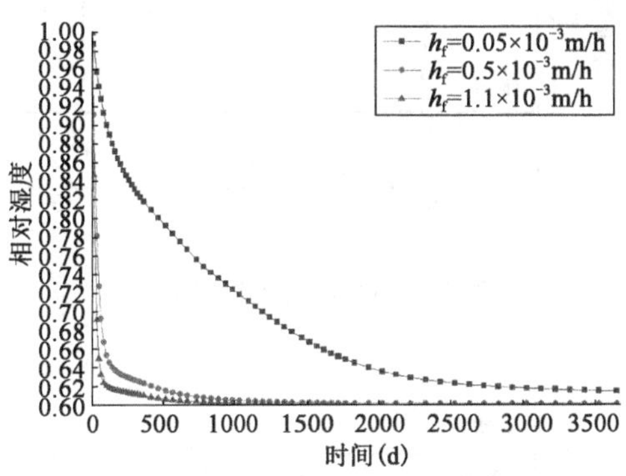

图 10　X1 点处湿度变化

2.3.3　T 梁截面湿度变化

如图 11、图 12 所示，为 T 梁截面分别取不同的湿度扩散系数和湿度交换系数时，沿 T 梁截面高度的湿度变化规律。由图可知，腹板的湿度在不同的影响系数下，均小于顶板和马蹄，且差值随时间增长而愈明显；湿度扩散系数对混凝土结构内部的湿度影响明显大于湿度交换系数。

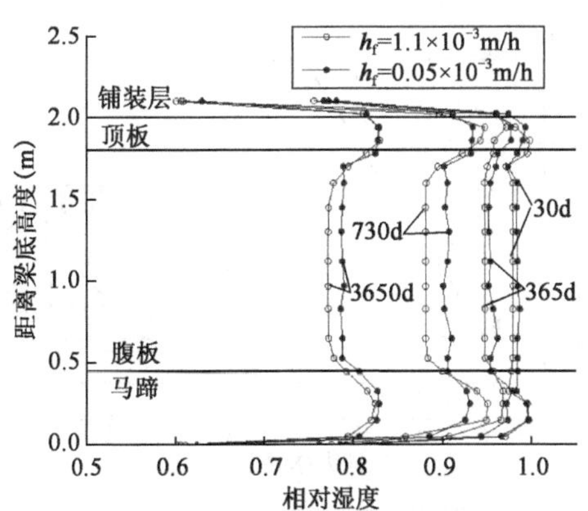

图 11　T 梁截面中心湿度变化

2.3.4　T 梁应力计算结果

取湿度扩散系数 $D_{sat}=3.6\times10^{-5}\text{m}^2/\text{h}$，$h_f=0.5\times10^{-3}$m/h，主梁和铺装层为 C50 强度等级混凝土，弹性模量 $E=3.45\times10^4$MPa，泊松比为 0.2，

密度 2500kg/m^3;普通钢筋弹性模量取 2.0×10^5MPa,预应力钢筋弹性模量取 1.95×10^5MPa,预应力采用后张法施加,锚下张力为1172kN,不考虑预应力损失。跨中截面不同时刻的应力计算结果如图13、图14所示。

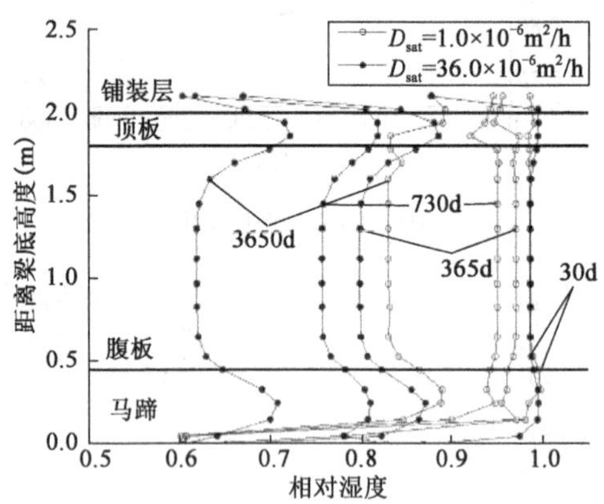

图12 T梁截面中心湿度变化

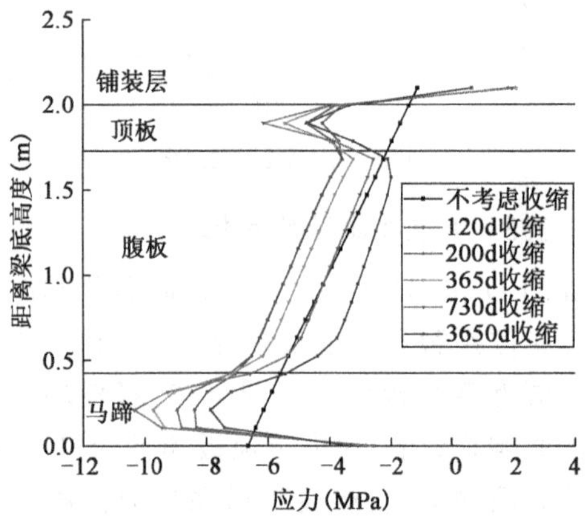

图13 跨中截面中心处应力值

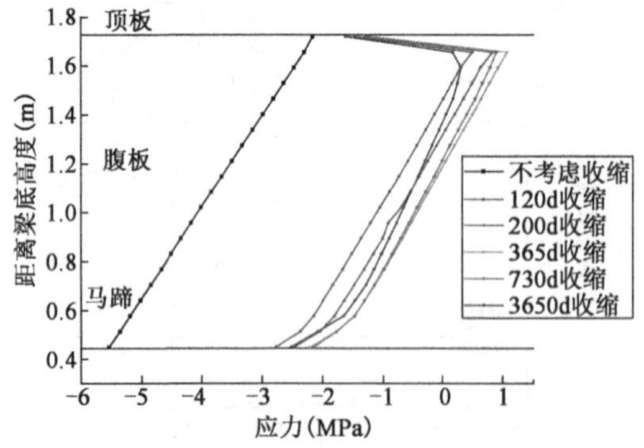

图14 跨中截面表面处应力值

由图可知,混凝土的收缩效应在T梁不同部位表现出较大的差异性。顶板中部和马蹄内部的收缩效应表现出一致性,呈现明显的受压状态,顶板处的压应力增大了3~4.5MPa,马蹄处增大了2~4.2MPa;压应力随时间逐渐增大,在两年左右达到应力峰值,顶板中心处由-1.69 MPa达到-6.14MPa,马蹄中心处由-6.14MPa达到-10.354MPa,随后逐渐回落,10年后顶板中心处压应力为-4.72 MPa,底板中心处为-7.4 MPa。收缩使得混凝土T梁的顶板和马蹄部分长期处于受压状态。

结合自重和预应力效应,混凝土收缩作用下腹板的受力状态呈现一定的差异性。腹板表面在收缩作用下压应力迅速减少,120d时已经减少了3 MPa左右,随后压应力下降幅度减缓,腹板上部表面在收缩作用下已经处于受拉状态。腹板表面处的应力在365d时达到峰值阶段,并持续到两年后缓慢下降。腹板内部在收缩作用下一开始处于受压状态,200d左右达到峰值压应力状态,随后收缩压应力逐渐减少,一年左右腹板内部中心处的收缩应力几乎为零,随后收缩使得腹板内压应力逐渐缓慢减少,且下半部分减少量值多于上半部分。

3 结语

通过adina有限元软件的温度场计算模块,对混凝土T梁的内部湿度场进行模拟分析,主要考虑自收缩和干燥收缩,考虑不同的湿度交换系数和湿度扩散系数下T梁的不同部位的湿度变化规律及两种主要参数对不同部位的湿度影响;基于湿度扩散理论,考虑结构自重及预应力荷载,计算T梁结构的收缩效应作用下的应力变化,得出以下结论:

(1)混凝土T梁的腹板较薄,容易受到外界湿度变化的影响,当腹板湿度下降较多时,湿度扩散系数会明显加剧这种趋势,腹板处与其他位置处的湿度差异随时间增长而越大。

(2)湿度交换系数对湿度的影响受到与外界环境交换距离的影响,越靠近结构表面,影响越大,容易造成混凝土结构内外的湿度差异,且更容易在前期形成湿度梯度差异。

(3)混凝土的收缩使得T梁顶板、马蹄内部的压应力值明显增大,而腹板内部压应力随时间呈现先增后减的趋势,且变化幅度较慢;腹板表面处的压应力在收缩作用下很快减小,上表面处出现拉应力。

(4)混凝土T梁内部湿度明显存在不均匀、不一致的变换规律;T梁不同位置处的收缩应力也表现出位置上不均匀以及时间上不一致的特性，其中腹板表面处受力最为不利。

参考文献

[1] 杨敏，宋泽冈，李均进. 先简支后连续预应力混凝土T梁裂缝成因分析及预防措施[J]. 公路交通科技(应用技术版)，2016，12(4)：179-181.

[2] 符德省. 预应力混凝土连续T形梁腹板竖向裂缝的特征及成因分析[J]. 公路交通科技(应用技术版)，2016，12(3)：239-242.

[3] 邓旭东，宋泽冈，李旺. 基于破坏性试验的预应力混凝土简支T梁极限承载力分析[J]. 公路交通科技(应用技术版)，2018，14(7)：259-262.

[4] 张正亚，吕毅刚. 预应力混凝土T梁抗弯承载能力试验研究与Ansys数值模拟[J]. 中外公路，2016，36(3)：183-188.

[5] 张建仁，郭坚，余钱华. 预应力混凝土连续梁桥腹板裂缝成因分析[C]// 中国公路学会桥梁和结构工程分会，2023.

[6] 侯东伟. 混凝土自身与干燥收缩一体化及相关问题研究[D]. 北京：清华大学，2012.

[7] 黄海东，向中富，郑皆连. PC箱梁桥非均匀收缩变形分析[J]. 土木建筑与环境工程，2009，31(4)：60-65，97.

[8] 黄海东，向中富，郑皆连. 混凝土结构早期非均匀收缩试验[J]. 中国公路学报，2010，23(3)：64-69.

[9] 向中富，谭景文，许航，等. 非均匀收缩对混凝土箱梁桥挠曲变形的影响[J]. 土木建筑与环境工程，2011，33(S1)：84-87.

[10] 张国辉，李大茂，谢峻，等. 预应力混凝土T梁桥腹板竖向裂缝成因分析与处治[J]. 公路交通科技(应用技术版)，2017，13(1)：12-14.

[11] 许文煜，孙沪，程坤. 非一致收缩徐变对小箱梁腹板竖向裂缝的影响分析[C]// 中国公路学会养护与管理分会. 2022.

[12] 钟卓，黄乐鹏，张恒. 混凝土内部湿度场与自约束应力场的研究[J]. 硅酸盐通报，2021，40(8)：2609-2621.

[13] 张柳煜，冯步文，陈汉斌，等. 基于湿度扩散理论T梁非均匀收缩效应分析[J]. 中外公路，2020，40(5)：100-104.

[14] Comite Euro International Du Beton. CEB-FIP model code 1990 [S]. Lausanne: Thomas Thelford.

有限元模型修正基本方法研究综述

丁永林*

(长安大学公路学院)

摘　要　有限元方法是目前最常用的结构分析方法之一，它以数值计算为基础，通过将复杂结构分割成小的有限元，进而求解结构的静力学和动力学响应。然而，依据设计文件建立的有限元模型在材料参数、边界条件的模拟以及建模的尺寸等方面与实际工程结构往往存在一定的差异，在实际工程中难以满足精确的要求，因此有限元模型的修正方法便应运而生。本文将从有限元模型修正方法的基本理论、有限元模型修正的矩阵型修正方法和参数型修正方法以及这两种方法的特点等几个方面进行综述。

关键词　有限元模型修正　矩阵型修正法　参数型修正法

0　引言

有限元方法(Finite Element Method，简称FEM)是一种广泛应用于工程和科学领域的数值分析方法，用于解决结构、流体、热传导等问题。随着计算机技术的快速发展，使得有限元建模逐渐成为结构分析的重要手段[1]，然而，在实际工程问题中，由于结构复杂性、材料非线性和边界条件不确定性等因素使得有限元模型与实际工程结构之间存在一定的误差。Mottershead 和 Borwn John[2-3]对模型的误差来源进行了总结,认为,模型的误差主要来源于以下三个方面:①模型的结构误差;②模型的参数误差;③模型的阶次误差。传统的使用基于设计文件建立有限元模型来模拟实际工程结构的方法显然不够严谨,建立一个能够代表实际工程结构的基准有限元模型是十分有必要的[4],因而需要引入修正方法,以提高模型的预测能力。研究表明:通过对刚度、质量、材料属性、几何尺寸等模型参数的修正,可以降低模型的参数误差,细化单元网格可以控制初始有限元模型的阶次误差[5]。早在20世纪50年代,Gravitz[6]首次提出了有限元模型修正法,1965年,Guyan[7]在美国航天航空学会(the American Institute of Aeronautics and Astronautics)发表论文,开启了有限元模型修正研究。1970年以后,在Berman和Baruch[8-9]等人研究的基础上,有限元模型修正技术才被真正带入了人们的视野中,并在各个领域快速发展。范立础等[10]提出一种悬索桥结构基于特征值敏感性分析的有限元模型修正方法,并通过试验验证了这一方法的可行性。方志等[11]基于参数灵敏度分析和Ansys优化技术,对静动力试验获得的混凝土斜拉桥的静力位移和模态测试结果进行了修正。结果证明了修正后的有限元模型能够较准确地模拟实际结构,可作为结构的基准有限元模型。黄民水等[12]首先依据设计文件建立了桥梁的有限元模型并对其进行动力特性分析,然后根据实测数据对其进行修正,结果表明,修正后的有限元模型更能反映实际结构的动力特性。姚昌荣等[13]以成桥荷载试验静测中的位移和动测中的频率作为状态变量,以各项实测值与相应计算值的百分比偏差的平方和作为目标函数,结合Ansys的优化分析功能,对大型桥梁结构的初始有限元模型的计算参数进行修正,结果表明修正后的模型更具有可行性。张坤等[14]以某大跨预应力混凝土连续刚构桥为对象,利用Ansys建立了全桥有限元模型并对其进行模态分析,通过分析安装在桥上的健康监测系统采集的数据进行了桥梁动力参数识别,最后通过模型修正的方法对其进行修正,结果表明,修正后的模型可以作为该桥梁长期健康监测与状态评估的基准模型。

经过众多学者的长期研究,有限元模型修正技术也得到了快速的发展并不断走向成熟。近年来,计算机技术的迅速发展为有限元模型修正方法的研究提供了更多的手段,从而开辟了有限元模型修正方法研究的新道路。有限元方法在工程设计、材料研究和仿真领域中取得了显著的成功。

1　有限元模型修正的基本理论

有限元模型是一种通过离散化建模的工程结构的方法,它将结构划分为有限数量的元素,每个元素都用数学方程描述。模型的准确性取决于对结构和材料性质的准确建模,以及对边界条件和激励的准确描述。有限元模型修正理论的目标是通过与实测数据进行对比,识别和纠正有限元模型中的误差,以提高模型的准确性[15]。有限元模型修正方法的研究对于实际工程建设具有重要意义。经过国内外大量学者对有限元修正方法的研究,使得有限元模型修正方法也逐渐变得成熟,其理论体系也逐渐完善。有限元修正方法可以根据不同的划分方式进行分类。其中,最基本的分类方法是根据修正对象不同可以划分为矩阵型修正方法和参数型修正方法[16-17]。矩阵型修正法简单易行,属于直接法中的一种,计算时间一般较短,但是该方法在修正过程中会破坏矩阵带状稀疏对称性,使其物理意义不明确,因此,这种方法在实际工程中不太常用。尽管后来人们对矩阵型修正方法进行了改进,但是其本身的缺陷限制了它的发展。在后期的研究中,人们更多地将目光投向了参数型修正方法的研究中,在子单元结构进行模型的修正实现了矩阵型修正法向参数型修正法的过渡。参数型修正方法对结构的材料、密度、附加质量、弹性模量、截面面积和几何尺寸等参数进行修正,物理意义明确,保留了矩阵的带状稀疏对称性以及元素连通性等特性,结果便于解释,对有限元建模和优化设计有很大指导意义,是现在使用最广泛、最受欢迎的一种修正方法。计算机技术的发展为其他类型的修正方法提供了技术支持,使得有限元模型修正技术成为了研究领域的一个热点。每一种修正方法都有各自的特点,在有限元模型修正方法的研究过程中人们会不断地对其进行完善,使其更好地服务于实际工程。

2 有限元模型修正方法

2.1 矩阵型修正法

矩阵型有限元模型修正法是对有限元模型的刚度矩阵和质量矩阵进行直接修正，使修正后的有限元模型的分析结果与实测结果保持一致。1968 年，Brock[18] 最早提出了矩阵型修正法。1971 年，Berman 等人[19] 将有初始限元模型的质量矩阵 M 和刚度矩阵 K 的加权范数作为目标函数，在构造的拉格朗函数中加入约束条件，使得目标函数最小，以此来达到模型修正的目的。尽管使用该方法修正后的有限元模型较为精确，但是这种方法破坏了质量矩阵和刚度矩阵原有的带状、稀疏特征。为了解决这一问题，在 1985 年，Kabe[20] 通过引入约束条件，在修正过程中只改变矩阵中的非零元素，因而保留了原有的零元素，这种方法保持原质量矩阵和刚度矩阵的带状、稀疏特征。这种方法极大地推动了有限元模型修正方法的发展。1976 年，Stetson 等[21] 提出了一阶矩阵摄动法，他们利用结构模态参数的正交性，采用最小二乘法得到质量矩阵和刚度矩阵的变化量 ΔM 和 ΔK，最终求得修正后有限元模型的质量矩阵 M 和刚度矩阵 K。以上几种方法的缺点是使得修正后的有限元模型的质量矩阵和刚度矩阵物理意义不明确。为此，1985 年，Kabe[22] 将以上几种方法进行了改良，使得修正后的有限元模型的质量矩阵和刚度矩阵物理意义变得明确。此外，Baruch 和 Berman 等人的研究促进了矩阵型修正法的发展，将矩阵型修正法带入了一段新的历史时期。

Breman 基于试验测得的模态数据将有限元模型的质量矩阵 M_1 和刚度矩阵 K_1 进行修正。在修正质量矩阵之前，取质量矩阵的误差为 ΔM，于是，在初始质量矩阵 M_1 和修正后的质量矩阵 M 之间有如下关系：

$$M = M_1 + \Delta M \tag{1}$$

根据正交性 $\phi^{\mathrm{T}} M \phi = I$，于是式(1)可以写成：

$$\phi^{\mathrm{T}} \Delta M \phi = I - \overline{M}_1 \tag{2}$$

式中：$\overline{M}_1 = \phi^{\mathrm{T}} M_1 \phi$；

ϕ——试验模态振型

在(2)式的条件下，求使函数

$$J = \| M_1^{-\frac{1}{2}} (\Delta M) M_1^{-\frac{1}{2}} \| \tag{3}$$

最小化的解，进一步可以得到

$$\Delta M = M_1 \phi \overline{M}_1^{-1} (I - \overline{M}_1) \overline{M}_1^{-1} \phi^{\mathrm{T}} M_1 \tag{4}$$

联立式(1)与式(4)，就可以求得实际结构的等效质量矩阵 M。

刚度矩阵 K 的修正与质量矩阵 M 的修正类似，首先取刚度矩阵的误差为 ΔK，则初始刚度矩阵 K_1 与修正后的刚度矩阵 K 之间应该满足如下关系式：

$$K = K_1 + \Delta K \tag{5}$$

K 与 M 之间应该满足：

$$K\phi = \mathrm{diag}(\omega_{t,i}^2) M\phi = 0 \tag{6}$$

式中：$\omega_{t,i}^2$——试验测得的第 i 阶固有频率，$i = 1, 2, \cdots, n$。

同时，式(6)也要满足正交性关系

$$\phi^{\mathrm{T}} K \phi = \mathrm{diag}(\omega_{t,i}^2) \tag{7}$$

此外，要求 K 为对称矩阵，因此有

$$\Delta K = \Delta K^{\mathrm{T}} \tag{8}$$

以式(6)～式(8)为约束条件，求使范数

$$J = \| M_1^{-\frac{1}{2}} (\Delta K) M_1^{-\frac{1}{2}} \| \tag{9}$$

取得最小值的 ΔK，就可以得到

$$\begin{cases} \Delta K = \Delta + \Delta^{\mathrm{T}} \\ \Delta = \left\{ \dfrac{1}{2} M\phi [\overline{K}_1 + \mathrm{diag}(\omega_i{}^2)] - K_1 \phi \right\} \phi^{\mathrm{T}} M \end{cases} \tag{10}$$

其中，$\overline{K}_1 = \phi^{\mathrm{T}} K_1 \phi$。

矩阵型修正方法的结果不仅没有明确的物理意义而且修正后的模型只在数学结果上与实际工程相近，因而没有实际工程意义，矩阵型修正方法也很少被人们使用。

2.2 参数型修正法

参数型模型修正是对结构的设计参数，如材料的弹性模量、质量密度、截面面积、弯曲、扭转惯量等参数进行修正。相对于矩阵型修正法，参数型修正法物理意义明确，在实际工程中应用也较为广泛。20 世纪 60 年代，Fox 等[23] 利用矩阵的正交性条件，对结构模型的特征方程求导，推导出线性结构特征值和特征矢量的一阶灵敏度公式，开创了参数型修正方法，但是该方法最大的缺陷是截断误差较大。70 年代，一些学者对 Fox 提出的方法进行了改进，简化了特征矢量的一阶灵敏度公式。1993 年，Farhat 等[24] 提出了在子单元结构内进行模型修正的方法。Natke[25] 介绍了子结构参数的修正方法，把实际结构的质量矩阵 M 和刚

度矩阵 K 用子结构矩阵表示,但是它们仍然具有一定的物理意义。

$$\begin{cases} M = M_1 + \sum_{n=1}^{N} \alpha_n M_n^e \\ K = K_1 + \sum_{n=1}^{N} \beta_n K_n^e \end{cases} \tag{11}$$

式中:M_n^e、K_n^e——单元矩阵或多个单元的装配矩阵;

α_n、β_n——待计算的误差因子。

这样就可以修正误差因子,而不是修正矩阵的各个元素,还可以保留矩阵的带状稀疏对称性。

Friswell[26]将质量矩阵和刚度矩阵作为待修正参数,并将其表示为关于参数 p 的一阶泰勒级数展开式

$$\begin{cases} K = K_1 + \sum_{i=1}^{l} \delta p_i \dfrac{\partial K}{\partial p_i} \\ M = M_1 + \sum_{i=1}^{l} \delta p_i \dfrac{\partial M}{\partial p_i} \end{cases} \tag{12}$$

之后代入特征方程或正交性条件并构造方程组来求解参数。此方法将高阶模型简化为低阶模型,而且保留了参数变化的影响。

3 结语

3.1 结论

(1)有限元方法作为工程结构分析的重要工具,在实际应用中取得了显著的成就。然而,有限元模型与实际工程结构之间的不可避免的误差推动了有限元模型修正方法的不断产生与发展。随着计算机技术的飞速发展,修正有限元模型的过程变得更为精密和高效。

(2)在模型修正的方法中,矩阵型修正方法虽然起源较早,但其局限性显而易见。修正后的模型缺乏明确的物理意义,限制了其在实际工程中的应用。因此,随着学者对有限元模型修正技术的创新,矩阵型修正方法逐渐退出历史舞台。

(3)相比之下,参数型修正方法取得了显著的进展。修正后的模型结果具有明确的物理意义,更好地服务于实际工程需求。然而,由于有限元模型的结构复杂性、材料参数众多以及边界条件的不确定性,参数型修正方法仍需要进一步完善。未来的研究应致力于解决这些挑战,以提高参数型修正方法在实际工程中的可靠性和适用性。总体而言,有限元模型修正方法的发展为工程结构分析和设计提供了强有力的支持,为解决实际工程中的复杂问题提供了有益的思路和方法。

3.2 展望

根据现有的研究成果可知,有限元模型修正方法和理论的发展相对较晚,主要集中在新世纪。尽管已有相关研究,但目前看来,有限元模型修正方法仍处于起步阶段,未来的发展仍需不懈努力。随着高性能计算技术的进步,这些方法将能够更好地处理复杂和大规模的工程结构,提高修正方法的精度和效率,使其更贴近实际工程需求。与此同时,深度学习和人工智能等技术的引入,为模型修正提供了新的思路和方法。

从众多研究中可以得出结论,相较于矩阵型修正方法,有限元模型参数型修正方法具有明显的优势。因此,未来这种参数型修正方法有望成为有限元模型修正方法研究的主流方向。这一发现为未来的研究提供了有益的指导,将有助于更好地理解和改进有限元模型,推动该领域的发展。在未来的研究中,需要更深入地探索参数型修正方法的机理和应用,以更好地满足工程实践的需求,为结构分析和设计提供更为可靠的工具。随着大数据、人工智能和云计算等技术的提升,有限元模型修正方法的研究将会迎来一个新时代,在将来的研究中,有限元模型修正技术会更加地依赖于计算机技术。

参考文献

[1] 周宇,甘露一,狄生奎,等.基于应变影响线的桥梁模型修正试验[J].浙江大学学报(工学版),2024,58(3):537-546.

[2] MOTTERSHEAD J E, FRISWELL M I. Modal Updating in Structural Dynamics: A Survey[J]. Journal of Sound and Vibration,1993,167(2):348-373.

[3] BROWN J M, DUMANOGLU A A, SEVERN R T. Ambient Vibration Survey of the Faith Sultan Mehmet (Second Bosporus) Suspension Bridge[J]. Earthquake Engineering and Structural Dynamics,1992,21:172-177.

[4] 秦世强,袁永刚,韩硕,等.基于试验数据和位移置信准则的铁路斜拉桥多目标模型修正[J].铁道学报,2023,45(6):151-160.

[5] 张皓,李东升,李宏男.有限元模型修正研究

进展:从线性到非线性[J]. 力学进展,2019,49:542-575.

[6] GRAVITZ S I. An analytical procedure for orthogonalization of experimentally measured modes[J]. Journal of the Aerospace Sciences,2015,25(11):721-722.

[7] GUYAN R J. Reduction of stiffness and mass matrices[J]. AIAA Journal, 1965, 3(2): 380-380.

[8] BARUCH M,ITZHACK I B. Optimal weighted orthogonalization of measured modes[J]. Aiaa Journal,1978,16(8):927-928.

[9] BERMAN. Mass Matrix Correction Using an Incomplete Set of Measured Modes[J]. AIAA Journal,1979(17):1147-1148.

[10] 范立础,袁万城,张启伟. 悬索桥结构基于敏感性分析的动力有限元模型修正[J]. 土木工程学报,2000(1):9-14.

[11] 方志,唐盛华,张国刚,等. 基于多状态下静动态测试数据的斜拉桥模型修正[J]. 中国公路学报,2011,24(1):34-41.

[12] 黄民水,郭文增,朱宏平,等. 基于环境激励的桥梁结构动力测试及模型修正[J]. 华中科技大学学报(城市科学版),2006(4):57-60,71.

[13] 姚昌荣,李亚东. 基于静动力测试数据的斜拉桥模型修正[J]. 铁道学报,2008(3):65-70.

[14] 张坤,段忠东,刘洋. 连续刚构桥动力特性参数识别与有限元模型修正[J]. 公路交通科技,2008(9):67-72.

[15] 张倩,薛小强,徐焱强. 基于灵敏度分析的双塔斜拉桥有限元模型修正优化[J]. 公路交通技术,2023,39(5):104-112.

[16] 李辉,丁桦. 结构动力模型修正方法研究进展[J]. 力学进展,2005(2):170-180.

[17] 姜维成,张连振. 基于振动测量的桥梁有限元模型修正研究[J]. 交通标准化,2006(12):74-78.

[18] BROCK J E. Optimal matrices describing linear systems. [J]. Aiaa Journal,1968,6(7):1292-1296.

[19] BERMAN, FLANNELLY. Theory of in complete models of dynamics structures[J]. AIAA Journal,1971,9(8).

[20] KABE A M. Stiff ness matrix adjustment using mode data [J]. AIAA Journal, 1985, 23: 1431-1436.

[21] K STETSON, G PALMA. Inversion of first-order perturbation theory and its application to structural design[J]. AIAA Journal,1976,14(4).

[22] KABE A M. Stiffness matrix adjustment using mode data[J]. AIAA Journal,1985,23(9).

[23] FOX R L,KAPPOR M P. Rate of change of eigenvalues and eigenvectors [J]. AIAA Journal,1968,12(6):2426-2428.

[24] FARHAT C, HEMEZ F M, Updating Finite Element Dynamic Model Using an element-by-element sensitivity methodology [J]. AIAA Journal,1993,31(9):1703-1710.

[25] NATKE H G. Updating computational models in the frequency domain based on measured data: a survey[J]. Probabilistic Engineering Mechanics,1988,3(1):28-35.

[26] FRISWELL M I. Candidate Reduced Order Models for Structural Parameter Estimation [J]. Journal of Vibration and Acoustics,1990,112(1):93-97.

Design and Construction of a Circulating Power Water Flume

Wanghui Dang Yanwei Niu *
(School of Highway, Chang'an University)

Abstract Aiming at the high cost, single function and restricted observation of the current flume test equipment, this paper designs and produces a circulating power flume, which adopts the matrix underwater thruster to provide uniform and stable power, and sets up all-around visualization experimental section, which, together with the removable sand box, can realize the measurement of solid hydrodynamic response, scouring test and cyclic impact test, etc.. And the overall and local analysis of the flume is carried out by using nonlinear finite element analysis method to ensure the safety and stability of the circulating power flume in this paper.

Keywords Bridge engineering Flume test Finite element analysis

0 Introduction

In the field of hydrodynamics, flume test is a common experimental method used to simulate hydrodynamic processes such as water flow, waves, and water level changes, in order to study hydrological and hydraulic problems in hydraulic construction projects such as coastal engineering, dam design, port navigation, and river management. Researchers can simulate various hydrodynamic scenarios in real water environments by controlling parameters such as the size, inclination, and flow velocity of the flume, thus evaluating the feasibility and effectiveness of different engineering schemes.

In the existing researches at home and abroad, numerous scholars have relied on flume test equipment to carry out experimental researches in the field of hydrodynamics[1-15]. Kang [2] conducted a wave flow flume model experiment to study the effect of abnormal wave parameters on the wave force of a new dumbbell shaped bridge structure; Lin[3] conducted a water flume experiment under water flow conditions to analyze the water flow patterns at various measuring points around discarded tires under different flow velocities; Yang[5] conducted a generalized water flume experiment to study the influence of different settling parameters on the drift distance of the row head under downstream settling conditions, and quantitatively characterized the sensitivity differences of each parameter. Scholars have also innovatively designed water flumes. Jiang[1] designed a water sediment density flow experimental flume to shape the deceleration and self-acceleration density flow processes under different operating conditions; Guo[4] conducted experiments in a variable slope water flume to study the variation law of the jumping motion parameters of bed load particles, and the experimental section can be manually sloped; Dong[6] used a landslide debris flow test water flume equipment to verify the control ability of drainage culverts installed on the dam body on the destructive force of debris flow; Shinozaki[11] designed a water flume device that can simulate a cross shore environment, that is, an environment where flat land areas transition to the edge of the sea, to study the effect of sand particle size on the distribution of tsunami sediments.

The existing water flume test equipment has the following problems: ①high cost and time cost, high equipment manufacturing and manual maintenance costs, high time cost for experimental preparation and execution, requiring a large amount of water resources and energy for operation, and not energy-saving and environmental protection; ② single function and narrow applicability, flume equipment is generally only suitable for a single field, and parameter adjustments are made within this field, which cannot be extended to other fields for experimental research; ③It is difficult to conduct real-time observation and feedback, and existing flume equipment can only set up some observation windows, which cannot provide comprehensive real-time observation of the overall water flow dynamic response.

The water flume test is an important means to help engineers and scientists understand hydrodynamic processes, verify theoretical models, and optimize design schemes. To solve the above problems, this article designs and produces a circulating power water flume equipment, which has the advantages of stable flow velocity at each section, all-round visualization, multifunctionality, energy conservation and environmental protection, etc. It can provide important reference for engineering design and construction in fields such as water conservancy engineering and bridge engineering.

1 Pre-design

In order to achieve water flow circulation and avoid wasting a large amount of water resources and energy, this article designs a circular water flume that injects water without the need for a continuous water source, achieving recycling. The experimental section is arranged in the middle of the straight section and designed visually. The experimental section is made of acrylic material, while the rest is made of stainless steel material. The acrylic and stainless steel parts are fixed with bolts and structural adhesives, Set up a rectification area before the experimental section to ensure stable incoming flow. As shown in Figure 1.

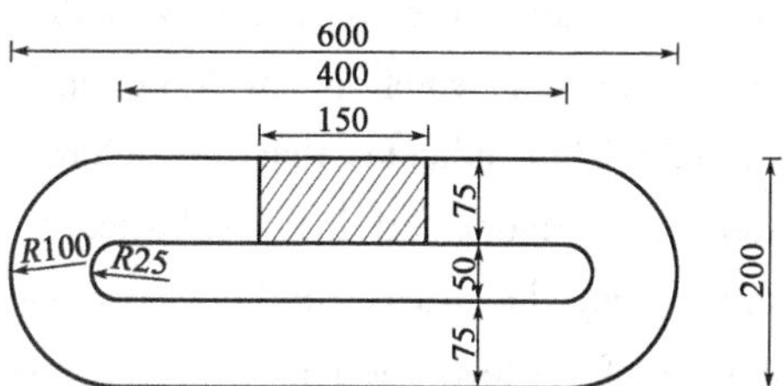

Figure 1 Circulating power water flume (Unit: cm)

When installing the circulating water flume in the testing site, it is necessary to ensure that it is placed horizontally as a whole. This not only requires high requirements for the testing site, but also causes significant local deformation of the structure when subjected to heavy water loads. To overcome the above problems, this article designs a stainless steel base with multi-point support, which can level the flume at multiple points. As shown in Figure 2.

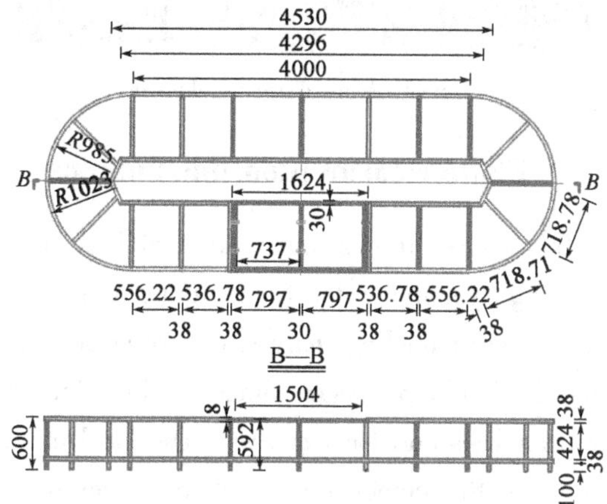

Figure 2 Schematic diagram of the base (Unit: mm)

The final overall flume is made of acrylic and stainless steel materials, with a circular structure and a multi-point supported stainless steel base, as shown in Figure 3.

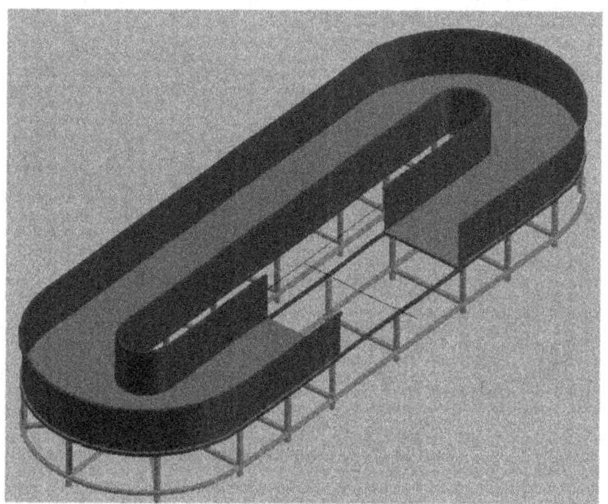

Figure 3 Stainless steel flume body

In order to achieve stable flow velocity at each section, this article designs and adopts a matrix distributed thruster, which arranges 3 × 4 thrusters at the cross-section of the water flume to provide uniform thrust assistance for the water flow. As shown in Figure 4. And three rectifying grids and filtering nets are installed between the thrust area and the experimental section to further rectify and stabilize the water flow in the experimental section.

Figure 4 Matrix distributed thruster

2 Finite element modeling analysis

To ensure the safety and stability of the circulating dynamic water flume under water load, finite element modeling analysis is carried out on the designed circulating water flume, mainly including overall analysis and local analysis. The local analysis position is the combination section of acrylic and stainless steel, with a focus on calculating and analyzing the stress and deformation of acrylic under water load.

The finite element model is shown in the Figure 5. Taking the overall model as an example, there are a total of 28048 elements and 30679 nodes.

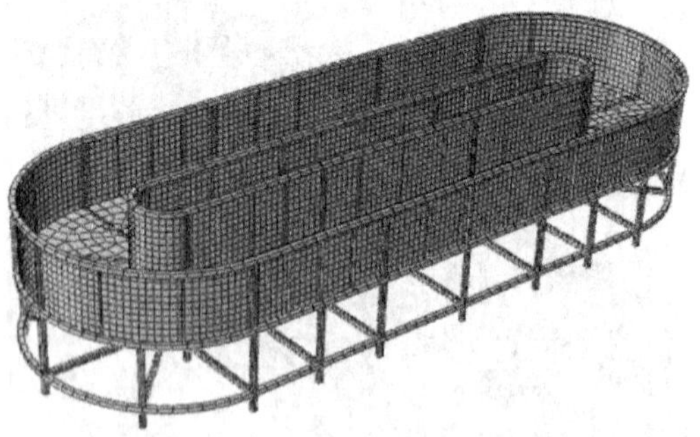

Figure 5 Finite element model

The materials used in this model are mainly stainless steel and acrylic, and their material parameters are shown in Table 1.

Material parameters Table 1

Material	Density (kg/m^3)	Elastic modulus (MPa)	Poisson's ratio
Stainless Steel	7850	194020	0.3
Acrylic	1190	3160	0.32

The welding joint adopts a binding connection method, which is consistent with the actual working conditions. The water load adopts the full height and depth working condition, that is, the water flume is filled with water, and the depth of water is the height of the flume, which is considered safer. The static water pressure load considering water depth pressure in ABAQUS is adopted, as shown in Figure 6.

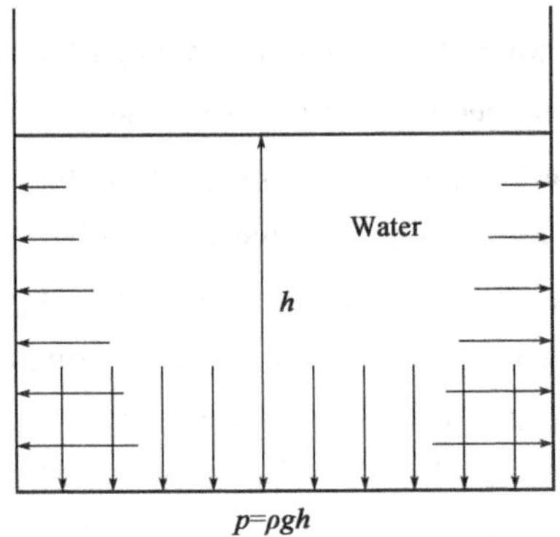

Figure 6 Hydrostatic pressure load

The geometric nonlinear finite element analysis method was used to analyze the stress state of the overall water flume and local structure under full load, as shown in Figure 7.

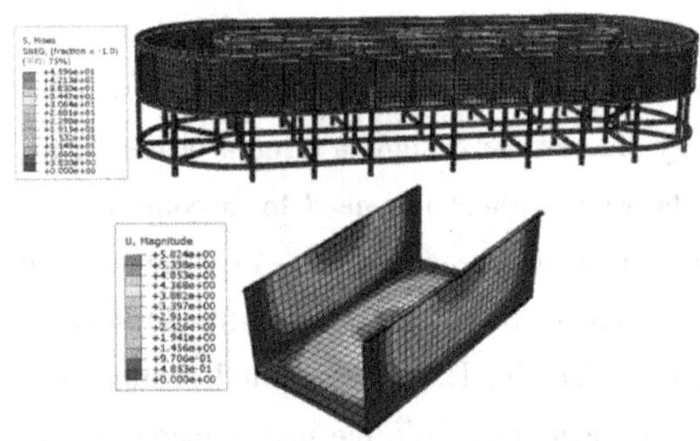

Figure 7 Overall & local FEA results

It can be seen that under full-water load, the stress and deformation of the stainless steel water flume are within an acceptable range. Only in a few local positions, the stress is relatively high, with a maximum of 45MPa, which is far from reaching its yield strength. This indicates that the deformation of the water flume under full load is basically elastic deformation, and the stress condition can meet the requirements of the test. The maximum deformation of the acrylic part under full-water load is 5. 8mm, which also meets the experimental requirements. It can provide comprehensive visualization for the water flume while meeting safety requirements.

In actual testing, the water level is generally set at 30cm instead of 50cm at full height. In summary, after reasonable design and geometric nonlinear finite element analysis, it can be concluded that the existing design meets the experimental requirements and has structural safety and stability under full-water load conditions.

3 Fine manufacturing and installation

After preliminary design and nonlinear finite element analysis, the circulating water flume was manufactured and installed. To ensure welding strength and overall manufacturing accuracy, laser cutting and welding are used for the stainless steel part, as shown in Figure 8.

Figure 8 Laser cutting and welding

Finally, a stainless steel groove with good accuracy and an error within 1mm was obtained, and a level was used for multi-point levelling on the test site to ensure the level of the groove.

After preliminary levelling, the acrylic water flume was installed and bonded, and the connection was fixed with 304 stainless steel bolts and structural adhesive, as shown in Figure 9.

Figure 9 Connection between acrylic and stainless steel

After installing the rectification grid in the channel, conduct a water discharge test and inject water into the circulating power water flume to further inspect the deformation and leakage of the structure, as shown in Figure 10.

Figure 10 On site testing

4 Matrix water flow thruster

To ensure the uniform and stable propulsion of water flow, this article creatively designs a matrix layout equipment for thrusters, which includes two parts: thrusters and installation framework.

4.1 Selection of thrusters

A conventional flume uses flow control to make the water flow move forward at a certain velocity, that is, to control the flow rate Q. When the cross-sectional size S of the water flow is constant, the water flow is made to move forward at a velocity of $V = Q/S$. The circulating power water flume described in this article needs to use a water flow thruster to drive the water flow forward, and its propeller is used to drive the water flow forward. Therefore, how to calculate the power required to drive the water flow is rare in domestic and foreign research, and it is one of the key issues that this article needs to solve.

To solve this problem, this article adopts a simplified water flow propulsion model, treating the water as a uniform rectangular prism and moving forward at the rated velocity V under three sided friction. At this point, the required power is $P = FV$, where F is the thrust required to resist friction, as shown in Figure 11.

When the thrust F provided by the thruster is greater than the frictional force, the water flow starts to advance forward until it reaches the rated velocity. At this time, only by keeping F consistent with the frictional force, can the water flow move forward at a uniform velocity. The friction force between water and stainless steel water flume can refer to the calculation method of friction force between stainless steel hull and water flow in the field of shipbuilding.

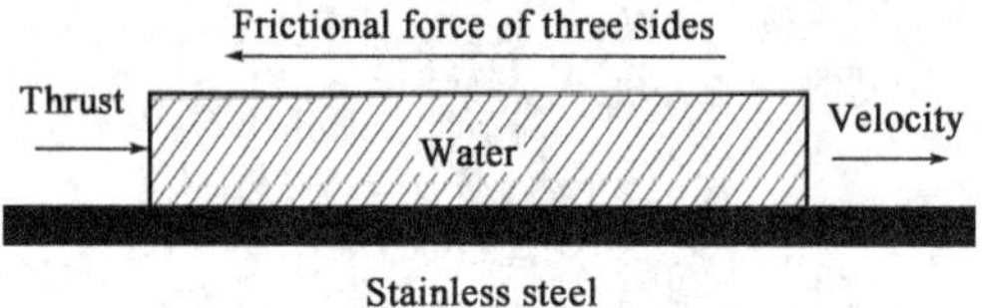

Figure 11　Simplified model of water flow

Based on the material, size, and velocity data of the water flume described in this article, the required power is determined to be 200w. This calculation method may not be very accurate, but in the absence of existing calculation methods, it can provide reference for the selection of subsequent thrusters.

Further considering that the driving medium is water, at the same power, it is necessary to choose a thruster motor with a lower kV value, which has a lower speed and greater torque. In addition, due to the matrix arrangement of the propeller thrusters in this design, multiple propellers are arranged in the same section, and the water flow passing through them is prone to mutual interference, resulting in reduced propulsion efficiency and turbulent water flow. Therefore, it is necessary to add fairing components to each propeller thruster, which can increase the propeller thrust. As the water flow velocity entering the fairing is higher than the water flow velocity outside the propeller, The thrust of the propeller naturally increases as the pressure generated increases. The deflector can also reduce noise and vibration.

Finally, it is necessary to consider the waterproof treatment and size selection of the underwater environment. In order to arrange 6 propeller thrusters in a limited cross-sectional size, a waterproof treated brushless motor should be selected.

In order to enable the six thrusters to pass through the same thrust simultaneously, and the magnitude of the thrust can be adjusted simultaneously, this article connects the six thrusters to the same servo testing instrument, which can control the six thrusters simultaneously. As shown in Figure 12. Its specific parameters are shown in Table 2.

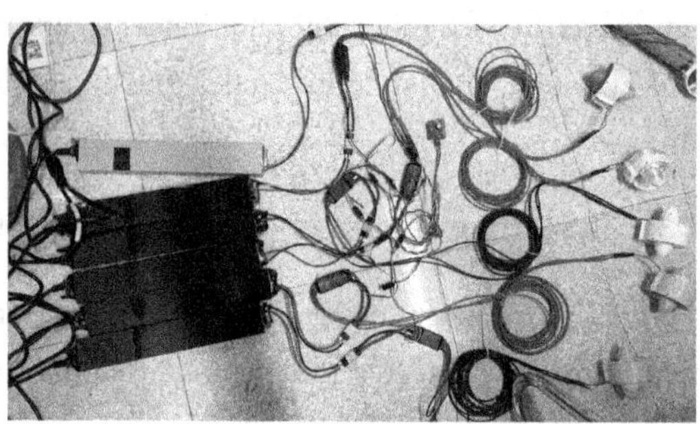

Figure 12　Water flow thruster

Parameters of Underwater Thrusters

Table 2

Rated power	Thrust	Weight	Value	Total height
300W	2.6kg	175g	700kV	77mm

After actual testing, the thruster selected in this article can only push the water flow to 0.5m/s with good working performance, so it can achieve the expected experimental objectives.

4.2　Skeleton of the thruster

The installation framework of the thruster adopts 1.2mm thick galvanized guide rails, as shown in Figure 13.

Figure 13　Galvanized guide rail

The narrowest side (6.5mm) is facing the water surface. The circular holes in the guide rail facilitate the adjustment of the position of the thruster, the irregular structure can provide sufficient stiffness, and the narrow side can reduce the obstruction of water flow. In order to meet the experimental water depth (30cm), three skeletons were made in this article, with two thrusters arranged vertically on each skeleton and three skeletons arranged horizontally in the water flume, which can provide a matrix propulsion force of 2 × 3 for the water flow cross-section, as shown in Figure 14.

Figure 14 Matrix thrusters & skeletons

The circulating power water flume designed in this article is actually equipped with stainless steel square tubes on both sides of the test section, which can be used to fix objects, conduct hydrodynamic response tests, and fluid structure coupling tests. The all-round visual design can effectively observe the changes in water flow. Install sandboxes at the experimental section of the water flume, combined with rectification equipment, and install structural models such as bridge piers above the sandbox, with the lower part buried in sand. Under the action of water flow, scour tests can be conducted to explore the scour situation of water flow on the surrounding sand of the structure under different parameter changes.

5 Conclusions

This article focuses on the shortcomings of existing water flume testing equipment, designs and manufactures a circulating power water flume equipment, and elaborates in detail on the preliminary design and nonlinear finite element calculation analysis, production and installation points, as well as the design and manufacturing of matrix layout propulsion equipment. The following conclusions and prospects can be drawn:

(1) The circulating power water flume equipment designed in this article innovatively uses acrylic materials to achieve all-round visualization of the experimental section, providing a good visual basis for real-time observation of experimental phenomena. The connection method of the acrylic stainless steel bonding section is designed and explained to ensure the safety and stability of the bonding area.

(2) Innovative design has been carried out on the water flow thruster, using a matrix layout to ensure uniform and stable flow velocity across the water flow section.

(3) This article provides a detailed introduction to the calculation and design of water flow thruster, including the calculation of thruster power, selection of kV value, size, control, and external structure, and has achieved good results in practical applications.

(4) It can conduct various hydraulic tests such as hydrodynamic response tests and scour tests, solving the defect of single function of traditional test water flumes.

(5) The nonlinear finite element analysis method was used to perform overall and local stress calculations on the cyclic dynamic water flume designed in this paper, and the results showed that it has safety and stability.

References

[1] JIANG X P, WANG Y J, YANG F. Experimental Study on Self Accelerating Turbidity Currents in Flume [J]. Yellow River, 2023, 45(2): 38-41, 46.

[2] KANG A Z, GU Y H, ZHANG D M. Wave Flume Test and Simplified Algorithm for Freak Wave Forces on a Dumbbell-Shaped Bridge Structure [J]. Journal of Southwest Jiaotong University, 2023, 58(5): 1017-1025.

[3] LIN Z L, LI S P, LIU X D. Research on the Application of Waste Tires in Sand Embankment Engineering through Water Flume [J]. China Water Transport, 2023, 23(2): 87-88, 91.

[4] GUO Z Y, ZHANG L, GUAN J C. Flume

Experiment on the Process of Bed Load Saltation on the Bed [J]. Journal of Sediment Research, 2022,47(1):16-22.

[5] YANG H Y,ZHOU C Y,XIA Z K. Experimental study on the drift distance of the bottom protection flexible mattress head in the process of downstream flume [J]. Port & Waterway Engineering,2022(6):98-105.

[6] DONG Y G, LIU X R, FENG L T. Regulation Performance of Drainage Culvert of Debris Flow Dam Based on Flume Test [J]. Science Technology and Engineering, 2022, 22(5): 1794-1802.

[7] LI T,ZHANG J H,XIA J Q. Flume Experiment for Distinguishing the Movement of High Concentration Sand and Floating Mud [J]. Chinese Science Bulletin, 2018, 63(7): 684-692.

[8] DENG J L, ZHANG X X. Study on Water Pressure at Bottom of Subaqueous Debris Flow in Rotating Flume Test [J]. Journal of Engineering Geology,2020,28(5):1000-1006.

[9] ZHOU Y N. Local Scour Experiment and Numerical Simulation of Circular Pier [D]. Chengdu:Southwest Jiaotong University,2022.

[10] TIAN Y, HOU Z J, HOU J J. Study on the Morphology of Local Scour in Oblique Piers [J]. Yellow River,2018,40(12):39-45.

[11] SHINOZAKI T,YAMAGUCHI N,SEKIGUCHI T. Flume experiments test grain-size distribution of onshore tsunami deposits [J]. Sedimentary Geology,2020,407.

[12] MA P H, PENG J B, ZHUANG J Q, et al. Initiation Mechanism of Loess Mudflows by Flume Experiments [J]. Journal of Earth Science,2022,33(5):1166-1178.

[13] SUN H T, DU H, LI M G, et al. Study on ray-tracing-based 3D reconstruction method for underwater measurement in glass-flume experiments[J]. Measurement,2021,174.

[14] NELSON P A, MORGAN J A. Flume experiments on flow and sediment supply controls on gravel bedform dynamics [J]. Geomorphology,2018,323:98-105.

[15] YAN B, ZHANG R B, ZHANG P Y. Flume Experiment on the Sediment-Retaining Effect of Submerged Breakwaters under the Combined Action of Waves and Currents[J]. Journal of Marine Science and Engineering, 2020,8(5).

隧道工程

基于数值模拟的预应力不均匀损失及地基沉降对沉管隧道节段接头变形特性影响分析

孙传迪* 宋 飞
（长安大学公路学院）

摘 要 为研究沉管隧道节段接头在预应力不均匀损失、地基沉降情况下的变形特性，以长安大学土木实验室的缩尺比例为1:100的大比尺沉管管节模型为数值模拟原型，利用有限元软件ABAQUS进行分析。首先模拟分析了均匀预应力张拉对因地基沉降产生变形的沉管隧道节段沉降量的影响，再对沉管隧道因施工以及环境等因素影响造成预应力锚索的预应力不均匀损失进行研究，对比分析了均匀预应力下和预应力不均匀损失等两种情况下地基沉降对沉管隧道节段沉降量、剪力键变形和节段接头张开量的影响。结果表明：①采用预应力锚索减小了沉管隧道节段间由于地基不均匀沉降产生的沉降差和剪力键磨损，提高了管节结构的稳定性；②预应力不均匀损失使节段接头张开量、剪力键应变以及沉降量以管节中轴线为界限左侧与右侧产生差别，说明预应力不均匀损失对节段接头的变形会产生明显的影响，会对管节结构的稳定性产生破坏，甚至影响沉管隧道的正常使用。

关键词 节段接头 预应力 不均匀损失 数值模拟 剪力键 变形特性

0 引言

目前，由于海底隧道不受大风大雾等气象条件和水上船舶航行的影响，在修建跨海建筑设施上备受青睐。沉管法隧道施工因其管段预制且混凝土质量高、易做好防水措施和施工工期短等优点，在水下工程领域应用趋势明显增加，其于1969年在丹麦首次应用于水下工程。节段式沉管隧道是由管节相互连接形成整体，管节再由各个节段组成，能够减少混凝土由于温度变化产生的热胀冷缩而形成的裂缝，同时能达到一定的抗震效果。但其在节段连接处产生较多的节段接头，剪力键承担着节段接头的连接，其刚度远小于主体结构混凝土刚度，在沉管隧道整体结构中最为薄弱，且在不均匀沉降和不均匀回淤情况下易被破坏。

国内研究中，胡指南等[1]采用缩尺比1:4.69的大比尺沉管隧道节段模型试验，研究了弯曲和扭转两种工况下，剪力键受力状况在空间上的分布规律。管敏鑫等[2]提出港珠澳大桥沉管隧道会由于地基不均匀沉降、覆盖层不均匀回淤等因素导致沉管节段间产生沉降差。岳夏冰等[3]利用离心实验定性分析以及理论计算，揭示了沉管隧道天然地基的回弹再压缩特性。王俊明等[4]引入弹性损伤模型，并利用荷载-结构法得出在外荷载作用下的受力变形特性。周舟等[5]利用三维有限元模型，基于初始应力法对预应力锚索进行模拟，分析了预应力张拉对沉管隧道节段接头的受力变形特性。

通过以上研究分析可知，国内针对节段接头剪力键的受力、变形特性还存在需要完善的方面，特别是在预应力锚索张拉对剪力键影响方面研究较少。本文采用相似模型实验，通过对比分析了预应力均匀张拉和预应力不均匀损失对节段接头张开量、沉管节段沉降量以及剪力键变形等方面的影响的差异。

1 工程背景

港珠澳大桥海底沉管隧道工程，全长5990m，由单节长180m的33节管节组成，每管节包含8个节段[6]。宁波甬江隧道施工完成11年后管段两端的沉降差为181.5mm[7]，上海外环线沉降差为245mm[8]。本文以天然地基段E17管节为工程原型，沉管结构参数见表1。由现场勘察资料得出，地基土层由10.6m淤泥质土层、26.7m黏土层、35.0m含砾粗砂层组成，地基土体参数[9]见表2。沉管隧道节段接头由OMEGA止水带、钢板密封条、混凝土剪力键以及预应力锚索等组成（图1）。

沉管结构参数　　表1

混凝土	弹性模量 E (GPa)	重度 (kN/m^3)	泊松比 v	侧墙厚度 (m)	顶板厚度 (m)	底板厚度 (m)	中隔墙厚度 (m)	高度 (m)
C50	34.5	2.45	0.2	0.8	3	3	0.8	11.4

地基土参数[9]　　表2

名称	重度 γ(kN/m^3)	黏聚力 c(kPa)	压缩模量 E_S(MPa)	泊松比 ν	内摩擦角 φ(°)	厚度 h(m)
淤泥质土	6.80	9.00	2.68	0.43	6	10.60
黏土	8.40	26.00	10.78	0.40	21	26.70
含砾粗砂	11.80	16.00	73.70	0.30	33	35.00

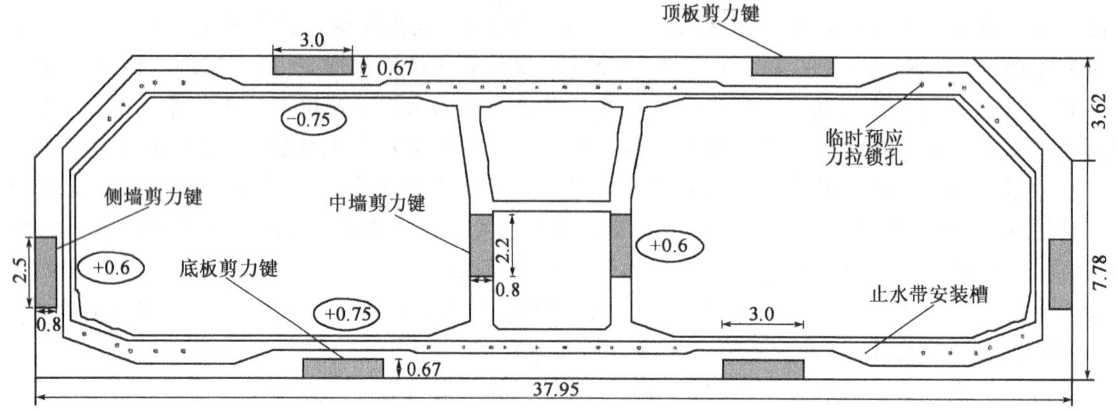

图1　沉管隧道节段接头断面构造图(尺寸单位:m)

2　数值模拟

2.1　模型简化

由港珠澳大桥沉管隧道参数,可知隧道原型弹性模量为34.5GPa、重度为2.45kN/m³,采用根据相似比1:100大比尺模型建立数值模型。

本次研究的方向是预应力不均匀损失和地基沉降程度对剪力键节段接头的变形特性,因主要研究对象为节段接头剪力键应力变形,因此简化隧道外形影响。经前人研究发现,沉管隧道剪力键发生变形破坏主要是由节段间产生纵向沉降差引起的。在外部稳定荷载作用下,不均匀地基沉降使沉管隧道节段在纵向产生沉降差,重力相对于稳定荷载小得多,且剪力键破坏不是由沉管隧道内部的重力累计引起。图2、图3为对隧道管节简化后的模型。节段横截面如图4所示,预应力锚索编号如图5所示。

a)港珠澳大桥沉管隧道节段

b)室内等比例试验模型[10]

c)室内简化试验模型

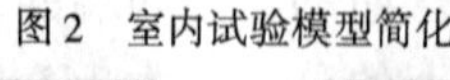

图2　室内试验模型简化

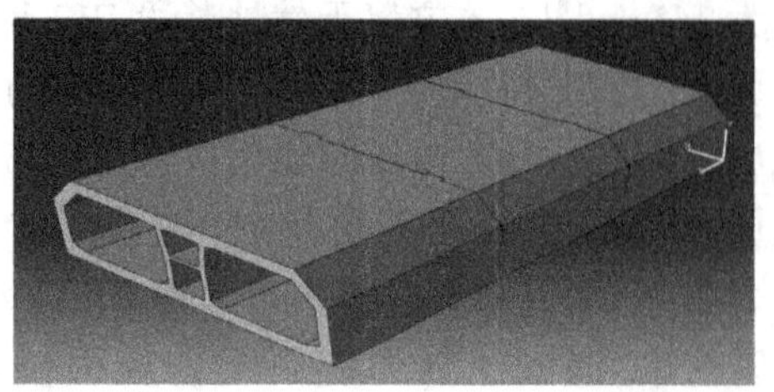

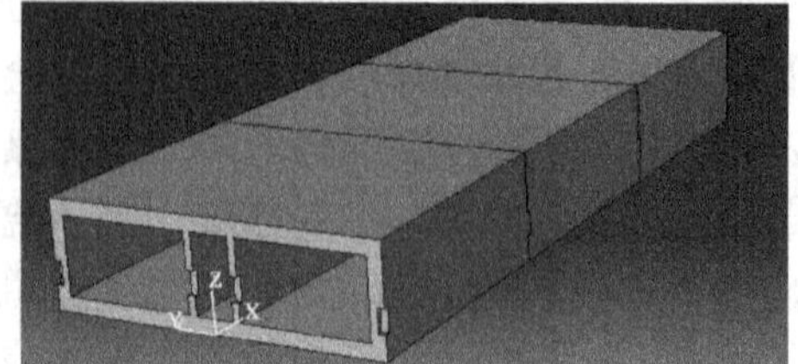

图3　数值模拟模型简化

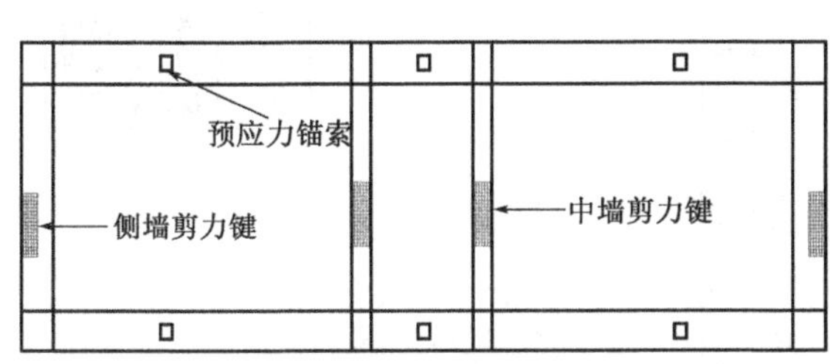

图4 节段横截面

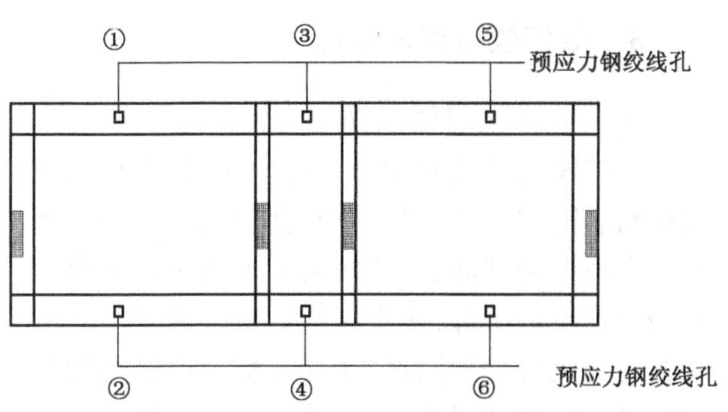

图5 预应力锚索编号

2.2 预应力损失

原型港珠澳沉管隧道管节共计60孔预应力钢绞线分布于顶板和底板处，每孔预应力钢绞线达到完全张拉程度，预应力张拉值为6510kN。本阶段分析采用简细化模型，主要分析不同位置处预应力损失对沉管隧道节段不同位置的受力变形状况，所以此次数值模拟利用改变张拉预应力钢绞线轴力模拟预应力不均匀受损失。

2.3 节段节头三维数值模拟

根据相关研究，在竖向荷载和地基沉降工况下，竖向剪力键在管节工作中起主要作用，在不影响研究问题的前提下，根据试验管节节段模型对数值模拟模型进行了简化(图6)。Solid实体单元模拟节段剪力键和衬砌节段；Truss单元模拟预应力钢绞线，嵌入沉管管节实体中；采用三维硬接触单元定义节段接头间的接触效应。图7为预应力钢绞线模型，采用并针对不同工况对有限元模型进行预应力损失模拟。

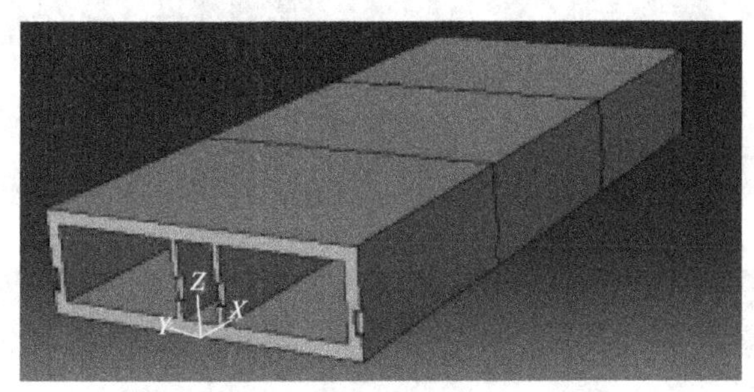

图6 简化相邻节段模型

图7 预应力钢绞线模型

2.4 数值模拟方案

本次数值模拟对隧道模型顶部施加10kPa均匀荷载，为模拟原型预应力张拉程度的预应力，对模型预应力钢绞线施加0.8kN拉力，设置四种工况(表3)。工况一：六根钢绞线均不施加预应力；工况二：六根预应力钢绞线同时施加0.8kN预应力；工况三：①、②、③、④号预应力钢绞线同时施加0.8kN预应力，⑤、⑥号钢绞线预应力由0.8kN减小至0.4kN；工况四：①、②、③、④号预应力钢绞线同时施加0.8kN预应力，⑤、⑥号钢绞线预应力由0.4kN减小至0。并且在中间节段处的升降台产生5mm沉降，由相似理论对应原型实际工程沉降量为3cm，借此模拟预应力不均匀损失和不均匀地基沉降下剪力键的变形特性。

试验工况 表3

工况	①、②	③、④	⑤、⑥
一	0kN	0kN	0kN
二	0.8kN	0.8kN	0.8kN
三	0.8kN	0.8kN	0.4kN
四	0.8kN	0.8kN	0kN

3　数值模拟结果分析

3.1　沉降影响分析

在模型顶部施加 10kPa 均匀荷载,不均匀沉降使沉管隧道节段产生不均匀竖向变位,图 8 为管节节段沉降观测点,考虑主要观测第四节段中间位置产生的沉降,此次模拟管节在第三、四、五节段进行沉降变形测量,在外部均匀荷载和管节中部地基沉降情况下,在管节纵向方向整体呈现出 U 形姿态,随着预应力张拉控制值的增大节段沉降变形减小。根据数值模拟结果,以中间观测点为例,工况一产生的节段最大沉降变形为 1.476×10^{-2}mm,左右侧墙剪力键键榫与键槽衔接处下部转角产生拉应变。经工况二施加 0.8kN 均匀预应力,最大沉降量减小为 1.261×10^{-2}mm,对比预应力由 0kN 增加至 0.8kN,其最大沉降量减小了 14.56%,左右侧墙剪力键键榫与键槽衔接处下部转角拉应变减小。经工况三、四的右侧预应力不断损失,左侧产 1.272×10^{-2}mm 沉降,右侧产生 1.401×10^{-2}mm 沉降,相比工况二左侧增加了1.1%,右侧增加了 14%。将各个观测点沉降量绘于图 9 中。

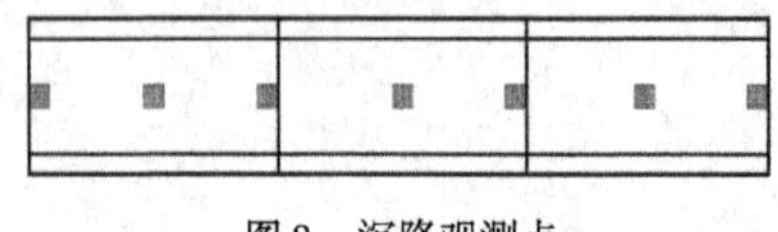

图 8　沉降观测点

由图 9a)可知,采用预应力张拉对缓解地基不均匀沉降产生的沉管节段弯曲变形具有显著作用,但如果工程因环境或者施工不当产生预应力不均匀损失会使沉管节段左右侧墙产生沉降差,对管节稳定性造成破坏(图 9b),并由数值模拟竖向位移云图(图 10)知,在同等高度处,右侧墙沉降量大于左侧墙沉降量。

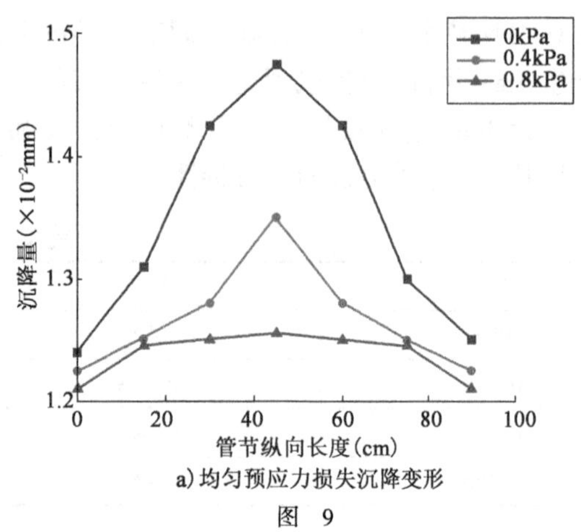

a)均匀预应力损失沉降变形

图　9

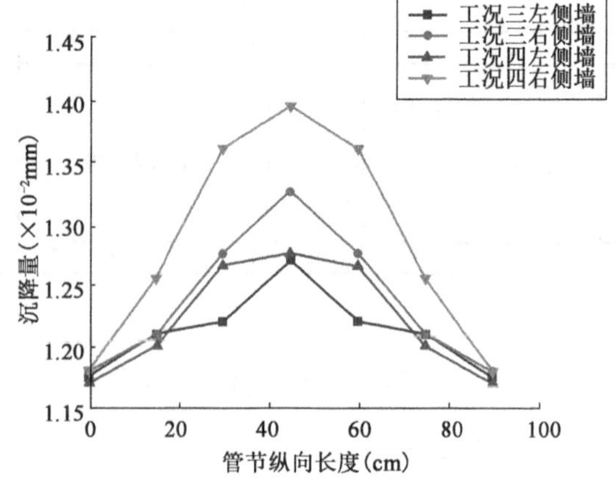

b)不均匀预应力损失沉降变形

图 9　观测点沉降变形折线图

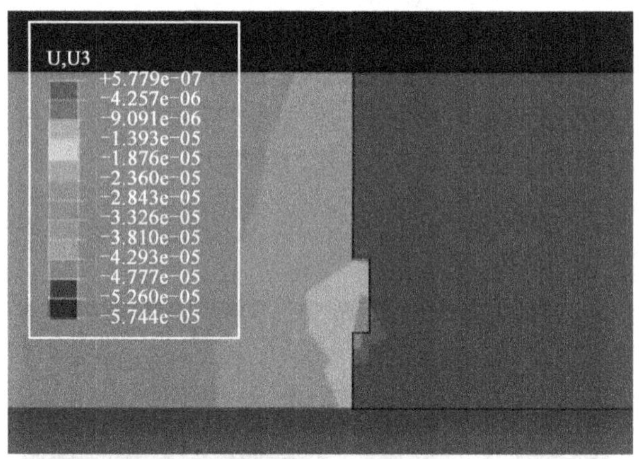

a)右侧墙竖向位移云图

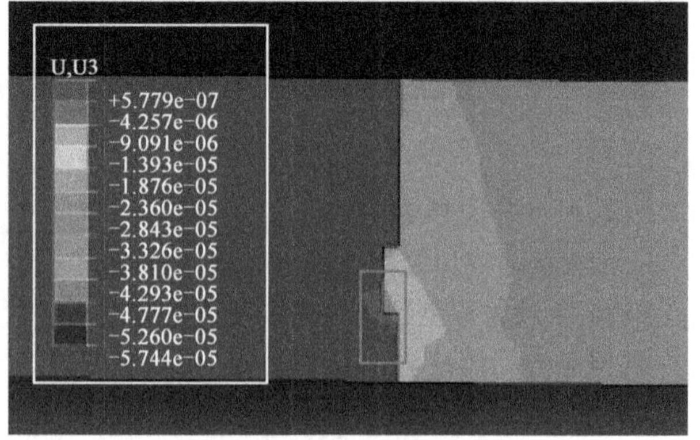

b)左侧墙竖向位移云图

图 10　数值模拟位移云图

3.2　节段接头张开量、应变影响分析

因沉管隧道管节中部较其他部位受力变形较为明显,因此,本次数值模拟监测观察在第四、五节段接头剪力键底部拐角处张开量和应变力(图 11)。

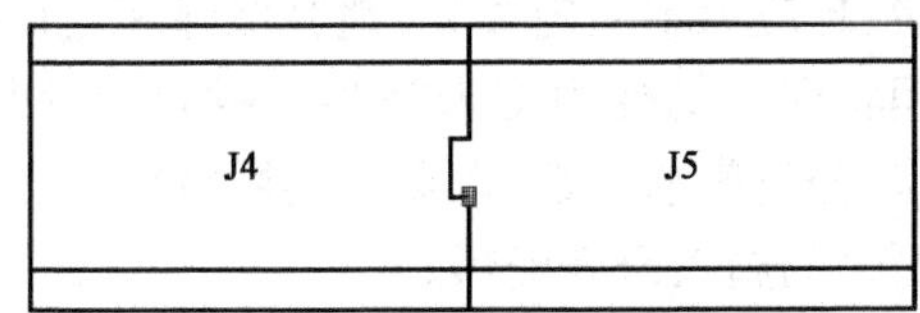

图11 节段接头张开量、应变观测点

通过上述数值模拟,张开量随着沉降差的增大而增大,在预应力张拉后随着预应力张拉控制值增大而减小。试验表明,通过图12可见,在上部均匀荷载作用下,预应力不均匀损失时,右侧墙剪力键应变大于左侧墙剪力键应变。由工况一不施加预应力至工况二均匀施加0.8kN预应力,节段接头底部拐角处张开量从0.141mm减小至3.526×10^{-2}mm,减小了75.91%,且左、右侧墙张开量在合理误差范围内,可认为其为试验产生的误差。由图13知,右侧墙预应力张拉值由0.8kN减小至0kN,左侧墙预应力不变情况下,沉管隧道模型第四、五节段接头左右侧墙张开量产生明显差别,右侧剪力键张开量从0.038mm增大至0.110mm,左侧剪力键由0.037mm增大至0.059mm。可知,预应力不均匀损失使损失侧和未损失侧张开量产生明显差别,对管节结构稳定性造成不同程度的损伤。

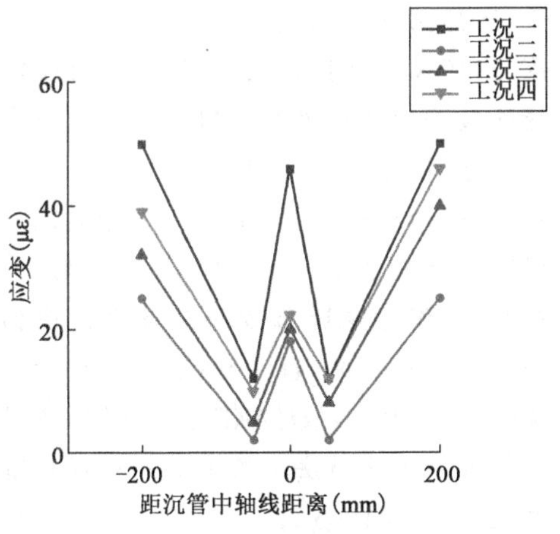

图12 数值模拟应变折线图

图15为图14红框区域内距离剪力键位置应变折线图,对比图12和图15,同一节段左右侧墙剪力键下方,相同高度下,右侧墙应变大于左侧墙应变。由图14数值模拟应变云图可以更明显地看出在右侧墙剪力键下方拐角处产生的拉应变区域呈现梯形,左侧墙应变区域呈现三角形,且右侧应变区域大于左侧区域,张开量也会产生差异。虽然数值模拟数据和实验数据存在误差,但节段接头的变形特征相同,因此试验和数值模拟结果相符合。

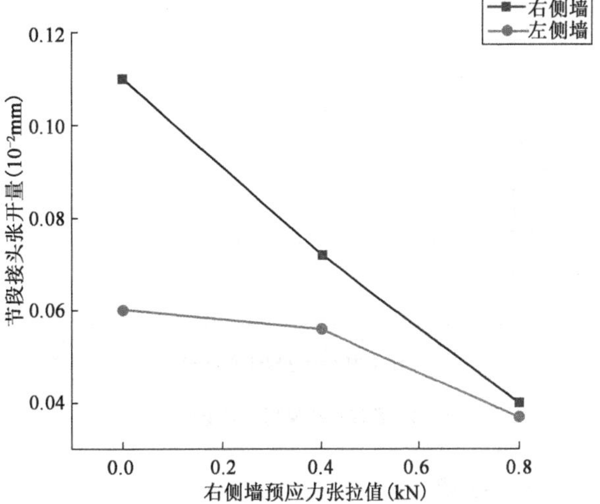

图13 不均匀预应力损失下节段接头张开量

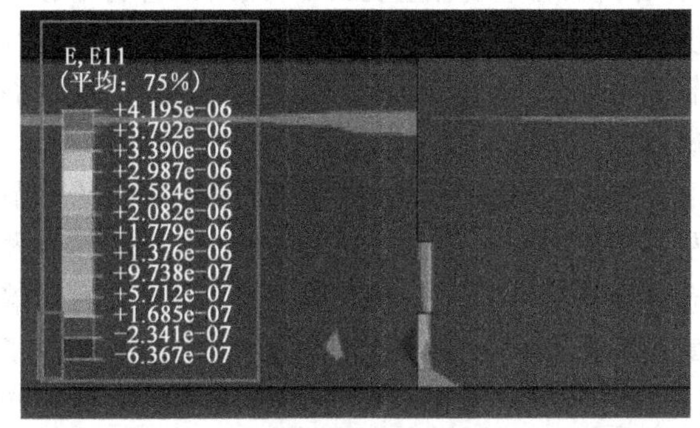

a)右侧墙横向应变云图

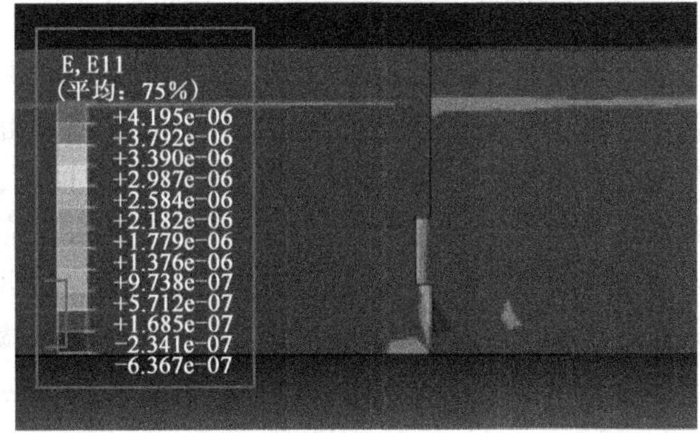

b)左侧墙横向应变云图

图14 数值模拟应变云图

由此,预应力不均匀损失会使同节段接头处左右侧墙张开量不同,说明在地基不均匀沉降情况下,增加预应力控制值可以提高节段接头的刚度,若沉管隧道由于施工或环境影响产生预应力不均匀损失,会造成沉管节段接头左右侧墙剪力键不同程度损伤。

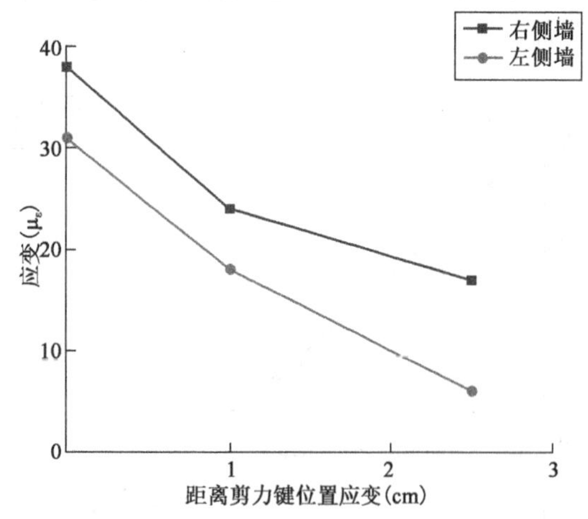

图 15　数值模拟观测点应变折线图

4　结语

(1)地基不均匀沉降会造成沉管节段产生竖向沉降差,管节总体呈现出 U 形;对沉管管节施加预应力,节段沉降量、节段接头剪力键应变量以及节段接头张开量会随着预应力张拉值增大而减小。

(2)在预应力不均匀损失工况下,即沉管管节左侧预应力张拉控制值保持 0.8kN 不变,右侧预应力张拉控制值由 0.8kN 减小至 0 时:①右侧墙最大沉降量由 1.261mm 增加至 1.401mm,增加了 11.1%,左墙沉降量小于右侧墙沉降量,对管节产生扭转效果;②预应力不均匀损失使右侧节段接头剪力键键榫和键槽底部拐角处产生拉应变,对管节节段结构稳定性造成影响;③节段接头左侧墙张开量小于右侧墙张开量,对同一节段剪力键产生不同损伤。因此,为保证沉管隧道正常使用,在施工设计中应在管节结构中保留恰当的预应力,并在使用期内,定期进行锚索预应力和地基沉降检查,在地基沉降处设受拉钢筋或预埋件,以减小预应力不均匀损失和地基沉降对沉管结构稳定性的影响。

(3)本文主要研究预应力不均匀损失及地基沉降对沉管隧道管节节段沉降量、剪力键应变、节段接头张开量等方面的影响,同时不均匀回淤会对沉管隧道节段造成竖向沉降差,在接下来的研究中,应综合考虑沉管隧道节段接头剪力键在不均匀回淤、预应力不均匀损失、地基沉降和地震荷载等工程状况下的受力变形特性,并结合有限元软件模拟,分析影响因素,以期为实际沉管隧道工程带来更多的施工研究资料。

(4)在预应力不均匀损失的情况下,沉管隧道管节会产生剪切、扭转、弯曲等工况,沉管隧道管节同一横截面会产生不同的应力和应变,节段接头剪力键在不同结构形式下产生不同的受力和变形,对剪力键结构形式进行优化是考虑预应力不均匀损失工况下未来研究的一个重点。

参考文献

[1] 胡指南,谢永利,来弘鹏,等.沉管隧道节段接头剪力键破坏状态与机理研究[J].建筑结构,2015,45(1):77-81.

[2] 管敏鑫.沉管隧道在越江工程中的地位以及有关的新认识[J].现代隧道技术,2004(1):1-4.

[3] 岳夏冰,谢永利,张宏光,等.沉管隧道离心模型试验及数值模拟[J].工业建筑,2013,43(6):84-89.

[4] 王明俊,安贺东,张延猛,等.差异沉降下沉管隧道接头剪力键力学特征[J].中国港湾建设,2023,43(1):1-6.

[5] 周舟,丁文其,刘洪洲,等.预应力锚索对沉管隧道接头力学特性影响研究[J].地下空间与工程学报,2015,11(S1):24-29.

[6] 钟辉虹,李树光,刘学山,等.沉管隧道研究综述[J].市政技术,2007(6):490-494.

[7] 胡指南.沉管隧道节段接头剪力键结构形式与力学特性研究[D].西安:长安大学,2013.

[8] 潘永仁,彭俊,NAOTAKE S.上海外环沉管隧道管段基础压砂法施工技术[J].现代隧道技术,2004,1:41-45.

[9] 岳夏冰.外海大回淤沉管隧道软基沉降特征与控制计算研究[D].西安:长安大学,2014.

[10] 胡指南.沉管隧道节段接头剪力键作用机理与构造性能研究[D].西安:长安大学,2015.

地下空间深基坑支护关键技术应用与数值模拟分析

童景盛*　张伟强　赵国锐
（中国市政工程西北设计研究院有限公司）

摘　要　本文根据隧道与地下空间关键技术——预制支护构件，拼装成“蜂巢”状结构形式的支护系统，拓展应用至大跨度深基坑支护工程中。对该新的施工工艺流程进行了数值模拟，对大跨度深基坑开挖各工况进行了变形和应力应变分析，认为基坑底隆起位移和应力变化均在应力控制安全范围之内，支护应力远远低于预制构件承载能力，进一步验证了关键创新技术的实用性与可靠性。该支护关键技术能够优化深基坑支护工艺中横向支撑构件的设置，优化并改进目前常规的深基坑支护施工工艺。该关键技术的应用体现了“产学研”理论研究与工程实际应用的紧密结合，具有很好的研究与产业化推广价值。

关键词　大跨度地下空间　深基坑支护　关键技术应用　数值模拟

0　引言

地下空间支护（包括隧道衬砌支护与深基坑支护）理论的研究与应用已有近百年的发展历史[1]。从20世纪算起，支护理论的发展主要经历了三个阶段：古典压力理论、散体压力理论及弹塑性变形压力现代理论，比较具有代表性的有新奥法支护技术理论、轴变论三规律理论、松动圈支护理论及复合支护理论等众多理论[2]。近些年，我国在地下空间支护技术和研究理论方面取得了很大成就，但由于工程地质条件的不确定性和复杂性，以及近些年城市地下空间的开发利用和大规模基础设施建设，产生了各种复杂的地基处理和危大深基坑工程，而现有的基坑工程支护技术难以满足实际需求，迫切需要相关技术进一步创新和研究。

本文采用研究专利技术“隧道与地下空间支护构件”[3]，拼装成“蜂巢”状结构形式，拓展应用至大跨度地下空间深基坑支护工程中。该技术的应用充分体现了“产学研”理论研究与工程实际应用的结合。该支护技术能够优化地下空间深基坑支护工艺中横向支撑构件的设置，改进目前常规的深基坑支护施工工法和技术难题，具有很好的研究与产业化推广应用价值[4]。本文通过数值模拟，对基坑开挖各工况进行了应力和应变和位移等方面的理论分析，进一步验证了该创新技术的实用性与可行性。

1　深基坑支护关键技术及应用

目前，深基坑支护应用技术主要有复合土钉支护、水泥土挡墙、地下连续墙及联合支护等新技术[5]。本文研究技术是针对当前深基坑工程实际需求与新技术应用进展，总结并研究了深基坑工程技术的发展趋势，创新出支护结构与主体结构相结合的一种施工工法，将发明专利构件进行组合和拼装，作为地下空间深基坑的一种新的支护技术，改进了目前常用支护结构施工工艺，能够缩短工期和降低工程造价。

该支护技术工艺是将“蜂巢”状预制支护构件根据要求拼装成一排排支挡结构单元[6]，单元两侧固定在竖直打入深基坑的工字形钢板桩上，形成整体支护薄壁墙体结构。支护构件背部作用在构件上的土压力，部分可转换成构件之间可相互抵消的水平推力，使构件之间接触更加紧密，大大优化了结构受力模式[7]。同时，加劲肋板的配合使用，增加了支护墙身整体刚度和承受荷载的能力。该支护技术大大优化了深基坑支护措施（通常需要设置横向支撑构件），从而解决了深基坑开

基金项目：中国建筑股份有限公司科研课题（CSCEC-2016-Z-12）。

挖后因横向支撑构件的干扰而影响整体施工的问题。

该支护关键技术根据施工深基坑需要的标准划分长度,一个个单元分别拼装,然后组装成一整体结构。拼装时,需要先试算开挖基坑纵、横方向能够安全承载的深度和宽度,然后根据计算结果,将拼装好的支护构件与竖直向工字形钢板桩组装成一整体墙结构,达到共同受力和支护的目的,支护墙构造如图1所示。

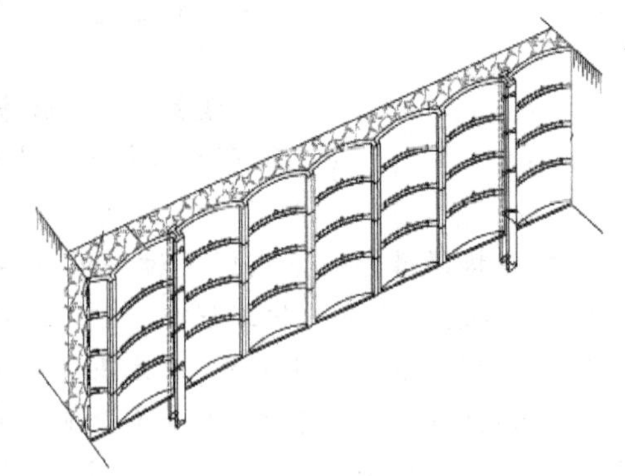

图1　深基坑整体支护墙构造示意图

2　支护关键技术应用

该地下空间深基坑支护关键技术,首先根据深基坑开挖的深度和宽度,计算出基坑开挖的安全稳定系数、侧向土压力,以及每次开挖可安全开挖的深度、长度和稳定的时间等施工控制数据,根据该数据进行设计和施工指导,并在有效时间内及时支护衬砌,达到指导施工安全的目的。结合某实际应用工程实施方案,具体实施步骤详述如下:

应用实例:某Ⅳ级围岩地质深基坑,需要开挖深度$H=12.0$m,基坑长度$L=150.0$m,宽度$B=80.0$m。地下水中等渗漏,施工震动为中等,黏聚力降低系数$K_c=0.6$,基坑周边堆土高度$H_0=2.0$m,土壤重度$\gamma=18.5\text{kN/m}^3$,黏聚力$c=155$kPa,黏聚力变化系数0.6,内摩擦角$\varphi=23°$。根据以上条件设计和拟定基坑施工开挖与支护方案工艺步骤如下:

第1步:按照基坑长度$L=150$m和宽度$B=80$m方向放线并确定工字钢打入位置,先在四个角点处垂直打入长17m的工字形钢板桩,然后在确定位置沿基坑长度和宽度方向两侧各打入31根和14根同样规格的工字形钢板桩。

第2步:计算并分析合理开挖方案,假定开挖方案如下。

方案一:假定一次开挖长度$L=75$m,每次开挖深度$H_1=7.5$m,分二次开挖。计算结果如表1所示。

方案一深基坑开挖稳定计算表　　表1

可开挖长度(m)	第一次开挖深度7.5m、长度75m		
	稳定系数	稳定时间	要求完成时间
1	6.79	稳定	1年内完成
5	2.41	稳定数月	6月内完成
10	1.87	稳定数周	4周内完成
20	1.59	稳定数天	5天内完成
50	1.43	稳定数天	3天内完成
75	1.40	稳定数天	2天内完成
稳定系数1.40,总水平压力17350kN,最大自稳定深度10.15m			
可开挖长度(m)	第二次开挖深度7.5m、长度75m		
	稳定系数	稳定时间	要求支护时间
1	7.42	稳定	1年内完成

续上表

可开挖长度（m）	第二次开挖深度 7.5m、长度 75m		
	稳定系数	稳定时间	要求支护时间
5	2.12	稳定 1 月	3 周内完成
10	1.46	稳定数天	3 天内完成
20	1.13	稳定 1 天	5 小时内完成
50			
75			
稳定系数 1.13，总水平压力 57300kN			

由表 1 可以看出，采用方案一进行深基坑开挖和支护，稳定系数为 1.40，总侧向水平力 $F=34700\text{kN}$，最大自稳深度 $H_z=10.15\text{m}$，无须支撑长度 $L_{max}=75\text{m}$。

计算结果：第一次开挖 7.5m 深度时，基坑稳定。采取整体支护措施后，再进行第二次开挖至 15m 深度时，稳定系数减小为 1.13。此时，每次开挖长度要求不能超过 20m，基坑能够稳定 1 天。采取及时支护措施后，可进行下一循环工序的开挖和支护，直至开挖至需要的深度，可确保施工安全。

方案二：假定一次开挖长度 $L=150\text{m}$，分三次深度方向的开挖：第一次开挖深度 $H_1=5\text{m}$，第二次开挖深度 $H_2=5\text{m}$，第三次开挖深度 $H_3=5.0\text{m}$。计算结果如表 2 所示。

方案二深基坑开挖稳定计算表 表 2

可开挖长度（m）	第一次开挖长度 150m、深度 5m		
	稳定系数	稳定时间	要求完成时间
1	6.35	稳定	1 年内完成
5	2.62	稳定数月	6 月内完成
10	2.15	稳定数周	4 周内完成
20	1.92	稳定数周	2 周内完成
50	1.78	稳定数周	10 天内完成
150	1.72	稳定 1 周	3 天内完成
稳定系数 1.72，总水平压力 18100kN，最大自稳定深度 10.16m			
可开挖长度（m）	第二次开挖长度 150m、深度 5m		
	稳定系数	稳定时间	要求完成时间
1	7.07	稳定	1 年内完成
5	2.28	稳定数月	6 月内完成
10	1.68	稳定数周	4 周内完成
20	1.38	稳定数天	3 天内完成
50	1.20	稳定 1 天	3 小时内完成
150			
稳定系数 1.2，总水平压力 56300kN			
可开挖长度（m）	第三次开挖长度 150m、深度 5m		
	稳定系数	稳定时间	要求完成时间
1	7.42	稳定	1 年内完成
5	2.12	稳定 1 月	3 周内完成
10	1.46	稳定数天	3 天内完成
20	1.13	稳定 1 天	5 小时内完成
50			
150			
稳定系数 1.13，总水平压力 114600kN			

由表2可以看出,采用方案二开挖和支护,第一次开挖稳定系数为1.72,总水平力 $F=18100\text{kN}$,最大自稳深度 $H_z=10.16\text{m}$,无须支撑长度 $L_{max}=150\text{m}$。

计算结果:第一次开挖5m深度时,基坑稳定。支护完成后进行第二次开挖至10.0m深度,安全系数减小至1.2,总水平力增加至56300kN,此时开挖长度每段不能超过50m,基坑能稳定1天,采取及时支护措施后,方可进行下一循环段20m长度的开挖;第三次开挖至15m深度时,安全系数减小至1.13,总水平力增加至114600kN,此时要求开挖长度不能超过20m长,且开挖后需要及时支护,方可进行下一循环施工段的开挖,直至开挖全部完成。

第3步:根据表1和表2计算对比分析,考虑施工安全和节约时间等因素,推荐采用方案二开挖方式,可达到施工安全并节约投资的目的。

根据方案二开挖方案(图1),进行深基坑内的第一层土体的开挖,施工开挖深度 $H_1=5\text{m}$,长度150m,开挖顺序为先中部后四周进行开挖。每一阶段施工开挖完成后,及时清运挖土,要求时间内完成每一层土体的开挖和相应的拱形构件支护的拼接安装,确保基坑稳定不坍塌。

第4步:深基坑支护结构拼装:将支护构件按照每5m一个单元横向拼接,单元两端通过螺栓锚固并固定在工字形钢板桩上,由下至上,逐排拼装逐排固定,直至第一层土体开挖并拼装完成。拼装构件中,第3排为加劲肋板构件单元层的设置位置(设置加劲肋构件是为了增加支护墙体的整体抗弯刚度)。

第5步:将支护完成后的土体与支护结构之间的空隙采用30cm厚防水混凝土灌注并捣实,起到承受土压力和止水的双重作用。

第6步:根据方案2要求,循环施工,直至基坑全部开挖至施工要求深度,并支护完成。

深基坑施工完成后,预制构件可作为基坑永久性支护墙,也可以拆除后在地下空间的地下停车场或其他工程中作为墙体支护材料重复使用,达到节能环保的目的。

3　深基坑支护关键技术数值模拟

3.1　数值模型及参数

该模型模拟拓展应用深基坑开挖过程施工阶段的工况,采用MC(莫尔-库仑)本构模型,支护结构采用预制构件与竖向打入工字钢固定支撑形式。计算模型按照大跨度深基坑拟定,尺寸为100m×50m×12.5m(长×宽×深),分三次开挖,每次开挖深度2.5m左右,支护采用研究的“蜂巢”状预制支护构件。基坑开挖与支护模型如图2所示。

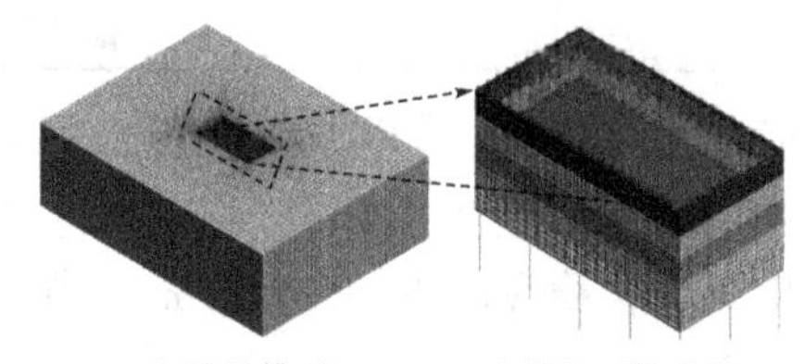

a) 整体模型　　b) 基坑开挖支护

图2　基坑开挖与支护模型示意图

3.2　关键技术数值模拟结果分析

1)初始开挖

根据初始开挖地应力云图(图3)分析,土压力在三个轴 X、Y、Z 方向的有效应力均较小,分别为:

$\text{S-XX}_{max}=209\text{kPa}$,$\text{S-XX}_{min}=30\text{kPa}$。

$\text{S-YY}_{max}=209\text{kPa}$,$\text{S-YY}_{min}=30\text{kPa}$。

$\text{S-ZZ}_{max}=480\text{kPa}$,$\text{S-ZZ}_{min}=40\text{kPa}$。

在轴向应力有效范围S-ZZ=40~120KPa。

说明在深基坑开挖水平 X、Y 两个方向的地应力均较小而且均衡,在垂直方向的地应力随着深度逐渐增大。打入工字钢后,因为尚未进行基坑分步开挖,初始位移基本为0,支护应力同地应力。

2)开挖-1~开挖-5阶段

仅对开挖-1~开挖-5阶段有主要影响的 Z 轴方向的位移和有效应力云图进行分析,分步开挖深度2.5m,每次开挖后立即采用研究预制构件拼装支护,对开挖后 Z 轴方向的位移和有效应力分析如下:

(1)位移:主要 Z 轴方向

开挖-1:$\text{T1-Z}_{max}=10.78\text{mm}$,$\text{T1-Z}_{min}=-0.193\text{mm}$,

有效范围T1-Z=0~2.5mm。

开挖-2:$\text{T2-Z}_{max}=20.80\text{mm}$,$\text{T2-Z}_{min}=-0.43\text{mm}$,有效范围T2-Z=1.34~6.65mm。

开挖-3:$\text{T3-Z}_{max}=29.40\text{mm}$,$\text{T3-Z}_{min}=-0.67\text{mm}$,有效范围T3-Z=1.84~9.85mm。

开挖-4:$\text{T4-Z}_{max}=37.08\text{mm}$,$\text{T4-Z}_{min}=-4.5\text{mm}$,有效范围T4-Z=2.42~12.82mm。

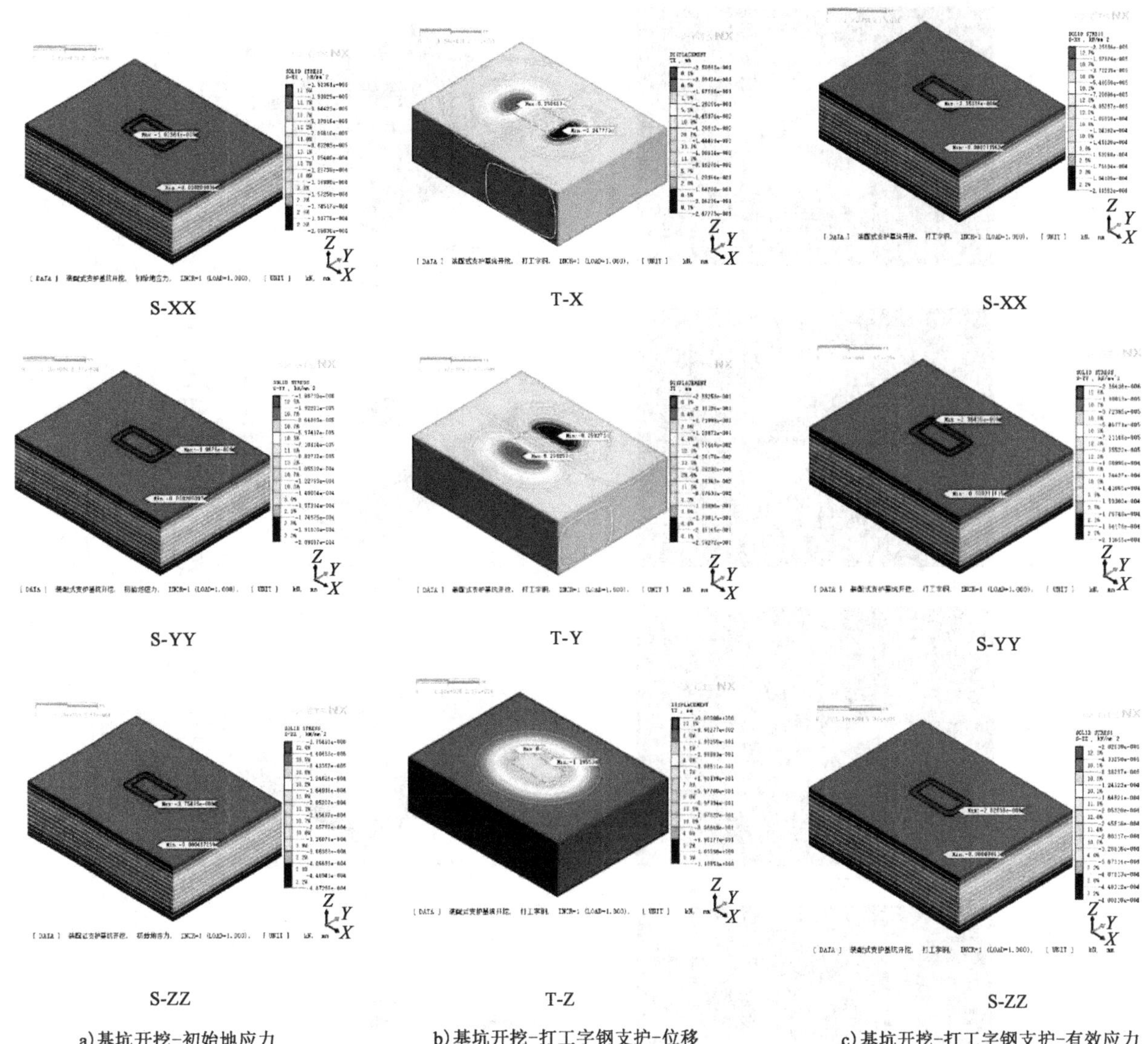

a)基坑开挖-初始地应力　b)基坑开挖-打工字钢支护-位移　c)基坑开挖-打工字钢支护-有效应力

图3　初始开挖地应力云图

开挖 -5：$T5\text{-}Z_{max}$ = 43.8mm，$T5\text{-}Z_{min}$ = -15.94mm，有效范围 T5-Z = -6.0 ~ 8.96mm。

(2)支护应力有效范围

支护-1：S1-ZZ = -480 ~ 0.25kPa；

支护-2：S2-ZZ = -280 ~ 20kPa；

支护-3：S3-ZZ = -340 ~ 50kPa；

支护-4：S4-ZZ = -370 ~ 70kPa；

支护-5：S5-ZZ = -400 ~ 120kPa。

从以上数据分析，分步开挖-1 ~ 开挖-5 阶段，分步开挖2.5m深度后（总开挖深度12.50m，工字钢锚固深度5m），*X*、*Y* 方向位移变形均较小，竖直 *Z* 方向坑底第一次开挖最大隆起位移10.78mm；采用研究预制支护构件及时支护后，预制构件能够发挥及时承载和支护功能，应力在竖向变化范围 -480 ~ 0.25kPa，水平向变化范围 0.45 ~ -208kPa，开挖过程变形和应力控制在安全范围内。至开挖完成后，开挖-5坑底隆起最大位移达到43.8mm，最小位移沉降约15.94mm。考虑到施工安全因素，宜在施工过程中，对坑底采取静压措施。

由图4可以看出，开挖支护构件承受的应力随着开挖深度地增大，竖向有效应力也是逐渐增大；*X*、*Y* 两轴方向采用预制"蜂巢"状支护构件后，有效地减小了整体应力的作用；而 *Z* 轴方向应力随着开挖深度的增大而增加更多，最大应力范围达到 -480 ~ 120kPa，但是远远低于预制构件承载能力，因而整个开挖节段深基坑的变形和应力均控制在安全合理范围内。

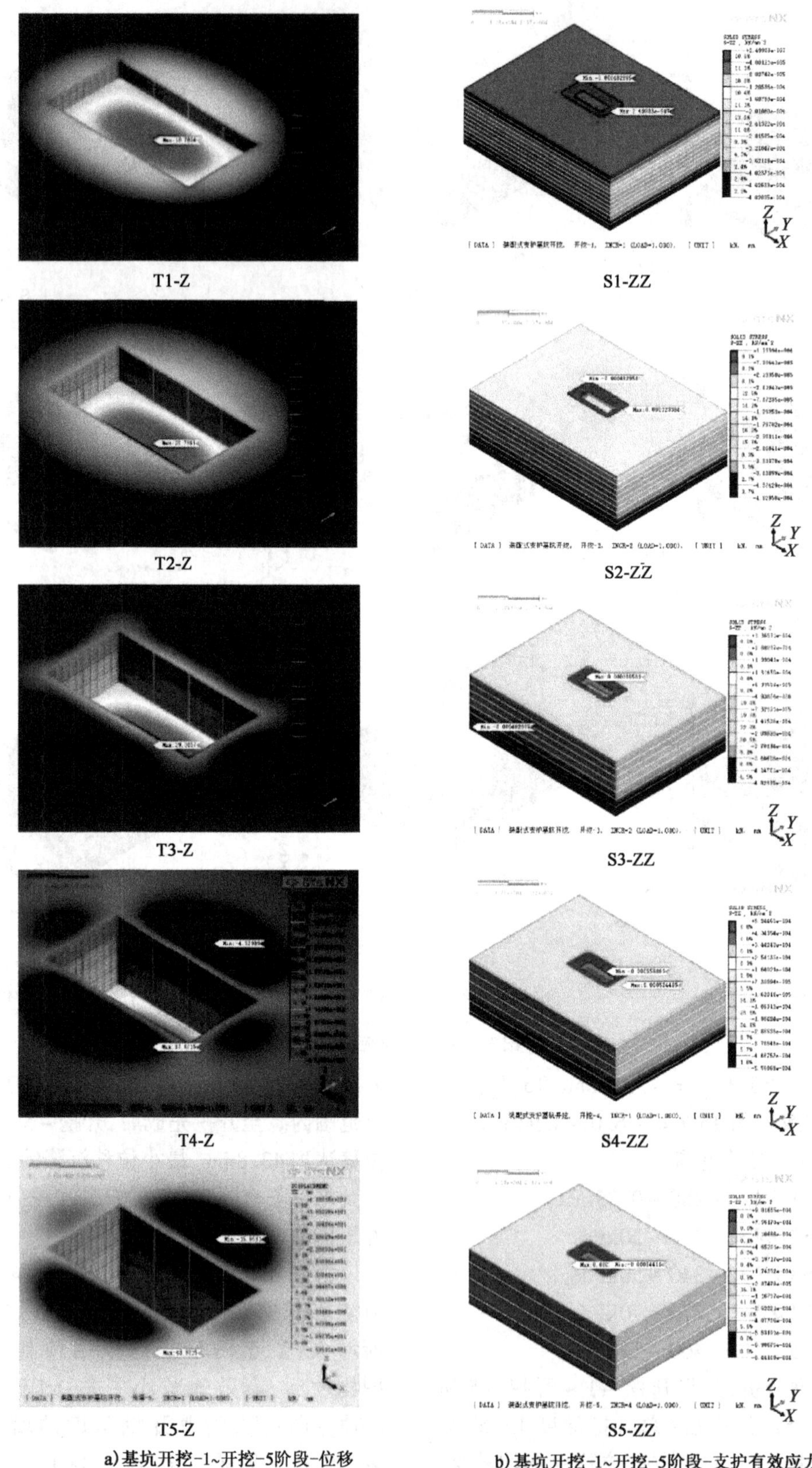

T1-Z　S1-ZZ

T2-Z　S2-ZZ

T3-Z　S3-ZZ

T4-Z　S4-ZZ

T5-Z　S5-ZZ

a)基坑开挖-1~开挖-5阶段-位移　b)基坑开挖-1~开挖-5阶段-支护有效应力

图4　开挖-1~开挖-5阶段基坑位移与支护应力云图示意

4　结语

本文结合研究课题的关键支护技术，根据工程计算实例应用与数值模拟方法，为深基坑支护技术创新了一种新的施工工法。该技术绿色低碳环保，采用可回收利用的装配式预制支护技术，为解决目前常规基坑支护技术存在施工干扰、支护模板利用率低、非低碳绿色环保等问题提供了新的思路,具有很好的研究与产业化推广应用价值,改进了目前常用的支护施工工艺,拓宽了深基坑采用预制构件施工的新工法,得出结论如下:

(1)该研究课题的支护关键技术,采用拱形的预制支护构件,拼装成形状如"蜂巢"的最佳受力支护结构,应用至大跨度深基坑支护工程项目中,简化了目前常用的深基坑施工工艺和技术处理措施,解决了常用的深基坑开挖设置横向支撑而影响大范围施工干扰的问题,创新了在深大基坑支护中采用预制拼装新材料结构施工的新工法。

(2)采用数值模拟,对基坑开挖各工况进行了变形和应力应变分析,认为深基坑开挖并及时支护后,产生的坑底最大隆起位移和应力变化均在支护控制安全范围之内。但是考虑到施工安全稳定因素,需要对坑底采取静压处理措施,降低基坑坑底的应力;在深基坑开挖过程中,支护应力是远远低于预制构件承载能力的,基坑变形和应力均控制在安全范围之内,进一步验证了本关键创新技术的实用性与可靠性。

参考文献

[1] 徐干成. 地下工程支护结构[M]:北京:中国水利水电出版社,2003.

[2] 国家铁路局. 铁路隧道设计规范:TB 10003—2016[S]. 北京:中国铁道出版社,2017.

[3] 童景盛. 地下空间施工拼装用预制支护构件:ZL201521112761. 2[P],2016.

[4] TONG J S. Research on the application of multifactor surrounding rock pressure calculation theory in engineering[J]. KSCE Journal of Civil Engineering,2021,25:2213-2224.

[5] 中华人民共和国交通运输部. 公路隧道设计规范 第一册 土建工程:JTG 3370. 1—2018[S]. 北京:人民交通出版社股份有限公司,2018.

[6] TONG J S. General formulas for calculating surrounding rock pressure of tunnels and underground spaces[J]. KSCE Journal of Civil Engineering,2020,24(4):1348-1356.

[7] 童景盛. 隧道与地下空间深浅埋垂直围岩压力通用设计计算方法:CN201610824651. 1[P]. 2019.

基于离散元的温度应力下隧道衬砌裂损机理研究

朱谭谭 王乾云 朱焕焕* 马福旺 孙旭亮 盛可鑫 何 信

(长安大学公路学院)

摘 要 温度应力是公路隧道衬砌裂损的重要原因。为了提供一种能够有效模拟温度应力下隧道衬砌开裂过程的离散元数值方法,本文提出采用颗粒流数值计算软件,通过改变颗粒尺寸的方法,模拟衬砌和围岩材料随温度变化发生的热胀冷缩过程,并给出了相应的数值计算原理和计算方法。最后采用 PFC^{2D} 数值模拟软件,建立了某公路隧道颗粒流模型,将隧道温度场理论计算结果和现场实测结果进行合理简化后,嵌入 PFC^{2D} 计算程序中进行算例分析,研究了温度应力作用下公路隧道的变形特征和衬砌裂损演化过程。结果表明,本文提出的用于模拟温度应力作用下公路隧道衬砌裂损过程的数值计算方法是可行且有效的;在温度应力作用下隧道拱顶沉降和水平收敛均会出正值和负值,即温度应力作用下隧道断面会发生扩大或减小;在温度循环初期,衬砌裂损速度明显大于温度循环后期衬砌裂损速度,随着温度循环次数的增大,隧道衬砌裂损逐渐趋于稳定;衬砌、围岩的高温膨胀和低温收缩均会引起隧道衬砌开裂,但高温膨胀是衬砌开裂和变形的主要因素,低温收缩是次要因素;在温度应力作用下,隧道衬砌首先在仰拱和拱腰位置产生裂缝;隧道衬砌的裂缝以表面裂缝和贯穿裂缝为主,表面裂缝会引起衬砌表面脱

基金项目:国家自然科学基金资助项目(42307222),山西省基础研究计划项目(20210302123359)。

落影响行人和行车安全,而贯穿裂缝会导致地下水渗入洞内进而引发低温冻害。

关键词　隧道工程　衬砌裂损　颗粒流　公路隧道　温度应力

0　引言

根据《2019 年交通运输行业发展统计公报》数据,目前全国公路隧道 19067 处、1896.66 万 m,比 2018 年增加 1329 处、173.05 万 m。同时,随着我国经济的发展和机动车保有量的持续增长,既有双向四车道公路隧道已无法满足当前交通的需求,越来越多的单洞三车道、四车道公路隧道应运而生,开启了国内大断面、大跨度公路隧道建设的序幕[1-3]。然而,由于大断面、大跨度公路隧道扁平率小,导致衬砌结构的应力分布更不利,稳定性更差,支护力学特性更复杂[4-7]。尤其是寒冷地区,在周期性温度反复作用下,衬砌结构和围岩发生周期性热胀冷缩,大断面隧道衬砌结构在温度应力反复作用下更容易发生开裂[8-11]。例如吉林小盘岭隧道、长安隧道、甘肃祁家大山隧道、七道梁隧道、陕西李家坪 1 号、2 号隧道等,都出现衬砌开裂、剥落掉块、钢筋外露等现象。严重影响隧道正常运营和结构耐久性,同时衬砌开裂为地下水提供了必要的运移通道,在寒冷地区极易引发隧道冻害,威胁隧道内行车安全,造成资源浪费、经济损失、人员伤亡等严重后果和不良社会影响。温度应力作用下隧道衬砌结构开裂问题也逐渐引起人们的重视。

人们对温度应力作用下产生的隧道衬砌开裂等病害的重视始于寒冷地区衬砌开裂引发的隧道冻害问题,并对寒区隧道温度场特征、衬砌受力特征等开展了一系列的研究。例如 Lai[12] 等从传热理论出发,推导了隧道围岩温度场的力学模型和微分控制方程,并利用伽辽金法得到了温度场有限元计算公式,并指出寒冷地区隧道设计中必须考虑低温作用下的衬砌开裂问题。冯强[13] 基于平面假设建立了包括保温层、衬砌和围岩三层介质的寒区隧道温度场的数学模型,得到了隧道围岩温度场变化规律和建议保温层厚度。陈建勋[14] 等通过现场测试得到了隧道洞内气温、围岩温度沿隧道纵向和径向的分布规律,结果显示隧道洞内气温随时间呈正弦函数规律变化,随距洞口距离的增大年平均气温及其振幅逐渐减小,围岩温度随径向深度的增大逐渐增大。渠孟飞等[15] 通过室内模型试验研究了低温作用下衬砌受力特征,发现低温冻胀作用下仰拱和仰拱墙脚处衬砌应变较小,在拱顶、拱脚和边墙处较大。

然而,上述研究大多是针对寒区富水隧道,这些隧道衬砌除承受温度应力外,还承受低温冻胀作用,衬砌应力变化是冻胀-冷缩耦合作用的结果。而人们发现,在地下水较为贫乏的地区,隧道衬砌在温度应力作用下仍会发生开裂。学者们针对这一问题开展了少量的研究,例如罗彦斌[16] 等通过对刘家坪 3 号隧道衬砌混凝土应力现场测试发现,冬季低温作用下衬砌混凝土内产生较大的拉应力,最大值接近于混凝土的抗拉强度设计值。陈勤等[17] 采用 ANSYS 有限元软件建立了溪洛渡泄洪洞模型,研究了夏季高温和冬季低温对隧洞衬砌应力的影响,认为施工时的温度对运营期衬砌开裂有重要影响。其他少量相关研究大多采用了理论推导。而目前采用理论推导和有限元数值模拟得到的相关研究成果无法还原衬砌混凝土的热胀冷缩过程和衬砌在温度应力作用下的开裂演化规律[18-19]。

基于此,本文基于颗粒流离散元数值计算软件,提出了一种能够更加真实反映材料热胀冷缩过程的方法。然后基于该方法建立了公路隧道颗粒流模型,分析了温度应力作用下隧道衬砌结构变形特征和破裂演化过程。

1　温度应力颗粒流模拟方法

1.1　温度应力作用下衬砌开裂机理

隧道开挖前,隧道所处位置地层温度在一年四季中基本保持不变。隧道开挖后,隧道温度场如图 1所示。隧道围岩深处基本不受隧道开挖的影响而保持原始地层温度。隧道洞内与外界大气连通,洞内气温受遂址区大气温度的影响,夏季温度较高,冬季温度较低。冬季,洞内气温低于隧道浅部围岩温度,热量由围岩深处向衬砌表面传递。衬砌和一定范围内的围岩在低温作用下收缩,且越靠近衬砌表面温度越低,衬砌冷缩越严重。夏季,洞内气温高于隧道浅部围岩温度,热量由衬砌表面向围岩深处传递。衬砌和一定范围内的围岩在高温作用下发生膨胀。因此,在温度作用下,衬砌和围岩发生热胀冷缩和不均匀变形,衬砌产生温度应力。

大断面隧道衬砌本身应力分布不合理,结构稳定性差。在温度应力作用下,衬砌更容易发生开裂。

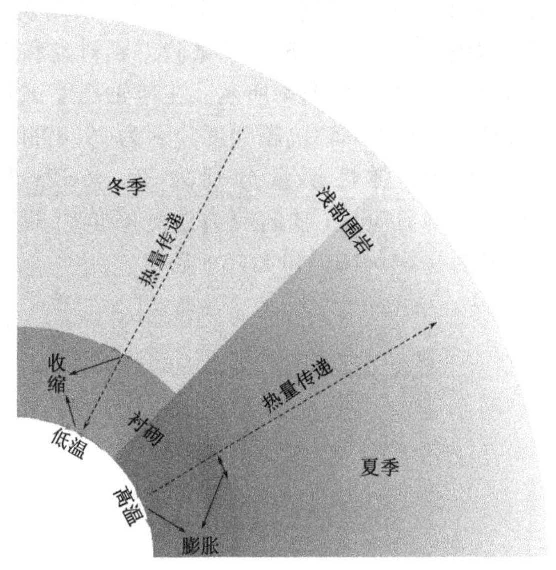

图1 隧道温度场示意图

1.2 温度应力的实现

衬砌产生温度应力的本质为热胀冷缩。高温作用下,衬砌和围岩材料颗粒发生膨胀,颗粒和颗粒之间相互挤压,当应力大于其自身强度时发生破坏。低温作用下,衬砌和围岩颗粒发生收缩,颗粒和颗粒间的挤压力减小甚至会产生拉应力。同时在温度差的作用下,衬砌和围岩产生非均匀变形,进一步增大了衬砌开裂的风险。

PFC将材料简化成颗粒和黏结。其中颗粒为刚性体,但可以发生重叠,用来模拟材料内的基质。黏结在颗粒之间传递力和力矩,用来模拟材料内的胶结物。基于上述分析,可以通过在 PFC^{2D} 内改变颗粒尺寸来模拟材料的热胀冷缩过程。PFC^{2D} 程序虽然将材料基质简化成颗粒,但实际上是具有单位厚度的圆盘。由于圆盘的直径较小,所以圆盘是一个具有单位长度的圆柱。因此,在计算不同温度下圆盘半径时应采用圆柱体径向热膨胀公式:

$$r = \pm \sqrt{\frac{1 + 3\alpha|\Delta T|}{1 + \alpha|\Delta T|}} r_0 \tag{1}$$

式中:r——当前温度下圆盘的半径;

r_0——圆盘的初始半径;

ΔT——温度变化量;

α——材料的线膨胀系数。

由式(1)可知,任意颗粒的尺寸与其温度变化量有关,而颗粒的温度与时间、颗粒所在位置有关。颗粒所处位置温度与其距衬砌表面距离 D、衬砌表面温度 T_0 和围岩深处地层温度 T_d 有关,即:

$$T = f(D, T_0, T_d) \tag{2}$$

地层温度 T_d 在实际工程中为一个常数,隧道衬砌表面温度 T_0 等于隧道洞内气温,其随时间呈周期性变化,即:

$$T_0 = f(t) \tag{3}$$

式中:t——时间。

1.3 计算过程

温度应力颗粒流数值计算过程如图2所示,计算过程主要包括:

(1)模型准备。在开始施加温度应力(改变颗粒尺寸)之前,首先建立数值模型并赋予颗粒和黏结细观力学参数。然后通过移动墙体来施加地应力到目标值。

(2)计算洞内气温。计算模拟过程中的力学时间,采用式(3)施加洞内气温,即衬砌表面温度。

(3)计算颗粒位置。遍历所有颗粒,获取颗粒的坐标,计算颗粒距衬砌表面的距离。

(4)计算颗粒温度。采用式(2)计算颗粒所处位置的实际温度。

(5)改变颗粒尺寸。采用式(1)计算颗粒半径,并根据计算值改变颗粒尺寸。

(6)重复步骤(2)~(5),直到达到目标温度循环次数。

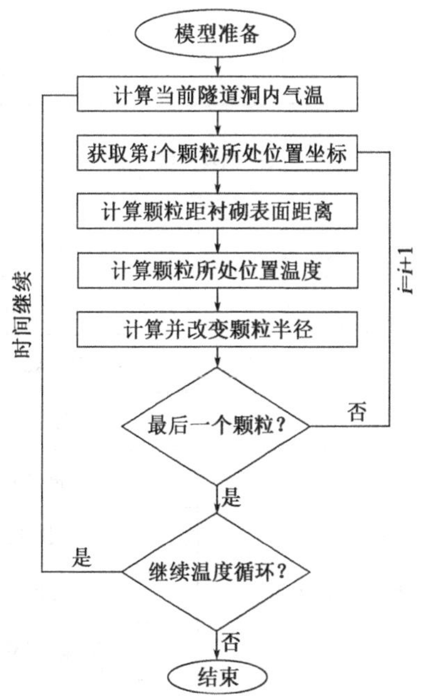

图2 温度应力作用下衬砌开裂计算流程

2 算例分析

2.1 颗粒流模型的建立

采用 PFC^{2D} 建立如图3a)所示的某隧道衬砌和围岩颗粒流模型,隧道净空断面如图3b)所示,隧道跨度为18.99m,开挖面积为171.54m²,属超大跨度公路隧道。模型尺寸为50m×50m,计算过程中忽略重力作用,采用应力边界条件,即在模型边界施加1.0MPa的均匀应力。黏结采用在岩石力学中已经广泛采用的线性平行黏结模型,其可以在颗粒之间传递力和力矩。由于衬砌和围岩具有不同的力学性质,因此,对围岩和衬砌中的黏结赋予如表1所示的不同细观力学参数。采用表1中细观力学参数开展单轴压缩试验得到衬砌和围岩的应力应变曲线如图4所示。在单轴压缩试验中,衬砌和围岩的单轴抗压强度分别为29.89MPa和18.66MPa,弹性模量分别为30.16GPa和16.58GPa,峰值应变(轴向应力达到峰值时的应变)分别为 9.64×10^{-4} 和 1.15×10^{-3}。

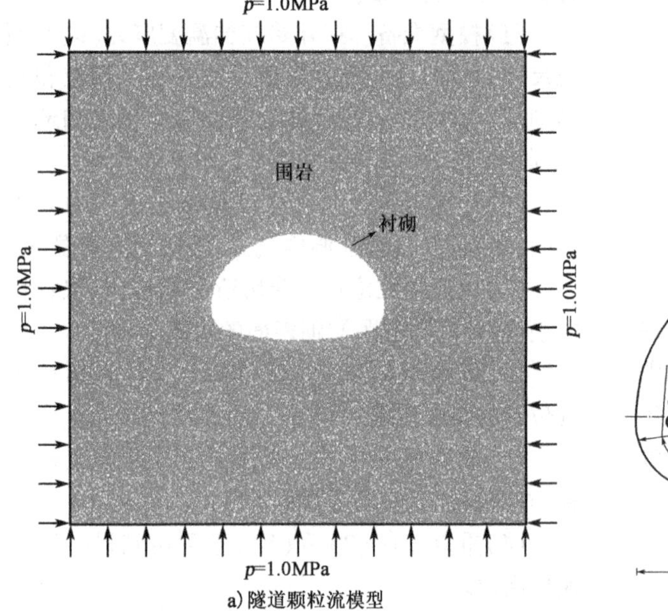

a)隧道颗粒流模型

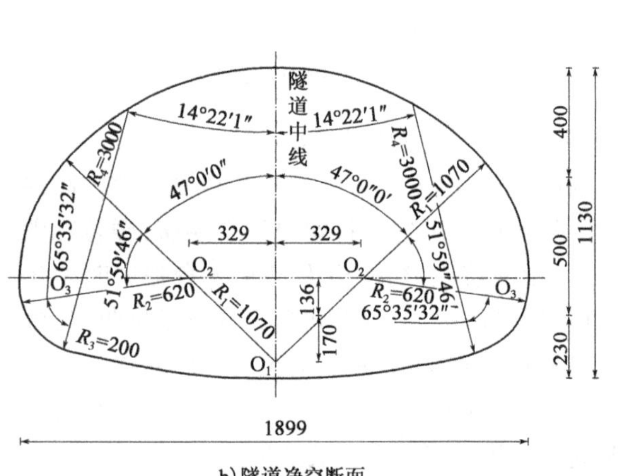

b)隧道净空断面

图3 隧道颗粒流模型及净空断面(尺寸单位:cm)

颗粒流模型细观力学参数 表1

细观参数		取值	
		围岩	衬砌
颗粒	最小半径(m)	0.05	0.05
	粒径比	1.5	1.5
	密度(kg/m³)	2500	2500
	刚度比	1.5	1.5
线性平行黏结	模量(GPa)	8.5	15.5
	刚度比	1.5	1.5
	抗拉强度(MPa)	6.5	10.0
	黏聚力(MPa)	8.2	13.0
	内摩擦角(°)	40.0	50.0

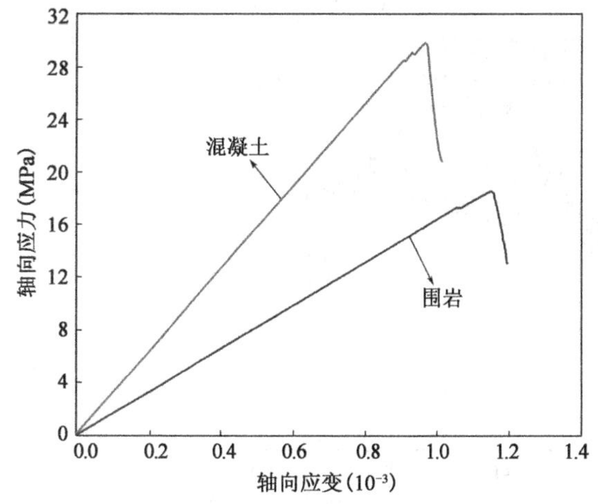

图4 围岩和衬砌材料单轴压缩应力-应变曲线

2.2 隧道温度场

学者们对隧道温度径向变化规律开展了大量的研究,不同学者得出了不同的变化模型。如韩跃杰等[20]通过理论分析得到隧道围岩径向温度分布规律如图5a)所示,李云[21]通过现场测试得到隧道围岩温度径向分布规律如图5b)所示。由图5可知,当衬砌表面温度小于隧道所处地层温度时,围岩温度随距离的增大逐渐增大并趋向于地层温度,当衬砌表面温度大于隧道所处地层温度时,围岩温度随距离的增大逐渐减小并趋向于地层温度。理论解和实测值均显示距衬砌表面距离大于5m时,围岩温度已经接近于地层温度。另外,隧道围岩温度随距衬砌表面距离的变化呈非线性变化。但温度曲线斜率的变化并不十分显著。基于此,本文将隧道径向温度场变化规律简化为线性变化,选择隧道气温影响范围为6m。隧道温度场分布规律可表示为:

$$T = \frac{T_0 - T_d}{10}D \tag{4}$$

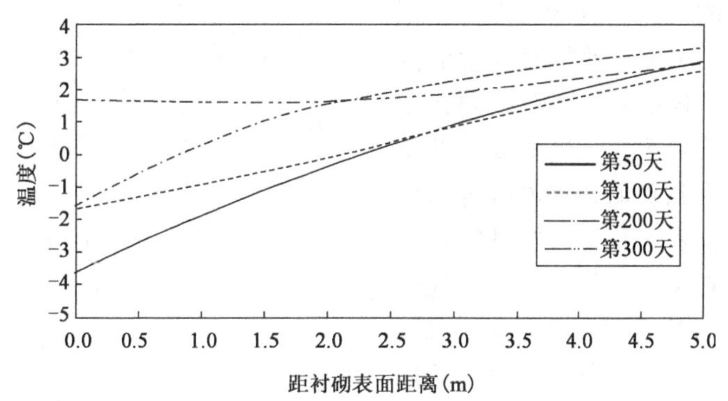

a)围岩温度径向分布规律理论解[20]

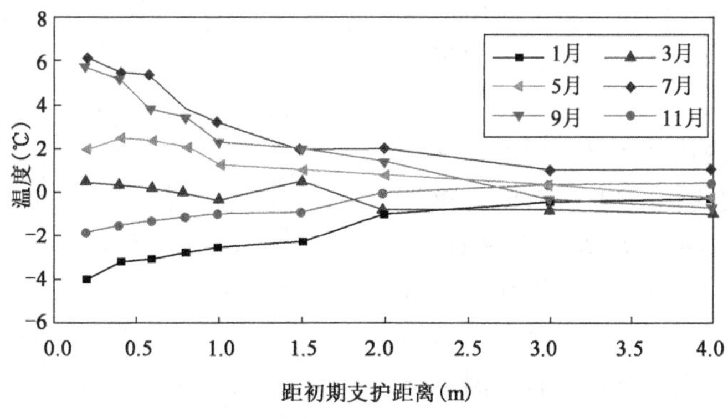

b)围岩温度径向分布规律实测值[21]

图5 隧道围岩温度径向分布规律

某隧道温度场实测值随时间的变化规律如图6所示。由图可知,在隧道洞内气温影响范围内,隧道围岩温度随时间呈正弦函数变化。基于此,本文采用式(5)所示温度加载方案,地层温度设置为10℃,温度振幅为70℃,另外,为减小计算量和计算时间,本文围岩和衬砌材料的线膨胀系均取5×10^{-3}℃。

$$T_0 = 35\sin(t) \tag{5}$$

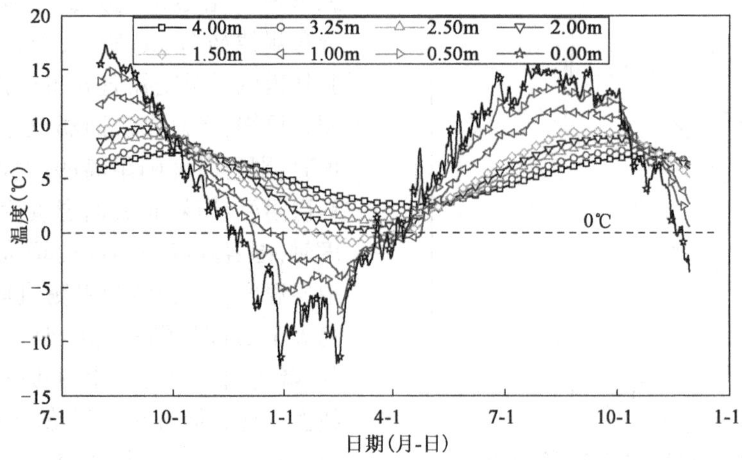

图6 某公路隧道温度场随时间变化规律

2.3 衬砌变形及裂损特征

循环温度作用下隧道水平收敛和拱顶沉降变化规律如图7所示。在温度应力施加初期,水平收敛[图7a)]随着温度的升高而逐渐增大。当温度升高到峰值(35℃)后,水平收敛随着温度的降低产生一个明显的减小,随后在温度降低到初始洞内气温(0℃)前基本保持不变。当温度降低到0℃时,水平收敛快速减小到负值。当温度降低到-35℃后,水平收敛基本保持不变。当温度再次升高的0℃以上时,水平收敛快速增大并与前述规律基本一致。当温度循环次数达到4次以上后,水平收敛变化规律发生了明显变化。此时当温度升高到35℃附近时,水平收敛仍然会产生明显的增大,但当温度降低到0℃以下时,水平收敛的下降值幅度明显减小,一直保持在较高水平并逐渐趋向于一个阈值。

隧道拱顶沉降变化规律如图7b)所示。在加载初期,拱顶沉降随温度变化小幅度波动,并整体呈缓慢增大的趋势。当温度循环大于7次时,拱顶沉降波动幅度突然增大。在第一个温度循环中,温度由0℃增大到峰值(35℃)过程中拱顶沉降逐渐增大,然后保持在0.13mm左右。温度循环次数大于等于2时,温度由0℃升高到35℃,拱顶沉降先基本保持不变,然后快速减小。温度由35℃下降到0℃,拱顶沉降波动较为明显并缓慢增大。温度由0℃下降到-35℃,拱顶沉降出现明显增大。当温度循环次数大于7次时,拱顶沉降波动幅度突然增大。此时,温度升高时,拱顶沉降增大,温度降低时,拱顶沉降减小,在低温峰值时拱顶沉降减小为负值。

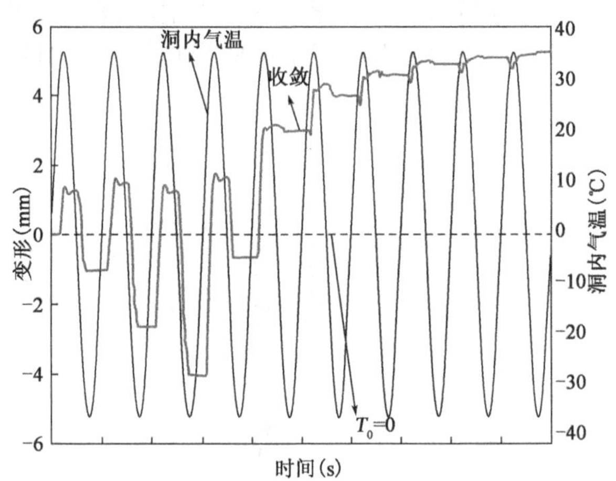

a)水平收敛变化规律

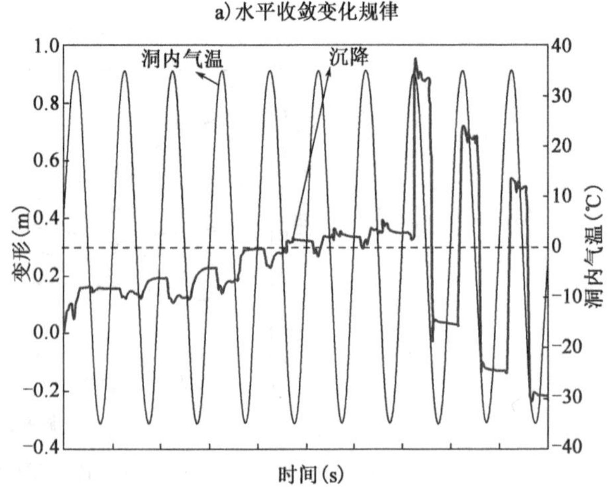

b)拱顶沉降变化规律

图7 衬砌结构变形规律

衬砌周围裂缝数量变化规律如图8所示。在温度应力施加初期,衬砌周围裂缝数量快速增加,随后裂缝数量呈台阶式缓慢增长并趋于稳定。裂缝数量的增大主要集中在温度由0℃升高到35℃

的过程中,在温度由0℃降低到-35℃过程中,有些温度循环中裂缝数量明显增大(如第4个温度循环),而有些循环过程中裂缝数量变化并不明显(如第2个温度循环)。值得注意的是,衬砌的裂损并不只是在温度由0℃升高到35℃或由0℃降低到-35℃过程中产生,衬砌在由峰值高温降低到0℃过程中也会产生裂缝,例如在第4个温度循环中。而在-35℃升高到0℃过程中均未产生裂缝。通过整体分析可知,在本算例中高温膨胀是衬砌裂损的主要原因,低温收缩是次要原因。

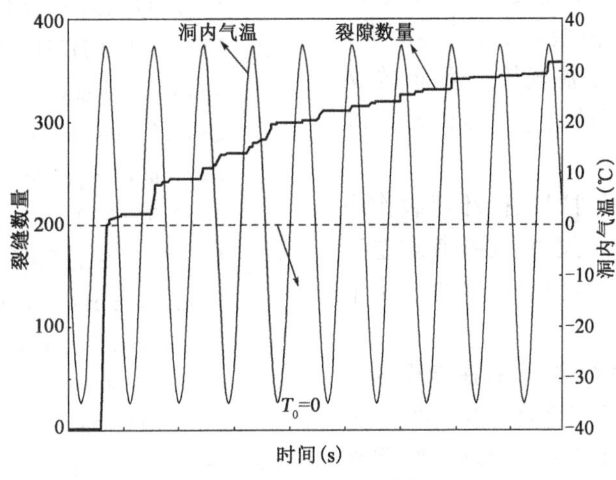

图8 衬砌裂缝数量变化规律

温度应力作用下衬砌裂缝扩展过程如图9所示。如图8所示,裂缝数量在第一个温度循环过程中快速增大,之后缓慢增长并趋向于稳定。因此,选取第一次温度循环中的3个点和第2、4、6、8、10次循环的结尾,共8个时间点来分析裂缝的扩展过程(图9)。裂缝扩展状态图中的标号A-H对应于温度变化曲线中的时间点A-H。如图9中A所示,隧道衬砌首先在仰拱表面开裂。在时间点B时该裂缝已经贯穿到仰拱中部位置。在时间点B,衬砌拱腰位置形成表面裂缝,在时间点C,拱顶附近同样产生了衬砌表面裂缝。在这种情况下,可能会产生衬砌局部脱落,影响隧道行人和行车安全。随着温度循环次数的增加,裂缝逐渐增多,在拱顶、拱脚和仰拱位置产生多条贯穿裂缝(图9中E-H)。贯穿裂缝的产生给地下水提供了运移通道,地下水容易沿贯穿裂缝进入隧道,当温度足够低时会引起隧道发生冻害。裂缝的产生会引起衬砌应力重分布,降低衬砌承载能力,导致衬砌变形规律发生改变,这也是图7所示隧道水平收敛和拱顶沉降发生波动和突然变化的重要原因。

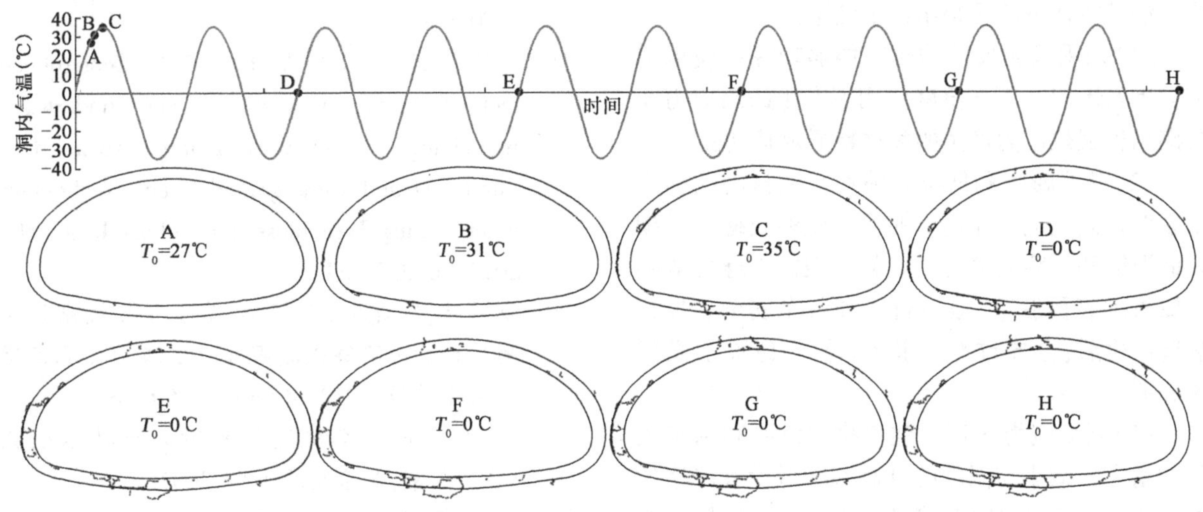

图9 衬砌裂损演化规律

3 讨论

本文从材料热应力产生的基本原理出发,分析了公路隧道衬砌结构在循环温度作用下的裂损机制。基于此提出了采用颗粒膨胀和收缩模拟材料热胀冷缩物理过程的计算原理及方法。并利用该方法建立了隧道颗粒流模型且进行了算例分析,得到了隧道变形和裂缝扩展规律。然而,本文算例中仍然存在一些不足,需要进一步的改进和优化:

(1)混凝土材料和岩石材料在循环荷载作用下会产生明显的疲劳损伤,而本文没有考虑温度应力作用下衬砌和围岩的强度衰减,这与现实情况存在一定的差异。

(2)颗粒流计算软件颗粒多、计算速度慢的特点,导致每计算一个温度循环需要较长时间。为了缩短计算时间,本文采用了较大的材料膨胀系数,这一点与实际情况存在差异。所以衬砌产生相同数量裂缝时,需经过远多于本文的温度循环次数。

(3)隧道的跨度、扁平率、隧址区气候特点、围岩特征、衬砌材料力学性质等对温度应力下衬砌结构的裂损特征均具有明显影响。本文提供了一种模拟温度应力作用隧道衬砌裂损过程的数值方法,但本文算例中的结果并不具有普适性,具体工程中衬砌力学行为需针对具体情况进行计算。

4 结语

通过本文提出的公路隧道衬砌裂损颗粒流计算方法及算例分析可得出以下结论:

(1)采用颗粒尺寸的改变能够较好地模拟隧道衬砌及围岩在不同温度作用下产生的热应力及衬砌结构因热应力产生的裂损特征及其过程。

(2)高温膨胀和低温收缩均能使衬砌结构产生裂缝。温度应力作用下衬砌产生的裂缝以衬砌表面裂缝和贯穿裂缝为主。衬砌表面裂缝可能会导致衬砌表面脱落,威胁行人和行车安全。贯穿裂缝产生后,会导致地下水渗入隧道继而引发隧道冻害。

(3)温度应力作用下隧道拱顶沉降和水平收敛的增大和减小与温度的升高和降低没有严格的对应关系。温度升高和降低均有可能导致拱顶沉降和水平收敛的增大或减小。在温度循环初期衬砌的裂损速度较快,在温度循环后期衬砌裂损逐渐趋于稳定。

参考文献

[1] 蒋坤,夏才初,卞跃威. 节理岩体中双向八车道小净距隧道施工方案优化分析[J]. 岩土力学,2012,33(3):841-847.

[2] LUO Y B,CHEN J X,GAO S T,et al. Stability analysis of super-large-section tunnel in loess ground considering water infiltration caused by irrigation[J]. Environmental Earth Sciences, 2017,76(22):763.1-763.17.

[3] LIU C,LI S,ZHOU Z,et al. Model test study on spatial deformation law of surrounding rock for super-large section and shallow buried tunnels [J]. Geotechnical Testing Journal, 2018, 42 (3):703-724.

[4] 武松,汤华,罗红星,等. 浅埋大断面公路隧道渐进破坏规律与安全控制[J]. 中国公路学报,2019,32(12):205-216.

[5] CUI S S,WU K,ZHANG Q,et al. Analysis on construction mechanical mechanism of highway tunnels with large span and small spacing[J]. Geotechnical and Geological Engineering,2019, 37(3):1627-1642.

[6] GAO C Y,SHI C H,LEI M F,et al. Deformation characteristics and countermeasures of shallow and large-span tunnel under-crossing the existing highway in soft soil: a case study[J]. KSCE Journal of Civil Engineering, 2018, 22(8): 3170-3181.

[7] SHI C H, CAO C Y, LEI M Y. Construction technology for a shallow-buried underwater interchange tunnel with a large span[J]. Tunneling and Underground Space Technology incorporating Trenchless Technology Research, 2017,70:317-329.

[8] 罗彦斌,陈建勋,王梦恕. 基于T-S模糊故障树理论的公路隧道冻害分析方法[J]. 北京交通大学学报,2012,36(4):55-60+65.

[9] 刘恒. 大跨公路隧道结构耐久性技术研究[D]. 北京:北京交通大学,2007.

[10] WANG W,YANG X,HUANG S,et al. Experimental study on the shear behavior of the bonding interface

between sandstone and cement mortar under freeze-thaw[J]. Rock Mechanics and Rock Engineering, 2020,53(2):881-907.

[11] SHEN Y J, YANG G S, HUANG H W, et al. The impact of environmental temperature change on the interior temperature of quasi-sandstone in cold region: Experiment and numerical simulation [J]. Engineering Geology, 2018, 239: 241-253.

[12] LAI Y M, WU Z W, ZHU Y L, et al. Nonlinear analysis for the coupled problem of temperature, seepage and stress fields in cold-region tunnels[J]. Tunneling & Underground Space Technology, 1998, 13(4): 435-440.

[13] 冯强. 季节性寒区隧道围岩温度场与变形特性研究[D]. 徐州:中国矿业大学,2014.

[14] 陈建勋,罗彦斌. 寒冷地区隧道温度场的变化规律[J]. 交通运输工程学报,2008(2):44-48.

[15] 渠孟飞,谢强,胡熠,等. 寒区隧道衬砌冻胀力室内模型试验研究[J]. 岩石力学与工程学报,2015,34(9):172-178.

[16] 罗彦斌,陈建勋,乔雄,等. 基于温度效应的隧道二次衬砌混凝土结构力学状态分析[J]. 中国公路学报,2010,23(2):64-70.

[17] 陈勤,段亚辉. 洞室和围岩温度对泄洪洞衬砌混凝土温度和温度应力影响研究[J]. 岩土力学,2010,31(3):986-992.

[18] 赵志斌. 火灾作用下长江隧道衬砌结构温度场和温度应力研究[D]. 武汉:武汉理工大学,2006.

[19] 蔡田. 基于温度效应的隧道二次衬砌受力特性研究[D]. 西安:长安大学,2011.

[20] 韩跃杰,富志鹏,李博融. 多年冻土区隧道传热模型及温度场分布规律[J]. 中国公路学报,2019,32(7):136-145.

[21] 李云. 高寒隧道温度场分布规律及防寒保温技术研究[D]. 重庆:重庆交通大学,2014.

寒冷地区隧道浅埋地层温度场时空演化规律研究

杨 易*[1,2] 陈 辉[1] 王拥己[2] 刘博洋[3]

(1. 长安大学公路学院;2. 阿拉善盟交通运输工程质量和农村公路服务中心;
3. 北京交通大学经济管理学院)

摘 要 寒冷地区隧道由于气候环境等原因,围岩中的裂隙水会发生冻结,从而引起隧道内产生冻害现象,影响行车安全。在隧道浅埋段,由于距离洞口较近、埋深较浅,受洞外气候影响较大,冻害往往更严重。本文依托内蒙古某高铁隧道,结合传热学周期性非稳态导热理论,分析温度在地层中的传播规律,并根据现场实测气温数据,采用 ANSYS 有限元软件对浅埋地层温度场进行数值模拟,研究隧道浅埋地层温度场时空演化规律。结果表明:①春融期浅埋段拱顶上部围岩存在大面积封闭核状冻结区域,而且此时地表积雪正值融化期,容易出现冻害;②在隧道浅埋段全长铺设 5cm 防冻隔热层,能够有效防治浅埋段围岩出现冻害;③根据隧道的实际情况,提出了防冻保温改进建议。本文研究成果可为寒冷地区隧道浅埋段防冻保温设计施工提供理论参考和依据。

关键词 隧道工程 寒冷地区 隧道浅埋段 数值模拟 时空变化规律

0 引言

随着我国交通建设需求的迅速发展,我国高速铁路网逐渐向高海拔、高纬度等寒冷地区延伸,而随之面临的在寒冷地区隧道中存在的病害问题也逐渐增加,如衬砌冻胀、拱顶挂冰、道床结冰等冻害现象[1-5],严重影响列车行驶安全。寒冷地区隧道冻害防治措施包括主动供热、设置防寒保温门、铺设防冻保温层等,其中铺设防冻保温层施工简单、工程费用低,不影响隧道正常行车,在国内外被广泛采用[6-9]。

为此国内外大量学者针对隧道洞内外的气温、衬砌温度以及围岩温度的变化与分布规律进行了大量研究。谢红强、何川等[10]对鹧鸪山隧道进行了洞口段气温和地层温度变化规律研究。陈建勋、罗彦斌等[11-13]通过正弦函数回归法对祥云岭隧道洞内气温时空变化规律进行研究,得到了隧道洞内外气温,衬砌及围岩的温度变化规律。Zhao P. Y等[14]根据隧道温度场长期监测结果,分析了防冻保温层两侧最冷月平均温度和最低日平均温度变化,揭示了防冻保温层隔热效果。张玉伟等[15]建立了隧道防冻保温层中间铺设室内试验模型,对恒温边界条件下的衬砌结构和围岩温度变化进行实时观测,提出防冻保温层可以有效提升其背部初期支护和围岩温度。张德华等[16]对风火山隧道地层温度进行研究,发现围岩温度随时间及深度呈线性变化规律。赖金星等[17]对青沙山隧道洞口段气温与地层温度进行研究。赵鑫等[18]对内蒙古兴安岭隧道气温和地层温度进行研究,发现随进洞距离增加,年平均气温逐渐增加,年气温振幅逐渐减小;随围岩深度增加,年温度振幅逐渐减小,年平均温度逐渐增加。

虽然以上学者对寒冷地区地层温度场和气温变化规律研究较多,但对隧道洞口段地层温度变化规律研究较少。隧道洞口浅埋段,一般距离洞口较近、埋深较浅,受洞外气候影响严重,冬季地层温度往往会更低,冻害现象更为严重,其地层温度场时空变化规律较洞内也有所不同。

本文依托内蒙古某高铁隧道,结合传热学周期性非稳态导热理论,分析温度在地层中传播规律,并根据现场实测气温数据,基于ANSYS有限元软件对浅埋地层温度场进行数值模拟,得到浅埋段的地层温度变化规律以及浅埋段的保温层铺设建议。研究成果可为寒冷地区隧道浅埋段防冻保温设计施工提供理论参考和依据。

1 工程概况

依托工程属于内蒙古自治区某高速铁路项目,2016年7月开工建设,2020年6月30日开通运营,设计速度250km/h。隧道为双线单洞铁路隧道,全长超过9000m,最大埋深360m。

隧址区属北温带亚干旱季风气候区,春季干旱多风;夏季炎热,降水集中;秋季凉爽;冬季干冷。当地气象数据显示,隧址区2018年年平均气温为9.9℃,最冷月平均气温为-12℃,最冷月最低温度为-20℃,年平均相对湿度51%,年平均降水量384.5mm,年平均风速为1.92m/s,年最大积雪深度为23cm。

2 洞口气象测试

2.1 气温测试结果分析

为得到隧道洞口处的详细气象数据,在洞外距离隧道洞口20m处布设气象观测站,如图1所示。

图1 洞外气象观测站

对测试得到的温度数据进行分析可知,隧道洞口处2018年平均气温为7.1℃;最冷月为1月,月平均气温为-12.1℃;最热月为7月,月平均气温为23.8℃。这与隧址区设计资料给出的温度稍有差别。气温-时间变化曲线如图2所示。

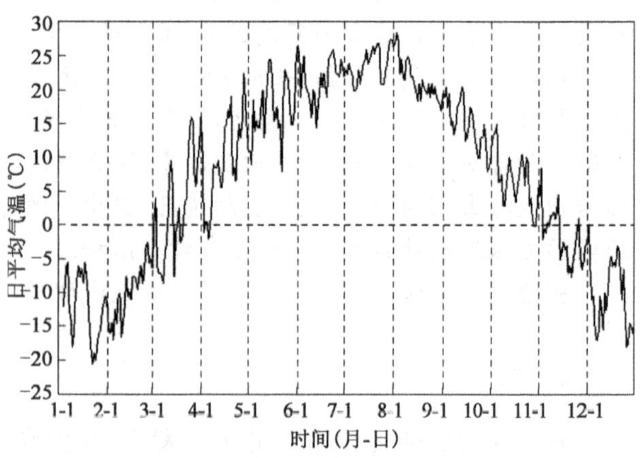

图2 气温-时间变化曲线

由图2可知,隧道洞口处气温由3月回升至正温,11月降至负温,负温期长达5个月。受寒潮影响,冬季气温波动比夏季的大。

整体上看,隧道洞外气温随时间呈三角函数规律变化,冬季气温低,夏季气温高。这主要是由于气温受太阳辐射而变化,随着地球绕太阳公转,太阳辐射逐渐发生周期性变化。因此,气温呈三角函数规律变化,这种变化又称之为周期性非稳态传热过程。受气温的这种周期性变化的影响,浅层地表温度也呈三角函数变化。

2.2 气温数据拟合

由测试数据可知,隧道洞外气温呈现明显的周期性变化,所以采用正弦函数回归法对日平均气温进行拟合,拟合结果如式(1)所示,拟合曲线与实测数据对比如图3所示。

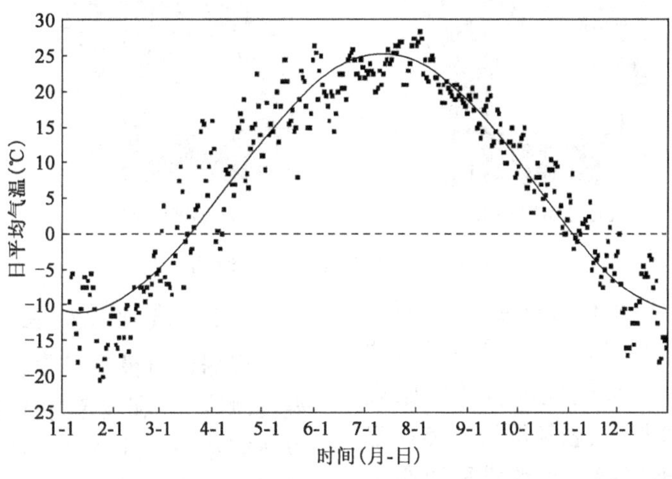

图3 气温拟合曲线与实测数据对比图

$$T = 7.15 + 18.1\sin\frac{2\pi(t-310)}{365} \tag{1}$$

式中:T——气温(℃);

t——时间(d)。

由图3可知,拟合曲线具有较高的相关度,所以可近似认为隧道洞口处2018年年平均气温为7.15℃,年气温振幅为18.1℃。

3 隧道洞口浅埋段温度场分析

3.1 数值模拟结果

为研究隧道洞口浅埋段温度变化与分布规律,采用ANSYS软件,依托隧道实际情况进行数值模拟。为准确得到出浅埋段的温度场,本模型采用plane55单元进行瞬态模拟,而且将隧道上覆土厚度设为5m,其中2m为黏土层,3m为围岩;另采用拟合气温方程作为周期荷载,施加于衬砌表面和地表。模型用到的热力学参数见表1所列。选取第9年冬季温度场云图进行研究分析,如图4所示。

由图4可知,冬季地表土层和隧道衬砌及围岩受冷空气影响,温度降至负温;2月份,拱顶处衬砌及围岩出现大面积范围冻结,且与地表冻结区域相贯通,之后气温逐渐回升,地表土层和衬砌表面温度随之逐渐回升;3月份,气温回升至正温,地表土层和隧道衬砌受气温影响,温度回升至正温,但拱顶上部围岩依旧大面积存在冻结区域,呈封闭核状分布。

热力学参数　　表1

材料类型	导热系数[(J/(m·℃)]	比热容[(J/(kg·℃)]	密度(kg/m^3)
混凝土	1.74	920	2500
聚氨酯保温板	0.026	1380	50
围岩	2.23	920	2560
黏土	1.3	920	1460

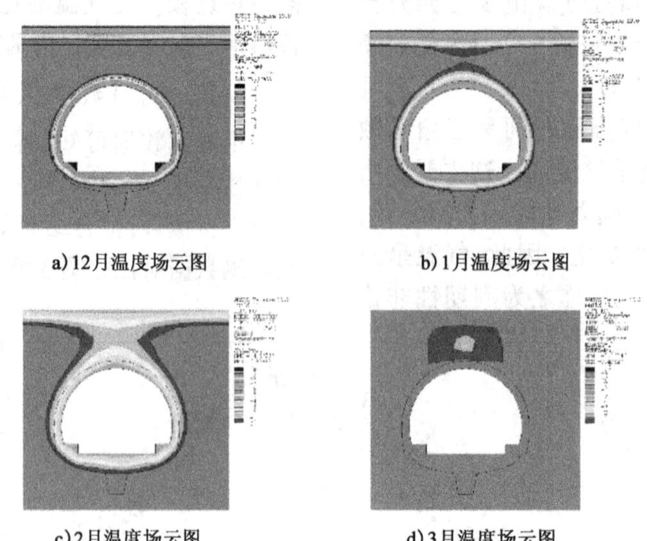

a)12月温度场云图　b)1月温度场云图

c)2月温度场云图　d)3月温度场云图

图4　第9年冬季温度场云图示意

3月份气温回升时,地表积雪将会逐渐融化,渗透至土层内形成孔隙水。当孔隙水渗流至拱顶冻结区域时,凝固成冰,从而引发围岩的冻胀现象,严重时将会增大节理裂隙、破坏围岩整体稳定性。因此,建议对寒冷地区隧道浅埋段采取必要的防冻保温措施和加固措施,以减少热量交换,消除或缩小冻结区域,保护围岩稳定性。

3.2　浅埋段地温变化规律

根据数值模拟结果,添加地表至拱顶的竖直温度测线 *AB* 和隧道仰拱中心竖直温度测线 *CD*,以研究冬季各月份地温曲线沿深度的变化规律和随时间的变化规律,具体地层温度变化曲线如图5所示。

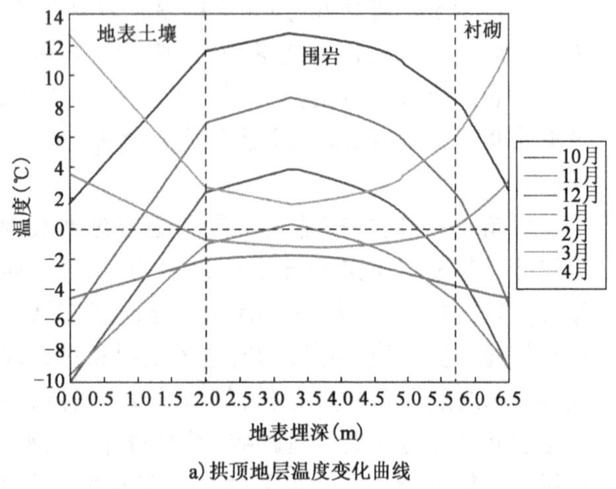

a)拱顶地层温度变化曲线

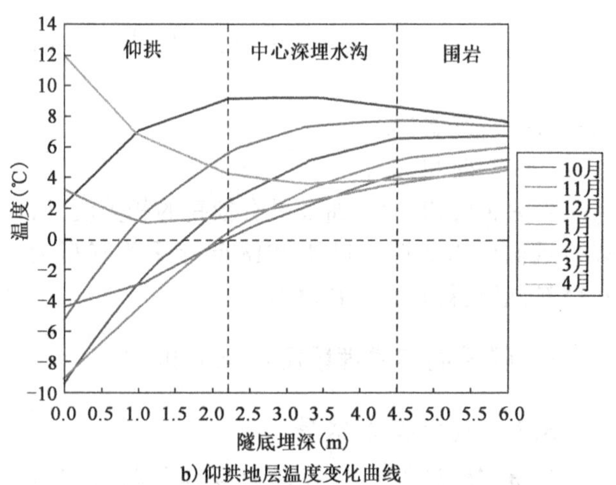

b)仰拱地层温度变化曲线

图5　地层温度变化曲线图

由图5a)可知,地表至拱顶测线AB温度曲线呈弧形。冬季(10月~翌年2月)地层同一深度温度随时间逐渐降低;各月份地层温度随深度变化规律一致,呈"抛物线分布",即地表土层和衬砌表面温度最低,中间段温度最高;春融期(3~4月)规律与冬季恰好相反,地层同一深度温度随时间逐渐升高,各月份地层温度随深度变化规律呈"倒抛物线"分布,地表土层和衬砌表面温度最高,中间段温度最低。

由图5b)可知,仰拱处各月温差较大,但随深度增加,各月份地层温度温差逐渐减小,温度逐渐稳定于5℃左右,这说明随深度增加,气温影响逐渐减小,温度变化逐渐稳定;换言之,隧道外存在稳定的温度边界。

由图5可知,在 *AB* 测线上,地表土层和衬砌温度在1月达到最低值,围岩温度在2月达到最低值;在 CD 测线上,仰拱温度在1月达到最低值,深埋水沟温度在2月达到最低值,围岩温度在3月达到最低值。这说明温度在地层中的传递是需要时间的,即随深度的增加地层温度出现最低值的时间越滞后。

3.3 浅埋段地温时态变化曲线

根据数值模拟选取固定测线,研究地层温度随时间变化规律,具体选点为拱顶衬砌表面测线 A、拱顶衬砌背部测点 B、拱顶上部围岩中心测点 C、土层与围岩交界测点 D、土层表面测点 E,各测点温度随时间变化曲线如图6所示。

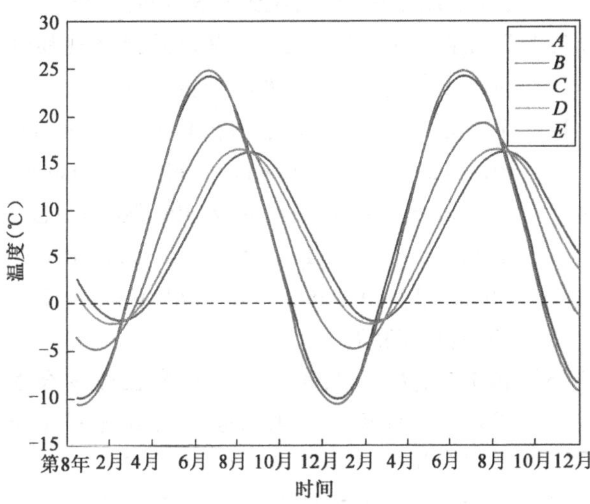

图6 各测点温度-时间变化图

由图6可知,各测点随时间呈三角函数周期变化,随深度增加,振幅逐渐减小,并表现出明显的滞后性。其中,围岩中心处 C 点振幅最小,滞后性最大,冻结时间晚于其他测点,消融时间晚于其他测点。

4 浅埋段保温方法研究

减小冷空气对围岩的影响,缩小围岩冻结范围,减少地下水冻结造成的节理裂隙,保证拱顶围岩的稳定,对隧道进行防冻保温设计,即衬砌背部敷设防冻隔热层,以降低结构导热率,维持围岩温度稳定。具体于衬砌背部敷设5cm聚氨酯保温板,热力学参数见表1所列。数值计算其他条件不变,结果如图7所示。

由图7可知,冬季隧道冻结区域始终未覆盖围岩,且3月份温度场回升至正温,这说明在隧道内敷设5cm防冻隔热层,可以提升背部围岩冬季温度,保证其冬季不发生冻结。

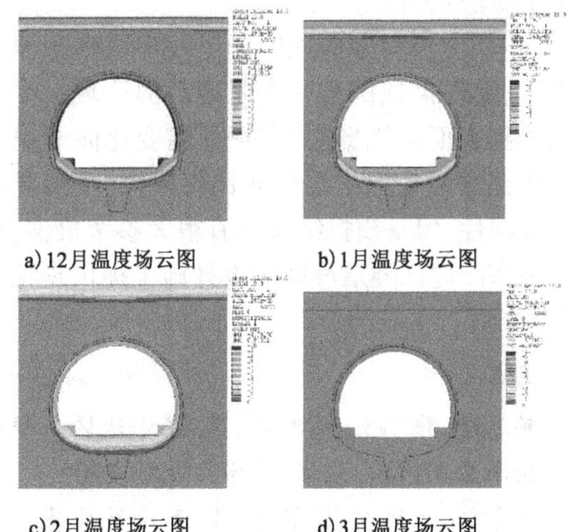

a)12月温度场云图　b)1月温度场云图

c)2月温度场云图　d)3月温度场云图

图7 铺设保温板后冬季隧道温度场云图示意

由于数值模拟采用二维瞬态热分析,仅考虑隧道径向二维传热问题,未考虑三维状态下纵向传热。同时,数值模拟中材料热物理参数、围岩裂隙、地下水等因素,均与实际差异较大,虽具有很大的参考价值,但不能完全代表实际情况。因此,建议在隧道浅埋段全长敷设环向防冻隔热层,防止拱顶上部围岩发生冻结,造成地下水冻结冻胀,出现节理裂隙,引起土体失稳。

隧道洞口浅埋段开挖时,受爆破和机械扰动影响,土体容易发生松动,围岩内裂隙容易增多。冬季时,雨水下渗发生冻结冻胀,也容易扩大节理裂隙。因此,建议在洞口浅埋段,拱顶上部土体表面施作混凝土面层,并设置一定坡率,配合截水沟将积水排出。

5 结语

(1)对寒冷地区隧道浅埋段地层温度场进行研究,发现春融期拱顶上部围岩存在大面积封闭核状冻结区域。春融期,地表积雪融化,雨水下渗至围岩冻结区域,容易发生冻结冻胀,长期如此将会增大围岩节理裂隙,影响土体整体稳定性,因此建议采取必要的防冻保温措施和加固措施。

(2)根据数值模拟优化结果发现,在隧道衬砌背部敷设5cm防冻隔热层,能够有效提高冬季围岩温度,缩小冻结区域。但由于气温与温度场呈现三维空间相关,因此,建议隧道浅埋段全长铺设防冻隔热层。

(3)建议在洞口浅埋段,拱顶上部土体表面施作混凝土面层,以减少雨水下渗,防止围岩冻胀,保护土体稳定性。

(4)研究针对寒冷地区隧道浅埋段地层温度场进行,发现拱顶围岩存在封闭负温区域。受地表和衬砌表面空气影响,拱顶地温变化曲线呈弧形。研究方法采用二维径向数值模拟,虽然具有一定局限性,但是模拟结果具有很大参考价值,可为我国寒冷地区隧道浅埋段设计施工提供理论参考和依据。

参考文献

[1] 赖远明,张明义,李双洋,等. 寒冷地区工程理论与应用[M]. 北京:科学出版社,2009.

[2] 吴紫汪,赖远明,藏恩穆,等. 寒冷地区隧道工程[M]. 北京:海洋出版社,2003.

[3] 万建国. 我国寒区山岭交通隧道防冻技术综述与研究展望[J]. 隧道建设,2021,41(7):1115-1131.

[4] ZHAO X, ZHANG H W, LAI H P, et al. Temperature field characteristics and influencing factors on frost depth of a highway tunnel in a cold region [J]. Cold Regions Science and Technology,2020,179:103141.

[5] ZHOU X H, REN X C, YE X Q, et al. Numerical investigation on thermal insulation layer of a tunnel in seasonally frozen regions [J]. Tunnelling and Underground Space Technology,2021,111:103843.

[6] 邱军领,赖金星,张广龙,等. 季节性寒冷地区隧道主动加热保温防冻方法及其试验[J]. 地下空间与工程学报,2017,13(4):982-987.

[7] LAI Y M,WU Z W,ZHANG S J,et al. Study of Methods to Control Frost Action in Cold Regions Tunnels [J]. Journal of Cold Regions Engineering,2003,17(4):144-152.

[8] 陈建勋. 公路隧道冻害防治技术[J]. 长安大学学报(自然科学版),2006,26(4):68-70.

[9] 陈建勋,张建勋,朱计华. 硬质聚氨酯在寒冷地区隧道冻害防治中的应用[J]. 长安大学学报(自然科学版),2006,26(5):66-68.

[10] 谢红强,何川,李永林. 寒区公路隧道保温层厚度的相变温度场研究[J]. 岩石力学与工程学报,2007,26(增2):4395-4401.

[11] 陈建勋,昝勇杰. 寒冷地区公路隧道防冻隔温层效果现场测试与分析[J]. 中国公路学报,2001,14(4):75-79.

[12] LUO Y B, CHEN J X. Research status and progress of tunnel frost damage[J]. Journal of Traffic and Transportation Engineering (English Edition),2019,6(3):297-309.

[13] 陈建勋. 梯子岭隧道防冻隔温层效果现场测试及分析[J]. 公路,2006,8:221-224.

[14] ZHAO P Y, CHEN J X, LUO Y B, et al. Investigation of the insulation effect of thermal insulation layer in the seasonally frozen region tunnel: a case study in the Zuomutai Tunnel, China [J]. Advances in Civil Engineering, 2019:4978359.

[15] 张玉伟,谢永利,李又云,等. 寒区隧道合理保温型式及保温效果试验[J]. 铁道科学与工程学报,2016,13(8):1569-1577.

[16] 张德华,王梦恕,任少强. 青藏铁路多年冻土隧道围岩季节活动层温度及响应的试验研究[J]. 岩石力学与工程学报,2007(3):614-619.

[17] LAI J X, QIU J L, FAN H B, et al. Freeze-proof method and test verification of a cold region tunnel employing electric heat tracing [J]. Tunnelling and Underground Space Technology,2016,60:56-65.

[18] 赵鑫,张宏伟,杨晓华,等,寒区隧道温度简谐波传热特征与影响因素的敏感性[J]. 交通运输工程学报,2020,20(6):148-160.

寒区隧道防冻保温层铺设方法效果对比数值分析

刘龙飞* 马子龙 黄 伟 杨 易
（长安大学公路学院）

摘 要 在寒区隧道运营过程中，经常发生冻害等工程问题，危害行车安全，缩短隧道使用寿命。铺设防冻保温板是目前解决寒区隧道冻害的有效手段，防冻保温板的不同铺设方式会影响隧道衬砌保温效果。本文以西藏自治区某寒区隧道为背景，使用FLUENT流体计算软件分别建立表面铺设保温材料和中间铺设保温材料的三维流热耦合模型，分析比对两种铺设形式下的衬砌保温效果差异，利用CFD-POST后处理软件提取测点温度数据，针对年平均温度、年温度振幅、年最低温度及其各自变化增长率，对比分析表面铺设法和中间铺设法的保温效果。研究结果表明：对于隧道径向保温效果，表面铺设法和中间铺设法的保温效果无明显差异；对于隧道纵向保温效果，表面铺设法保温效果更优，其中表面铺设法初期支护年最低温度较中间铺设法平均提高0.23℃；对于温度变化增长率，表面铺设法效果更好，其中以纵向年温度振幅变化增长率最为显著。研究成果将对寒区隧道防冻保温设计起到借鉴作用。

关键词 寒区隧道 冻害 防冻保温板 流热耦合

0 引言

随着我国经济和社会的发展，公路隧道建设获得了前所未有的快速增长。截至2021年底，全国共有公路隧道23268个，总长达2469.89万延米[1]。西部大开发战略实施之后，西部交通基础设施迎来建设高潮，隧道修建技术不断提高，修建了一大批高海拔隧道，由于海拔高、气温低、地势复杂和环境恶劣，修建隧道及其防冻保温设计面临极大挑战。在寒区隧道贯通后，洞内气温会改变隧道内部温度场。洞内空气与隧道衬砌、路面、地层结构和围岩之间发生热传递，导致围岩内部温度变化。铺设防冻保温层是很好的防治冻害的手段，针对防冻保温层厚度、长度、铺设方法的研究尤为重要。目前保温层普遍采用以下两种铺设方法：①表面铺设法——防冻保温板铺设在二次衬砌表面；②中间铺设法——防冻保温板铺设在二次衬砌和初期支护之间。国内外众多学者围绕防冻保温设计及保温效果展开了深入研究。

谢红强、何川等[2]依托鹧鸪山隧道，建立二维隧道温度场计算模型，分析了聚酚醛、聚氨酯、硅酸铝纤维三种保温材料的保温性能，认为采用聚酚醛泡沫材料最好。杨丽梅[3]依托雾凇岭隧道，利用ANSYS有限元软件分析了隧道二次衬砌表面铺设防冻保温板后保温板内部温度变化情况，结果表明，保温板内表面点温度变化相对外表面点更为平稳，振幅比外表面点更小。王占宇等[4]采用二维有限元模型分析了铺设不同厚度防冻保温板对隧道衬砌保温效果的差异，结果表明，当防冻保温层设计厚度为5cm时，可以满足隧道环境温度高于-15℃的排水系统防冻保温要求。潘晨月、刘秀等[5]依托青海省红土山隧道，采用二次衬砌表面铺设法建立二维数值计算模型，分析得到随保温层厚度的增加，围岩平均温度不断升高，温度振幅减小，防冻保温效果并非呈线性增加。郑波、吴剑等[6]调研了川西高原隧道出现的冻害，采用理论计算给出了川西高原隧道防冻保温层设防长度取值表，并提出了一种新型的空气格阶梯式保温铺设方法。夏才初等[7]依托青海知亥代公路隧道，借助ANSYS有限元软件，采用直接耦合法，对知亥代隧道非冻土段保温层铺设长度进行优化，结果表明：知亥代隧道保温层铺设长度为600m更加合适，而非将保温层铺设到年最低气温为0℃的距洞口650m处。Tan等[8]对西藏某隧道进行数值模拟，讨论了保温材料的影响，在铺设6cm厚的聚酚类保温材料后，衬砌和围岩不受冻融破坏的影响。赵鹏宇等[9]建立二维瞬态传热模型，采用二次衬砌表面铺设防冻保温板的方法分析围岩温度变化，结果表明围岩温度影响深度减小，衬砌结构和围岩最大冻结深度出现时间较无防冻保温层铺设时,提前近20天,说明防冻保温层铺设前后隧道结构内部传热状态存在差异。王志杰等[10]采用数值模拟和现场试验的方法得到了围岩温度调热圈深度与保温材料导热系数之间的关系,且认为表面铺设效果优于中间铺设。

总结发现,上述研究重点均在铺设材料或铺设长度和厚度上,针对铺设方法也只涉及其中一种,少有对两种防冻保温板铺设效果进行详细对比分析。为此,本文以寒冷地区某特长公路隧道为背景,采用数值计算的方法分析保温板不同铺设形式下的衬砌保温效果差异,寻找最佳保温板铺设形式,为寒冷地区隧道防冻保温设计提供参考。

1 工程概况

该寒冷地区隧道位于西藏自治区拉萨市和山南地区。隧址区属于构造侵蚀切割中高山地貌,地貌组合形态为峰脊—沟槽,沿隧道轴线,山脊及沟槽相间分布。隧道进口位于两沟交汇山脊处,左洞位于山脊居中偏西南位置,右洞位于山脊偏西南斜坡,该处坡向222°,斜坡坡脚12°。洞口位置植被发育一般,多为灌木及藻类。进洞口区域无滑坡、崩塌、泥石流等不良地质现象。隧道出口左洞、右洞位于一槽谷左岸斜坡下部。

隧址区内气候以干燥、缺氧、温差大、日照充足为特征,属高原温带半干旱气候区,干湿季分明,高原气候特征明显。隧址区主要接受大气降水及山涧溪沟地表水补给,其水位、流量、流速受季节性影响较大,雨季水位暴涨,枯水季节流量较小。隧址区月最大积雪深度13cm,月最大冻土层厚度16cm,月最大结冰天数31d,月最冷月平均气温为-11℃。

隧道洞口段拟采用二次衬砌表面全断面设置保温板的方法进行保温处理。本文在进行数值模拟计算时,不考虑地下水的影响。

2 数值计算

FLUENT是由美国ANSYS公司开发的流体力学模拟软件,是目前应用最为广泛的CFD(计算流体力学)软件之一。FLUENT可以模拟各种流体流动现象,如内部和外部流动、稳态和非稳态流动、不可压缩和可压缩流动、瞬态和旋转流动等。使用FLUENT可以对流体流动过程进行数值模拟,预测流体流动的各种参数,如流速、温度、压力、密度、浓度等。FLUENT还提供了丰富的后处理功能,可以对模拟结果进行可视化展示和数据分析,帮助用户更好地理解流体流动的特性和行为。

利用FLUENT流体计算软件分别建立表面铺设法和中间铺设法的隧道模型,并对比两种铺设方法下,隧道洞内纵向温度场、径向温度场的变化。

2.1 计算假定

由于隧道实际地质情况较为复杂,影响材料热物理参数因素较多,因此在计算过程中进行一定的简化和假定:

(1)隧道衬砌结构和围岩内部仅发生沿径向的热传递;

(2)将隧道衬砌结构简化为一层,衬砌结构及围岩是均匀的、各向同性的连续介质,各材料层接触良好,不存在接触热阻,且随着温度和时间变化,各材料热物理性质不变;

(3)洞内气温沿高度方向相等,即同一断面净空内部不同位置气温相等。

渗流作用对土体温度场的影响很小[11]。土体中水分在迁移过程中挟带热量引起的热迁移只是由热传导引起的热迁移的千分之一至百分之一,因此本文不考虑土层中水分迁移过程中的传热效应。

2.2 模型建立

根据隧道横断面图,利用FLUENT流体计算软件进行寒区隧道温度场热-流耦合模拟计算与分析。数值模拟模型如图1所示,模型沿纵向长度为1000m,初期支护厚度26cm,二次衬砌厚度50cm,防冻保温层采用聚酚醛泡沫板材全长铺设,厚度5cm[12-16]。为方便计算,将围岩简化为单一岩土层,模型上下边界距离隧道最大开挖线为20m,上下边界条件设置为恒温边界,以模拟地温条件;隧道进口采用速度边界条件,出口采用压力边界条件。衬砌网格尺寸范围设为0.1~0.5m;路面、空气网格尺寸范围设为0.1~1m;围岩网格尺寸范围设为0.1~3m。

据相关规范[17-18],初始条件的地表及隧道内临空面与空气间的对流换热系数均设置为15 $W/(m^2 \cdot K)$,材料热物理参数如表1所示。

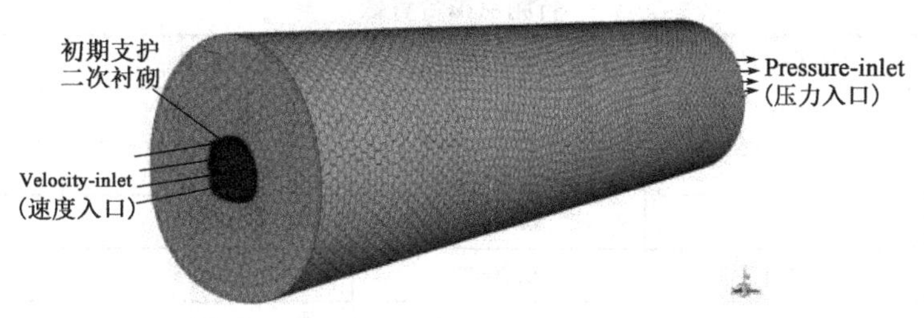

图1 计算模型

各项参数取值 表1

材料	密度(kg/m³)	比热容[J/(kg·K)]	导热系数[W/(m·K)]
二次衬砌	2500	920	1.74
初期支护	2300	1000	2.23
路面	2300	920	1.51
围岩	2800	950	3.5
聚酚醛泡沫板	35	1400	0.027

2.3 工况选取

根据相关研究[19-20],在一年中环境温度随时间呈正弦函数变化关系,因此本文采用周期为一年(365天)的正弦函数[式(1)]作为模型进口温度条件。根据相关研究[21-22],我国围岩恒温带深度一般为20~30m,围岩恒温带温度一般高于当地空气年平均温度1~3℃,且地温梯度大致为2~4.5℃/100m,根据当地气象资料,空气年平均温度T_0设置为5℃,空气年温度振幅设置为15℃。出口采用压力边界条件,上下围岩边界温度为7℃。

$$T_t = T_0 + A \cdot \sin\left(\frac{\pi t}{15552000}\right) \qquad (1)$$

式中:T_t——t时刻的气温(℃);

T_0——空气年平均温度(℃);

A——空气年温度振幅(℃);

t——时间(s)。

模型采用ANSYS瞬态流热耦合分析进行计算,计算时长为6年,计算步长设置为6d。

3 防冻保温层效果对比分析

在上述数值计算模型结果文件中添加测点,利用CFD-POST结果处理软件将每一计算循环结果导出,并对表面铺设法和中间铺设法的隧道径向、纵向温度场效果进行对比。

3.1 径向温度场对比分析

选取距进口50m断面位置分析保温层铺设方式对隧道径向温度场的影响情况。由于中间铺设法并未对二次衬砌进行保温处理,因此仅对初期支护和围岩温度场进行对比分析。提取初期支护、围岩各测点温度分布曲线如图2所示。

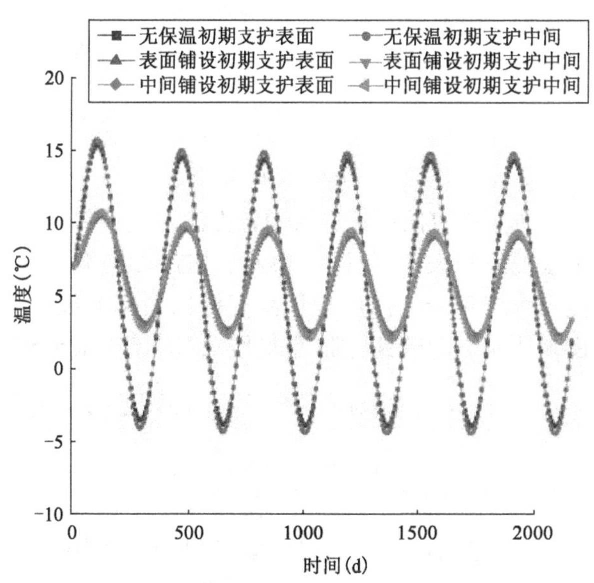

图2 初期支护各测点温度随时间变化曲线

对各测点数据进行三角函数拟合[式(1)],得到各测点年平均温度、年温度振幅、相位如表2所示,可以看出,表面铺设法在年平均温度、年温度振幅上均要优于中间铺设法,但效果并不明显,年平均温度仅提高0.0176℃,年温度振幅降低0.25℃,表面铺设保温板的初期支护温度变化较滞后,约2.8d。

各测点拟合参数　　表2

方法	铺设位置	年平均温度(℃)	年温度振幅(℃)	相位(d)
无保温层	表面	5.3984	9.2151	18.9682
	中间	5.3626	9.6920	16.7583
表面铺设法	表面	6.0241	3.4324	35.2654
	中间	6.0043	3.6125	33.1382
中间铺设法	表面	6.0065	3.6765	32.4665
	中间	5.9859	3.8689	30.3301

为深入分析防冻保温板铺设方式对围岩温度场的影响,提取距洞口50m断面不同径向深度的围岩温度值,其分布曲线如图3所示。可以看到两种铺设方式相较于无保温层径向温度改善效果明显,但两种铺设方式保温效果差异不大。

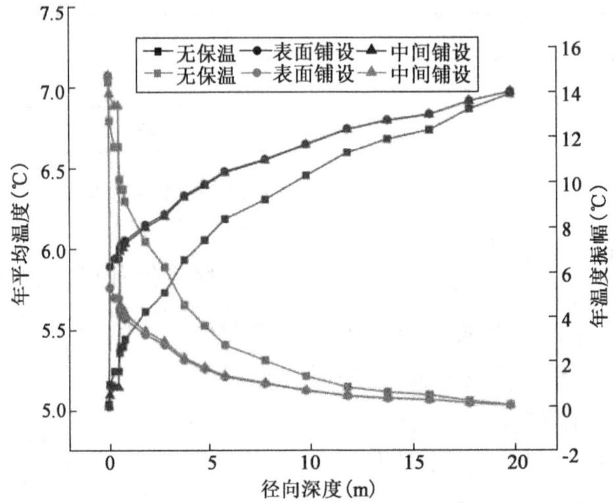

图3　各测点径向年平均温度及振幅变化

3.2　纵向温度场对比分析

为了探究防冻保温层铺设方法对隧道纵向温度场的影响大小,绘制了不同径向深度处测点沿隧道纵向年最低温度与年温度振幅变化曲线,如图4所示。随着距进口距离增加,测点年最低温度呈对数函数升高趋势。但是,空气年最低温度沿纵向上升幅度有限,1000m长度仅升高约1.5℃。测点年温度振幅逐渐降低,呈明显的指数函数分布状态,长度1000m下降约2.1℃。

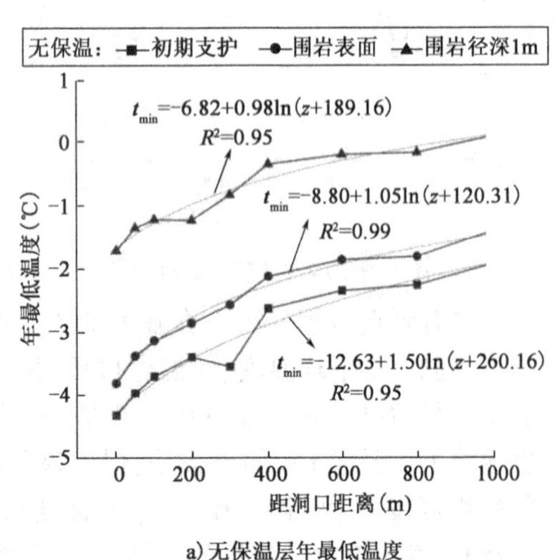

a)无保温层年最低温度

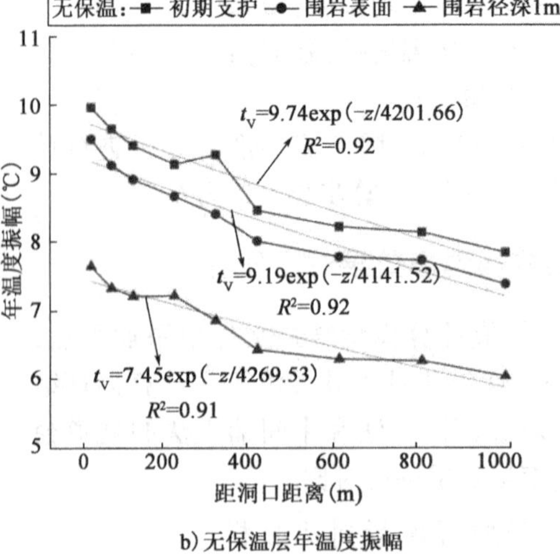

b)无保温层年温度振幅

图　4

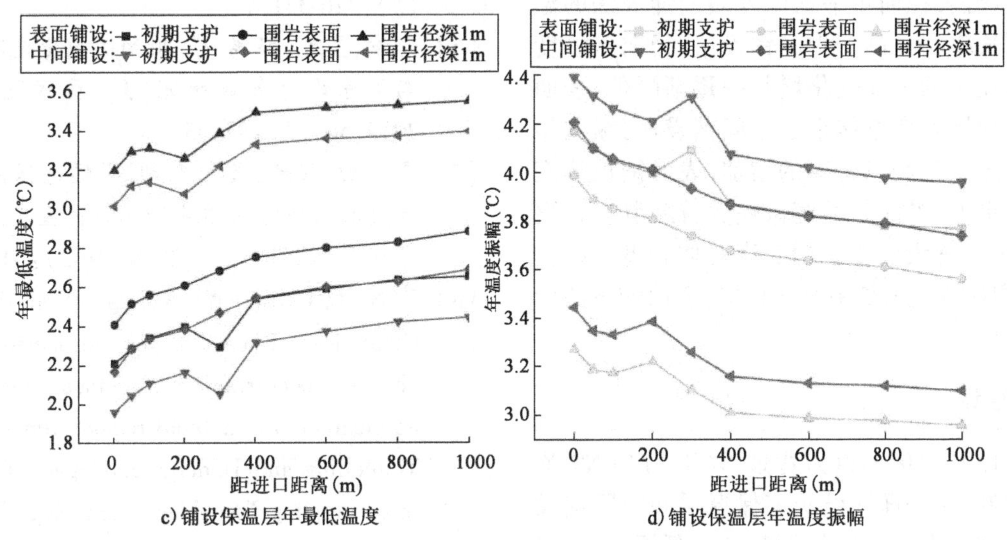

c)铺设保温层年最低温度　　d)铺设保温层年温度振幅

图4　各测点年最低温度及振幅纵向变化规律

从图4可知,在无保温层时,受地温影响,随着进洞距离的增加,隧道年最低温度逐渐升高。在铺设防冻保温层后,二次衬砌无负温区,且表面铺设法保温效果更好,其中初期支护年最低温度较中间铺设法平均提高0.23℃;围岩表面平均提高0.22℃;围岩径深1m处平均提高0.17℃。随着径向深度的增加,表面铺设法和中间铺设法的差异逐渐降低,这是因为地温影响逐渐显著。

3.3　温度变化增长率对比分析

为进一步对比表面铺设和中间铺设的保温效果,现对径向和纵向温度数据进行拟合,径向年平均温度采用线性拟合[式(2)]、年温度振幅采用指数函数拟合[式(3)],纵向年最低温度采用对数函数拟合[式(4)]、年温度振幅采用指数函数拟合[式(3)]。并对拟合结果求导,计算其增长率。求导结果如图5所示。

线性拟合: $$y = a + bx \tag{2}$$

指数拟合: $$y = a \cdot e^{(bx)} \tag{3}$$

对数拟合: $$y = a + b \cdot \ln(x + c) \tag{4}$$

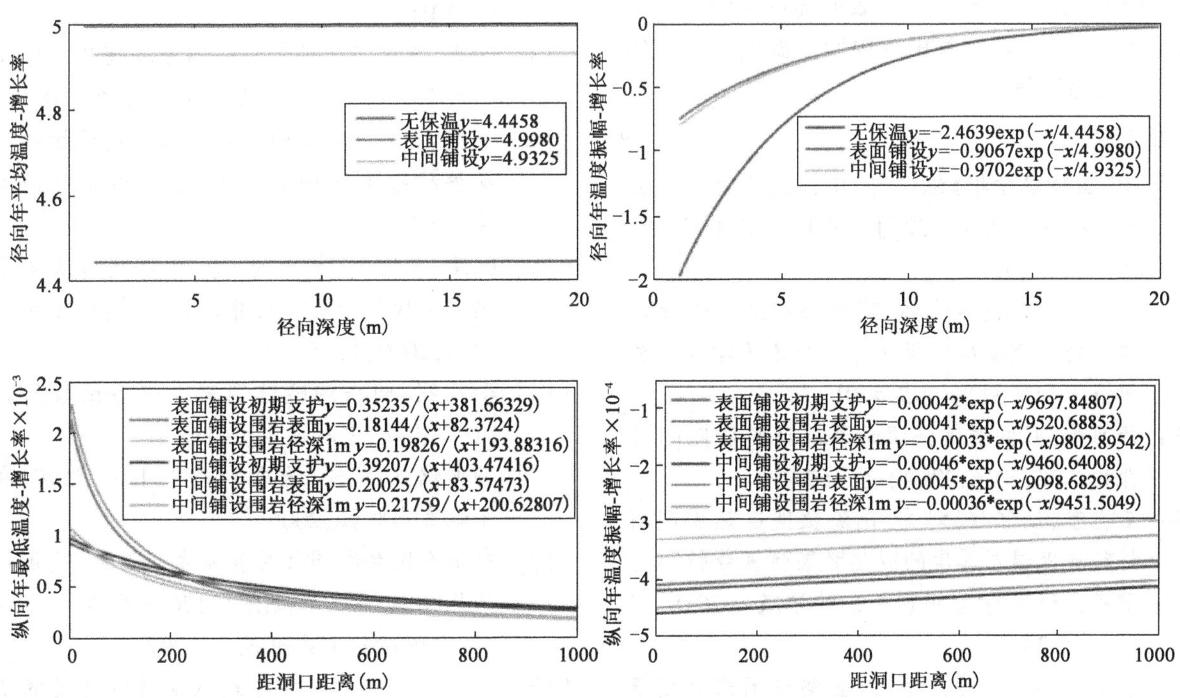

图5　增长率变化曲线

可以看出,径向年平均温度表面铺设法的温度变化增长率明显高于中间铺设法;径向年温度振幅随着径深的增加变化增长率逐渐降低,表面铺设法变化增长率整体小于中间铺设法;纵向年最低温度随着距洞口距离的增加,表面铺设法变化增长率更低;纵向年温度振幅随着距洞口距离的增加,表面铺设法变化增长率总体较低。综上所述,由温度变化增长率对比可知,表面铺设法的保温效果更好。

4　结语

本文以某寒区隧道为背景,采用 FLUENT 流体计算软件,对表面铺设防冻保温层和中间铺设保温层两种方法就年平均温度、年最低温度、年温度振幅、温度变化增长率四个方面进行对比分析,主要得到以下结论:

(1)两种铺设方法在径向保温效果上差异不大。表面铺设法相较于中间铺设法年平均温度仅提高 0.0176℃,年温度振幅降低 0.25℃,温度变化相较滞后,滞后约 2.8d。

(2)表面铺设法在纵向保温效果上更好,随着径向深度的增加,表面铺设法和中间铺设法的差异逐渐减小。其中表面铺设法初期支护年最低温度较中间铺设法平均提高 0.23℃;围岩表面平均提高 0.22℃;围岩径深 1m 处平均提高 0.17℃。

(3)从变化增长率来看,表面铺设法保温效果均好于中间铺设法。其中以纵向年温度振幅变化增长率最为显著。

参考文献

[1]《中国公路学报》编辑部. 中国交通隧道工程学术研究综述·2022[J]. 中国公路学,2022,35(4):1-40.

[2] 谢红强,何川,李永林. 寒区公路隧道保温层厚度的相变温度场研究[J]. 岩石力学与工程学报,2007(S2):4395-4401.

[3] 杨丽梅. 寒区隧道保温计算及试验研究[J]. 森林工程,2016,32(4):65-69.

[4] 王占宇,储江伟,刘秀. 高海拔隧道热固型材料防冻保温层厚度的隔热效果仿真分析[J]. 重庆交通大学学报(自然科学版),2018,37(4):15-20.

[5] 潘晨月,刘秀,孟凡春. 寒区隧道围岩温度场变化规律及防冻保温分析[J]. 公路,2018,63(5):326-331.

[6] 郑波,吴剑,郭瑞,等. 川西高原隧道冻害类型与防冻设计参数研究[J]. 现代隧道技术,2019,56(S1):58-65.

[7] 夏才初,汪超,黄文丰. 寒区隧道保温层铺设长度及衬砌防冻措施研究[J]. 重庆交通大学学报(自然科学版),2020,39(3):100-106.

[8] TAN X, CHEN W, WU G, et al. Numerical simulations of heat transfer with ice-water phase change occurring in porous media and application to a cold-region tunnel [J]. Tunnelling and Underground Space Technology in corporating Trenchless Technology Research, 2013,38:170-179.

[9] 赵鹏宇,黄解放,陈建勋,等. 寒冷地区隧道防冻保温层等效厚度计算方法误差分析[J]. 建筑科学与工程学报,2023,40(4):135-143.

[10] 王志杰,周飞聪,周平,等. 高寒高海拔隧道保温层敷设方式及设计参数优化[J]. 中国公路学报,2020,33(8):182-194.

[11] 王铁行,胡长顺. 多年冻土地区路基温度场和水分迁移场耦合问题研究[J]. 土木工程学报,2003,36(12):93-97.

[12] 廖立. 基于温度变化的寒区隧道围岩应力与防冻措施研究[D]. 重庆:重庆交通大学,2018.

[13] 高焱. 寒区高速铁路隧道温度场理论与保温技术研究[D]. 成都:西南交通大学,2017.

[14] 范建国. 寒区公路隧道施工期温度传播规律及抗防冻措施研究[D]. 成都:西南交通大学,2017.

[15] 张泽,王述红,杨天娇,等. 寒区隧道围岩水热耦合数值分析[J]. 东北大学学报:自然科学版,2020,41(5):7.

[16] 李彦明. 回头沟隧道围岩冻胀力试验研究[D]. 长春:吉林大学,2018.

[17] 杨世铭,陶文铨. 传热学[M]. 4 版. 北京:高等教育出版社,2006.

[18] 中华人民共和国住房和城乡建设部. 民用建筑热工设计规范:GB 50176—2016[S]. 北京:中国建筑工业出版社,2007.

[19] 陈建勋,罗彦斌. 寒冷地区隧道温度场的变化规律[J]. 交通运输工程学报,2008,(2):

44-48.

[20] TAKUMI K, TAKASHI M, KOUICHI F. An estimation of inner temperatures at cold region tunnel for heat insulator design [J]. Kozo Kogaku Ronbunshu. A (Journal of Structural Engineering. A), 2008,54A:32-38.

[21] 马兰.中国地温分布的基本特征[J].水文地质工程地质,1990,3:23.

[22] 孙文昊.寒区特长公路隧道抗防冻对策研究[D].成都:西南交通大学,2005.

基于嵌入物理信息神经网络求解海底隧道离子侵蚀

黎奎辰　刘　翔*　姜语男　王东池　付邦萌

(大连海事大学交通运输工程学院)

摘　要　氯离子侵蚀引起的病害问题严重影响海底隧道的服役寿命。传统研究方法求解氯离子在衬砌混凝土结构中的运移存在一定的挑战。本研究提出一种新型智能求解方法,采用嵌入物理信息神经网络(PINNs)对氯离子侵蚀机理进行求解。氯离子侵蚀的研究包括求解孔隙水压、离子浓度以及侵蚀深度等物理量。PINNs基于自动微分将侵蚀机理方程整合到神经网络之中,降低了偏微分方程求解难度,增加了求解准确性。此外,本研究比较了不同结构的代理模型在求解氯离子侵蚀机理时的效率和准确性,采用解析解对PINNs模型求解结果进行验证,结果表明PINNs结果与解析解结果相吻合,说明PINNs在求解海底隧道氯离子侵蚀问题中具有良好的适用性。

关键词　嵌入物理信息神经网络　海底隧道　氯离子侵蚀　孔隙水压　离子浓度　侵蚀深度

0　引言

为加强海峡两岸间的沟通联系,海底隧道以其不影响航运,不受气候影响等优势被广泛建设[1]。与公路隧道相比,海底隧道通常在高高水压和高浓度的侵蚀性离子协同作用下服役。纵观全球,已建海底隧道发生氯离子侵蚀破坏已成为普遍现象[2-3]。因此,对于海底隧道衬砌离子侵蚀机理研究至关重要。

海底隧道结构侵蚀劣化机理已成为广大研究者的研究重点,并基于室内试验和数值模拟等研究手段取得了一定的成果。前人基于室内试验研究不同外界荷载作用下的离子扩散过程[4]。Fu等人[5]采用流动的地下水模拟真实的地下水环境,得出离子扩散特征。李等人[6]基于隧道管片结构钢筋锈蚀实验,归纳总结出侵蚀环境下隧道衬砌结构性能的退化规律。Liao等人[7]研究氯离子和碘离子在混凝土中的自然扩散规律,并总结了两种离子在扩散过程中的相互关系。Xiao等人[8]和Ou等人[9]基于数值模拟改变水压作用方向,探究反向水压作用下的离子侵蚀。

随着计算硬件水平的不断进步,机器学习模型已经被广泛运用在隧道及岩土工程[10]。Taffese和Sistonen[11]归纳总结了采用机器学习方法预测钢筋混凝土结构的耐久性及服役寿命的最新进展和未来发展方向,并建立了钢筋混凝土碳化预测模型[12]。M. De Jesus等人[13]采用神经网络模型建立隧道服役环境变量与碳化深度之间的非线性关系,探究服役期间隧道结构的碳化深度。上述模型均为数据驱动,模型的准确性和鲁棒性均依赖于数据的质量。近些年,基于深度学习发展起来的嵌入物理信息神经网络(PINNs)为岩土工程的问题解决提供了新思路[14]。Zhang等人[15]将

基金项目:国家自然科学基金青年基金项目(52108363)、中国博士后科学基金特别资助(2023T160074)、中国博士后基金面上项目(2021M700654)。

弹性力学方程和监测数据耦合到深度神经网络模型中,实现隧道开挖过程地表沉降实时预测。

海底隧道的衬砌侵蚀问题影响海底隧道耐久性,但传统的研究方法均存在一定的局限性。采用室内实验法面临着成本高、时间长等问题,而且通常需要制备专业的实验装置。传统的机器学习方法的准确性受数据尺寸与质量的影响。基于过往研究总结发现,离子在衬砌混凝土中运移受孔隙水压的影响,孔隙水压分布可被偏微分方程(PDE)描述,而理论解析方法对PDE的求解存在一定的困难。

目前PINNs模型很少被用于求解海底隧道氯离子侵蚀机理。本研究将PINNs模型作为求解离子侵蚀问题的代理模型,对海底隧道服役期内孔隙水压、离子浓度和侵蚀深度进行研究。本研究首先对孔隙水压偏微分方程进行求解,即可得到衬砌结构内孔隙水压分布,及离子的渗透速度;结合Fick第二定律即可得到氯离子运移情况[16],并采用理论解析解对PINNs模型求解结果进行验证。两种方法求解结果近似一致,表明PINNs模型为研究海底隧道离子侵蚀问题提供了新思路。

1　基于达西定律的物理方程

1.1　孔隙水压偏微分方程推导

侵蚀性离子对隧道衬砌的侵蚀,本质上是在孔隙水压的驱动下,侵蚀性离子在多孔混凝土介质中的渗透。在多孔混凝土介质中,孔隙水作为腐蚀离子运移扩散的载体,将周围环境中的腐蚀离子带到混凝土表面及一定深度处,使得混凝土发生开裂。基于达西(Darcy)渗流定律,若只考虑孔隙水在衬砌结构中发生径向渗流,则非饱和混凝土中水分流速为:

$$u_x = -\frac{K}{\mu}\left(\frac{\partial p}{\partial x}\right) \tag{1}$$

式中:K——渗透率;

μ——动力黏度系数;

p——孔隙水压力。

选取图1中管片内部相距为dx的两个断面,则通过隧道衬砌结构中两截面流量差为:

$$\Delta Q = Q_{\mathrm{I}} - Q_{\mathrm{II}} = u_x A\mathrm{d}t = \frac{\partial u}{\partial x}\mathrm{d}xA\mathrm{d}t \tag{2}$$

式中:Q_{I}、Q_{II}——截面Ⅰ和Ⅱ的流入量;

ΔQ——截面Ⅰ和Ⅱ之间的流量差;

A——衬砌混凝土截面面积。

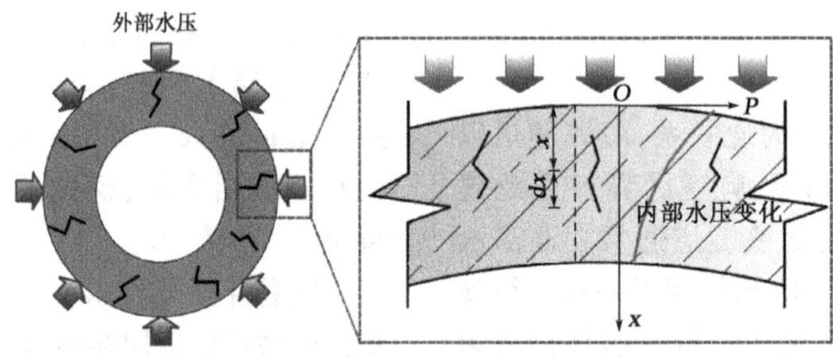

图1　隧道衬砌结构示意图

衬砌混凝土的体积弹性模型K_{v}可表示为:

$$K_{\mathrm{v}} = -\frac{\mathrm{d}p}{\mathrm{d}V/V} = -\frac{\mathrm{d}p}{\Delta Q}A\mathrm{d}x \tag{3}$$

式中:dp——截面Ⅰ和Ⅱ之间的流量差引起的孔隙水压差。

由式(2)和式(3)联立可以获得:

$$\mathrm{d}p = -\frac{\partial u}{\partial x}K_{\mathrm{v}}\mathrm{d}t \tag{4}$$

将式(4)代入式(1),即可得到描述衬砌混凝土结构内孔隙水压分布的PDE,具体表达式为:

$$\frac{\partial p}{\partial t} = \frac{KK_{\mathrm{v}}}{\mu}\frac{\partial^2 p}{\partial x^2} \tag{5}$$

初始条件以及边界条件作为约束条件限制PDE存在唯一解,可表示为:$p(0,t)=p_0$,$p(\infty,t)=0$,$p(x,0)=0$。

1.2　侵蚀机理理论公式

本研究采用PINNs模型求解上述孔隙水压PDE,即可得到孔隙水压力分布数值解。本研究引用刘四进等人[17]针对上述PDE求解出相应的解析解作为参考,验证PINNs模型的表现力。孔隙水压理论解析解为:

$$p(x,t) = p_0\mathrm{erfc}\left(\frac{x}{2}\sqrt{\frac{\mu}{KK_{\mathrm{v}}t}}\right) \tag{6}$$

将 $p(x,t)$ 代入式(1),即可求得对应的侵蚀速度,侵蚀速度解析表达式为:

$$u(x,t) = -\frac{K}{\mu}\left(\frac{\partial p}{\partial x}\right) = \frac{Kp_0}{\mu\sqrt{\pi}}e^{-\frac{\mu x^2}{4KK_v t}}\sqrt{\frac{\mu}{KK_v t}} \tag{7}$$

Ogata 等人[18]给出了在考虑孔隙水压作用下离子浓度变化关系式,如式(8)所示。

$$C(x,t) = \frac{C_s}{2}\left[\mathrm{erfc}\left(\frac{x-u_x t}{2\sqrt{Dt}}\right) + \exp\left(\frac{u_x x}{D}\right)\mathrm{erfc}\left(\frac{x+u_x t}{2\sqrt{Dt}}\right)\right] \tag{8}$$

式中:D——腐蚀离子在混凝土中的扩散系数;

C_s——混凝土与海水接触面处的氯离子浓度。

侵蚀深度 d 与服役时间和衬砌厚度有关,其计算公式为:

$$d = \frac{1}{L}\int_0^t\int_0^L \frac{K}{\mu}\frac{\partial p}{\partial x}\mathrm{d}x\mathrm{d}t \tag{9}$$

式中:L——衬砌厚度。

2 PINNs 网络结构

2.1 PINNs 框架

PINNs 模型的核心就是将初始条件项,边界条件项以及 PDE 项作为约束条件嵌入神经网络损失函数中。本文设置两种 PINNs 模型迭代终止条件:①达到最大迭代次数 max_{it},本研究将 max_{it} 设置为 50k;②达到最小误差 ε,将其设置为 1×10^{-5}。PINNs 模型结构如图 2 所示。其基本网络结构是由输入层、隐含层和输出层按照一定的顺序连接而成。隐含层的层数设计对 PINNs 模型的求解有很大的影响。目前暂时没有规范性的法则作为隐含层数设计的参考,只能凭借经验法则进行设计和尝试。

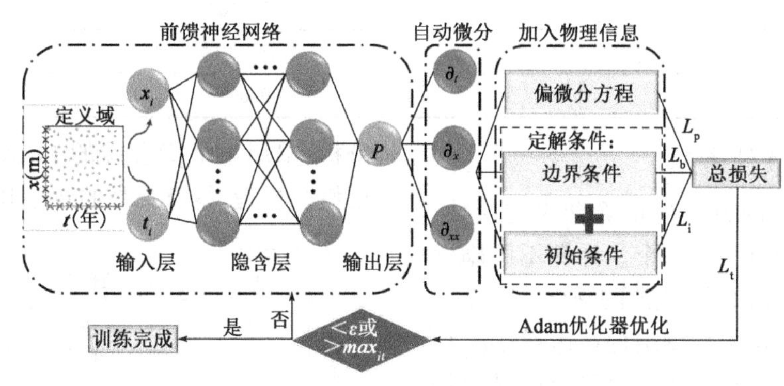

图 2 PINNs 模型结构图

2.2 损失函数

损失函数被用来度量模型预测结果与真实结果之间的差异。在神经网络的训练过程中,基于损失函数反向传播更新网络模型结构中的超参数,从而完成神经网络模型的训练。本研究中,采用均方误差构建损失函数,其表达式为:

$$\mathrm{MSE} = \frac{1}{N}\sum_{i=1}^{N}(y_i' - y_i)^2 \tag{10}$$

式中:y_i——计算域内第 i 个样本的真实值;

y_i'——第 i 个样本对应的模型输出预测值;

N——样本总数。

本研究中涉及的损失函数包括 PDE 损失项 L_p、初始条件损失项 L_i 和边界条件损失项 L_b,其具体表达式为:

$$\begin{cases} L_p = \frac{1}{N_g}\sum_{i=1}^{N_g}|g(x_i,t_i)|^2, (x_i,t_i)\in\Omega \\ L_b = \frac{1}{N_b}\sum_{i=1}^{N_b}|u(x_i,t_i)-u_b|^2, (x_i,t_i)\in\Omega_b \\ L_i = \frac{1}{N_i}\sum_{i=1}^{N_i}|u(x_i,t_i)-u_i|^2, (x_i,t_i)\in\Omega_i \end{cases} \tag{11}$$

式中：(x_i, t_i)——在求解域内选取的训练数据；

Ω、Ω_b、Ω_i——问题的求解域、边界域以及初始条件区域；

u_b——边界条件的真值；

u_i——初始条件的真值；

N_g、N_b、N_i——定义域内部、边界条件和初始条件区域选点的个数。

上述三部分损失函数与对应权重相乘构成相应的总损失函数 L_t，具体表达式为：

$$L_t = \lambda_p L_p + \lambda_b L_b + \lambda_i L_i \tag{12}$$

式中：λ_p、λ_b、λ_i——三项损失函数对应的权重。

3　模型收敛性及准确性考虑

3.1　参数配置

本研究分别在求解域内部、边界条件以及初始条件区域上选取数据点训练神经网络，其选择点数量分别为 5000、500、500。在侵蚀机理问题研究中，选用 Adam 优化器，并设定学习率为 1×10^{-4}。

除神经网络对应的参数外，下面确定侵蚀机理研究中相应的物理参数。本研究关注海底隧道的服役期为 100 年，隧道衬砌厚度为 0.5m 时空范围内的侵蚀情况。假设隧道结构外表面初始孔压为 0.8MPa。本研究所涉及的其他物理参数如表 1 所示。

本研究涉及的其他参数　　表 1

参数	符号缩写	值	单位
初始水压	p	0.8	MPa
扩散系数	D	4.80×10^{-9}	m^2/s
弹性模量	K_v	3.45×10^4	MPa
渗透率	K	3.45×10^{-24}	m^2
海水动力黏度	μ	1.14×10^{-3}	Pa · s
衬砌外离子浓度	I	0.6%	—

3.2　模型收敛性考虑

本研究采取试算的方法确定隐含层的层数，固定每隐含层的神经元为 64 个。计算不同隐含层下 PINNs 模型的表现结果，如图 3 所示。1 个、2 个或 3 个隐含层的 PINNs 模型结构在达到 max_{it} 后停止训练，而其他 4 种模型均以达到 ε 后跳出循环。由图 3 可以看出，随隐含层数的变化，max_{it} 呈现先减小再增大的趋势。隐含层数为 4 层所需的迭代次数最小，并在迭代 25444 次后结束神经网络模型的训练。在此基础上随着隐含层数的增加，其所需的迭代次数增加，出现梯度消失，收敛性恶化的情况。此外，4 个隐含层的代理模型在结束训练时，总损失值较小于所设置的 ε，说明在定义域内的训练结果满足精度要求。

除考虑收敛性外，在定义域内随机选取 100 组点构成测试集，计算其 MSE，以便测试不同隐含层结构下 PINNs 的表现能力。其结果如表 2 所示。随着隐含层数不断增加，测试集的 MSE 出现明显下降。即使拥有 5、6 或 7 三种隐含层的神经网络测试集结果相对于 4 个隐含层结果更好。但是结合收敛性考虑，对于该问题，当隐含层超过 4 层时出现梯度消失，收敛恶化的情况。综合上述分析，采用 4 个隐含层的 PINNs 模型求解海底隧道侵蚀机理，具有更高的效率和准确性。

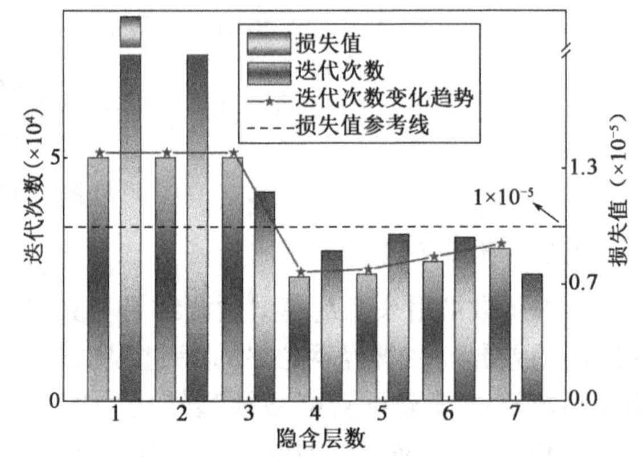

图 3　比较不同隐含层数的迭代次数及损失值

不同隐含层下的 PINNs 表现力　　表 2

隐含层数	MSE
1	4.57×10^{-4}
2	3.06×10^{-4}
3	2.04×10^{-5}
4	2.27×10^{-5}
5	1.91×10^{-5}
6	1.41×10^{-5}
7	6.54×10^{-6}

4 对比验证侵蚀机理求解结果

在上一小节中,通过试算法确定了当隐含层为4层时,求解海底隧道离子侵蚀问题有较好的效率和准确率。本小节具体展示求解结果,并通过理论解析解对PINNs求出的结果进行验证。

4.1 孔隙水压

孔隙水作为侵蚀离子运移的载体,在孔隙水压的作用下,孔隙水携带离子发生迁移。离子在混凝土结构中的迁移速率取决于孔隙水压在混凝土内部的分布。PINNs模型求解孔隙水压控制方程迭代过程结果图,如图4所示。在隧道衬砌混凝土结构内部,同一位置处的孔隙水压随服役时间的延长而逐渐增大。

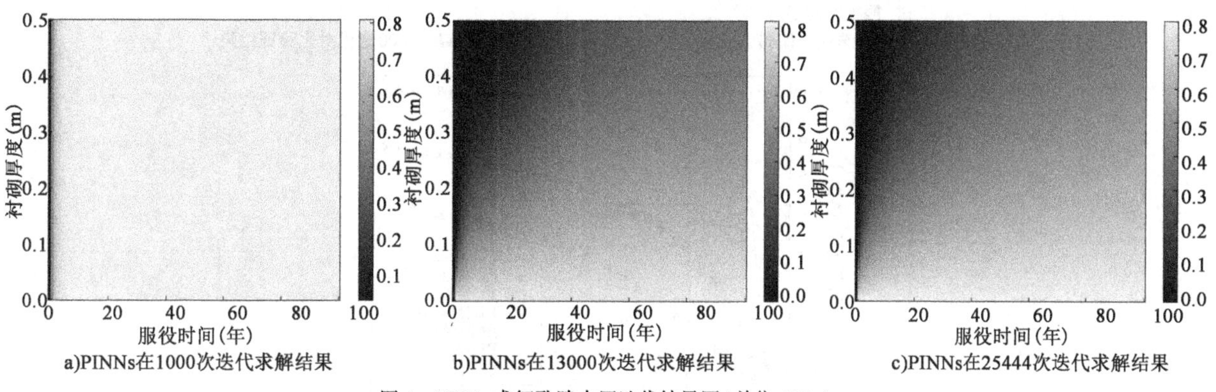

图4 PINNs求解孔隙水压迭代结果图(单位:MPa)

采用前人研究解析解[17]验证PINNs模型最终的求解结果,计算两者之间的绝对误差,并绘制云图,如图5所示。在求解域内两者之间的误差量级基本接近1×10^{-3},两者之间的相对误差在可接受范围内,证明了PINNs模型的求解准确性和广泛的应用前景。

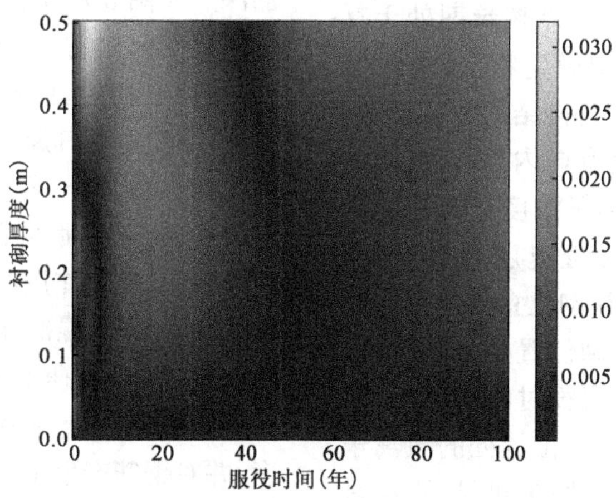

图5 PINNs和解析解误差云图

注:PINNs在2544次迭代误差。

图6展示孔隙水压在衬砌某一位置下随服役时间变化的模型训练迭代过程图。随着PINNs模型迭代训练,使得其输出结果逐渐靠近真实值。在某一衬砌位置下,孔隙水压随服役时间成非线性增加。由于在服役初期,衬砌外侧结构与外界环境中存在较大的压力差,导致孔隙水压急剧增加。而随着服役时间的延长,结构内部与外侧的压力差逐渐减小,导致后期孔隙水压随时间变化相对缓慢。并且在同一服役时间下,衬砌较外侧位置孔隙水压总是比衬砌较内侧位置的孔隙水压大。原因在于外侧结构受到孔隙水压作用时间更长,且对内侧结构起保护作用。随着服役时间的延长,衬砌受到的侵蚀逐渐增加,导致在同一位置处,孔隙水压随着服役时间推移而不断增大。

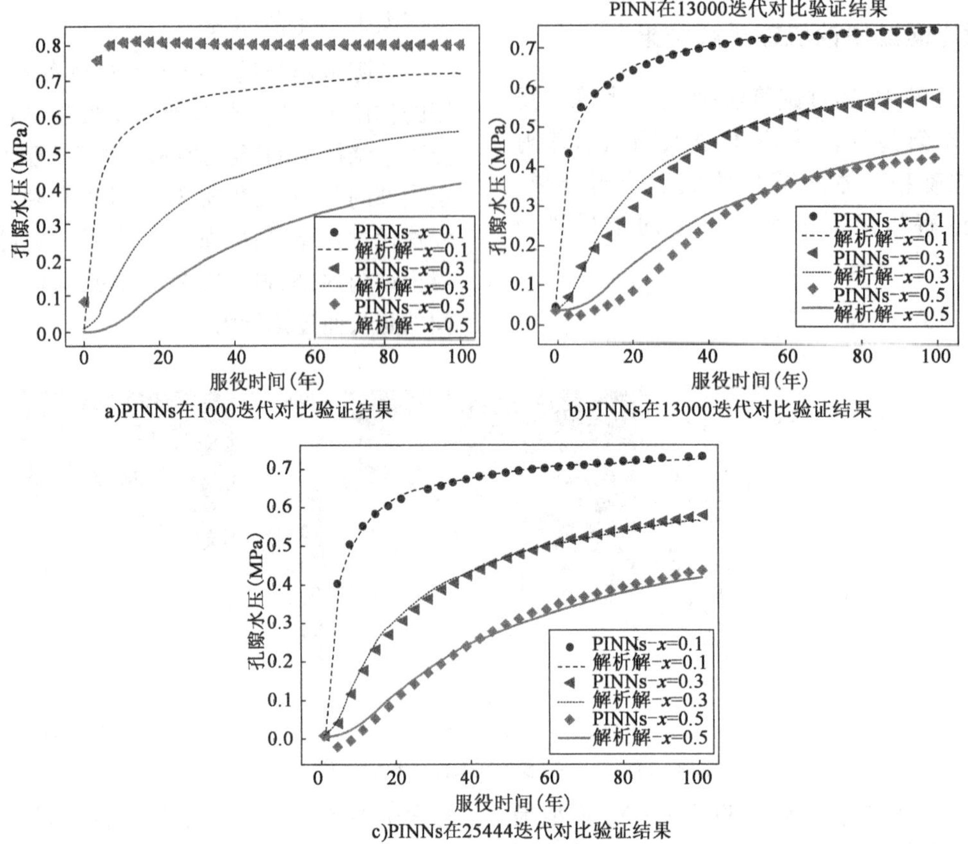

a)PINNs在1000迭代对比验证结果

b)PINNs在13000迭代对比验证结果

c)PINNs在25444迭代对比验证结果

图6　不同迭代次数下的孔隙水压随服役时间变化

4.2　离子浓度

在隧道服役期内,隧道衬砌结构长期处于复杂的水土环境中,周围环境中微生物、Cl^-、SO_4^{2-}等腐蚀离子来源广泛,对隧道衬砌结构危害很大。在孔隙水压的驱动下,离子逐渐向内部渗透,因此掌握衬砌结构内,不同位置离子浓度分布情况具有重要意义。在求解得到渗透速度之后,根据Fick第二定律即可得到不同衬砌位置处的离子浓度分布情况。图7为不同衬砌位置处,离子浓度随服役时间的变化图。随着服役时间的延长,衬砌结构受到侵蚀程度加重,同一位置处的氯离子含量随服役时间不断增大。由图7可见,距离衬砌外表面距离越近,离子浓度越高。原因在于,外侧结构相对于内侧结构遭受到更长时间的侵蚀,结构老化开裂,导致衬砌外侧结构堆积大量侵蚀性离子。

4.3　侵蚀深度

在孔隙水压的作用下,孔隙水携带离子不断向混凝土衬砌内部渗透,加快混凝土结构开裂和钢筋锈蚀。当隧道衬砌结构外侧的水压一定时,随着服役时间的不断延长,海水侵蚀深度也不断加深。如图8所示,理论解析解和PINNs模型求解结果变化趋势一致。随着隧道服役时间的延长,其海水的侵蚀速率,即侵蚀深度增长曲线斜率,不断减小。其原因归结于,越靠近管片内表面的孔隙水压越小,侵蚀越发困难。基于本研究假定的参数,求得最终的海水渗透深度约为0.4m。通常来说,环境作用等级为A类,设计使用年限为100年时,钢筋混凝土构件的最小保护层厚度为30mm[19]。按此研究假定的物理参数,在假定的100年服役期,侵蚀深度早已超过钢筋保护层厚度,并对钢筋产生了一定的影响。因此,要在结构设计以及保养维修阶段要采取一定措施来保护钢筋混凝土结构,从而使得海底隧道在复杂恶劣的情况下能够安全、稳定运营。

5　结语

海底隧道长期处于复杂的海底环境中,其侵蚀情况关系到海底隧道结构能否安全稳定运营。本研究提出一种新型智能的嵌入物理信息神经网络(PINNs)模型,建立高水压和侵蚀性离子协同作用下的海底隧道离子侵蚀模型,用于求解海底隧道离子侵蚀机理。对海底隧道在服役期内的孔隙水压、离子浓度及侵蚀深度进行研究,将 PINNs 模型结果与理论解析解进行对比验证,并讨论不同结构的 PINNs 模型求解该问题的表现力,得出的主要结论有:

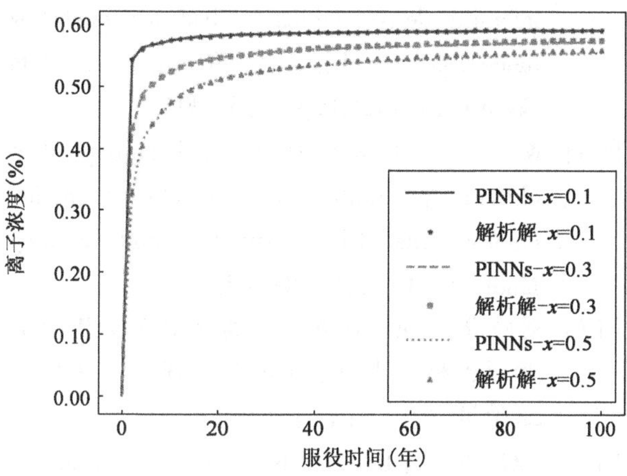

图7 离子浓度对比验证结果图

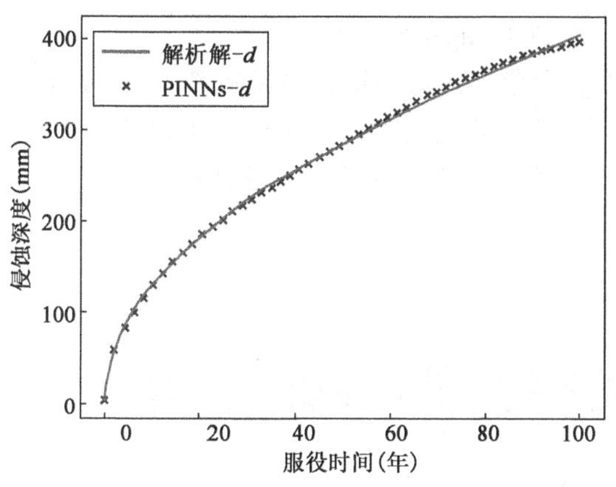

图8 侵蚀深度对比验证结果

(1)明确了采用4个隐含层的神经网络结构求解侵蚀机理具有相对较高的精度和效率。具有4个隐含层 PINNs 模型的结果与理论解析解结果吻合度较高,证明 PINNs 模型在求解海底隧道侵蚀机理问题中的可行性,为海底隧道离子侵蚀研究提供新思路。

(2)孔隙水压随时间和空间成非线性变化。在同一服役时间下,衬砌内表面孔隙水压较外表面小;在同一衬砌位置下,随着服役时间推移,其孔隙水压不断变大。此外,随着服役时间推移和衬砌结构距外表面的距离不断增大,其孔隙水压增长速率逐渐变慢。

(3)在孔隙水压作用下,随着服役时间的不断延长,同一位置下的离子浓度不断变大,并且在服役初期的增长速度较快,而后期增长速率逐渐减慢。离子侵蚀深度随服役时间延长不断增大,但孔隙水压的增长速率下降导致其侵蚀深度的增长速度逐渐下降。

参考文献

[1] LIU X,WANG D C,ZHANG Y,et al. Analytical solutions on non-Darcy seepage of grouted and lined subsea tunnels under dynamic water levels [J]. Ocean Engineering,2023,267:113276.

[2] YUAN J, ZHANG Z R, FU Q, et al. Ion corrosion behavior of tunnel lining concrete in complex underground salt environment [J]. Journal of Materials Research and Technology, 2023,24:4875-4887.

[3] HAN X B,XIA Y X,YE F,et al. Ageing models and maintenance strategy for road tunnels[J]. Structure and Infrastructure Engineering,2020, 16(5):831-846.

[4] CHEN F, GAO J, QI B, et al. Degradation progress of concrete subject to combined sulfate-chloride attack under drying-wetting cycles and flexural loading[J]. Construction and Building Materials,2017,151:164-171.

[5] FU Q,BU M X,ZHANG Z R,et al. Chloride ion transport performance of lining concrete under coupling the action of flowing groundwater and loading[J]. Cement and Concrete Composites, 2021,123:104166.

[6] 李忠,陈海明,孙富学,等.氯离子侵蚀盾构隧道衬砌结构性能退化试验[J].地下空间与工程学报,2009,5(6):1092-1097,1109.

[7] LIAO C Y,JIN H S,LIU W,et al. Numerical and experimental analysis of chloride and iodide transports in concrete under natural diffusion [J]. Construction and Building Materials,2023, 392:131902.

[8] XIAO J Z,DAI F C,WEI Y Q,et al. Analysis of mechanical behavior in a pipe roof during excavation of a shallow bias tunnel in loose deposits [J]. Environmental Earth Sciences, 2016,75(4):293.

[9] OU Y L, XU M J, CHEN D Q, et al. Effect of reverse water pressure on chloride penetration within finite concrete during drying-wetting cycles [J]. Ocean Engineering, 2022, 257: 111606.

[10] LIU X, LI K C, JIANG A N, et al. Prediction interaction responses between railway subgrade and shield tunnelling using machine learning with sparrow search algorithm[J]. Transportation Geotechnics, 2024, 44: 101169.

[11] TAFFESE W Z, SISTONEN E. Machine learning for durability and service-life assessment of reinforced concrete structures: Recent advances and future directions [J]. Automation in Construction, 2017, 77: 1-14.

[12] TAFFESE W Z, PUTTONEN J, E S. CaPrM: Carbonation prediction model for reinforced concrete using machine learning methods[J]. Construction and Building Materials, 2015, 100: 70-82.

[13] R D JESUS. Modelling of carbonation of reinforced concrete structures in intramuros, manila using artificial neural network [J]. International Journal of GEOMATE, 2017, 13 (35).

[14] RAISSI M, PERDIKARIS P, KARNIADAKIS G E. Physics-informed neural networks: A deep learning framework for solving forward and inverse problems involving nonlinear partial differential equations [J]. Journal of Computational Physics, 2019, 378: 686-707.

[15] ZHANG Z L, PAN Q J, YANG Z H, et al. Physics-informed deep learning method for predicting tunnelling-induced ground deformations[J]. Acta Geotechnica, 2023, 18(9): 4957-4972.

[16] WU L J, LI W, YU X N. Time-dependent chloride penetration in concrete in marine environments [J]. Construction and Building Materials, 2017, 152: 406-413.

[17] 刘四进,何川,孙齐,等. 腐蚀离子环境中盾构隧道衬砌结构侵蚀劣化机理[J]. 中国公路学报,2017,30(8):125-133.

[18] OGATA A, BANKS R B. A solution of the differential equation of longitudinal dispersion in porous media [R]. US Geol. Surv, 1961, Prof. Paper 411: A1-A7.

[19] 中华人民共和国交通运输部. 公路水下隧道设计规范:JTG/T 3371—2022[S]. 北京:人民交通出版社股份有限公司,2022.

明挖法隧道箱涵段内支撑变形规律分析

高召宁[1]　梁洪瑞*[1]　张　阳[2]

(1. 安徽理工大学矿业工程学院;2. 浙江省地矿建设有限公司)

摘　要　明挖法隧道施工内支撑体系中,每一道支撑结构对其余结构的变形影响作用不同,不同支撑结构的相互影响,关系着深基坑工程安全和工程经济合理性。本文以杭州绕城高速公路留下互通改建工程为例,通过建立三维有限元模型,结合现场监测数据,对每一道支撑结构效果分析,得到以下结论:当多种支撑同时作用时,钢筋混凝土支撑与钢管支撑、钢管换撑的复合支护效果显著,并分析了与钢筋混凝土支撑不同相对位置的钢管支撑的轴力变化原因。侧墙钢模支撑与钢筋混凝土支撑、满堂脚手架支撑与钢筋混凝土支撑的复合支护效果不明显,并分析了明挖法隧道施工中,不同位置的侧墙钢模支撑与满堂脚手架支撑的变形特征,为今后类似工程的监测与架设方式提供参考。

关键词　明挖法　支护变形　受力分析　隧道施工　数值模拟

0 引言

在我国隧道施工数量大幅增长的今日,地下空间的利用得到充分发展。明挖隧道作为隧道施工中一个大类,支护系统包括内支撑和外支撑。在明挖隧道施工中,外支撑主要使用钻孔灌注桩、水泥搅拌桩、外加钢结构如锚杆锚索等;内支撑主要使用钢筋混凝土、钢管、侧墙钢模支撑、脚手架支撑等。目前国内外有关明挖隧道单一支护方式对隧道的影响及其对周边环境影响的研究成果较多,而对明挖隧道复合支护结构的整体效应和时间效应分析的成果很少见,对支护设施的相互影响分析较少。

徐立武等[1]采用 midas GTS NX 建立基坑模型,分别针对有钢换撑断面及无钢换撑断面,探讨了钢支撑水平间距、第 3 道钢支撑距基坑底距离、钢支撑预加轴力及基坑围护桩桩径的变化对围护桩结构变形与受力及周边地表沉降的影响。洪德海[2]指出,通过施加适当的预加轴力,可以有效减小围护结构的变形和应力,而不改变最终轴力。周广平[3]对明挖隧道的衬砌结构变形进行分析,得到衬砌裂纹主要出现的位置与裂纹抑制方法。宁茂权[4]采用回弹模量法和复合模量法分别研究了基坑开挖卸载后的基底隆起值和复合地基隧道回筑填土加载后的沉降值,并对不同工况下的基底隆起值和隧道沉降值进行了对比分析。王智佼等[5]提出了“超前支护 + 长短负泊松比(NPR)锚索优化布置主动支护 + 钢拱架 + 混凝土喷浆永久支护”的高预应力主被动联合支护技术。王建望等[6]发现基坑的支撑体系在开挖回填过程中处于动态变化过程,支撑轴力随开挖深度呈线性增大趋势。黄生根等[7]明确格构柱变形影响机制,为设计与施工中的格构柱变形控制提供理论依据。魏发达[8]研究了适用于公路隧道基坑工程支护结构设计与分析方法,为基坑开挖过程数值模拟提供研究基础。

本文取用杭州某绕城高速公路互通改建工程施工过程监测数据,分别研究明挖顺做法施工中的各阶段的内支护结构相互的影响和对土体的作用,提出不同的支护在时间效应上对隧道变形的影响效果,通过对不同内支撑结构的变形与轴力分析,为类似工程的监测点布置与最易破坏支撑处提供依据。同时,利用数值模拟软件分析隧道各变量对支护结构的影响规律。

1 工程概况

天目山快速路—艮山快速路贯通提升改造工程在荆常大道南北两侧新建 L1、L2 匝道,均采用下穿隧道,均采用箱涵与 U 形槽结合的结构形式。

明挖箱涵段隧道深为 10.5m,采用 850mm 三轴水泥搅拌桩和钻孔灌注桩作为外支撑体系。内支撑取用支撑断面为 800mm × 800mm 钢筋混凝土支撑,钢支撑至钢管换撑为 ϕ60.9mm 钢支撑。支撑体系横断面如图 1 所示,隧道土层参数如表 1 所示。

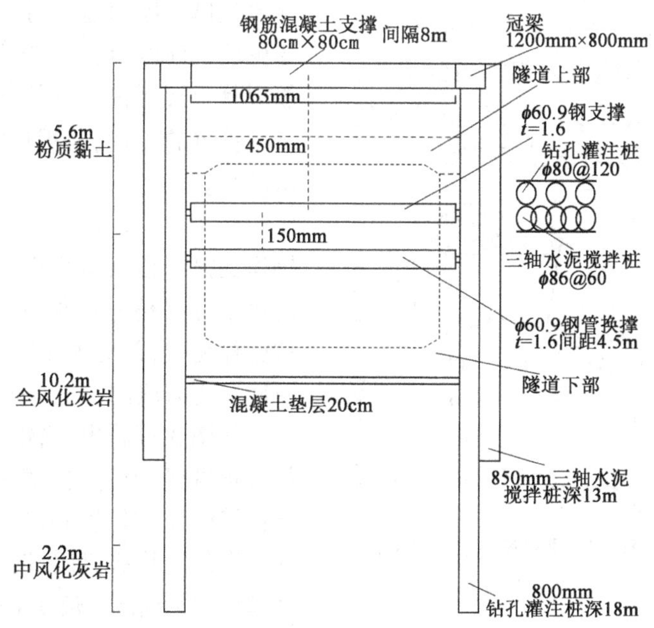

图 1 隧道围护结构以及支撑体系横断面图

隧道土层参数　表1

土层名称	弹性模量 E(MPa)	泊松比	内摩擦角 φ(°)	黏聚力 c(kPa)	重度 γ(g/cm³)
粉质黏土	18	0.3	18.5	26.3	1840
全风化灰岩	34.2	0.3	29.6	100	1790
中风化灰岩	2040	0.27	35	290	2000
素填土	5	0.4	18	5	1900

隧道施工流程见表2,选取施工段为L1K0+475,该施工段施作周期为58d。

隧道施工流程　表2

施工顺序	箱涵段工况
1	隧道开挖至1.3m
2	施加混凝土支撑
3	开挖至5.7m
4	施加钢管支撑
5	开挖至底部10.5m,施作混凝土垫层
6	施加钢换撑,拆除钢支撑
7	施作隧道底部
8	拆除钢换撑,施加侧墙钢膜支撑,施作隧道侧墙
9	拆除侧墙钢膜支撑,满堂脚手架搭设
10	顶板及部分侧墙混凝土浇筑
11	拆除脚手架和混凝土支撑,回填土施工

2　现场监测数据

图2、图3是箱涵段的监测时程图,图2为围护桩顶端测点ZQSI-20的水平位移监测时程图;(图3)为围护桩顶端测点QZCI-19竖向沉降监测时程图。图中水平位移向隧道内部方向的为正,而竖向位移与沉降值为负者表示下沉,正值为隆起。从监测数据的变化可以看出以下规律。

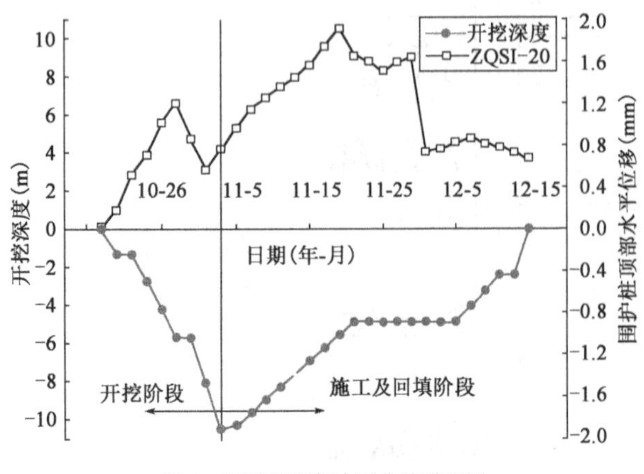

图2　围护桩顶部水平位移时程图

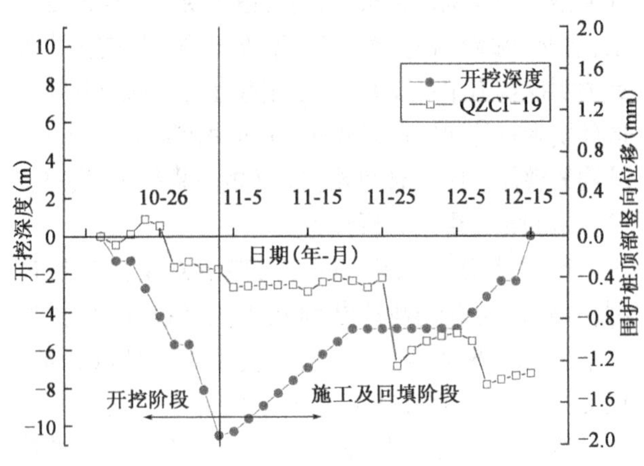

图3　围护桩顶部竖向位移时程图

从图2可看出,当钢支撑施工前,围护桩顶端水平位移随开挖深度的增加而增大,但当钢支撑施工完成后,水平位移开始减小,至开挖深度为8.1m时水平位移减小到0.56mm。此后受开挖深度增加至10.5m与施工钢管换撑和拆除钢支撑等工序影响围护桩顶端水平位移又不断增大,到11月14日隧道底部钢筋混凝土养护完成,提供支撑梁效果,水平变形有所抑制,增加变缓。

从11月18日开始随着换撑钢管拆除完成,侧墙钢模支撑和隧道侧墙的施工,到12月1日隧道侧墙钢筋混凝土养护完成,侧墙钢模支撑与钢筋混凝土支撑耦合作用提供了良好的支撑,抑制了围护桩的变形,使得围护桩顶端的水平位移再次减小。

在11月30日—12月5日期间,受拆除侧墙钢模支撑与搭设脚手架期工序影响,围护桩顶端的水平位移稍有增加,但变化不大。随着隧道主体施作完成,并提供支撑后,拆除钢筋混凝土支撑及回填土阶段围护桩水平位移几乎没有变化。

从图3可看出,当钢筋混凝土支撑施工前,围护桩顶端竖向位移随着开挖深度的增加而增大。当钢筋混凝土支撑开始施工后,竖向位移开始呈现向上隆起的趋势,直至钢筋混凝土支撑支护完成,隆起位移达到最大值0.16mm。此后受开挖深度增加至5.7m影响,围护桩顶端竖向位移逐渐减小,最终表现为沉降 0.3mm，随着钢管支撑的施作完成，提供支撑效果，竖向变形有所抑制，增加变缓。

到 11 月 5 日，隧道基坑开挖完成，受钢管换撑施作的影响，围护桩竖向位移进一步增大到 -0.49mm，在隧道底部的养护阶段竖向变形几乎没有变化。一直到 11 月 15 日，受拆除钢管换撑与施作侧墙钢模支撑影响，围护桩顶端竖向位移稍有增大。11 月 25 日，竖向变形急剧增大至 1.24mm，分析原因为隧道底板土体变形被抑制而向外侧挤压隆起以及与围护墙侧向位移相互作用的结果。之后随着侧墙钢模支撑的拆除，竖向变形缓慢减小，直到满堂脚手架搭设，竖向变形减小速率放缓。在 12 月 6 日，受隧道顶部施工影响，围护桩顶端竖向变形快速增大，变形值最终达到 1.42mm。

在 12 月 9 日—12 月 15 日期间，随着隧道主体施作完成，并养护完成，提供支撑后，拆除钢筋混凝土支撑及回填土阶段围护桩竖向位移几乎没有变化。

3 数值模拟分析

3.1 数值模型建立

数值模拟的箱涵段模型尺寸为 100m × 12.8m × 50m，图 4 为数值模型网格图，划分为 767791 网格单元、339132 节点。

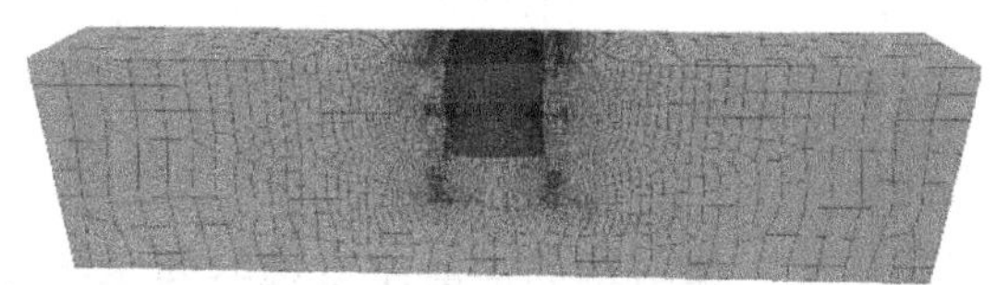

图 4 数值模型网格图

3.2 箱涵段模拟结果分析

图 5 为模拟结果与现场实测结果对比分析图，由图可知，在不同工况下，围护桩顶端的竖向位移和水平位移皆呈现出先增大后减小的情况，数值模拟得出围护桩顶端的最大水平位移为 2.037mm，最大竖向位移为 -0.487mm。数值计算结果与现场监测结果两者变化规律吻合度较高，说明数值计算结果能较好地反映隧道支护结构的变形规律。

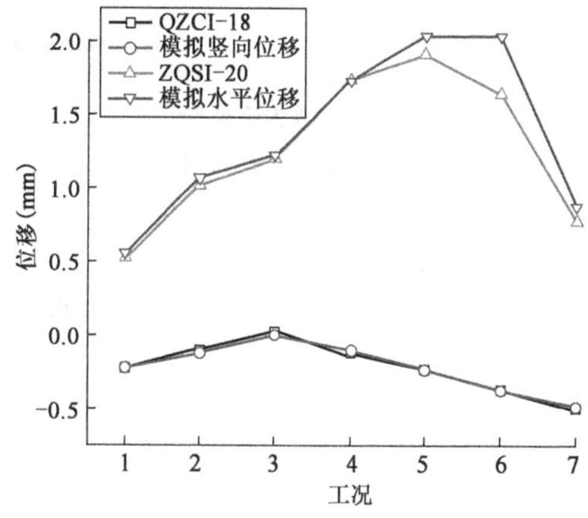

图 5 模拟结果与现场实测结果对比分析图

4 支护结构变形分析

针对箱涵段明挖法隧道基坑施工，论文主要分析不同工况下支护结构的变形规律。图 6 为开挖工况完成后，隧道主体施工直至施工结束阶段的工序图。

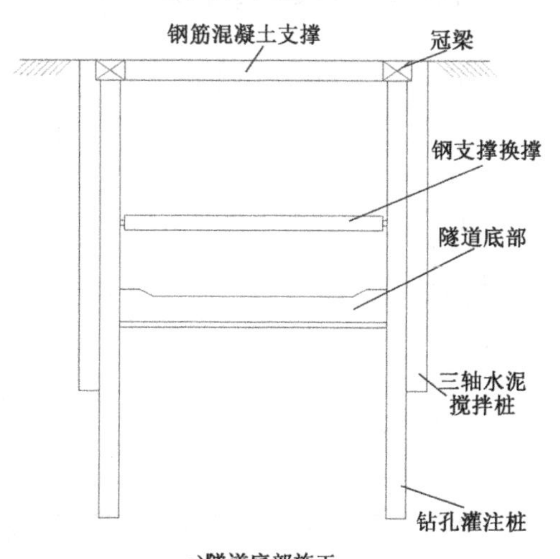

a)隧道底部施工

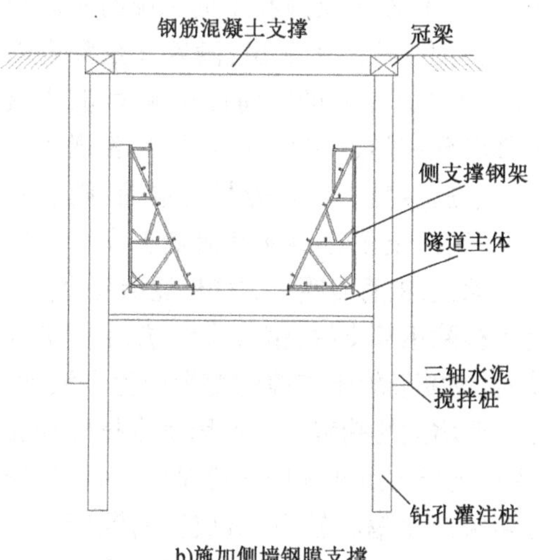

b)施加侧墙钢膜支撑

图 6

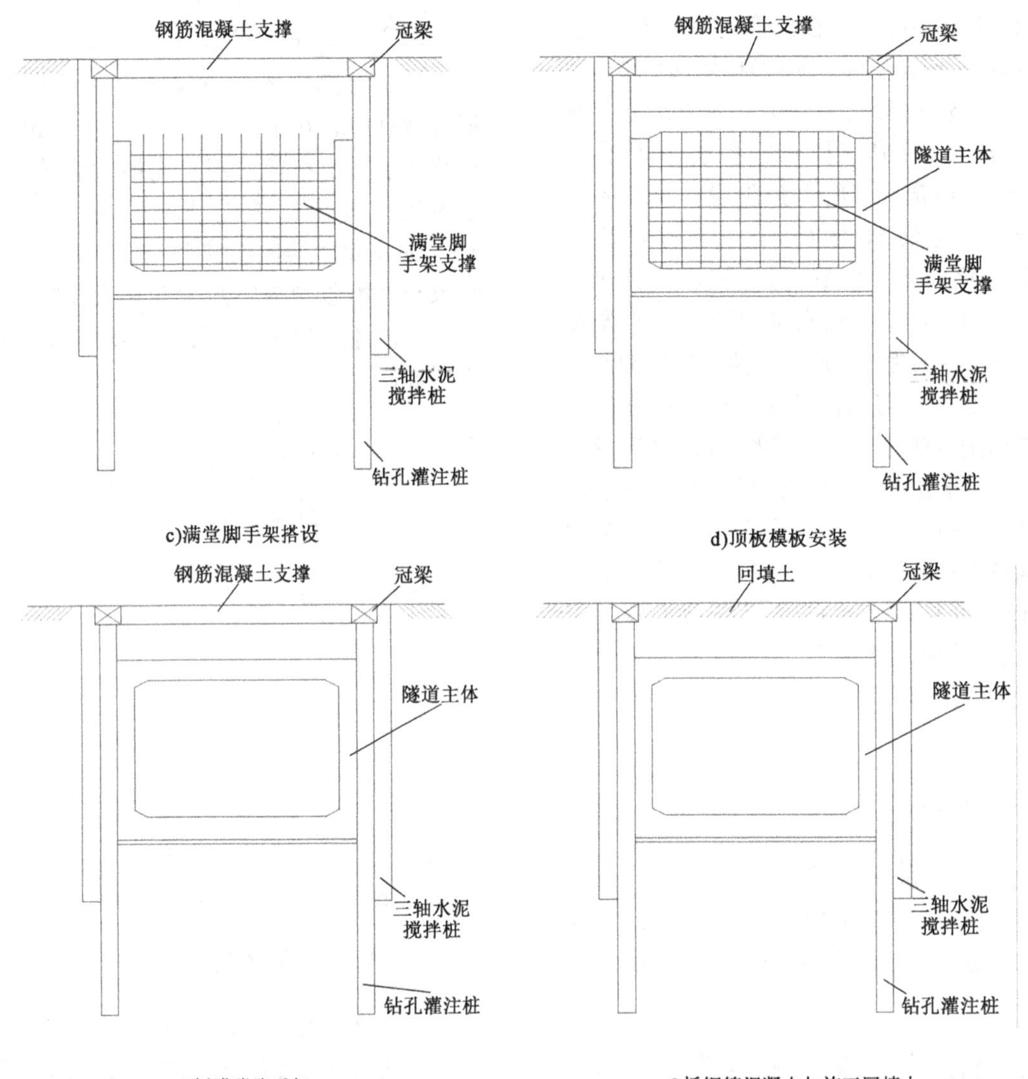

图6　隧道主体施工流程

4.1　钢筋混凝土支撑结构变形分析

图7为钢筋混凝土支撑在不同工况时不同位置的竖向位移图。从图可看出,随着开挖深度增加,钢筋混凝土支撑结构的竖向位移越大,其中最大竖向位移出现在隧道中轴线位置,且表现为竖向沉降。当钢筋混凝土结构养护完成后,随着钢支撑的架设,侧向土压力由钢筋混凝土支撑与钢管支撑共同承担,钢筋混凝土的变形逐渐变小。

此后当拆除钢管支撑,钢管换撑、施工隧道底部与侧墙时,钢筋混凝土支撑的变形产生了波动,呈现先减小后增大的趋势。其原因是当拆除钢支撑后,因主动土压力由两侧向内部挤压,对钢筋混凝土支撑两端产生偏心轴力,造成钢筋混凝土支撑产生向下挠曲变形的结果。随着隧道主体的施工完成,主动土压力由钢筋混凝土支撑承受转变为隧道施工主体与钢筋混凝土支撑共同承担,从而使钢筋混凝土支撑的变形趋于平稳。

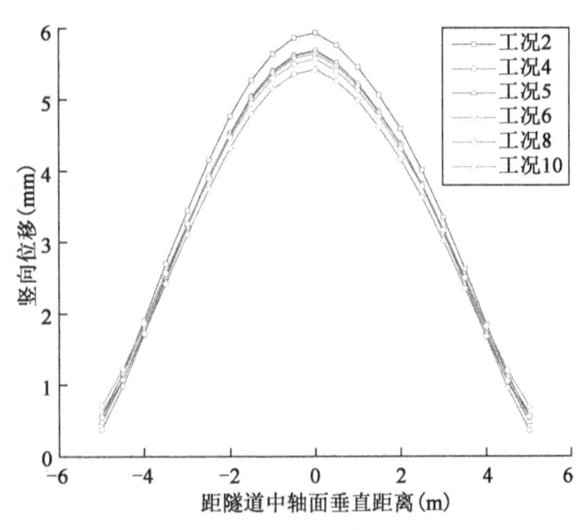

图7　不同工况下钢筋混凝土支撑的变形

4.2 钢管支撑结构变形分析

现场钢管支撑施作选择4-2-4分组支护方式，具体施作位置见图8。选择不固定间隔的分组支护方式相比于固定间隔施作钢管支撑方式，组间位置留有更大的施工空间，便于现场开挖与换撑工况的施作。

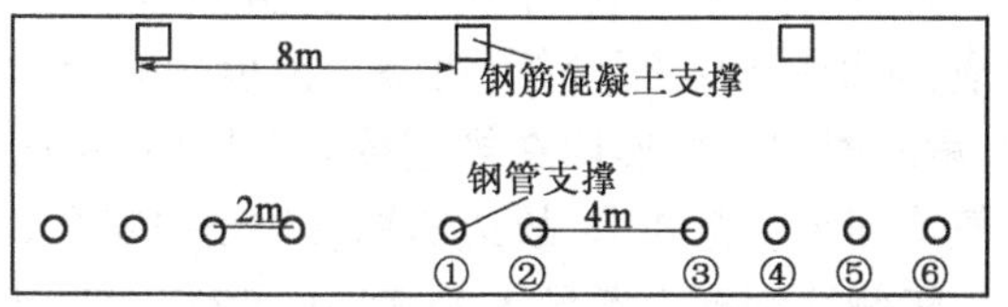

图8 钢管支撑施工相对位置图

基于现场钢管支撑施作方法，取一组序号为①~⑥的钢管支撑，相对于钢筋混凝土支撑分析不同位置钢管支撑的轴力变化规律。图9为不同位置的钢管支撑的轴力变化。由该图可以看出，①号钢管相比于④号钢管，②号钢管相比于⑤号钢管，轴力增大了5.6%~16.1%，且随着开挖深度的增加，轴力的差值越大，最大差值出现在开挖到10.5m时，差值达到282kN。原因为，在一组六根钢管支撑中，由于横向上③~⑥号钢管共同承担侧向土压力，在竖向上钢筋混凝土支撑与④号钢管和⑤号钢管共同承担侧向土压力，导致④号钢管与⑤号钢管轴力小，即当钢管组合支撑数量越多时，单一钢管承担的压力越小。

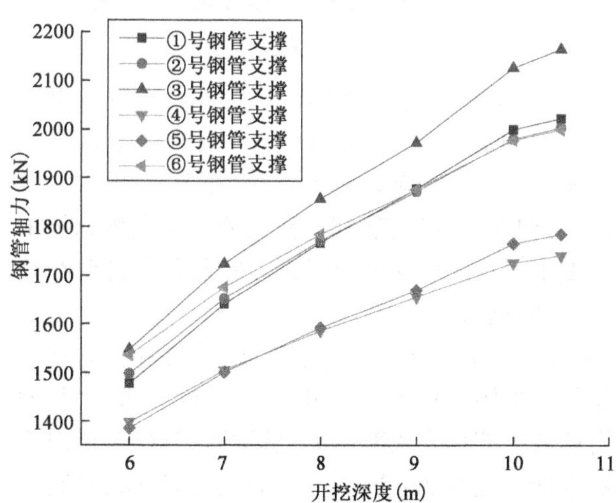

图9 钢管支撑随开挖深度的增加轴力变化图

取③~⑥号钢管分析不同位置钢管支撑轴力变形规律，发现轴力大小分布为⑥号>③号>⑤号>④号，其中，⑥号与③号唯一的不同点是，在竖向截面上，③号距离钢筋混凝土支撑的距离更小，⑥号距离更大；⑤号与④号同理。

即不考虑钢管支撑的组合方式，水平位置上，距离钢筋混凝土支撑距离更近的钢管轴力越小。此外，由图9还可以得出，当钢管支护采取分组支护时，位于组合外部的钢管承受更多的压力。

4.3 钢管支撑换撑结构变形分析

随着基坑开挖完成，因基坑侧壁底部侧向压力远大于顶部侧向压力，拟采取钢换撑施工方案，钢换撑埋深6.4m，距离基坑底部4.1m。架设钢换撑间距4m，由于钢筋混凝土支撑间距8m，于是在竖直方向上，钢换撑在钢筋混凝土支撑基础上两两之间增设一步支撑。图10为工况7时隧道变形图。

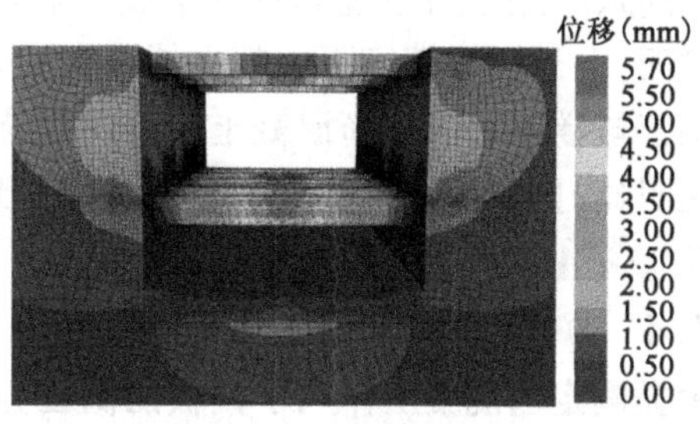

图10 工况7时隧道变形图

取相邻的4根换撑钢管，分析其在不同工况下的轴力变化，如图11所示，与图9相比较，换撑钢管的轴力普遍大于第一道钢支撑轴力，其原因是换撑钢管比第一道钢支撑埋深增加了1.5m，土体侧压力增大，导致其轴力增加的结果。此外换撑钢管间距相对于第一道钢支撑间距增大，同一水平面上的钢支撑的相互间的辅助支撑效果减弱。

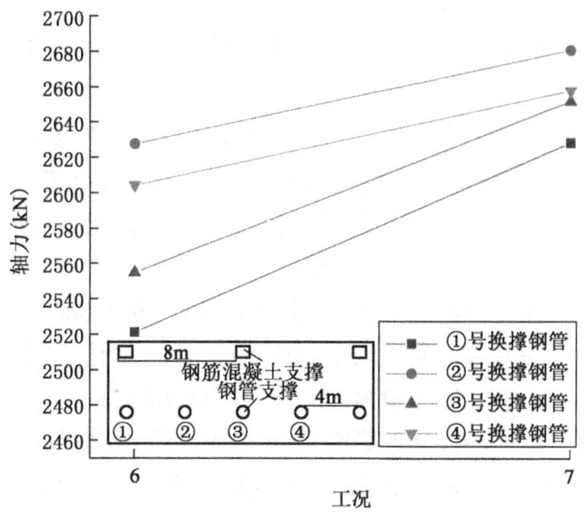

图11 换撑钢管工况-轴力变化图

进一步分析图11中换撑钢管的轴力变化，在工况6时，①号与③号换撑钢管轴力相对于②号与④号换撑钢管轴力偏小，两者唯一的不同之处在于，换撑钢管相对于钢筋混凝土支撑的位置不同，①号与③号换撑钢管位于钢筋混凝土支撑的正下方，②号与④号换撑钢管距离钢筋混凝土支撑位置较远，因此，钢筋混凝土支撑与换撑钢管间的复合支撑效应可以减小钢管支撑的轴力，这一结论与第一道钢支撑轴力变化规律相吻合。

工况7时，4根换撑钢管轴力都出现了不同程度的增加，但换撑钢管的轴力差值有减小的趋势，其原因为换撑钢管距隧道底部钢筋混凝土3.2m，换撑钢管距离顶部钢筋混凝土支撑6m，隧道底部钢筋混凝土的施作，相当于在隧道底部搭设一个全方位的支撑面，由于换撑钢管距底部支撑距离较近，使换撑钢管与隧道底部钢筋混凝土产生的复合支护效应更明显，且换撑钢管的复合支护具有一致性，从而使①～④号换撑钢管的轴力差值减小。

4.4　侧墙钢支撑结构变形分析

根据测定当混凝土作用于模板的侧压力随混凝土的浇筑高度而增加，当浇筑高度达到某一临界时，侧压力就不再增加，此时的侧压力即为新浇筑混凝土的最大侧压力。侧压力达到最大值的浇筑高度称为混凝土的有效压头。可按式(1)、式(2)计算新浇筑混凝土对模板的最大侧压力，并取二者中的最小值[9]：

$$F = 0.22\gamma_c t_0 \beta_1 \beta_2 V^{1/2} \tag{1}$$

$$F = \gamma_c H \tag{2}$$

式中：F——新浇筑混凝土对模板的最大侧压力(kN/m^2)；

γ_c——混凝土的重力密度(kN/m^3)，取$25kN/m^3$；

t_0——新浇混凝土的初凝时间(h)，当缺乏试验资料时，可采用$t_0 = 200/(T+15)$计算，其中，T为混凝土的温度(°)，取25°；

V——混凝土的浇灌速度(m/h)，取1.5m/h；

H——混凝土侧压力计算位置处至新浇筑混凝土顶面的总高度(m)，取4.8m；

β_1——外加剂影响修正系数，不掺外加剂时取1.0，掺具有缓凝作用的外加剂时取1.2；

β_2——混凝土坍落度影响修正系数，当坍落度小于30mm时，取0.85，当坍落度为50～90mm时，取1.0，当坍落度为110～150mm时，取1.15。

由式(1)、式(2)计算现场混凝土浇筑的有效压头高度为1.86m，根据《钢结构设计标准》(GB 50017—2017)中相关规定[10]，对钢模与三脚架结构受力，弯矩，变形进行计算。使用MIDAS软件建模，对钢结构进行分析，边墙钢模板是安全可靠的，承载能力及变形均在规范控制范围内，强度计算值均满足规范要求，故边墙钢模板结构安全。

将侧墙钢模支撑导入FLAC3D软件，见图12，模型中考虑了土体与钢筋混凝土支撑的影响。采用FLAC3D软件进行分析时，得出侧墙钢模支撑最大变形出现在竖向背肋钢筋顶端，变形为8.775mm；采用MIDAS软件进行分析时，得出侧墙钢模支撑最大变形也出现在竖向背肋钢筋顶端，变形为9.2mm，因此，可以认为采用FLAC3D软件对侧墙钢模支撑的分析结果也能很好地反映隧道支护结构的变形规律。

图12　侧墙钢支撑数值计算模型

以FLAC3D数值模拟结果为例，来分析钢模板与三脚架变形规律。其中钢模支撑模型如图13所示，由于其底端固结支撑，变形从底部向上叠加，并向隧道内部轻微弯折，侧墙钢模支撑总体上其变形呈现上大下小的规律，最大变形出现在竖向背肋钢筋顶端。

图14为注浆工序阶段完成后四组竖向背肋钢筋变形图。从图可看出，随着高度的增加，竖向背肋支撑变形先快速增大，后增速变缓，变形出现拐点的高度在2m左右。之所以会出现这种情况，是因为底部混凝土受到顶部混凝土的自重应力影响，产生与顶部混凝土相比更大水平方向的压力，使底部变形增幅更大。随着高度的增加，新浇筑混凝土对模板的最大侧压力减少，竖向背肋支撑变形增幅放缓。为抑制底部侧向位移，可在中下部增加背楞数量。

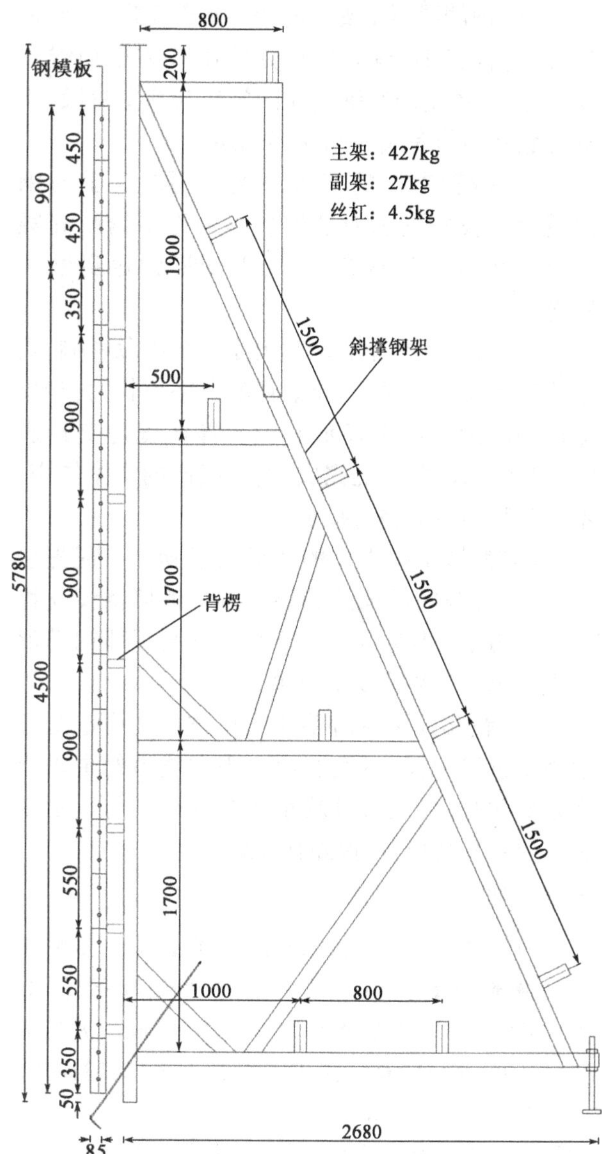

图13 隧道侧墙钢支撑模型图(尺寸单位：mm)

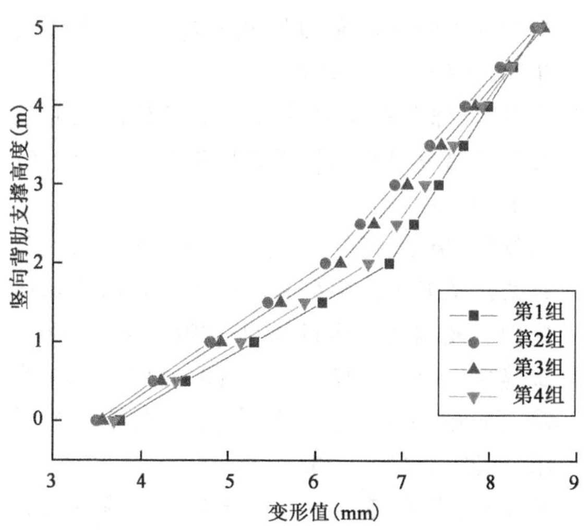

图14 不同组侧支撑背肋钢筋变形随开挖深度变化图

四组竖向背肋支撑的唯一不同之处在于与钢筋混凝土支撑的相对位置，第一组位于钢筋混凝土支撑的正下方，第二组距离第一组水平位置1.5m，第三组距离第一组水平位置3m，第四组距离第一组水平位置4.5m。

由图14可看出，背肋支撑距钢筋混凝土支撑的相对位置对其变形的影响没有规律性，不同于第一道钢管支撑和钢管换撑的复合支护效应那样显著，这是因为随着隧道底部与侧墙的施作，侧墙钢模支撑作用于隧道侧墙，而钢筋混凝土支撑作用于土体，不同的作用对象造成两者之间难以发挥出复合支护效应。

现场施工图如图15所示，支护效果与模拟结果基本一致，说明边墙钢模板是安全可靠的，承载能力及变形均在规范控制范围内，安全系数均控制在2.0以上。

图15 现场支撑架设情况

4.5 满堂脚手架支撑结构变形分析

内部全支撑使用的是盘扣式支撑系统，目的是在完成隧道底部与侧墙建设后，在隧道内部搭设脚手架作为隧道顶部施工的支撑。在同一水平截面上，在顶端上分布着10个支撑点，侧墙上各分布9个支撑点，斜撑采用两步一撑，用来减少隧道顶部与侧墙的变形，具体情况如图6c)所示。

通过模拟不同位置的横梁的变形，并进行强度折减[11]，得到图16所示的横梁与图17所示的竖向支撑杆的变形值。

横梁的最大变形出现在最顶端的一根，出现这种情况的原因是隧道侧墙受到土体传递的土压力，大部分压力向下传递，由隧道底部钢筋混凝土结构承担，小部分向上传递积累到侧墙顶部，而顶部钢筋混凝土施工未完成，所以压力由横梁承担，最顶端横梁在不同高度情况下，受到侧压力最大，且竖向支撑杆的竖向支撑力传递第一步由顶端横梁承受,导致顶端横梁承受的竖向应力增大。

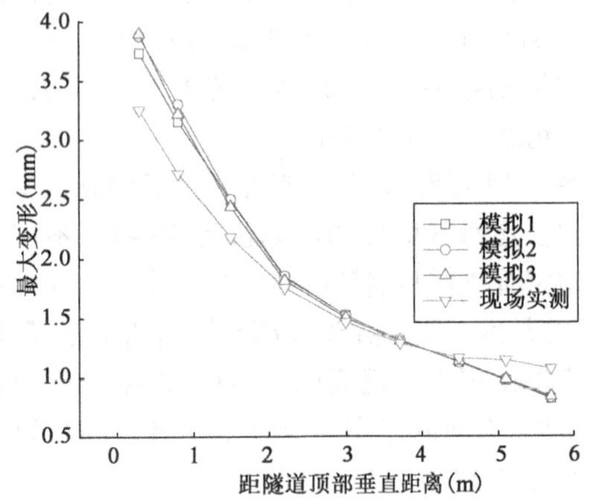

图16　支撑横梁距隧道中轴面不同距离的变形曲线

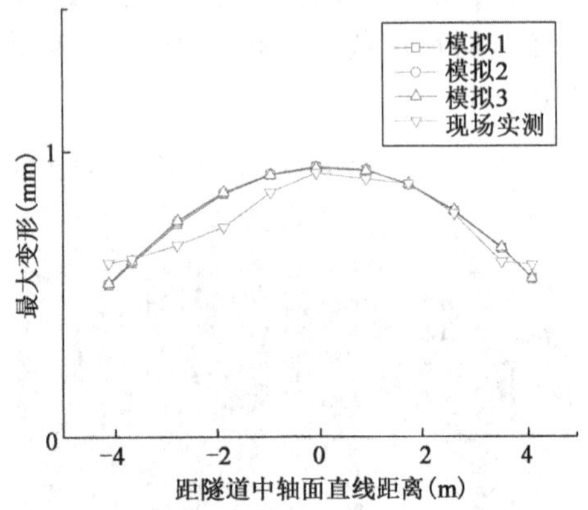

图17　竖向支撑杆距离隧道顶部不同距离的变形曲线

竖向支撑杆最大变形出现在距离隧道中轴线最近处,出现这种情况的原因是位于隧道中轴面的杆件远离侧墙,侧墙提供的竖向支护力与横梁提供的稳固效果降低,导致杆件受隧道顶部钢筋混凝土结构自重压力影响最大。隧道两侧的杆件跨径小于中部的杆件,同时两侧杆件与侧墙共同承担顶部自重压力,使其变形小于中轴面处杆件。

结合整体变形分析,盘扣式脚手架支撑横梁的最大变形产生在顶部,竖向支撑杆的最大变形产生在隧道中轴面处,若要严格控制隧道顶部变形,可以通过减小中轴面附件竖向支撑杆的跨径,增加顶部横梁数量来控制隧道顶部变形。

5　结语

基于数值分析、现场监测和理论分析相结合的方法,对明挖隧道周围土体及基坑支护结构的变形进行了分析,并对支护结构进行优化,得到如下结论:

(1)钢筋混凝土支撑的变形随着工况的推进,先变大,后变小,最大变形始终出现在中轴线下端,变形波动出现在钢支撑的施作与换撑阶段,当隧道底部施作完成,变形趋于稳定。

(2)钢管支撑的变形差值主要取决于与钢筋混凝土支撑的相对位置。当钢管与钢筋混凝土支撑相对位置重合时,两者变形皆达到最小状态。

(3)发现换撑钢管的轴力受工况阶段影响,当未施工隧道底部时,不同钢管轴力差值较大,产生差值的原因为与钢筋混凝土支撑的复合支护影响。当隧道底部工况完成,由于底部的支撑作用,不同钢管轴力的差值减小。

(4)侧墙钢模支撑的变形从下到上呈现先快速增大、后缓慢增加的趋势。由于侧墙钢模支撑主要作用于侧墙混凝土,导致没有与顶部钢筋混凝土支撑产生复合支护效果。

(5)盘扣式满堂脚手架支撑体系在明挖法隧道施工过程中,其最大变形出现在隧道的中轴面和顶部两端,可以通过减小支撑杆跨径与增加横梁来控制其变形,以提高其承载能力。

参考文献

[1] 徐立武,陈卓异,邱力杰. 钢换撑支撑体系下狭长形基坑围护结构受力及变形分析[J/OL]. 中外公路:1-9[2023-12-14]http://kns.cnki.net/kcms/detail/43.1363.U.20231007.1310.002.html.

[2] 洪德海. 钢支撑预加力对围护结构内力的影响分析[J]. 铁道勘察,2010,36(2):62-64.

[3] 周广平. 京张高铁东花园长大明挖隧道衬砌结构变形特征研究[J]. 隧道建设(中英文),2020,40(3):316-325.

[4] 宁茂权. 深厚软土明挖隧道基底标高变异及其控制措施研究[J]. 现代隧道技术,2015,52(3):31-38.

[5] 王智佼,谢迪,范晋琰,等. 西部某强风化炭质板岩隧道变形力学机制及大变形控制方法研究[J]. 地质力学学报,2023,29(5):648-661.

[6] 王建望,苏成,宁啸青,等. 两端临空明挖深基坑支护结构受力特征研究[J]. 铁道工程学报,2021,38(5):1-6.

[7] 黄生根,张义,霍昊,等. 软土地区深基坑支护工程格构柱变形规律研究[J]. 岩土力学,

2023(S1):1-6.

[8] 魏发达.明挖公路隧道基坑支护结构分析与施工工艺改进[D].西安:长安大学,2014.

[9] 中华人民共和国住房和城乡建设部.建筑施工模板安全技术规范:JGJ 162—2008[S].北京:中国建筑工业出版社,2008.

[10] 于文勇.地铁车站侧墙施工模板选型与设计验算[J].工程建设,2018,50(5):62-66.

[11] 曹雪山,陆新宇,顾祎鸣.深基坑内钢支撑轴向压力变化规律研究[J].岩土工程学报,2022,44(11):1988-1997.

Shrinkage Crack Control Technology and Its Application in Cut and Cover Tunnel Concrete

Ming Li [*1,2] Yujiang Wang[1,2] Qian Tian[2]

(1. College of Materials Science and Engineering, Southeast University;

2. Jiangsu Sobute New Materials Co. Ltd.)

Abstract Crack and leakage caused by concrete shrinkage have become a prominent quality problem of cut and cover tunnel. In order to inhibit the penetrating shrinkage crack of concrete and prolong the service life of the structure, a multi-field coupling crack model considering the factors including materials, structure, environment and construction was adopted to quantitatively evaluate the cracking risk of concrete under different conditions. Results indicated that thermal shrinkage induced by temperature drop and autogenous shrinkage under the condition of step-by-step pouring process are the key factors that lead to early age cracking in main structure of tunnel concrete. Hence, technology of dual regulating on the cement hydration rate and concrete expansion process were proposed. A complete set of crack control technical schemes aiming to decrease the cracking risk under 0.7, including the preparation of high anti-crack concrete and on-site construction technology measures, has been proposed and applied in Taihu lake tunnel, which is the longest underwater tunnel in China. Engineering application results showed that no penetrating shrinkage crack and leakage was observed.

Keywords Cut and cover tunnel Crack control Dual regulation Temperature Deformation

0 Introduction

Despite much more engineering experiences have been obtained, the early-age cracking is a constant problem for the main concrete structures of cut and cover tunnel, which arises from the fact that concrete undergo significant physical, chemical, and thermal changes during the hydration process (Gawin et al., 2006). Additionally, recent trends, such as increasing the fineness of cement particles and the size of concrete sections, requiring high strength grade of concrete or low water-cementitious materials ratios, make crack problem even more prominent. Cracking of concrete structures often seriously compromises not only structural integrity, but also durability and long-term service life by providing a path for the penetration of water and the transport of chemical species such as chloride ions (Djerbi et al. 2008; Rahal and Sellier, 2019). Recent survey showed that leakage is a common problem in underground sidewall concrete, more than 85% of leakage was caused by early-age penetrating crack of concrete, and the rest was caused by insufficient treatment of construction joint (Tian et al., 2016). Therefore, preventing penetrating crack at early-age during construction is critical to ensure waterproof and long-term sustainability of these underground and underwater cast in situ structures, especially for the cut and cover tunnel.

It is well known that early-age cracking occurs when thermal and shrinkage induced stresses in concrete exceed the tensile strength of concrete (Younis and Kypros, 2016). The induced stress caused by restraint to early-age deformation in response to temperature reduction, moisture loss and chemical reaction, which corresponding to thermal shrinkage, drying shrinkage and autogenous shrinkage. Methods of controlling early-age cracking may involve in all process including design, materials and construction. Reducing casting length of concrete structure is benefit to reduce cracking risk, while it could be compromised by increasing the number of construction joint and extending construction period. Using supplementary cementitious materials (SCM) such as fly ash (FA) and blast furnace slag (BFS), or using low-heat cement instead of ordinary Portland cement (OPC) were always adopted in mass concrete to reduce the total heat release. In addition, functional admixtures, such as shrinkage-reducing agent, internal curing agent, or expansive agent, are utilized to decrease shrinkage if necessary (Jensen and Hansen 2001; Mo et al., 2010; Rajabipour et al., 2008; Wang et al., 2015). From the perspective of construction, precooling of concrete by shading and sprinkling of aggregate piles, using chilled mix water and replacing part of mix water by ice, or post-cooling of concrete by cooling pipes were common adopted in dam or bridge projects. With the construction condition permits, prefabricated or full section casting can be adopted to decrease restraint to further minimize the cracking risk.

It is difficult to achieve the expected target of crack control by taking a single measure, while cracking problem could be solved by taking a variety of measures at the same time with the increasing of costs and wasting resources, which will in turn limit the scale of engineering application. Therefore, it is the best solution to solve the problem of concrete cracking by accurately evaluating the crack risk of concrete, clarifying the main and secondary factors affecting cracking, and then taking precise control measures on the basis of technical effects and cost. This paper introduces a cracking risk evaluation and design method based on multi-field coupling mechanism, the key technology of crack resistance improvement based on the dual regulation of hydration rate and expansion process, and the engineering applications in Taihu Tunnel.

1 Cracking risk evaluation of early-age concrete

1.1 Cracking risk evaluation Method

In general, traditional crack control methods formulated by current standard and specification are guided by the results of laboratory tests under single factor and standard condition, and cracks are common and treated as inevitable. Since concrete undergoes significant multi-field mechanism after it being casted, a strong-coupled model simultaneously considers the hygro-thermo-chemo-mechanical coupling phenomena were adopted to evaluate the cracking risk of this cast in situ tunnel concrete to propose crack control scheme. Figure 1 illustrates the route of evaluation and design of crack resistance of concrete. Based on the multi-field coupling shrinkage cracking mechanism and evaluation method, cracking risk factor η is computed by inputting a given structure characteristics and environment characteristics parameters such as the initial pouring length, thickness, height of tunnel concrete and environment temperature, a certain materials characteristics parameters such as hydration property, shrinkage deformation and mechanical property, a certain construction technics such as casting process, curing measures and concrete molding temperature. According to the crack criterion, η is defined as Eq (1).

$$\eta = \sigma(t)/f_t(t) \tag{1}$$

Where: $\sigma(t)$——the maximum tensile stress (MPa);

$f_t(t)$——tensile strength of concrete at t time (MPa).

If $\eta > 1.0$, the concrete will certainly crack, if $\eta \leqslant 1.0$, given the variability in material properties, the concrete still has the possibility of cracking, if $\eta \leqslant 0.7$, concrete will not crack with the reliability probability higher than 95% according to the failure probability density function (Liu et al., 2021). Hence, design module such as optimizing mix proportion, reducing pouring length and taking temperature control measures including pre-cooling concrete, post-cooling concrete and insulating concrete will be adopted to change materials characteristics and construction technics parameters to make η not exceed to 0.7. If η is still above 0.7, then function materials will be considered.

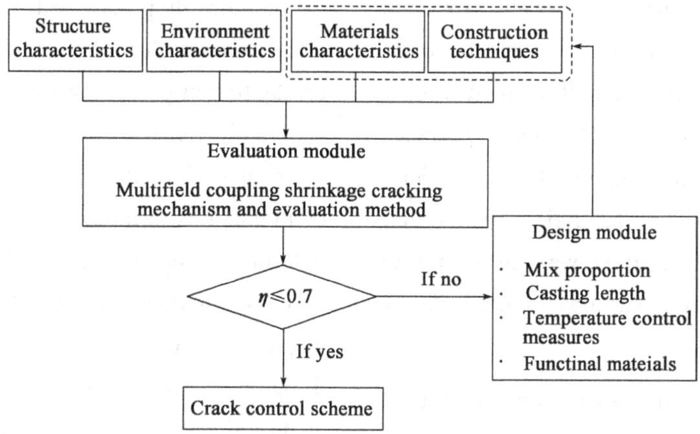

Figure 1 Route of evaluation and design of crack resistance

1.2 Cracking risk evaluation results

The post-pouring structure is constrained by the pre-pouring structure due to the step-by-step pouring process, there are two common step-by-step pouring processes, two-step pouring process is pouring the bottom plate first, then pouring the sidewall and the roof at the same time, three-step pouring process is pouring the bottom plate first, then pouring the sidewall, and finally pouring the roof. The evaluation results showed that cracking risk of the side wall is the highest, followed by the roof, and the cracking risk of the bottom plate is relatively the least. Material, structure, construction and environment related parameters can be divided into three types according to the degree of influence on cracking risk, as shown in Table 1.

Cracking risk evaluation results Table 1

Influence degree	parameters
significantly	molding temperature, pouring length, ambient temperature, hydration heat
relatively significantly	autogenous deformation, formwork
generally	temperature difference, thermal insulation measures

According to the evaluation results, reducing the temperature of concrete, compensating concrete shrinkage, and reasonable controlling molding temperature and pouring length are advised to inhibit the emergence of cracks. Under the two common step-by-step pouring processes construction conditions, concrete with low temperature rise and low shrinkage prepared by optimizing raw materials and mix ration is recommended to be used in parts with less cracking risk, such as bottom plate. Concrete with low temperature rise and high crack-resistance prepared by optimizing raw materials, mix ration and using anti-cracking functional material is recommended to be used in parts with high cracking risk, such as sidewall and roof. Anti-cracking functional materials is not the traditional expansive agent or waterproof agent, on the one hand, it should have the effect of regulating the hydration process of cement and then reducing the temperature rise of concrete, on the other hand, it should have the effect of compensating shrinkage, which can match the temperature and shrinkage process of concrete.

2 Key technology for crack control

It is well known that decreasing the specific surface area and alkali content of cement, reducing amount of cement in mix proportion, molding temperature and pouring length are benefit to reduce the cracking risk of cut and cover tunnel concrete. However, these measures are not well adopted in civil engineering with the increasing of cement particles fineness and the requirement of rapid construction. Therefore, on the basis of raw materials selection and mix proportion optimization, it is very important to further improve the crack resistance of concrete by admixtures.

2.1 Concrete temperature rise inhibition technology

Temperature rise of concrete related to the total hydration heat, the rate of hydration heat and the heat dissipation. A lower hydration rate result in a lower temperature rise with the same mix proportion under a certain construction condition. Figure 2 shows the hydration rate of reference cement paste, cement paste containing retarder and cement paste containing temperature rise inhibitor (TRI) prepared by ordinary cement, it indicates that retarder mainly prolongs the hydration time of cement in induction period, and has almost no effect on the hydration rate in the acceleration period, which means that retarder will prolong the setting time of concrete, but has little effect on the temperature rise caused by hydration heat. TRI exerts a considerable effect on the hydration behaviour of cement paste, the hydration rate in the acceleration period was decreased significantly, and the main heat release peak was delayed, then the temperature rise of concrete structure can be reduced.

2.2 Full-stage shrinkage compensation technology

The entity concrete structure experiences a variable temperature process including temperature rise stage and temperature drop stage after setting, as shown in Figure 3. Temperature history and shrinkage history of entity concrete change with the change of structural size and mix proportion. The rapid hydration of expansion agent (EA) occurs in the plastic stage will lead to an invalid expansion, the hydration of EA in early temperature rise stage or temperature drop stage will decrease the efficiency of compensation shrinkage. Therefore, it is critical that the hydration process of expansion components should accurately match the temperature history and shrinkage of entity concrete. With the guidance of cracking risk evaluation, and combined with the deformation experiment under variable temperature process simulated entity structure, a calcium and magnesium oxide-based expansive agent (CMA) was designed to compensate for the shrinkage of concrete at different stages, as shown in Figure 3.

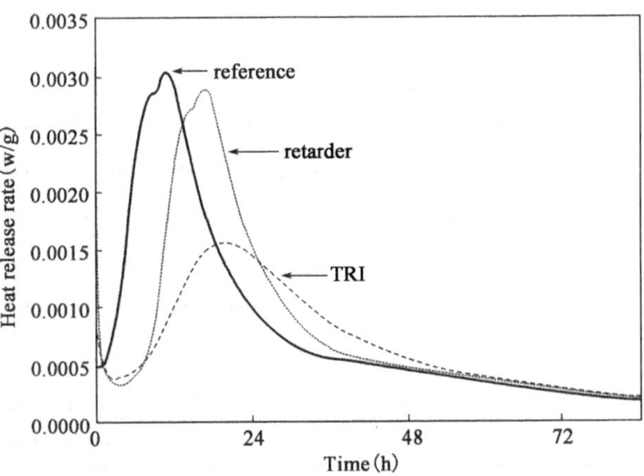

Figure 2 Regulation of cement hydration rate

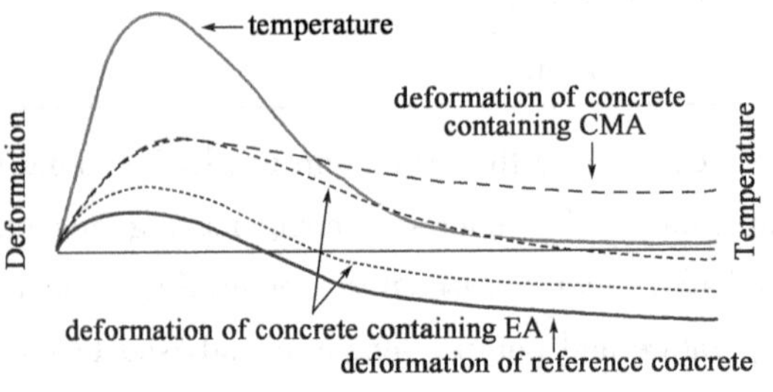

Figure 3 Full-stage shrinkage compensation technology

2.3 Technical effects of dual-regulation technology

Field model experiment was carried out in a cut and cover tunnel project site, the size of the field model was 1 m × 1 m × 1 m prepared by wooden form, the center temperature and deformation of reference concrete and concrete containing anti-cracking functional material named HME-V were monitored. HME-V is consisted of TRI and CMA, and replaces cementitious materials in equal amount of 8%. Figure 4 shows the temperature rise of field model concrete, for reference concrete and concrete containing HME-V, the temperature rise values were 24.2℃ and 17.6℃, respectively. The time of temperature peak was delayed by 35%, and the temperature rise was reduced by 6.6℃ due to the regulation of hydration process.

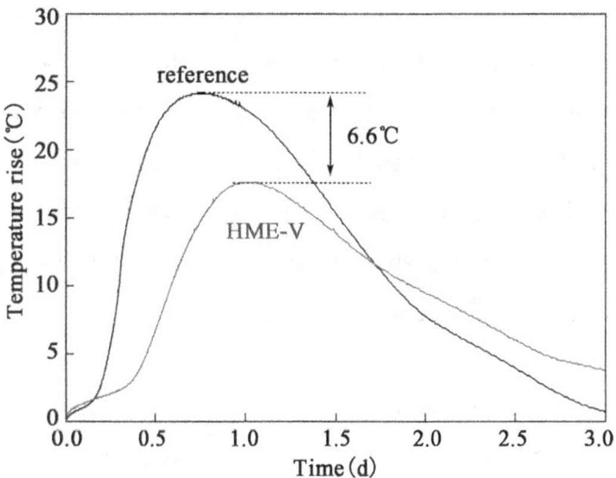

Figure 4 Temperature rise of model concrete

Figure 5 shows the deformation of field model concrete, the maximum expansion values of reference concrete and concrete containing HME-V were 224.6 $\mu\varepsilon$ and 516.6 $\mu\varepsilon$ in temperature rise stage, suggesting that HME-V could generates expansion stress in the entity structure with a certain restraint. In the subsequent temperature drop stage, reference concrete exhibited shrinkage of 220.2 $\mu\varepsilon$ with the temperature drop value of 23.5℃, concrete containing HME-V exhibited shrinkage of 220.2 $\mu\varepsilon$ with the temperature drop value of 13.8℃, the shrinkage trend of concrete containing HME-V was considerably slower than reference concrete, wherein the average shrinkage deformations were 9.4 $\mu\varepsilon$/℃ and 7.5 $\mu\varepsilon$/℃, HME-V generated expansion and reduced shrinkage by 20% during temperature drop stage.

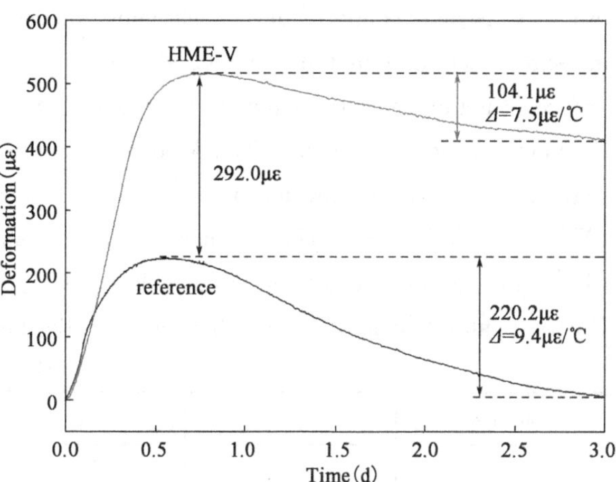

Figure 5 Deformation of model concrete

3 Engineering application

3.1 Project profile

A cut and cover tunnel under Taihu Lake with extremely high waterproof requirement located in Wuxi, China, was designed. With a length of 10.79 km and width of 43.6 m, it becomes the longest underwater tunnel in China. It is consisted by two holes and one pipe gallery, the net width and height of a single tunnel hole is 17.45 m and 7.25 m, the thickness of the main structure in buried section, including the bottom floor, sidewall, and roof, is approximately 1.3-1.5 m with C40 reinforced concrete. Figure 6 shows the construction site of Taihu Lake tunnel, two-step or three-step pouring process were adopted according to the conditions of the foundation pit.

Figure 6 Construction site of Taihu Lake tunnel

3.2 Crack control technology scheme

Based on the cracking risk evaluation results of hundreds of construction conditions, a complete set of crack control technical schemes were proposed from two aspects of materials and construction process measures according to the different structural parts and construction seasons, to reduce the cracking risk coefficient is not exceed 0.7. Two kinds of concrete were prepared by the raw materials including water (W), low alkali P · O 42.5 cement (C), fly ash (FA), ground granulated blast furnace slag (GGB), HME-V, natural sand (S), crushed stone with the particle size of 5mm to 25mm (G), polycarboxylate super plasticizer (SP), the mix proportions of W and cementitious material were shown in Table 2, the total amount of cementitious materials was 400 kg/m^3, the water-binder ratio was 0.36, anti-cracking functional material was only used in sidewall and roof structures, which possessed high cracking risk.

Mix proportions Table 2

Structure	W	C	FA	CCBS	HME-V
Bottom plate	144	280	120	0	0
	144	240	60	100	0
Sidewall and roof	144	255	113	0	32
	144	218	110	40	32

Requirements of construction process measures including daily average temperature (DAT), Pouring length (PL), Molding temperature (MT) were shown in Table 3. In addition, the temperature difference between center and surface was controlled not to exceed 20℃, the average descending speed of temperature during 7 days was controlled not to exceed 3.0℃/d, temperature difference between concrete surface and environment when removing template or thermal insulation measures was controlled not to exceed 15℃, temperature difference between concrete surface and curing water was also was controlled not to exceed 15℃.

Requirements of main construction process measures Table 3

Structure	DAT(℃)	PL(m)	MT(℃)
Bottom plate	≤25	≤30	5 ~ 28
	>25	>20, <30	≤30
		≤20	≤32
Sidewall	≤10	≤20	5 ~ 18
	>10, ≤25		≤DAT+8, ≤28
	>25		
Roof	≤10	≤20	5 ~ 18
	>10, ≤25		≤DAT+8, ≤28
	>25		≤32

3.3 Engineering application result

The complete set of crack control technical schemes were widely applied in the buried section of 10 km, the tracking results for more than 2 years showed that no obvious cracks and leakage of concrete were observed. During the application, temperature and deformation development of concrete structure were monitored by strain gauge and thermometer regularly. Figure 7 shows a section of the main tunnel structure, bottom plate with the thickness of 1.5 m was poured at first time, and then sidewall with the thickness of 1.5 m and height of 3.7 m was poured at second time, roof with the thickness of 1.4 m were poured at last time, the interval cast time was more than 20 days. two gauges were deployed along the length direction and thickness direction in the middle of concrete, one thermometer was deployed at surface point, one thermometer was used to record environment temperature.

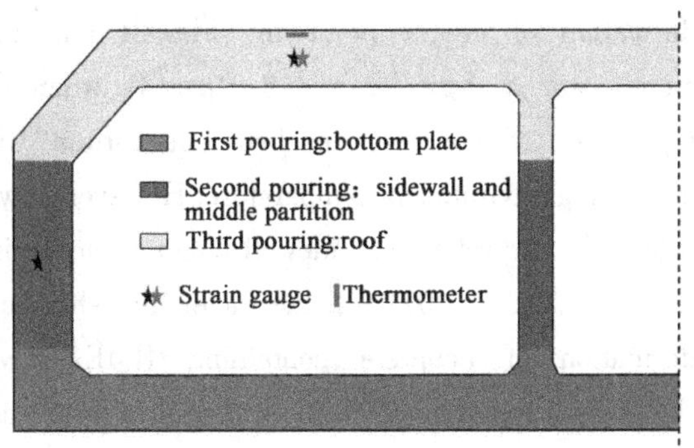

Figure 7 Section of the main tunnel structure

Figure 8 shows the temperature development of roof and sidewall concrete, the molding temperature was 16.4℃ to 17.2℃, the temperature rise and the time of reaching the peak temperature at center point in roof was 27.3℃ and 3.1 ~ 3.2 days, the results of sidewall was 29.8℃ and 2.6 ~ 3.2 days. Surface temperature of sidewall decreased rapidly at 3.5 days due to the removing of formwork, and then it increased rapidly due to the curing measure was adopted. The difference between inside and outside temperature of roof and sidewall were not exceed 20℃.

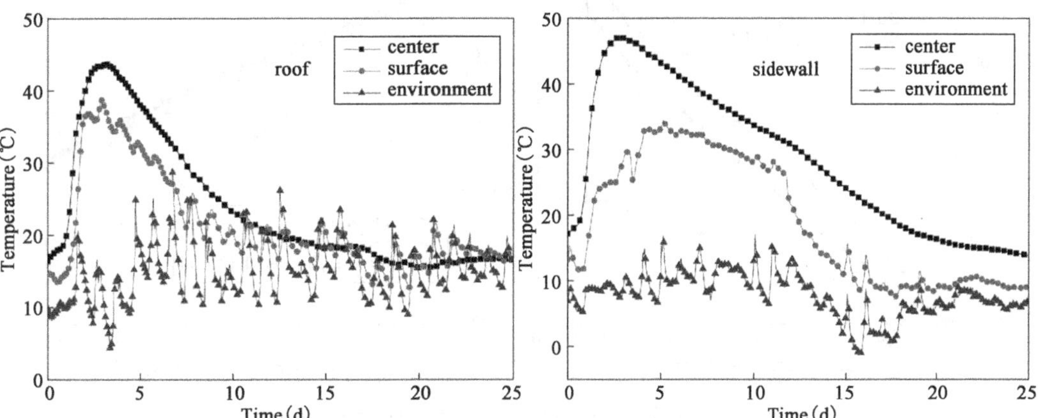

Figure 8 Temperature tunnel structure

Figure 9 shows the deformation development of roof and sidewall concrete at center point along length direction, no sudden change appeared in the deformation curves. The residual expansion deformation of sidewall and roof was 204.6με, 292.7με at 25 days, when the center temperature have reached equilibrium with surrounding environment temperature.

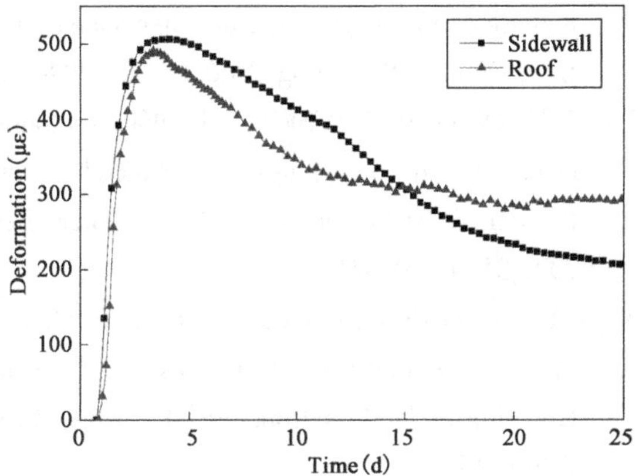

Figure 9 Deformation of center point along thickness direction

It is generally believed that deformation along thickness direction is affected slightly by the restraint of reinforcement, hence it can be used to evaluate the result of shrinkage compensation of HME-V, as shown in Figure 10. The deformation evolution mainly changed with the temperature evolution and could be distinguished into three stages. Firstly, in the temperature rise stage, all concrete expanded linearly varying with temperature, suggesting that HME-V generated uniform expansion deformation. The average expansion deformation rate of center point in sidewall and roof concrete was 27.1 με/℃ and 29.7με/℃ from setting to the first time when the peak temperature appeared, the expansion process last for 42h, 45h, respectively. However, the average expansion deformation rate of reference sidewall concrete at center point was 11.1 με/℃ according to Li et al. (2021). After deducting the deformation caused by the temperature (the coefficient of thermal expansion chosen as 11 με/℃), the tunnel concrete containing HME-V showed a larger expansion more than 400με compared to the reference concrete. In the second peak temperature maintaining stage, HME-V continued to generated expansion of 6-35με according to the duration of peak temperature. In the third temperature drop stage, the shrinkage deformation trends of concrete containing HME-V were obviously slower than that of the reference concrete, suggesting than HME-V continuously generated expansion and compensated shrinkage in temperature drop stage. The average shrinkage deformation of center point in sidewall and roof concrete was 8.8με/℃ and 8.9με/℃ when the temperature of concrete reached equilibrium with surrounding environment temperature. However, it was 14.6με/℃ for reference sidewall concrete according to Li et al. (2021), the average shrinkage deformation of concrete containing HME-V was reduced by more than 39% in temperature drop stage when compared to the reference sidewall concrete.

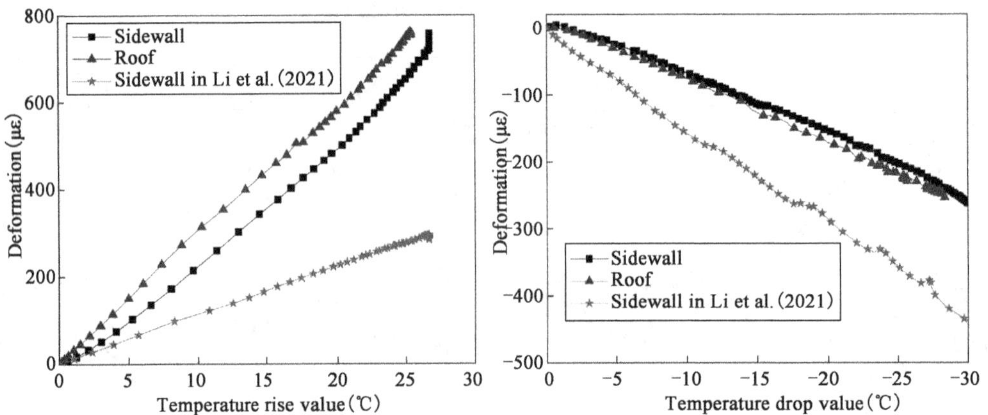

Figure 10 Deformation of center point along thickness direction

4 Conclusions

Based on the hygro-thermo-chemo-mechanical model and combined with factors including structure size, construction conditions, materials and environment, cracking risk of concrete can be evaluated and designed, then the feasible and effective approach to prevent penetrating shrinkage crack of cut and cover tunnel concrete at early age can be proposed. When traditional methods and technologies including using low-heat materials, precooling of concrete and post-cooling of concrete cannot meet the crack control demand of project, functional material that can reduce temperature rise and compensate shrinkage deformation in the entire temperature process is strongly suggested. The complete set of crack control technical schemes were widely applied in the buried section of 10 km in Taihu Lake tunnel, tracking results lasting more than 2 years showed that no obvious cracks and leakage of concrete were observed.

References

[1] DJERBI A, BONNET S, KHELIDJ A, et al. Influence of traversing crack on chloride diffusion into concrete[J]. Cem. Concr. Res, 2008,38(6):877-883.

[2] GAWIN D, PESAVENTO F, SCHREFLER B A. Hygro-thermo-chemo-mechanical modelling of concrete at early ages and beyond. Part I: hydration and hygro-thermal phenomena[J]. Int. J. Numer. Meth. Eng, 2006,67(3):299-331.

[3] JENSEN O M, HANSEN P F. Water-entrained cement-based materials: I. Principles and theoretical background[J]. Cem. Concr. Res, 2001,31(4):647-654.

[4] LIU J P, TIAN Q, WANG Y J, et al. Evaluation Method and Mitigation Strategies for Shrinkage Cracking of Modern Concrete[J]. Eng, 2021, 7:348-357.

[5] LI B Z, BIAN G R, LI M, et al. Shrinkage

cracking behavior of cast in situ tunnel sidewall concrete at early age[J]. Concr. 10,2021:114-118,123.

[6] MO L W, DENG M, TANG M S. Effects of calcination condition on expansion property of MgO-type expansive agent used in cement-based materials[J]. Cem. Concr. Res,2010,40(3):437-446.

[7] RAJABIPOUR F, SANT G, WEISS J. Interactions between shrinkage reducing admixtures (SRA) and cement paste's pore solution[J]. Cem. Concr. Res,2008.38(5):606-615.

[8] Rahal S, SELLIER A. Influence of crack reclosure on concrete permeability[J]. Theor. Appl. Fract. Mec,2019,100:65-77.

[9] TIAN Q,LI M,YAO T,et al. Multi-field coupling shrinkage cracking model of concrete and its application in civil engineering[C]//Proceeding of the 3rd Internal Rilem Conference on Microstructure Related Durability of Cementitious Composites. Nanjing,China,2016:201-208.

[10] WANG F Z,YANG J,CHENG H,et al. Study on mechanism of desorption behavior of saturated superabsorbent polymers in concrete[J]. ACI Mater. J,2015.112(3):463-470.

[11] YOUNIS K H,KYPROS P. Assessment of post-restrained shrinkage mechanical properties of concrete[J]. ACI Materials Journal,113(3):267-276.

节理岩体爆破应力波传递与裂纹扩展规律研究

许本浩*

(长安大学公路学院)

摘　要　为研究节理岩体爆破时应力波传递规律与裂纹扩展规律,采用数值分析的方法进行研究。先建立节理影响下单孔爆破模型,分析得到:爆破应力波传递至节理位置发生衰减,在节理近侧一三角形区域内产生大量裂纹。其次建立水平层状围岩拱顶相邻炮孔爆破模型,分析了炮孔间距、节理间距、炮孔位置对裂纹扩展的影响,认为炮孔间距和节理间距越小时,两节理中间岩体易沿节理发生破坏;炮孔位置越靠近一侧节理时,该侧节理附近裂纹越密集,易发生破坏。最后,对比了增加空孔与聚能爆破对裂纹扩展的影响,发现聚能爆破对控制节理附近裂纹具有一定的阻碍作用,效果较好。

关键词　节理岩体　应力波传递　裂纹扩展　数值模拟

0　引言

爆破作为一种快速且经济的隧道开挖方法,广泛应用于公路、铁路隧道工程建设中。而在隧道建设中,围岩并不完整,以层状围岩为例,在我国分布面积达到国土面积的77%[1]。由于岩体内部存在大量的节理,导致爆破应力波在岩体中传播与衰减发生改变[2],进而在爆破作用下产生的裂纹及破岩效果不能满足工程要求。因此,研究爆炸载荷下节理岩体的爆破应力波传播与裂缝扩展规律,对改善围岩爆破效果,提高工程安全性有重要意义。国内外大量学者在节理岩体爆破方面进行研究,如Ash[3]根据层状围岩模型试验表明,软弱结构面的存在是加剧爆破应力波衰减的重要原因;Rinehart[4]研究了应力波在一般节理岩体中的传播过程和规律,认为岩体节理、裂隙对应力波传播影响较大;璩世杰等[5]通过数值模拟研究了不同角度的节理对预裂爆破效果的影响,指出节理对预裂缝产状的影响;周文海等[2]研究了节理几何参数对节理岩体爆生裂纹扩展的影响及不同节理参数与节理的透反射系数和透反射能量比之间的关系。综上所述,节理对于岩体爆破应力波传递及裂缝扩展具有一定影响,但针对炮眼与节理之间不同几何关系对应力波传递及裂缝扩展的影响研究较少;同时,缺乏对工程实际中采用相应工程措施以得到较好的破岩效果的研究。

在此基础上,本文采用数值分析方法,对单双孔下含节理岩体爆破应力波传递及裂纹扩展规律进行研究,并进一步对比分析空孔和聚能爆破两种措施下相应的破岩效果,对含节理岩体爆破开挖等类似工程有一定参考意义。

1 数值模拟参数确定

1.1 围岩HJC模型参数确定

有限元软件ANSYS/LS-DYNA在进行流固耦合模拟岩体爆炸损伤方面,具有强大的分析能力,材料库中提供了大量的本构模型用于不同材料的模拟。其中常用HJC(Holmquist-Johnson-Cook)材料模型,模拟岩体爆破过程中大应变、高应变率和高压力下的特点。HJC本构模型包括强度模型、损伤模型和状态方程[6]。

强度模型具体表达式为:

$$\sigma^* = [A(1-D) + BP^{*N}](1 + C\ln\dot{\varepsilon}^*) \quad (1)$$

$$\sigma^* = \sigma/f_c$$

式中:σ^*——无量纲等效应力;

σ——实际等效应力;

f_c——静态抗压强度;

P^*——无量纲压力;

A、B、N、C——标准内聚力强度、标准压力硬化系数、压力硬化指数、应变率系数;

$\dot{\varepsilon}^*$——应变率;

D——损伤因子。

损伤由等效塑性应变及塑性体积应变累加得到,表达式见式(2)、式(3)。

$$D = \sum \frac{\Delta\varepsilon_P + \Delta\mu_P}{\varepsilon_p^f + \mu_p^f} \quad (2)$$

$$D_1(P^* + T^*)^{D_2} \geqslant EF_{min} \quad (3)$$

式中:$\Delta\varepsilon_P$、$\Delta\mu_P$——等效塑性应变增量和塑性体积应变增量;

$\varepsilon_p^f + \mu_p^f$——当前积分步下的塑性应变;

D_1、D_2——损伤常数;

EF_{min}——材料断裂时的最小塑性应变。

状态方程由弹性、塑性和密实三阶段组成,表达式分别为式(4)~式(6)。

$$P = K\mu \quad (4)$$

$$P = P_{crush} + \frac{P_{lock} - P_{crush}}{\mu_{lock} - \mu_{crush}}(\mu - \mu_{crush}) \quad (5)$$

$$P = K_1\mu + K_2\mu^2 + K_3\mu^3 \quad (6)$$

式中:K——体积模量;

μ——体积应变;

P_{crush}、P_{lock}、μ_{crush}、μ_{lock}——弹性、塑性极限时的静水压力值和体积应变;

K_1、K_2、K_3——压力常数。

根据试验与经验取值得到模拟所用岩体HJC模型参数见表1。

HJC模拟参数取值 表1

参数	取值	参数	取值
ρ_0(kg/m^3)	2.57×10^3	D_2	1
G(MPa)	1.96×10^3	P_{crush}(MPa)	26.75
f_c(MPa)	80.52	P_{lock}(MPa)	1.2×10^3
T(MPa)	11.4	K_1(MPa)	1.287×10^4
N	0.8196	K_2(MPa)	9.195×10^3
A	0.296	K_3(MPa)	7.447×10^4
B	1.7113	μ_{crush}	6.3×10^{-3}
C	9.4×10^{-3}	μ_{lock}	0.0121
D_1	$3.24e\times10^{-2}$		

1.2 空气模型参数

空气采用Null材料模型,并选用线性多项式状态方程Eos_Linear_Polynomial进行描述。其状态方程可表示为式(7),具体材料参数见表2。

$$P = C_0 + C_1\mu + C_2\mu^2 + C_3\mu^3 + (C_4 + C_5\mu + C_6\mu^2)E \quad (7)$$

式中:$C_0 \sim C_6$——状态方程系数;

E——内能参数。

空气模型参数 表2

ρ(kg/m³)	C_0	C_1	C_2	C_3
1.29	0	0	0	0
C_4	C_5	C_6	E_0(MPa)	V_0
0.4	0.4	0	0.25	1

1.3 炸药模型参数

炸药材料采用软件自带的 HIGH_EXPLOSIVE_BURN 模型和 JWL 状态方程,其状态方程表示式为式(8),具体材料参数见表3。

$$P = A\left(1 - \frac{\omega}{R_1 V}\right)e^{-R_1 V} + B\left(1 - \frac{\omega}{R_2 V}\right)e^{-R_2 V} + \frac{\omega E}{V} \tag{8}$$

式中: P——爆轰压力;

A、B、R_1、R_2——JWL 状态方程的系数;

E——单位体积内能;

V——相对体积。

炸药材料参数 表3

ρ(kg/m³)	D(cm/μs)	P_{cj}(MPa)	A(MPa)	B(MPa)
1.1×10^3	0.35	1×10^4	3.19×10^5	8.8×10^3
R_1	R_2	ω	E_0(MPa)	V_0
4.2	0.9	0.15	5.26×10^3	1

同时在 LS-DYNA 中定义关键字*Mat_Add_Erosion 来反映单元失效删除,进而得到爆破后岩体裂纹分布规律,设置岩体的最大抗拉强度和最大剪应变条件来反映材料的失效破坏[7]。

2 节理对单孔爆破应力波传递及裂纹扩展影响

2.1 数值模型建立

单孔爆破模型建立 1/2 对称模型,采用流固耦合算法,单元类型为 3D SOILD164 实体单元,建立准三维模型(单层三维实体单元)[2],模型厚度方向为 0.25cm。,炮孔直径 4cm,采用不耦合装药,炸药直径 2cm。将节理简化为一软弱薄层材料,宽度为 1cm[5],节理与岩体间设置面面接触,分为无节理、单侧节理、双侧节理三种工况,单、双侧节理模型尺寸及单元划分分别如图1和图2所示。

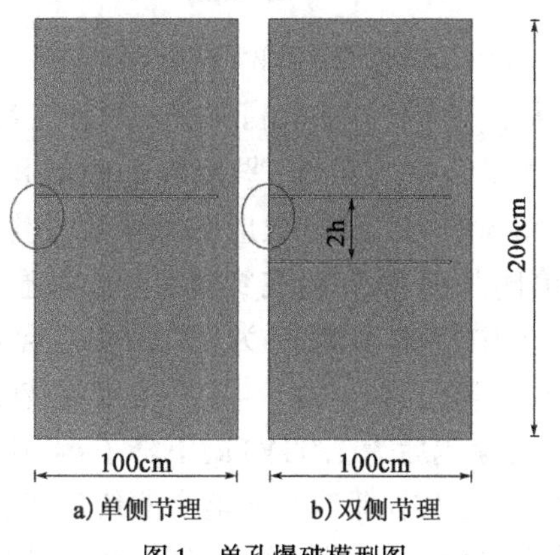

图1 单孔爆破模型图

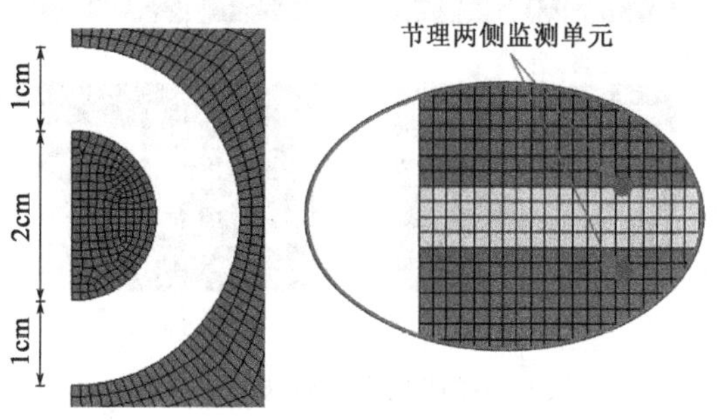

图2 炮孔与节理细部单元划分及测点布置

2.2 单孔爆破结果分析

2.2.1 应力波传递与裂纹扩展过程

根据模拟计算结果,对比3种模型爆炸过程中的应力波传递过程(层理距炮孔距离为15cm),各自扩散过程如图3~图5所示。

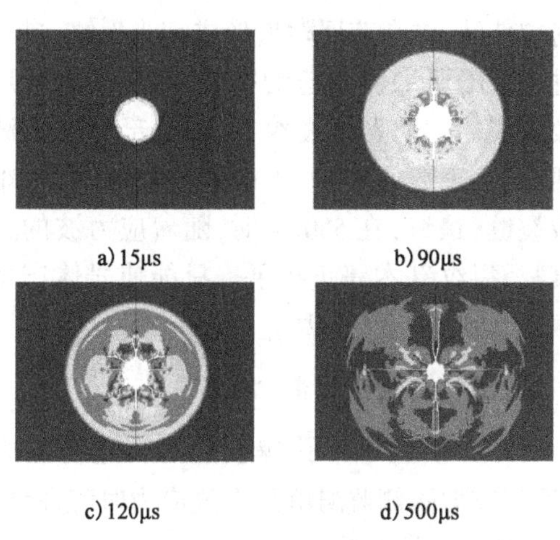

图3 无节理单孔爆破应力波传递

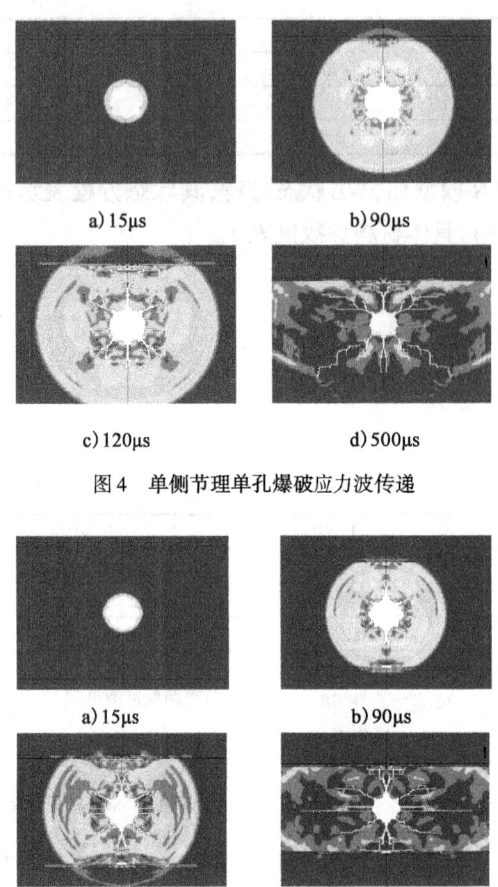

图4 单侧节理单孔爆破应力波传递

图5 双侧节理单孔爆破应力波传递

如图3~图5所示，炸药爆炸时，爆压在前几微秒内迅速上升，强度远远超过围岩的动态抗压强度，导致围岩发生破坏，形成粉碎区，三种工况粉碎区具有一致性；90μs时，随着应力波的进一步衰减，破碎区外围产生多条裂纹并不断扩展，此时，应力波逐渐传递到节理位置。比较图4c)和图5c)，在120μs时大部分应力波发生反射，形成反射拉伸波，先在节理附近形成细小裂纹，进一步促进了近爆源一侧裂缝的扩展，在节理附近形成一较密集的三角形的裂纹区，而小部分应力波发生透射，由于数值较小，不能达到破坏强度，难以形成裂缝；最终，在500μs时，随着应力波的进一步衰减，裂纹基本停止扩展。只能使岩体产生弹性振动，最终被消耗殆尽。

2.2.2 有效应力变化规律

对三种模型下单孔爆破全过程进行应力监测，得到节理两侧监测单元有效应力时程曲线图，分别如图6~图8所示。

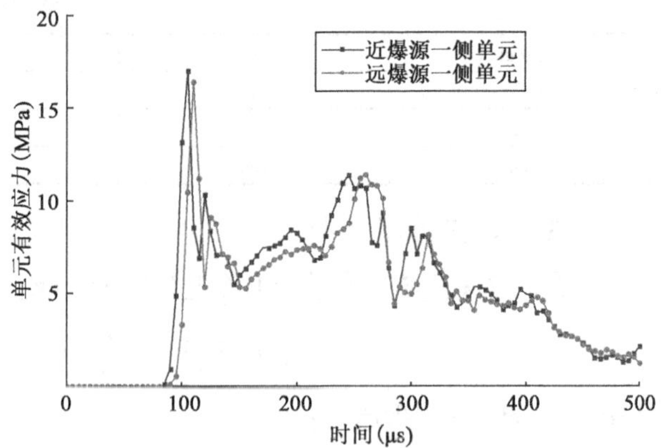

图6 无节理监测单元应力时程曲线图

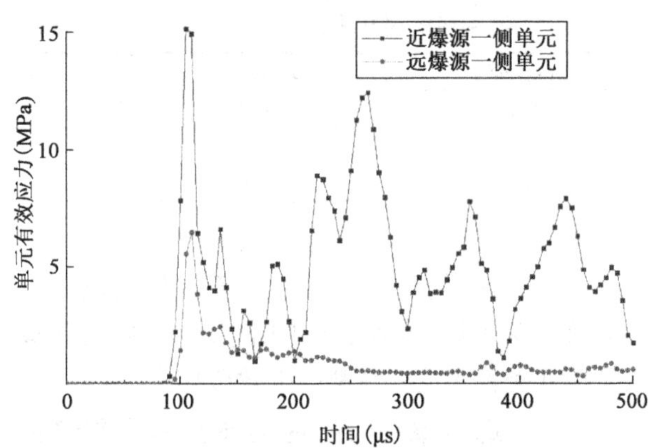

图7 单侧节理监测单元应力时程曲线图

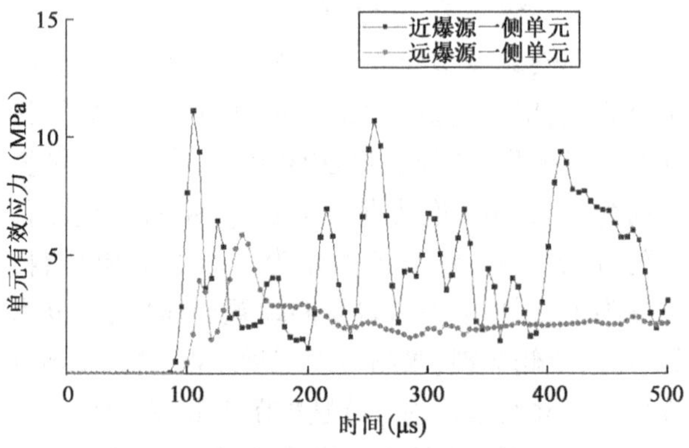

图8 双侧节理监测单元应力时程曲线图

根据曲线图，在100μs附近，三种工况下，近爆源一侧单元应力激增，紧接着远侧单元应力也激增。图6中无节理有效应力并没有发生明显下降，而单侧与双侧节理在穿越前后，明显发生衰减。图7中穿越节理前为15.2MPa、穿越后为6.5MPa，下降了57.2%。图8中穿越节理前为11.1MPa，穿越后为3.93MPa，下降了64.6%。

图6中，无节理工况下整个曲线后段，监测单元有效应力大体呈下降趋势，到450μs开始平稳。

而图7、图8中，有节理工况下近爆源一侧有效应力呈现波动的趋势，并没有趋向稳定；远侧单元在达到峰值后，开始下降并在200μs时，逐步趋于稳定。由于双侧节理的存在导致应力波不断反射，进而图8中远侧最终稳定在2.5MPa附近，而单侧节理在反射后，向另一侧传播，导致远侧有效应力较小，稳定在0.5MPa附近。

3 节理对双孔爆破应力波传递及裂纹扩展影响

3.1 双孔爆破模型建立

由于节理的存在导致隧道爆破开挖后，形成的开挖轮廓线与设计开挖轮廓线存在一定差距，尤其是水平层状围岩中，拱顶位置爆破完成后，易形成平顶离层现象[8]。因此，以水平层状围岩拱顶部位为研究，分析相邻炮孔与节理位置、炮孔间距、节理间距影响下爆破裂缝扩展情况。

具体计算模型如图9所示，考虑到拱顶部位相邻炮孔之间位置接近水平，采取炮孔与节理间平行建模。炮孔间距 d 分别取值为30cm、40cm、50cm、60cm；节理间距 H 分别取值为20cm、30cm、40cm；炮孔连线与节理间相对位置分为居中和偏向一侧，共建立8个工况，如表4所示。分析模型图9中垂直与水平方向上单元测线上单元峰值有效应力变化情况，相应模型厚度、材料本构与屈服准则与上文取值一致。

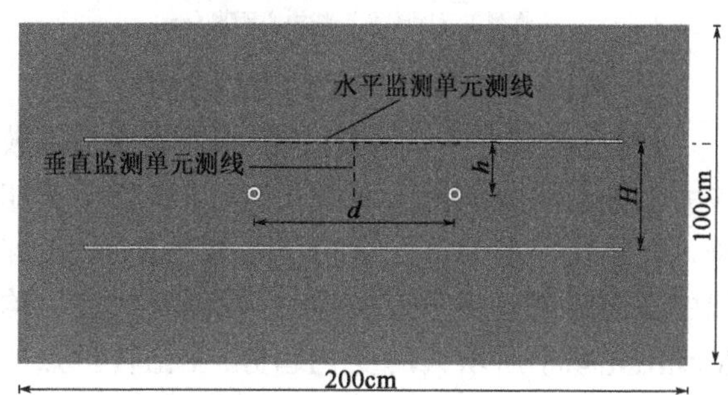

图9 双孔爆破计算模型图

模拟工况 表4

工况	节理间距 H(cm)	炮孔间距 d(cm)	炮孔位置
1	30	60	居中
2	30	50	居中
3	30	40	居中
4	30	30	居中
5	20	60	居中
6	40	60	居中
7	30	60	距一侧8cm
8	30	60	距一侧12cm

3.2 双孔爆破结果分析

根据表4中不同工况下模拟结果，得到最终各自裂纹扩展图，如图10所示，结合数据进行分析。

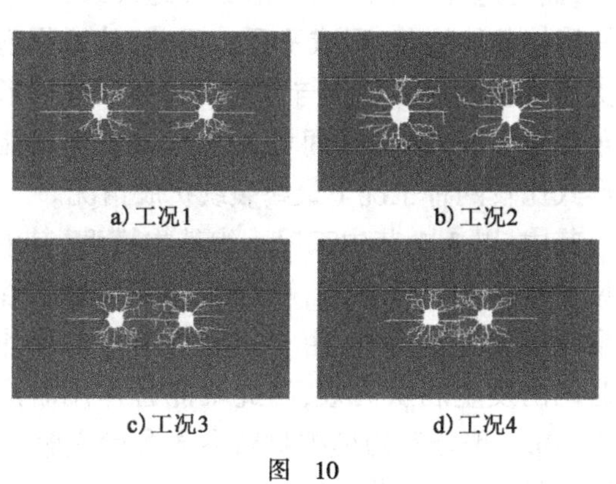

a)工况1 b)工况2

c)工况3 d)工况4

图 10

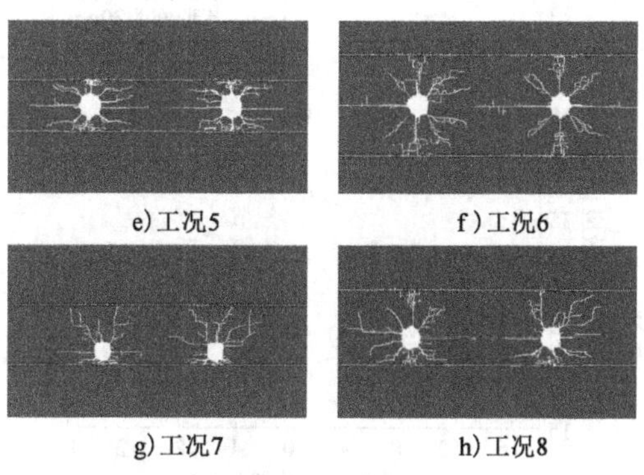

e)工况5 f)工况6

g)工况7 h)工况8

图10 不同工况下裂纹扩展图

3.2.1 炮孔间距的影响

根据工况1、2、3、4的模拟结果分析爆破过程中垂直测线上监测单元峰值有效应力大小变化情况，如图11所示。

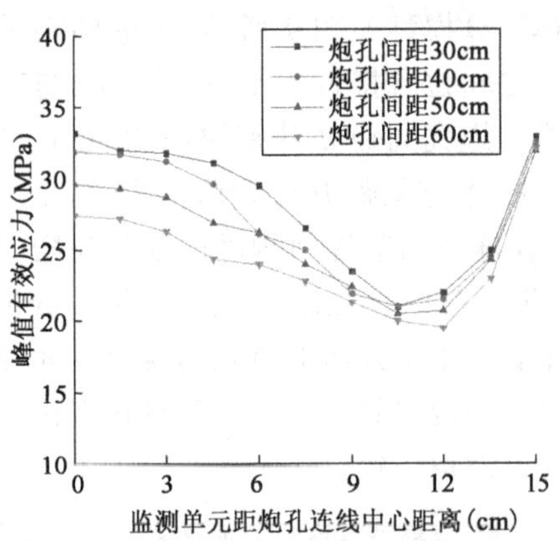

图11　峰值有效应力随炮孔间距变化曲线

4种炮孔间距下,两炮孔连线中心处峰值有效应力随炮孔间距的增大而减小,这与实际情况相符。在连线中点处首先进行应力波的叠加,由连线中心向两侧逐步靠近层理时,峰值有效应力均呈现出先减小后增大的变化趋势,变化转折点的位置在距离两炮孔连线中心11cm附近。

根据图10a)~d)中结果,炮孔间距的减小,两炮孔爆破应力波叠加效果增强,炮孔间逐渐形成贯穿的水平裂纹,同时炮孔连线两侧的裂纹数量也明显增加,使得两节理中间岩体整体发生破坏。

3.2.2　节理间距的影响

根据工况1、5、6的模拟结果分析节理间距对水平测线监测单元的峰值有效应力变化情况如图12所示。

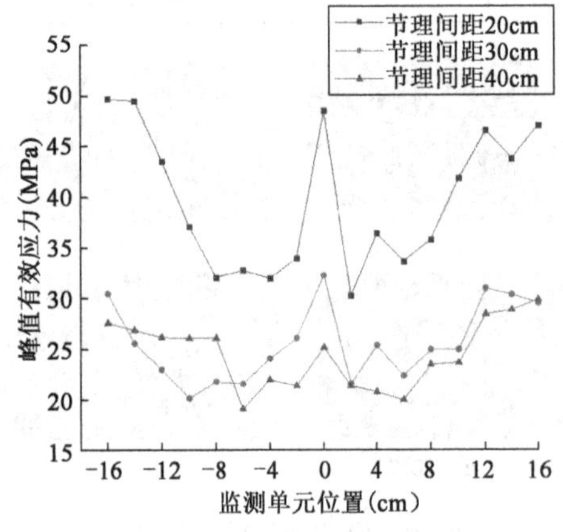

图12　峰值有效应力随节理间距变化曲线

水平测线上监测单元从炮孔连线中心位置到两侧呈现出先减小后增大的趋势,且中间与两侧位置峰值有效应力比较接近;水平测线上监测单元峰值有效应力整体上表现出随节理间距的增大,峰值有效应力减小。

对比图10中三种工况下最终裂缝图,节理间距越小时,节理附近裂纹较多,有多条近似平行于节理的裂纹。即节理距离越近,易产生平行于节理方向裂纹,导致岩体沿节理处整体破坏。

3.2.3　炮孔位置的影响

根据工况1、7、8的模拟结果(炮孔距节理8cm监测另一侧水平测线即可得到距节理22cm的结果)分析炮孔与层理相对位置下水平测线监测单元的峰值有效应力变化情况,如图13所示。

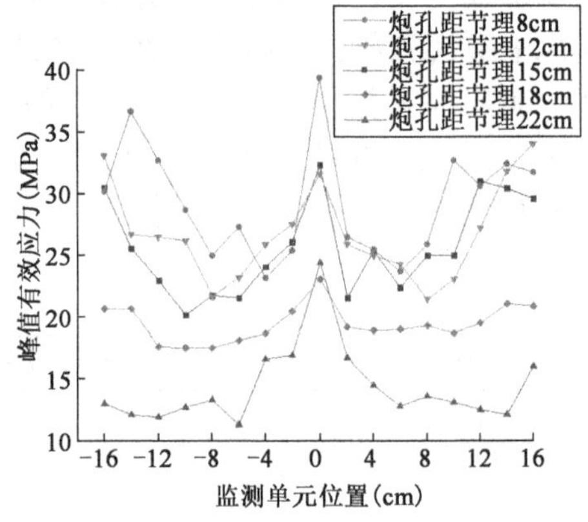

图13　峰值有效应力随炮孔位置变化曲线

炮孔位置距节理越近,水平测线上监测单元峰值有效应力越小,导致最终裂纹扩展中(图10)靠近节理一侧裂纹分布越密集,从图12数据中发现,近侧峰值有效应力较大。

4　空孔与聚能爆破措施对比

4.1　模型建立

在节理的影响下,不仅在炮孔连线上产生的裂纹,而且炮孔与节理间也形成贯通裂纹,导致节理间岩体整体塌落,形成平顶。因此,从增强炮孔间贯通裂纹或阻碍炮孔与节理间贯通裂纹的形成两角度出发,对比炮孔间增加空孔与采用聚能爆破形式比较两种工况下最终裂纹扩展情况。

其中,以3.1节中工况1为基本模型,其中空孔尺寸与炮孔尺寸一致,在药卷外增加聚能管进行聚能爆破过程模拟,由于聚能管在炸药爆炸后短时间内发生屈服失效,因此聚能管作用时间设置为10μs,聚能管的模拟材料参数参考文献[9],聚能管具体尺寸见图14。

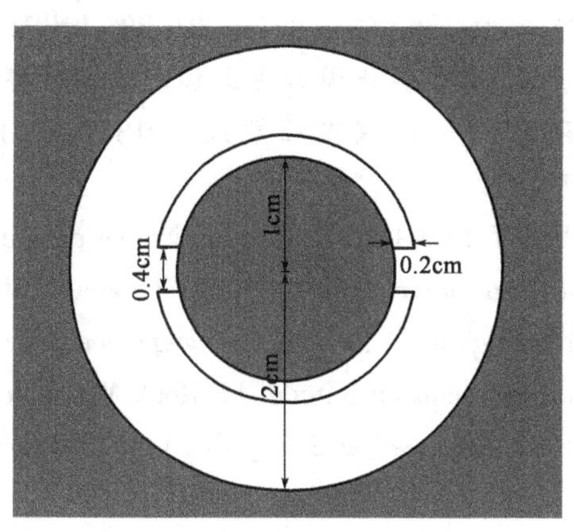

图14 聚能管模型尺寸

4.2 裂纹扩展结果对比

根据模拟结果得到空孔爆破及聚能爆破最终裂纹扩展图,如图15、图16所示。图15中在空孔工况下,空孔两侧形成导向裂缝,并与炮孔水平向主裂缝贯通,在层理附近裂缝分布与图10a)工况1基本相同,对围岩仍有较大损伤;图16中,由于聚能爆破下初始时刻炸药爆炸后,应力波传递沿着聚能管的切缝方向传播,粉碎区接近椭圆形。由于切缝方向的应力集中,在水平切缝方向起到定向断裂的作用,裂缝扩展比较集中。在竖直方向裂缝虽然向外扩散,但在节理附近,仍只有单一竖直裂缝,并没有向周围进行扩展,是由于竖直方向应力较小,在节理附近难以对围岩造成破坏。

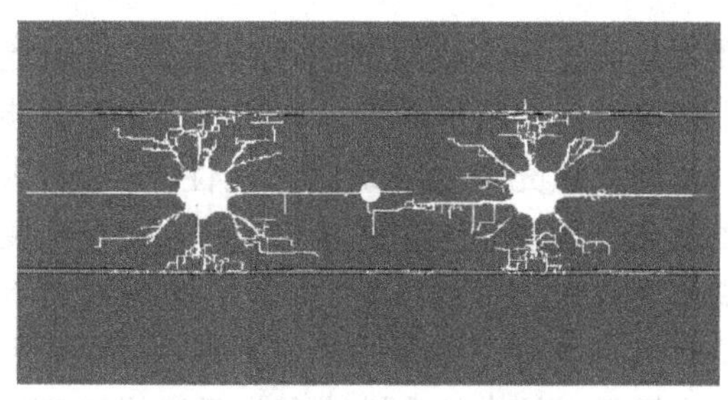

图15 空孔工况爆破裂纹扩展

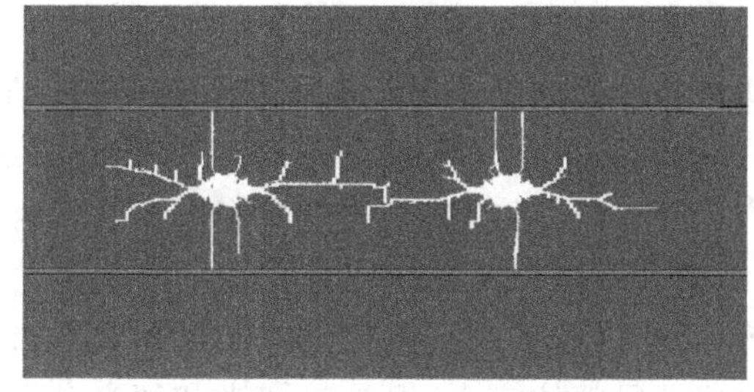

图16 聚能工况爆破裂纹扩展

聚能爆破方式下,两炮孔间易形成贯通裂纹,同时,对沿层理附近围岩裂纹扩展范围较小;空孔对沿水平方向裂纹的形成有一定的导向作用,但对沿节理附近的围岩裂纹扩展与不增设空孔基本一致,节理附近形成大量细小裂纹,明显大于聚能爆破下裂纹扩展情况。因此,通过两种措施对比,聚能爆破不仅对炮孔连线方向上贯通裂纹起导向作用,而且对节理附近裂纹形成有明显阻碍作用。

5 结语

(1)通过对比分析有无节理单孔爆破应力波的传递过程和裂纹扩展情况,应力波传递到节理后,发生衰减,有效应力在短时间内便趋于稳定;在节理近侧一三角形区域内产生大量裂纹,在节理远侧基本上不产生裂纹。

(2)以水平层状围岩拱顶相邻炮孔为模型进行模拟,发现炮孔间距、节理间距、炮孔位置对最终裂纹扩展均有一定的影响。炮孔间距和节理间距越小时,两侧节理附近产生大量裂纹,两节理中间岩体易沿节理发生破坏脱落;炮孔位置越靠近一侧节理时,该侧节理附近裂纹越密集,易发生破坏。

(3)通过对比空孔与聚能爆破措施下对裂纹扩展的影响,增加空孔对炮孔连线裂纹有一定导向作用,但不能控制节理附近裂纹扩展;聚能爆破不仅对炮孔连线裂纹起定向作用,而且对节理附近裂纹的扩展有明显阻碍作用。

(4)本研究对控制节理岩体爆破裂纹扩展有一定的参考意义,后续将进行节理岩体爆破参数调整的研究,尽可能使开挖轮廓线与设计轮廓线一致。

参考文献

[1] 罗彦斌,陈建勋,王利宝,等.考虑层间黏聚力的水平层状围岩隧道顶板力学模型计算[J].中国公路学报,2018,31(10):9.

[2] 周文海,胡才智,包娟,等.含节理岩体爆破过程中应力波传播与裂纹扩展的数值研究[J].力学学报,2022,54(9):12.

[3] ASHR L. the influence of geological discontinuities on rock blasting [D]. Minnesota: University of Minnesota, 1973.

[4] RINEHART J S. Effects of transient stress waves in rocks [J]. Mining Research, 1962, 13(5): 713-726.

[5] 璩世杰,刘际飞.节理角度对预裂爆破成缝效

果的影响研究[J]. 岩土力学,2015,36(1):189-194,204.

[6] HOLMQUIST T J, JOHNSON G R. A computational constitutive model for glass subjected to large strains, high strain rates and high pressures[C]//14th International Symposium on Ballistic,1993:593-600.

[7] WANG Z,WANG H,WANG J,et al. Finite element analyses of constitutive models performance in the simulation of blast-induced rock cracks [J]. Computers and Geotechnics,2021,135:104172.

[8] 涂瀚. 水平层状围岩隧道稳定性及破坏机理研究[J]. 铁道工程学报,2018,35(9):75-79,87.

[9] YIN Y,SUN Q,ZOU B,et al. Numerical study on an innovative shaped charge approach of rock blasting and the timing sequence effect in microsecond magnitude[J]. Rock Mechanics and Rock Engineering,2021,54(9):4523-4542.

公路隧道仰拱及填充层同步浇筑受力分析

闫有民[1,2]　常伟学*[3]

(1. 甘肃路桥建设集团有限公司;2. 甘肃圆陇路桥机械化公路工程有限责任公司;
3. 甘肃省公路交通建设集团有限公司康略项目分公司)

摘　要　以康略高速公路黑马关隧道为工程背景,采用现场监测方法分析仰拱及仰拱填充混凝土分层和整体浇筑模型受力特性,得到隧道仰拱与填充混凝土之间的受力特性,并讨论该受力随时间的发展规律。根据现场监测数据,采用荷载结构模型分别计算实测和计算荷载作用下分层和整体浇筑模式下隧道仰拱及填充结构的受力特性,并进行对比分析。研究方法和结论对优化隧道仰拱结构设计提供理论依据和科学参考,可为传统隧道仰拱及填充混凝土施工工艺优化及快速施工技术法奠定基础。

关键词　隧道工程　仰拱及填充层　混凝土整体浇筑　受力分析

0　引言

当前公路隧道仰拱结构常用的施工方法是现场浇筑,且仰拱二次衬砌(以下简称“二衬”)混凝土和仰拱填充混凝土需要分次浇筑。由于仰拱结构浇筑完成后需要进行养生,待强度达到设计强度的100%才能开放交通进行下一循环的浇筑施工,就导致仰拱结构的施工进度滞后严重无法保证与开挖掌子面的安全步距要求,存在一定的安全隐患。仰拱结构全幅施工时,仰拱作业面与洞内掌子面施工存在施工工序的相互干扰问题。同时仰拱二次衬砌和仰拱填充混凝土现场浇筑存在施工质量难以控制等一系列问题。

针对仰拱及填充分层浇筑,国内陈贵红[1]率先在公路隧道方面提出了一种梳型仰拱结构,其实质就是仰拱与仰拱填充的整体浇筑,指出梳型仰拱结构对隧道结构受力是有利的。为探讨隧道仰拱及仰拱填充整体浇筑的可能性,解决仰拱与仰拱填充分开浇筑与整体浇筑的争论,卿伟宸[2]考虑填充体水沟设置影响,分析了仰拱填充不同浇筑时机对衬砌结构受力性能影响差异,结果表明水沟设置对仰拱与仰拱填充分开浇筑与整体浇筑受力影响较大。

王革新[3]对仰拱填充分开浇筑、一次浇筑、一次浇筑并配置钢筋3种工况模拟计算分析,结果表明一次浇筑可改善衬砌结构整体受力;张崇辉[4]、熊晓晖[5]考虑流变效应对仰拱变形特性研究,结果表明仰拱及填充层位移均随时间呈增长趋势,而仰拱和填充一体化浇筑时虽然填充混凝土出现了局部拉应力,但是与仰拱和填充分开浇

基金项目:国家自然科学基金项目(资助号:51968041);甘肃省优秀研究生“创新之星”项目(资助号:2022CXZX-531);甘肃路桥建设集团有限公司科研项目(资助号:2023-KLZCB-QT27)。

筑方案相比,填充混凝土分担了仰拱的部分拉应力,降低了仰拱区域的第一主应力水平。杜明庆[6]考虑仰拱上浮后仰拱及填充混凝土分层与整体浇筑受力特性,计算表明与分开浇筑相比,仰拱与填充一体浇筑时,仰拱的受力状态发生了改变,仰拱和填充混凝土的整体性更好,但拱顶渗水易导致填充混凝土处于受拉状态,表面更容易形成裂缝。龚伦等[7]基于室内相似试验,研究了仰拱和仰拱填充分次和一次浇筑时结构的力学特性,对中心水沟的作用做了系统的分析,认为中心水沟不利于软弱围岩中隧道结构的受力。现有研究主要针对仰拱病害治理和防治方面,也取得了众多成果,但对隧道仰拱及填充层同步成型设计与施工技术研究较少,对传统隧道仰拱及填充混凝土分层浇筑施工性能研究未见报道。为此,开展隧道仰拱及填充层同步成型设计与施工关键技术研究具有十分重要的意义。

1 隧道仰拱及填充混凝土设计及施工现状

1.1 结构设计

公路隧道仰拱衬砌作为隧道衬砌结构一部分,与拱部衬砌结构成环后共同承担隧道洞周围岩产生的荷载;仰拱填充是为满足路面结构要求而设置的构筑物,主要承受路面结构传递的交通荷载,设计中仰拱填充和仰拱结构(衬砌)一般采用不同材料,为此《公路隧道施工技术规范》(JTG/T 3660—2020)进行了规定:仰拱填充混凝土不得与仰拱衬砌混凝土一次浇筑[8]。而《铁路隧道衬砌施工技术规程》(Q/CR 9250—2020)7.1.5条款规定:经建设单位组织设计、监理、施工单位协商,确定质量保证措施后,仰拱填充与仰拱混凝土可一次浇筑完成,填充层应采用与仰拱同强度等级混凝土[9]。为此,论证隧道仰拱与填充层整体浇筑的可行性,探讨隧底结构优化具有重要的意义。

1.2 施工现状

目前,仰拱及填充分层施工时,优先浇筑的仰拱部分因两侧为曲弧段落,浇筑时需支立弧形模板,才能实现仰拱曲弧段混凝土浇筑,仰拱曲面浇筑质量好,仰拱与拱墙衔接部位混凝土振捣不遛瘫、振捣密实性好。但液压栈桥受自身长度影响,容易造成隧道安全距离超标进而致使掌子面停工,影响隧道掘进速度。当前,石质山岭隧道多以钻爆法为主,爆破飞渣极容易损坏钢栈桥液压、移动及电力系统。自行式全液压仰拱钢栈桥故障后维修费工费时,也影响隧道施工进度,自行式全液压仰拱钢栈桥采购一台约60万元,一次性购置成本也较大,全面推广应用受阻,自行式全液压仰拱钢栈桥从研发应用已经十余载,应用经济性能不明显。

为此,仰拱与填充分层采用简易钢栈桥+普通曲面拼装小钢模施工成为常态,但存在施工费工费时等缺陷。小钢模施工时需挖机配合安装,吊装过程中存在吊装及模板伤人等安全隐患,现场安装难度大,安装速度慢,耗费工人多,只安装曲弧段小边模时,需先浇筑底板混凝土,待混凝土初凝后浇筑曲弧段混凝土,边部振捣难度大,避免造成混凝土溜滩。采用全断面拼装弧形钢模时,模板安装时间长,占隧道循环工序时间多,对隧道施工进度影响较大。

由于仰拱及填充分层浇筑与施工进度的矛盾性,致使部分隧道在仰拱曲弧部位施工时追求进度效益,曲弧部位不支立模板,仰拱与填充不同强度等级的混凝土混合浇筑,仰拱与二衬衔接部位混凝土浇筑质量差,混凝土强度不达标,振捣不密实时有发生,造成质量隐患。

2 现场监测布置

2.1 项目依托工程

黑马关隧道位于甘肃陇南中高山地貌区,为山岭区双洞单向分离式隧道,隧道右线长5250m(起讫桩号:YK12+840—YK18+090)、左线长5216m(起讫桩号:ZK12+840—ZK18+056),最大埋深442.68m。隧道纵断面如图1所示。

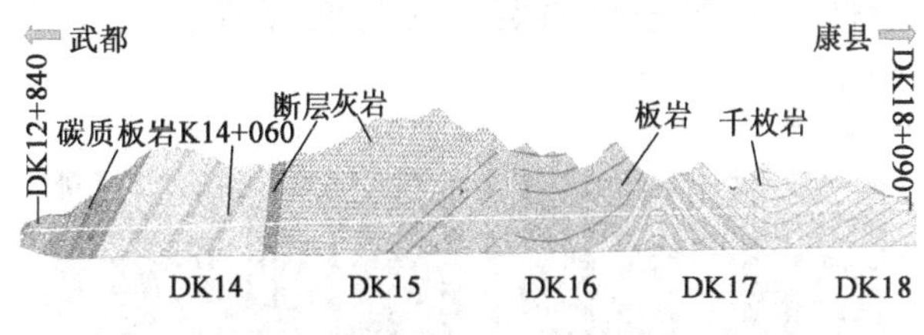

图1 黑马关隧道围岩纵断面图

黑马关隧道开挖揭露围岩以千枚岩为主,开挖过程中出现了大量富水千枚岩破碎段,该段岩体设计支护方案为:超前支护采用4m长$\phi60\times5$mm双层超前注浆导管,环向间距35cm,每环41

根;初期支护(以下简称“初支”)采用I22b拱架+28cm厚C25钢纤维喷射混凝土,拱架纵向间距60cm,拱架封闭成环,二次衬砌采用50cm厚C35模筑钢筋混凝土。

2.2　受力监测点布设

隧道仰拱及仰拱填充混凝土受力测试元件,采用江苏岩泰工程仪器有限公司生产的YT-500A系列振弦式应变计和YT-500B型常规表面应变计,数据采集采用YT-2033A全功能自动采集模块。

现场在Ⅳ级围岩段:里程YK15+600—YK15+588段采用仰拱及填充全幅同强度等级混凝土整体浇筑,并与YK15+588—YK15+576段仰拱及填按原设计分层浇筑进行对比分析;在Ⅴ级围岩段:ZK14+314—ZK14+326段采用仰拱及填充全幅同强度等级混凝土整体浇筑,并与ZK14+326—ZK14+338段仰拱及填按原设计分层浇筑进行对比分析。测点布置如图2所示。

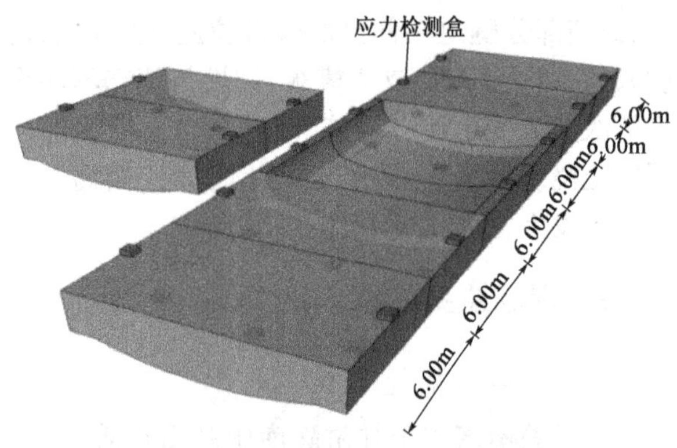

图2　监测断面元器件布设示意图

为保证监测数据的准确可靠,对混凝土应变计采用钢筋支架固定,同时,为避免混凝土浇筑时拉断监测导线,元器件安装后应将监测导线沿仰拱底部进行固定。现场测点埋设如图3所示。

a)混凝土计

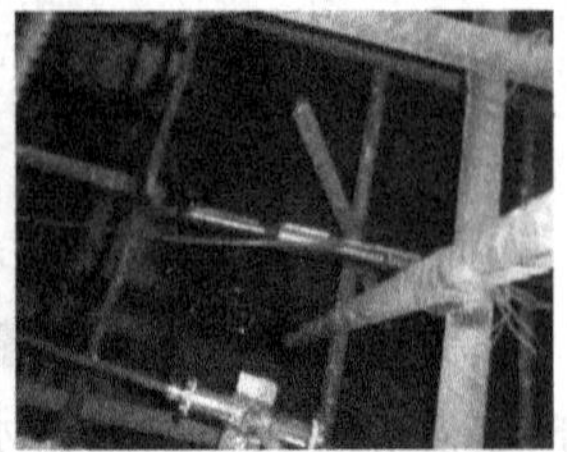

b)钢筋计

图3　监测断面测点埋设

3　监测结果与分析

3.1　隧道围岩压力随时间发展规律

图4给出了监测断面隧道围岩压力时程曲线,为便于分析图5给出了监测断面围岩压力累计最大值包络图。

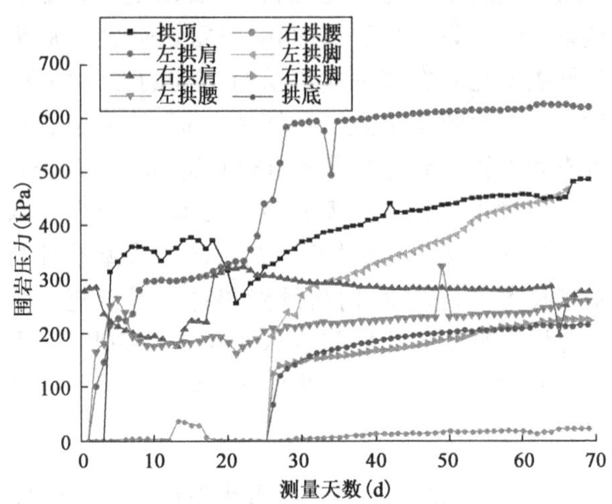

图4　监测断面隧道围岩压力时程曲线

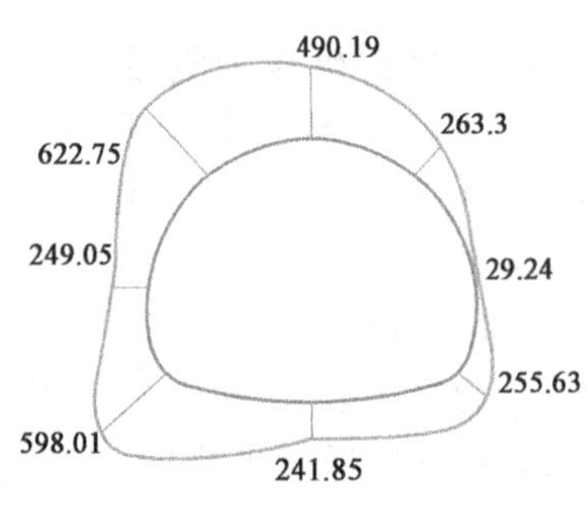

图5　隧道围岩压力最大值包络图(单位:kPa)

由4图可知,隧道初支围岩土压力受力不均匀,受力较大处为左拱脚、拱顶以及左拱肩处,而隧道右侧围岩压力则相对较小。

分析主要因依托隧道以破碎千枚岩为主,岩层产状呈陡倾状,根据现场情况也表现出左侧变形较大;而左拱脚处围岩土压力达598.01kPa,可能导致仰拱左拱脚处变形较大。

3.2　仰拱受力监测

为充分说明仰拱及填充混凝土整体与分层浇筑施工方式受围岩自身因素影响,现场监测断面选在中富水千枚岩变形段。为此,现场对隧道二衬结构受力特性进行了全断面监测,监测结果随时间发展规律如下所述。

3.2.1 二衬钢筋轴力

元器件埋设3个月后,二衬钢筋受力累计最大值包络图如图6所示。从图可知,仰拱二衬钢筋受力很小,且变形不大,二衬钢筋主要受压应力。仰拱二衬外层钢筋受力较内层钢筋受力较小,综合分析可见,监测断面整个结构受力呈递减趋势,受力主要来源于围岩自身变形影响。

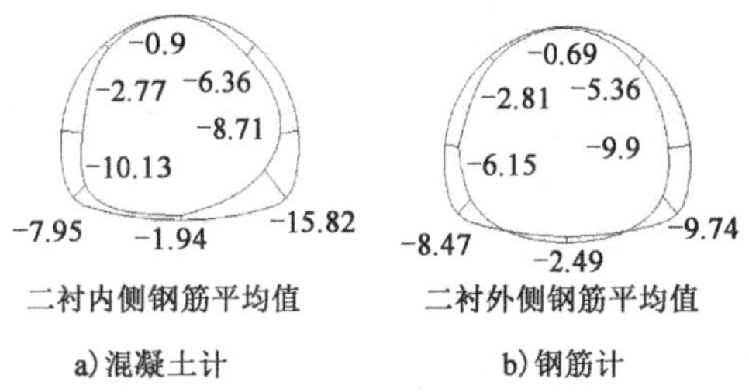

a)混凝土计　b)钢筋计

图6 隧道仰拱钢筋最大值包络图(单位:kN)

3.2.2 仰拱混凝土受力

绘制图7仰拱混凝土应变最大值包络图。从图可知,仰拱混凝土受力受围岩变形及中心水沟开口影响较大。在仰拱两侧拱脚及中心水沟附近受力最大。分层浇筑时最大压应变位于右拱脚处,其值为273.21με。整体浇筑时中心水沟混凝土受力主要以拉应力为主,最大拉应变142.17με。

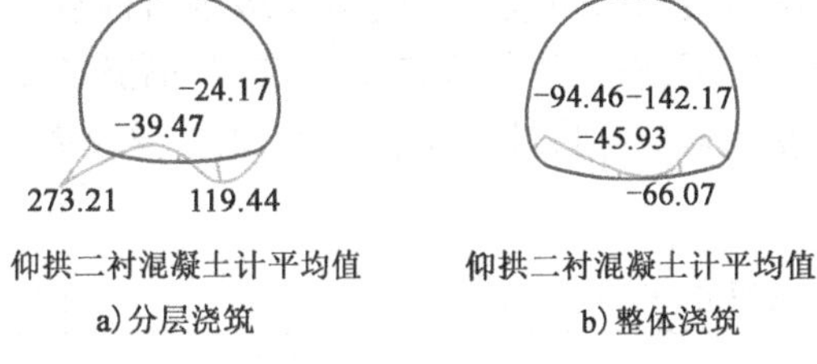

a)分层浇筑　b)整体浇筑

图7 仰拱混凝土受力最大值包络图(单位:με)

综上所述,仰拱和填充混凝土整体浇筑后仰拱拱脚及中心水沟附近受力变化较大,且整体浇筑后仰拱混凝土整体以受拉为主。

3.3 仰拱填充混凝土受力监测

绘制图8仰拱填充混凝土应变最大值包络图,需说明的是整体浇筑右拱脚处填充层混凝土计损坏。

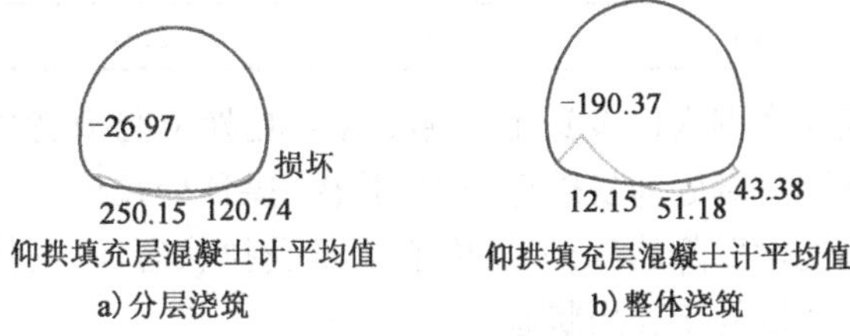

a)分层浇筑　b)整体浇筑

图8 仰拱填充混凝土受力最大值包络图(单位:με)

由图可知,整体浇筑后混凝土所受拉应力存在变大趋势,最大拉应变位于左拱脚,为190.37με。中心水沟两侧填充混凝土受力有所减少,主要因现场填充混凝土采用C30混凝土浇筑,相较分层浇筑整体浇筑时填充混凝土具有更高的强度,抵抗变形能力更高。

4 荷载结构模型计算

4.1 计算模型

采用经典荷载结构模型,分别对Ⅳ、Ⅴ级围岩条件下隧道结构内力变化和位移变形进行计算分析。依托前述工程实际,采用ABAQUS有限元软件进行模拟分析,模型尺寸为120m×100m×40m($X \times Y \times Z$),隧道埋深为50m。模型左右两侧施加X方向位移约束,前后两侧施加Z方向位移约束,底部施加三个方向的位移约束,上表面为自由边界。围岩和衬砌结构采用实体单元模拟,网格单元类型为三维八节点六面体线性单元(C3D8);网格单元类型为三维两节点线性单元(T3D2),共划分32820个网格单元,38098个节点。隧道三维有限元模型网格如图9所示。

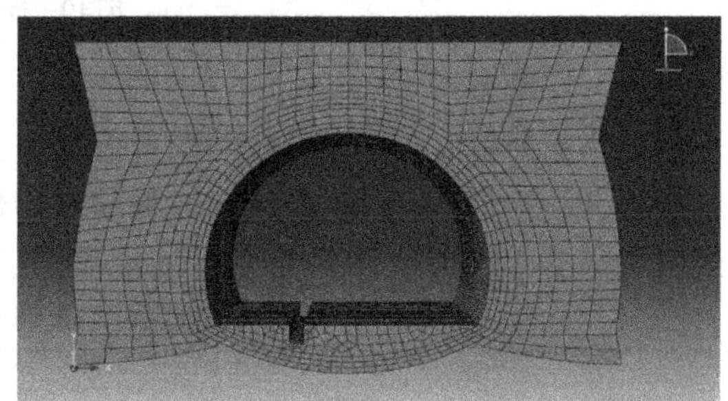

a)整体浇筑

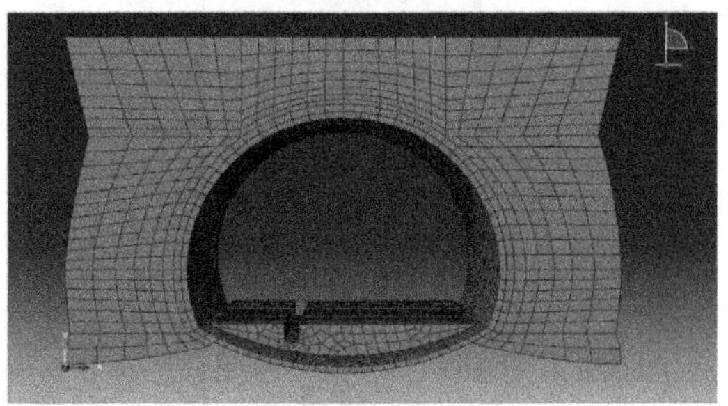

b)分层浇筑

图9 隧道三维模型网格划分

4.2 模型参数及围岩压力

数值计算中围岩采用Mohr-Coulomb塑性模型,钢拱架、锚杆采用线弹性模型,混凝土采用损伤塑性模型。围岩及混凝土结构物理力学参数如

表1所示。考虑极端条件下隧道衬砌结构主要荷载作用如图9所示，围岩竖向压力和水平压力采用现场监测点数据平均值计算，详见图10所示。

隧道围岩及支护结构物理力学参数　表1

材料	重度γ(kN·m^3)	弹性模量E(GPa)	泊松比μ	内摩擦角φ(°)
Ⅳ级	20	—	—	35
Ⅴ级	18.5	—	—	30
初衬	23	25	0.22	—
二衬	25	32.5	0.20	—
填充层	22	210	0.25	—

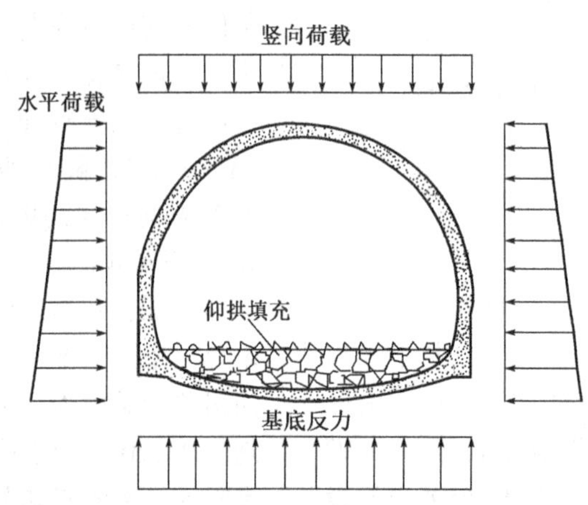

图10　极端荷载隧道工况分析

4.3　计算结果分析

表2分别为整体和分层浇筑工况下混凝土最大主应力，据表2可知，仰拱及填充层混凝土整体浇筑后对隧道拱脚两侧结构受力影响较大，且受隧道围岩级别影响较大。隧道Ⅳ级围岩仰拱无钢拱架工况下，整体浇筑浇筑受力较好，而隧道Ⅴ级围岩受围岩自身特性影响，计算结果差异较大。

不同工况下隧道仰拱及填充混凝土最大主应力(单位:N/mm^2)　表2

工况	位置	整体浇筑		分层浇筑	
		Ⅳ级	Ⅴ级	Ⅳ级	Ⅴ级
仰拱	仰拱中心	1.23	-1.04	1.85	-1.82
	左拱脚	-0.97	-2.52	-0.45	-1.63
	右拱脚	-0.95	-2.56	-0.44	-1.61
	水沟中心	-0.57	-2.74	0.24	2.36
填充层	填充中心	2.38	1.76	3.48	5.57
	左拱脚	0.32	-2.25	-0.71	-1.83
	右拱脚	0.30	-2.28	-0.69	-1.89
	水沟中心	-0.47	2.26	2.01	3.82

对比文中第3节可知，数值计算结果与监测结果基本一致。其中，隧道拱顶、拱肩、拱底及拱脚外侧以受拉状态为主，边墙及拱脚内侧以受压为主，最大拉应力出现在拱脚外侧，较大压应力出现在拱脚内侧及边墙位置，结合混凝土受力特性可知拱脚处为易破坏位置；其次，拱顶处拉应力呈现先增后降趋势，仰拱中心处于受拉状态，然而仰拱两侧处于受压状态。

5 结语

(1)隧道仰拱及填充混凝土采用相同强度等级混凝土整体浇筑以后,仰拱及填充混凝土两侧拱脚位置处存在拉应变,而中心水沟附近测点受力有所减少。

(2)结合现有研究成果,仰拱底鼓病害成为影响隧道影响的一大病害,整体浇筑后一定程度上对抵抗仰拱底鼓病害有利。

(3)整体浇筑后存在仰拱拉应力向填充混凝土传递现象,两种模式的结构对常见隧道拱脚挤出大变形和仰拱中心底鼓病害影响,还需进一步研究分析,以更有利于说明仰拱及填充混凝土整体浇筑的优越性。

参考文献

[1] 陈贵红.仰拱形式对隧道结构的影响[J].公路,2004(11):145-148.

[2] 卿伟宸,钟昌桂,曾宏飞.关于铁路隧道仰拱与填充整体浇筑的探讨[J].隧道建设(中英文),2021,41(S1):63-69.

[3] 王革新.高速铁路隧道隧底结构病害防治优化设计研究[J].铁道科学与工程学报,2022,19(8):2133-2142.

[4] 张崇辉,梁庆国,孙纬宇,等.考虑流变效应的泥岩隧道仰拱变形特征研究[J].现代隧道技术,2023,60(4):116-127.

[5] 熊晓晖.软岩流变特性对仰拱与填充一体浇筑隧道衬砌结构受力的影响[J].四川水泥,2022(5):233-235.

[6] 杜明庆.高速铁路隧道仰拱结构力学特性与安全性评价[D].北京:北京交通大学,2017.

[7] 龚伦,王瑜,仇文革,等.软岩隧道底部结构对衬砌内力影响的试验研究[J].土木工程学报,2017,50(S2):187-191.

[8] 中华人民共和国交通运输部.公路隧道施工技术规范:JTG/T 3660—2020[S].北京:人民交通出版社股份有限公司,2020.

[9] 中国国家铁路集团有限公司.铁路隧道衬砌施工技术规程:Q/CR 9250—2020[S].北京:中国铁道出版社,2021.

大断面瓦斯隧道安全高效施工工法研究

潘孙龙*[1,2] 上官洲境[1,2] 赵振华[2] 叶 飞[1]

(1.长安大学公路学院;2.中交一公局集团有限公司)

摘 要 重庆市铜梁至安岳高速公路巴岳山隧道由于同信煤矿矿井闭坑多年,不能对其瓦斯进行抽放,瓦斯聚积会影响爆破施工安全。本文采用 midas GTS NX 数值分析软件,建立巴岳山隧道开挖三维数值模型,模拟瓦斯隧道环形开挖预留核心土法和台阶法两个工况的施工过程,从围岩应力和围岩变形两方面比选瓦斯隧道的最优施工工法。研究表明:①两工法施工后岩体中 X、Y、Z 方向的围岩应力均总体呈现增大的趋势;②台阶法较环形开挖预留核心土法,三个方向的围岩应力幅度分别增加 22.24%、26.19% 和 26.03%;③相对于环形开挖预留核心土法,台阶法开挖围岩变形量增加 38.9%;④相对于环形开挖预留核心土法,台阶法开挖可缩短工期 25%。

关键词 瓦斯隧道 midas GTS NX 建模 围岩应力 围岩变形 施工工法

0 引言

钻爆法施工是目前隧道掘进常用施工方法,瓦斯隧道爆破开挖安全风险高[1],既需保障爆破作业安全,又需考虑工期限制和成本影响。因此,如何确定瓦斯隧道爆破施工方案,确保巴岳山隧道安全、高效贯通是亟待解决的技术难题。

目前,国内外关于瓦斯隧道的研究多集中于瓦斯预测、瓦斯抽排、瓦斯隧道施工风险评价等方面。苏培东等[2]利用 Kriging 估值法理论对非煤隧道瓦斯空间分布规律进行了高精度预测。王玉琦[3]采用 FLUENT 数值模拟软件对影响瓦斯抽采效果的影响因素进行了分析,研究了煤层瓦斯压力变化规律,优化了瓦斯抽排参数。唐鸥玲等[4]采用分层检测、逸气监测及钻孔抽排等试验方法研究了高瓦斯区段瓦斯的分布规律。李文树等[5]针对大断面隧道揭煤施工存在的瓦斯安全问题,提出了"五步法"预测揭煤新技术。黎俊麟等[6]提出了一套非煤高瓦斯隧道盾构施工工艺流程,为非煤高瓦斯隧道盾构施工提供重要参考。杜志刚[7]建立瓦斯隧道瓦斯突出的高精度预测模型,对瓦斯突出的危险性进行了综合评价。吴波等[8]提出采用熵值法和模糊理论相结合的方法进行铁路瓦斯隧道施工安全风险评估。

本文以重庆市铜梁至安岳高速公路巴岳山隧道为工程背景,采用 midas GTS NX 数值分析软件,建立巴岳山隧道开挖三维数值模型,模拟瓦斯隧道环形开挖预留核心土法和台阶法两个工况的施工过程,从围岩应力和围岩变形两方面比选瓦斯隧道的最优施工工法,为类似瓦斯隧道施工提供参考。

1　工程概况

铜梁—安岳高速公路(重庆段)二分部位于重庆市铜梁区土桥镇境内,起于巴岳山隧道出口段,经枫香湾中桥、淮远河大桥、303省道、跨越重庆三环高速公路铜永段后于主线K21+525终止。巴岳山隧道进口位于铜梁区石鱼镇铁坡附近,向西穿越巴岳山,终于铜梁区土桥镇黄桷门,距铜梁区约3km,有机耕道直达洞口,交通较便利。隧道起讫桩号为左线ZK11+503～ZK14+200,长2697m;右线K11+490～K14+195,长2705m。隧道设计高程319.33～338.65m,最大埋深311m,属长隧道。由于同信煤矿矿井闭坑多年,不能对其瓦斯进行抽放,瓦斯聚积会影响爆破施工安全,因此,迫切需要开展大断面瓦斯隧道安全高效施工工法研究,以保障施工安全,提高施工效率。

2　midas GTS NX 建模

本文采用的模型为弹塑性平面应变模型,假定材料为各向同性的平面材料。莫尔-库仑准则方程表示为:

$$|\tau| = c + \sigma\tan\varphi \tag{1}$$

式中:τ、σ——材料强度参数;

c——黏聚力;

φ——内摩擦角。

则其由主应力($\sigma_1 \geqslant \sigma_2 \geqslant \sigma_3$)表示为:

$$\sigma_1 \frac{1-\sin\varphi}{2c\cos\varphi} - \sigma_3 \frac{1+\sin\varphi}{2c\cos\varphi} = 1 \tag{2}$$

则用应力不变量I_1、J_2及θ_0,表达式如下:

$$\begin{aligned} f(I_1,J_2,\theta_0) &= \frac{1}{3}I_1\sin\left(\theta_0+\frac{\pi}{3}\right) - \frac{1}{\sqrt{3}}\sqrt{J_2}\cos\left(\theta_0+\frac{\pi}{3}\right)\sin\varphi - c\cos\varphi \\ &= -I_1\sin\varphi + \left[\frac{3(1+\sin\varphi)\sin\theta_0 + \sqrt{3}(3-\sin\varphi)\cos\theta_0}{2}\right]\sqrt{J_2} - 3c\cos\varphi = 0 \end{aligned} \tag{3}$$

用应力不变量ξ、ρ及θ_0,表达式如下:

$$\begin{aligned} f(\xi,\rho,\theta) &= -\frac{1}{3}I_1\sin\varphi + \sqrt{J_2}\left(\cos\theta + \frac{1}{\sqrt{3}}\sin\theta\sin\varphi\right) - c\cos\varphi \\ &= -\sqrt{6}\xi\sin\varphi + \left[\frac{3(1+\sin\varphi)\sin\theta_0 + \sqrt{3}(3-\sin\varphi)\cos\theta_0}{2}\right]\rho - 3\sqrt{2}c\cos\varphi = 0 \end{aligned} \tag{4}$$

用应力不变量I_1、J_2及θ,表达式如下:

$$\begin{aligned} f(I_1,J_2,\theta) &= -\frac{1}{3}I_1\sin\varphi + \sqrt{J_2}\left(\cos\theta + \frac{1}{\sqrt{3}}\sin\theta\sin\varphi\right) - c\cos\varphi \\ &= \sqrt{J_2} - \frac{\frac{1}{3}I_1\sin\varphi + c\cos\varphi}{\cos\theta + \frac{1}{\sqrt{3}}\sin\theta\sin\varphi} = 0 \end{aligned} \tag{5}$$

本文模型材料力学参数的选取见表1。

模型材料力学参数 表1

项目	各项参数
围岩	$E = 0.35\text{GPa}, \mu = 0.3, c = 0.1\text{MPa}, \varphi = 36°, \gamma = 20\text{kN/m}^3$
C25 混凝土	$E = 23\text{GPa}, \mu = 0.2, \gamma = 22\text{kN/m}^2$
C30 混凝土	$E = 31\text{GPa}, \mu = 0.2, \gamma = 23\text{kN/m}^2$
锚杆	$E = 200\text{GPa}, \mu = 0.2, \gamma = 78\text{kN/m}^2, L = 3.5\text{m}$
刚拱架	$E = 200\text{GPa}, \mu = 0.2, \gamma = 78\text{kN/m}^3$

3 不同施工方案数值建模

3.1 模型构建及假定

本文构建两种数值模拟工况：瓦斯隧道环形开挖预留核心土法和台阶法。对开挖过程中的围岩应力和围岩变形进行分析，对不同爆破开挖施工方案中隧道围岩的稳定性进行研究，提出瓦斯隧道最优爆破施工方案，并结合现场监控量测数据对其实用效果进行评判，最终形成瓦斯隧道安全、高效的爆破施工方案体系，为类似瓦斯隧道的安全高效施工提供参考。在构建数值模型过程中为了研究的方便，本文需要对相关问题进行简化及假定：

(1)围岩为各向同性的连续介质体。

(2)不考虑地应力影响，仅考虑自重应力场和高瓦斯应力场。

(3)不考虑地下水、断层、节理及溶洞等不良地质的影响。

3.2 模型建立与网格划分

本文建立瓦斯隧道三维数值模型，为了考虑地下洞室开挖影响范围问题，在模型构建时，模型长度为30m，宽度为120m，高度为100m。

数值模型进行网格划分之前，需要对相关材料参数进行设定，三维数值模型中围岩的本构模型是莫尔-库仑模型，本文主要是分析连拱隧道施工过程中的围岩受力及变形，故而在数值建模过程中不设置锚杆。在对数值模型进行网格划分时，工况一：隧道模型共生成44544个节点、65781个单元，模型网格划分如图1所示；工况二：隧道模型共生成51847个节点、94441个单元，模型网格划分如图2所示。

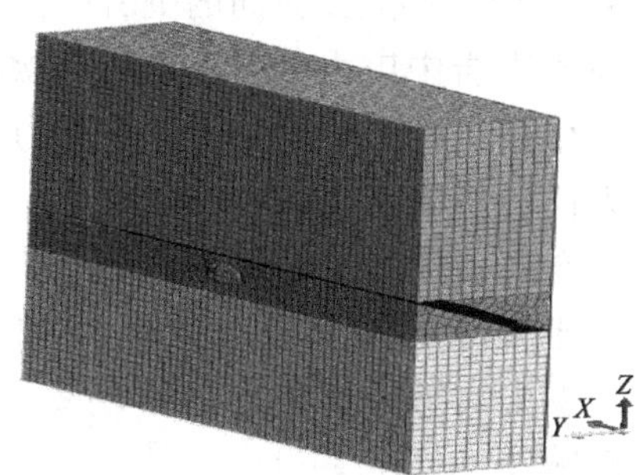

图1 工况一模型网格划分

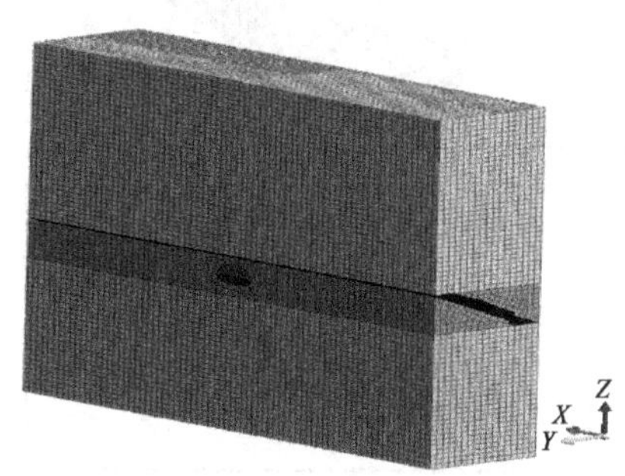

图2 工况二模型网格划分

3.3 不同施工方案数值模拟开挖过程

本文两种工况开挖过程示意图如表2、表3所示。

工况一：瓦斯隧道环形开挖预留核心土法开挖过程 表2

开挖步骤	示意图
未开挖状态	

续上表

开挖步骤	示意图
上台阶开挖	
上台阶核心土破除	

续上表

开挖步骤	示意图
中台阶交错开挖	
中台阶核心土破除	
下台阶开挖	

工况二:瓦斯隧道穿越巨厚煤层区台阶法开挖过程　表3

开挖步骤	示意图
未开挖状态	
上台阶开挖	

续上表

开挖步骤	示意图
下台阶开挖	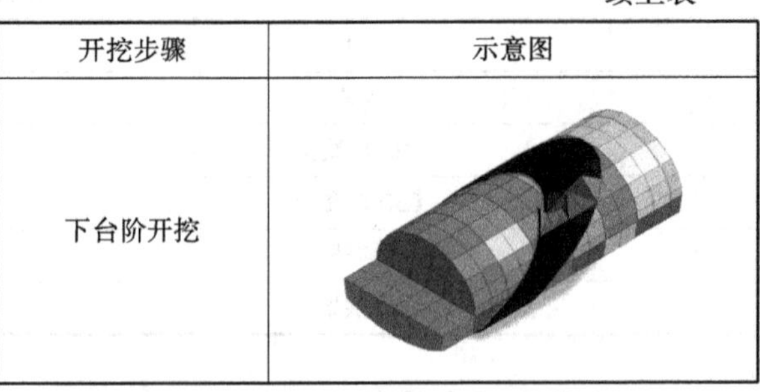

3.4 数值模拟结果分析及高强瓦斯隧道施工方案确定

3.4.1 瓦斯隧道环形开挖预留核心土法数值结果分析

(1)隧道应力分析

瓦斯隧道环形开挖预留核心土法施工过程中,围岩应力演变如图3所示。由图3可知,随着隧道掌子面推进,岩体中出现的临空面也逐渐变大,此时由于重力作用,隧道上部岩体将会下移,同时也存在阻止岩体间相互发生位移的作用力,随着临空面越来越大,岩体间发生相互位移的趋势也越来越大,因此围岩间应力也就越来越大,岩体中X、Y、Z方向的围岩应力总体呈现增大的趋势。图中显示,Z方向的围岩应力是最大的,原因在于围岩中应力的产生主要来源于重力作用而产生的,而Z方向也刚好是重力方向;其次是X方向的围岩应力,最小的是Y方向的围岩应力,X方向是隧道横断面方向,Z方向是隧道纵向,基于实际工程及受力分析,由于重力而产生围岩变形对隧道横断面的影响要比对隧道纵向的影响小。

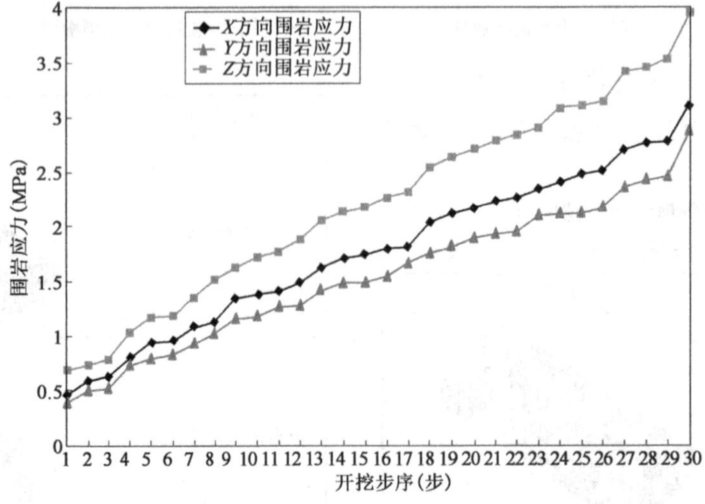

图3　瓦斯隧道环形开挖预留核心土法施工围岩应力演变规律

(2)围岩变形分析

瓦斯隧道环形开挖预留核心土法施工过程中,围岩位移变化情况如图4所示。由图4可知,随着隧道掌子面推进,围岩位移逐渐增大,但是数值结果显示瓦斯隧道环形开挖预留核心土法对围岩的扰动是极小的,当所建模型隧道开挖贯通后,其最大位移2.45mm,并且未见围岩变形突变区,主要原因在于环形开挖预留核心土法每个部分开挖范围较小,对围岩扰动较小,利于隧道穿越围岩软弱破碎区。

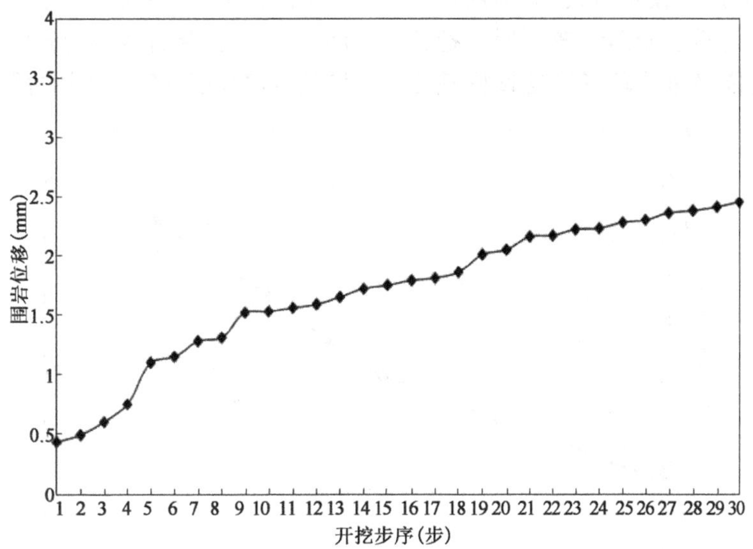

图4 瓦斯隧道环形开挖预留核心土法施工围岩位移演变规律

3.4.2 瓦斯隧道两台阶法数值结果分析

(1)隧道应力分析

瓦斯隧道两台阶法施工过程中,围岩应力演变规律如图5所示。由图5可知,随着隧道掌子面推进,岩体中X、Y、Z方向的围岩应力总体呈现出增大的趋势。图中显示,Z方向的围岩应力是最大的,当构建的数值模型隧道开挖贯通后,Z方向最大应力值为5.08MPa,该结果较环形开挖预留核心土法应力幅度增加22.24%;其次,X方向的围岩应力,最小的是Y方向的围岩应力,X、Y方向最大应力值分别为4.2MPa和3.88MPa,较环形开挖预留核心土法应力幅度分别增加26.19%和26.03%。模拟结果显示,台阶法施工较环形开挖预留核心土法对围岩的扰动大。

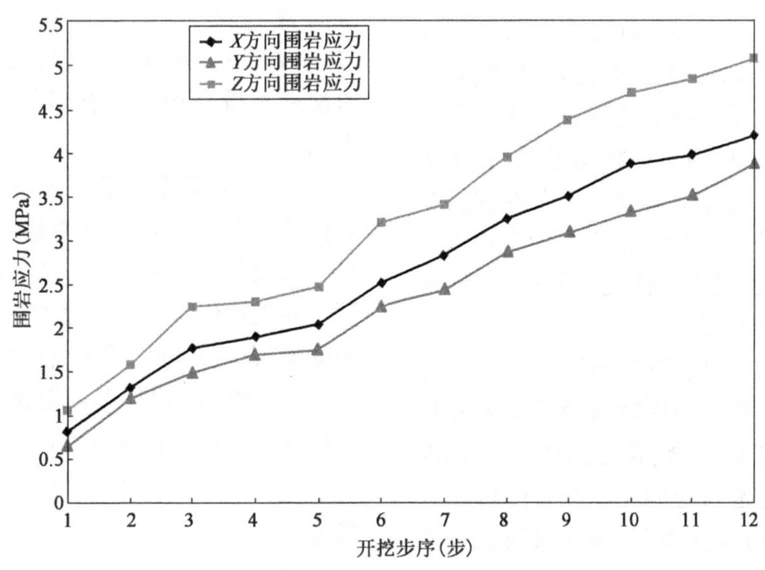

图5 瓦斯隧道台阶法施工围岩应力演变规律

(2)围岩变形分析

高强瓦斯隧道穿越巨厚煤层区两台阶法施工过程中,围岩位移变化如图6所示。由图6可知,随着隧道掌子面推进,围岩位移呈现均匀增大的趋势,从隧道初始施工到整个隧道的贯通,隧道变形总位移为4.01mm,通过模拟后发现,利用该工法施工的穿煤隧道,其隧道变形量较环形开挖预留核心土法施工大,位移量比环形开挖预留核心土法的增加38.9%,同样进一步说明,台阶法对围岩的扰动较环形开挖预留核心土法大,但是总体围岩总的变形还是很小的,在施工允许的变形范围内。不过台阶法较环形开挖预留核心土法的施工工序少,施工进度快,在保障隧道穿煤爆破施工安全的前提下,现场采用台阶法可缩短工期26%。因此,在支护条件得当、施工安全的前提下,隧道穿越巨厚煤层区时可采用台阶法进行施工。

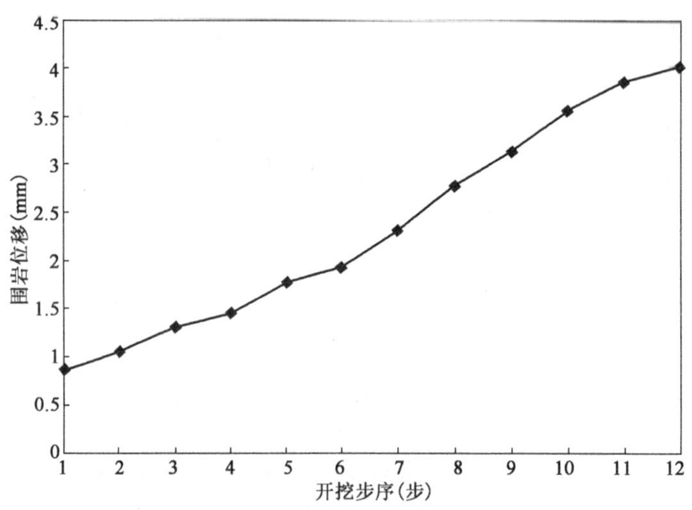

图6　瓦斯隧道台阶法施工围岩位移演变规律

3.5　施工方案选择

本文针对两种工况——瓦斯隧道穿越层区环形开挖预留核心土法和台阶法的施工工艺原理、工法特点、施工方法及优缺点等开展分析,同时对两种工法构建数值模型,对其开挖过程中隧道围岩的应力变化规律及变形情况进行研究。

经过综合分析后发现,台阶法施工其隧道变形量较环形开挖预留核心土法大,但总体围岩的变形较小,在施工规范允许的变形范围内。经过对比两种工法施工后对围岩的扰动情况、施工工序及施工工期等,发现台阶法较环形开挖预留核心土法的施工工序少、进度快,最主要的是可以保障隧道穿煤爆破施工安全。因此,最终在瓦斯隧道选择采用台阶法进行施工。

由于台阶法施工开挖爆破断面较大,对围岩扰动相对较大,为了进一步保障台阶法穿越瓦斯隧道煤层区爆破施工的安全、高效,确保工程如期完工,本项目在前述超前管棚+小导管帷壁注浆组合式支护技术的协同作用下,采用台阶法爆破开挖,大大缩减了项目的建造工期及成本,为类似工程提供示范。

4　结语

(1)随着隧道掌子面推进,两种工法施工后岩体中X、Y、Z方向的围岩应力均总体呈现增大的趋势。并且,Z方向的围岩应力是最大的,最小的是Y方向的围岩应力,台阶法较环形开挖预留核心土法而言,三个方向的围岩应力幅度分别增加22.24%、26.19%和26.03%。模拟结果显示,台阶法施工较环形开挖预留核心土法对围岩的扰动大。

(2)随着隧道掌子面推进,两种工法施工后围岩位移均呈现均匀增加的趋势,台阶法施工其隧道变形量较环形开挖预留核心土法大,位移量比环形开挖预留核心土法增加38.9%,但总体围岩的变形较小,在施工规范允许的变形范围内。

(3)台阶法较环形开挖预留核心土法的施工工序少、进度快,在保障隧道穿煤爆破施工安全的前提下,现场采用台阶法可缩短25%工期。

参考文献

[1] 王海洋,赵树磊,陈祥,等.我国隧道瓦斯事故统计及影响因素分析[J].中国安全科学学

报,2021,31(4):34-40.

[2] 苏培东,张睿,杜宇本,等.基于 Kriging 估值法的非煤隧道瓦斯预测[J].地下空间与工程学报,2021,17(3):953-960.

[3] 王玉琦.新高坡瓦斯隧道预抽瓦斯方案优化研究[J].现代隧道技术,2019,56(S2):308-314.

[4] 唐鸥玲,陈兴海,常兴旺,等.非煤系地层高瓦斯隧道浅层天然气赋存特征及抽排试验研究[J].现代隧道技术,2021,58(5):140-146,158.

[5] 李文树,周东平,郭臣业,等.大断面瓦斯隧道"五步法"预测揭煤技术应用研究[J].地下空间与工程学报,2019,15(1):262-268.

[6] 黎俊麟,苏培东,徐正宣,等.非煤高瓦斯隧道盾构施工技术研究[J].地下空间与工程学报,2020,16(S1):194-200.

[7] 杜志刚,张小东,王晓东.基于属性数学理论的隧道瓦斯突出危险性评价[J].地下空间与工程学报,2019,15(6):1866-1873.

[8] 吴波,陈辉浩,黄惟.基于模糊-熵权理论的铁路瓦斯隧道施工安全风险评估[J].安全与环境学报,2021,21(6):2386-2393.

大直径盾构隧道近穿对桩基的影响研究

杨　琴*[1]　魏代伟[1]　姚占虎[2]　李　辉[1]　刘　鑫[1]

(1.中交隧道工程局有限公司;2.中交一公局集团有限公司)

摘　要　为了探索大直径盾构隧道近距离施工对桩基影响,以上海市域机场联络线项目 14 m 级盾构穿越轨道交通 11 号线和 16 号线为背景,采用有限元软件建立三维模型分析盾构机穿越桩基全过程时桩基的位移、内力发展规律。结果表明:盾构开挖、地层损失引起桩基下移,且隧道以上桩身的位移明显大于下部,但管片脱出盾尾后的上浮会引起桩基发生较长时间的整体上移;桩基离隧道越近,其桩顶沉降越大,盾构完全穿过后上抬量也大,但承台全过程都向隧道倾斜,且在盾尾经过最近桩基时倾斜量最大;盾构掘进时对地层的挤压、摩擦使得桩基发生横向背离隧道方向、纵向朝前方向的水平位移,隧道中心所在深度位移最大,壁后同步注浆会使得桩基轻微向后移动;隧道上方土体向下变形使得此范围桩身产生负摩阻力,进而引起隧道下方桩侧摩阻力和桩端阻力增大,直至达到极限承载力。

关键词　大直径盾构隧道　近穿桩基　有限元　位移　内力

0　引言

经过多年开发建设,城市内建筑、桥梁、隧道、地下管线较为密集,在此条件下,新建盾构隧道经常会面临近穿桩基工况。众所周知,盾构掘进通过在掌子面施加土压力或泥水压力来平衡外部水土压力,以保持开挖面稳定;刀盘开挖直径大于隧道管片外径,此间隙需采用壁后注浆材料填充,土体的开挖及掌子面压力、壁后注浆压力会影响周边地层,若施工参数选择不当,可能进一步对桩基以及地上结构产生不利影响,甚至导致其丧失承载能力。因此,控制盾构穿越影响区域内桩基变形、确保结构安全至关重要,也面临挑战。

对于盾构隧道穿越桩基的研究主要采用解析法计算[1-4]、有限元分析[5-6]和监测分析[7]。其中采用有限元计算一方面是评价设计、施工方案的可行性[8],通常是验算最终阶段桩基的内力、变形以辅助工程决策;另一方面是规律性研究,已知桩基的受影响程度主要和盾构与桩基位置关系[9-10]以及地层损失率[11-12]有关,而地层损失率又与盾构施工参数[13]、地质条件有关。

目前已开展的研究基本都是针对直径小于10m 的地铁盾构隧道[14-15],对于10m 以上大直径,尤其是14m 以上[16-17]超大直径盾构的研究非常少。隧道直径越大,则上部覆土越厚,水土压力随之增大,泥浆压力、注浆压力更大,并且大直径隧

基金项目:中国交建 2021 年重点研发项目。

道上浮力更加显著,而盾构隧道也在向大直径方向发展。因此,有必要对大直径盾构隧道近距离穿越桩基时桩基变形、内力的影响规律进行研究,为工程实践提供理论支撑和技术建议。

1　工程概况

上海市域机场联络线虹桥站至上海东站线路全长68.627km,其中张江站—5号风井盾构隧道区间长度约为2.47 km,隧道管片外径为13.6m、厚度为0.55m、环宽为2m,采用一台直径14.04m的泥水平衡盾构机由东向西掘进施工。在此区间,盾构机需连续下穿轨道交通11号线(桩号DK35+486.1~DK35+470.6,对应管片743~750环)和16号线(桩号DK35+445.9~DK35+433.7,对应管片763~769环)。盾构隧道与高架桥桩平面位置关系如图1所示,三维空间关系如图2所示。下穿时盾构机在外环南河河域内,河道宽50m,河床宽20 m,陆域地面高程+5.5m,水位高程约为+4.5m,水深约5.5m,管片的覆土厚度26.2~28m。

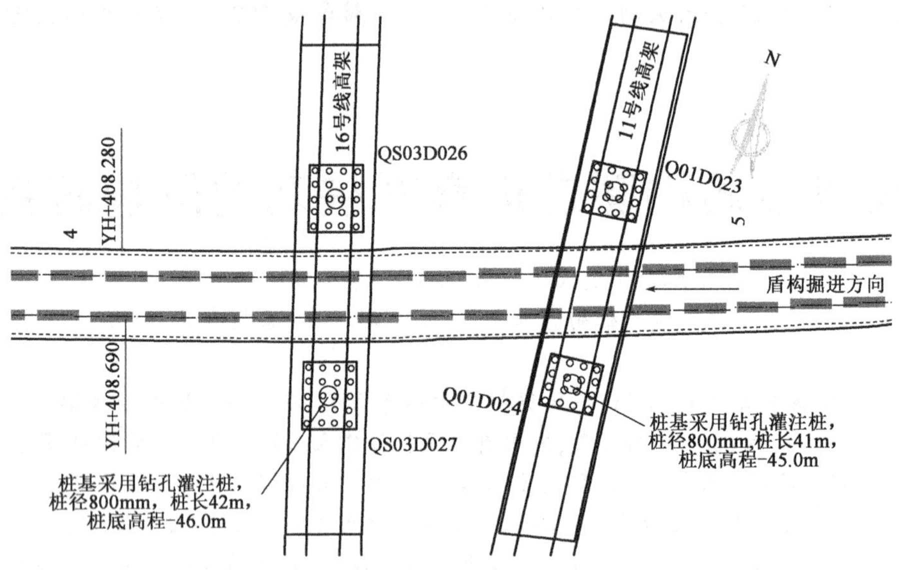

图1　盾构隧道与高架桥桩平面位置关系图

图2　盾构机穿越桥桩三维空间图

轨道交通11号线在此处采用高架桥结构形式,上部结构为预制U形混凝土梁,下部结构桥墩采用柱式墩身,桥墩直径2.7m,承台与20根桩(ϕ800mm钻孔灌注桩,4×5根)形成群桩基础,桩顶高程-4m,桩长41m,盾构机离桩基的最小净距为4m。轨道交通16号线与11号线结构基本相同,除桩长为42m,盾构机距离桩基的最小净距为4.5m。此区域地层主要为粉质黏土、淤泥、淤泥质粉质黏土、粉质黏土夹粉砂、粉砂、粉质黏土和粉质黏土夹粉砂,盾构机在粉质黏土夹粉砂中掘进。

2　有限元模型

2.1　计算模型

采用有限元软件建立三维模型。由于隧道两

侧基本对称,为了反映真实工况和控制单元数量,取一半隧道和地层进行计算,建立的计算模型如图3所示。模型中桩基础与隧道平面位置关系见图4。

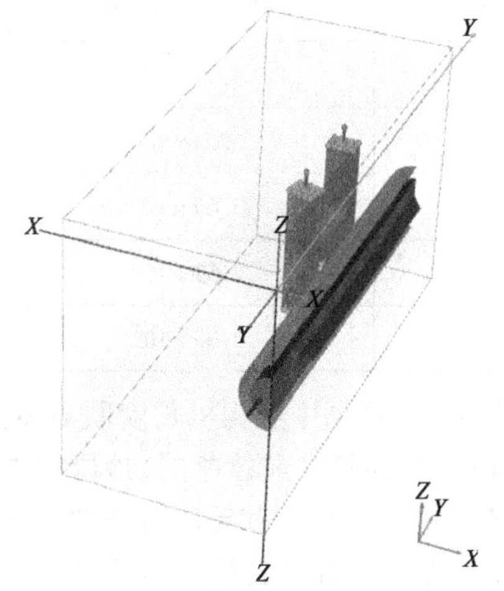

图3 计算模型图

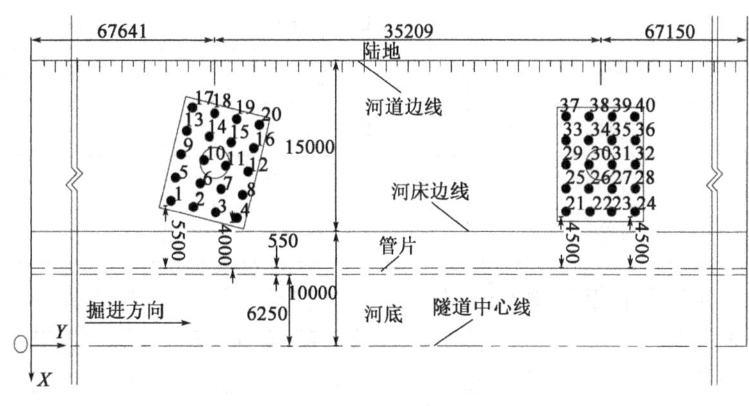

图4 模型中桩基础与隧道平面位置关系(尺寸单位:mm)

隧道横断面水平方向为 x 轴,模型范围为 $-70\sim0$m;沿隧道长度方向为 y 轴,模型范围为 $0\sim170$m;竖向方向为 z 轴,模型范围为 $-81.3\sim5.5$m。模型的底面设置固定约束,四个侧面设置法向位移约束,顶面为自由面。模型包含地层、盾壳、管片和两个桥墩及相应基础结构,共有57119个单元,94113个节点。

隧道中心高程 -35m,未考虑纵坡。桥墩位于河坡处,为了便于分析,第一个桥墩20根桩分别编号1~20,桩顶高程为 -4m、桩底高程 -45m;第二个桥墩编号21~40,桩顶高程为 -4m、桩底高程 -46m。相邻桩中心间距均为2.1m,最外侧桩基边缘至承台边缘距离0.4m。4号桩与管片距离最近,净距为4m,同排1号桩与管片净距为5.5m,第二个桥墩21~24号桩与管片净距均为4.5m。

2.2 计算参数

由于施工过程中除少数区域可能发生塑性变形外,大部分区域基本处于小应变(0.1‰~1‰)状态,采用小应变本构模型能更真实地模拟地层受力变形规律[18-19],也更接近监测数据,因此本文采用HSS模型(小应变土体硬化模型),层计算参数如表1所示,卸载-重加载泊松比 ν'_{ur} 取0.2,刚度参考应力 P_{ref} 取100kPa。

土层计算参数表 表1

土层名称	厚度(m)	重度 γ (kN/m³)	静止侧压力系数 K_0	E_{50}^{ref} (MPa)	E_{oed}^{ref} (MPa)	E_{ur}^{ref} (MPa)	m	有效黏聚力 c'_{ref}(kPa)	有效摩擦角 φ'(°)	$\gamma_{0.7}$ (10^{-4})	G_0^{ref} (MPa)	R_f
土1-粉质黏土	6.5	18.9	0.50	4.50	3.40	13.50	0.8	10.0	19.0	2.5	19.8	0.9
土2-淤泥	3.5	18.9	0.40	9.72	8.10	29.16	0.8	7.6	34.2	2.0	56.7	0.9
土3-淤泥质粉质黏土	20.5	17.4	0.60	3.78	3.15	11.34	0.8	13.8	18.4	2.5	31.5	0.68
土4-粉质黏土夹粉砂	23.3	17.7	0.50	4.39	3.99	13.17	0.65	18.2	22.4	2.8	20.0	0.9
土5-粉砂	8	19.0	0.34	12.54	11.40	37.62	0.65	6.6	34.7	2.8	57.0	0.9
土6-粉质黏土	8	19.6	0.45	7.56	6.30	22.68	0.8	49.5	17.6	2.0	44.1	0.9
土7-粉质黏土夹粉砂	17	18.1	0.48	5.54	5.04	16.62	0.65	26.4	18.9	2.8	25.2	0.9

结构单元计算参数如表 2 所示。

结构单元计算参数　表 2

结构	单元类型	重度 γ(kN/m^3)	弹性模型 E(MPa)
桩基	Embedded 桩	25	3.00×10^4
承台	板	25	3.00×10^4
桥墩	Embedded 桩	100	3.00×10^4
管片	土体和界面	30	2.52×10^4
盾壳	板	165	2.06×10^5

桩基和桥墩采用 Embedded 桩单元模拟,其中桥墩长度设为 6m,考虑整个桥墩及上部梁、轨道等自重,按总重量相等对桥墩重度进行等效计算。承台采用板单元模拟,厚度 2m。管片采用土体和界面单元模拟,对重度另考虑了台车或底部箱涵重量进行等效计算。由于管片采用错缝拼装。刚度折减系数取 0.7,对弹性模型进行折减。盾壳采用板单元,也另考虑了盾构机内部装备重量对重度进行了等效计算。

2.3　盾构施工过程模拟

考虑到施工影响范围,起始时将刀盘置于 y = 48m 处,则 y = 32 ~ 48m 范围为盾构机,y = 30 ~ 32m 范围正在进行注浆,盾尾之后管片拼装完成,此时刀盘距离 1 号桩约 16m、距离 4 号桩约 22m。每 2m 为一个阶段,本文模拟了掘进 90m(45 环)过程。设置施工阶段,初始阶段为地层应力自平衡,第 1 施工阶段施工桥桩,位移清零后,从第 2 施工阶段到第 47 施工阶段为盾构掘进施工阶段,施工阶段如图 5 所示,其中第 13 阶段为刀盘到达 4 号桩基,第 21 阶段为盾尾同步注浆到达 4 号桩基。

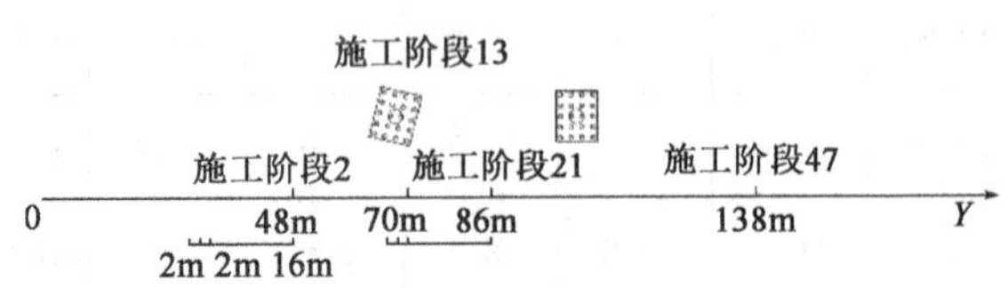

图 5　施工阶段示意图

由于盾构开挖直径大于盾壳外径,并且一般尾盾外径略小于前盾、中盾,结合超挖以及对地层的扰动,盾构机掘进过程中周边地层会产生收缩,用地层损失率表征。地层损失率一般通过地表沉降监测数据和 Peck 公式[20]计算得到,本项目的地层损失率约为 0.5%。模型中盾构机长度取 16m,每次掘进 2m,计算时前两环(前盾范围)地层损失率由 0 逐渐过渡至 0.5%,中盾和尾盾范围地层损失率统一取 0.5%,盾尾后由于注浆不考虑地层损失。掌子面泥水压力根据开挖面静止水土压力计算得到,顶部取值 480kPa,向下每米增加 14kPa,经试算此压力值能确保掌子面不发生较大变形,地表变形控制效果也较好。同步注浆实际是点式分布注浆,计算时按一圈分布荷载施加,顶部取值 550kPa,向下每米增加 17kPa。盾构掘进模型如图 6所示。

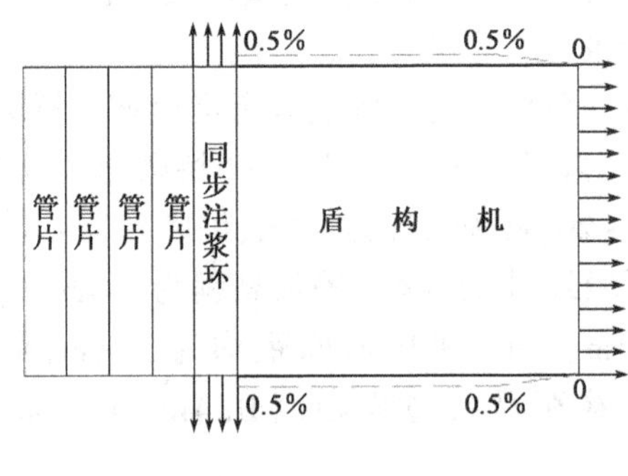

图 6　盾构掘进模型示意图(尺寸单位:m)

3　结果分析

3.1　桩身竖向位移分析

选取第一个桥墩下离隧道最近的 4 号桥桩进行分析,绘出其不同阶段竖向位移图,如图 7 所示。从图中可以看出,在第 2 阶段即刀盘离 4 号桩还有约 1 倍盾构机外径距离时,桩身竖向位移非常小;至第 8 阶段即刀盘离 4 号桩约 10m 时,桩身整体向下移动,隧道以上桩身比下部位移稍大;至第 13 阶段即刀盘到达 4 号桩时,桩身进一步下移,并且可以看出隧道以上桩身位移更大,此规律进一步发展至第21阶段即盾尾到达4号桩时。从第2~21阶段，隧道以下桩身位移变化较小，位移主要发生在隧道以上部分桩身，桩基的下沉主要是土层开挖和地层损失引起侧向地层向下移动。盾构机完全通过后，桩身又整体向上移动，且在第27阶段即4号桩离盾尾6环管片后，上移仍进一步较大发展，因此除了可能受同步注浆压力的影响，更主要的原因是管片脱出盾尾后上浮，通过土体传递使得桩基也上抬。本文盾构直径为14m，在不考虑抗浮措施下，其上浮非常显著。

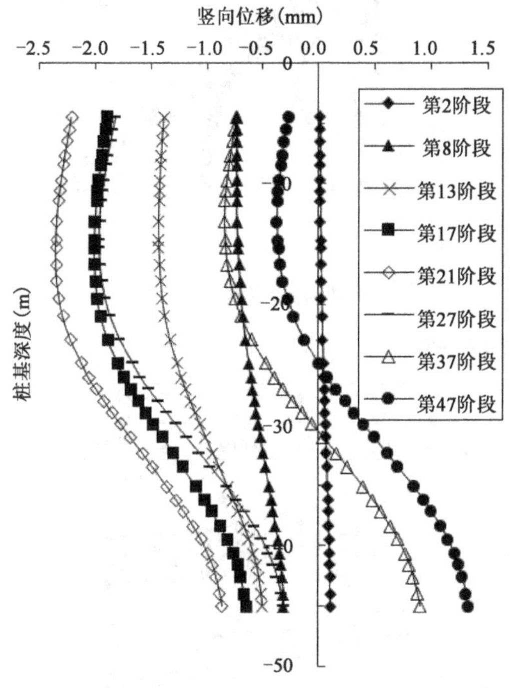

图7 4号桩竖向位移分布图

进一步地，选取第一个桥墩下方8根桩基分析桩顶竖向位移随盾构整个推进过程的变化规律，分别为紧邻盾构第一排的1~4号桩、第三排的9号、11号桩以及第五排的17号、19号桩，为了对比分析，也列出了第二个桥墩下21号桩的结果，如图8所示。所有桩的桩顶竖向位移变化规律类似，都呈现先沉降后逐渐恢复或轻微隆起的规律，选取的9根桩最大沉降值为2.20mm，最大隆起变形值为1.00mm。从第2~15阶段，1~4号桩的竖向位移差异不大，都从0mm逐渐降低到−1.5mm，随后1号桩在第19阶段达到竖向位移最小值−1.77mm，2号桩在第20阶段达到最小值−1.87mm，3号桩在第21阶段达到最小值−2.01mm，4号桩在第22阶段达到最小值−2.20mm，都是在距离盾尾同步注浆最近时达到最大沉降值，并且桩距离盾构机越近则沉降值越大，之后随盾构机逐渐远离，桩顶竖向位移也逐渐恢复，但上抬达到稳定所需的时间非常久，实际施工时管片脱出盾尾很久后才能稳定。第三排的9号、11号桩和第五排的17号、19号桩以及第二个桥桩下的21号桩也有类似规律，并且可以发现离盾构机较远，尤其中间隔着桩基时，桩顶沉降值会有效减小，第五排最大沉降只有约0.5mm，非紧邻隧道的桥桩与隧道之间相当于设置了“隔离桩”。对比第一个桥墩的桩基离隧道的距离与上抬量，明显可以发现，距离隧道越远的桩其上抬量越显著，承台全过程呈现倾斜变形，远离隧道侧上抬，如图9所示，左侧为远离隧道侧，右侧为靠近隧道侧。

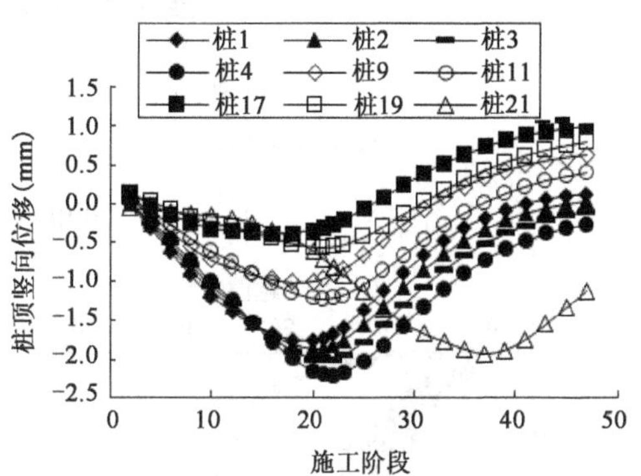

图8 桩顶竖向位移随施工阶段变化曲线图

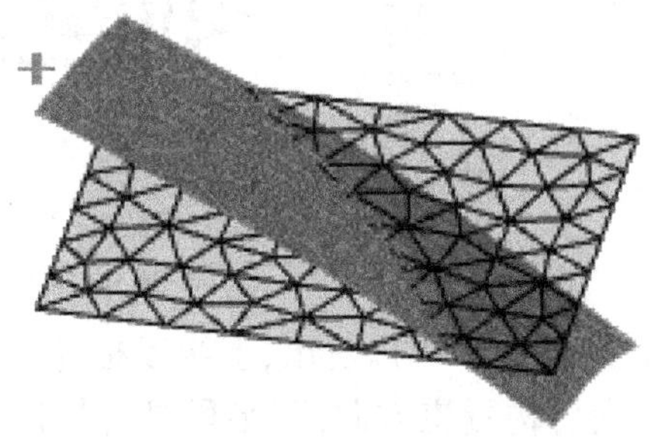

图9 第一个承台竖向位移图(第37阶段)

3.2 桩身水平位移分析

选取4号桩分析不同施工阶段桩身横向水平位移和纵向水平位移变化规律，图10a)、b)分别展示了典型施工阶段桩身横向水平位移结果和纵向水平位移分布情况，图11a)、b)分别展示了4号桩−35m深度处横向和纵向水平位移随盾构掘进变化规律。

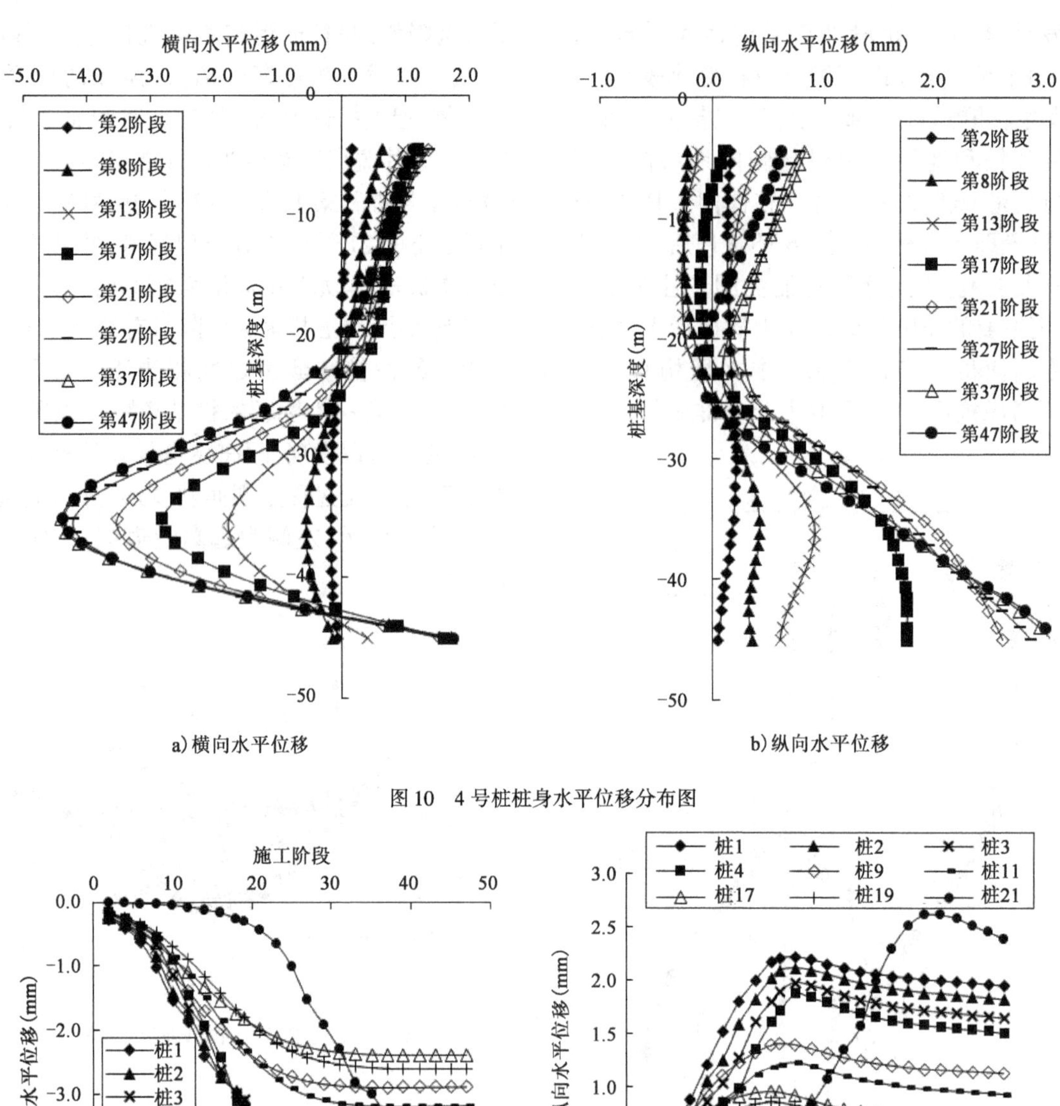

图10　4号桩桩身水平位移分布图

图11　4号桩-35m深度处水平位移变化曲线图

从图10a)中可以看出,上半段桩身横向水平位移朝向盾构隧道方向,下半段桩身横向位移背离盾构隧道方向,上部位移主要是开挖地层损失引起,下部位移主要是盾构机掘进时挤压周边地层产生。各阶段桩身横向水平位移最大值发生在隧道中心深度处,图11a)绘出了部分桩在-35m即隧道中心线高程上横向水平位移随施工阶段变化曲线,不同位置处桩基规律相似,盾构机通过阶段横向水平位移快速增加,刀盘到达前和盾尾离开后,位移增长较为平缓。盾构刀盘到达4号桩前,横向水平位移很小,在第8阶段最大值为-0.55mm;盾构机经过桩的过程中,横向位移最大值由-0.55mm增加到-3.53mm,横断面上桩身"S"形更加显著;随着盾尾离开4号桩,横向位移进一步增加,桩身也更弯曲,第27阶段后(距盾尾6环后)横向位移逐渐稳定,最大值约为-4.40mm。

图10b)展示了4号桩桩身纵向水平位移结果,当桩在刀盘前方较远时,纵向水平位移很小,整体轻微往前移动。随着刀盘靠近,桩身整体呈"S"形,下半部分往前弯曲、上半部分往后弯曲,刀盘到达时最大纵向位移发生在隧道中心处,为

0.91mm,纵向位移主要由盾壳与地层摩擦引起,此时桩底的纵向位移还较小,只有0.60mm。盾构机穿越过程,纵向水平位移增大明显,隧道中心深度处由0.91mm增大到1.88mm,桩端由0.60mm增大到2.58mm,桩端位移已超过-35m深度处,本算例隧道底在桩端上方3m,隧道下方土体给桩的约束不足以抑制底部桩身随上部桩身向前的移动。盾构机离开后,隧道中心深度处桩的纵向位移有所减小,最终降至1.58mm,表现为向后方移动,图11b)绘出了部分桩在-35m处纵向水平位移随施工阶段变化曲线,可以看出在盾构机通过后桩基位移都会向后方轻微恢复,应是同步注浆压力下后方土体挤压使得桩身受到向后的荷载产生的。

桩身的变形主要发生在盾构机穿越过程中,盾构机所在深度范围内影响较大,桩身在横向和纵向两个方向上的水平位移都比较明显,由地层损失、盾构掘进推力、对地层的挤压作用、与地层摩擦作用、注浆压力共同产生。桩基的水平方向上的变形并不是平面内的变形,不同深度处横向、纵向位移方向、大小不同,且随施工阶段也在变化,因此若采用两阶段解析解方法需确定土体在空间上的变形规律,才能得到较为准确的桩基变形、内力。

3.3 桩侧/端阻力分析

由于桩身弯矩均不超过100kN·m,桩身轴力也可由桩侧摩阻力和桩端阻力得到,并且桩基主要通过桩身的侧摩阻力和桩端承力,将上层结构传递过来的荷载及自重传递至地层中,因此本文仅分析桩侧摩阻力和桩端阻力变化规律。以4号桩为例,分析不同施工阶段侧摩阻力的分布变化规律,如图12所示。

从图中可以看出,侧摩阻力的大小沿桩长分布并不均匀,与土层性质、地层扰动分布有关,盾构掘进对桩侧摩阻力的影响主要在中下部桩身,即隧道所在深度。第2阶段时,盾构刀盘距离4号桩还有约1倍盾壳外径距离,此时桩身基本都是正摩阻力。至第8阶段,-27~-20m深度范围已经出现负摩阻力,并且-38m深度以下土体为桩基提供的正摩阻力有所增加。至第13阶段,也就是刀盘到达4号桩最近处时,负摩阻力范围有所扩大,数值也大大增加,-38m深度以下正摩阻力也在增加。上述规律在第17阶段,也就是盾尾到达4号桩时最显著,负摩阻力范围已经扩大到-30~-10m范围,数值几乎增加到最大,底部的正摩阻力也增大到承载能力极值,随后第21、27、37、47阶段,桩身侧摩阻力由于达到极限侧阻力设定值,因此无法继续增加。另外,值得一提的是,根据图7我们可知桩基下部的竖向位移向上,但产生正摩阻力,这是因为大直径隧道产生明显上浮,使得地层产生向上的位移,并且大于桩基位移,而产生正摩阻力。

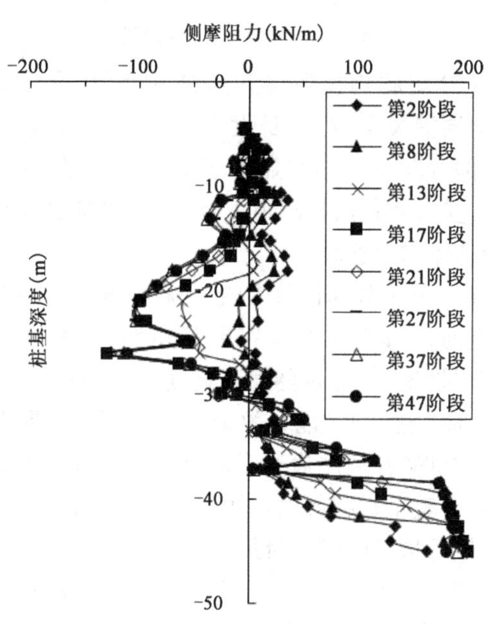

图12 4号桩侧摩阻力分布图

桩侧摩阻力和桩端承力共同构成桩基承载力,两者的变化是相互影响的,图13除了展示部分桩的桩端阻力随施工阶段的变化规律,整体变化规律相似。以4号桩为例,第2阶段时,桩端阻力较小,为76.34kN,此时桩基荷载主要由桩侧摩阻力承担。至第8阶段,桩端阻力为104.66kN,至第13阶段,桩端阻力为157.63kN,至第17阶段,桩端阻力为251.55kN,桩端阻力的增加程度对应上述侧摩阻力的损失,桩身上部损失的承载力转移到下部桩侧摩阻力和桩端阻力。至第21阶段,盾尾离4号桩最近时,桩端阻力增大至304.75kN,此时桩身损失的侧摩阻力全部由桩端阻力承担。盾构机继续掘进,则桩端阻力增加放缓,在第27阶段达到339.28kN后基本稳定。

4 结语

本文利用有限元软件模拟14m级大直径盾构隧道近距离穿越桩基全过程,分析桩基变形和内力变化规律,得到以下结论:

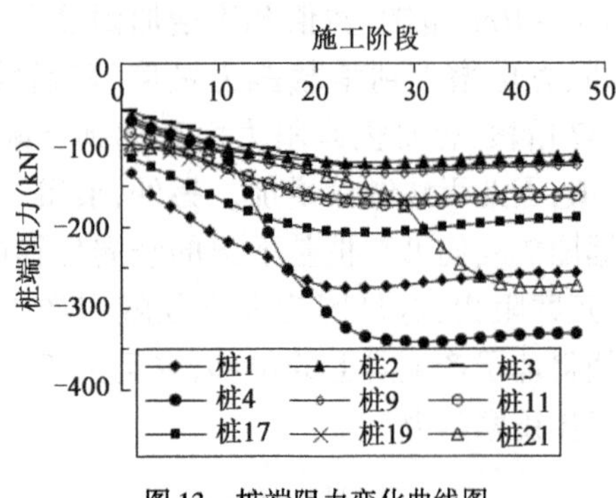

图13 桩端阻力变化曲线图

(1)在盾构机盾尾到达桩基处前,受土体开挖、地层损失影响,桩身发生向下位移,并且隧道上方部分向下位移明显大于下部,盾构机完全通过后,受大直径盾构隧道上浮影响,桩基会发生长期的整体向上移动。

(2)桩顶竖向位移先向下,盾尾通过后变为向上,竖向位移大小与桩基距隧道距离、是否存在"隔离桩"有关,距离隧道越近,盾尾达到时沉降值越大,而"隔离桩"能有效减小桩顶沉降。距离隧道较远桩基在盾尾通过后甚至会上抬超过原始高程,承台整个过程都处在倾斜状态,在盾尾经过桥墩下最近桩基时倾斜量最大。

(3)桩身水平方向上横向、纵向位移都较显著,隧道中心深度处水平位移最大,主要发生在盾构机穿越桩基的过程,由盾构对地层的挤压、摩擦产生远离隧道的横向位移和朝前方的纵向位移,因此盾构宜慢速、匀速通过。

(4)盾构通过后同步注浆压力会使得桩基轻微向后方移动,若桩底在隧道下方深度较浅,下部地层约束不强,则桩端受上部变形带动而发生较大位移。

(5)盾构掘进时隧道上方土体向下变形而使得此范围桩身产生负摩阻力,进而导致隧道下方范围桩身摩阻力和桩端阻力相应增加,当摩阻力超过桩基的极限侧阻力,则全部转化为桩端阻力,相反若达到极限桩端阻力则全部转化为侧阻力,必要时应采取措施减小负摩阻力或提高桩侧阻力、端阻力。

参考文献

[1] 郑颖人,赵尚毅,张俊,等.有限元强度折减法在土坡与岩坡中的应用[J].岩石力学与工程学报,2004,23(19):3381-3388.

[2] 冯国辉,郑茗旺,窦炳珺,等.盾构掘进引起的邻近群桩水平位移解析研究[J].中南大学学报(自然科学版),2022,53(4):1371-1380.

[3] 冯国辉,窦炳珺,黄展军,等.盾构开挖引起邻近桩基水平位移的简化计算方法[J].湖南大学学报(自然科学版),2022,49(9):136-144.

[4] 范秀江,冯国辉,薛芬芬,等.盾构开挖引起邻近单桩水平向变形解析研究[J].华东交通大学学报,2023,40(3):17-23.

[5] 袁海平,王斌,朱大勇,等.盾构近距侧穿高架桥桩的施工力学行为研究[J].岩石力学与工程学报,2014,33(7):1457-1464.

[6] 张明,潘梦阳.盾构近距穿越桥梁施工对地表及桥梁桩基的影响[J].科学技术与工程,2019,19(27):311-320.

[7] 何占坤.盾构隧道下穿既有车站桩筏基础影响分析及施工控制——以杭州地铁5号线盾构隧道下穿杭州南站站房工程为例[J].隧道建设(中英文),2022,42(S1):222-231.

[8] 王立新.盾构超近距离穿越大型立交桩基群影响研究[J].地下空间与工程学报,2016,12(3):761-768,838.

[9] LOGANAYHAN N. Centrifuge model testing of tunnelling-induced ground and pile deformations [J]. Geotechnique,2000,50(3):283-294.

[10] 王栓,郑晓飞,吕伟华.盾构隧道近距离侧穿桩基的力学响应分析[J].南京工程学院学报(自然科学版),2018,16(2):36-43.

[11] 赵坤,杜守继,陈军,等.盾构穿越立交桥桩时微扰动控制施工的数值分析[J].地下空间与工程学报,2017,13(6):1608-1615.

[12] 喻凯,宁纪维,田哲侃.临近混凝土管桩基础建筑物盾构掘进地层损失控制[J].施工技术,2019,48(11):83-88,115.

[13] 王亚会.盾构穿越运营铁路群的掘进施工扰动及主动防护研究[D].济南:济南大学,2019.

[14] 杜立凡.隧道盾构施工对邻近桥梁群桩的影响分析[D].广州:华南理工大学,2021.

[15] 周鑫,杨建辉,刘涛.盾构法施工对近距离侧穿桥梁桩基的影响分析[J].地下空间与工程学报,2022,18(2):586-595.

[16] 张文正.北京地铁14号线大直径盾构隧道下穿机场线桥桩结构变形及其控制研究

[D].北京:北京交通大学,2012.

[17] 李新星,杨志豪.盾构近距离穿越高架桩基的施工影响与保护措施[J].岩土力学,2015,36(S1):537-541.

[18] 姜晓婷,路平,郑刚,等.天津软土地区盾构掘进对上方建筑物影响分析[J].岩土力学,2014,35(S2):535-542.

[19] 王月中.常州地铁1号线盾构下穿京沪高铁梁桥对桥墩的影响分析[D].淮南:安徽理工大学,2018.

[20] PECK R B. Deep excavation and tunneling in soft ground [C] // Proceedings of 7th International Conferfence on Soil Mechanics and Foundation Engineering, Mexico City, 1969:225-290.

The Usage of Machine Learning Algorithms for Forecasting of Ground Surface Settlements Caused by Tunneling

Mark Miller *[1,3] Yong Fang[1] Meng Wei[2] Sergey Kharitonov[3] Vladimir Akulich[3]

(1. School of Civil Engineering, Southwest Jiaotong University; 2. State Key Laboratory of Geohazard Prevention and Geoenvironment Protection, Chengdu University of Technology; 3. Department of Bridges and Tunnels, School of Railway Track, Structure and Construction, Russian University of Transport (RUT MIIT))

Abstract This study aims to investigate the use of machine learning algorithms to predict the settlements of the ground surface triggered by tunneling using a shield method. First, a 2D tunnel calculation scheme was proposed for nonlinear construction stage analysis using the "contraction" load, which can be used to simulate the soil volume loss. Further, this model was verified by comparing the solution with the analytical method and numerical simulation, which uses standard modeling approaches, including the spatial formulation. Then, after brief describing the main theoretical substantiation of machine learning techniques, the 2D scheme was used to create the dataset. Finally, the dataset was processed by the machine learning algorithms: linear regression, decision tree, random forests, polynomial regression, ridge regression and neural network, which showed the best forecasting ability ($R^2=0.985$; RMSE $=0.000986$).

Keywords Subway Tunnel Forecasting ground surface settlement Machine learning Artificial neural network Decision tree

0 Introduction

Nowadays, machine learning algorithms have been widely used in various aspects of human activity, continuing to develop and improve. Within the framework of ground surface settlement prediction, the ability of machine learning to solve a regression problem is used, in which an algorithm based on an initial dataset predicts the value. Moreover, machine learning methods are adapted for various fields of civil engineering, such as prediction of bridge deck deterioration, seismic damage prediction, tunnel crack identification, etc.

Many researchers are engaged in predicting the deformations of the surface when tunneling with the help of artificial intelligence. While the vast majority of research focuses on specific study cases, this article offers a generalized approach to creating datasets from different projects with variable parameters, such as tunnel depth, soil characteristics and soil volume loss.

1 Problem statement

To use machine learning method for predicting the ground surface settlements it is necessary to have a dataset for training models. Previously, obtaining such a dataset was associated with a large expenditure of time and computational resources to create and calculate a finite element model, but the tool "Contraction" in Midas GTS NX software allows one to set shrinking of the tunnel lining. In general, this approach is a convention, since it is impossible to assess the stress-strain state of the tunnel lining in such conditions, however this tool can be used in one specific engineering task: assessing the impact of the construction of a new tunnel on the ground surface. During the construction of a tunnel by the shield method, due to the gap between the outer shell of the shield and the lining, a soil volume loss occurs, which has influence on the deformation of the ground surface. Using simplest geometric transformations, it is possible to express the soil volume loss through shrinking of the tunnel lining.

The numerical simulation is a nonlinear construction stage analysis of a planar calculation scheme. The lining material is assumed to be infinitely linearly elastic. The physical and mechanical properties of the lining correspond to the properties of concrete: modulus of elasticity $E = 3.8 \times 10^4$ MPa, Poisson's ratio $\mu = 0.2$, density $\rho = 2.45\text{g/cm}^3$. The shape of the lining is accepted according to the standard design: diameter – 6.0m; thickness – 0.3m. The distance from the ground surface to the center of the tunnel z varies from 8 to 23 meters (Figure 1). The amount of contraction varies from 0.1% to 2.7% (which corresponds to about 5.3% of soil loss). The soil array is described by the popular Mohr-Coulomb model with varying parameters:

$$2.5 \leqslant E \leqslant 50\text{MPa}; 0 \leqslant c \leqslant 38\text{kPa};$$

$$7 \leqslant \varphi \leqslant 43°; 0.3 \leqslant \mu \leqslant 0.42$$

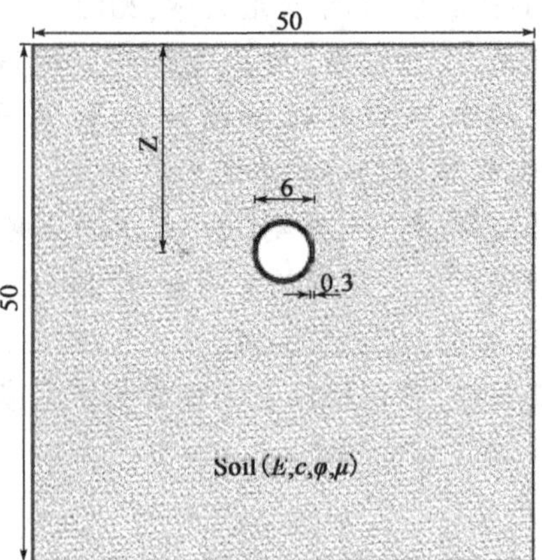

Figure 1 Accepted calculation scheme used for dataset producing(Unit: m)

2 Test task

At first, the problem was solved analytically using the Park solution. The displacements in polar coordinate system are obtained as:

$$u_r = -\frac{1.5}{E}\left(\frac{a_0}{r} + \frac{\gamma a^2}{2}\ln r\sin\theta\right) \quad (1)$$

$$u_\theta = -\frac{1.5}{E}\frac{\gamma a^2}{2}(1 + \ln r)\cos\theta \quad (2)$$

And the surface settlements:

$$\begin{aligned} u_z &= u_r\sin\theta - u_\theta\cos\theta \\ &= -\frac{1.5}{E}\left\{\frac{a_0}{r}\sin\theta + \frac{\gamma a^2}{2}[\ln r(\sin^2\theta - \cos^2\theta) - \cos^2\theta]\right\} \end{aligned} \quad (3)$$

Where E is Young's modulus, r and θ are the polar coordinates (Figure 2), γ is the unit weight, a is the tunnel radius, a_0 is the coefficient depending on boundary conditions.

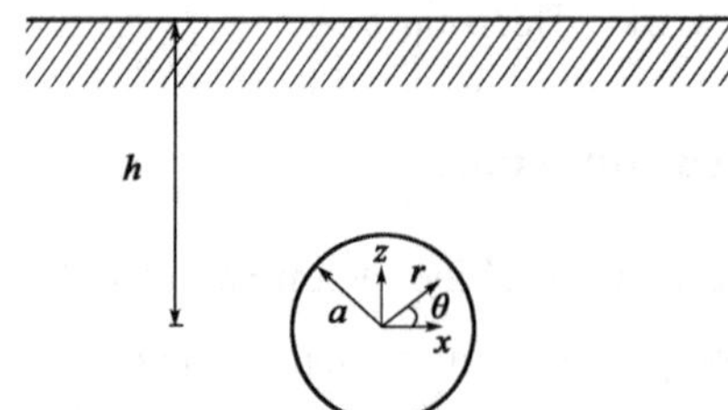

Figure 2 Coordinate systems

The following boundary condition of the prescribed displacements is considered around the tunnel (Figure 3):

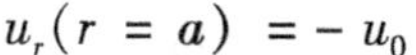

$$u_r(r = a) = -u_0 \tag{4}$$

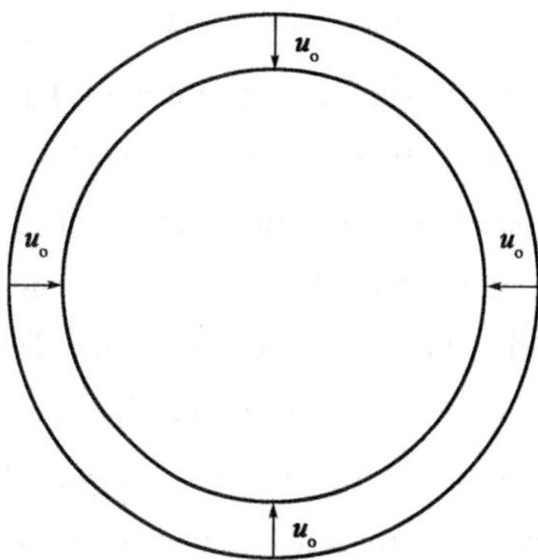

Figure 3 Boundary conditions of prescribed displacements

The value $u_0 = 0.5g$ and g = gap parameter estimated by following the procedure suggested by Lee.

Numerical simulation is performed in a planar (Figure 4) and spatial formulation (Figure 5). The two-dimensional problem is an object of interest, since this model is used to create a dataset, as mentioned earlier. The three-dimensional problem is a multi-stage nonlinear analysis, in which the soil is sequentially extracted and the tunnel lining is installed. Next, the "contraction" load and friction are added to the spatial scheme. The friction between the shell element of the tunnel lining and the solid element of the soil is represented as plane interface element.

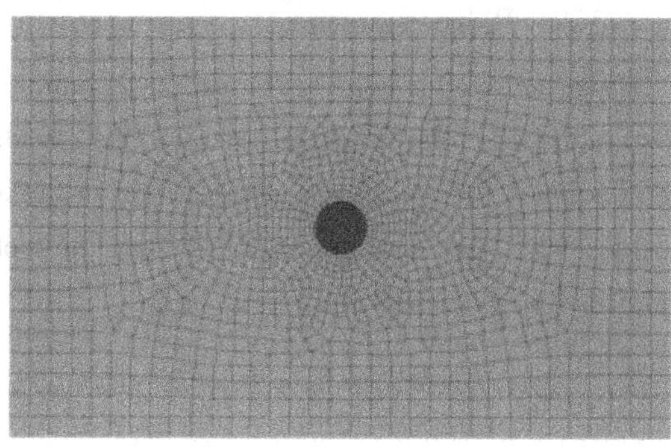

Figure 4 2D calculation scheme

Figure 5 3D (right) calculation scheme

The tunnel is accepted with a diameter of 5 m and a thickness of 0.25 m, the distance from the surface to the tunnel center is 20 m, the lining material is adopted with the characteristics of concrete: $E = 3.8 \times 10^4$MPa, $\mu = 0.2$, $\rho = 24.5$kN/m^3;

the soil is assumed as sand:

$E = 30$MPa, $c = 10$kPa, $\varphi = 25°$, $\mu = 0.3$, $\rho = 20$kN/m^3. The results are shown in Figure 6.

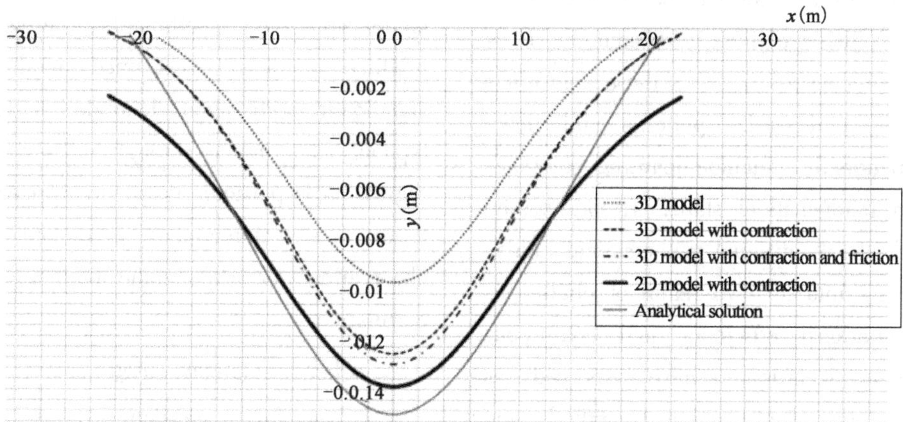

Figure 6 Surface settlement values obtained by analytical solution and numerical simulation

The spatial calculation scheme with a construction stage analysis only under the influence of gravity gives the smallest value of the settlement (0.00955m). It is noteworthy that when the "contraction" load is added, the settlement increases to 0.0125 m. The case is also calculated with additional consideration of the friction in the 3D scheme, which increases the settlement to 0.0129 m. Due to the complexity of accounting for the friction (the properties of interface elements should be recalculated each time depending on the parameters of the surrounding soil mass and the elements themselves complicate achieving the desired convergence of the solution) and its negligible influence (~3.2%), it was decided not to take the friction into account when generating the dataset to save time and computing resources. The target 2D model itself, which is verified in this test task, demonstrates the results of the settlement of 0.0135 m. The maximum settlement value is obtained using an analytical solution (0.0145m).

Thus, when studying the issues of assessing the impact of tunnel construction on the ground surface settlement, it is permissible to use the "contraction" load. The flat calculation scheme shows reliable results, the model can be considered verified.

3 Machine learning

Machine learning, a subset of artificial intelligence, explores the development of algorithms that can learn without explicit programming. It is founded on the concept that a set of these algorithms can be trained to recognize patterns and make decisions independently. Machine learning combines principles from mathematical statistics, optimization techniques, and other traditional mathematical fields, while also delving into its own realm of challenges such as computational efficiency and continuous learning. Various techniques have emerged as alternatives to conventional statistical methods and are closely linked to information retrieval and data analysis.

3.1 Linear models

3.1.1 Ordinary least squares

Linear regression using Ordinary Least Squares (OLS) is a statistical technique employed to model the connection between a dependent variable and one or multiple independent variables by constructing a linear equation based on collected data. The objective is to determine the most accurate line that minimizes the total squared deviation between the actual outcome and the predicted outcome according to the linear model. This approach yields coefficients for the linear equation, enabling forecasts about the dependent variable using fresh data for the independent variables.

3.1.2 Ridge regression

Ridge regression is a regularization technique in linear regression that works to reduce the residual sum of squares by including a penalty term in the loss function, with the goal of aligning the predicted response with the actual response[13]:

$$P^{\text{Ridge}}(\beta) = \lambda \sum_{j=1}^{p} \beta_j^2 \tag{5}$$

$$L^{\text{Ridge}}(\beta) = \|Y - X\beta\|^2 + \lambda \beta^{\mathrm{T}}\beta \tag{6}$$

Known as "L2 regularization", this additional component assists in simplifying the model and preventing overfitting. It calculates the sum of squared coefficients multiplied by a hyper parameter lambda, which indicates the level of regularization strength: higher lambda values lead to a more constrained model with minor coefficients, whereas lower values produce a less constrained model with more significant coefficients. Lambda ' s ideal value is typically determined through cross-validation. Ridge regression is particularly effective in scenarios where there are numerous predictors relative to observations, or when some predictors exhibit high correlation.

3.1.3 Polynomial regression

Polynomial regression involves analyzing the connection between the dependent variable y and the independent variable x by representing it as a polynomial of degree n. This method introduces a new collection of predictors by raising the independent variable to varying powers, enabling the modeling of nonlinear relationships between the dependent and independent variables. By training the model on a designated dataset, the polynomial coefficients are determined through optimization methods like gradient descent. The objective is to identify the polynomial that most accurately captures the dataset, gauged by a suitable error metric. Following its training, the model can be leveraged to predict outcomes for fresh data points.

3.2 Artificial neural network

An Artificial Neural Network (ANN) is composed of multiple neurons that function as information processing units to carry out specific tasks. Each neuron calculates an output signal based on a set of input signals using specific rules. A neuron includes weighted inputs, summation and activation functions, and an output function (Figure 7). While neurons can be interconnected in various ways, the fundamental purpose of a neural network is always to transmit information forward.

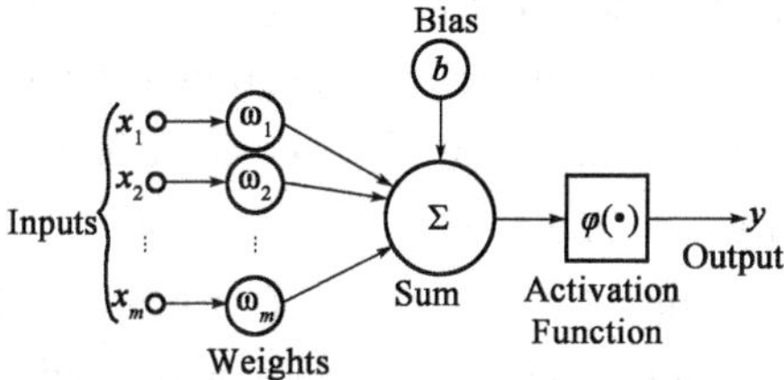

Figure 7 Simplified Model of an Artificial Neuron

Therefore, the input data is transmitted to the hidden layers for processing. Subsequently, the final hidden layer forwards the processed information to the output layer and receives the outcomes. This investigation employs a fully connected neural network, where each neuron in one layer is connected sequentially to every neuron in the subsequent layers, encompassing the input, hidden, and output layers (refer to Figure 8). Varied weights signify the diverse impact of neighboring neurons on a specific neuron. These parameters are adjusted by the network itself during training. The weighted summation of the input data is conveyed to the hidden neurons, where it undergoes transformation via the activation function. The process of deriving output data is delineated by the following equation:

$$Y_k^{n+1} = f\left(\sum_{i=1}^{N} X_i^n w_{ki}^n + b_i^n\right) \tag{7}$$

Where Y_k^{n+1} is output of unit k in the nth layer, f is the function of activation, X_i^n is the input vector, w_{ki}^n is a weight vector, b_i^n is the bias weight.

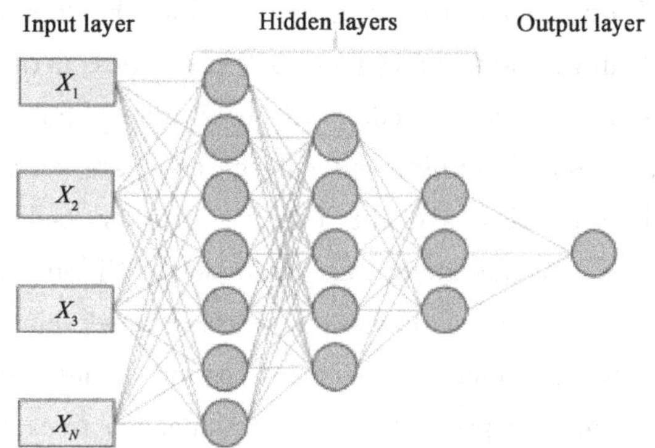

Figure 8 Schematic of an artificial neural network

The initial weights are typically assigned randomly at the beginning of neural network training, which involves adjusting these weights through the backpropagation algorithm. The process of training the network using backpropagation comprises two main phases: feedforward and backward propagation. A training set, consisting of input vectors and corresponding target output vectors, is provided to the network for learning. The network ' s actual output is compared with the target output to calculate an error, which is then used to update the weights by re-propagating them. Iterative weight adjustments (epochs) are performed for each training set until a stopping condition, such as a predefined number of epochs or a specified threshold, is met. The backpropagation algorithm consists of three key stages:

(1) Feedforward Stage: The input layer computes the output by summing the weighted inputs and biases up to the output layer using a specified activation function.

(2) Backpropagation Stage: The error, obtained by comparing the network output with the target output, is calculated and propagated backward through the network starting from the output layer.

(3) Weight and Bias Update Stage: In this final phase, the weights are adjusted to minimize errors based on the backpropagated error signals.

3.3 Decision Tree

The decision tree is a valuable tool for data mining and predictive analytics, aiding in the resolution of classification and regression challenges. It adopts a hierarchical tree structure with "If··· then ···" rules, automatically generated from the training set during the training process. These rules, derived from a collection of individual observations (training examples) describing the subject area, are termed inductive rules, and the learning process itself is known as decision tree induction. Within the supervised learning framework, where a target value is assigned to examples, decision trees are created. The two primary types of trees are classification trees, for discrete target variables, and regression trees, for continuous target variables.

The root node, also known as the decision node, signifies an option for dividing all records into exclusive subsets. Internal nodes, or random nodes, represent potential choices within the tree structure; their upper edge connects to the parent node, while the lower edge links to child or leaf nodes. Leaf nodes, or end nodes, represent the final outcome of decision combinations (Figure 9).

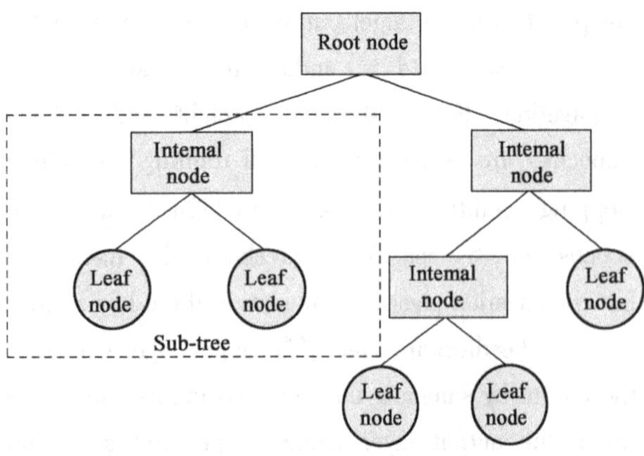

Figure 9 Schematic of a simple decision tree

Prior to model compilation, it is crucial to identify the most significant input variables and use them to divide records at the root node and subsequent internal nodes into categories or "bins." Various metrics such as entropy, Gini index, classification error, information gain, gain ratio, and Twoing criteria are employed to assess the purity of resulting child nodes (i. e., the proportion with the target condition) and aid in selecting optimal input variables. The process of splitting continues until specified criteria for homogeneity or stopping conditions are reached. Typically, not all available input variables are utilized in constructing the decision tree model, and occasionally, a single input variable may be employed multiple times at various stages within the decision tree.

3.3.1 Classification and Regression Tree (CART)

The CART (Classification and Regression Tree) algorithm repeatedly divides the original dataset into subsets that become increasingly similar in terms of specific features, creating a tree-like structure. This division is based on logical rules in the form of IF (A) then(B), where A represents a logical condition and B signifies the process of splitting a subset into two parts based on whether A is true or false.

Initially, the root node of the tree is linked to the most optimal condition, dividing the entire set of objects into two groups. Subsequent parent nodes may generate two branches leading to descendant nodes, which are associated with boundary values of other relevant variables and establish rules for further division (splitting criteria). The terminal nodes of the tree, known as "leaves" correspond to identified solutions and encompass all objects from the training sample grouped accordingly.

This process follows a "greedy" approach, aiming to create a complex tree structure for improved performance on the training sample but potentially leading to overfitting on the test sample. Therefore, the model's size must be optimized to include valuable information for recognition while disregarding irrelevant data. To achieve this, tree pruning is commonly employed to remove branches that do not significantly reduce errors.

Finding an unbiased internal measure that balances accuracy and simplicity effectively is challenging. Therefore, the common approach to optimizing trees relies on cross-validation. This involves splitting the training data into ten equal segments, using nine for tree construction and one for validation. By iterating this process multiple times, the tree with the optimal performance in cross-validation is chosen from a selection of candidate trees meeting acceptable model quality standards.

3.3.2 Random Forests (RF)

Random forests is a technique developed by Leo Breiman following CART, which involves utilizing an ensemble of decision trees. The core concept of the algorithm involves selecting a random subset of variables at each iteration, then constructing a decision tree based on this new sample. Additionally, "bagging" is carried out, where a random two-thirds of observations are used for training and the remaining third is used for evaluation. This process is repeated numerous times, resulting in a model that aggregates the predictions of multiple trees generated during modeling.

3.4 Statistical accuracy measurement

In the realm of forecasting machine learning models, a level of uncertainty is inherent. The precision and validity of prediction outcomes are gauged by the extent of the prediction error, reflecting the variance between the actual measurement and the forecasted value. To assess accuracy and predictive capability, five key metrics are commonly utilized: the coefficient of determination for prediction, mean absolute error (MAE), mean absolute percentage error (MAPE), mean square error (MSE), and root mean square error (RMSE).

$$R^2(y,\hat{y}) = 1 - \frac{\sum_{i=1}^{n}(y_i - \hat{y}_i)^2}{\sum_{i=1}^{n}(y_i - \bar{y})^2}$$

where

$$\bar{y} = \frac{1}{n}\sum_{i=1}^{n} y_i \tag{8}$$

$$\mathrm{MAE}(y,\hat{y}) = \frac{1}{n}\sum_{i=1}^{n} |y_i - \hat{y}_i| \tag{9}$$

$$\mathrm{MAP}E(y,\hat{y}) = \frac{1}{n}\sum_{i=1}^{n} \left|\frac{y_i - \hat{y}_i}{y_i}\right| \tag{10}$$

$$\mathrm{MSE}(y,\hat{y}) = \frac{1}{n}\sum_{i=1}^{n}(y_i - \hat{y}_i)^2 \tag{11}$$

$$\mathrm{RMSE}(y,\hat{y}) = \sqrt{\frac{1}{n}\sum_{i=1}^{n}(y_i - \hat{y}_i)^2} \tag{12}$$

Where: y, $\hat{y}$—actual and predicted value respectively.

In this research, RMSE and R^2 score are used to evaluate the performance of machine learning algorithms

3.5 Dataset

The dataset is a table of 400 rows, each of which contains data on a separate calculation case, and 7 columns (soil parameters: Young ' s modulus, cohesion, frictional angle, Poisson ' s ratio; depth of location of the central axis of the tunnel; the amount of lining shrinking through which the soil volume lost is expressed; surface settlement, which is the target value for forecasting). Figure 10 shows a correlation matrix of features, from which it can be seen that the features with the highest influence on the settlement are contraction (0. 74) and the distance from the surface to the center of the tunnel (0. 29).

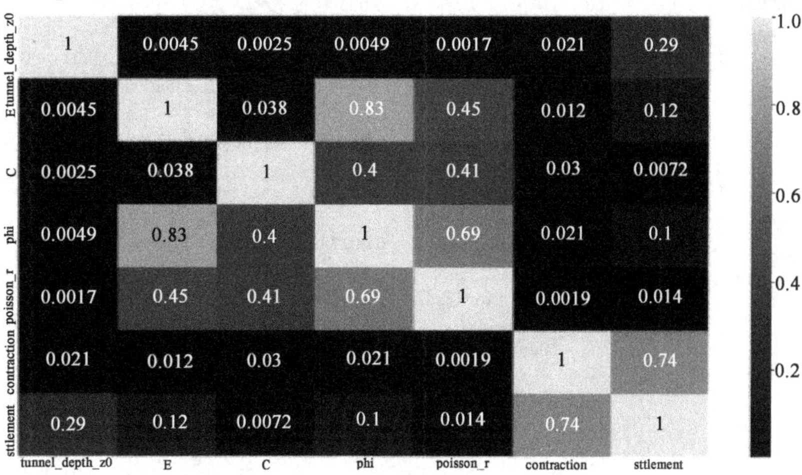

Figure 10 Correlation matrix of the features

3.6　Results

To assess the dependability of the proposed machine learning solutions, algorithms are trained using a designated training set. The dataset is partitioned randomly into training (60%), validation (20%), and test (20%) subsets.

The outcomes depicted in Figure 11 showcase a comparison between computed settlement values and predicted values generated by the algorithms. Each plot features dot diagrams positioned in relation to the $y = x$ line, illustrating the correlation between model predictions and settlements derived from numerical simulations.

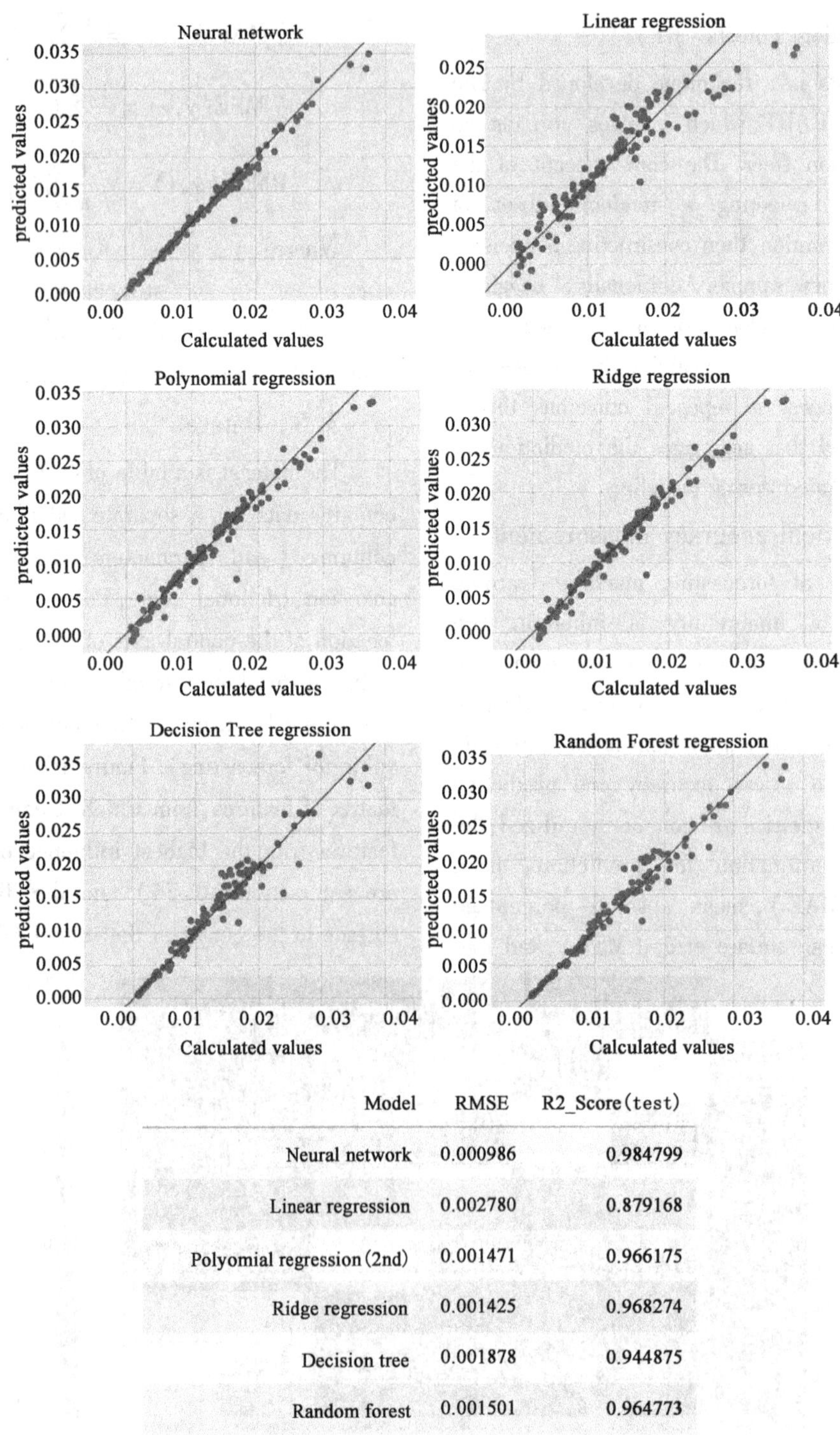

Model	RMSE	R2_Score(test)
Neural network	0.000986	0.984799
Linear regression	0.002780	0.879168
Polyomial regression(2nd)	0.001471	0.966175
Ridge regression	0.001425	0.968274
Decision tree	0.001878	0.944875
Random forest	0.001501	0.964773

Figure 11　Results of the forecasting models, the values of RMSE and R^2 scores for each model

In Figure 12, the models are arranged in descending order based on their R^2 scores for the test set. The neural network model exhibits superior predictive capability with an R^2 value of 0.985, while the linear regression model, as anticipated, demonstrates the weakest performance with an R^2 value of 0.879.

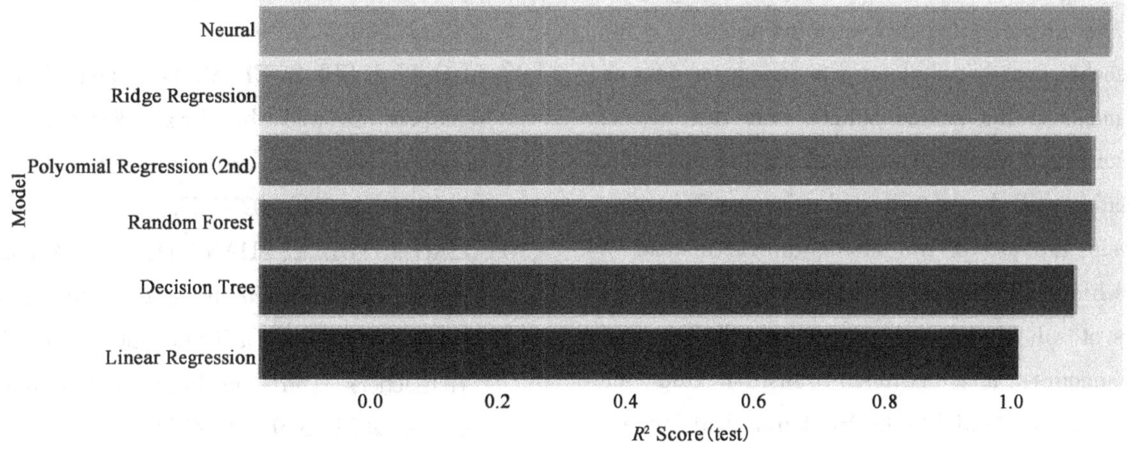

Figure 12 Gradation of the models by value R^2 Score

Figure 13 presents the models ranked by their RMSE values, ranging from the highest (Linear regression, RMSE = 0.00278) to the lowest (Neural network, RMSE = 0.000986).

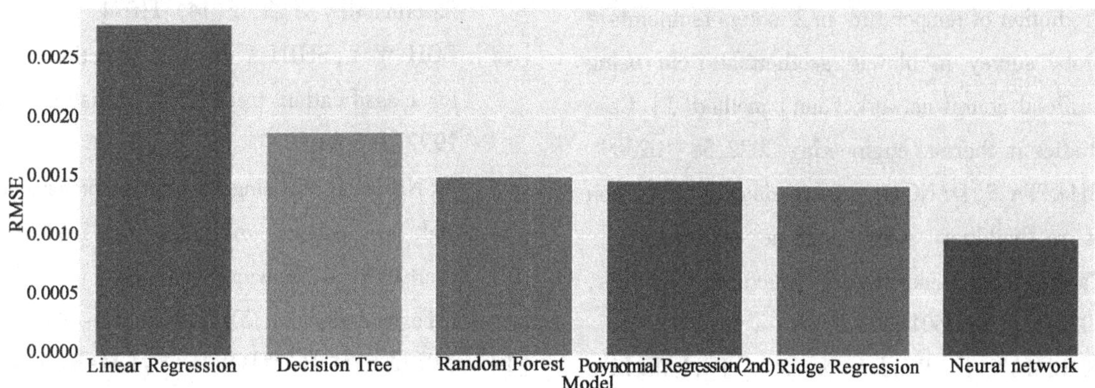

Figure 13 Gradation of the models by value RMSE

4 Conclusions

This study shows that machine learning techniques can be used to accurately predict ground surface settlements caused by tunneling, thereby improving tunnel excavation efficiency.

The two-dimensional calculation scheme using the "contraction" loading is proposed; verification of the solution of this approach is carried out by comparing it with the spatial formulation of the problem and the analytical method. A theoretical description of machine learning algorithms is given. Then the data is processed and prepared for machine learning analysis. Finally, several machine learning algorithms are applied to the data, including linear regression, decision tree, random forest, polynomial regression, ridge regression and neural network to predict the settlements of ground surface. The results show that the neural network outperformed the other algorithms in terms of accuracy, achieving an R-squared value of 0.985.

Overall, the study highlights the potential of

machine learning for improving the efficiency and accuracy of tunnel excavation. Authors hope that presented findings will encourage further research in this area and help to advance the field of tunneling engineering.

This article is intended as an initial study. In the foreseeable future, it is planned to search for data on settlements of the ground surface from real objects and construction sites. The model for the numerical simulation will be complicated for more sensitive analysis: the use of two metro tunnels instead of one, which will simulate a real subway line; several layers of soil of different properties will be taken into account; it is assumed transition from the Mohr Coulomb Model to the Hardening Soil Model, which more accurately describes the behavior of soils.

References

[1] AFANDI A, LUSI N, CATRAWEDARMA I, et al. Prediction of temperature in 2 meters temperature probe survey in blawan geothermal field using artificial neural network (ann) method[J]. Case studies in thermal engineering, 2022, 38: 102309.

[2] BHATTA S, DANG J. Seismic damage prediction of rc buildings using machine learning [J]. Earthquake engineering & structural dynamics, 2023, 52(11): 3504-3527.

[3] BREIMAN L. Random forests [J]. Machine learning, 2001, 45: 5-32.

[4] LOH W Y. Classification and regression trees[J]. Wiley interdisciplinary reviews: data mining and knowledge discovery, 2011, 1(1): 14-23.

[5] COCCO L J, RUIZ M E. Numerical implementation of hardening soil model[M]. Numerical methods in geotechnical engineering ix, CRC Press, 2018: 195-203.

[6] DANG L M, WANG H, LI Y, et al. Automatic tunnel lining crack evaluation and measurement using deep learning [J]. Tunnelling and underground space technology, 2022, 124: 104472.

[7] FAUSETT L V. Fundamentals of neural networks: architectures, algorithms and applications[M]. Pearson education india, 2006.

[8] LEE K M, ROWE R K, LO K Y. Subsidence owing to tunnelling. i. estimating the gap parameter[J]. Canadian geotechnical journal, 1992, 29(6): 929-940.

[9] LI C, LI J, SHI Z, ET AL. Prediction of surface settlement induced by large diameter shield tunneling based on machine-learning algorithms [J]. Geofluids, 2022, 2022: 1-13.

[10] LIAO J, YUE Y, ZHANG D, et al. Automatic tunnel crack inspection using an efficient mobile imaging module and a lightweight cnn[J]. IEEE Transactions on intelligent transportation systems, 2022, 23(9): 15190-15203.

[11] LIU L, ZHOU W, GUTIERREZ M. Physics-informed ensemble machine learning framework for improved prediction of tunneling-induced short-and long-term ground settlement [J]. Sustainability, 2023, 15(14): 11074.

[12] LOH W Y, SHIH Y S. Split selection methods for classification trees [J]. Statistica sinica, 1997: 815-840.

[13] MCNEISH D M. Using lasso for predictor selection and to assuage overfitting: a method long overlooked in behavioral sciences[J]. Multivariate behavioral research, 2015, 50(5): 471-484.

[14] MILLER M R, TITOV E Y, KHARITONOV S S, et al. The stress-strain state of the tunnel lining that crosses the fault zone of soil blocks during an earthquake [J]. Communications-scientific letters of the university of zilina, 2022, 24(1): D9-D22.

[15] MARK M, YONG F, HU L, et al. Prediction of subway vibration values on the ground level using machine learning [J]. Geotechnical and geological engineering, 2023, 41(6): 3753-3766.

[16] PARK K H. Elastic solution for tunneling-induced ground movements in clays [J]. International journal of geomechanics, 2004, 4(4): 310-318.

[17] PATEL N, UPADHYAY S. Study of various decision

tree pruning methods with their empirical comparison in weka [J]. International journal of computer applications, 2012, 60(12): 20-25.

[18] RASHIDI NASAB A, ELZARKA H. Optimizing machine learning algorithms for improving prediction of bridge deck deterioration: a case study of ohio bridges [J]. Buildings, 2023, 13(6): 1517.

[19] SONG Y Y, YING L U. Decision tree methods: applications for classification and prediction [J]. Shanghai archives of psychiatry, 2015, 27(2): 130.

深埋隧道敞开式 TBM 穿越强岩爆区域风险防控技术研究

上官洲境*[1,2] 潘孙龙[1,2] 张 真[2] 叶 飞[1]
(1. 长安大学公路学院;2. 中交一公局集团有限公司)

摘 要 为有效解决敞开式 TBM 在强岩爆地层施工中安全风险高、掘进效率低这一核心问题,本文依托天山胜利隧道工程,对 TBM 穿越岩爆区域实践的过程进行研究与总结,形成以即时型岩爆超前地质预报、掘进和支护的指导参数、时滞型岩爆微震监测安全预警及相应的安全防护措施等内容为主的综合性风险防控技术,保障了 TBM 的安全高效掘进,取得了较好的现场施工效果,可为后续类似敞开式 TBM 穿越岩爆区域施工提供有益的技术参考和经验借鉴。

关键词 天山胜利隧道 岩爆防控 即时型岩爆超前地质预报 时滞型微震监测安全预警

0 引言

随着我国铁路、公路、地铁、水利水电、石油燃气输送等基础设施的大规模建设,全断面岩石隧道掘进机(Tunnel Boring Machine, TBM)得到了越来越广泛的应用,其中采用 TBM 施工的深埋复杂地质隧道工程正在成为近年来的主要挑战。

从目前国内典型 TBM 工程实践经验来看,川藏铁路工程属于深埋、高地应力且地质结构复杂,存在大量花岗岩、大理岩等脆性硬质岩,因此发生多次较强岩爆,给 TBM 施工带来了极大困难;引汉济渭工程也曾多次遭遇强烈岩爆,还因时滞型岩爆导致早期已完成的支护遭到多次迟滞岩爆破坏,使 TBM 设备严重损伤,造成了严重影响。

在参考上述工程案例经验的基础上,本文依托天山胜利隧道工程,对 TBM 穿越岩爆区域实践的过程进行总结与研究,形成以即时型岩爆超前地质预报、掘进和支护的指导参数、时滞型岩爆微震监测安全预警及相应的安全防护措施等内容为主的综合性风险防控技术,并实际应用于施工现场,进行验证、改进,为后续类似隧道建设提供经验借鉴。

1 工程概况

1.1 工程简介

新疆天山胜利隧道是国家高速公路 G0711 乌鲁木齐至尉犁段的控制性工程。隧道设计为分离式隧道,采用“三洞 + 四竖井”施工方案,单洞设计长度 22.11km,洞身最大埋深约 1112.6m,主洞采用高度机械化钻爆工法,隧道采用 TBM 工法,利用 TBM 超前快速的施工优势,合理开辟主洞辅助工作面,实现长隧短打目的,如图 1、图 2 所示。

图1　天山胜利隧道进口段"3 洞"现场照片

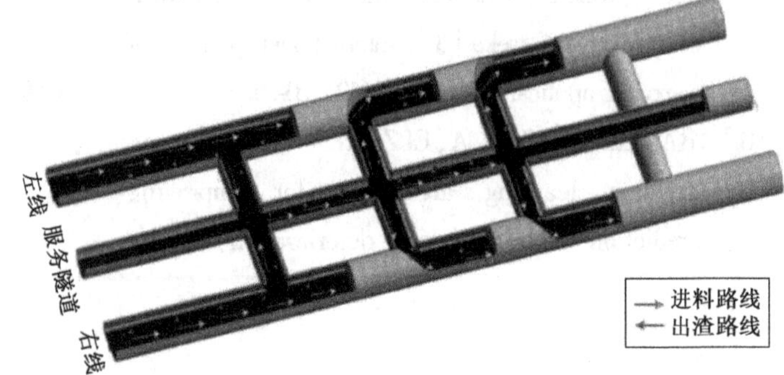

图2　天山胜利隧道长隧短打效果图

天山胜利隧道具有一长(隧道长)、二深(埋深深、竖井深)、五高(高寒、高海拔、高地应力、高环境要求、高地震烈度)的特点,施工难度及风险较大。

1.2　岩爆段地质情况

地质勘察过程中,基于地应力实测结果与地形地质构造条件,进行了基于边界荷载调整法的三维有限元应力场回归反演分析,得出服务隧道轴线纵剖面上的最大主应力量值分布情况,进而对隧道施工期间的岩爆进行了预测分析。隧道地质纵断面如图3 所示,预测结果详见表1。

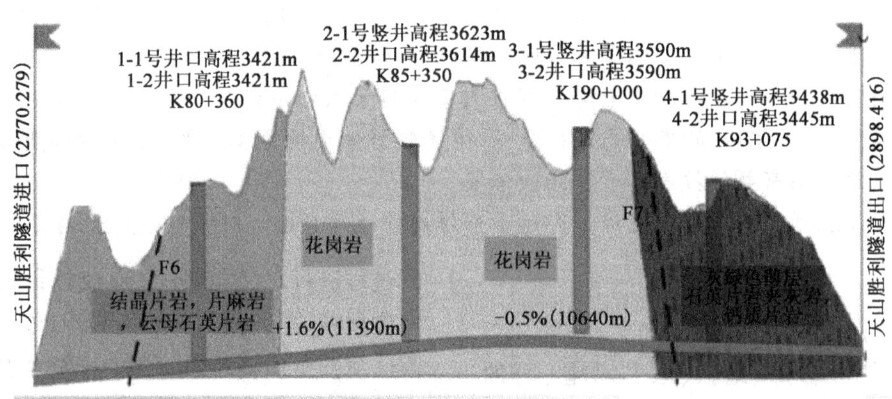

图3　隧道地质纵断面示意图

岩爆区域地质勘察预测结果　　表1

桩号	埋深(m)	围岩级别	$\sigma_{\theta\max}/R_b$	岩爆烈度
PK 80 +000	653.3	Ⅲ$_2$	0.7	强烈岩爆
PK 80 +400	665.6	Ⅲ$_2$	0.6	中等岩爆
PK 81 +900	618.5	Ⅲ$_1$	0.3	轻微岩爆
PK 82 +300	821.5	Ⅲ$_1$	0.5	中等岩爆
PK 82 +600	827.9	Ⅲ$_1$	0.5	中等岩爆
PK 83 +000	1068.3	Ⅲ$_1$	0.5	中等岩爆
PK 83 +600	891.2	Ⅲ$_1$	0.4	轻微岩爆
PK 84 +000	815.8	Ⅲ$_1$	0.4	轻微岩爆
PK 84 +500	747.5	Ⅲ$_1$	0.3	轻微岩爆
PK 85 +000	733.0	Ⅲ$_1$	0.4	轻微岩爆
PK 85 +300	785.4	Ⅲ$_1$	0.4	轻微岩爆

2 设备整体组成情况

本工程 TBM 由中交天和机械设备制造有限公司制造，开挖直径8.4m，设备由刀盘（图4）、护盾（图5）、主梁、推进机构、后支撑、连接桥及后配套台车总装配等组成，并针对岩爆区域地质特点进行了专项配置和功能改造，TBM 设备参数见表2。

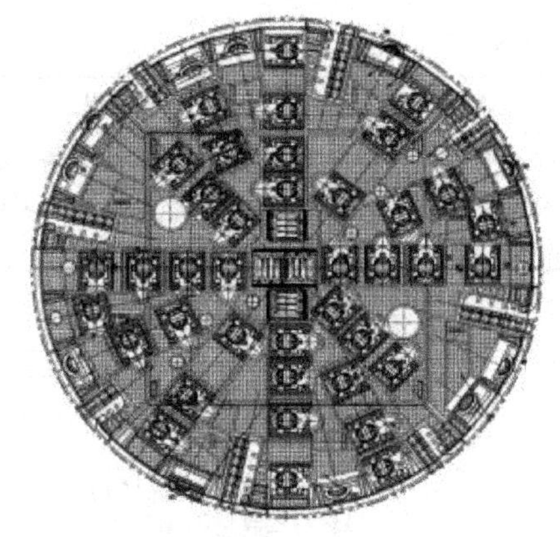

图4 刀盘

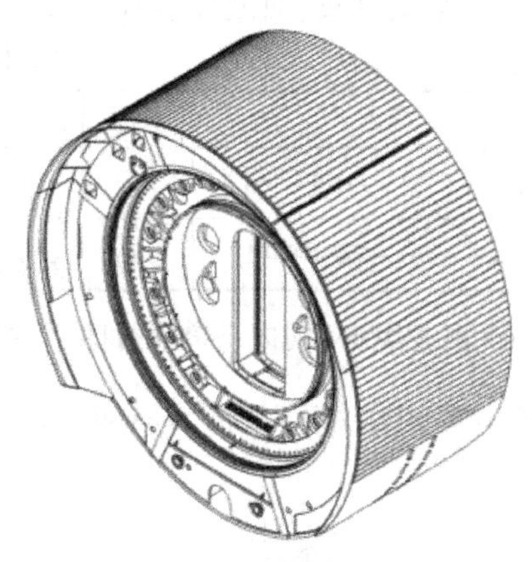

图5 护盾

TBM 设备参数 表2

序号	名称	设备参数	针对性配置
1	刀盘	开挖直径 8430mm	（1）刀盘可扩挖 50mm； （2）刀盘配备掌子面喷水功能； （3）改造钢筋排-加密钢拱架联合支护系统； （4）配置拱架自动安装及锚杆、注浆加固系统； （5）应急喷射混凝土系统等
2	转速	0～3.8r/min（恒定扭矩）、8.2r/min（最大速度）	
3	工作扭矩	8796kN · m	
4	脱困扭矩	13194kN · m	
5	驱动电机	350kW × 10	
6	推进支撑系统	掘进推进系统 + 稳定支撑系统	
7	推进速度	105mm/min（最大）	
8	推力	27082kN（最大）	
9	支撑力	50440@345bar	

3 TBM 穿越岩爆区域施工风险防控技术

3.1 即时型岩爆超前地质预报

受工程地质多样性、设备本身结构、原件带来的信号干扰与屏蔽、当前业内预报方法有限等多方面影响，现有 TBM 隧道即时型岩爆超前地质预报技术还不足以准确探明前方地质状况，对岩爆区域无法“定量”分析，目前国内外各大工程仍在不断进行总结探索。根据以往工程案例以及现有施工经验，现阶段建议采用观察 TBM 掘进参数和岩渣种类比例、波形物探和地质钻探相互印证的综合预报模式。

3.1.1 根据 TBM 掘进参数和岩渣进行初步判断

在工作面和皮带输送机上可以观察到岩层渣样的具体变化，根据掘进参数和不同的渣样，可对前方地质进行初步判断，见表3。

根据 TBM 掘进参数和岩渣判断 表3

推力	贯入度	振动	扭矩	岩渣种类	初步判断
较大	较大	较高	较大	大量薄片和不同大小的颗粒及渣土	围岩较硬，但节理裂缝发育，易坍塌，不易发生岩爆
较小	较大	较低	较小	大量渣土和非片状小颗粒	软弱岩体，不易岩爆
较大	较小	较大	较小	大量片状岩渣	岩石坚硬完整，易岩爆

3.1.2　TGP 超前预报

利用地震反射波和绕射波原理，对隧道掌子面前方的地质状况进行勘测。利用设备采集隧道围岩中界面的地震回波，通过处理系统提取回波的界面位置、空间分布、回波极性和回波能量等主要信息，结合工程地质勘察报告，进行对比分析，得出隧道地质超前预报结果。本工程设备选用为TGP206，根据近期 TGP 检测报告，其具体特征参数及部分预测结果见表 4。

TGP 特征参数及部分预测结果　表 4

序号	里程	长度	特征参数	预测结果
1	PK84 + 331 ~ PK84 + 363	32m	V_p = 5150m/s; V_{sh} = 2520m/s; 泊松比 = 0.343; E_d = 44781MPa; G_d = 16677MPa; 岩体密度 2.63t/m^3	岩体较完整，易发生岩爆，实际现场发生轻微 ~ 中等岩爆，与预报结果基本吻合
2	PK84 + 363 ~ PK84 + 481	118m		

TCP 预测波纵向、横向分布分别见图 6、图 7。

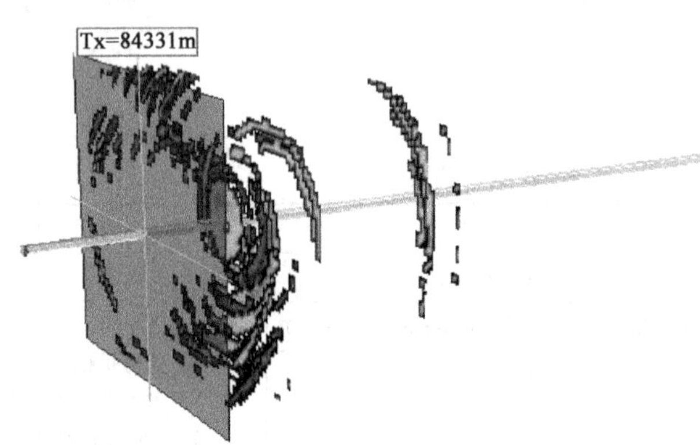

图 6　TGP 预测波纵向分布图

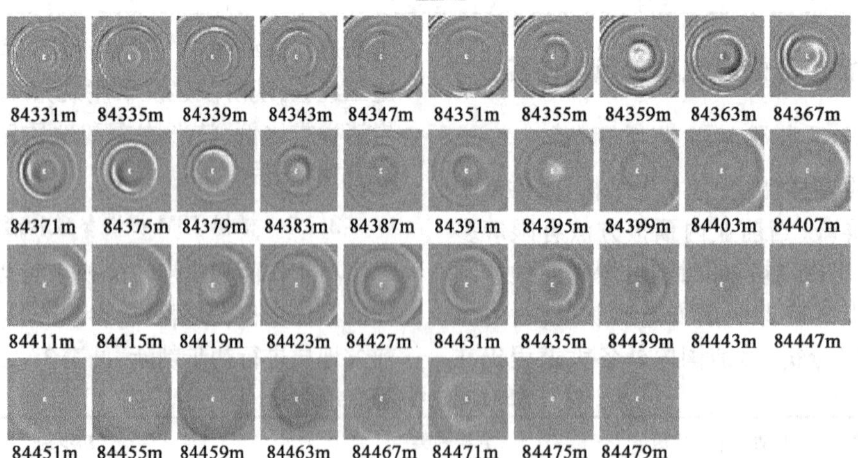

图 7　TGP 预测波横向分布图

3.1.3　超前地质钻探超前预报

在主梁通道里安装超前地质钻机(单独配置)，利用每天设备正常维保的 4h 工作时间，拆除 1 把中心刀，通过刀箱孔向掌子面前方 30m 钻孔取芯，通过对比分析施工钻取所得的芯样种类和成分，进行岩爆预测。根据现场钻探预报情况及以往工程经验，总结出地质钻探特征及结果见表5。强岩爆区域超前地质钻探预报见图8。

地质钻探特征及结果 表5

特征参数	轻微岩爆	中等岩爆	强烈岩爆
弹性能量指数 W	<2	2~3.7	≥3.7
强度脆性指数 R	<6	6~7.5	≥7.5
单轴抗压强度 S_c(MPa)	<60	50~120	>110
破坏特征及程度	岩石破裂形成多条裂缝，岩样主体结构完整	岩石破裂形成块体断裂，块体呈片状断口锋利	片状逐渐过渡为不规则块体，在较小的应变下崩裂
取芯声音特征	微弱	明显	强烈

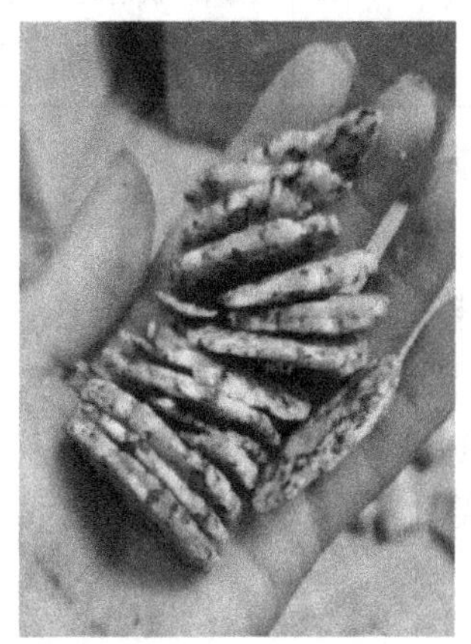

图8 强岩爆区域超前地质钻探预报

3.2 掘进参数、支护参数控制

根据即时岩爆超前地质预报结果，结合现场实际(图9、图10)，合理设置TBM掘进参数和现场支护参数。

图9 现场岩爆情况照片

图10 强烈岩爆支护措施效果照片

3.2.1 掘进参数控制

根据超前地质预报结果，严格控制掘进参数。在强岩爆区域掘进时，应适量降低TBM的掘进速度、推力，及时观察掘进时的电机电流和扭矩变化情况。同时，刀盘转速要及时调低，严格控制贯入度值，以实现施工安全。

根据现场施工情况统计及现有施工经验，TBM掘进参数范围控制如下：刀盘转速4~6.5r/min、掘进速度15~20mm/min、推力15000~20000kN、刀盘扭矩1000~1600kN·m、贯入度3~5mm/r。

3.2.2 支护参数控制

根据超前地质预报结果严格控制支护参数，见表6。

不同等级岩爆支护参数控制　　表6

岩爆级别	轻微岩爆	中等岩爆	强烈岩爆
分级描述	$R_c/\sigma_{max}>7$	$4<R_c/\sigma_{max}<7$	$R_c/\sigma_{max}<4$
	爆坑较浅,为0.1~0.3m,爆落围岩尺寸小	爆坑连续分布,规模较大,岩坑0.3~1m,爆落围岩尺寸较大	爆坑连续分布,1~3m,爆落岩石尺寸大,数量多
采取支护措施	(1)以柔性支护为主,高压喷水软化围岩,适时打设应力释放孔; (2)采用格栅拱架、钢筋排、锚网支护;必要时采用柔性钢丝网、钢拱架	(1)围岩出护盾采取H100/H125/H150型钢拱架+钢筋排+纵向连接型钢+系统锚杆支护(拱架间距不大于90cm)并预留注浆管; (2)已发生岩爆形成大量松散体的区域,尽快清理并及时组织喷射混凝土、注浆等塌腔回填施工	(1)控制TBM掘进速度; (2)围岩出护盾采用H150/H175全环钢拱架+钢筋排+纵向连接型钢+系统锚杆支护(拱架间距不大于60cm)并预留注浆管; (3)初喷钢纤维混凝土封闭,与钢拱架形成联合支护体系; (4)对已发生岩爆而形成大量松散体的区域,尽快清理,并及时组织喷射混凝土、注浆等塌腔回填施工

3.3　时滞型岩爆微震监测预警及现场安全防护

3.3.1　时滞型岩爆微震监测预警

为了防止隧道施工区域发生时滞型岩爆导致造成安全事故,针对正在施工的区域采用微震监测手段进行时滞型岩爆实时监测,供管理者进行现场安全管理决策。

在TBM盾尾后约20m开始设置监测点,每处监测点相距20m,每处监测点设置4个传感器;随着TBM正常掘进,监测点向前不断循环移动,确保掌子面后方100m范围内实现连续监测。相关监测结果如图11、图12所示。

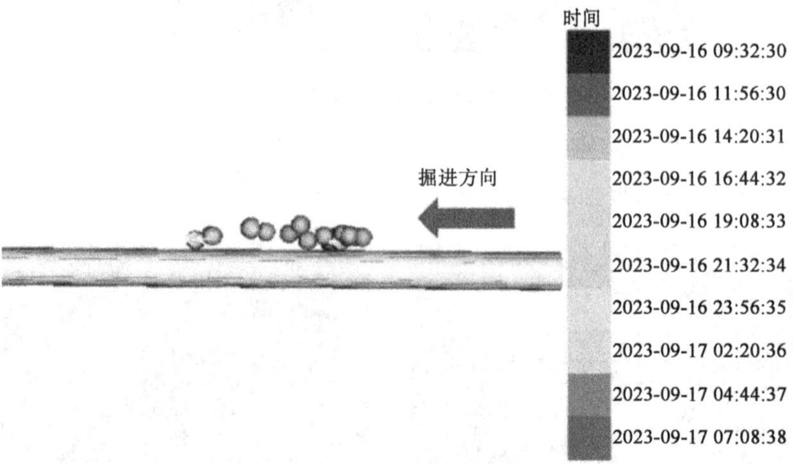

图11　预警区域微震事件隧道轴向分布示意图

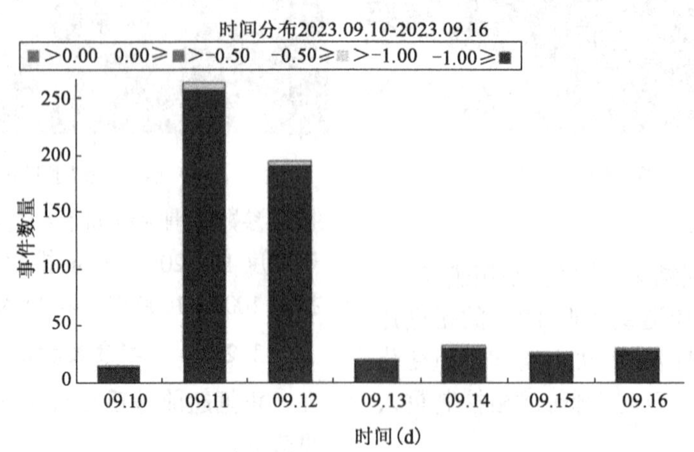

图12　预警区域微震事件发生时间统计图

3.3.2　时滞型岩爆重点区域安全防护

根据微震监测结果及现场统计实际时滞型岩爆的时间数据得出:约 90% 以上的时滞型岩爆发生在 24h 以内,约 9% 的时滞型岩爆发生在 24 ~ 48h。因此,岩爆的重点安全防护区域为开挖后 48h 以内的施工区域,应做好岩爆的安全防护工作。

(1)开挖面后 100m 范围内现场人员应全部穿戴防刺穿背心、防爆安全帽等特种安全防护用具(图 13)。

图 13　作业人员安全防护

(2)为了避免发生岩爆后,伤害现场人员、设备,参照边坡落石防护网设置现场安全防护网,随 TBM 掘进向前延伸。

(3)根据微震监测安全预警和现场实际工况,如预测大概率发生强岩爆,应第一时间撤离施工现场进行紧急避险,待围岩稳定后再进行施工。

4　结语

本文依托天山胜利隧道工程进行深埋隧道敞开式 TBM 穿越强岩爆区域风险防控技术研究,针对穿越过程中遇到的关键问题,采用了即时型岩爆超前地质预报、掘进参数和支护参数控制、时滞型岩爆微震监测预警及现场安全防护措施等技术进行综合防控,总结如下:

(1)受工程地质多样性、设备本身结构、原件带来的信号干扰与屏蔽、当前业内预报方法有限等多方面影响,现有 TBM 隧道即时型岩爆超前地质预报技术还不足以准确探明前方地质状况,对岩爆区域无法"定量"分析,目前国内外各大工程仍在不断进行总结探索。根据以往工程案例以及现有施工经验,现场采用观察 TBM 掘进参数和岩渣种类比例、波形物探和地质钻探相互印证的综合预报模式,可以有效提高指导 TBM 施工和风险预防的准确性。

(2)在科学预报的基础上选择合理的掘进参数和支护参数对工程安全性、经济性尤为重要,综合《公路隧道设计规范　第一册　土建工程》(JTG 3370.1—2018)、《水利水电工程地质勘察规范》(GB 50487—2008)及现场施工经验,根据轻微、中等、强烈不同岩爆等级,选择适应的掘进参数和支护参数进行分级防控,可防控大部分岩爆,确保现场的施工安全,提高 TBM 的掘进效率。

(3)相较于即时型岩爆,时滞型岩爆更容易出现在 1、2 号台车等人员密集、设备繁杂的高危作业区域,严重威胁人员和设备的安全。本文采用微震监测技术对盾尾后方 100m 区域进行时滞型岩爆的实时安全监控预警,覆盖最容易发生时滞型岩爆的施工区域,对作业人员采取针对性的安全防护措施,并根据预警结果,及时引导疏散现场人员并进行紧急避险,可确保施工现场安全可控。

(4)据现场统计,因岩爆塌腔清渣和卡机脱困耗时极长,严重制约 TBM 穿越岩爆区域的掘进效率,建议后续工程可结合 TBM 皮带出渣体系,设置自动皮带清渣系统,高效完成塌腔清渣,并尝试配置刀盘伸缩、摆动等功能,辅助设备完成高效脱困。

天山胜利隧道 TBM 穿越强岩爆区域风险防控技术,保障了 TBM 安全高效掘进,取得了较好的施工效果,目前设备正在继续稳步掘进,可为后续类似敞开式 TBM 穿越岩爆区域施工提供有益的技术参考和经验借鉴。

参考文献

[1] 杜立杰. 中国 TBM 施工技术进展、挑战及对策[J]. 隧道建设,2017,37(9):1063-1075.

[2] 杜立杰,洪开荣,王佳兴,等. 深埋隧道 TBM 施工岩爆特征规律与防控技术[J]. 隧道建设,2021,41(1):2-15.

[3] 薛景沛. 敞开式 TBM 安全快速通过隧洞强岩爆地层施工技术[J]. 隧道建设,2019,39(6):989-997.

[4] 于群,唐春安,李连崇,等. 基于微震监测的锦屏二级水电站深埋隧洞岩爆孕育过程分析[J]. 岩土工程学报,2014,36(12):2315-2322.

[5] 于海洋,陈军海,李丹丹,等. 深层超深层硬脆性地层岩爆倾向性判别方法研究[J]. 石油科学通报,2021,6(9):441-450.

静动载下不同裂隙倾角全锚岩体破坏特性

张　驰[2]　殷志强*[1,2]　马凯莉[2]　祝平华[3]　王明刚[3]

(1. 安徽理工大学 安徽省煤矿安全采掘装备制造业创新中心;2. 安徽理工大学矿业工程学院;

3. 中国中铁四局集团第五工程有限公司)

摘　要　为研究静载、动载作用下不同裂隙倾角全锚试件的力学特性及破坏特征,分别利用RMT岩石力学试验机和分离式Hopkinson压杆装置对裂隙角度为0°、30°、45°、60°及90°的全锚试件进行静态单轴压缩试验和动态冲击试验,得到了不同裂隙倾角全锚试件的力学变化特性及裂纹扩展现象。结果表明:随裂隙倾角的增大,相较于0°裂隙试件,静载下试件峰值抗压强度分别提高了3.67%、9.49%、31.32%、47.33%,动载下分别提高了5.64%、25.18%、45.91%、57.72%。静载作用下随裂隙倾角的增加试件裂纹扩展受剪力影响明显,动载作用下张拉裂纹短时间内快速扩展,同一裂隙倾角试件裂纹扩展数量少于静载作用下。随着裂隙倾角的增加,静载下试件的弹性应变能由29.50kJ/m³增至46.70kJ/m³,动载下弹性应变能由50.93kJ/m³增至82.22kJ/m³,动载作用下试件的抗压能力随裂隙倾角的增加提高更为稳定。

关键词　裂隙倾角　单轴压缩　动态冲击　峰值强度　裂纹扩展　能量

0　引言

深部岩体工程的失稳破坏大部分与其内部节理、裂隙的扩展和贯通以及锚杆屈服失效密切相关[1]。在隧道工程建设过程中,静载、动载作用及岩体内部裂隙倾角的变化都会导致全锚岩体产生不同的力学响应行为,伴随着应力重分布、能量集聚等复杂耦合作用,其内部微观裂纹进一步扩展,最终演化为宏观的岩体破坏[2]。因此开展静、动载作用下不同裂隙倾角全锚裂隙岩体的力学特性研究,对比分析其破坏形态,研究不同加载方式下全锚裂隙岩体能量演化规律具有重要的意义。

国内外学者通过试验发现裂隙倾角的改变对含裂隙锚固体的强度及破坏形态有较大的影响。关于锚固裂隙岩体的力学特性及裂纹扩展模式,国内外学者进行了诸多研究。张波等[3]、周辉等[4]利用相似材料模拟含裂隙的岩体进行压缩实验,发现锚杆增强了节理岩体抵抗裂隙扩展的能力。易婷等[5]、郭奇峰等[6]通过单轴压缩预制裂隙岩体发现,裂隙的存在改变了岩石的破坏模式,且随预制倾角的增大而发生变化。张宁等[7]通过单轴压缩试验研究锚杆对含三维表面裂隙试件强度以及预置裂隙扩展模式的影响,发现锚杆与预置裂隙相互垂直时,试件的抗压强度和压缩弹性模量的提高程度更显著。Li Xibing等[8]利用改进的分离式霍普金森压杆装置对含有单一裂纹的大理岩试件进行了动态冲击试验,借助高速摄像机发现,大理石内部的裂纹使完整试件的破坏模式从劈裂为主转变为有裂纹试件的剪切为主。剪切裂纹的出现通常先于拉伸裂纹,拉伸裂纹通常以小于60°的裂纹倾角发展。吴钦正等[9]开展了单轴压缩条件下锚固节理岩体破坏过程的相似模拟试验,发现单轴压缩条件下,节理的存在导致锚固节理试样中存在弱应力区和弱锚固界面,使得锚杆与围岩间的载荷传递受限,最终影响锚固效应的发挥。Bahaaddini. M等[10]运用PFC3D程序研究了节理几何参数对单轴抗压强度的影响,分析发现节理方位角对岩体力学行为的影响最大。Yang等[11]等预制了含圆孔的节理类岩石试件,并进行了单轴压缩实验,发现节理的贯通主要是由拉伸裂纹引起,当节理倾角为90°时节理对岩石力学行为的影响最小。

本文在前人的研究基础上,分别对不同裂隙倾角全锚试件进行静态单轴压缩试验和动态冲击

基金项目:安徽理工大学研究生创新基金项目(2023CX2034)、国家自然科学基金资助项目(52274070)、安徽省高校杰出青年科研项目(2023AH020025)。

试验,对比研究了不同加载方式下不同裂隙倾角全锚试件的力学特性、裂纹扩展模式及能量变化规律,为地下工程全锚裂隙岩体破坏特性提供试验数据支撑。

1 试验方案

1.1 试件制备

本研究采用类岩石材料模拟岩石,通过文献[12-13]调查确定P.O42.5级普通硅酸盐水泥:石膏:细砂:水按照质量比为0.7:0.3:1:1的配比,得到强度比为1:8的类围岩试样。试件几何尺寸为80mm×40mm×20mm(长×宽×高),并通过埋设长20mm、厚度为1mm的树脂薄片及直径3mm玻璃纤维管预制裂隙结构及锚孔,裂隙与锚杆夹角取0°、30°、45°、60°及90°。锚杆的相似材料选择直径2mm、长60mm的不锈钢螺纹杆。在水泥砂浆初凝后脱模取出水泥试件养护28d,并对试验试件端部进行打磨处理,使试件端面平整度满足试验要求。图1为不同裂隙倾角全锚试件图。

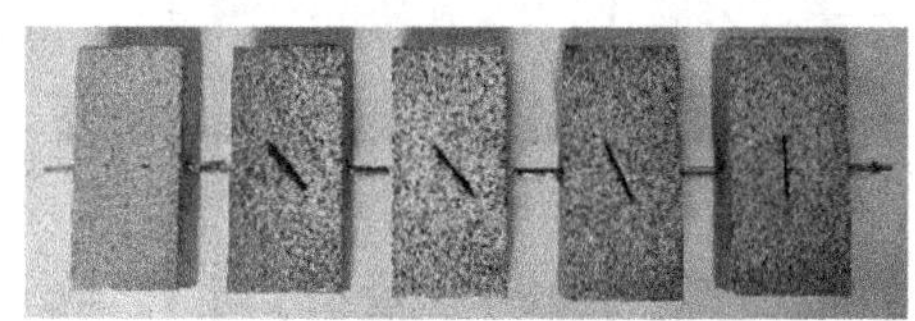

图1 不同裂隙倾角全锚试件图

1.2 试验设备与测试方法

使用RMT-150C岩石力学试验系统进行静态单轴压缩试验。该设备可在加载过程中记录试件的应力、应变、加载速率等参数。试验采用应力加载控制,加载速率恒定为0.1kN/s、利用50mm杆径分离式Hopkinson压杆装置进行动态冲击试验,撞击杆采用300mm长纺锤形冲击头。对试样进行动载冲击预试验,以0.4MPa的气压作为动载试验冲击气压,该气压下试样裂纹扩展明显,冲击后试样较为完整,使用数码相机记录试验过程。

2 结果与分析

2.1 应力-应变曲线分析

静载及动载作用下不同裂隙角度全锚试件的应力-应变曲线如图2所示,试件的峰值应力如表1所示。在对试件进行静载单轴压缩之前,对试件提前施加一定轴向荷载,以保证试件与试验机压力板充分接触。

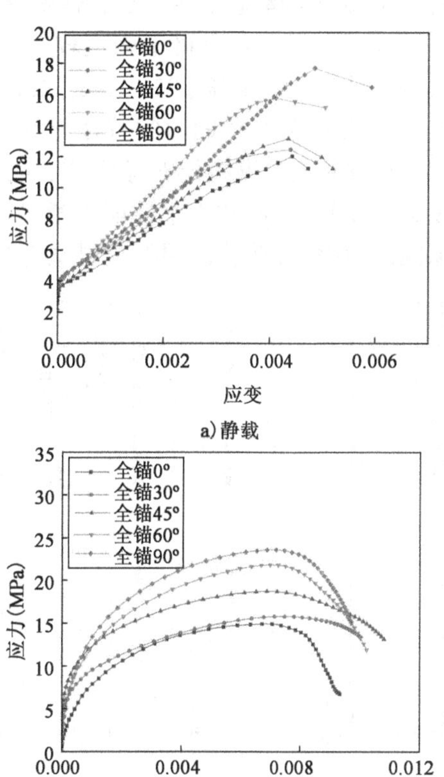

图2 不同裂隙角度全锚试件应力-应变曲线

不同裂隙角度全锚试件峰值应力 表1

加载方式	裂隙倾角(°)	峰值应力(MPa)
静载	0	12.013
	30	12.455
	45	13.154
	60	15.775
	90	17.712
动载	0	14.957
	30	15.801

续上表

加载方式	裂隙倾角(°)	峰值应力(MPa)
动载	45	18.725
	60	21.825
	90	23.592

由图 2 和表 1 可以观察到两种加载方式下不同角度裂隙岩体的力学特性变化趋势较为相似，全锚裂隙试件的峰值应力都随裂隙倾角的增加而增大。静载作用下，30°、45°、60°、90°试件峰值强度较 0°裂隙试件分别提高了 3.67%、9.49%、31.32%、47.33%。动载冲击的作用下随着裂隙倾角的增大，试样的动态抗压力学特性明显增强，30°、45°、60°、90°裂隙试件峰值强度较 0°裂隙试件分别提升了 5.64%、25.18%、45.91%、57.72%。这是因为试样的力学特性与预制裂隙在应力垂直方向上的投影长度有关[14]，裂隙倾角越大投影长度越小，试件力学性能逐渐增强。随着裂隙倾角的增加，动载作用下全锚试件的峰值强度较静载作用下分别提升了 24.5%、26.8%、42.3%、38.3% 和 33.2%，这是由于动载下岩体应变率要远大于其在静载作用下的应变率，岩石材料的屈服强度和弹性模量会随着应变率或者加载速率的增大呈现增长规律[15]，所以裂隙全锚试件的动态抗压特性要优于其静态抗压特性。

2.2　裂纹扩展形态分析

静载和动载作用下，不同裂隙角度全锚试件的裂纹扩展情况如图 3 所示，其在预制裂隙处的新生裂纹主要包括张拉翼裂纹、次生共面裂纹和次生倾斜裂纹[16]。

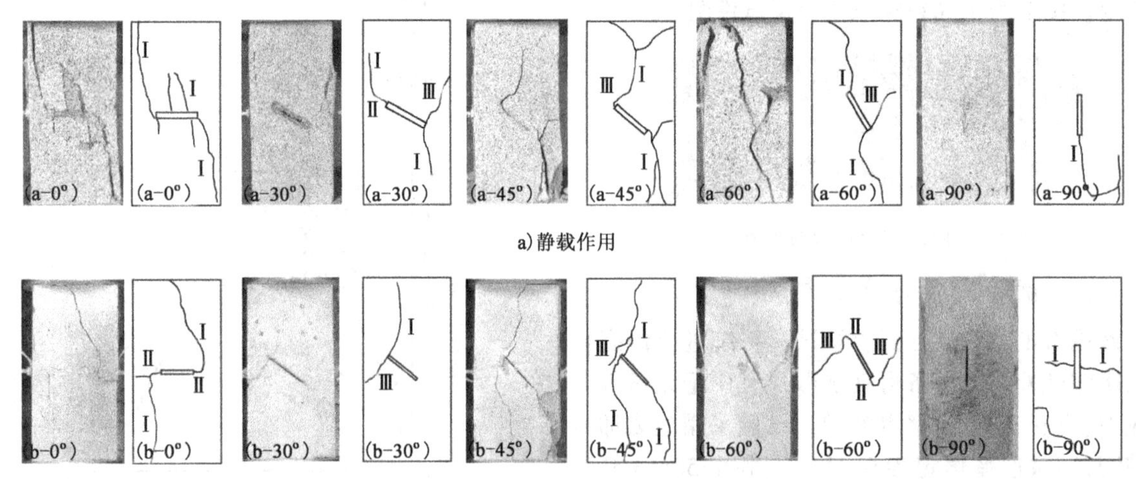

a)静载作用

b)动载作用

图 3　不同倾角裂隙试件裂纹扩展图

在轴向静荷载作用下，当裂隙倾角为 0°时试件的最终破坏主要由于张拉翼裂纹(图 3 中用Ⅰ表示)贯穿试件所致，张拉翼裂纹在预制裂隙尖端产生并沿最大主应力方向扩展，在裂隙周围同时伴随有不同扩展程度的张拉翼裂纹生成，但是扩展距离较短。当裂隙角度为 30°时，在预制裂隙尖端出同时萌生了次生共面裂纹(图 3 中用Ⅱ表示)和次生倾斜裂纹(图 3 中用Ⅲ表示)，次生共面裂纹随后转化为张拉翼裂纹，两种裂纹发育程度相近但试件的破坏主要由次生倾斜裂纹扩展贯通试件导致，说明该裂隙角度下试件破坏受到剪应力的影响。当裂隙倾角为 45°、60°时，在预制裂隙尖端萌生张拉型翼裂纹及次生倾斜裂纹，随着荷载的持续施加受剪力影响翼裂纹扩展一定距离后，逐渐转化为剪切裂纹并贯穿试件使试件破坏，试件的破坏受剪应力影响明显。当裂隙倾角为 90°时，在预制裂纹下端萌生的翼裂纹持续扩展，并与裂隙下方的倾斜裂纹连通，致使试件破坏。静载试验现象表明，当裂隙倾角为 0°和 90°时，试件主要受张拉应力以拉伸破坏为主，而当裂隙倾角为

30°、45°及60°时,试件破坏既受张拉应力影响,又受剪应力影响,且随角度增加,剪应力的影响变得更明显。

在动载作用下,当预制裂隙倾角为0°、30°、45°、90°时,试件破损主要由翼裂纹扩展导致,其中0°试件在预制裂隙尖端处首先萌生次生共面裂纹,裂纹扩展一定距离后沿最大主应力方向扩展,使试件破坏;30°、45°裂隙试件的张拉翼裂纹在预制裂隙尖端处萌生,同时伴随有次生倾斜裂纹形成但扩展距离较短,随后张拉翼裂纹沿试件轴向迅速扩展,致使试件破坏;90°裂隙试件在预制裂隙处产生两条横向扩展的张拉翼裂纹,使试件破坏。60°试件破坏模式为压剪破坏,在预制裂纹尖端处产生的两条次生共面裂纹并扩展一定距离后变为次生倾斜裂纹后持续扩展,致试件破坏。相较于静载作用下裂隙倾角为0°、30°、45°、90°时,试件动载下破坏主要由张拉翼裂纹迅速扩展贯穿试件所导致,这是由于动载荷作用时间短,受力较为集中,试件轴向被快速压缩,在预制裂隙尖端产生裂纹后裂纹发育迅速,而剪切裂纹还未及时发育试件就已被翼裂纹贯穿,裂隙倾角为60°时,试件受剪应力影响明显,但动态冲击导致试件裂纹发育迅速,因此相较于静载作用下,试件破坏完全由剪切裂纹导致。静载作用下试件的破坏形态更为复杂是因为静载荷作用时间较为缓慢,试件应力分布更均匀,不同的裂纹发育更为完全。

2.3 能量演化特征分析

岩石的破碎过程实质是能量的传递、交互过程,因此分析静、动载下不同裂隙倾角全锚试件的能量耗散特征,更有助于了解试件破裂现象及其规律。以90°裂隙试件为例,其在静载及动载作用下能量演化曲线如图4所示。其中静载试件能量分析从荷载持续施加阶段开始,以排除静荷载对试件能量变化的影响。

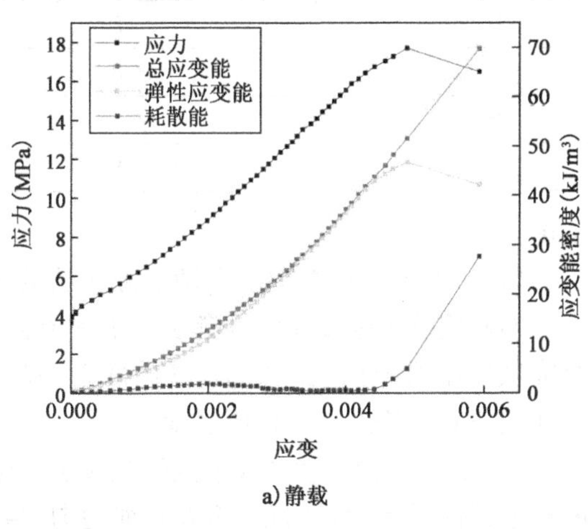

a)静载

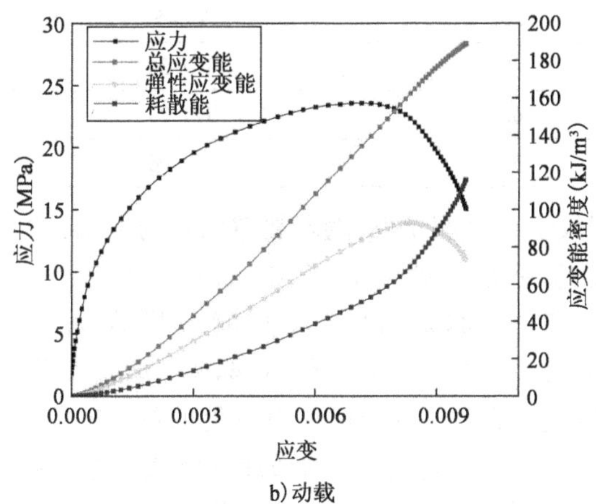

b)动载

图4 90°裂隙倾角试件能量演化曲线

静载作用下,弹性变形阶段试件总应变能和弹性应变能量迅速增加,极少部分的能量被耗散,这是由于试件内部微观破裂现象导致,此时试件表面仍完整。随着静载持续施加,试件总应变能持续增大,但试件弹性应变能增加速率减缓直至峰值。该阶段裂隙试件由弹性变形逐渐转为塑性变形,试件内部细微破裂进一步发展,试件表面出现明显裂纹并逐渐贯穿整个试件,试件弹性应变能释放并转化为耗散能。峰值应力后,试件破坏明显但仍具有一定的承载能力,因此总应变能依然增加,但弹性应变能随试件破坏大幅下降,耗散能大幅增加。动载作用下,在弹性变形阶段试件的总应变能和弹性应变能同时随应变的增加而增大,该阶段试件的耗散能增加并不明显。随后试件弹性应变能和耗散能以较为稳定的增长趋势持续增大,这是因为该阶段试件内部裂隙持续发展,但其扩展程度较为稳定。当试件应力达到峰值抗压强度附近时,试件的弹性应变能大幅度下降,耗散能随之明显上升,试件内部微观裂隙持续的扩展引起试件表面产生宏观裂纹扩展现象,此时试件仍具有一定承载能力,因此总应变能依然增加。静载作用下,不同裂隙角度全锚试件峰值应力点能量特征如表2所示。

不同裂隙角度全锚试件峰值应力点能量特征　　表2

裂隙倾角(°)	总应变能(kJ/m³)	弹性应变能(kJ/m³)	耗散能(kJ/m³)
0	35.72	29.50	6.22
30	37.48	30.68	6.80
45	38.16	32.35	5.81
60	43.11	33.49	9.62
90	51.59	46.70	4.89

由表2可知,随着裂隙倾角的增大,试件的总应变能和弹性应变能都呈现增大趋势,大部分应变能转化为试件弹性应变能。对比0°裂隙倾角试件,试件总应变能随裂隙倾角的增加分别提高4.92%、6.83%、20.68%、44.42%,试件的弹性应变能随倾角增加分别提高了4%、9.66%、13.52%、58.30%。其中60°和90°裂隙倾角试件的总应变能要明显大于其余角度试件,90°试件的弹性应变能较其余角度试件有明显的提高。结合静载下不同裂隙倾角试件的应力-应变曲线可知,当裂隙倾角为0°、30°、45°时试件静态抗压能力差距不大;当裂隙倾角大于60°后,试件的强度会大幅度提升;裂隙倾角为90°时试件的抗变形能力最强。动载作用下,不同裂隙倾角试件峰值应力点不同能量特征如表3所示。

动载下试件峰值应力点能量特征　　表3

裂隙倾角(°)	总应变能(kJ/m³)	弹性应变能(kJ/m³)	耗散能(kJ/m³)
0	79.70	50.93	28.77
30	95.05	58.55	36.50
45	107.36	64.32	43.04
60	121.24	76.60	44.64
90	131.06	82.22	48.84

相较于0°裂隙试件,随着裂隙倾角的增加,试件的总应变能分别提高了19.26%、34.71%、52.12%和64.44%,弹性应变能分别提高了14.96%、26.29%、50.40%和61.44%。动载作用下,五种裂隙倾角试件峰值应力点处的总应变能、弹性应变能都随裂隙倾角的增加而增大,这种变化趋势与静载作用下试件能量变化趋势相似,裂隙倾角的增大提高了试件动态抗压能力。随着裂隙倾角的增大相较于静载作用下,动载作用下相邻裂隙倾角试件之间总应变能及弹性应变能的增加量更接近。结合两种加载方式下试件峰值应力随裂隙倾角变化的增大情况,认为在静载、动载作用下随着裂隙倾角的增加,试件的动态抗变形能力较试件静态抗变形能力得到了更为稳定的提升。

3　结语

本文对不同裂隙倾角全锚试件进行了单轴压缩实验和动态冲击试验,从抗压强度、裂纹扩展及能量演化三个角度进行对比分析,主要得出以下结论:

(1)在静载、动载作用下,随裂隙倾角的增大,试件的峰值抗压强度呈增长趋势。五种裂隙倾角全锚试件在两种加载方式下,试件的动态峰值抗压强度要高于静态峰值抗压强度。

(2)对比两种加载方式下试件裂纹扩展情况,静载下试件受荷载时间长、荷载施加均匀、裂纹扩展较丰富,试件破坏为不同裂隙充分扩展共同导致。而动载作用下试件破坏为单一裂纹迅速扩展导致,同一裂隙倾角下全锚试件的裂纹发育程度低于静载作用下。

(3)在静载、动载作用下,试件总应变能和弹性应变能随着裂隙倾角的增加而增大,说明预制裂隙倾角的增大提高了全锚裂隙试件的抗变形能力。在两种不同的加载方式下,试件的动态抗变形能力随裂隙倾角增大提高更明显更稳定。

本文研究了静载和动载作用下不同裂隙倾角全锚试件的力学特性、裂纹扩展模式及能量变化规律,但实际工程中锚固裂隙岩体往往同时受到静载及动载的作用,因此对于全锚裂隙岩体的力学特性及破坏模式还值得进一步探索，以有助于进一步了解真实施工环境下全锚裂隙岩体的力学响应情况。

参考文献

[1] 刘泉声，雷广峰，彭星新. 深部裂隙岩体锚固机制研究进展与思考[J]. 岩石力学与工程学报，2016，35(2)：312-332.

[2] 杨立云，张飞，陈思羽，等. 相邻巷道围岩动态裂纹起裂与扩展行为研究[J]. 矿业科学学报，2021，6(5)：558-568.

[3] 张波，李术才，杨学英，等. 含交叉裂隙节理岩体锚固效应及破坏模式[J]. 岩石力学与工程学报，2014，33(5)：996-1003.

[4] 周辉，徐荣超，张传庆，等. 预应力锚杆锚固止裂效应的试验研究[J]. 岩石力学与工程学报，2015，34(10)：2027-2037.

[5] 易婷，唐建新，王艳磊. 裂隙倾角及数目对岩体强度和破坏模式的影响[J]. 地下空间与工程学报，2021，17(1)：98-106 + 134.

[6] 郭奇峰，武旭，蔡美峰，等. 预制裂隙花岗岩的强度特征与破坏模式试验[J]. 工程科学学报，2019，41(1)：43-52.

[7] 张宁，李术才，李明田，等. 单轴压缩条件下锚杆对含三维表面裂隙试样的锚固效应试验研究[J]. 岩土力学，2011，32(11)：3288-3294，3305.

[8] LI X B，ZHOU T，LI D. Dynamic strength and fracturing behavior of single-flawed prismatic marble specimens under impact loading with a split-hopkinson pressure bar [J]. Rock Mechanics & Rock Engineering，2017，50(1)：1-16.

[9] 吴钦正，刘焕新，尹延天，等. 单轴压缩条件下锚固节理岩体变形特征试验研究[J]. 采矿与岩层控制工程学报，2023，5(4)：17-24.

[10] BAHAADDINI M，HAGAN P，MITRA R，et al. Numerical study of the mechanical behavior of nonpersistent jointed rock masses [J]. International Journal of Geomechanics，2016，16(1)：04015035.

[11] YANG，YIN SHENGQI，ZHANG PENGFEI，et al. Failure behavior and crack evolution mechanism of a non-persistent jointed rock mass containing a circular hole [J]. International Journal of Rock Mechanics and Mining Sciences，2019，114.

[12] 邱鹏奇，宁建国，王俊，等. 冲击动载作用下加锚岩体抗冲时效试验研究[J]. 煤炭学报，2021，46(11)：3433-3444.

[13] 郭树海. 锚固岩体裂隙演化和力学机制研究[D]. 徐州：中国矿业大学，2020.

[14] 陈彪. 动静载荷下含预制裂隙岩石破坏实验研究[D]. 湘潭：湖南科技大学，2023.

[15] 周永强，盛谦，李娜娜，等. 不同应变率下岩石材料强度和模量的动态增强因子模型研究[J]. 岩石力学与工程学报，2020，39(S2)：3245-3259.

[16] 孙冰，罗瑜，谢杰辉，等. 动静荷载下类节理岩体裂纹扩展特性研究[J]. 南华大学学报(自然科学版)，2018，32(2)：37-42.

锯齿状岩体结构面剪切强度研究进展

师连政　范　祥*　吴　睿

(长安大学公路学院)

摘　要　随着我国西部大开发战略的进一步推进，在工程建设过程会遇到成分复杂的岩体，而岩体剪切强度主要是由结构面性质决定。基于锯齿状结构面的起伏形态，探讨了锯齿状结构面的剪切特性，概述了锯齿状结构面剪切强度随起伏角和法向应力变化规律，对比了注浆充填前后锯齿状结构面剪切强

基金项目：长安大学中央高校专项资金资助项目(300102211205)。

度的变化趋势。结果表明:锯齿状结构面剪切强度基本上随着法向应力和起伏角的增大而增大,且在注浆充填后,其剪切强度也会增加。通过总结锯齿状结构面剪切强度变化规律,为岩体稳定性的研究提供参考。

关键词　锯齿状结构面　剪切强度　法向应力　注浆充填　起伏角

0　引言

结构面是指岩体中的不连续面,对岩体的工程特性具有主导作用,使得工程岩体呈现出不连续性、各向异性、非均一性和各质异性等四种特殊性质[1],导致了工程岩体的复杂性。全面研究结构面的工程特性是对工程岩体进行分析的必要准备工作,结构面的剪切强度是进行工程岩体稳定性分析和加固设计时至关重要的参数,许多工程案例表明,自然岩体和工程岩体中出现的失稳问题往往与结构面有关,其很大程度上影响了岩体的破坏机制。因此,研究岩体结构面的剪切强度具有较好的理论价值和实际意义。

目前,国内外学者已针对锯齿状岩体结构面剪切强度开展了大量的试验与理论研究。如 Ueng T 等[2]和廖军等[3]对规则锯齿状结构面开展室内直剪试验,探究了齿形结构面剪切强度参数随法向应力的变化规律,并基于试验结果,建立了锯齿状结构面剪切强度估算模型。Kwon 等[4]和周辉等[5]制作不同起伏角的锯齿状结构面,研究了结构面在不同起伏角和法向压力下的剪切强度特性和破坏机制。通常情况下,我们还会利用颗粒流程序(PFC2D)创建结构面剪切试验的数值模型,模拟在不同条件下结构面剪切试验,以此来验证室内剪切试验得出结论的可靠性。如 Bahaaddini M 等[6]通过改变法向应力的大小,利用 PFC2D 探究了锯齿状结构面的应力-应变关系以及法向变形的变化趋势。余华中等[7]采用 PFC2D 建立了结构面直剪试验数值模型,研究了在不同法向应力下结构面剪切强度的变化特征,发现模拟结果与结构面的宏观力学特性相一致。

本文总结了国内外学者对锯齿状结构面在不同起伏角、法向应力和注浆充填三种条件下剪切强度变化规律的研究成果,方便学者进行此类研究时了解目前的研究进展。

1　法向应力对锯齿状结构面剪切强度影响研究

结构面的存在对岩体产生了深远的影响,主要表现在结构面导致大型岩块被分割成形状各异的块体,破坏了岩体的连续性和完整性,而岩体的破坏往往沿着这些软弱结构面发生[8]。在结构面上,不同大小的法向应力作用可能引起结构面产生各种法向变形,包括闭合、张裂、萌生和扩展等,从而引起岩体剪切强度等力学特征的变化。目前国内外学者的研究方法主要包括室内直剪试验和数值模拟,分析结构面剪切强度参数的变化规律,并建立剪切强度经验公式和本构模型。

如 Indraratna 等[9]通过开展室内直剪试验,发现了锯齿结构面剪切强度与法向应力比值呈现线性或双线性增长的趋势。沈明荣和张清照[10]同样将法向应力作为变量,通过剪切试验,建立了规则齿型结构面剪切变形特性的经验本构关系,并制定了用于评估结构面剪切强度的经验公式。吉锋等[11]对非贯通锯齿状结构面采用直剪的试验方法,研究其在不同法向应力下剪切强度的变化规律,分析了结构面破坏特征,发现结构面的剪切强度与起伏角呈正相关,并据此研究结果修正了剪切强度经验公式。刑文政等[12]基于不同参数组合的剪切试验结果,研究了锯齿状结构面的剪切强度和应力比的关系,提出了相较于 Barton 模型更全面的改进模型。雷鹏[13]采用数值模拟的方式从细观角度模拟改变作用在贯通型锯齿状岩体结构面上的法向应力,研究了其对剪切强度的影响规律。如图1所示,根据相关文献,展示了数值模拟中法向应力与剪切强度之间的关系曲线。由图1可知,在相同起伏角下,随着法向应力的增加,剪切强度近似呈线性增加。

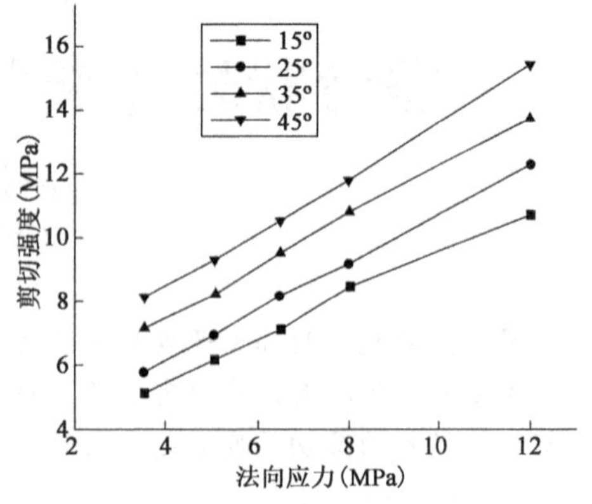

图1　剪切强度与法向应力关系[13]

2　注浆充填对锯齿状结构面剪切强度影响研究

在工程建设与维护中，结构面性质直接影响岩体整体的稳定性。注浆充填作为一种工程灾害防治手段，能够有效加强结构面的稳定性并修复受损的结构面。近年来，许多专家学者通过室内剪切试验或数值模拟的方法，研究了注浆对结构面的剪切强度的影响规律，为工程实践提供了重要的参考。

袁丽景[14]和 Tian 等[15]通过建立数值模型的方式对注浆结构面展开研究。前者建立了注浆充填锯齿结构面二维力学模型，分析注浆结构面在不同破坏模式下极限剪切应力的表达式，从理论上分析了充填水泥砂浆强度以及充填度对注浆结构面剪切强度的影响；后者对注浆结构面进行简化并分析其三维形态特征，并考虑充填水泥的黏结效应和充填效应，提出了充填水泥剪切强度模型。Zong 等[16]和李坤等[17]对岩石试件进行注浆充填后，开展结构面剪切试验，分析了注浆对结构面强度、刚度等力学特性的影响和结构面的破坏特征。王晓晨等[18]探究了规则锯齿结构面注浆前后法向荷载和剪切强度之间的相关性，并借助莫尔-库仑理论，对影响结构面剪切强度的相关因素进行了深入分析。

图 2 是结构面注浆前后剪切强度与法向应力之间的关系曲线，通过图 2 发现，注浆加固后，规则锯齿结构面表现出比普通结构面更高的剪切强度。这是因为在注浆过程中，浆液填充了结构面上出现的裂隙，同时在渗透过程中进行胶结，提高了结构面的抗滑性和粗糙度，使得锯齿状结构面剪切强度得到了有效提升。刘泉声等[19]和韩立军等[20]对注浆后的岩体结构面开展室内直剪试验，结果均表明结构面剪切强度在注浆后得到显著提高，这与上述研究得出的结论相吻合。总的来说，注浆加固为锯齿状结构面抗剪性能提供了一种有效的改善手段，在实际工程中的应用可以有效提高岩体的稳定性和剪切强度，为岩土工程和地下工程等领域提供了可行的加固方案。

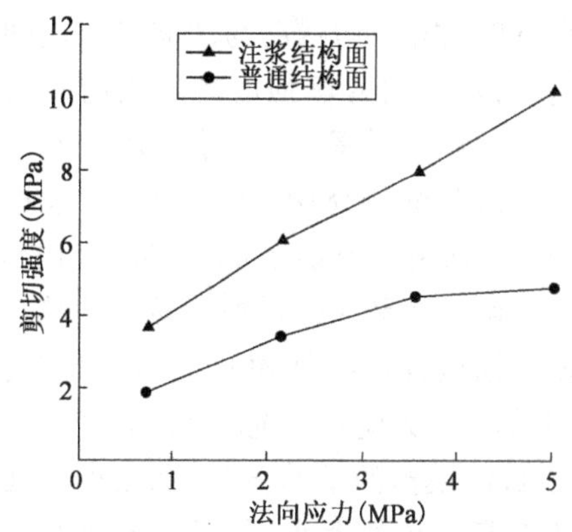

图 2　注浆结构面与普通结构面实验结果对比[18]

3　起伏角对锯齿状结构面剪切强度影响研究

岩体结构面的起伏形态对其剪切强度具有重要影响，因此，工程界一直以来都将结构面起伏形态的研究视作极为重要的研究领域[21]。在工程地质学中，以结构面的起伏度为判别标准，通常将其分为四种几何形态，分别是平直状、台阶状、锯齿状和波浪状。与其他三类结构面的形貌特征参数相比，锯齿状结构面的参数更为简单，这使得我们能够更精确地分析影响结构面剪切特性的因素。其中，影响锯齿结构面剪切特性主要因素之一是起伏角，对结构面起伏角度的试验研究目前主要侧重于锯齿状结构面的力学效应研究。在 20 世纪七八十年代，周瑞光等[22]和 Einstein 等[23]通过对锯齿结构面开展试验和理论分析，并根据试样在剪切过程中的破坏形式，按演变顺序将其分为三类：爬坡、爬坡啃断和啃断。但吴仕鹏等[24]进行锯齿结构面的力学特性数值模拟时发现，随着起伏角的逐渐增大，锯齿结构面表现出爬坡和啃断两种破坏模式，最终演化为复杂多变的破坏效应。图 3 为爬坡、爬坡啃断和啃断三种破坏形式的示意图。Y 代表作用在上盘的竖向压力，S 代表左侧水平推力。

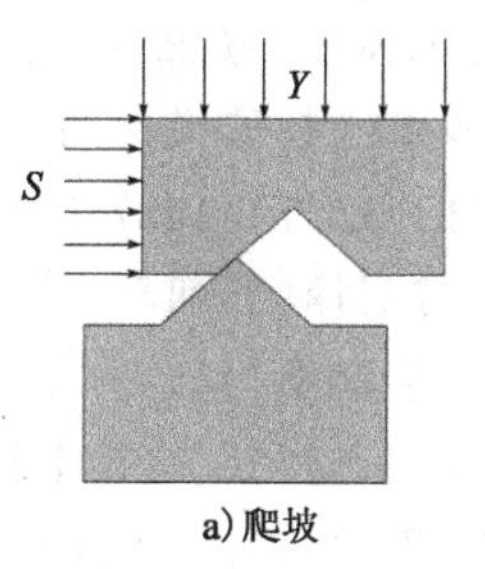

a）爬坡

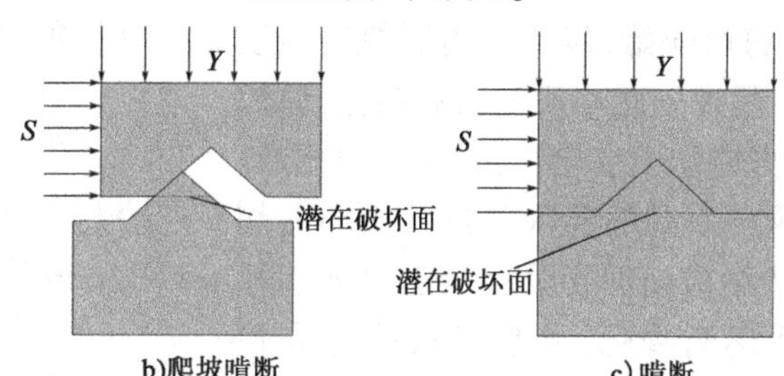

b）爬坡啃断　c）啃断

图 3　结构面的剪切破坏方式[25]

刘新荣等[26]和朱小明等[27]均采用室内直剪的试验方法,分别探究了含一阶起伏角和二阶起伏角锯齿节理试样剪切强度与法向应力之间的关系,结果表明两者的剪切强度均随法向应力的增加而增大。而靳天伟等[28]在对规则锯齿结构面进行了直剪试验的研究中,对结构面的破坏过程进行了分析。研究结果显示:随着起伏角的增加,结构面的剪切强度呈现先增加后减小的趋势。这是因为锯齿结构面的破坏模式经历了转变,从原来的剪切破坏变为受拉破坏。郭玮钰等[29]和黄达等[30]以数值模拟的试验方法,利用离散元软件PFC2D改变起伏角的大小,分析其与剪切强度之间的变化规律。图4展示了剪切强度与锯齿起伏角之间的关系曲线,根据图4可知,随着起伏角的增大,齿状结构面的剪切强度呈现上升趋势,且这一关系呈现近似线性的递增规律。

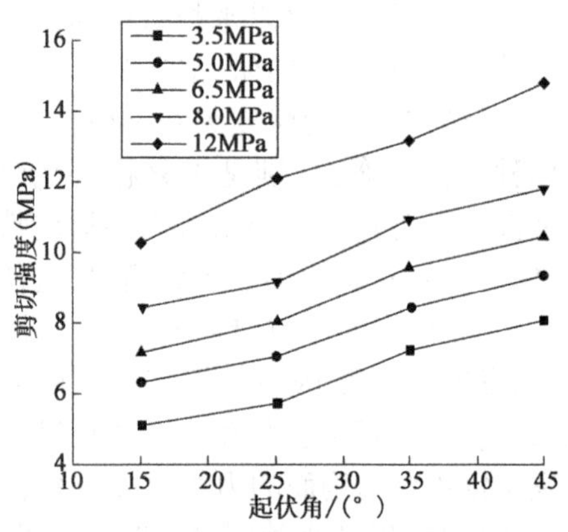

图4 剪切强度与锯齿起伏角关系曲线[30]

上述研究和结论建立在对锯齿结构面进行常规剪切方式,缺乏全面性。Kou M等[31]研究了循环剪切对含主、次尺度三角形凸体的锯齿状结构面力学效应的影响。研究表明,齿状结构面剪切强度随起伏角的增大而增大,与上述直剪条件下的变化规律相吻合。而魏继红等[32]研究了重复剪切作用下起伏角对齿状结构面变形和强度的影响,发现第1次剪切时的试验结果与上述结论相同。但从第2次剪切开始,齿状结构面剪切强度随起伏角的增大,呈现先减小后增大的趋势,原因在于结构面剪切方向发生变化,与首次方向相反。刘博等[33]针对两种不同的起伏角进行循环剪切试验,发现锯齿状结构面剪切强度均随着剪切循环次数的增加而逐渐降低,并且降低趋势先快后慢。

4 结语

国内外学者对锯齿状结构面剪切强度的研究已非常丰富,本文通过对文献的梳理总结,发现锯齿状结构面的破坏模式伴随着起伏角和法向应力的增大,从爬坡逐渐过渡到爬坡啃断,最后演变成啃断模式。此外,锯齿状结构面的剪切强度基本上随着法向应力和起伏角的增大而提高。锯齿状结构面经过注浆之后能够有效提高其剪切强度。在实际应用中,采用注浆技术可以有效改善岩体结构面的强度,确保其稳定性。但研究均建立在人为制作的、含有一定平直部分的锯齿状结构面,对于现实中存在的更加复杂的锯齿状结构面还需要深入研究。

参考文献

[1] 杜时贵.岩体节理面的力学效应研究[J].现代地质,1994(2):198-208.

[2] UENG T S,JOU Y J,PENG I H. Scale effect on shear strength of computer-aided-manufactured joints[J]. Journal of Geoengineering, 2010, 5(2):29-37.

[3] 廖军,邓涛,唐刚,等.风化锯齿形结构面抗剪强度特性及估算模型[J].郑州大学学报(工学版),2023,44(6):112-118.

[4] KWON T H, HONG E S, CHO G C. Shear behavior of rectangular-shaped asperities in rock joints[J]. KSCE Journal of Civil Engineering, 2010,14:323-332.

[5] 周辉,孟凡震,张传庆,等.结构面剪切破坏特性及其在滑移型岩爆研究中的应用[J].岩石力学与工程学报,2015,34(9):1729-1738.

[6] BAHAADDINI M, HAGAN P C, MITRA R, et al. Scale effect on the shear behaviour of rock joints based on a numerical study [J]. Engineering Geology,2014,181:212-223.

[7] 余华中,阮怀宁,褚卫江.岩石节理剪切力学行为的颗粒流数值模拟[J].岩石力学与工程学报,2013,32(7):1482-1490.

[8] 赵晨阳,雷明锋,贾朝军,等.含软弱结构面岩体蠕变力学模型[J].中南大学学报(自然科学版),2021,52(10):3541-3549.

[9] INDRARATNA B, HAQUE A. Experimental study of shear behavior of rock joints under

constant normal stiffness conditions [J]. International Journal of Rock Mechanics and Mining Sciences,1997,34(3-4):141-155.

[10] 沈明荣,张清照.规则齿型结构面剪切特性的模型试验研究[J].岩石力学与工程学报,2010,29(4):713-719.

[11] 吉锋,闫兴田,张波.非贯通锯齿状结构面剪切破裂演化机制试验研究[J].重庆交通大学学报(自然科学版),2021,40(12):117-123.

[12] 邢文政,王硕,范鹏贤等.劈裂岩体结构面直接剪切试验研究[J].中南大学学报(自然科学版),2021,52(8):2933-2944.

[13] 雷鹏.硬性接触型岩体结构面剪切特性及边坡稳定性分析[D].重庆:重庆大学,2015.

[14] 袁丽景.岩体注浆节理的剪切破坏特征[D].焦作:河南理工大学,2023.

[15] TIAN Y C, LIU Q S, MA H, et al. New peak shear strength model for cement filled rock joints [J]. Engineering Geology, 2018, 233: 269-280.

[16] ZONG Y J, HAN L J, HAN G L. Study on shear properties of rock structural plane by grouting reinforcement[J]. Advanced Materials Research,2011,250:1520-1526.

[17] 李坤,佘成学.灌浆节理的剪切特性和剪切蠕变特性试验[J].武汉大学学报(工学版),2011,44(4):423-426.

[18] 王晓晨,李术才,刘人太,等.锯齿结构面注浆剪切特性研究[J].地下空间与工程学报,2016,12(S2):438-444,469.

[19] 刘泉声,雷广峰,卢超波,等.注浆加固对岩体裂隙力学性质影响的试验研究[J].岩石力学与工程学报,2017,36(S1):3140-3147.

[20] 韩立军,宗义江,韩贵雷,等.岩石结构面注浆加固抗剪特性试验研究[J].岩土力学,2011,32(9):2570-2576,2622.

[21] WOO I, FLEURISSON J A, PARK H J. Influence of weathering on shear strength of joints in a porphyritic granite rock mass in Jechon area, South Korea [J]. Geosciences Journal,2010(3):235-328.

[22] 周瑞光,陈诗才,孙广忠.锯齿状结构面力学效应实验研究[J].地质科学,1979(2):57-166.

[23] EINSTEIN H H, VENEZIANO D, BAECHER G B, et al. The effect of discontinuity persistence on rock slope stability[J]. International Journal of Rock Mechanics and Mining Sciences & Geomechanics Abstracts,1983,20(5):227-236.

[24] 吴仕鹏,唐海,罗世林,等.锯齿结构面剪切数值模拟[J].矿业工程研究,2016,31(2):7-10.

[25] 靳天伟.规则锯齿节理面剪切特性研究[D].北京:北京建筑大学,2022.

[26] 刘新荣,曾夕,许彬,等.贯通型锯齿状节理岩体的剪切力学行为[J].土木与环境工程学报(中英文),2023,45(5):1-9.

[27] 朱小明,李海波,刘博,等.含二阶起伏体的模拟岩体节理试样剪切特性试验研究[J].岩土力学,2012,33(2):354-360.

[28] 靳天伟,戚承志,班力壬,等.不同接触位置的红砂岩规则锯齿节理面剪切特性研究[J].北京建筑大学学报,2021,37(2):15-23.

[29] 郭玮钰,张昌锁,王晨龙,等.岩石结构面直剪力学特征的颗粒流宏细观分析[J].计算力学学报,2023,40(2):237-248.

[30] 黄达,黄润秋,雷鹏.贯通型锯齿状岩体结构面剪切变形及强度特征[J].煤炭学报,2014,39(7):1229-1237.

[31] KOU M, LIU X, TANG S, et al. Experimental study of the prepeak cyclic shear mechanical behaviors of artificial rock joints with multiscale asperities [J]. Soil Dynamics and Earthquake Engineering,2019,120:58-74.

[32] 魏继红,王武超,杨圆圆,等.重复剪切作用下结构面起伏角度对其力学特性影响研究[J].水文地质工程地质,2018,45(1):60-68.

[33] 刘博,李海波,朱小明.循环剪切荷载作用下岩石节理强度劣化规律试验模拟研究[J].岩石力学与工程学报,2011,30(10):2033-2039.

特长隧道不良地质施工对策探讨

——以九绵高速公路平武隧道为例

陈俊历　邓林风*　张云飞　梅亚强
(重庆交通建设(集团)有限责任公司)

摘　要　特长隧道因前期勘察无法彻底探知具体地质以及无法准确预测断裂带破碎带等因素,在实际施工中,需要对现场实际情况进行专项处置,作出与原设计预测不符区域的变更施工方案等措施,在川西山区,因海拔较高、地质复杂、自然灾害频发等因素,在特长隧道施工过程中遇到不良地质需要更加谨慎应对施工。本文主要以九绵高速公路平武隧道为例,以该隧道在实际施工中所遇到的不良地质问题和相关处置方案为讨论对象,通过实际对不良地质处置或加强对隧道支护等方式,完善隧道的掘进和保证施工的安全质量。通过该隧道实践,采用超前地质预报、大管棚、超前小导管注浆等方式能够有效处置隧道开挖掘进中的不良地质及降低隧道掌子面坍塌风险;通过加宽净空、增厚支护衬砌、初期支护后再使用护拱等方式,能有效避免隧道施工中通过断裂带等不良地质条件下的侵线和拱顶拱腰塌陷收缩等问题。本文以实际施工实践为参考和研究对象,就特长隧道不良地质施工进行相应讨论,以期能供类似隧道设计施工参考。

关键词　特长隧道　不良地质　施工对策

0　引言

自古以来,修路架桥一直被看作是造福于民的举措。在现代社会,"要致富,先修路"早已深入人心,便利的交通可以促进城市之间的商品流通,促进经济发展、社会进步。我国山地众多,在修建公路时,不可避免地会遇到高山的阻挡。在传统的盘山公路难以实施的情况下,修建隧道可能是一种最实际有效的方法。隧道打通大山两头的连接,是路径选择上最短且最直接的方法。我国高速公路建设迅速,20万人口以上城市的高速公路覆盖率超过98%。在高速公路特长隧道施工领域,国内已有诸如秦岭终南山隧道、川藏新二郎山隧道等标杆隧道工程作为相关指引。但由于每个隧道的实际情况不同,故而在具体的施工过程中总会遇到不一样的问题和不同的处置方式,特长隧道的前期勘探和设计往往不能满足于隧道开挖后的实际条件,因而需要具体情况具体分析讨论。

在川西地区,特别是川西与成都平原过渡区域,由于地理条件、气候和自然灾害等因素的影响,特长隧道施工面临更大的难度和挑战。九绵高速公路是连接九寨沟到绵阳的新通道,是进入九寨沟和连接甘川界的另一条新途径,高速公路的建成对沿线经济、文化、旅游起到了很好的带动作用,高速公路全线桥隧比超过80%,其中特长隧道超过10座。本文选取平武隧道作为参考研究对象,探讨在特长隧道不良地质段的施工方法,具有一定代表性和典型性。平武隧道通过不良地质段的相关处置方法和施工工艺,对于同类型同地区隧道的施工能够起到一定的指示性作用,以期供大家参考讨论。

1　工程概况

1.1　隧道简介

平武隧道位于平武县县城龙安镇东皋村,采用左右行分离布设,隧道全长4829m,设计桩号自K135+162~K139+991,是九绵高速公路控制性工程之一。

1.2　隧道水文地质

隧道位于文县弧形构造带,岷江~雪山~虎牙关断裂带和龙门山地震带所限的地块上,工程区断裂和褶皱均较发育且规模较大,属青川断块强烈活动断裂构造区,需穿过平武断层、庙子岭断层和王家山大型古滑坡体以及多个重力变形体,围岩等级全部为Ⅳ级和Ⅴ级。

隧址区域地下水含水率丰富,且西侧700m为涪江,平武县地处川西与成都平原过渡地段,雨量较为充足,特别在夏季、雨季降水量较大,常年易发生洪灾和滑坡泥石流等自然灾害。

2 不良地质处置

本文所探讨的平武特长隧道需通过多个不良地质区,且隧道围岩全为Ⅳ级和Ⅴ级,隧道整体施工难度偏大,需进行特殊处置的地段较多,故本文仅就该隧道施工中典型问题进行展开讨论。

2.1 隧道出口段洞口及进洞处置

平武特长隧道出口端自绵阳往九寨沟方向开始掘进,同时需要面临平武断层和王家山大型古滑坡体,如图1、图2所示。

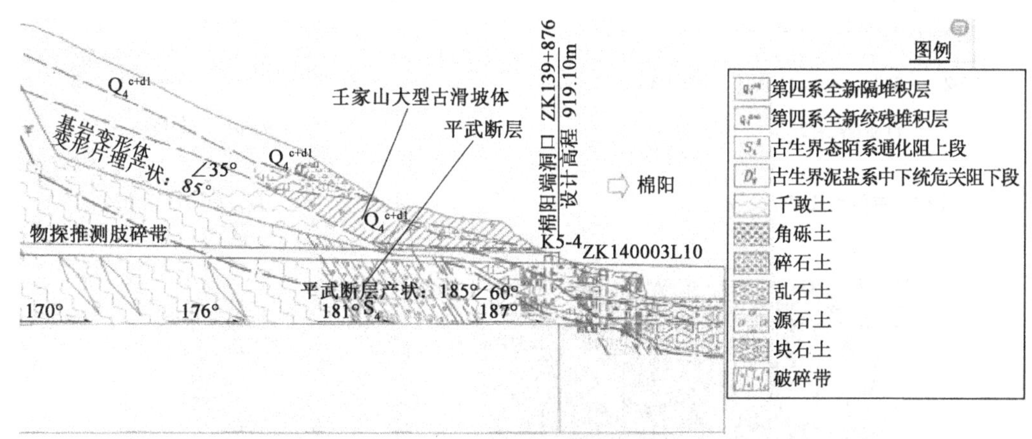

图1 平武断层和王家山大型古滑坡体示意图

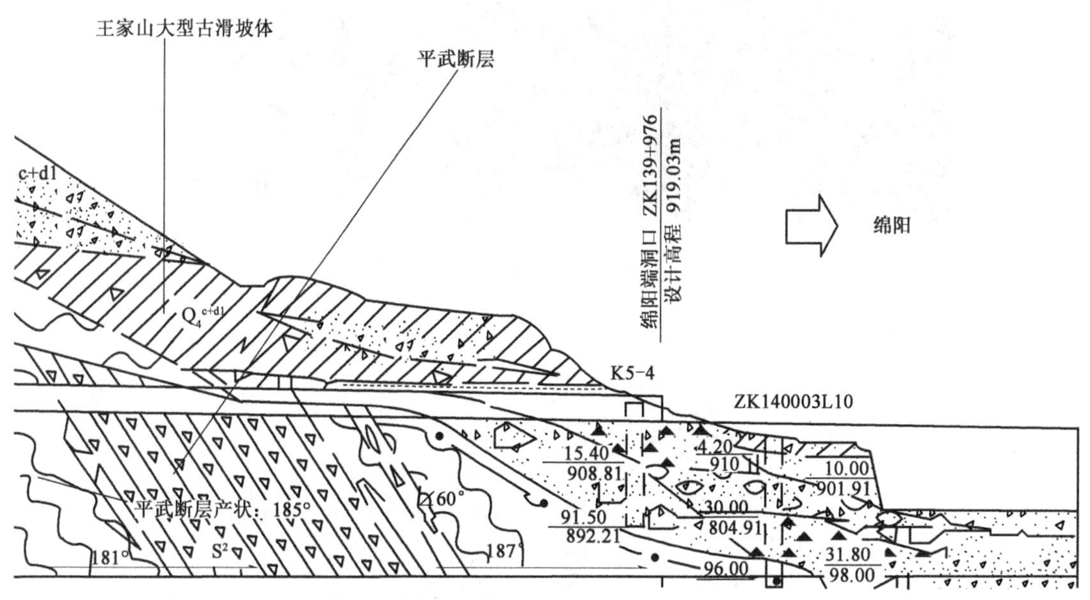

图2 平武断层和王家山大型古滑坡体局部图

隧道山体下方即平武县城中心,为县人民政府办公驻地,为保证周边居民安全,原设计之初,出口端前1000m范围禁止采用爆破开挖。

经充分考虑不良地质和水系冲刷破面等因素,在隧道开挖之前,先于洞顶边坡开挖截水沟,并于洞顶原地表注浆,以尽可能稳定山体原地貌。经委托第三方机构对隧道进行监控量测和超前地质预报,数据显示隧道拱顶沉降量和周边收敛量较大(图3、图4),采用双层大管棚超前支护,并先施工14m长削竹式明洞(图5~图7)。实践证明,超前支护有效保证了隧道顺利进洞,未对大型古滑坡体造成扰动,未发生洞内掌子面垮塌等事件。

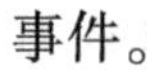

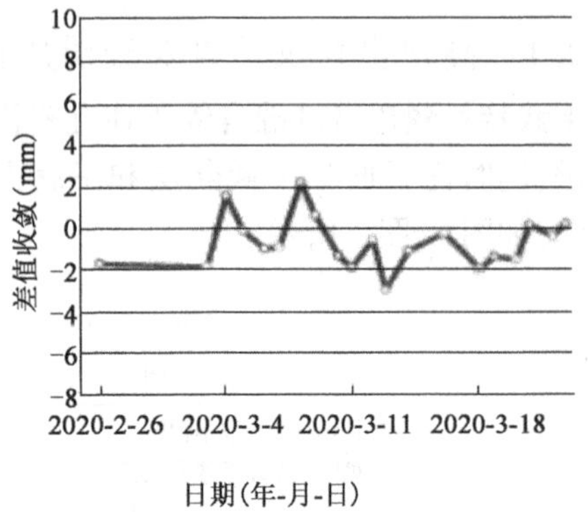

图3 差值收敛变化曲线

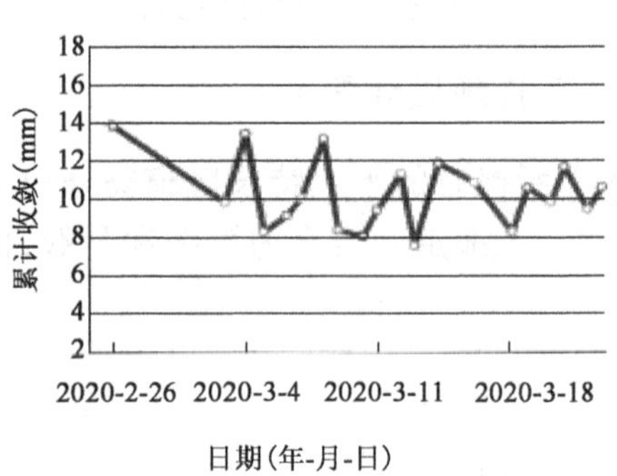

图4 累计收敛变化曲线

图5 削竹式明洞施工示意

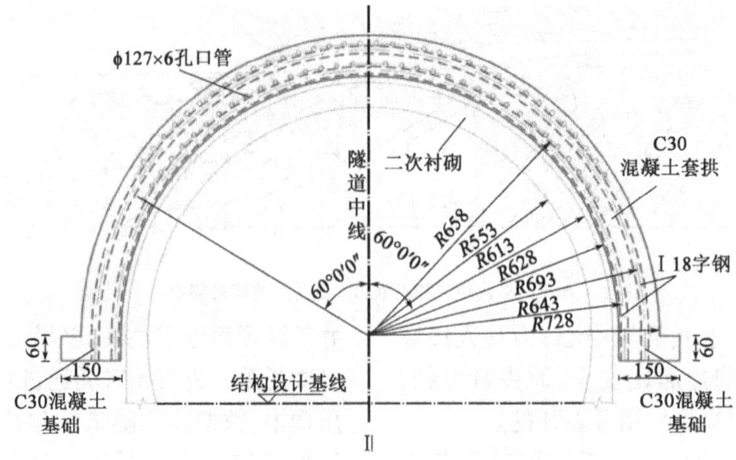

图6 套拱(尺寸单位:cm)

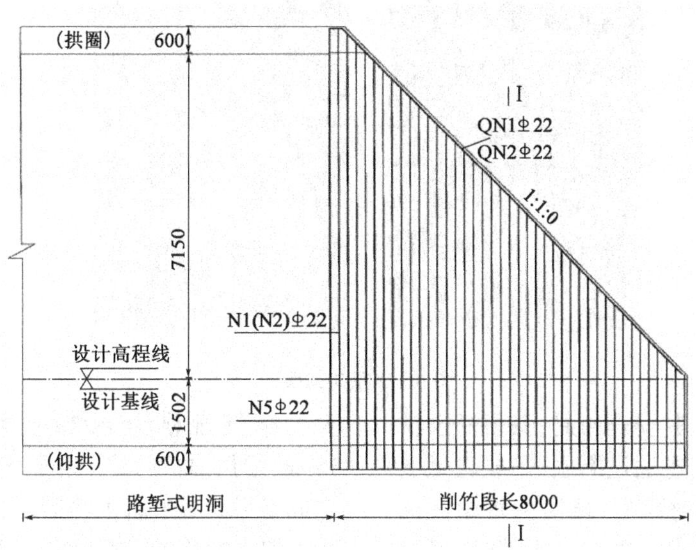

图7 削竹段纵断面钢筋布置图(尺寸单位:mm)

隧道顺利进洞以后,即刻便面临通过平武断层,且平武断层与王家山大型古滑坡体有部分区域交叉重合。经相关勘测和研究,在施工时直接采用中隔壁法(CD 法)与保留核心土三台阶开挖法相结合的形式(图 8),即先保留核心土,待左侧壁施工完成后,继续保留另一侧核心土,待完成闭环后再行拆除中间临时支护。保证了隧道在洞口和进洞初期通过平武断层的正常施工作业。未发生侵线等问题。经监测和应力计算,相较于原设计的开挖方式和支护衬砌方式,本文所列采用的不良地质处置较为稳妥,且仍有部分荷载余量。

图8 CD 法施工现场

2.2 主洞过庙子岭断层

庙子岭断层距隧道出口端 1800 余米,距隧道入口端 2900 余米,设计勘探断层宽度 50 米,但在实际施工中发现断层位置提前,且断层宽度超过 60 米,其以韧性剪切带、劈理密集带、石英补丁带及片理挠曲带组成,局部夹断层炭化带,呈黑色,岩质极软。遇水极易软化,岩体完整性极差,层间结合差,围岩自稳能力差,开挖易发生大变形,拱顶围岩可产生较大坍塌,侧壁有时有中 ~ 大型坍塌,断层带附近水体较丰富,有突水、突泥可能。按原设计施工喷射混凝土及立拱架后,加快仰拱施作,尽快形成闭环,但仍然发生了拱顶塌陷变形,有侵线风险(图 9)。

图9 拱顶发生塌陷变形

考虑到直接换拱可能产生更大扰动,且可能存在换拱时拉断与之连接的已完成二次衬砌的部分和对后续未形成闭环部分的土应力变化,故先加装护拱架,加强对拱顶和拱身的支护(图 10)。

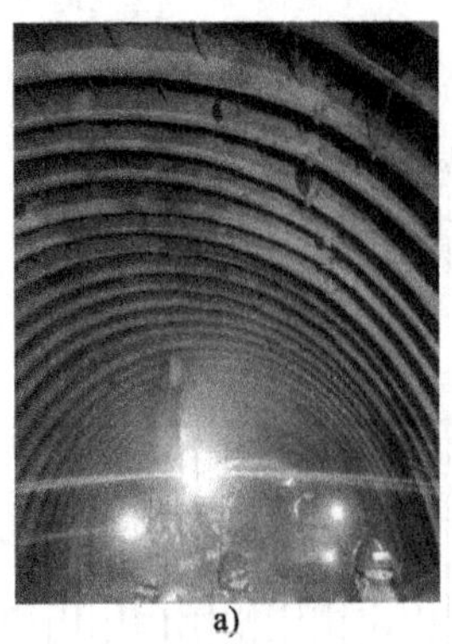
a)

b)

图10　加装护拱架

待变形稳定,通过收紧安全布局,保留断层位置的半完成状态,继续掘进通过断层,完成隧道更深处的开挖闭环和二次衬砌后,再回头将中间断层处进行护拱拆除和换拱处置。在换拱时,通过增加双层超前注浆小导管、增大净空和增大C25喷射混凝土厚度和二次衬砌钢筋混凝土厚度,加大工字钢规格为ϕ22mm,缩小钢架间榀距为55cm,增加锚杆的使用和固定(图11、图12),妥善完成了平武隧道庙子岭断层位置的施工。此类方法能够有效避免在通过断层和破碎体时隧道的侵线问题,能够极大降低隧道坍塌的风险,适合同类型隧道在施工作业时参考。

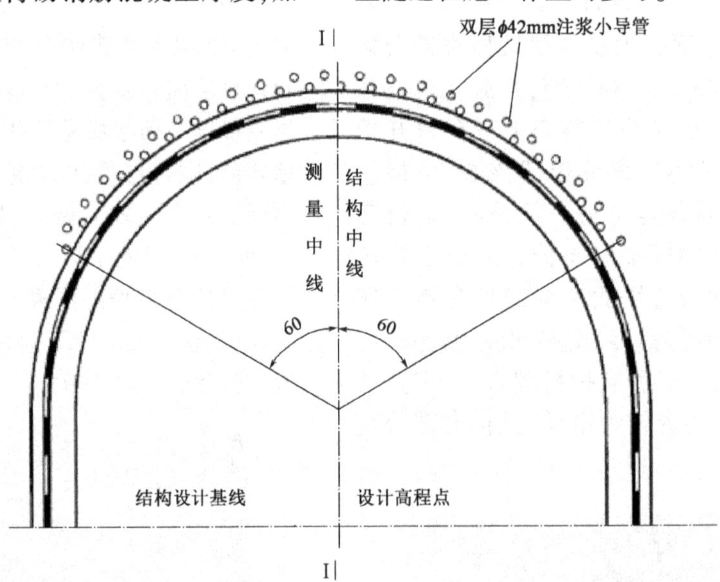

图11　超前支护横断面布置图

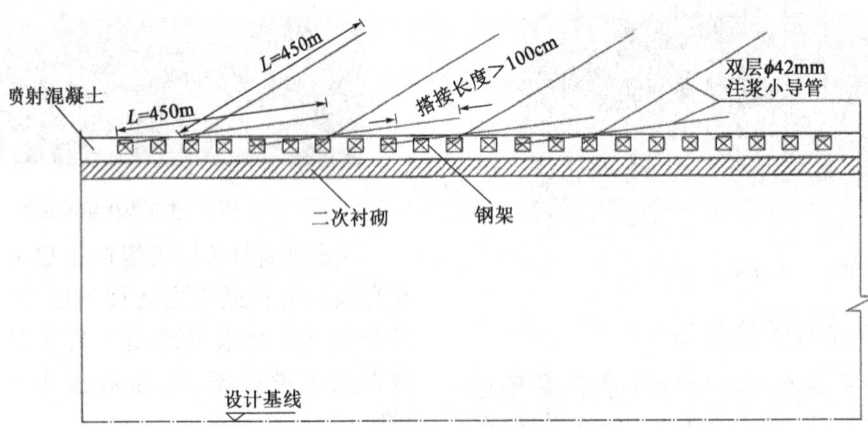

图12　锚杆注浆示意图

2.3 施工中其他不良地质处置措施

超前地质预报能够充分贯彻信息反馈修正设计思想，及时掌握前方围岩动态，利用预测结果修正设计，指导施工。为保证平武特长隧道快速掘进和保证通过不良地质段的安全，预防灾害事故，施工单位专门委托第三方机构，对平武隧道开展超期地质预报工作。通过超期地质预报，成功预测了隧道提前进入断层，并在多个通过破碎带和变形体时及时开展隧道衬砌变更工作，为平武隧道的安全通车提供了有效的保障。

监控量测能够掌握围岩和支护动态，了解支护构件的作用及效果并且能够确保隧道施工及运营安全，为保证施工的安全和质量，需要加强量测监控。对平武隧道而言，量测监控的内容包括：对Ⅳ和Ⅴ级围岩段开展洞内外观察、净空变化、拱顶下沉监控量测。其中，Ⅳ级围岩段量测断面间距为10m，Ⅴ级围岩段量测断面间距为5m。在整个量测监控中，需要严格控制基准，以保证施工的质量和安全性。控制基准是一项比较复杂的工作，需要结合隧道工程所在区域的地质条件、施工安全性、长期稳定性、重要 性等进行合理确定。在本工程监控量测中，控制基准包括地表沉降、隧道内部位移、爆破振动等。其中，位移控制基准依据测点距开挖面的长度确定。监控量测的实施，避免了平武特长隧道在通过断层时的侵线问题，及时发现了变形，及时安装了护拱和进行换拱作业。

风险管理体系和应急预案措施是绝对人为可控的阶段环节。只有编制了相关预案才能在发生紧急情况下做到心怀不乱。平武特长隧道的施工，从建设单位、监理单位、施工单位到具体的劳务队伍和作业班组，都严格按照相关规定，制定了风险管理体系和各类应急预案。开展和落实了各工点风险评估、现场检查督导等工作，建立健全了风险管理水平，为平武隧道的零安全事故率奠定了坚实的基础。

2.4 不良地质隧道施工要点讨论

开挖方式应选择合理。台阶法、中隔壁法、双侧壁导坑法等，应根据现场施工条件和工程要求进行选择。在兼顾施工安全性、质量可靠性、工期、造价、最新开挖工法与原开挖工法的衔接和对比等因素综合考虑后，确定具体的方案，并注意循环进尺和安全步距。对于围岩较差，或渗水较严重，或存在季节性冻土的隧道，应采取谨慎态度，优先考虑稳定性较好的保留核心土、多台阶开挖等方式，能够更有效避免隧道开挖时发生掌子面塌落的风险。

超前地质预报和超前支护应设置到位。超前地质预报应根据工程具体情况，并结合相关实践经验，制定科学完整的工作流程，为最大限度确保勘查资料的真实性、准确性，应加强细节控制，并对各种勘查手段进行组合应用。按照监控量测技术标准，科学布设监测点，地质状况较差时，应增加监测点数量，并适当增大监测频率。超前支护应根据地质状况合理选择，注浆到位，以稳定山体和保证开挖的安全、掘进的速度。监控量测数据应由专业机构，按规范标准进行，并应注意监控点的布点，应根据隧道的开挖方式，布设足够数量的对称测点，施工单位劳作队伍在隧道内作业时要避免对布设点的破坏和位移。对于监控量测数据的分析，应结合隧道整体情况、软岩分类、围岩破碎情况、隧道最大埋深等多方面因素综合考虑，确定隧道临界变形量 U，一般而言，在变更处置措施后，隧道变形量达到稳定，或变形速率明显减小后，方可开展二次衬砌施工。

支护结构整体计划应完整。为使隧道围岩维持稳定以及确保隧道建成结构安全可靠性，综合考虑量测分析结果和类似地质条件下的隧道施工经验，经技术可行性分析后，应对隧道整体的衬砌支护结构有完整的计划。对于地质情况极差的地段，应该采用加固初期支护和加强超前支护等措施，对原施工方案进行参数优化，可采用增加预留变形量放大净空等措施，保证结构的受力和可靠完整性。

3 结语

本文以九绵高速公路平武特长隧道为例，通过对该隧道实际施工过程中遇到的不良地质展开讨论，并得出结论：在围岩极差和变形严重的隧道施工中，采取大管棚等超前支护方式能够有效保证隧道的继续掘进；使用护拱等方法能有效避免在施工过程中的隧道侵线问题。本文所提及的相关技术和施工方案已经较为成熟，适合较为广泛地应用。山区特长隧道往往都会遇到不良地质，因为前期的勘探设计不能完整清晰地看隧道开挖以后的实际地质情况，故需要实际施工的工程师进行正确的现场处置。

不良地质除本文中提及的几种类型以外,还有溶洞、气体等特殊需要另行处置的类型,不良地质的处置方法亦不限于本文中所提及的方案。但就川西地区相同地质条件下,结合断层宽度和围岩性质等综合而言,本文所提出的不良地质处置方案贴合度较高,处置方法相对简单。从施工结果来看,平武特长隧道未发生一起质量事故和安全事故,且经济性评价较高。故本案例值得一定程度的推广并供相关人员研究探讨。

因以交流为主,故本文中相关措施的荷载计算、配筋计算、混凝土强度计算等未详细展示。参考文献等多引自各类规范标准,相关数据和施工措施摘自工程实际施工方案、施工组织计划等工程资料。

参考文献

[1] 王仕春,张璐.特长隧道施工安全风险管控体系的构建[J].中国公路,2020,12(12):211-213.

[2] 张伟.山岭公路隧道施工安全风险管理研究[D].西安:长安大学,2017.

[3] 张顶立.隧道及地下工程的基本问题及其研究进展[J].力学学报,2017.49(1):3-21.

[4] 赵永虎,白明禄,马新民,等.地表注浆在浅埋大断面黄土隧道中的应用研究[J].铁道工程学报,2019,36(7):48-51,99.

[5] 张全富.高速公路隧道开挖质量控制要点研究[J].工程建设与设计,2022(4):227-229.

穿越富水岩溶隧道灾害模式及临界安全判据研究

崔冠华* 许家伟 唐琨杰 薛方辰 苏旭林 张健伟
(长安大学公路学院)

摘　要　为研究隧道涌突水灾害模式,判断隔水层临界安全状态进而指导隧道安全施工。以阳宗隧道为工程背景,采用风险评价、理论计算和数值模拟等方法,分析了涌突水灾害高风险区段3种隔水层岩体破坏模式以及相应的临界安全状态,采用 midas-GTS-NX 结合 FLAC 3D 软件分析塑性区,得到临界安全状态分析结果与理论计算结果较为接近。

关键词　岩溶隧道　风险评价　临界安全状态　数值模拟

0　引言

岩溶的形成与发育受到不同因素的影响,往往导致隧道遭遇不同隔水层破坏类型的涌突水灾害。如围岩条件较好的隔水层发生拉破坏与剪断破坏的临界安全状态分析不需要考虑流固耦合作用,而隔水层发生水力劈裂破坏型涌突水的临界安全状态分析则需要考虑流固耦合作用。因此有必要对其进行更为详尽的分析研究。李术才[1]等人将突水突泥致灾构造划分为岩溶类致灾构造、断层类致灾构造与其他成因类致灾构造三大类,并进行了更细致的划分。孙瑞文[2]根据致灾构造与隧道相对位置将隔水岩盘破坏模式分为相交式与分离式,将填充介质失稳模式分为顶伏式、侧伏式、底伏式与贯通式。何发亮[3]将涌突水灾害类型划分为节理裂隙化岩体盘和完整土盘的剪裂破坏型涌突水、完整岩体盘的断裂破坏型涌突水、完整岩体盘的爆裂破坏型涌突水、空隙充填黏土大小不一破碎舍石块体岩土盘渗流溃散破坏型涌突水。贺华刚[4]利用层次分析法和模糊理论构建了隧道突涌水危险性评价模型,为隧道突涌水危险性评估提供了一种有效途径。

基于阳宗隧道富水岩溶地质环境条件下隧道工程安全建设的迫切需要,采用弹性厚板理论、直接剪切柱模型与冲切柱模型、断裂力学与水力学理论、力学平衡方法对灾害模式及临近安全判据进行分析。

1 工程概况

阳宗隧道位于云南省福宜高速公路呈贡区阳宗镇境内,全长7708m,宽17.49m,高11.78m,最大埋深572.62m。阳宗隧道设置宽7.15m,高6.34m的平行通道辅助施工,与隧道平行净距为30m。该隧道穿过地层为强风化的灰岩和风化的页岩地层,剖面图如图1所示。岩溶发育强烈,涌水地段长、涌水量大。且由于断层的发育,造成了岩体揉皱强裂、破碎。古溶洞群,加之地表覆盖层较薄,地表水对地下水的补给充分,且岩层面倾向石林端一侧,造成断层裂隙水及强风化玄武岩破碎体的孔隙水富集,存在发生涌突水灾害的风险,对隧道施工具有不利的影响。

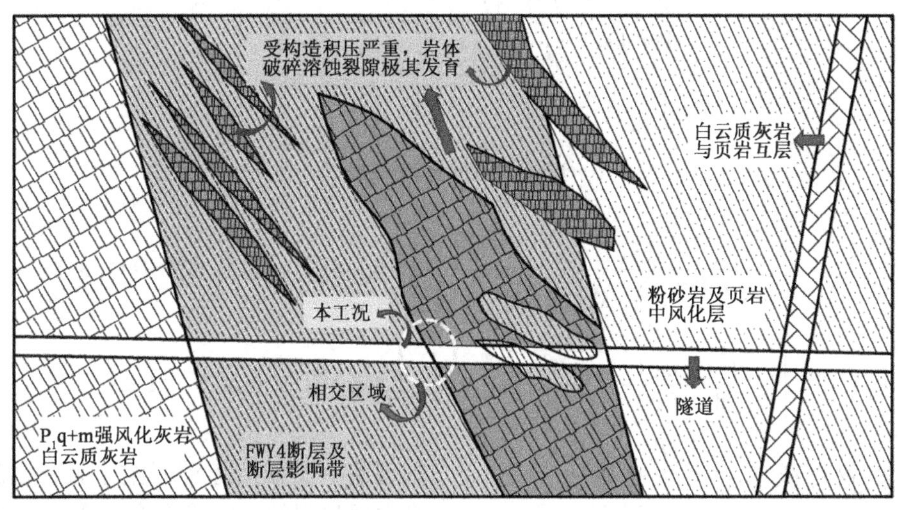

图1 地层结构剖面图

2 灾害模式及其安全状态分析

岩溶的形成与发育受到不同因素的影响,往往导致隧道遭遇不同隔水层破坏类型的涌突水灾害,进一步的隔水层稳定性临界安全状态的分析并不相同。相关研究[5-9]将其灾害模式分为完整-较完整岩体破坏模式、非完整岩体隔水层破坏模式、揭露溶洞充填物破坏模式三大类。

2.1 完整-较完整岩体破坏模式

完整-较完整岩体隔水层可视为各向同性连续均匀介质。受水压和自重等致灾构造荷载影响,隔水层厚度逐渐减小至临界状态下,如图2所示。产生拉应力超过抗拉强度,形成拉裂缝。并伴有较大渗水和掉块现象。随后,拉裂隙迅速扩展,地下水喷涌,隔水层最终贯通,涌水急增[5],若岩体某处剪应力在拉破坏前达抗剪强度,则隔水岩体发生剪切破坏,包括冲剪和直接剪切破坏。其中,直接剪切破坏通常会沿隔水层两端发生[6]。

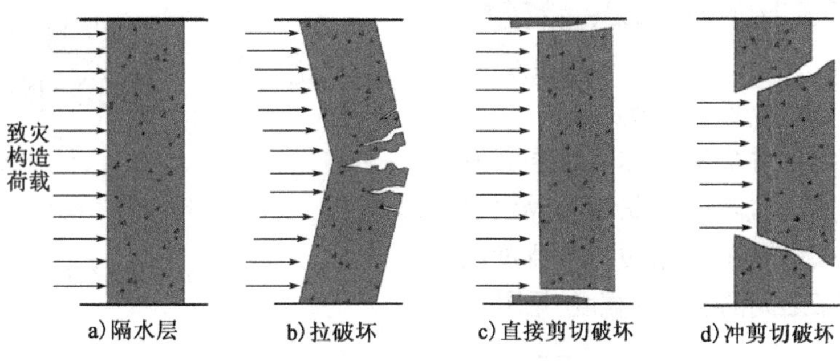

图2 完整-较完整隔水层破坏模式

对于隧道穿越掌子面正前方富水裂隙发育区致灾构造的完整-较完整隔水层破坏型涌突水,通常取拉破坏控制的隔水层安全厚度来确定隧道开挖的临界安全状态。可将隔水层简化为断面为圆形或近似圆形的弹性厚板模型进行计算[6]。其力学模型如图3所示,计算公式如式(1)所示[7]。

式中,μ 为隔水层岩体的泊松比;S 为隔水层厚度,D 为隧道等代圆直径,$D=(B+H)/2$,B 为隧道开挖断面跨度,H 为隧道开挖断面高度[10](m);k 为安全系数,取 $1.2<k<1.5$,对爆破振动及开挖造成的影响进行修正;σ_t 为隔水层岩体抗拉强度(kPa);p 为富水裂隙发育区对隔水层产生的压力(kPa)。根据公式可知,其隔水层厚度控制因素分别为隔水层岩体的泊松比 μ、隧道等代圆直径 D、为隔水层岩体抗拉强度 σ_t 及致灾构造荷载 p。

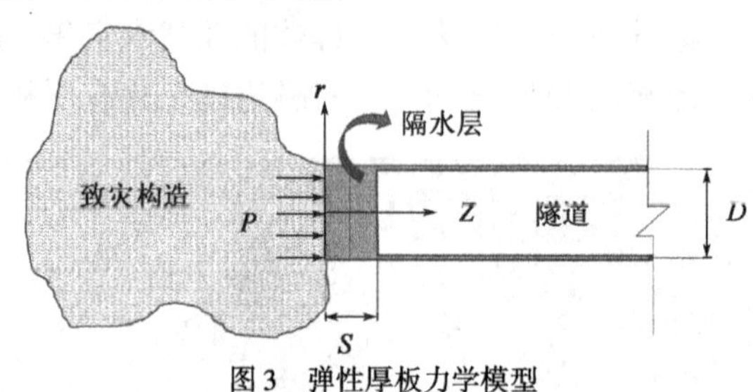

图 3　弹性厚板力学模型

$$S_f=\begin{cases}k\sqrt{\dfrac{15(1-\mu^2)D^2}{\dfrac{160\sigma_t(1-\mu)}{p}-96(1+\mu)}}\left[16\mu/5(1-\mu)^2\right](2S/D)^2>1\\k\sqrt{\dfrac{15\mu(1-\mu)D^2}{\dfrac{80\sigma_t(1-\mu)}{p}-48\mu}}\left[16\mu/5(1-\mu)^2\right](2S/D)^2<1\end{cases}\tag{1}$$

2.2　非完整岩体隔水层破坏模式

隧道开挖时,非完整岩体隔水层厚度不断减少,达到临界值后,内节理裂隙在高压地下水楔劈作用下沿末端发生扩展,形成突水通道,见图 4。此过程分为裂隙起始、扩展和不稳定裂隙生长三阶段[11],并伴有淋水、渗水等现象[12]。

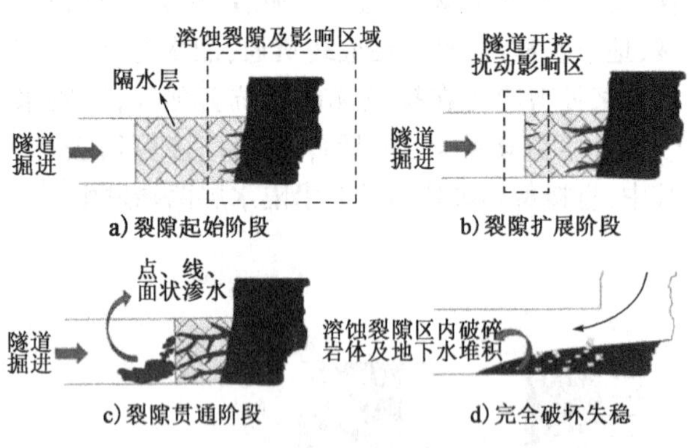

图 4　非完整岩体水力劈裂破坏模式

隧道穿越掌子面前的非完整岩体隔水层会发生水力劈裂破坏型涌水。临界安全状态的隔水层厚度取决于富水溶蚀裂隙带的初始裂隙带宽度以及隧道掌子面与裂隙带之间的抗裂区宽度,见图 5。抗裂区不仅抵挡隧道开挖干扰,还抵制裂隙带的水力劈裂侵蚀。临界安全状态下的抗裂区宽度计算公式如式(2)和式(3)所示[11]。式中,R 为隧道等代圆半径(m);λ 为原始侧压力系数;p_w 为富水溶蚀裂隙水压力(MPa);a 取初始裂隙带厚度的一半(m);φ 为裂隙面上内摩擦角;K_{IIc}为Ⅱ型裂纹断裂韧度;β 为裂纹长轴方向与最大主应力之间夹角;γ 为岩体重度(MN/m³);H 为隧道埋深(m);p_{c1} 为侧压力系数为 1 断面处劈裂破坏的临界水压力(MPa);最大主应力 $\sigma_1=\lambda\sigma_3=\lambda\gamma H$。

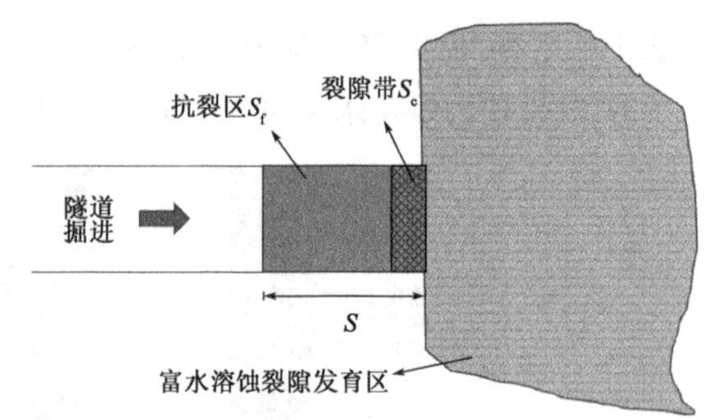

图 5　临界安全状态隔水层厚度计算示意图

$$S_f=\begin{cases}\dfrac{11R}{17}\cdot\left[\ln\lambda-\ln\left(\lambda-\dfrac{2p_w\sqrt{\pi a}\cdot\tan\varphi+2K_{\mathrm{IIc}}}{\gamma H\cdot\sqrt{\pi a}\cdot(\tan\varphi-\tan\varphi\cos2\beta-\sin2\beta)}+\dfrac{\tan\varphi+\tan\varphi\cos2\beta+\sin2\beta}{\tan\varphi-\tan\varphi\cos2\beta-\sin2\beta}\right)\right],p_w>p_{c1}\text{ 时}\\\dfrac{11R}{17}\cdot\left[\ln\lambda-\ln\left(\lambda-\dfrac{2p_w\sqrt{\pi a}\cdot\tan\varphi+2K_{\mathrm{IIc}}}{\gamma H\cdot\sqrt{\pi a}\cdot(\tan\varphi-\tan\varphi\cos2\beta+\sin2\beta)}+\dfrac{\tan\varphi+\tan\varphi\cos2\beta-\sin2\beta}{\tan\varphi-\tan\varphi\cos2\beta+\sin2\beta}\right)\right],p_w<p_{c1}\text{ 时}\end{cases}\tag{2}$$

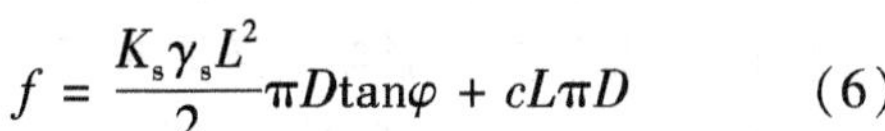

$$p_{c1} = \sigma_1 - \frac{1}{\tan\varphi} \cdot \frac{K_{\mathrm{IIc}}}{\sqrt{\pi a}} \tag{3}$$

2.3 揭露溶洞充填物破坏模式

隧道在揭露溶洞充填物后,主要依靠充填体与溶洞周壁接触面的黏结力和摩擦力来维持稳定。然而,在隧道开挖干扰和充填体自身重量的共同作用下,接触面处的剪切力可能超过充填体和管道壁之间的黏合力,导致充填体沿接触面整体滑移,使隔水层失稳,引发涌突水灾害,如图6所示。这种充填物整体滑移型涌水具有类似爆喷的特点。

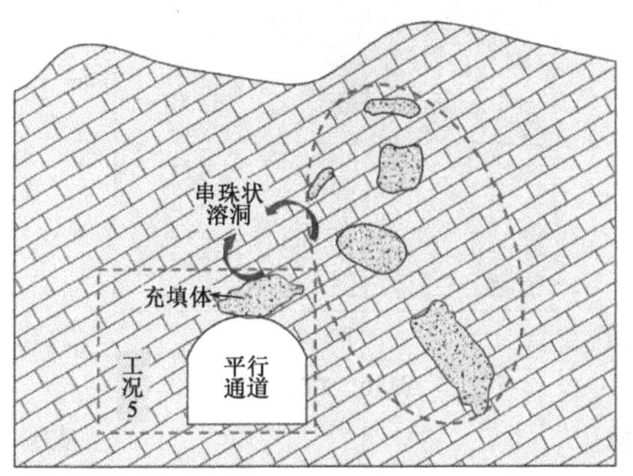

图6 揭露溶洞充填物示意图

对于工况5中平行通道揭露阻水性全充填型溶洞的隔水层整体滑移型涌突水,将充填体进行简化,按图7中力学模型计算临界安全状态。力学模型中力学平衡方程如式(4)所示。式中,f为滑移充填体与溶腔壁间摩擦力(kN),其计算公式如式(6)所示;G_s为滑移充填体重力(kN),其计算公式如式(5)所示[6]。式中,K_s为充填体的侧压力系数;γ_s为充填体重度(kN/m^3);c为充填体黏聚力(kPa);L为充填体长度(m);D为充填体直径(m);φ为充填体内摩擦角;β为简化模型与水平方向夹角。令$i = f\sin\beta/G_s$,定义i为安全系数,当$i<1$时,充填体滑移失稳,当$i=1$时,充填体处于极限平衡状态,当$i>1$时,充填体处于稳定状态,不会发生滑移失稳。将参数代入公式计算得到$i>1$,充填体处于稳定状态,不会发生滑移失稳。为提高安全系数,也可对填充体施作超前注浆加固,并结合工字钢、钢筋网及喷射混凝土进行加固处理。

$$f\sin\beta = G_s \tag{4}$$

$$G_s = V_s\gamma_s = \frac{1}{4}\pi D^2 L\gamma_s \tag{5}$$

$$f = \frac{K_s\gamma_s L^2}{2}\pi D\tan\varphi + cL\pi D \tag{6}$$

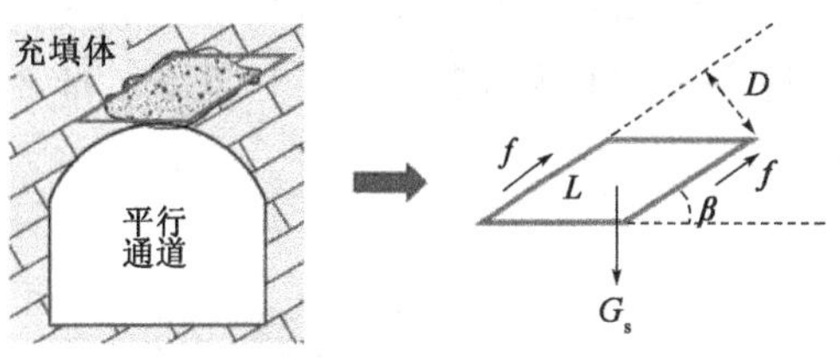

图7 充填物整体滑移失稳力学模型

3 模型预测和现场验证

3.1 模型建立

针对灾害模式的分类,分别选择具有代表性的工况,对其进行数值模拟分析,验证安全状态分析方法是否合理。数值模拟采用midas GTS NX建立网格模型,导入FLAC3D中进行网格分组、边界条件设置、初始应力状态求解、隧道上下台阶开挖模拟、求解等计算的方法。剩余重度用荷载代替施加于模型顶端,并设置相应水平荷载,在隧道与致灾构造接触面施加荷载模拟水压力。

K43+940~K44+500区段穿越直径40m的裂隙发育区,岩体较破碎地下水丰富,为高应力区域,属于完整~较完整隔水层破坏模式。记为工况1,建立对应模型,模型尺寸300m×120m×300m,隧道宽高以及埋深分别为17.49m、11.38m和286m,富水裂隙发育区简化为半径20m、高40m的圆柱体进行模拟(图8)。

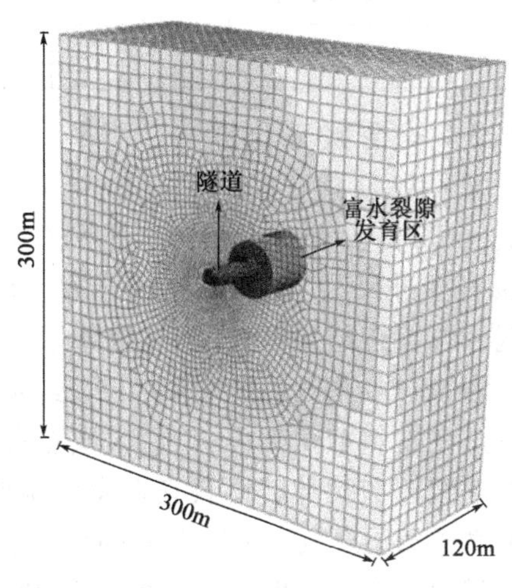

图8 工况1模型

K46 +490 ~ K46 +650 区段与 FWY4 断层 75°相交,断层内溶蚀裂隙极其发育,受溶蚀裂隙及密集节理裂隙发育影响,属于非完整岩体隔水层破坏模式。记为工况 2,建立对应模型,模型尺寸 322.4m × 140m × 311.8m,隧道宽高以及埋深分别为 17.49m、11.38m 和 300m(图 9)。

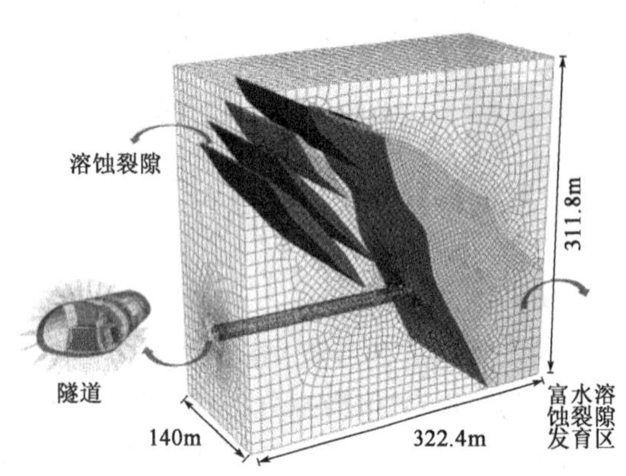

图 9　工况 2 模型

K46 +370 ~ K46 +490 区段揭露到以垂直发育为主,线溶率为 19.1% 的串珠状溶洞。灰质角砾全充填,渗透性极低,具有阻水性能,为揭露溶洞充填物破坏模式。记为工况 3,建立对应模型,模型尺寸 60m × 60m,沿 Y 轴方向 1m。平行通道宽高以及埋深分别为 7.15m、6.34m 和 290m(图 10、表 1)。

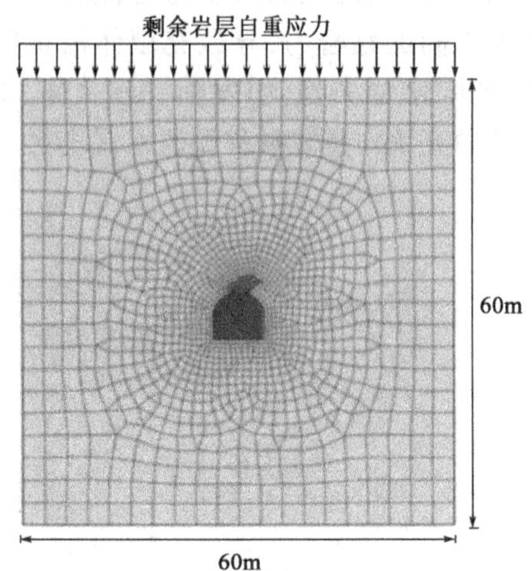

图 10　工况 3 模型

模型计算参数　　表 1

工况	参数	重度(kN/m^3)	弹性模量(GPa)	泊松比	摩擦角(°)	黏聚力(MPa)	本构模型
工况 1	Ⅲ2 级围岩	23	7	0.3	39	0.7	莫尔-库仑
	富水裂隙发育区	18	0.3	0.45	21	0.05	莫尔-库仑
工况 2	Ⅴ级围岩	21	2	0.35	28	0.2	莫尔-库仑
	裂隙发育区	17	0.2	0.45	20	0.05	莫尔-库仑
	初期支护	22	25	0.2	—	—	弹性
	衬砌	24	30	0.2	—	—	弹性
工况 3	Ⅲ2 级围岩	23	7	0.3	39	0.7	莫尔-库仑
	充填体	16	0.5	0.45	15	0.021	莫尔-库仑

3.2　安全状态分析

工况 1 中,隧道开挖长度共 40m,开挖方法为台阶法,台阶长度为 3m,前 30m 开挖进尺为 3m,后 10m 开挖进尺为 1m。如图 11 所示,计算所得塑性区分布状态结果可知,当隧道掌子面距离致灾构造为 5m 时,深红色区域隔水层曾经发生剪切破坏且正在发生剪切破坏,粉色区域隔水层曾经发生剪切破坏与拉伸破坏且正在发生拉伸破坏。当隧道掌子面距离致灾构造为 4m 时,隔水层塑性区完全贯通。因此判断工况 1 临界安全状态的隔水层厚度为 5m,与上述公式计算结果 5.31m 较为接近,说明两种方法具备一定的可靠性。

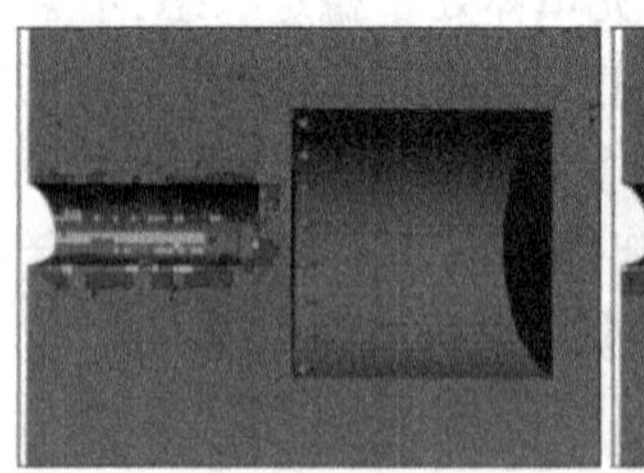
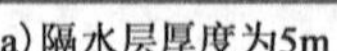
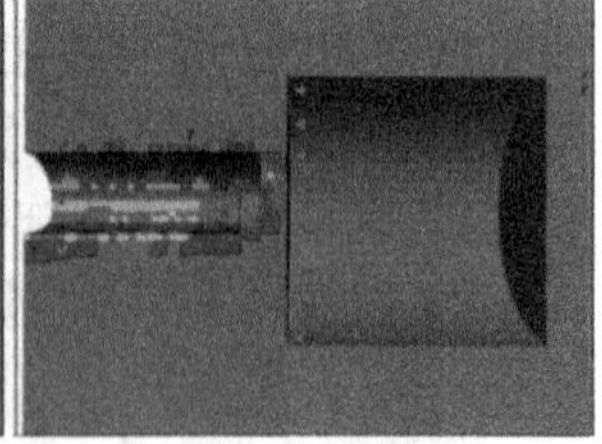

a)隔水层厚度为5m　　b)隔水层厚度为4m

图 11　工况 1 塑性区分布状态

工况2隔水层为非隔水边界,因此使用命令 model configure fluid 开启渗流模式并根据实际工况设置相应渗流模型、孔隙水压力、渗流边界条件等进行流固耦合分析。由图12中计算所得塑性区分布状态结果可知,当隧道掌子面距离致灾构造为5.8m时,掌子面前方深红色部分隔水层曾经发生剪切破坏且正在发生剪切破坏,深蓝色部分隔水层曾经发生剪切和拉伸破坏且正在发生剪切破坏,浅蓝色部分隔水层曾经发生剪切与拉伸破坏且正在发生拉伸破坏,但隔水层塑性区未完全贯通。当隧道掌子面距离致灾构造为4.8m时,隧道左侧上部开挖部分掌子面与富水溶蚀裂隙发育区间隔水层塑性区完全贯通。因此判断工况4临界安全状态的隔水层厚度为5.8m,与上述公式计算结果5.4m较为接近,说明两种方法具备一定的可靠性。

a)左侧上部隔水层厚度为5.8m

b)左侧上部隔水层厚度为4.8m

图12 工况4塑性区分布状态

工况3直接揭露了溶洞充填体,不存在隔水岩体,故通过分析充填体位移判断充填体的稳定性。由图13中z轴方向位移云图可知,位移最大为5.0~6.8cm的深蓝浅蓝区域沿z轴方向的最大范围为0.26m,其余大部分充填体竖向位移值较小。说明在隧道施工过程中,溶洞充填体基本处于稳定状态,与上节中安全状态计算判断结果一致。

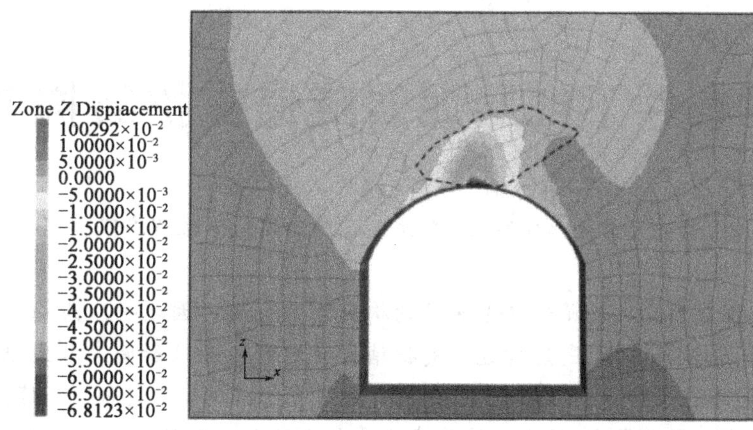

图13 Z轴方向位移云图

4 结语

通过理论计算结合数值模拟方法对高风险区段中不同隔水层破坏模式下涌突水灾害类型的典型工况进行了临界安全状态对比分析。所得研究内容与结论如下:

(1)完整-较完整岩体隔水层发生拉破坏型涌突水灾害,采取弹性厚板理论计算模型计算工况1的临界安全状态隔水层厚度为5.31m。采取 midas GTS NX 与 FLAC3D 软件分析工况1台阶法开挖下临界安全状态隔水层厚度为5m。

(2)非完整岩体隔水层发生水力劈裂破坏型涌突水灾害,基于断裂力学与水力学理论计算工况4的临界安全状态隔水层厚度为5.4m。采取 midas GTS NX 建模及 FLAC3D 流固耦合分析计算得到采取双侧壁导坑法开挖下临界安全状态隔水层厚度为5.3m。

(3)对于平行通道揭露正上方全充填型溶洞发生充填物整体滑移型涌突水灾害,建立简化模型采取力学平衡方法判断工况5为安全稳定状态。采取 midas GTS NX 与 FLAC3D 软件分析得到的结果相同。

参考文献

[1] 李术才,许振浩,黄鑫,等.隧道突水突泥致灾构造分类、地质判识、孕灾模式与典型案例分析[J].岩石力学与工程学报,2018,37(5):1041-1069.

[2] 孙瑞文.山岭隧道施工突水(泥)灾变模式及其防治对策研究[D].重庆:重庆交通大学,2019.

[3] 何发亮.隧道施工地质灾害与致灾构造及其致灾模式[J].现代隧道技术,2019,56(S1):138-143.

[4] 贺华刚.深埋特长隧道的突涌水危险性评价研究[J].中国岩溶,2020,39(03):384-390.

[5] 蒲超.米仓山隧道流固耦合分析及涌突水机制研究[D].成都:成都理工大学,2017.

[6] 郭佳奇.岩溶隧道防突厚度及突水机制研究[D].北京:北京交通大学,2011.

[7] 郭佳奇,李宏飞,陈帆,等.岩溶隧道掌子面防突厚度理论分析[J].地下空间与工程学报,2017,13(5):1373-1380.

[8] 郭佳奇,乔春生,曹茜.侧部高压富水溶腔与隧道间岩柱安全厚度的研究[J].现代隧道技术,2010,47(6):10-16.

[9] 屠文锋.爆破动力诱发裂隙岩体破坏突水机理与过程调控方法[D].济南:山东大学,2021.

[10] 付振华.公路隧道几类涌突水机制的力学分析与应用[D].成都:成都理工大学,2017.

[11] HUANG Z,ZENG W,WU Y,et al. Experimental investigation of fracture propagation and inrush characteristics in tunnel construction[J]. Natural Hazards,2019,97(1):193-210.

[12] 郭佳奇,乔春生.岩溶隧道掌子面突水机制及岩墙安全厚度研究[J].铁道学报,2012,34(3):105-111.

不同增湿条件下红层泥岩隧道支护结构变形研究

张家辉[1] 晏长根*[1] 原 泽[2]

(1.长安大学公路学院;2.中铁十五局集团地下工程有限公司)

摘 要 围岩增湿是引起红层泥岩隧道支护结构变形的主要原因之一。为正确预防此类灾害的发生,首先要明确在不同增湿条件下,围岩对隧道支护结构变形的差异性影响。本文以甘肃某红层泥岩隧道为背景,建立了不同增湿条件下的数值模型,分析其隧道支护结构变形特征。研究结果显示:围岩局部增湿的主要影响局限在一定范围内,且支护结构产生最大主应力和变形量与含水率呈正相关。当拱顶增湿时,拱顶部位产生最大主应力高达1.53MPa,隧道主要表现为拱顶下沉;拱底增湿时,仰拱中部产生最大主应力2.08MPa,同时仰拱产生隆起,且最大隆起量达2.98mm;其余部位增湿时,相应增湿部位虽产生较大的应力,但支护结构变形不大。故在实际施工中应特别注意拱底、拱顶部位排水。

关键词 隧道工程 红层泥岩 仰拱隆起 增湿效应 含水率 数值模拟

0 引言

甘肃地区是我国红层泥岩主要分布地区之一,红层泥岩具有复杂的节理裂隙结构,其矿物成分中存在大量的黏土矿物,使得其在增湿条件下具有明显的膨胀变形和应变软化等特征,这种特性极易导致隧道支护结构变形,而隧道结构一旦发生变形,将面临整治困难、运营维护费用昂贵、难以取得良好整治效果等一系列问题。这些问题对隧道工程的后期安全运营产生了极大的威胁,已成为当前阻碍我国交通基础设施高质量发展的关键因素。

针对红层泥岩，目前已有诸多学者进行了不同的研究。魏永幸等人[1]对红层泥岩的基本特征进行了分析，发现其颗粒易破碎、强度低、遇水后易崩解与软化。魏玉峰[2]发现第三系红层的强度参数与岩体赋存环境有关，并对红层软岩饱水后的强度参数进行了分析。冯启言等人[3]研究了兖州煤田地区红层软岩的物质组成、渗透特性以及孔隙结构，讨论了渗透机理和遇水后的失稳机理。Shen Peiwu 等人[4]通过耐崩解试验发现较小的红层泥岩颗粒往往具有较高的崩解度。Zhu Hongbing 等人[5]通过膨胀试验和单轴压缩试验建立了能够正确表征吸湿率增加时单轴抗压强度和弹性模量劣化公式。上述研究表明，增湿效应下红层泥岩易发生软化膨胀，导致泥岩物理力学性能劣化，承载能力降低，从而引起隧道仰拱受力变化，进而引发仰拱变形[6-8]。Gysel M[9]采用膨胀理论计算了围岩膨胀所产生的受力和变形，进而揭示了由于膨胀对仰拱变形的重要影响。刘超等人[10]通过对某隧道进行试验研究，得出了地应力、层状岩体和岩石蠕变是隧道底鼓产生的主要诱因的结论。刘彤彤等人[11]基于模型试验，对浅埋泥岩隧道仰拱隆起的力学特性进行研究，发现仰拱对基底膨胀的力学响应更为明显，更易导致衬砌变形破坏。杜明庆等人[12]采用模型试验对底鼓产生过程中的膨胀力进行了监测，发现当隧道底部没有有效的支撑结构时，可能会导致底部围岩的膨胀，从而使得仰拱变形加剧。上述研究均是一些针对泥岩隧道仰拱隆起影响因素的探究，缺乏对泥岩隧道仰拱变形特征的深入研究，特别是针对红层泥岩地区，围岩在不同增湿条件下隧道支护结构变形研究。因此，研究不同增湿条件下红层泥岩隧道支护结构的响应机制具有十分重要的意义。

本文以甘肃某泥岩隧道为依托，利用数值软件构建了不同增湿条件下的隧道模型，对考虑不同增湿效应下的红层泥岩隧道支护结构变形进行深入分析，研究结果可为类似工程中隧道结构设计及灾害治理提供参考。

1 工程概况及数值模型

1.1 工程概况

本文以甘肃地区某红层泥岩隧道发育的底鼓病害作为工程背景，项目隧址区位于剥蚀堆积黄土梁峁、沟壑地貌区，山体走向大致呈南北方向，沟壑发育，隧道洞身围岩主要为新近系泥岩，呈红褐色，泥质胶结为主。地下水主要为裂隙孔隙水、孔隙潜水和碎屑岩类裂隙层间水。项目隧址区属于中温带半湿润气候，昼夜温差大，气温变化明显，冬季气温较低，冰冻期较长，降雨、降雪量大，暴雨多。该隧道为双车道上下行分离式隧道，上行线全长 3290m，下行线全长 3328m，隧道设计净高 5.0m，净宽 10.25m，全隧道设有仰拱，设计行车速度为 80km/h，如图 1 所示。

图1 隧道底鼓灾害

1.2 数值模型

根据项目资料，模型尺寸设置为 30m × 120m × 120m（长 × 宽 × 高），假定隧道埋深 60m，采用实体单元对初期支护和二次衬砌进行模拟，假定支护结构为理想的弹性介质，采用 Cable 单元对锚杆进行模拟。建立的计算模型如图 2 所示。首先用 midas 软件建立隧道模型，将建立好的模型导入 FLAC 3D 中，并进行后续参数的赋值以及命令流的编写。由于隧道围岩是连续均质的其应力应变的改变处于弹塑性范围内，采用莫尔-库仑模型（Mohr-Coulomb 模型）来模拟围岩，其他支护体系采用线弹性本构模型进行模拟计算。假定模型的左右边界以及底面固定，仅考虑自重应力场的影响。

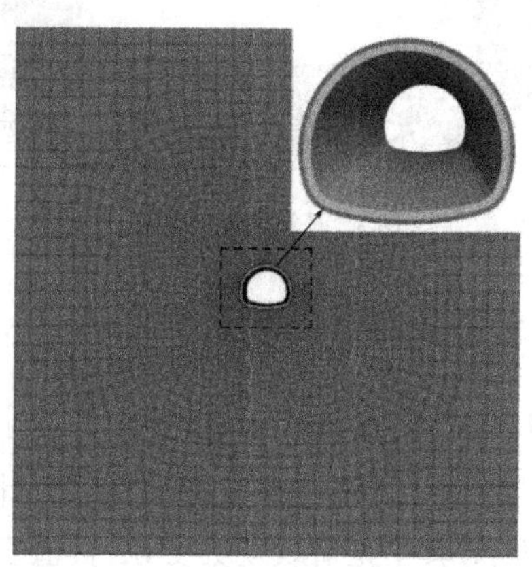

图2 数值计算模型

1.2.1 参数选取

为了简化计算,将支护结构按刚度等效原则进行等效计算,围岩参数和支护结构等效[13]后的参数见表1。红层泥岩遇水后不仅强度劣化,而且会产生膨胀,衬砌结构在泥岩软化和膨胀作用下发生变形,影响结构安全[14]。其中围岩软化模拟采用参数折减法。而基底围岩遇水增湿体积膨胀可近似认为泥岩由于温度上升所引起的体积膨胀来进行等效换算[15],计算得不同含水率条件下红层泥岩的热学计算参数见表2。

围岩及支护结构力学参数 表1

名称	厚度(cm)	重度(kN/m³)	弹性模量(GPa)	泊松比
围岩	—	22.0	1.95	0.11
初期支护	26	25.0	28.0	0.2
二次衬砌	45	25.0	31.5	0.2
锚杆	—	78.0	200	0.3

红层泥岩力学参数 表2

含水率(%)	弹性模量(GPa)	泊松比	黏聚力(MPa)	摩擦角(°)	热膨胀系数 α	温度荷载 ΔT
6.78	1.95	0.11	3.4	34.82	—	0~1.505
9.22	1.27	0.13	2.9	29.41	0.25×10^{-4}	0~1.505
10.63	0.99	0.15	1.8	28.88	0.39×10^{-4}	0~1.505
12.98	0.25	0.25	1.2	21.47	0.63×10^{-4}	0~1.505

1.2.2 工况设计

为更好地研究在隧道运营过程中,由于降雨、地下水位变化以及排水系统堵塞等问题造成的隧道底部仰拱变形,设计工况如下(图3):对隧道围岩不同部位(拱顶、左拱腰、左边墙、左拱脚、拱底)进行局部浸水增湿,研究其局部增湿后对隧道支护结构的影响。

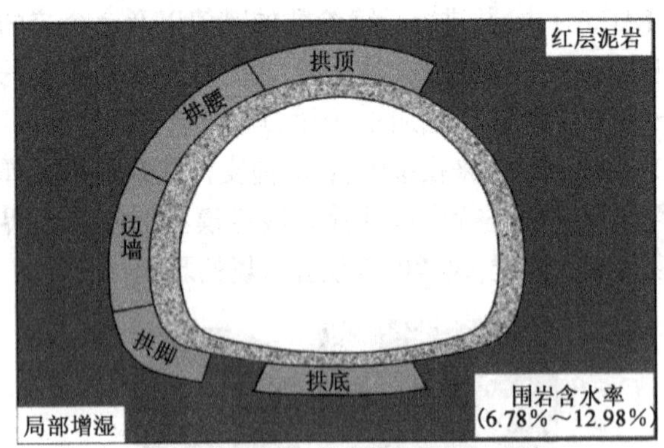

图3 计算工况示意图

2 计算结果分析

2.1 支护结构应力分析

不同增湿条件下隧道支护结构应力计算结果如图4所示,其中正值表现为受拉,负值表现为受压。由于围岩增湿后发生软化以及产生的膨胀应力使得最大主应力一般出现在浸水部位,且均为受压。各增湿部位最大主应力随含水率增加的变化趋势见图5。当拱顶部位浸水增湿时,水分渗入到顶部围岩内,引起孔隙水压增高,同时围岩吸水膨胀产生的膨胀力作用也作用在拱顶,导致拱顶部位应力变大,最大主应力达1.27MPa,但左右两侧拱腰应力较小,约为0.1MPa,最大主应力分布不均匀从而导致拱顶易发生破坏。同时隧道结构的对称性导致主应力在竖向上的传递相对均匀,故围岩压力基本呈对称分布。当左拱腰浸水增湿后,最大主应力出现在拱腰部位,其值为1.51MPa;当左边墙浸水增湿后,最大主应力则出现在边墙部位,其值为2.03MPa;而当左拱脚浸水增湿后,最大主应力出现在拱脚部位,其值为2.1MPa。拱底部位围岩浸水增湿后,由于孔隙水压、膨胀力共同作用下拱底中部产生最大主应力1.62MPa,但两侧拱脚处产生的应力值较小,最大主应力分布不均匀,容易使得隧道仰拱支护结构由于受力不均匀从而产生破坏。另一方面,由于隧道结构的对称性围岩压力分布也基本呈对称分布。

随着含水率的增大,各增湿部位的最大主应力亦随之增大,特别是拱顶和仰拱两部位出现了较大幅度的上升,同时在拱顶和拱底增湿时,左右拱腰和左右拱脚的应力一直远小于其他部位,导致支护结构应力分布不均,易发生破坏。

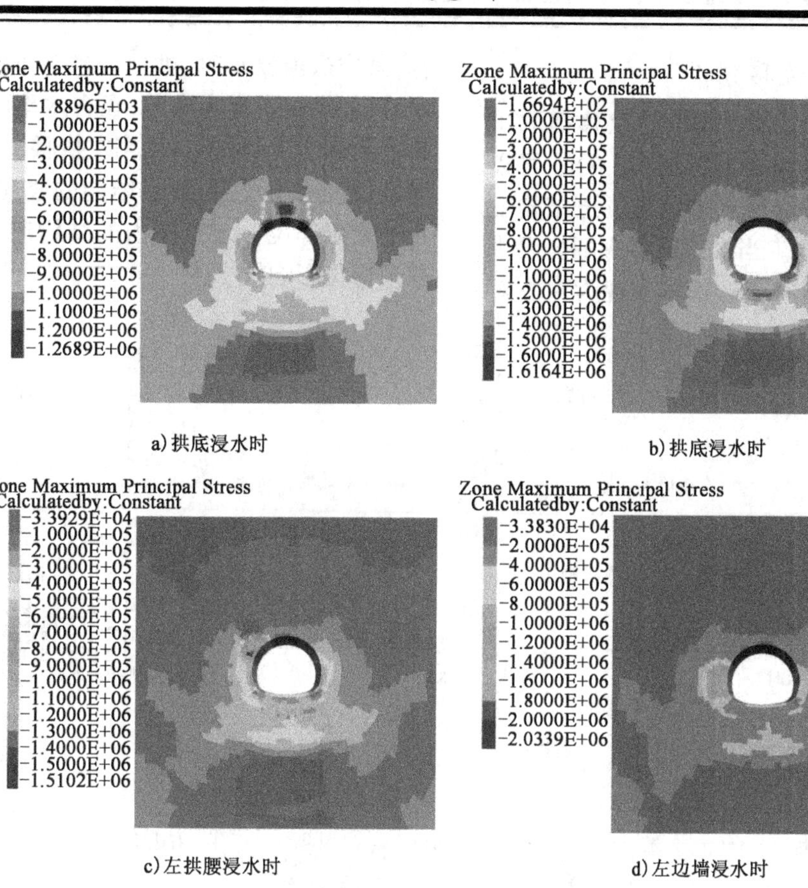

a)拱底浸水时 b)拱底浸水时

c)左拱腰浸水时 d)左边墙浸水时

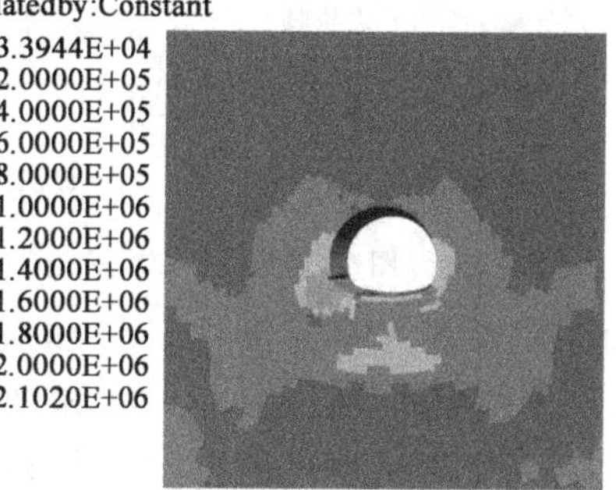

e)左拱脚拱顶浸水时

图4 相同含水率下不同浸水部位围岩最大主应力云图(Pa)

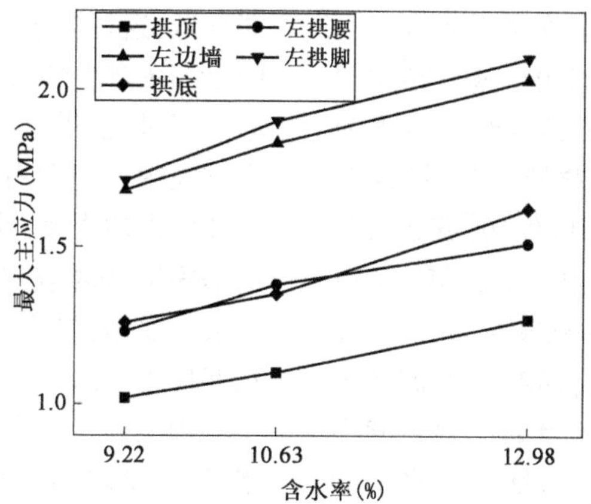

图5 增湿部位最大主应力变化图

2.2 支护结构位移分析

将隧道仰拱和初支对应部位的位移提取出来,绘成不同位置的竖向变形特征(图6)。可以看出,隧道围岩不同部位浸水之后对隧道结构变形产生的影响各不相同。当拱顶和拱底围岩浸水增湿后,隧道结构的竖向变形基本表现为左右对称,其中拱顶浸水时,拱顶表现为下沉,而拱底浸水时,仰拱则表现为隆起,在含水率12.98%时达最大隆起量2.98mm。而当左拱腰、左边墙和左拱脚部位浸水增湿后,隧道结构的竖向变形主要表现为增湿部位一定范围内的结构产生变形,而对其余部位影响较小。

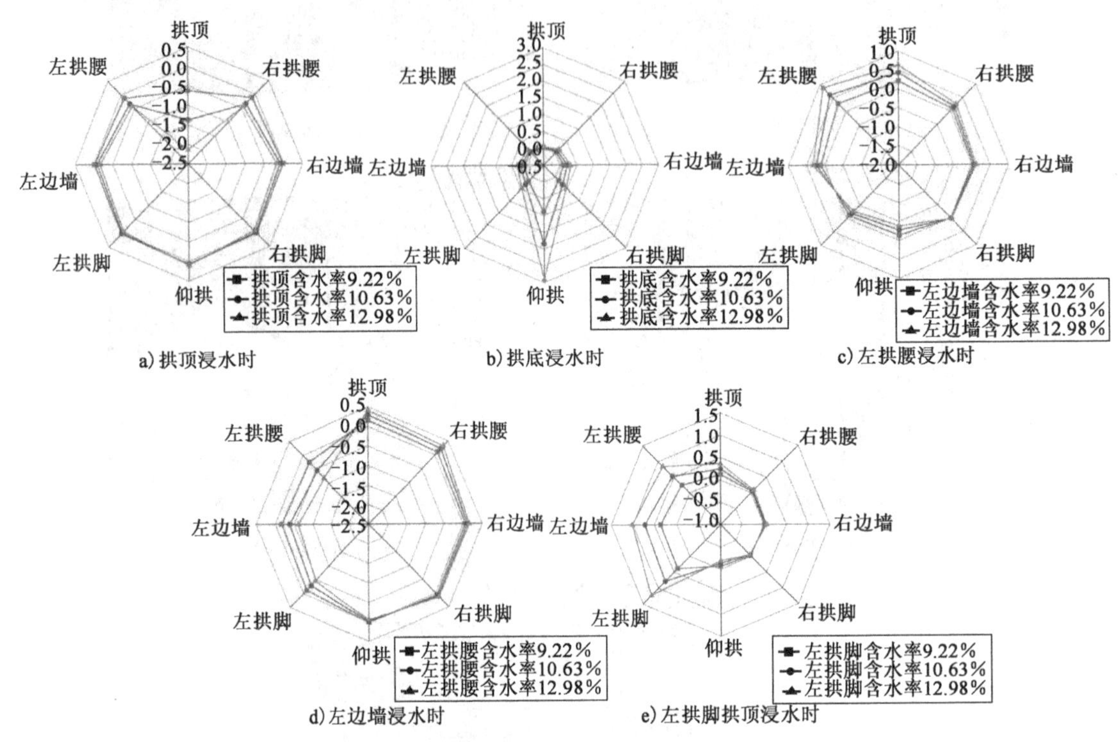

图6 隧道支护结构变形分布

当围岩不同部位浸水增湿后,相应增湿部位结构变形也最明显,且随着含水率的增大,隧道结构的竖向变形也在不断地增大,其中当拱顶出现局部浸水增湿时,随着含水率的增加,拱顶的持续发生沉降,最大沉降达2.15mm,这是拱顶围岩在水分作用下孔隙水压增加,对拱顶产生额外压力,同时拱顶围岩吸水软化膨胀,导致拱顶围岩压力增加进而引起的拱顶下沉。同时由于隧道结构和膨胀荷载分布的对称性,隧道整体变形也表现为沿隧道中轴线左右对称。当左拱腰、左边墙及左拱脚局部浸水增湿时,除增湿部位外,隧道断面各个位置的竖向变形量均较小,由于左拱腰、左边墙、左拱脚基本上处于同一竖向直线向,故只对隧道左侧结构的竖向变形有影响,而右侧支护结构基本上没有产生竖向变形,对隧道的变形影响不大。当拱底出现局部浸水增湿时,随着含水率的增加,除拱顶部位的变形未发生变化外,隧道其余部位的竖向位移均增加,其中仰拱部位的变形最大,最大变形从0.95mm增加到1.85mm再到2.98mm,造成这种现象的原因有两点:一是由于围岩吸水软化,力学性能降低,隧道两侧附加应力传导至隧底,挤压底部软化围岩,进而使仰拱发生隆起变形(图7),而围岩含水率越高,围岩力学性能越低,这种隆起现象越明显;二是由于红层泥岩吸水膨胀产生的膨胀力施加在仰拱上导致仰拱隆起。同时,在拱底增湿时,仰拱的中部变形最大,由拱底中央向左右拱脚两侧逐步递减,这是由于附加应力的作用,导致地层在隧道两侧更为紧密,而基底中央区域相对较宽松,使得中央区域更容易发生变形,进而导致仰拱的最大隆起部位出现在仰拱中部。

因此施工过程中要注意拱顶和拱底部位排水,以防拱顶和拱底部位含水率过高造成隧道拱顶下沉以及仰拱隆起破坏。

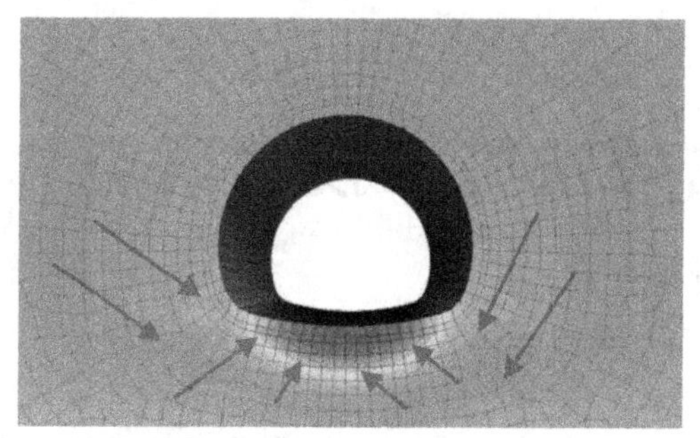

图7　拱底增湿下仰拱变形示意图

3　结语

红层泥岩隧道支护结构病害一直是制约公共交通安全持续发展的主要阻力。本文通过研究不同增湿条件下红层泥岩隧道支护结构变形特征，得出以下几点结论：

(1)围岩局部增湿后发生软化以及产生的膨胀应力使得最大主应力和最大位移一般出现在增湿部位。

(2)随着含水率的增大,各增湿部位的最大主应力亦随之增大,特别是拱顶和拱底,分别提升了25%和28%。同时,各增湿部位的变形量也与含水率呈正相关。

(3)围岩不同增湿部位对隧道支护结构变形影响不同,当拱顶围岩增湿时会导致隧道拱顶产生大量下沉,最大下沉量达2.15mm;当拱底围岩增湿时,仰拱产生明显隆起,最大隆起量达2.98mm;其余部位增湿时,仰拱变形量随含水率增加变化不大。在实际施工中应特别注意拱底、拱顶部位排水。

参考文献

[1] 魏永幸,张仕忠,甘鹰,等.四川盆地红层泥岩的基本特性和膨胀性及软化的试验研究[J].工程勘察,2010(S1):61-68.

[2] 魏玉峰,荀晓慧,聂德新,等.黄河上游新第三系红层软岩饱水强度参数研究[J].人民黄河,2010,32(5):85-87.

[3] 冯启言,韩宝平,曹丁涛,等.红层的微观结构与工程地质特性研究[J].水文地质工程地质,1994(5):15-16,21.

[4] SHEN P,TANG H,HUANG L,et al. Experimental study of slaking properties of red-bed mudstones from the Three Gorges Reservoir area[J]. Marine Georesources & Geotechnology, 2019, 37 (8): 891-901.

[5] ZHU H,FU Z,YU F,et al. Study on deterioration characteristics of uniaxial compression performance and microstructure changes of red-bed mudstone during gaseous water sorption[J]. Buildings,2022,12(9):1399.

[6] YAN H,ZHAO X,WU B,et al. A method for predicting the subgrade up liftintensity along a high-speed railway track in red-bed areas in China[J]. Bulletin of Engineering Geology and the Environment,2023,82(8):303.

[7] 幸新涪,周火明,卢阳,等.泥岩力学参数遇水软化特性试验研究[J].地下空间与工程学报,2016,12(S2):498-503.

[8] 路军富,王明胜,王奎,等.水平层状泥岩铁路隧道底鼓机理及解析方法研究[J].铁道科学与工程学报,2023,20(5):1761-1773.

[9] GYSEL M. Design of tunnels in swelling rock [J]. Rock Mechanics & Rock Engineering, 1987,20(4):219-242.

[10] 刘超,袁伟,路军富,等.某铁路隧道底鼓段粉砂质泥岩微宏观物理力学特性研究[J].水文地质工程地质,2020,47(5):108-115.

[11] 刘彤彤,梁庆国,杜耀辉,等.浅埋泥岩隧道仰拱底鼓力学特性[J].科学技术与工程,2023,23(23):10112-10119.

[12] 杜明庆,董飞,李奥,等.膨胀性围岩时高速铁路隧道仰拱的底鼓机理及破坏模式[J].中国铁道科学,2019,40(6):78-85.

[13] 张化川.膨胀性围岩隧道底部隆起力学机理与处治技术研究[D].西安:长安大学,2018.

[14] 马晓文,梁庆国,赵涛,等.泥岩隧道基底围岩软化对仰拱力学特性的影响[J].现代隧道技术,2020,57(S1):147-157.

[15] FREDLUND D,RAHARDJO H. Soil mechanics for unsaturated soils [M]. New York: Wiley-Interscience,1993.

高原山地长大公路隧道钻爆法施工技术研究

任士房*　余潭秋　张寰宇　郭志伟
(中交第二航务工程局有限公司)

摘　要　依托新疆乌尉公路包PPP项目YRTJ-04标段巴什库尔干二号隧道,基于隧址区环境现状和地质条件,对隧道超前预报技术、施工通风技术、施工供氧技术以及穿越断层破碎带钻爆法施工技术进行研究。结果表明,针对新疆高寒高海拔地区隧道施工,考虑海拔高度增加带来的环境因素影响,对隧道通风系统设计进行了优化,明确了隧道施工通风技术参数,满足了现场施工通风需求;针对新疆高海拔低压、缺氧环境特点,确定了临界供氧海拔高度建议值,并依据隧道施工工序进行了劳动强度分级,确定了考虑不同工序劳动强度因素所需的供氧量标准,针对性地提出了巴什库尔干二号隧道施工供氧方案;针对隧道穿越断层破碎带和节理裂隙发育区,采用综合超前地质预报探测、聚能水压光面爆破等关键技术,确保了隧道安全施工及施工工效。

关键词　高原山地　低含氧量　隧道工程　钻爆法　断层破碎带　公路隧道

0　引言

我国新疆、西藏、云南等西部地区具有高严寒、高海拔、地形起伏剧烈、地质构造复杂的环境特点,发展和完善西部地区交通网络必然需要修建大量的公路工程和铁路工程,以川藏铁路为代表的艰险高海拔山区隧道工程建设迎来前所未有的发展契机[1-5]。然而,在高寒、高海拔的山岭地区修建隧道,工程难度极大[6]。其一,穿越的山体地形变化剧烈,地质构造复杂,隧道具有埋深大、长度大等特点,而且区域基础设施薄弱,机械设备难以进场;其二,极端环境条件(高寒、高海拔)下,施工人员容易出现缺氧反应,隧道施工中劳动人员安全健康难以保障[7];其三,高海拔、大温差等恶劣环境也会影响隧道的施工效率,隧道施工组织成为重难点[8]。目前,高海拔高严寒地区隧道施工技术还有待完善,许多关键技术亟待分析研究[9-12]。

本文依托新疆乌尉公路包PPP项目YRTJ-04标段巴什库尔干二号隧道,基于隧址区环境现状和地质条件,对隧道超前预报技术、施工通风技术、施工供氧技术以及穿越断层破碎带钻爆法施工技术展开研究,研究成果可为高海拔高严寒地区钻爆法施工隧道提供参考。

1　工程概况及地质条件

1.1　工程概况

新疆乌尉公路包PPP项目YRTJ-04标段巴什库尔干二号隧道位于阿尔金山东部,区内地形陡峭,海拔较高,均在2500m以上,隧址区具有高寒、大温差环境特点,常年温度变化剧烈,据温度监测,2019年底最低温度为－21℃,往年极端低温为－35℃。右线隧道基本情况及地质纵断面图如表1和图1所示。

右隧道基本概况　表1

隧道	起讫桩号(m)	长度(m)	洞深开挖长度(m)	最大埋深(m)	隧道类型
右隧道	YK96＋620～YK101＋356	4736	4701	235	特长隧道

基金项目:中交第二航务工程局科研基金"爆破作用下隧道节理围岩扰动效应及施工控制措施调研报告",合同编号:YJZY_ZX_21_021。

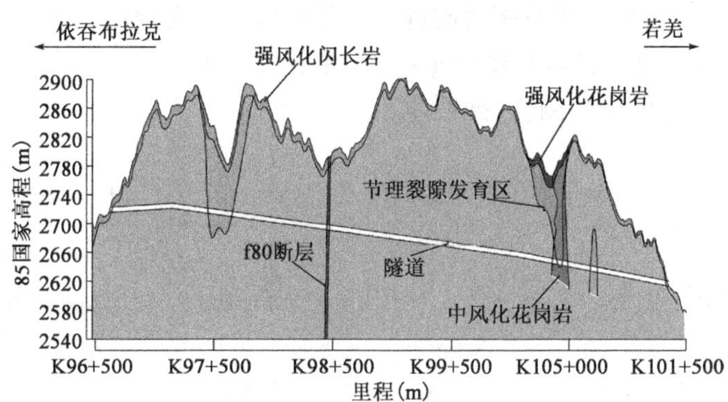

图1 隧道右线地质纵断面图

1.2 场区工程地质条件

高寒高海拔地区,受气候、风化环境影响,隧道地质情况变化频繁,施工时准确掌握掌子面围岩地质情况十分困难。区域新构造运动表现为新近纪以来青藏高原隆升、阿尔金断裂的持续脉冲式的活动及阿尔金山的隆升。巴什库尔干二号隧道位于喀拉萨依断裂挤压带,该挤压带以断裂发育及强烈的褶皱为主要特征。隧址区域的岩体构造破碎作用较强,穿越f80断裂,延伸长度5km,走向300°,为右行平移断层,断层破碎带宽度小于50m。

隧址区内裂隙较发育,经统计,其特征分述如下:

(1)裂隙张开宽0.1~1.5cm不等,少数为闭合状。裂隙延伸长5~20m,裂面不光滑,节理裂隙平均间距为0.3~1.5m,结构面结合程度差。

(2)从裂面倾向及倾角上分析,倾向多切层发育,倾角以中至高倾角为主要特征。

(3)入口节理较发育,岩体较破碎,节理一产状为284°∠72°,开口张开1~3mm,节理间距4~5cm,胶结一般,延展性差;节理二产状为52°∠85°,开口闭合,节理间距5~10cm,胶结较好,延展性差。节理三产状为190°∠70°,开口闭合,节理间距2~10cm,胶结一般,延展性差。

(4)出口节理较发育,岩体较破碎,节理一为110°∠80°,开口张开—闭合状,片理面间距1~10cm,胶结良好延展性好;节理较发育,岩体较破碎,节理二产状为48°∠62°,开口张开1~10mm,节理间距3~15cm,胶结一般,延展性良好。

2 高海拔高寒地区断层破碎带的隧道施工关键技术

2.1 隧道超前预报施工技术

根据巴什库尔干二号隧道的工程地质、水文地质特征,隧道采用以洞内地质素描为主,结合地质雷达、TGS探测、超前水平钻探、加深炮孔的综合超前地质预报的方法,如表2所示。

超前地质预报方法 表2

探测方法	频率及位置	探测目的
地质素描	隧道爆炮后	判断掌子面地质构造
地质雷达	全隧道、30m/次	探明掌子面前方围岩地质情况,并判断断层破碎带位置、宽度、稳定性
超前水平钻探	不同岩层接触带及断层破碎带地段、富水段、30m/次	预报断层破碎带、岩性接触带、节理密集带发育情况,判断其稳定性,探明掌子面前方地下水发育情况
TGS探测	全隧道、100m/次	预报掌子面前方围岩地质情况,判断断层破碎带位置
加深炮孔	富水段及围岩破碎段	预报掌子面前方围岩地质及地下水发育情况

地质雷达探测是利用电磁波在掌子面前方岩体中的传播及反射进行超前地质预报[13]。地质雷达预报距离控制在30m内,连续预报时前后两次重叠长度至少5m;超前水平钻探采用潜孔钻机进行探测,每循环钻孔直径110mm,钻孔深度30m,前后两次水平钻探搭接长度不小于5m,每循环布设5个超前钻孔,布孔示意如图2所示。TGS探测原理主要是利用锤击掌子面产生的弹性波在掌子面前方岩体中的传播及反射进行超前地质预报,预报距离控制在100m以内,连续预报时前后

两次重叠长度至少 20m。针对富水段及围岩破碎地段,在每循环掌子面钻孔作业时选取其中的 4 ~ 5 个炮眼加深至 5 ~ 8m 作为预报探测孔,探明掌子面前方水文地质情况,与其他超前地质探测结果相互印证。

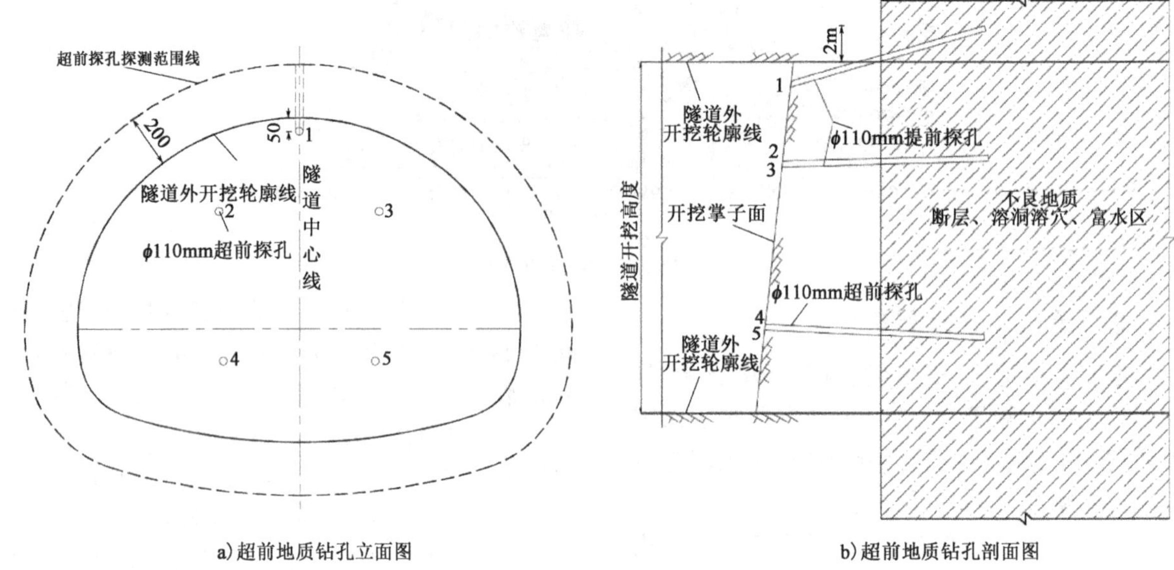

图 2　超前水平钻孔布置示意图

2.2　高海拔隧道施工通风技术

高海拔隧道施工环境的低温、低气压、低氧问题将严重降低作业人员及施工机械生产效率、影响工程进度、损害施工人员身体健康甚至威胁到生命安全[14-15]。对于高寒高海拔特长隧道施工通风及供氧技术,其实施效果将直接关系到施工人员的生命安全及施工机械效率。隧道施工通风设计需确定通风控制标准及所需最大风量,以保证风量的足量输送。与海拔高度有关的关键参数主要有需风量、风机风压和漏风率。

(1)施工通风量确定

隧道施工通风需风量的确定主要根据洞内同时工作的最多人数、稀释爆破产生烟尘、稀释内燃机废气以及满足洞内最小风速四种标准分别计算;取其中最大值作为隧道需风量设计值。

洞内同时工作最多人数按 50 人考虑,所需风量计算如式(1)所示。

$$Q = q \times m \times k = 3 \times 50 \times 1.15 = 172.5\text{m}^3/\text{min} \tag{1}$$

式中:q——每人每分钟呼吸所需新鲜空气量,取 $3\text{m}^3/\text{min}$;

m——洞内同时工作最多人数,取 50 人;

k——风量备用系数,取 1.15。

按满足工作面最小风速计算,所需风量计算如式(2)所示。

$$Q = 60 \times V \times S = 60 \times 0.15 \times 120 = 1080\text{m}^3/\text{min} \tag{2}$$

式中:V——工作面最小风速(m/s),取 $V=0.15$m/s;

S——隧道断面面积(m^2),取 120m^2;

按稀释内燃机排放废气中有害气体浓度至许可浓度计算,所需风量计算如式(3)所示。

$$Q = k \cdot \sum p = 4.5 \times (110 \times 0.70 + 165 \times 0.70 + 120 \times 2 \times 0.65) = 1568\text{m}^3/\text{min} \tag{3}$$

式中:k——内燃机单位功率指标柴油机废气排量(min · kW),取 $4.5\text{m}^3/(\text{min} \cdot \text{kW})$;

p——内燃机功率(kW),按额定功率计算考虑 1 台装载机,每台额定总功率 165kW,按 70% 考虑;考虑 1 台挖掘机,每台额定总功率 110kW,按 70% 考虑;考虑 2 台自卸车,内燃发动机每台额定总功率 120kW,按 65% 考虑。

按稀释爆破产生烟尘最小需风量计算,所需风量计算如式(4)所示。

$$Q = \frac{2.25}{t}\sqrt[3]{A \cdot b \cdot S^2 \cdot L^2 \cdot \frac{K}{P^2}} = 1337\text{m}^3/\text{min} \tag{4}$$

式中：t——通风时间(min)；

A——爆破耗药量(kg)；

b——1kg 炸药有害气体生成量(L)；

S——隧道断面积(m^2)；

L——隧道长度或临界长度(m)；

K——考虑淋水使炮烟浓度降低的系数；

P——隧道计算长度范围内漏风系数。

高原地区施工通风设计应考虑海拔高度对通风阻力、风量、风压的影响，对式(1)~式(4)中最不利隧道需风量设计值进行修正，可按式(5)计算。

$$Q_{HA}=(760/P_{HA})\times Q=2040(m^3/min) \quad (5)$$

式中：P_{HA}——高山地区大气压力(mmHg)，取584mmHg；

Q——正常条件下计算风量(m^3/min)；

Q_{HA}——高原地区计算风量(m^3/min)。

(2)施工漏风率确定

风管漏风系数按式(6)进行计算。取风管平均百米漏风率 P_{100} 为0.01，当送风长度 L 为2400m时，漏风系数为

$$m=\frac{1}{1-\frac{L}{100}P_{100}}=1.315 \quad (6)$$

由此，漏风系数乘以式(5)中的计算风量，得到通风机的设计风量至少为2683m^3/min。

(3)施工风机风压确定

风机风压计算考虑管道沿程阻力损失和局部阻力损失。通风软管直径为 $D=1.5m$，管道摩擦阻力系数取0.0018，2400m管道的风阻系数为

$$R_f=\frac{6.5\alpha L}{D^5}=\frac{6.5\times0.0018\times2400}{1.5^5}=3.69N\cdot S^2/m^3 \quad (7)$$

式中：R_f——管道风阻系数；

α——管道摩擦阻力系数(kg/m^3)。

可得，管道沿程压力损失为

$$h_f=R_fQ_jQ_h=3.69\times26\times44=4221P_a \quad (8)$$

式中：Q_j——风机风量(m^3/s)；

Q_h——工作面风量(m^3/s)。

局部阻力损失按式(9)计算

$$h_x=\sum\zeta\cdot\frac{Q_i^2}{d^4}=202.4P_a \quad (9)$$

式中：ζ——局部阻力系数，一般取1.5；

Q_i——局部风阻处的风量(m^3/min)；

d——管道直径(m)。

则通风全压为

$$H_t=h_f+(1+0.05)h_x=4433.5P_a \quad (10)$$

因此，左右洞每个洞口各配置2×132kW的轴流通风机，满足通风风量2683m^3/min；通风风压4433Pa。

2.3 高海拔隧道施工供氧技术

高海拔隧道属于极端环境工程，建设的难度大、建设的经验积累不够丰富，有关施工供氧的研究资料还较少，通过我国青藏铁路建设，发现施工人员的高原反应达到了世居高原劳动人员的10倍，高原病发病率高达66%，施工人员生命安全受到极大威胁[16]。因此，高海拔地区施工建设，完善供氧措施是基本安全保障。

通过对我国已建和在建的高海拔地区隧道施工供氧调研分析，对比了其采用的供氧措施和供氧后达到的效果，如表3所示。

高海拔地区隧道施工供氧措施 表3

隧道名称	海拔高度(m)	隧道长度(m)	供氧方案	供氧后效果
关角隧道	3400~4000	32605	压氧系统及隧道氧吧车供氧	满足了施工人员的用氧需求；提高了施工工效
雀儿山隧道	4200~4600	6830	掌子面弥散式供氧+氧吧车+个人氧气瓶供氧	保障了施工人员的生命健康；提高了工作效率
祁连山隧道	3600~4300	9490	掌子面弥散式供氧+氧气瓶+洞口吸氧室	使隧道内含氧量达到内地80%，有效缓解高原带来的不适
鹧鸪山隧道	3250	4428	加强通风+特殊工种携带便携式补氧仪	定期进行身体检查，达到了补养安全、经济的目的
风火山隧道	5010	1338	掌子面弥散式供氧+氧吧车供氧	保障施工人员的生命健康；提高了工效；技术得以推广

针对高海拔地区隧道施工供氧,国内外学者虽然进行了相关分析研究,但仍未有未有明确的、专门的供氧规范或标准。而且在高海拔地区恶劣环境下,不同工种间的劳动强度差异较大,即使不同工序同一工种体能强度也存在较大差异。因此,合理高效的供氧措施,要综合考虑隧道施工作业人员的劳动强度、不同的施工工序;一方面保障施工作业人员的安全,另一方面保证环保节能。

(1)供氧临界海拔高度

人体的呼吸状态直接受空气中氧浓度的影响,当氧浓度降低到一定程度时,人体将出现缺氧症状和严重缺氧两种情况。当氧浓度降低到16%时,隧道内施工作业人员将会有缺氧的危险;当氧浓度降低到12%,作业人员将出现严重缺氧,长时间后有生命危险。

依据存在缺氧症状和出现严重缺氧的氧浓度两种情况,在高海拔地区临界供氧海拔高度的确定可借助式(11)~式(13)进行计算。

$$V_1 \times \rho_1 \times n_1 = V_1 \times \rho_2 \times n_2 \tag{11}$$

$$P = 101.325 \times \left(1 - \frac{h}{44329}\right)^{5.255876} \tag{12}$$

$$\rho_2 = 1.293 \times \frac{P}{P_0} \times \frac{273.15}{273.15 + t} \tag{13}$$

式中:ρ_1——海平面空气密度(kg/m^3),取值为$1.293kg/m^3$;

n_1——极限氧气浓度(%);

ρ_2——相应海拔高度的空气密度(kg/m^3);

n_2——标准氧气浓度(%),取值为$1.429kg/m^3$;

P——大气压强(kPa);

h——海拔高度(m)。

确定高海拔地区隧道施工出现缺氧症状的临界供氧海拔高度为2300m,出现严重缺氧的临界供氧海拔高度为4500m。

(2)高海拔隧道施工劳动强度分级

依据《铁道行业体力劳动强度分级》(TB/T 2607—2006),劳动强度的计算方法如式(14)所示。

$$I = 3T + 1.673M \tag{14}$$

劳动强度指数计算式(14)并没有考虑海拔高度的增加对劳动强度的影响,因此随着海拔高度的增加,劳动强度指数的计算应考虑相应修正。张世杰认为海拔平均每上升1000m,劳动强度相应增加一个等级。

参考《铁道行业体力劳动强度分级》(TB/T 2607—2006),高海拔下劳动强度指数计算公式修正如式(15)所示:

$$I = 3T + 1.673M \cdot (1 + K) \tag{15}$$

式中:K——考虑海拔高度的能量代谢率修正系数,2000~3000m海拔高度取值为0.4;3000~4000m海拔范围内取值为0.56;海拔4000m以上取值为0.72。

通过考虑海拔高度劳动强度指数修正式(15),结合巴什库尔干二号隧道施工人员实际施工劳动强度,得到新疆地区巴什库尔干二号隧道施工作业的劳动强度分级。

一般而言,忽略个人身体素质差异,成年人体耗氧量(氧气质量或摩尔量)可以认为是恒定的,而空气中的氧气含量则会随着海拔的增高而趋于稀薄,通过换算,可以得到人体在不同海拔高度下的耗氧量。基于隧道施工存在缺氧症状的供氧临界海拔高度的分析,确定了其临界供氧海拔高度为2300m,结合劳动强度分级、不同海拔高度与施工工序条件下施工人员的耗氧量(表4),可以得到隧道施工存在缺氧症状(人员舒适性)的供氧标准,如表5所示。

隧道不同施工工序的劳动强度分级　　表4

施工工序	海拔2000~3000m		
	劳动强度级别	轻重程度	劳动强度指数
清危找顶	Ⅰ	轻	11
钻孔作业	Ⅳ	很重	26
出渣	Ⅱ	中	16
初期支护	Ⅳ	很重	26
防水板铺装	Ⅳ	很重	25.5
二衬关模	Ⅳ	很重	25.5
二衬浇筑	Ⅲ	重	21

基于隧道施工出现缺氧症状的供氧标准　表5

施工工序	劳动强度级别	2300m 海拔高度	2700m 海拔高度	3000m 海拔高度
		供氧量(L/min)		
清危找顶	Ⅰ	0	0.37	0.45
钻孔作业	Ⅳ	0	0.92	1.12
出渣	Ⅱ	0	0.37	0.45
初期支护	Ⅳ	0	0.92	1.12
防水板铺装	Ⅳ	0	0.74	0.9
二衬关模	Ⅳ	0	0.74	0.9
二衬浇筑	Ⅲ	0	0.55	0.67

2.4　穿越断层破碎带钻爆法施工技术

穿越断层破碎和节理破碎带是隧道工程施工的难点，开挖或支护不恰当极易引起隧道超挖欠挖，甚至引起围岩坍塌[17-19]。为进一步提高隧道开挖成型效果，减轻隧道通风压力，减少通风时间，确保隧道施工工序正常衔接及提高工效等，隧道施工采用聚能水压光面爆破新技术代替常规的光面爆破，以改善光爆效果。

聚能水压光面爆破采用的是聚能管 PVC 装药结构，在炮孔底部增设水袋(非牛顿流体)封堵，在炮孔口采用水袋炮泥复合填塞。基于聚能管的聚能方向性，聚能水压光面爆破避免了常规光面爆破的能量无定向性和分散性，爆破产生的高温、高压射流在聚能方向上更加集中，爆破动能和速度也更高，使得岩体产生初始导向裂缝，水袋在爆炸作用下产生的“水楔”劈裂效应叠加爆生气体的膨胀压力，已形成的裂缝再延伸、扩展、加大，最终裂隙沿相邻炮孔连心线贯通，形成光爆断面。聚能水压光面爆破利用水介质的缓能效应，减少爆破能量损失的同时可显著降低炮孔壁上的爆破振动，改善了常规光面爆破的不足，另外爆破形成的水雾也可以有效降低粉尘量及有害气体量。

隧道掘进中，采用光面爆破和聚能水压光面爆破2种方法进行对比，光面爆破的爆破参数如表6所示，掌子面炮孔布置形式如图3所示。聚能水压光面爆破的周边眼1、周边眼2和周边眼3的炮眼个数分别为12个、6个、6个，钻孔间距控制在60～80cm，其余参数和布置形式与表6和图3相同。

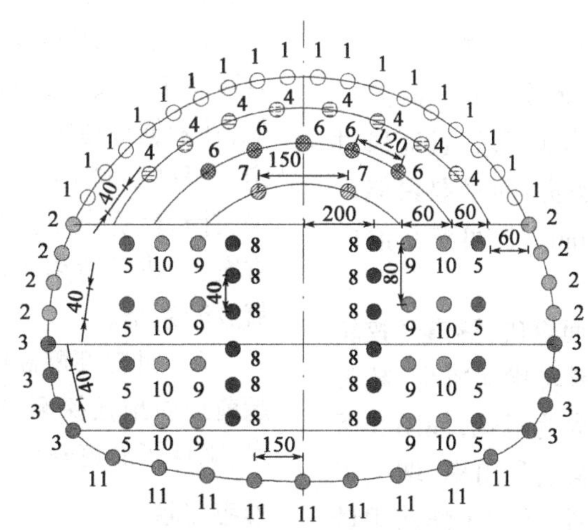

图3　隧道掌子面光面爆破炮孔布置(尺寸单位:cm)

光面爆破参数　表6

序号	炮眼类型	炮眼位置	炮眼深度(m)	炮眼数目(个)	单孔装药量(kg)	线装药密度(kg/m)
1	周边眼1	拱顶	3.0	18	0.6	0.200
2	周边眼2	拱肩	3.0	8	0.6	0.200

续上表

序号	炮眼类型	炮眼位置	炮眼深度(m)	炮眼数目(个)	单孔装药量(kg)	线装药密度(kg/m)
3	周边眼3	边墙	3.0	8	0.6	0.200
4	周边辅助眼1	拱顶	3.0	8	1.5	0.500
5	周边辅助眼2	边墙	3.0	8	1.2	0.400
6	一圈眼	拱顶	3.0	5	0.9	0.300
7	二圈眼	拱顶	3.0	2	1.5	0.500
8	第一排掏槽眼	边墙	3.5	12	1.8	0.514
9	第二排掏槽眼	边墙	3.2	8	1.5	0.469
10	第三排掏槽眼	边墙	3.0	8	1.5	0.500
11	底板眼	底板	3.0	9	0.6	0.200

聚能水压光面爆破施工工艺流程如图4所示。

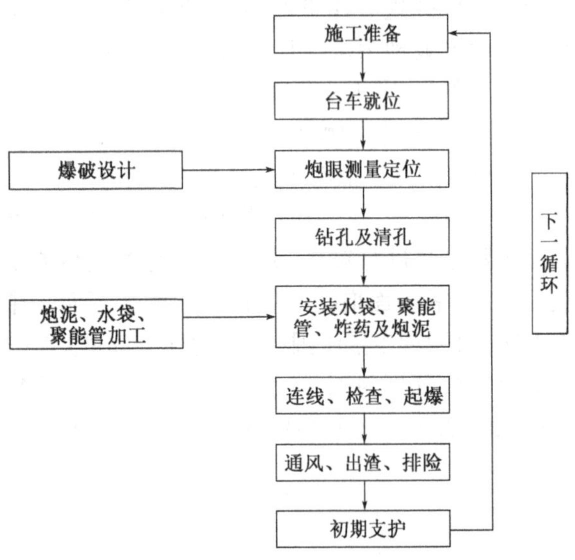

图4　聚能水压光面爆破施工工艺流程

经验证和统计，常规光面爆破后通风时间均在30min以上，才能满足洞内作业要求，且通风过后长距离洞内作业环境仍较恶劣；而采取聚能水压爆破后，通风时间缩短为15min，即可满足洞内作业需求。

经验证，采用聚能水压光面爆破，隧道开挖轮廓线平顺整齐，成型效果好，围岩扰动减少，超欠挖明显改善，混凝土回填成本大为降低，如图5所示。聚能水压爆破提高炸药能量利用率，增大了炮眼间距，从而减少了打孔数量，节约了炸药用量及钻孔作业时间。

经过实际数据统计，单次开挖聚能水压爆破比常规光面爆破少打10个炮眼，每循环节约0.25h的工时，单洞开挖最少需同时启用4台空压机，每台空压机功率为132kW；同时单循环炸药用量节约66kg；每米喷射混凝土节约2.5m^3，湿喷机械手工作时间节约53min。

a)光面爆破效果

b)聚能水压光面爆破效果

图5　聚能水压光面爆破效果与常规光面爆破效果对比

3　结语

(1)针对新疆高寒高海拔地区隧道施工，考虑海拔高度的增加带来的环境因素影响，对隧道通风系统设计进行了优化，形成适用于新疆高原地区隧道施工通风系统，满足了现场施工通风需求。

(2)针对新疆高海拔低压、缺氧环境特点，结合隧道施工实际，确定了临界供氧海拔高度建议值，并依据隧道施工工序进行了劳动强度分级，确定了考虑不同工序劳动强度因素所需的供氧量标准，针对性提出了巴什库尔干二号隧道施工供氧方案；形成了适用于新疆高海拔地区隧道施工供氧成套系统。

(3)针对新疆高寒高海拔隧道施工，采用综合超前地质预报探测、聚能水压光面爆破等关键技术，确保了隧道安全施工及施工工效。

参考文献

[1] 王帅帅，毛锦波，张斌斌，等.乌尉高速天山胜利隧道总体施工技术方案[J].现代隧道技术，2022，59(1)：55-68.

[2] 陈华鑫，黄庆庆，何锐，等.高寒高海拔地区长大隧道温度场测试与二衬结构应力场耦合分

析[J]. 江苏大学学报(自然科学版),2021,42(2):242-248.

[3] 李建军,张国红,张品. 高海拔米拉山公路隧道建设关键技术研究[J]. 地下空间与工程学报,2020,16(z1):170-177.

[4] 祝河清. 天山胜利特长公路隧道施工方法探讨[J]. 现代隧道技术,2020,57(1):175-179,185.

[5] 薛翊国,孔凡猛,杨为民,等. 川藏铁路沿线主要不良地质条件与工程地质问题[J]. 岩石力学与工程学报,2020,39(3):445-468.

[6] 赵宁雨,吕陈伏,陈弘杨,等. 高海拔长大隧道压入式施工通风的合理长度研究[J]. 重庆交通大学学报(自然科学版),2020,39(3):94-99,128.

[7] 王道良. 高海拔公路隧道土建工程设计关键技术[J]. 地下空间与工程学报,2020,16(z1):121-126.

[8] 吴秋军,于丽,王峰,等. 高海拔特长隧道低压低氧环境施工控制技术研究——供氧技术标准、关键通风技术、施工人员组织、施工装备效率[J]. 隧道建设,2017,37(8):973-979.

[9] 陈其学,江勇顺,唐 浩. 飞仙关特长隧道高压涌突水形成机制及处治技术研究[J]. 现代隧道技术,2016,53(4):143-147.

[10] 肖三民. 高海拔隧道施工氧气浓度分布规律分析及其预测模型[J]. 施工技术,2019(s1):747-750.

[11] 杨枫,郑金龙,蔚艳庆,等. 高海拔隧道施工氧含量变化及供氧方法[J]. 科学技术与工程,2019,19(8):282-288.

[12] 高菊茹,张博,王耀,等. 高海拔特长公路隧道施工作业环境改善关键技术研究[J]. 现代隧道技术,2019,56(6):11-18.

[13] 韩自强,陈棚,曹建. 综合超前地质预报技术在断层发育区隧道下穿水库工程建设中的应用[J]. 地球物理学进展,2021,36(6):2702-2711.

[14] 高峰,唐宇辰,连晓飞,等. 高寒高海拔螺旋隧道压入式通风风机设计参数研究[J]. 公路工程,2021,46(3):118-122,193.

[15] 冯宇,唐世强,胡俊. 高海拔特长隧道斜井上联络风道不同开挖方式对比分析[J]. 公路,2022,67(6):386-390.

[16] 谌桂舟,陈政,琚国全,等. 高海拔隧道施工劳动强度与供氧浓度关系研究[J]. 现代隧道技术,2022,59(1):118-123.

[17] 祁文睿,高永涛. 公路隧道穿越软弱破碎围岩综合施工及监测技术研究[J]. 公路交通科技,2021,38(11):88-96,105.

[18] 傅鹤林,安鹏涛,李凯,等. 隧道穿越高压富水断层破碎带过程分析[J]. 现代隧道技术,2020,57(z1):458-465.

[19] 孙浪,欧湘萍,闫志濠,等. 断层破碎带地质特征对隧道围岩稳定性的影响研究[J]. 武汉理工大学学报,2020,42(3):23-31.

大断面运营隧道仰拱病害成因研究综述

张子萱 许江波* 李 强

(长安大学公路学院)

摘 要 我国中西部地区铁路隧道由于埋深大和地质构造复杂的原因,造成基底围岩应力场变化,这常常导致运营隧道仰拱出现异常。本文介绍了引起大断面铁路隧道仰拱病害的三种成因,根据基底围岩软化、基底围岩膨胀、列车振动作用三个方面,总结归纳了铁路隧道仰拱病害成因的研究现状与存在的一些问题。并建议以围岩软化、围岩膨胀、列车振动作为单因素设计模型试验,对隧道仰拱病害进行模拟分析,以期为我国隧道仰拱病害防治领域提供详细完整的参考资料。

关键词 大断面 隧道 仰拱 病害 成因

0 引言

隧道兴,则铁路兴;铁路兴,则交通强。隧道作为中国铁路网建设的重要一环,已成为交通强国战略中不可或缺的重要性工程。截至 2022 年底,我国铁路营业里程达到 15.5 万 km[1],按照交通运输部、国家铁路局等部门联合《加快建设交通强国五年行动计划(2023—2027 年)》,到 2027 年,新增高速铁路里程中国铁路里程达到 17 万 km 左右,“八纵八横”高速铁路主通道基本建成。目前,东部地区的主要铁路干线业已完成,随着铁路网络重心逐步向西部偏移,长大隧道的数量也随之激增,隧道建设运营阶段中存在的缺陷也不断涌现,随着深埋隧道数量的增加,受高地应力、高水压、高地温的地质条件和环境因素的影响,在隧道建设运营过程中,常常出现软岩大变形的现实难题。复杂的地质条件是隧道结构发生病害的主要因素,在施工阶段按照设计正常建设的隧道,往往在运营期发生病害。在这一阶段产生的病害,维护修缮的成本往往会比较高昂,同时也会对交通线路的通畅造成影响。仰拱作为隧道底部承载结构,在隧道建设过程中起着承上启下的作用,既要承受上部衬砌结构传递的竖向荷载,又要抵抗基底围岩的挤压应力。而在运营隧道中,仰拱要承受列车荷载,因此基于仰拱的应力状态的复杂变化特性,隧道仰拱结构在列车振动荷载与围岩应力的相互作用下,极易产生底鼓与沉降,甚至导致衬砌裂损和隧道水害。在隧道正常运营过程中,由于高铁的运行和围岩压力的相互作用,隧道仰拱结构失去稳定时有发生,隧道也因此失去了正常的稳定性,常常导致线路停运,造成巨大的经济损失和资源消耗。

本文为探明大断面隧道仰拱病害的形成原因,从基底围岩软化、基底围岩膨胀和列车振动三个方面,整理了近年来,大断面隧道仰拱病害的研究现状,从基底围岩应力场变的角度分析了隧道仰拱病害形成的原因。

1 围岩软化作用下仰拱变形破坏研究现状

围岩的性质与周边的水文地质环境是影响围岩应力状态的主要因素,在建成的运营隧道中,周边围岩的应力场已与隧道开挖前的有着较为明显的变化,而中西部地区,一些刚刚修建的隧道在运营一段时间后,容易发生隧道仰拱结构的变形,其中以仰拱底鼓为主要病害。这与其复杂的地质条件有着密不可分的关系。围岩的软化与岩石自身的性质息息相关,大部分学者也因此将研究的中心放在集中在研究围岩的物理特性变化这一方向。

大多数学者采用现场监测、室内试验与理论相结合的方式对仰拱病害进行研究。钟祖良[4]通过现场踏勘的手段,对软岩隧道发生底鼓的机理进行了分析,利用连续介质原理推导出三种主要因素(底板岩层压曲、膨胀、流变)引起仰拱底鼓的计算方程。并针对三种因素引起的仰拱底鼓提出了相关的防治措施。丁冬冬等[5]采用现场监测与数值模拟,针对宝兰客专上庄隧道的仰拱底鼓开裂问题展开研究,在现场获取了围岩的接触压力、二衬应力、钢拱架应力、钢筋轴力和衬砌混凝土应变。采用有限元建模分析了泥岩遇水软化前后的隧道仰拱受力特性。结果表明:仰拱基底受力不均匀,导致仰拱底板开裂,得出泥岩遇水软化是隧道仰拱底鼓开裂的主要原因。马晓文等[6]针对我国西北地区广泛分布的软弱泥岩地质条件,针对甘肃境内一条典型的泥岩隧道仰拱底鼓病害进行分析,采用有限元软件 ABAQUS 建立了有限元计算模型,探究了不同软化系数和软化深度对仰拱力学特性的影响,得出软化深度越大,围岩竖向位移增大。数值计算的结果符合塌陷拉裂的破坏形式。周平等[7]为研究昔格达地层隧道局部浸湿失稳特征,采用室内土工试验测试含水率对昔格达地层力学性质的影响。引入了局部突变理论,提出了在该类地层中隧道遇水软化稳定性判别方程。结果表明,昔格达地层具有明显的水敏性,当仰拱处围岩含水率达到 30% 时,基底下沉明显,且围岩向浸湿部位的位移加速。何宏伟[8]针对泥岩隧道基底围岩的软化现象进行了研究,采用室内试验探究原状泥岩与重塑岩样的渗透性与膨胀性,得出含水率与泥岩膨胀性之间的关系,在较低含水率下泥岩膨胀效果明显。对于基底围岩软化对仰拱力学特性的影响,则采用 Abaqus 有限元分析软件建模分析,通过改变基底围岩场变量的方法模拟基底泥岩遇水软化,得出仰拱在均匀软化和不均匀软化下的变形破坏规律。经纬等[9]采用理论分析的研究方法,探究了巷道围岩在流变作用和应变软化的四分区应力、位移及半径解析解,并对黏聚力软化模量与初始状态的关系进行量化,分析了不同围岩性质下巷道围岩各分区应力变化规律。卢永飞等[10]采用现场直剪试验与室内三轴试验相结合的方法,得到了适用于塑性软岩隧道的简化本构关系曲线和应变软化模型。根据此理论,对圆形软岩隧道支护后的应力状态进行分析,推导出了塑性软岩隧道的扰动半径和支护力的解析表达式。欧雪峰[11]通过现场测试、室内试验、数值模拟等方法探究了隧道穿越高压富水岩溶地层时,隧道底部发生上拱的机制。得出了岩溶内部水流通道可能与上部暗河水连通,导致隧道底部压力过大。在地下水的作用下,浸泡时间越长,岩石劣化明显,弹性模量逐步降低。

隧道基底围岩软化是造成隧道仰拱结构变形开裂的主要原因,存在膨胀性的围岩在膨胀的过程中也会发生软化现象,隧道仰拱结构在围岩软化后失去稳定性,最终导致发生底鼓。

2 围岩膨胀作用下仰拱变形破坏研究现状

在目前中西部铁路隧道的建设过程中,常常会遇到具有膨胀性的围岩,往往在膨胀的围岩也存在软化,这两者是关系密不可分,它们的膨胀性通常与其含水量息息相关,如果隧道处于富水地层或者在隧道施工爆破开挖过程中改变了地下水的走向,都会改变隧道围岩的性质,导致基底围岩发生膨胀,隧道仰拱结构也因此发生底鼓。许多学者对隧道围岩的膨胀特性进行了研究,探究了隧道仰拱的在膨胀力的作用下的受力变形特性。

早期关于底鼓的研究,主要集中于煤矿巷道中[12],近年来,铁路隧道和公路隧道的底鼓也越来越多[13]。杜明庆等[14]针对高速铁路隧道仰拱的底鼓现象,对兰新线福川隧道返工后的仰拱结构进行了现场实测,分析了仰拱结构中混凝土的变形受力规律。监测数据表明,福川隧道的仰拱底鼓分为三个阶段,分别为仰拱受压、出现局部拉应力、拉压应力稳定阶段,并针对三个阶段提出了不同的防治措施。赵涛等[15]对泥岩地区基底膨胀作用下隧道受力特性及仰拱的变形规律进行了研究,采用非线性有限元数值模拟方法,开展了不同含水率下的基底围岩吸湿膨胀对隧道结构的影响,获取了隧道围岩的位移特征。研究表明,隧道基底围岩吸湿膨胀对仰拱的底鼓有较大的影响,对拱顶的沉降有一定的抑制作用。邓鹏海等[16]认为现有的底鼓力学忽略了隧道开挖引起的围岩应力释放、转移、集中效应,仅对围岩的初始地应力进行了分析。采用有限元-离散元耦合数值模拟方法对隧道底板渐进破裂碎胀大变形演化机制,结果表明,隧道开挖后,径向应力减小,切向应力增大,导致底部围岩发生拉裂,并向深处扩展,产生缝隙,形成体积膨胀,导致底板底鼓破坏。运凯等[17]对膨胀性围岩隧道的二衬受力变形规律进行了探究,采用荷载结构法理论,对膨胀岩浅埋隧道在不同膨胀位置、不同仰拱矢跨比时,二衬结构的受力特性及变形规律。结果表明,隧道在常规设计断面下发生围岩膨胀,结构的承载力不足。当底部发生膨胀时,拱脚和仰拱的受力变形最大,仰拱底鼓最为严重。李明[18]对新进系膨胀性泥岩进行了多角度的深入研究,阐述了该类岩层在单线铁路隧道中的变形规律。通过室内试验分析了泥岩的基本组成和物理性质,并得到了泥岩在吸水膨胀过程中的物理力学性质变化规律,建立了考虑泥岩膨胀与软化的泥岩渗流-应力耦合模型,得出衬砌变形与受力随时间变化呈现慢-快-慢的增长阶段。

引起隧底仰拱隆起的因素众多且机理极为繁杂,隧道仰拱底鼓破坏与地质构造、地质环境、载荷条件、形式设计及施工质量等因素有关,隧道底鼓破坏形式也不尽相同[19]。孔恒等[21]根据破坏的力学特征将隧底隆起分为挤压流动、挠曲褶皱、剪切错动及遇水膨胀型;薛晓辉等[22]分析了武都西隧道底鼓的形成机理和特点,给出隧道底板产生压曲破坏时的临界荷载表达式,并提出隧道底鼓整治方案;樊纯坛[23]、丁冬冬等[24]综合现场监测结果、室内模型试验及数值计算等对泥岩隧道的受力特性及仰拱底鼓机理进行研究;Anagnostou[25]、刘超等[26]从微观、宏观角度对膨胀性围岩隧道仰拱底鼓机制开展相关研究;Wilson[27]提出仰拱底鼓病害是隧道塑性区范围内的围岩发生变形所引起的,而塑性应变大小、塑性区范围与膨胀性基底围岩密切相关。

3 列车振动作用下仰拱变形破坏研究现状

运营隧道结构的受力状态不仅受到围岩压力的影响,而且还会受到列车荷载的持续振动影响。列车振动荷载经过隧道时,对周围岩体可能会产生相应围岩应力状态变化,改变隧道结构的受力,甚至导致周围岩体裂隙分布扩大,地下水向基底围岩聚集,发生围岩膨胀与软化。因此在运营期发生仰拱结构病害,振动是主要诱因。仰拱在受到上部道床与轨道的振动加载后,将振动力传递至下部的基底围岩,对围岩应力状态持续影响。国内外学者为探究仰拱的结构的动力特性做了大量的工作。

杜明庆[28]通过现场实测的方式研究了兰新线福川隧道的仰拱结构振动特性,分析不同运行速度列车振动荷载作用下,仰拱填充结构的振动加速度和动力响应规律。结果表明,单线行车与双线行车时的动力响应有所不同,行车速度也是影响仰拱振动响应的重要因素之一。马晓文[29]采用Abaqus对运营隧道进行建模,并计算了列车荷载的激振力函数,分析了隧道各结构的变形与受力情况,结合基底围岩软化,得出隧道仰拱隆起随加载时间呈减小趋势。韩江[30]通过对深埋高地应力重载铁路隧道的基底动力响应进行分析研究,发现在长期的重载振动作用下,深埋隧道结构承受的主应力远大于浅埋隧道主应力,更易发生仰拱的各种病害;隧道仰拱结构的厚度越大,其基底的动位移和动应力也越小。王景春等[31]研究了在列车荷载作用下隧道衬砌与围岩劣化的隧道仰拱的振动响应问题,建立了包含仰拱结构的高速铁路隧道动力响应模型,探究了隧道衬砌与围岩在长时间的劣化过程中的仰拱动力特性。结果表明:衬砌劣化对仰拱的竖向变形影响不大,围岩的劣化对仰拱结构的变形受力影响更为显著。相懋龙[32]等通过长期现场监测,对我国西南某铁路隧道的底部隆起病害进行了分析与研究,探究了列车振动荷载作用下缓倾层状岩体运营隧道在预应力锚索整治过程中的失效机制。研究表明,预应力锚索在列车动载作用下出现,导致预应力大量损失,最终锚索整治失效。围岩与衬砌的劣化同样会影响隧道仰拱结构的动力响应,王景春[33]采用有限元分析的方法分析了列车荷载在衬砌围岩有无劣化下隧道底部结构的动力响应,得出隧道围岩和衬砌的劣化对隧道仰拱动力特性影响明显。

列车振动作为运营隧道仰拱所受到外加动载,其对隧道周围岩体的松动圈存在一定的影响,如何确定振动作用对隧道与围岩接触压力的影响是研究运营隧道仰拱病害的前提条件。

4 结语

目前,运营隧道所存在的病害问题主要在仰拱结构处的变形破坏,掌握隧道仰拱在围岩膨胀作用、软化作用以及列车振动作用下的变形破坏规律,围岩的变化过程最终会反映在隧道结构受力变形上。然而,运营期隧道仰拱的病害无法在隧道设计和施工阶段预测,只有在隧道发生病害之后才能由现象推测病害发生的过程。这样不能准确地掌握围岩与隧道结构表面的接触应力状态变化,所以在工程治理中也无法遵从科学有效的支护理论。因此对运营期仰拱结构的病害应从根本上掌握隧道与基底围岩的相互作用机理,才能解决现有运营隧道病害存在的问题。

探究隧道仰拱病害形成的原因,应从隧道发生病害的过程进行分析,隧道作为支护工程,其在设计时应当是满足了规范与要求,隧道在运营阶段出现的病害与基底围岩应力场的变化密不可分,因此设计能够模拟基底围岩应力场变化的模型试验是目前探究隧道仰拱病害机理的主要方式。

参考文献

[1] 巩江峰,王伟,黎旭,等. 截至2022年底中国铁路隧道情况统计及2022年新开通项目重点隧道概况[J]. 隧道建设(中英文),2023,43(4):721-738.

[2] LEE C H, WANG T T. Invert anomalies in operational rock tunnels: Appearance, causes, and countermeasures[J]. Journal of Performance of Constructed Facilities,2016,30(3):04015048.

[3] 熊玉莲,梁庆国,汪波,等. 高铁泥岩隧道仰拱底鼓变形研究现状及关键科学问题探讨[J]. 兰州交通大学学报,2020,39(4):25-33.

[4] 钟祖良,刘新荣,王道良,等. 桃树垭隧道底鼓发生机理与防治技术研究[J]. 岩土工程学报,2012,34(3):471-476.

[5] 丁冬冬,梁庆国,徐善常,等. 软化泥岩对隧道仰拱的受力特性影响研究[J]. 铁道科学与工程学报,2016,13(10):2001-2008.

[6] 马晓文,梁庆国,赵涛,等. 泥岩隧道基底围岩软化对仰拱力学特性的影响[J]. 现代隧道技术,2020,57(S1):147-157.

[7] 周平,王志杰,侯伟名,等. 昔格达地层隧道局

部浸湿失稳特征及突变预测研究[J]. 岩土工程学报,2020,42(3):503-512.

[8] 何宏伟. 泥岩隧道基底软化对仰拱的影响性分析[D]. 兰州:兰州交通大学,2021.

[9] 经纬,郭瑞,杨仁树,等. 考虑岩石流变及应变软化的深部巷道围岩变形理论分析[J]. 采矿与安全工程学报,2021,38(3):538-546.

[10] 卢永飞,余云燕,陈志敏. 基于现场直剪试验和强度软化的围岩压力解析[J]. 兰州交通大学学报,2021,40(3):1-6.

[11] 欧雪峰,欧阳淋旭,张学民,等. 高压富水岩溶隧道底鼓变形演化机制及防控对策研究[J/OL]. 中国公路学报,1-17[2023-12-12] http://kns.cnki.net/kcms/detail/61.1313.U.20230918.1344.006.html.

[12] 康红普,陆士良. 巷道底鼓机理的分析[J]. 岩石力学与工程学报,1991(4):362-373.

[13] 谢卫红,陆士良,张玉祥. 挠曲褶皱性巷道底臌机理分析及防治对策研究[J]. 岩石力学与工程学报,2001(1):57-60.

[14] 杜明庆,张顶立,张素磊,等. 高速铁路隧道仰拱结构受力现场实测分析[J]. 中国铁道科学,2017,38(5):53-61.

[15] 赵涛,梁庆国,吴飞亚,等. 基底围岩膨胀对泥岩隧道受力特性的影响[J]. 东南大学学报(自然科学版),2022,52(3):538-546.

[16] 邓鹏海,刘泉声,黄兴. 隧道底板渐进破裂碎胀大变形:一种新的底鼓机制研究[J]. 岩土力学,2023,44(5):1512-1529.

[17] 运凯,朱永全,郭小龙. 膨胀岩隧道二次衬砌结构受力特性及工程对策分析[J]. 科学技术与工程,2023,23(17):7539-7548.

[18] 李明. 新近系膨胀性泥岩单线铁路隧道变形规律与防控措施研究[D]. 兰州:兰州交通大学,2023.

[19] DU M Q,WANG X C,ZHANG Y J,et al. In-situ monitoring and analysis of tunnel floor heave process [J]. Engineering Failure Analysis,2020,109:104323.

[20] 曾仲毅,徐帮树,胡世权,等. 增湿条件下膨胀土隧道衬砌破坏数值分析[J]. 岩土力学,2014,35(3):871-880.

[21] 孔恒,王梦恕,张德华. 隧道底板隆起的成因、分类与控制[J]. 中国安全科学学报,2003(1):33-36.

[22] 薛晓辉,张军,宿钟鸣,等. 武都西隧道底鼓机理及防治措施研究[J]. 公路工程,2015,40(5):124-128.

[23] 樊纯坛. 大断面富水泥岩隧道受力特性及仰拱底鼓机理研究[D]. 兰州:兰州交通大学,2017.

[24] 丁冬冬,梁庆国,徐善常,等. 软化泥岩对隧道仰拱的受力特性影响研究[J]. 铁道科学与工程学报,2016,13(10):2001-2008.

[25] ANAGNOSTOU G. A model for swelling rock in tunnelling[J]. Rock Mechanics and Rock Engineering,1993,26 (4) :307-331.

[26] 刘超,袁伟,路军富,等. 某铁路隧道底鼓段粉砂质泥岩微宏观物理力学特性研究[J]. 水文地质工程地质,2020,47(5):108-115.

[27] WILSON A H. A method of estimating the closure and strength of lining required in drivages surrounded by a yield zone [J]. International Journal of Rock Mechanics and Mining Sciences & Geomechanics Abstracts,1980,17 (6) :349-355.

[28] 杜明庆,张顶立,张素磊,等. 铁路隧道仰拱结构振动特性实测分析[J]. 振动与冲击,2017,36(8):237-243.

[29] 马晓文. 高速铁路泥岩隧道仰拱基底围岩软化对仰拱力学特性的影响[D]. 兰州:兰州交通大学,2021.

[30] 韩江. 深埋高地应力重载铁路隧道基底动力响应分析[J]. 铁道工程学报,2022,39(12):73-78.

[31] 王景春,常子红,王大鹏. 考虑衬砌与围岩劣化的隧道仰拱动力响应分析[J]. 铁道工程学报,2023,40(7):51-56.

[32] 相懋龙,阳军生,李林毅,等. 列车动载作用下隧道底部隆起预应力锚索整治失效机制分析[J]. 振动与冲击,2023,42(15):190-198.

[33] 王景春,常子红,王大鹏,等. 围岩和衬砌劣化作用下隧道底部结构动力响应[J]. 铁道建筑,2023,63(6):109-112.

高寒地区公路隧道水消防系统电伴热带断点故障定位技术

徐东彬[1]　刘　爽[2]　宋志旭[1]　孙曙光*[3]　豆小超[3]
(1.中公华通北京科技发展有限公司;2.河北高速公路集团有限公司;
3.河北工业大学人工智能与数据科学学院)

摘　要　为了解决高寒地区公路隧道水消防系统电伴热带发生断点故障后,定位自动化水平低、耗时耗力的问题,设计了一种自动化程度高的断点故障定位系统,该系统基于低压脉冲法实现信号波与反射波在伴热带首端与故障端的有效传输与检测,利用互相关算法计算二者的传输时差,从而实现断点位置定位;在此基础上设计了基于LabVIEW的断点自动检测系统软硬件架构;最后,进行了断点检测试验,所设计的检测系统在30m测量范围内,检测相对误差不超过2.4%,绝对误差不超过0.61m,满足实际工程需要,可有效提升隧道水消防系统断点故障检测的自动化水平,节省人力物力的投入。

关键词　电伴热带　互相关　低压脉冲法　断点检测

0　引言

电伴热带是国家重点推广的节能项目,被广泛应用于石化、核电、消防、隧道等工程应用领域[1-4],具有无噪声、无污染、可控性强等优点[5]。近年来,随着国家交通事业的发展,我国在各地修建了许多高速公路隧道。为了保障高速公路隧道系统的正常运行,隧道中配备有专门的水消防系统。但是在秋冬初春季节,如承德、张家口地区高速公路隧道的消防水管很容易结冰上冻,影响消防系统的使用。所以需要在消防管道的外部铺设电伴热带,在天气寒冷时对消防管道进行加热,防止管道结冰。但是伴热带也会产生故障,尤其是断点故障,如果伴热带发生断点故障,按照传统的修理方法需要挖开管道逐步检查找到断点,再加之故障发生地距离隧道管理站一般较远,势必会消耗大量的人力、物力,不符合国家的低碳理念,因此快速准确定位断点位置对保证消防系统正常运行意义重大,同时也能达到节能减排的目的。

目前,高速隧道口到变电箱由于距离较短,该处消防水管使用的电伴热带常为自限温电伴热带。而在高速公路隧道内部,隧道距离经常达数千米,自限温电伴热带由于技术限制以及造价等原因,不适用于长距离管道加热,在隧道内部一般选择恒功率电伴热带。文献[6]提出了一种检测母线电阻和绝缘电阻来判断自限温伴热带断点故障的检测方法,但是并不适用于恒功率电伴热带的断点检测。目前鲜有恒功率电伴热带断点定位方法的文献。由于电伴热带的构造仍属于线缆的结构,可以借鉴有关线缆断点定位的方法进行研究。文献[7]-[11]中研究了运用低压脉冲法检测电力电缆故障的方法。如文献[7]研究了低压脉冲法对电缆断点故障的定位效果,表明了低压脉冲法运用于电缆故障检测的可行性;文献[11]进一步运用互相关算法处理检测数据,能够准确快捷地定位断点位置。

综上所述,为了提升电伴热带断点故障检测的自动化水平,本文设计了一种基于低压脉冲信号波与互相关算法的电伴热带断点故障定位系统。并进行了试验测试,证明了所提方法的可行性和有效性。

1　电伴热带断点故障定位原理

低压脉冲法凭借着原理简单,操作方便等特点被广泛应用于电缆的故障定位。本文将该方法用于伴热带断点检测。其原理是向电伴热带的首段发射低压脉冲信号,该脉冲波会在伴热带中以一定的速度传播,在断点处会进行波反射现象,反射波会从故障端传递到伴热带的首端。在电伴热带的首端处同步采集发射波和反射波的波形,并运用互相关算法对数据进行处理，计算发射波和反射波之间传播所用的时间，根据脉冲波在电伴热带中的传播速度，定位出断点到测试点之间的距离。

1.1 低压脉冲法

低压脉冲法建立的理论基础是传输线理论。根据其理论，当缆线中传播高频波的时候，可以将线缆看成是由很多长度单位元 Δx 的分布模型联合而成[12]，如图1所示，模型用单位长度的电阻 R、电感 L、电导 G、电容 C 来表示。

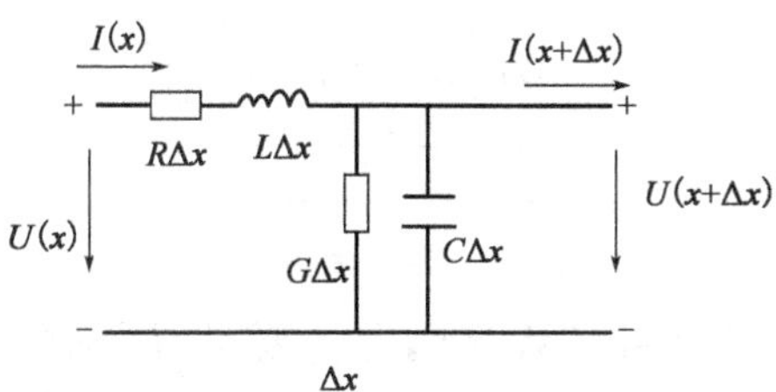

图1 线缆单位长度模型

当距离缆线首端 x 的电流以及电压分别为 $I(x)$ 和 $U(x)$ 的时候，距离首端 $x+\Delta x$ 的电流和电压应该为 $I(x+\Delta x)$ 和 $U(x+\Delta x)$。由基尔霍夫定律可以得到：

$$\begin{aligned} -\frac{\partial U(x)}{\partial x} &= RI(x) + L\frac{\partial I(x)}{\partial t} \\ -\frac{\partial I(x)}{\partial x} &= GU(x) + C\frac{\partial I(x)}{\partial t} \end{aligned} \tag{1}$$

反射系数 ρ_0 是线缆任意点处反射波的电压和入射波电压的比值。运用式（1）求解可得到：

$$\rho_0 = \frac{Z_x - Z_0}{Z_x + Z_0} \tag{2}$$

式中：Z_x——距离线缆首端 x 处的等效阻抗；

Z_0——线缆的特征阻抗，其定义为：

$$Z_0 = \sqrt{\frac{R_0 + j\omega L_0}{G_0 + j\omega C_0}} \tag{3}$$

式中：ω——波的角频率。

从式(2)可知，当线缆在距离首端 x 处发生故障时，该点的等效阻抗会产生相应的变化，该处的反射系数不为0，会产生低压脉冲的反射现象。

1.2 互相关算法

为了提升低压脉冲法测试波形中反射信息的自动识别能力，进一步引入互相关算法[13]。以输入的信号波构建短时参考信号，然后短时参考信号与检测到的整体信号波进行数据处理求取互相关系数，最后根据互相关系数的大小序列定位伴热带断点故障位置。由于信号波的波形是人为设定的，所以该信号是可知的，通过用短的时窗截取信号波就可以得到短时参考信号，计算的时窗长度也会随着信号波的不同而发生变化，以能截取完整的信号波的最短时窗长度为宜。具体如图2所示，其中 $x(i)$ 为离散的短时参考信号；$y(i)$ 为窗口截取之后的低压脉冲法测试波形；z 为截取时窗的长度。

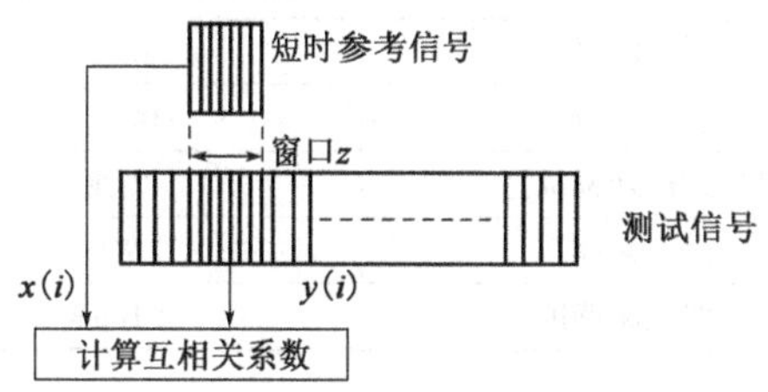

图2 互相关算法

互相关计算公式：

$$f(t) \otimes g(t) = \int_{-\infty}^{\infty} f(\tau)g(t+\tau)\mathrm{d}\tau \tag{4}$$

离散形式：

$$f(t) \otimes g(t) = \sum_{-\infty}^{\infty} f(\tau)g(t+\tau)\mathrm{d}\tau \tag{5}$$

通过计算互相关系数，找到互相关系数最大值，便可以找到反射波所在的位置。根据采样装置的时差进行计算得到发射波和反射波之间的距离。

2 伴热带断点检测系统设计

2.1 系统硬件设计

本系统所用到的硬件设备主要有信号发生器和示波器，信号发生器用来发出系统测试所需要的低压脉冲信号。示波器对信号发生器发出的脉冲信号和电伴热带故障端反射回来的信号进行采集。图3为断点检测系统架构图，其中计算机通过网线实现与信号发生器和示波器的控制操作以及数据交换。

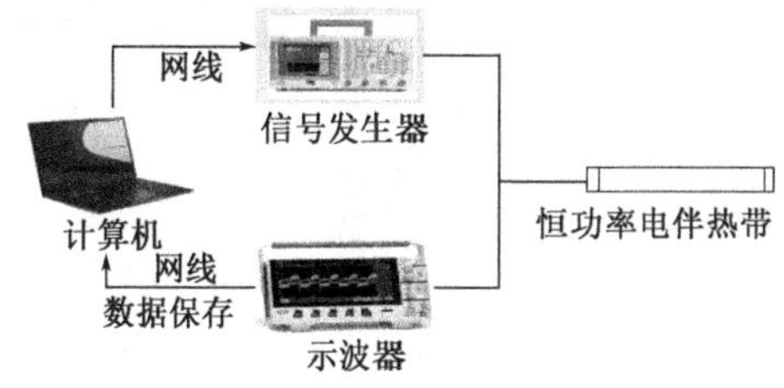

图3 断点检测系统架构图

2.1.1　低压脉冲发生装置

选用泰克AFG3152C信号发生器作为低压脉冲信号发生装置,它是一款功能强大的信号发生器,能够应用于各种需要高精度波形输出的领域,最大带宽频率可以达到150MHz。具有多种调制模式,支持以太网通信和外部触发,可以满足不同需求。表1为信号发生器的主要性能参数。

AFG3152C主要性能参数　　表1

性能参数	数值
垂直分辨率	14位
输出波形(标准型)	12种
最大采样率	2GHz
时基精确度	±1ppm

2.1.2　信号采集装置

选用泰克3系列MDO混合域示波器作为信号采集装置,具有触摸屏功能,采集数据精确度高,还具有强大的波形捕获和分析功能。也能通过以太网通信来远程控制。表2为该示波器的主要性能参数。

MDO混合域示波器主要性能参数　　表2

性能参数	数值
最大带宽	1GHz
最大采样率	5GHz
通道记录长度	10m

2.2　系统软件设计

系统开发需要用到的软件有LabVIEW和MATLAB两种,信号发生器发出测试信号,示波器对发射出的信号和反射信号进行采集,程序运用LabVIEW和MATLAB进行混合编程,通过对计算机上的软件LabVIEW编程可以编写与仪器面板按键功能相应的操作指令控制仪器,并在LabVIEW程序中嵌入MATLAB脚本,运用互相关算法对采集到的信号进行处理,计算出相关的参数。图4为系统的测试流程图。

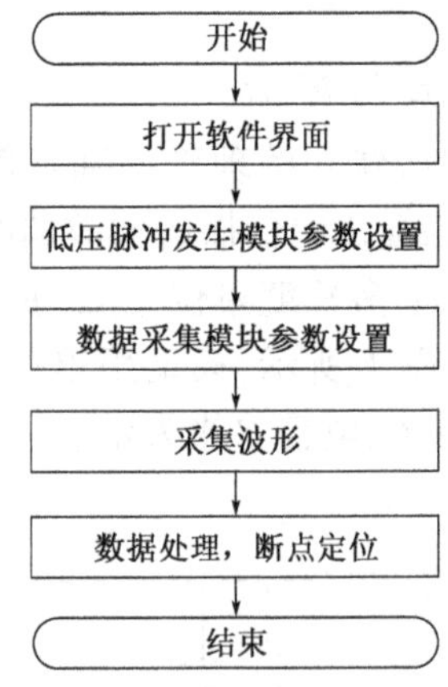

图4　系统测试流程图

系统软件的程序编写主要可以分成三个模块,分别是低压脉冲发生模块、数据采集模块及定位算法模块。

(1)低压脉冲发生模块

低压脉冲发生模块是指运用LabVIEW控制信号发生器发出测试脉冲信号。在LabVIEW中安装控制AFG3152C的驱动程序,根据需要设置相应的测试信号类型和其他参数控制信号发生器发出相应的测试信号。表3、图5为该模块的相关函数块及基于LabVIEW开发的程序。

信号发生模块主要函数　　表3

主要函数块名称	功能
Configure Standard Waveform	设置产生的波形类型
Configure Trigger	设置触发类型
Configure burst	设置波形输出次数
Enable Output	波形输出

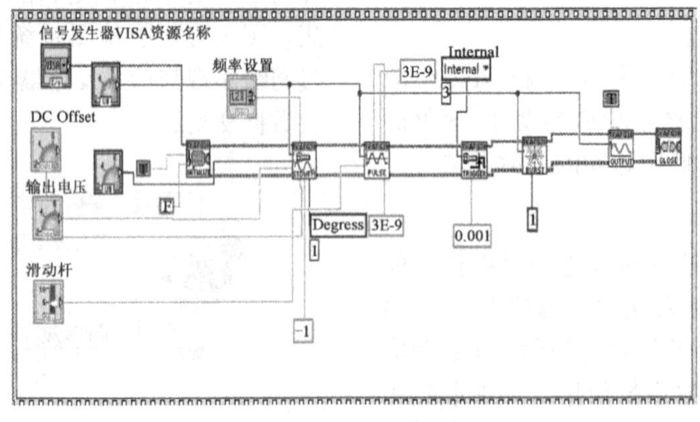

图5　低压脉冲发生模块程序

(2)数据采集模块

要进行数据分析必须要进行数据采集,数据采集模块用来控制示波器对发出的信号波和反射波进行数据采集,并将采集的信号数据保存。相关函数块及程序如表4、图6所示。

数据采集模块主要函数块 表4

主要函数块名称	功能
Configure Timebase	设置时基
Configure Channel	设置采集通道
Configure Trigger	设置触发类型
Read Waveform	波形获取

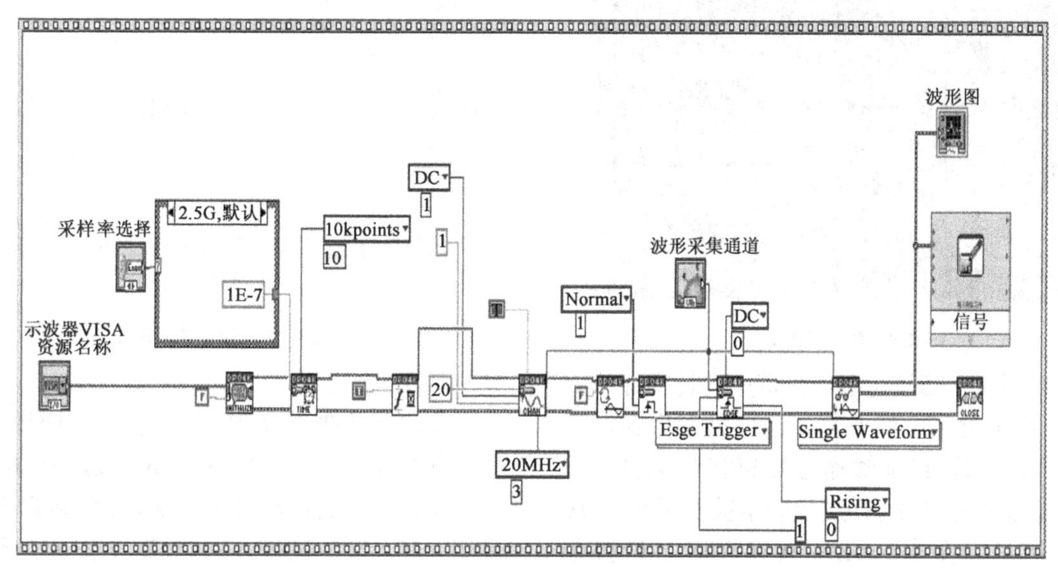

图6 数据采集模块程序

(3)定位算法模块

定位算法模块是对采集到的数据进行处理。LabVIEW含有MATLAB脚本节点,可以在LabVIEW程序中嵌入MATLAB脚本节点对采集到的数据进行计算。用MATLAB编写互相关算法,求出测试信号和反射信号之间的时间差,再根据测试信号在电伴热带中的传播速率计算得到伴热带首端与断点之间的距离。图7为系统MATLAB算法脚本节点,截取120个采样点的距离做为时窗长度。将采集到的信号作为节点的数据输入,经过计算输出相应的结果。

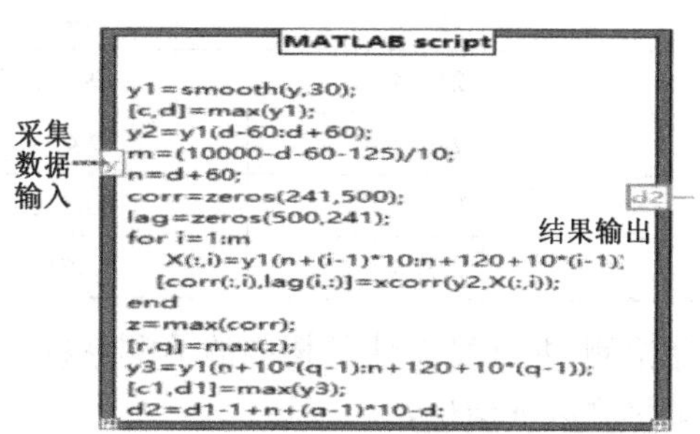

图7 MATLAB节点

软件模块编写好之后,将其按照顺序集成。图8为系统的软件界面,在界面上设置信号发生器产生波形的类型为脉冲波、频率为100MHz、高电平为10V、低电平为0V、占空比为50%。设置示波器的数据采集通道的采样率为2.5GHz,数据记录长度为10k,并选择电伴热带的传播速率,该传输速率是经离线测试获取的。

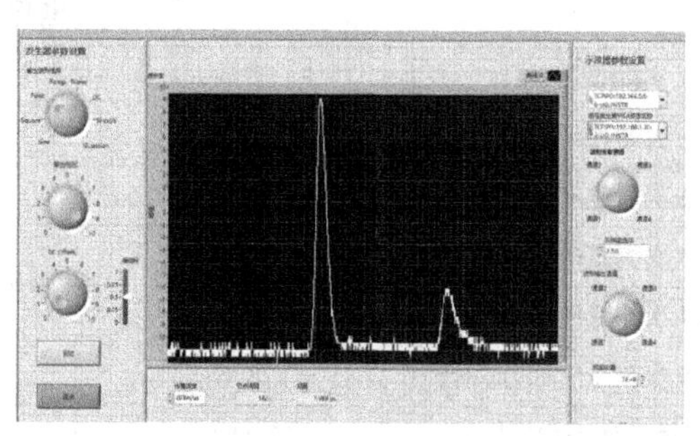

图8 软件界面

3 系统实例测试

为了进一步验证所提方法的有效性,选用

HHX-HDRDC-P 系列恒功率单芯串联电伴热带进行实际测试,伴热带参数规格为:功率 18W/m、额定电压220/380/660V、绝缘电阻≥50MΩ。测试现场如图 9 所示。

由于并不知道测试信号在所选用的电伴热带中的传播速率,需要首先测量测试信号在电伴热带中的传播速度。截取长度为 5m 的伴热带,在其首端输入测量信号并使用示波器测量输入信号和反射信号,所获取的波形如图 10 所示。通过对采集的信号进行互相关算法处理,求出输入脉冲波和反射波之间间隔的采样点数,由于示波器的采样率为 2.5GHz,可以求得每个采样点之间的时间差,从而求出测试信号在电伴热带中的传播速率为 208m/μs。

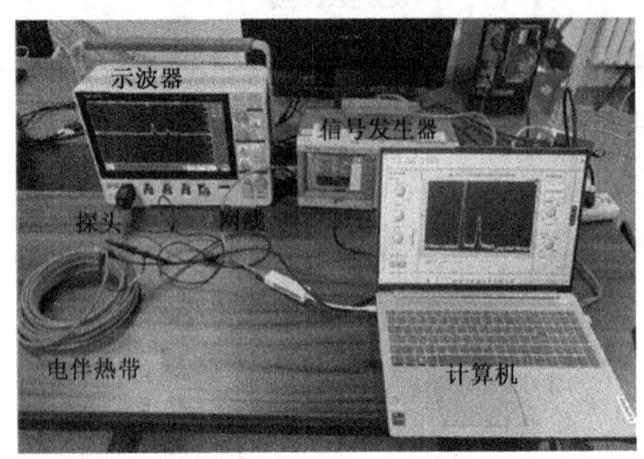

图 9　系统测试图

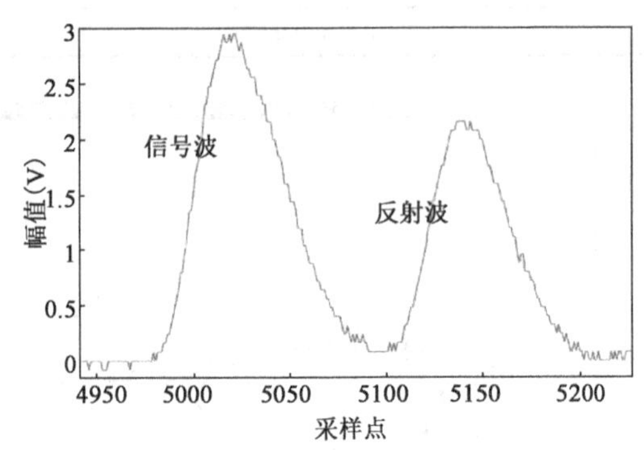

图 10　低压脉冲法测试波形

获取到测试信号在电伴热带中的传播速率之后,进行系统测试。将计算机与信号发生器和示波器通过网线连接,能够通过 LabVIEW 软件控制信号发生器发生测试信号,控制示波器采集相应的波形信号。在 LabVIEW 软件界面上设置信号发生器产生信号的类型、频率、高低电平以及信号的输出通道等参数,可以使信号发生器产生相应的波形信号。测试时将信号输出端与电伴热带相连,把测试信号输入伴热带首端。同时设置示波器的采样通道和采样率,通过探头对伴热带首端的信号进行采集。软件前面板将采集到的信号通过波形图显示出来,后台运用互相关算法处理数据,即可得到故障点距离伴热带首端的距离。

在电伴热带试品中,一共选择了四种不同长度的伴热带,分别是 7.5m、10m、22m 和 30m。经过对不同长度的伴热带进行测量,得到测量数据,利用互相关算法进行处理,找到互相关系数最大的数值,即可定位反射波位置,根据测试信号在电伴热带中的传播速度,求出信号波和反射波之间的距离,最终确定断点位置。不同长度伴热带的测试结果如表 5 所示,通过对数据进行处理,得到的定位距离接近真实断点距离,其中相对误差最大不超过 2.4%,最大绝对误差不超过 0.61m。

电伴热带断点定位结果　　表 5

实际长度(m)	7.5	10	22	30
第 1 次测量时间差(ns)	72.8	98.0	216	294.0
第 2 次测量时间差(ns)	72.4	98.4	215.6	294.4
第 3 次测量时间差(ns)	73.2	98.0	215.2	294.0
第 4 次测量时间差(ns)	72.8	99.2	216.4	295.2
第 5 次测量时间差(ns)	73.6	98.4	216.4	294.0
测量长度平均值(m)	7.588	10.234	22.456	30.610
相对误差	1.17%	2.34%	2.07%	2.03%

4　结语

本文首次将低压脉冲法用于电伴热带的断点故障检测,并开发设计了相应的检测系统,经试验测试得到以下结论:

(1)设计的基于 LabVIEW 的断点自动检测系

统,软硬件采用模块化设计,计算机基于 LabVIEW 软件通过网线对信号发生器以及示波器进行控制,软件功能模块完善,有效减少了人工的参与,提升了断点检测的自动化水平。

(2) 经测试表明应用于传统电缆断点位置检测的低压脉冲法,经合理的参数设置,可在伴热带介质中实现有效的信号波发出以及回波信号测量,具有测量可行性;互相关算法实现了信号波与回波时差的有效测量,实际测试结果表明,在 30m 测量范围内,最大相对误差不超过 2.4%,绝对误差不超过 0.61m,满足实际工程的需要。

目前定位系统还存在一定不足之处,选用的信号发生器和示波器体积较大、便携度不够,在之后还需要向便携式、小型化发展。

参考文献

[1] 胡利娜. 电伴热系统在隧道中的应用[J]. 山西电子技术,2013(03):11-12.

[2] 陈双叶,罗晨,郑东跃. 基于嵌入式技术的电伴热智能控制器[J]. 仪表技术与传感器,2013(2):24-27.

[3] 陈双叶,丁迎来. 基于物联网云平台的智能电伴热控制系统[J]. 仪表技术与传感器,2017(7):58-61,92.

[4] 丁迎来. 基于物联网云平台的智能电伴热控制系统设计[D]. 北京:北京工业大学,2017.

[5] 卫春华. 电伴热控制与监测的发展[J]. 电气应用,2008(14):16-19.

[6] 刘思. FPSO 电伴热回路施工断点检测方法的研究 [J]. 价值工程,2020,39 (12):136-137.

[7] 李露. 船用电力电缆故障诊断的仿真研究[D]. 大连:大连理工大学,2017.

[8] 沈智飞,王娟,柳宝坤,等. 时间反演技术在低压脉冲电缆故障定位中的应用 [J]. 四川电力技术,2021,44 (04):85-89.

[9] 杨帆,曾薤,阮羚,等. 中压交联电缆接头复合界面受潮缺陷的诊断方法研究[J]. 高压电器,2014,50(5):1-5.

[10] 余坤,赫志伟,王善民,等. 基于低压脉冲法的电力电缆外力破坏检测技术研究[J]. 四川电力技术,2017,40(4):48-52.

[11] 周涛,万子逸,段永生,等. 基于短时互相关的低压脉冲法电缆故障定位 [J]. 四川电力技术,2023,46 (1):54-58.

[12] 孟佳彬,李智华,吴春华,等. 基于 SSTD R 的光伏系统对地故障检测方法[J]. 太阳能学报,2020,41(10):109-118.

[13] 李启飞,温玮,韩蕾蕾,等. 基于短时互相关算法对航空磁异常信号的检测[J]. 兵器装备工程学报,2020,41(6):178-183.

基于 V2X 的隧道车路协同控制系统研究

刘治江[1] 潘福全*[1] 宋夫才[2] 张丽霞[1] 杨金顺[1]

(1. 青岛理工大学土木工程学院;2. 青岛市交通规划设计院有限公司)

摘 要 为了提高隧道交通的安全、流畅和能源效率,对传统隧道的安全和功能性进行分析研究,提出利用基于车辆到一切(V2X)通信技术的隧道车路协同控制系统及方法。该系统由车载单元、隧道内的路侧单元和中央处理中心组成,实现车与车、车与路侧单元和中央处理中心间的信息互通。车载单元收集并传输车辆状态信息,路侧单元检测环境状况并发送数据,中央处理中心整合这些信息,运用算法生成控制指令,如车速调整和交通管理措施,通过路侧单元向车辆下达。系统能够应对正常和应急状况,确保隧道内车辆安全,优化交通流动性并降低能耗。它还能自适应不同交通和隧道情况,保持交通流的稳定性,为解决城市隧道拥堵提供创新方案。

基金项目:山东省自然科学基金项目(ZR2020MG021)、国家教育部人文社会科学研究规划基金(18YJAZH067)、山东省重点研发计划项目(2018GGX105009)。

关键词 隧道 车路协同控制系统 V2X通信技术 车载单元 路侧单元 中央处理中心

0 引言

随着我国经济发展水平的不断提高以及加快建设交通强国的现实需要,大量山区公路、铁路等交通基础设施得到大力发展,隧道建设数量也与日俱增。随着社会经济的不断发展、公路建设进程的不断推进,目前我国公路隧道已经从建设期逐渐进入运营期,国内隧道的数量及里程均在不断增加。随着车辆数量的不断增加和交通拥堵问题的加剧,传统的交通管理方式已经面临很大的挑战。

V2X技术是指通过无线通信技术实现车辆之间(V2V)、车辆与道路基础设施之间(V2I)、车辆与行人之间(V2P)、车辆与网络之间(V2N)以及车辆与云平台之间(V2C)等多种通信方式。这种多元化通信使得车辆能够及时获取交通信息并做出相应的反应,从而实现车辆之间、车辆与基础设施之间的高效协同。车联网将依托信息通信技术,通过全方位连接和数据交互,提供综合信息服务,形成汽车、电子、信息通信、道路交通运输等行业深度融合的新型产业形态[1]。

V2X通信技术包括专用短程通信技术DSRC(Dedicated Short Range Communications)和蜂窝车联网技术C-V2X(Cellular-V2X)两大阵营。DSRC技术起源于IEEE 802.11标准,能够支持相邻车辆之间的行车安全数据交换。C-V2X以蜂窝网络作为V2X的基础,利用蜂窝网络连接交通运输生态系统中的所有车辆和道路基础设施。与DSRC技术相比,C-V2X技术具有通信范围广、时延低与可扩展性高等优势,同时C-V2X技术成本更低,更易于实现商用部署,有利于打破美国在DSRC标准上的技术垄断,因此中国大力发展C-V2X技术[2]。

这种多元化通信技术使得车辆能够及时获取交通信息并做出相应的反应,从而实现车辆之间、车辆与基础设施之间的高效协同。

1 传统隧道公路存在的问题

隧道交通系统因为其封闭的空间和特殊的道路环境,给车辆行驶带来了一定的挑战。在隧道中,由于有限的能见度和道路照明限制,驾驶员容易出现注意力不集中、驾驶疲劳等问题。此外,由于车辆在狭窄的隧道内行驶,事故的发生往往会导致更加严重的后果[3]。因此,隧道交通系统需要一种高效的管理方式来保证交通的安全与顺畅。

基于V2X的隧道车路协同控制系统就是为了满足上述需求而提出的一种解决方案。利用V2X技术,系统能够实时获取车辆和道路基础设施的信息,并进行分析和处理,从而为驾驶员和交通管理部门提供有价值的支持。此外,该系统还可以结合车辆导航系统和云平台,为驾驶员提供实时的导航和路况信息。驾驶员可以通过显示屏或语音提示获取当前隧道的限速信息、道路迎面交通和事故警示等信息,提高驾驶安全性和舒适性。

2 隧道车路协同控制系统组成

如图1所示为一种基于V2X的隧道车路协同控制系统。

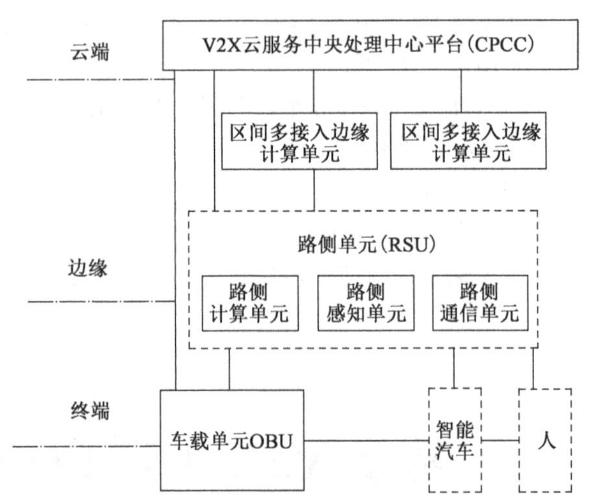

图1 隧道车路协同控制系统框架图

2.1 路侧单元(Road-Side Unit,RSU)

安装在隧道内的多个固定点,包含路侧计算单元、路侧感知单元、路侧通信单元,用于收集通过的车辆信息和隧道环境数据,并与车载单元进行双向数据通信。每个RSU配备高性能无线通信模块,支持多种车联网通信标准,如802.11p、LTE-V2X、5G等。这些通信标准能够确保RSU与车辆之间的可靠和高效的数据交换,以实现实时的车路协同控制。

2.2 车载单元(On-Board Unit,OBU)

安装在车辆上,通过多传感器融合功能,收集车辆状态信息，包括车速、方向、故障信息等。OBU 能够集成车辆各类传感器信息，如雷达、摄像头、GPS 等，以提高数据的准确性和可靠性。通过将多个传感器的数据进行融合处理，OBU 能够提供更准确和可信的车辆状态信息，从而为 CPCC 提供更可靠的数据基础。

2.3 中央处理中心(Centralized Processing and Control Center,CPCC)

接收 RSU 和 OBU 发送的数据，并运行在高性能服务器上的大数据处理能力，进行分析处理。CPCC 实现对隧道内交通流的预测、调度和优化，能够实时监控隧道交通状态。CPCC 能够运行复杂的交通流分析和模拟算法，通过对隧道内交通状态的实时监控和预测，支持隧道交通的优化调度。CPCC 的高性能和大数据处理能力保证了对大规模数据的高效处理和快速响应。

基于 V2X 的隧道车路协同控制系统，整合智能交通管理平台，该平台不仅提供用户界面供交通管理人员监控隧道状况和调整流量控制策略，还向公众发布交通信息，同时能够与其他交通基础设施进行数据交互和联动控制，例如优化交通信号控制以提高交通效率，并响应紧急情况以协助救援工作。

3 隧道车路协同控制系统原理

基于 V2X 的隧道车路协同控制系统的原理如图 2 所示，其中，1 代表车载单元(OBU)，2 代表路侧单元(RSU)，隧道入口，3 代表隧道空间，4 代表中央处理中心(CPCC)。

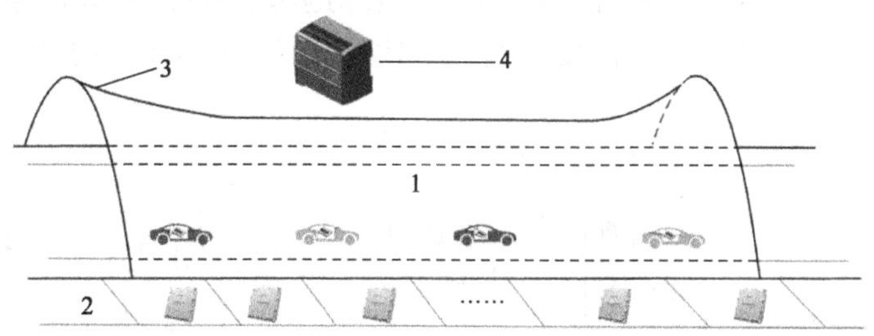

图 2　隧道车路协同控制系统的原理示意图

隧道内 RSU 收集车流和环境数据；通过在隧道内设置多个 RSU，能够全面收集车辆通过的信息以及隧道内部的环境数据，如气象条件、能见度等。

车辆 OBU 及时更新并发送车辆状态数据给 RSU；车辆上的 OBU 会实时收集车辆的状态信息，包括车速、方向、故障信息等，并通过和 RSU 的数据交换，将这些信息及时传送给 RSU。

CPCC 接收来自 RSU 和 OBU 的数据，进行处理和分析；中央处理中心 CPCC 是控制系统的核心，它接收和处理来自 RSU 和 OBU 的数据。CPCC 会对收集到的数据进行分析，包括对车流的预测、交通状态的监控[4]。

CPCC 根据分析结果向车辆和路侧单元下发指令；基于对数据的分析结果，CPCC 会制定并下发指令给车辆和路侧单元。这些指令可以包括速度限制、车道选择建议等，用于优化隧道交通的流畅度和安全性。

通过车辆和路侧单元之间的协作实现隧道交通的优化控制；车辆和路侧单元之间的协作是实现隧道交通优化的关键。通过数据的共享和指令的执行，车辆和路侧单元能够根据实时交通状况进行相应的调整，以实现交通流的优化控制。为确保隧道车路协同控制系统的功能和效率，通信网络至关重要。网络需提供高带宽和低延迟通信能力，采用多层架构、有线和无线传输技术，增强系统稳定性和可靠性。核心网络布局需考虑无线通信覆盖，特别是隧道内部，安装足够数量的路侧单元(RSUs)保证与车载单元(OBU)的通信。网络还需冗余设计，备份关键设备和网络路径，以应对单点故障。安全保护措施不可或缺，加密关键数据，抵御外部攻击和防止信息泄露。网络设计需具有兼容性和可扩展性，为未来技术升级和扩容做好准备。

4 基于 V2X 的隧道车路协同控制系统流程

4.1 隧道车路协同控制系统的控制流程

如图 3 所示，本篇对隧道车路协同控制系统的控制流程做了研究，所述流程包括：

首先,当车辆进入隧道区域时,隧道系统通过V2I通信与车辆进行信息交换,获得车辆的相关数据,包括车辆型号、速度、载货量等信息。随后经过车辆信息检测,系统会对车辆的各项信息进行分析和验证,以确保车辆的状态符合隧道通行的要求[5]。

在信息检测之后,系统会进行隧道要求的判断:如果车辆符合通行要求,系统将允许其通过隧道,否则将执行相应的控制措施。对于不符合要求的车辆,系统可能会进行速度控制,引导车辆进入特定车道或者要求其进入等待区等操作,以确保隧道内交通的安全与顺畅。

对于通过隧道的车辆,系统会进行数据交换与协同。这一步包括了与车辆的实时通信,确保车辆在隧道内的状态能够被实时监测并进行信息交换。在数据交换与协同的基础上,系统能够实时分析隧道内的交通情况,并得出是否需要进行控制的结论。

在实时交通情况分析后,系统将得出是否需要调整控制的决定。如果发现隧道内交通出现异常或者需要改变控制措施时,系统将对车辆进行相应的调整,可能包括调整车辆的速度、引导车辆进入不同车道等操作,以确保隧道内的交通能够保持顺畅与安全。

除此之外,系统还负责监测与输出交通状态报告,通过对车辆在隧道内的状态进行监测,并输出交通状态报告,以帮助管理部门了解隧道内的交通情况。同时,系统需要进行公共信息通告,对隧道内的交通情况、道路状况等信息进行公告,以提醒车辆和行人注意安全。

最后,流程图中还包括了应急反应系统。一旦出现紧急情况,比如交通事故,系统将根据实时情况迅速进行反应,确保隧道内的安全与顺畅,并协助相关救援工作的展开。

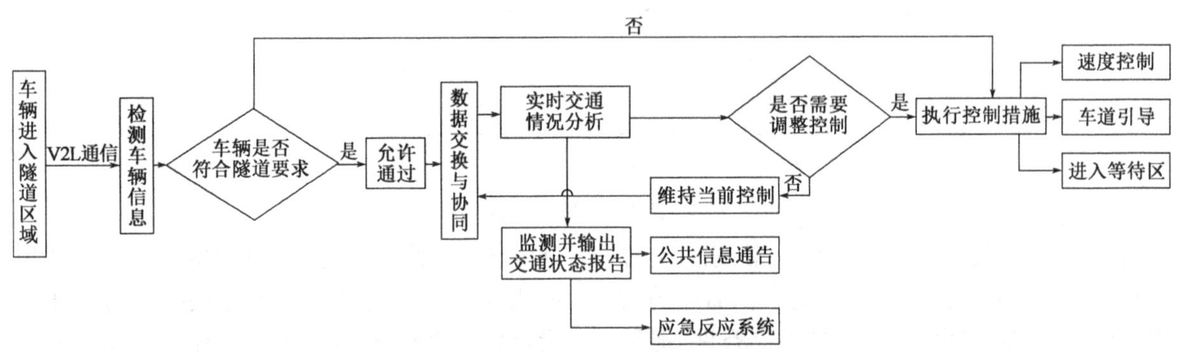

图3　隧道车路协同控制系统的控制流程图

4.2　隧道车路协同控制系统的控制逻辑流程

如图4所示,从开始节点,车辆进入隧道检测区域,检测区的设备随即检测是否有车辆存在,这一过程可以是通过地磁感应器、雷达、摄像头等传感器完成的。流程图中检测车辆是否存在的判定节点后分成两条路径,如果系统检测到车辆,它便进行下一步,即收集车辆信息,在这一环节,系统可能会采集车辆的类型、车牌、速度以及驾驶员的行为模式等关键信息。若检测不存在车辆,则进入无操作节点,即系统不做任何响应,保持待命状态。

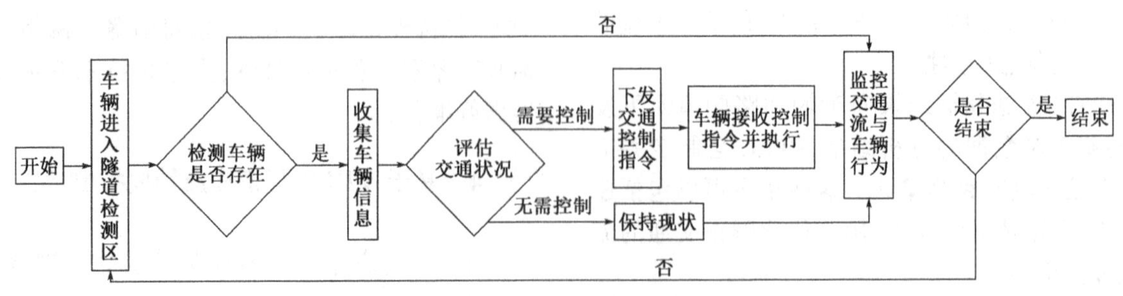

图4　隧道车路协同控制系统的控制逻辑流程图

当系统收集到车辆信息后,流程继续到评估交通状况的判定节点。在这里,系统根据收集到的信息,分析当前交通状况是否需要进行干预或是控制。如果评估出交通状况需要操控,流程会继续到下发交通控制指令,在这一环节内,管理系统可能会发出各种控制指令,如调节信号灯、限速、或启动紧急情况下的疏散程序等,指导车辆采取相应的驾驶行为。执行后,车辆将进入车辆接收控制指令并执行的阶段,确保指令被准确无误地应用。

反之,如果交通状况当前稳定,并不需要特别的干预,那么从评估交通状况节点流程将转向保持现状,在此阶段,管理系统保持观察并不发出额外的控制信号。

无论是下发指令后的监控还是保持现状的观察,两者都将流向监控交通流与车辆行为,这是一个持续的过程,以确保任何变化都能被系统所察觉,并快速响应。

最后,流程会抵达是否结束判定节点,负责判断整个管理流程是否需要终止。如果判定结束,那么流程走向结束,系统可能进入关闭或待机模式。如果管理仍需继续,则会从新的循环转回到车辆进入隧道检测区,重新开始检测和管理的循环流程。

5 案例实现与场景应用

5.1 V2X 通信技术

本研究基于 V2X 的隧道车路协同控制系统使用的各种标准和协议如 IEEE 802.11p:也称为无线交通系统(ITS)通信,这是一种专门设计用于车辆间通信和车辆对基础设施通信的标准。它建立在 802.11 标准的基础上,使用 5.9GHz 的频段,能够提供低延迟和高可靠性的通信,非常适合车辆间的实时通信和协同控制。C-V2X 可以通过现有的蜂窝网络基础设施来提供 V2X 通信服务,具有良好的覆盖范围和通信稳定性[6]。

5.2 车辆控制策略

本研究详述车辆如何利用从 V2X 系统接收到的信息来调整自己的行驶策略,车辆控制策略是隧道车路协同控制系统中的关键部分,它基于接收到的交通信息和环境感知数据,以及通过 V2X 通信获得的其他车辆的信息,来决定车辆的行驶动作。以下是一些常见的车辆控制策略。

5.2.1 自适应巡航控制

根据隧道内部的交通状况和前车的速度,自适应巡航控制可以自动调整车速以保持安全距离,并平稳地跟随前车的速度。它能够减少驾驶员的负担,提高道路的通行效率和安全性[7]。

5.2.2 车道偏离预警和修正

这种策略使用传感器来检测车辆是否偏离当前车道,并发出相应的预警信号提醒驾驶员。在需要时,系统也可以进行车道修正控制,通过轻微的转向调整将车辆回到安全的车道内。

5.2.3 自动变道

基于传感器和 V2X 通信,系统可以识别前方目标车道的车辆密度和速度,并根据交通流量情况进行自动变道控制。这可以帮助优化车辆行驶路径、减少拥堵,并提高道路的通行能力[8]。

5.2.4 碰撞预警和自动紧急制动

基于车辆感知模块和 V2X 通信,系统可以实时监测隧道内的其他车辆和行人,并在检测到潜在碰撞威胁时发出预警信号。如果驾驶员未能及时采取行动,系统也可以自动执行紧急制动,以避免碰撞发生或减轻事故后果。

本研究的交通管理策略是隧道车路协同控制系统中的重要组成部分,其目标是优化交通流量,减少拥堵,提高道路安全性和效率。通过交通信号优化算法,结合隧道内交通流量和预测模型,调整信号灯的配时和相位,以优化隧道内车辆的通行效率。这可以减少车辆排队时间,降低停车等待时间,并提高道路通行能力。根据隧道内交通流量和预测,调整车道使用策略[9]。

5.3 安全功能

本研究隧道车路协同控制系统中的安全功能至关重要,旨在帮助减少交通事故的发生以及在紧急情况下保护驾驶员和乘客的安全。利用车载传感器和 V2X 通信,系统可以监测周围车辆和隧道内的情况,并在检测到潜在碰撞风险时向驾驶员发出警报。有些系统甚至能够自动启动紧急制动以避免碰撞[10]。通过监控车辆在车道内的位置,系统可识别是否存在车道偏离行为,若发现此类情况,系统将向驾驶员发出警报或采取措施辅助修正车辆位置。通过自动调整车速以保持安全车距,并在必要时自动减速甚至停车,自适应巡航控制有助于减少追尾事故的风险。利用车载摄像头和图像处理技术,系统能够识别交通标识并向驾驶员展示限速标志、禁止掉头标志等信息,提醒驾驶员遵守交通规则。在发生事故或其他紧急情况时,系统能够自动触发紧急呼叫功能,向相关救援机构发送车辆的位置信息并协助提供紧急援助。

5.4 交通信息服务

本文的交通信息服务在隧道车路协同控制系统中扮演着重要角色,旨在向驾驶员提供及时、准确的交通状况信息,帮助他们做出更明智的出行决策。系统通过路侧传感器、车载设备以及其他数据源,收集并整合实时的交通状况信息,例如路况、拥堵情况、交通事故等,向驾驶员提供及时更新的路况动态。基于收集的交通信息,系统可以为驾驶员提供最佳的路径规划和导航服务,根据当前交通情况和目的地实时调整行驶路线,以避开拥堵区域和提高通行效率。通过系统提供的停车信息服务,驾驶员可以获取附近停车位的实时可用情况、停车费用以及导航至可用停车位的路线指引,提高停车效率。基于历史数据和实时交通状况,系统可以对未来交通情况进行预测和预警,帮助驾驶员提前规划出行,避开未来可能出现的交通拥堵。系统通过车辆间通信和车路协同通信,让车辆之间能够共享实时的交通信息,向其他车辆提供车辆位置、速度、行驶意图等信息,从而提高交通安全和效率。

5.5 环境监控

本研究的隧道车路协同控制系统中,环境监控是至关重要的功能之一,它旨在实时监测隧道内外的环境参数,并为驾驶员和系统运营者提供相关信息,确保隧道内的安全和舒适性。隧道内外空气质量监测系统可实时检测二氧化碳、一氧化碳、颗粒物等污染物浓度,提供实时数据以确保车内空气质量符合安全标准。通过可见光摄像头和传感器,监测隧道内外的能见度情况,如雾、雨、烟雾等,及时预警驾驶员并通过系统提供安全建议。监测隧道内外的温度和湿度变化,帮助驾驶员和系统运营者了解隧道内外的气候状况,并及时做出应对措施。根据隧道内外光照变化,自动调节隧道内的照明系统,确保驾驶员和行人的视野得到良好的保障。隧道内安装火灾和烟雾监测系统,及时发现火灾和烟雾情况,采取相应的灭火和疏散措施,确保隧道内的安全。

5.6 系统拓展性

此外,在隧道车路协同控制系统中,系统的扩展性指的是能够方便地增加新的功能、模块或者组件,以适应未来的业务需求和技术发展。一个具有良好扩展性的系统能够在不需要全面重构或破坏整个系统结构的情况下进行扩展。为了实现系统的扩展性,可以采用模块化设计和松耦合的架构,使得新增功能或模块可以独立开发、测试和集成。另外,使用通用性的接口和标准化的协议也有助于系统与其他系统进行集成和扩展。系统的可维护性是指系统易于修改、调试和维护的程度。一个可维护性良好的系统应该具备清晰的代码结构、可读性强的代码、明确的命名规范、良好的文档和注释等。这样的设计使得开发人员和维护人员在需要对系统进行修改或修复时,能够更加容易地理解和修改代码。同时,采用合适的开发工具和技术也能提高系统的可维护性,例如使用版本控制系统、采用自动化测试和持续集成等。

6 结语

总之,基于V2X的隧道车路协同控制系统通过车辆间和车辆与道路基础设施之间的高效通信,将实现车辆安全驾驶和交通系统的智能化管理,为隧道交通提供了一种创新的解决方案。该系统的研发和应用具有重要的实际意义和应用前景。隧道车路协同控制系统的建设也面临着基础设施更新的挑战、车辆兼容性问题和隐私安全难题。未来的隧道车路协同系统还要考虑更多内容,包括技术改进、标准化规范、数据分析与决策支持,以及自动驾驶技术集成。

参考文献

[1] 中华人民共和国工业和信息化部. 国家车联网产业标准体系建设指南(总体要求)[J]. 机械工业标准化与质量,2018(8):16-21.

[2] 陈山枝,时岩,胡金玲. 蜂窝车联网(C-V2X)综述[J]. 中国科学基金,2020,34(2):179-185.

[3] 杜志刚,陈云,倪玉丹. 公路隧道视线诱导设施典型问题及对策[J]. 公路,2019,64(8):

153-157.

[4] 章依云,曹鹏.基于车路协同传感器的真实交通流云端仿真数据集构建方法[C]//中国汽车工程学会.2022 中国汽车工程学会年会论文集,2022:5.

[5] YANG X Y,ZHANG Z G,YANG S,et al. Road sensing scheduling system based on V2X in the autonomous driving platform[C]//中国汽车工程学会.2023 中国汽车工程学会年会论文集,2023:9.

[6] 赵红专,代静,张继康,等.V2X 环境下基于圆风险域的交通冲突识别模型[J].深圳大学学报(理工版),2024,41(1):74-82.

[7] 张杰.C-V2X 与智能车路协同技术的深度融合[J].中兴通讯技术,2020,26(1):19-24.

[8] 段续庭,田大新,王云鹏.基于 V2X 通信网络的车辆协同定位增强方法[J].汽车工程,2018,40(8):947-951.

[9] 顾煜,黄臻,薛美根."十四五"期间上海加强交通精细化管理的相关策略[C]//中国城市规划学会城市交通规划学术委员会.绿色·智慧·融合——2021/2022 年中国城市交通规划年会论文集,2022:9.

[10] 林煜.V2X 与车路协同技术的深度融合[J].内燃机与配件,2024(1):73-75.

基于动网格技术不同坡型隧道污染物扩散规律与通风优化研究

李海清*[1] 唐浪洲[2]

(1.四川公路桥梁建设集团有限勘察设计分公司;2.西南交通大学)

摘　要　为保障在车辆行进时不同坡型隧道内的污染物浓度满足规范要求,本文基于 CFD 动网格技术对平坡、上坡、下坡、人字坡和 V 型坡隧道中的污染物扩散规律与通风优化设计进行研究,结果表明:不同坡度和坡型对 CO 扩散规律无明显影响,下坡和人字坡隧道有利于 PM2.5 的扩散,20min 时 PM2.5 已完全扩散,上坡隧道 PM2.5 易堆积在隧道入口,并且当坡度≥2% 时仅靠交通风无法将颗粒物稀释至标准以下;V 型坡隧道在变坡点会产生颗粒物堆积,在 30min 时变坡点 PM2.5 浓度为 $9.22\times10^{-4}kg\cdot m^{-3}$,超过规范要求;为优化 V 型坡隧道通风方案,正常运营情况下应将风机组设置在变坡点处来避免颗粒物的堆积,在隧道阻滞情况下采用双向风机,将风机转向隧道入口方向,相比单向风机工况,PM2.5 浓度降低了 89.9%,CO 浓度降低了 81.5%,20min 后 PM2.5 和 CO 平均浓度均符合规范标准,优化效果良好,为类似隧道工程的运营通风设计提供理论依据。

关键词　公路隧道　污染物扩散　动网格技术　V 型坡　通风优化

0　引言

随着"十一五"至"十四五"综合交通运输体系发展规划的提出,公路隧道的数量和里程也在逐年增长[1],安全、卫生和舒适的隧道环境是隧道运营的重要目标,而受公路隧道坡度、坡型等因素影响[2,3],隧道内的污染物分布规律有所变化,隧道需要制定相应的通风设计方案来确保隧道在运营过程中污染物浓度满足规范[4]的相关要求。

国内外学者对隧道坡度对污染物的影响研究主要集中在坡度对车辆污染物排放量和需风量影响中。王贺武等[5]利用现场测试研究公路隧道内路面坡度对车辆烟尘排放的影响,得到坡度每升高 1 度,烟尘排放量增加 40% ~125% 的结论。刘浩学等[6]运用实验对柴油车实际道路坡度运行时动态烟尘排放进行测试,结果发现隧道内坡度每

基金项目:Ⅸ度地震区 V 型纵坡分岔特长公路隧道建设关键技术研究(2021-Zl-09)。

增加1%,柴油车烟尘排放量大约增加70% ~ 120%。孙营[7]等认为纵坡主要影响烟尘浓度指标,对CO浓度指标基本无影响。Bai Jiashe[8]依托螺旋隧道工程,研究了通风污染物在螺旋隧道施工中的扩散机理,基于数值模拟对风管布置进行优化。姜睿[9]通过对隧道分坡度计算需风量对比得到坡度对隧道通风分配和布置方式的影响。李玉文[10]研究得知不同隧道坡度下稀释CO和烟尘的需风量,得出隧道内稀释CO浓度的需风量不随隧道纵坡的加大而加强,而稀释烟尘所需的需风量随着坡度每增加1%而增加10% ~30%。孔杰[11]等用数值模拟得到了单一隧道坡度变化和双坡度变化时的风机升压力降低规律。而以上研究没有针对不同坡型隧道中污染物分布规律进行研究。

动网格技术可以模拟流场形状由于边界运动而随时间改变的问题,在隧道工程中考虑车辆行进过程时也有所应用。Zhao[12]等采用动网格技术分析了车辆通过公路隧道过程中不同尺寸的超细颗粒的非定常湍流、沉积和分散特性;Wang[13]等采用动网格技术对隧道中部存在车站的情况下,列车通过隧道时的压力波动过程进行了三维模拟;张金贵[14]利用动网格技术数值仿真模拟公路隧道内运动汽车的尾气污染扩散;赵珀[15]运用动网格和滑移网格技术对列车活塞风速及压力场进行模拟计算,并与实测数据进行对比验证;方勇刚[16]利用动网格模拟技术分析了在竖井型自然通风模式中隧道汽车行驶产生的活塞风大小。

而利用动网格技术考虑车辆行进过程的不同坡型隧道污染物分布规律的研究还较少,因此,为确保同坡型隧道内的污染物满足规范要求,本文将利用动网格技术对单坡、人字坡和V型坡隧道内污染物分布规律和通风优化设计进行研究。

1 依托工程概况

宁巧隧道隧址区位于四川省宁南县骑骡沟—大同镇,金沙江与黑水河切割形成的"V"形低中山区域,进口位于宁南县骑骡沟乡正坝村1组,出口位于宁南县葫芦口镇银场村1组。左线长9069.37m,设计纵坡为 -1.5%/4130,0.7%/4570,1.1%/369.37;右线长9103m,设计纵坡为 -1.44%/4146,0.64%/4590,1.1%/367。隧道采用斜井分段纵向式通风,左线采用22台射流风机,右线采用20台射流风机,风机型号为SDS-11.2单向风机,斜井宽度为11.6m,高度7.76m,长度为491.97m,洞口高程为917.00m,如图1所示。

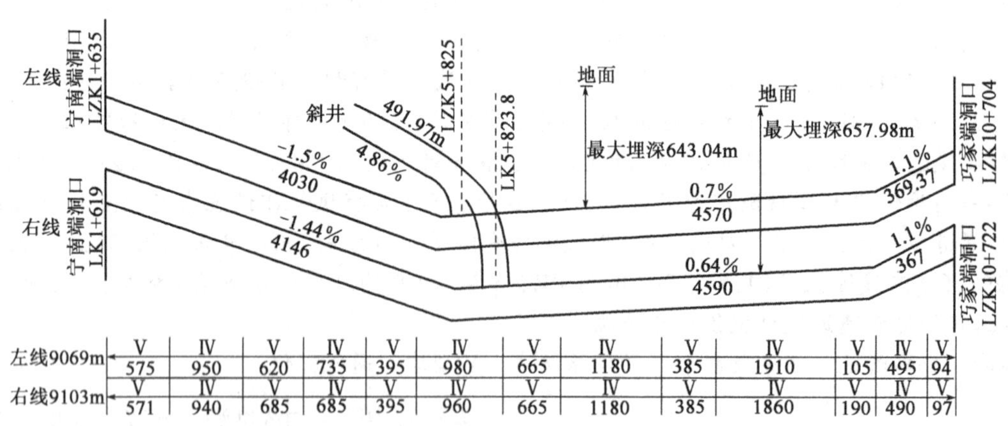

图1 宁巧隧道工程概况图

2 动网格计算与计算方法

2.1 动网格技术

动网格模型可以用来模拟流场形状由于边界运动而随时间改变的问题。边界的运动形式可以是预先定义的运动,即可以在计算前指定其速度或角速度;也可以是预先未做定义的运动,即边界的运动要由前一步的计算结果决定。网格的更新过程由FLUENT根据每个迭代步中边界的变化情况自动完成。FLUENT软件中提供了三种网格动态更新的方法:网格变形光滑法(Smoothing Methods),网格层铺法(Dynamic Layering)和局部网格重新划分法(Local Remeshing Methods)[17]。对于边界条件随时间运动的流动问题,动网格模型不仅可以较好地模拟边界条件的运动规律,还可以很好地求解计算区域内的非稳态流动问题。

本文为更准确地模拟出汽车在隧道内行驶的整个动态过程中污染物扩散规律，采用动网格技术进行数值模拟，并使用网格变形光滑法和局部网格重新划分法进行网格动态更新。

2.2 计算设置

在现行公路隧道运营通风相关规范中，运营通风需风量设计以降低CO浓度、烟尘浓度以及去除异味为依据，烟尘与PM2.5之间存在相关性，故模拟时分别考虑CO和PM2.5作为示踪污染物，采用组分运输模型对CO进行扩散模拟可直接得到气体分布规律，用离散相模型对PM2.5的扩散模拟可间接得到烟尘分布规律。

2.2.1 模型建立

过多的车辆会影响计算速度，而单辆车难以表示隧道内真实情况，故建立共8辆车的车队进行模拟。

同一车道上前后车中心间距80m保证行车安全，两车道上车辆交错排布与实际行车更相符，因此组建如图2所示的车队模拟隧道内车辆行驶。

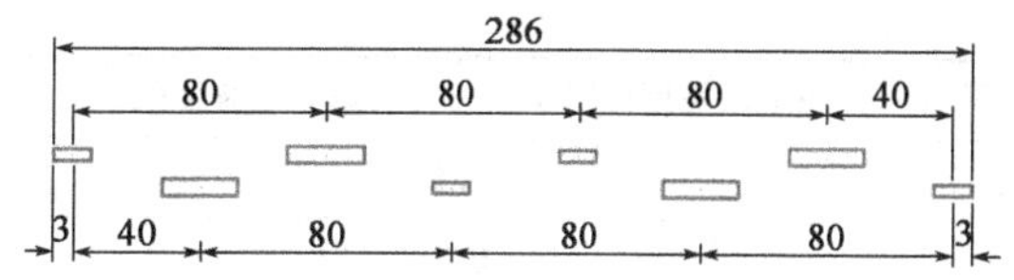

图2 车队布置(尺寸单位:m)

模型长度取为1000m，前后300m为车辆驶入、驶出区段，隧道断面尺寸与依托工程宁巧隧道主洞断面相同，模型尺寸如图3所示。

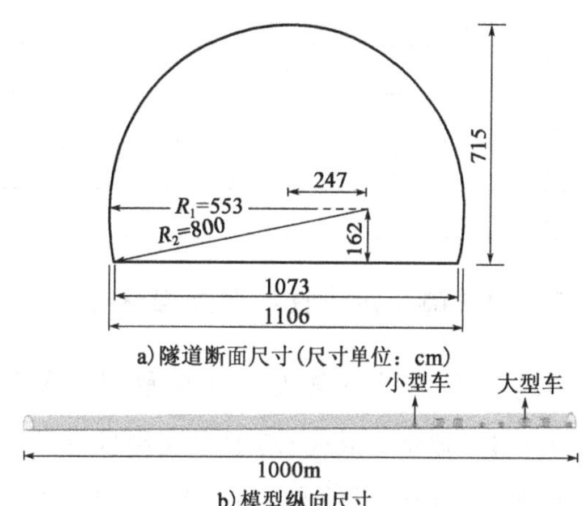

a)隧道断面尺寸(尺寸单位：cm)

b)模型纵向尺寸

图3 模型尺寸图

在模拟过程中不同功能的网格采用不同的网格尺寸，车辆尾排管区域网格尺寸最小，汽车运动经过的动网格区域网格尺寸中等，外部静网格区域网格尺寸最大，模型及网格划分如图4所示。

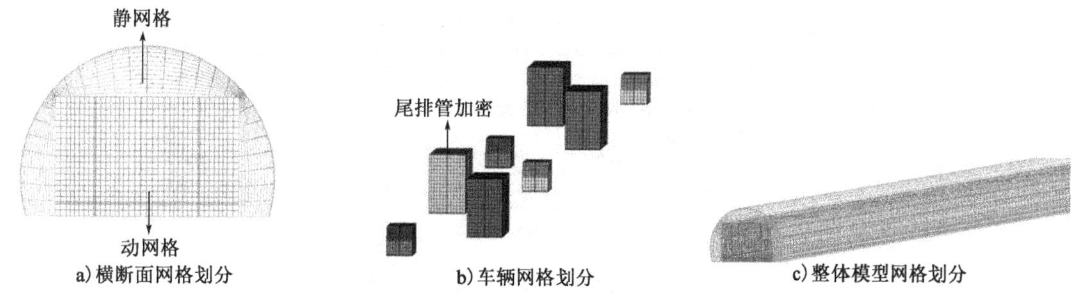

a)横断面网格划分　b)车辆网格划分　c)整体模型网格划分

图4 模型网格划分图

2.2.2 计算工况

为研究不同坡型和坡度对隧道内污染物扩散的影响规律，共计算了15种工况，如表1所示，上坡坡度0.7%~3%共6种工况，下坡-0.7%~-3%共6种工况，平坡1种工况，-2%~2%V型坡1种工况，+2%~-2%人字坡1种工况。

计算工况表　表1

序号	第1段坡度(%)	第2段坡度(%)	车速(km/h)	用途
1	3		40	单坡坡度对污染物扩散规律的影响
2	2.5		40	
3	2		40	
4	1.5		40	

续上表

序号	第 1 段坡度(%)	第 2 段坡度(%)	车速(km/h)	用途
5	1.1		40	单坡坡度对污染物扩散规律的影响
6	0.7		40	
7	0		40	
8	-0.7		40	
9	-1.1		40	
10	-1.5		40	
11	-2		40	
12	-2.5		40	
13	-3		40	
14	-2	+2	40	V 型坡污染物扩散规律
15	+2	-2	40	人字坡污染物扩散规律

3　单坡隧道污染物扩散规律研究

3.1　坡型对隧道污染物扩散规律影响

3.1.1　坡型对隧道 CO 扩散规律影响

以平坡、-3% 下坡和 +3% 上坡隧道为例说明单坡隧道下污染物扩散规律,如图 5 所示,三种坡型下 CO 扩散规律一致,车辆起步时 CO 呈直线喷射,在遇到后方相邻车道车辆时被风流挤压成曲线形,呈绕流状,遇到同车道后方车辆时也产生绕流现象,导致车队中间 CO 较隧道两侧壁处低。由于 CO 是气体,其在车队后方聚集并迅速充满隧道横断面,受交通风作用随车辆一同运动,800s 时 CO 从出口全部稀释完全。

a) 平坡隧道

b) -3% 下坡隧道

图 5

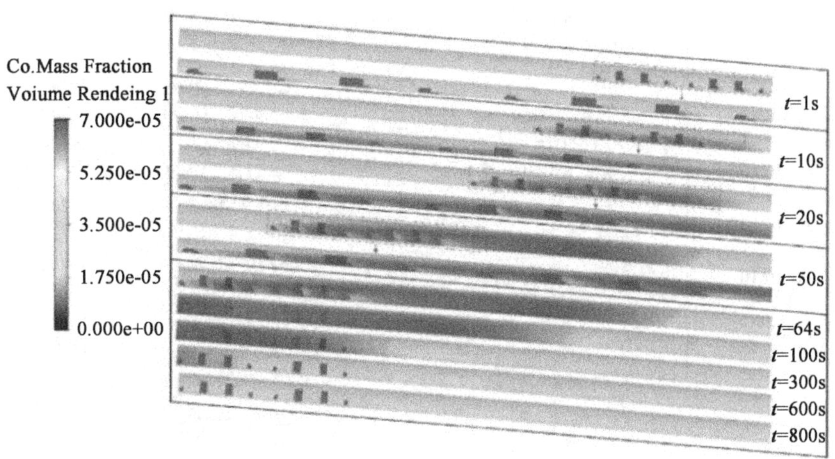

c)+3%下坡隧道

图5 隧道 CO 扩散规律示意图

3.1.2 坡型对隧道 PM2.5 扩散规律影响

如图6所示，PM2.5 作为颗粒并不如 CO 一样充满隧道横断面，而是从车辆尾部喷出后便向下沉降，受交通风的作用沿着底部壁面缓慢向前跟随车辆运动，整体运移呈线条状，受绕流影响，隧道中部的 PM2.5 浓度较隧道两端低。

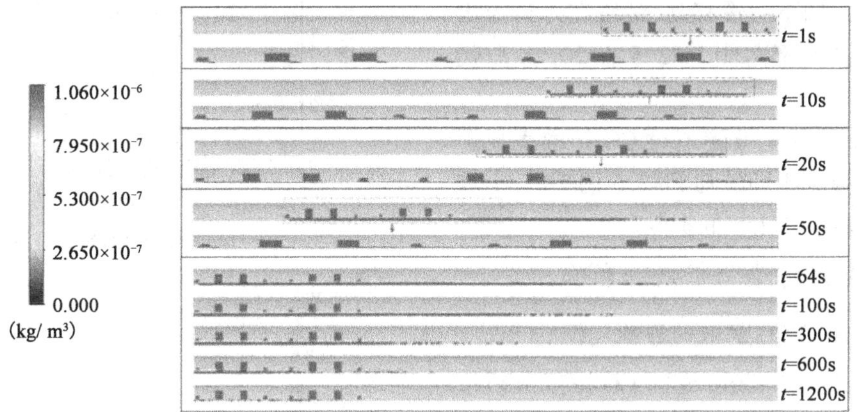

a)平坡隧道

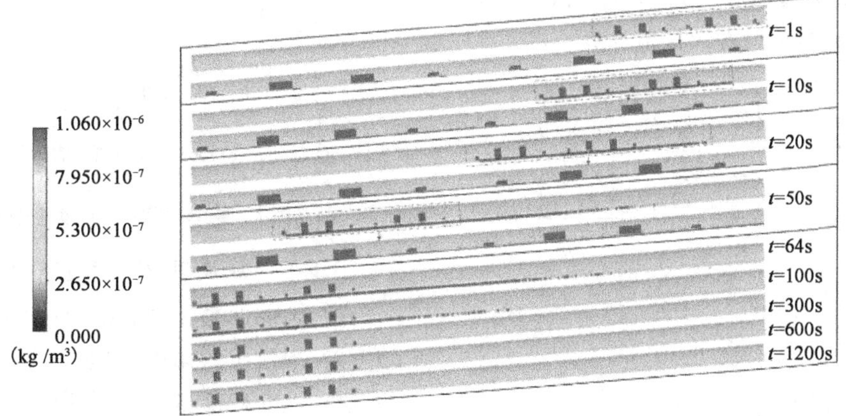

b)-3%下坡隧道

图 6

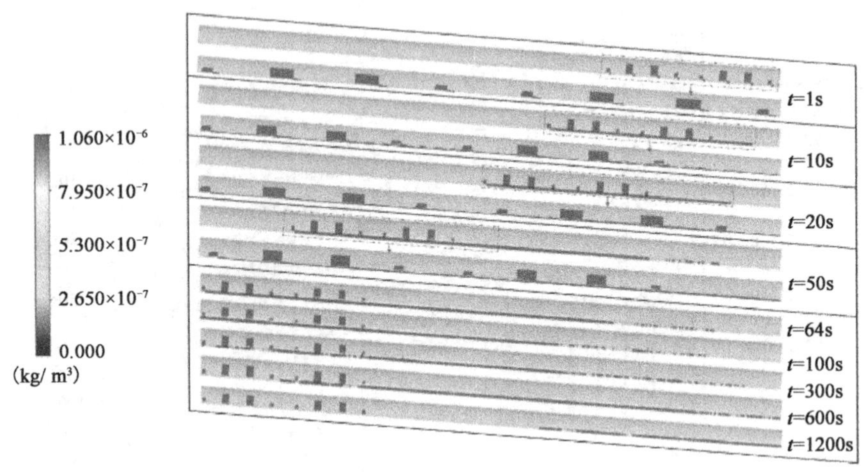

c) +3%下坡隧道

图6　隧道PM2.5扩散规律示意图

平坡隧道PM2.5最终在出口流出稀释,1200s即20min内仍有部分PM2.5残留在隧道内两侧;下坡隧道中PM2.5受重力和交通风共同影响,600s就已从出口稀释完全;上坡隧道中车辆停下后PM2.5受重力向下缓慢移动,最终在入口流出隧道,导致隧道内底部两侧PM2.5在20min后仍然处于较高值。

因此可知下坡和上坡隧道对CO扩散无显著影响,下坡隧道有利于颗粒物PM2.5的扩散,上坡隧道不利于颗粒物PM2.5的扩散。

3.2　坡度对污染物扩散的影响

3.2.1　坡度对CO扩散的影响

取250m、500m和750m处的CO浓度分析坡度对CO的影响如图7所示。各坡度下的CO浓度大小及变化趋势基本一致,说明坡度对CO的扩散和稀释无影响,后续研究中可不考虑CO。在根据CO计算需风量时仍可按照规范计算。

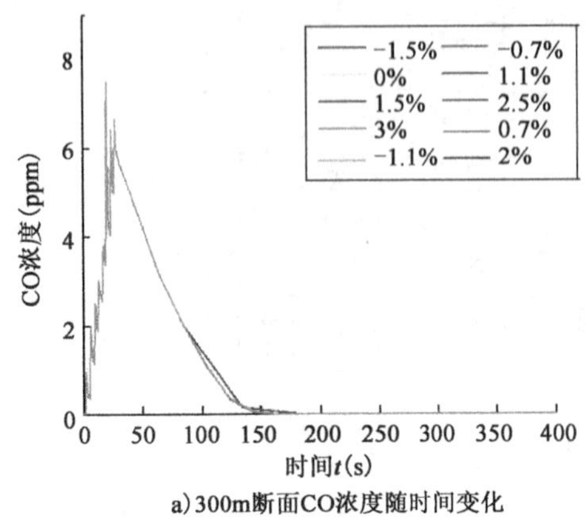

a) 300m断面CO浓度随时间变化

图　7

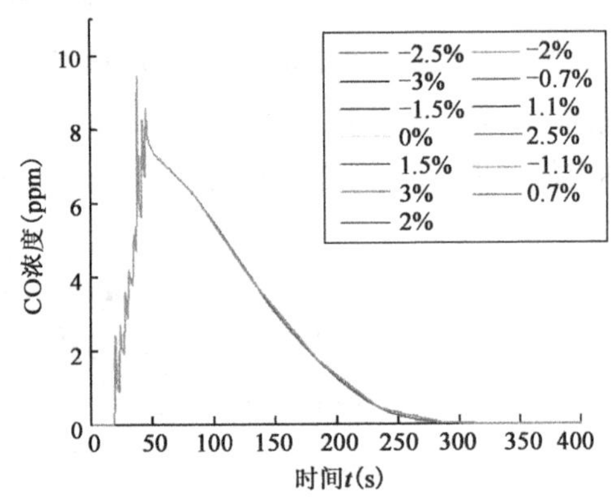

b) 500m断面CO浓度随时间变化

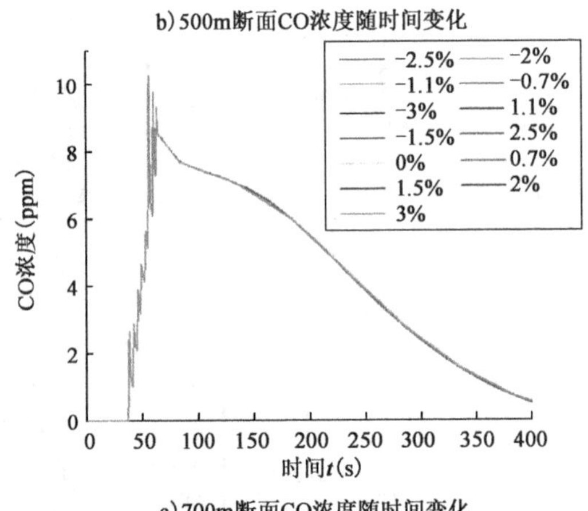

c) 700m断面CO浓度随时间变化

图7　隧道各断面CO浓度随时间变化图

3.2.2　坡度对PM2.5扩散的影响

取250m、500m和750m处的PM2.5浓度分析坡度对PM2.5的影响,如图8所示。在300m时各坡度下的PM2.5浓度大小及变化趋势基本一致,说明隧道在300m以下时可以不用考虑坡度对PM2.5的影响。在500m和700m处,前75s各坡度情况下PM2.5浓度大小及变化趋势基本一致,说明此时 PM2.5 更多是受车辆运动裹挟向前运动。而在 75s 后未被车辆运动裹挟带走的颗粒留在隧道内，下坡隧道内 PM2.5 通过重力和交通风共同作用向隧道出口运动，在一段时间后 PM2.5 稀释完全。而上坡隧道内 PM2.5 随重力作用往隧道入口运动，坡度越大，颗粒运动的速度越快，故在 200s 后 500m 时 3%、2.5%、2% 坡度的 PM2.5 浓度更大，而在 700mPM2.5 浓度更大的是 1.1%、1.5% 等中间坡度。

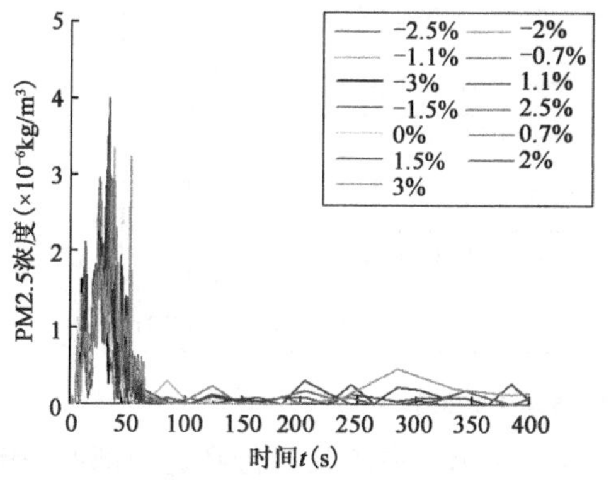

a)300m断面PM2.5浓度时间变化

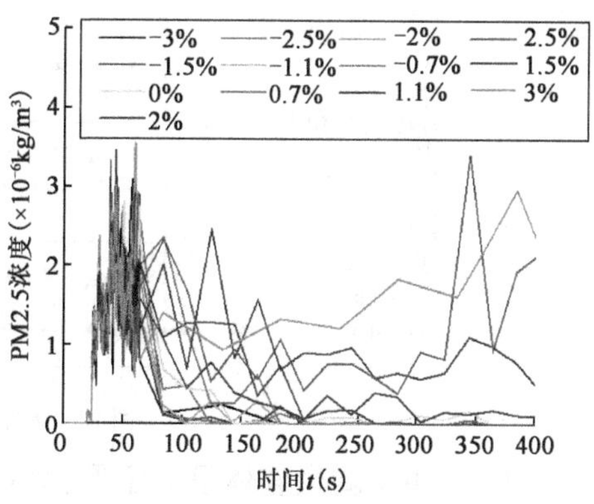

b)500m断面PM2.5浓度时间变化

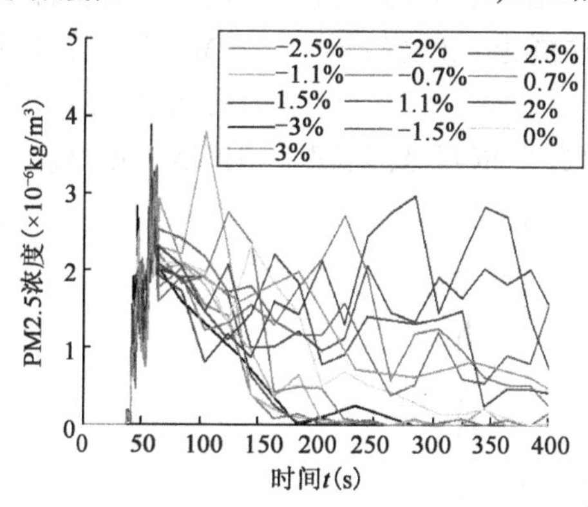

c)700m断面PM2.5浓度时间变化

图 8 隧道各断面 PM2.5 浓度随时间变化图

各坡度下 20min 内 500m 处的 PM2.5 平均浓度如图 9 所示。20min 内 -3% 到 1.1% 的坡度变化对于 PM2.5 的影响并不大，当坡度到 1.5% 时颗粒物的浓度开始上升，在 2% 时最大，2%、2.5% 和 3% 时 PM2.5 超过限值 $1.06\times10^{-6}kg/m^3$。说明当单坡坡度≥1.5% 时不利于颗粒物的稀释扩散，当单坡坡度≥2% 时仅靠交通风无法将颗粒物稀释至标准以下，此时需要增设机械通风。

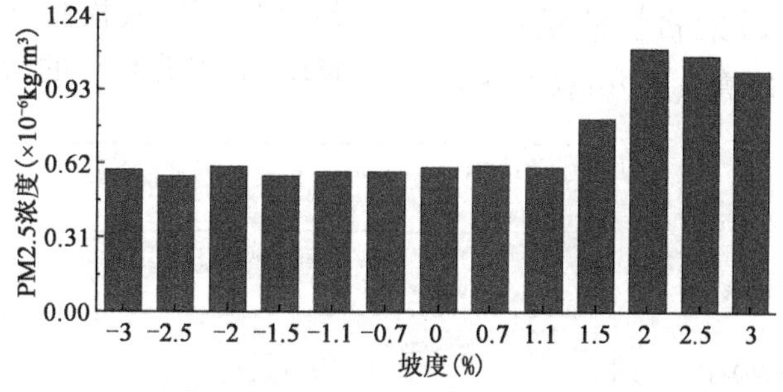

图 9 不同坡度下 500m 处 PM2.5 平均浓度

4 变坡隧道污染物扩散规律

前述分析可看出坡度对 CO 无显著影响，上坡 2% 时对 PM2.5 稀释扩散最不利，而下坡坡度对 PM2.5 浓度无显著影响。因此建立人字坡和 V 型坡模型，分析变坡隧道对污染物的扩散影响。

4.1 人字坡情况下污染物扩散规律

取其中的PM2.5浓度较高点-2%作为下坡最不利情况,故模拟+2%~-2%的人字坡,人字坡中的运移规律如图10所示。

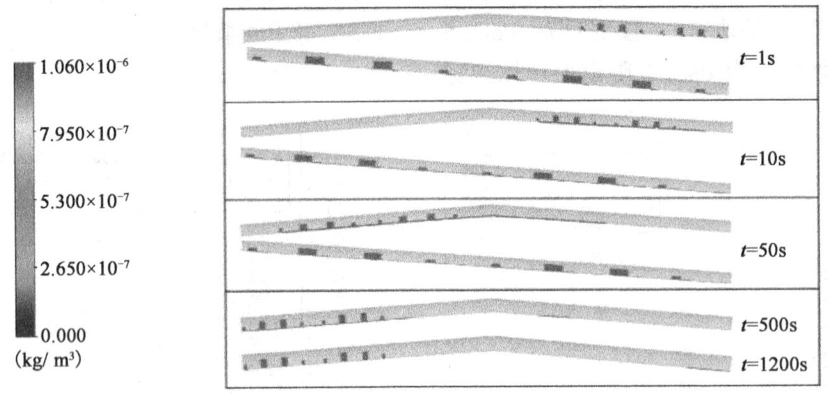

图10 人字坡隧道PM2.5运移规律图

在人字坡中,由于隧道整体呈人字形,大部分PM2.5受交通风和重力的共同作用从隧道出口流出,少部分PM2.5受重力作用往隧道入口缓慢移动扩散。

人字坡时隧道中部的PM2.5浓度变化如图11所示。在车队运行到达中部时PM2.5浓度快速增大至最大点,之后由于重力和交通风作用PM2.5被稀释,浓度逐渐下降,降至零点后浓度不再上升。对于颗粒物而言,人字坡是利于污染物扩散的坡型。

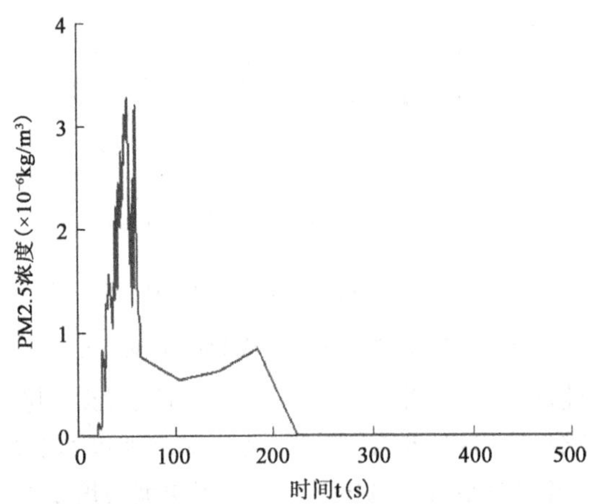

图11 人字坡隧道PM2.5浓度变化图

4.2 V形坡情况下污染物扩散规律

取其中的PM2.5浓度较高点-2%作为下坡最不利情况,故模拟+2%~-2%的V形坡。PM2.5在V形坡中的运移规律如图12所示。

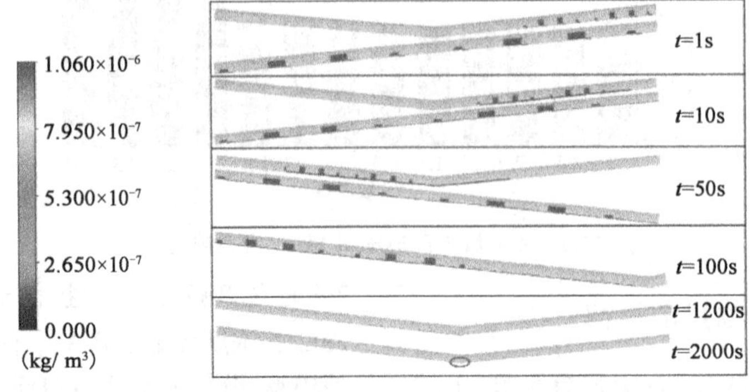

图12 V形坡隧道PM2.5运移规律图

在V形坡中，由于隧道整体呈V形，大部分PM2.5随交通风流出后，少部分PM2.5由于重力作用向坡底缓慢的移动。在20min内在上坡段堆积，在30min后才堆积到坡底。

V形坡隧道中部的PM2.5浓度如图13所示。V形坡时车队运行到中部时的PM2.5浓度快速增大至最大点，后由于交通风作用PM2.5被稀释，浓度逐渐下降，但200~300s后部分颗粒物没被交通风带出隧道，便由于重力作用向V形坡的变坡点——即隧道的最低点移动，最终导致变坡点也就是隧道中部的颗粒浓度逐渐上升，这部分颗粒就是无法被交通风带走的残余隧道内的颗粒。

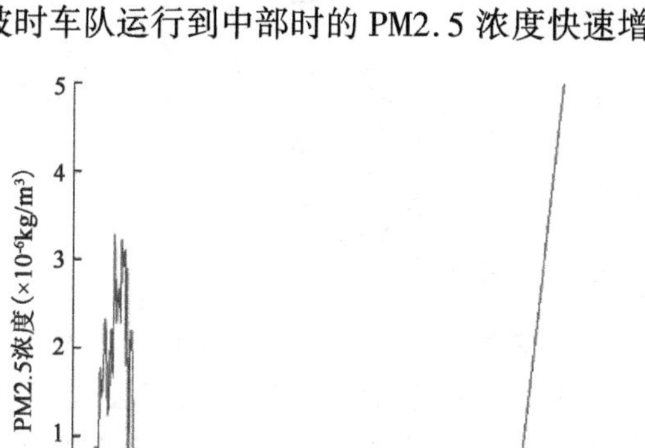

a)前500s浓度变化

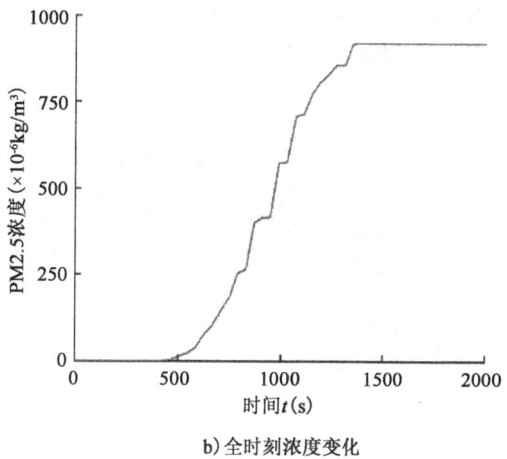

b)全时刻浓度变化

图13　V形坡隧道PM2.5浓度变化图

对比30min时人字坡和V形坡隧道变坡点PM2.5浓度，如表2所示，V形坡隧道变坡点PM2.5浓度最终保持在$9.22\times10^{-4}kg/m^3$，超过规范要求的$1.06\times10^{-6}kg/m^3$，人字坡PM2.5已被交通风稀释为0，因此对于颗粒物而言，V形坡并不利于污染物扩散，应该对V形坡隧道内污染物通风设计方法进行深入研究。

30min时人字坡和V形坡隧道变坡点PM2.5浓度　　表2

坡型	PM2.5浓度(kg/m^3)
人字坡隧道变坡点PM2.5浓度	0
V形坡隧道变坡点PM2.5浓度	9.22×10^{-4}

5　V形坡隧道运营通风方案优化

5.1　V形坡隧道风机设置位置优化

《公路隧道通风设计细则》(JTG/T D70/2-02—2014)中规定风机应成组布置，且第一组风机与洞口距离100m，风机间距应大于150m，并未考虑变坡隧道中风机位置对污染物扩散的影响。由于V形隧道变坡点会产生堆积现象，因此风机的位置对污染物扩散有较大影响，故对风机位于不同位置进行模拟研究。依托宁巧隧道实际通风设计，变坡点附近1000m最少有风机8台(4组)，因此可初步确定风机8台(4组)的情况进行模拟，共有3种位置如图14所示。

a)风机组位于变坡点前

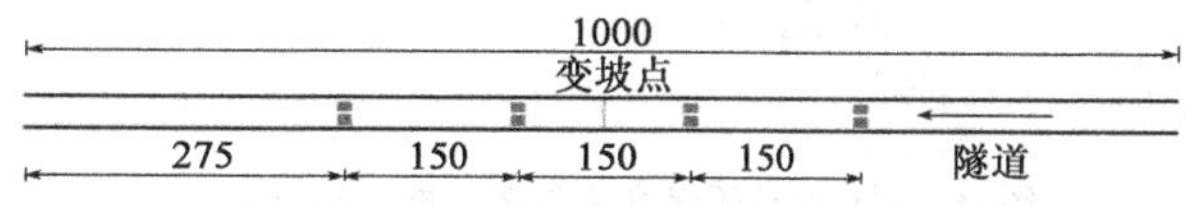

b)风机组位于变坡点

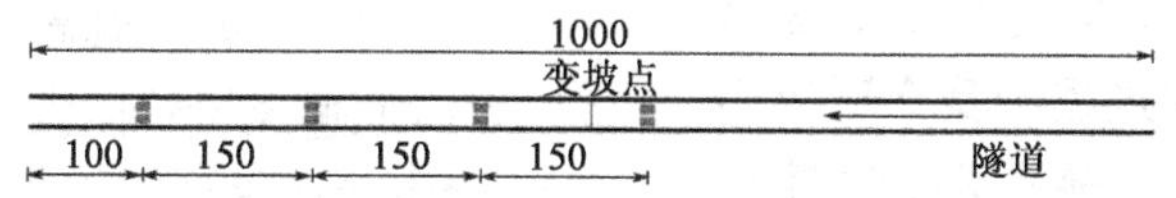

c)风机组位于变坡点后

车辆运行方向
风机

图14　V形坡隧道变坡点3种风机布置方案

当风机集中布置在变坡点前方时 PM2.5 运移过程如图 15 所示,在车队行驶过程中受交通风影响,PM2.5 大部分跟随车队向前运动,少部分 PM2.5 由于自然风阻力作用留在隧道内。在车队停止行驶后残余在入口处的 PM2.5 受风机作用缓慢向前运动,但由于自然风阻力最终停在变坡点前,在变坡点前后的地面堆积,在 20min 甚至 40min 后仍然堆积在变坡点附近地面。

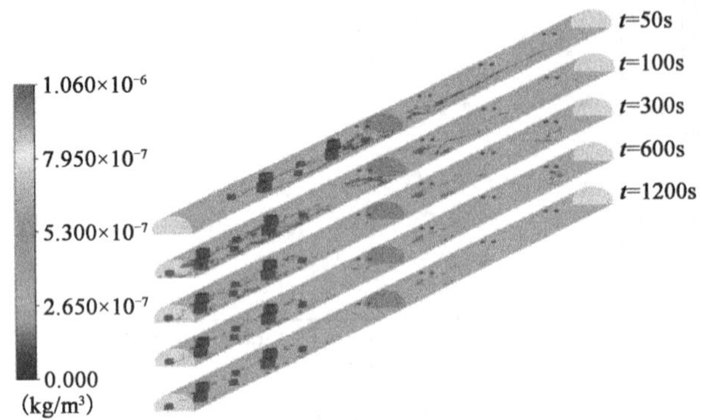

图 15　风机组位于变坡点前 PM2.5 的运移规律

当风机集中布置在变坡点时 PM2.5 运移过程如图 16 所示,在车队行驶过程中受交通风影响,PM2.5 大部分跟随车队向前运动,少部分 PM2.5 由于自然风阻力作用留在隧道内,一段时间后受射流风力的影响被吹向隧道出口稀释,最终留在隧道内的 PM2.5 较少,满足设计浓度要求。说明与风机布置在变坡点前相比,风机集中布置在变坡点对污染物的扩散稀释有更明显的优势。

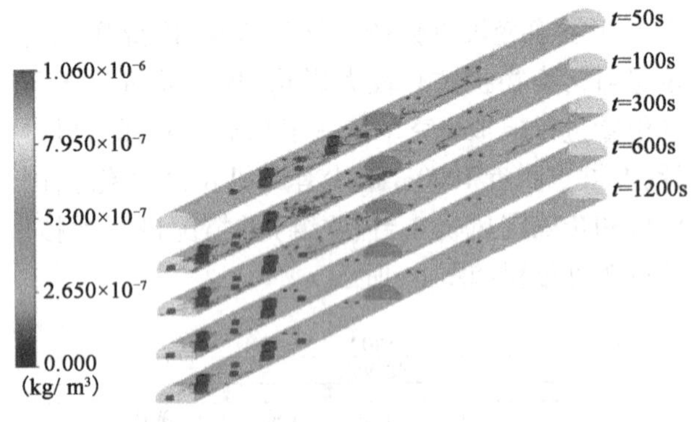

图 16　风机组位于变坡点 PM2.5 的运移规律

当风机集中布置在变坡点后方时 PM2.5 运移过程如图 17 所示,在车队行驶过程中受交通风影响,PM2.5 大部分跟随车队向前运动,少部分 PM2.5 由于自然风阻力作用留在隧道内。滞留在风机后方的 PM2.5 虽然也受射流风力影响向隧道出口扩散,但速度很小,较长时间内隧道内仍然有较多的 PM2.5,超过设计浓度。与风机布置在其余位置相比,风机布置在变坡点后对污染物的稀释效果更差。

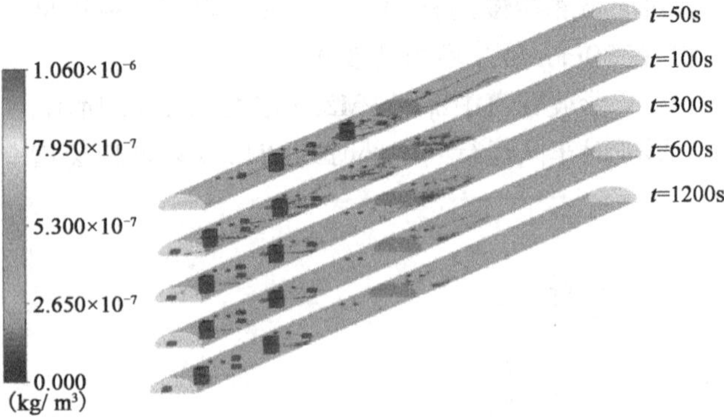

图 17　风机组位于变坡点后 PM2.5 运移规律

通过上述模拟可以发现,在变坡隧道中风机组集中布置在变坡点时利于污染物的稀释,在变坡隧道中建议在变坡点处均匀分布一段风机。

5.2　V 形坡隧道阻滞情况通风优化

一般认为阻滞交通段最长 1000m,故设置 1000m 长的车队,阻滞情况下每辆车重心水平距离 20m,车辆前后交叉排列,共布置 100 辆车,根据交通量计算得其中大型车 47 辆,小型车 53 辆,在 4 个通风区段中,风机最少且无风机段最长的为左线 1 区段,因此认为该区段通风为最不利情况,对其进行数值模拟分析。模型长度共 4190m。当车队处于入口处时为最不利情况,将车队布置在洞口,风机纵向上沿原设计分布,如图 18 所示。

图 18　V 形坡隧道阻滞情况模型示意图

(1)原通风设计阻滞通风结果。

对原通风设计下阻滞情况时隧道内污染物进行分析。图 19 为发生阻滞并通风 20min 后隧道内 CO 的浓度云图。由于风机沿车辆运行方向吹动,故 CO 不经入口扩散稀释,而是从汽车尾气喷射后沿着隧道两侧向前运动。车队中部污染较少，两侧污染较大，原因在于 CO 在横断面上会沿着最近的壁面运动。前一组风机提供的风流到达后一组风机时明显减小，在后一组风机前 CO 浓度较高。而无风机组合的隧道段污染严重，CO 累计明显，对较长的隧道段造成了污染。

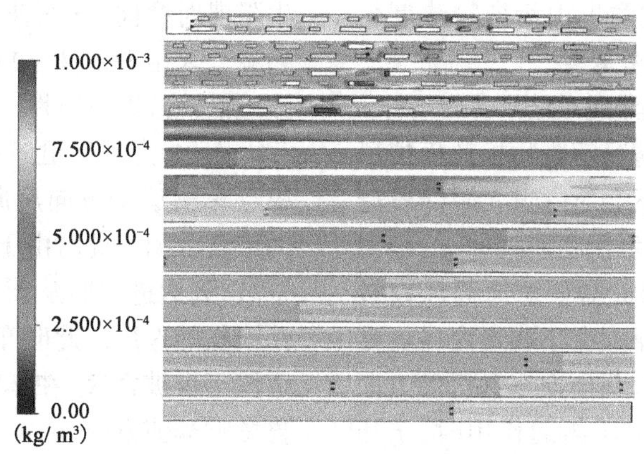

图 19　阻滞情况 20min 后 CO 在隧道内分布云图

如图 20 所示，由于风机沿车辆运行方向吹动，故 PM2.5 不经入口扩散稀释，而是从汽车尾气喷射后沿着隧道两侧底部向前运动，但运移速度缓慢，20min 后仅到达隧道 1700m 处，对 1700m 内的隧道段造成了污染，长时间后会对隧道全段造成污染。

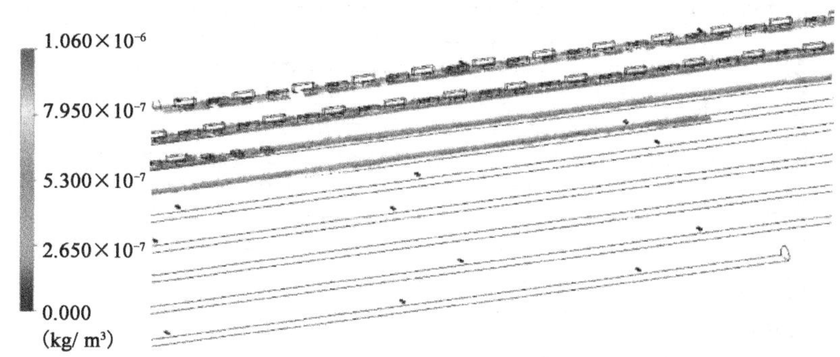

图 20　阻滞情况 20min 后 PM2.5 在隧道内分布云图

图 21 为各时刻污染物沿程浓度变化。PM2.5 在车队段时，1 ~ 10min 之间时浓度不断叠加堆积，在 10min 后较之前更低，说明此时风机将 PM2.5 吹到了下一段隧道。PM2.5 扩散后被前后左右的车辆挡住，故其在车队附近堆积，难以稀释，在隧道入口处均超过限值。CO 在 1 ~ 5min 内浓度持续上升，5min 后最大浓度基本稳定在 1000ppm，产生的 CO 向下一段隧道移动，故随着时间的增加，远处隧道段 CO 浓度增加，10min 后隧道全线 CO 浓度都超过规范标准。

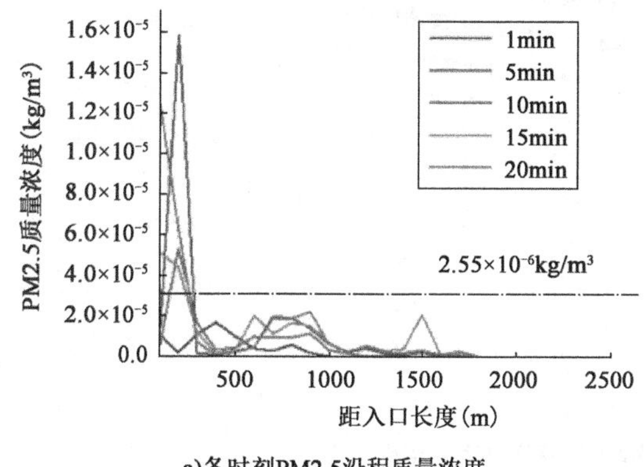

a)各时刻PM2.5沿程质量浓度

b)各时刻CO沿程质量浓度

图 21　阻滞情况隧道污染物沿程浓度

20min内隧道内平均PM2.5浓度 $1.65\times10^{-5}kg/m^3$,平均CO浓度为375ppm,远大于阻滞时期烟尘和CO浓度要求;因此认为该风机配置不合理,在阻滞情况下会造成隧道内污染物浓度超过标准值,从而影响隧道安全运营。

(2)风机型号优化后阻滞通风结果。

由原通风设计下阻滞情况污染物扩散模拟可知原通风设计在阻滞情况下会对隧道无阻滞段造成严重的污染,且污染物多堆积在车辆前方,会对车辆安全运行造成隐患,因此需要对原通风设计进行优化。污染物堆积的原因在于隧道内风机型号为SDS-11.2,是单向风机,只能向车辆行驶方向供风。在阻滞情况下交通风不再起作用时,宁巧隧道作为特长公路隧道,单靠风机吹动会将污染物吹向车辆前方无阻滞段,在较长时间段内难以排出洞外。因此提出将SDS-11.2型号的风机更换为SDS(R)-11.2型号的双向风机,在隧道内发生阻滞时换向,从而使污染物向较近的洞口扩散稀释。采用SDS(R)-11.2型风机后再进行通风模拟验证该方案可行性。

图22为发生阻滞并利用SDS(R)-11.2型风机与车辆运动方向反向通风20min后隧道内CO的浓度云图。此时由于风机换向供风,CO向进口扩散,到达进口时从斜井处被抽出从而达到稀释污染物的作用。此时车辆散发的CO对无车队隧道段不再被污染,在车辆缓慢向前的过程中也不再影响车前方空气。

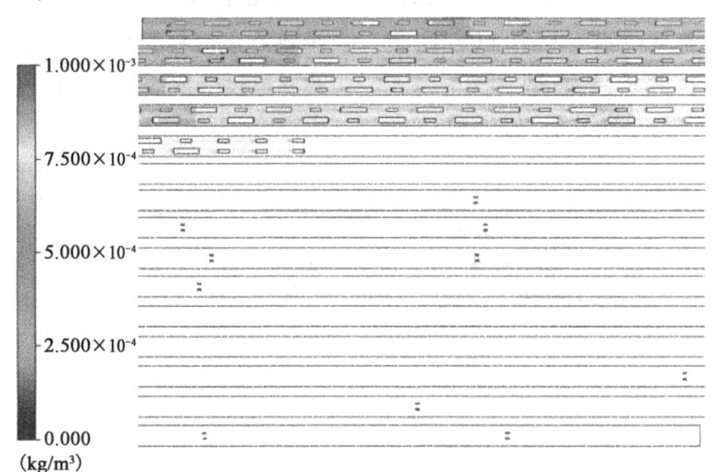

图22 风机换向20min后CO在隧道内分布云图

图23为发生阻滞并利用SDS(R)-11.2型风机与车辆运动方向反向通风20min后隧道内PM2.5的浓度云图。此时PM2.5仍然在隧道底部两侧堆积,且扩散缓慢,但由于风机换向供风,PM2.5向进口扩散,到达进口时从斜井处被抽出从而达到稀释污染物的作用。此时车辆散发的PM2.5对无车队隧道段不再被污染,在车辆缓慢向前的过程中也不再影响车前方空气。

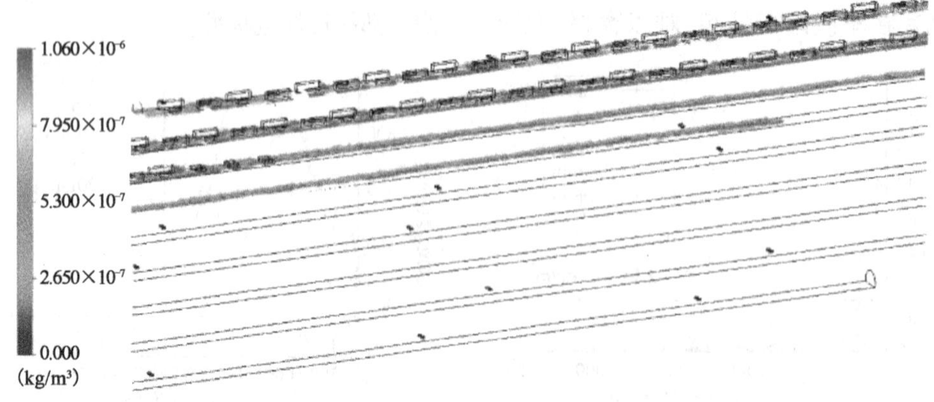

图23 风机换向20min后PM2.5在隧道内分布云图

图24为风机换向后各时刻污染物沿程浓度变化图,PM2.5和CO在风机的作用下向入口处扩

散，因此入口处浓度较其余部分区域浓度更大，而非阻滞段污染物的浓度为0，对车辆缓慢向前行驶有利。20min内隧道内平均PM2.5浓度$1.67\times10^{-6}kg/m^3$，较优化前降低了89.9%，且低于阻滞时期烟尘浓度要求；20min内隧道内平均CO浓度最高为69.2ppm，较优化前降低了81.5%，优化效果明显，此时CO浓度平均值低于隧道内阻滞期CO限制标准，因此认为该优化有效。

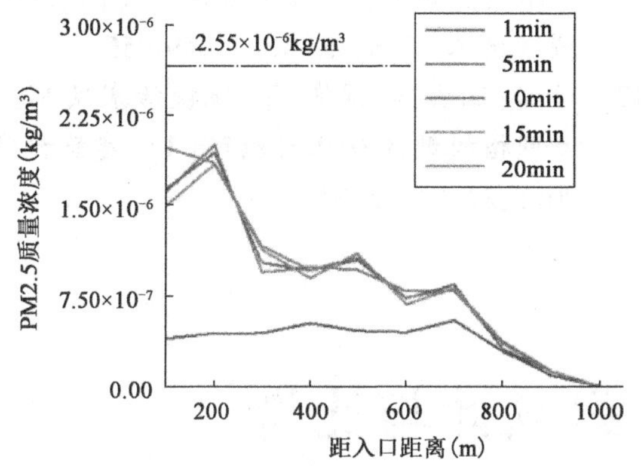

a)各时刻PM2.5沿程质量浓度

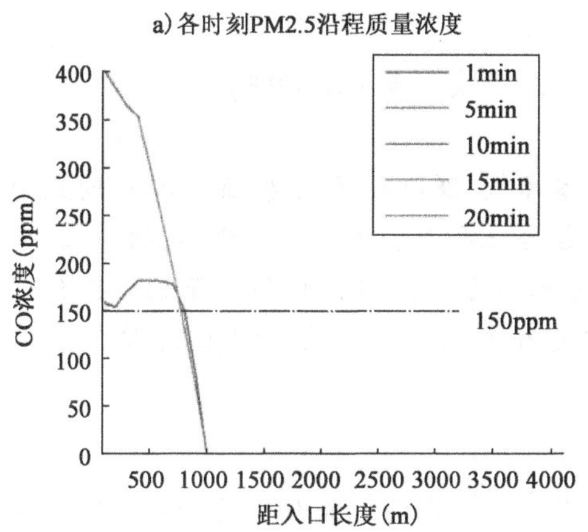

b)各时刻CO沿程质量浓度

图24 风机换向后各时刻污染物沿程浓度变化

6 结语

本文采用动网格技术对车辆行进时不同坡度和坡型下隧道污染物分布规律和通风设计优化进行了研究，得到以下结论：

（1）CO的分布浓度不受坡度的影响，单坡坡度≥1.5%时不利于颗粒物的稀释扩散，当单坡坡度≥2%时仅靠交通风无法将颗粒物稀释至标准以下。

（2）人字坡利于PM2.5的扩散，V型坡不利于PM2.5的扩散，由于重力作用V型坡隧道变坡点的颗粒浓度逐渐上升，最终保持在$9.22\times10^{-4}kg/m^3$超过规范要求的$1.06\times10^{-6}kg/m^3$。

（3）在V型坡隧道中风机组集中布置边坡点前后位置时，隧道内PM2.5均会在边坡点堆积，当风机组集中布置边坡点时利于PM2.5的稀释。

（4）隧道车辆在阻滞情况下，交通风不再起作用，若将单向风机更换双向风机，风机反向20min内隧道内平均PM2.5浓度为$1.67\times10^{-6}kg/m^3$，较优化前降低了89.9%，隧道内平均CO浓度最高为69.2ppm，较优化前降低了81.5%，均符合规范标准。

后期应结合不同坡型隧道污染物现场实测对现有结论进行验证并做更深一步的研究。

参考文献

[1] 田四明，王伟，巩江峰. 中国铁路隧道发展与展望（含截至2020年底中国铁路隧道统计数据）[J]. 隧道建设（中英文），2021，41（2）：308-325.

[2] 宋中强. 坡度与曲率对在建螺旋隧道内污染物扩散特性的影响研究[D]. 重庆：重庆大学，2019.

[3] 李玉. 螺旋隧道施工期污染物运移机理及通风控制技术研究[D]. 重庆：重庆大学，2020.

[4] 中华人民共和国交通运输部. 公路隧道通风设计细则：JTG/T D70/2-02—2014[S]. 北京：人民交通出版社，2014.

[5] 王贺武，刘浩学，王生昌. 隧道内路面坡度和车速对车辆烟雾排放量影响的研究[J]. 公路交通科技，2003，20（5）：152-154.

[6] 刘浩学，王生昌，王贺武，等. 隧道坡度因素对柴油车烟雾排放量的影响[J]. 交通运输工程学报，2002，2（4）：46-48.

[7] 孙营，刘小霞. 考虑海拔、纵坡因素的高原特长隧道需风量研究[J]. 现代隧道技术，2017，54（4）：167-172.

[8] BAI J S，WU Z B，CHEN T Y. Influence of ventilation duct parameter optimization on pollutant diffusion in spiral tunnels [J]. Sustainability，2022，14：10540.

[9] 姜睿，李志厚，李德宏，等. 坡度对隧道通风分配与布置方式的影响[J]. 公路交通科技，2014，10（1）：183-185.

[10] 李玉文. 公路隧道设计纵坡探讨[J]. 公路，2002（11）：130-132.

[11] 孔杰，徐志胜，黄俊，等. 隧道坡度变化对全

射流纵向通风效率的影响研究[J]. 安全与环境学报,2020,20(6):2211-2217.

[12] ZHAO Y, YANG W N, SONG X C, et al. Deposition and dispersion characteristics of ultrafine particles under different vehicle speeds in road tunnels employing dynamic mesh simulation [J]. Environmental Science and Pollution Research, 2020, 27 (25): 31311-31329.

[13] WANG, Ying Xue, GAO Bo, LU Zhenhua, et al. Aerodynamics effect numeral simulation of high speed train passing through tunnel with mid-station [J]. Acta Aerodynamica Sinica, 2009,27(3):369-372.

[14] 张金贵,贾德生,张东省,等. 公路隧道内运动汽车尾气污染扩散数值仿真研究[J]. 环境监测管理与技术,2017,29(1):11-15.

[15] 赵珀,李炎,杜强,等. 基于动网格与滑移网格技术的隧道列车活塞风计算对比[J]. 制冷与空调(四川),2021,35(6):797-802.

[16] 方勇刚,郭洪雨,郑国平. 基于 CFD 动网格技术的竖井型自然通风效果研究[J]. 现代隧道技术,2018,55(A02):949-956.

[17] 甘甜,王伟,赵耀华,等. 地铁活塞风 Fluent 动网格模型的建立与验证[J]. 建筑科学,2011,27(8):75-81.

铁峰山隧道照明方案设计与比选

陈容文*1　蒋仕宇2

(1. 长江勘测规划设计研究有限责任公司;2. 长安大学公路学院)

摘　要　本文以铁峰山隧道为依托,以隧道照明设计基本参数、隧道路面亮度、隧道布灯间距为主要依据,对高压钠灯、发光二极管(LED)灯、LED 灯与高压钠灯组合三种照明方案进行比选,结果表明,在综合性能方面,LED 灯使用寿命高,功耗低,无污染;在经济性方面,LED 灯、LED 灯与高压钠灯组合照明方案可节省近三分之一的费用;在运营管理方面,LED 灯维护更为简便。因此,铁峰山隧道建议采用 LED 灯照明方案。

关键词　隧道工程照明　高压钠灯　LED 灯　方案比选

0　引言

国外公路隧道照明技术的研究开始较早,经过多年的理论研究和实践,技术相对成熟。20 世纪 80 年代,许多国家开始制定公路隧道照明设计标准与规范,例如日本制定了《隧道照明指南》,欧洲制定了《欧洲隧道照明标准》。同时各国对隧道照明也开始了大量的研究,总体来说,国外的隧道照明主要有以下几方面的发展[1]:①为了规范隧道照明设计和施工,减少交通事故,世界各国相继颁布了公路隧道照明设计规范。②通过发明创造,不断提高功率器件性能要求,如开发新型大功率节能灯具、改进隧道照明控制系统、改进供配电设备等。③根据驾驶员视觉特性和隧道的视觉环境制定并优化一系列照明设计参数。

我国在现有的经验基础上,借鉴国外公路隧道照明技术的成功经验和先进技术,于 2014 年 7 月颁布了《公路隧道照明设计细则》(JTG/T D70/2-01—2014)。该规范在照明系统构成、洞外亮度和减光、隧道各照明段的长度与亮度、照明总均匀度与纵向均匀度、调光分级、光源分级、灯具及布置、照度与亮度计算推荐方法等方面做出了详细的规范说明。在该规范颁布后,从国内的研究情况来看,主要研究方向不再集中于讨论如何设计公路隧道照明系统,其焦点是如何在确保公路隧道运营安全的基础上实现照明节能最大化。其研究方向主要集中在以下几方面:①公路隧道照明设计参数研究,主要包括洞外亮度 $L_{20}(S)$ 和公路隧道照明设计指标。②对公路隧道照明节能与运营安全技术开展研究,以平衡“节能”与“安全”二者之间的关系。③公路隧道照明光源研究,主要集中在 LED 灯和电磁感应灯。

随着科学技术的不断发展,LED 灯相比于钠灯等,具有整体性好、有利于隧道照明智能化发展以及保障隧道内行车安全等优点[2]。陈光勇对国内主流的几种无级调光技术分别从功能架构、安全性、稳定性、适用性、兼容性、造价等多方面进行了比对分析,为以后设计人员及项目业主对照明节能方案的选择提供了参考依据[3]。李良荣等人阐述了一种自适应隧道节能照明控制系统,其核心思想是“车近灯亮、车过灯灭”及 LED 隧道灯组亮度自动调节[4]。潘鸣等人结合西部实际情况,提出了一套新的公路隧道照明应用方案,采用 LED 灯结合分段控制技术,通过模拟隧道的实验实现了亮度智能控制、照明随车的移动而改变、最大限度节能的目的[5]。

以往关于隧道照明方案的设计与比选主要集中于隧道照明设计参数的研究以及不同灯具之间的具体差异,对不同灯具的组合性能研究相对较少,本文以铁峰山隧道为依托,以隧道照明设计基本参数、隧道路面亮度、隧道布灯间距为主要依据,对高压钠灯照明方案、LED 灯照明方案和 LED 灯与高压钠灯组合照明方案进行比选,通过对三种设计方案的综合性能和经济性比较,确定最优的设计方案。

1 隧道照明设计基本资料

1.1 参数设计原则

(1)先期建设投资与后期运营费用并重原则。

(2)近、远期工程相结合的原则。

(3)正常运营和防灾救援相结合的原则。

(4)充分考虑设备的技术先进性,运行可靠性和节能性,以便减少工程运营费用。

(5)统筹规划,一次设计的原则。

1.2 设计基本资料

(1)隧道规模:隧道设计为双洞双向四车道,隧道具体情况见表 1。

隧道基本情况表 表 1

隧道名称	左右线	段落	隧道长度(m)	纵坡
铁峰山隧道	左线	ZK0 +462 ~ ZK9 +685	9223	1.67% ~2.85%
	右线	YK0 +488 ~ YK9 +695	9207	1.67% ~2.69%

(2)道路等级:城市快速路。

(3)设计速度:80km/h。

(4)建筑限界:净宽 10.25m,净高 5.0m。

1.3 照明标准

(1)路面亮度总均匀度。

依据《公路隧道照明设计细则》(JTG/T D70/2-01—2014),隧道内路面亮度总均匀度不应低于表 2 所列值[7]。

路面亮度总均匀度 U_0 表 2

设计小时交通量 N[veh/(h·ln)]		U_0
单向交通	双向交通	
≥1200	≥650	0.4
≤350	≤180	0.3

注:当交通量在其中间值时,按线性内插取值。

(2)路面中线亮度纵向均匀度。

依据细则可知,隧道内路面亮度总均匀度不应低于表 3 所列值。

路面中线亮度总均匀度 U_1 表 3

设计小时交通量 N[veh/(h·ln)]		U_1
单向交通	双向交通	
≥1200	≥650	0.6
≤350	≤180	0.5

注:当交通量在其中间值时,按线性内插取值。

2 隧道照明设计方案

2.1 隧道照明计算方法

2.1.1 入口段亮度及长度

根据细则可知,入口段宜划分为 TH_1、TH_2 两个照明段,与之对应的亮度分别按下式计算:

$$L_{th1} = K \times L_{20}(S) \tag{1}$$

$$L_{th2} = 0.5 \times K \times L_{20}(S) \tag{2}$$

式中:L_{th1}、L_{th2}——入口段 TH_1 和 TH_2 的亮度(cd/m^2);

K——入口段亮度折减系数;

$L_{20}(S)$——洞外亮度(cd/m^2)。

入口段长度应按下式计算:

$$D_{th1} = D_{th2} = \frac{1}{2}\left(1.154D_s - \frac{h-1.5}{\tan10°}\right) \quad (3)$$

式中：D_{th1}、D_{th2}——入口段 TH_1 和 TH_2 的长度(m)；

D_s——照明停车视距(m),由细则可得,隧道左线停车视距为93.46m,隧道右线停车视距为84.79m；

h——隧道内净空高度(m)。

2.1.2　过渡段亮度及长度

依据细则可知,过渡段宜按渐变递减原则划分为 TR_1、TR_2、TR_3 三个照明段,与之对应的亮度分别按下式计算：

$$L_{tr1} = 0.15 \times L_{th1} \quad (4)$$

$$L_{tr2} = 0.05 \times L_{th1} \quad (5)$$

$$L_{tr3} = 0.02 \times L_{th1} \quad (6)$$

式中：L_{tr1}、L_{tr2}、L_{tr3}——过渡段 TR_1、TR_2、TR_3 的亮度(cd/m^2)。

过渡段长度应按下式计算：

$$D_{tr1} = \frac{1}{3}\left(D_{th1} + D_{th2}\right) + \frac{v_t}{1.8} \quad (7)$$

$$D_{tr2} = \frac{2v_t}{1.8} \quad (8)$$

式中：D_{tr1}、D_{tr2}——过渡段 TR_1、TR_2 的长度(m)；由于 TR_3 的亮度 L_{tr3} 不大于中间段亮度 L_{in} 的 2 倍,可不设置过渡段 TR_3 加强照明。

2.1.3　中间段亮度及长度

依据细则可知,隧道中间段亮度要求见表 4。

隧道中间段亮度表　　表 4

设计速度 v_t (km/h)	L_{in}		
	单向交通		
	$N≥1200veh/(h·ln)$	$350veh/(h·ln)<N<1200veh/(h·ln)$	$N≤350veh/(h·ln)$
	双向交通		
	$N≥650veh/(h·ln)$	$180veh/(h·ln)<N<650veh/(h·ln)$	$N≤180veh/(h·ln)$
120	10.0	6.0	4.5
100	6.5	4.5	3.0
80	3.5	2.5	1.5
60	2.0	1.5	1.0
20～40	1.0	1.0	1.0

中间段第一照明段长度为设计速度下 30s 行车距离,第二照明段为余下的中间段长度。

2.1.4　出口段亮度及长度

依据细则可知,出口段宜划分为 EX_1、EX_2 两个照明段,与之对应的亮度分别按下式计算：

$$L_{ex1} = 3 \times L_{in} \quad (9)$$

$$L_{ex2} = 5 \times L_{in} \quad (10)$$

式中：L_{ex1}、L_{ex2}——出口段 EX_1、EX_2 的亮度(cd/m^2)。

出口段每段长度宜取 30m。

2.2　隧道布灯间距计算方法

根据细则可知,隧道布灯间距按下式计算：

$$S = \frac{\eta \cdot \theta \cdot M \cdot \omega}{W \cdot E_{av}} \quad (11)$$

式中：η——利用系数；

θ——灯具的额定光通量；

M——灯具养护系数；

ω——灯具布置系数,对称布置取 2；

W——隧道路面宽度；

E_{av}——路面平均照度。

2.3　高压钠灯照明设计方案

2.3.1　照明计算基本参数

(1)隧道入口段亮度折减系数 $K=0.035$。

(2)隧道左线洞外亮度 $L_{20}(S)=2500cd/m^2$。

(3)隧道右线洞外亮度 $L_{20}(S)=3000cd/m^2$。

(4)路面材料为沥青混凝土。

(5)设计行车速度 80km/h。

(6)高压钠灯灯具养护系数 $M=0.7$,利用系数 $\eta=0.45$[7-9]。

(7)隧道路面宽度 $W=8.75\text{m}$。

(8)平均亮度与平均照度之间的系数:15lx/(cd/m^2)。

(9)布置方式采用两侧对称布置。

(10)高压钠灯额定光通量见表5。

高压钠灯额定光通量　　表5

灯具型号	70W	100W	150W	200W	250W
光通量(lm)	6000	9000	16000	22000	28000

(11)铁峰山隧道各照明段长度见表6。

铁峰山隧道各照明段长度　　表6

区段	TH_1	TH_2	TR_1	TR_2	IN_1	IN_2	EX_1	EX_2
左线	44	44	74	89	667	8218	30	30
右线	39	39	70	89	667	8240	30	30

2.3.2　隧道照明计算

各照明段布灯间距、亮度值和照度值具体情况如图1~图6所示,灯具数量、功率见表7。

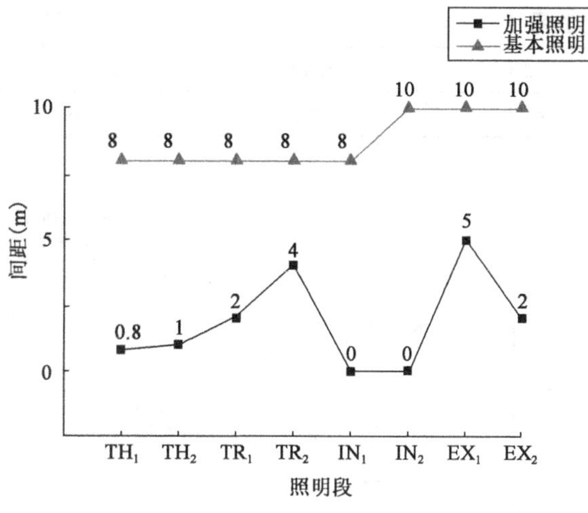

图1　左线各照明段布灯间距

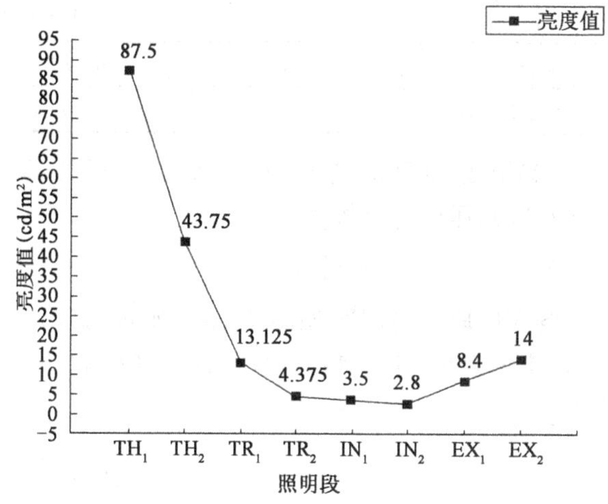

图2　左线各照明段亮度值

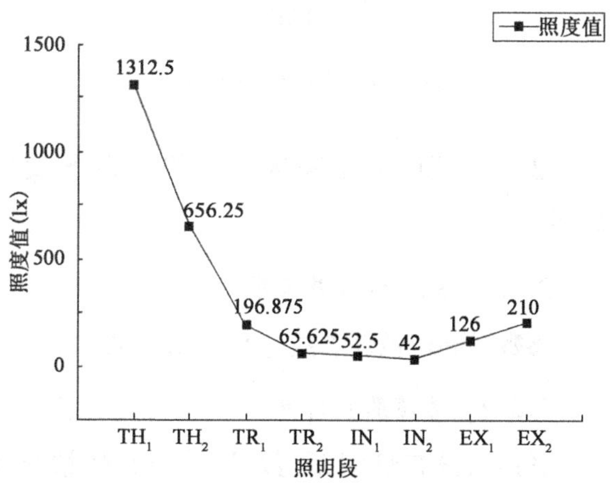

图3　左线各照明段路面照度值

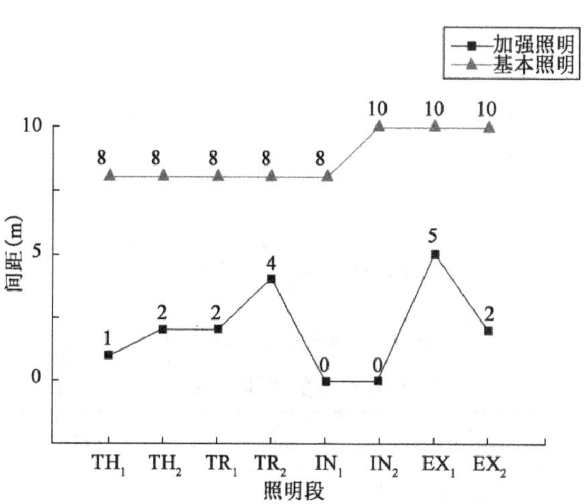

图4　右线各照明段布灯间距

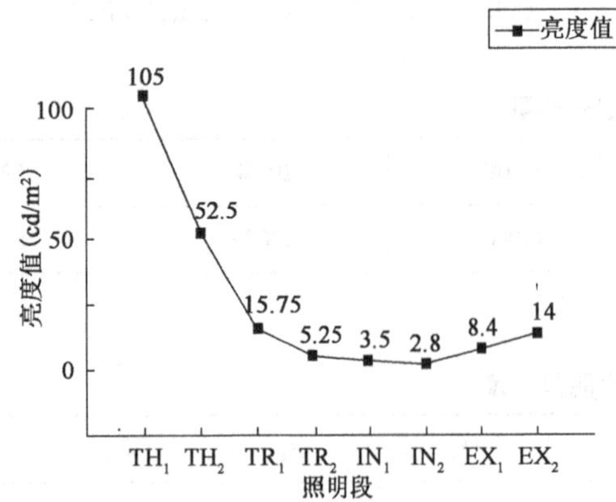

图5　右线各照明区段亮度值

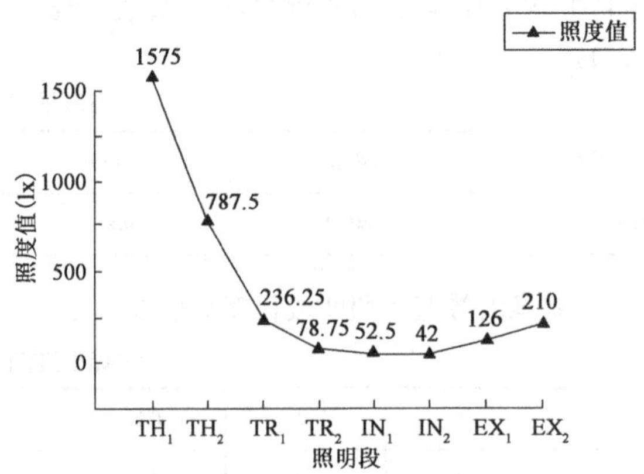

图6　右线各照明段路面照度值

高压钠灯灯具数量和功率统计　　表7

类型	左线	右线
灯具数量(套)	2156	2060
功率(kW)	160.58	157.06

2.4　LED 灯照明设计方案

2.4.1　照明计算基本参数

(1)LED 灯额定光通量见表8[10-14]。

LED 灯额定光通量　　表8

灯具型号	35W	45W	70W	150W	200W
光通量(lm)	3150	4050	6300	13500	18000

(2)隧道 LED 灯光效系数为 90lm/w[15-16],其余参数同高压钠灯参数。

2.4.2　隧道照明计算

各照明段布灯间距如图7、图8 所示,灯具数量、功率见表9,亮度值和照度值同高压钠灯设计方案。

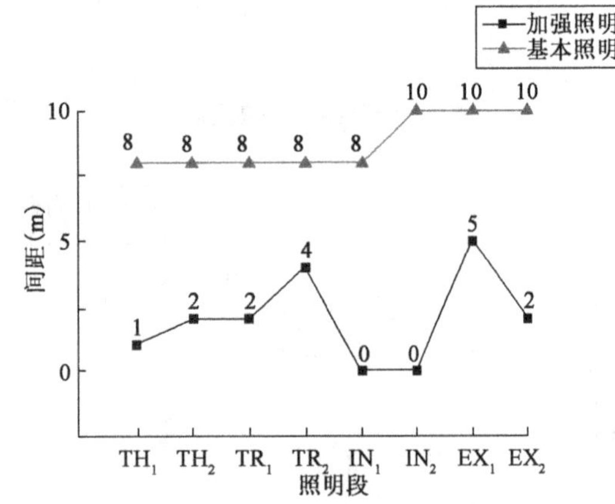

图7　左线各照明段布灯间距

LED 灯灯具数量和功率统计　　表9

类型	左线	右线
灯具数量(套)	2094	2060
功率(kW)	105.03	104.46

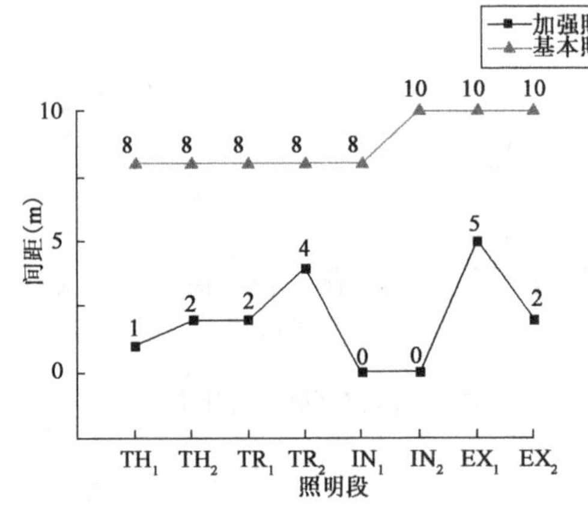

图8　右线各照明段布灯间距

2.5　LED 灯与高压钠灯组合照明设计方案

2.5.1　照明计算基本参数

参数同高压钠灯参数与 LED 灯参数。

2.5.2　隧道照明计算

各照明段布灯间距、数量、功率具体情况如图9、图10 所示,灯具数量、功率见表10,亮度值和照度值同高压钠灯设计方案。

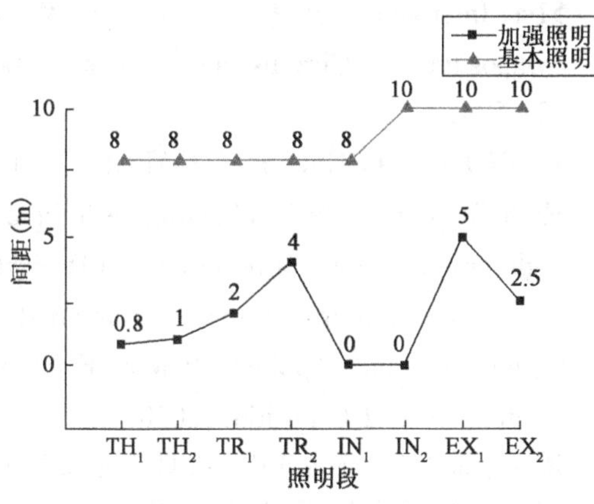

图9 左线各照明区段布灯间距

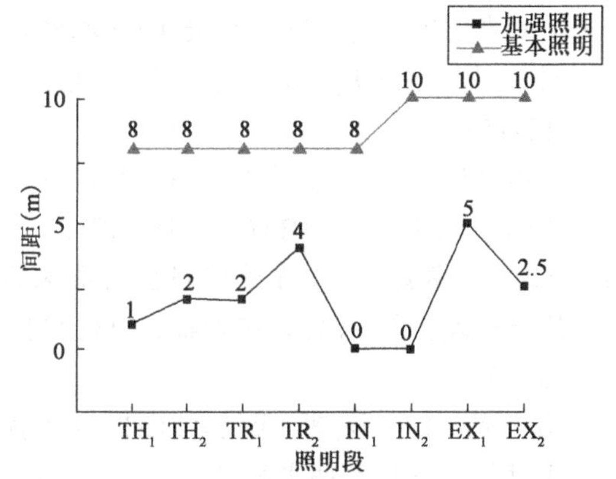

图10 右线各照明区段布灯间距

灯具数量和功率统计 表10

项目	左线	右线
钠灯数量	264	178
钠灯功率	28.62	25.98
LED 灯数量	1886	1878
LED 灯功率	182.88	84.51

3 铁峰山隧道照明设计方案比选

3.1 高压钠灯和 LED 灯综合性能比较

(1)LED 灯和高压钠灯的使用寿命及显色指数见表11[17-21]。

灯具性能对比 表11

灯具类型	LED 灯	高压钠灯
使用寿命	50000～100000	10000～20000
显色指数	60～95	20～25

由表可知,LED 灯的使用寿命和显色指数明显高于高压钠灯。

(2)调光功能:LED 灯具有较完美的调光功能。

(3)光线利用率、发光率:LED 灯光源的光通量损失最小,是半空间发光的光源;高压钠灯是全空间发光的光源。LED 灯的光效明显高于高压钠灯。

(4)启动方式:LED 灯可随时接通,随时工作,无须预热,启动时间小于 3s;高压钠灯启动时间长,再次启动时需要至少 5min 的时间间隔。

(5)节能与环保:LED 灯高效节能,超低功耗,无污染。高压钠灯光源中含有金属汞和金属钠,对环境污染大。

(6)造价:LED 灯的造价为高压钠灯造价的 4～5倍。

隧道 LED 灯作为"第四代光源",与传统光源高压钠灯相比具有不可比拟的优势,将隧道 LED 灯应用于公路隧道,对于降低用电能耗、缓解用电压力、建设"资源节约型"公路隧道具有重要的意义[22-24]。

3.2 经济性比较

三种方案灯具费用、后期投资、维护费用如图11所示。

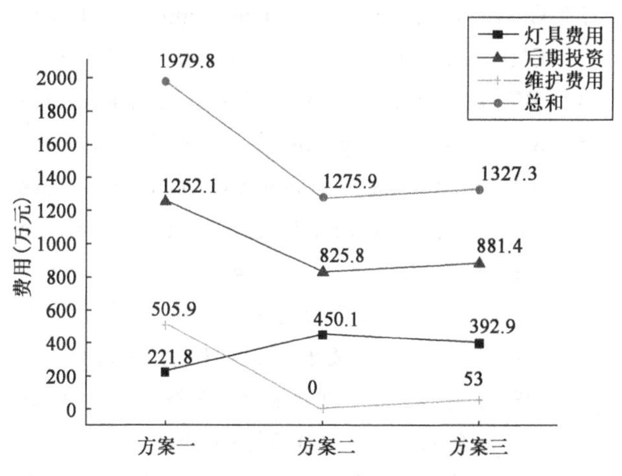

图11 方案费用比较

由于隧道 LED 灯采用 LED 发光管为光源,其使用寿命可达 50000h,即可以连续使用 6 年,因此在使用寿命期限内,基本上不需要进行维护[25-27],可不考虑隧道运营期间灯具维护费用。

4 结语

通过对三种方案在灯具的采购和后期使用维护方面的比较,可知方案二和方案三具有明显节约费用的优势,并且二者费用相差不大。从经济性方面考虑,两种方案任选其一即可;从运营管理方面考虑,隧道照明灯具种类多,运营阶段灯具维护烦琐且麻烦,LED灯在使用寿命期限内,基本上不需要进行维护。基于以上因素考虑,铁峰山隧道采用LED灯照明设计方案。

参考文献

[1] 孙莉莉. 高速公路隧道照明的新发展[J]. 现代商贸工业,2015(16):215-216.

[2] 吕星熠. 公路隧道LED照明维修预警系统研究[D]. 吉林:吉林建筑大学,2023.

[3] 陈光勇. 浅谈公路隧道照明调光方案比选[J]. 中国交通信息化,2018(9):135-137.

[4] 李良荣,王在浩,李震,等. 自适应隧道节能照明控制系统设计方案[J]. 贵州大学学报(自然科学版),2014,31(5):48-52.

[5] 潘鸣,李良荣. 基于LED的隧道智能照明技术方案研究[J]. 电子设计工程,2011,19(22):157-159.

[6] 中华人民共和国交通运输部. 公路隧道照明设计细则:JTG/T D70/2-01—2014[S]. 北京:人民交通出版社,2014.

[7] CEN. Lighting applications-tunnel lighting: CR14380:2003[S]. Brussels:[s. n.],2013.

[8] BERTOLDI P, ATANASIU B. Characterization of residential lighting consumption in the enlarged European Union and policies to save energy[J]. International Journal of Green Energy,2008,5(1-2):15-34.

[9] 王恒,蒋霖川. 公路隧道用高压钠灯的试验研究[J]. 公路交通技术,2009(1):119-121.

[10] 邹乃顺. 高压钠灯性能和安全新国标解析[J]. 企业标准化,2015(11):30-32.

[11] 王亚琼,谢永利,赖金星. 隧道钠灯与LED灯组合照明试验研究与应用[J]. 地下空间与工程学报,2009(3):505-509.

[12] ADRIAN W K. Adaptation luminance when approaching a tunnel in daytime[J]. Lighting Research and Technology, 2007, 19(3): 73-79.

[13] DIAZ J. CAN bus embedded system for lighting network applications[C]//Proceedings of the 51st Internation al Conference on Midwest Symposium on Circuits and Systems, 2008: 531-534.

[14] GACIO D, ALONSO J M, GARCIA J, et al. High frequency PWM dimming technique for high power factor converters in LED lighting[C]//Proceedings of the 25th International Conference on Applied Power Electronics Conference and Exposition,2010.

[15] 陈兰,陈晓利. 隧道LED照明节能效果长期测评系统研究[J]. 中国交通信息化,2012(8):89-91.

[16] 宋白桦,李鸿,贺科学. 白光LED在隧道照明中的应用[J]. 公路与汽运,2005(3): 152-153.

[17] 郗锋. LED照明灯具在公路隧道中的应用研究[J]. 陕西公路,2011(7):167-171.

[18] 张玲,郝翠霞. LED隧道照明控制系统的研究与开发[J]. 照明工程学报,2011,22(4): 36-40.

[19] 马金龙,王宁军,等. 大功率LED照明技术探讨[J]. 中国照明电器,2011(10):18-20.

[20] 陈春艳,王健华,周明. LED路灯在道路照明中取代高压钠灯的可行性分析[J]. 科技展望,2015(15):105-106.

[21] 黄彦. 浅谈LED在隧道照明中的应用[J]. 灯与照明,2009(12):17-19.

[22] 郑晅,王梦恕. 公路隧道照明新思路分析与探讨[J]. 公路,2007(11):224-227.

[23] 夏永旭. 公路隧道照明问题及对策[J]. 西部交通科技,2008(1):5-6.

[24] 韩直,方建勤,洪伟鹏,等. 公路隧道节能技术[M]. 北京:人民交通出版社,2010.

[25] 刘宝川. 隧道照明技术[J]. 中国照明电器,2000(3):11-12.

[26] 彭建军. 城市隧道照明灯具优化布置研究[J]. 市政技术,2024(2):81-86.

[27] 李嘉麟,李嘉麒. 隧道照明智能控制技术及其应用研究[J]. 智能建筑与智慧城市,2023(12):164-166.

城市快速路隧道运营通风节能与优化

——以铁峰山隧道通风设计为例

陈容文[1] 颜泓旭*[2]
(1. 长江勘测规划设计研究有限责任公司;2. 长安大学公路学院)

摘 要 为了使城市快速路隧道通风设计方案更加的节能与优化,本文以万开周家坝-浦里公路铁峰山隧道为依托,计算了三种设计方案所需通风系统风机的配制,通过方案的综合比选和土建工程的分析,提出了采用三区段两无轨运输斜井通风的设计方案。通过文献查阅、理论分析和工程调研的方法,提出了采用"按需通风"原则的优化思路,从利用自然风通风(包括活塞风)和降低稀释洞内污染物所需风量两方面进行优化和计算,论证了取消斜井内轴流风机,利用斜井无能耗自然通风优化方案的可行性,并给出了合理的通风优化方案。

关键词 隧道工程 通风方式 通风方案 节能与优化

0 引言

随着交通基础设施的快速发展,我国修建了大量的公路隧道。截至2022年底,我国公路隧道共有24850处、总里程达到2678.43万m,同比增加1582座、208.54万m,其中特长隧道1752处,795.11万m,长隧道6715处,1172.82万m[1]。

随着隧道建设不断发展,通风问题逐渐成为制约长大公路隧道发展的瓶颈,而引起了人们的广泛关注。长隧道和特长隧道由于纵深较大,正常交通情况下废气烟尘往往会在隧道中部大量淤积,不易排放,造成隧道中部污染物浓度急剧升高;火灾事故情况下烟雾、热量往往会迅速扩散,不易控制并难以排出洞外,污染带长,从而增加了通风的难度和事故发生的可能性。

国外对隧道通风问题的研究起步较早。1921年,纽约矿务局和新泽西州桥梁与隧道委员会进行了联合调查,测试了不同车速下机动车尾气排放量和组成,为隧道内通风设计提供了依据,这是史上首次针对隧道通风设计进行的研究[2];1927年,美国穿越哈德逊河的荷兰隧道(Holland Tunnel)的全横向通风设计,开创了世界交通隧道机械通风的先例[3];1988年,第六届国际车辆隧道通风与空气动力学讨论会就"长距离、高负荷"车辆隧道中复杂的空气动力学理论与通风技术问题进行了讨论,旨在解决一些在越来越多的长大隧道中出现的复杂通风问题[4]。

我国的公路隧道建设起步较晚,对公路隧道通风的研究也落后于欧美和日本。1961年11月,铁道部主持召开了"全路隧道运营通风专业会议",本次会议为之后编制隧道通风标准和解决长隧道通风技术问题创造了良好开端[5];1964年,铁道部第二设计院隧道通风组并提出了无帘幕洞口风道式通风,初步解决了凉风垭隧道这类长达4km的隧道的通风问题[6];1989年,首次将纵向通风技术应用在1560m长的老七道梁隧道中[7],此后的1995年,在建成的成渝公路中梁山右线隧道中,又首次将全射流纵向通风应用在长达3103m的特长公路隧道中[8];1999年,重庆公路科学研究所主持编写了《公路隧道通风照明设计规范》(JTJ 026.1—1999)[9],又于2014年招商局重庆交通科研设计院主持编写了《公路隧道通风设计细则》(JTG/T D70/2-02—2014)[10],对我国公路隧道通风设计起到了很好的指导作用。

随着时代的推进与实际工程应用的发展,传统的通风方式因其通风运营费用高、通风控制难度大等缺点不再适用。为了实现绿色交通,越来越多的国内外学者已经逐渐把关注点转移到隧道运营通风节能与优化上:杨晓寒[11]通过对进入公路隧道的车辆进行检测,从而得到隧道车辆数据,根据车辆检测数据计算稀释污染物浓度需风量,再根据需风量变化情况确定隧道风机的运转情况,使其在满足隧道通风要求的前提下,达到降低隧道内通风能耗的目的。宋国森等[12]为了给特长单洞双向公路隧道提供经济合理的通风方案和设计参数,结合实际工程提出了利于救援和隧道修建的半横向平导通风方案;邓木生[13]通过理论分析、数值计算和实例分析相结合的方法,针对特长公路隧道运营安全和节能问题开展了系统研究。房罡[14]进行了基于模糊控制的隧道通风节能优化控制研究;郑晅等[15]建立了一种自然通风节能模型,并用于实际工程,为黄土高原及类似地形地区的自然风利用提供了借鉴意义。高云骥[16]的研究中构建了 1:10 缩尺寸的竖井隧道模型,探索了通风风速、火源位置和竖井对温度分布和烟气逆流的影响,提供了关于隧道竖井自然通风下火源行为的有用见解。徐志胜等[17]使用 FLUENT 研究了风机横向布置间距对公路隧道污染物分布的影响规律,结果表明风机横向布置为风机直径的 3 倍时,隧道内污染物控制效果较好。曾艳华[18]基于隧道内回路风压平衡和通风网络理论,提出隧道通风模式初拟、极限交通承载量计算、动态化通风模式选择、射流风机台数确定及通风能耗对比优化的通风设计流程,研究多模式通风转换系统的运作方式,对比分析常规分段纵向通风方式和多模式转换通风方式的运营能耗。陈爱娟[19]研究了公路隧道不同通风方式流场及隧道壁面压力分布规律,利用流体力学软件 Fluent 建立隧道三维模型并进行数值模拟,对自然风与交通风在不同距离及位置条件下流场进行对比,分析不同车速对风流场和壁面压力的影响。

然而我国目前的公路隧道通风运营现状仍普遍存在以下几个问题:①隧道通风设计偏为保守,通风系统规模庞大;②洞内污染物(主要指 CO 和 Ⅵ)浓度水平很大程度地低于规范规定的安全及卫生标准,通风设备利用率低;③营运管理粗放化,能源浪费严重;④未广泛采用新型的节能设备、产品、技术等。

因此,针对目前我国公路隧道运营通风存在的问题,可知公路隧道运营通风仍有较大的节能优化空间。

本文以万开周家坝—浦里公路铁峰山隧道为工程依托,根据隧道设计的基本概况对交通流量作出预测,依据隧道设计参数、交通量分析,计算了隧道运营通风需风量。并通过分析比较国内外长、超长隧道通风方案,结合铁峰山隧道的实际情况,从隧道通风设计、洞内污染浓度、运营管理和能源浪费等方面着手,提出取消斜井内轴流风机,利用斜井无能耗自然通风优化方案的设计思路。

1　工程概况

万开周家坝—浦里快速通道工程起点与开县浦里工业园区长沙镇规划对外道路相接,终点与万州天城区规划的龙溪河大道相接,采用城市快速路标准,双向四车道,设计速度 80km/h,路基宽 24.5m,线路总长 11.66km。铁峰山隧道设计为双洞双向四车道,隧道左线全长 9223m,坡度为 1.67%/-2.85%,右线全长 9207m,坡度为 1.67%/-2.691%。隧道设计净宽为 10.25m,净高为 5.0m,通风断面积设计为 65.61m^2,当量直径为 8.324m,属于仅限通行非危险化学品等机动车的一类隧道。隧道具体情况见表 1。

隧道基本情况表　　表 1

隧道名称	左、右线	区段	隧道长度(m)	纵坡(%)
铁峰山隧道	左线	K0 +462 ~ K9 +682	9223	1.67/-2.85
	右线	YK0 +488 ~ YK9 +695	9207	1.67/-2.691

2　运营通风设计方案及比选

根据《公路隧道通风设计细则》(JTG/T D70/2-02—2014)[10]的各项要求,并结合铁峰山隧道的实际情况,综合考虑各项因素,提出采用斜(竖)井分段纵向式通风方式,现给出了三种隧道通风方案:①两区段一竖井通风方案;②三区段一有轨斜井一无轨斜井通风方案;③三区段两无轨斜井通风方案。

2.1　通风方案一:两区段一竖井通风方案

考虑采用中间设一竖井,并结合射流风机对左右线进行送排风。竖井井位设置情况见表 2,两区段一竖井通风方案如图 1 所示。

竖井井位设置情况(方案一)　表2

项目	进口位置	井口地面高程(m)	与主洞交叉桩号	交叉点主洞设计高程(m)	竖井长度(m)	竖井井身纵坡	竖井面积(m^2)	竖井与主洞平面交角
竖井	右线 YK5 +085 右侧 150m	1053	YK5 +085	388	665	—	40.7/46.6	90°

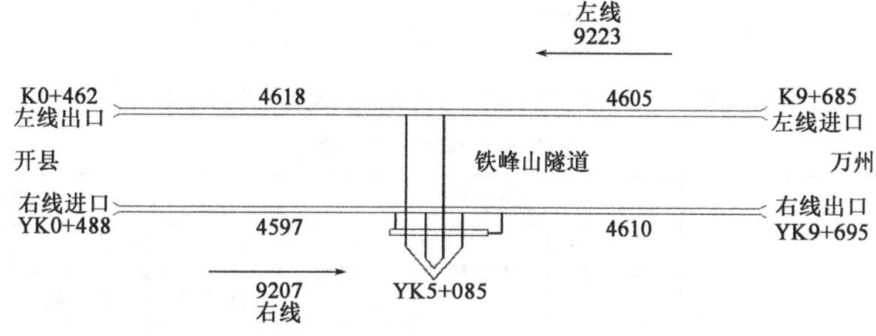

图1　两区段一竖井通风方案示意图(尺寸单位:m)

通过计算左、右线隧道进出口段所需的压力及需风量,确定左、右线进出口段射流风机的布置台数;并通过计算,确定隧道左、右线轴流风机的各项设计值及其配置。综合左、右线通风系统配制见表3所列。

隧道通风系统风机配置　表3

项目		射流风机		轴流风机	
		进口段	出口段	竖井	
				排风机	送风机
左线	电机功率(kW/台)	30	30	195	280
	风机台数(台)	30	28	3	3
	功率合计(kW)	1740		1425	
右线	电机功率(kW/台)	30	30	265	475
	风机台数(台)	38	36	3	3
	功率合计(kW)	2220		2220	

2.2　通风方案二:三区段一有轨斜井一无轨斜井通风方案

考虑分三段设置一有轨斜井一无轨斜井,分别对左右线进行送排风。斜井井位设置情况见表4,三区段一有轨斜井一无轨斜井通风方案示意图如图2所示。

斜井井位设置情况(方案2)　表4

项目	进口位置	井口地面高程(m)	与主洞交叉桩号	交叉点主洞设计高程(m)	斜井长度(m)	斜井井身纵坡(%)	斜井面积(m^2)	斜井与主洞平面交角
1号斜井	右线 YK3 +075 右侧 400m	550	YK3 +510	361	600	31.5	33.3/33.3	42°
2号斜井	右线 YK8 +205 右侧 750m	550	YK7 +110	421	1220	10.5	38.0/33.3	32°

通过计算左、右线隧道进出口段所需的压力及需风量,确定左、右线进出口段射流风机的布置台数;并通过计算,确定隧道左、右线轴流风机的各项设计值及其配置。综合左、右线通风通风系统配制见表5。

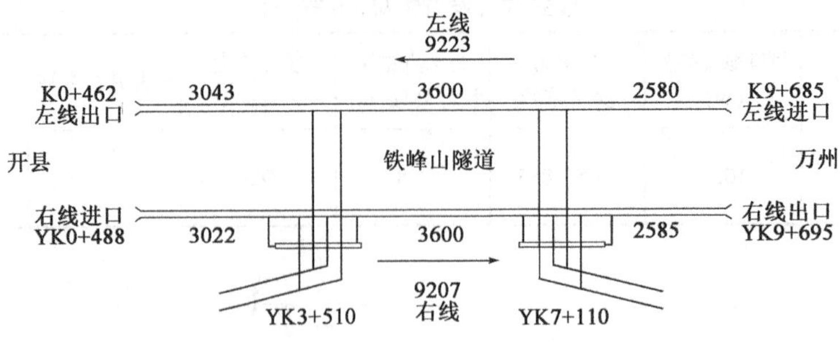

图2 三区段一有轨斜井一无轨斜井通风方案示意图

隧道通风系统风机配置 表5

项目		射流风机			轴流风机			
					1号斜井		2号斜井	
		进口段	中间段	出口段	排风机	送风机	排风机	送风机
左线	电机功率(kW/台)	30	30	30	100	115	90	255
	风机台数(台)	12	18	18	2	2	2	2
	功率合计(kW)	1440			1120			
右线	电机功率(kW/台)	30	30	30	100	275	205	160
	风机台数(台)	16	24	16	2	3	3	2
	功率合计(kW)	1680			1960			

2.3 通风方案三:三区段两无轨斜井通风方案

考虑分三段设置两无轨斜井分别对左右线进行送排风。斜井井位设置情况见表6,三区段两无轨斜井通风方案示意图如图3所示。

斜井井位设置情况(方案3) 表6

项目	进口位置	井口地面高程(m)	与主洞交叉桩号	交叉点主洞设计高程(m)	斜井长度(m)	斜井井身纵坡(%)	斜井面积(m^2)	斜井与主洞平面交角
1号斜井	(X=3425305, Y=36530847)/(X=3425302, Y=36530812)	511/512	YK3+910	368.53	1050/1085	(13.5\3\10.5)/(13.5\3\13.7)	41.47/41.47	8°
2号斜井	(X=3420240, Y=36532906)(X=3420229, Y=36532876)	573/574	YK7+110	421.97	1091/1140	(13.5\3\11.5)/(13.5\3\14.1)	41.47/41.47	30°

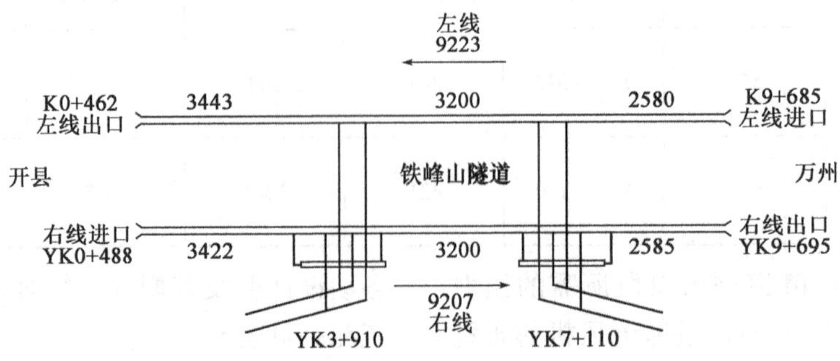

图3 三区段两无轨斜井通风方案示意图

通过计算左、右线隧道进出口段所需的压力及需风量，确定左、右线进出口段射流风机的布置台数；并通过计算，确定隧道左、右线轴流风机的各项设计值及其配置。综合左、右线通风通风系统配制见表7。

隧道通风系统风机配置 表7

项目		射流风机			轴流风机			
		进口段	中间段	出口段	1号斜井		2号斜井	
					排风机	送风机	排风机	送风机
左线	电机功率(kW/台)	30	30	30	150	305	165	320
	风机台数(台)	10	8	18	2	2	2	2
	功率合计(kW)	1080			1880			
右线	电机功率(kW/台)	30	30	30	285	330	225	285
	风机台数(台)	20	12	20	2	3	2	2
	功率合计(kW)	1560			2580			

2.4 方案比选

通过通风方案的综合比选和土建工程费用分析比较得出：方案三相比于方案一和方案二，其总造价最高，主要是通风井长度最长，规模最大，导致其土建工程造价高（比方案一多9277万元，比方案二多5282万元）而其余方面，如通风分段、洞内风速、施工难度、防灾救援及施工工期相比其他两个方案较好，装机功率处于方案一和方案二之间；方案一虽然总造价占优，但竖井断面大、长度深、施工难度及风险极大且不能辅助主洞施工（工期不满足要求，如要满足施工要求，需增加施工斜井，同样会导致造价增加）；方案二处于方案一和方案三之间，但有轨斜井施工难度及风险较高且工期同样不满足要求。经过综合通风防灾、施工风险及施工工期等因素，铁峰山隧道推荐采用方案三：三区段两无轨运输斜井通风。

3 利用自然风的隧道通风量优化

3.1 模型简化

特长隧道运营通风一直是隧道运营能源消耗的重要部分，因此，特长隧道的自然风利用具有很大的经济价值和社会意义。对于有竖（斜）井的隧道，竖（斜）井对隧道内气流影响显著，隧道内外温差引起的“烟囱效应”和“沉降效应”增强了洞内气流与外界空气的交换作用。因此，充分利用隧道内自然通风力和交通通风力可有效提高隧道内通风效果，有利于节省投资和提高公路隧道营运管理经济效益。

目前，我国隧道的通风设计计算通常是计算出一个最大需风量，以此风量控制各个行车速度下的通风设计，这样势必会导致通风系统能耗的巨大浪实际上，不同车速工况下隧道内稀释污染物所需风量不同，隧道通风计算应对各个车速工况下的需风量进行计算，用各个车速工况下的需风量来计算此工况下风机的开启数量，此即为“按需通风”。在隧道运营时通过动态监控手段进行车速与交通量监控，以监控信息为准确定风机开启数量。根据“按需通风”原则，下面对铁峰山隧道利用自然风通风情况下隧道通风量进行计算。

铁峰山隧道原设计采用三区段两无轨斜井送排式通风方案，由于原送排风口间的短道长度为60m，送风口面积仅为11.2m^2（右线11.5m^2），实际送风能力较排风口小很多，同时由于斜井型隧道自然通风计算方法同竖井型隧道相同，因此在铁锋山隧道利用自然风进行通风的理论计算过程中作出如下简化：

（1）将同一斜井的排风口和送风口看作一个通风口，即视某一斜井与隧道间只有一条联络通道。

（2）将铁峰山隧道双斜井视为竖井进行通风计算。

简化后的隧道模型如图4所示，斜井简化后的参数见表8。

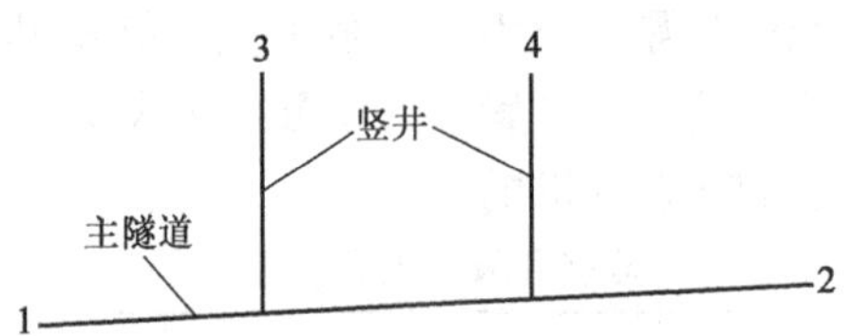

图 4　铁峰山隧道简化后计算模型

简化后的斜井参数　表 8

项目	排送风口面积(m^2)	斜井面积(m^2)	水力直径(m)	长度(m)	角度
1 号斜井	60	60	8.74	1085	13.5%、3%、13.73%
2 号斜井	60	60	8.74	1140	13.5%、3%、14.06%

3.2　隧道自然通风效果评价

铁峰山隧道左、右线均采用双斜井分段送排式纵向通风。左线或右线的两座斜井将隧道分为三个段落。假设斜井中的送(排)式轴流风机与主洞中的射流风机完全关闭的情况下,则隧道内通风应按自然通风考虑(包括交通活塞风),并按自然通风理论计算隧道各段风速,评价隧道自然通风的通风效果。

综合左右线自然风通风效果,在假定自然风为不利和有利两种情况下,分析隧道利用自然风通风可知:假定自然风为不利的情况下,在工况车速 40 ~ 80km/h 之间车辆行驶产生的交通风均能满足隧道运营初期阶段和远期阶段所需通风量;工况车速 30km/h 下,左线初期阶段、右线近远期自然通风个别区段不能满足通风要求;工况车速 20km/h 下,左右线近远期均不能满足通风要求;不足的部分通过配置射流风机来实现。当自然风按不利情况考虑且 $v_n = 3m/s$ 情况下,隧道内风量能满足稀释污染物要求,则自然风按有利情况考虑或 $v_n = 2m/s$ 隧道风量一定符合规范要求(v_n-自然风作用下引起的洞内风速)。N_j 的计算公式为:

$$N_j = \frac{\Delta p_r + \Delta p_n - \Delta p_t}{\Delta p_j} \tag{1}$$

根据此计算公式可得到铁峰山隧道各个分段的隧道自然通风(包括活塞风)条件下配置风机具体结果。

铁峰山隧道火灾工况下,火灾热释放率 30MW,临界风速 3.12m/s,隧道上游阻塞车辆 526 辆,火区烟流阻力 50Pa,则以射流风机提供排烟动力,对火灾工况进行验算,左线需要设置射流风机 26 台,右线需要设置射流风机 26 台。因此,铁峰山隧道配置的射流风机满足火灾情况下排烟要求的同时,也能满足车速工况 30km/h 的隧道通风要求。通过实时监控隧道内车辆行驶情况,避免车速出现 20km/h 及以下阻滞情况,隧道关闭或取消斜井内轴流风机仅由自然风配合射流风机通风仍可满足隧道通风要求。

4　CO 基准排放量优化与年递减率的选用

4.1　CO 基准排放量与年递减率的统计

基准排放量通常是指汽车在车速为 60km/h、坡度为 0% 时的汽车排放量。

公路隧道通风设计中,有害气体排放量的计算是一个重要环节,也是整个隧道通风设计的基本依据,而有害气体排放量计算中又以交通量(N)和有害气体的基准排放量(q)为最主要参数。车辆的基准排放量以及交通量都应与相应的设计年限相匹配。

根据《公路隧道通风设计细则》(JTG/T D70/2-02—2014)的规定,正常交通时,2000 年的机动车尾排有害气体中 CO 的基准排放量应取 $0.007m^3/(veh \cdot km)$;交通阻滞时车辆按怠速考虑,2000 年的机动车尾排有害气体中 CO 的基准排放量应取 $0.015m^3/(veh \cdot km)$。并按每年 2% 的递减率计算至设计目标年份。

从大量分析研究来看,国内外确定 CO 基准排放量时,都是以汽油车为研究对象的。在《细则》中,车速为 60km/h 时,CO 的基准排放量取值为 $0.007m^3/(veh \cdot km)$,这一取值与日本 1985 年版的隧道设计规范取值 $0.007m^3/(veh \cdot km)$ 相当,甚至略高于瑞士 1987 年的取值 $0.0065m^3/(veh \cdot km)$,这一取值的高低直接影响公路隧道通风设计方案的确定和工程投资,特别是对于长隧道设计尤为突出。

现收集我国部分已建隧道的CO基准排放量与年递减率的统计,见表9。

各隧道CO浓度 表9

隧道名称	建成时间(年)	CO浓度(cm^3/m^3)	备注
中梁山	2010	11.3~40	高峰小时交通路一般在1800~2400veh/h
深圳横龙山	2014	17	高峰小时交通量在3900~4900veh/h之间
深圳大梅沙	2014	5.5	高峰小时交通量在1900~2500veh/h
九尾岭	2014	39	高峰小时交通量在1800~2000veh/h
深圳西部通道	2014	7	高峰小时交通量在1500~1800veh/h

4.2 铁峰山隧道CO基准排放量与年递减率

铁峰山隧道的需风量设计是由远期(2038年)20km/h稀释CO所需新风量控制的。按照《细则》规定,机动车有害气体基准排风量以2000年为起点,按2%的年递减率计算至设计目标年2038年,可折减30年(最大折减年限不宜超过30年)。国内严格的排放限制将大幅减少机动车尾气CO、烟雾等污染气体的排放,近十年来,汽车主要污染物的年递减率一般都超过了10%。同时,经过38年的汽车工业技术进步,汽车污染物排放大幅减少,造成国家有关排放标准不再符合我国国情,因此铁峰山隧道在通风设计中CO基准排放量和年递减率宜在《细则》规定的取值基础上进行优化研究。

综合上述各因素,认为铁峰山隧道在进行通风初步设计中,基准排放量和年递减率取值偏为保守。铁峰山隧道计算需风量时,取机动车有害气体基准排放的年递减率为3%,其余参数取值同原设计相同,可得隧道各车速工况下隧道需风量。

进而通过计算可知,在CO基准排放量与年递减率作出微小调整后,隧道需风量将发生显著减小,取2000年CO基准排放量为0.007m^3/(veh·km)、年递减率为3%,相比于年递减率为2%时,需风量将降低26.48%;取2000年CO基准排放量为0.0065m^3/(veh·km)、年递减率为2%,相比于2000年CO基准排放量为0.007m^3/(veh·km)时,需风量将降低7.14%。根据《公路隧道设计手册》的推荐值,建议铁峰山隧道取2000年CO基准排放量为0.007m^3/(veh·km),年递减率为3%,将极大程度地减少工程前期投资和后期运营费用的减少。

5 铁峰山隧道通风优化方案及经济效益分析

经过资料收集、相关调研及理论计算,将铁峰山隧道通风方案优化为"双斜井无能耗自然通风配合射流风机纵向通风"方案,即取消斜井内的送、排轴流风机,利用自然风压进行内外空气交换,同时隧道内配置射流风机进行调压,正常交通、拥挤/阻塞、事故三种工况下协助通风,增大通风量,火灾情况下诱导排烟,为人员逃生、火灾救援创造条件。根据公路隧道通风设计"统筹规划、一次设计、分期实施"的原则,提出铁峰山隧道斜井、风机房等土建工程一次完成,即预留风机房、配电房等洞室,通风机电工程分期实施,其中射流风机一次完成,原设计轴流风机在隧道实际交通量超过预测交通量、射流风机不足以满足稀释隧道污染物要求的情况下实施安装。优化后通风方案见表10。

铁峰山隧道优化后通风方案 表10

名称		通风方案	射流风机	预留轴流风机	
				1号斜井	2号斜井
铁峰山隧道	左线	双斜井无能耗自然通风配合射流风机纵向通风	26	2台排风机、2台送风机	2台排风机、2台送风机
	右线		26	2台排风机、3台送风机	2台排风机、2台送风机

优化方案的计算步骤如下:①通风计算参数选取;②设计风量与设计风速;③自然通风计算及风机配置;④风机功率的计算;⑤经济效益。

经过分析计算铁峰山隧道取消斜井内轴流风机,采用双斜井无能耗自然通风配合射流风机纵向通风能极大地减少初期投资和后期运营费用。其中初期投资将在原设计的基础上减少81.7%,后期运营费用将在原设计的基础上每年减少75.3%。

同时铁峰山隧道属于大型永久性工程,结合斜井位置及所穿越的地质情况,并参照秦岭终南山特长公路隧道相关设计资料,给出了铁峰山隧道风机房、搬入坑道、检修及避难坑道等井下工程设计的相关建议。

6 结语

铁峰山特长公路隧道是万开周家坝—浦里快速通道的控制性工程,通风系统的设计尤为重要。本项目采用文献查阅、理论分析和工程调研的方法,给出了合理的通风设计方案,分析了长大公路隧道运营通风现状,提出了铁峰山隧道通风方案的优化思路。根据"按需通风"原则,从隧道利用自然风通风(包括活塞风)和降低稀释洞内污染物所需风量两方面论证了铁峰山隧道"取消斜井内轴流风机,采用预留风机房"方案的可行性,给出了合理的通风优化方案。主要得到以下结论:

通风优化方案为:

(1)计算铁峰山隧道需风量时,取2000年CO基准排放量为0.007 m^3/(veh·km),年递减率为3%。相比原设计通风方案,需风量同比降低26.48%,极大地节约前期工程投资和后期运营费用。

(2)铁峰山隧道通风优化方案采用"双斜井无能耗自然通风配合射流风机纵向通风方案"。

(3)根据"按需通风"原则,对铁峰山隧道利用自然风通风情况下隧道各段风量进行计算,当工况车速大于等于30km/h时,利用自然通风(包括活塞风)能满足该工况下隧道通风要求;当工况车速为20km/h时,需配合射流风机协助通风。考虑到火灾情况下人员逃生及救援条件,左右线各需配置排烟风机26台。即左右线隧道各需配置26台射流风机进行机械通风,兼作火灾情况下排烟风机。

参考文献

[1] 中华人民共和国交通运输部. 2022年交通运输行业发展统计公报[R]. 北京:中华人民共和国交通运输部,2023.

[2] FIELDNER A C, STRAUB A A, JONES G W. Automobile exhaust gases and vehicular-tunnlel ventilation [J]. SAE Transactions, 1921, 16: 185-216.

[3] 潘钧. 世界道路隧道通风设计动向[J]. 地下工程与隧道,1990(1):15-19.

[4] 吕文灿. 车辆隧道通风装置与通风系统的新发展[J]. 流体工程,1989(3):40-44,12-64.

[5] 王效良. 解决长隧道通风问题的良好开端——全路队道运营通风专业会议纪要[J]. 铁路标准设计通讯,1962(1):24-27.

[6] 佚名. 第二铁路设计院隧道通风试验工作取得进展[J]. 国内铁道动态,1975(2):9-10.

[7] 张志文. 七道梁特大型公路隧道建成通车[J]. 公路,1989(10):48.

[8] 郑廷全,滕兆民. 中梁山右线特长公路隧道射流风机纵向通风[J]. 科学技术通讯,1994(3):11-14.

[9] 中华人民共和国交通运输部. 隧道通风照明设计规范:JTJ 026.1—1999[S]. 北京:人民交通出版社,2000.

[10] 中华人民共和国交通运输部. 公路隧道通风设计细则:JTG/T D70/2-02—2014[S]. 北京:人民交通出版社,2014.

[11] 杨晓寒. 基于车辆检测识别的公路隧道通风系统优化研究[D]. 西安:西安建筑科技大学,2023.

[12] 宋国森,胡斌. 特长公路隧道平导通风方案研究及优化[J]. 公路交通科技,2011,28(4):84-90,95.

[13] 邓木生. 公路隧道运营通风智能管控系统研究[D]. 西安:长安大学,2023.

[14] 房罡. 基于模糊控制的隧道通风节能优化控制[D]. 赣州:江西理工大学,2019.

[15] 郑晅,郭大伟,李雪. 公路隧道竖井-集热棚-烟囱三段式自然通风节能模型及应用[J]. 科学技术与工程,2020,20(33):138.

[16] 高云骥,李智胜,罗越扬,等. 纵向通风与竖井自然排烟下隧道火灾烟气特性实验研究[J].

消防科学与技术,2022,41(2):185-191.

[17] 徐志胜,王蓓蕾,孔杰.风机横向布置间距对公路隧道污染物分布的影响研究[J].安全与环境学报,2021,21(1):321-327.

[18] 曾艳华,赵东旭,涂云龙,等.特长公路隧道运营通风多模式转换及节能研究[J].现代隧道技术,2023,60(5):11-19.

[19] 陈爱娟,杨振峰.公路隧道通风流场分布及壁面压力特性研究[J].南京工程学院学报(自然科学版),2023,21(3):79-84.

基于统计规律的隧道火灾风险量化评估

张奥宇*[1,2]

(1.中交第二公路勘察设计研究院有限公司;2.武汉中交交通工程有限责任公司)

摘　要　为了确定复杂交通组成情形下的隧道火灾风险,本文构建了基于统计数据规律的隧道火灾风险量化评估模型。通过事件树方法分析车辆碰撞情形,并分别计算每种情形下车辆碰撞场景风险值,同时结合统计规律计算非车辆碰撞原因导致的隧道火灾风险值。工程实例计算结果表明,单一大货车由于车辆故障导致的火灾为最大风险场景。该风险评估模型在确定火灾风险方面对隧道工程防灾救援体系设计具有一定的指导和借鉴作用。

关键词　隧道火灾　风险评估　事件树　防灾救援

0　引言

随着城市公路隧道向长大化发展,以及车流密度的增长和行车速度的提高,公路隧道的交通事故、火灾事故、危险品泄漏事故等也随之出现。而交通事故、可燃性危险品泄漏事故极易导致火灾事故发生,所以公路隧道火灾是目前大家普遍关注的问题。由于隧道火灾具有随机性大、成灾时间短、烟雾大、温度高、扑救困难、疏散困难等特点,一旦发生,后果往往极其严重。根据赖金星等人的统计数据分析结论得出车辆自身故障是诱发隧道火灾的主要因素,约占总数的63%;火灾造成人员伤亡的事故占16.3%,造成隧道结构受损的事故占24.8%,后果较为严重;货车是引起火灾的主要车型[1]。

公路隧道的火灾事故往往是由多种原因造成的。风险通常将其定义为事件的可能性及其后果的乘积,即

$$火灾风险 = 可能性 \times 后果 \tag{1}$$

式中可能性用概率进行表示,后果用火灾热释放率表示。

对于公路隧道火灾,风险分析的概率部分取决于各种火灾起因的可能性。后果部分可以从隧道火灾事故案例及隧道火灾实验中得到,这与隧道内可燃的结构物及机电系统,以及交通组成中车辆的可燃成分有关。关于公路隧道火灾风险评估,国内外已有相关学者进行了相关的研究工作。张立宁等人针对城市地下商业综合体火灾发生的不确定性,引入未确知测度理论,构建了基于未确知测度的城市地下商业综合体评价模型,并运用熵权理论确定各评价指标的指标权重[2]。周文涛等人用集成学习的思想,提出了一种基于集成特征选择的森林火灾风险评估方法,构建基于BP神经网络的森林火灾风险评估模型[3]。张宏卫采用层次分析法确定各指标对火灾风险的影响权重,建立火灾风险评估模型从而针对公众聚集场所进行火灾风险评估[4]。闻英男基于事件树分析方法,构建了风险容忍度确定、事件树构建、火灾场景发生概率计算、火灾损失后果计算、火灾风险评估5个步骤的高层建筑事件树火灾风险评估模型,可以得出风险相对应的经济价值和生命价值[5]。袁奇等人提出了一种基于能量和屏障理论、预先危险性分析、领结图和模糊贝叶斯网络的地下工程火灾风险评估方法。通过该方法可以准

基金项目:中交集团重大科技研发项目“城市复杂环境超大直径盾构隧道设计关键技术研究”(2018-ZJKJ-09)。

确识别关键风险因素,确定最大风险链[6]。韩兴博等人基于修正 Cranee 公式和 FED 失能模型建立了一套人员疏散安全性量化评估模型,为确定人员可用安全疏散时间提供了新的计算思路[7]。韦相宇等人通过鱼骨图与层次分析法(AHP)结合,基于"人—物—管—环"事故连锁原理,构建出高层住宅建筑火灾风险评估指标体系,以定量化标度形式构造出判断矩阵,并运用 MATLAB 软件求解得到各影响因素的权重值,得出各风险因子在指标体系中的总排序[8]。

但目前关于公路隧道的火灾规模大多采用规范中的隧道长度和道路等级来确定,未能体现交通量及交通组成对隧道火灾规模这一关键设计参数的影响。且目前主要针对人员疏散过程中的安全风险进行量化评估,主要为人因分析确定疏散设施安全性,基于隧道火灾荷载的风险分析研究较少,有必要针对这一关键设计参数确定一套行之有效的分析方法。

本文采用一种通过结合交通统计数据和车辆火灾事件数据,使用定量风险评估来确定公路隧道火灾风险等级的方法。可以辨识确定具有较高火灾风险级别的火灾场景,可以为建立隧道烟气控制数值分析模型提供参考。同时,可以将此方法确定的火灾风险级别用作衡量标准,以识别潜在的隧道火灾情景,进一步确定隧道的热释放率。

1　火灾风险分析

隧道火灾风险与隧道通行的车辆类型、车流密度、火灾热释放速率以及隧道特征等息息相关。通常,单车热释放速率主要采用相关文献值,在许多隧道烟气控制系统设计中,选择峰值放热速率时并未适当考虑隧道特性对火灾增长或预期隧道内交通组成比例的影响。分析火灾风险等级时,允许进入隧道的车辆类型是重要的考虑因素。由于道路上的车辆可能从摩托车到重型货车不等,因此在发生火灾时其热释放率的大小可能会发生很大变化,因此限制某些车辆进入隧道是减少隧道火灾风险的有效手段。

数值模拟将有助于确定特定隧道设计的热释放率,但是由于运行所有数值模型需耗费大量时间,因此无法通过建模来模拟每个可能的事件。在开展任何详细的数值模拟工作之前,有必要了解一般的火灾风险。火灾风险分析与不同类型车辆的数量,车辆事故发生率和故障车辆导致起火的概率,疏忽大意(非故意)导致起火的概率,故意行为(人为纵火)导致起火的概率等密切相关(图 1、图 2)。

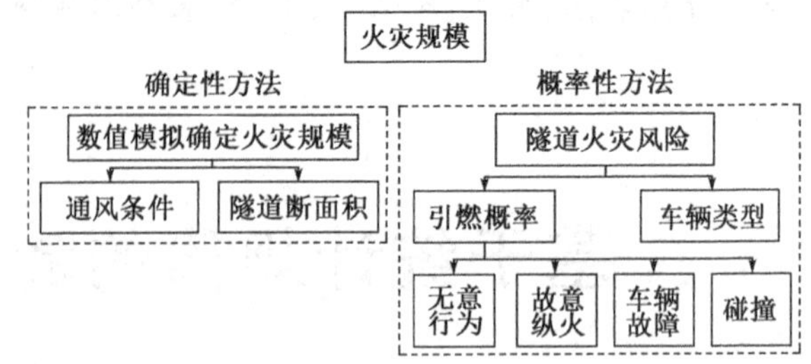

图 1　火灾风险评价图

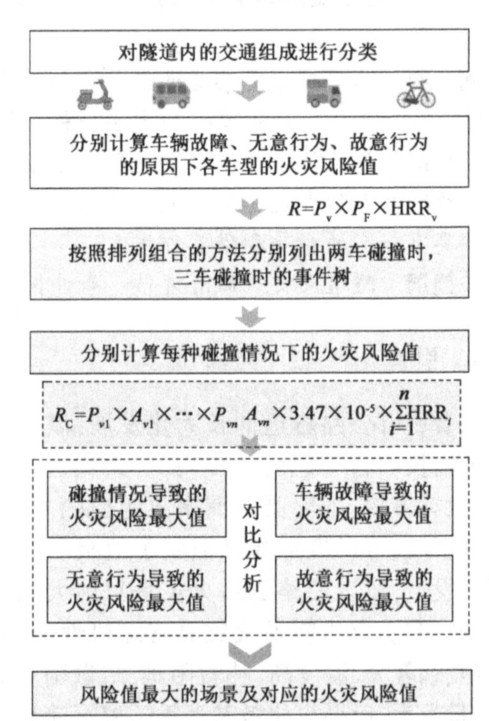

图 2　火灾风险评价流程图

1.1　车辆火灾的原因

车辆起火的原因可分为四类:车辆故障、疏忽大意、故意纵火以及碰撞。根据 Ingason 等人汇编的国际隧道火灾事件[9],公路隧道火灾的起因主要源于车辆本身。损坏的燃油管路会在热的发动机上喷洒易燃燃油,制动系统过热并产生火花,都是造成车辆起火的原因。疏忽大意的行为包括丢弃的香烟等。故意行为可以分为六类:盈利动机、故意犯罪、隐瞒犯罪、故意破坏、人格障碍(包括自杀)及政治目标,例如恐怖主义。碰撞是指交通事故中的车辆撞击(包括车辆撞击隧道)或可能对隧道设施造成损坏的事件。车辆碰撞涉及各种类型的单个或多个车辆。

1.2 车辆的热释放率

车辆着火的热释放率在风险分析中起着重要作用，因为更高的热释放率将导致更高的着火风险等级。交通车辆的热释放率可以在1.24～202MW之间变化。车辆热释放率的影响条件包括车辆类型、隧道断面、装载物的材料和数量以及通风条件。

当隧道内发生火灾时，断面积较大的隧道相比较断面积较小的隧道热释放率一般更大一些，主要是由于更强的反射热辐射率。对热释放率的另一个主要影响是隧道的通风状况。大量的隧道火灾试验表明，通风良好的隧道加速火灾烟气蔓延散开，从而导致较高的热释放率，并且这种燃烧的增强可能是由于在较高速度下气流混合效果的燃烧增强。对于货车来说尤其如此，因为火灾的大小通常由燃料的特性决定。根据车辆火灾的类型、隧道的几何形状和通风条件，通过这些大型试验获得的热释放率值可使消防工程师对设计火灾进行初步评估。

2 典型水下隧道火灾风险分析

进行火灾风险分析首先需要确定交通组成，根据项目交通调查与预测报告的交通量调查数据得出卡纳普里隧道交通量的详细组成情况，如表1所示。

卡纳普里隧道交通分布情况 表1

车型	组成比例(%)	类别	类别比例(%)
摩托车	6.18	M	16.37
三轮车	10.19		
多用途车	1.22	C	5.77
小汽车	4.55		
小型货车	14.66	L	31.08
中型货车	16.42		
重型货车	16.69	H	16.69
微型巴士	11.95	B	30.09
小型巴士	10.17		
大型客车	7.97		

现有数据无法确定一种车辆类型的故障是否比另一种类型的故障更普遍，因此在整个风险分析中使用了相同的概率。该隧道设计包括了监控系统，因此故意破坏的可能性较小。对于碰撞的分析，假设碰撞概率是恒定的，而与碰撞中涉及的车辆的数量和类型无关。随着碰撞中车辆数量的增加，在多次碰撞中可能发生的碰撞组合数量也增多。

汽车交通事故造成的火灾概率采用了瑞典SP在新加坡研究项目中调研得出的火灾事故各原因的发生概率[9]。热释放率可以一定程度代表火灾导致的后果，采用概率和热释放率的乘积表示风险值。

对于车辆故障、疏忽大意、故意纵火可采用下式计算：

$$R = P_v \times P_F \times \mathrm{HRR}_v \tag{2}$$

式中：R——火灾风险；

P_v——此种车型车辆出现在隧道中的概率，依据项目的交通组成确定；

P_F——导致火灾的概率，可参照下表2取值；

HRR_v——对应车型的热释放率，可参照Ingson等人编著的《Tunnel Fire Dynamics》及《隧道通风设计细则》[9-10]取值如下：摩托车－1.5MW，小汽车－5MW，客车－30MW，轻型货车－20MW，重载货车－50MW。

各原因导致火灾的概率 表2

导致车辆起火的原因	2004年	2005年	2006年	均值
车辆故障	1.828×10^{-4}	1.680×10^{-4}	1.477×10^{-4}	1.66×10^{-4}
故意纵火	7.813×10^{-5}	7.929×10^{-5}	6.998×10^{-5}	7.58×10^{-5}

续上表

导致车辆起火的原因	2004年	2005年	2006年	均值
无意/疏忽大意	4.464×10^{-5}	2.822×10^{-5}	3.110×10^{-5}	3.47×10^{-5}

表3计算了不同原因情况下的各车型火灾风险值。对于车辆碰撞原因导致火灾的火灾风险值计算可以由下式确定，经过研究，车辆碰撞只考虑最多三种车型的碰撞组合，因为随着参与碰撞的车型数增加，火灾风险值逐渐下降。

$$R_C = P_{v_1}A_{v_1}\times\cdots\times P_{v_n}A_{v_n}\times3.47\times10^{-5}\times\sum_{i=1}^{n}\mathrm{HRR}_i \tag{3}$$

式中：P_v——各车型出现在隧道中的概率；

A_v——各车型对应的碰撞事故概率，可按表4进行取值；

3.47×10^{-5}——车辆碰撞导致火灾的概率；

$\sum_{i=1}^{n}\mathrm{HRR}_i$——参与碰撞的车型的热释放率之和。

车辆故障、无意行为、故意行为火灾风险　　表3

车辆故障				
车型	隧道中出现车型的概率	导致火灾的概率	峰值热释放率(MW)	火灾风险
M	0.1637	1.66×10^{-4}	1.5	3.37×10^{-5}
C	0.0577	1.66×10^{-4}	5	4.50×10^{-5}
B	0.3009	1.66×10^{-4}	30	1.48×10^{-3}
LGV	0.3108	1.66×10^{-4}	20	8.25×10^{-4}
HGV	0.1669	1.66×10^{-4}	50	5.59×10^{-3}
无意行为				
车型	隧道中出现车型的概率	导致火灾的概率	峰值热释放率(MW)	火灾风险
M	0.1637	3.47×10^{-5}	1.5	7.04×10^{-6}
C	0.0577	3.47×10^{-5}	5	9.41×10^{-6}
B	0.3009	3.47×10^{-5}	30	3.10×10^{-4}
LGV	0.3108	3.47×10^{-5}	20	1.73×10^{-4}
HGV	0.1669	3.47×10^{-5}	50	1.17×10^{-3}
故意行为				
车型	隧道中出现车型的概率	导致火灾的概率	峰值热释放率(MW)	火灾风险
M	0.1637	7.58×10^{-5}	1.5	1.54×10^{-5}
C	0.0577	7.58×10^{-5}	5	2.06×10^{-5}
B	0.3009	7.58×10^{-5}	30	6.77×10^{-4}
LGV	0.3108	7.58×10^{-5}	20	3.77×10^{-4}
HGV	0.1669	7.58×10^{-5}	50	2.55×10^{-3}

针对碰撞车辆情况进行事件树分析，共得出55种碰撞组合情况。图3和图4为事件树分析图。M、C、B、L、H分别代表摩托车、小汽车、客车、轻型货车以及重型货车。

通过事件树图进行分析得出共有55种碰撞情况。将多车碰撞的风险值结果按照降序绘制，如图5所示，图中比例为各风险值占总风险值的比例，可以看出随着碰撞组合中车辆数量的增加，火灾风险值水平所占的比例显著降低。尽管多辆汽车相撞的峰值放热速率随汽车数量的增加而增加，但发生此组合的可能性降低了，因此降低了危险(表4)。与单车或两车碰撞相比，三车碰撞火灾风险水平持续降低(表5)，因此不考虑多于三辆车辆的车辆碰撞组合情况。

通过上述计算可以看出，重型货车(HGV)由于车辆碰撞原因着火的火灾风险等级高于其他车辆类型。原因是该隧道中重型货车比例相对较高，并且相对于其他类型车辆，其热释放率较高，从而导致整体火灾风险高。其次就是轻型货车(LGV)的火灾风险排在第2位。

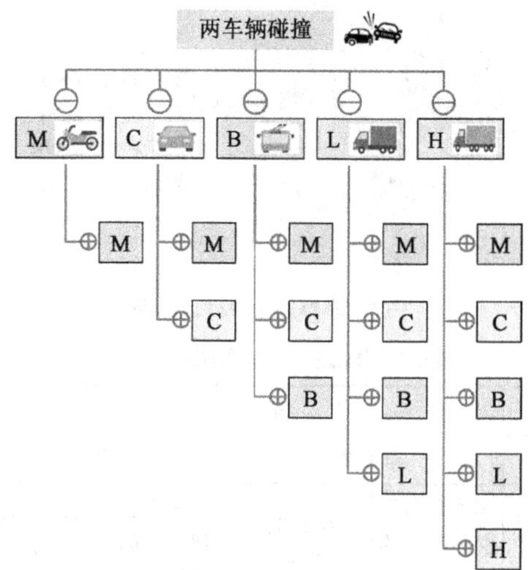

图3　两车碰撞事件树图

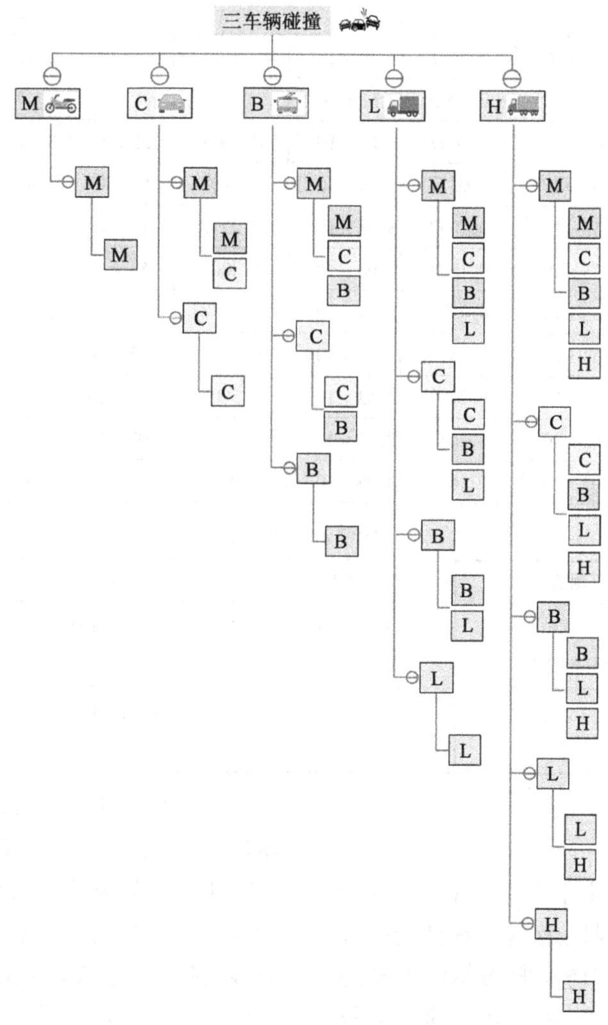

图4　三车碰撞事件树图

对碰撞引起的车辆着火的分析表明,一辆重型货车交通事故碰撞着火的火灾风险最高(可以此场景作为隧道防灾救援设计场景),而涉及三辆小汽车连环碰撞的着火风险最低。

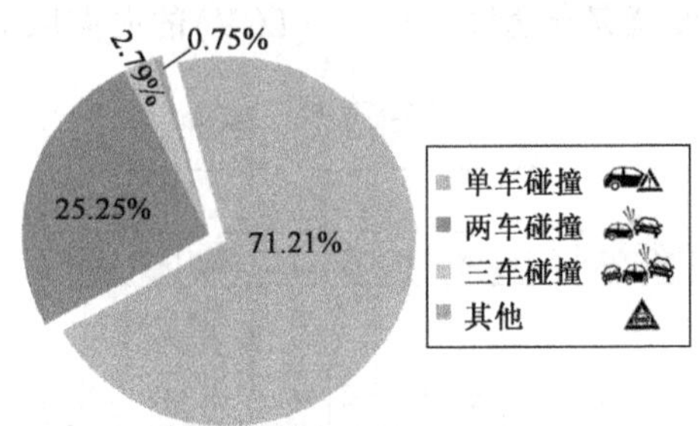

图5 车辆撞击事件风险图

碰撞组合情况的火灾风险(部分) 表4

碰撞									
车辆碰撞组合	车型1		车型2		车型3		车辆碰撞导致火灾的概率	总热释放率(MW)	火灾风险水平
	车型1出现在隧道内的概率	车型1事故概率	车型2出现在隧道内的概率	车型2事故概率	车型3出现在隧道内的概率	车型3事故概率			
C	0.0577	1.14×10^{-2}	—	—	—	—	3.47×10^{-5}	4.7	1.07×10^{-7}
HGV	0.1669	2.64×10^{-2}	—	—	—	—	3.47×10^{-5}	201.9	3.09×10^{-5}
C-C	0.0577	1.14×10^{-2}	0.0577	1.14×10^{-2}	—	—	3.47×10^{-5}	9.4	1.41×10^{-10}
LGV-B	0.3108	7.02×10^{-3}	0.3009	3.53×10^{-2}	—	—	3.47×10^{-5}	45.7	3.68×10^{-8}
LGV-M-B	0.3108	7.02×10^{-3}	0.1637	3.08×10^{-2}	0.3009	3.53×10^{-2}	3.47×10^{-5}	46.2	1.87×10^{-10}
HGV-C-LGV	0.1669	2.64×10^{-2}	0.0577	1.14×10^{-2}	0.3108	7.02×10^{-3}	3.47×10^{-5}	210.1	4.61×10^{-11}
B-M-C	0.3009	3.53×10^{-2}	0.1637	3.08×10^{-2}	0.0577	1.14×10^{-2}	3.47×10^{-5}	4.7661	5.83×10^{-12}
B-M-B	0.3009	3.53×10^{-2}	0.1637	3.08×10^{-2}	0.3009	3.53×10^{-2}	3.47×10^{-5}	29.7661	5.88×10^{-10}
B-C-C	0.3009	3.53×10^{-2}	0.0577	1.14×10^{-2}	0.0577	1.14×10^{-2}	3.47×10^{-5}	4.7467	7.57×10^{-13}
B-C-B	0.3009	3.53×10^{-2}	0.0577	1.14×10^{-2}	0.3009	3.53×10^{-2}	3.47×10^{-5}	29.7467	7.66×10^{-11}
B-B-B	0.3009	3.53×10^{-2}	0.3009	3.53×10^{-2}	0.3009	3.53×10^{-2}	3.47×10^{-5}	89.1	3.71×10^{-9}
L-M-M	0.3108	7.02×10^{-3}	0.1637	3.08×10^{-2}	0.1637	3.08×10^{-2}	3.47×10^{-5}	1.27782	2.46×10^{-12}
L-M-C	0.3108	7.02×10^{-3}	0.1637	3.08×10^{-2}	0.0577	1.14×10^{-2}	3.47×10^{-5}	4.73782	1.19×10^{-12}

风险值计算汇总表 表5

火灾类型	车辆故障	过失导致	故意纵火	碰撞
最大火灾风险:车辆组成	5.59×10^{-3} 一台 HGV	1.17×10^{-3} 一台 HGV	2.55×10^{-3} 一台 HGV	3.09×10^{-5} 一台 HGV
最小火灾风险:车辆组成	3.37×10^{-5} 一台 M	7.04×10^{-6} 一台 M	1.54×10^{-5} 一台 M	1.39×10^{-13} C-C-C

3 结语

通过对隧道火灾风险进行了基于统计学的分析,结果表明隧道内火灾风险最高的事件为一辆重载货车燃烧,可以为制定防灾救援策略及交通管制措施提供依据。针对隧道内潜在的火灾场景,例如隧道中可能发生的车辆火灾的数量和类型及可能产生的火灾风险,设计人员在设计分析中能够充分考虑这些场景并提前设计应对方案。当考虑到最多涉及三辆车辆的碰撞事件时,一次HGV碰撞火灾具有最高的火灾风险等级,而涉及三辆小汽车的碰撞具有最低的火灾风险。因此在制定管理措施时,有必要针对重载货车实行重点监控,禁止危化品车辆进入隧道,重载货车可考虑实施引导下通行及错峰出行,降低风险值。

由于每个隧道的交通量组成都是不一样的,火灾风险分析结果可能会有所不同。今后在有条件的情况下,可进一步结合我国交通特点针对碰撞概率及火灾事故概率数值进行修正。此方法也可以在隧道之间进行比较，建立隧道风险数值库，可为今后我国隧道防灾救援设计提供理论依据和参考。

参考文献

［1］ 赖金星，周慧，程飞，等. 公路隧道火灾事故统计分析及防灾减灾对策［J］. 隧道建设，2017，37(4)：409-415.

［2］ 张立宁，苟鹏飞，安晶，等. 地下商业综合体火灾风险评估［J］. 消防科学与技术，2022，41(3)：363-367.

［3］ 周文涛，张皓，陈维捷，等. 基于集成特征选择的森林火灾风险评估［J］. 消防科学与技术，2022，41(12)：1727-1731.

［4］ 张宏卫. 基于层次分析法的公众聚集场所火灾风险评估［J］. 中国人民警察大学学报，2022，38(12)：34-38.

［5］ 闻英男. 基于事件树的高层建筑火灾风险评估［J］. 中国人民警察大学学报，2022，38(12)：39-43.

［6］ 袁奇，张晓蕾，张兴凯，等. 地下工程火灾综合定量风险评估方法［J］. 安全与环境学报.

［7］ 韩兴博，夏永旭，汪文兵，等. 生命值与伤害值概念下的公路隧道火灾人员逃生安全风险研究［J］. 现代隧道技术，2021，58(1)：84-91，108.

［8］ 韦相宇，田世祥，代张音. 基于鱼骨图-AHP 法高层住宅建筑火灾风险评估［J］. 住宅科技，2023，43(2)：55-58.

［9］ HAUKUR I, LI Y Z, ANDERS L. Tunnel fire dynamics［M］. New York：Springer，2014.

［10］ 中华人民共和国交通运输部. 公路隧道通风设计细则：JTG/T D70/2-02—2014［S］. 北京：人民交通出版社股份有限公司，2014.

曲线隧道烟气蔓延规律及临界风速的研究

王 建[*1] 王 雪[2,3,4] 刘 媛[2,3,4] 于 丽[*2,3,4] 陈勇良[1] 赵灵吟[1]

（1. 中国电建集团成都勘测设计研究院有限公司；2. 西南交通大学土木工程学院；
3. 西南交通大学交通隧道工程教育部重点实验室；
4. 西南交通大学极端环境岩土和隧道工程智能建养全国重点实验室）

摘 要 为研究隧道曲率对烟气蔓延规律的影响，通过数值模拟，采用全尺寸隧道模型，考虑曲率半径为 $R=300$m、$R=500$m、$R=800$m、$R=1200$m、$R=1600$m、$R=\infty$，共 6 种隧道模型，研究隧道曲率对烟气蔓延的影响规律。结果表明：根据曲线隧道内外侧温度差异，确定曲线隧道的临界曲率为 1200m。随曲率半径减小，可视度更低，烟气影响范围更大。火源附近的涡流分布范围随曲率半径的增大而减小，曲率半径 300m 隧道中的涡流主要分布在离火源 100m 范围内，直线隧道则分布在 30m 范围内；随着距火源距离的增大，涡流的分布主要集中在隧道底部。提出了曲线隧道的临界风速修正系数，建立了适用于曲线隧道的临界风速计算模型。

关键词 公路隧道 曲线半径 数值模拟 烟气温度 烟气蔓延速度 临界风速

0 引言

“十四五”规划明确提出了加快建设交通强国目标，加强出疆入藏、中西部等地区骨干通道的基础设施建设。三级阶梯的横断山脉，受地形和环境等自然条件限制，无法利用普通的直线隧道解决山岭存在高差的问题，因此，大纵坡曲线公路隧道应运而生。隧道曲率对烟气产生的摩擦阻力使得烟气的流动更加复杂，由此产生更高的温度场，火灾烟气控制更为困难[1-3]。

基金项目：中国国家铁路集团有限公司科技研究开发计划项目(2022KY08)。

伍灿等[4]依托干海子曲线隧道,利用FDS软件进行数值模拟,开展曲率为1/600的小半径曲线公路隧道火灾烟气蔓延规律研究。黎琳等[5]以曲率 $\rho = 1/250\text{m}$ 的曲线隧道为研究对象,利用Fluent软件进行数值模拟,模拟不同火源功率下不同风速的烟气扩散运动规律。芦峰[6]利用FDS软件对采用半横向式通风的曲线公路隧道火灾情况进行研究,研究表明,火源区横向湍流会阻止火灾烟气的纵向扩散,得出相同火源功率下曲线隧道火灾烟气回流长度为直线隧道的2倍。胡顺利[7]考虑三种隧道曲率,提出了对小半径曲线隧道火灾通风的临界风速理论公式。

从前人研究来看,目前火灾烟气蔓延仅考虑较少曲率半径选型,对不同隧道曲率下火灾烟气蔓延特性和临界风速的研究有待进一步探究。因此,本文通过FDS软件进行数值模拟,对不同曲率影响下的烟气蔓延及温度分布规律进行分析,在此基础上,基于临界风速理论和数值模拟,提出了曲线隧道临界风速修正系数,建立了适用于曲线隧道的临界风速计算模型,为大纵坡公路隧道防灾救援提供一定的参考。

1　隧道临界风速理论基础

隧道火灾临界风速是指火源下风方向烟气逆流长度为零的最小纵向通风风速,烟气逆流如图1所示。

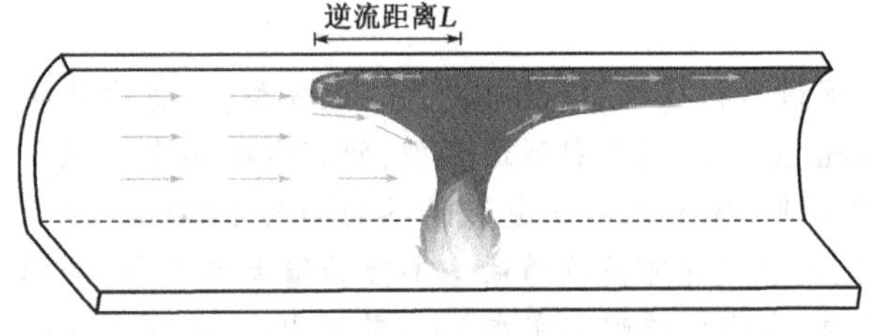

图1　烟气逆流示意图

1968年,Thomas[8]首次提出了临界风速的概念,给出了临界风速计算方法,如式(1)所示。

$$V_C = k\left(\frac{gHQ}{\rho_0 C_P A T_f}\right)^{\frac{1}{3}} \tag{1}$$

式中:V_C——隧道内纵向风速(m/s);

k——常数,取决于相应实验;

H——隧道断面高度(m);

g——重力加速度(m/s²);

Q——火源热释放速率(kW);

ρ_0——环境温度下隧道内空气的密度(kg/m³);

c_P——空气比热,取1.014kJ/(kg·K);

A——隧道断面面积(m²);

T_f——隧道内平均温度(K)。

1976—1982年,Kennedy、Heselden、Dan-ziger[9-10]分析了火灾临界风速与隧道坡度的相关关系,建立了如式(2)、式(3)所示的计算公式。

$$V_C = k_g k\left(\frac{gHQ}{\rho_0 C_P A T_f}\right)^{\frac{1}{3}} \tag{2}$$

$$T_f = \frac{Q}{\rho_0 C_P A V_c} + T_0 \tag{3}$$

式中:k_g——坡度修正系数,坡度为0%、1%、2%、3%、4%、10%的对应取值分别为1.00、1.04、1.06、1.09、1.12、1.23;

k——常数,取值为0.61;

T_0——环境温度(K);

其余参数含义与式(1)一致。

1995—1996年,Oka和Atkinson[11-12]基于试验结果给出了如式(4)和式(5)所示的临界风速计算公式。

$$\begin{cases} v^* = K_v\left(\dfrac{Q^*}{0.12}\right)^{1/3} & (Q^* \leqslant 0.124) \\ v^* = K_v & (Q^* > 0.124) \end{cases} \tag{4}$$

$$\begin{cases} Q^* = \dfrac{Q}{\rho_0 C_p T_0 g^{1/2} H^{5/2}} \\ v^* = \dfrac{v_{cr}}{\sqrt{gH}} \end{cases} \tag{5}$$

式中:K_V——火源调整系数,取值范围为0.22~0.383;

Q^*——无量纲热释放速率;

v^*——无量纲临界风速;

v_{cr}——临界风速(m/s)。

2　数值模型建立

2.1　工程概况

西南高原地区某双洞单向螺旋公路隧道,隧址海拔在3000m左右,设计速度为40~60km/h,曲率半径多集中在380~800m范围内,坡度主要集中在4.15%~4.42%。工程隧道的横断面如图2所示,为上、下分离的双洞四车道公路隧道,隧道净宽为11.20m,净高为7.20m。

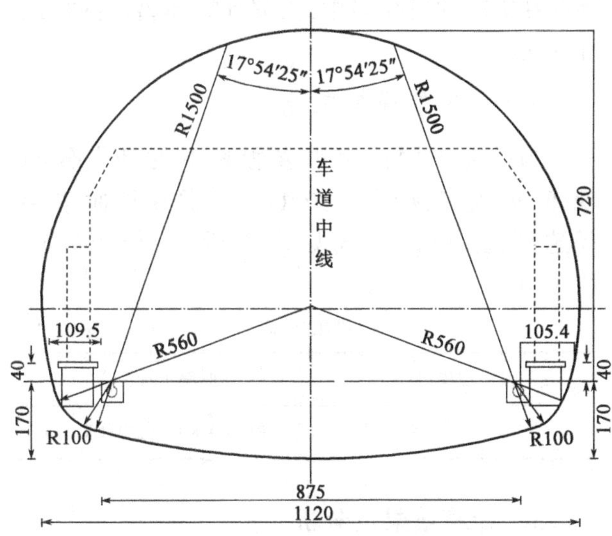

图2　隧道横断面图(尺寸单位:cm)

由于地形及高差限制,部分螺旋隧道展线超过720°,在长度、高差和隧道转角等方面远超国内其他螺旋形隧道,本工程隧道的展线示意图如图3所示。

图3　螺旋隧道展线示意图

2.2　计算模型及边界条件

本文采用FDS(Fire Dynamics Simulator)进行火灾模拟,大量研究表明FDS在火灾模拟中具有良好的准确性与适用性[13-14]。本次模拟中的火灾模型参照图2中隧道的实体轮廓进行建立,模型横断面如图4所示。

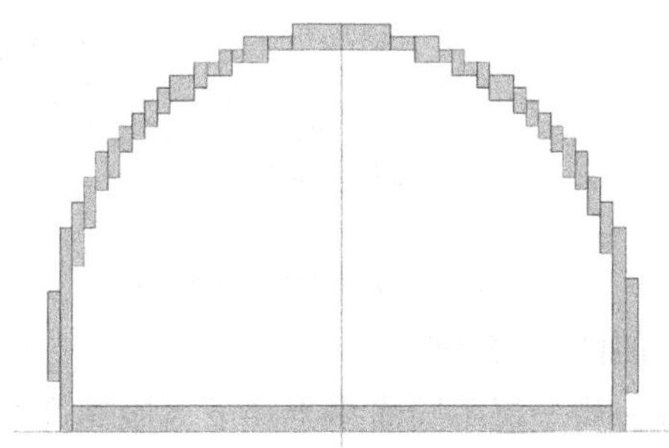

图4　FDS隧道建模示意图

模型边界条件按以下考虑:环境初始温度为20℃,环境大气压强为101.325kPa,重力g为9.81m/s^2,空气的密度为1.225kg/m^3,定压比热容为1.014kJ/(kg·K),隧道的表面材料为混凝土,密度为2400kg/m^3,导热系数为1.355W/(m·K),隧道两端的边界条件根据通风与否,分别设置为"VENT"与"OPEN"表面。

2.3　火源规模

公路隧道火源规模对隧道内设施设备配置有着决定性作用,对隧道的最终建设成本也会产生比较大的影响,《公路隧道通风设计细则》(JTG/T D7/02-02—2014)中纵向排烟的隧道则主要考虑了20MW、30MW、50MW三种火灾规模。

依托工程隧道中着火时,热释放速率最大的为货车,运输材料为非易燃易爆物品,因交通量较小,不考虑引燃的情况,因此确定本工程中火灾规模为30MW[15-18]。

2.4　网格划分及敏感性分析

网格尺寸对于数值模拟计算而言十分重要,它在一定程度上决定了计算结果精确性。FDS软件中的网格均为规整的矩形网格,大幅度提升了计算效率及准确性,一般对于同一个模型而言,一定范围内较小的网格尺寸精确度更高,但网格尺寸过小会大幅度增加硬件消耗和时间成本,因此确定合理的网格尺寸极为重要。合理的网格尺寸应当反映真实流场特性,同时节约硬件资源及时间,通过对网格的合理尺寸进行研究,发现网格尺寸一般取特征火焰直径的1/4~1/16时计算结果较好,应用中可取1/8~1/12,特征火焰直径D^*可以通过式(6)进行计算[19]:

$$D^* = \left(\frac{\dot{Q}}{\rho_0 c_P T_0 \sqrt{g}}\right)^{\frac{2}{5}} \tag{6}$$

式中:Q——火源的热释放速率(kW);

ρ_0——空气密度,取1.225kg/m^3;

c_P——空气比热,取1.014kJ/(kg·K);

T_0——环境空气温度,取293K;

g——重力加速度,取9.81m/s^2。

McGrattan[20]在研究中发现采用0.1D^*~0.12D^*的网格时,FDS的计算结果与试验所得结果基本一致。在本次研究中,若取最小火源功率为20MW,计算得到的最小火源特征长度约为3.2m,网格尺寸取火源特征直径的1/10,即网格尺寸宜小于0.32m,计算得到不同火源功率下的推荐的网格尺寸如图5所示。

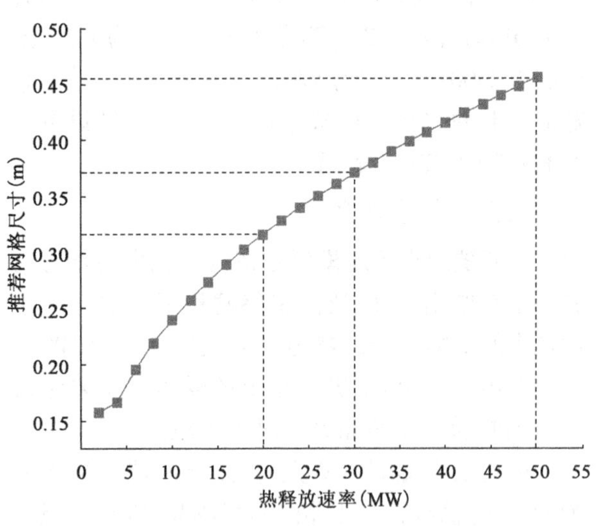

图5　网格建议尺寸

根据上述分析网格大小不宜大于0.32m,为兼顾精确性与计算效率获得更为合适的网格尺寸,选取0.1m、0.25m、0.4m、0.5m的网格尺寸进行敏感性分析,人眼特征高度的温度变化曲线如图6所示,可以看到当网格尺寸取0.4m与0.5m时,温度波动范围较大,这是由于网格过大而造成了计算结果的不稳定,而网格尺寸0.1m、0.25m的温度相差较小,且波动相对较小,因此在本次的研究当中,火灾计算模型取网格尺寸0.25m。

2.5　数值模拟工况

为探究不同曲率因素影响下的烟气分布规律,取火灾规模为30MW,考虑6种曲率半径选型,采用的工况如表1所示,模拟时间取1200s。

模拟工况　　表1

火灾规模(MW)	曲率半径(m)
30	300、500、800、1200、1600、∞

3　计算结果及分析

3.1　不同曲率半径下隧道内火灾温度分布规律

不同曲率半径隧道纵向温度分布如图7所示,火源处拱顶与人眼特征高度处的温度分布趋势基本一致,整体呈现出随隧道曲率半径增大而降低的趋势,此外,曲率半径增大,人眼高度温度超过危险标准60℃的范围减小。

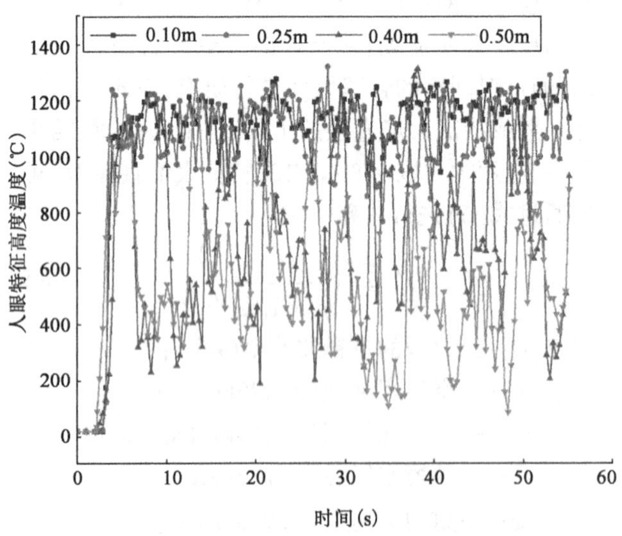

图6　不同网格尺寸下人眼特征高度温度曲线

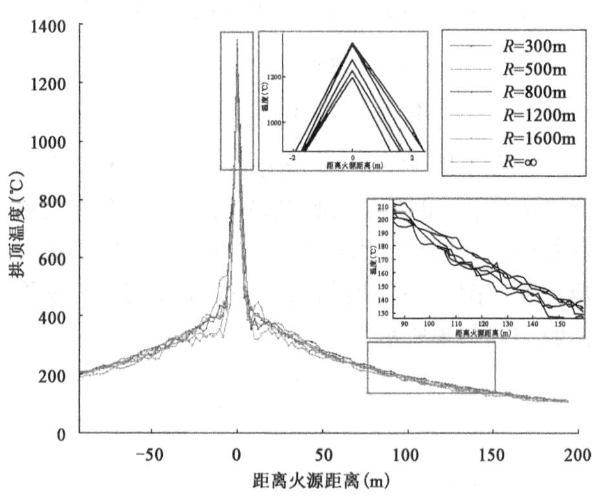

图7　不同曲率半径纵向温度分布

以曲率半径300m、800m、∞为例,分析曲率半径对人眼特征高度处隧道内外侧温度分布造成的差异,如图8所示,可以看出曲率半径越小,内外侧温度的差异越明显,在火源附近,曲率半径300m的温度差绝对值为曲率半径1600m的温度差绝对值的2~3倍。

进一步分析不同曲率半径下人眼高度内外侧温度分布的差异,计算出内外侧温度曲线的温度差异的总和与平均值如图9所示,可以看出,随着曲率半径的增大内外侧温度曲线总体距离和平均距离都在减小,曲率半径1200m为一拐点,之后曲线变化趋势趋于稳定。因此可以认为曲率半径1200m为曲线隧道和直线隧道临界曲率。

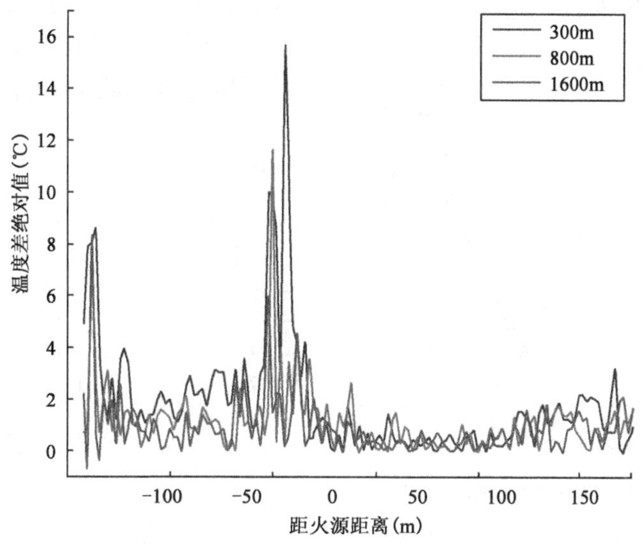

图8 曲率半径300m时内外侧温度差值曲线

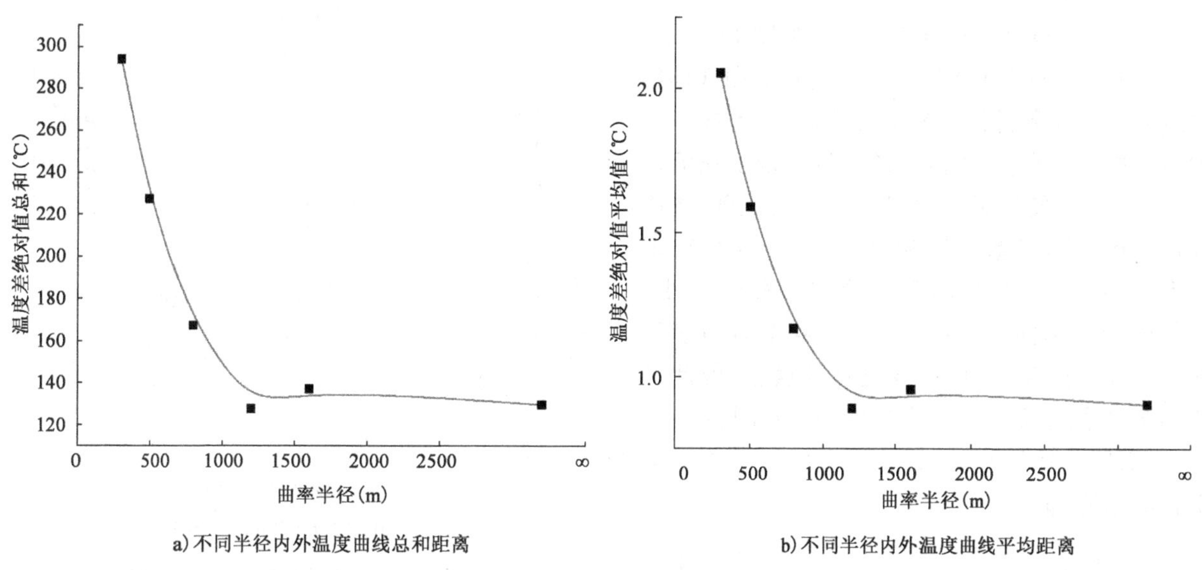

a)不同半径内外温度曲线总和距离　　b)不同半径内外温度曲线平均距离

图9 内外侧温度曲线距离

3.2 不同曲率半径下隧道内可视度分布规律

隧道曲率半径对于距离火源30m处横断面可视度分布有较为明显的影响,如图10所示,曲率半径小于1200m时,火灾烟气向曲线外侧偏移明显,随着曲率半径增大,这种偏移减小,在曲率半径1200m及以上时,与直线隧道内的烟气分布差异较小。

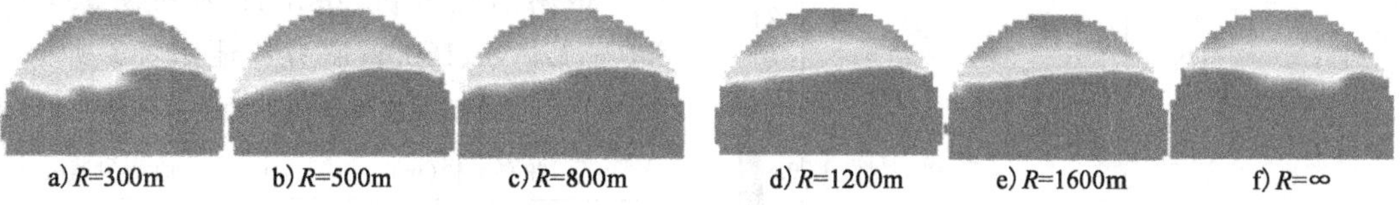
a) R=300m　b) R=500m　c) R=800m　d) R=1200m　e) R=1600m　f) $R=\infty$

图10 距火源30m横断面可视度分布情况

不同曲线半径下2m处的可视度分布曲线如图11所示，在火源附近，随着曲率半径的减小，可视度更低，且影响的范围更大。

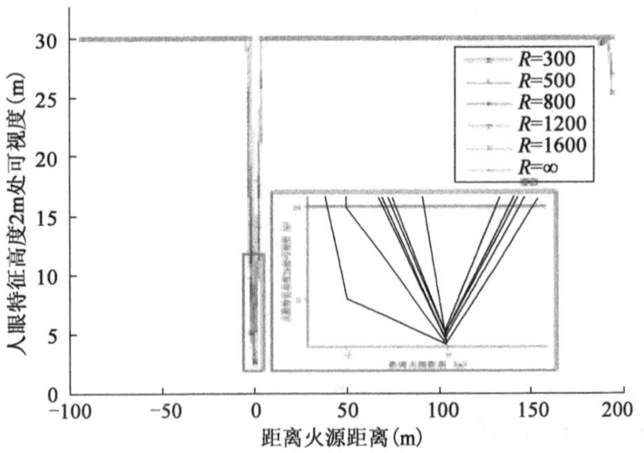

图11　不同半径人眼特征高度可视度曲线

3.3　不同曲率半径下隧道内火灾烟气速度分布规律

不同位置横断面速度矢量分布如图12所示，可以看出火源附近由于燃烧产生的热量和气体释放出来的能量会引起周围空气的对流，形成一个大规模的湍流流场，使得火源附近出现了涡流现象。对于直线隧道而言，由于热气体的温度、流速以及隧道断面参数的影响，涡流主要分布在距离火源30m范围内，而随着曲率半径的变小，热气体会受到向心力的作用，导致流动的速度和方向发生变化，从而形成更强的涡流，因此涡流逐渐扩散至距离火源100m的范围内。此外，随着距火源距离的增大，涡流的分布主要集中在隧道底部。

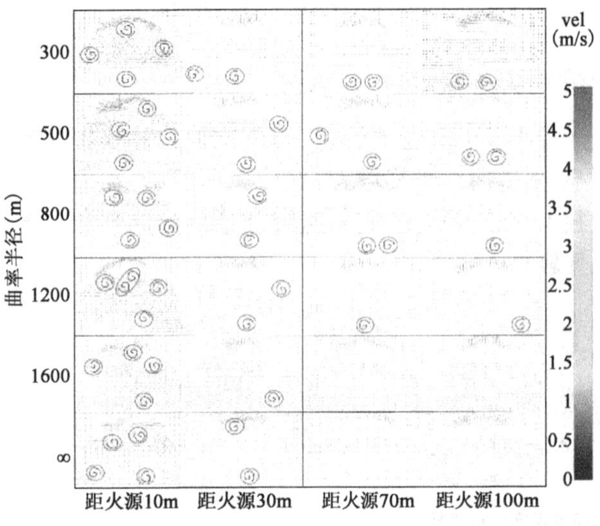

图12　横断面烟气速度分布

拱顶及人眼高度处烟流速度曲线如图13所示，整体来看，拱顶烟气流速随着距火源距离的增大而减小，在150m之后速度基本稳定。从稳定段来看，拱顶烟气流速随曲半径的增大而减小，人眼特征高度烟气流速随着曲率半径的增大而增大。

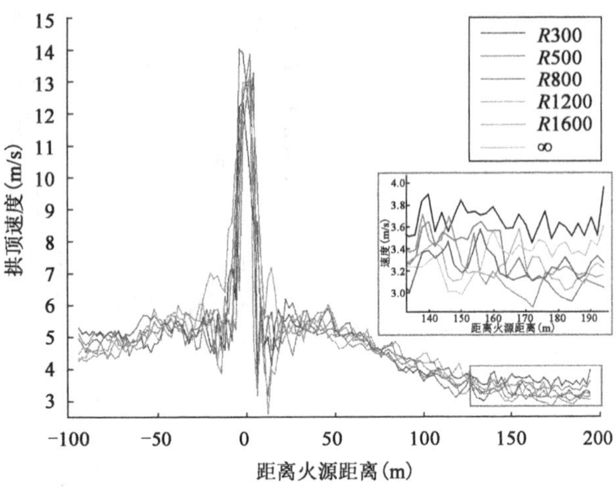

a)拱顶速度分布

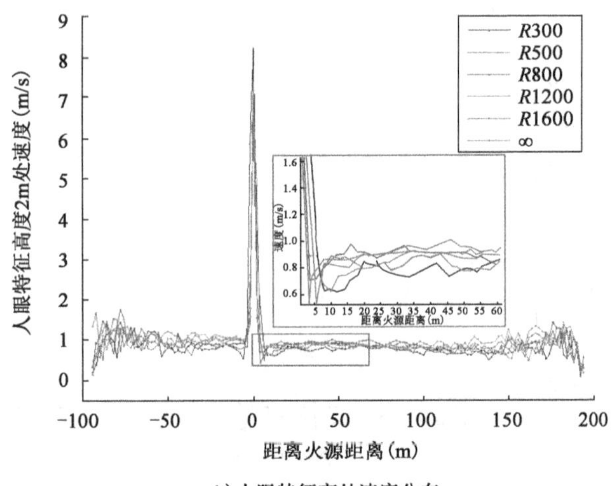

b)人眼特征高处速度分布

图13　不同曲率半径隧道内速度分布图

3.4　不同隧道曲率下临界风速

以隧道曲率半径$R=300$m为例分析，不同纵向风速下的烟气蔓延情况如图14所示，当风速达到3.85m/s时，火灾烟气基本不发生逆流，即风速3.85m/s为当前工况临界风速。

根据前述分析，给出曲率半径300m、500m、800m、1200m、1600m临界风速如表2所示。

不同曲率半径下的临界风速　　表2

曲率半径(m)	临界风速(m/s)
300	3.85
500	4.15

续上表

曲率半径(m)	临界风速(m/s)
800	4.35
1200	4.4
1600	4.4

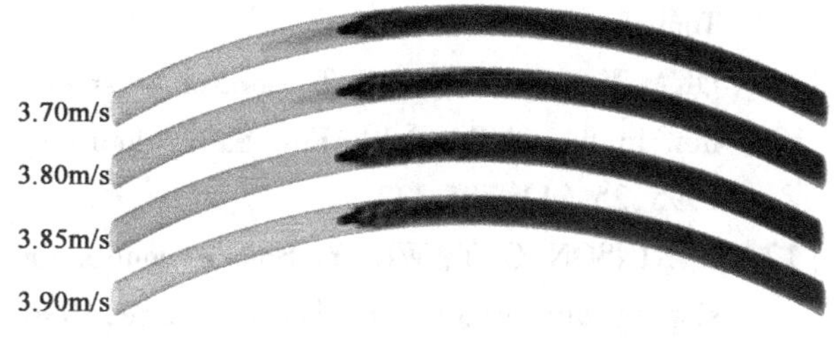

图 14 曲率半径 $R=300\text{m}$ 不同纵向风速下的烟气蔓延情况

不同曲率半径下临界风速曲线如图 15 所示，曲率半径小于 1200m 时，临界风速随曲率半径增大而增大，曲率半径大于 1200m，临界风速基本不再发生变化，且与直线隧道临界风速 4.4m/s 保持一致。当隧道曲率半径为 800m 和 500m 时，临界风速相对于直线隧道减小分别为 1.14% 和 5.68%，当曲率半径为 300m 时临界风速降减小 12.5%。即有以下结论：①随着隧道曲率半径减小，火灾临界风速减小；②当隧道率半径小于 500m 时，临界风速相对于直线隧道减小 3% 以上，当隧道曲率半径小于 300m 时，临界风速相对于直线隧道减小达 10% 以上；③曲线隧道临界曲率半径为 1200m。

根据不同曲率半径下的临界风速，给出不同曲率半径临界风速修正系数拟合曲线如图 16 所示，结合式(6)得到曲线隧道临界风速计算公式如式(7)所示，并将数值模拟结果与公式计算结果进行比较，比较结果见表 3，可以看出理论推导得出的临界风速与数值模拟临界风速误差控制在 4% 左右。

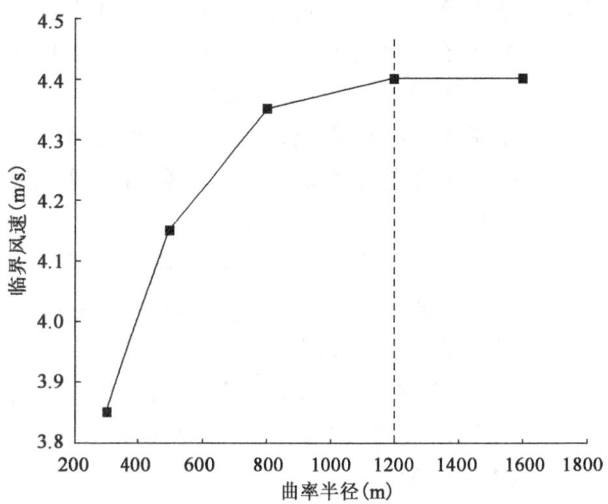

图 15 不同曲率半径临界风速

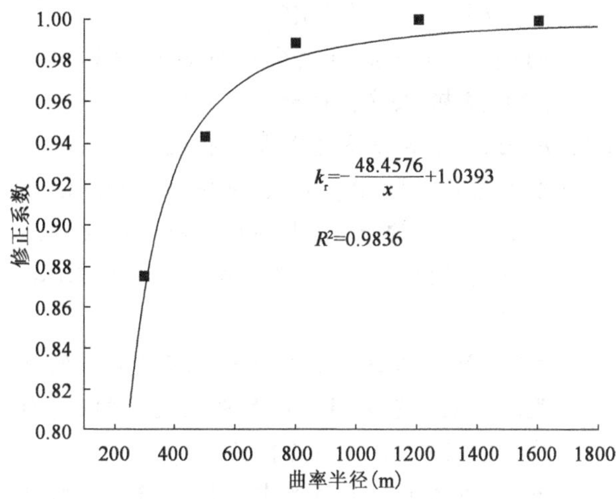

图 16 不同曲率半径修正系数

$$\begin{cases} V_c = 0.946k_r\left(\dfrac{gHQ}{\rho_0 C_P A T_f}\right)^{\frac{1}{3}} \\ k_r = -\dfrac{48.46}{x} + 1 \end{cases} \tag{7}$$

式中：k_r——曲线隧道临界风速修正系数。

曲线隧道临界风速模拟值与理论值计算值 表 3

曲率半径(m)	300	500	800	1200	1600
数值模拟临界风速(m/s)	3.85	4.15	4.35	4.4	4.4
理论临界风速(m/s)	3.76	4.03	4.19	4.28	4.32
误差(%)	2.42	2.81	3.70	2.83	1.85

4　结语

(1)根据曲线隧道内外侧温度差异,确定曲线隧道的临界曲率为1200m。

(2)随曲率半径减小,可视度更低,烟气影响范围更大。

(3)火源附近的涡流分布范围随曲率半径的增大而减小,曲率半径300m隧道中的涡流主要分布在离火源100m范围内,直线隧道则分布在30m范围内,此外,随着距火源距离的增大,涡流的分布主要集中在隧道底部。

(4)根据不同曲率下的临界风速,提出了曲线隧道临界风速修正系数,建立了适用于曲线隧道的临界风速计算模型。

参考文献

[1] 李涛.高速公路螺旋隧道火灾烟气蔓延特性及火灾事故应急救援技术综合研究[D].成都:西南交通大学,2017.

[2] 胡顺利.螺旋隧道火灾通风数值模拟研究[D].成都:西南交通大学,2013.

[3] 冯佳琳.咪的公路隧道火灾数值模拟及安全应急疏散研究[D].重庆:重庆大学,2018.

[4] 伍灿,何佳,倪天晓.小半径曲线隧道火灾通风数值模拟研究[J].消防科学与技术,2014,33(1):37-40.

[5] 黎琳,龚剑,熊鑫鹏.单曲率隧道火灾中的烟气流动数值分析[J].南昌航空大学学报(自然科学版),2019,33(3):60-67,88.

[6] 芦峰.曲线形公路隧道火灾烟气控制模拟研究[D].哈尔滨:哈尔滨工业大学,2017.

[7] 胡顺利,邵建霖,王闯,等.小半径曲线隧道温度场与临界风速研究[J].铁路技术创新,2013(5):46-48.

[8] THOMAS P H. The movement of smoke in horizontal passages against[J]. Fire Research Technical Paper,1968,7(1):1-8.

[9] DANZIGER N H. Longitudinal ventilation analysis for the Glenwood canyon tunnels[C]//Proceedings of the 4th International Symposium on Aerodynamics and Ventilation of Vehicle Tunnels. 1982:169-186.

[10] HESELDEN A. Studies of fire and smoke behaviour relevant to tunnel[C]//Proceedings of the 2nd International Symposium of Aerodynamics & Ventilation of Vehicle Tunnels. 1976.

[11] OKA Y, ATKINSON G T. Control of smoke flow in tunnel fires[J]. Fire Safety Journal, 1995,25(4):305-322.

[12] ATKINSON G T, WU Y. Smoke control in sloping tunnels[J]. Fire Safety Science,1996(27):335-341.

[13] 张会冰.不同壁面边界条件对隧道火灾模拟结果的影响[D].成都:西南交通大学,2007.

[14] 崔心源,赵金龙,姚勇征,等.双火源隧道火灾数值模拟[J].中南大学学报(自然科学版),2022,53(6):2255-2267.

[15] 王明年,崔鹏,郭晓晗,等.高海拔大纵坡铁路隧道火灾特性数值模拟研究[J].现代隧道技术,2019,56(S2):1-8.

[16] 于丽,田源,李博,等.蒙特卡洛法对城市公路隧道火灾规模研究[J].消防科学与技术,2018,37(12):1631-1635.

[17] 于丽,王明年.长大公路隧道火灾模式下的烟雾特性研究[J].现代隧道技术,2007(4):52-55.

[18] 于丽,王明年,郭春.秦岭特长公路隧道火灾温度场的数值模拟[J].土木工程学报,2007(6):64-68.

[19] 覃日富.螺旋隧道火灾烟气蔓延特性研究[D].广州:华南理工大学,2018.

[20] MCGRATTAN K B,BAUM H R,REHM R G. Large eddy simulations of smoke movement[J]. Fire Safety Journal, 1998, 30(2):161-178.

Denoising of GPR Data about Concrete Void Block Based on T-HOSVD and L-curve Algorithm

Yibo Tong[1,2] Yanhui Wang*[1,2,4] Guangyan Cui [1,2,3] Qiuyang Ren[1,2] Tai Zhang[1,2]
(1. School of Traffic and Transportation, Beijing Jiaotong University;
2. State Key Laboratory of Advanced Rail Autonomous Operation;
3. Beijing Mass Transit Railway Operation Corp. Ltd;
4. Key Laboratory of Vehicular Multi-Energy Drive Systems (VMEDS), Ministry of Education)

Abstract Aiming at suppressing the deep noise in concrete void identification caused by the large amount of raw data, a new multi-dimensional noise reduction technology based on truncated high-order singular value decomposition (T-HOSVD) is proposed. In this method, the raw GPR two-dimensional data is transformed into three dimension and decomposition by the T-HOSVD. Then the truncated high-order singular value decomposition problem is verified as an ill-posed problem and L-cure is applied is to find the regularization parameter. The performance of the proposed noise reduction technology is evaluated by actual data and applied to the real signal for noise reduction analysis. Also, the method is compared with three common methods namely wavelet transform, singular value decomposition and singular spectrum analysis. The test results show that the method has better effectiveness and feasibility of multidimensional noise reduction and feature extraction.

Keywords Ground-penetrating radar Noise suppression Truncated high-order singular value decomposition

0 Introduction

Ground Penetrating Radar (GPR) is a geophysical instrument that transmits high frequency electromagnetic wave and receives reflection. It is widely used in civil engineering, archaeology, geology, and orbit detection (Young, 1964; DOBRIYAL et al., 2012; LI et al., 2017). Due to the influence of complex underground environment and ultra-wideband wide receiver (SOLLA et al., 2021), the echo of GPR generally contains significant noise, which makes the effective signal collected by GPR easily covered by noise. Therefore, noise removal is of great significance for improving signal quality and interpretation accuracy.

At present domestic and foreign scholars for GPR detection of tunnel voids research concentrates on two aspects: the first is the reflected signal processing method of research, through all kinds of signal analysis methods of the radar data filtering reflected clutter wave signal. The noise signals are nonlinear and scattered and can affect the identification accuracy of voids in GPR B-scan images, which are caused by the uneven movement of the GPR antenna, direct coupling waves of electromagnetic signals, heterogeneous medium, and the interference of the magnetic field. However, the conventional time-domain and frequency-domain filters, i. e., the average method, median method, low-pass or high-pass filtering method, and band-pass filtering method, are insufficient and inefficient to get rid of the random and deep noise in raw data (VITEBSKIY et al., 1997; WEI X, ZHANG Y. 2015; BI et al., 2018) Likewise, the spatial filtering methods, such as moving average, subtracting average, subtracting background, wavenumber-domain filtering and so on, are only suitable for the low-dimensional (1D or 2D) GPR data (LI et al., 2022;

JAVADI M, GHASEMZADEH H, 2017; BAILI et al., 2009; NI et al., 2022; ROUSHANGAR et al., 2021), which is also difficult to sufficiently filter the deep noise in the radar data. Consequently, we attempt to denoise using the truncated high-order singular value decomposition (T-HOSVD) algorithm by transforming the raw data into a 3D tensor, which will be more helpful to maintain the data integrity.

The tensor model is a very powerful and flexible data processing tool that can calculate and simulate a variety of multidimensional data. Tensors are high-order generalizations of vectors and matrices, providing useful representations for existing real data with natural multidimensional structures (XU J, LEI B, 2019). Based on the tensor model as the data representation model, this paper proposes a decomposition algorithm which can process data quickly and effectively, a method based on T-HOSVD and L-curve is proposed to solve the truncation parameters. In this paper, the tunnel void signal is established into a third-order Tucker tensor model, and combined with T-HOSVD, a new multi-channel noise reduction technology is proposed, and multiple channels of GPR are filtered to improve the detection efficiency. The effectiveness of the proposed method is fully verified by actual signal experiments.

1 Methodology

1.1 Denoising method based on T-HOSVD

The tensor is a higher-order generalization of the vectors and the matrices. Each dimension of the tensor model is called an aspect or mode. The third-order tensor expands along each mode or aspect to obtain the n-mode fiber as Figure 1 illustrated. Tensor matriculated is also called tensor expansion or flattening, and is also used to represent the n-model tensor matriculated $\mathcal{X} \in \mathbb{R}^{I_1 \times I_2 \times \cdots \times I_N}$. For example, the third-order tensor $\mathcal{X} \in \mathbb{R}^{3\times4\times5}$ can be flattened into $\mathcal{X}_{(1)} \in \mathbb{R}^{3\times20}$, $\mathcal{X}_{(2)} \in \mathbb{R}^{4\times15}$ and $\mathcal{X}_{(3)} \in \mathbb{R}^{5\times12}$ respectively.

The tensor $\mathcal{X} \in \mathbb{R}^{I\times J\times K}$ can be decomposed into a core tensor multiplied by the corresponding matrix $\boldsymbol{X}_{(n)}$ along the n model.

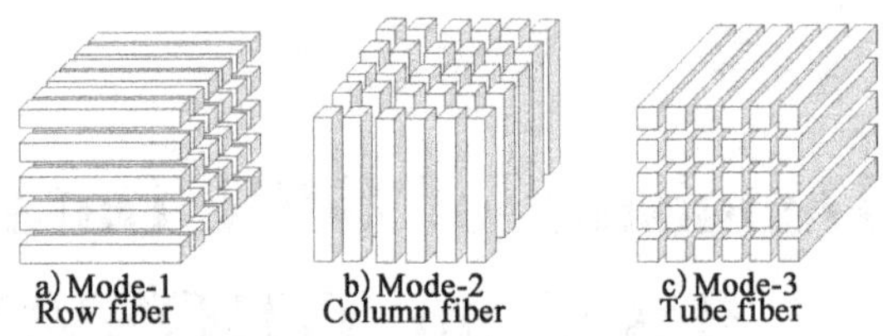

Figure 1 Third-order tensor fiber model

$$\mathcal{X} \approx \mathcal{G} \times \boldsymbol{A} \times \boldsymbol{B} \times \boldsymbol{C} \tag{1}$$

where $\boldsymbol{A} \in \mathbb{R}^{I\times P}$, $\boldsymbol{B} \in \mathbb{R}^{J\times Q}$, $\boldsymbol{C} \in \mathbb{R}^{K\times R}$ are factor matrixes, and the matrixes are generally orthogonal and principal component matrixes. $\mathcal{G} \in \mathbb{R}^{P\times Q\times R}$ is the core tensor and represents the degree of interaction between different principal components, thus the core tensor can be regarded as the epitome of the raw tensor.

As a generalization of Singular value decomposition (SVD) in higher-order models, the HOSVD algorithm can retain the characteristics and advantages of SVD and is suitable for non-stationary signals. The T-HOSVD algorithm, as a solution variant of the HOSVD algorithm, can be used to remove the noise in the raw GPR data, and the schematic diagram of this algorithm is shown in Figure 2. Therefore, the core tensor cannot accurately reproduce the original tensor $\mathcal{X}$. The original signal inevitably contains a noise signal, as shown in (2). The original signal can be truncated according to the variance of the pure signal and the noise signal, and the pure signal will also be extracted from the original signal using the T-HOSVD algorithm.

$$\mathcal{Y}=\mathcal{A}+\mathcal{Z} \tag{2}$$

Where $\mathcal{Y}$ represents the original signal, which contains the pure signal (no noise) $\mathcal{A}$ and noise signal $\mathcal{Z}$.

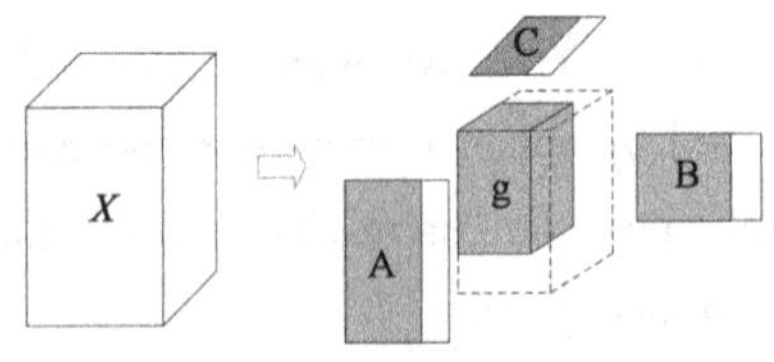

Figure 2 Schematic diagram of the T-HOSVD algorithm

In this paper, the above T-HOSVD problem is close to the solution of the ill-posed problem. Firstly, the concept of the ill-posed problem is briefly introduced:

The equation $Ax = b$ is said to be well-posed if the following conditions are satisfied:

(1) For any b, there exists $x \in X$, so the above formula is valid;

(2) The solution of the equation is unique;

(3) The solution of the equation continuously depends on the change of b. If $Ax_0 = b_0$, $Ax = b$, then x approaches x_0 as b approaches b_0.

When one of these conditions cannot be met, the problem is said to be ill-posed. And the regularization method is suitable to deal with ill-posed problems (CHAOFAN H, YANXUE W, 2019). In practical application, the regularization methods include Truncated Singular Value Decomposition (T-SVD), Tikhonov regularization, the regularization iterative method, etc. The T-SVD is used to find a better estimate of the least square's solutions in this paper.

Equation (3) is a linear equation, and A is a full rank matrix.

$$\boldsymbol{Ax} = \boldsymbol{b} \tag{3}$$

where $\boldsymbol{A} \in \mathbb{R}^{m \times n}$ and $m \geqslant n$. The matrix A is decomposed using the SVD algorithm in (4).

$$\boldsymbol{U}^{\mathrm{T}}\boldsymbol{AV} = \begin{bmatrix} \Sigma \\ 0 \end{bmatrix}, \Sigma = \mathrm{diag}(\boldsymbol{\sigma}_1, \cdots, \boldsymbol{\sigma}_n) \tag{4}$$

$$\boldsymbol{U} = [\boldsymbol{u}_1, \cdots, \boldsymbol{u}_m] \quad \text{and} \quad \boldsymbol{V} = [\boldsymbol{v}_1, \cdots, \boldsymbol{v}_n] \tag{5}$$

Where $\sigma_1, \cdots, \sigma_n > 0$ are the singular values; U and V are the left and right singular vectors in (4).

The least square's solutions are computed in (6), where an error is contained in b and the error will inevitably be amplified as the singular value σ_i increases.

$$\boldsymbol{x} = \sum_{i=1}^{n} \frac{\boldsymbol{u}_i^{\mathrm{T}}\boldsymbol{b}}{\boldsymbol{\sigma}_i}\boldsymbol{v}_i \tag{6}$$

The singular values $\sigma_i (i > k)$ are less than a given tolerance ε in (7), and the integer $k \mid k < n$ is viewed as the number rank of matrix A, and it is defined in (8).

$$\boldsymbol{\sigma}_{k+1}, \cdots, \boldsymbol{\sigma}_n < \boldsymbol{\varepsilon} \tag{7}$$

$$\mathrm{rank}_{\varepsilon}(A) := \min_{\| E \|_2} £ \varepsilon \mathrm{rank}(A + E) \tag{8}$$

1.2 L-curve algorithm

To obtain a better estimate of the least square's solutions, the T-SVD algorithm can be used to solve it. T-SVD algorithm is utilized to truncate the smallest left singular vector that is easy to cause errors, and then the ill-posed problem gradually becomes a well-posed problem as in (9). Therefore, how to obtain the value of regularization parameter k is a key problem.

$$\boldsymbol{x}_{\mathrm{k}} = \sum_{i=1}^{k} \frac{\boldsymbol{u}_i^{\mathrm{T}}\boldsymbol{b}}{\boldsymbol{\sigma}_i}\boldsymbol{v}_i \tag{9}$$

A series of breakpoints of the piecewise linear curves can be formed into an 'L' curve, an example is shown in Figure 3. The coordinate formula of breakpoint is shown in (10). The curve generally presents a typical 'L' shape, and the best regularization parameter value k is considered as the corner point of the 'L' curve. The horizontal branch of the 'L' curve represents the residual error, while the vertical branch shows a sharp increase in the solution norm caused by the error. The corner point of the 'L' curve represents the equilibrium state between regularization solutions and residual errors. The corner point of the 'L' curve can be found by using the cubic difference method.

$$(x_i, y_i) = (\log_{10} \| \boldsymbol{Ax}_{\mathrm{k}} - \boldsymbol{b} \|_2, \log_{10} \| \boldsymbol{x}_k \|_2) \tag{10}$$

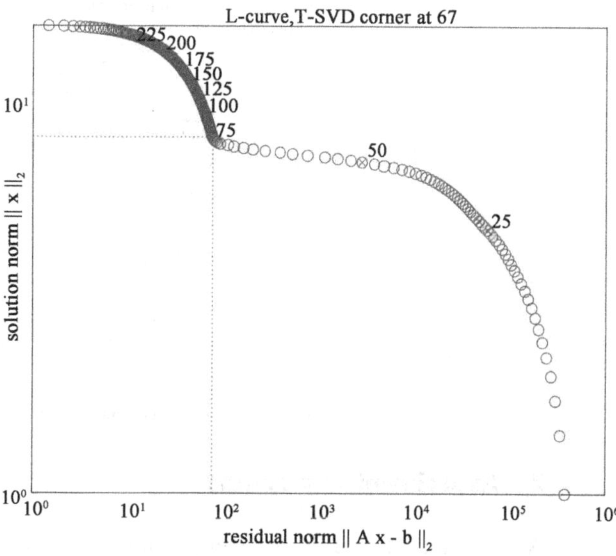

Figure 3 The L curve to obtain Truncation parameter value $k = 67$

To adapt the proposed T-HOSVD method, the raw GPR data is firstly constructed as a third-order tensor model $A \in \mathbb{R}^{I\times J\times K}$. The specific steps of the T-HOSVD algorithm are as follows and as Figure 4 has shown:

(1) The third-order tensor model A is matriculated expansion expands along with three aspects, and then three matrixes $\boldsymbol{A}_1 \in \mathbb{R}^{I\times(J\times K)}$, $\boldsymbol{A}_2 \in \mathbb{R}^{J\times(K\times I)}$, $\boldsymbol{A}_3 \in \mathbb{R}^{K\times(I\times J)}$ are obtained based on the matriculated expansion function 'tenmat' in MATLAB.

(2) Three matrixes are processed by the Compact Singular Value Decomposition (CSVD) algorithm, and the CSVD can speed up the operation but does not affect the results. The matrixes $\boldsymbol{U}_i, \boldsymbol{S}_i, \boldsymbol{V}_i$ $(i \in \mathbf{1}, \mathbf{2}, \mathbf{3})$ of each n-mode matrix are obtained based on the CSVD algorithm.

(3) The singular value $\boldsymbol{S}_i$ is decomposed based on the L-curve algorithm and three truncated parameters $L_{k(n)}$ are obtained through the L-Corner positioning algorithm, which is introduced in the next section.

(4) Three left singular matrixes $\boldsymbol{U}_i$ are truncated according to the truncated parameter $L_{k(n)}$, and the redundant noise signals are filtered based on the L-curve algorithm.

(5) Then, the core tensor $\tilde{g}$ is constructed through the product of the original third-order tensor model $\boldsymbol{A}$ and the three truncated left singular matrixes $\tilde{\boldsymbol{U}}_i^{\mathrm{T}}$.

(6) The denoised GPR tensor data is reconstructed and recovered through the product of the core tensor $\tilde{g}$ and the original left singular matrixes $\boldsymbol{U}_i$.

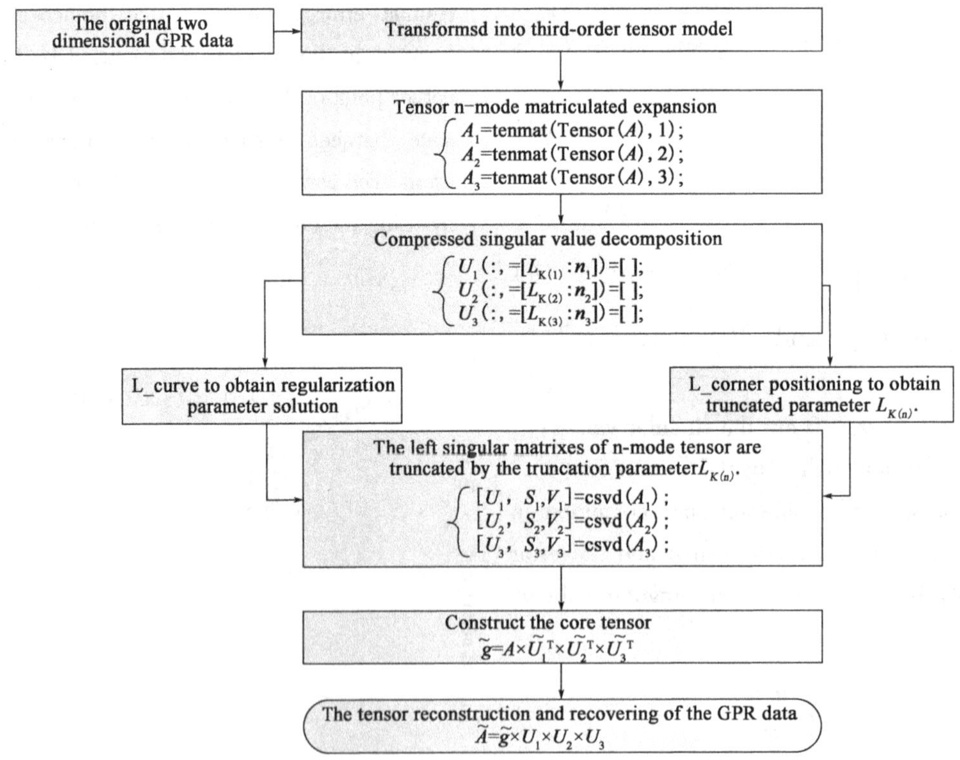

Figure 4 Flowchart of data denoising based on T-HOSVD and L-curve algorithm

2 Experiment and results

A real data set is used to evaluate the proposed method. In addition, the performance of the proposed method is also compared with those of the conventional and the wavelet transform method. All the programs are executed on a 3.60 _GHz CPU and 16_GB memory computer. There are 394 traces in total and the trace interval is 0.02m. The time window for each trace is 12 ns and each trace contains 250 sampling points. Figure 5 shows the original GPR image with the noises.

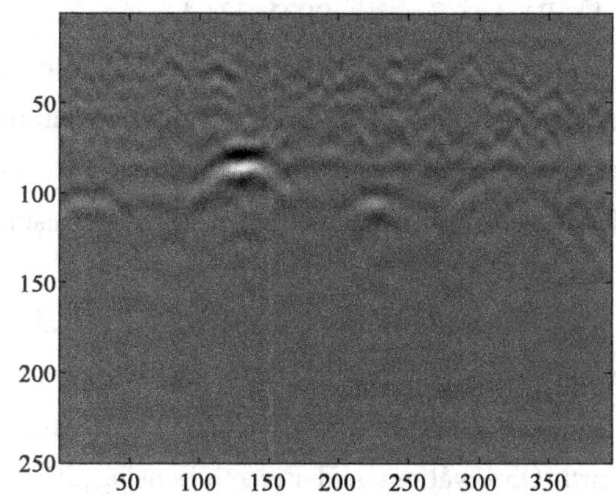

Figure 5 the original GPR image with noise

To validate the denoising effect of the T-HOSVD algorithm, thus the raw GPR Data I is transformed into a third-order tensor 389 × 50 × 5, and then which is processed by the L-curve algorithm and the truncation parameters of three left singular matrixes, U_1, U_2 and U_3, are 36, 13 and 5, respectively, as shown in Figure 6.

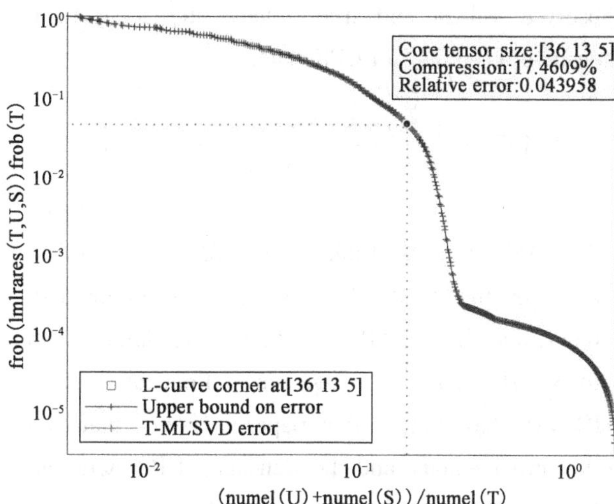

Figure 6 Truncation parameters extracted of three left singular matrixes

There are four indexes utilized to verify the denoising effect of the proposed method in this paper, such as MSE, SNR, PSNR, and RMSE, as shown in as in (10) to (13). Meanwhile, the raw GPR Data I is denoised using SSA (Singular Spectrum Analysis) and Wavelet threshold algorithms, and the denoised results are tabulated in Table 1.

Comparison and verification of denoising effect Table 1

Methods	MSE	SNR	PSNR	RMSE
Wavelet transform method	0.175×10^6	11.047	−4.293	4.181×10^3
SSA	2.718×10^6	$-\infty$	−16.212	1.649×10^3
SVD method based on local energy ratio rule	1.949×10^6	8.927	−16.212	1.649×10^3
T-HOSVD via tensor model	5.225×10^3	27.154	10.950	72.221

(1) MSE: Mean Squared Error

MSE represents the deviation between observed values and true values, and it is utilized to present the deviation of $f(x,y)$ and $\hat{f}(x,y)$ in this section, therefore the smaller MSE is better.

$$\mathrm{MSE} = \frac{\sum_{x=1}^{N_x}\sum_{y=1}^{N_y}(f(x,y) - \hat{f}(x,y))^2}{N_x N_y} \tag{11}$$

Where $f(x,y)$ and $\hat{f}(x,y)$ represents the original GPR data and denoising data, respectively. N_x and N_y are the row and col of the original GPR data, respectively.

(2) SNR: Signal to Noise Ratio

SNR reflects the ratio of pure signal (denoising signal) and the noise signal, and it represents the quality of the B-scan GPR image, so the bigger value is better.

$$\mathrm{SNR} = 10\log_{10}\left[\frac{\sum_{x=1}^{N_x}\sum_{y=1}^{N_y} f(x,y)^2}{\sum_{x=1}^{N_x}\sum_{y=1}^{N_y}(f(x,y) - \hat{f}(x,y))^2}\right] \tag{12}$$

(3) PSNR: Peak Signal to Noise Ratio

PSNR was a common objective evaluation index of the image, and it evaluated image quality based on the error between corresponding pixels. The larger the value is, the smaller the distortion is.

$$\mathrm{PSNR} = 10 \cdot \log_{10}\left(\frac{\mathrm{MAX}_I^{\,2}}{MSE}\right) \tag{13}$$

Where MAXI represents the maximum value of the image color, and the 8-bit sampling point is 255.

(4) RMSE: Root Mean Squared Error

RMSE also represents the deviation between

observed values and true values, and it is more sensitive to outliers in GPR data.

$$\mathrm{RMSE} = \left\{ \frac{\sum_{x=1}^{N_x}\sum_{y=1}^{N_y}\left[f(x,y) - \hat{f}(x,y)\right]^2}{N_x N_y} \right\}^{\frac{1}{2}} \tag{14}$$

According to Table 1, the MSE and RMSE values of the T-HOSVD algorithm are lower than others, and both SNR and PSNR are larger than others. Therefore, the denoising effect of the T-HOSVD algorithm in this paper is better than the other two methods, and the denoising GPR data can also be utilized in the research of automatic identification.

3 Conclusions

A denoising method based on the tensor model is proposed in this paper. The tensor model is decomposed by Tucker, and then the truncation parameters of T-HOSVD are selected by the L-curve criterion. The tensor model is solved according to the truncation parameters. The T-HOSVD algorithm outperforms other three methods. However, the identification of voids in the GPR B-scan images mainly depends on the manual interpretation, but it is difficult to directly identify the defect area of voids from the GPR B-scan images, especially for the depth of defect signals of voids.

References

[1] YOUNG G O, Synthetic structure of industrial plastics[M]. New York: McGraw-Hill, 1964.

[2] DOBRIYAL P, QURESHI A, BADOLA R, et al. A review of the methods available for estimating soil moisture and its implications for water resource management [J]. Journal of Hydrology, 2012, 458: 110-117.

[3] LI S, LIU B, XU X, et al. An overview of ahead geological prospecting in tunneling [J]. Tunnelling and Underground Space Technology, 2017, 63: 69-94.

[4] SOLLA M, PEREZ-GRACIA V, FONTUL S. A review of GPR application on transport infrastructures: troubleshooting and best practices [J]. Remote Sensing, 2021, 13(4).

[5] VITEBSKIY S, CARIN L, RESSLER M A, et al. Ultra-wideband, short-pulse ground-penetrating radar: simulation and measurement [J]. Ieee Transactions on Geoscience and Remote Sensing, 1997, 35(3): 762-72.

[6] WEI X, ZHANG Y. Interference removal for autofocusing of GPR data from RC bridge decks [J]. Ieee Journal of Selected Topics in Applied Earth Observations and Remote Sensing, 2015, 8(3): 1145-1151.

[7] BI W, ZHAO Y, AN C, et al. Clutter elimination and random-noise denoising of GPR signals using an SVD method based on the hankel matrix in the local frequency domain [J]. Sensors, 2018, 18(10).

[8] LI R, ZHANG H, CHEN Z, et al. Denoising method of ground-penetrating radar signal based on independent component analysis with multifractal spectrum [J]. Measurement, 2022, 192.

[9] JAVADI M, GHASEMZADEH H. Wavelet analysis for ground penetrating radar applications: a case study [J]. Journal of Geophysics and Engineering, 2017, 14(5): 1189.

[10] BAILI J, LAHOUAR S, HERGLI M, et al. GPR signal de-noising by discrete wavelet transform [J]. Ndt & E International, 2009, 42(8): 696-703.

[11] NI Z-K, YE S, SHI C, et al. Clutter suppression in GPR b-scan images using robust autoencoder [J]. Ieee Geoscience and Remote Sensing Letters, 2022, 19.

[12] ROUSHANGAR K, CHAMANI M, GHASEMPOUR R, et al. A comparative study of wavelet and empirical mode decomposition-based GPR models for river discharge relationship modelling at consecutive hydrometric stations [J]. Water Supply, 2021, 21(6): 3080-3098.

[13] XU J, LEI B. Data interpretation technology of GPR survey based on variational mode decomposition [J]. Applied Sciences-Basel, 2019, 9(10).

[14] CHAOFAN H, YANXUE W. Research on

multi-channel signal denoising method for multiple faults diagnosis of rolling element bearings based on tensor factorization [J]. Journal of Mechanical Engineering, 2019, 55 (12):50-57.

Automatic Identification of Discrete Object from GPR Images Using Deep Convolutional Networks

Tai Zhang[1,2] Yanhui Wang*[1,2,4] Guangyan Cui[1,3] Qiuyang Ren[1,2] Yibo Tong[1,2]

(1. School of Traffic and Transportation, Beijing Jiaotong University;
2. State Key Laboratory of Advanced Rail Autonomous Operation, Beijing Jiaotong University;
3. Beijing Mass Transit Railway Operation Corp. Ltd;
4. Key Laboratory of Vehicular Multi-Energy Drive Systems (VMEDS), Ministry of Education)

Abstract Highway tunnel lining inspection using ground penetrating radar (GPR) is a routine procedure to ensure construction quality. The interpretation of GPR data relies heavily on manual experience that may lead to low efficiency and recognition error. In this paper, a deep learning-based automatic recognition method was proposed to identify discrete entity objects from GPR images. Based on a large amount of GPR image data collected on-site, an image data set is constructed. To improve the recognition performance of the network, geometric variation method is employed for data augmentation. Then, an improved Faster R-CNN algorithm with characteristic pyramid (FPN) structure is proposed to automatically detect discrete tunnel lining elements. Through experiments, the detection accuracy, recall rate and processing speed of the algorithm are 93.1%, 87.3% and 17.11 fps, respectively. Through the comparative study with other one-stage deep learning algorithms, it is proved that the algorithm has higher detection accuracy in the field of radar image target detection.

Keywords Ground penetrating radar (GPR) Faster R-CNN Identify discrete entity objects Target detection

0 Introduction

According to research, by the end of 2021, the total length of railway tunnels in use in China has exceeded 18,041 kilometers, with urban rail transit tunnels operating over 6,736 kilometers. The annual increase in mileage for road tunnels exceeds 1,100 kilometers. Tunnels have become vital infrastructure in the field of transportation. Ground penetrating radar (GPR) has been widely adopted in the field of infrastructure quality and safety inspection, such as non-destructive bridge assessment (Prasanna et al., 2016). GPR is particularly effective in identifying discrete entity objects such as rebar, steel arch within tunnel lining, as it can provide rich information. In GPR images, discrete entity objects show a discrete distribution, and the size of their radar images is small and generally has a hyperbolic shape with a downward opening. The absence of discrete entity objects directly influences the safety of tunnel linings, and therefore the detection of internal reinforcement and arch targets is often used as an assessment indicator for tunnel acceptance in the field of tunnel engineering. However, manual processing GPR data is time-consuming and labor-intensive, and thus are not suitable for large amounts of GPR data acquired from the field. Therefore, an automatic identification method is needed.

The existing studies have shown the availability to use machine learning techniques to extract useful information to locate objects through data processing. Wang et al. (2020) proposed a genetic algorithm-based algorithm for automatic identification of multiple objects in tunnel lining radar profile to locate rebar, pipelines and small voids in simulated and measured data. Zhou et al. (2018) proposed an automatic GPR-B scan image interpretation model to detect buried pipelines, and the algorithm enables the prediction of pipeline radius and burial depth. However, in such studies, most input features require expert recognition and the classification result depends on the quality of these features, which is limited by the amount of GPR data collected on-site. Recent years, deep learning have been exploited to automatically detect object signatures in GPR images (Minh-Tan et al., 2018; Kuchipudi et al., 2022; Qin et al., 2021). Deep learning (DL) methods can learn the feature representation of objects from GPR image to achieve object identification automatically. Cui et al. (2022) performed edge detection of the raw radar image with different edge detection operators in the data pre-processing stage, and then used the Convolutional Neural Network (CNN) algorithm to achieve the prediction of the object size in the radar data. Kien proposed a two-stage algorithm for detection of rebar, where the locations that are likely to contain rebar are firstly located by conventional image processing methods, and secondly the corresponding radar images in the original data are found based on the localized locations, which are then classified by CNN algorithms (Dinh et al., 2018). However, object features in GPR scans may be incomplete and distorted considering the complex conditions and radar wave reflections. As a result, there are difficulties in the development of a DL model which can achieve the desired performance. Meanwhile, insufficient radar data collected on site severely affects the training accuracy of the deep learning framework (Warren et al., 2016).

In this study, based on the radar data of tunnel lining collected on site for many years and the simulation data obtained by radar forward simulation technology, this paper constructs a discrete entity object data set. And through the geometric change method, data augmentation is achieved. Then, a Faster R-CNN algorithm with Feature Pyramid Networks is proposed to realize the detection of discrete entity objects of different sizes in radar images.

1 Methodology

1.1 Framework of faster R-CNN

In this study, Faster R-CNN, a two-stage algorithm with both efficiency and accuracy advantages in the field of object identification, is adopted. The algorithm flow of Faster R-CNN as shown in Figure 1 mainly includes three steps:

①The feature extraction layer is responsible for obtaining the feature map from the input image. The common feature extraction networks include VGG-16 (Simonyan and Zisserman 2016), Google Net (Szegedy et al., 2015), ResNet-50 and ResNet-105 (He et al., 2016).

② The Region Proposal Network (RPN) structure is used to generate proposals, and the selected proposals are projected onto the feature map for classification loss and regression loss to obtain the feature matrix.

③Each feature matrix is scaled to a 7×7 feature map through the Region of Interest (ROI) pooling layer, and then the feature map is flattened through a series of fully connected layers to calculate the classification loss and correct anchor regression loss of the prediction results.

(1) RPN.

The purpose of the RPN is to generate proposals that may contain objects. For each 3×3 sliding window on the feature map, the coordinates of the centroid on the original image, which corresponding to the sliding window centroid, are calculated, as shown in Figure 2. In order to improve the efficiency, a mini-batch of 256 anchors is randomly sampled from each original image for packing calculation, where contains positive and negative samples of anchors in a ratio of 1 : 1. There will be a lot of overlap between the proposals generated by RPN. Therefore, based on the classification score of the proposals, non-maximum suppression algorithm is used to filter proposals. The threshold of the intersection over union (IoU) is set to 0.7. Equation (1) quantifies the degree of overlap between two anchors. where represents the ground truth anchor (GT) and represents prediction of the anchor.

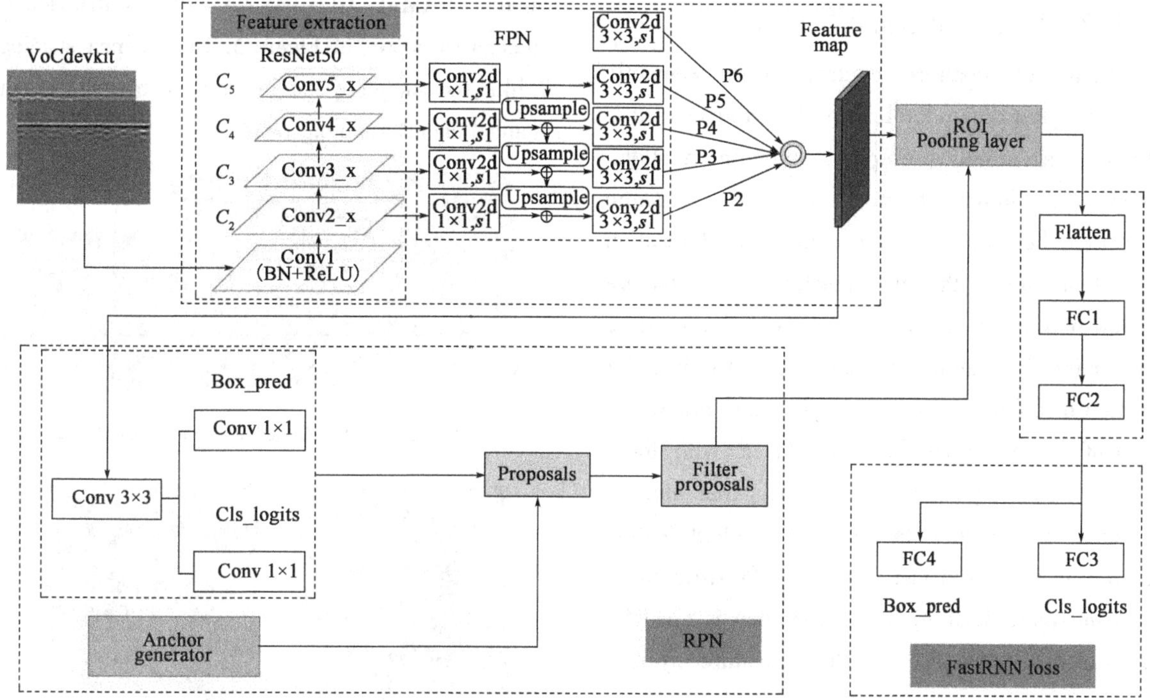

Figure 1 The framework of Faster R-CNN

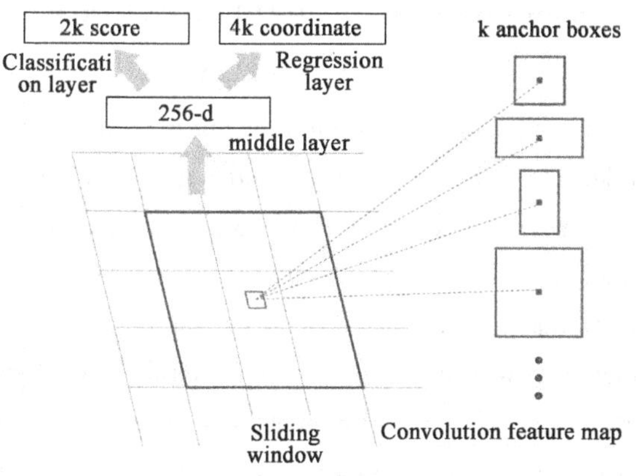

Figure 2 Structure of RPN

$$\mathrm{IoU} = \frac{\mathrm{area}(B_{\mathrm{p}} \cap B_{\mathrm{gt}})}{\mathrm{area}(B_{\mathrm{p}} \cup B_{\mathrm{gt}})} \tag{1}$$

By filtering, 256 anchors are obtained. The ratio of positive and negative samples is set to 1 : 1. If the number of positive samples is less than 128, negative samples are used to supply. It is ruled that if the IoU value of anchor and GT is greater than 0.7, it is a positive sample. And when the IoU value is less than 0.3, the anchor is considered as a negative sample. When anchor has the largest IoU value with a GT, it is also considered as a positive sample.

(2) RPN multi task loss.

The RPN multi-task loss calculation contains both classification loss and anchor regression loss.

$$L(p_i, t_i) = \frac{\sum_i L_{\mathrm{cls}}(p_i, p_i^*)}{N_{\mathrm{cls}}} + \frac{\lambda \sum_i p_i^* L_{\mathrm{reg}}(t_i, t_i^*)}{N_{\mathrm{reg}}} \tag{2}$$

Where p_i is the probability that the i_{th} anchor is predicted to be the true label; p_i^* is 1 when it is a positive sample and 0 otherwise; t_i denotes the anchor regression parameter for predicting the i_{th} anchor; t_i^* denotes the anchor regression parameter of the GT Box corresponding to the i_{th} anchor; λ denotes the equilibrium coefficient of the loss of the anchor regression, here taken as 10; N_{cls} is the number of all samples in a mini-batch 256; N_{reg} is the number of anchor positions; The classification loss can be calculated by Softmax Cross Entropy and Binary Cross Entropy, which are given in Equation (3).

$$\begin{cases} L_{cls} = -\log(p_i) \\ L_{cls} = -[p_i^* \log(p_i) + (1-p_i^*)\log(1-p_i)] \end{cases} \tag{3}$$

1.2 Feature Pyramid Network

High-level features contain more semantic information, but due to the low-resolution features it is difficult to accurately preserve location information. Features at lower layers have less semantic information but can contain accurate object location information due to the high resolution. The feature pyramid network (FPN) structure can be used to deeply mine the feature information of the objects for detection of different sizes, as the structure allows the fusion of features from the lower layers with those from the higher layers. Therefore, this paper aims to use such a structure to make the identification structure accurate and fast, and the FPN structure is shown in Figure 3. Multi-scale prediction is good for objects of different scales at different feature layers.

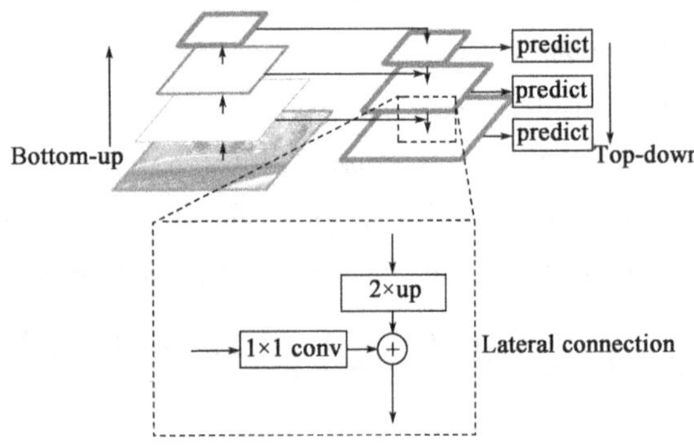

Figure 3 Structure of FPN

2 Experiments and implementation

2.1 Data set construction

In order to improve the identification accuracy of the deep learning network, this study uses GPR to detect tunnel linings in multiple engineering projects to obtain more radar data collected on site. Restricted by factors such as environmental conditions, radar equipment accuracy, and technical personnel ' s interpretation level, some radar images have poor resolution and cannot display the image features of the detected targets. Therefore, when processing the measured data label, it is necessary to filter and eliminate it, and only the data samples with obvious image features of the detection object are retained. The measured radar data (as shown in Figure 4) is mainly detected by the Swedish RAMAC GPR system with 800MHz shielded antenna as shown in Figure 5. The antenna spacing is 0.14m, the sampling spacing is 0.02m, and the single channel signal sampling point is 512.

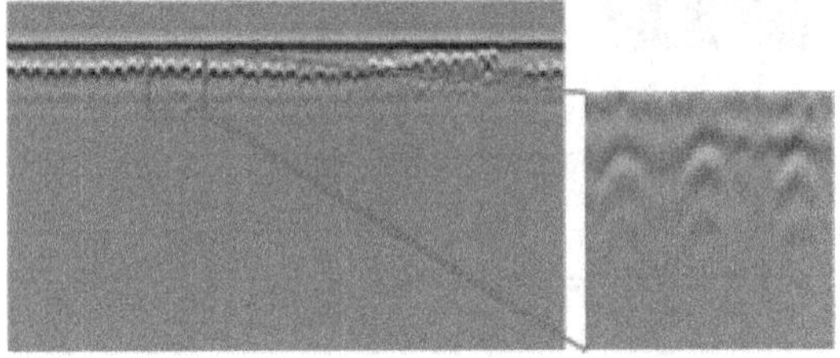

Figure 4 Data collected on site for tunnel lining

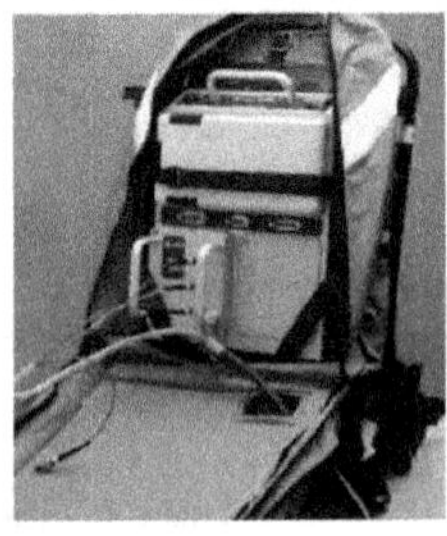

a) ProEx mainframe

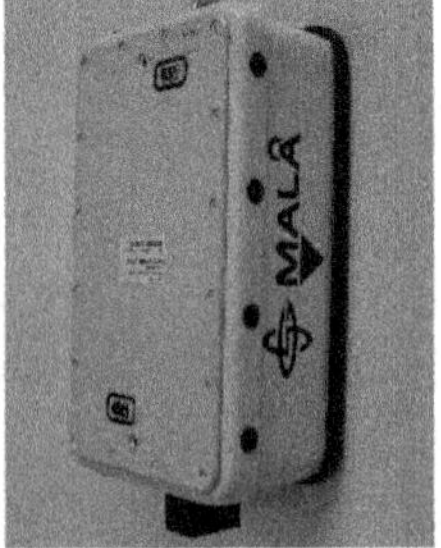

b) 800 MHZ shielded antenna

Figure 5 Swedish RAMAC

In order to improve the robustness of the training model to the discrete solid target detection performance, a discrete solid target simulation test model was constructed as shown in Figure 6. Firstly, the ground-penetrating radar detection or thorectified simulation was carried out using GprMax simulation software to obtain radar simulation images. In this study, five sets of simulation experiments were designed to simulate the tunnel lining structure, containing single-layer and double-layer reinforcement, and the corresponding image is shown in Table 1.

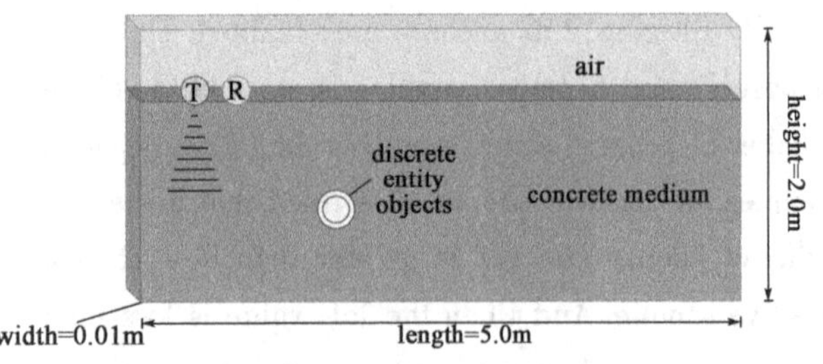

Figure 6 diagram of the simulation model

simulated radar gram Table 1

Index	Image
1	
2	
3	
4	
5	

2.2 Experiment setup

We used the PyTorch1.8.1 implementation of the Faster R-CNN, all tasks are implemented using the computation environment with Nvidia GeForce RTX 3080 (GPU) and Intel(R) Xeon(R) Platinum 8 (CPU). The training process is divided into two stages. The first stage is to train the RPN module based on the pre-trained ResNet50 structure, and then use the trained RPN module to obtain the candidate data. The second stage is to use the position correction module to accurately adjust the position of the candidate data generated by the RPN module, and detect the candidate data containing the object. To estimate the parameters, we take epoch and initial learning rate as 2 and 0.01 respectively. We run 40000 iterations. And a feature extraction stride with 8 is found to have the optimal performance.

This paper uses precision rate, recall rate and F1-Score to evaluate the performance of the model. Precision rate refers to the proportion of correct prediction in all objects predicted by the model; the recall rate indicates that the prediction result is the proportion of positive samples to all real samples; the F1-Score is defined as the harmonic mean of the precision rate and the recall rate. The value range of F1-Score is from 0 to 1, 1 represents the best output of the model, and 0 represents the worst output of the model. The calculation formulas of each index are given in Equation (4) to (6).

$$\text{Precision} = \frac{TP}{TP + FP} \tag{4}$$

$$\text{Recall} = \frac{TP}{TP + FN} \tag{5}$$

$$\text{F1} - \text{score} = \frac{2 \times \text{Precision} \times \text{Recall}}{\text{Precision} + \text{Recall}} \tag{6}$$

Where, true Positive (TP) represents the number of correctly detected positive samples, False Positive (FP) represents the number of incorrectly detected positive samples, and False Negative (FN) represents the number of undetected GTs.

3 Results and discussion

Figure 7 shows the change trend of training loss and learning rate of Faster R-CNN network. The red curve shows the change of loss of network with the number of iterations, which can directly reflect the state of learning. The blue curve shows that the learning rate of network changes with the number of iterations. In this experiment, the learning rate began to decrease from 0.01. Generally, with the adjustment of learning rate, loss will become smaller and smaller. If the loss decreases, the model has not fully learned all the features of the data, and the network will continue to learn at this learning rate; if the loss increases, the network has fully learned the features of the data and began to learn the useless features in the training set, resulting in insufficient accuracy on the test set and overfitting. In the training process of Faster R-CNN network, as the number of iterations increases, the loss can converge quickly and tend to be stable around 20 epochs.

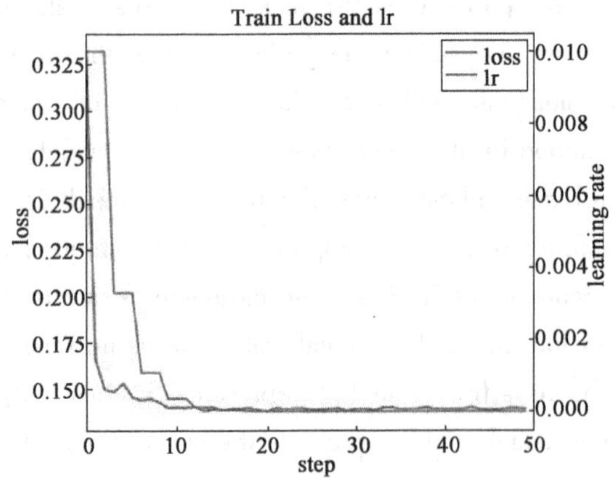

Figure 7 Trend of training loss and learning rate

In order to verify the superiority of the Faster R-CNN algorithm selected in this paper, three other different deep learning algorithms (SSD, YOLOv3_spp, Retinanet algorithm) are selected for comparison. To allow the algorithms to be compared under the same conditions as far as possible, the size of the input image was scaled to 734 × 547 in conjunction with the size of the GPR image, while the training set, test set, learning rate parameters and training steps were all kept the same. All four algorithms used the Pytorch deep learning framework and set the confidence level to 0.5, and the metric evaluation results of each algorithm were experimentally obtained as shown in Table 2.

Evaluation results Table 2

DL algorithm	Precision	Recall	F1-Score
Faster R-CNN	0.931	0.873	0.901
SSD	0.914	0.727	0.810
YOLOv3_spp	0.894	0.708	0.790
Retinanet	0.923	0.570	0.705

The three evaluation metric values of the Faster R-CNN algorithm were higher than those of the other three one-stage deep learning algorithms, while the Retinanet algorithm had the lowest recall and F1-score values. The reason for this is that all three one-stage algorithms require the input image to be scaled, thus causing distortion in the process of automatic image scaling, which severely affect the accuracy of the detection. Moreover, when using the SSD to train on part of the training set, the problem of difficulty in convergence may occur, requiring constant adjustment of parameters, and the large number of parameters acting in the SSD algorithm leads to less satisfactory actual detection results. The paper also compares the recognition efficiency of different algorithms. The YOLOv3_spp algorithm, as a representative of the first stage algorithms, has the highest processing speed of 37.47 fps, the Faster R-CNN algorithm is slightly lower than the YOLOv3_spp and SSD algorithms with a processing speed of 17.11 fps, while the Retinanet algorithm has the lowest processing speed of 5.72 fps.

As a two-stage algorithm, the Faster R-CNN needs to generate many different sized anchor boxes and calculate their classification loss and regression loss parameters in order to identify the detection target more accurately, and therefore needs to calculate more learning parameters. In contrast SSD and YOLOv3_spp as a one-stage algorithm have already implemented end-to-end processing, which in turn significantly reduces the time required for parameter computation. In practical engineering applications, the accuracy of object detection is the primary consideration for NDT operations in tunnel lining, and therefore, Faster R-CNN is the preferred method for automatic radar image identification of discrete entity objects in tunnel lining, taking into account the trade-off between speed and accuracy.

To further demonstrate the recognition effects of the four algorithms on discrete entity objects, a specific image collected on site is selected from the test set as example, and the automatic detection of discrete entity targets is carried out by the prediction model. The detection results are shown in Table 3.

Statistics of detection results Table 3

DL algorithm	Measured data			Simulated data		
	Ture	False	Missing	Ture	False	Missing
Faster R-CNN	9	0	0	14	1	3
SSD	7	0	2	14	0	3

continued

DL algorithm	Measured data			Simulated data		
	Ture	False	Missing	Ture	False	Missing
YOLOv3_spp	8	0	1	13	1	4
Retinanet	4	0	5	13	1	4

Among them, there are 9 and 17 discrete entity objects in the measured data and simulated data respectively. The true, false and missed detection numbers of each algorithm for the target in the instance data are obtained by statistics, as shown in Table 3 and demonstrated in Table 4. The four algorithms have no false detection of discrete entity objects in the measured data, and the Faster R-CNN algorithm can detect all 9 objects, and the other three algorithms have missed detection. For the simulation data of double-layer steel bars, the four algorithms can accurately detect the upper target body, but the detection effect on the lower target body is poor, mainly because the hyperbolic signal of the lower layer is weakened by the upper signal interference, which affects its detection effect. Among them, the highest positive detection rate of Faster R-CNN algorithm is 14, but there are three missed detection targets. The comparison shows that the Faster R-CNN algorithm is superior to the other three algorithms in the automatic detection of discrete entity targets in instance data, which can be used for the automatic detection of discrete entity targets in tunnel lining radar data in the future.

Identification result Table 4

DL algorithm	Measured data	Simulation data
Original image	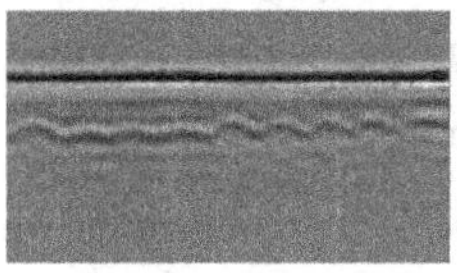	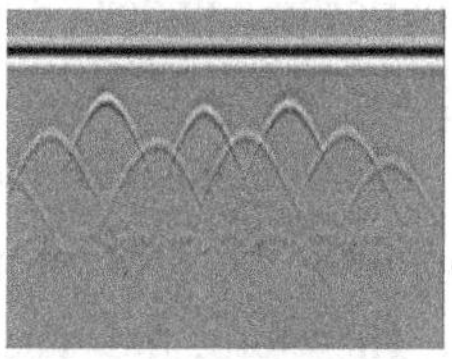
Faster R-CNN	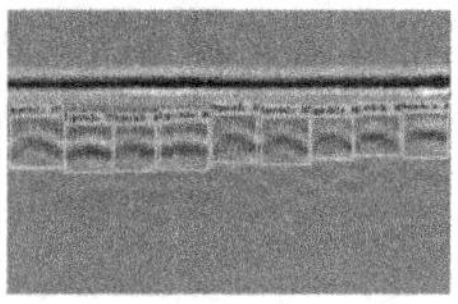	
SSD	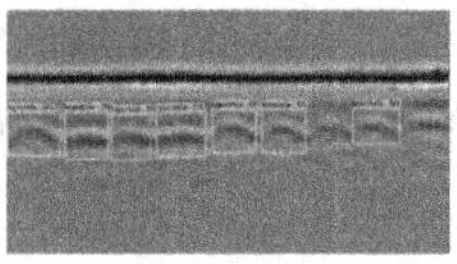	
YOLOv3_spp	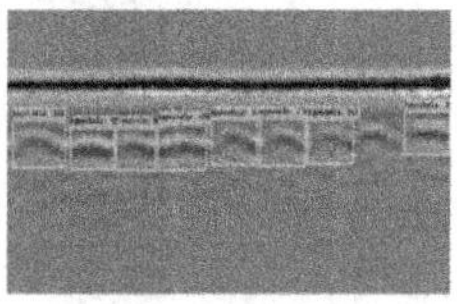	
Retinanet	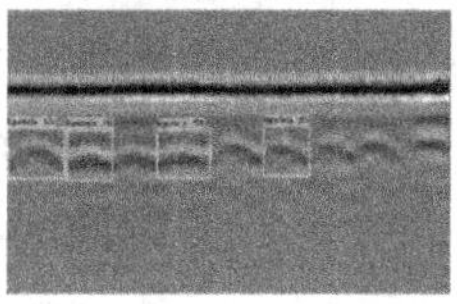	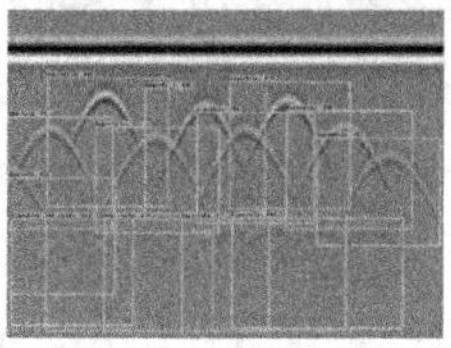

4 Conclusions

In this study, Faster R-CNN algorithm with characteristic pyramid structure is selected to automatically detect discrete entity objects in radar data. Firstly, based on a large number of measured data collected on site, a data set was constructed. On this basis, RestNet50 is used as the skeleton feature extraction module, RPN module and Fast R-CNN prediction module to realize the automatic detection in radar data. A large number of experiments show that the optimal feature extraction step size of the algorithm is 8. Finally, the detection accuracy, recall rate and processing efficiency of the algorithm are 93.1 %, 87.3 % and 17.11 fps, respectively. Through experiments, the identification accuracy and detection efficiency of the algorithm are compared with those of SSD, YOLOv3_spp and Retinanet. The results show that the Faster R-CNN algorithm has higher superiority under the premise of first considering the detection accuracy of the algorithm model, and the detection efficiency of the algorithm can also achieve the goal of real-time detection of radar data. Therefore, the Faster R-CNN algorithm proposed in this study can achieve accurate and rapid identification of discrete entity targets in tunnel lining radar data.

In the future research, how to connect the existing deep learning algorithm with ground penetrating radar equipment to achieve real-time detection in the tunnel detection site is worth studying.

References

[1] PRASANNA P. Automated crack detection on concrete bridges [J]. Ieee Transactions on Automation Science and Engineering, 2016. 13 (2): 591-599.

[2] WANG Y G, CUI J. Semiautomatic detection of buried rebar in GPR data using a genetic algorithm [J]. Automation in Construction, 2020, 114.

[3] ZHOU X H, LI J. An automatic GPR B-scan image interpreting model[J]. Ieee Transactions on Geoscience and Remote Sensing, 2018, 56 (6): 3398-3412.

[4] MINH-TAN P. Buried object detection from B-scan ground penetrating radar data using faster-RCNN [C]. 38th IEEE International Geoscience and Remote Sensing Symposium (IGARSS). 2018.

[5] KUCHIPUDI S T, GHOSH D, GUPTA H. Automated assessment of reinforced concrete elements using ground penetrating radar [J]. Automation in Construction, 2022, 140.

[6] QIN H. Automatic recognition of tunnel lining elements from GPR images using deep convolutional networks with data augmentation [J]. Automation in Construction, 2021, 130.

[7] CUI F. Automatic recognition and tracking of highway layer-interface using Faster R-CNN [J]. Journal of Applied Geophysics, 2022, 196.

[8] DINH K, GUCUNSKI N, DUONG T H. An algorithm for automatic localization and detection of rebars from GPR data of concrete bridge decks [J]. Automation in Construction, 2018, 89: 292-298.

[9] WARREN C, GIANNOPOULOS A. GIANNAKIS I. gprMax: Open source software to simulate electromagnetic wave propagation for Ground Penetrating Radar [J]. Computer Physics Communications, 2016, 209: 163-170.

[10] SIMONYAN K, ZISSERMAN A. Very deep convolutional networks for large-scale image recognition [C]. 3rd Int. Conf. Learn. Represent. ICLR 2015-Conf. Track Proc. (2015) 1-14.

[11] SZEGEDY C, LIU W, JIA Y, et al. A. Rabinovich, Going deeper with convolutions [C]. Proc. IEEE Comput. Soc. Conf. Comput. Vis. Pattern Recognit. 07-12-June (2015) 1-9.

[12] HE K, ZHANG X, REN S, et al. Deep residual learning for image recognition, Proc. IEEE Comput. Soc. Conf. Comput. Vis. Pattern Recognit. 2016-Decem (2016) 770-778.

公路隧道智能检测设备对比及应用效果分析

吴建勋*
(江苏现代工程检测有限公司)

摘　要　伴随国内公路隧道快速发展,传统的人工检测手段已无法满足隧道养护检查的迫切需求,隧道智能检测设备应运而生。利用隧道智能检测设备对梯子山隧道开展定期检查以验证其实际应用效果。从智能检测设备的数据采集、处理及成果三个角度与人工检测进行对比分析得出,隧道智能检测设备在隧道定期检查中的应用具有安全、高效、快捷、成果丰富等优势。

关键词　公路隧道　智能检测　定期检查　隧道病害

0　引言

近十年国内公路隧道呈现快速增长,截至2022年,全国公路隧道已达24850处、2678.43万延米[1]。伴随大量的公路隧道投入运营,其养护检测需求与日俱增。隧道传统的人工检测往往面临交通组织压力大,检测效率低下、费时费力等问题,已无法满足安全高效养护的需求,因此公路隧道智能检测技术及设备逐渐兴起。目前关于智能检测技术中的病害识别方法[2-7]以及智能检测技术和设备的发展现状[8-11]已有大量的研究和阐述,为了进一步验证隧道智能检测技术实际应用效果,拟通过实际隧道定期检查案例对智能检测技术和设备实际应用效果进行分析。

1　常用隧道智能检测设备对比

1.1　隧道智能检测设备与技术概况

国内外主要的隧道智能检测技术及配套设备如表1所列,设备所采用技术分为两类,即摄像技术及三维激光技术。采用三维激光技术设备可同时覆盖隧道表观病害及隧道变形类检测项目,但检测速度和病害识别精度受限,检测时需交通管制;采用摄像技术的智能检测设备能覆盖隧道表观病害检测项目,同时具有检测速度快、病害识别精度高等优势,检测时无须交通管制。国内武大卓越、夕睿光电和上海同岩的智能检测设备中应用了两套技术,依据实际检测需求进行切换或同步检测。

隧道智能检测设备对比表　　表1

序号	国家	公司或型号	技术及原理	检测覆盖项目	病害识别精度(缝宽为例)	检测速度
1	日本	日本MIMM-R隧道损伤快速检测车	摄像技术	隧道表观病害	0.2mm	5~50km/h
2	德国	德国SPACETEC TS3检测系统	三维激光技术	隧道变形及表观病害	0.3mm	2~5km/h
3	瑞士	瑞士GPR5000检测系统	三维激光技术	隧道变形及表观病害	0.3mm	1~1.5km/h
4	加拿大	LTSS激光扫描系统	三维激光技术	隧道变形及表观病害	1mm	20km/h
5	中国	武汉武大卓越TFS隧道快速测量系统	摄像技术&三维激光技术	隧道变形及表观病害	0.2mm	0~80km/h
6	中国	北京雷德华澳检测技术有限公司	摄像技术	隧道表观病害	0.2mm	0~80km/h
7	中国	武汉精视遥测隧道智能检测系统	摄像技术	隧道表观病害	0.2mm	0~80km/h
8	中国	武汉夕睿光电隧道三维激光视频检测系统XR-T	摄像技术&三维激光技术	隧道变形及表观病害	0.2mm	0~80km/h
9	中国	上海同岩TDV-H2000隧道检测车	摄像技术&三维激光技术	隧道变形及表观病害	0.2mm	0~80km/h

1.2　隧道智能检测设备应用范围

随着隧道智能检测设备的投入应用,目前国内公路隧道定期检查已逐步借助智能设备解决人工检查过程中的检测效率低下、交通管制压力大、安全风险大等痛点。依据《公路隧道养护技术规范》(JTG H12—2015)规定,隧道定期检查内容如表2所示,对比智能检测设备功能,隧道定期检查过程中最费时费力的衬砌、路面等洞内结构的检测项目可基本覆盖,同时还覆盖了部分专项检查项目,如隧道断面轮廓检测和隧道环境检测。

隧道智能检测设备覆盖检查项目及内容　　表2

项目名称	检查内容
衬砌	衬砌裂缝的位置、宽度、长度、范围或程度,墙身施工缝开裂宽度、错位量
	衬砌表层起层、剥落的范围和深度
	衬砌渗漏水的位置、水量、浑浊、冻结状况
路面	路面拱起、沉陷、错台、开裂、溜滑的范围和程度;路面积水、结冰等范围和程度
检修道	检修道毁坏、盖板缺失的位置和状况;栏杆变形、锈蚀、缺损等的位置和状况
内装饰	表面脏污、缺损的范围和程度;装饰板变形、缺损的范围和程度等

2　多功能智能检测设备特点分析

2.1　智能检测设备原理

隧道智能检测原理为:利用车载面阵或线阵相机,在可见光或红外光照明设备的辅助下,高速移动过程中对隧道表面图像进行快速、连续、全覆盖采集,再通过配套软件对采集图片进行预处理、拼接、病害智能识别、人工复核等过程,最终获取隧道定期检查所需的病害清单、病害展布图等编制隧道定期检查报告所需的基础成果。

2.2　智能检测设备

案例中隧道智能检测设备采用了国内的隧道智能检测设备(图1),具体性能参数如表3所示。隧道智能检测车可实现隧道结构病害检查、隧道环境监测及隧道轮廓断面检测,检测速度可达80km/h,可实行快速、无损、自动的数据采集,包括隧道结构病害数据、环境数据、变形数据以及设备状态数据。

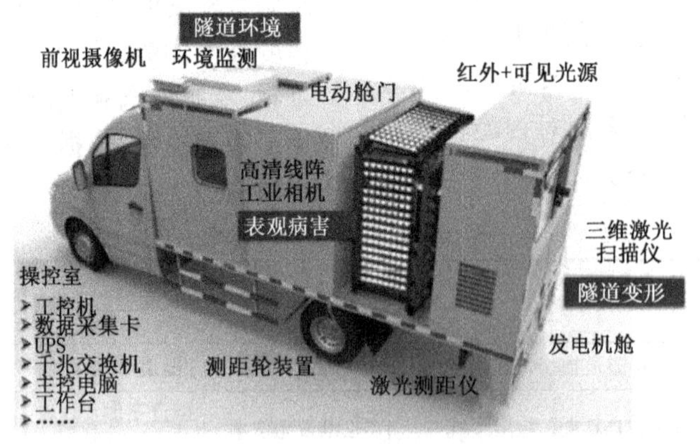

图1　隧道智能检测设备构造图

隧道智能检测设备参数表　　表3

项目	功能描述	技术指标
检测车速度	检测时车辆在右车道匀速正常行驶	0~80km/h
数据处理速度	图像处理、展布图拼接、病害识别	自动处理,2km/h
里程定位	精准定位病害桩号	单座隧道里程误差小于0.5m
裂缝检测	隧道表面裂缝病害、路面开裂	识别精度为0.2mm,1.0mm以上的裂缝漏检率小于2%
渗漏水检测	隧道表面渗漏水、路面积水、油污	面积误差10cm^2
剥落检测	隧道表面剥落、路面坑槽坑洞	面积误差10cm^2

续上表

项目	功能描述	技术指标
其他表观病害检测	路面、内装饰、防撞墙、检修道等表面开裂破损病害	线状病害精度 0.2mm,面状病害 $10cm^2$
断面检测	检测隧道断面轮廓变形情况	测距精度:±6mm(60km/h), ±1mm(20km/h)
设备识别	隧道内照明、通风、消防设施位置和状态	全程覆盖
环境检测	采集隧道内的照度、风速及一氧化碳浓度	全程覆盖

隧道智能检测车主要包括隧道检测数据采集系统和隧道病害图像分析系统,集病害数据自动采集技术、病害图像自动拼接技术、病害自动识别技术、病害展布图和检测报告自动生成技术为一体。

病害数据自动采集技术包括隧道里程定位、隧道轮廓断面测量、隧道衬砌病害图片以及隧道行车环境数据的采集;病害图像自动拼接技术和病害自动识别技术可实现自动识别、分析、提取隧道衬砌裂缝、渗水、剥落、浸渗、施工缝、钢筋裸露、检修道缺陷等表观病害信息;病害展布图和检测报告自动生成技术可自动生成病害展布图、检测报告,并可进行病害统计分析等。

3 智能设备检测效率及应用效果分析

为了验证隧道智能检测设备在隧道定期检查中的实际应用效果,于 2023 年 5 月 8 日利用隧道智能检测设备对宁杭高速公路梯子山隧道实施了定期检查,从数据采集、数据处理、数据成果三个维度与人工检测进行对比分析实际效果。

3.1 隧道及现场检查概况

梯子山隧道位于宁杭高速公路,于 2004 年开通。隧道全长 332m(K147+888~K148+220),双向六车道连拱隧道,单洞净宽 14.05m,总宽 30.5m,进口端洞门为端墙式,出口端洞门为削竹式。隧道穿越地层有软质岩和采空区两种不良地质现象,具有大跨径、超浅埋、地质条件差、下穿国道(洞顶距 104 国道的路面仅有 2.8m)等特点。依据隧道设计概况及地质情况,隧道中隔墙渗漏水为重点关注病害,传统的人工检查需分别对第一和第三车道进行封道检查,而采用隧道智能检测设备检测时无须封道。如图 2、图 3 所示。

梯子山定期检查工作外业及内业处理在一个工作日内全部完成,最终形成的成果包括隧道病害清单、隧道病害展布图以及隧道定期检查报告。

图 2 隧道智能检测设备现场检测照片

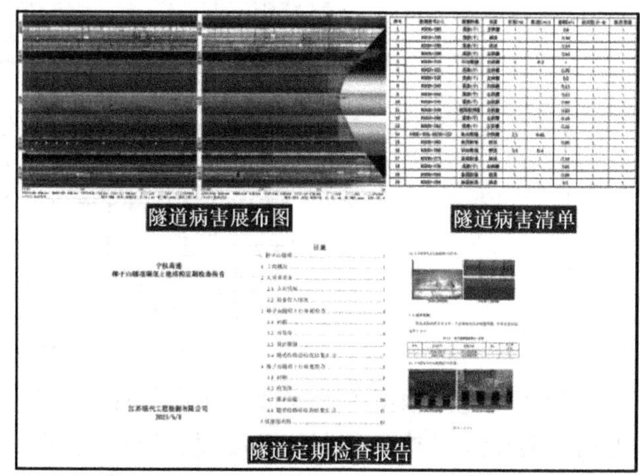

图 3 梯子山隧道定期检查成果

3.2 数据采集分析

梯子山隧道双向共计 664 延米,衬砌等主体结构采用传统人工检查手段封道检测时间需 720min,考虑实际工作还需上下行转场,至少需花费 2 个工作日;采用隧道智能检测设备无封道检测时间需 30s,考虑到高速上、下行转场,实际共花费 0.5 个工作日,而单洞洞内检测时间仅不到 15s 的时间。见表 4。

数据采集效率对比分析表　表4

检测项目	衬砌、路面、检修道、内装饰	
检测方法	人工检测(按1组人员计算)	隧道智能检测(按1台设备计算)
检测时间	720min	30s
检测时间说明	(1)交通管制时间:240min(单向封闭车道预估1h,3车道梯子山隧道单向需分别封闭一和三车道进行检测); (2)路面步检:80min(按平均一小时500m计算); (3)拱部检测:400min(登高车一、三车道抵近检查,平均一小时200m计算)	按实际检测速度80km/h计算

两种检测方式实际数据采集时间对比结果显示,隧道智能检测设备在数据采集效率具有绝对的优势,而且随着单次检测隧道数量或延米的上升,其优势会更为凸显。因减少了隧道交通管制,也在一定程度上增加了隧道定期检查的安全性。利用隧道智能检测设备进行定期检查既能提高检查的效率同时也能提升检查过程的安全。

3.3　数据处理分析

隧道智能检测外业数据采集后采用配套的数据处理软件进行数据处理,处理的核心在于影像数据、三维激光扫描数据和环境数据的自身处理以及各数据处理流程的匹配。

图4中1、2、3、4数据处理工作可同步进行,程序自动运行处理且耗时最短,每公里数据处理时间不超过5min,在分析软件批量处理后,过滤出疑似病害图片,再由人工进行确认筛选,软件自动进行标注定位,处理完成后可直接生产定期检查报告,每公里处理时间为2h。

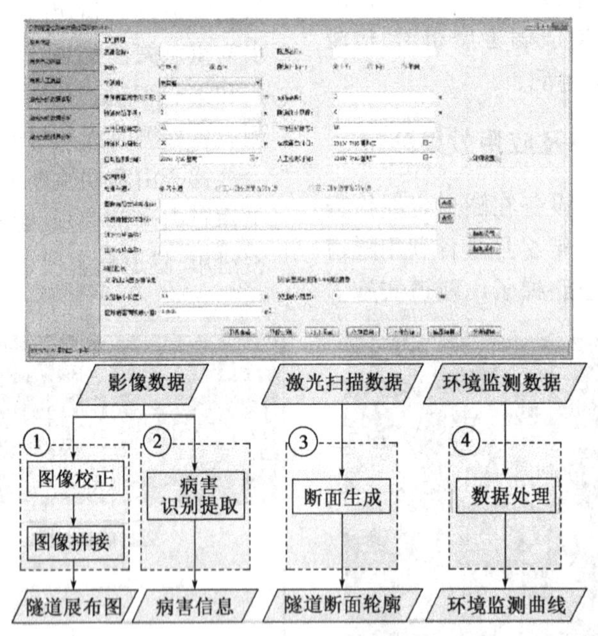

图4　数据处理软件界面及处理流程示意图

梯子山隧道数据单人处理实际花费时间为2小时。对比人工外业数据处理流程,经过外业纸质数据电子化、病害人工统计、病害展布图CAD绘制、断面数据逐一断面处理、隧道环境监测数据处理以及最终报告编制工作等一系列流程,人工外业数据单人处理实际花费时长不少于2个工作日。采用智能检测设备配套软件数据处理效率高,同样单次检测隧道数量或延米越多,其优势越明显。

3.4　数据成果分析

传统的人工检测数据成果一般包括隧道原始记录表、CAD格式的病害展布图和定期检查报告,而利用隧道智能检测设备可生成隧道病害展布图(隧道表观影像底图展布图及CAD格式图)、重点病害截图、隧道限界统计图、隧道三维点云模型以及隧道定期检查报告。其相比人工检测成果的优势在于:①隧道病害展布图可叠合隧道表观影像,展布图信息更为丰富,内容更为直观;②隧道限界和三维点云模型等特殊检查项目可同时生产成果,便于隧道变形判断,更利于后续隧道病害成因分析;③隧道定检报告模板可定制,形成模板后,隧道定检报告可实现批量生成(图5)。

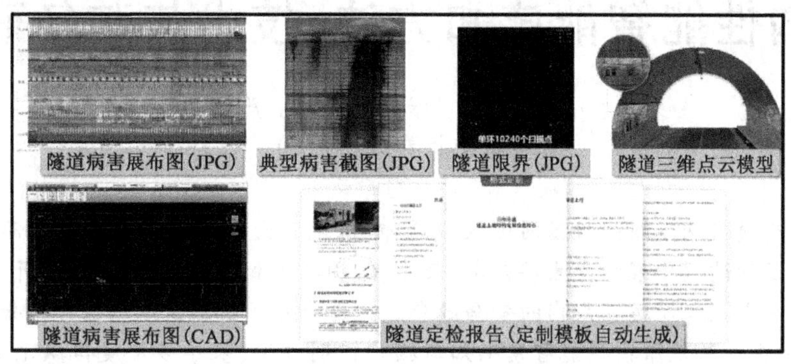

图5 隧道智能检测设备检测数据成果

4 结语

隧道智能检测技术和设备的快速发展给隧道定期检查工作带来了便捷和高效的工作方式,通过调研及实际案例应用对比分析可以得出以下结论:

(1)国内外隧道智能检测技术和设备一般基于摄影技术和三维扫描技术,其中基于三维扫描技术的设备具有涵盖检测项目多、应用面广等优势,而基于摄像技术的设备具有检测速度快、病害识别精度高等优势。

(2)隧道智能检测数据采集效率具有绝对优势,同时因交通管制的减少,提高了隧道定期检查的安全性。

(3)隧道智能检测配套软件可实现表观病害、断面轮廓和隧道环境等数据快速处理。

(4)隧道智能检测数据成果一般包括病害展布图(表观影像底图展布图及CAD格式图)、病害截图、隧道限界、三维点云模型以及定期检查报告,成果丰富,内容直观。

(5)隧道智能检测设备目前已在隧道定期检查工作中大量应用,因隧道环境和图像识别技术的限制,隧道病害图像识别目前仍需人工干预,伴随图像识别技术的不断发展,隧道智能检测也将逐步广泛应用。

参考文献

[1] 中华人民共和国交通运输部.2022年交通运输行业发展统计公报[R],2023.

[2] 朱磊,李东彪,闫星志,等.一种基于深度学习算法的隧道裂缝智能检测系统[J].中国科技信息,2023,12:96-98.

[3] 段英杰.公路隧道衬砌表观病害图像数据化表征方法研究[J].机电信息,2022,12:83-85.

[4] 吴贺贺,王安红,王海东.基于Faster R.CNN的隧道图像裂缝检测[J].太原科技大学学报,2019,3(40):165-168.

[5] 朱磊,李东彪,闫星志.基于改进Mask R-CNN深度学习算法的隧道裂缝智能检测方法[J].图学学报,2023,1(44):177-183.

[6] 江析,刘学增,朱合华.基于隧道智能检测车数据的公路隧道衬砌开裂识别模型研究[J].现代隧道技术,2020,5(57):61-65.

[7] 何国华,刘新根,陈莹莹,等.基于数字图像的隧道表观病害识别方法研究[J].重庆交通大学学报(自然科学版),3(38):21-26.

[8] 林海山,张彦龙.公路隧道病害智能检测技术发展和应用现状[J].中外公路,2020,1(40):176-179.

[9] 杨俊,刘笑娣,刘新根,等.公路隧道结构智能检测车综述[J].华东交通大学学报,2018,4(35):30-38.

[10] 郑好,孙心洁.浅谈国内外公路隧道检测车发展现状与研究[J].汽车实用技术,2020,3:223-225.

[11] 黄震,张陈龙,傅鹤林,等.隧道检测设备的发展及未来展望[J].公路交通科技,2021,2(38):98-109.

隧道结构性能智能感知方法、技术与装备研究进展

李晓东* 张宏博 尹 严
(长安大学公路学院)

摘 要 国家交通路网不断向极度困难区域延伸,催生了大量的隧道工程。然而公路、铁路、地铁、输水隧道等建设及运营过程中经常发生渗漏水、裂缝、结构劣化和隧道变形等病害,开展隧道结构性能健康监测可有效避免隧道施工及运营期内的安全隐患。为进一步了解隧道结构性能感知方法、技术与装备研究现状,本文从隧道结构及服役性能智慧感知与损伤识别方法、基于多尺度传感元件布测与系统集成的隧道结构性能感知模型与技术、隧道结构性能感知装备三个方面进行了系统总结,指出了现有研究中存在的不足及后续研究需要重点关注的领域。建议深入开展超长线状隧道结构多尺度静、动态参量无线感知、隧道结构损伤识别方法和评判体系、非接触式设备智能感知技术、新型传感器在隧道结构性能智能感知的现场应用等方面的研究,以全面提升隧道结构性能智能感知的智能化和绿色化。

关键词 隧道工程 结构性能 智能感知 研究综述

0 引言

随着加快建设交通强国和“一带一路”倡议的推进,我国交通基础设施建设飞速发展,城市地下隧道与山岭隧道数量骤增(图1)。隧道工程的飞速发展使得山岭隧道向极度困难区深入,呈现出地质条件复杂、建设难度增大、断面大等特点,且隧道工程对于重大交通要道的贯通至关重要,对我国社会经济发展和公路网完善具有重要意义。在我国隧道建设、运营网络逐渐完善的背景下,其整体结构及服役性能健康监测的重要性日渐突出。一方面,在内外因素(如地质环境、水文环境、建筑材料、施工技术)的共同作用下,隧道结构受力状态会发生不同程度的劣化导致性能逐步退化;另一方面,我国隧道建设规模巨大,结构施工质量难以控制,且隧道服役年限较长,结构损坏后修复难度较大,给隧道结构及服役性能状态的判断和感知带来了极大的挑战[1]。与其他交通基础设施相比,隧道工程的使用寿命更长,材料质量、温度场分布特性、孔隙水压力再分配、周围地质环境扰动都会导致隧道结构耐久性降低,导致不同类型的隧道病害如渗漏水、裂缝、结构劣化和隧道变形[2]。隧道结构性能智能监测与感知已成为当前隧道工程领域与新兴行业多学科理论与技术方法融合的交叉研究领域。

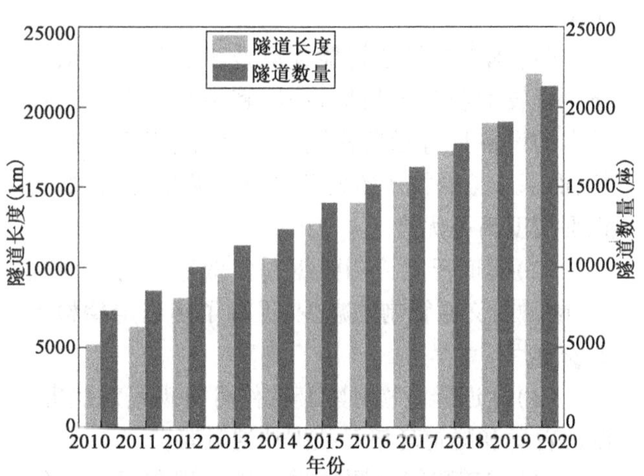

图1 我国隧道里程历年变化趋势

为研究隧道结构及服役性能感知方法、技术与装备进展,本文介绍了不同隧道类型结构及服役性能智慧感知与损伤识别方法,以隧道衬砌结构为研究对象,基于多尺度传感元件布测与系统集成提出隧道结构性能感知模型与技术,同时对不同的隧道类型性能感知装备进行了系统总结,为隧道结构性能感知融合多元传感技术、多学科融合提供了新的思路,有效避免了传统技术在结构健康监测中的局限性,为隧道工程结构及服役性能的智能感知和状态评估提供重要的科学意义

基金项目:新疆重大科技专项(2020A03003-7)。

和应用价值(图2)。

a)坍塌　b)隧道涌水　c)冻害　d)裂缝

图2　隧道病害[27,41]

1　隧道结构性能智能感知方法

1.1　静态参量无线感知与数值模拟融合感知方法

国内外对于隧道工程结构无线感知的研究较少,同济大学朱合华团队揭示了不同时空状态下隧道结构性能演化机制,提出了隧道结构状态智能感知与健康评估理论,并建立了隧道结构全寿命周期性能演化多尺度模型和预测方法[3]。数值模拟融合感知以往主要集中在隧道施工阶段结构性能的变化,如软岩大变形的致灾机理、水-热-力多场耦合作用下的结构性能演变、预测方法及控制技术。相比之下,针对隧道结构在运营过程中的长期机械性能和耐久性的研究较少。徐国文等[4]研究了裂纹二次衬砌在流变荷载作用下的安全性能评估,表明围岩的蠕变特性是千枚岩隧道二次衬砌开裂的主要原因。陈子全[5]运用数值模拟和理论分析揭示了流变荷载作用下高地应力软岩隧道全寿命周期内结构安全性能演化规律。王俊和林国进[6]通过建立数值计算模型研究了流变荷载作用下二次衬砌的损伤演化过程和破坏特征。Liu等[2]通过分析地质与环境耦合作用下隧道衬砌结构力学性能,建立了复杂耦合作用下隧道结构的应力-时间数学模型,分析了隧道结构应力随时空发展的原理和趋势。当前研究涉及流变荷载单因素作用下衬砌结构损伤较多,考虑周期性温度循环引起的附加温度应力等复杂环境对衬砌结构的影响研究较少[7]。而岩石流变与地质环境耦合作用直接决定了隧道衬砌结构的机械性能和耐久性[8],因此结构健康监测作为评价隧道结构可靠性和健康评估的重要技术手段,静态参量无线感知与数值模拟融合感知更能真实反映隧道结构在复杂地质环境下的实际服役状态。

1.2　隧道结构损伤识别方法

国内外对于隧道结构动态响应的损伤识别方法可分为模型法(Model-based method)和数据法(Data-based method)[9]。隧道工程常处于地质复杂区域,存在多种围岩-结构-水文相互作用、材料参数、边界条件等较多不确定性因素和高阶非线性问题,基于模型法的损伤识别精度较低。数据法适用于隧道工程线状长、地质环境复杂、病害种类多的特性,胡嫚嫚[10]基于隧道结构特性提出移动荷载作用下的分布式结构损伤定位方法,保证高识别精度前提下对隧道结构进行分区(图3),并建立了基于互信息和小波包能量谱的盾构隧道损伤识别方法。朱合华等[3]基于超长线状隧道结构性能演化机制和智能感知理论,提出了子结构的损伤识别方法。Weng等[11]基于动态缩聚技术推导了结构的特征值和特征向量导数,通过迭代更新凝聚系统矩阵和变换矩阵的特征敏感性提升了隧道结构多尺度全方位损伤识别的准确性和效率。

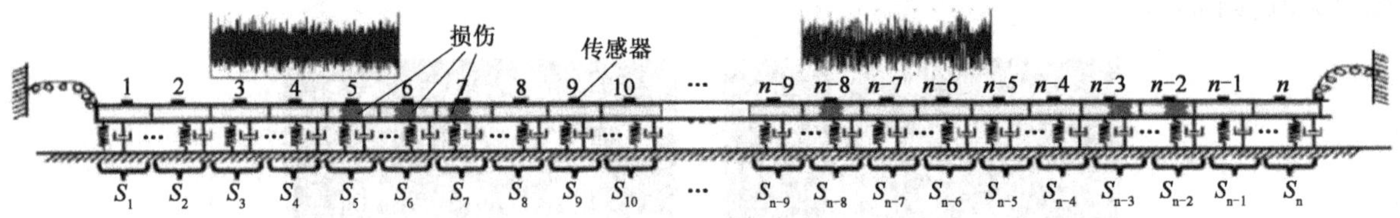

图 3　基于互信息理论的子区间划分方法[3]

2　隧道结构性能智能感知技术

2.1　隧道结构性能感知技术原理

国内外针对大型工程结构的性能感知和安全监测手段主要分为接触式和非接触式[12]。当前接触式手段仍是结构性能感知的主流技术,即通过在隧道断面布设传感元件,利用接触式测量获得隧道各部位监测数据,但受到施工技术和传感器精度影响,监测设备易受到损坏导致监测数据精度低,无法准确反映隧道全寿命周期结构性能。建设期和运营期的隧道容易在外界荷载作用下发生形变,隧道结构形变主要包括应力应变、拱顶沉降、位移等基础数据,传感设备主要有便携式电子类传感器、应变传感器、光纤传感器等。监测数据通过采集设备传输至终端,通过监测系统自动判定或人工计算的安全阈值进行预警,为隧道结构的性能安全提供数据支撑,图 4 为隧道接触式设备监测系统原理图[12]。

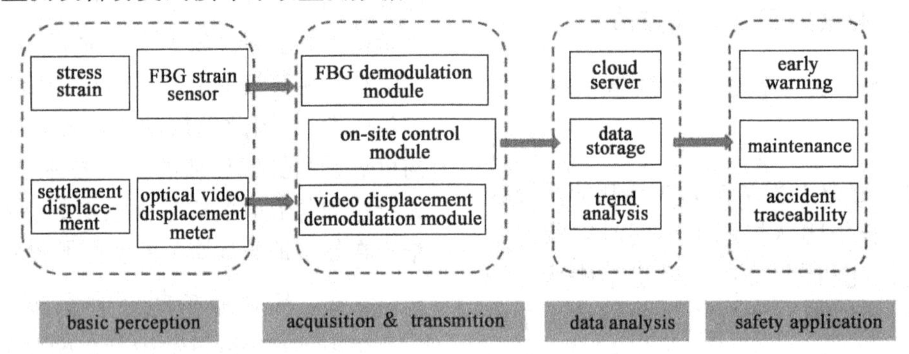

图 4　隧道接触式设备监测系统原理图[12]

非接触式设备通过光学特性监测特定断面或区域获得隧道结构性能基础数据,同时满足精度高、无损害、成本低等优点[13],主要监测方式包括无人机巡检、全站仪监测、三维激光扫描成像技术等。

2.2　隧道新能智能感知技术

通过多源传感器获得的基础数据需要经过特定程序处理或计算判别隧道结构的性能安全系数[14],由于数据呈现多源异构且处理量大特性,导致输出结果难以准确反映隧道全寿命周期内结构的安全性。因此,计算机技术支持的数据处理算法、图像视频视觉信息融合处理算法可以更好地解决隧道结构性能智能感知技术遇到的难题。当前国内外研究聚焦于将图像处理、深度学习、蒙特卡罗模拟(MCS)、物联网等多种智能计算方法融合开发出新型高精度结构性能感知技术[15]。

2.2.1　基于机器学习的智能感知技术

机器学习的快速发展在检测和评估土木结构性能的劣化趋势中有着较大优势,利用机器学习和人工智能技术模拟和分析输入基础参数和目标之间的高阶非线性关系。Jiang 等[16]利用自研的隧道衬砌的自动裂缝检查和评估方法应用于多条公路隧道证明其高精确度。Yuan 等[17]通过收集分析公路隧道结构性能监测数据定义了不同时空状态下的隧道服役性能安全性。Jahanshabi 等[18]通过深度感知、图像处理和模式识别方法高效检测了隧道的裂缝数量和面积。Hutchinson 和 Chen[19]利用贝叶斯决策理论开发了一种检测地铁基础设施的裂缝统计方法。Li 等[20]提出特定系数通过 4 步法评估隧道结构的沉降、收敛、渗漏、开裂和剥落等隧道病害。Zhu 等[21]通过随机森林(RF)和半监督方法评估了地铁隧道的性能安全。

2.2.2　基于图像处理的智能感知技术

图像、视频处理是指提取图像、视频中的特征以测量和量化图像、视频中离散物体的技术[15]。

适当的图像处理可以增强和改善图像质量提取有效特征侧面反映隧道结构性能。通常图像只有一个矩阵的黑白图像,矩阵元素表示像素的强度值,图像处理算法可将 RGB 图像转换为黑白图像,以便图像增强和检测。国内外学者常使用滤波器在空间域中执行图像预处理,滤波器通过允许某些图像频率通过并同时抑制某些图像频率来提高图像质量。邝先验等[22]提出了基于卷积神经网络与轻量级 Transformer 的隧道裂缝快速识别方法,引入高效注意力机制解决了隧道裂缝图像与背景类别不平衡的问题。唐钱龙等[23]基于双边滤波去噪方法与图像自适应、边缘信息分割算法相结合,有效改善了因渗水、剥落对隧道裂缝识别的精确度影响问题,准确率高达 92% 以上。唐钱龙等[24]通过替换卷积块和损失函数提出了新的 YOLOX-G 隧道衬砌裂缝识别方法,实现对隧道裂缝的高精度、高速度的实时检测。

2.2.3 基于蒙特卡洛模拟的智能感知技术

MCS 技术涉及广泛的计算,主要用于解决遵循概率模式的确定性问题,应用重复随机采样和多次迭代获得最优解。MCS 技术需要确定驱动预测的自变量和预测的因变量建立预测模型。然后指定自变量的概率分布,利用历史数据和主观判断来定义预测值,并对每个预测值分配权重[25]。MCS 技术有助于解决隧道结构性能检测、全寿命周期预测、运营阶段的修复优化等。Dawood 等[15]利用 MCS 为地铁基础设施每种病害的状况指数提供快速优化和准确估计,通过多评价指标评估人工神经网络和回归分析的精度达到了 0.928 和 0.957。侯剑龙[26]利用 MCS 法基于地应力和地层参数的随机性及变异性特征提出了高地应力软岩大变形分级指标,对工程进行了有效指导。

2.2.4 基于物联网的智能感知技术

物联网技术是基于互联网为底层基础和核心架构实现智能信息的交换和通讯,通过各类传感器、监测设备、无人机等形成物联网系统实现更加智能和高效的数据传输和分析[27]。建设期和运营期隧道工程物联网系统可简单概括为三层网络结构,包括感知层、传输层和应用层[28,29]。根据隧道结构性能感知、监测特点及物联网特性,基于物联网的智能感知系统组成主要包括:①感知层:数据采集设备如温湿度计、应力应变计、气象采集仪、三维激光扫描仪、无人机、多光谱仪等;②传输层:数据传输网络和数据存储设备;③应用层:搭建基于数据处理、病害分类、病害统计、病害预警、病害解决的一体化多源数据监测预警平台。隧道结构性能智能感知物联网系统如图 5 所示[27]。张秀丽[30]基于物联网系统架构选择簇型拓扑结构为感知层,Zigbee 网络和 GPRS 相结合的无线数据数据传输为传输层,搭建了隧道施工动态实时监测系统。朱雨晨[31]基于物联网技术开发了 Arduino UNO 连接传感器为感知层,借助 ESP8266 无线传输模块为传输层,研发了隧道管片接头位移感知装置实现智能化远程监控隧道结构性能。

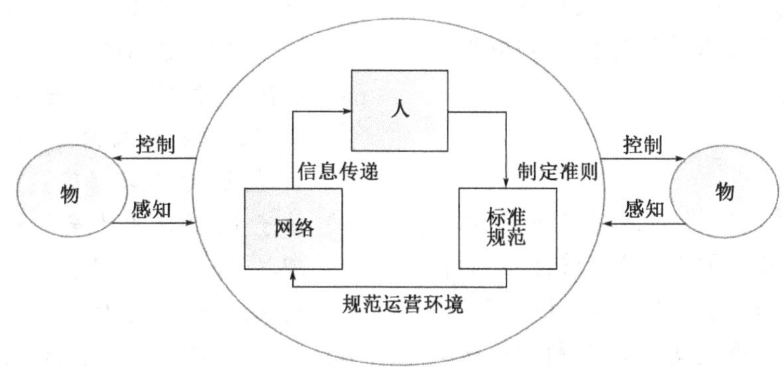

图 5 隧道结构性能智能感知物联网系统[27]

3 隧道结构性能智能感知装备

随着光纤传感器、光学视频位移计、无人机搭载各类微型传感器等先进传感器测试技术的发展,隧道结构性能健康监测已广泛应用于公路、铁路、地铁、输水隧道等[32-34]。隧道工程结构健康监测早先用于 1988 年建成的日本青函海底隧道[35],以评估隧道服役性能的稳定性。随着大型隧道的建设发展,结构健康监测被应用于典型工程如韩国首尔地铁的 NATM 隧道[36]、英国伦敦地铁

Jubilee线隧道[37]、意大利罗马地铁隧道[38]以及西班牙巴塞罗那TMBL-9地铁隧道[39]。国内随着交通基础设施建设的高速发展,结构健康监测被广泛应用于海底沉管隧道、过江盾构隧道、高原山岭隧道等城市富水软土或地质环境敏感脆弱条件下的隧道建设和运营管理[40]。近十年来,在港珠澳跨海隧道、上海长江隧道、南京长江隧道、厦门翔安海底隧道、青岛胶州湾海底隧道、武汉长江隧道等都建立了隧道健康监测系统[41]。然而关于在役高速公路隧道、铁路隧道的运营期健康监测研究较少,此外由于围岩在地质作用下的剧烈变形或其他施工扰动导致现场埋设和安装的传感器容易受到破坏[15],后期获取数据难度大且精确度低,给隧道运营期的结构健康监测和感知带来了很大的困难。

国内外众多学者依托在役隧道利用先进传感器对运营期结构性能进行了实测,Park等[42]利用三维激光扫描仪对隧道断面进行测量建模,动态监测隧道结构变形及位移变化,极大地提高了变形监测的准确率和精度。Broomfield等[43]在隧道衬砌结构安装了全寿命周期腐蚀监测系统以便于运营期维护保证隧道整体结构的安全性。李俊等[12]基于光纤传感与光学视频位移技术对兰渝铁路段受高地应力及地质挤压隧道进行结构监测,通过分析静态、动态通车情况下的监测数据结合数值模拟,验证了光学传感器应用于运营期隧道结构性能智能感知的可行性。朱雨晨[31]开发了接触式位移转角感知装置应用于盾构隧道管片衬砌结构性能感知,通过管片位置变化和变形情况实现智能化远程监控。

4 结语

为研究隧道结构服役性能感知方法、技术与装备研究进展,本文从不同隧道类型结构及服役性能智慧感知与损伤识别方法,以隧道衬砌结构为研究对象,基于多尺度传感元件布测与系统集成提出隧道结构性能感知模型与技术,同时对不同的隧道类型性能感知装备进行了系统总结,对隧道工程结构及服役性能的智慧感知和状态评估提供一定的参考价值。基于此,作者认为在以下几个方面有待进一步探讨和深入研究。

(1)隧道结构性能智能感知在多参数静、动态感知理论、模型、方法上仍缺乏相应研究,未能解决超长线状隧道结构多尺度静、动态参量无线感知问题,隧道结构损伤识别方法和评判体系尚未完善,缺乏高精度的性能感知可靠度分析模型。

(2)隧道结构性能智能感知技术方面,传统接触式设备仍是监测结构性能的主流方法和手段,未来应注重开发非接触式设备智能感知技术异达到更加高效快捷、智能化、绿色化,对不同类型隧道结构进行全方位、多尺度、精细化监测。

(3)随着计算机技术高速发展,隧道结构性能智能感知装备正向高精度、便携化、智能化发展,未来应注重感知装备与新型无人机、多光谱、高光谱、机器人传感设备结合,加强新型传感器在隧道结构性能智能感知的现场应用,同时提高感知装备的精确性和可操作性,全面提升隧道结构性能智能感知的智能化和绿色化。

参考文献

[1] SANDROME F, LABIOUSE V. Identification and analysis of Swiss National Road tunnels pathologies [J]. Tunnelling and Underground Space Technology, 2011, 26(2): 374-390.

[2] LIU W, CHEN J, LUO Y, et al. Long-term stress monitoring and in-service durability evaluation of a large-span tunnel in squeezing rock [J]. Tunnelling and Underground Space Technology, 2022, 127: 104611.

[3] 朱合华,王曙光,彭立敏,等.城市轨道交通地下结构性能演化与感控基础理论综述[J].南京工业大学学报(自然科学版),2021,43(3):273-283,310.

[4] 徐国文,何川,汪耀,等.流变荷载作用下隧道裂损二次衬砌结构安全性能研究[J].土木工程学报,2016,49(12):114-123.

[5] 陈子全.高地应力层状软岩隧道围岩变形机理与支护结构体系力学行为研究[D].成都:西南交通大学,2019.

[6] 王俊,林国进.流变荷载作用下公路隧道二次衬砌开裂特征研究[J].现代隧道技术,2020,57(1):83-90.

[7] LIU W W, CHEN J X, CHEN L J, et al. Nonlinear deformation behaviors and a new approach for the classification and prediction of large deformation in tunnel construction stage: a case study [J]. European Journal of Environmental and Civil

Engineering,2022,26 (5):2008-2036.

[8] ALWIS L,SUN T,GRATTAN K. Optical fibre-based sensor technology for humidity and moisture measurement:review of recent progress [J]. Measurement,2013,46 (10):4052-4074.

[9] 罗辉,胡嫚嫚,刘雨彤,等.基于小波包能量谱的盾构隧道结构损伤识别分析[J].建筑结构学报,2018,39 (S2):306-314.

[10] 胡嫚嫚.基于小波包能量谱的盾构隧道损伤识别分析[D].武汉:华中科技大学,2018.

[11] WENG S,ZHU A Z,ZHU H P,et al. Dynamic condensation approach to the calculation of eigensensitivity[J]. Computers & Structures, 2014,132:55-64.

[12] 李俊,张鼎博,张訢炜,等.基于光纤光栅传感与视频位移计技术的运营期铁路隧道结构安全监测[J].激光与光电子学进展, 2023,60 (23):177-185.

[13] 朱飞鹏,龚琰,白鹏翔,等.基于数字图像相关的光学引伸计应变测量精度研究[J].光学精密工程,2018,26 (5):1061-1069.

[14] ZHU Z, BRILAKIS I. Machine vision-based concrete surface quality assessment [J]. Journal of Construction Engineering and Management,2010,136(2):210-218.

[15] DAWOOD T,ELWAKIL E,ZAYED T,et al. Data fusion of multiple machine intelligent systems for the condition assessment of subway structures [J]. Tunnelling and Underground Space Technology,2022,126:104512.

[16] JIANG Y,ZHANG X,TANIGUCHI T. Quantitative condition inspection and assessment of tunnel lining[J]. Automation in Construction,2019,102: 258-269.

[17] YUAN Y,BAI Y,LIU J. Assessment service state of tunnel structure[J]. Tunnelling and Underground Space Technology, 2012, 27 (1):72-85.

[18] JAHANSHAHI M,MASRI S,PADGETT C,et al. An innovative methodology for detection and quantification of cracks through incorporation of depth perception[J]. Machine Vision and Applications, 2013, 24 (2): 227-241.

[19] HUTCHINSON T, CHEN Z. Improved image analysis for evaluating concrete damage[J]. Journal of Computing in Civil Engineering, 2006,20 (3):210-216.

[20] LI X, LIN X, ZHU H, et al. Condition assessment of shield tunnel using a new indicator:The tunnel serviceability index[J]. Tunnelling and Underground Space Technology,2017,67:98-106.

[21] ZHU M, ZHU H, GUO F, et al. Tunnel condition assessment via cloud model-based random forests and self-training approach[J]. Computer-Aided Civil and Infrastructure Engineering,2021,36:164-179.

[22] 邝先验,徐姚明,雷卉,等.基于轻量级Transformer的隧道裂缝分割[J/OL].铁道科学与工程学报,2024,1-12.

[23] 周中,闫龙宾,张俊杰,等.基于YOLOX-G算法的隧道裂缝实时检测[J].铁道科学与工程学报,2023,20 (7):2751-2762.

[24] 唐钱龙,谭园,彭立敏,等.基于数字图像技术的隧道衬砌裂缝识别方法研究[J].铁道科学与工程学报,2019,16 (12):3041-3049.

[25] MONTASER A,BAKRY I,ALSHIBANI A,et al. Estimating productivity of earthmoving operations using spatial technologies [J]. Canadian Journal of Civil Engineering,2012, 39 (9):1072-1082.

[26] 侯剑龙.远场平均地应力反演及高地应力隧道围岩大变形预测研究[D].北京:北京交通大学,2021.

[27] 王亚楠.服役期铁路隧道结构健康诊断及预警研究[D].大连:大连交通大学,2023.

[28] 赵亮,陈昌鑫,王丽君,等.容栅传感与物联组网的城市隧道内涝监测预警系统设计[J].传感技术学报,2023,36 (12): 1981-1987.

[29] 李利平,邹浩,刘洪亮,等.钻爆法隧道智能建造研究现状与发展趋势[J].中国公路学报,2024,1-27.

[30] 张秀丽.地铁隧道施工实时监测系统及应用研究[D].沈阳:东北大学,2013.

[31] 朱雨晨.盾构隧道管片衬砌结构位移感知装置及其应用[D].上海:上海工程技术大学,2021.

[32] DAS S,SAHA P. A review of some advanced sensors used for health diagnosis of civil engineering structures [J]. Measurement, 2018,129:68-90.

[33] OH B K,KIM K J,KIM Y,et al. Evolutionary learning based sustainable strain sensing model for structural health monitoring of high-rise buildings[J]. Applied Soft Computing,2017, 58:576-585.

[34] FLORIS I,ADAM J M,CALDERÓN P A,et al. Fiber optic shape sensors:a comprehensive review[J]. Optics and Lasers in Engineering, 2021,139 (2021),106508.

[35] IKUMA M. Maintenance of the undersea section of the Seikan Tunnel[J]. Tunnelling and Underground Space Technology,2005,20 (2),143-149.

[36] CHUNG H S,CHUN B S,KIM B H,et al. Measurement and analysis of long-term behavior of Seoul metro tunnels using the Automatic Tunnel Monitoring Systems[J]. Tunnelling and Underground Space Technology,2006,21(3): 316-317.

[37] BENNETT P J,KOBAYASHI Y,SOGA K,et al. Wireless sensor network for monitoring transport tunnels [J]. Proceedings of the Institution of Civil Engineers-Geotechnical Engineering,2010,163 (3):147-156.

[38] BURSI O S,TONDINI N,FASSIN M,et al. Structural monitoring for the cyclic behaviour of concrete tunnel lining sections using FBG sensors [J]. Structural Control and Health Monitoring,2016,23 (4):749-763.

[39] GÓME Z J, CASAS J R, VILLALBA S. Structural health monitoring with distributed optical fiber sensors of tunnel lining affected by nearby construction activity[J]. Automation in Construction,2020,117:103261.

[40] LI P,WEI Y,ZHANG M,et al. Influence of non-associated flow rule on passive face instability for shallow shield tunnels [J]. Tunnelling and Underground Space Technology,2022,119:104202.

[41] 程昊艺.基于云平台的隧道结构健康监测与评价技术研究[D].西安:长安大学,2023.

[42] PARK H S,LEE H M,ADELI H,et al. A new approach for health monitoring of structures: Terrestrial laser scanning[J]. Computer aided Civil & Infrastructure Engineering,2010,22 (1):19-30.

[43] BROOMFIELD J P,DAVIES K,HLADKY K. The use of permanent corrosion monitoring in new and existing reinforced concrete structures [J]. Cement and Concrete Composites,2002, 24(1) :27-34.

Experimental and Modeling Analysis of Corroded Concrete Beams Strengthened with CFRP Anchorage System

Xiao Fei Tanbo Pan* Yonglai Zheng Xin Lan
(Department of Hydraulic Engineering,Civil Engineering college,Tongji University)

Abstract This study presents a comprehensive investigation into the strengthening of corroded concrete beams using a Carbon Fiber Reinforced Polymer (CFRP) anchorage system. Experimental tests were conducted, and a sophisticated modeling analysis was performed through finite element methods. The experiments involved both corroded and strengthened beams,with varied corrosion levels and different numbers of composite layers.

The modeling results demonstrated a commendable alignment with experimental outcomes, effectively capturing the nonlinear behavior of the strengthened beams. This study presents a comprehensive investigation into the strengthening of corroded concrete beams using a Carbon Fiber Reinforced Polymer (CFRP) anchorage system. Experimental tests were conducted, and a sophisticated modeling analysis was performed through finite element methods. The experiments involved both corroded and strengthened beams, with varied corrosion levels and different concrete compressive strength. The modeling results demonstrated a commendable alignment with experimental outcomes, effectively capturing the nonlinear behavior of the strengthened beams.

Keywords CFRP anchorage system Corrosion Finite element analysis Structural repair

0 Introduction

The degradation of reinforced concrete (RC) structures, including ports, tunnels and bridges, due to corrosion, significantly compromises their structural integrity and durability, posing a substantial challenge to their longevity and safety. In tunnels, the corrosive environment, often exacerbated by water infiltration, aggressive chemicals, and de-icing salts, accelerates the corrosion of reinforcing steel. This not only weakens the mechanical properties of the tunnel structures but also necessitates effective rehabilitation strategies to restore their functionality and safety. The issue of corrosion in RC tunnel structures demands timely and efficient rehabilitation techniques to ensure their continued operation and safety.

Fiber-Reinforced Polymer (FRP) materials have emerged as a promising solution for strengthening and rehabilitating deteriorated structures, owing to their high strength, lightweight, and corrosion resistance. The application of FRP for structural strengthening has been extensively explored, with a substantial body of literature demonstrating its efficacy in enhancing the load-bearing capacity, ductility, and shear strength of RC beams[1-4]. Despite the advantages of FRP reinforcements, challenges related to the long-term bonding performance and the risk of end delamination under loading conditions persist. These issues have led to the development of FRP anchorage systems, aimed at improving the load transfer between the FRP and concrete and preventing premature failure modes, such as debonding at the FRP ends[5-7].

However, the research specifically focusing on the application of FRP anchorage systems for the rehabilitation of corroded beams remains limited. There is a notable gap in understanding the interaction between FRP anchors and the underlying corroded reinforcement and concrete matrix, and how this influences the structural behavior and failure mechanisms of corroded RC beams. This study aims to address this gap by investigating the performance of FRP anchorage systems in rehabilitating corroded RC beams through both experimental testing and finite element analysis. By examining the synergistic effects of corrosion, FRP reinforcement, and anchorage mechanisms, this research contributes to the development of optimized rehabilitation strategies that leverage the benefits of FRP anchors for enhancing the resilience and durability of infrastructure.

1 Experimental investigation

1.1 Test specimen

Figure 1 illustrates the geometric shape and reinforcement layout of reinforced concrete beams, all standardized in dimensions for comparability: 1600 mm in length, with cross-sections 150 mm wide and 200 mm high, and a concrete cover thickness of 25 mm. The bottom uses 14 mm diameter HRB400 high-strength steel as tensile reinforcement, while the top employs 8 mm diameter HRB400 bars for compression reinforcement, enhancing stability and compressive strength. To improve shear capacity and prevent shear failure, 6 mm diameter HPB235 smooth round steel stirrups are evenly spaced at 80 mm in the mid-span. Epoxy resin covers the contact points between stirrups and longitudinal tensile steel during casting to control corrosion when used as an anode in electrochemical acceleration. Concrete material properties were tested according to the "Standard for

Test Methods of Mechanical Properties of Ordinary Concrete" (GB/T 50081—2002), with three sets of 150mm cube specimens cast and cured alongside the beams for 28 days, showing an average compressive strength of 42. 3MPa. Tensile reinforcement used crescent-threaded HRB400 hot-rolled steel bars of 14mm and 8mm diameter, tested for mechanical properties prior to casting. The yield strength, ultimate tensile strength and modulus of elasticity of the reinforcement bars are listed in Table 1.

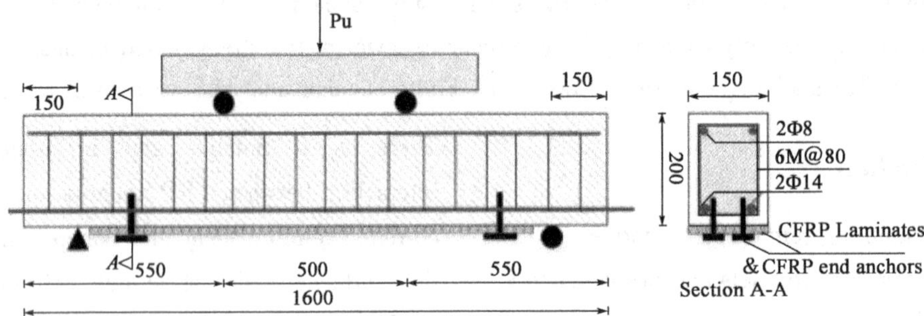

Figure 1 Reinforced concrete beam dimensions and reinforcement drawings (Qnit: mm)

Mechanical Properties of Reinforcing Steel Data Table 1

Diameter(mm)	Ultimate strength(MPa)	Yield strength(MPa)	Modulus of elasticity(MPa)
14	615.7	462.2	200GPa
8	611.3	408.9	200GPa

1.2 Accelerated corrosion testing

For accelerated corrosion testing, a bespoke water tank containing a 5% NaCl solution was placed under the beam's cross-section to serve as the corrosive environment. Seven days post-immersion, a stainless steel grid was installed close to the submerged segment's surface. The beam's longitudinal tensile reinforcements were linked to the power supply's positive terminal, acting as the anode, whereas the stainless steel grid connected to the negative terminal functioned as the cathode, with the negative terminal's connection to the grid at the span's center ensuring even distribution of corrosion effects.

To mimic natural corrosion without compromising the bond between concrete and steel, the electrical current was maintained at 205 mA with an ampere density of 180 $\mu A/cm^2$, adhering to the principle that ampere density should not exceed 200$\mu A/cm^2$. According to Faraday's second law [Eq. 1], the theoretical mass loss of the tensile reinforcement was calculated, facilitating the creation of beams with mild, moderate, and severe corrosion levels after 25, 50, and 100 days, corresponding to 5%, 10%, and 20% corrosion damage, respectively.

$$\text{Mass loss} = \frac{ItM}{Ft} \tag{1}$$

Where I represents the constant current (A), t is the corrosion duration (s), M is the atomic weight of iron (55. 847g/mol), F is Faraday's constant (96485 C/mol), and n is the ion charge.

1.3 CFRP Anchorage System

1.3.1 CFRP anchors fabrication

The fabrication of Carbon Fiber Reinforced Polymer (CFRP) anchors followed detailed instructions provided by Smith and Zhang, covering both the production and installation of CFRP anchors and sheets. The process involves selecting 150mm wide and 80mm long unidirectional curled CFRP sheets, including a 50mm fan section and a 30mm pre-formed section with a small edge for creating a 90-degree bend. To prevent damage in the bending area, the hardening treatment should not exceed two-thirds of the anchor length. Thus, the sheet ends are coated with epoxy resin to form a hardened shaft. The bowtie-shaped CFRP anchors produced have a nominal diameter of 10mm, made from 150mm wide CFRP sheets.

1.3.2 FRP anchoring system installation

A meticulous procedure was adopted for reinforcing corroded reinforced concrete beams with CFRP. The process includes surface preparation, concrete drilling and line marking, base layer and CFRP sheet installation, carbon fiber anchor fabrication and installation, followed by curing. Prior to reinforcement, surfaces are thoroughly treated to remove loose particles, rust, and other materials detrimental to bonding, cleaned with acetone to ensure a dust and grease-free surface. Holes are drilled according to the carbon fiber anchor layout, then cleaned. The epoxy resin, mixed at a 3:1 ratio of parts A and B, is applied to the prepared surface, followed by CFRP sheet application. Carbon fiber anchors are fabricated as described aboveand installed after epoxy application to the drilled holes, ensuring tight integration with the concrete base. The fan section of the anchor is adhered to the CFRP sheet, and the process concludes with a 7-day curing period at room temperature to ensure the long-term stability of the reinforcement. This comprehensive approach ensures enhanced stability and load-bearing capacity of the reinforced structures.

1.4 Test setup and instrumentation

To evaluate the residual strength of laboratory beams, monotonic four-point bending tests were conducted as depicted in Figure 2, using an MTS system operating at a displacement rate of 1 mm/min. Displacements at the beam')s mid-span and at the two points of loading were recorded using linear variable displacement transducers (LVDTs).

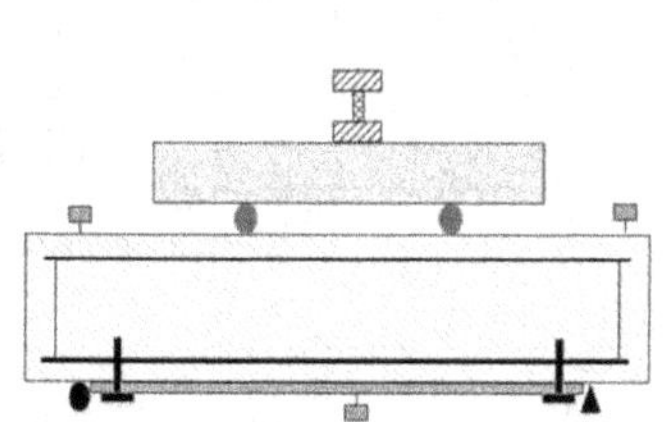

Figure 2 Laboratory loading test of CFRP-strengthened corroded beam.

2 Numerical simulation

This research outlines the modeling strategies for simulating the behavior of reinforced concrete (RC) structures, focusing on concrete, steel reinforcement, and Carbon Fiber Reinforced Polymer (CFRP) interactions. For simulations, concrete and reinforcements are modeled with C3D8R solid and T3D2 Truss elements, respectively, while CFRP sheets use S4R Shell elements, enhancing bond-slip behavior representation.

Concrete is described through two models: a segmented approach for compressive behavior transitioning from elasticity to crushing failure, and a non-linear model for tensile behavior capturing elasticity, micro-crack formation, and crack propagation. Steel reinforcement follows a bilinear stress-strain relationship, incorporating corrosion impacts through reduction factors for yield strength and elasticity based on Lee')s formulae. CFRP is modeled as an ideal elastic material up to tensile rupture.

The bond-slip behavior between CFRP sheets and concrete employs Lu Xinzheng') s model, capturing initial bonding and degradation post-peak strength through a bilinear path. For steel reinforcement, Lin Hongwei') s model is used, considering corrosion's effect on bond-slip characteristics with concrete, adjusting for bond strength and slip based on corrosion rate. These models enable precise simulation of the structural response of RC beams, particularly under corroded conditions, crucial for assessing structural integrity and performance.

3 Results and discussion

3.1 Validation of Finite Element Models

Figure 3 compares the load-deflection curves of the beam specimens obtained from experiments with those from finite element simulations. From the figure, it's evident that the load-deflection characteristics of the retrofitted beams simulated by finite element analysis closely match the experimental results: both experimental and finite element curves exhibit three distinct linear segments, with two inflection points corresponding to the tensile cracking of concrete and yielding of the bottom tension reinforcement in the beam. Moreover, the cracking of concrete, yielding of tension reinforcement, and the load at beam failure predicted by finite element simulation are consistent with experimental findings. The average, standard deviation, and coefficient of variation of the ratio of the ultimate load predicted by finite element analysis to the experimental value are 0.97, 0.0427, and 0.0431, respectively.

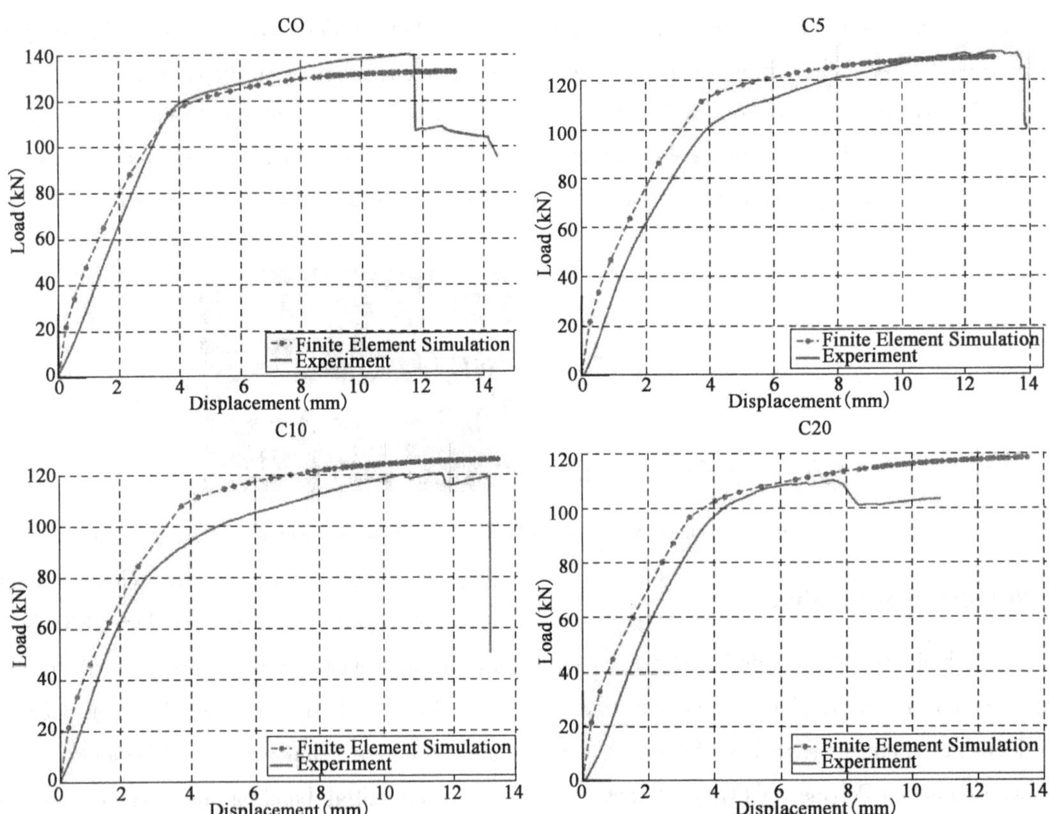

Figure 3 the load-deflection curves of the specimens obtained from experiments with those from finite element simulations

In finite element simulation, the criterion for determining FRP-concrete interfacial debonding failure is when the stiffness of the interface element degrades to zero (at which point, the interface stress also decreases to zero). The criterion for identifying concrete cover delamination failure is when significant horizontal concrete cracks appear along the tension reinforcement layer and there is a noticeable decrea se in beam load. The criterion for FRP rupture is when its tensile stress reaches its ultimate strength. Figure 4 compares and analyzes the finite element simulation results with experimental outcomes for typical beam failure modes. It is evident from the figure that the failure modes observed in both experiments and finite element simulations are in good agreement. Furthermore, the delamination failure of the concrete cover initiates at the mid-span region and propagates towards both ends.

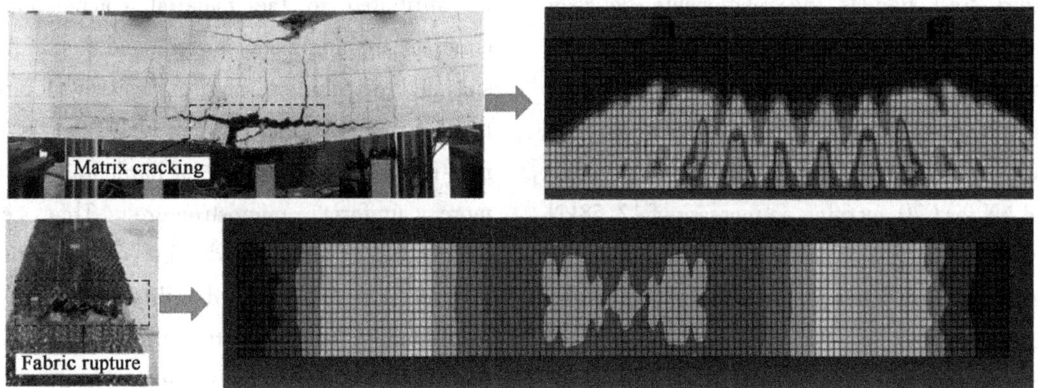

Figure 4 Typical Failure Modes of CFRP-Strengthened Beams

3.2 Parametric study

3.2.1 Effect of concrete compressive strength

To investigate the impact of reinforced concrete strength on the load-bearing capacity of CFRP-reinforced corroded beams, four sets of beams were constructed. Each set had the same degree of corrosion but varied in concrete strength, specifically C20, C30, C40, C50, C60, and C70, which represent the most commonly used grades in engineering. Table 2 provides detailed information and simulation analysis results for groups A, B, C, and D. Figure 5 illustrates the relationship between the concrete strength of CFRP-reinforced corroded beams and their yield load, ultimate load, and ductility.

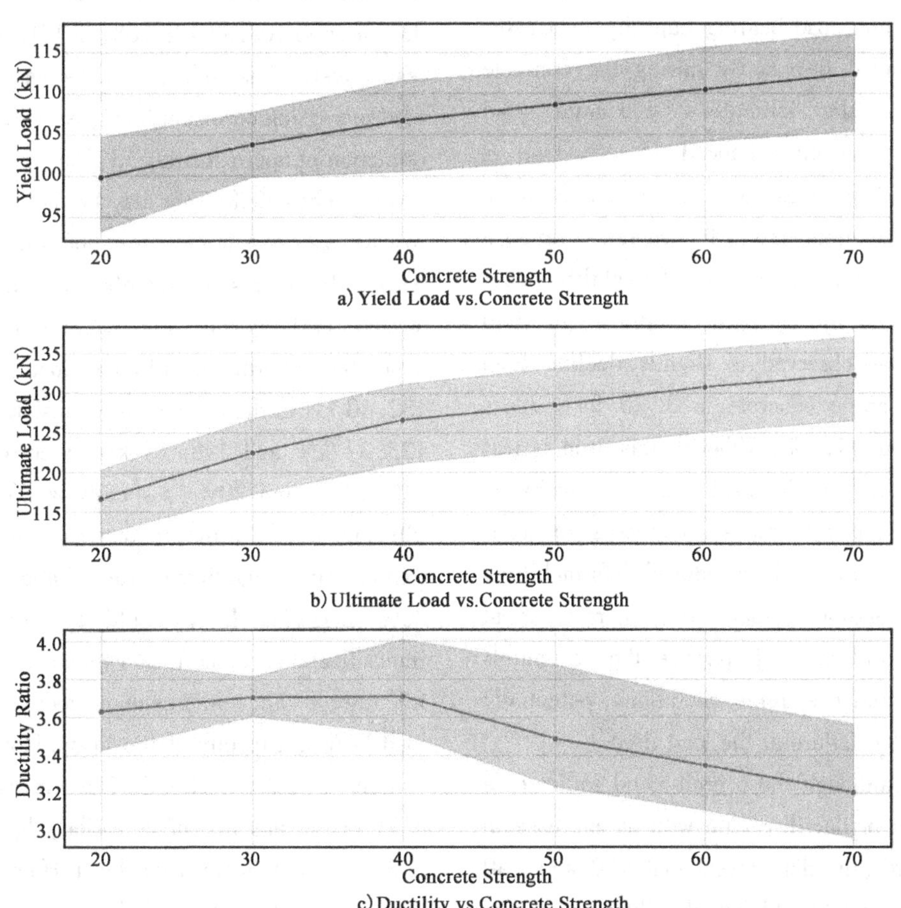

a) Yield Load vs.Concrete Strength

b) Ultimate Load vs.Concrete Strength

c) Ductility vs.Concrete Strength

Figure 5 The relationship between the concrete strength of CFRP-reinforced corroded beams and their yield load, ultimate load, and ductility

Figure 5a) depicts the relationship between yield load and concrete strength. Yield load is the maximum load a structure can bear before it undergoes plastic deformation. This study found that the average yield load rose from 99.82 kN for C20 grade concrete to 112.38 kN for C70, marking an increase of 12.58kN or approximately 12.6%. This clearly demonstrates the beneficial impact of concrete strength on the initial load-bearing capacity of CFRP-reinforced corroded beams. Higher concrete strength synergizes with CFRP reinforcement, enhancing structural integrity before the onset of plastic deformation.

Figure 5b) illustrates the relationship between ultimate load and concrete strength. Ultimate load is the maximum load a structure can endure before failure. The data show a positive trend, with ultimate load increasing from an average of 116.67 kN for C20 grade concrete to 132.28 kN for C70 grade. This indicates an increase of 15.61 kN or 13.4%, emphasizing the vital role of high-strength concrete in improving the end load-bearing capacity of CFRP-reinforced corroded beams. By raising the concrete strength grade, the structure's maximum load resistance is significantly enhanced.

Figure 5c) presents the correlation between ductility and concrete strength. Ductility ratio, a crucial measure of a structure's deformability under load, is calculated by the ratio of ultimate to yield deflection. It was observed to slightly decline from 3.63 for C20 grade concrete to 3.20 for C70, a decrease of about 11.8%. Although this drop is less marked than the rise in load-bearing capacity, it indicates a design compromise: increases in load-bearing strength may result in reduced deformability, a crucial consideration in engineering where too great a loss in ductility might jeopardize the structure's safety margin under extreme conditions, potentially leading to sudden failure at the load limit.

Moreover, although the overall trend indicates a slight reduction in ductility ratio with an increase in concrete strength, the data reveal that C30 and C40 grades show a notably higher ductility ratio, with averages of 3.705 and 3.710, respectively. This may be attributed to the material composition of the concrete, including cement type and quality, aggregate size and distribution, and the microstructure within the concrete. At the C30 and C40 levels, concrete may reach an optimal state of hardening that fosters a more uniform microstructure. This enhanced microstructure likely works in concert with CFRP, leading to improved ductility following stress. Additionally, the bond strength between the cement paste and aggregates for these grades may achieve a more balanced state, enabling the structure to sustain a larger range of deformation after yielding, which may contribute to the observed higher ductility ratios.

3.2.2 Effect of corrosion level

Based on the data of Table 2, it can observe the relationship between corrosion level and yield load, ultimate load, and ductility as follows. As for yield Load, when the corrosion level is 0%, the average yield load is 113.05 kN. As the corrosion level increases to 5%, 10%, and 20%, the yield load decreases to 108.87 kN, 108.32 kN, and 97.60 kN, respectively. This indicates a decrease in yield load with increasing corrosion level, especially a significant reduction of approximately 13.7% when the corrosion level reaches 20%. This may be due to the reduction in the cross-sectional area of the reinforcement caused by corrosion, thereby reducing the overall strength of the beam. The trend in ultimate load shows a similar pattern. The ultimate load decreases from 132.40 kN in the absence of corrosion to 128.86kN, 125.37 kN, and 118.16 kN at corrosion levels of 5%, 10%, and 20%, respectively. The decrease in ultimate load with increasing corrosion level, particularly a significant drop of about 10.8% at a 20% corrosion level, could be attributed to the intensification of corrosion-induced corrosion and fracture of the reinforcement, reducing the overall load-bearing capacity of the beam. However, ductility exhibits a different trend. The average ductility is 3.31 in the absence of corrosion, slightly increasing to 3.41 at a 5% corrosion level. However, at a 10% corrosion level, ductility slightly decreases to 3.37. At a 20% corrosion level, the average ductility increases to 3.96, indicating that under more severe corrosion, the structure may exhibit greater deformation before the reduction in load-bearing capacity.

The detailed information and simulation analysis results Table 2

Series	specimen	yield load	yielding deflection	ultimate load	ultimate deflection	ductility
A	C20-0	106.29	4.24	121.79	14.25	3.36
	C30-0	109.30	3.82	128.40	13.63	3.57
	C40-0	112.79	3.69	132.83	13.05	3.54
	C50-0	114.79	3.66	134.96	11.85	3.24
	C60-0	116.80	3.64	137.45	11.35	3.12
	C70-0	118.30	3.58	138.99	10.96	3.06
B	C20-5	103.00	4.25	119.00	14.86	3.50
	C30-5	106.16	3.74	125.00	13.88	3.71
	C40-5	108.00	3.70	129.31	12.90	3.49
	C50-5	110.00	3.62	131.22	12.29	3.40
	C60-5	112.08	3.48	133.55	11.40	3.28
	C70-5	114.00	3.44	135.05	10.64	3.09
C	C20-10	100.00	4.26	116.00	15.48	3.63
	C30-10	103.00	3.90	121.76	14.38	3.69
	C40-10	107.90	3.70	125.84	13.50	3.65
	C50-10	111.00	3.89	127.51	12.57	3.23
	C60-10	113.00	3.89	129.70	12.06	3.10
	C70-10	115.00	4.00	131.40	11.70	2.93
D	C20-20	90.00	3.76	109.90	15.16	4.03
	C30-20	96.70	3.74	114.65	14.42	3.86
	C40-20	98.00	3.24	118.35	13.50	4.17
	C50-20	98.69	3.22	120.17	13.16	4.09
	C60-20	100.00	3.20	122.21	12.45	3.89
	C70-20	102.20	3.18	123.69	11.87	3.73

In conclusion, the corrosion level significantly affects the performance of CFRP-reinforced corroded beams. As the corrosion level increases, both the yield load and ultimate load of the beam decrease, while the trend in ductility is more complex and may be related to changes in the internal structure caused by corrosion. Ductility increases at lower corrosion levels, but significantly increases as corrosion becomes more severe, possibly due to the reduced structural performance of concrete and reinforcement before the reduction in load-bearing capacity.

4 Conclusions

(1) Results indicate a notable increase in both yield load and ultimate load with higher concrete strength grades, showcasing the beneficial synergy between concrete strength and CFRP reinforcement. However, there's a slight compromise in ductility, emphasizing the importance of balancing load-bearing capacity with deformability to ensure structural safety.

(2) Concrete strength significantly impacts the load-bearing capacity of CFRP-reinforced corroded beams, with higher strength grades yielding increased yield and ultimate loads. Despite a marginal reduction in ductility with stronger concrete, certain grades exhibit enhanced ductility due to optimized microstructure and bond strength. Achieving a balance between load-

bearing capacity and deformability is crucial for structural integrity and safety.

(3)The corrosion level notably impacts the behavior of CFRP-reinforced corroded beams. Increasing corrosion decreases both yield and ultimate loads due to reduced reinforcement strength. Ductility initially fluctuates but significantly rises at severe corrosion levels, indicating potential structural deformation before load capacity reduction. These findings underscore the necessity of corrosion mitigation strategies to preserve beam performance and safety.

References

[1] SOUDKI K A, RTEIL A A, AL-HAMMOUD R, et al. Fatigue strength of fibre-reinforced-polymer-repaired beams subjected to mild corrosion[J]. Can J Civil Eng, 2007, 34(3): 414-421.

[2] AL-HAMMOUD R, SOUDKI K, TOPPER T H. Fatigue flexural behavior of corroded reinforced concrete beams repaired with CFRP sheets[J]. J Compos Constr. 2011, 15(1): 42-51.

[3] AZAM R, SOUDKI K. Structural performance of shear-critical RC deep beams with corroded longitudinal steel reinforcement [J]. Cement Concrete Comp. 2012, 34(8): 946-957.

[4] AZAM R, SOUDKI K. Structural Behavior of Shear-Critical RC Slender Beams with Corroded Properly Anchored Longitudinal Steel Reinforcement [J]. J Struct Eng. 2013, 139(12).

[5] EL-MAADDAWY T, CHEKFEH Y. Shear Strengthening of T-Beams with Corroded Stirrups Using Composites [J]. Aci Struct J. 2013, 110(5): 779-789.

[6] TRIANTAFYLLOU G, ROUSAKIS T, KARABINIS A. Corroded RC Beams at Service Load before and after Patch Repair and Strengthening with NSM CFRP Strips[J]. Buildings-Basel. 2019; 9(3).

[7] TRIANTAFYLLOU G G, ROUSAKIS T C, KARABINIS A I. Analytical assessment of the bearing capacity of RC beams with corroded steel bars beyond concrete cover cracking[J]. Compos Part B-Eng, 2017, 119: 132-140.

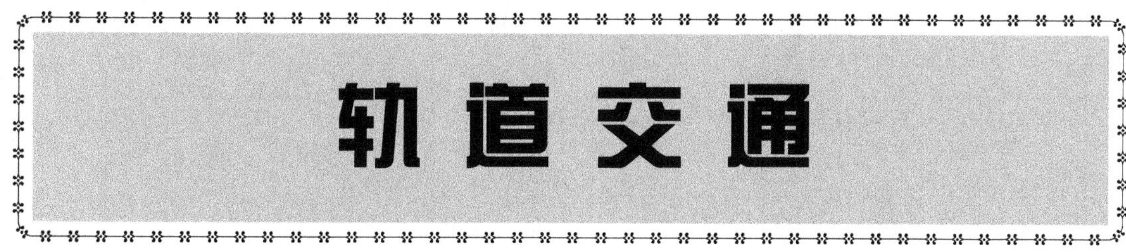

轨道交通

热备动车组布局与覆盖域优化研究

林柏梁* 王振宇 江雪涛 沈姚铭
(北京交通大学交通运输学院)

摘 要 合理的热备动车组布局不仅仅能够高效保障高速铁路网的应急救援任务,而且还可以大幅减少铁路部门的生产成本。热备动车组的造价成本高,如何以最小数量的热备动车组为整个高速铁路网提供应急救援任务是中国国家铁路集团有限公司所面临的挑战之一。本文研究了热备动车组布局与覆盖域优化问题,并针对该问题建立了一个0-1线性规划模型。为了降低问题的复杂程度,引入一种线路归并策略,将热备点对铁路网的救援转化为"点对点"的救援问题,从而使得模型方便求解。文末以一个含有25个车站的高速铁路网为背景进行算例分析,并采用Python 3.7调用Gurobi 9.5.2求解模型,算例结果证明了模型的正确性和有效性,同时,也表明本文所建模型可以为铁路部门在规划布局动车组热备点时,提供科学合理的理论依据。

关键词 高速铁路网 热备动车组 布局优化 线性规划

0 引言

随着高速铁路网结构的不断完善,铁路车站的数量也在不断增多。中国国家铁路集团有限公司所面临的问题之一,是如何科学合理地规划热备动车组布局,从而保证能够完全覆盖整个高速铁路网的应急救援任务。与传统救援列车不同,热备动车组是指检修完毕、技术状态良好、作为应急备用、随时可以上线使用的动车组,当线路上运行的动车组由于恶劣天气、线路基础设施或动车组故障等原因出现中途停止运行或晚点时,往往可以通过启动热备动车组用于车底交路受影响时担当后续交路、动车组故障时接运旅客及救援动车组。

热备动车组一般配置在动车运用所,一个动车运用所往往配置一组热备动车组。若一个动车运用所配置了热备动车组,我们将其称为热备点。动车组的造价成本高,合理地配置热备动车组数量可以有效地减少铁路部门的运营支出,同时也能避免其盲目规划动车组热备点。

既有的关于热备动车组布局优化研究的文献较少,文献[1]考虑了热备动车组全面覆盖铁路事故风险,建立了热备动车组布局优化的多目标模型。文献[2]以热备动车组的最大救援(服务)距离为评价准则,建立了热备动车组备用基地优化模型。热备动车组布局优化问题本质上可以看作是应急救援基地选址问题。文献[3]将模糊理论引入最大覆盖选址问题中,其将两个节点之间的旅行时间描述为模糊变量,并设计了一种模拟退火算法来求解所建模型。文献[4]使用了一个二维矩阵来描述最小-最大覆盖选址问题。文献[5-7]分别从多载具联运和不确定需求的角度研究了铁路救援基地布局选址问题。文献[8-9]研究了城市轨道交通列车应急救援组织问题。此外,文献[10-12]分别对海运、道路、内河等领域的救援选址问题进行了研究。本文基于其他学科领域内关于救援基地布局优化的方法,对热备动车组布局和覆盖域问题展开研究。

1 问题描述

如前文所述,热备动车组一般配置在动车运用所,而动车运用所又往往与铁路车站相衔接。因此,热备动车组布局和覆盖域优化问题可以描述为:基于高速铁路网中潜在的动车组车站集合,确定哪些车站作为热备点,即:确定哪些车站配置热备动车组,并确定各个热备点的救援范围。这里的潜在车站集合是指具有条件可以配置热备动车组的车站,因为在实际的路网中,并不是所有的

基金项目:国家自然科学基金铁路基础研究联合基金资助项目(U2268207)。

车站都可以配置热备动车组。不同的热备点具有不同的救援范围,当一列运行中的动车组在某个热备点的救援覆盖范围内发生故障时,该热备点的热备动车组将前往事故地点进行救援。

以图1a)为例来说明热备动车组的救援覆盖域问题。图1a)中共10个车站,假设车站B和C是已知的热备点,即配置了热备动车组。图中深色区域是热备点B的救援覆盖范围,浅黄色区域是热备点C的救援覆盖范围。若某一事故发生在深色区域内,则热备点B的热备动车组将前往事故发生地担任救援任务。同理,对热备点C也是如此。因此,在研究该问题时,可以设计一组决策变量来表达这个问题的本质核心。这里,我们可以设计决策变量 x_{ij},若热备点 i 担任地点 j 的救援任务,则取值为1,否则取值为0。

实际上,事故的发生具有随机性和不确定性,这意味着事故可能发生在铁路车站中,也可能发生在铁路线路上。如果将整个铁路网以"1cm或1m"为单位划分,然后确定热备点 i 是否担任地点 j 的救援任务,这样处理无疑是不合理且不科学的,因为这会爆炸式地增加模型变量的个数,从而无法求解该问题。因此,我们引入一种线路归并的策略来降低问题的复杂程度。这种线路归并策略可描述为:以相邻车站间的线路中点为分界点,分界点左侧的线路归并到左侧车站,分界点右侧线路归并到右侧车站。若事故发生在分界点左侧线路,则认为是左侧车站发生事故;若事故发生在分界点右侧线路,则认为是右侧车站发生事故。以图1b)为例说明这种归并策略。图1b)中共4个车站,其中,i 是线路A—B的中点,j 是线路B—C的中点,k 是线路C—D的中点。按照上述归并策略,如果事故发生在A—i 之间,则认为是车站A发生事故;如果事故发生在 i—j 之间,则认为是车站B发生事故;同理,对C站和D站也是如此。通过这种线路归并策略,可以将热备点对铁路网的救援转化为"点对点"的救援问题。

此外,需要注意的是,如果采用这种合并线路策略,则需要更新热备点 i 与车站 j 之间的距离,其包括两部分:①热备点 i 与车站 j 之间的原始距离;②车站 j 与其相邻车站间距离最大值的一半,且不包含车站 j—热备点 i 线路上的车站。仍以图1a)中的路网为例,在图1a)中,热备点C担任E站的救援任务,二者之间的距离更新为:$L_{CE}+\frac{1}{2}\max\{L_{EG},L_{EF}\}$。这种更新距离的策略旨在实现:若热备点 i 担任车站 j 的救援任务,则其要覆盖车站 j 的全部附属区域。

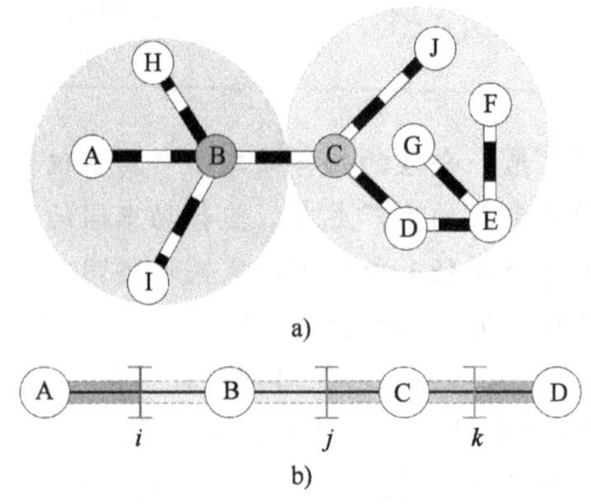

图1 热备动车组布局及覆盖域

上述举例是基于热备点已知的情况,旨在确定各个热备点的救援覆盖范围。本文在此基础上进一步扩展研究,在热备点未知的情况下,确定哪些车站作为热备点,并确定各个热备点的救援覆盖范围。比如,在图1a)中,若车站B和C是潜在的热备点,而不是已知的热备点,则我们要解决的问题是基于潜在的热备点集合(车站B和C),确定选择哪个车站作为热备点,并确定其救援覆盖范围。

2 热备动车组布局和覆盖域优化模型

2.1 模型参数及决策变量

结合上述对热备动车组布局与覆盖域问题的分析,本节针对该问题建立数学模型。模型的参数定义如表1所示。

模型变量及参数 表1

符号	定义
S^{Depot}	潜在的动车组热备点集合
$S^{Station}$	高速铁路网动车组车站集合
$H(j,i)$	与 j 站相邻,且不在 $j\rightarrow i$ 线路上的车站集合
L^{max}	热备动车组允许的最大救援距离,km
T^{max}	热备动车组允许的最大救援时间,h
L_{ij}	热备点 i 到车站 j 的距离,km
g_j	车站 j 发生事故的概率
N^{HotEMU}	热备动车组数量
$L^{Network}$	高速铁路网总里程,km
Q^{Train}	每组热备动车组允许承担的最大潜在工作量,km
v	动车组的平均旅行速度,km/h

续上表

符号	定义
c_k	k 站配置热备动车组的年均成本（包含购置费的年度分摊成本），元
μ_{ij}	热备点 i 到车站 j 的平均运行时间，h
y_i	0-1 决策变量，如果车站 i 作为热备点（即车站 i 配置热备动车组），则取值为 1；否则取值为 0
x_{ij}	0-1 决策变量，如果车站 i 承担 j 站的救援任务，则取值为 1；否则取值为 0

2.2 数学模型

模型旨在实现热备动车组救援响应时间最小化和热备动车组的配置成本最小化，同时考虑救援里程和救援时间的限制，以及热备动车组所承担的最大潜在工作量，则热备动车组最优布局和覆盖域优化模型的数学表达式如下：

$$\min Z = \gamma \sum_{i \in S^{\text{Depot}}} \sum_{j \in S^{\text{Station}}} \mu_{ij} x_{ij} + \sum_{k \in S^{\text{Depot}}} c_k y_k \tag{1}$$

$$\text{s.t.} \quad \sum_{i \in S^{\text{Depot}}} x_{ij} = 1 \quad (j \in S^{\text{Station}}) \tag{2}$$

$$x_{ij} \leqslant y_i \quad (i \in S^{\text{Depot}}, j \in S^{\text{Station}}) \tag{3}$$

$$\left(L_{ij} + \frac{1}{2} l_{ij}^{\max}\right) x_{ij} \leqslant L^{\max} \quad (i \in S^{\text{Depot}}, j \in S^{\text{Station}}) \tag{4}$$

$$l_{ij}^{\max} = \max_{h \in H(j,i)} \{L_{jh}\} \ \forall i \quad (j \in S^{\text{Station}}) \tag{5}$$

$$\mu_{ij} x_{ij} \leqslant T^{\max}, i \in S^{\text{Depot}} \quad (j \in S^{\text{Station}}) \tag{6}$$

$$\sum_{j \in S^{\text{Station}}} \left(L_{ij} + \frac{1}{2} l_{ij}^{\max}\right) g_j x_{ij} \leqslant Q^{\text{Train}} \quad (i \in S^{\text{Depot}}) \tag{7}$$

$$x_{ij}, y_i \in \{0,1\} \quad (i \in S^{\text{Depot}}, j \in S^{\text{Station}}) \tag{8}$$

模型的目标函数由两部分组成：第一项旨在实现热备动车组到达事故车站的时间最短，即救援响应时间最小化，第二项是最小化热备动车组的配置成本。式(1)中的 γ 为转换系数，将时间成本转化为费用成本，旨在统一目标函数的量纲。约束(2)是唯一性约束，一个动车组车站由一个热备点承担应急救援任务。式(3)是逻辑约束，表示若车站 i 承担 j 站的救援任务，则车站 i 必须配置热备动车组。约束(4)和(5)是最大救援距离约束，式中 $\left(L_{ij} + \frac{1}{2} l_{ij}^{\max}\right)$ 表示采用归并策略后，车站 i 与车站 j 之间的更新距离。约束(6)保证热备动车组到达事故车站的时间不能超过其所允许的最晚响应时间。式中，μ_{ij} 表示热备点 i 到车站 j 的平均运输时间，其表达式为 $\mu_{ij} = L_{ij}/v$。约束(7)表示各个热备点的工作量不能超过其最大潜在工作量（一个热备点一般配置一组热备动车组），其中，Q^{Train} 由高速铁路营业里程和热备动车组数量决定，其表达式如下：

$$Q^{\text{Train}} = \frac{1}{2} \times \frac{\lambda L^{\text{Network}}}{N^{\text{HotEMU}}} \tag{9}$$

约束(7)只表示了热备动车组从热备点到事故车站的单程距离，当热备动车组返回热备点时也有返程距离，这就是在约束(9)中乘以 1/2 的原因。式中的 λ 表示工作量波动系数。N^{HotEMU} 表示热备动车组的数量，其可表示为：

$$N^{\text{HotEMU}} = \alpha N^{\text{EMU}} \tag{10}$$

式中：α——热备动车组的比例系数；

N^{EMU}——全国动车组保有量。

3 算例分析

3.1 基础数据

本节以图 2 所示的高速铁路网为背景进行算例分析。图 2 中的铁路网包含 25 个车站，其中，车站 3、4、5、7、10、11、14、15、20、23 为潜在的可以配置热备动车组的车站。模型要解决的问题是从这些备选车站中合理地确定热备点，并确定其对应的救援覆盖范围。

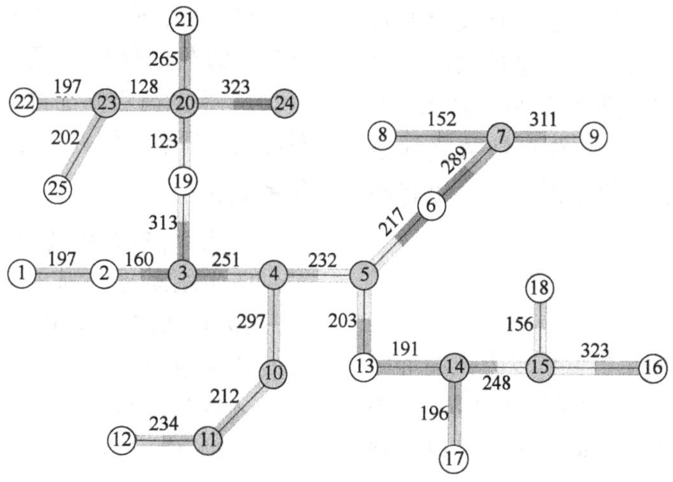

图 2 高速铁路网结构图

通过查询 2022 年铁道统计公报可知,截至 2022 年,我国的高速铁路网营业里程为 42000km,动车组保有量为 4194 组。热备动车组的比例系数 α 取值为 0.025,动车组的工作量波动系数 λ 取值为 0.8。动车组的平均旅行速度取为 300km/h,允许的最大救援距离为 600km。除此之外,结合文献[2]中“依据热备动车组出动记录及各区间内发生事故的危险性评价结果对各个车站发生事故的概率进行取值”,这里对各个车站发生事故的概率均取值为 0.02。动车组的最大救援时间 T^{max} 取值为 2h。热备点配置热备动车组的年均成本取值为 600000 元,γ 取值为 200。

3.2　结果分析

本文所建模型为 0-1 线性规划模型,可以直接采用商业求解器(比如,Lingo 或 Gurobi)进行求解,这里我们采用 Python 3.7 调用 Gurobi 9.5.2 求解模型。在得到的结果中,模型的目标函数取值为 3003700 元,其中,车站 3、7、10、15、20 为最终确定的热备点。此外,关于覆盖域变量 x_{ij},其取值为 1 的有:$x_{3,1}$、$x_{3,2}$、$x_{3,3}$、$x_{3,4}$、$x_{3,5}$、$x_{7,6}$、$x_{7,7}$、$x_{7,8}$、$x_{7,9}$、$x_{10,10}$、$x_{10,11}$、$x_{10,12}$、$x_{15,13}$、$x_{15,14}$、$x_{15,15}$、$x_{15,16}$、$x_{15,17}$、$x_{15,18}$、$x_{20,19}$、$x_{20,20}$、$x_{20,21}$、$x_{20,22}$、$x_{20,23}$、$x_{20,24}$、$x_{20,25}$。需要说明的是,若一个车站本身就是救援车站,则其自然承担本车站的救援任务,比如 $x_{3,3}$ 取值为 1。

图 3 进一步直观展示了路网中热备点的布局及其对应的救援覆盖范围。图中有颜色的圆圈表示热备点,带有箭头的虚线表示各个热备点承担救援任务的车站,比如热备点 3 承担救援任务的车站有:1、2、3、4、5。

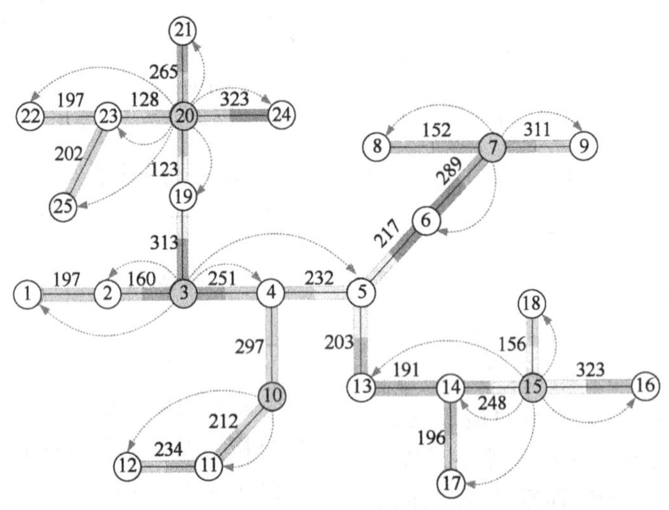

图 3　热备动车组布局及覆盖域

从图 3 中可以看到,本文提出的热备动车组布局与覆盖域优化模型在满足最大救援里程和最大允许救援时间的限制下,符合物理意义上的就近原则。此外,图中救援任务工作量最大的车站是车站 20,救援任务工作量最小的是车站 10,但是随着高速铁路网的扩建和铁路车站数量的增多,各个救援热备点所承担的救援工作量也将随之发生变化。

4　结语

本文所建立的数学优化模型可以为铁路部门在规划布置热备动车组及其救援覆盖范围时,提供科学、合理且经济的理论依据。模型可以实现以最小数量的热备动车组为整个高速铁路网提供救援任务,从而大幅降低热备动车组的生产成本,为铁路部门带来经济效益。

在未来的研究中,我们将聚焦于动车组高级修基地的布局优化问题。随着动车组数量的增多,动车组的高级修也将迎来高峰期,其检修基地布局是亟须解决的又一难题。

参考文献

[1] 郑康立,王正彬. 基于最大服务距离的动车组备用地点选择研究[J]. 铁道运输与经济,2014,36(5):54-58.

[2] 徐禾颖,彭小倩,倪少权,等. 热备动车组配置方案优化模型[J]. 铁道科学与工程学报,2020,17(7):1638-1644.

[3] DAVARI S,ZARANDI M H F,HEMMATI A.

Maximal covering location problem (MCLP) with fuzzy travel times[J]. Expert Systems with Applications,2011,38(12):14535-14541.

[4] COCO A A, SANTOS A C, NORONHA T F. Formulation and algorithms for the robust maximal covering location problem [J]. Electronic Notes in Discrete Mathematics,2018, 64:145-154.

[5] 周成佳.铁路救援基地布局规划研究[J].中国航务周刊,2022,52-53.

[6] 张雍华,刘阳学,蒋丽丽,等.基于多载具联运规划的铁路应急救援基地选址及载具配置策略研究[J].铁道运输与经济,2023,45(6):113-117.

[7] 王惠珠,周建勤.基于不确定需求的铁路救援基地选址问题研究[J].北京交通大学学报(社会科学版),2020,19(3):100-107.

[8] 朱巧珍,柏赟,闫冬阳,等.故障救援情形下的地铁列车调度调整模型[J].中国铁道科学,2021,42(1):166-174.

[9] 赵丹丹,柏赟,曹耘文,等.多编组模式下城市轨道交通列车救援组织方案优化研究[J].城市轨道交通研究,2022,3:42-46.

[10] 李欢欢,刘奕,刘文.渤海海域应急救援基地选址优化方法[J].河南科技大学学报(自然科学版),2017,38(1):98-105.

[11] 汪忠雨.公路应急物资储备布局选址的应用研究[J].工程技术研究,2023,143(8):198-200.

[12] 罗晓兰,杨家其.三峡库区水上应急救援综合基地选址模型研究[J].武汉理工大学学报(交通科学与工程版),2016,40(2):256-260.

基于熵权-模糊综合评价法的城市轨道交通系统故障评估研究

马　亮*[1,2,3]　包依凡[1,3]　郭　进[1,3]

(1.西南交通大学信息科学与技术学院;
2.中国铁道科学研究院集团有限公司,国家铁路智能运输系统工程技术研究中心;
3.西南交通大学,四川省列车运行控制技术工程研究中心)

摘　要　针对当前城市轨道交通系统故障评估不全面、评价指标体系不完整、主观因素太强等问题,基于熵权-模糊综合评价法建立了城市轨道交通系统故障评估体系。首先,对城市轨道交通系统故障进行主要因素分析,依据故障的评估对象以及评估内容,从故障发生频率、影响范围和影响严重度3个方面构建了城市轨道交通系统故障评价指标体系。其次,以熵权-模糊综合评价法构建了城市轨道交通系统故障等级评价框架,通过熵权法确定评估指标的权重,使用模糊综合评价法将各个故障因素的权重和模糊评价矩阵进行综合评价,得到城市轨道交通系统故障等级的评估结果。最后,以实际城市轨道交通运维专家的调查数据为案例,验证了所提出方法的有效性,并依据评估结果提出了相应的应对建议。

关键词　城市轨道交通　故障评估　模糊综合评价　熵权法

0　引言

为了满足人们日益增长的出行需求和缓解日益加剧的交通压力,我国一定规模的城市均在大力发展城市轨道交通(简称"城轨")。然而,随着城轨建设趋于饱和,逐渐进入运维关键

基金项目:四川省自然科学基金面上项目(2022NSFSC0466);中国国家铁路集团有限公司科技研究开发计划(L2021X001)。

阶段,城轨系统也面临着各种各样的故障,如信号系统故障、工务系统故障、车辆系统故障等,这些故障不仅会影响城轨的正常运营,造成客流延误和经济损失,甚至可能会危及乘客和工作人员的生命安全,造成不良的社会影响[1]。故障分析有助于确定故障的优先处理顺序,合理分配维修资源和人员,制定合适的维修策略和措施,提高维修效率和效果。同时,故障分析也有助于对城轨系统的安全性能进行评估和监控,发现系统潜在的缺陷和风险,提出改进的建议,防止故障的发生或扩大。因此,为保障城轨系统安全可靠地运行,有必要对城轨系统进行故障评估分析。

陈慧阳等[2]针对地铁运营火灾事故,建立故障树模型,并通过布尔代数规则计算基本事件的结构重要度,归纳出人-机-环-管四类危险源辨识表。WU等[3]基于云模型和改进的基于准则间相关性(CRITIC)方法,构建两级指标体系对城轨运营安全评价。赵云云[4]分析了地铁空调系统结构及常见故障,重点讨论了基于专家系统和神经网络的故障诊断技术,并提倡结合这两种方法以实现更有效的地铁空调系统故障诊断。WU等[5]针对传统TOPSIS方法在综合评价中存在的主观加权不合理、接近欧氏解的方案也接近负理想解的欧氏解的可能性,提出了改进的TOPSIS法和熵权法。CHAI等[6]基于区间值三角模糊(IVTF)-TOPSIS方法计算DMs权重,引入IVTF-AHP-熵确定各指标的组合权重,考虑了信息不确定性和决策者的风险偏好,开发了一个综合的多阶段评估框架。胡述筌等[7]建立基于层次分析法-熵值法的城轨土建系统风险评价体系,使用综合集成赋权法,得到各评估项目与评估指标的最终权重。李洪赭等[8]提出了一种基于功能安全视角的高速铁路信号系统风险评估模糊综合评价方法。上述文献取得了丰硕的研究成果,但大多仅针对单一的子系统或设备进行分析,缺乏对整个系统的全面综合考虑。此外,分析方法主要采用层次分析法与TOPSIS法,主观性过强。层次分析法需要对于同一层级的各个因素进行成对比较,得到两者之间的相对重要性,对于一个庞大的系统来说,判断矩阵规模大、调查数据繁多、专家调查难度大,且易出现判断矩阵不一致的情况。TOPSIS方法依赖于决策者为各属性指标分配权重,权重的选择可能受到决策者主观判断的影响,从而影响最终的决策结果的客观性。

基于以上分析,本文首先对整个城轨系统故障主要因素进行分析,之后从故障发生频率、影响范围和影响严重度3个方面构建城轨故障等级评价指标体系,并引入熵权-模糊综合评价法,建立整个城轨系统故障分析模型,对整个城轨系统故障进行分析。熵权-模糊综合评价法实现了对城轨系统故障的全面、综合和客观的分析。通过引入信息熵理论,可以客观地计算各属性指标的权重,降低决策者主观判断对结果的影响。同时,模糊综合评价法能够处理因素之间的不确定性和模糊性,简化评价过程,提高评价结果的稳定性和可靠性。通过实例验证了所提出方法的有效性,最终得到整个城轨系统故障等级排序,为城轨系统的安全运维提供建议。

1　城市轨道交通系统故障分析指标体系

1.1　城市轨道交通故障主要因素分析

城轨系统是由多方面相互作用的复杂系统,城轨系统故障主要因素分析的原则应该具有全面性、有效性、准确性[9]。①全面性:选取的指标应该全面覆盖城轨系统遇到的所有可能发生的故障;②有效性:指标应该属于城轨系统故障,对线网列车运行故障分析起到作用;③准确性:指标应该可以通过专家评价、资料查找等方法具体的描述。

基于以上原则,根据系统组成和问题来源的不同,将城轨系统划分为技术性系统因素和非技术性外部因素。技术性系统因素主要关注城轨系统在运营过程中所依赖的关键技术设施。非技术性外部因素则关注城轨运营中可能面临的外部风险和挑战,划分为自然灾害、乘客因素、管理因素和社会因素。本文分析城轨系统故障主要因素如表1所示。

城轨系统故障主要因素 表1

一级系统	子系统	指标层			
0 城轨系统	1 信号系统	1.1 车载列车自动保护(ATP)故障	1.2 地面 ATP 故障	1.3 轨道电路故障	1.4 道岔故障
		1.5 计轴设备故障	1.6 信号机故障	1.7 应答器故障	1.8 列车自动运行(ATO)故障
		1.9 列车自动监督(ATS)故障			
	2 供电系统	2.1 110kV 主变电所故障	2.2 35kV 牵引变电所故障	2.3 1500V 牵引供电系统故障	2.4 接触网故障
		2.5 受电弓故障			
	3 车辆系统	3.1 辅助供电系统故障	3.2 车门故障	3.3 牵引系统故障	3.4 走行系统故障
		3.5 制动系统故障	3.6 制冷系统故障	3.7 车体故障	
	4 工务系统	4.1 钢轨磨损	4.2 钢轨变形破碎、扣件损坏	4.3 道床变形	
	5 机电系统	5.1 电梯故障	5.2 车站供电故障	5.3 给排水故障	5.4 防淹门故障
		5.5 通风故障	5.6 消防设备故障	5.7 售检票故障	
	6 通信系统	6.1 通信电缆故障	6.2 通信设备故障	6.3 通信受干扰	
	7 自然灾害	7.1 火灾	7.2 有毒物质泄漏	7.3 大风	7.4 雷击
		7.5 洪涝	7.6 暴雪、冰冻	7.7 冰雹	7.8 地震
	8 乘客因素	8.1 乘客掉落站台	8.2 乘客动用应急装置	8.3 乘客斗殴争执	8.4 乘客携带危险物品
		8.5 乘客突发疾病	8.6 乘客拥挤使车门无法关闭	8.7 乘客受伤	9.4 违章作业损坏设备
	9 管理因素	9.1 错误进行列车调度	9.2 错误调度电力	9.3 司机冒进信号	
		9.5 违章作业致人员受伤	9.6 司机对突发事故处置不当		10.4 因线路规划少、城市发展快导致大客流
	10 社会因素	10.1 恶劣天气导致大客流	10.2 其他交通工具失效导致大客流	10.3 节假日导致大客流	
		10.5 大型活动导致大客流			

基于城轨系统故障主要因素将城轨系统故障分为三个层次:一级指标、二级指标、三级指标。其中一级指标对标表1中的一级系统故障,二级指标对标各子系统故障,三级指标对标各故障类型。根据表1统计得到城轨系统故障等级评价指标体系包含1个一级指标、10个二级指标和60个三级指标,如图1所示。

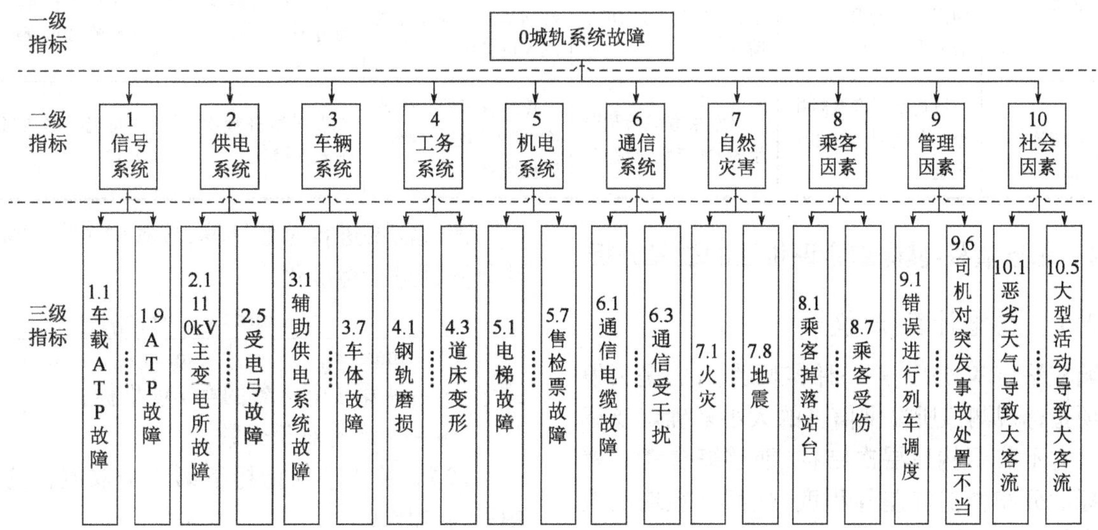

图1 城轨系统故障指标体系

1.2 城市轨道交通系统故障等级评价因素集

目前,国内城轨系统故障分析通常采用故障模式和影响分析(FMEA)方法。FMEA方法是一种预防性可靠性分析和风险评估技术,通过专家对故障出现的概率和故障后果的严重程度进行打分,计算风险等级和确定故障等级排序[10]。然而,常规FMEA难以衡量突发性大客流等故障,具有一定的局限性。此外,FMEA适合静态系统分析,但城轨系统故障具有级联传播特性。为了建立全面、合理的城轨系统故障等级评估指标体系,本文从故障发生频率、故障影响范围、故障影响严重度3个方面建立故障危害等级评价因素集,如图2所示。

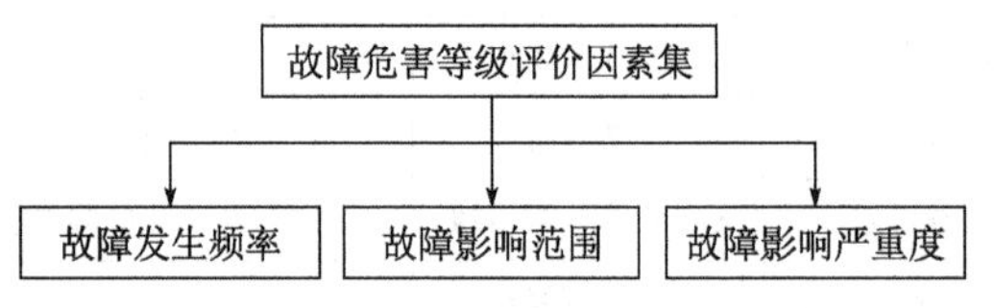

图2 故障危害等级评价因素集

本文对故障的发生频率、影响范围、影响严重度的分类级别如表2~表4所示。

故障发生频率的分类级别 表2

额定值	1	2	3	4	5
具体说明	通常不会发生	很少发生	某些情况下发生	时常发生	很经常发生
年均发生次数	9~0	19~10	29~20	39~30	≥40

故障影响范围的分类级别 表3

额定值	1	2	3	4	5
具体说明	只影响自身或影响辐射极小范围	影响辐射小范围	影响辐射中等范围	影响辐射大范围	影响辐射很大范围

故障影响严重度的分类级别 表4

额定值	1	2	3	4	5
重要性程度	完全不重要	不太重要	中等重要	更重要	非常重要
对日常运营的伤害	无伤害	轻度伤害	中等伤害	重度伤害	人员死亡

基于上述三个因素,使用模糊综合评价法得到最后的故障等级,将城轨系统最终故障分为五级,如表5所示。城轨系统故障综合评价结果见附表1。

故障风险等级划分表 表5

故障评价等级	Ⅰ级	Ⅱ级	Ⅲ级	Ⅳ级	Ⅴ级
模糊风险等级及风险值	很大,[4,5]	大,[3,4]	中等,[2,3]	小,[1,2]	很小,[0,1]
描述	不容许的,重大风险,很大可能导致线网列车大范围停运,造成人员伤亡	较高风险,有可能造成线网列车的大范围延误及人员伤亡情况	中度风险,存在安全隐患,可能影响线网列车正常运营,造成人员受伤	小风险,对线网列车有较小的影响时间与范围	可接受的,对线网列车运营基本无影响或影响时间较短
应对措施	按规章制度及时排查,杜绝此类故障发生	必须采取风险预防手段,制定紧急预案	控制故障的发生频率,减少其发生次数,降低风险	加强检查频次,改进安保措施	维持现有的故障应对方式

2 基于熵权-模糊综合评价法的故障分析

2.1 权重计算-熵权法

熵权法(EWM)[11]是一种客观赋权法,是指根据各项指标观测值所提供信息的大小来确定指标权重。它不需要构建层次结构,能够综合考虑评估指标的分布情况和差异程度,从而有效地反映评估指标的重要性。

具体步骤如下:

(1)数据标准化。

熵值需要进行对数计算,故式(1)采用临界值法将数据进行标准化。

$$x_{ij}=\frac{x_{ij}-\min\{x_{1j},\cdots,x_{nj}\}}{\max\{x_{1j},\cdots,x_{nj}\}-\min\{x_{1j},\cdots,x_{nj}\}} \tag{1}$$

式中:x_{ij}——第i个对象的第j项指标;

n——评价对象个数。

(2)计算第j项指标下第i个取值在此指标中所占的比重:

$$p_{ij}=\frac{x_{ij}}{\sum_{i=1}^{m}x_{ij}} \tag{2}$$

式中：$i=1,2,\cdots,m$；$j=1,2,\cdots,n$；

m——评价指标个数。

(3)计算熵值：

$$e_j = -k\sum_{i=1}^{n} p_{ij}\ln(p_{ij}) \tag{3}$$

其中，$k=1/\ln(n)>0$

(4)计算信息熵冗余度：

$$d_j = 1 - e_j \tag{4}$$

(5)计算各项指标的权重：

$$w_j = \frac{d_j}{\sum_{j=1}^{m} d_j} \tag{5}$$

2.2 模糊综合评价法

通过应用模糊数学理论，模糊综合评价法(FCEM)能够对收集的数据进行客观化分析，进而对与被评价目标相关的各个因素进行合理的综合评价。其具体步骤为：

(1)确定因素集和评语集。

确定评价因素集合 $U=\{u_1,\cdots,u_i,\cdots,u_m\}$ 和评价等级集 $V=\{v_1,\cdots,v_j,\cdots,v_n\}$。其中，评价因素集 U 是评价对象的 m 个因素的集合。对于本文来说，评价因素集 U 含有 3 个评价因素，分别为故障发生频率u_1u_1、故障影响范围u_2u_2、故障影响严重度u_3u_3。V 是由高到低的各级评语的集合。

(2)确定权重集。

由于每个因素的重要性不同，为全面评估不同因素对系统的影响，需要为因素集 U 提供一个权重向量 $A=(a_1,a_2,\cdots,a_m)A=\{a_1,\cdots,a_i,\cdots,a_m\}$，其中，$a_ia_i$ 为因素u_iu_i 的影响程度系数。本文运用 2.1 节中的熵权法来确定各因素的权重。

(3)模糊评价矩阵的构建。

对于由 n 个指标构成的评价指标体系，计算每个指标对应于评价集 V 的模糊评价向量$\boldsymbol{r}_i$；$\boldsymbol{r}_i$ 是通过分别统计所回收的 n 份专家调查表中各因素 u_iu_i 中各评语出现的次数n_jn_i，计算出该评语关于该因素出现的概率。接着，将这些指标的评价向量对应评价集 V 进行组合，得到因素u_iu_i 的综合评价矩阵 $\boldsymbol{R}$：

$$\boldsymbol{R} = \begin{pmatrix} r_{11} & \cdots & r_{1m} \\ \vdots & & \vdots \\ r_{n1} & \cdots & r_{nm} \end{pmatrix} \tag{6}$$

(4)确立模糊综合评价集。

评估对象的各种风险因素对于评语等级的隶属度可以通过矩阵 $\boldsymbol{R}$ 中的不同行来体现。通过将各隶属度与权重集 A 进行综合评价，可以生成模糊综合评价结果向量。常见的 4 种模糊综合评价算子如表 6 所示。

模糊综合评价算子表 表 6

算子	$M(\wedge,\vee)$	$M(\cdot,\vee)$	$M(\wedge,\oplus)$	$M(\cdot,\oplus)$
类型	主因素突出型	主因素突出型	加权平均型	加权平均型
体现权重集 A 作用	不明显	显著	不明显	显著
综合程度	低	低	高	高
R 信息利用	不充分	不充分	比较充分	充分

根据表 6 的对比结果，加权平均型算子 $M(\cdot,\oplus)$综合利用 $\boldsymbol{A}$ 矩阵和 $\boldsymbol{R}$ 矩阵信息，故本文采用加权平均型算子 $M(\cdot,\oplus)$进行综合最优评价：

$$M(\wedge,\oplus): s_k = \min\{1,\sum_{j=1}^{m}\min(a_j,r_{jk})\} \tag{7}$$

根据广义模糊合成运算得到模糊综合评价集：

$$B = A\circ R = (b_1,b_2,\cdots,b_n) \tag{8}$$

其中，"∘"表示模糊算子。

(5)进行模糊综合评价。

传统的模糊综合评价运用最大隶属度法则，根据模糊综合评价集 $\boldsymbol{B}$ 得到最终评价结果。模糊综合评价集 $\boldsymbol{B}$ 是一模糊向量，不能直观展示各评价对象的评价结果排序。为了明确地得到各评价对象的评价结果，本文采用模糊等级向量 $\boldsymbol{C}=[c_1,c_2,\cdots,c_n]$，将模糊向量明确化，将其转化为一简单分数作为模糊综合评价值 Z，并通过此值判断故障风险等级[12]。

$$Z = B\cdot C^{\mathrm{T}} \tag{9}$$

2.3 熵权-模糊综合评价法

熵权-模糊综合评价法是一种基于模糊数学和信息熵理论的综合评价方法。该方法通过引入信息熵的概念，能够对各个评价因素的权重进行合理分配，从而减少主观因素对评价结果的影响，整个评价过程主要包括以下步骤：

(1)建立评价因素体系，构建因素与等级之间的对应关系。

(2)对各个评价因素进行模糊化处理,得到各个因素的模糊评价值。

(3)根据信息熵理论,计算各个评价因素的权重。

(4)将各个评价因素的权重和模糊评价值进行综合评价,得到城轨系统故障等级的评估结果。

本文从1.3节中故障发生频率故障影响范围、故障影响严重度3个影响因素出发,在专家打分数据的基础上,基于2.1节熵权法得到各故障因素的权重,再运用2.2节模糊综合评价法将专家打分所获得数据转化为模糊综合评价矩阵,确定每个故障的评语,最后根据模糊综合评价值,得到城轨系统故障等级排序。

3　实例分析

本文以成都市和杭州市城轨运维专家打分数据为例对上述城轨系统故障分析方法进行验证。首先以信号子系统的车载ATP故障为例计算各故障因素的综合评价值,之后得到信号子系统的各故障因素的评价结果,最后综合得到整个城轨系统的故障等级排序。

3.1　车载ATP故障模糊综合评价分析

ATP是保障行车安全,提高列车运行效率的关键技术装备。本文以城轨列控系统车载ATP故障为例,首先选定因素集 $U=\{u_1,u_2,u_3\}$,其中u_1是故障发生频率,u_2是故障影响范围,u_3是故障影响严重度。按照表2~表4提供的标准制定评价集V。

针对故障发生频率、影响范围、影响严重度的评估,通过统计专家调查表中各因素u_iu_j中各评语出现的次数n_jn_j,计算出该评语关于该因素出现的概率。把因素集合U中各个因素的评价向量作为行、各个因素作为列,可以得到评价矩阵$\boldsymbol{R}$如下:

$$\boldsymbol{R}=\begin{pmatrix}0.5 & 0.5 & 0 & 0 & 0\\ 0 & 0 & 1 & 0 & 0\\ 0 & 0 & 0 & 0 & 1\end{pmatrix} \tag{10}$$

在确定指标权重时采用熵权法,利用式(1)~式(5)算出三个故障因子的权重向量:

$$\boldsymbol{A}=[0.3551\quad 0.1264\quad 0.5185] \tag{11}$$

利用式(7)与式(8)计算出ATP故障的模糊综合评价集:

$$B=(0.178\quad 0.178\quad 0.126\quad 0\quad 0.518) \tag{12}$$

按照表5故障风险等级划分表确定模糊综合风险等级,本文中取模糊风险等级向量 $\boldsymbol{C}=[5,4,3,2,1]$,代入式(9),可得车载ATP故障的模糊综合评价值为$Z=2.498$。

根据综合评价值,查阅表5中的对应描述,得出车载ATP故障属于中度风险,存在安全隐患,可能影响线网列车正常运营,造成人员受伤。其应对措施为控制故障的发生频率,减少其发生次数,降低风险。

3.2　城市轨道交通系统故障模糊综合评价分析

按照3.1节车载ATP故障的计算流程,本文对城轨系统10个子系统的60个故障进行模糊综合评价,使用模糊综合评价值作为故障等级的综合得分,得到其综合评价结果,根据综合得分进行故障等级排序,完整的城轨系统故障综合评价结果如附表所示。其中信号系统评价结果如表7所示。

信号系统故障综合评价结果　　表7

所属系统	故障名称	综合评价结果	综合得分	排序
信号系统	车载ATP故障	中等	2.498	1
信号系统	信号机故障	中等	2.016	2
信号系统	应答器故障	中等	2.016	3
信号系统	ATO故障	小	1.901	4
信号系统	计轴设备故障	小	1.545	5
信号系统	ATS故障	小	1.545	6
信号系统	地面ATP故障	小	1.482	7
信号系统	道岔故障	小	1.43	8
信号系统	轨道电路故障	小	1.367	9

对城轨系统全部故障进行计算。全系统前十名故障等级排序如图3所示。

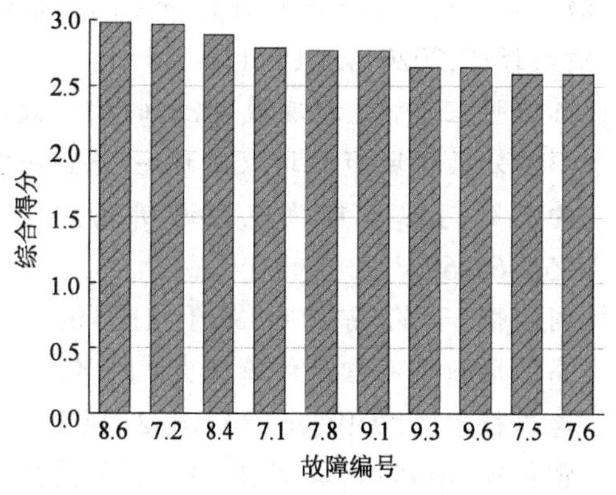

图3 前十名故障等级排序

前十名故障所在系统占比如图4所示。

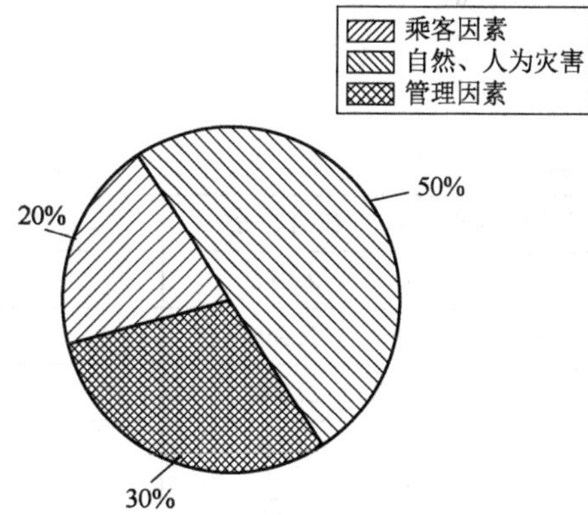

图4 前十名故障所在系统占比

3.3 分析结果

根据3.2节的分析,可以得到以下结论:

(1)排序前十名的故障所在系统是管理因素、乘客因素、自然灾害,而在所统计的系统中,社会因素、信号系统、供电系统、车辆系统、工务系统、机电系统、通信系统的故障等级较上述3个子系统更小。

(2)乘客因素是影响城轨运营安全和稳定的主要风险源,占据故障总排序的前三位中的两位。因此有必要不断提高乘客的安全意识和素养,城市运营管理部门要加强对乘客的宣传和引导。

(3)自然灾害是影响城轨运营安全和稳定的另一个重要风险源,占据故障总排序的第二位。这反映了城轨系统对自然环境和社会环境的依赖性较高,城轨运营管理部门要不断完善应急预案和应急机制,要加强平时的应急演练。

(4)管理因素是影响城轨运营安全和稳定的一个重要因素,占据故障总排序的第六位到第八位。这反映了城轨运营管理部门需要在运营计划、调度方案、人员培训、施工监管等方面加强管理。

(5)社会因素是影响城市轨道交通运营安全和稳定的一个较为重要的因素,主要包括恶劣天气、节假日出行、其他交通工具失效和大型活动等突发事件导致的大客流发生。这些因素反映了城市轨道交通系统需要及时响应社会需求,城轨运营管理部门需要不断优化运力和提升运输效率。

(6)对于运维管理部门,应重点防范乘客因素和自然灾害造成的故障,提高乘客的安全意识和应急能力,加强对乘客的管理和引导,及时处理突发事件。

4 结语

本文建立了一种基于熵权-模糊综合评价法的城轨故障等级评估方法。运用语言变量来表征专家评估信息,采用熵权法确定风险因子权重,提高评估结果的准确性;运用模糊综合评价法对故障因素进行排序,针对结果分析提出优化措施,为城轨系统故障分析提供决策依据。

运用本文提出的方法对城轨线网列车故障等级进行评估,排序结果表明,人为因素对城轨运营影响较大,这有助于管理人员针对重点风险因素采取措施,来降低和预防安全风险。在实际应用中,可以根据城轨系统的实际情况对评估指标体系进行调整,进一步提高评估结果的准确性。基于本文的分析结果进行城轨线网应急调度,需要进一步研究。

参考文献

[1] 李平,方婷.城市轨道交通设施故障统计与分析[J].中国市场,2022(4):23-26.

[2] 陈慧阳,牟瑞芳,沙明华.基于主要突发事件的地铁运营安全危险源辨识研究[J].交通运输工程与信息学报,2017,15(4):120-126.

[3] WU H W, ZHEN J, ZHANG J. Urban rail transit operation safety evaluation based on an improved CRITIC method and cloud model[J]. Journal of Rail Transport Planning & Management, 2020, 16: 100206.

[4] 赵云云.城市轨道车辆空调系统常见故障及诊断方法研究[J].科学与信息化,2017(21):157-157.

[5] WU H W, LI E, SUN Y, et al. Research on the operation safety evaluation of urban rail stations based on the improved TOPSIS method and entropy weight method [J]. Journal of Rail Transport Planning & Management, 2021, 20: 100262.

[6] CHAI N J, ZHOU W L, HU X L. Safety evaluation of urban rail transit operation considering uncertainty and risk preference: A case study in China [J]. Transport Policy, 2022,125:267-288.

[7] 胡述筌,李海锋,刘婉怡.基于层次分析法-熵值法的轨道交通土建系统风险评价体系研究[J].城市轨道交通研究,2022,25(7):74-79.

[8] 李洪赭,闫连山,陈建译,等.基于威胁分析的高速铁路信号系统风险评估方法[J].西南交通大学学报,2022,57(6):1334-1341.

[9] 李嵘,刘志钢,潘寒川,等.基于AHP-Topsis的城市轨道交通应急演练评估研究[J].铁道运输与经济,2020,42(1):110-115.

[10] 苏旭明,王艳辉,祝凌曦.改进的故障模式及影响分析在城市轨道交通运营安全评价中的应用[J].城市轨道交通研究,2011,14(5):65-69.

[11] 刘润恺,于龙,陈德明.基于AHP-熵权法的高铁接触网可信性评价研究[J].铁道科学与工程学报,2019,16(8):1882-1889.

[12] 雷柏茂,李江燕,梁佩博,等.基于模糊综合评判和层次分析法的中子管故障风险评估[J].原子能科学技术,2019,53(11):2247-2256.

城轨系统故障综合评价结果　附表1

所属系统	故障名称	综合评价结果	综合得分	总排序
乘客因素	乘客拥挤、抢上导致无法关门或突发事故	中等	2.982	1
自然灾害	有毒物质泄漏	中等	2.966	2
乘客因素	乘客携带危险物品袭击	中等	2.888	3
自然灾害	火灾	中等	2.788	4
自然灾害	地震	中等	2.77	5
管理因素	错误进行列车调度	中等	2.77	6
管理因素	司机未按调度命令行车或冒进信号	中等	2.644	7
管理因素	司机对突发事故处置不当	中等	2.644	8
自然灾害	洪涝	中等	2.592	9
自然灾害	暴雪、冰冻	中等	2.592	10
自然灾害	冰雹	中等	2.592	11
乘客因素	乘客掉落站台	中等	2.592	12
乘客因素	乘客醉酒、斗殴、争执	中等	2.532	13
管理因素	错误调度电力	中等	2.532	14
社会因素	恶劣天气导致大客流	中等	2.532	15
信号系统	车载列车自动保护(ATP)故障	中等	2.498	16
乘客因素	乘客突发疾病	中等	2.469	17
管理因素	违章进行施工作业导致乘客受伤	中等	2.406	18
工务系统	钢轨磨损	中等	2.275	19
社会因素	节假日出行导致大客流	中等	2.241	20
乘客因素	乘客动用应急消防或制动装置	中等	2.227	21
供电系统	1500V牵引供电系统故障	中等	2.223	22
供电系统	接触网故障	中等	2.223	23

续上表

所属系统	故障名称	综合评价结果	综合得分	总排序
乘客因素	乘客因站内设备受伤	中等	2.207	24
社会因素	其他交通工具失效导致大客流	中等	2.189	25
供电系统	110kV 主变电所故障	中等	2.171	26
自然灾害	雷击	中等	2.126	27
社会因素	大型活动导致大客流	中等	2.063	28
社会因素	因线路规划少、城市发展快导致大客流	中等	2.061	29
供电系统	受电弓故障	中等	2.045	30
车辆系统	辅助供电系统故障	中等	2.045	31
信号系统	信号机故障	中等	2.016	32
信号系统	应答器故障	中等	2.016	33
管理因素	违章进行施工作业导致设备损坏	中等	2.011	34
工务系统	钢轨变形、破碎、扣件损坏	小	1.982	35
机电系统	给排水系统故障	小	1.982	36
供电系统	35kV 牵引变电所故障	小	1.928	37
机电系统	防淹门故障	小	1.928	38
信号系统	列车自动运行(ATO)故障	小	1.901	39
通信系统	通信设备故障	小	1.901	40
自然灾害	大风	小	1.885	41
工务系统	道床变形	小	1.865	42
车辆系统	制冷系统故障	小	1.802	43
机电系统	电梯故障	小	1.802	44
机电系统	通风系统故障	小	1.786	45
车辆系统	制动系统故障	小	1.752	46
车辆系统	车体故障	小	1.743	47
车辆系统	牵引系统故障	小	1.741	48
机电系统	车站供电故障	小	1.678	49
机电系统	消防系统故障	小	1.606	50
机电系统	售检票系统故障	小	1.606	51
车辆系统	车门故障	小	1.563	52
车辆系统	走行系统故障	小	1.563	53
信号系统	计轴设备故障	小	1.545	54
信号系统	列车自动监督(ATS)故障	小	1.545	55
信号系统	地面 ATP 故障	小	1.482	56
通信系统	通信受干扰	小	1.482	57
信号系统	道岔故障	小	1.43	58
信号系统	轨道电路故障	小	1.367	59
通信系统	通信电缆、光缆故障	小	1.367	60

延时运营条件下城市轨道交通网络动态可达性分析方法

杨儒冬*[1,2,3]　钱陆飞[1,2]　费振豪[1,2]　吴　翔[1,2,3]
(1.卡斯柯信号有限公司;2.上海铁路智能调度工程研究中心;3.同济大学交通运输工程学院)

摘　要　为满足日益增长的夜间出行需求,部分城市的轨道交通企业开始延长夜间运营时间。在确定延时运营线路时,需要首先明确线路间的相互影响机理,为此,本文提出一种部分线路延时运营对网络其他线路及网络整体可达性影响的分析方法。该方法从网络路径出发,构建路径线路依赖度、路径车站依赖度指标量化分析线路及车站在网络结构中的作用;提出OD对最晚可达时间的概念及推算方法,并以网络最晚可达时间变化量等指标变化来衡量线路延时运营方案调整对其他线路及网络整体可达性的影响,并分析延时运营对不同类型OD及不同线路出行的影响。研究表明,部分线路延时运营能够带动网络整体可达性的提升;同时,不同线路受延时运营线路延时方案的影响不同,其中延时运营线路对网络其他线路可达性影响程度主要受到网络其他线路对于延时运营线路的路径依赖度及线路结束运营时间差的影响。最后,结合上海地铁2号线不同的延时运营方案,进行了实例分析。

关键词　城市轨道交通　延时运营　最晚可达时间　动态可达性　路径线路依赖度

0　引言

延时运营作为一项新兴的城市轨道交通运营生产需求,旨在通过选择网络中部分线路在其常规运营时段结束后继续运营一段时间,满足日益增长的夜间出行需求和运营管理部门的某些特定延时运营目标。延时运营的核心问题在于如何确定延时运营线路、延时线路的延时运营时长、开行间隔等问题。网络化运营条件下城市轨道交通各线路联系紧密,线间关系复杂,在研究如何选择延时运营线路时,需要首先明确线路间的相互影响关系和相互影响的机理,尤其是延时运营时段城市轨道交通各线路间的影响关系。目前关于城市轨道交通延时运营的研究较少,主要聚焦在延时运营时段客流特征[1]、延时运营整体需求及整体方案的研究[2-4],以及末班车时段网络列车运行计划衔接优化等内容[5-6]。为此,本文研究了线网中部分线路延时运营对网络其他线路及网络整体可达性的影响机理。

1　网络可达性影响因素

随着时间推移,轨道交通路径途经的部分线路结束运营,造成没有接续列车,从而造成该路径不可达。考虑网络中各线路及车站的重要程度不同,在城市轨道交通有效运输网络随时间推移而变化的条件下,对路径的可达性影响也不同。本文构建了路径线路依赖度和路径车站依赖度评估指标,量化了网络结构下城市轨道交通各线路间、各车站间的相互关系。

1.1　路径线路依赖度

定义路径线路依赖度(DPL)为网络OD有效路径中每条线路的途经路径数量在全网各线路中的比例(不考虑本线出行路径、从本线出发路径、到达本线路径)。对于OD_j间的任意一条路径$path_k^{OD_j}$,如果线路l_i是该路径换乘经过且非终到的线路(即该路径经过线路集的形式为[*-l_i-*],且*不为空),则该路径对于线路l_i的依赖度$path_{k,l_i}^{OD_j}=1$,反之为0;则对于任意一条线路l_i,其经过换乘路径条数N_{l_i}为$\sum_j \sum_k path_{k,l_i}^{OD_j}$,则线路$l_i$的路径线路依赖度$DPL_i$为:

$$DPL_i=\frac{N_{l_i}}{\sum_q^Q N_{l_q}}\times 100\% \tag{1}$$

1.2　路径车站依赖度

本文提出路径车站依赖度(DPS)这一指标

来评估城市轨道交通网络车站的中心性。对于OD_j间的任意一条路径$path_k^{OD_j}$,如果车站S_i是该路径换乘经过且非终到的车站(即该路径经过车站的形式为[*-S_i-*],且 * 不为空),则该路径对于车站S_i的依赖度$path_{k,S_i}^{OD_j}=1$,反之为0。所以,对于任意车站S_i,网络所有路径中经过车站S_i的路径条数N_{S_i}为$\sum_j \sum_k path_{k,S_i}^{OD_j}$,其路径车站依赖度$DPS_i$如式(2)所示,其中$N$为该路网版本下网络OD路径总数。

$$DPS_i = \frac{N_{S_i}}{N} \times 100\% \tag{2}$$

2 OD最晚可达时间

OD最晚可达时间(LDT)是指OD对间的某个乘客能够赶上其所经历的所有线路的最晚出发时刻。通常,每个OD对间有多条路径,每条路径都有其最晚可达时间$LDT_{OD_i}^k$,其中k为路径编号。

选取OD对所有路径中最晚可达时间中最晚的出发时刻为OD最晚可达时间LDT_{OD_i}:

$$LDT_{OD_i} = \text{Max}[LDT_{OD_i}^k, \forall k \in K] \tag{3}$$

设计OD最晚可达时间推算步骤如下:

步骤1:读取网络OD,并根据OD对确定其对应的有效路径集。

步骤2:推算OD对最晚出发时间。设计基于有效路径集的OD最晚可达时间反演推定方法计算OD对最晚出发时间:

(1)遍历处理OD对有效路径集,对OD对间的任意一条路径$path_k^{OD}$,处理得到其途经的线路集。

(2)拆分、倒置后得到处理后的通过线路集;处理经过的车站集,得到OD在该路径各线路的进入车站和离开车站。

(3)读取各换乘站分方向换乘走行时间,结合OD在该路径上经过的线路信息及在每条线路进出和离开车站信息,反向搜寻最近列车。

(4)得到OD对间选择该路径出行的最晚可达时间$LDT_{OD_i}^k$;处理下一条路径至最后一条路径处理完,得到OD对间出行的最晚出发时间。

步骤3:遍历处理所有OD对,得到所有OD对的最晚可达时间。

在不同的网络延时运行计划下,OD间最晚可达时间不同,本文定义OD最晚可达时间差$LDTD_{OD_i}$用于衡量延时运行计划调整下该OD间最晚可达时间差的变化,从而说明延时计划调整前后乘客夜间出行的便捷程度:

$$LDTD_{OD_i} = LDT''_{OD_i} - LDT'_{OD_i} \tag{4}$$

式中:LDT''_{OD_i}——网络延时运行调整后OD最晚可达时间;

LDT'_{OD_i}——调整前OD最晚可达时间,当$LDTD_{OD_i}>0$时,表明延时运行计划调整后,OD间的最晚可达时间向后延长,该OD间乘客夜间出行更为便捷,反之则表明计划调整后出行便捷程度下降。

定义网络最晚可达时间变化量$LDTD_N$为网络所有OD最晚可达时间差的总和,表明网络整体(N)的最晚可达时间变化量:

$$LDTD_N = \sum LDTD_{OD_i}, \forall O, D \in N \tag{5}$$

如果$LDTD_N>0$,表明网络整体夜间出行便捷度得到提升,反之则表明夜间出行便捷程度降低。

定义线路最晚出发可达时间变化量$LDTD_{L,l}$为线路$l(l \in L)$上所有车站到网络其他非l线路车站的OD最晚可达时间差的总和,表明线路l在网络延时运行计划调整后线路整体的出发可达性的变化,如果$LDTD_{L,l}>0$,表明延时运行计划调整后,从线路l到网络其他线路的便捷度提升,且值越大越便捷。

$$LDTD_{L,l} = \sum LDTD_{OD_i}, O \in l, D \notin l \tag{6}$$

3 基于OD最晚可达时间的网络可达性分析

以上海地铁2号线不同延时运营方案为例,分析网络中部分线路延时运营方案调整对网络OD最晚可达时间及线路和网络整体可达性的影响。

3.1 延时运营对不同类型OD的影响

以上海地铁2号线既有运行计划为基础,拟定10种不同的延时运营方案,网络其他线路运营计划不变。基于表1中的10种不同延时运营方案,分析线路延时运营计划调整对延时本线OD、有路径途经延时线路的OD、无路径途经延时线路OD等不同类型OD的延时可达性的影响。

2号线延时运行计划调整方案备选集　表1

延时方案	调整方案(上下行同时调整)	运行间隔(min)(以原末班车为基准)
1	减少1列	-15
2	**不延时**	**0**
3	延时1列	10
4	延时2列	10
5	延时3列	10
6	延时4列	20
7	延时5列	20
8	延时6列	15
9	延时7列	15
10	延时8列	15

分别选取出行起终点站都在延时运营线路上、起终点站有一个在延时运营线路上、起终点都不在延时运营线路上但有路径途经延时运营线路三种类型OD,分析其最晚可达时间的变化情况。

(1)起终点站都在延时运营线路上。

选取OD对陆家嘴—徐泾东,起点站和终点站都在延时运营线路上,有效路径为1条本线路径,最晚可达时间变化如表2所示。可以看出,对于延时运营线路本线的出行而言,其最晚可达时间随延时方案延长而向后延长。

OD间路径最晚可达时间随延时运营方案变化示例(起终点站都在延时线路上)　表2

路径	途经线路	不同延时方案下最晚可达时间(时间转换为s统计)				
1	2	方案1	方案2	方案3	方案4	方案5
		83139	**83564**	**84164**	**84764**	**85364**
		方案6	方案7	方案8	方案9	方案10
		86564	**87764**	**88664**	**89564**	**90464**

(2)起终点站有一个在延时运营线路上。

选取OD对罗山路—虹桥火车站,该OD对间的有5条有效路径,选取方案1~5的结果进行分析如表3所示。路径1和路径2不经过2号线车站,所以2号线延时运营计划调整对其最晚可达时间并无影响;路径3和路径5都途经2号线车站,所以在2号线延时运营计划从方案1至方案4变化过程中,路径最晚可达时间随着2号线延时班次增加而逐步增加;路径4虽然经过2号线车站,但由于11号线行车方向收车时间明显晚于2号线,使得11号线往2号线的OD最晚可达时间基本不受2号线延时运营方案调整的影响。

OD间路径最晚可达时间随延时运营方案变化示例(起终点站有一个在延时运营线路上)

表3

路径	途经线路	不同延时方案下最晚可达时间(时间转化为s)				
		方案1	方案2	方案3	方案4	方案5
1	11—8—10	81627	81627	81627	81627	81627
2	11—10	81627	81627	81627	81627	81627
3	16—2	81496	81944	82443	82922	82922
4	11—2	81627	81627	81672	81672	81672
5	16—10	81496	81944	82443	82922	82922
该方案OD最晚可达时间		**81672**	**81944**	**82433**	**82922**	**82922**

(3)起终点都不在延时运营线路上,但有路径途经延时运营线路。

以OD对杨高中路—陕西南路为例,各延时方案下路径最晚可达时间如表4所示,5条有效路径虽然起终点都不在延时的2号线上,但其中有3条路径都途经了2号线,所以2号线延时方案的调整可能对该OD各路径最晚可达时间产生影响。路径3虽然经过了2号线,但由于其终到线路12号线末班车收车时间较早(22:30:00),2号线的延时运营计划不对其衔接产生影响,故路径3最晚可达时间不随延时方案改变而变化;路径4、路径5由于其终到线路1号线和10号线的收车时间较晚,为此,因为路径途经2号线,故2号线延时计划的调整直接使得OD对最晚可达时间增加。

OD间路径最晚可达时间随延时运营方案变化示例(起终点站有一个在延时运营线路上)

表4

路径	途经线路	不同延时方案下最晚可达时间(时间转换为s)				
		方案1	方案2	方案3	方案4	方案5
1	9—12	81000	81000	81000	81000	81000
2	9—8—10	84600	84600	84600	84600	84600
3	9—2—12	82200	82200	82200	82200	82200
4	9—2—1	82200	82200	83400	84600	85800
5	9—2—10	82200	82200	83400	84600	85800
该方案OD最晚可达时间		84600	84600	84600	84600	**85800**

网络化运营条件下,各条线路通过换乘站紧密联系,且网络延时运营方案通常会涉及多条线路,出行路径中不通过延时运营线路的OD对比例越来越少。为此,可以实现通过部分线路延时运营来带动网络大部分OD最晚可达时间的提升。

3.2 延时运营对不同线路出行的影响

以2号线延时方案1为例,分别计算在2号线不同延时运营方案下延时线路本线OD最晚出发可达时间变化量、非延时运营线路的最晚出发可达时间变化量,其变动情况如图1、图2所示。从图1可以看出,延时线路本线的最晚出发可达时间变化量随着延时的增加而不断增加;从图2可以看出,非延时运营线路的最晚出发可达时间在一定范围内会随着延时线路延时的增加而增加,即非延时运营线路的出发便捷性得到提升;但当延时到方案7时,非延时运营线路的最晚出发可达时间不再变动。

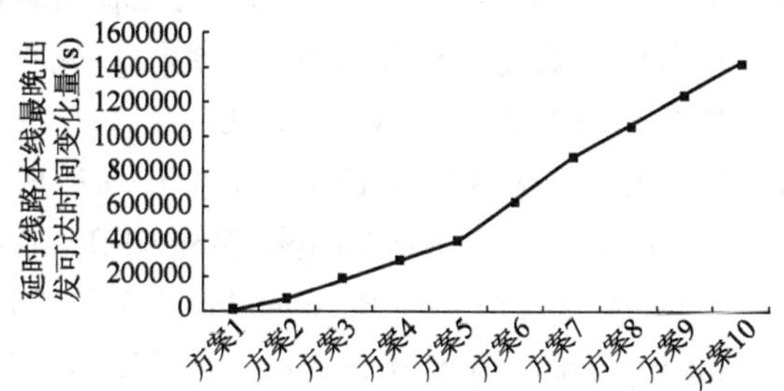

图1 延时线路本线最晚出发可达时间变化

此外,还可以分析网络中其他非延时运营线路最晚可达时间受延时线路延时运营方案的影响程度。取前6条受2号线延时运营方案影响最大的线路,最晚出发可达时间变化情况如图4所示,各线路最晚出发可达时间受2号线延时运营方案调整的影响趋势相同;同时,当2号线延时方案从

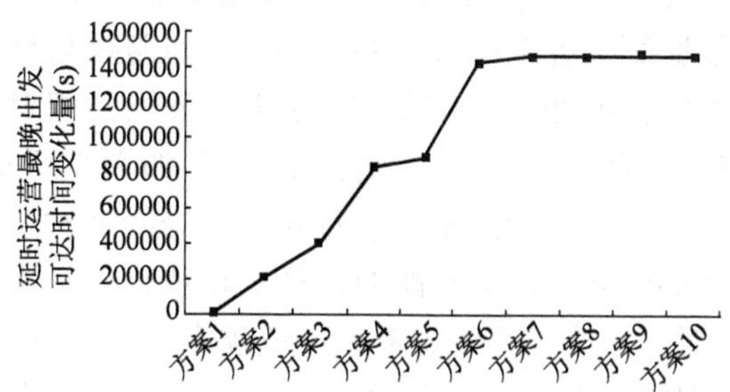

图2 网络非延时线路最晚出发可达时间变化

同样,可以得到延时线路2号线的整体出发最晚可达时间与到达最晚可达时间变化情况(图3):在没达到衔接线路或终到线路运营时间约束阈值前,延时线路整体出发最晚可达时间与到达最晚可达时间随着延时增加而增长,当延时运营时长达到衔接线路或终到线路运营时间约束时,最晚可达时间便不再变化。

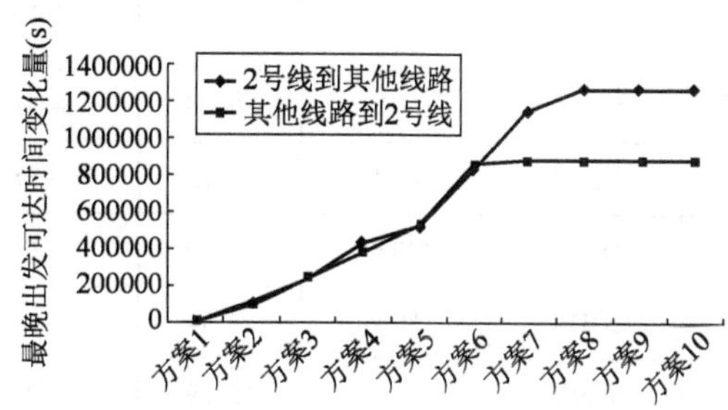

图3 延时线路整体最晚出发可达时间与最晚到达可达时间

方案1至方案6变化时,各线路最晚出发可达时间也快速增加,说明一条线路延时运营能够一定程度上带动网络其他线路可达性的提升;当调整到方案7时,增速放缓;到方案8~方案10时,各线路最晚出发可达时间不再变化。

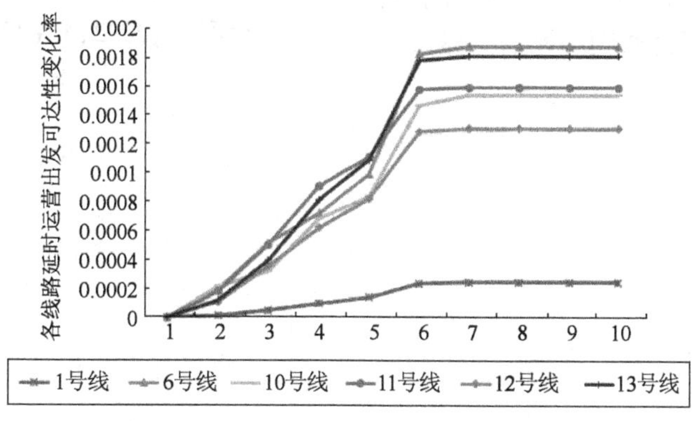

图4 非延时线路最晚出发可达时间变化量受延时线路延时方案影响幅度

计算过程中发现,网络中其他线路受延时运营线路影响程度的大小主要与OD间路径与延时运营线路的相关性有关,计算这6条线路相对于延时运营线路2号线的路径依赖度,如表5所示,发现线路的最晚出发可达时间受2号线延时运营方案的影响程度与线路的路径线路依赖度基本一致,对2号线路径线路依赖度值越高的线路,受到2号线延时运营影响的程度越大。此外,线路最晚出发可达时间除了受延时线路的路径依赖度影响以外,还与线路末班车时间相对延时运营线路末班车时间的差值有关。

线路对延时运营线路2号线的路径线路依赖

表5

线路	线路相关路径数(条)	途经2号线路径数(条)	对2号线路径线路依赖度(%)	与2号线末延时运营时末班车平均时间差(min)
6	57650	15016	26.05	-20
13	38147	9631	25.25	-20
11	68109	17027	25.00	-20
10	60414	15066	24.94	-5
12	61581	11261	18.29	-20
1	49089	9682	19.72	+60

4 结语

我国对于延时运营的既有运营经验及相关研究较少。为了给运营管理单位在制定网络延时运营计划时提供量化分析的方法,本文构建了路径线路依赖度等指标来衡量线路及车站在网络结构中的作用,同时考虑部分线路延时运营对网络整体的影响,构建OD最晚可达时间等评估指标及计算方法,以上海地铁网络延时运营方案验证了部分线路延时运营能够带动网络整体可达性的提升。同时,不同线路收到延时运营线路延时方案的影响不同,其中延时运营线路对网络其他线路可达性影响程度主要受到网络其他线路对于延时运营线路的路径线路依赖度及其与延时运营线路收车时间差的影响。本文结论可直接应用在具有大规模线网及延时运营需求的城市轨道交通网络中,从而实现以低成本方式提供更大限度的延时运营服务。

参考文献

[1] 杨儒冬,徐瑞华,季晨.城市轨道交通网络延时运营特征及难点研究[J].铁道运输与经济,2022,44(3):119-126,140.

[2] 吴嘉,史海欧.城市轨道交通夜间延时运营的探讨[J].都市快轨交通,2019,32(3):145-151.

[3] 陈春娇,王婵婵.上海城市轨道交通夜间延时运营需求及精细化管理对策研究[J].城市轨道交通研究,2022,25(3):6-10.

[4] YANG, RUDONG D. Urban Rail Transit Plus-Train Passenger Flow Analysis Method Based on Network Real-time Reachability [J]. 2018 International Conference on Intelligent Rail Transportation (ICIRT) (2018): 1-5.

[5] ZHOU F S J G, PAN H C. Optimization Method for Last Train Coordination Plan of Urban Rail Transit Based on Network Operation [J]. Procedia-Social and Behavioral Sciences, Volume 96, 2013: P 2706-2712.

[6] 温芳,柏赟,张鑫,等.面向运营结束时段可达性的地铁末班车时刻表协调优化[J].中国铁道科学,2022,43(4):177-185.

Optimal Coordination for Urban Rail Transit Networks: Accounting for Transfer Connections

Huiru Zhang[1,2] Fei Dou*[1,2] Jie Liu[1,2] Yaguan Wang[1,2] Gehui Liu[3]
(1. Beijing Mass Transit Railway Operation Corp. LTD;
2. Beijing Key Laboratory of Subway Operation Safety Technology;
3. Beijing National Railway Research & Design Institute of Signal & Communication Group Co., Ltd.)

Abstract This study presents an advanced optimization approach for enhancing transfer station operations within urban rail transit networks. The primary objective is to minimize passenger waiting times during off-peak hours, achieved through the simulated annealing theory. To demonstrate the practical value and effectiveness of this approach, a case study is conducted using the local network of Beijing Subway Line 15 and adjacent lines. The results indicate a significant 5.48% reduction in total passenger transfer time, highlighting the model's and algorithm's potential to enhance network connectivity and operational efficiency.

Keywords Urban rail transit Network operation plan Transfer connection Simulated annealing algorithm

0 Introduction

The optimization of urban rail transit networks, emphasizing seamless transfers, remains a pivotal area of exploration for scholars worldwide. Depending on the specific scope of the study, it can be bifurcated into two primary categories. One category examines the integration of urban rail transit with bus services, while the other delves into the transfer points within the urban rail transit system, which forms the core focus of this study.

In the initial phase of the research, scholars examine various aspects of transfer stations, including their optimization design[1], evaluation of coordination efficiency[2], passenger flow prediction[3], and simulation[4]. As urban transportation networks become increasingly complex, scholars conduct a series of studies on multi-line operations at individual transfer stations, as well as network-wide operations of rail transit systems.

Based on the analysis of the transfer relationship between two trains on different lines intersecting at a transfer station, Bai et al. propose an optimized scheme aimed at reducing the waiting time of transfer passengers, and develop a simple genetic algorithm with a discard method [5]. To optimize the last train connection on a single line, considering the multi-point connection constraints, Hong et al. establish a rail single line last train optimization model and propose a step by step segmentation algorithm [6]. The above research centers on a single transfer station, with the aim of synchronizing and optimizing train operation plans across multiple lines within the station.

Shafahi and Khani develope a mixed integer programming model that determines the departure times of vehicles on different lines, enabling passengers to transfer between lines at transfer stations with minimal waiting times [7]. To address the first train synchronization challenge, Kang and Zhu present a first train coordination model designed to minimize total passenger transfer waiting time and introduce a simulated annealing algorithm for its efficient solution [8]. Wu et al. propose a timetable synchronization optimization model that aims to improve the worst transfer by adjusting the departure time, running time, dwelling time, and headways in the subway network [9]. Moreover, the factors of passenger dissatisfaction, the impact on the original unsynchronized timetable, and other relevant factors are also taken into account for timetable synchronization [10,11].

In summary, most studies have optimized connection status by fine-tuning existing train operation plans or adjusting operating parameters, whether at individual transfer stations or across the entire network system. However, current research falls short in several respects: (1) Some results are excessively flexible and challenging to implement in real-world operations. (2) During off-peak hours, when train intervals fluctuate considerably, the transfer requirements of passengers within the intricate urban rail transit network are inadequately addressed.

Therefore, by examining the issue from the perspective of passenger transfers and considering the practicality of optimization outcomes, this study develops an optimization model that aims to minimize waiting time for passengers at transfer stations during off-peak hours, and introduces a simulated annealing algorithm to enhance the network's connectivity.

1 Optimization model

For the sake of clarity, this article assumes the following: (1) No transfers between up and down direction of the same line. (2) Known and constant passenger flow for all transfer directions in the network. (3) All transfer passengers board the first connecting train upon arrival at the platform.

1.1 Nomenclature

The main symbols involved in this section are shown in Table 1.

Nomenclature Table Table 1

Symbols	Definition
s,S	symbol for a transfer station and the set of transfer stations, $s \in S$
l,L	symbol for an urban rail transit line and the set of lines, $l \in L$
l',L'	symbol for the adjacent line of line l and the set of adjacent lines, $l' \in L'$
i,j,I	symbol for trains and set of trains, $i \neq j$, and $i,j \in I$
t,T	symbol for discrete time periods and set of time period, $t \in T$
$b,\ d$	line direction, $b,d \in \{0,1\}$, upward b, $d=0$, otherwise $b,d=1$
l_d	line l in direction d
δ	step size of discrete time periods [second]
$q^{boa}_{i,s,l_d}(t), q^{ali}_{i,s,l_d}(t)$	number of boarding and alighting passengers for train i at station s on l_d during time t [person]
$q^{trs}_{s,l'_b,l_d}(t)$	number of passengers transferring from l'_b to l_d at station s during time t [person]
$q^{ent}_{s,l_d}(t), q^{exi}_{s,l_d}(t)$	number of passengers entering and exiting at stations on l_d during time t [person]
$q^{stra}_{s,l_d}(t)$	number of passengers stranded at station s on l_d during time t due to limited capacity [person]
$C^{arr}_{i,s,l_d}(t), C^{dep}_{i,s,l_d}(t)$	passenger capacity of train i upon arrival and departure from station s on l_d [person]
C^{max}_i	train capacity of train i [person]
$t^{arr}_{i,s,l_d}, t^{dep}_{i,s,l_d}$	arrival and departure time for train i at station s on l_d [second]
t^{dwell}_{i,s,l_d}	dwell time for train i at station s on l_d [second]

1.2 Calculation of passenger flow

The relationship between alighting and boarding passenger, stranded passengers, and train passenger capacity is as follows.

$$q^{ali}_{i,s,l_d}(t) = q^{exi}_{s,l_d}(t) + \sum_{l' \in L'}\sum_{b \in \{0,1\}} q^{trs}_{s,l_d,l'_b}(t)$$

$$(\forall i \in I, s \in S, l \in L, d \in \{0,1\}, t \in T) \quad (1)$$

$$q_{i,s,l_d}^{boa}(t) = \min\{q_{i,s,l_d}^{boa}(t) + q_{s,l'_b,l_d}^{trs}(t) + q_{s,l_d}^{stra}(t-1), C_i^{max} - C_{i,s,l_d}^{arr}(t) + q_{i,s,l_d}^{ah}(t)\}, \quad (2)$$

$$(\forall i \in I, s \in S, l, l' \in L, d \in \{0,1\}, t \in T)$$

$$q_{s,l_d}^{stra}(t) = q_{s,l_d}^{stra}(t-1) + \sum_{l' \in L'} \sum_{b \in \{0,1\}} q_{s,l'_b,l_d}^{trs}(t) + q_{s,l_d}^{ent}(t) - q_{s,i,l_d}^{boa}(t) \quad (3)$$

$$(\forall i \in I, s \in S, l \in L, d \in \{0,1\}, t \in T)$$

$$C_{i,s+1,l_d}^{arr}(t) = C_{i,s,l_d}^{dep}(t) = C_{i,s,l_d}^{dep}(t) - q_{i,s,l_d}^{ali}(t) + q_{i,s,l_d}^{boa}(t) \quad (4)$$

$$(\forall i \in I, s \in S, l \in L, d \in \{0,1\}, t \in T)$$

1.3 Objective function

The goal of the model is to minimize the waiting time of passengers:

$$\min Z = \sum_{t \in T} \sum_{l \in L} \sum_{s \in S} \sum_{d \in \{0,1\}} q_{s,l_d}^{stra}(t) \cdot \delta \quad (5)$$

where Z is the optimization objective.

1.4 Constraints

(1) Arrival and departure time

$$t_{i,s,l_d}^{dep} = t_{i,s,l_d}^{arr} + t_{i,s,l_d}^{dwell} \quad (\forall i \in I, s \in S, l \in L, d \in \{0,1\}) \quad (6)$$

(2) Adjusting range

To ensure the practicality of the optimization outcomes, the train's departure time at the departure station can only be adjusted within a range of ϑ.

$$\begin{cases} |t_{i,0,l_d}^{dep} - t_{i,0,l'_d}^{dep}| \leqslant \vartheta \\ t_{i,0,l_d}^{dep} \in N^* \end{cases} \quad (\forall i \in I, l \in L, d \in \{0,1\}) \quad (7)$$

where $t_{i,0,l'_d}^{dep}$ is the departure time for train i at departure station on l_d in the original timetable.

(3) Passenger flow conservation

$$\sum_{s \in S} q_{s,l_d}^{ent}(t) + q_{s,l'_b,l_d}^{trs}(t) = \sum_{s \in S} q_{s,l_d}^{exi}(t) + q_{s,l_d,l'_b}^{trs}(t), \quad (\forall l, l' \in L, d \in \{0,1\}, t \in T) \quad (8)$$

This constraint clarifies that the passenger flow in any line l is conserved.

2 Algorithm

The problem has been proven to be NP-Hard, hence an optimization algorithm based on simulated annealing is proposed in this article. The objective function serves as the state function $E(\ )$, and the solution range is established based on the constraints inherent in the mode. The calculation steps are as follows (Figure 1).

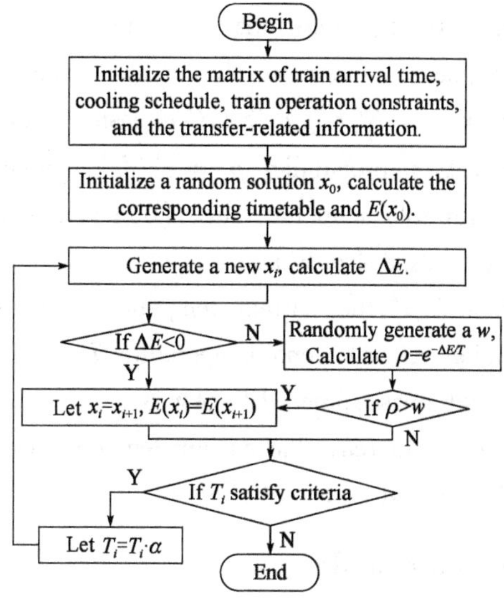

Figure 1 Algorithm flow chart

Step 1: Create a matrix to store the arrival time of all trains on the network.

Step 2: Set the relevant parameters in the solution algorithm.

Step 2.1: Set the parameters for the cooling schedule, including the initial temperature T_0, temperature decay function, and Markov chain length L.

Step 2.2: Define the train operation constraints, including headways, section running time, and dwell time. Additionally, provide the transfer-related information, including passenger flow, transfer walking time, and transfer buffer time.

Step 3: Generate a random initial solution x_0 within the feasible range.

Step 4: Based on the set operational parameters and constraints, calculate the timetable corresponding to the initial solution.

Step 5: Calculate the state function value $E(x_0)$ corresponding to the initial solution x_0, and set E_0 as the initial state.

Step 6: Generate a new solution x_i by introducing random disturbances to the current solution, calculate $E(x_i)$, and determine the state function increment ΔE. Adopt the new solution according to the Metropolis criterion. Repeat this step until the termination condition for the current temperature search is met, and proceed to Step 7.

Step 6.1: Metropolis criterion. If $\triangle E$ is negative, accept the new solution and update $x_i = x_{i+1}, E(x_i) = E(x_{i+1})$. If $\triangle E$ is positive, calculate the transition probability $\rho = e^{-\triangle E/T}$, generate a random variable w in the range $(0,1)$, and accept the new solution if $\rho > w$.

Step 7: If the current temperature meets the termination criteria (end temperature T_E), end the search; otherwise, proceed to Step 8.

Step 8: Increase the current temperature by α, $T_i = T_i \times \alpha$, and proceed to Step 6.

3 Case study

This study, utilizing data from lines under the jurisdiction of Beijing Subway, aims to optimize the transfer and connection between Beijing Subway Line 15 and its adjacent lines, specifically Line 8, Line 5, and Line 13. The corresponding transfer stations are Olympic Park, Datunludong, and Wangjing Xi (W) stations.

Choose the noon off-peak period from 12:00 to 13:00, and the passenger flow data for three transfer stations during this time are presented in Figure 2. As Figure 2 reveals, the Datunludong station experiences the highest volume of transfer passengers (1962 passengers transferred, comprising 73.54% of the total passenger flow), indicating that it is the primary transfer station among the three.

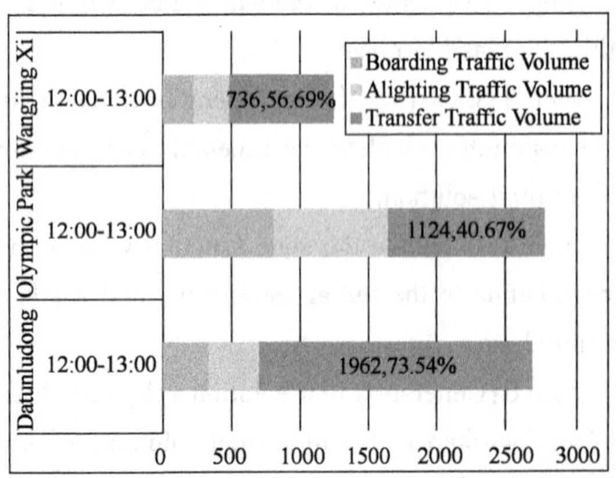

Figure 2 Passenger flow at transfer stations

A more detailed analysis of the transfer passenger flow in each direction at the Datunludong station is presented in Figure 3. The figure clearly reveals that the maximum transfer volume occurs from Line 5's down direction to Line 15's up direction and Line 15's down direction to Line 5's down direction, making these two directions the primary focus for adjusting the train timetable.

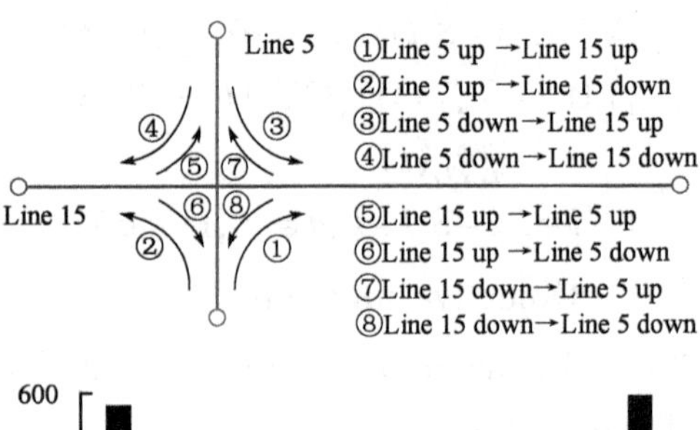

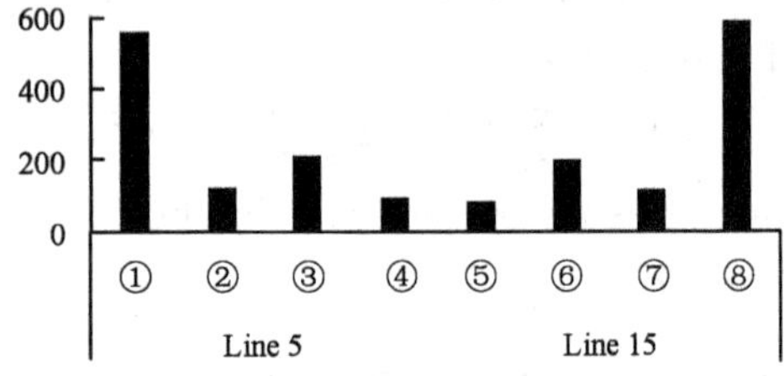

Figure 3 Transfer passenger flow at Datunludong station during 12:00—13:00

The study period is divided into 360 intervals of 10 seconds each. Let $T_0 = 1000$, $T_E = 1$, $\alpha = 0.99$, and $L = 1$. The global optimal solution (G_value) and the personal optimal solution (P_value) under various temperature conditions are presented in Figure 4. The optimal waiting time for passengers is 2.07×10^3s, and Figure 5 illustrates the train timetable for Line 15 both before and after optimization during the designated study period.

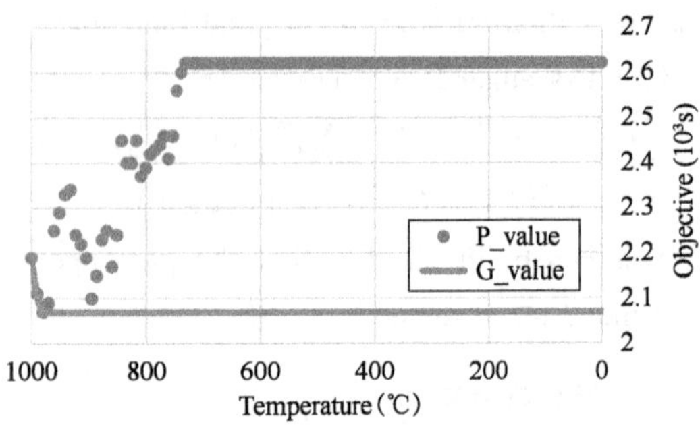

Figure 4 Iterative convergence process of the algorithm

From Figure 5, it can be inferred that: (1) There are 11 trains during the studied period, with 6 moving upward (train 2011 ~ train 2016) and 5 downward (train 1011 ~ train 1015); (2) Train 2014 and train 2016 maintain the exact same timetable before and after optimization; (3) Train 1015 undergoes the most significant adjustment, with a total of 1200s shifted across all stations. In summary, despite minor adjustments to the timetables, the overall waiting time for passengers decreased by a significant 5.48% when compared to the original schedule. This substantial reduction serves as validation for the effectiveness of the model and algorithm.

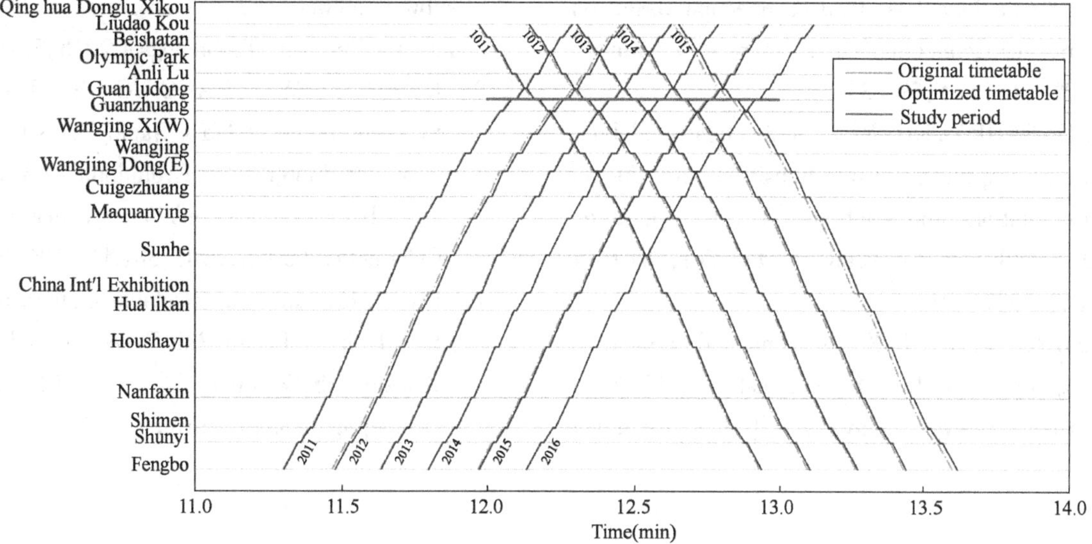

Figure 5 Train timetable before and after optimization

4 Conclusions

To address the challenges of optimizing transfer stations in a networked environment and the challenges posed by overly flexible optimization results in real-world operations, this study introduces an optimization model designed to minimize waiting time for passengers at transfer stations during off-peak hours, and proposes an optimization algorithm based on simulated annealing. Taking the local network formed by Beijing Subway Line 15 and adjacent lines as an example, a case study is conducted to validate the model and algorithm. The results demonstrate a 5.48% reduction in total passenger transfer time, providing strong evidence of their effectiveness.

Future research could concentrate on enhancing transfer connections in cross-line operations, express-local services, and other advanced operations modes, thereby broadening its scope and relevance. Additionally, optimizing for passenger satisfaction during peak hours offers crucial insights for enhancing passenger experience during congestion, in alignment with passenger-centered transportation planning and management.

Acknowledgments

This work was supported in part by the Beijing Nova Program under Grant Z211100002121098, and in part by the Research project of Beijing Subway Operation Co., Ltd. 2023000581000003.

References

[1] ZHAO Y. Research on urban rail transit transfer problem considering service level [D]. Beijing: Beijing Jiaotong University, 2011: 15-82.

[2] SU X. Evaluation research on the operation coordination efficiency of urban rail transit transfer stations [D]. Hunan: Central South University, 2010: 24-66.

[3] FU L. Research on the design of transfer facilities between urban rail transit hub stations [D]. Shaanxi: Chang'an University, 2008: 14-104.

[4] MA J, LIANG Q, ZHOU F. Evacuation Capacity of transfer station of urban rail transit [J]. Urban Mass Transit, 2011, 14(2): 98-102.

[5] BAI G, GUO J, SHI H, et al. Optimization of Convergence based on the Coordination of Train Departure Time in the Subway Transfer Station

[J]. Journal of Transportation Systems Engineering and Information Technology, 2013, 13(5):134-139,201.

[6] HONG L, TIAN W, SHI J G. Optimization Plan of Single Line Last Train Connection Based on Transfer Connection [J]. Urban Mass Transit, 2015,18(11):59-63.

[7] SHAFAHI Y, KHANI A. A practical model for transfer optimization in a transit network: Model formulations and solutions [J]. Transportation Research Part A: Policy and Practice, 2010, 44(6): 377-389.

[8] KANG L, ZHU X. A simulated annealing algorithm for first train transfer problem in urban railway networks [J]. Applied Mathematical Modelling, 2016, 40(1): 419-435.

[9] WU J, LIU M, SUN H, et al. Equity-based timetable synchronization optimization in urban subway network [J]. Transportation Research Part C: Emerging Technologies, 2015, 51:1-18.

[10] KWAN C M, CHANG C S. Timetable Synchronization of Mass Rapid Transit System Using Multiobjective Evolutionary Approach [J]. IEEE Transactions on Systems Man & Cybernetics Part C, 2008, 38(5): 636-648.

[11] LIU H. Research on Timetable Optimization of Last Train in Urban Rail Based on Delay and Transfer Satisfaction [D]. Chongqing: Chongqing Jiaotong University, 2023.

非周期运行图下的动车组司机乘务排班计划优化

钟文健[1] 王忠凯[2] 沈姚铭[1] 林柏梁*[1]

(1. 北京交通大学交通运输学院;2. 中国铁道科学研究院集团有限公司电子计算技术研究所)

摘　要　在非周期运行图模式下,每天的交路任务将有所不同,在编制动车组司机乘务排班计划时需要考虑更多因素。本文首先针对非周期运行图中的交路特征,选择合适的排班模式。接着,以司机工作量均衡为优化目标,以连续作业天数、计划期工时上限、多日交路任务接续等为主要约束条件,构建0-1整数规划模型。最后,以实际数据为基础设计案例,并利用商业求解器Gurobi求解。计算结果证明,模型能够应对非周期运行图中的加开交路,并且在保证司机工作量均衡的情况下生成乘务排班计划的初始方案,能够为实际生产中的计划编制提供参考。

关键词　高速铁路　非周期运行图　乘务排班计划　0-1整数规划模型

0　引言

为了提高铁路运输效率和实现精准调控运力,我国铁路部门正广泛采用"一日一图"的组织模式。这种灵活的运行图调整模式使得运输更加高效且适应性更强。该模式下的运行图具有非周期的特征,即每天的运输任务都是独立且不同的,需要根据当天的客流需求进行灵活调整[1]。为此,在制定乘务计划时,需要进行相应的调整,以适应不同时间段和特殊情况下的高铁运营需求。

为了实现乘务计划的合理优化,在计划制定阶段,进一步分为乘务交路计划和乘务排班计划。其中,乘务排班计划是在乘务交路计划编制完成的基础上,为司乘人员制定的工作计划,具体确定了司机在一个排班周期内担当乘务交路和休息的情况[2]。在制定乘务排班计划时,不仅需要遵循乘务规则,控制运营成本,还要考虑人性化需求等

基金项目:国家自然科学基金铁路基础研究联合基金(U2268207)。

复杂因素,编制难度较大[3]。既有研究主要以排班周期最小[4,5]、交路冗余接续时间均衡[6]以及管理成本最低[7]为优化目标,从司机工作量均衡角度进行的研究较少,忽视了司机的人性化需求。此外,乘务排班计划受到列车运行图的影响,而以往研究普遍是以周期运行图[8]为背景,缺乏针对非周期运行图情况下问题的思考。

本文从司机工作量均衡角度,对动车组司机乘务排班计划进行研究,考虑了非周期运行图下每日的交路任务差异、乘务规则要求以及多日交路接续等重要因素,旨在实现"一日一图"背景下动车组司机乘务排班计划的优化编制,为实现更合理的动车组司机任务分配提供理论基础。

1 问题描述

在非周期运行图中,根据客流情况可以将出行日期分为平峰日和高峰日。高峰日的交路任务包括基础和加开两部分。其中,基础任务通常是固定不变的,指的是每日固定开行的列车,以满足常规的出行需求。而加开任务则是在基础任务之上根据客流波动灵活加开的运输任务,在周末、节假日、春暑运等客流高峰期视情况依次启用,旨在应对特定时段客流量大的情况。图1展示了平峰日和高峰日的交路任务示例。在客流平峰日,按照左图开行列车,R1和R2代表基础交路,在计划期内每天开行。当客流需求增加,则按照右图所示,在D2和D3两天,加开R3和R4这两条交路,以满足客流需要。

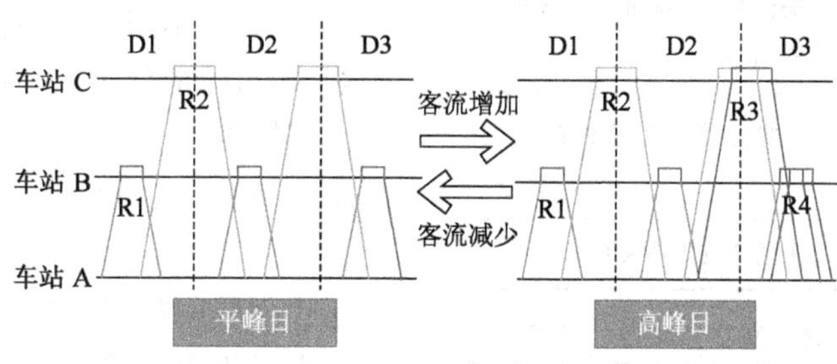

图1 交路任务

为应对上述交路特征,在编制排班计划时应选择合适的排班模式。根据周转方式的不同,乘务排班模式通常分为单一循环模式和给定周期模式。在单一循环排班模式下,所有交路被安排在一个大循环中,各司机依次按照这个循环值乘任务。该模式的优点是在一个计划期内,所有司机的工作内容完全相同,消除了因交路长度差异造成的工作量不均衡问题。但是,该模式下的排班周期受交路数量的影响。随着交路数量增加,以及加开交路出现,排班周期将非常长,不适用于非周期运行图下复杂的问题优化。

给定周期模式是在计划周期确定的条件下制定排班计划。这种排班方式具有更好的灵活性,能够更好地适应复杂多变的运输需求,但计划期内司机值乘的交路不完全相同,司机的工作量和休息时间将有所差异。图2为给定周期排班的一般示例。

从图中可知,各司机在计划期内完成的任务与休息情况并不相同。如司机C01在计划期内只休息了一天,而其他司机均休息了两天。同时,应注意到即便休息天数相同,C02、C03和C04之间的工作量,也因值乘交路不同而有所差异。为了灵活应对非周期运行图下计划频繁更新的需要,本文以给定周期模式为基础,在考虑司机工作量均衡的情况下,对问题进行优化。这里,将司机在计划期内值乘交路的总工作时间作为工作量的衡量指标。在下一节中,我们将构建数学模型,进一步说明问题。

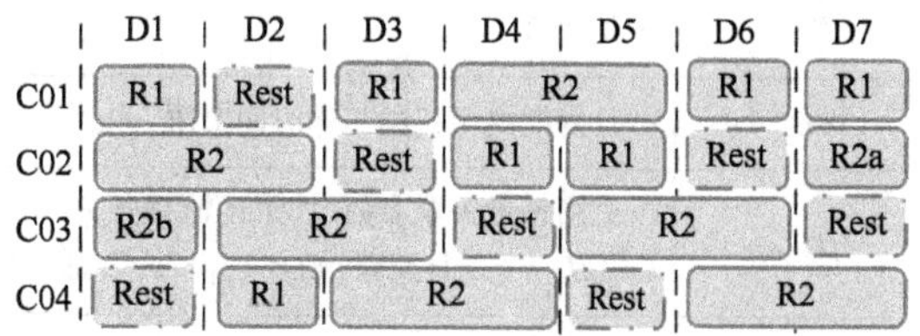

图2 给定周期循环模式

注:C表示司机;R表示休息。

2 数学模型

本节提出的模型旨在符合乘务规则并且完成所有交路任务的条件下,寻求司机间工作时间均衡的计划方案,避免出现某个司机在计划期内的工作时间远大于其他司机的情况,从而加强高速铁路的运行安全和服务质量。同时,模型还考虑了非周期运行图下每天交路任务数量变化的情况。

2.1 符号及定义

模型变量及集合与参数定义见表1、表2。

变量定义 表1

符号	定义
$x_m^r(t)$	0-1变量,乘务组 m 在第 t 天承担交路任务 r 取1,否则取0
$y_m(t)$	0-1变量,乘务组 m 在第 t 天处于休息状态取1,否则取0
$T_m(t)$	司机 m 在第 t 天的累积值乘时间(从计划期第一天开始计算),min
T_m^{Total}	司机 m 在计划期内值乘交路的时间总和,min
$W_m(t)$	司机 m 在第 t 天的连续工作天数,天

集合与参数定义 表2

符号	定义
C	所有司机集合,m 为司机,$m\in C$
n	n 为 C 中司机的数量
$S^{\text{Route}}(t)$	第 t 天的交路任务集合,$r\in S^{\text{Route}}(t)$
T_r^{Route}	交路任务 r 的时长,min
T_m^{Begin}	司机 m 在计划期内的开始时间,即计划期的起始日
T_m^{End}	司机 m 在计划期内的结束时间,即计划期的结束日
T^{upper}	计划期内司机的工作时间上限,min
β_{tr}	交路任务关联参数,如果运输任务 r 和 $r+1$ 组成一个2日交路,则 $\beta_{r,r+1}=1$,否则为0
C^{Work}	司机连续工作天数上限,天

2.2 动车组司机乘务排班计划问题模型

在上述变量和符号体系下,构建高速铁路动车组司机乘务排班计划问题(EMU crew rostering problem,EMU-CRP)的0-1整数规划模型。

模型以各司机在计划期内工作时间总和的方差最小为目标,以求得司机工作时间最为均衡的乘务排班计划,具体目标函数见式(1)。

$$\min Z=\frac{1}{n}\cdot\sum_{m\in C}\Big(T_m^{\text{Total}}-\frac{1}{n}\cdot\sum_{\substack{r\in S^{\text{Route}}(t)\\ t\in[T_m^{\text{Begin}},T_m^{\text{End}}]}}T_r^{\text{Route}}\Big)^2 \tag{1}$$

其中,司机的总工作时间 T_m^{Total} 由司机在计划期内每天的工作时间累计而得。司机 m 在第 t 天的累积工作时间(从计划期第一天开始计算),由式(2)递推确定。

$$T_m(t)=T_m(t-1)+\sum_{r\in S^{\text{Route}}(t)}T_r^{\text{Route}}x_m^r(t)\quad(\forall m\in C,t\in[T_m^{\text{Begin}},T_m^{\text{End}}]) \tag{2}$$

值得注意的是,司机在计划期最后一天的累计工作时间即为司机的总工作时间。

$$T_m^{\text{total}}=T_m(t),t=T_m^{\text{End}} \tag{3}$$

式(4)是司机状态的唯一性约束。即在任何时候,司机只能处于以下两种状态之一:担当交路任务或休息。

$$\sum_{r\in S^{\text{Route}}(t)}x_m^r(t)+y_m(t)=1\quad(\forall m\in C,t\in[T_m^{\text{Begin}},T_m^{\text{End}}]) \tag{4}$$

式(5)要求计划期内的每个交路任务有且仅有一个司机进行值乘。注意到,随着计划期内时间的变化,每天交路任务集合是不同的,这意味着每天集合中包含的任务可以根据实际情况进行设置,以满足非周期运行图的开行需要。

$$\sum_{r\in S^{\text{Route}}(t)}x_m^r(t)=1\quad(\forall m\in C,t\in[T_m^{\text{Begin}},T_m^{\text{End}}]) \tag{5}$$

式(6)限制司机在计划期内的工作时间总和不超过相应时间上限。

$$T_m^{\text{Total}}\leqslant T^{\text{Upper}}\quad(\forall m\in C,t=T_m^{\text{End}}) \tag{6}$$

此外,为了保证动车组服务质量和司机健康,司机工作天数也不能超过连续工作天数上限,连续多日值乘交路,详见式(7)、式(8)。

$$W_m(t)<C^{\text{Work}}\quad(\forall m\in C) \tag{7}$$

式中:$W_m(t)$——司机 m 在第 t 天的累计连续工作天数,具体由式(8)递推确定。

$$W_m(t)=\Big[W_m(t-1)+\sum_{r\in S^{\text{Route}}(t)}x_m^r(t)\Big]\times[1-y_m(t)],\quad(\forall m\in C) \tag{8}$$

根据交路长度不同,可以将交路分为单日交路和多日交路。对于单日交路,司机从本段站出发,到达折返站后,经过短暂停留,当日返回本段站。对于多日交路,如两日交路,则安排司机在外段站休息过夜,第二天再返回本段站。为了方便建立数学模型,这里将多日交路拆分为多个单日子交路,并限定同一交路拆分而得的子交路必须由同一司机值乘。通过这种方法,可以清晰地描述司机每天具体值乘的交路任务,从而能够以天为时间粒度进行研究。需要注意的是,如果司机在计划期的最后一天值乘了某个两日交路中第一天的任务,则在下个计划期开始时,需继续担当两日交路中第二天的任务。式(9)为两日任务关联约束。

$$\begin{cases}\beta_{tr}[x_m^r(t)-x_m^r(t+1)]=0 \\ (\forall m\in C, r\in S^{\text{Route}}(t), t\in[T_m^{\text{Begin}},T_m^{\text{End}})) \\ \beta_{tr}[x_m^r(t)-x_m^r(1)]=0 \\ (\forall m\in C, r\in S^{\text{Route}}(t), t=T_m^{\text{End}})\end{cases} \tag{9}$$

式(10)为变量的取值范围约束。

$$\begin{aligned}&x_m^r(t), y_m(t)\in\{0,1\} \\ &(\forall m\in C, t\in[T_m^{\text{Begin}},T_m^{\text{End}}], r\in S^{\text{Route}}(t))\end{aligned} \tag{10}$$

虽然模型中含有二次项,并非线性规划模型,但模型中的二次项较为特殊,分别为式(1)中的平方项,以及式(8)中两个0-1变量相乘构成的二次项。采用当前较为先进的商业求解器,如Gurobi,已经能够高效处理,因此无须对模型进行线性化处理。并且从变量类型来看,模型是整数规划,适合使用商业求解器求解。综合以上特征,在后续的算例及实证研究中,本文将采用商业求解器Gurobi对模型进行求解。

3 算例及实证研究

以中国某铁路局集团有限公司部分线路数据为背景,针对包含16个司机和单日最多9条交路的中小型规模案例进行研究,并对计算结果进行分析。

3.1 初始条件与相关参数

计划期长度设定为7天,假设计划期开始时所有司机的累计工作时间为0,并且计划期期间不存在进行公休或请病假的情况,即所有司机的可用起始时间均为 $T_m^{\text{Begin}}=1$,结束时间 $T_m^{\text{End}}=7$。根据乘务规则以及实际编制中的一般约定,连续工作天数时间上限 $C^{\text{Work}}=5$,司机7天内的工作时间上限 $T^{\text{upper}}=2520\text{min}$。

在非周期列车运行图的背景下,每天开行的交路数量不尽相同。案例中一共包含9条交路,每条交路之间都满足相互接续的条件。其中,每天固定开行7条基础交路,分别记为R1~R7;另外,在考虑日常客流小高峰的情况下,在周一、五、六、日(计划期内第一、五、六、七天),还会额外加开两条交路,分别记为R8和R9。每条交路具体的值乘时间、交路天数和开行时间信息,见表3。

交路信息 表3

交路编号	T_r^{Route} (min)	交路天数 (d)	开行时间						
			DAY1	DAY2	DAY3	DAY4	DAY5	DAY6	DAY7
R1	908	2	√	√	√	√	√	√	√
R2	467	1	√	√	√	√	√	√	√
R3	479	1	√	√	√	√	√	√	√
R4	472	1	√	√	√	√	√	√	√
R5	434	1	√	√	√	√	√	√	√
R6	452	1	√	√	√	√	√	√	√
R7	430	1	√	√	√	√	√	√	√
R8	493	1	√				√	√	√
R9	488	1	√				√	√	√

由于交路R1为两日交路,需要把它分解为两个单日的运输包(任务),即R1 = {R1 - 1,R1 -

2},值乘时间也进行平均分割。需要注意的是,分割后每天交路的实际数量为7+1或9+1。

3.2　计算结果分析

使用上文提供的输入数据,在Python 3.7.2中编写代码实现,并在搭载Intel(R) Core(TM) m7-6Y75 CPU @ 1.20GHz和8GB内存的笔记本电脑上,pycharm2021.1.3的环境中,利用Gurobi 9.5.2对模型进行求解,计算耗时360s得到最优解。最优目标值为6.23438。返回的最优解如图3所示。从图中可以看到,计划期内所有的交路任务都已完成,且均匀的分配到每个司机。其中,C05、C06、C08、C09、C11、C14在计划期内负责值乘了R8、R9两个加开任务,两日交路R1也按照多日交路接续约束由同一司机值乘。

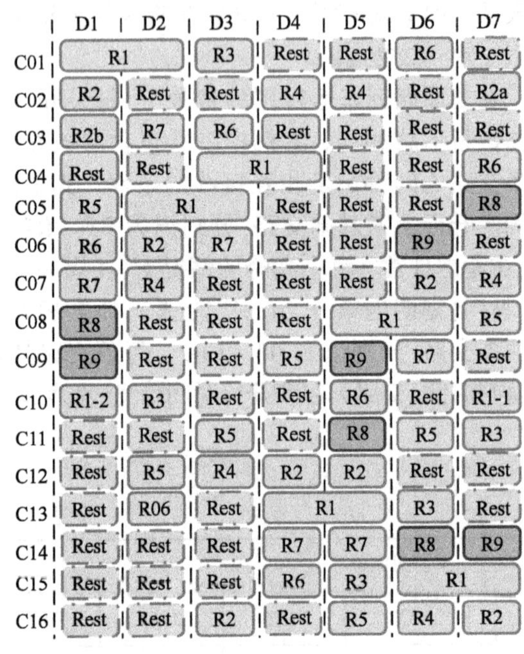

图3　优化结果

表4展现了每个司机在计划期内工作与休息的情况。在整个计划期内,所有司机的休息时间共计48天,所有司机分配到的休息天数均为3天。具体到工作时间方面,当工作时间保持绝对均衡时,每个司机的平均值乘时间为1838.6min,这与表3中各司机的值乘时间非常接近。其中,司机C02、C07和C14的总值乘时间最高为1841min,而司机C04的总值乘时间最少为1832min。从上述结果可知,模型有效均衡了司机间的工作量,并且合理安排了休息时间,有助于保障高速铁路运输的稳健运行。这种科学的工作时间分布不仅有助于提高司机的工作满意度和效率,还能够降低工作过度和疲劳带来的潜在风险,进一步确保高铁运输的安全和稳定运营。

计划期内司机工作与休息情况　　表4

司机	总工作时间(min)	休息天数(d)	司机	总工作时间(min)	休息天数(d)
C01	1839	3	C09	1840	3
C02	1841	3	C10	1839	3
C03	1840	3	C11	1840	3
C04	1832	3	C12	1840	3
C05	1835	3	C13	1839	3
C06	1837	3	C14	1841	3
C07	1841	3	C15	1839	3
C08	1835	3	C16	1840	3

4　结语

考虑"一日一图"组织模式的实际需要,本文以非周期运行图为背景,对高铁动车组司机乘务排班计划进行研究。对比分析了两种常见排班模式,并在给定周期排班模式的基础之上构建模型。通过真实数据进行案例研究,计算结果证明模型能够应对非周期运行图中的加开交路,并且在保证司机工作量均衡、满足铁路乘务规则的条件下生成了合理的乘务排班计划。因此,相信本文所提出的模型与方法,能够为实际计划编制提供参考,为提升高铁运营管理质量和效率提供帮助。

参考文献

[1] 杨林."一日一图"模式下高速铁路运行计划优化研究[D].北京:北京交通大学,2022.

[2] 褚飞跃,田志强,倪少权.高速铁路单循环乘务排班计划编制模型与算法[J].铁道学报,2012,34(7):1-9.

[3] 杨国元,史天运,张秋亮.铁路客运乘务排班计划编制模型及算法[J].交通运输系统工程与信息,2016,16(4):159-164.

[4] 张哲铭,王莹,陈旭,等.高速铁路单一循环乘务值乘计划优化研究[J].铁道运输与经济,2018,40(1):21-27.

[5] 诚则灵.高速铁路客运乘务排班编制优化研究[D].成都:西南交通大学,2021.

[6] 王东先,孟学雷,何国强,等.基于改进蚁群算法的铁路乘务排班计划编制[J].计算机应用,2019,39(12):3678-3684.

[7] 任亮亮. 高速铁路客运乘务排班计划编制优化研究[D]. 北京：中国铁道科学研究院,2023.

[8] 杨岳. 高速铁路乘务调整问题研究[D]. 北京：北京交通大学,2021.

考虑差异发到站的动车组交路计划优化

沈姚铭[1] 江雪涛[1] 王振宇[1] 任嘉轩[2] 马博凯[3] 林柏梁*[1]

(1. 北京交通大学交通运输学院;2. 中国铁路西安局集团有限公司西安客车车辆段;
3. 中国民航大学空管学院)

摘 要 为了解决动车存在的多个车站连接情况下的动车组交路计划优化问题,首先分析了动车组交路计划的优化目标和约束条件,然后设计了两类列车匹配参数,以及拥有多个输入参数的改进的克罗内克函数。以交路数量最少和交路总时间最短为优化目标,考虑列车间复杂的接续关系,构建了动车组交路计划优化的非线性整数规划模型。以我国实际车站和动车所为背景,基于给定的列车数据进行案例分析,优化了有 2 个与动车所相连车站的动车组交路计划,且优化方案较既有方案缩短了交路总时间 56 min。

关键词 高速铁路 动车组 交路计划 整数规划 克罗内克函数

0 引言

动车组交路计划是动车段(所)制定动车组运用与维修计划的核心内容[1]。动车组交路计划中包含了多条动车组交路,每一条动车组交路中都包含了若干个列车(车次)及其前后接续顺序。动车组交路可以被定义为:动车组从离开动车所开始,到下次返回动车所为止,其间担当的全部车次的有序接续关系[2]。

从高铁运输组织的角度来看,优化编制动车组交路计划是一项较为困难和耗时的工作,这是因为动车组交路的结构复杂,且形式多样。例如,交路根据跨越天数的不同可以分为一日交路和多日交路[3],而对于不同的铁路系统又可以分为高速铁路干线[4]和城际铁路[5]交路,它们对于交路的形成和交路计划的编制有不同的要求,且潜在方案众多。从数学的角度来看,动车组交路计划的优化本质上是一个组合优化问题,这是因为列车运行图中不同的列车具有离散的特点,要将它们相互接续起来,反映到动车组交路中就会涉及多种列车间的排列组合。为了解决动车组交路计划优化问题,在既有研究中,文献[6]将动车组的一级修里程周期设定为一个弹性范围,构建了交路优化的模糊规划模型;文献[7]将交路计划优化分为两个阶段,先忽略检修需求生成初始方案,然后在恰当的位置插入检修作业。为了提高求解交路计划问题的效率,一些研究中设计了基于列生成的算法[8]或遗传算法[9]等启发式算法。此外,也有学者对车站到发线运用计划[10]或列车运行图[11-12]与动车组交路计划的协同优化进行了研究。

按照文献[2]中的定义,若将动车所作为动车组交路的始发和终到点,那么一个动车所担当的全部交路都可以看作是具有相同发到点的回路。考虑到动车组从动车所(或动车段)至与动车所相连车站之间的走行(即动车组的出入段、所走行)距离和耗时都很短,运行线铺画较为容易,因此这些行程可在交路计划基本确定后由人工进行添加。若在编制动车组交路计划时完全确定这些行程,会压缩解空间,影响交路计划的质量。故在既有研究中,基本都将与动车所相连的车站作为交路的始发和终到点,忽略动车组的出入所空驶行

基金项目:国家自然科学基金铁路基础研究联合基金资助项目(U2268207)。

程。然而这种处理方法对于动车所仅有一个连接站的情况是合适的,当有多个站与动车所相连,且都可能成为交路始发或终到点的时候,该方法就会存在明显的局限性。为此,本文提出一种能够处理不同发到站的交路计划优化方法,其既能解决单一连接站情况下的交路计划优化问题,也能处理有多个连接站的情形。

1 问题描述

1.1 动车组交路中的差异发到站问题

在传统的动车组交路计划优化中,都会存在或隐含一个基本假设,即动车组交路的始发站和终到站均为与动车所相连的车站,并且这个车站是相同且唯一的。这就意味着,优化方案中的所有交路都可以看作是从相同站出发,并最终回到该站的回路。之所以要包含该假设,是因为既有研究在构建动车组交路时,为了保证交路结构的可行,需要考虑一个重要的约束条件,即不同列车的前后接续约束,只有当前序列车的终到站与后续列车的始发站相同时,两个列车才可能前后接续。对于交路的末位和首位列车,虽然它们在实际中并不相连,但是从交路中所有列车形成回路的逻辑角度出发,两者同样需要满足该约束,此时末位列车为首位列车的前序列车。

随着我国高速铁路的不断完善和大型铁路客站的建设,部分大型城市内可能会存在多个枢纽站的情况,而从这些枢纽站始发或终到的动车组可能均来自同一个动车所,但始发或终到的车站却不是同一个。以位于北京市的北京北动车所为例,其担当的列车涉及两个始发终到站,分别是北京北站和清河站,这两个站都是北京市北部的重要枢纽站,有大量的始发终到列车。其中,北京北站位于北京市西城区,距离北京北所较远,是北京北部的大型铁路枢纽,其属于尽头式车站。清河站位于北京市海淀区,与北京北所距离较近,其规模较北京北站更大,是目前北京北部最大的铁路枢纽站,用来缓解北京北站接发车能力不足的问题,承担大量前往张家口、大同、呼和浩特等城市列车的始发终到任务,以及部分在北京北站始发终到列车的途中客运任务,其属于贯通式车站。尽管两座车站在形式上存在差异,但是在交路中承担的作用却是相似的,即都可能是交路的始发或终到站。北京北站和清河站的位置关系如图1所示。

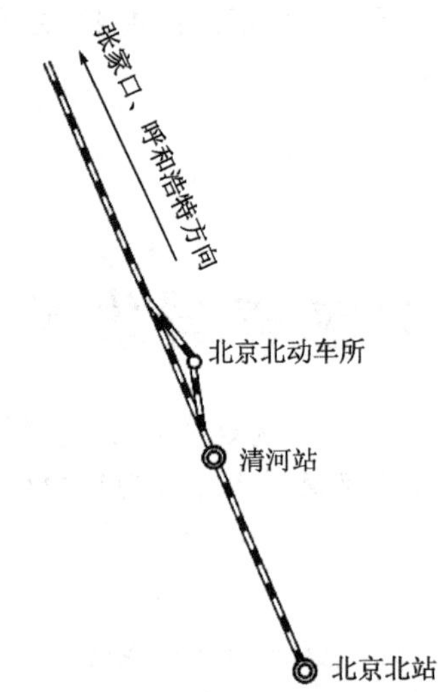

图1 北京北动车所以及与其相连的车站

对于北京北动车所担当的动车组交路,它们的始发终到站可能存在4种情况:

(1)从北京北站始发,终到北京北站;

(2)从北京北站始发,终到清河站;

(3)从清河站始发,终到清河站;

(4)从清河站始发,终到北京北站。

对于情况(1)和(3),交路的始发和终到站相同,若分别面对其中任意一种情况,可以用传统的交路优化方法来处理,但不能两者同时考虑;对于情况(2)和(4),交路的始发站和终到站不同,传统的交路优化方法无法适用,因为无法满足交路末位和首位列车之间的前后接续约束。

面对以上几种情况可能同时存在的交路计划优化问题,本文将通过数学语言来区分不同的列车接续关系,设计一种能够满足更复杂列车接续关系的动车组交路计划优化方法。

1.2 优化目标及约束条件分析

动车组交路计划的编制目标在于提高动车组的运用效率,以较低的成本来完成所有的运输任务,因此可以将动车组交路数最少和交路总时间最短作为动车组交路计划问题的优化目标。通常,在动车组交路数最少的情况下,动车组交路的总时间就越短,对应需要的车底数量也越少,动车组的购置和维护费用也就更低。

在编制动车组交路计划时,为了让所有动车组交路可行,需要考虑以下几个约束条件:

(1)车型相同约束。不同动车组车型的配置存在差异,因此在动车组交路计划中规定了每条交路的担当车型，即由同车型担当的列车才能接续。

(2)接续地点相同约束。对于任意两列列车，当前序列车的终到站与后续列车的始发站相同时，就可前后接续。而对于交路的末位和首位列车，在考虑存在多个与动车所相连车站的情况下，当末位列车终到站和首位列车的始发站均为与动车所相连的车站时，两者便可接续。

(3)最小接续时间约束 t_{mn}^{Con}。后续列车与前序列车的接续时间应不小于最小接续时间标准 $t_{\mathrm{Min}}^{\mathrm{Con}}$，来确保动车组在站有时间完成旅客乘降、司机交接班等作业；如果两列列车的接续时间小于 $t_{\mathrm{Min}}^{\mathrm{Con}}$，那么需要在现有接续时间上增加 1440min。$t_{mn}^{\mathrm{Con}}$ 可通过式(1)计算。

$$t_{mn}^{\mathrm{Con}} = \begin{cases} \tau_n^{\mathrm{Dep}} - \tau_m^{\mathrm{Arr}}, \tau_n^{\mathrm{Dep}} - \tau_m^{\mathrm{Arr}} \geqslant \tau_{\min}^{\mathrm{Con}} \text{且 } s_m^{\mathrm{Arr}} = s_n^{\mathrm{Dep}} \\ \tau_n^{\mathrm{Dep}} - \tau_m^{\mathrm{Arr}} + 1440, \tau_n^{\mathrm{Dep}} - \tau_m^{\mathrm{Arr}} < \tau_{\min}^{\mathrm{Con}} \text{且 } s_m^{\mathrm{Arr}} = s_n^{\mathrm{Dep}} \\ M, \text{其他} \end{cases} \tag{1}$$

式中：s_n^{Dep}——列车 n 的始发站；

s_m^{Arr}——列车 m 的终到站；

τ_n^{Dep}——列车 n 的始发时刻；

τ_m^{Arr}——列车 m 的终到时刻；

M——1 个很大的正实数，表示当 $s_m^{\mathrm{Arr}} \neq s_n^{\mathrm{Dep}}$ 时，列车 m 和 n 无法正常接续。

(4)动车组一级修周期约束。动车组交路应同时满足交路里程小于动车组一级修里程周期、交路时间小于动车组一级修时间间隔的要求；而二至五级修由于检修周期较长(几十天到数年不等)，不用在交路计划中考虑。

(5)动车组检修地点约束。动车组交路的始发和终到点应为动车所(或与动车所相连的车站)，以确保动车组在担当完交路后必要时可以进行检修作业。

2 考虑差异发到站的动车组交路计划优化模型构建

模型的构建基于以下合理性假设：

(1)考虑单点检修的动车组交路计划优化问题。结合我国铁路动车组运维管理实际情况，假设动车组的一级修作业必须回到配属动车所进行，不能在其他动车所完成。

(2)需要编制交路计划的列车信息均已知且确定。在优化动车组交路计划时，不考虑对列车运行图的调整，并且不会产生新的列车。

(3)交路的始发和终到站为与动车所相连的车站，不考虑动车组在动车所和车站间的出入所空驶行程。为保证交路的可行性，预留动车组出入所空驶行程的时间和里程。

模型中所用到的集合、索引、参数和变量的符号及其说明如表 1 所示。

模型符号及其说明 表 1

符号	说明
C	动车组担当的图定列车集合
m,n	集合 C 中的列车索引
l_m^{Ttb}	列车 m 的图定运行里程，km
t_m^{Ttb}	列车 m 的图定运行时间，min
L^{Cyc}	动车组一级修的里程周期，km
T^{Cyc}	动车组一级修的时间周期，min
I	与动车所相连车站的数量，个
s_i^{Base}	与动车所相连的第 i 个车站，$i \leqslant I$
a_{mn}	第 1 类列车匹配参数，若 $s_m^{\mathrm{Arr}} = s_n^{\mathrm{Dep}}$，则取值为 1；否则取值为 0
a'_{mn}	第 2 类列车匹配参数，若列车 m 和 n 接续，且前者为一条交路的末位列车，后者为一条交路的首位列车，且 $s_m^{\mathrm{Arr}} \neq s_n^{\mathrm{Dep}}$，则取值为 1；否则取值为 0
x_{mn}	0-1 变量，当列车 m 之后和列车 n 接续时取值为 1；否则取值为 0
z_{mn}	0-1 变量，当列车 m 和 n 之间进行分割时取值为 1；否则取值为 0
l_n^{Tot}	整数变量，表示列车 n 的任务完成后，动车组累计的走行里程
t_n^{Tot}	整数变量，表示列车 n 的任务完成后，动车组累计的运用时间

根据上述符号体系，考虑差异发到站情况下的动车组交路计划优化模型(EMU Circulation Plan Model with Different Original and Terminal Stations)，记为 ECPMD，可构建为如下形式：

$$Z = \min \sum_{m,n \in C} z_{mn} + \beta \sum_{m,n \in C} z_{mn} t_m^{\mathrm{Tot}} \tag{2}$$

$$\sum_{n \in C} (a_{mn} + a'_{mn}) x_{mn} = 1 \quad (\forall m \in C) \tag{3}$$

$$\sum_{m \in C} (a_{mn} + a'_{mn}) x_{mn} = 1 \quad (\forall n \in C) \tag{4}$$

$$l_n^{\mathrm{Tot}} \leqslant L^{\mathrm{Cyc}} \quad (\forall n \in C) \tag{5}$$

$$t_n^{\mathrm{Tot}} \leqslant T^{\mathrm{Cyc}} \quad (\forall n \in C) \tag{6}$$

$$l_n^{\text{Tot}} = l_n^{\text{Ttb}} + \sum_{m \in C} a_{mn}(x_{mn} - z_{mn}) l_m^{\text{Tot}} \quad (\forall n \in C) \tag{7}$$

$$t_n^{\text{Tot}} = t_n^{\text{Ttb}} + \sum_{m \in C} a_{mn}(x_{mn} - z_{mn})(t_m^{\text{Tot}} + t_{mn}^{\text{Con}}) \quad (\forall n \in C) \tag{8}$$

$$x_{mn} \leqslant (a_{mn} + a'_{mn}) \quad (\forall m,n \in C) \tag{9}$$

$$z_{mn} \leqslant x_{mn} \quad (\forall m,n \in C) \tag{10}$$

$$z_{mn} \geqslant a'_{mn} x_{mn} \quad (\forall m,n \in C) \tag{11}$$

$$z_{mn} \leqslant \delta_{s_m^{\text{Arr}}}^{s^{\text{Base1}}, s^{\text{Base2}}} \quad (\forall m,n \in C) \tag{12}$$

$$x_{mn}, z_{mn} \in \{0,1\} \quad (\forall m,n \in C) \tag{13}$$

$$l_n^{\text{Tot}}, t_n^{\text{Tot}} \in N^+ \quad (\forall n \in C) \tag{14}$$

在模型ECPMD中，式(2)为目标函数，其由两项构成，分别是最小化交路数量和最小化交路总时间，式中β为量纲转换系数，用来将交路总时间和交路数进行统一。式(3)和式(4)为列车前后接续约束。式(5)为交路总里程不能超过一级修里程周期约束。式(6)为交路总时间不能超过一级修时间周期约束。式(7)为每个列车完成后，对应的累计里程更新式。式(8)为每个列车完成后，对应的累计时间更新式。式(9)～式(12)为变量之间的逻辑约束；式(13)和式(14)为变量的取值约束。其中，式(12)中的$\delta_{s_m^{\text{Arr}}}^{s_1^{\text{Base}},\cdots,s_i^{\text{Base}},\cdots,s_I^{\text{Base}}}$为改进的克罗内克函数，其取值具体表示为：

$$\delta_{s_m^{\text{Arr}}}^{s_1^{\text{Base}},\cdots,s_i^{\text{Base}},\cdots,s_I^{\text{Base}}} = \begin{cases} 1, s_m^{\text{Arr}} = s_i^{\text{Bsse}} & (i = 1,2,\cdots,I) \\ 0, \text{其他} \end{cases} \tag{15}$$

由于式(7)和式(8)在展开后存在二次项，因此模型ECPMD为整数非线性规划模型。模型为了实现差异发到站情况下的列车接续，首先，两类列车匹配参数中的a_{mn}考虑了发到站相同的前后两列列车的接续关系，而a'_{mn}让发到站不同，但发到站均为与动车所相连车站的两个列车能匹配接续。其次，相较于传统的仅有两个参数的克罗内克函数δ_b^a，本文提出的改进的克罗内克函数增加了比较范围，列车m的终到站可以与I个车站比较，只要与其中一个站相同，那么就可以进行交路分割。

3　案例研究

为了验证模型的有效性，本节以北京北动车所G型动车组担当列车的数据为基础进行案例分析。案例中共涉及35个车次，不包括出入北京北所的空驶车次。在既有交路计划中，交路总数为3条，所有交路的总时间为8356 min。与动车所相连的车站共有2个，分别是北京北站和清河站。

虽然模型ECPMD是非线性的，但由于其非线性项均为二次项，现有的一些商业优化软件可以对其直接求解。在本节中，使用商业软件Gurobi来求解模型ECPMD。案例的计算环境为Intel(R) Core(TM) i5-1035G4 CPU，8 GB RAM的计算机，并通过Python 3.9编程调用Gurobi 10.0.1求解模型。

对于模型中的参数取值：相邻列车的最小接续时间标准为15 min；G型动车组的一级修里程周期为7700 km，时间周期为72 h，预留给动车组出入所的里程和时间分别为50 km和1 h，因此，动车组实际可用来完成列车任务的里程周期为7650 km，时间周期为71 h；量纲转换系数β取0.0001。将列车数据和各参数代入模型后，Gurobi耗时6 s找到最优解。优化后得到的交路计划见表2，各交路的始发终到情况如图2所示。

优化的交路计划　　　　表2

序号	交路构成	发站/到站	时间(min)
1	G9031 → G9032 → DJ8501 → DJ8502 → G7880 → G2531 → G2534 → G2535 → G2538 → G2541→G2542	清河/北京北	2350
2	G2491 → G2494 → G2495 → D6762 → G2460 → G2493 →G2496	北京北/北京北	2152
3	DJ8503 → DJ8504 → G2461 → G2466 → G2471 → G2476 → G2477 → DJ7543 → G2492 → G2465 → G2470 → G2539 → G2532 → G2533 → G2536 → G2537→G2540	清河/北京北	3798
合计			8300

通过优化共得到3条交路，交路数量与既有方案相同；交路总时间为8300 min，较既有方案缩短了56 min。在优化方案中，交路1和3的发站为清河站，到站为北京北站，即发到站不相同，而交路2的发到站均为北京北站。优化结果证明了本文所提出方法的有效性，不仅实现了交路的构造，还提高了交路计划的质量。

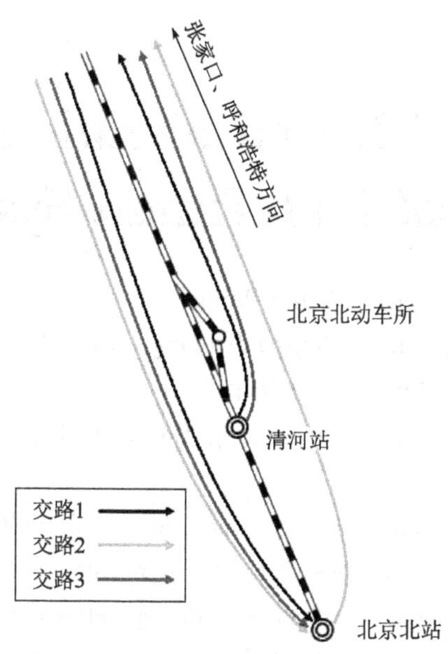

图2 优化方案中交路的始发终到情况

4 结语

当动车所存在多个连接站时,交路首尾的接续关系将变得复杂,既有研究中考虑单一连接站的优化方法不再适用。本文设计了两类列车匹配参数和改进的克罗内克函数,通过构造数学模型来解决交路首尾发到站可能不同的交路计划优化问题。由于模型是非线性的,当案例规模扩大后,模型求解将变得困难,为此,在今后的工作中将研究设计更加高效的求解算法。

参考文献

[1] 徐翔. 我国铁路动车组运用交路合理性分析[J]. 铁道经济研究,2023(2):23-27.

[2] 林柏梁,沈姚铭,钟文健,等. 车底数最小化的动车组交路计划优化[J]. 中国铁道科学,2023,44(5):210-221.

[3] 杨素鹏,李辉,周丽萍,等. 多日交路下动车组周转优化研究[J]. 北京交通大学学报,2022,46(6):1-8.

[4] 郭倩倩,王振宇,林柏梁. 离所时间限制下动车组交路计划优化研究[J]. 铁道学报,2023,45(11):11-19.

[5] 李健,王莹,李海鹰,等. 城际铁路动车组交路计划优化模型[J]. 铁道科学与工程学报,2018,15(07):1664-1670.

[6] LIN B,ZHAO Y,LI J,et al. Fuzzy programming approach for the electric multiple unit circulation planning problem using simulated annealing[J]. Transportation Research Record,2022,2676(7):456-467.

[7] ZHONG Q, LUSBY R M, LARSEN J, et al. Rolling stock scheduling with maintenance requirements at the Chinese High-Speed Railway[J]. Transportation Research Part B: Methodological,2019,126:24-44.

[8] LI W, WANG Y, NIE L, et al. High-Speed Railway EMUs' Circulation Plan Optimization: A Two-Stage Optimization Algorithm Based on Column Generation[J]. IEEE Access,2020,8:15611-15631.

[9] WANG Y,ZHOU Y,YAN X. Optimizing trainset circulation plan in high-speed railway networks using genetic algorithm[J]. Journal of advanced transportation,2019:1-12.

[10] 孙静霞,薛海涛. 基于到发线运用的动车组交路计划优化方法研究[J]. 铁道经济研究,2020(3):19-23.

[11] 黄麒儒. 高速铁路列车运行图与动车组交路计划综合协同编制优化研究[D]. 北京:北京交通大学,2022.

[12] 罗强. 面向"一日一图"的列车运行图与动车组交路协同优化研究[D]. 北京:北京交通大学,2022.

Train Timetable Optimization with Consideration of Passenger Choices in a Multi-modal Rail-Transit System

Yiyao Zhang[1] Jiateng Yin[*2] D'Ariano Andrea[3] Yihui Wang[1]

(1. State Key Laboratory of Advanced Rail Autonomous Operation, Beijing Jiaotong University;

2. School of Systems Science, Beijing Jiaotong University;

3. Department of Civil, Computer Science and Aeronautical Technologies Engineering, Roma Tre University)

Abstract With the emerging of Mobility-as-a-Service (MaaS), the coordination of multi-modal transportation, such as urban rail transit and buses, has received tremendous attention in recent years. A key challenge in the coordination of multi-modal transportation is the interaction between the operational plan and passenger choices, since passengers have different travel choices according to their individual preferences. To address the above challenge, this study proposes a novel bi-level optimization framework, where the upper level aims to design a timetable for the trains in a rail-transit network to maximize the overall profit, while the lower level determines the itinerary choice of passengers, given the operational timetable from the upper level. To solve the difficult bi-level model, we developed an iterative method, where the timetables and passenger choices are iteratively updated and improved to a local optimal solution. Numerical experiments on a real-world case study in Beijing demonstrate the effectiveness of the proposed approach. We found that the consideration of passenger choice preferences has an obvious impact on the timetable planning.

Keywords Rail Transit Network Passenger Choice Behaviours Train Timetable Scheduling Bi-level Optimization Model

0 Introduction

The transportation system is vital for social and economic activities, playing a crucial role in people's daily lives and modern society. In recent years, with the improvement of transportation infrastructure, there has been a growing trend and emphasis on Mobility as a Service (MaaS), which entails the integration and optimization of various modes of transportation. MaaS represents a paradigm shift in urban transportation, shifting the focus from individual modes of transport to seamless coordination and collaboration among them to provide efficient and sustainable mobility solutions. This emerging concept has garnered significant attention as cities worldwide grapple with the challenges of congestion, pollution, and inefficient use of transportation infrastructure. some research has delved into optimizing urban traffic coordination through timetable optimization, with early contributions in this area relying on heuristic rule-based solutions (Rapp et al., 1967; Vuchic et al., 1981).

Urban rail transit is usually regarded as the backbone of MaaS, due to its large capacity, fast speed, and high punctuality. To increase the utilization rate of urban rail transit, it is crucial to develop a reasonable and appropriate operation plan. The train timetable is the basis of rail transit operations. Designing user-friendly timetables is crucial to prevent dissatisfied customers from switching to alternative transportation modes. Brucker et al. (1986) studied the use of elementary number theory to minimize maximum waiting time for passengers during transfers at a single railway station. Subsequently, scholars formulated the transfer problem as a mathematical programming model (MP model). These models can be solved using various optimization techniques, such as the branch and bound (B&B) algorithm (Domschke W, 1989), commercial solvers (Schule et al. , 2008) , dynamic programming (Tian et al. , 2017) , the space-time network approach (Takamatsu et al. , 2020) , and heuristic or meta-heuristic solution methods (Klemt et al. , 1988; Schule et al. , 2008). These methods offer different trade-offs between computational efficiency and optimality, providing flexibility in choosing the most suitable approach based on the scale and complexity of the transit network and passenger demand.

When a new timetable is announced, passengers may revise their travel plans infavour of more reliable and efficient travel services. In rail transit systems, the quality of transfer connections between routes significantly influences service reliability. A well-designed timetable can minimize transfer waiting times, thereby enhancing the competitiveness of rail transit services. However, in practice, the optimization of design operation plans typically assumes fixed passenger demand, resulting in situations of either "supply shortage" or "oversupply".

Passengers are the main body of transportation services. Therefore, more and more train timetable optimization models have begun to incorporate passenger behaviours. For instance, Yang et al. (2016) integrated passenger travel demand and timetable optimization into a fuzzy system and utilized the branch-bound algorithm to obtain optimal timetable schemes. Talebian et al. (2015) developed a hypergraph-based two-level approach to minimize travel costs, primarily focusing on reducing passenger waiting time at stations. When passengers select their routes within the rail transit system, they seek convenient transfer options. Guo et al. (2017) studied the optimization of train timetables in subway networks to enhance transfer synchronization between different rail lines, benefiting both passengers and operating companies through a weighted sum of objectives and passenger travel times. Wang et al. (2018) integrated train scheduling, rolling stock circulation planning, and timetable design while considering time-varying passenger demand to minimize operating costs while ensuring a certain level of service. Train energy consumption is also a component of operating costs, and Sun et al. (2014) addressed efficiency and energy consumption as dual objectives by adjusting and optimizing the train timetable based on the time-varying passenger demand of the rail network.

While train timetables are fixed and publicly announced, passengers' planned journeys are private and influenced by various factors. Several studies have explored the impact of timetables on passengers' perceived service quality (Corman et al. , 2017). Ignoring passengers in planning can lead to suboptimal railway planning, prompting some researchers to delve into passenger behaviours modelling. Therefore, some studies employ passenger assignment to accurately model passenger behaviours. For instance, Robenek et al. (2018) developed a random passenger assignment model using the logit model and integrated it into timetable design. Similarly, Xie et al. (2020) applied a Weibit model with mixed trip sizes to a train scheduling model, creating passenger-oriented dispatch plans that consider passengers' route choices.

Currently, a key challenge in achieving multimodal coordination lies in facilitating interaction between operational planning and passenger choices. Existing studies predominantly centre on passenger route selection within a singular transportation mode, particularly rail transit, with limited research dedicated to understanding passenger travel mode choice. While some studies employ simulation software to model passengers' mode choice behaviours across different modes (Kamel et al. , 2021), the direct integration of travel mode selection and train timetable design remains an area that has received little attention.

1 Problem statement

1.1 Network structure

In this study, we focus on a public transport network denoted by $G = (L, S)$, where L represents the set of lines, and S represents the station set. An illustrative example, comprising three rail stations, is depicted in Figure 1. The network integrates sub-networks from both metro and bus systems. In the figure, dotted lines represent bus routes, while solid lines represent subway lines. To accommodate the asymmetry in the operational processes of up and down metro trains, we treat them as independent "operating lines" (lines).

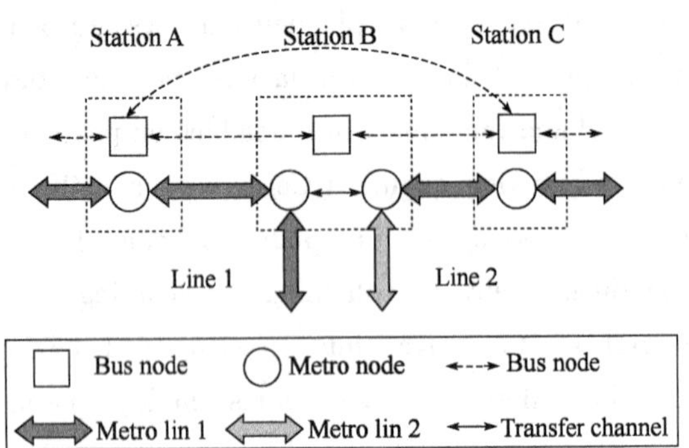

Figure 1 Illustration of public transport network

The stations on line l are denoted as S_l, and the entire station set is given by $S = \bigcup_{l \in L} S_l$. The index of a train on line l is represented by $k \in K_l$, and the entire train set is defined as $K = \bigcup_{l \in L} K_l$. When two lines, l and l', are connected by a transfer station, they are referred to as connected lines. We establish L_l as the set of connected lines to line l. For instance, lines 1 and 2 in Figure 1 are connected lines. It is important to note that non-transfer stations correspond to one metro node and one bus node (e. g., stations A and C), whereas transfer stations are associated with one bus node and multiple metro nodes (e. g., station B). A metro line can have zero or more transfer stations, and S_l^{trans} represents the set of transferring stations.

In our study, passengers' origins and destinations are both rail transit stations. Thus, an origin-destination (OD) pair $r \in R$ can be represented as (i,j) $(i,j \in S)$. A feasible travel path is defined as one where passengers can travel from their origin to destination using either metro or bus services.

1.2 Passenger's choice in the transit network

In this study, we assume that passengers possess comprehensive knowledge about the urban rail transit network and itstimetables. Based on this information, passengers make decisions regarding their departure times and traveling paths, which we refer to as their itineraries. In rail transit, passengers traveling at different times will use different trains, leading to varying travel costs. Therefore, we denote the itinerary related to metro lines as $it \in I^{metro}$ and the itinerary related to bus route as $it \in I^{metro}$. The itinerary collection of passengers with OD pair r is I^r.

The passenger demand of OD pair r is represented by the known origin-destination (OD) matrix denoted as D_r. Several factors influence passengers' itinerary choices, including the characteristics of the travel path and their individual attributes. To better describe passengers' travel choice behaviours, we consider distinguishing passengers with the same OD pair based on their individual characteristics. Each group of passenger is represented by a tuple (i, j, y), where $i < j \in S$ indicate the origin and destination stations, respectively, and y denotes the set of passenger characteristics. To describe the results of passengers selecting different departure times, we use Q_{it} to represent the number of passengers traveling with itinerary it.

1.3 Problem definition

Our study focused on an urban transportation network where passengers have the freedom to choose their travel itineraries. The decision-making process for travel choices is influenced by two crucial factors: the individual preferences of passengers and the quality of the available travel services. Our research aims to tackle the integrated optimization of train timetable and passenger choices (ITTPC) problem with the goal of attracting a higher number of urban rail passengers in transportation network.

To address this interdependent problem, we employ the passenger itinerary choices, formulated as a lower-level optimization problem, as input for the upper-level train scheduling optimization problem. This approach leads to a bi-level optimal programming model, enabling the integration of passenger preferences and the optimization of system performance.

Figure 2 provides a comprehensive illustration of the bi-level optimization framework for this problem.

From the operator ' s perspective, the upper-level model strives to minimize the total passenger travel costs, encompassing both the total in-vehicle travel time and the total passenger transfer wait time. On the other hand, the lower-level model addresses a timetable-based travel cost minimization problem from the viewpoint of passengers.

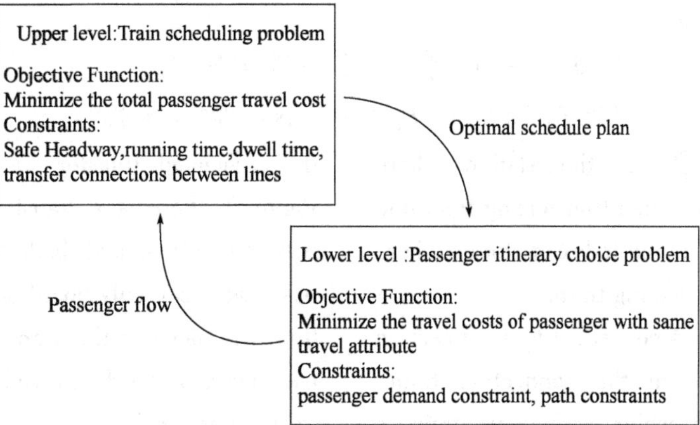

Figure 2 The framework of the bi-level optimization model

2 Model formulation

2.1 Basic assumptions

Assumption 1. Passengers start or end their journeys at rail transit stations. And passengers with the same origin and destination are grouped as an origindestination (OD) pair $r \in R$, where R represents the set of all OD pairs. Considering the heterogeneity in passenger perceptions, individuals with the same OD pair are then grouped based on their unique characteristics, such as age or trip purpose.

Assumption 2. Passengers have the freedom to choose the mode of transportation (bus or metro), travel path and their preferred departure time. A set of feasible travel paths is pre-generated based on the transportation network. For OD pair r, there might be multiple feasible travel paths within the rail transit network, but for simplicity, we assume that there is only one feasible travel path within the bus network.

Assumption 3. To simplify the model, we assume that all passengers will board the first arriving train, and the train capacity is sufficient so that passengers' itinerary choices are not constrained by capacity limitations. However, to prevent an excessive number of passengers choosing the same itinerary, we introduce a congestion penalty coefficient.

2.2 Modelling transfer waiting times

The research objective is to minimize passenger travel costs by optimizing train departure times, thereby increasing passenger flow in the rail transit system within the multi-modal transportation network. However, determining the optimal train timetables in a rail network is challenging due to complex passenger interactions during transfers between different lines. In this section, we present a unified mathematical formula to calculate passenger transfer waiting times.

Specifically, when passengers transfer from line l to line l', they typically pass through the transfer station and walk to reach the platform of the connecting line. In most cases, passengers need to wait for the arrival of the connecting train, and this waiting time on the platform of the connecting line is defined as the transfer waiting time. To model the transfer waiting time, factors such as the arrival time $t_{k,s}^{\mathrm{arr}}$ of the corresponding feeder train k, the walking time $T_{l,l',s}^{\mathrm{walk}}$ for passengers at the transfer station s and the departure time $t_{k',s}^{\mathrm{dep}}$ of the connecting train k' are taken into consideration.

To analyze whether the trains between the two lines can facilitate a transfer connection, we introduce a binary variable $\delta_{k,k',s}$ to represent the connection relationship between train k and train k' at the transfer station s:

$$\delta_{k,k',s}=\begin{cases}1, t_{k',s'}^{\text{dep}}-t_{k,s}^{\text{arr}}-T_{l,l',s}^{\text{walk}}\geqslant 0, l\in L, l'\in L_l,\\ 0, \text{others}\end{cases} \tag{1}$$

$$(k\in K_l, k'\in K_{l'}, s=s_{l,l'}^{\text{alight}}, s'=s_{l,l'}^{\text{board}})$$

which is linearized by

$$M(\delta_{k,k',s}-1)\leqslant t_{k',s'}^{\text{dep}}-t_{k,s}^{\text{arr}}-T_{l,l',s}^{\text{walk}}\leqslant M\cdot\delta_{k,k',s}$$
$$(l\in L, l'\in L_l, k\in K_l, k'\in K_{l'}, s=s_{l,l'}^{\text{alight}}, s'=s_{l,l'}^{\text{board}}) \tag{2}$$

where station $s_{l,l'}^{\text{alight}}$ is the station where passengers alight the train when transferring from line l to line l', and $s'=s_{l,l'}^{\text{board}}$ is the index of station where passengers board the connecting train.

When a feeder train is connected to a connection train, passengers can board the connection train. However, it is uncertain which connecting train is their transfer train, making it challenging to calculate the associated transfer waiting time. As shown in Figure 3, there is a transfer connection relationship between train k and both train k' and $k'+1$, but passengers can only board one of them. To account for this, we consider the transfer waiting time only for passengers on the first arriving connecting train based on Assumption 3.

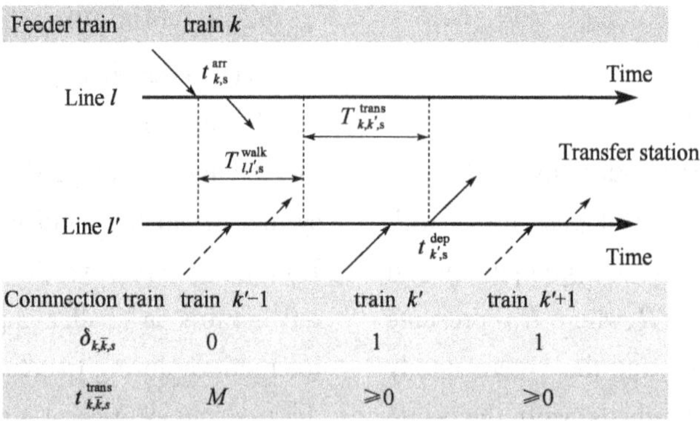

Figure 3 Illustration of the connection relationship

To accurately represent the appropriate transfer wait time, we introduce constraints as follows:

$$t_{k',s'}^{\text{dep}}-t_{k,s}^{\text{arr}}-T_{l,l',s}^{\text{walk}}-M(1-\delta_{k,k',s})\leqslant t_{k,k',s}^{\text{trans}}$$
$$(l\in L, l'\in L_l, k\in K_l, k'\in K_{l'}, s=s_{l,l'}^{\text{alight}}, s'=s_{l,l'}^{\text{board}}) \tag{3}$$

$$t_{k,k',s}^{\text{trans}}\geqslant M(1-\delta_{k,k',s})\quad (l\in L, l'\in L_l, k\in K_l, k'\in K_l', s=s_{l,l'}^{\text{alight}}) \tag{4}$$

As illustrated in Figure 3, the constraints defined above represent the transfer waiting time under two distinct scenarios:

(1) If there is no transfer connection between the two trains ($\delta_{k,\bar{k},s}=0$), the transfer waiting time is set to a sufficiently large constant (M).

(2) If there is a transfer connection between the two trains ($\delta_{k,\bar{k},s}=1$), the transfer waiting time for the connection train k' is a positive value. In this scenario, passengers will wait for the arrival of the connecting train after transferring from the feeder train k.

2.3 Model integration

As shown in the Figure 2, we formula ITTPC as a bilevel problem. The upper level of the model designs the train timetable.

(Upper level)

$$\min \sum_{it\in I^{metro}}(Q_{it}\times\sum_{m\in[1,3]}\beta_m\cdot x_{it}^m)$$

The objective function of the upper model includes the number of in-vehicle time (IVT, x_{it}^1), waiting time at origin station (x_{it}^2) and transfer waiting time (x_{it}^3) to improve the passengers' journey experience.

The in-vehicle time is

$$x_{it}^1 = \sum_{k \in K_{it}^l, s = s_{it,k}^{alight}, s' = s_{it,k}^{board}} (t_{k,s'}^{arr} - t_{k,s}^{dep}), it \in I^{metro} \quad (5)$$

It is assumed that passengers arrive at the same rate, the average waiting time can be calculated by

$$x_{it}^2 = 0.5(t_{k,s}^{dep} - t_{\hat{k},s}^{dep}), \quad k = k_{it}^{origin}, s = s_{it,k}^{board}, it \in I^{metro} \quad (6)$$

where $\hat{k}$ is the previous train of train k.

$$x_i^3 = \sum_{k \in (K_{it}^l - k_{it}^{origin}), k' = k_{it,k}^{trans}, s = s_{it,k}^{alight}} t_{k,k',s}^{trans}, it \in I^{metro} \quad (7)$$

Based on the above analysis, we use Constraints (2) ~ (4) to determine the transfer time $t_{k,k',s}^{trans}$.

Then the constraints regarding the timetable designing to ensure the safety and efficiency of train operation for a rail transit network are as follows:

$$t_{k,s}^{arr} \leqslant T^{last}, l \in L, k = K_l^{first}, s \in S_l^{first} \quad (8)$$

$$T^{min} \leqslant t_{k,s}^{dep} - t_{k-1,s}^{dep} \leqslant T^{max}, l \in L, k \in K_l, s \in S_l \quad (9)$$

$$t_{k,s}^{dep} - t_{k,s}^{arr} = T_{l,s}^{dwell}, l \in L, k \in K_l, s \in S_l \quad (10)$$

$$t_{k,s}^{arr} - t_{k,s-1}^{dep} = T_{l,s-1}^{run}, l \in L, k \in K_l, s \in S_l \quad (11)$$

Constraint (8) limit the latest departure time of the first train on the line at the first station. Constraint (9) represents the headway constraint, which ensures that the departure time difference between two consecutive trains in the same direction. The minimum headway T^{min} is determined by the signaling system to ensure safe operation, and a maximum headway T^{max} is set by the operating company to prevent passengers from waiting for an extended period and ensure service quality. Constraint (10) is a dwell time constraint, which ensures that trains spend a specific amount of time at each station for boarding and alighting passengers. Constraint (11) is a section running time constraint, ensuring that the time taken by a train to travel between two consecutive stations, known as the running time $T_{l,s}^{run}$, is within predefined limits. In this paper, the dwell time $T_{l,s}^{dwell}$ and running time $T_{l,s}^{run}$ are given in advance as parameters.

The lower level of the model simulates passengers' itinerary-choices. For each OD passenger, they all choose the itinerary with the lowest travel cost.

(Lower level)

$$\min Q_{it} \cdot C_{it}, it \in I_r$$

The cost of the itinerary, denoted as C_i, is calculated by

$$C_{it} = \sum_{m \in [1,5]} \beta^m \cdot x_{it}^m, r \in R, it \in I_r \quad (12)$$

which is influenced by the number of in-vehicle time (IVT, x_i^1), waiting time at origin station (x_i^2), transfer waiting time (x_i^3), the number of transfers (x_i^4) and ticket fare (x_i^5). The fare and the number of transfers are fixed for a itinerary, whereas the IVT and the wait times at stations are limited by the timetable.

If the passenger's choice specificity is considered, β^m in the Eq. (12) is determined by the characteristics of the passenger. Passengers have diverse preferences for travel itineraries, and age and trip purpose are the primary attributes influencing their perceptions of trips (Cheng et al., 2022). For instance, younger passengers or those traveling for business may prioritize travel time more than other factors (Mesbah et al., 2022). Therefore, we consider these two passenger characteristics to determine the weight $\beta^m(y^{AG}, y^{TP})$ of the cost, where y^{AG} represents the age range, and y^{TP} represents the trip purpose of the passengers.

3 Solution method

An iterative method is provided to solve the bi-level optimization problem described in the previous section. Figure 4 provides a flowchart of the method, illustrating the output of each step marked in green, capturing the interaction between timetable designing and passenger itinerary choice.

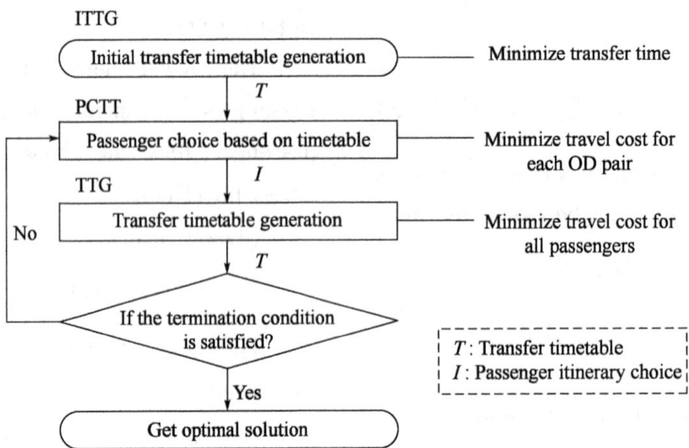

Figure 4 The framework of iterative method.

The process starts with the "Initial transfer timetable generation" (ITTG) to find the initial timetable. The ITTG primarily focuses on determining the arrival and departure times of trains on different lines in the rail network. The timetable is then adjusted through iterative processes. During each iteration, the "Passenger choice based on timetable" (PCTT) guides the timetable adjustment by simulating passenger itinerary choices according to the timetable outputted by the "Transfer timetable generation" (TTG) and passenger travel demand. The main difference between the two timetable generation processes lies in the consideration of passenger flow when designing the timetable.

The iterative process continues until the difference between two consecutive timetables meets the stopping criteria. Once the criteria are met, the final timetable and passenger itinerary choices are obtained. This iterative method reduces the complexity of the original problem, improving computational efficiency, albeit at the expense of optimality. Iterative methods are more likely to find local optima rather than the global optimum. Nonetheless, this approach remains effective in generating a reasonable and practical transfer timetable that aligns with passenger preferences and demands.

3.1 Initial transfer timetable generation

The "Initial transfer timetable generation" (ITTG) aims to find a feasible timetable to serve as the starting point for the iterative process. For this purpose, we introduce the following decision variables: (1) $t_{k,s}^{dep}$: Integer variables indicating when the train k departs from station $s \in S$. (2) $t_{k,s}^{arr}$: Integer variables indicating when the train k arrives at station $s \in S$.

The objective of the ITTG model is to minimize the total passenger transfer waiting times. This is formulated as follows:

$$\min \sum_{it \in I^{metro}} \sum_{k \in (K_{it}^{I} - k_{it}^{origin})} \sum_{k' \in (K_{it}^{I} - k_{it}^{origin})} \sum_{s = s_{it,k}^{alight}} t_{k,k',s}^{trans} \quad (13)$$

where the term $t_{k,k',s}^{trans}$ captures the transfer waiting times as described in the previous section. It is determined by Constraints (2) ~ (4).

The ITTG model is also subject to Constraints (8) ~ (11), which guarantee the safety and efficiency of train operations in the rail network.

3.2 Transfer timetable generation

In the "Transfer timetable generation" (TTG) step, the objective is to minimize the total travel cost within the constraints of train scheduling. The optimization problem is formulated as "Upper level" model in section 2.3. In the model, the passenger flow Q_{it} is a fixed value, which is the output of the "Passenger choice based on timetable" (PCTT) model and acts as the input to the TTG.

3.3 Passenger choice based on timetable

The passenger itinerary choice is treated as a separate optimization problem for each origin-destination (OD) pair as shown in "lower level model" in the previous section, which is to determine the number of passengers choosing each itinerary. The PCTT model starts by generating a set of integrated public transport paths, also known as choice sets, for each OD pair. These choice sets represent the different travel options available to passengers for that specific OD pair.

Next, for each option in the choice sets, a utility value is calculated in the scoring module, which is a function of the attributes of that path. The utility value represents the perceived value or attractiveness of each option to the passengers.

Finally, the number of passengers choosing each itinerary acts as a weight coefficient in the objective function which aims to minimize the total passenger cost for each OD pair. The specific process is described as follows.

3.3.1 Itinerary enumeration

To enumerate itineraries for each origin-destination (OD) pair in the rail transit network, we utilize the stations' information to construct potential routes. The station information includes a unique ID, the subway line it belongs to and the adjacent stations. The enumeration process starts at the origin station and iterates over the adjacent stations that have not been visited until reaching the destination station. During this process, we determine whether a transfer is needed by comparing two adjacent stations in the path to see if they belong to the same subway line. This way, we can generate multiple possible paths for each OD pair.

Then for itineraries related to the bus, enumerating all the possible options may be impractical due to the vast number of possibilities. Therefore, we adopt a different approach. Instead of enumerating all real-life bus routes, we synthesize the bus network by creating a virtual path from the origin to the destination. The detailed information of this virtual path, including bus routes and timetables, is predefined to simplify the model and computation.

3.3.2 Scoring of itinerary choice

After generating a choice set for each OD pair, the next step is to evaluate and score each alternative itinerary. The scoring process involves the use of a cost function, which considers various attributes of the travel options to calculate the overall cost of each itinerary. As mentioned in the previous section, the cost function includes the number of transfers involved in the itinerary, fare, in-vehicle time, and transfer waiting time. The cost of an itinerary can be calculated by Eq. (12).

For the itineraries related to the metro, such as the number of transfers (x_{it}^4) and fare (x_{it}^5), this information can be obtained directly from the transit network data and is known in advance. The in-vehicle time (x_{it}^1), waiting time at origin station (x_{it}^2) can be calculated by Eq. (5) and (6). The TTG and ITTG model provides the departure time $t_{k,s}^{\text{dep}}$ and arrival time $t_{k,s}^{\text{arr}}$ of trains at each station, as well as the connections between trains $\delta_{k,k',s}$. By considering these factors, we can accurately calculate the transfer waiting time $t_{k,k',s}^{\text{trans}}$ from train k to train k'. Based on Eq. (7), we determine the transfer waiting time x_{it}^3 for itinerary it.

For itineraries related to the bus, since the bus network is virtual, we need to calculate the in-vehicle time differently. We first obtain the coordinate positions of the origin station i and the destination station j in the network, denoted as (x_i, y_i) and (x_j, y_j), respectively. Then, we calculate the distance of the virtual bus path using the Euclidean distance formula:

$$Distance_r = \sqrt{(x_j^2 - x_i^2) + (y_j^2 - y_i^2)} \quad [(i,j) \in R_r] \tag{14}$$

Given the average speed of the bus v^{bus}, we can then determine the in-vehicle time x_i^1 of the virtual bus path.

$$x_{it}^1 = Distance_r / v^{\text{bus}} \quad (it \in I^{\text{bus}}) \tag{15}$$

The fare (x_{it}^5) is also derived based on $Distance_r$. Then given bus departure interval H^{bus}, the average waiting time at origin station x_{it}^2 can be calculated by

$$x_{it}^2 = H^{\text{bus}}/2 \quad (it \in I^{\text{bus}}) \tag{16}$$

And the number of transfers (x_{it}^4) and transfer waiting time (x_{it}^3) are zero.

4 Numerical experiments

The selected study area, depicted in Figure 5, represents the core of Beijing, encompassing vital locations such as the high-speed rail station, schools, commercial areas, and tourist attractions. Its significance attracts a diverse population of passengers with various travel needs, making it ideal for investigating our research question.

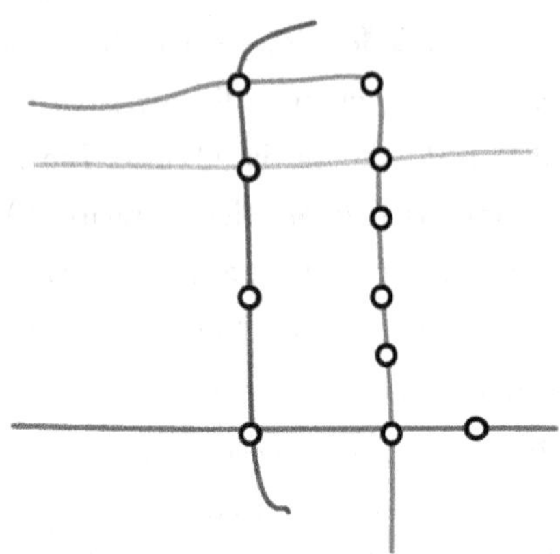

Figure 5 The selected study area.

The lines are named Line 1 to Line 4 from top to bottom in Figure 5. The stations of each line are numbered from top to bottom and from left to right. Collecting the data from the automatic fare collection (AFC) system for urban rail transit, we obtained the passenger travel demand for the study area. The OD data was collected for a specific day in 2018, focusing on the time from 8:00 AM to 8:30 AM. Since the study area is small, the unified fare for the metro is set at 3 yuan and the bus fare is 1 yuan. To calculate in-vehicle times for itineraries related bus, we assume buses run at 10m/s. The minimum headway T^{min} is set as120s, and a maximum headway T^{max} is set as 600s. The other specific parameters associated with this set of numerical experiments are summarized in Table 1 ~ Table 3. The operating parameters of the metro line are the same in both directions. So, the tables only list the parameters of one direction.

Dwell time of metro lines (s) Table 1

Line 1	Line 2	Line 3	Line 4
40	40	30	35

Running time of metro lines (s) Table 2

Station	Line 1	Line 2	Line 3	Line 4
1	230	84	180	200
2	120	95	—	220
3	120	87	—	—
4	—	75	—	—
5	—	87	—	—
6	—	75	—	—

Transfer walking time (s) Table 3

	Line 1	Line 2	Line 3	Line 4
Line1	0	60	180	120
Line2	180	0	240	0
Line3	180	240	0	300
Line4	240	0	300	0

In our study, transfer between two lines can only pass through one transfer station, so the transfer travel time of the two lines in the Table 3 is unique.

Figure 6 presents the optimized transfer waiting time distribution for different trains in the rail transit network, based on the timetable generated by our proposed iterative approach. Each train is represented by an index number, indicating its order of arrival at the station during the specified period. For instance, Train 1 is the earliest to arrive, while Train 8 is the latest.

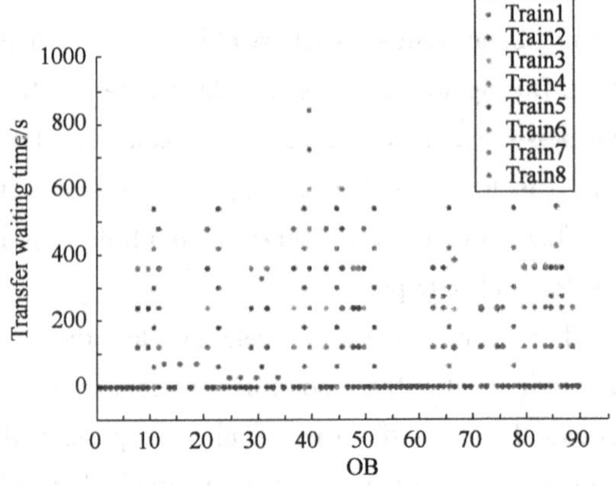

Figure 6 Transfer waiting time distribution.

The results in Figure 6 reveal that passengers who take Train 8 generally experience shorter transfer waiting times compared to those taking earlier trains. This indicates that passengers departing later experience less waiting time for the connecting train at the transfer station. The result can be attributed to the increasing number of arriving trains at the transfer station as time progresses. With more trains arriving, the transfer process becomes more efficient and convenient for passengers.

The sub-graphs of Figure 7 present the results of passenger itinerary choices for different passenger groups with distinct characteristics. The first five groups of passengers have the same itinerary choices. However, the last group, comprising elderly passengers on leisure trips, exhibits a significantly higher preference for the bus itinerary (as shown in the last sub-graph). This preference can be attributed to the coefficients provided in Table 4, indicating that this group of passengers prioritizes fare costs over the ride experience. The bus itinerary aligns better with the expectations and preferences of this specific group of passengers. It is important to note that not all passengers with the same OD pair in the same group choose the same itinerary. In the sub-graphs of Figure 7, each bar is composed of several color blocks instead of a single color. This indicates that each OD pair corresponds to multiple itineraries. This variability in choices is influenced not only by the difference in itinerary cost but also by the congestion coefficient in the model. Passengers may prioritize comfort when the lowest-cost itinerary is overly crowded, leading to diverse choices within the same OD pair.

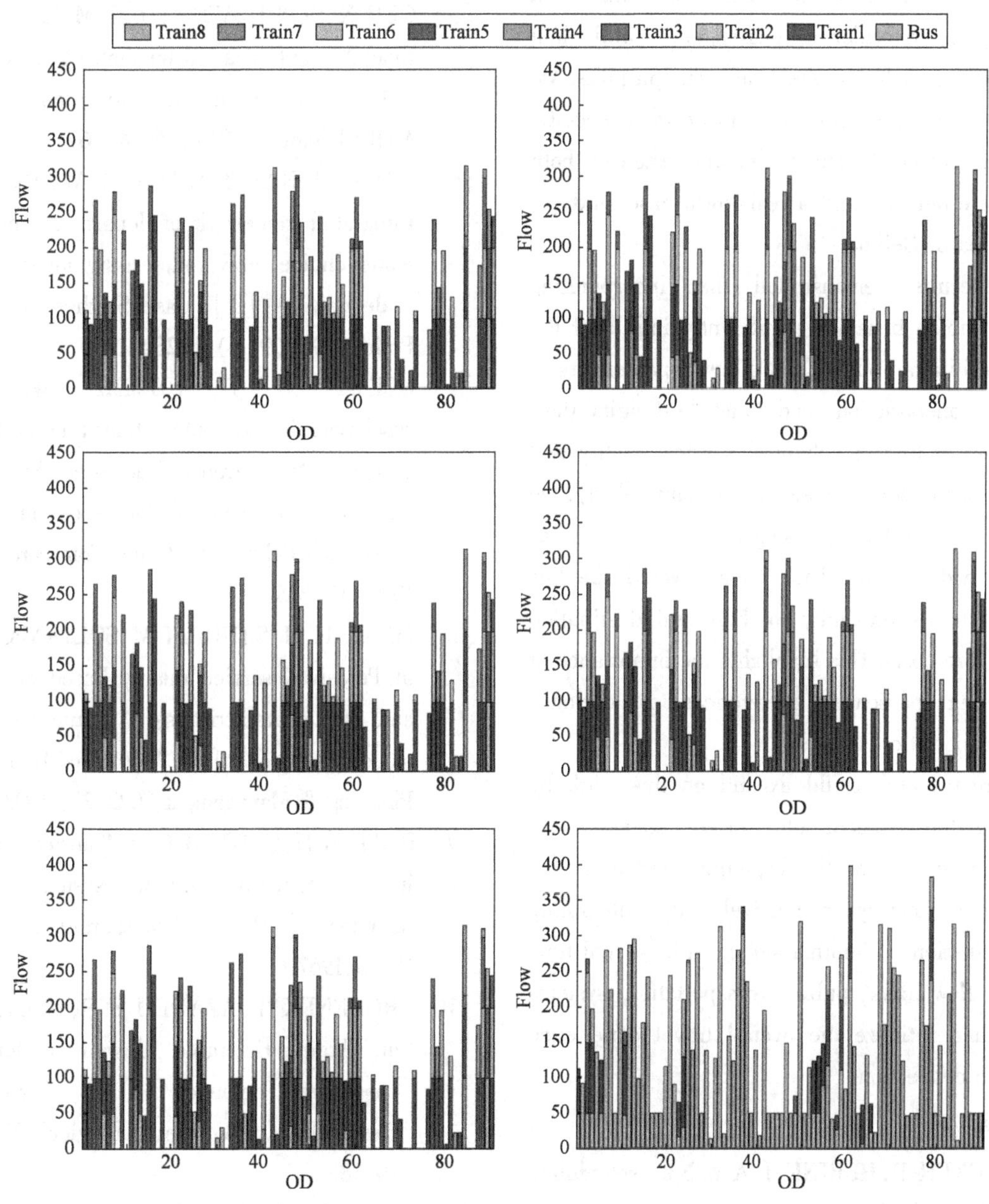

Figure 7 Passenger itinerary choice for different passenger groups.

Coefficients β_y Table 4

Age	Trip purpose	β_1	β_2	β_3	β_4	β_5
≤22	Leisure	0.8	0.8	0.8	0.6	0.6
	Business	0.6	0.6	0.6	0.2	0.8
22 ~ 55	Leisure	1	1	1	0.2	0.1
	Business	0.4	0.4	0.4	0.1	0.4
≥50	Leisure	0.2	0.2	0.2	1	0.2
	Business	0.1	0.1	0.1	0.8	1

5 Conclusion

In this study, we proposed an innovative approach for designing urban rail transit timetables by integrating passenger choice behavior with train scheduling. By considering passengers' individual characteristics, such as age and trip purpose, we tailored the itinerary options to meet their specific preferences and needs. The model was tested on both a small-scale network and a real-world case study in the core area of Beijing.

The results demonstrated that incorporating passenger choice behavior significantly improved the diversity of itinerary choices. It allowed passengers to select the transportation mode that best suits their preferences, leading to enhanced service quality and increased passenger satisfaction. In particularly, we observed that certain passenger groups, such as elderly individuals on leisure trips, favored the bus option due to its proximity to their real destination and lower fare costs. This highlights the importance of understanding passenger preferences to optimize public transportation services.

Future research could expand on this work by considering the concept of "origin zones" and "destination zones" as the beginning and end of a passenger's journey, respectively. By integrating origin-destination information with real-time passenger flow data, public transportation systems could further optimize the overall travel experience and reduce congestion.

References

[1] BRUCKER P, HURINK J. A railway scheduling problem[J]. Zeitschrift für Operations Research, 1986,30(5): A223-A227.

[2] CHENG Y, YE X, FUJIYAMA T. How does interchange affect passengers' route choices in urban rail transit? -a case study of the Shanghai Metro[J]. Transportation Letters, 2022, 14(4): 416-426.

[3] CORMAN F, ARIANO A, MARRA A D, et al. Integrating train scheduling and delay management in real-time railway traffic control [J]. Transportation Research Part E: Logistics and Transportation Review, 2017, 105: 213-239.

[4] DOMS W. Schedule synchronization for public transit networks[J]. OR Spectrum, 1989.

[5] GUO X, SUN H, WU J, et al. Multiperiod-based timetable optimization for metro transit networks [J]. Transportation Research Part B: Methodological, 2017, 96: 46-67.

[6] KAMEL I, HASNINE M S, SHALABY A, et al. Integrated framework of departure time choice, mode choice, and route assignment for large-scale networks[J]. Case Studies on Transport Policy, 2021, 9(3): 1284-1297.

[7] KLEMT W D, STEMME W. Schedule synchronization for public transit networks[C]// Computer-Aided Transit Scheduling: Proceedings of the Fourth International Workshop on Computer-Aided Scheduling of Public Transport. Springer, 1988: 327-335.

[8] MESBAH M, SAHRAEI M, SOLTANPOUR A, et al. Perceived service quality based on passenger and trip characteristics: A structural equation modeling approach[J]. Journal of Rail Transport Planning & Management, 2022, 23: 100340.

[9] RAPP M H, GEHNER C D. Transfer optimization in an interactive graphic system for transit planning [R]. Transportation Research Board, 1967.

[10] ROBENEK T, AZADEH S S, Maknoon Y, et al. Train timetable design under elastic passenger demand [J]. Transportation Research Part B: Methodological, 2018, 111: 19-38.

[11] SCHULE I, DRAGAN A, RADEV A, et al.

Multi-criteria optimization for regional timetable synchronization in public transport [C] // Proceedings of Operations Research' 08, 2008.

[12] SUN Y, CAO C, WU C. Multi-objective optimization of train routing problem combined with train scheduling on a high-speed railway network[J]. Transportation Research Part C: Emerging Technologies, 2014, 44: 1-20.

[13] TAKAMATSU M, TAGUCHI A. Bus timetable design to ensure smooth transfers in areas with low-frequency public transportation services [J]. Transportation Science, 2020, 54 (5): 1238-1250.

[14] TALEBIAN A, ZOU B. Integrated modeling of high performance passenger and freight train planning on shared-use corridors in the US [J]. Transportation Research Part B: Methodological, 2015, 82: 114-140.

[15] TIAN X, NIU H. A dynamic programming approach to synchronize train timetables[J]. Advances in Mechanical Engineering, 2017, 9 (6): 1687814017712364.

[16] VUCHIC V R, CLARKE R, MOLINERO A. Timed transfer system planning, design and operation[J]. 1981.

[17] WANG Y, D'ARIANO A, YIN J, et al. Passenger demand oriented train scheduling and rolling stock circulation planning for an urban rail transit line [J]. Transportation Research Part B: Methodological, 2018, 118: 193-227.

[18] XIE J, WONG S C, ZHAN S, et al. Train schedule optimization based on schedule-based stochastic passenger assignment [J]. Transportation Research Part E: Logistics and Transportation Review, 2020, 136: 101882.

[19] YANG L, QI J, LI S, et al. Collaborative optimization for train scheduling and train stop planning on high-speed railways[J]. Omega, 2016, 64: 57-76.

Study on Unbalanced Transportation Organization of Lanzhou Rail Transit Line 1

Juanli Du[1,3] Zhiqiang Sun[3,4] Xiao Chen[2,3] Chaozhe Jiang*[3]

(1. School of Modern Technology, Xi'an Traffic Engineering Institute;

2. School of Traffic & Transportation, Xi'an Traffic Engineering Institute;

3. School of Transportation & Logistics, Southwest Jiaotong University;

4. Lanzhou Rail Transit Company Limited)

Abstract Lanzhou rail transit line 1 has shown obvious morning and evening peak "double peak" situation and "tide" characteristics since it was put into operation. Based on the accurate positioning of unbalanced time, section and location of passenger flow, the contradiction between transport capacity and volume is found. An Asymmetric operation chart is proposed by comparing the advantages and disadvantages of large and small routes, unbalanced transport organization mode, actual passenger flow, equipment, facilities and organization difficulty of line 1. The created chart is then used to organize unbalanced transport, alleviate the contradiction between transport demand, reduce energy consumption and improve operation levels. The practice has proved that the new transportation organization of Lanzhou rail transit line 1 can not only meet the demand of operation service, but also achieve the purpose of energy-saving and consumption reduction. It has a good reference value for the transportation organization of urban rail transit lines with the characteristics of "tidal" passenger flow.

Keywords Lanzhou metro Unbalanced transportation Tidal passenger flow Optimization of traffic organization

0 Introduction

Since the Economic Reform, China's urban scale and economic construction have developed rapidly. The process of urbanization is accelerating, the urban population is increasing, a large number of people are pouring into cities. With the advantages of large volume, fast, punctuality and environmental protection, urban rail transit has become the main line of domestic urban public transport and the underground artery of passenger transport. Now, the construction of urban rail transit has entered a period of rapid development.

After entering the growth and rapid growth stage of urban rail transit system, the passenger flow of urban rail transit appears more and more obvious with unbalanced characteristics and continuous dynamic changes in time and space[1]. In terms of time, the main factors of time imbalance of passenger flow are the functional area positioning of the line and the travel time distribution of urban residents, in some megacities, the morning and evening peak passenger flow even accounts for more than 50% of the whole day passenger flow. In terms of space, the main factors are the land use function around the line and the geographical location of the line structure. The spatial imbalance is mainly studied from two aspects: the uneven distribution of passenger flow in different directions (tidal passenger flow) and the uneven distribution of different sections (including the difference of passenger flow in different areas and the difference of passenger and landing volume at different stations)[2].

The traditional train operation organization mode is that all trains turn back and circulate at the terminal stations at both ends, and the number of up and down vehicles is balanced, which is suitable for lines with relatively short length and uniform passenger flow distribution. Under the traditional balanced transportation organization mode, the passenger flow in peak direction is taken as the basis to formulate and implement the train operation scheme, which provides the same transportation capacity in both directions of the line. However, when the passenger flow distribution in both directions of the line is unbalanced, it is easy to waste train capacity in non-peak direction, and only by investing in more trains can meet the demand of the passenger flow demand in peak direction[3].

To improve the efficiency of the metro lines, the unbalanced transportation organization method is applied and the effects is introduced in this paper. The rest of the paper is organized as follows, Section 2 briefly introduce the metro line and the data, Section 3 presents some findings of the passengers, Section 4 introduces the method of unbalanced transportation, Section 5 presents the implementation effects of the transportation method, and the conclusions come in Section 6.

1 Overview of the Lanzhou rail transit line 1

The city Lanzhou is mainly located in the valley basin of Yellow River. Lanzhou shows a northwest to southeast zonal distribution. The Yellow River passing through the city from East to West, which forms the characteristics of "two mountains with one river". Lanzhou rail transit line 1 starts from CHENGUANYING station in XIGU District in the West and ends at DONGGANG station in CHENGGUAN District in the East, which passes under the Yellow River twice. The total length of the line is about 25.968km. It is an underground line with 20 stations (Figure 1). There are 2 main substations, 1 parking lot, 1 depot and comprehensive maintenance base in the whole line. Line 1 is a main rail transit line from West to East in Lanzhou City, which runs through the central urban area from East to West and connects the sub center and the core area of the city. The line is basically arranged along the existing main passenger flow corridor, connecting the main functional blocks of Xigu District , Qilihe District and Chengguan District , as well as the large passenger flow distribution points such as railway station, bus station, shopping mall.

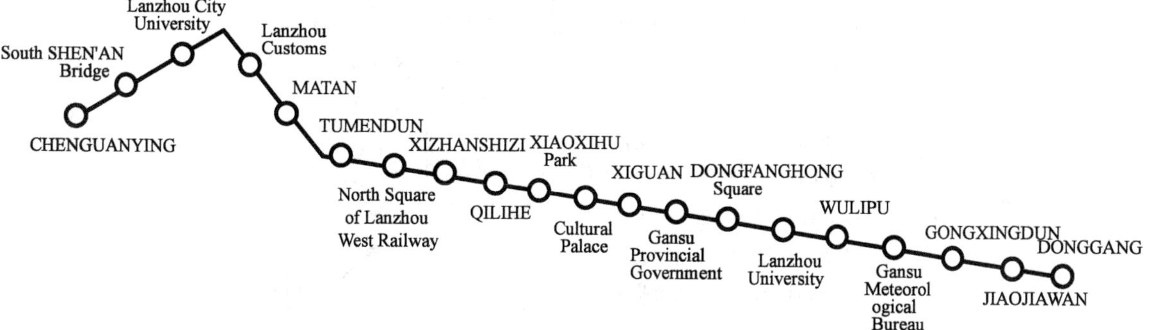

Figure 1 First-stage project of Lanzhou rail transit line 1

It can be seen from Figure 2 that line 1 is mainly composed of commuter passenger flow. The hourly passenger flow changes with the rhythm of urban life in a wave like graph within a day. The hourly passenger flow is characterized by double peaks, with morning and evening off peak.

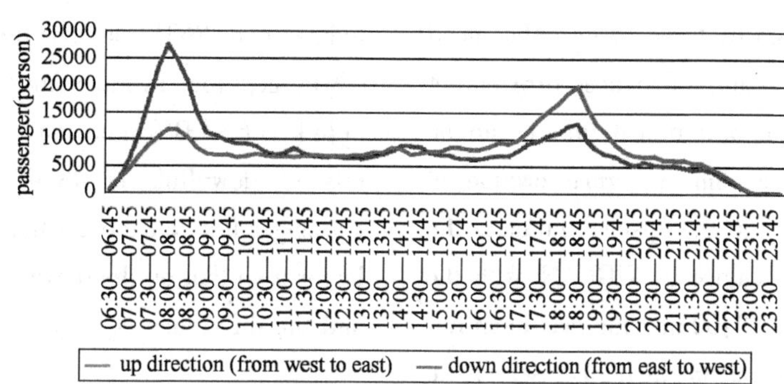

Figure 2 Statistical chart of time sharing section passenger flow of Lanzhou rail transit line 1

Line 1 has obvious tidal passenger flow characteristics in the morning and evening peak hours. The characteristics of morning and evening peak passenger flow are obvious in the upward direction, and the characteristics of morning and evening peak passenger flow are obvious in the downward direction.

Since the trial operation of Lanzhou Rail Transit Line 1 on June 23, 2019, it has greatly facilitated the travel of Lanzhou citizens. The line's passenger flow has gradually increased, and its passenger flow intensity ranks 10th in China (the first in single line and double line cities) (as shown in Figure 3).

Compared with the preliminary design and passenger flow forecast of line 1, the passenger flow characteristics are quite different in passenger flow section and time distribution. The actual passenger flow shows obvious morning and evening peak "double peak" situation and "tide" characteristics. One distinctive feature is that the passenger flow of commuting or holidays is highly concentrated, with obvious unidirectionality, which show a peak passenger flow in a certain section and direction resulting in large imbalance coefficient of peak passenger flow.

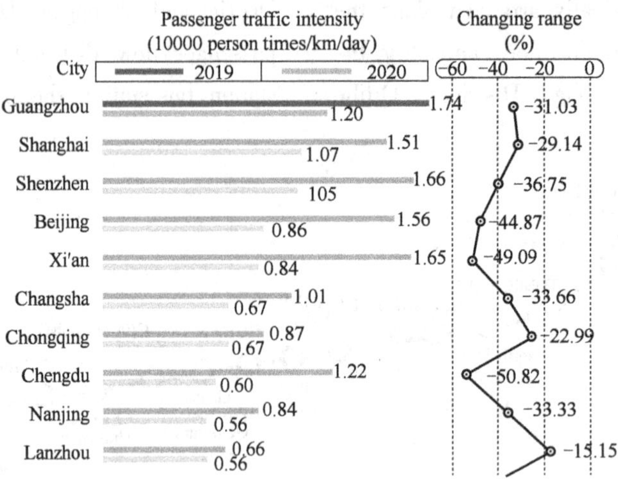

Figure 3 Ranking of passenger transport intensity of urban rail transit in 2020

2 Analysis on passenger flow characteristics of lanzhou rail transit line 1

2.1 Determine the time period, section and direction of unbalanced passenger flow

By analyzing the data in Table 1, the unbalanced period, unbalanced section and unbalanced direction of passenger flow of Lanzhou rail transit line 1 can be accurately located. The maximum normal section of Lanzhou rail transit line 1 in the up-peak hours is the up section from Cultural Palace to XIGUAN, with the maximum period of 8:00—9:00 and the maximum full load rate of 72.4%. The maximum normal section in the down peak hours is the down section from XIGUAN to Cultural Palace, with the maximum period of 18:00—19:00 and the maximum full load rate of 67.49%. The average monthly cross-section passenger flow is 10966 person times in peak hours of uplink and 8631 person times in peak hours of downlink; the average monthly full load rate of uplink is 62.00%, and the average monthly full load rate of downlink is 48.49%. On weekdays, the passenger flow on the upstream peak hour section is larger than that on the downstream peak hour section, and the difference is large.

Statistics of section passenger flow and capacity of line 1 in peak hours on weekdays in 2020 Table 1

Month		Transport capacity (person time/h)	Max section passenger flow (person time/h)	Full load ratio of train (%)	Maximum section	Max passenger flow period
January	Up	18600	13921	74.84	Cultural Palace—XIGUAN	8:00—9:00
	Down		9449	50.80	XIGUAN—Cultural Palace	18:00—19:00
February	Up	11160	2687	24.08	Cultural Palace—XIGUAN	8:00—9:00
	Down		1899	17.02	XIGUAN—Cultural Palace	18:00—19:00
March	Up	11160	7519	67.37	Cultural Palace—XIGUAN	8:00—9:00
	Down		5086	45.57	XIGUAN—Cultural Palace	18:00—19:00
April	Up	18600	9383	50.45	Cultural Palace—XIGUAN	8:00—9:00
	Down		6696	36.00	XIGUAN—Cultural Palace	18:00—19:00
May	Up	18600	10445	56.16	Cultural Palace—XIGUAN	8:00—9:00
	Down		7056	37.93	XIGUAN—Cultural Palace	18:00—19:00

continued

Month		Transport capacity (person time/h)	Max section passenger flow (person time/h)	Full load ratio of train (%)	Maximum section	Max passenger flow period
June	Up	18600	11188	60.15	Cultural Palace—XIGUAN	8:00—9:00
	Down		7990	42.96	XIGUAN—Cultural Palace	18:00—19:00
July	Up	18600	11607	62.40	Cultural Palace—XIGUAN	8:00—9:00
	Down		8759	47.09	XIGUAN—Cultural Palace	18:00—19:00
August	Up	18600	11976	64.30	Cultural Palace—XIGUAN	8:00—9:00
	Down		9125	49.06	Cultural Palace—XIAOXIHU	18:00—19:00
September	Up	18600	12649	68.01	Cultural Palace—XIGUAN	8:00—9:00
	Down		12554(max)	67.49(max)	XIGUAN—Cultural Palace	18:00—19:00
October	Up	18600	13466(max)	72.40(max)	Cultural Palace—XIGUAN	8:00—9:00
	Down		11428	61.44	XIGUAN—Cultural Palace	18:00—19:00
November	Up	18600	13434	72.23	Cultural Palace—XIGUAN	8:00—9:00
	Down		11201	60.22	XIGUAN—Cultural Palace	18:00—19:00
December	Up	18600	13315	71.59	Cultural Palace—XIGUAN	8:00—9:00
	Down		12328	66.28	XIGUAN—Cultural Palace	18:00—19:00
Average	Up	—	10966	62.00	—	—
	Down		8631	48.49		

2.2 Calculation of unbalance coefficient

(1) Unbalanced coefficient of one-way passenger flow in different periods

It can be seen from Figure 4 that the hourly passenger flow characteristics of line 1 are bimodal with morning and evening off peak. The characteristics of time-sharing passenger flow of line 1 can be expressed by the unbalanced coefficient of one-way time-sharing passenger flow.

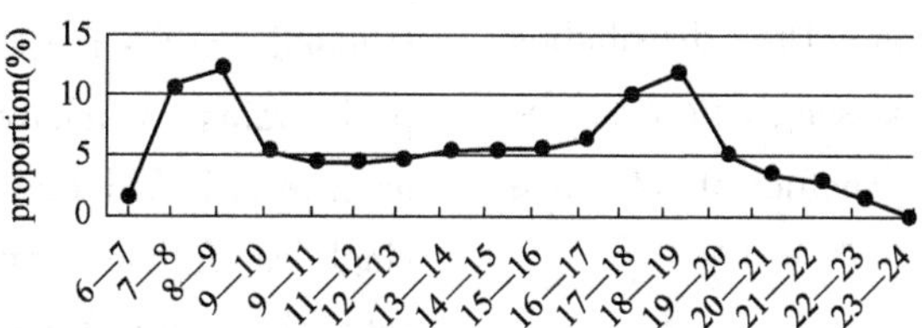

Figure 4 Passenger flow distribution of Lanzhou rail transit line 1 in different working days

$$\alpha_1 = \frac{P_{max}}{\sum_{i=1}^{H} P_i / H} \qquad (1)$$

In formula (1), p_{max} is the maximum section passenger flow (person time) in one-way peak hour, P_i is the one-way time-sharing maximum section passenger flow (person time), H is the number of business hours in a day.

After calculation, the unbalanced coefficient of

time-sharing passenger flow of line 1 is about 2. 3. The unbalanced coefficient of time-sharing passenger flow is greater than 1. In general, the number of lines located in the urban area is usually about 2, and the number of lines leading to the suburbs is usually greater than 3.

(2) Imbalance coefficient of up and down passenger flow

The distribution characteristics of directional passenger flow are measured by the imbalance coefficient of up and down passenger flow.

$$\alpha_2 = \frac{\max(A^a_{max}, A^b_{max})}{(A^a_{max} + A^b_{max})/2} \tag{2}$$

In formula (2), A^a_{max} is the maximum passenger flow of the upstream section, A^b_{max} is the maximum passenger flow of the downstream section.

After calculation, the imbalance coefficient of passenger flow on line 1 is 1.125, which has a slight increase compared with that in 2019 (1.008 in 2019). In 2020, with the same capacity, the uplink full load rate is higher than the downlink full load rate. When the value keeps increasing close to 1.5, unbalanced capacity can be arranged up and down to avoid excessive waste of energy. At the same time, attention should be paid to the traffic organization in this case.

It can be seen from Figure5 that the passenger flow of line 1 section is in a "spindle shape" with large passenger flow in the middle and small passenger flow at both ends. The distribution characteristics of cross section passenger flow can be measured by the unbalanced coefficient of cross section passenger flow.

$$\alpha_3 = \frac{A_{max}}{\sum A_i / n} \tag{3}$$

In formula (3), A_{max} is the passenger flow of one-way maximum section, A_i is the passenger flow of one-way section, n denotes the number of intervals.

After calculation, the passenger flow imbalance coefficient of line 1 section is 1.72 (1.53 in 2019), and the passenger flow imbalance degree is large. For the sake of operation economy, special routing train operation scheme can be considered in the future according to the characteristics of passenger flow section.

2.3 Contradiction between transport capacity and volume

(1) Passenger flow growth law of urban rail transit.

According to the change of passenger flow, urban rail transit lines can be divided into three stages: passenger flow cultivation stage (before network formation stage), high-speed passenger flow growth stage (rail skeleton network stage) and stable passenger flow stage (stable rail network stage). However, when the land development in the area where the rail transit line is located is very mature and the potential passenger flow is large, there is generally no obvious passenger flow cultivation period, but the passenger flow is in a state of rapid growth within 10 years after the line is put into operation, such as Seoul metro line 1[4,5].

(2) Contradiction between capacity and volume of lanzhou rail transit line 1.

It can be seen from Figure 5 that the passenger flow exceeds the peak at about 08:00—08:15 in the morning peak and 18:30—18:45 in the evening peak. According to the implemented train diagram, it is found that the full load rate of morning and evening peak trains is relatively high, with the maximum average full load rate of 90.7%, and the maximum single car full load rate of 122%, basically reaching saturation state. According to the line situation and passenger flow status of Lanzhou Rail Transit Line 1, it can be predicted that the contradiction between its traffic volume and capacity will become increasingly prominent.

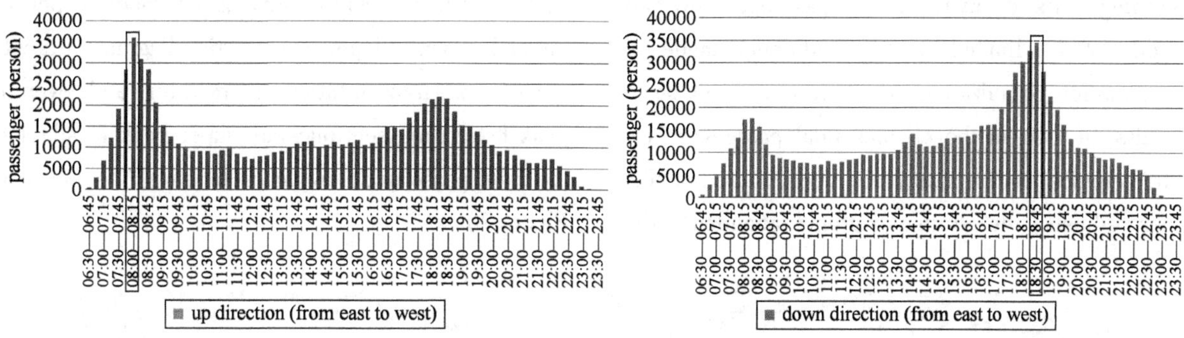

Figure 5 Statistics of morning and evening peak passenger flow of Lanzhou rail transit line 1

3 Transportation organization scheme based on unbalanced passenger flow

3.1 Running plan of full-length and short-turn operation mode 1 choice of running plan of full-length and short-turn operation mode

According to the turn back conditions of the intermediate station of Lanzhou rail transit line 1 and combining with the passenger flow section distribution of the line, the transportation capacity can be concentrated in the up and down areas of the overlap section of the full-length and short-turn operation mode by organizing the running of the full-length and short-turn operation mode, so as to alleviate the imbalance of passenger flow in the section and effectively improve the operation service level of the overlap section of the full-length and short-turn operation mode[6,7].

Considering the utilization rate of trains and the characteristics of passenger flow in the whole day section, the scheme depicted in Figure 6 is the best. When the short-term and long-term passenger flow reaches a certain level, scheme 1 can be considered, that is, the full-length operation mode is from CHENGUANYING station to DONGGANG station, and the short-turn operation mode is from TUMENDUN station to Provincial Meteorological Bureau station for traffic organization.

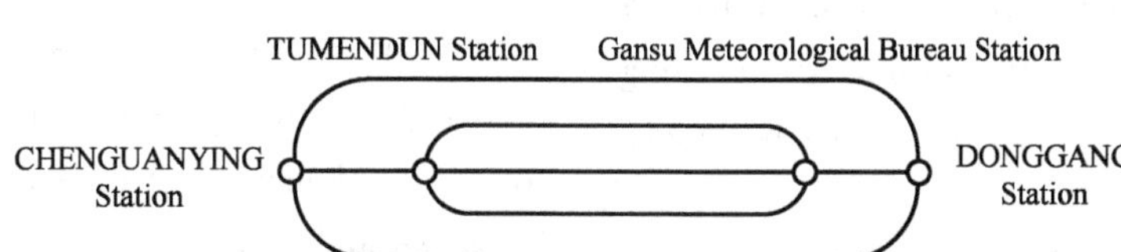

Figure 6 Schematic diagram of full-length and short-turn operation mode for Lanzhou rail transit line 1

Limitation of transportation organization of full-length and short-turn operation mode.

The implementation of transportation organization mode of full-length andshort-turn operation mode needs the functional support of line conditions, signal system, passenger information system (PIS), station and train broadcasting system. It also needs to match with train operation and passenger transportation organization. At the same time, it needs a long adaptation period for passengers, so it is difficult to organize. It is difficult to adopt transportation organization mode of full-length and short-turn operation mode. Lastly, when the equipment cannot work normally, emergency disposal is difficult.

3.2 Unbalanced transportation scheme

(1) Unbalanced transportation organization method

Due to the differences in line direction, passenger flow composition and passenger travel demand, the passenger flow of urban rail transit is unbalanced in time and space distribution, such as centripetal, tidal and so on. The mode of transportation organization should be adjusted in time according to the characteristics of passenger flow and should not be limited to the traditional mode of transportation organization, which runs up and down in pairs. In view of the obvious tidal passenger flow characteristics of Lanzhou rail transit line 1, this paper adjusts the train diagram, abandons the traditional transportation organization mode of pairing up and down, adopts asymmetric diagram, arranges unbalanced transportation in morning and evening peak hours, and sets one-way super peak to adapt to the tidal passenger flow characteristics (as shown in Figure 7).

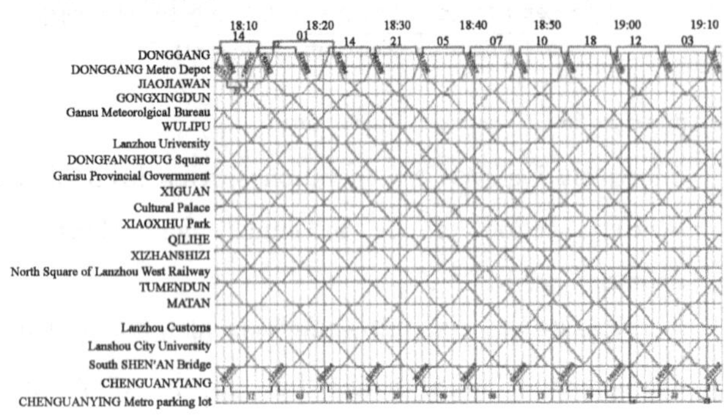

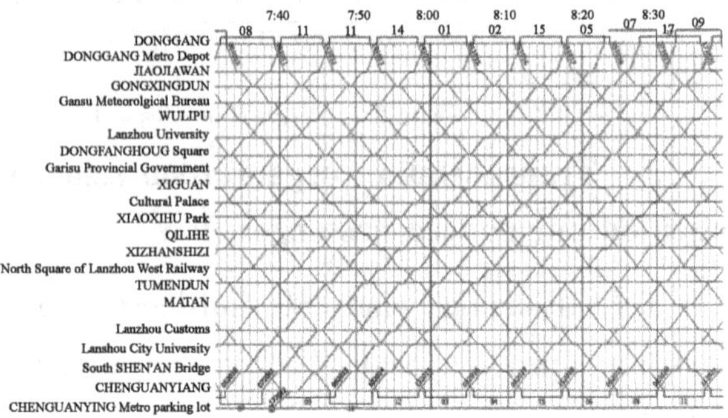

Figure 7 Morning and evening peak(up/down) operation diagram (uplink / downlink)

Super peak trains can be arranged in the up and down directions during the morning and evening peak periods respectively. On the basis of the average 6min20s interval during the peak period, additional trains can be opened from CHENGUANYING parking lot to DONGGANG depot. The headway between uplink 2010—2014 (5 trains in total) is 4min50s, and that between downlink 1091—1095 (5 trains in total) is 4min50s. The concentrated transport capacity is used to dredge the morning and evening peak passenger flow in the up and down directions respectively.

(2) Limitation of unbalanced transportation organization

Unbalanced transportation has higher requirements for vehicles. If the number of on-line trains is increased in one direction during peak hours and the running interval is reduced, the number of on-line trains will increase, which will inevitably lead to the increase of contradiction between train supply and demand and the increase of vehicle maintenance pressure. In the case of limited number of trains, it is necessary to reduce the number of trains in the opposite direction to achieve a small interval in a certain direction.

If the single side section (yard) layout is adopted for the line, the unbalanced transportation will inevitably lead to a one-way idling before or after the train is added, which will cause waste[4].

3.3 Selection of transportation organization scheme

Both full-length and short-turn operation mode and unbalanced transportation organization can alleviate the contradiction between transport capacity and volume, reduce the waste of transport capacity and improve the operation service level when there is obvious unbalanced characteristics of passenger flow in space and time.

However, considering the current situation of passenger flow, passenger service level, vehicle utilization, equipment and facilities, complexity of operation organization, professional skills of personnel and transportation cost of Lanzhou rail transit line 1, the unbalanced transportation organization mode is better than the full-length and short-turn operation mode organization mode.

The specific performance is as follows:

Although the daily section passenger flow of line 1 is unbalanced, there is no obvious break point of passenger flow, and the " tide " passenger flow characteristics are obvious, so it is appropriate to use asymmetric operation chart to organize unbalanced transportation.

The number of vehicles used in line 1 meets the conditions, and the depot is arranged at both ends. The line conditions and signal system can meet the conditions of unbalanced transportation organization.

Improve the direct access and convenience of passengers. It can reduce the invalid transfer of passengers and directly reach the destination at one time with high convenience.

The practical operation is easy to organize. It does not change the original traffic organization mode of single route, has low organization difficulty and easy practical operation, and can meet the requirements of short opening time and professional ability of personnel of Lanzhou Rail Transit Line 1.

It has obvious economic and social benefits. It can reduce the driver's labor cost, electricity cost and bus maintenance cost directly, which can effectively shorten the passenger's travel time.

In conclusion, unbalanced transportation organization can be adopted in line 1 to alleviate the contradiction of transportation demand, reduce energy consumption and improve the level of transportation organization.

3.4 Practical application

Since September 1, 2019, line 1 has implemented the unbalanced transportation organization mode. By increasing the number of trains online in the morning and evening peak hours, the one-way transportation capacity in peak hours has increased by 23.9%. Through effective organization, the full load rate of trains in peak hours has decreased significantly, and the fulfillment rate and timeliness rate are high, which has achieved the expected effect. The specific statistics of average full load rate are shown in Figure 8 (the months with less passenger flow affected by the epidemic are not included in the statistics).

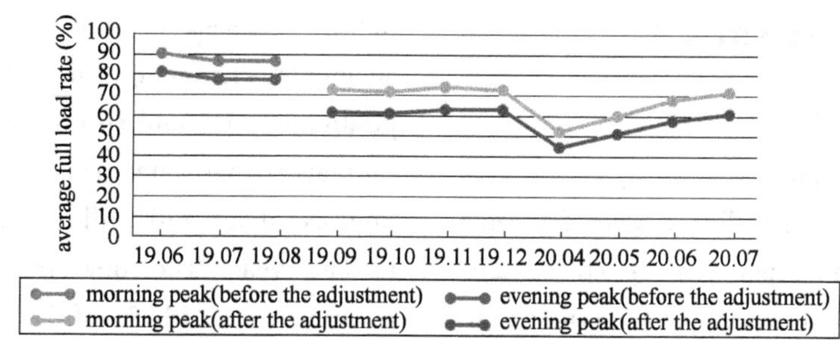

Figure 8 Diagram of average full load rate (uplink / downlink)

3.5 Optimization scheme of unbalanced transportation organization

(1) Traffic organization.

Train dispatching should strengthen the monitoring of train operation on the main line, especially in the unbalanced transportation period of morning and evening peak, so as to ensure that the train operates according to the diagram. In case of emergency, various means of train operation adjustment shall be used, flexible organization and reasonable arrangement shall be made to avoid disorder of train operation as far as possible.

For the train returning to the depot during the super peak period, the train dispatching shall strengthen the monitoring of the train turning back to ensure that the subsequent passenger trains will not be affected by the train returning to the depot. Meanwhile, according to the characteristics of the signal system, the train dispatching shall intervene in the relevant signals and routes in advance to ensure the smooth return of trains.

(2) Passenger transport organization.

During the morning and evening peak period, the pressure of station passenger transport organization is great, especially in the platform area of large passenger flow direction. The station shall make effective use of various passenger transport equipment for passenger flow diversion. Equipment is used for passenger broadcasting in the platform area to guide passengers to get on and off in an orderly manner.

In unbalanced transportation period, the arrival density of trains at DONGGANG station in the morning rush hour and CHENGUANYING station in the evening rush hour is relatively high, so the station staff should assist the driver in clearing passengers within the specified time, so as to avoid the train over-stopping at the platform, which will affect the arrival and turn back operation time of subsequent trains.

(3) Crew Operation.

The driver of the electric bus shall wait for the pick-up and handle the handover procedures in advance according to the dispatching plan, strictly control the time during the turn back operation, and complete the turn back operation on time, so as to avoid the impact on the subsequent trains. In case of vehicle failure or emergency, timely report and action are needed to minimize the impact of the accident.

4 Implementation effects

4.1 Economic performance

(1) Saving traction power.

The new transportation of line 1 saves 20 trains per day and 5000 trains per year based on 250 working days. The one-way operation mileage of one train is 25.528km, and 127640km is saved in the whole year. According to the operation energy consumption data of line 1, the traction power consumption of electric train is about 11.57 kW · h per kilometer, which saves 1476795 kW · h in the whole year. The average electricity price of 1 kW · h about 0.65 Yuan, this translates to an annual cost saving of 95992 Yuan.

(2) Maintenance cost saving of electric bus.

The vehicle maintenance cost includes planned maintenance cost, fault maintenance cost, material consumption cost, etc. the annual average maintenance cost of a metro vehicle is about 114000 Yuan (excluding spare parts). The new transportation of line 1 during morning and evening peak period can save 3 trains on line. Considering the operation time of peak train, it can be adjusted according to the coefficient of 0.8, that is, the new transportation of line 1 can save about 273600 Yuan of annual maintenance cost of electric bus and 123 million RMB of vehicle procurement cost.

4.2 Social benefits

The macro benefits of urban rail transit to the society are far more than the real economic benefits. Rail transit greatly promotes the economic development of cities and regions, but the social benefits are often ignored because is indirect and difficult to quantify. Referring to the "Calculation Method of Social and Economic Benefits of Urban Rail Transit"[7], the social and economic benefits of urban rail transit can be divided into the benefits of replacing conventional public transport facilities B1, saving passenger time B2, reducing traffic accidents, enhancing safety B3, improving labour productivity B4 and so on, a total of 9 items. It is estimated that one urban rail transit line will produce about 360 million RMB of social benefits in one year. The new transportation of line 1 accounts for 0.548% of the total in a year, and the social benefit will be 1.973 million RMB due to the adjusted transportation.

4.3 Influence on operation and construction organization and maintenance operation

(1) More flexible shunting operation time in depot.

According to Table 2, CHENGUANYING parking lot and DONGGANG depot have 155 minutes and 170 minutes of free time respectively during morning and evening peak hours. The idle time can be saved for shunting operation, which makes the shunting operation time more flexible and sufficient.

The idle time of depot in morning and evening rush hour when unbalanced transportation organization is adopted Table 2

Transportation Mode	Unbalanced Transportation	Balanced Transportation	
CHENGUANYING Parking Lot	7:50—9:15	Idle time of parking lot in morning and evening peak hours (155 minutes in total)	There is no free time in the parking lot during the morning and evening peak hours
	17:50—19:00		
DONGGANG Depot	7:25—8:30	Idle time of depot in morning and evening peak hours (170minutes in total)	There is no idle time in the depot during morning and evening peak hours
	18:15—19:45		

(2) Saving train maintenance time.

The unbalanced transportation organization mode is adopted to reduce the number of trains on the line by 3 per day. According to the actual operation, the daily inspection of each train takes 45 minutes, and two maintenance personnel are required. It can save 270 minutes (4.5 hours) per day and 67500 minutes (1125 hours) per year.

(3) Impact on Running Equipment.

The relationship between the rail damage and the number of load actions shows an exponential growth law (as shown in Figure 9)[8].

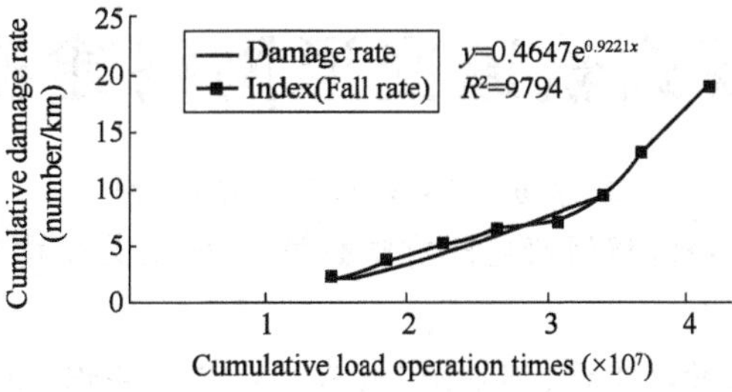

Figure 9 Relationship between rail damage and load action times and its regression curve

The unbalanced transportation organization mode is adopted to reduce 20 trains per day and 5000 trains per year. According to the relationship between rail damage and load, the repair and replacement time of damaged rail can be further analyzed and optimized.

5 Conclusions

The operation service of urban rail transit is recognized by the general public. The rapid growth of passenger volume and the increasing contradiction between capacity and volume bring challenges to operation management. Through meticulous management, close tracking of passenger flows, and characteristics of transportation demand and main transportation technology equipment of operation line, scientific and reasonable design of asymmetric operation diagram can organize unbalanced transportation, alleviate the contradiction of transportation demand, reduce energy consumption and improve operation level. Practice has proved that the optimization scheme can not only meet the needs of operation and service, but also achieve the purpose of energy saving and consumption reduction. At the same time, for operation management, we should combine the line network planning, new line selection and its relationship with the existing operation network, predict the operation organization demand after opening in advance, and put forward the demand of different transportation organization modes for main transportation technical equipment, so as to achieve the purpose of prevention.

References

[1] QI S Y. Research on train routing scheme based on tidal characteristics of urban rail transit passenger flow [D]. Beijing: Beijing Jiaotong University, 2017.

[2] ZHU K K, LI Q Q. Research on statistics of passenger transfer flow at urban rail transit station [J]. IOP Conference Series: Earth and Environmental Science, 634(1): 012105.

[3] LI Q. Research on spatial and temporal distribution

characteristics of passenger flow and matching method between line capacity and passenger flow in urban rail transit[D]. Lanzhou: Lanzhou Jiaotong University,2017.

[4] HUANG S M, YANG HA N. Design of an integrated system for compiling train operation diagram of urban rail transit network [J]. Transportation Technologies,10:27-35.

[5] CHOO S, LEE H. Exploring weekend travel behavior in a developing country: an empirical study of seoul[C]. Transportation Research Board 91st Annual Meeting, Washington DC,2012.

[6] TIRACHINI A, CORTÉS C E. Disaggregate modeling of preplanned short-turning strategies in transit corridors[C]. Transportation Research Board Meeting,2007.

[7] LIANG Q S. Research and application of unbalanced transportation organization in urban rail transit line peak period[J]. Urban Rapid Rail Transit,2014,27:30-34,42.

[8] HE Y L, SHI R. Research on typical rail damage of metro in service[J]. Urban Mass Transit,2010,13:76-78,82.

多粒度多模式轨道交通网络建模范式探索

李岸隽[1] 王莉莎*[2] 李崇楠[1]

(1. 中国铁路经济规划研究院有限公司;2. 重庆大学建筑城规学院)

摘 要 随着“打造轨道上的城市群、都市圈”成为社会广泛共识,推进多层次轨道交通融合发展需要依托一张包含多种制式轨道交通的底层数字化路网。从多模式轨道交通网络以及宏观、中观、微观层次下研究解决的实际问题出发,分析轨道交通网络构建的要求,探索提出一套基于CSV格式、包含点和边文件的轨道交通网络建模范式,具有兼容性高、交互性强、适用性广等特点,便于可视化展示、建模优化、仿真模拟,为轨道交通多模式协同规划和多粒度衔接提供技术支撑。

关键词 轨道交通 多粒度多模式网络 建模范式

0 引言

近年来,我国铁路事业和城市轨道交通发展取得显著成就,各类轨道交通线网规模密度持续提升、路网结构愈加复杂[1],因此在不同空间尺度下需呈现的轨道交通信息及待解决的线网规划问题存在差异。而目前尚缺乏一套用以描述全国、城市群、都市圈、市域等不同空间尺度下高速铁路、普速铁路、城际铁路、市域(郊)铁路等多层次路网并开展不同颗粒度研究的标准化建模范式,使不同层次、不同运营主体的轨道交通难以纳入同一张网协同规划,一定程度上制约了大规模、多层次铁路网络效能的发挥,也不利于多模式轨道交通集约、融合发展。为实现不同尺度的规划有机融合、多种制式的规划无缝衔接,有待提出一套兼容性高、交互性强、适用性广的轨道交通网络建模范式,为铁路路网精细化规划、多层次轨道交通融合规划等研究提供“多网合一”的数字化路网。

1 研究现状

从数字化路网构建角度,美国诺福克南方铁路运输公司(Norfolk Southern)等国外铁路运输企业已构建有一套数字化路网,可用于路网展示、路径规划、运输市场分析和运输组织优化等。而目前国内轨道交通企业构建的数字化路网多是通过电子图示系统展示线路和车站布局、提供站到站

基金项目:中国国家铁路集团有限公司科技研究开发计划(J2023Z401);中央高校基本科研业务费专项资金资助项目(2023CDJXY-008);国家自然科学基金项目面上项目“保障房社区非正规就业的空间失配测度、空间影响要素与规划干预研究”(51978090)。

的路径规划[2]，与地图服务商提供的服务类似，尚不具备交通流分配等优化功能，更是难以结合综合交通网络为出行者和决策者提供辅助决策。

从路网规划布局角度，国内目前应用较多的传统线网规划方法主要是基于空间经济学，通过定性和定量相结合的方法确定规划方案，主要以交通区位理论、运输通道理论、线网构架理论为基础[3-4]。上述方法有力支撑了轨道交通骨干网络成型，但对多种轨道交通方式的整体协同规划考虑不足。特别是在城市群、都市圈地区，多层次轨道交通网络越织越密，人们愈加追求便捷、舒适、美好的出行体验，传统线网规划方法未能反映"门到门"的精细化出行需求[5]，难以适应四网融合规划的新需求。

此外，"Mobility as a Service (MaaS)"的理念强调基础设施要为出行服务，已得到国内外学术界和工业界的广泛关注，也影响着交通规划[6]。随着我国高速铁路成网运营，网络优化研究在高质量规划中愈显重要，既要更加突出"以人为本"，又要注重实际运营的效率效益。建模范式是其中一项关键的基础性工作，将为精细化的路网基础设施规划和运输服务网络优化提供有力支撑。

2 多模式多粒度轨道交通网络构建

2.1 多模式轨道交通网络的概念和内涵

多模式轨道交通网络是指由若干节点和边组成的一张能同时描述不同轨道制式、不同速度等级、不同运营主体的轨道交通网络图[7]。图1所示为一个包含9个节点、7条边的多模式轨道交通网络图示意，图2所示为郑州都市圈内既有多模式轨道交通网络展示。一体融合的底层网络有助于构建客流多模式轨道交通出行链，从而为开展轨道交通网络相关问题的研究提供便利，特别是为城市群、都市圈地区多层次轨道交通网络的协同规划布局提供支撑。

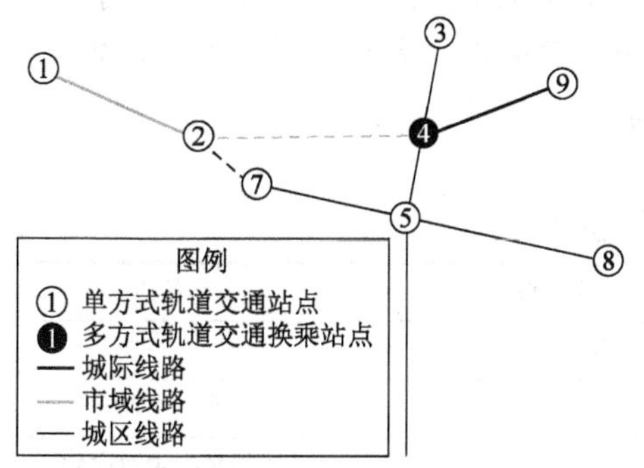

图1 多模式轨道交通网络图示意

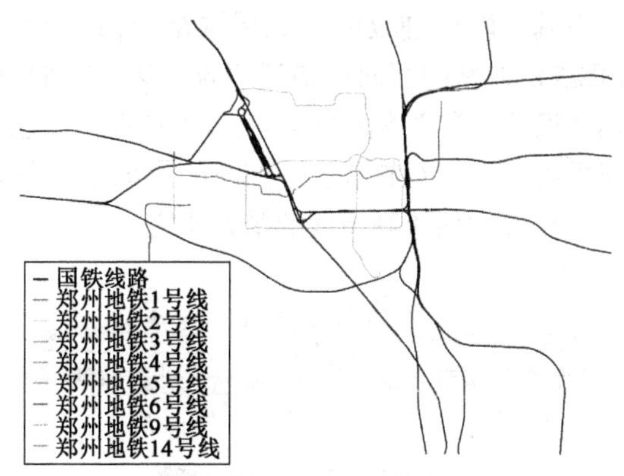

图2 郑州都市圈多模式轨道交通网络示例

2.2 多粒度轨道交通网络的概念和内涵

多粒度轨道交通网络是指针对不同空间尺度下的研究，所构建的包含不同颗粒度信息的网络图[8]。轨道交通规划研究通常涉及通道级的宏观规划、枢纽级的中观规划、站场级的微观规划，各层次规划所适用的网络构成、研究方法以及各类模型优缺点等均存在差异。因此，多粒度轨道交通网络拟在宏观、中观、微观三个层次构建一系列包含节点和边空间和属性数据的网络文件，使空间要素及关键信息在多粒度网络上的连续传递。

在基于拓扑结构的宏观层网络中，以单个点表示车站或枢纽（如图3中的点1），相邻点间的连线表示轨道线路，构建点线的网络结构。拓扑结构信息可用于通道级的战略规划和宏观分析。

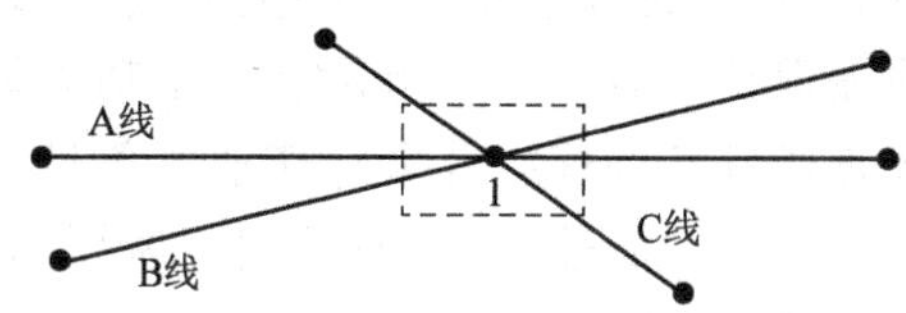

图3 宏观网络表达形式示意图

在基于线路衔接的中观层网络中，将车站拆分为多个独立的点（如图4中的点101～106），分别表示每条引入该站的线路在站场两端的咽喉。新增咽喉点间的连线（如点101和点104间的连线），用以表示列车跨线条件（如图中黑色的A线与红色的C线独立运营）。线路衔接信息可用于枢纽级的中观规划。

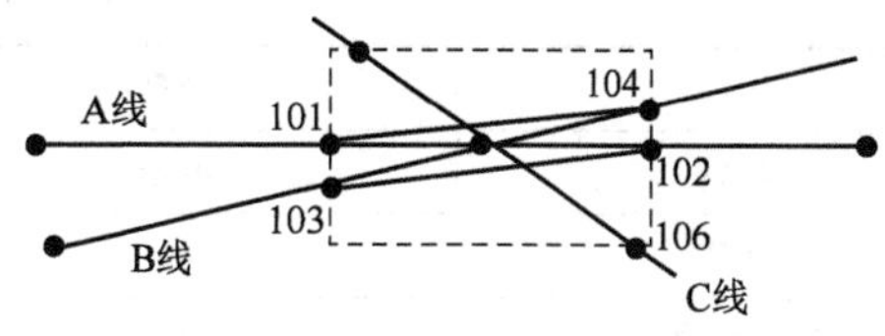

图4 中观网络表达形式示意图

在基于轨道铺设的微观层网络中,新增点和边(图5),在站间区间可描述闭塞分区,在站场内可描述股道、道岔等微观信息。轨道铺设信息可用于模拟列车运行轨迹、优化车站工作组织、运输计划调整等站场级高精度的微观研究。

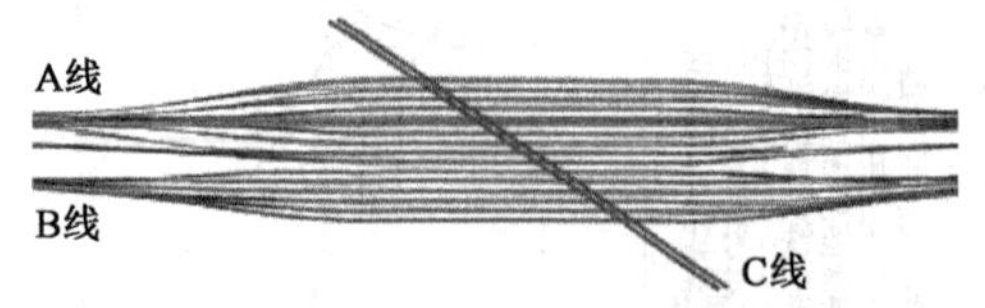

图5　微观网络表达形式示意图

2.3　多模式多粒度轨道交通网络构建的要求

(1)可视化

指定区域内多模式轨道线网的可视化是多模式轨道交通网络构建需实现的基本功能。除线路的宏观走向外,还应能够展示网络上的静态客流需求。因此,网络中的点和边需要包含名称、类型、唯一编号及其对应的地理信息等属性,以便利用ArcGIS、QGIS等地理信息系统软件快速实现可视化。

(2)路径规划

多模式轨道交通出行链的构建是四网融合规划研究的关键,因此网络图中具有唯一编号的节点和边应相互连通组成完整的基础设施线网,且不同制式、不同运营主体的线路上节点和边的属性字段需保持一致。每个点须有一个功能属性,如描述是否具备办理旅客乘降作业的条件,每条边须有一个方向属性,从而便于利用最短路算法规划OD间的路径。

(3)列车与客流分配

受轨道数量、信号设备、运营速度等因素影响,一个区间内的列车通过能力受限,因而并不是所有列车均能按照最短路径行驶。为尽可能平衡一个区域内的客流需求和运输企业效益,需对不同线路上的列车和客流进行分配,因此每条边需包含长度、通过能力、运营速度等相关属性。

(4)仿真模拟

为实现多种列车或客流的动态仿真,所构建的轨道交通网络图应是一个有向图,即每条边应具有标识方向的属性。此外,受轨道制式、设计速度、信号系统、车辆限界、管理体制等因素限制,每条线路允许运行的列车种类不同,因此须有描述允许通行的列车类型、所属运营主体等信息的边属性。

3　多粒度多模式轨道交通网络建模范式

3.1　建模范式的特点

相较于shp、dxf、dwg等格式的网络文件,多粒度多模式轨道交通网络建模范式拟选用CSV格式,包含node.csv和link.csv,分别存储网络中节点和边的信息,具有以下特点:

(1)便于使用的网络文件不需要专用软件即可读取、编辑,即使部分字段为空也可以实现可视化和路径搜索,有利于降低轨道交通网络研究的成本,为区域规划、交通规划、运输组织及相关科研教育工作等提供便利。

(2)内在一致的数据框架能实现网络要素在不同粒度下连通,不同层级的规划研究则可选用对应颗粒度的网络,平衡建模的详细程度和计算效率,从而将基础设施规划与实际运营需要紧密结合,使理论研究更具实践价值。

(3)人机可读的数据格式既便于人工读取、编辑空间数据和属性数据,又适用于机器学习算法以解决大规模问题高效求解,有助于在不同颗粒度下实现多模式轨道交通的静态和动态规划、优化、仿真、计算等研究及相关软件开发。

3.2　宏观网络建模字段

针对宏观网络的相关研究,拟对节点文件node.csv设置以下属性字段,字段类型及相关描述见表1。

宏观网络的点文件中字段信息　　表1

字段	类型	是否允许空值	备注
点名称	string	是	
点ID	int	否	唯一识别号
OSM点编号	string or int	是	OSM原始数据中对应的点编号
OSM点类型	string	是	OSM原始数据中对应的点类型

续上表

字段	类型	是否允许空值	备注
小区 ID	int	是	
点类型	string	是	
功能类型	string	是	定义节点能办理的业务类型
X 坐标	double	否	采用 WGS-84 坐标系
Y 坐标	double	否	采用 WGS-84 坐标系

相邻点间的连线构成网络中的边,因此边具有两端点相对应的地理信息。边文件 link. csv 拟设置以下属性字段,相关描述详见表 2。

宏观网络的边文件中字段信息 表 2

字段	类型	是否允许空值	备注
边名称	string	是	
边 ID	int	否	唯一识别号
OSM 线编号	string or int	是	OSM 原始数据中对应的线编号
起点 ID	int	否	
终点 ID	int	否	
行车方向	enum	是	1:从边的起点到终点正向行车; -1:反向行车; 0:双向行车
长度	float	是	单位:m
设计速度	float	是	单位:km/h
通过能力	float	是	
边类型	string	是	
地理信息	Geometry	是	以 wkt 字串表示
允许通行的列车种类	enum	是	国铁制式、地铁制式、单轨制式、 有轨电车制式、磁悬浮制式

3.3 中观网络建模字段

相较于宏观网络,中观网络涵盖更详细的信息描述多线交汇的站场。具体而言,宏观网络中的单个点被拆分为多个独立的点,以表示每条引入该站的线路在站场两端的咽喉。然后构建咽喉点间的连接线,以描述不同线路间的互联互通条件。但中观网络研究中不需要的相关字段被删去(表 3)。

中观网络的点文件中字段信息 表 3

字段	类型	是否允许空值	备注
点 ID	int	否	唯一识别号
小区 ID	int	是	
X 坐标	double	否	采用 WGS-84 坐标系
Y 坐标	double	否	采用 WGS-84 坐标系
宏观点 ID	int	是	该中观节点可合并进入的宏观点编号
宏观边 ID	int	是	该中观节点可合并进入的宏观边编号
咽喉点判断	bool	是	1:线路在站场两端的咽喉点;0:其他点

与中观网络中的点文件类似,中观边的数量较宏观边有所增加,同时新增部分字段描述线路间的衔接情况,并保证每条边的地理信息与其两端节点对应(表 4)。

中观网络的边文件中字段信息 表4

字段	类型	是否允许空值	备注
边ID	int	否	唯一识别号
起点ID	int	否	
终点ID	int	否	
行车方向	enum	是	1:从边的起点到终点正向行车; -1:反向行车; 0:双向行车
长度	float	是	单位:m
设计速度	float	是	单位:km/h
通过能力	float	是	
边类型	string	是	
地理信息	Geometry	是	以wkt字串表示
宏观点ID	int	是	该中观边可合并进入的宏观点编号
宏观边ID	int	是	该中观边可合并进入的宏观边编号
衔接方向	enum	是	1:仅支持从边的起点到终点衔接; -1:仅支持从边的终点到起点衔接; 0:双向衔接
允许通行的列车种类	enum	是	国铁制式、地铁制式、单轨制式、 有轨电车制式、磁悬浮制式

3.4 微观网络建模字段

基于股道铺设构建的微观网络拥有更大规模、更为翔实的节点和边信息,在站间区间形成多个闭塞分区,在站场内标记出道岔等具体信息。因此,微观网络的字段应支持列车运行轨迹的精确仿真(表5)。

微观网络的点文件中字段信息 表5

字段	类型	是否允许空值	备注
点ID	int	否	唯一识别号
小区ID	int	是	
*X*坐标	double	否	采用WGS-84坐标系
*Y*坐标	double	否	采用WGS-84坐标系
中观边ID	int	是	该微观节点可合并进入的中观边编号
股道编号	int	是	从1开始的正整数

为满足微观网络研究需要,边文件link.csv中添加了一些新的字段信息(表6)。

微观网络的边文件中字段信息 表6

字段	类型	是否允许空值	备注
边ID	int	否	唯一识别号
起点ID	int	否	
终点ID	int	否	
行车方向	enum	是	1:从边的起点到终点正向行车; -1:反向行车; 0:双向行车
长度	float	是	单位:m
设计速度	float	是	单位:km/h

续上表

字段	类型	是否允许空值	备注
运行时分	float	是	单位:s
通过能力	float	是	
边类型	string	是	
地理信息	Geometry	是	以 wkt 字串表示
宏观点 ID	int	是	该微观边可合并进入的宏观点编号
宏观边 ID	int	是	该微观边可合并进入的宏观边编号
中观边 ID	int	是	该微观边可合并进入的中观边编号
股道编号	int	是	从 1 开始的正整数
衔接方向	enum	是	1:仅支持从边的起点到终点衔接; -1:仅支持从边的终点到起点衔接; 0:双向衔接
允许通行的列车种类	enum	是	国铁制式、地铁制式、单轨制式、有轨电车制式、磁悬浮制式

4 结语

随着我国轨道交通网络规模快速增长、层次结构更加复杂,亟须提出一套用以描述不同空间尺度下高速铁路、普速铁路、城际铁路、市域(郊)铁路等多层次路网并开展不同颗粒度研究的网络建模范式。本文分析了多模式、多粒度轨道交通网络的内涵特征,针对宏观、中观、微观层次下研究的具体问题,提出轨道交通网络构建的要求。最后,选用交互性较强的 CSV 格式,提出包含点文件和边文件的宏观、中观、微观网络建模范式,有助于突破四网融合在规划层面的技术瓶颈。后续,有待深入调研不同轨道交通运营企业的实际需要,结合数据的易得性、可靠性以及较成熟的网络研究工具对网络文件的要求,完善建模字段信息,开展实践验证,以提升建模范式的推广应用价值。

参考文献

[1] 刘杰. 面向乘客出行的多制式轨道交通复合网络可靠性研究[D]. 成都:西南交通大学,2023.

[2] 于剑,梁栋,刘昕宇. 铁路网管理信息平台规划研究[J]. 铁道经济研究,2020(5):28-32,38.

[3] 吕明. 城市群区域轨道交通线网布局综合规划研究[D]. 成都:西南交通大学,2014.

[4] 谢建平. 基于京津冀城市群的城际轨道交通线网优化研究[D]. 长沙:中南大学,2010.

[5] 李岸隽,王典,彭其渊. 基于个体出行链的区域城际铁路规划方法研究[J]. 交通运输系统工程与信息,2021,21(02):30-36.

[6] HENSHER D A, MULLEY C. Special issue on developments in Mobility as a Service (MaaS) and intelligent mobility [J]. Transportation Research Part A: Policy and Practice, 2019, 131:1-4.

[7] LI A, WANG D, PENG Q Y, et al. Path-based approach for expanding rail transit network in a metropolitan area [J]. Journal of Advanced Transportation, 2022.

[8] LU J W, ZHOU X S. Virtual track networks: A hierarchical modeling framework and open-source tools for simplified and efficient connected and automated mobility (CAM) system design based on general modeling network specification (GMNS) [J]. Transportation Research Part C: Emerging Technologies, 2023, 153:104223.

基于GIS数据的室外电缆径路图生成方法

张继松[1]　杨　扬*[1]　童　音[1]　刘伟兵[2]

(1.西南交通大学信息科学与技术学院;2.北京城建设计发展集团股份有限公司)

摘　要　在铁路信号工程设计中,车站联锁室外电缆径路图主要由设计人员人工绘制,存在工作量大且效率低的问题。为了提高室外电缆径路图设计的效率和自动化程度,保证图实一致,本文提出一种基于地理信息系统(Geographic Information System,GIS)数据的室外电缆径路图生成方法。以站场和电缆径路GIS数据为输入,对径路数据采用卡尔曼滤波剔除野值并分段拟合,将标识数据与径路数据匹配;然后根据轨道线路和信号设备连接关系构建站场图模型;最后在站场图基础上布置电缆网络连接设备和电缆径路,使用计算机辅助设计(Computer Aided Design,CAD)二次开发技术进行软件开发,并用多个站场的实际数据进行测试验证。结果表明,该方法能够适用于不同车站室外电缆径路图的生成,有效提高了设计效率,在工程实践中有一定的参考意义。

关键词　室外电缆径路图　GIS数据　线路分段拟合　CAD二次开发

0　引言

铁路信号工程设计中,联锁室外电缆径路图是反映电缆网络连接和布置情况的重要图纸。室外电缆径路图在车站信号设备平面布置图的基础上,展示了轨道电路送/受电端、变压器箱、终端盒等电缆网络连接设备的类型和位置以及电缆径路的连接和布置情况[1]。目前室外电缆径路图主要依靠设计人员人工绘制,设计工作繁冗,是铁路信号工程设计的难点。随着铁路行业的高速发展,人工制图逐渐无法适应铁路信号设计对效率的需求,需要研究自动化、智能化的室外电缆径路图生成方法。

由于室外电缆径路图中电缆排布对信号设计人员的专业能力和设计经验依赖性较强,目前关于自动生成室外电缆径路图的研究较少。文献[2]通过建立铁路站场数据字典描述车站信号设备、电缆径路类型等内容,录入电缆与前后端信号设备的连接关系等数据形成数据库。根据数据库中的关联记录,计算信号设备和信号电缆的位置坐标,从而生成电缆径路设备连接关系图。该方法依赖人工录入设备连接关系,且最终呈现的结果并非标准的室外电缆径路图。文献[3]以静态站场数据、信号电缆信息和标准参数为输入,绘制站场并布置电缆网络连接设备,人工可在配置表中调整数据。最后使用改进的A*算法自动布线,进行联锁室外电缆径路图的自动生成。该方法在数据获取阶段需要交互式输入,且自动布线结果易与站场实际径路有出入。

为了保证生成的室外电缆径路图与室外电缆网络连接设备布置以及电缆径路铺设实际情况一致,结合铁路局实际工程设计需求,本文提出基于GIS数据的室外电缆径路图生成方法。目前,GIS在铁路领域中多用于数字轨道地图的生成,在铁路信号工程设计中尚少见研究。本文使用站场和电缆径路GIS数据作为源数据,经过数据处理,构建站场图模型,再布置电缆网络连接设备和电缆径路,实现从GIS数据到室外电缆径路图的转化。经过实际数据测试,结果表明,该方法为室外电缆径路图设计提供了一种新的有效思路,提高了室外电缆径路图的设计效率和自动化程度。

1　方案设计

1.1　输入数据

GIS数据用地理坐标系表示,使用经纬度精确描述地球上物体的地理位置。铁路车站信号设备和电缆网络分布狭长,线路、桥隧、信号和电力控

基金项目:国家自然科学基金(62373313)。

制设备都存在设备基础信息和空间位置信息。由于大量此类数据需要存储和管理,GIS 可以作为铁路信息的载体,为铁路信号工程设计提供与现场真实情况更契合的基础数据[4]。

车站现场采集的 GIS 数据以 GeoJSON 格式提供,由径路数据和标识数据组成,包含了地理位置数据和各类信号设备的名称、类型等属性信息。径路数据的类型为“LineString”,包含站内轨道线路、干线电缆径路、控制电缆径路和防护围栏的采样点数据。标识数据的类型为“Point”,包含信号机、转辙机、轨道电路送/受电端、变压器箱、终端盒等信号设备标识数据。

1.2 方法框架

基于 GIS 数据的室外电缆径路图生成方法框架如图 1 所示。

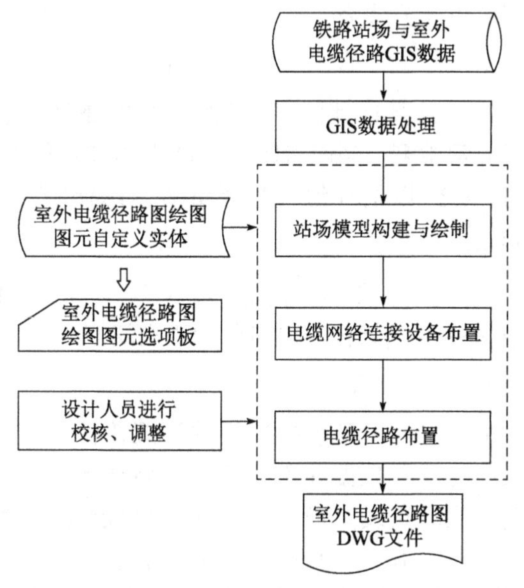

图 1 室外电缆径路图生成方法框架

首先,对车站线路、信号设备、电缆网络连接设备和电缆径路的 GIS 数据进行处理。完成径路数据的拟合和线路拓扑的建立,并将标识数据与径路数据匹配关联起来,形成可供后续生成室外电缆径路图的基础数据。随后,确定信号设备的绘图坐标,根据站内线路连接关系确定信号设备的连接关系,构建站场图模型,在生成的站场图的基础上布置电缆网络连接设备。最后布置干线电缆径路和控制电缆径路,在 CAD 中生成室外电缆径路图文件。

由于各站场情况复杂,必要时由信号设计人员介入对站场图和设备位置的特殊情况进行核对与调整。

2 GIS 数据的处理

GIS 数据处理流程如图 2 所示。

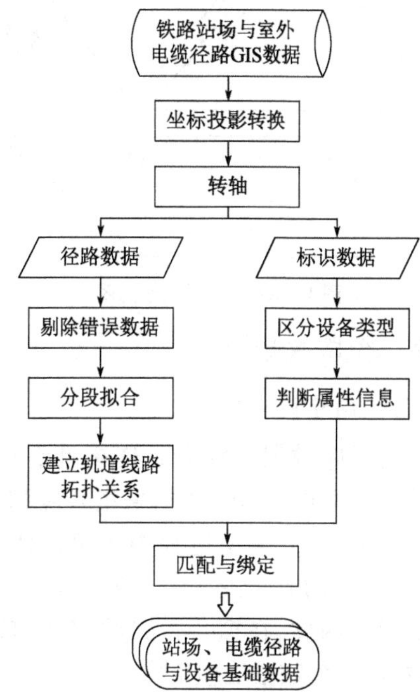

图 2 GIS 数据处理流程

2.1 坐标投影转换与转轴

实测数据采用经纬度坐标,可以精准地在地球上定位,但是不利于距离等平面几何参数的运算。为了便于数据计算和处理,在实际的工程项目中,需要使用通用横轴墨卡托投影(UTM)法将地理坐标系转换成二维平面坐标系,通过 X 和 Y 二维坐标描述点的位置[5]。

室外电缆径路图以信号设备平面布置图为基础,一般下行咽喉绘制在左侧、上行咽喉在右侧,且各股道水平绘制。实际上,铁路车站站场大多并非水平方向,不便于数据处理,按照实际站场线路走向绘制不符合绘图规范,因此,需要使用转轴公式将所有线路采样点和信号设备点的坐标进行旋转。设 P 是平面中任意一点,P 点在原坐标系中的坐标为(x,y),在新坐标系中的坐标为(x',y'),则转轴公式为:

$$\begin{pmatrix} x' \\ y' \end{pmatrix} = \begin{pmatrix} \cos\theta & \sin\theta \\ -\sin\theta & \cos\theta \end{pmatrix} \begin{pmatrix} x \\ y \end{pmatrix} \tag{1}$$

式中:θ——坐标轴的旋转角,逆时针旋转时,θ 取正值;顺时针旋转时,取负值。

数据坐标旋转示意图如图 3 所示,旋转过后站场走向相对水平,从左到右为下行方向,便于后续径路数据的处理和拟合。

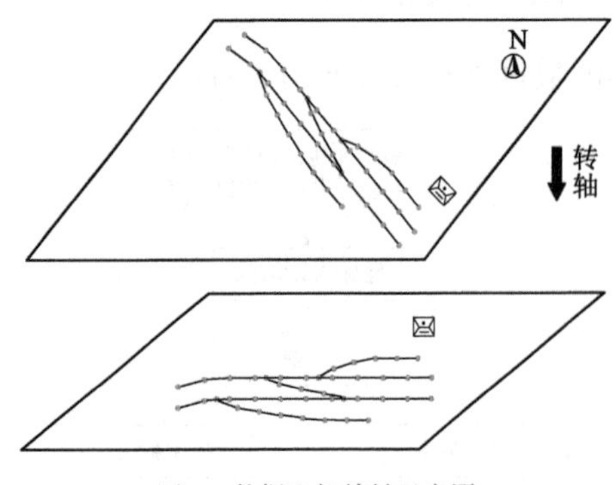

图3 数据坐标旋转示意图

2.2 径路数据的处理

2.2.1 剔除错误数据

理想的径路数据采样点是连续且不重复的,但是受铁路车站现场GIS数据采集环境和采集人员专业性的制约,在采集过程中难免存在错误和异常数据,常见的有折返采集、数据偏离等情况,如图4所示。因此,在拟合径路数据之前需要剔除错误数据,简化数据处理工作。

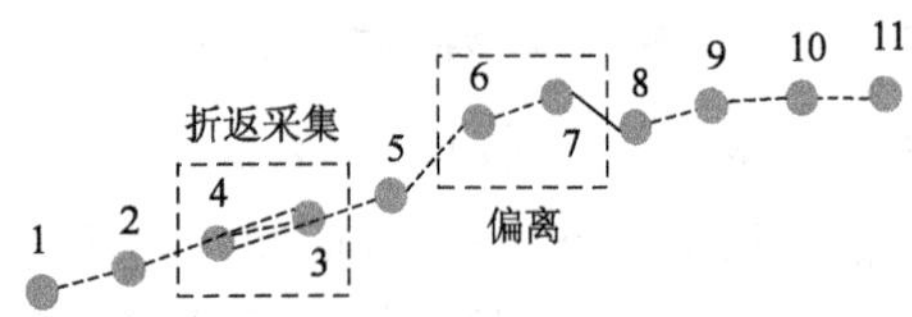

图4 采集数据常见错误

(1)存在折返采集的数据时,按照一般采集点间隔距离,检验相邻两个采样点间距是否符合指标要求。再考虑站场数据整体旋转至相对水平后,同一条径路上各采样点的X坐标应单调递增或者递减。综合以上两点可剔除折返采集的数据。

(2)存在偏离错误的数据时,采用卡尔曼滤波算法,结合异常检测方法进行修正[6]。设当前采样点为S_k,采样点位置坐标及其一阶导数构成状态向量:

$$X_k = [x \quad \dot{x} \quad y \quad \dot{y}]^{\mathrm{T}} \tag{2}$$

基于前一采样点S_{k-1}的位置坐标预测当前采样点为S_k位置坐标的预测方程为:

$$\hat{X}_{\bar{k}} = \boldsymbol{A}(\hat{X}_{k-1}) + \omega_k \tag{3}$$

式中:$\hat{X}_{\bar{k}}$——S_k位置坐标的先验估计值;

$\hat{X}_{k-1}$——S_{k-1}位置坐标的后验估计值;

$\boldsymbol{A}$——状态转移矩阵;

ω_k——过程噪声,服从高斯分布。

$\hat{X}_{\bar{k}}$的协方差$P_{\bar{k}}$为:

$$P_{\bar{k}} = \boldsymbol{A}(P_{k-1})\boldsymbol{A}^{\mathrm{T}} + Q \tag{4}$$

式中:P_{k-1}——$\hat{X}_{k-1}$的协方差;

Q——过程噪声方差的经验值,取0.1。

卡尔曼增益K_k的计算公式为:

$$K_k = \frac{P_{\bar{k}}}{P_{\bar{k}} + R} \tag{5}$$

式中:R——测量噪声方差的经验值,取0.1。

GIS数据中S_k的实际测量值为Z_k,则S_k的位置坐标估计值可由式(6)计算:

$$\hat{X}_k = \hat{X}_{\bar{k}} + K_k(Z_k - \hat{X}_{\bar{k}}) \tag{6}$$

更新$\hat{X}_k$的协方差P_k,用于下一采样点位置的预测。更新公式为:

$$P_k = (I - K_k)P_{\bar{k}} \tag{7}$$

最后计算估计值$\hat{X}_k$与测量值Z_k的距离,并进行异常检测。当两者距离满足式(8)时,保留测量值;反之,以估计值代替测量值,对偏离数据进行修正。

$$\mathrm{DIS}(\hat{X}_k, Z_k) \leqslant \delta_e \tag{8}$$

式中:δ_e——估计值与测量值的距离阈值。

2.2.2 分段拟合

由于GIS径路数据采集的不规律性,一条站内线路的径路数据并不代表一个轨道区段,一条径路可能沿正线贯通整个车站,也可能通过渡线跨越数条股道。为了便于后续区分各段的形态性质,将信号设备标识数据与径路数据精准匹配,需要将站内线路径路数据按一定规则划分为子线路。分段规则如下:

(1)以道岔岔尖为分段点进行分段。

(2)单动道岔岔后曲股线路,在拐点处进行分段。将第i个采样点与起点连接求斜率,得到数组KD_i。

$$\mathrm{KD}_i = \frac{Y_i - Y_1}{X_i - X_1} \tag{9}$$

如果某采样点与起点在同一直线上,数组KD_i在较小范围内波动;当数组KD_i在某处开始单调递增或递减时,该处为拐点。

分段后,站内线路径路数据被划分为若干个子线路,如图5所示。

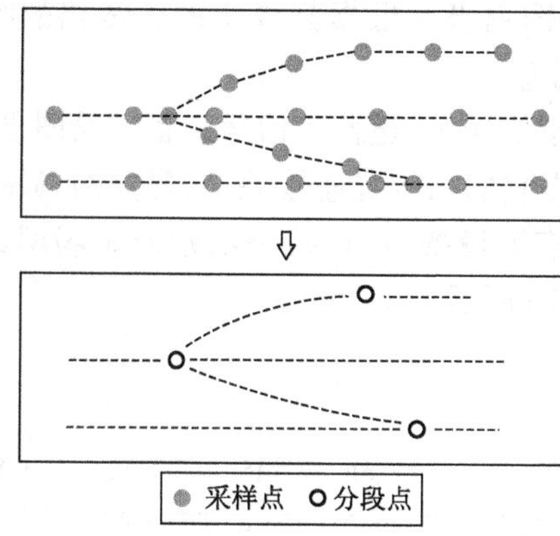

图5　径路分段示意图

分段后的子线路形态有直线和缓和曲线。根据方位角和曲率对子线路进行形态判别。规定“方位角”是从该采样点正北方向起,按顺时针方向至该点方向线之间的夹角。曲率按照方位角的一阶导数近似计算。直线的方位角为定值,曲率恒为0;缓和曲线的方位角呈二次抛物线变化,曲率呈线性变化[7]。

判断子线路形态后,进行线路拟合。对于直线按照最小二乘法进行拟合,得到直线方程;对于缓和曲线按照三次抛物线进行拟合,得到缓和曲线拟合方程。

2.2.3　建立轨道线路拓扑关系

明确子线路之间的连接关系,建立轨道线路拓扑,是后续建立站场图模型的基础。每个子线路分配唯一 ID 作为索引,每个子线路有两端 P1 和 P2,每端至多可以有两个连接的子线路。如图 6所示,对于每个子线路,记录其两端连接的其他子线路的 ID,若无连接,则记为“ -1”。

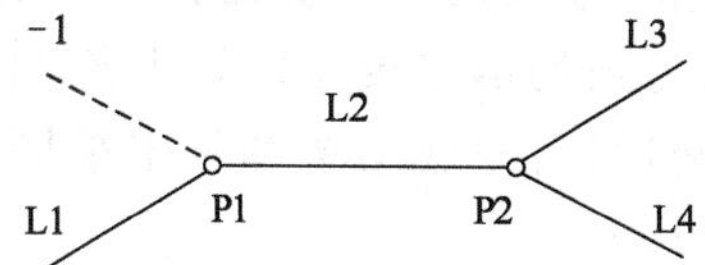

图6　子线路连接关系示意图

将每个子线路抽象为“点”,各子线路之间的连接关系抽象为“边”,则整个站场可以用图形结构表示,拓扑结构如图 7 所示。

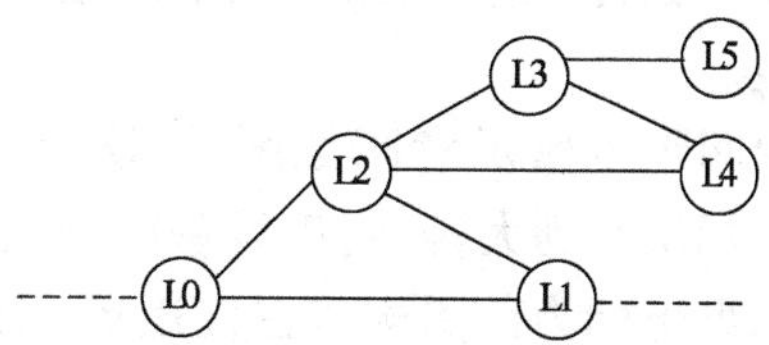

图7　站场子线路拓扑结构(局部)

使用邻接表存储子线路的拓扑关系。在邻接表的顶点元素中存放子线路名称和对应 ID。在邻接点元素中,分别存放两端连接的子线路,存储结构如图 8 所示。

顶点		邻接点1	邻接点2	邻接点3	邻接点4
data	ID	ID	ID	ID	ID
L0	0	-1	-1	1	2
L1	1	0	2	-1	-1
L2	2	0	1	3	4
L3	3	2	4	5	-1
L4	4	2	3	-1	-1
L5	5	3	-1	-1	-1

图8　线路拓扑关系存储结构

2.3　标识数据的处理

2.3.1　属性信息判断

标识数据包含信号机、转辙机、轨道电路送/受电端、变压器箱、终端盒等设备,除经纬度坐标外,还附加了必要的属性信息,如类型、名称、公里标等。还有一些属性信息,需要通过现有数据进一步进行计算和判断。

(1)信号机防护方向的判断。列车信号机的防护方向可以通过其类型和名称来判断,有“下行”“下行反向”“上行”“上行反向”几种。调车信号机的防护方向有“下行”“上行”,由于没有固定规律,需要设计人员根据站场实际设置情况添加。

(2)道岔开向的判断。认为三条子线路的交点处为道岔岔尖,站在道岔岔尖位置面向分叉,“曲股”在“直股”的左侧称为“左开”,反之称为“右开”,如图 9 所示。

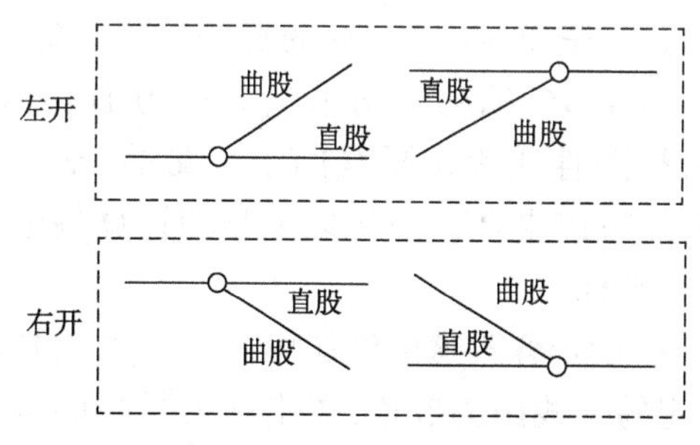

图9　道岔开向示意图

2.3.2　匹配径路数据

数据采集时,径路数据和标识数据是单独采集的。建立轨道线路拓扑只记录了线路之间的连接关系,未与标识数据关联。后续生成室外电缆径路图需要将信号设备标识数据与径路数据进行匹配并建立关联。其中,信号机、转辙机与站内线路匹配,标桩和过轨管与电缆径路匹配。

(1)信号机的匹配。实际站场中,信号机并非贴合轨道线路布置,若仅考虑距离最近,无法确定信号机属于哪条线路。因此,需要结合信号机设置规范进行判断。信号机一般设置在其防护方向的左侧,反向进站信号机设置在右侧。设置在左侧的信号机,与其右侧距离最近的子线路匹配。

(2)转辙机的匹配。转辙机作为道岔转换装置,按距离最近原则,与距其最近的道岔匹配,将转辙机绑定在道岔的"曲股"子线段上,通过转辙机名称获取关联道岔名称。

(3)其余信号设备标识按距离最近原则,与站内子线路或电缆径路进行匹配。

每条子线路建立相应的容器,用于存储和该子线路匹配的信号设备,如信号机容器、转辙机容器、标桩容器和过轨管容器等。同时信号设备记录绑定的子线路信息。

3　室外电缆径路图的生成

3.1　站场图的生成

完成站内线路径路数据的处理和标识数据与径路数据的匹配绑定后,就得到了生成站场图所需要的基础数据。

站场图中绘制的轨道线路有水平线和斜线两种。按照以下规则完成实际轨道线路到站场图轨道线路的映射:实际轨道线路中判断为道岔"曲股"的子线路在站场图中的绘图性质为斜线;其余子线路在站场图中的绘图性质均为水平线。

每条子线路 P1 端的绘图纵坐标记为 DrawStartY,P2 端的绘图纵坐标记为 DrawEndY。其中,绘图性质为水平线的子线路的 DrawStartY 和 DrawEndY 相等。按照以下步骤计算各子线路的绘图坐标:

(1)确定各股道的绘图纵坐标。以出站信号机绑定的子线路为股道,按出站信号机的坐标将股道排序,以固定间隔赋绘图纵坐标。

(2)确定水平子线路的绘图纵坐标。以各股道为起点,结合轨道线路拓扑关系,分别向两端搜索与其连接的水平子线路,将其绘图纵坐标设置为与股道相同。

(3)绘图性质为斜线的子线路,搜索其两端连接的水平线,将该端点连接的水平线的绘图纵坐标赋给该端的绘图纵坐标。

站场图中信号设备的绘图横坐标由其公里标决定,绘图纵坐标根据其绑定的子线路的绘图纵坐标决定。

确定信号机、道岔等信号设备的绘图坐标后,可以根据它们的位置连接关系,建立站场图模型。用 K( )表示设备节点,某测试站的站场型数据结构如图 10 所示。

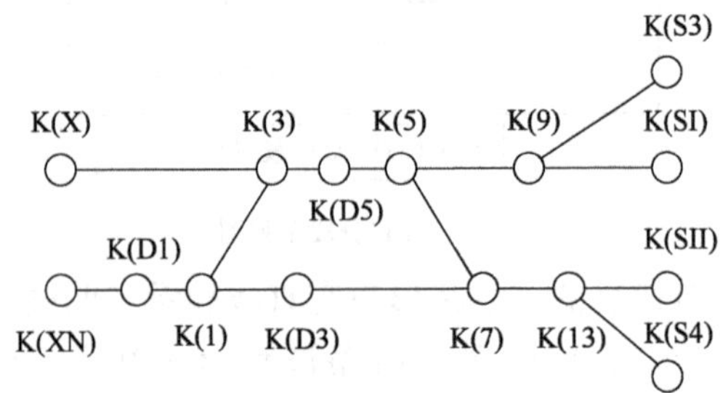

图 10　某测试站站场型数据结构(局部)

结合数据结构特点,对站场中每个信号设备节点按绘图纵坐标定义其高度,绘图纵坐标相同的信号设备节点具有相同的高度。穷举该站场的所有进路始端和终端,使用基于站场型数据结构的高度搜索算法进行进路搜索[8]。搜索出所有进路后,绘制各进路的所有轨道区段,若轨道区段已经绘制则不再重复绘制。

3.2　电缆网络连接设备的布置

电缆网络连接设备主要包括送/受电端连接设备、变压器箱、终端盒和分向盒等。送/受电端布置在绝缘节两侧,一般与信号机处绝缘节或尽头绝缘节关联。电气化铁路区段还配置有扼流变压器。信号机根据类型配置有变压器箱或终端盒。道岔转辙机配置终端盒。

电缆网络连接设备根据距离最近原则,结合配置规则,与站场信号设备绑定并绘制在相应的信号设备坐标处,完成站场图和电缆网络连接设备的初始布局。

考虑到设备绘图时的图元大小,坐标相近时,绘制的设备之间会存在重叠。因此,需要设计图形布局算法,在水平方向上将设备间距拉伸,使设备图元之间不重叠且图纸不能过长。将设备按照坐标相近分成若干组,先组内调整间距,然后调整组间间距。

组内间距调整示意图如图 11 所示。组内设备按横坐标从小到大排序,以设备图元最大、最小横坐标和纵坐标为范围构建占位矩形。若相邻两设备占位矩形存在重叠,则将靠右的设备向右平移,直至不存在重叠。

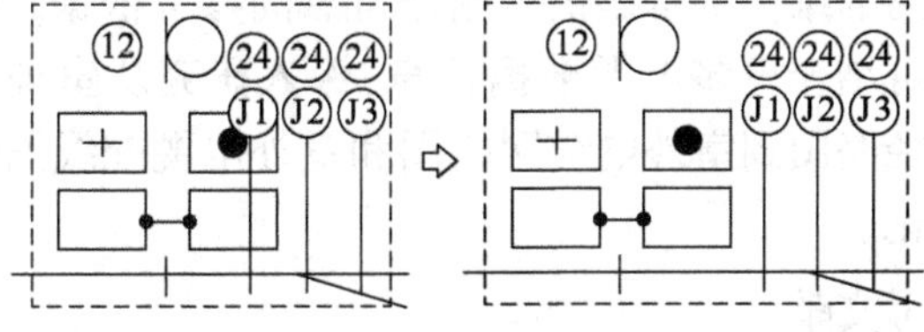

图11 组内设备间距调整示意图

组内调整完成后,进组间间距调整,组间间距调整示意图如图12所示。以组为单位,构建各组的占位矩形,并按照组的最小横坐标从小到大进行排序。若两组的占位矩形之间存在重叠,则将靠右的设备组向右平移。为了保证所有设备的相对位置关系正确,凡是在其右侧的所有组,均向右平移相同的距离。

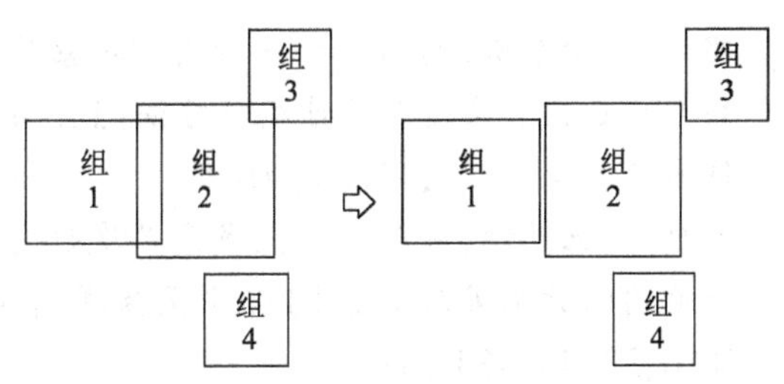

图12 组间间距调整示意图

根据调整后的坐标更新设备绘图坐标数据,重绘站场图和电缆网络连接设备。

3.3 电缆径路的布置

生成站场图和布置电缆网络连接设备后,在此基础上,结合电缆径路数据,布置干线电缆径路和控制电缆径路。

干线电缆径路从信号楼出发,分咽喉铺设,依次连接与干线电缆径路匹配的电缆标桩,必要时可经过轨管穿过轨道。

控制电缆径路主要包括信号机控制电缆、道岔控制电缆和轨道电路控制电缆。信号机控制电缆连接信号机的变压器箱或终端盒,构成信号机电缆网络;道岔控制电缆连接转辙机的终端盒,构成道岔电缆网络;轨道电路控制电缆连接轨道电路的送/受电端,构成轨道电路送电、受电网络。控制电缆径路连接至干线电缆径路,可经过轨管穿过轨道。

4 软件实现

按照上述方法,结合工程实际需求,进行基于ObjectARX的CAD二次开发,软件以插件形式在CAD中运行。将软件按功能划分为数据读取与处理、站场图生成、电缆网络连接设备布置、电缆径路布置、图元自定义实体和人机交互模块。软件执行流程如图13所示。

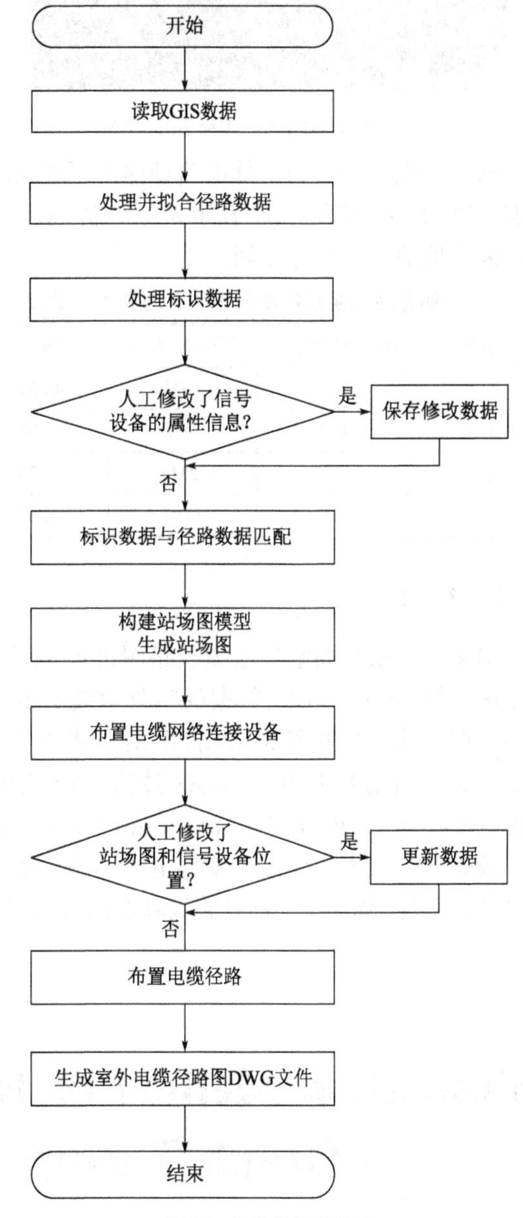

图13 软件执行流程图

其中,图元自定义实体模块按照制图规范创建所有绘图图元的自定义实体,自动绘制时调用相应图元。结合人机交互模块,设置绘图图元选项板,供设计人员进行修改和调整。

软件应用于多个车站,用实际GIS数据进行测试,某测试站室外电缆径路图生成效果如图14所示。图中左侧为绘图图元选项板,可以点击相应按钮绘制实体;右侧为CAD中生成的室外电缆径路图。

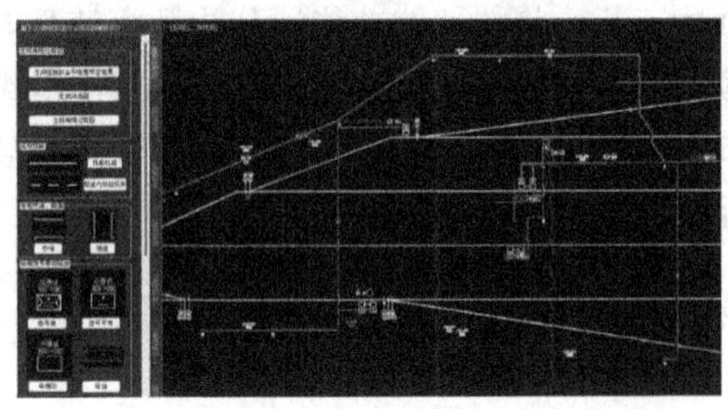

图 14　某测试站室外电缆径路图(局部)

软件生成部分站场室外电路径路图平均耗时如表 1 所示。结果表明,相较于人工绘制,采用该软件极大地缩短了设计时间。

部分站场生成电路径路图平均耗时　表 1

车站	径路采样点(个)	标识采样点(个)	耗时(s)
关 *	5332	1006	36.35
隆 *	4577	680	30.07
昆 *	2998	231	17.56
三 *	7114	1210	43.45

5　结语

本文结合铁路局室外电缆径路图设计工程实际需求,设计了基于 GIS 数据的室外电缆径路图自动生成方法。应用结果表明,采用上述方法可以依据真实站场和电缆径路 GIS 数据,自动绘制室外电缆径路图,该方法是设计室外电缆径路图的有效方法。该方法提高了室外电缆径路图设计的自动化程度,解决了当前铁路局存在的图实不符的难题,生成的室外电缆径路图为信号设备、电缆径路的维护维修提供了精准可靠的参考依据。未来可结合更多电缆数据信息,深入研究从室外电缆径路图到室外电缆网路图和室外电缆配线图的转化。

参考文献

[1] 林瑜筠. 计算机联锁图册[M]. 3 版. 北京:中国铁道出版社有限公司,2023.

[2] 于莎莎. 铁路信号电缆管理系统的设计与实现[D]. 石家庄:河北师范大学,2016.

[3] 李晓明. 联锁室外电缆径路图的自动生成[D]. 成都:西南交通大学,2022.

[4] 崔蓓,金妮,吴熙. 铁路信号地理信息系统建设[J]. 城市勘测,2016(2):35-38,43.

[5] 胡远志,李东峻,刘西,等. 一种用于场景仿真的 GIS 数据真实道路快速构建方法[J]. 实验技术与管理,2022,39(8):90-95.

[6] 左自辉,王开锋,许聪,等. 生成高精度轨道电子地图的数据处理方法[J]. 中国铁道科学,2016,37(4):134-138.

[7] 陶维杰,蔡伯根,王剑,等. 数字轨道地图平面线形特征提取方法研究[J]. 铁道学报,2019,41(9):81-87.

[8] 王文波,马学霞. 铁路车站计算机联锁软件进路搜索算法研究[J]. 铁路计算机应用,2016,25(4):63-66.

Simulation Method of Railway Relay Circuits Based on Graph Theory and Cellular Automata

Jiyu Yu[1]　Ming Yang[*1,2]　Yang Yang[1]　Yin Tong[1]　Liang Ma[1]

(1. School of Information Science and Technology, Southwest Jiaotong University;

2. CRSC Research and Design Institute Group Co., Ltd, Communication and Signal Design Institute)

Abstract　The existing simulation methods for relay circuits have a complex and opaque analysis process. To address these issues, a logic function simulation method for relay circuits based on Graph Theory and Cellular Automata (CA) is proposed. Firstly, a formal description of relay circuits was given, and the circuit structure was simplified by using short circuits; subsequently, the rules for abstracting relay circuit into directed graph were

Foundation: National Natural Science Foundation of China (62373313).

formulated, and the judgement rules for the direction of edges were analysed in detail based on Kirchhoff's Current Law (KCL); additionally, the CA model of the relay circuits was constructed; finally, the home signal lighting circuit was used as a test case to verify the method's correctness. The simulation results were consistent with the actual execution of circuit, indicating that this method can accurately simulate the execution process of relay circuits.

Keywords Railway relay circuit Cellular automata Graph theory Simulation method

0 Introduction

Relay circuits are circuits that use relays as the basic logic control components (Liu, 2019). Relay circuits are widely used in railway traffic signal control due to their high stability and reliability. However, the relay circuit structures are complex, making manual analysis tedious and prone to errors. Therefore, it is imperative to propose a logic function simulation method for relay circuits.

When simulating relay circuits, it is necessary to use Graph Theory to describe the circuit's topological structure. Mou (1981) first proposed the use of Graph Theory to analyse sequential circuits. In addition, many scholars constructed circuit models in terms of components, Wang et al. (2012) used binary trees to construct the circuit analysis model, Zhang et al. (2007) and Yang et al. (2018) constructed undirected graphs of circuits, while Pu (2013) abstracted circuits as directed graphs. To analyse large-scale circuits, Zheng and Yang (2020) proposed the concept of short circuits, which simplifies the circuit structure by combining a number of components into a single short circuit.

The above methods of simulating relay circuits have certain limitations. Firstly, the analysis process is complex, and the existing path search methods need to reconstruct the circuit connection relationship (Li, 2018) or produce a large number of useless paths (Xu, 2011). Secondly, the simulation process is opaque, making it difficult to intuitively display the state changes of components and the influence relationship between components during the simulation process.

Cellular Automata (CA) is a dynamical system defined on a cellular space composed of discrete and finite state cells (Li and Wu, 2013). It evolves in discrete time dimensions according to certain local rules. CA can simulate dynamic processes in strongly coupled nonlinear systems, making it excellent for modelling complex systems and concurrent processes (Malecki, 2017). It is highly suitable for simulating the execution process of relay circuits. Yu et al. (2019) introduced the concept of CA into the power system, constructed the CA model of power grid faults, and proved the feasibility of using CA to analyse the circuit system.

By combining the advantages of Graph Theory and CA, we proposed the relay circuit simulation method. This method constructed the directed graph model of relay circuits with the short circuit as the basic unit, making it possible to analyse large-scale relay circuits. Meanwhile, we proposed the direction determination rules based on Kirchhoff's Current Law (KCL), which can avoid searching for irrelevant pathway. Finally, we constructed the CA model to visualise the circuit execution process and the components' state changes.

1 Railway relay circuit

1.1 Formal description of relay circuit

Definition 1: The relay circuit is a seven-tuple: $RC=(P,W,G,K,J,F,St(y))$, where

(1) P denotes the power supply, $P = P_{ZZ} \cup P_{JZ} \cup P_{ZF} \cup P_{JF}$, where P_{ZZ}, P_{JZ}, P_{ZF} and P_{JF} respectively represent the positive Direct Current (DC) power supply, the positive Alternating Current (AC) power supply, the negative DC power supply and the negative AC power supply;

(2) W denotes relay coils, $W = W_W \cup W_Y \cup W_P \cup W_Z$, where W_W, W_Y, W_P, W_Z respectively denote the coils of neutral relay, polarized relay, polar biased relay and rectifier relay;

(3) G denotes relay contacts and switch contacts, $G = G_F \cup G_M \cup G_B \cup G_O$, where G_F, G_M, G_B respectively denote front contacts, middle contacts and back contacts of relay, while G_O denotes the contacts of switch;

(4) K denotes loads, which do not impact the structure of the circuit;

(5) J denotes connection points. The connection point is a junction where the branches of a circuit meet, and it connects at least three branches;

(6) F denotes the matching relationship between relay contacts and coils: $\forall g \in (G/G_O)$, $\exists!\ w = F(g)$, $w \in W$ and $\forall w \in W$, $\exists G' = F^{-1}(w)$, $G' \subset G$;

(7) $St(y)$ is a state function.

$\forall w \in W$, $St(w) \rightarrow \{0, 1, 2\}$ denotes the energization state of relay coil, where 0 means the coil is powered off, 1 means the coil is powered forward, and 2 means the coil is powered backward.

$\forall g \in G$, $St(g) \rightarrow \{0,1\}$ denotes the state of the contact, where 0 means the contact is disconnected, and 1 means the contact is connected.

The state of contacts and coils in a relay circuit satisfy the following rules:

Rule 1: The state of the middle contacts is always connected: $\forall g_m \in G_M$, $St(g_m) = 1$;

Rule 2: $\forall w \in W$, $G_F(w)$ and $G_B(w)$ respectively denote the set of front contacts and the set of back contacts corresponding to w. All elements in $G_F(w)$ are in the same state and all elements in $G_B(w)$ are in the same state, and the sum of these two states equals to 1;

Rule 3: The state of the relay contact is determined by the state of its corresponding coil. For slow-acting relays, the relay contact state changes after the coil state changed and the slow-acting time has elapsed. For other relays, the state of relay contact and coil change simultaneously.

The impact of the coil state on the contact state is shown in Table 1, where $\{St(g_f), St(g_b)\}$ indicates the state of contact, $g_f \in G_F(w)$ and $g_b \in G_B(w)$.

Impact of Coil on Contact State Table 1

Type	State		
	St(w) = 0	St(w) = 1	St(w) = 2
$w \in W_W$	{0,1}	{1,0}	{1,0}
$w \in W_Y$	Same as before	{1,0}	{0,1}
$w \in W_P$	{0,1}	{1,0}	{0,1}
$w \in W_z$	{0,1}	{1,0}	No such state

1.2 Short circuit of relay circuit

To simplify the analysis process, this paper divided the relay circuit into multiple short circuits based on boundary points.

SC denotes short circuits. The short circuit is a circuit that has two boundary points as endpoints and includes all components between them.

BP denotes boundary points, $BP = P \cup J \cup G_{BP}$, where G_{BP} denotes the middle contact of the contact group that all contacts form the circuit. If there are no components between two boundary points, they should be merged into a single boundary point.

The mapping $B: SC \rightarrow BP$ denotes the boundary points that belong to a short circuit: $\forall sc \in SC$, $B(sc) = \{bp_1, bp_2\}$, $bp_1, bp_2 \in BP$.

To determine the energisation direction of the coil (w), $BP_1(w)$ and $BP_2(w)$ record the closest boundary points to the positive and negative terminals of w, respectively.

1.3 Relay circuit of test case

This paper used the home signal lighting circuit of the computer-based interlocking system as a test case. The home signal lighting circuit controls and provides feedback for the home signal display information. Figure 1 shows the circuit diagram for this circuit.

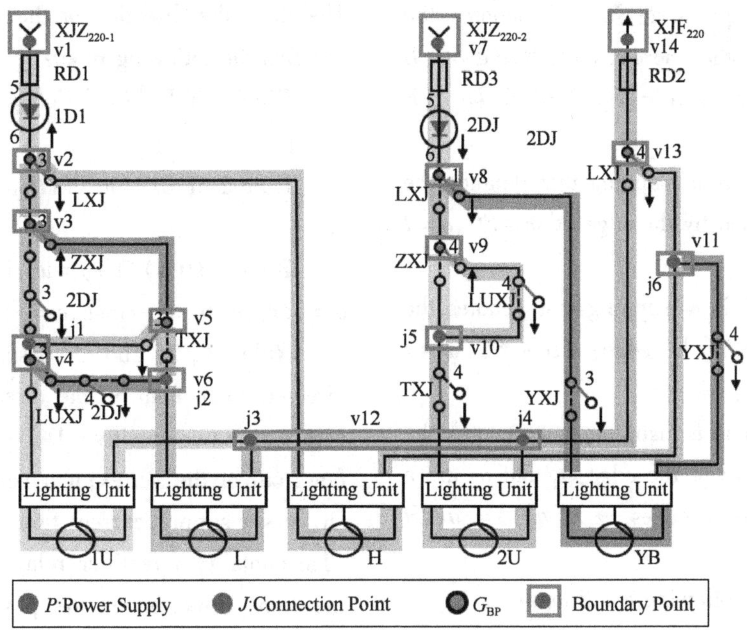

Figure 1 Circuit Diagram of Test Case

There are five lighting units and filament circuits of this circuit. Each lighting unit and filament circuit is treated as a whole and represented by a switch contact g_{o-x}, where x indicates the colour of the signal light. If both the main and secondary filament are burnt out, $St(g_{o-x})=0$. Otherwise, $St(g_{o-x})=1$.

Partial components information of this circuit is shown in Table 2.

Partial Information of Test Case Table 2

Type	Components
P	XJZ_{220-1}, XJZ_{220-2}, XJF_{220}
W_W	LXJ, YXJ, TXJ, ZXJ, LUXJ
W_Z	1DJ, 2DJ
G_O	g_{O-L}, g_{O-H}, g_{O-1U}, g_{O-2U}, g_{O-YB}
K	RD_1, RD_2, RD_3
J	j_1, j_2, j_3, j_4, j_5, j_6
G_{BP}	LXJ_{31}, LXJ_{11}, LXJ_{41}, ZXJ_{31}, ZXJ_{41}, TXJ_{31}, $LUXJ_{31}$

There are no components between $\{j_1, LUXJ_{31}\}$ and $\{j_3, j_4\}$. Therefore, the set of boundary points of the circuit is: $BP = \{XJZ_{220-1}, XJZ_{220-2}, XJF_{220}, LXJ_{31}, LXJ_{11}, LXJ_{41}, ZXJ_{31}, ZXJ_{41}, TXJ_{31}, j_2, j_5, j_6, h_1, h_2\}$, where $h_1 = \{j_1, LUXJ_{31}\}$ and $h_2 = \{j_3, j_4\}$.

The circuit between two boundary points was divided into short circuits, as shown in Figure 1. The different colours of the adjacent circuits indicate distinct short circuits.

2 Directed graph of relay circuit

2.1 Definition of directed graph

The directed graph is a graph composed of a set of vertexes and directed edges that connect these vertexes, denoted as: $D=(V,A)$, $A \subseteq V \times V \setminus \{(v,v) \mid v \in V\}$, where V and A represent the vertex set and edge set of the directed graph, respectively.

Definition 2: The directed graph of the relay circuit is denoted as a six-tuple $D=(V,A,Z,Q,H,Di)$. It abstracts short circuits as edges and boundary points as vertexes, and uses the direction of edges to indicate the direction of current.

2.2 Rules for mapping directed graph

The process for mapping a relay circuit into a directed graph satisfies the following rules:

Rule 1: Vertexes denote the boundary points of the relay circuits. The mapping $E: BP \rightarrow V$ denotes the vertex corresponding to the boundary point: $\forall bp \in BP, \exists v \in V \rightarrow E(bp)=v$.

$V = V_Z \cup V_F \cup V_M$, where V_Z, V_F and V_M respectively denote the starting vertex, the ending vertex and the intermediate vertex: $V_Z = \{v \mid bp \cap (P_{ZZ} \cup P_{JZ}) \neq \varnothing\}$, $V_F = \{v \mid bp \cap (P_{ZF} \cup P_{JF}) \neq \varnothing\}$, $V_M = \{v \mid bp \cap P = \varnothing\}$;

Rule 2: Edges denote the short circuits of the

relay circuits. The mapping $I: SC \rightarrow A$ denotes the edge corresponding to the short circuit: $\forall sc \in SC, B(sc) = \{bp_1, bp_2\}$, $\exists a \in A, a = I(sc) = \{E(bp_1), E(bp_2)\}$;

Rule 3: $Z: A \rightarrow G$ is a mapping that denotes the set of contacts contained by the edge: $\forall sc \in SC, a = I(sc)$, $Z(a) = sc \cap G$;

Rule 4: $Q: A \rightarrow W$ is a mapping that denotes the set of coils contained by the edge: $\forall sc \in SC, a = I(sc)$, $Q(a) = sc \cap W$;

Rule 5: $H: A \rightarrow A$ is a mapping that denotes the mutually exclusive edge of the edge: a_1 and a_2 are a pair of mutually exclusive edges $\rightarrow H(a_1) = a_2, H(a_2) = a_1$.

a_1, a_2 satisfy the following conditions:

(1) a_1 and a_2 have the same vertex, and the vertex corresponds to relay middle contact: $a_1 \cap a_2 = E(bp), bp \in G_M$;

(2) a_1 and a_2 respectively contain the front contact and the back contact of the same relay: $F(bp) = w, (F^{-1}(w) \cap Z(a_1)) \in G_F$ and $(F^{-1}(w) \cap Z(a_2)) \in G_B$.

2.3 Rules for determining rdge direction

$Di(v): V \rightarrow \{-1, 0, 1\}$ denotes the direction of current at the vertex, where -1 and 1 respectively indicate that the current flows into and out of the vertex, and 0 indicates that the current is bidirectional.

$\forall a \in A, a = \{v_1, v_2\}$, there are three possible directions for a:

(1) The current flows from v_1 to v_2: $Di(v_1) = 1$, $Di(v_2) = -1, a = <v_1, v_2>$;

(2) The current flows from v_2 to v_1: $Di(v_1) = -1, Di(v_2) = 1, a = <v_2, v_1>$;

(3) The edge is bidirectional, there are two directed edges between v_1 and v_2: $Di(v_1) = Di(v_2) = 0, \exists a_1, a_2 \in A, a_1 = <v_1, v_2>, a_2 = <v_2, v_1>$.

Based on the above cases, the direction of an edge can be denoted by using one of its vertexes. For instance, $a: Di(v_1)$ and $a: Di(v_2)$ can be used to denote the direction of a.

According to KCL, the total current flowing into a vertex is equal to the total current flowing out of it. Therefore, the direction of the edge ($a = \{v_1, v_2\}$) satisfies the following rules:

Rule 1: if $E^{-1}(v_1) \cap P_{ZZ} \neq \varnothing$, then $a = <v_1, v_2>$;

Rule 2: if $E^{-1}(v_1) \cap P_{ZF} \neq \varnothing$, then $a = <v_2, v_1>$;

Rule 3: $Q(a) \cap W_Z = w_z$, if $v_1 = BP_1(w_z)$, then $a = <v_1, v_2>$; otherwise, $a = <v_2, v_1>$;

Rules 1, 2, and 3 describe the effect of a directed component on the direction of an edge. If a vertex contains positive DC power supply, current flows out of the vertex; if a vertex contains negative DC power supply, current flows into the vertex; if an edge contains a rectifier relay coil, current flows in the same direction as the positive direction of the rectifier relay.

Before introducing the remaining rules, the following definition is presented.

Definition 3: $\forall v \in V$, the degree of v is defined as the number of edges that contain v, denoted as $deg(v)$.

Rule 4: $\forall v_i \in V$, if $deg(v_i) = n (n \geqslant 2)$, then $\exists A' = \{a_1, \ldots, a_n \mid a_1 \cap \cdots \cap a_n = v_i\} \subseteq A$, if $a_i: Di(v_i) \neq 0$, then $\exists a_{i-1} \in A', a_{i-1}: Di(v_i) + a_i: Di(v_i) = 0$;

Rule5: $\forall v_i \in \mathrm{V}$, if $deg(v_i) = 2$, then $\exists a_1, a_2 \in \mathrm{A}, a_1 \cap a_2 = v_i$ and $a_1: Di(v_i) + a_2: Di(v_i) = 0$;

Rule 6: This rule is based on rule 4 ($n \geqslant 3$), if $H(a_1) = a_2$, and $a_3: Di(v_i) = \cdots = a_n: Di(v_i)$, then $a_1: Di(v_i) = a_2: Di(v_i) = -1 \times a_3: Di(v_i)$.

Rules 4, 5, and 6 outline the rules for inferring unknown direction edges based on known direction edges.

Rule 4 provides a formal description of KCL in relay circuits. It states that if there exists an input current at a vertex, then there must exist an output current.

Rules 5, 6 are the generalization of Rule 4. Rule 5 states that when a vertex is associated with only two edges, these edges must have the same direction. Rule 6 states that if a vertex is associated with a pair of mutually exclusive edges and other edges with the same direction, the direction of the mutually exclusive edges should be the same as the other edges.

Figure 2 illustrates the rules for determining the direction of edges in detail.

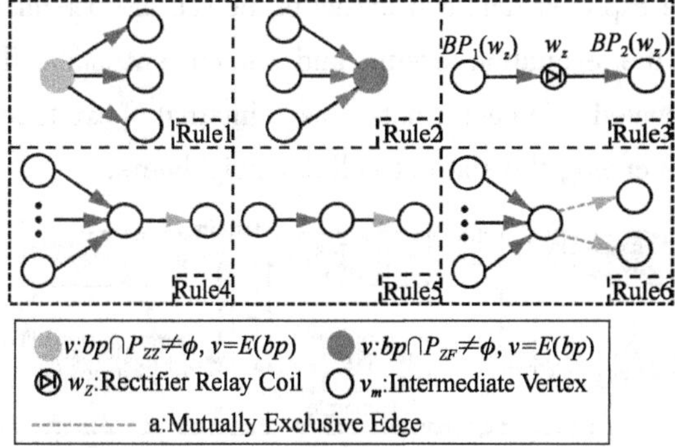

Figure 2 Rules for Determining Edge Direction

2.4 Directed graph of test case

According to the mapping rules from directed graph to relay circuits, the test case generated the directed graph shown in Figure 3, where the edges of the same colour (except black) denote the mutually exclusive edges.

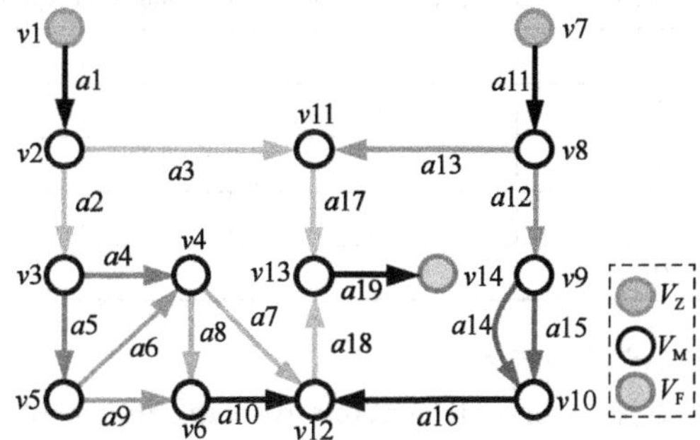

Figure 3 Directed Graph of Test Case

Each edge stores information in the format illustrated in Table 3.

Information Storage Format for Edge

Table 3

Symbol	Content
$Z(a_5)$	$\{ZXJ_{31}, ZXJ_{32}, TXJ_{31}\}$
$Q(a_5)$	$\varnothing$
$H(a_5)$	$\{a_4\}$
$Di(a_5)$	$a_5: Di(v_3) = 1$ or $a_5: Di(v_5) = -1$

3 CA model of relay circuit

The directed graph of a relay circuit describes the connection relationships and current direction of short circuits. However, it cannot represent the dynamic changes in circuit structure and state. In this section, we constructed the CA model of relay circuits to perform logical analysis of relay circuits.

3.1 Definition of CA model

Definition4: The CA model is a five-tuple: $CA = (C, L, S, N, f)$, where

(1) C denotes the set of cells, each edge in the directed graph is abstracted as a cell. The mapping $h: A \to C$ denotes the cell corresponding to the edge: $\forall a \in A, \exists c \in C, h(a) = c$;

(2) L denotes the cellular space. The cellular space of traditional CA model is characterized by a regular linear or grid structure. However, the distribution of cells in relay circuits is related to the circuit structure. Therefore, the cellular space of relay circuits is represented as a two-dimensional irregular grid structure of circuits;

(3) S denotes the cellular state. $\forall c \in C$, $S(c) \to \{0,1,2\}$ denotes the state of c, where 0, 1 or 2 respectively indicate whether the short circuit is disconnected, connected but not energized, or energized;

(4) N denotes the set of cellular neighbours. $N = N_M \cup N_E$, where N_M denotes the motivating neighbours, and N_E denotes the pathway neighbours;

(5) f denotes the evolution rules. These rules are state transfer functions that describe how the cellular state transitions to the next moment based on its current state and cellular neighbours.

3.2 Rules for determining neighbours

$\forall c \in C, N_M(c)$ and $N_E(c)$ respectively denote the motivating neighbours and pathway neighbours of c.

The following definition form the basis for determining cellular neighbours.

Definition 5: In the directed graph, $p = v_0\ a_1 v_1\ a_2 \cdots a_n v_n$ is an alternating sequence of vertexes and edges, where $v_i \in V, a_i \in A$, then p is called a path from v_0 to v_n. The trace is a path that does not contain the same edges, abbreviated as (v_0, v_n) trace.

There might be multiple (V_Z, V_F) traces in a relay circuit. The edges passed by the *ith* trace are stored sequentially in the array T_i. The array N_{Ei} is obtained by mapping all the edges in T_i to cells.

$\forall a \in A$, $h(a) = c$, the cellular neighbours of c satisfy the following rules:

Rule 1: If $Q(a) \neq \varnothing$, then the cells containing the relay's front contact or back contact are the motivating neighbours of c, denoted as $N_M(c)$. Additionally, c is called the motivating cell of $N_M(c)$;

Rule 2: If c exists in N_{Ei}, then all cells in N_{Ei}, except for c, are pathway neighbours of c. The pathway neighbours on the *ith* trace are stored sequentially in the array $N_{Ei}(c)$, and the two-dimensional array $N_E(c)$ is used to store all $N_{Ei}(c)$.

3.3 Rules for CA evolution

The excitation events in the relay circuit's CA model can be classified into external excitations and internal excitations. External excitations are generated by input signals to the circuit, while internal excitations are generated by the cellular neighbours.

$\forall c \in C(h(a) = c)$, $S^t(c)$ denotes the current state of c and $S^{t+1}(c)$ denotes the expected state of c.

Figure 4 shows the process of cellular evolution. The expected state and impact of the cell are determined by the excitation events and its current state. The expected impact acts as internal excitation, influencing the state of cellular neighbours.

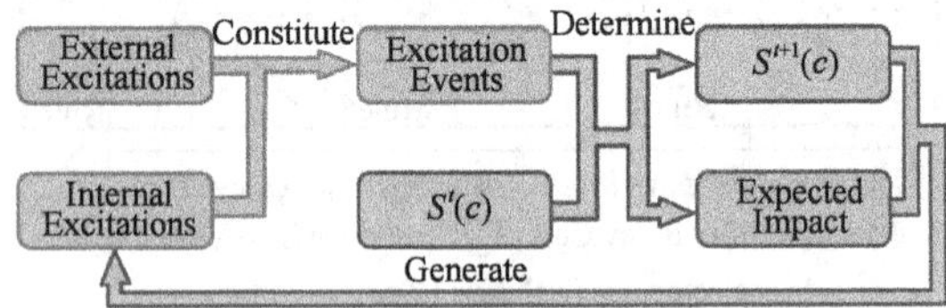

Figure 4 Cellular Evolution Process

This paper presented the evolution rules of CA in the format of "*Excitation Event-Current State-Expected State-Impact*", which is "If *Excitation Event* and *Current State*, then *Expected State* and *Impact*".

The five cases of cellular state evolution are shown in Table 4.

Cellular Evolution Cases Table 4

Case	Event	$S^t(c)$	$S^{t+1}(c)$	Impact on $N_M(c)$	Impact on $N_E(c)$
1	e_1	0	1	—	i_1
2	e_2	1	2	i_2	i_3
3	e_3	2	1	i_4	i_5
4	e_4	2	0	i_4	i_5
5	e_4	1	0	—	—

e_4 has the highest priority among all excitation events, which means that if a cell satisfies both *Case*3 and *Case*4, *Case*4 will be executed with priority. Similarly, if a cell satisfies both *Case*2 and *Case*5, *Case*5 will be executed with priority.

The specific meanings of the events and impacts in Table 4 are as follows:

(1) e_1: All the contacts in the cell are connected: $\forall g \in Z(a), St(g) = 1$.

(2) If a cell does not contain any contacts, then the cellular state cannot be disconnected: if $Z(a) = \varnothing, S(c) = 1$ or $S(c) = 2$.

(3) e_2: There exists at least one array of pathway neighbours for the cell, and all pathway neighbours in the array are not disconnected: $\exists N_{Ei}(c) \in N_E(c)$, $\forall c' \in N_{Ei}(c), S(c') \neq 0$.

(4) e_3: All pathway neighbour arrays of the cell contain disconnected cells: $\forall N_{Ei}(c) \in N_E(c)$, $\exists c' \in N_{Ei}(c), S(c') = 0$.

(5) e_4: The cell contains disconnected contacts: $\exists g \in Z(a), St(g) = 0$.

(6) i_1: The pathway neighbours of the cell may satisfy *case*2: if $c' \in N_{Ei}(c)$, c' may satisfy *case*2.

(7) i_2: If there exist coils in the cell, then each coil will be powered, which will have an impact on the motivating neighbours of the cell: if $Q(a) \neq \varnothing$, $\forall w \in Q(a), St(w) = 1$ or $St(w) = 2$.

(8) i_3: The expected state of all cells in $N_{Ei}(c)$ are energized: $\forall c' \in N_{Ei}(c), S^{t+1}(c') = 2$.

(9) i_4: If there exist coils in the cell, then each coil will be powered off, which will have an impact on the motivating neighbours of the cell: if $Q(a) \neq \varnothing$, $\forall w \in Q(a), St(w) = 0$.

(10) i_5: The pathway neighbours of the cell may satisfy *case*3: if $c' \in N_{Ei}(c)$, then c' may satisfy *case*3.

i_1, i_3 and i_5 represent the impact of the cell on its pathway neighbours, while i_2 and i_4 represent the impact of the cell on its motivating neighbours.

The specific impacts of the cell on its motivating neighbours are as follows:

(1) The impact of cell on coils.

If all cells in $N_{Ei}(c)$ are energized, it is necessary to determine the direction of energisation of relay coils. c_{n-1} denotes the previous cell of c in $N_{Ei}(c)$:

$\forall w \in Q(a)$, if $h^{-1}(c_{n-1}) \cap h^{-1}(c) = BP_1(w)$, then $St(w)=1$; otherwise, $St(w)=2$;

(2) The impact of coil on motivating neighbours: As shown in Table 1, the state change of the relay coil will affect the state of the relay contacts in the motivating neighbours, which may cause the motivating neighbours to satisfy *Case*1, *Case*4 or *Case*5.

3.4 CA model of test case

The test case's CA model is shown in Figure 5. This model consists of nineteen short circuit cells and five external excitation cells. The short circuit cells correspond to edges in the directed graph, meaning that $c_i = h(a_i)$. The external excitation cells are c_L, c_Y, c_T, c_{LU}, c_Z, which correspond to the circuits where the coil of LXJ, YXJ, TXJ, LUXJ, and ZXJ are located.

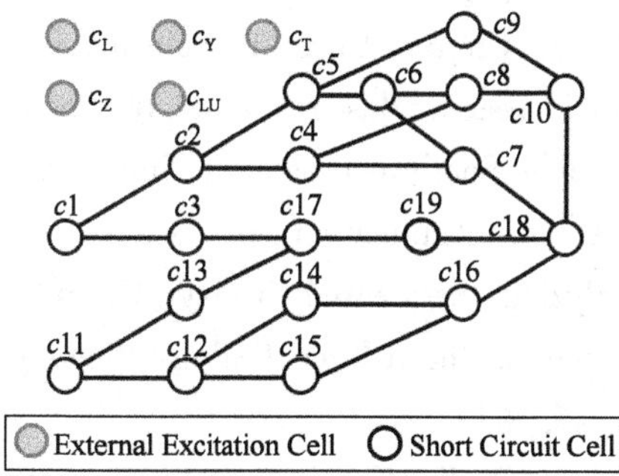

Figure 5 CA Model of Test Case

The CA model consists of six motivating cells and nine arrays of pathway, as shown in Table 5 and Table 6.

Motivating Neighbour of CA Table 5

$N_M(c)$	Cell	$N_M(c)$	Cell
$N_M(c_T)$	c_6, c_9, c_{16}	$N_M(c_Y)$	c_{13}
$N_M(c_Z)$	c_4, c_5, c_{14}, c_{15}	$N_M(c_{LU})$	c_7, c_8, c_{15}
$N_M(c_L)$	$c_2, c_3, c_{12}, c_{13}, c_{17}, c_{18}$	$N_M(c_{11})$	c_4, c_8

Pathway Array of CA Table 6

N_{Ei}	Cell	N_{Ei}	Cell
N_{E1}	$c_1, c_2, c_4, c_7, c_{18}, c_{19}$	N_{E2}	c_1, c_3, c_{17}, c_{19}
N_{E3}	$c_1, c_2, c_4, c_8, c_{10}, c_{18}, c_{19}$	N_{E4}	$c_{11}, c_{13}, c_{17}, c_{19}$
N_{E5}	$c_1, c_2, c_5, c_6, c_7, c_{18}, c_{19}$	N_{E6}	$c_{11}, c_{12}, c_{14}, c_{16}, c_{18}, c_{19}$
N_{E7}	$c_1, c_2, c_5, c_9, c_{10}, c_{18}, c_{19}$	N_{E8}	$c_{11}, c_{12}, c_{15}, c_{16}, c_{18}, c_{19}$
N_{E9}	$c_1, c_2, c_5, c_6, c_8, c_{10}, c_{18}, c_{19}$		

4 Test case simulation verification

This section used CA model to simulate three usage scenarios of the home lighting circuit. Table 7 shows the meaning and operation of each scenario, with '↑' indicating the relay is pick-up and '↓' indicating it is released.

Simulation Test Scenarios Table 7

Scenario	Meaning	Operation
1	Normal State: H lamp on	LXJ↓, TXJ↓, LUXJ↓, YXJ↓, ZXJ↑
2	LU lamp on	LXJ↑, LUXJ↑
3	all filaments of 2U lamp are broken	$St(g_{0-2U})=0$
		1DJ↓→(LXJ↓, LUXJ↓)

The execution process and results of the circuit are analysed by recording the evolution case and the state of the short circuit cell at discrete time points.

Figure 6 shows the evolution case of all short circuit cells during the simulation, while Figure 7 shows the state of key cells during the simulation. The steady state indicates that there are no generated excitation events in this model.

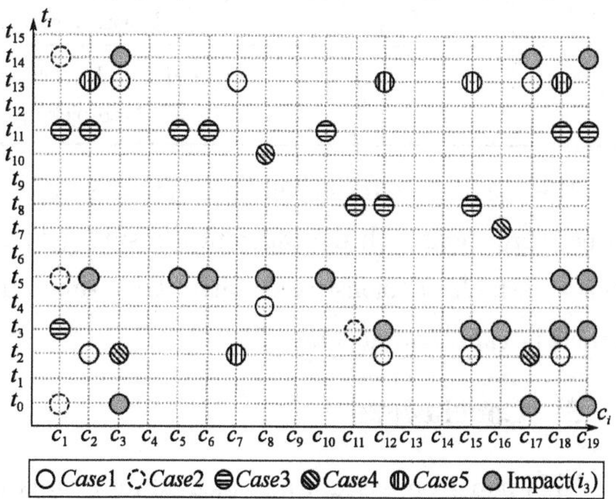

Figure 6 Evolution Case of CA Model

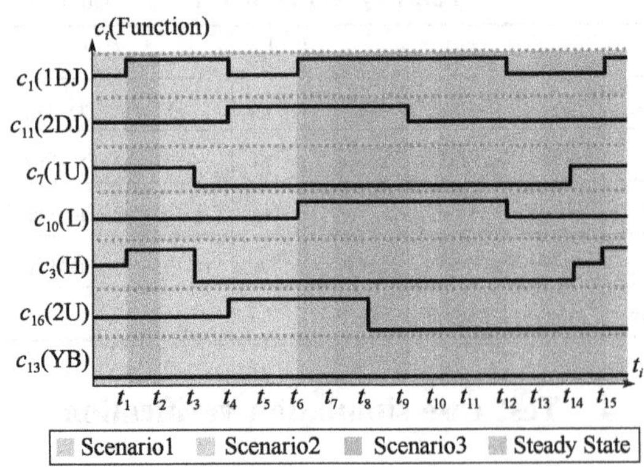

Figure 7 Key Cell State of CA Model

The meanings of the five steady states in Figure 7 are as follows: $t_1 - t_2$, $t_6 - t_7$ and $t_{15} - t_n$ denote the end of test scenario and waiting for subsequent external excitation; $t_9 - t_{10}$ denote the slow-release process of 2DJ, and $t_{12} - t_{13}$ denote the slow-release process of 1DJ.

Scenario 2 was used as an example to demonstrate the simulation process of this model. The execution results and meanings at each discrete time point in Scenario 2 are shown in Table 8.

Execution Results of Scenario2 Table 8

Parameter	Execution Result	State Meaning
t_2	LXJ ↑ ,LUXJ ↑	External Excitation
t_3	$S(c_3) = 0$	H lamp is off
t_4	$S(c_{16}) = 2$	2U lamp is on
	$S(c_{11}) = 2$	2DJ ↑
	$S(c_1) = 1$	1DJ starts slow release
t_5	$S(c_8) = 1$	Lighting circuit of L lamp is connected
t_6	$S(c_{10}) = 2$	L lamp is on
	$S(c_1) = 2$	1DJ stop slow release and keep pick-up

The simulation results of the test case were in perfect agreement with the theoretical results (Yang, 2012), which demonstrated that the simulation method is valid and accurate.

5 Conclusions

This paper proposed a new method for simulating railway relay circuit. We developed a method for dividing the whole circuit into short circuit. Based on Graph Theory and KCL, we established rules for constructing the directed graph of relay circuits. Finally, we constructed the CA model of relay circuits and formulated the model's evolution process.

This method has several advantages over existing methods. Firstly, it is more versatile as the model considered the operational characteristics of typical railway relays. Secondly, it is more efficient as the model can generate precise directed graphs of relay circuits. Lastly, it is more intuitive as the model displayed the operational states of circuits at discrete time point.

However, this method does not consider the electrical characteristics of relay circuits. To better meet the working requirements of railway field, the method can be improved by incorporating the electrical characteristics of the relay circuits.

References

[1] LI X W, WU J P. Introduction to Practical Cellular Automata[M]. Beijing: Beijing Jiaotong University Press, 2013.

[2] LI S. Design of Simulation System for Computer Interlocking Control Circuit [J]. Railway Signalling & Communication Engineering, 2018, 15(1): 20-24.

[3] LIU Y. Circuit Diagram Software Design in Signal System Based on Relay Logic [D]. Chengdu: Southwest Jiaotong University, 2019.

[4] MOU Z. Application of Graph Theory in Analyzing Sequential Relay Circuits [J]. Journal of the China Railway Society, 1981, (4): 53-63.

[5] MAŁECKI K. Graph cellular automata with relation-based neighbourhoods of cells for complex systems modelling: A case of traffic simulation [J]. Symmetry, 2017, 9 (12): 322-344.

[6] PU J. Research on Dynamic Logic Simulation of Railway Signal Relay Circuit [D]. Chengdu: Southwest Jiaotong University, 2013.

[7] WANG Y, YANG C, YANG Y. Research on Computer Aided Design and Simulation for Railway Signal Relay Circuit [J]. Railway

Computer Application,2012,21(8):41-43,47.

[8] XU P,MA Q,ZOU T. One sneak circuit analysis method for the switch circuit [J]. Journal of Beijing University of Aeronautics and Astronautics,2011,37(3),360-363.

[9] YANG Y. Station Signal Control System [M]. Chengdu: Southwest Jiaotong University Press,2012.

[10] YANG X,CHEN C,XI Q. An Analytic Method of Sneak Path in Relay Circuit [J]. Aerospace Control,2018,36(6),72-75.

[11] YU Q,WANG Q,CAO N. Simulation model of power outage mechanism based on heterogeneous cellular automata [J]. Electric Power,2019,52(12):79-89.

[12] ZHANG Y,GENG Y,ZHANG G,et al. Method for Extracting Logic Expressions of Relay Lines Based on Network Topology [J]. Electrical & Energy Management Technology,2007,(21):1-4.

[13] ZHEN G Y, YANG Y. Research on Relay Circuit Simulation Algorithms Based on FSM and Graph Theory [J]. Railway Signalling & Communication,2020,56(12):25-29.

基于5G架构的车车通信安全认证研究

吴 昊 郭 伟* 李赛飞 肖光龙

(西南交通大学信息科学与技术学院)

摘 要 结合5G移动通信技术优化基于车车通信的列车自主运行系统(TACS)有利于推进我国城市轨道交通的进步和完善。为了摆脱5G架构原有安全实现方式对核心网的依赖,保障自主可控,本文提出面向城市轨道交通车车通信场景的国密SM9低延时认证。所提方案在国密SM9的基础上进行了低延时改造,在保证安全性的前提下,精简了认证链路,提高了认证效率。经过实验测试,所提方案较传统SM9“签名-验签”认证方案在通信轮数、通信量和计算开销上分别降低了66.67%、75%和25.47%。

关键词 城市轨道交通 列车自主运行系统 5G移动通信 车车通信 安全认证

0 引言

根据交通运输部数据,至2023年7月底,我国共有51个城市总计开通运营296条城市轨道交通线路,运营里程数达9744km(未包括港澳台地区数据),城市轨道交通已经成为现阶段公众主流出行方式之一。目前我国城市轨道交通大多采用基于通信的列车控制系统(CBTC),且车地通信技术由传统的Wi-Fi通信转向专用的LTE-M技术。然而,上述系统对地面设备的依赖度高,结构较为复杂,功能耦合度较高,并且通信链路需经过地面核心网后再进入轨旁信号数据网,通信延时较高[1]。

针对上述情况,基于车车通信的列车自主运行系统(TACS)成为一种新的选择。TACS不设计算机联锁(CBI)和区域控制器(ZC),结构精简,以列车作为列控核心,依靠车车间的无线通信实现列车间的直接交互,缩短了通信链路,实现了对列车运行间隔的进一步压缩[2]。现阶段,上海地铁3、4号线,青岛地铁6号线,深圳地铁20号线均已成功实现TACS的商用。

商用TACS基于城市轨道交通综合通信系统(LTE-M)完成列车间的无线通信,而随着移动通信技术的长期演进,5G技术较LTE-M在各方面都有着显著提升。基于5G架构的TACS可以提供更稳定的车车通信,有效提高列车控制及安全防护的精度和可靠性,优化了线路运行控制及调度管理,并支持列车全自动驾驶。然而,5G架构的

基金项目:国家自然科学基金青年科学基金项目(62301461),保密通信重点实验室基金(61421030201022108),四川省科技计划(2021YFQ0056,2022YFG0170),四川省科技厅青年科学基金(2022NSFSC0910)。

车车通信连接建立过程仍需依赖核心网安全网元参与,无法完全脱离轨旁地面设备,这在一定程度上减弱了系统的可靠性,且在一定程度影响了列车连接建立和切换过程的响应速度。

为了降低现有5G TACS车车通信对核心网和轨旁地面设备的依赖,进一步提高系统接入认证和漫游切换的效率,同时保证自主可控,本文在兼容5G现有安全架构的基础上提出面向5G TACS系统车车通信链路的低延时认证方案。所提方案在国密SM9标识算法[3]的基础上进行了低延时改造,在保证方案安全性的基础上,缩减了认证链路,降低了认证过程的计算复杂度和交互轮数。这一优化使得列车间可快速地通过双向认证直接建立车车通信连接或完成车车连接的切换,从而推动TACS车车通信方案性能和可靠性的进一步提升。

1　基于5G架构的TACS

1.1　TACS架构及特点

TACS是列车基于运行计划和实时位置实现自主资源管理并进行主动间隔防护的信号系统。典型的TACS由列车自动防护(ATP)系统、列车自动驾驶(ATO)系统、数据通信系统(DCS)、智能操作维护(IOM)系统等多个部分组成,此外,根据线路设置需求还可以配置备用定位系统(BLS),其架构如图1所示。

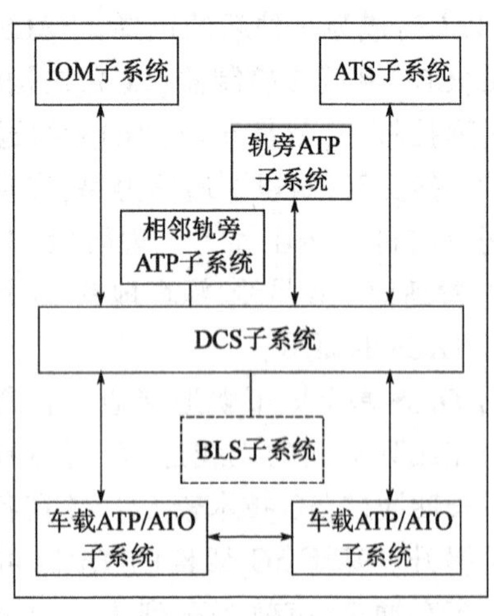

图1　TACS系统结构图

相较于传统的CBTC系统,TACS将区域控制器和计算机联锁的原有功能整合在车载控制器(OBC)中,同时将其余轨旁设备功能集成至目标控制器(OC)中,从而精简了系统结构,降低了系统复杂度[4]。TACS能够实现上述简化的原因在于其通信方式从传统CBTC系统的“车-地-车”通信方式简化为以“车-车”直接通信方式为主。结合LTE-M通信系统,该系统无须依赖地面设备,由车载列车自动监控系统(ATS)根据前后列车运行状态直接生成列车运行命令,并发送到车载ATP/ATO,车载设备根据运行命令直接实现资源自主管理、主动间隔防护等重要功能。

LTE-M无线通信是保障TACS安全控车的重要基础,中国城市轨道交通协会于2018年9月正式发布了《城市轨道交通车地综合通信系统(LTE-M)总体规范》等19项团体标准,标志着LTE-M成为城市轨道交通无线通信技术的首选。随着对移动通信技术的不断探索,5G通信技术应运而生,较4G LTE通信技术,其具有更高的传输速率和更低的响应延迟,并提供更高的可靠性。

1.2　5G TACS系统车车认证

现阶段,基于5G构建铁路移动通信系统的研究正在逐步推进。2020年末,北京交通大学和铁道科学院的铁路5G创新实验室先后投入使用,其标志着5G技术在我国铁路创新应用领域中迈出了坚定的一步[5]。此外,5G技术在城市轨道交通领域也正逐步展开实验验证,稳定高速的无线通信技术是构建智慧地铁的重要基础[6]。

5G技术除了高速率、低延时、大连接等特点外,还提供相应完备的安全机制。基于5G TACS列车间的认证需要5G核心网多个安全网元和列车地面认证服务器的参与。其中,接入和移动性管理功能(AMF)负责管理列车的接入和移动性,处理列车之间的连接建立、切换和释放等,确保列车在网络中的稳定运行。身份验证服务器功能(AUSF)负责验证列车身份的合法性,并与其他相关网元进行交互,确保只有合法的列车能够接入网络。统一数据管理(UDM)用于存储和管理列车的相关数据,提供数据存储、访问控制和数据共享等功能,确保数据的完整性和安全性。

列车间的认证链路如图2所示,具体步骤如下:

(1)前后列车通信模块与沿线基站交互,建立与基站的连接,尝试入网。

(2)列车身份信息经由基站传递到5G核心

网,安全网元进行身份验证并向列车分配通信 IP。

(3)与核心网成功连接后,列车信息经由核心网转发给地面认证服务器,确认列车的车次、车号、车型等信息是否匹配。

(4)两辆经由地面认证服务器认证的列车建立间接信任关系从而完成认证,并通过车车通信链路直接通信。

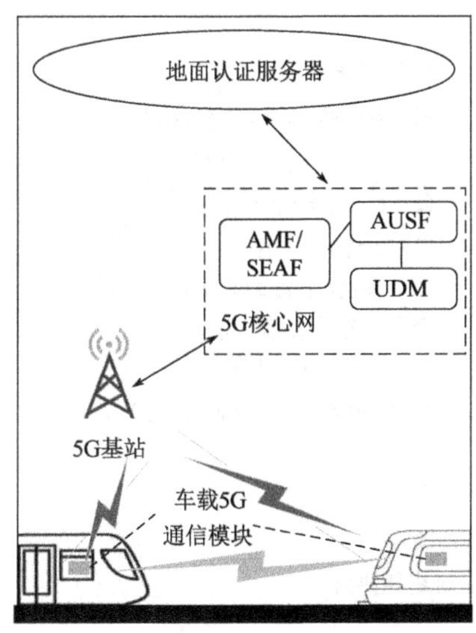

图2 5G TACS 车车认证链路

上述认证方式所需经由节点较多,链路较为复杂。为了精简列车间的认证过程,提高认证效率,同时最大程度兼容现有 5G 认证架构,降低工程实现难度,本文在 5G EAP 的可扩展性下基于身份标识密码体制构建面向 5G TACS 的低延时认证方案。所提方案以列车车次、车号、车型等关键信息作为其身份标识,利用公私钥实现身份认证,无须核心网及地面认证服务器,可以较大程度精简认证链路,降低系统认证时延。

2 基于国密 SM9 的低延时认证

2.1 国密 SM9 概述

标识密码(Identity-Based Cryptography, IBC)最早在 1984 年由以色列密码学家 Shamir[7] 提出,其核心思想是依据身份标识,利用公私钥实现认证加密。历经 20 多年探索,我国科研人员基于 IBC 的理念自主设计了 SM9 密码算法,继承了 IBC 密码的所有优点,避免了证书管理流程,提高了使用能效,降低了通信量及复杂度[8]。该算法于 2016 年成为商用密码行业标准,于 2020 年成为国家密码标准[9]。

基于椭圆曲线的配对密码体制由于双线性对特性可以完成一些其他算法无法实现的任务,国密 SM9 建立在双线性 Diffie-Hellman 假设之下[10]。基于国密 SM9 传统的签名-验签认证方案如图 3 所示,其不需要额外的证书来验证实体的身份,从而简化了密钥管理的复杂性。然而,传统 SM9 签名-验签认证方案计算时间仍然较长,交互轮数依旧较多。

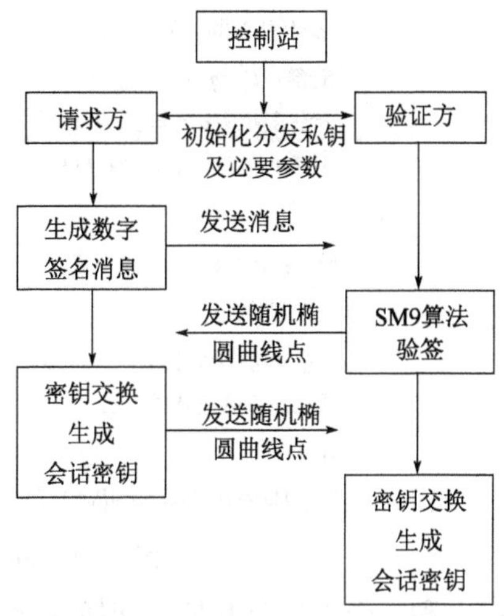

图3 基于 SM9 签名-验签认证方案

2.2 方案设计

针对 SM9 算法进行低延时改造,所提认证方案将密钥管理中心(KGC)集成至 TACS 主控中心,由 KGC 选择系统参数$\{N,e,G,G_1,P,\text{hid}\}$,生成主私钥 s、主公钥 $P_{\text{pub}-e}$。其中,G 是加法循环群,G_1 是乘法循环群,阶数均为大素数 N,P 是 G 的一个生成元,e 是双线性对,hid 是一个字节标识符,主公钥 $P_{\text{pub}-e}=s\cdot P$。根据列车车次、车号、车型等计算分配 ID 号,计算列车的公钥 q_i 和私钥 de_i:

$$q_i = H_1(\text{ID}_i \parallel \text{hid}, N) \tag{1}$$

$$\text{de}_i = \left\{\frac{s}{s+q_i}\right\}\cdot P \tag{2}$$

下标 i 表示列车标号,将参数$\{N,e,G,G_1,P,P_{\text{pub}-e},\text{ID}_i,q_i,\text{de}_i,\text{hid}\}$通过安全信道分配给相应列车从而完成系统初始化。

初始化结束后,TACS 内列车即可实现点对点或点对多点的认证。下面以前车车尾和后车车头为例,假设前车车尾为 A,ID 号 ID_A,公钥 q_A,私钥 de_A,后车车头为 B,ID 号 ID_B,公钥 q_B,私钥 de_B,A

向 B 发起通信,如图 4 所示,步骤如下。

前车车尾A
后车车头B
$\{N, e, G, G_1, P, P_{pub-e}, ID_A, q_A, de_A, hid\}$
$\{N, e, G, G_1, P, P_{pub-e}, ID_B, q_B, de_B, hid\}$
预通信获取对方ID号
A向B发起通信
$A1$：计算B的公钥：
$q_B=H_1(ID_B\|hid, N)$
计算：$Q_B=q_B \cdot P+P_{pub-e}$
产生随机数：$r_A \in [1, N-1]$
计算：$R_A=[r_A]Q_B$　$\sigma_A=r_A \cdot de_A$
$\{R_A, \sigma_A\}$
$B1$：验证：$R_A \in G$
成立则计算：$q_A=H_1(ID_A\|hid, N)$
$Q_A=q_A \cdot P+P_{pub-e}$
验证：$e(R_A, de_B)=e(\sigma_A, Q_A)$
成立则将值记录至：X_B
产生随机数：$r_B \in [1, N-1]$
计算：$R_B=[r_B]Q_A$　$\sigma_B=r_B \cdot de_B$
向A发送参数并计算：
$SK_B=Hash(ID_A\|ID_B\|R_A\|R_B\| X_B^{r_B})$
$\{R_B, \sigma_B\}$
$A2$：验证：$R_B \in G$
成立则验证：
$e(R_B, de_A)=e(\sigma_B, Q_B)$
成立则将值记录至：X_A
计算：
$SK_A=Hash(ID_A\|ID_B\|R_A\|R_B\| X_A^{r_A})$

图 4　面向 5G TACS 系统的低延时 SM9 认证密钥协商

发起方和接受方在公共信道交换 ID 号。

A1:前车车尾 A 根据后车车头 B 的 ID 号计算 B 的公钥和 G 中元素 Q_B:

$$q_B = H_1(ID_B \parallel hid, N) \tag{3}$$

$$Q_B = q_B \cdot P + P_{pub-e} \tag{4}$$

A 产生随机数 $r_A \in [1, N-1]$,计算:

$$R_A = [r_A]Q_B \tag{5}$$

$$\sigma_A = r_A \cdot de_A \tag{6}$$

A 在公共信道向 B 发送参数 $\{R_A, \sigma_A\}$。

B1:后车车头 B 接收参数,验证 $R_A \in G$,成立则计算 A 的公钥及 G 中元素 Q_A:

$$q_A = H_1(ID_A \parallel hid, N) \tag{7}$$

$$Q_A = q_A \cdot P + P_{pub-e} \tag{8}$$

对 A 进行身份验证:

$$e(R_A, de_B) = e(\sigma_A, Q_A) \tag{9}$$

成立则记录双线性对计算值至 X_B,选择随机数 $r_B \in [1, N-1]$,计算:

$$R_B = [r_B]Q_A \tag{10}$$

$$\sigma_B = r_B \cdot de_B \tag{11}$$

B 向 A 发送 $\{R_B, \sigma_B\}$,计算会话密钥:

$$SK_B = Hash(ID_A \parallel ID_B \parallel R_A \parallel R_B \parallel X_B^{r_B}) \tag{12}$$

A2:A 接收参数,验证 $R_B \in G$,成立则对 B 进行身份验证:

$$e(R_B, de_A) = e(\sigma_B, Q_B) \tag{13}$$

成立则将双线性对计算值记录到 X_A,计算后续车车通信链路所使用的会话密钥:

$$SK_A = Hash(ID_A \parallel ID_B \parallel R_A \parallel R_B \parallel X_A^{r_A}) \tag{14}$$

SK_A 和 SK_B 相等,即可开始后续的安全通信。

2.3　方案分析及对比测试

首先给出前车车尾 A 和后车车头 B 验证双线性对运算的正确性。式(13)根据双线性推出左右均等于 $e(P,P)^{sr_B}$,同理,式(9)左右均等于 $e(P,P)^{sr_A}$。接着证明会话密钥相等:SK_A 和 SK_B 由哈希函数生成,证明输入相同即可,$\{ID_A, ID_B, R_A, R_B\}$ 是公共输入,验算:$X_A^{r_A} = e(P,P)^{sr_Ar_B}$,$X_B^{r_B} = e(P,P)^{sr_Ar_B}$,正确性分析完毕。

网络中公开 $\{R_A, \sigma_A\}$ 和 $\{R_B, \sigma_B\}$,R_A、R_B 的设

计规约于离散对数问题;σ_A、σ_B 规约于整数分解问题,因此攻击者获得主私钥或用户随机数困难。引入经典无线网络安全威胁模型 Dolev-Yao 模型[11],由于双线性对数认证与哈希函数的单向性且攻击者不具备用户随机数,生成合法会话密钥困难。因此,所提方案可对抗窃听攻击,身份伪造攻击,重放攻击及中间人攻击。

接着进行性能测试,标准 SM9"签名-验签"认证密钥交换方案及所提方案在 CPU 配置为 AMD Ryzen 7 5800H 的笔记本上使用 Ubuntu 20.04 虚拟机进行测试,结果如表 1 所示。

开销对比 表 1

对比项	本方案	标准 SM9
椭圆曲线指数运算	0 次	2 次
双线性对运算	1 次	2 次
通信轮数	1 轮	1.5 轮
通信量	768bit	1024bit
计算总开销	474ms	1862ms

在所有计算中,椭圆曲线指数运算计算开销等同于双线性对运算,显著大于其他类型运算[12]。本方案仅需进行一次双线性对运算,进行一轮交互,通信轮数、通信量和计算开销分别降低到传统 SM9 签名-验签方案的 66.67%、75% 和 25.47%。

3 结语

本文介绍了基于 5G 架构的 TACS,考虑到该系统的安全认证需要依赖核心网,因此,提出面向 5G TACS 的低延时认证方案,该研究精简了认证链路,提高了车车通信认证效率,利于推进 5G TACS 安全架构的完善。然而,本文仅考虑单一标识密码体制,未进行全面性的对比分析,后续研究工作将更深入地探寻适合城市轨道交通场景的安全通信认证方式。

参考文献

[1] 刘剑. 新一代城市轨道交通信号系统研究[J]. 城市轨道交通研究,2019,22(7):71-74.

[2] 倪尉. TACS 系统在城市轨道交通信号系统更新改造工程中的应用研究[J]. 铁道通信信号,2022,58(8):73-78.

[3] 国家密码管理局. SM9 标识密码算法:GM/T 0044. 1—2016 [S]. 北京,中国密码学会,2016.

[4] 杨洋. 上海轨道交通 4 号线信号系统改造应用方案研究[J]. 城市轨道交通研究,2023,(S1):78-84.

[5] 冯凯,程剑锋,岳林,等. 5G 承载未来列控系统业务方案综述[J]. 铁道通信信号,2021,57(4):1-4.

[6] 王琰. 5G 通信技术在城市轨道交通中的应用研究[J]. 铁道通信信号,2023,59(9):53-58.

[7] SHAMIR A. Identity based cryptosy stems and signature schemes[C]. Workshop on the Theory and Application of Cryptographic Techniques, Berlin,Springer,1984:47-53.

[8] 郭伟,任昭锦,刘景,等. 基于 5G 架构的新型高铁列控系统信号安全通信协议研究[J]. 铁道学报,2022,44(9):55-64.

[9] 赖建昌,黄欣沂,何德彪,等. 国密 SM9 数字签名和密钥封装算法的安全性分析[J]. 中国科学:信息科学,2021,51(11):1900-1913.

[10] 王辈,胡红钢. 基于椭圆曲线中配对的密码学研究综述[J]. 密码学报,2022,9(2):189-209.

[11] DOLEV D, Yao A. On the security of public key protocols [J]. IEEE Transactions on Information Theory,1983,29(2):198-208.

[12] 王真,马兆丰,罗守山. 基于身份的移动互联网高效认证密钥协商协议[J]. 通信学报,2017,38(8):19-27.

Function Design of Uncoupling Robot in Railway Marshalling Station

Hualan Wang* Zhuoya Wang
(School of Transportation, Lanzhou Jiaotong University)

Abstract In order to improve the automation degree of train sorting in marshalling stations, based on the manual process of train uncoupling, the paper designs uncoupling robot. It includes walking system, communication system and arm uncoupling system. The walking mechanics works under the servo motor driving, and the walking speed can be just to fit the environment by the controlling of TMS320F2812 controller. Based on the GSM network platform, the TC35I module and the MSP430 single chip microcomputer are used to be the core of the robot communication system, to complete the uncoupling information transfer between the hump control office and the robot. Meanwhile, the paper designs optoelectronic combination system to detect the roughly position of the waited - pick hook, and then use computer vision technology to lock its specific position. Lastly, the uncoupling work is finished by the arm system.

Keywords Hump Auto-uncoupling Robot System Function design

0 Introduction

Hump is the facility for train sorting and formation in marshalling yard. As the important stage of the train sorting on the hump top, uncoupling is still completed by manual work. It has low efficiency, high labor intensity. Especially, in bad weather, manual work is unable to guarantee the accuracy of uncoupling. Coupling automation contributes a lot to the enhancement of train sorting efficiency and the improvement of workers' conditions.

Coupling automation is a hard and expensive project (Wang et al., 2008, Ma et al., 1998). Some scholars studied suspended automatic uncoupling system on hump (Rake et al., 1994, Marranouchi et al., 1971, Hill et al., 2000, Wang et al., 2013, Yuan et al., 2023, Zhou, 2021). Some scholars designed and made an automatic uncoupling robot model (Wang et al., 2008, Zhang et al., 2017, Hou, 2021, Luan et al., 2023). At present, many studies focus on humping speed control automatically in marshaling yards (Zhang et al., 2010, Jing et al., 2009, Dang et al., 1996, Xu et al., 1983, Wouterse., 1991, Srivastava et al., 2009, Manuell., 2004). This paper analyzed the process of manual uncoupling and designed automatic uncoupling robot that can replace the manual work.

1 Traditional process of manual uncoupling

It includes the following works (Wang et al., 2013):

(1) When the waited-sorting train is pushed by the locomotive from the humping gradient section to the coupler compression grade, the uncoupling worker confirms the sorting information according to the sorting plan.

(2) Based on the sorting plan, the worker walks along the route of train pushing and finds the position

Foundation: National Natural Science Foundation of China: Research on the entrance ramp control model of the Ring Expressway based on the boundary shell theory (406102).

Major science and technology projects at provincial and ministerial level: Ecological risk assessment and circular restoration technology of Qilian Mountain National Park Expressway (606082).

of the waited-picking hook.

(3) The worker estimates position of hook with experience. When the waited-picking hook reached to the best position, the hook-lock pin is picked quickly and accurately by worker. Then the vehicles will slip and the hook will be unlocked automatically because of vehicle's own gravity. Finally, the process of uncoupling will be completed.

(4) The speed of vehicles during pushing can't be completely uniform, hook-lock pin which has been raised maybe down and the hook is locked again because of the squeeze and collision of vehicles. Therefore, there is an inspector must check the situation of unlocked hook to make sure the process of uncoupling work is normally and orderly.

If automatic uncoupling robot wants to replace manual work, it will have a similar walking system just like human. Robot can walk freely and can't affect by obstacles and bad environment in hump yard. The information of train sorting and assembly in hump yard can be transmitted quickly and accurately by wireless network communication between hump control office and robot. This paper designs walking system, communication system, image sensing, recognition system and picking hook system of robot to realize the above functions.

2 Design for walking system of uncoupling robot

The robot is designed to be a biped robot. The biped robot has much advantage: it can walk freely and flexibly with less limited by the environment. It does not need walking track, so occupies small area of hump yard and costs fewer construction money. The walking system includes the leg walking system and the control system.

2.1 Leg walking system

It consists of the driving mechanism and the transfer mechanism. We choose the flexible servo motor driver as its driving mechanism (Zang et al., 2013) and the linkage as its transfer mechanism, which enabling the robot to navigate freely in diverse terrains and environments. Two mechanisms are connected by a crank. Under the action of the control system, the servo motor drives the crank rotate, and the linkage is driven by the crank to make curve motion. As a result, the robot leg can move flexibly with the linkage action (Zhao et al., 2011).

2.2 Control System

The main task of the control system is receiving the environment information transmitted by the sensor and analyzing the information of train sorting and assembly, and outputting the multipath control information. Under the command of the control information, the drive motor drives the robot to finish various movements.

The TMS320F2812 controller produced by the TI Company is selected as the control system. TMS320F2812 is small in size, strong in performance and suitable for a variety of control equipment. It has strong capabilities of the signal processing and high control efficient. It can provide efficient processing and control information platform to the uncoupling robots (Jing et al., 2009).

2.3 Special function of walking system

2.3.1 Obstacle avoidance function

Obstacle avoidance function is the basic requirement of the walking system. The design uses infrared ray receiver, processing module and controller to realize this function. Specifically, the system includes micro-controller module, motor drive module, display module, obstacle detection module and power supply module. The system structure is shown in Figure 1.

The TMS320F2831 controller is the core control module of the robot, it receives the reflected information of infrared light and process the received information. And then the processed information are output to the motor drive module, which drives the walking system of the robot to bypass or cross obstacles (Xu et al., 2015, Peng et al., 2017).

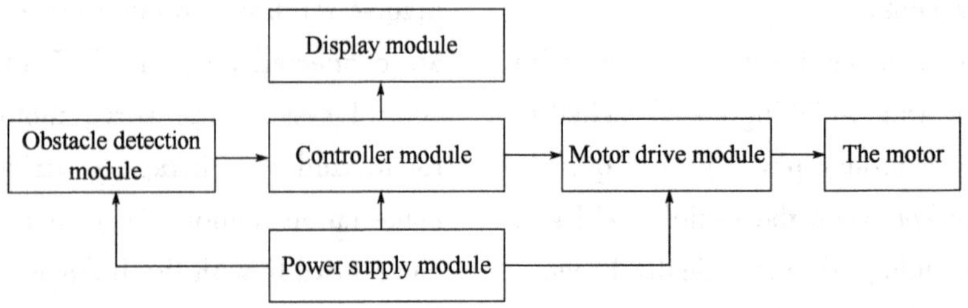

Figure 1　System Structure Diagram

The process of detecting obstacle:

(1) There is no obstacle in front of the robot or the obstacle does not affect the robot's walking, the infrared rays cannot be reflected back or the infrared rays reflected are not strong enough. The infrared rays receiving tube of the robot is in the closed state and the corresponding light emitting secondary tube is in the extinguished state.

(2) When there is an obstacle in front of the robot, the infrared ray emitted is not only reflected back, but also has an enough intensity of infrared light. At this time, the infrared receiving tube is connected, and the light emitting diode emits indicating light.

(3) After receiving the obstacle signal transmitted by the infrared sensor, the single-chip computer judges and makes corresponding instructions to the drive motor to avoid the obstacle.

2.3.2　Step size transition

The step speed and step size of the robot should be flexibly switched between the coupler compression grade and the hump platform to ensure it can walk normally. In addition, the speed of the robot in working should be as same as the train speed. Because the train speed is changing and other uncertainties such as road barriers, the robot's walking speed and stride size should be adjusted. We choose the different motion curve of the control system to realize the transition of step speed and size.

3　Design of communication system

The information receiving system of the robot is based on GSM (Global System for Mobile Communications) network platform. The TC35I module and the MSP430 MCU (Microcontroller Unit) are used as the data transceiver module. The information transmission between the hump control office and the robot is realized though the data communication between the MCU and the module. The overall framework of the information system is shown in Figure 2.

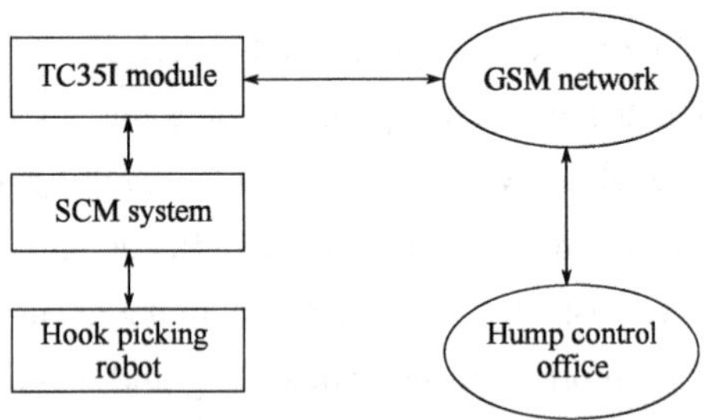

Figure 2　Information System Framework

3.1　Communication between the TC35I module and the SCM (Single Chip Microcomputer)

As the main control chip of the robot information system, the SCM system directly connects the module TC35I to receive and send information. When the waited-sorting train is to be pushed to the hump, the dispatcher will send the information to the robot through the computer system on the hump control office. After receiving the information, the GSM module TC35I communication chip of the system will transmit the information to the MCU. At this time, the optoelectronic system on the railway detects the connection position of two vehicles to be picked by shielding the light path. Then the system transmits the information to the SCM system. After receiving the information, the SCM controls the robot to perform corresponding operations through the AT command and to complete uncoupling.

3.2　Hump break-up operation information transfer

The hump control office sends the sorting

information to the robot through computer system. The information is sent in the GSM network through the mobile communication dedicated channel to enhance the stability and reliability of communication. In this process, in order to ensure timely reception and processing of information, the information system detects whether or not the information arriving by interrupting mode. When it arrives, the SCM system will receive the information though using the AT to control the TC35I communication module. The MPU (Micro Processor Unit) interprets and processes the information and controls the system to finish uncoupling according to sorting information. Then the SCM feeds back of completed information to the hump control office. Last the MCU returns to the initial state again that ensure the system maintains a stable and reliable operational state and waits the information for the next train.

3.3 Information transfer between the robot and train

The optoelectronic system is installed on the track to precisely detect the position of the waited-pick hook. ZigBee wireless communication completes the short-range wireless information transfer between the robot and the optoelectronic system, ensuring reliable data transmission. The serial port is connected between the robot and the ZigBee CC2530 communication module, further enhancing the reliability of information exchange. The system principle is shown in Figure 3.

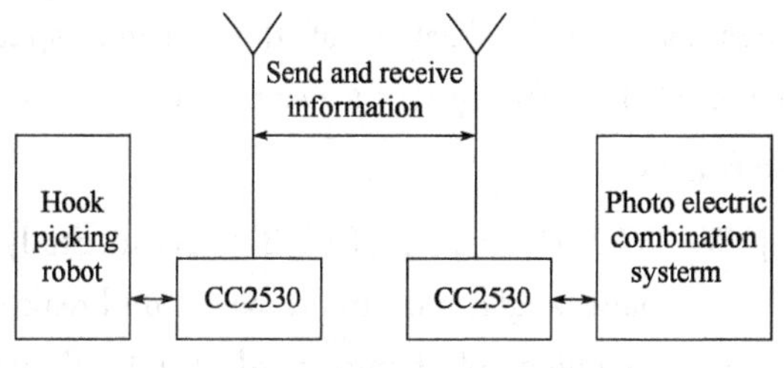

Figure 3 System Schematic Diagram

4 Robot uncoupling system

4.1 Arm system design

The uncoupling system is designed to be the arm system which comprises the upper arm linkage and its joint rotating device, the lower arm linkage and its joint rotating device, and the end effector. During the picking hook process, the linkage of upper arm control the position of the arm generates the main motion. The linkage of lower arm determines the movement direction of the arm in space. The arms movement is drove by the driving motor at the root of the upper arm. Use the two-stage cylindrical spur gear transmission in the joint portion of the upper and lower arms (Ma et al., 1998).

The ordinary ball bearing is utilized as the rotating bearing for the hook robot's arm joints, ensuring smooth and unrestricted rotation. The hook robot places the drive motor at the front end of the hook arm to minimize torque and optimize the movement of the hook arm. Additionally, a motor responsible for horizontal movement is symmetrically positioned with the end effector to preserve the equilibrium of the hook robot.

4.2 Determination of the approximate position of the target hook

The accuracy position of the waited-pick hook to be judged includes the following tasks: (1) find two vehicles connected by the waited-pick hook. (2) The robot moves synchronously with the found vehicles. (3) Identify the exact position of the hook by the robot vision system.

The tasks are finished by following processes:

The task (1) is finished by the optoelectronic system is installed on the track. The optoelectronic system includes the optoelectronic switch and the SCM system. When the waited-pick vehicles pass through the system, it will shade light path. But when the hook passes, the influence to light is small. The switch works based on the light change. When a vehicle passes, the optoelectronic switch sends the pulse signal, the SCM system records it and transmits the recorded information to the robot by ZigBee. The information processing system matches the recorded data with received information of the sorting operation list. When the matching is consistent, the approximate position of the waited-pick hook can be determined.

The detection principle is shown in Figure 4.

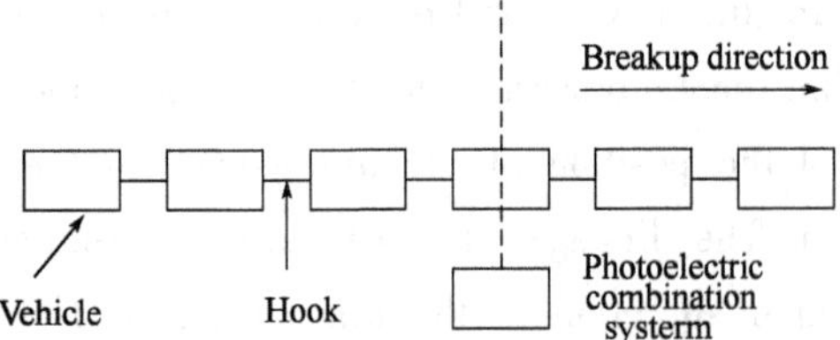

Figure 4 Optoelectronic Combination System Schematic Diagram

4.3 Positioning of the waited-pick hook

The general position of the waited-pick hook is found though the optoelectronic system. The accuracy position of the waited-pick hook is locked by the computer vision technology. Use the high-definition camera as the visual sensor. The robot identifies and locates the position through the vision system. The work process is shown as Figure 5.

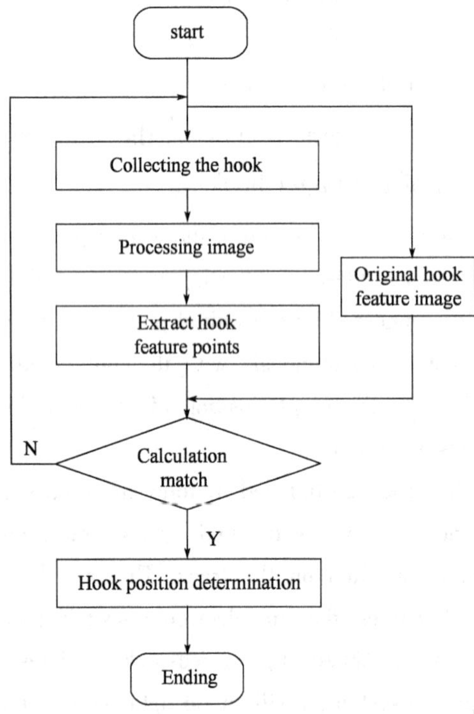

Figure 5 Hook Position Determination Flow Chart

4.4 Uncoupling process

The robot accelerates to walk to the waited-pick vehicle and follows the vehicle movement. In the appropriate station of the hump, the robot drives the arm to reach the position of the hook rod under the driving motor, lifts the hook-pin up accurately and quickly, the work of uncoupling is completed. The drive motor drives the arm to its original state.

5 Conclusions

(1) This paper analyzes the traditional process of manual uncoupling. They are receiving sorting list, finding position of the waited-pick hook, picking hook. Take it as the basis, we design the uncoupling robot with the walking system, the communication system and the picking hook system.

(2) The double-legged walking system of the uncoupling robot is designed, the servo motor driver is selected as its driving system and the linkage as its transmission system. We use TMS320F2812 controller as the control system. In addition to, solve the problems of automatic obstacle avoidance and step speed and size transition in the walking.

(3) The information between the robot and the hump control office is transmitted wirelessly by the GSM network. They rely on the GSM module, TC35I communication chip and the SCM system to send - receive and process. The ZigBee wireless communication method is used as the information transfer mode between the optoelectronic combination system and the robot.

(4) The position of the hook is determined by using the optoelectronic combination system and the robot vision system. The hooking operation is accomplished by the movement of the robot arms.

Further research should be:

The wireless information transfer between the robot and the hump control office is integrated into the railway special communication. The problem of recognition and localization of the specific spatial position of the hook needs further research.

References

[1] WANG X D, XIE J H, CUI B M, et al. Study of automatic wagon uncoupling based on breaking-up operation of hump yard [J]. Railway Computer Application, 2008, 4(17): 5-8.

[2] MA B, QIU Z D. Linear Optimal Control Simulation of The Coupling Robotic Manipulation for Hump Yard and Analysis of Robotic Vision [J]. Journal Of The China Railway Society. 1998, 20(3): 46-51.

[3] RAKE H, KURTH K, SCHROEDER W. Automatic uncoupler completes automation at the hump[J]. Railway Gazette International, 1994, 150(6): 371-372.

[4] MARRANOUCHI, CHIYODA-KU. Automatic releasing apparatus for couplings of railway vehi-cles[J]. Patent Specification, Dec, 1971.

[5] HILL R J, PETKOVA M. Modeling and simulation of marshalling yard operation providing semi-continuous speed control [J]. Computer in Railway, 2000.

[6] WANG Z Z, ZHAO S, LIU C Y, et al. The Trajectory And Simulation Of Automatic Uncoupling Device In Hump Yard Based On Adams. [J]. Manufacturing Automation, 2013, 1(35): 140-142.

[7] YUAN Q, MA D, LIANG J Q. Research on the design and installation of the automatic decoupling scheme of railway truck [J]. Equipment Engineering of China, 2023(19): 131-133.

[8] ZHOU Q. Design and key technology of the automatic hook lifting device [J]. Henan Science and Technology, 2021, 40(1): 113-116.

[9] ZHANG S B. Design and manufacture of automatic pick-hook robot model [D]. Cheng du: Southwest Jiaotong University, 2017.

[10] HOU X H. Research and exploration of automatic intelligent hook lifting system in railway marshalling station [J]. China Equipment Engineering, 2021 (24): 19-21.

[11] LUAN D J, FENG J, YANG H C, et al. A path planning algorithm for hump hump hook picking robots based on improved RRT [J]. The Railway Transport and the Economy, 2023, 45(1): 30-38, 46.

[12] ZHANG H L, YANG H, ZHANG C, et al. Dynamic Exit Speed-Control Model of Hump Skating[J]. Journal of Transportation Systems Engineering and Information Technology, 2010, 10(4): 161-165.

[13] JING Y, WANG C Q, XUE F, et al. Estimation Method of HumPing Time in Marshalling Yard [J]. Journal Of SouthWest Jiaotong University, 2009, 44(6): 900-905.

[14] DANG J, WU J F. A Study Of Humping Speed Contral Systems With Neural Networks. [J]. Journal Of The China Railway Society. 1996 (05): 73-78.

[15] XU W M, ZHOU S Q, SUN X L. Smulation Of Automatic Yard Contral System. [J]. Journal Of The China Railway Society. 1983(1): 32-43.

[16] WOUTERSE J H. Critial torque of eddy current brake with widely separated soft iron p-oles [J]. IEEEProceedings, 1991, 138(6): 153-158.

[17] SRIVASTAVA R K, UMAR S K. An alternative approach for calculation of braking force of an eddy current brake[C]. IEEE transations on magnetics, 2009, 45(1). Institute of Electrical and Electronics Engineers Inc: 150-154.

[18] MANUELL G. Experiments with eddy currents: The eddy current brake [J]. European Journal of Physics, 2004, 25(4): 463-468.

[19] WANG Z Z, ZHAO S. The Design and Simulation on the Hanging Automatic Device of Uncoupling in Railroad Freight [J]. Machinery Design & Manufacture, 2013(6): 215-217.

[20] ZANG L C. Research on design and simulation of railway freight picking hook robot [D]. Shijiazhuang Tiedao University, 2013.

[21] QI Y Q. Research on automatic control and speed measurement of mobile robot [D]. Beijing: Beijing Jiaotong University, 2007.

[22] XU Z T. Multi-sensor fusion photoelectric target positioning system[D]. Beijing: Beijing Institute of Technology, 2015.

[23] PENG M D, DENG P. Design of intelligent infrared obstacle avoidance car based on microcontroller [J]. Wireless Internet Technology, 2017(3): 74-76.

[24] ZHAO D A, LV J D, JI W W, et al. Design and

control of an apple harvesting robot [J]. Biosystems Engineering,2011,110:112-122.

Band Gap Characteristics and Vibration Attenuation of a Sinusoidal Beam Shaped Metamaterial

Tijjani Muhammad Zahradeen*[1,2] Junjie Deng[1,2]

(1. Key Laboratory of Traffic Safety on Track (Central South University), Ministry of Education, School of Traffic and Transportation Engineering, Central South University;

2. Joint International Research Laboratory of Key Technology for Rail Traffic Safety, Central South University)

Abstract This study uses the finite element method (FEM) to computationally analyze the elastic wave propagation behavior of the proposed sinusoidal-shaped metamaterial. The dispersion relation of the metamaterial structure is examined within the range of 0 ~ 700 Hz. Finally, the finite-size systems' dynamic response was carried out by the transmission analysis on the arrayed structure and a cylindrical-like structure encompassing of the unit cell structure. The result show that the sinusoidal metamaterial structure formed a band gap at around 470-514Hz and the transmission results confirmed this. This work offers a fresh approach to creating lightweight vibration isolation devices and elastic metamaterials.

Keywords Wave propagation Band gap Vibration isolation Transmission

0 Introduction

Vibrations pose a significant challenge in daily production operations, affecting various systems such as machines, vehicles, structures, buildings, and dynamic systems. The undesirability of these vibrations stems from their potential to cause unpleasant motions, dynamic stresses leading to fatigue and structural failure, as well as energy losses and diminished performance. Additionally, the noise generated adds to the negative impact. The issues arising from uncontrolled vibrations can have consequences for the precision, functionality, and effectiveness of mechanical apparatus, as well as the safety, reliability, and service life of the equipment, emphasizing the importance of effective control measures[1].

In contemporary rail operations, there is a prevailing inclination towards elevated vehicle speeds. Nevertheless, these higher speeds typically give rise to augmented forces and accelerations acting on the vehicle, leading to a detrimental effect on ride comfort. Additionally, the pursuit of increased speeds raises the need for lighter car bodies, contributing to reduced impact between wheels and rails, decreased energy consumption, and, in most cases, lower manufacturing costs. However, the reduction in car body weight is accompanied by a decrease in structural stiffness, leading to lower natural frequencies. This, in turn, heightens the susceptibility to resonance vibrations, negatively impacting ride comfort. The resilient member that connects the mass and foundation is known as a vibration isolator as it minimizes the magnitude of motion that travels from the vibrating foundation or force transmitted from a piece of equipment down to its foundation[2] to mitigate these vibrations. These vibrations are controlled and managed partially by conventional methods but this method does not guarantee the complete elimination of vibration in the desired frequency range[3] which has enhanced the concept of employing unique materials known as metamaterials.

So, due to the outstanding mechanical and elastic characteristics such as high specific stiffness/strength, suitable band gap and excellent energy dissipation, metamaterials can be employed in the rail transportation and other fields[4].

Metamaterials are man-made materials composed of periodically arranged atom-like units, possessing uniqueattributes not present in natural materials. These exceptional properties make them promising for various applications across different fields[5]. These exceptional properties include negative Poisson ratio, negative effective mass density and negative effective modulus. Their properties emerge as a result of the way they are designed, mechanical metamaterials exhibiting a negative Poisson ratio showcase impressive mechanical and physical attributes, including high design flexibility, co-bending capabilities, and efficient energy absorption. These qualities render them appealing for applications such as biological scaffolds. Additionally, elastic metamaterials featuring a negative effective density have been specifically engineered for use in vibration isolation structures due to their advantageous band gap characteristics. Typically, metamaterials consisting of periodic lattices exhibit favorable mechanical and physical characteristics [6]. To create these periodic lattices, unit cells with the smallest representational structure and the least amount of symmetry are mosaicked together to fill the empty space without any overlaps or gaps. The linear wave propagation characteristics of certain two-dimensional periodic lattices, featuring various shapes like rhombuses, triangles, and hexagons, have been thoroughly investigated[7-8]. Moreover, achieving broad-spectrum vibration isolation at low frequencies poses a significant challenge for elastic metamaterials, necessitating the incorporation of innovative lightweight structures[9].

This research is aimed at further broadening the promising application of metamaterials as it is to be used in the vibration attenuation in trains. The aim is projected to be achieved by designing, fabricating and investigating an elastic metamaterial for better vibration isolation performance. Since vibration propagates in the form of elastic waves and a unique feature of locally resonant metamaterials is the ability to form low-frequency band gaps, the band gaps are employed as well in this research to provide a leeway for the vibration mitigation. The formation of such low-frequency band gaps illustrates that, at the band gaps, there is a blockage of the propagation of the vibration.

1 Models and method

According to Figure 1, it displays the design and concept of the metamaterial vibration attenuation structure model presented in this work. A sinusoidal beam structure has been proposed as low frequency vibration isolator in reference to its design of providing negative stiffness vibration attenuation. The dimension parameters of unit cell structures are extracted from the repeated periodic array structure and the shape looks a closed vertically mirrored U shape beam structure. The basic unit sinusoidal structure design parameters are governed by wall thickness, width of the beam and diameter of buckling curves of the structure. First, a 2D CAD drawing of the unit cell model is prepared using the commercial modelling software Solidworks (Table 1).

Parameters of the basic sinusoidal beam structure model shown in Figure 1 Table 1

Parameters	Definition	Value
d_1	Curved wall diameter 1	6 mm
d_2	Curved wall diameter 2	4mm
l	Length of unit structure	10mm
t	Wall thickness	1mm
h	height of the unit structure	11mm
H	Height of the array structure	51.96mm
L	Length of array structure	50mm

The CAD drawing was then imported into COMSOL Multiphysics finite-element method software to analyze the dynamic response of the metamaterial structure and as well obtain the dispersion diagram that depicts the relationship between the wave *number*, k, and frequencies for an infinite number of periodically arranged unit cells. In the COMSOL Multiphysics model, a fine mesh coupled with the choice of material properties (given in Table 2) was used to carry out the investigation to obtain the dispersion curve and frequency band gaps. The material used is known as silicone material.

Material properties of the sinusoidal beam structure

Table 2

Properties	Value	Unit
Density	1150	kg/m³
Poisson's Ratio	0.49	—
Young's Modulus	1.175×10^5	Pa

In the traditional approach, the $\omega(k)$ method is popular in solving this eigenvalue problem, which uses a given Bloch wave vector, k, within the first Brillouin zone to find the corresponding eigenfrequency ω.

In the classic band diagram, it is sufficient to focus on wave vectors k located along the boundary of the irreducible Brillouin zone when exploring the band gaps. In this research, we consider square lattice only. The corresponding Brillouin zone is of a square lattice is assumed. The path of k changes from $\Gamma = (0,0)$, to $X = (\pi/a, 0)$, to $M = (\pi/a, \pi/a)$, and then back to Γ.

In the quest to explore the bandgaps of the sinusoidal metamaterial beam structure, it was done based on the Bloch theorem. The governing field equations of elastic wave diffusion in solids can be expressed as:

$$\rho \frac{\partial^2}{\partial t^2} = \sum_{j=1}^{a} \frac{\partial}{\partial x_j} \left(\sum_{l=1}^{a} \sum_{k=1}^{a} c_{ijkl} \frac{\partial u_k}{\partial x_l} \right) \quad (i = 1,2,3) \tag{1}$$

Where ρ represents the density of the material, u_i denotes the displacement, t is the time, c_{ijkl} is the elastic constants of materials, and x_j represents the coordinate variables x and y. Furthermore, the displacement $u(r)$ can be described as:

$$u(r) = u_k(r) e^{i(k-r)} \tag{2}$$

Where$r(x,y)$ is the position vector, and $k(kx, ky)$ is the Bloch wave vector. The governing equation of elastic wave combining the boundary conditions, leads to an eigenvalue problem. Thus, the discrete form of eigenvalue equations in the unit can be written as:

$$(K - \omega^2 M) u = 0 \tag{3}$$

Here, k denotes the stiffness matrices, M represents mass matrices, u is the nodal displacement, and ω is the angular frequency. The stiffness matrices (k) capture the relationships between the nodal displacement and force. According to Bloch ' s theorem, Only one-unit cell needs consideration. The structure is considered to be both infinite and periodic in the x and y directions when determining the band gap. Additionally, the Bloch-Floquet periodic boundary conditions were imposed along the x and y directions:

$$u(x + a, y, z) = u(x, y, z) e^{i(k_x a)} \tag{4}$$

$$u(x, y + a, z) = u(x, y, z) e^{i(k_y a)} \tag{5}$$

Where kx and ky are the components of the Bloch wave vector in the x and y directions respectively, and a is the lattice constant. The Eigen frequencies and corresponding vibration modes can be obtained by solving Equation (3) in FEM software. Furthermore, the whole dispersion curve can be calculated by sweeping k along the boundaries of the irreducible Brillouin zone.

As shown in Figure 1, To thoroughly the band gap and elastic wave isolation properties of the sinusoidal beam structure more comprehensively, Finite Element Method was employed to calculate its transmission characteristics in the x-direction. In this model, five finite periods of the unit model were established with a prescribed displacement applied on the left-hand side of the arrayed structure to enable the propagation of vibration in the x-direction. The structure ' s transmission curve was by dividing the measured displacement at the receiving end by the displacement at the input end.

$$\mathrm{TL} = 20 \cdot \mathrm{LOG}\left(\frac{|a_0|}{a_i}\right) \qquad (6)$$

Where, a_0 = output displacement, a_i = input displacement.

a) unit b) array c) cylindrical

Figure 1 Parameters of sinusoidal beam structure

2 Numerical results

The band structure and the vibration modes of the sinusoidal metamaterial beam structure were studied and investigated systematically using FEM just as stated above. Figure 2 is the calculated result of the band structure also known as the dispersion curve and the transmission curve.

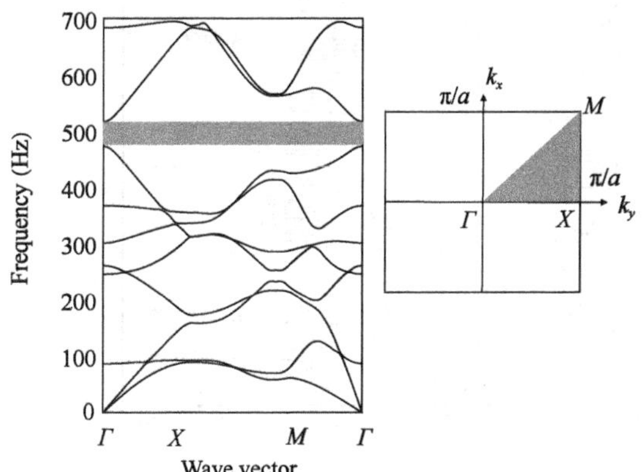

Figure 2 Band gap structure of the sinusoidal beam unit cell structure Irreducible Brillouin zone.

Results reveal that there exists one complete main band gap in the frequency range 0 ~ 700Hz. From the dispersion on the right, on the wave vector axis, 0-3.14 represents the Irreducible Brillouin zone from Γ to X, 3.14 ~ 6.28 is showing from X to M and the rest depicts from M back to Γ. The band gap was found from the dispersion curve to be from the range 471.9 ~ 514.4Hz.

Band structures were computed with one of the parameters altered to demonstrate how the bandgap is affected by the geometric parameters. In the first case, shown in Figure 3a), the opening band gap curve shown the models with less wall thickness opens at lower frequencies and the band width increases as the thickness increases while in the second case of the curved diameter (d_1) shows that as the diameter increases, the bandwidth decreases as depicted in Figure 3b). Figure 3c) shows the parametric study on the curved wall diameter (d_2) which also shows the bandwidth shrinkage as the diameter increases, the unit structure length was also investigated and the results show that the bandwidth remains almost the same as the length increases.

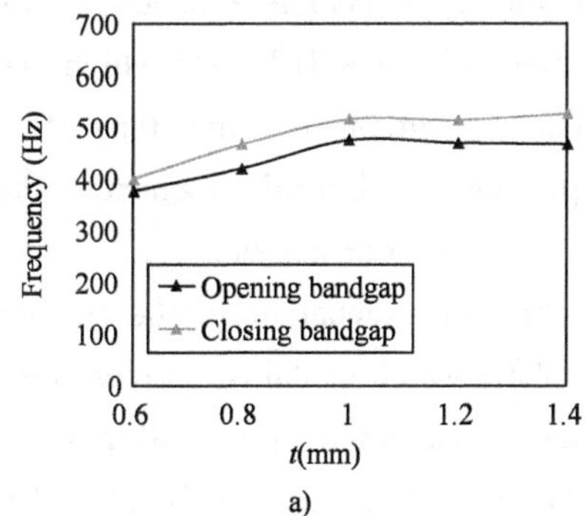

a)

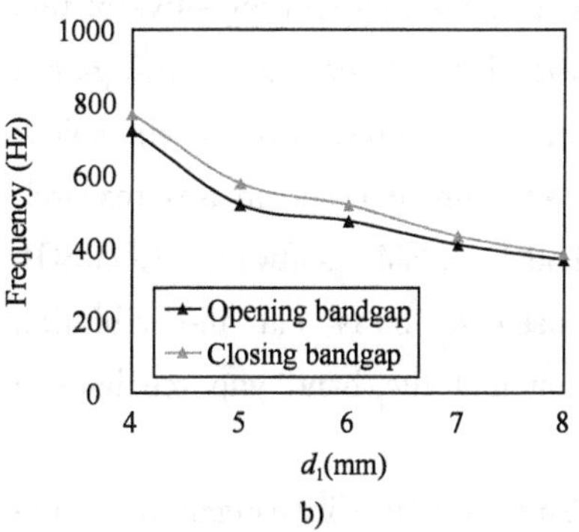

b)

Figure 3

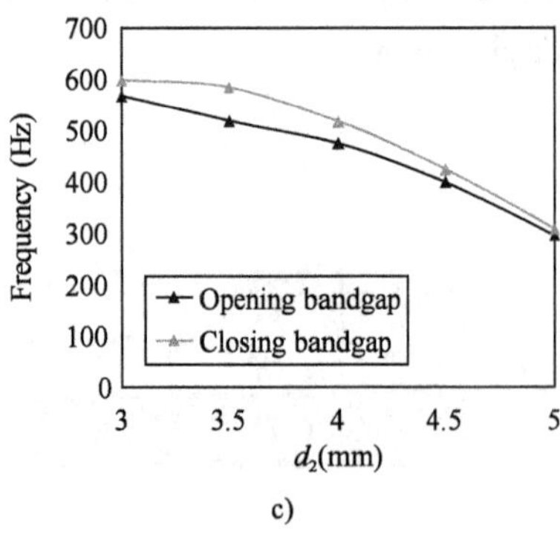

c)

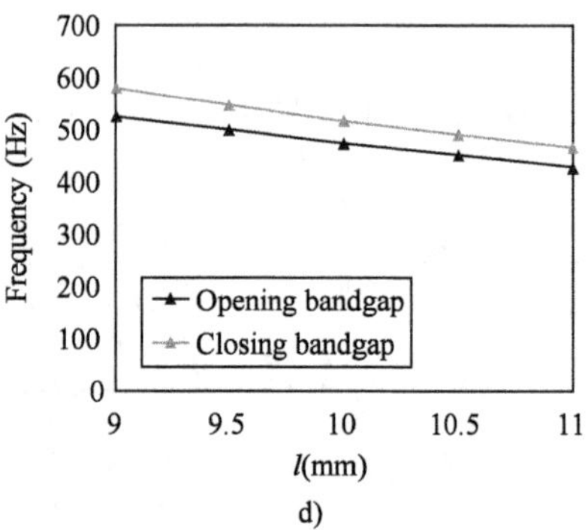

d)

Figure 3 Effects of wall thickness curved wall diameter 1, Curved wall diameter 2, length of unit structure

The transmission curves are being plotted against frequency as it been shown in Figure 2a) below within the range of 0 ~ 700Hz. It was noticed from the plotted transmission curve at frequencies between 470 ~ 500 Hz that there is a clear drop in the transmission. Furthermore, the vibration propagation in the structure for some frequencies within and outside the bandgap frequencies are also depicted in Figure 4.

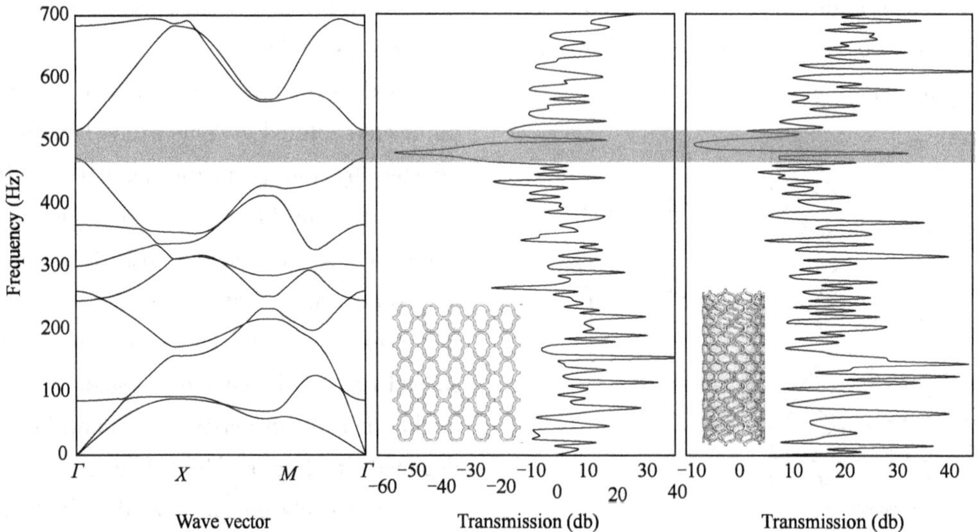

Figure 4 Bandgap structure of the unit cell and the transmission of the arrayed and cylindrical-like structure

3 Conclusions

As been stated that the aim and objective of this research work is to fabricate, design and investigate a model for vibration attenuation, with a sinusoidal metamaterial beam structure choosen in this research as the main model. FEM software COMSOL Multiphysics was used to carry out the vibration isolation investigation and the band gap mechanism was adopted.

From Figure 2a) from the investigation on the single unit sinusoidal beam structure, it can be observed the band structure contains a variety of dispersion curves within the range of 0 ~ 700Hz and evidently a complete band gap exists between the range 471.9 ~ 514.4Hz which states that vibration can be attenuated and thus the vibration cannot propagate within this frequency range.

The transmission curve exhibited obvious vibration attenuation in the frequency range 470 ~ 500Hz which explains the reason for the clear drop in the transmission curve within this frequency range. These findings are consistent and in agreement with the results of band gap dispersion curves shown in

Figure 2. The way the transmission propagates was as well depicted in the stressed geometries shown in Figure 5. It further shows that the vibration propagates from the left-hand side of the arrayed structure and the cylindrical-like structure to the right-hand side of the structure as shown in Figure 6 in frequencies outside of the band gap and also shows that the vibration does not propagate entirely from the left-hand side to the right-hand side of the structure at frequencies in the band gap.

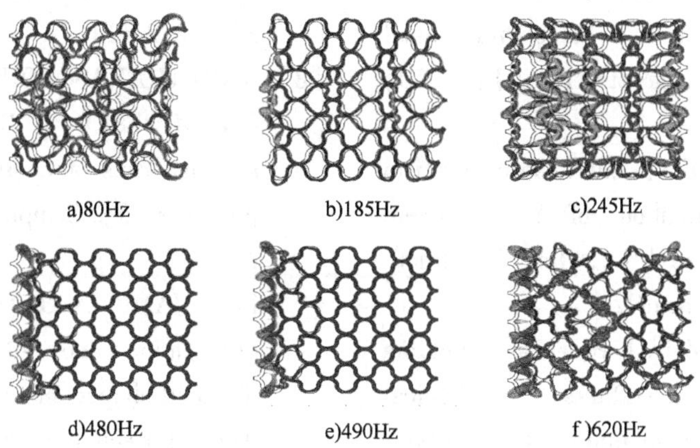

Figure 5 Deformed arrayed structures in different excitation frequencies

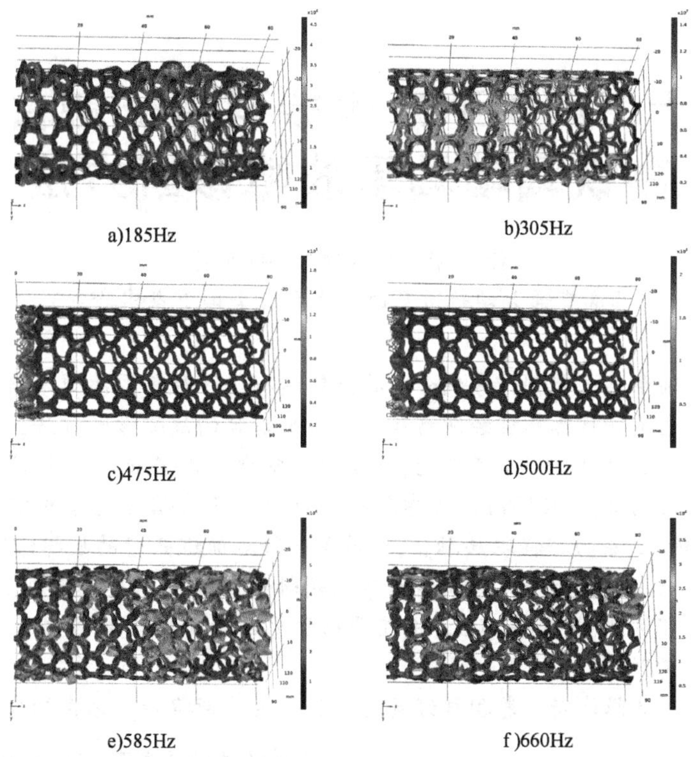

Figure 6 Deformed cylindrical-like structures in different excitation frequencies

The calculated transmission characteristics and also the properties the model possesses show that the sinusoidal metamaterial beam structure can achieve a very good vibration attenuation characteristic.

References

[1] WANG H, MAO M, LIU Y, et al. Impact energy harvesting system using mechanical vibration frequency stabilizer[J]. Smart Mater. Struct., 2019, 28: 75006.

[2] ZIARAN S, CHLEBO O, CEKAN M, Transmission of Vibrations through Vibration Isolators, Theory and Application[J]. in IFToMM World Congress

on Mechanism and Machine Science, 2019: 3995-4004.

[3] ELMADIH W, SYAM W, MASKERY I, Mechanical vibration bandgaps in surface-based lattices, Addit. Manuf[J]. 2018:421-429.

[4] JIANG H, ZHANG M, LIU Y, et al. Band Gaps and Vibration Isolation of a Three-Dimensional Metamaterial with a Star Structure[J]. 2020: 1-14.

[5] LI Y, JANG X, AHMED J. Band gap mechanism and vibration attenuation of a quasi-zero stiffness metastructure [J]. Int. J. Struct. Integr., no. ahead-of-print, 2022.

[6] ZHANG K, QI L, ZHAO P, et al. Buckling induced negative stiffness mechanical metamaterial for bandgap tuning[J]. Compos. Struct[J]. 304:116421.

[7] KARATHANASOPOULOS N, REDA H, GANGHOFFER J F. The role of non-slender inner structural designs on the linear and non-linear wave propagation attributes of periodic, two-dimensional architectured materials [J]. 2019:312-323.

[8] KARATHANASOPOULOS N, REDA H, GANGHOFFER J. Designing two-dimensional metamaterials of controlled static and dynamic properties[J]. Comput. Mater. Sci, 2017(138): 223-332.

[9] LI Y, JAMIU A O, TIJJANI M Z. Elastic wave propagation and vibration characteristics of diamond-shaped metastructures[J]. Archive of Applied Mechanics, 2023(93):921-3946.

基于 P-VBCNN 和振声特征融合的高铁轴箱轴承故障诊断方法

徐 潇 宋冬利* 郑则君

(西南交通大学轨道交通运载系统全国重点实验室)

摘 要 针对轴箱轴承单源监测信号包含的状态信息有限导致单源故障诊断方法精度受限的问题，本文提出了一种基于双通道并行卷积神经网络和振声特征融合的故障诊断方法，以提高轴箱轴承故障诊断的可靠性。该方法基于变分贝叶斯推断理论，假设模型提取的潜特征服从某种先验分布，构建了一种变分贝叶斯推断卷积神经网络(VBCNN)。考虑到振动信号与声音信号包含的信息是冗余互补的，将其分别作为 VBCNN 模型输入，在特征提取层融合，构造了一种双通道并行的故障诊断模型(P-VBCNN)，用于轴箱轴承故障诊断。采用西南交通大学高速列车轴箱轴承故障数据集对模型进行验证，结果表明，所提方法的平均诊断精度可达到99.60%以上，相较于基于单源特征的诊断方法及其他融合诊断方法，所提方法具有更高的诊断精度。

关键词 轴箱轴承 故障诊断 卷积神经网络 变分贝叶斯推断 振声融合

0 引言

近年来我国高速铁路迅速发展，截至 2023 年底，我国高速铁路运营里程达到 4.5 万 km，稳居世界第一。轴箱轴承是列车转向架的关键部件，其运行状态直接影响着行车安全，因此，开展轴箱轴承的故障诊断研究具有重要意义。

传统的轴承故障诊断研究侧重于对信号处理方法的研究，通过从处理后的信号中提取统计特征，结合分类器进行诊断[1-3]。这种方法虽然取得了较好的结果，但存在自适应能力弱等问题。近年来，深度学习技术快速发展，卷积神经网络

基金项目：国家重点研发计划(2021YFB3400704)；四川省重大专项(2023ZDZX0009)；湖南省科技计划项目(Q111722S03002)。

(CNN)是一种典型的深度学习模型,已应用于轴承故障诊断领域。Lu 等[4]基于 CNN 模型实现了轴承故障状态分类;Janssens 等[5]提出了一种基于 CNN 模型的轴承状态监测方法;张俊鹏等[6]提出了一种改进 CNN 模型,通过在凯斯西储大学轴承故障数据集上对比,发现其与人为的分辨规律存在一定的相似性,为 CNN 模型在轴承故障诊断领域内的应用提供了一定的证明。

由于轴箱轴承的工作环境复杂,单源信号无法满足高精度诊断的需求,因此多源信息融合方法被应用于轴承等旋转机械的故障诊断。Yang 等[7]提出了一种振动信号和电流信号融合的诊断模型,用于风力涡轮机齿轮箱的故障诊断;Ma 等[8]通过设定相似度约束,融合了声学、振动特征,构建了刀具状态评估深度耦合网络;Wang 等[9]提出了一种混合高斯变分自编码器融合多源特征,用于轴承和齿轮的故障诊断;Chao 等[10]设计了一种基于多振动信号决策融合的轴承诊断模型。上述研究均取得了更为可靠的结果,验证了多源信息融合的有效性。

受到前人研究的启发,本文提出了一种基于双通道并行 CNN 模型和振声特征融合的轴承故障诊断方法。该方法将变分贝叶斯推断引入 CNN 模型的特征提取层,构建了一种双通道并行的变分贝叶斯推断卷积神经网络模型(P-VBCNN),将振动信号和声音信号输入模型,即可实现振动、声音特征的提取与融合,进而实现轴箱轴承故障诊断。利用高速列车轴箱轴承故障数据集对模型进行验证,结果表明,该模型能够准确识别轴承的多类故障。

1 理论基础

1.1 卷积神经网络

CNN 是深度学习领域的一种常见方法,主要由输入层、卷积层、池化层、全连接层以及输出层组成,结构图如图 1 所示。

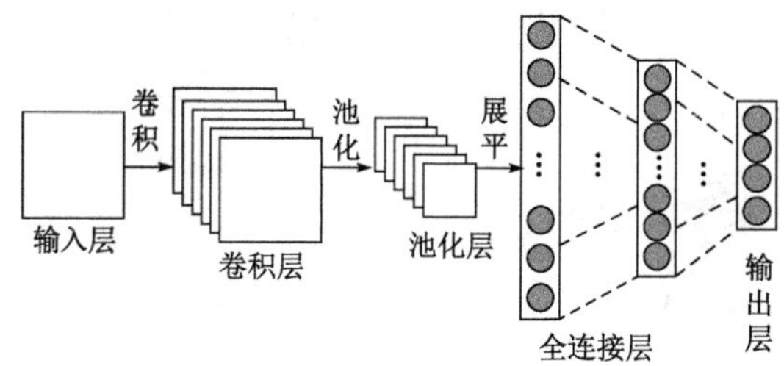

图 1 CNN 结构

卷积层用于提取输入的局部区域的特征,卷积运算后的输出还需激活,可以表示为:

$$z_k^p = f(a_k^p) = f(W_p * X_k + b_k^p) \tag{1}$$

式中:a_k^p——卷积运算后第 p 个通道的第 k 个值;

$*$——卷积运算符;

W_p——第 p 个通道的卷积核,$W_p \in R^{m\times n}$;

X_k——输入数据的第 k 个卷积区域;

b_k^p——偏置项;

$f()$——激活函数。

池化层通常在卷积层之后,是一种下采样方法。常见的池化操作为最大池化,其运算过程如下:

$$c_{m,n}^p = \max_{i\in R_{m,n}^p} z_i^p \tag{2}$$

式中:z_i^p——区域 $R_{m,n}^d$ 中神经元的激活值。

当模型用于分类时,损失函数常用交叉熵损失,并以损失函数最小为目标调整模型参数,交叉熵损失函数的表达式为:

$$L(\hat{y},y) = -\sum_i y_i \log \hat{y}_i \tag{3}$$

式中:$\hat{y}$——模型的输出值;

y——训练样本的真实标签值。

1.2 变分贝叶斯推断

变分贝叶斯推断是一种结合贝叶斯推断和变分推断的方法,目标是估计潜在变量的后验分布。具体地,基于采样后的样本 $\boldsymbol{x}$,根据贝叶斯定理,各潜变量 z 的后验分布为:

$$p_\theta(\boldsymbol{z} \mid \boldsymbol{x}) = \frac{p(\boldsymbol{x} \mid \boldsymbol{z})p(\boldsymbol{z})}{p(\boldsymbol{x})} = \frac{p(\boldsymbol{x} \mid \boldsymbol{z})p(\boldsymbol{z})}{\int p(\boldsymbol{x},\boldsymbol{z})\mathrm{d}\boldsymbol{z}} \tag{4}$$

潜变量的真实后验分布 $p(\boldsymbol{z}|\boldsymbol{x})$ 难以计算,根据变分推断的基本思想,可采用已知的简单分布 $q(\boldsymbol{z})$ 来逼近需推断的复杂分布,常用高斯分布。使用 Kullback-Leibler(KL)散度测量两个分布之间的相似性:

$$D_{\mathrm{KL}}(q(\boldsymbol{z}) \mid\mid p(\boldsymbol{z} \mid \boldsymbol{x})) = \int q(\boldsymbol{z})\mathrm{d}\boldsymbol{z}\log\frac{q(\boldsymbol{z})}{p(\boldsymbol{z} \mid \boldsymbol{x})} \tag{5}$$

为了避免对真实后验分布的直接计算,上式可推导如下:

$$D_{KL}(q(z) \| p(z|x)) = \int p(z)\ln\frac{q(z)}{p(z,x)}dz + \ln p(x) \tag{6}$$

其中,等式右侧第一项为变分自由能,第二项中的$p(x)$为样本的边缘似然函数,在给定潜变量z之后,$p(x)$是大于零的定值。由于KL散度的取值非负,当两个分布相同时,取值为零,因此,优化问题的目标转化为:

$$\arg\max_q \int q(z)\ln\frac{p(z,x)}{p(z)}dz \tag{7}$$

2　基于变分贝叶斯推断的并行卷积神经网络轴承故障诊断模型

2.1　基于变分贝叶斯推断的CNN模型

将变分贝叶斯推断引入CNN模型的特征提取层,假设模型提取的最终特征服从高斯分布,形成基于变分贝叶斯推断的卷积神经网络(BVCNN)模型。在特征提取层中,神经元学习特征分布,而后从中随机生成特征z,实现模式识别,如图2所示。

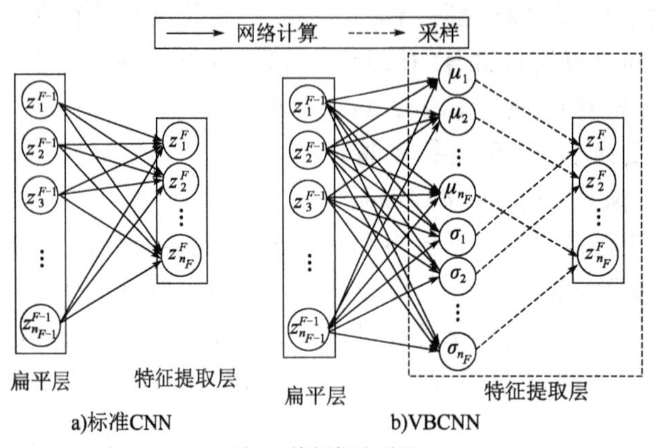

图2　特征提取过程

在标准的CNN模型中,扁平层后的特征提取层神经元可以表示为:

$$z^F = f(Wz^{F-1} + b) \tag{8}$$

式中:z^{F-1}——扁平层的输出值。

在BVCNN模型的特征提取层中,$z_i \sim N(\mu_i, \sigma_i^2)$,基于式(8)学习参数:

$$[\mu_1, \cdots, \mu_{n_F}, \sigma_1, \cdots, \sigma_{n_F}]^T = f(Wz^{F-1} + b) \tag{9}$$

式中:n_F——特征个数。

而后随机生成特征z^F。

显然,在标准CNN模型优化目标的基础上,BVCNN模型增加了特征分布的学习任务,结合1.2节所述,补充对特征分布的约束,形成VBCNN模型的损失函数:

$$L_{VBCNN}(x,y) = L_e(\hat{y},y) + \beta \cdot D_{KL}(q(z) \| p(z|x)) \tag{10}$$

式中:β——学习特征分布的误差的权重。

2.2　双通道并行的VBCNN模型

本文所提的双通道卷积神经网络模型基于VBCNN模型改进得到,将输入层改为由双通道并行输入,并在特征提取层进行融合,模型结构如图3所示。

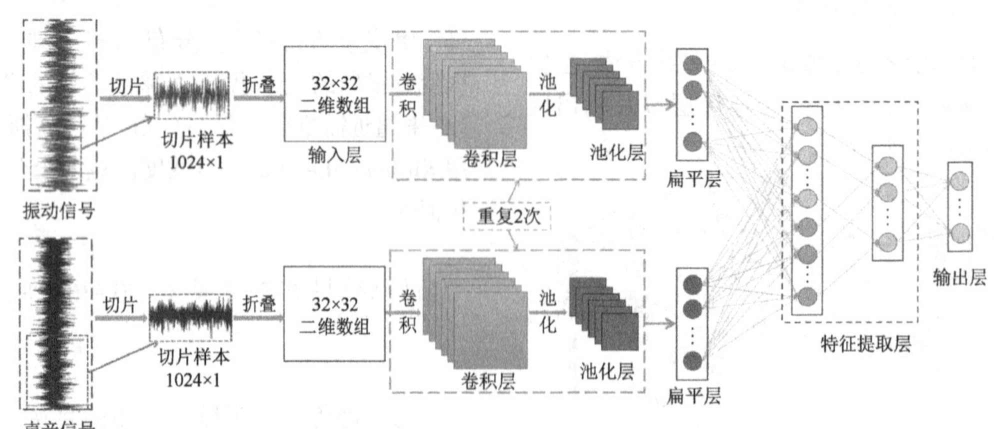

图3　P-VBCNN模型的结构

两个并行通道采用相同的结构，将采集的长度为1024的振动信号和声音信号标准化后，折叠为32×32的二维数据，输入模型的两个通道，进行3次卷积、池化（最大值池化）操作。融合层将各通道扁平化后所得神经元进行融合，采用变分贝叶斯推断理论，假设融合后的特征服从高斯分布，学习分布的参数，而后将生成的特征与Softmax分类器连接，输出预测结果。

2.3 所提方法的流程

步骤1：采集轴箱轴承在不同工作状态下的振动、声音信号，形成长度为1024的信号段，划分训练样本、验证样本和测试样本；

步骤2：训练P-VBCNN模型。确定P-VBCNN模型的结构和超参数，将训练样本输入模型以更新参数；

步骤3：验证并优化模型。将验证样本测试输入训练好的P-VBCNN模型，对比训练准确率和验证准确率的差异，若差异显著，则模型存在过拟合，对其结构及超参数进行调整，并重新执行步骤2；

步骤4：测试样本验证提出方法。

3 实验验证与结果分析

3.1 实验数据集

西南交通大学的高速列车轴承试验台如图4所示，由电机、支承轴承、被测轴承、轴承座和激振器等组成，激振台用于模拟真实环境中的轮轨激扰。试验中可以通过对轴承施加转速、静载力与激振频率，来模拟真实的运行工况。

图4 西南交通大学高速列车轴承试验台

本案例中，加速度传感器放置在轴承端盖处，麦克风放置在轴承右侧，轴承转速为1100r/min，载荷为1200kg，激振台频率为10Hz，采样频率均为25.6kHz。本文考虑了9种状态，包括正常、内圈故障、外圈故障、保持架故障、滚子故障、润滑不良、内圈和外圈复合故障、外圈和滚子复合故障、外圈和润滑复合故障，标签分别为1～9，每种状态有400个样本：250个训练样本、50个验证样本和100个测试样本。

3.2 模型参数设置

本案例使用的双通道的模型结构相同，如表1所示，其中，CNN的结构是通过调整业界反复验证的模型得到的[5]，包括2个卷积层、2个池化层和一个全连接层，提取的特征大小为32，模型训练采用adam优化器，最小批量数为128，初始学习率为0.01，式(10)中的β取0.001。

模型各层结构参数 表1

网络层	通道1参数	通道2参数
输入层	振动信号32×32	声音信号32×32
卷积层1	(5×5)×8	(5×5)×8
池化层1	4×4	4×4
卷积层2	(3×3)×16	(3×3)×16
池化层2	4×4	4×4
全连接层	64	
特征提取层	32	
输出层	9	

3.3 消融实验

为了验证本文所提方法的有效性，开展消融实验分析贝叶斯变分推断和特征融合对模型性能的影响。首先将单源信号作为模型的输入，训练CNN模型与VBCNN模型，而后将振动信号和声音信号同时作为输入，训练P-VBCNN模型。本节对比的CNN模型、VBCNN模型与P-VBCNN的单通道具有相同的结构。考虑到实验结果存在偶然性，进行10次重复实验，取平均准确率和标准差，具体数值详见表2，结果如图5所示。

消融实验结果 表2

对比模型	信号源	平均准确率(%)	标准差(%)
CNN	振动信号	93.52	2.25
	声音信号	95.82	2.08
VBCNN	振动信号	95.90	0.36
	声音信号	98.17	0.57
P-VBCNN	振动信号+声音信号	99.60	0.19

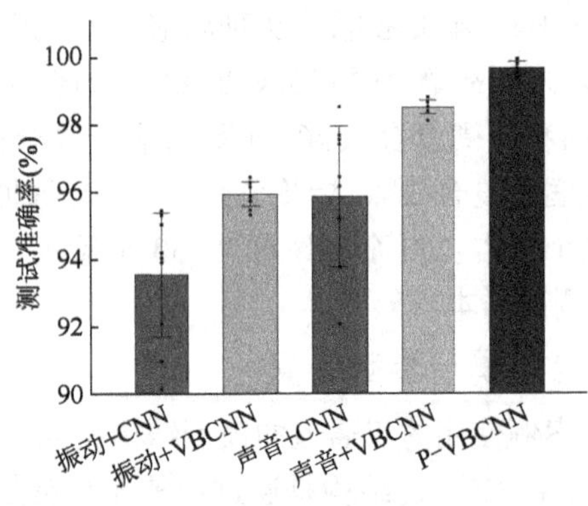

图5　消融实验结果

由图5可知,当单一的振动信号或声音信号作为模型输入时,VBCNN 模型具有更高的诊断准确率,相较于标准的 CNN 模型,准确率分别提高了2.38%、2.35%,并且结果的标准差也有明显的下降,说明变分贝叶斯推断的引入不仅可以提高模型诊断的准确率,还增加了模型的鲁棒性。

进一步,观察 P-VBCNN 模型的结果,可以发现,相较于将单源信号作为输入的 VBCNN 模型,所提模型的准确率更高,标准差更小。计算某次实验结果的混淆矩阵,如图6所示。可以发现,当振动 + VBCNN 对状态1、2的诊断效果不佳时,声音 + VBCNN 模型对这两个状态的诊断结果较好,通过将振动、声音特征融合诊断,可得到更佳的结果;相应的,当声音 VBCNN 模型对状态3、5、9的诊断结果有误时,通过与振动特征融合,也得到了更好的效果。这说明振动信息和声音信息在轴承故障诊断中是交叠互补的,本文基于 P-VBCNN 模型进行振声特征融合的高速列车轴承故障诊断是有必要的。

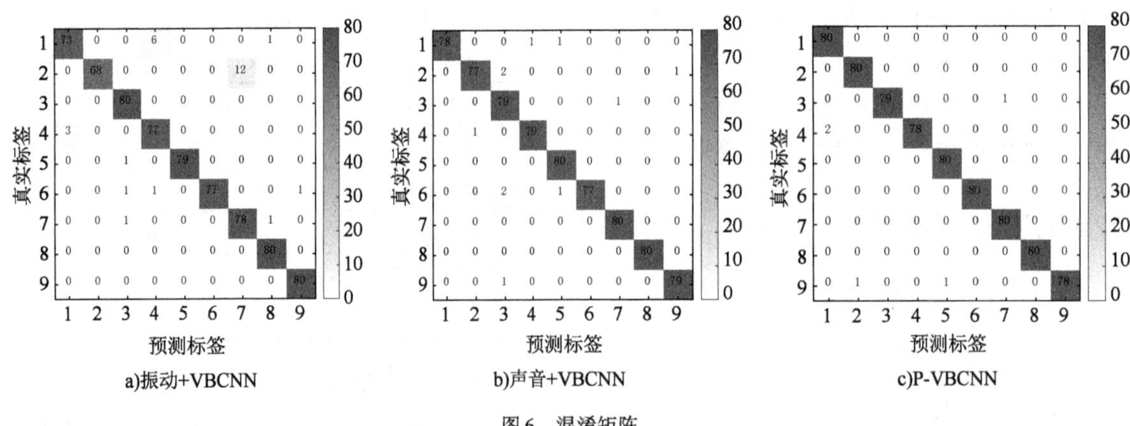

图6　混淆矩阵

3.4　对比实验

进一步,为验证所提方法的综合性能,与其他的多源信息融合故障诊断方法进行对比实验,测试模型包括统计特征 + Softmax 分类器(统计特征与文献[11]一致)、变分编码器 + Softmax 分类器、稀疏编码器 + Softmax 分类器、VBCNN + 决策融合策略(文献[10])、标准的双通道并行 CNN 模型进行对比实验,将其记为方法1~5,进行10次重复实验,取其诊断准确率的平均值。图7对比了不同方法在不同实验中的诊断结果。由图7可知,在每一次实验中,本文所提方法均具有更高的诊断准确率,平均可达99.60%,相较于方法1~5,诊断准确率依次提高了8.68%、8.19%、7.19%、1.11%、1.19%,且标准差仍最小,说明所提方法更加准确可靠。

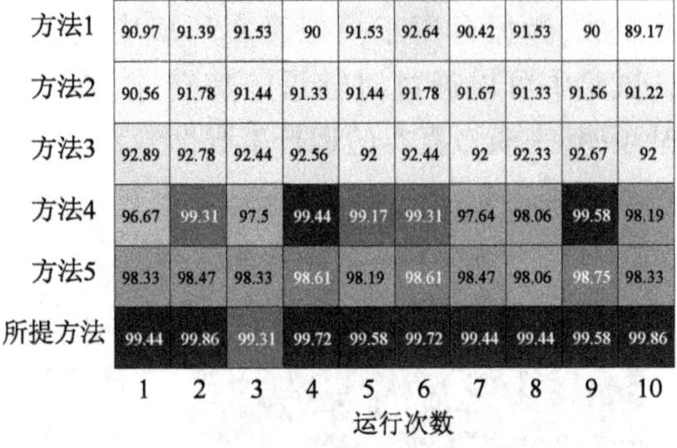

运行次数	1	2	3	4	5	6	7	8	9	10
方法1	90.97	91.39	91.53	90	91.53	92.64	90.42	91.53	90	89.17
方法2	90.56	91.78	91.44	91.33	91.44	91.78	91.67	91.33	91.56	91.22
方法3	92.89	92.78	92.44	92.56	92	92.44	92	92.33	92.67	92
方法4	96.67	99.31	97.5	99.44	99.17	99.31	97.64	98.06	99.58	98.19
方法5	98.33	98.47	98.33	98.61	98.19	98.61	98.47	98.06	98.75	98.33
所提方法	99.44	99.86	99.31	99.72	99.58	99.72	99.44	99.44	99.58	99.86

图7　对比实验结果(图中数值为测试准确率/%)

4　结语

为提高轴箱轴承故障诊断的准确性和可靠性,本文提出了一种基于 P-VBCNN 模型和振声特征融合的高速列车轴箱轴承故障诊断方法。该方法基于变分贝叶斯理论,对 CNN 模型的特征提取过程进行了改进,并基于此,将振动信号和声音信

号作为输入,形成了一种用于高速列车轴箱轴承故障诊断的P-VBCNN模型。主要结论如下:

(1)变分贝叶斯推断具有处理高维不确定性数据的优势,将其引入CNN模型的特征提取过程,可提高模型的分类性能;

(2)本文将振动信号、声音信号同时作为P-VBCNN模型的输入,实现了振声特征融合的轴承故障诊断,经检验,相较于基于单源特征的诊断方法,该方法具有更准确的诊断结果。

虽然本文提出的方法在干扰复杂的实验数据中展示出了较好的诊断性能,但其在高速铁路动车组列车实际运行环境中的有效性还有待考量。为了提高所提方法的实用价值,后续将探索P-VBCNN模型的迁移方法。

参考文献

[1] CHEN B Y, CHENG Y, ZHANG W H, et al. Enhanced bearing fault diagnosis using integral envelope spectrum from spectral coherence normalized with feature energy[J]. Measurement: Journal of the International Measurement Confederation, 2022, 189.

[2] 胡晓依,何庆复,王华胜. 基于SVD降噪和STFT解调方法的轴承故障检测[J]. 中国铁道科学,2008,2(3):98-100.

[3] 王嘉浩,罗倩,胡园园. 基于小波分析与EMD的机车轴承故障诊断方法[J]. 北京信息科技大学学报(自然科学版),2020,35(3):31-35.

[4] LU C, WANG Z Y, ZHOU B. Intelligent fault diagnosis of rolling bearing using hierarchical convolutional network based health state classification [J]. Advanced Engineering Informatics, 2017, 32:139-151.

[5] JANSSENS O, SLAVKOVIKJ V, VERVISCH B, et al. Convolutional neural network based fault detection for rotating machinery[J]. Journal of Sound and Vibration, 2016, 377:331-345.

[6] 张俊鹏,杨志勃,陈雪峰,等. 卷积神经网络在轴承故障诊断中的可解释性探讨[J]. 轴承,2020(7):54-60.

[7] YANG S, WANG Y, LI C. Wind turbine gearbox fault diagnosis based on an improved supervised autoencoder using vibration and motor current signals[J]. Measurement Science and Technology, 2021, 32(11).

[8] MA M, SUN C, CHEN X, et al. A Deep Coupled Network for Health State Assessment of Cutting Tools Based on Fusion of Multisensory Signals [J]. IEEE Transactions on Industrial Informatics, 2019, 15(12):6415-6424.

[9] WANG C, XIN C, XU Z, et al. Mix-VAEs: A novel multisensor information fusion model for intelligent fault diagnosis[J]. Neurocomputing, 2022, 492:234-244.

[10] CHAO Q, GAO H, TAO J, et al. Adaptive decision-level fusion strategy for the fault diagnosis of axial piston pumps using multiple channels of vibration signals [J]. Science China (Technological Sciences), 2022, 65(2):470-480.

[11] CHEN Z Y, LI W H. Multisensorfeature fusion for bearing fault diagnosis using sparse autoencoder and deep belief network[J]. IEEE Transactions on Instrumentation and Measurement, 2017, 66(7):1693-1702.

面向既有高速铁路的智能运维管理系统框架研究

蒋丽丽* 封博卿 李聪旭 景汉铭 刘 亿

(中国铁道科学研究院集团有限公司电子计算技术研究所)

摘　要　为了提升既有高速铁路运维效率、优化资源利用、提高线路运营安全性,分析高速铁路智能

基金项目:中国国家铁路集团有限公司科技研究开发计划。(J2022T001)。

运维需求，设计系统技术和数据架构，构建高速铁路数字化空间模型，设计资产状态预警运维模式，实现智能运维管理系统框架的构建，促进既有铁路信息系统集成与整合，为铁路信息数据纵向贯通、业务应用横向集成提供了关键技术手段推进既有高速铁路智能化进程，有效拉动高速铁路资源的整合和共享。

关键词　既有高速铁路　智能运维　系统框架

0　引言

既有高速铁路在运维管理过程中，为了实现对高速铁路资产设备的精细化、标准化管理，及时掌握设备设施技术状态条件，针对信息系统接入接口、资产分类编码、空间数据统一管理、资产基础数据库、大数据应用等重点问题开展了一系列的科学研究[1-4]。但也存在部分不足亟须完善，主要表现在以下几方面：

(1)既有高速铁路运营开通时间较长，工程竣工及运营过程中运维产生的技术档案资料电子化程度不高，以纸质档案为主，不便于查阅和数据共享。

(2)既有高速铁路有长期丰富的各类生产管理、检测、维修等数据，但是在归档和挖掘分析的程度上做得参差不齐，缺少综合分析[5-6]。

(3)既有高速铁路设备状态的动态反应不够及时，对设备设施维修、大修、重点病害整治的快速决策带来制约和不便[7]。

(4)现场设备管理的信息化不足，技术资料查阅、设备履历查询、登记录入和档案归档不成系统，运维查阅不方便[8-9]。

因此，在不增加维护人员重复录入的工作量的基础上，补充完善重要设备信息录入的渠道，并充分利用现有各专业的数据，发挥信息共享为设备全生命周期的规律分析和预防性维修提供数据支持，为各专业各层级设备智能运维提供一个信息平台，亟须研究既有高速铁路智能综合运维管理系统。

1　智能运维管理系统框架总体设计

1.1　系统设计原则

既有高速铁路智能综合运维管理系统采用成熟的、主流的、先进的技术，保证平台技术的先进性、前瞻性、可扩展性和可维护性。系统设计将遵循以下几个原则：

(1)融合适应性原则。

系统架构的设计必须遵循融合适应的原则，系统架构中各组件的部署与集成方案充分考虑铁路信息系统相关的技术政策与原则，保证建成的系统能够稳定运行，实现为铁路业务系统提供服务能力。

(2)敏捷柔性原则。

系统架构设计铁路信息建设为导向，能够敏捷适应铁路业务发展要求，避免因组织架构改变而导致系统发生大规模调整和改造。

(3)迭代更新原则。

数据架构和应用架构决定技术架构，三者之间必须能够互相印证、协调一致、迭代更新。应及时建立架构基线，为后续详细设计、开发建立架构基准。

1.2　采用主要技术标准

(1)《铁路信息系统技术评审管理办法》(铁总信息〔2016〕146 号)。

(2)《铁路信息系统技术评审工作细则（暂行）》(信技网技〔2022〕5 号)。

(3)《"十四五"铁路网络安全和信息化规划》(铁科信〔2022〕16 号)。

(4)《中国国家铁路集团有限公司信息化项目建设管理办法》(铁科信〔2022〕163 号)。

(5)《中国铁路总公司网络安全管理办法》(铁总信息〔2018〕134 号)。

(6)《中国铁路总公司信息化项目竣工验收办法》(铁总科信〔2019〕21 号)。

(7)《京沪高铁智能综合运维管理系统总体方案》(2020 年)。

(8)《铁路地理信息分类与编码》(Q/CR 520—2016)。

2　智能运维管理系统框架架构设计研究

2.1　系统总体架构

既有高速铁路智能综合运维管理系统将高铁全专业、全维度、全生命周期的数据管理模式，提供设备设施动静态及实时监测检测业务数据的一体化管理和可视化集成展示，实现高速铁路各专业数据的互联互通，跨专业共享，提供大数据决策分析。以京沪高速铁路为例,如图1所示,采用一级部署多级应用的方式,满足高速铁路公司、路局、站段、车间及现场维修人员的各级访问;系统采用分层的设计思想,包含用户层、应用层、服务层、数据层、基础设施层和接入层。

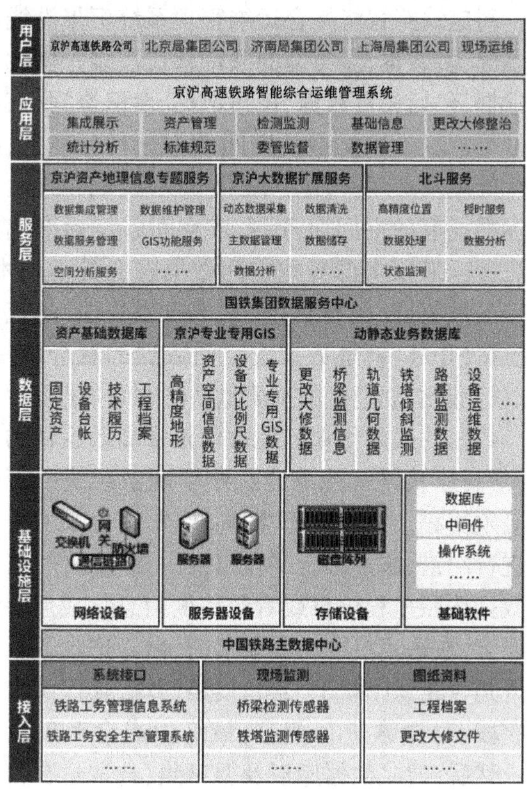

图1　系统总体结构图

2.2　系统技术架构

既有高速铁路智能综合运维管理系统是一个集业务数据集成、管理、一体化集成展示、数据分析挖掘于一体的综合性应用软件,是一项涉及软件技术领域相对复杂的软件工程,因此其技术架构要选择先进、适用相结合的方案,如图2所示。

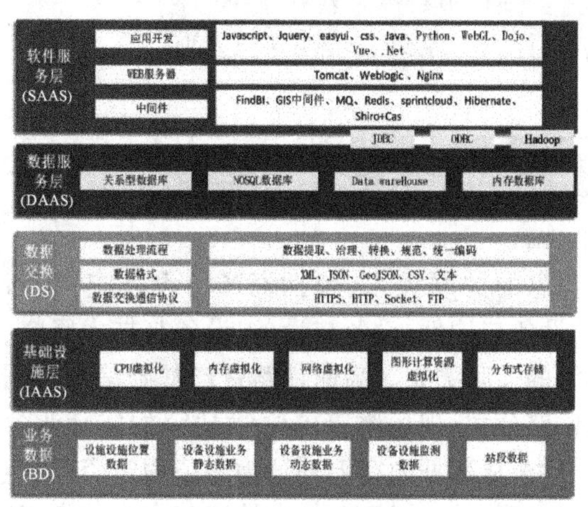

图2　系统技术架构图

(1)基于微服务的系统架构。

采用微服务技术架构,将系统业务分解为多个独立部署的服务应用,实现对单体业务系统的解耦,增强业务的扩展能力。

(2)基于J2EE的平台实现。

J2EE是SUN公司定义的一个开发分布式企业级应用规范。它提供了一个多层次的分布式应用模型和一系列客户化技术规范。多层次分布式应用模型是指根据功能把应用逻辑分成多个层次,每个层次支持相应的服务器和组件,组件在分布式服务器的组件容器中运行,容器间通过相关的协议进行通信,实现组件间的相互调用。J2EE为搭建具有可伸缩性、灵活性、易维护性的信息系统提供了良好的机制。

3　智能运维数据库设计总体思路

3.1　资产设备基础数据模型

高速铁路智能综合运维管理系统数据库不同于传统的设备管理数据库,不能仅以空间位置为依据来维护设备,它更关注设备个体的健康状况,因此资产设备信息建模工作是从设备自身物理属性出发,从资产角度构建设备的数据模型。铁路资产设备分布范围较广,其资产管理单元范围较大,根据《铁路固定资产管理办法》相关规定,其统计单元往往是区段、所亭、车站等,而现场工区工队在管理、维修、报废等环节中的对象是单体设备,例如路基、桥梁、隧道等。这种管理力度的不同难以实现资产设备的精细化管理。同时铁路维修、检测、运营等动态数据也无法及时反映资产变化信息。因此,建立高速铁路各专业各类别的资产设备信息模型是数据库建设核心。

以工务桥梁为例,按照《铁路固定资产管理办法》的规定,桥梁以"座"为登记单位,描述了其资产价值等信息。设备管理中除了对桥梁以座为单位的描述外,还有对桥梁组成部分的细节描述,例如梁、墩、承台、桩基等,此外,建设工程资料档案中含有大量的设备图纸、检验批等资料,也是对设备构件的描述。

在设备与固定资产建立联系的同时,模型应同时注意设备与设备之间的关系,如墩与梁、梁与线路设备之间的联系。

3.2　主数据模型

高速铁路资产设备基础数据库是资产设备管理的核心数据平台,其数据将被高速铁路智能综合运维管理系统、高速铁路地理信息服务、资产全生命周期管理、资产运营安全分析等调用,同时建成后也将与现场实际业务进行对接。因此,数据库设计必须考虑在数据结构和数据内容方面的共享性要求,结合目前资产管理、设备管理的先进理念和行业性资产管理数据库建设经验,在项目设计和实施上采用主数据建模思想是最为可靠的选择,能够大幅降低项目建设风险,提高数据库后期的业务扩展能力。

SOA(Service Oriented Architecture)构架体系被公认为是迎合该变革的发展趋势,而优质的主数据模型是实现SOA构架的重要成功因素之一。主数据模型必将成为各企业规划信息化战略发展的重点之一。在企业中用来定义业务对象的、具有持续性的、非交易类的数据。它在整个企业组织内具有或应该具有一致的视图。在主数据概念出现以前,该类数据还常被称为"关系业务对象"或者"业务实体"。主数据包括属性、定义、角色、关联关系、分类方法等内容,被不同的应用所使用,涉及企业多数组织和业务单元。主数据管理融合于业务应用系统、信息管理方法、数据管理工具之中,来辅助体现企业的政策及规章,支持企业流程、服务及基础架构。在技术上支持主数据的抽取、整合与分享利用,提供准确、及时、一致、完整的主数据。主数据管理涉及企业的主要权益者、经营参与者和其他商业合作伙伴。

4　智能运维系统框架关键技术研究

4.1　海量条带状二三维一体化空间数据融合建模技术

高速铁路智能综合运维管理系统汇聚沿线海量多源、多版本、多类型的条带状二三维一体化空间数据,包括矢量数据、栅格数据、台账数据、三维数据等。对不同类型的空间数据进行标准化、统一化处理及入库,构建三维数据模型,制作并发布成标准规范的空间服务,形成空间数据标准化处理流程。采用多源异构空间数据融合处理技术,实现矢量数据、栅格数据、三维模型数据、建筑信息模型(BIM)模型数据等空间数据的融合统一,形成标准化、规范化的高质量铁路空间数据集。

数据的规范化管理是数据正常高效运转的关键,是高速铁路智能综合运维管理系统统一管理的必须流程。对于台账数据,首先对台账中的数据进行纠错、添加必要字段以及去重等工作,将台账数据按照里程信息或者经纬度信息生成点、线、面要素,在采用沿线生成要素时,需考虑设备所处位置是否在铁路线上,若在线路两端,还需添加偏移字段,对要素进行偏移,最终生成台账矢量数据。然后,建立数据库以及要素集,选取适合台账数据的坐标系统,并将多个台账图层合并至同一gdb或mdb库中,形成台账矢量数据库。最后,对台账矢量数据进行图层属性信息的完善、配准及配图工作,完成数据的入库处理,过程如图3所示。

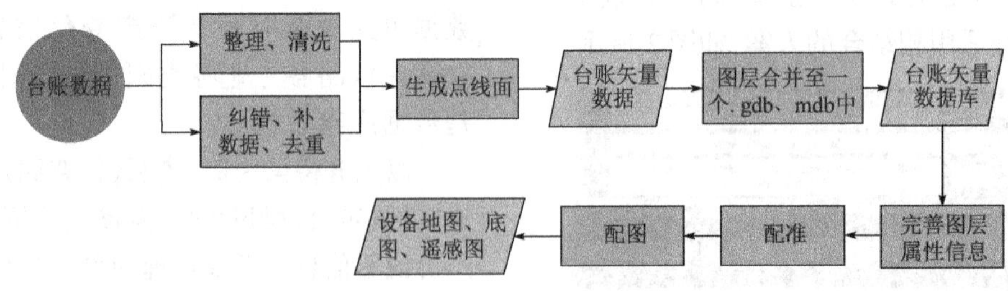

图3　台账数据制作流程

4.2　基于主数据建模思想的高铁资产基础信息模型研究

结合目前资产管理、设备管理的先进理念和行业性资产管理数据库建设经验,高速铁路资产基础信息模型基于主数据建模思想实现。高速铁路资产基础信息之间蕴含了各类资产、设备等多种信息的关联关系,包括资产与设备、功能与设备、设备与构件、设备与设备、设备与技术资料、履历等的关联关系。高速铁路资产基础信息根据高速铁路公司、现场维管单位(站段)的实际业务进行分类,从数据内容上划分为财务固定资产信息、设备台账、技术履历和技术档案四大类信息;从铁路资产专业角度包括工务、供电、信号、通信、房建、土地、给排水、旅服；从资产设备层级上，包括资产级、单元级、设备级与构件级；从数据类型上包括结构化数据(EXCEL\CVS 等)和非结构化数据(图纸、文件、图片等)。该模型填补了高速铁路资产基础信息模型构建的国际空白。资产基础信息模型如图 4 所示。

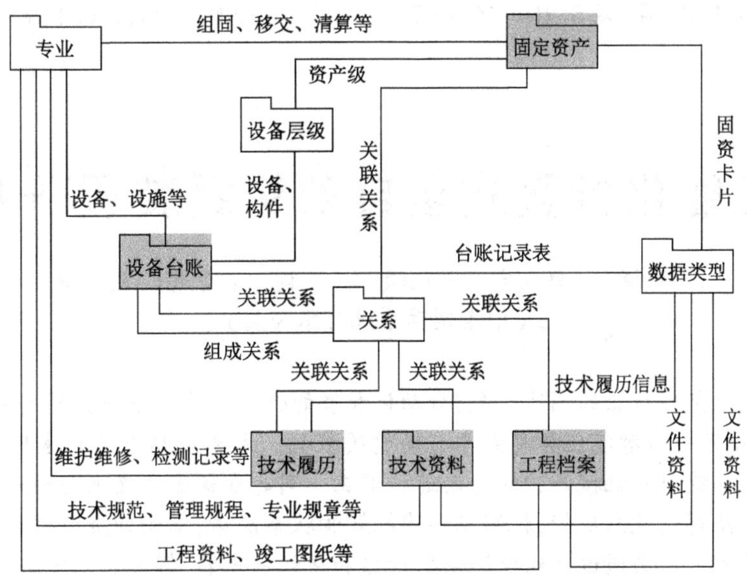

图 4 资产基础信息模型

4.3 面向海量数据条件下的三维模型展示与模型优化技术

在车站三维模型中，面向海量车站设备和业务数据，通过分层和分类管理的方式进行优化。将模型按照特定的规则和属性进行划分，以便在展示过程中能够高效地获取和呈现需要的信息，同时减少系统资源的占用。对于细节层次较多的模型，我们使用细节层析(Level of Detail，LOD)技术进行处理。通过根据距离和观察需求，动态地选择合适的细节级别来呈现模型，达到在保证真实性的前提下提高展示效率的目的。针对模型的优化，采用抽壳技术(hollow shell)和细节 LOD 技术过滤冗余信息。通过去除冗余信息和精简不必要的细节，使得模型的大小得以减小，同时保持了关键信息和结构的准确性，从而提升模型的加载和呈现速度。

5 结语

通过高速铁路智能综合运维系统框架的研究，可为实现高速铁路基础业务数据与地理信息数据的全面治理和融合提供依据，避免业务系统购置相关的地理信息软件、数据库软件、数据分析中间件等商业软件，同时也减少了数据维护和更新的费用，大幅降低业务系统实施建设成本和时间成本，节约运营成本和整体投资。

高速铁路智能综合运维系统的建设将实现高速铁路设备设施资产的全生命周期的运营管理，为设备设施的动态监测检测及维修提供数据依据，同时为设备设施的日常巡检维护提供科学合理安排计划。系统的实施将有效地延长高速铁路设备设施的使用寿命，有效地降低人工运维成本。

参考文献

[1] 王建伟，秦健，孙国庆. 高铁车站设备智能化运维管理系统设计及关键技术研究[J]. 铁路计算机应用，2020，29(6)：69-74.

[2] 卓越. 京张高铁官厅水库特大桥工程智能建造及智能运维技术应用方案[J]. 铁路计算机应用，2022，31(7)：37-41.

[3] 王纯伟，闫兆辉，侯日根. 高铁牵引变电所综合自动化系统智能运维研究[J]. 智能城市，2021，7(21)：134-135.

[4] 王平，吴文波，杨友兰，等. 基于人工智能的高铁动车组智能运维数据分析系统的构建[J]. 铁路计算机应用，2022，31(7)：14-18.

[5] 孙慧，封博卿，魏小娟，等. BIM + GIS 技术在京张高铁建维一体化管理中的应用[J]. 中国铁路，2022(7)：96-101.

[6] 李曼. 利用创新方法铺设创新之路[J]. 科技

创新与品牌,2022(12):16-21.

[7] 于进江,刘文斌,刘国梁,等.基于倾斜摄影技术的铁路三维实景系统开发与应用[J].中国铁路,2021(1):111-116.

[8] 王英杰,常宇,周亚坤,等.基于Revit的铁路线路三维信息平台开发[J].铁道勘察,2021,47(2):7-11,27.

[9] 王瑞,马祯,李磊.基于CEEMDAN-WOA-SVR的高铁沿线超短期风速预测方法[J].中国铁道科学,2023,44(6):80-86.

智能化折叠式全自动钩缓装置研制

朱海涛* 赵金宝 李朝曦 王 博 孟繁彬 赵 海

(中车制动系统有限公司)

摘 要 随着轨道交通行业的高速发展,自动化和智能化已成为当下研究的趋势。为满足有轨电车的发展需求,本文提出了一种智能化折叠式全自动钩缓装置。本文采用了2组电驱动执行器,可以实现电气车钩的自动连挂解钩以及机械车钩的自动连挂解钩。同时在钩缓装置上巧妙地布置了9组传感器,可以实现电气车钩连挂解钩状态反馈、机械车钩连挂解钩状态反馈、车钩伸直到位状态反馈、车钩折叠固定到位状态反馈等功能。本文通过2组电驱动执行器和9组传感器,解决了无气路动力源和人为观察费时费力的问题,实现了对车钩状态的实时监测。本文还成功完成了智能化折叠式全自动钩缓装置的研制,并对样机进行了静强度试验和功能性试验。试验结果表明,本文研制的全自动钩缓装置操作便捷,各动作灵活顺畅,传感器反馈信号正常,状态感知直观,同时能够满足有轨电车车辆对钩缓装置的强度要求。

关键词 智能化 折叠式 全自动钩缓装置 传感器 电驱动执行器 实时监测

0 引言

有轨电车车辆的钩缓装置位于列车两端,为了达到救援或重联的目的,钩缓装置需要满足一定的长度要求[1-2]。但列车车体前端空间比较有限,为了适配车体前端的实际情况,有轨电车钩缓装置一般采用折叠式设计[3-4]。在车辆非重联运营时,钩缓装置可以处于折叠状态,隐藏在开闭机构内,进而节省所占用的空间。在车辆重联运营时,钩缓装置可以处于伸直状态,进而实现两列车之间的连挂。

目前常规的折叠式钩缓装置,只具有简单的折叠和伸直功能,并且所有过程都需要人为手动操作,费时费力。总的来说,常规的折叠式钩缓装置主要存在以下两方面的问题:

(1)有轨电车钩缓装置安装高度普遍较低,且一般位于开闭机构下方[5],当钩缓装置处于折叠或伸直状态时,无法实时确定钩缓装置的具体状态(是否折叠固定到位以及是否伸直到位),对于钩缓装置状态的感知性较差[6]。

(2)有轨电车通常无气路动力源,无法参照常规动车组或地铁列车用钩缓装置通过气动方式实现机械自动连挂解钩及电气自动连挂解钩等动作[7]。

针对以上两方面问题,为了让钩缓装置充分实现自动化和智能化,本文提出了一种有轨电车智能化折叠式全自动钩缓装置,通过2组电驱动执行器,实现了电气车钩连挂解钩、机械车钩连挂解钩等过程的自动操控;通过9组传感器,实现了整个车钩系统的实时监测[8-9]。本方案解决了有轨电车无气路动力源的问题和人为操作费时费力的问题。

同时,本文研制出了钩缓装置的样机,进行了静强度试验和功能性试验[10]。试验结果表明,本文研制的智能化折叠式全自动钩缓装置能够满足实际运用需求。

1 智能化方案

根据列车的实际运用需求,本文提出的智能化折叠式全自动钩缓装置可以实现以下功能:电气车钩自动连挂解钩、机械车钩自动连挂解钩；机械车钩连挂状态反馈、车钩伸直到位状态反馈车钩折叠固定到位状态反馈等。

首先，根据电气车钩伸缩及机械车钩解钩动作的需求，同时兼顾车下狭小空间，选用电驱动直线推杆作为动作执行器。每个电驱动执行器都集成了2个传感器，分别是伸出位置传感器和缩回位置传感器，可以实时监测电驱动执行器的动作状态。

其次，在固定装置上设置1个传感器，用于确认车钩是否折叠固定到位。在折叠机构处设置1个传感器，用于确认车钩是否伸直到位。在机械车钩连挂面上设置2个传感器，用于确认车钩机械连挂面连挂到位信号。在机械车钩主轴位置设置1个传感器，用于确认机械车钩的主轴位置。以上零部件合计为2组电驱动执行器和9组传感器。

为顺利实现智能化折叠式全自动钩缓装置的各项功能，在钩缓装置上巧妙地布置了电驱动执行器和传感器，具体如图1所示。

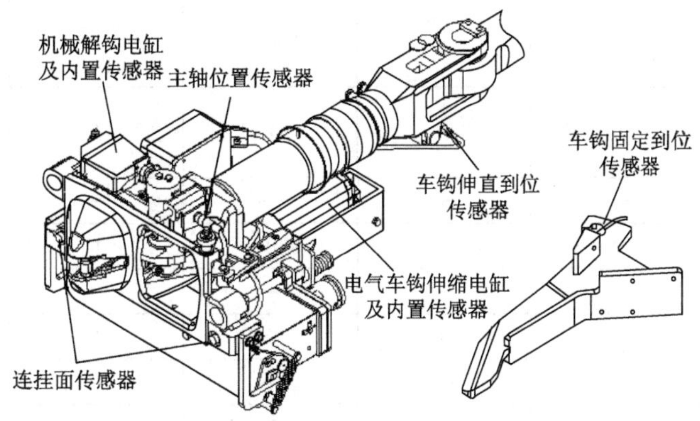

图1 电驱动执行器及传感器布置

基于此布置形式，设计了智能化折叠式全自动钩缓装置的控制逻辑，具体如表1所示。

折叠式全自动钩缓装置控制逻辑 表1

过程	功能监控定义		车钩固定是否到位状态	车钩伸直是否到位状态	机械车钩连挂状态/连挂面	机械车钩连挂状态/主轴	电钩伸出/缩回状态	机械车钩解钩执行器状态
过程	状态定义		到位:1；未到位:0	到位:1；未到位:0	接触:1 未接触:0	初始位:1 解钩位:0	电钩伸出:1 电钩缩回:0	到位:1 未执行:0
过程	传感器数量		1	1	2	1	2	2
过程	状态/动作	具体描述	—	—	—	—	—	—
连挂过程（主控车与被控车）	状态	车钩初始位置	1	0	0	1	0	0
	动作	车钩解除固定	—	—	—	—	—	—
	状态	解除固定后	0	0	0	1	0	0
	动作	车钩伸直	—	—	—	—	—	—
	状态	车钩伸直后	0	1	0	1	0	0
	动作	两车钩机械连挂	—	—	—	—	—	—
	状态	机械连挂后	0	1	1	1	0	0
	动作	两车钩电气连挂	—	—	—	—	—	—
	状态	电气连挂后	0	1	1	1	1	0
	动作	连挂结束	—	—	—	—	—	—
解钩过程（主控车）	状态	车钩初始位置	0	1	1	1	1	0
	动作	电气解钩	—	—	—	—	—	—
	状态	电气解钩后	0	1	1	1	0	0

续上表

过程	功能监控定义		车钩固定是否到位状态	车钩伸直是否到位状态	机械车钩连挂状态/连挂面	机械车钩连挂状态/主轴	电钩伸出/缩回状态	机械车钩解钩执行器状态
过程	状态定义		到位:1；未到位:0	到位:1；未到位:0	接触:1 未接触:0	初始位:1 解钩位:0	电钩伸出:1 电钩缩回:0	到位:1 未执行:0
过程	传感器数量		1	1	2	1	2	2
过程	状态/动作	具体描述	—	—	—	—	—	—
解钩过程（主控车）	动作	机械解钩	—	—	—	—	—	—
	状态	机械解钩后	0	1	1	0	0	1
	动作	机械解钩执行器复位	—	—	—	—	—	—
	状态	机械解钩执行器复位后	0	1	1	1	0	0
	动作	列车分离	—	—	—	—	—	—
	状态	列车分离后	0	1	0	1	0	0
	动作	车钩折叠	—	—	—	—	—	—
	状态	车钩折叠后	0	0	0	1	0	0
	动作	车钩固定	—	—	—	—	—	—
	状态	车钩固定后	1	0	0	1	0	0
	动作	恢复初始位	—	—	—	—	—	—
解钩过程（被控车）	状态	车钩初始位置	0	1	1	1	1	0
	动作	电气解钩	—	—	—	—	—	—
	状态	电气解钩后	0	1	1	1	0	0
	动作	列车分离	—	—	—	—	—	—
	状态	列车分离后	0	1	0	1	0	0
	动作	车钩折叠	—	—	—	—	—	—
	状态	车钩折叠后	0	0	0	1	0	0
	动作	车钩固定	—	—	—	—	—	—
	状态	车钩固定后	1	0	0	1	0	0
	动作	恢复初始位	—	—	—	—	—	—

当车钩进行连挂时,先将车钩解除固定,然后伸直车钩。车钩伸直到位后,可进行两车钩的机械连挂。连挂过程由车端驾驶室进行控制,将两个车钩进行撞击,即可自动完成机械连挂。机械连挂到位后,电气车钩会自动推出,进而完成电气车钩的连挂。至此,实现了两套全自动钩缓装置的自动连挂过程。

当车钩进行分离时,由车端驾驶室进行控制,同时缩回两列车的电气车钩。电气车钩缩回到位后,主控车车钩机械解钩执行器动作,先推动车钩主轴到达解钩位,然后解钩执行器复位。此时,两侧机械车钩已处于解钩位,两列车可以顺利分离。当电气车钩和机械车钩分离完成后,可以按动折叠机构处的把手,将车钩折叠。车钩折叠到位后,将其锁定。至此,车钩恢复到初始位置。

折叠式全自动钩缓装置具体的控制流程如图2所示。

2　试验验证

为了验证折叠式全自动钩缓装置能够满足实际运用需求,本文对其进行了静强度试验和功能性试验。

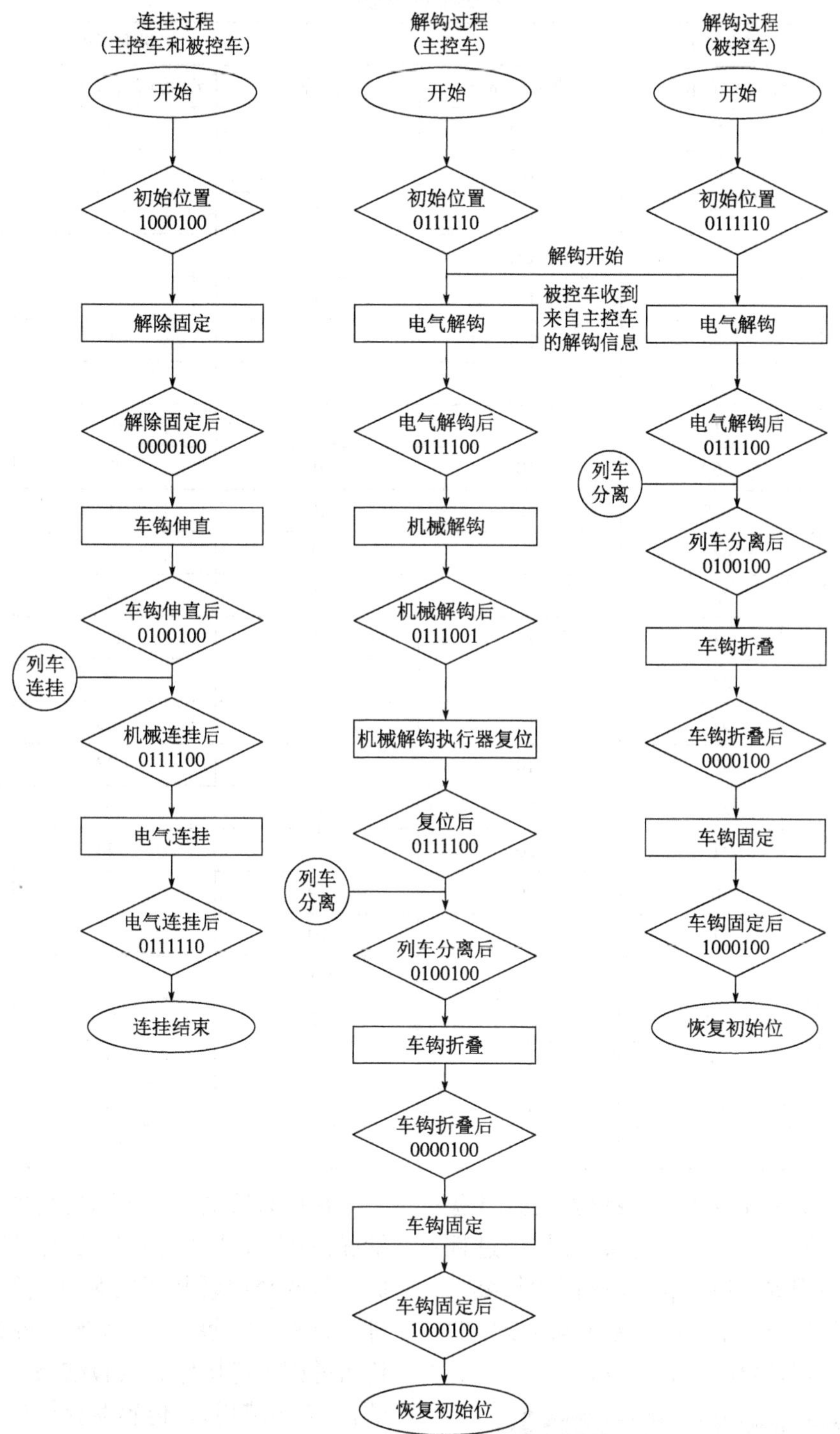

图2　折叠式全自动钩缓装置控制流程

根据 EN 12663 标准，测试零部件在应力卸载后的残余应变应不超过其屈服强度下应变值的5%。同时，拉压试验后，车钩的连挂组件应活动流畅，可正常解钩和折叠。

本文采用贴片测应变的方式对整钩进行静强度试验。经过分析，在钩头、钩舌、连挂杆、折叠关节、拉杆和安装座等关键部件的主要受力位置进行贴片，共25个测点。然后进行试验，采集这些测点在250kN压缩载荷和250kN拉伸载荷卸载后的残余应变。试验结果表明，所有测点的残余应变值均能满足标准要求，具体如表2所示。

静强度试验数据　表2

纵向拉伸			纵向压缩		
测点	残余应变值(μm/m)	要求值(μm/m)	测点	残余应变值(μm/m)	要求值(μm/m)
1	-66	121	1	27	121
2	-68	121	2	-9	121
3	-30	121	3	64	121
4	-5	121	4	16	121
5	-24	121	5	41	121
6	-20	121	6	31	121
7	-16	121	7	14	121
8	-16	121	8	10	121
9	-50	200	9	5	200
10	-35	200	10	11	200
11	42	200	11	-9	200
12	70	200	12	-42	200
13	24	101	13	8	101
14	23	101	14	-5	101
15	37	101	15	-33	101
16	35	101	16	-28	101
17	22	200	17	10	200
18	21	200	18	-14	200
19	10	200	19	-1	200
20	11	200	20	-7	200
21	-32	121	21	5	121
22	-2	121	22	1	121
23	-6	121	23	18	121
24	-2	121	24	23	121
25	1	121	25	19	121

同时,将拉压试验后的钩缓装置安装到试验台上进行了连挂解钩和折叠锁定操作,整个过程较为流畅,无卡滞现象。所以,本文研制的折叠式全自动钩缓装置符合有轨电车车辆对钩缓装置的强度要求。具体试验照片如图3所示。

图3　折叠式全自动钩缓装置静强度试验

根据有轨电车的实际运用需求和车钩的设计情况,对折叠式全自动钩缓装置进行了功能性试验。将两套钩缓装置安装到例行试验台上,对其进行机械连挂解钩、电气连挂解钩、车钩伸直、车钩折叠固定等操作。试验结果表明,各动作灵活、顺畅,无卡滞现象,传感器反馈信号正常。具体试验照片如图4~图8所示。

图4　折叠式全自动钩缓装置伸直状态

图5 折叠式全自动钩缓装置折叠固定状态

图6 折叠式全自动钩缓装置机械连挂状态

图7 折叠式全自动钩缓装置电气连挂状态

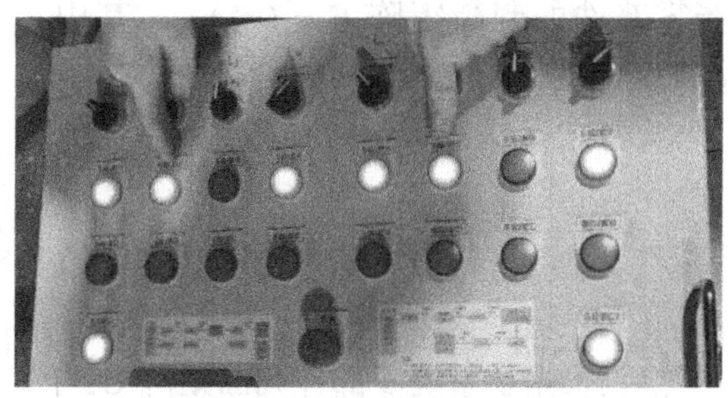

图8 折叠式全自动钩缓装置传感器功能检测

3 结语

本文提出的智能化折叠式全自动钩缓装置，实现了电气车钩自动连挂解钩、机械车钩自动连挂解钩、机械车钩连挂状态反馈、车钩伸直到位状态反馈、车钩折叠固定到位状态反馈等功能，解决了有轨电车无气路动力源的问题和人为观察费时费力的问题，实现了对车钩状态的实时监测。本文所研制的钩缓装置，完成了静强度试验和功能性试验。试验结果表明，此智能化折叠式全自动钩缓装置能够满足实际运用要求。

目前，对有轨电车钩缓装置智能化的研究较少，工程实践也很少，本文所述的智能化折叠式全自动钩缓装置成功实现了设计验证和试验验证，能够较好地应用于有轨电车上，对促进有轨电车自动化和智能化的发展，具有极其重要的意义。

但是，对于本文的折叠式全自动钩缓装置来说，折叠动作还未实现自动化，需要人工进行折叠操作。后续可以加强这方面的研究，进而实现连挂、解钩、和折叠的全流程自动化。

参考文献

[1] 时延山. 典型现代有轨电车用钩缓装置选型分析[J]. 机械工程师，2022，9：144-147.

[2] 王建兵. 城市轨道交通车辆车钩选型研究[J]. 城市轨道交通研究，2011，4：59-63.

[3] 邓大伟，吴刚. 低地板车辆用折叠车钩的研制[J]. 机车车辆工艺，2017，1：4-6.

[4] 李宏菱. 我国城市轨道交通车辆车钩装置的研究及选型原则[J]. 价值工程，2015，18：58-60.

[5] 聂文斌，张宇，柳晓峰. 武汉大汉阳地区100%低地板储能式现代有轨电车[J]. 电力机车与城轨车辆，2017，40(2)：48-52+78.

[6] 郑权，吕效忠，刘辉，等. 动车组全自动伸缩车钩的开发研究[J]. 国外铁道车辆，2014，51(5)：1-5.

[7] 李玉明，帅园园. 250km/h动车组自动车钩电气控制浅析[J]. 铁道机车与动车，2016，7：15-16.

[8] 韩俊峰，邵文东，李文全. 铁路货车智能化总体方案与试验研究[J]. 智慧轨道交通，2022，59(1)：42-47，55.

[9] 王可飞，郝蕊，卢文龙，等. 智能建造技术在铁路工程建设中的研究与应用[J]. 中国铁路，2019，11：45-50.

[10] 刘佺，杜锦涛，陆青松，等. 智能车钩缓冲装置研究[J]. 智慧轨道交通，2022，59(6)：73-76.

基于AHP的铁路货车转向架状态评估方法

崔　旺　宋冬利*　张卫华
(西南交通大学轨道交通运载系统全国重点实验室)

摘　要　为实现对铁路货车转向架技术状态退化的综合评估,构建了一种铁路货车转向架系统技术状态层次评估方法。首先,基于货车转向架功能结构故障数据,构建影响因素集合并状态表征,量化零部件的技术状态;而后采用结合专家经验的层次分析法(Analytic Hierarchy Process,AHP)对零部件进行权重分配;最后根据量化后的零部件技术状态和权重,评估货车转向架系统的技术状态。通过实例验证可知,本文所提出的货车转向架状态评估方法,充分考虑到各个零部件的退化情况,可全面地反映出转向架的综合技术状态。

关键词　铁路货车　转向架　状态评估　层次分析法

0　引言

转向架是轨道交通车辆的重要组成部分,具有承载、转向、牵引、制动等功能。它的结构和功能对于确保轨道车辆的安全、稳定和操作性能至关重要。因此,需要对转向架的运行状态进行全方面评估,及时掌握其维持正常工作的性能表现。

对转向架的评估主要围绕关键部件或者整体进行研究。围绕构架等关键部件,研究其结构强度[1]与疲劳寿命[2],实现对转向架疲劳寿命的评估;或者从可靠性、动力学性能方面对轴箱[3]、车轮[4]、齿轮箱[5]等关键部件进行综合评估[6-7]。围绕转向架整体,可结合线路条件对转向架动力学性能进行分析[8],也可研究各关键部件对整体性能的影响[9]。但以上研究少有以货车转向架为研究对象开展研究,并且以整体转向架为对象的研究当中,没有完全考虑所有部件的性能退化情况。因此,本文以货车转向架为研究对象,提出一种基于层次分析法的考虑所有部件性能退化情况的状态评估方法。

1　基本理论

1.1　层次分析法

层次分析法是由美国数学家托马斯·萨阿蒂(Thomas L. Saaty)在20世纪70年代初提出的一种多准则决策方法。其基本思想是将一个复杂的决策问题层次化,将其拆解为一个层次结构,包含目标、准则、子准则和备选方案等层次。然后,通过构建判断矩阵,使用对比判断来评估各个层次上的元素之间的相对重要性或优先级。一般步骤为:建立层次结构;构造判断矩阵;计算权向量;一致性检验。

首先,基于专家经验的零部件重要性程度评分结果,对子系统零部件的重要度进行判断,用$f(x,y)$表示对子系统而言,零部件x与零部件y的重要性标度,约定$f(x,y)=1/f(y,x)$,之后构造子系统零部件的判断矩阵$C=(c_{ij})_{n\times n}$,其中$c_{ij}=f(x_i,x_j)$,即为:

$$C=\begin{bmatrix} c_{11} & c_{12} & \cdots & c_{1n} \\ c_{21} & c_{22} & \cdots & c_{2n} \\ \vdots & \vdots & \ddots & \vdots \\ c_{n1} & c_{n2} & \cdots & c_{nn} \end{bmatrix}(c_{ii}=1) \tag{1}$$

然后,根据子系统零部件判断矩阵C,计算其最大特征根$\lambda_{\max}$,并求出矩阵关于$\lambda_{\max}$的特征向量$\xi=[\xi_1,\xi_2,\cdots,\xi_n]$并归一化得到单个零部件权值。

$$\omega_j=\frac{\xi_j}{\sum_{j=1}^{n}\xi_j} \tag{2}$$

进一步,可求出各个零部件的权值如下。

$$\boldsymbol{w}=[\omega_1,\omega_2,\cdots,\omega_n]^{\mathrm{T}} \tag{3}$$

对于权重设置的合理与否,按照式(4)进行一致性检验。

基金项目:国能铁路装备有限责任公司科研项目(SHGF-17-56)。

$$C_R = \frac{C_I}{R_I}, C_I = \frac{\lambda_{max} - n}{n - 1} \tag{4}$$

式中：C_R——判断矩阵的随机一致性比率；

C_I——判断矩阵的一般一致性指标；

R_I——判断矩阵的平均随机一致性指标。

当 $C_R < 0.1$ 时，即认为判断矩阵具有满意的一致性，说明权数分配合理，否则需要调整判断矩阵以得到满意的一致性。

1.2 技术状态表征方法

车辆子系统技术状态信息具有不同的物理意义及取值范围，为了使其能够进行综合分析，需要进行标准化处理。将采集到的运维数据和监测信息值表征为[0,1]之间的数值，而按照信息特点可分为效益型、成本型、等级型、布尔型和状态型[10]。

效益型变换公式为：

$$g(x) = \begin{cases} 0 & x < x_{min1} \\ \dfrac{x - x_{min1}}{x_{min2} - x_{min1}} & x_{min1} \leqslant x \leqslant x_{min2} \\ 1 & x > x_{min2} \end{cases} \tag{5}$$

式中：x——该指标的实际值；

$[x_{min1}, x_{min2}]$——该指标最低运行要求的下限和最佳运行的下限构成的范围。

成本型变换公式为：

$$g(x) = \begin{cases} 1 & x < x_{max2} \\ \dfrac{x_{max1} - x}{x_{max1} - x_{max2}} & x_{max2} \leqslant x \leqslant x_{max1} \\ 0 & x > x_{max1} \end{cases} \tag{6}$$

式中：x——该指标的实际值；

$[x_{max2}, x_{max1}]$——该指标最佳运行的上限和最低运行要求的上限构成的范围。

等级型变换公式为：

$$g(x) = \begin{cases} 1 & x \text{为等级} 1 \\ \vdots & \vdots \\ (N-n-1)/(N-1) & x \text{为等级} n \\ \vdots & \vdots \\ 0 & x \text{为等级} N \end{cases} \tag{7}$$

式中：N——评估等级的数量。

布尔型变换公式为：

$$g(x) = \begin{cases} 1 & x \text{为“正常”状态} \\ 0 & x \text{为“异常”状态} \end{cases} \tag{8}$$

状态型变换公式为：

$$g(x) = \begin{cases} 1 & x \text{为状态} 1 \\ \vdots & \vdots \\ p_n & x \text{为状态} n \\ \vdots & \vdots \\ 0 & x \text{为状态} N \end{cases} \tag{9}$$

式中：N——评估状态的数量；

p_n——状态 n 的程度表征值。

2 基于 AHP 的转向架状态评估

2.1 影响因素分析及表征

对货车转向架采用层次分析法进行状态评估的首要工作是建立层次结构。按照车辆子系统架构，构建“子系统-零部件-技术状态影响因素”的层次分析结构，如图 1 所示。

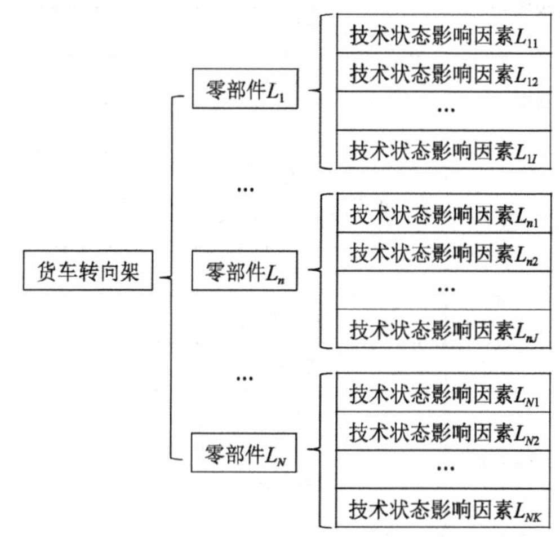

图 1　货车转向架层次结构

而后梳理转向架子系统中的三类零部件，确定关键零部件及其故障模式[11]，构造转向架子系统性能退化状态影响因素和结构安全状态影响因素，并根据式(5)～式(9)所列举的指标类型进行退化状态程度表征。对于全寿命零部件，基于全寿命里程和运行里程对其退化状态进行程度表征；对于使用寿命零部件，基于检修周期和运行里程对其退化状态进行程度表征。对于多设备监测[12]的铁路货车转向架关键零部件，基于故障监测结果和层次分析法对转向架关键零部件的结构健康状态进行程度表征，如表 1 和表 2 所示。

转向架子系统技术状态影响因素程度表征结果　　表 1

零部件	技术状态	影响因素	程度表征
车轮 $L1$	车轮直径状态	轮径值 x	$(x-796)/44$
	踏面损伤状态	正常/三级/二级/一级报警	1/0.667/0.333/0
	轮对轮径差	正常/预警/报警/检修	1/0.667/0.333/0
车轴 $L2$	退化状态	运行里程	$1-x/480$
	轴身结构状态	正常/轴身纵裂纹/轴身横裂纹/车轴断裂	1/0.667/0.333/0
轴承 $L3$	退化状态	运行里程	$1-x/160$
	温度状态	正常/微热/强热/激热	1/0.667/0.333/0
	结构状态	正常/一级/二级/三级/扣车报警	1/0.75/0.5/0.25/0
	轴承密封状态	正常/轴承甩油	1/0
	踏面损伤状态	正常/三级/二级/一级报警	1/0.667/0.333/0
侧架 $L4$	退化状态	运行里程	$1-x/480$
	结构状态	正常/其他部位横裂纹/A 或 B 部位横裂纹/侧架断裂	1/0.667/0.333/0
	踏面损伤状态	正常/三级/二级/一级报警	1/0.667/0.333/0
摇枕 $L5$	退化状态	运行里程	$1-x/480$
	结构状态	正常/摇枕纵裂纹/摇枕横裂纹/摇枕断裂	1/0.667/0.333/0
轴箱橡胶垫 $L6$	退化状态	运行里程	$1-x/80$
	结构状态	正常/橡胶垫裂损	1/0
承载鞍 $L7$	退化状态	运行里程	$1-x/80$
	结构状态	正常/错位/裂损	1/0.5/0
减振装置 $L8$	退化状态	运行里程	$1-x/160$
	摇枕弹簧状态	正常/窜出/折损	1/0.5/0
	减振弹簧状态	正常/窜出/折损	1/0.5/0
制动梁 $L9$	退化状态	运行里程	$1-x/80$
	结构状态	正常/梁架裂纹/梁架断裂	1/0.5/0
交叉杆 $L10$	退化状态	运行里程	$1-x/160$
	结构状态	正常/杆体纵裂纹(或弯曲变形)/杆体横裂纹/杆体断裂	1/0.667/0.333/0
下心盘 $L11$	退化状态	运行里程	$1-x/40$
	结构状态	正常/下心盘螺栓丢失(折断)/下心盘裂损	1/0.5/0
闸瓦 $L12$	厚度状态	闸瓦厚度 x	$(x-18)/27$
	结构状态	正常/裂纹/折断/丢失	1/0.667/0.333/0
制动杠杆 $L13$	退化状态	运行里程	$1-x/160$
	结构状态	正常/弯曲(或裂纹)/断裂	1/0.5/0
中拉杆 $L14$	退化状态	运行里程	$1-x/160$
	结构状态	正常/弯曲(或裂纹)/断裂	1/0.5/0
挡键 $L15$	挡键状态	正常/丢失	1/0
横跨梁 $L16$	结构状态	正常/弯曲(或裂纹)/断裂	1/0.5/0
斜楔 $L17$	结构状态	正常/裂损	1/0

转向架子系统技术状态影响因素程度表征结果(仅与运行里程相关) 表2

零部件	技术状态	影响因素	程度表征
立柱磨耗板 L18	退化状态	运行里程	$1-x/320$
滑槽磨耗板 L19			$1-x/160$
主磨耗板 L20			$1-x/160$
斜面磨耗板 L21			$1-x/320$
旁承磨耗板 L22			$1-x/320$
弹性旁承 L23			$1-x/80$
心盘磨耗板 L24			$1-x/80$

2.2 权重分配与一致性检验

综合考虑零部件重要度和故障危害度,由行业专家基于知识和经验用“1”“2”…“9”对转向架子系统零部件的重要性程度进行综合评分,而后构建转向架子系统零部件判断矩阵,最后计算得到其一致性比例:0.0189<0.1。可认为判断矩阵具有满意的一致性,说明转向架子系统零部件权数分配合理。转向架子系统零部件的权重分配结果如图2所示。

图2 转向架子系统零部件的权重分配

2.3 综合评估

(1)正常情况。

当子系统关键零部件未出现极端异常情况时,子系统技术状态评估根据建立的子系统零部件状态影响因素的程度表征和零部件权重进行评估。综合评估流程如下:

首先,根据技术状态影响因素的程度表征方法,对零部件的技术状态影响因素进行程度表征,分别计算零部件退化状态程度表征和零部件损伤状态程度表征。针对转向架子系统的车轮、减振装置、侧架和轴承,这些零部件的损伤状态由两个或多个影响因素共同决定,其程度表征单独给出,如表3和表4,以车轮和减振装置两个结构状态为例。

车轮结构状态得分　表3

车轮健康状态得分		踏面损伤			
		正常	三级	二级	一级
轮径差	正常	1	0.667	0.333	0
	预警	0.667	0.333	0	0
	报警	0.333	0	0	0
	检修	0	0	0	0

减振装置结构状态得分　表4

减振装置健康状态得分		摇枕弹簧		
		正常	窜出	折断
减振弹簧	正常	1	0.667	0
	窜出	0.667	0.333	0
	折断	0	0	0

然后,由技术状态影响因素的程度表征计算零部件状态得分。子系统零部件状态得分由零部件退化状态得分和零部件结构损伤状态得分构成,计算公式如下:

$$s = s_t - (1 - s_l) \tag{10}$$

式中:s——零部件状态得分;

s_t——退化状态程度表征;

s_l——结构损伤状态程度表征。

当零部件状态得分为负时,零部件的最终得分规定为0。

最后,结合子系统零部件的权重,加权计算得到子系统的技术状态得分C:

$$C = \boldsymbol{w}^{\mathrm{T}}\boldsymbol{b} \tag{11}$$

式中:$\boldsymbol{w} = [w_1, w_2, \cdots, w_N]^{\mathrm{T}}$——车辆子系统零部件权重向量;

$\boldsymbol{b} = [b_1, b_2, \cdots, b_N]^{\mathrm{T}}$——车辆子系统零部件技术状态得分向量。

将车辆子系统技术状况的等级划分为"正常""注意""异常""严重"共四级,各级的技术状态描述如表5所示。根据车辆子系统技术状态得分,可对车辆子系统技术状态进行评估。

子系统技术状态的等级划分　表5

序号	技术状态	得分	技术状态描述
1	正常	80～100	子系统技术状态良好,可长期运行,子系统大部分时间处于此状态
2	注意	60～80	子系统个别零部件出现参数超限或异常,对正常运行影响较小
3	异常	20～60	子系统关键零部件出现异常征兆,不应长期连续运行,应采取措施
4	严重	0～20	子系统已出现严重异常征兆,应在短时间内扣车检修,不能运行

(2)紧急情况。

由于部分技术状态影响因素可能出现异常严重情况,可能直接导致铁路货车事故发生,或者严重到需紧急停车进行维修处理检查后再发车。在车辆子系统技术状态评估过程中,将个别影响因素的紧急情况在技术状态影响因素的程度表征之后直接识别并反馈到子系统技术状态评估中,目前筛查出转向架子系统的具体紧急情况见表6。

铁路货车转向架子系统紧急情况　表6

子系统	关键零部件	紧急情况
转向架	轴承	热轴报警
	轴承	轴承严重故障报警
	车轮	踏面严重损伤报警
	车轴	车轴断裂
	侧架	侧架断裂
	摇枕	摇枕断裂

3 实例分析

选取某车型已经服役80万km左右的转向架数据，车轮踏面存在三级损伤、减振弹簧窜出。计算零部件技术状态得分结果如图3所示，其中部件 $L6 \sim L9$、$L12$ 和 $L22 \sim L24$ 技术状态较差，应当采取对应修程的维修措施。

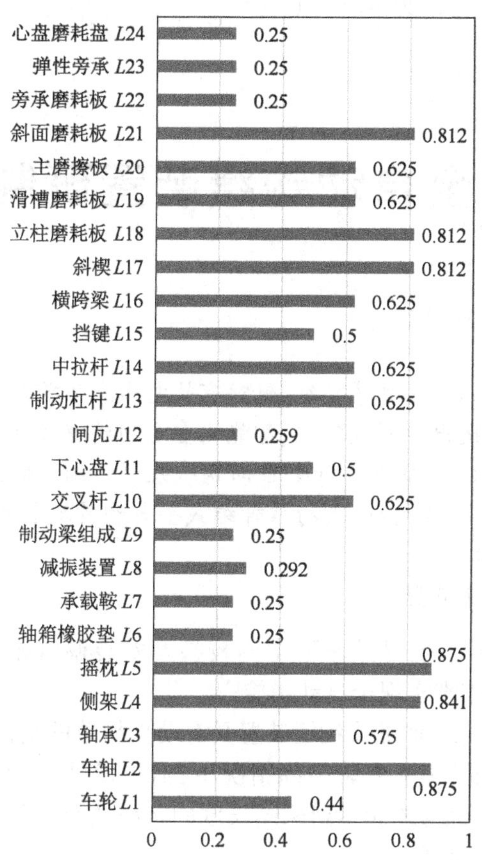

图3 转向架零部件技术状态得分

进一步，选取多组数据，评估不同服役里程下转向架子系统的技术状态得分，结果如图4所示。可以观察到，当转向架服役里程由20万km增加至80万km时，转向架的技术状态在逐渐恶化，由"注意"等级逐渐演变为"异常"等级。此评估结果与实际情况基本是一致的，可见构建的转向架子系统技术状态评判方法是有效的，且评估结果对转向架检修决策具有重要的指导意义。

4 结语

(1)本文研究了铁路货车转向架各零部件技术状态的影响因素，并结合其退化特征，应用多种表征方法对影响因素进行量化，结合专家经验与AHP求得各零部件的权重，从而计算得出的转向架的技术状态评估结果符合实际运用状态，可进一步为货车状态修研究提供转向架技术状态评估结果。

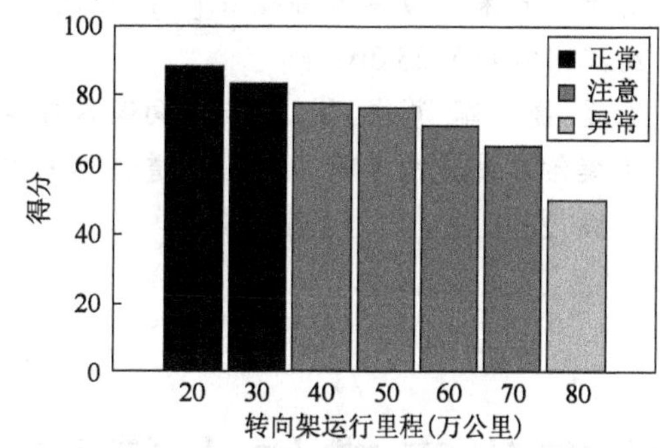

图4 不同里程下货车转向架技术状态

(2)基于AHP的铁路货车转向架评估方法，不仅考虑到各零部件的技术状态，还考虑到其性能退化程度对转向架整体的状态评估结果的影响，结合实例分析印证了AHP可以有效且全面地评估转向架的技术状态。

(3)本文中对货车转向架各个零部件退化状态的表征，还可以从其疲劳强度、磨耗预测等角度深入研究，建立每个零部件的性能退化模型，进一步完善铁路货车转向架的状态评估。

参考文献

[1] 王秋实，周劲松，宫岛，等.基于核密度应力谱外推的转向架构架疲劳寿命评估[J].交通运输工程学报，2021，21(6)：278-288.

[2] 智鹏鹏，曹阳，汪忠来，等.基于SimSolid的转向架构架稳健可靠性评估[J].机械设计，2022，39(9)：87-94.

[3] 宋冬利，董俭雄，郑则君，等.基于自相关降噪和局域均值分解的轨道车辆轴箱轴承故障诊断方法[J].实验室研究与探索，2022，41(12)：63-67.

[4] 雷蕾，宋冬利，张卫华，等.基于HCRD的列车锁紧板偏转自动识别方法[J].铁道科学与工程学报，2021，18(7)：1895-1902.

[5] 李广全，刘志明，王文静，等.高速动车组齿轮箱疲劳裂纹机理分析研究[J].机械工程学报，2017，53(2)：99-105.

[6] 刘俊洁，徐永能，马文军，等.基于RAMS的轨道交通转向架关键部件状态评估[J].兵器装备工程学报，2022，43(9)：83-89.

[7] 宋筱茜，廖谨宇，王雨，等.基于改进FMEA的

地铁车辆转向架风险评估[J].中国安全生产科学技术,2019,15(S01):48-54.

[8] 张良威,姚松,徐力,等.基于线路试验的重载货车转向架动力学性能研究[J].铁道学报,2022,44(11):28-36.

[9] 徐磊,高广军,董威,等.列车转向架数字孪生建模仿真关键技术研究[J].铁道科学与工程学报,2023,20(5):1846-1857.

[10] 王晓原,孙亮,刘丽萍.运筹学[M].成都:西南交通大学出版社,2018.

[11] 李永华,兆文忠.铁路货车故障模式危害性分析方法[J].中国铁道科学,2009,30(3):103-108.

[12] 刘瑞扬.货车滚动轴承早期故障轨边声学诊断系统(TADS)的应用与展望[J].中国铁路,2004(8):16-19.

数字化高感知大行程伸缩式全自动钩缓装置研制

郭良帅* 赵 海 王广超

(中车制动系统有限公司)

摘 要 为符合有轨电车未来交通节能、环保、智能、高效、共享等特征,针对有轨电车车体前端安装空间有限、车端连接设备操作性差及无气路动力源等问题,提出研制数字化、智能化全自动钩缓装置的发展需求,结合电驱动执行器和多路传感器设计大行程伸缩机构,重点进行全自动钩缓装置伸缩、锁定、机械和电气连挂等全过程的控制逻辑研究。研制出一种数字化、高感知、大行程伸缩式全自动钩缓装置,产品样机经过静强度试验和功能性试验验证,均满足设计要求。

关键词 数字化 高感知 大行程伸缩式 全自动钩缓装置

0 引言

为节省车钩安装空间,兼顾列车美观性,有轨电车钩缓装置一般采用伸缩式[1]或折叠式[2]设计,以便实现车辆在“非救援工况”或“非重联运营”时,钩缓装置可以处于折叠状态或缩回状态并隐藏固定在开闭机构内;车辆在“救援工况”或“重联运营”时,操作车钩处于伸直状态进行连挂。现有折叠式车钩或伸缩式车钩一般为手动操作,且存在以下几方面的问题:

(1)车钩状态不直观、操作性差。由于有轨电车车钩安装高度普遍较低,部分100%低地板车型车钩中心线距离轨面高度低于500mm,且一般车钩位于开闭机构下方[3],当开闭机构上翻打开后,车钩处于折叠或缩回状态[4],距离操作者较远,人手不容易触碰到,且目视无法看到车钩的具体位置,对于车钩状态的感知性差,空间有限导致操作性较差。

(2)折叠式钩缓装置由于存在两个转动轴(即钩尾销旋转轴和折叠关节处旋转轴),自由度较高,需配套设计车端固定装置及车钩摆动止档等附属结构,导致车下空间校核及安装调试较为复杂,较难实现全自动操控[5]。

(3)伸缩式钩缓装置具有动作简单的优点,但在相同车下安装空间情况下,需要设计大行程的伸缩机构才能达到相同长度的折叠式车钩的空间利用效果。

(4)有轨电车一般不设置气路动力源,无法参照常规动车组或地铁列车用钩缓装置通过气动方式实现车钩伸缩及电钩推出等动作。

鉴于此,通过大行程伸缩机构的设计,实现了全自动钩缓装置伸缩长度达400mm,解决列车车体前端空间有限等问题,节省了车钩安装空间并提升列车美观性;通过控制逻辑设计,实现了全自动钩缓装置伸缩、锁定、机械连挂、电气连挂等全过程的数字化控制,解决车钩状态的感知性差和操作空间有限等问题,达到全自动钩缓装置状态可监控、分步可执行的效果;通过设置电驱动执行器和多路传感器,实现了全自动钩缓装置全动作过程的电驱动和数字化监控,解决了有轨电车车辆无气路动力源的问题。研制出一种数字化、高感知、大行程伸缩式全自动钩缓装置,产品样机经过静强度试验和功能性试验验证，均满足设计要求，具有数字化程度高、交互性强、操控便捷等优点。

1　技术方案介绍

1.1　结构原理

全自动钩缓装置由连挂系统、电气车钩及推送机构、伸缩系统、缓冲系统和安装吊挂系统等部分组成，如图1所示。

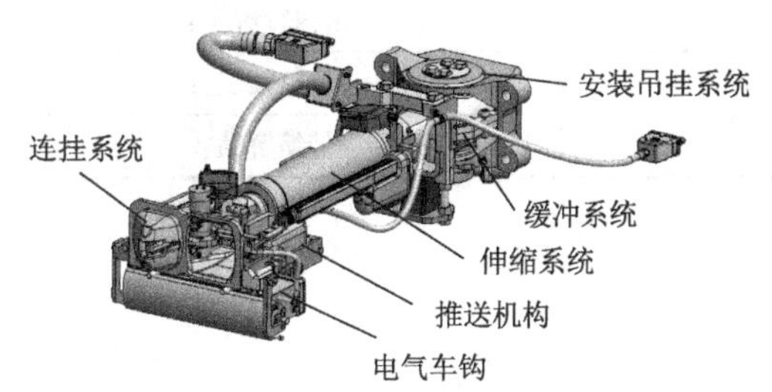

图1　全自动钩缓装置(缩回状态)

其中，连挂系统采用轻量化的430型车钩，具有机械自动连挂和自动解钩功能；电气车钩作为传输重联运营车辆间控制信号、网络信号的功能模块，具有列车之间电路自动连通和分解的功能；推送机构作为电气车钩伸出和缩回动作的驱动模块，随机械车钩的自动连挂和解钩动作，同步完成电气车钩的自动连挂和分离动作；伸缩系统执行钩缓装置伸出和缩回动作，通过大行程伸缩式结构设计保证伸缩行程达到400mm，满足车下有限空间的安装和动作；缓冲系统采用紧凑式橡胶块缓冲器，用来吸收车辆正常连挂及运行过程中的冲击能量，提高司乘人员的乘车舒适性；安装吊挂系统用于将钩缓装置安装固定于车体之上。

1.2　电驱动执行器及传感器布置

有轨电车车辆一般无气路动力源，钩缓装置若实现全自动操控，需要在各动作模块设置电驱动执行器替代气缸，电驱动执行器为电动推杆；为感知车钩各动作状态，设置多路位置传感器，且选型具有反馈信号功能的电动推杆。在全自动钩缓装置上，位置传感器和电动推杆的布置，如图2所示。

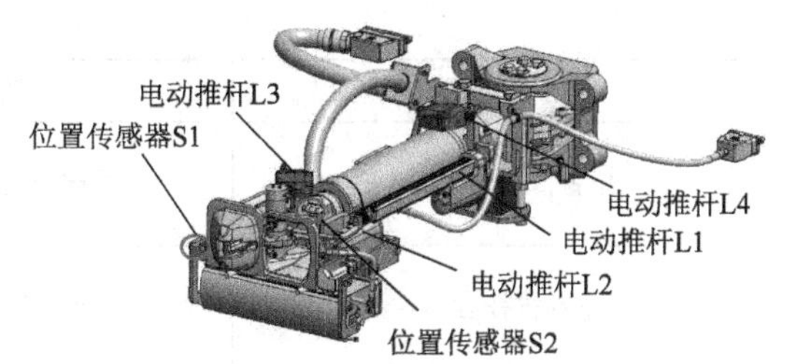

图2　位置传感器和电动推杆布置

其中，L1为伸缩电动推杆，执行伸缩系统伸出和缩回操作；L2为推送电动推杆，执行电气车钩伸出和缩回操作；L3为解钩电动推杆，执行机械车钩连挂后自动解钩操作；L4为伸出锁定电动推杆，执行伸缩系统伸出状态锁定操作；S1为检测对侧机械车钩接近用位置传感器；S2为检测机械车钩连挂到位用位置传感器。

全自动钩缓装置位置传感器及电动推杆反馈信号表示为(S1，S2，L1，L2，L3，L4)，其中“S1或S2为0”表示位置传感器断开，“S1或S2为1”表示位置传感器导通；“L1或L2或L3或L4为0”表示电缸缩回到位，“L1或L2或L3或L4为1”表示电缸伸出到位。

2　控制逻辑设计

为实现全自动钩缓装置的全自动控制及状态反馈，需要根据伸缩式全自动钩缓装置的主要功能及实现流程，对控制逻辑进行设计。

全自动钩缓装置在重联运营时自动连挂控制过程：按下连挂控制按钮→开闭机构打开→车钩伸缩系统解锁→车钩伸缩系统伸出→伸缩系统伸长状态锁定→机械车钩连挂→电气车钩伸出连挂→确认连挂到位后可对电气车钩内部通电传输信号；分离重联车辆时自动解钩控制过程：按下解钩控制按钮→电气车钩内部断电→电气车钩缩回分离→机械车钩解钩→分离重联车辆→伸缩系统锁定解除→伸缩系统缩回到位→车钩伸缩系统缩回状态锁定→开闭机构关闭。全自动钩缓装置自动连挂控制和自动解钩控制过程，如图3所示；功能执行单元的监控位置状态及定义，如表1所示。

全自动钩缓装置功能、动作定义及状态　表1

功能执行单元	监控位置状态	状态定义
位置传感器S1	机械车钩连挂状态(主轴)	初始/连挂位:1
		解钩位:0

续上表

功能执行单元	监控位置状态	状态定义
位置传感器S2	机械车钩连挂状态(连挂面)	连挂面接触:1
		连挂面分离:0
电动推杆L1	伸缩系统伸出或缩回状态	伸出状态:1
		缩回状态:0
电动推杆L2	电气车钩伸出或缩回状态	伸出状态:1
		缩回状态:0
电动推杆L3	机械车钩解钩状态	解钩到位:1
		未执行解钩:0
电动推杆L4	伸缩系统锁定或解锁状态	伸缩锁定:1
		伸缩解锁:0

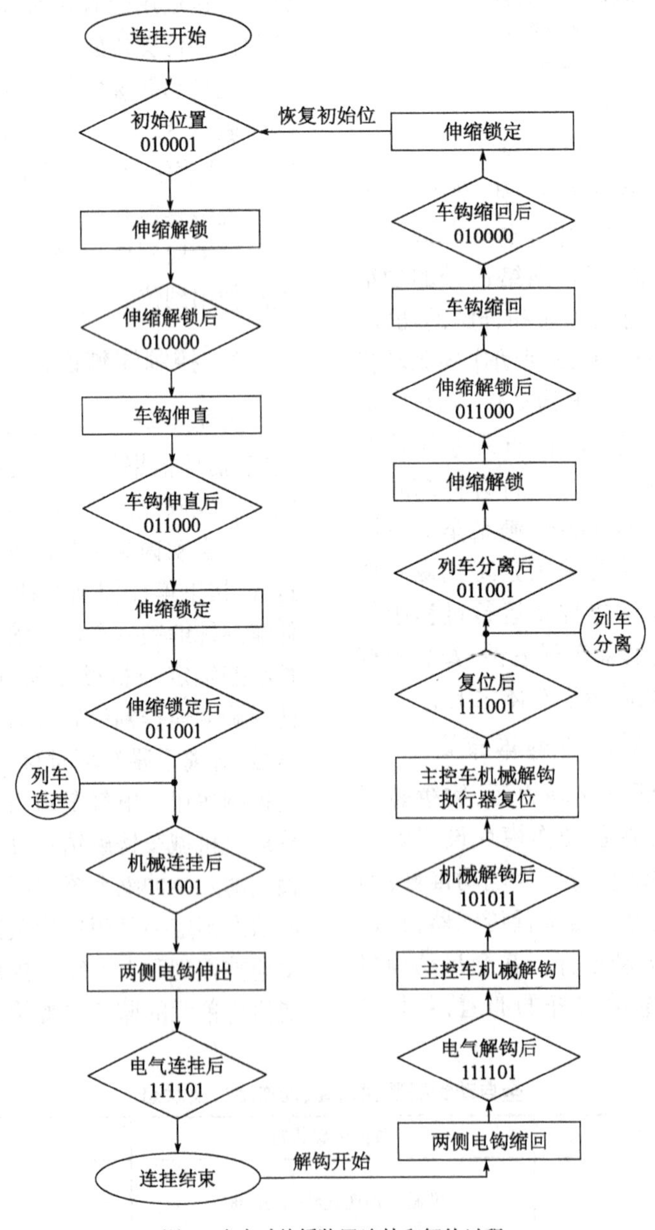

图3 全自动钩缓装置连挂和解钩过程

全自动钩缓装置连挂和解钩控制过程中,位置传感器和电动推杆将实时反馈车钩状态到车辆主控制器,并由车辆主控制器判断各动作过程车钩状态是否正常,进一步控制车钩动作顺畅完成。

2.1 连挂操作

有轨电车需要重联运营时,开闭机构打开,全自动钩缓装置需要伸出并完成机械和电气连挂,自动连挂操作控制流程,如图 2 所示,具体步骤如下:

(1)连挂操作前,确认全自动钩缓装置处于缩回状态,如图 1 所示,反馈状态信号(0,1,0,0,0,1)。

(2)两列有轨电车操作人员均按下驾驶室内的连挂控制按钮。

(3)电动推杆 L4 执行缩回动作,伸缩系统完成解锁到位,电动推杆 L1、L2、L3 保持缩回不动作,反馈状态信号(0,1,0,0,0,0)。

(4)电动推杆 L1 执行伸出动作,伸缩系统完成伸出到位,电动推杆 L2、L3、L4 保持缩回不动作,反馈状态信号(0,1,1,0,0,0)。

(5)电动推杆 L4 执行伸出动作,伸缩系统完成伸出状态锁定,电动推杆 L1 保持伸出不动作,电动推杆 L2、L3 保持缩回不动作,反馈状态信号(0,1,1,0,0,1)。

(6)确认全自动钩缓装置反馈状态信号(0,1,1,0,0,1)正常,此时伸缩系统完全伸出且保持锁定状态,如图 4 所示。

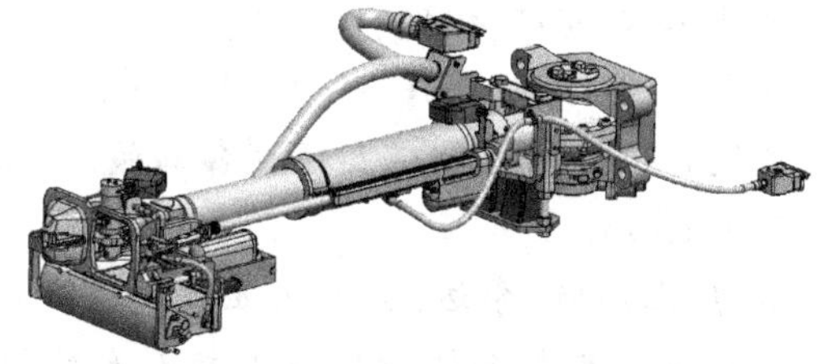

图 4 全自动钩缓装置(伸出状态)

(7)一列有轨电车以 1 ~ 3km/h 速度靠近另一列处于停放制动状态的有轨电车进行连挂操作,车钩接触后继续靠近,连挂装置互相挤压并连挂,解钩手柄迅速拉起且迅速回复到原位,且机械连挂指示槽重合,反馈状态信号(1,1,1,0,0,1)。

(8)电动推杆 L2 执行伸出动作,电气车钩完成伸出连挂,电动推杆 L1、L4 保持伸出不动作,电动推杆 L3 保持缩回不动作,反馈状态信号(1,1,1,1,0,1)。

(9)确认全自动钩缓装置反馈状态信号(1,1,1,1,0,1)正常,对电气车钩内部通电进行信号传输。

2.2 解钩操作

重联车辆分离时,全自动钩缓装置需要机械和电气解钩并缩回锁定。具体步骤如下:

(1)解钩操作前,将重联车辆进行顶推操作,消除机械车钩钩舌和连挂杆内部拉力,对电气车钩内部断电,确认反馈状态信号(1,1,1,1,0,1)。

(2)操作人员在一侧车辆按下驾驶室内的解钩控制按钮,主动控制车辆与被动控制车辆全自动钩缓装置动作过程不同。

(3)电动推杆 L2 执行缩回动作,电气车钩完成缩回分离,电动推杆 L1、L4 保持伸出不动作,电动推杆 L3 保持缩回不动作,反馈状态信号(1,1,1,0,0,1)。

(4)主动控制车辆侧电动推杆 L3 执行伸出动作,机械车钩完成解钩动作,电动推杆 L1、L4 保持伸出不动作,电动推杆 L2 保持缩回不动作,反馈状态信号(1,0,1,0,1,1);被动控制车辆侧电动推杆 L1、L4 保持伸出不动作,电动推杆 L2、L3 保持缩回不动作,反馈状态信号(1,1,1,0,0,1)。

(5)主动控制车辆侧电动推杆 L3 执行缩回动作,机械车钩回复到初始状态,电动推杆 L1、L4 保持伸出不动作,电动推杆 L2 保持缩回不动作,反馈状态信号(1,1,1,0,0,1)。

(6)分离两列有轨电车,机械车钩连挂面分离,反馈状态信号(0,1,1,0,0,1)。

(7)电动推杆 L4 执行缩回动作,伸缩系统伸出状态完成解锁,电动推杆 L1 保持伸出不动作,电动推杆 L2、L3 保持缩回不动作,反馈状态信号(0,1,1,0,0,0)。

(8)电动推杆 L1 执行缩回动作,伸出系统完成缩回到位,电动推杆 L2、L3、L4 保持缩回不动作,反馈状态信号(0,1,0,0,0,0)。

(9)电动推杆 L4 执行伸出动作,伸缩系统缩回状态锁定到位,电动推杆 L1、L2、L3 保持缩回不动作,反馈状态信号(0,1,0,0,0,1)。

3 试验研究

按照有轨电车全自动钩缓装置的最新功能需求,结合电驱动执行器和位置传感器选型完成大行程伸缩系统及其他模块的方案设计,分析全自动钩缓装置的自动连挂和解钩控制逻辑,研制出数字化、高感知、大行程伸缩式全自动钩缓装置样机,并对其结构强度、功能动作等开展试验验证。

对全自动钩缓装置进行了静强度试验验证,结果表明,当其伸直到位并锁定后,该类型全自动钩缓装置静强度可以满足拉伸方向300kN和压缩方向400kN的设计要求,符合有轨电车车辆对钩缓装置的强度要求,如图5所示。

在试验台对全自动钩缓装置的连挂和解钩控制过程进行功能性试验,并对位置传感器和电动推杆反馈信号进行实时监测,结果表明样机符合控制逻辑要求,达到设计目标。全自动钩缓装置样机缩回和伸出状态如图5~图7所示;样机反馈信号监测,如图8所示。

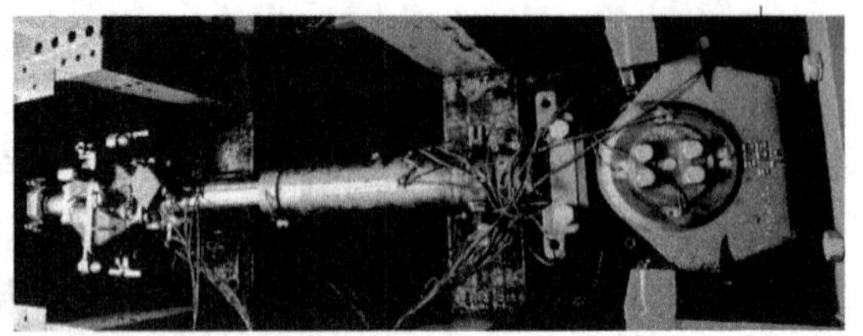

图5　全自动钩缓装置静强度试验

图6　全自动钩缓装置样机缩回状态

图7　全自动钩缓装置样机伸长状态

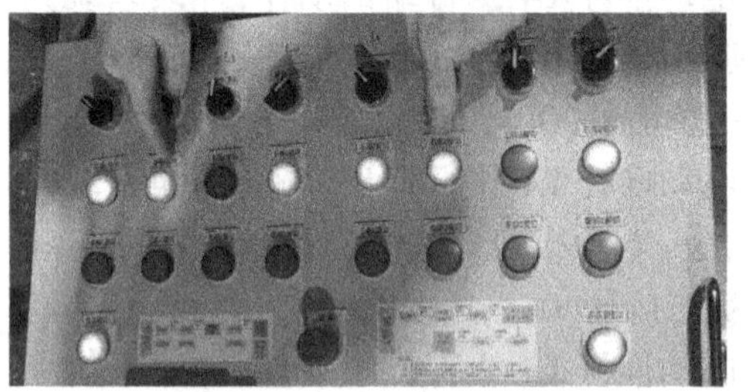

图8　全自动钩缓装置反馈信号监测

4　结语

为解决有轨电车车辆前端空间有限及无气路动力源、钩缓装置操作性空间不足和状态感知性差等问题,合理布局电驱动执行器和位置传感器完成大行程伸缩系统及其他模块的方案设计,深入研究全自动钩缓装置的自动连挂和解钩过程控制逻辑,研制出一种数字化、高感知、大行程伸缩式全自动钩缓装置样机,并对其结构强度、功能动作等开展试验验证,均满足设计要求,具有数字化程度高、交互性强、操控便捷等优点。

参考文献

[1] 赵海,李明刚,刘焕军,等.伸缩式车钩缓冲装置:CN106218662A[P].[2016-12-14].

[2] 刘佺,刘辉,刘继波,等.折叠车钩和车辆:CN210391159U[P].[2020-04-24].

[3] 聂文斌,张宇,柳晓峰.武汉大汉阳地区100%低地板储能式现代有轨电车[J].电力机车与城轨车辆,2017,40(2):48-52,78.

[4] 宋自帅,张小军,张瑞,等.常州有轨电车前端模块的研制[J].轨道交通装备与技术,2020(1):19-21.

[5] 陈勇,尚江傲,李达.自主化五模块储能式低地板有轨电车设计[J].电力机车与城轨车辆,2018,41(3):5-9,14.

地铁扣件系统精细化建模方法与试验研究

赵炎南* 曾梓恒 赵才友
（西南交通大学高速铁路线路工程教育部重点实验室）

摘 要 扣件系统连接了钢轨与道床，在轨道系统中具有提供系统弹性、减缓振动、延缓轨道系统损伤破坏等重要作用。目前国内外的各种轮轨仿真模型中均将扣件简化为多组线性弹簧阻尼单元阵列，未能考虑实体垫板在轮轨耦合动力学系统中的中高频激励的传递与衰减中起到的重要作用。本文对比了瞬态动力学模型中采用弹簧阻尼器和实体垫板两种扣件简化方式下的轮轨力时频结果，结合现场力锤试验获取的钢轨横垂向位移导纳特性与谐响应分析对实体扣件模型参数进行了改进验证。结果表明：扣件实体垫板弹性模量越大，钢轨一阶横垂向弯曲模态频率就越高。采用单层实体垫板存在钢轨一阶Pinned-Pinned共振峰不明显的问题，将实体扣件垫板改进为轨下垫板-铁垫板-板下垫板的三层垫板形式并增加弹条扣压力及扣件横向刚度弹簧后解决了这一问题，且改进后的扣件的钢轨横垂向位移导纳峰值频率与试验结果的误差均在5%以内，仿真精度大大提高。优化后的扣件模型可大幅缩短瞬态动力学模型的动态松弛区长度，提高模型计算效率。

关键词 扣件系统 精细化建模 钢轨位移导纳 谐响应分析 力锤试验

0 引言

扣件系统在轨道结构中主要起到提供弹性支承和保持轨距等作用，其组成部件繁多，包括轨下垫板、铁垫板、板下垫板、轨距块、弹条、螺栓等，如图1所示。在传统轮轨耦合动力学中通常将扣件简单地简化为单点支承或连续支承的弹簧-阻尼单元[1-3]，但在实际承载时，扣件系统是通过弹条扣压以及与轨下垫板共同为钢轨提供弹性支承。点支承或者连续支承的简化方式对于传统动力学分析中采用梁模型模拟钢轨来说是可以接受的，但随着车辆-轨道动力学模型的不断发展，模型的精细化程度不断提高，仍采用单点支承或连续支承的方式对扣件系统进行简化是不合适的。以目前用于精细化表征轮轨接触的三维瞬态动力学模型[4-6]为例，该模型相比传统轮轨耦合动力学模型，可以考虑真实轮轨三维廓形、材料非线性及轮轨接触非线性，在计算列车通过短波不平顺（如钢轨波磨）时计算结果更为精确。由于该模型着重于探究轮轨微观接触及蠕滑特性，只注重与轮轨部分的精细化建模，忽视了扣件系统对于轮轨接触行为的影响。当模型的车轮、钢轨、轨道板等采用与实际结构等尺寸的实体单元建模时，如仍将扣件视作简单的线性弹簧-阻尼结构单元会对仿真结果（如宏观轮轨力指标）准确性带来影响。

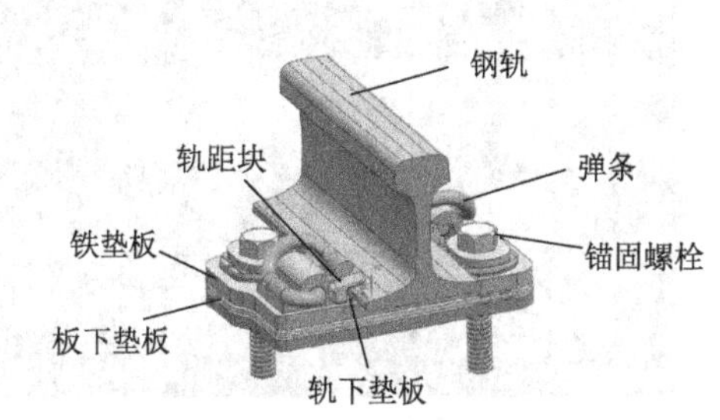

图1 扣件零部件示意图

在现有国内外基于瞬态动力学的轮轨滚动接触模型的相关研究中，大部分还是采用的多组线性弹簧阻尼器的方式对扣件进行简化[7-10]，也有部分学者对瞬态动力学中扣件的非线性行为进行了相关研究。徐井芒等[11,12]以高速铁路无砟轨道扣件WJ-8为研究对象，采用试验仿真相结合的方式，将扣件用刚度非线性弹簧阻尼单元阵列的方式探究了车轮与钢轨波磨间高频动态响应及瞬态接触行为的影响，发现扣件非线性对轮轨力和轴

基金项目：国家重点研发计划（2022YFB2603400），高速铁路基础研究联合基金（U1734207），自然科学基金面上项目（51978585），城市轨道交通数字化建设与测试技术国家工程研究中心开放课题基金（2023实验研委018号）。

箱加速度的主频响应强度有显著影响。Xin Zhao等[13]探究了不同弹簧阻尼单元排布对轮轨高频动态接触力的影响,发现不同的排布会导致钢轨振动自由度的变化,显著影响轮轨产生冲击振动时钢轨的振动幅值。然而,目前尚未有研究能够在轮轨瞬态滚动接触模型中考虑实体垫板。

考虑到实体垫板在轮轨耦合动力学系统中的中高频激励的传递与衰减起着至关重要的作用,为了后续轮轨瞬态动力学模型中更真实准确地反映各个频段振动响应,需要将垫板建立实体化单元。但是,在瞬态动力学模型中完整地建立原垫板形状尺寸几乎是不可能的,这会大大增加计算模型的运算时间。因此,对瞬态动力学中的垫板模型进行形状尺寸简化是很有必要的。

本文基于现场力锤试验获取了普通整体道床的钢轨横垂向位移导纳特性用于后续扣件模型准确性的验证,对比了瞬态动力学模型中采用弹簧阻尼器和实体垫板两种扣件简化方式下的轮轨力时频结果。之后结合试验结果对实体扣件模型参数进行改进,将实体扣件垫板改为三层垫板(轨下垫板、铁垫板、板下垫板)并增加了弹条扣压力及扣件横向刚度弹簧,最终代入瞬态动力学模型中进行计算,证明了该扣件简化方式的优势及准确性。

1 现场试验及测试结果

为了获取扣件的真实横垂向动刚度信息,用于后续与扣件简化模型的仿真对比,本节基于力锤试验获取了钢轨横垂向位移导纳信息。

试验段的选取区段为某地铁线路的普通整体道床区段,扣件形式为DZⅢ型,采用e型弹条,测试断面包括半径为400m的圆曲线段与直线段。力锤采用铝制锤头,激励频带为0~4.5kHz,激励范围为500~5000N。激励力信号通过锤头的力传感器测试,轨道响应信号通过振动加速度传感器测试,加速度计的采样频率为10.24kHz,分析频率为4kHz。测试时,加速度传感器分别安装在跨中和扣件正上方位置处,分别测量钢轨两个位置的钢轨横向和垂向加速度,其中垂向加速度传感器安置在轨头正上方,横向加速度传感器安置在轨头侧面,如图2所示。为减小测量误差,每个测点结果通过敲击5次后取平均所得。

a)垂向

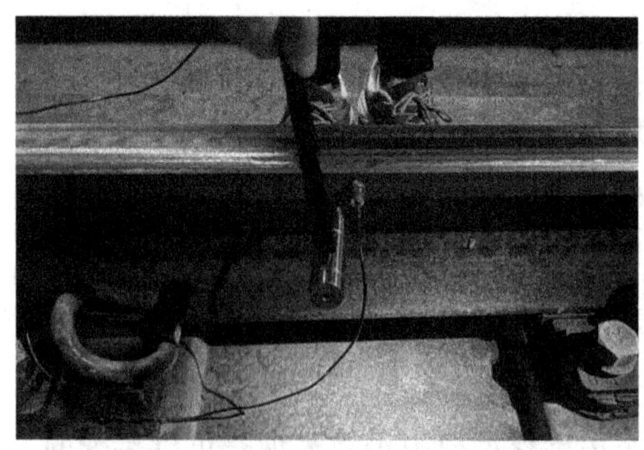

b)横向

图2 钢轨位移导纳力锤试验

本次测试共计测得曲线段圆曲线内外轨和直线段各五个断面的扣件正上方及钢轨跨中的钢轨横垂向加速度导纳。测试的相干性如图3所示。相干系数超过0.8部分为有效数据部分,故所测得的加速度导纳有效频段为50~1950Hz,考虑到钢轨加速度导纳有效峰值一般在1500Hz以内,故最终的加速度导纳结果截取的是50~1500Hz区段结果,如图4所示。

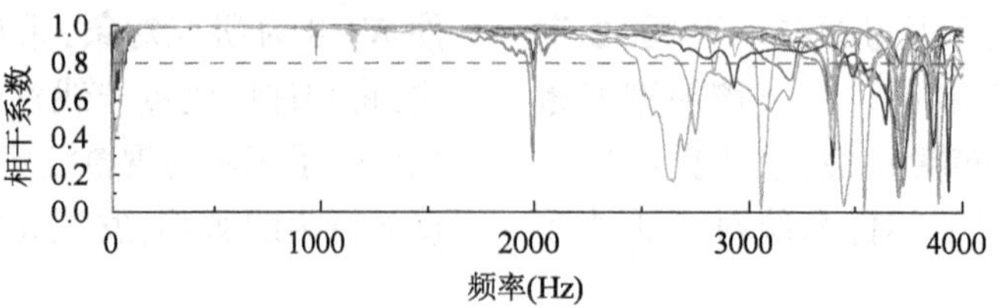

图3 力锤试验所获取的加速度导纳相干性结果

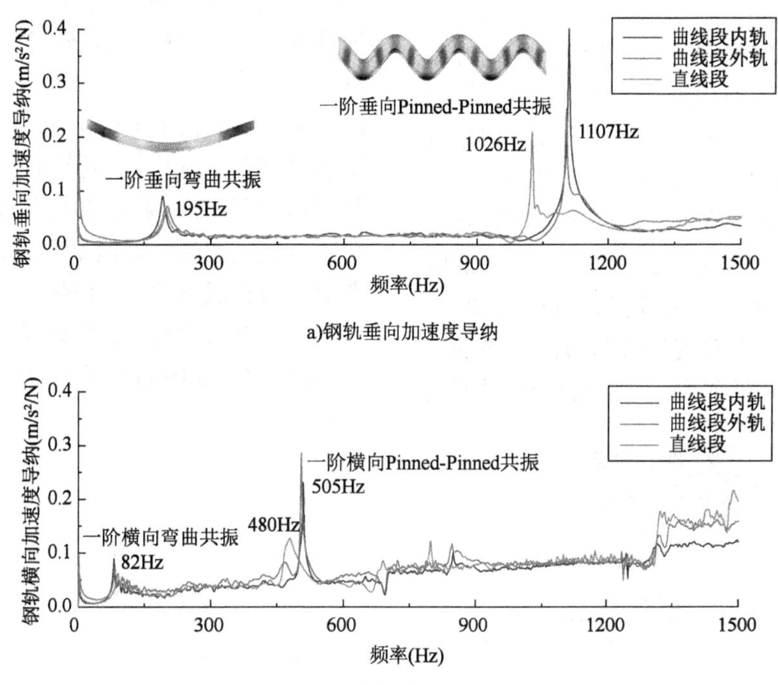

a)钢轨垂向加速度导纳

b)钢轨横向加速度导纳

图4　钢轨加速度导纳结果汇总

从图4中可以看出，曲线段内外轨共振频率差异不大。其中，内外轨钢轨垂向一阶弯曲共振频率为195Hz；内外轨钢轨横向一阶弯曲共振频率为82Hz；内外轨一阶垂向Pinned-Pinned共振频率为1107Hz；内外轨一阶横向Pinned-Pinned共振频率为505Hz。直线段的一阶Pinned-Pinned共振频率相较曲线段频率降低，直线段一阶垂向Pinned-Pinned共振频率为1026Hz，直线段一阶横向Pinned-Pinned共振频率为480Hz。将力锤试验得到的钢轨横垂向振动加速度导纳数据进行二次积分，即可获得曲线段内外轨钢轨跨中和扣件正上方的钢轨横垂向位移导纳，如图5所示，该位移导纳结果将用于后续扣件模型的相关验证。

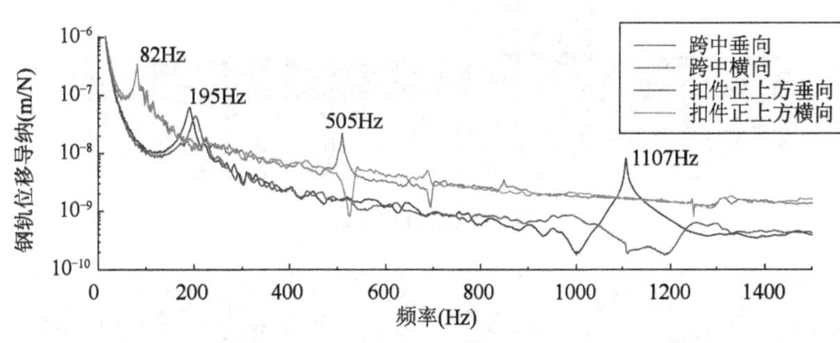

图5　钢轨横垂向位移导纳

2　基于瞬态动力学的扣件弹簧阻尼器与实体垫板对比

实体垫板在轮轨系统中的中高频激励的传递与衰减起着至关重要的作用，为了后续轮轨瞬态动力学模型中更真实准确的反映各个频段振动响应，需要将垫板建立实体化单元。本节建立了轮轨瞬态动力学模型，对比了弹簧阻尼器和单层轨下实体垫板两种扣件简化方式下的轮轨力结果。采取单层轨下实体垫板进行实体扣件模型简化是因为扣件的整体刚度主要是由较软的轨下垫板控制的，本节只是想简单地对弹簧阻尼器和实体进行对比，故将扣件简单简化为单层实体轨下垫板。

2.1　模型建立

采用ANSYS/LSDYNA建立了基于显式有限元的轮轨瞬态滚动接触模型,如图6所示。模型中采用3D实体单元(8节点恒应力单元)划分具有真实几何形状的车轮和轨道结构,见图7。扣件部分分别采用了均布弹簧阻尼器和单层实体轨下垫板两种形式,如图8所示,其中考虑到模型的收敛问题与计算效率,垫板与钢轨和轨道板之间均简化为绑定接触。车辆轨道参数与力锤试验的实地情况相同,车轮踏面廓形为LMA,钢轨廓形为60N,轨底坡为1:40。行车速度为80km/h,车型为地铁A型车,具体车辆及轨道参数见表1。线路为直线段,轨枕间距0.65m,轨距为标准轨距1435mm,建立轨道全长12m,共建立40组扣件系统(一侧钢轨20组)。轮轨间的法、切向滚动接触问题由面-面接触算法求解,轮轨摩擦系数为0.5,轮对与钢轨的接触区网格大小为1mm。由于本节考虑的为直线段轨道,车辆、轨道系统相对于中心纵垂面具有对称性,因此只模拟了半个轮对和半个轨道,对称面施加了对称边界条件。

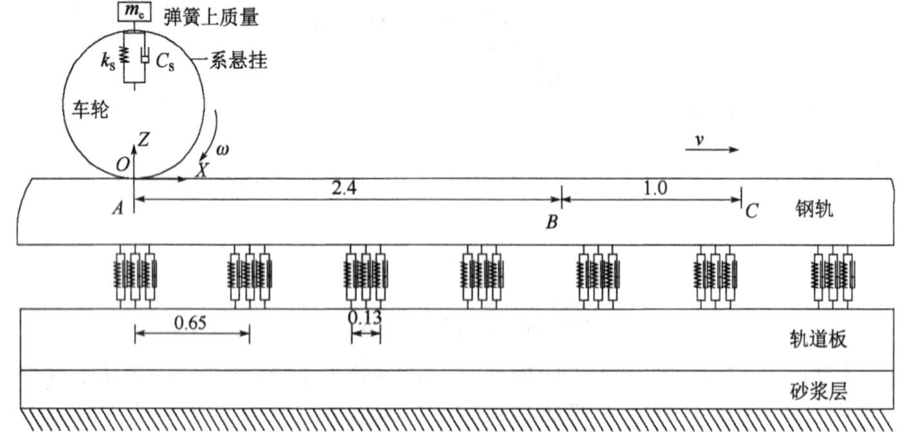

图6　三维瞬态滚动接触模型示意图(尺寸单位:m)

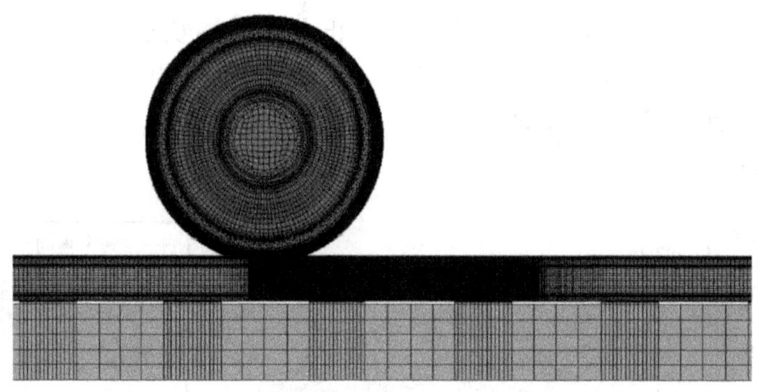

图7　模型整体网格划分

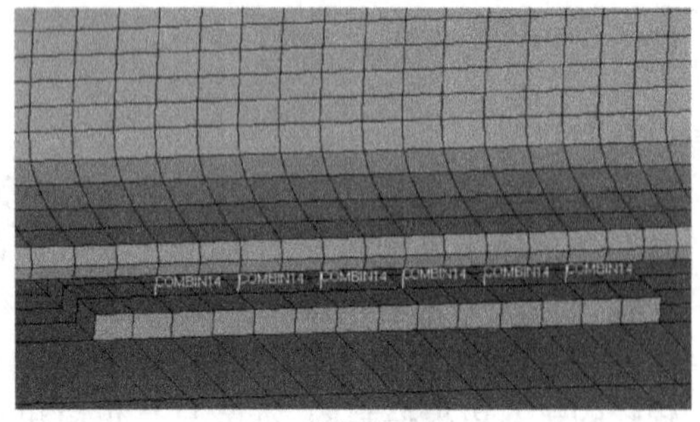

a)弹簧阻尼器

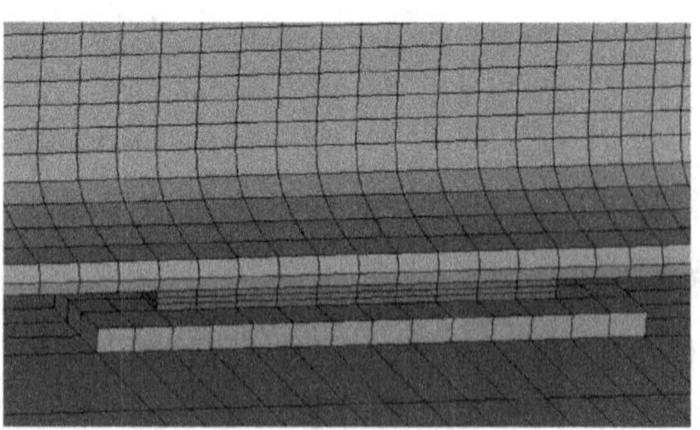

b)实体垫板

图8　扣件部分建模

车辆及轨道结构参数表 表1

车辆及轨道参数		数值	单位
钢轨和车轮材料	杨氏模量	190	GPa
	泊松比	0.3	—
	密度	7800	kg/m^3
	屈服强度	610	MPa
	剪切模量	19	GPa
扣件(实体)	杨氏模量	6	MPa
	泊松比	0.49	—
	密度	1190	kg/m^3
扣件(弹簧阻尼器)	刚度	22	MN/m
	阻尼	200	kN·s/m
轨道板	杨氏模量	36	GPa
	泊松比	0.24	—
	密度	2400	kg/m^3
一系悬挂	刚度	1.176	MN/m
	阻尼	10	kN·s/m
弹簧上质量		8000	kg

模型采用隐、显式算法相结合的方法。首先采用隐式算法求得车轮在初始位置A(图6)的静态位移场,再以此位移场初始化显式动态模拟,如此模拟车轮由A向C沿轨道滚动的瞬态行为。模型中的AB段为动态松弛区,保证车轮在进入BC段求解区前达到近似稳态滚动。为了更明显地体现出两种扣件形式的区别,在BC段求解区中施加了波长为50mm、波深为0.05mm的钢轨波磨作为轨道不平顺的激励。车轮的滚动速度(平动速度与角速度叠加)以初始条件形式施加,轮对驱动通过施加在轮轴上的时变扭矩来模拟,牵引系数为0.26。

2.2 结果对比

计算得到的两种扣件形式(均布弹簧阻尼器、单层实体垫板)下车轮经过波长50mm、波深0.05mm的钢轨波磨区段时的轮轨力如图9所示,为了结果更清晰直观,计算结果只截取了经过动态松弛区稳定后的求解区区段。

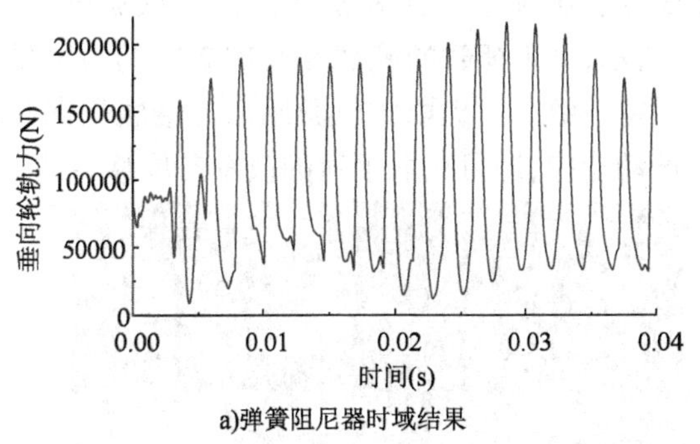

a)弹簧阻尼器时域结果

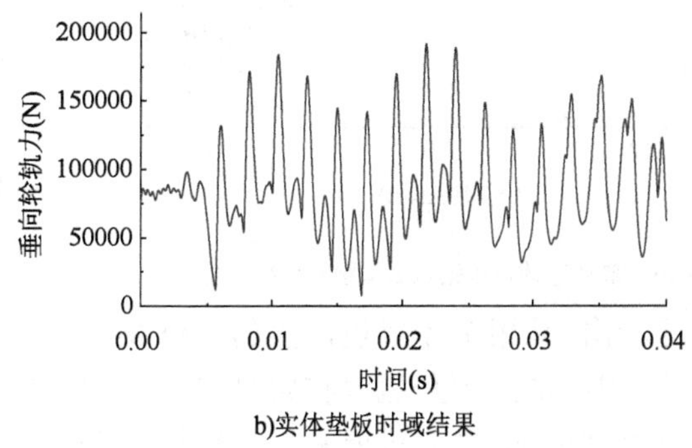

b)实体垫板时域结果

图 9

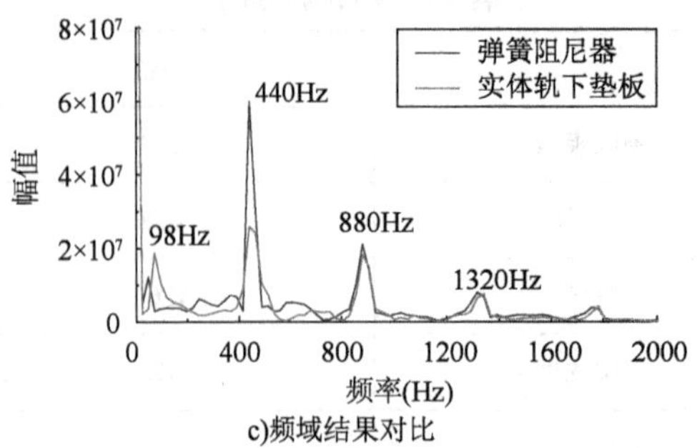

c)频域结果对比

图9　通过50mm波长波磨区段下不同扣件简化形式的轮轨力仿真结果对比

从时域图中可以看出,实体垫板相对弹簧阻尼器而言轮轨力波动更为稳定。频域图中弹簧阻尼器和实体垫板的共同主频有440Hz、880Hz和1320Hz,440Hz是施加的波长为50mm的波磨在80km/h的车速下对应的波磨通过频率,其余两个主频则是440Hz的倍频,都是由钢轨波磨导致。而相比弹簧阻尼器,实体的轨下垫板多了98Hz的主频,这是由于实体垫板参振导致的,这是简化为弹簧阻尼器形式所不能实现的。结合对某地地铁线路中普通整体道床钢轨波磨严重区段轨面不平顺情况的大量测试绘制出的钢轨粗糙度级1/3倍频程曲线(图10)可以看出,普通整体道床的钢轨波磨波长主要为12.5~25cm,结合其平均行车速度为76~78km/h,可求出钢轨波磨通过频率范围为:

$$f = \frac{v}{\lambda} = \frac{(76 \sim 78)/3.6}{0.125 \sim 0.25} = 84 \sim 173\text{Hz} \tag{1}$$

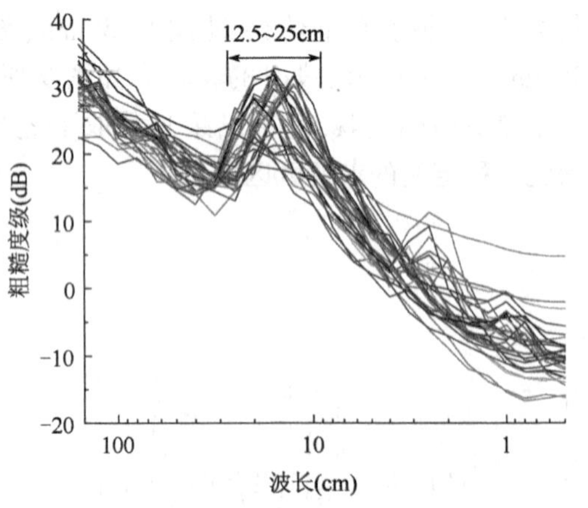

图10　普通整体道床钢轨波磨粗糙度级汇总

由此可看出,采用实体垫板产生的实体垫板参振导致的98Hz的主频是包含在常见波磨的波磨通过频率范围内的,这有可能是导致钢轨波磨产生的原因,故在瞬态动力学模型中,对扣件采用实体形式进行建模是有必要的。

3　扣件实体模型的优化

上一节中阐述了瞬态动力学模型中采用扣件实体模型的重要性,但尚未可知将扣件实体模型简化为单层轨下垫板的形式是否是结合计算效率与计算精度的最优解。本节将对采用实体简化扣件的轨道结构有限元模型进行谐响应分析获取钢轨跨中位移导纳,与上文中的力锤试验结果进行对比,优化实体垫板参数并改进扣件实体模型的简化形式。

3.1　谐响应分析模型建立与分析

谐响应分析是一种经典的频域分析方法,它用于确定线性结构在承受谐波荷载时的稳态响应,其目的是计算结构在特定频率下的响应,绘制频响函数曲线,并获取曲线中的特征频率。谐响应分析在轨道结构振动传递特性研究中已发挥了重要的作用,采用谐响应分析同样可获取钢轨位移导纳[14]。

为了对比采用单层轨下垫板的实体扣件简化形式和力锤试验的位移导纳结果差异,本小节提取了瞬态滚动接触模型的轨道结构部分(钢轨、扣件、轨道板),对钢轨和轨道板两端的边界施加了低反射边界条件,在钢轨跨中的轨头正上方和轨头侧面分别施加了垂向和横向简谐荷载激励,如图11所示,其中荷载的施加点与图2中的力锤敲击点保持一致。后提取对应激励点的钢轨垂向和横向振动响应,即可获取钢轨的横垂向位移导纳。

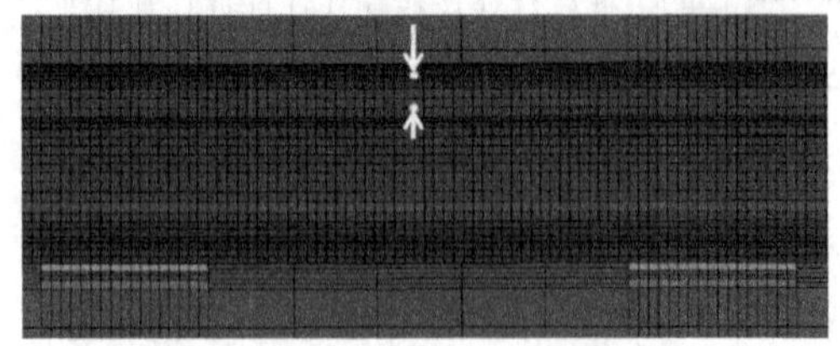

图11　谐响应分析的简谐荷载激励点

计算得到的单层实体轨下垫板的钢轨横垂向位移导纳与试验结果的对比如图 12 所示。从图中可以看出,无论是钢轨垂向位移导纳还是横向位移导纳,单层实体垫板仿真结果均与实测值相差甚远,存在着钢轨一阶弯曲振动频率过大、一阶 Pinned-Pinned 共振峰值不明显的问题。因此本节通过调节垫板参数、提高垫板层数等方式,对扣件实体模型进行了改进。

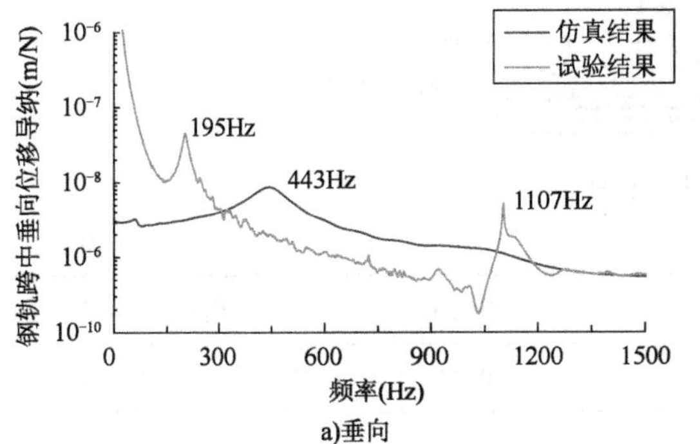

a)垂向

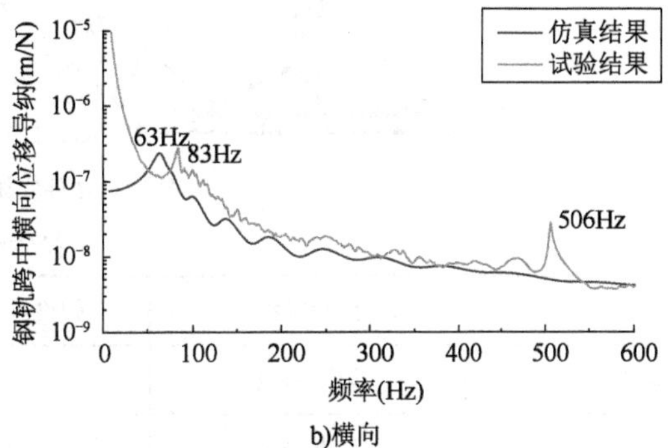

b)横向

图 12 单层轨下垫板钢轨位移导纳与试验对比图

3.2 单层垫板弹性模量的确立

为了对比单层实体垫板不同参数(弹性模量)对钢轨位移导纳的影响,以求获取更准确的简化垫板参数使位移导纳结果贴合实测结果。本节计算了垫板弹性模量分别为 1MPa、3MPa、6MPa、12MPa、24MPa、48MPa、96MPa 时的钢轨横垂向位移导纳,计算结果如图 13 所示。

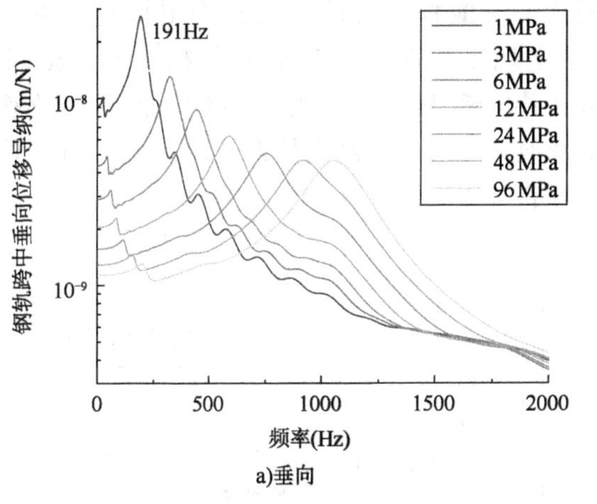

a)垂向

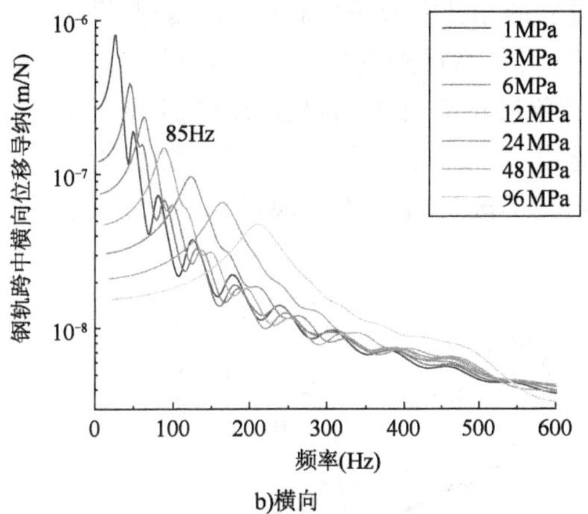

b)横向

图 13 不同垫板弹性模量下钢轨跨中横垂向位移导纳

从图中可以看出,垫板弹性模量越大,钢轨一阶横垂向弯曲模态频率就越高。当单层实体垫板弹性模量为 1MPa 时,钢轨一阶垂向弯曲模态频率为 191Hz,与实测钢轨一阶垂向弯曲模态频率最接近;当单层实体垫板弹性模量为 12MPa 时,钢轨一阶横向弯曲模态频率为 85Hz,与实测钢轨一阶横向弯曲模态最接近。与实测钢轨位移导纳频率结果最相近的单层垫板弹性模量差异悬殊说明了只采用单层实体垫板的扣件横垂向刚度耦合效果与实际差异较大,即采用单层实体垫板的形式无法在横垂向同时对扣件进行精细化仿真。且无论实体垫板弹性模量取多少,都存在着一阶 Pinned-Pinned 共振峰不明显的问题,扣件简化形式仍需改进。

3.3 三层垫板模型建立与优化

对于实际扣件垫板而言(图 1),扣件垫板自上而下分为三层:轨下垫板、铁垫板、板下垫板,且有弹条对扣件整体提供弹条扣压力以及轨距块提供扣件横向刚度。本节将单层实体垫板的扣件简化模型进行了改进与优化,将三层垫板、弹条扣压力和轨距块进行了简化考虑,建立了新的扣件三层垫板模型,如图 14 所示。三层垫板各自参数、弹条扣压力值以及弹簧刚度参考了卢俊的博士论文[15],如表 2 所示。

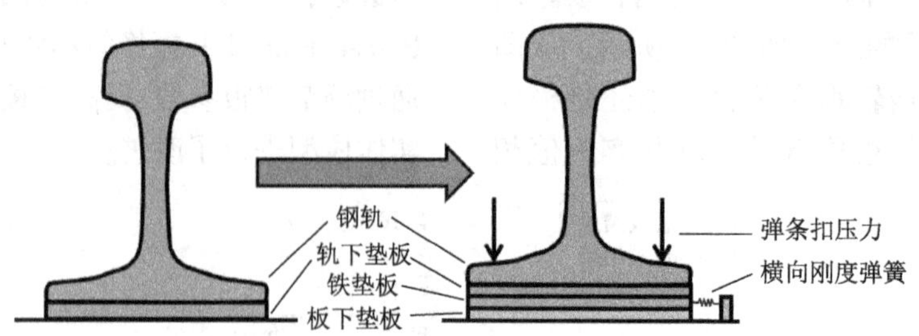

图14 扣件实体垫板优化示意图

扣件参数表 表2

	垫板类型	弹性模量(MPa)	泊松比	密度(kg/m³)
单层垫板	轨下垫板	1.0	0.49	1190
三层垫板	轨下垫板	24.5	0.3	950
	铁垫板	173e3	0.3	7800
	板下垫板	7.84	0.47	870
	弹条扣压力(N)		13000	
	横向弹簧刚度(MN/m)		1.176	

将改进后的扣件模型采用相同的荷载激励进行谐响应分析，计算得到的钢轨横垂向位移导纳与改进前的单层垫板对比结果如图15所示。从图中可以看出，采用考虑三层垫板、弹条扣压力及扣件横向刚度的改进后的扣件模型相比改进前，其钢轨一阶横垂向弯曲模态频率更接近实测结果，且出现了较明显的钢轨一阶横垂向Pinned-Pinned共振峰，改进后的扣件的钢轨横垂向位移导纳峰值频率与试验结果的误差均在5%以内，仿真精度有了很大的提高。

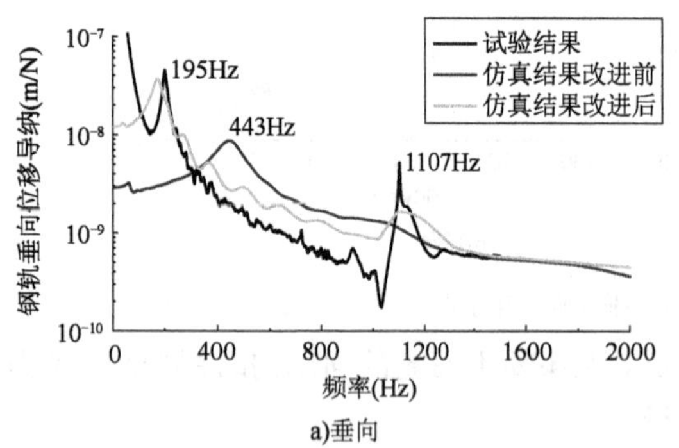

a)垂向

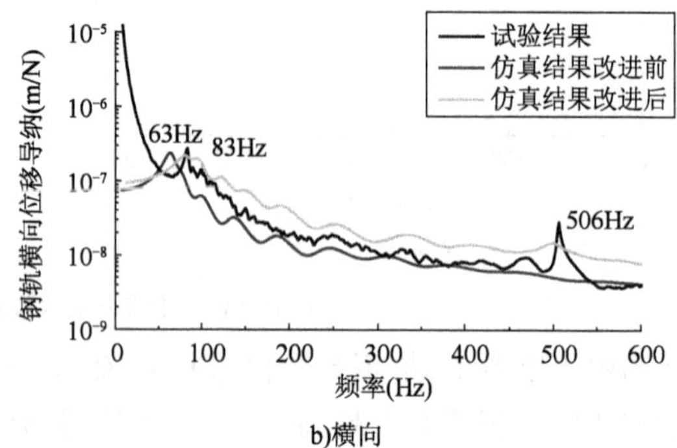

b)横向

图15 扣件改进前后仿真结果与试验结果的对比图

3.4 基于瞬态动力学的新扣件效果

考虑到本改进后的新扣件模型可有效模拟扣件横垂向动刚度效果，能较好地重现钢轨实际的横垂向位移导纳特性。因此本节建立了释放轮对横向自由度的过小半径曲线的轮轨瞬态动力学模型，用以验证新扣件在瞬态动力学模型中的效果，具体模型如图16所示。模型的线路为小半径曲线，半径为400m，超高120mm，考虑了轮对垂向、横向、纵向自由度以及车辆系统的三向一系悬挂。模型并未设置轨面不平顺，钢轨表面为纯光滑状态。计算了轮对以20m/s的速度通过时的横垂向轮轨力响应，如图17、图18所示，本结果并未单独筛选出求解区的结果，而是整体包含动态松弛区的全部结果。

a)模型整体　　b)扣件部分

图 16　扣件改进后的瞬态动力学模型

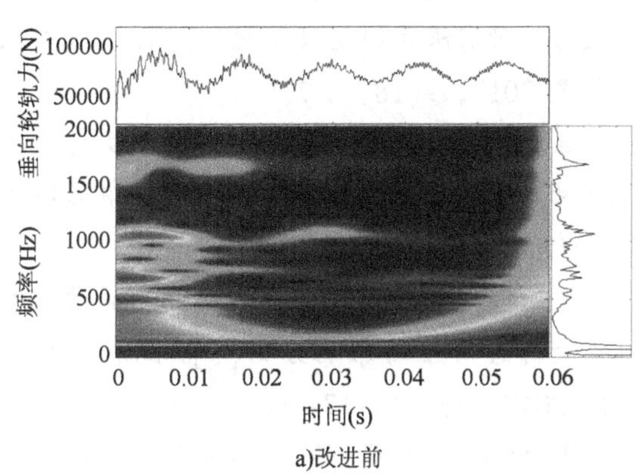

a)改进前

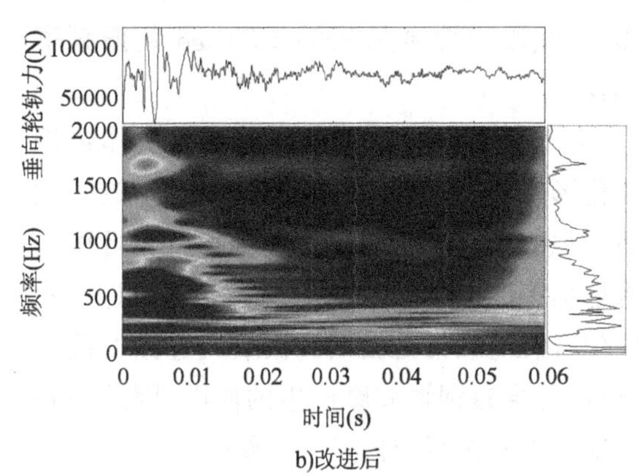

b)改进后

图 17　垂向轮轨力时频结果

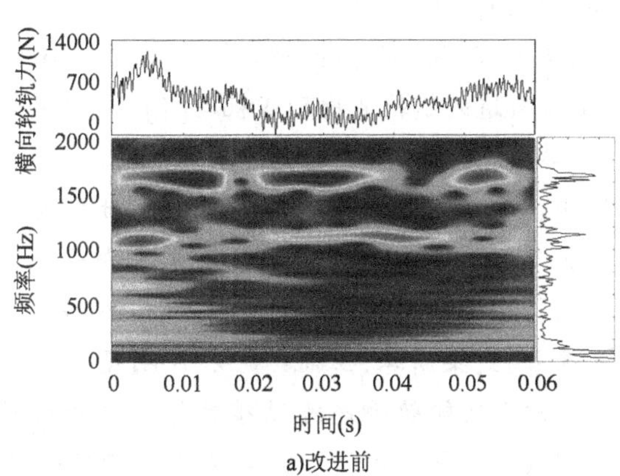

a)改进前

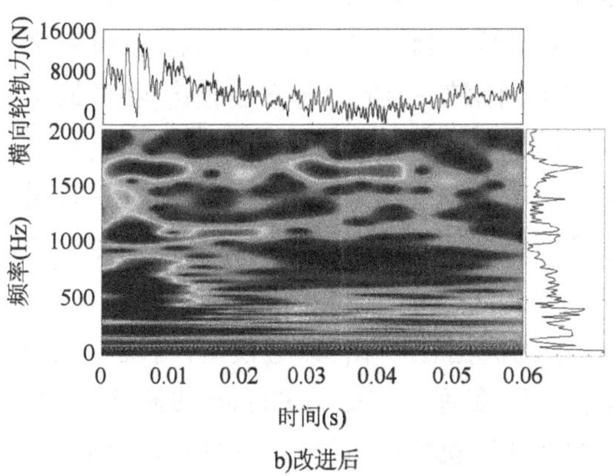

b)改进后

图 18　横向轮轨力时频结果

从图 16、图 17 中可以看出，在时域上，改进后的扣件在进行瞬态动力学计算时的动态松弛区大幅缩减。以外轨垂向轮轨力为例，改进前的垂向轮轨力 0.06s 后仍未完全平稳，而改进后的垂向轮轨力在 0.02s 时就已达到平稳状态。这是因为三层垫板扣件模型整体阻尼更高，能量更容易在短时间内耗散。在实际计算中缩短动态松弛区可大幅缩短模型计算时间，提高计算效率。从频域上看，扣件改进后的模型相比改进前，在 100 ~ 1000Hz 频带范围内增加了许多共振峰值，这是由于扣件采用三层不同材料垫板外加弹条扣压力后导致的强非线性，相比普通的单层垫板扣件也更加贴合实际。

4　结语

本文基于现场力锤试验获取了普通整体道床的钢轨横垂向位移导纳特性用于后续扣件模型准确性的验证，对比了瞬态动力学模型中采用弹簧阻尼器和实体垫板两种扣件简化方式，并对实体扣件垫板进行了改进，采用三层垫板（轨下垫板、

铁垫板、板下垫板)并增加了弹条扣压力及扣件横向刚度弹簧。最终得到的结论如下:

(1)基于力锤试验得到的钢轨位移导纳结果可知,曲线段内外轨共振频率差异不大。其中内外轨钢轨垂向一阶弯曲共振频率为 190Hz;内外轨钢轨横向一阶弯曲共振频率为 82Hz;内外轨一阶垂向 Pinned-Pinned 共振频率为 1107Hz;内外轨一阶横向 Pinned-Pinned 共振频率为 505Hz。直线段的一阶 Pinned-Pinned 共振频率相较曲线段频率降低,直线段一阶垂向 Pinned-Pinned 共振频率为 1026Hz,直线段一阶横向 Pinned-Pinned 共振频率为 480Hz。

(2)基于瞬态动力学弹簧阻尼器与实体垫板扣件简化形式下的轮轨力对比发现,实体垫板相对弹簧阻尼器而言轮轨力波动更为稳定。且相比弹簧阻尼器,实体的轨下垫板多了 98Hz 的主频,该频段包含在地铁常见波磨的波磨通过频率范围内,有可能是导致钢轨波磨产生的原因,因此对扣件采用实体形式进行建模是有必要的。

(3)扣件实体垫板弹性模量越大,钢轨一阶横垂向弯曲模态频率就越高。当单层实体垫板弹性模量为 1MPa 时,钢轨一阶垂向弯曲模态频率为 191Hz,与实测钢轨一阶垂向弯曲模态频率最接近;当单层实体垫板弹性模量为 12MPa 时,钢轨一阶横向弯曲模态频率为 85Hz,与实测钢轨一阶横向弯曲模态最接近。采用单层实体垫板存在一阶 Pinned-Pinned 共振峰不明显的问题。

(4)采用优化后的扣件改进模型,出现了较明显的钢轨一阶横垂向 Pinned-Pinned 共振峰,且改进后的扣件的钢轨横垂向位移导纳峰值频率与试验结果的误差均在 5% 以内,仿真精度大大提高。且优化后的扣件模型可大幅缩短瞬态动力学模型的动态松弛区长度,提高模型计算效率。

参考文献

[1] FERMER M, NIELSEN J. C. O. Vertical Interaction between train and track with soft and stiff railpads——full-scale experiments and theory[J]. Proc. Inst. Mech. Eng., F. J. Rail Rapid Transit,1995,209(1):39-47.

[2] EGANA J I,VINOLAS J,SECO M. Investigation of the influence of rail pad stiffness on rail corrugation on a transit system[J]. Wear,2006,261:216-224.

[3] KUMARAN G,MENON D,KRISHNAN N K. Dynamic studies of rail track sleepers in a track structure system [J]. Journal of Sound and Vibration,2003,268:485-501.

[4] ZHAO X. Dynamic wheel/rail rolling contact at singular defects with application to squats[D]. Delft:Delft University of Technology,2012.

[5] 赵鑫,温泽峰,王衡禹,等. 三维高速轮轨瞬态滚动接触有限元模型及其应用[J]. 机械工程学报,2013,49(18):1-7.

[6] 于淼,王卫东,刘金朝. 钢轨波磨区段高速轮轨瞬态滚动接触高频动态特性[J]. 中国铁道科学,2018,39(5):58-66.

[7] 刘超,赵鑫,赵小罡,等. 单侧钢轨波磨对两侧轮轨瞬态响应的影响分析[J]. 机械工程学报,2017,53(22):117-124.

[8] 王平,刘奕斌,高原,等. 表面选区强化对钢轨波磨处轮轨滚动接触行为的影响[J]. 铁道学报,2020,42(5):105-112.

[9] 周志军,李伟,温泽峰,等. 采用 GJ-Ⅲ型扣件地铁轨道的钢轨波磨形成机理[J]. 中国铁道科学,2022,43(3):37-49.

[10] 牛留斌,祖宏林,徐晓迪,等. 基于轴箱垂向振动加速度的波磨谷深值估算方法及应用[J]. 中国铁道科学,2023,44 (1):25-38.

[11] 徐井芒,梁新缘,王凯,等. 扣件刚度非线性对波磨区轮轨瞬态滚动接触行为影响研究[J/OL]. 西南交通大学学报:1-8[2023-09-04]. http://kns.cnki.net/kcms/detail/51.1277.U.20220506.1715.008.html.

[12] XU J M,WANG K,LIANG X Y,et al. Influence of viscoelastic mechanical properties of rail pads on wheel and corrugated rail rolling contact at high speeds [J]. Tribol Int,2020:151.

[13] ZHAO X,LI Z L,DOLLEVOET R. Influence of the fastening modeling on the vehicle-track interaction at singular rail surface defects [J]. J Comput Nonlin Dyn,2014,9(3).

[14] 盛曦. 轨道结构振动传递特性及控制措施研

究[D].成都:西南交通大学.
[15] 卢俊.高速铁路扣件弹条振动疲劳性能与优化、试验研究[D].成都:西南交通大学,2021. DOI:10.27414/d.cnki.gxnju.2021.000039.

Effect of Dynamic Process of Leeward Side Deflector Wings on Transient Aerodynamic Performance of High-Speed Trains under Crosswinds

Zhengwei Chen*[1,2] Guangzhi Zeng[1,2] Yiqing Ni[1,2]
(1. National Rail Transit Electrification and Automation Engineering Technology Research Center Hong Kong Branch;
2. Department of Civil and Environmental Engineering, The Hong Kong Polytechnic University)

Abstract To enhance the aerodynamic behavior of high-speed trains in extreme environments, in this work, the impact of the leeward side deflector's auxiliary enhancement effect and its dynamic process on the transient aerodynamic performance of high-speed trains in crosswinds is investigated in detail. The results demonstrate that configuring the deflector wing on the leeward side of the train can significantly improve the aerodynamic performance of the train in crosswinds, resulting in a reduction of rolling moment coefficient (C_{Mx}) of the train by 11.69%, 22.60%, and 13.70%, respectively, as the deflector is configured at the position I, position II and position III, in comparison to the situation without a deflector. Based on the optimum position of the leeward side deflector wing presented in this work, the effect of the dynamic process of leeward side deflector wings on the transient aerodynamic performance of high-speed trains under crosswinds is also studied. The flow structures around the train further reveal that the spreading process of the deflector wing inhibits the winding and acceleration of vortexes formed in the leeward side of the train and weakens the turbulent kinetic energy, therefore leading to an improvement in the train's aerodynamic performance in crosswind environments.

Keywords Crosswinds Aerodynamic Performance High-speed trains Deflector wing

0 Introduction

Despite the enhanced convenience of high-speed trains for intercity commutes, ensuring their safe operation in complex environments remains a significant challenge (He and Li, 2020; Li et al., 2022; Niu et al., 2022). One such scenario is the occurrence of a crosswind environment, which may result in significant alterations in the side forces and overturning moments of the trains (Baker et al., 2004; Chen et al., 2019).

To improve the aerodynamic behaviors of the high-speed train in extreme crosswind conditions, aerodynamic designs of high-speed trains, including micro-structures (Li et al., 2023), head shapes (Ezoji and Talaee, 2021), active control strategy (Chen et al., 2022), have been deeply investigated and optimized by scholars at home and abroad. Different from earlier studies, in this work, the influence of the deflector wing configured on the leeward side of the train on the aerodynamic performance of high-speed trains is studied, particularly focusing on the variation of aerodynamic loads of the train and transient flow structures around the high-speed train during the dynamic process of leeward side deflector wing on the train.

1 Method and model

1.1 Geometry of the train

Previous research indicated that the crosswind stability of the head car of a train is of most concern (Tian, 2019; Chen et al., 2020). In light of this, a high-speed train comprising a head car and one-half of the middle car is investigated in this work, measuring 26.50 m and 12.50 m in length, respectively; the width and height of the train are 3.38 m and 3.70 m, respectively. As shown in Figure 1, the cuboid deflector addressed in this work features a length of 14.25 m, a width of 0.50m, and a thickness of 0.05 m.

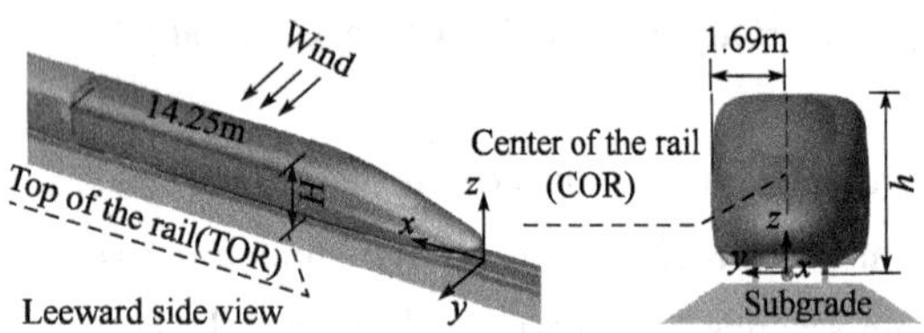

Figure 1 The geometry of the high-speed train

1.2 Computational domain

To ensure the full development of the flow field, the total length, width, and height of the computational domain are 42.97h, 32.43h, and 11.08h, respectively, where h represents the train height from the top of the rail, as shown in Figure 2, which is a scale model (1:10) for meeting the smaller mesh size requirement of the turbulence model. In addition, the incoming flow is initiated with a uniform and constant synthetic velocity of $U_t = 60\text{m/s}$ in the velocity-inlet boundary, while the zero-pressure-outlet boundary condition is set in the face contrasted to the velocity-inlet. A symmetry boundary condition is utilized in the top face of the calculation domain. Besides, for a realistic simulation of relative motion, the surface of the ground and subgrade are configured as moving no-slip walls and the same with the free flow velocity in the longitudinal direction. The stationary wall boundary conditions are assigned to both train, deflector wing, and bogie surfaces.

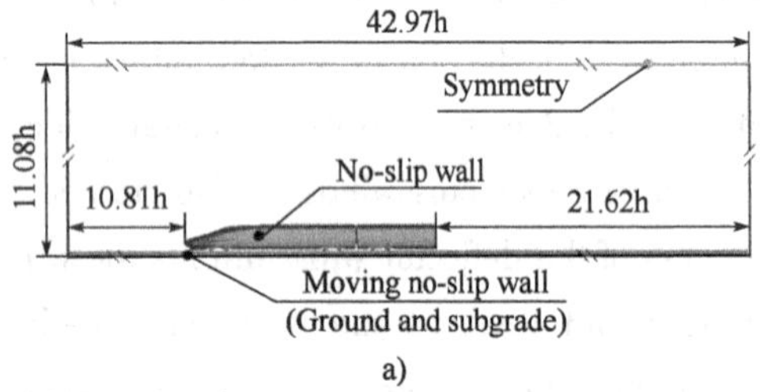

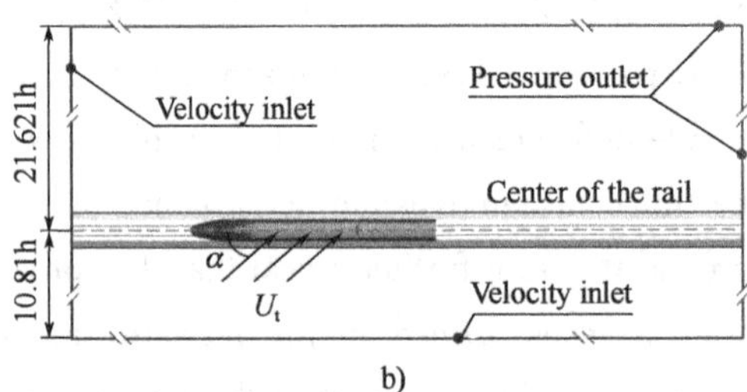

Figure 2 The computational domain and boundary conditions

1.3 Mesh strategy

In this study, a dynamic overset mesh strategy is applied to realize the rotating motion of the deflector wing on the leeward side of the train. A flexible mesh coupling method was employed for the overset meshes. The meshes requiring interpolation calculation were located only at the junction of the component mesh and background mesh, which has significant advantages in simulating fluid motion with complex geometric models or multiple components moving together (Lv et al., 2023). The unstructured Poly-Hexcore grid in ANSYS Fluent Meshing is adopted to discretize the computational domain. The grid refinement strategy is used around the complex structures of the train, such as the bogie and the region around the leeward side of the train, to capture details of occurring flows close to the structures. Additionally, five-layer prism meshes are added to the concerned object to calculate the gradual alteration of the velocity gradient near the train surface due to the wall effect. The non-dimensional wall distance y^+ for the first layer falls between 30 to 40, to meet the requirement of the adopted turbulent model. The grid on the train, subgrade, as well as bogie surfaces, are demonstrated in Figure 3.

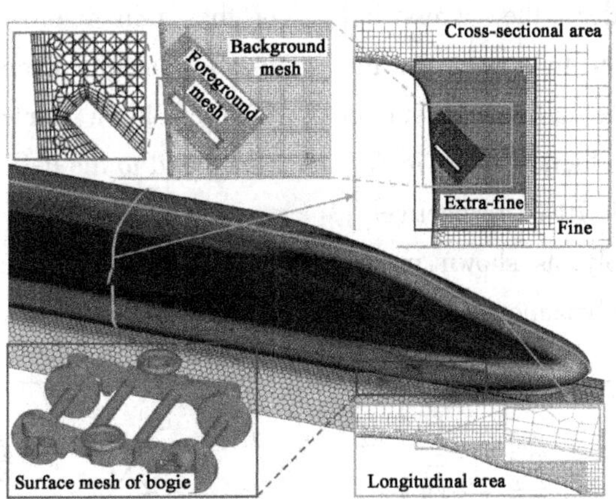

Figure 3 The computational mesh

2 Results and discussion

In the crosswind environment, crucial parameters for quantifying the aerodynamic performance of trains include the side force F_y, lift force F_z, rolling moment around the leeward side rail M_x, pressure distribution P, and space wind speed V_w, etc. To facilitate further analysis, the following dimensionless parameters, such as side force coefficient, lift force coefficient, rolling moment coefficient, pressure coefficient, and velocity coefficient, are defined as follows:

$$C_{Fy} = F_y/(0.5\rho U_t^2 A) \quad (1)$$

$$C_{Mx} = M_x/(0.5\rho U_t^2 Al) \quad (2)$$

$$C_P = (P - P_0)/(0.5\rho U_t^2) \quad (3)$$

$$C_V = V_w/U_t \quad (4)$$

Where, ρ is the dry air density under the standard atmospheric pressure condition, which is equal to 1.225kg/m^3; A is the reference area, which is the projected area of the train's cross-section and is 11.22m^2 for the full-scale size; l is the reference length, which is 3m for a full-scale size (EN14067-6,2018); P_0 is the reference pressure, which is 0 Pa.

2.1 Influence of deflector wing at various positions on aerodynamic loads

To investigate the various positions of the leeward side deflector wing to improve the aerodynamic performance of trains under the crosswind environment, the deflector wing is configured to the leeward side of the head car, with three different heights, namely 3.5m (position Ⅰ), 2.5m (position Ⅱ), and 1.5m (position Ⅲ), respectively. As shown in Figure 4, due to the cross-section profile of the train, the width from the deflector edge to the windward side of the train is 2.00m, 2.15m, and 2.20m in the position Ⅰ, Ⅱ and Ⅲ, respectively, based on their positions on the leeward side of the train.

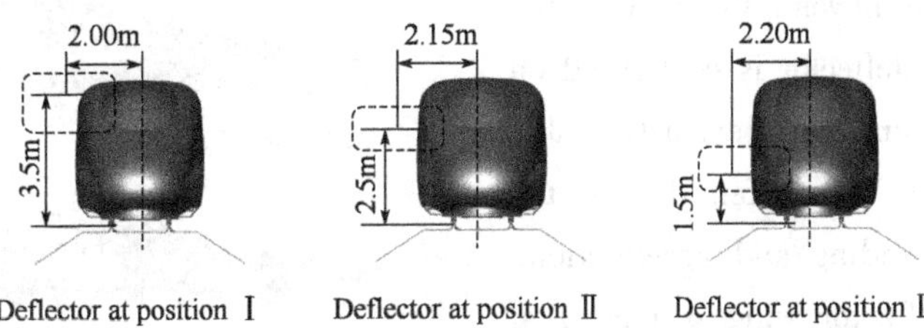

Figure 4 The positions of the deflector wing

The time-averaged aerodynamic forces of the train with the deflector wing at various positions are presented in Figure 5 for comparison. Referring to Figure 5, incorporating deflectors on the leeward side of the head car mitigates its wind load effect, leading to reduction trends in the C_{Fy} and C_{Mx}. As demonstrated in Figure 5a), compared with the original case, the reduction ratios of C_{Fy} in the head car are 8.36%, 17.85%, and 8.34% for deflectors located at positions Ⅰ, Ⅱ, and Ⅲ, respectively.

When the train runs under the crosswind environment, the side force on the train occupies the predominate on the results of the rolling moment on the train. Correspondingly, the reduction ratios of C_{Mx} are 11.69%, 22.60%, and 13.70%, respectively, against the original case. Notably, as shown in the blue boxes in Figure 5, the aerodynamic performance of the train improves further as the deflector's location height decreases from position Ⅰ to Ⅱ followed by a worsening from position Ⅱ to Ⅲ. Compared to the deflector at position Ⅱ, the C_{Fy} of the train increased by 8.36% and 11.57% at position Ⅰ and Ⅲ, respectively, while the C_{Mx} grew 11.69% and 11.50% at position Ⅰ and Ⅲ, respectively.

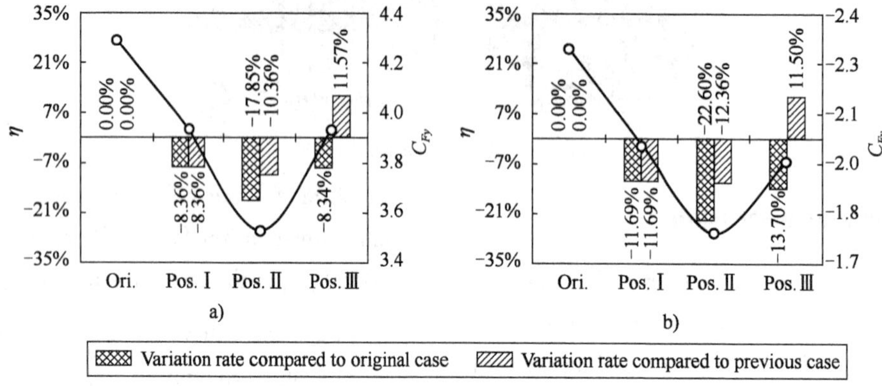

Figure 5 The aerodynamic loads of the train: (a) side force coefficient; and (b) rolling moment coefficient

2.2 Influence of deflector wing at various positions on the flow structures

To further reveal the mechanism of mitigation of wind loads through the leeward side deflector wing, in Figure 6, the 3D transient flow structures of trains with and without deflector wing configurations in three distinct positions are depicted, along with the separation, attachment, and rotation of vortices on the upper and leeward side surfaces of the train.

In all cases, two distinct vortices, V1 and V2, are observed on the leeward side of the train, as shown in Figure 6. However, V1 dissipates quickly, while V2 persists for a long distance beyond the end of the train. In the cases where a deflector is configured on the leeward side of the train, the previously stable structure of V2 is observed to weaken due to the deflector impedes vortex winding and acceleration. For instance, when the deflector wing is placed at position Ⅰ and Ⅲ, V2 shows a notable trend in deceleration, which weakens the winding effect of the vortices. Due to the weakening of V2 velocity, the airflow velocity in the vicinity of the train tends to be declined, which reduces the negative surface pressure on the leeward side of the train. Moreover, as the dotted box shown in Figure 6, the concentrated and potent energy of V2 is gradually dissipated and disintegrated, when the deflector is located at position Ⅱ. At this time, the airflow near the leeward side of the train will slow down even further to balance the aerodynamic attitude of the train by equalizing the surface pressure on both sides and leading to a more efficient reduction of the crosswind effect on the train.

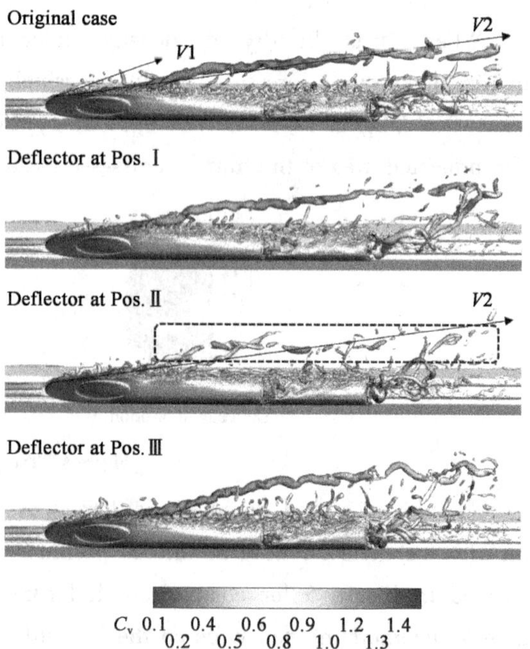

Figure 6 The vortex development along the train ($Q = 100000$)

2.3 Influence of deflector wing dynamic processes on train aerodynamic loads

Based on the aerodynamic performance of the train studied previously, the effect of the dynamic process of leeward side deflector wings on the transient aerodynamic performance of the trains under crosswind environment will be further investigated. As demonstrated in Figure 7, the deflector wing is configured on the position Ⅱ of the leeward side of the train. During the spreading process of the deflector wing, the minimum width from the deflector wing edge to the windward side of trains is 1.69 m (the deflector wing rotating 0°), while the maximum width is 2.15 m (the deflector wing rotating 90°).

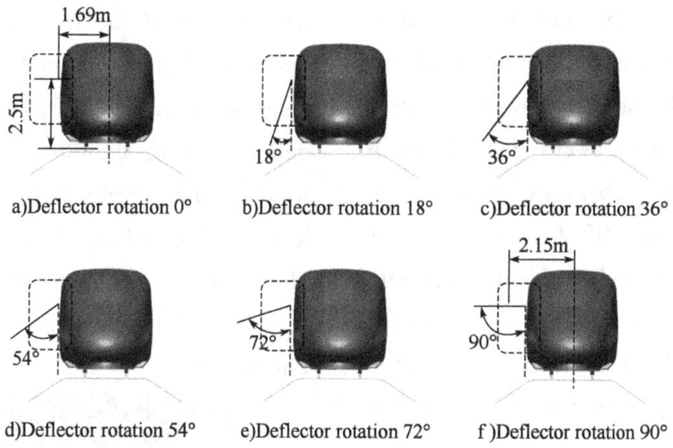

a)Deflector rotation 0°　b)Deflector rotation 18°　c)Deflector rotation 36°

d)Deflector rotation 54°　e)Deflector rotation 72°　f)Deflector rotation 90°

Figure 7　The dynamic process of the deflector wing from 0° to 90°

Figure 8 portrays the variation of the aerodynamic forces of the train during the spreading process of the deflector wing on the leeward side of the train, against the case without deflector wing rotation (original case). As demonstrated in Figure 8a), the C_{Fy} of the train shows a significant reduction during the deflector spreading from 0° to 90°. Similarly, as shown in Figure 8b), the C_{Mx} of the train also presented a notable drop compared with the case without spreading the deflector wing. Due to the transient interaction between the structure and flow field during the spreading of the deflector wing, along with some micro-airflow separation and reattachment as well as rotation of micro-vortices around the head car and deflector wing, the reduction rate of the C_{Fy} of the train is less than that obtained from the train with fixed deflector wing (compared with the results presented in Figure 5) when the deflector is fully rotated to 90°. However, the deflector wing configured on the leeward side of the train still aids in the auxiliary improvement of the train stability and enhances its aerodynamic performance in a crosswind environment, during the dynamic process of the deflector wing. In addition, the C_{Fy} and C_{Mx} of the train demonstrate a sharp decline during the deflector wing rotating from 0° to 54°, which upon the C_{Fy} and C_{Mx} of the train show a relatively stable tendency during the deflector wing continuously spreading.

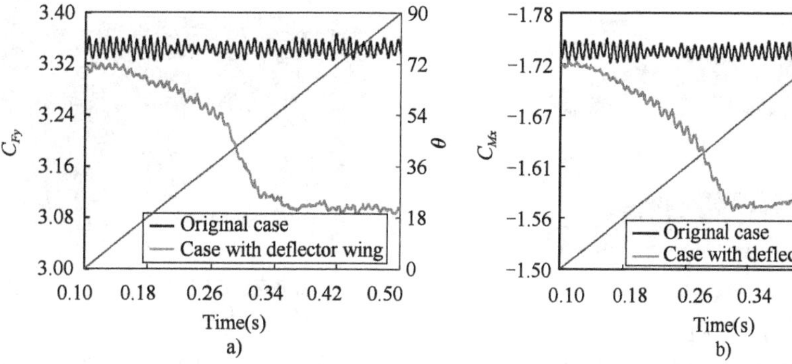

a)　b)

Figure 8　The aerodynamic loads of the train during the deflector rotation: (a) side force coefficient; and (b) rolling moment coefficient

2.4 Influence of deflector wing dynamic processes on train surface pressure

To further reveal the mechanism of mitigation of crosswinds through the leeward side deflector wing, the transient pressure coefficient distribution in the leeward side of the train is demonstrated in Figure 9. As depicted in Figure 9, due to the deflector guiding the airflow and suppressing the airflow accelerated motion around the leeward side of the train (as shown in area *A* in Figure 9), the negative pressure (areas *B* and *C* in Figure 9) in the leeward side surface of the head car diminishes obviously, during the deflector wing rotating from 0° to 36°, and this decrement shows an increasingly evident trend with the deflector wing continuously rotating to 90°. In the process of the deflector wing continually spreading to 90°, the change in surface pressure near the bottom of the train is especially prominent, as shown in area *D* in Figure 9. When the deflector wing fully spreads to 90°, a negative pressure zone and a positive pressure zone are observed in the deflector wing's upper and lower, respectively. Notably, the C_p has an insignificant variation in region *D* of the leeward side of the train, and this also further explains the rationale behind the lack of a substantial decrement in C_{Fy} and C_{Mx}, as the deflector rotating within the range of 54° to 90°.

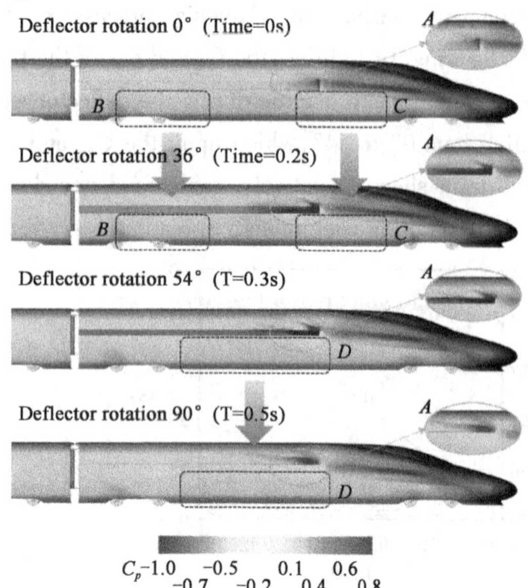

Figure 9 The surface pressure on the leeward side of the train during the deflector rotation

2.5 Influence of deflector wing dynamic processes on the flow structures

The transient flow structure around the train with a deflector wing is demonstrated in Figure 10 presented by velocity streamlines. When the deflector wing is not spreading, there are two distinct vortices, i. e., *Vr*1 and *Vr*2, that can be observed on the leeward side of the train. During the process of the deflector wing rotating to 90°, the velocity of eddy *Vr*1 decreases rapidly, due to the configured leeward side deflector wing on the train affecting the vortex winding and acceleration in the area close to the leeward side surface of the train; Further, the velocity of eddy *Vr*2 is also demonstrated a trend of decreasing velocity, but its variation rate is much smaller than that of *Vr*1.

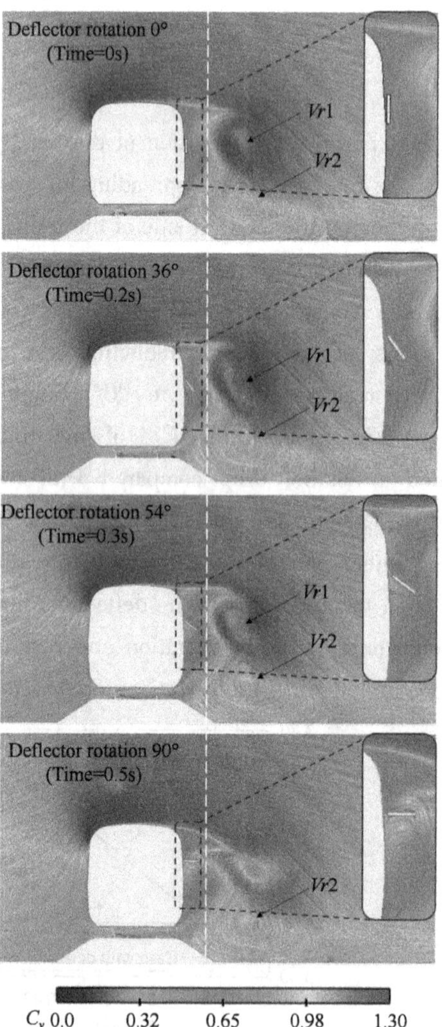

Figure 10 The flow structure around the train during the deflector rotation

The enlarged view of the flow structures around the leeward side deflector wing is also portrayed in Figure 10. As the deflector is out of rotation, there are two small-sized vortexes around the deflector wing occurring in its upper and lower. When the deflector wing rotates in the range of 0° to 54°, more vortexes appear above the deflector wing and dissipate the energy of the main vortex *Vr*1 observed on the leeward side of the train, which causes the velocity of airflow to reduce near the leeward surface of the train. When the deflector is rotated to 90 °, two relatively large and low-speed vortices are formed at both the upper and lower positions of the deflector wing. These two vortices cause the main vortex *Vr*1 and *Vr*2 formed on the leeward side of the train to be shifted outward, which significantly reduces the airflow speed around the leeward side of the train and decreases the negative pressure on the surface of the leeward side of the train.

3 Conclusions

This research paper presents an investigation and comparative analysis of the auxiliary enhancement effect ofthe leeward side deflector installed on a high-speed train aimed at mitigating the adverse impact of crosswind on train operations. Through the presented cases, the conclusions can be listed as follows:

(1) In comparison to the original case, the implementation of a deflector on the leeward side of the train results in a notable decrease in C_{Fy} and C_{Mx} of the head car. The reduction ratios in C_{Fy} are 8.36%, 17.85%, and 8.34% for deflector at positions I, II, and III, respectively, and in C_{Mx} are 11.69%, 22.60%, and 13.70%, respectively;

(2) The instantaneous flow structures demonstrate that the deflector configured on the leeward side of the train results in a weakening of the airflow speed on the leeward side of the train. As a result, the train's aerodynamic performance is improved as it operates in crosswinds.

References

[1] BAKER C J, JONES J, LOPEZ-CALLEJA F, et al. Measurements of the cross wind forces on trains [J]. Journal of Wind Engineering and Industrial Aerodynamics, 2004, 92 (7-8): 547-563.

[2] CHEN Z, LIU T, LI W. Numerical analysis of different nose shapes on the train aerodynamic performance at a windbreak transition under crosswinds [J]. Journal of Applied Mathematics and Physics, 2020, 8(11): 2519-2525.

[3] CHEN Z, LIU T, YAN C, et al. Numerical simulation and comparison of the slipstreams of trains with different nose lengths under crosswind [J]. Journal of Wind Engineering and Industrial Aerodynamics, 2019, 190: 256-272.

[4] CHEN Z, NI Y, WANG Y, et al. Mitigating crosswind effect on high-speed trains by active blowing method: a comparative study [J]. Engineering Applications of Computational Fluid Mechanics, 2022, 16(1): 1064-1081.

[5] CHEN Z, ZENG G, HASHMI S, et al. Impact of the windbreak transition on flow structures of the high-speed railway and mitigation using oblique structure and circular curve structure transition [J]. International Journal of Numerical Methods for Heat & Fluid Flow, 2023, 33(4): 1354-1378.

[6] CEN European Standard. Railway applications-aerodynamics. Part 6: requirements and test procedures for cross wind assessment [J]. CEN EN, 14067-6, 2010.

[7] EZOJI R, TALAEE M R. Analysis of overturn of high-speed train with various nose shapes under crosswind [J]. Iranian Journal of Science and Technology, Transactions of Mechanical Engineering, 2021: 1-14.

[8] HE X, LI H. Review of aerodynamics of high-speed train-bridge system in crosswinds [J]. Journal of Central South University, 2020, 27 (4): 1054-1073.

[9] LI W, LIU T, MARTINEZ-VAZQUEZ P, et al. Effects of embankment layouts on train aerodynamics in a wind tunnel configuration

[J]. Journal of Wind Engineering and Industrial Aerodynamics,2022,220:104830.

[10] LI X, ZHOU D, JIA L, et al. Numerical study of the influence of dome shape on the unsteady aerodynamic performance of a high-speed train's pantograph subjected to crosswind [J]. Journal of Traffic and Transportation Engineering (English Edition),2023,10(1):13-30.

[11] LV D, NIU J, YAO H. Numerical study on transient aerodynamic characteristics of high-speed trains during the opening of braking plates based on dynamic-overset-grid technology [J]. Journal of Wind Engineering and Industrial Aerodynamics,2023,233:105299.

[12] NIU J, ZHANG Y, LI R, et al. Aerodynamic simulation of effects of one-and two-side windbreak walls on a moving train running on a double track railway line subjected to strong crosswind [J]. Journal of Wind Engineering and Industrial Aerodynamics,2022,221:104912.

[13] TIAN H Q. Review of research on high-speed railway aerodynamics in China [J]. Transportation Safety and Environment,2019,1(1).

高速列车外流场非稳态特性研究

苑瑞轩　吴　荣　张永昌*
(内蒙古大学交通学院)

摘　要　为了明确高速列车外流场非稳态特性,基于SST $k-w$ 两方程模型对运行速度为300km/h的高速列车进行数值模拟,分析行驶过程中两种不同模拟方法车身外流场。结果表明:头车形成高压区,尾车形成负压区,转向架与车厢连接区域出现负压区。列车头部存在较低的速度场,在列车尾部速度场的速度较高。列车在稳态模拟方法下压力、速度和旋涡结构呈对称分布;而在非稳态下,这些特征表现为摇摆不定,更符合实际情况。

关键词　高速列车　数值模拟　流场结构　气动特性

0　引言

近年来,我国高速铁路发展迅速,随着高速列车的行驶速度逐渐提升,列车行驶的安全性也受到更多挑战。在此背景下,关于高速列车行驶过程中车身整体以及其局部区域气动载荷的研究显得更为重要[1]。车身所受气动载荷对列车整体动力学特性、列车车身结构的承载情况均具有重要影响。因此,明确高速列车车身整体及局部位置气动载荷的作用方式及其变化规律十分必要。

目前,针对高速列车流动问题,使用稳态模拟方法的研究居多。因为非稳态方法的外流场比较复杂,且更耗费计算资源,所以对于非稳态方法的研究比较稀少。对此非稳态方法研究主要集中在会车工况下列车整体的气动载荷[2]与隧道工况下列车的外流场情况[3],对于明线行驶的研究比较稀少,本文将对列车单车明线行驶下外流场气动特性进行研究。鉴于现实中列车运行工况的复杂性和与之引起的流动明显差异性,纯稳态模拟方法下的研究准确性可能会较低,所以本文将采用数值模拟方法以CRH3型列车为研究对象,重点分析高速列车于非稳态模拟方法下单车明线以300km/h速度运行工况下车身整体及局部区域外流场和气动载荷分布变化情况[4],并对其与稳态方法下同样的工况展开对比研究与梳理总结。

基金项目:国家自然科学基金(52102437);内蒙古自治区自然科学基金(2023MS05037)。

1 计算模型及计算方法

1.1 计算模型

本文将 CRH3 列车作为研究对象，考虑到计算资源和工作量的限制，数值模拟所研究的列车模型包括 3 辆车（图 1），分别为头车、中间车、尾车。应用三维建模软件 NX 进行高速列车计算模型的建立。

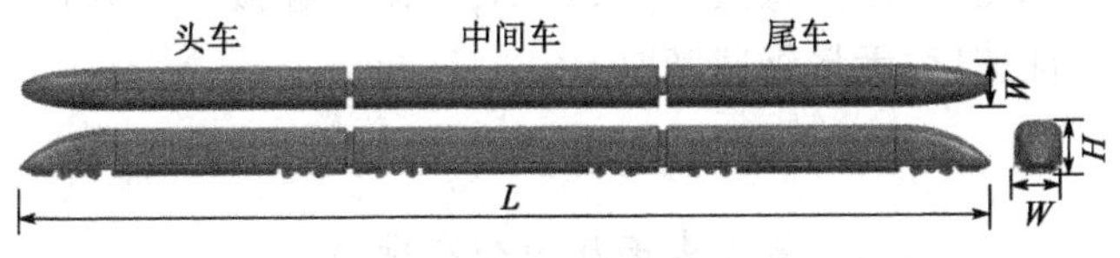

图 1 列车模型示意图

此列车模型总长度 $L=76.4\text{m}$，车辆高度 $H=3.4\text{m}$，车辆宽度 $W=3.256\text{m}$。

高速列车模型的复杂性主要表现在顶部和表面装置的丰富性，其中包括本研究暂时不涉及的多种设计和装置，如车门、车窗、受电弓等结构。如果按照实际情况建立并分析模型，后续工作中将会导致大量网格的生成，从而降低网格总体质量并消耗大量计算资源，对仿真计算造成负面影响，难以获得精确的计算结果。因此，在本研究中对高速列车模型进行了以下优化：

第一，忽略主要研究内容外的多余特征，例如车门、车窗、受电弓等结构。

第二，确保对具有不同特征的车辆进行计算，减少相同特征的车辆数量，如此仅对头尾车和一节中间车进行仿真模拟，有利于节省计算资源。

第三，车辆连接处对主要研究部分的影响较小，因此可以忽略。

1.2 计算域

现实中高速列车在明线行驶时，其外部流场是一个趋近于无限大的区域，为了保证仿真模拟结果的可靠性以及真实性，要在高速列车模型外部建立一个相对足够大的区域来模拟无限大的外部流场，减小数值仿真中远场边界对计算精度的影响，为了满足以上要求，高速列车模型的流场计算区域与边界条件如图 2 所示。

计算域前端为速度入口，后端为压力出口，为了提高仿真计算的精确性，模拟列车的相对运动。底面设为滑动壁面，赋予其与速度入口相当的速度，两侧面以及顶面均为对称面，模拟

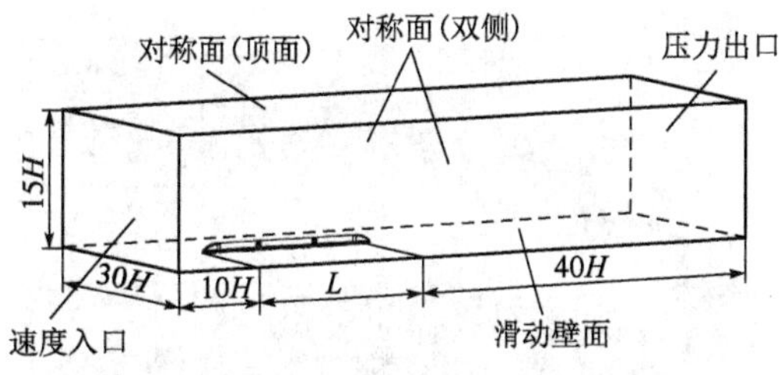

图 2 计算域及边界条件

远场情况。

以列车模型高度 H 为特征高度，来界定列车模型在计算域中的位置条件，本文中将流场速度入口到列车车头的距离设置为 $10H$，由于模拟计算中计算域边界的存在，计算中会出现一定程度的回流现象，为了减小回流对计算结果的影响，车尾到流场压力出口距离延长为 $40H$，可提高计算结果的稳定性。整个计算域以列车中轴线为基准对称分布，宽度为 $30H$，高度为 $15H$，现实中列车于铁轨之上行驶，距离地面有一段距离，为了更好地模拟列车真实行驶状态，将列车模型距流场底面距离设置为 $0.4H$[5]。

采用图示的计算域，既可以保证计算的精度，又可以节省计算资源。

1.3 网格划分

高速列车模型中存在局部不规则细微特征，结构化网格不能很好地处理这些细节，所以计算模型的网格类型采用非结构化网格。为了同时确保计算的精度以及效率，外部流场采用大尺寸网格，车身采用小尺寸网格，于细微特征处，如转向架再细化网格保证计算的精度。但计算的资源有限，要在有限的计算资源的前提下，提高网格的质量，控制整体网格的数量。

在高速列车外部流场计算域设置多个加密区域，其最外层网格尺寸大小设置为 3m，中间层尺寸为 2m 与 1.5m，内层车体加密层尺寸设置为 0.8m，设备舱附近结构复杂，是计算数据的重点关注区域，网格尺寸大小设置为 0.03m，列车转向架附近是主要研究位置，精度需求更高，网格尺寸最小设置为 0.004m，后生成网格，得到网格数量约 4000 万。靠近壁面的边界层网格可以更准确地捕捉边界层内的流动特性，提高数值模拟的准确性和稳定性，最外层边界网格尺寸高度设置为 4mm。网格如图 3 所示，疏密合理，形状衔接均匀，可进行后续计算。

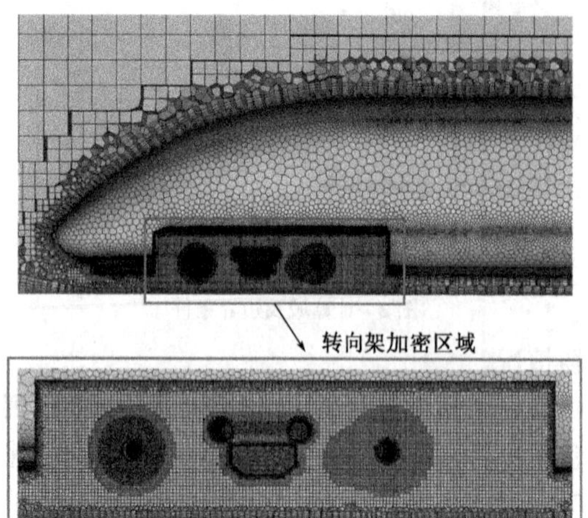

图3 网格示意图

1.4 计算设置及边界条件

数值模拟计算中,以高速列车模型为参考,计算域中空气以固定速度从流场前端吹出,向流场后端流动,因此将计算域入口设置为速度入口,速度为高速列车在数值模拟中运行速度,本文列车以300km/h速度运行,方向默认垂直于计算域入口壁面。由于要模拟相对运动,所以将底面设置为滑动壁面,速度也相应设置为高速列车运行速度,滑动方向为向高速列车车尾部。计算区域出口壁面设置为压力出口,保持默认大气压。计算域顶端及两侧设置为对称边界,其余计算区域壁面为默认壁面。由于仿真涉及远离壁面的车外流场,本文采用在这两种区域都有良好适应性的SST $k-w$ 湍流模型。在近壁面区域使用标准面函数。

时间步长对计算过程的稳定性和数值解的精确性产生影响。文中非稳态列车行驶仿真中时间步长为0.001s。

2 计算结果及分析

对时速300km/h列车进行两种模拟方法的仿真计算以后,对其结果展开分析,重点研究列车行驶过程中整体的流场以及压力分布情况。截取列车高度方向离地0.5m处一平面用作观测整车流场以及其压力分布情况。由于无量纲后的结果可消除尺度影响,更具有普适性。所以将压力无量纲化,取压力系数 C_p 来表示;取来流速度 u_x 为特征速度,无量纲速度取 u/u_x。

2.1 列车外流场整体对比

2.1.1 列车表面压力分布对比

首先对列车整体压力分布进行分析,两种模拟方法下列车的压力分布情况如图4所示。明显看出,无论是稳态还是非稳态模拟方法,列车表面压力分布情况大致相同。压力的范围主要是 −0.094 ~ 800Pa。在列车行驶过程中,头车鼻尖处是正压最大的驻点区域,这是由于头车鼻尖处率先接触到空气,属于空气-列车速度急速转变区域。然后气流绕过列车鼻尖运动造成了头车转向架区域的空气稀薄,此处形成相对较大的负压区域。随后,在车体表面,气流速度加快,后部分气流进入中间车和尾车转向架区域,与车体实体部分发生碰撞,形成相对较小的正压区域。由于部分空气进入转向架区域速度发生降低,其余部分高速气流继续沿车体表面流动,使得转向架区域末端与车体表面相连处空气变得稀薄,产生负压区。而车尾处气流骤然失去附着物,由于气流速度较快,于车尾外汇聚,会使得车尾处空气稀薄,气压变低,车体会对空气产生向内的拉力,导致车尾区域压力高于车体表面其他区域。

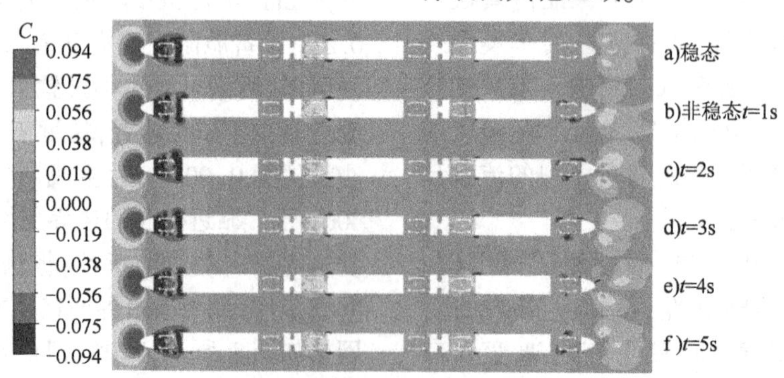

图4 列车整体压力分布示意图

此外，在稳态模拟方法下，整个列车的压力分布呈对称式。而在非稳态模拟方法下，尾车压力分布体现出摆动的趋势，表现出一定的动态变化，其他区域的压力分布情况与稳态模拟方法大致相同。

2.1.2 列车速度场对比

列车在300km/h的运行工况下，速度场显示气流速度 u/u_x 大致分布在0～0.96的范围，如图5所示。当列车鼻尖接触空气时，空气被列车头鼻尖强制绕开，受到此影响，导致气流速度下降。与此相反，在车尾处，气流聚合，引起速度的提升。当空气略过车头进入转向架区域时，由于其中复杂的构造和狭小的空间，空气在此速度剧烈下降。气流经过转向架区域以后，到达比较光滑的列车车体表面区域，速度逐渐提升。此时气流又经过头车后端转向架区域，车厢连接处以及中间车前端转向架区域，速度再次下降，当气流流过此区域，速度再次提高，在中间车与尾车两处转向架区域与车厢连接处同理。后提高速度的气流经过尾车后端转向架区域时再次减速，并且于车尾处汇聚，使速度提升。

在稳态模拟方法下，列车速度场呈现对称分布，符合整体对称的气动特征。然而，在非稳态模拟方法下，列车尾流展现出明显的摆动迹象，显示出气流的速度在时间上的波动。表明在非稳态模拟情况下，列车头部气流的动态变化更为复杂。

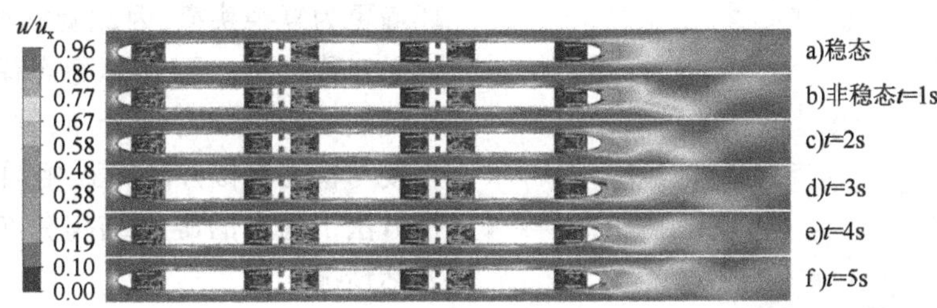

图5 列车整体速度分布图

2.1.3 列车旋涡结构对比

列车周围的旋涡结构与空气阻力有直接的关系，它们的形成和演变是导致气动力波动的主要因素。应用Q准则有助于定量评估列车在稳态行驶下的气动稳定性以及在非稳态行驶下流场的动态变化。通过对Q准则的分析，可以更深入地理解旋涡结构的特性[6]。

为了更清晰地分析列车整体的旋涡结构，Q准则分析中将涡量尺度限定在一定范围内。从图6中可以观察到，在转向架以及车厢连接处等结构复杂、空间狭小的区域，旋涡结构相对较为密集。值得关注的是，头车与中间车在稳态和非稳态两种模拟方法下的旋涡结构呈现相似的特征。而尾车的旋涡结构在稳态模拟方法下趋于对称，在非稳态模拟方法下则呈现出一种摇摆的变化趋势，说明非稳态模拟方法下旋涡结构随着时间的变化会更加复杂。

2.2 列车外流场局部对比

2.2.1 列车表面压力分布对比

由图4可知，两种不同的模拟方法下列车的表面压力分布情况主要在车尾处存在差异。后将针对此处进行分析，车尾处压力分布如图7所示。稳态模拟方法下，尾车处压力呈对称分布，而非稳态模拟方法下，尾车处压力出现了复杂的变化，首先是尾车后端转向架区域出现了相对于稳态模拟方法下的负压区，且此区域变化无规律，车尾后气流压力出现摆动情况，且存在无规律相对于稳态模拟方法下的小面积高压区与负压区。说明非稳态模拟方法下的列车表面压力分布更加复杂，更加贴近实际。

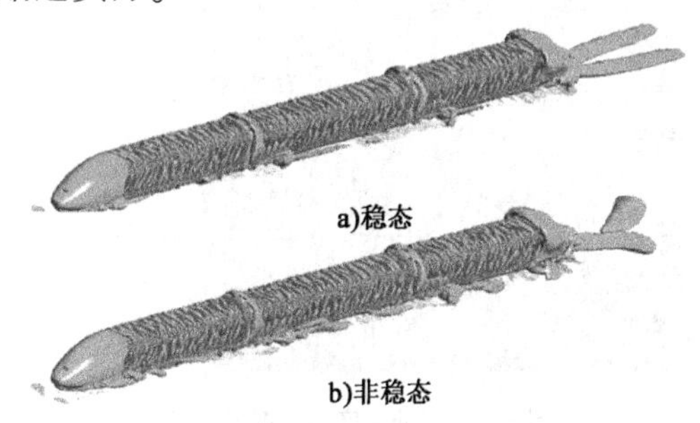

图6 列车Q准则旋涡结构示意图

2.2.2 列车速度场对比

通过图5的观察，我们可以得知，采用两种不同的模拟方法后，列车速度场主要在车尾位置存在差异。接下来，我们将对车尾处的速度场情况进行详细分析,如图8所示。在稳态模拟方法下,尾车处的速度场呈现对称分布;而在非稳态模拟方法下,尾车处的速度场出现了多样的变化。具体而言,列车尾流呈现左右摇摆的趋势,高速和低速区域不断发生变化。这表明,在非稳态模拟方法下,列车速度场的情况随时间的变化会更为复杂。

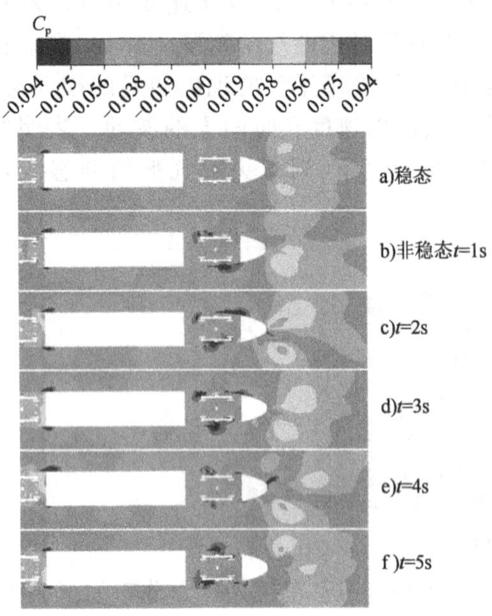

图7 车尾处压力分布示意图

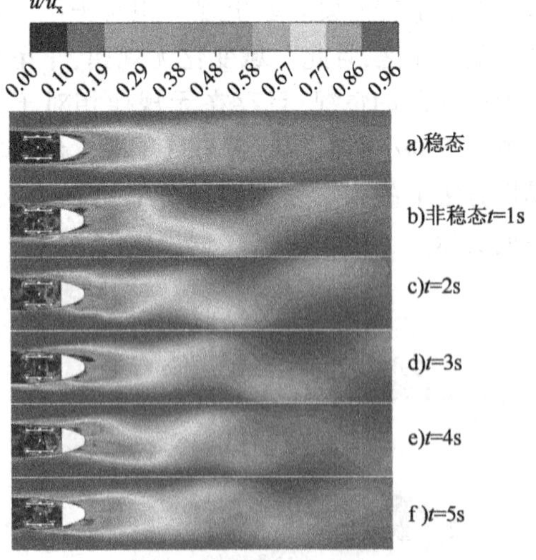

图8 车尾处速度场情况示意图

2.2.3 列车漩涡结构对比

从图6可以明显看出,采用两种不同的模拟方法后,列车表面的旋涡结构在车尾处呈现明显差异。然而,在结构复杂、空间狭小的区域,例如转向架和车厢连接处,只能粗略观察到旋涡结构比较密集,如图9所示。接下来,对这类区域附近的旋涡结构进行详细分析。

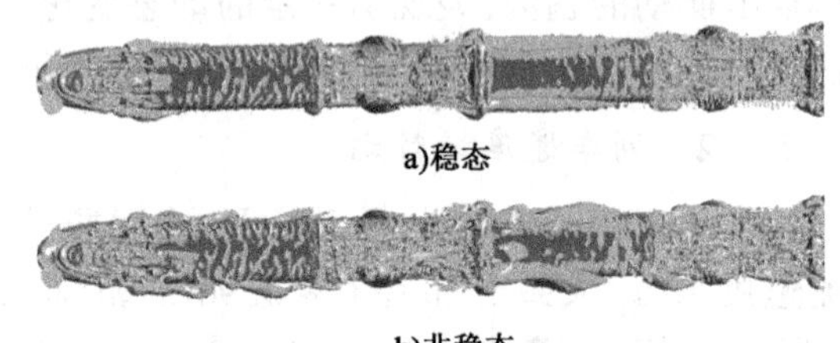

图9 列车Q准则旋涡结构示意图

在稳态模拟方法下,列车头车及其转向架区域的旋涡结构相对稀疏,且呈近似对称分布。与之相反,中间车附近的转向架区域旋涡结构复杂而密集。这是因为这个区域是车厢连接处,流体环境更为复杂狭窄,因此旋涡相应地更为密集,同样呈对称趋势。而在非稳态模拟方法下,列车表面旋涡结构呈非对称分布,但密集区域的位置和程度与稳态模拟方法大致相同。这说明非稳态模拟方法下列车的旋涡结构分布更为复杂,更贴近实际情况。

2.3 列车转向架区域压力系数波动特性

综合以上内容,我们可以得知,列车外流场在稳态和非稳态模拟方法下呈现出不同的特性。为了更清晰地理解列车表面压力分布在这两种模拟方法下的差异,本文在压力变化较大的区域添加监测点(图10),并输出了模拟计算所得的压力数据。

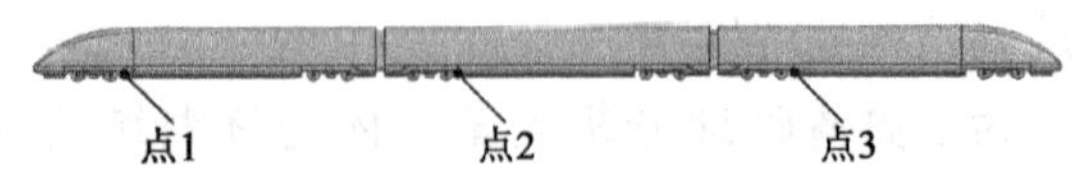

图10 列车表面点位置示意图

通过对压力系数的引入,可以更方便地比较和评估列车在稳态和非稳态模拟方法下的压力分布情况,为深入研究列车气动特性提供了有力的工具。

取头车、中间车、尾车各前端转向架末尾区域点,此处位于列车表面形状变化区,且根据上文可知,此处也属于压力急剧变化区域。压力在两种不同模拟方法下的情况更加容易监测且更具有说服力。具体如图11所示。

在稳态模拟方法下,压力系数呈现定值趋势分布,并在整个仿真过程中保持与时间无关的稳定性。各个点位均表现为负压状态。然而,在非稳态模拟方法下，列车表面压力分布呈现随时间变化的波动现象，压力曲线围绕稳态下的曲线发生数值振荡。这表明非稳态模拟方法更为细致地捕捉了列车在运行过程中的压力动态变化。

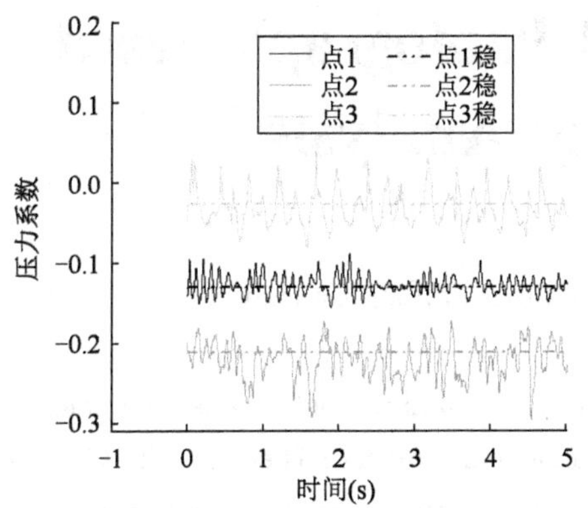

图 11 稳态、非稳态压力系数波动对比图

从模拟准确性的角度考虑，非稳态模拟方法更适合高速列车的仿真计算。该方法能够有效地监测列车运行过程中的瞬时变化和动态响应，以及其他涉及时间变化的复杂动力学行为。选择非稳态模拟方法有助于更全面、准确地模拟高速列车在实际运行中的气动特性。

3 结语

(1)稳态和非稳态两种不同模拟方法对于列车的速度场、压力分布以及旋涡结构都有一定的影响。在稳态模拟方法下，列车压力、速度和旋涡结构分布呈近似对称；而在非稳态模拟方法下，这些特征主要于车尾处表现为随时间变化摇摆不定。

(2)通过对两种不同模拟方法下列车外流场特性研究发现：仿真计算中，高速列车更适合于非稳态模拟方法，列车在行驶中可能会经历复杂的动态状况，由于非稳态模拟会考虑时间上的变化，这些状况可以在非稳态模拟中被更准确地捕捉，为高速列车运行提供更全面和准确的信息，有助于理解列车和轨道系统的动态行为，优化设计并确保系统的稳定性和安全性。

(3)在单车明线工况下，列车运行时头车和尾车对流场形态的影响最为显著。头尾车区域以及转向架附近区域产生的高压和负压区域，会增加列车行驶过程中的阻力。通过改善头尾车的空气动力学性能，可以有效降低风阻。

参考文献

[1] 冯振，李明理，张璟鑫. 气动载荷对高速列车车体强度的影响研究[J]. 铁道车辆，2024，62(01)：8-12+203.

[2] 陆意斌，王田天，王钰，等. 局部扩大段隧道长度对高速列车交会时压力波动的影响[C]//中国力学学会流体力学专业委员会. 第十一届全国流体力学学术会议论文摘要集. 中南大学交通运输工程学院轨道交通安全教育部重点实验室；湖南大学机械与运载工程学院车辆工程系，2020：1.

[3] 赖姜，曾晓辉，孙振旭，等. 高速列车过隧道、明线会车及隧道会车工况下的动力响应研究[C]//中国力学学会结构工程专业委员会，沈阳建筑大学，中国力学学会《工程力学》编委会，水沙科学与水利水电工程国家重点实验室(清华大学)，土木工程安全与耐久教育部重点实验室(清华大学). 第21届全国结构工程学术会议论文集第Ⅱ册. 中国科学院力学研究所，2012：4.

[4] 于润之. CRH380A型高速列车气动特性的研究[D]. 成都：西南交通大学，2017.

[5] 朱剑月，吕苏，陈力，等. 高速列车底部流动特性分析[J]. 机械工程学报，2020，56(12)：133-143.

[6] 潘永琛，姚建伟，刘涛，等. 基于涡旋识别方法的高速列车尾涡结构的讨论[J]. 力学学报，2018，50(03)：667-676.

A New Analytical Approach for Crucial Design Parameters Identification of High-speed Pantograph based on Global Sensitivity Analysis

Yongming Cheng*
(China Railway Rolling Stock Corporation Qingdao Sifang Co.,Ltd)

Abstract With the increasing speed of the high-speed train, the sliding contact characteristics of high-speed pantograph-catenary is facing challenges for a stable dynamic performance. Therefore, it is necessary to study the effects of high-speed pantograph parameters on the pantograph-catenary system for ensuring a safe and stable current collection quality of high-speed train. According to the geometric relationship of the high-speed pantograph frames, the nonlinear kinematic model of the high-speed pantograph is established. Through the method of Latin hypercube sampling, the random samples of the design parameters are obtained. Based on the Sobol' sensitivity analysis, the degrees of parameters' effects are quantified in terms of sensitivity analysis. The mutual effects between the design parameters are also investigated and quantified. A uniform function is used to describe the coupled degree of the design parameters. According to the quantified results, the crucial parameters of the high-speed pantograph are identified.

Keywords high-speed pantograph global sensitivity analysis Latin hypercube sampling

0 Introduction

The relation of high-speed pantograph and catenary is very important for the safe and reliable operation of the high-speed train. With the increasing speed of the high-speed train, thepantograph-catenary system is facing the challenge of ensuring stable current collection quality. So far, a lot of research work has been done on the models of the pantograph-catenary system [1-2], the effects of outside loads[3-4] (such as wind, vehicle vibration), the effects of the friction force[5], the irregularities of contact wire[6], and so on. In order to improve the current collection quality, the design schemes of the catenary were provided. However, the designing schemes mostly need to rebuild the catenary model which consumes high cost [7-9]. Compared to the optimization scheme of the catenary, the optimization design of high-speed pantograph is feasible and has great practical significance. The optimization design of the pantograph was presented in Ref [10]. Using the lumped-mass model, the sensitivity analysis was executed, and the single parameter effect on contact force was studied in Ref[11-12]. A statistical model of the static geometry of the catenary was built. Sensitivity analyses provide a selection of relevant parameters affecting the geometry. The results show that the messenger wire tension of the catenary hides sources of variability that are not yet taken into account in the model [13]. In order to improve the contact force fluctuation of high-speed train at different running speeds, Wu carried out multi-parameter joint optimization design of double-strip high-speed pantograph. Combined with parameter sensitivity analysis, the optimizing suggestions for DSA380 pantograph were given[14]. Park evaluated the sensitivity of the contact force at different speeds (100 ~ 400km/h), corrected the lumped-mass parameters with greater sensitivity of the pantograph, and reduced the contact loss ratio[15]. With the method of multidisciplinary integrated design, the pantograph was designed based on the parameters design, dynamics analysis and optimal control. The integrated design pantograph not only satisfies the kinematics, the dynamics and the control constraints but also has synthesized optimum pantograph[16]. Chen conducted a sensitivity analysis of the catenary system by using the Sobol method. Based on the results of the sensitivity analysis, the neural network optimization algorithm was used to optimize the five key equivalent parameters in the pantograph and rigid catenary system, effectively improving the fluctuation of contact force[17]. In conclusion, the sensitivity analysis of the pantograph is mostly based on the lumped-mass model. The analyzed parameters are usually mass parameters, stiffness parameters and damp parameters. For this aim, this paper is organized as follows. In section 1, the analyzed parameters of the pantograph are the structural parameters including the lengths of the bar and the rotated angles, the nonlinear kinematic model is established. In section 2, with the method of Latin hypercube sampling, the random samples of the pantograph parameters are acquired. Using the Sobol' sensitivity analysis, the effects on the trajectory of the pantograph are analyzed. In section 3, the crucial design parameters which are affected the trajectory are identified. Obtained results and discussions are summarized in Sections 4.

1 Nonlinear kinematic model of the high-speed pantograph

As shown in Figure 1, the kinematics model for high-pantograph is built. Q_1, Q_2, Q_3, Q_4, Q_5, Q_6 and Q_7 stand for the gravity center of the bar AC, bar BD, bar BG, bar CD, bar DE, bar GH and bar EH, respectively. When the bar AC is rotating around the hinged support A, the trajectory of point E on the pantograph head is acquired, and the angel between bar EH and the horizontal line is calculated. The relations can be expressed as follows,

$$\beta = \frac{\pi}{2} + \frac{\pi}{2} * \operatorname{sgn}[(E_x - H_x)(E_y - H_y)] - \arctan\frac{E_y - H_y}{E_x - H_x} \quad (1)$$

$$\begin{cases} E_x(i) = E_x(x_1, x_2, \cdots, x_{11}) \\ E_y(i) = E_y(x_1, x_2, \cdots, x_{11}) \\ \beta(i) = \beta(x_1, x_2, \cdots, x_{11}) \end{cases} \quad (i = 1, 2, \cdots, n) \quad (2)$$

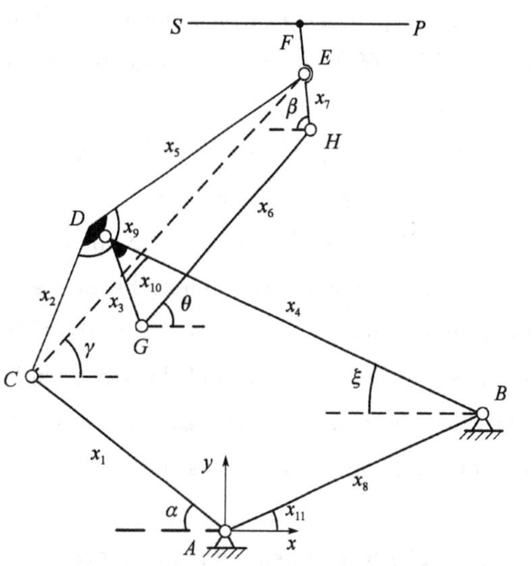

Figure 1 The high-speed pantograph

Where, $E_x(i)$ is the x coordinate component of the trajectory curve discrete point of the point E, $E_y(i)$ is the y coordinate component of the trajectory curve discrete point of the point E, $\beta(i)$ is the i th included angle between bar EH and the horizontal line, n is the total number of discrete points. x_1, x_2, x_3, x_4, x_5, x_6, x_7 and x_8 are the bar length l_{AC}, l_{CD}, l_{BG}, l_{BD}, l_{DE}, l_{GH}, l_{EH} and l_{AB}, respectively. x_9 is included angle between bar CD and bar DE, x_{10} is included angle between bar BG and bar BD, and x_{11} is included angle between AB and the horizontal line.

To ensure that the optimized pantograph can achieve the desired trajectory, design parameters should meet the following constraints:

(1) When the pantograph is working, the lateral displacement deviation of the pantograph-head trajectory should not exceed 30mm. The constrains can be express:

$$G(i) = E_{x\max} - E_x(i) - 30 < 0 \quad (i = 1, 2, \cdots, n)$$

where, $E_{x\max}$ is the maximum value of the discrete point x coordinate component.

(2) In order to ensure the normal lifting and dropping work of the pantograph, and avoid the interference conditions of bars, it should be satisfied:

$$E_v(i) - E_h(i) > 0, G_x(i) - D_x(i) > 0, x_2 + x_4 - l_{bc}(i) > 0, x_2 - x_4 + l_{bc}(i) > 0,$$
$$x_4 + l_{bc}(i) - x_2 > 0, x_7 + x_6 - l_{eg}(i) > 0, x_7 - x_6 + l_{eg}(i) > 0, x_6 + l_{eg}(i) - x_7 > 0, (i = 1,2,\cdots,n)$$

(3) When the pantograph is working, the height of the pantograph, which is the y-direction value of point E of the pantograph-head, should be within the range of 300-2600mm. Two constraints should be satisfied as follows,

$$G(n+2) = E_y(1) - 300 < 0, G(n+3) = E_y(n) - 2600 > 0$$

(4) Because the design variables are the geometric parameters of pantograph, the mechanism is not only free to move, but also meet the stratified with the normal working conditions of the pantograph. The upper and lower limit of design variables (length unit: mm; angel unit: rad) are as follows,

$$\{x_l\} < \{x\} < \{x_u\}$$

2 Global sensitivity analysis of high-speed pantograph parameters

2.1 Latin hypercube sampling of the design variables

The design parameters of the high-speed pantograph are continuous variables. Based on the constraints, the uniform distribution function is chosen as the probability distribution function of the design variables. The Latin hypercube sampling is used to get the samples of design variables. The detail steps are listed as follows[18].

Step1: Because the design variables are continuous, the uniform distribution function is adopted as the probability distribution, and it is expressed as follows:

$$F(x) = \begin{cases} 0 & (x < a) \\ \dfrac{x-a}{b-a} & (a \leqslant x \leqslant b) \\ 1 & (x > b) \end{cases} \tag{3}$$

Where, a is the upper limit values of x design variable, b is the lower limit values of x design variable.

Step 2: In order to ensure the random numbers from the different subinterval, the V_i random number from the i th interval should satisfy (4) and (5),

$$V_i = \frac{V}{N} + \frac{i-1}{N} \tag{4}$$

$$\frac{i-1}{N} \leqslant V_i \leqslant \frac{i}{N} \tag{5}$$

Where, $i = 1,2,\cdots,N$, V is the random number of the interval $[0,1]$, V_i is the ith random number.

Step 3: Every interval can choose a random number. The N intervals have N random numbers and N random variable sample values. Using the inverse transformation method, the order numbers of random variable sample values are random arranged.

2.2 Sobol' sensitivity analysis of the kinematic trajectory of pantograph-head

Based on the Sobol' sensitivity analysis method, the Y direction of the kinematic trajectory of pantograph-head can be expressed as follows,

$$E_y(x_1, x_2, \cdots, x_n) = E_{y0} + \sum_{i=1}^{k} E_{yi}(x_i) + \sum_{1 \leqslant i \leqslant j \leqslant n} E_{y(i,j)}(x_i, x_j) + \cdots + E_{y(1,2,\cdots,n)}(x_1, x_2, \cdots, x_n)$$
$$\Omega^n = (x_i \mid x_{imin} < x_i < x_{imax}, i = 1,2,\cdots, n, n = 11) \tag{6}$$

Where, E_{y0} is a constant, x_i is theith design variable, x_{imin} is the minimum value of the ith design variable, x_{imax} is the maximum value of the ith design variable.

$$E_{yi}(x_i) = -E_{y0} + \int_0^1 \cdots \int_0^1 E_y(x) \mathrm{d}x_{\sim i} \tag{7}$$

$$E_{yi,j}(x_i, x_j) = -E_{y0} - E_{yi}(x_i) - E_{yj}(x_j) + \int_0^1 \cdots \int_0^1 E_y(x) \mathrm{d}x_{\sim ij} \tag{8}$$

Where, $x_{\sim i}$ includes the other variables except x_i, $x_{\sim ij}$ includes the other variables except x_i and x_j. The total variance of $E_y(x)$ is following,

$$D = \int_{\Omega^n} E_y^2(x) \mathrm{d}x - E_{y0}^2 \tag{9}$$

Based on the sum of addend in (6), the partial variance can be calculated,

$$D_{i_1, i_2, \cdots, i_s} = \int_0^1 \cdots \int_0^1 E^2_{yi_1, i_2, \cdots, i_s}(x_{i_1}, \cdots, x_{i_s})$$

$$dx_{i_1}, dx_{i_2} \cdots dx_{i_s} \qquad (10)$$

where, $1 \leqslant i_1 < \cdots i_s \leqslant n$ and $s = 1, 2, \cdots, n$.

In the Ω^n region, the integral calculation of (6) is executed as:

$$D = \sum_{i=1}^{n} D_i + \sum_{1 \leqslant i < j \leqslant n} D_{i,j} + \cdots + D_{1,2,\cdots,n} \qquad (11)$$

So, the sensitivity $S_{i_1, i_2, \cdots, i_s}$ can be expressed as follows:

$$S_{i_1, i_2, \cdots, i_s} = \frac{D_{i_1, i_2, \cdots, i_s}}{D} \quad (1 \leqslant i_1 < \cdots < i_s \leqslant n) \qquad (12)$$

Based on the definition and (11), it can be concluded,

$$\sum_{i=1}^{n} S_i + \sum_{1 \leqslant i \leqslant j \leqslant n} S_{ij} + \cdots + S_{1,2,\cdots,n} = 1 \qquad (13)$$

Where, S_i is the first-order sensitivity of the variable x_i, $S_{ij} (i \neq j)$ is the second-order sensitivity of x_i and x_j, and the rest can be done in the same manner.

The variable total sensitivity is a sum of every sensitivity coefficient, and it can be expressed as follows:

$$TS(i) = 1 - \frac{D_{\sim i}}{D} \qquad (14)$$

where,

$$D_{\sim i} = D - D_i - \sum_{1 \leqslant j \leqslant n} D_{ij} - \cdots - D_{1,2,\cdots,n} (1 \leqslant i \leqslant n) \qquad (15)$$

With the method of MonteCarlo integration, E_{y0}, D, D_i and $D_{\sim i}$ are acquired as follows,

$$\hat{E}_{y0} \approx \frac{1}{k} \sum_{m=1}^{k} E(x_m) \qquad (16)$$

$$\hat{D} = \frac{1}{k} \sum_{m=1}^{k} E_y^{\ 2}(x_m) - \hat{E}_{y0}^2 \qquad (17)$$

$$\hat{f} = \frac{1}{k} \sum_{m=1}^{k} E_y(x_m) \qquad (18)$$

$$\hat{D}_i = \frac{1}{k} \sum_{m=1}^{k} E_y(x_{(\sim i)m}^{(1)}, x_{im}^{(1)}) E_y(x_{(\sim i)m}^{(2)}, x_{im}^{(1)}) - \hat{E}_{y0}^2 \qquad (19)$$

$$\hat{D}_{\sim i} = \frac{1}{k} \sum_{m=1}^{k} E_y(x_{(\sim i)m}^{(1)}, x_{im}^{(1)}) E_y(x_{(\sim i)m}^{(1)}, x_{im}^{(2)}) - \hat{E}_{y0}^2 \qquad (20)$$

where, k is the sample number of Monte Carl o method, x_m is the sample point of the Ω^n space. In (19) and (20), superscript (1) and (2) are the two $k \times m$ sample arrays of X.

Based on (12), (16), (17) and (20), the first-order sensitivity coefficient of the variable x_i is as follows,

$$S_i = \frac{\hat{D}_{\sim i}}{\hat{D}} \qquad (21)$$

Based on (14), (16), (17) and (20), the total sensitivity coefficient of the variable x_i is as follows,

$$TS(i) = 1 - \frac{\hat{D}_{\sim i}}{\hat{D}} \qquad (22)$$

In a similar way, the sensitivity analysis course of $E_x(i) = E_x(x_1, x_2, \ldots, x_{11})$ can be deduced.

3 Identification results of high-speed pantograph parameters based on global sensitivity analysis

3.1 Coupling strength determination of design parameters

Sensitivity analysis refers to the influence of system performance when the design parameters are changed. According to the sensitivity information, the influence of the design parameters on the objective function can be analyzed, and the coupling degree of design parameters can be determined.

S_{ij} are the second-order sensitivity values of design parameters, can be defined the coupling degree of design parameters. The sensitivity value is bigger, the coupling strength is greater; conversely, the sensitivity value is smaller, the coupling strength is weaker. $U = \{ |S_{ij}| \}$ is defined to a field, the set of "strong and weak coupling factor" is assumed to A, and the membership function is defined as,

$$\mu_A(S_{ij}) = \begin{cases} 0 & (0 \leqslant S_{ij} < S_1) \\ \dfrac{(S_{ij} - S_1)}{S_2 - S_1} & (S_1 \leqslant S_{ij} < S_2) \\ 1 & (S_{ij} > S_2) \end{cases}$$

$$S_1 = \frac{S_{ij\max} - S_{ij\min}}{2}, S_2 = \frac{S_{ij\max} + S_{ij\min}}{2}$$

Where, $S_{ij\min}$ is the minimum second-order sensitivity value of the design parameter, $S_{ij\max}$ is the maximum second-order sensitivity value of the design parameter. The coupling strength criterion of the design parameters is proposed as follows,

a) If a design parameter x_i has great effect on other several design parameters x_j and $u_A(|S_{ij}|) = 1$, the design parameters is defined as the strong coupling parameter;

b) If a design parameter x_i has some effect on other several design parameters x_j and $0 \leqslant u_A(|S_{ij}|) < 1$, the design parameters is defined as the medium coupling parameter;

c) If a design parameter x_i has weak effect or no effect on other several design parameters x_j and $u_A(|S_{ij}|) = 0$, the design parameters is defined as the weak coupling parameter.

From Figure 2, Table 1, Figure 3 and Table 2, it can conclude that the crucial parameters are l_{AC}, l_{CD}, l_{BD} and l_{DE} in the x direction, and the crucial parameters are l_{AC}, l_{CD}, l_{BD} and l_{EH} in the y direction. According to the parameters effect degree on the trajectory of the pantograph, the pantograph structural parameters are classified as strong effect parameters, medium effect parameters and weak effect parameters. The detail parameters classification is shown in Table 3.

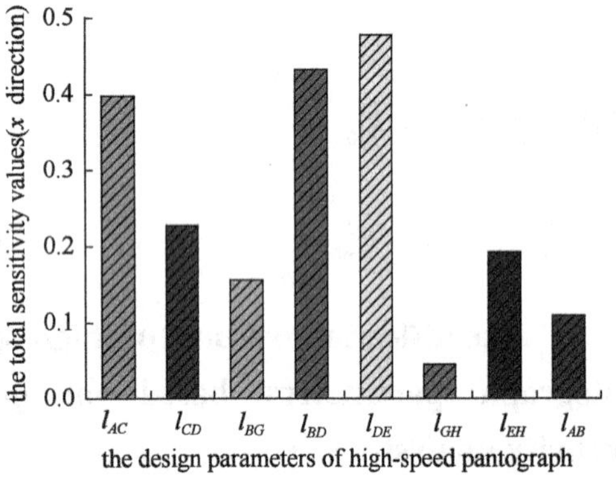

Figure 2 Values of the total sensitivity analysis

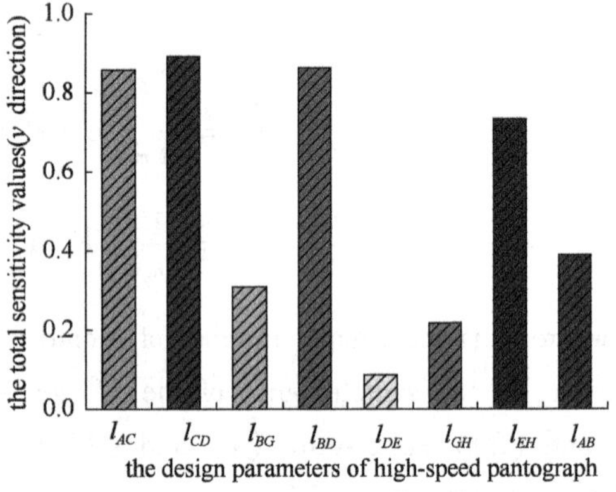

Figure 3 Values of the total sensitivity analysis

Analysis of different mutual effect of design parameters(x direction) Table 1

Design variables	l_{AC}	l_{CD}	l_{BG}	l_{BD}	l_{DE}	l_{GH}	l_{EH}	l_{AB}
l_{AC}	—	●	¤	○	●	¤	○	○
l_{CD}	●	—	○	¤	●	○	○	○
l_{BG}	○	○	—	¤	●	○	○	○
l_{BD}	○	○	○	—	¤	○	●	¤
l_{DE}	●	¤	¤	¤	—	○	○	○
l_{GH}	●	○	○	○	○	—	○	○
l_{EH}	¤	○	○	●	○	○	—	○
l_{AB}	¤	○	○	●	○	○	○	—

Note: ○-weak; ●-strong; ¤ -medium.

Analysis of different mutual effect of design parameters(y direction) Table 2

Design variables	l_{AC}	l_{CD}	l_{BG}	l_{BD}	l_{DE}	l_{GH}	l_{EH}	l_{AB}
l_{AC}	—	●	○	○	○	○	●	○
l_{CD}	●	—	○	●	○	○	¤	○
l_{BG}	¤	○	—	●	○	○	○	○
l_{BD}	○	●	¤	—	○	○	●	●
l_{DE}	○	○	○	●	—	○	○	¤
l_{GH}	●	●	○	¤	○	—	○	○
l_{EH}	●	¤	○	●	○	○	—	○
l_{AB}	¤	¤	○	●	○	○	○	—

Note: ○-weak; ●-strong; ¤-medium.

The classification of the pantograph structural parameters Table 3

Parameters classification	Pantograph parameters
Strong effect	$l_{AC}l_{CD}l_{BD}$
Medium effect	$l_{DE}l_{EH}$
Weak effect	$l_{AB}l_{BG}l_{GH}$

According to Table 3, the crucial parameters which have greatest effect on the trajectory of the pantograph is l_{AC}, l_{CD} and l_{BD}. l_{AC} and l_{CD} are the parameters of the pantograph lower frame. l_{CD} is the parameter of the pantograph upper frame.

3.2 Crucial design parameters verification

When the structural parameters of the pantograph have been changed, the trajectory of pantograph-head will have a corresponding change. With the different parameters effects, the changed trajectories are shown in Figure 4. When the pantograph is working, the height of the pantograph-head must be satisfied with the work requirements. When the rising angle of the pantograph is between 0°and 60°, the height of the pantograph is between 286mm and 2936mm which can meet the requirements of the working pantograph. The maximum displacement of x direction is 30mm. The amplitude fluctuation of pantograph-head is sharply reduced. It can see that the different parameters of the pantograph have the different effects on the kinematic trajectories.

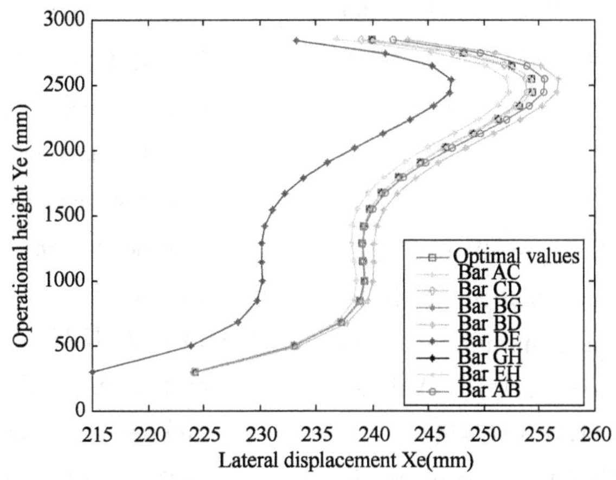

Figure 4 The trajectory of pantograph-head based on Sobol' sensitivity analysis

When the pantograph structural parameters are changed, the deflection angle of the balanced bar will be changed as shown in Figure 5. The parameter l_{DE} has the greatest effect on the deflection angle, and other bars have an angle error about 5° which are satisfied with the design requirements. The balanced bar is almost closed to translational movement.

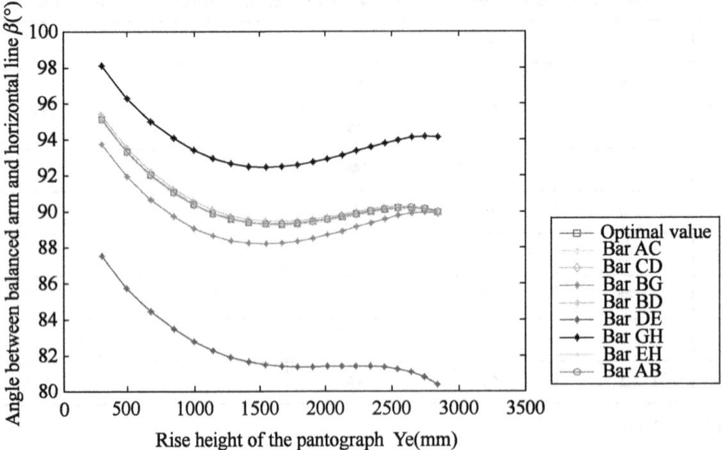

Figure 5 The relation between rise height of pantograph and deflection angle based on Sobol' sensitivity analysis

4 Conclusions

In the previous sensitivity analysis, the model of the pantograph is usually adopted the lumped-mass model which is an approximate equivalent model. The pantograph parameters usually include the mass, the damping and the stiffness parameters. In this paper, the precise entity model of the pantograph model is established, and the structural parameters are analyzed. The structural parameters of the pantograph have different effects on the kinematic trajectory. Based on the Sobol' sensitivity analysis method, the effects are analyzed, and the crucial parameters are confirmed. According to the identified crucial design parameters, it is easy to adjust the pantograph design parameters, and can reduce the design cost and the design time.

References

[1] SONG Y, LIU Z, WANG H, et al. Nonlinear analysis of wind-induced vibration of high-speed railway catenary and its influence on pantograph-catenary interaction [J]. Vehicle System Dynamics, 2016, 54(6): 723-747.

[2] YANG C, ZHANG W, ZHANG J, et al. Static form-finding analysis of a railway catenary using a dynamic equilibrium method based on flexible multibody system formulation with absolute nodal coordinates and controls [J]. Multibody System Dynamics, 2017, 39 (3): 221-247.

[3] POMBO J, AMBRÔSIO J, PEREIRA M, et al. Influence of the aerodynamic forces on the pantograph-catenary system for high-speed trains [J]. Vehicle System Dynamics, 2009, 47 (11): 1327-1347.

[4] POMBO J, AMBRÔSIO J. Environmental and track perturbations on multiple pantograph interaction with catenaries in high-speed trains [J]. Computers and Structures, 2013, 124: 88-101.

[5] QIAN W, CHEN G, ZHANG W, et al. Friction-induced, self-excited vibration of a pantograph-catenary system [J]. Journal of Vibration and Acoustics, 2013, 135(5): 1-8.

[6] WANG H, LIU Z, SONG Y, et al. Detection of contact wire irregularities using a quadratic time-frequency representation of the pantograph-catenary contact force [J]. IEEE Transactions on Instrumentation and Measurement, 2016, 65(6): 1385-1397.

[7] LEE J, KIM Y, PAIK J, et al. Performance evaluation and design optimization using differential evolutionary algorithm of the pantograph for the high-speed train [J]. Journal of Mechanical Science and Technology, 2012, 26(10): 3253-3260.

[8] SONG Y, LIU Z, WANG H, et al. Non-linear modelling of high-speed catenary based on analytical expressions of cable and truss elements [J]. Vehicle System Dynamics, 2015,

53(10):1455-1479.

[9] RØNNQUIST A,NÅVIK P. Dynamic assessment of existing soft catenary systems using modal analysis to explore higher train velocities: a case study of a Norwegian contact line system [J]. Vehicle System Dynamics,2015,53(6): 756-774.

[10] MA G. Research on pantograph system[D], Chengdu:Southwest Jiaotong University,2009.

[11] LEE J, KIM Y, PAIK J, et al. Performance evaluation and design optimization using differential evolutionary algorithm of the pantograph for the high-speed train[J]. Journal of Mechanical Science and Technology,2012, 26(10):3253-3260.

[12] KIM J, CHAE H, PARK B, et al. State sensitivity analysis of the pantograph system for a high-speed rail vehicle considering span length and static uplift force[J]. Journal of Sound and Vibration, 2007, 303 (3-5): 405-427.

[13] OLIVIER V,ETIENNE B,JEAN-PIERRE M. Statistical identification of geometric parameters for high-speed train catenary[C]. Belgium: International Conference on Noise and Vibration Engineering,2014.

[14] WU M,XU X,YAN Y,et al. Multi-parameter joint optimization for double-strip high-speed pantographs to improve pantograph-catenary interaction quality [J]. Acta Mechanica Sinica,2022,38(1).

[15] PARK T,HAN C,JANG J. Dynamic sensitivity analysis for the pantograph of a high-speed rail vehicle [J]. Journal of Sound and Vibration, 2003,266(2):235-260.

[16] ZHANG J,LIU Z,SONG Y,et al. Study on multidisciplinary integrated design of high-speed pantograph based on parameters design, dynamics analysis and optimal control[C]. Proceedings of the 35th Chinese Control Conference,2016:10253-10257.

[17] CHEN K, SONG Y, LU X, et al. Sensitivity analysis and optimisation of key parameters for railway rigid overhead system and pantograph[J]. Sustainability,2023,15(8):6803.

[18] HEL TON J, DAVIS F. Latin hypercube sampling and the propagation of uncertainty in analyses of complex systems [J]. Reliability Engineering & System Safety,2003,81(1): 23-69.

Design and Research on Intelligent Detection System for Rail Damage Based on Deep Learning

Yu Wang[1,2] Bingrong Miao*[1] Yong Zhang[2] Ying Zhang[1] Zhong Huang[1]

(1. State Key Laboratory of Rail Transit Transportation System,Southwest Jiaotong University;
2. Guangdong Mechanical and electrical vocational technical College)

Abstract As the core component of railway transportation,the safety of steel rails is crucial for the stable operation of railway transportation. Under the long-term dynamic load of trains, steel rails will suffer various damages,such as cracks,wear,corrosion,and plastic deformation. In order to ensure the safety and stability of

Funding:The work was supported by the Key R&D projects in Sichuan Province (2023YFG0197),Basic Scientific Research Business Expenses of Central Universities-Special Research Project (2682022ZTPY007),and the Self-developed Research Project of the State Key Laboratory of Traction Power (2023TPL_T08).

railway transportation, it is necessary to timely detect and handle rail damage. A deep learning based intelligent detection system for rail damage is proposed. By constructing a multimodal deep learning rail damage detection network model, a multi convolutional kernel fusion rail multi damage feature map, multi damage feature map, feature edge extraction and classification under hyper field of view, the recognition and detection of rail multi damage features are achieved. The experimental results show that the system can quickly identify and detect multiple damage features of steel rails, with a high recognition and detection rate. It can achieve automation and intelligence in rail damage detection, and has certain practical and theoretical research value.

Keywords Steel rails Deep learning Beyond visual field damage

0 Introduction

Steel rails are a crucial component of railway lines, responsible for bearing train loads and guiding train operations. With the rapid development of China's railway industry, the operating conditions of steel rails are becoming increasingly complex, and the problem of rail damage is becoming increasingly prominent. Rail damage not only affects the safety and stability of railway transportation, but may also lead to problems such as train delays and reduced operating speed. Therefore, conducting in-depth research on rail damage and proposing effective prevention and control measures is of great significance for ensuring the safety of railway transportation in China[2-3].

As an important pillar of China's national economy, railway transportation's safe operation is of great significance for ensuring the safety of people's lives and property. As an important component of railway lines, the damage of steel rails directly affects the safety and efficient operation of railway transportation. According to statistics, railway accidents caused by rail damage account for a considerable proportion in China's railway lines. Rail damage detection is an important part of railway line maintenance and management, which is of great significance for ensuring the safety and reliability of railway transportation. However, due to the increase in transportation volume, climate and environmental changes, and daily use, there are various defects in the steel rails, such as cracks, fatigue, etc. [5]. If these defects are not detected and repaired in a timely and effective manner, they will bring huge safety hazards to railway transportation. Traditional rail damage detection methods mainly rely on manual inspection and sound judgment, which are time-consuming, laborious, and easily influenced by subjective factors. The detection results are not accurate and reliable enough. With the development of technology, various modern detection technologies are gradually being applied in the field of rail damage detection, such as ultrasonic testing, magnetic particle testing, radiographic testing, acoustic emission technology, and image processing technology [6].

Sperry Company in the United States has developed a hand pushed rail flaw detection equipment based on ultrasonic technology[7,8], and developed a rail damage inspection vehicle with a detection speed of 35km/h by integrating ultrasonic and magnetic induction technology. In addition, Eurail Scout from Germany has integrated ultrasonic and eddy current technology and developed a hand pushed fatigue damage detection equipment for rail tread with a patrol speed of up to 75km/h. Researchers from Warwick University in the UK used pulse eddy current and ultrasonic testing techniques to study the detection of rail damage, which can detect defects up to 15mm away from the rail head tread. The Imperial University of London in the UK and the Ultrasonic Guided Wave Railway Company have jointly developed a Gscan ultrasonic guided wave rail inspection equipment that can detect vertically distributed defects in rails and areas of aluminothermal welds[11]. Coccia et al. developed an ultrasonic guided wave system for online detection of steel rails. Russia has developed a linear wireless array type low-frequency short pulse guided wave detection probe and portable device containing 12 sensors for steel rail structures[13,14]; TTCI in the United States has developed an Omni scan phased array ultrasonic system that can quantitatively detect defects in rail heads and online detect the changes in defects in rails under different loads[15,16]. In China, Xu Guiyang and others from the China Academy of Railway Sciences have integrated an ultrasonic detection system and a visual detection system using linear CCD dynamic scanning. They have developed the GTC-80 rail flaw detection vehicle, which can automatically inspect and identify internal damage and surface wear of rails, with a detection speed of 80km/h. Liu Qiyue et al. from Southwest Jiaotong University[18-19] used tribology as the principle and combined it with elastic-plastic mechanics to study the mechanism of oblique cracks on steel rails using finite element method. Lu Chao and others from Nanchang University of Aeronautics and Astronautics used low-frequency surface acoustic wave methods to study the detection of cracks and hidden defects in rail heads. Jin Wei et al. developed a steel rail inspection car based on ultrasonic technology, with a speed of 80km/h.

The proposed intelligent detection system for rail damage is based on multi convolutional kernel fusion for rail multi damage feature mapping, extracting rail multi damage features, performing feature grayscale transformation, feature edge extraction, and classification, achieving fast and automated recognition and detection of rail multi damage features.

1 Characteristics of rail damage

Surface damage to steel rails is a common problem in railway transportation, which may be caused by various factors, including wear, fatigue, material defects, external impacts, etc. If the damage to the surface of the steel rail is not dealt with in a timely manner, it may affect the safety and efficiency of railway transportation, and even lead to serious accidents. Therefore, regular inspection and maintenance of steel rails is crucial.

The types of surface damage to steel rails mainly include wear, mainly due to friction between trains and rails, which can lead to long-term wear of the rails. Cracks are mainly caused by internal defects in materials or external impacts. Corrosion is mainly caused by the erosion of chemical substances on the surface of steel rails, which may lead to surface damage. Fatigue damage, mainly caused by repeated loading, can lead to fatigue damage to the steel rail, manifested in the form of cracks and other forms. As shown in Figure 1, different damage characteristics are shown.

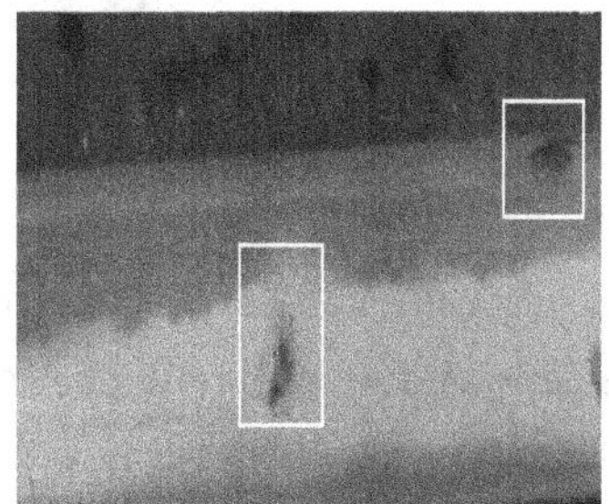

Figure 1 Rail Damage

2 System physical structure design

The system mainly collects rail damage data information through CCD industrial cameras, lenses, light sources, and speed sensors, acceleration sensors, and multiple sensors installed on the intelligent inspection vehicle. The dual rail intelligent detection unit node composed of multiple sensors fusion can simultaneously collect damage data for two rails, combined with self-designed deep learning algorithms, The collected data on rail damage characteristics is analyzed and processed in real-time, and the results of rail damage identification and detection are fed back to the control end, achieving real-time automation and intelligent identification and detection of rail damage. The physical structure framework of the system is shown in Figure 2.

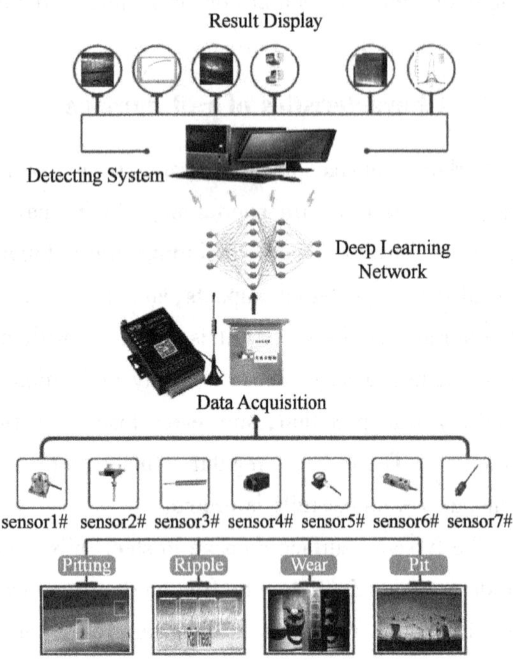

Figure 2 System Physical Structure Diagram

2.1 CCD industrial camera

In order to collect high-quality characteristic images of rail damage, the rail material is made of metal and is in an outdoor environment with a certain speed for real-time collection and detection. The collection requirements are high. The CCD industrial camera selected is a black and white, 5 million pixel, 58 fps frame rate, C-interface CCD industrial camera. The high frame rate can ensure the rapid acquisition of rail damage image data at a certain speed, Black and white pixels are beneficial for improving the classification and extraction efficiency of rail damage features in the future. The actual industrial camera is shown in Figure 3. The spectral characteristic curve is shown in Figure 4.

Figure 3 CCD Camera

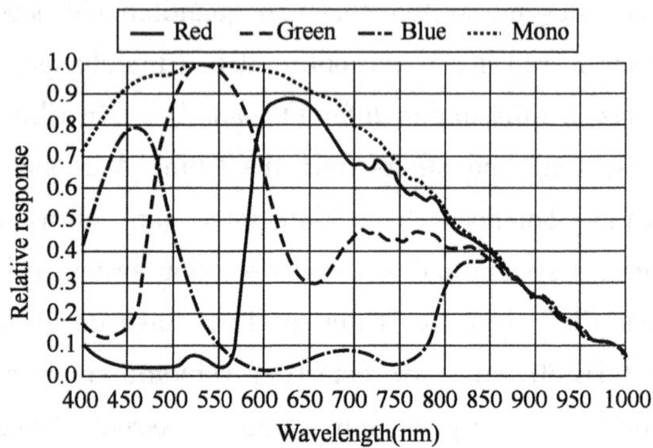

Figure 4 Spectral characteristic curve

2.2 Light source

In the process of real-time identification and detection of rail damage, multiple outdoor environments are used, and the surface of the rail is a geometric curve. The light source is selected as a red LED strip shadowless light source with a bead angle of 60 °. The red light can reduce the interference of environmental light and the noise of the rail damage image. The actual LED light source is shown in Figure 5.

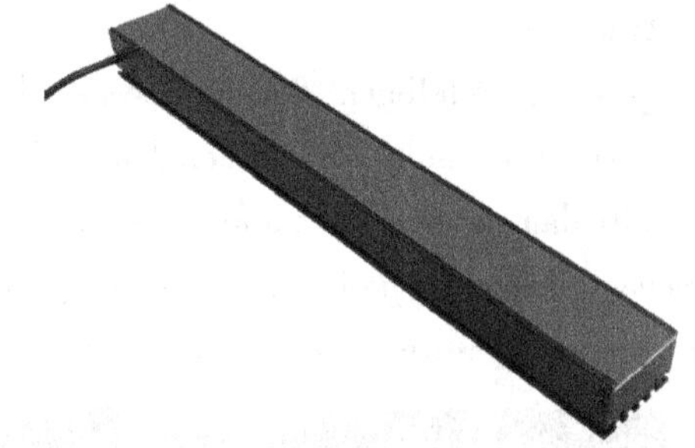

Figure 5 Bar light source

2.3 Shot

The lens is also selected as a 500 pixel, fixed focus lens. The size of the steel rail photosensitive surface is not large, so a fixed focus lens with a focal length of 50mm and a working distance of 400mm is selected. The actual lens is shown in Figure 6.

Figure 6 Industrial lens

2.4 Sensor

In order to accurately obtain data on rail damage, speed sensors, acceleration sensors, vibration sensors, and photoelectric sensors were used to collect real-time damage characteristic data of double rails. The parameters of each sensor are shown in Table 1.

Sensor parameter table

Table 1

Name	Model	Parameters
Sensor	HD-ST	5 ~ 300Hz; Amplitude limit 2mm
Acceleration transducer	SAE3005	0.5 ~ 5000Hz; maximum range 50g
Vibration sensor	D7F	5.1mV (m/s^2); 20Hz ~ 2kHz (±3dB); 10 ~ 150Hz Amplitude 0.35mm/ $50m/s^2$
Photoelectric sensor	EE-SA701	3N (TYP 0.5N); $500m/s^2$ X、Y、Z; 10 ~ 500Hz Amplitude 1.0mm

3 System software design

The intelligent identification and detection system for rail damage mainly includes a data acquisition module, a damage feature processing module, a recognition and detection module, and a result display feedback module. The processing flowchart of the recognition and detection system is shown in Figure 7.

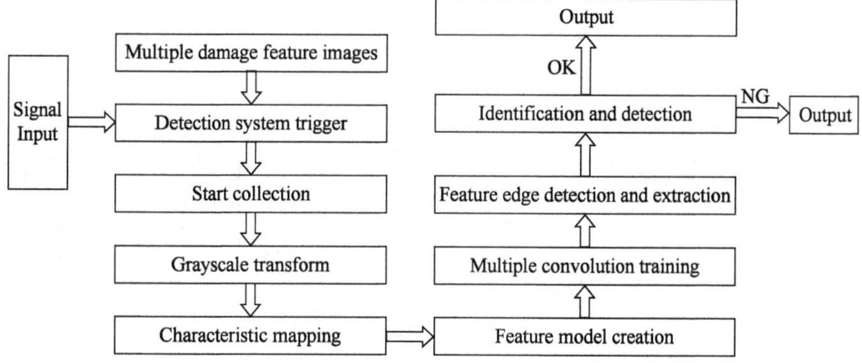

Figure 7 Identification and detection software system flowchart

3.1 Detection algorithm design

In practical engineering, the surface damage characteristics of steel rails are mostly a fusion of multiple types of damage, including at least two types of damage, which also brings certain difficulties and challenges to the identification and detection of steel rail damage. After collecting the characteristic images of rail damage, the multiple damage features are identified through grayscale transformation and feature hyperfield mapping. The specific recognition steps are as follows.

Step 1: Remove the background of the collected multi damage feature images of the steel rails. Define the set P of pixels with multiple damage features for steel rails, where any pixel of the damage feature can be represented as $P(m,n)$. Combine the pixels of the steel rail multiple damage feature image with Q, and any pixel on the steel rail multiple damage feature image can be represented as $Q(m,n)$. The threshold of the steel rail multiple damage feature image is represented by R, the foreground feature threshold of the steel rail multiple damage feature is represented by T, and the foreground feature and background segmentation threshold are represented by K. There is a background removal representation method as follows:

$$P(m,n) = \begin{cases} 1 & T \in (K,R) \\ 0 & T \in (0,K) \end{cases} \tag{1}$$

Step 2: Further feature pixel retrieval is performed on the de background feature image of the workpiece, and the feature pixel rate is calculated. If the statistical result is "greater than 40%", which means that the workpiece feature pixels can be fully and completely recognized, then the feature image A is directly output; If the statistical result is less than

40%, it means that the workpiece features cannot be fully and completely recognized. The feature pixels of the workpiece that can be retrieved are P_1, P_2, P_3, $\cdots$, P_x, i. e. $P_1(m_1, n_1)$, $P_2(m_2, n_2)$, $P_3(m_3, n_3)$, $\cdots$, $P_x(m_x, n_x)$. The statistical result of feature pixels S_1 method is:

$$S_1 = \sum_{y=1}^{t} \frac{1}{2} \cdot y \cdot (P_1 + P_y) \tag{2}$$

The pixels of the workpiece image that can be retrieved are Q_1, Q_2, Q_3, $\cdots$, Q_x, which means $Q_1(m_1, n_1)$, $Q_2(m_2, n_2)$, $Q_3(m_3, n_3)$, $\cdots$, $Q_x(m_x, n_x)$. The feature pixel statistical result S_2 method is:

$$S_2 = \sum_{y=1}^{t} \frac{1}{2} \cdot y \cdot (Q_1 + Q_y) \tag{3}$$

The calculation method for the statistical result f of feature pixels after background removal is:

$$f = \frac{S_1}{S_2} \times 100\% \tag{4}$$

At the same time, a training sample set can be created for the identified multiple damage features to complete the learning and training of rail multiple damage features. Take a sample (X, Y_p) from the sample set, input X into the network, as shown in Figure 8, to train the model network structure diagram, and calculate the corresponding actual output O_p.

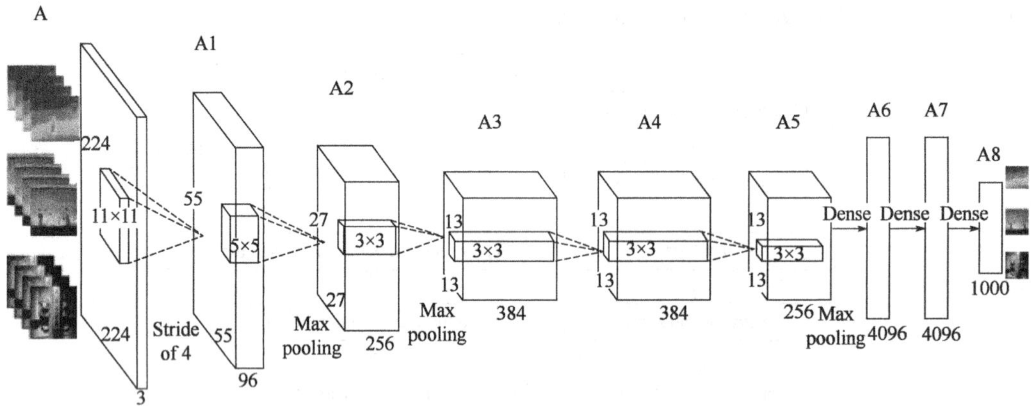

Figure 8 Model Network Structure Diagram

The damage data signal undergoes step-by-step transformation and reaches the output layer, which means the entire execution process is:

$$O_p = F_n(,,(F_2(F_1(X_p W(1))W(2)),,)W(n)) \tag{5}$$

Calculate the difference between the actual output O_p and the corresponding ideal output Y_p. Finally, evaluate the error measurement:

$$E_p = \frac{1}{2}\sum_{j=1}^{m} (y_{pj} - o_{pj})^2 \tag{6}$$

The error measure of the entire training sample is expressed as:

$$E = \sum E_p \tag{7}$$

3.2 Software system interface design

The steel rail multi damage identification and detection software system is designed and developed based on the VS development environment, including the collection function of steel rail multi damage feature images, multi-sensor signal acquisition function, feature fusion processing function, recognition and detection function, and real-time display and feedback function of results. The software system interface is shown in Figure 9.

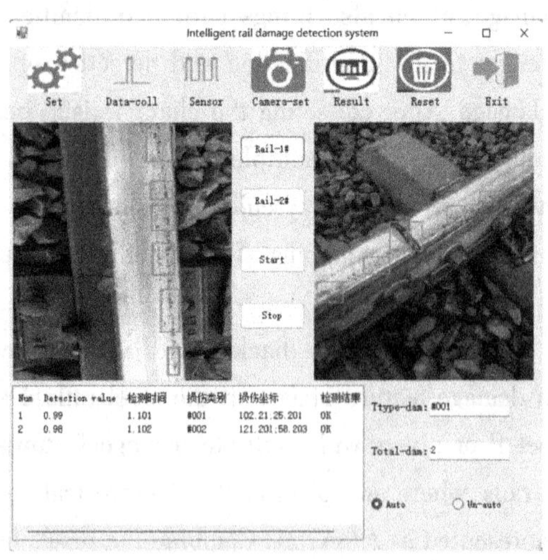

Figure 9 Software System Interface

4 Testing and experimentation

Two sets of comparative testing tests were conducted on rail pitting damage, wave abrasion damage, crack damage, and scale damage to identify and detect the above four types of damage characteristics, and the time used for each identification and detection was recorded separately; Conduct testing tests on 6 sets of steel rails with the same damage characteristics, and record the recognition and detection time for each. The specific test results are shown in Figure 10.

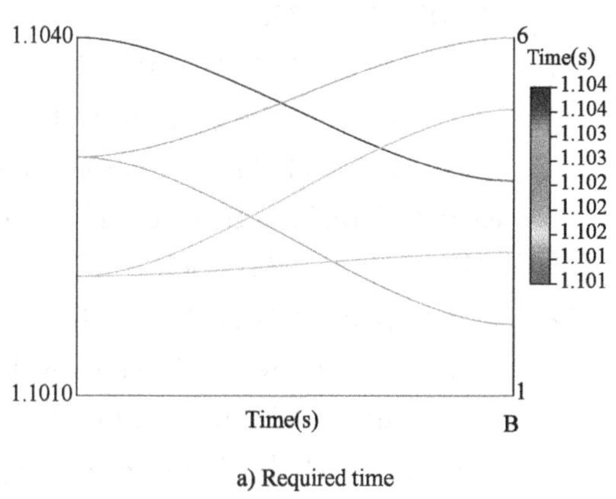

a) Required time

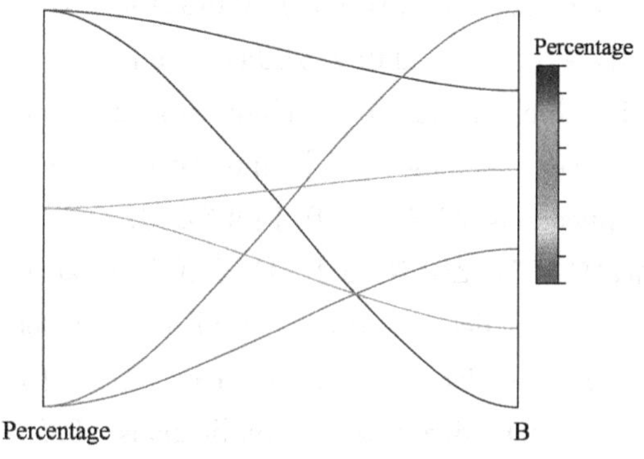

b) Damage identification rate

Figure 10 Test Results

5 Conclusion

The designed deep learning intelligent detection system for rail damage can effectively recognize and detect different rail damage features, with a recognition rate of 98% and high accuracy. It can effectively achieve intelligent recognition and detection of multiple rail damages, and automate the recognition and detection of multiple rail damages.

References

[1] MAO L, QIU Q S, Liu R K, et al. Research on platform anomaly detection in intercity high speed rail transit based on deep learning [J/OL]. Railway Standard Design, 1-11 [2024-02-23].

[2] WEN L. Intelligent detection of data anomalies in rail transit communication systems based on deep learning [J]. Adhesive, 2024, 51 (1): 149-152.

[3] LI S Q, LI W, LIU Y H, et al. Short term passenger flow prediction for rail transit based on composite deep learning models [J/OL]. Journal of Chongqing Jiaotong University (Natural Science Edition), 1-8 [2024-02-23].

[4] ZHANG X F, BIAN H N, ZHANG B, et al. Deep learning based steel rail light strip detection algorithm [J]. Computer Science, 2023, 50 (S2): 301-306.

[5] ZHAO H K, HAN Y, et al. Resource allocation of rail transit T2T communication network based on deep reinforcement learning [J]. Industrial Control Computer, 2023, 36 (9): 89-91 + 94.

[6] WANG W D, WANG M D, HU W B, et al. Fine segmentation of rail surface damage based on ensemble deep learning [J]. Journal of Railway Engineering, 2023, 40 (7): 27-32 + 39.

[7] CHEN Q Z, ZHAO P Z, ZHAO H Q, et al. A fault diagnosis method for rail transit transformers based on deep learning [J]. Automation and Information Engineering, 2023, 44 (3): 46-51.

[8] RONG L H. Deep learning recognition of hazardous materials in urban rail transit security inspections [J]. Modern Computer, 2023, 29 (12): 17-21.

[9] CAO Y, CHEN Z, WEN T, et al. Rail fastener detection of heavy rail based on deep learning [J]. High speed Railway, 2023, 1 (1): 63-69.

[10] ZHU G Y, SUN X N, YANG R Z, et al. Eigenmodulus decomposition and combined

deep learning prediction of time-varying urban rail passenger flow [J] Journal of Electronics and Information, 2023, 45 (12): 4421-4430.

[11] SI G Z, LIU G J, LU B, et al. A pedestrian detection method for rail transit based on deep learning [J] Computer and Digital Engineering, 2023, 51 (02): 336-341 + 371.

[12] CHEN J X. Reliability prediction analysis of rail vehicle power transmission system based on deep learning [J] Integrated Circuit Applications, 2023, 40 (01): 366-368.

[13] ZHAO H W, ZHENG J J, ZHAO X X, et al. A dual-mode deep learning based method for detecting surface defects on steel rails [J] Computer Engineering and Applications, 2023, 59 (07): 285-293.

[14] WU Z Z, TANG C, YANG X F. Application of deep learning based video recognition and dynamic monitoring technology-taking rail transit construction engineering as an example [J] Surveying and Mapping Bulletin, 2022, (09): 23-28.

[15] CHEN D, YIN J N, LIU Z, et al. Short term prediction of urban rail transit passenger flow based on deep learning algorithms [J] Journal of Wuhan University of Technology (Transportation Science and Engineering Edition), 2022, 46 (05): 792-796.

[16] LI Y. Design and Implementation of a Training System for Urban Rail Transit Passenger Flow Prediction Based on Deep Learning [J] Computing Technology and Automation, 2022, 41 (02): 173-177.

[17] WANG X Q, XU X Y, WU Y K, et al. Short term passenger flow prediction of urban rail based on hybrid deep learning models [J] Journal of Railway Science and Engineering, 2022, 19 (12): 3557-3568.

[18] LI S, WANG Q W, CHEN Y R, et al. Short term passenger flow prediction for multi station urban rail based on SAE-ConvLSTM deep learning model [J] Computer Application Research, 2022, 39 (07): 2025-2031.

[19] REN N. Short term passenger flow prediction of urban rail transit using deep learning algorithms [J] System Simulation Technology, 2021, 17 (04): 259-264.

[20] YAO D C, LIU H C, YANG J W, et al. Research on composite fault diagnosis of urban rail train bearings based on deep learning [J] Journal of Railways, 2021, 43 (06): 37-44.

基于VGG16-Unet算法轨枕裂缝智能识别

陈若曦 王 欢* 李恩凯 丁 东

(长安大学公路学院)

摘 要 轨枕是高速铁路安全运营的重要保障,开展轨枕裂缝的智能识别研究意义重大。本文通过建立VGG16-Unet语义分割模型,进行了对轨枕裂缝图像的识别研究。首先,通过仔细筛选和调整参数,成功地使VGG16-Unet模型在轨枕裂缝目标检测任务中的训练集和验证集准确率趋于一致,并且它们各自都呈现出收敛的趋势。模型既没有出现过度拟合也没有出现欠拟合的问题,模型目标检测正确率为98.87%,m_{PA}值为93.96%,Recall值为93.96%,模型预测结果精确度高且裂缝实时识别性能良好。然后,对于测试集的数据使用了VGG16-Unet模型,对轨枕裂缝的语义分割进行了深入的研究,并对预测结果进行了可视化处理。结果表明,VGG16-Unet模型对各类轨枕裂缝以及微裂缝等都能进行高精度的识

基金项目:中国博士后科学基金项目(2022M720533);陕西省青年基金项目(2022JQ-483)。

别,经过处理后的裂缝类型图像也获得了良好的识别结果,充分展示了 VGG16-Unet 在识别轨枕裂缝方面的优异泛化能力和高度鲁棒性。本文分析证明,VG16-Unet 轨枕裂缝语义分割模型可以满足实际工程中大部分工况的要求,但对于模糊条件下的微裂缝识别精度还需进一步研究。

关键词 轨枕裂缝 目标检测 VGG16-Unet 算法 智能识别

0 引言

截至 2023 年底,中国铁路总运营里程 15.9 万 km,其中高速铁路运营里程达到 4.5 万 km,位居全球首位。高速铁路无砟轨道的结构包括钢轨、轨枕、扣件、道床及道岔等,这些构件在整体上与传统轨道相似。其中,铁轨是核心组成部分,其功能是承受列车的巨大动力并将其传递至轨枕。

在高速铁路运营中,列车温度的变化可能导致轨道受到动态荷载的影响,出现温度差异导致的变形以及不均匀沉降。由于铁轨缺乏预应力支撑,所以它的抗裂性能较差。当轨道频繁出现裂缝、拱起、翘起等问题时,会使其使用寿命明显降低,从而导致维修费用的增加。因此,研究轨枕裂缝具有科学研究价值和实践意义。

1 研究现状综述

随着高速铁路的不断发展,智能化成为必然趋势。铁路领域人工智能技术的应用也逐步展开。图像识别技术是目前广泛应用于人工智能领域的一个方向,包括图像识别的方法。国内外学者已经开展了大量相关研究,并取得了显著的成果[1-5]。

曾志平等人[6]根据太阳辐射和边界换热理论,结合实验数据,利用 ABAQUS 有限元软件建立了 CRTS Ⅰ 型双块式无砟轨道结构的温度场分析模型,确定了最不利的工况。杨荣山等人[7]推导裂缝内动水压力在动态载荷下的分布解析式,建立裂缝扩展计算模型。李志等人[8]结合 Laplacian 边缘检测算子和 Otsu 阈值分割技术对铁路图像进行二值化处理,利用区域亮点统计法最终定位轨枕区域。张天龙等人[9]基于 Sobel 边缘检测算子,构造 8 个方向模板,获取轨道图像中较为完整的边缘信息,结合最大后验概率估计法确定最佳阈值进行图像二值化,利用灰度投影法确定轨枕位置。胡光灿等人[10]利用 Gabor 滤波法将轨道图像从空间域转换到频域,结合非线性分析法提取轨道图像的纹理特征,利用 K 均值聚类算法对轨枕子图像进行分割。

采用图像识别技术的语义分割方法[11],是计算机视觉领域的一个重要分支。语义分割方法[12]依托神经网络进行构建。通过实现轨枕裂缝的智能识别[13],不仅可以提高速铁路路行业的安全性和效率,也为铁路行业计算机视觉技术的应用和发展提供了重要的借鉴和参考。

2 数据集制作及算法

2.1 轨枕裂缝数据集

2.1.1 数据集简介

本文使用的轨枕裂缝数据集包含 2000 张图片,每张图片的分辨率为 325 × 245 像素。数据集收集了三种类型的裂缝:正常裂缝、异常裂缝和裂缝。经过处理后,数据集与模糊数据集相结合,我们采用了数据集的 8:1:1 的比例进行训练集、验证集和测试集的划分,以提高目标检测模型的鲁棒性。训练集用于模型参数的训练,验证集则用于超参数调整和模型性能评估,而测试集则用于最终的模型评估和泛化性能验证。在图 1 中,展示了一系列代表性的轨枕裂纹照片,这些照片被用于模型的训练和测试,以确保模型在真实数据上的有效性和可靠性。

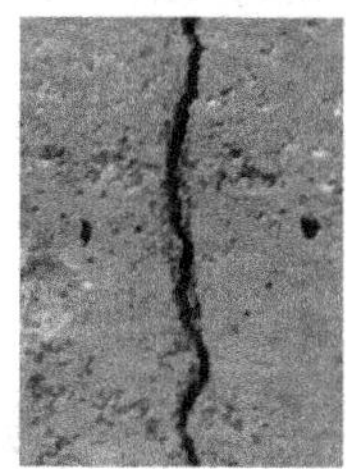
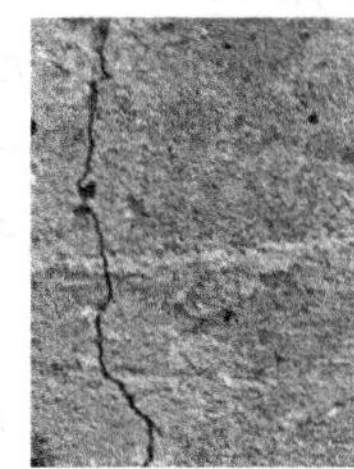
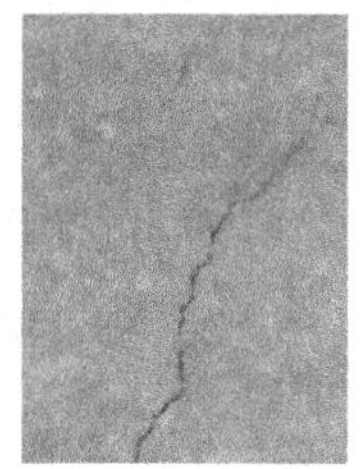
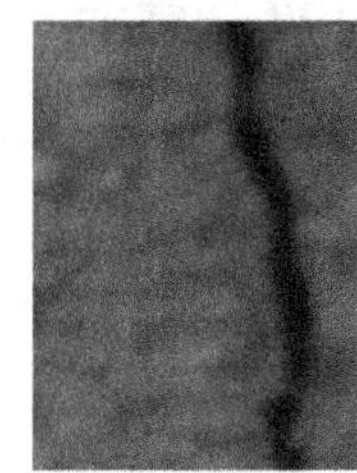
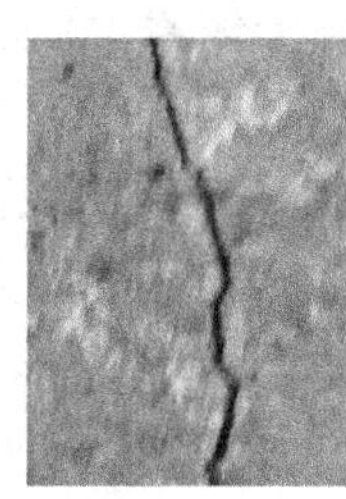

图 1 轨枕裂缝在各种不同条件下的表现情况

2.1.2　数据集制作

使用数据降重技术处理轨枕裂缝图像数据,寻求从标记好的数据中进行学习,从而生成模型,能够对输入到输出进行精确的映射。在应用深度学习识别轨枕裂缝前,需对数据集内的裂缝图片进行详细标注,使用LabelMe软件逐点绘制裂缝并生成Json文件。实践表明,裂缝标识要紧贴边缘,避免标注范围过宽,否则会使模型识别效果下降。因此,本文在进行数据标注时,特别注重对裂缝边缘的精确标注,从而为后续目标检测算法的训练提供了可靠的数据依据(图2)。图3中红色区域标有裂缝,黑色部分则表示背景的水泥。

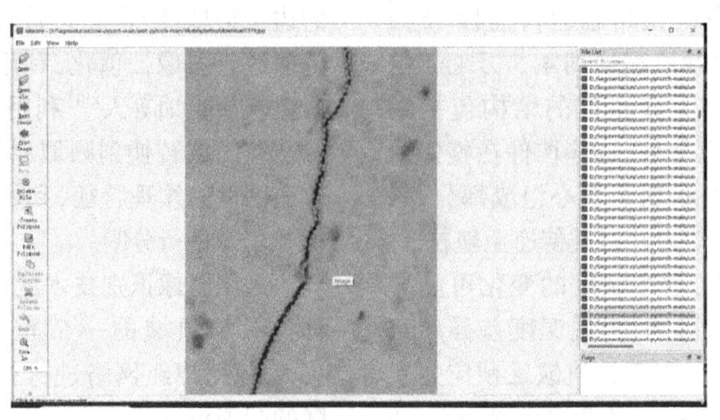

图2　LabelMe裂缝标注过程

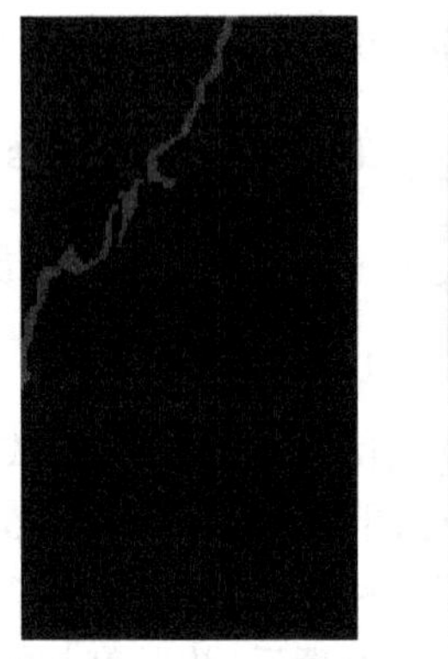

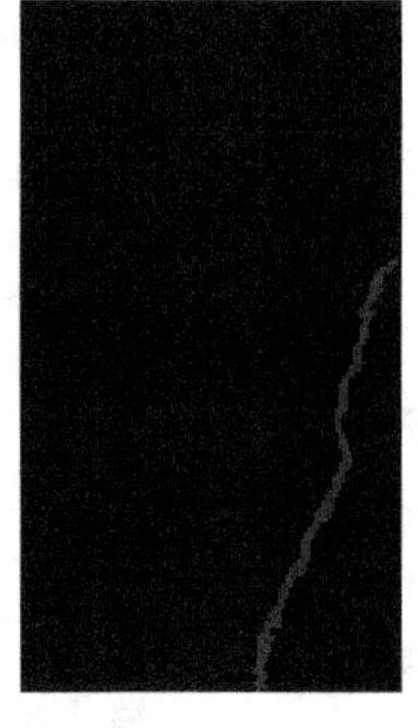

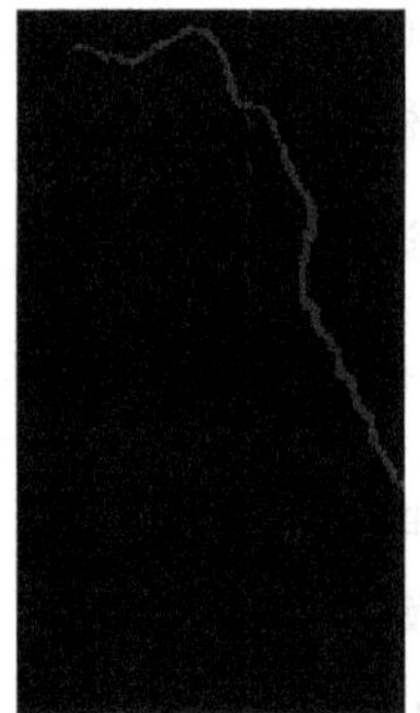

图3　LabelMe裂缝标注图像

2.2　算法理论

2.2.1　语义分割算法

因为U-net网络在小样本数据集上展现出优秀的分割效果和快速的训练速度,本文选择U-net作为分割任务的基础模型。语义分割作为计算机视觉中的一项重要任务,旨在理解图像层次的内容,不同于图像分类和目标检测,它要求将具体标签分配到图像中的各个像素上。基于VGG骨干网络的U-net,即VGG-Unet,通过其更新迭代,已成为处理小目标检测尤其有效的成熟算法。VGG-Unet通过对每个像素点进行精确分类,实现了高分割准确率,特别适用于如轨枕裂缝这类小目标的检测。因此,本文采用VGG-Unet模型进行轨枕裂缝的智能检测,预期以其快速准确的分割能力,有效提高检测性能。

2.2.2　VGG16网络结构

VGG网络,以其深度和结构性能著称,通常有11~19层,其中VGG16和VGG19最为常用。网络分为5个主要卷积段,段内有多个3×3卷积层,以最大池化层结束。网络接受224×224×3尺寸的RGB图像,开始的两层分别用64和128个3×3卷积核提取特征,然后是256和512卷积核的三层卷积,每层后都跟2×2池化层。最终,两个激活函数为ReLU的4096单元全连接层完成网络,以SoftMax层输出结果。这一结构优化了深度特征学习,适用于复杂的图像任务。

2.2.3　VGG16-Unet模型

Unet结构[14]是一个对称的U字形,包括编码器和解码器。编码器通过卷积和下对特征进行提取和压缩,以改善通道数和特征质量。此外,还可以捕捉到不同尺度的特点。解码器通过卷积和上从低解析度的特征图中还原出详细的特征，并与原图的尺寸相匹配，保证精确的分割。

VGG16 以其强大的特性提取能力在大数据集上进行预训练而闻名，这使得它非常适合用于迁移学习，改善模型的性能和泛化能力。Unet 的编码器与 VGG16 结构相似，使得可以将 Unet 的编码器部分用 VGG16 的前 13 个卷积层替代，形成 VGG16-Unet 模型。这种结合利用了预训练模型的优势，加速了 Unet 的训练过程。

Unet 网络结构如图 4 所示，涉及的算法基本块包括：

(1)卷积层(Conv 层)：进行卷积操作，用于提取特征和模式识别，其作用是在 224 × 224 × 3 的 RGB 图上做卷积。

(2)Relu 激活函数：修正线性单元，其作用主要是为神经元线性变换后输出非线性结果。

(3)FC(fully connected)层：又称全连接层，是神经网络中的一种层级结构，其功能是将上一层提取到的特征进行汇总和压缩，每个节点都与上一层的所有节点相连接，以便有效地提取出更高级别的特征表示，从而实现特征的组合和综合。

(4)Max pooling 层，又称最大池化层，其作用是保留原特征的同时减少神经网络训练的参数，使得训练时间减少并有效防止过拟合现象发生。

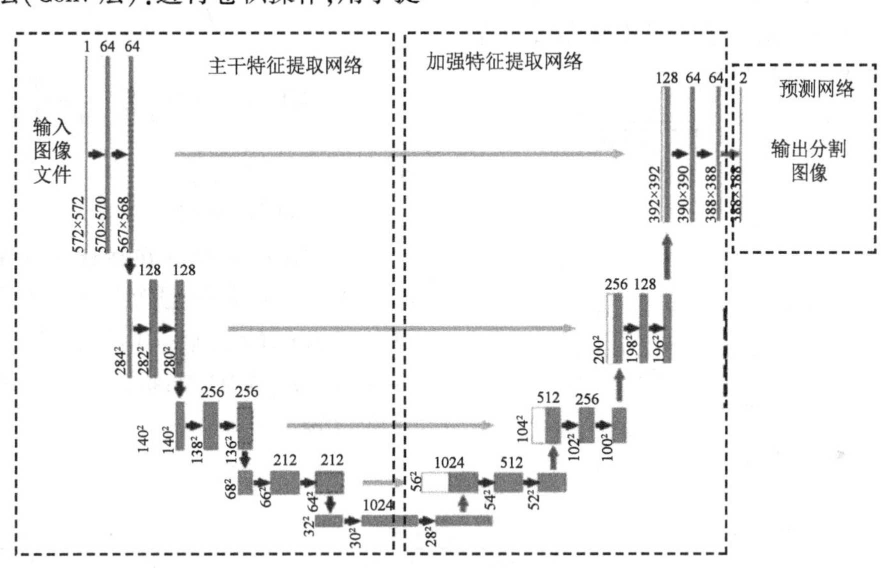

图 4　Unet 网络结构示意图

2.2.4　损失函数

本文所使用的损失函数[15]由两部分组成：Cross Entropy Loss 和 Dice Loss。

Cross Entropy Loss 就是普通的交叉熵损失，在语义分割平台利用 SoftMax 对像素点进行分类时使用。

Dice loss 将语义分割的评价指标作为 Loss，Dice 系数是一种集合相似度度量函数，通常用于计算两个样本的相似度，取值范围在[0,1]。计算公式如下：

$$\text{Dice} = \frac{2|A \cap B|}{|A| + |B|} \tag{1}$$

式中：A——模型的预测结果；

B——实际观测到的真实结果。

Dice 的值在 0 ~ 1 之间，值越大表示预测结果和真实结果重合度越大。

3　实验过程及发现

3.1　实验环境及超参数

为了提高 VGG16-Unet 神经网络模型的训练效率和加快模型的收敛速度，采用 GPU 进行模型计算加速。表 1 详细列出了构建和训练该模型所需的操作环境和相关依赖库。

试验用到的计算机的软、硬件参数　表 1

类型	参数
CPU	Intel i7-12650H, 2.3GHz
内存	32GB
GPU	NVIDIA RTX 4060, 8 GB
GPU 算力值	7.0
编程语言	Python3.8, Pytorch 1.12.0
深度学习框架及依赖库	CUDA 11.6.0, tqdm 4.66.2, tensorboard 2.13.0

轨枕裂缝目标检测的超参数配置为:初始学习率为 1×10^{-4},采用余弦退火算法进行学习率调整,优化器选择 Adam,每个批次输入 8 张图像。

3.2 实验结果及分析

3.2.1 损失函数分析

图5呈现了轨枕裂缝目标检测模型的损失函数曲线。在训练过程中,观察到训练集和验证集的准确率均稳定收敛至98.87%。这一结果表明模型未出现过拟合现象,其预测结果具有高度可信性。值得注意的是,训练集的损失值迅速收敛至0.092,而验证集的收敛速度相对较慢,但最终也逼近于该值。这种一致性表明了模型参数的合理性以及其在预测上的准确性。

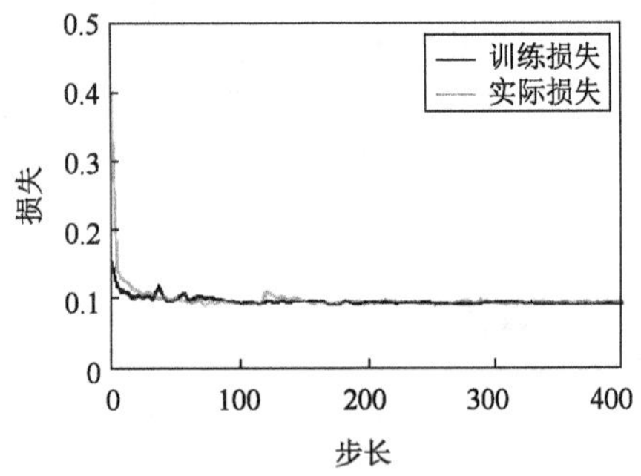

图5　模型损失函数曲线

3.2.2 目标检测结果评价

对于二分类问题,将类别 A 称为正例(Positive),类别 B 称为反例(Negative),分类器预测正确记作真:真正例(TP)、假正例(FP)、真反例(TN)、假反例(FN)。为了衡量模型在裂缝检测方面的性能,引入以下评估标准:PA(像素准确率)、m_{PA}(类别像素准确率)和 Recall(召回率)、MIoU(平均交并比),计算公式如下:

$$m_{PA}=\frac{m_{TP}+m_{TN}}{m_{TP}+m_{FP}+m_{FN}+m_{TN}}\tag{2}$$

$$p=\frac{m_{TP}}{m_{TP}+m_{FP}}\tag{3}$$

$$MIoU=\frac{1}{k+1}\sum_{i=0}^{k}\frac{TP}{FN+FP+TP}\tag{4}$$

式中:p——查总率;

k——图像数量。

VGG16-Unet模型在轨枕裂缝的语义分割任务中呈现出显著的性能优势,各项评估指标均反映出其出色的表现,具体见图6。,其中PA为98.87%,m_{PA}为93.96%,Recall为93.96%,MIoU为89.78%。

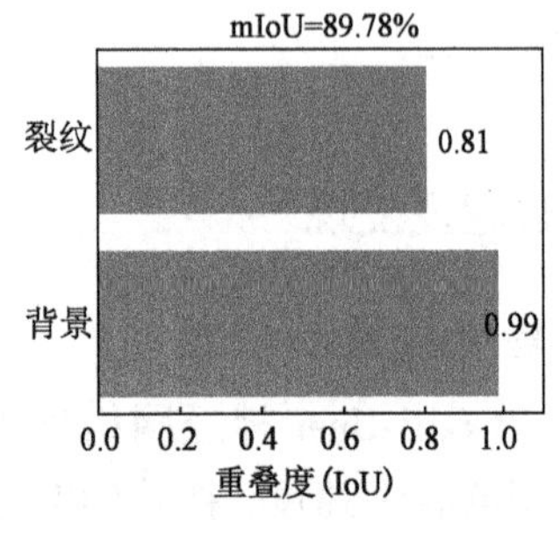

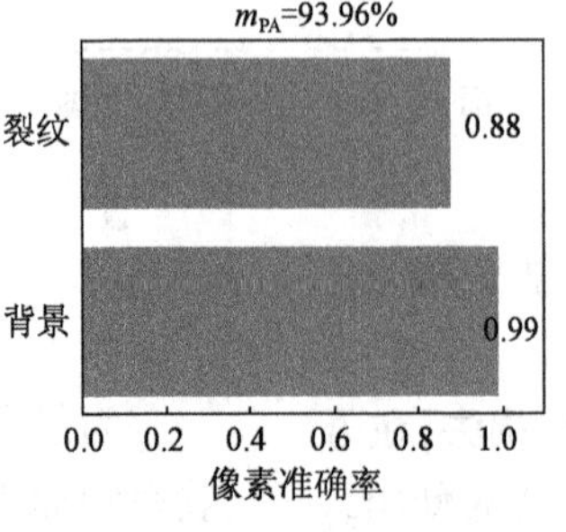

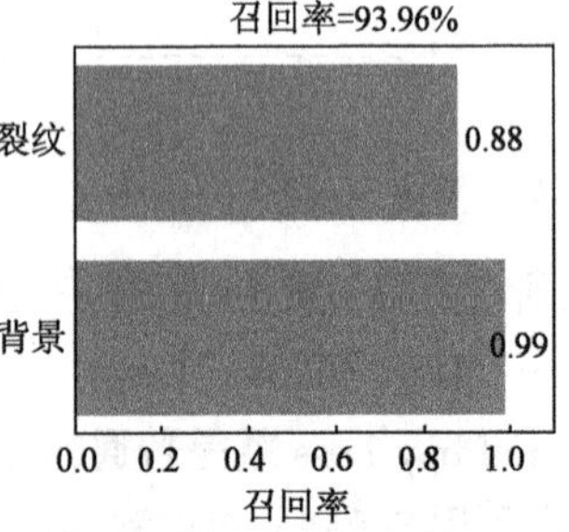

图6　模型可视化指标

3.2.3 裂缝目标检测结果可视化

前文已经详细分析了模型训练过程中的准确性和损失函数的变化,以确保参数设置的预测准确性。本节通过可视化手段展示VGG16-Unet模型在轨枕裂缝检测方面的表现,特别选取了不同噪声环境下的裂缝识别结果,以展现模型的泛化和鲁棒性。结果如图7所示,除了在模糊条件下对微裂缝的识别略有挑战外,模型对各种裂缝的预测都相当精准。模糊条件下微裂缝识别的精确度下降,是由于裂缝狭窄模糊导致其在图片中占比极小,而背景占据大多数像素点,导致正负样本比例不均,增加了识别难度。因此,这种情况下模型的识别精度有所下降,但总体来看,VGG16-Unet模型显示出良好的性能。

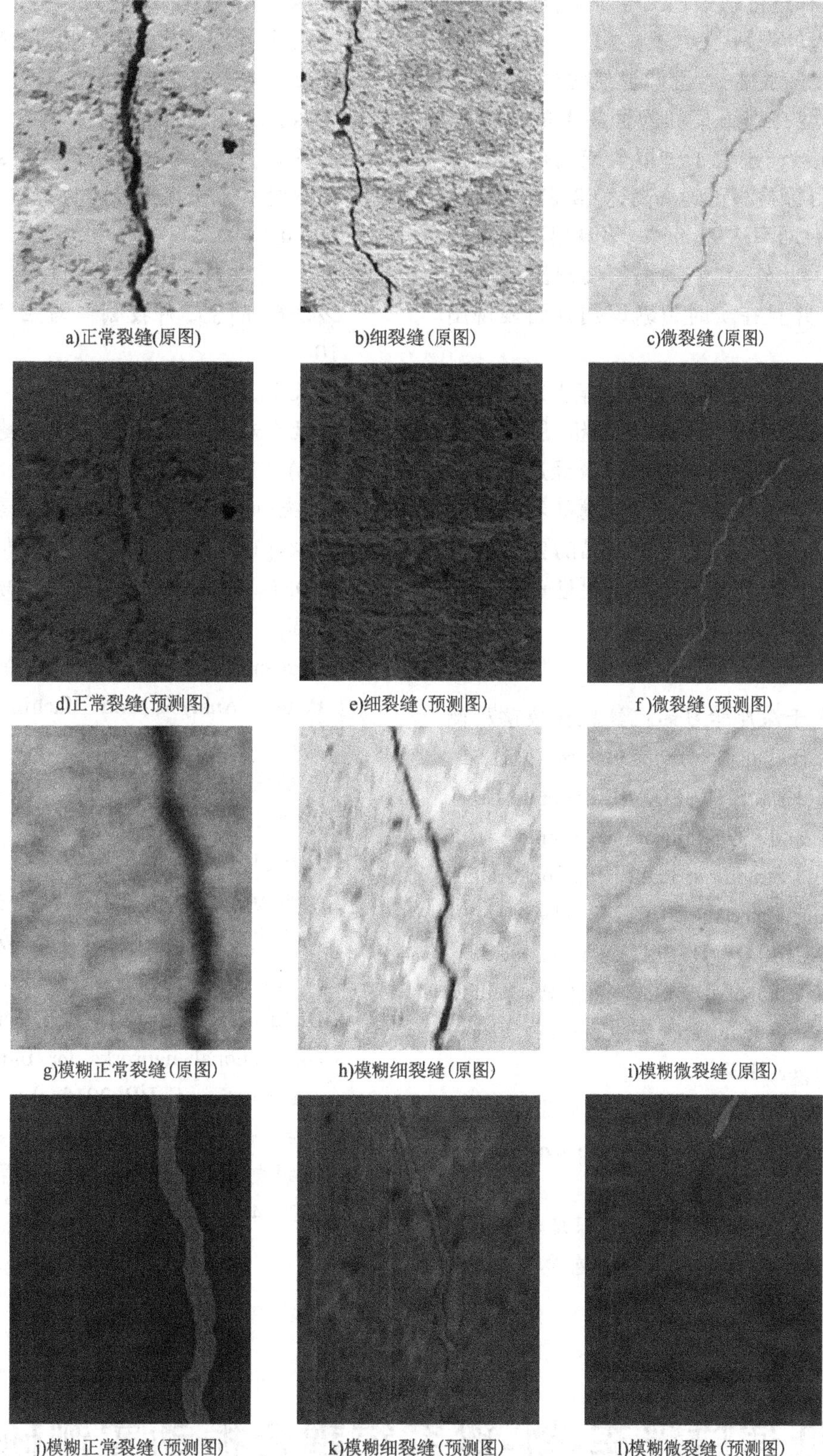

图7　轨枕裂缝识别结果

4　结语

使用VGG16-Unet语义分割算法,成功创建了一个轨枕裂缝的语义分割模型,并且顺利地完成了对轨枕裂缝图像的识别任务。主要研究结果总结如下:

(1)在轨枕裂缝识别任务中采用VGG16-Unet语义分割模型,并通过标记数据、建立模型、优化参数、训练模型和进行结果预测等步骤,成功地实现了对轨枕裂缝的识别。

(2)通过仔细挑选和调整参数,确保了VGG16-Unet模型在训练集和验证集上的准确率保持稳定并且接近,避免了过拟合或欠拟合的情况。该模型的目标检测正确率高达98.87%,mPA值为93.96%,召回率达93.96%,表现出高精度的裂缝识别能力。此外,我们的模型展现出高度准确的预测结果,并且在实时裂缝识别方面表现出优异的性能。

(3)对VGG16-Unet模型在测试集上的轨枕裂缝语义分割预测结果进行视觉化分析,展示了其在识别正常裂缝、细裂缝、微裂缝以及经过处理后的裂缝图像方面的高精度表现。这意味着该模型在实际工程中可以满足大多数工况的要求。然而,在模糊条件下的识别精度仍需要进一步研究和改进。

参考文献

[1] 郑英杰. 基于深度学习的地铁轨枕缺陷检测算法研究[D]. 成都:西南交通大学,2021.

[2] PARK S E, EEM S H, JEON H. Concrete Crack Detection and Quantification Using Deep Learning and Structured Light [J]. Construction and Building Materials, 2020, 252:119096.

[3] LIU W, ANGUELOV D, ERHAN D, et al. SSD: Single Shot Multibox Detector[C]//Proceedings of the European Conference on Computer Vision. Cham: Springer, 21-37.

[4] HE Kaiming, ZHANG Xiangyu, REN Shaoqing, et al. Deep residual learning for image recognition . CoRR, 2015 :abs/1512.03385.

[5] 胡文博,邱实,许馨月,等. 基于深度学习的钢轨伤损超声检测与分类[J]. 铁道学报,2021,43(4):108-116.

[6] 曾志平,孟晓白,宋善义,等. 线路环境对双块式无砟轨道道床板温度场影响[J]. 铁道工程学报,2018(3):12-17,37.

[7] 杨荣山,胡猛,孔晓钰,等. 双块式无砟轨道枕边裂缝水力伤损特性[J]. 铁道学报,2022,44(2):81-89.

[8] 李志,陈建政. 基于图像处理的铁路轨枕分割方法研究[J]. 科技创新与应用,2015(11):10-11.

[9] 张天龙,许贵阳. 基于改进Sobel算子的铁路轨枕自动定位方法[J]. 铁道建筑,2019,59(10):123-126.

[10] 胡光灿. 基于Gabor滤波器的铁路图像轨枕分割[D]. 成都:西南交通大学,2013.

[11] LONG J, SHELHAMER E, DARRELL,' T. Fully convolutional networks for semantic segmentation [J]. lEEE Transactions on Pattern Analysis and Machine Intelligence, 2015, 39(4):640-651.

[12] 王嫣然,陈清亮,吴俊君. 面向复杂环境的图像语义分割方法综述 [J]. 计算机科学,2019,46(9):36-46.

[13] 刘俊博,黄雅平,王胜春,等. 基于机器视觉的多线路钢轨扣件缺损检测方法 [J]. 中国铁道科学,2019,40(4):27-35.

[14] OLAF R, PHILIPPF, THOMAS B. U-Net: convolutional networks for biomedical image segmentation. CoRR, 2015: abs/1505.04597.

[15] 陈英,张伟,林洪平,等. 医学图像分割算法的损失函数综述[J]. 生物医学工程学杂志,2023,40(2):392-400.

中低速磁浮车-轨-梁系统耦合振动实测研究

佟　年　曾国锋*

(同济大学国家磁浮交通工程技术研发中心)

摘　要　为研究中低速磁浮列车实际运行时车-轨-梁系统耦合振动特性,为中低速磁浮技术优化提供支撑，于2020年7月到2021年1月，在位于上海临港的中低速磁浮试验线进行了变刚度钢箱试验梁测试，探究中低速磁浮列车实际运行时的车-轨-梁耦合振动特性，着重分析了轨道梁刚度、梁端基础变位造成的几何不平顺以及由刚度差异造成的动力不平顺对于系统的影响。实验数据表明：随着梁高增加、刚度变大，轨道梁与轨竖向加速度和轨道梁位移均逐渐变小，但在梁高大于或等于1.6m后继续增加梁高，出现明显边际效益递减现象；随着支墩顶起高度的增加，F轨和轨道梁的振动加速度幅值随之增大，F轨变化幅度远大于轨道梁，轨道梁位移与F轨相对位移幅值随着支墩顶起高度的增大无明显变化；相邻轨道梁的刚度相差越大，造成的动力响应差异越大，钢梁的振动加速度与位移大于混凝土梁，同时2号钢轨道梁及F轨振动加速度要明显小于1号钢轨道梁及F轨振动加速度。

关键词　中低速磁浮　耦合振动　轨道不平顺

0　引言

中低速常导磁浮列车具有转弯半径小、爬坡能力强、噪声低的特点，满足空间狭小的城市密集区的应用要求，能够最大限度地减少动拆迁等优点[1]。磁浮系统中，车-轨-梁的耦合振动会对旅客乘坐舒适性、车辆和轨道的使用寿命以及运行安全性产生不利影响，考虑多重因素耦合作用的影响研究是众多学者对于磁浮车-轨-梁耦合振动的重要研究方向。

任晓博[2]建立了考虑悬浮控制的中低速磁浮车-轨-梁动力分析系统，分析了行车速度、车辆悬挂刚度和轨道梁刚度对系统动力响应的影响。余华[3]利用有限元方法建立了轨道梁的有限元模型，研究了常导高速磁浮轨道梁刚度与车-轨耦合动力学的关系。时瑾等[4-5]利用有限元和动力学理论研究了不同结构、跨径和轨面不平顺等条件下轨道梁的垂向动力特性，通过仿真计算分析了基础沉降和轨面台阶的干扰对系统动力指标影响规律。姜卫利等[6]建立了磁浮列车-高架桥垂向耦合模型，探讨了桥梁刚度对车轨垂向动力响应的影响。李小珍等[7-11]利用长沙中低速磁浮线开展研究工作，从试验角度对比了中低速磁浮列车在简支梁和连续梁上运行时的系统动力响应特性以及不同车体质量对桥梁结构动力响应的影响。随后从理论分析角度，详细分析了磁浮列车低速运行下引起的车桥共振现象及满足磁浮列车平稳运行下的桥梁竖向刚度取值问题；最后重点探讨了F轨对系统耦合振动的影响研究。

虽然众多学者围绕考虑多重因素耦合作用对于磁浮系统动力响应的影响开展了研究并取得了一定进展，但是对于轨道结构的动力特性、几何变形以及轨道动力不平顺等因素对车-轨系统振动的影响研究以及相关标准的研究工作很不充分，同时现有研究大多基于模型仿真分析，依托实际线路开展的研究工作较为缺乏。因此，本文基于实际线路开展测试，研究了中低速磁浮列车实际运行时的车-轨-梁耦合振动特性，着重分析了轨道梁刚度、梁端基础变位造成的几何不平顺以及由刚度差异造成的动力不平顺对于系统的影响。

1　测试工况和测点安排

临港中低速磁浮试验线全长1.72km，最大纵坡为7%，包括一条主线和一条出入库线，线路最小的平曲线和竖曲线半径分别为50m和1500m。本文进行动载试验的梁段位于试验线的水平直线段，将47～49号墩之间原有的两跨25m跨径混凝土简支梁，置换为两跨25m刚度可调的钢箱试验梁，以此开展多工况的车轨动力响应测试。

本次现场动载试验的测试对象包括同济大学中低速磁浮列车，一跨25m长混凝土简支梁以及连续的两跨25m钢梁；进行动载试验的全部线路轨道均位于平直段，混凝土简支梁在最西侧，东侧梁跨依次为1号钢梁和2号钢梁，三跨轨道梁相邻。1号钢梁和2号钢梁始终采用同样的梁高。现场整体布置情况如图1、图2所示。

在现场动载试验中，对1.4m、1.6m、1.8m和2.1m梁高的钢轨道和1.7m梁高的混凝土轨道简支梁均开展车速为20km/h、40km/h和60km/h的现场测试；将全部测试对象及现场工况汇总，如表1所示。

a)用来测试的三跨轨道梁

b)磁浮列车和钢轨道梁

图1　临港中低速磁浮试验线现场照片

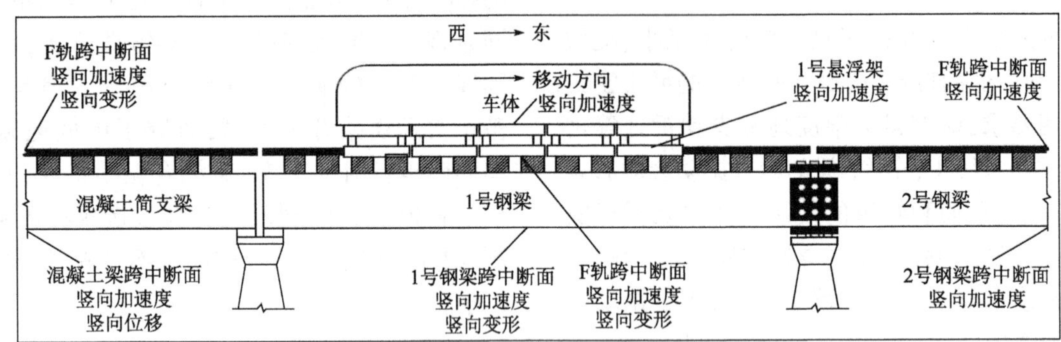

图2　现场总体布置示意图

动载试验测试对象汇总表　　表1

编号	测试对象	速度工况
1	1.4m梁高钢简支梁、F轨	20km/h/40km/h/60km/h
2	1.6m梁高钢简支梁、F轨	
3	1.8m梁高钢简支梁、F轨	
4	2.1m梁高钢简支梁、F轨	
5	1.7m梁高混凝土简支梁、F轨	

动载试验的测点包括车上的2个加速度测点,F轨上的3个加速度测点和2个位移测点,以及轨道梁上的3个加速度测点和2个位移测点,共计12个动载试验测点。测点的采样频率均为1000Hz。现场试验的全部测点汇总见表2。

现场试验测点布置　　表2

编号	测点位置	测试内容
1	线路轨道	1号混凝土梁F轨跨中竖向加速度
2		1号混凝土梁F轨跨中竖向位移
3		1号混凝土梁跨中竖向加速度
4		1号混凝土梁跨中竖向位移
5		1号钢梁F轨跨中竖向加速度
6		1号钢梁F轨跨中竖向位移
7		1号钢梁跨中竖向加速度
8		1号钢梁跨中竖向位移
9		2号钢梁F轨跨中竖向加速度
10		2号钢梁跨中竖向加速度

进行动载试验时，车辆首先通过了抗弯刚度最高的混凝土梁，将其抗弯刚度设为本文中轨道梁抗弯刚度的参照基准，比例系数为1。车辆分别驶入梁高为2.1m、1.8m、1.6m和1.4m的1号钢梁时，其抗弯刚度有所降低，降低比例依次为11%、38%、53%和65%；本次测试涉及的五种不同横断面的轨道梁，其截面特性如表3所示。

轨道梁截面特性汇总 表3

编号	材质/梁高(m)	抗弯刚度(N·m²)	比例	变形目标值(竖向挠度)
1	Q235C钢/1.4	7.0246×10^{9}	0.35	L/2000
2	Q235C钢/1.6	9.5378×10^{9}	0.47	L/2500
3	Q235C钢/1.8	1.2484×10^{10}	0.62	L/3500
4	Q235C钢/2.1	1.8025×10^{10}	0.89	L/4500
5	C60混凝土/1.7	2.0254×10^{10}	1	

注：L为轨道深长度。

2 测试数据分析

在本章中，主要对各测点获得的数据进行时域分析，获取其均值、有效值等信息。其中，加速度有效值指车辆通过相应测点时，以列车通过测试梁段时间为窗长求得的加速度均方根最大值，加速度单位为m/s^2，位移单位为mm；顶起是指将两跨钢梁中间墩柱支点利用插入垫片的方式实现局部5mm/10mm/15mm/20mm的加高。

2.1 刚度对于系统动力响应的影响

下面对车辆以60km/h的速度匀速驶过1号钢轨道梁时系统的动力响应进行分析，1号钢轨道梁竖向位移与F轨相对轨道梁位移及加速度时程如图3、图4所示。

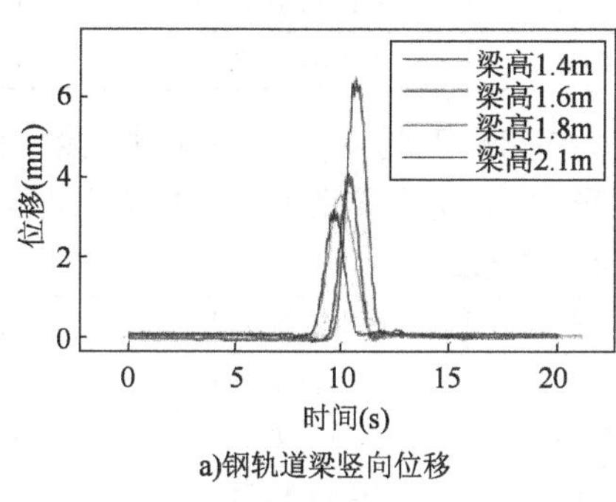

a)钢轨道梁竖向位移

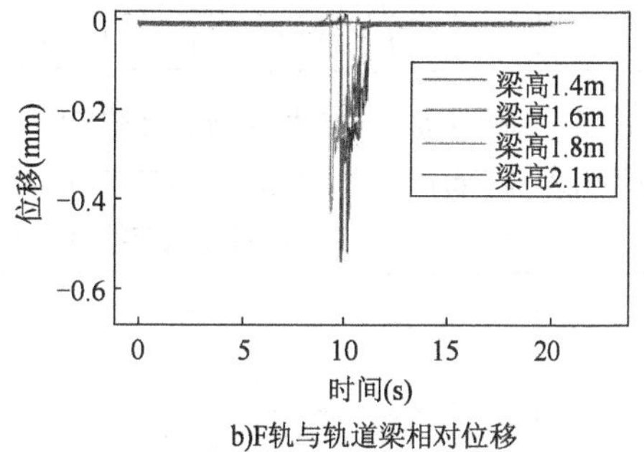

b)F轨与轨道梁相对位移

图3 列车通过不同梁高钢梁下1号钢梁轨道梁竖向位移及F轨相对位移

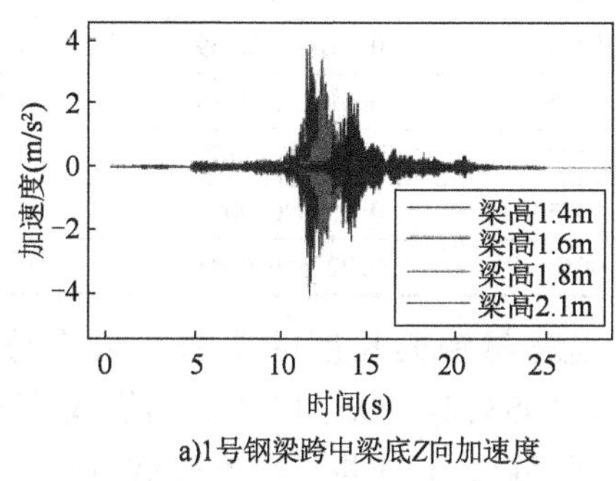

a)1号钢梁跨中梁底Z向加速度

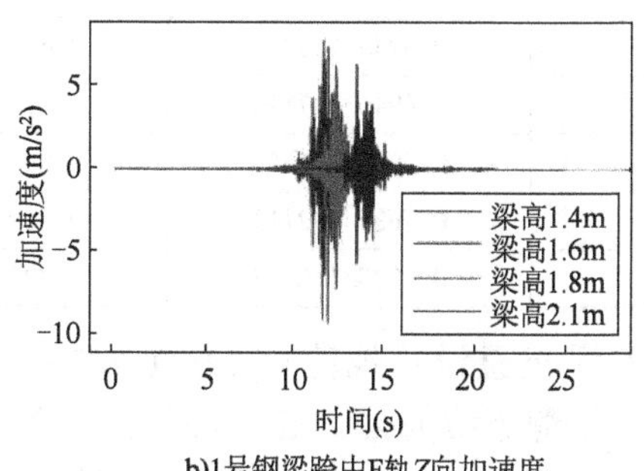

b)1号钢梁跨中F轨Z向加速度

图4 列车通过不同梁高钢梁下1号钢梁轨道梁及F轨竖向加速度

不同梁高及不同速度下的轨道梁频域分析如图5所示。

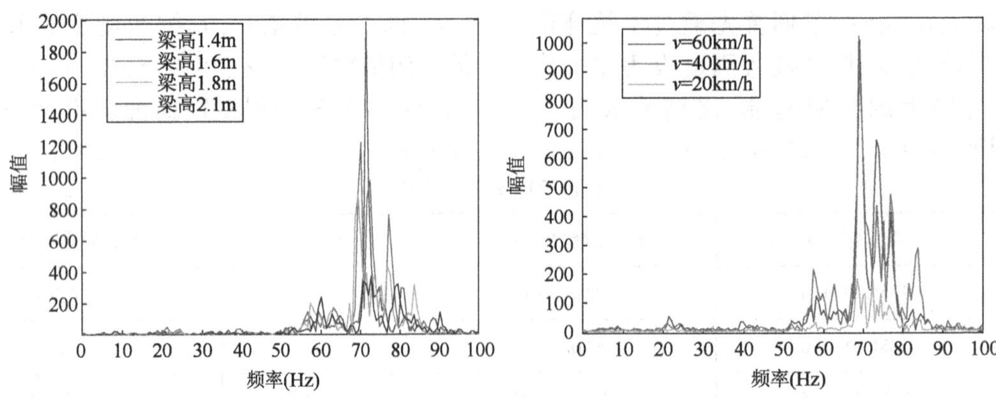

图5 1号钢轨道梁频域分析

不同工况下,1号钢轨道梁及F轨竖向位移幅值见表4。实际测试时在梁高为2.1m工况下,F轨相对位移数据采集异常,故使用梁高1.8m工况下数据进行分析。

1号钢梁竖向位移及F轨相对轨道梁位移幅值(mm) 表4

工况	1.4m简支梁	1.6m简支梁	1.8m简支梁	2.1m简支梁
测点	轨道梁/F轨	轨道梁/F轨	轨道梁/F轨	轨道梁/F轨
20-1	6.2483/0.5210	3.8386/0.5901	3.6101/0.5488	3.3442/0.5488
20-2	6.3810/0.5180	3.8933/0.5788	3.6411/0.5448	3.0914/0.5448
20-3	6.3300/0.5257	3.8236/0.5340	3.5881/0.5527	3.1190/0.5527
40-1	6.3568/0.7285	3.8115/0.7127	3.6065/0.7379	3.1796/0.7379
40-2	6.4264/0.7224	3.8624/0.7404	3.6060/0.7090	3.1595/0.7090
40-3	6.4217/0.7097	3.8980/0.7161	3.6656/0.7122	3.1510/0.7122
60-1	6.4546/0.7563	4.0820/0.7753	3.6904/0.8036	3.1952/0.8036
60-2	6.4751/0.7676	4.1385/0.7844	3.6065/0.7379	3.2644/0.7379
60-3	6.6095/0.7391	4.0150/0.7939	3.7307/0.8001	3.2705/0.8001

不同工况下,1号钢梁轨道梁及F轨振动加速度有效值整理如表5所示。实际测试时在梁高为1.8m工况下,1号钢梁轨道梁加速度数据采集异常,故使用梁高1.6m工况下数据进行分析。

1号钢梁轨道梁及F轨竖向加速度(m/s^2) 表5

工况	1.4m简支梁	1.6m简支梁	1.8m简支梁	2.1m简支梁
测点	轨道梁/F轨	轨道梁/F轨	轨道梁/F轨	轨道梁/F轨
20-1	0.3555/0.8450	0.4383/0.7514	0.4383/0.7514	0.4039/0.7900
20-2	0.4061/0.7035	04023/0.7344	04023/0.7344	0.3415/0.6472
20-3	0.3790/0.5989	0.4003/0.4774	0.4003/0.4774	0.3433/0.4921
40-1	0.6036/1.4980	0.7383/2.0257	0.7383/2.0257	0.4789/1.0105
40-2	0.5736/1.5410	0.6161/1.5239	0.6161/1.5239	0.4877/1.2118
40-3	0.6946/1.7176	0.6103/1.2195	0.6103/1.2195	0.5163/1.1639
60-1	0.5999/1.1665	0.6614/0.9472	0.6614/0.9472	0.4703/0.8738
60-2	0.6636/1.2113	0.6893/0.9075	0.6893/0.9075	0.4314/0.7469
60-3	0.6997/1.0402	0.7275/0.9056	0.7275/0.9056	0.4402/0.7512

《中低速磁浮交通设计规范》(CJJ/T 262—2017)规定,在车辆静荷载为23.5kN/m时,1跨简支梁挠度限值为1/3800,本测试钢箱梁的设计挠度限值如表3所示。由以上数据分析可知,本实验中梁高为1.4m、1.6m、1.8m、2.1m时,钢梁竖向位移与钢梁长度的挠跨比最大分别为1/3787、1/6053、1/6702、1/7645,测试车辆静荷载为10.5kN/m,如将车辆静荷载转化为设计规范中的车辆静荷载去计算,本实验中梁高为1.4m、1.6m、1.8m、2.1m时,钢梁竖向位移与钢梁长度的挠跨

比最大分别为 1/1692、1/2705、1/2994、1/3416，计算结果略大于表 3 中的设计挠度限值，原因是未考虑动力系数，如按照动力系数 1.3 进行计算，计算得到的结果与表 3 中的设计挠度限值相近。

1 号钢轨道梁的竖向位移主要随梁高的增加而减小，受车速影响较小，当梁高大于或等于1.6m 时，轨道梁跨中位移随梁高增加而减小的幅度大幅放缓，增加梁高的边际效益降低现象较为显著，钢梁 F 轨相对位移的变化随车速的提升而增大，受梁高变化影响较小。车辆驶过 1 号钢梁时，轨道梁及 F 轨跨中竖向加速度随着速度的提升而增大，随着钢梁梁高增加而减小；从频域角度上分析，列车行驶速度越快，梁高越低，对应的频域分析幅值越大，与时域上所体现的振动加速度随列车速度变化与钢梁高度改变的规律相对应。

2.2 基础变位对系统动力响应的影响

基础变位会对线路线形的平顺性造成较大影响，会导致两跨梁的接缝处轨道出现折角。为了研究基础变位对磁浮系统动力响应的影响，现场通过将 1 号钢梁与 2 号钢梁中间的支座处垫高的方式进行模拟，分别顶起 5mm、10mm、15mm 和 20mm，并进行动力响应测试研究。

下面对车速为 60km/h，支墩顶起试验的钢梁梁高为 1.4m 时车辆和轨道的动力响应进行分析，时频域结果如图 6～图 8 所示。

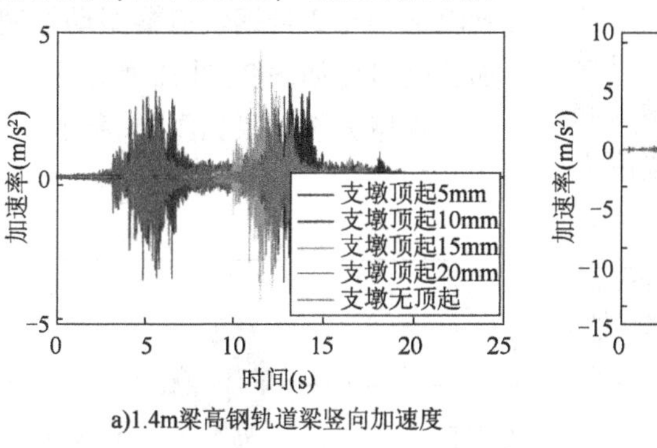

a)1.4m梁高钢轨道梁竖向加速度

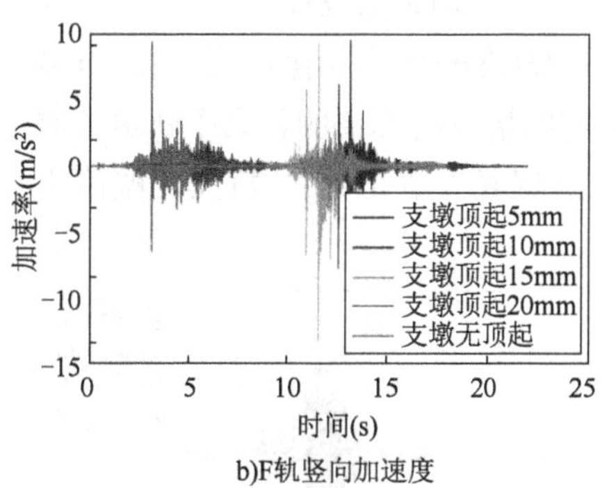

b)F轨竖向加速度

图 6 支墩顶起不同高度下钢轨道梁与 F 轨振动加速度

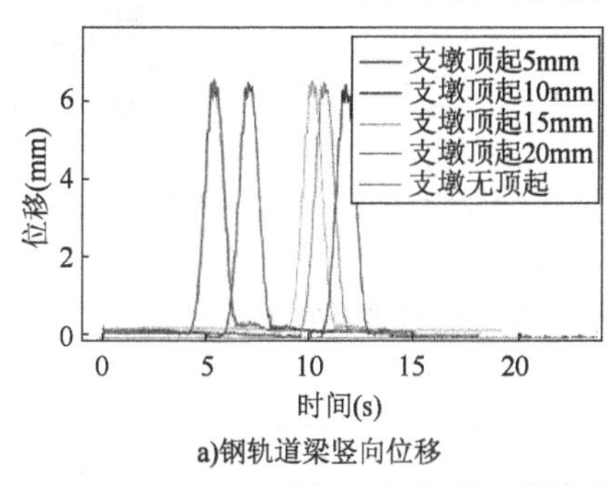

a)钢轨道梁竖向位移

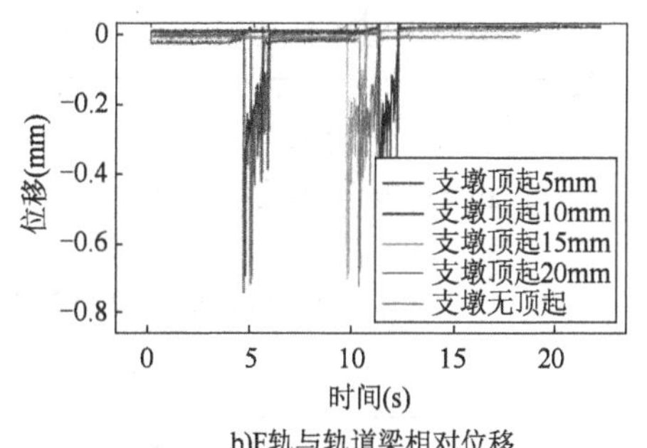

b)F轨与轨道梁相对位移

图 7 支墩顶起不同高度下钢轨道梁与 F 轨相对位移

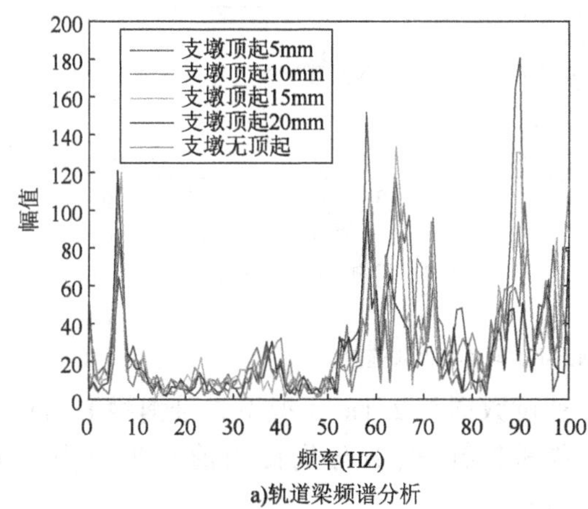

a)轨道梁频谱分析

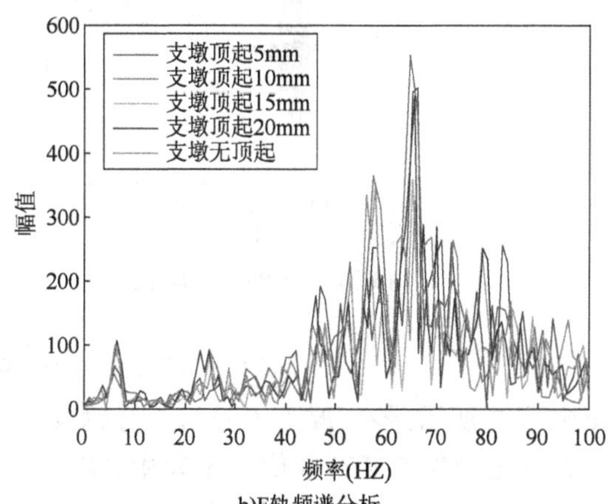

b)F轨频谱分析

图 8 支墩顶起不同高度下钢轨道梁与 F 轨频谱分析

由以上数据可知，将1号钢梁与2号钢梁之间的支墩不顶起以及分别顶起5mm、10mm、15mm和20mm时，2号轨道梁的竖向加速度峰值依次为3.1205m/s²、3.4682m/s²、3.5086m/s²、3.8042m/s²和3.9808m/s²。位移幅值依次为6.4751mm、6.5234mm、6.5844mm、6.8397mm、6.2210mm；F轨的竖向加速度峰值依次为3.3692m/s²、3.8028m/s²、9.3510m/s²、9.3595m/s²和9.5029m/s²，相对位移幅值分别为0.7676mm、0.7844mm、0.7608mm、0.7613mm、0.7648mm。可见随着支墩顶起高度的增大，F轨和轨道梁的振动加速度幅值随之增大，F轨变化幅度大于轨道梁。支墩顶起10mm后，F轨的竖向加速度幅值明显增大，轨道梁位移与F轨相对位移幅值随着支墩顶起高度的增大变化不明显；从频域角度上看，F轨的频谱分析幅值明显大于轨道梁频谱分析，与时域上随着支墩顶起，F轨变化幅度大于轨道梁的规律相对应。

2.3　动力不平顺对于系统动力响应的影响

中低速磁浮车辆沿轨道行驶时，相邻轨道梁刚度的不同会产生动力不平顺影响。进行动载试验时，车辆首先通过了刚度最高的混凝土梁，随后驶入刚度较低的1号钢梁与2号钢梁，1号钢梁的物理特性与2号钢梁相同。因此，通过对比分析车辆驶过1号钢梁和2号钢梁时的系统动力响应，可以分析动力不平顺对于系统动力响应的影响。

下面对车辆以60km/h的速度匀速驶过1号与2号钢轨道梁时系统的动力响应进行分析，1号钢轨道梁与2号钢轨道梁振动加速度及F轨振动加速度对比如图9、图10所示。

频域分析结果如图11所示。

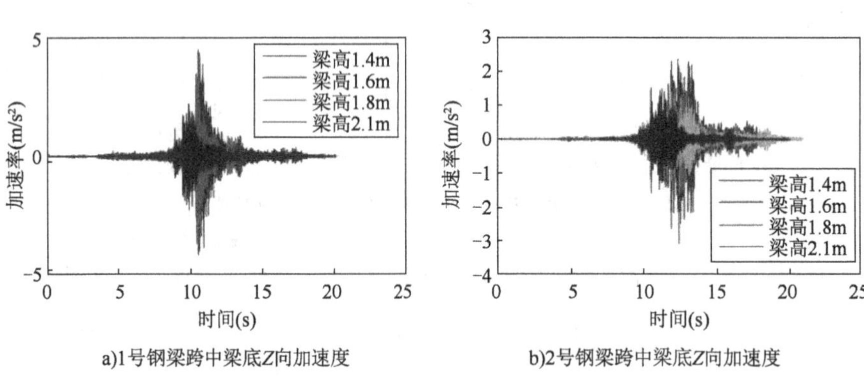

a)1号钢梁跨中梁底Z向加速度　　b)2号钢梁跨中梁底Z向加速度

图9　列车通过不同梁高钢梁下轨道梁的振动加速度

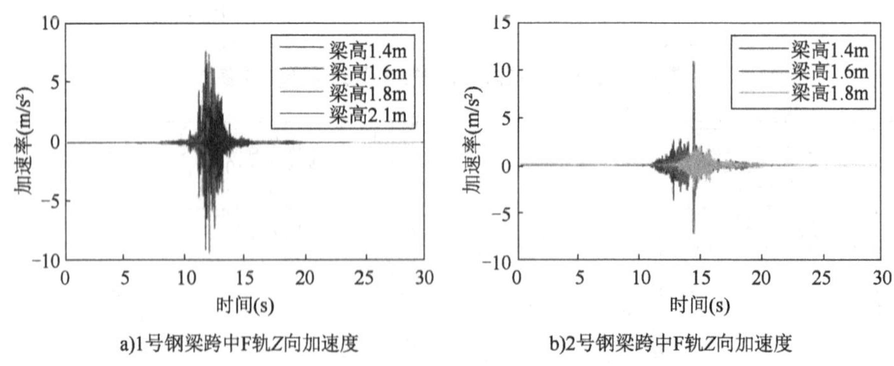

a)1号钢梁跨中F轨Z向加速度　　b)2号钢梁跨中F轨Z向加速度

图10　列车通过不同梁高钢梁下F轨的振动加速度

如表6、表7所示，各工况下1号与2号钢梁轨道梁及F轨振动加速度有效值列于表中，实际测试时在梁高为1.8m工况下1号钢梁轨道梁加速度数据与2.1m工况下2号钢梁F轨加速度数据采集异常，故分别使用前一工况下数据进行分析。

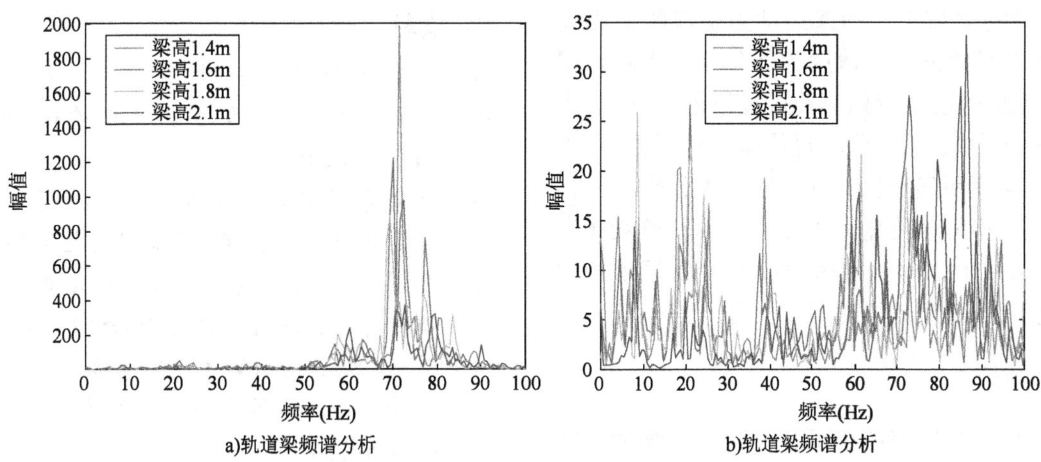

图11 1号钢梁与2号钢梁频域分析

1号钢轨道梁与2号钢轨道梁跨中竖向加速度有效值(m/s²) 表6

工况	1.4m 简支梁	1.6m 简支梁	1.8m 简支梁	2.1m 简支梁
测点	1号钢梁/2号钢梁	1号钢梁/2号钢梁	1号钢梁/2号钢梁	1号钢梁/2号钢梁
20-1	0.3555/0.2474	0.4383/0.1971	0.4383/0.1719	0.4039/0.1586
20-2	0.4061/0.2669	0.4023/0.1971	0.4023/0.1690	0.3415/0.1586
20-3	0.3790/0.2466	0.4003/0.1932	0.4003/0.1843	0.3433/0.1523
40-1	0.6036/0.4153	0.7383/0.2683	0.7383/0.2775	0.4789/0.2666
40-2	0.5736/0.4100	0.6161/0.3278	0.6161/0.2717	0.4877/0.2556
40-3	0.6946/0.4122	0.6103/0.3083	0.6103/0.2528	0.5163/0.2427
60-1	0.5999/0.5118	0.6614/0.5146	0.6614/0.3406	0.4703/0.3431
60-2	0.6636/0.5831	0.6893/0.3906	0.6893/0.2883	0.4314/0.3005
60-3	0.6997/0.6045	0.7275/0.3727	0.7275/0.3875	0.4402/0.3364

1号钢梁与2号钢梁F轨跨中竖向加速度有效值(m/s²) 表7

工况	1.4m 简支梁	1.6m 简支梁	1.8m 简支梁	2.1m 简支梁
测点	1号钢梁/2号钢梁	1号钢梁/2号钢梁	1号钢梁/2号钢梁	1号钢梁/2号钢梁
20-1	0.8450/0.3012	0.7514/0.3276	0.7514/0.2935	0.7900/0.2935
20-2	0.7035/0.3012	0.7344/0.3401	0.7344/0.3035	0.6472/0.3035
20-3	0.5989/0.3162	0.4774/0.3525	0.4774/0.2800	0.4921/0.2800
40-1	1.4980/0.3396	2.0257/0.3962	2.0257/0.3707	1.0105/0.3707
40-2	1.5410/0.3608	1.5239/0.4366	1.5239/0.3670	1.2118/0.3670
40-3	1.7176/0.3516	1.2195/0.4285	1.2195/0.3555	1.1639/0.3555
60-1	1.1665/0.4344	0.9472/0.4571	0.9472/0.4224	0.8738/0.4224
60-2	1.2113/0.4795	0.9075/0.4801	0.9075/0.3853	0.7469/0.3853
60-3	1.0402/0.5043	0.9056/0.5301	0.9056/0.4780	0.7512/0.4780

由以上数据分析可知,磁浮列车以不同速度从混凝土梁驶过1号钢梁与2号钢梁时,2号钢梁轨道梁及F轨振动加速度要明显小于1号钢梁,且随着钢梁梁高的增加,与混凝土梁刚度相差越

小,则 2 号钢梁与 1 号钢梁的动力响应幅值越接近。F 轨的竖向振动加速度大部分要大于轨道梁竖向振动加速度,随着列车行驶速度的提升,二者之间比例愈发接近,随着轨道梁刚度的提升,二者之间的比例无明显变化。从频域角度上看,1 号钢梁的频谱分析幅值明显大于 2 号钢梁轨道梁频谱分析,与时域上 1 号钢梁轨道梁及 F 轨振动加速度要明显大于 2 号钢梁的规律相对应。

3　结语

本文以上海临港的中低速磁浮试验线为试验场地,利用两跨刚度可调的钢箱梁进行了变刚度钢箱试验梁测试,分析了中低速磁浮列车运行时的车-轨-梁系统耦合振动特性,得出以下主要结论:

(1)随着梁高增加、刚度变大,轨道梁与 F 轨竖向振动加速度逐渐变小,F 轨相对于钢梁的变形基本不受影响,轨道梁竖向位移逐渐变小,但在梁高大于或等于 1.6m 后继续增加梁高出现明显边际效益递减,本测试中将车辆静荷载转化为设计规范中的静荷载后进行计算,钢梁竖向位移与钢梁长度的挠跨比均大于《中低速磁浮交通设计规范》(CJJ/T 262—2017)中规定的挠度限值,同时由测试结果可见,适当降低轨道梁刚度对列车运行带来的不利影响较小,因此本测试中降低轨道梁刚度的想法是实际可行的,可以作为后续工程中的轨道梁的设计参考。

(2)在引入基础变位的情况下,随着支墩顶起高度的增加,轨道梁位移与 F 轨相对位移幅值随着支墩顶起高度的增大无明显变化,F 轨和轨道梁的振动加速度幅值随之增大,F 轨变化幅度远大于轨道梁。

(3)车辆从混凝土梁驶过 1 号钢梁与 2 号钢梁时,2 号钢轨道梁及 F 轨振动加速度要明显小于 1 号钢轨道梁及 F 轨振动加速度,且随着钢梁梁高的增加,与混凝土梁刚度相差越小,则 2 号钢梁与 1 号钢梁的动力响应幅值越接近。由此可见,由于刚度差异带来的系统动力响应是存在的,且相邻轨道梁的刚度相差越大,造成的动力响应差异越大。

(4)F 轨和轨道梁之间的动力响应存在着一定的传递关系,F 轨的竖向振动加速度普遍要大于轨道梁竖向振动加速度,随着列车行驶速度的提高与轨道梁刚度的增大,二者之间的比例均无明显变化。

参考文献

[1] 马卫华,罗世辉,张敏,等. 中低速磁浮车辆研究综述[J]. 交通运输工程学报,2021,21(1):199-216.

[2] 任晓博. 中低速磁浮车辆-轨道-桥梁耦合振动仿真分析[D]. 成都:西南交通大学,2018.

[3] 余华. 磁悬浮轨道梁刚度对列车走行性影响研究[J]. 铁道标准设计,2005(1):65-68.

[4] 时瑾,魏庆朝. 线路不平顺对高速磁浮铁路动力响应特性的影响[J]. 工程力学,2006(1):154-159,86.

[5] 时瑾,魏庆朝,冯雅薇. 高速磁浮车桥系统随机振动特性仿真研究[J]. 系统仿真学报,2005(7):1577-1579.

[6] 姜卫利,高芒芒. 轨道梁参数对磁浮车-高架桥垂向耦合动力响应的影响研究[J]. 中国铁道科学,2004(3):72-76.

[7] LI X,WANG D,LIU D,et al. Dynamic analysis of the interactions between a low-to-medium-speed maglev train and a bridge: Field test results of two typical bridges[J]. Proceedings of the Institution of Mechanical Engineers,Part F: Journal of Rail and Rapid Transit. 2018;232(7):2039-2059.

[8] WANG D,LI X,LIANG L,et al. Influence of the track structure on the vertical dynamic interaction analysis of the low-to-medium-speed maglev train-bridge system [J]. Advances in Structural Engineering. 2019; 22 (14): 2937-2950.

[9] WANG D, LI X, WANG Y, et al. Dynamic interaction of the low-to-medium speed maglev train and bridges with different deflection ratios: Experimental and numerical analyses. Advances in Structural Engineering. 2020, 23 (11): 2399-2413.

[10] 王党雄,李小珍,耿杰,等. 低速磁浮列车在简支梁上运行和静悬浮时的耦合振动试验研究[J]. 土木工程学报,2018,51(9):75-83.

[11] 李小珍,王党雄,耿杰,等. F 轨对中低速磁浮列车-桥梁系统竖向耦合振动的影响研究[J]. 土木工程学报,2017,50(4):97-106.

基于双冗余线控电驱多轴协同转向系统的超级虚拟轨道列车

刘宏达*[1,2] 谢成辉[1,2] 于海洲[1,2] 杜求茂[1,2] 何安清[1,2]
(1.中车株洲电力机车有限公司;2.重载快捷大功率电力机车全国重点实验室)

摘 要 针对目前电子导向胶轮列车多轴协同转向系统中广泛采用的单通道液压转向系统存在的安全问题,研制了一种基于双冗余线控电驱的多轴协同转向系统。将实时任务以及系统状态判断等放置于转向控制器主站进行处理,充分保证任务的实时性,同时设置转向控制器从站同步进行任务的处理和状态判断,转向系统的双通道同时工作,一个通道出现故障,另一通道可实时接管系统,不存在故障状态切换,无切换时间,保证了车辆安全。该转向系统已应用于四模块六轴超级虚拟轨道列车,具备线控电驱转向、轨迹跟随等功能,可实现最小转弯半径15m,通过试验验证了其良好的控制精度和稳定性。

关键词 超级虚拟轨道列车 转向系统 线控转向 冗余网络架构

0 引言

近年来,人们对公共交通的要求在不断提高,从解决基本的出行需求,过渡到追求舒适、新颖和环保。目前我国城市公共交通系统主要包括轨道交通与公共汽车两种。我国既有的轨道交通系统以地铁和轻轨为主,这两种运营模式均存在建设成本高、建设周期长、维护成本高等问题,这两种运营模式的组合对中小城市的交通需求来说不是最优选择,而且给地方财政造成很大负担。所以,将城市轨道交通系统运行模式与公共汽车技术模式相融合,发展一种适合我国城市公共交通的新型城市交通工具,以满足新形势下城市公共交通需求是一种势在必行的趋势[1-3]。超级虚拟轨道列车(Super virtual Rail Tram,以下简称"SRT")在这种形势下应运而生,它的出现能对中大型城市公共交通系统的集散和外延起到补充作用,对中小型城市可以起到骨干交通的作用。与轨道交通相比,SRT可以极大降低建设成本,同时减少对城市道路的破坏、并缩短了工期。与公共汽车系统相比,在载客量、运营速度及环保上有极大优势[4]。

SRT的车辆编组多、车身结构长等特点会降低其转向灵活性,若要在当前城市道路下以较小转弯半径灵活转弯,需要协调后续各车辆单元之间的运动关系,保证后续各车辆单元跟随头车协调运动,即列车的多轴协同转向控制[5-8]。目前国内外对于多轴协同转向系统的研究尚处于起步阶段,主要为实现多轴协同转向控制功能,且大多采用非冗余的液压执行系统,单点故障即可能导致车组的车辆横向控制失效,存在极大的安全风险[9-11]。

线控转向的概念起源于20世纪50年代,美国天合公司等转向系统开发商提出转向模块和转向执行模块之间的机械连接采用电控信号代替,这揭开了线控技术运用于改善车辆转向性能研究的序幕。随后德国工程师Kasselmann和Keranen设计了早期的线控转向模型,但受限于当时的电子技术不成熟,没有进行深入研究[12]。日本光洋精工株式会社开发了保留转向柱的线控转向系统,当线控转向失效时可以通过离合器连接方向盘和转向执行器两机械部分,实现机械传动,其保证了系统的安全[13]。目前,国内外已经有一部分公司推出线控转向产品并应用于汽车上,但大部分公司仍然是在研究开发阶段。即使线控转向技术已经开始进入市场,但由于线控转向系统是通过电子设备进行信息传输与控制,其可靠性不如机械结构。因此保证全电动线控转向系统的安全

基金项目:创新平台与人才计划——2023年湖湘青年英才科技创新类。

性和可靠性,冗余容错技术在线控转向的研究中尤为重要,仍然有大量研究人员正在研究设计更可靠的冗余容错线控转向系统。

本文针对目前电子导向胶轮列车多轴协同转向系统中广泛采用的单通道液压转向系统,提出了一种基于双冗余线控电驱的多轴协同转向系统。

1　超级虚拟轨道列车

新一代 SRT 列车采用全球首创双冗余线控电驱多轴协同转向控制技术,配备自动循迹系统,通过先进光学视频识别和 5G 卫星定位导航技术,无须铺设铁轨等实体轨道,精准约束列车沿预设虚拟轨道线自动行驶,保证 SRT 在实现转向、牵引、制动的同时,能够在“虚拟预设的线路”上智能化的运行,实现最小 15m 的转弯半径,可深入传统城市轨道交通无法通达的区域,具备良好的运行安全性。

SRT 列车为 3 编组,车长 32m,车宽 2.65m,最高运行速度 77km/h,载客量 283 人,具有智能、灵活、低碳、舒适等特点。通过使用高能量锂电池储能技术,充电 10min 可行驶 25km,升级为氢燃料技术后,可实现超 200km 的长续航,采用双端驾驶,最小转弯半径 15m,且首次商业应用了全轮电驱转向系统,相比传统液压系统而言,更加灵活高效便捷。SRT 可应用于大运能轨道交通的补充、加密及接驳系统,也可作为中小城市轨交客运系统主干线,还适用于城市特定功能区或特定走廊客运系统的骨干,如火车站、飞机场、旅游景区等。如图 1 所示为中车株机公司首创的 SRT 系列产品。

2　双冗余线控电驱多轴协同转向系统

2.1　线控电驱转向系统

整车采用全线控转向系统,线控转向系统取消了转向盘与转向执行模块之间的机械连接,完全由电机驱动实现转向,摆脱了传统转向系统的各种限制,不但可以自由设计车辆转向的力传递特性,而且可以设计车辆转向的角传递特性,进而为实现车组的自动驾驶打下基础;同时开发了国内首个实现适用于大轴重车桥转向驱动的线控转向电机,保证了转向命令迅速、准确执行,与传统液压控制系统相比,更能凸显“绿色、智能”理念。

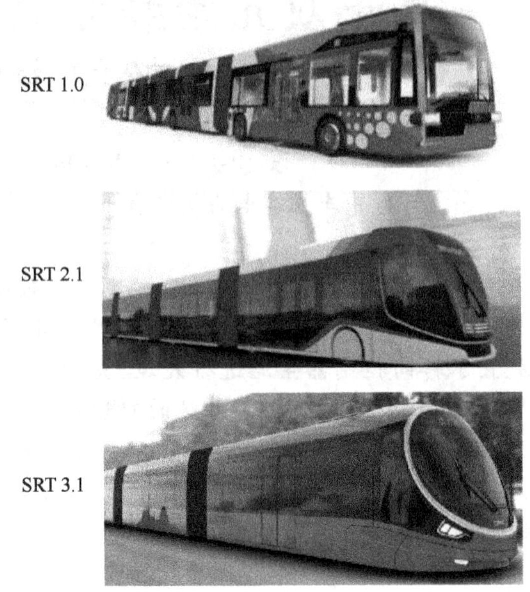

图 1　株机公司的 SRT 系列产品

如图 2 所示,线控电驱转向系统采用双叉臂独立悬架车桥,车桥两端通过转向杆系进行连接,转向电机安装在车体上,通过网络信号接收转向控制器的转向指令,驱动转向电机旋转,从而带动转向杆系运动,驱动车轮实现转向。该系统采用线控电驱的转向电机驱动,能够快速准确实现转向控制命令的发送和执行,保证转向执行的准确性以及轨迹跟随的精度,从而最大程度减少各轴轮胎的磨损。同时,由于采用电机驱动,与液压执行器相比,具有免维护的优点。

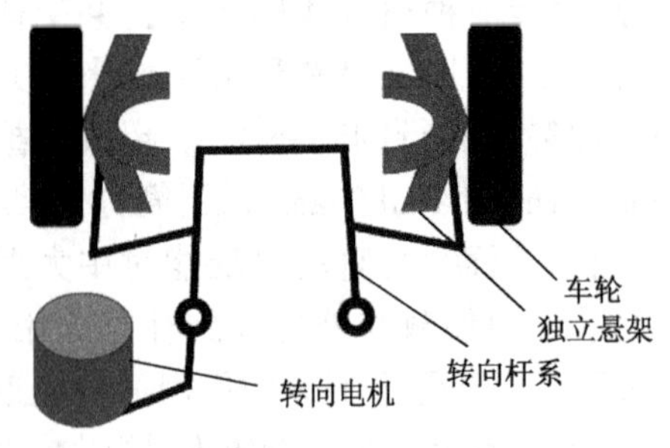

图 2　线控电驱转向系统

2.2　冗余网络架构

转向系统冗余网络架构如图 3 所示,双通道冗余转向系统由 4 层网络组成,按照功能划分为车辆层、决策层、采集层以及执行层,其中:

车辆层包含了两个热备冗余的整车控制器 VCU_A 和 VCU_B,整车控制器的作用为接收转向

控制器的网络信息,并将整车的相关信息通过网络回路2或者网络回路3发送给转向控制器;

决策层包含了两个热备冗余的转向控制器STCU_A和STCU_B,转向控制器的作用为接收整车控制器的网络信息、采集层的数据采集信息,通过网络回路6向执行层的车轴控制器发送转向命令;

采集层包含了两端驾驶室的线控转向模块SWFE_A和SWFE_B,以及N个车辆模块所包含的$N-1$个铰接控制器ACU,即ACU_1,ACU_2,…,ACU_$N-1$,其中线控转向模块的作用为接收方向盘的角度输入信息,将采集得到的角度数据通过网络回路6发送给转向控制器,控制第一个车辆模块的车轴控制器AxCu_1_1或者AxCu_N_2(取决于车辆在A端驾驶室启动还是B端驾驶室启动);铰接控制器接收整车控制器和转向控制器的网络信号,并通过网络回路5反馈铰接的控制力矩;

执行层包含了N个车辆模块所需要的$2N$个车轴控制器,即AxCu_1_1,AxCu_1_2,… ,AxCu_i_1,AxCu_i_2,…,AxCu_N_1,AxCu_N_2,车轴控制器AxCu的作用为接收转向控制器以及线控转向模块的信息,控制车轴转向电机的动作,采集车轴转向电机的摆动角度数据,将其通过网络回路5和网络回路6分别反馈给线控转向模块和转向控制器。

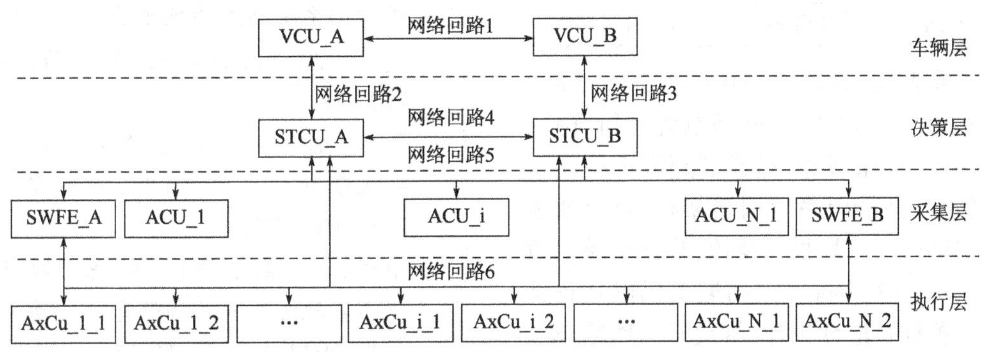

图3 冗余转向系统网络架构

超级虚拟轨道列车的双通道冗余转向系统网络架构,两个通道都是正常工作,每个通道之间互为热备冗余,当某个单通道遇到故障时,另一个热备冗余的通道仍然在正常工作,无需切换即可继续工作,解决转向网络单点故障导致的车辆安全事故问题,解决单通道数据采集导致的系统安全风险问题,提高了转向系统的可靠性。

3 装车测试

将本文提出基于双冗余线控电驱多轴协同转向系统在三模块六轴超级虚拟轨道列车上进行装车测试,其在列车上具体布置如图4所示,完成了包括故障安全静态测试。

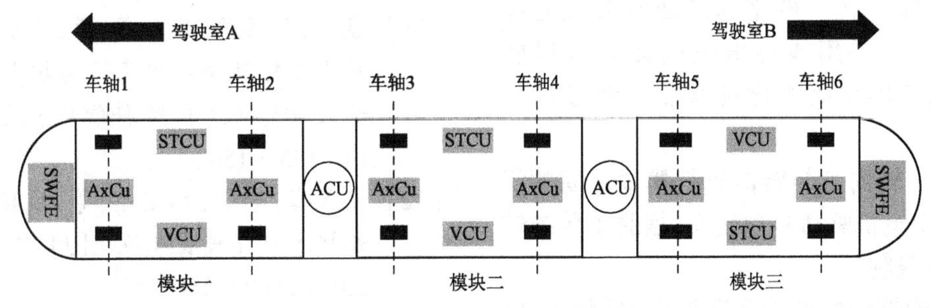

图4 超级虚拟轨道列车转向系统

3.1 冗余转向系统装车

如图4所示,热备冗余的STCU和VCU在模块一和模块三对称布置;每个车辆模块包含两个车轴,分别布置有AxCu_1和AxCu_2,共6个AxCu;SWFE对称布置在两端的驾驶室;三模块多编组超级虚拟轨道列车包含了两个铰接贯通道,其分布在车身模块之间,每个铰接贯通道包含一个ACU,共2个。

3.2 故障安全测试

测试过程中,车辆上电点火后两个通道均处于正常模式,通过逐一断开各控制器的低压供电来模拟单点故障,结果如表1所示。

故障安全测试结果 表1

序号	模拟工况	转向系统状态	
		通道1	通道2
1	仅STCU_A低压供电断开	错误	正常
2	仅STCU_B低压供电断开	正常	错误
3	仅AxCU1~6通道1供电断开	错误	正常
4	仅AxCU1~6通道2供电断开	正常	错误
5	仅SWFE_A供电断开	错误	正常
6	仅SWFE_B供电断开	正常	错误
7	双通道控制器供电同时断开	错误	错误

表1结果表明,通过对STCU,VCU,SWFE,ACU以及AxCu使用不同的网络电缆进行连接,一共形成了6个网络回路,组成了超级虚拟轨道列车的双通道冗余转向系统网络架构,每个通道之间互为热备冗余,且均投入使用,当某个单通道遇到故障时,另一个热备冗余的通道仍然在正常工作,无需切换即可继续工作,解决转向网络单点故障导致的车辆安全事故问题,解决单通道数据采集导致的系统安全风险问题,提高了转向系统的可靠性。

4 结语

本文从冗余网络架构、控制算法等方面详细介绍了基于双冗余线控电驱的多轴协同转向系统,并且成功地自主开发了系统的的硬件和软件,在此基础上进一步完成了转向系统的装车测试。该系统采用线控电驱的转向电机驱动,与液压执行器相比相比具有非常明显的技术优势:

(1)取消了转向盘与转向执行模块之间的机械连接,完全由电机驱动实现转向,摆脱了传统转向系统的各种限制。

(2)系统能够快速准确实现转向控制命令的发送和执行,从而最大程度减少各轴轮胎的磨损。

(3)采用电机驱动,与液压执行器相比,具有免维护的优点。

(4)冗余转向系统网络架构的应用,保证了系统的可靠性和车辆安全。

参考文献

[1] 冯江华,肖磊,胡云卿.智能轨道快运系统[J].控制与信息技,2020(1):1-12,31.

[2] 张恒.浅析城市智能轨道快运系统设计要点[J].智能城市,2018(4):106-107.

[3] 关鸣飞.新型有轨电车的发展现状与应用前景[J].交通世界,2020(17):28-32.

[4] 陈功,屈海洋,李春明,等.一种超级虚拟轨道列车应用[J].中国科技信息,2023(4):78-80.

[5] 牛慧峰,佟祥伟,雷亚飞,等.智轨列车电液伺服转向系统动态特性测试试验台与测控系统开发[J].液压与气压传动,2019(7):120-127.

[6] 彭京,冯江华,肖磊,等.智轨电车自主导向与轨迹跟随技术研究[J].控制与信息技术,2020(01):27-31.

[7] 李前明,杨蔡进,李艳,等.基于协同转向的铰接车辆轨迹跟随控制研究[J].动力学与控制学报,2023,21(02):87-95.

[8] 杨更生.虚拟轨道列车轨迹跟随控制与纵向驱动协同控制研究[D].成都:西南交通大学,2022.

[9] 杨忠炯,何清华.铰接车辆液压动力转向系统动态特性仿真[J].中南大学学报(自然科学版),2004,35(1):80-85.

[10] 刘少君.多轴车辆第三轴电控液压转向系统研究[D].合肥:合肥工业大学,2013.

[11] 袁磊,刘西侠,刘维平,等.三轴车辆电控液压式全轮转向系统设计与控制[J].重庆交通大学学报(自然科学版),2015,34(3):142-145+156.

[12] 宗长富,李刚,郑宏宇,等.线控汽车底盘控制技术研究进展及展望[J].中国公路学报,2013,26(2):160-176.

[13] 季学武,刘亚辉,杨恺明,等.乘用车电控转向系统的发展趋势[J].汽车安全与节能学报,2015,6(3):208-216.